『低福祉・高負担』、『低賃金・長時間労働』で腐敗体質となった日本を正す。

◉五箇山出身、仕事の遊び人
岡田　実　Okada Minoru

第2部

自分史を素材に、章立てして失われた30年の背景を分析

H-001 ～ H-516

第3部

自分史を素材に、随筆風に失われた30年の背景を回顧

H-601 ～ H788

造語集・資料集・応募論文

H-801 ～ H908

第2部

自分史を素材に、章立てして失われた30年の背景を分析

H-001 ～ H-516

まえがきのまえがき

2019年に軽い気持ちで……**スウェーデンの事知ってるでぇ……教えたろ**……みたいに始めた自分史の執筆だったが、コロナパンデミックで露呈した数々の行政の愚行……周囲から聞こえてくる貧困を原因とする多くの悲しい物語。

その様な中で、筆者が40歳の頃に東京から里子でスウェーデンに出した二人の子持ちのハンナが、３人目の子供は日本から里子をしたいとの要請を受ける。

筆者は二人の娘を持ち日本のアラフォーと呼ばれる40代の方々の経済的な難しさを熟知している。

スウェーデンのことも知っているから……日本の劣化を看過してきた責任を強烈に意識させられた。

現役時代の経験から筆者は日本の劣化の原因を肌感覚で熟知しているが、無数の因子が関係しているのでそれを解き明かすのは容易ではない。

オリンピアンの『金メダル』と政治、行政の『泥メダル』

2024年７月開催パリオリンピックでオリンピアンの健闘に感激……その背後にあったであろう努力と研鑽に大いなる敬意を感じた。日本勢は20個の金メダルを獲得、それは米国、中国の40個に次いで第三位である。

百万人当たりの金メダル獲得数で日本は、米国の1.3倍、中国の６倍となる。

オリンピアンを目指して頑張った日本人が、素晴らしい成績を見せたのに……政治、経済の世界では……**断トツの『泥メダル』**。

失われた30年

21世紀の日本は、**巨額借金を抱え、貧困に喘ぐ低所得者、突出した自殺率……低賃金、長時間労働を特徴とする『ブラック企業』で充満した国**になった。

それらは1990年代初頭から始まった日本の劣化……常識外れの幼稚な政治、経済運営により……21世紀になり、『失われた30年』と命名されている。

オリンピアンを目指した人は、工夫と研鑽で『金メダル』を獲得……『泥メダル』を獲得した高学歴官僚は何をしていたのか？

日本に跋扈する『妖怪ジャパン』

20世紀後半から日本に妖怪が出現……妖怪は西欧起源の著作権保護、個人情報保護思想を栄養源として、日本で変異『妖怪ジャパン』として日本を根底から劣化させている。

先ず、日本の高学歴者にとり憑き……20世紀末期からの約30年間に日本人１人当たり1,200万円の借金を抱えさせ、更に加速して増加させている。極く、極く、一部の超富裕層を除いて……殆どの人々は生活苦……。

同時期にスウェーデンは無借金、購買力は約３倍に上昇、半世紀以上前からの無残業社会を維持している。

『妖怪ジャパン』は……1,500兆円の借金を浪費させて……国の命運を危なくしている。

純真な国民は個人情報保護法、著作権侵害などを『おとぎ話の狼』の様に怖れ……日本が不正と、隠蔽を特徴とする腐敗社会に変身する事を容認してきた事が原因だ。

約25世紀前……歴史上法律が出現した初期の頃……ソクラテスは法に従って毒杯を飲んで

死んだと……中学生の頃に読んだ本に書いてあった。筆者はその本の書名、出版社名、作者名、書いてあったページを思い出せない。

文系論文、著作ではその様な場合引用した資料の『書名、出版社名、作者名、掲載ページ』等を書かないと不正確で論文審査が通らないのみならず、著作権侵害で訴えられると言う。

その様な制限の下でこの様な本を書くと、引用資料の記載だけで数千ページを要し、結果的に表現、言論の自由を奪い取り、社会は閉塞状態に陥って終う。

それが21世紀の日本で……1,500兆円の借金を作った原因だ。

約25世紀を経て……社会の保有する知識は個人が把握する事が不可能なレベルに爆増したが……個人は相対的に狭い分野に閉じこもり『井の中の蛙』で、相対的に、無知になって終ったと観察している。

その傾向は特に、幼少期から青年期までを教育と呼ばれる……マインド・コントロールされる期間の永かった人々に於いて顕著である。この本は法に従い……毒杯を飲んで死んだソクラテスの様に、毒杯は飲まないが……法に従って牢獄に繋がれることは覚悟している筆者により執筆された。

それが筆者の考える『晩節を汚さぬ』正直な生き方であり、過去の筆者の事績の延長だからだ。

ソクラテスの時代には少なかった法律はその後爆増して現代がある。 日本では多くの人は法律や制度に縛られて不自由な人生を送り……少数の人はそれを悪用して私利、私欲を満足させている。

筆者は82年の人生で無数の情報源から得た単独の知識を頭の中で混合、整理して蓄積された知識を基に執筆している。

出所が明確な国際統計、国家統計数値について正確な数値が必要な場合にはその都度出所を明らかにしているが、筆者の頭の中にある知識については、その出所を明らかにする事が出来ない。

経済学者が踏襲されている様な文系学者の形式を取れば……10年くらい掛けて過去の無数の論文、著作を調べ上げて引用論文として末尾に記載すればそれだけで数千ページの紙数を要するだろう。

この本では全てを過去の文献、論文に頼ることなく新しい何かを発見する事が目的であり、基本的に技術者が新しい何かを執筆する技術論文の形式を踏襲している。

確定した過去の統計を基に過去に起こった事件の顛末を推定するような事は、B級の科学論文の場合にはあるかも知れないがA級の理系論文、又は特許の文書の場合では絶対に起こらない。

現時点での最高智との関係で、自論が優れている事を論証し、それに対する反論、異議に対抗して……意義申し立者を科学的に屈服させられなければ科学論文、特許の明細書の存在意義はなく、即刻、ゴミ箱行きだ。

日本の政府、行政の国家経営が下手糞に加え、天下り、怠惰、隠蔽、不正を特徴とする実態を明らかにする事で、原因を特定して明らかにする事が筆者世代の責務だと考え、自分史で示した事実を下に解き明かす事を目指して第２部、第３部を追加した。

日本の劣化は文系教育を受けた専門家により始まった

日本の劣化は文系と呼ばれる法律、経済の専門家主導で始まり……劣化は憎悪しながら……当初は等差級数的な憎悪だったが、今後更に憎悪し……破滅に向かっていると筆者は確信している。

日本の文系専門家は劣化の原因を科学的に解明する視点を欠落しているのみならず……無

意識に加担している様に観察される。

この本は常識で書かれており、
筆者は日本とスウェーデンの常識のハイブリッド

筆者の常識の教える所では1,500兆円の巨額借金積み上げの責任の大半は、日本の経済学者にあり、彼らがキャリア官僚、大学教授、シンクタンクのアナリスト、在野の専門家等として作り上げ、直接的、又は間接的に看過してきた事が原因だ。

筆者は日本とスウェーデンの常識を両国の一般人よりも豊富に知っている。

日本の常識

人生の大部分を2シフトで生き、82才だが、実質的に150才分くらいの経験がある。

スウェーデンの常識

日本の常識とあまりにも異なるスウェーデンの常識に遭遇、疑問があると……多くの人に質問を繰り返す事30年……殆どのスウェーデン人が空気の様に無意識に看過している常識の起原＝理由を知っている。

筆者は罪人の端くれ

筆者はそれまで通り抜け可能だった所で、半年ほど前に侵入禁止の看板が掲げられた所で、待ち伏せしていたパトカーに検挙され、道路交通法違反で罪人となった。

巨額借金を作った行政は？？

1,500兆円の借金を作り、天下りしているキャリア官僚は、常識的には大悪人だが法律違反をしていないから、罪人ではない。貧困を原因とする多数の自殺者、自動車行政のお粗末から来る自動車事故の死者数等、常識では失政と見做される多くのお粗末な行政行為。

常識では……悪人と判断されるが……多くの彼らは法律の専門家で法律違反をしていないから罪人ではないかも知れないが、大悪人だ。

厚労省発表、年金財政の「年金財政検証」が暴露した
日本の文系官僚、学者、識者の驚くべ未来予測

2024年7月4日(木)読売新聞朝刊に、厚労省の公的年金財政の長期見通し「年金財政検証」の結果の記事が掲載された。

分割されているが掲載記事全体で、見開きで2頁全面を使うくらいの大きな記事で詳細に亘り細かな数値をまじえて、今後の30年の日本の年金会計が健全性を維持できる事を検証している。

巨額に積み上がった国の借金……若者は将来年金が貰えなくなるのではないかと危惧する中で、安心させる為に厚労省が資料を配布、それを新聞が掲載したものと考えられる。

要約すると、以下の様な事が書かれている。

> 今後の30年も日本経済は、過去の30年とホボ同様であり、種々の条件でのシュミレーションの結果、35才の人が年金世代になった時の年金手取り額は、現役時代の年収の50％以上が確保できる……。

筆者は記事を読み……死ぬほど驚いた。

数十名の日本のトップ級経済、法律の専門家からなる委員会で議論した結論は、筆者の視点からすると詐欺以外の何物でも無い。筆者の常識判断で……一般人か直ぐに理解出来る様に表現すれば以下の様になる。

厚労省官僚、社会保障審議会年金部会、経済前提に関する専門委員会が何とはなしに……一緒に相談し合って連判状に血書した訳ではないが……グルになって……国の巨額借金、将来避けられない円安が庶民を生活苦に陥れる事に目をつぶろうと談合して、『年金財政検証』を発表したようなものだ。

未来の30年間の経済が、過去の30年と同様であればそれは地獄の様な30年になる事を意味する。

- 彼らは経済現象を理解する事が出来ない……経済について無知なので、幼児の様な理屈をこねているのか？？
- 彼らは、経済について理解しているが……愚かな日本国民は「年金財政検証」を発表すれば納得すると思ったのか？？
- 取りあえず、日本の現状は最悪で、手に負えないから……彼らが引退するまでの短期間の弥縫策……？？

民間企業ではあり得ない発想だ。（詳細については第１章参照、第９章参照）

日本には文系と理系の二刀流の学者はいない？

日本の政治は文系の行政官僚が制度設計……理系の科学者は制度に従って動く職人＝労働者的な立場にある。

残念ながら文系と理系、二刀流の人はいなく、筆者も理系の男で文系の学者の論文、著作についての知識は貧弱だった。

地味な理系の専門家の世界では、その仕事の成果は舞台の上に上げて批評される事が名誉であり……舞台上で批評、批判される事が最先端の価値を持った論文、著作である事の証明である。特許は反論、批判を乗り越える事で登録されて権利が確定する。大多数の論文、出願特許は舞台に上げられる事もなく……消えて行く。

筆者の目からすると、文系の学者は……特に経済学者は……統計を参照して過去の事実を解釈するだけで……経済現象の因果関係を科学的に解明して問題を解決する姿勢を完全に欠いており、実態としては一神教の僧侶が過去の聖書に問題解決の解答を探しているのと同様で、日本では文系と理系の学者の世界は思想的に完全に断絶している。

筆者は文系と理系の頭を持っていた

筆者は小学校４年生の夏休みに、翌年の東京旅行の為の旅費を稼ぐために起業して塩サバの行商＝訪問販売を行った。それ以来世の中の経済現象を経済学の視点で観察する習慣が身に付いている。

現役の頃は当時のハイテク分野である粉末合金＝21世紀のナノテクの揺籃期……CVD、PVDと呼ばれる21世紀のICチップ製造の基幹技術となっているコーテイング＝ガスを使うドライメッキ関連の技術分野で活動。

住友電工退職後の30年間トヨタ、ホンダ、三菱重工等の大企業から、無数の企業に金属材料の機械加工コストを低減するためのコンサルタント的な事を主たる仕事としてきた。

特許係争、ライセンス、M＆Aに関しても度々スウェーデン本社の幹部社員と連携して事件の解決の為に貢献して来たので、終身雇用の国、日本では出来ない文系、理系のハイブリッドの経験をする事が出来た。

日本最高の文系専門家が執筆に協力

米国のMLBで二刀流、DH＝代打出場でホームランを打つ大谷翔平氏の様に、この本の中でSW＝Support Writer＝応援執筆者として日本の文系学問である政治、社会学、経済、福祉、医療のトップ級の専門家の論文、著作から支援をして頂き、結果として共著者みたいな役割を担って頂く事で説明を簡素化する事が出来た。

劣化を事績として残された文系専門家が残した事実は大罪だが同時に論文、著作をされる事で証拠を白日の下に公開されているので、筆者の経験と混用する事で説明が簡潔に出来るようになった。

この様なSWが無ければ……読者の方に納得して頂けるような説明は不可能だっただろう。

日本は祖父母の時代の日清、日露戦争、父母の時代の第二次大戦、筆者の時代の戦後復興を経て、失われた30年と呼ばれる21世紀初頭の経済停滞期を経て日本は急速に劣化速度を上昇させて絶望的な破滅に向かっている。

失われた30年は明瞭な外敵が存在しない経済戦争＝経済競争下で行われた行政の愚行と国内の腐敗を特徴とする劣化なので……原因の特定が非常に困難だが、不可能ではない。

巨額公的債務

1,500兆円の巨額借金を作った官僚組織の中枢の人々は、英国に**官費留学で法律と経済の二刀流＋英会話**も流暢な３刀流で生きてい人々だ。そんな賢い人々が……徐々に増大……1,500兆円……国民一人当たり1,200万円までに膨れ上がった巨額借金を看過してきた。一般家庭の主婦の常識で考えれば……。

> 夫の年収は500万円だが贅沢三昧で生活費が800万円から落とせない……毎年300万円はサラ金からの借金で賄ってきた。
> 結婚30年で残債が1,500万円……返済する目途が立たない。

『疑念が湧いてくる』→それは官僚の無能力
＋不正蓄財のハイブリッド効果ではないか？？

彼らの前任者が残した巨額公的債務を目の前にして、彼らの頭の中には以下のような事が去来するだろう。

－　こんな巨額の債務の解消と、巨額の債務に頼っている歳入を解決する方法などある訳はない。
－　先輩は天下り後に『院政』で大きな報酬を得ている……日本の危険な財政状況では日本円は何時無価値になっても不思議ではない……知識を活用して……取りあえず定年まで……制度に迎合して上手く立ち回って利殖に励もう。
－　政治家はバカばかり……不正行為で、汚職する為に政治家になっている……それに比べ我々は一生懸命に勉強して東京大学を卒業したのに……。

等と考えるのは、自然の発想だ。軍を率いて『ルビコン川を渡った』、ローマの永久独裁官カエサルの心境だ。

あらゆる物事には全て因果関係があるが、その因果関係が解明できるか、出来ないかでその後の展開が大きく違う。

祖父母の時代……過去の系譜

日露戦争直前に締結された『日英同盟』以来、日本は英国と強い絆で結ばれ、その後も英国の強い影響下にある。

影響には『好悪』の２面があり、それは影響を受ける人の人間性＝心によりジキル博士にも、ハイド氏にもなれるだろう。

日露戦争は英国から好ましい影響を受けて、必敗との下馬評を蹴飛ばして日本が完勝した。

現代の日本の多くの高級官僚は英国に官費留学、英国から強い影響を受けているが……現下の日本の国家運営を観察すると……度外れに好ましからざる影響を受けている。

日露戦争の場合

日本は約120年前の日清、日露戦争で……**世界が日本必敗と予想する中**でアジアの眠れる大国清国に勝利し、続いてナポレオンをも敗戦に追い込んだ欧州の大国ロシアを屈服させ、ロマノフ王朝崩壊の起点を作った。

予想に反しての日本の勝利は全て**英、米、瑞の３か国起源の直接的、間接的なアシスト**による。

戦費調達は英語が流暢だった高橋是清

アメリカで奴隷となった事もある2.26事件で暗殺された高橋是清により英国で日本国債をロスチャイルド家に引き受けてもらう事に成功、他の投資家も追随して、巨額の戦費を作る事に成功した。

主力軍艦は英国製で、指揮官は英国軍人の頭脳をもった、日本の若者軍人

英国のビッカース造船所で作られた戦艦三笠を筆頭に、殆どの軍艦は英国の造船所で作られた。

日露戦争でバルチック艦隊を完膚なきまでに敗戦に追い込んだ連合艦隊司令長官東郷平八郎は、23才から７年間英国で海軍軍人としての教育を受けた、和魂だったが、頭脳は英国海軍軍人だった。

謀略の基地はストックホルムから、戦艦用の高級鋼はSandvik ABから

明石元次郎大佐は日露戦争の勃発に伴い公使館をスウェーデンに移して、謀略戦を行い英国からの情報提供を受けて連合艦隊の作戦を成功に導く貢献をした。

軍艦の大砲、機関、推進軸等に使われる高級鋼は、殆どがスウェーデン製……当時世界の高級鋼の80％はスウェーデンで作られていたと言われ、筆者の勤務していたSandvik ABから大型の鍛鋼品が英国に輸出されていた。（写真集の鍛工用プレス参照）

1,500兆円の借金は何処に消えたのか

『筆者の疑念』は、確信に変わった……1,500兆円は官僚の無能力＋不正蓄財のハイブリッド効果で起こってしまった。

第２部と、第３部は官僚の無能力＋不正蓄財のハイブリッド効果の事実を浮き上がらせ、原因を明らかにする事で次代の人々が日本を正常な状態に戻すための指針を読者の方と一緒に思考したいと願っている。

1,500兆円の重大さを実感してみよう。

1.5の後にゼロが15個……**000, 000, 000, 000, 000. －……付くマネーを実感**してみよう。

第２部第１章で相続税の金利400億円還付事件で、400億円は１万円札で４トン積みトラック１台分である事が書かれている。

- １千５百兆円は車長８ｍの４トン積みトラック37,500台分になる。
- それは車間を車長の８ｍで車列を組むと全長600㎞＝新幹線で東京駅―新神戸駅の距離となる。
- 400億円のミスを37,500人の官僚が行った事に相当、日本の行政機関では日常的に起こっており、格別珍しい事ではないのかもしれない。

過去の経験：親の借金は相続放棄できるが？

筆者の若い頃には亡くなった親の借金の証文を根拠に、娘がゲゼン＝人買いに自分を売って金を得て証文を取り返す様な事を扱った文学小説が普通にあった。昭和32年に法律が出来て管理売春が禁止されたが、韓国クラブに代表されるように，それまでと変わらず売春業は存在していた。

昭和20年代の冷夏の年には農業不振で東北地方から娘が東京の色街に売られる事は珍しい事では無かった。

何時の頃からか、親の死に際し３か月以内に相続放棄すれば、親の借金を相続放棄でチャラに出来るようになり、現在があるが、21世紀になっても、社会的不公平が是正されたわけではない。

日本の60～70年代の民間製造業の興隆に貢献した事に達成感をもって、筆者は現役を終えたが国の借金の積み上げを看過した、国民としての不出来を悔いている。

経済学者はどうしたのか？

殆どが東京大学出身の数千人の有名経済学者、経済専門家……は何をしていたのか。多分、彼らは経済学を勉強したが、常識で判断できる市場での生活用品の価格上昇などの経済現象には関心がなく、統計万能で考えているのだろう。

彼らは積極的に看過したか……又はマインドコントロールされて巨額借金を認識する事が出来なかったのかもしれない。

まえがき

このまえがきは最高の短縮形で第二部の執筆目的を伝えるために設計した。

経済学者が命名した失われた30年の日本経済の停滞の始まりを1993年とし、スウェーデンとの比較で日本の経済状態を検証する事で日本が抱えている経済問題に端を発する……隠された巨大な問題に関する筆者の知識を読者の方が共有され、日本劣化の原因を知り再生に向けて考え、行動を開始される事を期待している。

政治、経済、科学、工学、医学、歴史、雑学……と幅広く扱っているので、読者の方がそのどれかと類似した経験をされていた場合**『Me Too』と気付かれ**、それが日本全体の問題であると理解される事を期待している。

筆者は偶然の連鎖で小学生の頃から70年以上の間、２シフトで人生を歩み……通常の人の約２倍、150才の高齢者に相当する経験を重ねてきたのでその原因を熟知している。日本では全国を飛び回り数千の民間会社、数十の著名大学、公立研究所の約千人の教授、学者、トップ・リサーチャーと議論し、特許係争で競合民間各社の高学歴担当者と激論を交わす中で鍛えられてきた。

現役引退後……家庭菜園、テニス、山登り、旅行、マージャンで安穏な生活20年……現役の頃に行った製造現場の問題解決も、国の問題解決も同じだ。

経済学者、識者と呼ばれている人々は主に教科書、論文で学び社会的経験が貧弱だが……**筆者は実戦で鍛えられているから体で覚えている。**

小学生の頃に死を意識した経験があり、それから計５回死を意識した経験があるが82才でまだ生きている。これは天命だと感じた。

15才まで世界遺産五箇山の自然の中で育ち自分の意志で小型の農業、林業、漁業、商業、土建業、薬草採取業の経験をしながら、受験勉強からの悪影響を受ける事なく……マインドコントロールフリーの環境で育ち……都会に出た。

就学前に90代で盲目の祖母と、50代で病弱の叔父と同居、人の死に行くさまを就学前に観察してきた。

貧しい日本の農家と、裕福で清潔に政治が行われているスウェーデンでの生活経験がある。

日本とスウェーデンを比較

下表に1993年を起点として、2023年までの『失われた30年』に起こった日本とスウェーデンの経済指標の変化を示す。日本とスウェーデンの国政の成績は巨大な差を見せつけている。(IMF2023年10月統計に準拠)

日本とスウェーデンの経済指標の変化

	１人当たりGDP 名目自国通貨		同左購買力 ドル表示		総純債務残 GDP比	
	1993	2023	1993	2023	1993	2023
日本	4.05	4.7	22	52	0.2	1.6
93 / 23		**1.1**		**2.4**		**8.0**
スウェーデン	189	585	20	66	0.3	0.1
93 / 23		**3.1**		**3.3**		**-0.2**

注）総債務残は日本が80倍、スウェーデンは余剰金＝貯金
名目自国通貨は、日本は万円、スウェーデンは×千kr

自国通貨での富裕度は日本がホボ停滞なのにスウェーデンは約３倍、米ドル表示での購買力は日本の約2.4倍に対してスウェーデンは約3.3倍、自国通貨での１人当たり名目GDPは日本の1.1倍に対してスウェーデンは3.1である。

下図は前述した事を可視化する為に図解している。

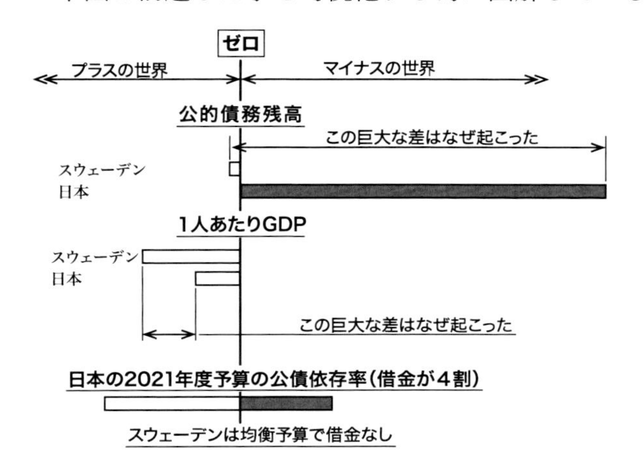

表に示す『GDPの多寡』と『借金の有無と多寡』との巨大な差がなぜ発生したのかを筆者は肌感覚で熟知している。

それは、日本とスウェーデンの行政能力、政治家、官僚の清潔度が極端に異なっている為である。

キャリア官僚が定年退職後天下り、その後数十年間行政に影響力を与えて天下り企業に便宜供与又は税額減額の口利きを行う事が普通の社会になった事が原因だ。

筆者はIMF統計のスウェーデンの数値は正しいと思うが日本の数値については、実態が統計数値よりも悪くてもビックリしない。人情として、悪い数値は出したくないものだから、統計の数値は最低値と考え……正確には下振れしてもビックリしない。

筆者がスウェーデンに住んでいた半世紀前と現在ではスウェーデンは変わり、日本も失われた30年と言われるように大きく変わったが、その代わり方が反対だ。

■外からスウェーデンを見ると：大綱で不変

筆者は1975～79年まで４年間スウェーデンに在住、その後1999年の退職まで20年間、年に数回、多分、計50回以上両国を往復している。スウェーデンはその間に変化しているが、国家経営の大綱は……外から見ると変わっていない……「高賃金短時間労働」の「ホワイト企業」を育成する目標に向かって政治、行政が微調整しながら行われている。

■中からスウェーデンを見ると：大きく変化している

スウェーデンは大きく変わって、昔の面影はない。高額所得者は以前よりも優遇され、著名な童話作家が国は自分の所得の100％以上を税金で「フンダクル」と揶揄した時代と、様変わり最高税率は56.7％である。それでも日本の最高税率45％よりも、11.7％高い。

10以上ある家族財閥は、責任ある健全経営で、傘下の企業群は「ホワイト企業」で、多額の納税を行っている。

財政上の歳入と歳出が均衡を維持する節度ある国政が成され……30年前よりもGDP比で計算された借金が減少している．．それは剰余金＝貯金が出来ている事と見做される。統計数値は嘘ではないがその背景を咀嚼して理解することは容易ではない。

詳細に説明するためには、数冊の本が必要になるが、この本の執筆目的は日本を知ることが目的なので適宜、スウェーデンとの比較をする事で効率的に我々が抱える日本の問題を理解出来る様にしている。

一部の経験は自分史に既述

既に筆者の経験は自分史に掲載されているが、それらは単に表から見えた事の一部が書かれているに過ぎない。

筆者は表に示されたような結果が発生した原因を熟知している。

第２部では主に筆者の経験をもとに公的な統計の数値の助けを借りて失われた30年間に起こった日本の劣化を科学的に説明する事を目指している。

日本の高学歴者は学校教育からマインドコントロールを受け……活字を通じて主に統計から経済学を学び……中身を咀嚼して理解できていないので……起こっている経済現象を正確に理解、推測する事が出来ない。

腐敗臭を放つ政治、行政に小判鮫の様に無数の学者、識者が群がり……結果的に特定の個人を名指しで責任者とすることができない、日本を恰も妖怪が支配している様に混乱した国にした。

筆者はその様な妖怪が日本を劣化させており、殆どの日本国民が何らかの形で妖怪の日本劣化活動に加担……又は無意識の内に参加させられており筆者はその様な妖怪に**『妖怪ジャパン』**と命名した。筆者は人々が『積極型』,『迎合型』、『無関心型』のいずれかの形で日本を劣化させている事を熟知している。

この部分を執筆している数か月前、米国のプロ野球界で世紀の大活躍をしている大谷翔平氏の通訳の賭博事件が報じられた。

民主主義国は清潔でなければ民主主義は機能しない。日本で起こっている事は欧米民主主義国の標準から考えれば、想像を絶する、不潔なのだ。それに気付かない……若しかしたら気付かない振りをしている日本の学者、専門家……筆者は気付いているからには看過する様な不義を出来ない。**『義を見てせざるは勇無きなり』で見逃すのは加担と同罪で嫌だ。**

筆者は25才から**『理想は高く、姿勢を低く……』**を座右の銘として生きて来た。

日本は真逆の**『理想は無く、姿勢を高く……』**と表現される東京大学を筆頭とする高学歴の『高級官僚』により経営されている事を熟知、同時に彼らが適性とは反対の職務を担当……多くの人が不幸な精神生活を送り定年を待ちわびて……天下り後の安穏で高収入の得られる晩年を夢見ている事も知っている。

国家経済を正常化、**大多数を占める年収500万円以下のエッセンシャルワーカーの方々を生活苦から救済する為に**82才になり座右の銘を……**『理想は高く、姿勢も高く……』**に変更することに決めた。(資料集参照)

日本は自然災害大国で十数年毎に大地震が発生している。2024年元日には能登半島地震が発生したが、その13年前に東北大震災を経験している。災害大国で最重要なのは災害復興の為の資金を蓄えておくことだが……日本政府は反対には巨額の借金を積み重ねて来た。それは、政治家、高級官僚に常識が無いからだと思っている。

戦後の製造業の頑張りで、日本経済は驚異的な復興を遂げ大金を手にしたが、政府、行政は大金の扱いを間違って後日『バブル経済』と世界から揶揄されるミステークを冒した。ふるさと創生と称して自治体に１億円ばら撒く……幼児が不相応な小遣いを貰って戸惑っている様なものだ。21世紀になって再度バブルが発生したがそれは『借金バブル』だ。

日本には多分バブルを作り出す**『妖怪ジャパン』**が住んでいるのだろう。巨額に膨張した公的債務を意識してか、無意識にか不明だが、多数の高学歴者、高級官僚、著名な経済学者、識者も交えての審議会、委員会を経て立案された経済計画は……沈みゆくタイタニック号に外から放水して沈没を早める様なもので..日本を低賃金、長時間労働を特徴とする『ブラック企業』国家へと劣化速度を上昇させている。

第２部のまえがき

筆者が自信を持ってこの様な本を執筆したのは、自分史にその一部を公開したように社会経験の幅が広く、内容が濃厚だったからだ。残念ながら筆者には誇れるような高学歴がない。日本では高学歴がなければ政治、経済、科学等の分野では全く問題にされない事を熟知している。製造業で経験を積んだ筆者の観察では、日本の高学歴者が行う政治、経済運営、科学、工学分野の仕事がお粗末でその累積が日本の公的債務を1,500兆円の借金大国にしたと断定できる。

流動、変化する経済現象を推理する

経済は常に変化……高所から下方へ重力の法則に従って流れる水の様に……流動し、停滞も元に戻ることもない。

第２部、第３部は現下の日本で起こっている事を主に経済的な側面から論述しているが、この本は経済学の論文、著作ではない。経済学論文は限定された範囲の中で経済現象を停止させて、統計を根拠に科学風に化粧した解釈で過去の出来事を講釈する。

本書の目的は巨額の公的債務の発生原因の追究と、日本の将来について考える事であり、公開された統計数値も利用して、隠された何かを発見して、「巨額借金」の発生を許した日本を理解する事にある。

原因が解れば、対策が打てる

第二部、第三部では筆者の手の届く範囲、身の丈にあった専門知識の深度で「浅学菲才」にも拘らずこの本を執筆した。

筆者の実体験をベースに、統計の数値も部分的に利用、可能な限りの多くのジャンルの出来事ついて検証している。

これは経済学書ではない

経済学者から見れば、多分……この本はゴミみたいなものだろう。数字は丸められて、粗雑。執筆に数年掛かっているおり、引用数値の出所が明記されていなく、外来語の片仮名表記が頻繁に論文用語とは違っている。

初期の頃と終わりの頃には引用する統計の数値も違っており、校正がなっていない……等無数にある。

この本は経済論文の様に論文の為の論文、勉強の為の勉強で執筆している訳ではなく、主に経済を通じて巨額公的債務を積み上げ、更に加速度的に借金を積みます日本を理解する事にある。

元スウェーデン大使の著作「悪書」からの呪縛を解く。

2002年に出版された元スウェーデン大使、藤井威氏の３部作、計約800ページの著作「スウェーデンスペシヤル」は、筆者から見ると、日本歴史上最大の「悪書」である。

著作は21世紀に突入、急激に変化するITパラダイムシフトの中で…古文書の様なものであるが、日本の21世紀の税制、福祉政策に巨大な影響を与えて、日本を貧困国、「ブラック企業」で充満させる国に改造させる大きな原因を作った。

大使はその様な意図、悪意はなく軽い気持ちで……良いもの見つけたみたいな…執筆されたと推測されるが、大使の肩書と経歴は日本の21世紀の税制、福祉政策に巨大な影響を与えて来た。

スウェーデンは『高福祉高負担』が日本の常識となる

大使の著作はその後公表されるOECD統計との矛盾に対する疑問…誰でも気付くべき単純な疑問、矛盾…を封殺する効果を見せ、スウェーデンは度外れな『高福祉高負担国で』で、**日本を福祉国家にする為には、重税が必要であると言う迷信を日本の常識にした。**結果的に日本中の政治家、行政官僚、学者、識者、マスコミに巨大な影響を及ぼし、日本経済の劣化を促進……1,500兆円の借金を持つ国に危機感を持たない政治家、官僚、国民にした。大使は大蔵省の高官、内閣官房の高官、元スウェーデン大使の看板を背に、地域振興整備公団総裁に天下り、同時にみずほ銀行顧問等を兼任。 藤井氏の福祉、税制の専門家を対象に行う講演記録が多数ネット上にあり、藤井氏は得意げに以下の様に書いている。

> 藤井氏が冒頭にスウェーデンの租税負担率55.8%に対して、日本は22.9%。
> 一般政府収入対GDP比はスウェーデンの56.7%に対して、日本は30.0%
> を見せると……聴衆は、ビックリ、**スウェーデンは高負担で無茶苦茶……全く参考にならないと**マインドコントロールされる様子を語っておられる。

本書執筆時点では、日本の2/3以上の人々が属する年収500万円以下の低所得層について言えば、税負担は概略年収の約10%≒50万円、日本の方が高い。

直近の２年間についての比較でも、スウェーデンは減税、日本は増税で彼我の租税負担率は逆転、日本が藤井著作とは反対に6.1%も高くなっている。(第８章参照)

筆者にエネルギーを与えた悪書

悪書は筆者にキャリア官僚が意図的に悪事を働いている事を疑わせる発端となり、当初、単純な自分史執筆を考えていたが、この様な大部の本を書くためのエネルギーを注入される事になった。**まさに『天網恢恢疎にして漏らさず』である。**

終身雇用制度の壁？

藤井氏の後輩でOECDに派遣された多くの日本のキャリア官僚は、大使著作の問題点を指摘すべきだったと思うが……問題点が解らなかったのか……解っていたが大先輩に対しての異論を提起出来なかったのか……結果的に藤井大使著作に疑問を表明、又は異議を唱える声は……筆者の知る限り出てこなかった。

肩書で化粧した看板の無い筆者に出来る事は愚直に、多数の事実を示す事で、世の中を藤井著作の「呪縛」から開放する事であると信じて……その結果が千ページを超える本書になった。

現状の概括：国家経営の成績表

筆者は1900年代後半から猛烈に劣化する日本経済を眺め……約半世紀前に二人の就学前の娘を伴って住んだスウェーデンとの比較で……現在二人の娘と３人の孫で計５人の子孫が６千万円の借金を抱えている…将来を案じている。

日本とスウェーデンの国家経済の運営成績は以下の様に単純化して表せられる。

	1人当たりGDP（万円）	借金（万円）	経済政策の特長
日本	400強	1,200	ブラック企業充満政策
スウェーデン	800弱	400	ホワイト企業充満政策

上記の様な国家の経済運営成績表の様な違いが何故発生したのか？

40才の二人の子持ちのスウェーデン人夫婦が筆者に日本から里子を送ってと熱烈に依頼している。

日本でアラフォーの子持ち夫婦は大変だが、何故その様な差が発生するのか。

第２部、第３部は随所に筆者の経験から日本とスウェーデンを比較する事で日本の抱える問題点を浮き上がらせるように考えて執筆している。

大蔵省／財務省と日銀の無責任

脱稿目前の2024年１月中頃に『**令和６年度税制改正の大綱**』と『**金融政策決定会合**』の結果を読んでビックリ。全99ページの大綱にも全文23ページの会合の**議事録にも公的債務について一言も触れられていない**。

財務省のホームページには以下の様に書かれている。

> **財務省：国の信用を守り、**
> **希望ある社会を次世代に引き継ぐ**

閣議決定された大綱の読み難さに驚き、全文99ページを通読、多分、東京大学卒高級官僚の執筆者の日本語の作文力が……筆者の観察で、小６程度でビックリした。

そんな事がある筈がないと思いながら読み進み、結局全文99ページを読み、ビックリすると同時に、今迄不思議に思っていた多くの愚行の原因を知ることが出来た。それらは起こるべくして起こった。

21世紀になっても政府、行政では『役所言葉』と呼ばれる『雅文』を使っているのだ。

第２章、第３章に記載された事実は高級官僚の無為無策を……あまりにも明瞭に示している。

当初から『妖怪ジャパン』の根源は日本の『大学受験目的教育』と終身雇用制度……中でも公務員の終身雇用制度にあると確信していたが、パンチの効いた説明をするには数値＝データーが無ければ抽象論で終始、本の厚さが辞典のように厚くなることを意味する。お粗末な『令和６年度税制改正の大綱』と『金融政策決定会合議事録要旨』のアシストにより、この本を少しは薄くして脱稿する事が可能になった。

> 脱稿数か月前に出現した『令和６年度税制改正の大綱』が、全てのモヤモヤを解いてくれた。予定外の章を追加して1,500兆円の借金増殖の原因を少ない紙数で要約している。
>
> 先ず第９章を読み、それから第１章から順次読まれるのも良いかも知れない。

富山県：狂っているのは知事か、一橋大学か？人事院か？

2023年10月、大阪で開催された『近畿富山県人会』に出席、新田八郎富山県知事の……富山県の人口を10倍にすると言う『ウエルビーイング計画』の永いスピーチを聞き、昔から教育県として知られていた富山県が狂っていると思った。新田氏は一橋大学経済学部卒の経済専門家で祖父は内務省の高官で天下りの富山県知事だった。

筆者には一橋大学卒の仕事上の濃厚接触者が２人おり、最上さんは三井物産社長室長OB、富山県出身の切れ者で筆者より一回り年長。二人目は住友電工の現会長、関経連会長の松本正義氏で筆者より３才下で、筆者の退職２年前に入社、同じ粉末合金事業部に所属、大きな事務所の中で近距離に座り、数回仕事上の事で松本さんの依頼に応えた事がある。

新田氏は筆者より16才年少……最上氏、松本氏と比較して、同じ一橋大学経済学部卒で何故そんなにも違うのか？

『ウエルビーイング』の提唱者人事院の人事官伊藤かつら氏は、多くのキラキラした豊かな国際経験をお持ちで、60才目前で人事官に就任された。公務員の週休三日制へのアドバルーンを上げられ、公務員の就労環境を良くして、減少傾向を見せている東大卒者のキャリア官僚応募数を回復させる計画の目玉として、ウエルビーイング計画を始めた。
筆者の目から見ると……現状を理解していない愚行だと断言するが……八田知事はそれに飛びついた。

平成の碩学が……変だ

文芸春秋100年記念誌に、平成の碩学の誉れの高い佐伯啓思氏の論文『民意亡国論』が掲載されたので読んでみた。
筆者の目にはイスラム教のイマムが、聖書に書かれたコーランに解答を求めている様な風情の論文であり、科学的に考える事を完全に放棄している。佐伯氏は筆者より７才若く、昭和24年生まれで筆者と新田氏の中間くらいの年齢だ。
筆者が文春の編集者ならば、掲載記事の名前を『碩学亡国論』と書きたくなる。

教育、経験の多寡が全てを決める

文芸春秋の編集者も掲載前に原稿をチェックしている筈だが…誰も疑問を感じなかった？少し変と感じたとしても……碩学に……何かを示唆する事は無理だ。全ての事は……過去の経験、公教育でホボ原型が完成し、日本では全ての人が自分の生きて来た時代に過度にマインドコントトールされて生きている。

思考実験は示す：低所得者に対して日本はスウェーデンより税負担が大きい。

筆者の興味ある『思考実験』は日本経済が停滞した『失われた30年』の間に、若し日本がスウェーデンの税制を適用していれば、日本の１千百兆円の借金は反対に１千兆円を超える貯金になっていた事を示している。
スウェーデンでは極貧層と見做される年収400万円の人々に対するスウェーデンの税負担は日本よりも低い。
最も多くの、多分人口の約2/3を占める、若者世代と年金生活者……年収400万円前後の人に日本では高い税負担を掛けている事が証明されているが、それは意図されているのか？

思考実験は示す：日本の土地私有コストはスウェーデン、中国よりも高い

経済学者は土地の私有を認めていない中国を異質として扱い、土地私有制を認めている資本主義国の国民との土地利用の負担について分析する努力を行っていないように見える。思考実験の結果は、国民として人生を送る過程で必要とする居宅、商店、企業経営の為に必要な土地の占有に必要なコストを比較すると、日本が突出して、中国、スウェーデンよりも負担が高い事を証明している。

筆者は日本の劣化の原因を熟知している

筆者は日本劣化の原因を熟知しているが、無数の社会学的な因子が関係する劣化を言葉で説明するのは容易ではない。
月刊誌、文芸春秋の100周年記念号掲載、日本の経済学界のオピニオンリーダー的な存在の中野剛志氏vs小林慶一郎氏の対談が、科学的でなく、数百年前の一神教の僧侶の様に日本の巨額借金について議論している事にビックリした。それは先述の藤井威大使、佐伯啓思氏の場合と全く同じだ。
お二人とも視野が狭い……経験量が少なく視野が狭いから、それは本人の責任でなく受け

た教育と歩んできた人生の膨らみが不足していたことが原因だ。彼等、特に若い中野氏には結果が金額で表わされる経済現象を、科学的、合理的に推理する姿勢が全く見えない。日本で起こっている社会学的現象を中学校の数学で習った連立方程式の手法で……先ずＸを既知として方程式を作り……全ての責任をＸの責任とする。Ｘに**『妖怪ジャパン』**と命名、筆者が遭遇、発見した多くの公開された資料の内容を『妖怪ジャパン』の責任と仮定して分析した。**『妖怪ジャパン』**は戦後復興を遂げて健康体になった日本を、わずか半世紀で民主主義を標榜する国の中で世界史上初めての巨額借金大国に変化させた。

無数の因子が複雑に交雑する……多変数関数の最終解を既知の『妖怪ジャパン』とする事で説明を簡単にできる手法のヒントは日本の数学界の巨匠、岡潔氏の多変数関数にある。

現役時代に常用した思考実験

金属切削に使用される刃物の寿命に関与する要素を科学的に解明する事は非常に難しく、21世紀になっても最終的に実験で試すしかない。使用される機械、刃物と被切削材の成分元素とそれ等の量に加え、刃先周辺の雰囲気……空気中か、特殊な気体の中か…それらの組み合わせが発生させる刃先近傍の千度℃を超える温度、数万気圧の圧力、PPM単位の微量介在物の存在等……数値化して結果を見せる事は不可能だが、思考実験をする事で結果を予想する事は可能だ。

この様な経験があるので、その延長でＸを『妖怪ジャパン』とする発想が湧いてきた。

キャリア官僚はそうなる様に教育を受けてきた

高級官僚は受験教育に没頭して、社会的経験が少なく、受験教育の中で順位付けされて常に上位にランクされ、過度な自信を持ち……**疑うことなく自己主張する、それは可愛らしい幼児の様だ。**

筆者が遭遇、発見した多くの高級官僚の愚行もその背景にあるものは同じである。

筆者が東京大学卒ならば、結論だけを数ページ書けばそれで、社会を説き伏せられるかもしれないが筆者は無学、日本で最も重視される東京大学卒の肩書がないから仕方がない。第２部は一般的な手法でジャンル別に章立て……総計250項目に分けて記述する形式を採用した。

『妖怪ジャパン』は複雑な山容を誇る、海面下１万ｍの海底から隆起し、海面上１万ｍとなる、地底から２万ｍの独立峰で、見る方向と高さにより、外見が大きく変化する**『妖怪山』**だ。山容は無数の複雑な因子が関係して出来上がっている。

『妖怪山』は人工的に作られた山で、日本人が作り上げ、山容は奇怪で、穴あり、突起あり、洞窟あり、朽ち果てて崩壊寸前のところもある。

この本の執筆目的は『妖怪ジャパン』を『妖怪山』に見立てて、『妖怪ジャパン』を理解することにある。

第三部は章立てしないで、話題の出発点は表題を決めるがそこからは縦横無尽に、関係する因子との関係で、書下ろし風に記述する方法を採用した。

第２部に挿入されている図、表の番号は、同一の章の中でのみ有効で、章が変われば通用しません。

『低福祉・高負担』、『低賃金・長時間労働』で腐敗体質となった日本を正す。

目　　次

第１部　私の82年の自分史

第２部　自分史を素材に、章立てして失われた30年の背景を分析

第３部　自分史を素材に、随筆風に失われた30年の背景を回顧

造語集・資料集・応募論文

第１章　過去からの負の遺産：国内問題

目　　次

まえがき

スウェーデン在住時、大蔵省の第３代財務官OBでサンドビック㈱に天下りした会社の『名ばかり会長』、稲村光一氏に会い、日本の高級官僚の存在を身近に意識するようになった。

その９年前に東京のスウェーデン大使館で技官のホーンマルク氏が日本でビジネスを成功させるためには学歴が大切で、東京大学卒が突出していると王立工科大学同窓のエリクソン氏に日本のビジネス文化について語っていた。

ホーンマルク氏の横には最近政府系の研究機関、電総研を退社された東大卒30才の須永氏も同席していた。

聞きながら、時に会話に加わる。筆者は義務教育終了後に就職、話しているホーンマルク氏も含め、誰も筆者の学歴を知っていない。筆者は27才の若造だが、住友での12年間で多数の東大卒の中で揉まれていたので、適当に大人の対応をしていた。

日本が外国の要人からどのように観察されているか……初めて日本を外から観察する視点を持ち、それらの事が日本の官僚組織、大学教育について深い関心を持つ切っ掛けになった。

因みに、筆者より数才年長のエリクソン氏はその約11年後、授業員数３万人を超える世界的に著名な大企業サンドビックの社長になった。（自分史、資料集、写真集参照）

多分、多くの学者の方は『社長』と書かれた文章を目にすると、即座にそのような論文を屑箱に入れられるかもしれない。専門家の論文の社会では言葉は正確でなければいけない。時代が変わり多くの場合『社長』と言う言葉は経済専門家の論文では死語となった。

CEO、代表取締役等……と書かれる。国が違えば法律も変わり、スウェーデンの場合には非常に複雑で、多くの大企業は家族財閥の支配下にあり、家族財閥は50％以上の支配権を持っている。それらの事を正確に説明するためには数十頁の紙数を要するので、庶民の日本語の感覚でそのビジネスの実行機関のトップの事をこの本ではしばしば『社長』又は『トップ』と表現する。

その１：敗訴して400億円の金利を還付した責任者が定年退職
天下り、叙勲される事がGDPを上昇させる日本の不思議

執筆開始前から筆者はこの本に書かれている事の８～９割の事は頭の中にあり。

何をトップに持ってくるか考えていた。後述する『全国旅行支援』、『ふるさと納税』からの被害総額は400億円より１桁以上も大きいが、関連する項目が多くて分かり難く、その様な事件の解説は、日本では好まれないと思いこの事件を冒頭に持ってきた。

1980年代の東京勤務の頃、筆者の部下で筆者と同い年、国立大学卒の40代の課長と一人の若い独身者、筆者の英語の先生だったコレポンの神戸外大卒の高齢者が多重債務者となり、退職金で借金を整理する羽目になった事は筆者の心に重たく残っている。先ず、400億円に実感を持って頂くために、400億円を庶民的な感覚で理解できるように、視点を変えて重さで実感してみよう。

　400億円は１万円札で４百万枚。１万円札は約１ｇなので、400億円は４トン、**４トン積みトラック１台分である。**紙幣の製造原価は公表されていないが……１万円札の製造原価は約20円と推察され、400億円を１万円札で受け取るとすれば、紙幣の製造費は約８千万円となる。21世紀になりネットを介して、数円で送金が実行できるから科学は有難いが、それは同時に悪人に多額資金の横領機会を与え、それは海外に不正送金する事も容易にする。それが21世紀の世界だ。

　筆者は40代で現役の頃、週に４日は出張で連日新幹線に乗車、その度に週刊誌を読んでいたが、その中にはサラ金業者からの厳しい取り立てに耐えられず自殺した人の記事が頻繁に掲載されていた。

　（サラ金は、サラリーマン金融の略語）サラ金業者『武富士』は全国展開し、テレビコマーシャルで宣伝、サラ金市場で大きな存在感を示していた。

知人の叙勲に関係しての好奇心から国税庁長官OBの叙勲を発見

　筆者の身近な３人が叙勲された。妻の母は赤十字に高額の寄付をした事で叙勲され、夜間大学の親友松尾君は国交省の官僚で叙勲され、自分史に既述の仕事上の知人細井氏は紫綬褒章を受けた。

　細井さんの場合、叙勲の後に寄付を求める文書が役所から回覧され、その中で持田製薬の創業者持田良吉氏が５千万円の寄付をしていたと言われたので……日本では、民間の叙勲者の場合には、叙勲後に役所から寄付の奉加帳が回ってくるのだと不思議に思い、時々、ネット検索で叙勲者名簿を閲覧していた。

　元国税庁長官が叙勲された事を発見……武富士創業者の死に伴い、相続する息子と国税がもめて、裁判になり、国が約400億円の金利分を付けて還付した新聞記事を読んだ記憶があったので、ネットで調べてみると当時の責任者だった国税庁長官だった４名が叙勲されている。これは何だとビックリした。

事件の顛末

　サラ金武富士創業者の死に伴う相続税の計算で国税ともめた長男は、国税の指示に従って2006年に約1,600億円の相続税を納付、即刻、不服審判の訴訟を起こし東京地裁で勝訴した。

　国は上告し高等裁判所、最高裁と進み約５年後の2011年に結審して国の敗訴が確定、国は年利約５％の金利を付けて還付したが、**還付された金利の総額は約400億**円だったという。

　初級審を始めたのは、多分、木村幸俊氏で、最高裁で結審した時まで、５人が長官の任にあった。長官の任にあった人が早い段階で敗訴を認めていれば、400億円は減額されていたのに、そうはならなかった。訴訟継続中に長官の任にあった４人は定年退官後多くの行政機関の外郭団体のトップ、顧問又は民間企業に天下り、現役時代よりも高収入を得ているだろうことは、自分史に既述、会社の『名ばかり会長』稲村光一氏と、後任の徳田耕氏の例と、時々マスコミから報道される高級官僚OBの天下りを見ても明らかである。

マスコミの無反応……それから叙勲

　最高裁の判決、責任者の国税庁長官の定年退職、天下り、叙勲が１つの流れとして新聞記事になるか、テレビで報道されれば、誰でもチョット変だと感じると思うが、数百人への叙勲は小さな記事としての掲載だから、一般読者の目には留まらず、問題にしないのだと思う。

　欧米の場合には良い記事を書く事＝腐敗を暴く事は記者の専門であり、彼らは良い記事を書く事に達成感を持って仕事をしているから、この様な記事ネタは見逃される事なく記事として掲載され、確実に社会の大きな話題にする自浄作用がある。
欧米、特にスウェーデン的な感覚で観察すれば、日本のマスコミ関係者、学者、識者、会計士、税理士と呼ばれる日本の経済行政に大きな影響力を持つ知的集団が格別の反応を示さないのは不思議だと思うが、それは日本が『妖怪ジャパン』に支配されているからだろう。
現役時代に国家に対して大きな功績があったとして、初級審からの元国税庁長官の４人が瑞宝重光章で叙勲されている。５人目の加藤治彦氏は若いから叙勲されていないが、数年以内に叙勲されるのだろう。初級審、その後の裁判の進行過程で敗訴を予想して、上告しなければ、国の還付金利は300億円、200億円、100億円、ゼロ円と減額出来たはずだが、それは起こらなかった。

叙勲資格は厳しく審査される

叙勲には厳しい資格審査が幾重にも張り巡らされていると言われているが……これは何だ!!
先ず、所属省庁のトップが推薦、内閣勲章局が審査、閣議に諮って叙勲者名簿に載せられる。
400億円は従業員５千人から一万人の民間会社の１年間の人件費に相当する。
民間の感覚で言えば、100億円もの損害を与えれば、中程度の規模の企業では会社の倒産に繋がり、大企業の場合には確実に懲戒免職で、退職金は支払われない。日本中の会社の就業規則を精査した訳ではないが、民間会社ではそれが標準だ。
清潔なスウェーデンではこのような事は絶対に起こらないと断言できる。
日本では多くの福祉専門の学者が誤解している様だが、年収８～９百万円以下の低所得者の場合、スウェーデンは日本よりも税金が少なく、制度としてスウェーデンは相続税を2004年に廃止したから、同様の事は起こりようがないが、日本では反対に相続税を増税する為の準備が成されているとマスコミが報じている。

法解釈の違い、原告側の弁護士の熱意と民間の常識

法解釈の議論を原告、国の双方の弁護士が行い、最終的に国側の弁護士が負けた。
多分、原告側の弁護士は勝訴した場合の獲得利益の20～30％の成功報酬が得られるだろうから、真剣に準備し、深く考え、可能な限りの準備をするだろう。数人の辣腕弁護士が100億円以上の成功報酬獲得を目指して、真剣に準備する。
弁護士の内の一人は、国税庁退職後に弁護士登録した、国税OBで……『名ばかり会長』だった稲村光一氏の様に……国税庁に強力な影響力のある人であっても何ら驚くに当たらない。
国税庁はコスト意識の無い組織で負けても、問題なし。
国税庁、官僚はコスト意識が皆無であり、国税は敗訴しても、誰からもお叱りなく、昇進にも影響が無い事を彼らは良く承知している筈だ。官側にコスト、採算性と呼ばれる概念が無い事が、民間の常識との巨大な意識の違いを生み出している。スウェーデンでは官も民も職業意識が同じでこの様な事は起こらない。
1900年代後半の頃に、金融機関がMOF担当＝大蔵省官僚の接待担当役を置き、『ノーパンシャブシャブ接待』を常習的に行っていた事が、週刊誌にスクープされ、一時期日本中で話題になったが、国税の『さじ加減』で、金融機関の業績が大きく左右される以上……接待は止むことない。
その後『ノーパンシャブシャブ接待』は目立つから、止めているかもしれないが、形を変えて、高額接待が行われていても何ら不思議はない。

学者、識者、マスコミ関係者は自主規制

学者、識者は行政機関が諮問する委員会、審議会等の委員として行政の政策に対して国民

を代表して審議、行政の政策に承認を与える役割を果たしている。委員に選任されると報酬が日当で支払われる事、委員としてのステータスが他の委員会の委員に選任される機会を与え、多くの委員は複数の委員会の委員として、国政、地方行政に影響力を行使している。

数時間の委員会出席に支払われる日当は数万円と言われている。

筆者のテニスサークルへの常連参加者70代のＫ氏は、最近制度化された裁判の公判に際して、裁判長に専門的なアドバイスをする、専門委員に就任された。

Ｋ氏は大阪大学卒で大企業の技術者OB、公判は精々数時間で、日当は数万円……確か３万円と仰っていた……こんなに効率の良い商売はないと自慢しておられた。

因みに、スウェーデンの首都ストックホルム市議会に出席する市長の日当は約1.5万円であり、スウェーデンでは日本の地方自治体の長の様に公用車を持ち、年収数千万円はあり得ない。日本的な感覚ではボランテアである。

委員が議題として提出された事に、異議を唱え、厳しい言葉を吐けば、行政の覚えが悪くなり、委員に就任する機会は少なくなり、専門家集団から排除されて行く事になる。マスコミ関係者で委員になる人も多い。

終身雇用社会では議論する専門分野の知識の内容よりも、保身の為の人間的な忖度が最優先事項となるのは避けられない。この様な背景事情があるので、武富士創業者の息子の相続事件は、一連の流れとしてマスコミで報じられることなく、歴史の彼方に消え去って終ったのだと思う。

昔は『御用学者』と呼ばれる政府や軍部に賛同する宣伝役を揶揄する言葉があったが現在では死語になった。

ホボ、全ての学者、識者が『御用学者』になり、マスコミも大なり小なり『御用マスコミ』でないと定年まで現役生活を継続するのが難しい、ヘンテコリンな日本になった。

この事件は大きな経済効果を示す。

約400億円の巨額金利が国の経済と、相続人に与えた影響を推算してみる。

大枠で、事件に関係して消費された諸費用は景気を浮揚させ景況指数GDPの上昇に貢献する。

１．新規国債発行で帳尻があわされる

400億円の国の負担となった裁判に関連する費用＝10億円規模は……国家経済のドンブリの中で、国債の新規発行で賄われ、国公債の発行残高を増大させる。

２．裁判費用はGDPの増加に寄与、景気浮揚に貢献

推測するに裁判費用は国家経済に５年間、毎年数千万円……若しかしたら１億円以上の負担を与えてきた。

裁判所の判事、書記官、事務官、事務所の費用に加え、原告、被告双方の複数の弁護士の費用などであるが、事件が大事件なので、双方が複数の大物弁護士を充当、一般的な訴訟と比べて大きな費用が掛かっていたものと推測される。

約５年の期間が掛かっているから、国は最低数億円の費用を掛けていると推測される。

原告、被告の双方が掛けた数億円の訴訟費用の一部は貯蓄に回り、一部は消費に回る為に、経済学的な統計の中ではGDPの増加に寄与し、対象年の景気浮揚に貢献した事になる。

３．弁護士の成功報酬は国民の資産保有残高の上昇に貢献

原告側の弁護士は高額の弁護費用に加え、勝訴したので100億円規模の成功報酬を手に入れるが、それらは巨額であり多くの部分は、取り敢えず貯蓄に回るから、国内の総預金高の上昇に貢献して、経済統計上は国民の金融資産保有残高が上昇し、豊かになった事になる。

被告側の国の弁護士は敗訴なので成功報酬を手にする事は出来ないが、結審する事で何らかの報酬を得ていても不思議ではない。後述するように、日本の司法の番人である判事、検事、弁護士は法曹界で働き、同窓会意識が強く、分野に関係なく仲良しクラブを形成している。（第７章参照）
多分**『李下に冠を正さず』と身を律する意識が希薄**で、恥を感じないで自己中心的に振舞い……公表を憚らなくても不思議ではなく、結果的に国への背信行為が有っても不思議はない。

４．変幻自在な金融の世界で、裁判が相続人に追加の巨利を与える事になった

推測するに400億円の金利の還付を受けた相続人は、金融市場に関する知識が豊富で、即400億円を日本の銀行に預金するとは考えられない。多分、主たる居住先である香港、又はオランダに資金を移動させたと推測される。

円高から円安に、約1.5倍の差で結審時には11億ドルの巨利に

結審した2011年当時は、強烈な円高で、最高１ドルが75円近辺だったので１ドル80円程度で円を売って、ドルを買っただろう。初級審が開始された2006後半のドル円は117円近辺だった。
初級審の頃から、最高裁で結審した約５年間に円はドルに対して約1.5倍価値を上げた。相続人は裁判に時間をとられて金利分の400億円のみならず、追徴で納付した分も含めて、計約2,000億円還付された金額を、ドル換算で1.5倍にする事になった。言い換えれば、裁判が無ければ1,600億円÷117円≒14億ドルだったが、裁判をする事で５年間時間が経過して結審したのでドル円が80円になり、2,000億円÷80円≒25億ドルとなり、11億ドルも価値が上昇した事になる。

2023年になり約3,750億円と二倍以上に膨らむ

現在執筆中の2024年５月末のドル円は150円近辺だから、現在の価値は円換算で3,750億円となる。
国税は大騒ぎして、時間と費用を掛けて……武富士相続人に約3,750億円の課税される事のない巨額な利益を与えるためのアシストを裁判と云う公開の場で、無報酬で行った事になる。これは妖怪の様に変化する世界経済の仕業だから仕方が無いが、約1,600億円が、……約3,750億円と二倍以上に増額した。

５．1,600億円の利益は令和の時代の8,000兆円の金利収入に相当

1,600億円に郵貯の普通預金金利0.001％を当てはめれば、**1,600兆円を１年間預金することで得られる金利収入**である。
日銀の資金循環統計によれば、大まかに日本のタンス預金が約100兆円、預貯金残高約1,000兆円、株式、保険も含めた金融資産残高が約2,000兆円であるから、1,600兆円が如何に巨額であるか、その元金の1,600億円の意味が理解されると思う。
日本の個人の金融資産残高が全て銀行預金されたとして得られる利息総額の80％の利益獲得の機会を国税が相続人に与えた事になる。日本の年間国家予算約100兆円を一年間預金すると金利は100億円になる。
国家予算の16倍の預金金利に相当する、想像を絶する大きな利益である。
日銀が公定歩合を0.2％上げた、下げたとNHKが報道するが……**大小判断からすれば、日銀の金利操作はゴミみたいなものだ**。

６．若しかしたら……法曹関係者全員が関係している？

最悪を邪推すれば、原告の弁護士、被告の弁護士は同じ釜の飯を食う法曹関係者……後述する、神戸市の『しあわせの村』で開催された関西の法曹関係者の親睦テニス会の様に……国が敗訴しても、誰も傷付かない、誰からもお叱りを受けない事を熟知しているから、国を敗訴させて、成功報酬を法曹関係者で頂く事も起こり得る事だ。

7．日本の官僚社会にはコスト、採算と云う概念が無く、問題としない、されない

官にはコスト、採算と云う概念は無く、最終的に増税又は国債の発行で帳尻が合わされるので……そのような環境に永らく勤務しておれば、麻痺してしまい罪悪感を持つ事もないのだ。

8．国税庁は５～６万人の巨大組織で……個人として組織としての問題

国税庁は最大の行政機関、５～６万人の職員からなり、全ての人が大なり小なり法律、経済学を習っているだろう。全ての事案は、担当者、係長、課長、部長…….と組織で承認手続きを取られるだろうと思う。その過程で誰も問題提起することなく、座して傍観していたが、それは『妖怪ジャパン』のせいかもしれない。

多くの費用が国費で賄われている難関公立大学で最高の教育を受けて、政治、経済学を駆使して国家経営を行う高級官僚が上記の様な結果を、無意識に作り出した事は、民間企業の常識で観察するとマンガの様なものだ。

著名な29才でハーバード大学の経済学教授に就任した、マクロ経済学者マンキュー氏執筆のマクロ経済学書や、かなりの数の経済学書を通読したが、それらは活字経済学で、それから得た知識を基に経済運営をする事は容易ではないのみならず日本では全く無意味だ。**不正が介在すれば、現存のどのような経済理論もその存在を無意味に**してしまう。

多分、国税庁の若いキャリア官僚は、マンキュー氏のマクロ経済学で学んでおり、多分、多くの高齢キャリア官僚は一橋大学総長だった都留重人氏の経済学書等を学んでいる筈だ。

都留重人氏は筆者の若い頃には、米国留学時に共産党員であった事で知られていた経済学者で、その後ＧＨＱに雇用され、その後の日本の経済制度の構築に大きな影響を与えた専門家だ。

国税庁の高級官僚は、欧米の経済学が日本では何の役にも立たない事を実感している筈だ。

日本で経済学は勉強の為の勉強の経済学、他人との議論に勝つための経済学、論文を書くための経済学であり、政策立案の参考には全くなっていない。コロナウィルスの様に変幻自在に変異する経済現象を咀嚼して理解する事は難しいが、目前の経済現象を観察しながらそれを科学するのは面白い事だと筆者は思う。

何故日本からノーベル経済学賞受賞者が輩出しないか

1960年代末から～1980年代の驚異的な日本の経済発展を話題とする論文が出現、それが世界標準の中で評価されて……ノーベル賞受賞候補としてノミネートされて当然と考えられるが、それは起こらなかった。日本から多くのノーベル賞受賞者が輩出したが、大多数の受賞者は60年代～80年代に行った仕事に対する受賞で、それらは日本の経済的発展の時期でもあり、彼らの仕事が日本の経済的成功を直接、間接にアシストしていた事を証明している。

経済学、経済学者、経済専門家は見るべき貢献をしなかったのみならず、90年以降は多くの負の貢献をしている。

筆者は、経済学は、科学とは呼べないと感じており、欧米でも科学としての体裁を整えるために随分苦労している様に感じる。特に日本の場合『妖怪ジャパン』が、日本の経済現象の全てに関係しているので、欧米流の科学風にアレンジした経済学は全く意味を持たない。このままで、歴史が進めば、日本からは永久にノーベル経済学賞受賞者は輩出しないであろう。

製造業の場合と官僚の場合

製造業の場合

製造業の場合には、直ぐに解決できる様な『過去問』は誰かが既に解決しているから問題にはならない。新しい問題、課題を提示されて考え、悩んで、悩んで、何らかのアイデイア

に到達、計算で不確かなアイデイアの可能性を推算、見込がありそうだと実験で確認する。一回の実験では不確かだから複数回の実験で、確認してから実施される。
民間では発想がユニークで価値があると判断されれば特許出願される。
先ず、高学歴の経験豊富な審査官の目でチェックされ次いで同業者、高学歴者の専門家からの厳しい反論を克服して、最終的に権利が付与されて登録特許となる道のりは長くて、大きな費用を要する。
官僚の場合
高い教育を受けた高級官僚が巨額予算の関係する事案を前にして……意識的にか、無意識にか……悩むことなく、疑うことなく……与えられた任務に対してお粗末な仕事をして……数年後に叙勲推薦名簿に記入される。叙勲される人も、恥じる事無く……素知らぬ顔で、厚かましくも叙勲され……次なるステップで、多分、複数の企業に天下りして、納付する税金減額の為に国税庁に影響力を及ぼすフィクサー役をする。

その２：住友商事＝住商の個人が行った巨額損失の場合

武井相続事件の10年ほど前に日本中に知れ渡った、住商での２千億円弱の巨額損失事件がある。銅の先物取引担当者が、巨額含み損を抱え……それを公表しないで……解決にするために四苦八苦していた事が外部に漏れた。
担当していた浜中泰男氏は２千億円弱の巨額含み損を咎められ、懲戒免職となった。
社長を含め、重役は先物取引について無知だった。
一橋大学卒、京都大学卒の社長副社長コンビは先物取引に無知、２千億円弱の含み損にビックリ、即刻、手終いする事を命令した。彼らは経済学を習っているが、生き物である経済についての知識は貧弱だった。
問答無用で、先物で買っていた約50万トンの銅は売却されて、1,800億円の損失が発生した事が連日テレビ、新聞で報道された。
先物取引には含み損は付き物で、含み損は有って当然であるが、多分、社長、副社長には理解がなかった。
先物取引には、深い専門的な知識をベースに、未来価格の推定を行って売買を行う。
その為、買いの場合には、価格が下落している中で買いを入れるから、買い玉は常に含み損を持っている。
問題は、それから価格が上昇するか否かであり、それは神様しか解らないが……自信をもって相場に参加する人もいる。

浜中氏の買った50万トンの銅の価格の変化

ドル円は1996年の時点で100円近辺、2023年には145円近辺で、約45％円安である
銅価は1966年に約2,300ドル／トン≒23万円、2023年には8,500ドル／トン≒130万円と価格は５～６倍上昇している。建玉をそのまま保有しておれば約5,300億円の売買益が発生する事になる。期間中は世界的に金利が低く、金利負担は非常に少なかった筈だ。
４千億円程度の利益が発生したと考えられる。

罰金と損害賠償訴訟の結果が示す損益

住友商事は銅価の相場操縦の罪で巨額の罰金を支払った。
住友商事は金融機関が浜中氏に融資する事で浜中氏を支援、それが相場操縦の罪となり結果的に金融機関が浜中氏の相場操縦を幇助したと幾つかの金融機関を訴え損害賠償訴訟を起

こした。

未公開の数字もあるが、差し引き少なくとも３億ドル≒300億円の利益を得ている。

利益４千億円の意味する事

１．大商社の売上高利益率は１～２％と低いので、４千億円の利益は売上高約60兆円に相当する利益を生み出し、４千億円の半分くらいは納税されるから、国の借金の減額に貢献する。
２．全社員≒５千人に、１億円近いボーナスを支給できる。その内のかなりの部分は所得税、地方税として徴収されるので、税収が増える。
３．ボーナスとして支給された金は、従業員の財布の紐を緩くして、消費に回るので……GDPを押し上げる。
４．面倒な損害賠償訴訟、罰金の支払いに関しての役所との交渉に関係する弁護士費用、社内の関係者の時間的負担など、総計で億円単位の出費が無用だった。
５．事件発生で、会社は大きなイメージに対するダメージを受けたが、放置しておけば……その様なダメージを受けることはなかった。

武富士相続事件との相違点

武富士相続事件の場合には、責任者は巨額損失を国家に与えたにも関わらず、お咎めなく退職金を手にして定年退職、天下りしてその後叙勲されている。最高裁判決は新聞紙上に小さな記事が掲載された。定年退職、叙勲は特別に記事としての新聞掲載は無かった。数百人の叙勲者名簿の中にはあったが、それを発見される事は先ず起こらないだろう。マスコミ、識者、学者がこれらの一連のことについて報道されたのを筆者は目にした事がない。

住商の場合には、NHKを筆頭に、日本中のマスコミが大々的に報道……素人なるが故に、大きな悪意を持った視点から……当時は知らない人がないくらいの過熱した報道だった。

浜中氏は懲戒免職で退職金は貰えず、会社の判断で手終った事により……そのまま保有しておれば巨利を得られたのに……発生した1,800億円の巨額損害に目を付けて検察が起訴、懲役刑を受けている。

武富士相続事件も住商の場合も高学歴者の無能力と、常識の欠如が原因

当時の社長、副社長のコンビは一橋大学卒、東京大学卒のコンビで、大蔵省の高官と同じような教育を受けている。

常識と実務経験が貧弱、活字で経済を勉強したが妖怪の様に変化する経済現象に関する知識が貧弱だった。

有能なビジネスマンだったら、慎重に状況を調べ、銅価の相場の先行きについて研究……その結果で結論を出すべきだったがその様な手順を踏まなかった。その後ホボ直線的に銅価は上昇、100円近辺だったドル円は上昇、ダブル効果で数年後には金の卵を産むガチョウになった筈だ。巨額含み損を見せられ……狼狽えて……最も悪い決定をした。

武富士の場合も住商の場合も、日本の学歴重視で実務に暗く、社会的経験が貧弱で、常識が無い事が原因していると思う。

筆者は住商とお友達だった

1968年に１号高炉の火入れが行われた新日鉄君津製鉄所を通じて筆者は住商とお友達だった。

住友重機がカナダのステルコ社からのライセンスで、超硬合金ロールを使った革命的な新しい線材ミルを製造、君津の線材工場に設置された。住商を通じて超硬合金製のロール約800

個の契約を頂いた。

切削工具ビジネスの場合には１個の重量が５～７ｇであるが、ロールは１個５～10kgで我々から見ると巨大ビジネスである。全く初めての分野で初めての総合商社とのお付き合いで、カルチャーショックを受けた。新設される線材工場は60億円と聞いていたがそれは現代の１千億円くらいの大型設備である。

住商の担当者は佐波課長代理でご父君はその数年後に東芝の社長になられた佐波正一さん。

50年以上も前の事で名前が出てこないが、何人かの新聞に載る様な著名人のご子息がいた。

会社の経理の塩田さんが大阪の住友ビルにある住商本社に約８千万円の手形をもらいに行ってきたと、興奮気味に言っていたのを思い出す……工具業界では数千万円もの高額手形決済は先ず起こらない。

最初の立ち上がりが成功、３年後に営業に引き継いでダイナミックな住商との関係は終了したが、人間関係は薄められて継続していたので、浜中氏の銅先物事件は筆者にすれば、身内の事件の様に感じて観察していた。

世の中とは広い様で狭いものだ。

その３：国税は筆者との議論に負けで数十億円の徴税機会を失った

自分史に既述し、資料集にも載せている様に筆者は公私にわたり、税務署、税務官僚、国税OBとのコンタクトを経験してきた。象徴的な１例は、多分、1990年代中頃の多国籍企業に対する移転価格とライセンス料についての大阪国税局との議論だ。世界的にタックスヘブンを使って巨額な利益を上げているにも拘らず納税額の少ない多国籍企業に対する非難が高まる中で、政府が欧米の例を模倣して日本で活動する多国籍企業への課税強化を実行し始めていた。

テニスの二人の友人Ｕ氏、Ｄ氏はスイスの著名な製薬会社チバガイギーに勤務、Ｕ氏は本社経理部、Ｄ氏は工場の経理担当をしていた。チバガイギーが約60億円の追徴金を払った事が新聞に掲載され、それを話題に二人と話した事がある。

新聞記事掲載から数か月後に、サンドビックにも大阪国税局から担当者が訪問、追徴金を支払うように指示した。指示に従って追徴金を計算すれば７年前まで遡及するので数十億円になる。

会社の大阪国税局OBの中村さん、横浜銀行OBの大胡経理部長等の専門家は、少々は減額できても払わない訳には行かないと社長にアドバイスする。例の如く、社長は『名ばかり会長』の徳田耕さんに相談するが、徳田さんは今回のケースは政治がその方向で動いているから、影響力を行使できないと断るので、社長はその問題を筆者に振ってきた。

過去に色々な事があったので、筆者なら何かをするかもしれないと考えたのだろう。来週、次回の訪問があるとの事で、出張中の電車やホテル宿泊中に５ページくらいの弁駁書を作文した。社長は次回の国税との会合で筆者が対応する事。中村さんと大胡経理部長は同席するが、何も発言しない様にと釘を刺した。国税から３人が来社、先ず弁駁書を提出して、口頭で要旨を説明した。彼らは、先ず、非常にビックリした反応を示した。

多分、会社が国税OBを抱え、徳田耕氏が会長をしている会社がその様な反論をする筈はないと思っていたのだろう。

筆者は、若し国税の指示通りに追徴金を支払い、今後もそれが継続するのであれば、スウェーデン本社は確実に日本からの撤退を考える。それは、我々約500人の雇用の問題になり、同時にそれは日本としてソコソコ高い利益を出して納税している企業が日本から消え、税源が消える事を意味し、国の為にも、我々500人の従業員の為にもならないと説得した。

彼らは、予想もしていなかった正当な反論に、完全に混乱していた……数時間の議論……実際には国税側からは一切反論らしい反論はなく……些末な質問に筆者が丁寧に回答する程度の事だった。

筆者の感触では、彼らは税制、徴税について真剣に考えた経験が無かったのが原因だと思う。

徴税は全国民の幸せの実現の為に必要とされる資金の調達の為に行われる必要悪である。

サンドビックの場合には国税OB、高官だった徳田耕氏もいるから普通通りの対応をすると思っていたと推測されるが、正面から議論を吹っ掛けられ……そのような経験が皆無だったのだろうと推測する。

有名大学を卒業、キャリア官僚として採用された頃は、経済学の根本について教科書で学び、活字としての経済学を理解していたと思うが……内容を咀嚼して理解していないので……数十年を経過する内に、全て忘れて……専門とする経済学の根本など考えた事が無かったのだろう。

その後国税は二度と来なかった

数十億円の追徴金の問題は、それで終了し国税は二度と来なかったが、この問題が国税内部でどの様に評価されたかを推定するのは、興味のある事だ。

多分、彼らは弁駁書を持ち帰り、上席の……多分、大阪国税局のトップまで巻き込んで議論したものと思う。

若し、サンドビックともめて、その詳細がマスコミで報じられるような事態になると、他の多国籍企業が同様の議論を始めると、全国規模の大問題になるリスクがあるので二度と来なかったのだと思う。

これは、経理担当ではない、一介の技術者である筆者だったから出来た事で、経理担当だったら絶対に出来ないことだ。

終身雇用文化の日本では、経理部に勤務している間は常に、税務署との関係が継続的にあり、定年までの長い間に、……税務署から仇を取られるリスクがあるので、日本では賢明な経理マンは税務署と正面から議論する事は出来ない。

その様な職場環境が、課題に向かって正面から考える事を無用にし……そのような環境の中で勤務する内に税務署職員も、会社の経理担当者も事務的な計算は出来るが専門能力は低下して行く。

専門能力で人が移動するスウェーデンではその様な保身の為の忖度は無用で、官と民に差が無く時間の経過と共に、経験の量が増え、能力は高くなり、アホな事はしなくなる。

日本の一部上場会社の経理部長の不思議

自分史に既述したが、筆者は60才の頃初めて自治会の会計監査を経験した。会計監査には二人の監査人が必要で、自治会長は一部上場企業の経理部長OBのN氏に声を掛けて、二人で会計監査をする事になった。

当時、マスコミからマンション管理組合の不正会計で、経理担当者が巨額資金を横領する事件が頻発、それらはテレビ、新聞で報道されていた。監査当日、N氏は専門家らしく、色々な事を話され、株主総会を仕切った事もあると仰っていた。

自治会の会計担当が準備した、現金の入った多数の袋……１円硬貨、５円硬貨、10円硬貨、50円硬貨、100円硬貨、500円硬貨に加え、紙幣の入った袋……のチェックと、領収書の束と出納簿のチェックを始めた。

定期預金証書等は貸金庫にあり、銀行通帳も最新の打ち込みをするべきと思ったので、暇だから銀行の貸金庫にチェックに行きましょうかと言うと。それは必要ないでしょうと言われた。

自治会館から徒歩数分の所に但馬銀行があり、暇だし、近いから行ってきます、と言って筆者は貸金庫の中身をチェックした。N氏は、永らく経理専門家として、目の前の帳簿の事務的な事については関心があるが、社会常識としての不正、詐欺、横領について考える事、疑う視点が欠落してた。

多分、ソコソコの、大学を卒業、大企業に就職して……心的に公務員の様な仕事人生なので、決まりに従い、素直な、疑う事のない、汚れのない心を高齢まで保持されていたのだと思う。民間でも安定した大企業では、公務員の場合と同様に……ビジネス常識が貧弱で……勤続年数の増加に伴って専門の幅が狭くなりこの様な事が起こる。

専門能力で人が移動するスウェーデンではその様な自己保身の為の忖度は無用なので、常に正面から議論するから勤続年数の増加に伴って反対に専門応力が高くなる。

その4：稚拙な全国旅行支援制度とGo To Travelキャンペーン

2020年にパンデミックと認定されたCOVID19問題の勃発は、各国政府の緊急対応能力を露呈させた。

日本では、疲弊した観光産業を救済する為に、政府が様々な支援策を実行したが、代表的な支援策が『全国旅行支援』制度である。先行して行われていた『Go To Travel制度』と、ホボ同じ内容と言うか、全く同じ内容である。

制度の詳細が非常にお粗末で、国民目線で見て全く効果はなく、単に観光業界に負担を掛け、国家財政に負の貢献を及ぼしただけの愚行だったが出来るだけ簡潔に要点をまとめて分析してみる。

Go To Travelから、全国旅行支援への用語変更が、
巨大な負担を掛ける事が、全く認識できていない。

コロナ禍の中で、『Go To Travel制度』から『全国旅行支援制度』に名称変更して観光業界の支援策が発表された事で、それまでモヤモヤとして、確信が持てなかった事が氷解した。それは『妖怪ジャパン』が作り上げた日本の土台に乗っかっているキャリア組官僚とも呼ばれる、高級官僚の、想像を絶する常識の欠如と無能力を象徴する作品だった。

『Go To Travel』から『全国旅行支援』への名称変更に伴う、事務的な負担について全く考慮していない。

制度を観察すると、キャリア官僚は実務を全く知らない**純真な幼児の様に見える**。

> 筆者は、東京大学卒、キャリア官僚として採用された高級官僚からなる組織が、名称変更に伴う費用と手間の発生を考えない様な愚行をするとは想像もしていなかった。 民間の常識では考えられない何かが存在するはずだ。

筆者は主に民間の文化の中で生きてきたから、民間からマインド・コントロールを受けて、疑っていたのだ。

筆者はそれまで背景に能力不足、不正、汚職の可能性のみを疑い、悪事を悪事、自分の能力不足を能力不足と認識する事の出来ない幼児の様に純粋、度外れな常識外れが原因であろうと疑う視点が無かった。若しかしたら、誰かは筆者がアホだから解らないので、それは日本の常識だと言うかもしれないが、筆者の想像も出来なかった社会、組織がある事を始めて発見した。先述の武富士相続事件は、タマタマ起こった事だと思っていたが……国交省も同じである事を発見した。

コロナ禍の中で疲弊した観光関連業界を救済すべく実行された『全国旅行支援制度』も、既述の武富士相続事件と同様に、日本のキャリア官僚の非常識、無能を露呈した。筆者は2023年２月に同行４人で北海道へ１週間のスキー旅行を計画、前年の９月から国の支援制度の恩恵を受けるために複数の旅行業者、ホテル、航空会社と接触を持ったが、最終的に制度のお粗末から、約20万円の支援を受けることが出来なかった。

我々庶民は社会が平穏に動いている時には、キャリア官僚の具体的な行政能力を判断できる場面に遭遇する事は先ずないが、コロナ禍で『全国旅行支援制度』が出現した事で、日本のキャリア官僚の問題解決能力を評価、採点できる具体例に遭遇することが出来た。

結論を先に言えば、キャリア高級官僚の問題意識は
スウェーデンの小学生レベル以下である。

制度のお粗末だけでなく、制度の詳細が国民に知られれば、それがどのように評価されるかについて……幼児が、無意識にいたずらをするように……気付いていない。

民間の常識では説明のしようもないくらいお粗末……それは『妖怪ジャパン』の仕業だ。

東大卒のバラツキは世の中の最高と最低の混合だ

自分史の中で、主に住友在職中の経験に加え、サンドビック在職時に、多分、累積で千人程度の東大を筆頭とする、高学歴者と交流した。

現役引退後も数十人の同様な高学歴者と交際しており、かなり高い比率で『全国旅行支援』制度の担当官僚と類似の、幼児の様な高学歴者の……筆者から見ると……奇行に頻繁に遭遇した経験がある。昭和の東大卒と、平成後期の東大卒ではかなり大きな差がある事も感じている。

感覚的に、東大卒で常識的な会話、行動をされる方は少数で、多くの方は日本語会話があまりスムースでない。現役時代のみならず、現役引退後も東京大学を筆頭に、５－６人の高学歴者の度外れな行為を見ているので、全くビックリしないが、それを読者の方にどのように説明するかが問題だ。

先ず『Go To Travel』の発足

中学生並みのカタカナ好きで、Go To Travelと銘打って、地方観光事業支援の目的で制度が施行された。国が制度の運用に必要なネットのシステムを構築して、自治体に利用させる方が、安上がりだったと思うが国はそうはしなかった。

約1,700の自治体は独自にホームページを作って、自治体間で観光客獲競争をするように制度設計されていた。

受ける側の自治体、旅行会社、宿泊施設、顧客の利便性等、最も制度立案者が考慮しなければいけない問題に対しての配慮が全くないのみならず、イジワルしている。

利用者としても、各自治体でホームページの設計が異なり、制度の活用に手間が掛かり不便であり、利点は何もない。

全国旅行支援への名称変更

『Go To Travel』の予算が使いきられ、唐突に『全国旅行支援』と名称を変えて、同様の制度が継続された。内容は殆ど変わらないのに、名称変更には実務面から巨大な費用が掛かる。

約1,700の自治体、旅行会社、宿泊施設などのホームページ変更、カタログ、チラシ、案内文等……の変更は巨額になる。

外部のIT業者への外注、その為の作業、実際の運用習熟……それらは、全て追加的な作業となり、残業、長時間労働の原因となり、自治体への追加的負担となる。

小学生の児童会でのお遊びでの名称変更なら、面白い……楽しいで済むが、国政で巨額の予算が組まれ、その上に運用の為に巨額の費用が無駄に浪費される。

なぜ海外からの旅行者を除外したのか

海外からの旅行者を除外する事で、単に国内での金の循環を煽っただけで、海外からの資金呼び込み効果は無かった。

むしろ、反対に国内旅行者が増加して、海外からの旅行者の予約を困難にする事で、期間中の海外旅行者数を減少させたと考えられる。

制度の詳細について論文形式で記述すると、膨大な字数を要するので、制度の運用が一般の方にも理解できるような範囲で、出来るだけ簡明に記述する。

なぜ海外からの旅行者を除外したのか

家庭経済に例えれば、家庭経済を切り盛りする主婦にとって借金の存在は常に頭の中から離れないストレスの元凶である筈だ。同様に巨額公的債務の存在は責任感のある高級官僚が常に頭に置くべき重要問題だ。

『全国旅行支援制度』は巨額政府債務の存在、その減額についての視点を完全に忘れている。

日本は2023年時点で約1,500兆円の公的債務があり、それは個人に例えるとサラ金の多重債務者と同様である。

海外からの旅行者を除外する事で、単に国内での金の循環を煽っただけで、海外からの資金の呼び込み効果は無視され、反対に国内旅行者が増加する事で、海外からの旅行者の予約が困難になり、期間中の海外旅行者数を減少させたと推定される。筆者は2023年２月３日から北海道のルスツスキー場に１週間スキー旅行に行ったので実感を持って言える。

新聞報道によれば海外からの訪日旅行者数は2023年２月に約150万人、３月に30万人増加して約182万人であり、コロナ禍で約10％に激減していたインバウンド数が、2023年にはホボ元に戻る事を期待している。

日本がするべきことは、海外からの旅行者に金を使って頂いて、国公債発行残高を減らしてもらう事である。インバウンドの旅行者を除外した『全国旅行支援』で予算化された8,700億円は国公債の発行残高に上乗せされる。海外からの旅行者は富裕層で週間単位の長期旅行であり、消費する金額は大きくなる。

単純に、月に150万人が20万円消費すれば3,000億円の消費となり、３か月間で予算化された8,700億円は回収され日本経済の回復に貢献する。インバウンド客を対象から外したので、予算化された8,700億円は歳出勘定のドンブリの中で、国公債発行高の増加により帳尻が合わせられるから、8,700億円上積みされる。

◆：JTB担当者の苦言

筆者は2023年２月の北海道旅行の際に非常に迷惑を被り……詳細説明には多言を要するので割愛するが……JTBの担当者も、制度の運用がバカみたいと言っていた。頻繁にお客から、苦情を言われ……それらは聞けば当然の苦情……とにかく制度がそうなっているからとしか言い様がなく……筆者の場合には、結局同行４人分が全国旅行支援の適用にならず、20万円以上の損害になった。色々な事が変わるから、担当者は勉強する時間も必要、問い合わせが多くなり結局、残業……長時間労働となる。

当然それは、関係観光業界の関係企業全てに当てはまる事であり、企業の利益を棄損するから、納税額の減少として国家経済に負の影響を与える。

◆：国内旅行者限定では、単に国内での資金循環だけ。

『全国旅行支援』は国土交通省総合政策局の担当である。この様な場合に大学の教授の肩書の人が、日本の横割りの官僚制度が作り出す弊害で、縦割り制度にしなければ直らないとステレオタイプの講釈をされるのをよく聞いた。

『全国旅行支援』の問題は、高級、複雑な経済上の問題ではなく……普通の家庭経済の切り盛りをする主婦の感覚で十分……小学校高学年の応用問題レベルの問題である。

問題の根源は日本の受験対応型、記憶重視教育の弊害を原点とする、制度設計担当者の貧弱な常識に加え……過度に貧弱な応用問題解決能力が原因だと断定する。

類似の『ふるさと納税制度』は総務省の担当、筆者がコロナ勃発時に財務省国税局傘下の兵庫税務署に対して行った後述する提案書のケースと同様であり、高い専門能力が問題となる複雑な問題ではなく、単純な常識問題である。

軍事を除けば、政治と経済は同体であり、政治とは国民を豊かにする事であり、国民の永遠の経済的な豊かさを達成する事が目標である筈だ。全国旅行支援制度も国内経済を活性化する為の施策だ。

多くの直接的な原因、間接的な原因が考えられるが最も大きな原因は、**日本の教育、終身雇用制度、退職金、民間への天下りに要約され、これら４大要因**に付随して発生する日本特有の無数の要因が関係して、日本を劣化させている。

筆者は自分史に既述の様に数十年前から、筆者の観察で行政が関与した課題の解決法が度外れにお粗末であると自信を持って指摘できるようなケースに遭遇した時には、躊躇なく提案の書簡を行政の責任部門に郵送してきた。(資料集参照)

◆：どうすべきだったのか

国が簡単な全国統一の金銭的な旅行支援策を作り、NHKを通じて宣伝して旅行需要を喚起する。

宿泊施設ではワクチン接種証明と本人確認だけで客を受け入れ、それを行政に提出する事で、補助金を受けとる。

不正受給を防止するために、不正発覚の場合には、**不正受給額の……例えば３倍の罰金**を課すなどの方法を取れば、有効に機能する。1700自治体が無意味な競争にさらされることなく、特別大きな費用を掛けることなく静かに進行する。

総額兆円単位の予算を使って、多分、それ以上の負担を地方自治体、観光事業関連企業に掛けさせて兆円単位の出費は全て、最終的に国と地方自治体の歳出増となり、国公債の発行圧力の増加になる。

自治体、観光事業関連の企業では、儲からない繁忙の為に総労働時間の増加となり、長時間労働の原因を作る。

1700もの自治体からのホームページの変更を受注した、ソフト会社は膨大な時間数の仕事を受ける事になる。民間の旅行会社、宿泊施設からの需要もあり、IT業界は需要に応じるために低専門能力の専門家を低賃金で雇用、当然、長時間労働となる。総労働時間数の増加となり、日本を長時間労働の『ブラック企業』の国にする方向に誘導する事になる。

同時に、ソフト業界としては、何も難しい、高度なIT技術を習得しなくても……ビジネスが出来るので、能力を向上させるインセンテイブが低下、それは日本のIT技術の劣化に繋がり、米、中、韓、台と周回遅れの社会に停滞させる原因となる。

なぜこのような愚かな事が起こるのか

筆者は民間で仕事をしてきたので、コスト、損失、利益について敏感だ。損失と利益は盾の両面で、金銭としてみた場合には、損失でなければ利益であり、利益でなければ損失である。それ以外はない。

自分史に多くの例で示す様に、行政にはコスト、損失、利益と言う概念がない。コストを低くしても上司も、組織も、誰も評価してくれない。むしろ反対にそのような行為は評価を下げる。

個人として、企業、組織として

どの様な新規事業でも、出発点は個人のアイデイアである。下はフレッシュマンから、上は社長までの誰かが提案する。

終身雇用文化の日本の組織では自分よりも上位の人が提案すると、下位の人が異議、修正を提案するのは難しいが、民の場合には優れた提案の場合には歓迎される。それは会社の発展と云う、全社員の願う共通目標があるからだ。

官と民の根本的な違い

民の場合：アイデイアの芽は、顧客との会話、社内での開放的な会話の中から出てくる。

Ａさんがピンと感じるものがあり、個人的に深く考えてみる。問題は常に採算性とそれがどのくらいの期間市場でビジネスとして成り立つかである。かなりの期間真剣に考えて提案する。

若し、採算性についての視点が無ければ、それは無邪気な子供の提案と同様であり、Ａさんは自分のお粗末さ加減を公表した事になるから、お粗末な提案は出来ない。

全国旅行支援への名称変更は民間の視点で外見を評価すれば以下の様に判断できる。

1．イジワルで自治体を競わせ、高みの見物をする為。文句を言わずに従う自治体と文句を言う自治体を判別し、今後の自治体に対する地方交付税額決定の際に手加減する。
　それは、中央と地方を関係づける組織文化として定着しているのでお互いに『阿吽』の呼吸で理解出来る。

2．単純に、幼児のように、言葉遊びでGo To Travelと命名し、雰囲気を変えるために次いで全国旅行支援と名称を変えた。

3．IT業界に忖度して、又は、IT業界から望まれて、IT産業に低賃金で働く二流技術者で十分間に合う作業を用意した。1700の各自治体が独自のホームページを作るのは大変な作業量である。

4．政治家が予算を付けたので、とにかく予算を消化させる為に行った。

民間の視点で考える疑問、提案

民間の視点から制度立案に至った経過を細かく分析すれば、以下の様な疑問が発生する。

1．組織のトップが提案したので誰もそれに異議が言えなかったのか？

2．政治家からの提案だったので行政はそれに従ったのか？

3．下位の人物の提案だったが、誰も名称の変更に無意味な費用が伴う事に気付く人がいなかったのか？

4．名称変更が無用な負担を掛けると思った人がいたが、それを言い出だせる雰囲気が組織に無かったのか？

5．通常行政が新しい制度を発足させる際には、民意を問うために学者、専門家からなる委員会、審議会を開き意見を聴収しているが委員会は開催されたのだろうか？開催したが皆『妖怪ジャパン』に感染、誰も異議を唱えなかったのか？

6．民間会社で社員や一部の部門でミスを起こした場合、社長がテレビで『申し訳ありませんでした、再発しない様に再発防止に取り組みます』の様な謝罪会見をするのが恒例化している。
　全国旅行支援の様な、あまりにも明らかな愚行の場合、国交省の担当者がテレビで謝罪会見をするのが当然であると思う。

IT関連の発注者はド素人

上記の事が示唆する最も重要な事は、IT関連の事にド素人と見做される人物、組織に、巨額なIT案件のソフト作成予算の消化が任されている事だ。

発注者はIT事業者と同等レベルの知識を持たなければ、仕様を決められなく、検収も出来る筈は無い。

発注者がいい加減なら、受注した業者もＢ級の技術者で十分、むしろその方がやり易い。

日本最大のIT関連の発注者である政府部門が、Ｂ級の製品しか求めていなければ、日本のIT関連業界はＢ級で経営が成り立つから、無理して高給を払ってＡ級の技術者を雇う必要がなくなり、その連鎖で日本のIT関連業界は世界のＢ, Ｃ級に劣化, 日本のIT業界は『ブラック業界』となり、高給、短時間労働を特徴とする海外の『ホワイト企業に』の下請け的な業界になってしまった。

日本の経済学者、専門家は何故無反応だったのか？

筆者の30年以上の欧米人との種々の議論の経験を基に判断すれば……例えばスウェーデンの中学生に全国旅行支援制度を説明すれば……成績が上位50％の生徒は筆者と同様に制度の欠点を指摘する理解力があると思うがそれは教育の効果だ。

スウェーデンは民主主義国家と書いたが、正確には立憲君主国、国名も『スウェーデン王国』である。多くの……多分、殆どの筆者の年代の人は社会主義国スウェーデンは共産主義国と親類の様に似通った政体の国であると理解していると思うがそれは日本の教育のせいだ。

日本で起こっている行政の無数の具体的な事については言語のバリアがあるので、外国人の専門家は詳細については知ることが出来ない。外国通信社に勤務する日本人の従業員は、『妖怪ジャパン』の存在を……空気で察知しているので……外国に発信するような……火中の栗を拾う様な愚行はしない。

OECDに勤務する約３千人の統計専門家、世界銀行, IMF等、海外に無数の統計専門家がいるが、『妖怪ジャパン』にマインドコントロールされて、表に出て来た統計数値を盲目的に信じ、疑問を持つことが無いのだろう。

全国旅行支援への変更は最下位者の提案であれ、誰の提案であれ、組織として制度が作られた以上、組織のトップの責任である。トップに連なる国土交通省、総合政策局の問題である。

堅実、誠実な民間製造業の感覚で言えば、筆者が指摘する様な名称変更に伴って発生する無意味な負担に国交省の数百人以上の中の、誰もが気が付か無かったとすれば非常な驚きである。

自己中心的な官僚は民間の人から観察されていると言う自覚がない

一般に子供が成長して中学生くらいになると家庭の経済状態を理解して……度外れなおねだりを親にしなくなるが……非常に稀には成長しない、出来ない子供がいるのも事実だ。

受験教育まっしぐらで教育を受け、その延長で官僚となり、コスト、採算性、利益とは全く無縁で、大きな予算を使った行政行為をする事が、大きな、立派な仕事として評価される組織では、人間としての外観は同様でも、精神的には草食動物と、肉食動物くらいに大きな違いがある。

これは**国公省だけの問題ではなく、財務省、総務省も全く同様であり、日本の中央官庁に勤務する人材に共通する事だ。**

民間との比較と怠慢の一例

キャリア官僚は日本の厳しい受験競争を勝ち抜いて東京大学に入学、その延長で上級公務員試験に合格、高級官僚としての道を歩み高位を目指して、国政の場で評価され認められる為に頑張っているはずだ。上司、学者、識者、政治家、外国の要人等と交わる中でどのような会話をして、どのように成長するかを知るのは興味のある事だが、庶民が知る事は出来ない。庶民は彼らの制度立案や、行政行為から彼らの行政能力を評価する事になる。残念ながら、筆者の多数の多分野に亘る経験は、分野に関係なく……極く少数の例外はあるが……大多数の行政官僚は、民間の平均的な管理職の実務能力との比較において、顕著に無能、怠慢、怠惰であると言わざるを得ない。

多くの直接的な原因、間接的な原因が考えられるが最も大きな原因は、**日本の教育、終身雇用制度、退職金、民間への天下りに要約され**、これら４大要因に付随して発生する日本特有の無数の要因が関係して、日本を劣化させている。
自分史に既述の様に筆者は数十年前から、筆者の観察で行政が関与した課題の解決法がお粗末で看過できないと自信を持って指摘できるような場合には、躊躇なく提案の書簡を行政の責任部門に郵送してきた。（資料集参照）

全国旅行支援は効果を予測して行われたのか？

中央の高級官僚がこれを意図的にしたのか、無意識にしたのか不明だが、多分、意図的にしたとは思いたくない。貧弱な社会経験で、無邪気な、アイデイアマンが発案したのだろうが、……アイデイアマンの発案は、多分、係長、課長、部長、局長等と組織の上の方の認可を受けている筈だ。

『全国旅行支援制度』の総括：それは犯罪行為と見做される

制度を民間レベル、スウェーデン的な常識で評価すれば、犯罪に相当する制度設計と行政行為だ。
制度は国民に不便、負担を強いて、巨額の資金を無駄使いして、借金を増やした。
制度設計した官僚が組織的に行った犯罪と断罪されても言い訳出来ない。
犯罪の意識なく……錯誤で制度設計したのならば犯罪とは見做せない。幼児が無免許で乗用車を運転、通行人を引き殺したようなものだから、任命責任でそれは組織の責任だ。

2024年の能登地震の場合

2024年元日に発生した能登地震に際しても、筆者の故郷富山県も大きな被害を受けた。多数の親戚、友人、知人から色々な事を聞いている。混乱が発生したが、紙数割愛優先で本書ではスルーする事にしました。

その５：百害あって一利なしの『ふるさと納税制度』

ふるさと納税制度の存在を2014年に初めて知人から聞き、反射的にそれは変だ、根本的に間違っている。第一番に世界の趨勢に反し、次いで日本を低賃金、長時間労働を特徴とする『ブラック企業』化を促進する、国民の幸福を目的とすべき民主主義国では有ってはならない事だと思った。既に６年前の2008年に始まった制度との事だったが2015年の年賀状の話題にした。筆者の視点からすると、『ふるさと納税制度』は『百害あって一利なし』である。
『ふるさと納税制度』は単視点で幼稚な、ピント外れの政策であり、『全国旅行支援制度』と全く同じ思想的背景から出発した総務省が作り出した制度である。
添付資料に８年前の年賀状のコピーを掲載しているが、文字が小さくて読み難いので以下に『ふるさと納税制度』に関する部分をピックアップして掲載する。

…………………………………………………………………………………

日本には意図的な嘘、情報発信者の浅薄な思い込みから来る嘘、社会の知識不足が作り出す誤解から来る嘘と嘘で充満している。
それらに便乗、増幅して伝えるマスコミ等……情報化社会と呼ばれる**嘘で満ちている21世紀**の中で充実した生き方をするのは容易ではない。
最近マスメデイアが話題にする『ふるさと納税制度』について考えてみる。
北朝鮮やロシアなどの後進的な民主主義国では中央政府が大きな決定権を持ち、地方自治体は従属的であるが**先進社会では地方が大きな決定権を**持っている。日本では永らく税収の約85％の使途は中央政府が握るために、地方自治体は常に中央に伺いを立てる必要があると言われて来た。

スウェーデンでは全く反対に地方自治体は約85％の税金の使途を自由に決めることが出来る。

戦前の強固な中央集権体制の残滓が色濃く残る日本は、依然として中央集権的であり、**人脈やコネ優先で専門能力軽視の文化**を作り上げてしまった。

官官接待：日本の地方自治体の長の最も重要な仕事は、中央政府から多くの金を引き出すことであり、東京出張、 官官接待は地方自治体の最も重要な仕事であるが、スウェーデンでは官官接待が存在する理由がない。

専門能力：官官接待と終身雇用制度の組み合わせで出来る人間関係、闇屋ブローカーの様な政治家が関係して決定される公共支出では、政治的判断と呼ばれる闇の力が専門的な判断に優先する。その為**専門家も汚染され**、純粋に専門家的な専門家が育ち難い。

永らく世界の政治の専門家、経済学者から**日本の後進国的な中央への権限集中**が指摘される中で、地方への税源移譲の一環として『ふるさと納税制度』と称する耳触りの良い制度が発明された。

一般的な例として解説すると、A市に住むCさんは、１万円をB市にふるさと納税＝実態は寄付、４千円相当のB市の特産物を頂き、A市で確定申告して所得税と地方税合わせて約８千円が減額＝還付されるので、負担税金が２千円になる。B市はCさんの故郷でなくどこでも良い。

Cさん　：８千円の節税とB市から４千円の物を頂くので、計１万２千円の得。

A市　　：**税収減になるから**、市外からふるさと納税してもらうために、組織を作り活動する為に予算を増額する。

B市　　：特産物販売の手助けで、市、公務員は業者への影響力を高めると同時に、４千円の特産物を提供、６千円の税収増を実現できるので、**ふるさと納税は重宝な徴税の方法**としての地位を得る。

税収全体：ふるさと納税制度により、税収総額が減少するから、税収確保のために、**国は長期的に増税**する方法を模索しなければならない。
徴税事務が複雑になり、事務量が増えるので人員を増やさざるを得ない。

世の中は：生産者－流通業者一販売店－消費者と最も効率的な形で構築されている物品の大量流通経路の一部が非効率的な小口の宅配便に代わりトラックが南から北へ、北から南へ駆けずり回る。

結局、Cさんのふるさと納税は、**環境悪化、将来の増税要因**となるのみならず、現役世代の人々を忙しくして、**長時間労働、家庭生活の品質低下**につながる。

地方自治体はその行為の最終結果を認識することなく、無意味な競争に血道をあげて、**最も望ましい地産地消とは反対の方向**に世の中を引っ張って行き、配送に関係する人達、特に運転手の需要を増加させ、長時間労働を助長する事になる。

政府主導で必要だとして数十兆円かけて建設し、発電能力の1/3を原発にしたが全く稼働させなくても、2014年の酷暑はさしたる問題もなく過ぎ去った。

優秀な財務官僚がふるさと納税制度の功罪について理解していないとは思わないが、**活字知識で働いている**人々なので若しかしたら、気付いていないかもしれない？

洋の東西を問わず、官僚文化の中では予算＝税収が不足しなければ効率、節約は考慮されず、楽に仕事をするために予算規模＝税収の拡大を求めて進化、常に**大衆に悟られない様に増税の準備**をする。

巨大な国債発行残高の例の様に、大衆が増税しないと仕方がないと感じるのを待って増税する。

お金は千円も１兆円もおなじだ。お金を消費する所に近い人々は効率的にお金を使うが、遠いところ、中央の人に効率的なお金の使い方を期待する事は出来ない。

自治体間の大きな差と返礼品と呼ばれるクーポン券

筆者の故郷の富山県南砺市は市民１人当たり数百円の『ふるさと納税』＝寄付を受けている。

その為に必要な準備と、運営費費用は大変な負担になっている。

総務省は約1700の地方自治体を競わせて……受験生を順位付けする様に……成績の良い自治体には、地方交付税に手心を加え競わせるから、地方自治体は無意味な多額の費用が掛かっても、やらざるを得ない。

箱根の五つ星の豪華ホテルに１泊のクーポン券

金持ちの友人から箱根町強羅温泉の豪華ホテル強羅花壇に１泊20万円のクーポン券を頂戴した。数か月先まで予約が詰まっており、繁盛している様子が解る。

こんなに予約が難しいのでは、多分、アウトバウンド客が予約するのは不可能だろうと思ったが反対だった。

お金持ちの外国客に宿泊してもらえば、政府、地方自治体が費用を掛けることなく国内経済が潤うのに、海外からの旅行者に門戸を閉じている。

ネット検索で箱根町は住民１人当たり約12万円の寄付を受けているが、南砺市では数百円だから、南砺市の総務省からの評価は……悲しいほど低くなり……市長は次回の東京出張の時に総務省の高級官僚を、特別な場所で接待しなければと考えても不思議はない。

アウトバウンド客の豪華ホテルへの宿泊を難しくして、多くの地方自治体に無駄な支出を強いて、二重に日本を劣化させるための努力をさせている。

予想に反して海外富裕層で予約がいっぱい……海外富裕層の実力を知る。

友人の秘書の方に予約を入れてもらうが1.5か月先まで空きが無くて予約できない。

殆どの予約客は外国からの方だと聞きビックリ。

海外富裕層の人々は、僅かな補助金に影響される事なく、旅行計画を立てている現実を知った。

2023年秋にＩ泊、露天風呂でスウェーデン系スイスの著名企業ABBの出張者に遭遇、彼は出張旅費で花壇に宿泊している事を知る。仲居さんから、全42室の内１室だけが日本人客だった事もあると聞き、改めて日本の経済的劣化を知らされた。

単純に制度に迎合的な学者と呼ばれる専門家

2022年10月、聞き流しのNHKのラジオから、地方自治の専門家の誉れ高い、片山善博教授の『ふるさと納税』に関するコメントが聞こえて来た。片山氏は東京大学法学部卒のキャリア官僚で、鳥取県知事に天下り、その後中央政府に天上がりして、全国知事会議に於いても大きな存在感を示し、地方自治の専門家としての評価の高い方だ。最終的に総務大臣に就任、60才で退任されている。

『ふるさと納税制度』が看板としているのは、地方の過疎化対策であるが対応があまりにも弥縫的であり、国家的な視点で経済活動を観察すれば、単に増税の原因を作る様なものだ。

片山氏が総務大臣に就任、前任者が作り上げた『ふるさと納税制度』の廃止、又は修正を提案できる立場にあったと思うが、片山氏はその様な行動をとらなかった。

それは、片山氏が他の多くのキャリア官僚と同じく、幼稚な専門能力しか持っていなかったからなのか……現行の制度のお粗末に気付き行動を起こしたかったが、『妖怪ジャパン』がそれをさせなかったのかは不明だ。

2015年にも、関西大学の副学長、林経済学部教授に書簡を差し上げ、『ふるさと納税制度』が“百害あって一利なし”で、大学の経済学部教授は単に制度に迎合的でなく、日本を良くするために頑張ってくださいとお願いした。（資料集参照）

2023年になり、政府が貨物輸送に関わる運転手の長時間労働、低賃金を漸く問題に指摘しだしたが、『ふるさと納税制度』は、その根幹に横たわる問題の一つであり、早急に廃止すべき制度だと思う。行政は意識的にか、無意識にか……地方自治体に民間の競争社会の原理を適用した。競争だから、時間の経過に伴って優勝劣敗が、はっきりして……長期的に自治体間の格差が拡大……非情な新陳代謝の原理が働く。当初の目的とは真逆の敗者が弱小化……消えて行く事になる。

その６：コロナ禍で兵庫税務署のお粗末

マインド・コントロールされた兵庫税務署長に書簡郵送

2021年１月21日に所用で神戸市の兵庫税務署を訪れて、恒例の来年２月開催の確定申告作成コーナーの変更に関するチラシを手に入れた。

例年各税務署の個別開催であり、兵庫税務署の場合には隣接する三田市も含め対象人口が約30万人と多いので、４～５か所で分散して開催されていたが、来年は神戸市下の５税務署の合同開催とすると書かれている。

日本中がコロナの議論で沸騰、三密が徹底され、日本中で大きなイベントを自粛、世界中が前年延期されたオリンピックが開催されるか否かで注目している中での５税務署での合同開催である。

確定申告は、全国で１千万人級の人流量を伴う国家的な大イベントである。

従来の単独開催でも非常に混雑していたが、合同開催になれば、今迄徒歩で来た人も、電車を乗り継いで、費用と時間を掛けて、感染リスクの高い遠隔地にある合同開催会場に行かなければいけない。

神戸市の合同開催の場合には、従来と比較して、一か所で行うために、三密と言う視点から観察すると５倍以上高い感染確率の上昇になると推定される。

悪い事には、ふるさと納税制度が確定申告を義務付けた事と、ネットでの申告が不便である事から確定申告作成コーナーを訪れる人は従来よりも目立って多くなっていた。

30才前後のフレッシュマンに毛の生えたような税務署長が判断したとは思えず、久本兵庫税務署署長宛の書簡として、大阪国税局の上司等の関係者にもCCを郵送した。（資料集参照）

書簡到着と同時に、ゴミ箱直行では困ると思って、自衛の為に大阪国税局長小原昇氏、国税庁長官可部哲夫氏とコロナ担当大臣西村康稔氏にもCCで郵送した。

日本の受験教育で育てられ、活字知識にマインド・コントロールされた人格では、多視的に考える事が出来ない事が背景にあると思っての行動だった。現役の頃に無数の同様ケースを経験しているのでその様な対応をした。

当然の事ながら税務署から返事が来る筈はないが、筆者の提案書は１月25日頃に税務署に届いたと考えられる。従来全国的に確定申告は何年間も２月中から３月中の１か月開催だった。

多分、次頁のテキストボックスに示す様に、筆者の提案書が着信してから１週間以内に合同開催での混雑を薄めるために、全国的に今年は、２月中から４月中までの２か月間に期間延長すると発表された。

それは全国的な変更で、全国の約500会場に適用され、その様な短期間に人員の配置、アルバイトの採用、パソコンの準備、会場の確保など大変な作業だと思ったが、その対策は筆者の視点ではピンと外れで、７月に開催予定のオリンピックとそれに続くパラリンピック開催関係者に大迷惑を掛ける事が明白な決定だった。

1月21日(木)	チラシを見て、提案書郵送
25日(月)	多分、受信者に到着
2月２～３日(不確か)	２か月に期間延長を知った

後任の葛西兵庫税務署宛に書簡郵送（資料集参照）

筆者が予想したように、2021年の確定申告行事は、第四次感染急拡大となり、オリンピック関係者に多大のストレスを掛けたが、オリンピック、パラリンピックは成功裏に開催されて、成功裏に閉幕した。確定申告行事は政府の歳入、歳出と言う側面から考えれば、還付金と追徴金は相殺され、小さな金額であり、コロナが終息するまで数年間中止して、後年に行うことも考えるべきであると提案書簡を、前任の久本署長の後任の葛西署長に郵送した。

税務署長は通常毎年交代するので組織としての連続性に忖度しての行動だった。

同時に書簡に第四次感染拡大までの顛末を記載する文書を添付した。

先述の最高裁で結審した相続税に関係した裁判で国税が負けて、約400億円の金利を付けて還付金が払われた事を知っていたので……個人の少額の確定申告の行事を厳格に予定に従って開催する必要はないと思っていた。

還付金と追徴金が相殺されるので、正確な数値は解らないが、大きな金額にならないだろうと考え、当年は中止、等の方法を検討されるように提案した。大阪国税局の幹部、政府のコロナ担当の官僚にもCCで郵送した。

コストと手間を常に意識して考える民間の視点で考えれば、コロナ禍の中で中止する事は意味のある選択肢である。

先に前任者の久本署長への書簡の中で予想した様に感染拡大が起こり、それは第四次感染拡大と命名され、筆者はそれを約半年前に予想した事を伝えた。

マスコミに登場する、専門家、医師、教授の肩書のある方々のコメントには、過去の事実、数値については詳細に語られるが、これからの事について、多視的に社会を眺めて、危険を推測する能力が全く感じられない。

ネットに登場する厚生省その他の、感染者数の記録データには第四次感染急拡大についての記述はあるが、その原因を推測する解説はなく、全ての感染急拡大について同様だが、先読みをする姿勢が全く見えない。

> 過去の記録だけを集計しても、コロナと云う妖怪を単に眺めているだけでは専門家としての役割を果たしたことにはならないと思う。先読みできない……深く洞察して……優れた対策を提案できない専門家は社会における専門家としての存在の価値はない。
>
> １日は24時間、知的活動を出来る年数には限界があり、富については巨大な貧富の差があり不公平だが、時間については長短の差が少なく、ホボ全ての人はホボ同じ時間長者だ。狭い専門分野で視野が狭く、熱心であればあるほど、常識が貧弱になるのは避けられないのかもしれない。

キャリア組官僚に必要なのは常識

中学か高校の頃に読んだ日本史の本の中に有名な仁徳天皇の逸話の『「高き屋に のぼりて

見れば煙立つ 民のかまどは賑わいにけり」』がある。５世紀前半に在位した16代天皇で聖帝と称され、大阪府堺市に巨大な世界遺産の仁徳天皇陵がある。
約1600年前には現代と比べると、移動速度が遅く、情報の伝達手段が無きに等しかった。
税金は農作物で物納の当時、農民の生活状態を察知する為に、丘の上から炊事の煙の数と勢いで庶民の、生活状態を察知して、無理のない程度の税を課す……為政者が農民の生活に忖度して、政治を行った事を示す逸話であり、仁徳天皇が聖帝と呼ばれる理由を示している。

現代の官僚と仁徳天皇

国の行政を担当する現代の高級官僚や将来の高級官僚であるキャリア組は、仁徳天皇の立場にある。世の中には、民の生活状態を示す情報が充満しているが、本書で実態を明らかにした様に、彼らは徹底的な自己中心主義で、それが恥ずべき事であるとの認識も全くないみたいだ。認識の有無の前に、その事に気付く視点が無い。
筆者が感じた行政上の問題は、兵庫税務署へのコロナ禍の中での確定申告、ふるさと納税、全国旅行支援、……等、無数にあり、それは個性の問題でなく、日本教育経とも呼びたくなる……キャリア組官僚病であり、それは日本の義務教育が初発原因だ。
東京大学入学を究極の目標として厳しい受験競争の中で……よそ見しないで青年期を過ごしたので、貧弱な常識しか持ち合わせていない。高級官僚として最も重要な国民の反応を推察する知識と心＝常識が幼児レベルなのに国家経済の運営の仕事に従事している事が間違いである。担当者である官僚を非難するのは簡単だが、それでは問題は解決しない。
原因は日本の教育制度であり、先ず教育制度、教育の内容を変更しなければ日本の劣化は止められない。

日本における官と民の絶望的な違い

魚は、多分陸上生物の細かな事に興味を持たないだろうし……普通の日本人はイスラム原理主義の詳細な規律、禁忌事項の詳細について質問することはないだろう。
日本の官と民にはあまりにも大きな認識の差があり、先ず、その事を明らかにしておこう。

民間は自分の首を絞めるために働いている。
結果として、日本の高級官僚は、民間を無抵抗で無知な奴隷にように扱っているが、彼らは決して極悪非道な悪人でなく、多分、優しい……でも気の利かない、普通の人なのだ。
幸いな事に、彼らはそれを自覚する、出来るような感覚がなく……幼児が遊具で遊ぶような感覚で、行政をもてあそんでいる。
世界は自由競争で……民間も同じ自由競争で動いている。
筆者の現役時代の仕事の究極の目的は、金属切削で永遠の寿命を発揮する切削工具であり、それが成功すれば、筆者の仕事は無くなる。
数年前まで我が家には、ゴキブリが常に跋扈していたが、新しいゴキブリ駆除薬が登場、今ではゴキブリは完全にいなくなった。新しいゴキブリ駆除薬を発明した人は、自分の職業を無にする、自分の首を絞めるために、他人に奉仕する為に人生を送っている。それも僅かな報酬で。それが日本の民間の従業員だ。

多面的に宇宙、地球、世界、国、日本、企業、人間、人生を見てみよう。
現代の官と民における終身雇用制度は、遠い歴史のかなたにあった世襲制の身分制度と類似している。表向きは世襲でないようであるが実態としては過熱した受験競争で経済的に安定した高級官僚の子弟の方が有利に加えて、人的なつながりから来る……コネと呼ばれる不正……有利な扱いを期待出来るので、部分的に世襲的な一面を持っており、それは『妖怪ジャパン』が得意とするところだ。

その７：天皇の心臓バイパス手術に執刀医を出せなかった東大病院

2012年、年末に天皇の心臓冠動脈のバイパス手術が東京大学で行われ、執刀医が私学の順天堂に勤務する天野篤医師であると発表された。私は桜橋渡辺病院で心臓のカテーテルアブレーションの手術を受け、３週間入院した際に色々な経験をした。心臓バイパス手術直後の人も見たし、術後数日の人とも会話を交わし、大変な手術である事を理解、私にはそんな大変な手術を受ける勇気が無いと思ったくらい大変な手術である事を理解している。

東京大学が、日本のトップに位置すると想像される東京大学の病院が……執刀医を出さず、……出せず……数年浪人して低い偏差値で入学出来る私大医学部に入学、医師になった天野氏に執刀医をお願いする、どうなっているのだと思った。手術は東大病院で行われ、記者会見は東大で行われ、多くのテレビ視聴者は細かな背景を知っていない。

筆者の記憶では天野医師は当時既に約６千件の手術をこなし、その成功率が95パーセントとネット上で言われていた。

ホボ、同時期に新聞紙上で、100以上の地方の基幹病院で行われた同様の手術の成功率が大きくバラツキ中間値で約50％前後である事を報じていた。

地方の病院では困難な手術は順天堂に行く事を勧めるだろうから全国から、難しい患者が参集する筈だ……。その環境の中で突出した手術の成功率を示した天野医師は日本の宝だ。

医療の分野でも……多分、国政、行政の分野と同様の医学部門でも東京大学が劣化している証拠だ。

その８：アスベスト使用禁止 …… 拙遅な日本の行政の対応

自分史に既述の様に、スウェーデンでは1970年代初めにアスベストの使用禁止が予告され、少量のアスベストを使用していた高温炉の設計変更に悩んでいた技術者との会話から、初めてアスベストの事について知った。

その十数年後にアスベストの貿易統計をみて日本のアスベストの輸入量が1970年代初期から激増しているのを見てビックリした。それから、数十年を経て、日本ではアスベストを原因とする肺がん、中皮腫を発病する人が激増、塗料会社に勤務していたテニスの友人は、発病の高いリスクを抱えて生きている。

1970年当時、既に学術論文は国境の垣根なく読まれていたが、日本の高級官僚、学者、専門家の怠慢からアスベストの使用に対する具体的な規制が遅れたために、数十年後に多くの人が罹患、同時に医療費の増大となって、国公債の積み上げ原因の１つとなっている。

後述するが、分野に関係なく、日本では『妖怪ジャパン』が暴れまくっている様だ。

その９：保養所用土地の超高値買い

神戸市北区に海員組合の保養施設、箕谷グリーン・スポーツホテルがある。約10町歩の敷地にホテル、スポーツ施設、温泉がある。神戸に転勤して頻繁に周囲の里山を散歩しているうちに高齢のナカイさんと知り合いになる。

ナカイさんは、私より20歳くらい年長で、農業、人生、地元の農協活動について色々な話を伺った。

ナカイさんはグリーン・スポーツホテル用地の買収に絡んで10人の地元の地権者の代表として厚生省の課長と長期間交渉してきた方だった。交渉を始めてから数年経過して最終的に価格が決まり坪当たり２万円で売却された。

当時、最寄りの神戸電鉄の駅近くの山林が坪当たり約500円で兼松に売却されていた。

普通に考えれば、ホテルの場所は駅から数キロ離れた傾斜のきついところにある山林で、兼松が買った山林は駅に近く、ホテルの所の地価は数百円＝２,３百円でもおかしくない。

相場の100倍の価格で買収

坪当たり２万円とは剛毅なものだ。契約を結んで数日後に封書が届き中に箱根のホテルへの夫婦一泊旅行の招待状が入っていた。直ぐにお礼の電話を入れると、担当された課長は九州に転勤されたとの話、契約完了で次の場所で同じような事をしているのだろうとの事。市場価格の100倍と言われて非難されても仕方のない価格で購入、大きな予算を消化した方が大きな仕事をしたと褒められる……それが日本の官庁なのだと分かった。所がその翌年から、ホテル周辺の土地評価額が上昇、周囲の土地持ちは迷惑した。**一般に固定資産税は年1.4％が多く、10年で14％強**、50年間の固定資産税の増加額は累積で100％近くになるかもしれない、**100倍の高値で買った費用は、結局国民が払う事になる**。

因みに、神戸市北区は都市計画税が約0.3％上乗せされるので、単利の単純計算でも60年で、税金として持って行かれて、住民が負担する事になる。それは永遠に継続する。

その10：思考実験ー１：『妖怪ジャパン』が浪費……何処かに消えた１千兆円

公的出費と税収比較

経済専門家が失われた30年と呼ぶ、1900年代初期からの30年間の日本経済の衰退が大きな話題としてマスコミに登場、経済学者が解説するが、筆者が納得できると感じられる解説を聞いたことがない。

一般の人は自分の生活が厳しい、苦しい……それは自分だけでなくて、日本の国全体が苦しいんだと、妙な納得を示しているように観察している。

筆者は、先述の様に、自分の経験から『妖怪ジャパン』の存在を知っているから、全く別の事を考えていた。

現役の頃に、特定の顧客、製造業が直面する問題を解決する為に解決方法を探り出すのが筆者の仕事で、考えて、悩んで……最終的に解決した事は現役42年間の間に大小込めて数千件ある。

同様に考えて、悩んで、子供の小遣い帳の感覚で、初歩的な経済学の手法を使って、日本の経済が停滞を始めた30年を1992年～2022年と仮定して、以下に示す思考実験＝シュミレーションの方法に到達した。

シュミレーションの結果

30年間に国公債発行残高＝借金は1,160兆円増加したが、正常に政治、行政が行われていれば、借金は反対に減少していた筈だ。（以降**『国公債発行残高』**を**『借金』**とも記述する）

先述の、国税、国交省、総務省のお粗末に加え、日本の政治、行政の無能と腐敗の構造がマネーを何処かに消えさせたのだ。

以下にそのシュミレーションの詳細を簡潔に述べる。

前提条件

1992年から2022年までの30年間に、毎年増加した日本の借金の半分の規模で運営されている、疑似国家の経済運営について考える。次頁の図に過去の赤字国債と建設国債の発行残高を示しているが、総計は等差級数的に、ホボ直線的に30兆円/年で上昇している。この図には地方債の分は含まれていないが、地方債も同じ様に上昇するものと仮定する。シュミレーションも30年間、借金は直線的に増加していると想定する事で、説明と理解を簡単にする。

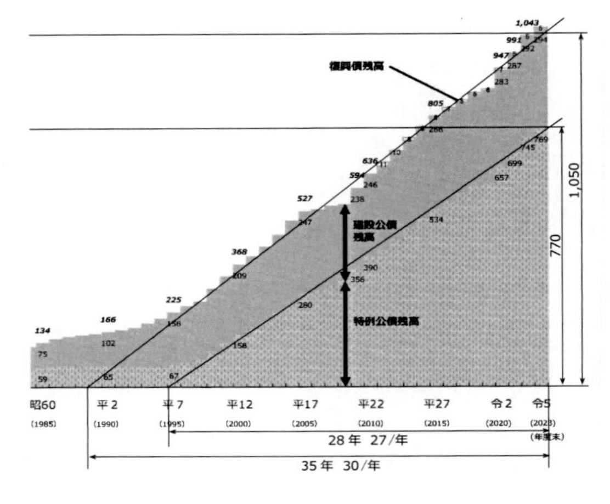

大枠で国家経済と、民間企業の会計を比較

民間企業は単年で決算、利益は出資者に配当として渡されるから、毎年期初には仕切り直しになり、決算が終われば、新しく出直しで過去の事は忘れられるが、３年間継続して赤字決算ならば、株式市場からの退出を迫られ、借金が資産残高を超えれば倒産と見做される。

国の場合は決算の結果は、余剰金又は借金の形で永久に累積……借金がパンク＝国債のデフォルトが起こらない限り、それは永久に継続、累積して行く。

１．国公債発行残高

1992年の日本の国公債発行残高＝借金は340兆円であり、最新の統計によれば2022年には1,500兆円である。（中央政府の債務1,300兆円＋地方自治体の債務200兆円）

30年間に借金は……1,500兆－340兆＝1,160兆円増加した。

借金は毎年40兆円増加した

30年間……1,160兆÷30年＝38.60兆……丸めて毎年約40兆円増加している。

理解し易くするために、単純に毎年直線的に同じ上昇率で推移したと仮定している。

２．GDP統計：年間歳費40兆円の疑似国家経営を想定

年間歳費40兆円の疑似国家経済に於いて、国の公的部門の出費から発生する消費活動の影響のみをピックアップして試算する。

年間40兆円の半分、20兆円が公的部門からの予算で消費され、付加価値が30%だとすると……20兆×0.3＝６兆円……年間６兆円の付加価値＝GDPが発生する。

それが30年間継続するから……180兆円となる。

付加価値30%は随分控えめな数値だ。コスト、採算性の概念のない官の高値買いは良く知られた事で、自分史の中でも度々話題にしている。民間の場合には粗利益に相当し、付加価値30%は業種、企業によりけりだが、多くのホワイト企業では普通の事だと思う。

右に「一般会計税収の推移」の図表を示している。

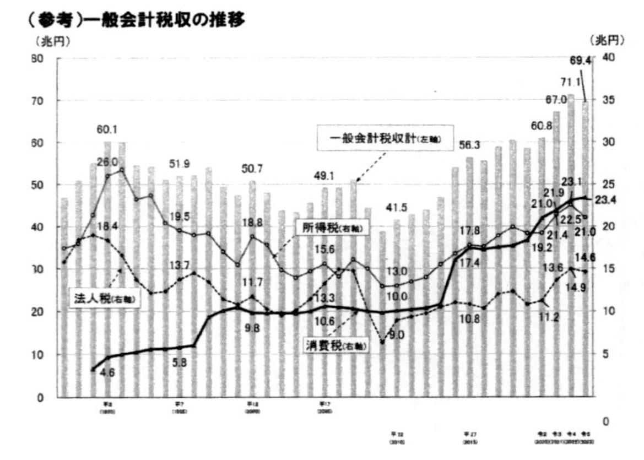

３．付加価値＝GDPの増加は1.2%/年

日本の1992年の**GDPは約500兆円**である。

６兆円の付加価値＝GDPの増加は……６兆÷500兆＝0.012……1.2%/年となり、統計上、毎年GDPを1.2押し上げる事になる。

（この試算では簡単にするために、単利計算で毎年の数値が計算されている）

４．消費税の増加額は17兆円

公共部門の消化予算20兆円の内、**半分の10兆円が消費税の支払い対象の購買と仮定すると**、購買品の流通の連鎖で、消費税収が増加する。取りあえず2023年の軽減税率８％を適用して計算すると……10兆円×８％＝0.8……となり、0.8兆円／年増加する事になり、**30年間で24兆円となる。**
1993年の消費税は３％、その後５％、2014年から８％になったので、細かく計算し直すと**17兆円**になる。

5．**所得税＋法人税の増加額は42兆円**
税収に於いて、所得税＋法人税は消費税の1.5～２倍弱で推移しておりそれを基礎に所得税＋法人税の増加額を推算する。
所得税収＋法人税収＝0.8兆円×1.5～2.0＝1.2～1.6兆円となり、**30年間で36～48兆円の税収増**となるが、中間値の42兆円よりも低く40兆円とする。

6．**30年間の決算**
GDPは30年間、毎年継続的に1.2％上昇し、単純計算で30年間に36％上昇して……500兆×1.36＝680兆……680兆円となる。
税収は毎年30年間消費税分17兆円と消費税が所得税と法人税にリンクして増加する分40兆円を合計すると、**57兆円増加した事になり**、それは政府債務の減少に貢献している筈だ。

結論、GDPと税収

政府総債務の増加額1,160兆円が上記のように、日本の景気浮揚のために使われており、経済学で定義されている方法でGDPを計算すれば、2022年のGDPは1992年の約1.36倍の680兆円になっている筈であるが、ホボ同じで変化がない。（中央値プラス・マイナス７％の範囲で統計的に30年間フラットである）
680兆円－500兆円＝180兆円はどこに消えたのか。

借金は減っている筈なのに増えている

毎年借金した40兆円の予算規模の疑似国家は30年間に借金が57兆円減額できている筈だ。
◆実際に30年間が経過して現在の姿は、**GDPは、30年間ホボ変化なし。**
◆政府総債務は縮小することなく……1,500兆－340＝1,160兆……**1,160兆円増加している。**
巨額のマネーが消えて終ったのは『妖怪ジャパン』が日本に居るからだ。
国全体のGDP統計は、民間需要、公的需要、外国からの旅行需要が主たるものであり、上記の分析は公的需要の一部に限定しての計算だ。民間需要も含めれば、消えて行った金額は更に大きくなるだろう。
日本で疑似国家の様に、国政が行われていたら、無借金で巨額の貯金が出来ていただろう。

疑似国家の姿、日本の姿

日本で疑似国家の様に、国政が行われていたら、無借金で巨額の貯金が出来ていただろう。

- 疑似国家の場合1992年からの30年間にGDPが1.36倍、貯金が57兆円貯まった。
- 日本の場合、GDPはジグザグに変化したが期間を通してみるとホボフラットで変化なし、借金だけが1,160兆円増えた。

前提条件に対する疑問

1．消費税と所得税＋法人所得税の関係
消費税は1989年に３％で導入されその後５％、８％、10％と変わってきたが、一般会計税収の推移が示す様に、所得税＋法人所得税との割合はホボ、1.5～2.0の範囲であり、思考実験が予想していた結果に対して疑問を抱かせるものではない。

2．予算規模、公的部門の消費支出の比率は自由に選べるが、常識的な範囲内でどのように数値を設定しても、最終結果の数値は変化するが、プラスがマイナスに、又はマイナスがプラスになる様な変化は生じない。
計算を視覚的に単純化する為に年間公債の増加額と同じ40兆円をピックアップした。
この様な思考実験では、先ず、利益が確保できるか、出来ないかを見極めるのが重要な目的で、細部に過度に拘泥して考えても……混乱するだけで意味のある結論、推測をする事は出来ない。

この思考実験の目的は民間の複雑なビジネスを完全に除外して、国の調達から発生する税収に限定して問題を解りやすく認識する目的で行った。
疑似国家の年間歳費を40兆円としたのは計算が簡単で、読みながら暗算で追って行ける事を可能にする事を意図している。計算のプロセスを見れば明白な様に年間歳費が倍の80兆円になれば、余剰金が２倍になるだけの話だ。

何処に消えて行ったかの推測は……

思考実験では57兆円の余剰金の発生だが、結果は30年間で借金が1,160兆円増加でその差は1,160＋57＝1,103兆円である。
この1,103兆円はどこに消えたのか？

◆天下り官僚OBの懐に入った。
◆ビッグバンで自由化された金融市場で多くの富裕層が損失を被った。
◆民主党への政権交代で建設途上のダム工事を中止等、多くの類似の巨大な無駄を発生させた。
◆武富士相続事件、全国旅行支援等の、行政の無能が巨額の浪費を行った。
◆関係者しか知らない、他の多くのお粗末な行政行為、多額の無駄使い、不正が原因かも知れない。

『思考実験－１』は公的出費と税収の関係を明らかにする目的で行ったが、幾つかの異なった視点から日本経済を分析、思考実験を行う事で……『妖怪ジャパン』の正体を確定する為の傍証を求めて行こう。

それは筆者の現役時代の仕事

筆者は現役時代の42年間自動車会社、鉄鋼会社、造船会社等無数の製造業の工場を訪問して、金属部品の加工コスト削減のアドバイスを行い、アドバイスを通じて自社製品の販売につなげる事を仕事としてきた。

大企業の係員、管理職の方から問題を聞き、後は工場の機械の横に立って作業を観察する。

数分で問題解決の種が発見される事もあるが……事務所で聞いた話は、話者の視点での観察だが、筆者の視点は異なり、筆者は作業者に多くの質問をする。社内の人間からの問題提起も含めて、100件／年……５千件程度の問題を解決している。

科学的に現象の因果関係を解明して、相手が納得して次のステップに進めるようにしないとビジネスとしては失敗に終わるから、顧客の高学歴で経験数十年の技術者よりもダントツに金属切削について深くて広い知識がなければいけない。

現役時代に関係した問題は全て無機的、機械的な問題であり、ウエットな人の心も含めて無数の因子が相互に関係する国家経済の問題ほど複雑ではないが解決手法は同じだ。現役を離れて20年以上経過してから別の形での現役復帰だ。

全てを詳細に知る事は出来ないが、以下の様なマネーの消え方もしている筈だ

対外純資産残高

統計によれば2020年代の日本の対外純資産残高は約180兆円と新聞報道されている。

同時に金融取引の為に海外に脱出している金融資産が約500兆円あることを示している。

国民の金融資産残高として

経済学を教科書で学んだ人は、日本の非常に危険な状況を理解しているから、保有金融資産はドル、ユーロなどの外国通貨に向かう。一般の人にはなじみの少ない事であるが、英国のEC加入と、サッチャー政権の金融ビッグバンの組合せから来る経済的な矛盾を発見したジョージ・ソロス氏は英国政府を相手にポンドに向かって相場戦を開始、勝利する事で巨利を得た。経済学の教科書、類書には無数の為替取引での巨額損失、利益獲得の話が満載で、高級官僚OBはその様な教育環境で学んでいる。

想像するに、行政に関しての応用力はお粗末でも、為替に関してのアンテナは高い筈だ。そのような背景があるので、彼らは殆どの金融資産を海外に逃避させていると推察する。

適量の借金は持つべき

ソロス事件は、国家が柔軟に金融政策を行うために適量の国債発行残高保持の必要性を示唆する。金融市場は妖怪の様に、縦横無尽に変化し、金融当局は柔軟に対応する事が求められ、発行済みの適量の国債がある事で金利操作がやり易くなる。

国民の金融資産残高を増加させたのか？

金融庁のグループが定年退職後に必要とする金融資産の残高の資産を示し、それが２千万円と公表し、２千万円問題として社会の注目を浴びた。

国民の金融資産残高は2,000兆円弱で、１人当たり平均約1,500万円であるが、最も実態を反映しているのは中央値でありそれは500万円近傍である。

定年後の人生を送る60代の中央値は600万円強であり、非常に興味ある推測をさせる。

一人の超高級官僚OBの貢献

既述の、『名ばかり会長』だった稲村光一氏は、多分、退職後の天下りで、年収1.5億円～２億円の報酬を、多分、20年以上の間得ている。累積すれば30～40億円になっても驚くに当たらなく、計算を簡略化する為に40億円とする。200万円の低金融資産残高の人を中央値の500万円に引き上げるには300万円不足している。

40億円を使って300万円に引き上げると……40億÷300万≒1,300人……1,300人分になる。

１人の超富裕な人がいると統計の中身は非常に大きく変化するが、それが統計だ。

日本では行政機関のトップ級役職者の任期は１年が普通で、それは退職時の役職名が退職後の天下り先での待遇に大きな影響を及ぼすので、組織が忖度して、出来るだけ多くの人が高い役職で退職出来るように設計されている。

稲村氏級の人は少数だが準稲村氏級の高級官僚は、毎年、毎年、新しく輩出、80代まで約20年間、天下り人生を謳歌している事になる。筆者の推算では、毎年40人発生、それが20年間で800人のキャリア官僚OBが天下り人生をしている事になる。800人で……低金融資産残高の方の……800×1,300人＝1,040,000人……約百万人分に相当する金融資産を保有している事になる。

並の高級官僚の場合

稲村氏は超高級官僚であるが、多くの並の官僚も天下りする。彼らの場合は超高級官僚の様な訳には行かないが、対象となる天下り先は無数にある。

単純に、人数が10倍多くて、報酬額は現役の頃と、ホボ、同じとして推算すると、このクラスの官僚OBも、退職後百万人の低金融資産残高の方に相当する金融資産を保有している

事になり、超と並の両方の官僚OB、8,800人で200万人の低金融資産残高の方を平均の500万円に押しあげる事になる。

当然、世の中には兆円単位の超高額金融資産家もいるから、上位100人が計50兆円の金融資産を所有していれば、それは約１千７百万人の２百万円の人を平均の500万円に引き上げる。

この様に統計の内部に深く侵入して考える力が無ければ、統計は単に誤解の原因になるだけであり、その為には多視的で、広い知識と、好奇心、疑問、疑う心が無ければ統計を有効に活用する事は不可能だ。

武富士相続事件、全国旅行支援等で露呈した様な高級官僚のレベルでは想像も出来ない様な、深い知識が無ければ、統計の存在は無意味で、却って害になる。

その11：統計は複雑だ：金融商品は美人投票＋強欲心理が動かす

18世紀に『国富論』を表し、経済学の発起人と称されるアダム・スミスは、経済学の大家であったが、投資行動に於いては、下手糞だったと言われている。

スミスは経済学を知らない大衆が相場に手を出して相場に影響を与えるのが原因と大衆の無知を揶揄した。

有名な、相場＝株式価格は美人投票の様なもので、個人の好みによって相場が決まると、参加者が利益を求めて、妖怪の様に変化する相場の世界を揶揄したと言われている。

その後２世紀を経て、20世紀後半に『行動経済学』と呼ばれる新語が経済学に導入された。

市場参加者の精神＝心を、人々の経済活動のパターンの予測に取り入れて、将来の経済予測をすると言うものだ。

筆者は美人投票に、強欲心理を取り入れて成功した

写真集に記載の様に、筆者は８回連続で『じゃんけん』に勝つ方法を発明した。？？

1990年代に２百人以上参加の会社のクリスマス・パーテーで、定価約５万円の大型CDラジカセが景品となっている事を、出張から帰り、開催日の二日前に聞く。長女は、当時、俗に不良と見做される女子高生で、DJ活動に熱心でクラブでターンテーブルを回している。

会の終盤で、近くの人とじゃんけんして、勝った人と負けた人に分けて、負けた人は退出。

その繰り返しで、７回連続で勝つと、８回目の決勝戦に進めると聞く。

発見した方法は『逆張りじゃんけん』

経済学の分野で1990年代末から行動経済学と呼ばれる最新経済理論が登場、2017年には米国の経済学者がノーベル賞を受賞している。行動経済学は非常に複雑で高度な数式で表現され、多分内容を咀嚼して理解している人は日本中で数人しかいないと想像するが、筆者はその意味するところは理解しているので、行動経済学からアイデイアを頂戴した。

今回のじゃんけんは賞品が高額なので、皆、真剣に勝とうとする筈だと考えた。

先ず、最初に、じゃんけんポ、とする時に、グー、チョキ、パーのどれかを出し、次いで勝負手を出すときに、自分の先に見せた形に負ける形を出せば、多分勝てる筈と考えた。

相手も勝とうと真剣だから、最初に見せられた手が頭に強く印象付けられ反射的にそれに勝てる手を出すだろうと……行動経済学の思想を拝借して……考えたのである。

更に、じゃんけんのスピードを少し速くする事で、より直感的な行動になると予想した。

先ず、グーを見せて、次いでそれに負けるチョキを出すと、相手はグーに勝てるパーを反射的に出すから勝てる確率が高まる筈と考えた。

最後に残った相手は若い女性のEDP専門家

７回連続して勝利、最後に残った２人は筆者と二十歳過ぎの女性の平岡さんで、彼女は当時出現し始めたコンピューターの専門学校出身、経理、EDPに所属しており、筆者の訳の分からないＰＣ操作に関する質問に丁寧に答えてくれた人だった。
しばし、頭の中で躊躇したが……行動経済学に従って『逆張りじゃんけん』で勝利した。
（写真集、筆者の賭事人生については自分史参照）

『逆張りじゃんけん』が勝てる条件

筆者は景品が高価なので、参加者全員が是非とも勝ちたいと真剣だったから成功したが、真剣度の低いじゃんけんでは、先ず成功しないだろう。
先述の武富士相続事件でも、NHKやマスコミ報道だけを空気の様に聞いているだけでは、疑問は湧かない。世の中は、一見『平穏無事』に過ぎて行くが……時間が経過すると……その内に大噴火、大津波の様な大災害にも相当する、想像を絶する金融危機を原点とする、ハイパー・インフレに突入する。

筆者の民間での経験と経済学に対する偏見？？

筆者の仕事の場合、目の前に現れた課題に対する解決策は、何処にも存在しないから、自分で考えなければいけない。若し、簡単に解決できる課題の場合には既に誰かが解決しているから、その様な課題は筆者の前には現れない。
課題の提供者と会話して、どのような対策をすべきかを無から考える。
現れた幾つかのアイデイアを頭の中の思考実験で確かめて……次に簡単に計算して……徐々に煮詰めて行き、最終的に有効な対応策を作って行く。
国家の政治に最も大きな影響を与える経済学、経済理論は日本には適用不可と筆者は考えている。

その12：全ての愚行は増税で解決する日本の行政

日本の場合過去の半世紀を見ると、単年の歳入と歳出の差＝赤字は、増税か、公的債務の増加で賄われ、その総額が1,500兆円の公的債務となり、１人当たりGDPの３倍に接近している。
数値は断トツの、公的債務高オリンピックで金メダルであり、行政は増税で糊塗しようと頑張っている。
因みに、スウェーデンは、財政の健全化に非常に熱心で公的債務のGDP比は0.5以下を維持し、減税傾向を鮮明にし、最近相続税も廃止した。後述する様に、年収１千万円以下の低所得層では日本の方が高負担になる。

行政は安易に高値買いで、増税で糊塗する

神戸市北区の海員組合の保養施設の場合

その９に記述した様に箕谷グリーンスポーツホテルの用地約10ヘクタールは、民間取引相場の百倍くらいの高値で厚生省により買収された。

国鉄鷹取工場の場合

自分史既述の、国鉄民営化以前の1970頃に国鉄鷹取工場への切削工具の納入に際して、国鉄への価格が他の民間民間企業への価格の３倍である事を経験した。それまで噂としては聞いていたがそれは事実だった。

専門職には免許が必要

建築物の電気配線には電検資格、建築には１級建築士等の資格のある人の参画が義務付けられており、例えば、ミスを冒して漏電して建物が火事を起こせば、配線を行った技術者の責任が問われる。

『全国旅行支援制度』の場合……経済についての初歩的な知識が有れば……あまりにも明白な制度上の欠陥であり、無免許で幼児が乗用車の運転をした様なものだ。犯罪行為、無資格者の逸脱行為として糾弾されるべき事だ。

この様に、制度の欠陥が明確に、解り易い形で可視化されている制度設計は、多分、欧米諸国では先ず起こらないし、継続して存在する事は考えられないと思う。

日本の**官僚文化は戦前の『信賞必罰』から戦後『無罰叙勲』**に大きく変化し不正、汚職、無能、天下りを特徴とする国に変質した。総括すると、相続事件で400億円の金利を還付した国税庁は財務省、全国旅行支援を担当したのは国土交通省、ふるさと納税制度を作ったのは総務省で、全て同様な思想的な背景を持って、ホボ、同じようにお粗末な、制度設計をしている。専門能力の多寡、学歴の有無、とは関係なく簡単に“高級官僚は非常識だった”の一言で片づけられる。

問題は、担当する下級官僚に始まり、係長、課長、……トップで作られる組織の非常識が問題だ。

その13：人事院が公務員の週休三日制とフレックス制度を考え中

2023年４月14日の日本経済新聞朝刊１面に「**国家公務員、週休３日に拡大**」という記事発見。

人事院が公務員の週休三日制とフレックス制度の導入をする事で、日本の長時間労働の慣行を是正する事を検討し始めたとの事。日本の民間の実情を全く理解しない、筆者からすると、想像も出来ないお粗末で、ピンと外れな発想で驚いた。

筆者は官僚の自己中心的な行政行為を批判しているが、その元締めの人事院にも、国全体の問題として認識する様子が全くない。週休三日制を提案する様な心が民間企業出身の筆者には全く理解できない。

筆者は日本の官僚、公務員と民間企業では不毛の巨大な壁があり、それが増々高くなっていると感じる。

背景には、長時間労働により霞が関に人材が集まり難くなっていることへの危機感があると説明されている。

2023年度春の国家公務員総合職試験への申込者数は約１万４千人で過去２番目に少ない水準。21年時点でのフレックスタイム制の利用者は全府省平均で7.7%。週休３日制を浸透させることで人材を集める狙いだと言われている。

公務員の病気休職制度と昭和の時代

2023年５月、我々のテニスグループに新しく筆者よりも２才年長のＴ女子が常連として参加され、非常に高度な技術を駆使される。福知山市の南に位置する郡部の方で、戦争直後の日本を実体験されており、筆者とホボ同時代の経験をしておられる。

待ち時間に雑談する中で、当時25才までには結婚するのが普通の時代に、27才になり……結婚を焦って大間違いをしたと激白された。筆者が我々夫婦も晩婚で『貰い遅れと、行き遅れ』の夫婦で、筆者が30才の誕生日、妻が27才目前での結婚だと申し上げた。

一度の見合いで結婚に踏み切る

仲人の世話で、見合いを行い……相手の男性は６～７才年長で顔が、青白く元気がなさそうな様子だったが、自分の年齢を考えて一回のお見合いでOKと返事した。結婚後に判明した事だが……新郎は入院中だったが見合いの為に病院から見合いの席に行き、見合い終了後即刻、病院に戻った。結婚式の当日も入院中だったが、一日だけ退院して結婚式に参加、直ぐに病院に戻って行った。

激白された多くの事は、一冊の小説が書けるほどの珍しい事のオンパレードで昭和の日本再発見である。夫は無数の病気持ちで、体の殆どの臓器にメスを入れており、腸の長さも……半分くらいしか残っていないとの事。

Ｔさんは、夫の介護役を期待されて紹介されて結婚させられたことが分かった。

夫は神戸市の職員で、公務員には３年間離職を認める病気休職制度があり……就職後数年間の病気休職……短期間の仕事復帰……数年間の病気休職の繰り返しで、40代までまともに仕事をしていなく、彼女が働かなければ生活できない状況の中で78才まで医療事務の仕事に従事されたと、激白される。

日本では制度として、１年以内の休職ならば80％の給与が支給され、医師の診断書を上司に郵送すれば、面倒な口頭での説明をすることなしに、自動的に休職が受理され、復帰の際にも、面倒な手続きは必要ないとの事だ。

住友電工の場合

筆者が住友電工に勤務していた1950年代後半、ペニシリンがあったが結核は依然として国民病で、多くの結核療養所があった。職場にはそのような療養所に入院している人がおり、１年以内に職場復帰しないと解雇されると就業規則に書かれていた記憶がある。

住友電工は「ホワイト企業」で、他の多くの「ブラック企業」の場合は、もっと短期間で解雇されただろう。

Ｔさんが結婚した頃と筆者の住友在職の時期はホボ同じ頃、その頃からあった……「公務員」、「ホワイト企業」、「ブラック企業」、「自営業者」と、日本国民は四つの身分制度の下にあった事が理解できた。

半世紀前から、公務員の場合は解り易く言えば……行政の仕事の為に公務員がいるのでなくて……**公務員として採用された人の為に仕事が有る……「主客転倒」で、行政が動いて**いる事が分った。

人事院総裁の視点

現時点での人事院総裁は川本裕子女史で、東京大学卒、その後無数の綺羅星の様な経歴を重ね、2021年に人事院総裁に就任された。筆者は、人事院総裁は雇用された官僚の働きぶり、成績を観察しながら官僚の採用方法を考えられるものと思っていたが、そうではないみたいだ。

多分、川本女史は筆者が第１章で指摘したような、単純極まりない行政のお粗末な行為にお気づきでないのだろう。

綺羅星の様な経歴からすれば……当然解っていなければいけない、中学生向けの常識みたいな事が分っていないか……解っていても「妖怪ジャパン」に汚染されているので看過している？

それで良いのだ、放置が一番

現行の終身雇用制度の範囲内での対策なら、何もしないで放置するのが一番だ。

東大出身の人が少数になり多くの……アルバイトをして社会的常識を持った……日本の平均的な家庭に育った若者がキャリア官僚になれば、確実に現状よりもはるかに良くなると筆者は断言する。

人事院の言っている事は、**仕事の為に官僚がいるのでなく、…官僚制度維持の為に人事院の仕事があると、完全に「主客転倒」していると観察する**が……残念ながらそれが現在の日本だ。

既に、許されないほど劣化している日本の高級官僚は、週休三日にすれば更に劣化の速度を上げるだろう。

川本女史が何を考えているのかは分からないが……経済学者としての川本女史が現下の日本の経済状況を観察……常識で判断すれば、週休三日にする様なアイデイアは絶対に出てこない。

経歴からすると21世紀初頭から日本の経済政策に影響を与える仕事をしておられ、失われた30年を作り上げた関係者の１人で、既述の藤井威元在スウェーデン大使の著作からも、大きな影響を受けておられるだろう。多分、川本女史も第１章で取り上げた愚行を行った高級官僚も、行政の実務能力は同等なのだろう。

週休三日制にすればやる気のない人が多く応募するので、日本の劣化を促進するだけだ。

どうすれば良くなるのか

悪事、汚職の話を聞いて「**それはダメだ**」と思う人と「**自分にもそんなチャンスが来ないかな**」と考える二種類の人がいる。

先ずその見極めを行い、前者のタイプの人にヤリ甲斐のある仕事を任せれば、組織が何もしなくても、考えて熱心に、楽しく仕事をするだろう。そのように熱心に仕事をする人に組織、法律が労働時間制限をする様な組織は遠からず退出を迫られる。

若しそのような組織が延命すれば、企業、国が亡びる。

人事院こそ、国の人事政策の根本なす終身雇用、年功序列、定年と天下りにメスを入れるべき立場にいると思うが……。

その14：21世紀の人事院月報が伝える、外務省は海外経験の無いド素人の集まりか。

人事院月報2024年１月掲載、工藤歩氏の記事

工藤歩氏は在ジュネーブ国際機関日本政府代表部、一等書記官」として2021年４月から２年半駐在された。

それまで34年間日本で世界中の……国連, WHO、ILO等無数の……国際機関、外国との連絡、調整の仕事を行い、人材獲得の為の大学生への講習、国際機関職員同士の交流促進等々……海外経験の豊富な、典型的な外務官僚だと思っていた。

６ページの長い記事中に以下の様な記述があった。

> **番外編～海外未経験者がジュネーブで感じた事～**
> 　ここまで真面目に業務を紹介してきましたが、最後にこれまでの２年半強の海外生活を振り返ってみます。
> 　今回の赴任まで**34年間、一度も海外の地を踏んだことがなく、国際線に乗ったのも初めての私が、海外での生活で感じた事**、スイスの魅力を紹介します。

工藤氏は活字専門家だった

英語が話せるだけで……多分、日本の常識も貧弱……多くの人が、中学、高校生も含めて海外経験をしている中で……大学卒業後34年間も外務省に勤務……誰が考えても、何かが変だと考えるだろうと、筆者は思う。

この掲載記事が意味する事を筆者の常識で推察すれば

1. 人事院のモットーは「**中立、公正、信頼、人を育てる**」とある。この様な記事が掲載される事が異常である事を認識しない、隠蔽しない……する知恵、常識が無い事は人事院の公正を示す証拠なのか？
   筆者が人事院の担当官ならこの様な記事の掲載を躊躇するのみでなく、その様な外務省を変革する為に活動を始めると思う。
2. 工藤氏は34年間外務省に勤務…定年も視野に入った50代後半で、最終的に家族５人で海外派遣されたと、単純にうれしくて書かれているように見える。「権謀術策」、「魑魅魍魎」最も複雑な利害関係の関わる外交官……その中でも最高クラスの一等書記官が……記事は高校生のレポートの様に書かれている。

筆者はここまで、失われた30年の原因を探り、その原因を日本特有の「名ばかり専門家」、「活字専門家」だと断定、最後に外務省も例外でない事が判明した。

人事院はその旗振り役

筆者は人事院を誤解していたが、月報からの影響から、人事院関係の資料を多く読み以下の印象を強くした。

人事院は国民の為でなく、公務員の労組事務局なのだ。

筆者は、人事院は民間の人事課の様に、優秀な会社にとって役に立つ人材を発見して採用する為に知恵を絞っていると思っていたが、それは誤解だった。国家の為、公僕としての視点は欠如、学校のクラブ活動の様に楽しくやっている。

国の借金が多額になったから、ガンバラなければ……民間の低所得者を何とかしてあげなければ等の視点が全く感じられない。

トップに綺羅星の様な高齢の女性を充当

人事院総裁、人事官などの高官に多くの企業を渡り歩き、多くの政府、行政の委員会の委員を兼任されていた、日本の典型的な識者を充当して、社会を説得している。

日本の役職者への女性登用が、欧米諸国と比べて低い事が非難される中でこの様な事が起こったのだろう。

高齢で……多分、定年まで大過なく過ごし、定年後は何処かに天下りして……最近流行の社外重役、国の外郭団体のトップに横滑りなど……で平穏な定年後の人生を計画されていても不思議ではない。

トップに30～40代の頃のエネルギーがあれば、人事院月報に掲載された様な記事は絶対に掲載されないと思う。

多分、中枢の人は月報など読まないのかもしれない？

その15：ウエルビーイング、リスキリングを制度設計した伊藤かつら人事官

先述の人事院月報2024年１月号の冒頭に、２年前に岸田首相から人事官に招聘された伊藤

かつら氏のウエルビーイングとリスキリングについての紹介記事……伊藤氏が制度設計者である事を説明する事が書かれている。
　キラキラした経歴で、多分、岸田首相と早稲田大学の同窓繋がりで……準大臣級の公務員特別職の人事官に就任された。

月報は労働組合の事務局の様な雰囲気

　月報には若い人が色々な事を楽しく議論している様子が、昔の労働組合事務局で青年婦人部の皆さんが未来の事について夢を語り合っている様でxx理論の学びなおし等と国内研究員が寄稿している。
　日本経済が危機的な状態になっているから……みたいな雰囲気が全く感じられない。人事院は日本の中の桃源郷みたいな印象を与えている。

日本の経済的困難への認識が見えない

　右に財務省のホームページから取った令和５年の予算表を示す。
　70％弱が税収で、30％強が国債費であり借金だ。総額114兆3812億円と実感が湧かないので家庭経済に例えて作文すれば以下の様になる。

－毎年、生活費が１千万円掛かっている。令和５年の見込み年収700万円、生計費が不足するので300万円をサラ金から借り入れる予定だ。
－今迄約30年同じようにやってきて、今後も同様……借金の比率は今後更に増加するだろう。
－悪い事に既に借金の総額が約１億以上もある。

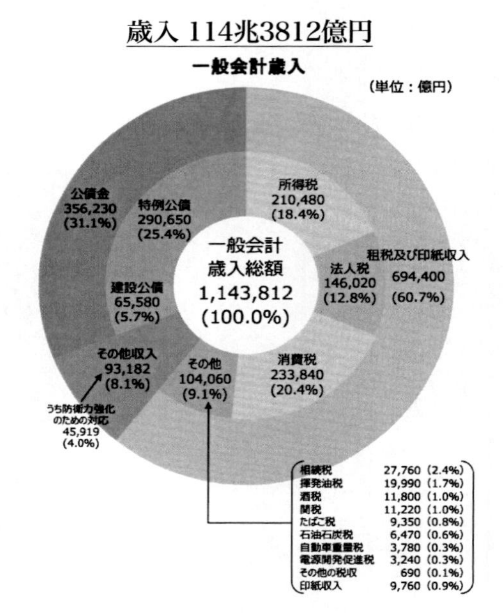

　筆者が第１章で公開したキャリア官僚の愚行を伊藤氏は全くご存じないみたいだ。もし知っておれば、人事院としてそれを正す様な方向で制度変更を考えるべきだが、月報に溢れている人事院の雰囲気は、労働組合の様に、組合員の利益、幸福追求の為に「みんなで楽しく頑張りましょう」見たいな雰囲気で充満している。
　筆者が財務省のキャリア官僚の作文力は小学生レベル、金融政策決定会合は欠陥データーを使っていると指摘している、国政の根幹を成す重要書類を読まれていないみたいだ。
　実務についての知識、経験の無い人が統計から、人数、予算などを見ても実態は解らない。
　現在の従業員の能力、仕事の実績、能力についての理解無くして、何かを計画しても……それは筆者が自分史で明らかにしたような愚行と同じことだ。

現在が考えられる最悪の状態

　現在の日本を巨額借金を抱え、低賃金、長時間労働の「ブラック企業」で充満する日本にしたのは、東京大学を筆頭とする高学歴者で……多分、誰に選手交代しても現状より悪くなる筈は無いと筆者は思う。
　船に例えれば数年前、知床の海に沈んだ「KAZU１」の様に前方のハッチが開いていて浸水、沈没し始めている様なもので、このまま放置すれば確実に国家経済は崩壊する。
要約すれば、日本では考えうる最悪の人選をして高級官僚とし国政を任せているのだ。
誰に変わっても、どこのオジサン、オバサンに変わっても現状の様な無責任な事はしないだろうと筆者は思う。
なぜなら、オジサン、オバサンは……度外れな悪知恵を働かせないからだ。
日本の経済が非常に悪い状態である……借金地獄の中にある事が解っていないみたいだ。
企業、組織には、どのように良い企業、組織でも、ある比率のお荷物になっている人がいる事は避けられない。最も重要な事はお荷物になっている人の比率を下げる事だが……公務員の終身雇用制度の中で……目の前に迫っている定年を控え、退職金と、退職後の天下りを頭に描いている人に、リスキリング等を考えるのは単なる無駄使いで全く意味の無い事だ。リスキリングを迫られる本人も不愉快、国の方も無駄な費用が掛かるだけで全く意味がない。
第７章に記載した松下電器の、残酷な人減らし人事は褒められる事ではないが、伊藤氏の考えているアイデイアも、行動の方向は真逆だが、予想される最終的な結果は松下の残酷な人減らし人事政策よりも悪いと筆者は断定する。

伊藤人事官の奉職していたIBMは無学だが傑出したワトソン氏により100年以上前に創業され、その後スウェーデンを凌ぐ従業員重視の経営を行こない……世界でも突出した『超ホワイト企業』であり、後述する松下電器、京セラの様な『ブラック企業』の対極にある。今迄の人生で倒産の恐れなど考えないで仕事をして来たのだろう。
日本がIBMと違って、民間企業ならとっくの昔に倒産しているとの認識がない。

1970年代の住友電工の東大卒者への入社試験

筆者が住友電工在職時に、課内忘年会で筆者より少し年長、東京大学工学部卒の広松良夫氏が会社の入社試験について語られた。筆記試験は無くて、大きな部屋に案内され部屋の中央に梱包された荷物が置かれて、周囲に種々の開梱用の道具が置いてある。課題は荷物を開梱する事で、その様子を見て受験者の常識を判断して合否が決められると言う。
受験戦争で常に上位にランクされてきた東大卒に今更筆記試験をしても意味がない。
専門知識は正常な常識の上に積み上げてこそ価値があるが、**土台になる常識が貧弱だったら「砂上の楼閣」**だと言う訳だ。
住友電工はその後典型的な「ホワイト企業」として成長、広松氏はその後連結で授業員数25万人を超える住友電工の副社長になられた。
多くの国政上の愚行は東京大学卒者が国政に関与する事で発生した。
東京大学を筆頭に……日本の受験戦争で精神的に疲弊した高学歴者が国政設計から離れることは良い事だ。
社会には数でこなせる仕事と、質を要求される仕事が有る。
キャリア官僚は質が要求される仕事であり、その為には目の前に現れた課題を解決するためのアイデイアが必要である。
アイデイアが必要であるが、伊藤氏のウエルビーイングに触発され、トンデモナイ愚行を県の目標に掲げる県知事が登場した。
東京大学卒でないと県知事になれないと思われていた筆者の故郷、富山県知事に一橋大学経済学部卒の新田八郎氏が就任、新田知事は伊藤氏のウエルビーイングに強く感化され、県政の最大の看板目標として活動をされている。
新田氏は伊藤氏の６才年長で、ウエルビーイングで富山県の人口を10倍に増やして現在の

可住面積は約40％、可住面積での人口密度が約550人/㎢　だが、それを5,500人/㎢にすると言う。目標が達成されたら、１人当たり可住面積が1,800㎡から180㎡に縮小……道路、公共施設などの社会的インフラを建設すると残りが無くなるので、全可住地域が高層住宅のビル群になり、富山県の著名な不二越やその他の工場は、他府県に移転する事になるだろう。人口減少、GDPの減少、固定資産税の減少が避けられないだろう。

新田氏の様な高学歴、高年齢で経験豊富と考えられる人に巨大な影響を与えられるのだから、その面では伊藤氏の影響力は並々ならぬものがある。

伊藤かつら氏は、数年後に結果を見ることなく定年退職する

伊藤氏は早稲田大学卒業後23才で卒業だから、岸田首相の様に東京大学を３回受験して失敗、早稲田に入学した人よりも、大学受験の世界では優秀と見做されるのだろう。

キラキラ肩書の最終段階で、準大臣クラスの人事官としてウエルビーイング、リスキリング計画を立案……結果が具体的に見えるのに10年以上掛かる……それは筆者の目から観察すると、確実にさらに悪くなる……その結果を見ることなく定年退職。多分、その後は日本の高級官僚の定例である天下りして、自分自身がウエルビーイングされる事になるのだろう。

始めるのは簡単だが、変更、廃止が困難な日本

専門知識レベルの低い官庁では、お粗末な提案でも、コスパの意識が無いので簡単に制度化される。一旦制度化されるとそれを廃止するのは、終身雇用、年功序列慣行のある日本では非常に困難で無理、又は時間が掛かる。その様な愚行の累積が日本を劣化させた。

> **日本中が変だ、狂っているが**
> **それは「妖怪ジャパン」がいるからだ。**

第１章で披歴したあまりにも解り易い、キャリア官僚の犯した愚行だけでなく、上述の新田知事のウエルビーイング計画も同様に……筆者の目からすると、多分、多くの常識ある人の目からすると……トンデモナイ愚行だが、筆者の知る限り識者、学者と呼ばれる人がウエルビーイング計画を非難している事を聞かない。人事院も、残念ながら、既述の他の多くの愚行を行っている省庁と同様で多分、それは「妖怪ジャパン」が影響を与えているからだ。

それは単純に人事院の日本の社会学的な知識＝常識の欠如を示している。

その16：政治家は高給で、スウェーデンではボランテイアみたい
報酬は日本の1/10程度で専門能力が高い。

多くの事が日本とスウェーデンでは真逆で、日本人に言葉で簡単に理解して頂くのは非常に難しい。

日本人でスウェーデンについてかなり知識が有ると自負している人でも、スウェーデンに住み、納税経験が無ければスウェーデンについての理解は貧弱だ。

常識は書物からは学べない

スウェーデン人にスウェーデンの常識は何ですかと聞いても、答えられない。常識とは生活の中からしか学ぶしかなく……全国民が必ずしも同じ常識を持っている訳ではない奇妙なものだ。

筆者のスウェーデンの行政、制度に関する知識は会社の社内弁護士だったオリヤンと職場の同僚の妻のウラさんのお陰だ。

オリヤンは大卒後警察官になり、その後資格を取って弁護士となり筆者とは20年以上、競合他社との特許戦争で戦った戦友だった。ウラさんは市長室の室長兼総務課長みたいな方で行政の事に関して詳しい。ウラさんとは非常に頻繁に家族で行き来していたので……若しかしたら筆者は一般のスウェーデン人より世界標準から突出したスウェーデンの常識について多く知っているかも知れない。スウェーデン人にとって常識は空気の様なものだから、彼らは意識することなく、常識の中に埋没して生活している。

日本の常識、スウェーデンの常識

筆者の頭の中は1/3くらいスウェーデンの常識で占められている日本人だから、日本の国会議員は専門能力、経験、知識、資格の有無とは関係なく議員となり、お手盛りで自分の給料を決められる、夢みたいに幸せな職業……反対に国民の為には結果的に地獄みたいな国になった。

スウェーデンでは国会議員は、国会議員の給料を決めることが出来ない。議員の給料は独立した機関「国会報酬委員会」で議論して決められ、議員の給与は一般のエッセンシャルワーカーの給与とホボ同額だ。

例えば、筆者がスウェーデン在住の**1970年代中頃には、国会が閉会中の数か月間は無報酬だ**と聞いていた。1980年代後半になり漸く通年で給与が支払われるようになったが、その額は一般公務員よりも若干高い程度だった。

詳細に説明するには、多分、別の１冊の本が必要になるので、ここでは割愛します。

以下に日本の政治家、政治について日本とスウェーデンの違いを、大まかに述べてみたい。

その１：政治家＝国会議員、県知事、地方自治体に議員になるための条件

日本の場合

年齢要件さえクリアーできれば、専門能力、学歴、性別、年齢、経験、職業、障害の有無に関係なく立候補、当選すればだれでもなれる、日本では非常に珍しい資格要件が無きに等しく高給、人気だけでなれる職業だ。

少々のスキャンダルを起こす、不正が発覚しても……辞職までになる事は起こり難い。

報酬は巨額で日本で唯一の専門の力の有無を問われない職業として見直され、多くの若い人が立候補する傾向にある。

スウェーデンの場合

年齢要件をクリアー、専門能力が認められなければ絶対になれない職業だ。確認してはいないが、専門の力が問題となるから、日本の様に重度障害者が国会議員になる事は出来ないだろう。

政治家、議員には非常に高潔な精神と言動が求められ……日本では全く問題とならないような些末な事でも、スウェーデンでは問題視され、アウトとなり……一度アウトとなると復帰はまず不可能だ。

その２：障害者への配慮

日本では2019年の参議院選挙で二人の重度身体障害者が当選した。

一人は61才の男性で「筋萎縮性側索硬化症」、通称ALS患者で、介助者を通じてしか会話が行われない。

一人は54才の女性で幼児の頃の転落事故で首から下が自由に動かせない。

筆者の観察では彼等の所属政党は障害者を見世物にして、情緒的に……世間の目を障害者に向けさせようとスケープゴートにして、利用しているように思う。

多分スウェーデンではその様な過酷な非人道的な役割を、重度障害者に負わせるような事は絶対にしないと思う。

第一に、重度障害者は無理のない生活条件を与えられるべきであり、議員には不向きだ。

第二に、議事に正常な状態で参加できない事は、正常な議論の進行の妨げになり、その事は……めぐりめぐって、福祉政策議論、結論を好ましからざる方向に偏向させるリスクが発生するかもしれなく、どの方向から見ても建設的な何かが感じられない。典型的な日本の短視的な、高学歴者の陥りやすい間違いだ。

障害者受入れの為に国会議事堂の内部の改修工事に最低数億円〜数十億円の出費で議場での介助者数人に支払う報酬、移動に必要な介助者への支払い等のお金が消費に回るので、少額だが国のGDPと消費税を上昇させるが、同時に公債発行残高の上昇原因となる。**強引な自己主張を恥と思はない『議論して』、『三人寄れば文殊の知恵』を拒否している。**

政治家＝国会議員、県知事、地方自治体議員の報酬

スウェーデンの場合

ここまでに、何回かスウェーデンの政治家、議員の報酬が少なく、日本の感覚ではボランテイアであり、秘書を必要とする様な事務能力の低い人は議員にはなれない。公用車もなく、多くの地方自治体の議員は徒歩、自転車で議会に出席。

俗に無給で、会議の開催時間によって日当、又は時間給で報酬が支払われる。ファーストクラスに乗る政治家、議員はいない。日本の様に政治家、議員が巨額報酬を得ている状況と比較すると、報酬は無し、と表現したくなる。

日本の場合

日本の衆参議員の定数は700人強、知事は46人、地方自治体の議員は約３万人と言われている。

国会議員の場合

国会議員一人につき年間約６千万円掛かると言われているから420億円/年となる。

１人の議員につき３人の秘書が公費で雇用されている。日本では議員の能力が低く３人の秘書がヘルプしないと議員が務まらないと言う事だ。重度障害者ほどではないかもしれないが、議員単独では仕事が出来ない。

知事、地方自治体議員の場合

経済論文の様に正しい、細かな数値を追求しても意味がないので大まかに推算します。

知事、地方自治体議員をひっくるめて３万人、年間報酬を１千万円とすると３千億円/年となる。

総計で30年間では

国会議員と地方自治体分の総計で3,420億円となり30年で10.26≒10兆円となる。

10兆円のかなりの部分は消費されるのでGDPが上昇、景気が良くなったと経済学者は評価する。同時に消費税額が上昇、わずかだが税収が増加する。多分、10兆円はそのまま借金の増額の原因となる。

表の費用10兆円と裏の費用

日本では経理計算される支払い報酬額は10兆円だがそれに付随して、それに数十倍〜数百倍の表に出ない以下に示す三つの原因により費用＝無駄が発生している。

その１：能力による問題

その２：情報漏洩による先回りビジネス行為

その３：口利き行為

スウェーデンではそれらの無駄は最小……限りなくゼロになる様な政治制度が機能しているから、問題視されるような数値にはならない。これはスウェーデンに数年間住み、納税した経験があれば、スウェーデンの常識的な知識として共有できるが、日本人は言葉で聞いても……皮膚感覚で理解することは不可能だと思う。

裏の費用＝無駄使いも含めると

表の費用である人件費が10兆円で、裏の費用が10倍なら100兆円。

裏の費用だから知り様がないが……数百兆円になる事は間違いないと思う。

その３：巨額借金はどのように受け止められているのか？

多分、無意識に……三十年前から等差級数の様に増額する借金を見ながら……見てない振りをしながら……多分、あれは先輩がし始めた事だと……誰も真剣に当事者意識をもって考えていない様な素振りをしているが、それは「妖怪ジャパン」に感染しているからだ。

筆者は小学生の頃に……戦後の経済統制下で食料不足の中で呻吟する人々を見ながら、取り締まる角田巡査への、賄賂を届ける使いをしながら……それがワクチン接種の効果を示したので、「妖怪ジャパン」を蹴飛ばしているのかも知れない。（自分史第二章参照）

その16の１：悪政に便乗する３人の鬼っ子……ガーシー東谷氏、山本太郎氏、伊藤かつら人事官

最悪の政治と『妖怪ジャパン』は、『鶏が先か、卵が先か』の議論と同様にその前後＝因果関係が見極められないくらい密接に交雑しながら２１世紀に突入して、日本に欧米先進国では想像も出来ない無数の大小の鬼っ子を生みだしたが、その中でも突出した、三種の鬼っ子を取り上げる。

“その１～その15”までの事例は過去にマスコミに登場、社会で話題となった事ばかりで、経済学論文の様に引用資料を示す必要の認められない、マスコミで大きな話題となりよく知られた事ばかりである。

経済学者、経済専門家がこれらの行政の愚行を非難、是正させる為に声を上げて我々庶民を覚醒させるべきだったと思うが、それは起こらなかった。この事は**日本では経済学が役立たずであった事を証明**している。

子供が家屋の横の立ち木の下で落ち葉を集めて、小さな焚火を始めて遊んでいたが家屋に燃え広がり……手が付けられなくなり……放置しておけば大火になり、町中が焼失しかねない状態になっている。

2023年の日本の国家財政はこの様に形容できる

経済学が役に立たなかったから、視野を広く社会学的に考察してみよう

経済学者は統計を眺めて、その数値で生き物の様に常に変化している経済活動を推理しようするが、その為には経済活動の実践経験が豊富で正しく統計の中身を理解する能力がなければダメだ。

（筆者は第４章で経済学は科学ではないと断罪している。）

21世紀になり登場した三人の『鬼っ子』について社会学的に、観察することで日本の抱える問題の一部を抉り出す目的で視野を広く、時間を輪切りにしないで広く設定して失われた30年を振り返り、その後に来る30年の姿を予想する。

その前半部分として失われた30年後期に発生した以下の３種の鬼っ子について考えてみよう。

鬼っ子１：ガーシー東谷義和、元国会議員、
鬼っ子２：重度障害者を国会議員に就任させた山本太郎氏。
鬼っ子３：人事官、伊藤かつら女史。

鬼っ子１：ガーシー東谷氏の場合

21世紀になり、Ｕチューバーと呼ばれる、新種の妖怪が日本中に蔓延、庶民を狂わせて

いる。
『妖怪ジャパン』は日本の政治、行政の根幹部に巨大な影響を与えるが、新種の妖怪は庶民を狂わせ……国会議員の選挙を通じて国政に巨大な影響を与え……対応が下手糞だと……日本は『無茶苦茶』になるかもしれない。

鬼っ子ガーシーは国会議員選挙への立候補資格がなく
1枚のＡ４文書で、国家議員の資格を剥奪出来た筈だ。

高級官僚OBで、現職弁護士の小島敏郎氏によれば、議員として立候補するためには住民票に立候補地の住所が記載されているだけでなく、実態としてそこに住んでいなければ立候補できないと明言されている。
住民票の住所地に住んでいなことが判明した場合には、当選しても当選は取り消され、時効期間が３年であると東京都知事小池百合子を非難する『外人記者クラブ』で多数の記者を前にして明言されている。

選挙管理員会のお粗末

先ず、選挙管理委員会が立候補届の時に受理するべきでなかった。
問題発生で日本中が大騒ぎしていた頃の、マスコミ情報によれば、当時、ガーシー東谷氏は海外に住んでいた。
NHK党党首立花高志氏が東谷氏の人気に便乗して政党交付金を獲得できる政党にするため、ドバイに住む東谷氏に頼んで入党して頂き立候補したと言われている。選挙運動もリモートで行い街頭演説もしていないと言われている。
若し、マスコミ情報が正しければ選挙管理委員会が、立候補時点で排除するべきだった。

当選してからの問題

当選してからも、日本に居住する実態がなければ、即当選を無効に出来た筈だったがそれは起こらなかった。
奇妙な事に、高級官僚OBの小島弁護士も小池百合子都知事の場合には時効期間終了後に、声を上げたが……何故ガーシー東谷の場合には、声を上げなかったのだろうか？
日本の弁護士、法曹界の人々は『妖怪ジャパン』に汚染されていたので声を上げなかったのか？？
あれだけ大騒ぎしながら……無数の法曹関係者がこの事についてコメントしたのを聞いたことがない。
何処かから、無数にいる法曹関係者から……その事に関する疑問、指摘が聞こえてきても良いように思うが……その事に関してのコメントを筆者は聞いたことがない。
あれだけ大きな問題となり……国会で大勢の議員が議論、マスコミが大騒ぎする……巨大な費用を掛けて……。
第１章で取り上げた多くの行政のお粗末行為と全く同様だ。

－法曹関係者はそれを指摘すると『妖怪ジャパン』グループから疎外され……不幸な未来になる事を恐れて発言しなかった？
－全くそんな事には気付かなかった。日本の法曹関係者は目の前に提出された課題については解説するが……自分から問題の種を探しに行くような利益にならない事はしない。

『妖怪ジャパン』がこの事にどの様に影響しているかを推察するのは楽しくないが、日本を理解する為に必要な事だ。
筆者は偶然にもガーシーの生まれ育った伊丹市の住友電工に12年間勤務、ガーシーが生まれたJR伊丹駅近辺のコリアタウンを知っている。彼が通学した伊丹西高校の数百メーターの距離にある寮に10年間住んでいた。
ガーシーの高等学校校長だった父が夜間高校の校長になり、時間があるのでギャンブルに溺れて自殺したと言われている。

当時伊丹で夜間部のある高校は市立伊丹高校で、筆者は２年生で転校して卒業するまで３年間在籍した。

二人の同級生がコリアタウンから通学しており、ガーシーの心境について……マスコミ関係者よりも深く背景を理解している。

> 筆者の民間企業で働いた経験からすると、数万人の法曹関係者、無数の法学士、経済学士が、鬼っ子の問題を……筆者が指摘した様に簡単に解決しなかった……出来なかった事に……巨大な疑問を感じる。
>
> －彼らは、日本には言論の自由がないと思っているのか？
>
> －知識がなかったから、気付かなかったのか？
>
> －知っていた筈の小島弁護士はなぜ声を上げなかったのか？
>
> 何れにしても、それが日本の文系学者の生態のようだ。

鬼っ子２：車椅子で移動する二人の重度障害者を国会議員にした山本太郎氏

見せしめハラスメント？

60代の議員はALS＝筋委縮性側索硬化症と言う難病に罹り人工呼吸器を装着している事を看板にしている人。

50代後半の方は頸椎損傷で脳性麻痺を発症、障害者であるが積極的に日本の福祉政策の向上取り組んでおられる人。

これは、日本だから起こった事で、欧米諸国では起こらないハラスメント行為で……スウェーデンでは絶対に起こらない事だと断言できる。戦場に障害者を兵士として派遣するようなもので、非人道的のみならず、国会での議論の品質に重度障害の患者を投入することは数百人の国会議員の討論の質を、障害者のレベルまで低下させる事で……国会での議論を無力化することになる。仮想敵国が謀略戦で行うような行為で、理性的な行為とは思えない。

自由競争の原則で機能している世界経済の中で、日本は否応なく経済戦争の渦中にありその様な中での国会への重度障害者の送り込みは**利敵行為に相当する国家の自傷行為だ**。

貧困な福祉政策の根本原因は財政の貧困だ

言うまでもなく、財源の不足が貧困な福祉政策の原因であり……財源がなければ何も出来ない。２人の重度障害者を国会議員に就任させた山本太郎氏は、社会の目を障害者に向かわせる為に、重度障害者を舞台に上げて、生贄にする方法を取られた。それは単なる目立ちたがり行為だが……日本ではマスコミがそれを非難しない……出来ない。

非難すると若しかすると反対にマスコミが叩かれるかもしれない。日本の終身雇用文化の中ではマスコミ同士も競争しており……正義、正しい事を目指している訳ではなく……表面的には紳士を装っているが……競争に勝つことを目指している。

それを支持する国民

大多数の日本人は、なぜ福祉政策が貧弱なのか、その原因を知りたい……探りたいと言う手間の掛かる事よりも、現状に対して情緒的に分りやすいように反旗を翻す人に喝采する。

山本氏は多分、義侠心から、重度障害者を国会議員に就任させたが、結果は悪徳政治家と同様で国家経済に負担を掛けただけの事だ。日本の教育は山本太郎氏と支持した数十万人の……情緒的な判断を優先する選挙民を作り出した。

若し山本太郎氏が、この本に説明されている内容をご存じであれば、別の行動をとられただろうと思う。

令和新選組党首山本太郎氏は、江戸時代末の新選組隊長近藤勇と全く同様に……物事の本質を見極める事が出来なく……日本衰退を促進させる役回りをする事になり、日本の福祉政策はより劣化することになる。
　この本で明らかにしている、日本の貧困な福祉政策の根底には低賃金、長時間労働があり……国家が巨額借金を持ち、沈没寸前なのに……悪徳高級官僚が退職後も80代まで、『院政』で国家経済を食い物にしている現状を理解されれば、全く違った対応をされたであろう。
　福祉政策の最も基礎の部分に税収があり、ぞれは、民間企業の活動の結果である。
　政府、行政は税収を使って、税収の範囲内で国の制度設計をする事で、単に税収の使途を決める仕事をしているだけだ。
　民間企業は変化する社会に迎合すべく、国内、国際競争に打ち勝ち利益を上げるように変化しながら、自然淘汰されないように変化する世界のトップ集団を目指して『頭脳』をフル回転させている。
　その様な民間企業は……痴呆症にはならない……痴呆症になった企業は既に淘汰されている。

痴呆症の企業を助ければ。

　日本政府の様に、痴呆症の企業を助ければ……最終的に……日本は痴呆症企業で溢れた国になる。
　失われた30年以前に先輩により路線が敷かれ……その悪しき路線で日本経済が運営される事で失われた30年が出来上がり、これから次の30年が始まる。

スウェーデンの見せしめハラスメント？

　スウェーデンの女性環境活動家、自閉症で15才のグレタ嬢は2018年に国連気候変動会議で演説したが、それをアレンジした周囲の大人の行った事はスウェーデン流の見せしめ行為だと見做されるかもしれない。
　筆者はグレタ嬢の母親マレーナエルンマンさん家族と50m程度の距離に住み、４年間家族ぐるみでの交際があった。（写真集参照）
　日本の見せしめと大きな違いは、グレタ嬢に強烈な意志があり……それが周囲を動かしたことだ。
　８才で地球温暖化を学校で学び……環境保護の重要性を認識……活動を始めた。
　一言では言い表せないが、やる事が日本とスウェーデンでは大きく異なる。
　日本の国会ではお互いに足の引っ張り合いで、後ろ向きの議論だけで……議論することで『三人寄れば文殊の知恵』となる建設的な議論が出来ない。

　山本太郎氏が第１章で指摘したような国政の愚行を認識しておられれば、対応は全く別の方向に向かっただろうと思う。物事には全て因果関係があり、特に経済現象の場合には帳尻は合うようになっている。
　情緒的に、正義感に燃えて行動する前に、個人当たりの国の借金が1,200万円である現実を直視して……原因を究明しなければ、有効な対策は出来ない。

鬼っ子３：伊藤かつら女史のアイデイアは失われた30年後の破滅的な30年の到来を予感させる

　人事院のトップトリオの看板として人事官伊藤かつら女史を取り上げた。
　伊藤女史は、多分、岸田首相と早稲田の同窓繋がりと……女性の政府高官への登用の数値目標＋人気取りの思惑で、約300万人の中央、地方の公務員の人事政策を決定する、最も重要な部門のトップにピックアップされた。
　前年には川本裕子氏を人事院総裁に指名、翌年伊藤かつら氏を人事官に指名した。

お二人とも高学歴、日本では珍しい、海外経験豊富なキラキラ経歴をお持ちの方だ。
2023年４月14日の日経新聞に人事院が、公務員の週休三日制とフレックスタイムの導入検討の記事が出た。

岸田文雄首相が任命した二人の女性人事官と彼女らの考えている公務員の人事政策

人事院のトップの人事と今後の人事院の考えている事が以下の様に公表された。
2021年　川本裕子氏が人事官総裁に就任
2022年　伊藤かつら氏が人事官に就任
2023年　日経新聞に週休三日制検討の記事掲載
2024年　人事院月報１月号
人事院月報2024年１月号に、最近人事官に就任された伊藤かつら女史の巻頭言があり、フレックスタイム、ウエルビイーイング、リスキリング等を提唱されている。
その14で述べたように富山県知事新田八郎氏に巨大な影響を与えている。
筆者の視点では、人事院の３人の人事官、それを代表して月報で記事を掲載している伊藤かつら氏は、国家経済、財政の現状についての認識が絶無に加え、社会的常識の貧弱さが、フランス革命で死刑になったマリー・アントワネットの社会的常識の欠如を想起させる。

> 中学校の図書室にあったフランス革命の本に、死刑になったマリー・アントワネットが、貧しい国民について「**パンがなければ、ケーキを食べれば良いのに……**」と書かれていた事を思いだす……。
> 真偽のほどは不確かだが……。

二人の新任女性人事官が計画して実行に移そうとしている事が、筆者にはマリー・アントワネットの言葉と重なって見える。
高学歴、キラキラ経歴で生きてこられて……民間の社会的常識が欠落……自己中心的、身内主義と非難される傾向を強く露出されている。人事官として先ず第一番に考えなければいけない事は、国家経済の現状でありその為に人事院として何を成すべきかであり、その次に人事院の職員がどのように職務を行うかが来なければいけない。

40年前の民営化前の国鉄の労組役員と酷似

月報に書かれている巻頭言のウエルビーイングや民間の給与調査の結果に対する理解、リスキリング等、筆者の民間の視点で観察すると、伊藤女史が書いている事は、民営化される前の国鉄労組の、青年婦人部の活動報告の様に見える。
リスキリングと称して『国内研究員』として、大学院で楽しそうに指導教授と一緒にリスキリングをしている中年の二人の女性の写真が掲載されている。
公務員に求められている事は社会常識、金を稼いでいる民間の実情を理解することであり、大学院に行って社会経験の貧弱な大学教授と討論しても役に立たないと筆者は思う。第２部のかなりの紙面はそれを証明する為に筆者の経験を公開している。

> 国家公務員の週休三日制、リスキリング、ウエルビイーイング等……第１章に羅列されたキャリア官僚の愚行の上を行くピント外れの政策を打ち出している。
> 筆者の目から見ると、考えられる、最悪の方向……望ましいい方向の真逆の方向に公務員を誘導しようとしているように見える。

人事政策は経済事案と異なり、結果が見えるまでには時間が掛かり任期４年で明瞭な結果が見える筈はなく、長期間抽象的な議論が繰り返され……混乱するだろう。
人事院は国家経営の長期的な命運を託されている。

人事官は役所の役割が全く解っていない

決まった時間に役所が開いているから、利用者である民間人はそれに合わせて利用する。

－ 役所の利用者である民間は稼いで税金を納めている。
－ 役所は民間の稼いだ金を使っている。

金を稼ぐ民間の仕事を負担少なく便利にする事が、政府、行政の役目である。

役所の担当者の勤務している時間に合わせて民間人が役所の窓口に行くとすれば、それは『本末転倒』である。

民間が働きやすいようにしなければ、国家経済が上手く回らない大原則の認識が無い事を露呈している。

失われた30年のDNAは継承されて　日本は奈落の底に沈むのか？

戦後の日本の経済発展に伴い、進学率が上昇……それに伴い東京大学を筆頭とする、有名大学への進学熱が過熱して……若者が進学戦争に駆り出された。偏差値、模試、進学塾通い……親は長時間労働、子供は長時間勉強で、親子共に精神的に余裕のない人生の中で精神的に若さを失った、夢を……喪失した人が多くなる。

人事官からは教育、常識の重要性についての深い洞察と認識が全く見えない。

『鉄は熱いうちに打て』＝You can't teach an old dog a new trick…… である。

数年後に定年を控え……逃げ切りで……天下りを待っているのであれば論外の事であるが……。

その17：NHKの劣化と偏向報道が日本を痴呆症国家にした

NHKが日本の成人教育の為に行ってきた役割は巨大だ。学校教育は短期間だが、NHKからの放送は一生聞かされているので、NHKの報道内容は空気や水の様に国民の頭に浸透して行く。頭に浸透するNHK放送が汚染されていれば……長期間の間に脳が劣化して……痴呆症になる。

民間放送の様にコマーシャルが無く、民間会社、社会にゴマスリしなくても……社会正義に基づいて、公平、公正な報道をしているとの思い込みがある。

１．昔のNHKの日本語……NHKアナウンサーは標準語の見本

筆者が富山県の農村でNHKのラジオを聞いていた昭和20～30年代の頃は，NHKから聞こえる言葉が標準語で、聞けばわかるが標準語を話す事は全く出来なかった。日本中がNHKのアナウンサーの声を聴く事で、正しい日本語を学べたと思う。

15才で伊丹に住み始め、関西弁を習得……関東へ出張すると関西弁ではバカにされると、標準語を話す様に……出来るだけ関西訛りを使わないように努力する。

努力の甲斐あって、濁音が強く厳しく聞こえる五箇山弁、関西弁、標準語を必要により使

い分け出来るようになり、一応ビジネスマンの端くれとなった。

2．大きく劣化した令和のNHKアナウンサーの日本語のレベル

助詞の誤用

NHKのラジオ放送から、ヘンテコリンな、日本生まれ、日本で幼少時代を過ごした日本人なら絶対に間違わない様な初歩的なミスが頻繁に聞こえてくる。

先ず「て、に、を、は」の誤用、最も頻繁に起こるのは……「が」と「を」であるが、日本語の最も根幹を成す助詞の誤用がなぜ起こるのか。助詞のとの関連で受身形にしなければいけない所が……受け身にならないので, 非常に聞き難い。

赤ちゃん言葉ならそれで良いが、大人……それもNHKのアナウンサーでは有ってはいけない事だ。

NHKは薄給？

NHKは一般的には日本の社会で、特別席で高給を貰っていると見られているが、国民から視聴料を取っているので公務員との比較で、度外れな高給を支給出来ない。

民放との比較

我が家ではNHKと朝日放送のどちらかのラジオ放送を掛けっ放しにしているので、アナウンサー個人と会社としてのNHKと朝日の両方を比較できる。朝日放送ではNHKの様なお粗末なミスを聞いた事がない。

特に筆者の娘とホボ同年代の浦川泰幸アナウンサーは言葉が正確だ。NHKのアナウンサーと浦川さんとの差は、表現出来ないくらい大きく、浦川氏は昔のNHKのアナウンサーと同じようにミス、非常識が無い。

NHKのアナウンサーは日本語を勉強中の外国人から質問されたら、どう答えるのだろうと思っていた。

多分、放送業会の二軍人材がNHKに就職

知人のご子息が日本テレビに就職され、日本テレビが非常に高給である事を知る。20代後半で年収1,000万円を超え、50代中で平均1,700万円だと言う。

平均だから、当然この数値より高給の人は沢山いる。会社は高給を支払って、高い純利益を出して、高額の納税をしている「スーパーホワイト企業」だ。

NHKは有料放送で視聴料を取り、公共放送と看板を上げているので……多分、公務員の給与よりも高額にする事が憚られる……その結果、アナウンサー志望「一軍」の人材は、日本テレビ、朝日放送等の民間放送を受験し、採用されなかった人がNHKに就職する構図が見えてくる。NHKの言葉の乱れに代表される……常識の欠如と、大小判断が出来ない報道姿勢は……「二軍人材」である事も原因していると理解した。

大きな費用の掛かる「大河ドラマ」と称する、娯楽番組に巨費を投じて視聴率を上げる事で、高額な視聴料を正当化する努力をしている。

NHKもこの本で話題にしている経済、工学、科学、政治等の例と同じで、昔の貴族の様に社会を睥睨……お粗末な事をして世界標準から乖離して………その中で慢心、幼児の様な自己中心的なままで成人している

浦川さんが東京大学卒だったら……NHKのアナウンサーみたいに鈍感なアナウンサーになっただろうか？

この様な疑問に回答を出される適任者は、後述するNHK経営委員会委員で監査委員も兼務されている、人間学部、人間学科で人間を科学する、水尾衣里教授が興味を持たれるような話題だと思うが……。

3．些末な事に過剰に気を遣う、アンバランス

ラジオのニュースの後に、アナウンサーが数分前に伝えた内容に訂正を入れる場合がある。

多くの場合、些末な事で、訂正を入れる必要などないと思うが、誰かがチェックしていて、……その指示で訂正を入れるのだと推測する。例えば2022年５月15日、午前10時頃の地震の発生を伝えたケースで……

先ほど地震の発生を“**能登マチ**”とお伝えしましたが“**能登チョウ**”と訂正します。

と、わざわざ、訂正が入る。確かに、間違いだが、その必要があるだろうか？　私はこの様な些末な事は、アナウンサー及び関係者が、その間違いを認識して、知識として蓄積する事で、同じ間違いを繰り返さない様にする事で十分だと思う。

それが、思いやりのある、常識的な社会……些末な揚げ足取りで人を無用に委縮させ会話嫌いで人間関係の構築の下手糞な日本の高学歴者を育てる１つの原因になっていると思う。

これらの事から、彼らが無謬を目指している事が解り、上記の様な間違いの訂正になっており……多分、誰かがチェックして間髪を入れず、訂正させるのだろうが、それにも拘らず頻繁に多くの明瞭な間違いを犯す。。

彼らが組織として『ガチガチ』の無謬を誇っている意志を持っていることを誇示しているのに、最も重要な……国際感覚ではマスコミがやっては絶対いけない……独裁国の官営メディアなら意図的にするかも知れないミスをする。

筆者は全て彼らの読書量の貧弱が原因だと思う。彼らは、多分殆どの人が文系学部卒だろうが、以下の様な文学的な表現についての粗雑な例が在る。

NHKでの変な会話

2024年の４月14日朝アナウンサーと気象予報士がペアーで会話、アナウンサーが気象予報士に以下のように質問する。

それでは、天気が回復するメドは何時頃でしょうか？

筆者はこの様な言葉を発する、日本生まれの日本人の大人に遭遇したことはない。

初めて聞いた、変な言葉なので、考えてみると『メド』は漢字で『目処』又は『目途』の事であるが、『メド』は人が計画している何事かについて、未来に起こる可能性についての質問として使われ、人智で計れない天気の様な自然現象を語るときには使われない。アナウンサーがネーテイブの日本人でなくて、外人ならば全く問題ないが、教育を受けた日本人の大人で, NHKのアナウンサー……多分、視聴者だけでなく、多くのNHKの関係者も聞いている筈だが、どうかしている。

単純に天気が回復するのは何時頃でしょうかで十分……それが最適だと思うが……。

NHKの変なニュース

2024年５月10日、朝のニュースでイスラエルのガザ地区南部で病院が破壊されて……使用出来る病院が11に減った……と聞こえてくる。視聴者に伝える意志が全く感じられない。破壊された病院が幾つかを言わないで、単に11だけではニュースにはならない。先述の様な、些末なミスには敏感だが、やってはいけないミスには鈍感で、物事の大小判断が全くできていない……幼児の様な常識の無さを感じる。これは個人のミスではなく、組織が弛緩している証拠である。

4．NHKは何時から世界帝国のトップになったのか

米国と北朝鮮が緊張関係にある米国のトランプ政権時、2018年の訪日に際してのNHKのラ

ジオ放送で

“米国のペンス副大統領は韓国行きの前に日本に寄り、安倍首相と会談、北朝鮮に圧力をかける事を確認する予定です”と報道する。

NHKは全てを知って、米国を牛耳っており、民間会社に例えれば課長が、“今日、ペンス君は安倍君に会って北朝鮮に圧力をかける予定です”と言うようなものだ。

2023年3月にも日韓関係のニュースの中で以下の様なアナウンスがあった。

……懸案の徴用工の問題で『韓国政府は……日本に理解を求めて行く方針です』とニュースで流れてくる。

明らかにアドリブでなく、原稿を読んでおり、多分、執筆者は別人なのだろう。

上司もいる筈であり、多分、マニュアルがあり、多くの人の目にさらされていると推察するが、ビックリする。

日本のマスコミによくある事だが、日本語が非常に荒っぽくて、民間では絶対通用しない。

一度この様なミスを顧客との面談の場ですれば、それで、その人は、完全にアウトだ。

マスコミが上にいて、その指示でペンス副大統領が動かされているのならばそれで良いが、とんでもない事だ。

真剣に物事を考えた事のない人が陥り易い間違いだが、治らないのは、大勢の従業員、関係者がいるが、誰も気付かないくらい全員が鈍感か、気付いてもそれを言い出せない企業文化があるのだろう。

日本語と云うバリアに守られているが、世界言語となった英語圏でこの様な事、このような表現を使えば、大問題で、マスコミ業界からの退出を迫られるだろう。

私が知る範囲で、日本のマスコミからこの様な事からNHKを批判する人、記事、コメントを見た事も、聞いたことも無い。

日本のマスコミからしばしば、英国の国営放送BBCが伝える所によると、とか、米国のABCとかと、引用して伝えられる事があるが、日本のNHKが外国で引用される事があるのだろうか？

驚くべき外交的センスの欠如と、常識の無さ

日常的な会話で、知りもしないのに想像で第三者に……田中さんはこれから山田さんの所にお詫びに行かれるんだ……と説明するのと同様だ。

他国の国家元首、政府の行動についてその目的を推測で「予定」とか「方針」等と報道機関が公共の電波を通じて流すセンスの悪さにはビックリする。冒頭に引用したペンス副大統領の件が、そのまま英語に翻訳されて米国で放送されたら、米国人にはNHKはキチガイ＝統合失調症かと思うのみならず、傲慢なNHKの報道は大きな不快感を米国に与えるだろう。

偶々、ペンス副大統領の件をピックアップしたが、NHKから日常的に頻繁に同様な論調のニュースが流れて来る。

最近話題になっているネット上のフェーク情報＝屑情報と同類と見做されるが、国営放送だから始末が悪い。

民間人の筆者がこの様な僭越な言い訳が出来ない様な……事実と異なる発言をすれば、瞬時に顧客との関係は崩壊……その間違いの傷跡を修復するためには年単位の時間を要するだろう。

NHKは単に先述の助詞の使い方に留まらず、言葉について恐ろしく乱雑だ。

英語での海外放送もやっている筈だが、何故この様な乱雑、不正確な日本語がNHKで横行しているのだろう？

5．多数の海外特派員は何をしているのか？

NHKの従業員数は1万弱で、その内の100人弱が海外特派員として国際的な活動をしている。

彼らが民間企業のセンスで、海外報道機関の報道内容を理解しているとすれば、先述のペンス副大統領についてのコメントや、韓国政府についてのコメントは……ゴミみたいなゴシップ記事をネタにしている週刊誌でも、間違うはずのないミスだ。

国際的なセンスを身に着けていると推測されている海外特派員は日本語のニュースを聞いていないのか、又は聞いても問題だと感じないのだろうか？　言葉を「誰に何を伝えているか……」の感覚を全く持っていない幼児の様な見識で、この第1章で指摘しているお粗末な経済事案を扱っていた高級官僚と全く同じだ。

NHKには経営全般を監視する経営員会があり、NHKの番組、ニュースを聞いている筈だが、聞いていても何も感じないのか……又はNHKの番組やニュースなど聞いていないのかも知れない。

6．経営委員会

男性8人女性4人で12人の綺羅星の様な経歴の方々が経営委員に就任されている。

共通するのは、高学歴で大学教授,国際政治学者、経済学者、等々であり、政府、行政関係の種々の委員会の委員も兼任されている。ネットには2022年の常勤、非常勤の報酬が以下の様に公開されている。

NHK以外に複数の委員会の委員に就任されたり、現役の教授だったりするから、本人の年収は下表の数倍になるだろう。

（数値は6,192,000の様に詳細に書かれているが下表は万円単位で丸めている）

		月給（万円）	ボーナス（万円）	合計（万円）
委員長	常　勤	193	387	3,092
	非常勤	39	77.4	619
委　員	常　勤	138	336	2,206
	非常勤	31	61.9	495

12人の経営委員の大草氏、堰八氏、水尾氏は監査委員も兼務、年収換算で約700～800万円加算される。

7．二つの根本的疑問、……彼らはラジオ、テレビを視聴していないのか
又は、視聴しているが全く疑問を感じないのか？

いずれにしても、ここで筆者が明らかにしたようなお粗末な事は、民間の組織の最も下位の役職と見做される、班長、係長レベルでも絶対起こらなく……稀に起こったとしたら……それは問題視され、その様な人は役職者として不適任の烙印を押され、完全にアウトだ。2023年年末の議事録によれば今迄60年間に、1400回以上の経営委員会を開催している。

エッセンシヤルワーカーと呼ばれ、社会を支える多くの子持ちのアラフォー世代の人が年収500万円以下で生活苦に喘いでいる中で……肩書だけで、非常識、強欲を隠さない、幼児の様な過度な自己中心的な鉄面皮にはビックリするだけだ。

8．経営員会は自分の給料をお手盛りで決められる

スウェーデンでは国会議員でも議員報酬を国会で決める事は出来ない。完全に独立した……厳しい目で睨んでいるオジサン、オバサンが議論して報酬額を決めるが、それは日本の、多分1/10以下で……秘書はなし、グリーン車での出張はなし等、１人の国家議員に掛かる費用は、多分、日本の１/100程度で……ボランテイアである。（第６章、第８章参照）

経営委委員が彼らの給料を彼等が決める……その制度に疑問を感じない……。

筆者が昔NHKのテレビ番組で視聴した「水戸黄門」や「大岡越前の守」の時代劇番組で育まれた庶民感覚は経営委員が自分の得る報酬額を自分で決める神経が理解できない。

それは多分、彼らが高等教育を受けたからそうなったのだろう。

筆者はキリスト教徒ではないが、奴隷商人だったジョン・ニュートンが改心して作ったと言われる、聖歌アメージンググレースが好きだ。筆者は貧しい農村に生まれ、親鸞の浄土真宗の教えの中で幼少年期を過ごしたので、経営委員の方々の様に悪辣に振舞える勇気がない。

少額の年金から、難民支援協会、国境なき医師団、ウィキペデイアに、それぞれ水道代くらいの身の丈に合った寄付を行う事で、心を満足させ胸を張って生きられるようにしている。

経営委員の方が日本の巨額公的債務、若者の生き辛さ、夢の喪失……について知らないとすれば驚きだが……そうなのかもしれない。高学歴、受験競争の中で青春を送られ……筆者の目からすると強欲に見えるが……それは日本の教育制度により育まれたからだろうか？

視聴料金

日本もスウェーデンも視聴料金は年間約２万円でほぼ同じだが、人口が少ないから人口比で考えれば総収入は日本の約1/10となる。スウェーデンの１人当たりGDPは日本の1.5～２倍で、日本で約2/3を占める若い世代のエッセンシャルワーカーや年金世代の人は年間でスウェーデンよりも約50万円高い税負担に耐えているのと比較すると……日本のNHKの料金は高すぎる。**NHKは今後どのようになるべきか？ 必要か？ 無用の長物か？** それは国民が決める事だ。

その18：日本は医療、医学後進国、スウェーデンより半世紀遅れで、無駄が多い

筆者はスウェーデン在住４年間に多くの医療現場での日本とスウェーデンの違いを実感してきた。初期には筆者の誤解から、スウェーデンの乱暴と優れているとの混在した、複雑な気持ちだったが、その後の半世紀が筆者に日本の医療が完全に半世紀くらい遅れている事を確信させた。

高齢者の鼠経ヘルニア手術の場合

自分史第五章に既述の70代の東京帝国大学造兵科卒、海軍工廠の高級技術将校だった岩間藤吉さんが、筆者を訪ねて来瑞された。鼠経ヘルニアで腸が陰嚢に脱出して陰嚢がハンドボールの様に膨張している。

深夜の緊急手術後すぐに尿意を催し、看護師に言ったところ、自分で歩いてトイレに行けと言われた。

手術後二日目に退院を言われ、その乱暴さにビックリした。旅先で、高齢者に大手術……

考えられない。

その１：２年後帰国してお会いすると、丁寧にお礼を言われた。

岩間さんは数人の後輩の名前……日本の大企業の社長名……を挙げられ、新聞記事には出ていないが彼らは鼠経ヘルニアの手術の予後が悪くて、社長業を続けられなくなり50代中で退任した。

私は鼠経ヘルニアを知っていたが、彼らの様子を知っていたので手術をためらっていたが、70代にスウェーデンで手術を受けて、完全に元気になった。スウェーデンの医療は素晴らしいと褒められた。

当時、盲腸の手術でも１週間の入院、鼠経ヘルニアの場合数週間の入院だったと聞いていた。

日本でも約半世紀遅れて短期入院が普通になり、最近では日帰り手術が珍しくない。

長期入院が丁寧みたいな、情緒的な感覚があり日本標準が出来たのだろうと推測するが、既にスウェーデンでは手術が成功裏に行われた場合、動けば治りが速い事が医学者の常識になっていた。

その２：抗生剤の服用

筆者は喉が弱くて現役時代年に数回咽頭炎で通院、抗生剤を服用していた。

日本の場合初回通院すると、三日分くらいの抗生物質を渡され、再度の通院が必要で完治するまで通常３～４回通院する事になる。服用に際して特別飲食に対しての注意は無い。現役時代に転勤で５か所くらい住所地を変えているので10人以上の医師を経験しているが皆同様だった。

多くの場合１時間以上待合室で待ってから、僅か数分の医師の診断で薬を貰う為に通院する。

寒くて乾燥したスウェーデンでも何回か咽頭炎に罹り、三人の医師を経験しているが皆同じことを言う。

記憶では７日分の薬を渡され、服用中は絶対に忘れずに飲む事と、**服用期間中は断酒する事を言われる**。

渡された薬を飲めば直るからそれでお終い、二度と来なくて良いと言われる。

医師が言った様に、薬を飲み切る頃には咽頭炎は完治していた。

その３：耐性菌の問題

当時、薬学の最先端では抗生物質の効かない耐性菌の問題が大きくクローズアップされ始めていた。

今迄天下無敵と思われていた抗生物質が効かなくなるがそれは、服用中の飲み忘れにより起こる事が解って来た。

その様な知見があるので、スウェーデンではそれが徹底して医療現場で実行され始めていたのだが、筆者は日本で言われたことはなかった。半世紀を経た現在でも日本で医師から言われたことはない。

その４：カルテ情報の共有

スウェーデンでは個人のカルテは全国の病院でネットを介して共有されている。

その事により、同じような検査を不必要に頻回に、転院する毎に行う無駄が省ける。医療用設備が高度で複雑になり、同時に非常に高価になって来た。

日本では病院が新しい機械を導入したと宣伝して、訪問患者数を増加させて、過度に利益を重視した病院経営となっている。

国民皆保険下では高価な医療用設備は国の資産

国民皆保険の日本、スウェーデンでは、全ての医療費は保険制度でファイナンスされるので、高価な設備は国が資金を提供して、病院に貸し与えているのと同じことだ。日本では病院間で競争しているがスウェーデンでは病院間の経営競争……技術競争を除いて……の雰囲気は非常に低いように感じる。

彼らは医療が国民の為の仕事であり、病院経営からの利益向上は余り気にしていない様に感じる。

筆者は隣近所、テニス、家庭菜園の友人、同郷の友人など、妻の友人知人も含めると100人以上の高齢者の健康状態、医師の診断についてかなり詳細に耳にする機会がある。

スウェーデン方式にすれば、多分、高額なマルチスライスCT、MRI等の検査などは1/3以下に減らせるように感じる。近所のM病院は40床の小病院だが最新式のマルチスライスCTを使って断層写真を撮って頂いたが、高度な読影技術を持った専門家がないなくて、他の病院に依頼、結果が出るまで１週間以上かかった事が２回ある。多分、同様の事は日本ではごく普通の事と思う。

病院は不相応に高価な設備を導入する事で、設備の導入競争が起こり設備過剰で……技術、人材とのバランスが悪い。スウェーデンでは高額医療機器を国家が無料で貸与して、機器が作り出した作品である画像を全国の病院が共有する制度が出来上がっている。

無駄な投薬の排除

個人のカルテが医療関係者に公開されている事から、無駄な投薬、誤投薬が防止され、それは患者の為だけでなく、国家の医療費の節減にも貢献する。

その５：医療費を無料にしてくれる病院の出現

数年前に病院の改築を行ったＫ病院に初診で行った時に、病院から今後Ｋ病院に継続的に来てくれたら、筆者の１割負担分の600円を病院が支払い、無料にしてやるとお誘いを受けた。

病院の利益は600円をはるかに超えている筈だから、この様な提案が無理なく出来る保険制度が背景にある。

筆者としては結構な事だが、この様な医療社会の文化が……長期的にどのような影響を社会に及ぼすのか、筆者の常識はそれを良しとはしない。

その６：日本の医療界は長時間労働が自慢か

日本では大阪吹田の有名な国立循環器センターが結んだサブロク協定＝36協定で、医療関係者が一か月の残業上限を300時間と決め、それは労働基準監督署で認められていた事が新聞で報道されていたが、スウェーデンではその様な事は絶対に起こらないと思う。

その７：診療報酬改定と表現される負担増＝増税

診療報酬改定だが、筆者の知る限り増額だけで減額は聞いた事がなく、定期的に増額されて来た。

既述の様に多くの小さな病院が高額の医療機器を購入、低い稼働率に加え、専門の運転技師、画像読影技術者が必要など最新技術の活用に大きな負担が掛かり、病院会計は悪くなる。

スウェーデンの様にITを活用する事で、ネットを介して検査情報の共有をすれば、費用は劇減する筈だ。

医療費は形式的には消費税の課税対象になっていないが、定期的に医療費が増額されるので、結果的に消費税と同様又はそれ以上に負担が多くなる。

病院経営に診療報酬増額は織り込み済み

医療機関経営者は定期的に診療報酬が増額される事を、サラリーマンの定期昇給と同じような感覚で病院経営、民間の製造業の視点で観察すると放漫経営となる。金持ちの放蕩息子が、親の後ろ盾でサラ金から借金し遊びまくる様なものだ。

国の責任

過去、半世紀以上格別に疑問を持つことなく、国公債の新規発行で資金調達していたのでそれは日本の政府、行政の標準＝文化となり、既述の様に高額医療機器の全国的な有効活用、IT技術を活用しての、無駄な、又は有害な薬の多重投与、不必要に頻回な医療検査等によって医療費が減額できる事に気付かない。

OECD統計によれば、突出した日本の高い、……スウェーデンの3.5倍……実質の伴わない、高福祉国家となっている。

21世紀の行政の責任者である高級官僚は、その様な環境≒文化の中で人生を紡いできたので、疑問を感じることなく現在に至っているのだろう。

『妖怪ジャパン』も作用して、病院、医療機器製造業者、製薬業界、医師、医師会はウイン・ウインの関係を作り上げ、それに学者、識者からなる委員会が、診療報酬、薬価の改定は最もであると承認を与える。

その８：最新の医療技術はスウェーデンから

歯科用インプラント、ガン治療の放射線療法のガンマナイフはスウェーデンで発明された。

歯科用インプラント

ルンド大学のブローネマルク教授が1960年代に骨とチタンが結合する現象を発見、それが現在の歯科用インプラントとなって歯科医療に革命を起こした。

ノーベルバイオと言う会社が市場化を実行する技術を確立して現在に至っている。

サンドビックでも歯科用セラミックス義歯の分野進出を考えた事があったが、ローテクセラミックスで十分なのと、全て特注品で大企業ではコストが高くなるために参入を止めた経緯がある。

ノーベルバイオは世界最大、日本でも断トツのシェアを持っていると言われている。

ノーベルバイオはインプラントを行うための全ての準備……チタン製取り付けねじ、義歯、位置決め用治具等……を、送られたＸ線写真を基に作成して、歯科医に送付、歯科医はその指示に従って作業を行う事により、神経を傷つける事故を起こさずにインプラントが出来る。

筆者の場合、トライした歯科医師は1.5万本近い経験があり、ノーベルバイオの歯科医向けの講習会の講師だった。推測するに高価な保険適用外のインプラント料金の半分くらいはノーベルバイオ社に払われていると思う。

多くの日本のインプラントを行っている歯科医はノーベルバイオの下請けみたいな形式でインプラントを行っている。

ノーベルバイオは典型的な『ホワイト企業』

ノーベルバイオ日本は従業員160人の小企業だが、2022年の従業員１人当たりの純利益が約200万円、利益余剰金が1,300万円、資産が資本金の250倍もある、日本の感覚では超優良企業『ホワイト企業』であるが、スウェーデンには『ホワイト企業』で充満している。

ガンの放射線治療法ガンマナイフ

ガンマナイフはストックホルムのカロリンスカ大学のルクセル教授のアイデイアの実用化に端を発する。

正常細胞に害を及ぼさない低濃度の放射線を、複数の線源から違った角度で小さな初期的ながん細胞目掛けて当てる事で、焦点となるガン細胞の所での放射線量を増大させて焼き殺す。

その後、同様の技術の延長で重粒子線治療法に発展、ガン治療の最前線で重要な役割を果たしている。

その19：文芸春秋100周年記念号が教えてくれた　日本中が『妖怪ジャパン』感染症。

若い頃から文芸春秋を定期購読していたが、現役引退後は定期購読を止めて図書館で読んでいた。

現役財務次官が財政政策を批判

2021年10月に現役の矢野康治財務事務次官執筆、日本の財政政策を揶揄する『バラマキ合戦』と報じた文芸春秋誌を読み、全くその通り、財務省の高官の発言だから日本もこれから良くなるだろうと思っていた。

その１年前から軽い気持ちで自分史の執筆を始め……そろそろ脱稿かと思っていた2022年１月号＝文芸春秋100周年記念号を本屋の立ち読みで手にした。

三人の碩学のお粗末にビックリ

佐伯啓思氏の論文と、小林慶一郎氏VS中野剛志氏の対談形式の論文を読み、その内容のお粗末さにビックリした。

日本でインテリに読まれていると評価の高い文芸春秋社が、当代の碩学として選抜した三人の議論は……筆者の中学生の頃のレベルの議論……筆者が中学２年生の頃に霊能者を自称する三上某を撃退した時の、三上某と同じような議論をしている。

（自分史第二章参照）

科学的に考える視点が絶無……一神教の僧侶が経済現象の発生した理由、根拠を遠い、遠い過去に宗教の開祖の書いた聖書に求めている様な論調だ。

持ち込み原稿での反論の掲載を要請

筆者は、碩学の論文があまりにもお粗末だったので、８つの項目について、碩学に反論する論文掲載をお願いする書簡を編集部宛2021年12月29日に郵送した。

その後、返事がないので翌年の３月20日に確認の為の書簡を編集長島田真に差し上げ、社長にもCCをした。

１週間後くらいに編集部から……投稿原稿は一切受け付けていなく、投稿原稿、資料も一切返却していない事を伝える書簡を頂いた。その数日後に島田真氏からも……複雑な背景を感じさせる葉書を頂いた。（資料集参照）

文芸春秋は20代の筆者を育ててくれた

筆者は20代の頃から文芸春秋の愛読者で、60年安保闘争の４年前……マスコミが日米安保条約改正の話に全く触れていない昭和31年、筆者が中学校２年の時の弁論大会で安保条約反対の弁論をして……先生方から白眼視された。

そのまま行けば……筆者は左翼系の学者から刺激を受けて、……赤軍派のテロ学生になっていたかも知れないが……それを常識の世界に引き戻してくれたのは住友電工での社会経験と文芸春秋だったと思っている。

文芸春秋は変わった

筆者は80年の人生の中で無数の小成功、小失敗を繰り返しその度に常識と社会的知識を向上する事が出来たと思っているが、それは他人との会話をする事で確認できる。この度の文芸春秋社との対話で、文芸春秋が筆者とは真逆に……劣化している事を確認できた。

文芸春秋社も『妖怪ジャパン』に感染して……瀕死の状態にある。

筆者は幼小期に文芸春秋社の創刊者、菊池寛の小説の愛読者だった。『父帰る』、『恩讐の彼方に』等の心打たれる人間について深く考えさせられる。筆者が将来小説家になろうと考えた時代には既に故人だったが、著作を通じて心の深い所では大きな影響を受け、それは浄土真宗の親鸞の教えと共通する何かを感じさせた。

筆者が将来小説家になろうと思ったのは、当時、新聞に高額所得者として毎年紹介される歴史小説家吉川英治の高額所得……それは単に金儲けが目的だったが……それは住友電工で社会的経験を積むことで激変した。

筆者は仕事が非常に面白くなり、小説家になる夢はとっくの間に失念していた。

文芸春秋は筆者を奮い立たせるカンフル剤となった

100周年記念誌の出現は日本の文系碩学のレベルを露呈させる事になり……筆者は名もなき80代の現役引退から25年も経過した技術者OBの老人だが、日本の劣化を停止させる為に貢献する事を決意させる事になった。

100周年記念誌が無ければ、この本は単なる無数の自分史の一つで終わったと思うが、社会貢献を目的とする本に変質させる事に腹を決めた。これから随所に日本で発生しているお粗末な愚行と月間誌文芸春秋、週間文春等の文芸春秋社の出版物との関係で語られる事が度々出現する。

筆者が文芸春秋社員だったら

筆者が文芸春秋社の社員だったら、日本の出版物に対する消費税の是正を訴える。

日本の出版物に対する消費税は10％だがスウェーデンでは６％だ。

スウェーデンでは人間の知的能力を高める出版物は軽減税率で**６％だが、日本はその77％高い10％**だ。

経済学者は経済現象の細かな事に関心が無くて……多分、スウェーデンは25％で日本の2.5倍だと、実態と反対の常識の中にいる。

『妖怪ジャパン』の出現

100周年記念誌は筆者に、ノンフィクションの自分史に加え、新しく第２部、第３部を書き加えて重たい内容に大改編するべき……とする示唆を与え、当初数百ページの薄い本を想定していたが、千ページを超える、出版社の設備能力の上限の厚さに迫る大部な……読む人のいない様な本になる事になった。

その20：厚労省の「年金財政検証」

2024年７月４日(木)の読売新聞朝刊に『年金財政検証』の大きな記事が掲載された。

１面、２面、４面、10面に分割されているがトータルで、２面分を使用した大きな記事である。１面の冒頭に掲載された要約を右のテキストボックスに掲載する。

筆者が読む限り掲載されている内容……多分、それは厚労省が提供した資料をそのまま記事とした……は正しいと思う。

> 厚生労働省は３日、公的年金財政の長期見通し「財政検証」の結果を公表した。過去30年と同様の経済状況が続いた場合、2060年度に65歳世帯が受け取れる年金は月21.4万円で、現役世代の平均手取り収入と比べた水準「所得代替率」は50.4％となった。
>
> 法定の「50％超」は維持され、前回検証と比べて就労が進んで年金財政の支え手が増えた事から全体的に改善傾向がみられた。

２つの委員会が厚労省と時間を掛けて検討

「社会保障審議会年金部会」と、年金財政に於ける「経済前提に関する専門委員会」が厚労省に助言を与えている。

「社会保障審議会年金部会」

部会長**菊池 馨実**早稲田大学法学部教授の下に18名の日本の錚々たる経済、法律の大学教授、シンクタンクの著名アナリストの方々が名を連ねている。

年金財政における「経済前提に関する専門委員会」

前年の３月まで植田和男氏が委員長だったが、植田氏が日銀総裁に就任されたので、独立行政法人経済産業研究所理事長の深尾京司氏が委員長に就任されている。深尾氏の下で８人の錚々たる肩書の方々が委員である。

無数の因子が関係する「年金財政における経済前提」を議論するには長時間を要する筈だ。多分、今回の結論に至るまでに頻回に会合を持って議論された事だろう……。

筆者は経済学者ではないから、経済学について経済学者に議論を出来る資格も、能力もないが……筆者には豊富な常識があると思っている。

筆者が観察するに、彼らは官僚から提案された内容を目前に出されて……学校の試験問題の様に考えて……その設問の範囲内で答える習慣にマインドコントロールされているのかも知れない？？

出題された試験問題の範囲外の事を考えるのは課題の領域外で、学校の試験ならばそれで良いかもしれないが……国政を担う経済学者がそれでは困る。

過去の30年に起こった事と将来展望

- 国の借金が激増……国民１人当たり１千２百万円になり、今後の30年は増加の速度を上げて……３千万円以上になるだろうと推測されるが、その事についてのコメントが全くない。
- 30年前のドル円は100円強、2024年には約160円で50％以上の円安であるが、コメントが全くない。
- 今後の30年も過去の30年と同様であれば借金も、ドル円も同様に変化＝借金は増加、円安進行を意味する。
- 巨額借金の返済は円安誘導と産業の高度化しか方法はなく、今後の円安傾向を止める事は不可能だ。
- 21世紀になり、生活物質の半分以上を輸入品に頼っている事から、今後物価高、円の価値の大幅な低下は不可避。
  名目の「所得代替率」が50％超になっても、物価が倍になれば、購買力は激減する。
- 円安になるから、海外展開している大企業は……実態が変わらなくても……円安で、円貨換算の利益は増加……株高となり、貧富の差は拡大する。
- この本で、頻繁に詳述する様に年収500百万円前後の、日本のエッセンシャルワーカーの方はスウェーデンよりも高い税負担に喘いでいるが、政府は彼らが年金会計を下支えする事を期待している。
- 筆者は今後の30年以内に、過去の30年に発生した以上の円安が進行すると思っている。
  ……ドル円が300を超しても何ら不思議はないと思う。

筆者は後述するように、2017年にノーベル経済学賞が授与された複雑な数学を駆使した行動経済学を理解していないが、その意図するところは理解しており……行動経済学の思想を取り入れて実験、８回連続ジャンケンで勝利する結果を残した。行動経済学の一般式を右に示し、第４章

$$F_i(q_1,\ldots,q_n) := \prod_{j\in N}\sum_{s_j\in S_j}\left\{\prod_{k\in N} q_k(s_k)\right\} f_i(s_1,\ldots,s_n)$$

で事の顛末を公開している。

今回の「年金財政検証」は、今後の30年が過去の30年と同様である事を前提としているから、それは国の借金が現行の２倍以上になる事を意味し、ドル円が250～300円と円安になる事を意味している。

年金会計だけを見れば、「所得代替率」は50％超に維持できるかもなるかも知れないが、購買力は半分以下に激減、1/3以下になっても当然だ。

最近まで現日銀総裁の植田和男氏が委員長だった「経済前提委員会」は、年金会計と言う無機物で感情の無い＝統計数値に対しては忖度しているが、国民の購買力には全く忖度していない事を明らかにしている。

何故、過去の30年に起こった円安、国公債発行残高の増加について、一言もコメントがなく、今回の様な厚労省の「年金財政検証」発表になったのだろうか？？

朝日新聞、日経新聞も読んでみたが、３紙とも巨額借金、円安による生活物質の価格上昇が円貨での購買力を激減させる可能性から、**「年金財政検証」の出来の悪さを非難する気配を示す社説、解説は無かった。**

厚労省は円貨で見た国の財政的な数値には責任を持つが……**国民が物価高の中で貧困に喘ぐことには全く関心が無い事を示している。**日本の経済学的知性の集合体である、経済官僚、数10名の委員会委員の中の誰一人として……現**日銀総裁の植田和男氏を含めて、この事について指摘、議論していないとすれば……驚くべき事だ。**

ヒットラーは第二次世界大戦を開始、多くの人々を災禍に陥れそれはヒトラー個人の罪とされている。

日本では30年後に確実に起こると予想される、庶民の絶望的な生活苦の到来を数10名のトップ級の経済学者が連名で承認……その提案に在野のジャーナリストも異議を唱えなく、無言で容認している。

このような記事が大新聞に掲載され、**読者である国民に年金会計が破綻しないから、ご安心をと訴える日本に改めてビックリだ**。

筆者には「経済学」と「法律」の二刀流であるキャリア官僚と委員会の委員がこの事について知らない筈はなく、認識していて悪事を行うのは……常識では悪人であり……**日本経済の根本は悪人により牛耳られ、国民はその犠牲者になっている事が今回の厚労省の発表で明らかになったと思う**が……。

日本ではどれだけの人がこの事について危機感を持つのか？　「妖怪ジャパン」の支配力から逃れるのは困難だ？

官僚のミスは隠蔽か、言い逃れ
民間の些末なミスに便乗して天下り先を確保

この本には官僚の怠慢、又は無能によって起こされた多くの費用の浪費に加え、退職後の天下りが、1,500兆円の借金を積み上げた原因である事を実証している。

多分、官僚のミスの最も解り易い例は2022年４月に発生した知床遊覧船「KAZU１沈没」事件だ。

2022年４月に発生した事件はその直前に発生した船舶検査で、船の上甲板前方のハッチが変形して、ハッチが閉まらない。荒天で開いたハッチの巨大な穴から、大量の海水が流入したのが大海難事故発生の原因だ。それが無ければ、事故は起こらなかった。それだけの事だ。

事故が起こったから無用な事で大騒ぎ、大変な時間と金を使って、如何にも仕事をした様に……外見を装う。

共通しているのは物事の大小判断をする常識がない事＋怠慢＋不正からの誘惑に弱い事である。

以下に示す様な連鎖で学校教育から……問題の処理に到達、国家に巨大な損害を与える。

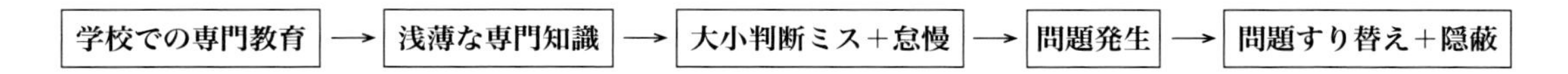

上記のおそまつな事に共通するのは……民間では起こらい、初歩的な常識と呼ばれる知識の欠如を原因としている。

第２章　過去からの負の遺産：国際問題

目　　次

その１：日米安保条約に端を発する不平等条約

『妖怪米軍』

日本には先人が残した既述の巨額借金に加え、米軍と結んだ種々の条約に縛られる、外交的にも巨大な負の遺産の下で国家経営されている。

日本国憲法、日本の三権＝国会、内閣、司法の上に、スーパーパワーである米国軍人が存在する民主主義国家となり、多分世界史上初めての複雑な国家統治形態を持っている。

多分、この事について詳細に全体像を理解している人は日本全体で……数人しかいないかもしれない？

米軍は必要に応じて、日本の建物、施設、土地……個人、法人等が所有権を持っていると考えられる全ての物を、接収する条約上の権利を持っている。

『妖怪ジャパン』の上に君臨する『妖怪米軍』

日本の国家経営は**大災害からの被害の最小化、国際問題と国内問題の解決**を高い水準で行い、国民に安全、安心な一生を提供する事を目標として、高い教育を受けた高級官僚が高い実務能力を駆使して、誠実に行っていると信じていたが、それは全く誤解である。

日本には簡単に説明不能な『妖怪』が住み、目の前に現れた変な事、不合理な事、それらの問題の原因を追究して行くと、無数の因子が関係、……１つの言葉で説明不能な、妖怪が支配するクラウド＝雲の中に突入する。筆者はクラウドを外から眺めているから明瞭にクラウドの存在を認識できるが、クラウドの中で疑問なく生きている人には、多分、それは絶対に解らない。それは、多分、水中に住む魚が、多分、水の存在を意識しない、人間が空気の存在を意識しないのと同様の事だろう。『妖怪米軍』は『日米合同会議』と呼ばれる形で可視化され、妖怪ではないが、知る人は少ない。

『妖怪ジャパン』を超えるスーパーパワー『日米合同委員会』の存在

『妖怪ジャパン』は日本の国内に住み、その主たる影響力は日本の国内政治に限定され、日本国民の日常的な生活に密接に関係するが、対外的には全く影響力がない。

国家経営は他国との条約に代表される、約束の履行を最優先して、多くの場合、他国との約束を守るために自国民が犠牲を被る事も、良好な国際関係維持の為に甘受する事で、地球上で国家として永遠に存続出来るように、行わなければいけないが、『妖怪ジャパン』は国際問題に関しては全く影響力を行使できない。

日米間には多くの不平等条約と呼ばれるべき、成文化された条約、成文化されていない約束が存在して、それらが『日米合同委員会』の存在を正当化している。

日本の公教育では項目としての『日米安全保障条約』やその他の条約の存在は教科書に載っていると思うが……日米関係の最も重要な事を、咀嚼して学ぶことも、理解する事も不可能だ。

教える教師も内容を咀嚼している人は絶無で、自衛隊、文民統制＝シビリアン・コントロールをセットとして、一般的な知識として生徒に説明する程度の事だ。

日本の憲法、司法を超える、スーパーパワー

筆者は経済活動に関しての経験は豊富だが、政治、軍事等の国際問題については具体的な経験がなく、全て他人から得た情報を加工したものであるが、憲法を超え、日本の司法も影響力を行使出来ない、スーパーパワー、米国との約束の存在は『妖怪米軍』の仕業の一部だ

と説明したくなる。
スーパーパワーの根源である『日米合同委員会』を考える前に、高福祉国家と言われるスウェーデンが数百年前に採用した国家の強国策を参照してみよう。

スウェーデンの採用した強国策

大陸で地続きなので、北欧でも国境論争＝戦争が連綿として継続しながら歴史を紡いできた。
スウェーデンは17世紀の30年宗教戦争で大陸の南のヨーロッパの中心部に向かって侵攻、スタープレーヤーとしてヨーロッパ中央で存在感を高め、ウエストファリア条約でヨーロッパの原型が定まったが不安定だった。
30年戦争は日本では大阪夏の陣で大阪城が落城した数年後に始まった。
18世紀末のスウェーデンでは高齢で病弱の国王の死後に国が侵略されないかと心配していた。
当時、既にスウェーデンには民会＝その後の国会が存在し、民会は王の後継となる賢明、指導力に優れた適任者を養子として推薦してくれるようにナポレオンに依頼した。ナポレオンは部下の一人の元帥、ベルナ・ドッテを推戴し、ドッテはスウェーデンに派遣された。それが21世紀の現スウェーデン国王家グスタフ家のルーツだ。ナポレオンの目は確かだった。
ドッテは、皮肉にも養子になって数年後にナポレオンに対する６か国による対仏大同盟軍を組織してナポレオンと戦い、ナポレオンは敗戦して……没落の出発点となる。スウェーデンは第一次大戦、第二次大戦にも参戦せず、高福祉国家を作り上げ、多くの難民、政治的亡命者を受け入れている。日本では想像も出来ないくらい高い奉仕的精神だが、それは彼らの民度が高いからであり、それは教育に負うところが大きいと思う。冷涼な気候で農業に適さず貧しい農業国で北米に人口の約1/4移住したと言われている。英国で始まった産業革命のパラダイムシフトに便乗、19世紀に鉄鋼、機械、パルプ産業が勃興して、科学、工学分野で世界のトップ集団の地位を獲得、象徴的なノーベルのダイナマイトの発明でも知られる豊かな福祉国家となるインフラを整備した。

豊かな国とは何か

個性を乗り越えて万人に適応可能な豊かな国の定義をする事は簡単ではない。
宇宙、地球、自然は不可逆的に変化し、人類は変化に適応する知能を持つことで生きながらえてきて現在がある。豊かさに対する定義、数値は数学の様に普遍的な数値で決める事は出来なく、全てが相対的な事だ。
21世紀初頭の豊かな国の定義は、多分、生活のマネーを得るために拘束される労働時間が少なく、自分と伴侶、子供、孫の将来の事に心配、不安が無いか、少ない事と自由時間が多い事であると思う。
三世代に相当する100年単位の長い時間軸で考えれば、将来全く別の事が起こるかもしれない。
今迄多くの人を労働と言う形で縛っていた作業は機械化、自動化され、AIが進化してチャットGPTの活用が社会に大変革を巻き起こし……昔は仕事があって良かった、幸せだったと懐かしむ様になるかも知れない。
令和の日本では高齢となり自由時間を持て余す人が多いが、未来には年齢に関係なく全ての人が時間を持て余す様になるかも知れない。
若し、その様な時代が到来すれば、教育、医療の持つ意味合いが根本的に変化するだろう。

その２：シビリアンコントロール　自衛隊と共同で国の防衛

国内問題と同等又はそれ以上に大事な問題は、国防に関連する国際的な問題だ。

第１章の国内問題は、国内だけの問題として解決可能で比較的容易に解決できる筈だが、利害相反関係にある近隣諸国との国際的な問題の解決は国内問題に比べてはるかに難しい。
日本には軍隊としての自衛隊が存在し、教科書には自衛隊は文民統制の下にあり、制服を着た自衛隊員は文民である政府＝内閣総理大臣の監督の下にあると理解されているが、それは部分的な事実であって、**真に防衛力を発揮しなければいけない非常時には当てはまらない。非常時か否かは米軍の判断による。**

日本の文民統制＝シビリアン・コントロールの実際

日本では平和憲法を持っているから、戦争出来ない、しない、全く加担しないと義務教育と高等学校教育の場で教えられ、それが何であるかについて、咀嚼して理解している若者は皆無だろう。
公教育は建前＝理想とする目標を見せて、受験テストに合格するためには**内容の理解は問題ではなく、決まった定型の回答をする事を要求する。**

軍の文民統制の二つの大原則

平時＝平和が維持できている期間の場合

軍隊＝自衛隊が勝手に使いたい予算額を決定して、好きなだけ金を使う事を禁止して、予算額は文民である行政、政府が決定する原則である。軍隊は平穏に社会が機能している時には、有事に備えて対応できるように準備、訓練するだけであり、軍隊が活動を必要としない期間は平和であり、それが永久に続くのが望ましい。

非常時の場合

国際情勢が不安定化、国が外国からの攻撃を受け、国民、国家が危険に晒される事が起こりそう、又は起こった場合には、軍隊は最も効果的な方法で敵対国に対して、迅速に対応する事が求められるが、その様な状況で文民統制はどのように機能するだろうか。
これは、**言葉で言うのは簡単だが、言葉では言い尽くせない難しい問題だ。**
結論を先にいえば、**日本の平時の予算編成は『文民統制』だが、非常時には全てが『米軍統制』となる。** 平時、非常時の判断について、以下に述べる筆者の生きた時代に起こった三つの事件は多くの事を物語る。

米国の場合

1950年代の朝鮮戦争に於いて、中国が義勇兵と詐称して無数の中国人民軍兵士を人海戦術で、犠牲を全く問題としないで投入、戦死、ケガを負った友軍兵士を置き去りに、死者を乗り越えて……旧式の武器を携行して攻めてくる。
米軍は機関銃で応戦するが、中国兵は途切れることなく押し寄せてくる。豊かな社会で生活していた米軍兵士はその野蛮な戦闘意欲に、神経が参ってしまう……。
東京に常駐するGHQのマッカーサー司令官は、米軍兵士の無駄死を看過できなく、原子爆弾の使用を米軍のトップに進言した。中国の原爆実験成功の約10年前の事であり、マッカーサーは原爆の使用で朝鮮戦争は米国の勝利で終わると考えていたのだろう。
米国政府、トルーマン大統領はそれに対してNOの判断を下して、マッカーサーは1951年、朝鮮戦争継続中に解任された。この例は米国に於いて文民統制が正常に機能した事の証拠とされるが、その結果の評価は簡単ではない。
若し、マッカーサーが主張した様に朝鮮半島に原爆を数発落としていれば、朝鮮戦争は終結しただろう。毛沢東は原爆を『張り子の虎』で、何ら恐れることはないと、人民軍の兵士を教育……当時、中国の兵士は放射能についての知識を持っていなかった……人海戦術で米軍の機関銃掃射に向かって突撃……無数の戦死者を出した。
毛沢東は秘密裏に、原爆開発を進め約10年後に原爆開発に成功する。
マッカーサーの要望通りに朝鮮戦争が終結しておれば、21世紀に世界が直面している……第三次世界大戦……核爆弾搭載のICBMの撃ち合いを予想するような恐怖は訪れなかったかもしれない。

ソ連＝ロシアの場合

自分史に既述の様に、1962年、筆者が３週間の北海道旅行から帰って数か月後に、ソ連がキューバに核ミサイル基地を建設中で、キューバに配備される核ミサイルを積んだソ連の貨物船がキューバに向かっている事がテレビ報道された。米国のケネディー大統領が絶対に許さない、キューバに向かっている貨物船への臨検を実行すると公言。世界中は核戦争の勃発を予感して、ソ連のフルシチョフ第一書記とケネデーの応酬を見守っていた。連日、筆者は白黒テレビを凝視していたのを記憶する。
この問題は、ギリギリで貨物船が方向転換、引き上げる事で解決し、ケネディーは米国の危機的状況の回避に成功した世界史的な大事件だった。事件解決後約20年を経て、共産党独裁で汚職大国となったソ連でゴルバチョフが登場、グラスノスチ＝情報公開とペレストロイカ＝改革を旗印にソ連に自由が訪れ、キューバ危機が核戦争に発展しなかった経緯が明らかになった。

一人の軍人の反対が核戦争の勃発を防いだ

グラスノスチにより、キューバ危機の時にフロリダ半島の南の海中深くソ連の潜水艦が潜行、モスクワから米国への核ミサイル攻撃の命令を受けていた事が公表された。
ソ連軍のマニュアルでは核ミサイルの発射命令を受けた現地で、三人の上級軍人が賛成しなければ発射ボタンを押せない事になっていた。三人とは司令官、潜水艦長,副艦長だったが、副艦長が反対したので発射ボタンが押されなかったことが判明した。副艦長はその後の軍人生活の中で不遇の扱いを受けたと云う。日本の命のビザで有名な杉原千畝さんの場合とよく似た話である。ソ連には、もう一件、佐官給の高級軍人のサボタージュが米ソの核戦争の偶発を阻止した事件が公表された。レーダーの画面に米国のICBMがソ連に向かっている様子が映され部下が報告に来る。マニュアルによれば報告を受けた佐官は、それを上級に伝え、それは即座にソ連のICBM発射命令となる筈だったが、佐官は画面を見て……今迄、類似の誤作動を経験していたので、多分、品質の悪いソ連の電子機器の不良が原因だと推測して……無視、その事がグラスノスチで公表され佐官はその後不遇の軍人人生を送ったと言う。

その３：21世紀のイタリアで、中国の警官が町のパトロール

筆者は1970年に初めてミラノに出張、それ以来観光も含めて６～７回イタリアに行っているから、日本標準ではイタリア通だ。コロナ禍の中で最近のイタリアの町では、中国の二人組の警察官が町の警備に当たっている事を知った。
1980年代から多くの中国人労働者がイタリアに移住、多くのイタリアの著名なファッションブランド企業の工場の従業員として働いている事を知っていたが、その延長で……何らかの理由で中国の警察官が、町の治安維持の為にパトロールする事になった様だ。いずれにしても、背景に複雑な背景があるだろう。

> それが、良い事か、悪いことか……イタリアにとって？　中国共産党にとって？　中国人民にとって？　確実な事はそこまで行く前に、両国の高級官僚が話し合って実行したと言う事だ。平均的な日本人として、この事実をどの様に捉えるべきだろうか。不正、汚職文化の中を遊泳している日本の高級官僚は……どう考えているだろうか？

中国の警官はイタリア語が話せるのだろうか？　話せられないのだろうか？

外国語習得の天才の中国人だから、発音の簡単なイタリア語会話は数か月でソコソコ出来るようになるかもしれない。給料は中国政府が出しているのか？　イタリア政府が出しているのか？

その４：日米合同委員会

日本に文民統制はなく、日本は米軍統制の国である。

日本の文民統制は予算については当てはまるが、完全な米軍統制下にあり、予算についても状況次第で米軍の強い要請を受ければ拒否するのは不可能だろう。

これは紛れもない事実だが、公教育で自衛隊はシビリアン・コントロール下にあるとマインド・コントロールされてきた人にとっては驚きだろう。

日本では公教育からマインド・コントロールを受けているので、自衛隊は文民統制の下で活動していると思っているが、自衛隊は予算の面では政府の統制下にあるが、非常時には米軍の一部隊として米軍の指揮下に入る。

多分、日米合同委員会の存在は日本の教科書には載っていないから、殆どの日本人はその存在を知らないが右図にその役割分担を示す。

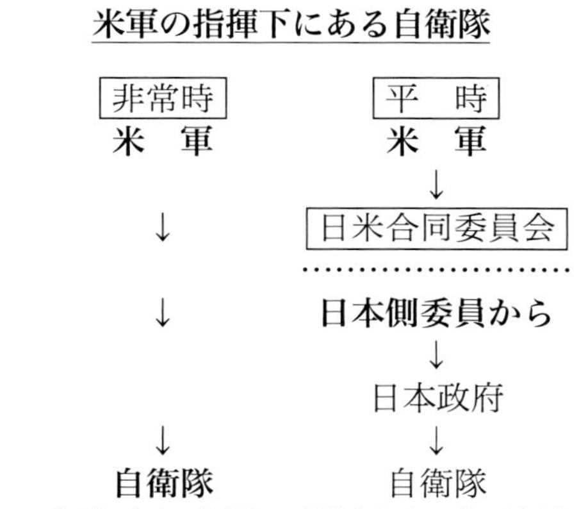

米軍の指揮下にある自衛隊

非常時	平　時
米　軍	**米　軍**
↓	↓
↓	日米合同委員会
↓	**日本側委員から**
	↓
	日本政府
↓	↓
自衛隊	自衛隊

非常時と米軍が判断すれば、憲法、個人の所有権に関係なく、米軍は全ての日本に存在する物を収用する事が出来る様な不平等条約が存在する。

委員会は定期的に月に２回、条約＝約束により米軍の施設内で開催されていると言われている。米軍と日本の文民高級官僚各５～６人が会合を持ち、日本側は米軍の要請＝指示＝命令を聞く。

日本側は外務省、防衛省、財務省、法務省、農林水産省などのトップ級の高級官僚が参加するが、首相、大臣、政治家は出席できない。

鳩山元首相も首相就任後に初めて聞いて、ビックリ……その後マスコミが、鳩山氏の奇行として報じた事件の発生に繋がる様だ。

日本側は要請内容を内閣に伝えると共に、実行する為に12省庁の実行部隊からなる25の委員会に実行を指示する。米国側は軍人に加えて、駐日公使も同席する。

非公開で議事録も非公開

会議は非公開で、議事録も非公開であるから、通常マスコミが記事にする事はない。多分、知ったとしても『妖怪ジャパン』が自主規制させるので、マスコミが正面から報じることはない。

非常時の場合

非常時の判断は事が急速に進行するので非常に難しい。

他国からミサイルが日本に着弾してから、非常時と判断するのでは遅すぎる。
最低でも、発射準備中……それ以前の諜報活動から得られた情報を根拠に対応を始めるのが常道だ。非常時の判断は米軍が行い、**一旦非常時と判断されれば、自衛隊は米軍の指揮下に入る。**
国連PKOへの参加もこの様な背景から、米軍の要請により実行された。

その５：米軍は日本憲法の上に存在する

一旦、米軍が非常時、又は非常時の到来と予想、非常時対応すべきと判断すれば非常時とされ、自衛隊は米軍の指揮下に入り、米軍の一部隊として行動する。日本の公教育でマインド・コントロールされているので、ここで記述されている事を知っている市民は多分、限りなくゼロで、高級官僚でも咀嚼して理解している人は１％以下かもしれない。
日本の政治家でも、この事について咀嚼して理解している人は極、極く少数だと思う。
非常時と判断されれば米軍は日本で何でも出来る。
安保条約以外にも複数の条約、約束があり…….米軍に非常時と判断されれば、米軍は日本国中どこでも好きな所を接収、軍事施設を置く事が出来る事になっている。
土地、建物、公共施設……何でも、何処でも日本の所有者の所有権に関係なく収用できる。
朝鮮戦争で米軍は巨大な人的損耗を余儀なくされ、マッカーサーは罷免され、朝鮮戦争は終わることなく、休戦協定が締結され一応小康状態が維持されていた。
中国は、対外的には原爆を『張り子の虎』と揶揄する事で、中国軍兵士が米国の原爆を恐れないで、人海戦術が取れるように様に鼓舞し……一方で、西側の科学者の援助の下で原爆の開発を急いでおり……何時、休戦協定が破棄されて、戦争が再開されても不思議ではない状態下にあった。
日本国内には左翼インテリ、学者に煽られて、左翼学生、共産党員がテロ活動を頻発、先代の人々は米国に頼るしか方法が無いと判断、日米安保条約が締結され、同時に多くの条約、文書は無いが約束が結ばれて、現在に至っている。
21世紀になり、北朝鮮の核、ロケット開発から日本は巨大な危険と隣接する事を余儀なくされている。
先代の人々は、余儀なく……現在の日本に巨大な負の遺産を作られたが、この問題の存在を明らかにして、正面から問題を解決しなければ日本は劣化の傾向を止める事は出来ないと思う。

若し、北朝鮮から核ミサイルが飛来したら米国は核で応戦するか

筆者は、米国は絶対に核ミサイルで応戦しないと断言する。
曲がりなりにも、正常に民主主義が機能している米国で、**選挙で選ばれた大統領に、数十万、数百万、数千万人が亡くなる核戦争を起こす事など出来る筈はない。**
朝鮮戦争の時のマッカーサー、トルーマンの関係を見るまでもなく、それが民主主義国だ。
北朝鮮も多分、その様に考えているだろう。

米国が悪いのでなく不平等条約の存在が問題なのだ

先ず、日本国民の公教育からのマインド・コントロールを解く事から始めなければいけない。
無数の学者、識者、マスコミに露出するオピニオンリーダーの方も、この様な事を咀嚼して理解している人は限りなくゼロに近い様に見受けるが若しかしたら『妖怪ジャパン』が関係してブレーキを掛けているかも知れない。
不平等条約の改正、廃止には行動を開始してから、多分、１世代≒30年掛かる事を覚悟し

なければいけないから、出来るだけ早く始める事だ。

その６：三権＝内閣、議会、最高裁の対応

内閣の閣僚の場合

多分、間違いなく、日本の公教育からマインド・コントロールを受けているので、ここに書かれている様な事については全く無知だった人が政治家になり、断片的に知るようになるが全体象について講釈できる人は居なく、貧弱な知識しか持てない。

大臣になり、『日米合同委員会』からの指示に遭遇して、よく解らないが、それを実行する事が非常に重要であり、大切な職務となる。

議会の対応

議会には与党、野党の多くの議員がいるが、その様な議論は誰の利益にもならないから、議会で議論されることはない。

最高裁の対応

何年か前に、米軍基地の問題で裁判となり、最高裁から判決がでた。

公判では、不平等条約の存在は議論の対象とはならず……高度に政治的な問題で司法が判断すべきでないと、問題に対して正面から取り組む姿勢を示さなかった。その最高裁の判決は、判例として同種の問題で国を相手に起こす訴訟を門前払いするから、日本ではそれ以降、その様な裁判が行われる可能性が無くなった。

最高裁は憲法が最高裁に求めている国民の権利を擁護する為の役割を放棄した事を鮮明にした。

筆者が上記のように私見を書けたのは吉田敏活氏の執筆になる……『日米合同委員会』の研究（創元社）……を読ませて頂いたからだ。今は亡き立花隆氏に劣らない、忍耐と能力を兼ね備えた欧米のジャーナリストに劣らない立派な方だ。

その７：アパ『真の近現代史観』の論文募集に応募

偶然からアパホテルグループの実質的オーナー、元谷外志雄氏が代表理事を務める公益財団法人アパ日本再興財団の第16回目の懸賞金付き論文募集に応募した。（論文の全文は本書中に掲載）

航空幕僚長だった田母神俊雄氏が第１回目の募集に応募、トップ当選で賞金を獲得された。

田母神氏の国防に対する考え、溢れるばかりの愛国心、第二次大戦に突入したのは、欧米諸国の様に侵略して土地を強奪する帝国主義的な背景からではないと力説される。

白人支配の国際連合に対する問題提起と、西欧帝国主義が支配しているアジア諸国を開放する為に行った犠牲的な開戦であると主張された。筆者も田母神氏の言われているのはその通りだが、日本人が当時の日本のマスコミに煽られて……情緒的に、多分、日清、日露の両大戦の戦勝経験から……必敗の戦争にズルズルと引きずり込まれた愚かさにあると思う。

今迄、日本政府が……中国、韓国等に日本が悪かったと何度も謝っているのに、政府の対応と真逆の事を考えている人物が航空幕僚長では困る。文民統制に反する様な事を考えている人間が自衛隊の幹部では危険だ……個人の思想、表現の自由だから問題ない……と、政治家、識者、マスコミで議論が沸騰し、政府は田母神氏を即刻辞職させようとしたが成功しなかった。

田母神氏は定年まで……短期間だったが政府に抵抗して……勤め上げて、退職金６千万円を手にして定年退職した。

筆者も、開戦には田母神氏と似たような背景がある事を承知しており、70年代の左翼の識者と呼ばれる人々との論争の蒸し返しだと無視していた。

田母神著作を読んでみた

論文応募に際して、初めて田母神論文、数冊の著作を読んでみた。

多くの著作があり、全てを全文読んだわけではないが、手にした６冊の本については、全て目次をチェックして、何が書かれているかは把握した。

田母神氏が主張している『近現代に起こった』事の解釈は大部分筆者も感じていた事と同様だが、21世紀に日本が直面している問題の原因についての言及がない。

自衛隊、日本政府が米国の下請けみたいに、従属せざるを得ない状態に置かれている、日米安保条約、付随する諸条約に束縛されている……不平等条約に関しての詳細な言及がない。

皮肉っぽく言えば、田母神氏は日本の過去のお粗末な政府、左翼知識人、マスコミの愚行を種にして多くの著作を行い、売文業をしている様な雰囲気を漂わせている。

何故、正面から不平等条約の存在を問題にしないのか

数ページ前に示す表の様に、根本的な問題は、日米安保条約とそれに付随する諸条約にある。

何故、田母神氏はこの事について、それが最も大きな問題だと主張、**不平等条約の変更又は廃止を主張されないのか不思議に思い**、その様になった原因を推察してみた。

1. 防衛大学では米軍との共同行動が教本の前提にあり、**教本は安保条約と付随する条約を守るために作られているので、それを疑う視点が全く無かったのかもしれない。**
2. 日米安保条約の問題に手を付けると、それまでに行われている、無数の識者が行った無数の議論と同様になり、話題性が無いから、その様な議論は避けた。
3. 不平等条約類の事は政治的な事で、その様な議論をすれば、一回で書く事は全て終了、作家ビジネスが継続できない。
4. 若し、この問題に正面から挑戦して、不平等条約の存在として扱うと、米国から睨まれて……身の処し方が窮屈になる。
5. 理由は解らないが、背景に不平等条約があり、田母神氏が指摘される多くの問題点の原点が不平等条約にある事に気付いておられない。この様に言うと、不思議に思われるかもしれないが、それは充分に在り得ることだ。

これらの事について、全体象をホボ咀嚼して理解しているのは、日米合同会議出席者である高級官僚以外、普通の日本人で知っている人は限りなく少数でゼロに近いだろう。

コロナ禍で露呈した高級官僚のお粗末な行政感覚……多分、学校教育の後遺症から、好奇心を喪失して視野が狭くなり、観光業界支援策で露呈したお粗末から推定すれば、多くの日米合同会議出席者は単に慣例に従って出席して、米軍からの要請＝指示＝命令を聞いて持ち帰るだけで、全体的な姿を咀嚼して理解している人は、少ないか、いないのかもしれない？

田母神氏は筆者の６歳下で戦後生まれ、戦後の激動の時代が過ぎて、朝鮮動乱後の戦後復興の比較的良い時代に、物心がつかれたと思う。

筆者は民間で育てられたから、問題発生の原点を探り、それに正面から立ち向かう事を大原則として行動するので、既述の様に、時間が掛かっても、忍耐強く、不平等条約の存在を多くの国民が認識、納得して不平等条約を改正又は廃止する道を取るべきだと思う。

田母神氏は日本の軍事力は強大で、近隣諸国は取るに足らないと日本国民を安堵させるように豪語されているが、北朝鮮は核爆弾と攻撃手段のミサイルを持っている。何か、合理性に欠けている……。江戸時代の大昔の武士の『大言壮語』の雰囲気を出している。火縄銃と竹やりを大量に持っていても、機関銃には勝てないのと同じだと思うが、何か情緒的なもの

を感じる。核爆弾とミサイルの出現が軍事に巨大なパラダイムシフトを及ぼした。

その８：日露戦争からの教訓

スウェーデンに住み、19世紀のヨーロッパについての知識が増え、19世紀初頭にスウェーデンが世界の高級鋼の80％を生産していた事を知っている。

仕事上の知り合いで東京帝国大学造兵科卒、海軍工廠で軍艦の建造に関係した佐官給の高級将校だった、72才の岩間藤吉さんは、筆者を頼って1975年にスウェーデンに来られた。

軍艦の建造、大砲などの兵器の製造には高級鋼が使用され、それらは全てスウェーデン製だった。

日本でも日本刀に代表される高級鋼は存在したが、0.1kg～数kgの少量で主に日本刀、包丁、カミソリ等の刃物用として使われていた。数トン～数百トンもの巨大な鋼塊でなければ兵器の用途には役に立たない。

鉄鉱石と森林資源が可能にした

スウェーデンの北部に巨大なキルナ鉱山があり高い鉄分の品位に加え、豊富な木材があり、安価に木炭が生産されるので、木炭で鉄鉱石を溶解して鋼に製錬する。

欧米先進国では、石炭を使っていたので、リンと硫黄の含有量が高く、鋼の低温，高温における破壊強度が低く、スウェーデンが世界の高級鋼の主要供給国になった。木炭は鋼にとって致命的な害を及ぼすリンと硫黄の含有量が非常に少ない。

日本の連合艦隊がバルチック艦隊に勝利できた理由

日本の勝利は政治、財政、謀略等の開戦前の周到な準備を行った事で成功した。

高橋是清、明石大佐、下瀬火薬の存在が巨大であると言われているが、実際の開戦における勝利の原因は以下による。

> 東郷平八郎を筆頭に艦隊の上級者は、日本人だが頭の中は英国海軍軍人だった。
>
> 東郷平八郎は23才で渡英、30才まで７年間英国で教育を受けた、精神的には英国海軍軍人だ。大砲と、要部の防御にはスウェーデン鋼が使われた英国製の新鋭艦に精神的に英国将校である、東郷平八郎が指揮して、当時の常識に反する……肉を切らせて骨を切るの覚悟で……敵前大回頭をする事で、バルチック艦隊をホボ全滅させた。
>
> **それは、緻密に考えて、慎重だが……大胆に決断した当時の英国の高級軍人の姿だった。**

その９：過度な報道に自主規制と媚中する日本のマスコミ

欧米マスコミの記者は社会の問題、暗部を暴きそれを記事として報道する事で社会に貢献する事を職務とする専門家意識により支えられている。

記事の内容により評価される専門家として、個人事業主的な自立心により行動している。

NHKを筆頭に日本のマスコミは終身雇用文化の中で安住し、欧米のマスコミ関係者とは真逆に、保身の為に自己忖度を背景に……毒にも、薬にもならない様な……報道よりも、報告と呼びたくなる様な報道となる。

日本中に無数に存在する政府省庁、自治体、各種機関、団体、大企業が行う記者会見で配られた書面をネタに報道する受け身的な報道に徹底している。
社会の暗部を暴き出しても、何ら利益を得られないし……批判を受けて立場が悪くなれば昇進の障害となり、定年までの仕事の継続が難しくなる。『妖怪ジャパン』と終身雇用制度がNHK職員の報道姿勢を作り上げている。
先述の『日米合同委員会』やその他の条約の束縛から、日本の憲法の上位にそれらの条約が存在する事を解り易い、記事にした新聞を見た事が無い。
日本にとって最も重要な事には目を向けず、二次的、三次的な細かな事の報道に徹している。

日本のNHKを筆頭にマスコミの過度な自主規制と媚中報道

米中対立の中で日本は外交上微妙な立場にある。
選挙で政府が決まる日本では民意は最も大切な事だが、民意形成に最も大きな影響を与えるのはマスコミである。マスコミが正常に機能しなければ、民主主義は崩壊する。
中国は自国に関して、批判的な報道をする海外マスコミ関係者を排除する姿勢を鮮明にしており、過去にそのような理由で中国への入国拒否、又は国外退去、逮捕されて入獄などの例が後を絶たない。
欧米の場合には、事実究明がマスコミ関係者の最重要な役目であるとの認識があるので勇敢に活動する通信社、マスコミ関係者が存在する。
終身雇用文化の日本では、一旦中国から睨まれると……多大の労力を掛けて中国語を学び、中国専門家としての立場を放棄する……中国専門家として、活動出来なくなる為に、過度に中国政府の意図に忖度して報道するので、日本の過った民意形成に巨大な影響を及ぼす事になる。

終身雇用制度がマスコミの機能の束縛

NHKを筆頭に、日本の新聞、テレビなどの報道機関は中国政府に忖度して報道せざるを得ないが、それは日本の終身雇用制度が大きく影響している。
少しでも、中国に批判的な匂いのする報道の場合には、海外通信社からの引用で……ニューヨークタイムズによれば……ロイター通信によれば……の様に引用の形式をとり批判的な論調を避ける。筆者は10回以上中国に行き、南は杭州、東は大連、西は雲南、北はウイグル自治区と累積滞在日数は、多分３か月間に及び、かなりの中国通だ。
日本のマスコミ報道から、過度な媚中の傾向を排除しなければ、正常な日本の民意形成に重大な影響を与える。

過度な反中国の極端な主張

媚中マスコミとは反対に、過激な中国批判を売り物にする人々もいる。彼らは、媚中のマスコミに対する反動として存在していると思う。日本のマスコミが正常化しなければ、健全な民意の形成は不可能だ。

第３章　官僚、公務員の憂慮すべきお粗末
高級地方公務員の度外れな無能

目　　次

その１：井戸兵庫県知事のお粗末な発言

コロナ禍で永らく窮屈な生活を強いられていたが、待望のコロナワクチン接種が日本でも始まり、ネットでの申し込み受付が始まった。私も含めて周囲の友人が、ネットを介してワクチン接種の申し込みをするが、WEBの設計が悪くて……何度トライしても成功せず、それが話題になっていた頃…船長OBで風呂友のＩさんが、テレビでの井戸兵庫県知事の発言を非難されていた。井戸知事いわく、私もコロナワクチンの予防接種の申し込みをネットでやってみたが出来なかったので部下にやってもらった、と笑顔で話していたと怒っていた。

井戸兵庫県知事は75歳で、対象となる後期高齢者の最年少で、現役の兵庫県知事である。

当初の申し込み対象となる人は全て自分より高齢、殆どの人は退職者、ネットには不慣れで若い部下はいない。

Ｉさんは、知事は……俺が出来ないくらいだから、これはダメだと、改良を部下に指示したと言うべきだろう、と非難されたが、当然の事である。

テニスの仲間数人の民間会社OBとの雑談の時にも、その話で沸いていたが、そのような知事を持った兵庫県の不幸を感じる。 民間の会社だったら、少なくとも『長と名の付く人』は、自分の立場を理解しており、そのような軽率で常識外れでは、工場の一番下の役付きである班長の仕事も務まらない。東京大学卒で高級官僚OB、兵庫県知事として天下りして、中央のサポートで知事選挙に当選、４選されて16年間の長期に亘り知事の職にあった人物だ。

県知事としてあるまじき行為。それを笑顔で、無邪気にテレビ出演で……びっくりだ。

役所の中ではそのような常識が無くても、……むしろ無い方が、組織の中では良い上司と評判が上がるのかもしれない。８月になり天下りで40代の若い斎藤氏が知事になりパワハラでマスコミをにぎわせている。

井戸知事の場合日本のマスコミはそれを問題にしないし、多くのテレビ視聴者はそれを問題と感じていないみたいだ。

多分、二種類の視聴者がいる。

－　仕事の関係で過去に悪い経験があり、見ながら、嫌悪感、怒りを感じる少数の人。

－　無関心、又は……特別に何も感じない人。

井戸知事は元総務省の高級官僚だったが、日本の県知事の約半数が中央官庁OBであり、地方に配分されて、中央の下請けの様に機能している。

その２：県庁の高齢土木専門家が露呈した幼稚な専門的知識

偶々、有名国立大学卒業、公務員で土木の専門家として県庁に勤務していた60代後半のＹ氏が、面前で行われている傾斜地の防災土木工事について話された。素直で、活舌よく進行中の急傾斜地の崩壊を防ぐための防災土木工事を眺めながら、周囲の女性も交えた数人に宅地造成の為の工事であり、工事をすることで数軒分の宅地が造成される、と賢い小学生が説明する様に、自慢げに説明されるのを、少し離れて横で聞いていた。

Ｙ氏の土木工事に関する知識が山村の農家の小学生程度である事にビックリした。

神戸市北区の大原公園の西側の傾斜地を眺めながらの話で、**グーグルマップで見れば状況は直ぐに分かる。**

この例は、勤続年数の長い公務員の代表例で、非常に解り易いのでピックアップしたがＹ氏だけの特別な事でなく、同類の事をいくつも経験しているので、解り易いＹ氏の事例を取り上げた。都会の小学生の観察ではそう見えても、大人が見れば犬小屋程度の物は建てられても宅地の出来るような広さではない。

狭い間隔で、高い高低差を40度前後の急傾斜面で繋いで、コンクリートで傾斜面を覆って、斜面が崩落しないように防災工事をしている。日本の85％を占める水田には不向きな山岳地帯に住む、田舎の小学６年生なら防災工事である事は瞬間的に分る。それまで経験していたＹ氏の奇行、常識は外れの不器用な言辞は不思議として捉えられていたが、この一件は地元の国立大学卒のＹ氏の専門的な知識のお粗末を露呈させた。土木工事の計画、設計、作業は全て業者任せ、工事現場の監督だけの長い人生で、完全にマヒしている様だ。 Ｙ氏も、井戸知事も大学卒業時には専門分野の卵として就職、その後、専門能力を向上させることなく、むしろ時間の経過に伴い低下させてきた。同時に並行して社会的常識を喪失、他人に知られたくないと思える自分のお粗末を、他人に露出する恥も認識しない、出来ない……幼児の様な振舞をしている。

他人に忖度する姿勢が全くなく、常に**上から目線で『過度に自信過剰で無知』の典型で**、自信たっぷりで講釈する。経済的には、庶民より安定、裕福な人生だったかもしれないが……個人的に私の場合には、その様な状態には満足できない。自分の経済的な得失だけを考えて人生を送るだけでは、達成感がなく、心が満足しない。

Ｙ氏は定年退職後、県庁OBと野菜販売のビジネスを始める

Ｙ氏は定年退職後、直ぐに農家出身で県庁時代の部下の作る、野菜類を仕入れて、自動車での引き売りを始めた。

数ページの宣伝用パンフレットを作って……熱心な様子だった。

パンフレットは写真入りで、かなりパソコンを使えると観察していたがそれは間違いだった。

近くに住む、若い知人がパンフレットを作り、Ｙ氏はその様な、些末な事務的な事はしない、出来ない人だった。

70年前、筆者が小学校５年生の時の夏休みに翌年の東京旅行用の資金稼ぎに、下梨部落の魚屋で魚を仕入れて歩きで行った行商と同じ事を車で行われる。

Ｙ氏は東北に専門家として派遣される

野菜の引き売りを始めたが、上手くいっている様子はない……１年を待たず……震災復興に取り組む東北を支援する為に兵庫県庁から専門家として７年間東北に派遣されていた。

震災から復興の仕事は種々雑多な事の連続で、広い知識、経験と応用力を必要とし、Ｙ氏はその様な業務には、……私の観察では……絶望的に、全く不向きな方だ。

Ｙ氏が披瀝した専門知識から判断して……どのような貢献をされたか大きな疑問を感じる。

多分、費用は兵庫県が負担しているのだと思うが、民間ならその様な事件の発生に際して派遣される人材には、かなり厳しい選別が行われるので、Ｙ氏の様な人が派遣される事はあり得ない筈と思ったが、選抜されて派遣された。

Ｙ氏の知識、能力で報酬に見合う様な働きを行ったとは想像できない。

役割は、兵庫県が費用を負担しての支援だが、多分……反対に……仕事しては、お荷物になっていただろうと推定したくなる。

確実な事は、Ｙ氏は兵庫県から得た報酬の一部を東北で消費しているからその分は確実な東北支援になり、それは兵庫県民への負担となる。被災地支援の美名の下に、無駄使いが行われている現実を見たような気分だ。

Ｙ氏が力を発揮できるのは、定型的な行政の事務の仕事と、阪神大震災で経験した中央官庁との連絡業務くらいだと推定する。

スウェーデン、米国のIBMでは起こらない長期の単身赴任

米国のスーパー『ホワイト企業』IBMや、スウェーデンの社会では単身者の長期単身赴任は行われない。IBMの場合、海外への１年以上の長期赴任は家庭崩壊をもたらすから、家族ぐるみの海外赴任でも原則１年以内とIBMに勤務していた知人の大野さんから聞いてビックリした。

日本の場合には、Ｙ氏の奥方は多分、御主人の東北派遣は良い事で、夫の高い能力がそれを可能にしたと肯定的に捉え、周囲もその様に評価すると思う。

スウェーデンやIBMでは忌避される事が、日本では好ましく良い事として肯定的に捉えられる。低賃金、長時間労働が常態化している日本とIBMやスウェーデンの標準ではお話にならないほど違う。

その３：神戸市の教師間のいじめ……教育委員会のお粗末

自分史第七章に既述の、2019年に神戸市の公立東須磨小学校で起こった教師間の苛め事件は、想像を絶する日本の教育界の底なしの腐敗、堕落を露出させた。

イジメの首謀者は教育大学卒で、最も教師として優秀で有る筈とハンコを押された教育大学出身の人物だ。

神戸市の事件の数年前には岡本日教組書記長が、定例的に銀座の高級クラブで100万円単位の金を使って、数人の組合幹部と豪遊……ホステスをホテルにお持ち帰りで、不倫していた事が新聞記事に載った。

ホボ、同時期には児童ポルノ大好きの横浜の中学校の元校長が志願して、フィリッピンの日本人学校で勤務、児童買春容疑で逮捕された。

これらの事件は氷山の一角で……社会に露出しない、無数の類似の事件があるのだろう。

これらは、教育以前の問題で、特に高い教育を受けた人々の底なしの劣化の原因は、貧弱な常識が原因だ。

民間の場合には、顧客と呼ばれる天敵＝神様が監視しているので、個人でも、企業でも……悪質、低能力＝常識不足は……社会から排除され、新陳代謝が起こるから、終身雇用制度で……守られていると同時に縛られている……**公務員の様に底なしに悪くなることはない**。教育は国の政治制度と密接な関係を持って行われているが、要約すれば下記の様になる。

一神教の宗教国家の場合

経典に書かれている事を暗記、その教える所に従って人生を送るように教育する。

世の中は不可逆的に変化するので、教師は昔のルールをどの様に現代に適用させるように翻訳すべきかを教える。教師が理想として教えるのは教祖が生きていた数百年〜数千年前の時代だ。

自由主義国の場合

不可逆的に変化する社会で生きて行ける、好ましくは社会をリード出来る人材を養成する事である。

それは、**教師には『生徒を自分より優秀な大人に養成する』事を期待**している事を意味する。

教師は自分の考えを生徒に押し付けるのは、宗教国家の教師と同じだ。

社会が急激に変化する21世紀に於いて、生徒が……未来を担う国民が……社会の変化に追随するだけでなく、リードして行くようでなければ、その様な国は急激に

劣化する。
　それが失われた30年に日本で起こった現象であり……その傾向は衰えることなく……日本は劣化のスピードを上げている様に見える。

その４：日教組岡本書記長の不祥事

2016年12月に日教組岡本泰良書記長のスキャンダルが大きな話題になった。
多くの教師が教育学部卒でない『でもしか先生』の中で岡本氏は宮崎大学教育学部卒であり、教師となるべく専門の教育を受けている。
出身県大分県で13年間小学校に教師として勤務、大分県の日教組を経て、2008年に中央の日教組書記長に就任、2016年に委員長に就任した。
全国から代表が集まって定期的に会議が開催され、終了後に食事会が行われ、その後常習的に主だった幹部が河岸を変えて二次会を行い、更にトップ級の数人で三次会が銀座の高級クラブで行われていたと言う。
岡本氏は既婚、クラブの既婚のホステスをお持ち帰りで常習的にホテルに行ってダブル不倫している事が週刊誌で報じられた。
クラブでは１回当たり100万円くらい使う上客でそれは何も岡本氏が始めた事でなく……過去からの慣習だったと言う。
日教組の上部の３役は年収１千万円に加え、行動費と呼ばれる500万円くらいの金が自由に使えると関係者が語る。当時頻繁に新聞紙上で話題になった日教組の顔だった槙枝元文委員長がスイスの「ILO」への陳情出張に際して飛行機はファーストクラスと、当時の大企業の社長でもしない様な事をする。**スウェーデンでは国会議員でも出張に際して電車でも、飛行機でも不可避な理由がない限り、最も安い交通機関の使用が義務付けられている。**
筆者よりも20才年長の槙枝氏は1970年代、頻繁に……連日と言って良いくらい……新聞紙上に登場、日本の労働運動の代表者だった。筆者の視点からすると無茶苦茶で、日本に自衛隊は不要……北朝鮮は強い軍隊があるから素晴らしい等、無数の統合失調症みたいなことを発言する。学生時代から熱烈な共産党員だった筆者の友人のＧ氏は、教頭となり……筆者の目から見ると……人が変わった。教育委員会に訴えて、問題教師を退職させる為の証拠集めに自分のみならず数名の教師も協力して、数年かけて退職に追い込んだことを自慢しておられた。（自分史第八章参照）
これらの事について詳細に記述すれば大部な１冊の本になるだろう。
教育と言う、最も重要な社会的インフラを支える部分の劣化は、教育界の深奥では既に1960年代から始まり、徐々に拡散、21世紀なり頻繁にマスコミに話題を提供する教師、教育関係のスキャンダルは……個人的な資質、バラツキの問題よりも……日本特有の教育界の組織の問題だ。
マスコミに露出するのは「氷山の一角」で、水面下には無数の大小のスキャンダルが発生、生徒、親のみならず、教師を不孝にしているのだろう。

その５：史上最大の悪書、藤井威氏元スウェーデン大使の著作「スウェーデンスペシアル」

経歴書によれば、藤井氏は東京大学法科卒業後1962年大蔵省入省、その後30年間国の経済政策に関係され最終的に1992年に経済企画庁官房長となられた。失われた30年の起点を1993

年とする筆者の定義の初年当時、53才で内閣官房内閣内政審議室長と内閣の中枢で政治に関わり、其れ以来1996年まで３年間従事、失われた30年間の歳入の不足分約30兆円を借金で賄う日本の国家予算の定型を作るのに決定的な影響を与えられた高級官僚の１人だ。

56才で国内勤務を終了、その後３年間ストックホルムの日本大使館の大使として赴任され、61才で世界最大の家主と言われる入居者200万人のＵＲ賃貸住宅、中小企業基盤機構を含んだ従業員５千人以上の地域振興整備公団に天下り、同時にみずほコーポレート銀行顧問としても兼業で天下りされている。多分、公表されていないが他にも顧問などの名目で天下り先があるかもしれない。

藤井大使の発信したスウェーデン情報が日本の福祉、財政関係者、学者を盲目にした

藤井威氏は在スウェーデン大使館の大使として1997年から３年間勤務され、福祉大国スウェーデンの状況を報告する長文の記事を、財務省の公報誌に2001年５月〜2002年５月まで、９回掲載されたと書かれている。。

それらの記事に加筆修正を加え、**三分冊で総ページ数800くらいの著作「スウェーデンスペシャルⅠ、Ⅱ、Ⅲ」を2002年から順次出版された**。著作を通読してみると、外交官特権で納税の義務がなく……高い税金を払い、可処分所得が少なくケチな生活をしているスウェーデン人を、高い位置から、貴族の感覚で眺めている。

多くの統計を入手……大使の看板があるから頼めば自由に手に入る。

スウェーデン語が話せなくても、多くのスウェーデン人は英語を解するから、生活も資料の入手も全く不自由はない。

決定的な問題は藤井氏がスウェーデンの常識に無知、に加え、日本のマナー、常識で考えても、有ってはならない愚行を行っても、それを隠すことなく披露できる「裸の王様」みたいに素直である事を著作の中で公開されている。

儀典とマナーが最重要視される外交官の中で、最高位に位置する大使としては有ってはならない事が起こっている事を公開されている。引用されている資料に書かれている事、羅列されている統計数値は正しいが、藤井氏の解釈、理解は殆どの場合間違っている。単純に言えば、OECD統計等で示されているスウェーデンの高負担は、日本では考えられない様な酷税を課すことで成り立っており、スウェーデンの「高福祉高負担」の看板は全く参考にならにと講釈している。

スウェーデンに大使として着任していた、元大蔵省の高官が自信をもって大部な著作をされ、その後の失われた30年に日本の経済政策立案に関わったキャリア高級官僚に大きな影響を与えられた。

結果的に藤井氏の著作が……若し異論のある学者、官僚がいても……他のスウェーデンについて知識、異なった見解を持つ人の言動を抑止して、その後の日本の福祉政策のみならず、経済運営に巨大な負の影響を与え、多分依然として与えている。

筆者が、この著作が千ページを超える大部になったのは、藤井氏の著作の「呪縛」から、日本の財政政策立案者、福祉関係者を開放するのが目的だ。（詳細については第６章参照）

その６：藤井氏の著作が21世紀の日本の税制、福祉政策に巨大な間違を起こさせた。

サンドビック㈱社長ワリーン氏の日本観察

ワリーン氏はルンド大学哲学科卒、若くてビジネス、商品知識は皆無に近かったが、ワリー

ン氏が日本の子会社の社長として約８年間滞在した。会社が所属する業界団体、「超硬工具協会創立50周年記念誌」に「異文化日本との出会い」を寄稿されその末尾の方に以下の様なコメントが記載されている。

> スウェーデンは「高福祉の国」と、かなり良いイメージで受け取られていますが**実態は怠け者が得を**するようなところがありました。これも数年前の税制、福祉制度の改善で様変わりしました。人の**行動を決めるのは国民性ではなく、システムだと**言うことがハッキリと証明されました。

前、前任のボリーン氏がサンドビックグループから離れ、後任を募集しても日本の様な後進国へ……生活レベルが低く、キャリアアップと認められない国……に赴任を希望する人がいない。

取りあえず20年ほど前に、日本で社長の任にあった定年に近いスコーグ氏がピンチヒッターとして就任、２年間で離任するのでその後任としてワリーン氏は日本に転勤してきた。

第１章に既述、筆者に国税との追徴金をゼロにする交渉を任せた、哲学者社長の上記コメントとの関係で、藤井氏の著作が21世紀の日本の税制、福祉政策に与えた巨大な影響について具体的に説明する。

スウェーデンの税制、福祉政策の実態の変化の歴史

時系列的に変化の大要を以下に示す。

1975－1979	岡田在スウェーデン	：スウェーデンの税負担がピーク、酷税の時代。(資料集参照)
1988－1996	ワリーン氏滞日	：実態は日本と同等又は既に日本の方が高税負担。
1994	ワリーン氏寄稿	：既に、筆者が滞瑞した頃から20年経過、富裕層の税負担は激減していた。
1997－2000	藤井氏在スウェーデン	：無知から「誤情報」を財務省の広報誌に長期間掲載、その後の日本の財政、福祉政策に大きな影響を与えた。
2002年～	藤井氏著作出版	：「誤情報＝デマ情報」は出版される事で政府機関の12省庁のみならず、在野の学者、識者、福祉関係者に巨大な影響を与えた。藤井氏の著作の存在が偉大で、結果的に疑義、反論の出現を許さなかった。

藤井著作は21世紀の日本の税制、福祉政策に巨大な影響を与えた。

1．総ページ数約800ページの大作で、出版直前までスウェーデン大使だった方の執筆された本格的な著作。
2．著作の中で書かれている、地獄の様に高い租税負担率……その後OECD統計が違った雰囲気の数値を発表しても、藤井氏の著作にマインドコントロールされているので、専門家の藤井著作に反するような意見発表が抑止された。
3．藤井氏が大使として着任されていた頃は既に日本の方が国の予算的には「高福祉低負担だったが……多分、藤井氏の大使就任前のずば抜けた肩書が「OECDパリ本部」に派遣されていた、約10名の高級官僚……彼らは藤井氏の後輩……を沈黙させるパワー

があったと推測する。

4．藤井氏の著作は複数の高齢者特有の高血圧、高血糖、脂肪肝、高脂血、高眼圧、初期的認知症等の複数の慢性疾患を持っている高齢者を診断するのに、40年前の内臓のCT画像を見て診断するようなものだ。
考古学の様に趣味的な分野では問題ないが、経済の様に絶え間なく起こる大小のパラダイムシフトに迎合して変化する経済現象の場合には、全く役に立たず、むしろ害になる事を証明している。

5．**OECD統計によれば2018年と2020年の２年間に、日本は租税負担率が2.1％上昇、スウェーデンは逆に４％減少で、彼我の差は6.1％**となった。これを庶民の皮膚感覚で表現すれば、**年収５百万円でスウェーデンの場合には50万円のボーナスを余分に手にする**様なものであり、日本の約3/4を占める低所得層では、日本の方がスウェーデンよりも重税国家となった。（第８章参照）

6．それは日露戦争前夜にストックホルムの日本大使館に武官として赴任、謀略戦で有益な情報を発信して**日露戦争を日本の勝利に導いた明石大佐の功績の真逆で、日本の約3/4を占める低所得者を酷税で生活苦に喘がせる税制、福祉制度に誘導する原因**となったと断定する。

無看板の筆者が、大看板を背にする藤井著作と異なった見解を述べるには、多くの具体的な状況証拠を見せなければ説得力がないので、この本は千ページの大作になって終った。

この本が藤井著作からの「呪縛」を解き、更に変化の速度を上昇……真偽、虚実の混合した情報化社会の中で人生を送られる読者の方の参考になる事を期待している。

その７：数値目標達成型政策

物事には因果関係があり、因果関係が不明な場合には先ず因果関係を科学的に解明する事が出発点になる。

日本の場合には、政策担当者、高級官僚は科学的に考える視点を持っていないか、考える能力がない。

その様な側面で大きな影響を与えているのがOECD＝経済協力開発機構である。

無数の統計数値を集積した経済統計数値を作成、OECDの視点で各国政府の実績を採点＝成績表を与えている。

学校の内申成績表と同様である。

OECDの採点では日本は突出した『高福祉低負担国家』の理想的な国であり、スウェーデンは『低福祉高負担』国家で最悪の国として掲載されている。

日本ではスウェーデンは『高福祉高負担』と言われ、それは日本の常識の様になっている。

OECDの統計によれば日本は突出した『高福祉低負担国家』であり、それは統計表を見れば一目亮然だが、筆者の知る限り、それを明瞭に世の中に発信している専門家の発言を聞いた事が無い。

男女共棲社会を目指して

OECDの統計の中で西欧視点での男尊女卑にマインド・コントロール＝マイコンされて、男女共棲社会を目標とする視点で採点する統計がある。日本の様な農耕主体の菜食主義社会と、西欧の様に牧畜が盛んだった肉食社会では社会の根本に大きな違いがある。日本では大多数の庶民の家庭では妻が家計を切り盛りする大蔵大臣で、夫は妻から毎月小遣いを貰うと、言うと西欧人はビックリするだけでなく信じられない。日本は昔から男女共棲社会だったのだ。

英国の場合

自分史第四章に既述の、ホボ、50年ほど前に英国人のデイクソン事業部長の妻が毎朝出勤の前に千円の日銭を貰っている事が判明した。会社の一般事務員の月給が５～８万円、事業部長は千ドル以上約40万円と言われていた頃の話だ。

日銭千円は１ケ月に３万円でそれは一般事務員の家庭の生活費に相当する……。

安倍晋三政権の時に経済政策の指南役と経済雑誌が言っていた英国人のトレーダーOBのデービッド・アトキンソン氏は著作の中で、日本人には想像も出来ない様な英国の家庭内での男尊女卑を語っていた。

農耕社会では、夫婦が協調して働かなければ生活が成り立たないから、農家では英国の様な男尊女卑は、極く一部の例外を除いて、一般化する事は出来ない。筆者の幼年時代には、日本の９０％弱が農家だったが、そこは男女共棲社会で、形式上は夫が家族代表を務めていたが、実権は多くの家庭では妻が握っていた。

その残滓が多くの都会のサラリーマン家庭に影響を与えて、夫が給料を全額妻に渡し、夫が妻から小遣いを貰う日本的、典型的な平穏なサラリーマン家庭の標準形が出来上がった。

欧米人にこの事を話すと、彼らは例外なしにビックリ、先ず、嘘を言っていると思う。

OECDの統計値の影響

OECDの統計は西欧の肉食社会の文化にマイコンを受けて、彼らの経験をベースに採点基準が出来上がっている。その様な統計数値に至った社会的な背景、歴史については統計数値を利用する人の判断に任せられている。

統計数値の意味する所を理解しそれを利用するためには、高い社会学的な経験と理解＝常識がなければ、トンデモナイ誤解を招く。

農業から学べば

農業、林業、漁業は第一次産業に区分され、最も簡単で誰でも従事できる、知能的に低級な肉体労働と経済学で定義している。それは一部の真実を語っているかもしれないが、全てを語っている訳ではない。

農業は土壌、温度、湿度、日照時間、雨量、肥料、種の良否……無数の因子が関係し、常に最良の結果を出すことは非常に困難な……多分、現代科学でも最も困難な、未知の分野である。

天が採点したら、５点でも、10点でも……90点でも良否を問題にしなければ、作物らしき物は出来る。

貧弱な知識しかない人が、シベリアの凍土地帯でスイカ栽培を始めても、作物にはならない。サハラ砂漠でナスの栽培を始めても、商売にはならない。

『適材適所』が求められる人間社会と非常に高い類似性がある。

OECDの統計値にマイコンされて政策決定

日本の受験目的型教育にマイコンされた学者、識者はOECD統計の影響から、OECDの統計数値から離れた日本を、日本の後進性の表われとしてマスコミを通じて宣伝する。

OECD統計数値が示す様な事が起こる因果関係について知らない政権政党、官僚は学者、識者に迎合して選挙で得票を得るために数値目標を設定する。

全く常識外れの、先述のサハラでのナス栽培、シベリアでのスイカ栽培と同様の行政となり……失敗が明確になり、国家経済に巨額の負担を残して……その繰り返しになる。

その８：終身雇用制度が最大の壁：小島弁護士の場合

『妖怪ジャパン』に感染して日本は漂流しているが、最大の原因は終身雇用制であり、官と民の間を断絶させる壁を作っている。それに輪を掛けて、増幅させているのが、能力と専門性に無関係に政治家となり、高給を得ている政治家の存在である。

記者会見と呼ばれる隠蔽工作

2024年４月18日深夜『外人記者クラブで』で開催された１時間23分に及ぶ東京大学法学部出身、高級官僚OBで、現在弁護士の小島敏郎氏の、小池百合子東京都知事の学歴詐欺疑惑に関する告発についての記者会見の様子を見ていた。

小島氏は筆者より７才若く既に後期高齢者だが、非常に聡明で流石に東京大学卒と思わせるものがある。

最初の経過説明、その後の質疑応答の中から……口は堅いが……官僚社会が並々ならぬ隠蔽の社会である事を示唆する事を言外にしておられた。

既に、学歴詐称が罰則規定に違反する時効期間を経過してからの告発であり、記者会見は政治、社会的にはあまり意味を持たなく、小池女史の個人攻撃が目的みたいな印象を与えかねない。

最初に質問されたアラブビア語訛りの英語を話された方は、小池女史に対する単なる意趣返しでは無いかみたいな質問をされたが、非常に解り易いダイレクトな質問で……賞味期限の過ぎた……事を、昔話として話題にする日本のマスコミの性質を理解している外人さんがいる事にビックリだ。多分、日本語が不得手で日本の実情を知っていないので正面からの質問だったのだろう。数人の日本の質問者は……冗談交じりみたいな質問も含めて……軽い質問ばかりだった。

小島氏の言によれば、日本の政府、自治体の記者クラブでは一度嫌な発言をしたら、記者クラブへの招待はなし。

質問を受け付ける司会者は……馴れ合いで……好都合な迎合的な質問をする記者しか質問者として指名しないから、日本の記者会見は行政……この場合は東京都庁を主にして……行政とマスコミが一緒に隠蔽工作している。それでは日本の民主主義が壊れると、危機感を持ったのが、外人記者クラブでの記者会見開催の理由だと説明された。

同様の事は、よく知られた事で何も新規性は無いが、キャリア官僚OBが、外人記者クラブで行ったところに大きな意味がある。

「**過ちては改むるに憚ること勿れ**」の諺にある様に小島氏は気付かれたから……筆者は遅すぎたと思うが……一応表面上は正義の看板を掲げている。

教科書と新聞、大マスコミからの報道だけでなく、それ以外に少々読書をする人ならば、日本の記者クラブがどの様な目的で運営され、行政がマスコミの口を封じ、反対に行政の隠蔽工作をサポートさせている事は常識であると筆者は思っている。

筆者は常識と書いたが、残念ながらその様な常識を持っている人は、極少数だ。

小島氏は『スーデンスペシアル』を執筆された在スウェーデン大使藤井威氏の10才弱後輩で、同じ東京大学経済学部卒、所属する省庁は異なるが、大蔵省の高官だった藤井氏から現役時代影響を受けていただろう。

藤井氏執筆の『スウェーデンスペシアル』の元記事である財務省からの広報誌に掲載された大使館情報を、多分、読まれており、藤井氏の外務省情報の内容が、お粗末でなければ視野が広くなって現役時代、時効が来る前に小池女史を告発していたかもしれないと思う。

小島氏にすれば『晩節を汚したくない』の思いがあったのだろうが、日本にはこの様な思いを持っているが、小島氏の様には行動できなくて、忸怩たる思いで生きている高齢者が多数いる事だろう。

小池女史の側近として小島氏がやるべきだった事は、記者クラブの改革であり、その事に気付くべきだったが、気付かなかったか、それを提案する意志がなかった。

それは東京大学卒症候群か？

失われた30年の初期に等差級数的に増加する国の借金を眺めながら、それが将来どのような結果になるかを考え、対策をすることが出来なかった……。

小島氏は東京都に在職中、小池氏の側近の一人として頻繁に記者会見,議会答弁の場で小池女史の言葉を聞いていたのに……何も具体的な反小池的な行動をとることなく、弁護士として独立してから、賞味期限＝時効成立後に声を上げる。

小池氏だけでなく、無数とも呼べる東京大学卒の高級官僚はなぜ、現役時代に周囲で起こっている不条理に対して、度外れに鈍感なのだろうか？

小池百合子さんは……多分、肉親関係の薄い、寂しい人生を送っている70代の高齢者に、今更昔の話を持ち出す神経には疑問を感じる。

小島氏の様なキャリア高官が30年前に行政とマスコミが共謀して隠蔽工作していると、声を上げられたら何らかの具体的な効果が期待できたと思うが『妖怪ジャパン』に負けてしまった？

小島氏はその事を真剣に後輩に伝える事によりウエイトを置くべきであると思うが……会見ではその部分が見えなかった。

小島弁護士の社会貢献

小島弁護士の最大の貢献は、小池百合子女史と言う、女性のスーパースターを題材にして、日本の記者会見が隠蔽工作の場とされている事であるが、残念ながらそれは外人記者にうまく伝わったとは思えない。

しかし確実に彼らに……もう一つのミラクルジャパンを印象付ける事になったと思う。

その９：電通のハラスメント自殺の原因は貧困と終身雇用制度、スウェーデンでは起こらない

人には働く自由も、働かない自由もあり、それは個人の選択の問題で官僚が介入すべき問題ではない

筆者はスウェーデンで東洋人蔑視を隠さない上司Nとの折り合いが悪く……21世紀流に言えばハラスメントを受けていたが……反対する闘争心が湧き辞めなかったし、終身雇用制度の日本企業からの転勤で辞められなかったが、スウェーデン人ならば躊躇なく辞めていただろう。終身雇用制度でなく、定年退職で高額の退職金が待っている訳でないので、歯を食い縛って頑張る理由がない。課長のNも頻繁に辞める人が発生するようだと成果が上がらず……早晩その様な人は降格される事になるので組織は堕落しない。その様な自然淘汰のメカニズムが働くので、スウェーデンではハラスメントが原因で自殺したような事は聞いた事がない。とは言え,Nの様な上司もいるが、その様な上司は早晩いなくなる。

嫌だったら歯を食いしばって、その職場に固執するような……自分を犠牲にする様な人は過度な上昇志向のある人しかいない。

好きなだけ趣味的に働く人が戦後復興の立役者だった

ファナックの稲葉清右衛門氏、富士通の池田敏夫氏,NEC水野幸男氏に代表される、働きたいだけ働く……先進米国の企業を追って……それを凌駕する何かを作り上げるために。

同時期に多くのサラリーマンが酒場、マージャンに熱中している時間に……多分、サービス残業で、研究と言う趣味に熱中していた。日本の電子工業の基礎は同業各社にいただろう無数の熱心に働く技術者により作られた。

青色ダイオードを発明した中村修二氏のノーベル賞受賞は中村氏の猛烈な長時間労働によりなされた。筆者も1960年代に夜間大学に通学しながら徹夜でサービス残業……サービス発明をしている。(自分史第三章参照)

職業には担当する人の数が問題になる仕事と、能力が問題になる仕事の二種類の職業がある。

人間の数が問題になる仕事

単純繰り返し作業……例えば、倉庫内での荷物の積み替え、自動車組み立てラインでの部品組み付け作業の様に単純繰り返し作業。作業手順がマニュアルで決まっており、マニュアルに従って……複雑なことを考えないで……行う作業では、仕事の成果は従事する人数で決定される。

アイデイアの質が問題の仕事

研究開発の様にアイデイアの質が問題になる作業では、確率として考えれば数が多い方が有利だが、優秀な１人がいるか、いないかで結果に巨大な差が発生する。

電通の様な会社で最も重要な事は、クリーエーテイブな仕事で、数でこなせる作業は外注や事務職の人の仕事だ。

東京大学を卒業した女性にとって……多くの場合電通は最も不向きな企業であり……若し利用価値があるとすればそれは東京大学繋がりで高級官僚との人脈で公的なイベントの受注活動で営業部門が適職だ。

学校教育が社会で役に立たない日本の教育

Ｔさんの場合は、彼女の仕事の出来が悪いから上司から却下されたのでそれは当然の事だ。

勿論、言い方に問題があり、問題点の指摘なしに突き返されたのならば少し問題だが……あまりにもお話にならないので……一つ一つ取り上げて指摘するのは、東大卒の才媛の顔に塩を塗りつける事になりかねないので……筆者なら幼児に諭す様に極一部の事について説明……本人が全てを察してくれるように配慮するが……。上司も高学歴の人で……そのような配慮をするセンスがなかったのだろう……適性でない職種についたことが原因である。

学校では教育の為に教育、受験の為の教育で……社会へデビューする為の予行演習としての教育の側面が不足、又は全く欠けている。教える側の教師も社会的常識が貧弱だから仕方がない。

家庭内でも、最も社会の事を知っている父親は……長時間労働からの疲労で家庭内での会話は濃厚な精神的な満足度の高い物にはならない。根本的な原因は日本の長時間労働慣行と、終身雇用文化の組み合わせである。

スウェーデンで猛烈社員の職場での突然死

猛烈な上昇意欲があり、無理をして……健康管理の知識の不足もあり……筆者とホボ同年代のルバンデル氏は、職場の個室で死亡していた。(自分史第五章参照)

日本のサラリーマンが「働きバチ」と欧米で揶揄されていた1970年代の日本で、ルバンデル氏の様なケースをマスコミでも伝聞でも耳にした事がない。スウェーデン人は怠惰で、残業しないで定時になったら……仕事を放り投げてすぐに帰宅すると、誤解から揶揄されていた頃の事だ。

スウェーデンでは半世紀以上前から、残業が企業、従業員の双方にとって全くメリットが無いように累進課税制度が設計されている。（第８章参照）。ハラスメント＝嫌がらせ行為は発生環境によって対応が根本的に異なる。職場環境、教育環境、家庭内、単なる偶発的な暴力事件と多数あるが、公的な側面を持つ職場と教育の場について考えてみよう。

職場のハラスメント行為は全て貧困が原因の　自傷行為でそれは行政の怠慢と無能が引き起こす。

日本の職場環境で発生するハラスメント行為、それを原因とする自殺などの悲しい結果は、全て経済的貧困が背景にあり、それは日本の雇用形態を原因として発生、ハラスメントを行う側、受ける側の双方の人生に破滅的な汚点を齎す。

同時に職場、企業に大きな負の貢献、ハラスメントを行った側、受けた側の家族双方にも長期間不幸をもたらす。

皮肉にもマスコミと弁護士などの法曹関係者や学者等は時の人となって忙しく活動する。

スウェーデンの様にハラスメントを受けたと感じる人が、「イヤだ、ヤーメタ」と退職すればそれで済むことだが、日本ではそうは行かない。

電通の企業体質

1991年には１か月の残業が150時間になった事が原因で、Ａさんがうつ病を発症、自殺の原因となったと報道された。

遺族が裁判に訴えて、約10年後に結審して電通は２億円弱の賠償金を払ったとマスコミ報道された。

その24年後の2014年に東大卒後電通に入社、半年の使用期間を経て10月に本採用となったばかりの若い女性社員Ｔさんが……12月末に社宅から投身自殺した事がマスコミの大きな話題になった。

Ｔさんは「休日返上で作った資料をボロクソに言われた、もう体も心もズタズタ死んでしまいたいと、SNSで発信していたことが報じられている。死ぬ前に会社を辞めなかった……止められなかった、その様にしたのは日本の社会に問題がある。

筆者の視点では直感的に以下の事が脳裏に浮かぶ

－　家庭生活の中で学ぶ常識の不足
－　東大卒業までの日本の教育
－　電通辞職後の予想される自分の将来に対する不安
－　今迄周囲から褒められていたのに……人生で初めてバカ扱いされたショック

ボロクソに言われるのは当然の事

電通の様な社会の先端を走り、クリエーテイブな仕事をする会社ではＴ嬢の適職は営業部門だ。東京大学繋がりで、行政とのコネを使ってイベント受注で貢献、トップセールスウーマンになれただろう。

東京大学卒と電通の様なクリエーテイブな企画の質が要求される職場で、入社間もなくのＴ嬢が……資料と言えるほどの資料を作れるはずがない。労働基準監督署は試用期間の残業が40時間程度、本採用になって翌月の残業が105時間と認定した。

大阪万博を取り仕切った堺屋太一氏は超例外的な東大卒で、アルバイト経験が豊富、社会的経験があったから30才前後の若年にも拘らずイベント＝万博を上手く取り仕切り、成功に導いたが……それは例外中の稀なる例外で、アルバイトの経験があったから可能だった。

国立循環器センター：国循の「3.6協定」での300時間残業

2017年９月に大阪の国循の「3.6協定」で月間残業の上限が300時間である事がマスコミ報道された。電通のＴさんの自殺事件から３年後の2017年、最初の男性社員の自殺事件から26年後の事である。

その様な「3･6協定」を受理して合法とした労働基準監督署は処罰される筈だと思うがその様な報道は目にしなかった。**先ず罰せられるべきは労働基準監督署である。**

多くの関係因子があり複雑だが、根本原因は官僚の怠惰、無能力にあり、電通は被害者だ

第５章で述べる「アスベストの被曝」事故の場合と全く同様で、行政の怠慢、無能力以外の何物でも無い。電通の過労死自殺事件の発生から26年も経過して発生した国循の300時間/月の残業事件は、マスコミ、学者、専門家と呼ばれる、政策に影響を与える人々もマスコミを通じて厚生労働省の無為、無策を非難する声を上げるべきだったと思うが、多分「妖怪ジャパン」の為か、マスコミでの話題にはならなかった。

低賃金が年収増加の為の生活残業になる日本　残業の無いスウェーデン。

第８章に述べるスウェーデンでは被雇用者と従業員の双方に残業がプラスの効果を示さないように累進税制が設計されており、「無残業社会」となっているから、長時間残業による過労は起こる理由がない。

既述のルバンデル氏の様に、猛烈な上昇志向の人は……自殺行為とも呼べるサービス残業を厭わない。

それは、約100年前の野口英世であり、2014年にノーベル物理学賞を受賞した筆者より一回り若い中村修二氏の姿と同じだ。若し彼らに残業時間規制の枠を当てはめれば、彼らは単なる一介の研究者で社会貢献と呼べるような業績を上げることは不可能だっただろう。筆者も仕事が面白くてサービス残業を頻繁に行ったが……21世紀となりサービス残業をするお人好しはいないようだ。筆者は自分の興味の趣くままに深夜電算機を回し、難しい初めての工具を設計する為に32時間の長時間労働を行ったが、それらはサービス残業だったが、徹夜マージャンをするくらいに面白かった。

電通のハラスメント自殺事件で非難されるべきは厚生労働省で電通は被害者だ

有価証券報告書によれば、2017年に**社外重役として検察官OB松井巌氏が就任しているが、**それは何を意味しているのか？？　電通の事件の経過は以下のようである。

1991年：Ａさん150時間/月の長時間残業でうつ病発生で自殺。

2014年：Ｔ嬢がハラスメントを受けて自殺

2017年：国循の36協定で300時間/月の残業を認める

：検察官僚OBの松井氏が電通に天下り。これは何を物語るのか？？

今後電通は何をしても国からお咎めを受ける事がなくなるのか？

日本の対極にあるスウェーデン

200年以上前に民会で成立した基本法＝憲法による『言論の自由、情報の公開』により、清潔な政治が行われるベースを作り、官と民の垣根が無きに等しいくらい低く、人事交流が行われ……国の最高智の人々がボランテイア的に低報酬で政治、行政を指揮し、『高福祉低負担国』を作り上げた。

日本の行政は

日本の行政は**貧弱な常識と、鈍感、怠惰を特徴とするにも拘らず、規制で社会を縛ろうと**する。**仕事を趣味として、達成感をもって仕事をしている人に労働基準法を適用、雇用者に**それを守る事を義務付ければ、**日本は劣化……世界のＢ級国グループに移籍する事になるだろう**……巨額借金があり既にＢ級で、Ｃ級にに向かっているかも知れない。

民主主義国で国政を任された政府、行政の使命は国家の資産を有効活用して、国民を幸せにする事である。国家の資産の中で最も重要かつ大きな資産は人材であり、人材の有効活用が出来なければ最大の資産の無駄使いになり、国家を疲弊させ、国家は劣化して行く。

仕事、成果の質が問題になる仕事

課題、問題の種を発見して、それらを解決する方法を提案する人の活動をより活発化する事が最も重要であり、その為には人材の育成が最も重要であるのは自明の理だ。

学校教育、家庭生活の充実であり、その為には長時間労働、低賃金は大きな障害になる。

この本で明らかにしている様にスウェーデンは『高福祉、低負担』を実現しており、日本ではスウェーデンは『高福祉高負担』と言う迷信が、常識になっている。

筆者は半世紀以上前、既に残業のない、残業と言う言葉が死語になっていたスウェーデンで約60時間/月のサービス残業を1.5年間行ったが、人事からも、守衛からも、上司からも何も言われなかった。大きな無人の事務棟の２階の個室で電気を付けて在室していたが、誰からも何も言われなかった。

先述のルバンデル氏の様に、肉体的能力以上のオーバーワークで突然死する人もいる。

貧弱な常識と、鈍感、怠惰を特徴とする日本の行政が縛れば、縛るほど日本の劣化は進行して、借金は増加するだろう。

高所から観察すべし

大空を遊弋するコンドルの様に高い位置から社会を観察、常識に裏打ちされた専門的知識を駆使して、地上で起こっている事を推察、時にはそれを統計と称するデーターで確認しながら、地上で起こっている無数の雑多な事柄を推察して、最終的に地上に降りて自分自身で確認しなければ、有効な行政は行えない。

下から見ても錯誤するだけ

地上で昆虫の様にうごめき、上を見ても何も解らない。ピント外れの統計の数値を借用して森の中の木に起こっている事、森林で起こっている事を想像しても……自信のある対策をする事は不可能だ。

残念ながら日本のキャリア官僚の行動パターンを分析すれば上述のようになる。

スウェーデンを正確に理解しているのは　自衛隊と　筆者だけかもしれない

スウェーデンには世界的に著名な兵器メーカーボフォーシ、サーブがあり、私の知人の10名くらいは両社からの転職だ。

筆者の帰国直前、帰国後に筆者の上司の立場にマグナスが着任した。マグナスは半年くらい前までボフォーシに勤務していた。

マグナスが特別にアレンジして、外部の人は入る事の出来ない生産ラインを見学させてくれた。マスコミからは絶対に聞こえてこない様な兵器メーカーと外国の軍隊の密接な関係を聞かされた。

日本の自衛隊がボフォーシから幾つものライセンスを買って日本の企業に兵器を作らせている。

21世紀になってもその状況は変わらない。対潜水艦戦闘機「P1」の開発に際しては対潜水艦戦用のノーハウについての支援。対戦車砲である「01式軽対戦車誘導弾」は川崎重工がライセンスの支援を受けて生産をしていた。

最近話題になっているハイテクの塊の「島嶼防衛用高速滑空弾」は三菱重工がボフォーシの支援で共同開発している。

米国の2000年代末のトランプ政権の時にはサーブとボーイングが共同開発した、約１兆円の空軍パイロット訓練用システムを米国は発注した。それらの設備は日本の航空自衛隊でも、多分、使用している筈だ。

この様に、公務員でも自衛隊関係者、特に高官はスウェーデンについての知識が豊富な筈だ。

民間会社では、製鉄、原子力, IT、造船等の業界の最前線で国際競争の場で活動している人はスウェーデンについて、その先進性について、自分の業界内ではよく知っているが、終身雇用の壁があるので他業界の事については知らない。

理系の最先端で活躍している人は特許、論文等常に批判、反論の舞台で議論の対象になっているのでスウェーデンはよく知られている。筆者が入社した1960年代末に世界で３台しかないと言われていた100万ボルト電子顕微鏡が、会社にあったのがその例だ。スウェーデンは何とはなしに……無意識に現在のスウェーデンになったのではない。

その10：常識テストで東京大学卒、後の副社長となった　広松良夫を採用した住友電工の人事課長亀井正夫氏

日本では国家経済を運営する為の免許は、主に東大を筆頭とする、入学難関校出身者の中から上級公務員試験を受かる事で与えられる。実習する事なく、ペーパーテストだけで……最終的に面接試験があるにせよ……最も重要な本人の資質を見抜く、行政能力の推測をペーパーテストの結果に頼って行う。

多分、多くの面接官も東京大学卒で……受験者と同様に社会的常識が貧弱に加え、人間の資質を見抜く能力があるとは思えない。理由の如何に関わらず、既述の事例は問答無用に、フレッシュマンとして採用された新人だけの問題でなく、組織が完全にマヒして死んでいる事を物語っている。組織の中で担当者、係長、課長、部長……と組織のトップまで、全員が常識レベルの事が解っていない。一般の人と反対で常識は不得意で気の利いた対応が出来ない。

厳しい受験競争の勝者となり、過度な優越感から……貧弱な社会的な常識とそれを意識できない……本人はその事に気付いていないから暢気なもので……その連鎖で自己中心的な組織文化になったのだと断定できる。

健全な常識の上に積み上げられた専門知識でなければ、専門知識は「砂上の楼閣」で役に立たない。

住友電工の副社長になられた東京大学卒の広松氏の採用に際して、常識テストを課した40代の人事課長亀井正夫さんの賢明な対応に改めて感心する。

亀井正夫さんは東京帝国大学法学部卒、1980年代初頭に行われた土光臨調で重要な役割を果たされ、国鉄民営化の指揮をとられた。亀井さんは40才の頃に15才の筆者を採用され、多分、その10年弱後に筆者より１～２才年長の広松さんを採用された。21世紀の感覚でみれば、定年まで20年以上ある若い中間管理職であるが、亀井さんは東京大学の欠点、卒業生の問題を見抜いていたのだと思う。

亀井流常識テスト

東京大学工学部卒の広松氏は忘年会の席で、亀井人事課長の行った異例の入社試験の様子を語られた。大きな会議室に案内され、部屋の中央に大きな梱包された荷物が置かれ、周辺には色々な道具が置かれていたと言う。課題はその荷物を開梱する事である。開梱作業の動作を観察して、常識判断をすると言う訳である。

東大卒業まで、10年間以上ペーパーテストの中で競争、その中で勝者となっているから、今更ペーパーテストで入社試験をしても意味が無いと言う訳だ。広松氏はその後、連結決算で従業員数20万人を超える住友電工の副社長になられた。

官僚組織のトップ集団は定年間際の60代で、経験豊富と形容され、年功は積んでいるが、劣化が蓄積して社会との常識の乖離が大きくなって、手の施し様もないくらいに劣化、本人はその事に気付いてもいないが、それは彼らの貧弱な常識が原因していると思う。国と言う、大きな組織を動かす＝運転する官僚に対する運転免許の与え方を変えなければ、日本の劣化傾向を止める事は不可能だ。

日本では筆者が指摘したような事が起こる必然性があり、それは日本の教育制度にある。

教育と言う名の下に、盲目的に一生懸命に受験の為に勉強して……そのような人々が作る組織の中にフレッシュマンとして就職……約半世紀間の累積が『妖怪ジャパン』を作り上げ、結果として、責任者、独裁者不在の、史上初めての、全員参加型の『独裁政権』を作り上げた。

それは……視点を変えれば、最高の民主主義と言う人もいるかも知れないが、第５次パラダイムシフトの世界が許さない。

第４章　昭和の官僚の天下り、令和の官僚の天下り

目　　次

その１：昭和の『名ばかり会長』だった、第３代財務官OB稲村光一氏

自分史第五章に既述の様に筆者は元大蔵省の第３第財務官だった稲村光一氏を知っている。

稲村氏は筆者の勤務する会社の『名ばかり会長』で、1970年代に年収１千万円を貰っていた。

スウェーデンの親会社が100％株式を保有する日本の小会社で、株式会社なので毎年株主総会を開いて役所に書面を提出する事が求められる。稲村氏の仕事はその文書に捺印する事と、会社が国税から問題を指摘された時に問題解決を請け負うフィクサーとして活動された。

1980年代には紳士録と呼ばれる厚い本が在り、稲村氏の様な著名人の天下り先が掲載されており、それは有名人である事の証明でもあった。紳士録によれば稲村氏は、その後破綻した長銀の顧問、長銀の子会社の年金基金を運用する会社の社長、その他幾つかの企業の顧問に就任している事が記載されていたが、サンドビック㈱の会長である事は記載されていなかった。

想像するに、外資系の会社なので公表したくなかったのか、１千万円の年収では少額なので書かなかったのかもしれない。稲村氏との会話から……自慢げな雰囲気のお話だったから……想像するに、幾つもの外資系企業の名ばかり会長、顧問になっている様子が窺えた。

1990年に稲村氏の後任として会長に就任された徳田耕氏もホボ稲村氏と同様の経過をたどって、約17年間『名ばかり会長』に就任され、2007年に退職されたが、それはサンドビック㈱が大蔵省の天下りの指定席の１つになったからなのだろう。徳田氏の退任は筆者の退職８年後の事でありその後の事は知らない。

筆者が現職の頃、約９年間徳田氏とダブって在職し、徳田氏同席の場で何度かお話した事があるし、本社のトップ級の人物との会話の場で社長から徳田氏へ依頼した事について聞いた事が数回ある。

面白いのは、徳田氏は多分80才前後で会長職を止められ、それはサンドビック㈱の創立50周年の年で記念誌が発行された年であり、その中に大きな花束を持ちにこやかに笑う写真入りで『**徳田高氏**』の退任が掲載されていた。

名前は『**耕**』**だが**『**高**』**と誤植である。**50周年記念誌で、複数の人が校正する中で、誤植に誰も気付かなかった……多分、**社長職、社長秘書、経理部長以外誰もその存在を**それまで、知らなかったのだろうと推察する。

社長が日本人に代わり、新任社長が権威者である高級官僚OBの存在を公表したのだと理解した。

徳田氏は筆者の一回り年長で、何回か会ったので、稲村光一氏の場合とほぼ同様で長銀をメインに複数の企業と関係を持っていた事を知っている。

徳田氏は前述した国が巨大国際企業への増税政策を実行し始めた第１章その３に既述の事件を唯一の例外として、全ての国税とのもめ事を電話１本で解決したと理解している。

会社が徳田氏へ1980年頃に払っていた報酬が、1970年代に稲村氏に払っていた報酬と同額の１千万円である事は、サンドビックの支配財閥であったステンベック家の当主ヤンさんと同席の場で、社長が明言したので知っている。その後、報酬額は増額されても減額されたとは思えないので、17年間に２億円相当の報酬を得ていた事になる。（自分史参照）

1970年代の会社の課長職の年収が500万円以下の頃の話である。

天下りと公的債務額の関係の推算

日本の公的債務は1993年の約370兆円から2023年の約1,500兆円までの30年間、約37兆円/年のペースで、ホボ直線的に上昇してきた。目先のコロナ禍で疲弊した経済の再建、日本列島改造で半世紀以上前に行った無数の大型インフラ構造物の老朽化に伴う再建が控えており、

公的債務は加速度的に上昇傾向を示すと考えられる。

30年後に3,000兆円になっても筆者は驚かないが、その前に、多分、多くの国民にとって絶望的に悲しい事が起こる。官僚は、多分、無傷で官僚OBはお金持ち……他の何も対策しなかった小金持ちの庶民は、食料を求めて貧困に喘ぐ事になるだろう。高負担国と言われている日本の**GDP比公的債務は2.7、スウェーデンは約0.4で日本はスウェーデンの約7倍**なのにスウェーデンは減税傾向を鮮明にしており、数年前に相続税を廃止したが、日本は反対に増税方向である。

筆者はこの様な日本とスウェーデンの大きな税制上の違いが発生するのは、官僚の現役時代の無能力と、天下りを人生のゴールとする日本官僚の天下り後の継続的な国家に対する負の貢献だと観察してきた。

その２：令和の天下り、金融庁長官OB、遠藤俊英氏

アパ第16回投稿論文に既述の様にサンドビック㈱の『名ばかり会長』元大蔵省財務官稲村光一氏、その後任徳田耕氏、筆者自身が行った国税官僚との交渉、国税OBで筆者のスキーの友人の中村さんとの話から一般の人が知ることの出来ない事をかなり多く知っている。（アパ第16回投稿論文参照）

2020年に金融庁長官を退任された遠藤俊英氏を例として、遠藤氏の国家に対する経済的貢献度……実際には負の貢献度＝国に与える被害額……を以下に推算する。

推算は『フリー百科事典』、『ウイキペデイア』からの情報を基に行った。

先ず、ビックリするのは、個人情報保護の関係から『紳士録』が無くなり、高級官僚の天下り先は永らく知る事が出来なかったが、今では『ウィキペデイア』からかなり詳細に知ることが出来る。**制度として退職後２年以内の天下りについては、天下り先の届け出を義務化、２年を経過すれば、何処に天下りするのも自由で、それが公開されている事**にビックリした。それだけ、天下りが日本の文化として定着し、恥じる事のない事として社会に受け入れられている事の証拠だと思う。

遠藤氏が享受する役得：その１……公的教育費と天下り

１．出生から、東京大学法学部卒業までは**公費で約５百万円。**
中学校～高校は公立で、多分小学校も公立とすると約300万円

２．大学の４年間は昔の様に全てが国家予算で賄われていた時代と異なり、推算は難しいが、大学は数百億円の補助、大学ファンドの設立など単純ではないが、高校までの公費負担よりも、少額の200万円と推算。

３．25才で英国のロンドン大学のカレッジに**２年間留学で公費約４千万円。**
筆者の娘は1990年代にロンドンでカレッジ入学、外人には非常に高い学費だったのを経験している。年間学費が約500百万円。
ロンドンでは食事が口に合わなくてマズイ、家賃も含めて生活費が高い、高級官僚で体面維持と、留学の機会に見聞を広めるために、高給を英国で支給しているだろう。
年間支払給与が１千万円でも、筆者はビックリしない。
留学は、長期出張みたいなもので、本給、ボーナスは日本で銀行振込されている筈で、それは２年間で約８百万円。1980年代中期には航空運賃は比較的安くなっており、多分無視できる。

国家が負担した教育費は**総計すると約4,500万円**となる。

帰国後、短期間に本庁の各部門で見習いをして地方の税務署長として赴任する。

民間の製造業では……フレッシュマン君の様なものであるが署長として数十人の組織のトップとなる。

民間の製造業の場合：合理性維持が容易

製造業の場合には対象が無機的な製造物だから単純で、能力の有無を示す結果が直ぐに判定されるから、能力と役職名の整合性は比較的に容易に担保され、組織運営は高い合理性を維持できる。若し、合理性が維持できないとその様な組織、企業は経営がうまく行かず……その内に淘汰される。

遠藤氏の場合

受験教育からマインドコントロール＝マイコンされ、実務経験を27歳で開始するが、遅すぎる。既に頭脳、人格は若者特有の好奇心、疑問、熱意、探求心から離れた……精神的な大人の領域だ。

経済を統計と数学で論じる活字経済学で学んでも、変幻自在に妖怪の様に変化する経済現象について理解するのは不可能だ。

まえがきで冒頭から佐伯啓思氏、中野剛志氏、小林慶一郎氏等、多くの経済学者がこの本の中に登場するが、彼らと遠藤氏はホボ同じ時代を同じ分野、組織の中で生きてきた。

民主主義国の政府、行政担当者にとって最も重要な民意を理解する＝常識を学ぶ機会が少なく、それが日本の高級官僚に共通する問題で……それは彼らが特権意識を持つ事に繋がり、それを維持する為に……フレッシュマン級の経験の無い若者を地方の税務署のトップとして赴任させる。

第１章で明らかにした過去からの負の遺産を作り出した組織の中で、遠藤氏は育てられて生きて来た。

組織の長として人事権を持って君臨する

終身雇用制度の中で、組織のトップは日本の敗戦で進駐してきたGHQのマッカーサー最高司令官に例えられる。

国税庁の上層部も地方の税務署長に実務知識の貧弱な『名ばかり署長』を就任させて、指示、命令を問答無用で実施させるので都合が良い。数十名の職員の殆どは自分より高齢、多くの父親世代の部下に指示、命令する。

人事権を持っている署長には逆らえない。筆者はその様な組織で人生を送るような忍耐力を持っていない。

大なり、小なり日本の終身雇用で出来上がっている組織は同じだ。

米子税務署の署長就任で地方の実務開始

1．27才で帰国、本庁で実習２年間、29才で米子税務署署長として赴任、数十名の部下を持つ。
2．１年の経験を経て30才で本庁に復帰して課長補佐に就任、その後ホボ、１年～２年毎に担当する職務を変え、約25種類の部門を経験して2018年に59才で金融庁長官に就任。
3．２年後の2020年に61才で定年退職、金融庁長官を退任する。

退職後の２年以内に顧問として無数の企業に天下り

1．官僚は退職後２年以内に、現職時に監督される立場にあった企業や団体への天下りをする場合には届け出の義務があると言う。天下りの定義がどのようになされているか筆者は知らないが、不思議なものだ？

2．金融庁長官退任後、数か月でソニーのシニアアドバイザーに就任、その後連続して多数の生保、損保、弁護士法人、税理士法人、弁護士法人等の顧問に就任している。
これらの、法人は多くの顧客を抱えているので、顧問となった法人を介して、数百……若しかしたら千を超える企業の節税、脱税、税額減額を国税当局に要請＝指示するフィクサーの役割を電話一本で行う仕事をしている事を意味する。（資料集参照）

ソニーファィナンシアルグループのトップに就任

1．退職2.5年後にソニーファイナンシャルグループのトップに就任している。
当然の事ながら決まるためには、早い段階から根回しが行われ、その結果が2.5年後に発表されたのだろう。

2．ファイナンシャルグループの**トップ就任は『名ばかりトップ』**か、実際のトップか筆者は知らないが、生き馬の目を抜く金融業界で、官僚出身者が民間会社の経営を出来るとも考えられず、多分『名ばかりトップ』だと、推測する。

3．『名ばかりトップ』だったら、全て昔の部下に指示するだけの電話一本で済むから、数百の企業の顧問に就任するのは多分可能だろう。

獲得報酬額の推測

1．依頼を受ける国税の昔の部下は、数年先に控えた自分の退職後の身の振り方に関係するから全力を上げて、依頼に応えようとする筈だ。

2．顧問業で１社あたり、多分、報酬は最低１千万円/年。多くの顧客を抱える、弁護士法人、税理士法人、カタカナ文字の金融会社の顧問もしているから、直接、間接に関係する天下り企業数は、無数とも表現したくなる程多いが、ソニーで『名ばかりトップ』ならば、それは問題なくこなせるはずだ。
遠藤氏の民間企業との強力なコネは、金融庁に勤務する旧部下にとっては退職後の人生設計の為の大きな希望を持たせるので、遠藤氏からの要請を心待ちにしているだろう。

3．年間報酬が総額10億円を超えて、数十億円でも、筆者はビックリしない。
それが80代まで、約20年間続けば、確実に数百億円になるだろう。

累積した巨額報酬は海外に向かう

1．ロンドン大学経済学修士で、欧米起原の経済学を習っているから、不安定な日本の通貨で資金を保有する愚をするとは思えない。タイミングを見て……重要な経済統計指標の発表前に情報を入手、先回りで行動して、太らせて外貨に交換しているだろう。

2．遠藤氏を顧問として受け入れて報酬を払っている法人は、報酬額の10倍以上の税額減額を享受している筈だ。結局、遠藤氏の天下りは国家の税収を数千億円～兆円単位/年減額させる事になり、20年間で数十兆円の税収減額となる可能性がある。

天下り高級官僚全体では

1．遠藤氏は特別かも知れないが、準遠藤氏クラスの高級官僚は毎年数十人民間に天下り約20年間就任しているので、常時国内には数百人の天下り高級官僚OBが存在、税収減額の為に働いている。

2．無数の下級官僚の天下りもあるが、それらの個々の報酬額、税収減額効果は少なくても数が多いから、総額では似たようなものかも知れない。

3．日本の官庁ではコスト、採算についての意識が皆無で、官僚の不正で減額された税収の不足分は、公債の発行で賄われる。欧米では官と民のコスト、採算の意識はホボ、同様でこの様な事は起こらない。

30年間累積すれば

1．仮に遠藤氏が20年間に行う税収減額効果を数兆円として100人が同様の仕事をするとすれば数百兆円となる。
2．同様の事が30年間継続すれば容易に1,500兆円のかなりの部分を天下り官僚が作り出している可能性を示唆する。天下り効果で30年後には、3,000兆円に膨張、１人当たり人口が不変とすると2,400万円となるが、30年後には人口が減少しているので、１人当たりの借金はさらに増えるだろう。
3．国は企業支援や家計支援の名目で資金をばら撒くので、消費活動が活発になり、経済学が問題とするGDPはその間も継続的に、僅かなプラス傾向で推移し、大きなマイナスにならないので経済学者は非難しない。
4．企業への補助金は、本来退出すべきだが補助金のおかげで生き残り……低賃金、長時間労働、利益なしでも操業を継続、同業の優良会社に低価格競争を強いて業界を貧困にする事で、先進的な設備投資を躊躇させ、結果的に国際競争に勝てない業界にしてしまい、民間企業を低賃金、長時間労働に誘導、日本は『ブラック企業』で充満した国になる。
5．昔は車、マンション等の大きな買い物を夢見て貯蓄をしていたが……21世紀になり、低賃金、長時間労働……将来に対する不安の為に貯蓄をする。
その貯蓄は、先ず間違いなく……日本に滞留させていれば……時間の問題で政府＝官僚が増刷する、大きく減価した……戦後に紙くずになった日本公債と同様の道を歩む。

その３：勝利が約束されたインサイダー取引
富山県の地方財閥綿貫家と神戸の看板長者

未公開で計画段階の公共工事の詳細を知る立場の公務員が、先回りして土地を買い、後日の値上がりで巨利を得る事は良く知られた事だった。

富山県の地方財閥綿貫家の場合

富山県の地方財閥トナミ運輸の場合、創業者綿貫佐民のダム用地の先回り買収……息子は自民党のドンの一人で綿貫民輔、元衆議院議長……で資金を得る事で可能になった。

有名な船で行く観光温泉旅館『大牧温泉』の、庄川の川べりをタダみたいな値段で買った事は筆者が子供の頃には地元で良く知られた事だったが、平成、令和生まれの人は多分知らないだろう。

昔のダム工事用地のインサイダー取引の場合、年単位の長い期間を経て計画が公表されてから土地の価格が上昇するので結果が出るまでに時間が掛かり、その様なチャンスは頻繁には訪れないが、全ての公共工事、制度変更に伴う情報の先取りは、官僚の不当利益獲得の機会となる。当然、情報の漏洩そのものが、見返りの報酬に繋がり、それらは全て役得であったがその様な機会は頻繁には訪れなかった。

看板長者の話

神戸市北区に新神戸駅から北に向かって県道32号線があり、約８kmの上りと下りの二本の自動車用トンネルがある。

北区側のトンネルの出口の正面に、数十の大型看板が林立している。近隣の人はトンネル長者の土地と揶揄している。

建設局の建設計画を知る立場の公務員の人が、計画が公開される前に、二束三文で……多分、数百円/坪……で購入、トンネルが開通して、北区の交通の要所となった現在、多分、看板設置の場所代だけで、サラリーマンの年収の数倍は得ているとの話だ。

21世紀には無数のインサイダー取引の機会がある

21世紀となり、政府の省庁では頻繁に種々の統計数値が発表され、その数値に株価、株価指数、為替等が敏感に反応する。それらの統計数値は官僚……日銀も含めて……が、費用を掛けて調査分析して日時を決めて発表される。新聞、国内外の通信社、NHKを筆頭に放送業界は発表されると、先を争って統計数値を重要なニュースとして報道する。

銀行、保険、個人投資家、海外金融関係の業者は公開された統計数値に反応して売買……現物取引もさることながら、空売りとの組み合わせで、売買を行う。

それらの情報を事前に入手……

日常的に頻繁に会合しながら……飲食その他……仲間意識の中で、積極的な情報の交換が行われて、後刻発表される統計数値は漏洩して……インサイダー取引の種になる。筆者の知る限り、禁止させる有効な手段はない。

特にFXと呼ばれる、通貨の取引では、情報の事前入手は核爆弾級の有効な兵器で、巨額利益を保証するようなものだが、それを不正として刑罰の対象とする事は原理的に不可能だ。

> インサイダー取引の定義に違反しない、インサイダーフリーの市場に巨大なレバレッジを聞かせて取引するFX＝通貨取引は格好の稼ぎ場だ。
>
> 大部分の期間は、チャートと呼ばれるグラフ上で小さな乱高下を示しており、その乱高下の度合いは……表面がザラザラのヤスリ程度の変化で……非常に少ない。
>
> 何かの経済統計の数値が発表されると、下降、又は上昇のトレンドが出現、次回の経済統計の発表までそのトレンドが継続する。
>
> 官僚はその様な、未発表の統計指数を発表前に手に入れる事が出来る。

21世紀になり日本の官僚＝公務員は無数の不正利益獲得の機会を持つ様になった。

手に入れた巨額収入の行方

英国に留学、欧米起原の経済学修士だから、巨額に積み上がった日本の公的債務の意味を熟知しているから、手に入れたお金を日本円からタイミングを計って海外に送金、複数の外貨に分散して保有しているだろう。

それは、日本の海外で保有する資産の増加として、国家統計の良い傾向としてマスコミからニュースとして流れてくる。 天下りで得られた報酬は海外に流れ……その報酬額の数十倍の歳入減少は、国家予算のドンブリの中で混ぜられて、歳入不足を補う為に新規公債発行で賄われる。

> 高級官僚は現役時代には、給与とインサイダー取引のハイブリッドで稼ぎ、日本円を忌避して、複数の外貨に変換して万全の人生計画をしているだろう。
>
> 退職後は天下りで、現役時代以上の高い報酬が約束されている。

武富士相続事件絡んでの400億円の還付金の場合、結果的に裁判をする事で、為替が変動して、相続人は数千億円の予期せぬ利益を得た可能性があった。経済学修士の高級官僚が為替についての感度は並々ならぬものがあると推察されるので……。しっかりと考えている筈だ。

その4：日本経済は西欧経済学の枠外か？？

GDPには借金が関係していない

経済活動の動向を示す最も重要な指標として、GDPがあり……同類のGNP、GNIもあるが……最も有効な指標として頻繁に国際統計に出現してくるGDPは、西欧基準の常識を原点として理論化されているので、愚行である『穴掘り、穴埋め戻し』、汚職、不正による資金の無駄使いに対する考慮が成されていない。

更に、不足する歳入を国公債の発行＝借金で賄う場合には、単純にGDPの統計数値だけで今後の経済成長を予測して経済政策を立案すれば、全くピンと外れの経済政策となる。

GDPの統計数値と借金を相殺して現下の経済状況を理解して……民間企業のように適切な経済政策をしなければいけないが……借金と融合させて科学的な議論、説得力を示す経済学論文に遭遇した事がない。

日本の場合GDP統計値は正しいが実態を表していないので粉飾されたようなものだ。

日本の場合、欧米諸国の基準では不正、汚職、無能と見做される愚行が作り出した無駄な出費が消費に回って、GDPの増加と消費税の増加に貢献、外見上経済はプラス成長とカウントされた。 資金は借金で賄われ、その累積が1,500兆円となった。

過去半世紀、GDPはマイナス6～7％レベルだった。

次ページに示す政府発表のGDPは、1990年代から年間1～2％程度でプラス、マイナスで乱高下しているが、名目GDPは500兆円近傍でホボ、フラットである。

図2に示す名目GDPは500兆円近辺で、変化は微小である。

政府総債務残高＝借金はホボ、直線的に毎年30兆円強増加し、2023年の推定値は1,500兆円となっている。この三つのグラフを並べてみれば過去半世紀近く国家財政は巨額の借金で賄われており、借金で注入された分を除けば継続的にGDPはマイナスで、プラスの年はなく、大まかにゼロ％～マイナス10％の間を行き来していた事になる。細かな数値を分析、比較するまでもなく、視覚的にマイナスレベルである事が解る。

日本は経済的に破綻した『ブラック国家』だ。

これら三つの図を並べてその様な結果に至った経過を頭の中でシュミレーションすれば、ホボ瞬間的に……何か変と感じ始め、数分もすれば結論は自信をもって確定できる。重要な事は今後日本がどのようにこの最悪状態から、脱出するかについて考える事であるが、その為には、そこに至った原因を徹底的に分析、多くの人が納得しなければ、脱出への道は開けてこない。

経済学の限界

19世紀後期に英国の首相だったディズレーリーは、『世の中は大きな嘘、小さな嘘と統計から成り立っている。』と統計を揶揄したと言われているが、**21世紀になり世の中で統計は最も大きな嘘**になる場面が多くなった。

現代の経済学者は机に向かって経済現象を活字から学び……実際の経済活動の中に自分を置いて経験することなく……無数の統計資料から統計数値をピックアップして、経済論文を書き上げて自説を主張する。

図１　GDP経済成長率

数％の範囲でホボ停滞している。

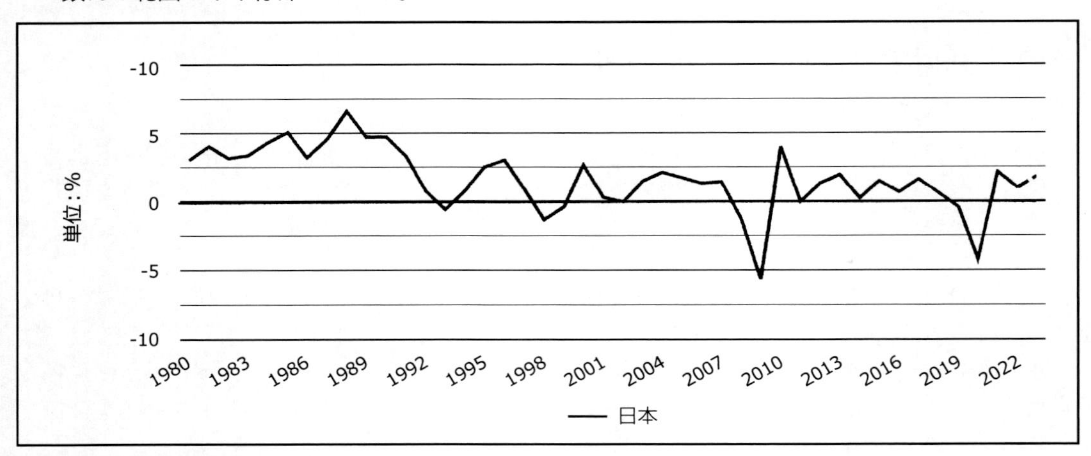

図２　名目GDPの推移

ホボ、フラットで変化なし。

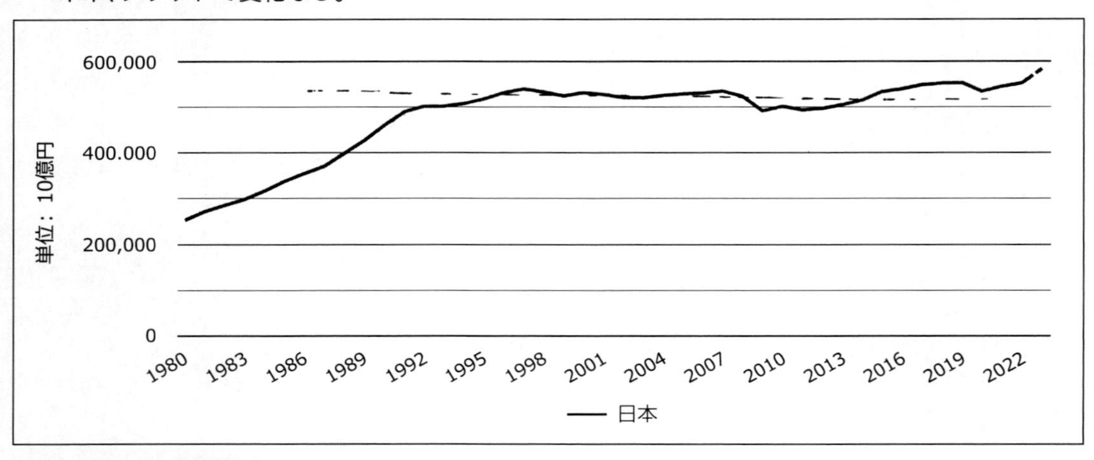

図３　政府総債務残高＝地方自治体の債務

等差級数の様に直線的に右肩上がりで、約30兆円／年で増加している。

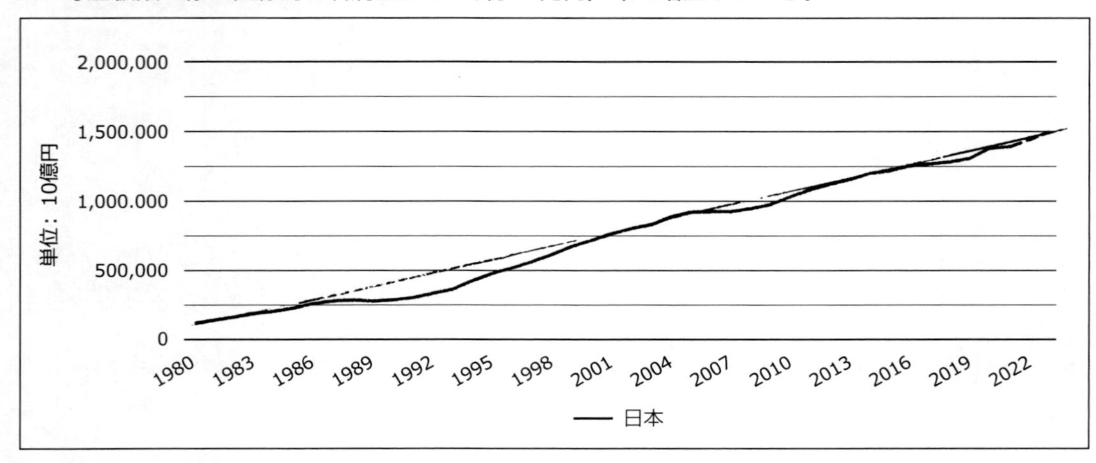

21世紀の日本で起こっている事は、制度を立案した高級官僚が経済、経済学の理解が驚異的に低い事を証明している。

常識的な知識を基に詳細に検討してみた第1章の『全国旅行支援制度』についての検討結果がその事を証明している。

公共投資で景気回復は万能か？

経済学ではケインズ主義と呼ばれる……不況時には公共投資を行って、雇用を創出して景気回復を図る事……は1929年の世界大恐慌から脱出する為に、1930年代初頭に米国が行った巨大な財政支出を行ったニューデール政策として、高校の社会科の教科書にも登場していたよく知られた事である。資本主義国家では経済学上の常識であり、『全国旅行支援制度』も同様の趣旨で行ったのだろうが、やり方がお粗末だった。

財政支出は雇用を生み出し、経済が活性化するので、国家経済は一時的に劣化するが、長期的には景気回復して安定すれば償還する前提で行われる。この様な雇用創出型の財政出動は、常識的な知識の範囲で納得できる説明だが、『ヘリコプターマネー』と呼ばれる次善の策も経済学的な思考実験として存在する。

『ヘリコプターマネー』は次善の政策か

公共投資は制度立案、工事の実行、工事に必要な機械の損耗等に人手が掛かるからのみならず即効性がない。

ヘリコプターで空から紙幣をばら撒けば、拾われた紙幣が消費に回って、急速に経済回復するからそれで良いと考える経済学者も多い。

筆者の記憶では1990年代に米国の経済学者が日本の当時の経済政策を揶揄して、雑誌に記事を掲載していたのを記憶する。

日本の場合には、『ヘリコプターマネー』よりも劣る、犯罪級の政策だ

『全国旅行支援制度』から見えてくるのは日本の高級官僚の政策立案能力は、『ヘリコプターマネー』よりも劣り、それを彼等が全く自覚していない事だ。高い国費を掛けて日本中に『ブラック企業』、『ブラック業界』を溢れさせ……民間の活力を減殺させる。生き物である人間、マネーの性質が全く解っていない。

日本の主要な経済指標

海外の経済学者は日本語のバリアがあるので、日本の事については公表されている大きな統計数値だけで日本の経済を推察している。当然彼らは日本の『妖怪ジャパン』については全く解っていない。

前ページに日本の失われた30年の経済指標を掲載しているが、これ以降読み進んでゆく過程で日本の経済状態を理解するために必要となるので心に留めておいて頂きたい。

その４の１：究極の要約＝日本の碩学が告白するべきだった一言

無学な筆者は千百ページも使って、250項目も並べて紙と時間の無駄使い、SDGsに反するアホナことをしたが、日本の碩学が以下の数行で纏めて、論文発表すればそれで社会は納得しただろう。

統計は過去の結果を示しているだけで、統計値の大小だけを話題にするのなら、小学生でもできる。
その様な数値に至った背景を科学的に分析、今後どのように変化して行くかを考え、未来の経済天気予報が出来るように、切磋琢磨しなければいけなかった。
1,500兆円にも積み上がった借金を看過した事をこの場で深くお詫びします。
それは民間会社の常套句。
これは、歴史の経過に伴い劣化した日本で些末な規制違反……多くの場合、無意味な又は過剰な規制……を種に、官僚の天下り先を確保するための準備行動となり、それに対応して民間会社のトップが言い訳と謝罪をする時の常套句となった。

歴史を振り返る

日清、日露戦争時代の森林太郎、第二次世界大戦を煽った御用学者が大戦後にGHQが民主主義を看板に統治を始めると共産主義に傾倒……精神的に無垢な学生をよど号ハイジャック事件、テルアビブ銃乱射事件、赤軍派が多くのテロ事件を起こして多数の死者をさせ……その後の米国の世界貿易センターへの旅客機の自爆事故に繋がる世界史的な大事件となり、日本のハラキリ、ゼロ戦の特攻自爆……日本の情緒的な一見優しそうであるが……直情径行で精神異常と見做される事が起った。
彼らの行状を要約すれば
－　常識の欠如。
－　視野が極端に狭く……何かにマイコンされている
－　自己中心的で、直情径行で幼児の様な行動に走る。

なぜそうなるか

アダム・スミスの場合

アダム・スミスが経済について考えた時には、キャンバスには何も書かれていなくて真っ白だった。彼は、何もない所から自由競争の中での経済＝マネーの動き……マネーは自己増殖する為にマネーを求めて移動する事について考え、18世紀に国富論を著作して経済学の祖と言われるようになった。
それ以降、無数の学者が経済について考え、研究して約250年間経過……キャンバスには無数の書き込みがある、書き込みで汚れている。書き込みから影響を受けて＝マイコンされて……キャンバスに書かれている何かを出発点として考え……そこから自己の考えを展開して行く。

後世の経済学者＝学校経済学

明治の開国で多くの科学的思想、学問を西欧から学びその様な中で“Economy”と呼ばれる経済を論じる思想も含まれていた。新しく西欧から導入された思想、技術の末尾に接尾語として“学”を付ける事が一般化……日本語として“経済学”が誕生する。経済学を英語に直訳すれば“Economic Science Economics”となる。
この英訳を忠実に日本語に翻訳すれば、筆者の訳では『経済科学経済学』となる。

考える事から活字を学ぶ事に変化

経済学ではスミスの時代からマネーの性質を学び、経済現象を研究、国家の経済政策に影響を与え、社会から信頼されるように進化して行く。遅れて“Economics”を学び始めた日本人は……考える事よりも……活字から学ぶ事が、恰も経済を学ぶ事の様になってしまった。
日本に於ける経済学者の議論は、問題が発生するとイスラム教徒がコーランに解答を求めるのと酷似している。
問題の解決法を求めて、イスラム教のイマム＝僧侶が先ず約14世紀前の昔のコーランに解答を求め、無ければ……より古い新約聖書に解答を求め……無ければ最終的により古い旧約聖書に解答を求め……無ければ最上席のイマムが全ての事を総合して神の意志を推測して解答とする。

文芸春秋掲載の現役官僚の巨額借金批判と、文芸春秋100周年

当代の日本の経済学の３人の碩学の議論は、上記のイスラム教のイマムと全く同様……科学的に考える事を完全に失念している。それは驚愕すべき事だ。 当然彼らはその事に気付いていない……筆者には彼らが完全に『裸の王様』に見える。(第１章その19参照)

経済学、社会学、文系の学者、学生

江戸時代の300年は幕府が統治し、武士が行政官として君臨……学者＝文系の思想家は武士から質問を受けてアドバイスをするスタイルで社会が動いていた。
明治の開国で天皇制となり、武士階級は警官や兵卒となり社会の主役から退出した。
西欧から学ぶために多くの学校が設立されそこで学んだ文官、技官が政府の機関の要職に就任する。
天皇は『名ばかり統治者』で実態としては文官が統治して、技官が……職人の様に文官の指示で動く……文官主導型の統治形態が出来上がる。

新しい統治形態の中で文化が継承される

卒業後に就職、組織に配属され、そこの組織文化を出発点として……もしその組織文化が良くても、悪くても……その文化に馴染み、それを継承するのは自然の流れだ。
経済は、大衆の経済活動の積分＝総和で決定される。言い換えれば経済を牛耳っているのは庶民＝国民なのだ。国民を知る事が最も重要な事であり……それは常識を知る事を意味する。
250項目の中で日本とスウェーデンの常識の違いの説明に多くの紙数を費やしたが……常識を一言で言い表すことは不可能だ。
常識を理解するためには経験、時間とセンスが必要であり、それには長期間の庶民としての生活経験が無ければ不可能だ。
統計数値が、興味を引く起点になるのは良いが、それを結論と考えてその正誤を議論するのは、先述のイスラム教徒の問題解決に対するアプローチと全く同様だ。

その５：日本の経済学は無用の長物か？

藤岡京都大学経済博士の著作

時代を超えられなかった、時代にマインドコントロールされた碩学

筆者は第二部の冒頭に元在スウェーデン大使をされた藤井威氏の著作『スウェーデンスペシアル』を『悪書』と断定、著作がその後の日本の福祉政策、税制を狂わせて失われた30年になったと理解している。
藤井氏は筆者よりも２才年長で筆者と同時代を生きているが、東京大学法科卒業後1962年大蔵省入省、その後30年間、国の経済政策に関係され最終的に1992年に経済企画庁官房長となられた。

著作は21世紀に突入、失われた30年の後遺症から逃れるために苦しんでいる日本の財政政策に巨大な負の影響を与え、筆者が『妖怪ジャパン』を追求したくなる原因を作った。

藤井氏は、第３章、その５に既述の様に、統計数値を外から眺めるだけで……そのような数値に至った背景に思いを馳せることなく……幼児の様に統計数値の大小だけで全てを理解したような解釈で、高級官僚OBの看板を背に、日本の税制に巨大な影響を与えてこられた。

文芸春秋100年記念誌の冒頭に掲載されていた、令和の碩学佐伯氏の『民意亡国論』と呼ばれる論文と、著名な経済学者小林慶一郎慶応大学経済学部教授と通産官僚OBで評論家の中野剛志氏の対談は筆者にこの本の執筆をさせるエネルギーを注入してくれた。

佐伯論文を読み、題名を『日本の碩学亡国論』と変更すべきだと思った。

小林、中野対談が、筆者の視点からすると内容が非科学的で……宗教学者の議論みたいで、無意味な内容に憤慨した。

三人の碩学に共通するのは東京大学の同窓であり、藤井元大使も東京大学卒で年齢的には以下の関係にある。

	生まれ年	2024年の年令	上の人との年齢差
藤井　威	１９４０	（８４）２年前没	
佐伯啓思	１９４９	７５	７年
小林慶一郎	１９６６	５８	１７
中野剛志	１９７１	５３	５

佐伯啓思氏が入省当時、既に藤井威氏は中堅官僚、その後入省した小林氏や中野氏にとっては、藤井氏は雲の上的な存在だっただろう。佐伯氏は無数の著作をされ政府の多数の委員会の委員に就任、国政に大きな影響を与えてこられた方だ。

同窓でも先代の日本の碩学と呼ばれていた立花隆氏とは論文を読む限り全く異質な方だ。

筆者の尊敬する立花隆氏は２才年上で、統計や、他人の書き物を鵜呑みにする事なく……事実を丹念に確認しながら……背景事情を調査して物事の因果関係を科学的に調査されて膨大な量の著作をされた。

平成、令和となり、筆者の目から見ると、碩学は碩学では無くなった。

立花氏は時代から『マインドコントロール』される事なく活動されたが、その後の立花氏の東大の後輩は完全に時代の波に翻弄『マインドコントロール』されて、社会に巨大な犯罪級の迷惑をかけている。

藤岡純一京都大学経済学部博士の著作にたどり着く

日本で『スウェーデンスペシアル』以外にスウェーデンの実情について執筆されている著作を探すうちに、2016年発行の京都大学経済学博士藤岡純一氏の『スウェーデンにおける社会的包摂の福祉・財政』を発見した。

筆者の視点では、文芸春秋100年記念誌に掲載された令和の碩学と同様に、生きた時代からマインドコントロールを受け、統計の数値に振り回されており、統計数値の背後に隠れている**『何か未知のもの』を探る雰囲気が全く感じられない。**

それは、多分、日本の経済学が持っている学問としての性質＝根本であり、筆者のみならず多くの人が期待している、**経済学は『経済の天気予報』をする為の研究をしていると思っていたことが誤解である事**を示していた。

それは経済学……多分、特に日本の経済学、学者の責任であり……その事に気付いた筆者が放置するのは無責任であると、日本の経済学者の代表として藤岡氏の著作をサンプルとして採用させて頂いた。
筆者は余技として、特許の関係で厳しい科学的な反論を吹っ掛けてくる競合者との議論の中で現役時代を過ごし、特に書き言葉では角の立つ書き方になるが、それは進歩の為に避けられない事だと理解している。

１：学者に期待される事

高い教育を受けて……その費用は国家が負担して……高い専門的知識、見識を備えたと認められて学者、大学教授となり、社会の中枢で社会に影響を与え、未来に生きる学生を育て、同時に専門分野の研究を行い、専門分野の進歩、発展に寄与する事が期待されている。

２：経済学の存在意義は何か

日本には学問と呼ばれるものがあり、それを研究する人々を研究者と呼び、ソコソコの研究結果を出した人を「学者」と呼ぶ。英語ではScholarや、Academics of……と記述、日本の様にあらゆるジャンルの事柄の末尾に「学」を付けて、学者を意味するような表現方法はない。
日本で経済学と呼ばれている学問が……社会、国家経済に大きな影響を及ぼし……多くの若者が経済学を学び経済学者が彼らの教育に携わっているからには、経済学は社会に何らかの貢献をしなければ存在意義はない。
経済学に求められるもの……

それは今後の経済現象の変化の予測、経済の天気予報だ。
正確な**今後の経済予報が出来なければ経済学、経済学者の存在意義は全くない。過去の天気を論じても、何の役にも立たないのと同様だ。**
それは、考古学、宗教学、美学……の様に趣味の領域の事だ。

３：経済学者＝大学教授の実際の活動

大学教授には専門分野の研究と学生への授業の二つの役割があり、大学教授は「研究が主」であり、「授業は従」である。
高等学校、専門学校は「授業のみ」であり、卒業後に経理、会計事務に就職する人の養成に特化している。
大学、大学院、修士、博士課程は、将来の日本の経済学を牽引して行く経済専門家を育成する事を目的としている。

専門の研究の種が……湧いてこない

専門分野の研究は研究成果を論文提出して社会に公表することで、自己主張すると同時に経済学の進歩を通じて社会に何らかの貢献をする事である。
その為には書く種になる何かが頭の中に湧いて来なければ、思索を巡らす研究的な活動は始められない……その為には未知の何かを発見して、それを研究……それを既知にする事が研究者の役割だ。
その為には既知の事が書かれた過去の論文、著書を読んでいてもその中には問題と結果＝解答が理路整然と記載されているので……高校生の時の過去問の解答集の様に、研究の出発点である疑問を感じさせる……何か？……が湧いてこない。

結果として授業重視……授業優先で研究者でなくなる

大学では講義と呼ばれる授業は時間割があり、それに合わせて教授は動かなければいけない。
研究＝論文執筆は種が無ければ……何もすることがない……。種は社会、民間にあり民間での経験がなければいけない。
経済学教授は……結果的に研究職を放棄したかの様に経理専門学校の教師と同様に、企業の会計事務を教える先生と同じ役割しか果たせなくなる。筆者は数名の著名な大学の経済学部教授に第１章に掲載した高級官僚の愚行が起こらない様に影響力の行使をお願いする書簡を差し上げた。（資料集参照）

４：日本とスウェーデンを比較した２つの著作

大蔵省高官OB藤井氏の著作

第１章では経済学専門のキャリア官僚の愚行を日本単独の問題としてピックアップした。
第２部冒頭に取り上げた藤井威氏の著作は、藤井氏が東京大学法学部卒で、多分、スウェーデン大使として赴任されるまでは経済、福祉の事についての知識が貧弱で、それだけにスウェーデンの高い税金、高福祉を知り、驚いて著作されたのだろうと推察する。

京都大学経済学博士藤岡氏の著作

京都大学経済学博士、藤岡純一関西福祉大学名誉教授執筆の『スウェーデンにおける社会的包摂の福祉・財政』は
Ａ５版、総ページ数350弱の著作で、文科省から研究費の支給を受けて行われた、スウェーデンの福祉政策についての解説書である。 結論を先に言えば自己主張＝**執筆者の先見性を感じさせるものが全くない。**
典型的な経済論文の標準的なスタイルで、無数の統計数値と引用論文が掲載され、執筆内容が正確である事を間接的に主張している。例えば第１章の本文30ページの執筆に65の論文、資料が引用されている。

ページ数を増やす意図があるのか？

この本と比較してスペースを多く取り、ページ当たりの字数をこの本と同等にすると多分、総ページ数は現行の330ページから半分の150頁くらいになるだろう。膨大な数の引用論文があり、それらは小さな字で書かれており、字数では本文の部分と同数くらいになる印象を与える。横文字の論文引用と、自分の執筆した論文の引用の多さが目に付く。
表紙は高価な厚さ2.5㎜の紙を使い、本文の部分は厚さ19㎜だが、半分にすれば9.5㎜で薄っぺらな本になる。
定価が4,000円だが、表紙を安価な薄紙にすれば厚さ10㎜程度、で定価は千円程度に収まると筆者の様な製造業で鍛えられた、素人経済愛好家は考える。

本格的な著作だが何か変

末尾に人名索引、用語索引があり本格的な著作だ。用語索引をペラペラとめくっていると……『死亡率』が目に付いた……。
人間の死亡率は100％であるのは科学的に証明されていないが、公知の事……常識であり、その前に『xxの死亡率』と何の死亡率であるかが書かれるべきであるが、何の死亡率か書かれていない。
指示された212ページを見ると『国連ミレニアム目標』の括りの末尾に以下の様な記述がある。

> 人口の増加にもかかわらず、５才以下の死亡率は減少してきている。エイズの治療を受けている人はあらゆる地域で増加し、マラリアによる死亡率も減少している。一方、近年の自然災害や世界的金融危機がこれらの過程を遅らせ不平等が残る可能性にも言及している。

とあり、既述されている「減少」、「増加」……の相互の関係が最終的にどのような結果を生み出したかを説明するのが経済学者の責務だと思うが、最後の所で「……過程を遅らせ不平

等が残る可能性にも言及している。」と、締め括り、**と単に 言及している と状況説明だけに終わっている。**

筆者のよそ見の癖で、212ページの前をめくると、筆者の旧知の須永昌博氏の名前が出現した。

> この様なスウェーデンのODAについて、須永昌博が、「その基本は人権の確立、貧困からの脱却、民主化の促進」にあり、「最終目標は人間と組織の能力開発（Capacity Development）」であると述べているのは大変興味深い。
>
> 「Capacity Developmentとは、万人は等しく生まれ、同じ潜在能力を有し、その能力が教育を通じて社会的に活かされ開発された時に、組織がその目的に向かって効率よく回転し、産業経済が発展するとともに個人の生活が満たされるという一連の流れの源を指している」（須永2007：97）

と、そこでも**抽象的に単に 大変興味深い と状況の説明に終始している。**

僭越だが、藤岡博士は根本的な認識間違いをされている。

- **人間は同じ潜在能力を持って生まれてこないから、福祉政策が必要になる事が解っていない。**
- 全てに於いて単に傍観者的に記述するだけで……当事者意識、どのように改善すべきと具体的な事に無関心。
- 全てに於いて、表現が曖昧、抽象的、情緒的で何を言っているのかつかみ所がない。それは、第１章に既述のキャリア官僚と同様に…幼児の様に常識不足で……気付かないのか、気付いていても、とぼけているのかは不明だが……多分、気付いていない。
- 須永氏は「スウェーデン社会研究所」を設立され、スウェーデン愛好家として著名、スウェーデン国王から叙勲されている。日本でスウェーデンの広報活動、スウェーデンで日本の広報活動をされているが、残念ながらスウェーデン語を解されない。

聞き取り訪問先

2015年８月22日～９月４日まで、ストックホルムに滞在とあるので、日本からでは２週間の出張で、長期滞在だが、多分、著名な教授、高位の官僚との面談聞き取りが主で、実際に福祉施設は訪問していない。

筆者なら……大方の統計数値関連の情報は経済論文、学会誌、ネットに公開されているからネットで入手可能でスウェーデンまで行く必要はない。現地でないと出来ない稼働している福祉施設を訪問して、福祉施設の従業員からの聞き取りが最も興味ある事だと思うが……福祉施設を訪問されていない様だ。

ストックホルムの福祉施設の副施設庁の話

ストックホルム研究所のセラミックス部門のヘッド、オスカルソン氏のお家に何回かご招待を受けた。

奥様はストックホルムの大きな福祉施設の副施設長と伺っていた。

彼女は、夏になると毎週みたいに日本から団体の調査団が来て、皆同じような質問をする。

予算額、広さ、介護機器の名前、製造業者名と型番等であるが……介護において最も大切な障害者の扱い方、心の問題についての質問を受けた事が無いと言われる。スウェーデンなら一組の調査団が訪問して、レポートを作成それが全国の施設に届けられる。冬に調査団が日本から来たことが無いと言われる。

スウェーデン人は安価に、日本人は費用に頓着しない

８月は晩夏であるが、北欧への旅行シーズンで航空運賃もホテル代も晩秋～４月と比較すると大幅に高い。

費用に頓着しない……公費で調査に来る日本人の見勝手さを非難しておられた。

オスカルソン氏は名古屋のNTK＝日本特殊陶業とのセラミックスのOEM提携交渉で、サンドビック側の代表として訪日した。(写真集参照)

文科省からの補助金支給の研究

藤岡氏はこの本の執筆中に文科省から研究費として182万円の補助を受け、３回スウェーデンへ聞き取り調査の為に出張されている。２週間ストックホルムに滞在とあるので、多分、著名な教授、高位の官僚との面談聞き取りが主で、実際に福祉施設は訪問していない事が推察される。多分、スウェーデン語がお出来にならない、スウェーデンの常識を……日本では想像も出来ないくらいヘンテコリンな常識で……それを知らなければ、スウェーデン人の話す事を正しく理解することは無理だ。

スウェーデンの複数の大学で客員研究員の経歴があるが、それは藤岡氏がスウェーデン通である事を意味しない。

それは筆者の知人で「スウェーデン社会研究所」を設立された須永昌博氏の場合と同様だ。(自分史第四章参照、第２部、第６章参照)

なぜ福祉施設を訪問していない

ネットで研究聞き取り調査を行った訪問先を列記されているが、その中に福祉施設の訪問がない。

先述のオスカルソン夫人は、日本からの頻繁な視察者の訪問は６月～８月のスウェーデンの最も良い観光シーズンに集中する……に疑問を持っておられた。論文執筆の為に統計数値だけに興味があり……福祉施設の実態を訪問する事で知りたいと言う、視点が全く無かったのかもしれない。又は、言葉上の問題があり……簡単な英会話なら全く問題ないが、スウェーデン人でも福祉の様な人間の心が関係する複雑な事柄を英語で会話、議論できる人は少ないからだろう。

オスカルソン夫人を交えた会話は、初対面の頃は英語が主だったが、……回を重ねるに従い、スウェーデン語での会話になった。

ビジネスの場で鍛えられている人は、バイリンガルだが全てのスウェーデン人がバイリンガルではないが、それも理由の一つだろう。

政治参加

スウェーデンの政治参加について小見出しで以下の様に書かれている。

> ５．政治参加
> ………民主主義と国民の政治参加について考えるのに、何よりもまず、この議員選挙がある。**地方議員には「素人」議員が多く、彼らの多くは他の職業を兼務している。**

この記述は藤岡氏が日本の庶民的な常識を持っていない事を露呈している。

日本の政治の世界が汚職まみれである事は……NHKを筆頭にマスコミが抑制して報道しているにせよ……1976年の田中角栄首相のロッキード社からの収賄事件での逮捕の時代からよく知られた事だ。

藤岡氏は、多分、1950年前後の生まれで、首相の収賄事件の頃には20代前半で……受験勉強に没頭しておられたので、多くの同世代人は知っていたが……藤岡氏の頭の中には沸き上がってこなかったのだろう。

「素人」議員の意味する事は？

日本で「素人」議員と言えば常識は言葉通りに理解されるだろうが……若干でもスウェーデンの事について知り、日本の大人の常識を持っている人は、絶対にこの様な表現はしないと断言できる。

藤岡氏のこの表現は、**藤岡氏がスウェーデンの常識が絶無だけでなく、日本の常識にも極めて疎く**、エイリアンの地球観察記みたいな印象を持つ。

スウェーデンの議員は志が高く、高い専門知識で武装した政治のボランテイア戦士＝志願兵だ。

筆者がスウェーデン在住時の事業部長だった、ヒーシング氏は退職後ゲーブレ県の県知事になった。

県知事だが、日本の感覚では、無給と表現されるような僅かな手当てで、公用車等と言うものはなく、多分、彼もスウェーデンの標準形で、自転車で通勤していただろう。（ご存命なら110才くらい、多分故人となっておられる）

歳入の最も大きな部分の使途を決める地方議員は原則無給で、会合への参加に対して日当、時間給又は無給で、日本の感覚ではボランテイアである。政治に掛かる費用、議員報酬については第９章で詳述する。

ヒーシング氏は「名ばかり会長」だった稲村光一氏を筆者に遠くから見せてくれた人で、元王立工科大学教授で、科学者にしては珍しく温和で笑顔を絶やさない、余裕が溢れている印象を与える人だった。

ヒーシング氏が事業部長に就任、革命的高能率穴あけ工具エジェクタードリルの販売の伸びの悪さから……将来の製品プログラムからの除外を予告した。筆者は自分史第四章既述の様に、トヨタ自動車、マツダ自動車への大量採用を成功させ、エジェクタードリルの製品カタログからの除外を停止させ、会社はマーケテイングの方法を変更させた、経営者としては鋭敏で抜かりの無い人だった。

2002年に藤井大使の「スウェーデン・スペシアル」は出版された

藤岡氏は、数百の論文、統計、参考図書を引用されているが、首記の藤井威大使の著作が引用されていない。藤岡氏は大学教授で官僚ではなかったのと、京都大学系列で……東京大学関係の人脈が無かった事が原因しているかも知れない。

民間人である筆者が執筆する場合には……関係する他の類似の先行著作を徹底的に調べると思うが、無頓着にされたのかもしれない。

経済学の理解と実際の経済の理解は別物か？

相互に関連する複数のデータの意味を理解するためには、各データー、情報の背後に隠れている理由、意味を理解していなければいけない。情報の意味を理解していなければそれは単なる無意味なデジタル数値の羅列でしかない。

第１章で紹介された税務署、国交省、総務省の愚行の原因と全く同様で、筆者の目からすると、種々の関係する要因を統合して望むべき方向に誘導することが出来ない統合失調症の人が立案したようなお粗末で全く効果のない経済政策になる。

先ず効果を発揮できる事

目的を持っている経済政策は……その成果の多寡はばらついても……目的に対して反対に負の効果を示せば、それは完全な失敗だ。先述の第１章で紹介された税務署、国交省、総務省の例に加え、藤井大使、藤岡博士の著作はその様な例の１つだ。

多分、共通要因は……受験戦争で疲弊し、狭い範囲の記憶力だけで青春時代を過ごして……好奇心、疑問を持たない……単純、素直な成人になった事が原因だろうと推察する。

経済学部で良い成績を取るのと、経済現象を理解して経済、金融業界、国家の先行きを正しく読むことは全く別のことだ。

著作の中には筆者の視点で観察して、無数の疑問を感じさせる箇所があるが、いくつかの一例を以下に詳述する。

財政収支と債務残高

小見出しでOECD統計を引用して以下の様にコメントされている。

> 最も中央政府債務残高の多い国は日本で、GDP比183.5%である。
> 一般政府財政赤字の最も多いのはアメリカでGDP比12.2%、次いでイギリスの10.0%であった。

と書かれている。

1. なぜ、日本の場合「中央政府債務残高」の数値を使用、他国は「一般政府財政赤字」の数値を使って比較したのか？

統計の内容を理解していない生徒がこの様に書いて先生に提出するのなら解るが…….？

筆者なら同じ表に示されている数値から、以下の様に記載する。

> 最も中央政府債務残高の多い国は日本で、GDP比183.5%である。
> スウェーデンは33.8%、アメリカ61.3%イギリス85.5%である。

次いで

> 日本のGDP比一般政府財政赤字は8.3%、アメリカで12.2%、イギリスの10.0%だったがスウェーデンは均衡予算で0.0%だった。

と記述する。

2. 筆者なら257ページに記載されている表7－6のOECD統計を見たら以下の様な疑問を持つ。
   - 中央政府債務残高には地方自治体の債務残高は含まれていない事になるがそうなのか？
   - 日本の中央政府債務残高が183.5%なのにスウェーデンは33.8%どうしてそんなに違うのか？
   - スウェーデンでは一般政府財政収支が均衡しているのに、日本は－8.3%である。
     同じ比率が10年続けば2019年には－83%となり、中央政府債務残高が183.5＋83.0＝266.5 5になる事が暗算でも計算できるが……2023年なり、ほぼ正確に約270%になっている。

筆者の様な民間人の常識で判断すれば、全て同じような雰囲気で書かれている。

経済学としての側面からでなく、スウェーデン紹介の著作として第6章に取り上げているが、経済学書として藤岡経済学博士の著作を筆者が批評すれば以上の様になる。

外来語の片仮名表記に対する疑問と異議

筆者はカタカナ表記「スウェーデン」に異議を持っている。

藤岡博士の著作には、多分、数千回「スウェーデン」と書かれている。論文や学者の著作、出版物では「スウェーデン」と書かないと間違いと校正で訂正されると聞いている。筆者は「スウィーデン」と書くべきだと思っている。

筆者が英語、日本語の通訳をする時に一番使い分けに気を使い、面倒なのがこの様な用語の発音だ。

「スウェーデン」では非常にダサい英語になるから「スウィーデン」と発音しなければと、日本語と英語での僅かな発音の違いに気を遣うのはストレスが多い。

国際化が進み英語を話すのが特別の事でなくなった21世紀に、大昔の権威者が決めた間違ったカタカナ表記に固執する理由はない。藤岡博士の様な権威者が旗振りして用語の片仮名表記の変更に貢献して頂くと良いと思うが、それは起こらなく、むしろ反対に……表現の自由の意識なく、外来語の片仮名表記の規格化＝JISやISO規格の様に……大昔に決められたカタカナ表記に忠実に従っておられるが、些末そうで……実は大きな問題だ。
経済を論じる人は変化に対して敏感でなければ経済現象を論じる事に不向きだ。

総括すると

論文作成には実態調査が必要で、その為にはかなりの費用が掛かる。
論文執筆に向かわせるような革新的なアイデイアは簡単に湧いてこないから、学生相手の講義を主とする教授人生となり……その中で人生の大部分の時間を消費する。
大勢の学生に取り囲まれて、大多数の学生が卒業後に配属されるであろう会計、経理の授業に没頭する内に学生から強い影響を受けて「ミイラ取りがミイラになる」の例えの様に……研究者的な側面を喪失しているように思う。

末尾に著作権についての警告

末尾に著作権について以下の様な注意書きがある。

> ……コピー、スキャン、デジタル化することは、たとえ個人や家庭内での利用であっても著作権法違反です。

筆者はかなり多くの本を読んでいるが、藤岡氏の様な強烈な著作のコピー＝複写禁止を表明した著作に遭遇したことはない。
この事は何を意味するのだろうか？筆者がここで書いている様な事は著作権法違反になるのだろうか？
知人の大学教授OBは「そりゃ……学生に参考書として買わせ、他の学生にコピーして渡せない様にするためさ」という。
どうもそれが日本の大学の標準スタイルみたいだ。
若しかしたら筆者はこの本が出版されたら、著作権侵害で訴えられ被告席に座る事になるかもしれない？

藤岡氏は日本の経済学会で踏襲されてきた著作、論文形式に忠実に従って著作された様子が丁寧な記述から伝わってくるが、残念ながら経済の天気予報をする為の何かを示唆する、又は訴える姿勢が感じられないが、それは日本の経済学者の責任だと思う。若し、経済学者が近い将来の経済予測が全く出来ないのなら、経済学者は国の経済政策に影響を与えたり、マスコミで、無責任な意見表明をすべきでないと筆者は思う。

国家の現在のバランスシート

例えば、2021年の日本の一般会計の予算は歳入総額106兆6097億円であり、その内訳は約60％弱が税収、残りの40％強は赤字国債と建設国債である。
年間１千万円を使う庶民の家計に翻訳すれば以下の様になる。

> －毎年、生活費が１千万円掛かっている、2021年の見込み年収600万円、生計費が不足するので400万円を借り入れる予定だ。
> －来年以降も年収の増加は期待できず、借入額は毎年増加するだろう。
> －悪い事に既に借金の総額が１億５千万円もある。

この様な乱暴な書き方は、経済論文では絶対に受け入れられないと承知しているが、この様な事実を声高に主張して、国民の注意を喚起するのは経済学者の役割だと思うが、それは起こらなかった。
経済学者がそれを認識しなかったからなのか……認識したが『妖怪ジャパン』の存在がそ

れを看過させたのかは不明だ。 碩学も生きた時代の申し子で、時代を超越して生きる事が出来なかったようだが、それは碩学の方々が生きた時代の教育が大きく影響していると思う。筆者は著作『国家の品格』で有名になった大数学者藤原正彦氏、立花隆と同時代を生き、両氏の著作を読んで非常に同感する。

文芸春秋100年記念誌に掲載された論文を読めば、執筆者が混乱している様子が手に取る様にみえる。

彼らの心が……心中が満足しているとは思えない。彼らは日本の有名大学入学を目的に設計された昭和後期〜平成時代の教育の犠牲者なのだ。

第８章、その６の１で紹介する40代の二人の子供を持っているスウェーデン人のハンナ夫婦が里子を貰うための予備調査に家族４人で数百万円の旅費を工面できる理由が掲載されている。

その７にはスウェーデンの国家経営の成績表を掲載している。藤岡氏の著作を参照しながら読むと興味が深まると思う。

経済統計は生鮮野菜の様に鮮度が重要であり、統計の数値は頻繁に変わるからその絶対値よりも傾向の把握と、多くの経済指標がお互いに関係しあって変化するので、その関係性を把握しながら、長期、短期の経済天気予報が出来る事を目標としなければいけないと思う。

英国の著名な首相だったデズレーリーが『世の中は小さな嘘、大きな嘘と統計で出来ている』と揶揄したり、経済学の始祖アダムスミスが、投資については全く下手糞だったことが揶揄される時代は過ぎた。

21世紀になり、必要な公開された情報は専門家でなくてもネットを介して、入手可能で素人も専門家も大きな差はない。

唯一の例外は行政組織から発表される公的統計の数値で……それは公務員の先回り売買の不正の温床として日本では存在感を示している。スウェーデンではその様な事が出来ない、機能しない迅速な徹底した情報公開が行われている。（第８章参照）

現状を観察する限り日本の経済学の看板は大きいが実質は無きも同然、国民にとって無用の長物だ。

その６：マクロ経済学の限界、21世紀型に改良

日本で20世紀末に急速に膨張した巨額公的債務と経済指標、生活実感……低賃金、長時間労働……の齟齬は、経済の実態を理解できなかった、ピンと外れの経済運営が原因だ。

経済学からの強い影響を受けて行われた経済政策の多くは結果として『利敵政策』で、永久経済戦争下における仮想敵国を助け日本を低賃金、長時間労働の『ブラック企業国家』に誘導した。

不正の介在

失われた30年と日本の経済専門家が呼ぶ、日本経済の沈滞は、官僚の能力不足による現役時代のお粗末な経済運営と、退職後の天下り期間における不誠実行為による、**現役＋退職後の、能力不足と不誠実のハイブリッド行為**によって起こった。

経済学が表に現れた統計数値を分析しても、妖怪の様に変化している経済現象を正しく理解する事は不可能だ。

経済学は、不正も要素の中に取り込み、再構築されなければいけない。

経済額学論文の限界：それは一片の断層写真

妖怪の様に変化する経済現象を説明する為に、無数の論文が発表される。
それらの多くは統計のつまみ食いで、都合の良い統計を集めて一片の論文で何かを主張する。
論文は人体内部に臓器のガンを発見するための撮影するCT＝断層写真のようなものだ。
人体のCTの場合には、人体の内部構造は全て同じだが、経済現象の場合には、内部構造が国によって非常に異なる。
人体に例えれば、日本の場合には**『経済官僚の度外れな無能』と『天下り後の20年間の不誠実行為』と言う二つの巨大臓器を内部に抱えている事**だ。それらが、日本経済をステージ５、余命半年と宣告されたガン患者の様な状態にしている。
高齢者となり、心臓、肺、腎臓、視力、聴力低下……等無数の問題を持っている患者の健康状態を１つの昔のCT画像を読んで判断するようなものだ。**統計は疑問の出発点としての活用には有効だが、統計をそのまま信じれば大失敗に繋がる。**

その７：筆者のギャンブル経験

10代の頃から、寮で週に１回はマージャンをしていた。
マージャンの面白いところは、偶然と運が大きく関与し、俗に、上手な人が常に勝てるわけではない。
囲碁、将棋の場合には、ホボ、確実に常にうまい人が勝つが、マージャンの場合には初心者が、熟練したプロ級の人に勝つことは何も珍しい事ではない。

筆者の三つの経験

インサイダー取引で巨利を得る

28才頃から江口証券で株式投資を始め、インサイダー情報を得る事で三光汽船株を徐々に買い増して、５万株以上を平均買値60円強の安値で購入する。（自分史第四章参照）
1972年３月、30歳で結婚、その後株価は2,500円を超す急騰、多分、日本の株式市場で空前絶後の事だった。
金融ビッグバン以前の事で、日本の株式市場はインサイダー取引フリーの時代だった。
約300万円で買ったものが最高株価で売れれば約1.5億円となり、最高株価で売れなくても、確実に１億円の売却益は確保できる。当時はキャピタルゲインに対する課税は無く、１億円は令和の貨幣感覚では10億円に相当する巨額である。
21世紀になりインサイダー取引は法的に禁止されているが……キャリア組官僚が不正への忌避感が無ければ、誰にも知られる事なく容易に実行する事が可能だ。

偶然が素人に掛け金の総取りをさせた

スウェーデンに出張した折、旧知の労働組合役員をしているＨ氏に会い……名前が出てこない……彼が胴元で、明日ウインブルドンで行われる、スウェーデンのボルグと米国のマッケンローの試合の予想をする賭けに参加しないかと誘われた。
掛け金は一口10kr≒300円で既に100口以上の掛け金がある。最も予想が正しかった人が掛金を総取りすると言う。
各セットの獲得ゲーム数を予想すると言うが、私は何も解らないので、Ｈさんからのアドバイスも受けて、いい加減に数値を入れて、一口掛けた。結果は私が最高得点で、全ての掛け金約４万円を総取りして、皆に呆れられた。

自分で真剣に考えて８回連続でじゃんけんに勝った

長女、次女が高校生の頃に行われた会社のクリスマス会の余興で、当時高価だったCDとラジカセを使える約５万円の大型複合機を賞品とするじゃんけん大会が行われる事を知る。娘は音楽好きに加え、英会話の勉強にも役立つと思い、じゃんけんに勝つ方法を真剣に考えた。(写真集参照)

人が真剣に勝ちたいと思った場合に、どのようにするかを考えて、行動経済学の原理を活用してじゃんけんに勝つ方法を考えて、試してみた。結果は８回連続しての、勝利となり賞品を頂いた。

その８：経済と経済学は全く別物

歴史の中で帝国主義の時代には政治は暴力＝軍隊が表に出て、経済は従属的に扱われていた。

平和な時代では、政治は経済であり、政府の仕事は経済運営を通じて国民に永遠の幸福を与えることを目標としている。

日本の現在の不幸の原因は、戦後の驚異的な経済復興を遂げた頃からその兆しを見せていた。

筆者が就職した1957年頃には第二次大戦からの復興がホボ終了、未来への飛躍を期待して欧米の先進諸国に追いつくべく、西欧社会から巨大な影響を受けながら……日本流にアレンジされて……導入が始まった頃だった。

自由経済の原則で経済が上手く回っておれば、企業は能力の高い人を求めて高給で募集、平均的に給料が上昇する事になるが、日本ではそうはならなかった。

自由経済の根幹原則である給与への行政の関与

給料を、行政の指示で上昇させれば、企業利益が減少、企業所得が減少して納税額は減少する。同時に、給与に見合わない、低い能力の人の集団は、優秀な人材をそろえた海外企業に敗退し、緩慢に企業は衰退する。

単純に**原因と結果の取り違えで行政が賃金の制度化をすれば**、国際競争に晒されている企業は衰亡して消えるか、行政に支援を求め国の負担が増すだけだ。

支援の資金は増税への圧力となり、それが実行されて第１の負のスパイラルとなり……着地点のない劣化が緩慢に永遠に継続する事になる。第１章に取り上げた例で述べた国税、国交省、総務省……部署に関係なく、**日本全体の行政省庁が同じようにお粗末な行政を行い第２の負のスパイラルが上乗せされて、劣化の速度が上昇した。**

これらの事実は明瞭に日本の高級官僚の先読み、推察する能力が非常に劣っている事を示している。

21世紀になり巨額に積み上がった国の借金、長時間労働慣行と低賃金が日本の経済の特徴となり、日本のはるか後方に位置していた、アジアの中進国から物価の安い日本への観光旅行が普通になった。1960～1980年代と真逆の事が起こっている。多くの人は、食う、寝る、排せつするだけの為に働く事だけでは満足しない。

楽しく自由に生きたいと思う動物だが、低賃金、長時間労働の日本では、多くの人にとってそれは非常に難しい。

天は公平だ。天は貧富に関係なく一日に24時間を与え、人は24時間を使って何かをする。

日本では長時間労働と低賃金の組み合わせが、生活を著しく困難にしており、低賃金と長時間労働を解決しない限り、日本の庶民の生活は変わらない。

その９：ノーベル経済学賞と日本

約50年前から、ノーベル経済学賞……正確には、単に経済学賞と呼ばれる……が始まり、百人近い受賞者がいる。

経済学賞は個人の自由との組み合わせで経済活動が自由に行われている国の経済を対象として推測する学問なので、計画経済の共産主義国や独裁国の経済活動の研究は経済学受賞の対象とはならない。日本人で経済学賞の受賞者はいなく、筆者の記憶では、日本人で受賞者にふさわしいとノミネートされた人もいなかった。筆者の推測では、それは日本が『妖怪ジャパン』に感染しており、西欧流の自由主義経済の原則で変化する経済現象、活動とは異質で、西欧流の経済理論を適用する事に意味が無いからだと確信する。

日本の経済学者がその事を認識しているか否かは不明だが……米国で教育を受けた多くの経済学者が、気付いていないとすれば、不思議な事だ。

多くの方が東京大学卒で、受験戦争の中で疲弊しているだろうから、教科書に書いてある事以外には興味がなく……好奇心が無いので……見過ごしているのかも知れない。

気付いていても、日本の経済専門家として社会的に優遇されているので……異議、反論は多数派の行政忖度型の学者との関係を不利にするので……黙認しているのかも知れない。

コロナの感染拡大を助長

ふるさと納税した人に確定申告を義務付けた事が、コロナの感染拡大を助長した。

自分史に既述の神戸市兵庫税務署の確定申告書受け付コーナーの５税務署の合同開催はコロナ禍の中で、絶対にやってはいけない事だった。テレビ、新聞報道を聞き、その内容を理解しておれば合同開催を提案できるとは思えない。

それに輪を掛けて、状況を悪化させたのが、ふるさと納税した人への確定申告の義務化と、ネットでの確定申告システムの使い勝手の悪さである。筆者も含めて、多くの友人がネットを介しての申告を諦めて合同開催場所に行った。

三つのお粗末が複合して、全国で多分、１千万人級の人流量が発生、2021年の東京オリンピックの開催直前までの感染拡大を起こした。この事件は兵庫税務署署長のみならず、大阪国税局管内の多数の税務官僚の社会的知識の貧困を証明するものである。(資料集参照)

その10：NHKから専門家のコメントが聞こえて来た、トラック運転手不足

聞き流しのNHKのラジオ放送から、運送業界におけるトラック運転手の長時間労働が嫌われて……強烈な求人難となり……政府が労働時間、拘束時間を法律で制限する、給与を上げさせるなどの対策を検討中である事について、東京大学、先端科学技術センター特任研究員の井村直人氏が解説していた。

有効な対策を幾つか提案していたが、筆者の目からすると、ビックリするほどお粗末な事だった。

その１：消費者がネットで注文する場合、急がない場合には配達日を指定しないか、遅らせる。

その２：再配達の比率が約20％と言われているから、消費者は配達日時に確実に在宅する事。

その３：アンケートを取った研究では26円～30円の負担増なら、消費者は……料金の上昇を許容する……。

筆者は、日本の経済、経済学の専門家なら、トラック運転手、宅配便運転手の長時間労働の問題が目の前に登場したら、瞬時に『ふるさと納税制度』が頭に浮かぶと思うが、専門家

の人は違うみたいで、小規模なアンケートを集計して自説の主張の根拠にしたがる。

制度に迎合的で……それ以上進まない。

2023年６月20日のNHKのラジオ放送で、京都府はふるさと納税制度で獲得した寄付金を、府下の小さな、宣伝力に劣る小さな市、町、村に再配分する事で、公平を維持する事を始めると報じている。

中央では自治体を競争させて、自治体間の差別化、優劣を明瞭にする方向に誘導している。

他方、京都府のやろうとする事は中央の政策が作り出した優劣を訂正、元に戻す事を意味する。中央と地方が一体として考えて行動することなく自家撞着……筆者はそんな馬鹿な事は許せない。

筆者の生まれた富山県南砺市が受けた住民一人当たりの寄付金は数百円、2023年秋に宿泊した箱根町は約12万円で、自治体間には千倍近い差がある。京都府みたいな事を考える人が発生する人がいるのは予想されるが何か変だ。

『ふるさと納税制度』に迎合する事に一生懸命で、制度が京都府、京都府民、国民にとってどのような貢献をしているかの視点が全くない。筆者なら『ふるさと納税制度』が原因を作り、京都府が手間を掛けてその効果を帳消しにする為に手間を掛ける。京都府は中央政府の『ふるさと納税制度』を批判して制度の廃止を提案しないのだろうか？

多分、それは皆さんが『妖怪ジャパン』に感染しているからだ。

筆者は京都府知事を知っていた

世の中は広くて狭い不思議なものだ。筆者は過去数年間、京都府知事西脇隆俊氏にお会いし言葉を交わしたことが数回ある。

2023年10月23日に開催された『近畿富山県人会』でもお会いして、短く言葉を交わした。

西脇氏は京都生まれ、東京大学法科卒、五箇山出身の母親を持ち、小学生の頃五箇山の平村に長期間滞在した事がありその縁で、富山県人会に出席される。（筆者は平村生まれである）

大蔵省の場合、東京大学法科卒の人は米英に海外留学して経済学修士となるが、西脇氏は国公省の官僚だったので留学して経済学を学ぶ機会が無かったので、『ふるさと納税制度』に疑問を持つことなく、制度に迎合的に振舞う事を最優先されたのだろう。勿論、その様な些末な事は、知事が関係することなく計画、実行されるのかもしれない。

制度の縦割り、横割りの話

日本の行政制度について、多くの専門家が問題点を指摘してきた。

筆者の観察で、最も頻繁に行われる批判は、日本の行政組織の縦割りであり、横割に変更すれば良くなる筈と主張される学者、識者の主張を頻繁に目にした。深く考える事が無いから、単純に現在縦割りだから、横割りと言っているのだろうと思う。

相続事件で400億円の金利を還付したのは財務省の国税庁、全国旅行支援を担当したのは国土交通省、ふるさと納税制度を作ったのは総務省であり……管轄する省庁は異なるが、全て同様な思想的な背景を持って、ホボ、同じようなお粗末な、制度設計をしている。それは専門的な知識の広さ、深さを云々するような**高度な能力の多寡の問題でなく、単純に常識不足の一言で片づけられる**。

共通項は、多分、東京大学、準東京大学の有名大学であり、それらに共通するのは、日本の受験対策用教育である。

日本では行政の分野に関係なく愚行、不誠実行政、無能力行政が行われており、それらは国民に無用な負担を強いているが、非難される事は非常に稀で、マスコミ、専門家、識者と呼ばれる人々もそれらの愚行を批判することなく、むしろ迎合的に反応しているが、それは

『妖怪ジャパン』がいるからだ。
製造業の中で鍛えられた筆者の場合には……多分、製造業の技術者なら誰でも指摘できる事だが……偶々筆者は、筆まめなのでこの様な退屈な事をしているだけだ。

経済学者は自家撞着、矛盾の中にある。

経済現象は常に変化する社会の先端で次の変化の予兆を示し……その変化に対応＝迎合する形で社会全体が追従……政治家、官僚がその変化を認識して迅速に制度設計、制度の変更を行う事で、政府は国民に貢献する事が期待されている。
それはかなり難しい事であり、その為に各国の政治家、官僚は悪戦苦闘している。
結果から見ると、日本の場合には最悪の状態に陥っているがそれは『妖怪ジャパン』の仕業であるが、その根底には経済学の抱える本質的な『自家撞着』の問題と、それを問題としていない……多分認識していない日本の活字経済学者の政治への影響力による。経済学論文、著作は過去の記録であり、未来予測には役に立たない。

経済学は変化する経済の過去の歴史を論じる宗教学のようなもの

経済現象、経済的な変化は常に目前に現れた……過去に無かった新しい何か＝大小のパラダイムシフトの影響を受けて方向転換するから、過去の経験は参考にならない。
雇用されないで、独立した個人が、利益を獲得するためには以下の三つの方法がある。
１．学校経済学：学校で経済学を学び、学んだことを参考に先読みして、参入する。
２．自習経済学：どのような形ででも……本を読み、経験、失敗を積み重ねて……経済の先読み能力を高めて参入する。
３．賭博経済学：丁半博打の様に、ギャンブルとして参入する。

学校経済学は社会人になってから学ぶべし

無数の経済論文、経済に関する著作があり、その中には引用文献として過去の無数の論文、著作が引用され、自説の無謬性を主張しているが、それは全く未来の経済の予想の為には役に立たない。
それらはエジプトやメソポタミアの古代遺跡の発掘調査をした趣味の作品とホボ同様だ。
豊富な経験を先にして、その後で経済学書を読めば、何らかの効果は確実にあり、自分の知識を体系化してより自信を深めるために役立つだろう。

その11：経済学からマインド・コントロールを受ける
経済学は科学ではない、日本では宗教と同類だ

社会経験の無い学生が学校で経済学を学ぶと、精神的な白紙に経済学と呼ばれる一神教の経典を読み込むようなもので、マインドコントロールされて、自由に発想する事が出来なくなる。
経済学と『学』を末尾に付けたのは日本語としては完全に間違いだ。経済学は日本では科学の一種だとされているが、それは完全な誤解だ。
科学、サイエンスには、時代、場所に関係なく、定数として使われ再現性、普遍性があり、再現性、普遍性の無いものは科学ではない。絶対温度、湿度、原子量等、無数の定数が科学の普遍性を保証している。
経済学にはその様な不変の定数が存在しない。21世紀となり、経済学は高度な数学を駆使して素人目には高度な科学的な印象を強調しているが、筆者の目から見るとそれは『詐欺』

の様なものだと断定する。
実際の経済現象は、学校経済学、自習経済学、賭博経済学の三種類の人がメインプレーヤーとなって経済の先端部分を引っ張っている。高度に発達した経済学と呼ばれるものは、３種類の人が思惑を胸に相場に参加その結果を積分して……その原因を推測、その延長を予想するだけで……賭博経済学と同様だ。
この様に再現性、普遍性を保証できない経済学を『経済学』と末尾に『学』を付けるのは錯誤から来ている。

愚行の原因は学校で経済学を学んだこと

学校を卒業して官僚として就職、経済事案に遭遇すると、学校で学習した経済学にヒント、解答を求める。
受験目的の受験勉強の時に過去問の解答を探した様に、キリスト教の神父がバイブルに解答を求めるようなものだ。
自分で問題に正面から取り組んで考えるような、発想を持っていない。
それは経済現象が複雑怪奇で、多様な経験を持っていなければ足を踏み込めない難しい世界なので、学校教育から受けたマインドコントロールも影響して……浅薄な制度が出来上がり、それに庶民は従わされる。
第１章に記載された、経済専門家の行った愚行は、社会的な経験の無い学生時代に経済学を学んだことで発生した典型的な例で、並の大人の常識があればお粗末な事である事に気付く筈だ。

経済学、経済学者を過大に評価してはいけない

経済学は科学ではないので、その内部は無数の小さな狭い専門分野に分岐し、経済論文は統計数値を基礎に正当化される。
それは宗教が創始者の死後に無数の分派＝宗派に分かれるのに酷似している。
統計の理解は、利用する人の社会的経験量、常識と専門的な知識の大小でその意味する内容の解釈が大きく異なる。
表面的に数値だけを比較する、活字学者、学生レベルの人は内容を咀嚼する事なしに、統計のつまみ食いをするから、その結論はどのようにでもなる。
19世紀後半に英国の著名な首相になったデイズレーリーが世の中は『大きな嘘、小さな嘘と統計から出来ている』と喝破したと言われているが、統計は詐欺的な意図を持つ人が、自説を補強する為に良く活用する手法である。

> 皮肉な事に、大学での成績の良い人ほどより大きくマインドコントロールを受けて、社会的常識との乖離が大きく、その様な人がキャリア官僚として採用されてきた事だ。

その12：失われた30年をスウェーデンとの対比で 別の側面から比較してみよう。

経済学の目的はなに？

- 経済の天気予報？
- 考古学の様に趣味の学問

経済の問題を純粋に科学的＝数学的に精緻に論証するのは不可能だ。

最も根本を成す価値が常に流動的に変化するので、経済論文の場合には時間を停止させて……恰も慢性病の臓器の状態を１枚のCT＝断層写真で観察して診断するようなものでその利用価値は限りなくゼロである。

日本とスウェーデンの各３人の経済学を学んだ人をサンプルに日本とスウェーデンの経済学の実用価値＝社会貢献を比較してみる。

筆者が個人的に知っている二人の男子スウェーデン人パーシー・バーネビーク氏、ヨーナス・ボルガード氏とスウェーデンで初の女性首相になったエバ・アンデションである。

日本の三人に面識はないが著作と論文の紹介文から存在を知った京都大学経済学博士の藤岡純一氏、同じく京都大学経済学博士岸田未来氏に加え、まえがきで紹介した元在スウェーデン大使の藤井威氏の国家、国民への貢献度を歴史小説風に解説してみよう。

バーネビーク氏を選んだのは、岸田博士の「科研」＝「KAKEN」から資金を受けて執筆された論文がバーネビーク氏がトップだったABBの事についての研究だった事による。

藤岡博士はＡ５約350ページのスウェーデンを紹介する著作「スウェーデンにおける社会的包摂の福祉・財政」でスウェーデンを紹介されている。スウェーデンに関しての論文は無数にあるが、経済学者による大部のスウェーデン紹介著作は非常に少なく、出版が2016年と比較的新しいので取り上げた。

１．パーシーバー・ネビーク氏は、1941年生まれヨテボリ大学経済学部卒

筆者より一つ年長で1979年筆者が４年間のスウェーデン勤務を終えて帰国した年に、米国の子会社社長から本社の副社長に38才で就任した。数回会議の場で彼の話を聞き、短い言葉を交わした事もある。

その後スウェーデンで英雄と呼ばれるような実績を残され、ヨーロッパでは著名なビジネスマンである。

バーネビーク氏は大学卒業後、米国でコンピューターを使用して経営分析を行う事を２年間勉強、1969年筆者より１年遅れて28才でサンドビック入社、６年後34才で米国法人の……多分当時、従業員２～４千人の……社長になり５年間在任、販売高を３倍以上増加させた。

1979年筆者が帰国した年に、米国の子会社社長から本社の副社長に38才で昇進、42才で従業員５万弱の企業グループのボードの議長＝トップに就任した。

５年後の1988年、スウェーデン最大のバレンベルイ家族財閥から請われて世界的に著名な重電機メーカーアセア社のトップに就任した。

当時スウェーデンではEC＝EUに全面的に加入して通貨クローネをユーロにすべきか否かで国論が割れており、国民投票が視野に上がっていたが、アンケートの結果は国民投票が行われればスウェーデンはユーロの受入れを拒否すると予想されていた。

バーネビーク氏は国際企業としてさらに飛躍するためにはヨーロッパの中央に進出すべしと、スイスの比較的同業に近いブラウンボベリと合併、本社をスイスに移した。

ホボ、同時期に世界的に著名な製薬会社アストロ社は英国のセネカ社と合併して、「アストロセネカ社」となった。

これらの合併は対等合併だったが、新会社のトップがスウェーデン人に加え新社名の先頭にスウェーデン企業の名前がある事からスウェーデン企業優位で合併が行われた事を示している。

卒業後すぐに実務に就ける大学教育

一連のこの事実はスウェーデンの大学が生きた経済を学ばせている事を証明する象徴的な事実である。

バーネビーク氏の事例は余りにも突出しており特別だが、スウェーデンでは高等教育を受

けて就職……即戦力、非常に短期間に戦力となれるような教育を行っている。

2．ヨーナス・ボルガード氏の場合

ボルガード氏は家族で濃厚に付き合っていた職場の同僚ロルフの息子で、多分1965年頃に生まれている。

親元から北に約500km離れたウメオの大学で経済学を学び、先ず大手スーパーで経理担当として就職。

その後、企業会計の専門家として数回会社を変わり、40代前半にストックホルム地方の電力送配電を行う会社の社長に就任した。スウェーデンでは他の欧米諸国と同様に発電する会社と、それを送配電して販売する会社は分離されているので、発電する会社は技術に特化し、送配電する会社は電力を販売する事に特化するように制度設計されている。

多分、経済論文は卒論以外一度も書いたことがないが……経済の事については高い知識＝生きた知識を持っている。

3．エバ・アンデション女史の場合

アンデション……普通日本語ではアンダーソンと言う……は1967年生まれ、ストックホルム商科大学修士卒で、博士ではない。中学１年生の時から「社会民主青年同盟」に加盟、積極的に政治的な事に関わって来た。

29才からペーション首相の政治顧問、財務省長官……**47才で金融市場担当大臣**、その後財務大臣に就任した。

2020にIMFの主要政策諮問委員会である３年間任期の国際通貨金融委員会の議長に就任した。

2021年国会で首相に選出され、女性参政権が認められて約100年を経てスウェーデンで初めての女性首相誕生となった。

中学生の頃から政治、経済に関心を持ち、40代で国の経済政策の要の仕事に従事した。

彼女は別の意味でも有名になったが、それは首相に就任８時間後に辞任したからだ。

連立を組んだ政党が予算案に反対したために辞任する羽目になった。

その後予算編成に対する話し合いが持たれて予算案を修正する事で合意、６日後に再度投票されて首相に再度就任した。

対抗馬だったのは中央党党首ルーフ（38才）**と左翼党のダダゴスタル（36才）でいずれも若い女性だった。**

それはスウェーデンの女性が若くして高い実務能力を有している事の証明でもある。

アンデション女史は、第８章に既述のハンナ家族の日本への数週間の旅行を可能にする減税を行った当時の政府中枢における有力者の１人だった。

4．藤岡純一博士の場合

経済学が何を目的としている学問であるかによってその評価は大きく異なる。

藤岡博士の著作「スウェーデンにおける社会的包摂の福祉・財政」は2016年に出版された。

多分藤岡博士は70代で経験豊富、学会の重鎮とも呼ばれるべき人だろう。

－筆者は、経済学は国の経済政策立案に貢献する事、その為に国内経済、国際経済の今後の変化を予想する、精度の高い「経済天気予報」を提供する事だと思っている。

経済学が社会に有用な学問である事を目的としているのであれば、藤岡博士の著作は無駄以外の何物でもなく単に社会に無意味な情報を散乱させるだけだと筆者は断定する。

－経済学が考古学の様に古代文明、太古の地球の歴史を趣味的に研究する学問と同様であ

ればそれはＯＫである。

筆者のこの様な見解は乱暴で、多分日本では賛意を表明される経済学者はいないかもしれないが、理系学者の社会、民間製造業の死活に影響を与える特許の世界では常に厳しい議論に晒される事で進歩があり、それが普通だから……筆者の性格が悪いからこの様な議論をしている訳ではない。

筆者の視点で見れば藤岡博士の著作は随筆の様なもので……過去の経済統計をなぞっているだけで、自分が社会の為に何をしているかの自覚らしきものが全く感じられない。藤岡博士も日本の受験教育の犠牲者で……青年期を受験教育の為にエネルギーを消耗させられた被害者だ。

５．岸田未来博士の場合

岸田博士は筆者の娘とホボ同年代の1973年生まれで、厳しい受験戦争を勝ち抜いて京都大学経済学博士となられた。

後述するように博士は数ページの論文紹介の文章の中で、あり得ない様なミスを……誤植でない、理解不足から来る……侵している事である。大学院へ進学しないでスウェーデンに留学しておればスウェーデン語が習得出来て、立派なスウェーデン経済に関しての論文が執筆出来たと思うが、大学院に進んだことで時間をロスされて、スウェーデン語を習得する機会を失ったのだろう。

論文紹介文書の中で研究の目玉である財閥構造の事を「スフェア (Sfäre) 企業集団」と書かれている。

スウェーデン語には「Sfäre」と言う単語はありません。アフェア (Affär) はあり、商店、仕事、取引、経済状態や事件等を意味します。スフェア「Sfär」はありますがそれは英語の「Sphere」＝球や領域を意味する全く別の言葉です。

５ページの紹介文書の中には各ページに10回くらいで計50回くらい「スフェア (Sfäre)」が登場するが、それはアフェア (Affär) の間違いであり、単なる誤植ではない。今迄に22本の論文提出された事が書かれているから、日本では一流のスウェーデンの専門経済学者である。

ルース・ベネデイクト女史の「菊と刀」との比較

第二次大戦前の船しか渡航手段がなかった時代に、米国の「ルース・ベネデイクト女史」は日本紹介の著作「菊と刀」を執筆された。戦中にベネデイクト女史が軍に対して提供した情報の要約版として出版され、日米で大きな話題になった。21世紀になり、飛行機で人々が行き交う時代、ネットで交信する時代に……バイリンガルは何ら特別な事でなく、マルチリンガルも珍しくない21世紀に……岸本博士の称号と経済についての非常に浅薄な理解を示唆する論文の存在は日本の異常な学会文化を示唆している。

ベネデイクト女史は多分、日本を理解するためには日本の常識を理解することが重要だと言う認識が有ったのだと筆者は推察する。戦時中に隔離されて収用所で暮らす日本人に日本の映画を見せて、それを視聴する日本人の反応から日本人を理解する地道な手の掛かる努力を惜しまなかった。当時、収容所に収容されていた日本人の英語力は、多分、お粗末で行動を観察しそれを片言に近い英会話で補完することで日本理解のレベルを上げた事が、彼女の著作が当時の米国ならず、日本人にも読まれるレベルになった理由だろうと推察する。ベネデイクト女史が米軍に協力していた頃は既に50代、彼女が日本語を習得することは、一般的には非常に困難、その中で彼女は日本人の常識を理解する方法を考え出した。岸田博士は７学会に所属して、その幾つかでは理事、監事を務められている。スウェーデンに関して22の論文を提出され、多くの著作もされ無数の講演会をされている。2020年代初頭から文科省の「KAKEN」から７回、「ササカワ財団」から１回、と切れ目なく研究費の補助を受けて研究活動を行っておられる。

スウェーデン人に笑われる

岸田博士は聞き取り調査中に、相手のスウェーデン人から無数の回数アフェア、アフェアシマン、アフェアシマンネン、の発音を聞いている筈である。全て英会話で行っているとしても、長時間の会話の中ではスウェーデン語の単語は出てくるはずだ。

初めてスウェーデンに行き、数日だけスウェーデンに滞在した旅行者なら彼女の様なミスを冒すのは理解できるが……彼女の場合にはあり得ない様なミステークだ。岸田博士は１年間スウェーデンに大学の客員研究員として滞在されている。彼女の年令と時代背景から考えれば、英会話は出来る筈だから、１年間スウェーデン語を学べば会話は不自由しない程度にはなれたと思うが？

日本語の出来るスウェーデン人が聞いたらビックリ……それも著名経済学者で、スウェーデンを専門にしている大学教授の執筆した論文の中で。ベネディクト女史の場合には、日本の常識をソコソコ理解していたので……海外の評判を過大に気にする日本人にも著作が読まれて、僅かかも知れないが日本人の外国に対する対応の改善に貢献したように思う。

理系の学会論文ではあり得ない様な、経済学会の論文、講義、議論の様子の一端を垣間見たが、恥ずべき事だと思う。

慢心が背景にあるがそれは学校教育の為で、彼女は被害者だ

端的に言って、彼女は今迄の人生で解らない事に遭遇したことが無くて……言い換えれば疑問を持つことが無くて誰かに聞くか、本を読めば何らかの解答が書いてありそれを鵜呑みにする人生を送ってこられたのだろう。

教科書を読み教師から学んだことに疑問を持たずに吸収することで高い成績を示せたので、それ以外の事に興味、疑問を感じない、学校教育を宗教教育の様に受け入れてきた人の様に見える。

その様な中で、成績優秀、自分は何でも知っていると思っているから……自信にあふれていて……「裸の女王様」になっている。筆者の常識的判断では慢心しているとしか思えない。

多数の論文、数冊の著作をされているが、それが典型的な日本の経済学者の姿なのだろう。

それは彼女の問題、責任ではなくて彼女をその様な経済学者に育てた日本の教育制度と、育てた先生、教授に責任がある。

民間企業で種々の技術討論、特許に関係した厳しい議論を当然の事として現役時代を過ごした筆者からすると、此処で岸田博士の論文を評論することはごく普通の事であり、それは筆者に課された社会的な使命だと思う。

それが先進国の標準であり、そうでなければ日本は第１章でピックアップしたような愚行の累積で、行政も民間企業も継続的に劣化するだろう。

近藤氏の著作の場合

筆者の知る限りスウェーデン語が出来て、スウェーデンで納税経験がある方の著作又は論文は「スウェーデン福祉大国の深層」を執筆された近藤浩一氏の著作だけである。（第６章その４の５参照）

残念ながら近藤氏の場合、それまで持っていた自前の知識と、実際のスウェーデンの違いがあまりにも大きくて……その事が冷静にスウェーデンを観察することを拒んでいる事、日本及びスウェーデンにおける経験の幅が狭い事である。

末尾に400近い引用資料のリストを掲載することで、著者の推察、想像でなく日本、スウェーデン、海外諸国の碩学が執筆した論文、著作から引用した事を印象付ける努力を感じさせるが、「木を見て森を見ず」の感があり……「森を見て、次いで木を見て」で執筆されたら内容が充実すると思うが、ビジネス的にはその様な本は売れないから世の中は面白い。

６．藤井威氏の場合

まえがき及び第６章その４の１に取り上げた、藤井氏は、経歴を見る限り東京大学法科卒で経済学者ではない様だが、大蔵省の高官として、永らく国の経済財政政策に大きな影響力を行使するトップ級の高級官僚として政権中枢で活動されていた。

その後発生した失われた30年を運営した経済専門家の指導役であり、退職して天下り後も……「天下り院政」で現役の後輩官僚に影響力を行使して、現在の日本を作り上げた最大のインフルエンサーの様に見える。

経済政策は政治の世界、国会が決定するのは言うまでもないが、そのお膳立てをするのは高級官僚で……政治家の力は日本では平時には限定的だ。何時の頃からか、藤井氏の後輩は法学部卒で入省の人は英米に学士入学で経済学修士となり、経済学部卒の人は英米に留学で法律を学び法学修士となり、法律、経済の専門家となり同時に英会話を習得することになる。

第１章に取り上げた多くの過去からの負の遺産は多くの高級官僚が関係して作り上げたものであるが、その中で突出して大きな影響力を与えたのは藤井氏だと思う。

現役時代に留まらず、退職後も約20年間「天下り院政」で……現役の後輩に影響力を行使、日本の福祉政策を間違った方向に誘導、日本を低賃金、長時間労働を好む「ブラック企業」で充満する……後日失われた30年と呼ばれる時代を作り出す役回りをする事になる。

経済政策、国の政治で最も重要な事はSDGsである。

2015年に国連で決議されたSDGs＝持続可能な開発目標は人類が、自然と共棲することで未来永劫地球上で生きて行けるようにとの願いが込められている。地球規模、人類全体の事は重要であるが、それ以前に重要なのは個人のSDGsであり、家族のSDGsであり……国のSDGsである。

国連に言われるまでもなく政府、行政は国家のSDGsを考えて政治、行政を行わなければいけないが、日本の場合には全くその様な配慮が出来ていない。幼児が巨額の税収と呼ばれる資金で遊んでいる様なものだ。

個人のSDGsで考えれば日本の実情は以下の様に要約できる。

日本のエッセンシャルワーカーと呼ばれる人々と年金生活者に代表される低～中所得層の人は、年収額面500万円を超える事が難しい。低収入故に、収入増の為に残業が歓迎され低賃金、長時間労働に向かうベクトルが働く。

マンション購入を考えている年収500万円以下の
悩める30代夫婦の胸中をスウェーデンと比較する

夫婦共稼ぎで各々が年収450万円、夫婦で900万円である。現在家賃12万円の借家に住んでいるが、二人目の子供が出来たので４千万円のマンション購入を考えている。親からの援助800万円を頭金として30年払いで3,200万円の住宅ローンを考えているが、決断できない。

最近住宅ローン控除制度が出来て政府は若者に住宅購入を勧めているが、控除期間が13年で、その後17年の支払いに危険を感じている。現在は金利が0.4％程度で低いが……何時金利が親の時代みたいに10倍になっても不思議ではない。

親からの800万円の援助は贈与税の対象になりそうで300万円近い贈与税を払うのは追加の費用。

日本の場合

子供の熟、高校、大学の学費、子供の結婚資金
夫婦の老後の生活資金の蓄えに加え、将来の不安要素が多すぎる。
巨額公的債務を抱えた政府は増税傾向を鮮明にしている中で円安で食料品の価格

が上昇傾向を強めている。
住宅ローンの返済が出来るか……親の時代には現在の金利の10倍以上だった……。
……決断が出来ない……

日本と比較してスウェーデンの場合

スウェーデンでは低年収者に対する最高税率が23%になる様に税制が設計されている。

為替の変動により円貨では数値が変わるが500万円弱である。

スウェーデンは日本と比較して低所得者は税負担が軽く、５千万円を超える高額所得者の場合スウェーデンは日本よりも10%以上税額が高くなり、**日本とは真逆に、低所得者に低負担、高所得者に高負担**となっている。

この様な背景があるので、上記の日本の夫婦の例をスウェーデンでの負担、心配について予想すれば以下のようになる。

1．１人当たりの税負担は以上の理由で日本よりも約50万円程度低くなり、夫婦で日本と比較して100万円以上低くなり、その上に以下の事が起る。
- 学習塾はない、高校、大学も無料で学費の心配なし。
- 子供が遠隔地の大学に入っても生活費程度は国からもらえるから、自活できるので親の経済的負担はなし。
- 子供の医療費は19才まで無料。

2．住宅ローンで発生する金利分は全額税額控除で還付されるから将来に金利上昇を心配する事はない。
3．贈与税も、相続税もないから、親からの援助で税金の事で悩む事なし。
4．元金を均等払いにすれば、107万円/年になるが、負担が日本よりも二人で約20万円/年少ないから、支払いは87万円で今迄と同じような生活が出来る。
5．スウェーデンの固定資産税は自治体により異なるが日本の１/３程度で30年間同じルールが適用される。
6．今迄の家賃が12万円/月で、家賃は144万円/年だから、144万円－87万円＝57万円となり、固定資産税を払っても40万円/年程度の貯金が可能で、30年間で1,200万円になる。

政府は減税姿勢を鮮明にしており、日本の様な不安要素がない。
残業の無い社会なので、意欲さえあれば無料で色々な講習を受けてキャリアアップを図り、高収入を目指して頑張れる。

注１：日本では若者を政府が経済浮揚と不動産業界の活性化を図るために、最初の13年間は住宅ローン控除で、購入者のローン返済からの負担軽減を図っている。

注２：日本では注１に加え、政府が経済浮揚と金融業界……資金需要が無くて金余りで困っている……に確実な利益を得させる手段として６年間の期限付きで固定資産税を減額している。
家屋部分は1/2に、土地部分は1/6に減額されるが……その後は減額無くなり、残りの24年間は……スウェーデンの約３倍の固定資産税額となる。

注３：注１も注２も……政府が景気浮揚の為に若者を将来の金利変動のリスクを乗り越えての住宅購入に誘導している。
ローン返済は30年、６年後に固定資産税の……13年後に住宅ローン控除の梯子を降ろされて……高い負担を負う事になる。多分それは業界に天下りした高級官僚OBと、元部下の現役高級官僚のアイデイアがさせた事だろう。

注４：スウェーデンでは中古の物件を大切に使う思想が政府、民間の双方に強く、日本の様な優遇税制は採用されない。
政府、行政は経験が少なくこれから国を支える若者が、金利の変動を心配すること

なく、仕事に集中出来るインフラを政府が提供している。

注５：日本では、政府が業界と組んで……入口は梯子を掛けて二階に上げて……６年、13年後に梯子を外して、リスクを若者に負わせる。固定資産税の納税が滞ると数か月で……滞納とされてマンションは競売に掛けられて……買主はマンションからの退去を余儀なくされ、重大な転落の起点となる。

注６：日本では買主の若者は変動する金利の行方にビクブクしながら……仕事に集中できなく……心理的な事なので経済統計には明瞭な形では現れないが……日本の劣化を促進させる。

注７：日本では住宅新築で経済活性化を計画するが、スウェーデンではSDGsで、中古、古い建物の有効活用に注力している。

注８：総合すると両国では以下の様な違いがある。

スウェーデンの場合

政府、行政が厳しい自由競争の荒波から国民を守る意志があり、それを実行する能力がある。それは日本の失われた30年の期間、歳入と歳出が均衡、同時にその間に公的債務を減少させた実績の裏付けがある。

日本の場合

政府、行政、業界は国民を自由競争の荒波から守れる能力が無い事を熟知している。

公的債務は一人当たり1,200万円、家族４人で4,800万円の借金を抱えている政府は全く頼りにならない。

国の財政は超不均衡で、歳入の30～40％は借金で、将来、借金は激増しても……減少させる事は絶対に不可能。

既に巨額になった公的債務を増税で賄う……それは絶対に数学的に不可能……であるが、取り敢えず何かしないといけないから、若者を高いリスクの伴う、住宅購入に誘導する事で……関連業界の活性化を計画する。

以下に1993年からの失われた30年に起こった経済指標の比較を示す。

(円は×100万、スウェーデンkr、ドルは×1,000)

	１人当たりGDP 名目自国通貨			同左購買力 ドル表示			総純債務残 GDP比		
	1993	2023	23/93	1993	2023	23/93	1993	2023	23/93
日　本	4.05	4.7	**1.2**	22	52	**2.4**	0.2	1.6	**8.0**
スウェーデン	189	585	**3.1**	20	66	**3.3**	0.3	0.1	*1

注)*1　1993年よりも減少しており、それは債務でなく余剰金。
0.3−0.1＝0.2の貯金と見做される

スウェーデンで**普通の給与生活者の国税は無しで**、地方税は都市によりかなりバラツキがあり、日本の経済論文の様な書き方で詳細に説明するためには数冊の本が必要になる。筆者の感じでは上記の数値を中央にして殆どの都市は、プラスマイナス５％程度に収まっていると推測する。

多くの経済学者は、経済を国家統計と言うデジタルの数値しか見なくて、数値の背後、下部にある雑多な何かを理解して総合的に判断していない。幼児が目にする何かを表現する時に……大きい、小さいと表現するだけで……その内容に拘泥しないのと同様だ。実務＝常識的な知識がなければ、立案された制度は使い勝手の悪い設計になり、長時間労働の原因を発生させ、残業が労働者に給与的に有利になる用に制度設計されているので、作業する人もそれを歓迎するようになり、永久に「ブラック企業国」から脱出できない。

民間企業の場合

民間では個人企業であれ、株式非上場の企業であれ、上場されている大企業であれ、数年間純益が出なければ早晩経営が成り立たなくなって、倒産、市場から淘汰されるから、倒産しないように全方位にアンテナを高く上げて、対策を立てる。

- 国政の災害に相当する予測困難なものに相当するものに、顧客が倒産して資金が回収できない貸倒引当金がある。
- 建物、機械設備については減価償却との兼ね合いで、事業が永遠に継承できるように、設備の買い替え又は新設の為の貯金をする減価償却費がある。
- 優秀な人材の獲得と、優秀な人材の流出を防止するため高給が払えるように知恵を絞って経営を行う。

民間会社では殆どの経理担当者、経営者は有名大学卒ではないが、会社が競争に負けて自然淘汰されないために工夫して会社経営を行っている。

失われた30年及び現下の日本の経済状態

国政は東京大学卒を筆頭に高学歴者が取り仕切っているが、日本の状態は目を覆うくらいの惨状だ。民間会社の場合には株主、監査法人から経営陣は見張られているから健全性が維持される。

政府の場合には国会が、公務員の場合には公務員である人事院がお手盛りで給与を決定、仕事の出来不出来の評価とは無関係に決定される。スウェーデンでは制度としてお手盛りで給与が決められないように制度設計されている。

- 自然災害頻発国なのに、その様な災害発生に伴う引当金の準備が全くされてない。
- 半世紀以上前に先進国を見習って高速道路網、新幹線、鉄道、上下水道などの大型インフラの整備を始めたが、民間会社の減価償却に相当する、将来の設備更新、修理の為の資金的な備えを全くしていない。
- 驚くべき事に上記の社会的インフラの減価償却に対応する引当金の手当てがされていないだけでなく、巨額の公的債務＝借金を抱えている。
- 優秀な人材を確保するためには高給は最も効果的なインセンテイブであり、その為には稼ぐ役割の民間企業が働きやすい環境作り、制度の整備が不可欠である。高級官僚は実務＝常識が解っていないので、反対に制度設計が複雑化して民間の仕事の邪魔をしている。
- 場当たり的な、パッチワーク的な仕事の継続で、長期的な視点で国家経営を行う知性がない。
- 多くの高級官僚が定年後天下り、「天下り院政」で80代までの20年間に巨額報酬を手に入れ、その数百倍に相当する天下り先の納税額減額と言う、国家に対する犯罪行為とも見做せることが看過されている
- 筆者と同じく中学卒後すぐ関西へ丁稚奉公で修行して十数年後に自営業者になった友人は十人以上いる。純然たるサラリーマンになったのは３人だけだ。同郷の友とは濃密に交流しているが彼らは日本の国家経営に携わっている高級官僚よりもはるかに自営業を立派に、健全に行っている。これは何を意味するのか？

自己慢心が興味を喪失させ、探究心の無い人間になる

スウェーデンは残業がない社会だと聞けば、その理由が何であるか聞きたくなるが……その原因について詳述した経済学者の論評に遭遇したことがない。スウェーデン人との会話で筆者が違うと思うのは、アホナことを話題にした場合には……お互いに大笑いしてそれでおしまいだが、珍しい良い事が話題になった場合には確実に彼らは、何故？？……と聞き返し、

その理由を確かめたがる。
日本人の場合には、多くの人はアホナことと、珍しい事の取り扱いの違いが殆どない。
日本の経済学博士は高等数学を駆使した新しい行動経済学とかゲーム理論と呼ばれるノーベル賞の対象となる様な高等経済学に就いては多分、ご存じだが……否、ご存じでないかもしれない……算数と呼ばれる四則演算で十分なお金の計算の事には興味が無いのかもしれない。オウム真理教のサリン事件で死刑執行された豊田亮は、フランスの中学生が執筆したガロアの群論の数式が理解できなくて、東京大学物理学科博士課程を中退、麻原彰晃に帰依したと言われているから、経済学者が21世紀の高等数学を駆使する経済学理論を理解出来ていなくても不思議ではない。筆者は、東大卒の人も含めて多数の旧帝大卒の人々が解らなかった高等数学の問題を自分流に解決した経験が二つある。数式を活用して計算することは出来ないが、数式が目的としている事を理解して、その問題を自分流に解決する方法を考え出して解決した。

行動経済とゲーム理論の場合

21世紀経済学の先端部分にある経済学でノーベル賞の対象となっている行動経済学、ゲーム理論と呼ばれる分野では難解な以下のような数式で表わせられる数学が使われており、筆者には全く手に負えない。

ゲーム理論の一般式
$F_i(q_1, \ldots, q_n) := \prod_{j \in N} \sum_{s_j \in S_j} \left\{ \prod_{k \in N} q_k(s_k) \right\} f_i(s_1, \ldots, s_n)$

筆者は行動経済学、ゲーム理論の様な高等数学を活用して確率を計算するような事は出来ないが、上記の数式が意図している事は理解できるので、その計算式の意味する所に従ってジャンケンに連続して８回勝利、クリスマスパーテー参加者200人強の中でトップになり、高価なラジカセをゲットした。（自分史第一章、写真集参照）
24才頃の住友電工在職時、京都大学工学部修士卒の数学の天才大津保雄氏が、微分幾何学で立式した設計標準を残して長期の海外出張で留守にされた。住友金属経由で国鉄に納入される工具の設計寸法の計算を、微分幾何学で計算されている。10人以上の旧帝大卒の人がその計算式が何を意味しているか解らない。
筆者は数式が全く解らないが何を求めようとしているかは理解したので、コンパスと三角定規を使って、微分幾何学を使わないで寸法を決める事で問題を解決、住友金属、国鉄への納期遅延で大問題になるギリギリの期限内に住友金属への納期遅れの問題発生を防いだ経験をしている。（自分史第三章、第２部第５章その７参照）

アルバイトの影響

日本では大多数の経済学部の人はアルバイトの経験があるだろう。
スウェーデンではアルバイトをする学生は非常に稀有だ。ゼロと考えて言いが、それでも珍しい経験を1980年代に１回だけした。ストックホルムで深夜開業している大きなレストランの会計の所で、男の人が分厚い本を鉛筆片手で読んでいる。聞いてみると彼は大学生だったが筆者はそれ以上の詮索をしなかった。
どの様な理由で彼がそこに座っていたのか知らないが、両親とは離れた遠隔地の大学進学の場合でも、アルバイトをしなくても生活できるだけの補助は政府が出してくれるから、学生アルバイトはスウェーデンでは一般にはないのだ。

この事は、スウェーデンの場合学生が社会的常識を学ぶ機会が日本の学生よりも少ない事を予想させるが、反対にスウェーデンの学卒は常識＝経済学の知識が豊富で職場に急速に溶け込めている。

原因の１つにはスウェーデンでは事務機械、ファイリングの仕方、プレゼンテーション用の機器、方法などが学校、企業、役所も同様であり、企業で使うものが学校で使われている……半世紀以上前から標準化されている事も大きく貢献している。

当時日本では官庁も民間企業も……筆者の経験で唯一の例外としてホンダ技研を除いて……乱雑に、書類、本類、その他が机の上に積み上げられていた。1960〜2000年頃まで筆者は５千を超える日本中の企業、大学等を訪問しているから自信をもってこの様な事が書ける。

社会に出てからの即戦力？

卒業してから、組織で使い物になるまでの期間がスウェーデンと日本では大きく異なる。

アルバイト経験無しで、社会的常識を積む機会が少なかったと予想されるスウェーデンの学生は、就職後短期間で戦力として貢献できるが、日本の民間企業の場合には長期間を要する。

例外は、**考える事を必要とせず、ルール、指示に従って仕事をする**だけのキャリア官僚だけである。

彼らは入省後一応の教育を受けている様であるが、第１章に既述の様な、愚行が行われている以上**彼らは民間基準で考えた場合、使い物となるレベルには程遠いがそれでも仕事を任される。**民間会社の場合には周囲から、使い物になると判定されなければ一人前の仕事をさせてもらえなく、その中には最も基礎的な作文力＝国語力も含まれる。

工員でないから文書の作成能力は非常に重用であり、宛先により、敬語その他表現方法を相手に忖度する姿勢を文章で表現できなければ、上司による不愉快なチェックを免れない。

お役所言葉

日本にはお役所言葉と呼ばれる、上から目線で国民に決まりを布告する文体がある。

日本語の文法、慣用からすると……度外れに下手糞な文章で、深く考える事を要しない、自己忖度＝保身を前面に出した作文の形式であり、それ自体は簡単な事だが、それを読まされる国民は辟易,理解するのに難渋して司法書士、税理士等の外部の専門家の助けを要する。**日本の民間会社で官僚の様な品質の仕事をすれば……早晩、会社は間違いなく倒産する。**

日本の経済学者が愚行を止められなかった必然性

東京大学を卒業してキャリア官僚として採用されるのはＡ級成績の人々で、Ｂ級以下の人は排除される。

入省までの10年近く受験競争の中で順位付けされ、Ｂ級以下の人は頭が上がらないから、無数の大学の文系学部に学者として残っているＢ級OB、OGは、高級官僚に異議申し立てできる様な勇気はないし……「妖怪ジャパン」に感染しているから……若し日本経済の不条理に気付いていても発言するのに腰が引ける。

取りあえず「茹でカエル」……状態で無視、放置する内に巨大な借金の増殖。手が付けられない状態になって終ったと観察している。

日本の博士とスウェーデンの学士の違い

日本では既述の藤岡純一氏、岸田未来氏も京都大学経済学博士であるが、バーネビーク氏は単なる学士で博士ではない。

非常に巨大な教育の差を示している

バーネビーク氏のケースはスウェーデンの大学教育が生きた経済を学ばせている事の象徴的な事実であり、ボルガード氏、アンデション女史、及び他の二人の30代の女性野党党首の例も同様である。

日本の場合は、藤岡博士、岸田博士の例のみならず、第１章に既述の多数のキャリア官僚の愚行から、日本のキャリア官僚一般の経済運営のレベルの低さを物語っている。

筆者の視点で単純化すれば、「日本では学問の為の学問」であり、経済を学ぶのでなく経済学を学んでいると言わざるを得ない。教育する教授＝学者も、経済を理解する為に活字知識は豊富だが必須の社会的常識に疎く、その重要性を認知していないので……スウェーデンの常識を全く知っていないにも拘らず、その重要性に気付かないので……スウェーデン人から聞いた事をかみ砕いて理解することなしに日本語で論文を執筆している。20世紀ならばそれでも世間は納得させられたかもしれないが、21世紀となりそれでは通用しない。

民間企業で経済学論文の様な出張報告を書けば、、即刻、一発でOUT、その愚行の修復は容易ではない。

教育行政を行う「KAKEN」との関係で考えてみよう

スウェーデンでは高等教育は社会へ出て活動する為の予行演習で日本に較べ大きな教育の違いを示している。

日本の場合

日本の場合は、経済学は経済学の学位を取るために教育する事、教育される事で……究極に博士号を取るための教育であり……結果的にそれが社会にどのような貢献をするか……したかで……採点すると二人の京都大学経済学博士の場合には貢献とは呼べない。単なる自己満足でそれ以外の何物でも無い。

スウェーデンの場合

スウェーデンでは社会にデビューする直前の大学教育は社会＝民間で具体的に役立つような教育が行われている。その様な教育が行える教授陣がいる事が必須の条件であり、官と民の垣根の低い……日本人感覚では、無きに等しい……スウェーデンだから出来る事だ。

日本の場合

これまでスウェーデンについて日本の権威者とされる、藤井威元大使、藤岡京都大経済学博士等のスウェーデンに関する著作を筆頭に、幾つかのスウェーデンに関する論文、著作を俎上に挙げて評論したが残念ながら、それらは確かにスウェーデンの一部の事を書いているが、社会に出て有用……それが学生や他の研究者を刺激するような論文、著作に遭遇したことがない。

偶然から科学技術振興機構＝「KAKEN」が公開、文科省から約200万円の補助をうけて２年間で著作された京都大学経済学博士の岸田未来さんの論文に遭遇した。

題名は「スウェーデンにおける「財閥」企業集団の企業統治構造とその変容」であり、筆者が自分史、第二部で頻繁に扱っている事と共通するが、筆者の目からすると非常にピント外れで、経済の事が解ってみない……子供の作文の様に見える。

それは、岸田博士が経済学は充分に、完全に習得しているから経済学博士になられているのだが、経済の事が解っていないのとスウェーデン語が全く解っていないから、スウェーデンの常識について無知である事が原因している。

スウェーデン経済はスウェーデンの常識の上に積み上げられており、スウェーデンの常識が解っていなければスウェーデン経済を理解することは出来る筈は無い。

それに輪を掛けて問題なのは、日本経済の事についても……経験が貧弱で、それは記述の内容から隠しようがないほど明瞭に観察される。約1年間スウェーデンのリンショッピング大学で客員研究員としてスウェーデンでの在住経験があるが、残念な事にスウェーデン語が全く出来ない事が論文から見て取れる。

常識の一例：残業の無い社会

日本は残業愛好国で、生活残業等と揶揄する人もおり、国立循環器病院の労使協定で月間残業上限を300時間とする労使協定が結ばれていた新聞記事を筆者はこの本でピックアップした。

スウェーデンは短時間労働国で、残業がない国である事は良く知られた事である。

岸田博士以外に、多数の著名な大学教授がその事について、論文発表、無数の場で講演されている事がネット情報で確認できる。筆者が遭遇した範囲では全てその事実を報告しているだけで、スウェーデンが無残業社会になる必然性について言及されている例に遭遇したことがない。経済学者の皆さんは結果について、結果を示す統計については興味があるが、何故その様になったのかその背後、に潜む何かを知りたいと言う、科学者的な興味が全くないみたいだ。

スウェーデンでは雇用者、被雇用者の双方に残業する事が不利になる様な税制設計で、それは半世紀以上前、筆者がスウェーデンに転勤した以前からそうなっているから、スウェーデンの常識であり国内で国民が話題にすることはない。

たぶん、21世紀の現役のスウェーデン人に無残業の理由を聞いても、多分、彼らは上手く説明できないだろう。

日本に住み、日本文化の中で生活している人にとって、スウェーデンの経済、政治を咀嚼して理解する為には先ずスウェーデンの常識を理解しなければ、スウェーデンの経済、経済統計を眺めても誤解の連鎖となる。

科学研究費補助金研究成果報告書＝「KAKEN」報告書

文系論文は旅行記の様なもので「KAKEN」が研究費補助の対象にするのに大いなる矛盾＝無駄を感じる。

論文の出来不出来について論評出来る専門家がいないし、そんな仕事をする価値、理由はない。

内容のない無駄な論文作成の為の長時間労働を排除し、「KAKEN」のコスト削減と世の中に無用な論文を氾濫させないために、外国の事を扱う文系論文の研究費の補助について以下のような提案をしたいものだ。

- 研究費支給申請書に現地語の会話と読解力がある事を認める在東京大使館からの証明書の添付を義務付ける。

事態として非常に下手糞でもレベルは問わない……その為の資格テストも無用……それでも構わない。

過去の大量の内容の論文の内容から判断すれば……大部分の論文執筆者は申請を諦め、無駄な論文の作成は抑制される。

これは単にスウェーデンだけの事ではないから、200万円×千本＝20億円の節約になるだろう。

既述の様に、21世紀になりネットで文書化された情報は無数にあり、それらは現地に行かなくても、日本で入手可能である。

最も重要な事は現地の常識を理解し、疑問があれば現地の人に聞ける会話力がある事である。

この程度の低いハードルを設ける事で……全く手間いらずに……研究費補助申請を考える学者を篩に掛ける事で、文系論文の大多数は「KAKEN」の補助対象外となり、予算を他の有効な所に向けられるだろう。

粗雑な論文の氾濫が減少、執筆する学者の労働時間も減少、余裕の時間はより有効に使用されるだろうから良い事ばかりだ。

筆者が今回遭遇した多くのスウェーデン、北欧関係の経済論文の９割くらいは、有害無益な論文であるような印象を持っている。

官と民が一緒に研究するスウェーデン

筆者がこの様に自信を持って言えるのは、27〜28歳の頃にエリクソン氏と在東京スウェーデン大使館の技官ホーンマルク氏との会合に端を発する。1960年代後半に世界に３台しかない100万ボルト透過型電子顕微鏡が会社の研究所に設置されており、日本のトップリサーチャーはその事を知っていた。

その様な背景が有ったので筆者は約40年間に、多分、千人レベルの多数の日本のトップリサーチャーと議論する経験が出来た。東大の教授と面談する時に教授は、東大には岡田の名前の人物はいないので、筆者を京大卒と誤解されている様な表現をされたが、表面から出身大学を聞かれることはなかった。

筆者が京都大学の教授と面談する時には真逆に筆者を東京大学卒と推測されている様な発言があった。

面白い事に、誰一人として直球で出身大学は何処ですかと聞かれた事がない。

出身大学について直球で聞かれたのは50才の頃、インドで30〜40名くらいの技術者……その中の半分くらいは工学博士……に約２時間の講演をした時である。講演会が終了した後に、東京大学大学院に留学した人から出身大学を聞かれ……住友大学院大学だと経歴詐称をした。住友の名前は良く知られており、その人はありそうな名前なので納得したみたいだった。

公式には経歴詐称かもしれないが、実態はその通りで、夜間の大学に通いながら、住友電工で「ポスドク」に相当する大きな費用の掛かる多数の実験を、顧客の費用でやらせて貰っていた様なものだ。

1960年代中頃に、月間レンタル100万円のコンピューターを夜間に数十時間使用させて頂いた。

実験すれば数百万円掛かるような新しい特殊品のテストを顧客の注文品に挿入して行うなど、普通だったら東京大学大学院卒後でなければ出来ない様な大きな費用の掛かる実験をビジネスの場で多くさせて頂いた。

日本では多くの会社、研究所は学閥があり、筆者は学閥に関係なく、日本中の著名大学、公立の研究機関に出入りしていた。

100万ボルトの電子顕微鏡は、多分、スウェーデンの金属研究所とサンドビックが費用を折半して購入して、サンドビックのストックホルムの研究所に設置された。

日本だったら、多分、国の機関に設置されて、使用したい民間の技術者が訪問するのだろうが、スウェーデンでは民間の企業に設置された。スウェーデンではあらゆる場面で、官と民が……日本人感覚では垣根なく……仕事をしている。

だがスウェーデンの常識では、彼らは依然として官と民の間に壁、垣根があり、その垣根を更に低く、無きものにする為の努力をしている。

スウェーデンでは高等教育は社会へ出て活動する為の予行演習なのだ

日本では既述の藤岡純一氏、岸田未来氏も京都大学経済学博士であるが、バーネビーク氏は単なる学士で博士ではない。

非常に巨大な教育の差を示している

日本の場合

日本の場合は、経済学は経済学の学位を取るために教育する事、教育される事で……究極に博士号を取るための教育であり……結果的にそれが社会にどのような貢献をするか……したかで……採点すると二人の京都大学経済学博士の場合には貢献とは呼べない。単なる自己満足でそれ以外の何物でも無い。

スウェーデンの場合

既に多くの場面で日本とスウェーデンの教育の違いについてコメントしているが、スウェーデンでは社会にデビューする直前の大学教育は社会＝民間で具体的に役立つように教育が行われている。その様な教育が行える教授陣がいる事が必須の条件であり、官と民の垣根の低い……日本人感覚では、無きに等しい……スウェーデンだから出来る事だ。

日本とスウェーデンの国政の成績表

失われた30年を1993年〜2023年としてその間に変化した一人当たりの名目GDP及び総公的債務残の変化を下表に示す。

自国通貨でのGDPの増加

日本は1.1倍で経済学では差を認めるが、庶民感覚では変化なしである。
スウェーデンでは３倍になっている。

米ドル換算では

日本の2.4に対してスウェーデンは3.3倍で日本の約1.4倍である。
GDP比総純債務残＝借金は日本の８倍に対して、貯金が0.2である。
(円は×100万、スウェーデンkr、ドルは×1,000)

	１人当たりGDP 名目自国通貨			同左購買力 ドル表示			総純債務残 GDP比		
	1993	2023	23/93	1993	2023	23/93	1993	2023	23/93
日　本	4.05	4.7	**1.2**	22	52	**2.4**	0.2	1.6	**8.0**
スウェーデン	189	585	**3.1**	20	66	**3.3**	0.3	0.1	＊1

注)＊1　1993年よりも減少しており､それは債務でなく余剰金。
0.3−0.1＝0.2の貯金と見做される

政治を担当するのに**最も不向きな人間に教育して、その中から、より不向きな人物を抽出して**、行政の要職に就けた結果がもたらした結果だ。

失われた30年に起こった事

スウェーデンでは

自由経済の荒波がもたらすリスクから国民、企業を守るために国がリスクを負い、自然災害のないスウェーデンで、多くの移民を海外から受け入れているにも関わらず失われた３０年の間に借金が減少……返済過剰で貯金をしている。

日本では

政府はリスクを国民に負わせ、著しく専門能力の低いキャリア官僚によって運営されている国政、地方自治体は、絶望的に非効率……自然災害多発国なのに資金的な余剰金がないのみならず、巨額の借金を積み重ね……借金の更なる増大＝長期的エンドレスな円安が、生活物資のインフレとなって庶民の生活を直撃する。

それらは、残念ながら筆者の世代の人を出発点として
継承されて、次の世代の人が大きく育ててしまった。

第二部冒頭で話題とした佐伯啓思氏、中野剛氏、小林慶一郎、新田八郎氏等も前述の３人と全く同様で、統計と、情緒的な言説を羅列するだけで、科学的に経済現象を分析、経済現象の因果関係を明らかにするような視点を完全に放棄している。

それが「妖怪ジャパン」の影響によるものか……かなりの字数を使って書かれたものが……彼らが本当に信じている事かは不明だが、日本の経済の現状に対しての危機感が全く感じられなくて……単に傍観している姿に驚く外ない。

抽象的な議論をもてあそび、日本の政治、経済、教育政策に巨大な影響を与え、碩学と呼ばれてきたが……気が付いてみたら……ボヤが……手の付けようのないような大火になり、建物の骨組が焼け落ちようとしている。

もう議論の段階は過ぎた……日本の経済学は無責任学で……「反社会的学門」と呼ばれるべきであると思う。

企業の経理事務を行う職業訓練の為の会計、国政に影響を与える経済学とは全く異質な事である。

その13：『全国旅行支援制度』は考えられる最悪の制度

制度は巨額の予算を計上して、関係業界の会社、従業員に負担を掛けて、全く何のメリットもない世にも不思議な事だ。

1．関係業界の従業員、企業に無意味な負担を掛け、従業員には長時間労働、企業には残業代、ネットシステムの変更等の無意味な負担を掛けた。
2．地方自治体も企業同様に、システムの変更、職員の残業に伴う長時間労働の原因を作った。
3．制度を利用する国民は自治体による対応の違い、業者による制度適用、適用不可の区別が、複雑で、意味のない不便に振り回されて筆者は辟易した。筆者の場合北海道への同行４人の旅行に際して、最終的に適用不可となり、４人分の約40万円の補助を貰えなかった。
4．長期滞在、高消費が期待できるインバウンド客を適用除外として、制度のプラス効果を減殺させるようなアイデイアが何故実行されたのか。2023年４月19日の政府観光局の発表によれば、2023年３月のインバウンドは181.7万人と報じている。多くのインバウンド客は１週間単位の滞在で消費水準も高く、国内旅行者の大まかに10倍以上を消費すると仮定すれば、181万人は、１千800万人の国内旅行者に相当する。
5．自治体を競わせる事なく、旅行会社、宿泊施設を競争させる事なく、事前にプランとして登録する事を義務付けなければ制度の運用は劇的に簡単になっただろう。
6．筆者なら、単純に宿泊施設に身分証明書とワクチン接種の証明書をチェックさせ、地方自治体、旅行業者の関与、事前のプランの登録などの無駄な事はさせない。宿泊施設が虚偽申告で不正に補助金を詐取した場合には、**３倍の罰金を課すと制度設計すれば、手間いらずで詐欺的補助金の横領は激減するだろう。**
   インバウンド客を制度適応対象として、海外メディアに積極的に宣伝して、インバウンド客の増加を図る。
   １人のインバウンド客が30万円消費した、とすると、180万人では5,400億円の消費になり、消費税は400億円となる。計上された予算は早晩インバウンド客でカバーされ、借金の積み増しにはならなかっただろう。

結局『全国旅行支援制度』は国公債の発行残高を増加させ、関係者に長時間労働をさせただけであり、解り易く言えば、国民に対しての犯罪的な制度設計だった。

既述の400億円の金利を還付した国税、天下りで税金減額の為に税務署に口利きをする天下り官僚OBと同様でそれが日本の現状だ。

その14：統計のつまみ食いと、先回り売買

著名シンクタンクの専門家が、故意か、無知からか、海外の統計を引用して、シンクタンクの意見表明をする。

例えばスウェーデンの国会議員の男女比、約50対50は、歴史、文化の自然発生的な変化で緩慢に進み現在となりました。

社会的なインフラが整っていない日本を数値目標で運営しようとするのは無理がある。

政権政党、野党、マスコミが統計を単純にあげつらって政府を批判すると国政は迷走、それに付け込んで、経済学者、学者、専門家、シンクタンク、研究所等が、『統計の摘み食い』を行って『御用学者』的アシストを行い、世の中を混乱させる。

経済学では、無能力、汚職、天下りが作り出す負の貢献は想定されていなく、日本経済に経済学を適用する事に無理があり、限定的な適用に留めざるを得ない。官にはコスト意識が無いので、時間の経過と共に帳尻を合わせるため、最終的に国公債の発行残高が増加する。筆者の知る限り、政府債務の総額との関係で経済政策を論ずるようなレベルの、納得性のある経済学論文、著作に遭遇した事が無い。

日本の高級官僚は社会的常識と融合して経済活性化に結び付ける政策、行政が出来なかった。

活字経済学は学んだが、経済運営に最も重要な常識を学ぶ機会が少なかったので、強欲が支配して不可解な妖怪の様に変化する経済現象の今後の動きを予想できない。

受験勉強の様に常に正解が近くに存在する環境とは異なり、経済現象は無数の因子が関係、正解は誰にも解らない。多視的で想像力豊かでなければいけないが、既に成人した人に性格を変えさせることは不可能だ。

『全国旅行支援制度』の場合には、制度を作り、運用を指示した高級官僚が経済学で著名なケインズ経済学が教えるパロディーとして『穴掘り、穴埋め戻し』的な経済行為である事を全く理解していない事を露呈している。

統計は誤用されているのか……悪用されているのか？

無数の統計が存在するが、政策に影響を与えるような統計は、無数の因子が関係して出来上がった経済活動の総和が示した結果であり、その様になった内容には立ちいらないで、数値をそのまま使用するのは危険だ。

著名シンクタンクNTTリサーチコムの統計つまみ食い

国政に高い影響力を持つと言われている著名シンクタンク、NTTリサーチコムの日本の居住環境が米国に次いで世界第二位だと誇示する論文がネットで公開されていた。

以下に要約を示す。

国公省のデーターを基に戸建ての床面積の比較で日本の広さが英、仏、独と同等又は日本の方が広い。

世界一広い米国の戸建て住宅に比較して日本は148－125＝23㎡少ないだけと主張している。

日本の住宅事情を『ウサギ小屋』と揶揄した外国に対抗して国民に対する教育を意識した論文の様だ。
１人当たりの床面積も日本は僅差で英、仏、独とホボ同等として記載している。

スウェーデンとの比較

スウェーデンでは玄関、廊下、階段、トイレ、クローゼット、地下室等は居住面積とはされない。
筆者がスウェーデンで購入したテラスハウスは日本流にカタログに書けば……

> 三階建て述べ床面積180㎡地下室付き。20㎡ウッドデッキ、６㎡ベランダ付。各350Lの冷蔵庫、冷凍庫と電気調理器、横型洗濯機、10個の１kW暖房用パネル付き、となる

筆者が買ったときのスウェーデン語のカタログには『延べ床面積110㎡』と書かれていた。
NTTリサーチコムの論文には一人当たりの床面積を国際統計で日本は41㎡、従ってスウェーデンの我が家をスウェーデン流に評価すれば、下表の様に１人当たりの床面積は28㎡となり、日本よりも劣悪な居住環境と言う事になる。

	延床面積（㎡）	1人当たりの床面積（㎡）
米国　（国の平均値）	148	65
日本　（国の平均値）	125	41
スウェーデンの我が家の日本での表示	180	45（家族は4人）
スウェーデンの我が家のスウェーデンでの表示	110	28（家族は4人）

統計は社会的経験が豊富で、常識溢れた人が何かの疑問を感じて、それを補足する為に活用するのには効果が有るが、貧弱な社会的知識しかない人が、統計から社会を理解しようとしてもそれは無理だ。
誤用、誤解となり、その様な人が肩書を看板に論文を書くとそれは社会的な害悪となる。
意図的にそのような、誤用を専門家の肩書付き論文で公開すれば、それはネット社会で拡散、情報戦を戦うロシアとウクライナ、イスラエルとハマスの、プロパガンダ合戦に相当する『情報テロリスト』の様なものだ。
NTTリサーチの様なシンクタンクがこの様な粗雑な論文をネットに発表する神経が筆者には理解できない。想像するに、フレッシュマン級の若者が上司から課題を与えられて、無数の公開された統計資料、論文からデーターを抽出して執筆、それを上司＝組織が認めて発表したのだろうが、困ったものだ。
筆者は米、英、独、仏で、複数の一般家庭を訪問しているから、この論文に遭遇した時、理由は不明だが背後に不純又は、執筆者の幼稚さを感じた。
著名シンクタンクも、第１章で明らかにした、国家公務員である高級官僚と同じ『妖怪ジャパン』に感染していると感じた。

学問としての経済学の限界

経済学は現在の経済現象を分析して、現状を知り、今後の変化を予測して必要な対策を考

える学問で、それを期待されている。統計数値が正しくなければ、出発点である現状認識が間違ったものとなりそれは間違った対応をする原因となる。
大昔の様に変化の速度の緩慢だった頃は、対策が進行中に修正可能でありある程度の実用的な意味を持っていたかも知れないが、21世紀になり変化が速く多様な手段が混在しているので、導入初期に下手糞なシステムを構築すると利用者に不信感を持たれ……新しい事への国民の忌避感が強くなり、世界の先進国からの遅れが加速される。
二種類の統計がある。
統計には**『生データーの統計』**と、種々の統計を組み合わせて加工して新しい統計として発表する、**『加工型統計』**がある。
『生データーの統計』は時間と手間を掛けて作られ、多くの場合それは……もし作為的な操作がなければ……正しく、先ず信頼できる。**『加工型統計』**は元の統計の意味する事を十分に咀嚼して理解していないと、大きな間違いを起こし、国政に対して悪影響を与え、結果的に**『情報テロリスト』**と同じ仕事をする事になる。

その15：日本の特許出願件数が世界の半分 それは単なる無駄だった

筆者は1980年代中頃、日本の特許出願件数が世界の総出願件数の約半分になったと日経新聞が……日本最高と称える記事を何も解っていない……と苦々しく読んでいた。

経済学博士の論文を発見

1987年発行『産業学会研究年報　第３号』に掲載された『戦後日本の特許制度・特許活動の数量的分析』を発見した。論文は特許庁から公開された多数の統計資料を分析している。
論文の著者は神戸大学大学院大学経済学研究博士課程を修了された経済学博士、明石芳彦博士である。
執筆者は巨大出願件数と『技術立国』日本の当時とその後の『圧倒的な技術競争力を獲得する』に刺激されて、Ａ４で15頁の論文を執筆された。

多くの学会関係者が支援

論文作成の資料として利用されたのは18の参考文献と科学技術庁、総務省、特許庁の年次報告書などの４件の各数百ページの大部な報告書である。
著名な数名の大学教授……その中にはエール大学教授の名前もある……から有益なコメントを頂いたとの謝辞が述べられている。

筆者や民間の製造業で技術者として当時注意深く働いていた人なら……一瞬でその理由が解るが……経済学者は15頁もの論文で疑問を提供するだけで解答は闇の中……単に疑問を提供しただけで、今後の経済政策、行政に対して有益な提案ではない。
単に、日本が素晴らしい技術大国で、輝かしい未来は明るいと誤解を与え、その様な論文がマスコミで重用されて社会的誤解のレベルを上昇させる。
論文は過去のデーターを読み解こうとしているが……経済学の教科書、書籍、論文を読んだだけで広い経験をしていない活字経済学者ではその背景を読み解く事は不可能だ。
１つの論文を起点として、更に誤解が増幅する事も多い。

原因は日本のQC活動にある

自分史第三章に既述、住友電工在職時代のQC活動＝品質管理活動の一環で、工場労働者に改革、改善提案を浸透させる運動は日本の工業製品の品質の安定に巨大な貢献をした。

その運動から派生して、些末な提案でも、特許、実用新案として出願する事で従業員を鼓舞する方向に拡大していった。無数の特許、実用新案の出願が成され、発明者名にはQCグループの全員……多くの場合５～10名くらい……が記載され、発明者には少額の報奨金が与えられた。その様な、ゴミ特許の出願は1960年代に始まり、徐々に加速……その統計数値を眺めて論文は執筆されている。

着想は良かったが、教育の場以外の民間での実務の経験が無く、自由経済の現場での経験がないので、統計数値だけでの推測だから『メクラ象』で、視覚障害者が象＝統計を撫でまわして、象の全体像を推測するようなものだ。日本の様に終身雇用の官と、民では生きた知識の量と深さに巨大な差のある国では……この様な経済学者が国家経済の運営に大きな影響を与える。

殆どの場合、統計だけでは何も知る事は出来ない。統計の価値は、先ず社会、マーケットを眺めてその様な統計数値が出現した理由を推理して、推理が正しいか、全くお門違いかを確かめるときには非常に有益だがその逆は無い。

1984年には日本の特許、実用新案の出願件数が世界の約45％だったと日経新聞が日本の突出して高い技術力を強調していたが、それは、筆者の様な中身の理解できている人間から見れば、全くの誤解だ。

特許庁の2019年の統計で特許の出願が約30万件、登録件数が１万件弱、登録率が約３％で狭き門だ。特許は審査を経て登録されなければ出願費用を掛けて出願した企業にとって意味がないが、クズ特許出願では登録される筈もないし、若し登録されても権利を主張して維持する為には、年会費を収めなければいけない。

出願だけで……金と時間を掛けて……無駄を承知で行い、特許庁＝行政機関に余分な負荷を掛けた事になる。

民間企業の場合、何かが急増で異常な事が発見されたら、まずその原因を究明、外挿法でその先の変化を予測して、先回りして対策する視点を持っている。そうする事で未然に損害を防げる、反対に新しいビジネスの発見に繋がるかもしれない。

民間では常時大小のその様な判断を外挿法で行い会社経営が成されている。

自然は気ままに予測不能な変化の連続で、自由主義社会の国家経営も自然と外部環境の変化に寄り添って行わなければ、早晩、行き詰まり……そのような経過を辿って経済が停滞、その傾向を強めて日本は21世紀に突入した。

出願費の問題

約30万件の実用新案、特許の出願費用は巨額になる。

大企業でも一般に日本では社内に弁理士はいないので、外部の特許事務所に出願手続きを外注する。

大まかに、令和４年の金銭感覚で推測すれば出願費用は50万円×30万件＝1,500億円に相当する。

1960年代の初め頃の数万件から、1987年の30万件まで約25年間、この様な『屑特許』の出願を約12万件／年のペースで増加させ、累計で300万件になっていた事になる。

出願費用は50万円×12万件／年＝600億円／年。25年累計で600億円／年×25年＝1.5兆円となる。

一般に民間企業は金融機関から多額の借入金を使って経営されている。

1.5兆円の借入の金利が３％/年と仮定すると……支払い金利か450億円となり、それらは全て会社の純利益を棄損する。

国内には『ブラック企業』と『ホワイト企業』が混在するから細かな数値は推算できないが、最終的に法人税の減額効果となり、それは国税の減収となって国家経済に、マイナスの影響を与える。

宴会費用：GDPと税収の上昇に貢献

全く予想もしていなかった、発明者となり特許出願で会社から少額の報奨金を頂戴……多くの場合、数百円～千円程度……祝賀会を開けばその支出は300万件×発明者数６として×５千円/宴会＝900億円の消費になり、GDPの上昇要因となる。消費税は10％で税収が90億円増加となる。

年間売り上げ２千万円強の、ソコソコの個人経営レストラン1,000軒の年間売り上げに相当する。

出願費用の消費税

出願費用の消費税は10％で……特許印紙には消費税は掛らない……出願に掛かる費用を50万円/１件と仮定したから出願サイドの会社の費用はそれで完結する。

特許庁＝国は国税として……2023年の費用で計算すれば……特許印紙代が14,000円/１件、担当弁理士への支払い費用の10％の消費税で、１千５百億円の税収となる。

企業が真剣に出願した特許でも登録に至るのは３％……屑特許は出願時点から……出願費用の数倍は掛かり、登録されるとは思えない出願を費用の掛かる審査請求する筈は無い。

特許庁への負担

出願された特許は特許庁で人手を掛けて、方式審査を経て出願特許として公表されるが、人力が必要である。

世界の出願件数の45％を日本が占めると言う事は、日本では米国、英国、フランス、ドイツ、スウェーデン……世界の日本以外の数十か国の特許庁とホボ同数の特許事務を行う人員が必要である事を意味する。

それは、特許庁＝通産省の増員の要求と**長時間残業……特許庁の『ブラック官庁化』を推進**する事になる。

ホワイト企業への迷惑

非常に立派な発明を出願されたホワイト企業は、登録決定を待っているが、クズ特許が行列の前に並んでいるので順番が来るまでに時間が掛かる……通常登録まで数年……特許の有効期間は出願から、20年で、登録手続きに何年も掛かるとその間に権利が主張できないので、権利主張できる期間が短くなった分だけ減収となる。

巨額の開発費用を掛けた事件の特許の出願の場合にはそれは重大な問題だ。

統計はその統計が示す内部の知識の貧弱な人は誤用、社会に害を与える。

日本では頻繁に上記の様な、活字学者が社会に混乱を与える統計の誤用をしている例に遭遇する。

終身雇用文化の日本では、学者は活字学者で経験が貧弱、統計の背後に潜む何かを推察する能力が無い事が原因である。

スウェーデンでは絶対にこの様な単純なミスユースは起こらない。

それは官と民の間の垣根が無きに等しいくらい低く、人的交流があるから社会全体の平均的知的レベルが高い事の証明である。

総括：突出した日本の特許出願件数は何をもたらしたか？

関係者を忙しくして、関係者の売り上げに貢献、一時の喜びを与えてくれた。
冷静に考えれば、関係者は無意味な事で周囲に迷惑を掛け……最終的にそれは費用と時間を浪費させ社会の『ブラック企業』傾向を増幅させたことになる。外見上は日本が世界の技術競争のトップを走っている様に見えるが実態は真逆である。

筆者はQC活動の原点企業に12年間勤務した

筆者が住友電工に就職した1950年代末の社長、北川一栄氏は経団連の著名な論客だった。
米国の進んだ製造業から何かを学ぶべく経団連で米国に視察団を派遣、その団長は北川一栄氏だったと聞かされていた。米国で品質管理の重要性を理解……それが日本でQC活動＝品質管理活動の起点となり、QC活動は急速に民間製造業に普及し日本の工業製品の国際競争力を飛躍的に向上させた。(自分史第三章参照)
筆者の住友電工在職中の12年間はQC、TQC活動まみれの時代だった。

第５章　高学歴者とマインド・コントロール

目　　次

多くの日本の高学歴者は欧米の高学歴者と比較して、日常会話が下手糞で、貧弱な実務経験しかなく、コミュニケーション能力が劣っている印象を持っている。目前にある問題解決に際して因果関係を推理する能力が、著しく劣る。専門家として知識、手にした最新情報を社会の為に利用する為の積極的な活動をしない、又は出来ない。玉石混交の情報の大小判断を正しくする事が出来ない。

筆者の民間の技術者の視点で見ると、許されない怠慢だと言われても仕方がない。

結果の良し悪しが金勘定で判断できる、経済政策、行政行為は既述の様に簡単だが、科学、工学の分野の事については専門的な知識が無いと解り難いが……残念ながら……筆者の判断は経済政策の場合と全く同様であり視野が狭い。

日本では全てのジャンルの高学歴者は、過去の人生と受験教育から強烈な悪いマインド・コントロールを受けている。

その１：福島原発の事故は常識で防げた「GEの建設監督官の一言」

東電福島の原発建設に関係した日本の高学歴の専門家が、常識的な知識を持っていれば、多分原発の暴走事故は起こらなかった。事故後に原子炉の暴走原因が補助電源となる発電機が地下に設置されており、水没して使用できなかった事が原因である事が公表され、事故後に万人の知る所となった。

自分史に既述の様に、筆者は特許公報の英訳をお願いする為に、高齢のＨ氏にアルバイトで２年弱来て頂いていた。（残念ながら名前が思い出せない）

Ｈ氏の前任の堀田さんは東北大学金属工学出身、日新製鋼に勤務されインドで永年技術指導、定年退職後翻訳の仕事をして頂いていた。２年後にスキルス胃がんを発症、後任として人材派遣のマンパワー社の紹介でＨ氏が来られた。

Ｈ氏はGEの原発建設に関係するスーパーバイザー＝監督官として原発建設に関わった。

一緒に昼食を摂った時にＨ氏は……福島の原発は事故を起こしますぜ……補助電源の発電機が地下にある。津波のない国アメリカの設計なので津波の事が考慮されていないと言われた。

何分それは1980年代初めの事で筆者は特別に大きな関心を持って聞かなかったが、その約30年後に大地震発生で、原発はＨ氏の予言されたように大事故を起こした。

専門家は専門的な知識と常識を組み合わせて考えられなかった

GEが提供した設計図は発注者側の日本の多くの官僚、大学教授、東電、電総研、その他の専門家が関係していた筈だが……誰も津波の事について考え……問題提起する人がいなかった。

若しかしたら、いたかもしれないが,……行動を起こして、それが実行されなければ知らないのと同じことで、先述の文系官僚の起こした、多くのお粗末な事件と同様である。

設計変更は簡単な事で、工事費用も地下に置くより安上がりで、GEは設計変更を歓迎したはずだ。

日本の多数の高学歴の専門家はマインド・コントロールを受けて、事故を未然に予測して防ぐことが出来なかった。

事故の直接、間接の被害額は、想像を絶する巨額、長期間多くの人を不幸に陥れ、いまだに全体像が解らない。

事故処理に関連した正確な費用総額は、事故があまりにも巨大で、国、福島県、浪江町等多くの自治体、東電、無数の個人、損害保険会社が負担する事になるが……それらは最終的に国の財政のドンブリの中で混合されて、新規公債発行で帳尻が合わされ、国公債発行残高の増額となる。

その２：アスベストの被ばく事故は防げた

スウェーデンでは1970年代初めにアスベストの使用禁止が予告され、少量のアスベストを使用していた高温炉の設計変更に悩んでいた技術者との会話から、筆者は初めてアスベストの事について知った。

その後アスベストの貿易統計をみて日本のアスベストの輸入量が1970年代初期から激増しているのを見てビックリした。それから、数十年を経て、日本ではアスベストを原因とする肺がん、中皮腫を発病する人が激増、数人の塗料会社に勤務していたテニスの友人は、発病の高いリスクを抱えて生きている。

日本学術会議が1949年に発足、内閣にアドバイスを行い、海外情報を独占的に知る立場にあり、日本学術会議の会員はアスベストに関する論文を読んでいた筈だ。筆者が住友電工在職時に東京帝国大学卒の課長が論文を東大の教授経由で入手、その様な海外論文を何回も目にした事がある。

日本の高級官僚、学者、専門家の怠慢からアスベストの使用に対する具体的な規制をする事が遅れたために、数十年後に多くの人が罹患、同時に医療費の増大となって、国公債の積み上げの原因となっている。

日本の厳しい受験競争を勝ち抜いて東京大学に入学、その延長で上級公務員試験に合格、高級官僚としての道を歩み高位を目指して、国政の場で評価され認められる為に頑張っているはずだ。上司、学者、識者、政治家、外国の要人等と交わる中でどのような会話をして、どのように成長するかを知るのは興味のある事だが、庶民には知る事は出来ない。庶民は彼らの制度立案や、行政行為から彼らの行政能力を評価する事になる。残念ながら、筆者の多数の多分野に亘る経験は、分野に関係なく……少数の例外はあるが……大多数の行政官僚は、民間の平均的な管理職の実務能力との比較で、際立って非常識、低能力、怠慢、怠惰であると言わざるを得ない。

官と民の根本的な違い：官僚の場合

多くの直接的、間接的な要因が考えられるが、官の場合日本の教育、終身雇用制度、退職金制度、民間への天下り慣行で就職後の半世紀以上の安穏な人生が約束され、その為には組織への忖度、迎合が絶対的な条件となり……その間に民間との専門能力、常識との乖離が大きくなる。

官と民の根本的な違い：民間の場合

民間では勤続年数の増加に伴い、専門能力が高まり、新しい何かを提案、実行する事で存在が認められ、……その連鎖で企業は社会での存在が可能になる。

官では若年の個人が新しいアイデイアを発見、提案しそれを実行する事は不可能である。

> 官僚にはそのような事は求められていなく、決まりに従って作業を間違いなくこなす事であり、それだけだ。

単純な技術上の取り扱いであるが、数十年を経て大きな問題発生の原因となったアスベストの問題は、その典型的な例だ。**日本学術会議は何をしていたのかと非難されるべきだが、**その様な非難の声をマスコミ、識者、学者が指摘した例を筆者は知らない。

その３：中国陽関博物館、マインド・コントロールされた歴史学者

10年前の2013年に中国側からシルクロードへ２週間のパック旅行に出掛けた。
その数年前にウイグル自治区でテロ事件があり、旅行者の入境が禁止されていたが、解禁されたのでパック旅行が募集されて参加した。10代の頃に読んだ中国の古典に出ていた歴史的に有名な都市、遺跡が無数にある。
秦の始皇帝廟、敦煌、莫高窟など懐かしい名前が出てくる。最終目的地はトルファン盆地の西端に位置するウルムチである。上海からウルムチまでの距離は、大阪、上海間の３倍くらいもあり、中国大陸の広さを実感する。
西安までは飛行機を乗り継いで行くが、そこからは電車とバスの旅である。
高校の頃に愛読した有名な『君に勧む、更に尽くせ一杯の酒、西の方陽関出れば故人なからん……』の王維の惜別の漢詩で有名な古代中国の西の国境、陽関に朽ち果てて、やせ細った狼煙台が見え少し離れた所に完成直後の巨大な陽関博物館が砂漠の中に忽然として表れた。
巨大な10万㎡の広さの敷地を塀で囲んだ近代建築の博物館で、中に入ると張騫が騎乗して鐙（あぶみ）を踏んで、槍を掲げて前方に攻撃姿勢を取っている巨大な青銅製の塑像が迎えてくれる。(写真集参照)
当時はまだ、日本と中国の経済格差は大きく、中国は控えめで、発展途上国の雰囲気を隠さなかった。

日本の著名東京大学教授がアドバイス

広い館内を数人の学芸員が各自の分担分野の解説をしてくれたが、彼らは中国の著名大学を卒業している。
学芸員のトップの人が自慢げに、建設に際しては日本の東京大学の××先生に計画段階から関わって頂いたと言っておられた。残念ながら名前は失念した。
建設には計画、建築と長期間を要し、建設計画が具体化した20世紀末の日中の経済格差は絶大だった。筆者は2000年頃に北京から中国で初めて建設中の高速道路を経由して、有名な万里の頂上が見学出来る八達嶺を目指した。
北京から八達嶺までは40～50㎞だが、道半ばで建設中の高速道路は終了、地道に降ろされた。
当時の日中の経済格差は絶大で、北京の平均的なサラリーマンの月給が7,000円と言われていたので、東京大学教授のアドバイスは、尊敬を持って拝聴されただろう。
張騫が西域探検に行ったのは前漢の武帝の頃で、それは紀元前２世紀を意味する。
鐙が何時頃出現＝発明されたかは、不明だが……紀元後数世紀であると考えられている。

鐙の登場は世界史を変えた

歴史の初期から漢民族は遊牧民と抗争してきたが、遊牧民の略奪、侵入、侵略に怯えていた。
遊牧民は騎乗して刀槍を振り回し、騎射できるが、農耕民族の漢民族は乗馬術に劣り、軍人を訓練しても、子供の頃から裸馬に乗る事を習慣としている遊牧民に対抗することが出来なかった。
鐙の登場は、鐙を踏み、踏ん張れば体が安定するので、乗馬の技術が下手でも重い鎧を身に着けて刀槍を振り回し、騎射が可能となり、漢の軍人は遊牧民族と対等に戦えるようになり、漢民族と遊牧民族の関係が劇的に変化するきっかけになった。その後鐙は世界中に拡散して世界史に大きな影響を与えた。

学芸員とガイドの顔色が変わった

帰り際に筆者はお礼と質問をした。玄関の最も博物館の目立つ所に張騫の銅像があるが、あれは美術品として展示されているのか、博物館の展示品として展示されているのか疑問を感じた。

張騫が生きた時代には鐙は存在していなく……鐙が中国の歴史に登場したのは張騫の時代よりも数百年後の事だと理解している……数人の学芸員とガイドは顔色を変え、直ぐに筆者の言っている意味を理解した様子が見られた。

日本の東大の教授、多数の中国の大学教授が建設計画に関係した筈だが、この事に気付いた人は無く、大きな費用を掛けて銅像は製造されて正面入口に展示された。

世界、中国の歴史、歴史書の範囲は広大で、筆者は趣味として歴史が好きだから、歴史書を多読してきたが、多分、建設に関係した専門家は教育課程で狭い範囲しか扱っていない教科書、論文を読むことで専門家として歴史を職業としている。

筆者の様に分野を決めないで、好奇心の趣くままに歴史書を読み、歴史遺産を訪れていたからこの様な事が起こったのだろう。

教育、教科書、論文にマインド・コントロールされて、目前に張騫と鐙が同時に出現する事の間違いに気付く事が出来なかった事が原因だ。（自分史、写真集、資料集参照）

2023年６月現在、ネットでチェックしてみると依然として博物館の目玉の象徴的な展示物として鎮座している。

中国や日本では間違いを正すには、気の遠くなる程の長い期間を必要とする。

スウェーデンで戦艦ヴァーサ博物館が技術者への見せしめとして展示されている様に、高学歴専門家に対する『マインド・コントロール』の見本として、銅像の横に解説する看板が立てられるか、銅像が撤去されるべきだと思うが、それを期待する事は出来ない。（ヴァーサ博物館については造語集のまえがきを参照）

筆者は歴史愛好家

筆者は熱烈ではないが、静かな歴史愛好家だ。小学生の頃から多くの昔話を読み、中学校の図書室の歴史に関係する本は全て読んだ。田舎の小さな中学校だから蔵書量は多くないがそれでもかなりの量だ。1966年発行、文英堂の300頁くらいの世界史要覧、日本史要覧を常時手元に置き、今でも頻繁に、何かの歴史的な話題に遭遇した時に開いている。

1997年にエジプトのルクソールで過激派が外国人観光客を襲撃、日本人10名を含む数十人の人が亡くなった事件の数年後に、エジプト観光が出来るようになった。

２週間のエジプト旅行に参加、カイロから『コンボイ』と呼ばれる、観光客を乗せたバスの車列を武装した警察か軍の車両が前後から警護、エジプト側の最上部アスワンハイダムまで各所を見学して回った。アラブの春の革命直後のチュニジアに１週間旅行等、俗に歴史オタクだ。筆者は歴史を単に趣味として熱中することなく眺めている。

試験の為に歴史書を読んだこともないし、その様な気分は全くない。

筆者とホボ同年代の早稲田大学教授吉村作治氏は一時期頻繁にテレビに露出して、エジプト歴史の専門家として活躍しておられたが、筆者は考古学、過去の事には真剣な興味はない。それは、娯楽、趣味のようなものだと思っている。

重要なのは、未来、将来これからどうするか、自然は、社会はどう変化するかを推測する事であり、過去の事は全て、考古学と同様であり、未来の推測には関係ないと思っている。

その４：筆者のサービス発明、多分それは空前絶後の事だった

既述の、住友でのフライス工具の発明、マスクの発明に加えそれら以外にも何件かあるが、それらは筆者が周囲からマインド・コントロールを受けていなかったから可能だった。問題の存在を認識する場所の後方に位置していても……それは技術的に後進国、又は二流企業を意味する……問題の存在を認識する事が出来なかったら、発明、発見をする事は不可能であり、全ては問題として認識する事からはじまる。

筆者の住友電工在職時の発明は技術的に後進国だった日本での発明であり、衛生マスクの発明は筆者がウイルス、医学、感染症とは全く関係のない素人で、周囲の雰囲気からマインド・コントロールを受けていなかったから可能だった。

（US特許３，４９７，９３３と特許第７２２８９１２号、資料集参照）

最先端の技術者の場合

急激に技術革新に晒された半導体関連の業界で著名な技術者だった湯之上隆氏は、行政にアドバイスをする立場で会合に出席された。湯之上氏の紹介記事の中で、日立製作所で16年間半導体微細加工技術の開発に従事、55件の特許出願を行ったと書かれている。毎年３～４件の出願であり驚異的な出願数に見えるが、それをビックリする事はない。

常時、その分野の最前線に位置しているから、毎日行っている実験、思考は特許出願の種になる。極端な事を言えば、一月に１件の出願でもびっくりしない。

多くの場合、登録の審査請求をすると特許庁は登録を拒絶する理由が見当たらないから……何も解らないから……登録をする事になる。

出願と登録は全くの別物

2020年時点で、自分で出願文書を作成すれば、１件１万４千円の特許印紙を貼付するだけで提出できる。

企業が外部の弁理士事務所を使って申請する場合には１件当たり数十万円掛かり、登録する為には更に出願の費用の数倍掛かる。米国、中国、韓国、その他海外出願もすると想定すると、１件当たり数千万円の費用を想定しなければいけない。

60年弱前の筆者の住友電工在職時には、１件一か国で50万円と言われ、先進８か国に出願されたので高額の出願費用が掛かった。登録の為に会社は、多分、１千万円以上を出費したが、それは2020年の１億円以上に相当するだろう。

湯之上氏の55件の出願に価値があると日立製作所が認めれば、55件×数千万円≒10億円となるが、多分、登録申請はされなかったのだろう。制度として特許出願は多分職務発明の対象になるので、少額の報奨金は会社が支給している筈だ。問題はその特許の価値であり、その為には特許が登録され、登録される事に意味があると認めて、登録の手続きを取り、登録を維持するための費用を継続的に収める特許権者＝通常発明者が勤務する企業が……価値を認めるか否かである。

出願された特許は登録されなければ、単なる古新聞、古雑誌と同様である。

21世紀になり、日本は多くの科学技術分野で二等国に分類されるようなり、更に下降傾向を示している様だが、それは日本の教育に原因があると断定する。

自由競争で敗者となれば自然淘汰される世界標準の競争社会で生きて来た民間の視点で考えれば、将来起こるかもしれない事を推測して、先回りして問題を解決する能力がなければ、業界から、社会から淘汰される。

それが自由主義社会の大原則だ。

一旦二等国に落下すると、競争の最先端にいないので経験の場が得られず、21世紀となり……急速に変化するトップグループを走る先進社会に戻る事は非常に困難になる。

マインド・コントロールされていた同業各社の高学歴者

競合各社の様子を教科書の様に読んでも、有益なことは解る筈はないが、高学歴者の習性として教科書や参考書に解答を求める様にマインド・コントロールされている。企業のマネジメントの問題もあるが、４大同業企業で東大卒を筆頭に数十人の技術者が関係していたが、海外先進国への特許出願に結びつくようなアイデイアは出現しなかった。

三菱は西ドイツのワルター社のドッペルカイルと呼ばれる楔を使う設計の特許のライセンスを買い、東芝は三菱が買ったワルターの技術の原理を変更して安価に製造できるデザインを実用新案として出願、激しい競争下にあった。

遅れて競争に参入した住友は、サンドビックとGEの製品をコピー、安価に製造する方向が上層部で決定された。

当時金属の平面切削用の正面フライスと呼ばれる工具は刃先が摩耗すると、再研削されていた。

半世紀以上前の髭剃り用のカミソリは切れ味を良くするために砥石で研磨していたが、その後替え刃式の髭剃り、電動式の髭剃り機が登場して、砥石で研磨する剃刀は市場から消えてしまい現在に至っている。

住友は米国のGE、ケナメタルやスウェーデンのサンドビックが製品化している、再研削不要、替え刃式の正面フライス方式を目標にする決定をした。

筆者はコピー製品の製作図の作成を依頼され、製作図を作成中に、コピー製品よりも鋼切削に良いと確信する刃型のアイデイアが頭に浮かび上がった。鋳鉄切削は、問題なく、鋼の切削が克服すべき最も大きな課題だった。

提案は、開発係長に了承されて筆者の提案するテスト品も制作され、切削テストの結果鋼切削に於いて突出して優秀な成績を示し、会社の主要製品として20年以上製造販売された。

企業の高学歴者技術者の不正への誘惑

筆者の業界ではコスト削減に熱心な民間企業相手の工業製品なので、技術者はアンテナを高く、広く上げて社会を観察している。科学者は研究成果を論文発表して成果を社会に示し、工学分野の技術者は特許出願する事で成果を特許庁から認めてもらう。自分史に既述のN自動車会社の課長が、小企業のテスト品の実験を見て、２週間の短期間で特許出願したのが良い例だ。

日本の大企業では、部下との会話をヒントに、又は提案を自分名義の発明として特許課に要請して特許出願する事は良く知られた事です。この様な面でも日本では『ブラック企業』と、『ホワイト企業』で大きな差が出てくる。

筆者の行った『サービス発明』は住友電工と言う『ホワイト企業』だったから起こったが、それは日本では珍しい事だった。

三角関数を中学校で学習した

鋼切削に良い成績を出せる刃型のアイデイアは三角関数を咀嚼して理解している事で、頭の中で想像力が働き、形状を描く事が出来たので可能になった。若し、中学校で三角関数を学んでいなければ、刃型のアイデイアの出現は絶対に無かった。

パソコン、デジタル、情報化等、世の中で理系の知識の重要性が高まる中で、日本では不思議な事に理系の科目の重要性への認識が不足していた。現在三角関数は高等学校２年の数Ⅱで習うと言う。

色々な技術が細分化された今日、全ての人が同じことを、同じように学ぶ事は無理だし、学ぶ必要はない。早い段階で、進む方向を選択させて柔軟に対応できる制度とし、その為には学校の規模を小さく、クラスの人数を少なくすべきだと思う。改めて筆者のド田舎で受けた教育が日本最高でそれは一般的にはスウェーデンの教育と類似しているが、スウェーデンでは三角関数を全員が中学校で習う様な事はしない。

サービス発明の価値

特許部の担当者から、海外８か国への出願費用が500万円くらいと聞いていた。
数年後に特許は登録されたが、多分登録されるまでに掛かった費用は５百万円の２～３倍掛かっていると思う。筆者の年収が20～30万円のころの話だ。(自分史、資料集参照)

その５：筆者はマインド・コントロール　フリー
６才～中学校卒までの間に大人の人生のまね事

誕生日が３月30日で、６才になってから数日で小学校入学、身長は目立って低かった。
同級生で７才近い者も多く、６歳児で10か月くらいの年齢差はかなり大きいが、全く問題とならなかった。
筆者は入学前に集金、荷物の宅配、農業、養蚕の手伝い等で、小型の大人の仕事のまねごとをしていた事が大きいと思う。(自分史第二章参照)
小学校入学前、国語は自分の名前を書く程度、算数は二桁の数値が数えられる程度で、今の子供とは比較にならないくらいお粗末だった。家には５才上に姉がおり、９歳上の兄は読書家で大人の読む本が家には沢山あった。
中学校卒業まで家で教科書を開く事は先ずなかったし、試験勉強もホボゼロで、漢字テストや英単語も覚えが悪く、それは自分の性質、能力だと思っていたが、10代後半にそれは、自分の努力不足が原因である事が解った。
30戸強の集落で新聞購読している家は、多分、５戸程度だったが、我が家では北日本新聞を購読していた。
学校に行って本が読めるようになり、大人の本を読むことが習慣になった。最も興味のあったのはリーダーズ・ダイジェストと姉の婦人雑誌に掲載されている人生相談だった。当時新聞に人生相談があった記憶がない。
小学校４年生の時に、自分の意志で東京旅行の旅費を稼ぐために塩サバを仕入れて行商、儲けた金で翌年の５年生の時に約１か月間、夏休み中東京に住む16才上の長姉の所に居候した。
小学校５年で好きな先生に、先生が答えられない質問をして……中学校１年で数学を習って自分で解答が見付けられたが……その後、先生との関係が崩れ、中学校では陸軍少尉だった教頭先生から強烈な言葉の暴力を受けた。(自分史第二章参照)

住友電工での12年間

養成工としての応心学園での３年間は非常に密度の高い期間で、その後の人生に実務的にも精神的にも非常に大きな影響を受けた。大きな工場で多数の旧帝大卒、高学歴の色々な専門分野の人材の中から選抜されて講師に就任される。
質問すると殆どの場合即刻解答されるが、講師が不確かな場合には、解らないから調べてくると率直に言われる。
製図、数学、電気、化学、物理、社会講和、機械実習に加え、寮の図書室にあった数百冊の論語に代表される中国の古典、日本の文学全集等、18才で夜間高校に入学するまでの２年間は最も密度の高い読書の期間だった。

その６：大阪大学修士卒のＩ氏の誤字指摘

自分史に既述の事だが、20代前半で夜間大学入学間もなくの筆者は東京の日野市にある日野自動車に、筆者の設計した工具の立ち合いテストの為に出張した。時間があるので、工場内をブラブラする内に、ドイツ製輸入機械でトラック用の大型クランクシャフトを切削しているのを発見した。使用している工具もドイツからの輸入でビックリするくらい高価。

帰社後出張報告の中で、クランクシャフト切削用の工具の開発を進言した。

出張報告は課内回覧されるので、10名弱の大卒職員全てに回覧される。切削工具の個々のビジネスは小さいが、ドイツからの輸入工具は我々の常識の100倍くらい高価で、自分に任されたらやれる自信があった。

数日後にＩ氏から『出張報告の中で１か所、漢字が間違っていた』と指摘を受けた。

その時のＩ氏の複雑な顔は忘れられない……同時に筆者が嫉妬されているのを実感した。

Ｉ氏には物事の大小判断をする……世上では常識とされている事……が全く出来ない事が解った。Ｉ氏は筆者よりも５－６才年長で大阪大学修士卒、父親は大阪大学の化学部の学部長だと聞いていた。

当時、殆どの大卒は学部卒で、1/4程度が院卒の頃の話であるが、この事件から筆者は完全に学歴を心の中から払拭することが出来た。Ｉ氏に感謝である。

その７：微分幾何学が解らないから……眼を背ける旧帝大卒……。

京都大学修士卒の大津さんと言う、例外的に優秀な方がおられた。Ｉ氏よりも更に５－６才年長の方だ。

大学で突出して優秀なので京大で担当教授が恐れて、住友への就職を勧め、２番目の方を学校に残されて自分の後任にされたと噂されていた。1960年代に大津さんは３か月間米国に視察と勉強の為に出張して留守だった。

大津さんが留守の間に、住金から受注した、国鉄へ納入される新幹線の台車用の主軸切削工具の制作の問題が発生した。

住金はイタリアから巨大なNC旋盤の到着を目前に控え、工具は住友電工が制作する事になっており、機械の設置前に納入しなければ大変な事になる。インサートやチップと呼ばれる、超硬の替え刃式バイトのピンの位置を決定する設計指示書は大津さんが残されているが、設計担当のＹさんはその内容が理解できなくて、寸法が決められないので、図工に製作図を書く指示が出せない。時がたつにつれて、問題が大きくなり、多くの人が知るところとなり……課外からも数人の旧帝国大学卒の職員の人がＹ氏に指示書を見せてもらうが、ほんの数分で消えていなくなる。

筆者は担当分野が平面切削工具に加え、大卒の身分でなかったが、僭越にもＹ氏に設計指示書を見せ頂いた。

今迄見た事もない数式が書かれていた。中学１年生が、微分方程式を見るようなものである。数式は解らないが、何を解こうとしているかは理解できた。

問題解決に正面から取り組んだ

自分の席で図板に向かってコンパスと三角定規を使って、目的の寸法を求めることが出来たので、筆者が製作図を書く事になり、工具は納期内に完成して問題は解決した。

後日解った事だが、大津さんは微分幾何学を使って、好ましい範囲を特定する計算をされ、その経過を指示書に残された。数名の旧帝国大学卒の受験競争を勝ち抜いて旧帝国大学に入学、住友に就職された人は初めて微分幾何学の方程式に遭遇して、ビックリ、直ぐに退散された。

日本の受験対応教育の中で活字だけで学び、好奇心、疑問、探求心から離れて青年期を送る事で、解答のある事だけを学んできた習性からマインド・コントロールを受けて、彼らにあのような行動をとらせたのだと思う。

筆者の場合には、解らない事、不思議な事に遭遇する事が面白いと感じ、それに没頭したくなる。

若干23歳の夜間大学に通学中の筆者が行ったサービス発明が可能だったのは、多くのマインド・コントロールされた高学歴者の存在と、筆者が中学校で三角関数を学習していた事で起った。

超硬合金は当時のハイテク最先端の工業材料で、住友、三菱、東芝、日立を名乗る日本の著名企業群が、多数の高学歴者を雇用して、欧米先進国に追いつくべく頑張っていた。当時、日本と欧米先進国の技術格差があまりにも大きく、超硬切削工具の輸入に数量制限をしなければ日本の超硬工具業界は消滅するとの危機感から、毎月の輸入量が通産省により管理されていた。

欧米先進国の製品と互角、互角以上に戦える、輸出出来る製品を持つことは業界の夢だった。

筆者の観察では、東京大学卒を筆頭に高学歴技術者は海外の著名競合企業のGE、ケナメタル、ウイデイア、サンドビック等のカタログ、技術資料を読み、サンプルを購入してチェックして、何かを学ぼう、見つけようとするが、問題を正面から、ゼロから考えて解決しようとしない。

解答を他人の書いた何かに求めても、民間会社では何の役にも立たない。既に解答の存在する問題の解決の価値は民間会社では認められない。社会でコンサルタント、顧問、識者等と呼ばれる人はそれらの解答を多くの人に伝達＝宣伝するので博識でなければいけないが、民間の専門家は過去に誰も気付かない何かをしなければ意味がない。

その８：欠陥マスクが普及してコロナの感染拡大を助長している

筆者はコロナ禍の中でマスクの着用負担感が嫌で、マスクについて真剣に考え、世間で最も普及している不織布製のマスク生地が顎下まで覆う、立体型衛生マスクが感染抑制に全く効果が無く、逆に感染を助長していると確信するようになった。

そのⅠ：『新型コロナウイルス感染症対応記録』(以降記録書と略記)

令和４年４月末日本公衆衛生協会から、全270ページと大部の記録書には丁寧に多くの記録が専門家の視点から書かれているが、庶民の目で多視的に見ると全く別の疑問が湧いてくる。それはマスクの効果とソーシアル・デイスタンスの評価である。筆者の視点で、解り易く表現すれば、記録書は『木を見て森を見ず』の感がある。発生してしまった感染症への対応と、発生する前の予防では全く異なった対応が必要となる。

戦争に於いての、開戦させないための外交的な方策と、一旦戦争が始まってからの対応が全く異なるのと同様の事だ。

記録書には感染症の感染拡大を防止する為に最も重要なマスク着用とソーシアル・スタンスについての科学的な視点から意味のある記述がない。

マスク着用は感染者に着用させる事に意味がある。

感染者がいなければマスクの着用は意味がない。マスクの着用は数百人、又は数千人に一人しかいない既感染者にマスクを着用させる事に意味がある。

マスクの設計についての言及がない。

市場には国が選定して国民に配布目的で作られたマスクや、新素材である不織布を使用して顎下まで覆う、立体型衛生マスク、ポリエステル生地を使用した立体型、等無数の形状のマスクが販売され始めた。

政府配布目的のマスク、立体形状マスクなどは当然、専門家が関与して設計されている筈だ。

市場を席巻している立体型マスクは感染を助長している事に気がつく

2020年の大型連休を過ぎた頃から暑くなり、マスク着用で息苦しくメガネが曇るのでマスク着用の負担感が大きくなる。かなりの人がマスクを鼻の下までズリ下げている。

真剣にマスクの改良を考えている内に、最も普及している不織布製の平型プリーツマスクが欠陥マスクで、感染予防に全く効果がなく、**反対に感染拡大を助長している事を確信した**。

立体マスクで、マスクが顎下まで覆うと、ウイルス含んだ呼気、飛沫は上方や側面の隙間から、高速で噴出して、無マスクの場合よりも広い範囲に拡散する。

2020年11月に、マスク下方を開放し呼気を下方に落とす構造の下方開放型平型プリーツマスクの特許出願を行った。(特願２０２０－１９２８２０)

欧米ではマスクの着用効果に懐疑的で、マスクは無視されていたが、日本はマスク大国で多くの専門家、学者が関係し、衛生マスクの工業団体には200を超える会員企業が会員登録している。

スパコン富岳のシュミレーション動画の出現

筆者はテレビを見ない人間だったが、2020年の年末に孫から教えられて、スパコン富岳のマスク着用者の呼気の拡散状況のシュミレーション動画の存在を知り、早速ネットで見た。

富岳は設備費用１千億円以上、維持のための電気料金が数億円/月と言われている世界最速のスパコンである。

日本の著名な理化学研究所のトップ級の科学者が、多分、民間の感覚でコスト計算すれば10億円以上の費用を掛けて実験を行い、それが動画としてネット配信され、８月後半にテレビでも放映されたと言う。

動画を見た日本中の学者、研究者、マスク業界の技術者は動画をヒントに特許出願をしている筈であり、筆者の11月の出願は無意味だったと思っていた。

筆者のマスク特許出願は登録された

筆者の出願特許は、2023年２月16日に登録され、特許証が送られてきた。

日本中の多数の感染症対策に関係する専門家、大学教授、マスク工業団体に名を連ねた企業に勤務する技術者は富岳の動画をヒントに特許を出願する事はなかった。多分彼らは、マスクを習俗として……例えばイスラム教徒のヒジャブやヒンズー経信者のターバンの様に……捉えていたのだと推測する。彼らは日本の規格型高等教育からマインド・コントロールを受け、好奇心、疑問、探求心を喪失したのが原因だろうと推測する。筆者は競争の厳しい業界で常に何か良い方法、良い製品を求めて頭が考えているから、この様な事が起こる。

必要とする科学的な知識は、中学校の理科の知識を咀嚼して理解していれば十分であるが、受験教育で育った高学歴者はマインド・コントロールされていたので、巨額を使った富岳の実験結果を利用する事が出来なかった。

その９：ソーシアル・デイスタンス

元々は、違った心、思想を持った人間の精神的な距離を表す言葉として英語圏で使われていたが、コロナ禍の中で、人と人の間の物理的な距離を表す言葉として使用され始めた。

日本では密閉、密集、密接の三密回避がコロナ対策用語して使用され始めた。何処かから、ソーシアル・デスタンスは約２ｍと言われ、２ｍがソーシアル・デスタンススストなったが、２ｍ離れていれば感染しない訳ではなく、それは単なる決め事だ。

キス、ハグが一般的な欧米は日本と大きく異なること、感覚的に100ｍも離れていれば感染のリスクはゼロで近づくにつれて感染のリスクが上昇する。

キス、ハグの場合の感染率

感染者とディープキスすれば、感染率は多分100％近いだろう。未感染者の免疫力もあるから、100％と言う事はないだろうが、高率であるはずだ。100ｍ離れていれば、感染する事はないと考えるのは無理のない理解だろう。

感染が拡散するか収束するかの境界は何か

感染拡大を三密との関係で、中学生の数学で理解する為に密閉、密集を無視して、密接だけの関数として考えてみよう。

感染率をＫとすると、キスでは100％近く、100ｍ離れていれば感染率ゼロ％で考えるのは自然で無理がない。

100ｍから接近するに従って感染率は徐々にＫ＝ゼロ％からＫ＝数十％……と上昇する。

密閉、密集が一定だと想定すると感染率Ｋがある値以上になると、Ｋの値が連続的に放散して100％の人が感染するまで継続する事になる。Ｋの値が幾つであるかは、密閉、密集の程度が決まらないと特定できないが、その様な数値が在る筈である事は理解出来る。このような連続性の中でソーシアル・デスタンスの２ｍが決められている。２ｍ離れていれば感染しない訳ではない。長身の感染者が背の低い未感染者の横にいる場合と、反対の場合では感染の危険度は大きく異なる。

2022年後半の感染拡大は欠陥マスクが原因

ワクチン接収が開始され、欧米では沈静化傾向が顕著なのに、マスク大国の日本では感染拡大傾向を示し、同様にマスク愛好国の中国、韓国も同様の傾向である事がマスコミから報じられる。

2022年11月25日（金）、日、中、韓のアジア三か国に、アジアの感染拡大は欠陥マスクの着用である事を指摘する書簡を郵送した。（資料集参照）

中国と韓国には東京の大使宛に郵送したので、大使館への到着は28日（月）と思われる、それから翻訳されて中国にメールで送られただろう。添付書類が多くて数十ページとなり、サンプルマスクも同封した。手分けしても翻訳してもかなり時間が掛かった事と思う。

筆者の提案への中国の反応だったのか？

多分、**提案書が北京に到着後２週間以内の２月14日に中国がゼロコロナ政策を、ウイズコロナ政策に変更した事が報道された**。14億の巨大国家が方針大転換は大事件だが……臨戦態勢で、戦時下の日本の様な感覚で動いている国だからトップ集団が新しい情報を手に入れれば、作戦変更は迅速に行われるのは不思議ではない。

若しかすると、中国の唐突な大転換は筆者の提案が影響を与えている可能性を示唆する。

兵庫税務署への提案に対する反応の場合は？

第１章に既述、2021年１月21日に兵庫税務署長宛にコロナ感染抑制対策として、５税務署の確定申告作成コーナーの開催を、従来と同様の個別開催に戻される事を提案した。

提案書が到着して、多分、**１週間以内の２月初め……筆者が気付いたのは多分、２月３日**だった……に、**混雑を緩和する為に従来１か月だった開催期間を２か月間に延長する事**を伝えるチラシが配られた。

期間延長に伴って会場の確保、PCの準備、税務署内及び外部からの派遣社員の確保など、それは大きな準備を伴う変更だ。期間延長は神戸市だけでなく、全国にある500を超える税務署に適用される。

国税庁の迅速な対応にはびっくりだが、それはピント外れの対応だった。

２月15日に開催を予定し、全国の500を超える税務署が計画して、ホボ準備完了の状態にあるのに唐突に大きな費用の掛かる変更をする。タイミング的に判断すると、**この唐突な変更は筆者の提案が何らかの影響を与えている様に感じるが真偽の程は解らない。**（資料集参照）

スウェーデンならどうなる

元々スウェーデンではマスクの効果に非常に懐疑的で、マスクの議論は存在しない国だが、仮定の話として推測する。

筆者の様な提案があれば、その任にある専門家が判断、提案者に対して何らかの、賛成、又は反対の反応があると思う。

勿論、クズ話なら……それはゴミ箱に直行するだろう。

衛生マスクのJIS規格化

最近衛生マスクのJIS規格が出来たが、筆者の指摘する、流体力学、粉体工学的な視点が全く考慮されていない。業界団体、学識経験者が規格を決定したのだろうが、困ったものだ。

その10：JAL123便の御巣鷹山墜落事故が事故調査委員の無能を露呈

1985年の旧盆の数日前、JAL123便東京行きが、コントロール不可能になり御巣鷹山に墜落、日本の歴史上最大の航空機事故となった。妻、小学生の娘、妻の姪二人を連れて６人で東京ディズニーランドに行きその帰りの車の中で事故の発生を知った。それからかなり経ってから、運輸安全員会から事故調査報告書が公表され、そのタイミングで、読売新聞が事故調査に関わった専門家の苦労話を、何回かに分けて長い記事にした。

読み進む内に、専門家は日本の調査能力の低さを嘆き、米国から助つ人で来た専門家は直ぐに、事故原因の起点となった後部圧カ隔壁の破壊の原因を金属疲労だと見抜いたと語っているのを読んでビックリした。

私は切削工具の専門家だから、延性材料である金属の疲労破壊、セラミックなどの脆性材料の脆性破壊などは、その破壊面を見れば、直ぐに断定できる。**日本の事故調査委員はそんな簡単な事も見抜けないのかとビックリしたが、それは冶金、金属学の初歩の初歩の知識**なのだ。

多分、委員の方は有名大学の工学部卒で優秀な方だと思うが、大学では主に活字から学んだだけの知識で、実社会で起こる複雑な破壊事故を観察して、その因果関係を推察するのは無理だ。公務員試験を受けて、公務員となり、専門部所に配属されて事故調査官になっても、毎日事故が起こるわけでないので、技術的経験を積む機会に乏しく、周囲の人々も終身雇用の中で、知識の幅と深さを大きくする機会はなく、能力が上がらない。勤続年数の増加に伴い徐々に専門的な知識は低下して行く。

民間の場合には、一般に、勤続年数の増加に伴い専門的な知識は増加する。

民間の場合には顧客＝神様が仕事の良し、悪しを決めて採点してくれるので、常に問題の正面を意識して考え……周囲の人、上司、会社トップへの忖度に神経を使って疲弊しないので多くの場合高齢＝高い専門能力は成立する。

スウェーデンならこの様な場合に、官と民の垣根が無く、情報公開されているので、簡単に高い専門能力のある人が、調査に影響を与えられる。米国の制度は知らないが、日本とスウェーデンの中間位なのだろうと推測する。

この事故の件で日本のアマチュア的な能力と米の調査能力の違いは私の頭に強く印象付けられた。

日本の技術官僚に疑問を持ち始める

既にそれまでに、東大を筆頭とする日本の著名大学、筑波の無機材研、各所の工業試験所等で最先端の研究活動に従事する研究者数百人と議論をする中で、彼らが優秀である事を知っていた。

所がJAL便の墜落事故調査に当たる調査委員のコメントを見て、行政に関係する技術官僚は……何たることかと疑義が頭の中で発生した。

その後、ラジオに出て発言する学者、専門家のコメントやその他の色々な場面で、世の中を観察する内に、終身雇用社会である日本では技術者官僚は主に活字知識……**経験不足で、アンテナの数と高さが低く、単視的、短視的“木を見て森を見ず”**で多くの事を複眼的に観察する能力に欠けている事を発見した。

第３章既述、兵庫県庁の有名国立大学卒の土木専門家Ｙ氏の様に、田舎育ちの筆者からすると、小学生のレベルの様に見えるのは典型的な例だ。

その11：JR西、福知山線の列車の脱線転覆事故原因究明の杜撰

2005年に発生した上記事故は歴史に残るほどの大事故で100名を超える人が亡くなる、歴史的な大鉄道事故となった。私は伊丹に12年間住み福知山線に乗車した事も多く、事故現場の周辺はよく知っている。

事故発生のニュースを聞き、直感的にカーブ上でブレーキを掛けた事が原因であると思った。

私は事故の35年前にスウェーデンで起こした、自分史に既述の乗用車の転覆事故を思い出していた。

カーブ上でブレーキを踏んだ時に、非常に緩慢に、車が玩具のヤジロベー、の頂点にいる様な感覚で……時間の流れが止まったかのような感覚で……ユックリと横転したのを今でも鮮明に思いだす。

事故発生後２年ほどして、添付資料も含めると数百ページに及ぶ大部の事故報告書が公表され読んでみると、事故原因が特定されていない。幾つもの事故原因が想定されているが、単純に羅列しているだけ、その内容のお粗末さにビックリ、先のJALのジャンボ墜落事故の調査報告書の記憶もあり、時間もあったので内容を、精査してみた。

お粗末な内容の報告書の原因

全体的に不必要にページ数を多くする事を意図しているのではないかと邪推したくなるほど冗長で、学生の作った報告書みたいな印象を与える。

最も致命的と考えられるのは、転覆の原因を特定するために必要な分析をする為に、古典的なニュートン力学に基づいた静的な力の釣り合いを解析する手法を採用している事である。高等学校の数学、物理のレベルの数学で、解析している。

1972年に鉄道総研の会長であり、元日本機械学会会長だった、国枝正春氏が提案した列車の転覆限界速度を求める方程式により事故のシュミレーションをしている。

(引用文献:国枝正春;鉄道車両の転覆に関する力学的理論解析, 鉄道技術研究報告, No.793,1972.2)

1972年当時、まだコンピューターの使用は限定的であったが、その後パソコンの普及で計算分野は劇的な変化、進化をした。事故は国枝方程式発表の30年以上後に起こり、事故の解析に微分積分を使い、動的な運動方程式を立てて、解析するものと思っていたが、しなかったのは、多分、国枝氏に対する忖度が原因だと推測した。

自分史に告白した様に、筆者は自分の100㎞/hで高速運転中に起こした横転事故の経験から、事故原因がカーブ上でのブレーキの不正使用によるものだと確信していた。

日本では1985年、高速道路上で、運転席でのシートベルトの着用が義務化され、それまでの高速運転中の自動車の横転事故を経験した人で、生存している人は少なかったと推測される。

横転事故の様な力学的に複雑な運動を解析するのは非常に多くの因子を数値化して推測しなければいけないが、実際に横転事故を経験したのと、経験していないのでは、事故の力学的解析をする手法に天と地ほどの大きな差が出てくる。

その様な背景があるので、これは天が私に問題を解決せよと出した命令ではないかと感じ、事故調査委員会に内容証明郵便と添付資料として、詳細な説明を付けて、質問書を提出し、同時に被害者の会である4・25ネットワークにもCCを送付した。(資料集参照)

運動方程式の立式

数学を、勉強し直して、半年掛ければ、出来る筈だと思い、開始したが考え直した。素人で、肩書のない筆者が立式しても、世の中が認める筈はない。

運動方程式は鉄道の脱線転覆と云う非常に狭い適用範囲しかなく、非常に関係する要素が多くて複雑で、どの様にでも立式できる。日本では、本来それは鉄道総研の仕事であるが上手く機能していない。

誰か権威者を前面に立てて、その方の威光で最新式の列車の脱線、転覆事故の解析を行う運動方定式を世に出し、将来同様の事故が起きないようにするべきと考えた。

旧知の、三菱重工観音工場での、切削テスト以来の知人で広島大学出身の久保さんに、一緒にやらないかと声を掛けた。久保さんは私の提案に賛同、でも自分より良い適任者が、同級生の友人にいる。その方は、数学、物理の専門でその様な複雑な運動方程式の問題を扱うのに適任との話。

ご友人は広島大学の学長をしている人で、お話されたが、ご友人は広島大学の学長の立場でそれは出来辛いと辞退された。それはその後、日本についての知識が増えて、それは当然の事だが、私は古希になったばかり、我々は未だ純で、世の中の事……日本の製造業以外の……日本の事をよく知っていなかった。

久保さんは当時現役で、会仕の技術顧問をしている振動工学の大家、京都大学の垣野名誉教授に相談してみませんかと提案された。垣野教授はコンサルタント事務所を経営されており、久保さんのアレンジで京都の事務所を訪問、私の考えを説明させて頂いた。垣野教授は直ぐに問題の本質を理解され、そんなことを放置するのは日本の恥だと、行動を起こすべきと痛く同感され、かなりの時間お話をした後に、一緒に夕食をした。自分よりこの問題に近い人物、松久教授がいるので、松久にやらないかと聞いてみるとの話。 それからネットを介してのメール交換が始まった。

最終的に判明したのは、京大の機械系でない他の学部から教授OBの人が、事故調査委員会の委員として入っており、その方から『**岡田ってゆう奴はどんなキャリアを下に、言っているんだ……**』と云う様な怒りのメール交信の、CCが入ってきて全てを理解した。事故調査委員会の様な美味しい所に、京都大学の指定席があったのだと。それが日本だが、良い発見だったが、そこまで来るのに随分時間がかった。

行政が関係するこの様な仕事には、“×××委員会”が立ち上げられて、学者、識者、専門家と呼ばれる人が行政の計画を、民意を代表して賛成する事で、予算をつけて実行する手続きが有る。

委員会のメンバーに選ばれる事で社会的なステータスが数段上昇し、加えて、高額の日当が支払われ、美味しい役職なのだ。日本中の著名な大学から、若干名、例えば東大、京大、阪大……各、１名みたいな定席が有る。

交通科学博物館

私は自分でも計算してみて、転覆の原因はカーブ上でのブレーキの使用によると確信を持ち、運伝マニュアルにどの様にカーブ上でのブレーキ操作について規定しているか、又は規定していないかを知りたくなった。

若し、運伝マニュアルにカーブ上でのブレーキ操作を許容する記述があれば、事故はJR西の会社の責任と断定されるので、それを知りたかった。大阪市の波除にある交通科学博物館に行き、運転マニュアルの閲覧がしたいと申し上げたが、それはダメと断られた。何故公表しない、出来ない
不思議、不満だったが仕方がない。

付録の日本発見、その1

聞き流しのラジオから“JR福知山線事故の本質”と云う本を出版された大学教授がいる事が解った。

同志社大学工学部教授、山口栄一氏の著作であり、山口教授の考える事故の本質について書かれているが、カーブ上でのブレーキの使用が作用している可能性については全く言及していない。不思議だ？

山口教授に電話して、私の経験と、意見を述べて、御意見をお聞きした。

山口教授は私の見解を直ぐに理解され、賛同されたが、数日後に英国のケンブリッジ大学に長期で行く予定で、準備の真っ最中で偶々学校に来た時に電話が鳴った……電話がつながったのは奇跡的な事で、もう時間がない、代わりに貴方がやって下さいと言われた。私より一回り若い方で、その後京都大学教授となり、京大の名誉教授で退官されている。

本の内容は、私の視点から見ると非常に不純な……それが日本では普通なのだろうが納得できないものだった。

教授は事故の原因を具体的に特定する専門的な知識が無いのか、工学部教授に期待されると思う事故の原因を特定する議論が非常に貧弱で、読むに堪えられないものだと感じた。

本には、日本のJRや他の民間会社が科学的な視点、知識が不足した状態で経営されており、今回の様な鉄道事故はこの様な科学的知識の不足が本質的な原因であり、その様な日本の企業文化を変えなければいけないと、ピント外れと思う事を主張されている。解決策として民間会社にCSO＝チーフ・サイエンス・オフィサーを置くことを義務付けるべきだと主張されている。マスコミが、従来の会社社長から、米国の影響でその呼称をCEO＝チーフ・エグゼクティブ・オフィサーと変更し始めた頃の事である。

山口教授が主張する事は、日本の大企業に理工学系の教授OBや類似の高い理系の大学学

部卒者に会社の重役のポストを提供する事を法制化する為の好機と捉えて執筆した本である事が解った。

山口教授は日本がどの様に……不正とまで決めつけられないが、不純な、不道徳な.形で運営されているかを良く御存じのようだ。教授の科学的見解には納得しがたいものがあったが、稀にしか発生しない、この様な事故を捉えて、企業の役員に教授級の人を送り込むためのチャンスとして活用するビジネスセンスには敬服し、この様な方は、日本の政財界で頭角を表す人なのだろうなと思った。(第３部参照)

付録の日本発見、その2

私は、自信を持って事故の発生原因を特定できる一人として、事故被害者の方々のJR西との交渉を速く纏められるように何かお手伝いが出来るかもしれないと思い、被害者の会、4・25ネットワークの指導的な位置にいるＸ氏と電話での交流が始まった。Ｘ氏は、土木建築会社に勤務していて、娘さんを事故で亡くされた。

事故もさることながら、現役時代にJR西の仕事をした事が度々あり、事故とは関係ないが現役で仕事をしていた時のJR西の客としての振舞に憤慨して居られて……この際JR西をイジメて、自分だけ早急に特別扱いを受けて、大きな補償金を取ってやろうとの意思を隠さない。別の面で、日本再発見である。

付録の日本発見、その3

筆者がJAL123便の墜落事故、福島原発事故、JR福知山線脱線転覆事故、リニア新幹線と連続しての注目される大事故の観察をする中で、2022年４月に知床の海に遊覧船「KAZU１」が沈没、日本中がその行方を追って連日テレビに釘付けになった。事故の原因は単純極まりない事で、前方のハッチの蓋が変形していて閉まらないので、荒天下で大量の水が流入したのが事故の第一原因だったことが判明した。直前に公的機関から検査を受けていたが見逃しだっと公表された。事故原因は専門的な知識の問題ではなくて、単純な常識問題で、単なる怠慢である。経済現象だけでなく、科学、工学分野でも、官僚が関係すると、日本では全てが上手く機能しない、統合失調症の様な状態になっている。(第３部参照)

全く専門外か低い専門能力が、少ない数の低いアンテナを立てている

政府の計画に賛成する役割を担った専門家からなる委員会の委員は、その名誉、日当に惹かれて、賛成票を投ずる事で、浅薄な計画でも、……知識が無い事も原因して……単純に委員に選ばれた事に対するお礼として、計画に賛意を明確にする。スウェーデンでは委員会には**反対意見を持っている人が委員会に呼ばれて**、賛成、反対の双方が議論して結論を出す習慣がある。日本が抱える象徴的な問題は異常に高く積み上がった国公債発行残高であり、その背景にはその原因を作った『妖怪ジャパン』が深く関与している事が推察される。

その12：成算ゼロ、事故発生、多数の死者発生が予想される 東海道リニア新幹線計画は絶対に中止すべし

コンコルドの失敗が前例としてある

私は小中学生の頃の模型飛行機の制作に端を発して、飛行機、ロケット、人工衛星マニアだった。

現役の頃、三菱重工、石川島播磨重工業でジェットエンジン部品、その他の航空機用部品の加工現場を訪問、高価で非常に切削が困難なタービンブレード、デイスク、シャフト等と

Ｈ２ロケット用の部品の切削加工に関係するアドバイスをする目的で訪問した。1970年代、ボーイング747＝ジャンボ用ランデイングギア＝昇降装置用のオイルシリンダーの切削加工テストの為に米国のシンシナティにある、シンシナティ・ニューマテックに出張した経験もある。

日本の子会社の社長は元英国航空のパイロット、関東に住んでいた頃には、団地に現役のJAL、ANAのパイロットが住んでおり、妻の友人のご主人もJALの整備員で、飛行機に対する関心を、高いアンテナを張って観察していた。

1960年代に米欧の技術開発競争の延長の形で、超音速旅客機コンコルド開発計画が英仏共同で行われる事が発表され、期待を持って観察していた。早く完成して、就航して欲しい、出来るだけ早く私も搭乗したいと期待しながら、完成を待っていた。

1979年代中頃に、ロンドン、ニューヨーク間の定期運航を開始、発表された運賃を聞いてこれは無理、遅かれ、速かれ継続は不可能で、運航停止になると確信した。

就航間もないコンコルドをロンドンのヒースロー空港、パリのドゴール空港で何回か見物、搭乗口までワザワザ見に行ったこともある。

お互いに隣国で、歴史的に侵略したり、侵略しようとしたり、仲の良くなかった英国とフランスが心から一心同体で両国の最高の人材を投入、巨額の資金を使って開発したコンコルドを簡単には潰せない。

両国ともに、歴史の中で他国、他民族との戦争を何回も経験してきたが根っ子には合理的な判断をする知性がある。

日本の様に情緒的に物事を進め……盲目の中を進むことを良しとしない。

当初のコンコルドの計画実行を決定した世代の多くの関係者が、世代交代で退出する中で幾つかの技術的な問題が指摘されるようになる。

技術は経済に勝てない

以前であれば、技術的な問題の解決に理解を示して来た経営陣が、騒音、燃費などの技術的な問題に遭遇、今までならば熱心に問題解決に向けて情熱的に強力なサポートをしていた経営陣は……私の推測では……乗客にとってメリットが無い事が判明、止める理由が出現して渡りに船とばかり、21世紀初頭にコンコルドは退役する事になった。

経済＝お金に支配されている社会では、軍事、武器の世界とは異なり、技術的な夢は、経済的メリットの裏付けがなければ、早かれ遅かれ退出を迫られる。

一般には、コンコルドの失敗の理由は騒音と燃費の問題と言われているが、根本的な原因は、高速で可能になる時間短縮と時間当たり費用との関係を計算して、メリットの有無、どの程度のメリットが有るかに係っている。

1960年代に開発開始、1976年に運航開始された。1970年５月、筆者がフランクフルトに宿泊中、よど号ハイジャック事件が発生。筆者が結婚した1972年３月末の２か月後に５月にテルアビブ銃乱射事件が発生、搭乗前の手荷物検査が必須となり、１～２時間程度の時間短縮は意味を持たなくなり、当初から疑いの目で眺めていたが、運賃が発表され、時間の問題でコンコルドはアウトだと確信していた。

Ｂ747はロンドン、ニューヨーク間を約５時間で飛び、コンコルドでは飛行時間が２時間強短縮される。1979年代の航空運賃は原油価格の高騰、為替の変動などで、現在の貨幣価値で適正に表すのは容易ではない。

当時、東京―ヨーロッパ間のエコノミー往復運賃が約45万円、ファーストクラスが２倍で約90万円だった。コンコルドのロンドン、ニューヨーク間の運賃が200万円弱。

若し、コンコルドが就航した場合に予想された東京―ヨーロッパ間の運賃は300～400万円くらい。航続距離が約7,000㎞と短いために、東京―ヨーロッパ線では途中給油が必要となり、超音速のメリットはホボゼロとなる。日本の一般サラリーマンの月収が約10万円の頃の話だから、２年分の年収くらいの巨額である。
現在のサラリーマンの平均月収30万円とすると、年収に相当する高額となる。
私の様に技術趣味の人は、一度は搭乗するかもしれないが、……経済的なメリットを明瞭な形で示す事の出来ないものは、自由経済の下では、早晩退出を迫られる。

リニア新幹線計画中止の提案

JALの墜落事件、JR西の脱線転覆事故の経験から、日本についての知識が増え、その中で、2023年、リニア中央新幹線の建設計画の実施に関する新聞記事を目にして、直感的にこれは確実に失敗すると思った。
私の専門とする金属の切削作業の経済性は、速度、時間、コストの三要素を常用対数で表した方程式で解く事で回答を求める。仕事として、頭の何処かにこの三要素は定着しているので、直感的に、即刻、ホボ、正解を得る事が出来る。必用に応じて、対数表を使い、計算機を使って計算する事は出来るが、そこまでする事は必要ないくらい明白な事。
既に磁気浮上電車、リニア方式は世界の各所で営業運伝されており、それらは短距離路線で、平原を走行しており、日本の様に路線の大部分が地下を走行しない。私も数回上海で磁気浮上電車で空港から町まで乗車した経験がある。運賃が高いなと感じたが、約30kmの短距離、物珍しさもあり乗車してみたが、地下鉄の10倍くらいの運賃で、それでも千円以下だったと記憶する。当時の中国の物価から推定すると現在の３～４千円の感じ。
飛行機に搭乗するような人は千円近い運賃でも気にしないだろうが、通勤に使える価格ではないと思った。

経済合理性に反する無理な計画

約１世紀前、米国における自動車産業の勃興期に、金属製の自動車部品をどのような速さで切削すれば最も金属部品を安く製造する事が出来るか研究され、米国のテーラーが膨大な数の切削試験を行い、速度とコストの関係を数学的な方程式として表す実験式を導き出した。テーラーの法則として、金属部品の切削のみならず、製造業において経済性、採算性の予測をするときに利用される有効な方法として21世紀でも活用されている。
常時テーラーの法則を頭の奥に置きながら、客先である、トヨタ、日産、ホンダなどの技術者と経済的な切削スピードについて議論して、効果的なコスト削減の方法を見つけて、新しい事を提案するのが私の仕事だった。
新幹線の場合には、テーラーの法則を念頭に比較すれば、在来線との比較で高い経済性の向上に繋がり、技術的な問題が解決すれば、成功は全く疑い無しのプロジェクトだったので大成功だった。

スピード競争は新幹線でお終い

東京—大阪間を在来線の特急では６～９時間掛かるが、大まかに新幹線では約1/3の時間＝３時間で行ける。リニアでは、更にその1/2 = 1.5時間で行ける。
将来、更にその1/2＝45分で行ける技術的な手段が発明された場合、更にその上に、トンネルの中を真空にして、磁力で滑空する交通手段を作れば、半分の22.5分で行ける。
速度が上昇するごとに、コストが上昇し、明瞭な損益分岐点が、需要との関係で決まる。
この様な事を具体的な数字を上げて、素人にも解るように詳細な説明を加えたので大部になった。
JR東海と云う巨大鉄道運航会社も、個人タクシーの運転手も経済的な知識、感覚は根っこのところは同レベルだ。

高度の技術的な事と、それが及ぼす色々な、科学的、理論的な事に知識、見識が有るとは思えないので、読んで頂ければ、誰でも理解できるように、又JR東海が外部の大学教授、専門家に意見を求めた場合に反論の余地がないように作文したので20ページもの大部となった。

その12の１：先に結論ありき　賛成する人を委員に して委員会開催

計画の大まかな所は利益享受者と政治家が密室で決め、官僚に実行が指示されて実行に移される。民間では最も重要視される、面倒くさい経済性の議論を避けて、中央新幹線小委員会と呼ばれる、委員会の答申を受けて、形式を整えて、巨大な国家プロジェクトの実行を決定する事で、決定の責任を闇の中に放り込んで隠蔽する。

この様に大きなプロジェクトの場合、スウェーデンなら、賛成、反対の人々が真剣に議論して、議論の内容は詳細な議事録として即刻公開される。この様に最終的にプロジェクトの成功、失敗の結果が見えるまでに長時間を要するような場合には、その時点で生存確率の高い若い人が決定出来るように、トップが若い人になっている。

高齢者が決定すると、結果が出るときに死亡している確率が高く、歴史的経験から、**高齢者は無責任な決定をする傾向があるとされている**からである。

二十数年前の長期信用銀行の倒産、その前の山一證券の倒産などが典型的な例だが、高齢のトップが恥も、外聞もなく……会社に巨額の簿外債務を残して……退職、その後簿外債務が発覚して会社倒産となる。

日本でもスウェーデンでも、人間だから……**悪い奴はいるが、スウェーデンでは悪事を防止する装置が社会にある**事が違いだ。スウェーデンはバイキングの国、船乗り文化の国だ。お隣の韓国では20年くらい前に数百人が乗船するおんぼろ船の沈没に際して、船長、幹部乗組員が率先して避難、百人を超える死者が出たと一時期マスコミを賑わせた事があったが、それはスウェーデンでは起こらない事だ。

西欧の船乗り文化の中では、海難事故に於いて、船長は全ての人が退船してからでなければ退船してはいけないと言う、日本の『武士道』の様な『船乗り道』があると言われている。

筆者の推測だが、その様な歴史的な経験が現在のスウェーデン文化に影響を与えている様に思う。

米国のマイアミには大きなクルージングの会社が複数有るが、大多数はスウェーデン、ノルウエー等の、北欧系の会社で船乗りがスウェーデン社会に与えた影響は大きい。

専門外の若者の意見書で審議

若い、全く専門外と思える、ナノテクの技術者、阿部修治氏の書いた、簡単な２頁の文書に記述された内容を追認する形で、15人の、多分、このような問題の経済性、技術上の問題について全く無知であると推測される、肩書だけの委員が、日当数万円を頂き、委員に選任される事で、民意を代表して承認している。

民間会社で同様な事をすれば、会社は早晩倒産するが、JR東海は倒産しないのか……？

これは、欧米諸国の標準で考えれば、明らかにスキャンダルであるが日本ではそれが標準だ。

委員会のメンバーは委員長の下に委員が４名で、賛成、反対が同数の場合に土木屋の委員長が決定できるような保険も掛けてある。メンバーは、委員長の家田仁氏は土木学会の会長だった人で土木屋、委員の木場弘子さんは、元ニュースキャスターで、政府の色々な要職に就いている。竹内健蔵氏は交通経済学者、廻洋子氏は国際コミ＝ニケーション学部教授、渡辺幸一氏は全日本交通輸産業労働組合協会議長である。臨時委員として８人の大学教授と一人の公認会計士、一人の三菱総研の参与が就任している。リニアの問題について、茶飲み話みたいなことは出来るだろうが、専門的な観点から議論が出来る様な雰囲気をうかがわせる人は一人もいない。16名の出席で日当数万円、例えば３万円とすると、約50万円掛かる。これらの方々が何らかのコネで委員に推戴されて、兆円単位のビッグプロジェクトの行方を決定する事にお墨付きを与え、数万円の日当と、政府委員会の委員としての箔をつける事で、美味しい人生の幅を広げられる。**欧米諸国感覚で言えばスキャンダル、スウェーデンなら確実に犯罪と見做されるであろうが、日本では全く問題にならない。**日本語と云うバリアで保護されているから、海外から非難されることも無い。

委員会の費用

委員に支払われる日当は２〜３万円であり、多くの人が東京在住だが、北海道や九州からの出席者もいる。当然、旅費も支払われている筈であろう。

約15名の委員の日当と旅費で毎回50万〜100万円の経費が掛かり、第20回の会合だから、１千万円〜２千万円掛かっていることになる。

同様の委員会は国政の場だけでなく、地方公共団体にもあり、全国で多分、数千ありそれらが、それらが頻繁に会合を開いているとすると、その経費は巨大なものになる。この様なムダ、……多分、総計は年間、数千億円になるかも知れない……費用は統計上はGDPとして計算され、経済指標としては経済の成長に寄与する事になる。経済学で言う、“穴を掘って、その穴を埋め戻すの”典型である。

委員の中に公認会計士がいるが、公認会計士は会計上の事務の専門家で、経済を専門とする人はいない。

更に環境は悪化した

テーラーの法則から導き出される経済性の評価の不利に加え、長期間稼働する事が前提のリニア新幹線は絶望的なビジネス環境下に置かれている。

- ◆フォッサマグナ＝静岡—糸魚川構造線と呼ばれる、非常に危険な断層を横断する。何時、断層が動き、大地震発生でも不思議はない。
- ◆路線の半分以上がトンネルの中で、地下鉄みたいで外の景観を眺める旅行の楽しみがない。
- ◆トンネルの中で事故が起こった場合の脱出、救助が複雑になり被害が拡大する。
- ◆エネルギー効率が確実に、非常に低くなり、電力消費量が多くなる。
- ◆事故、故障の発生に伴う復活に長時間を要し……例えば半年、２〜３年など……大きな費用が掛かる
- ◆リニアでは、多分、テロ防止の観点から、手荷物検査、ボティチェックが必須の条件となる。英仏を結ぶ、ドーバートンネルは飛行機並みの手荷物検査、ボディチェックをする。乗車するまでに時間が掛かり高速による時間短縮効果が著しく棄損される。
  新設のリニア乗車駅へのアクセスの不便も加わり、30分、1時間程度の時間短縮は、意味を持たなくなる。
- ◆2013年の提案時点よりも、COVID19, コロナの経験が、誰にでも明白に理解できる形でリニア中央新幹線の置かれた状況を悪化させる事を見せている。リモートでの会議、会合が普通になり、東京、大阪間の人の移動は減少、観光旅行客の比率が高まると期待されるが、トンネルばかりで、地下鉄みたいなリニアでは一度乗っても、高価で常用する事は期待できない。特に官では、出張、官官接待等の減少で官の部分の人の往来が劇的に低下すると予想される。
- ◆天変地異、富士の噴火、東南海地震発生の確率は確実に、徐々に増加している。

◆自動車の自動運転の実用化が視野に入り、飛行機だけでなく、自動車との競合が始まる。自動運転になれば、運転中も仕事をする事が可能、４人同乗で新幹線の半分以下、リニアの1/4以下の費用で済む。

その12の２：私に出来る社会貢献、JR東海社長に中止を提案

状況を調べ、JR東海祖の山田住臣氏宛てに、内容証明郵使で、中止する事を提案した。

非常に、阿呆な事をするものだと、驚かれるかもしれないが、私には、失敗を確信させる多くの理由があり、面前の利益、メンツを克服して、子孫、自分の良心に従えば、……“義を見てせざるは、勇無きなり”で、それは自分の天から与えられた役割の放棄であり、それは私には看過できない事だった。

単に、反対だけでは、世の中の戦争反対、原発反対、ゴミ処理場建設反対……等の情緒的、政治的な反対闘争と変わらない。私は、その様な政治的な信条で活動している訳ではない。

総費用が10兆円を超える様な大工事をして、成功しなければ消費した費用は国民が負担しなければならない。

確実に次世代の国民に巨大な負の遺産となる事を確信しているので行動を起こした。

事故発生時に裁判の長期化を防ぐこと

既に、国からも巨額の資金を投入しているが、運航開始まで更に多くの資金投入が必要とされる。今からでも遅くない、誰かが猫の首に鈴を付けなければいけない。

将来、不幸にも事故発生で被害者が訴訟を起こした場合、通常、日本の司法判断は西欧諸国からすると、信じられないくらい長期間を要し、その間被害者のみならず司法関係者を長期間拘束する事になり、大きな費用が掛かり、それらの多くの部分は税金で賄われ、それらの消費された金は日本のGDPとして算入され、統計上は豊かになった事になるが、実際の効果は真逆で、国債増発の原因となり無意味な訴訟の為に費やされる時間は、単に労働時間を増やすだけで、日本人の生活の質を低下させるだけである。

私が、JR東海の社長宛ての提案を内容証明郵便にしたのは予想される将来の裁判で私の提案が、事故の発生、プロジェクトの強引な見通しの無い計画、等が予見可能であり、**それを予見して提案があったのに検討しなかった事実を示す証拠物件として残すことで、裁判の早期判決に誘導する事を期待して行った。私に出来る唯一の社会貢献だと思った**。

社会はコロナ禍の経験を経て、今まで面談で行っていた会議や商談をリモートで安上がりにする事を学び、ビジネスの世界で長距離出張は激減すると予想される。**リニア新幹線は地震国日本の、その中でも最も危険と言われている糸魚川静岡構造線**を貫通してのリニア新幹線の建設は無謀な計画である。事故が発生したら、大きな地震が発生したら……考えただけでも、ゾッ……とする。

専門委員会に反対意見を述べる筈のない、人気者、御用学者だけを集めて体裁を整えて……決定の責任の所在をウヤムヤに……“妖怪ジャパン”の仕業にする。（資料集参照）

マインド・コントロールを認識できない高学歴者

何時の頃からか日本の官僚個人、官僚組織は『信賞必罰』とは全く反対の『無罰叙勲』の社会となり汚職が汚職として認識されない社会となった。

驚くべきことに……本人も、組織も、高い教育を受けたオピオニオンリーダーと呼ばれる学者、専門家、マスコミも……マインド・コントロールを受けてその存在に気付いていないか、気付かない振りをしているがそれは『妖怪ジャパン』のせいだ。

筆者が自分史の中で公開した多くの事は、民主主義を標榜する西欧の基準では到底許されない事であるが、日本語のバリアが強力に守っているために、日本の汚職文化の実情が海外で大きな話題となる事はない。

日本の教育問題は受験教育の中で競争を勝ち抜き、日本の高級官僚となった人々の想像を絶する幼稚さ、無能となって表われ、国民を不幸な方向に誘導しながら……高級官僚も又不幸な人生を送っている。

高級官僚の中の、ほんの一握りの悪徳官僚が、他の多くの全国民不孝型、全国民敗者型の社会を構築している。

学齢期に旺盛な好奇心、疑問、探求心を満足させ、自由奔放に考え、活動すべき若者が受験目的の既に解答が決まっている教科書や問題集の暗記に全力を投入、精神的に疲弊した学生時代を送る。

学校を卒業して社会に出れば既に解答の存在する問題は他人が実施しているから、その様な知識は役に立たない。

社会に出れば、常に未知の確実な回答の存在しない問題に遭遇し、それに対して有効な回答を発見する事が求められる。特に、高学歴、東京大学を筆頭とする有名大学卒にはそのような応用能力が求められるが、彼らが受けてきた教育は真逆である。彼らは過去の事を記憶する記憶天才だが、社会的な経験が貧弱で応用能力に乏しい。

更に、受験教育が没我的な集中を必要とするので、交際範囲が狭くなり人的なコミュニケーションが劣り、日本語の会話能力が……ほんの一部の例外を除いて著しく劣る。

その13：出版物の消費税がスウェーデンは６％で日本が10%？？

日本の消費税導入は1989年であり、導入前から新聞紙上で大きな話題になっていた。

当時筆者はスウェーデンに住んでいたが、日本から１週間分の新聞を束にして送って頂いていたので、人生の中で最も一生懸命に新聞を読んでいた。著名な学者が欧米に調査に行き、その調査報告が記事として記載される、賛成論、が主流で、疑問を表明する学者の意見も掲載されていた。

それから30年以上経ってこの本を執筆するに当たり、消費税が当初の３％から最終的に10％に改定されるに際して軽減税率の適用範囲を合議した理由を知りビックリした。

スウェーデンの消費税

スウェーデンの標準税率は25％で世界トップクラスの高さで有名だが、軽減税率についてはあまり話題にならない。

テレビ、新聞からは専門家が……多くの場合多分知っていないのに、統計の看板だけを見て……スウェーデンの25％と高い消費税について議論しているから、一般の方々は、スウェーデンはトンデモナイ酷税の国だと信じ込まされている。

筆者の感覚では、スウェーデンも日本も普通に生活するうえでは『大同小異』だと思っていた。消費税一般については第８章、に書かれていますからそれを参考にして頂き、ここでは出版物について述べます。

なぜスウェーデンでは出版物に軽減税率で６％

スウェーデンの場合

スウェーデンでは後に発展して国会となる、民会で約220年前に言論、著作、表現の自由を法律の形で成文化したと言われている。それはスウェーデンの政治の腐敗を防止するワクチンとして作用、現代のスウェーデンの清潔な政治に繋がっている。

彼らは、筆者の知る限り、スウェーデンの政治が満足できるほど清潔だとは思っていなく、放置しておけば直ぐに不潔になると思っているから政治参加の意識が強く、国政選挙の投票率が常時80％を超えている。

同時に彼らは、他国の現状も良く理解しており、自国の高い政治意識を自慢している。

清潔を維持するのは文化的な情報でそれを与えるのが出版物

この様な背景があるので、文化的情報の重要部分を占める本、新聞等あらゆる出版物に６％と、生活費必需品である食料品の８％よりも低い軽減税率を適用している。

日本では何故軽減税率が適用されないのか

日本で書籍類が軽減税率の対象から外れたのは……書籍類の中には悪質書籍もあり、それを分別して排除する方法が難しいから、書籍は軽減税率から排除したと財務省の決定の経過の説明の所に書かれている。日本の識者、学者の視点には驚く外ない。

> 彼らの頭の中は、戦中の日本軍部，戦後のGHQの様に書籍、新聞、出版物全般についての検閲が必要、検閲が良い事だとする思想が支配している事を証明している。情報の良し、悪しを判断して政府が選別すべしと考えている。スウェーデンの様に徹底した情報公開と真逆である。

税制は高級官僚、無数の学者、経済専門家、識者が関与する委員会、専門委員会での検討を経て決定されている。

1989年の導入数年前から無数の高学歴専門家が、無数の回数の会議を30年間開催して日本の消費税制度の歴史を作って来た。その会議開催に掛った費用は莫大なものだ。

彼らは、応用問題に弱い

決定に携わった学者、専門家に……出版物の検閲はあった方が良いですか、無かった方が良いですかと聞けば、間違いなく検閲制度を否定するだろう。

所が、**応用問題として……軽減税率の様な場面に遭遇すると幼児の様に『自家撞着』に陥って、その関連性を理解できなくて、軽減税率適用に反対する。**

一部の人は『自家撞着』に陥っていなくても、行政からの諮問に対して異議を唱えなければ、積極的に自分をマインドコントロールさせている事であり同じだ。

日本では『**三人の学者がよれば文殊の知恵**』**は期待できなく**『**三人寄れば愚者の知恵**』になる。

その14：電気炊飯器に見る60年間のマインドコントロール

筆者は囲炉裏で自在鉤に吊るされた鍋を使って、小３の頃から日常的に炊飯をしていた。先ず、マッチを擦って乾燥した杉の葉っぱに点火、乾燥した雑木の枝に火が移って炊飯が始まるが大変な作業だ。

現在では、炊飯は簡単に電気炊飯器で出来るが、電気炊飯器は筆者が田舎を離れ、住友電工に就職した1957頃には電気炊飯器を使っている話は聞いた事がない。

家庭用の電気炊飯器は先ず東芝が開発、販売開始は1955年、筆者が田舎を離れる２年前だと言う。それ以来、多くの企業が類似品を開発して短期間に日本中の家庭で電気炊飯器での炊飯が普通になった。

つい数年前から炊飯器を使っての調理……味噌汁、煮物、カレー等、ホボ全ての加熱を要する調理に使うことが普通に行われるようになって来た。

黒ニンニクを炊飯器で作る

何年前から、電気炊飯器が電気調理器として使われ出したのかは不明だが、テレビの料理番組に登場している。

筆者は10年ほど前に発酵黒ニンニクを作る目的で電気炊飯器を買い、その保温機能を使って黒ニンニクを作った。

何処かに知恵者がいて、その人の発見が筆者の耳に入って、高価な発酵黒ニンニクを自前で作る事を始めた。

60年間のマインドコントロール

何時、誰が炊飯器を調理機として使い始めたのかは不明だが、多分、数年前からの事だ。

電気炊飯器の新しい使い方の発見である。日本中で約60年間、毎日１～３回使用され60年間経過して……漸く新しい使い方が発見され、そのイアデイアが全国に普及しつつある。

60年間……毎日、数千万人が炊飯しているのに、新しい使用法が発見されるまでの驚くべき長い時間を掛けて新しい使用方が発見された。

多数の高学歴専門家も参画していた

先駆者東芝を筆頭に大手家電業界、象印等、多数の会社が参入多種多様な改良を加えて。企業間の技術開発競争が激化する。

各社は高学歴の技術者を雇用して60年間、数世代に亘って開発競争を繰り返してきたが……それらの技術者主導で調理機としての使用法が提案されたのではないみたいだ。

何処かの、誰か……一市民が始めた事に違いない。この事は、非常に興味ある示唆を与える。

無数の高学歴の開発技術者が、熱心に開発競争に加わったが、彼らの視野が狭く……もっと早く気付くべきだったと思うが彼らはそれが出来なかった。 これは、**長い時間を掛けて消費者の常識が高学歴者の専門家の応用能力の高さを証明した事例だ。**

人間の教育に例えれば

この事例は、幼児、若者の教育について示唆を与える。

将来どのように進化、成長するか解らない……潜在的な成長力を持っている若者を形式的な教育の枠に嵌めて教育することなく、広い視野で観察して自由に考えて、自分で回答を見付ける事を習慣付ける……開放型の教育の重要性を示唆していると筆者は思う。

その15：外来語の片仮名表記の規格化は無意味で、単に生徒の負担を増加させるだけ。

明治の開国後多くの外国語の単語……主に名詞……が日本語会話の中で使用されるようになり、それらは通常カタカナ表記され、それは非常に良い方法だったと思う。大多数の人が外人と会話することなく、活字だけで外来語と接触した時代はとっくの昔に過ぎて……今では無数の外来語が氾濫している。

例えば高校の教科書では**『スウェーデン』と書かれ、経済学論文では『スエーデン』と書くと、査読で間違いとされて、査読を克服できない**との事で、高等学校のテストと同じようにチェック、採点されるとの事だ。

英語で会話する時に『スウェーデン』と発音すると、ダサイ発音となり、相手に違和感を与えるのみならず、会話の滑らかな速度の維持が困難になる。筆者が10代の頃に読んだ、明治～昭和初期に書かれた本には『スウキーデン』と書かれていた。

『スウキーデン』が最も英語での『スウェーデン』の発音に近いが、スウェーデンでは自国の事を**『スベリエ』＝ Sverige**と呼ぶ。

世界中には千を超える言語があり、その全ての言語からの外来語にカタカナ表記の規格を作る事は不可能のみならず無意味だ。

英語しか学んだことのない人、外国語を全く学んだ事の無い人は……疑う事なく、辞書を調べる気になるかもしれないが……全く無意味な事で、書**く人の耳で捉えた音のままカタカナ表記すべきである。**

21世紀の国際化した時代に、社会の最先端を走る日本の文系、理系の学者がこの様な事に対して率先して改革の旗振りをすべきだと思うが……残念ながらそれは起こっていない。

昭和の時代の日本語についての議論

過去の経過

1960～1980年代にかけて、国語審議会で真剣に日本語のローマ字化が委員間で議論されていた。審議会の会長がローマ字化論者、米国使節団がローマ字化を勧めるなど……現代では想像も出来ない様な混乱した状態だった。

小松製作所社長、経団連理事だった河合良成氏が日本の公用語を英語にすべしと発言していた。河合氏は富山県福光町の出身の政治家で筆者の生まれた五箇山が選挙区、子供の頃に選挙の時に街宣車が名前をスピーカーで叫んでいたのでよく知っていた。都会と違って日に数回しか車が通らない閑静な田舎での街宣車で忘れる事がない。

筆者が結婚後間もなくの1970年代頃の話であり、国会議員選挙運動で名前を知っていたので彼の英語発言を聞いて驚いた。

河合氏はビジネス経験から、**日本語は情緒的で、いい加減で今後日本語をそのまま続けたら、日本は没落すると仰っていた。**

国語審議会では、漢字カナを排してローマ字にする方向で具体化される事が視野に入るまでになっていたが……最終的にローマ字化は実行されなかった。

中国ではアルファベットを使用

広大な中国は無数の方言からなり、皇帝の行政官は官話＝マンダリンで意思疎通を図っていた。毛沢東は中国に全国で通用する標準語を『プートンファ』＝普通語として制定した。非常に複雑な中国語の発音を発音記号であらわす為にローマ字を採用した。

中国語には母音が36ケ、子音21ケに加え四声と呼ばれる声調を示す発音記号からなり、日本人には想像も出来ないくらい複雑だ。筆者は中国語の学習に英語の100倍くらい、スウェーデン語の10倍くらい真面目に取り組んだが成果は無きに等しい。中国では小学生が学校でピンインと呼ばれる、ローマ字で書かれた発音に合わせて、唇の先端の位置、口の形、息きの吐き方を小学校で学ぶ。何人かの中国人と話し、トイレにピンイン表を貼り付けて子供にピンインを覚えさせていると言っていた。筆者はローマ字を多分、小５の時に習ったが、中国ではローマ字で書かれたピンインを小１で学ぶ。

毛沢東の言葉による中国の統一がなければ、その後の中国は随分違ったものになり、鄧小平の改革開放政策もうまく進んだか疑わしいものだ。

日本語って『赤ちゃん言葉なのね』と言われる

筆者の同僚のロルフの妻で、市役所に勤務するウラさんは食事中の雑談で……日本語ではしばしば主語を省略すると説明すると……間髪を入れず……それじゃあ**『赤ちゃん言葉みたいなのね**』と言われてびっくりした。

この本で何回か、スウェーデンの小中学生を過大に評価したような書き方をしていると思われるかも知れないが、視点が日本人とは非常に異なり、それは公教育の違いによると思う。

現代の日本

筆者の無数の経験から日本の高学歴者の特徴として、論文の大綱を問題にする以前に……些末な事が気になりすぎて……大綱を問題にする視点が完全に欠けている。理系の研究者で特許出願経験のある人は、大綱のみならず、細事についても必要な気配りをされるが……特許出願に結びつくような具体的な結果を出される研究者はごく一部だ。

経済学等の文系研究者の場合は特許の様な、厳しい議論が待っていなく……単に印刷されるだけの作文だから、大綱はあまり意味を持たなく、些末な事のチェックが査読の役目となり、それが日本の文系論文の文化を作る。

更に、文系の場合には……内容が社会に影響を与える様な論文の出現は数十年に一度程度と、稀にしか起こらないので、学者と呼ばれる専門家は、論文の為に書かれた……意味のない論文を読むことが研究の中身となる。

自分自身で大綱が問題になる様な論文を一生の間に書ける人は、多分、全体の１％以下、その中で本当に価値のある論文は、多分、１％以下と推定すると……文系論文は何なのかと考えてしまう。

研究者として活動を始めるまでに、窮屈な、些末な事に過剰に気を遣う教育を受け……民間で経済活動に参加して経験を積むことなく……その延長での論文執筆……長い時間の中で……環境に慣らされてしまう。

科学論文における、専門用語のみに限定すべき

科学論文、特許などの文書で特定の化学物質がカタカナ表記される場合には、専門用語で正しくカタカナ表記されなければいけないが、文系の作文の様にその片仮名表記が単純に外来語の発音を捉えて書かれる場合には、個人が捉えた発音そのままで十分のみならず、その方が良い。

それは漢字へのルビと同様だ。

将軍吉宗を演じる演劇の脚本で『昨日』と書き……それを和歌山弁で『キニョォー』と呼ばせたければ『昨日（キニョォー）』とルビを打つ必要がある。

この様に演劇の脚本の場合には必要だが、学習者への無用な強制は単に負担の増大だけでなく……教えられたことに対する盲信傾向を助長するから即刻止めるべきである。

背景に漢字の場合には偏や旁の間違いが、全く異なった意味になり、日本語では許されないミスであり……外来語の片仮名表記にも同様の判断基準を適用している事が原因となっていると思う。

その16：自動車事故発生の最大の原因は、多分、定期点検だ

車検制度

自分史第五章既述のスウェーデンでの車検制度は非常に便利に運用され、利用者に掛かる費用も少ない。

陸運局で、車検場の親分をしていた、学友マッチャンと50年ほど前に議論したが、すっきりとした反応が無く、それから約半世紀経過するが、日本では何も変化、進歩がない。（我々の様な一般人には見えないが、0.01㎜くらいの些末な改善は業界の中では行われているようであるが）他の色々な事も同様だが、日本では、民間会社の切れ者ビジネスマンからすると、イライラするくらい、反応が遅いが、それは全て“妖怪ジャパン”のせいだと思う。

半世紀前のスウェーデンでの車検

会社から、勤務時間中に車検場に電話して時間を予約、勤務先の上司に離席を言って職場を離れて車検場へ約10分で到着、大きな事務所みたいな長い建物の端にある事務所の窓口で、車を渡して約3,500円払って、20〜30分待って、**64項目のチェック結果**を貰って終了。若し、問題個所がある場合には、車検が通らないので、期限以内に修理……殆どの場合、中古部品屋に行って部品を買って自分で修理する。修理してから、再度車検を受けてOKなら、車検パスとなる。

全て自分で出来て、安上がり。この程度の事が出来なければ、スウェーデンではアホ扱いされる……特に男でこれが出来なければ一人前とは見做されない。**王族がその様な事をしているとは思わないが、全ての一般人は、内閣総理大臣でも人生の何処かの時点でその様な事**を実際に経験していると思う。

現在の車検

友人経由で知った現代のスウェーデンでの車検は、2006年に車検が民営化され、多くのガソリンスタンドでも車検をやっていて、更に簡単になっている。予約しても良いが、予約なしでもOKで車検業務は仕事に行く前の、朝の７時からやっている。

持ち込むと直ぐに資格を持った技術者が手際よく車検開始,約10分で車検終了。

費用は440kr＝約7,000円である。

新車は３年後、それ以降は毎年との事。30年以上の超中古車は車検がいらないが、そのような超中古車は持ち主が愛情込めて保有しているから、車検は不要である。

車検証はなく、ネットで車のナンバープレートの番号とリンクされているので、必要な時に警察は番号から直ぐに車検の履歴、持ち主が解る。

既に、半世紀前にスウェーデンでは全てのガソリンスタンドで、セルフ給油、タイヤの空気圧調整が当たり前だった。

友人の陸運局に勤務し、車検場の親分をしていた学友マッチャンに話すと、彼も知っていたが、……正確な理由は忘れたが、行政が……色々な理由を付けて抵抗していたみたいだった。

セルフ給油が日本で一般化したのは、それから約40年後だが、その遅れは“妖怪ジャパン”のせいだろう。

私の日本での車検と定期点検

私のミニバン、2000ccエンジンの日産リバテーは20年目で、前のトヨタのライトエースは23年で廃車にした。

ライトエースの場合は、点検や簡単な修理は全て、スウェーデン方式、自分でやったが、リバテーに替わってから、点検保守は日産のサービス会社で行ってもらっている。電子部品が多くなって、素人では触り難くなったのと、部品が手に入り難くなったのが大きな原因だ。３年ごとの車検と半年ごとの**約35項目の簡単な定期点検のメンテプロパック**に入り、３年間で約７万円、部品交換は修理会社の言いなりになるから、大まかに年間５万円以上は掛かる。

スウェーデンの車検は64項目の点検で、メンテプロパックは約半分の35項目である。

スウェーデンならいつでも、定期点検の様に車検場に行き、点検してもらって必要に応じて部品を購入……至る所に、部品屋があり、新、中古の部品を安く売っている……非常に安上がりである。

スウェーデンでは20年以上、車を乗り回すのはごく普通で、車のメンテは、一般人の普通の仕事みたいになっている。感覚的に１年間に掛ける車のメンテ費用は主にDIY的思想で行うスウェーデンでは日本の1/5くらいの感じで、このような経験の中から、知識が増えて……疑問を持ち、自分で解決して……その相乗効果で社会が知的になっている側面がある。日本の様に、金の力で、何かを他人にやらせていても、人間としては向上しない。

全国にある、主に個人所有の普通乗用車と軽自動車の総数が、５千万台と仮定し、一台当たりの車の車検も含めたメンテ費用が日本で年間５万円、スウェーデンで１万円と仮定すると、スウェーデン方式では年間４万円の支出の削減になり、それはトータルで２兆円の費用節減になる。10年で20兆円、50年同様の制度を維持すれば100兆円になり国民が100兆円を負担していることになり、それは国民の生活の劣化に繋がる。車検に関わる法定費用は消費税の対象にならないが、車検に関連して掛かる費用は消費税が掛かりGNPとして計算され、統計上は経済が良くなったと見做される。

スウェーデンではガソリンスタンドで７千円の価格で64項目のチェックをしているという事は、日本ではそれ以下の費用で行えるはずだ。日本では国家公務員の仕事として行っているから人件費は支払い済みである。

スウェーデンの様に情報公開の進んだ国では、車検を担当した技術者が見逃しをすれば、隠蔽される事なく、非難を受けて、資格はく奪になる可能性があるから技術者は誠実に仕事をする。

杜撰な定期点検による重大ミスの発生

８年ほど前９月にメンテプロパックで定期点検を受けた。

11月の末に国道428号線有馬街道から右折して有馬温泉に向かい、緩い登坂に侵入すると渋滞している。

目的地リゾートトラストの有馬エクシブ直前の所で、ボンネットの隙間から水蒸気が噴き出し始めた。

数10年前によく見かけたラジエターの過熱である。直ぐにJAFに電話してチェックして頂くと、定期点検の時に外したファンを回転させるためのカップラが差し込まれていなくて、それが原因でラジエターが過熱した事が判明した。

定期点検が故障の原因だった。若し高速道で同様の頃が起これば、大事故に繋がる恐れがあったが、定期点検後高速道路を走っていなかった事で幸いした。（資料集参照）

タイヤ交換時のミス

30年ほど前トヨタライトエースの頃、マツダのサービスステーションでタイヤを購入して交換してもらった。

地道を走行していると、小さな音で、パタパタ……と音がする。上空をヘリコプターが飛んでいると思った。

数キロ走行して阪神高速７号線に入り、トンネルの中で、パタパタ音が大きくなり、音の原因はヘリコプターでない事が解り、すぐ次のサービスステーションでチェックしてみると、右側前輪のタイヤが仮締めだけで本締めされていない。

日本では６か月毎の定期点検で危険がいっぱい

筆者はスウェーデン在住の４年間に車のメンテに習熟、専門家並の知識を持っていたので、ライトエースのタイヤ交換１回以外当初は自分でやっていたが、電子化が進んだ車なので部品調達が困難で、事故直近の５年くらいはメンテプロパックで６か月毎の定期点検を受けていた。

精々、最大で15回の定期点検で２回の重大な事故に繋がる可能性の高いミスである。

日本全体で約８千万台の四輪車が登録されている。

６か月点検はメーカーの推奨であり、大多数の車は法定の定期点検を受けているから平均すれば1.5年に一度程度の定期点検になるだろう。１年間に行われる定期点検回数は８千万÷1.5≒５百万件となる。

筆者の経験した点検ミス２回/15回×５百万件≒65万となる。

警察庁の2023年の事故統計

人身事故

人身事故が約37万件であり、その内のかなりの事故は定期点検のミスが起点となっている予感をさせる。

５百万件/37万≒13.5となり……それは15回の点検で１回の人身事故発生と、奇妙に合致する。

死者数

死者数が2,678人であり、人身事故の約0.7％で死者が出ている。

高齢者の死者数

65才～74才の死者数は460人。

75才以上の死者数は1,006人。

警察庁の統計数値は以下の様に纏められる

区　分	対象人口	死者数
全年齢層	1億2千5百万人	2,678人
65才～74才	約1千6百万人	460人
75才以上	約2008万人	1,006人

上記の数値をもとに計算した10万人当たりの死者数を下表に示す。

区　分	人口/死者数	死者数/人口
全年齢層	0.47	2.1
65才～74才	0.34	2.8
75才以上	0.2	5.0

マスコミ報道は何を言っているのか？

頻繁にマスコミから後期高齢者の無謀運転での死亡事故を非難する事が報道され、識者と呼ばれる人が、最もらしく高齢者の運転を非難する。

上記の様な統計数値をみれば、定期点検を原因とする事故を含めて考えると、75歳以上の後期高齢者の運転が必ずしも、突出して危険である事を示していない。

筆者の場合には心臓の問題を抱えていたので免許返上したが、正常な人であれば……本人が問題を認識しなければ行政が免許返上を熱心に進める理由はない。

知床の海に沈んだKAZU１、福知山線列車打線転覆事故

KAZU１の場合

事故原因は船の単純な整備不良……ハッチの蓋が閉まらず浸水を止められなかったそれだけの事だ。

事故発生の数日前に官庁の検査を受けて、検査をパスしていた。

あれだけ大騒ぎして、多数の死者を出した事故原因は単純な事だった。

福知山線の列車脱線転覆事故

大きな費用を掛けて、長期間事故調が仕事をして、数百ページの……読む価値のない、多分誰も読まない……報告書を作成した。事故発生の起点はカーブ上でのブレーキの使用にあり、それをJR西の運転マニュアルにどの様に記載しているかが決め手だと思うが、数百ページの報告書には……意図してか、気が付かなかったからか不明だが……記載がなかった。

日本では『妖怪ジャパン』の影響から逃れるのは至難の業だ。

その17：日本ではなぜ週番号入りのカレンダーが使われないのか？

筆者は住友電工からスウェーデン系のサンドビック㈱に転職、カルチャーショックを受けた。

早春の頃になるとスウェーデン本社から、その年の夏休みの計画を知らせるテレックスが入ってくる。今年はW28〜31までの４週間工場及び中央倉庫は夏休みで完全に閉鎖するから、それまでに必要な製品や部品の在庫を手当てする様にとの指令だ。

会社には４〜５人のスウェーデン人がいるが30年間勤務して……一度も夏休みを取らなかった人を見た事はない。４年間筆者の上司だったアンドレアソン氏は４人の子沢山の家族で総勢６人だが、毎年１か月の帰国休暇で費用は全て会社持ちだった。

成人一人の航空券が、多分約45万円、日本の大卒の初任給が４万円前後の頃の話だ。

週番号入りのカレンダー

筆者は現役時代の出張、退職後の個人的な旅行も含め多分50か国以上を訪れている。

国によって週の始まりを日本や米国の様に日曜日とするところ、多くの西欧の諸国では月曜日が週の始まり、土曜日を始まりとするところもある。

殆どの国では週の始まりの前に下図のように、週番号が書かれている。

１年は12区分されて月となり、次の区分は日で……30日もあり長すぎる。

社会が忙しくなり、昔以上に時間に関して個人、企業も時間を大切にして生活している。

１月

週番号	日	月	火	水	木	金	土
1	31	1	2	3	4	5	6
2	7	8	9	10	11	12	13
3	14	15	16	17	18	19	20
4	21	22	23	24	25	26	27
5	28	29	30	31	1	2	3

２月

週番号	日	月	火	水	木	金	土
5	28	29	30	31	1	2	3
6	4	5	6	7	8	9	10
7	11	12	13	14	15	16	17
8	18	19	20	21	22	23	24
9	25	26	27	28	29	1	2

週番号を付けた月めくりカレンダーにすべき

明治初期、殆どの人は寺の鐘の音で時間を感じて生活していた時代に日本の暦法は太陰暦から太陽暦に変更された。大多数の人々は農業に携わり、自給自足……少数の都市に住む人の生活を支えるために物資は輸送され、経済活動は緩慢かつ移動する商品の量も少なかった。

欧米では何時の頃からか……多分数百年前から月めくりのカレンダーに週番号を入れる事が普通になり、商業活動におけるコミュニケーションツールとして使われていた。

ビジネス環境の激変

太陽暦を採用した明治の時代と比較すると、全ての人が時計を持ち、全ての人が生活物質を購入する事で社会が成り立っている21世紀、カレンダーの役割は非常に重要だ。
全てのビジネス、約束事には時間が関係し、全ての人がカレンダーと共に生活する現代において、なぜ日本にだけ週番号の掲載されたカレンダーが存在しないのか。

良い物、コストの掛からない事は即実行すべし

この本の執筆の機会に、日本でも週番号入りのカレンダーの普及を推奨する。
過去に無数の日本人が欧米に住んだことがあったと思うが……不思議議な事に筆者の知る限り、この使い勝手の良いカレンダーを日本で見たことがない。
週番号が書かれたカレンダーが日本で使用される事を期待している。

その18：日本では女性は暴力には弱いが生理的には強くて賢い事が理解できていなかった。

大昔から女性は閉経期前後に体調が変化...生理的、精神的に大小の問題を訴える事は良く知られた事で、それは更年期障害と呼ばれていた。第二次大戦後に科学、医学の分野で検査機器が長足の進歩を遂げ...それまで不可能だった人体を構成する為に必要な微量のビタミン、ミネラル、ホルモンなどの体内に於ける量の分析が可能になり、女性の更年期障害は女性ホルモンの減少によると言われていた。
20世紀末頃から、高齢の男性にも同様な現象が起こると言われ始め……男性の場合には不定愁訴的な……精神的に不安定な側面がより鮮明に発現、医学的には男性ホルモンの減少が原因であると説明されている。
人間の成長＝老化に伴い、有用な＝必要な成分は減少、反対に不要な＝少ない方が望ましい成分が増加する事で人体の機能は衰え……その衰えを老化と呼ぶ。
更年期障害は、ホルモンの減少が原因であると言う説明は、単に老化に伴って現れた現象であり、更年期障害の原因をホルモンの減少と説明するのは科学的でないと思っている。
117才で世界最高齢のエマ・モラノ女子の極端な偏食、米国の大金持ちウオーレン・バフェット氏は極端な粗食だが93才でも、若者の様に柔軟な知力を示している。
妻の叔父の鍼灸師岡部素道の患者だった横山大観は40代の頃から、殆どのエネルギーを毎日１升の日本酒「酔心」で補給、固形物を殆んど取らなかったが1950年代では非常に長命で89才まで生きていた。（自分史第八章参照）
DNAが関与する健康問題は個人の問題と、国民の様な多数の人間を扱うのでは大きな違いが生ずる。

その18の１：女性の生理的な優位性の根拠

20代の頃、何かの本で女性は男性よりも体重比で５％程度、心臓を筆頭に全ての臓器が高い能力を持っていると書かれた記事を読んだ。執筆された医学者の方は、それを新しい発見として書かれており、それ以上の事は書かれていなかったが、筆者はその事実を聞いて……なるほどと納得していた。
女性は妊娠、出産期間に対応する１年弱の期間の健康維持の為に……天は胎児の体重に相当する２～３kg分だけ……臓器に余裕を持たせているのだと理解した。

高齢に伴う体調の変化：冷え性、基礎代謝、寿命の関係

年令を重ねるに伴い体調は複雑に変化……個人差があるのは当然だが……男女間に非常に

明確な違いがある事を確認、それには科学的な因果関係がある事を実感している。

冷え性：50代まで妻は冷え性、60代で逆転

50代中頃まで３才若い妻は冷え性で冷房が好きでなかった。筆者は冷房大好きで家にはクーラーが６個設置されていた。明確な線引きは出来ないが、筆者が60代の中頃になるとクーラー大嫌いになり、クーラーを全く使わなくなった。

70代に入り、床暖房にしたので、夏季、冬季ともアエアコンを全く使わなくなった。神戸市北区は表の中央区よりも気温が数度低く、気温が33℃を超える事は先ずない。家中の窓を開けると外気が入り、南北に風が通るので非常に快適である。

妻は暑がりで夫は冷え性

初夏の６月の頃、筆者は就寝時に足元が寒くて、靴下を履き、夏布団又は毛布を掛けないと眠れない。同じ部屋に寝ている妻は、布団から素足を出して寝ている。暑くて足が火照って眠れないと言う。70代以上で約20人のテニス仲間でこの事を話題にすると、みんな同じような事を言っている。

基礎代謝について

筆者が70代以降、体重55kgの妻は体重62kgの筆者より、確実に接収カロリーは1.5倍多く……大食である。体重当たりにすれば、接取カロリーは約1.7倍になる。

書店には健康に関する本が大量に並び、ネットでも無数の健康情報が溢れているが、筆者の経験は真逆である。

著名な健康を目指す人への商品を扱う会社……医学博士の解説などで……基礎代謝について解説しているが、科学的を装っているが内容が非常にお粗末だ。

平均寿命との関係

自分史第八章に既述の様に人間の寿命はDNAの関与する部分が巨大で、個人の寿命に関する議論と、多人数＝全国民を対象とする様な平均寿命では、その扱い方が大きく異なる。（第２部第８章その７の周辺参照）

直近の日本人の平均寿命は男子82才、女子87才であり、男女の平均寿命差は５才となる。

大数の法則的な観点からすると、自動車に例えれば女性のエンジンが出力に５％余裕を持たせた内臓を持っている事が、男性よりも約５年間平均寿命を長くしていると納得できる。

冷え性について

高齢となり、エンジン出力全開で稼働しても……男性の場合エンジンの能力が不足気味となり……それが冷え性となって表われてくるのだと納得、春夏秋冬一重の着物の重ね着で……岡田の十二一重と揶揄されるようなスタイルのお陰で、健康を維持している。例えば冬季のテニスの場合、プレー開始時には６～７枚重ね着をしている、動いて熱くなると、１枚、２枚と脱ぎ、厳冬期でも１枚だけになる事もある。特に下半身に冷えを強く感じるのでパッチは薄い物を２～３枚履いている。

１試合が終了、待ち時間に寒さを感じるので、反対に１枚、２枚と重ね着をして……絶対に発汗を起こさないようにコントロールしている。

その18の２：女性受験者の点数を減点して男性合格者が多くなるように操作していた大学医学部。

21世紀になり医学部への入試に際し男性に逆差別

米国の永い人種差別の歴史の中で黒人の大学入試を容易にするべく、黒人に対して優先枠＝低い点数でも合格できる制度を約60年前に作ったが、2023年に米国の連邦最高裁は、それは差別的な扱いだと優先枠の設定は憲法に違反するとの判断を下した。
2018年になり日本では10大学の医学部入試に於いて、女性の点数を減点する事で……男子受験生が多く合格する様に……60年前の米国の黒人の様に優先枠を与えて……合格点数が操作されていた事が暴露され、かなりの期間マスコミを賑わせた。
背景に女性は良く勉強して、優秀に加え、コミュニケーション能力＝日本語会話力が男性よりも優れており、男女受験性を同じに扱うと女性の合格者が過大になるとの認識が背後にあった。
男子受験生逆差別は既にかなり前から常態化しており、それはその半世紀ほど前にＮＨＫのテレビ、女性雑誌等に時代の論客として登場、10年間以上の長きにわたり日本のインテリと呼ばれる人々に大きな影響を与えて来た『女子大亡国論』の影響だと思う。

その18の３：『女子大亡国論』の登場

女子大亡国論

筆者が20代の頃慶応大学の著名な池田弥三郎教授、その他の著名教授が大学卒業を花嫁道具の一つとする日本の大学教育を揶揄して、『女子大亡国論』、『女子大女禍論』等とマスコミでかなり長期間大きな話題となった。
日本では著名大学教授が情緒的に女性蔑視の固定観念から抜け切れずに、マスコミに登場して女性の大学進学に異を主張した。
既にその頃スウェーデンでは女性の職場進出は当たり前の事で、夫婦共稼ぎが普通になっていたと職場の同僚の中で最年長者、筆者が35才頃に50代後半だったエドヴィンが言っていた。同時に既に、残業もなかったと言っていた。残念ながら、夫婦共稼ぎ、無残業のどちらが先かを聞かなかったので、どちらが先かは知らない。
19世紀前半までは大多数の国民は日本と同様に貧しい農民で、農家は夫婦共稼ぎであり多分、精神的には、日本とよく似た精神文化の国だったのだろう。人口の1/3弱がアメリカ大陸に移住したと言われている。
夫婦共稼ぎの社会では……女性の方が妊娠、出産、育児の経験があり男性よりも経験量が豊富……に加え、育児を通じて他人とのコミュニケーションが多くなり……結果的に他人とのコミュニケーション能力が高く、女性＝常識人となり……学歴などの看板とは関係なく、常識人で、他人との連帯感が醸成される。
米国を筆頭に禁酒が法制化して、米国ではギャングのアルカポネ等が話題になっていた頃、スウェーデンでも賢い女性が禁酒を支持、その残滓が今もあり、全ての瓶売りの高濃度アルコールは「システムボラーゲット」と呼ばれる、公営の店でしか購入できない。2.8度以下の低濃度アルコールのビールは清涼飲料水扱いで、酒税はゼロ、消費税も８％で、価格は日本の約半値である。店は９時－５時開店で土日祝日は閉店、役所と同じである。それは飲酒癖のある男が……酔った勢いで土日でも、夜間でも……高濃度のアルコール飲料の買い増しを抑制する為に不便にしていると説明されていた。

国民を高濃度アルコールから遠さけて、健康維持に努めさせ……将来の健康保険会計の悪化を防ぐことが目的で、それは家庭経済の健全化を目指す賢夫人の発想だ。

67才の若さで肝硬変でなくなった池田弥三郎氏が聞いたらビックリするような内容だ。

日本では池田弥三郎氏が「女子大亡国論」で日本の論壇でクローズアップされ、マスコミの寵児だった頃から10数年後に「紫綬褒章」を受けている。池田氏の叙勲の理由を知らないが……若しスウェーデンなら池田氏はマスコミから非難されても……褒められる事など無く、当然その後に叙勲される事など考えられない。

日本では常識から遊離した……常識外れな事を主張する学者を過度に高く評価する何かがある。

国の最も重要な要素は人材であり、その半分以上を占めるのが女性であるが、日本の文系学者は科学的に考える事を完全に放棄……筆者の様な民間技術者から見ると全く理解できない。

福沢諭吉の創立した慶応義塾大学教授の看板で世の中を騒がせ、それに便乗して同様に殆どが文系大卒のNHKが大々的に取り上げ、社会にそれを流布さる。

スウェーデンでは絶対に起こらない、もし起これば、その様な人は一発でアウト、その社会的なステータスは崩壊する。

第６章　OECD統計が示す夢のような理想の「高福祉低負担国」日本の観察

目　　次

その１：日本は突出した理想的『高福祉、低負担国家』で
スウェーデンは突出した『低福祉、高負担国』である。

偶然から数百あるOECDの統計からOECD加盟35か国の『国民負担率の国際比較』を発見した。日本とスウェーデンを隣接させて見易く加工した表を下に示す。

表によれば、日本はスウェーデンより突出して、**『高福祉低負担国』**となっている。

2023年10月に初めてOECDの統計に接して、流石にOECD、正しく日本の事を理解していると、直感的に思った反面、今迄、日本が『高福祉低負担国』であると聞いた事が無い事を不思議に思った。

日本ではスウェーデンは『高福祉高負担国』であり、高負担にしなければスウェーデンの様に、高福祉は無理とそれが常識の様に言われている。オリジナルは35か国が入り横長だが、折りたたんで日本とスウェーデンを隣接させている。

日本とスウェーデンの数値をピックアップして、以下に要約を示す。

日本とスウェーデンの比較

国　名	対GDP 国民負担率 (%)	租税負担率 (%)	社会保障 負担率 (%)
日　本	37.7	58.8	5.3
スウェーデン	32.0	26.1	18.2

国民負担率の国際比較：2018年OECD統計

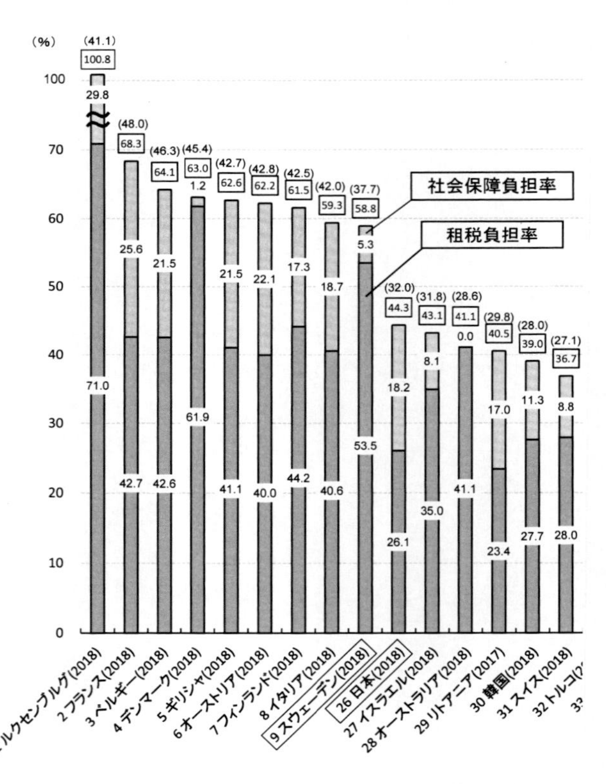

OECDは各国政府に成績を付ける国際機関

OECD＝国際経済協力開発機構の年間予算額は約350億円で、その10％弱＝35億円は日本が拠出していると言われている。OECDは無数の、各種経済統計を調査、結果を公開している。

各加盟国には毎年項目別にその国が世界レベルで評価した場合に、どの位置にいるかを示す成績表を年間報告書として提出、目標とすべき政策提言をしている。

良く知られた、女性参画、女性登用に遅れた日本が欧米社会から白眼視されていると思って政府が過剰反応、数値目標を立てて、専門性とは関係の薄い女性大臣の数を増やそうと頑張るのはOECDの報告書の影響だ。

日本は『高福祉、低負担国』になっていた。

権威あるOECDの統計では、日本は既に突出したスウェーデンをはるかに超えた『高福祉、低負担』を達成している、夢の様な国だと認定している。

説明の必要もないだろうが、日本での生活実感からは千kmも離れているが、統計は間違っていないと筆者は承認印を押せる。統計に示された数値は正しいのだ。

不思議な事に日本では、日本が国際的に『高福祉、低負担国』として認められていると言われているのを聞いた事が無い。連日NHKの掛けっぱなしのラジオからは、かなり頻繁に識者がスウェーデン、北欧の国は高福祉、高負担とコメントされるのを聞いたが……。表を見ると北欧のデンマークとスウェーデンは突出して**『低福祉、高負担』、日本は『高福祉、低負担』になるが、それはスウェーデンと日本での生活経験のある筆者の実感とは真逆だ**。

21世紀初頭の日本の年収１千万以下の低所得者は、将来に明るい希望が持てない。

感覚的には、日本では低所得者と言えば年収２－３百万円を意味すると思うが、スウェーデンの累進課税から判断すると、スウェーデンでは年収８－９百万円までは低所得と見做される低負担である。

OECDの統計は正しいが、我々日本人にはこの統計を読み取るのは困難だと思った。

OECDに提案書簡を送付。

筆者はOECD宛て長文の英語のメールを送付、統計は正しいが、日本ではマインド・コントロールされ、統計を正しく読むことが出来ない。日本人が疑問を感じて、正しく読める様にするために、統計表に公的債務残高も同時に掲載して頂きたいと提案をした。

何故、統計が正しく、生活実感から離れているのか

最も根源的な原因は心の問題であり、それが統計として外部に露出した事で、今回の様なヘンテコリンな事が起こったと断言できる。以下に提案書簡の内容を抜粋して説明する。

第９章に既述した様に、年収８～９百万円以下の低収入では、日本の方がスウェーデンよりも税金が高い。

昔の日本の多くの若者は、乗用車の購入、近未来の結婚、すでに結婚していたら子供を持つ等の具体的な夢＝計画を持っていたが、現代の若者は生活が苦しくて……未来に期待が持てない。

多くの大卒の初任給は年収で400万円以下。

多くの定期雇用の就業者も年収は500万円の壁を超えられなく、この層に多くの人が属する。

下表は年収400万円の単身者の日本とスウェーデンの税負担を比較している。（第８章から抜粋）

上表を金額で表示

	年収（万円）	本人の納税額（万円、税率）	雇用主の納税額（万円）	国、地方の徴税額（万円）
日　本	400	97万円、24%	60	157
スウェーデン	400	92万円、23%	150	242
スウェーデン／日本		0.95	2.5	2.5

先述の様に年収１千万円近くを境界として、それ以下では日本はスウェーデンよりも直接税は高いのだ。

税金の問題は幾つもの細かな要素が関係するから、単純に数値を示すことは出来ないが、第８章でかなり細かな検討をしているから参照して下さい。

雇用主の税負担が高く、政府の税収が高くなる

前ページの表から以下の事が読み取れる。

- 本人の税負担は日本が97万円、24％、スウェーデンが92万円、23％と**日本の方が１％高い。**
- 雇用主の税負担は日本が60万円、スウェーデンは150万円で**日本の2.5倍である。**
- 国、地方の徴税額は日本の157万円、スウェーデンは242万円で**日本の1.5倍。**

OECDの統計数値は正しいが、日本の実態を表せていない

経済現象、農業、宇宙科学、免疫機構の様に、複雑な無数の因子が関係する事を解明するには、条件を固定して思考実験する方法がある。有名なアインシュタインの光速一定の法則の公式『$E=mc^2$』も、無数の思考実験の結果から、ヒントを得て発見したと言われている。

歴史上の新発見は全て自然観察中に疑問を感じ、その原因を究明したいと考えている中でヒントを発見……頭の中で思考実験を重ねる事で完成した。

幾つかの思考実験の中で有望な１つを、過去のデーターを組み込み、新しいデーターの観察から手に入れて確認する事で思考実験が論文となり社会の評価の場に提示される。

その２：思考実験２：全就業者の年収が400万円で日本とスウェーデンを比較

OECD統計方式

先ず、統計上の数値について、全国民の年収が400万円である日本とスウェーデンの仮想国家の数値を下表に示す。

『本人納税額で租税負担率を計算』とあるのは、統計では租税負担率を被雇用者と雇用者の合計で表わしているために、そのまま使う事は出来ない。

先に示した本人年収400万円の人の支払い税額、日本が97万円、スウェーデンが92万円から、日本は97万円/400＝0.242、スウェーデンは92/400＝0.23を使って『本人納税額で租税負担率を計算』して租税負担率の数値とした。

年収400万円の人ばかりの仮想国家の場合

国名	年収（万円）	本人納税額で租税負担率を計算（%）	社会保障負担率（%）	OECDの総負担率（%）B	租税負担率と社会社会保障負担率の和（%）A	A－B
日本	400	24.2	19.8	33.5	44.0	+10.5
スウェーデン	400	23.0	5.1	36.7	28.1	－ 8.6

注）社会保障負担率は、OECD統計値をそのまま使用。

貧富差のある国民全体をドンブリに入れた国全体のOECD統計の総負担率は日本33.5％、スウェーデン36.7％である。本人納税額と社会保障負担率を加算すると、日本は33.5％から44.0％に上昇その差は10.5％である。スウェーデンは反対に36.7％から28.1％に低下、その差は8.6％である。

日本とスウェーデンの数値は逆方向に変化して相対的な差が15.9％になり日本の総負担率が高くなる。

多くの年収4～5百万円の層の職業がある

公務員を筆頭に終身雇用文化の日本では、低年収の若者や、非正規雇用と呼ばれる人が存在する。

年功序列の慣行から、公務員、大企業に勤務する人も結婚適齢期になっても年収4～5百万円の壁をこえられない人は多い。特に最近需要が多い介護職、看護師、病院の検査技師、ケアマネ等の資格を要する職場や、銀行のテラー、郵便局員、タクシー運転手、トラック運転手、宅配運転手、警備員、スーパーの従業員、コンビニの店員、店長、年金生活者等、日常的に接する多くの人は年収500万円の壁が超えられない。

以上の様に全国の人を対象としたOECDの統計数値よりも、日本では年収400万円の低所得者に対して高い税負担を課している事が解る。上表の％表示から、金額表示に変換して下表に示す。

仮想国家の数値を金額表示

国名	年収（万円）	本人納税額で租税負担率を計算（万円）	社会保障負担額（万円）	年収400万での総負担額（万円）	OECD統計の総負担額（万円）
日本	400	97	79	176	134
スウェーデン	400	92	20	112	147
日本－スウェーデン		5	59	64	-13

社会保障負担率の評価

H-190ページの表に示す様に日本の社会保険負担率は19.8％、スウェーデンは5.1％で、その差は14.7％で日本はスウェーデンよりも4倍弱の費用を掛けている。**スウェーデンの数値は驚くほど低く、日本は驚くほど高い。**

社会保障負担率を同様に金額表示するとスウェーデンは20万円、日本は79万円になりその**差額は59万円**となる。総負担額では日本の方が**59万円高負担**となる。

OECD統計……多様な人をドンブリの中で混合した統計……では、当然の事だがスウェーデンの方が総負担額は大きくなる。

年収400万円のスウェーデン人は、59万円≒日本の2～3か月分の月収に相当するボーナスを貰うようなものだ。

年収1千万円弱の低所得者まで、ホボ、同じような傾向が出現する。

この結果は国の制度設計に関わる重大な政策的な意図を意味する

終身雇用文化の日本で、500万円前後の、対象となる人数の最も多い、多数の結婚適齢期の人、年金生活者が含まれる低所得層に酷税を課している。

失われた30年間に日本がスウェーデンと同じ税制を採用したと仮定すると。

日本の人口を1億2千5百万人、就業者数6千5百万人と仮定すると、毎年59万円×6千5百万人≒38兆円の余剰金が発生する。10年間で380兆円、30年間で1,140兆円の余剰金が発生する事になる。

高負担と言われているスウェーデンの税制を適用すると、真逆に1千兆円以上の貯金が出来た筈だ。

里子で日本からスウェーデンに送られた二人の子持ちのハンナが、日本から里子を貰う気になる、生活に対する経済的な余裕が生まれる理由が理解出来る。

日本では８千万人以上の人が酷税に苦しめられている

６千５百万人の就業者の大部分を占める400万円以下の年収の低所得者と約2,000万人の後期高齢者の総計……多分、８千万人以上が酷税に苦しんでいる。大多数の国民が酷税に苦しんでいるのに国の借金が継続的に増えている。

30年前の1993年の国公債発行残高は約370兆円だったから30年間に1,500－370＝1,140兆円増加した。若しその間に日本がスウェーデンの税制を採用していれば１千兆円の貯金が出来た。

税制の違いにより日本では１千兆円レベルの借金、スウェーデンでは反対の１千兆円レベルの貯金になる。

因みに最近のスウェーデンの公的債務はGDP比で日本の1/7程度であり、その程度の債務は財政政策……金利誘導と巨大ファンドなどの投機的な行動を予防するためには必要な金額であり、それは国を防衛するための必要悪だ。

その２の１：全日本人が年収400万円の場合で日本の税制とスウェーデン税制で比較

第８章その１の２に記載されている『年収別の日本とスウェーデンの税負担比較』の抜粋を下表で示す。

日本の税率は25.3％、スウェーデンは22.8％で日本の税負担が2.5％多い。

日本とスウェーデンの税負担比較（2023年申告想定で１クローネ＝13円で計算）

	日本（万円）				スウェーデン（万円）					
年収額面	源泉税	地方税	手取り	税率	月収額面	源泉税額	月収手取り	税率	年収手取り	年収手取差 日本－瑞
400	**68**	**33.2**	299	**25.3**	33.3	**7.6**	25.7	**22.8**	308.4	−9.4
500	86.4	41.4	**372**	25.6	41.6	9.7	31.9	23.3	**383**	−12
600	109	49.1	**442**	26.3	50	12.8	37.4	25.2	**449**	−7

思考前提

日本の人口を１億２千万人の、完全平等年収国と想定する。

統計では日本の現在の給与生活者の平均年収は400万円強である。

上表から年収400万円の人の納税額は

日本の税制適用の場合**源泉税68＋地方税33.2＝101.2万円**となる。

同様にスウェーデンの税制適用では**源泉税7.6×12か月＝91.2万円**となる。

上記の数値を基に全国民が年収400万円である完全平等年収国の税収を概算してみよう。

その１：単年計算

日本税制適用の場合税収／年

12,000万人×101.2万円＝1,214,400億円／年≒120兆円／年

スウェーデンの税制適用の場合／年

12,000万人×91.2万円＝1,094,400億円／年≒109兆円／年

その２：30年間継続すると

日本の税制適用の場合は120×30年＝3,600兆円

スウェーデンの税制適用の場合は109×30年＝3,270兆円

日本税制適用の場合/30年

日本の税収がスウェーデンよりも330兆円多い。

過去の30年間日本では大まかに30兆円/年の歳入不足で、その分は公債発行で賄い、30年間で総額900兆円となる。

日本税制適用の場合、30年間の歳出＝歳入の総額は3,600＋900＝4,500兆円となる。

スウェーデン税制適用の場合/30年

スウェーデン税制適用の場合、スウェーデンはホボ均衡財政を維持しているので、公債発行による補填はゼロとする。

過去の30年間の歳入＝歳出の総額は3,270兆円のみである。

その３：日本とスウェーデンの差額

4,500－3,270＝1,230兆円となり、スウェーデンの税制を適用すれば、1,230兆円の貯金が出来た事を意味する。

日本では年間３０兆円の公債発行で賄っていたのに、スウェーデンの税制を適用すると1,230÷30≒40兆円/年となり、反対に毎年40兆円の歳入超過となる。

その４：スウェーデンの均衡財政について

スウェーデンは30年の期間中、ホボ均衡財政を維持して来たから、借金の総額の増加は無視できるくらい少ない。

因みに借金はGDPの0.3～0.4の範囲であり、その程度は金利操作の柔軟性を保持する為の必要悪だ。

この事について実感を持って頂くために以下に説明を加えます。

－　スウェーデンの１人当たりGDPは日本の約1.6倍の800万円だ。
－　１人当たりGDPが日本の1.6倍のスウェーデン人にすれば感覚的に……日本人の150～200万円に相当する金額であろう。それは現在の日本の借金の約1/7にしかならない

今迄の事を総括すると

30年間に日本の税制＝税金では900兆円の借金で補填して来たのに、スウェーデンの税制を適用すると反対に、1,230兆円の貯金が出来た事を意味し、その差額は900＋1,230＝2,130兆円となる。年間では2,130÷30＝71兆円/年である。

思考実験の意味する事

以下にこの思考実験の示唆する所を列記する

１．年間71兆円の差は巨大であり、想像を絶する。
２．この様な巨大な差が発生した一次的＝直接的原因の推定
　－　官僚の天下り効果で税収が減少。
　－　官僚の行政能力の不足。
　－　政治家の無能と、政治に掛かる費用が過大。
　－　政治家の口利きによる……汚職行為
３．このような巨大な差が発生した背景
　－　日本の教育と教育制度。
　－　終身雇用文化の中で人材が不適材……不適所配置で充満した国になった。
　－　低賃金、長時間労働を原因とする『ブラック企業』で充満した国になり法人と個人からの税収が減少したから。
　－　「妖怪ジャパン」が日本を知的盲目にしているから。

理由はどうあれ、この様な結果を招いた事の責任は重大であり、もし、意図してこの様な事が行われたとすれば、それは犯罪だ。

その３：これは世界歴史上初めて出現した不思議なケースだ。

過去のハイパーインフレや壊滅的な破綻、困難からの回復……例えば経済恐慌下での米国のニュディール政策……の事例は、全て特別の原因があって発生したので、他に比較する事例がなく、その成功、失敗が本当に大きな失敗だったのか、成功だったのか比較して評価する事は不可能だった。

日本もスウェーデンも自由競争の原則で同時代に……世界の何処かでは戦争があったが……安穏に永久経済戦争下で経済戦争を戦っていた。民主主義国家が掲げる看板は同じで、国民の為、国家の為である。

同じ看板を掲げた両国が同時期に、個人にとっては数％の税負担が異なるだけなのに、日本では巨額負債となり、スウェーデンでは巨額債権となる。それは日本には『妖怪ジャパン』が住んでいるからだ。

それは意図的に成されたのか

この様に国の最も重要な税制が、無意識にこの様な結果を生むような政策を行っているとは思いたくないが、自分史、第２部で明らかにしているような幾つもの愚行の例から見ると、同様な理由から起こっているのかも知れない。

政府は多くの子育て支援、教育費の支援等を行っているが？

最も重要な、根幹を成す税制の設計に錯誤があるのか、それを意図的に行い恋愛、結婚、子育て世代にイジワルしたいからこの様な税制を発想したのか。単純に能力不足で政策、行政が目標を達成できる様な政策立案能力不足が原因かは不明だ。

何故。経済学者、大学教授、識者はこの事実を指摘しなかったのか……気付かなかったのか？

高学歴とは何かを考えさせられるが、それは多分『妖怪ジャパン』の仕業だ。

高齢化率との関係

社会保障負担の大きな部分は高齢化率と密接に関係が有る。

日本もスウェーデンも高齢化先進国で、65歳以上の高齢者の割合はスウェーデンが20％以上、日本が30％弱と言われ、日本の方が高率ですが、社会保障負担率の3.4倍に比べて1.5倍は巨大な差ではありません。

医療費の問題については、筆者は両国に於いて、かなり濃厚な経験をしており、日本とスウェーデンでこの様に大きな数値上の差が発生する事を納得しています。

21世紀に入りITパラダイムシフトの中で、日本は外交、国内政治共に複雑で将来の姿が見えない混沌の中にあり、現状の混沌を箇条書きで示せば以下の様になる。

- ◆ 円安で消費物質が値上がりしている。→　それは巨額借金が原因で当然の事だ。
- ◆ 個人金融資産が増加している。
- ◆ 年収500万円以下の現役低所得所帯、年金世代の生活苦と将来に対する不安。
- ◆ 国の1,500兆円の巨額借金とその増加が止まらない。

　日本の経済が停滞……円安から消費物資の価格上昇が継続、人口の約2/3を占める現役低所得層と年金生活世代は年収500万円以下で生活苦と、将来への不安が増大している。消費を抑えて将来の為に貯蓄に回すので、統計上は国民の金融資産は増加裕福になったと言われるが実態は真逆だ。
「高福祉高負担」と言われ、それが社会常識となった感がある日本では何かにつけて学者、識者が高福祉は、高負担だから可能であると講釈する。

この様な結果を示した事が意図して行われたとすると、それは犯罪だ。

その４：日本のスウェーデン識者による、スウェーデン評

スウェーデン紹介の類書

日本とスウェーデンは国外に対して言語的なバリアが高く、国内の良い情報も悪い情報も外部に輸出＝漏洩することなく、世界的な話題となり難い。英語を筆頭に他の歴史的な経過から世界語となっている欧米で発生すれば、即刻、世界のマスコミが見逃さない様な話題でも、多くの場合外部に漏れる事は少ない。

スウェーデンの場合

多くのスウェーデン人は英語を話し、大学進学率が75％を超え大学教育を受けた人は、英語の文献をホボ、母語のスウェーデン語と同等レベルで理解することが出来る。因みに、日本の進学率は50％強で、英会話、英語読解力については説明が困難なくらい貧弱だ。小人口国なのでスウェーデン語で出版される書籍は少なく出版業会は小さく、その中で家族財閥ボニエー家が、スウェーデン出版業界を支配している。テレビもスウェーデン語の字幕なしで、英語の画面が使われている。
情報の貿易収支と言う観点から見れば、両国とも極端な入超である。

その４の１：元スウェーデン大使藤井威氏の著作「スウェーデンスペシャル」

1997年から３年間スウェーデンで大使として勤務していた藤井威氏が2002年から３部作で出版された「スウェーデンスペシャル」を通読、失望した。明らかにスウェーデン語を解さない人で、外交官特権があるのでスウェーデンで納税したことが無く、一般スウェーデン人の４～５倍の可処分所得を手にして、退職時にはスウェーデン人には想像も出来ない様な巨額の退職金を支給される。現役引退後は……スウェーデンには存在しない……天下りで、現役時代の数倍……若しかしたら10倍以上の報酬を80代まで約20年間も手にし、その上に年金が支給される、経済的には昔の貴族みたいなものだ。
高額所得者の大企業重役でも現金の出入りに敏感なスウェーデン人の言動は大使から見ると、極貧困層の様に見えたのだろう。
大使のスウェーデンについての認識は、スウェーデンについてより、日本の外務省官僚の実態を知る良い機会になった。
世界を動かしている原動力である経済活動に関する経験、知識が皮相的で貧弱、統計の羅列で民間のビジネスマンの感覚からすると、お粗末と言われても反論できないと思ったが、日本ではそれで充分通用するのだろう。
筆者はスウェーデンに関して藤井氏の著作から学べる事は絶無だが、日本の大蔵省のトップ級キャリア官僚について知る良い機会になった。藤井氏は第２部で指摘したお粗末な行政の数々作り出した大蔵省、財務省の組織文化が形成された頃の高給官僚であり、失われた30

年の頃から年間約30兆円の公債残高の等差級数的増加の始まった組織の文化形成に大きな役割を果たされた人だと推察する。

藤井氏は経済の事が解っていないのか？

総ページ数約800頁を３分冊として著作されたが、残念ながら自分史に略記した様に典型的な活字学者で、東京大学法科卒だが……経済については学ばれた事が無いのかもしれない？

過去問の暗記能力を競う激烈な受験戦争10年弱の中、偏差値で能力を推定、順位付けされて勝者として東京大学入学、その延長でキャリア官僚となる。

自己中心的に天動説で社会を見ているから、その延長で疑問を持たない超自己中心的な性格で、世の中には自分が全く知らない世界があるかもしれないと想像する視点を欠いている様に見える。

筆者は民間の仕事、常に神様である顧客に忖度し、顧客に聞きまくって物事を進めるから、何かを始める前には事前に入念な調査を行って自分を武装する。藤井氏は随所に……自分が欲しい資料、データーは頼めば周囲の人は、快く探してくれる……と書かれているが、大使の看板があるから当然の事だ。

藤井氏の日本の21世紀の政治、経済運営に対する巨大な負の貢献

藤井氏は東大卒の高級官僚だが、著作の中では明らかに日本の庶民の常識的な知識が無い事を暴露し、当然の事ながらスウェーデンの常識については全く無知だ。大使の疑問は活字知識の延長で発生する政治、統計、教育歴史に関する事柄で、俗に常識としてスウェーデン人が心の中で持っている事は疑問、質問の対象にならない。

社会を観察する場合、最も重要な事はその社会の常識であり、その上に専門の活字知識が載せられて、その国特有の政治、経済運営、教育が行われる。藤井氏はスウェーデンで空気の様にスウェーデン人の頭の中にある常識を全く理解していない。

そのような例は無数にあるが、最も大きな……日本のみならず、欧米と比べて……突出して珍しい事を幾つか例示する。

スウェーデンの常識１：家族財閥

1970年代中頃に「ドム・シュウトン・ファミリー」＝「彼等、17家族」と表題の付いた300ページくらいの本が出版されて話題となった。当時日本語とスウェーデン語の辞書がなかったので、日英、英日辞典に加え、瑞英、英瑞辞典を使って手の掛かるスウェーデン語の自習を行っていた。在住1.5年くらいから日常会話は問題なく、新聞、雑誌も「瑞英」辞典の助けを借りて読めるようになっていたので、スウェーデンの家族財閥の存在に就いてスウェーデン人の常識以上の知識が有った。

それまで、スウェーデン人なら誰でも個々の家族財閥の事について知っていたが、スウェーデン全体が17の家族財閥に支配されている事を知らなかった。本の中にはスウェーデンの大企業の約85%が、これら17の家族財閥によって所有されている事を、様々な公開されている情報を基にまとめ上げて著作として、スウェーデン人をビックリさせた。

筆者の勤務した会社は1862年に創業したヨランソン家、その後の事は知らないが、筆者が入社した1968年にはチネビック家次いでステンベック家に変わり、退職する1999年頃にスコンスカに変わっていた。

世界的な著名なサンドビックの支配財閥家が30年の間に３回変わっている。

スウェーデンの常識２：株式会社の株券にはＡ株とＢ株がある。

Ａ株はＢ株の10倍の投票権があり、家族財閥が多くの大企業の支配権を長期に亘って維持できるのは株券が二種類ある事が大きな理由だが、相続税が非常に低かった事も貢献している。**その相続税も2004年に贈与税と抱き合わせで廃止された。**

戦前に創業されて大企業となったトヨタ自動車、マツダ、ホンダ等の大企業が、成長する過程で個人資本だけでは賄えないので、株式会社となり、創業家の持ち株比率が数％に低下、創業家が名ばかり社長となったのとは真逆の事だ。

スウェーデンの常識３：非常にリスクの高い問題の決定を若者に任せる。

余命の少ない高齢者は、結果が明らかになる未来に生存している確率が低いので安易に決定しがちである。

結果が明らかになる未来の生存確率の高い若者に最終決定を委ねれば、若者はより真剣に考え安易に決定しない。

心身ともに健康で優秀な若者は、最新の知識を基に、真剣に考えるから、賛成、反対の両者が議論を重ねた後の最終決定は多くの場合30〜40代の若者に託される。その様な常識があるので多くの従業員数万人の大企業のトップは40代の若者だ。

原発の様に未知の巨大な案件の場合

原発の場合は専門家にも不明な事が多く科学的に断定できる根拠が薄弱であるが……メリットも大きく、事故発生のリスクが不可避………そのような場合には全ての予見される欠点、リスクを国民に曝け出して……国民投票を行う事で民意を問い、同時に覚悟させる。国民投票の結果＝結論ではないが、最終決定に大きな影響力を及ぼす。

日本と全く反対だ。第５章で取り上げたリニア新幹線計画の場合には、反対する、出来る筈のない素人を集めて委員会を開き、専門外の高学歴者に提案書を書かせて、審議させ、鉄道会社の高齢会長が老人の夢を叶えさせてくれと、新聞の１面に大きな記事が掲載される。

家庭経済と、国家経済は同じ

スウェーデンの若者は受験競争で疲弊していないから、好奇心、疑問、探求心が旺盛、彼らは家庭経済と同じような感覚で、国家経済を観察するだろう。若者の投票率が70％以上を維持しているのは彼らの関心の高さを表している。

もし彼らが……令和の日本の様に税収約60兆円に対して借金が税収の25倍の1,500兆円は見れば、直感的に……借金は国民一人当たりの責任、それは自分の借金と同じであると皮膚感覚で理解するだろう。

年収500万円の自分が約1,200万円の借金を抱え、次年度に借金を300万円積み増す状態は異常以外の何物でも無い。彼らはその借金が、同時に年収100億円の超富裕層の人にとっては1.2％で、問題になる数値でない事も理解している。下に以上の記述を纏めて解り易く表にして示す。

	年収	借金	税収 対GDP（%）	毎年の 借金依存度
日　本	500万円	1,200万円	30%近辺	30兆円
スウェーデン	500万円	200万円	75%近辺	ホボ無し

上記の様に税収が日本の２倍以上で、毎年、無借金、累積借金もごく少額である。

上記の様な直感的な理解は……経済学ではしないが……家庭経済を切り盛りしている主婦、

自営業者、民間企業経営者の常識である。残念ながら日本では、この様な無責任な決定……見逃し、又は天下りで借金増額に加担するのは日本の高齢高級官僚の定番だ。意識的にか、無意識にか日本では富裕層が優遇され、貧富の差を拡大させる方向に制度設計されている。

スウェーデンでは非常識１：酩酊、酒癖

欧米では高学歴で、管理職にある様な人物はソコソコの倫理観を維持できていないと、組織、社会から排除される。

自分史に既述、筆者が20年間特許係争で共に戦ってきた戦友のオリヤン弁護士、特許部部長レナルトと３人が、大阪で細井さんから料理屋にご招待を受けて、レナルトが初めて飲む燗酒を飲み過ぎて顔が赤くなり、気分が悪くなって12月の寒い夜間、外で暫時椅子に座って酔いを醒ました。オリヤンが、筆者にこの事は絶対にスウェーデンに戻って他人に言ってはいけないと真剣に言ったのに驚き、日本との巨大な差を感じた。高い教育を受けた人は日本では想像も出来ないほどの倫理観、責任感を持っている……と言うか、持たされている。

日本の常識その１：超硬工具協会理事会でのＮ社長の場合

自分史既述、超硬工具の業界団体の理事会総会が行われた後に、宴会が行われた。

同業者ばかりで、天敵に相当する顧客がいない、社内の部下も、上司もいないから……彼らは社長か、それに準ずる役職者ばかり。かなりの参加者が旧帝大の名称を持つ有名大学卒。大声で旧制高校の校歌を皆で歌う。

１人の京大卒のＮ氏が立ち上がって熱唱している内に……派手に倒れて周囲の数人のご膳の上に倒れてしまった。

Ｎ氏は九州電力の重役だったが定年退職後、子会社の社長に就任、超硬工具の事もビジネスの事も全く未経験な60代の高齢者だ。

日本の常識その２：藤井大使の場合

医療体験記として、スウェーデンの医療技術は非常に高いが、医師、医療従事者のサービス、丁寧さに大きな疑問を述べられ……全国民に公平であり……特別扱いがない……その様な制度が自分に取って不便であり、日本の場合には特別扱いをされるのにと……理由を隠すことなく記載されている。

「現代美術館」の開館セレモニー参加、その後国王隣席の下で公式デイナーがあり、藤井氏は国王と同じテーブルに座り、両隣は政府の次官級の女性だったと言う。ワインを飲みすぎ、前日からの疲れもあり、気分が悪くなり立ち上がったところで失神、顔面を固い床に強打、顎の骨は砕け、健康な歯の3/4が砕けたと言う。

口の中は歯の破片だらけ、両方の頬骨は頭蓋骨から外れて、両方の耳に先端が飛び出し、血があふれ出て、出席していた米国の大使は死んだと確信したと書かれていた。

民間会社で顧客と無数の飲酒の機会を持ち、酒癖の悪い人はいない事は無かったが、上述のＮ氏、藤井氏の様な、見境の無い酒のみを見たことはない。勿論、仕事以外の場で、酒癖の悪い人を見た事は多々ある。

自分史に既述、人事課の東京大学法科卒で応心学園の教頭みたいな立場で酒癖の悪かったM氏は知らぬ間に会社から消えて行った。民間会社には何らかの理由で度外れに悪い人は自然淘汰の作用で消えて行く。

大使として、国を代表して、最もマナー儀典が重要視される立場の人が、任地国の国家元首と同席する中での酩酊など、世界史の中でも初めての事ではなかろうか。

日本の常識その３：高学歴者の公開できる勇気……純真さ

筆者は自分の不始末は出来たら他人に知られたくないと思うが、藤井大使は無頓着であり、それは勇気から来ることなのか……それは自分の責任、不始末によるとの認識がないので、……幼児の様に純真に公表したのかも知れない。

若しかしたら常習的な事で、タマタマ失神したが還暦近い高齢となり、失神したのかもしれない。

受験教育競争の勝者となり……大人の常識を持っていないので……自分が最高、世の中は天動説で自分を中心に回っているかのような感覚で、自分が無知であることを疑うことなく生きられるのだろう。

本の内容について

財務省の公報雑誌に2001年５月～2002年５月までの９回掲載された記事に加筆修正を加えたと書かれている。

通読してみたが、筆者の視点では単に週刊誌の記事みたいなもので、残念ながら情報としての価値を全く感じなかった。

藤井氏の過去の経験

東大卒業後大蔵省に就職、常に上から目線で行政を動かす為に統計を友として仕事をされ、統計の背後に潜む何かを探る姿勢……探れる知識がない。民間の場合には統計を眺めながら同時に、常識を駆使して社会の変化を推測するが藤井氏の場合には受験教育で忙しくて社会的な経験が貧弱だったのだろう。

経歴書によれば、1962年大蔵省に入省以来30年、経済政策に関係され最終的に1992年まで経済企画庁官房長となられた。失われた30年の起点を1993年と仮定する筆者の定義では、当時53才で内閣官房内閣内政審議室長と内閣の中枢で政治に関わり、其れ以来1996年まで３年間従事、失われた30年の歳入の不足分約30兆円を借金で賄う、日本の国家予算の定型を作られた高級官僚の１人なのだろう。56才で国内勤務を終了、その後３年間ストックホルムの日本大使館の大使として赴任され、61才で世界最大の家主と言われる、入居者200万人のUR賃貸住宅、中小企業基盤機構を含んだ従業員５千人以上の地域振興整備公団に天下り、同時期にみずほコーポレート銀行顧問としても、天下り、シンクタンク「みずほ総合研究所」チーフエコノミストの中島厚志との対談でスウェーデンの講釈をしている。2020年80才で肝不全のため逝去され、典型的な日本のキャリア高級官僚の道を歩まれた。

藤井氏の著作の総括

「スウェーデンスペシアルⅠ」ページ４，５に以下の様な記述があるので抜粋する。

> まず2002年度の日本の租税及び社会保障負担率の対国民所得比は38.3パーセントであるのに対し、スウェーデンは実に75.4パーセントと我が国の倍近い数値に達している（1999年）。
>
> この数字を講演などで話すと、**聴衆から必ず「エーッ」と反応が返ってくる。所得の約四分の三が、国や地方公共団体に「もって行かれるのか！」という反応である**。高負担とは聞いていたがそれ程とは……という印象なのであろう。経済開発協力機構（OECD）などの統計では……
>
> …………中略…………
>
> **マクロの計数で見た負担率と、個人に還元した負担率との間に当然ながら何の矛盾もない。**

言うまでもなく、読者の方も、ここまで読まれたら、藤井氏の主張はおかしいと感じられると思う。

筆者はマクロ計数で見た負担率と、個人への還元に巨大な差がある事を皮膚感覚で理解しており、それがこの本の執筆を始めた理由だ。OECDの統計を見て社会的な背景、常識に大きな違いのあるスウェーデンの統計数値を正しく理解する事は出来ない。筆者がこの本で、色々な視点から日本とスウェーデンをくどいほど、詳細に説明しているのは日本では経済学者、シンクタンクなどの専門家が統計数値を単に……陸上競技の百メーター走のタイムの様に……単純に数値だけで比較し、その背後に何が隠されているかを探るアイデイアもそれを探る知識もない事を承知していたからだ。

それは学者の貧困と無知のハイブリッドで発生した。

大学教授の年収は１千万円程度、聴衆の学者の手取り月収は約60万円……住宅ローン、子供の学費、病気への備え等余裕のない生活……スウェーデンの様に高い租税負担率で手取りが半分の30万円の生活など考えられない。

若し、彼らが同時にスエーデンではローン金利の全額還付、子供の大学学費が無料、19才までの子供の医療費は無料である、スウェーデンの常識を知っているか……藤井氏が説明しておれば……随分違った反応になったと考えられるが……パネラーの藤井氏はその様なスウェーデンの常識を知らない。

日本の貧困と藤井氏や福祉専門家のスウェーデンについての知識の貧困がもたらした思い込みだ。

高学歴の学者は『貧すれば知的に鈍する』現象に陥り……大使OBはスウェーデンでも、日本でも貴族の生活だから……悪意があった訳ではなかろう……。

それは日本の省庁のスウェーデン情報として流布

19世紀後半に英国の著名な首相デイズレーリーが「世の中は大きな嘘、小さな嘘と統計で出来ている」と統計を揶揄する名言があるが、広く深い知識が無ければ統計を有力な資料として経済運営に活用するのは簡単ではない。

在スウェーデン大使の肩書で藤井氏がこの様な驚くべき浅薄な見識を、財務省の広報誌に連続で長期掲載、財務、厚生、外務、内閣官房、学者等に大きな影響を与えたと推察される。

藤井氏は大蔵省に入省以来19年間主計局勤務、主計局次長、理財局長、内閣官房内閣内政審議室長の要職を務め、57才で大使としてスウェーデンに赴任された。

この本で取り上げられた令和の碩学佐伯啓思、片山善博、岸田文雄、新田八郎、小林慶一郎、遠藤俊英、中野剛志等よりも一回り年長で、彼らは藤井氏時代の作り上げたマニュアルに従ってその後の日本の経済政策を担って来たのだろう。

藤井氏も「武富士相続事件」、「ふるさと納税」、「全国旅行支援」等のお粗末な制度設計を担当した人も、全く同程度の経済に対する理解しかない事が確認できた。表面に現れた統計数値の背後に存在する何かを考え、それを発見する様な発想がなく、表面を撫でているだけだ。民間企業ではそれでは直ぐに大失敗に直結、言い訳出来ない。

日本の官僚の場合には、失敗したら借金＝公債発行で解決できる……その延長で失われた30年が始まった。

３分冊で千頁弱の、他に類を見ないスウェーデン解説書であり……藤井氏の著書は……スウェーデンなんてバカみたい……全く参考にならないと考え、その後の日本の福祉政策のみならず、日本の経済政策の方向付けに巨大な負の貢献をしたと断定する。

40才の明石元二郎氏が日露戦争勃発、日本が勝利しロマノフ王朝の滅亡に導く功績を行った同じストックホルムで、藤井氏は浅薄な見識で21世紀の日本の経済政策に巨大な影響を与え日本の約3/4を占める低所得層に対する増税……スウェーデンは同時期に減税しているのに……日本の失われた30年の原点となる経済政策の原型を作られた。

結果的に著作は想定読者……それには大蔵省を筆頭に他の省庁職員も含めて……に間違った、あまり意味のない、日本でも簡単に手に入る活字知識を伝えるだけで、現地でなければ解らない新しい発見についての言及がなく……間違った情報を伝え、、国王隣席の晩餐会で国の名誉を辱める様な外務官僚の存在を公開……それを恥とも思わない……想像を絶する独善的な日本人だ。全ての日本の高学歴者が藤井氏の様だとは思はないが、かなりの方が同じ傾向を持っていても筆者はビックリしない。

日本の約150の在外大使、約80の在外公館の多くが藤井氏の様であれば、考え物で……民間会社の管理職経験者で、顧客を神様として現役時代を過ごした高齢者を大使、領事、在外公館職員とする方が良いように思う。

OECD統計2018年からの２年間に日本は増税、スウェーデンは減税

下表に示す様に日本は2018年からの２年間に租税負担率が2.1％上昇、スウェーデンは反対に４％減少している。

僅か２年間に彼我の差は6.1％と拡大……おおまかに……年収500万円の人を原因とする税負担が30万円減少している事を意味する。（OECD統計参照）

	日　本			スウェーデン		
	国民負担率	租税負担率	社会保障負担率	国民負担率	租税負担率	社会保障負担率
2018	32.0	26.1	18.2	37.7	53.5	5.3
2020	33.5	28.2	19.8	36.7	49.5	5.1
	+1.5	**+2.1**	**+1.6**	**−1.0**	**−4.0**	**−0.2**
二年間の日本、スウェーデンの格差拡大				**2.5**	**6.1**	**1.8**

藤井著作の影響もあり、同様の事が10年間継続すれば、恐ろしい事になる。

スウェーデンでは上記の成績を示しながら歳入歳出均衡で、借金は増額していない。

その４の２：須永昌博著「憲法改正」に最低８年かける国

須永さんは1940年中国東北部の瀋陽生まれ、2015年に76才で亡くなられたが、奥様がホボ完成していた著作を１年後に出版された。

須永氏は私の二歳上で東大卒、電力中央研究所に勤務、その後30歳で東京のスウェーデン大使館の科学技術部に転職して、主にスウェーデン政府、大学、企業へのコンサルタントをされていた。

自分史第四章既述、本社のエリクソン氏と一緒に筆者はスウェーデン大使館のホーンマルク氏を訪ねて話し合った時に新入りの須永氏が陪席、その後も３回会っている。

須永氏はスウェーデンに熱烈な愛着を持っておられ、スウェーデン社会研究所を設立、その他のスウェーデン関連の複数の組織の関係者で、スウェーデン国王から勲章を貰っておられる。

書いておられる事は全て正しいと思うが、残念ながら、須永氏はスウェーデン語を話せないし、スウェーデン語の新聞、書籍を読まれないので、どうしてもスウェーデンに関する記述が浅薄になるのは仕方の無い事だ。

日本についての知識が貧弱

加えて日本に関する知識、日本で汗にまみれての実務経験が少なく、ビジネス、経済現象に関しての読みが浅く、表面をなでるだけで、項目を羅列するだけみたいな感があり、ステ

レオタイプのスウェーデン礼賛書と言われても仕方がない。

第二次大戦後にルース・ベネディクト女史が著作“菊と刀”で日本を紹介したが、彼女は日本語を解さないし、日本に旅した事もなかったが、本は高い評判を得て多くの人に、日本、日本人についての知識を流布させた。

須永氏の活動も、ベネディクト女史の著作と大きな類似性があるが、時代が異なるので、日本人の共感を呼ぶのは難しいと思う。本書でも度々、コメントしている様に21世紀の今日でも、日本とスウェーデンの相互誤解は甚だしい。

自分史記載のスウェーデン本社と日本法人の労組の幹部の交流会で通訳をした時に、相互誤解の大きさにびっくりすると同時に、それが現実だと理解するのみならず、それを予想していた。(自分史第七章参照)

須永氏がコンサルとして日本紹介

須永氏がスウェーデン政府、大学、企業のコンサルタント業務をして、日本を紹介するのだが、須永氏の講演、授業、アドバイスを受けた人々を介して、広くスウェーデン国内に拡散して、……日本のイメージとして定着して行く。

須永氏や他の貧弱な日本についての経験、知識しかない人がスウェーデンの大学で日本について講習をする。

須永氏は日本を代表するスウェーデン愛好家だが……スウェーデン語が出来ない、スウェーデンに長期間住んだ経験がない、スウェーデンでの納税経験がない。私の場合33才でスウェーデン語の学習を始めたが、須永氏は東大理系学部卒、習志野の電力中央研究所に就職、30歳でスウェーデン大使館にテクニカル・アタシエとして転職された。

30年間、国内外で政府機関、大学で、日本人に対してはスウェーデンについて、スウェーデン人に対して日本についての講義をしておられる。東京大学卒、スウェーデン大使館のテクニカル・アタシエの肩書は巨大な看板だが、残念ながら、スウェーデン語を解されない。須永さんは民間でのビジネスの経験が皆無なのに……日本のビジネスについてスウェーデンの大学で講義をされる。日本の複雑な、重要な事は全て隠密に、暗闇で立案、計画されてからマスコミに登場する社会では表面から物事の本質を理解する事は不可能で、表面をなでるだけに終始する。

大使館勤務で民間企業の様に長時間労働でないので、スウェーデン語を学ぶ環境は最高……筆者より３年くらい早くその環境に入られたが、スウェーデン語を学ぶ事を放棄された。

ずば抜けて優秀な潜在的知的能力をお持ちと思うが……受験戦争で疲弊されたのだろうと推測する。

筆者は興味の趣くままに楽しく生きて来たから退職後、スペイン語、トルコ語、中国語を旅行目的のコミュニケーションが図れるレベルの外国語の習得が出来た。

情報公開の徹底

須永氏は日本の様に隠蔽、汚職などの暗い影をまとった政治、行政が嫌で、情報公開の進んだスウェーデンが好きになったのだろうと推測する。ある意味で、米国の日本学者、ルース・ベネディクトの様なものであるが、時代が違うので日本人に共感してもらうのは難しいと思う。活きた経済についての知識が貧弱、スウェーデンでの納税経験が無いので、日本のスウェーデン大使館に勤務していた外交官と同じで、生きた経験に基づいていなく内容が薄っぺらにならざるを得ない。

誰かに反論されると、多分、止まってしまわざるを得ない。それが活字で学んだ人の弱点で議論に耐えられない。

活字で学んだことは、活字情報が100％で、そこから得た知識で読者に残った知識はそれ以下である。

一方、実体験のある知識は、他人に言葉で伝える場合、例えば50％伝わり、反論、疑問が出てきたら、それに対して追加説明する事が出来るので、どの様な反論、疑問にでも納得した対応が出来る。

その４の３：スウェーデン公使高岡望著“日本はスウェーデンになるべきか”

高岡さんは1959年生まれ、2011年、52才での著作だ。

高岡氏はスウェーデン公使として2008年から２年間ストックホルムに滞在された外交官であり、先に述べた外交官の書かれた本と同様の傾向のある本だ。東京大学を卒業後外務省に就職、高級外務官僚の道を進まれている。

外交官特権から税金免除、日本ではホボ本給が安堵されており、生活に対する金銭的な心配をする必要がない。

公使としての体面維持の為にかなり高額の給与を貰っておられると考えられ、多分、官舎住まいで家賃は無し、スウェーデンにおける手取り収入は、多分、スウェーデンの大企業の部長の３～５倍くらいと推察する。

同じ日本からの転勤でも、後述する丸紅のヨテボリ所長の苦言の真逆である。

日本では給与が銀行振り込みされ、任地給与の度外れな高さは、現地の人の常識、生活実感からは程遠い。明確に書かれてはいないが、スウェーデン語は出来ないと確信できる記述に頻繁に遭遇するので、スウェーデン語のバリアの外からスウェーデンを観察しておられるものと思う。

スウェーデンでは多くの人が問題なく英会話が出来るので情報の収集にはスウェーデン語が出来なくても全く問題が無いが、何が問題であるかを認識する鋭い視点が無ければ、単なるステレオタイプの情報しか耳に入らない。

外交官でも、外交官以外でも海外に住む日本人は大きく以下のＡとＢの二つに分類できる。

Ａ：日本、日本の制度を誇りに思うか、日本を擁護する事を義務的に感じて、そのようにレポートする人であり、多分、多くの官僚はその様に振舞う。

Ｂ：海外の良い事を探索して、一見、何か良い事があると日本でもそのようにすべきみたいな事を主張したがり、日本の制度に反省を迫る。

高岡氏はスウェーデンで、人生で初めての長い思索をする時間を与えられたと、吐露されている。

ノーベル賞授賞式くらいで,日本からの政治家、高級官僚、その他著名人の接待が主な仕事……さしたる事件もなく、富豪の気分で生活出来るが……で本を書く気になるのは理解できる。

発展途上国ならば、メードを雇うのは当然の事だが、スウェーデンではメードを雇っていたのか、雇っていなかったかは、興味のある事だが、不明である。

その４の４：藤岡純一名誉教授著、
スウェーデンにおける社会的包摂の福祉・財政

藤岡純一氏は多分70代後半で著作は2016年に出版された。京都大学経済学部卒、高知大学教授を経て、関西福祉大学社会福祉学部特任教授である。著作はＡ５版で約350頁の大部で、数百の資料、論文を引用されている。

誰に、何を訴えているのか、著作から何を学んで欲しいのか……訴えるものが無く、典型

的な専門家の執筆された著作だ。全体像を頭の中に置いた視点が無く、無数の細かな事柄の海に溺れて、『木を見て森を見ず』の典型で物事の大小判断が出来ていないと筆者は思う。筆者は民間の製造業の中で溺れて生きて来たのでこの様な事を言うが、藤岡氏の著作は日本の学者、専門家の標準形だから仕方がない。

数百項目あるOECDの統計から筆者が問題にした負担率統計から、日本が『高福祉、低負担国』でスウェーデンよりも福祉国家である事を読み取られた様子が全く見えない。租税負担率の一部を引用されているが、それが意味する事についての言及、同時に目にしている筈のスウェーデンの突出して低い福祉負担率に就いても言及がない。

租税負担率、福祉負担率こそ最も重要視すべき統計数値で、その原因を探り、併せてそれにも拘らずなぜ、スウェーデンは公的債務残高が日本の1/5〜7と低いのかと、興味を持ち、その理由を解明するのが経済専門家の仕事だと思うが、統計数値と生活実態の齟齬＝不整合性に気付き、それを解明するような姿勢が全く読み取れない。

租税負担率についての記述

簡単に言えば、世の中の妖怪の様に変化する経済現象に全く興味をお持ちでない様に見える。

文科省から補助金を得られて、スウェーデンに聞き取り調査で海外出張されたみたいだが、聞き取り調査では……限界がある。

筆者の読解力では全く藤岡氏の言われている事が理解できない。

学生に講義をする目的で、数ページ分を1時間くらい掛けて口頭説明用の補助としてなら少々意味があるかもしれない。が……。

それは筆者が民間企業の文化にどっぷりと浸かって生きて来たからなのだろう。

先述の須永氏の様に幾つかのスウェーデンの著名大学での客員研究員の経歴をお持ちだが、多分、高学歴だが民間で働いた経験がなく……研究の為、論文、著作の為の著作であり……何か新発見をしたとの感慨の伴わない、中学校の頃の夏休みの宿題の自由研究みたいな感覚で著作されたものと推察する。

その４の５：エリクソン社のIT技術者近藤活一著 “スウェーデン福祉大国の深層”

近藤さんは1975年生まれ　2021年46才で執筆された。

巻末に引用資料が載せられており計390くらいの資料を使用されて執筆されている。

先進的な通信、情報産業の世界的な企業であるLMエリクソンに勤務されている、多分、非常に優秀なエンジニヤーなのだろう。書かれている事は全てその通りだと思うが、日本人に対しての警告と覚悟を迫っている側面と、スウェーデンの欠点、間違い、ミスを発見し、それを、スウェーデンで普遍化した事であるかのような印象を与えている。

完全無欠な社会など存在する筈はなく、問題は修正能力があるか無いかであり、修正するのに気の遠くなるほど長い時間を必要とすれば、そのような社会は死んでしまう。特に変化のスピードが速い21世紀では対応の遅れは、回復不能の状態を招く。

40代で若く、日本に関しての知識が不足、特に健康、医療に関しては高齢者にならないと解らない事が多く、いくつかの新聞種になる様な事例をピックアップして、普遍化するような説明は、“木を見て、森を見ず”に陥り易い。原発を止めたり、再開したりとする事を、コロコロ変わる『朝令暮改』と非難して居られるが、先頭を走って妖怪と戦っているのだから仕方がない。これ等の議論は単純な素人の議論であり、世界中の核の専門家はスウェーデンの行方、方針を中止している。

色々なミス、不祥事は、日本的な感覚では個人情報保護がなく、全ての事が透明になっているから、不祥事が発覚するとそれがマスコミで報道され、それが改善するための切っ掛けとなる。

日本ではミス、不祥事は組織的に強力な隠蔽が行われており、その中から漏れた事例が世の中で話題になり、背後に多数の類似のミス、不祥事が存在する事を意味するが、大衆はその様に推察することが出来ない。

自分史記載の神戸の須磨小学校での教師間の想像を絶する暴力事件、武井氏の相続に絡んでの400億円の金利の還付、日教組の岡本委員長の銀座のクラブ通い……挙げれば、きりが無いが、それらは,……氷山の一角で、日本では多くの人が、日本で起こっている事に無頓着、又は……**別の所で自分もそのような類似の事件から利益を得ている……そのような人は日本では、セレブとされる様な感覚があるからだと思う。**

世界に先例のない先進的、実験的な政策を進めるスウェーデンと、日本では全ての事が、根回しと呼ばれる……隠密裏に利害関係者が行政、官僚と調整して計画して……公表されて初めてマスコミが報じるが、スウェーデンでは初期から、議事録の形で公表、情報公開が徹底しているので大掛かりな隠蔽が存在できない。

近藤さんは何故日本で警察官を辞されたのか

近藤さんが、何故、前職の警察官を辞めて転職したかを書かれると、違った展開の本になったのではないかと思う。

日本では司法、警察はミスをすると、直ぐに批判の対象になるので組織を守るための隠蔽する事が常態化されるようになっている。“福祉大国の深層”に幾つかのスウェーデンの医療不祥事が掲載されており、それは事実であり、何ら不思議はないがその背景が問題だ。日本だったら殆どの事は隠蔽されるがスウェーデンでは全て公開される。

更に筆者は40代で、高齢になれば健康問題、若い頃には聞いた事もない病気が無数にあり、医師は解答の無い、未知の問題解決に取り組んでいる事が解っていない。

隠し事の少ないスウェーデンでは露出したその様な問題は、社会から糾弾され、解消される方向で進歩があり、それが新しい発見、先進的なビジネスの種になる事も多い。

日本の場合には、熱心に隠蔽して、隠しきれなかったことが……氷山の一角の例え話の様に露出するが……殆どの場合、時間の問題でマスコミは賞味期限を過ぎた話題から離れて、放置され、その内忘れ去られ、社会は進歩、変化しない。スウェーデンのマスコミはそれを許さない、それが彼らの使命だと理解しているようであり、それが日本人には耐えられない様な面白くないテレビ番組となり、長い時間を掛けて専門家が議論をする様子が流れて来る。

医療の問題に関しては、還暦前までくらいの若い世代と、後期高齢者では理解と経験が驚くほど違う。

後期高齢者となり、健康、病気について自分自身の問題、周囲の友人から聞く経験は、若いころの知識、経験とは量と質の両面で天と地ほどの違いがある。

執筆に際して390を超える資料を使われているが、日本との比較において、日本についての知識が貧弱で、学者、専門家の著作と同様に、納得性のある、スウェーデンと日本の比較になっていないのが残念だ。

日本人の様に、忙しそうに、こせこせと動き、長時間労働をものともしないで、低賃金で頑張る日本人から見るとスウェーデン人は非常に違っている。ゆったりと仕事をして、頻繁にコーヒーを飲み……短時間労働で、社会における階層に関係なく４週間の夏休みを取る。低賃金、長時間労働を特徴とするブラック企業は淘汰されており、高賃金、短時間労働で特徴付けされるホワイト企業ばかり。国家予算の歳入、歳出のバランスはホボ均衡、公的債務の

GDP比は0.4前後。日本の恒常的な巨額歳出超過と巨額公的債務の組み合わせと比較する視点が完全に欠落している。

日本の後期高齢者の様に長時間労働を礼賛する『ブラック企業』大好きでないかもしれないが……若いのに長時間労働、サービス残業を厭わない様な根性が感じられ……筆者とは長時間労働に対する雰囲気の違いを感じる。

生活臭がない、無機的……機械的な雰囲気

意図的にか、自然とか……不明だが、個人として、国民としての生活実感、生活臭が感じられない。

岡田は自分史でも、第３部でも生活臭を濃く出しているが……この違いは個性の問題かも知れない。

色々と書かれているが、末尾にスウェーデンが好きだと書かれており、ヤッパリと思ったが……結婚されているのか、未婚なのか……個人と、家族持ちではスウェーデン対する評価は随分違うと思う。

近藤さんが60代、70代になり再度著作される事を期待するが、その頃には筆者はこの世に存在しない。

その４の６：日本の大不思議、日本の素晴らしい OECDの統計数値を称えない専門家

筆者はスウェーデンに関する既述の６名の方の著作以外に、ラジオ、図書館にある多数の雑誌、週刊誌などにも頻繁に目を通し、ネットでも興味を引く最新のスウェーデン情報には高いアンテナを張っている。

不思議な事に、世界的に最も権威のあるOECD統計が、日本はスウェーデンと比べて「高福祉低負担」であると書いているのに、それを掲載した記事、マスコミからの報道を目にした事がない。

日本には多くの経済に関して高い教育を受けた人がおり……OECD統計で日本が「高福祉低負担国」で、突出して夢の様な国で、スウェーデンは「超低福祉超高負担国」である事実をどう説明するのか。

－OECDの統計が間違っていると判断しているのか？

－OECDに対して日本は大きな分担金を支払い、多数の日本人専門家が働いている。

－全てのデーターは加盟国から提出されているから,OECDがデーターを捏造するとは考えられない。

－「妖怪ジャパン」が関与して、公開を憚るのか？　でも財務省はそれを公開しているのに？

日本には無数の関係者がいる

中央の政治家、地方の政治家、中央地方の経済官僚、日本学術会議、幾つかの経済学会、大学の経済学者、金融機関勤務の専門家、シンクタンク、ファインナンシャルプランナー、公認会計士、税理士」一部の弁護士と司法書士、企業の経理関係者、マスコミの経済担当記者…….無数の関係者がいるが、筆者はOECD統計で示される、**日本の国政の見事な「超秀」成績表**に疑問を示された日本の専門家の言説に遭遇した事がない。

なぜ話題にならないのか？

１．経済専門家は、現在の腐敗に満ちた悪政で利益を得ていると云う自覚があるから口を

嘆んでいる。
2．ブラック企業に勤めているので、長時間労働で目の前の仕事以外には興味がない。
3．知っているけども……世の中変わるわけはないから……仕方がないと諦めている。
4．「妖怪ジャパン」効果で、見て見ぬふりをしている。

OECD統計は、正しいが……多分、全ての人は誤解している

OECDの統計は正しいが……中身は日本人が直感的に理解する事とは異なり……租税負担の多くの部分を法人＝企業が担っている。スウェーデンは高賃金、短時間労働を特徴とする「ホワイト企業」で充満した社会であり、ホワイト企業の存在が、年収１千万円以下の低所得層においては、日本よりも低い税負担にしている。

その５：二つの重要会議「金融政策決定会合」と「令和６年度税制改正の大綱」のお粗末

第１章から第８章までに俎上された行政の愚行は、日本のキャリア官僚の想像を絶する貧弱な常識と劣化した専門能力に原因がある事を証明した。筆者は偶然のなせる業で俎上された多数の部門の事について、経験と知識が有るので問題としてピックアップしたが、**殆どの方々は多分、１つの専門分野の中で人生を送られるから、若し同様の事を発見されても、それはその分野だけの特殊事情だと判断されるだろう。**

愚行は専門分野に関わらず、多分、日本の全ての中央省庁が持っている組織文化であり、終身雇用制度がそれを強固に守り、時間の経過に伴って、劣化の傾向を強めて行く。教育は東京大学入学を究極の目的に作られ、偏差値で順位付けして生徒を競争で煽り、『過去問』を暗記する事が最も重要とされる日本の教育制度の弊害が原因だ。

受験のカリスマ講師は『考えているようでは東大に受からない、瞬時に手が動かなければ』と言っている。

若者が将来、精神的な自己確立をすべき準備期間に心を開放すべきだったが20代前半までを受験教育の為に浪費、疲弊して、若者の持つ好奇心、疑問、探求心を喪失……精神的には柔軟性を失った高齢者の様になる。

筆者の、多分、十分に千人を超える高学歴者との交流の経験から、多くの人は口下手、スポーツ経験が少なく、不器用な人の比率が高く、それは10代の頃の時間の過ごし方が原因していると思う。

人には植物と同様に旬（しゅん）があり、自転車、楽器演奏、水泳、木登り、各種スポーツ、教科書以外の読書をする事はバランスの取れた成人になるためには非常に重用な事だ。

国の経済政策の最重要な方向付けをする**日銀の『金融政策決定会合』議事録と「令和６年度税制改正の大綱」**を読み、最も重要な巨額に積み上がった公的債務に全く触れられていない事を発見、昔の小説によく登場していた「妾の子」みたいに、ネグレクトされている公的債務の扱いに筆者は憤慨した。

その５の１：財務省のキャリア官僚の作文力は小学生レベル　日銀は欠陥データーを基に議論している。

閣議決定されて、財務省がネットで公開した99ページの『令和６年度税制改正の大綱』を読み、小学生レベルの作文力であること、**日銀の『金融政策決定会合』議事録**を読み、欠陥消費者物価指数を使って議論している事を発見した。

多分、受験戦争で暗記だけ、カリスマ受験講師が主張するように暗記一辺倒で……考える事、書く事をしなかったのだろう。
そのような大綱文書が、組織の上司、課長、部長を経て財務省から閣議に上程され、公開される。
日本の高級官僚……大多数が東京大学卒からなる……の品質、人品に呆れた。それは単純な個人のバラツキでなく……組織的な問題のみならず、それを助長しているのは日本の教育によるものだろうと推察する。

金融政策決定会合

政策委員の大勢見通しと書かれた、会合当日に投票する為の結論は、普通に考えれば事前に審議委員に渡されている筈だ。
投票が４回行われ、３回は全員一致で賛成、１回は中村委員が反対投票したが……少し状況を見極めてからの方が望ましいと思ったから反対票を投じたと議事録に記載されている。余程、反対投票は異例だったのだろう。
因みに中村氏は慶応大学卒、筆者より10才若く厳しい受験戦争を経て、多分、東京大学を目指して頑張られたのだろう。

その５の２：日銀の『金融政策決定会合』議事録では巨額公的債務の存在を無視

政府は今迄色々な美しい言葉を使って……国の強靭化計画、アベノミクス、三本の矢……いかにも熱心に国政に取り組んでいるかのようなポーズを見せているが、能力不足の為かそれ以外の何かがあるのか、第１章～第５章までに公開した様に、目の前の事に狼狽して意味のある政策、行政が出来ていなく、単視的な行政行為は目標と反対の結果を招く事になる。
2023年10月開催の金融政策決定会合の23ページの議事録には、欠陥消費者物価指数を基に議論された事が記載されていたが、巨額公的債務の事については、一言も記載されていない。
植田総裁以下、総計９名の委員が名を連ね、６人が東大卒、京大、神戸大、慶応大が各１名で、典型的な日本の高級官僚集団である。原則全会一致で決定、問題が起こった場合の責任の所在を明らかにしない、出来ない効果がある事を期待しているのだろう。

その５の３：日本の巨額借金は世界の金塊の総量17万トンに匹敵する、そんなの有りか？？

日本の人口を１億２千５百万人とすると１人当たり約**１千２百万円の借金**を負っており、**４人家族なら４千８百万円の借金**を負っている事になる。親の作った高額借金、連帯保証人からの債務は相続放棄すればチャラに出来るが、国の借金の相続を子孫は放棄する事は出来ない。一昔前の『サラ金』＝悪徳高利貸しの様に、借金取りは地獄まで取り立てに追ってきて、家庭崩壊と同様に国家を崩壊させる。

日本の1500兆円の借金は、世界中に存在する金の総量17万トンに相当する。

１千５百兆円の巨額な借金は、世界経済の中の出来事とする視点を持たなければ、問題を矮小化して判断ミスをする恐れがあるので、先ず巨額借金の大きさを世界の資産、世界経済との関係で考えてみよう。

数値で表せば、１，５００，０００，０００，０００，０００円である。
現在の純金の市場価格は約９千円／ｇで推移　→　キロ当たり９百万円　→　トン当たり90億円となり、1,500兆円÷90億円≒17万トンとなる。（2020年頃の価格）

世界の『金、金塊』の保有総量　中央銀行の金塊保有量

過去に採掘されて世界中約200か国の中央銀行の金庫に保管されている金塊、装飾用、工業用、個人資産として保有されている金の総量は約17万トンと業界関係者は推算している。**この偶然の数値の一致には驚く外ない**。
米国のFRB＝連銀の金塊保有量は**７千トンと公表され**、世界中の中央銀行の金塊保有総量は3.6万トンと推定されている。日本銀行の保有量は未公表だが、**約700トン**と言われており、それは17万トンの約0.4％に相当する。
日本の人口は世界人口の約1.5％だから、人口比では2,500トンあると計算される。
日本の借金1,500兆円は、17万トンに相当し……日本が非常にアンバランスな状態である事が……永遠の価値を保証する金との関係で浮かび上がる。

世界人口の1.5％の日本が世界中に存在する金塊17万トンに相当する借金をして何のために使ったのか？

地球の内部、表面にある金の可採埋蔵量

現在の技術で採算性のある可採埋蔵量は５万トンと言われている。

日本の借金は富の象徴『金、金塊』の世界の総量に匹敵する

日本の人口は約１億２千５百万人、世界人口は約80億人、日本人の比率は約1.5％である。
人類は数千年の歴史の中で富の象徴である『金、金塊』の争奪戦を繰り広げてきた。
ピサロがインカ帝国を滅亡させて略奪した『金』、佐渡島産で銀と交換されるために外国に輸出された『金』、山を掘り、川で砂金を取って集めた総量が17万トンである。
日本は世界中に散在する全ての『金』の総量に匹敵する借金をしている。
17万トンの金を皮膚感覚で理解してみよう。

筆者は小学生の頃、日本郵船の客船氷川丸が２トンの金塊を積んで米国に向かったと北陸新聞で読んだことを忘れられない。

５トン積みトラックに４トン≒約400億円分の金塊を積んで運ぶ場合と想定して考える。
17万トンの金塊を５トン積みのトラックに積んで輸送する場合、34,000台のトラックが必要となる。トラックの車長が10ｍ、車間距離を10ｍに保って車列を組むと680㎞の長さになり、新幹線の路線で**東京駅から岡山駅近郊**まで続く事になる。

地球学的日本の存在

13世紀末西欧に『黄金の国ジパング』としてマルコ・ポーロにより西欧に紹介された日本は地球上の陸地面積１億５千万平方キロメートルの1/400＝0.25％の点のような存在である。

その５の４：世界中の投機家の注目の的21世紀の『黄金国ジパング』

NHKを筆頭にマスコミから流れてくる経済専門家の解説は過度に穏健を装うっている。
日本の国債は殆んど国内で消化されているから、絶対大丈夫……ギリシャ、アルゼンチン

のようにはならないと解説する。

1992年にジョージ・ソロス氏が英国政府にポンド売りで挑戦、英国の中央銀行に勝利して巨利を得た。

世界中に無数の投機家が混乱を求めて、虎視眈々……一旦混乱の予兆が見えれば、主にFX取引からなる一日の取引量が１千兆円と言われている、投機市場に金が舞い込んで争奪戦が発生する。

何時起こるかは神のみぞ知る……何が起こるかは既に決まっている。

日本国債の投げ売り、急激な円安、物価高騰　→　ハイパーインフレの発生は避けられないが、それが何時起こるかは神のみぞ知るである。2024年元日に発生した能登半島の地震の場合には科学の進歩で将来予測できるようになるだろうが、投機市場の混乱は、自由経済とのコンビで人間の心が関係するので予測不能だ。

自由経済を止めて、昔のソ連の様に計画経済＝統制経済にしなければ防止できないだろう。

自由経済の下ではマネーは……水が重力の法則に従って低い方向に流れる様に……利を求めて、不合理に安いものは買われ、不合理に高いものは売られる。

一旦始まれば合理的な水準に到達するまで止まらない

一旦、日本売りが始まれば、市場が合理的と判断する価格で落ち着くまで止まらない。

借金の約10％に相当する国庫短期証券は、ホボ全部が利益敏感で利が乗れば売りを辞さないと考えられ、その中でも海外勢の保有が2/3以上であり、一旦長期的な傾向の出現が予想されれば、震源地となって日本国債だけでなく、他の連動する金融商品に波及……それらは結果的に急激な円安　→　輸入品のハイパーインフレとなり、年金生活者、低所得層の人々の生活苦に追い打ちをかける。

極貧と極富に二極分化する

法律、経済の二刀流、国費で海外留学している高級官僚、天下りしている高級官僚OBは金融資産を海外に移転しているだろうから、ハイパーインフレが襲っても困る事はない。

ハイパーインフレが起これば、それは日本で一般の人が極貧に、備えをしている人が極富になる事を意味する。

前半：失われた30年の間、日本は10％を超す輸入インレ国家だった。

日本銀行の唯一最大の役割は消費者物価指数を年間0.0～2.0％以内に収める様に金融政策を行う事であり、財務省と意見をすり合わせて日本の金融政策を決定する。

その５の５：金融政策決定会合は欠陥データーを基に議論している

金融政策決定会合は年８回２日間開催され、日銀のトップに連なる９名の審議委員が日本の金融政策について議論、金融政策を決定する非常に重要な会議である。会合開催日には決定に対する投票権は無いが財務省、内閣府からも数名が議論に参加、日銀と財務省、内閣府の日本の経済運営に関するトップ集団が議論して、日本の今後の金融政策を決定する。

日銀はデフレを起こさなく、物価の安定的な上昇を0.0～2.0％以内に維持する事を使命としている。永らく株式市場では二部上場の民間企業だったが米国のFRBに匹敵する……国立銀行の権威を持った銀行である。会議の議論に使用される最も重要なデーターは総務省統計局が集計した消費者物価指数である。

筆者の視点で採点すれば、**総務省の下級官僚が集計した消費者物価指数は21世紀には全く適用できない欠陥消費者物価指数である。**半世紀前なら適用できたかも知れないが……実状とは10倍以上も間違った消費者物価指数のデーターを前にして議論をしているが、その事に気付かない。日本で起こっている経済の実態に関して、常識が在れば目の前に提供されたデーターに疑問、違和感を持って当然と思うが、その様な事は起こらなかった。

それは何らかの理由で意図的に放置されているのか、日本の行政にありがちな単なる怠慢が原因か筆者は知らない。

経済に関心が無くても、日常的にスーパーで買い物を、週に１回するだけでも価格上昇は実感する筈だ。

経済学者は経済学で問題とする統計に関心があるが……経済活動、物の価格の上昇、下降には関心がないみたいだ。

彼らは全員『妖怪ジャパン』から猛烈な影響を受けている。

それは、第二次大戦末期に於いて軍が、大本営発表と戦果を誇大宣伝する事で、太平洋の海戦では空母、戦艦が沈められ敗戦の連続だったのを隠蔽していたのと酷似している。約半世紀前に開始され、明らかに時代遅れの制度の改正、又は廃止を発議することなく、投票権を持つ９名の審議委員は無自覚に『裸の王様』になって、高尚な経済学的な議論をして遊んでいた様なものだ。

制度設計の背景：生まれが悪く、育ちも悪い　生まれた背景

金融政策決定会合はGHQの指示により、1950年に勃発した朝鮮戦争の前年に発足した。

国連軍は日本を国連軍の補給基地として活用、大量の戦争特需が日本経済を急速に改善させ、金融政策は有効に機能しているとの信任を獲得した。

その後の育ち：為替は固定相場制から変動相場制に

戦後GHQがドル円を360円の固定相場で決定。1971年にドルと金の交換停止の大事件発生、その後米国とスミソニアン協定を結び、取り敢えずドル円は308円の円高で固定相場制を決定した。

> **同年に「エネルギーコスト」と「生鮮食料品」は価格変動が大きく、バラツキが大きいので、統計が乱高下して他の統計値との整合性が示し難いと……消費者物価指数の対象品目から除外した。**

ドルが金との兌換を喪失してからの自由貿易と、固定相場制の整合性が悪くなり、1973年に固定相場制では世界経済が上手く機能しないと……為替は変動相場制に変化して現在に至っている。

1971年当時、生活物資の輸入は少量で、多くは裕福な欧米諸国からの奢侈品で、庶民生活とは関係が、限りなくゼロに近かった。21世紀になり、日本中に輸入された生活物資が溢れており、それらの価格は全て円安の影響を大きく受けている。**固定相場制の下での国家経営と、変動相場制の下での国家経営では要求される能力の差は巨大である。**

為替が固定相場制から変動相場制に変化した時点で、制度の見直しをすべきだったが、それをしなかった……と言うか、多分それが必要だと気付いて先読み、行動に結び付けることが出来なかった。

環境の変化に対応して制度のメンテ＝変更、改正が出来ない怠惰又は能力不足

筆者はこの事を知った時に『裸の王様を指摘した』幼児のような気持になった。

多分、その様な会議の参加者は、筆者のような細かな数値については全く関心がなく……若しかしたら、若い頃から見た事もなく……受験競争の中で……深く考えることなく、与えられた公式、活字を暗記する事に若い人生を掛けて来た可哀そうな人達なのだと思う。

時代遅れの制度を変更又は廃止する事が出来ない、又はしたくない……その重要性に気付いていない。

それは日本の専門家、学者と呼ばれる多くの高学歴者が『妖怪ジャパン』に感染しているからだ。

それはアスベストの使用禁止の遅れの怠慢と同じだ

第５章に既述した様に、スウェーデンでは1960年代末にアスベストの使用禁止を予告、少量のアスベストを使用している焼結炉の設計者は頭を悩ませていた。日本では1970年頃からアスベストの輸入量が激増していた。

日本の官僚、学者の鈍感と怠慢が、安くなったアスベストの輸入量の激増となり、30年以上経過して、肺ガンを発症する人を国費で治療する事になり、国家経済に負担を掛け、多くの主に建築、塗装に関する職業に関係していた患者を不幸に追い込んだ。JR西福知山線脱線転覆事故の際の事故調査報告書、血液サラサラ薬ワーファリンの認可も……同じ様な、専門分野の知識不足と、怠慢が原因していると断定する。（第５章及び資料集参照）

その５の６：既に日本は10%～40%の輸入インフレ下にある

日本は1971年にエネルギーコスト、生鮮食料品を消費者物価指数の調査対象品目から除外した。

約半世紀を経て社会は様変わりしたが、官僚は様変わりした21世紀なっても半世紀前の制度を変更、改正することなく放置してきた。日銀、財務省幹部はその様な些末な統計の詳細には、多分、今迄お目に掛った事がないのだろうと推測する。

会合は日銀で行われ、日本中が注目する中で、日銀の金融政策決定会合で……1.0％以下の統計数値についてその適正、不適正……0.2％の利上げ、利下げを議論する素振りをして、それをマスコミがテレビ報道する……それが日本だ。

インフレを実感した2023年11月の経験　スーパー店員は値上げで忙しい

神戸のコストコ倉庫販売店で店員と会話、値上げで毎週値札の付け替えで忙しいとボヤいていた。同様のボヤキを、神戸のコープでも、スーパー万代でも聞いた。

『金融政策決定会合』では何を議論

『金融政策決定会合』では消費者物価指数の0.0～2.0％まで、0.1％刻みでの消費者物価指数の変化を話題にしている。民間には300円の物を１％の値上げで303円の値札の付け替えをするバカはいない。最低でも５％の値上げで、315円くらいの値上げ、10％で330円が普通だろう。**金融政策決定会合で0.1％刻みの数値を議論する会議は……俗語では茶番劇と呼ばれるが、**それが日本だ。

会議での数値決定の為の投票方法

審議委員に任命された専門家は、現下の物価、目標とする物価の数値を投票で決定する。（右のテキストボックスの表参照）

	実質GDP	消費者物価指数（除く生鮮食品）	（参考）消費者物価指数（除く生鮮食品・エネルギー）
2023年度	+1.8～+2.0 〈+2.0〉	+2.7～+3.0 〈+2.8〉	+3.5～+3.9 〈+3.8〉
7月時点の見通し	+1.2～+1.5 〈+1.3〉	+2.4～+2.7 〈+2.5〉	+3.1～+3.3 〈+3.2〉

採点方法はフィギュアスケートの採点方法と酷似している。

最低の数値と最高の数値を除外した、残りの中間の数値の平均値が右のテキストボックスに示す様に会議の結論として発表される。大まかに0.0%～2.0%までの範囲で9人が投票する。
筆者の民間会社での経験からは、想像も出来ないくらいお粗末な事で、それは前章でも度々指摘してきた日本のお粗末な行政行為の決定方法の標準形であり、責任者を不在にする効果が有る。
将来、問題が起こっても団体責任で……ウヤムヤに出来る。その様な経過を経て右に示す会合の結果が公表される。

エネルギー関連コストの物価指数

統計によれば日本の自動車登録台数は1970年に約1,500万台、2022年には8,300万台と5.5倍増加している。1970年頃には商用車が優勢で、個人の乗用車保有率は非常に低かったが、現在は殆どの家庭で車を持っている。年間出費を月平均で計算すれば、月当たりのガソリン代＋電気、ガス代は2～3万円程度が普通だろう。
総務省の統計によると最近の全世帯の平均月間消費支出額は約31万円、食費の平均支出額は約8万円である。
エネルギー関連の2～3万円は月間消費支出額の6～10%と推定される。
筆者がスウェーデン在住時の1976年の記録では、ガソリン代が200Skr弱で、手取り月収が5,100Skrなので4%。
冬季の暖房、調理、照明などのネルギー項目の出費が230Skrで、4.5%であり、ガソリン代も含めるとエネルギー関連の費用は8.5%となり、日本もスウェーデンもホボ同じだったと推定される。（資料集参照）

輸入品の消費者物価指数への影響

その1：国内で消費又は加工して消費財国内で消費される物の価格上昇

日本の年間輸入額は70～80兆円で推移、それは国内で消費される物と、国内で加工されて、又は部品として利用されて再輸出される物とに分けられる。理由の如何を問わず、国内で消費される物は、為替の変動から直接影響を受ける。右表に直近3年間の大まかな為替の対前年度と累積された変動の数値を示す。30%の円安は単純に価格上昇に直結する。

円安の輸入価格への影響（各年6月の数値）

各年のドル円	令和2年 107	令和3 110	令和4 133	令和5 141
対前年比円安:%		+3	+20	+6
対令和2年比円安の増加を累積で:%		+3	+24	+32

令4、令5のピーク事には150円近くに上昇、令2年比で40%の円安である。

円安で海外からの部品調達コストは増加するが、部品のコストは全体の小さな部分であり、自動車、電機などの部品として輸入された物でも、国内で販売される物は円安の影響から逃れられない。

円安は増幅される

輸入物価の上昇は、製品化、流通の過程を経てさらに価格を上昇させる。
消費者物価指数の輸入対象品目は全て円安の影響を受けるので、最低30%……の価格上昇を避けられない。主食と言われる米はホボ自給率100%であるが、統計は他の食料品の自給率は40%以下だとされているので、家庭の出費への30%の円安影響は巨大であり、給与が上昇しない中で庶民……中でも年収500万円以下の層の、多くの若者、非定期雇用者、年金世代の人々の生活を苦しくする。

その2：一般に再輸出される物の場合

主に自動車、電機などの部品等……一部の消費財と分類されている物も含めて……輸入されてから、加工されて輸出される物の場合には、輸出した企業の利益を増加させ、納税額の増加となり、国家財政の改善に貢献するが、その貢献度は円安効果と比較すると無視できるくらい小さく薄められる。

その3：ダンピングされて再輸出された場合

2000年代初期に筆者がニュージーランドでレンタカーを借り、日本の自動車会社がスウェーデンで日本国内より大幅に安値販売＝ダンピングしている事を、日本人の現地の自動車会社駐在員との会話から知ることが出来た。

発端はニュージーランドで利用した日本車のレンタカー料金が日本の1/3〜5だったのでびっくり。偶然にも帰りの飛行機の中で、自動車会社の現地駐在のトップの方と隣席した事で、状況を理解することが出来た。（自分史第八章参照）

ニュージーランドには自動車製造会社がなく、自動車は全て輸入であり、各社が激しいシェア争いをしている中で、自動車の価格が低下……大方日本の半分近くに……した事でレンタル料金が日本の1/5程度まで安くなっている事を知る。

日本の自動車製造各社はニュージーランドでダンピングをしていたのだ。

この様なケースでは輸入部品が再輸出されても、巨額損失を伴っての再輸出であり国家財政に対する反逆以外の何物でも無い。

筆者はダンピングについて現役時代に仕事として関わった事案で日本の著名企業から経験談を聞く機会があった。

ダンピング＝不当廉売は禁止事項

ダンピングは独占禁止法により、公正で自由な経済活動を阻害するとして禁止されているが、日本では横行していた。

1990年代初期、富山市の有名なベアリングメーカーNACHと一部のお互いに重複する製品のOEM化を図る事で、お互いに利益が出るのではないかと、筆者の会社からラブコールを掛けた。

数回の、トップも交えて会合を持ち……当時の社長大和田国男氏は経団連の著名な論客……、担当された常務はヨーロッパで現地の責任者としての勤務経験のある方だった。数回の数時間に及ぶ会合では、色々な雑談が入り混じる。

常務氏はスウェーデンにはベアリング業界で規模と技術レベルで突出した世界最大のSKFが存在している事を良く承知しておられた。

常務氏は、ヨーロッパでの販売拡大の為に、ヨーロッパで大々的にダンピングする事で、最終的に低級、廉価なベアリングを日本のベアリング各社が獲得、高価な高級品はSKF等が供給する住み分けが出来たと仰っていた。

失われた30年の期間中には、低賃金を武器として、無数のダンピング行為で日本の企業の納税額が減少……最終的に巨額公的債務の増加の原因の１つとなった。

スウェーデンではダンピングは起こらない

スウェーデンは『ホワイト企業』で充満しており『ブラック企業』は存在しないし、出来ない。

大昔には日本と同様に『ブラック企業』と『ホワイト企業』は混在していたが、『ブラック企業』は淘汰され、若し『ブラック企業』が出現したら即座に先ず、従業員が退職して企業は経営が不可能になる。

それは退職しても……生活苦から、将来への不安から……悪事に手を染める、自殺まで考える様な困難に陥る心配をしなくても、路線変更の為に内容の伴った教育が無償で受けられ、各種の社会保障制度上の盾がある。

義務教育は緩やかな、生徒と先生の双方が心を解放させて……過度な強制、決まりで生徒を締め付けることなく、社会常識と会話力＝コミュニケーション能力の向上を重視している様に見える。
小型の大人を養成して、社会に溶け込めるように、学校が社会へデビューする為の準備期間となっている様に感じる。

その５の７：高級官僚のお粗末行政は常識不足が原因

日本の行政を委託された官僚には行政に最も必要な常識が欠落している。常識があれば、物事の大小判断を大きく外すことがなく、解る事と、解らない事の判別が出来る。解らない事については調べるか、誰かに聞けば解決する。
高学歴官僚は判別が出来ないから、お粗末な事でも、幼児の様に実行する。
大人と幼児の違いは常識の有無が最大の相違点だが、高級官僚は幼児の様に常識がない。
統計の家計調査の仕事、提供された統計の理解は、小学校の低学年で習得する加減乗除だけで充分だと思う。
日本の教育は受験目的に設計されて、生徒は盲目的に従って、エネルギーを浪費……柔軟性を欠いた年は若いが、精神的には柔軟性を欠いた高齢者の様な若者が社会にデビューする。
終身雇用文化の中で出来上がった、保身、忖度、服従を特徴とする組織に入り、それが社会だと無抵抗にその中に溶け込み……年齢を重ねて、組織のトップに就任、社会との常識の乖離を増幅させて……その継続、繰り返しで組織は留まることなく劣化が継続する。筆者が若い頃に好んで読んだ本の中に老子が目標として掲げた言葉がある。

『戸を開けずして天下を知り、窓を伺わずして天道を知る』

日銀の『金融政策決定会合』は、老子が数千年前に目標とした聖人の域に達したと誤解している人達が合議しているかの様に感じる。老子の言葉を現代語に翻訳すれば、以下の様になる。

あらゆる外部情報＝雑音の侵入を排除する為に玄関ドアーを開けないで、世の中で起こっている事を細大漏らさず知り、窓の外を眺めないで自然科学の全ての法則を知っている聖人を意味し……それは『全知全能』のスーパーパワーを意味する。

実態は大多数の国民が10〜40％の物価上昇に苦しんでいるが、0.1％刻みの数値の上、下を何時間も掛けて議論する……。その様な国の経済運営がうまく行く筈は無い。

その５の８：日銀金融政策決定会合議事録のお粗末

2023年10月開催の首記の議事録を読んでみた。それまでマスコミ、ネットで記事として掲載された要約は目にしていたが、初めて23ページの全文を読んでみたが、筆者の様な民間製造業の中で生きて来た人間からすると、単に儀式で、その様な儀式の結果が国の経済政策に大きな影響を及ぼせば、日本の劣化は留まることなく進むと思わせる。
以下に幾つかの筆者が大きな違和感を持った事をピックアップする。

その１：巨額公的債務の記載なし

全文23ページの何処にも、巨額に積み上がった公的債務の事が一言も書かれていない。
家計を預かる家庭の主婦なら、絶対に頭の中には常時借金の事がある筈だ。
国家の経済を預かっている日銀の９名の委員、政府の財務省官房総括審議官、内閣府審議官、12名の執行部からの報告者、６名の事務局員、多分、全ての出席者は経済学の専門家の筈だ。

その２：執行部からの報告は儀式で中身ナシ

12名の執行部からの報告は41分間で行われている。

この事は報告者１人当たり３分であり、挨拶その他を考えると形式だけの儀式としての報告なのだろう。多分、筆者の様に議事録を全文読む暇な人間がいる筈は無いと考えているのかもしれない。

その３：頻繁に出現する消費者物価指数（除く生鮮食品）

消費者物価指数が出てくる場合には常に後ろに（除く生鮮食品）が付加されている。

これが何を意味しているのか？

総務省から提出された消費者物価指数は固定相場制の時に方式が決定され、その後為替が変動相場制に変わり、消費者物価指数は為替の影響を受けて大きく変動するが、それが消費者物価指数に反映されていない事を意味しているのか、単に生鮮食品の事を、ことさらに取り上げているのか？

どちらにしても**半世紀も前には輸入生活物質は極めて少額だったが、その後輸入生活物質は激増、多分、半額くらいが輸入品である実状を知れば、為替の影響を無視した**議論は全く意味を持たない。

その４：総括……それは儀式なのか？

1998年に制度発足以来約25年、制度は単なる儀式となって現在に至っている。

1998年に600兆円強だった公的債務が1,500兆円に等差級数的に増加してきた歴史を、現審議委員は30代の頃から眺めている。深く考えることなく、その傾向を踏襲しているのか？ 踏襲するしか方法がない……その前に定年退職したい、天下りしたい……と考えていても不思議ではない。

災害発生時には自分を守る事が最も重要なのは、常識で、ハイパーインフレも災害と同じだ。

日銀総裁、審議委員を簡単に責める事は出来ない。筆者としては事実を知れないのが、残念だ。

その５：知人の日銀OBの話

筆者は退職後コーラスを始めその中に日銀OBの方が３人おられた。お一人のU氏とは懇意で色々な事を話した。

U氏は新婚で小樽に赴任、そこで大蔵省印刷局から到着、帯封された百万円20個の包みが日銀行員によって盗難された事件。新１万円札と交換して回収され、焼却される１万円札が日銀行員により外部の銀行へ預金された事件などをお聞きした。

外部に漏れると大事件になるので、支店挙げての大騒動で、警察、マスコミに漏れないように隠密裏に始末された顛末をお聞きした事があり、人間、組織について考えを新たにした。

住友電工では……不器用かもしれないが……その様な精神的に不衛生な人はいなかった。

その６：日本経済の成績表

日本の経済状態の成績評価は矛盾の中にあり、残念ながら筆者は矛盾を解明したか、又は解明を試みた経済記事、経済論文に遭遇した事がないがそれは多分『妖怪ジャパン』が影響している。筆者が矛盾と感じる事を以下に列挙する。

1. 日本でスウェーデンは『高福祉高負担』国であると言われ、高福祉は高負担だから可能であるが常識になっている。
2. 国際的に権威のあるOECD統計ではスウェーデンは『低福祉高負担国』、それは日本の常識とは真逆である。

3. 上記のOECD統計によれば日本は『高福祉低負担』を達成した、夢の様な理想の国になっている。
4. 日本のGDP比公的債務残高は3.0に接近する高い値であるが、スウェーデンは0.4と非常に低い値。
5. 日本は今後の増税姿勢を明確にし、最近相続税を増税したが、スウェーデンは相続税を廃止した。
6. 日本は低賃金、長時間労働を特徴とする『ブラック企業』を政府が支援、日本中を『ブラック企業』で充満する国にする政策をしている。
7. スウェーデンでは『ブラック企業』は自由競争のルールの中で淘汰され、『ホワイト企業』だけの社会となった。
8. 二人の小学生の子持ちの40才のハンナから、筆者に日本から里子を貰う手配をしてくれと、熱心な要望を受けた。

上述の矛盾を念頭に置いて、日本の現在の経済状態を多視的に観察して評価してみる。

日本の『失われた30年』と同時期のスウェーデンとの比較

経済専門家は無数の統計に埋もれて、経済活動を観察、研究しており、必要に応じて適当な統計数値をピックアップして経済論文を執筆する。主張する自説を支援するのに役立つ統計数値を羅列するから、論文の記述は理路整然で矛盾なく解説されているがそれは一部の真実を伝えるだけで、国民の常識的な視点から見ると多くの場合、ピント外れである。

国内に居住している国民にとって自国通貨の名目GDP統計が最も生活実感の伴った統計数値であり、政治家。高級官僚の国家経営の運転技術の成績表の役目を果たす。

無数の因子が複雑に相互に影響を与えながら結果が出てくる国の行政の評価を示す成績表の中で１つの因子だけを念頭に統計数値を眺めて好成績、成績不良の原因と判定する事は不可能であるが、幾つかの関連する統計を多視的に眺めると、新しい発見がある。

国民負担率の国際比較（OECD加盟35カ国）

(%)

国	国民負担率	(対GDP比)	社会保障負担率	租税負担率
1 ルクセンブルグ(2018)	100.8	(41.1)	29.8	71.0
2 フランス(2018)	68.3	(48.0)	25.6	42.7
3 ベルギー(2018)	64.1	(46.3)	21.5	42.6
4 デンマーク(2018)	63.0	(45.4)	1.2	61.9
5 ギリシャ(2018)	62.6	(42.7)	21.5	41.1
6 オーストリア(2018)	62.2	(42.8)	22.1	40.0
7 フィンランド(2018)	61.5	(42.5)	17.3	44.2
8 イタリア(2018)	59.3	(42.0)	18.7	40.6
9 スウェーデン(2018)	58.8	(37.7)	5.3	53.5
10 ハンガリー(2018)	57.5	(37.3)	18.7	38.8
11 スロベニア(2018)	56.3	(37.6)	23.5	32.7
12 ポルトガル(2018)	56.1	(37.0)	17.6	38.4
13 ドイツ(2018)	54.9	(41.1)	22.8	32.1
14 チェコ(2018)	53.8	(35.1)	23.7	30.2
15 オランダ(2018)	53.1	(39.3)	19.5	33.6
16 ノルウェー(2018)	51.9	(39.5)	13.4	38.5
17 ポーランド(2018)	50.9	(36.1)	19.8	31.0
18 アイルランド(2018)	49.4	(23.2)	9.8	39.7
19 ラトビア(2018)	48.5	(31.5)	14.6	33.9
20 スロバキア(2018)	48.4	(34.6)	21.0	27.4
21 英国(2018)	47.8	(34.4)	10.8	37.0
22 スペイン(2018)	47.4	(35.3)	16.7	30.7
23 エストニア(2018)	47.4	(33.1)	16.8	30.6
24 ニュージーランド(2017)	47.2	(32.7)	1.0	46.2
25 カナダ(2018)	46.9	(33.1)	6.5	40.4
26 日本(2018)	44.3	(32.0)	18.2	26.1
27 イスラエル(2018)	43.1	(31.8)	8.1	35.0
28 オーストラリア(2018)	41.1	(28.6)	0.0	41.1
29 リトアニア(2017)	40.5	(29.8)	17.0	23.4
30 韓国(2018)	39.0	(28.0)	11.3	27.7
31 スイス(2018)	36.7	(27.1)	8.8	28.0
32 トルコ(2017)	34.5	(24.9)	10.3	24.2
33 米国(2018)	31.8	(25.0)	8.4	23.4
34 チリ(2015)	24.2	(20.8)	2.1	22.1
35 メキシコ(2018)	21.3	(15.7)	2.3	18.9

(注1)OECD加盟国37カ国中35カ国の実績値。コロンビア及びアイスランドについては、国民所得の計数が取得できないため掲載していない。
(注2)括弧内の数字は、対GDP比の国民負担率。
(注3)日本は年度、その他の国は暦年。
(出典)日本:内閣府「国民経済計算」等　諸外国:OECD "National Accounts"、"Revenue Statistics"

その７：OECDの統計では日本は突出した『高福祉低負担国』
スウェーデンは突出した『低福祉高負担』国である

日本の名目GDP、総債務残高の推移

前ページの国民負担率の国際比較との対比で、次ページ以降に４個の図表が示されている。

名目GDPの推移は『失われた30年』の期間中はホボ、同じで迷走し上昇傾向を示せなかった。

政府総債務残高＝借金は直線的に上昇、予算額に新規公債発行額がマニュアル化されて決められているかの様に等差級数の様に上昇している。

スウェーデンの名目GDPと借金の推移

スウェーデンのGDPの推移を示し、全期間にわたりホボ安定した上昇傾向を示し、それはスウェーデンの行政が世界経済の荒波を克服、国家経済を巧みに運営してきたことを証明している。

1993年～2013年までほぼ直線的に上昇、それから2023年まで加速度的に上昇している。グラフからは判別できないが、数値的には1993年～2013年の20年間に較べ、2018年までの５年間は２倍の上昇率で、2019年＝コロナの初年のホボゼロとなったが、その後2018年からの５年間はコロナ以前の５年間の２倍の急激な回復を示している。30年の全期間を通じて……それ以前も含めて……非常に安定的に上昇傾向を示しており、政策運営が高いレベルで行なわれている事を証明している。

なぜこの様な結果になったのか

筆者は、それは表面的には以下に示す三つの観察可能な原因からなると断定する。

１．日本は世界的なIT技術革命への対応が出来なかった。

２．日本の高級官僚の常識と専門能力の不足が招いた愚行の累積だ。

３．官僚OBの天下り企業に対する節税、脱税幇助行為

上記の三つの原因については既に第１章～前章で詳細に具体的な事例を挙げている。

日本社会は、上記の三つの原因を作り出し、それを増幅させる様に作られており、それは以下の原因による。

－　全ての**若者を疲弊させる**、東京大学入学を目標とする**大学受験対応の教育**

－　東大合格を究極の目標として順位付け、その中から更に**最もその任に相応しくない人を選抜して高級官僚とする制度。**

－　終身雇用、年功序列、定年、退職金を特徴とする**A級潜在的知的能力人材の無駄使い**

－　上記の三つが相乗すると**『科学的で建設的』な議論を封止して**、就業年数の増加に従い、政策立案者にとって最も重要な常識、専門知識が退化して社会との精神的乖離が大きくなり、お粗末な制度立案になる。

図１　日本の名目GDP(円)の推移

名目GDPは、当年の市場価格により表わされている。

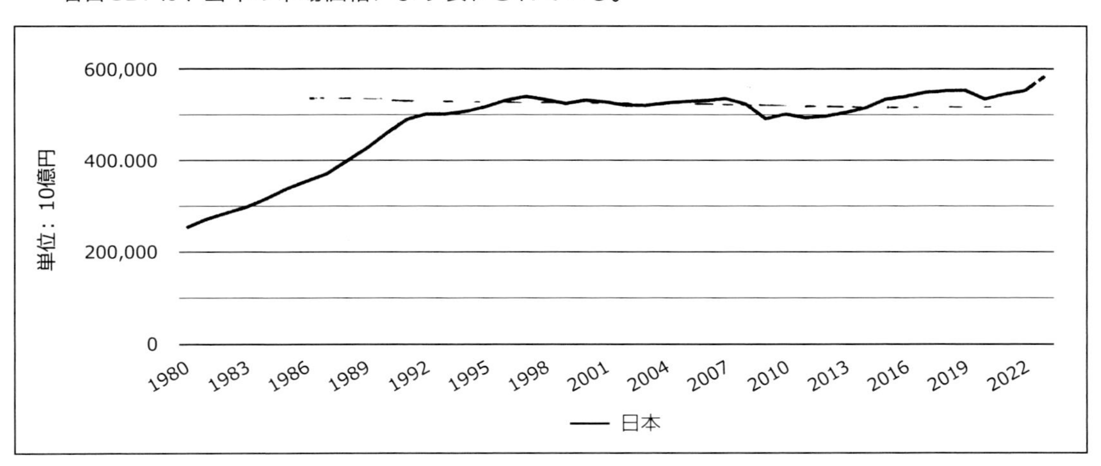

図２　日本の政府総債務残高の推移

一般政府(国・地方自治体・社会保障基金)の債務として、公債や借入金などが含まれる。

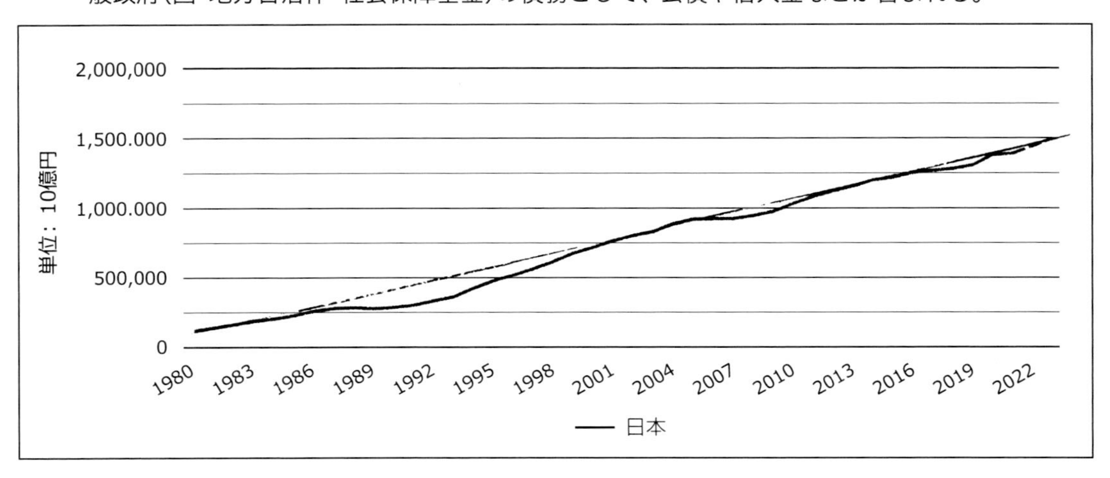

図3　スウェーデンの名目GDP(Skr)の推移

名目GDPは、当年の市場価格により表されている。

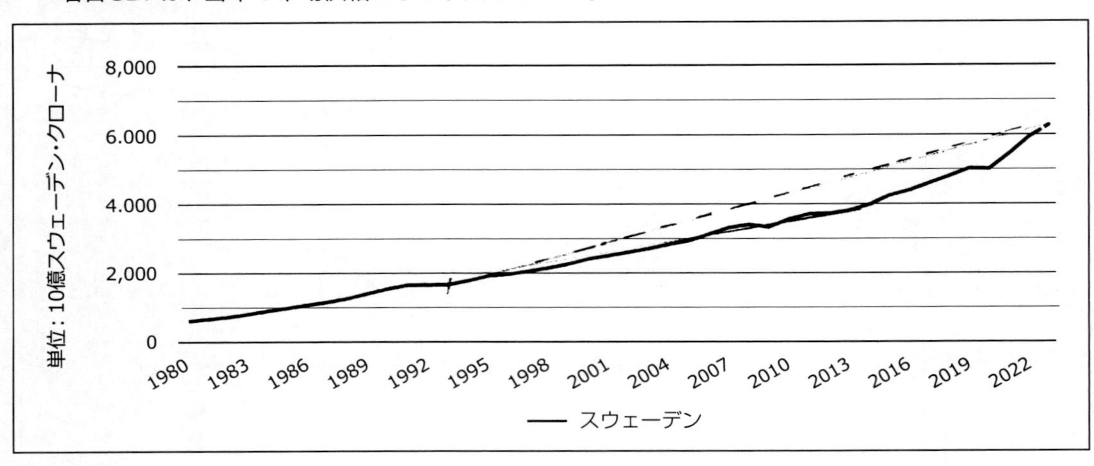

図4　スウェーデンの政府総債務残高の推移

一般政府(国・地方自治体・社会保障基金)の債務として、公債や借入金などが含まれる。

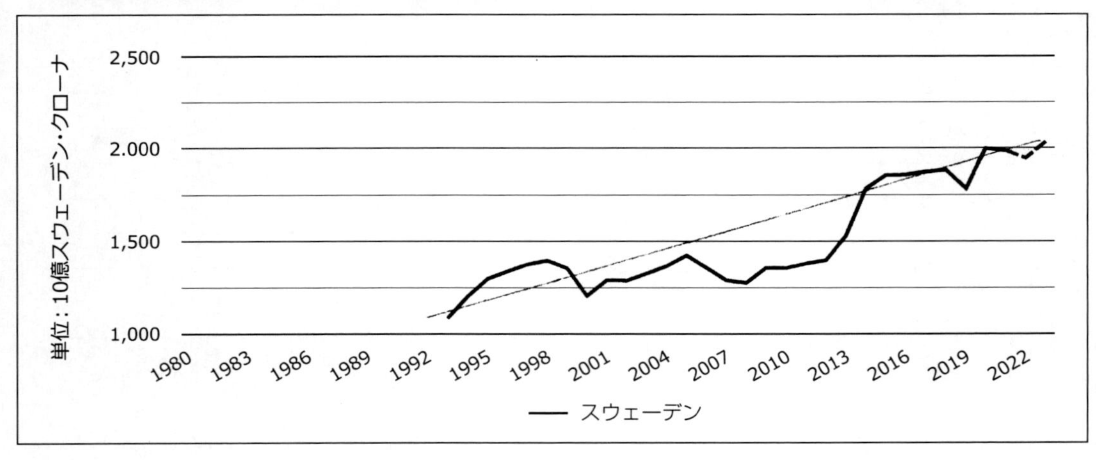

日本は最も高い潜在的知的能力を持った人材を、受験教育で疲弊させてその延長で東京大学に入学、その中からその任に相応しくない人材を採用……**その中から選りすぐりでより相応しくない人材を高級官僚として国家経済の運転免許を与え……日本を低賃金、長時間労働を特徴とする『ブラック企業』で充満する国にしてしまった。**

それは、官僚が意図的に行ったのか、意図した訳ではなかったが……幼児の火遊びが大火になる様に……予期せぬ結果が発生したのか不明だ。

後述するように彼らの作文力は……多分全員では無かろうが……**平均的な小学生のレベルか……又は小学生レベルの誤用が頻出する公文書に遭遇してもそれを問題とする視点が無い。**

スウェーデンはIT先進国

筆者の会社では1980年代中頃にボルボの開発した『メモシステム』と呼ばれる、クローズドループの衛星回線を使用した通信の方法をテレックスに代わって使い始めた。

米国ではすでに軍が開発したネットが存在したが、会社は信頼性が乏しいと業務へのネット使用を禁じた。

筆者の記憶では1995年Windows95が出現して漸く業務用にネットの使用が許可されたが、その頃日本では漸くIT技術の入口に立ったが、スウェーデンでは既に約10年の経験を積んでいた。

スウェーデンにはIT関連の通信設備、施設、ソフト開発の世界的なトップ企業LMエリクソン社があり、隣国フィンランドには2000年代初頭まで携帯電話市場で圧倒的なシェアを持ったノキアがあり米、英、独とトップを争っていた。

過去の数年間に起こったレベルの変化が数か月で起こる、戦場のような激しい競争がマーケットで行われていた。

日本の債務の増加は井川意高氏を想起させる

日本の場合には、債務総額のみが安定的に右肩上がりを示し、GDP統計はボロボロ……それは、行政を行う高級官僚の、無能力に起因する事を明確に示している。

大王製紙の創業者の三代目の東京大学法学部卒の御曹司井川意高氏は賭博にのめり込み、100億円規模の負けを糊塗する為に関連会社を金蔓に利用した事が話題になった。

高級官僚は殆どが東大卒で法科出身者も任官後に海外留学で、経済学修士で、政治、経済の専門家であり、公的債務の等差級数的な増加が、『失われた30年』と同じ期間の30年経過後にどのようになるか……おぼろげながら……理解している筈だが、目の前に政治家が何かを要望すれば……難しい事を考えないで、政治家の要望に応じて新規国債発行で財源を確保……無限に債務残高を増加させてきた。

それは関連会社と言う金の成る木『打ち出の小槌』である、会社を利用した井川氏と同様であり、第１章から多くの具体的な事例を公開した様に、高学歴者の貧弱な常識に原因があると断定する。

その８：現在の日本の財政状態と予想される今後の財政

右に掲載の2023年度の一般会計歳入予算の中で、公債金は36兆円＝31％であるが、その後、13兆円の補正予算が組まれ、予算総額は127兆円となった。財源の約９兆円は新規国債発行で賄われ、**国債金は約45兆円＝35％となり過去最高値である。**

ビジュアルに解り易いように次ページに当初歳入予算に占める公債金35％を示す。

詳細な数値を統計からピックアップして計算すると、GDP比１人当たりの総公的債務は、日本は3.0に接近しているがスウェーデンは約0.4程度で日本の約1/7である。

OECD統計では日本は『高福祉低負担』国で夢のような理想の国、スウェーデンは『低福祉高負担』で酷税国家となっている。

右図に示す様に2023年度の一般会計歳入総額の公債費は31.1％と、予算額の1/3である。

家計に当てはめれば、月収50万円で、毎月17.5万円の借金でまかなう計画だ。

今後公債費は激増しても、減少させる事は不可能だ。スウェーデンは歳入、歳出のバランスに極めて厳重な配慮をしているので、公的債務残高が非常に低く収まっている。筆者の視点で観察した日本とスウェーデンを以下に比較してみる。

図６　2023年度の一般会計歳入予算

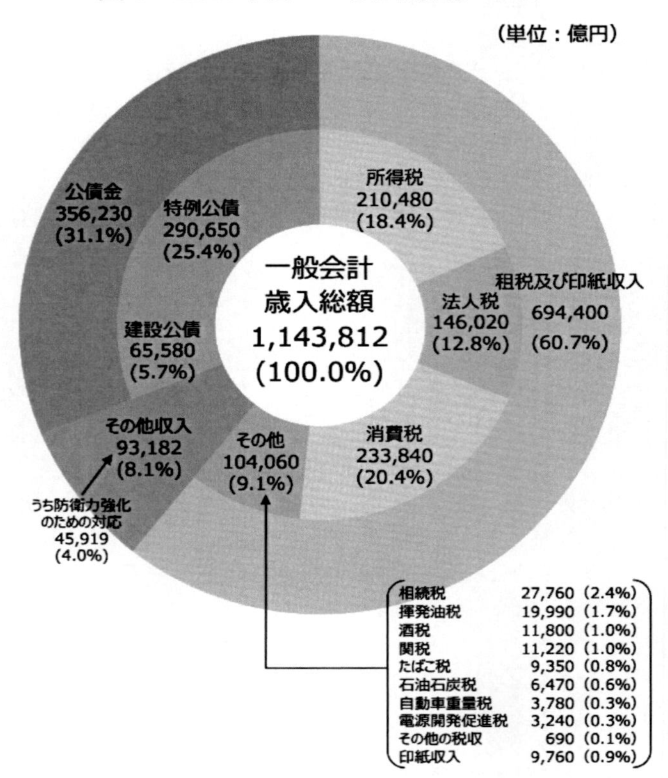

- 高負担の重税国家のスウェーデンから、二人の子持ちの40才のハンナが、筆者に日本から里子が欲しいと経済的、精神的に余裕の生活の根拠を示唆している。
- 日本でアラフォーの子持ちの夫婦は目の前の生活苦、将来への備えで大変だ。
- スウェーデンは『高福祉高負担』と日本で言われているのに、OECD統計は反対の事を示している。
- 日本はOECDの大きなスポンサーで、多くの高級官僚がパリの本部で要職に就いているから、日本政府、行政の担当者はOECD統計について熟知している筈だ。
- 日本ではあらゆる機会を捉えて増税を考えているが、スウェーデンは減税姿勢を鮮明にしている。

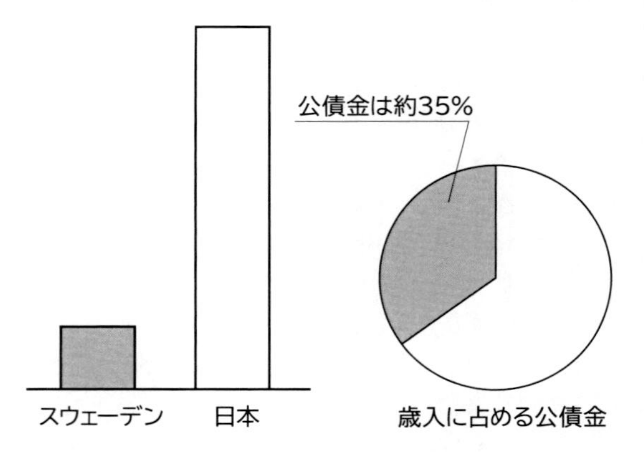

日本の1,500兆円の公的債務は『妖怪ジャパン』が作ったのだ。

その９：国債発行残高の過去の推移と今後の推移

図７は国債発行残高の推移を表している。特例公債残高＝赤字公債は25年前から急上昇、27兆円／年のペースで等差級数の様に激増している。建設公債は２～３兆円／年と緩慢ではあるが着実に増加、赤字公債も含めると30兆円／年のペースで30年間増加してきた。

図７：建設国債残高と特例公債残高の推移

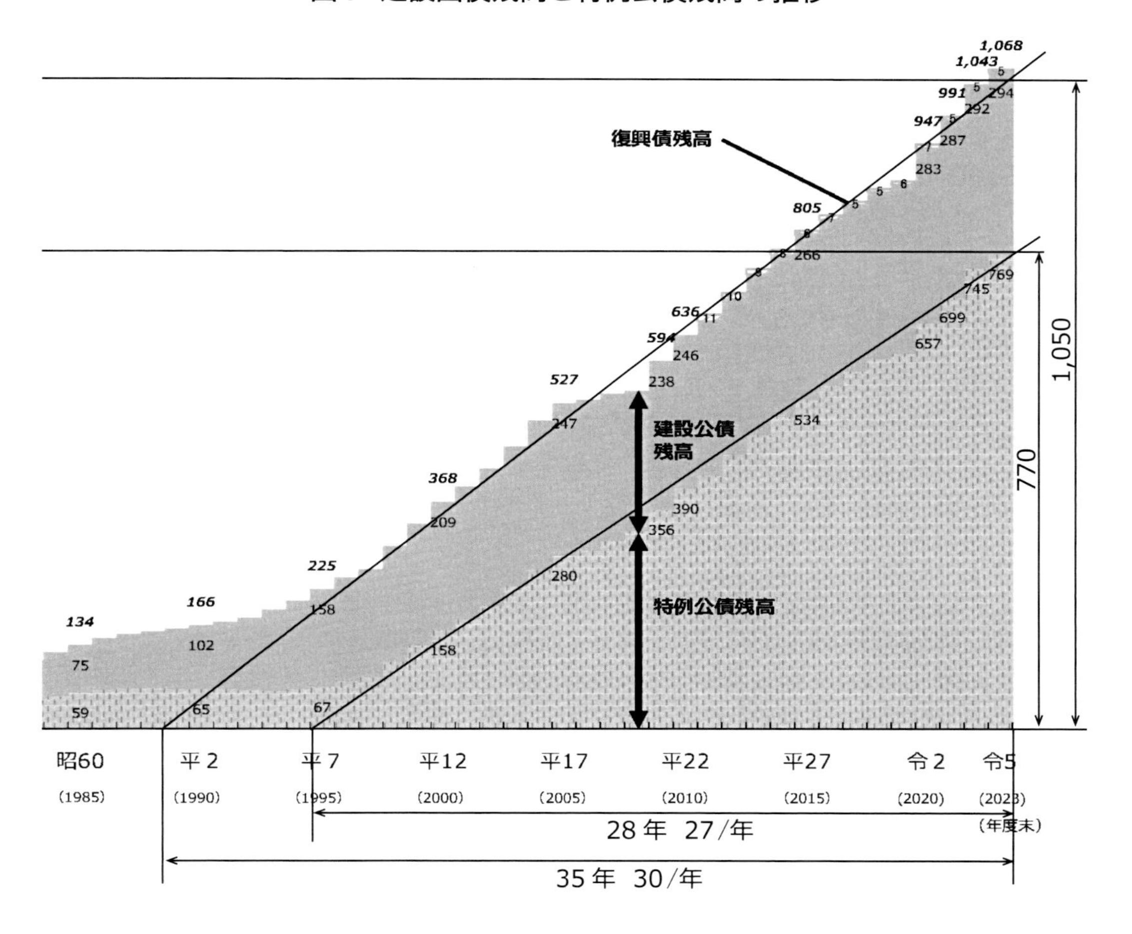

2023年の公債残高は総額で約1,070兆円と、地方自治体の公債も含めた総債務残高は1,500兆円となる。

列島改造の旗印の下に実行された多くの巨額インフラ投資物件は老朽化、修理、再建などの為、これからは大きな資金を必要とし、今後急増すると考えられる。

失われた過去30年＝１世代の実績を基に、今後の30年に何が起こるか思考実験をしてみよう。

公債費の様に過去を引きずり、その影響が数十年間に及ぶ事案は……革命、戦争などの劇的変化がなければ……急激には変更できない。日本は自然災害多発国であり、数十年間隔で大災害に遭遇するから突発的な十兆円単位の出費を想定しなければいけない。

その10：閣議決定された『令和６年度税制改正の大綱』のお粗末

2023年12月22日に閣議決定された、99ページの大綱がネットで公開された。

今迄新聞などで簡単な解説記事を読んだ経験はあるが初めて閣議決定された99ページの大綱の全ページを通読して、改正の内容のお粗末と大綱に書かれている説明文の信じられない様な作文力の低さにビックリした。細かく指摘すれば数百ページの説明が必要になると思うが、簡潔に筆者の視点を述べる。

その10の１：税制改正の中身について

閣議決定された99ページの大綱の何処にも巨額公的債務の事についての記載がなかった。

政府、日銀、それを支える無数の東京大学や準東大クラス大卒の学者、専門家が、事の重大性を解っていないからか、解っているがその事について語る事を忌避しているのか……国政の担当者は積極的に無視している様に観察される。

家庭経済に例えれば……サラ金から巨額借金をしているがそれを話題にせず……日銭の使い方、スーパーの値段が３円上がったか、２円下がったかを議論するようなものだ。

家庭の主婦ならば……何も東京大学を出ていなくても……高額の借金があれば、借金の返済の事を最重視、優先順位をよく理解している。昭和の時代に不良亭主が飲み屋の付けで借金をすれば妻が怒るから……と同様に、彼らが公的債務を積み上げた事を自覚しているからか、政府、日銀の関係者は無視している様に観察される。

高級官僚は法律と経済を学び、英米に留学しているから『Penny wise pound foolish』＝『１円賢者万円バカ』を知っている筈だが……どうなっているのか……受験教育で疲弊して、常識外れな人格が作られておかしくなったのかもしれない。

多数の人が同じようにマインド・コントロールされているか……解っているが、既に手の付けられない様な巨額になったのでダンマリを決め込んでいる。

キャリア官僚として採用された時には既に先輩が作り上げた人生のルーテインが出来上がっており、その中で遊泳する事で、定年まで勤めあげ、退職後の天下りで優雅な老後生活を夢見て……現職の時には先輩、組織からのどのような無理難題にも耐えられるように訓練されて人格が出来上がっている様だ。

閣議決定は単なる儀式で99ページの大綱は、上述の様な心的官僚の視点で書かれている様に推察される。

その10の２：財務省と大綱の看板

大綱を見るためにWEB検索すると要約すると以下の様な目的を看板としている。

> 賃金上昇が物価上昇に追いつかない国民の負担を緩和、持続的な賃上げを目指して定額減税の実施、賃上げ促進税制の強化を行う……。

後述するが、過去の数年間真逆の結果を示している事に気付いていないのか？　又は嘘をついているのか？

年功、門閥, 閨閥、学閥、天下り等のタナボタで会社経営に参画、真剣に会社経営を考えた事のない人々は例外として、民間会社の特に『ホワイト企業』の経営者は真剣に会社経営を考えている。大綱が提案するような看板、対策で『ホワイト企業』が、踊らされて企業方針を決定するような事はあり得ない。

１．減税を宣伝する事に異常な注意喚起

僅かな数千円レベルの減税について……例えば以下の様に国民に減税である事を知らしめて……政府が善政を行っている事を特記する事を頻繁に記載している。

公的年金等の支払者は、源泉徴収票の摘要の欄に控除した額等を記載することとする。(これはページ３の例で、冒頭のページ２に始まり頻発)

同様の記載が頻繁に登場、政府が減税している事をアピールする事を熱心に訴えている。

筆者には頻繁に僅かな年金の支給額の変更……それらは支給額の減額を知らせる葉書が届くが、対象になる年金生活者は数千万人、１通の葉書の送付に数十億円掛かっており、10回送付すれば数百億円になるが、官僚にはコスト意識が無いのでそれを問題にしない。

数千円の減税が評価されて人々が満足する、欺けると思っているみたいな安易さが透けて見える。

２．ページ６～７のストックオプションの限度額引き上げ

ストックオプションの非課税限度額を従来の1,200万円から、2,400万円や条件によっては**3,600万円に引き上げるのは、金持ち優遇策で、他の低所得者には雀の涙ほどの少額の減税だが、ストックオプション制度の恩恵を受ける様な富裕層には庶民の数万倍もの減税を行う**事になり、典型的な貧富拡大政策である。

３．半導体の線刻幅の範囲を規定しての優遇策

ページ44に、産業競争力強化に関して半導体の28nm以上の線刻幅の製品に対する減税を決めている。

既にマーケットの先端では最小線刻幅は３nm～15nmが競争状態にあるのに、時代遅れの……長期的には遠からず消えて行く……28nmの製品に減税すると言う。

筆者の見る所、**それは台湾を始め外国企業に恩恵を与える減税であり、国内企業の潜在的競争力の強化とは無関係であり、むしろ優秀な人材を外国企業に奪われて、日本を長期的に弱体化させ、日本から半導体産業を根絶させるかも知れないと思う**。背景には外国企業を誘致すれば取りあえず短期間で外貨が入ってくるので、税収に繋がり好都合との見通しからの外国企業のアシストだろうがそれは**典型的な『一円賢者、万円バカ』、『朝三暮四』**で長期的には日本の業界最先端の競争からの離脱を促進させる。

４．タバコの税率を３円/１本に増税

ページ97に防衛力強化の為の財源としてたばこ税を１本当たり３円にすると書いている。その理由を加熱式タバコの高課税との税の負担の不公平性を実現するためと言い訳している。

1970年代にスウェーデンではタバコの値段は日本の10倍くらい高かった。それは医学会でたばこの健康被害が明瞭に意識されるようになり、喫煙者が病気になれば本人が不幸になるのみならず、健康保険会計に負担を与える事が予見された事が原因している。

病気になる事を承知で喫煙する人には、事前に医療費を負担して頂こうと強烈に高い税負担をさせる事で国民の健康を守り……それは禁煙を意味する……将来の健康保険会計制度の悪化を防ぐためだった。

行政担当者の先読み能力により、大胆な政治的決断で対応することが出来た。

第５章に既述のアスベスト禁止対応の違いと同質の、行政担当者の能力と怠慢の違いを示す具体例だ。

１．ページ46以降に、試験研究費、特許に関する事が細かに書かれている。

例えば、試験研究費の減税について以下の様に書いている。

税額控除率を次のとおりに見直すとともに、税額控除率の下限（現行：１％）を撤廃する。

税額が１％下がったから、何かの試験研究を開始して、競争力を高めたくなる企業経営者はいない。

アイデイアが無ければ試験研究に資金を投入する企業はない。アイデイアの存在が起点であり……その出発点は好奇心、疑問、探究心である。

2．民間の活力を利用するセンスが全くない。

『ブラック企業』は、僅かな減税でアシストされて、低賃金、長時間労働を維持して、市場から淘汰されることはない。

低価格を武器にホワイト企業を低価格競争に引きずり込み……結果的に日本中を「ブラック企業」で充満する国にする方向に導く。

7.ホワイト企業の場合

ホワイト企業は世界、国内市場を注意深く観察、将来性のある方向に企業経営を行っている。

準官庁的な強力な官庁の影響下にある金融、電力、交通等の産業は政府の意向に沿って企業経営を行うが、自由競争の原則で競争に晒されている製造業は、真剣に全力を尽くし,細心の注意を払いながら大胆な決断をしなければ、『ブラック企業』に陥落する。

その10の３：国民は担税能力を試されているのか？

次ページに示す表は筆者がこの本で何らかの形で触れた著名政治、経済関係の紳士録である。

現役で最も高齢の佐伯氏が大学卒業された年に筆者は30才で結婚、最も若い中野氏が大学卒業された５年後に筆者は退職している。筆者は岸田氏が勤務した長銀とは、ソフトボールのチームメイト、会社の『名ばかり会長』稲村光一氏、その後任の徳田耕氏との関係で……一般に知られていない事をかなり知っている。

人は経験から学び、経験は環境によって与えられ、環境は時代＝時間の進行に伴って変化するから……この簡単な事実を意識しないと時代に溺れて判断を誤る事になる。

筆者が50代前半の頃に経験した、大卒新卒教育の場での経験はその後の日本劣化を示す予兆だったが、当時筆者はそれを感知する事が出来なかった。

筆者が義務教育を終えた数年後の1960年頃から受験競争は過熱し、失われた30年頃の日本を牽引する高学歴の人は激烈な受験競争の中で……日本特有の「偏差値で成績を順位付けされ……勝者となって東京大学に入学、その延長でキャリア官僚となり、1993年頃から税収が足りなければ国債発行＝借金で賄う日本の経済政策の標準形が確立された。

	出身学校	18才の暦年	大卒時暦年 ※2	1993年の年令中級役職者	2008の年令高官役職者	2023の年齢天下り	主な配属部署	
堺屋太一	東大経済	1953	1978	(58)			通産	
藤井　威	東大	1958	1962	53	68	故人	大蔵省	
岡田　実		1960	1968	51	66	81	民間企業	
佐伯啓志	東大経済	1967	1972	44	59	74	学者	
片山善博	東大法科	1969	1974	42	57	72	大蔵省	
岸田文雄	早稲田法科	1975	1982	36	51	66	長銀	※1
新田八郎	一橋法科	1976	1981	35	50	65	県知事	
渡辺　努	東京経済	1977	1982	34	49	64	日銀	
小林慶一郎	東大工学	1977	1982	34	49	64	日銀	
古賀茂明	東大法科	1977	1988	34	49	64	通産	
遠藤俊英	東大法科	1977	1983	34	49	64	日銀	
中野剛志	東大教養	1989	1994	22	37	52	経産省	
藤岡純一	京都大学	?	?					

※1：卒業後、長銀に勤務、その後で政界入り、現在首相。3年連続で東大不合格、二浪で早稲田法科に入学
※2：単純に誕生年に23を加算しているので、実際とは異なる場合がある。

上述の官僚の方は総合職として年間約２千人が採用された中で、突出していたから現在がある超優秀な方だ。

1950年代～1970年代の安保闘争で混乱した世相の中で幼小年期を過ごし、よど号ハイジャック事件、テルアビブ銃乱射事件、あさま山荘事件等の発生した時代を見てきている。過激な学生、労働組合活動を横目に眺めながら、迷う事なく受験勉強に励んだ筈だ。

藤井氏の巨大な影響力

藤井氏は1993年に53才で大蔵省の高官として、その後内閣官房で日本の税制設計に巨大な影響を与えられ、公的債務残高を約30兆円/年で等差級数的に増加させる事が定型化された決定者の１人だったのだろう。

上表の佐伯氏～中野氏の９名の方々は藤井氏より10～20才年少で、その後の日本の政治、経済活動を牽引して来られたが……藤井氏の作られた路線を継承されている事は、雑誌、ネット、新聞から発信された掲載記事や対談内容が示している。

以上の様な背景があるので藤井氏の著作は、単なる一冊の著作でなく……日本の歴史上稀な、若しかしたら初めての……国政に巨大な影響を与える著作となった。

藤井氏と同年輩の筆者の推測

筆者の友人、知人にも上表の９名の方々と同年輩の方が多く、現役30年間で千人に及ぶかも知れない大勢の高学歴者との真面目な、鋭角な議論の経験に加え、筆者の甥は阪大、妻の数十人の甥、姪の中の３人は東京大学卒、姉の孫は東北大学卒で周囲には私的な関係の高学歴者が散在している。

上表の９名の方々は、筆者が義務教育を終えた数年後の1960年頃から過熱し始めた頃に受験戦争を勝ち抜き、失われた30年の頃の日本の教育制度に大きな影響を与えて来た人々だ。

1950～1960年頃生まれで、その後日本の政治、経済の舵取りに大きな影響力を与えた人は無数にいるが、その中でも突出して大きな影響力を発揮してこられた人々だ。年間千人以上が総合職として採用されて高級官僚となる。

将来の増税に対する耐久テストか？

2023年になり円安から消費者物価は上昇、困窮している人口の約3/4を占める低所得層が……年収500万円以下の低所得者と年金生活者……どの程度の税負担まで耐えられるかを試す為に大綱は作られているように見える。

> 江戸時代の名残で、有名な家康の『農民は生かさぬように殺さぬように』の行政の延長で、開国後も日清、日露、大陸侵攻に際して農民に大きな負担を掛けて来た。
> その延長で国民の担税能力の限界まで酷税を課して**『国民を生かさぬように、殺さぬように』**で行政が行われている。それは官僚が意図的に行っていたのか、無意識に行っていたのか？
> 令和になり、手に負えない巨額な借金になり、あらゆる機会を捉えて担税能力の限界まで税負担を迫る。そのようにせざるを得ない現実がある事を財務省が明らかに出来ない。

後述するが2018年～2020年の２年間に日本の租税負担率は2.1％上昇、スウェーデンは4.0％減少し、彼我の差は6.1％となった。

この事は単純に年収500万円の人に適用すれば、**日本でスウェーデンの税負担を適用すれば税負担が30万円少なくなることを意味する。**日本は増税姿勢を鮮明にし……巨額公的債務があるから仕方がない……スウェーデンは日本と反対に減税姿勢を鮮明にしている。

その10の４：月７万円の昇給が、手取り７千円にもならないスウェーデンの累進課税

文化的背景の違った国では予想もしないような事が起こる。

第８章にスウェーデンの税制が残業無しの社会となり、それが従業員、企業、国家の「三方満足」で高賃金、短時間労動を特徴とする「ホワイト企業」で充満社会となった事を科学的に証明しているが、その一部を成す筆者の経験を示します。

■外からスウェーデンを見ると：大綱で不変

筆者は1975～79年まで４年間スウェーデンに在住、その後1999年の退職まで20年間、年に数回、多分、計50回以上往復している。スウェーデンはその間に変化しているが、国家経営の経済的な大綱は……外から見ると変わっていない……「高賃金短時間労働」の「ホワイト企業」を育成する目標に向かって政治、行政が行われている。

■中からスウェーデンを見ると：大きく変化している

スウェーデンは大きく変わって、昔の面影はない。高額所得者は以前よりも優遇され、著名な童話作家が国は自分の所得の100％以上を税金で「フンダクル」と揶揄した時代と、様変わり最高税率は56.7％である。それでも日本の最高税率45％よりも、11.7％高い。（後ほど示す日本とスウェーデンの税率表参照』）

10以上ある家族財閥は、責任ある健全経営で、傘下の企業群は「ホワイト企業」で、多額の納税を行う事で、財政上の歳入と歳出が均衡を維持する節度ある国政が成されている。

詳細に説明するためには、１冊の本が必要になる……紙数節約の為に以下に、幾つかの特徴的な事を列記します。

1970年代中頃、日本で大卒の平均初任給が9万円くらいのころ、月給を38.5万円から45.5万円に7万円上げてもらったが、手取りは6,650円しか上がらなかった。
これでは従業員は残業をする気にならない。

人事部からスウェーデンでの住み心地に関する質問のアンケート用紙が来たので、生活苦を訴える書面を添付して回答した。

スウェーデンの税制は基本的に夫婦共稼ぎを前提に設計されており、我々のような外国から来た人間には住み難い。妻は英語もスウェーデン語も出来ないから仕事に就けない。（アンケートへの回答文書は添付資料参照）難民、政治的亡命者の場合は、扱いが別になるが我々の場合はスウェーデン人と同様の扱いになる。

アンケートを送ってから即刻、月給が千クローネ＝7万円上がり、5,500krから、6,500kr＝45.5万円に上がった。日本で大卒の人の平均初任給が約9万円の頃の話である。

額面は7万円上がったが、手取りは6,650円しか上がらなかった。

それは最も多数を占める一般的なサラリーマン層＝中～低所得層の人には小刻みな累進課税率を課すことで、手取り収入が激変しないように調整している事が原因だった。

1970年代前半に為替は固定から変動へ変わる過渡期で混乱していたが、転勤当初の1kr＝70円で計算する。

累進課税率が中～低所得者では小刻みにされているので、それが額面の変化に対して手取りが僅かしか変化しない原因だ。

比較表から、スウェーデンkrでは

■：額面5,500krで税金が45％で手取りが3,025krとなる。
額面6,500krで税金が52％で手取りが3,120krとなり、**95kr＝6,650円の増加**となる。

円貨表示では

■：額面385,000円が手取りで211,750円。
額面455,000円が手取りで218,400となり、6,650円の増加になる。
結局、7万円の昇給は6,650/7万円＝0.0995≒10％弱の手取りの増加にしかならない。

会社は筆者の要望に即刻反応してくれたが、スウェーデンの税制は筆者にとっては甘くなかった。

昇給してもらっても……意味が無い事が解り……諦めたが、筆者の後任の方は、スウェーデンの税制の及ばない日本で代替的に手当てを支給する事で、筆者のその後の3代の後任は厚遇される事になった。

その11：大綱の作文力＝高級官僚は現代では通用しない雅語を使う宗教国家の官僚か？？

令和5年12月末に首記大綱が閣議決定されて発表されたが、99ページの厚い文書である。

各省庁から上げられた要望を取りまとめて、財務省が草案を作り、各省庁と練り上げてから閣議決定されたものと推察される。閣議は通常1時間程度で終わると言われている。

その間に多分、他の議題も含めて承認の儀式をするのだろうが、財務省から説明を受けながら、大臣は文書に目を通したのだろうか。多分、そんな99ページもの分厚い文書を読んだ経験など無いのかもしれない。

政治家は日本では不思議な職業で、欧米の政治家とは異なり、専門知識も、能力も問題にならず「人気」と呼ばれる……何かと、利益誘導、予算獲得能力が問題となると観測している。
日本とスウェーデンの政治家＝国会議員と呼ばれる職業について簡単に特徴を下表に示す。

	日 本	スウェーデン
専門知識	必要なし	最も大切で、それが命
常設秘書	常にいる	ホボ、いない
報酬	図抜けて高額	日当が多く、少額でボランテイア感覚
公用車	ごく普通	ホボ、あり得ない
人気	それが全て	必要だが、決定的でない。
門閥、閨閥	最も重要	関係ない
学歴	非常に重用	高い専門知識＝高学歴となる

文書の内容が分かり難い

通読してみて分かるのは……文章が練れていなく、作文した人は……多分内容を咀嚼していないか……読者、国民の事に全く忖度していない。１つ１つの単語の意味が解っている平均的な日本人が読めばわかる様な書き方がされていない。

一言でいえば、民間企業では、どのような状況の下でも通用しない様な文章力、説明の仕方であり、**事務職では完全に落第である。恥ずかしくて顧客に提出できないだけでなく、顧客から叱責され、その様な事の継続は……遠からずして顧客を失う**事になる。

民間ではこのような場合、文書を読むだけで誰でも理解できるように書かなければ、社外へ出される事は起こらない。
全てのページは同様であるが、年金世代の筆者に関係する３ページをサンプルとして、その中に10行…約1/3ページ分相当で…全体の約0.3％を抜粋して以下に示すが、残りの98.7％の部分も同様である。

② 公的年金等の受給者に係る特別控除の額の控除
イ 令和６年６月１日以降最初に厚生労働大臣等から支払いを受ける公的年金等（確定給付企業年金法に規定に基づいて支給を受ける年金等を除く。）につき源泉徴収をされるべき所得税の額にについて、上記①イからハまで（上記 ロ（注３）を除く。）に準じた取り扱いとする。
（注）上記イについて、公的年金等の受給者の扶養親族等申告書に記載した事項の異動等により特別控除の額に移動が生ずる場合には、確定申告により調整する。（注）を除く。）に準じた取り扱いとする。
ロ 上記イの公的年金等の支払者は、源泉徴収票の摘要欄の欄に控除した額等を記載することとする。

筆者なら、原文を出来るだけ変更しない制約の下でも、解り易いように以下の様に書く。
文字も10.5ポイントで、上下、左右の余白も小さくするのでページ数も半分の50ページ程度に収める。
原文に関係なく、自由に書くのならば更に簡略化、短くて解り易い文書にするだろう。

> 2．公的年金受給者に係る特別控除額の決定
> 2．1　令和6年6月1日以降最初に支払いを受ける公的年金（但し、確定給付企業年金法により支給される年金を除く）で源泉徴収される所得税額については、上記①イからハまで（ロ（注3）を除く。）に準じて取り扱う。
> (注)（上記イについて、公的年金受給者の扶養親族申告書に記載した事項の変更により特別控除額が変化する場合は、確定申告により調整する。
> 2．2　上記イの公的年金の支払者は、源泉徴収票の摘要欄に控除した額を記載することとする。

各省庁からの要望を取りまとめて、最終的に東京大学卒で、殆どの人が法学、経済学の専門家で英語も堪能である筈だが、日本語の文章力が、筆者の民間技術者の視点で観察すると……**小学6年生以下のレベル**である。

筆者は中2の時に新聞部部長

筆者は中2の時に学校新聞の部長を押し付けられて、数人で新聞作りをした経験がある。
口は動くが、悪筆でガリ切り……謄写版で印刷するので、当時は手書きで新聞記事を作る。
筆者より20cm以上大きな大人みたいな女性で達筆の北清子さんに筆記をして頂き筆者は口先部長だったから、貧農の子弟の通う中学生にしては文章についてはこだわりがある。

東京大学卒の人が関わる文章??!!

小6、中学校で良く行われる……添削で対応できる範囲を超えた……ドウ仕様もないほど低い作文力……漢字は理解しているかも知れないが、読者に何かを正しく解り易く伝える、コミュニケーション能力が全くない。
文字が過度に大きい、筆者のワード12ポイントの文字よりも大きい字を使い1ページ30行、35字/行は隙間だらけだ。

無意味に多用される『等』

取り扱っている事が年金関係で、**分野が具体的で『等』を使う**必要は全くない。
厚生**大臣等はその典型で**、等と書く必要は全くない。惰性で、日常業務の延長で『等』が頻回に名詞の後に使用されているが……内容を咀嚼していないので不安になり、逃げ道を作るべく……『等』を習慣的に付けているのだろう。

1．1行35字10行の中に『等』が7個も使われている
2．所得**税の額**について　→　所得**税額**についてとすべきところが4か所もある。
3．文章が極端に長い。
4．このような文章を外部に出せる様な人は、公務員、民間を問わず、外部と関りを持つ仕事には不適任である。
自分史第三章に既述、住友電工の人事課長だった亀井正夫さんみたいな人が採用時の試験官だったら絶対に採用されない人の作文だ。

これをどう理解するか？

先ず、各省庁から文案が提出される。提出までには最下級の官僚が……多分、東京大学卒

……組織の担当省庁の、管理職に要望を聞き取り調査、まとめて財務省提出用に文書化……係長、課長、部長……と組織の上部に挙げられて決済される。

12省庁から同様の手続きを経て多分、数百名の高級官僚が自分の省庁の要望を纏めて財務省に提出、財務省の担当者が99ページの大綱原案を作成、係長、課長、部長……と決済を得てから閣議に上程されて決定された文書だ。

筆者には信じられない。

初めて、高級官僚の文書を読んで……『妖怪ジャパン』の新たな側面を見ることが出来た。

第１章～第３章で筆者がピックアップした日本行政のお粗末は……想像を絶する彼らの日本語の国語力も大きく影響……彼らは高学歴で、東京大学を筆頭とする、日本の超有名大学で学問を究めているが……精神年齢、常識レベルは小学生並なのだ。

その様に考えると全ての事が……スッキリと理解出来て、納得がゆく。

全ては、日本の教育制度と、その様な人に重要な国政を任せていると事に根本的な問題がある。

１．上司、その他…誰も読んだ人がいなかったのか？

２．全員がめくら判だったのか？

３．閣議に上程されるまでに、数百人が目を通していると推測されるが、この作文力が通用する？

４．閣議で質問する人がいなかった？　それが閣議の標準形？

英語よりも読み辛い

筆者は英検を受けていないから筆者の英語のレベルがどの程度か知らないが、多分、英検を受ければ中学英語の３級程度だろう。それでもこの様な日本語の文章よりも、英米人が執筆した著作、特許公報の方が容易に通読可能で……たまに内容の確認の為に読み返す程度だが、大綱に書かれた日本語は10回くらい読み、考えないと内容を咀嚼出来ない。

僭越だがその理由を分析してみる

文章の組み立てが度外れにお粗末で、句読点の打ち方が不適切、日本語でないみたいで非常に読み辛い。

不必要に『等』を頻回に濫用している。

それは内容を咀嚼していない人が防御的に使用する対応で、**10本の文章に８個の「等」は多すぎる。**

単純な誤用

次ページに示す10本の文章の中に４か所も、以下に示す様な誤用をしている。

この様な誤用は、ブラインドタッチで高速でキーボードを叩く人では起こる事だが、読み返す段階で誤用に気付き訂正され、外部に提出される文書では、稀にしか遭遇しない。

以下に特徴的な二つの誤用例をピックアップした。

特別控除の額の控除　→　**特別控除額**

源泉徴収票の摘要の欄に控除した　→　**源泉徴収票の摘要欄に控除した**

国民に忖度しない……簡単に理解されないようにする工夫？？

1,500兆円の巨額借金を作り……それは国民一人当たり約1,200万円の借金に相当する。

台風、地震、津波の自然災害が発生しても、国は貯金がないから復興費用は払えませんよ、早く逃げなさい、……被災者を援助するためには、増税か借金を増やすしかない。

巨額借金の存在が円安に繋がり、既に輸入生活物質の価格が高騰……将来確実に発生する生活物質の劇的な値上がりの中で、憲法25条で保証している生存権は無視される。

その様な中では大多数の国民が理解できる様な、現代日本語で解り易く説明する事を避ける……**疑似隠蔽を行う意志があるのかもしれない？？**　明治時代に二葉亭四迷等が行った言文一致運動の結果で、平安時代の雅語を使わなくなったが、官僚が国民に布告を行う時に雅文を使い、現代日本語では小学校性の作文でも、添削されるような……『特別控除の額の控除』と書き『特別控除額』と簡潔に書かない……書けない、簡単に理解されない事を目的化しているのか？

その12：分かり難い作文力の玉つき効果が、
長時間労働、景気浮揚効果を示す不思議

先ず、民間企業では……障害者雇用の特別枠で採用され、職種が限定されている人は例外として……この様な文章力の大卒の人が採用される事は……門閥、閨閥などのコネ入社を除いて……あり得ない。

外部へ提出される際に、上司がチェックするので、ソコソコの社会で通用する文章力が無ければ事務職、営業職は務まらない。

税制改正の大綱の二次的な負の貢献がGDPの上昇に貢献する。

公認会計士３万人、税理士８万人、弁護士４万人、国税庁職員５万人、自治体職員数万人、大学関係者数万人、企業の経理担当等約500万人。約600万人の人が100ページの文書をコピーすれば、３～６億枚の紙を消費する。１枚のＡ４用紙が４ｇとすると75～150トンになる。

小型のプリンターでプリントすれば約３百ページに印刷で黒色インクを交換する事になる。

６億ページをプリントアウトするのに２百万個のインクが必要、インクの単価を２千円とすると40億円となる。

コスト感覚、読む人の対する忖度ゼロ

説明が乱雑で、行当たりの字数が35, 行数が35でページ当たりの字数は1,050であり、異常に隙間が大きい。

> 推測だが、官僚文化の中で法、制度の適用で有利な様に、又は不利な様にその範囲決定できるのは……法、制度の文章でなく……官僚である事を知らしめているのかもしれない。その様に考えると、作文は大人の……それも老獪な高齢者の作文に見える。

スウェーデンではこの様に複雑な事を考えなくても良いから仕事は簡単だ。

解釈を巡っての専門家の登場

公認会計士、税理士、行政書士、コンサルタント等の人は行政の担当者に質問、専門家はそこで仕入れた知識を基に企業の経理担当者に教えることになる。

それらは全て、長時間労働の原因となる。大綱の文章力が不足している事が全ての原因だ。
そのような全ての無駄な消費はGDPに換算されて景気が良くなったとカウントされ、同時に消費税も増額されて税収が増加する。**皮肉な事に、官僚の貧弱な文章力がGDPの上昇に貢献する事になる。**

スウェーデンではその様な事は起こらない

スウェーデンでは官と民の垣根が、全ての意味で無きに等しいくらいに低い。
筆者はスウェーデン在住1.5年くらいから、スウェーデン語でのコミュニケーションに不便を感じなくなり、役所から出された文書を読む機会もあったが、特別に役所の文書が理解困難だと思った事がなかった。
その様な背景が在ったので、人事部からのアンケートへの回答の際に、スウェーデン語で書かれた長文の生活苦を訴えるデーターを添付することが可能となり、ホボ、即刻、月給を７万円上げてくれた。
状況が正しく伝われば、組織は理解、それが合理的ならば適切な対応をしてくれる。
日本では進む高齢化から、海外からの労働力に頼らなければいけないと言われているが、彼らが理不尽に扱われる事なく、精神的に健康を維持できなければ、弱者の介護、高齢者のケアーの水準に影響を与えるだろう。
先の事を考えれば、合理的で、多くの人が納得できる水準の高い国にする事は将来に日本にとって非常に重要な事だ。

筆者の経験：米国の場合

筆者は稀に残業の為に学校を休むことがあった。
後に立命館大学の総長になられた大南教授の材料力学は微分方程式を駆使して応力計算、機械用部材の寸法決定、安全性、耐久性を予測する為に非常に重用な学科だ。東京大学の湯川教授執筆の本を教科書として大南先生の授業が進むが、一度欠席すると、教科書では納得の出来ない所が出てきて、回復が非常に困難でイライラしていた。
梅田の大型書店『旭屋』で東工大教授が翻訳した米国のＭＩＴのチモシェンコ教授の材料力学の分厚い本を見つけた。
自分には納得の出来ない項目の所を読んでみると、非常に解り易く書いている。
湯川教授の本は自習用に作られていなくて、教授が授業を進める上での補助資料として作られている。
チモシェンコ教授の本は自習で学べるように執筆されている事を発見した。
それ以来、残業の為の学校欠席が怖くなくなり、行列式を使う機械力学、微分方程式を使う流体力学なども米国の本を併用……興味が高じて幾つかの物は英語の原典をも購入する事で、結果的に英語の勉強にもなった。

その13：単なる誤字、作文力の問題に留まらず 日本の政治、行政能力の根幹に関わる問題だ

第１章から第８章まで日本で発生した行政上の不手際＝愚行を公開しているが、その様な愚行が行われた原因＝官僚の無能は非常に解り易い形で露出した。
原発事故、コロナ対策、税務署……全て民間の関係専門家からすると同様の事が起こっている。
狭い専門分野で……一般人には問題の内容が解らなく、マスコミの知識不足に加え、『妖怪

ジャパン』の影響もあって……社会が問題視しなかった……出来なかったのだ。
　偶然、筆者は多視点で観察したので問題として提起したが、根っ子にあるのは全て同じで、高級官僚が常識ある成人した大人が持っているべき常識を持ち合わせていない事が原因だ。

作文力と自己防衛の為の保身術は全く別の事だ

　キャリア官僚として採用されると法学部卒の人は英米に学士入学で経済学修士となり、経済学部卒の人は法律を学ぶために２年間官費留学で、法律、経済、英会話の専門家になる。欧米の一流の学者と会話が出来て、欧米の常識の一部を身に着けている。留学生活から為替に関する感度が鋭敏になり円高、円安に敏感に反応するセンスを持っている筈だ。
　もしかしたら、彼らは既に中国の『裸官』の心で職務を行っているかもしれない。

その14：著作権保護が行政に過度な負担を掛ける。

著作権の場合

著作権は人権の一部とされそれを保護するのは政府の義務であり、それが文明国、自由を謳歌できる民主主義国の証明であるかの様な言説がマスコミから流れてくる。
楽曲、著作物、写真、肖像、映像……と範囲は社会の多様性の拡大に伴い拡大、今後も継続的に増加するだろう。
権利とされると、権利侵害が発生、それは損害賠償事件となり裁判沙汰に発展して、司法に負担を掛ける。

特許権の場合

特許の場合には、深く熟考、多くの場合費用を掛けて実験を行い、試作品を作り……その上に費用を掛けて特許出願する。更に大きな費用を掛けて登録されても、その権利を維持する為に年会費の支払いが要求される。

有効期間

特許権の有効期間は20年、著作権は70年だ。
自由主義経済の発展の先導役をしている特許……国家の経済、防衛、医療の国際競争力を支えている特許……を基準に考えれば、**著作権は現行法の下では単に国家に負担を掛けているだけである。**

著作権も登録制にすべき

無意識にシャッターを押して出来上がった写真をネットで公開、無数のその様な写真に著作権を与え、ネット情報を引用すれば、又はその存在を知らないで……同様の表現をすれば……著作権侵害とされる。
70年間もそのような無数の著作権が累積すれば……マスコミ、新規に著作する人は常に他人の著作権侵害のリスクを意識しなければいけなくなる。
日本では既に『妖怪ジャパン』の存在が過度に自主規制させているのに、輪を掛けて自主規制を強化するバイアスが掛かり、結果的に強烈な言論統制社会になるだろう。
当たり障りのない、娯楽番組主体で今まで以上に行政に対して迎合的な社会となり……永い時間を掛けて日本は欧米型の民主主義とは異なった方向……昔のソ連型に類似した官僚支配国家に向かって行くと思う。すでにそうなっているが……。
国民がそれを希望しているのならそれはそれで良いが……今行っている事の結果を推測する事が出来なくて……それが日本の教育の欠点で起こり後日、それが全く望まない結果に陥った原因である事が判明すれば残念な事だ。

知能犯が外国からネットを介して、高収入で人を雇って金持ちの高齢者の家の金庫からドロボーをさせるのと同じだ。

その15：著作権保護が報道を過度な自主規制に誘導　批判を許さない帝王の様に振舞う

読売新聞の場合、記事の批判は許されない

この本の執筆を始め、出版社の方から色々と御指南を仰ぐ中で、注意を受けたのは著作権侵害の問題と個人情報保護法違反の問題だった。粗原稿を見て頂き、匿名、実名の書き分けについてはソコソコ上手く配慮されていると、ホボ、合格の雰囲気だったが、資料集として、新聞記事や雑誌記事を活用する段階で状況は激変した。

資料集に使用する記事の活用については、記事の作成元から事前に許可を取らないといけない。

写真類については、写真に載っている人の許可を事前に受けないといけない、と言われた。

記事の掲載許可を受けるためには、事前に審査を受け、審査を通って初めて許可され使用料金は許可されてから掲載される印刷物の料金、部数に応じて決められる。**記事に対して批判的な言辞を匂わせる事は、審査が通らない事を意味する説明書が送られて来た。**

北海道新聞の場合

2015年、外孫と北海道に６週間農業体験に行き、その時に北海道新聞の記者が我々にインタビューをして、それが写真入りの記事になって掲載された。（資料集参照）ネットで申し込みを行って、女性名の担当者の方から返事を頂いたがそれは、マニュアルに沿った返事で、金額の提示があった。

私は、法人も、個人も、お互いに社会的には同じ存在であり、新聞に掲載された経過からすれば、今回のケースは、何も言わずに、許可して頂くのが社会的常識ではなかろうかと、再考を促すメールを差し上げた。

数時間後に、彼女の上司と考えられる男性名の方から、制度だから、その様な特別扱いは出来ないと、回答のメールを頂いた。

日本のマスコミは新聞協会と呼ばれる業界団体に属して、**業界の利益擁護のために、社会に負の貢献をしている**と思った。

夢ある、希望の持てる日本の将来設計の為に果たすマスコミの役割は大きい。

読売新聞の場合も北海道新聞の場合も、新聞協会と言う……ギルドみたいな組織により牛耳られ……マスコミは他人の批判を許さない、絶対権力者として振舞っているようである。民主的言論の自由と言う原点から考えてみれば日本は……中国、ロシアよりも悪質な……言論統制社会だと断定できる。

書きたい事が書けない日本の言論統制

初めての本の執筆で未経験、自由にノンフィクションで原稿を書き進み、ある程度進んだ段階で出版社と話し合い、私が出版業界で許されない様な原稿を書いている事が判明した。

私の書き方では、著作権侵害、名誉棄損、肖像権侵害、プライバシー侵害、ポリコレ、個人情報保護法違反……と無数の権利侵害として訴えられるかもしれないリスクを持っているとの事。

出版業会社は業として永遠に会社を存続させたいし、従業員も訴えらえたら汚点になるから、権利侵害に対して過度なくらいに神経を使い自主規制する。報道、マスコミ業界で働く

人も同様であり、自主規制しなければ、業界で生きて行けない。
自分史に既述の週刊朝日の定年退職を翌月に控えた老記者との会話が、頭の中に蘇る。
結果的に、日本のマスコミは過度に自主規制するので、独裁政権下の言論統制下の官製報道と同じか、それ以下だ。
何故なら、独裁政権下では、かなりの人が官製報道は政府のご都合で出来上がっており、疑いの目で、耳で受け取っているだろう。日本の場合は報道の自由があると思っているから、疑うことなく受け取り、その様な期間が長期間続くと、社会は劣化し、巨額の国公債発行残高にも危機感を持たない社会が出来上がる。

中国関連の記事は二重に自主規制

戦後日中が国交回復するまでに永い外交交渉の過程があり、その過程で大きな功績を残した政治家松村謙三氏は筆者の郷土南砺市福光の出身で同じ選挙区の有名人だった。富山県出身の大政治家として地元ではよく話題になった。農家の人は都会の人と比べて桁違いに政治談議が好きだ。妻の父親が門徒総代であるお寺の跡取り息子の進学先を、早稲田大学にと提案したのは、松村謙三先生だと聞いていたくらいだから、身近に感じる存在で、都会の場合と非常に異なる。
1962年に日中間の貿易再開、その後の変遷の中で、『日中記者交換協定』が出来上がったと言われている。協定には日本の記者が中国に対して批判的な記事を書くことを禁じている。
この協定に違反すると、中国専門家としての活動が出来なくなり、収入の道が閉ざされてしまう。
非常に習得が困難な中国語を大学で学び、その後も中国専門家として、マスコミで存在感を持って仕事をしていたのに……一旦中国側から、不適当な人物と烙印を押されると……失職せざるを得ない。
この様な事情から、中国関連のニュース、記事については、二重に強力な自主規制が働く。
民間の場合は失職しても少しは潰しが効くが、NHKの場合には若し失職すればその落差があまりにも大きく、それを念頭に置いてNHKの報道を聞かなければいけない。
筆者は中国に10回以上旅行し、総滞在期間は3か月以上、中国滞在歴の長い友人、知人も多くかなりの中国通だと思っているが、今までこの様な協定の存在を指摘された日本人に遭遇したことが無い。

その16：大政翼賛会の残滓、業界団体

H-221頁図2に記載の様に、失われた30年で安定して上昇したのは公債発行残高だけであり、経済政策の結果は惨憺たるものだ。
図4に示すスウェーデンの場合には公債発行残高は乱高下しており、状況の変化に合わせて必要な経済対策が迅速に実行されている様子が窺える。図3に示された経済政策の結果は安定した上昇線であり、それは経済運営が上手く行われていて事の証明である。

日本の雇用の歴史的背景を探る　江戸時代からの文化的遺産と20世紀

世界経済は自由競争の原則で稼働している。
自由競争の原則で勝敗を決めるのは、自然が与えるその土地の気候、天然資源と人材であり、気候と天然資源は天与の物で人工的に変化させる事は出来ない。人材が『唯一最大』の自由競争経済を勝ち抜くための武器である。
人材には知識、知恵、創造力、優しさ、逞しさ、智的適応力には『飽和点』がなく、限界

がない。

人材の潜在的智的能力をフルに活用する事が、その組織、会社、国家が自由競争に勝利するための必須の条件である。

自由競争社会での人の移動：高賃金を求めて移動する

人は成長に伴い社会的常識と自分自身についての知識が増えて、適性、能力、好みを自覚……その範囲で高賃金を求めて移動したくなり、自由競争社会ではそれが可能なメカニズムが機能している。

昔は交通手段が技術的に貧弱で行動範囲が狭く、国境を超えての人の移動は統計上無視されるくらい少なかった。

第二次世界大戦後から徐々に国境を超えての人の移動が増加、20世紀末には激増、21世紀になり優秀な人材は国境の存在を意識することなく世界中を自由に往来出来るインフラが整っている。

日本の場合の過去からのトラウマ

鎖国していた江戸時代の日本は幕府直轄地で代官が治める天領と、約３００の大名が治める藩に分割され、人民は自分の住む郷村を離れる事は許されなかった。現代でも国境を自由に往来できないのと同様である。

農民が逃散すると、耕作放棄地になり米の納税が出来なくなるのでそれを防ぐために国境管理を厳重に行っていた。

各藩は原則的に自給自足社会で……数少ない例外は富山藩の薬売りであり、全国自由往来の鑑札＝パスポートを持っていた。

自給自足社会では藩内に住む人にとっては自由競争の原則は藩内で意味を持っても、藩外との競争に晒される事は無かった。

開国してからの日本

明治の開国により日本人は国内なら何処でも自由に住み、自由に職業を選ぶことが出来るようになった。

数十世代も続き文化として定着していた束縛から逃れ……新しい文化が出来上がるまでに色々な試行錯誤を経て……第二次大戦の敗戦があり，絶対権力者である米軍主体のＧＨＱの統治が始まった。

大政翼賛会の残滓の残留：日本の業界団体

日本の保有する全ての物的、人的資源を最も効率よく第二次大戦を勝利する事を目的とする政治結社、大政翼賛会が日本の政治に影響を与えて、日本では労働者、企業、業界を一括りにして、政府から業界団体に指示するだけで全国に行き渡らせる事で、資源を効率よく、無駄なく、迅速に戦場に配分する制度を確立した。

GHQは大政翼賛会の残滓の『業界団体』制度をそのまま温存した。

業界団体は何も日本特有ではなかったが、その機能は日本と欧米諸国とでは、巨大な違いがあった。

その17：日本のダンピング輸出と公的債務増額の関係

日本では業界団体が談合の場を提供し監督官庁が天下りして介在したがる

過度なシェアー獲得競争が日本の『ブラック企業』化を推進

企業経営の優劣は業績で比較され、業績は業界内でのシェアー、売上高、利益の増加で評価される。

長期的な視点ではシェアーの継続的な上昇が最も経営者の能力を明瞭に示す項目であり、経営陣はシェアーの増大を目指すのでシェアー獲得競争が激化する。利益を多くしても、株主への配当が増え、配当を抑えれば利益が多くなり、それは税金で持って行かれる。支払い税額を増加させる代わりに、ダンピングで利益を縮小させてシェアーの増大を図りたくなる。

高齢の会社トップは退職後もシェアーの獲得は社史の歴史的な事件として残るので、シェアの獲得を重視する。

目の前では、会社の海外進出、会社のシェアーの底上げとして経済統計数値が良くなるが、世界、日本、国民の為には全く貢献しない

1．ダンピングで受入国が被害を受け、正常な自由競争を阻害する。
2．ダンピング輸出で利益が減少、納税額が減少する。それは国民の負担で作られた国内のインフラを適正な負担をすることなく使用、外国を混乱させると同時に自国にも負担を掛ける国際的な犯罪行為だ。
3．ダンピングのコストを、従業員の給料の増額に回せば、長時間労働、低賃金の一部が改善される。

既述のNACHは有価証券報告書を見る限り、日本の平均的な企業と比べて20～30％高い給与水準と推定される「ホワイト企業」であるが、日本とスウェーデンの税負担の分岐点である年収１千万円弱の壁を40代までに超える事はあり得ない様子が窺える。日本基準で考えれば優良企業の部類に入るが、スウェーデン基準で考えれば典型的な『ブラック企業』である

その18：個人企業の老舗著名料亭「船場吉兆の場合「ブラック企業」化。

約15年前、京都の著名和食の料理屋『吉兆』の系列、大阪の「船場吉兆」で先客に出した、料理の使い回しや賞味期限の過ぎた食材の使用が露見して、マスコミが大きな話題にした。

筆者は吉兆の従業員の気持が非常によく解る。目の前の利益を問題にすれば、基本は定期雇用だから、会社の仕入れ費用を節約したくなる……その心境は複雑だ。

サイゼリアの場合

筆者はイタリア料理の廉価販売のサイゼリアによく行ったが、サイゼリアは時間給のアルバイトだから、会社が変な事をすればそれは直ぐにネットで拡散するから、会社ぐるみの悪事は会社倒産に繋がることが明白だから経営者は悪い事は出来ない。

高級料理店は見栄えの良い、農薬を大量に使った食材を多く使っているから、筆者はむしろサイゼリアの方を良しとしていた。

サイゼリアと同様にスウェーデンでは、絶対に同様の事は起こらないと思う。既に社会的に清潔な時代の歴史が長くその様なアイデイアは雇用主にも、調理人にも湧いてこないと思う。

日本の特に老舗の有名料理店や、他の終身雇用制度の適用される企業では、企業を助ける為に……中級従業員は短視的にこの様な行動をするが……長期的な視点で考える上級従業員

はその様な事をしない。

筆者の自営業者としての経験

自営経営者の心境

筆者は小４の夏休みに塩サバ販売の行商を行ったから、店の懐に入って考えることが出来る。

先ず、魚屋の『カノウ』に行って仕入れ値を聞き、販売高を予想して仕入れ量を決定する。

自分のビジネスとなるとこれから訪れる家の対応を推測しながら仕入れ量を計算する。

戸数５～20程度の９部落、計100戸弱が商圏で、夏休みの４週間弱、毎日行商するから、買ってくれそうな家を見付けて、そこには複数回行こうと考える。我が家から最も近い下出部落までは約1.5㎞、最も遠い杉尾部落までは約７㎞あり、出来れば近いところで商売したい。夏場で暑く、仕入れから５～６日目頃から塩サバに蛆が発生するのを発見、５～６ケの切り身を廃棄した。現代の物より大きな切り身で、現在の貨幣感覚で千円弱くらい、粗利が４割くらいだから仕入れ値で400円、大損害だ。当時一般家庭に冷蔵庫は無い。とにかく蛆が発生する前に売り切らなければいけない。（自分史第二章参照）

巨額公的債務を目の前に置いた日本の税務官僚の心境

財務省とすれば、巨額に積み上がった公的債務＝借金は筆者の行商の時の蛆の発生したサバの切り身と同じだ。

蛆の沸いた切り身の在庫が、ドンドン増えて行くのは、常識的には耐えられない苦痛、心配の種になる筈だが……決定的な解決方法が見つからない。

将来何時か巨額借金の問題が、大爆発する事は疑いようがない……定年まで持ってくれることを念じているに違いない。

定年退職した多くの先輩OBは優雅な人生を送っている。

最近金融庁長官も退職、即刻、幾つかの所に顧問として就任、その内２年間の天下り先報告義務期間が終了すれば、何処かの大会社に天下りしたいと考えている。

その19：自社の事を知らない日本のトップ　細かなスウェーデンのトップ

本社のトップが交代して日本を訪問する際には、東芝、住友、三菱などの業界のトップの方との二人だけの会合をセット、筆者が通訳を務めた事が累計で数十回ある。筆者のサイドは時には日本の社長も同席する事があったが、通常二人だけ、常に日本のトップの方は通訳も含めて数人の重役、部長を同席させておられた。

筆者の在職中に本社のトップは４回変わり、通常トップは年に一回は来日するので、長期に亘っての経験がある。

スウェーデンのトップが驚いた５つの事

その１：日本の会社のトップは英会話の出来る人が一人もいなかった。

その２：社長が自社の財務について、外部のスウェーデン人である自分よりも数値を知っていない。

スウェーデン人の社長は、常に競合各社の財務に興味を持っており、特に訪問前に数値を眺めて、疑問点、興味のある数値があり、その発生原因を探りたい心があり、それを背後に、色々な質問をする。

相手のトップの回答から、又は数値についての理解、記憶が全くないので、日本の社長は横の部長に聞いている。

その3：業界団体が談合の場に活用されている。
その4：通産省が協会の専務理事の役職を天下りの定席にするように超硬工具協会に圧力を掛けている。
その5：全ての日本のトップは技術的な事、将来の技術的な展望についての知識を持っていないのみならず、その様な話について関心が薄い。

米国では談合は厳しく罰せられる

トップの1人ヘドストローム氏は競合する米国のGE、ケンナメタル、フューチャーミル社のトップへの電話、その他のコンタクトを弁護士から厳しく止められている。

サンドビックの世界市場に於けるシェアーは25%と見積もられており、GE、ケンナメタルはサンドビックの半分でその下に日、英、独、仏がドングリの背比べで並んでいる。

若し、米国の公正取引委員会が業界の有力な2社のトップが……何らかの公的な場での将来的な合併などの様な意思表示をしないで、隠密に電話した事が露見すると、公正取引委員会から巨額の罰金が課される問題に発展すると言う事だった。

当時日本には主要工業製品で『グローバル10』＝世界市場で10%のシェアー保有企業が見当たらず、話題になっていなかったが、スウェーデンでは……小人口国にも拘らず……多数の『グローバル10』企業があり、現在もある。

合成の誤謬は終身雇用制度が参加して出来上がる

何処の社会でも、公式、非公式に国民をA級とB級に階層分けする表現がある。

日本では江戸時代には、皇族の下に士農工商の4分類、明治の開国で皇族の下に貴族、平民と3分類に、第二次大戦後の敗戦後には皇族と平民の2分類になり、皇族以外は全て同じ国民となったが、非公式な新しい身分制度が発生して定着した。

それは終身雇用制度で定年まで失業する心配のない……定期雇用と呼ばれる……退職時に退職金が払われる雇用形態であり、身分が相続されない**一代貴族**みたいなエリート集団だ。その下に非定期雇用、自営業者等が位置する二層構造になっている。

総括すると

民間企業で40代程度の経験のある人がトップに立てば……誰でもその任に当たれば、……疑いなく一代貴族よりも良い仕事をしてくれるだろう。

経済専門家からすると、経済統計の末端にあるゴミみたいな下級官僚が集めて集計した統計の内容を……キャリア官僚が真剣に眺めた事など無いのかもしれない。日本の東京大学入学を究極の目標とする大学受験目的の中で20代中までを過ごし……社会経験が貧弱な、精神的に大人と呼べない様な、特別な人間が出来上がるが、物事には常に例外が伴う。

日本初の大阪万博を成功に導いた堺屋太一氏はその様な方の1人だ。

その20：1970年の大阪万博を大成功に導いた堺屋太一青年の場合

2浪して東京大学経済学部卒の堺屋太一氏は1970年の大阪万博の指揮を執り、日本で初めての万博を大成功にさせ、その後も多くの国家的イベントの指揮を執り、それ以外にも多くの立派な業績を残された異色の人だ。

25才で通産省に就職、若干30歳で万博調査室に配属され……多分組織の中の最下位の担当者として……万博の企画立案、実施に関係された。万博の様な仕事の成果が具体的な作品として露出するものは、高学歴者が好む抽象的な議論からは何も生まれない。万博が成功裏に終わった後に、国民が解った事は、万博の計画、実行はホボ、全て堺屋太一氏の個人的な能力が可能にした事だった。万博終了時に堺屋氏は若干35才だった。

堺屋氏は常識に溢れた人

堺屋氏の個性もさることながら高校の３年間、奈良から大阪まで片道２時間通学が可能にした大量の読書。

ウイキペデイアによれば、10代の頃にマルクスの『資本論』を読んだと書かれている。

筆者も10代の終わり頃に資本論を読み、複雑な気持ち……それから数年後、住友での経験を積み『ホワイト企業』住友電工を通じて日本を経験、向坂逸郎と言う著名大学教授が活字学者で、全く日本や、人間を解っていない人だと断定した。

堺屋氏は東大入学前の浪人時代に建築事務所でアルバイトをしている。浪人生活、読書とアルバイトが彼を常識に溢れた……受験教育からの悪影響にマインドコントロールされる事なく……立派な社会人となられたと推察する。

２浪して、25才で通産省に就職、27才で万博誘致を提案、35才で実質的な大阪万博全体を取り仕切る仕事をされ、大阪万博を大成功された。（筆者は知らないが組織上の万博のトップは多分別人。）

若干43歳で退官されたが、筆者は43才で退官された堺屋氏の気持がよく理解出来る気がする。

残念ながら堺屋氏は2019年筆者がこの本の執筆を始めた2019年に83才で故人となられた。

その21：1980年代に既に大学では劣化が始まっていた。人は意識していないと、時代に溺れて、時代を超えられない

筆者が50代前半の頃に経験した、大卒新卒教育の場での経験はその後の日本劣化を示す予兆だったが、当時筆者はそれを感知する事が出来なかった。

教授より優秀だった１人のフレッシュマンと１人のフレッシュウーマン

1990年代初めに事業部で約10名と多数の大卒を採用しその中に３名の女性がいた。

販売会社、営業職としての募集だから営業に配属される事は分っている。

入社後１か月かけて営業活動に必要な技術的な知識を詰め込みで教育する。出身大学は色々あり、Ｈ嬢は新潟大学工学部出身だった。新潟大学は国立一期校でソコソコ優秀でないと入れないし、教授もソコソコの方であるはずだ。

Ｈ嬢の親切

Ｈさんは、50代の筆者に非常に親切に、ヘルプする姿勢を鮮明にされる……。

書類のコピー、OHPの用意、……その内プリントのタイプ打ちを手伝いましょうかと気を使ってくれる。

その内に分かったのは、彼女のゼミの教授はワープロが使えなくて、文書作成は彼女がやっていたとの話だった。工学の最先端を走っている筈の国立大学の教授がワープロ、パソコンで文書が打てない、ビックリした。

筆者は1970年代末に登場した東芝のワープロを10年以上使い、５～６年前からボルボの開発した衛星回線を使ったネット通信をしている。その時には単に……アホナ教授がおるんや、程度の事で見過ごしていたが、退職して製造業以外の社会を広く見て、日本の巨額に積み上がった公的債務との関係を類推する様になり、根の深さを改めて感じている。

大学と言う閉鎖空間で、多分50代の教授は……そのような教授の下で学ぶ生徒は……日本

はどうなるのか。教授の方も気の毒だ。

時代の先端を行く山本君

山本君は岡山大学工学部修士卒の好青年で、突出して優秀で、既にビジネスマンだった。
１か月の基本実習終了後技術課に配属された。
父親は鉄工所を経営、その内二代目として鉄工所の経営に戻る事を隠さない。大学在学中も鉄工所の仕事を手伝い、並の会社の技術者より良く知っている。
山本君はスウェーデンがIT先進国である事よく知っており、サンドビックに勤めて自分を磨きたいと思っての入社だった。
岡山大学は国立一期校でかなりの入試難関校で、教授もソコソコの方だと思う。
所属する研究室の教授がIT機器購入の為の予算数百万円を文部省から貰った。
所が、教授、助教授など研究室に所属する人で、何を買ってどのようにシステムを構築するか出来る人がいない。
結局、山本君が購入、設置などの全ての事を自分がやったと言っていた。

筆者の経験

筆者は20代の頃から定期的に東大を始め旧帝国大学、筑波の国立研究所、工業試験所等の研究者と技術交流しており、時代の変化を強く自覚している。
1970年代初期には英会話の出来る大学教授は皆無だった。80年代に入ってから、米国からの留学帰りの助教授が通訳する事もあったが教授は気分が良さそうではなかった。
筑波の無機材研には高価なスウェーデンのアセア社製のクインタスプレスがあり、研究者がダイアモンドの合成実験をしており、新しい知見を交換するが、米国留学していないので英会話は無理。
当時既に緩慢に国際化が進み始め、21世紀に突入して猛烈な速度でIT技術と並行して国際化が進んでいた。
昔は惰性で……特別に意識なく生きていても……気が付いた時にエンジンを掛ければ、追いつく事が可能だったが、21世紀になり、それは非常に困難になった。
自動車事故と同じだ、事故発生前に少し注意深く考えれば事故は防げるが……起こってからでは、どうにもならない。

その22：９名の筆者の子供世代の方々の未来？？

筆者の娘は国内外に多くの友人がおり、彼、彼女らと筆者夫婦は交流がある。筆者の娘の年代の……俗にその時代には不良と呼ばれるような芸術、音楽、クラブでDJするとかの騒がしい連中と我われは友達感覚で、ロンドンで、パリで、上海でバリ島……我が家に招待……現在も同様の感覚で交際している。
それは筆者が勝手に考えているだけで、若者がどのように筆者に感じているか、推察は出来るが不明だ。

筆者は21世紀のパラダイムシフトを楽しんでいる

視野を広げ、現代の中で生きなければ時代の常識、民意を理解する事は出来ない。
歴史学者と呼ばれる、歴史愛好家が古代エジプトの事を如何にも熟知しているかのように講釈して、現代に敷衍して講釈するようなものだ。歴史の変化は不可逆的で同じような事は絶対に起こらないから、未来予測、現在起こっている事の原因推定にも全く役に立たない、単なる趣味的なものだ。
文芸春秋100年記念誌に寄稿された現代の碩学と呼ばれている佐伯啓思氏の『民意亡国論』は命名間違いで『碩学亡国論』とすべきと思ったのは上述の様な理由からだ。
筆者には、娘繋がりで多くの娘世代の海外の若者との交流があり、家庭菜園への往復の路上で言葉を交わす小学生、中学生、高校生、現役ビジネスマンも含め数十人と言葉を交わす仲だ。学校、会社、近所、テニス、スキー、同郷繋がりも含めると濃淡はあるが数百名と交流している。

米国人ライアン君の場合

アイアン君は上海で高級大型五つ星ホテルの装飾を請け負う会社を設立、数十人の従業員を持ち、大成功、瞑想が好きで毎年１～２週間、冬の京都の寺の座禅会に参加する。何回か筆者も京都に数泊して語り合った事がある。
ハーバード大学に受かったが、父が高額の学費を払うのを渋ったので、ハーバードを止めて、住所地に近い公立の大学に変更……卒業後上海に行き今迄経験がなかったのに、上海の高級ホテルの装飾の仕事を請け負う企業を起こして成功をさせた。
祖父が造園業をしていたので『門前の小僧経を読む』で、経験ゼロから自分のセンスで起業、成功した。

Ｓさんの場合

関西学院仏文化を卒業、渡仏して通訳業で公的な会議の通訳もする本格派。調理が好きで……ボーイフレンドとレストランを開店、パリ、東京と……国際的に事業展開、何回か一緒に食事をした事がある。

Ｋ君の場合

著名電機会社創業者の孫でスケボーの遊び友達で、数回、我家にきた。

Ｃ君

中国人のイベント開催のプロモーターで、MCでもある。中国で著名な大物のイベント開催を企画、一回のイベント開催で一般の人の年収の数年分の利益が出ると言う。

チェコ人のＭ嬢さん

東京オリンピックで開催されるイベント会社に勤務していたＭ嬢は体重15kgくらいの大きな犬をリュックに入れて東京から来て我が家に数日宿泊した。

女性プロカメラウーマンＭさん

娘よりも数才若いプロカメラマンで、英国でカメラマンとしての教育受けていた時に娘との交際が始まった。ロンドンで一緒に食事をした事があり、その後上海に移りプロカメラウーマンとして頑張っている。
突然電話があり、５人で我が家を訪れ、一緒に食事をした。

あつ子さんＡ

英国人の夫と、上海でドイツ語圏の国から中国への人材派遣を行う会社を設立、数年前九州に移住してきた。会社は上海の中国人に事務的な事をさせて、リモートで業務を停止することなく継続している。
昨年の冬には夫婦そろって神戸の我が家に数泊した。

あつ子さんＢ

日本のアメックスの社長秘書をしていた人で1990年後半にお会いした。夫は世界的に知られたDJで、筆者の一度も経験した事のない世界で活躍している。Ｂさんとはロンドンで数回食事をした。

とうる君

画家と分類される芸術家で博多沖の小島に住み、博多で個展を開く芸術家。奥様はフランス人のビオラ奏者で……生活費が無くなると博多で路上ライブ……数万円のおひねりを頂いて……生活する、筆者からすると奇妙な生活。

前記のような雰囲気の娘の友人は数えられないほどいる。
筆者の友人にも標準から離れた連中が無数におり、その様な経験をベースに日本の経済政策に大きな影響を与えている９名の方々の考えている事、その知識の限界をソコソコ推測できる。
勿論筆者の場合、現役の頃に30年間千人に及ぶかも知れない大勢の高学歴者との真面目な、鋭角な議論の経験もその推測に影響している。筆者の甥は阪大、妻の数十人の甥、姪の中の３人は東京大学卒、姉の孫は東北大学卒で周囲には私的な関係の高学歴者が散在している。

その23：失われた30年のあいだ社会の上層で時代に飲み込まれておられた方々

上述の筆者の娘世代の９名と筆者の年齢の中間位に位置する、別の９名の方々は、筆者が義務教育を終えた数年後の1960年頃から過熱し始めた頃に受験戦争を勝ち抜き、失われた30年の頃の日本の教育に大きな影響を与えて来た人々だ。（堺屋太一氏は例外）
1950～1960年頃の生まれで、先述の藤井威大使の後輩に当たり、失われた30年の起点の1993年頃に日本の政治、経済の舵取りに大きな影響力を与えた超有名人９人を下表に示す。
現役で最も高齢の佐伯氏が大学卒業された年に筆者は30才で結婚、最も若い中野氏が大学卒業された５年後に筆者は退職している。筆者は岸田氏が勤務した長銀については、ソフトボールのチームメイト、会社の『名ばかり会長』稲村光一氏、その後任の徳田耕氏との関係で……一般に知られていない事をかなり知っている。
人は経験から学び、経験は環境によって与えられ、環境は時代＝時間の進行に伴って変化するから……この簡単な事実を意識しないと時代に溺れ、判断を誤る事になる。

	出身学校	18才の暦年	大卒時暦年 ※2	1993年の年令中級役職者	2008の年令高官	2023の年齢天下り	主な配属部署	
堺屋太一	東大経済	1953	1960	（退職）			通産	例外者
佐伯啓志	東大経済	1967	1972	44	59	74	学者	
片山善博	東大法科	1969	1974	42	57	72	大蔵省	
岸田文雄	早稲田法科	1975	1982	36	51	66	長銀	※1
新田八郎	一橋法科	1976	1981	35	50	65	県知事	
渡辺　努	東京経済	1977	1982	34	49	64	日銀	
小林慶一郎	東大工学	1977	1982	34	49	64	日銀	
古賀茂明	東大法科	1977	1988	34	49	64	通産	
遠藤俊英	東大法科	1977	1983	34	49	64	日銀	
中野剛志	東大教養	1989	1994	22	37	52	経産省	

※1：卒業後、長銀に勤務、その後で政界入り、現在首相。3年連続で東大不合格、二浪で早稲田法科に入学
※2：単純に誕生年に23を加算しているので、実際とは異なる場合がある。

年間約２千人が総合職として採用され、将来の高級官僚となる。
上記の９名は1950年代～1970年代の安保闘争で混乱した世相の中で幼小年期を過ごし、よど号ハイジャック事件、テルアビブ銃乱射事件、あさま山荘事件の発生した時代を見てきている。
過激な学生、労働組合活動を横目に眺めながら、迷う事なく受験勉強に励まれた、当時の言葉で「ノンポリ」傾向の強い学生だったのだろう。

その24：政府の賃金上昇への関与

政府は低所得者の生活苦を軽減するとの名目で、企業に賃上げを要請しているが、それは何を意図しているのか。

単に情緒的に、若者、年金生活者、非定期雇用等の低所得者を支援するための施策なのか？

又は別の意図がるのか？その様な支援が国家経済、法人、個人にどのような影響を与えるか考察してみるが、結論を先に明らかにしておこう。

> 政府要請の法人の賃上げ要請は最も大きな課税対象となる『ブラック法人』からの不安定な税収を、確実に徴税できる対象となる塊の大きな年収500万円近辺の低所得層からの徴税に移し替える事で景気に左右されなく税収の安定化が期待できる。
>
> それから得られる税収は些細なものだが、それは意識的に成されたのか……たまたまなのか……不思議なものだ。

東京大学と日本の経済運営

失われた30年の時代に日本の経済政策を立案、施行したのは厳しい受験教育を勝ち抜いてきた人達で、単純化すれば東京大学を究極の目的として青年期を過ごし、一部の人は東大に、他の人は準東大クラスと評価される大学卒だから、精神的にはホボ同様と考え、ここでは用語を東大卒と簡略化する。

何時の頃からか、行政機関で最も行政の上に位置し予算を決める財務省の高級官僚は、法律、経済と外国語のハイブリッドだ。

経済学部卒は法律を、法学部卒の人は法律を学ぶために英米に留学して、外国語もこなせるようになる。

失われた30年の経済政策の舵取りはその様な人により行われた。

失われた30年からの経済停滞は日本の低賃金が原因だとして、政府は企業に賃上げを要請しているが、それは全く反対の結果を招く。現在、日本には少数の『ホワイト企業』と、膨大な数の、低賃金、長時間労働を特徴とする『ブラック企業』がある。『ホワイト企業』も……ギリギリでホワイト企業だが……負担が多くなれば直ぐに『ブラック企業』に陥落する。

政府の経済政策は完全に自家撞着＝自己矛盾に陥っておりその事に、多分、経済学者は気付いていない。

それは高齢者の慢性疾患にモルヒネを投与するようなもので、一時は気持ちが良くなるが時間の経過に伴い症状を悪化させ、死に至らしめる。

物事には全て因果関係がある、先ず財務省が公開している統計を基に現状を概括する。

大企業で『ホワイト企業』の場合の法定正味税率と、実効税率の齟齬

- **法定正味税率＝法人税、法人地方税、法人事業税の三つ**

  米国の法定正味税率は約41％、日本の法定正味税率は約35％で法定税率は日本の方が低い。

  政府は企業の税負担を軽減して、高賃金が出せる様に法定正味税率の引き下げを考えている。

  スウェーデンの法制は余りにも異なり、日本と並列には扱えずそれを詳細に説明するためには、別の１冊の本が必要になるので割愛します。
- 大企業の実効税負担は相対的に低く、大まかに法定税率の半分17.5％以下で、企業間で大きなバラツキがある。

これは節税、避税、脱税と呼ばれる、税務専門家の指南による納税額最小化の仕事のなせる業だろう。
－　上記の税額削減は天下り高級官僚OBの期待された役割である。

『ブラック企業』の場合

日本の約300万近い法人の内2/3は低賃金、長時間労働を特徴とする『ブラック企業』である。
決算内容は乱高下、多くの企業が『繰越欠損金』を抱えている事が原因で、『繰越欠損金』は10年間遡及できる。

その25：思考実験－３：10%の賃上げを『ホワイト企業』住友電工に実施させると起こる事

筆者は住友電工に15才から26才まで12年間勤務した。住友電工は筆者の昔の知人松本正義氏が会長を務める『ホワイト企業』であり、特に精神的には『超ホワイト』で、日本の誇れる大企業の１つだ。
住友電工が10％の賃上げを実施した場合の結果を予想する『思考実験』を、手元にある会社四季報2022年１集掲載のデーターを基に行ってみよう。学術論文でないので数字を丸めて、速読、理解が出来るようにしています。

基本的データー

純利益：景気による乱高下しますが500～1,000億円／年
連結での従業員数：28万人
平均年収：780万円

10%の賃上げの及ぼす決算への影響

人件費の変化

従来人件費は28万人×780万円≒2, 2兆円となり、10％賃上げすれば2,200億円の人件費増となり、過去の決算に当てはめると黒字決算が、真逆の1,000億円以上の赤字決算になります。

総括１：短期的に

大企業のホワイト企業の場合

これらは全て最終的に企業の損失を政府の負担に変換して、最終的に国公債の新規発行で賄われる事になる。
10％の賃上げ分の一部は消費に回るが、将来への不安から多くは貯蓄されて、金融機関を経由して国債に向かう。
消費に回った分を20％とすると消費税額は0.1×780×0.2×0.08＝12,480円となる。
消費税額は12,480×28万人≒35億円となる。
国家経済の視点で見ると大企業の納税額をゼロにして、地方税を均等割りだけに激減させ、税収を激減させる。
人件費2,200億円の増額が黒字決算を、赤字決算に転換させ……従来１千億円レベルの純利益を出して200億円強の法人税を払っていたのが、赤字決算で納税額ゼロとなり、納税しないブラック企業の仲間入り。１千億円強が繰越損失となり、結局、賃上げでの2,200億円はすべて税金で賄われる事になり、35億円が消費税として徴税されるだけで、最終的に約2,200億円は歳出のドンブリの中で、新規国債発行で賄われる事になる。

ブラック企業の場合

賃金の上昇が負担となり、僅かな黒字を確保していた企業も赤字に転落、大多数のブラッ

ク企業は、地方税の均等割りだけとなり、借金の増加要因となる。

長期的に

経済、金融操作で糊塗できるのは表面の化粧だけで、内実が変わらなければ意味がない。

経済の内容を成す根本は貿易収支だ。日本の過度に低いエネルギー、食糧自給率を根本から改善するには超長期の時間を必要とする。その前に同時並行で貿易収支を黒字にする為の経済政策が最も喫緊の課題だが、日本には経済学者は大勢いるが、経済の事を理解している人がいないみたいだ。

経済学者はアベノミクス、コロナ対策、『金融政策決定会合』で、日本の経済専門家のお粗末さを露呈した。

50%近くも円安が進行して、輸入生活物質が数十%高騰する中で、消費者物価指数の0.1%レベルの増減を問題にして、経済、金融の専門家が議論している。日本中の学者、マスコミ、金融機関の関係者が結果の発表を注視している。

関心が無くて無頓着な99%の庶民は、筆者も含めて……注視していなかったが、偶然にも筆者がこの本の執筆中にラジオから流れて来た専門家のヘンテコリンな講釈を聞き、20年ぶりくらいに新聞を広げて実情が解った。

店員との会話

筆者は日常的にコストコ、スーパーやコープで買い物をしており、店員さんとの会話で2023年秋の頃に……最近毎週のように値段が上がって値札の付け替えで忙しい、とぼやいていた。

筆者は『裸の王様』を発見した３才児様な気分になっていた。

筆者の目には『金融政策決定会合』に集う委員は『数盲』でなければ務まらないと思う。

外部で、会合の決定を注視している人は、記者会見で発表されるコメントに株式市場、為替市場、その他金融市場の取引に大きな影響を及ぼす事を知っているので、発表を待っている。

筆者は速水優氏が1998年に日銀総裁に就任、「金融政策決定会合」後のテレビの記者会見での対応に怒っていたが、筆者が55才、速水氏は73才の高齢者だった。当時の政府の意向に従って民間の総合商社から、日銀総裁に起用された高齢の速水優氏のコメントがテレビで報道された。

> 公定歩合誘導目標の0.25%の事についての発表の後に……正確な言葉は失念したが……『こんなことでは状況が良くなるとは思いませんがね……』を意味する発言をされた。

当時、筆者は朝食時にテレビを見ていたので、当の責任者が、対策を立案した当事者が……多分、無理だろうと発言する、無責任を怒っていたが……その後、多くの高級官僚の愚行を観察、速水氏に同情する気持ちになった。

> 速水氏は『金融政策決定会合』で使用する消費者物価指数が欠陥指数である事を理解していたのだろうと推察する様になった。総合商社に６年在職して社会を経験、為替が固定相場制から変動相場制に変化した頃にはロンドン駐在……多分、日銀総裁でも欠陥消費者物価指数を変えられなかったと、理解する様になった。73才の老日銀総裁にそのような些末な事に拘泥する事は出来なかったのだろう。
>
> 功成り名を成した速水氏が晩節を汚す様な愚行をする様な「阿保」な事は出来ない。

それでも……我慢が出来ないから……下手な役者のまねをした事が……筆者を怒らせたことが原因だった事が解った。

法人税と個人所得税の共食い

法人の中には黒字決算と赤字決算の会社が混在している。

日本には約280万の課税対象になる法人があり、大まかに2/3が赤字企業で法人税を納めていないと言われている。

法人の所得税の詳細な算出方法は複雑で、それ故に天下り高級官僚OBが介在して税務署に納税額減額交渉が可能な根拠がある。会社の決算の黒字額と法人税課税の根拠となる所得額は同じではない。

黒字決算でも多くの場合法人税は課税されない

詳細に説明するためには多くの紙数を要するので代表的な繰越決算の影響についてのみ説明する。

多くの法人の業績は黒字、赤字と乱高下する。多くの法人は繰越決損金があり、黒字決算が出た場合に、繰越欠損金と相殺する事で、法人税所得税が課税されない。

スウェーデンの様に殆どの法人が『ホワイト企業』で、高額の法人税を支払っている場合には、決算書に記載される当期利益と法人課税所得はホボ同額となるが、日本の場合には全く別だ。

『ブラック企業』の多い日本の場合

日本では、少数の例外はあるが、多くの法人は低賃金、長時間労働を特徴とする『ブラック企業』である。

継続的に黒字決算ではなく、黒字、赤字が繰り返され……そのような法人では繰越決損金がある。

黒字決算の時に繰越欠損金と相殺するので法人税が課税されなくなる。

この様な理由から、法人税を払う法人が約1/3と少ない。

政府、行政はこの様な因果関係を解っていて、国民をイジメているのか……因果関係が全く解っていないので……何とはなしに『木を見て森を見ず』のたとえ話の様に、些末な数値だけを見て、国家全体、数十年後の国の姿をイメージすることなく経済財政政策が設計されている事が原因だろう。

行政主導の一時的な賃上げは問題の先送りで悪政だ

2023年になり、政府は日経連、大企業に景気浮揚の為に大幅賃金引き上げを要請している。

企業の実態が良くなり、賃金が継続的な上昇傾向を示す循環が始まれば、好循環が起こるが……因果関係を無視して一時的な賃上げを行っても好循環は起こらない。一時的な賃上げは、人体に例えれば外科手術であるが……経済の沈滞は糖尿病、歯周病、肥満の様な性質のものであり……一時的な賃上げは、企業に不必要な負担を掛け税収の減額に繋がり……最終的に「朝三暮四」よりも悪い結果をもたらすだろう。

その26：思考実験－４：行政主導の制度的賃上げと、未来の30年に予想される姿。

政府主導で行われつつある、制度的賃上げと日本の将来の30年について、失われた30年との関係で思考実験を行い、未来に生きる人々への１つのデーターとしたい。

公債残高及び総債務発行残高

公的債務の性質上今迄のトレンドを激変させる事は不可能なので、同じトレンドが今後の30年間も継続すると仮定して数値を決めた。2026年に建設国債の償還が始まり、同時に多くのライフラインは老朽化、改築又は大修理を必要とするので、筆者の想定する数字は非現実的に甘い数値となっており、実際にはもっと厳しい将来が待っている。

2023年を出発年として予算額を次頁のテキストボックスに示す。

当初予算は114兆円だったが、補正予算が組まれ127兆円となっている。

この表に示された予算は、単年度の数値であり、それは日本経済の2023年と呼ばれる、一時の……健康診断におけるCT画像の様なものだ。

累積した過去の遺産の

次年度以降は右下に示す過去からの遺産を引き継いで継続して行くことになる。

過去からの累積された遺産の上に42兆円/年のペースで増えて行く借金の推移を下表に示す。

総債務発行残高

2023年度の総債務発行残高は42兆円なので、42兆円/年を適用する。多分、実際には42兆円以上の数値を当て嵌める方が実情により近いと思うが、敢えて小さな数値を当てた。

総括

30年後の2053年には人口が減少……色々な推計があるが……１億人くらいが、妥当な所だろうと思うので、１億人とすると……１人当たり借金は2,760万円となる。

2023年度予算

人 口（百万人）	125
名目GDP（兆円）	580
一人当たりGDP（万円）	460
予算額（兆円）	127
公債費（兆円）	42
公債費の予算内比率（%）	33

累積した過去の遺産

総債務発行残高（兆円）	1,500
一人当たり借金（万円）	1,200

各年度における累積した借金（兆円）

	2023年	2033年	2043年	2053年
人 口　（万人）	12,500	11,500	10,090	10,000
総債務発行残高(兆円)	1,500	1,920	2,340	2,760
一人当たり借金(万円)	1,200	1,640	2,150	2,760

スウェーデンの１人当たり名目GDPは**５万６千ドル＝840万円と日本の1.8倍、１人当たりの公的債務は280万円で、日本の1/4以下だ。**（2023年時点の為替で）

歳入内訳に占める公債費

2023年度の総債務発行残高1,500兆円が2053年に1.8倍の2,760兆円になっているから、公債費の予算内比率を同じに維持すれば、**予算規模は1.8倍＝230兆円となる。**

若し、公債費の予算内比率の上昇を無視すれば予算の半分以上を借金の返済に充当する事になり、サラ金の多重債務者と同様の、無限に拡大する負のスパイラルに陥り……そこから逃れる術はなくなる。

大企業の実効税負担は半分に減額

経済雑誌プレジデント2015年４月13日号に著名経済学者富岡幸雄氏の論文が掲載され、日本の**大企業が負担する実効税率が法定正味税率38.01%の半分以下の17.20%であると指摘された。**

それは筆者が指摘している、『名ばかり会長』稲村光一氏等の天下り官僚の国税への口利き行為の結果である事を示唆する。

日本の大企業の役員名簿を調べれば、ホボ例外なく天下り官僚OBの名前がある。

2023年の当初予算114兆円の約13%≒15兆円が法人税だが、法定正味税額で支払われていたら２倍の30兆円になったかもしれない。**15兆円/年、30年で450兆円になる。**

大多数を占める『ブラック企業』の場合

約280万法人の2/3は法人所得税を払っていない。殆どは損益分岐点で苦しい経営をしている『ブラック企業』で黒字が発生した時には税法上許されている繰越欠損金の穴埋めに充当する事で、黒字をゼロにして納税しない。

結果として法人は企業を稼働させる過程で使用する社会的インフラを、納税することなく無料で使用する事になる。

社会的インフラは国民の負担

2023年の予算で税収の最も大きな部分は消費税と個人の所得税で歳入総額の40％弱を占めている。公債費が30％強で、公債費も最終的には国民の負担になるので、**予算の70％は国民個人の負担になり、社会的インフラは国民個人の負担で賄われている。**

スウェーデンの場合には、既述の様に企業が大きな税負担をする事で以下に示す四つの事が可能になった。

1．高賃金、短時間労働を特徴とする『ホワイト企業』で充満する社会となった。
2．企業が高い税負担に耐えられるので、年収１千万円以下の貧困層には日本より低い税負担に出来た。
3．適材適所の理想を求めて人が移動する事で、人材の潜在能力活用のレベルが高くなった。
4．低賃金、長時間労働の『ブラック企業』の募集には応じる人がいなくて『ブラック企業』は存在できなくなった。

日本の税収から見た、制度的賃上げの二つの側面

企業サイドから

一部の「ホワイト企業」は「ブラック企業」の安値攻勢に引きずられて業績悪化「ブラック企業」に転落、法人税が減額又はゼロになる。「ブラック企業」は繰越欠損金が増額するだけで税収は増加しない。

従業員サイドから

制度的賃上げにより賃金が上昇、上昇分には当然の事ながら課税される。「ブラック企業」で多くの従業員は年収500万円以下でその場合税負担は約25％だから、公的債務＝借金の一部は従業員の税負担で減額されるが、トータルでどうなるかは不明だ。多分…….間違いなく、「ゾンビ、ブラック企業」の社会的インフラの無負担使用も勘案すれば、「ゾンビ、ブラック企業」の存在は社会に負担を掛けていると思う。

負の連鎖

以上の事をモデル化すると以下の様になる。

ブラック企業に補助 → 低賃金、長時間労働維持 → 政府が累積赤字を肩代わり → 税収の減少

「ホワイト企業」は「ブラック企業」の安値攻勢に引きずられて「ブラック企業」に転落する。
このような背景があるので官制の最底賃制がない。

その27：多数の大企業が春闘で満額回答

2024年３月中、恒例の春闘に際し、トヨタ、日産、日本製鉄、住友電工等多数の大企業が政府の要請に応じて労組の賃上げ要求に満額回答した事が報じられた。賃金上昇が消費需要を喚起して経済活動が活発化、高い経済成長が始まり失われた30年から脱却できると期待して政府の経団連に対しての要請に大企業が応じた形だ。マスコミ報道では、賃上げが親会社だけなのか、連結決算の子会社にも適用されるかの記載が無かった。子会社が含まれるか否かで、効果は国家経済に異なった影響を与えるが……その事についての言及がない。新聞やラジオ、テレビ報道でも、筆者の知る限り言及がなく、ネットでもそれを危惧するような見解をヒットしない。

経済に関心のある人の書いた記事なら、親会社だけか、全グループ会社なのかを書き添え

ると思うが……。
マスコミ報道では政府と大企業が以下の事を期待していると書いている。
－　優秀な人材の流出防止
－　優秀な外部人材の獲得
－　労働意欲を高めて、好業績に繋げる。

グループの連結子会社を含むか、親会社だけか？

連結か、親会社だけかで経済現象として発生する影響は異なるが、数年後には結果が徐々に見え始め……連結でも単独でも単純に負の貢献だけで何ら日本の経済発展に貢献しない。
単純に日本の低賃金、長時間労働を特徴とする『ブラック企業』化傾向のスピードを高めるだけだろう。
以下にその様な結果になる経済的なメカニズムを述べる。

住友電工を例にとっての解析。

1．連結決算の全子会社に適用される場合

筆者は1968年退職まで12年間住友電工に勤務、現在会長を務める松本正義氏とは粉末合金事業部に所属し、同じ事務所の中で約10mの距離で事務机に座っていた知人だ。その縁で住友電工を例に取り上げ、思考実験―４として10％のグループ企業全体に10％の賃上げが行われた場合のシュミレーションを示した。
今回の賃上げに際して会社は5.8％の上昇になる要求に対して満額回答した事が報じられた。
連結決算の全子会社に同じような賃上げが適用されるのであれば、数字の僅かな違いだけで、景気の変動で住友電工が『ホワイト企業』から、『ブラック企業』に転落するかなり高いリスクは避けられない。
思考実験－４で解析した様に、企業の実態＝内容が顕著に向上しないのに、賃金を先に上昇させる『本末転倒』の施策は一旦予想に反した外部環境が悪い方向に変化すると、急激に劣化の速度を上昇させるだろう。
1年だけの賃上げは全く意味を持たなく、継続的に上昇させる実力が企業になければ効果はない。

2．親会社のみの賃上げの場合

2022年１集の会社四季報によれば従業員数は連結決算で282,379人≒30万人、単独で6,627人≒0.7万人であり、その比率は0.7/30≒2.3％となる。
親会社にのみの賃上げならば少人数に対する賃上げであり大騒ぎするほどのことはないが、冷静に日本社会を眺めれば別の事も見えてくる。

子会社との関係

親会社の2.3人の人を支えるために子会社の100人が頑張っている。
子会社が……価格を３％下げれば、親会社には約200倍の仕入れ費用の低下となり、親会社の決算は如何様にでもなる。それは薄められて、親会社の従業員の約50倍の子会社の方々の負担増で賄われる事になる。

奇妙な事件との相関性姓

岸田首相を筆頭に日本経済の停滞は賃金が低いからだと一部のブレーン役の経済学者からレクチャーされて……筆者の視点で観察すると『本末転倒』の大企業への賃上げの要請となり、政府が経団連に賃上げ要請を行っている事を、NHKを筆頭にマスコミが報道する。世界競争の中で生きている民間企業は『コスパ』が神の言葉だ。

販売する商品は顧客により『コスパ』で判断され、会社決算も使用する人材、設備その他諸々の要素も『コスパ』で決定され、それが会社の成績表である決算となって公表される。

2023年中頃からの企業の不祥事頻発

ビッグモーター、ダイハツ、三菱電機、日野自動車、近畿日本ツーリストなどの不祥事がマスコミから流れてくる。

企業は常に政府への迎合的な姿勢を見せる事で監督官庁からの好意的手加減を期待している。

その中には高級官僚の退職後の天下りも意味している。

その中での不祥事事件の頻発で、それは政府の要請に応える事を暗に期待しているかもしれない。『妖怪ジャパン』が支配している日本では、『魚心あれば水心』で、それは日本の大人の常識である。

最近のスーパー高級官僚の天下りの例から、その様な含みの背景を推測したくなる……。

高賃金は高い競争力の結果

それは物事の因果関係を全く理解していない事が原因している。

高賃金は高い競争力があり、その結果が高賃金になっているのであって、それは原因ではない。原因となるのは技術競争力に加え、海外貿易での価格競争力を高める円安である。

2023年秋に日銀は財務省の指示に従って数十年ぶりにドル売り介入を行って、円安の進行を阻止……FX市場に日本政府は150円を超える円安は容認しない姿勢を鮮明に打ち出した。

技術競争力については、過去からの低落傾向からの脱却はもし可能であったとしてもそれは簡単な事ではなく、残念ながら劇的な回復を期待するのは『荒唐無稽』だ。

予想される今後の展開

連結決算会社全てを含む場合と、親会社単独の場合には日本経済に与える影響は異なるが、プラス効果は全く期待できない。

親会社だけの場合には上述の様な理由から、親会社の負担が薄められて子会社が負担する事になる。日本全体の大企業が同じような賃上げを実行すれば、その負の影響は日本全体に及び、更なる日本の低賃金、長時間労働を特徴とする『ブラック企業』化を促進する。

人材獲得の視点からの観察

企業の視点から

－　既に日本の多くのＡ級人材の海外流失は定型化している。（第３部参照）
－　10％や20％の賃上げではＡ級人材の海外流出は止まらない。
－　海外からのＡ級人材の獲得は絶望的に無理。Ａ級人材の獲得には現行の数倍の給与が用意できるくらいでなければ人は来なく、その様な高給の異物が会社にいると日本の組織が崩壊する。

国の視点から

－　国内に残留している人材を各社が競って獲得競争するだけで、国全体として観察すればプラス、マイナスゼロで何も変化なし。
－　マスコミ報道から、国民が政府の指導力を……経団連をねじ伏せたと……一時的に称賛する。
－　結果が現れるまで、この先５～10年くらい大きな経済政策の変更を考えなくて済む。

その28：教育の問題：偏差値……日本の教育学者は教育の目的を理解していない。

日本の教育界で偏差値と呼ばれる、学生の能力を単純に周囲の人との比較で……学生の将来の伸びしろに関係なく……決めつけて、その学生の能力を比較する方法が採用されている。筆者の知る限り、それは日本だけの『ガラパゴス化』現象だ。

筆者が中学校卒業数年後から高校、大学への進学率が急激に上昇した。

偏差値は1960年代中頃に教師をしていた桑田昭三氏が簡便に生徒の進路決定の判断基準として、教師が進路指導をする為の拠り所とするために考え出したと言われている。

筆者は娘が高校進学を考える1970年代後半まで、学校での偏差値の活用を知らなかったが、偏差値は製造業で一般的になっている品質管理＝QC活動で使われる製品精度のバラツキの事だと理解した。**単純に、人間を成長も腐りもしない無機物と同様に扱い、一回の試験で恰も健康診断の『CT画像』みたいに、一瞬の記録で、人間の成長の可能性、潜在能力に思いを馳せることなく、生徒の進路選定に大きな影響力を与える。**

教育がその時点での人物の優劣の判断でなく、若者を育てる事を目的としている事が解っていない。

日本には100万人を超える教師を職業とする人、大学教授、助教授等が数千人いるが、この最も根本的な事に問題提起する人が日本にいなかったのだろうか？筆者の知る限り、偏差値を重用しているのは日本だけ……日本の教育、**中央教育審議会、日本学術会議、教育大学などの専門家は真剣に教育の事について考えた事があるのだろうか。**

スタンフォード大学に場合

知人に二人の米国のスタンフォード大学出身者がいるが、入試に際して偏差値の様な選考基準は存在しないし、その様な視点は全くないと言う。面接による会話力、作文による文章力と数学だけだと言う。江戸時代の『読み書きソロバン』である。面接では将来の伸びしろと常識が最も重要視されている事が解る。

入試担当の人には高い人物を見極める眼力が要求される。

社会的背景：米国では能力、日本では学歴と年齢

米国では人材市場は学歴よりも能力を重視するから、能力の高い人に教育しなければ教育の意味がない。

日本では官庁を筆頭に、多くの企業では学歴で人物を判断する、手っ取り早い方法で人を採用する。

それは給与が低いから、人物を買う費用が低いのでその面で求人サイドが安易に決定する事も影響しているだろう。

結果的に、その様な官庁、民間大企業の大卒の採用文化が……出身大学繋がりで、能力がなくても助けてくれる人がいる……反対に能力のある人が組織に縛られて、能力に相応しくない扱いを受けても能力を発揮できない事が頻繁に起こる。

その29：強烈な円安を主原因とする輸入インフレは不可避で既に始まっている

2020年代初期から日銀は日本の消費者物価指数の上限を2.0％以内で消費者物価指数をプラスに維持する事を目標としている。

統計数値は日銀の目標値の周辺だが、輸入品でありドル円の変化の影響を受けるエネルギー

と生鮮食料品を含めれば既に十分に10％を超える二桁インフレである。

エネルギー、食糧自給率の極端に低い日本の場合は欧米よりも極端に脆弱で、二桁以上のインフレが起これば多くの日本人は食料を得るために危機的な状況に陥る。筆者は1974年から４回ソ連に出張、片言だがロシア人とロシア語でのコミュニケーションも取れていた。ソ連崩壊時のロシアではダーチャと呼ばれる、かなり大面積の家庭菜園を所有している家庭が多く……首都モスクワ近郊でも……親類縁者が融通し合ってしのいだので、食糧不足問題は危機的な問題にはならなかった。

問題は現在の二桁インフレが三桁インフレ……若しかしたら４桁インフレに……成長するか否かである。

第一次大戦戦後のドイツのような１兆倍みたいなハイパーインフレにはならない筈だ。

第二次大戦後に国連主導で国際金融の安定を図る制度が出来上がり、多分、破壊的なハイパーインフレに成長する前に、何らかの合意、支援が得られる筈だと思うが、それまでには時間が掛かり……その後に地獄が待っている。

大国が拒否権を行使する国連の性質上、政治的な事案では合意を得る事は困難だが、日本発の経済的混乱が自国に及ぶことを防止するために……三桁～？？……の範囲内で治まる様に思う。

その内、日本円は投機家の格好のFXと呼ばれる博打場で賭博の対象となる。

FXと呼ばれる、ネット上での通貨の取引市場では世界の一日の取引額が１千兆円レベルであると言われている。トレーダーと呼ばれるFX市場参加者は、「鵜の目鷹の目」で投機対象＝混乱を求めてネットを通じて市場に参加している。

FX市場ではスプレッドが無きに等しいくらい小さく、売買に掛かる手数料はビッグバン以前の数百分の１だ。金融業者だけでなく無数の個人トレーダーが、デイトレーダーと呼ばれて、FX市場に参加している。

日本の欠陥消費者物価指数は関係者に認識されていたか？

経済専門家はマクロ経済学とミクロ経済学を学校で習っている筈である。大まかに、ミクロ経済学は市場のミクロな統計を扱い、マクロ経済学は統計数値をデーターとして過去の世界的、国家的な経済現象の因果関係を数学的に関係付けて、それを恰も、科学的、数学的な普遍性を持った法則であるかのように扱っている。筆者の目……機械関係の技術者の視点から見ると……全く普遍性の無い世界の長い歴史の中の、一瞬に起こった現象を数値的に表現しているに過ぎなく、連続性を持たない視点は意味を持たない。それは、複数の慢性疾患を持つ高齢者のCT画像を１枚とって、それから全てを読み取ろうとするようなもので、全く役に立たない。生き物の様に変化する経済は大小のパラダイムシフトを経て、不可逆的に変化するから過去の歴史の再来は絶対に起こらない。

電気料金の場合：簡単な事を複雑に

消費者物価指数の、１か月当たり電気代の決定に際して使用される総務省の計算式の一部を右に示す。

調査家庭の月間電気代は小学生の算数で計算すればそれで十分だと思うが、平均的な日本人が絶対に解らない様な高等数学を使って計算している。何故、この様な事が起こるのか。

② 使用電力量パターン(b)別の世帯割合(q)を用
る。

$$P_{(Y,M),a} = \frac{\sum_b p_{(Y,M),a,b}\, q_{0,a,b}}{\sum_b q_{0,a,b}}$$

③ 料金区分(a)別の契約割合(q)を用いて加重平
約割合は原則として毎年12月に更新する。

$$P_{(Y,M),y} = \frac{\sum_a p_{(Y,M),a}\, q_{y,a}}{\sum_a q_{y,a}}$$

④ 前年12月を100とする連環指数を算出する。

$$I^{(L)}_{Y,M} = \frac{P_{(Y,M),y}}{P_{(Y-1,12\text{月}),y}} \times 100$$

高学歴の高級官僚が無学な一般人が彼らの領域に侵入して、議論を吹っ掛けられない様にバリアを構築したのか、非常に簡単な事を複雑化する神経が理解できない。

既述した多くの行政上のお粗末行為は、物事の大小判断のミスで発生、それは常識の欠落が原因している。

同様の事が消費者物価指数の場合にも起こっているのだろう。

筆者は住友電工在職時に数名の東京大学卒を含む、10名以上の旧帝国大学工学部卒の技術者との微分幾何学に関しての、興味深い経験をしたが、彼らが初めての課題に遭遇した時の標準的な反応として興味深い。

住友電工での類似の事件：一人の高等数学愛好家大津氏の戯れ

字数削減の為簡潔に説明しますが、詳細は自分史第三章をご覧になってください。

京都大学精密工学科修士卒の大津氏は部品の位置を決める数値決定を、『微分幾何学』を使って計算する設計マニュアルを残された。大津氏が長期の海外出張で留守の時に問題発生でマニュアルを使って計算する必要が出てきたが、誰も示されている数式が理解できなくて課内が大騒ぎ。その内に他の課の計10名以上の旧帝国大学卒の人が、マニュアルを見に来たが誰も解らない。筆者も見たが、チンプン、カンプンで全く解らないが、何を求めようとしているかは理解できたので、三角定規とコンパスを使って、画をかいて寸法を決める事で問題を解決した経験がある。

微分幾何学は一般相対性理論、量子力学等の理論物理学の分野で扱う高等数学で、工学分野では扱わない高等数学だった。大津氏が趣味的に寸法の位置決めに使用して設計マニュアルを作った。

それは課内回覧されていた

設計マニュアルは職員の範囲内で課内観覧されていたが、皆めくら判で……単に回覧されただけだった。誰も、理解できなくても……疑問を感じない、大津さんに教えを請わない……惰性で働いていたのだろう……。

10人以上の東京大学を筆頭に旧帝国大学卒の人ばかり10人以上が全て同じ反応を示した。

民間の住友電工の様な『ホワイト企業』で、亀井正夫さんがユニークな常識で判断する採用試験をする、住友電工でもこの様な事が起こる。入社以前に受けた教育からの『トラウマ』、……マインドコントロールは強烈だ。

この事例は日本の教育が抱えている根本的な欠陥を露呈していたと思う。

その30：欠陥消費者物価指数はなぜ修正されないのか？

前半部で明らかにした消費者物価指数の欠陥問題は国家経営の根幹に影響を与える、巨大な問題であり、その責任の大きさは、第１章に既述の相続事件の際の利息400億円還付事件は単発だが、半世紀間も日本経済の根本を成す通貨政策に影響を与える……１万倍にも相当する日本の浮沈に関係する大事件である。

その31：関係者は欠陥消費者物価指数の事を 問題として誰も認識しなかったのか？

統計作成を担当する官僚、統計を利用する高級官僚、日銀の担当者等、無数とも形容される経済専門家が誰もこの事に気付かなかったとすれば……。

－　それは、『妖怪ジャパン』に感染して起こった。
－　気付いていたが、問題提起を出来なかった……しなかった。
－　職場の文化にドップリ浸かっていて、疑問など持ったことがない。
－　目の前の仕事をこなすだけで、昔の事……10年後、20年後の事など考えた事がない
－　職場には来ていたので職場放棄ではないが、職務をしていなかったので職務放棄していた？ 多分、それが日常的な事。

第３章に既述の、一つ橋大学経済学部卒の富山県知事新田八郎氏は、人口百万人の富山県を人口10倍の１千万人に増やすことを政策目標と掲げている。人口が10倍になれば、富山県が全て大都市の雑踏みたいになり、自給率はエネルギーも食料も10％以下の、パレスチナのガザ地区の様になる。筆者は新田氏の永いスピーチを聞き、この人は本気で考えている……詐欺師ではなくて……事を確信した。

日本の高学歴者は、スウェーデンや欧米の高学歴者と根っこのところで大きく違う事を度々発見してきたが、経済専門家の場合には、その差が一桁も大きいような印象を持つ。

スウェーデンで新田氏のような見解を披瀝すれば即刻アウト、二度と元の立場には復帰できない。

新田氏のスピーチを聞かなければ、筆者は消費者物価指数統計を疑うことなく、迷路の中にいたと思うが、新田氏のお陰で消費者物価指数の根本を探る事で、巨額公的債務の行方を、自信をもって断定することが出来た。感謝である。

それはFX市場での通貨取引で始まり……終わる。

21世紀のITパラダイムシフトの中では過去の経験から、眼前で発生している経済現象を説明、これから予測する事はホボ、不可能である。ITパラダイムシフト以前から密着してITパラダイムへの過渡期に失敗、成功を積み重ねて……21世紀に生きている人でなければ、2020年代の経済現象を咀嚼して理解する事は不可能だ。

FXと呼ばれるネットを介しての通貨取引では一日の取引量が千兆円規模と巨額であり、何か大きな混乱が無いか、市場参加者は虎視眈々と混乱を待っている。若し有望な混乱＝理にかなわない価格の通貨が発見されたら、単に国債だけでなく、影響を受けていると考えられる他の関連金融商品も、現物の売り買い、空売り、空買い……取引金額は激増するだろう。

ソロスが英国ポンドは過大に評価されていると判断、為替市場でポンドに空売りを仕掛け……ソロスが勝利して1992年の英国のポンド危機として、経済専門家に強く記憶される事件となったが、それは21世紀のパラダイムシフト以前の出来事で、その経験は金融市場参加者の常識的な知識とされており、彼らはミス、混乱の到来を待っている。

その32：円の暴落は予告なく始まる

次頁に日銀発表の『国債等の保有者別内訳』を示す。

国庫短期証券の総額150兆円のホボ全てが利益に敏感な銀行や生保が保有している。

日本国債の海外保有は７％強と取るに足らない保有比率だと言われ、それは正しいのだろうが、150兆円の国庫短期証券の70％弱は海外保有者、利益に敏感な日本の民間金融機関も30％弱を保有、利益を気にしない日銀の保有高は２％である。先行き円が下落すると確信して売りが発生すれば、日銀は制度としてその様な場合に買う事を義務付けられているので、日銀の国庫短期証券の保有高2.1％≒３兆円は、その様な要請に答えたものだと推測されます。

国債等保有者別内訳　(令和５年９月末(速報))

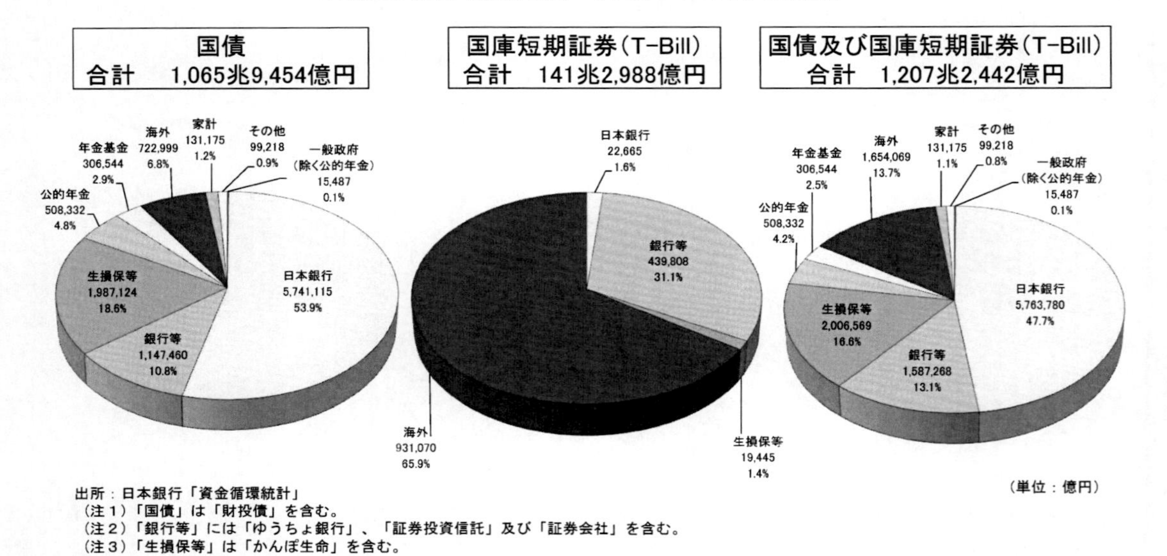

出所：日本銀行「資金循環統計」
(注１)「国債」は「財投債」を含む。
(注２)「銀行等」には「ゆうちょ銀行」、「証券投資信託」及び「証券会社」を含む。
(注３)「生損保等」は「かんぽ生命」を含む。

その32の１：日本は自然災害多発大国

日本は地震、台風、活火山噴火などの頻発する国であり、専門家は近い将来の富士山噴火、東南海地震発生リスクの高まりを警告している。戦後も自然災害があったが、経済的に競争力が高く、公的債務も並のレベルであり、復興需要の発生から経済の活性化を期待して海外から資金が株式市場に流入するような現象も散見されたが、21世紀の日本の状況は全く異なる。

自然災害の発生を切っ掛けに、大きな長期円安傾向が始まり、輸入生活物資の価格上昇が始まるかもしれない。

専門家が警鐘を鳴らしている富士山噴火、東南海地震が発生すればその被害額は、2024年発生の能登半島地震とは桁外れの被害額になるだろう。

今迄、惰性で……日本の政治家、行政が行っているべき、国家経営の中枢の分散化を図っていなかったツケが回ってくる。

公的債務1,500兆円の上に、更に巨額な借金が積み増しされ……長期間経済活動が停滞し……約100年前に発生した関東大震災を上回る被害になるかもしれない。

国民、国家の事を最も大切に考えなければいけない、高等教育を受けた高級官僚が……ここまでに明らかにした様に、無数のお粗末な……庶民感覚では犯罪と見做される……不正、能力不足、怠慢が起こした事だと言われるだろうが、起こって終えばどうにもならない、「覆水盆に返らず」だ。

その32の２：情報は拡散する

国庫短期証券の発行残高は約150兆円＝約１兆ドル、期間は数か月から最長１年の短期の割引債で、少額の利金を求めて主に海外勢に保有されている。

日本の金融機関の業績は円貨で評価されるので、円が海外通貨に対して下落しても基本的には全く問題ないが、21世紀となり企業が国際化、企業業績が総合的に評価される時代となった。海外活動からの利益は円貨換算されるので当面決算上の問題とはならないが、内容が伴っていないので、内心は満足できない。日本の企業は利益に対して敏感に反応する様に企業文化が変化して来た。短期証券を途中売却して、ドルに換えた方が安全で有利と、何処かの、誰かが考えても不思議ではない。
消費者物価指数の問題に気付き、将来の円の暴落を確信する人が現れれば、会社を守るため、即刻、売りに回るだろう。

その32の３：暴落は国庫短期証券を窓口として始まる

国債の海外保有は７％で少ないが、国庫短期証券はホボ全量が利益敏感関係者で、利益に超敏感な海外保有が70％近くである。金融相場では価格上昇は緩慢にしか進まないが、一旦下落に方向転換すると下落のスピードが急激である事をよく承知している。買いに関しては慎重だが、売りに対しての決断は早く躊躇しない。
慎重に市場の様子を観察、あらゆる方向に耳目を向けて、疑いの目で社会を観察している。
何らかの切っ掛けで……多くの場合それは政府関係者、日銀総裁の発言、マスコミの情報リーク……から暴落が始まる。
日本の消費者物価指数は欠陥指数であり、実態として既に二桁のインフレが発生している事に気付けば、躊躇なく先ず短期証券を売却するだろう。何もそれは外国勢だけでなく、日本の金融機関も同じだ。
彼らは平時には行政の意思を忖度して、過度に忠実に振舞っているが……一旦潮目が変われば、自由競争の場で鍛えられているから、決断と行動は速い。政府、日銀の方向は円安阻止……それはドル売り介入を意味するから、その様な介入を予想したポジションを作り、介入に便乗して企業も個人のデイートレーダーも、「千載一遇」の機会と捉える。
政府、日銀は円の価値を守る事が仕事だから、一方的な一直線の円安は許容できないから、介入するし、市場関係者はそれを予想して、日本サイドが虚実を交えて、どの時点でどの様な介入をするか全神経を尖らせて、日銀、政府……政府筋の専門家が発するコメントを分析して先読みする。
当然の事だが、その様な状況下で、**最も有利な状況下にあるのは、その様な介入について事前に情報が入手できる高級官僚であり、その前に情報を作り出す、政府、日銀の関係者だ。**
既にソニー銀行で年利10％の高金利でドル買いを推奨している金融庁長官OBの遠藤氏は顧客から神様の様に称えられるだろう。
消費者物価指数の様な巨大なミスは筆者が指摘するまでもなく……歴史が進む中で誰かが指摘する筈だ。
経済政策決定の根幹に影響する最も重要な統計であり、経済が『妖怪ジャパン』に支配されて放浪……約2/3の国民は進行する経済環境の悪化で生活苦の中にあるが、政府の対応はピント外れで、効果がない。
将来に対しての不安が、消費の節約となり、不安を解消するための貯金をする。
大多数の世帯が属する１千万円以下の低年収世帯の消費節約が経済をデフレ傾向に誘導、政府、**日銀はフラフラと宇宙遊泳する様に定まらないで、空疎な議論を積み重ねる。**消費者物価指数の問題の発見と、それ応じた適正な対応は早ければ早いほど良い。発見が遅れれば、遅れるだけ傷は深くなり、数世代に亘りその後遺症は継続する。

最初の防波堤：金を含む外貨準備高

公表されている日本の金を含む外貨準備高は1.3兆ドル≒200兆円で1.3兆ドルを売っても、円安が一旦留まった雰囲気が出ても直ぐに吹っ飛ぶだろう。既述の様に『失われた30年』では円高阻止のドル買いが主だったが、これからは反対のドル売りが主になる。FX市場では日本の長期的ドル売り介入を見越して、途中に反対売買の空売り空買いを交えて、円はジグザグに価値を下げて行く。

次の心理的防波堤：海外純資産残高

第二の防波堤として海外純資産残高≒400兆円があるが、政府が自由に使える外貨は限られており、心理的な防波堤の役目しか果たせない。

多くの富裕層……現役、天下り官僚が貯めこんだ金融資産は既に外貨に変換されてネットで運用されているだろう。

進行する輸入物価の高騰により生活苦がより顕著になる中で貿易収支、経常収支の黒字が最も有効な円安阻止の最後の防波堤となる。

貿易収支の先行き

右にドル建て貿易統計の推移を示す。2010年まで長期間恒常的な貿易黒字であったが、変調をきたして赤字国に転落しつつある。1985年から2010年までの25年間には平均すると年間10兆円弱の黒字だったが、激変である。

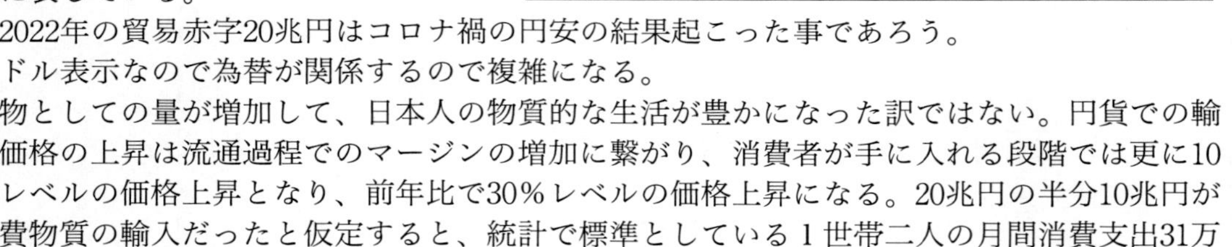

IT革命に乗れなかった日本の姿を明瞭に表している。

2022年の貿易赤字20兆円はコロナ禍の円安の結果起こった事であろう。

ドル表示なので為替が関係するので複雑になる。

物としての量が増加して、日本人の物質的な生活が豊かになった訳ではない。円貨での輸入価格の上昇は流通過程でのマージンの増加に繋がり、消費者が手に入れる段階では更に10%レベルの価格上昇となり、前年比で30%レベルの価格上昇になる。20兆円の半分10兆円が消費物質の輸入だったと仮定すると、統計で標準としている１世帯二人の月間消費支出31万円に、月当たり1.5万円程度の支出≒５%の負担増になる。

経常収支の先行き

右に経常収支の推移を示す。(財務省のサイトから引用)

2022年に第一次所得収支が6.5兆円増加しているが、それはドル円が円安に15%以上動いた結果であり、内容が改善されたからではない。

Ⅰ　経常収支

	金　額	前年度比	
貿易・サービス収支	▲23兆3,367億円	▲16兆9,165億円	(赤字幅拡大)
貿易収支	▲18兆602億円	▲16兆5,170億円	(赤字幅拡大)
輸出	99兆6,207億円	＋13兆9,834億円	(＋16.3%増加)
輸入	117兆6,809億円	＋30兆5,004億円	(＋35.0%増加)
サービス収支	▲5兆2,765億円	▲3,995億円	(赤字幅拡大)
第一次所得収支	35兆5,591億円	＋6兆5,508億円	(黒字幅拡大)
第二次所得収支	▲2兆9,968億円	▲5,608億円	(赤字幅拡大)
経常収支	**9兆2,256億円**	**▲10兆9,265億円**	**(黒字幅縮小)**

円安が進めば、全ての外貨債権、資産として計上されているものは、円貨換算では大きく上昇するので外観上は日本経済が健全に回っている様に観察されるが、それは錯誤だ。

財務省は2023年２月の経常収支が前年の約６千億円の赤字から約２兆２千億円の黒字転換と楽観的な数値を発表したが、それはドル円が約15%上昇、円安になっただけ

の事で内容の改善とは関係ない。

それは消費者の負担に転嫁されている

円安は国の財政の外見を改善するが、同時に消費物価の高騰を招き消費者に負担が転嫁される事になる。

先ず経済専門家が海外に資産を移す

経済学を専門として、エネルギーと食料自給率の低い日本が将来厳しい輸入インフレに晒される事は疑問の余地がない。

過去の様に公債残高を一次関数の様に一直線に上昇させる事は不可能であり、何処かで猛烈なインフレに襲われる事は疑いない。現役の高級官僚や先輩高級官僚OBは天下って、準備万端は整っている。それは大方の金融資産を外貨、又は海外に移している事を意味する。

外貨に移していない……一般人の殆どの預金は既に金融機関を通じて、国債に転換されているから、預金の引き出し要求には１万円札を増刷して銀行に渡し、国債を償却することが出来るので円安は渡りに船だ。

21世紀のIT革命で、手間の掛かる紙幣の印刷なしで、ネットを介して手間いらずで、全ての金融決済が出来るので、国としては借金＝国債の償還を手間いらずだが、それは庶民の巨大な犠牲をともなう。

円安は短期的には輸出関連企業の決算を向上させ、インフレ＝円安が不可避

右の表に貿易収支の推移を示している。

経常収支及び貿易収支

貿易統計は1980年代中から約25年間恒常的に10兆円台の黒字だったがその後暗転して赤字傾向が定着しつつある。2010年頃から一般会計税収は強い上昇傾向を示しているが、それは大部分円安効果による。その間にドル円は約50％上昇している。

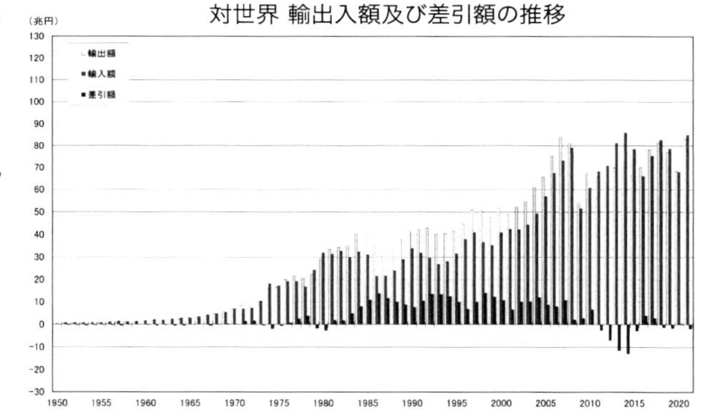

一般会計税収

海外進出している企業の利益が通年とホボ、変わらなくても海外活動から得られた利益が為替の影響を受けて円貨で示され、統計上は50％の納税額の増加になる。

寄生産業である電気、ガス、金融、商業などの場合には円安を単純に価格に転嫁又は便乗値上げで、利益＝納税額には大きな影響はない。企業単体の場合は、幸運から劇的な変化が生じる事があるが、日本の様な大人口と無数の企業からなる大国では変化は緩慢にしか起こらない。

日本の場合一般論に加えて、今迄筆者が指摘してきたように、『妖怪ジャパン』に感染しているので、技術的な事が原因でなく、人間の品質要素＝教育が大きいので、変化＝回復には数十年を要し……超、超緩慢にしか変化は期待できなく、長期低落傾向から脱却するのは至難の業だ。

日本国債に向かう金融資産

過去30年、政府は国債発行で市場から資金を吸い上げて、国債を金融機関（日銀を含む）

に保有させて民間の金融資産を実態としては国債に代替させてきた。

多くの既述の、行政のお粗末な仕事……国民に不便、無駄、無意味な負担を掛ける……は、国民生活に、不思議なくらい全てマイナスにしかなっていない。マグレで１つくらいプラスが有っても良いのに、不思議なものだ？

21世紀のITパラダイムシフトの中で、先進諸国のみならず、アジアの中進国にも決定的な差を開けられつつあり、その傾向は今後も長く継続する様に見える。

ITパラダイムシフトに乗れなくて、過去の延長で稼働している日本では新規事業で起業するような人材が育たず、資金は金融機関を経由して国債として存在している。

生活苦が将来への不安を増大させるので、**若者は将来への保険の為に節約して貯金するが、**それらも金融機関を経由して大部分は国債に変換されている。

巨額公的債務を目の前に置いた日本の税務官僚の心境

財務省とすれば、巨額に積み上がった公的債務＝借金は筆者の行商の時の蛆の発生した魚の切り身と同じだ。

蛆の沸いた切り身の在庫が、ドンドン増えて行くのは、常識的には耐えられない苦痛、心配の種になる筈だが……決定邸的な解決方法が見つからない。将来何時か巨額借金の問題が、大爆発する事は疑いようがない……定年まで持ってくれることを念じているに違いない。定年退職した多くの先輩OBは優雅な人生を送っている。

外貨に向かう金融資産

経済専門家、経済学を学んだ人は日本の国家経済の異常を認識している筈だ。

天下り高級官僚OBを筆頭に、経済学を学んでいる高級官僚は不安定、確実に将来大きく減価すると考えられる円を外貨資産に転換して保有しているだろう。

その33：元金融庁長官遠藤氏がソニー銀行のトップに就任 遠藤氏はジョン・ニュートンかシャイロックか？

最近金融庁長官を退官された遠藤俊英氏は東京大学法学部卒だが、国費で英国の大学に留学、経済学修士だから金融の事についてもプロである。退官後すぐにソニーファイナンシャルグループのトップに就任された。

ソニー銀行は外貨取り扱いに特化＝外貨への投資を強力に進めている、銀行である事からその意思は明確である。

筆者の会社の『名ばかり会長』だった、大蔵省財務官OBの稲村光一氏の例から推測すれば、遠藤氏が80代まで天下り業務を行い、数十億円以上の報酬を得られるだろう。遠藤氏の場合100億円を超えても何ら不思議はない。

遠藤氏ほどでもないだろうが、無数の同類の天下り高級官僚OBが得た巨額報酬は外貨資産として、日本、又は海外金融機関に向かっている筈だ。**筆者にはそれは犯罪に、少なくとも精神的犯罪に見える。**

金融庁長官だった遠藤俊英氏は２年間の天下り先報告義務期間を過ぎると、即刻ソニーファイナンシャルグループのトップに就任された。ソニー銀行など、関連する金融関係の数社を支配する会社のトップである。

ソニー銀行は外貨預金を特徴とするネットバンキングに特化した銀行である。

非常に積極的に外貨預金、中でも米ドルを年金利３～５％くらいで富裕層の預金の長期間の取り込みを狙っているみたいだ。

富裕層にとって現在の日本の0.002％の金利が５％になれば金利は2500倍に上昇する。
郵貯に１年間預金した１千万円の金利は200円。約46円課税されるので154円の手取りとなるが……解り易く表現すれば金利ゼロと言いたくなる。

変化に鈍感な日本人は、無反応……。『妖怪ジャパン』の影響か？

受験戦争で疲弊し好奇心、冒険心を失い、受け身的な仕事に従事……ネット社会での嘘の横行、オレオレ詐欺などの情報で過度に怯えている標準的な多くの日本人は無感動、無反応だ。
サラリーマンでソコソコの生活が出来たので真剣に利殖について考えたことがない。
ソニー銀行は遠藤氏がトップに就任してから、外貨預金に、より鮮明に特化する形で銀行経営を図っているように見える。
勿論、公式に就任するかなり前から色々な形でソニーとの会合があり、数年前から指導していただろう。
此処まで強烈な金利差があれば……民間企業はソニー銀行に殺到すると考えられるが預金する為に資金がないのみならず、借入金があるから動けない。
個人も『妖怪ジャパン』で侵された日本の文化にドップリと浸かって……新しい事、変化を見付けて動こうとしない。
ソニー銀行が金利10％の米ドル預金の募集を始めた。
ソニー銀行が2023年晩秋から外貨預金を宣伝するテレビコマーシャルを大々的に始めた。
金融庁長官として円を擁護する立場で日本を引っ張って来た筈の遠藤氏が主導するソニー銀行のトップとなり、円安が将来の姿だと顧客にドル買い、円売りを勧める。ネットで米ドルの短期定期預金を10％の超高金利で誘っている。
数年前までは金融庁長官として円の価値を守り、日本の価値を上げる事を任としていた高級官僚が退職して、真逆の行動をとる。その事に全く疑問、問題視しない日本全体の鈍感……それは『妖怪ジャパン』のせいだ。

高級官僚と筆者は同じことを考えている

冷静に考えれば、それは政府の財政、金融のトップ集団では近未来に強烈な円安が発生すると考えており、それは筆者と同じ意見で、彼らの常識として共有されている見解である事が確認できる。

> これは非常に重要な事で……にも拘らず……日本の金融政策が既述の『金融政策決定会合』の様な形式だけの『茶番劇』で行われている事は、真に憂慮すべき事だ。

『同床同夢』、『同床異夢』

天下り後の遠藤氏の行為は遠藤氏も含めて組織全体が、**現役時代には国民と『同床同夢』を演じ、心中は『同床異夢』**である事を証明している。この事は日本の政治、日本と云う国の存立に関わる重大な問題だ。
約30年で世代交代が発生して個人的な影響力は10～20年間で消滅するが、組織的なDNAは世代を超えて継続、失われた30年の継続で未来の30年はホボ……何もしなければ……同様な進路を歩む事になるだろう。遠藤氏の部下だった人、友人、知人、同窓……多くの人がコバンザメの様にその影響下にあるだろう。
筆者は遠藤氏及びその他の日本の高級官僚の恥ずべき行動…自己中心的で強欲な行動には強烈な嫌悪感を持つ。
筆者は住友電工退社に伴って筆者が頂いた給与総額の千倍相当の利益を住友電工に残して

きたと自負し、それが筆者の人間としての精神的な自立心に影響を与えている。

『名ばかり会長』稲村光一氏、徳田耕氏の影響

遠藤氏を始め同時期に大蔵省に就職した高級官僚は、1980年代初期に大学卒業、大蔵省に入省して、筆者の勤務するサンドビック㈱の『名ばかり会長』だった、稲村光一氏からの要望＝指示を上司から指示されて実行していたのだろうと推察する。筆者の会社の主要製品である超硬工具は日本の製造業にとって非常に重要なハイテク性の高い製品で、金属部品の機械加工コストを低下させる事で、日本の自動車、重機械、造船などの業界の国際競争力の強化に大きく貢献していた。

重要な製品であるだけに通産省としては、国内企業を育てたい思惑もあり、国内同業者を支援する目的で、月別に数量を決めて1991年まで輸入制限を行っていた。数量を決めていたのは通産省であるが、高級官僚間の繋がりがあるから何処が監督官庁でも同じことである。大蔵省は特に全ての省庁の予算配分を決める立場にあり、行政組織の中で最高位にある。その様な職場環境で約40年間、遠藤氏は現役生活を送って来た。

背信的な行動か？

遠藤氏は官僚として日本の価値を上昇させる事を究極の目標として、先ず税務官僚として、その後色々な経験を重ねて、最終的に金融庁長官となり、日本の金融政策を決定する中枢で仕事をして来た。日本の価値を上げる事は、単純には日本円の価値を上げる事である。

経済政策全般としては日本円の価値を下げることなく、又は円の価値の減価を最小限に抑えつつバランスの取れた経済政策を取る事であり、必要悪としての円安はあってもそれが恒常的な傾向となるのは問題だ。

現職の時に円を守る立場にあった人が、退職後円売りを推奨する金融機関に天下り、そこで強烈な円売りをアピールする……、直感的には国家、国民に対する明白な背信行為の様に観察される。

若し日本で『妖怪ジャパン』に感染していない人がいたら、その様な人は背信行為と断罪するだろう。

贖罪的な行動か？

正解は本人に聞いてみなければ分からないが、筆者は遠藤氏の贖罪行為がさせた天下りだと思いたい。

筆者はキリスト教徒ではないが幾つかの讃美歌が好きだ、中でもアミエージンググレースが好きだ。奴隷貿易に携わっていた、ジョン・ニュートンが30才で改心……生活の為に、金の為に行っていた非人間的な奴隷貿易から足を洗って牧師になった人生を賛美した、心に響くメロデーと歌詞が素晴らしく調和した讃美歌だ。東京大学法科卒だが、ロンドン大学に２年間留学、経済学学士である。有名な讃美歌を知り、共感していても何ら不思議はない。

現役時代に国、国民に対して行った巨大な迷惑……それを贖罪する気持ちがあっても不思議ではない……。

ルビコン川を渡った日本の巨額公債発行残高

共和制ローマをユリウス・カエサルがエジプトをクレオパトラに任せて、ガリアに進軍、ガリアから凱旋将軍としてローマに帰還、禁を破って軍を伴ってルビコン川を渡河する事でローマの共和制は崩壊、独裁制に変わった。

経済、金融のプロとして、先任の数十人の残した債務の責任者として退職前の２年間で、絶

望的な巨額に積み上がった借金を穏便に巨大な負担を国民に与えることなく解消するマジックはない。十年以上前に先任者がやるべき事をやらなかったことが原因で、もう手が付けられない。

エネルギー、食料の自給率が低い日本の将来は貿易収支への依存度が極端に高く、長期的視点で見れば円安は絶対に避けられない。それも一旦FXマーケットが時節到来と認識すれば、中国の著名作家魯迅のいう諺『川に溺れた犬は叩け』で、日本売りに安心して参加、猛烈なスピードで円安は進み、それは日本の生活物資の強烈なインフレとなって国民を苦しめる事は明白だ。これだけ明白な理由が有るのに日本人は『妖怪ジャパン』に侵されてその事に気付いていない。

その様な日本の標準的な人に、今のうちに、金融資産を外貨に誘導する事で、ジョン・ニュートンの様に彼の先任者の行った不始末の為に国民が被る被害から守ってやりたい、と同時に彼の影響力でソニー銀行を健全な日本のトップ銀行に育てたいと思っているかもしれない。

遠藤氏がアミエージンググレースの、ニュートンなのか……シエークスピアのベニスの商人に登場する悪徳金貸しのシャイロックなのか……。

遠藤氏がどのような心でソニー銀行のトップになられたかは、本人しか解らないが……何れにしてもソニー銀行のやっている事は……イコール、経済、金融のプロの常識であり……将来に破滅的な状態からの被害を最小化する方法は遠藤氏が示す方向、日本円での資産保有を必要最小限にする以外にない。

無罰の犯罪行為か？

遠藤氏の部下だった人、東大を通じての友人知人は……彼からの要望、指示、命令を心待ちにしているだろう。

彼等も日本の絶望的な状況を熟知、退職後の天下りは最も関心のある事だろう。

財務省の厳しい監督下にある日本の金融機関は怯え切っている……既に彼らの預金者から預かった預金の多くの部分は国債として、政府の監督下にある。政府、日銀は強烈なインフレ到来で預金引き出しが起こっても、紙幣を印刷して渡し発行済みの公債債券を回収するだけで何ら難しいことはない。紙幣の印刷もネットでの取引で行えるから不要となり簡単に何ら問題なく終了する。

民が疲弊して、国＝行政組織が健全に存在出来る歴史上多分、初めての現象が起こるだろう。

ソニー銀行は2001年にソニーと三井住友銀行の共同出資で設立されて歴史が浅く、国債の保有高は少額だろうから、国債がパンクしても被害は無きに等しい筈だ。

ネットバンキングに特化しているので経済、金融, FX等に敏感なアンテナを持っている若者に急速に浸透している様子がネットに現れる雰囲気から伝わってくる。

若し、庶民的には犯罪と呼びたくなるような行為でも、筆者の知る限り……その様な行為を犯罪として問題視できる法的な根拠はない。

遠藤氏は東京大学法学部卒だから、何が違法か……法で罪とならないか良くご承知だろうから、法律に抵触しない様に慎重にやって居られるだろう。

総合的に判断すると

日本では、知識不足、無能から、行政が場当たり的に効果の無い対応をする事で、見るべき効果を上げることなく、その間に増加した政府総債務1,100兆円は単なる無駄使いに終わった。日本では国家経済の舵取りに相応しくない官僚に政治を任せたのが原因だ。**1,500兆円は、15万人の官僚が各人100億円のかねをドブに捨てた**事に相当する。

その内のかなりの部分は官僚OBの天下りによる国税への納税額減額要請＝指示＝命令により消えてしまった。

驚くべき鈍感……それは職務放棄であり
犯罪と見做される行為だ。

その34：株式市場、金融市場で資産運用　元金融庁長官遠藤俊英氏の場合

株式市場は賭博場であり、経済学の関係ない世界だ。

最もらしく、無数の講釈をする人がいるが……以下に述べる大原則を肝に銘じて参加すべきである。

1. 神様でない限り、誰も確実な事は絶対に言えない。
2. 専門家が銘柄、株価指数等を推薦、ホボ確実に値上がりするのであれば、専門家が購入する筈だ。
   他人に儲けさせるよりも自分が儲けるだろう。特に現在の様に金利の低い時代には、値上がりが確実ならば借金してでも自分が買うはずだ。
3. 専業みたいにして株式市場に参入している人は、株式そのもの又は連動性の高い何か別のものとの一緒に空売りが出来る環境を作っているので、上昇相場でも、下落相場でも利益を生み出せる個人的なインフラを構築している筈だ。
4. 株式市場には計画的にトレンドを作り上げるスーパーパワー＝欧米系の巨大ファンドと……スーパーパワーの動きを推測しながら……コバンザメの様に、そのおこぼれを頂戴する日本の金融機関がある。
5. 日本の株式市場はスーパーパワーの巨大な影響力の下にあり彼らの直感は、ドル換算した数値で出来上がる。
6. 経済雑誌には活字知識として、スーパーパワーは長期投資すると講釈しているが、彼らも世界経済の動向にコバンザメの様に張り付いているだけだ。経済の実態＝日本の国内経済の実態が良くならなければすぐに逃げて行く。
7. スーパーパワーの影響が噂され始めたら……多分それは終わりの始まりのサインだ。
   その随分前に仕入れて、煽り立て……コバンザメの様に追従して買い進む日本の皆さんがピークを付けるころには既に売り切っている。それが日本の株式市場だ。

元金金融庁長官遠藤俊英氏を観察

遠藤氏は、テレビコマーシャルやネットで積極的にドル預金を推奨、日本の数千倍の金利で預金集めに励んでおられるがこれが何を意味するかは先述の様に謎だ。本当の所は遠藤氏の頭の中に隠されており、他人が知る事は出来ない。

東京大学法学部卒、英国に官費留学して経済学修士だから、十分慎重に考えての行動だろうから、違法行為はない筈だ。違反スレスレの事もあるかもしれないが、東大繋がりで……少々の事なら見逃して貰えるだろう。

筆者の考える事

筆者がソニー銀行頭取になれば自信をもって、遠藤氏と全く同じようなキャンペーンを行うが、それは以下の理由による。

1. 日本企業の国内市場における実績を反映している訳でなく、海外活動からの利益が日本に還流、円安で見掛け上の会社会計が良くなっただけで、国内経済が回復したわけ

ではない。

北朝鮮経済の国の機関が海外に労働者を派遣、給料をピンハネして国内に還流させ、国家の歳入として、ロケット開発、金正恩家族の豪華生活を支えるための、外貨を稼ぎに利用しているのと経済行為としては全く同様だ。

2．1,500兆円の巨額公的債務はその返済の目途が付かないだけでなく、反対に今後加速度的に増加するだろう。
　時間の問題で……立ち行かなくなり……日本は確実に未曽有の円安、食料難に陥る。
3．日本国内における所得格差は拡大、行政はそれを意図しているのか……何とはなしにそうなっているのか……いずれにしても、結果はその様に動いている。
4．既に日本では約3/4の人が年収500万円以下の低所得者である。
　株価の乱高下は、大損する人と、大儲けする人を作り、半数以上の人は大損して退出する。
5．10年単位で考えれば……若し巨大隕石が米大陸に降り注がず、米ロ中の核戦争が発生しなければ……日本経済は確実にパンク、現在のZ世代の若者が定年世代になる頃には、絶望的な状態が発生する。
6．既に、何時起こってもおかしくないと科学者が予想する富士山噴火、東南海地震……それ以外に予想される台風、に加え、無数の活断層が縦横に走る日本列島は、残念ながら自然災害の宝庫だ。
7．筆者は、甲府市出身の遠藤氏が……東京の悪に染まって、他の東大卒と同様だとは思いたくない。彼が、日本の庶民を助けるために、ソニー銀行がドル預金を勧めていると信じたいが、……多分、それに応じるのは既に富裕層となっている人々だけだろう。
8．多くの日本の公教育の影響でマインドコントロールを受け、惰性で生きている……3/4の低所得層の人が米ドル預金を始める事は期待薄だ。結果的に、日本の貧富の差を拡大する方向に作用するだろう。

その35：国民を賭場のように高いリスク市場に誘導する日本政府、全てのリスクを政府が負担するスウェーデン政府。

スウェーデンでは住宅ローン返済に伴う金利負担分は全額税額控除になり、金利変動により発生するリスクは全て政府が負い、金融機関にも、住宅購入者にもリスクを負わせない。（第9章参照）

官と民の垣根のないスウェーデンでは行政の担当者は非常に能力が高く、この様なリスクを国民の為に負担する自信がある。

半世紀以上も前から同じ税制を維持、それでも第2部冒頭に示した様に、毎年均衡財政を維持1993年からの失われた30年の期間に余剰金を出している。日本の巨額借金とは大きな違いだ。

リスクに向かう国民の困難を引き起こす混乱と矛盾

1．金融商品、金利の変動が心配で仕事に熱中できなく、散漫になり……全国的な仕事のレベルの水準低下が起こり、それはメードインジャパンの製品の劣化、企業にとっては不良率の増大、納期厳守を難しくするだろう。
2．多くの人がマネゴンギャンブラーとなり、レベルが上がれば、彼らは確実に外貨に向かい、それは円安を促進する。それは日本を売る事であり、正統的に考えれば国の方針への反逆である。既述の遠藤氏は既に2022年から、積極的にドル預金に8～10%の金利で定期預金を募集している。

3．海外に多くの資産を持ち、海外でのビジネス活動から利益を得ている大企業は、連結決算では円安効果で、見かけ上は利益が大きく上昇するので株価は上昇、納税額も上昇するから、株高になるかも知れないが、日本経済の実態は変わらず、貧富の差が拡大するだけ。

4．円安で輸入品の物価は当初は10％単位で値上がり……その内に100％単位の値上がり……その内手の付けられない様なインフレに突入する。

筆者の経験を基に、最近始まった**住宅ローン控除制度、NISA、iDeCo**について考察してみよう。

その35の１：住宅ローン控除は、未経験の若者を高いリスクに晒すハラスメント行為だ

2020年代に入り「住宅ローン控除」と呼ばれる税制が住宅取得者に対する支援策として出現した。背景には低賃金の人の住宅取得を支援する事であるがそれは同時に、国民を危険なリスクに誘導する事にもなる。

筆者の視点では現在の経済環境では、「住宅ローン控除」国民を危険に晒すハラシメント行為の様に見える。現在の金利は非常に低く、約0.4％/年であるが、金融機関も慎重で**「変動金利制」での借り入れ**となる。

数十年前の親の時代には６～８％の金利だった……金利は今が最低で、これからは上がる可能性のみで問題は何時上がるか、どれだけ上がるかで、高額なローンを持つことは非常に危険だ。

日本では住宅を購入したら通常固定資産税が掛かり、それは課税評価額の1.4％が標準だ。

神戸市の場合には都市計画税0.3％が上積されるために1.7％となり、多くの大都市では1.7％だ。

購入価格が４千万円の戸建て新築住宅の場合、課税評価額は購入価格の約60％である。

固定資産税は2,400万円×1.7＝40.8≒**41万円/年**となる。

頭金を１千万円払って３千万円のローンを組むと、初年度は３千万円×0.4＝**12万円/年**の金利を払う事になる。

単純計算で３千万円を30年で払うとすると、年間100万円の返済になり、**金利分とで計112万円/年**の支払いになる。

固定資産税、金利負担、元金返済の総計は**約153万円**になる。金利負担分は順次減少して行く

固定資産税：　41万円
金利分　　：　12万円
元金返済　：　100万円

…………………………………………

計　：　153万円/年

> 昔はアドオン方式が普通で、見かけの金利よりも多額の金利を払っていたが、現在では……計算は簡単だが……消費者が誤解し易いアドオン方式は禁止された。詳細で正確な計算は割愛……してリスクをの程度を考えてみる。

金利変動の影響

近未来＝数年後に金利が３％になる事は充分高い可能性のある事です。変動金利が３％に

なれば、金利負担分は７～８倍の、100万円近くなりなり、総負担額は約153万円から約250万円に跳ね上がります。

当初、153万円は現在払っている家賃とホボ同額だったが……100万円の負担増となる。

政府、日銀は円安容認の姿勢を隠さず……日本の矛盾した、複雑な財務状況から……統合失調的な経済政策を実施中……。

筆者の視点では長的な円安、金利上層は避けられません。

株価上昇、大企業決算の大幅な改善との、一見矛盾した現象は円安効果で……当然の事、有っても不思議ではありませんが、経済現象は何が起こるか解らない面があり、此処ではその事について言及しません。

確実な事は１つだけ

金利は確実に今が最低レベル、これからは……国公債発行残高が明瞭な減少傾向を見せるまで……多分、最短で50年金利は上昇傾向を維持して行くだろうが、その前に確実にパンクする。

固定資産税の支払いが遅れる、又はローン返済が実行されないと競売に……。

固定資産税の支払いが遅れると、市役所から督促状が届き……それから数週間しても固定資産税の納付が無いと家が

「差し押さえられ」、赤紙が張られ、競売に進みます。

その前にローン返済が出来なくなると……（詳細な説明は割愛して）……通常、任意競売に進みます。

何れにしても支払い能力が無くなると、家を空け渡す事になる。

1971年、29才の時に戸建て住宅を買った

筆者は建築基準法に違反している、50㎡弱の土地付き２階建ての家を買ったが住宅ローン控除は無く、固定金利で全ての事は計算できたので不安はなかった。住宅金融公庫から低い金利で……それでも６％/年程度……ローンを組めたが、その為には建築基準法が守られている事が条件で、その様な家は非常に高価だった。我が家は530万円だったが、住宅金融公庫から融資を受けられる家は、多分、我が家の３～５倍の価格だった。（自分史第四章参照）

住宅ローン控除は不親切、若者へのハラスメント行為だ

筆者は結婚以来９回も住み替えており、住宅の売買に豊富な経験があるから、上記のような事が瞬時に頭の中に描き出せるが、殆どの対象者は未経験で初めての事だ。ローン控除の言葉に引かれて……深く考える事なくに……住宅を購入したら、返済が出来なくなって大損を被る事になる。例えば30年満期のローンに13年でローン控除制度の適用は停止する。

でも、返済はその後も17年続く……。停滞する日本経済……昇給は望み薄……。

公務員ならば年功序列で確実に昇給するが……エッセンシヤルワーカーにはそれは期待できない。

> 政府が梯子を掛けて台風で強風が吹く中で、若者を危険な屋根の上に誘導、上がったら梯子を外す様なものだ。

ローン返済が出来なくなると……最終的に競売に付されて、居宅から退去を迫られる事になる。

日本の場合

金利変動の分の**リスクは全て消費者に負わせている。**

保護産業で準公務員的な性格の金融機関は、金利の変動とは関係なくリスクゼロで、報酬が得られる制度が出来上がっている。

住宅ローン控除で受けられる税額は210万円

ローン残高の0.7％で新築物件の場合13年間の期限付きだ。

単純計算で３千万円のローンで初年度は**21万円/年**の控除になる。

毎年100万円元金を返済すると仮定すると13年後には残債が1,700万円になり、控除額は約12万円/年になり、その間に受ける控除の**総額は約210万円となる。**

13年間に掛かる費用は690万円

金利が13年間変わらなかったと仮定すると13年間に発生する出費は以下の様になる。

毎年100万円元金を返済するので残債は1,700万円になる。

金利返済分

初年度12万円/年、最終年７万円/年と仮定すると120〜130万円となる。

消費税

説明に多言を必要とするが、多くの場合建物には消費税が掛かる。

建物部分が半額の1,500万円と仮定すると消費税は150万円となる。

固定資産税部分

初年度40.8万円/年、13年後の最終年30万円/年と仮定すると約500万円となる。

火災保険料

概算で５万円/年で、13年で65万円

総計125＋150＋500＋65＝840万円の出費になる。

840万円の出費に対して210万円の税額控除が受けられるので、630万円となり約50万円/年の出費となる。

13年後の出費は

残債1,700万円への金利	≒７万円
固定資産税	30万円
火災保険	５万円
計	42万円/年

変動金利で近未来に金利が10倍近くの３〜５％になっても全く不思議はない。

金融機関は全く損失を被らない様に守られているが、ローンを組んだ人は完全な自己責任だ。

一旦金利が上昇すると無数の競売物件が登場する

最近金融庁長官OBが天下りしたソニー銀行は、年利10％で米ドルでの定期預金をネットで募集している。金融庁OBが勧めるくらいだから安全だろうし金利が高いから……決めるのは簡単ではない。

この様に経済の背景事情が複雑な時期に政府が関与して「住宅ローン控除」を行って若い世代を住宅取得に向かわせるのは不実行為で国がやってはいけない事だ。

後述するNISAの場合と全く同様に、日本政府は未経験の若者に巨額ローンを組ませて住宅購入に向かわせ、高いリスクに晒す様に誘導している。

政府も、ローンを受ける金融業者もリスクゼロで、行政は固定資産税が神戸市の場合1.7％/年、単純計算で1.7×50＝85となり、30才で居宅を購入した若者は80才の高齢者になるまでの50年間でホボ購入時の価格に相当する固定資産税を負担する事になる。行政はリスクゼロで大きな税源を作った事になる。

金融機関

政府設計の税制は地方自治体と金融業者にリスクゼロで…….経済に疎い国民にリスクを負担させて……行政は固定資産税を、金融機関は貸し付けと、火災保険料の収入で、ウイン・ウインの関係を作れる。その背景、地下には……天下り、人脈の地下道があり……そのような日本的な方法が法制化される。

「住宅ローン控除」と言う、一見きれいな名前だが、背景にはこの様な事があるのを忘れてはいけない。

どのようにして制度は誕生したか？

政府と、その傘下で保護産業の関係にある金融業界がこの様な国民に対して背信行為を働く人々がどのような経過を辿って出来上がったのか不思議だ。

誰が発案者か？

１．単純に良い事だと思って始めた。
２．金融機関から提案され……天下っていた高級官僚OBの発案で
３．政治家からの要求で。
４．最初から、両社、両者が相談し合って……不実行為である事を承知のうえで……。
５．両者とも組織文化に染まっていたので、深く考えることなく……制度設計した。

それは国民に対するハラスメント行為だ

それは21世紀になって話題として登場したハラスメント＝嫌がらせ、悩ませる事……と同様だ。常識的に考えれば、国民に嫌がらせをする悩みの種を提供、そのハラスメント行為から両者が利益を得る。

社会で問題視されているハラスメントは本能が原因とみなされる、性的な事、精神的な高揚、向上を期待してのしごき等で、深く考えて用意されたものではなく、過去からの悪しき習慣の延長である。

日本のスーパーＡ級人材が何故

住宅ローン控除のケースは最も日本の高等教育を受けたスーパーＡ級の人材の塊である、行政と金融機関が制度を作り上げた所に問題がある。筆者はこれを政府の国民に対するハラスメント行為だと断定する。

スウェーデンでは政府は国民の為に盾となって、国民の代わりにリスクを負う事が政府の仕事だと言う認識とそれを実行できる能力がある。（第８章参照）

ローン金利の全額補填はメガバンクでは行っていた

自分史に既述の様に、銀行に勤務する友人は1970年代から会社が「住宅手当」として金利分を支払っていたと言っていた。彼らは高給で既に現金で買えるほどの預金を他行に７％の金利の定期預金で持ち、住宅金融公庫又は自行でローンを組んで……実質14％相当の金利収入を得ていた人もいたと聞いている。

日本では公務員も含めて、多くの大企業では既に「住宅手当」として何らかの形で,住宅取得への支援策があり、新しく制度化された「住宅ローン控除」は、どちらかと言えば、条件の悪い企業の従業員対象の雰囲気が強い。

筆者はスウェーデンで住宅取得の際の金利負担は全額、税額控除で、全てのリスクを国が受けてくれたので仕事に全力投球することが出来た。

その35の２：NISA、iDeCoで国民を高リスクの金融市場への誘導する日本政府

国民にリスクを負わせる日本政府

最近「NISA」と呼ばれる制度を立ち上げ、配当収益に対する優遇税率の適用を餌に国民に、株式、投資信託の購入を呼び掛けている。推測だが、多分、金融機関に天下りした官僚OBの知恵者が、郵貯に眠っている資金を株式、投資信託市場に呼び込むことで金融市場を活性化する事が狙いだろう。行政の方も天下りした先輩OBからの提案で、トントン拍子に事が進んで行く。英国のISAを模倣して、新しいを意味するNを付けて、「NISA」と命名したのだろう。

最近経済学者が言い出した日本のITリテラシー、金融情報リテラシー向上にも有用と、行政と金融市場のウイン・ウインの合意で、低年収のサラリーマン、年金生活者を利殖の為のマネーマーケットへ誘導する政策が実行される。

iDeCo＝「確定拠出年金」も金融市場の嵐の中にあり、値動きは緩慢だが、株式市場、FX市場と同様ハイリスク分野である。

確実な事は

> **確実な事は、取り扱い金融機関は値動、金利の乱高下とは関係なく、確実に利益が得られると言う事だけだ。**

多分、金融機関に勤務する人は、先ず、NISA、iDeCoは始めないだろう。

確実な事は

> **金融の世界は確実な事、正しい解答の存在しない、未踏のジャングルだと言う事だ。**

最近の筆者の経験

2015年の筆者の経験を基に金融市場の生の姿を以下に公開します。

投資信託は長期保有に向かない

筆者が金融市場と深く関係していた頃、金融機関の信託報酬が高く……今でも高い……流通していた投資信託７～８千本で、売り出しから10年近く経過したもので利益の出ている物は２～３割しかなかった。投資信託も株式も金融機関が安定して利益を得るためにあるので、顧客の為にあるのではない事を理解した。

債権

数年前、証券会社から日産自動車のドル建て10年満期の社債の購入を勧められた。新発債で金利が４％/年と聞き……日産が金融市場で10年以内に倒産すると見極められていると思いビックリした。EV革命で自動車会社は資金需要が旺盛なはずと思って、探すと、トヨタも10年満期のドル建て社債を0.4％/年で募集している。迷わずにトヨタの社債を買った。

外見を気にする余裕の無くなった日産に21世紀の日本が投影される

１千億円募集して新規投資に使える金額を暗算で計算してみよう。

トヨタの場合960億円だが日産の場合は600億円で、トヨタの方が360億円多く使える。

日産のなりふりを構わない姿

金融の世界でジャンクボンド＝屑債権と見做される高金利債権を金融のプロは買わない。

金融のプロは、ギャンブルはしない。危険なギャンブルをする様な人は既に退出している。
社債は高金利に釣られて「お素人」さんが買う事を期待して起債されたのだろう。
2015年８月にドル円106円で１千万円購入、満期までに４％/年の利金を頂き、ドル円は現在150円近辺……そのまま行けば多分、利金と為替の円安効果で日産を買っておけば２倍になり, 約１千万円の利益となるかも知れない……。

IMFの2023年の調査

2023年12月、IMFの調査団が結果を報告した内容がマスコミから報道された。日本の円安、物価高が継続する事を示唆する内容で……多分彼らは統計数値の背景を知らない……それでも彼らは筆者の主張する日本経済の脆弱性について理解している様子が窺える。多分、彼らは数か月前に日銀がドル売り介入した事を知らされていないだろう。

2023年の日銀の覆面ドル売り介入

財務省の統計によると９月末の外貨準備高が前月に比べて約１兆３千億ドル（約180兆円）減少しているのは約25年ぶりにドル売り介入した証拠だ。

IMFは「妖怪ジャパン」の存在を知っていない

殆どの日本人は腐敗を認識していない「妖怪ジャパン」の存在を知れば……IMFは混乱、**同時に日本の経済を西欧の……人間社会だからゼロには出来ないが……国政を預託された組織全体が腐敗的な体質を持った、旧ソ連と同質な国だと判断しただろう。**

為替介入の事前情報入手で「濡れ手に粟の」機会

欧米で為替介入が忌避され、自由放任されるべきとされる認識の背景には、政府の介入情報の事前漏洩は不可避……それが経済の自然な流れを妨げるのみならず……漏洩した情報をもとに先回りで売買を行い、瞬間的に巨額の売買益を得る関係者の出現が避けられなく、同時にその様な人間を罰する法制を設計する事が不可能、それは自由主義経済の根本理念である、経済活動の自由放任の原則に違反する。
FX市場が空売り、空買いが高いレバレッジを効かせて行えるようにしているのは、相場が自律的に合理的な着地点をスピーデーに見つけて変化する事が期待されて制度化されている。介入は自由主義経済国では有ってはならない事なのだ。

もう一つの大切な事

酷税で低所得、将来が不安になり生活を切り詰めて保険の為に貯金を始める。
その保険をリスクの高い株式、投資信託の購入に誘導する……経済の事に無知、長時間労働で疲れている庶民に高いリスクを負わせて……株価の動きに心を奪われ、精神的な高いストレスが仕事への集中力を低下させるだろう。

日本とスウェーデンの大きな違い

仕事の質の低下

スウェーデンではローン金利の変動があっても、全て国が面倒を見てくれるから心配無用……パソコンに向かって仕事をしていても、頭は100％仕事に集中出来る。
日本では株価が下落基調なら心配……集中度は半分に低下……上昇局面では何時手終うかと悩み……仕事の質は大きく低下するが、その原因は外からはうかがい知れない……多分、本人も認識しない。

行った仕事量が従事した人数で自動的に計算される単純労働……例えばレンガの倉庫での積み上げの仕事……の場合は、精神的な集中度はそれ程重要ではないが……関係する人数とは無関係で、能力が問題となる、先端的なハイテク分野の仕事の場合には、**100%の集中度で仕事に取り組まなければ世界のトップ級の人材との競争の中で成果は期待できない。**

介入の二次的効果

かなりの数の関係者が事前に為替介入を知り、それを根拠に本人又は家族、友人への漏洩となり……100%安全な取引だから……高いレバレッジを効かせて、ホボ一瞬に巨利を得られるFX市場がある。

介入の効果を無効化する

介入する事で、数日はその効果を示すが、千兆円/日とも推測される、FX相場の世界を徘徊する巨額な資金の動きをねじ伏せる事は不可能だ。結局、介入は関係者に不当利益を得る機会を与えるのみならず、**彼らの反対売買は単純に介入を無効化させている事になる。この様に介入は国に対して何の貢献もしなく、一部高級官僚に不当利益獲得の機会を与えるだけの事になる。そのような行為は国家に対する反逆であり**、その様な行為を有効に防ぐ制度設計が成されるべきだが……有効な防止方法はない。

最終的に国を低賃金、長時間労働の「ブラック国家」に誘導する

仕事への集中度が減殺されれば……当然仕事の品質は低下……仕事の質が重視される分野でのパフォーマンスは低下し、企業、行政のパフォーマンスは劣化する。

スウェーデンは人口小国にも拘らず、多くの部門で世界のトップに位置する産業の比率が非常に高い。

この様な精神的な影響は経済統計には現れてこないが…高齢になって顕在化する慢性病の様に……緩慢だが、確実に影響して、時間の経過に伴い回復不能な状態に陥れる。多分、日本は既にその渦中にある。

> 非常に重用な事は、上記の様な政策が行政の担当者の思い付きで、国民の為と思って成されているのか、反対に悪意があって成されているのかである。
> 背後に『濡れ手に粟』だから……それを期待する何かがあるのか？？

その35の3：為替介入で濡れ手に粟の巨利獲得
スウェーデンでは介入しても起こらない

円安が進み輸入物価が高騰2024年４月末から始まった大型連休中にドル円が160円に向かう中でドル円が160円直前から約５円急落した。

記者会見で筆者の住む神戸市北区小部小学校卒の第26代財務官神田真人氏は……介入の有無について聞かれたが……申し上げることありませんと、質問を無視されたが、それはスウェーデンでは犯罪と見做されるだろうから起こらない事だが、それは日本では常套句で……それは大人の常識であると理解されるだろう。

FXはインサイダー取引の枠外の先回り売買

FXと呼ばれる通貨売買をインサイダー取引として取り締まる事は出来ない。

為替介入の様に、巨額の介入情報が漏洩すれば関係者と、その関係者の関係者からの情報

漏洩は玉突きで多くの人が知るところとなり……巨額の売買益を得る事が出来る。

FX市場の特徴

金融ビッグバン以前は、通貨の買いと売りの差額のスプレッド……それは両替商の手数料……が高くて、損益を確定させる＝勝負の決着をつけるのに長時間を要したが、現在はセンチ秒の短時間で勝負が決められる。

レバレッジの効果

2010年上海万博の時に米国籍のクルーズ船の中で、中国人がテーブルの上に紙幣を置いて賭けマージャンをしており、1局終了毎に勝った人が紙幣を取っていた。当時中国では賭けマージャンは禁止と聞いていたが、クルーズ船は船内規則だけで特定国の法規制の及ばない、完全自由国なので、マージャン目的で乗船している様に見えた。

日本の競馬、競輪、パチンコ等も似たようなもので、手持ちの現金がなくなればそれでお終いだが、FXの世界は手持ちの金を種銭にして、その数百倍にして、FX市場に参加できる。それは、ネットを介しての21世紀のIT化により可能になった。

事務的な事に掛かる費用が劇的に安くなったのでスプレッドも激減して、限りなくゼロ近傍に下がっている。

その様な環境の中で、FX市場では種銭だけで、通貨売買する人は皆無……種銭の数百倍の金額の賭けをするのが普通になった。その後過度な投機性を非難するとの批判から、消費者を守る名目で日本では一応上限が25倍までと法規制されたが、海外では昔と変わらず数百倍はごく普通、千倍を超える所もある。

高級官僚は法律と経済の二刀流専門家

キャリア官僚は官費で海外留学して経済、法律の両方の専門家で海外の銀行の口座を持ち英語も堪能な筈だ。

多くの職場、大学繋がり……数年後に定年を控えている高級官僚が想定、希望している天下り先の金融機関に何らかの示唆を与えていても不思議ではない。

既述のように、金融庁長官だった遠藤俊英氏はソニー銀行に天下り、金利8％～10％の米ドル定期預金を推奨している。郵貯の0.002％の金利の数千倍の金利だ。

数か月の短期間では為替は不安定に乱高下しているが長期的に考えれば、日本は巨額な借金を抱えているので、円安は避けられない事だ。

株式、債券、投資信託は売買の際の手数料が高くて長期保有が大原則だがFXの場合には短期、超短期で売買が行われる。

彼らは誘惑から……逃れられるか？

月給100万円強程度……僅か数分のスマホ操作で、数億～数十億円の利益が絶対負けなしで保障される為替介入は正に『千載一隅』のチャンスだ。自分よりも劣等生……駅弁大学や私立大学に行き、民間企業に就職……はるかに高額の給与を得ている友人が多くいる。彼等が為替介入の機会、それも円売り＝ドル買いの機会を看過するとは思えない。

円買い介入の場合にはFXを手終い、それを日本に戻すことは面倒な問題を起こすので……避けなければいけない。

ドル売り、円買いはこれから長期的に避けられない円安の中で、ドル資産を持つ絶好の機会となる。

介入の経済的な意味は何か

巨額に積み上がった借金と、歳入の約1/3を借金に頼らなければいけない構図は簡単には変えられなく、それが絶対に不可能な事である事を熟知している。

２年間の任期中に暴発しないように……取りあえず、パッチワークでドル売り介入して……任期中の暴発を起こさないように小細工して……トランプゲームのババ＝ジョーカー送りで、後継者に引き継ぐ。

介入情報の漏洩：日本の為替介入の手続き

日本の介入は財務省で決定され、日銀へ介入の指示がされて、日銀が介入の手続き＝今回の場合市場でのドル売りをする。

為替介入は非常に重大な事案であり、財務省の高官が議論し、最終的に大臣の決裁を受けて決定されるだろう。

－政治家である大臣ルートで介入を事前に知る人がある筈だ。

－財務省の中で介入があるか。何時起こるかは、全員の注目している話題だろう。

－日銀でも、何時介入の指示が来るかと待っている筈だ。

この様に、事前に介入の情報を得られる立場の人は、多数存在する。

一般のFX参加者の反応

一般のFX市場参加者、官庁にコネの無い弱小金融機関はドル円の行方を注視しながら、介入が起こるか……何時起こるかとマーケットを注視している。多くの平均的参加者は一方的に円安傾向を示すチャートを見ながら……過去の経験から、近々、日銀がドル売り介入をするだろうと予想している。介入が行われたら何が起こるか解っているから、幾つかの空買い、空売りの組み合わせでリスクヘッジのみならず、介入の機会に大きな利益が期待できるように工夫する。

パソコンの画面を終日見ている様な人は介入があっても通常大損はしないように工夫している。

素人で、頻繁にパソコンの画面を見ていなく、レバレッジが25倍の範囲でFXマーケットの参加している様な人は大けがを負うだろう。

スウェーデンの場合、日本の真逆

情報公開が徹底しているスウェーデンでは、財務省内で結論を出して……例えばドル円が159.50をタッチしたらその時点で……為替介入すると決定すると、決定は実際に介入のスイッチを押す銀行にメールで指示され、同時に公開されるから全てのFX参加者が同時に知る事が出来る。実態としては、スウェーデンは日本の様に国家経済が危機的な状態に陥いるまで放置するような事を起こさないので、起こらないが、もし起こったとしたらその様な形での情報公開が行われる。

日本では極秘事項で、介入後でも先述の様な財務官の答弁になる。

総括すると

－為替介入は多くの関係者を絶対負けなしの博打場へ誘導して、高級官僚を筆頭に小判鮫のような取り巻きに巨額利益獲得の機会を提供する。

－介入の為に使われた……例えば５兆円≒300億ドル……は日銀の外貨保有高を棄損する。

－介入により以下の事が起こり得る

－日銀の外貨保有高を減少させる。
－介入に際して、情報を事前に知り、介入金額の10％＝30億ドルの利益を得たとすると、日本の金融資産統計にカウントされるので、日本の金融資産算残高が増加して、日本が金持ちになったとマスコミが伝える。
－将来ドル円が200円になると30億ドル×150円＝4,500億円だったのが、6,000億円に増え、1,500億円の利益が発生する。

短期的に皮肉な結果

巨額借金を抱え、歳入の約1/3を借金で賄っている日本の国家経済は、10年単位の長いタイムスパンで考えれば、円安しか解決方法はない。
円安で輸入物価が上がればドル売り介入、円高で貿易赤字が大きくなればドル買い介入で……時間を掛けて静かに巨額借金を返済する願いがあるだろうが、それは出来ない相談だ。

それは介入の頻度を上げることになる、

介入情報の事前漏洩は既述のように、濡れ手に粟の絶対負けなしの賭博の機会になり、法的な規制の対象とする事は出来ない。
この様な巨利獲得の機会を……表面上誰も直接的な被害を受けるような人が特定できない……漫然と見逃す人はどのような人だろうか？？
先回り売買をする人にとっては介入が頻繁に有る方が利益獲得の機会が多くなり、介入歓迎となる。
人情として、スマホを数分間操作して、少額の種銭で数百万円～数億円の利益が確定できる取引を経験すれば……誘惑からの逃れる事は難しいだろう。欧米で介入が忌避される最も大きな理由はこの様な不正を許さない文化的な背景に由来すると筆者は観察している。

円安で例えば突然ドル円が２倍の300円になると何が起こる

庶民への影響

輸入品の仕入れ値が全て２倍になるので、企業間でその恩恵、負担が大きく変化、社会が激変する。
スーパーに行けば大方2/3の消費物質が直接間接に輸入品目だから、それらは約２倍に値上がりするか、同じ価格で量が半分になる。

仲介業者の場合

サービス産業と命名される、中間業者や、金融業者、商業、運輸業等の関係者は円安のコストを価格に転嫁できるので直接的な被害はないが、需要が減少するので決算は大きく棄損される。

国の税収は減少、借金は増大する

企業の決算の悪化から法人税は激減、個人の所得税も減少、当然それに連動して消費税も減少するから、政府、自治体の税収は大きく減少する。

貧困層が飢餓レベルの貧困に

多くのエッセンシャルワーカーと呼ばれる年収500万円程度の貧困層は、その貧困度を増して飢餓レベルまで生活が苦しくなるかもしれない。

国内農業

農業、畜産業の場合も、輸入飼料の高騰は価格に転嫁できるから問題は少ない。

海外からの旅行者は激増

唯一、旅行業は繁栄する。Go To Travel キャンペーンの時に排除したインバウンド旅行者が増加する。

半世紀前に日本の農協が韓国へ団体旅行、妓生パーテー、その他アジアの後進国へ多くの日本人が団体旅行に出かけたが、21世紀になり反対に多くの人がアジアから日本に団体旅行に訪れている。

それは悪い事ではないが、多くの日本の若者が海外旅行をする経済力を持っていない事が問題だ。

大企業への影響

多くの大企業は海外展開をしており、海外ビジネスの利益が国内に還流それは、為替のお陰で、高額になる。

多くの大企業の利益が激増、株式市場は活況を呈して……多くの富裕層が、その富裕度を更に上昇させる。

大企業従業員の給与は上がり、日本の国内の貧富の差は短期間で激増する。

総括

為替介入の繰り返しでそれは……介入情報の事前漏洩の習慣化した環境が関係者を不当利益獲得に誘惑する。

長期的に日本は貧富の差を拡大する方向に、税制のみならず為替介入の二次的効果により……国家経済の劣化を加速させている。日本のキャリア官僚にとっては、庶民は単に彼らの為に利用される対象でしかないのかもしれない？？

> 江戸時代に農民は生かさぬように、殺さぬように、搾れるだけ搾り取られる対象だったと、何かに書いてあたが、令和の日本も全く同様だ。
>
> スウェーデンの様に国民に寄り添う様な政治は、日本のエリート教育で育った人からは期待できないのか？

その35の４：Ｊ－FLECで小学生の頃から金融市場＝賭場に誘導教育

2024年、政府、日銀、金融業界は新しくＪ－FLECと称する、組織を立ち上げた。

国民の金融に関する知識を向上させて、持ち金を株式、債券などの金融市場＝賭場に誘導して、国民が自分自身で利殖行為に励んで……自己責任で自分の老後の人生設計をさせる事が目的だとしている。

若者が将来の年金制度の破綻を心配している……年金生活者が年金支給額の減額を心配する中で……行政がアンケートを取ったら多くの人が将来の事を心配、自分の利殖知識の向上の必要性を感じている事が判明したと言う。

行政は国民の要望に応えるべく、小学生～高齢者までに広い年齢層の人に行政が費用をかけて『金儲け学習塾』Ｊ－FLEC設立した。

日本では小学校の頃に始まった『学習塾』に始まり『金儲け熟』で、昔英国の福祉政策が

『揺りかごから墓場まで』と揶揄されたが、日本では『学習塾から……金儲け熟、塾通いで墓場まで』である。

筆者の経験：1980年代と2024年

1980年代の経験

隣家の神戸大学経済学部卒、三菱信託銀行勤務の管理職の方は月に数回、日経新聞の経済欄で来週の株式市場の予想記事を執筆する担当をしていた。彼は会社から株式売買などの行為をしてはいけないと就業規則で禁じられているので、株式市場での実戦経験なし。11年間も隣に住んでいたので、会話の中から色々な事が判明、筆者が株式取引の実戦での経験が豊富な事が判明すると……その内に筆者に来週はどう思うとお聞きになる。（自分史第六章参照）

2024年の経験

2024年５月末三井住友信託銀行に所用で出掛け、相談窓口で40代くらいの女性行員と話していた。筆者がところで、あなた方は今でも株式の売買は禁止？ と聞くと、やってはいけないんですとの事だった。

大学の専攻は社会学で、社会学的な専門知識の中ではマネーの性質を理解することは大切……学校では活字でしか経済の事を理解していない……多分経済学者は、経済学の神様＝始祖『アダム・スミス』でも実戦はでは負けばかりで下手糞だったと教えられているから……実戦と経済学は別物である事を理解しているだろう。

Ｊ－FLEC設立で起こる事

１：行政の責任放棄

国が国民をリスクから守る事を放棄、自己責任でやらせる事で、行政からの支援費用の削減を期待している？

スウェーデンと真逆の政策で、それは日本のキャリア官僚が巨額借金が積み上がた事から自己の実力を理解して責任放棄する決断だったのか？？

そうする事で……問題を行政、官僚の責任から……国民に責任を転嫁しているように見える。

２：行政と金融機関がリスクの負担なくウイン・ウイン、反対の理由はない。

行政、保護産業である金融機関が母体となって作り上げた、Ｊ－FLECは端的に言えば、講師の派遣業で、資格認定試験料、講習料で、本格的に導入されれば、福祉関係の専門職の資格試験の様に……10万人をこえる人が参入……学校、企業等に出前講習で、講習料も含めると、新しいビジネスセクターの創設だ。

３：金融機関からの視点では

停滞する経済環境下では企業の資金需要は少なく、資金がダブついているが、預金者の引き出し要求に対していつでも応じられる準備をしなければいけない。その状態では金融機関の利益も非常に少なく、対策を考えている中でＪ－FLEC構想が出現した。大手金融機関には天下り官僚OBがおり、多分、その中の知恵者が行政との仲介役となり制度は発足した。

預金者の資金を株式、債券、外貨預金等の金融商品に誘導すれば、庶民が価格の変動が激しく大損するリスクを負ってくれる。金融機関は価格の変動に関係なく確実に利益を生む『打ち出の小槌』を手に入れた事になる。

４：行政としては

アンケートの結果から、迅速に民意を反映して実行、新しい天下り先を確保した事になるから行政としては立派な仕事だ。

5：少数の成功者が出現する

J－FLECが成功裏に活動して、数千万人が参加すれば……極、極少数だが天才的なギャンブラーが出現。数兆円の資産を蓄積する事が確実に起こる。

6：経済が好転しているかのような錯覚が生じる

株式市場は活況を呈し、海外からも資金が流入……それらは日本の金融機関からの借入金で賄われる……海外からの参加者が獲得した利益は海外に流出する。

巨額借金を抱えている日本円は、長期的に破滅的な円安しか解決方法が無い事を熟知……自己資金を海外から持ち込むような愚行をしない。日本で借りた資金で獲得した利益は本国に還流させる。

7：行政の専門能力の低下

時間的に余裕のある下級公務員は金融商品の値動きに心が同様、ミスが多くなるだろう。

現在でも、FX参加者の損失補填に関係した下級公務員のスキャンダルが時々マスコミに流れているから、J－FLECが本格稼働したら同様のスキャンダル事件は頻発するだろう。

8：高級公務員の場合

金融商品の乱高下は、統計指数の発表の事前漏洩で……インサイダー取引、又はインサイダースレスレの売買で……取引をしている高級官僚に、利益獲得の機会を増加させる。

9：民間の若者の場合

低年収の若者が金融商品に手を出して……価格の上下に心が乱れる。

昔なら、株式市場はAM９時～PM３時でお終いだったが、21世紀になり金融市場24時間開いている。

常時スマホを持ち……値動きに心は動揺……仕事への集中度は著しく低下するだろう。

日本中で多くの未来の日本を担う若者は自分の専門分野の知識を深める事が出来なく…企業は国際競争力を喪失する。

成人の定義が18才からとなり、成人学生がFX市場に参入……勉強がおろそかになるのは避けられない。

10：結果として

日本の貧富の差は爆増……企業の国際競争力は激減……官僚の行政能力も低下する。

ヘンテコリンな事に経済統計であるGDPはさほど低下しなく、若しかしたら微増……借金は爆増を継続する。

全てが、日本の対極にあるスウェーデンと真逆になり、日本は確実に劣化の速度を上昇させる。

その35の５：経済官僚と「みずほ銀行」が、多分、無意識に日本の劣化促進を始めた。

みずほ銀行の窓口には次頁に示す、最も対象者が多いと推定される、年収500万円の人を例にNISA、iDeCo、生命保険に誘導するパンフレット……「コツコツくんVS賢いコツコツくん」……が置いてある。（2024年１月１日から）

コツコツくん

毎月３万円の積み立て、年間36万円、10年で360万円。（利息は0.002％と少額なので無視）

賢いコツコツくん

月額３万円をiDeCoと生命保険への加入で各1.2万円投入、0.6万円はNISAへ投資する事で、iDeCoとNISAの値上がりと生命保険の加入によって得られる節税効果から、元利合計が419

万円となり、単純積立の「コツコツくん」よりも419－360＝**10年間で59万円**、多くなると説得している。

日本は低年収者に重税、スウェーデンの納税額で比較すると

日本で年収500万円は厳しい重税、スウェーデンと比較すれば単年で約50万円、10年間で納税額が約500万円多くなる。（詳細は第８章参照）

にも拘らず、スウェーデンでは失われた30年に借金なし。

日本は1,500兆円の借金……なぜ発生、何処に消えたのか？？

それは、賢明な行為か？？　又は犯罪級の不正義な行為なのか

- 日本のキャリア官僚は賢明なので……身の程＝実力を認識……より実力が高い国民にリスクを転嫁しているのか？？
- 有力天下り先である金融、生保業界にリスクゼロで……賢いコツコツくんにリスクを負担させて……株式市場、為替の乱高下に関係なく確実な利益を獲得させる犯罪級の不正義行為なのか？？
- キャリア官僚は経済学と法律の二刀流専門家、解っていない筈は無いと思うが？？

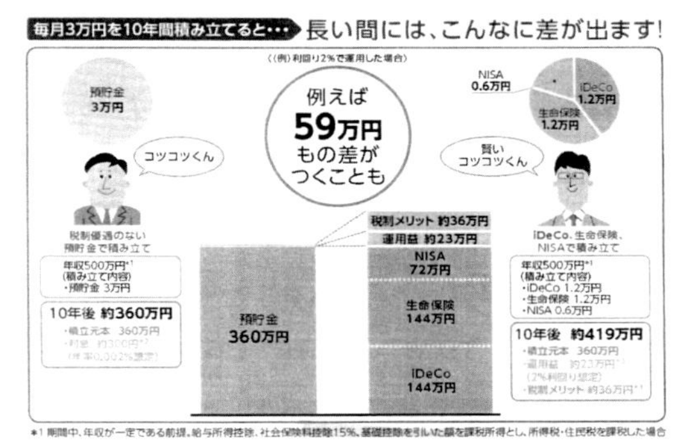

日本では仕事の質が劣化

賢い“コツコツくん”は株式相場の乱高下に心が奪われ……仕事に集中できない……
民間企業で重要な能力……アイデイアの創造、正確な仕事、正確な納期……を喪失、長期的に日本は知的劣等国となる。

スウェーデンでは

生活に余裕があり、政府が国際自由競争の荒波からのリスクを負担してくれるので、仕事に集中、無残業、高賃金社会を維持できるインフラを維持して行ける。

永いタイムスパン、30年で考えれば日本の殆どの経済指標はマイナス傾向から回復することは困難だ。

結局“コツコツくん”と“賢いコツコツくん”の毎月３万円、年間36万円は彼らの手から離れて、経済的には消費に回らないで、金融の世界＝賭博場に消えて行く。

スウェーデンとの比較で、日本の高い税負担分約50万円＋36万円≒90万円は消費に回らないので、経済活性化の為には貢献しない。個人として、90万円は恰も税金の様なものだ。

エッセンシャルワーカーと呼ばれる人とホボ同等の低年収者で、日本の就業者の約2/3を占める年収500万円以下の人とって、スウェーデンとの差の約90万円は巨大だ。現在40才の“コツコツくん”が70才になる30年後には**スウェーデンでは2,700万円の財産が出来**ている。

日本では、金融商品に投入したが相場の下落で10年以内に半分以下に減額しても当然だ……若し、将来不可避な円安で物価高となり、相対的な購買能力で比較すれば、その差は絶望的

に大きな差となる。
民間人は常識があるからそうはならない。
下落する金融商品を眺めながら、何年かして……“賢いコツコツくん”も止めるだろうから、実際に30年間も同じ制度が存在するとは考えられない。
問題はその様な制度を作り上げるキャリア官僚だが、それはこの本でピックアップした全ての事例に共通するキャリア官僚の非常識、無能力が原因だと断定する。
制度を作り上げた高級官僚は30年が来るかなり前に定年退職、金融機関に天下り、そろそろ天下り人生の終了間際の80代の高齢者になっている。

“コツコツくん”の今後

短期的には
当面は無数の“コツコツくん”の金融市場参入で年間数兆円の買いが入る。
円安の中で海外展開している大企業は利益が増大、反応して株価は上昇する。
円安がある時点まで進むと……そこから急激な反作用が起こる。
長期的には、
日本の借金の増加が止まらい事……円安が借金減額、返済の唯一の解決策である事を巨大な世界の金融市場参加者が認識、日本の株高が内容の伴わない、お化粧であると判断した時点で、市場参加者は迷うことなく円売りに転換する。
円安は日本株の外貨表示では株価低下を意味し、国内外の外貨を原資として株式市場に参入していた連中は日本の株式市場から撤退するか、空売りを仕掛ける方向に転換する。何時、起こるかは「神のみぞ知る」である。

不均衡財政は不可避

慢性化した不均衡財政で、歳入に占める借金は既に３～４割で、今後、更に急激に増加すると予想される。30年を１世代として……そのまま放置すれば……人口が確実に減少する中で……30年後に借金は現行の３倍になる事も起こり得る。現在30代の“コツコツくん”の期待は”賢かろうが、賢くなかろうが“金融市場の荒波の中で著しく減価、紙屑同然となるだろう。
政府はそれを予見して行っている？？
政府、行政の担当官僚はそれを予見して行っているのか？
又は、取り敢えず呼吸困難に陥っている日本経済を活性化させる為に、株式市場に酸素吸入をさせる事を最優先で行っているのか？？　正解は多分、10年以内に時間が教えてくれるが、それが地獄でない事を祈るだけだ。

その35の６ ：自由経済は常識と、偶然が支配する社会 少数の想像を絶する大金持ちが出現する。

根本的に自由競争で勝者が残り、敗者が退出する中では国家も企業も、マネーを求めて競争している。
スウェーデンには民間企業は国の為に稼ぎ、国はその税金を使うと言う役割分担についての明確な認識が常識としてある。
国が経済的に栄えるためには、稼ぐ民間の従業員が……仕事に没頭できるような環境を与えられなければいけない……それが政府の役割であり、それが出来ない様な政権は退出させられる。
スウェーデンでは国民に替わって自由競争の荒波からのストレスを政府が負っており、日本では反対に国民が自由競争の荒波に向かうように政府が誘導している事を明らかにした。
経済現象は複雑怪奇で、日本の様に数千万人が自由競争に参加するような状況下では、経済現象の結果はエクセルの数百の立ての列と、横の行の表からなる数値がピタッと会う様な、経理計算とは全く異なった、行動経済学的に確率で示される偶然と、無数の庶民が常識を携えて参加して傾向を作り出す、常識が最も重要な因子となる。

偶然が支配する社会

日本で数百万～数千万人がNISA、iDeCo等の金融商品に馴染みその延長で……FXの様な投機的な取引に専念すれば、その内の何人かが……第4章その7で筆者が公開した様に、8回連続で勝っても何ら不思議はない。日本では法制上FXに於けるレバレッジは25倍以内と制限されているが、海外では1千倍は何ら珍しい事ではない。
種銭＝初期投資金額を100万円として筆者の様に8回連続で勝てば令和の日本の国家予算の10倍以上に相当する巨利を得る事になる。
FX市場は巨大で、勝敗は短時間で決まり種銭＝初期投資額に対して大きなレバレッジを効かして市場に参加できる。数千万人が参加すれば、その中の10万人に一人くらい、8回連続で勝利する人が出現するのはありそうなことだ。そこまで行かなくても4～5回連続で勝利する事はかなり高い比率で起こるだろう。
その反対側には無数の敗者が存在するのは言うまでもない。それがゼロサムゲームだ。
その意味するところを初期投資100万円、レバレッジ25倍で計算すれば下の表の様になる。

日本で起こる弊害

日本の場合には以下の様に重大な国家的な弊害が起こる。

- 極、極一部の賭博超富裕層が出現……社会のスターになる。
- 賭博愛好国家となり、自由経済の中で正業が弱体化する。
- **既に現在、スウェーデンに比べて低所得者に高い税負担を課し、超高額所得者に低い税負担を課す日本の税制の下で、貧富の差は激増する。**

スウェーデンで起こる事

- 全てのリスクを国が負っているので、賭博市場への参加者が少なく、賭博超富裕層の出現が大きく抑制される。
- 無残業で、制度的に国がリスクを負ってくれるので正業が弱体化することは無い。
- 超高額所得者は既に日本よりも10％以上税負担高い。

種銭100万円、レバレッジ25倍の場合

	獲得金額	備考
1回	2千5百万円	頻繁に起こりそう
2回	6億2千百万円	頻繁に起こりそう
3回	156.25億円	頻繁に起こりそう
4回	3,900億円	起こりそう
5回	9,800億円	起こりそう
6回	2.4兆円	稀に起こりそう
7回	61兆円	稀に起こりそう
8回	1,500兆円	国家予算の約15倍

注1）　売り買いの手数料 ＝ スプレッドは極めて少額で無視している。
注2）　国家予算は令和年間初期の約100兆円を想定している。
注3）　第7章その7で既述8回連続でジャンケンに勝った。

正確な所は誰も解らないが、専門家の言によれば……日に千兆円規模の資金が売買利益を求めてFX市場を徘徊していると言う。
欧米ではレバレッジ1千倍は至極普通……1人が、複数のFX口座を持ち、異なった思考からなる数学的根拠を基に、運営して巨利を得る事はそんなに難しい事ではない。

参考の為に種銭10万円、レバレッジ100倍の場合の予想獲得利益を試算して右に示す。

種銭10万円、レバレッジ100倍、
8回連続で勝つと何が起こるか。

	獲得金額	獲得金額	国家予算の
1回	1千万円	10^7円	
2回	10億円	10^9円	
3回	1千億円	10^{11}円	
4回	10兆円	10^{13}円	
5回	1千兆円	10^{15}円	10倍
6回	10京円	10^{17}円	1千倍
7回	1千京円	10^{19}円	上記以上
8回	10垓円	10^{21}円	上記以上

経済官僚、経済学者は解っているのか、解っていないのか？

若しかしたら、彼らはそれから利益を得るために知らんふり？？

多くのエッセンシャルワーカーと呼ばれる人に加え、全給与生活者の約3/4を占める年収500万円以下の方々はスウェーデンに較べて重税に喘いでいるのに、年収数億以上の超富裕層はスウェーデンよりも10%以上低い軽負担で、実態として低年収者にとっては低福祉、高負担の日本の実情は是正されるべきだと思う人は多いだろう。

官僚は統計数値の公表前に数値を知り、100%勝ちを保証されたインサイダー取引の常連

昔は富山県の地方財閥綿貫家が庄川水系のダム建設予定地を先回りで、超安値……タダ同然で買って、数年後ダム建設計画が公表され、巨額補償金を得る事で、富山県の庄川沿岸にある大牧温泉となった事は良く知られた事だった。

神戸でも新神戸から北に向かって約８㎞のトンネルがあり、出口の所に看板が林立している。北建設局に勤務する職員が、工事計画公開前に先回りで、タダ同然で購入、地元では看板長者と揶揄されている。

日本では同様の公務員の関係した土地のインサイダー取引は何処でもあった事なのだろう。ネット社会となり金融の社会が多様化して、行政や日銀などが公表する統計数値に株価指数、FXが敏感に反応する時代になった。統計数値を発表前に知る立場の官僚は、スマホを介して数分間で100%勝利を保証されたインサーダー取り引きを行うインフラを手にしている。彼らは、精神的に庶民とは全く別世界に住んでいる。（自分史第八章参照）

制度設計者が未熟で、単に欧米に準拠して制度設計した。

活字で経済学を学び、複雑な高等数学を使った論文、経済学書の示す事が経済だと思い……人は利を求めて、常識の教える所に従って経済行動をとる事が読めない……経済専門家が国家経済の根幹をなす民間企業の従業員の労働の質に大きく影響を与える事を推測するのは不可能だ。

高学歴の官僚は自己中心的？

多分、彼らは公務員人生の中で……一度として、民間では普通である……社会に貢献する＝社会が必要とする物やサービスについて真剣に考えた事など無く、行政官としての権威を振りかざして……現役引退後も天下りで国民をカモにして終身、国に付きまとう、コバンザメの様なものかも知れない。1,500兆円の巨額借金に対する責任感など全くないのかも知れない。

明治の開国からの経験：常識が巨大な社会的貢献を行った

筆者の生まれた富山県からは無学だったが、多くの大企業を創業した人が出現した。

安田財閥創業者安田善次郎、鉄鋼王と呼ばれ大谷重工業とホテルニューオータニの創業者大谷米太郎、YKK創業者吉田忠雄、文具のコクヨの創業者黒田善太郎、清水建設の創業者清水喜助等であり、共通するのは無学であった事だ。幼少期に豊富な社会経験を積むことで、社会生活を営む上で最も大切な常識を備えていた事が成功の理由だと筆者は理解している。その様な企業に雇用されるために、後世の人は高等教育を受け、その最上位に位置する人々が高級官僚として国家経営を行う日本の官僚制度が出来上がり……その延長で21世紀の日本の政治、行政が行われている。

比較として度々登場するスウェーデンでは官と民の間の壁が低く、官と民が「同床異夢」に陥らないように制度設計されている。明治の開国期に現れた偉人福沢諭吉と森鴎外を取り上げ、彼らの国家、国民に与えた功罪について常識と言う視点から考えてみよう。

常識の人 福沢諭吉の場合

下級武士として生まれ、社会の常識の中で成長した福沢諭吉は慶応時代の末＝明治１年に若干34歳で始めた英語塾がその後、慶応義塾大学の創立に繋がり、日本の教育のあらゆる分野に巨大な貢献を行った。それは彼が下級武士の家に生まれ、幼少の頃から社会の垢にまみれて生活した経験が彼をその様な人物に育てた事が最も大きな理由だったのだろうと推察する。色々な偶然が重なって、当時としては非常に珍しく24才で渡米、その後、欧州にも行き20代で計４年間の外国経験がある。

筆者が10代の頃、中学校の図書室には福沢諭吉の事を紹介した本があり「天は人の上に人を造らず、人の下に人を造らず」と書かれていたのを今でも忘れる事が出来ない。住友電工の寮の図書室には、『学問のすすめ』、『福翁自伝』等もあり、10代の頃に福沢諭吉から大きな精神的な影響を受けたと思っている。

応心学園の教頭的立場の、人事課の杉山信さんは京都大学卒、後ほど住友電工の副社長になられたが、福沢諭吉を尊敬していると言われていたのが強く印象に残っている。

東京帝国大学卒の看板の人、森鴎外の場合

その１世代≒30年後、父親が御典医でドイツに留学した森鴎外は……現代に例えれば小学生の年令で、高校１年程度の学力がある……当時の超飛び級優等生で医学生として22才から４年間ドイツへ留学した。福沢諭吉との対比で言えば、成績優秀な東京大学卒だが。社会的常識に疎い人生を送って来た。

ドイツ医学にマインドコントロールされて……当時ビタミンは発見されていなかったので……日本の国民病だった『脚気』の原因は未発見の『脚気菌』による筈だと考え、陸軍での白米食を麦飯に変更する事を拒否した。

陸軍軍医総監だったが実態としては……小説家で……肩書だけで官僚人生を送り……数十万人の兵隊、一般国民が脚気で亡くなった原因を作った。若し当時東京帝国大学医学部が存在していなかったら、森鴎外は単なる売文業の小説家で……数百万人の日本人が脚気に罹患して苦難の道を歩み、その内の多くの人が脚気で亡くなる事は無かっただろう。

現代の高級官僚の場合

筆者が常識的に推察して、第１章で取り上げた「過去からの負の遺産」を積み上げたキャリア官僚は、著名な心理学者マズローの言う「人間の欲求の５段階説」の最低にも入らない……悪人の世界＝闇の世界を取り仕切っている事を自覚している筈だと思う。もしそうであれば、彼等こそ最も可哀そうな人たちだ。

親鸞の言う「悪人正機」であり、彼等こそ終身雇用の「精神的監獄」から解き放たれる事

を待っている人々かも知れない。

東京大学入学を人生の究極の目標と誤解して 青春期を受験勉強に捧げる多くの若者

この本の執筆は東京大学、準東京大学を卒業され……その事が原因となって不自由、不幸な人生を送る事を余技なくされて、あの世へ召された多くの方々の鎮魂の思いも込めて、今後の３０年を生きる若者の生き方の選択の参考になる事を期待して執筆されている。

その36：国民のリスクは負担しないが、台湾企業の 兆円単位のリスク負担を決定した日本政府

2024年２月に開業したTSMC熊本工場の開所式の際に斎藤健経産相が行ったスピーチの記事が新聞に掲載された。

新聞記事を読み、斎藤大臣が全く多国籍企業の経営者の行動原理＝賢さが解っていない事にビックリした。スピーチの中で過去の行政の失敗が日本の半導体産業の衰退を加速させたことを率直に認めているが、経済、企業経営の事については、筆者の視点からすると全く解っていなく、それは第１章で取り上げた、「過去からの負の遺産」の場合と同様だ。

斎藤大臣は東京大学経済学部卒、官費でハーバード大学に学士入学して経済学修士の経済学専門家である。

スピーチの中で日本政府が4,760億円支援すると公表されている。

最盛期には日本の半導体産業は世界の約2/3のシェアーを持っていた。

衰退が始まると政府が官制のピント外れの支援策を行い、その連続で……2020年代のTSMCの熊本進出の話がマスコミの話題となってから久しい。

操業開始直前の第１工場、未着工の第２工場で計１兆３千億円の巨額支援をするとマスコミが報じている。それは全て国公債発行の増額に繋がる。

TSMCの第１、第２工場の建設には約３兆円掛かるとマスコミが報じる中で、半分弱を国が支援すると言う。

支援の意味の詳細は解らないが……単純にドーゾと渡すのか、TSMCの銀行からの借入に対しての担保的な役割をするのか等の詳細についてはマスコミからの報道がない。

全ての工場稼働までに掛かる直接、間接的な費用を総計すれば、**工場建設費を日本側が丸抱えで、TSMCに労働者を雇用してもらう様なものだ。**

経済現象としてみれば、日本政府の支援がTSMCの経営リスクを肩代わりする事を意味する。

先述の様に、日本政府は国民を危険な金融の世界に誘導して国民にリスクを負わせ、スウェーデン政府は全面的に国民の為にリスクを負担する。

国民にリスクを負わせる**日本政府が台湾企業であるTSMCの経営リスクを負担する。**

この最も単純な経済現象のメカニズムが解っていない……又は十分承知しているが敢えてそれをする……理由がある？

- それは、日本の半導体産業の再興はそれしかないと思っているのか？
- 時間の問題で需要が無くなるローテク製品に特化して操業する事を明確にしているのにTSMC誘致が決まったのは、不純な何かが影響を与えているのか？？
- 一般国民は技術的に細かな事は解らない……企業、マスコミは強烈に批判するような事はしない、出来ない。結果が明白になるまでにはかなりの時間がある。その頃には決定に関係した高齢のキャリア官僚は定年退職している。

－　何か、対策しないと、無能、怠惰と見做される。

TSMCは全く経営上のリスクを負う事なく、ローテク製品の需要が減少したら工場閉鎖。10～15年以内に工場閉鎖になる可能性が高い。
その間に日本政府はTSMC支援の為に直接、間接に兆円単位の予算を組んでいるとマスコミが報じる。

注）TSMCは略称『台積電』、正式名は「台湾積体電路製造股份有限公司」、英語でTaiwan Semiconductor Manufacturing Company, Ltd. で世界的著名な半導体の製造会社。

確実に需要がゼロになる旧モデル向け部品の製造は熊本で、
ゼロから増加に向かう新型部品は米国で。

その36の１：半導体業界の現状と技術的背景

猛烈なスピードで進化する半導体業界の最先端でTSMCは無数の半導体産業を抱える関連企業の頂点に立ってICチップを製造している。ICチップを搭載した電子機器は開発時点で存在する最新のICチップを搭載、同じモデルの電子機器は通常数年～数10年間販売される。ICチップの集積密度の進化速度は非常に速く、新しく設計される電子機器はその時点での最新のICチップを使用するので、マーケットには新、旧の二種類の需要が存在する。

－過去に製造された旧モデルの電子機器用で、早晩需要が無くなるローテクの旧製品用ICチップ。現時点において世界中で製造されている全ての電子機器は旧モデルなので需要は巨大だ
－現時点で需要はゼロだが、新製品として開発設計中の電子機器は最先端の需要に応えられるハイテク部品を使用するので、今後急速に需要が爆増すると考えられる。

マスコミ、ネット情報ではTSMCの発表として、**先端レベルの工場は米国で、ローテク工場は日本**で生産する。
要約すると以下の様になると伝えている。

	線刻幅		
ローテク	12nm以上	熊本第１工場	
中　間	10～５nm	（第２工場）	2026年完成予定で未着工
ハイテク	2nm以下	米国フェニックス	
スーパーハイテク	??		世界中で研究中

注）ICチップは単結晶シリコンの基板上に細い金、銅、アルミの線を電気が通る様に配線されている。線刻幅とはシリコンの基盤上に配線される電線の幅≒太さの事である。電線が細いほど、小さな面積で多くの配線が出来るので集積度が高いと表現される。隣接する電線が接触すると、不良品になるから、近接する電線が接触しない事が重要で、集積度を上げるために可能な限り細い電線にする事が求められる。

nmは電線の幅を示し**１nmは10^{-9}m＝0.000000001m＝10^{-6}mm＝0.000001mm**を意味する。
Ｂ２の鉛筆で太線を引くと約1.0mmの太さだから、１mmの線刻幅にする為には百万本の１nmの線並べなければいけない。如何に電線＝先刻幅が細いか実感が湧くと思う。この日本政府のTSMC工場誘致支援策を……字数削減の為に……『プロジェクト』と短縮形で混用

する。

民間企業の視点からプロジェクトに関係して発生する経済現象を以下の項目について分析する。

- 日本の半導体技術の向上、半導体産業再興の起爆剤になるか？
- TSMCは長期的に日本で工場経営を行うか
- 熊本県、菊陽町への影響は？
- TSMCは『**Noリスク、Highリターン**』で日本は『**Highリスク、Noリターン**』となる事がホボ確実であり……予想もしなかった幸運が訪れない限り掛け率1/100くらいの必敗のプロジェクト、先例の有るエルピーダの再来であると筆者は予想する。

行政と民間は根本的に異なる

日本では行政と民間では、全く別世界のルールで活動している。

行政の場合

失敗しても個人も、組織も……日本では責任を取らなくても良いので、思い付きで十分検討することなく……検討するような知恵もないので……制度が出来上がる。

民間の場合

失敗すれば個人的な責任が問われ、降格、減給、懲戒解雇などの個人的な罰則に加え……若しミスが巨大な損失を招けば会社は倒産するかもしれない。

経済現象の未来の結果に絶対はない

あらゆる未来予測に絶対的な正解は存在しなく、TSMCの日本政府支援についても全く同様だ。全ての事は確率＝偶然が関係するから断定することは出来ない。

例えば米国と中国のICチップ工場が戦争等、何らかの理由で大被害を受け、日本が安泰であれば日本政府の決断は正しかったと褒められるだろうが……それは期待する事ではない。

TSMC支援プロジェクトは政府、行政の民間企業への介入だ

プロジェクトは民間企業の視点で観察、プロジェクトの社会的影響、成功、失敗の可能性を推測することは経済現象を生き物として理解するための非常に有益な教材である。

経済学はこの様な経済現象を理解するためには全く役に立たない。

少ない紙数でTSMC支援プロジェクトを研究する事が、『妖怪ジャパン』を推定するための短縮形として読者の方に利用して頂けると思い、様々な視点からプロジェクトについて考察します。

直感的な反応

筆者はこの本の執筆中にプロジェクトの存在を知り、既に多くの日本政府の愚行を観察していたので、プロジェクトは過去の愚行と同様であろうと予断した。

筆者は多数の日本の行政の愚行を取り上げているが、TSMCプロジェクトの場合は、海外企業に対する支援であり、国内経済だけで完結しない、より複雑なケースであり、その功罪、リスクについて最小の紙数を使って分析するのは非常に意味のある事だと考えた。

過去の失敗から学ばない……学べない経済官僚

TSMC誘致を正当化する背景説明の為に閣議決定用の資料として2021年6月に作成された83ページの『半導体戦略（概略）』には、半導体ビジネスの過去の歴史、国際情勢が統計と、綺麗な図表で記載されているがそれだけで、過去に行政が行った支援失敗についての反省が書かれていないだけでなく、だからどうすると具体的な事は全く記載されていない。

（概略）とあるから、本文がある筈だが……それは何処にあるのか？

重要度の低い情報は公開するが……最も重要なTSMCとの契約の細部については全く何も掲載されていない。第２章の話題とした『日米合同委員会』のケースと全く同様で、情報公開ゼロと言いたくなる。

筆者のスウェーデンの典型的な『ホワイト企業』サンドビック㈱での経験を基礎に、この実験に絡んで想定される問題について深度を上げて考察してみよう。

ホワイト企業、ブラック企業

『ホワイト企業』の高利益を生む経営戦略

筆者は『スーパーホワイト企業』、スウェーデンのSandvikABに30年間奉職しその一端を覗いている。

設備の法定償却期間と利益

ハイテクの半導体製造工場の操業には大きな敷地、大量の水、超高価な機械設備が必要だ。

投下資金の大部分は高価な半導体製造設備の購入に充当され、大部分の高価な機械類の法定償却期間は短く10年以下である。

税法上償却は、定額償却と定率償却の選択があり、決算書には税法に準拠して償却費が記載される。

『ホワイト企業』と『ブラック企業』の違い

通常ホワイト企業は社内用に短い償却期間を適用、ブラック企業は法定償却期間を適用している。

目前の決算の内容……株価の下落を心配するブラック企業は、償却期間の長い法定償却期間を採用する。

ホワイト企業の場合

経営に自信があり目前の事よりも長期間の安定的な経営を目指しているホワイト企業は、支払が必要な償却費用を短期間で決済する。償却費用が増加するので純利益が減少、目前の決算内容は悪くなるが将来の償却費用が減少、その連続で長期間にホワイト企業は益々ホワイト企業になる。

経営の実態は公的決算の示す表面上の内容よりも中身が良く、含み資産があると評価される。

ブラック企業の場合

経営陣は株価の下落を起こしたくないので、目前の決算を良く見せるために、社内的な償却期間も法定償却期間を採用、長期間に分割して支払う。

ブラック企業の場合には実態も公的決算書も同じであり……俗に、含み資産が減少する。

この様な企業会計の連続が、ホワイト企業はよりホワイト傾向を強め、ブラック企業はブラック傾向を強めるので彼我の差が大きくなる。21世紀の日本とスウェーデンの差が顕著になったのはこの様な背景がある。

新製品の開発に対してのハードルの高さの違い

開発部門から新製品が提案されると入念に製造原価、販売予測、損益が試算される。

コスト意識ゼロの公務員社会と、民間企業では損益計算に対する真剣度は天と地ほどの巨大な差がある。
社内では高い利益を確保する為に新規設備の購入に際して、法定償却期間の半分の期間で減価償却しても、利益が出る事を条件に新製品の製造設備に対して高いハードルを設定している。

筆者のサンドビックでの経験と韓国サムソンのトップの発言

筆者はその様な条件を克服した新製品の提案を目指して、スウェーデン勤務の後半1.5年は毎日３－４時間サービス残業をした。午後５時を過ぎれば大きな事務棟は無人になり、事務所に残っていても誰も何も言わない。タイムレコーダーもなかった。
残業はかなり前から無くて……後になって考えてみると、残業と言う言葉は死語になっていたからだと思う。
就業時間には開発部として取り組んでいる課題の仕事をしたが、残業時間には自分で五つの課題を決めて、その課題を解決する為の仕事をした。最も大きなハードルは使用設備に課される短い償却期間を原因とする新製品の高い製造原価だった。
現在販売されている製品の製造機械は、既に償却が終わっているので製造原価は非常に低くなる。それを克服するためには、突出して優れた革命的なアイデイアの製品でなければ採用されない……革命的なアイデイアは簡単には出てこない……革命的でなくても……小革命程度の製品でも製造原価の問題が克服できれば商品となり、販売高、利益の向上に貢献できると考えた。サンドビックはその様な企業文化を持つ『ホワイト企業』だった。

韓国のサムソンのトップの話

1979年後半筆者が帰国する頃、米国の著名な知日大学教授ボーゲル社会学者の著作『ジャパン・アズ・ナンバーワン』が出版され、ベストセラーとなり日本人を喜ばせた。
それは米国人に覚醒を促す目的で執筆され、『アメリカへの教育』との表題がボーゲル氏の意図だったと筆者は思うが、日本語では……日本人は日本が世界一に良い国、になったと誤解し……頭が思考停止状態になって終った。
それから半世紀弱を経た2024年５月18日付け朝日新聞に息子のボーゲルジュニアが寄稿し、ボーゲル氏が韓国のサムソンのトップと会談をした時にトップの語った日本評を以下の様に要約している。

> 日本の企業は勇気を失った……韓国企業は国内市場が狭いので……国際競争力を付けるために、革新的な技術にチャレンジしたと……。

それは筆者がスウェーデンで経験した事と、全く同じだ。

思考停止した日本のキャリア官僚

日本では社会の進化、変化に応じて対応できなくて経営不振で自然淘汰されるべき『ブラック企業』に行政が支援の手を差し伸べて延命させる事で、納税しない『ブラック企業』で充満した国にして終った。
TSMCの熊本誘致もその延長である雰囲気が充満しているが、契約の詳細が不明だから判断のしようがない。
日本を『ブラック企業』で充満させ……低賃金、長時間労働、低利益で安値攻勢……『ホワイト企業』の足を引っ張って『ホワイト企業』を『ブラック企業』に引きづり降ろす……。
外国企業であるTSMCを支援して……水面下で何を考え、計画、約束しているのか……？？

日本では『ブラック企業』を延命する為に巨額借金を作り……その延長で海外企業に巨額の補助金を出して支援する……。

国民、庶民には理解不能な何かがあるのだろう。

その36の２：海外企業が日本で必要とする人材

ハイテク企業の日本子会社の場合

1976年にサンドビックは宮城県瀬峰町に日本の三菱、住友、東芝、日立と同等以上の規模の合金工場を建設した。土地の取得,建設許可に関係して、大物政治家の元秘書で、戦後に進駐軍の通訳をされていたサンドビック㈱の他部門の部長職にあった加賀氏が前職での政治家、行政との交渉経験と英会話力を買われて県庁と交渉する担当となられ……県庁の部長をスウェーデンに見学力旅行に招待するなど、土地取得の為に奔走された。加賀氏からその頃の苦労話＝自慢話を何度も聞いたが、それは多くの公開を憚られるような話で……地方政治の生の話を聞く事が出来た。

操業開始に際して５人の課長職の幹部社員が必要と県庁経由で、東北大学に幹部社員となるべき人物の推薦を依頼、３人の幹部社員が東北大学から、残りの二人は人材派遣業経由で入社した。

先進国の大工場

創業数年後には従業員百人規模の、業界としては大規模な最新の設備を持った工場になり、海外への輸出も視野に入れている。日本の製品の輸出比率は……当時、統計などは存在しないが……ローテク製品ばかりで、金額で１％以下だったが、サンドビックのスウェーデン国外への輸出比率突出して高い約90%、それらは主に米、英、独などの先進国に輸出されていた。

新任課長は旧帝国大学卒だが仕事は……。

採用された５人の課長は、１人が阪大、３人は東北大、１人は私大だったが、彼らの仕事は日本企業の工場だったら、工長、職長と呼ばれる、ブルーカラー労働者と同じような仕事を行う。全ての作業マニュアルは本社の工場で作成され、それから逸脱する事は許されない。

何か、問題が起これば本社にお伺いを立てて、その指示を待つ。彼らが考えて、アイディアを具申できる様な制度はない。

単に制度の問題だけでなく、彼らは経験、実験する事が出来ないから、単純労働者を超えた専門知識の獲得が絶対に出来ない。マニュアルに従って工員を統率して如何に不良率を小さく、納期を守るかが職務であり、高学歴で科学的な知識があり……考える事を必要とされる仕事とは関係ない仕事に従事することになる。(自分史第五章参照)

それは本社の高いレベルの技術者が深く考え、非常に完成度の高いものに仕上げているので……素人同然の日本の技術者が発見できる様な不具合＝バグが無い事が原因だ。本社は若し欠点を指摘する提案を行い、提案に合理的な理由があると認めれば、躊躇なく変更する率直さを持っているが、その様な提案が出現する可能性は非常に低く、実際にはゼロだ。

先進の台湾企業からの技術取得＝リスキリングは無意味　単純労働者を低賃金で供給するだけの事

日本の先端技術の再興を旗印に政府が立ち上げたプロジェクトは、TSMCからの技術移転により最新技術獲得の機会と捉えているが、先述の超硬合金の場合よりも半導体の場合には全てがより複雑、高度で**技術獲得のメリットはゼロだ。**

全ての技術情報は中国語で書かれたマニュアルにあり、それは日本語の出来る台湾人により翻訳され、日本人はそのマニュアルに従って、作業をする。

自動車の組み立てライン、家電製品の組み立て工場のベルトコンベヤーの横で働く労働者には忍耐力が求められる。

統計によれば台湾の平均賃金は日本よりも低いが、スーパー『ホワイト企業』のTSMCは、突出して高賃金会社で、日本のホワイト企業並みか、それ以上の給与水準である。

日本は単に低賃金で雇用できる人材をTSMCに供給するだけで、半導体技術分野の技術習得には全く貢献しない。

日本が失われた30年の間に低賃金国となり……台湾企業にすれば日本企業の数十%高い給与を提示すれば人材は豊富で、数十年前に日本企業がアジアの低開発国に工場建設したのと、全く同様の事が台湾企業により日本で行われる事になる。

ハイテク業界、企業の最先端の人材の適性条件

筆者は絶対抗議できない天敵的な立場の顧客＝神様に約半世紀間鍛えられた。

国内外の数万人の作業者～著名国際企業のトップまで数万人との真剣な議論から学んだ経験から以下の様に判断する。

『ホワイト企業』では**『解答の無い課題に取り組み興味を持ってやってる感』の、仕事に対して能動的に取り組む**人が多く、『ブラック企業』は**『やらされている感』で、仕事に対して受動的に取り組む**人が多い。

ブラック企業、ホワイト企業と、仕事に対する従業員の取り組み方の関係は、『卵が先か、鶏が先かの？』の議論と同様で……どちらが先かの判別は困難であるが……それは筆者の確信だ。

専門分野の違いを問わず、人材の適、不適が最も重要な因子であるが、半導体業界の場合には特にその差が顕著だ。**最も重要な事は従業員の心と、手先の器用さである。**

手先の器用さの問題

社会で器用さが特に重要な職業は眼科、歯科医、外科医等の一部の手技を要する職業だけで、社会に無数にある職種では器用さはさほど重要視されないが、ハイテク分野では手先の器用さは非常に重用な能力であり半導体業界では特に重要だ。

高い教育を受けていて活字知識があっても、手技が下手糞では使い物にならない。

心の問題

作業に従事している人の心は『やらされている感』の人と『興味を持ってやっている感』のある人の二種類に分類できる。

業界の**最先端の所で『やらされている感』で仕事に従事することは本人にも、企業にとっても不幸だ。**

大きく異なった二種類の人材が必要

半導体業界が従業員に求める資質は先ず手先の器用さである。

工場の工員として働く労働者はそれで良いが、**R＆D部門で働く人は半導体ビジネス全体を『大所高所』から観察して……問題の種を発見、その問題を解決する事が求められる。**

日本の大学教育は忍耐強く従順な工員養成機関？

日本の受験教育との不整合

日本の偏差値で評価して、東京大学入学を目的として行われる受験競争は『やらされている型』の人間を育て……『興味を持ってやっている形』の人間を養成する目的の教育を受けていない。

将来どのように成長するか……伸び代が未知数な若者を偏差値で評価して順位付け……試験に際して考えて解答をするようでは東大に受かる筈がないとカリスマ塾講師が、受験生を鼓舞する。

カリスマ塾講師の一言

著名な塾講師が似たような事を言っているが、例えば『**考えている様ではダメ、手が自動的に動かなければ**』

例えば、著名な東京大学卒の**和田秀樹氏の著作『受験は要領……数学は解かずに解答を暗記せよ**』がベストセラーとなった。

東京大学を筆頭に高学歴者の若者はその様な受験対応用の教育を受けているので……解答の存在しない考える事を必要とする仕事には絶望的に不向きだ。

活字だけで学び、経験が貧弱……社会で遭遇する大小の問題の重要度の判別が出来なく、些末な事に迷わされ、年齢は充分な大人だが、精神的には賢い中学、高校生のレベルと同等の幼い心から抜けられない。（自分史第三、四章の筆者の経験参照）

器用、不器用は天性で、天性に教育が不可価値を付ける

器用、不器用は大部分DNAに依存し、それは天性であり……それを教育で大きく修正する事は困難だ。

社会へデビューするまでの二十数年間で、生理的には完全に大人となり……その間に教育を受けて社会に受け入れられ、社会で役立つことを期待されて就職、組織の一員として働き始める。極一部の人は芸術、芸能、起業もあるがそれはこの際除外する。

高等教育で付けられた付加価値の効果

先述のカリスマ熟講師が推奨するような教育環境で10数年間……東京大学入学を夢見て、解答が問題集の末尾に記載されている問題集の暗記にエネルギーを投入……解答の無い問題を解くために悩んだ事のない大人となる。

テレビのクイズ番組に出演すれば、多分かなりの成績を示せる人物となる。

その様な教育を受けて……東大入学失敗で、他の大学に入学した人も……同じような教育環境を経る事で、全ての同時代の人々は入学した大学に関係なく、ホボ同様な傾向を持った人物となる。彼らは、科学者にとって最も必要な、答えの無い問題に対峙して解く楽しみ……対峙して問題を解くセンスを喪失した成人となってから社会にデビューする事になる。（自分史第三章のＩ氏の様に）

日本の大卒の人の適職は

日本の大卒の人の適職は『やらされている感』で、考えることなく忍耐強くマニュアルの指示に従って、器用に作業をする事が求められる職場だ。それは自動車組立、家電品の大量生産工場でベルトコンベヤーの生産ラインで働く労働者に求められる資質だが、**先端技術分野で科学者、技術者として働くには全く不向きだ。**

生産ラインでの作業者は

忍耐力が最も重要な能力で、それは日本の高学歴者が備えている能力で、それは彼らが受

けた教育によって身についた。彼らは工場労働者の様な職種を下に見ているが、彼らは解答の存在しない、未知の課題と取り組み時間を掛けて考える忍耐力とセンスに欠けている。一部の例外的な人を除いて、彼らの適職は大量生産工場の組立工の様な職種なのだ。

過去の経験は語る：昔は学歴とビジネスの成功とは関係がなかった。

産業、企業が発展する為に最も重要な要素は人材であり、人材が育つことが日本の半導体産業再興の絶対条件だ。

昔は教育レベルと、産業＝企業の勃興、大企業への成長と教育レベルの関係は皆無と表現したくなる程少なかった。

米国ではGEを創業したエジソンが典型的な例であり、筆者の生まれた富山県だけを見ても、みずほファイナンシャルグループの創業者安田善次郎氏、ホテルニューオータニ、大谷重工業創業者大谷米太郎氏、YKKの創業者吉田忠雄氏、文房具のコクヨの創業者黒田善太郎等、無学だったが日本の巨大企業の創立者が無数にいるが、その後時代が変わり、同様の事はギャンブルの世界で起こっても……実業の世界では起こらない。

筆者が住友電工で行ったサービス発明は上述の無学な大成功者の時代と……21世紀の過渡期で行われたが……21世紀となり、筆者が行ったような発明は有名大学卒で、**世界の開発競争の先端部分にいなければ問題の存在が全く認識できなくて、発明を通じて社会貢献することは不可能だ。**

最先端に立てる優秀な人材がいなければ失敗に終わる

21世紀になり、社会の様相が様変わり……技術の進歩が速くなり、学校で高い教育を受けないと科学の最先端で課題となり、将来のビジネスの核となると予想される知識を獲得する事が出来ない。半導体ビジネスは典型的なその様な分野のビジネスだ。

筆者のサービス発明の様に個人的な1つのアイデイアで完結するような簡単な考案とは、比較にならない程必要とされる知識は幅が広く、内容が深い。

ホワイト企業、ブラック企業と従業員の心性

高学歴者に求められる事

高学歴者でも、文系の人と理系の人ではその職場文化は大きく異なる。

文系の人は法律、決まりに従って職務をこなし、多分、その内に部下を持つだろうから、マネジメント能力が求められる。

理系の分野の人は課題の発掘と問題が発生した時の解決能力が求められる。

長期間その様な環境で働き、十分な経験を経て、文系の人より随分遅れてマネジメント能力が問題となる管理職に就任する。

スウェーデンの製造業で詳細なマニュアルの存在する『やらされている感』で充満した単純労働に高学歴者は従事しない。

ホワイト企業は既に世界のトップか……トップでなければ世界のトップを目指しているので……『やらされている感』で働いている受け身型の人は不適で、その様な人は早晩転職するから……組織としては外部の変化を先取りする様に敏感に、能動的に機能している。

理系の技術者は結果の成功、不成功が簡単明瞭に見えるために……良い面と、悪い面があり……良い結果が出せない技術者にとっては非常に厳しい言い訳の効かない仕事だ。

理系の技術者は入念な実験をしてから実戦投入

理系の技術者は自分の考えを直ぐにマーケットに投入することは、失敗のリスクがあるた

めに何段階もの準備を行ってから、最終的に試作品を作りテストでの確認を経てから、製品化が検討、OKが出てマーケットに投入される。

アイデイアの発見、頭の中での思考実験、データー収集の為の予備実験、試作品の設計と実機テスト、完成品のテストが標準的なマーケット投入までのプロセスだ。

資料収集の為の実験

多くの場合、新しいアイデイアを実施する為に必要とされる、データーが不足する。その様な場合に、不足するデーターを得るために実験をする。

テストの為の予備実験

試作品を設計、試作して実験、想定した様に作動する事を確認……問題が発見されたら設計変更。

完成品のテスト

最終的に耐久テストも兼ねて、完成品をテスト、合格と認められれば、マーケットに投入するべく、生産計画が立てられて設備の購入が行われ、在庫が積み上がってから市場に投入されるが、その前に予想収益の問題の克服が待ち構えている。

文系官僚の場合

国政に直接影響を与える経済学を専攻した高学歴者の場合、実験無し、ぶっつけ本番で例えば税制を決定する。大学でも経済について活字で学ぶだけで、実戦経験はゼロ……。

経済学は考古学の様なもので、経済論文は未来の経済の予測に全く役に立たないと筆者は断定している。

この事について筆者はこの本の大部分を使用して数十の項目で論証している。

日本の税務官僚は法律と経済学の専門家であり、彼らが経営した日本経済の失われた30年のGDPはホボ停滞していたが、1,500兆円の借金を作った。

それは彼らの行った事の成績表であり……正確には不明だが……**経済学が役に立たなかったか事を間接的に証明している。**

対極にあるスウェーデン

対極にあるスウェーデンは同期間中にGDPは約1.7倍に増大、日本では巨額借金を作ったがスウェーデンは余剰金＝貯金を出している。その間スウェーデンは大幅な減税を行い、日本は反対に増税、年収５百万円以下の低所得者の場合、日本の税負担は約50万円も多くなる。1,500兆円はどこに消えた？

この事について筆者は以下に論証する為に多数の思考実験を本書で行っている。

日本の公務員の職場は『やらされている感』で充満している

公務員は法律とマニュアルと呼ばれる規則に従って仕事をする事を義務付けられ、規則から逸脱する事を禁じられた『やらされている感』が支配している労働環境である。

米国では政権が変わると、高位管理職の官僚は入れ替わるが、日本の高給官僚は終身雇用制度で守られているので、定年までの雇用が保証されている。

一旦キャリア官僚として就職すると、**一生『やらされている感』で充満した環境で現役人生を送る事になる。**

スウェーデンの公務員は『やっている感』の仕事

スウェーデンの様な企業の最高峰に実質的に経営権を持つ財閥家が存在して、その下にボードと呼ばれる経営を監視する組織があり、その下に日々事業運営を行う、雇われ社長を筆頭とする組織では企業の短期的な成果追求と長期的な企業の安定経営を目指してバランスの取れた、長期的に安定して存続できる企業の支配体制が確立されている。

堕落、腐敗、隠蔽を予防

スウェーデンでは上記の様な社会的環境に加え……官と民間の人事交流があるので……官と民に於ける精神的なバックボーンが同じでありその頂点に首相と１院政国会が存在する。

国名は『スウェーデン王国』だが、日本と同様『国王』は象徴的な存在である。

このメンタルな相違は公務員の怠慢、堕落、腐敗、隠蔽等の発生の促進、又は予防に巨大な影響を与えており、日本の場合は促進、スウェーデンの場合は抑止力として作用している。

Ｒ＆Ｄ部門に高いハードル

筆者が勤務したSandvikABではＲ＆Ｄ部門が新製品を提案すると、製造原価が試算され、その際に適用される新しく購入される機械類の償却期間は法定の約半分だった。

このハードルを越えて従来品より高いコスパを主張できる新製品の開発は容易ではない。

開発部長の優しい言葉

弱小企業だったSandvikABを、米国のGEカーボロイの約２倍、世界市場で25％のシェアーを維持する業界の巨人にした技術者ヴィルフェルト氏は、簡単に結果が出なく……精神的にストレスを感じているＲ＆Ｄに従事する技術者の心に寄り添って、以下の様に言っていた。

> 成果は簡単には出て来る筈はない、全員が特許アイデイアを出さなくても良い……誰かが、数人が結果を見せればそれで良い。だから多くのＲ＆Ｄ要員がいる。
> 幸運にも結果が出せる人……出せない人がいるが……それがＲ＆Ｄの仕事だ。

これが、ヴィルフェルト氏流の技術者の鼓舞方法だった。

その言葉を聞いた数年前に、ヴィルフェルト氏は超硬工具部門のトップを自分自身の希望で多分、50才の頃に退任され…組織上は降格になる昔の技術部長の職に戻られた。

ヴィルフェルト氏は自動車、兵器産業で有名なサーブから転職、幾つかの工具業界で有名な特許発明をされ、サンドビックを業界のガリバーに育て上げた。ISOの委員としてインチとミリメーター国の混在する超硬工具の業界を纏めてISO規格としてまとめ、世界市場への進出の為の規格統一を行われた功労者だ。

部品も含めると多分、万個となる製品群をミリとインチの２系列の製品として製造、在庫を持つのはコスト高になり将来の国際企業としての発展の障害になると、世界中の大手同業各社と政府の機関の委員からなるISOの超工具部会の委員長としてISO規格の制定に貢献された。それは世界の為になったが、同時に会社が巨大化するために、デコボコ道を舗装する効果をもたらした。典型的な賢いスウェーデン人で、先の、先を見て仕事をしている。

スーパーエンジニヤだったが……努力しても……結果が直ぐには出せないそれが現実で、それがトップ企業のＲ＆Ｄで働く技術者の精神的な環境だ……ヴィルフェルト氏は超優秀なエンジニヤーだったが他人に寄り添える心を持ち、凛とした何かを感じさせる方だった。

その36の３：TSMC支援で消える費用と、雇用される従業員の給与の経済的解釈

５千人を雇用し、平均年収が500万円とすると、500万円×５千人＝250億円/年、15年で3,750億円≒0.5兆円となる。最終的な支援金額は不明だが、マスコミ情報では1.5～３兆円の

範囲の数値が現れている。

もし15年間操業して撤退、その時点で1.5兆円支援しているとすると、0.5兆円を賃金として回収、１兆円は無駄使いとなり、それは国公債発行残高の増加で帳尻が合わせられる。

TSMCと経産省とどのような約束＝契約が交わされているのか庶民には知る由もない。

スウェーデンならば、契約内容の詳細は公開され万人の知るところになるが日本では多分、部外者以外は知る事は出来ないので、精度の高い推算をする事は不可能だ。

突飛なようだが、国内の労働者を国家政策で海外企業に労働者を派遣すると言う視点で観察すると、北朝鮮政府による労働者の中国への出稼ぎ制度と、TSMCに雇用される日本人労働者の経済効果は酷似している。

北朝鮮の場合

朝鮮人民民主主義共和国＝北朝鮮は実態としては、金正恩の独裁国だと多くの人が見做している。TSMCの工場建設支援は経済行為として考えれば、北朝鮮の労働者の海外派遣による外貨獲得と類似性がある。

北朝鮮や中国の実情は不透明であり信頼できるデーターは存在しないが、北朝鮮ではかなりの庶民が飢餓状態にあるとマスコミから伝えられる。北朝鮮の１人当たりGDPは韓国の1/20～1/30と言われ、それは年収15～20万円に相当する。中国の１人当たりGDPの統計上の数値は１万～２万ドル≒150万円～250万円とされるが個人差が大きい。

労働者が派遣されるのは大都市のサービス産業が多く、違法スレスレのサービス業だから比較的高給の500万円は可能だろう。５千人の労働者を中国に派遣して年収500万円と仮定してその経済効果を考えてみる。

給料の1/3が国に上納され500万円×1/3×５千人≒83億円/年となる。

15年間継続すれば1,250億円の巨額とり、それは北朝鮮ならば大型潜水艦１隻の建造費に相当、国家に対して大きな貢献をしている事になる。

５千人の人は海外に住んでいるので、北朝鮮内の食料不足解消に貢献している事になるから、ダブルで国家に貢献している事になる。派遣される人は、個人では不可能な海外生活をして、見識を深める事が出来る。

日本の場合と北朝鮮の比較

北朝鮮の海外への労働者派遣は経済効果の側面から見れば、非常に合理的でそれを実行できている政府、行政の能力の高さは高く評価される。

一方、日本政府のTSMC誘致は５千人を国内で台湾企業に雇用させる事で、支払われた給与の一部は国内で消費されるので、少額だがGDPと消費税として国家経済の統計上の上昇に反映して、景気浮揚に貢献したとされる。

『ホワイト企業』TSMCは日本よりも高賃金で雇用できるので、優秀な人材獲得の為に、日本標準よりも高給を提示するだろう。

支援なしでの海外企業の日本進出の場合

TSMCが日本政府から支援なし、自前の資金調達であれば、日本の実態経済の改善に巨大な貢献をするが、日本政府が支援することで……第１章で取り上げた多くの愚行と同様に……国家経済を大きく棄損させ公的債務の積み増し要因となる可能性が非常に高い。

1,500兆円の公的債務の場合と同じだ。1,500兆円の借金になった事を公表して、だから増税が必要と宣伝する。

半導体の場合は、非常にまずい状態になったから、支援する事に決めましたとなる。

その内部については全く説明がなく……自由に兆円単位を使う事の承認を政府＝国民から取り付けた事にする。

TSMC熊本工場の場合

既にマスコミ報道された熊本県への半導体関連の工場誘致は、第四次パラシフトの中で進行中だ。台湾からも少数の社員が派遣されて来るので、彼らの消費を期待するような事がマスコミ報道されるが、経済の大きな枠組みが解っていない。

その36の４：撤退後のインフラ

行政は企業誘致の為には大きな資金を鉄道、道路網、上下水道、配電等のインフラ整備に投入、それは税金で賄われる。

民間でも鉄道、配電、ホテル建設、住宅建設に資金が投入され……土地の価格が高騰……それは固定資産税の増加として住民の負担を増大させる。

第１工場については５年〜最長15年間の操業を想定。

第２工場については……未着工だが10年〜20年間の操業を想定しているだろう。

資金は日本の金融機関から

日本の金融機関は景気低迷で資金需要が少なく困っている。

TSMCの高い信用に加え、日本政府の強力な支援があるので、低金利で必要な資金を日本で調達できる。好条件で巨額資金＝それは日本人が預金したマネー……低金利での日本の金融機関の貸し出し競争が始まる。

巨大公的債務を抱え、長期的には円安しか解決する手段のない日本円を使って……外貨を持ち込んで為替変動によるリスクを負う事なく、全て日本の資金で工場建設、工場運営ができる。リスクなし……他人の褌で相撲を取る様なものだ。

極端に低いエネルギー自給率、異常に低い食料自給率と農業飼料自給率に加えて、突出して高い国公債発行残高は長期的には円安以外にはあり得ない。最近ソニー銀行に金融庁長官だった人物が天下り、隠すことなく超高金利で外貨預金を勧めている。

日本の看板企業ソニーグループと日本政府とは一心同体で、ソニーグループは自動車のSDV化に対応する無人運転、スマホの大型化に対応するために積極的に大型投資を実行中で、ソニーグループへの製品供給について既に水面下での合意が出来ているだろう。長期的に不可避と予想される円安から来る持ち込み資金の為替リスクはゼロ。全てが日本国内で完結する。

税制上の優遇措置

熊本県は工場建設が将来的な税収に繋がると期待して特別待遇を提示する。

最も簡単で、常習的な方法の一つは……固定資産税の減額であり、それ以外にも企業誘致の目的で多くの負担軽減、又は支援制度があり、詳細は知らないが……多分、最高度の優遇を受けているだろう。

固定資産税を10年間免除……10年以内にTSMC撤退が起こる可能性もある。

その36の５：撤退後の土地

企業誘致の為に資金が鉄道、道路網、上下水道、配電等のインフラ整備に投入され、それは税金で賄われる。

民間では鉄道、配電、ホテル建設、住宅建設に資金が投入され……土地の価格が高騰……それは周辺住民への固定資産税の増加となり長期間にわたり負担を大きくする。

借入金で土地を買っているから金利負担が掛かるが、地価の低い熊本県の農村で20万㎡を超える広大な土地を購入。

ソニーを含め関連企業が多数周辺に集合すると考えられるので、土地の価格は上昇する筈であり10年以内に50%の地価上昇があっても不思議ではない。第1章その8の様な例は日本で頻繁に起こっている事だ。

撤退するに際して、日本政府は最近ソニー銀行に天下りした金融庁長官OBの影響や、隣接するソニーの工場、多数の関連企業があるので、日本政府は菊陽町を見殺しに出来ないから支援の手を差し伸べるから、地価は大きく下落しないだろう。自己資金で買っていても、懐は痛まない……その程度のリスクは計算の範囲内だ。

建物

機械設備に比較して少額だが、環境の変化によりTSMC内での活用、又は日本企業への売却が可能だろう。撤退と言う事になっても日本政府は、ソニーその他の多くの日本企業を見殺しに出来ないので、新しい支援策をするとの期待もある。

設備の法定償却期間と利益、損失

ハイテクの半導体製造工場の操業には大きな敷地、大量の水、超高価な機械設備が必要だ。

投下資金の大部分は高価な半導体製造設備の購入に充当され、既述の『ホワイト企業』サンドビックの様に機械類の償却期間は高い利益を確保する為、TSMC内では法定償却期間の半分の期間で減価償却しても、利益が出る事を条件に工場新設の許可条件として計算、10年間の短期間操業でも損失が発生しないような社内ルールの下で経営しているだろう。

その他の節税、TSMC内での利益獲得手段

既述の固定資産税、その他行政から得られる支援に加えて、TSMC内での資金の操作で以下の様な避税、節税、資金移動が可能になる。

ライセンス料

熊本工場は日本の法人である、Japan Advanced Semiconductor Manufacturing株式会社」＝JASMは台湾のTSMCの技術を使って事業を行っているから、JASMはライセンス料を支払うでしょう。その中には幾つかの特許の実施権、ノーハウの使用料も含まれている筈です。

部品購入価格の操作

TSMCから購入する部品の購入価格の決定に際して、JASMの好決算が予想されれば利益を縮小して、日本への納税額を減らす為、TSMCからの部品の購入価格を上昇させる事もするでしょう。

主要素材の購入に関係する事

TSMCは無数の外部購入品を使用してICチップを製造しているが、シリコンインゴット、スライシング用ダイアモンド砥石等の主要部品素材、部品は日本から購入している。

TSMCが一括購入して、そこからJASMが購入するような形にすれば、JASMの決算を『ブラック企業』レベルに維持しながらTSMCに利益を移転する手段は多数存在する。

その36の6：予想される結末

工場は短期間で閉鎖しても何ら問題ない
10年後には撤退しても不思議はない

民間の常識で考えれば、TSMCは近未来の10年前後の短期間に上げた利益で全てのコストをカバー、利益を上げてJASMを何時廃業させても、損失が出ない事を確信して計画を立てているだろう。

10年以上操業出来ればそれは望外のボーナスみたいなものだ。

日本の官僚はコスト意識皆無、TSMCの工場は大型箱物だから長期間使用され、その間に日本の授業員がハイテク分野の技術習得で日本の半導体産業の復興が出来ると目論んでいる。

筆者のビジネス常識で観察すれば

TSMCは『Noリスク、Highリターン』で
日本は『Highリスク、Noリターン』となる事が確実であり……
予想もしなかった幸運が訪れない限り賭率1/百～1/千くらい
日本必敗のプロジェクトになると思う。
残念な事に情報公開されない日本では、失敗しても、その事実、内容が公開され、庶民が知る事は出来ない。

1,500兆円の借金が若干増えるだけだ。

だから、マスコミも気付かない……。

その37：国内企業ラピダス㈱へ5,900億円の追加支援

2024年５月末にラピダス㈱に最大で5,900億円の追加支援をすることなったと報じる。

ラピダスはトヨタ自動車を筆頭に、国内９社の連合体で、先刻幅２nm以下の最先端のICチップの開発を目指す。既に決まっている分も合わせると約１兆円となる。

どの様な背景事情があって国内最先端企業に対する支援事業が，TSMC支援に遅れる事約５年後になったのか関係者でないから解り様がないが……最終的にそれらは全て歳入が不確かな……単なる歳出で、過去の多くの事例と同様に国公債の発行残高となる公算が大きいい。

その38：国家経営の成績表を総合的に評価すると
企業のブラック化を推進する悪政だ

国家経営の成績表

国家の経済運営は政治家と行政の財政専門家により実行され、結果は統計数値として公開されて、国際比較が行われ、それは家庭における家計簿、学校の成績表＝内申書と同じだ。次ページの表－１はネット上に公開された財務省の千人当たりの公的部門の職員数の統計資料を基に他の統計数値と並べて解り易く加工して示している。

経済学者の論文の場合には、統計数値が取られた出典と時間を特定して、会社の決算書の様な精度を求められるが、下表の数値はその様な精度の確保には頓着していない。大きな傾向をコスパで比較する事が目的で高い精度は必要ない事が解っているからである。政治に掛かるコストは下表で示す様な分析をする事は無意味なので下表の中には含めていない。

財務省は日本の公的部門の職員数が突出して少ない事を、強調する事を意図している様子

が見える。

表－１：各部門の公務員数

国 名	１人当たりGDP（USドル）	政府公務員数（千人当たり）	地方自治体の公務員数（千人当たり）	日本との比率（政府と地方で）（千人当たり）	１人当たりの借金 １人当たりGDP比	１人当たりの借金（USドル）
日 本	3.4万	37人	30人	67人	約2.7倍	9.0万ドル
フランス	4.2	90	64	154人	約1.1	4.5
スウェーデン	5.7	29	50	79人	約0.4	2.3
スウェーデン/日本	約1.7	約0.8	約1.7	約1.2	約0.15	約0.25

１人当たり借金の比約0.15及び一人当たりの借金額約0.25を実感が湧く様に逆数で表わせば。
日本の１人当たりGDP比借金は6.7倍、１人当たり借金額は約４倍となる。

政治に掛かる費用

日本とスウェーデンでは政治家、選挙、国民の民意があまりにも日本と異なるので、簡単な数値で比較しても意味がないが、要約すれば以下の様になる。

スウェーデンでは、政治、行政の多くの重要部分が、日本語の表現ではボランテイア的な、無給、時間給、又は日当で支払われ、日本の様に生活するための収入を政治家、市長、自治体の長、議員としている人は、限りなくゼロに近く、日本とは比較する意味がない。
　日本の地方自治体の首長が公用車を持ち、市長一人当たりの費用が年間数千万円はスウェーデン人には考えられない事だ。

表－１を評価する

経済学者的に上表を数値から判断すれば、突出して日本の公務員が優秀であると結論を導き出すと思うが……他の統計も組み合わせて、家庭経済に引き当てて考えると多くの興味ある事を示唆する。

財務省の意図するところ：優秀な日本の公務員

日本が突出して公務員数の少ない国であり、日本の行政が他国と比較して非常に効率的に、優秀な公務員により行われている事を、統計数値に示させている。

国の富裕度比較

日本は食料、エネルギーの約2/3を輸入に頼る、工業国で……数十年前から先進工業国のトップグループから脱落、アジアの後進国だったシンガポール、台湾、韓国の後進国と同列又は後ろに位置するようになり、更に劣化を加速させている。
農業国のフランス、工業農業ともに強い米国の遥かに下である。

１人当たり借金

日本が約９万ドル、フランスが日本の半分の約4.5万ドル、スウェーデンは約2.3万ドルである。
財務省の資料の公務員数比較だけ見れば、日本の公務員は、超優秀、流石に厳しい受験目的教育のしごきに耐えて、国家公務員に選抜されただけの事はあると、自慢したい気持ちなのだろう。
何分、フランスの90/37≒2.4倍の仕事を一人でこなしている。

国税庁職員の１人当たり人件費

ネットで公開された2022年の国税庁の職員の定員は約5.5万人であり、年間予算は約６千３百億円である。
１人当たり１千万円強であり、平均で人件費１千万円強は非常に低賃金である。
中央省庁の長時間残業は良く知られた事であり、平均月間残業時間は約45時間とされているが部署により長時間残業は、国会対応などで避けられない事がマスコミ報道される。年収１千万円の30％程度は残業分が占めているかもしれない。
年収１千万円は、700万円～１千万円と理解すべきだろう。日本では通常雇用主が人件費として100を計上した場合、諸費用……残業、保険料、各種手当、ボーナスを含んだ税込み……が掛かるので、被雇用者に給料として支給される資金は60～80程度の範囲になる。年功序列で給料が上昇する公務員社会で、平均１千万円は低賃金だ。
40代前半の子持ちの人の年収が５百万円を超えるのは困難で無残業では貧困層に分類される。
第９章で後述する、日本とスウェーデンの税負担の比較において、年収１千万弱までは日本の方がスウェーデンよりも高負担で、１千万円を超えるとスウェーデンの方が高負担となる。
要約すれば日本ではスウェーデンと比べて、低所得者に高負担、高所得者に低負担を課す税制となっている。
日本では、多分、平均値の１千万円に到達する為にはかなりの勤続年数を必要とするだろう。子育てで忙しく、住宅ローン、子供の将来の教育費、将来への為の蓄え、高齢化する親の事……とストレス多き年代であるが、日本では年収１千万円でも生活は楽ではない。

第８章、その５の１に示す、スウェーデンに住む40に成りたての二人の子持ちの県庁職員ハンナと電力送電会社に勤務する夫が数百万円掛けて家族４人で日本に数週間の家族旅行をする様な事は考えられない。

大きな疑問

家庭経済に於いて、昔は家計がうまく行かないと都会の人は質屋に行って金を借りた。
その後、サラ金が出現して、質屋はホボ、絶滅してしまった。
フランスの公務員に比べて超優秀な日本の官僚が、国の経済運営の為になぜそんなに巨額な借金を積み上げたのか？

日本の官僚は優秀だったのか

結果の採点は国の家計簿を見れば『一目亮然』で最悪だ。**巨額の借金を作り、その返済の目途がなく、多重債務者となっている。日本**の財務状況を野放図に借金漬けにしたのは中央政府の官僚であり、それは人口の約3.7％に相当する？？
彼らは『妖怪ジャパン』のアシストを受けて日本を好きな様に支配する中央官僚が『ステルス独裁党』を作り上げた。(造語集参照)

外貨資産は対外純資産として計上される

財務統計上、外貨に向かった金融資産は銀行経由で財務省の『海外純資産保有高』としてカウントされ、その多寡が国家経済の安定性を示す目安の一つとされている。

現状を楽観させたい思惑

巨額公債費は数値が見えているから嘘は付けない。
国民を安心させ、増税を正当化する為に、国家が保有する金を含めた外貨資産保有高、対外純資産があるから当面は安心だが、増税が必要と、増税の必要性を訴える。
既述の様に、年収500万円レベルでは日本はスウェーデンよりも税負担が多い酷税国家だが……更に増税しようと画策している。残念ながらそれしか方法がない。

テニスの友人の愛国的な話？

県内のトップ級進学高校を卒業、多分、その後何処かの大学卒業後に大手鉄鋼メーカーに就職されたＴ氏は、筆者とホボ、同年代のテニスグループの中でオピニオンリーダー的な方だ。何かの拍子に誰かが日本の巨額国債の事を話題にし始めた。
Ｔ氏はその問題にすぐ反応して……この間NHKの番組で、有名な経済学者が日本の場合、日本の国債は日本人だけが持っているから、紙幣を必要なだけ刷って国債を売りたい人に払ったら良いだけだから、全く問題にならない……と専門的な知識を披露され、同時に……日本は豊かな国、安全な国と世界中から尊敬されて、世界中から多くの旅行者が集まってくる……. 日本ほど良い国が何処にあると……、俺ら高齢者は楽しく、健康だけに気を付けて楽しくやって行けばいいのだと発言。周囲の人は頷いていた。Ｔ氏は著名大企業の管理職をしていた方で、Ｔ氏の発言は、多分、平均的な日本のインテリ層の日本に対する評価だろうと思う。
Ｔ氏は別の時に昭和の時代に製鉄所の工員が月間数百時間の残業をするので、稼ぎが多かったとも話されていた。
既に当時スウェーデンでは残業は社会に存在しない事で、残業と言う言葉は死語同然だった。
筆者は、この様な場合絶対に議論に加わらない。根本的な所での理解にあまりにも大きな相違があり、建設的な議論が出来ないのみならず、人間関係を崩壊させるからだ。スウェーデンなら、多くの人は好奇心があるから、話題に出来ると思うが、日本の教育を受けてきた高学歴者の場合はそうは行かない。
NHKは意図してか……何とはなしにか、御用学者的な権威者を選んで報道すると理解している。国営放送としてのNHKとしては、それが国に対して示す誠実な態度なのだろう。
ウクライナに戦争を仕掛けたソ連の国営放送と全く同様だが、それが『妖怪ジャパン』に感染した日本の姿だ。

企業の『ブラック企業化』を推進

自由競争の原則で変化する世界経済に追従して、変化、進化できない、淘汰されるべき低賃金、長時間労働を特徴とする『ブラック企業』を支援して存続を可能にする。
既述の様に、日本の大多数を占める年収500万円レベルの低所得者は生活苦から、企業を選ばず『ブラック企業』にでも、我慢して職を得る。その様な『ブラック企業』と競争させられる『ホワイト企業』は引きずり降ろされて、『ブラック企業』で充満した国にする事を目標としているかに見える。『ホワイト企業』で充満しているスウェーデンとは大きな違いだ。
日本では、知識不足、無能から、行政が場当たり的に効果の無い対応をする事で、見るべき効果を上げることなく、その間に増加した政府総債務1,100兆円は単なる無駄使いに終わった。日本では国家経済の舵取りに相応しくない官僚に政治を任せたのが原因だ。（出発点の第１章その10の思考実験を参照）

1,500兆円の実感

1,500兆円は、15万人の官僚が各人100億円の金をドブに捨てたか懐に入れたことを意味する。
又は、150万人の官僚が各人10億円の金をドブに捨てるか、懐に入れた事を意味する。
その内のかなりの部分は官僚OBの天下りによる国税への納税額減額要請＝指示＝命令により消えてしまった。

驚くべき鈍感……それは職務放棄であり 犯罪と見做される行為だ。

その39：福祉士教育もビジネスになる日本と国が無償で教育をさせるスウェーデン。

近所の神戸コープで介護福祉士の職業に就くための最初の資格を得るための講習会受講者募集のチラシを発見、全５日間の講習で受講料29,700円とある。

福祉関係の様に自分を犠牲にして……他人に奉仕する……**尊い仕事に従事することを目指す若者に受講料を払わせる**ような『苛斂誅求』と表現したくなるような、時代劇に登場する『悪徳代官』が作った様な制度の存在を、筆者は許せない。

経済学者はなぜこれを看過するのか？

筆者が経済学者ならば、以下に示す理由でこの様な状態を変更させるべく政府、行政に提言するだろう。

福祉関係の仕事に就くための経済的負担が大きい

チラシの発見が若者の医療、福祉関係の業界への参入を政治、行政が難しくしている現実を知る事になった。高齢者が多くなり、医療、福祉関係の職業の需要が増加する中で、多くの若者が福祉関係の職業に就職、転職する事を考えるが経済的負担が大きい。それは意図的にされたのか……何も深く考えることなくされたのか不明だ。

ケアマネは福祉関係の一番上位の資格で約60万人の人がいる。資格を維持する為に５年毎に有料の講習を受ける事が義務付けられていると言う。

第１章から既に多くの教師、官僚の愚行を指摘している様に、定期的に資格更新の為の講習を受け、更新試験を必要としているのは、学校の教師、国政を担当するキャリア官僚だと思う。

ケアマネまでの道のり

ケアマネになるまでには以下の様なステップを踏んで、ケアマネとして福祉業界で奉職する事になる。

1．介護福祉士の初任者・ヘルパー２級資格取得
2．通算５年の実務経験後に受験資格が発生。
3．ケアマネの試験に合格
4．５年毎の有料受講を受けて資格更新試験を受ける。
5．25代から60代までケアマネをするために６～７回くらい受講、受験を強制される。

詳しくは解らないが、現時点での貨幣価値で100万円前後の費用が掛かるだろう。

ケアマネで人生を送る人が60万人だから、一群の世代のケアマネを目標としてその途上に

ある多くの人がいるから、60万人×100万円／年で６千億円／年の費用が消費される。消費税も８％だから、480億円税収が増える事になる。

ケアマネ以外の福祉関係の仕事に従事する人数は、多分、ケアマネの10倍以上……６千億円は……６兆円とカウントされるかもしれない。

ケアマネには５年毎の資格更新の為の研修を受けなければ失職する。

ケアマネの資格は５年毎の有料の講習を受けて、国家試験を受けて合格しないと失職すると言う。

> 年功序列で自動的に昇給、退職金と年金が約束されている
> 官僚には庶民を忖度する気持ちがない。

２つの大きな疑問と……

介護の分野で最も理想的な人はどんな人。

－それは体力、気力共に充実、ボランテイア精神に溢れた人で、経済的に余裕のある人である事が望まれます。

－常識があり、弱者に寄り添える心がなければ、シンドイ介護の仕事には向いていない。

第１章から多くの行政の愚行を取り上げてきたが……あの様な常識不足を原因とする愚行を行って……それに気付かない様な人が介護の仕事に関係するのはトンデモナイミスマッチです。

そのような受験勉強一筋に、社会的な常識に疎い厚生官僚によりケアマネの５年毎資格更新の為の有料講習の受講と、試験合格を義務付ける様な制度が出来上がったと推察される。

筆者の友人の妻が頻繁にストックホルムの介護施設を訪れる日本からの見学団体が、介護の仕事で最も重要な心の問題の取り扱いについて聞かれた事が無いと言っていたのを思い出す。（自分史第七章参照）

常識と心の問題が最も需要な福祉、介護の仕事に不向きな人は……キャリア官僚の様に高給ではないので……歯を食いしばって我慢して職に固執する人はいないでしょう。

数年、福祉、介護の職場を経験すればマッチング、ミスマッチについて理解……そのような経験を経て仕事を継続する意志を明確にしている。その様な人には免許更新に伴う経済的、精神的な負担を軽減してあげるべきなのに、反対に無用な負担を掛ける。

長い人生の中で、子育てで忙しく……仕事を中断することを余儀なくされる人も出て来ると思うが……そのような人に無用な負担を掛ける様な、鈍感な厚生官僚こそ……５年おきに、自費で講習を受けさせ、資格更新試験に合格しなければ失職させるべきだと思う。

スウェーデンで受講は無料

スウェーデンでは教育を受けるのは無料だ。

教育の結果を資格に生かすための国家試験の受験は有料だが授業は無料で受けられる。

スウェーデンではこの様な職種の転換、スキルアップの為の受講は全て無料であり、受験料のみが個人負担である。

学習塾は存在しないが、それは無意味な過熱した受験競争がないからである、

日本の学習塾の市場規模が年間６千億円であると、その経済効果を自慢していた論文を読んだ記憶があるが、スウェーデンではその様な学習塾は存在しない。

国民がスキルアップを目的に受ける教育の費用を全て国が負担するスウェーデンが無借金で、国民に大きな負荷を掛けて、受講料を払わせている日本で巨額な借金が積み上がる。

それを素朴に経済学的側面から、経済効果として称賛する、経済学者がいる。

日本は……筆者の目から見ると……知的盲目に見える。

ケアマネの資格更新試験のアイデイアの出発点は……制度立案した官僚のお粗末な常識から来ることだ。
日本中に約60万人いるケアマネは既にそれまでに大きな負担を強いられている。

NHKのラジオニュースが伝える証明：日本では経済学は死んでいる

１．経済学的に『穴掘り埋め戻し』行為を経済効果と称える経済学者

2024年５月３日の文化の日のNHK午前７時のニュースで、計画中の紙幣のデザイン変更により、金融機関がATMなどの設備更新を行ったので、経済学者が５千億円の経済効果だと講釈していると報道していた。

それが、国民の負担になり……最終的に国の借金によって賄われると言うメカニズムが解っていない……若しかしたら、解っているが『妖怪ジャパン』の影響で、解らない振りをしているのかも知れないが……国民の視点では同じことだ。。

スウェーデンの小学校高学年の子供はこの様なメカニズムを理解しているから、この様な経済事案については、日本の経済学者の認識は、確実にスウェーデンの中学生以下だと断言できる。
スウェーデン在住時、近所の小６のアンナちゃんが日本の高校の家庭科教師だった妻に,丁寧に妻に何かを教えている場面によく遭遇した。妻のやり方が間違っているとアンナちゃんは学校で習った事を妻に教えていた。(写真集参照)

歴史は進み世界はITパラダイムシフトの渦中にあり、それは人間が初めて遭遇した肉体的な労働や物を必要としない、考える力が最も重要視される社会である。

過去のパラダイムシフトは肉体労働と大きな物が必要

過去の歴史で経験したパラダイムシフトは、馬車、蒸気機関、自動車、飛行機、ロケットと進化…帆船から汽船等は大きな物＝ハードウェアの技術革新によりなされ、その進化、改良と普及には長時間を必要とした。

1990年代初期に始まったパラダイムシフトは過去に経験した事のないの、大型のハードウェアを必要としない、ソフト＝考える事で変化する、全く新しいパラダイムシフトであり社会は急速に変化し始めた。

1960年代後半に工作機械業界では、切削工具の刃先の動きを電気的にコントロールする数値制御型のＮＣ旋盤やマシニングセンターが、自動車、造船、建設機械、航空機製造業に巨大な影響を与え、生産速度は激増、製品精度も非常に良くなり、大量生産用の日本の工作機械が世界を制覇した。

ITパラダイムシフトではハードウェアは二次的で頭脳の使い方の問題

急速に変化する社会では最低でも、変化に追従して……先進国の場合には変化の先端で活動出来る頭脳と、意欲、インフラの整備が必須だが日本は全てにおいて鈍感だった。

それは日本の規格型教育の弊害が根源にあり、専門分野の最先端で活動している筈の学者、高級官僚の鈍感と怠慢が作り上げた仕事の結果だ。

第１章で取り上げたアスベストの問題や多くの行政上の愚行の積み重ねは……延長線上で発生したITパラダイムシフトへの突入を理解するセンスがなかった事が原因だ。

経済学者は、考古学者の様に過去の統計数値を分析する事に熱中……実際の経済活動、それは民間での実務経験を意味する……現在、予想される将来の事について推測する能力がない。

日本では最も免許更新を必要とするのはキャリア官僚、学校の教師……可能ならば大学教授の資格更新だが、それは終身雇用の壁が邪魔している。

日本の福祉行政の一面を経済の側面から分析

比較としてのスウェーデン

スウェーデンでは教育は全て国が無償で行うので受講料はなし。

全ての人、全ての職種に年令に関係なく…意志さえあれば転職、ステップアップ、リスキリングの機会があるので、国民の全体的な能力の底上げに繋がり、無残業社会で日本と比べて高収入社会だから……講習を受けるための経済的、時間的な負担は非常に軽い。既に小学校の教育に始まり……個人が働く意志を持っている限り一生その様な機会がある。

日本の場合には有料講習が二つの愚行を作り出す

1．経済学者の評価
　－　受講料の数千億円/年は経済効果でGDPの増加に貢献する。
　－　受講料に８％の消費税が課されるので数百億円の税収増に貢献する。
2．中級厚生官僚に天下り先を提供
　－　**公益社団法人社会福祉振興・試験センター**と呼ばれる、民間機関が福祉関係の人の講習会、試験について独占的に業務を行っている。法人の二人のトップは厚生省の課長代理級の中級官僚OBであり、厚生労働省の天下り先となっている。
　　ホームページには昭和47年＝約50年前から海外研修・調査に累計で2,360人を派遣していると書かれている。年間50人弱が派遣され、スウェーデンとデンマークに派遣された方の報告記がHPに掲載されている。
　　筆者が初めてスウェーデンへ出張した頃から始まっているが、当時の海外旅行は、現在の金銭感覚では……５百万円を超える。スウェーデンへのエコノミークラスの往復航空券は46万円……多くのサラリーマンの月収が５万円前後の頃の話だ。

総括

紙数を要するので、此処でストップしますが……国政の全部門に於いて起こっている……このような福祉行政、日本の経済学者の行政行為の評価の累積が、日本の巨額借金の積み上げた原因の１つだ。

教育費を全て国が負担しているのに失われた30年の期間にスウェーデンでは、余剰金を作り出している。

同じ民主主義国でこの様な巨大な差が発生するのは日本が『妖怪ジャパン』に支配されているからだ。

その39の１：人を育てるスウェーデンの成人向け無料公教育と日本の形だけの有料成人向け公教育

日本には昭和36年……筆者が工業高校夜間部２年生の頃……に誕生した「**雇用促進事業団**」**にルーツを持つ**「**DEED**」＝**独立行政法人高齢・障害・求職者雇用支援機構**があり、対象者の職業能力の向上と開発を行う業務を行っている。

筆者の経験と、公開された資料を基に日本とスウェーデンの成人向け職業教育に対する公的機関の役割と、組織のトップに立つ人々、その活動の国家、国民に対する貢献について考察する。

スウェーデンの場合

筆者のスウェーデンでの経験

リスキリング、資格取得の為の講習の受講は全て、原則無料で受験費用だけは私費である。

会社では6か国から来た6家族に、特別なスウェーデン語会話のコースを用意してくれたが、日本語を母語としている我々は聞き取り能力が大きく劣るために……お話にならない。

筆者の質問することは英、米、仏、独、伊人とは全く異なり……参加していてもあまり効果がない。

筆者はスウェーデンに在住中の夏休みに300㎞以上南、マルメ近郊で開校された3週間のスウェーデン語の講習会に二人の娘を連れて家族4人で参加した。

行政のスウェーデン語講習会に参加

会社とは全く関係なく、行政がスウェーデン語の講習会を行っている事を知り参加した。

世界各国から来ている難民、政治的亡命者ばかり、約15名が参加していた。

メキシコ、トルコ、ポーランド、東欧の国々等、5か国以上の発展途上国から来ている。

筆者の様に大企業にゲスト従業員として雇用されていないので、多分貧困家庭だったと思うが、彼等には貧困のイメージは無かった。宿舎は行政が用意した施設だったが、当時の日本の標準と比較してみすぼらしくはなく、立派なものだった。

筆者としては、言葉だけでなく社会的な勉強をする良い機会になった。

ハンナの場合

高校卒業後化粧品店の顧客にメーク指導などをする、美容部員として就職……その後電力発送電をする会社に勤務する人と結婚した。二人の子供が出来て一念発起、約2年間の通信教育で資格取得、県庁職員として就職したが、日本では考えられない事だ。

会社の顧問弁護士オリヤンの場合

体育会系で、スウェーデン人の中でも目立って硬派のオリヤンは大学卒業後警察官となった。

社会経験が彼に路線変更を囁き、若干の公的機関の行う教育の助けも借り……多くは個人的な努力で……弁護士となった。

彼が受けた公的な講習会の受講費用は無料である。

課長補佐のH氏のケース

筆者とホボ同年代のH氏は……名前が思い出せない……100近くある海外子会社との販売を統括する部門の課長代理をしていたが、自分の子供が障害児。子供が成長して具体的な問題に遭遇する中で人生の路線を変更。福祉関係の勉強を始め、資格を取って30代の中頃にコミューン＝市の福祉関係の課長に転職した。

上記3人の場合は筆者と濃厚接触した人々であるが、濃厚接触していない人についても多くの類似の事を聞いている。

> スウェーデンでは教育が結果を作っている……単なる卒業証書を得るためでなく……資格取得後に直ぐにその職業に就ける力をつけている。

米国の弁護士ロンの場合

約20年間特許係争で内外の著名企業と戦ったオリヤン、特許部長レナルト、筆者と米国人弁護士ロン、グルジェツキーは同志であり、戦友だった。
ロンはワシントンDCのトップ３に入る、数百人の弁護士を抱える大法律事務所の副所長だった。週に１回大学で弁護士を目指す人に夜間に教える仕事をしていると言っていたが、無給である。
スウェーデンの場合には行政が講習会を無料で開催、米国ではロンの様に高い教育を受けた人がボランテイアで社会に奉仕している。ロンの親はポーランドからの移民だと言っていた。

日本で早期退職した人の再雇用を念頭に
行われたリスキリング教育は無駄だった。

56歳で退職を決意すると同時に、退職後自分の知識不足を補う為に二つの事を学ぼうと思っていた。
それはパソコンの使い方と、企業会計＝決算書から企業の内容を読み取る事だった。

パソコンについて

1980年代初めの頃、東芝製の簡単なパソコンをキットで買って組み立て、ワープロは出現した初期の頃から使っており、見よう見まねで一応パソコンは使用しているが……ITの技術についての理解度が浅く、心の充実感がない……1999年に退職して時間が出来たら勉強しようと思った。

企業会計について

本社のトップも交えての会議で自社、他社の企業会計についての、いろいろな言葉や数値が飛び交うが……頭がついていけない。それは自分が簿記の知識がないからだと思って、簿記を習おうと心に決めていた。

行政が教育を用意してくれた

筆者は57才で退職……社会的には早期退職と言われ……再就職を可能にするリスキリングの為に神戸市が多くの講習会のメニューを用意、退職後６か月の間の受講は無料、その中にパソコン講習と簿記二級資格取得を目指す講習会があった。

パソコン教育の場合

１週間くらいの教育だったが……筆者から見ると……リスキリング、再就職とは程遠い……全く無意味な教育だった。
初歩中の、初歩初めてパソコンに触る人向けの教育で、リスキリン後には程遠い。
唯一の良かった事は、多数の今まで全く経験した事のない業界経験者とお友達になれた事だった。

簿記講習会の場合

筆者は簿記について完全に誤解していた。簿記とは単なる仕訳と呼ばれる会計上の分類の決まりを暗記する事で企業会計とは全く関係ない事が解った。当初、乗りかかった船だから２級の資格を取ろうと思ったが……時間の無駄使いと思って途中で受講を止めた。

退職後半年の経験のまとめ

退職後半年の間に幾つかの他の講習会にも参加したが
10名以上の人と親しく交流したが一人も公務員出身の人がいなかった事と、一人も講習会に参加する事で再就職出来た、した人がいなかった事だ。

2024年の日本の行政のリスキリング それは独立行政法人の金儲けが目的か？？

独立行政法人DEEDの場合

所用で兵庫県工業試験所に行き、DEED＝独立行政法人　高齢・障害・求職者雇用支援機構の2024年版の146頁と110ページの２冊の冊子を発見した。

無数の講習会が開催されリスキリング、再就職に繋げる事が目的としてメニューが作られている。全部を細かく精査したわけではないが……講習会の特徴を箇条書きにすれば以下の様に見える。

１．殆どが２～３日の短期コース。

２．受講料が大まかに５千円/日で計算され受講費用が数万円掛かる。

３．無数の講習……ITの最先端、民間企業の販促、旋盤工、溶接工等……があるが受講料は講師へ支払われる講師料との関係で決まっている事をうかがわせる。講師が博士の場合には非常に高く……講師が多分職人、例えば旋盤工、溶接工等……の場合には安い。大まかに0.5～1.5万円/日であり、講師に数万円～10万円強の講師料を払い、非常に利益率の高いビジネスをしている事が推察できる。

４．数日程度の短期の講習では無理な事を課題としている。
それは、先述の筆者が退職後半年に受けた再就職用の教育と全く同様であり、カリキュラムをこなす形式だけで、その効果についての検証がされていない。
例えば、講習終了後にアンケートを取って講習の価値の評価を聞くなどの事が行われていなかった。
講習会の看板は受講者のリスキリングであるが、DEEDの利益の為に受講を募り、滋慶学園の様な無数の民間専門学校と競合している。

多分、受講者はDEEDの方が公的機関だから良いとの思い込みがあると想像するが……実態は全く反対かも知れない。

DEEDとはどんな独立行政法人

2024年日本には87の独立行政法人があり年間約1.5兆円の資金が国により予算化されている。

典型的な厚生省労働省の人脈の流れの中で天下り、又は学校繋がりの人が幹部やトップに就任する法人で、従業員７千人弱の大組織だ。公開された資料から2020年に国から約712億円の助成金を支給され、翌年は約53億円増額されているから公開された2021年の決算書の中の経常収益の中には約765億円の政府からの助成金が入っている筈だ。

DEEDは成人向け再就職教育熟で、塾経営者の様に ビジネスの成功が目的だ

日本政府が成人を生徒とする塾産業に参入したように感じる。

それは、それを意図して行われたのか……出発点は何かしなければと、善意の心又は全く関係なく……不明だが、結果は明らかだ。

天下りのトップは全て定年退職前後の高齢者……日本の高齢者はスウェーデンの高学歴高齢者の真逆である。

日本の定年退職後の高齢者の就職先としての独立行政法人

日本では高級官僚が定年退職後民間企業に天下りするのは、文化として定着している感があるが、独立行政法人ではよりその傾向が強い。

スウェーデンのトップの場合

筆者の身近にいた王立工科大学の**教授OBのヒーシング氏は定年後、無給に近い県知事に就任。**

筆者の上司だったヴィルフェルト氏は定年退職を６，７年後に控えてトップを退いて、自分が最も**好きで適職だと考えられる格下の開発部長にお手盛りで就任**した。これらの例は何も珍しくなく、スウェーデンでは普通の事だ。

お手盛り、定年後に天下りする日本の高級官僚は高齢の詐欺師、上記のスウェーデンの例は匿名を条件に東京大学の安田講堂を寄付した富山県出身、現在のみずほ銀行の創業者で無学だった安田善次郎に相当する。

日本には昔多くの立派な無学者がいた。

DEEDの令和３年の決算

ネットで公開されている決算には、民間法人の様な売り上げの項目が無くて経常費用、経常収益、経常利益がある。

経常費用　：約1,005億円
経常収益　：約1,009億円
経常利益　：　約80億円
当期総利益：　約380億円

経常費用は、人件費、設備の維持費用、講師への支払い報酬、電気代、その他諸々であろう。

経常収益は、国から得た助成金、受講者から得た受講料だろう。

筆者のテニスの友人に塗料メーカの「ホワイト企業」関西ペイントOBが３人いるが、DEEDの決算は「超ホワイト企業」で、関西ペイントの同期間の純利益の２倍弱だ。

独立行政法人には公租公課を払う法人と、払わない法人の２種類があるがDEEDがどちらかを筆者は知らない。

DEEDの貢献を表面から観察した評価

筆者の民間の視点で考えれば、

1. 国からの助成金は借金に転嫁される。
2. 受講料は受講者の負担であり……受講者は高収入でないだけに負担感は並ではない。
3. 講師の人は……多分良く知っている筈だから……教えているだけでそれが実際に役立っているとは思っていないだろうから、達成感の無い……気持ちになっているだろう。
   筆者は、1970年代前半に長期間民間会社であるにも拘らず、有料の講習会の講師をしていたから良く解る。

外見上は転職希望者、スキルアップ希望者の要求に応えた善政の看板を掲げているが……第１章で取り上げた多くの愚行の様に国家経済、国民視点で評価すると……効果は限りなく無だ。

日本の総労働時間の増加に貢献して……数値は少ないが、日本を低賃金長時間労働国にする為のアシストをしている。

厚生労働省繋がりで、高学歴高齢者の定年後の再雇用には確実に貢献している。

総合的に広い視野でDEEDの存在の
社会学的な貢献について考える。

1．DEEDは日本の低賃金長時間労働の「ブラック法人」を国の予算を使って経営している。765億円の税収を使って７千人を雇用しているから、１人当たり約1,100万円になる。2022年の公開された数値では2022年の平均年収は658.6万円であり、それは残業代込みの年収だ。７千人に何もさせないで658.6万円を支給すれば１人当たり1,100－658.6＝441.4万円の余剰金が発生、それは441.4×７千人≒310億円を国の借金返済に充当できる。

2．働かないから電気、事務機器、水道、その他の消耗品も使用せずSDGsに貢献する。

3．７千人は余暇時間が出来て、消費活動が活発になり、GDPの上昇に貢献、同時に年収の半分が消費に回ると仮定すると、消費税は７千人×658.6×0.5×0.08≒18.5億円となる。441.4億円＋18.5億円≒460億円の借金返済に充当できる。

4．日本を長時間労働に向かわせている負の貢献の総計は以上の様になる。
DEEDの従業員の終業時間。
講師の講習時間及び、その準備に費やした多分講習時間の数十倍に及ぶ時間。
受講者が消費した受講時間及び、通塾の為の時間と費用

5．民間の多くの職業訓練を真面目に教育して、実績を上げている教育企業に無用な圧迫を与えている。受講者は経験不足から、公的機関の教育の方が良い筈との思い込みがあるだろう。

6．家計を預かる主婦の感覚で計算すれば、７０歳の高齢グータラ亭主が何処かに行って悪友と散在してくるようなもので、何ら国家、国民に貢献していない。

7．高齢で年金世代の高齢者に、多分、年収数千万円の巨額報酬を支給させる……スウェーデンとは真逆の過度に高齢者を優遇している。

8．以上の１～７は……最終的に結果として子育て世代の生活苦、貧困を促進させている。

第１章で取り上げた多くの行政の愚行と同様だ。

高学歴で学校教育からマインドコントロールを受けて、常識的な判断の力が不足している事が根本原因だ。

「妖怪ジャパン」に感染した全国の無数の識者、学者は目が曇っているからそれが見えない。

学者、識者が指摘しないから……同様の教育を受けてきたが、東大クラスの有名大学に合格しなかった……マスコミ関係者はそれを看過……現在の姿が出来上がった。日本の受験対応公教育と「妖怪ジャパン」は全く恐ろしい。

好意的に考えれば

日本の東京大学入学を究極の目標として受験戦争で青春時代を過ごし……受験教育にマイコンされて表面に露出した外形上の統計数値の背後に隠れている何かを発見する事が出来ない愚か者。

日本の司法の検事の視点では

自分の利益の為ならばどのような悪事でも実行する、即、逮捕状を出すべき大悪人。

この様な事の累積が1,500兆円の借金になった。

（日本の受験産業については、第６章その28に既述のスタンフォード大学の常識重視教育入試試験、第７章その12の虚業の学習塾、第７章その16の能力向上、自己啓発研修会参照）

第７章　法曹界、司法、裁判所と生きる為の有効な雑学

目　　次

その１：日本の法曹界は仲良しクラブか

神戸市北区には230ヘクタールの巨大な敷地を擁する『しあわせの村』があり、その中には16面のテニスコートがある。約20年前、筆者は週に二回そこでテニスをしていた。ある時に、50名を超える大きな団体が大会を行っていた。

団体名は関西法曹界の親睦テニス界で、裁判所の判事、検察庁の検事、弁護士事務所に勤務する弁護士の方々の親睦テニス大会だとの事で、かなりの方は村内のホテルでの一泊でお互いに親睦を図るために定期的に開催しているとの事だった。公判でお互いに敵味方に分かれて、議論する弁護士、検事や行司役の判事も交えて、親睦のテニス大会は筆者の民間感覚では許されない行為だ。

判事、検事、弁護士、判事OBの弁護士も多分、精神的には強い仲間意識で結ばれている。

東京大学法学部合格を目指して切磋琢磨。次いで司法試験合格を目指し、司法修習生で１年間同じ釜の飯を食べて、判事、検事、弁護士と別々の道を歩む。学校の同窓会、同級会、司法修習生の同級と、精神的な繋がりは……並以上に強い筈だ。

その様な個人的な繋がりの中で、検事、弁護士、判事が真剣に社会正義を正面に据えた議論が出来るだろうか？民間で育てられた筆者の常識では『李下に冠を正さず』で、外部から疑いを持たれるような法曹界の親睦テニス界の開催は考えられない非常識な行為だ。

米国の場合

既述のサンドビックのトップだったヘドストローム氏が、米国の弁護士から業界第２位のGEのトップに電話する事が、米国の独占禁止法に違反、罪に問われて巨額罰金の支払いとなると、厳しく止められている。

米国の常識と比較すると、日本の法曹界の、利害相反する立場の人との懇親会は、同じ法治社会でもその差は大きい。

高齢の判事OBの弁護士の場合には、特に現役判事に対して大きな影響力を行使出来るだろうから、合同の親睦テニス会や酒食の機会は有ってはならない事だ。

メンテ不足と職務怠慢

立法は政治と官僚の仕事であり、法の適用は法曹界の人々が行う原則の下で、法の番人、法の運用者であり、さじ加減でどの様にでもなる。

第１章冒頭の、武富士相続事件で国が敗訴した事件は、相続人の居住地が海外である事に端を発している様だが、国際化が進み多くの日本人が海外に住んでいる21世紀になっても、適切な法改正が出来ていなかった。

その後制度は改正されたが、国民視点で評価すれば、国民の為でなく……単に徴税目的だけを念頭に置いているように思う。

スウェーデンには相続税も贈与税もないから、この様な余計な事を考える必要がない。

日本の受験対応、記憶重視で、貧弱な常識に加え想像力、応用力に欠けた高級官僚のお粗末と言われても仕方がない。自動車でも、家でも適切なメンテをしなければ、大事故に繋がり、法律のメンテが出来ていなかったのが原因であり、無能力職務怠慢以外の何物でもない。

その２：当たり屋を見抜けず、成功体験させた簡裁

小悪人から損害賠償訴訟を受ける

神戸簡易裁判所　事件番号：令和４年（ハ）第１０２０２号の事件

何が起こったか

20年ほど前まで、“当たり屋”と呼ばれる、小悪人がマスコミの頻繁に登場していたが、ドライブレコーダーが出現して、当たり屋はいなくなったと思っていたが、私は2022年４月16日、Ｋと言う“当たり屋”に遭遇した。Ｋは身長170㎝の筆者より長身で、若干太り気味で筋肉質、威圧感があった。

事故時の人物と、Ｋは別人

初回の公判に出席すると、出てきた人物は事故当日の人物とは全く別人と確信させる、短身、メガネを掛けた気の小さそうな小男で、私の提出した答弁書には、隙間がないくらい、マーカーで多色を使って、しるしを付けている。

事故当日の様子

事故当日、Ｋは私に住所、氏名などを書けと１㎝厚くらいのメモパッドを渡した。

私が, Ｋの車のボンネットの上にメモパッドを載せて、住所、氏名を……書こうとすると、Ｋから怒声が飛んだ。

『オマエ、ナンシトルンジャ、俺の車の上で』と言われ、私は、ゴメン、ゴメンと言って私の車のボンネットに移動した。

直感的に、何年か前に話題になった**『アタリ屋』**だと思ったので、心の中でこれは許すわけにはいかないと決心した。

判決と内容に不服

途中経過の説明を飛ばして判決文について説明すると。判決文は、提出された証拠物件である、見積金額を折半する形で、損害賠償金額を決めている。

Ｋは、自動車を宝物みたいに大事にしているから、外からは見えない、バンパーの低い位置にある極めて小さい瑕疵でもそのまま放置することは許されないと主張する。

裁判が行われたのは、事故発生から４か月後の話で、それなら領収書を添付すべきだが、裁判長はそのような視点で、考えている様子が見えない。

Ｋがアタリ屋で、100万円の見積書を証拠物件で提出、折半すれば、私は50万円支払うことになり、アタリヤは美味しい商売となり、止められないだろうと思った。

裁判長は、法律の専門家で六法全書は読んでいるだろうが、想像力豊かに人間、悪事を働く人間の考えているかもしれない事を推測することが出来ないか……しない。

何時の時代になっても、人間の心が支配する知的進化は緩慢で、日本の関ヶ原の合戦の頃、シエークスピアにより執筆された『ベニスの商人』によって描かれた、裁判官の智性、……『契約により肉は切っても、血は一滴とも流してはいけない』……の様に、法律上の文言を厳格に適用、同時に庶民感覚の正義を満足させている好例があるが……参考にされていない。

法曹界の人間になるために、進学目的に行った受験勉強に加えて、暗記を強制される勉強の延長で司法試験を受験する。

人間として最も重要な時期に、最も重要な社会的経験を、多分していない、裁判官にベニスの商人の中の裁判官の様な判決を期待するのは、無理なのだろう。

何故裁判になったか

詳細な説明は字数を浪費するので、簡略化するがバンパーの最下部で、外からは虫眼鏡で見ないと見えない様な、米粒の数十分の１くらいの、かすり傷を種に、バンパー全体の交換をする為に７万円を請求された。
そんな些細な傷とも呼べない様な、傷の為に……膝を地面について、虫眼鏡で見ないと見えない様な傷の為にバンパー全体を交換するのは無駄だから、嫌だと言った。
Ｋは保険の事をよく知っていて、貴方は損害賠償保険に加入している筈だから、そこから払ってもらえば、貴方の腹は痛まないと、教えてくれる。先ず、それは嫌だと回答、その後２回の電話があり、６万円に減額してきた。
私は、貴方が訴訟を起こして、判決が出て、それが50万円でも、判決に従って払うと回答した。

口頭弁論

訴状には、原告は、車を非常に大切にしており、嫌だから、バンパー全体を交換する費用を弁済する事が求められている。
口頭弁論に出頭したが……どうも事件現場で遭遇した人物とは別人だと確信した。
事件発生の時の、他人を威圧するような、怒声を発する大男でなく、メガネを掛けた小さな、気の弱そうな優男が原告席に座って、私の答弁書を手に持っている。答弁書には複数の色のマーカーで、カラーの写真みたいに……受験生が暗記をするときに、教科書にマーカーで印を付けるようにされていた。内容を覚えるために努力したみたいだ。
口頭弁論に際し、数年前から導入された専門員が裁判長に同席して、裁判長にアドバイスを行う。約1.5時間の口頭弁論中に専門員が私に“損害賠償保険のメモを渡し”あなたは損害賠償保険に入っている筈だから、貴方の腹は痛まないと、Ｋと同様のアドバイスしてくれた。
多分、専門委員は大学教授か、保険会社の高学歴OBで、このような保険に関係した事の専門家なのだろう。私に対する親切心から、貴方の腹は痛まないと、保険から金を出させる事を教えてくれた。
私は、支払った工事費に対して支払うのは良いが、単なる見積書の金額に対して、金を支払うのはおかしいと思っていた。
それは、当たり屋の行為を正当化し、当たり屋をビジネスとして成立させる土壌を社会に醸成する事になると思ったからだ。
当初、裁判官は両者が、話し合いで負担金額を決定するように話の方向に誘導していたが……急遽変更、次回の公判で判決を言い渡すが、それで良いかと提案。原告も被告も承知した。
口頭弁論から、約１か月後の８月19日付けの判決文が郵送されてきた。

判決文

判決文には、走行距離約６万kmであり、……損害賠償額すべき額は約半額と認定するから被告は半額の29,128円払えと書かれている。（資料集参照）

その３：損害賠償訴訟で見積金額に対して被害額の支払い判決で小悪人に利益供与

見積金額に対しての支払い金額決定に、ビックリした。
裁判官は社会に正義を実行させる事、悪人を懲らしめる、のさばらせない事を、最も重要な存在の理由として、民主主義社会を支えていると思っていた。見積金額に対して、支払いを強制すれば、それは当たり屋に金儲けの手段を与えて、確実に利益の出る新しいビジネスモデルを提供する事になる。
ドライブレコーダーが登場しても、それから脅威を受けることなく、当たり屋家業の継続を保証する事になる。

私の回答

Ｋから何回かの支払いを督促する電話があり、Ｋは袋に金を入れて自宅の郵便ポストに入れればそれで良いと、約80分の長電話で説得された。 長電話に辟易し、最終的に振り込み口座番号の提示、工事を実行して、その支払い領収書のコピーを頂ければ即刻支払うと回答した。７か月後の、11月26日にホンダに問い合わせたが、修理の依頼は来ていないとの事。

2023年３月になっても領収書のコピーは届かない。

普通なら、渋々金で解決する

Ｋは当たり屋グループの一員で、数人がグルになって悪事を働いていると確信する。

標準的な日本人の高齢者なら、あのように脅されたら……巨額でないので、渋々、７万円払ったかもしれない。

当たり屋に成功体験をさせれば、彼らがのさばり、普通の人にとって窮屈な社会になる

ダイキの駐車場の区画が原因

Ｋの事件の正当性を主張できる根拠は、ダイキの駐車場の配置にある。

説明は紙数を要するので割愛するが、Ｋが正当性を主張する根拠は、彼が駐車スペースとして区画された中に駐車していたのに、ドアの接触により傷がついた事にあり、それが彼には全く落ち度が無いから、筆者への損害賠償訴訟となった。

事件の結論

判決が見積書の金額を根拠に損害額を決定したのは、完全に間違いだ。ベニスの商人の裁判から学ぶべきだ。

専門員もＫと全く同じで、保険会社が払ってくれるから、筆者の負担にはならないと言う。

Ｋがその様に言うのは理解できるが、高い専門教育を受けている筈の専門員が同じような見識ではマズイ。

多分、保険会社に請求して、私の腹は痛まないかもしれないが、それは当たり屋に成功体験させれば保険会社の決算を劣化させて、保険料金が上がり、社会全体が迷惑を被る。

巨額に積み上がった国交債発行残高と同様の経路をたどる事になる。

司法に関係する人々は、法律の条文を社会正義の実現と関連付けて考えなければいけないと思う。

スウェーデンでは小学校の高学年になれば、この様なミスを見逃さないだろう。

その４：不正大国日本、確定申告はチェックされているか？

数年前に、友人から確定申告に際して、自分の単純なキーインミステークで還付金を１万円余分に貰ったのを聞いていたが、話半分で聞いていた。2022年になり、新しく我々のテニスサークルに入ってきた人が、ネット申告の際に、ミステークで還付金が一桁多くなるように申告、そのまま受け入れられて、一桁多い金額が還付されたと、仰っていた。

何か言ってくるかと、待っていたが何も言ってこないので、税務署はチェックしていないのだと思う、と仰っていた。

その事を言われた人は、いい加減な事を言う様な人ではない。

成功体験が不正を増加させる

この様な税務署のミスは、**申告者にとって成功体験として、それから意図的に不正を行う誘惑にかられるだろう。**

既述の、約半世紀前の1976年に筆者の3,500円の金利収入の未申告をスウェーデンの税務署は指摘してきた。（自分史第五章参照）

日本では当時、コンピューターはサイエンスの最前線で使われているだけであり、殆どの経理計算はソロバンで行われていた頃の話である。スウェーデンでコンピューターを導入していたか、未導入であったかは、不確かだがスウェーデンでも手計算からコンピューターへの過渡期の頃だ。何れにしても、スウェーデンではシステムが正確に機能していたから、3,500円の少額の未申告も見逃さなかった。その後、パソコンとネットの普及から、システムさえ正常に作動すれば、不正申告、ミステークは自動的に発見され、手間を掛けないで訂正されると思うが、日本ではそうはなっていない様である。多分IT技術のレベルの差が根底にあるが、どの様な仕事でも、関係する人の仕事に対する誠実度と実務能力で結果は、大きく異なる。

残念ながら日本ではIT技術と、個人の実務能力の低さの組み合わせの相乗効果で上述の様な事が発生するのだろう。

その５：袴田事件……、57年掛かってまだ結審しない

筆者が夜間大学に通学していた頃の**約57年前、筆者より６才年長のプロボクサー袴田巌氏は一家四人の殺害事件**の犯人として逮捕起訴され、有罪判決受け、……最高裁でも死刑判決となった。その後新しい証拠が発見されて再審請求されたが却下、再審請求と繰り返され、社会の大きな関心を集めることになった。

筆者は司法関係者ではないから、司法手続きの細かな事についてコメントする興味は全く持っていないが、1人の庶民としてこの事について考えてみたい。

官舎住まい

30才の頃に名古屋の営業所に勤務する私とホボ同年代の女性事務員の父親は判事だった。快活な人で、官舎住まいの不自由さを訴えていた。民間の会社の社宅住まいの、社宅文化をはるかに超える窮屈な様子を嘆いていたが、当時は特別に気にも留めていなかったが、スウェーデンに住んでみて、世の中を見る目が変わった。

スウェーデンでは社宅は過去の遺物

半世紀くらい前に数百戸の社宅のあったところは、きれいに再開発されて瀟洒な風格のある一戸建ての家が建っていた。

スウェーデンでは既に1950年代に精神的な束縛の伴う社宅生活が忌避され、工員も職員も社宅には住まなくなっていた。日本では終身雇用で身分と収入を保証されて、社会のトップグループを形成すると考えられる裁判官が、窮屈な官舎に住まいで独特の偏狭な文化を作って、一般社会と異なった常識の中で住まい……一般社会との正常なソーシアルデスタンスを維持する事なく生きている。

ユダヤ人へのビザ発給で有名になった外務官僚、杉原千畝の事件は学校の教科書に登場するほどの事件として、世の中に登場したが、杉原千畝にも相当する良い事をしたのに……後述する、誰にも知られる事なく……消えていった人が多かろうと思うと、残念で仕方がない。

我が家の30〜40メーターくらい近くに、四国で裁判官をしておられたと聞く、私とあまり年の変わらない人がおり、散歩されているのを見かけるが、誰かと話をされているのを見たことがない。

死刑制度維持か反対か苦悩する裁判官

30年以上前に国連で死刑廃止が議決され、多くの国が国連の決議に影響されて、死刑廃止の法制化を始めた。

国連決議から30年、日本では、依然として死刑は廃止されていないが、その事について考えてみよう。

死刑に関しては、それをどの側面から見るかで大きく異なる。どのような物事でも観察する方向により、違ったものが見えるのは、幼児でも解っているが、死刑と言う大事件の場合には単純ではない。

一般に考えられている死刑について以下に羅列する。

1．被害者の復讐心を満足させられる。
2．脱獄して再度凶悪犯罪を起こす可能性をなく出来る。
3．見せしめで、犯罪抑制効果を期待、独裁政権下の公開処刑の様に。
4．現状の変更に反応する積極性がなく、死刑廃止に賛成する雰囲気が醸成されていない。LGBT問題で少数者、弱者救済が話題になっているが、LGBTよりも数千分の一くらいの少数者に対する関心はない。
5．宗教的な理由から……例えばイスラム教……死刑は当然あるべき。
6．死刑にしないで刑務所に収容すると、生存期間中の高い経費負担がかかる。
7．世界の潮流が死刑廃止だし、国連が決議したから。
8．宗教的な理由から、死刑反対。
9．憐憫心から。

日本の政治家でこの様な事に……金にもならなくて、誰でも議論できる単純な話題……積極的に首を突っ込む大物政治家はいない。典型的な高学歴者の一群である法曹関係者が色々な形で影響を与えて、制度設計がされる。

裁判官、検事、弁護士等の法曹関係者と警察がこの問題に具体的に深く関る人たちだ。

苦悩する裁判長、判事の心の中

人の心は様々で、重大な事柄に遭遇して最終的に下す決定には、**表向きの言葉で表して表現される理由よりも、公表を憚られる何か……が、決定的な理由**である場合が多いと思う。

日本には２千人弱の判事が居り、一つの死刑判決には、検事、警察官などの直接関係者はその数十倍以上で彼らは、大なり小なり、死刑判決から心に負担を感じている。過去の経験から、判決が絶対に正しかったと信ずることは不可能である。

判事は一応双方の陳述する内容と証拠を精査して判決を下し、それを仕事としているが、判事に良心が有れば、有るほど厳しい判決には疑問が残る。日本、日本人の持っている心性、優しさは、このような判決を迫られる局面で、決断を躊躇させ、それが日本では判決に至るまでに長い年月が掛かり、海外から揶揄される原因の１つだと思う。

死刑判決は多くの関係者の重たいストレスの原因

殺人事件で、判決に決定的な影響を与えた証拠物件が、その後新しく導入されたDNA鑑定技術での再鑑定の結果、無罪である事が明白になった事例もある。終身雇用、年功序列を最も厳格に適用されている職種の一つである判事にとって、死刑判決を下した死刑囚が存在している事は、常に心の何処かに重く存在しているだろう。

勿論、ノー天気に、全く意に介さない判事がいても不思議ではないが……知的に高い潜在能力を持つ多くの判事は忘れる事が出来ないだろう。死刑執行により、不完全ではあるが、心の大きな重みの大部分は消去される。

死刑廃止になると、死刑囚が死亡するまで永久に心の重みは消去されることは無く……勿論、全く気にしない人もいるかもしれないが……再審請求されて無罪となれば……どのような気持ちになるであろうか。

検事も、警察官も、程度は判決を下した判事よりも軽微かもしれないが同じである。

死刑執行を担当する、法務省の刑務官は死刑が廃止になれば精神的な負担軽減になると思うが、彼らは政治的な事に対する影響力は限りなく少なくゼロである。

弁護士は正義を求めなく、単に勝ちを求める不純な存在

裁判において多くの場合、弁護士は無罪を勝ち取る事が仕事で、無罪とする事が能力の証であり、真実を明らかにする事は、二次的な問題である。若し真実を明らかにする事が、無罪を勝ち取る事と同じであれば、真実を求めて論陣を張るが、不都合な真実には目を向けず、むしろ隠蔽する。勿論、弁護士の中にも色々な人がいるから、正義を求めて、死刑廃止に向けて活動する人もいるが、それが大きな社会的な力とはならないのが日本だ。

私はビジネスの場で、顧客の会社の利益、対話する相手の利益と尊厳に忖度する事を最重要視して仕事をして来た。

表に見えるデーターは大事だが、それが全てではない事を良く承知している。

袴田事件に関わった多くの判事、……判決に不服だったが多数決に従って、意に反して有罪の判決文を書かされた裁判長が終身雇用文化の日本で、達成感のない……一生を送られるのを気の毒に思う。

地裁で再審決定も高裁で却下

静岡地裁が再審開始を決定して袴田さんは48年ぶりに出獄したが、東京高裁で再審請求は却下された。その後最高裁で東京高裁の決定が覆されて、差し戻された。

袴田さんの死刑執行を約半世紀も執行することなく……再審を開始決定し、それを却下し……右往左往しながら半世紀を経過させたことは、日本の司法制度、死刑制度の存在に大きな疑問を提供した。

自分の日々の生活に精いっぱいの我々の様な庶民にとっては、目に留まらなかった話題だったが、高級官僚の代名詞のように言われる東京大学法学部の卒業生や教授にとっては、身近な問題として、感じておられた筈だ。

司法と呼ばれる同業者の中で、何故、判断＝判決がその様に変わるのか。私の常識的な感覚からすると、理解不能だ。

東大法学部卒に少しは良心が残っていた

それを以って私は日本の司法、司法を代表する東京大学法学部卒業者に、少しは良心が有る事の証明と理解するが……依然として結論が出ていない……時間が掛かり過ぎている。

とんでもないコメントも有ったりするが、関係者は……袴田さんが無実であるとの心証を持っていたことが……死刑を実行しなかった理由と推察される。日本の終身雇用慣行の社会で、最も過酷な人生を送っているのが、裁判官なのかもしれない。

再審請求を認めれば、**先の判決を下した先輩に対する反逆となるだけでなく、司法の無謬性**

にケチをつけた事になり、その後の人生が難しくなるのは避けられない。裁判官は裁判官を止めたら、法曹界以外では潰しが効かないから、歯を食いしばってでも裁判官をするしかない。この様な組織では、組織内で発生した知られたくない事件の隠蔽は最高のレベルに維持されていると思うが、頻繁に裁判官が起こした不祥事がマスコミで報じられる。

裁判官は官舎と呼ばれる社宅に住み、職場の上下関係がそのまま住まいに持ち込まれ、……窮屈な人生を送る事を余儀なくされる。それまで、日本で再審請求が認められるのが少ないのは、再審請求を認める事は組織に対する反抗と見做される、昔の夜盗やヤクザの様な縛りの中で生活していると言われても仕方がない。

清水地裁の裁判官のその後

袴田事件の１審の主任裁判官だった熊本典道氏が、自分は無罪と判断したが、他の二人の裁判官を説得出来ずに意に反して有罪判決の判決文を作成、**２対１の多数決で有罪となったと明かし、熊本氏は悔いが残り、裁判官を辞められた**。

私の場合には、自分の提案に対して社内で反対意見があっても、自分の意見を主張して実行する勇気を支えてくれるのは、最終的に顧客と云う、神様が評価を下すからである。顧客は良ければ褒めてくれ、悪ければダメ、社内の議論はあまり気にならない。再審請求に対して再審決定の判決をした、清水地裁の村山浩昭静岡地裁裁判長、……その後、高裁で再審請求が棄却され、特別抗告審が行われたが、最高裁高裁へ差し戻され、最終的に紆余曲折を経て2023年３月に再審が開始された。

事件発生後67年になろうとしている。この様に長期間を要する日本の裁判制度、裁判は非難されるべきだと思うが、日本では大きな問題とする認識が生まれない。同様の事が欧米で起これば、マスコミは放置しないと思う。

日本は日本語のバリアで守られて、**マスコミと不正義が奇妙なもたれ合いで繁栄するメカニズムが働いて、不正義に鈍感な社会となり、無数の不正義が横行する“社会学的合成の誤謬”に陥り**、進歩が停止した社会となった。

刑事裁判で『推定無罪の原則』であるべき裁判で、何故、この様な事が起こるのか。

この事件が与える国民への負担は巨額になる。被告の拘置費用、判事、弁護士、裁判所の関係者の費用は多分、最低数千万円/年で、半世紀以上経過しているから十分に数十億円以上掛かっていても不思議ではなく、それらは最終的には国公債は高残高の積み上げとなる。

同時に、消費されたマネーはGDPに算入されて、日本のGDPの上昇に貢献して、日本を少しは豊かになった証として統計数字に反映される。それよりも重大なのは、袴田さんや家族の方々への精神的な虐待だ。

これは、典型的な東京大学法学部卒の高級官僚の事績であると思う。

この部分を執筆している2024年２月時点でまだ結審していない。袴田氏は87才だ。

スウェーデンでは半世紀前の1973年に死刑を廃止した。立法は政治家の仕事であり、司法は立法出来ない。

汚職体質の日本の政治家には、死刑廃止の立法に取り組む政治家個人の経済的なメリットの無い事が日本を……惰性で昔からの死刑制度を存続させ、判事、刑務官に多大な精神的なストレスを与えている。

その６：一党独裁の中国と日本の違いは何か？

21世紀に突入、2023年までの日本で失われた30年と呼ばれる日本が経済的に劣化した期間に中国は貧困国から脱出、世界経済の主要プレーヤーに変身した。中国は国家目標を共産党が議論を経て決定、それを実現する為に共産党員が頑張り、それを非共産党員にも手伝わせる事で実現した。

中国で共産党員になるには厳しい資格審査があり、日本の共産党への入会の様に簡単ではない。

中国には４種類の人が住んでいる

共産党と言う視点で言えば中国には以下に分類される４種類の人が住んでいる。

１．共産党員

２．入党したいが資格がなくて入党できない人。

３．共産党が嫌いな人、その中には本当に嫌いな人と入党を拒絶されその反作用で嫌いになった人もいる。

４．無関心：特別に意識がなく……迎合的に生きる事を全く問題としない人。

残念ながら筆者は２．～３．に分類される人の比率を示すデーターに遭遇した事がない。

日本には『妖怪ジャパン』からの影響で、政治に無関心……何でも構わない人が多いが……一部の人は『妖怪ジャパン』感染の日本のお粗末な制度に迎合して利益を得ている。

日本の政治、行政の実態を観察すると終身雇用制度で雇用を保証され、実質的に全ての行政を行っている一群の高級官僚が存在、それは恰も日本を支配する政党の如く機能している。

その様な一群の高級官僚を仮称「中央官僚党」と命名して日本の政治、行政について考えてみよう。

その７：中国共産党、『中央官僚党』と日本共産党を考えてみる

日本は一般職公務員からなる官僚組織が東京大学卒と言う精神的なネットワークを作り、無意識のうちに緩い囲いで纏まって、日本の政治行政の中で存在感を見せており、筆者はそれに『中央官僚党』と命名した。

『中央官僚党』は東京大学卒のみならず準東京大学である入学難関国立大学卒の人も包含して、12省庁の全てと、47都道府県の約半数の中央からの天下り知事を通じて日本を統治している。

以下に何故、筆者がその様に考えるかを説明するが、**それは筆者が中央政府は国民の為に奉仕すべきと考えているからである。**

政府を利用して、制度に迎合して……コネを使って……でたらめな中央政府の方が好都合と考えている人もいる筈だが、その様な視点で考えている人の存在は無視している。

中国共産党は『中央官僚党』よりも多くの人に支持されている。

中国を支配する共産党は約９千万人の党員からなると言われており、それは人口の6.5％である。

現在の日本の場合、自民党と公明党が連立で政権を持ち、両党の党員数を合算すると推定で党員数は約150万人であり、それは人口の約1.2％に相当する。

中国共産党の場合、家族も党員数に含めているから……日本の政権党の場合に家族も含めると３％程度と見做せるので、中国の場合と大きな違いはない。

中国の場合には、独裁、強権を表に出して、世界の覇権国となる事を目標に国民を鼓舞して、不正を撲滅すべく頑張っている。

議論を行い、実務能力重視で国家が解り易い形で運営されている。

日本の場合には『妖怪ジャパン』に支配されて、実態が分かり難く……特定の責任者＝独裁者不在であるが、結果として誰も認識する事のない、『中央官僚党』がステルスで、反対意見の人を排除する『ステルス独裁党』として機能する国家を作って終った。

日本の国家公務員は一般職、特別職各約30万人で計約60万人である。地方公務員が５倍の約300万人いる。

公務員全体では360万人で人口の2.2％、国家公務員60万人0.5％である。

地方公務員は国家公務員一般職の下請け的な立場であり、そのトップに位置する県知事、大都市の市長の半数が国家公務員の天下りである。2023年現在自民党の党員数は約112万人、創価学会の信者所帯数は約870万と公表されている。

創価学会の信者所帯数はそのまま鵜呑みに出来ないので、自民党と同数程度と見做して「自公連立政権」で党員数を約230万人とすると、人口の約2.0％を代表している事になる。

中央政府の官僚として一般職30万人、人口の0.2％の人が『中央官僚党』として、定年まで政策の実行に当たっている。退職後は天下りで……昔の院政の様に……現職時の行政に影響力を行使して、天下り先の節税、避税、脱税の口利きをする。

以上の説明を表にすると以下の様になる。

	人口 億人	党員数 除く家族 （人口比％）	下請け	応援団	天下りの有無
中国共産党	14億人	2.0　％	なし	国営メディア	不要
連立政権	1.2億人	2.0	なし	準国営メディアNHK	なし
中央官僚党	1.2	0.2	地方公務員	学者、識者、専門家	無数の天下り先
日本共産党	1.2	0.2		左翼学者、	

中国の党員数は２％だが、それは入党に厳しい制限を設けているからであり、連立政権の様にホボ無試験に近い誰でも、少額の党費を納めれば入党できる日本とは異なる。精神的な支持者、入党願望者は２％の数倍になるだろう。

上表を眺めれば、中国の一党独裁がトンデモナイ悪政みたいに批判する根拠があまり意味を持たなくなる事が解る。

筆者は中国に10回以上旅行、中国語もかじり、日本人の中では中国通だ。

筆者は中国旅行中にかなりの共産党員の方と会話した事があるが、皆穏やかな理知的な人だった。

上表で示す様に中国共産党は日本の中央官僚党よりも10倍も多い人により支持されている。

日本の中央官僚党は『面従腹背』

中国共産党は議論を経て推戴されたトップによる独裁傾向が強く、政策は議論を経て実行に移される。官僚は指示された政策実行の為に政権と『道床同夢』で一生懸命に仕事をこなしているように見える。

日本の場合には**官僚は政権に対して『面従腹背』、『同床異夢』**で……**実態としては、官僚が政権を……操縦している。**

説明に多言を要するから、短縮形で結論を言えば……日本の方が国民の為と言う視点で評すれば、政治、経済運営ははるかに劣ると観察される。

その８：『中央官僚党』は国内では無敵だが、知識、応用力不足
先読みが出来なく国際的には最低の劣等生だ

応用力、先読み能力

筆者は小学生の頃に父から将棋を教わり、近所の友達と将棋を指した。

住友に入り、昼休憩になると大きな事務所の数か所で、囲碁を打ち、それを囲んで数人が眺めていた。囲碁初段と言われていた、東京帝国大学造兵科出身の玉置元久係長がそれを眺めながら講釈している。

皆さんの話から、係長の初段が大変な事で……他の人は級外か精々２～３級止まり。

サンドビックに入り多くの囲碁の有段者がいた。神戸商大卒後東芝に就職、その後26才でサンドビックに転職した筆者と同年輩の塩田氏は大学時代に囲碁部の主将で、囲碁４か５段の高位有段者である。塩田氏以外にもほぼ同クラスの東北大学卒の熊谷氏、早稲田の名取氏、防衛大学卒の？氏等である。対象人員が100人強の会社の事務室で人材の多様性が大きく変化するのにビックリだ。

筆者も約半年間習ったが、幼少の頃からやっている人とは、お話にならないくらいの越えられない高い壁がある。囲碁、将棋の場合にはマグレが無いから、常に強い人が勝ち、偶然の介入は限りなくゼロである。

マージャン、ゴルフのホールインワンの場合は下手でもプロ級の人に勝てることが起こる。

当初置き碁で星目から、順次向上して４目置き迄になったが、随分時間が掛かるし、始めたのが遅すぎたと思って止めた。

囲碁、将棋から先読みの重要性を学んだ。

受験勉強漬けで、過去問の暗記だけの人生をしておれば、先読みの必要…考える事をしない人間になる。

囲碁はルールが簡単だが……それでもゲームの展開が複雑になるので、囲碁は非常に大きな教育効果を発揮すると思う。

問題は面白さを感じるまでには、かなり長時間を必要とする事である。

初期には、ハンディを貰ってそれでも勝てなくて……忍耐力の養成にも効果が有る。

半面、数学の行列式の様に先読みを進めるに従って、可能性のバリエーションが等比級数的に増加するが変化の態様は、単純なルールなので、記憶能力が試されるが、先読みと言う事の必要性を意識する動機付けにはなる筈だ。

囲碁は複雑だが、無数の因子が関係し、生き物の様に変化する経済現象は囲碁、将棋と比べると比較にならないくらい複雑だ。

先読みできない高級官僚

第１章にピックアップされた,高級公務員のお粗末行政行為は全て、お粗末な先読みできない……先読みしない習慣の延長で発生した。疑問を感じず、情緒的に、直感的に深く考える事なしに制度設計するところに問題の起点がある。

そのような人材をその任に当たらせた組織に問題があるが、組織の上長も含めて組織の全てがそうなのだから仕方がない。

その８の１：国民ファースト党と国民ラスト党

スウェーデンでは『国民ファースト』が常識

スウェーデンには10弱の政党があるが、全ての政党は国民ファーストで、政党が変わっても国民ファーストであり、その中での具体的な実行の方法について細かな実務上の数値の問題だけてある。
筆者の観察では、国民ファーストでない雰囲気が感じられる政治家は即刻,排除されると思う。
だから『都民ファースト』、『国民ファースト』、『市民ファースト』等と言う表現は出てこない。

日本では『国民ラスト』が常識

日本では政治家、官僚、大企業の幹部、労組の幹部、高級官僚等が……何らかの形で不正と見做される『役得』と呼ばれる経済的な恩恵を受けている事は大人の常識である。
稀に存在する、真面目な人もいるがその様な人は組織の上部には到達できない。
行政官僚が政治家の指示、要望に応じて政策を立案する時に……国民の幸福と言う視点を持つことなく……彼らの貧弱な社会的常識の中で考えるから出来上がった作品はお粗末なものになる。
最終的に1,500兆円に積み上がった借金は、国民が尻拭いをさせられることになる。

日本の最終的な姿

経済、金融の世界は単純明快な算数の世界だ。自由競争の世界でゼロサムゲームに参加、優劣、勝敗は曖昧にする事を許さない。極端に低いエネルギー自給率、40％前後の低い食料自給率に加え、50％以上の生活必需品を輸入品に頼る日本。

円安、物価高は不可避

巨額借金の解消は円安＝物価高以外の方法は経済現象としてはあり得ない。
超自然現象で、日本だけに空から金粉が数十万トン降ってくるような幸運が起これば、解決するがそれは宗教の世界の話だ。
官僚は、多分、『茫然自失』……又は、依然として事の重大さを解っていないくても……その内解る……何れにしても同じ事だ。
この様に日本の政治は『国民ラスト』で行われてきた。

『国民ラスト』は意図された？？

第１章で取り上げたキャリア官僚の事績は、結果的に国民に負担を掛けるだけの『国民ラスト』政治となっている。**それが意図された結果なのか……官僚の幼い常識と貧弱な専門知識がそうさせたのかは不明だ。**

その９：日本の行政は組織的統合失調症か？？

医学用語で統合失調症がある。医学的定義とは少々異なるが、司令塔からの命令に従って組織の各部が目的に向かって機能しなく……結果が目的と反対になる様な状態であり、現在の日本の行政は『統合失調症』に陥っている。
第１章で話題となった『全国旅行支援』、『ふるさと納税』等が典型的な事例で、庶民には知られていないが同様の事例が無数にあるのだろう。その様な行政の愚行が累積して1,500兆円の借金の一部分を占めている。

書中に日本とスウェーデンの借金を比較しているが、それはスウェーデンの行政の先読み能力の高さを示している。

人間だから当然失敗も起こすが、予想していたように進まない場合、方向転換又は、中止する勇気があり、それは1つの学習としてその後の行政に影響を与える、プラス効果として長期的に作用する。

中国の場合には国家目標が具体的に決まっている。

議論好きな中国人は何事も騒がしく議論する。議論の過程で人物が見極められ、昇進する事で組織が出来上がる。

議論の過程で……海外から自己中心的と非難されても……国家目標が具体的に決定すれば、全共産党党員がその方向に考えて行動する。彼らはそれが国策であり、それは中国14億の人にとって良い事だとの共通認識、合意を確立してから行動している。

日本の中央官僚党

コロナ禍、その後の経済停滞の中で、生活困窮者や事業継続が困難な弱小企業を支援する為に、様々な支援策を立案するが、長期的な視点で考えられていなく、情緒的に目の前の事に対して一番簡単な緊急手当てをした様に見える対応をする。

それは『中央官僚党』の典型的な政治スタイルで、ホボ、マニュアル化されており典型的な『木を見て森を見ず』の行政だ。

経済学は活字で学んでいるが、『千変万化する』経済現象の事を理解するには推理力、応用力がなければいけないが、それは彼らが最も不得意な事だ。

そのような理由で、『中央官僚党』の行政は……殆どが**統合失調症的行政となり、損失を借金で賄う事になる。**

統合失調症になると……経験から学べない様だ……**マグレでも良いから1つくらい褒めれれる様な事があっても良いと思うが、筆者はその様な事例に遭遇したことがない。**

1兆円規模の歳出を伴う1,500件の事業を意味し、失われた30年間に増加した1,200兆円弱の借金は、40兆円/年で増加、毎年1兆円規模の事業40件が無駄使いされて終った。

> スウェーデンの場合には書中で詳述する様に、問題が発生すると対策するが長期的な視点で対策するので、一次的に負担が発生するが、対策が効果を発揮して借金の野放図な継続的な増加は起こらなかった。

30年＝1世代で……その後『中央官僚党』に入党した新人はそれが党則であるかの様に、旧習を見習って増殖して行く。

日本とスウェーデンの政治家

政治家は殆どの場合……全くの素人で……人気さえあれば誰でも無資格で高収入が得られる日本では非常に珍しい職種である。スウェーデンでは真逆で、政治家は日本の感覚では無収入のボランテイアみたいなものだ。

正確な細かな統計が無いから……それが問題にならないくらい普通になっているから……細かな事について言及できないが既にこの本で明らかにした様に、多くの政治家と呼ばれる人への報酬は低額の日当、時間給で支払われる。

市長が公用車を持つなど考えられない。ストックホルム市長の市議会への出席が日当約1.5

万円である。

ボランテイア的な感覚で市長になる様な人は良い仕事をしたい、**社会に貢献したいと言う精神があるから考える事は日本の政治家とは根本から異なる。**

その10：『中央官僚党』は日本を支配する『ステルス独裁党』となる。

当選して政治家となっても、情緒的に……高収入と利益誘導が目的で政治家になったから……政治の実務については全くの素人。経済の事など真剣に考えた事は、多分、全くない。第３章に登場した元兵庫県知事井戸敏三氏、現富山県知事新田八郎富山県知事の様な高学歴、経済専門家でも同様で、それが日本の標準形のようだ。

全ての過去の行政の歴史、必要な情報を持っている官僚のアシストなしでは政治家は何も出来ない。結果的に政治家は官僚に情報の出し入れでコントロールされる事で操られ、国民からは見えない『ステルス独裁党』に変身して日本の政治を操る事になる。

浮遊する日本の政治

文芸春秋100年記念誌は令和の碩学と呼ばれる佐伯啓思氏執筆の、『民意亡国論』を掲載した。佐伯氏は日本の政治、経済、教育に大きな影響を与えてこられ、中央教育審議会委員を務めるなど平成の失われた日本を思想的に牽引してこられた著名人のトップで文芸春秋が指名した方だ。

筆者は佐伯氏の論文を読み論文の要旨から、論文が『碩学亡国論』だと理解した。

それは人間を知り、社会を知り、常識を持つ普通の市民の視点を欠いた……佐伯氏が活字だけから社会、経済を学んだ活字学者だと断定したからだ。

受験教育の弊害

筆者は多くの高学歴者と鋭角な議論をした事が無数にあるが、佐伯氏と同様、勉強の良く出来る中学生の雰囲気の人に遭遇した事が何回かある。全ての事を過去の事例を引用して理解しようとする活字学者の典型的な例の１つだ。

説明するには多くの紙数を要するので終了するがその前に、日本の大学受験目的の経済効果について略記する。

経済効果

無駄に使われた予算でも、何らかの形で消費活動が伴うので経済が活性化した事になり、同時に消費税が発生するからGDPの上昇と税収の増加に貢献する事になる。

筆者と同年の学習塾経営者だったマージャン仲間Ｙさんは、50代の頃毎月の収入が３〜４百万円くらいで、複数のマンションを買い、当時高価だったゴルフ場の会員権を複数持ち、現在もトヨタレクサスの中でも最高級の車を乗りまわして、連日の様にゴルフを楽しんでおられる。多くの遊び仲間は昔の同業者で塾経営者だった人だ。

経済学を適用して日本の行政能力を採点すれば無駄使いが、結果的にGDPの上昇＝景気浮揚に貢献し同時に税収を増加させたので、国家経済が良くなった事になる。

彼女の塾で勉強して念願の東京大学入学、その後、高級官僚となった塾生がお粗末な仕事を行って国家に負担を掛けているのかもしれない。多分、そうだろう。

その11：日本共産党は変化を嫌い、終身トップの政党？

筆者は1955年13才で中学校２年の時の弁論大会で安保反対の弁論を行い、先生方から白い目で見られた……思想的な不良中学生だった。それは９歳上の読書好きな兄の大人の本に感化されたからだった。

15才で住友電工に就職、民間会社の現場で日本を知り、共産党は完全に間違っていると思った……周囲には共産党支持者がいたが、迷う事はなかった。それは、仕事を通じて日本の労働者……幸いにも『ホワイト企業』住友電工だったから……実際の社会を知ったので迷う事は無かった。注意深く日本共産党を観察しているが、日本共産党は明らかに国民を幸せにすると言う視点を持たず、宗教団体みたいなもので、革新政党でなく『共産党経』とでも呼ばれるべき宗教団体だと断定する。

トップが終身で影響力を行使

戦前、戦中、戦後の混乱期を経て外形上日本で信教の自由が機能している中で、日本共産党のトップが終身トップであり、世代交代が行われない現代では非常に珍しい組織だ。党員数100～200万人を擁する西側世界で最大の党員数である。

筆者は10名以上の熱烈な共産党支持者と交流があり、その内の１人は日銀に勤務していた人だ。

トップは東京大学卒で終身トップ

宮本顕示、不破哲三、志位和夫の三人に共通するのは東京大学卒である事である。

宮本顕治氏、不破哲三氏は終身トップだった。70才になった志位氏は94才になった数年前に議長を退任した不破氏の後任として議長に就任、先の先輩と同様に終身で議長を務められるのだろう。

レーニン、スターリン、毛沢東、ホーネッカー、金日成、等共産党は宗教団体の様に、終身トップが好きなようだ。今後の日本共産党の変化は興味深い。

共産党の使命は政治の暴走を止める事

数人の友人の熱烈な共産党支持者は、政権政党の暴走を抑制する事に共産党の使命があると言っている。

綱領には明瞭な形では書かれていないが、それは日本共産党に共通の認識みたいに見える。

良い意味で解釈すれば、超長期的な国家の繁栄を考えている様にも取れないことはないが……**国民の幸福、経済の興隆みたいな具体的な卑近な目的意識は持っていない**ように見える。

その12：日本では虚業の「学習塾」繁栄

日本には虚業がある。虚業とは経済学で皮肉を込めて経済現象を説明する“穴掘り、穴埋め戻し”行為の経済に及ぼす行為である。

（造語集参照）西欧諸国には無いか、無きに等しいくらいの虚業が、日本に多くあり多感な青少年の未来の人生設計に巨大な影響を与えている。就職の際の面接のときの話し方、挨拶などの講習、受験の為の塾教育、能力向上を装った自己啓発セミナー、教祖の思い込み又は願望を実現する事を目的とする宗教などである。虚業が日本で繁栄するのは、以下に述べる様な理由がある。

日本ではとにかく、**ある程度の組織に入れば、組織が守ってくれて、能力など関係なく人**

生を安穏に送れる可能性が高い。
組織内の隠蔽文化が、少々のミスは許すだろうし、要求される能力もそんなに高くない。生活実感から、肌感覚で親の生き様を理解しているので、適性よりもとにかく試験に受かる事が最重要視される。
欧米諸国では実力がないと良い人生を送れない。実力に応じた生活をする事になるので、**先ず自分の好みに合った職業を発見するために試行錯誤をして、次いで実力をつけるように努力する。**
その様な背景から、欧米諸国では制度が出来上がり、その制度で国家が運営されて、結果が出て来る。
日本では、欧米諸国で発生した結果だけを見て、それを数値目標として、ピント外れに対策する事で、社会に無用な負担を強いている例が無数にあり、それらを虚業として捉えて、幾つかを例示する。

面接の受け方の講習

面接は企業と、募集に応じる人のお見合いであり、厚化粧、誇張、嘘は禁物であり、お互いが素の姿を見せあってこそ意味がある。子供の就職希望を叶えてやるために、家族がアドバイスするのは洋の東西を問わず、当然の事であるが、面接官の考えている事に忖度して、……面接に臨んでの好ましい挙措動作、作法を教えるビジネスが存在するのは日本だけではなかろうか。
日本では人事課が一括で採用するので、その分野ではある種の採用に関するマニュアルみたいな物があって、評価の基準を作って採点しているのかもしれないが、意味のない事だと思う。
私は現役の頃、100人以上の採用を決定した経験があり、採用の為に数百人と面接したが、**お互いが素の自分をさらけ出すのが最も良いと思っている**。
適材適所に反する採用は会社と採用された人の双方にとって不幸以外の何物でもなく、単なる時間の浪費だ。

受験塾

私は受験塾とは全く関係のない自由な少年時代だったので、幸せだったと思っている。
時代的な理由も若干あるが、富山県は日本標準とは少し異なっていた。
公文書で確認したわけではないが、昭和50年代まで、富山県には学習塾はなかった、必要なら、放課後も学校に残って勉強する習慣があった。県内の町に“トルコ風呂”「と呼ばれた風俗の店はない等、教育県としての高い評価を受けていた。
私の知る限り、西欧諸国には、特殊技能である楽器演奏、芸術、運動等の個別のレッスンを受ける所は多くあるが、公教育を全般に補完して**受験に備える目的の、有料の塾の存在を知らない。少なくともスウェーデンにはない。**
先述のＹ女史はバブル景気の頃に学習塾を経営していて、複数の教室を持ち、多くの講師を雇って、月間の収入が200万円を超えていたと豪語しておられた。
日本人の海外在住者向けの例えば、ロンドンに日本人向けの塾は存在するが、それは日本社会の延長だ。
日韓に共通の、強烈な学習塾通いは、社会の根本にある違いを感じさせる。
私の判定では学習塾は虚業であり、長期的にみれば、社会的な貢献度はマイナスであり、無い方が望ましい。

退職勧告目的の自己啓発セミナー

色々な形の講習会、セミナーが現れては消えていったが、日本の終身雇用文化の中で特筆すべき、歴史的に非常に珍しい形態の自己改造セミナーがバブル景気の後期、1980年代に日本中で流行した。

曰く、“地獄の２週間”等と厳しい講習会を受けて自己改造する事で、根性を鍛えてより企業に貢献できる従業員になる事が期待されて、高い受講料を払って企業が従業員を派遣するのが表の目的で繁盛した。

卒業後に数百人と大量に一括採用されて、配属先が決まる日本の大企業では本人の適性と仕事のミスマッチは頻繁に起こる。

学校教育が受験対策重視で社会へ出る前の知識が貧弱、予備校も全く同じに加えて、一般に日本では家庭内での会話が少なく、親も、学校の先生も経験の幅が少なく……全く不向きな企業を選択して応募する事が多くなる。

多くの場合母親は専業主婦で社会的知識に疎く、父親も職場で生き生きと仕事をしている訳でなく……イヤイヤ、我慢と忍耐で仕事をしているから、家庭内でも内容の乏しい会話が多くなる。それでも、世の中には破天荒に元気な人もいるが、その様な人は稀だ。

日本では自己退職は全く自由だが、会社が社員を辞めさせることは法律の壁があるので至難の業である。

会社は、表向きは、更なる昇進に向けての準備みたいな理由で、選抜して数十万円の受講料を払って、自己啓発セミナーを受講させる。**講習で、講師に欠点、ミスを厳しく叱責させる事で、本人の人格をぶっ潰してもらい、人事とタッグを組んで、受講者を退職に追い込む**ように誘導する。

実態は、首を切りたい、退職させたい人にセミナーを受けさせて、退職に誘導する事を狙っている。

知人のＮ女子の夫は当時、自己啓発セミナーの講師として、松下電器のコンサルタントとして高収入を上げ、多い時には年収４千万円で、信州に別荘も買って豪華な生活だったと自慢されていた。

実態は会社が、退社させたい人を選抜したような形式で、高い費用を払って地獄の２週間コースに参加させて、徹底的に教育と云う名の残酷なしごきを行う。バブル後期にテレビ報道もされた……大勢の人が行き交う交差点で大声を上げて叫ぶ、演説する等のバカげた行為……を、自己啓発教育と云う名の下におこなう。

会社は。数十万円掛けても辞めてくれれば、年間の給与＋間接費で５百万円～１千万円に相当する節約ができる。

専門主義、能力主義、とも呼べるスウェーデンの様な国では起こらない事で、スウェーデンで若しミスマッチに気付けば、本人は躊躇なく辞めて、別のマッチングの良い就職先を探す。

韓国の事情を良く知っている友人によれば、韓国では、例えば、部員100人の部が有り、その部の中で採点して下位の10％のランクに入ると、会社が首切りしても構わないと言っている。それが韓国企業の強みだと言っているが、もしそうなら恐ろしい事だが、国により随分違うものだ。

虚業の成果とGDP統計の関係

経済学が最重要視する経済指標として大きな意味を持つGDPと、このような虚業である講習会活動から発生する経済活動とGDPの関係について考えてみよう。

セミナーに関係して動くマネー＝受講料、宿泊費、その他，……等の**直接的費用はGDPに**

加算される。

関係者は**全部後ろ向きの、不幸の為に活動しているのに**。支払われた受講料が、何かの消費の為に使用されると、そこで支払われた金額はGDPの向上に貢献し、セミナー受講料は二重にGDPの向上に貢献する事になる。

スウェーデンではそのような講習は存在の意味を持たないので、人事担当者は精神的に後ろ向きの仕事から解放され、問題の人も能力に応じた給与を手にして、より多くの給与を得るために自分の専門分野の能力向上に努めるので、その様な社会は競争力の高い国となる。

スウェーデンの場合、意味のある資格試験を受けるための受験は有料だが、その為の講習の受講は無料だから、その様な教育で消費された費用はGDP統計上の上昇要因とはならなくて、歳出増となるが、国家予算は均衡していて、借金が少ない。

日本の公務員の場合

公務員の場合も自己退職は自由だが、所属する組織の意向で退職させる事は民間の場合より困難であると言われている。

既述の、高等学校の教師をしていた、G氏は若い頃から熱心な左翼学生で、共産党員、教師になってからも、熱心な教職員組合の活動家だった。私の中学校の同級生で東京教育大学卒の竹島君が校長である、県内の高等学校に配属になった。

竹島校長の好意で、教頭への登用試験を受験する事を認められ、教頭試験を受けて合格して教頭になった。教頭試験を受験するためには、校長の推薦が無ければ受験できなくて、G氏はそれまで、……多分、一部は過去の左翼活動の為に……校長から推薦を受ける事が出来なかったので、かなり高齢まで平教員だった。

間もなく、ウルトラ先鋭的な若い教員で、問題行動の多い教師の存在が学校内外で問題となる。退職させる為には、教育委員会を納得させる事が出来る、証拠を見せねばならぬと数人の教師がチーム組んで毎日、証拠集めを始めた。２年間かけて、他の教師の手助けも受けて、G氏は証拠集めの為に最も大きな時間を消費、ホボ証拠集めの為に学校に行っているようなもので、退職させる事に成功したと自慢にしていた。G氏は酒が入り楽しくなると、この話を人生の大きな自慢話として何回も聞かせてくれたのを思い出すが、若い頃は熱烈な共産党員で、その縁で奥様と結婚、左翼である事がインテリの勲章の様にされていた。私よりも若い人だったがG氏は数年前に亡くなられた。

学習塾産業の規模

筆者の知る限り、国,OECDからの学習塾産業の規模を示す統計はないが、幾つかの学習熟関係者、シンクタンクの予想では、学習熟のみでも約１兆円/年と推算され、増加傾向にあると言う。

親御さんの気持はよく解るが、**筆者の視点からするとそれは「貧すれば鈍する」で、日本の生活苦が背景にあり、何処かでこの負の循環を断ち切らなければいけない。**

学習塾、偏差値が若者を苦しめる

日本の様な学習塾は欧米には存在しなく、偏差値は日本だけに存在する悪弊だ。

工業生産物の品質の良否の判断には有効だが、成長過程にある若者の潜在能力を考慮出来ない若者の順位付けは、以下の様に無用なマインドコントロール起こさせ、人格形成に巨大な害を与える。

－　高い偏差値が、慢心させ……自己中心的で視野の狭い人間に成長する。
　　多くの、筆者が指摘してきた行政のお粗末はその例だ。

－　低い偏差値が、過大に精神的な劣等感の形成となり……自然な人格の成長を阻害する。

早熟と、晩成の人がおり……成長期の若者の将来の『伸びしろ』は未知数だ。偏差値で人の将来の伸びしろを無視して……判断する愚は即刻廃止しなければいけない。

その13：大学者と農民の類似性と独自性
違う様で、同じことをやっている。

農民の雑草対策

筆者は幼少の頃から累積で40年以上農業と関りを持って生きてきた。

現在も約1,000㎡の家庭菜園で農業をやっている。農業では雑草対策が作業の2/3を占める。

時期を見計らって、作物に影響を与えないように出来るだけ、雑草が小さな内に引き抜くのが基本だが、暑い夏場ではタイミングが数日遅れると、雑草が大きくなり引き抜く時に、作物の苗に害を及ぼす。

理系学者の論文

学者は文系の学者と、理系の学者に大別され、理系の学者は民間企業と密接に関係し、研究の結果は最終的に特許として具体化されるので評価は正当に行われる。その背景には科学的に証明され、再現性が担保され、人類に何らかのプラスの貢献をする事……文書化されていなくても……を条件とする暗黙の不文律がある。

文系学者の論文

文系学者は理系学者とは全く異なった、独自性の社会で論文、著作として何をどの様に書いても自由であり、それを批判される事はない。理系学者の論文にはその根拠となる実験設備と実験期間があり、それは費用と長時間作業を伴うので頻繁に論文執筆は出来ないが、文系学者の場合にはその気になれば、数十頁くらいの論文は週に１編、年間30～40編提出する事もさして難しい事ではない。世の中には無数の文系論文が発表され、それらの一部は文科省から資金援助を得ている。

論文が行政の新しい政策の正当性の根拠として引用されて、舞台上に上がれば批判されるかもしれないが、その様な事が起こるのは非常に稀だ。

文系学者の論文は雑草の様なもの

文系学者の論文は農業における雑草の様なものだ。社会の為に役に立たない。それは単に個人の……多くの場合社会貢献とは無関係な……感想の記述で、その様な事に費用を掛けるのは、国家経済と言う視点から判断すれば単なる無駄使いである。

以下に筆者が最近遭遇した二つの事例ついて考察する

その１：榎勇農学博士の自分史の例

筆者のテニス仲間にＭご夫妻がおられ奥様は短歌会に所属され、国語教師でもあって言葉について高い感度をお持ちだ。

筆者が本の執筆を始めた事をご存じで、叔父様が自分史を執筆された事を聞き、叔父様の自分史を貸して頂いた。

伯父さまは兵庫県丹波地方のお生まれで、北海道大学農学部卒の農学博士、農林省総合研究所に勤務されて所長で退官され、その後幾つかの大学で教授を歴任された筆者より13才年上の方だ。

榎氏は非常に立派な方で、自分史は丁寧に、誠実に執筆されており、榎氏が自分史を書きたくなられた事がよく解る。

訂正とお詫びの別紙が挿入

約４㎝×９㎝の紙の小片が挟まれており、その中に右の様に書かれている。筆者はこの様な訂正文の添付の必要性は全くないと思う。論文、著作は何か読者にとって、社会の為に有益な発見又は情報を伝達する事に意味があり、それ以上でも、それ以下でもない。

> **訂正表**
> 筆者略歴で、1944年４月「兵庫県立農業高校」に入学したとありますが、「兵庫県立農学校」の誤りでした。訂正し、お詫びいたします。

教条的なドグマにマイコンされている学者

何かにマイコン＝マインドコントロールされ、大小判断機能を喪失……

それが文系論文の標準になり……それが恰も論文の無謬性、を維持しているかのような権威付けをしている。筆者の視点ではそれは無意味な事で、それは単に文系論文文化に常識が欠落しているだけの事だと思う。

その２：藤岡純一経済学、京都大学博士の場合

先述の藤岡純一博士は関西福祉大学名誉教授で2016年にＡ５版、345ページの著作『スウェーデンにおける、社会的包摂の福祉・財政』を執筆された。筆者が読んでも著作が何を読者に教え、何を社会に訴えているのか解らない。引用論文、著作物、政府統計が非常に多く、それらから引用した表、イラスト、数値で溢れている。

全体が８篇の章に分割され、第１章の本文30ページの為に66の資料が引用されており、残りの７つの章も全て同様である。

その14：引用論文の多さが権威付けの証拠？

藤岡博士の本を通読して以下のような感想を持った。

１．著者は多数の論文を引用する事で、著作内容が他の無数の専門家も同意しているから正しいと印象付ける。

２．著者は単に引用資料から論点、数値をピックアップ、合成してパッチワークで、自説らしきものを合成した。

３．著作は日本語で書かれているから、日本人を対象として書かれている筈だが、日本との比較でスウェーデンを評価すると言う視点が欠落している。

４．抽象的で、生活実感が全くなく、単に引用資料の羅列で訴えるもの、新しい発見らしきものがない。

藤岡氏はスウェーデンの複数の著名大学で客員研究員としての経験もあり、文科省から資金援助を受けてスウェーデンに聞き取り調査の目的で出張されている。

農業の雑草、論文、特許の総括

アインシュタインの相対性理論、湯川秀樹氏の中間子理論、山中伸弥氏のＩＰＳ細胞に関する特許、無数の発明をされた西澤純一氏に代表される、巨大な発見、発明には引用を必要とする資料は限定的……ホボ存在しない。

膨大な数の社会に溢れている高学歴者によって執筆された文系の論文、著作は社会に対して……農業における雑草の様に無用な負担を掛けていると思う。

論文、著作の高等教育への影響

日本の高等教育を受けた人の塊として象徴的な財務省の高級官僚の日本語の作文力が、筆者の時代の小学校６年生レベルである事を明らかにした。

1960年代、約60年前から顕著になった大学合格を究極の目標として、受験戦争の中で疲弊し……その連鎖で現在の状況が出来上がった。60年代に大学入学した人は80代になり、80代の人から教わった人は50代になり、50代の人を先生として現代の20代の人は教育を受ける。時間の経過と共に劣化の度合いが増幅、現在に至っている。

筆者の視点で観察すると「木を見て森を見ず」、「１円賢者万円バカ」と表現したくなる様な例に頻繁に遭遇する。

その15：マイナンバーカード導入に際して、度外れな不手際で国民をIT嫌いにした無能な高級官僚

筆者は2020年にカードを取得したが、先ずその手続きの複雑さにビックリした。

交通系のイコカのカードを取得、そのカードに２万円を入金、それを**空っぽにしてから**、国からポイントが入金されて……と、筆者にすれば訳の分からない準備手続きを要求される。

なぜ空っぽ＝２万円を使い切る事＝消費する事が必要なのか？
なぜその為にJRの駅に行かなければいけないのか？

手続きをする担当の女性は、神戸市の職員でなくて、派遣でカードの入会手続きをする人で……質問しても何故、イコカカードが関係しなければならないのか、その理由を知っていない。**彼女も、役所のやる事だから……バカみたいと言っている。**

カードを作ったらそれで良いのかと思っていたら、健康保険証等との紐付けには、再度市役所に出向いて手続きしないとダメと言われる。紐付けされた後に、医療機関に行きカードで保険証、診察券の提示が不要になると思ったら、一部のものは紐付けされていなく、筆者の場合には『高齢重度障碍者医療費受給者証』は紐付けされていないから提出が要請される。

他にも、同様のカードに紐付けされていない「保険証」が幾つもあるみたいで、クリニックの**窓口の人は、全てが二度手間でバカみたいと言っている。**

無知な官僚が旗振り

第１章、その４の全国旅行支援の場合と同様に、想像を絶するIT関係に無知と言うか……全てに無知な、常識のない……行政が旗振り役である事が問題の出発点である。

一旦面倒くさい、利用者としてメリット無し、理由が判然としない……暗い影を感じさせる……イコカカードへの入金等から、筆者の場合もカードは無用だと考えるようになった。

導入当初に何らメリットがない、不便の印象を持たれたら、回復するのは至難の業だ。

その様な愚行から回復の為に消費された金はGDPを上昇させ、経済学者が経済効果と評価してGDPの上昇要因となる。

テニスの友人の一言

総務省の奴らが、自分が楽しようと思ってあんなことしやがって、絶対カードなんかするもんかと言っている。

70代の方だが、よほど総務省に恨みでもあるのだろう。
全国旅行支援の場合には単発の事だから、数千億円のロスで済むかもしれないが、マイナンバーカードの場合には、その影響は永久であり、全国民に影響を与える問題だ。
ド素人の、多分、東大卒の高級官僚が上等の仕事が出来る筈は無い。

国交省の鈍感、裏切り……親切心？？

国公省は高齢者の運転免許返上に対する返礼として、運転免許証に替わる、写真入り本人確認の証明機能を持たせた、６年間有効な運転経歴証明証を発行すると言う。
マイナバーカードが既にあるのだから、国交省が費用をかけてそんなものを作る必要はないと思うが不思議なものだ。
筆者には、国交省だけの問題でなく総務省その他……無数の高級官僚がこの事を知っている筈だが……。
日本の高級官僚、官僚組織は『統合失調症』に罹っていると思う。

スウェーデンからソフトを買えば簡単

スウェーデンでは半世紀上前から全ての事は個人番号で処理している。（自分史、写真集参照）
半世紀もの使用実績があるから新しいソフトでは不可避なバグ＝ミスは出尽くして修正されているから、非常に高品質なものになっている。ソフト自体に白紙の状態で、個人情報は何も入っていないから、秘密保持に関するリスクは皆無だ。
日本の人口はスウェーデンの約十倍だから、容量を10倍にするだけで何も技術的な問題は発生しない。
日本のド素人の官僚が、仕様を決めて……外部に発注するのは、本来あり得ない様な無理な事だ。
小学生の子供が住宅新築に際して、建築業者に柱の太さ、壁の構造、屋根の勾配、基礎工事の詳細を指示するようなものだ。

スウェーデンからソフトを買えば
掛かる費用は多分数百分の１以下に減額される。

スウェーデン政府、開発した企業は、ソフトの日本への販売を嫌がらないだろう。むしろ歓迎すると思う。
ソフトの購入価格は精々数十億円程度だろう。スウェーデンから数名の講師を招聘して学び短期間で便利さを実感できるマイナンバーカードが導入された筈だ。

ソフトの構築はハイテクではない

国の産業競争力の観点から判断すると、マイナンバーカードみたいなソフトの構築作業は単純作業の積み重ねで、産業競争力の根幹を成す、ハイテク分野のジャンルとは無縁、数段下位のソフトでスウェーデンが断る理由はないだろう。
むしろ、既に実績のある物の方が、新しく作るよりも遥かに好都合だ。

「覆水盆に返らず」で仕方がない

今更、元に戻すわけには行かないだろう。
社会の変化のスピードが上昇する21世紀になり、全ての分野で、高学歴だけを特徴とする常識不足の官僚が行政の牽引役をしていては、ますます日本は劣化する。官と民の垣根を低く、……無くする事が重要だ。

その16：日本の成功企業松下電器＝パナソニックは立派な会社だったが『ブラック企業』だった

松下電器グループの創業者松下幸之助氏は、戦後の日本経済の復興に象徴的な貢献をされ、その巨大な功績は日本の歴史の中に永久に刻み込まれるべきだと思う。膨大な数の活字情報は松下幸之助氏の功績を称えており、それはその通りだと思うが、その様な成功物語は面白いが、残念ながら、その後に社会参加する人には……先ず、参考にならない。

世界は、経済競争は常に新しい土俵＝パラダイムシフトに適応して変化し、その変化は不可逆であり、同じ様な土俵は絶対に再度出現しない。

筆者は30代前半まで松下氏を神様の様に思っていたが……30代後半の頃には、立派な経営者だったが、神様の様な人だとは思わなくなった。松下電器に関連する事は時代の変化、特に日本について非常に興味ある話題を提供してくれる。

PHP研究所に対する筆者の30代前半までの理解

戦後間もなく物心両面の繁栄により、平和と幸福を実現するという松下幸之助の願いのもとに創設された。

PHPとは、「Peace and Happiness through Prosperity」（繁栄によって平和と幸福を）の頭文字をとった語である。「物心両面の繁栄により、平和と幸福を実現していく」という松下幸之助の願いのもと、戦後まもなく創設された。

30代後半からPHPの意味が変わった

「Patience and unHappiness through Poverty」『貧乏を乗り越えて我慢と不幸』と真逆になる。

時代により、会社名が変わり、系列会社も多く、学術論文的に記述すると、…非常に解り難くなるので、頻繁にまとめて『松下』の名称で統一している事をご容赦ください。

現パナソニック＝松下電器グループの創業者、松下幸之助氏は戦後の経済復興の時流に乗り、日本で最も成功した実業家として知られており、若い頃は盲目的に大尊敬の念を持っていた。

筆者は松下幸之助氏と直接会ったことは無いが、直接間接に松下電工とは、精神的に、かなり密接な関係を持って歩んできた。

（以下の部分は多くが自分史に既述された部分と同様です）

幸之助氏を教えた先生の先生からの激励

西野田工業高校夜間部に18才で入学、鋳造の50代の先生は非常に丁寧で、心に響くような言葉をよく発せられる。何年か前に退職した西野田の先生で、18才で夜学に入学した松下幸之助を教えた経験のある先生がおり、その先生から聞いた、また聞きの松下幸之助の話をされた事がある。

話によると、松下幸之助は夜学を中退したと云う。1960年代で、当時、既に松下電器は巨大有名企業である。鋳造の先生が、我々を鼓舞する為に、話されたのだった。住友は学歴社会だったが、世の中は能力次第で、社会は開かれていると思い、その様な松下電工は素晴らしい会社だろうと思っていた。

初めての松下の門間工場訪問

40代後半の頃に初めて松下の門間工場を訪問した。軽電機と言われる、家電業界は小型の金属部品が多く、プレスで押すとか,切る単純作業で、我々の業界との関係が薄く訪問する事は殆どない。

エアコンに消費電力を激減させる、革新的なロータリー方式の圧縮ポンプの導入が始まった。三角系の回転するローターを収納する、鋳物に繭型の凹型の形状を高い精度で加工するのは難しく加工費が高い。
コスト削減をするためのアドバイスを求められて、営業の担当者から要請されて訪問した。

代理店の営業の言葉『松下には社内結婚がない』

計３回訪問して、課題は解決したが……色々な雑談をする。
毎朝、朝礼があり、全従業員が……朝礼で七つの精神訓話を、声を出して唱和する事。
松下には社内結婚が無い事を聞く。松下には、多分、企業の業態の性質上女性の従業員の方が圧倒的に多い筈だが、松下に勤務する男を夫に持つとどのような将来が待っているか知っているので、結果的に社内結婚がないと云う。
その15年後くらいに解った事だが、コーラスの仲間に三人の日本銀行OBがおり、彼らは日銀では、全て社内結婚だと言っていた。筆者が勤務していた住友電工では、学歴上の壁の存在と、……皆さん非常に行儀が良いので……社内結婚は非常に少なかった。

エリザベス女王の松下電器訪問

1970年代中頃の事と記憶するが、スウェーデンからの出張者と一緒に新幹線に乗車中に、英国のエリザベス女王が日本訪問された時の事が新聞に載っていた。記事の後半に、女王が松下電器の工場見学で、大勢の女子工員が電気製品を組み立てるラインを見学、案内する松下の社長が女王に……誰一人として貴方の方を見ないのは、女子工員があなたを無視しているわけではありません、単に熱心に仕事に励んでいるのだと、言い訳したと書いていた。
当時、日本ではヨーロッパ、とくにスウェーデンなどでは労働意欲が低く、日本の高い勤労意欲が自慢で、海外で日本の自動車販売が急激に伸びていた頃だった。私は、自慢の気持ち、スウェーデンを皮肉る気持ちも少しはあり、その事を説明した。
30代の彼は黙って聞いていたが……**ミノル、スウェーデンにはそんなところで働きたいと思う人は一人もいないよ、若し給料が倍になるとしてもと言われたが、私の日本製の頭は**、それを簡単に素直に、受け入れていなかった。

無残業に夏休み４週間の『ホワイト企業』を素直に認めていなかった。

本社の工場は例年夏季休暇で４週間完全に工場閉鎖。初夏の頃にその年の夏季休暇の予定表が送られて来る。
扱っている商品が消耗工具だから、トヨタ、日産などの顧客には絶対に欠品出来ないから海外小会社はそれに併せて、在庫の積み増しをしなければいけない。
長時間残業、生活残業が当たり前の日本から見ると……天国と言うよりも……そんな怠惰な事では時間の問題でダメになるぞと頭の中で考えている。

本社へ転勤

その数年後、本社のＲ＆Ｄ部門に転勤、当初は戸惑ったがスウェーデンの『ホワイト企業』、スウェーデンがどのような社会であるかが良く解った。（自分史第五章参照）

元大蔵省財務官の稲村光一ご夫妻に会う

そのわずか数年後にスウェーデンに転勤、ラボで数人と実験中に元大蔵省の財務官だった、稲村光一氏ご夫妻が、会社の会長の立場で見学に来られた。私は、稲村氏を全く知らない、日本人でないかも知れない、日本の顧客かもしれない……無視するしかないので、軽く会釈する程度で済ませた。
後日、稲村氏が私に声を掛けなかった行為がスウェーデン人には非常に奇異に捉えられ非難されていた。スウェーデンなら国王でも近寄って私に話しかけただろう、と言うのが理由だ。

大学の公開講座で松下イズムの講釈を聴講

神戸大学大学院大学国際文化学研究科主催の公開講座が秋に開催され、高齢者と呼ばれるようになってからホボ毎年出席している。普段、現職から離れた高齢者が聞く事のない、最新のアカデミックな話題を選んで、２日間開催で１日に約90分間の講座を２コマ聞ける。
講座は非常に多岐にわたる最新のことで、今後社会で話題になるであろう事が予想される事についてのお話である。
12年以上前の講座で、Ｘ教授が……名前は失念したが……中国の電器、電子機器製造の巨大企業鴻海精密工業の創業者郭台銘……通称テリーゴー……が度外れなワンマン経営で、中国式の経営は無理があるから、日本式の経営を教えているとの事であった。例として取り上げられた鴻海精密工業は、当時、従業員数が50万人近い台湾人が中国で建設した工場である。
当時、大学は国際化、学外からの教授の招聘を積極的に始めており、その流れの中で大学教授となった。
経歴によれば、Ｘ教授は中国で永年大使館に勤務していた中国通である。
社長のテリーゴーは超ワンマン経営で従業員に厳しく、直近の２年間で13人もが自殺したと、パワーポイントでそれに関する数値を強調して、殺人工場みたいな論調で非難する。 日本には松下イズムと呼ばれる優れた経営思想があり、それを中国に根付せるべく教えている。大学院の生徒の大半は中国人だとの事。

私の経験と知識は同意しない

聴講者は約200人で、熱心にメモを取っている人もかなりいる。私の松下電器、ナショナルの工場での経験とは非常に異なるので……ビックリ。通常、この公開講座では質問は受け付けないし、質疑応答はない。
所が、講座は15分ほど前に終了、司会者は時間が余ったので何か、ご質問があればと質問を受け付けた。数人の人が質問して、多分三人目くらいで私は以下のように申し上げた。

筆者の発言

私は日本の多くの製造業の工場を訪問しているが、その中で松下は非常にユニークだと思っている。
私の会社の製品を扱う商社の営業マンが、松下では社内結婚がないと云う。
何故なら、女子社員は夫が松下勤務だと、どの様な人生が待っているか分かっているから社内結婚がない。
私の属するコーラスクラブには日銀OBが三人おり、日銀は全部社内結婚と言っている。
松下幸之助がワンマン経営であった事は周知の事であり、それが松下を大企業にした。
日本の自殺率を当てはめて比較すれば、一目の下に、異常に自殺率が低い、日本の平均を当てはめれば10倍の130人自殺していても何ら不思議はないと申し上げた。

民間では、自由競争で揉まれて、人選に関して高い判断能力を持った人がいるが、大学では教授の採否を決める判断能力のある人材がいないのだろう……。
長い沈黙の後に、教授は、中国はもともと自殺率の低い国なのですと、消え入るような言葉で返していた。私なら、何故中国は日本や韓国より目立って自殺率が低いのかに興味を持つがそうはならない。
多くの類似の経験をしているが、殆どの場合それらは日本に関する知識の不足によると理解している。大学は象牙の塔に籠らないで、外部と人事交流と言っても内容の伴わない、形だけの交流は全く意味を持たない。あのX教授はその後どうなったのだろうか？この様な事はスウェーデンでは絶対に起こらないと断言できる。
それから数年してホンハイのシャープへの大形資本参加が報じられた。
X教授の事件は国際的な問題、国際的な知識の問題でなく、日本の問題、日本について無知である事に起因し、それがそのまま見過ごされるが、それは日本の教育の責任だが、日本は不思議な国だ。

令和になって現在の姿

公開講座があってからわずか10年で情勢は様変わり、パナソニックを筆頭に日本のIT、半導体事業は衰退、反対に台湾の企業が日本企業を下請け的に使う為に日本に工場を建設する様な状態になって来た。

それまでの経過

第1章から見て来た他の事例と同様に……行政のピント外れの関与が、日本の半導体産業の衰退を招いた。
2012年のエルピーダメモリーが破綻する事で決定的となり、台湾、米国などの海外企業と立場が完全に逆転、日本が反対に教えを請い、低賃金で真面目に指示された事を忠実にこなす労働力市場として期待されている。

数人の友人のお話

70代になり数人の友人の娘さんがパナソニックに勤務する方と結婚、その生活の様子……会社の厳しさを想像される様な事を話されていた。立派な会社の看板があるから、社外の方は知らないので……日本ではその様なミスマッチングが起こり……終身雇用文化の日本では多くの不幸な人生を余儀なくされる人がかなりいる。
筆者が12年間勤務した住友電工とは非常に違う。夜学8年の経験の中で多くの大企業に勤務する知人がいるが、松下系列の会社の人に会った事がない。**対象となる無数の中卒工員がいた筈だが、会社は夜間高校への進学を認めなかったのだろう。**

松下のコンサルタントがハラスメントで退職させる

筆者とホボ同年令のテニスの友人N女子のご主人は経営コンサルタントだった。
ある時点から松下と専属経営コンサルタント契約を結んでおり、永らく年収4千万円の稼ぎがあり、別荘を持ち、豪華な私生活をしてきた事を話される。
永年のお付き合いなので色々な事が分かってくる。松下に辞めさせたい人物がいるが、法律上の問題があるので簡単には辞めさせられない。そこで、会社は能力の向上を目的に、研修会への参加を指示する。

1980年代、マスコミから……地獄のしごきの1週間、能力向上、自己啓発、自己改造……の標語の研修会への参加を募集する宣伝を新聞、テレビで報じていた。
研修会は人減らしを計画する企業が、研修の為と称して不良社員を選抜して研修会に参加させる。研修会では講師が徹底的に、出席者の弱点を突き回して、……精神的に参らせて、本人を自主退職に導くことが目的で行われる研修会だった。

参加費用は数十万円で高価だが、一人の人間が辞めれば、会社は年間数百万円の費用節減になるから、研修会参加費用は安いものだ。どの様なコンサルタント契約をしているか……法律上の問題があるので、書いたものは別にして……実質的な成果報酬は多分、非常に高額だったのだろうと思う。当時、地獄の２週間の講習で15万～25万円くらいの宣伝をよく見かけた記憶がある。 一般には、募集するのだが専属契約と云うのは非常に珍しい、実質的に松下が研修会の主催者だった。

それだけ、結果を出すことに優れていたのだろう。住友ではそのような雰囲気絶無の『ホワイト企業』だった。

自分史に既述の富山の高等学校の新任教頭の最も重要な仕事が、問題教諭を退職に追い込むことで、その為に数人の教師の手助けも受けて、数年間大変だったと吐露されたから、公務員、学校でも同様の問題が頻発していたと思われる。

学校はその様なコンサルタントは使わなかったが、学校内で問題教師を排除する為に……本来の教育よりも重要な事として学校を上げて数年間時間を消費していた様子が解り、民間の場合と同じだ。

頻繁に、マスコミに露出する、先生の不祥事のみならず、表に露出しない同様の事件は数十倍以上あるのだろうと思う。

その17：銀行は税務署の下請けで、新規ビジネスの為の口座開設が非常に困難

国民の財布の中は監視されている

相続税が増税される事がささやかれ……１級障害者で何時あの世に行くか解らない身で、自分の死後の妻の住む所を面倒な相続の問題から事前に開放しておく為に我が家を妻に売り渡した。

法律的に不備の無い様にと思って、何時でも登記できるように売買契約書を作り、１千万円が妻の口座から私の口座に振り込まれた。数か月して税務署から二人の人が玄関でピン、ポンして、妻の大金の振り込み理由と、資金源についての詮索を受けた。税務署は、高額の資金の移動について常に金融機関から報告を受けており、国民は財布の中を常時税務署にチェックされている現実を教えられた。

第１章で取り上げた、国税庁が関係するお粗末な事例では、**身内には無限に寛大**で……**庶民には厳しく**……で制度設計する文化がある事がよく解った。

税金の取り立てには熱心だが、消費者の利便性には、配慮しない……又は配慮できる知恵がないが、それは生活実感のない……常識不足が原因しているのだと思う。

経済、マネーが関係する問題は、統計などの無機的な問題と、消費者、国民を対象として、考えて制度設計をする心が必要だと思うが、日本では最もその様な仕事に不向きな人々が高級官僚となって制度を作っている。

活字だけで経済を学び、受検教育で貧弱な社会経験しか持たず、強大な権力を手にして、法律、制度を立案、それを、お友達の東大マフィアからなる委員会からの承認で法制化する。それが日本型法治社会だ。

新規法人口座の開設拒否

妻への居宅の売却事件から数年後に、筆者が20年くらい前に設立した活動を休止していた法人を再稼働すべく、法人名義の銀行口座開設を郵貯に申し込んだが、理由不明で拒絶された。

地元のみなと銀行、但馬銀行にもトライしてみたが、法人口座の新規開設には意味不明の……聞いても解らない、窓口担当者も解らない……金融機関の自主規制が働いて、『触らぬ神

に祟りなし』で、全ての新規法人口座の開設をストップさせている現実を知らされた。ネット社会となりマネーロンダリング、不正送金がマスコミの大きな話題なり始めた頃の話だ。

口座は開設出来なかったが、銀行内部が国税との関係でどの様になっているか、銀行が国税の下請けの様に機能している現実が理解できた。個人も法人も、銀行との取引の経過は国税にモニターされている。後期高齢者になって初めてその事を知った。

高級官僚は日本では貴族、スウェーデンでは普通の人

不正行為、行政上の無駄、無駄に由来する長時間労働などの国民負担の上昇は、GDPのプラス要因として経済統計に影響を与える。過去の約30年間、浮き沈みがあり一定ではなかったが、平均として、不必要な長時間労働、それを原因とする人件費の上昇による企業利益の縮小、ステルス増税が国民生活を劣化させたにも拘らず、GDP統計数値がさほど悪くならなかった理由だ。

その18：値札の消費税は内税だけにすべし

第1章では高級官僚の比較的大きな問題に関する行政能力を観察してみたが、消費税の扱いの様に細かな事は行政能力の品質が全国民に及ぶので非常に大切な事である。日本では消費税は内税と外税の二本立てが混在している。

殆どの店では外税で表示する事で、消費者に安い価格を見せて、誤解させる事で買わせたい意志を見せている。

消費税は些細な事だが、生活とは無数の些細な事の積み上げであり、些細な事に行政が関与して行政が制度を決めるから、行政の常識的な知識は非常に大切だ。

内税と外税の混在が社会に無用な負担を掛けている

- 先ず、スーパーでかごに盛られた菓子袋を取るように……制度設計者が何も深く考えることなく、何気なく制度設計したのか、真剣に考えた上での制度設計なのかで、大きく異なる。
- 仕事として真剣に考えた上での制度設計ならば、正面から誰とでも議論できる筈だ。
- 複雑にして、庶民が価格の比較をし難いように、意図的に不便にするようにした。
- 内税と外税を混在させる事で、税務署の会計処理を複雑にして、大量のメモリーを要するホストコンピュ—タ—を購入する事で、電算機メーカーに存在感を大きく出来る。
- 国税としては、税金を正しく徴収する事が仕事、単に、算数的に考えれば内税と、外税の二つの方式が存在しても、要は税金さえ正しく計算されればそれでOKで、一応内税が推奨されているが、消費者の利便性など考えた事がない。
- お店や、スーパーでは会計機は内税、外税と2種類の対応が出来る会計機が必要になるから、会計機のソフトが複雑になる。

この事は簡単な事ではあるが、消費者に価格的な比較を難しくして、無用な負担を掛けている。徴税する側が自己中心的に、自分の都合だけを考えれば、内税でも、外税でも、税金が徴収できればそれで良い。

両方が存在する事が多くの……一つひとつは小さな事だが,..全国の消費者、企業が関係する事なので、表立って経済指標には表れないが、その負担は大きくなる。

- ◆ ビジネス上の会話で常に内税、外税が混在し複雑
- ◆ 経理計算の中に、内税と外税が混在するので計算ソフトが複雑化、ソフトへの初期投資と運営のコストが上昇する。

- ◆　国税に於いても、どちらかに決めた方が事務の簡素化で好都合と思うが……自分は制度を決めるだけで……制度に縛られて仕事をする訳ではないので……現在の様な事が横行している。
- ◆　簡単で良い筈だ。
- ◆　制度運営は、業者に無駄な労力を掛け、消費者を不便にする。

その19：学習した事が咀嚼されて頭に残らない。歴史は西暦、数値は４桁区切りにすべし

明治の開国後日本は多くの理系の知識を西欧諸国から取り入れたが、文系の知識は比較的少なかった。

既に欧米の植民地となっていたアジアの諸国では、キリスト教から強烈な影響を受けたが、日本では影響は少なく政治的な混乱も起こらず……過酷な社会だった中国、韓国と比べて限定的で……社会全体から見れば僅かな信者数に留まった。

主要産業だった農業も、当初は米国の先進的な農業を学ぶ方向で始まったが……経験を重ねる内に、日本の方が農業先進国である事が解り、西欧式の農業は日本には根付かなかった。

医療については東洋式と、西洋式が永らく混在し、第二次大戦後から西洋式が主流になり、東洋式は衰退傾向を強めた。

理系、医系は単位統一

理系、医系では尺貫法から、メートル法への単位の統一を図る事で理解を容易にし、関係者の理解と記憶をへの負担を軽減、科学的な知識の国際社会との共有を容易にして、国際社会に溶け込んできた。

日本の1960～1980年代の製造業の隆盛はその様なインフラがあったので可能になった。

３桁区切りの『コンマ』の問題　４桁区切りにすべし

日本語では大きな数値は４桁ごとに、万、億、兆、京……と変化するが、戦後政府が欧米流に３桁区切りにコンマを打つことを行政組織に指示して、現在の姿にしたと言われている。

筆者は標準的な日本人と比べて欧米との接触が多く、３桁区切りのコンマに慣れている筈だが、それでも、３桁区切りはでは桁数の多い数値の場合は実感が伴わなくて非常に不便だ。

筆者の頭が悪いからと言ってしまえばそれで、お終いだが、これは日本人に共通する問題だ。

多くの人が、非日常的な大きな数値に遭遇しても実感が湧かなくて、大きな数値を伴う議論に耐えられていない場面によく遭遇した。この問題は小さいようだが、非常に重大な問題だと思う。

日本では多くの人の数値の理解が曖昧……いい加減な、アバウトな会話に終始……大きな数値が話題の場合には議論のポイントがボケる原因となっている。

６桁以上の大きな数値が登場すると、多くの人は話題の中に溶け込めなくて……内容を咀嚼した会話が困難になっている。

日本では４桁のコンマ区切りの方がピッタリくるので、４桁区切りに変更した方が負担軽減になり、教育効果が向上すると思う。現代の若者は筆者の時代に較べ学ぶべき窓口が広くなっているから、頭の中に隙間を作ってやらないとダメだ。

インドの場合

筆者は、４回インドを訪問、累積で６週間インドに滞在したが、インドの数字のコンマ区切りは非常に複雑で、説明の為には数ページが必要だが、永らく英国の統治下にあったがインド式を使っている。それは、インド式が彼らにはピタッと来るからだ。

中国の場合

近代化が先行した日本が西欧の科学的な事を漢字文化に取り込み、中国はそれを模倣したが、数字の３桁区切りは導入しないで、従来からの漢字文化の４桁区切りを変更しなかった。

文系の場合

日本では西暦と和暦が混在し、一般人にとってはこの問題は歴史的な変化の、時系列的な因果関係の理解、記憶を非常に困難にしている。困難にしているから歴史的な事の因果関係に興味を持つ意欲が減退……そのようなインフラがあるので、政治に無関心な人が多くなる。

和暦は、歴史を専門とする学者用で、初等、中等教育の場では無用とすれば、負担はかなり減少すると思う。

庶民にとって必要なのは、歴史の連続性……物事の因果関係であり……和暦は歴史学者の専門的な知識用として、公教育の場では使用を停止すれば、生徒への負荷が随分軽減されると思う。

筆者の様に、記憶重視の受験教育を受けていない人間には、和暦の存在は非常に負担になる。

消費税の内税、外税についても、簡単な事だが、考えなければいけない事は負担になるので、内税のみにすべきだと思うが、制度設計する官僚に常識が無いからその様なアイデイアが湧かないのだろう

その20：郵便局ATMでの硬貨の取り扱いのお粗末

些末な事だが、制度設計者の頭の中が見える

手元に硬貨が溜まり、郵便局のATMで通帳に振り込むためにATMで入金手続きを始めた。

硬貨での入金には、2022年からATMで、硬貨をボックスに入れて送金や入金をすると110円の手数料が請求されるように変更された。１円、５円、10円、50円、100円、500円の全ての硬貨が１枚でも入っていると、手数料が110円請求される。今迄は無料だったのに、有料になっている。

目的は国のキャシュレス化の推進に協力する事だった。

不思議な事に、窓口に行って、番号札を取り、暫時待って、窓口で申込書に記入して送金又は入金すれば手数料は払わなくても良いとの話。窓口の40代くらいの女性の方に……アンタ、個人的に変だとオモイヘンと言い、しばらく雑談……彼女もそれがヘンだと言う事に気が付いたみたいだった。

多分、彼女は講習会で説明され、それに疑問を感じることなく仕事をしていたと思う。

全国に散在する郵便局のATMは約3.2万個と膨大だ。郵貯銀行は民営化されてはいるが、準官庁で内部に働く人が民営化に伴って変わって交代した訳でなく、同じ従業員だから公務員文化を踏襲している。

民間視点で考えれば不思議なことだ。

民間では『時は金なり』で、出来るだけ手間を省き、機械化、自動化を進めており、それを怠れば企業競争の中で、先ず『ブラック企業』になり、次いで社会から淘汰される。

ATMで問題なく出来る仕事を、何故、窓口でテラーにやらせるのか、全くその理由が解らない。

申込書の紙代、少なくとも１件当たり数分は掛かる時間.のみならず、顧客にも不便を掛ける『百害あって一利なし』である。

利用者に無用な負担を掛ける

ATMでそれまでと同様に変更しなければ、利用者は何ら、余分な申込書への書き込み、会話、時間待ち等する事なしにすむのに、利用者の利便性が全く考慮されていない。

この変更の表向きの理由はキャッシュレス化

先ほどの、テラーの女性の話では、講習会では……世の中のキャッシュレス化をアシストするため変更が行われたとの事だ。筆者の目から見るとそれは、意図してか、無意識に行った制度変更か不明だが、表向きの目的とは真逆の効果を発揮する、ピンと外れの制度変更だ。

国民にATMは面倒だ、IT化された社会は複雑で、IT化反対、マイナンバーカード反対となる。

全ては制度立案者の、常識不足による。

ATM、IT技術の利点、**便利さを実感させれば、人はその方向に動くが、誘導方向が全くピント外れだ**。

振り込みに際して110円の支払いを逃れる方法

筆者がこの事に遭遇したのは2023年であり、テラーさんは１年強の経験があり、一般化している110円の支払いを逃れる方法を教えてくれた。

頻繁に顧客から詰問調の質問を受けて不愉快な会話になる。制度がお粗末で顧客が直ぐに納得できる様な説明が出来ないので、テラーさんは以下の様な３ステップを取る事で、110円の支払いを逃れる方法を教える。

第１ステップ

殆どの場合、複数の人が窓口で待っているから、窓口で番号札を取る。

第２ステップ

自分の順番が来たら、硬貨と通帳を窓口に持参して、入金申込書に記入して窓口に提出。

第３ステップ

テラーさんが入金手続きをして通帳に入金が記入される。窓口では50枚までの硬貨の入金は手数料がかからないから、硬貨はそこで入金される。１円の入金でも手数料は掛らない。

郵便局と、利用者の双方に無駄と負担を強いる『百害あって一利なし』の制度だ。

郵便局は金融の窓口業務をゆうちょ銀行から委託されて行っている。

郵貯銀行は政府の中央官庁的な存在であり……その委託先の郵便局は、地方自治体に相当する下請けの関係である。

その委託契約の内容は知らないが、窓口の郵便局では変更に伴い手間が掛かるから当然費用が掛かる。約1.2万人の従業員のゆうちょ銀行が、その約15倍の従業員を抱える日本郵便に指示＝命令している。

中央の高級社員が、制度を決めて、下が従う

本来ATMのするべき仕事を、手作業に向かわせて、長時間労働に誘導する。長時間労働は人員の増加圧力となり、就業者数は増加するかもしれないが、長時間労働、低賃金の『ブラック局』の増加に拍車をかける事になる。

不適任者が不適な任務に就く日本のお粗末

皮肉な事に、高級社員は、政府の高級官僚の様に常識が貧弱で、幼児の様に目先の事しか理解していない。最も制度設計に不向きな、高学歴者が制度設計した事が原因だ。

下請けである日本郵便に無用な負担を掛け、利用者に不便をかけ、双方にとって『百害あって一利なし』の制度が日本を劣化させる。先の『ふるさと納税』、『全国旅行支援』の場合と全く同じだ。

『ブラック組織』の育成

先述の多くの事例と同様、巨大な郵政組織の『ブラック企業化』が進行する。

損失額の推算

全国に2.5万か所もある郵便局には総計約3.2万台のATMがあると言われている。

標準的な郵便局員の年収300〜400万円で、時給換算で2千円程度であり、先進国の中では貧困層である。時給2,000円は、この3ステップの通過に要する時間を6分とすると200円となる。通帳への記帳、申込書の保管、紙の費用等を込めて1件当たり250円として費用の推算をする。

250円×ATM3.2万台×10件/日×250日/年＝20億円/年となる。

経済学的にはこの費用はGDPを上昇させて、景気が浮揚したと評価されるのかもしれない。

10年で200億円、失われた30年で600億円となる。

本来ATMのするべき仕事を、手作業に向かわせて、長時間労働に誘導する。

長時間労働は人員の増加圧力となり、就業者数は増加するかもしれないが、長時間労働、低賃金の『ブラック企業』の増加に拍車をかける事になる。

税収の減額

最終的に民間企業となっている、郵貯銀行、又は日本郵便、又は双方の決算の悪化で利益の減少で帳尻が合わされて、納税額の減少となり、国家経済のドンブリの中で、新規公債の発行圧力となる。

> 制度は目的としている『キャッシュレス化』、労働時間短縮と賃金の上昇とは『真逆の』、長時間労働、低賃金と、キャッシュレス化に対する国民の抵抗感を上昇する、ピント外れの制度設計である。残念ながら、筆者の遭遇した数百以上の事件、案件で、流石に高い教育を受けた高級官僚の制度設計と唸らせられた事件には、一度も遭遇していない。
>
> スウェーデンの場合には、表面上……疑問を感じたような案件でも……深く探って行くと。ナルホドと納得させられる事ばかりだった。

> この様な制度に対して、筆者の知る限り、学者、識者、経済専門家、アナリスト、コンサルタント、著名ファイナンヤルプランナー、マスコミ、著作、週刊誌の中で問題視したコメントを目にしたことがない。それは日本の受験対応型に設計された教育の品質のなせ

る事だと断定する。
　同様の事はスウェーデンでは絶対に起こらないと確信する。
　若し、同様の事が起これば制度の立案者は即刻アウト、２度と政策立案に関係する仕事に関係する業界、教授、マスコミ関係者としての社会の指導的立場の仕事への復帰は無理だ。

　日本は高級官僚と呼ばれる、常識のない、実務に無知な、活字だけで学んだ、無数の小型の独裁者が分担して、社会を支配している。

テラーの女性の一言

　翌日別の用事で郵便局に行き、先述のテラーの女性に会ってお礼を言い……もし貴女が会社のトップだったらどうすると、冗談めかして質問したら。間髪を入れず……絶対にしませんと断言した。
　必要な事は彼女の様な人をトップに据えて、現在のトップをテラーとして働かせて、経験させる事だ。
　スウェーデンなら、そうなる……その延長が現代のスウェーデンだ。

郵貯のネットバンキングのお粗末

　筆者は郵貯でネッとバンキングをすべく、手続きをしたが、ウェブ設計が非常にお粗末で辟易した。
　原因は発注者側担当者の貧弱なウエブ設計に関する知識と経験だと思うが、説明に多言を要するから割愛する。一応ネットバンキングしていますと宣伝しているが、普及する筈は無いとの感想を持っている。

その21：変化への抵抗勢力は日本の高学歴者
日本教育経に汚染された教育者

日本の著作、論文の世界

　テニスサークルの友人M女史の95才の叔父様、榎勇氏は農林省の高級官僚だった。
　青春時代を戦前戦後の混乱した中で過ごし、北海道大学農業経済学専攻、29才で博士号を取得、31才で農林省の高級官僚として58才で現役引退まで27年間奉職された。退職後71才まで幾つかの大学に教授として奉職されている。
　榎氏は約10年掛けて『北但馬ムラの生活史』Ａ５版、550ページの大部を出版された。
　お借りして通読する中で、本の中に下記のような訂正表が挟まれていた。

著者略歴で、1944年４月「兵庫県立農業高等学校」に入学したとありますが、「兵庫県立農学校」の誤りでした。訂正し、お詫びいたします。

　これを見て筆者は住友電工での経験を思い出した。(自分史第三章既述)
　ご父君が大阪大学化学部の学部長をしておられた、大阪大学修士卒のI氏が筆者の出張報告の誤字を１字発見して筆者に指摘された。出張報告には大きなビジネス上の重大な提案を書いたがそれには全く興味がなく、些末な誤字に目が行く。
　その指摘には同時に強烈な嫉妬の臭いを感じた。

筆者はＩ氏が物事の大小判断が出来ない人である事に、驚くと共に、それまで経験した、他の何人かの人々の意味不明な反応に悩まされていたが、高学歴の人は**『大小判断が出来ないか、しない』**習性があると言う印象を持っていたが、Ｉ氏の誤字事件で理由が解った。

論文も特許も『玉石混交』で、玉は『千に三つ』の世界

不動産業界で『千に三つ』のたとえ話がある。千件の問い合わせが在っても、成約できるのは三つ程度と……契約獲得の可能性の少なさを揶揄している。論文、特許の世界も同様である。特に論文の場合には、形式上査読制度があるが……それは文章上の校正程度の意味しか持たない。

先述の榎勇氏の誤字訂正のお詫び文を発見して数日後、出版社の一粒社から、誤字確認の問い合わせの電話があった。既に校正に掛かっていた自分史で筆者が**『スエーデン』**と書いている所を編集ソフトが誤字と認識して自動的に**『スウェーデン』**と**『ウ』**を入れていると言う。

この様な事を問題にするのは**日本の後進性を示す一つの例で、それが社会の知的最先端をなす高学歴者によって守られている様子は、日本が変革、進歩を拒否する宗教国家の様な一面**を見せている。

義務教育の国定教科書では『スウェーデン』と表記されており、それが起源だろう。

国定教科書は日本の多数の学者が執筆して権威付けされている。

現地では自国の事を『Sverige』と書き、『スヴェリエ』と呼んでいる。

筆者の語感では英語表記の発音をカタカナで最高に表記すれば『スウイーデン』となり、この片仮名読みならば、確実に欧米人に違和感なく理解される。

『スウェーデン』では欧米人は理解不能……前後の脈絡から推定して推察するだろう。片仮名の『エ』を、『イ』に変更する事で立派に英語での会話に通用するのだが、その様な面倒な、金にならない事の変更には関心がない。

その22：思考実験－５：巨額公的債務と官僚の能力
天下りによる節税、避税、脱税効果

企業が官僚の……その中でもより高級な高級官僚の……天下りを必要とするのは、様々な行政上の監視、指示、命令実行の強制の程度を緩和できる事を期待しての事であり、その中で最も簡単な形で現れるのが、国税に対する納税額削減の交渉である。

日本のトップ数十の大企業には……製造業は比較的少ないが……複数の何らかの形で天下りの官僚OBが名ばかりで雇用されている。これら数十の大企業に天下った高級官僚OBの口利きで発生する徴税額の減少について考察してみる。

主に、第１章に既述の筆者の大阪国税局との議論、及び筆者の稲村光一氏との関りの経験から得た知識で推算する。

1,500兆円の借金の発生原因は以下の様に分けて考えられる。

１．行政の能力がお粗末で、無駄が多かった。

２．自然災害が発生、巨額の出費が掛かった。

３．実行に際して、不正があり規定以下の廉価な素材が使用され、担当公務員がそれを見逃した。（背後に賄賂が関与）

４．天下り官僚OBの口利きで納税額が減額された。

１．行政の無能力

大きな原因の１つは行政の無能力だ。

コロナ禍の中で、露見した行政の想像以上にお粗末な対応能力から判断、あらゆる彼らの行政が同様レベルだとすると、毎年国家予算の３～４割の無駄使いと、行政行為の対象企業、個人に対し長時間労働を強いていると推察される。

民間会社ではありえない事だが、予算100兆円の内の約30兆円が無駄な事の為に消費されても何ら不思議はない。30年間に900兆円の無駄使いがされてもおかしくない。

２．自然災害

大きなものとして1995年の阪神淡路大震災、2011年の東日本大震災、2016年の熊本地震、2024年の能登半島地震、十数年間隔で大災害が起こっている。それらの復興費用は、1,500兆円の一桁下の数字の金額であるのみならず、日本の様な自然災害多発国では、事前に予算的な手を打っておくべき事である。

３．公務員の不良手抜き工事の見逃しと「賄賂」の影響。

取りあえず目の前の予算、決算に影響を与えない。耐用年数の縮小などで、後年に負担を先送りする。

４．天下り官僚の節税効果

例えば100の企業に百人の官僚OBが顧問で就任、年間２千万円の報酬を得て、その見返りに企業に対して100倍の20億円の節税功績をするのは有りそうなことだと筆者の稲村光一大蔵省高官との関りの経験から推定できる。20年間、ホボ同様の貢献をすると400億円、100人で４兆円となる。

高級官僚の場合には、数十か所の名ばかり顧問で……例えば最近天下りした遠藤俊英元金融庁長官のように……口利きする高級官僚が、数百人いても不思議はない。年間数十兆円となり、高級官僚の口利きによる納税額減額が数百兆円/10年レベルの税収減額になっても不思議はない。

高級官僚の100倍以上の下級官僚も、天下り、金額的には少ないが、対象人数、企業数が多いので大きな金額になる。

５．福祉の関係の国家資格を取るための法人として従業員70人強の組織『社会福祉振興・試験センター』があり、そのトップ二人は厚生労働省の副課長OBである。政府機関にどれだけの課長、副課長がいるか知らないが……かなり多くの役職者が天下りしている様子がうかがわれる。

総括すると

官僚の無能力と天下りによる納税額の減額口利きが1,500兆円に公的債務が激増した主原因の１つであると推察される。

その23：二人の京大生の無駄死と　ビンラデインの起こした9.11同時多発テロ事件

私が結婚式を挙げた、丁度２か月後の1972年５月30日に妻と同年齢の**京大卒の奥平、京大在学中の安田の二人の京大生を含む３人がテルアビブ空港銃乱射事件**を起こして、多数の人を殺した。

飛行機登場に際してのボディチェック、荷物検査はそれまでは無かったが、それ以降、厳重な検査が世界標準となった。結婚した２年前によど号ハイジャック事件が発生、幾つか小事件の連発の後に、赤軍派学生による山岳ベースでの殺害事件に端を発し、あさま山荘事件、テルアビブ銃乱射と続く。

日本の受験目的の教育、高学歴者は視野の狭い、直情的な……**幼児の様な頭脳を持った大人を育てたのか？**

その日本の教育のDNAは形を変えて、行政の場で幼い自己中心的に振舞う事を恥じないのかもしれない。既述の多くの高級官僚の常識外れの……自己中心的で、恥ずべき行為を恥と自覚しない……素直で幼い「全国旅行支援」の様なイベントの設計はその根底に、テルアビブ空港銃乱射事件との共通性を感じる。

その後2001年９月11日に米国で発生した「同時多発テロ事件」の発生にアイデイアを提供した。自殺をタブーとしているイスラム教徒を……自爆攻撃に誘導した日本の高学歴者の「直情径行」的な行動には呆れる。

筆者の結婚２年前に割腹自殺を図った極右の東京大学法学部卒の三島由紀夫、オーム真理教のサリン事件で死刑となった東京大学物理学科博士課程中退の豊田享……それは瞬間的な野生の本能がそうさせたのでなく……永い時間を掛けて計画を練って……**これは日本人の問題なのか、日本の教育の為なのか……興味のある疑問であるが**……私の知る限り、海外での生活経験のある日本人は彼らの様な単視的で純真な幼い精神状態から卒業しているように思う。**筆者は彼らが学校の成績は良いが……知的盲目に陥っているからだと思うが……それは日本の公教育のなせる事だと思う。**

私の知る限り、スウェーデン人は、**特に高い教育を受けた人は、自分、家族、国の利益に敏感、他人、外国人に対しても暖かな配慮を示すが、他人に対して自分の命を犠牲にする**ような人の存在は筆者の頭の中に記憶されていない。

その24：森鴎外は何をした人か？　軍人、医学者、小説家？
英雄、国民に対して大罪を犯した人？

約２世紀前、東京帝国大学医学部は巨大な人的被害を国民にもたらした。日清、日露戦争の頃、脚気（かっけ）は国民病で多くの人が脚気で死亡した。日清戦争では戦死者数よりも、脚気を出発原因とする、戦病死者数がはるかに多かったと言われている。

英国海軍の経験から学んだ帝国海軍は麦飯で、脚気の死者は非常に少なかったと言われている。

脚気の原因がアミン欠乏症＝ビタミンＢ１の不足で、麦飯又は玄米食にする事で防止出来る事は農学者鈴木梅太郎が、日露戦争５年後に実証したが、陸軍が白米食から、麦飯に変更したのは海軍よりも約30年後の大正時代になってからだったと言われている。陸軍はドイツ医学にマインド・コントロールされて……原因となるバイキンがいる筈だと、バイキン説に固執……東京帝国大学卒、陸軍軍医総監森林太郎＝作家の森鴎外が海軍の実績を無視したのが原因だったと言われている。過去に医学会の東京帝国大学マフィアがマインド・コントロールされ対応が遅れた事は、現代の対する戒めとして記憶しておくべき事だ。

森鴎外はドイツ留学、東京帝国大学卒、**26才で陸軍大学教官に就任**、ホボ、同時期から本格的な執筆活動を始め、驚異的な量の作家活動の結果を残した。

著作量は数十人の専業の小説家の著作量と形容できるような……大量で、パソコンでなく……鉛筆で、執筆する明治の時代の執筆活動だ！！

殆どの執筆は予備役編入54才までの現役時代の28年間に行われ、予備役編入から亡くなった60才までになされた著作は極少ない。想像するに、森鴎外と云う小説家が、人生60年の中で,……トイレで消費する程度の短時間しか、本職の東京帝国大学医学部卒の医学の権威者として使用せず、それでも……28年間の長きにわたって、日本の医学会に巨大な影響力を行使してきた。表面だけを見れば、森鴎外は医学者として、長年日本のトップに君臨、著名な作家として……MLBの大谷翔平の様に二刀流で……社会に貢献したと賛美されるが、如何なものか。

当時、脚気による死者は陸軍軍人、一般市民、高い乳幼児の死亡率など、年間数十万人で、**森鴎外が医学会に君臨していた28年間に、数百万～１千万人の人々が脚気で亡くなったと推測される。**

東京帝国大学卒、**ドイツ留学の看板で、**……**実態は小説家**……日本の医学会の頂点として君臨する事を許した愚行を忘れてはならないと思う。

従６位に始まり従２位まで、**高い位階を受け、無数の勲章で叙勲されている。**

第１章既述の400億円の金利を還付した責任者が叙勲されたが、昔も今も変わらない。

省庁の推薦を受けて、内閣府勲章局が審査すると理解しているが、どのようになっているのだろうか？

その25：叙勲された民間人から寄付された　お礼の寄付金は何処に消えた？

自分史の第一章写真集に掲載された、筆者の知人細井氏が叙勲され、後日、叙勲の推薦を受けた大阪通産局から寄付を募る勧進帳が回って来たと細井さんが仰っていた。

何人もの人が寄付をされており、その中で持田製薬の創業社長が５千万円もの多額を寄付していたと驚いておられた。細井さんはいい加減な事を言うような方ではない。

勧進帳で集められた金は……何処に消えて行ったのだろうか？

その26：平成天皇の心臓手術を　外部の私立大学の医師に依頼した東京大学病院

平成天皇の心臓バイパス手術の際には、先述の森鴎外の場合とは、全く反対の事が起こった。

天皇の心臓バイパス手術に際して、**東大医学部は執刀医を出す事が出来なかった**。

日本中が注視する中で……絶対に失敗を許されない……天皇の手術に、東大医学部と呼ばれて、最高の技術を持っていると思われていた東大医学部が、外部の天野医師に執刀医をお願いした。

天野医師の学歴は非常に悪い

天野篤医師は三年浪人して、日本大学の医学部入学27歳で医師免許の経歴だが、天皇の手術時には既に六千件を超える難しい手術をこなし、98％の成功率と、当時のマスコミが伝えていた。日本大学医学部は、一般的に日本の大学医学部の序列で、受験の難易度で計れば非常に低い方に位置する大学である。

ホボ、同時期、新聞に全国の地方の基幹病院で行われた心臓バイパス手術の成功率を示す数値が、記事として掲載されたが、多くの、地方の基幹病院で成功率が50％に届いていないのでビックリした。

何をもって成功とするか、私は解らないが、多分、他の病院で医師が難しい患者に遭遇した時には、天野医師を推薦し、天野医師の下には全国から、難度の高い患者ばかりが集中したと想像されるが、その中で突出した成功率は何を物語るのか。

東京大学病院は天皇の主治医だったが、手術の執刀医を出すことが出来なかった。技術オリンピックに出場すると、志願する医師がいなかった。 東京大学医学部卒で、学外で医師をしている人も多数いた筈だが……。

> この事は将軍家の剣術指南役、柳生家が道場破りから試合を申し込まれ、それに対する為に……何処かの町道場の剣術士に金を払って代役を頼むようなものだ。

絶対にミスしたくない、時代劇の世界では胸に短刀を忍ばせて……失敗したら切腹する……くらいのストレスの掛かっている、命がけの大手術だが、天野医師は見事に手術を成功裏に完了された。

陛下が67才の頃の手術で24年経過、陛下は91才となられたが、お元気な様子である。

この事の意味する事は非常に重い

慢性病、投薬だけ、検査だけの場合にはミスは外部の人間には解り様が無いから活字で得た知識でどの様にでも講釈できる。

手術の場合は全く異なり……剣道に例えれば竹刀や木刀ではなくて,真剣での勝負と同じだ。

テレビを通じて報道され記者会見の時には、東大の施設内での合同記者会見で、如何にも東大が表に立ってやっている様に見えるが、実態は全く別だ。東京大学は活字学の医師ばかりで、手術室を、外部の名医に使って頂く事で、看板を汚さないようにしている。

第１章から多くの東京大学卒の高級官僚のお粗末な行政行為を見てきたが、医療行為の場面でも……ホボ同様の事が起こっている……。

その27：地下鉄サリン事件、東大卒で初めて死刑となった豊田享

豊田享氏と筆者の比較

筆者は中学２年、14才の時に、霊能者を自称する三上某の話を聞き、素朴な質問を浴びせかけて……他の多くの大人は沈黙して、素直に聞いているだけだったが……結局、霊能者を引きさがらせる事になった。(自分史第二章参照)

豊田亮は18歳でオウムに入信、24歳で東大博士課程を退学して出家信者となり、最終的にサリン事件を起こして、死刑判決を受け、死刑は執行された。

筆者と豊田の宗教に遭遇した時の対応は真逆であり、何故そのような違いが起こったのだろうか。

宗教に遭遇するまでに経験したそれまでの……人生、育ち方、環境により、反応が異なり……それが結果を作り上げる。

筆者は自由奔放に自然の中で育ち、学校の勉強はソコソコに、大人の本を多く読み、商売、農業等の大人の生活の縮小版を経験してきた。

豊田は東大に勤務する教育者の家庭に生まれ、勉強一筋に進み、東京大学で物理学を専攻、想像するに、主に活字から色々な知識を吸収、よそ見をしないで、真っ直ぐに進んできて、ガロアの群論に遭遇……理解できる同僚がいるのに自分は理解できない……それが博士課程からの退学、オウムの出家信者への道を歩ませた。更にオウム教の僧侶に転職して、正悟師の位で、オウムの組織の中で科学技術庁副長官みたいな地位に就いた。私は非常に多くのオウム、麻原彰晃についての本を読んだ。江川紹子さんの分厚い本も読んだが、どこにも有名な人体浮揚を麻原彰晃がする様子を豊田が見たとは書かれていなかった。

色々な事が、言われる中で、麻原彰晃が自分の体を浮き上がらせる人体浮揚の秘術が出来ると云う事が言われており、その事で麻原が霊能者である事の証であるかの様に喧伝されていった。私は、多分、物理学者である豊田が麻原の人体浮揚の様子を見て、それでコロリと参って、物理学を捨てて麻原に帰依したのだろうと想像していたが、どうもそうではなかった。

豊田さんは20代になって初めてゴッコ遊びをしたのか？

その後、裁判の傍聴記録等、多くの本が出版され詳細に分かるようになるが、要約すると、私らが、子供の頃に良くやった……ゴッコ遊びと同様である。東京大学を卒業して、博士課程まで到達しているのに、……政治ゴッコで位階や勲章を貰っての遊びに、高い教育を受けた成人が没頭する。日本の教育、東京大学とは何だとビックリする。

20年に近い長期間、活字を通しての受け身的な教育を受けて、本の中に全ての回答が載っている本を読んで育った人間と、私の様に自然の中で、疑問に遭遇して、答を見つける為に考えるスタイルで成長してきた人間では非常に違った人格が出来上がる。自分史第二章に既述の様に、筆者が中２の時に霊能者三上の説教を聞き、疑問があると質問して、回答を貰う。一つの回答の中に複数の疑問点があるとそれらを問いただし、それが更に次なる質問を生む……の繰り返しで、そのうち三上は自分でもボロを出している事を気付かされる。

自然に生き、解らない事があると人に聞いたり、学校で百科事典をめくったり、考える事が習慣化しているから、解らない事があるとそれを放置して置きたくない。解らないままだと気分が悪いのだ。

筆者は多分、西欧の科学の先駆者のガリレオ、ニュートン等の様に何か自分の頭の中に、因果関係が不明な事があると、それを解明したい癖があるが、それは自然の中で自由に生きて来たからだと思っている。

幼児教育の大切さ、日本の大学生はスウェーデンの小学生以下

高齢者の10人くらいのサークルでの雑談の時にマイナンバーカードが話題になった。有名私大卒で、何時も積極的に発言される人が、**“総務庁の奴ら自分の仕事を楽にするためにあんなことしやがって”**、絶対にマイナンバーカードなんか、するものかと語気強く話されると数人の人が賛意を示して頷いていた。背後に東京大学級の難関校卒業者に対する強烈な嫉妬の臭いがする。

日本のマスコミ関係者も含めて、多くの日本人は行政のコストが税金で賄われている事を殆ど、意識していない。

心の根っこのところでは日本の大卒の平均的な政治、経済に対する認識はスウェーデンの小学生レベルかそれ以下だと思う。

スウェーデン在住時に、近所の小学校高学年のアンナちゃんと、５～６歳の弟のトーマス君が、娘の所に遊びに来ることが多かった。アンナちゃんは、しばしば我々大人に……何かの説教をしてくれたが、それは、大人が子供の行動を見て、それは間違いだよと、教える時のやり方であり、学校で教わっている事、彼女の家庭での生活を反映していると思った。

頻繁に家族間で往来していたボルガード家の中一の息子ヨーナス君は、何かあると妻に非常に丁寧に、母親が子供に教えるように、まだスウェーデン語が殆ど解らない妻に説明していた。(写真集参照)

> スウェーデンでは小学校高学年の段階で、既に、法律、男女の役割、税金、民主政治、公共工事、病院、道路等……の関係について解説し、意見が他人に正しく伝わるように書くことが社会生活をする上で非常に大切だと、話し方、国語の重要性を教え、文章の書き方、誤字の問題に敷衍して行き、**非常に実用的な国語教育をする**。その上に**中学校、高等学校の教育が積み上がる**から日本とは全く違ったレベルの、社会的な常識を持った成人となる様に公教育が設計されている。

常識外れの多い東京大学卒者、京都大学卒者……。

豊田の行為は、単純に常識外れの一言で片づけられるが……古くは太宰治、三島由紀夫、テルアビブ空港銃乱射事件など、直情的な……思慮に欠ける行動が多い。

第三部で行った思考実験の結果は、東京大学を筆頭とる入学難関校出身者の死刑判決相当の犯罪者の比率が、一般人と比較して100倍以上高い可能性を示している。

（H-743頁参照）

その28：ニューダイアモンドと日本工業大学

特許のモニターと並行して、物理、化学などの学会誌にも目配りをする中で、日本工業大学の広瀬助教授の記事が目についた。

炭素を含んだ気体……アルコールを含んだお酒を意味する……からダイアモンドの薄膜が出来る事を実証とある。

当時の私の知識ではロシアの科学アカデミーの総裁だったデルヤーギンが同様の事を論文発表したが、……嘘か本当か……欧米の研究者から疑いの目で見られていた。私の知る限り、追試をした専門家は西側にはいなかった（その後分かった事だがそうではなかった）。早速広瀬助教授に電話、実験の様子を見せて頂きたいとお願いした。

広瀬助教授はサンドビックの名前で直ぐに筆者が何者かを理解され、直ぐにアポイントメントが取れた。

それは訪問の10年ほど前、サンドビックが世界で三台しかなかった100万ボルト透過型電子顕微鏡を持ち、突出したハイテクの会社である事をご存じだったからだった。

数日後に埼玉県の学校を訪問、広瀬助教授と村川教授にお会いしたが、御両者とも訪問したのが、若造で、名刺には技術部長と書かれているが、ビックリされている様子だった。２時間ほどの訪問だったがサンドビックのような海外の有名企業から資金援助をして頂けないかと懇願された。

東京大学ならば容易に大きな予算が文部省から得られるかもしれないが、私大で、東大卒でもない広瀬氏では、文部省からの予算の獲得は困難。若し僅かでも、サンドビックのような著名国際企業から寄付を頂けると、文部省は自信を持って大きな予算を付けてくれとのことで、私は100万円を約束した。広瀬氏の論文発表は西側世界で初めての論文で、将来大きな発展の可能性を秘めていると思った。

本社のＲ＆Ｄから見れば100万円はピーナツで、デルヤーギンの論文の追試として興味を持っている筈だと思った。

ダイアモンドは究極の硬度を持った工業材料であり、硬度と熱伝導度が突出した……将来どのように大化けするかもしれない可能性を持っている。

独断で……若さの勢いも加担して……100万円寄付する事を約束した。

100万円は文部省からの予算獲得の際に数十倍、若しかしたら百倍を超える予算獲得の種銭になる。埼玉から横須賀への帰路……少し心配する弱気も出てきたが……。

翌日、本社のＲ＆Ｄに状況を伝え、正式に了承されて100万円は寄付された。

多分その２年後にストックホルムのＸ博士と一緒に再度広瀬助教授訪問、研究室の院生の皆様ともお会いすることが出来た。

（写真集参照。Ｘ博士とはその時に会っただけで、名前は失念した）

その後、お酒からダイアモンドを作る技術は“ニューダイアモンド”として新しいジャンルの技術として認知され、日本工業大学が日本のニューダイアモンドのメッカ的な存在感を出している。その後、ニューダイアモンドは様々な用途に使用され、遠い未来には、高い熱伝導度と、高い硬度のゆえに半導体用の究極の素材となる事を夢見ていた。現在、ニューダイアモンドは多くの民生品に使用されており、更なる進化を遂げつつあるように見える。高級イヤホンや補聴器のツイッターなど用途を広げつつある。

究極的に半導体の基板みたいな用途に使用されるように大化けするかもしれない？

ニューダイアモンドを使った製品に遭遇すると、勝手に自己満足している。

それまでは高温、高圧が必須の条件

ダイアモンドは地球上に存在する究極の宝石として存在し、それを人工的に合成する事は永らく科学者の夢だった。

19世紀後半に、炭素又は微小な種ダイアモンド粒子に、プレスで高い圧力を掛けて、高い温度で維持するとダイアモンド粒子が成長、大きな単結晶ダイアモンドが合成できる事が発見された。金属製容器内で炭素を含む爆薬を爆発させて短時間高温、高圧を発生させて、超微粒のダイアモンド粉を作って、研磨用に使用する二つの方法がダイアモンド合成法として存在していたが、ニューダイアモンドは高温、高圧を必要としない、第三の方法だったのでニューダイアモンドと命名された。

その29：生成AI＝GPTを自由にして情報公開するのが日本再生のキーだ

過去からの系譜

知識の継承は口伝で行われ、日本では歴史上初めての書物「古事記」は、稗田阿礼が主になって著作したと言われている。

中国では太古には木簡や竹簡に記録が残されていたが、蔡倫が紀元前１世紀頃に製紙法を発明、古事記よりも約８世紀前から、書物が作られていたと言われている。

15世紀中頃にグーテンベルクが活版印刷法を発明、キリスト教の聖書の大量出版開始となり、世界中に活字印刷された出版物が氾濫……20世紀末まで約５百年間続き、21世紀に突入して現在のPC、スマホ、タブレット等の電子機器とネットの組み合わせで、紙を使うことなく、記録、情報伝達手段するIT革命が始まり、以下の様に変化してきた。

口伝 → 百科事典 → オンライン百科事典 → 生成AI＝GPT → ？？？？

若しかしたら ？？？？ では脳波で勝手に、言葉を発しなくてもコミュニケーションが出来るかも……。

１．百科事典の登場：出版物は全て個人の意見発表の場

聖書、辞典、百科事典、小説、新聞など全ての出版物は個人の意見を発表しており、それ以外の何物でもない。

著名な世界初と言われる百科事典『ブリタニカ』は、グーテンベルグの印刷術開始約300年後に出版されたと言われているが、数千人の共著で、数千人が個人の意見発表している様なもので、その正確性、妥当性とは全く関係ない。

当時の世界的な著名人が執筆者に名前を連ねて、自分の見解＝意見を書いているだけだ。

> 21世紀になり、ロシアのプーチン氏、米国のトランプ氏、北朝鮮の金正恩氏が、夫々自分の主張する記事を掲載している様なものだ。

ブリタニカのみならず、その後出版された百科事典や、その他の辞典類も同様で、厳密に

考えれば、書かれている事は一部の真実であるかもしれないが……執筆者の錯誤、意図的な虚が混在していても不思議ではない。

同じ内容で有れば著作権侵害になる

グーテンベルクの活版印刷法の発明後まもなく、著作権と言う概念が発生、全ての著作物は国家がコストを掛けて法律で守る事になり……その判断は容易ではないが……同じような内容＝模倣は著作権侵害とする事が世界標準となった。

2．オンライン百科事典とGPTの登場

オンライン百科事典の登場

世界史上初めて執筆内容の偏向を修正、変化する社会が作り出す知識を取り込んで自律的に内容に修正を加えて変化するオンライン百科事典、Wikipediaが2000年代初頭に登場した。

無数の世界中の専門家が編集者としてボランテイアで参加、世界中の言語で、世界中の人に無料で提供している。

多くの優秀な若者が参画して現在に至っているが、筆者より26才若い米国のラリー・サンガーが指揮をとったとウイキペデイアに書かれている。

特定のスポンサーを持つことなく、コマーシャルを廃して経済的に自立して……ウイキペデイアを運営している。

筆者はかなり前から、我が家の水道代とホボ同額の寄付をしている。

ウイキペデイアは世界初のオンライン百科事典であり、今後類似のものが多く出現するだろう。（既に存在する）

ウイキペデイア執筆者の匿名性が好ましい面と、混乱を目指して執筆者として参画する人の見極めと排除が不可能であるため、悩みはあるが、その功績は巨大である。

生成AI＝GPTの登場

印刷された「百科事典」は執筆された時点から、単なる過去の記録書となり、時間の経過と共に利用価値が低下する。

変化が緩慢だった昔はそれを認識することは少なかったが、急激に変化する21世紀からは、数年の短期間に起こる変化は「百科事典」の利用価値を著しく無力化するだろう。

その様な背景の下で出現してきたウイキペデイアとGPTであるが、それらは以下の点で根本的に異なる。

1．質問に対する解答の専門家の品質的レベル。
2．内容に対する外部からの影響度＝汚染されるリスク

回答の品質的レベル

GPTは単にネット上から質問に対する適当な回答を発見して、質問者に提供するだけであり……人が介在していないので……解答の価値、重要性を見極める能力は限定的である。

ウイキペデイアも当然検索対象になっているから、言葉がヒットすればウイキペデイアの解答がそのままGPTから流れてくることもあるだろう。

ウイキペデイアは複数の専門家が編集に関係、専門家の視点で情報の重要度＝価値を見極めて作られ、継続的に監視されて内容が更新され、陳腐化が自動的に防止される仕組みが出来ている。

外部からの汚染度

話題の専門家が関係するからその専門的なレベルは高いと考えられるが、話題……例えば原発に関して……ポジテイブな考えの専門家も、ネガテイブな専門家も混在する。その中で

１つの書き方で纏めるのは困難であるし、その様な場合両論併記では読者に対して責任放棄みたいな側面が意識される。

人間だから、当然、ポジテイブ派とネガテイブ派の強弱関係が発生するだろう。

好奇心のある人は満足する為にトリプル検索に向かう

21世紀になり、好奇心のある人は皆『ネットサーファー』となった。約20年前に『ウイキペデイア』がネット百科事典として登場、数年前からGPTが登場した。

国定教科書の様に特定の専門家、機関が内容設計、検閲している訳でないから、ネット情報では解答はバラバラ、明らかに詐欺的な物も無数にある。同じような質問をしても、文章表現の違いからAIの解釈が異なり、予期せぬ解答をヒット……よそ見検索となって……更に視野が広くなる可能性もある。ほんの少しの経験をすれば、好奇心、疑問を持っている人は、納得の行くまで『ネットサーフイン』を続けるだろう。

最終的な到達点は……**ネットサーフィン＋オンライン百科事典＋GPTのトリプル検索**であり、**それを支えるのは好奇心だ。**

現在は使用可能なGPTの数が少ないが、今後さらに増えたらトリプル検索から、マルチ検索となるのは間違いない。

３．経験量の多寡と教育効果

筆者の失敗と小成功の経験の原点

筆者は中学校卒業まで帰宅してから教科書を開けて勉強したことがない。

音楽、習字は苦手だったが、英語以外の主要科目の試験点数はホボ満点に近かったが、英語は平均程度だった……。

15才で住友電工に就職、技術課に配属され切削工具の設計に従事、技術雑誌が回覧されて来る。雑誌は大学卒の技術者が読むための物だが我々工員にも回覧され、その中には数冊の米国、英国の雑誌も含まれている。

数年もして、ソコソコ経験すると日本語の雑誌は技術的な突っ込みが浅くぺらぺらとめくる程度になる。

英語の雑誌の場合には、幾つかの技術的目玉になる、興味をそそられるような記事が掲載されている。辞書を片手に英語の記事＝論文を読むようになり、英語の技術文書の読解力は夜間高校に進学する頃には、並の大学の工学部卒レベル以上になったと思う。中学校で英語の点数が悪かったのは勉強しなかったのが原因だった事を理解した。

この住友での英語の読解力が、その後世界的に著名な国際企業サンドビックに入社して筆者を助けてくれた。

英語の辞書の『よそ見活用法』の余禄

筆者は英和辞典を見るときに目的の単語だけでなく、常に周辺の単語もよそ見する事が習慣化していた。時間は掛かるが、１つの単語を調べるときに付随的に数十の単語を、ボンヤリと頭に残すことが出来た。

外資系企業サンドビックに入社して半年後、会社は大勢の大中の企業の技術者を集めて全国十数か所で販売促進の為に技術講習会を計画した。講師は英国人の技術部長で社内には外大卒、大学でESS部に所属、前職が外資系の会社等……英会話に堪能な人材が豊富……技術部長は数十人の前で行う講習会の通訳に入社６か月の筆者を指名したが、それは筆者の技術的な知識の貢献もあったが、住友での英和辞典の『よそ見活用』で筆者の英語力が急速に向上した事で、その様になったと思う。

4．未来は知的貧富の格差社会になる

これまでは何か調べ物をする時には時間が掛かっていたのが、オンラインでホボ瞬時に解答を得ることが出来る。

現在の所オンライン百科事典もGPTも提供者数が限られているが、提供者数が多くなれば、複数のソースから異なった解答が得られるのでより正確な答に自分でチューニングすることが出来る。

百科事典の時代に同様の事を行うには、大図書館に行き複数の百科事典を比較するしか方法が無かったが、オンラインでそれが手間いらずに出来る。

消費時間差は1/数千～数百万となり、ネットサーフィンの過程で遭遇した学者、権威者のブログから、玉石混合の記述を読む中で、人間に対する理解力が向上……同時に社会的常識が身につき……昭和の時代の30年分の経験が数か月で出来るかも知れない。

ネットサーフイン＝社会の『よそ見探索』が社会的知識を爆増させる。

ネットサーフィン愛好家の場合

筆者の英語辞書の『よそ見活用』と同様に、ネットサーフィンでウイキペデイア、GPTを活用する中で、無数の玉石混交の正誤、錯誤、虚実で溢れた社会に関する知識が豊富となり、偽情報耐性ワクチンを接種され……簡単に偽情報に誤魔化されない、賢明で知的な大人の常識を短期間で身に付けるようになるだろう。

ネットサーフィンを忌避、未経験者

ネット活用を忌避する、好奇心が無くて、学校、塾の勉強重視でよそ見をしない人は、成人しても常識が貧弱にならざるを得ない、忌避する人と積極的に活用する人では大きな差が出て来るだろう。

5．公教育はどうあるべきか

急速に変化する社会

変化の速度が速い21世紀には**多くの過去の知識の価値は限りなく低下、多くの場合過去の知識は進歩の邪魔になる。**

情報も野菜と同様で品質と鮮度が重要であり、野菜の場合は鮮度が悪くなれば廃棄されてしまうが、情報は論文や著作に記載され永久保存版となって学者の発掘を待つようになる。

日本の厳しい受験競争に晒され、多くの人は塾通い……精神的に余裕のない生活が若者の好奇心を喪失させる。

それに追い打ちを掛けるのが親の低賃金、長時間労働から来る貧困の圧力だ。

先生も自己防衛の為に学校、父兄、教育委員会に忖度……教育制度を作って従わせる高級官僚以外、すべての関係者が、不満と同居している。

日本の公教育は最悪

孫、ひ孫の時代に相当する近未来について考えると、日本の都会における公教育は絶望的だ。日本の教育が近未来を生きる若者にとって最も重要な好奇心を殺す様な教育を行っている。

第1章で公開されたような愚行は、教育、教師が生徒の好奇心を抑制した戦後教育の結果がもたらした。

自動車組立、家電製品の組み立て工場で働く工員は、ベルトコンベヤーで流れてくる部品を本体に組み立てるが……従順に忍耐強く指示されたように考えることなく従うことが求められる。

日本の教育はその様な従順、忍耐強く疑問を持たないで暗記力に優れた生徒が成績優秀と

認められて東京大学入学、その延長でキャリア官僚として選抜されて国政に影響を与える組織に属して国政に巨大な影響を与え、その結果が失われた30年を作った。

６．日本のインテリの視点ではスウェーデンの教育はでたらめ？

自分史、第２部、第３部にピックアップした筆者の後任でスウェーデンに赴任されたＨさん家族の娘さんは小学生、息子さんは中学生だった。Ｈさんご夫婦はスウェーデンの無責任、放任、デタラメな教師、教育環境を猛烈に非難……こんな所に永くいたらバカになると仰っていた。Ｈさんは筆者がスウェーデンに転勤中に英国人の部長に採用された方なので仔細は知らないが、国立大学卒でESSに所属、奥様の学校は知らないがソコソコ英会話がお出来になり、当時としては珍しいインテリご夫婦だった。

外国人が例外なく口にする、スウェーデンの物価高、高税率からの生活苦については苦情を聞いた事が無く、筆者が２年前に提出した人事部アンケートへの対応が迅速にされた事が確認できた。(資料集参照)

何人かのスウェーデン人家族に紹介、彼らと交際されるための手配をしたが、交際されることはなかった。

スウェーデン語にも全く興味を示されず、筆者の紹介した日本人の光子さん、洋子さんとの交際もなかったと聞いている。

筆者の娘は未就学年齢だったから、子供の事で学校と関係した事はないが、幼稚園の年長組に娘が通っていたので雰囲気はある程度分かる。多くのスウェーデン人の家庭と家族ぐるみで付き合い、同じ隣保の子供たちを集めて子供と一緒に遊ぶような会合をかなり頻繁に行い10人程度の小学生とはお互いに友達感覚で付き合っていた。(写真集参照)

スウェーデンの教育、筆者の田舎の教育

筆者の家には友人の家族の一人の男子中学生と……我々が夕食に招待されて外出する際、ベビーシッターをお願いする女子中学生のアグネッタちゃんと濃密な交際があったので、中学校の状態もかなり知っており、彼らに大人の様な常識がある事と、物事を行う所作が非常に丁寧で、日本の大人でもあまりないほどの落ち着きを持っていたのが印象的だった。

筆者は非常に貧しかったが、富山県の五箇山の小さな学校と精神的に似通った雰囲気をスウェーデンの友人、子供との交際から感じていた。

Ｈ家のお子様のその後

Ｈ家は1981年に二年の勤務を終えて帰国された。筆者より一回り年長のＨ氏は筆者が退職した時には既に退職されていたが、風の便りに息子さんが医師に、娘さんが北欧関係の専門家として大学教授になられたと聞いている。

当時日本では、帰国子女問題として、学校が……日本の規格型教育に馴染まない、馴染めない帰国子女の取り扱いに困惑していた。お二人とも非常に立派に成長されたがそれは何故だろうか？

－　それは、DNAのなせる技か？
－　それは、早々に日本へ帰国したからか？
－　それは日本の教育が良かったからなのか？
－　それは、スウェーデンでの経験があったからか？
－　スウェーデン在住のムダなかったら東大へ入学できたかも？

世の中は解らない事ばかりだ。

医者になった息子さんが、大阪吹田の国循に勤務、36協定の上限の月間300時間の残業をしていないか？

北欧専門家で大学教授のお嬢さんが、藤井威元大使の著作「スウェーデンスペシアル」を読まれたか？
　読んでいると思うが、どのように感じておられるか興味は尽きない。

７．『知的格差社会』が増幅されて『経済的格差社会』に連動する

好奇心が知的活動の出発点

大学の博士課程に瞬時に行ける

　好奇心、疑問、探究心が未来の教育のキーワードになり、出発点である好奇心の有無が若者の将来に決定的な影響を与える事が教育者関係者に認識されて**教育のスタイルが変化しなければいけない**。

　好奇心があれば、何かを見た時、聞いた時、触った時、味わった時、匂った時に疑問を感じて、次のステップの探求心に繋がり、GPTが疑問に答え、探究心を満足させ、質問に対する世界の『最高智』が何であるかを教えてくれる。

　『最高智』のレベルが解れば、それを超える回答は自分で考えるしかない。

　21世紀になり短時間で、質問分野の質問の連続で世界の最先端に立つことが出来るが、20世紀まではそこに到達するには大学の修士、博士課程に進まなければ行けなかった。筆者は1960年代、住友電工で欧米の競合各社のカタログを参考資料として発明を行ったが、21世紀のネット社会だったら関係する技術的な世界の『最高智』を知り、もっと良い物特許出願が出来ただろうと思う。

知的貧困国は急速に経済的貧困国へと落下する

　近未来が『知的格差社会』となり……それは身近な個人間のみならず、国家間でも巨大な差が発生する事を意味する。『知的貧困国』は『経済的貧困国』に転落……それは既に日本で顕在化し始めている。

　失われた30年の間が示す多くの経済指標が全てを物語る。

教育の目的

　この様にGPTの存在する社会での公教育の目的は、生徒に好奇心を持たせ、生徒が自分自身で自学自習する習慣を持つように誘導する事になるだろう。その為に最も重要な事は江戸時代の寺子屋と同じく、先ず社会参加をスムースに行えるようなレベルの読み書き算数の習得が最重要な目的となり……その為には忍耐力を必要とする旧来型の教育形式も抑制された形で残るだろうが、スポーツ、芸能、社会、歴史等は付随的となる。

　急激に変化する社会で、未来に生きる生徒に、古色蒼然、高齢の先生が上から目線で知識の押し付け教育をしてはいけない。

　先生も生徒と共に学び良き友人、好かれる人、頼れる大人を目指すべきだ。

　先生が良く知っていて『知っていなければいけない』と考えるのは、戦前の悪い教師の姿と同じだ。

　自分史第二章で公開した宮崎先生、沢田教頭の行ったような古い教師の義務感を放棄しないと21世紀の良き教師にはなれない。過去に生きていて、絶対に過去と同様の事の繰り返しがない未来に生きる若者に、**先生が目標とするべき事は、生徒を将来『先生を超えた大人』に成長させるための基礎を作ってやることだ。**

　それはスウェーデンの学校の様に生徒も先生も精神的に余裕があり……小規模学校、少人数学級で日本人から見ると、いい加減で放任みたいな、生徒が好奇心の趣くままに自由に学んでいる様な雰囲気の初等中等教育の方が間違いなく良いと思う。

　その様な教育環境は筆者と妻の学んだ小学校、中学校の教育環境と同様である事を意味する。

８．GPTは社会の多くの部門に巨大な影響を与える

筆者が推測するGPTの社会への影響を簡単に箇条書きすると以下の様になる。

１．今まで……バイオリンの吉村妃鞠、将棋の藤井壮太、女性棋士の仲村菫さんの様なスーパー少年少女が狭い専門分野には存在していたが、広い経験を必要とする、科学、政治、経済、等の分野にも出現するかもしれない。

１．公的部門での隠蔽が難しくなる。
２．日本の報道機関の存在意義が低下……徐々に社会から消えて行く。
３．GPTを法的に規制するのは言論統制と同様であり、その様な社会は停滞、劣化する。
４．決まった形式に対する嫌悪感が高くなり、自由に議論して質を重視する智的な社会に変身する。
５．好奇心から出発した探求心が、最終的に学者の執筆した論文に到着……殆どの論文が、『論文の為の論文』で無価値である事が認識され……目の肥えた知的な価値の探索者＝GPTチェーサー（Chaser）の増加で、論文数が激減するだろう。
６．否応なしに、徐々に情緒的な社会から……民度の高い智的な社会に変化するだろう。
７．**正面から議論できない日本では「三人寄れば愚者の知恵」だったのがスウェーデン流の「三人寄れば文殊の知恵」に変化するかも知れない。**
８．学ぶ事に消費する時間が減少、**考える時間が多くなり……世の中の変化＝進歩が加速**される。

その30：英語の発音と英作文で『目からウロコが落ちた』

筆者は学校で英会話を学んだことがなく、技術講習会の講師である英国人のベック部長の通訳に指名され…周囲の人には岡田は英語屋みたいに誤解されていたが、本人は英語に全く自信がない。

個人的な会話、中でも技術的な議論を少人数で行う時、欧米人は非常に早口だ。

彼らの会話の速さに合わせて話さないと、口を挟めなく議論に参加できない。

感覚的に英米人が少数で議論する時の速度は、日本語での議論する時の会話の２～３倍速いと思う。

日本語会話の特徴

日本語会話では……会話速度が速いと、感情的で重みがない、軽薄な印象を持たれる。

若者は早口でも一向にかまわないが……組織の管理職の人では会話の速度のコントロールは重要で、過度な高速会話は厳禁、ゆっくりと、会話に重みを持たせないと管理職失格と見做されかねない。

スローな日本人の英会話の不人気

－　英米人は会話がスピーデーに進まないとイライラ……遅い人は議論に参入できない。
－　会話が重たくなって……議論参加者の中で、上下関係が発生……口の重い日本人に他の人が従っているかの様な空気になり、日本人の会話に合わせていると議論が死んでしまう。

欧米人と議論する時に、筆者にとっては非常に聞き取り難い、強い訛りの英語の人の発言でも、他の人は聞き取りに問題がないみたいで、早口でまくしたてている。

筆者は資系企業の管理職……でも全く英会話にも、英作文にも自信がなく悩める若年管理

職だった。
米国の著名な国務長官キッシンジャー氏は強烈なドイツ語訛りの英語で……それでも米国の国務長官＝外務大臣として４年間世界中を駆けずりまわっていた。

『目からうろこが落ちた』三つの事件

米国レーガン大統領の場合

米国の大統領選挙で当選したカルフォルニア州知事の「**リーガン氏**」が、1981年初めに大統領に就任、最初の記者会見で名前の呼び方の変更を訴えた。

> 私の名前は今迄「**リーガン**」と呼ばれていましたが、
> 本当は「**レーガン**」と呼んで頂きたいと発表した。

英語圏でも日本語の様に名前の場合、読み方が活字だけで決まらない事を知った。

オーテイス・ケリージュニアの場合

宣教師であり同志社神学校教授だった祖父を持ち、第二次大戦中に情報将校として従軍、退役後同志社大学教授をしていたオーテイス・ケリー氏が、月間誌、文芸春秋に日本の大学受験の英語の試験について私見を述べていた。
曰く、非常に難しくて私が合格点を取れるか自信がない……みたいな論調で日本の大学入学試験を皮肉っていた。

高校２年で英検１級を取ったＫ嬢の一言

Ｋ嬢には特許公報の英訳をして頂いていたが、彼女は当時としては非常に珍しく、高校２年で英検１級を取られた。
当時だから彼女は海外渡航の経験はなく、テープレコーダーも使っていない。
宣伝部に属していたが……宣伝部には外大卒等の英語の専門家ばかり……外大から新卒で採用された古参の人も英検１級の人はいない。英語が良く出来て、色々先輩に指摘するので、宣伝部では持て余していた。
その様な経過があり、筆者のお手伝いをして頂くために開発部に来て頂いた。
丁度レーガン大統領が就任して間もなくの頃の事である。
筆者は英会話には不自由していなかったが、書く事には全く自信がない。
日本語の場合には、表現の細かなニュアンスの違いを理解しているから、外へ提出する場合には自信をもって出せるが、英語の作文では全く自信がない。自分勝手に、直線的に言いたいことを書いているだけだ。
Ｋ嬢が傍にいるので、彼女にチェックをお願いする事にした。
半年くらい彼女に添削して貰っていたが、冠詞の使い方の様な細かな事での添削はあるが、期待していた様な大きな添削がない。彼女に筆者の文章はどうだろうかと質問すると彼女から回答が来た。

> 私には岡田さんみたいな文章は絶対に書けません。
> 岡田さんの文章は内容がよく解るとの事だった。
> 日本人にとって難しい冠詞の使い方、その他細かな事を上げれば、
> 無数にあるが、契約書ではないから問題は無い。
> 相手もこちらが日本人である事を承知しているから気にしない事にした。

第８章　スウェーデンとの比較で高負担、低福祉、超低賃金の日本

目　　次

その１：日本とスウェーデンのサラリーマンの税負担の比較

税負担の具体的で詳細な比較をする事はかなり困難だ。個人情報が関係し、同一人物が日本とスウェーデンで全く同じような源泉徴収票、又は確定申告の数値を入手して、証拠とする事は不可能だ。

多分、この様な背景があるので、経済学者は税負担を税制から推定するしか方法がなく……実感の伴わない……実状と違った解釈になる事が発生するのだと思う。

以下に、先ず二つの源泉徴収票から得たデータをもとに、次いでスウェーデンのネットから得た税額の計算式をもとに日本を基に日本とスウェーデンのサラリーマンの税負担を比較してみる。

その１の１：Ｎ君と筆者の源泉徴収票での比較

有益な資料が日本には無かった

日本では自分の年収を公開する事が非常に嫌われ、他人のオリジナルの源泉徴収票を手に入れる事が殆ど不可能。

スウェーデンは日本の対極にあり、個人情報保護は、日本感覚ではゼロに近く、全てオープンの感じ。

最近の、オリジナルの源泉徴収票を求めて何人かの人にお願いしたが、トンデモナイの反応だった。

娘や孫にも打診したが、飛んでもない事を言うジイサンと云う。自分らの事は本には絶対に書かないでと、厳しく釘を刺された。最近の日本の教育の効果だと思うが、西欧先進国との意識の違いは、今後加速度的に増加して行き、結果的に日本は独裁国家の様な言論の不自由な社会になる方向に進んでいるように感じる。

Ｎ君の場合も数値は書き取らせて頂いたが、源泉徴収票のコピーとその公開は絶対にダメと言われた。

改めて、日本は不正が行い易く、多くの人が不正に手を染めているのか、単に、他人に自分の事が知られるのを嫌がるのか。

私の分は平成３年、50才の時の源泉徴収票があったので、それを資料として使います。

30年前で古いが、その後、税制上の変更があり、それを加味して解釈すれば、今回の目的に使用され、昔との比較が出来るので、意味があります。大綱を理解する事が目的なので、数字は全て万円単位に丸め、可能な限り数値を四捨五入する事で、理解しやすいようにしています。（岡田の源泉徴収票のコピーは資料集参照）

下頁表にＮ君と岡田の源泉徴収票を比較して示します。

Ｎ君は2021年分、岡田の源泉徴収票は1991年で30年前のもの）

日本の源泉徴収票を下に比較（万円）

	支払額	給与所得控除後の金額	所得控除額の合計	社会保険料	源泉徴収税額	地方税	本人負担総税額	源泉税率	国、地方総税額
Ｎ君	4,037,693	2,788,800	1,061,771	581,771	88,100	※1	※1		
	400万円	280万円	110万円	60万円	9万円	28万円 ※2	97万円 ※2	**24.3%**	157万円
岡田	14,527,735	12,206,348	2,564,684	914,684	1,992,300	1,100,000			
	1,500万円	1,200万円	260万円	90万円	200万円	120万円	410万円	**27.3%**	500万円

※１：地方税は半年後に決定されるので記載されていない。
※２：給与所得控除後の金額の10%で計算。

スウェーデン方式の場合

資料集にスウェーデンの年末の確定申告に相当する、スウェーデンの国税から取った要約を下表に示す。為替を１kr＝13円で計算したので400万円＝30万kr、1,500万円が120万krになっている。横長の表なので短くする為に要点だけを下表に示す。

従業員の給与、税金と雇用主の負担の概算

年 収 (万円)	会社が払った年間給料。 (Skr)	会社が負担する給与、雇用税、保険料の概算。 (Skr)	会社が負担する、雇用税、保険料の概算。 (Skr)	従業員が払う税率	給与を除く、会社が負担する諸費用の総額 (Skr)	給与を除く、会社が負担する諸費用の総額の給与に対する比率
400万円	300,000	417,000	117,000	**23.6%**	187,800	**62.6%**
1,500万円	1,200,000	1,640,500	464,500	**43.4%**	984,868	**82.1%**

日本とスウェーデンの最低税率に違い

スウェーデンの税制では最低税率が23％になる筈だった。

筆者が2024年の為替１kr＝14円を適用して280,000krにすれば、源泉徴取税率は23％になった筈だった。

既に第三部は完成、校正も終えているので、この資料をそのまま使用することにした。

日本では所得が１万円でも５％の所得税が掛かる……為替により大きく異なるが……為替の激変がなければ日本で年収数百万円以下程度の人は所得税を払わなくても良い。

年収は400万円から1,500万円と約４倍違うのに、見掛けの税率はＮ君が24.3％、岡田が27.3％と、その差が少ないのにビックリ、これでは累進課税とは呼べないくらい、その差は僅少。

- ◆ 国、地方が受ける総税額は、雇用主も社会保険料を本人と同額払っているので、その分上乗せされている。Ｎ君の場合97＋60＝157万円、岡田の場合410＋90＝500万円
- ◆ 見掛けの税率＝税額総額÷年収は、Ｎ君が24.3％、岡田が27.3％と差は僅少。
- ◆ 30年前に基準を置いて考えれば、その後、低所得者の税金が上がったのか？
又は、高額所得者の税金が少なくなったのか？いずれにしても、背後に数の多い低所得層に高税率、高額所得層には低税率で**貧富の差を大きくする意図が見える。**

貧富の差を助長する政策

理由の如何を問わず、金は自由に動くから、政策立案者の意図を組み……忖度して行動することはないので、何故この様な風に、税制が変化したのかは推察すると以下の四つの理由が考えられる。

- ー 貧富の差を拡大させて、若者が貧困に喘ぐように意図的に税制を設計した。
- ー 既にOECD統計で日本は低負担国として認められているから増税しても良いだろう。
- ー 無意識に、深く考えることなく……『ふるさと納税』、『全国旅行支援』等の様に……そうなり、政治家、学者、識者、シンクタンクからも問題提起が無かった。
- ー アホナ政治家をイジメルために、表面上は気付かれない様に……『面従腹背』の税務官僚が、緩慢に少しずつ逆方向に制度設計した？？

その１の２：年収別の日本とスウェーデンの税負担比較

社会保障負担率の評価

OECD2018年統計に示す様に日本の社会保険負担率は18.2%、スウェーデンは5.3%である。（第６章その１参照）

第３部で詳述するが、N君と筆者の年末源泉調整の比較を、実際の年末調整表で行ったが、制度として日本とスウェーデンではどのような違いがあるかについて簡単に比較、日本とスウェーデンの税負担を比較して下表に示す。

制度と税務官僚の能力、知識に大きな違いがあるので、細部にわたって論じて記述する為には、数百ページの本が必要となるが、実務的にサラリーマン納税者の立場で、簡略化して以下に比較してみる。

◆　日本にはボーナス制度がある為に、年収で税額が決まるが、スウェーデンではボーナスが無いので、月収で決まり、年収は月収の12倍で計算される。

◆　日本の場合、地方税は額面年収から所得金額を計算して、後日支払うことになるが、スウェーデンでは、そのような事後の支払いでなく、事前に毎月の給与から引き去られている。

◆　地方税率は住んでいる市によって異なり、300弱の地方公共団体があるが、住所地の違いにより、18－23%の市税に加え11－12%の州税とも呼べる税金の合計で決まる。

◆　下表には国税の項目が無いが国税は無きに等しい。例えば年収600万円程度まではゼロ円、800万円で325円、1,000万円で３万３千円、1,500万円で11万７千円となる。

◆　国税の大きな部分は消費税、関税、法人税は国と地方で半々でサラリーマンの国税の負担は少額で無きに等しい。

◆　教会に登録している,……信者を意味する……と、７千円強／月、給料から差し引かれる。大昔から子供が生まれると教会に行き戸籍に記録される慣例が継続、その延長で戸籍簿は教会が担当していた。信者としての教会との関係を持たないか、払う意志が無ければ、払う必要はなく、申告制である。
（最近、戸籍は教会に替わって行政が担当するように変更されたと聞いている）

◆　埋葬費が一般に、２千円弱／月、給料から差し引かれ、これは強制である。

日本とスウェーデンの税負担比較（2023年申告想定で１クローネ＝13円で計算）

	日本（万円）				スウェーデン（万円）					
年収額面	源泉税	地方税	手取り	税率（%）	月収額面	源泉税額	月収手取り	税率（%）	年収手取り	年収手取差 日本ー瑞
400	68	33.2	299	25.3	33.3	7.6	25.7	**22.8**	308.4	−9.4
500	86.4	41.4	372	25.6	41.6	9.7	31.9	**23.3**	383	−12
600	109	49.1	442	26.3	50	12.8	37.4	**25.2**	449	−7
800	164	64	572	28.5	66.7	17.6	49.1	**26.4**	589	−17
1000	209	79.1	712	28.8	83.2	29.6	53.6	**29.6**	643	+66
1500	365	114	1021	31.9	125	52	73	**41.6**	876	+145

本書を執筆中に日本は増税し、スウェーデンは減税した。

以上の様に全国の人を対象としたOECDの統計数値よりも、日本では年収400万円の低所得者に対して高い税負担を課している事が解る。上表の％表示から、金額表示に変換して下表に示す。

仮想国家の数値を金額表示

国　名	年　収 （万円）	本人の納税額で 租税負担率を計算 （万円）	社会保障負担額 （万円）	年収400万での 総負担額 （万円）	OECD統計の 総負担額 （万円）
日　　本	400	97	73	170	128
スウェーデン	400	92	21	113	151
日本ースウェーデン		5	52	57	−23

額面年収約１千万円以下では、日本の方が高負担となっている。

年収400〜600万円の、若者にとって、日本は明瞭に税負担が高い。

日本の税制はロシア、中国、北朝鮮の様に、中央集権体制で国税と地方税の比率が２対１であり、年収１千５百万円では３対１と高年収では、国税の比率が上昇する。

その１の３：一生を通じて掛かる国民の負担

これまでは、単年度の税金についての数値のみを比較してきたが、タイムスパンを一生に想定して考えると他の多くの費目も問題となる。高速道路、ガソリン税、道路税、自動車運転免許、車検費用、学費、酒税、固定資産税、医療費、パスポートの発行と維持、相続税、電気代、水道代、行政の末端の役割担う自治会活動費用などが取り上げられる。それらの費用について日本とスウェーデンの大まかな比較を推定すると以下の様になる。

スウェーデンでは

- 有料道路が無いから、高速道路利用料はゼロ。制限速度は高速道路で110km/h、一般国道で90km/h、地方道で60km/h、市内は日本と同様である。
- 有料道路が無いから、タクシーを利用しても高速料金は発生しない。
- 殆どの人が、一生に１回は相続をする機会があるが、スウェーデンでは相続税が無い。
- 贈与税がない
- 義務教育だけでなく、大学までは無料、更に大学が出身地から遠隔地にある場合は生活の為の補助も国から受けられるので、一般にはアルバイトの必要はないが、する人もいる。
- 運転免許、パスポートの有効期間が永く、維持費用は日本の1/5程度に加え、掛かる時間が少ない。
- 車検費用が日本と比べて、非常に安くて済む。
- 住宅については固定資産税が日本の約1/3と非常に安い。
- 収容数に余裕を持たせた幼稚園等の数が確保されているので、シングルマザー、ファザーの負担が少ない。
- 自分史に既述の様に、日本では幼稚園は規格型教育の出発点で、二人の就学前の娘に２度も制服を作り、入園金を二度払ったが、それらの費用と、場所の確保に関する苦労はスウェーデンでは存在しない。

－　子供手当、有給の育児休暇等が手厚く、民間の小企業従業員でも公務員と同じように取っている。
－　これ等の全てはスウェーデンと日本の比較に於いて、スウェーデンは費用が少く、時間的な手間が比較にならないくらい少なくて済む。

私は学者ではないので、これ等の個々の費用と手間を正確に数値化するほどの忍耐力が無く、そんな細かな事に興味のある人もいないと思うので、ここでは代表的に固定資産税、大学費用、相続税の３項目をピックアップして説明する。

固定資産税

家を購入、夫婦で各人が半額所有権を持っていると仮定し、課税評価額が総額で２千万円、双方が持つ１千万円に対して固定資産税を払うとすると、年間約４万円になる。日本では固定資産税は1.4％で約14万円だから10万円スウェーデンの方が少なくなる。神戸市の場合都市計画税0.3％が負荷されるので、1.7％となり、その差は17万円となる。

単純計算で、10年で170万円、一生の長さに相当する50年で850万円となる。

若し夫が２千万円全てを持つ場合にはその差は倍になる。

土地の長期所有のコスト、固定資産税については、この後、別項目を設けて詳細な検討を加えます。

４年間の大学生の費用

最近のスウェーデンの**大学進学率は70％弱で、米国の90％弱、韓国の90％強、日本の50％**中と国により大きな差があります。多分、日本の進学率が低いのは、色々な理由があると思いますが、経済的な問題が最も大きな理由だろうと推測します。二年制の短大も含めると約65％に進学率が上昇しますが、それでも……米、韓と較べてはるかに低い数値です。

先進国では肉体労働者の比率が減少、多くが知的労働者を目指し、それは大学進学率に反映し、数十年後の国家の行政と産業の競争力に影響を与えると考えられるから、日本の将来を考えると暗澹とする。

医学部、薬学部等を除外して、４年制の場合大学４年間に掛かる費用は５百万円から１千五百万円掛かるといわれ、それは自宅通学の場合の事です。多くの学生は自宅通学ではありません。

大まかに、状況を理解するために１千五百万円掛かるものと仮定して、この負担が世代を超えて50年間で負担されるものとして計算すると、1,500÷50＝30で、年間30万円の負担になります。

相続税からの負担

スウェーデンには相続税はありませんが、日本では相続税はあるし、税務当局は相続税を、国債償還の為の１つの重要な財源として、今後相続税を増加させる事を示唆しています。

相続税の対象になる相続は今迄５％と言われてきたが、増税で倍増し10％になると予想され、マスコミからは今後更に増税が計画されているとの話が聞こえてきます。

贈与税の負担

スウェーデンには贈与税がないので、住宅購入に際して親からの援助がそのまま利用できる。

日本には贈与税があり、税制が複雑に加え贈与を受けた方に納税の義務が発生、金額次第だが数百万円の贈与を受けると……百万円単位の贈与税の支払いを、贈与を受けた側が行う。

相続税の存在と貧困の組み合わせが社会を劣化

特に、大学進学者と親の所得水準には明瞭な相関があると言われ、多くのこれ等の費用も加味して、先の表を修正して、固定資産税と大学学費の分を加えて下表に示す。

税金の額（日本円で万円表示）

名前	年収	個人の支払い税額		会社の支払い税額		国、地方の受け取り税額	
		日本	スウェーデン	日本	スウェーデン	日本	スウェーデン
N	400	97	92	60	150	152	242
岡田	1,500	410	650	90	570	500	1,220
二人分	**1,900**	**1,380**	**1,570**	**150**	**720**	**652**	**1,462**
固定資産		10万円	3万円				
大学学費		30万円	ナシ				
相続税		??	ナシ				
贈与税		??	ナシ				
加算して		137万円	95万円				

N君の場合、固定資産税分10万円と大学学費30万円で、計40万円/年分、税金が高くなり、137万円の負担となり、日本は50%弱スウェーデンより高負担となる。３項目以外の多くの小さな項目も数値化すれば、推測だが更に５～10%くらい上乗せされて日本の方が高負担になる。

日本で大多数を占める500万円近辺の一般な大衆と呼ばれる人に取っては、日本は非常に高負担国である。

表に示す結果から、税率は137÷400≒34%となり、スウェーデンの95÷400＝23.7%と比較して非常に高い数値となる。

日本には相続税があるので人生で最低一度、若しかしたら数回遭遇する相続税については、個人差のばらつきが多いので数値化できないが、多くの人が負担の対象になる筈である。

日本は高負担国なのに、何故、巨額の1,300兆円もの国債発行残高になったのか？

半世紀の間に1,300兆円に積み上がった、平均１年間に24兆円増加してきた。

若し経済が安定して金利が３%になれば、支払金利だけで39兆円になる。今までの様に毎年24兆円を政府債務の増加で賄うとすると、36＋24＝60兆円が国債関係の費用として、借金の返済の為に消えて行く。

> 第一章冒頭で恐るべき腐敗の現実を見てきた。
>
> 巨額国公債の残高の個々の詳細にについて知る事は出来ないが、多くの行政の場で、大小の類似の高級官僚の能力不足、不誠実、不正を原因とするお粗末が累積されて、巨額国公債の発行残高になったのは疑いない。高福祉高負担と言われているスウェーデンと比較しても、日本は１千万円を超える高額所得者でなければ、スウェーデンと同等又は、スウェーデンよりも高負担である。
>
> 源泉徴収税額以外の、生活に必須な費用も含めて考えると、日本の方が際立って、スウェーデンよりも生活費が高くなる。過去約半世紀の間に、毎年積み上げてきた24兆円は、行政の無能力により浪費されてしまったのだ。

幼稚な社会的経験しかない高級官僚の設計した行政手続きで使い勝手が悪くて時間を浪費し、行政の時間効率は悪化して、残業が必要となり、全般的に長時間労働の原因を作る。
スウェーデンはソ連邦解体でロシアの脅威が減少したとして徴兵制を廃止したが、2018年に状況が危機的な方向に変化していると判断して、徴兵制を復活した。
女性も徴兵の対象とし、防衛費を約40％増加したがそれは、プーチン大統領のロシアがウクライナに侵攻した４年前の事である。自分史に既述の様に、1970年代にソ連の国家プロジェクトの存在をいち早く知り、巨額のビジネスに結び付ける、その外交力、先を正しく読み、対策を迅速に実行する賢明さにはビックリする。
その様な行政を日本では朝令暮改とバカにする人もいる様だが、21世紀に突入、社会が劇的な速さで変化する中で、変化に対応して迅速に行動しなければ……回復不能な状態に陥って終う……多分、既にそうなっている。

筆者の1974年の２週間モスクワ出張はその様な背景があった事をその６～７年後に知る事になった。

低い国公債発行残高が、可能にする

スウェーデンの国公債発行残高はGDP比で日本の2.5に対して約0.35で、日瑞の比較で約７対１の比率になり、スウェーデンは必要に応じて財務的に対応できる余力がある。安定した財務的な背景は重要な防衛力の基礎である。

退職金

日本における退職金の存在は、世界標準からすると、日本を非常に違った社会にする原因として作用している。その功罪は相半ばし、国民を上級クラスと、下級クラスに色分けして分断し、教育とコネを通じて、世襲される傾向を見せており、それは国家の根幹にかかわる重要な事であり、この事については後ほど詳しく論証してみたい。
多くの日本人はスウェーデンを夢の様な高福祉の国だが、高負担は嫌だから、高福祉は夢だと思っているが、この検証結果は、雇用主にスウェーデン並みの税負担をさせれば、低負担でスウェーデン以上の高福祉が可能である事を証明している。多くのスウェーデン人は、自国の制度に絶対的な自信を持ち、誇りに思っている。
スウェーデンも日本も海外で頻繁に話題になる事が無いために、外から誤解され、両国の間ではより大きく誤解されているように感じる。
自分史に既述の、日本とスウェーデンの労働組合の話し合いの時のように、スウェーデン人は多くの場合日本を大きく誤解している。彼らの日本人の友人は殆どの場合、スウェーデンについて、ステレオタイプの理解しかなく、日本についての理解も浅薄で、お互いに深堀した話が出来ない。日本が終身雇用の国である事は知っていても、多くの日本人が定年退職時に、数千万円の退職金を貰う等、スウェーデン人には全く想像外の事なのだ。（自分史第七章参照）

サラリーマンの税金に対する感覚の違い

日本で税金をいくら払っていると言えば、額面収入と手取りの差額が先ず感覚的に税金として認識され、次いで地方税が問題にされますが、殆どの人はそのような細かな事には関心を示さない。此処が大きな違いです。
スウェーデン人は税金ついて非常に敏感で、頭の中に自分の事もさることながら、自分の存在が国に対してどの程度納税しているかで、税金の多寡を判断する思想があるように思う。

Ｎ君は、**日本流の感覚で言えば収入額面の23.6％を税金として払っている事になるが、スウェーデン的な感覚では62.6％払っていると、税金を多く払っている事を誇示**する気持ちが感じられる。

多分、この事についてスウェーデン人に質問しても、それはスウェーデンの空気のようなものだから、一般に明解な説明を得る事は難しいと思う。私は外人だから、半世紀上の間スウェーデンと密に関係を持ち、常にスウェーデンについて懐疑的な視点を持ちながら日本との比較で観察してきたので、そのような人間の視点で以下の様な回答をしたい。

王政からスウェーデンが民主主義政府に変わる歴史の中で、様々な事が起こったが、スウェーデン経済を牛耳る財閥は温存されただけでなく、継続的に温存、優遇されてスウェーデン経済を牛耳る存在となるように法制度が出来上がった。

スウェーデンでは利益を出して税金を払う企業は金の卵を産むガチョウにたとえられる。

大きな利益を出して、大きな税金を払う優良企業は大切な国の宝です。大きな税負担をしている事は心の中の勲章なのだ。H-368ページの税額と税率を示す最後の締めの所に、年収400万円の人が62.6％、1,500万円で82.1％と、スウェーデン流に高い雇用主の税負担を強調しているが、日本的な感覚では従業員が負担する税負担の23.6％、43.3％が認識され……日本とスウェーデンの感覚の違いを感じる。

日本の経済専門家の現状認識

多くのスウェーデンについて語っている日本人は、実際のスウェーデンでの納税経験が無いだけでなく、若しかしたら……他人任せで日本での納税経験もなく……単に、表面的な統計数値を追っているだけかもしれない。

外務省職員、彼らにとって任地はタックスヘブンで任地での納税経験が出来ない。多分、しばしばスウェーデンを扱う経済記事に露出する多くの経済学者、大学教授、アナリスト、専門家、識者と呼ばれる人は、H-368ページの表に示される“雇用主に掛かる総税負担額”を見て、誤解しているのだろうと推察する。

日本のテレビ、ラジオに露出する専門家は、決まり文句でスウェーデンの高負担を大前提として話をしている。

これは日本だけでなく、多分、他の国でも似たような傾向があるように思う。

かなりの数の英国人、米国人との会話でスウェーデンについて、……よくやるスウェーデン批判、自国の自慢臭のある雑談……の中で、話の出発点がスウェーデンは高福祉、高負担を感じさせる認識があった。

スウェーデンでの納税経験とスウェーデン語が話せる事がこの様な話題について正しい理解をする為の必須の条件であり、当然の事ながら前提条件として母国の政治経済についての経験と知識が無ければ、意味のある議論など出来ない。

日本の若年層の貧困は、一世代前には親世代の負担の肩代わりで糊塗されていたが、25～30年を経て、世代交代が起こり、経済的に余力のない世代が親世代になり、状況が加速して悪化しつつある、単年でしか経済を観察しない単視的な“木を見て森を見ず”な経済学の根源に問題があると思う。

今後の一世代で日本が更に劣化して行けば、アジア最貧国になるのはそんなに遠い将来の事ではない。一旦、落ちてしまえば、21世紀になりそこからの回復は絶望的に困難な事になる。

人間の性として、貧困になればなるほど、防衛本能が働いて、不正が横行……『貧すれば鈍する』となる。

その２：スウェーデンは残業無しで『ホワイト企業国』になり
日本は残業愛好で『ブラック企業国』になった

物事には全て因果関係があり、その因果関係を解き明かす事が科学であり、人類は有史以前から自然観察をする中で無数の疑問を持ち、解答を求めて数十万年間、緩慢に頭脳を活動させていたが……４世紀前にガリレオが発見した振り子の等時性、地動説の発見がその後の人類の科学的知識を爆発的に増加させる起点となり21世紀に繋がっている。

本能的な食欲と性欲だけに支配されていた人間が、縦横無尽に変化する自然観察に大きな興味を示し、その因果関係を発見してｘｘｘの法則と命名して自己主張する学者の出現となる。日本もスウェーデンも国家の統治形態は民主義であるが実態はかなり異なる。

その２の１：両国の置かれている現状の概要

■スウェーデンの場合

日本もスウェーデンも19世紀初頭までは貧困な農業国、特にスウェーデンは冷涼な気候で農業生産性が低く、人口の約1/3がアメリカ大陸に移住したと言われている。

21世紀には真逆に人口の約1/5のルーツが海外からの移住者、難民、政治的亡命者、貧困国からの里子等の海外からの移民で、それは20世紀にスウェーデンが『高福祉高負担』になった事で可能になった。

『高福祉高負担』と連動して高賃金、短時間労働を特徴とする『ホワイト企業』で充満する国を作り上げ、残業の無い社会となった。国家経済の歳入歳出は永年ホボ均衡、公債発行残高も非常に低く健全である。

■日本の場合

日本は殆どあらゆる面でスウェーデンと真逆である。

外国からの難民受け入れに猛烈な抵抗感を示し、低賃金、長時間労働、巨額公債残高を残し、頻繁に発生する大自然災害大国であり、政府は自然災害に備えて国庫に余剰金を積み上げるべきだったと思うが……反対に巨額の借金を積み上げ、それは増加の速度を加速度的に上げているように見える。

2021年度の財務省の予算表によれば、歳入総額106兆6097億円であり、その内訳は60％弱が税収であり、残りの40％強は赤字国債と建設国債であり、庶民用語では借金であり、それを皮膚感覚で解るように書けば以下の様になる。

> －毎年、生活費が１千万円掛かっている、2021年の見込み年収600万円、生計費が不足するので400万円を借り入れる予定だが、－悪い事に既に借金の総額が１億５千万円もある。

これから、スウェーデンではなぜ残業の無い社会であるかの科学的な根拠を示すと共に、スウェーデンに関係する日本の常識とは異なった面に関して記述してみます。

その２の２：富裕層になったら何をするか
50代前半で南仏に引退した友人の娘さん夫婦

富裕層の人はスウェーデンから外国へ避税の為に移住する事が新聞で報じられていた。

国民的英雄だったプロテニスのボルグ、アルペンスキーのステンマルクは引退後、モナコやタイ等の外国に移住した事が話題になっていた。我々の知人サンドビケン市の外れのクングスゴーデンに住んでおられたヨーコさんの下のお嬢さん、アンシャロートさんの夫は、世界的に著名なプロカメラマン向けのカメラ「ハッセルブラッド」で経理担当をしておられた。
日本の大衆向けカメラが数万円の時代に百万円に近い価格のカメラで典型的な「ホワイト企業」だったが、その後、中国企業に会社を売却した。購入した中国企業は21世紀の世界のドローン市場を牛耳る未公開の大企業で、民生用、軍事用として米、欧、中東、ウクライナ、日本などでも採用されている。ハッセルブラッドは専門家にはよく知られた高級カメラで米国のアポロ計画でロケットが月面を映したカメラはハッセルブラッドだった。
買収価格は知らないが、想像を超える巨額買収である事が噂されていた。自社株を持っていた夫は億円単位の大金を手にした。共通の知人である光子さんから、アンシャロート夫妻は50代前半の年令で……南仏のリビエラに移住されたとヨーコさんがこぼしておられた事を聞いた。筆者は第１章の冒頭に取り上げたサラ金武富士創業者の死に伴う相続事件で登場した長男が香港とオランダを拠点として住んでいる事と似たような話である。
多分、約20年間の天下りから巨額報酬を受けた日本の高給官僚OBが外国に移住しているだろうことを連想していた。

その２の３：所得税の日本とスウェーデンの比較

■外からスウェーデンを見ると：大綱で不変

筆者は1975～79年まで４年間スウェーデンに在住、その後1999年の退職まで20年間、年に数回、多分、計50回以上往復している。スウェーデンはその間に変化しているが、国家経営の経済的な大綱は……外から見ると変わっていない……「高賃金短時間労働」の「ホワイト企業」を育成する目標に向かって政治、行政が行われている。

■中からスウェーデンを見ると：大きく変化している

スウェーデンは大きく変わって、昔の面影はない。高額所得者は以前よりも優遇され、著名な童話作家が国は自分の所得の100％以上を税金で「フンダクル」と揶揄した時代と、様変わり最高税率は56.7％である。
それでも日本の最高税率45％よりも、11.7％高い。（後ほど示す日本とスウェーデンの税率表参照』）
10以上ある家族財閥は、責任ある健全経営で、傘下の企業群は「ホワイト企業」で、多額の納税を行う事で、財政上の歳入と歳出が均衡を維持する節度ある国政が成されている。
詳細に説明するためには、１冊の本が必要になる……紙数節約の為に以下に、幾つかの特徴的な事を説明します。

その２の４：月給７万円の昇給が手取りで７千円以下に……。（第６章その10の４に既述）

> 1970年代中頃、日本で大卒の平均初任給が９万円くらいのころ、月給を38.5万円から45.5万円に７万円上げてもらったが、手取りは6,650円しか上がらなかった。これでは従業員は残業をする気にならない。

人事部からスウェーデンでの住み心地に関する質問のアンケート用紙が来たので、生活苦を訴える書面を添付して回答した。
スウェーデンの税制は基本的に夫婦共稼ぎを前提に設計されており、我々のような外国か

ら来た人間には住み難い。妻は英語もスウェーデン語も出来ないから仕事に就けない。（アンケートへの回答文書は添付資料参照）

難民、政治的亡命者の場合は、扱いが別になるが我々の場合はスウェーデン人と同様の扱いなる。

アンケートを送ってから即刻、月給が千クローネ＝７万円上がり、5,500krから、6,500kr＝45.5万円に上がった。日本で大卒の人の平均初任給が約９万円の頃の話である。

額面は７万円上がったが、手取りは6,650円しか上がらなかった。

それは最も多数を占める一般的なサラリーマン層＝中～低所得層の人には小刻みな累進課税率を課すことで、手取り収入が激変しないように調整している事が原因だった。

残念ながら、約半世紀前の税率が解らないので下に現在の『日本とスウェーデンの税率表』を示す。

1970年代前半に為替は固定から変動へ変わる過渡期で混乱していたが、転勤当初の１kr＝70円で計算する。累進課税率が中～低所得者では小刻みにされているので、それが額面の変化に対して手取りが僅かしか変化しない理由だ。

比較表から、スウェーデンkrでは

■：額面5,500krで税金が45％で手取りが3,025krとなる。
額面6,500krで税金が52％で手取りが3,120krとなり、**95kr＝6,500円の増**加となる。

円貨表示では

■：額面385,000円が手取りで211,750円。
額面455,000円が手取りで218,400となり、6,650円の増加になる。
結局、**７万円の昇給は6,650/7万円＝0.0995≒10％弱の手取りの増加**にしかならない。

スウェーデンでは累進税率を小刻みにする事で、額面収入が変わっても、手取り収入が激変しないように設計されている。

日本とスウェーデンの税率表（昔の税率表が手に入らないので現在のもの）

日本		スウェーデン		税率の差	税率の スウェーデンー日本
概算年収 （万円）	税率 （％）	概算年収 （万円）	税率 （％）	スウェーデンー日本	
～200	5	～250	7～25		非常に小刻みに分けられている。
～330	10				
～700	20	～700			数分割されている
～900	23	～1,000	51.5	28.5	
～1,800	33		51.5	18.5	
～4,000	40		51.5	11.5	
4,000以上	45	1,000以上	56.5	11.5	

その２の５：スウェーデンが残業ゼロ社会になった理由は 残業は企業、従業員の双方にとってメリットがない

残業代を手取り時給に換算

第６章その10の４に既述の方式で、同じ1,000krの額面月給の増額を残業手当で実行した場合を想定してみよう。

先ず、1,000krの額面上昇させる為に必要な残業時間数を計算する。

日に８時間労働、週40時間労働、月160時間労働で時給を計算、5,500÷160h＝34.375kr/h（2,406円/h）となる。残業割り増しを50%とすると、51.6kr/h（3,610円/h）となる。

■残業時間数に換算

1,000krを残業時間数に変換すると、1,000÷51.6kr≒20hの残業となる。

残業による従業員の時間当たりの手取り時給を計算

1．税率が53%になった場合には手取りが95kr増額、それは時給では95kr/20h＝4.75kr/hであり、4.75×70円＝332.5円/hとなる。
   残業を額面時給3,610円で働いているのに、**残業しても手取りでは、1/11の332円/hにしかならない**。手取り額への反映があまりにも少ないので残業へのインセンテイブが無くなる。

■企業としては

定時間労働では時給2,406円で働き、残業では3,610円となり、それは２つの問題を提起する。

－　残業時間中の労働の質は疲れているので、パアフォーマンスが低下している筈だ。

－　残業で疲れていれば、翌日のパフォーマンスも低下するだろう。

－　残業が従業員の大幅な手取り額の増加に直結すれば、従業員は仕事のペースを遅くして、残業の理由を作るだろうから、企業の長期的健全経営の面から残業は望ましくない。

－　残業無しで、従業員は自己啓発の為の学ぶ時間を持てるので、従業員の専門能力は向上する。
　　専門的な新しい資格の取得等で、より高給を得るために社外流出する人もいるが、それは全く問題ない。
　　代わりの人、前任者レベルの専門能力と、それに見合った給与で応募する人を募集したらそれで済む。

■制度設計する官僚の視点

官僚は民間企業の視点と、経済専門家としての視点と、常識を持っているから、上記のような制度設計が出来る。

日本の場合は単純に、超過累進課税で累進性を作っているが、累進性がどのような効果をもたらすかについて考える視点を欠いている。

税金を取る事には熱心だが、数値が納税者へ与える影響を推測する視点が無いので大つかみに10%ステップでの税率になる。

その２の６：思考実験－６：日本では従業員が残業を大歓迎するように税制が設計されている

スウェーデンでは年収７百万円以下は、低所得層として、税率の累進性が非常に細かく細分化されている。

年収700万円から１千万円が中間層で１千万円以上は税率が56.7％である。

日本の残業代の経理計算は複雑で、適法に正確な数値を計算するためには、かなり勉強しないと残業割り増し、時間当たりの残業の時給計算は不可能だ。

所属する企業が、官庁、大企業、小企業によって、又、月間関残業数によって異なり、数年前に新聞に掲載されていた、大阪吹田の「国立循環器センター」の、月間300時間の残業上限から、下は多分数時間まで、その扱いは……複雑だ。

■県庁職員Ｔさんの残業の場合

20世紀末に障害者の雇用が義務付けられて、県庁職員のＴさんは定時の間は障害者に付き添って仕事、定時終了後に自分の仕事をする様な状態が続いて、月間100時間の上限を超える残業を行われた。大阪吹田の国立循環器センターの残業上限300時間／月ほどではないが、かなり多い残業である。

■単純化して額面年収と手取り収入の概算。

Ｔさんの残業無しの額面月収は24万円、年収は24×（12＋５）＝408万円となる。（５か月分の賞与を含む）

月間労働時間を160hとして時給は24万円÷160時間＝1,500円／hとなる。

（経理計算に使用される正確な税率は所得金額に５％、10％、20％の３段階に分けて計算、控除額も関係するが紙数節約の為に簡単に20％を使っている）

年収408万円では税率20％で、手取りは326.4万円となる。

月間60時間を超える長時間残業だから50％の割り増しとなり、残業代は2,250/hとなり、100時間残業すると22.5万円／月の残業代となる。年収は408＋22.5×12＝678万円となり、税率は20％で変わらないから、手取り額は、678×0.8＝542.4万円になる。

残業する事で手取り額は542.4－326.4＝**216万円手取りが増える。**

100時間の残業で216万円手取りが増額するから、**時給の手取りは2,160円となる。**

以上の計算結果を表にすると次頁の様になり、Ｔさんは２年後に家を建て替えた。

日本とスウェーデンの時給の比較（円で表示）

	定時労働	残業額面	残業手取り	手取り残業労働÷定時労働
日本	**1,500**	**2,250**	**2,160**	**1.44倍**
スウェーデン	**2,406**	**3,610**	**332.5**	**0.14**

■税制が後押しする、低賃金、長時間労働

スウェーデンの場合

説明の必要がないほど簡単だ。会社にも、労働者にも全くメリットがない。

低賃金、長時間労働を特徴とする「ブラック企業」……長時間残業企業は存在しない社会となる。

日本の場合

日本の様に多くの高級官僚が合議して草案を作成、次いで学者、識者が委員会で審議、お墨付きを与えて出来上がった、残業に関する規制は複雑だ。

会社の規模、残業時間数、割増賃金、休日出勤、夜勤等で対応が変わる規定は、筆者の様なシンプルな思考回路しか持っていない人間には正確な内容の把握は不可能で、現行の制度について云々する忍耐力はない。

日本では多数の民間企業が専門の会計士、税理士の助けが必要な理由が理解出来る。

■ 人の心を理解しない……常識の欠如が招いた税制

従業員の考える事

賢い労働者は額面の賃金でなく、手取りの収入を問題視するが、それは大人の常識だ。

日本の場合、定時間労働よりも残業の時給が約1.5倍も多くなれば、残業大歓迎……定時の仕事を緩慢にサボリ気味にして、残業する様になる。

残業手当を支給されない管理職の上司は、多くの場合細かな事まで口を挟めないし……対応の仕方が下手だと、パワハラで問題視されたら大ごと……従業員は残業する様に仕事を手加減する。

従業員は額面給料が低くても、残業する事で手取りが増えるので、少々いい加減に仕事をしていても、非難されない現在の会社から転職したい動機が湧かない。既に20年勤続しているが中途での自己退職では退職金が大幅に減額されるから……少々のことは我慢して定年まで勤める事になる。

会社の考える事

民間企業は変化する社会に適応して新商品を開発して売り上げと利益を確保して行かないと自然淘汰されて消えて終うことになる。国は「ブラック企業」を延命させる為に色々と支援してくれるから何とか生き延びている。

高賃金で優秀な人材を雇い、出来の悪い人を解雇したいが、終身雇用を前提に成り立っている日本では……それは出来ない。日本には多くの同様の「ブラック企業」があり行政が税制上の優遇措置をして支援するから淘汰されることはない。

それは国の税制がそうなる様に誘導する事で、現在の結果となった。

筆者は住友電工に12年間勤務したが自己退職だったので退職金は13万円だった。

結果的に、従業員が定時終業時間まで、タラタラ働き、残業の必要性を見せつけて、残業をする様な方向に細工したくなるのは、残業の方が時給が高いのだから当然だ。

総括

残業の有無は、勤労意欲の問題ではなく、税制と、従業員の専門能力を高めようとする企業、高い専門能力の人材を求めている企業、行政のニーズがあるからだ。

日本では残業手当の魅力に惹かれて従業員を長時間残業に誘導するような税制になっていたから残業愛好、長時間労働国になる様に税制設計がされている。

> 月収24万円の人は残業無しで手取り年収は326.4万円、月に100時間残業すると、216万円増加、手取り額が計542.4万円と約1.7倍になる。
>
> 従業員は残業大歓迎となるり、長時間労働慣行の企業が出来上がるが、その様な企業は生産性が低く、『ホワイト企業』には変身出来ない。

サラリーマンの税金の徴収方法の違い、日本では年収、スウェーデンでは月収から

■ 日本の場合

日本の場合には制度が非常に複雑に、手が掛かるようにできている。
最終的に年末に源泉徴収票が渡され、その半年後に地方税額が決定されて税額が決まり、翌年の２月に年末調整で他の所得、扶養家族、その他が合算されて、税額が確定する。

■ スウェーデンの場合

月収が基本となる。例えば住宅ローンの金利分の全額税額控除の場合でも、ローン設定時に一度手続きすれば30年の完済までに毎月その分手取り額が増えている。特別な事情がない限り年末調整は不要だ。
筆者の場合1976年に日本から持ってきた数十万円分の普通預金金利3,500円の未申告を税務署から指摘されて驚いた。

その２の７：スウェーデン諸々情報……解っている人が決めているから仕事がやり易い

■ 前提条件の大きな違い：事務が簡素化されている。

スエーデンでは徴税事務が非常に簡単に設計されている。
種々なOECD、IMF等の統計は年収で出現するが、中に住んでいる人は月収で考えている。
全ての給与生活者は月収で税額が決定される。基本的に残業の無い社会なので残業の有無、残業時間数が変化しないから、その様な事が可能だ。 海外転勤、移住者などは、その時点で確定申告するから、それは例外だ。

住宅ローンの金利分の税額控除分の取り扱い

銀行でローンを組み、書類を会社に提出するとその翌、翌月の給与明細書から、ローン金利で銀行に引き落とされる分と同額が振り込まれていた。購入した時に１回手続きすれば30年間何もしなくても良いから、本人のみならず税務署の仕事量が少なくてすむ。

■ 事務作業の標準化と整理整頓

大企業でも従業員数10人の小企業でも整理整頓が行き届き、一般事務のファイリング、プレゼンテーションの手法……小企業でも大企業でも同じOHPを使っている。自分史に記載したが友人のラッセの勤務する従業員数20人弱の会社でも大企業サンドビックと全く同じと言えるような設備と方式で事務仕事が行われている。学校の授業でも全く同じである。
1950年代に事務機器の開発が進み、事務関係の道具の標準化も同時に進み全国どこでも同様な水準になったと定年間際の高齢の友人が言っていた。
この事が転職しても、即刻迷うことなく……教育を受けなくても、簡単に事務引継ぎが出来る理由だ。
当時日本では、役所の机の周辺にはうず高く、本や書類が乱雑に積み上げられており……それが如何にも忙しそうに難しい仕事を行っている様な印象を与えていたがそれは全く間違いだった。
筆者は数千の大小の日本企業を訪問しているが、日本で唯一スウェーデン並みの整理整頓が出来ていたのが本田技研だった。

■ 原則的に確定申告不要

特別の事情がない限り確定申告は不要で簡単だった。

日本の場合は翌年６月頃に地方税額が決定され、納付書が来るからそれに従って納付する事になるが、スウェーデンでは毎月の給与明細書の中で地方税額が解るようになっている。

筆者の場合1977年初頭に税務署から預金に対する利息分3,500円の未申告を指摘する警告書を受け取って驚いた。

税務署は非常に細かな事まで把握しているのにビックリした。

■ スウェーデンの場合

年収700万円で明瞭な線引きして、年収700万円以下を低所得者層と見做し小刻みに累進税率を変える事で低所得層に対する税負担を軽減している。700万円から１千万円の層は一律に51.5％の重税であるが夫婦共稼ぎが基本的なスタイルであるから、生活苦とは無縁だ。夫婦は別々に納税するのでこの事も詳細について比較すればンスウェーデンの方が日本よりも税負担がより少なくなる。

その２の８：スウェーデンの80%の人は国税ゼロ
健康、教養を高める物の消費税は６％

スウェーデンの税制は徴税目的よりも、国民の健康、国民の能力＝生きる力を高めるように税制が設計され、それは結果的にSDGsに繋がっている。

■ 乗り物に関しての税金

乗用車

乗用車には年間約５千円の保有税が掛かりますがそれは日本の1/5～1/10の少額だ。

ガソリン価格は約230円で、約60％がガソリン税、消費税も25％でガソリンの消費は悪者扱いだ。

乗用車は生活必需品とされており保有に関しての負担は安く設定され、無駄な、不必要な長距離ドライブを戒めている。

飛行機乗機税

国内線や近隣諸国への航空運賃には千円弱の税が航空運賃に上乗せされている。

長距離フライトには５千円強が上乗せされている。

■ 国税について

年収が700万円以下の人は国税を払いません。

全納税者の内の80％弱は、国税を払っていません。

相続税、贈与税

約20年前に無くなった。

相続税制を維持するための事務量が煩雑、相続に絡んでの裁判の発生など行政としてコスパを計算すると、全く意味が無い事と、相続税があると富裕層が海外脱出をする事で富の海外流出が起こる事を減少させる含みもあると言われている。

■ 消費税と酒税

普通に知的で健全な生活を営む人にとっては、スウェーデンは日本よりも消費税が低いかもしれない。その典型的な例がビールでアルコール度数2.8％以下のビールには酒税がなくて、消費税も12％でソフトドリンクと同様だが、高いアルコール度数のビールには25％の消費税が適用され、酒税も約100円／リッターだ。
日本のビールの酒税は180円／リッターでスウェーデンよりも高い。

■ スウェーデンでは６％品目で日本では原則10％品目が多くある

スウェーデンでは交通機関の切符、雑誌、本、種々のイベント、博物館などの教養を高めるための費用は日本では10％品目だが、スウェーデンでは６％品目だ。
健康志向の生活をしておれば、殆どのものは12％か６％品目である。

なぜスウェーデンでは全ての本類が６％の軽減税率？

200年以上前に「言論、執筆、報道の自由」を法制化、**それまであった国家の検閲的な統制を意識的に排除、国民は清濁、良悪の混在した情報の中で生活する事で知的な社会を構築し**てきた。その様な背景が全ての出版物に対して例外なく６％の軽減税率の適用になって表われている。

なぜ日本では書籍類は軽減税率が適用されないのか

日本では1989年に３％の消費税が導入され、その後数回の改正を経て現在の10％になった。
導入以前に政治家、官僚が会議を行い、委員会、審議会が行われ……その後の改定に際しても無数の学者、識者が関与して現在の姿になった。詳細な説明には多くの紙数を要するので割愛するが要旨を以下に示す。

> 出版物には悪い物、間違った物、も含まれており、それらを排除して良書だけに軽減税率を適用すべきだが、実務的にそれは困難だから、軽減税率は適用しない。
> 大手の新聞は正しい情報を提供しているから、それらの定期購読だけは例外として８％の軽減税率になった。
> **日本の無数の高学歴識者、学者が、無数回……数十年間議論して……200年以上前の無学なスウェーデン人が到達した、国家が「検閲」するべきでないと同様に考える人はいなかった。**
> 多分、それは「妖怪ジャパン」がいるからだが、驚くべき時代錯誤であり、その様な人々が人権、差別、福祉などについて著作、論文、テレビ出演などは笑止千万と言いたくなる。
> **彼らは、彼らが合議して決めた事が中国、北朝鮮の様に情報統制＝検閲と同類である事を認識していない事を証明している。**

彼らの行っている事はスウェーデンで常識となっている情報公開の重要性に真逆のみならず、筆者に大きな精神的な影響を与えた末川氏の下記の言葉と真逆だ。

> 法の理念は正義であり、法の目的は平和である、だが
> 法の実践は社会悪と戦う闘争である。

受験競争の勝者となり、**東京大学法学部を卒業、その延長で高級官僚となり……悪人との接触が増加……悪人に感化されて『ミイラ取りがミイラになる』たとえそのまま社会悪の創造者となる……。**
日本の教育制度からの最も大きな精神的な被害者は、東京大学法学部の卒業者かも知れない。
幸いな事に、多分、彼らはそれを自覚していなく……空気の様に感じているのが救われるが、それで良いのか……？

最高税率25%品目

最高税率25%が課される物は健康を害するタバコ、度数の高い酒類、化粧品等である。

上記の物に含めて、カレンダー、メモ帳、メッセージカード等の安価な物が含まれているのが如何にもスウェーデンらしい。

安いもので高税率を課しても……生活には全く影響ない……が、安いからと乱暴に使って無駄をしない様に考えての事だと筆者は推察する。30年中古車で動くような車は愛している人が所有しており、良好な状態を維持している筈だから……免除するとしている心の延長が感じられる。

高濃度ビールと低濃度ビールの比較

日本で人気の高い500ccロング缶の2.8度以上の高濃度と、2.8%以下の低濃度ビールの店頭価格について税金と店頭価格について日本とスウェーデンを比較してみよう。

高濃度ビールの仕入れ価格が200円と仮定する。

高濃度ビールの店頭価格について

スウェーデンでは消費税が25%で、店頭価格は200円+(200×0.25)=**250円となる。**

日本では消費税が10%だから店頭価格は220円となり、**スウェーデンより30円安くなる。**

低濃度ビールに替えると

スウェーデンでは単純計算で……製造コストの細かな事は除外して……酒税が掛からないので仕入れ価格は150円になり、消費税は軽減税率が12%なので、150×0.12=18円となり、店頭価格は168円となります。(正確にはこれより低くなるだろう)

日本では酒税90円が掛かるので価格は高濃度ビールと同じ220円で、**スウェーデンよりも52円高くなる。**

(日本では度数1%以下の超低濃度ビールは清涼飲料水扱い。)

低濃度ビールへの誘導で納税額の差は?

スウェーデンでは消費税のみの差で200×(0.25−0.12)=26円/缶と少なくなる。

日本は酒税90円+消費税20円=**110円/缶**となり、**スウェーデンよりも4.2倍多く納税**する事になる。

総括するとスウェーデンでは国民の健康維持を、
日本は税収増を主目的として税率が決められている。

スウェーデンは国民の健康を第一に……税制は国民の健康を第一に考えて設計されている。

情緒的な……夜間の衝動買いを防止するために高濃度ビールは17時に閉店するシステムボラーグと呼ばれる、官営の店でしか買う事が出来ない。システムボラーグの数は非常に少ない。

スウェーデンの消費税は国民の健康維持に配慮して、生活必需物質には6%、12%の軽減税率を課している。

奢侈品や高アルコール度数の酒類には高い消費税を掛けて、低いアルコール度数のビールへの誘導を図っている。

日本の場合には、税収の増加が目的で、その為にマーケットの変化に迎合して、**消費量の増加傾向のある物を狙い撃ちにして税収の増加を図る。**

それは民間企業が、販売高上昇の為に目標を定める様なもので、**国民の為と言う視点を全く持っていない。**

その2の9:思考実験−7:低濃度ビールへの移行と税収の関係

日本では税収の増加を最大の目標として税制が設計されている様に観察されるが、それは当然だ。

巨額借金を持ち、低賃金、長時間労働国では税収が常に不足……歳入と歳出の均衡が維持できなくて、継続的に公債費が増加し今後その増加の速度を上げなければいけないだろうが、それは先輩の仕事の結果だ。

スウェーデンでは長期間、財政は均衡を維持しており、公的債務は極めて少額で過去１千年以上大災害に遭遇していない。

ビールの500cc入りのロング缶を例にとって、税収の思考実験をする。

既述の様にスウェーデンでは度数2.8％以下の低濃度ビールは酒税が掛からず、消費税もソフトドリンクと同様の12％で、税制が25％の消費税が掛かる高濃度ビールから、低濃度ビールへ誘導する様に税制が設計されている。

■ 思考実験の前提条件

人口の５％＝20人に１人が、ロング缶ビールを毎日１缶飲むと仮定すると1.2億人×0.05×365≒20億個となる。

年間消費量：20億個、外税店頭価格：250円で年間販売量約５千億円となる。

日本	スウェーデン	
店頭価格：220円 消費税　：10% 　　　額：22円 販売額　：4,840億円 酒税　　：1,980億円 消費税額：　484億円 税収総額：2,464億円	店頭価格：168円 消費税　：12% 　　　額：20円 販売額　：3,696億円 酒税　　：　なし 消費税額：　443億円 税収総額：　443億円	

注）実際の店頭価格は会社によって異なる。

スウェーデン流の低濃度ビールに変更させる事に成功すると**2,464−443＝2,021億円の税収減**になる。

税収増を最大の目的としている日本では国民を低濃度ビールへ誘導するような税制は採用されない。

第５章その２……で筆者の遭遇した経験として取り上げたアスベストの被曝対策を、日本よりも約30年も早くする事でアスベストによる健康被害を最小に抑えた知性と同様だ。

2024年度予算案によれば

日本には18件の目的税がありその内の４税は……石油ガス税：40億円、航空機燃料税：320億円、国際観光旅客税：440億円、税90億円……であり、４税トータルでも890億円だ。

国民の最低の娯楽である温泉にも入湯税を課し、税収は年間約250億円である。

それらを全部ひとまとめにしても1,270億円で、スウェーデンの様な低濃度ビールへの誘導税制を実行すれば2,068億円の税収減になる。

この様な国民の健康、幸福、福祉優先で、民に優しい……税制を維持してきたスウェーデン

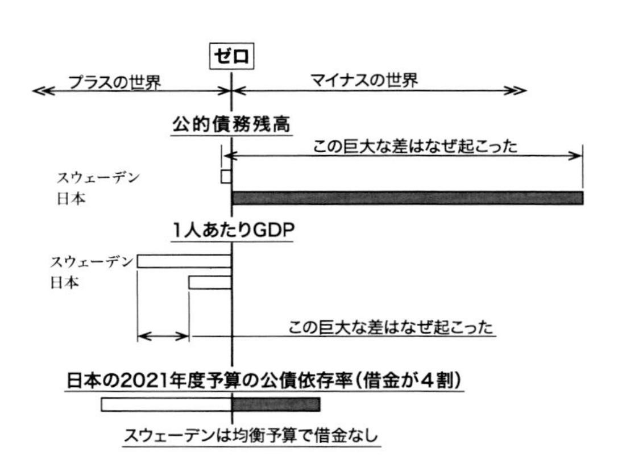

の失われた30年の政府の成績表が右に示す様に日本と全く反対に、公的債務残はなく、反対に少額の余剰金を残している。
日本では巨額の借金を積み上げている。
さらに多くの難民、政治的亡命者を受けいれ、残業の無い短時間労働、高賃金社会を作り上げそれを維持している。

税収増が行政の存在理由にした

第１章で取り上げた失われた30年の初期における日本の行政の堕落……。

> ノーパンシャブシャブ風俗店で銀行のMOF担から接待を受ける東京大学卒のキャリア官僚。
> 相続税の裁判で巨額損失を国家財政に与えた、官僚が高額の退職金を手にして天下り、数年後に叙勲される。

中国の歴史上征服王朝を建てた契丹、元、金、清があるが、征服王朝の官僚でも日本の失われた30年クラスの、国民に対するハラスメントはしなかったであろう。
日本では、筆者の視座からすると税制設計の根本には『国民は税金を取るための対象物であり、耐えられる範囲以内で最大の税を課すこと』で政策運営が成されている。それでもそれは江戸時代、**戦前よりも少しは良くなったが、優先順位が『官尊民卑』のドグマからは依然として脱却できていなく、多くの国民もその中でそれを意識することなく生きている。**

スウェーデンの場合、日本の場合

200年以上も前に言論、表現の自由を保障する情報公開法を持ち、情報を公開にすることで情報の価値を無価値化して、不正が発生し難い社会となった。

> 日本は反対に情報を非公開にする事で情報に高い価値を持たせ、非公開情報に群がって、不正を働いて不当利益を手にする……そのような行為も非公開となる……そのような結果の累積が『妖怪ジャパン』の存在となった。

スウェーデンでは長期的な視座を持ち、その中で短期的にどのように対応すべきかを考える人々が税制設計する。
長期的に国民が健康であることが最優先課題とされるから、タバコ、高濃度ビール等の高い税収が期待できるが、健康に害になる物については高い税率を課して、消費量を低下させて、税収を縮小させる方向に高い優先順位を与えている。
背景には、健康を害すれば将来病気になり早期に納税者から非納税者に転落、健康保険、福祉施設に負担を掛ける可能性が高いとの常識的な推測がある。
スウェーデンでは教育がその様な常識を育んだが、日本では偏差値と大学受験競争の過熱で……簡単な過去問に対する解答の記憶偏重の教育で……応用力の無い大人となり……その延長でキャリア官僚として採用される。

日本の大学教育とその延長でキャリア官僚となる

日本の大学教育の中で、統計の数値だけを問題として、その統計の中身を咀嚼して理解することが出来ない……教える教授も理解していない……その連鎖で出来上がった人材教育の結果が現在の日本の財政状況を作った。
普通の生活を営みその中で常識を学び、行政の対象になる庶民に対して忖度する＝気を遣う心が無ければ……優れた制度設計のアイデイアは出てこない。結局、内容を咀嚼していない統計数値に頼る事になる。

受験戦争に従軍して疲弊した若者に多くを期待することはできない。

その２の10：筆者の受けた実践教育

80年の人生を経て**『理想は高く姿勢を低く』**の座右の銘を**『理想は高く姿勢も高く』**に変更したのには理由がある。多分、千人以上の東京大学を筆頭とする入試難関校卒の人々との交流から得たデータが、筆者に座右の銘の変更を促した。

その自信は筆者の経験幅が広く、それらに関係した深度が深かった事により、筆者は小型の大人の経験を15才で中学校を卒業するまでに済ませていた。

1. 隔絶山村の農家で農家の手伝い、炭焼き、トロッコを使っての新田開発の土木工事。
2. 薬草採取、行商等、警察への贈答品の運び屋、個人商店の経験。
3. 小学校４年生で東京旅行費用捻出の為に行商を起業、翌年の夏休みに１か月の東京旅行。
4. 15歳で住友電工に就職、財閥企業での12年間で都会の文化の経験。
5. 夜間高校、夜間大学の８年の経験と長時間通学が読書量を増やした。
   15才から25才までの10年間古本屋通いで長時間通学が、習慣的に３～５時間/日の乱読をさせた。
6. 「百鬼夜行」、『無秩序』、混乱した外資系企業での30年間の経験。
7. 28才から会社で途中入社の人の採用を始め……延べ約100人の採用をした。
8. スウェーデンでの４年間の在住経験。多数の良きスウェーデン人の中にもアジア人蔑視の人がいた。
9. 本務とは別の特許関係に深くて長い経験。
10. 会社が世界的に著名な会社だったので，千人相当の教授、博士との交流を経験。それは1960年代、世界に３台しかないと言われていた、100万ボルト電子顕微鏡の１つを会社が保有していた事が可能にした。
    57才で退職、25年以上の間に、私的な海外旅行を50回以上することが出来た。
11. 若い頃はヘビースモーカー、大酒家で「人たらし」と言われるようなオシャベリで、誰にでも注意深くその人の専門とする分野の事について質問する。象牙の塔の中で、書物を前にして目は開いているが……心の好奇心は閉じている……学者とは真逆の人生だった。
12. 妻が高等学校の教師で、関東関西で公立、私立の高校や料理学校等、計10か所くらいで勤務、マスコミにはオフレコで、外部の人には知られていない多くの事を聞いている。同じ篭渡部落出身、東京教育大学卒の竹島君、他の数人の教師OBとも交流がある。
13. メリルリンチから送られてくる著名アナリストの経済政策の予想と、政府関係者から漏れて来た情報を基にした無数の予想のレポートを読む勉強の機会を持つことが出来た。
14. 82才の高齢者だが、常に数十人の会社繋がり以外の友人と頻繁に交流、近所のオバチャン20人くらいとは、会えば言葉を交わす、昭和の田舎のオバチャンみたいな付き合いで、月、水、金と週に３回テニス、約千平米の家庭菜園の面倒を見ている。2024年２月には約30年ぶりに娘二人を連れて４人で白馬にスキー旅行。
15. 本の執筆に際して、名誉棄損、侮辱罪、個人情報保護法、著作権侵害等の関係で、有料弁護士と弁護士会での無料弁護士計10人くらいの弁護士からの意見を聞き、日本の司法についてかなりの知識を増やした。

その３：スウェーデンの相続税の廃止は過少評価できない

筆者は、50代まで相続は、公的な統計に表れてくる高額の相続財産のある約５％の相続についてだけの問題だと単純に考えて、金持ちだけの問題だと軽視していた。筆者は40才の頃に父が亡くなった時に、妻が筆者を相続税の問題から完全に開放してくれたので、永らく無知だった。（自分史第六章参照）

その後、隣保、自治会の人々との交流、テニス、家庭菜園で交流する数10人の友人、知人との交流が深まるにつれて、殆どの人が父親、母親の死に伴って深刻な問題を抱えている事を知った。

それらは多くの場合現役引退後、かなり高齢になって発生し、夫婦の両親４人の死に伴って発生するので、最低４回は相続事件に関係する事になる。

兄弟間の争い、それを原因として絶交状態……正常な社会生活を営めていない人は、相続財産の多寡に関係なくあることを知った。相続財産が少額で、遺族が貧困の場合には、相続に関連しての問題は、高額の場合と比較して陰湿で……単純ではない現実を知った。相続税の問題は、単に約５％の相続税納税の対象になる高額資産の相続だけの問題ではないのだ。

相続に関連して発生する問題は相続額が低くて、相続税の納付対象以下の方の親族間の争いの原因となる。

マスコミに時々登場する、親族間の争いを原因とする、殺人、放火、傷害事件は相続を原因としている場合が多い。

一般に全ての人は、一生に２回父母の死に伴い相続の問題と向き合うことになるが、高齢化が進んだ現代ではそれは、60代～70代で経験する事を意味する。親子別居が普通になり、都会に住む子供所帯は親世代が持っている知識、経験に触れる機会が乏しく、目の前に相続問題が登場した時に初めて知る事になる。

相続税が生活の質を低下させる

スウェーデンでは５年前に相続税は廃止されたが、それは相続税の効果を国民的な視点で考えると、何らプラス効果を与えていないと判断された事が確認され、合意されたからだ。

人間は洋の東西を問わず、宗教の影響を除けば、大同小異であり、宗教からの影響は日本もスウェーデンも同様に少なく、ホボ同様である。相続税の存在は、前述の様にスウェーデンでも親族間の円滑な人間関係の継続の障害になる。

日本とは比較にならないくらい濃密な親族間の交流がある彼らにとっては非常に大切な問題だ。

筆者が30代～50代で親が生存している間は、精々年に１回～２回しか親に会いに行った経験はないがそれが田舎出身で都会に住む子供夫婦の標準的な姿だったと思う。同時期にスウェーデンでは４週間の夏休み、それ以外にも３月の１週間の運動休暇等、休みが多いから、彼らは頻繁に交流している。

相続税が長時間労働の原因になる

相続税の問題に関係して、先ず税務署の相続税に関係する膨大な量の記録の維持、保管、専門官僚の配置、相続に関係する訴訟などの行政上の大きな費用を伴う負担から解放される。

国民の視点から見れば、弁護士、司法書士、裁判所、法律学者、法律を学ぶ学生への負担等、相続税の存在が、社会における必要労働量の増加原因となる。

税収の減少を犠牲にして富の海外逃避を予防

相続税廃止の背景には、避税の為に海外に移住する富裕層が増加する事で税収は減収するが、富が海外に脱出する事を防止できる効果が期待できる事も含まれている。

この様に税収の減収を犠牲にして、富の国外逃避を予防するような見識は日本の官僚とは真逆である。

日本の場合、多分、天下りで出来た預貯金は海外に外貨で投資され＝海外に逃避してそれが標準形になっているだろうが、その様な事が起こらない様に『ワクチン注射』効果を狙って、相続税の廃止を実行する。

日本の高級官僚と真逆の……自己忖度の無い、国民への忖度が感じられる。

相続税の廃止はGDPの縮小

経済成長率の側面から見れば、上述の全ての官、民における相続税を維持する為の費用は、GDP統計上はマイナス効果となり、スウェーデン経済は縮小する事になる。

言うまでもなく日本では相続税を維持しているから、GDP統計上はプラス効果で、豊かになった事になる。

相続税の存在は国土の防衛の根幹に関わる。

21世紀になり、日本が低賃金国となり、円の価値が低下する中で連鎖して日本の不動産、土地の価格が海外から見ると割安になった。中国の大都市と比較すると、激安感があり、中国の富裕層が土地の私有制を認められている日本の土地を求めたくなるのは当然の事だ。中国には有名な『国家情報法』があり、中国籍の人はスパイ行為も含めて、外国に住んでいても国家から要請を受けた場合には国の為に……例えば勤務先の企業、大学、研究所等の情報を……収集して報告する義務を負っていると言われています。中国も日本も二重国籍を認めていなく、中国人富裕層の日本の土地買いは日本にとって非常に微妙な問題だ。

相続税の存在とその功罪

江戸時代には大地主が存在し、多くの農民は小作農だった。

日露戦争に際して、膨大な戦費を賄うために増税され、多くの新税が登場したがその中の一つが相続税である。

相続税の存在が主目的である富の再配分の実行は戦後の土地改革により実行され、小作農の激減、不在地主の激減と小型化が達成され、富の再配分の必要性は少なくなった。

その後、平成、令和と進み、大地主は存在しなくなり、都会では精々数百平米程度の宅地……その多くは200平米以下……の小さな土地の相続であり、相続税が出来た頃の富の再配分の看板の意味合いとは大きく異なってきた。

既述の様に、相続税は日本国民の不幸の種になっている。

相続税を無くする事で発生するメリット

1．弁護士、司法書士、裁判所に仕事が無用となり、国内の総労働時間が減少する。
2．税務当局は相続税維持の為の記録、土地、その他資産の算出などの事務費用が不要になる。
3．生存中に全国民が、数回は遭遇する相続に関連して発生する、イザコザの多くの部分が、軽減される。
4．相続税の納付、相続財産の分割の為の土地売却が少なくなり、土地の過度な安売りが減少する。この事は、外国人の土地取得の容易さを減殺する。

5．経済統計上は、1．及び2．の効果で、GDPの減少要因となり、景気は悪化する事になる。

日本では相続税の増税

詳細の説明には1冊の本が必要とされるくらい複雑になっているが、日本は相続税を増税する方向で進んでいる。

多くの人は高齢者となって初めて遭遇するので無関心で、行政としては増税しても抵抗が少なく、単にGDPの統計と、歳入の増加だけを考えている税務官僚には、スウェーデンの行政の様に国民の幸福を先読みして税制を考えるような視点を持つことは期待できない。

その4：土地の数世代の長期占有コストは日本が中国、スウェーデンよりも高い。

日本は土地の所有権＝使用権を維持するために超高課税

多くの平均的な日本人の場合相続財産額が約8千万円以下で、永らく殆どの人は相続税とは無縁の相続だったが、2015年の増税で、約5千万円となり、……大まかに3,000万円＋600万円×相続人で計算……普通の団地住まいのサラリーマンだった人も、相続税により捕捉されるようになってきた。

中国では相続税が存在しないし、スウェーデンでも最近相続税を廃止したが、日本は増税で逆行している。

例えば、**A家族が210年間土地を所有する場合、中国では3回使用権を払う事で全てが済む**。

日本では、固定資産税として、課税価格の3倍の金額を払う＝中国と同額。

50代で80代の親からの相続と仮定して、その繰り返しで210年経過すれば、8回の相続が発生、その度に相続税を支払う事になる。相続税額の決定は、総相続財産との関係で単純に決められないが、仮に評価額の20％とすると、……従来は相続財産が8千万円以下で課税対象から外れていたが、増税で課税対象になった税率……評価額の約1.5倍の納税額となる。

A家族が家の建っている時価一千万円の土地を210年間保持するために、約4千5百万円納税する事になる。

以上の説明を解り易く、地方に住む1千万円のケースと大都会近郊に住む3千万円の物件の場合について例示する。

日本の固定資産税は1.4％/年で、先述の様に約70年で評価額分になるので概算で購入費と同額となっている。

	1千万円の物件	3千万円の物件
中国の場合		
使用権料	1千万円×3＝**3千万円**	3千万円×3＝9千万円
日本の場合		
購入費	＝1千万円	3千万円
固定資産税	＝3千万円	9千万円
相続税	＝1.5千万円	4.5千万円
消費税込み仲介料	＝少々（約40万円）	少々（約97万円）
計	＝**5千5百万円**	＝**1億6千5百万円**
日本と中国の差額	＝**2千5百万円**	＝**7千5百万円**

	１千万円の物件	３千万円の物件
スウェーデンの場合		
購入費	＝１千万円	３千万円
固定資産税	＝１千万円	３千万円
相続税	＝なし	なし
仲介料	＝極少額	極少額
計	２千万円	６千万円
日本とスウェーデンの差額	＝**３千５百万円**	＝**１億５百万円**

以上は、**同じ家族が210年間保有した場合としているが、国家対国民として考えれば、持ち主が変わっても同様に国家は徴税できるので、国としては全く同様の事だ**。日本では官僚が重税を課すことに知恵を絞り、スウェーデンでは税金を少なくする事に知恵を絞る。日本の税務官僚としては、国と地方が野放図に積み上げてきた国債、地方債を、……横目で見ながら……増税を画策するのは彼らの組織の持ったDNAの成せる業かも知れない。筆者はスウェーデンで住宅を約900万円で購入４年間住んでいたが、固定資産税を納めた記憶がない。金銭的に厳しい生活だったので、細かな現金の出入りを記憶しているが、固定資産税を納めた記憶がない。固定資産税はスウェーデンでも地方税で、先ず住んでいる町により変わる。

要約すると戸建て住宅の場合は評価額の0.75%か、約10万円の安い方。

マンションの場合には評価額の0.3%又は約15,000円の安い方である。

友人の光子さんはゲーブレ市の高価な古民家風の家に住んでいる。2021年の彼女の家の課税評価額は約２千３百万円で、年間の固定資産税は約10万円（８千クローネ）との事。 課税評価額の約0.4%である。日本ならば1.4%で32万円となる。筆者の住む神戸市の場合には都市計画税として0.3%追加されるので1.7%で、39万円となる。

家を売る場合の実勢価格は評価額の約２倍だとの事。

私の場合には、新築で買値が900万円、建築物は買った時点で実勢価格は大きく低下、それを基準に課税評価額が決められるので、多分課税評価額は２～３百万円程度で、年間１万円程度の少額だったので記憶に残らなかったのだと確信した。

日本では、殆どの都市が、固定資産税は法律上の上限である1.4%を採用していると言われているので、スウェーデンの固定資産税は、日本の1/3であると云う事になり、上表の様になる。

上記の差額が210年間に分割されて、付加されるので、１千万円の物件の場合には年間約17万円、３千万円の物件の場合には年間約50万円となる。この様に税制を国対国民の関係として観察すると、どの様に税務官僚が制度設計しているか良く解る。

> スウェーデンでは官が自分の事の様に国民に寄り添うように、考えて制度設計するが、日本では、意識的にか、無意識にかは不明だが、官が人民を支配するような感覚で、上から下を見ながら、官が特権階級であるかのように誤解して徴税する様に制度設計しているように感じる。
>
> 国民の方も、記憶重視で、好奇心を殺すような規格型教育を長期間受ける中でマインドコントロールを受けて成長、就職して、終身雇用文化の中にどっぷりと浸かって……疑問を感じる事なく、多くの人が人生を終える。

中国では、三回、使用権を払うだけで事足りるが、日本では210年間にスウェーデンや中国の数倍のコストを掛けて土地を利用する事になる。
日本では、固定資産税、相続税の滞納は土地の差し押さえに直結し、所有権は有無を言わさず取り上げられる。

里子とスウェーデン

既述の、日本では想像も出来ないことだが、スウェーデンに里子された二人の子持ちのハンナが、日本から里子を欲しいと筆者に頼んだ背景には相続税の問題も関係している。日本では海外から里子すると、相続する立場の親族との関係がギクシャクして、海外から里子＝海外難民を受け入れる事に大きな抵抗感が発生する。

相続税の無い国

スウェーデン、カナダ、ニュージーランド、オーストラリア、インドネシアなどには相続税がない。
米国は原則連邦税であるが、州が独自に相続税を課す例もある。
相続資産額が10億円程度までの場合相続税はゼロで標準的なサラリーマンにとって相続税はないも同然だ。
中国では相続税の根幹を成す土地の私有が認められていないために、現在のところ相続税はない。

その４の１：スウェーデンの税に関する諸々情報

今迄多くの学者、専門家の北欧、スウェーデンについて書かれた雑誌記事、新聞記事、著作を通読したが、ホボ例外なく以下に示す欠点を持っている。

１．経験不足から来る統計の誤読。
２．日本についての知識が貧弱、スウェーデンについての知識がより貧弱又は両方についての知識が貧弱。
３．多くの方がスウェーデン語を解されなく、文部省から資金的な補助を受けて現地での聞き取り調査結果で著作。
４．スウェーデン語を解さない、スウェーデンでの居住経験がない、納税経験がない人が、何かを聞いて感激、又はビックリして記事や著作にしている例が殆どだ。
５．大使、総領事経験者は外交官特権があるので、スウェーデンでは大昔の貴族階級で……スウェーデンの実情の理解は不可能、文章の背後に……出費に神経を使いケチケチしているスウェーデン人を見下している事を隠していない。
企業の課長、部長などの管理職の額面給与の60〜70％が源泉徴収されるが外交官はゼロ、日本では給料が振り込まれており、住居費その他も国が面倒見ているから、可処分所得がスウェーデン人の３〜５倍もあれば、正常な感覚でスウェーデンを観察する視点を持つことは困難だ。

何処の国でも、その国の常識を知らないで、統計を見ても統計を誤読するだけだ。

外国人には解り難いスウェーデンの税制
それはスウェーデンの常識を育んでいる

スウェーデンの税制を詳細に記述するためには、数百ページの本が必要になると思う。
筆者は税制がスウェーデンの常識を作っており、その様な常識がスウェーデンの税制を作り、その関係は『鶏が先か、卵が先か』の議論を思い出させる。

個人の税項目の中には埋葬税＝火葬税がある

就職して納税を意識し始め、若い頃から埋葬税を見ながら、人間の死を直視して生きて行く。
常に、身近にいて過去の人になった祖父母、親類縁者と心的な関係を意識させるようにできている。
一般にスウェーデン人は無神論者が多いと言われているが、それは宗教の定義次第で彼らは非常に宗教心が篤いと思う。
それは筆者の持っている宗教心と類似している。

悪い事をしてはいけない、天＝神が見ていると言う感覚だ。

筆者は15才まで生活した田舎で、人口数百人の部落で、１～２回/年程度の頻度で行われる火葬の現場を観察、部落の上に火葬の煙が停滞して臭気を漂わせていた事は筆者のその後の人生観に大きな影響を与えたと思う。(自分史、第二章参照)
都会の人は、棺が火葬炉に挿入され、ガス炉に点火され、別室で数時間待つだけで機械的に終了し、映画の一コマの様な具合だ。

一般のサラリーパーソンは国税を払わない

日本の場合には先ず課税所得額が計算されて、その10%が地方税として納税されます。
スウェーデンの給与生活者の場合、大多数を占める管理職以外の人々……年収約800万程度までの人は国税を払いません。

『Arbetesgivaravgifter』、『雇用税』がある

日本の税制と比較して大きな違いは、雇用主に大きな負担を負わせている事であり、筆者が『雇用税』と命名したくなる税金がある。20のアルファベットからなる長い１つの単語で**『Arbetesgivaravgifter』、直訳で＝『仕事与え主料金』**があり、それは７つの税項目よりなり、給与の約31%である。その内訳は右のテキストボックスに書かれている様に、細かに決められている。日本語にすれば『事業税』又は『雇用税』と命名されるかもしれない。一旦、細部に亘って説明し始めると、説明が必要な項目が猛烈に増えて、際限なく紙数が増加、単なる知識の為の知識みたいな、実用性の無い書き物になる。

賃金時税	11.6%
老齢年金	10.2
疾病保険	3.5
労働保険	2.6
両親保険	2.6
遺族年金	0.6
労災保険	0.2
計	31.4%

常識が経済現象を理解するための鍵

日本の活字学者は…抽象的な議論を好み、それから進化しないので……子供の頃の様な議論から抜けられない。
コンサルタント、名ばかりコンサルタントの氾濫、具体的な経験が無いのだから仕方がない。
日本では、政治家は金の運び屋、税務官僚は現役時代には、国政に無駄を強いて、長時間労働、無駄使いの原因を作り……それが時間の経過と共に増殖して……兆円単位の負担となり現役引退後は、企業と、行政の間でフィクサーの役割で、税収を減少させる。議論が出来ない社会では、議論は無駄で愚者のする事……単に人間関係を悪くするだけ…忖度、苛め、退職後の事を考えれば迎合的でなければ生きて行けない。

迎合される上役も、その上に迎合せざるを得ない上役がいるので……組織は混乱の極みにあり、それが定年まで続くだけでなく、定年後も80代まで……大方死ぬまで継続する。
社会に巨悪があり、それが明らかで、X氏がそれにより巨利を受けている事が公知の事であっても、名誉棄損、プライバシー侵害、個人情報保護に違反していると訴えられるかもしれないのだ。

その4の2：言論の自由な国日本……本当は言論の不自由な日本

これまで日本は過剰なまでに言論の自由のある国だと思っていたが、それは、間違いで**私がマインドコントロールを受けていた事による誤解だと云う事が解った**。日本には目に見えない**隠微なステルス言論統制が網の目の様に張り巡らされており**、殆どの人は、これまでの私の様に知らないだけなのだ。日本は独裁国家の様に制度として機能する、言論統制は表向き存在しない事になっているが、結果的により悪質な言論統制下にある。
約200ヶ国ある、世界の全ての国に就いて知る事は不可能だが、日本の対極にあると思うスウェーデンとの比較で考えると、一つの共通項が浮かび上がる。
両国とも言葉のバリア＝障害から、国内で起こっている事が海外の話題になり、批判、又は賞賛の対象にならない事である。
スウェーデンの場合には、聞けば賞賛に値する事が外部に漏れ難く、日本の場合には西欧諸国では信じられない様な醜聞とされるような事が、外部に漏れることなく、マスコミからも批判される事なく行われている。

不正の温床を作るマスコミの自主規制、

自分史の執筆に当たり、ソコソコ原稿が出来上がった段階で出版社と話を始め、日本では出版業界が写真の肖像権、著作権侵害、名誉棄損、個人情報の公開などに異常と形容したくなるほど敏感で、恐れおののいている事が解った。
出版、執筆を業としている人は、それを一生の仕事と思っているから、訴訟を受けて、それが原因で仕事が継続できなくなれば終身雇用文化の日本では大問題だから、問題を起こさない様に自主規制する。

スクープは起こらない

智の巨人と言われ、綿密な調査でロッキード事件として知られる政界の汚職を暴き、時の内閣総理大臣田中角栄を退任に追い込んだ立花隆氏みたいな調査報道をする事は不可能な時代になった。
個人情報の壁がその様に綿密な調査を不可能にし、若し調査して判明しても解り易い出版物にすると訴えられ、その後、報道業界で働くことを困難にする。終身雇用制度の原則で動く日本の社会では報道の自由は欧米諸国の様には機能しない。
結果的に、国民はマスコミから、毒にも薬にもならない、娯楽と宣伝にまみれた報道の中に漂うようになる。
NHKも、非常に高い視聴料を強制的に徴収している手前、国民に支持されている体裁を整えるために、視聴率と言う人気投票で、民間放送に負けない様に巨費を使って豪華娯楽番組を放送する。

報道、マスコミの自主規制が社会を劣化させる

過度に自主規制された報道機関からの情報の影響と、終身雇用文化の中で多くの人は自分

にとって最も重要な事は、仕事であり、会社であり、国の事はマイナーな事であり、関心事ではなくなる。

マインド・コントロールされて、日本は時代が進むにつれて……徐々に社会が変化し、2023年現在、日本は他の西欧先進国とは比較にならないほどの汚職天国になり、その傾向は増幅しながら、国公債券の発行残高は増加している。

日本のマスコミの過度な自主規制

日本は終身雇用文化、西欧先進諸国は終身雇用でないと言われているが、スウェーデンは結果として、かなりの高い比率の従業員が、一生同一企業に勤務する例はかなりある。 退職して他の企業に行っていたが戻ってくる例も珍しくない。

スウェーデンでも、制度としての終身雇用は存在しないが、特に歴史の長い大企業の場合、『ホワイト企業』で結果が終身雇用になる例は多く、３世代が同じ企業で終身雇用された例も幾つか知っている。 日本の様に一括で人事課採用でなく、多くの場合人間関係の網の目で拾われて採用されるので、良好な人間関係の構築は本人のみならず、家族全てにとって重要である。

私は、スウェーデンで人の採用に絡んで会社が筆記試験を実施した例を知らない。

人間関係や、学校の先生から得た情報をベースに、学校の成績表を提出して、求人する部門長の面接を経て採用が決定される。筆者もその様な形で、人事や上司の介在無しで日本で他社からの転職者を採用した。

日本の、制度として存在する公務員の終身雇用と退職金のセットは、一生の経済的安定を保証するので魅力のある職場であり、多くの民間企業が模倣して、特に多くの『ホワイト企業は』公務員に準じた雇用制度を採用している。

社会が変化する中で、昔は正義、不正義、善悪等が人物判断の基準だったが、殆ど意識されていなかった名誉棄損、肖像権、著作権、個人情報保護、差別、ポリコレ等が社会の大きな関心事項となり、その取扱いが問題視される。

NHKを筆頭にマスコミ業界、出版業界に関係する人々は、これらの新しく出現した権利侵害をする事が致命的な汚点となり、個人、企業が徹底的に叩かれて、業界での存続を危うくさせないために自主規制を強いられている。

“傾向の複利効果で”……造語集参照……自主規制のレベルは増幅し、過度に自主規制するので……パンチの効かない、内容の乏しい、あまり意味の無い報道となり、社会の劣化を促進させる。

国民の側は、上は天皇陛下、政治家、官僚から一般人まで、マスコミ発の評判にビクビクしながら生きており、……全ての国民が不自由の中で、ビビって生きている。その中で、極少数の、悪党がヌクヌと生きており、その様な行為の累積が、一人当たり１千２百万円の公的債務を積み上げとなった。

その５：2018年から２年間で日本は増税、スウェーデンは減税

直近のOECD2020年の統計を入手、2018年からの、２年間の変化を確認する事が出来る。

次ページのテキストボックスにOECD加盟36か国の負担率の比較の2020年版の中の日本とスウェーデンの部分のみをカットして示す。

次ページ表は両国の負担率をピックアップして示す。

日本は三つの負担率全てが上昇、スウェーデンは日本と真逆に全ての数値が減少している。

表に示す様に日本は2018年からの２年間に租税負担率が2.1％上昇、スウェーデンは反対に４％減少している。

僅か２年間に彼我の差は6.1％と拡大……おおまかに……年収500万円の人を原因とする税負担が30万円減少している事を意味する。30万円の減少分は……大まかに……雇用主と被雇用者の税負担軽減となり、その多くの部分は消費に回り景気が良い方向に循環する。

「金融政策決定会合」や「令和６年度税制改正の大綱」の様な欠陥データーを基に議論、小学生並みの作文力の文書が示す日本政府の中枢の問題解決能力とスウェーデンでは、その違いは絶大だ。

でもそれは、何ら驚くべき事ではない。スウェーデンは単に世界中の民間企業経営者が行っているのと、ホボ、同レベルの国家経営をしているだけなのだ。

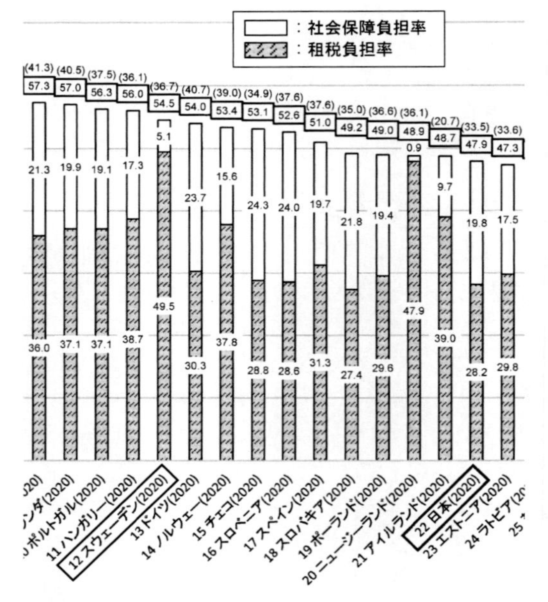

OECD統計2018年と2020年の負担率の変化（%）

	日本			スウェーデン		
	国民負担率	租税負担率	社会保障負担率	国民負担率	租税負担率	社会保障負担率
2018	32.0	26.1	18.2	37.7	53.5	5.3
2020	33.5	28.2	19.8	36.7	49.5	5.1
	+1.5	+2.1	+1.6	−1.0	−4.0	−0.2
傾向	**増加**	**増加**	**増加**	**減少**	**減少**	**減少**
日、瑞の差				**2.5**	**6.1**	**1.8**

その６：里子で出したハンナが2024年秋に日本へ数週間、５人の家族旅行を予定

先に示した「OECD統計2018年と2020年の負担率の変化」に示す様に2018年からの２年間に**租税負担率が日本は2.1％上昇、スウェーデンは反対に４％減少**している。

日本では真逆に増税分＝500万円×2.1％≒10.5万円負担増となり、将来への不安が……生活防衛反応となり……消費を切り詰め、貯蓄に回るので、結果的に統計上の数値としては、国民の金融資産が増加したことになり、日本国民は裕福になったと経済学者は講釈するが、同じ現象を消費が減少したのでGDPは減少、景気が悪くなったと別の経済学者は講釈する。

経済学者は二つの矛盾した……庶民感覚では矛盾……統計を必要に応じてつまみ食いして、自説を主張する根拠とする。

筆者が1970年代末に東京からスウェーデンに里子で送り出したハンナから、2019年に女児の里子を欲しいと頼まれていたが進展していなかった……コロナ禍の2021年に再度熱心に頼まれたが、具体化する事が出来なかった。

その様な経過を経て、2024年の秋に日本へ家族４人で来ると言う。

二人の息子も飛行機、宿泊共に大人料金になり、２週間の旅費は最高にケチっても200万円は掛かり、それでは旅行の意味がないから、普通にやれば最低300万円程度にはなるだろう。

40代前半の二人の中学生の子持ちの共稼ぎ夫婦が、日本では考えられない。
筆者は二人の娘を持ち、３人の孫がいるので、日本の年収約500万円レベルの人の経済的な困難をよく承知している。
前頁の表に示した2018年から2020年の間の２年間に日本は租税負担率を上昇させ、スウェーデンは低下させている。
租税負担率の変化を、税額の変化と見做してハンナ夫妻の税額を計算してみよう。

> 経済学者の論文の体裁を取って、0.001㎜までの整合性を維持する様に記述すると、数十ページを要し……読者は読めるが、内容を咀嚼する事は非常に困難で……論文は実用的な価値を社会に対して提供できない。筆者は民間の会社で顧客と言う神様＝天敵とのお付き合いの中で生きて来たから、「人見て法説け」が身についているので、義務教育終了者でも簡単に理解できる様な説明をする事に慣れており、無意味に複雑な言葉を使わないように努めて、簡単に推算してみる。

その６の１：思考実験－８：ハンナ家族の旅費は何処から工面？

前提条件

－　夫婦共稼ぎで、夫、妻共に年収500万円とする。
－　給与生活者の平均年収は日本が400万円強、スウェーデンは800万円弱であり、500万円はスウェーデンでは貧困層であり、日本よりも税額が低い……実態としてかなり高級を貰っているハンナ夫妻は既に……かなり前から旅行貯金をしていただろう。彼らは情緒的に……単純に思い付きで、突然行動するような事はしない。
－　2019年から筆者をプッシュしても動かない……その内スウェーデンでは減税があり、必要な旅費を大きく超える貯金が出来たので2024年秋に実施と決めたと推測するが具体的な計算の基礎になるデーターがなかった。

2023年になりOECDから2020年のOECDの負担率の統計が公開されて数値計算するデーターを入手することが可能になった。具体的な数値計算が出来る2018年以降のハンナ家と、日本の同様な夫婦の場合で税の負担額を推算する。

ハンナ家と日本のＮ家の2018年から2024年まで　６年間の税負担額の比較

2018年に夫、妻共に額面年収500万円の夫婦で2024年まで……昇給も、減給もなかったと仮定する。

OECD統計の示す租税負担率の変化

既述であるが再度、下表『OECDの各種負担率の2018年と2020年の比較』を使って、旅費が捻出できる根拠を探ってみる。

	日本			スウェーデン		
	国民負担率	租税負担率	社会保障負担率	国民負担率	租税負担率	社会保障負担率
2018	32.0	26.1	18.2	37.7	53.5	5.3
2020	33.5	28.2	19.8	36.7	49.5	5.1
	+1.5	**+2.1**	**+1.6**	**−1.0**	**−4.0**	**−0.2**
二年間の二国間格差				**2.5**	**6.1**	**1.8**

既に、色々な場面で日本政府は長期的な増税政策を表明、反対にスウェーデンは減税姿勢を鮮明にしている。
この様な背景があるので、2020年以降も、多分同様の傾向が加速されると推定されるが、2020年時点での数値で固定してOECDの租税負担率の変化を適用して計算する。
日本の税制適用の場合：２年間で+2.1％なので+１％/年とする。
スウェーデンの場合　：２年間で−4.0％なので−２％/年とする。

税負担額の計算

	2018年 額面年収	年間負担 税額	6年間の支払い 税額の増減計	手取り額
日本の税制	500万円	5万円増加	30万円増	470万円
スウェーデン税制	500万円	10万円減少	60万円減	560万円

スウェーデンの税制適用では１人当たり手取りで60万円の増額、夫婦で120万円となる。
日本ではその間に手取りが30万円減額、夫婦で60万円減額、彼我の差は180万円となる。

スウェーデンの年収の影響

大まかに、スウェーデンの給与生活者の平均年収は日本の約1.7倍である。
ハンナ夫妻は40代前半で若いからスキルを向上させ、昇給、昇進が期待できるので精神的な余裕がある。
この計算はスウェーデンの最低年収者層と見做される500万円で計算しているので、スウェーデンの平均年収比は800万円弱のハンナ家では減税効果は……二人で200万円以上かもしれない。2020年以降も減税傾向が継続すれば、300万～400万円の税額減になるだろう。
この様な背景があるので旅費の300万円程度の負担は、全く無理のない範囲だ。

日本の年収の影響

経済が停滞、低賃金、長時間労働を特徴とする「ブラック企業」化が進行中で、昇給が期待できず……国が巨額の借金を抱えているので……増税姿勢だから、**夫婦で手取り額が更に100万円くらい減少するかもしれない。**

日本の将来への背景事情；住宅ローン2000万円の場合

日本では給料が上がらない中で、アラフォー世代の夫婦は子供の進学に伴う教育費の準備……遠隔地に住む後期高齢者になった両親への訪問……その内介護を必要とするようになる……と心配の種は尽きなく……将来への不安から消費を抑える。
マンション購入で２千万円の借り入れ、完済まで18年あり、生活はギリギリで余裕はないが、将来への生活防衛の為に貯金をしなければ心が安定しない。
二人の小学生の子供の医療費は健康保険が３割負担、１人の子供は虚弱で頻繁に医者通い……。

スウェーデンのアラフォー世代の将来への信頼感

当面の300万円程度の旅行費用は全く心配していない。
息子の進学費用については大学まで無料、遠隔地の大学に行くようになっても、生活費は国が出してくれるからアルバイトをしなくても、自活しながら勉強できる。
住宅ローンは完済まで18年あるが、金利分の返済約20万円/年は全額、税額控除できるので生活に大きな影響は与えないし、金利が上昇しても国が面倒＝リスク負担を肩代わりしてくれているので、心配はない。
（日本政府、日銀、金融機関はリスクを回避して、借入者＝国民にリスクを負わせている）
子供も19才まで医療費は無料、85才以上になれば無料で、貧富、社会的立場の上下に関係なく公平に高度な医療が受けられる。将来の生活防衛の為の貯金の必要性を感じない。
日本と真逆に預貯金しないから国民の金融資産が増加しない、消費は増加するのでGDP増加景気上昇と見做される。

両国における2018年～2024年の税金、ローン金利の総計

日本の場合

30万円の税負担増分と６年間のローン金利負担分120万円で計150万円の負担増となる。
500万円×６年×二人＝６千万円の額面年収に対して150/6,000＝2.5％の手取り額の減少となる。実態は政府が増税姿勢を鮮明にしているので、これより確実に悪くなるだろう。

スウェーデンの場合

確実な数値として税負担減額の約200万円があり、６年間のローン金利分120万円は全額税額控除で還付される。
500万円×６年＝３千万円の額面に対してホボ確定した分として200万円とローン金利分で320万円手取り額が増加する。
320万円の負担減少に対して６千万円の額面年収で320/６千万円＝5.3％の手取り額増加となる。

総合すると

日本は2.5％の手取り額減少、スウェーデンは5.3％の手取り額増加で、相対的に2.5＋5.3＝7.8％の差になる。ハンナが無理なく家族旅行を計画出来る根拠がある。
多分、スウェーデン政府は減税姿勢を鮮明にしているので、数年後に2024年のOECD統計が公表される時点では、7.8％はもっと大きな値になっている可能性が高い。

その７：国家経営の成績表であるスウェーデンの統計数値の不整合性は何を意味するか

スウェーデンは歳入、歳出がホボ均衡で健全財政

2023年の統計によれば一人当たりの借金は日本が約1,200万円、スウェーデンは約400万円だが、１人当たりGDPはスウェーデンが日本の２倍弱……正確には約1.6倍……だから、日本人の肌感覚では200万円強と非常に少額だ。
過去には国際経済の混乱の余波を受けて、過度な重税との組み合わせで困難な時代を経験したが、官民の知恵を結集して巧妙に政治、経済政策を行い現在に至った。
国民の約２割が難民、紛争地域、貧困国からの里子、政治的亡命者等の外国ルーツの人々で、国に与える経済、教育、犯罪などの影響は大きい……平均的な日本人感覚では到底許容できないレベルの問題だ。
多分、スウェーデンでは自由で開放的な教育環境を与え、国民の持っている高い潜在的知的能力を開放させて……従順に聞き、従うだけでなく……議論して民意形成が出来るような社会になった事が巨大な負担に耐えられる国になった理由だと思う。
筆者の後任でスウェーデンに赴任されたH家はスウェーデンの教育を強烈に批判しておられたように、スウェーデンの教育は日本の大都市の大規模な学校の教育の対極にある。
日本の場合には教育が若者を厳しい受験競争に晒す事で疲弊させ、潜在的能力を花咲かせる事なく奪う事で、好奇心、疑問、感激の薄い若者にして、その延長で高級官僚となり……

それが日本の行政に巨大な負の貢献をさせる事になったと筆者は思う。

筆者の育った時代と環境は、多分、同時代のスウェーデンの教育環境よりも鷹揚で……いい加減だったと思う。

1990年代初期に採用されたキャリア官僚の場合

学校を卒業、入省して自分の持っている解決能力とかけ離れた……草野球の選手が、米国のMLBのピッチャーと対面するような仕事を与えられ、劣悪な企画をするが……既に組織は腐敗、係長、課長、部長も麻痺しているので……それはそのまま承認されて正式文書となって閣議に上程され、そのまま閣議決定された。第6章その10でピックアップした「令和6年度税制改正の大綱」が良い例だ。専門能力の多寡とは関係なく利益誘導にしか関心のない政治家、閣僚は面倒くさい文書など読まないで……文書が小学生レベルの作文であっても……めくら判で承認され、『役所言葉』で権威付けされて、国民に布告される。

日本の官僚組織には多分、『国民に忖度』と言う心は存在しなくて、国民を単に徴税対象としてしか認識していない。

世界語である英語圏の国で同様の事が起これば、世界中の学者、専門家、マスコミから笑いものにされるから……抑止力が働き同様の事が起こることは稀だ。

日本の場合には日本語のバリアで守られているので、愚行の詳細が海外に漏れる事がない。

多分、キャリア官僚は精神的に表の人生と、裏の人生の二つの人生を歩まされている。

スウェーデンの国家経営の成績表

家庭経済、企業会計、国家経済も全て基本は同じで、短期的な収入支出のバランスと、将来に備えての長期計画に事づく貯金やローンとのバランスだ。これから筆者が注目する5か国の国家経営能力を示す主要な6個の統計数値を並列に並べて観察してみよう。

その7の1：スウェーデンの国公債発行残高＝借金はGDP比で日本の2.6対0.3で日本の1/9

右に示す表は一人当たりGDP……サラリーマンの年収に相当……に対する借金の割合を示している。

	GDP比借金	借金金額（万円）
日本	**2.6**	**1,326**
スウェーデン	**0.3**	**252**
米国	1.2	1,368
英国	1.0	645
韓国	0.6	297

注）IMF統計に準拠、ドル円を150円で計算

日本の約3/4の給与生活者は年収500万円の壁を超えるのが難しいが、年収500万円の人が1,362万円の借金を抱えているのと同じだ。

5か国の中でスウェーデンは最も低く252万円で、日本はスウェーデンの5倍以上の借金を抱えている。

日本の借金は5か国中で米国と並んで断トツだが、米国の1人当たりGDPは日本の約1.7倍で金持ちだから、GDPとの比率では日本の半分以下だ。日本の様な台風、地震、津波、火山噴火などの自然災害多発国では貯金が必要で、災害に備えなければいけないが……どうなっているのだ？

スウェーデンは筆者の知る限り、過去千年以上台風，地震、津波、火山噴火のどれも経験していません。

日本の常識として『地震、雷、火事親父』がある。地震以外の雷、火事、親父は手なずけられて現代では全く怖い存在ではなくなったが、地震は依然として妖怪で日本では最も恐ろしく……あるインターバルで確実に発生する巨大自然災害である。

その為には、借金でなく、貯金をしなければいけないのに、国は借金を継続的に増やしている。

その７の２：１人当たりGDP

2022年の１人当たりのGDPを右表に示す。2022年のデーターなのでその後円安で推移しているので、執筆中の2024年２月末の数値では、多分、3.0以下と５か国中最低の数値になっているかも知れないが、論文ではないからその様な細かな数値の違いは気にしない。

右の数値からスウェーデンは5.6÷3.4≒1.6と……**日本の1.6倍平均給与が高い事を示唆している。**

	１人当たりGDP（万USドル）
日本	**3.4**
スウェーデン	**5.6**
米国	7.6
英国	4.3
韓国	3.3

その７の３：自殺率

理由の如何を問わず自殺率の高い国は幸福な国とは言えない。

日本では頻繁に、毎日の様に専門家、識者、学者がセクハラ、パワハラ、××ハラを話題にして講釈するが、筆者が遭遇した範囲では……専門家として事件を日本の制度的な問題として捉えた意見に遭遇したことがない。今では死語となったが『井戸端会議』の様な、私的な矮小化された、個々の事件に対する個人的な見解に留まるが、それは日本の教育の効果だと思う。

右に示す表は2009年内閣府資料室が公開した、自殺率上位50か国の10万人当たり自殺者数である。残念ながら日本は５か国中トップの24で日本はスウェーデンの1.6倍である。人口の約２割の国民のルーツが難民、政治的亡命者、里子等で、政府、国民は巨大な負担を負っている。先ず、スウェーデン語の教育に始まり、彼らの生活基盤、職場の提供。教育現場は混乱、当然犯罪の発生率は高くなる。難民の受け入れを停止、又は減らせと云う意見が当然あるが……現在の所大勢は現状維持である。

	10万人当たり自殺者数
日本	**24**
スウェーデン	**15**
米国	11
英国	上位50位以下
韓国	22

移住者は、多分、多くの困難、ストレスに晒され……自殺への誘惑は高いと推察されるが……移住者の自殺率についての統計数値を見たことがない。因みに中国の自殺率は日、韓よりも大幅に低い。

その７の４：自殺の大きな出発原因は貧困と常識の欠如

自殺を考える出発原因の１つは貧困だ。貧困から、親、社会からネグレクト……劣悪な幼少期の生活環境の中で人格形成され……将来に絶望して自殺を決行する。筆者はスウェーデンの置かれた……敢えて彼らがその様にした……厳しい現状を理解するので、このスウェーデンの自殺率の低さに驚く。統計が少なくとも３世代くらい前の昔からの正統なスウェーデン人の場合と、２世代前からの移住者とを分けた数値で示したらどのような数値になるかは興味のあるところだが、その様な統計を見たことがない……多分、政府はその様な統計を取りたくないのだろう。

日本の高い自殺率の原因が経済的貧困である事は……筆者の様に日本に住み、日本を観察している者の目には明らかであり、それについての説明は無用だろう。せめて英国並みに上位50位から外れるような国にしたいものだ。

第二の原因は常識の欠如だ。古くは、東京大学卒の太宰治、三島由紀夫、テルアビブで銃乱射事件を起こした京大生などが挙げられる。常識があれば彼らはあのような直情径行的な行動はとらなかったと思う。

オーム真理教のサリン事件で死刑執行された豊田享は同様に常識の欠如が麻原彰晃に帰依させたのだと思う。

東京大学と言う共通項を持った自殺、自己の喪失と言う視点で考えると……教育の影響の巨大さに驚く外ない。

第３部頁H-743での推算では、著名大学卒の人の死刑判決級の犯罪の犯行率、一般人の場合と比較して数百倍高い事を物語っている。

その７の５：租税負担率、社会保障負担率（OECD統計2020年）

OECD３６か国の最新の統計から５か国の数値を抜粋すると右の様な結果になる。

	租税負担率 (%)	社会保障負担率 (%)
日本	**28.2**	**19.8**
スウェーデン	**49.5**	**5.1**
米国	23.8	8.5
英国	34.3	11.7
韓国	28.4	13.3

日本は「低租税負担率、高社会保障負担率」で夢の様な理想の国であり、スウェーデンは突出した「低福祉、高負担」で最悪の酷税国家である事を示している。

この統計は、大枠で政府の歳入、歳出の数値で捉えられており、個人がその数値に相当する形で行政からのサービスを受けている事と数値的に一致しているか否かは不明だ。

極言すれば……日本の社会保障負担率の19.8%を……誰かが全額盗んでも……その予算分が焼失、消失していても、統計上は19.8%として計上される。

日本の租税負担率はスウェーデンの約６割……28.2/49.5≒0.57……スウェーデンよりも43%低いから正解だが、社会保障負担率は19.8÷5.1≒3.9と、日本の方がスウェーデンよりも約４倍の資金を福祉の為に投入している。

統計はスウェーデンは**『低福祉高負担』**で**最悪の国**だが福祉関係者、経済学者はなぜ**『高福祉、高負担と』を常識の様にマスコミを通じて吹聴するのか**。この事については既に『まえがき』で触れているがここで確認できる。

その７の６：2018年から２年間で日本は増税、スウェーデンは減税

次頁に示す様に、日本では2018年からの２年間に租税負担率が2.1%上昇、スウェーデンは反対に4.0%減少している。

僅か２年間に彼我の差は6.1%と拡大……おおまかに30万円の減少分は……雇用主と被雇用者の税負担軽減となり、

……大まかに年収500万円の人の場合税負担が約30万円減少している事を意味する。

税額減少分の多くの部分は消費に回り景気が良い方向に循環するが、日本の場合には消費が縮小、悪い方向に循環する。

OECD統計2018年と2020年の負担率の変化

	日本		スウェーデン	
	租税 負担率	社会保障 負担率	租税 負担率	社会保障 負担率
2018	26.1%	18.2%	53.5%	5.3%
2020	28.2	**19.8**	49.5	**5.1**
2年間の変化	**+2.1**	**+1.6**	**−4.0**	**−0.2**
二年間の日本、スウェーデン間の格差拡大量			**6.1%**	**1.8%**

第６章の「その５」で発見した「金融政策決定会合」や「令和６年度税制改正の大綱」の様な欠陥データを基に議論、小学生並みの作文力の『役所言葉』で書かれた文書が示す日本政府中枢の高級官僚の問題解決能力と比較するとその違いは絶大だ。

それは、何ら驚くべき事ではない。スウェーデンは単に世界中の民間企業経営者が行っているのと、ホボ、同レベルの常識を基礎に、その上に専門的な知識を加えて国家経営をしているだけなのだ。

その７の７：平均寿命は日本と同等

2019年の平均寿命は男女を一括りにして日本が84.5才、スウェーデンが83.2才であり、その差は1.3才であり、学術論文では差として認識するかもしれないが、皮膚感覚ではホボ同等に長寿国である。

因みに、令和四年の国の都道府県別の平均寿命統計によれば最高が滋賀県の82.73才、最低が青森県の79.27才であり、その差は3.46才である。学校や塾の試験、学術論文の場合には解答がデジタルだから差として認識して回答しないと間違いとされるが、**常識判断ではスウェーデンと日本の差の1.3才は同等と判断される。**

筆者の様な高齢になると、この様な統計と人としての幸福感はかなり異なる。

何処にも故障、障害が無くて、痛いところが無く、ボケもなくて食事が美味しくて……普通の生活が営めれば長寿も良いが……不満足な状態での長生き……医療によって生かされているのは絶対にイヤだ。

日本の2020年社会保障負担率19.8％はスウェーデン5.1％の3.9倍だ。どうして日本政府はそんなに多額の予算を社会福祉の為に投入しているのか。**統計を見る限り日本は『超高福祉国』に見える。**

その７の８：交通事故の死者数

交通事故の死者数は国家の交通行政の成績を示す重要な指標の一つである。

半世紀以上前からガソリンスタンドでのセルフ給油、タイヤ空気圧調整を自分でする事が既に当たり前。車歴30年以上の中古車の車検免除、昼間の前照灯の点灯、厳冬国であるにも拘らず率先してのスパイクタイヤの禁止等がある。

1968年スウェーデンで筆者はレンタカーで100㎞程度の高速運転中に横転事故を起こし、車は大破したが、シートベルトをしていたので、カスリ傷ですんだ。（自分史第四章参照）

日本の死者数は1970年代には15,000人を超える死者数で10万人当たりにすると12人以上で米国のレベル、それは日清、日露戦争の戦死者数にも並ぶほどの死者数だった。スウェーデンでは、筆者が事故を起こした当時から、非常に先進的な……他国から見ると変な、奇異な交通行政を実施していたが、事故は目立って低い水準だった。有料道路はないが主要幹線道路では制限速度が110km/hであり、日本や韓国の様に過度に速度制限を低く抑える様な事はしていない。

注）交通事故の死者数については国により定義が同じでないので、金勘定の様に単純に数値の比較が出来ない事を意識して理解して下さい。

	10万人当たり死者数
日本	**3.6**
スウェーデン	**3.1**
米国	12.7
英国	3.2
韓国	8.6

（2019年統計）

その７の９：警察行政からコスト削減効果を検証する

筆者は約50か国を旅した経験があり、自由主義圏国へ旅行した時にはレンタカーを常用していた。自動車運転を通じてその国の行政、官僚の国民に対する対応、扱い方を窺い知ることが出来た。

警察は庶民が生身の人間として……利益相反する鋭角な問題を解決するために官僚と接する機会であり……その国の経済政策、国民の取り扱いについて知る絶好の機会になる。

警察機構の一部は可視化されている

行政が行う事業で、民間の視点で不合理と感じられる事でも民間人にはその詳細を知る事は不可能だから推測の域を出ない。

多くの民間人が関係して最も理解が簡単で可視化されているのは、警察機構であると思う。

その様な観点から、日本の警察行政の他国との比較でコスト・パァフオーマンスを検証してみたい。

紙数の関係もあり、大まかな数値で専門家の方からは非難されるかもしれないが、“木の議論は無視して森を見る”つもりで検証する。自分史に既述の、英国でレンタカーを借りた時に、英国では免許の更新が10年毎で70歳までは自動更新、70歳でチェックされ３年ごとの更新であると聞いた。2021年現在、自動更新はネットでも可能で写真を新しくするだけで、役所に行かなくても更新できる。

自動車運転免許更新

日本の場合は平均の更新期間を４年とすると、20才～70歳までの50年間に免許更新が13回行われるが、英国の場合は５回で済む。70歳以上は両国ともホボ、同じである。

免許更新の回数を英国の様に10年毎にすれば、警察の事務量が5/13＝約0.4と、60％以上少なくなる。

事務の合理化、デジタル化を実行すれば

英国の様にネットでの更新可能にすれば、事務量は更に低下、現在の3,500円から１千円以下にする事は可能だと推測する。更新手数料が１千円となり、ネットでできるようになると現行の1/10以下になる。

スウェーデン方式では検査を手抜きしているわけではなく、日本よりも多くの項目をチェックし、色々な要素が関係して最終的な結果として現れて来る、交通事故の死亡率は、上表の様に日本よりも低い。

更新期間を10年として、ネットでの更新制にする事で、**50年間に約１兆円の事務費用の削減**が見込める可能性が見えて来るのみならず、その事は国民負担の面から見ると、それ以上

の負担の軽減に繋がる。

道路交通法の、侵入禁止違反と言う微罪

自分史に既述の私の犯した交通違反に対する警察の待ち伏せ検挙は日本の官僚、警察の国民に対する支配、被支配を見せつける警察の冷酷さの典型だ。最近待ち伏せ検挙……ドロボーの様に物陰に隠れての待ち伏せ検挙は自粛していると聞いているが、それは警官の自尊心を傷つけない為か？？

数10年間右折して、バス乗り場を経由して方向転換出来ていた所に、半年くらい前に右折禁止の看板を立てた。

１年以上そこを通っていなかったので、私はそれを知らずに、バス乗り場に右折して侵入して、待ち伏せしていた警官に引っ掛かった。

それは官僚国家の常道

1970年代〜80年代のソ連のモスクワ、2000年代初頭の北京、1980年代の韓国での経験だが、制限速度は低いが車が猛烈なスピード,……多くの車が、確実にスピード違反している。

その後、何かの本で共産国とか低開発国では、制限速度を低く決めて、警察が何時でも違反を見つけて検挙出来るようにされていると書かれているのを読んだ。

現役を離れてから、20年以上の間に数十の主に低開発国、共産党国を旅行したがそれは当たっていると感じた。

同時に、その基準で考えれば、日本も立派な低開発国、共産党国家と同じだと感じていた。

無数にそのような例があるが、神戸市の新神戸駅近辺から北の方向に約８㎞の長いトンネルが有り、片側二車線の有料道路、県道32号線が北区に向かって通っている。殆どの車は100㎞前後で走行……路線バスは80㎞を超えない範囲でノロノロ運転しているが、制限速度は60㎞である。

世評では地道では20㎞以内の速度超過は、パトカーが見逃してくれると言われているので路線バスは80㎞以下を維持していると考えられる。同じ隣保に住む奥様で、不幸にも80㎞でパトカーに捉えられた人がいるが、それは深夜でまばらにしか車がいなかったからだと言う事だ。

2021年11月、警官に待ち伏せされて侵入禁止違反で罰金７千円を払った例について、考えてみよう。

賄賂の対応：低開発国、ソ連型対応

私の払った罰金は７千円だったが、袖の下＝賄賂で見逃してくれる警官の場合には、安ければ500円、高くても２千円くらいで解決、違反者は負担が少なく解決する事が出来て、違反した本人は二度と同じ場所で違反をしないだろう。袖の下は絶対に法定の罰金額よりも少ないから、例外なく違反者にとっては有利であり、違反の抑止効果は十分に発揮される。国民、利用者の視点で考えれば最も安上がりだ。

警官は小遣い稼ぎが出来る。警察組織は事務量が減ってコスト削減。違反者は少ない費用で済む。

誰にも迷惑を掛けず『関係する３者が全てハッピー』であり、それは制度とその運用が悪い事の証明でもある。

教条的に単に法律を守る事には何の意味もない。

日本の場合

私の場合、警官は電子機器を使うことなく、手書きのフォームにボールペンで15〜20分掛けて調書を書いていたが、賄賂で済ませれば、多分、1分で済む。 違反者も、警官も最小の労力と時間で全てが解決する。

手書きのフォームは警察の組織内で経費を使って、処理されて、保存され、罰金が振り込まれたか、その後の経過を監視するために人力が使われて、その為に設備費と、人件費が使われる。

因みにIT化の進んだスウェーデンでは全く異なったレベルの、省人化、省力化された最新技術が使用されているだろう。残念ながら、21世紀の詳細については知っていないが、約半世紀前に筆者の銀行預金の利息3,500円の未申告を確定申告で指摘した、実績があるスウェーデンでは不正は見逃さない。

日本では通常罰金は銀行振込されるので、金融機関の仕事が増加して、GDP統計上はプラス効果でGDPは上昇した事になり、典型的な経済学で言う“穴掘り、穴の埋め戻し”であり、国民の幸福には何ら貢献しない。

警察官OBの話によると、高速道路では速度オーバー30kmまで、地道では20kmまでは、通常速度違反として検挙しないとの事だが、現場での判断は警察官の気分でどうにでもなる。

微悪と巨悪

世の中には巨悪と微悪があり、1974年のモスクワは隠される事のない微悪で充満しおり、社会の上層部では巨悪が日常的に行われている事が囁かれており、その後人生経験を重ね、日本で活動している“妖怪ジャパン”と同じだと思うようになった。モスクワの飛行場に着いて入国、通関の際の手荷物検査で、パンスト、ボールペンなどの小物を袖の下として渡さないと、最悪大きな旅行鞄の中身を全て、パンツなどの下着まで、広げてチェックされると聞いていた。筆者は多くの小物を用意して、気前よく数種類の小物を数個渡したので、簡単に通関することが出来たので、スパシーバ、ボリショイとお礼を言ったら、ニコニコしていた。

日本ではチップの習慣が無いので、絶対的な抵抗感があるが、西欧感覚でチップだと思えば良いのだと思う。高級官僚は巨悪、巨大な賄賂を取る事で成り立っている国だから、税関吏と言う末端の公務員がその程度の事をするのは、そんなに悪い事では無いと思う。

日本型は二重の、三重の負の効果

私の違反のケースを例として、日本の法律、警察官、犯罪、行政について考えてみよう。

警官の役目は再発防止と事故発生の予防

日本は民主主義を標榜する国であり、警官は公務員＝公僕と定義され、国民に奉仕する事が期待されている。

公僕としての警官の任務は、法律を守らせる事で社会の秩序維持に貢献することである。

交通違反の微罪を見つけて、将来、微罪の再発が大事故の発生原因になる事を予防するのが、公僕としての警官に求められる事である。そのためには事故の発生原因とは無関係な微罪を発見した警官は、それを指摘して、二度と繰り返さない様に教えればそれで十分だ。若し、必要であれば、そのような事実を罰金の支払い無しに、免許証の記録に犯罪記録として残せば十分である。法律がその様な取り締まりを正当化する様に出来て居ればそれで十分だ。

コソ泥の様に、家が無人になるのを待って、空き巣に入るような仕事をする。

警官の待ち伏せ違反摘発行為は、国民、市民に対する貢献、公僕と言う視点で考えれば、コソ泥の空き巣行為と同じだ。
　それを評価するような職場で、達成感のある、充実した人生を送れるとは思わない。

罰金の支払いか、袖の下＝賄賂を警官に

　最重要な違反の抑止効果は、罰金でも賄賂でも変わらなく、罰金の場合には違反者の警官と制度に対する恨みと記憶が残り、それは公僕がすべきことではない。違反を指摘し,..それ以上の強圧的な態度を取らないのが公僕に求められる事である。
　有無を言わさずに罰金を取るのは、既述のように何ら社会貢献にならず、単に社会に負の貢献をしている事になる。

1．警察機構に罰金の処理に伴う事後の事務量を増大させ、結局大きな人的、物的費用が積み上がる。
2．違反を発見するために、二人の警官が隠れ、待ち受けて違反者を摘発する。最近変更されて、侵入禁止となり特に慣れていない様な人が間違いそうな所で待ち受けるが、そんなに頻繁に違反は起こらない。警官一人に掛る雇用費は１時間当たり３千円～５千円くらいだろう。なぜならパトーカー、電話、事務所、保険……雇用側は大きな費用が掛かり、それらは税金で賄われる。
   私の場合二人の警官が例えば、４時間待ち受けすると、約３万円掛かる事になる。
3．多くの警官も、バカではないから、そのような待ち受け摘発に充実感を得ているとは思えなく、達成感の少ない、又は無い人生を送る事になる。当然の事だが、そのような仕事に充実感を持つ、組織適合型の警官もいる。
4．金融機関に振り込まれた罰金は、金融機関の仕事量の増加になり、それは社会的なコストの上昇に繋がり、微弱ではあるが、日本の労働時間、インフラコストに負の影響を与える。

　若し、**袖の下で済ませれば、ほぼ千円で済み、違反者は幸せ、警官も千円が頂けて幸せ、皆幸せ**で何ら問題ない。
　現行の制度では、皆が盲目的に真面目に、お互いに不幸になるために働き、充実感の無い人生を送る事になる。次世代の子供の教育の為に最も重要な、家庭生活、家庭教育の中で、子供にプラスになるお話が出来る話題が出てこない。
　“日本経”の呪縛から、盲目的に法律に従う事に疑問を感じない日本、日本人は“妖怪ジャパン”に操られてこの様な些細な事も累積して巨額国公債発行残高の積み上げげの原因となっている。
　交通違反の**微罪の場合は、警官が発見した時に注意する程度に留**める。
　若し、起こした事故が交通違反を犯したことが起点と見做される場合には厳罰を与えるように変更すべきだと思う。
　教育が粗悪、粗雑な法律に盲目的に従う事を」強調する事で、マインドコントロールしている日本の教育の問題が背景にあり、多くの人が空気の様に、その存在を意識しない無数の小さな原因がると思う。

スピード違反取り締まり

　先述の隣保のＵ奥様が60km制限のトンネル内で80kmのスピードで、20kmのスピードオーバーを摘発したのは後部からついてきたパトカーだった。昼間には交通量が多くて殆どの車は、……路線バスを除いて……100km以上で走行しているが、取り締まりは危険なのでパトカーは走行していない。
　Ｕさんが摘発されたのは交通量の少ない深夜だったので、何時もの様な速度で走っていた

ら掴まったと、悔やんでいた。英国の場合には多くの高速道路……殆どが無料……には、上から高架橋の様な構築物＝カメラ橋にカメラが設置されており、制限スピードを超えると写真を取られたが、それは10年以上前のことで、今は車の番号をAIで読み、即、車の持ち主を特定すると聞いている。英国では高速道路上では110km制限の所が多いが、制限速度は厳格に守られている様子だったし、友人もそのように言っていた。警察はスピードオーバーを許さない。日本の様に、警察官が手加減しない、出来ないようになっている。高速道路上ではスピード取り締まりのパトカー、白バイはいない、全てカメラが仕事をしている。

パトカーや白バイは任務にあたる警察官に危険である事、費用の両面から時代遅れの方法だと思う。

英国の様にカメラに仕事を任せれば、多数の、多分、数千人くらいの警察官の人員削減が実行できると、推測する。

人件費が１千万円／人とすると、年間、数百億円の費用節減に繋がる。

日本では、高速道上にカメラを設置した、カメラ橋があるが、最近は使っていないようであり、どうもパトカーとカメラの二重の設備費用を掛けているようである。

英国で、稀にAIの誤作動で、ピント外れの所に、スピード違反の通知が来て、笑い話になるが、そんな些末な事は問題にはならない。受け取った人が、事情を話せばすぐに解決する問題だから、即刻導入すべきだと思う。

パトカーによる取り締まりは、警察官が危険に実を晒す事になり、違反者を過度に刺激して、問題を大きくする事で、警官と違反者の両方を危険な状況に追い込むリスクが高い。実際にそのような原因で発生した事故が度々報道される。

その様な事故の発生に至らなくても、怖い思いをしたドライバー、警官は多くいるだろう。

カメラによる違反の摘発と、違反者を確実に取り締まる、……警官の気分次第でなくて……事実を示せば効果的な違反の抑止力となると確信する。

費用削減の可能性

運転免許更新、微罪の取り締まり、速度違反取締の実務の変更だけで数百億円／年の費用削減は十分可能だろう。

警察庁の年間予算を約３千億円とすると、上記３種の業務だけであるが、他の業務も大同小異だと仮定すると、年間500億円程度の費用削減は制度を良い方向に変える事で十分可能である。10年で５千億円、30年で1.5兆円である。

高速道路で逆走問題

かなり前から、高速道路上の逆走問題が高齢者の起こす交通事故との関係で議論されているが、抽象的な議論は多く聞くが、具体的な対策について聞いたことが無い。

簡単な事だが、例えば高速道路の入口に電波の発信機を取り付ける

1. 高速道路の入口に電波の発信器を設置する。
   簡単な物で、工事費込み、精々数万円で済む。
2. 行政が自動社工業界に、例えば、２年後から新車への逆走防止電波を受信して、運転者に警告音を出す装置の設置の義務化の決定を通知する。
3. 同時に、発信電波の詳細についての技術的な情報を公開する。
   自動車会社、部品会社等は、既に販売されている車が電波を捉えて、警告音を出すような装置、方法を取り入れる事を簡単にする方法を考え始める。
   例えば、ナビの会社は、ナビの機能に警告音発生機能を持たせれば、追加費用は限りなくゼロで行う事が出来る。

残念ながら、日本の制度では、このような簡単で、費用の掛からない案件では“妖怪ジャパン”の興味を引かないので、提案する人がいなく……放置されて、識者と言われる人が抽象的、情緒的に解説する種になるだけで、一向に具体的な対策が打たれない。

道路使用税を車検時に払わせる

EVと呼ばれる、電気自動車は普及のスピードを上げており、欧米や中国では具体的に法制化して目標を定める事で、普及を加速化させる政策を取っている。

電気自動車はガソリンを使わないので税制の隙間を通り抜けて、道路使用税を免れており、今の状態を放置するとマーケットが間違った方向に誘導される可能性があり、徴税の正義、整合性に混乱を及ぼす可能性があり、早急に明瞭な形で対応すべきである。最も簡単で公平性を維持して、手間の掛からない方法は、**EV車には車検の際に期間中の走行距離に対応して、車体重量との関係で、走行距離に応じて課税額を決めて、道路使用税を納付させる事**である。

公務員の土地の先回り買いの防止

公共、準公共工事の計画段階で、先回りして、例えば、土地の先行買をする事で巨利を得る事例がある。多くの場合それらは外部に露見することが無いが、数年して結果が明瞭に示してくれる。

国会議長となった綿貫民輔氏、神戸市北区の看板長者の話などだが、……露見していない例が多数あるものと推察される。既述の兵庫県庁に勤務していたＹ氏の話では、公共工事に関係する計画段階での情報は外部に漏らしてはいけないと、就業規則の説明の時に聞いていると言っていた。

それを防止、又は抑止するような何か具体的な方法がとられていなく、単に一般的な……殺人はいけない、盗みはダメ……みたいな精神論で、それではお話にならないと思った。

若し、担当者又は情報を得た人物が先行買をして、誰かが、裁判を起こしても、証拠を必要とする裁判所から納得できる判決を得る事は困難、のみならず、掛かる期間と、費用から、就業規則の説明は単に、……**先行買をするときには気を付けてやりなさいくらいの、逆効果しか与えないと思う**。

公務員の先回り土地買い行為を、具体的に定義、明記して、何らかの防止装置を作っておかなければ、個人情報保護法との関係もあり、公務員の先回り土地買収は現在よりも容易になり、社会の劣化は促進されるだろう。

先回り買いが露見した時点で厳罰に処する様に手続きを簡単にしておけば手が掛からずに防止できるだろう。

土地の新規登記をする人に、20年以内の公共工事予定地の先回り売買である事が判明した時には、元の持ち主に対価を払うことなく返却する事を義務付け、同時に罰金を科す。同時に懲戒解雇とすると立法すれば先行買をする人はいなくなるだろう。

スウェーデンでは車歴30年以上の車は車検不要で公道を通行できる。それは30年も前の古い車で動くのは、愛情ある持ち主がいるからであり、そのような車は丁寧に取り扱われており、事故を起こす可能性が少ないからと車検免除となっている。

日本の常識では考えられない様な多視的な、行き届いた……多分、日本では絶対許容されない様な……制度である。

それが可能になる背景は、官僚に豊富な常識と市民重視の温かい心があり、自分の考えている事に自信があるからだ。

その８：スウェーデンの徹底した情報公開
日本では反対に情報公開を抑制方向に

この本の中で日本とスウェーデンの多くの経済に関する常識の違いを述べてきたが、それらの違いを根本のところで支えているのが「情報公開」の違いである。経済的な事柄は数値＝デジタルで表現できるので簡単だが、「情報公開」は言葉での説明になり……抽象的にならざるを得ない。情報公開は長期的に国家経済、文化に影響を与える、最も重要なことだ。

スウェーデンの個人情報について詳細に執筆する為には１冊の本が必要になるだろうが、出来るだけ簡潔にスウェーデンの情報公開について解説する。

筆者は社内弁護士だったオリヤンと20年以上、特許戦争で同志として戦い、米国ワシントンDCの大手法律事務所の副所長だったグルジェツキー氏からも度々サポートして頂いた経験を持つ。

オリヤンとは家族ぐるみの長期間の公私に亘っての交際で、スウェーデン情報については並のスウェーデン人よりも良く知っていると思う。一般のスウェーデン人は空気のように感じているから、スウェーデンの特殊性を認識していない。(写真集参照)

スウェーデンでは1776年に「報道の自由法」が発布され言論の自由、報道の自由、検閲の廃止が法制化された。

それは日本では悪名高い江戸時代の「田沼意次」が老中に就任した年であり、アメリカが独立した年である。

日本では2003年に個人情報保護法が公布され、スウェーデンとは真逆に従来は野放しだったのが、個人情報保護法の為に、言論の自由、報道の自由が抑制されるようになった。

227年前からスウェーデンでは言論の自由、報道の自由を法的に保障、それを監視する情報公開法が政治家、官僚を監視している。

日本の個人情報保護法成立で一番喜んでいるのは政治家と高級官僚だろう

スウェーデンの公的機関の現在の「情報公開について」

一般にスウェーデンに居住、納税経験のある日本人はスウェーデンには全く個人情報の保護がない社会の様な印象を持ち、筆者もそう思う。それは政治の腐敗を防ぐために議論し、その連続で現在の姿になった。

例外は、国家の防衛に関わる軍事機密とそれに準ずる外交関係に関連する事だけである。

それを可能にするスウェーデンの政治家、官僚の働き方が日本とは異なる。

１．自分の専門分野において国家のトップグループに属する専門的な経験、知識が有る。国会議員その他の政治家も、秘書の手を借りずに自分自身で事務的な仕事をこなせる。日本の場合には３人以上の秘書の手を借り、３人の秘書の給与は国費で賄われる。

２．秘密保持の必要性が限りなくゼロで、会話を聞かれても問題がないので、公用車の必要がない。日本では全く反対に……秘密が多いので公用車が必要になる。

３．議員報酬は極めて少額で、日本的な感覚ではボランテイアの感じで……若し議員を失職しても高い専門能力を持っているから、議員の地位に経済的な理由から執着する必要がない。

スウェーデンの公的機関における情報公開の原則

１．ある **事案A** について担当部所が検討を重ね、一応の **素案B** が出来上がる。

２．**素案B** が同じ部門の上司、下司又は他部門にメールで送信される。

この時点で情報公開され、国民は誰でもその情報にアクセスできる。

IT革命以前から、スウェーデンは情報公開が非常に進んだ国であったが、IT主導社会となり、より情報公開が迅速に行われ、現在の姿になり、不正が見逃されにくい社会となった。

イソップ物語の「北風と太陽」が全てを説明する。

> 情報公開が進み、情報が誰でも知っている普通の事になれば、情報には価値が無くなる。情報が公開されていなく……その情報を手に入れて商品としたい、商品に出来る人が存在すると……情報は価値を生み出す資産として認識される。

> 情報公開の進んだ国では、南風に吹かれた旅人の様に、マントを広げて……
> 風に吹かれるまま……。
> 情報公開が遅れた国では、北風に吹かれた旅人の様にマントを固く締めて、
> 他人に見られないようにする。

日本で情報公開される事の功罪

日本でスウェーデンレベルの情報公開をすると、日本全体を根本から変更する事を意味するだろう。

日本で困る人達

1．政治家の場合

日本の場合

日本では政治家は年齢要件さえ満たせば、年齢、性別、学歴、経歴、専門、能力、常識……関係なく誰でも立候補出来る。当選すれば、国会議員の場合、約6千万円の経費を掛けて国が面倒を見る。それは日本の平均給与の15倍近くだ。情報公開は日本の政治家の存在の根本に関わる問題で、利益誘導と口利きが出来難くなるので不都合。

スウェーデンの場合

国会議員に掛かる費用はホボ、公務員の平均給与と同額であり、ボランテイアみたいなものだ。清潔な政治が行われているので、情報公開は全く問題ない。

2．全ての公務員

高い実務能力と、迅速に文書作成をする実務能力を要求される。

民間ではごく普通の事だが、大変だ。単に作文の技術的な問題に留まらず……背景にある精神的な問題が作文に大きく影響するので……個人の能力、責任が隠蔽できなくなり、組織が個人を守り切れなくなる。

3．役得の消失

今迄、それが公務員の役得として見逃されていた種々の先回り売買行為が、可視化されて社会が容認しないようになるだろう。それは非常に多岐に亘。第4章その3に記載されたような先回り売買は不可能になる。

筆者の視点で、日本で公開されていない情報の事前入手で獲得されるであろう、不純な利益の多い順に列記すれば以下の様になる。

- 政府、日銀からの統計指数の発表。
  FX、株式、証券投資等。特に大きなレバレッジを効かせることが可能なFX取引の場合は、1回で億円単位の利益を得ることも可能で、法的に取り締まる事は不可能。
- 公共工事の計画、入札価格などの事前入手。

- 行政機関の高値購買習慣。第１章その９の様な土地の超高値買いは批判の対象となり、行えなくなるだろう。

日本経済に対する影響

あらゆる出費……それが無駄であろうが、無意味な出費であろうが、悪徳政治家、官僚のポケットに入った金であろうが……それらは、消費されるか、預金される。結果として、日本の統計上のGDP、消費税税収は増加、景気が良くなったと経済学者は講釈する。

同時に、国民の保有する金融資産残高の上昇となって、日本は景気が良くて、金融資産が増加、「高福祉低負担」を実現した夢の様な国と云うことになる。 上述の無駄使いは全て、国公債発行残高＝借金の増加で賄われている。

OECD統計ではGDP、各種負担率、金融資産残高を借金と連動させた形での評価をしていない。筆者はOECDが借金も含めて総合的に理解出来る統計にするようにお願いする書簡をパリ本部に送付したが……多分、それはOECD在勤の日本の高級官僚に配布され……無視、ゴミ箱に落とされているかもしれない。

その９：短時間労働国への転換は
スウェーデン流税率への変更だけでは出来ない。

その２の４では、筆者の月７万円の昇給が累進税率設計の為に手取りで6,650円しか増えなかったが、それはスウェーデンの累進課税制度がその様になっていたからである。

額面の変化が手取り額では大きく減額されるのでスウェーデンが残業の無い社会になった事を40年以上後になって数学的に証明のさせてくれる機会になった。同時に日本の税制が日本を残業、長時間労働に誘導している事を気付かせる機会になった。

現在の税制と、短時間労働国への設計図

現在の姿

日本では依然として、多くの制度が過度に無意味に複雑に設計され、税理士などの専門家に頼る事が多いが、スウェーデンの税制は非常に簡単に設計されている。それは問題を熟知した高いレベルの専門家によって設計された制度で、日本がスウェーデン流の税制を採用すれば徴税事務が簡素化して、日本の短時間労働国化に貢献すると考えられるが、それは日本の税制の根本的な変更を伴い、政治が動かないと変更不可能である事が明白になった。

日本型『**残業無用型税制**』の設計

残業する事が従業員にも雇用主にも、税収にも負担を掛けない、『三方満足』税制の可能性について考えてみよう。

どの様に工夫して現行の税制に『迎合するか』を考えるのと、新しい税制の設計を考えるのでは、完全に思考回路を変更しなければいけない。最終的に出来上がった姿を具体的にイメージして自信を持てないと、新しい制度への移行期に発生する雑事に耐える為のエネルギーが出てこない。

制度変更から以下のようなメリットが予想されば国民に歓迎されるだろう。

- 残業が雇用主にとっても、従業員にとっても不利益にならないこと。
- 税収に負担を掛けない……税収が減少しないこと。
- 制度が簡素化され、習得が簡単、ITの活用で事務量が少なくなる事。
- 会計事務所、税理士等の専門家の関与が減らせる事。
- 残業無しで、時間の有効活用、意欲のある従業員は能力向上の為に何かを始めるだろう。

その９の１：累進税率をスウェーデン流に変更すると起こる事

右にネットから取った財務省の所得税の超過累進課税のイメージを示す。

所得金額700万円以下は５％, 10％, 20％と……２倍とびで粗く税率が上昇している。どの様な科学的根拠をもとにこの様な図が出来上がったのかは、知らないが……そんなものは、多分、ないのだろう。

所得税の超過累進課税のイメージ

課税される所得金額（万円）	税率（%）	控除額（万円）
～　200	5	なし
～　330	10	約10
～　700	20	約40
～　900	23	約60
～1,800	33	約150
～4,000	40	約300
4,000以上	45	約500

月収30万円、年収510万円を例に示す

エッセンシャルワーカーと呼ばれる大多数の若い結婚適齢期の方々の年収は400～500であり……多分数千万人が対象となると考えられるので例として取り上げる。

月収30万円、ボーナス５か月として、額面年収510万円に残業手当100万円を加えた残業込みと込みでない場合の手取り額を計算する。

残業しても累進税率との関係で決定される手取り額が増えなく、残業が無意味になり、サービス残業となる税率を「ゼロ税率」として示す。スウェーデンの累進課税制度が、なぜ残業が雇用者と被雇用者の双方にメリットが無いように設計されたか、筆者は知らないし、多分、一般のスウェーデン人に聞いても、答えられる人はいないだろう。

それは文化＝常識として永らく社会に溶け込んでいる。約220年前に初期の憲法である、『表現、言論の自由』と情報の公開を成文法としたスウェーデンが先進国である事が原因だ。

日本史では二宮尊徳、滝沢馬琴、北川歌麿等が活躍した頃であり、その後いろいろな事が試行錯誤されただろう。

理由とは関係なくスウェーデンでは筆者の経験が示している様に、非常に有効な方法だがその効果は高所得、高税負担国では有効だが、日本の累進課税方式の場合には上手く機能しない。

結果だけに興味のある方は此処からスルー、次のスルー解除まで飛ばしてして下さい

次頁に示す表の『**日本とスウェーデンの税率比較**』は現行の日本とスウェーデンの年収≒所得に対する税率を大まかに示している。細かな、詳細な数値を引用して論文形式で書けば数百ページの本が必要になるので簡潔に説明する。

要約すれば、日本は『単純超過累進課税方式』なので高額所得者の少額部分の所得への低負担の恩恵をそのまま引き継いでいるために**高額所得となって上の部分に高い税率を掛けても最終税負担が大きくならないように、高所得者の税負担が重くならない様に税制が設計**されている。

スウェーデンでは総額に対して高い税率が課されるので、低い部分の低い負担の恩恵が受けられない事がその理由だ。

この説明で解る人は既にすべてが解っている人であるが……そのような人はいるだろうか……？

スウェーデンでは「**日本とスウェーデンの税率比較**」に示す様に低所得者に対しては税率を非常に細かく階段状に決めている。

先に示した日本の場合は700万円くらいまでは５, 10, 20％と倍々に３段階で決めているがス

ウェーデンでは小刻みに決めている。スウェーデンの給与生活者の平均所得は800万円弱、日本は400万円強で、感覚的に日本の中程度の所得層の人はスウェーデンでは貧困層に該当する。

先述のＮ君のケース及びスウェーデンの税負担の説明でも明らかな様に、低所得層では日本の方がスウェーデンよりも税負担が高い。反対に、大よそ１千万円を境に高所得者については日本の税負担が低い。

要約すると、日本はスウェーデンと比べて**『低所得者には重税』**を課して**『富裕層には税負担を軽く』**している。

筆者は、これは間違っていると思うが、日本中の高名な経済学者が影響を与え、政治家と行政の専門家が決定した事だから、民主主義国である日本でそれは国民の総意である。

日本とスウェーデンの税率比較

日本		スウェーデン		備考
概算年収（万円）	税率（%）	概算年収（万円）	税率（%）	
～ 200	5	～ 250	**7～25**	**非常に小刻みに分けられている。**
～ 330	10			
～ 700	20	～ 700		数分割されている
～ 900	23	～ 1,000	51.5	
～ 1,800	33	1,000以上	56.5	23.5% **日本が少ない**
～ 4,000	40		56.5	16.5%　　：
4,000以上	45		56.5	11.5%　　：

下の表は月収20万円の日本の税率と手取り額の関係を示している。

年収はボーナス５か月を組み入れて月収の17倍にして17×20＝340万円としている。

因みにスウェーデンでは全て月収単位で源泉徴収されるので、日本とスウェーデンの細かな比較をするのは、困難のみならず、実用上の意味がない。

表でトップにある年収『340万円　残業なし』の手取り272万円（20×17×0.8＝272）

その下にある440万円は340＋残業代100万円＝440万円であり、それは残業代も含めた額面年収である。

額面に税率を掛けて手取り額を計算、その差額を上から、下へ計算して行くと、差額が順次少なくなって、残業がサービス残業になる税率の所へ来る。下表においてそれは税率38％であり、それ以上高い税率ではサービス残業になる事を意味する。

月収20万円年収340万円＋残業手当100万円の場合

年収（万円）	税率（%）	手取り（万円）	差額（万円）	時給（円）	相当する残業時間
340　残業なし	20	272		1,250	
440	30	308	36		288時間
	33	295	23		184時間
	35	286	14		112時間
サービス残業税率	38	272	0		0
	40	264			

以上の様な手順で月収と残業が『サービス残業』になるサービス残業税率を、「ゼロ税率」として残業手当100万円を加算した場合について計算して下表に示します。

１－(204÷305) が **ゼロになる税率Xは、『X＝A／N－１』となる。**

税率が20%、残業手当100万円の場合（N＝年収＋100万円）

月収	年収	手取り A	**年収＋100万円 N**	ゼロ税率 (%)	定時時給	残業時間数
10	170	136	270	**50**	625	3,200
15	255	204	355	**42**	937	2,134
20	340	272	440	**38**	1,250	1,600
25	425	340	525	**35**	1,562	1,280
30	510	408	610	**33**	1,875	1,066
35	595	476	695	**31**	2,187	914
40	680	544	780	**30**	2,500	800
45	765	612	865	**29**	2,812	711
50	850	680	950	28		
60	1,020	816	1,120	27		
70	1,190	952	1,290	26		
80	1,360	1,088	1,450	25		
90	1,530	1,224	1,630	25		

表から『サービス残業』になるゼロ税率が低年収で50％～40％の高い税負担、１千万円を超える高年収ではゼロ税率の変化が非常に少なくなり、使用に適しません。

この制度は年収300万円代～１千万円代の間で非常に都合良く税率30％～40％との組み合わせで機能し、それはスウェーデンの多くのサラリーパーソンの年収にマッチしています。

日本のサラリーパーソンの世界では通常、年収１千万円以上は管理職に分類され……通常、残業手当は付かなく、役職手当として支給されそれがサービス残業の見返りとなっています。

（年収と所得の経理計算上は意味が異なりますが、ここでは敢えてその混用を認めています。ここでは傾向の大意を理解する事を目的としており、それは入手できる公的なデーターとの関係で経理計算や専門家の論文の様に、詳細な数値上のデーターの整合性を最重要とする必要がないと考えています。）

累進課税制度の違い

例として年収１億円以上の人について日本とスウェーデンを比較してみましょう。

国税庁の2019年の統計によれば年収１億円以上の人は2,725人であるが、多分FX長者の場合は20.35％の源泉分離課税で含まれていない。

日本とスウェーデンの相違

１億円の所得を４千万円までの部分と残りの６千万円の部分に分けて税額を計算する。

先に示した『日本とスウェーデンの税率比較』によれば４千万円の部分は、税率が５％、10％、20％、23％、33％、40％、45％と順次上昇する累進性が採用されています。これは言い換えれば**低年収者に対する低税率の恩恵を受けて低い税率が適用されている事を意味します。**

０～４千万円の部分について計算すると税額は1,160万円となります。（詳細計算例は省略）

４千万円～１億円までの６千万円の部分については最高税率45％となり、税額は６千×0.45＝2,700万円となります。総税額は1,160＋2,700＝3,860万円となり、**１億円に対して38.6％の税率**となります。

スウェーデンでは**１億円に対して56.5％の税率で5,650万円の税額、日本の方が1,790万円少なく**なります。

日本の場合には高額所得者は低所得者の低税率の恩恵を年収４千万円までの部分で受け、その上の部分にのみ最高税率の45％が適用されるのでこの様な事が起こります。**日本は明らかに富裕層を優遇する税制設計の国である。**

主要国の税制と『残業無用型税制』の関係

ネットで公開されている財務省の残業に関する**『所得税の税率構造図』**には主要国税制が図と、文書で説明されていますが、何処の国も、日本と同様大雑把に決められており、大同小異である。

北欧の４か国は充実した福祉国家として知られ、各国とも似たような社会制度を持っている。

スウェーデンの『残業無用型税制』は偶然の産物か？

筆者はこの制度が最終的に**『残業無用型社会』**を作り上げる為に制度設計されたものでなく、偶然の産物の様な気がする。約220年前に民会＝その後の国会が、国王から徴税権を移譲されて民主主義政治を作って来た長い歴史を持つ。

王や皇帝が徴税権を行使していた、ヨーロッパの大国とは非常に違った民主主義国としての歴史を持つ。

遡って調べれば、何か分かると思うが……？

（上記計算はエクセルでなく電卓を使い手計算で行っているので、細かな間違いがあるかもしれませんが論文ではないのでご容赦下さい）

ここで、スルーを解除して下さい

その９の２：思考実験－９：日本型『残業無用型税制』の提案

スウェーデンの無残業、高賃金、短時間労働と高福祉は理想の社会であり嫌悪感を持つ人はいないだろう。

スウェーデン型の『残業無用型税制』の摘用は日本の所得水準が現行の約２倍になれば有効であるが、それまでは別の方法で日本型『残業無用型税制』社会を簡単に構築出来る。

残業に対する税制上の制度変更

現行の残業の取り扱いは過度に複雑で先にに述べられている様に専門家の手助けを必要とし……残業を推奨させるような税制になっている。その様な背景が残業に絡んで非常識な……国立病院での月間300時間残業、過労死等……欧米先進国では発生しない様な事が起こっている。

雇用主に支払う残業代の半分を納税させる

現行の規則では長時間残業、月間残業時間数が多くなると割り増し賃金を支給等、規則が従業員を残業に駆り立てる様に制度設計されており、それは農業国家だった日本古来の文化に根ざし徳川幕府の『農民は生かさぬように、殺さぬように』搾れるだけ搾り取る代官のDNAが受け継がれているからだ。

雇用主に残業代の半分を納税させる事で税収は増加、『残業推奨型社会』を『無残業型社会』に変えられる、雇用主、被雇用者、国税に『三方満足』となる理由を……再度以下に示す。

最終的に、終身雇用＋年功序列＋退職金＋公務員の天下りの問題が残るが、先ず最もやり易い事から始める事だ。

予想される結果

法人税収入への影響

残業をしない社会になれば企業は残業代の負担がなくなるので、利益が増加して、納税額が増加するから歓迎。

－従業員の個人所得税

従業員の個人所得からの納税額は減額されるが、その分企業の利益が増加している筈であり、どちらに転んでも大きな差はないだろうが、雰囲気としては最終的に納税しない『ブラック企業』が減って、納税する『ホワイト企業』の比率が増加するので税収上は問題ないと考えられる。

－制度の運用に伴う事務量

制度が簡素化されて国の事務量が劇的に削減され……残業自体が社会から消滅すれば国のみならず、長期的に企業、税理士の事務量が激減し、短時間労働国への変化を推進する事になる。

－時間的余裕が、意欲ある企業の従業員に刺激を与えて、企業の国際的競争力の強化に繋がる予感を与える。

GDPへの影響

制度の変更に伴って達成される費用節減効果は、需用＝消費の減少となり、それに伴って消費税も減少して統計上GDP減少で景気悪化と経済学者は非難、マスコミがそれを報道するかもしれない。

国公債発行への影響

恒常的に納税する『ホワイト企業』が多くなれば、国が支援しなければ倒産のする『ブラック企業』の比率が低下法人部門からの税収が増加するので、国債の新規発行の必要性は著しく低下すると推測されます。(既に実例がスウェーデンにある)

その9の3：問題は『妖怪ジャパン』の反応だ

税制は高級官僚、無数の学者、経済専門家、識者が関与する委員会、専門委員会での検討を経て決定されている。

彼らの心次第で……学者、専門家が科学的な議論をしてくれるか否かが問題だ。

彼らは出版物への軽減税率の適用に反対した

消費税の軽減税率も多くの専門家が議論して決定されているが、**日本では軽減税率が適用されず、書籍類は10％の消費税が課されているがスウェーデンでは６％だ。**

約220年前に言論、著作、表現の自由、情報公開の自由を成文化したスウェーデンでは書籍類に標準税率25％よりも19％低い６％の軽減税率を適用した。ネットで公開されている財務省の委員会の決定要旨によれば、日本で書籍類が軽減税率の対象から外れたのは……

書籍類の中には悪質書籍もあり、それを分別して排除する方法が難しいから、書籍は軽減税率から排除したと書かれている。

日本の識者、学者の視点には驚く外ない。彼らの頭の中は、戦中の日本軍部, 戦後のGHQの様に書籍の検閲思想が支配しているのだ。220年前にスウェーデンで法律が成立される前には、多分、国内で激論が戦わされただろうが……最終的に反対派は沈黙した。21世紀の日本の政治、行政を担当してキャリア官僚のみならず、多数の学者、専門家、識者と呼ばれる人々が、220年前のスウェーデンの検閲賛成派の様な思想の持ち主である事に驚くが、それは日本の教育に原因があるのだろう。その様な結論に至った経過を会議に参加した専門家の立場で以下に推測してみよう。

■ 消費税は革新的な新税の導入であり、先進国での経験があるとは言え、日本では初めての事であり、専門家として真剣に議論に参加し、その心は……。

- 真剣に議論に参加して、書物への軽減税率適用は必要ないと思った。
- 行政から説明があり、特に問題を感じなかったんで……。
- 欧米に調査研究に頻繁に出張、消費税は主要税源であり、むやみに軽減税率を適用するのは良くない。
- 初めての委員会参加、公言は出来ないが、積極的に賛意を表明……。

無意識の傲慢

本人は意識していないが、上記のような決定に至った背景は彼らの精神的な傲慢にあると思う。人間社会は清濁混在、良い事も、悪い事も観察して理解することが出来なければ、一人前の大人にはなれない。

悪事を見抜けない人は、スムースに生きて行けない。その為には悪事を活字で学ぶことは非常に重用な事である。

『妖怪ジャパン』に感染している、学者、識者は……自己忖度して……複雑な胸の内を明確に示すことなく決定された。

筆者の目から見ると、彼らが了承した制度が戦前の軍部、戦後のGHQ時代の『検閲』時代を連想して反対する学者、専門家はいなかったのは驚きだ。筆者が47才の時に導入されたから、その数年前から世上で話題となり……担当官庁のトップ級の方は50代後半、学者、識者、専門家の方々も筆者よりかなり年長で、検閲時代を経験している。

筆者は戦前の経験はなく書物や周囲の大人から聞いただけの知識だったが、肌感覚で検閲を経験されていた方方が……初回だけでなく、その後頻回に改定の度に委員会に出席して……昔の検閲時代を連想しなかったとは考えられない。

それは、多分、委員が**『妖怪ジャパン』に感染**しており、「三人寄れば文殊の知恵」とは反対に「**三人寄れば愚者の結論**」に至ったからだろう。

幼児に受けた戦前、戦中教育の影響をそのまま引きずり、有名高校、東京大学法学部、経済学部卒でも民主主義とは何であるかについては活字知識しか持ち合わせていない。筆者の様にド田舎の自然の中で生活する中で社会の常識を身に着けた人間がこの様な指摘を行う。世の中とは面白いものだ。

再度、改めて『失われた30年間の日本とスウェーデンの成績表』を眺めてみよう。

その10：OECD2022年統計によれば日本は超低賃金国だった。

大きな統計は国家経済と呼ばれる巨大なドンブリで計られるので、多くの場合国民の生活とは関係が薄い。
経済学者が議論するための話題としての役目は果たせても、庶民の生活実感とは無関係であることが多い。

	１人当たりGDP 名目自国通貨		同左購買力 ドル表示		総純債務残 GDP比	
	1993	2023	1993	2023	1993	2023
日本	4.05	4.7	22	52	0.2	1.6
23/93		**1.1**		**2.4**		**8.0**
スウェーデン	189	585	20	66	0.3	0.1
23/93		**3.1**		**3.3**		**※:0.2**

注）総債務残は日本が80倍 ※:スウェーデンは余剰金＝貯金
名目自国通貨は、日本は万円、スウェーデンは×千kr

統計のデーター

多くの統計がある中でOECD2022年の統計数値に準拠して以下に日本とスウェーデンの平均年収を比較してみる。
為替の及ぼす混乱を避けるために、先ず統計で示されている米ドルでの平均年収の数値で計算する。
日本　　　　：41,509ドル。
スウェーデン：50,407ドル、であり、**スウェーデンは日本の約1.2倍である。**
財務省統計によれば、日本の失われた30の起点を1993年とすると、30年間の就業者の年収の変化は2012年の408万円を最低、1997年の467万円を最高として、437万円プラス、マイナス約30万円の範囲であり、それは437万円プラス、マイナス７％であり、経済活動としてみた場合には完全に停滞……死んでいる。
円貨での名目ではホボ変化なし、輸入生活物資の価格に大きな影響を与える為替の影響を考えると、数値の取り扱いは複雑になり説明に紙数を要するので、先ずドルベースで比較してみよう。

就業形態による違いの調整

スウェーデンは残業の無い社会であり、月収が基本となっている。
スウェーデンにはボーナスが無いが、日本にはボーナスがある。
日本には生活残業と言う言葉がある様に残業が普通になっており、政府も残業推奨政策を堅持、残業に対して割り増し賃金を払う事を法律で義務付ける事で日本を残業愛好国、長時間労働国に誘導している。
失われた30年の初期の頃には最盛期には100時間を超える超長時間労働は珍しくない事だった。
過去に36協定で月間残業の上限が300時間と決められた大阪の国立循環器病院の例が在る様に、月間残業50時間はごく普通の事だった。
最近になって長時間労働、ハラスメントが原因とされる過労死が社会の話題となって、残業の生活残業的な側面は減少しつつあるとは言え、生活苦から……手取り額を増やしたく……各種統計では日本の平均月間残業が20時間と言っている。
OECD統計の年収は各種手当と残業代を含んでいる。スウェーデンは半世紀以上前から残業の無い社会だった。
先ず、OECD統計の年収と、額面月収＋残業代の関係を計算で明らかにして、日本とスウェーデンの時給の比較を以下に行う。

OECD統計から、月収への換算

スウェーデンの場合

スウェーデンの場合には月収が基本形で、残業がないので、月収＝50,407÷12≒**4,200ドル**となる。
日本の場合には残業に加え、ボーナスがあるが単純化して、年収を12で割って41,500÷12

≒3,460ドルとする。

日本の場合

日本の統計の数値は額面月収に諸手当と残業代が合算されて,OECD統計数値となっている。

スウェーデンの残業なしの月収と比較する為に、先ず残業代を計算する。

実態に合わせる為に日本のOECD統計は20時間/月の残業代込みの数値であると仮定する。

残業にも色々な形態があり細かく考えれば際限ないが、残業代が50%の割増賃金であると仮定すると残業代をXとすれば、

X＝20×1.5となり、それは定時間労働30時間分の給与となる。

労働基準法に基づき8時間/日、週40時間労働で、月160時間労働とすると定時間労働の時給は3,460÷190時間≒18.2ドルとなる。30時間分の賃金は18.2×30＝546ドルとなる。

定時間労働の月収は3,460−546＝2,914ドルとなる。

定時間労働で月収を比較すると

4,200ドル/2,914≒1.4倍となり、スウェーデンは日本よりも月収が1.4倍高い事を意味する。

年収に換算すると……2024年4月の執筆時点ではドル円は150円……**日本の年収は524万円、スウェーデンは756万円となる。**

2022年OECD統計の意味する事

2022年統計出現まで、日本は**『超高福祉、超低負担国』＋巨額借金**のトリオ国と定義していたが、**『超高福祉、超低負担、低賃金』＋巨額借金のミラクルクル・カルテット国**に再定義することになる。(第6章その1参照)

スウェーデンは『超低福祉、超高負担、高賃金』＋余剰金を作り出した、守銭奴の様な強欲な政府を持った国の様に見えるが、実態は真逆だ。

為替の影響

21世紀になり多くの生活必需品は輸入品であり、価格は為替の影響をもろに受ける。

為替が円安になればその影響はストレートに物価高となり賃金が上昇しなければ、生活は苦しくなる。

他方、日本の輸出産業は円安で利益が増大するが……失われた30年間の賃金はホボ変化していない。

大まかに1993年当時のドル円は100〜110であり、2023年は約150円であり、大まかに40%の円安になっている。その間に日本政府は巨額の借金を作り……今後もその傾向を持続せざるを得ない状況にして終った。

他方、スウェーデンはその間に余剰金＝貯金をしている。

ここまで事を纏めると以下の様になる。

	福祉負担率(%)	租税負担率(%)	残業なし年収(万円)	一人当たり借金残高(万円)
日本	19.8	28.2	524	**1,200**
スウェーデン	5.1	49.5	756	**なし**
日本/スウェーデン	**3.9**	**0.6**	**0.7**	
スウェーデン/日本	**0.26**	**1.8**	**1.4**	

注）負担率はOECD統計で2022年版が未発表なので2020年版から引用。

ミラクルジャパンと強欲スウェーデン政府？？

福祉負担率：スウェーデンは劣悪な福祉国、日本は超高福祉国に見える。
租税負担率：スウェーデンは日本よりも超重税国に見えるが……雇用者が個人の約２倍の税負担をしているので、個人レベルでは日本の方が重税になる。
残業無し　：スウェーデンは雇用主にとっても、従業員にとってもハッピーな累進課税制度になっている。
国家の借金：上記にも拘らず、日本では巨額借金、スウェーデンでは貯金が出来ている。

ミラクル日本の疑問

第８章に到達するまでに『妖怪ジャパン』を色々な角度から観察、分析しており、既に明らかにされている部分は記述の章を参照してください。

日本の経済学者は何をしていたか

筆者は1970年代初期にスウェーデンへ行ったが、当時、既にスウェーデンは残業の無い社会だった。
日本では長時間残業は当然で、多くの工場労働者の月間残業は100時間でそれは何ら珍しい事ではなかった。
例えば日本の製鐵業界の競争力は工場労働者の低賃金、長時間労働により支えられていた。
民間企業の実態に興味がなく、実態を知らない経済学者は活字で書かれた大きな統計数値を比較するだけで、その原因の追究をしなかった。

学者は無残業社会の原因を科学的に探る興味を持たなかった

日本で北欧、スウェーデンについての専門学者と見做されていた多数の専門家……藤井威大使、猿田経済学博士、岸田経済学博士、藤岡経済学博士等……は、スウェーデンで工場見学……ユッタリと働いているスウェーデンの労働者の様子を見て……ビックリしている。
ネット上、KAKENの論文集、著作には無数の経済学者のスウェーデンの労働者が……ユッタリと仕事をしている状況を報告、論評しているが……その原因を科学的に探ろうとする姿勢を全く見せていない。

民間会社の技術者の場合

民間会社の技術者ならば、海外に行き何か目新しい物を発見したら……余程、ボンクラ、又は性格と仕事の巨大なミスマッチを原因とするセンスの悪さがない限り……それを見過ごすことはない。全ての事は先ず、模倣から始まり……それから、自前の何か新しい物に発展させる。現状よりも何かより優れた物を考え出す、同じ物ならばより安価に製造するアイデイアを提供できなければ、企業にとって高学歴技術者はお荷物以外の何物でも無い。早晩、その様な技術者は民間企業では配置転換される事で、本人にも会社にもより好都合な方向に問題は解決される。

トヨタ自動車Ｋ常務のボルボショブデ工場見学の場合（自分史第五章参照）

トヨタ自動車三好工場の工場長Ｋ常務は工場見学の後で、工場のトイレで温水が出た、工場の中に観葉植物が置かれ、コーヒーを飲むためのテーブル、いすが置かれていた。俺が来たらすぐに30％のコスト削減が出来ると豪語された。
Ｋ常務の立場なら……それは仕方ないが、当時日本では公衆トイレにはトイレットペーパーがなかった。
生活レベル……社会的常識の違いがあるから仕方がない。
経済学者は教育、政府や行政の委員会の委員として、マスコミに登場して……国政に大きな影響を与える立場にあるが、残念ながら日本の経済学者は……スウェーデンが先進的な短時間労働国になった理由を探る様な……科学者としての最も初歩的なその原因を探るような発想を持っていなかった。
1970～1990年の間には多くの経済学者がスウェーデンを訪れているが、筆者の知る限り……彼らの見聞したことはその後の日本の福祉政策に意味のある貢献をしていない。

その11：思考実験－10：財務省統計とOECD統計から全就業者の年収400万円の『仮想国家』の財政を比較

財務省統計とOECD統計から

全就業者の年収が400万円の完全年収平等社会である『仮想国家』を考えてみよう。
先ず、統計上の数値について、全国民の年収が400万円である日本とスウェーデンの仮想国家の数値を下表に示す。

年収400万円の人ばかりの仮想国家の場合（N君の源泉徴収票：第8章その1から引用）

国名	年収（万円）	本人納税額で租税負担率を計算（%）A	社会保障負担率（%）B	OECDの総負担率（%）C	租税負担率と社会保障負担率の和（%）A+B	A+B−C
日本	400	24	18.2	32.0	42.2	10.2
スウェーデン	400	23	5.3	37.7	28.3	-9.4
日本－スウェーデン			**12.9**	**-5.7**	**13.9**	**19.6**

注）社会保障負担率は、2018年OECD統計値をそのまま使用。

ドンブリ勘定のOECD統計を年収400万円に限定適用して日本とスウェーデンを比較する。
貧富差のある国民全体をドンブリに入れた国全体のOECD統計の総負担率は日本32.0%、スウェーデン37.7%であり、**スウェーデンの負担率が5.7%高い**。

年収400万円での租税負担率の推定

この仮想実験では第８章その１の１に既述のＮ君の源泉徴収から計算された本人納税額を租税負担率と見做して使用している。
その中で日本の納税額を24.3%は24%に丸めた。
スウェーデンの数値は23.6%であるがその数値を23%に置き換えた。

> スウェーデン国税庁のホームページには月収約50万円を最低平均月収として、所得税の最低税率を23%にするように制度設計をしていると明言している。更に、国に所得税を納めている人は全体の20%以下で、国に所得税を納めているのは高額所得者のみだ。計算過程で数字を丸め、為替の違いから23%であるべきなので、23%に変更した。

以下に本人納税額と社会保障負担率を加算して比較する。

日本の場合

OECD統計の32%から42.2に上昇その差は10.2%である。

スウェーデンの場合

スウェーデンは反対に37.7%から28.3%に-9.4%となる。

国民全体のドンブリ勘定でのOECD統計の総負担率では、スウェーデンの方が日本よりも5.7%総負担率が高いが、年収400万円の仮想国家では**反対に日本の負担率が13.9%高くなる。**

この思考事件では本人納税額で租税負担率を計算して、OECD統計の総負担率に相当すると見做しているから、企業の経理計算の様に過去の出費を領収書で正確に計算するような正確さ、整合性は確保できていない。

思考実験の結果は両国の低所得層への課税政策の違いを鮮明に表している。

日本ではスウェーデンと比較して、低所得層に極めて厳しい高課税を課している事が解る。

以下に、この結果を基礎にこの様な税制がもたらす日本の低所得層への影響を考察してみよう。

第３部に全就業者の年収が400万円である、年収平等『仮想国家』に日本とスウェーデンの税制を適用した場合の歳入と歳出の差＝借金額、又は余剰金の推算を単純化して行った。

日本の会計年度が４月始まりで、３月末終わり,暦年統計である世界標準のOECD統計と財務省統計の数値が異なる場合があり、筆者は正確な数値の比較する意志を放棄していた。2023年に財務省から日本の2020年度、スウェーデンの暦年2020年の統計数値が発表されたのでそれに基づいて、より正確な借金＝財政赤字も含んだ国民負担率で全就業者の年収が400万円である、年収平等『仮想国家』に日本とスウェーデンの税制を適用して比較することが出来た。

先ず、統計上の数値について、人口の半分が就業者で、全ての就業者の年収が400万円である日本とスウェーデンの仮想国家の数値を下表に示す。

財務省の『国民負担率比較』から抜粋

注：57.5＊は財務省の統計には出ていないので、スウェーデンの財政収支の-2.8%、及びプライマリーバランス-2.9%を3.0%に丸めて、国民負担率54.5%を加えて57.5%と決めた。

	日本	スウェーデン		
国民負担率（含む借金）	62.9	57.5＊		
国民負担率	47.9	54.5		
社会保障負担率	19.8	5.1		
資産課税	3.9	9.0		
消費税	9.9	17.9		
法人所得税	5.5	4.4		
個人所得税	8.8	18.1		

年収400万円の人ばかりの仮想国家の場合

	2018	2020
	個人所得税 (%)	法人税＋消費税＋資産課税額 (%)
日本	**8.8**	**19.1**
スウェーデン	**18.1**	**29.4**
両国の差	**-9.3**	**-10.3**

国名	年収 (万円)	本人納税額で租税負担率を計算 (%) A
日本	400	24
スウェーデン	400	23
両国の差		**1**

個人所得税の計算

日本の人半分の６千万人が年収400万円だと仮定して、個人所得税からの税収を計算する。

400万×６千万×0.093≒22兆円となる。

法人税＋消費税＋資産課税額の計算

個人所得税と同様に計算すると。400万×６千万×0.12≒**29兆円**となる。

この計算結果は若し失われた30年の期間に、日本がスウェーデンの税制を適用して、スウェーデンと同レベルの国家経営をしておれば、2020年には**22兆円＋29兆円＝51兆円/年の余剰金**＝貯金が出来た事を意味する。

若し同様の事を30年間継続すれば51×30＝1,530兆円≒**1,500兆円の貯金となる。**

同じ期間中に日本では約1,500－370＝1,130兆円……借金を増加させ……**彼我の差は約2,600兆円**となる。**この巨大な差の発生原因は何か？**

全ては、官僚と政治家の責任であるが『妖怪ジャパン』の影響で全ての日本人が……筆者も含めて……身の丈に合った後ろ盾となって看過してきた。

第１章から200以上の項目について大小の問題点を指摘してきたが、それらの累積がこの様な結果を生み出した。

キャリア官僚の能力不足

1．主に第１章で取り上げた、行政官僚の能力不足。
2．国民の為よりも、官僚の個人的な利益優先的な行政
3．官僚の『天下り院政』
4．御用学者
5．マスコミ
6．文句を言わない国民

プライマリーバランスの比較

下表は過去５年間のプライマリーバランスを比較している

	2018	2019	2020	2021	2022
日本	**-1.7**	**-2.4**	**-8.4**	**-5.6**	**-6.5**
スウェーデン	**0.8**	**0.5**	**-2.9**	**-0.2**	**0.9**

日本は恒常的に赤字であり、スウェーデンは恒常的に均衡財政であるが、2020年のコロナ禍の中では-2.9%となったが急速に回復2022年には黒字の正常状態に戻っている。

年収の比較

2020年の日本の１人当たりGDPは約430万円≒４万米ドル、スウェーデンは５万３千ドル、日本の約1.7倍である。

その12：総括

８個の生活実感と直結している統計数値を俎上に挙げて検討してみたが、年収500万円以下の低所得者にとって、日本がスウェーデンと比較して高負担国である事が肌感覚で理解して頂けたと思う。

スウェーデンが残業の無い、必要としない国で、高賃金国である事には科学的に説明出来る根拠がある事を納得して頂けたら幸いです。ここの部分が理解出来たら、読者の方は『スウェーデンスペシアル』の著者、元在スウェーデン大使藤井威氏よりもスウェーデンについてより正確な知識を獲得された事になると思う。スウェーデンについてより深い興味を持つ契機となり、日本の劣化をストップさせ、充実した人生を送られるための何かになる事を期待します。

日本の昔からの常識として怖いものは『地震、雷、火事、親父』と言われていたが、親父はリストから外れたが、依然として地震、火山の噴火、津波、台風と世界的な自然災害多発大国だ。

日本の経営をするために最も必要な事は災害に備えて、貯金をする事だが……為政者は反対に借金を繰り返してきた。筆者の知る限り、スウェーデンは千年以上前から大きな自然災害がないにも拘らず公的債務を、為替を安定的に維持するために必要なレベルに留め、世界経済の激動期である、過去の失われた30年については、余剰金を貯めている。

第９章　怠惰と無能で科学的思考を放棄した文系官僚が国政を担い理系官僚の影の薄い日本の国家運営

目　　次

ページ

この本の執筆を始めて無数の経済学、社会学、哲学等の文系の論文を目にして……そのいい加減にビックリした。
それまで無数の小説、雑誌を乱読していたが、文系の学術書は稀にしか手にせず……手にしても斜め読みだった。
文系の論文を読んだことは一度もなかった。無数の理系の学術書、論文、特許公報を読み、それが高等教育を受けた人々の標準だと思っていたが、それは完全に間違いだった事を知らされた。

文系学者とその端くれが行政を牛耳っている日本の怪？？

21世紀の日本では文系学者、専門家は……科学的、合理的とは千㎞も離れて……空想の世界で浮遊している。彼らが大学で教えた学生がキャリア官僚として日本の行政を牛耳っている。
文系学者は自己中心的に論文を執筆……お互いにそれらを孫引き……それらを証拠として称えあっている。
スウェーデンの様に官と民の垣根が無きに等しい社会では起こらない現象だ。

随筆風に解説したい

これから話題とする事は社会学的な側面が多く、抽象的で統計的な数値よりも、精神的な何かが多く関係するので、特定の狭い分野に拘泥することなく、随筆風に執筆します。

日本の教育の姿

先生が自分の知識を切り売りで生徒に教え弟子とする慣行が20世紀、21世紀になっても続いている。
筆者はその様な牢固とした教師は変化の速い20～21世紀では**社会の進歩を阻害する障害物だと断定**する。先生の役割は、**生徒が先生を超える人物になる事を期待して教える**事であると思う。
大きな個人差があり、将来の伸び代が未知数の若者を……未熟なうちに順位付けして……将来を決めるのは間違いだ。

1990年代からの始まった国家財政の無残な姿

文系学部出身のキャリア官僚主導で行われた日本の国家経営は巨額借金と、経済活動の沈滞と『低賃金、長時間労働』を特徴とする『ブラック企業』で蔓延する『ブラック国家』にして終った。
第２部では日本の劣化した原因を探るため、筆者の視点で不条理、不合理とする約300の項目について因果関係を探ってみた。ここでは、それらの最終版として総括する為に……随筆風な手法も取り入れて……遠距離から日本をながめてみます。

家庭、組織、国家について

最小単位家庭の場合

社会には多様な人が住んでいる。共棲する最小単位が家庭であり、準最大単位が国家、最大単位が地球だ。最小単位の親子が作る家庭でもその差は巨大だ。

桑原征平氏の場合

関西の有名なラジオパーソナリテーの桑原征平氏は父親が外から女を買ってきて事を成す為に、妻と息子の征平に銭湯に行き２時間は帰ってくるなと命令したと言う。
桑原氏の人生経験の根幹を作り、それは彼を著名な関西のラジオパーソナリテーとして大成功に導いた。
筆者はこの話を100回以上聞いており、殆どの関西人が共有している常識だ。
サヘル・ローズ嬢の場合
1989年のイラン、イラク戦争から逃れて数奇な運命を辿って、日本に逃れて来た。
筆者はアラブの春の起点となったチュニジアの『ジャスミン革命』数年後の2012年にチュニジアに1週間の旅行に行きサハラ砂漠でハマグリの殻程度の大きさの天然の鉱物『サヘル・ローズ』を見つけて記念物として持っていた。
サヘル・ローズは主に石膏の結晶で一部重晶石の所もあってキラキラ輝いている。
それは昔そこに、湖か川があった事の証明で……昔は、多分木々が生え、緑豊かな所だった。
子供の頃五箇山では、畑や、河原で赤縞瑪瑙の原石を発見、私の宝石箱に持っていた。
富山県と新潟県の県境糸魚川近辺は有名なメノウの産地で、類似の地層だったのでその様な事が良く起こった。
筆者がチュニジアから帰国数年後に、聞き流しのラジオから、サヘル・ローズと呼ばれる若い女性が流暢な日本語で話している。サハラ砂漠のバラを意味する『サヘル・ローズ』、彼女の母親フローラ・ジャスミンさんの献身的な姿に大きく感動した。
東京に住む東のサヘル・ローズさんと京都に住んでいた桑原征平氏。
その差の大きさにタダ、タダ、ビックリする。
もしすべてが逆で、桑原氏がサヘルさんの立場、サヘルさんが桑原氏の立場だったらどのような結果になっただろうと想像した事が、国家の経営について深く考える起点となる。
日本と同じ地球上に住みながら、何故結果がこんなに大きく異なるのか。
国家の場合
世界には約200の国家が存在するが、国家の成り立ち、現在の姿は多種多様、皆違っている。
筆者は自分の生まれた日本についてかなり知っており、次いでスウェーデンについて実体験から来る知識が多い。
50か国＝世界の国家の25％以上に旅行した事があるが、それは単に見物しただけだ。
上記の様に最小単位の家庭でも、上述の桑原氏、サヘル嬢の場合の様に巨大な違いがり……国家の場合にはその変化のバリエーションは無数にあるがそれを簡略化して考える。

民主主義国家の場合、選挙で選ばれた政治家により政策が決定され、行政官僚により計画が練られて実行され、国民は官僚の指示＝法律や制度に従って、国民として生きている。

一生を通じての事績が決める『善人』と『悪人』

社会的貢献をして人生を終える人を『**善人**』と……露見したか、しなかったかとは関係なく『天＝神』の判断で罪を犯した人は『**悪人**』であり、善悪の判断は……死亡してから後世の人が判断する事で……存命中には判断できない。
社会には二種類の仕事が存在する
社会には単純労働と呼ばれる、仕事量が人数により決まり、個人的な能力差が無視できる様な仕事『**単純労働**』と、担当する人の個人的な能力が問題になる『**智的労働**』が存在する。キャリア官僚は典型的な『**智的労働者**』であり、**それは高学歴であることが必須の条件**である。
政治家は投票行動の結果の産物で、行政行為との関係性が薄いが、キャリア官僚は行政の細部を熟知、その知識を独占的に行使して、国家運営をしている。日本では現役の40年弱の期間に留まらず現役引退後も、天下りで約20年……約60年の長期間、国政に巨大な影響を与えているから、国政の成績は彼ら次第だ。
二種類の『知的労働者』が存在する

高学歴を特徴とする『知的労働者』には経済学、社会学、政治学、哲学等の『文系専門家官僚』と、工学、理学、医学、数学等の『理系専門家官僚』の全く異なった二つの性質の学問形態を出身母体とするグループに分けられる。

日本では『文系専門家官僚』＝文系が絶対的な力を持ち、『理系専門家官僚』＝理系は、文系の指示に従って『職人』の様に、無機物と対応する職務を担当『単純労働者』並みの狭い範囲の職務に限定されている。

他方、文系の官僚は人間を対象として、人間の心が大きく関係する行政制度の立案と実行を仕事とする。

知的動物、人間の常識

地球上の生物の中で人間だけが持っている特筆すべき特徴は『本能のコントロール』と『恥を、恥と』する常識を持っている事だ。この本能と恥の意識の欠落した人間は……犯罪者、ハラサー、不法に利益を得る人、賄賂を貰う人、過度な……『欠陥人間』と見做される。『欠陥人間』である事が露見している、していないに関係なく、どの様な社会でも『欠陥人間』はある程度存在して、周囲の人に影響を与える。

傾向の複利的効果で増殖

100人に１人の欠陥人間の存在が標準である社会を想定してみよう。

１人の恥ずべき行為が……個人的な利益獲得の手段として周囲の人に感付かれる。

時間の経過と共に二人目が真似て、同様の恥ずべき行為を始め……次いで三番目と、徐々に恥ずべき行為への参加者が増加する。貯金に利子が付き、期間の経過に伴って複利で金額が増加するのと同じことだ。（造語集参照）

ある程度の期間を経過して約半分の50人が恥ずべき行為を行うようになると、その組織は恥ずべき行為を公認する組織となり、一部の人を除いて、全員参加の……正常な行政組織でなく……詐欺師集団の様な組織となり……次いで隠蔽が最も重要な組織内の憲法になる。

その様な組織に途中から新しく参加した学卒者は……社会的経験が貧弱で……それが社会の標準と理解、抵抗なくその様な組織文化に染まり成長して行く。その様な事が長期間継続すれば組織の腐敗と常識、良心との乖離は絶望的に大きくなり、組織は悪事の発生を隠蔽する事が普通になり、隠蔽は組織の最重要事項となる。

行政は常識と専門的知識のハイブリッドで行われる。

度外れに貧弱な高学歴者の常識は、貧困な家庭生活と、日本の受験目的教育を原因とし、そのルーツは日本の高度経済成長を支えた低賃金、長時間労働慣行にある。

この歴史的経過のメカニズムを理解しないで……漫然と就職、組織の悪を認識しないで経済、税制政策を行った事と、公開できない理由で消えて終った金の累積がその後の失われた30年の原因であり……度外れに高い借金依存の国家にして終った。

現在でも既に、解消のめどは全く立たず、沈没を待っているタイタニック号状態だが……ピント外れのバラマキ政治で沈没を加速させる為に、補助金、支援金の名目で……取りあえずの弥縫策として……浸水する穴に絆創膏＝バンドエイドを貼り付けている。

その１：日本の高い自殺率は貧困が原因だ　失われた30年に30万人が犠牲者に？

日本の高い自殺率の直接的、間接的原因のルーツは貧困であり、それは多分多くの社会的常識の有る方は解っていると思う。

１つの統計だけで、観察している人、常識の深度……咀嚼していない人は統計の数値だけを見てそれ以上深く考えない。

自殺率

多数存在する国際的な公的統計は、必ずしも全て一致しない……それらにはバラツキがある。

国際的に権威のある統計、OECD、世界銀行、WHOの場合でも同じ数値である事は稀だ。

例えば第８章その７の３に、人口10万人当たりの自殺者数を日本24人、スウェーデンは15人と書いているがそれらは数学的な数値上の正確さを意味しない。

永いタイムスパンで観察、何故そうなったかを思考する事で、因果関係を科学的に説明する事が重要だ。統計の数値を見て、その様な数値に至った背景を考える起点として考える習慣がなければ統計は誤用される。貧弱な常識と統計の組み合わせは錯誤の原因となる。結果として出現した統計の示す背後の探索にこそ意味がある。

自殺の原因は様々で、無数の原因が考えられるが……高い自殺率のルーツは多くの場合、貧困である事を常識は教えてくれるが、それを論証するのは簡単ではない。

（自分史第８章神戸大学院大学公開講座参照）

日本では最悪の事が起こっていた

日本では傾向の複利的効果で度外れに劣化した組織文化に加え、専門知識のお始末な文系教育を受けた高学歴者の設計した行政により、巨額公的債務が積み上げられ、債務増加は今後加速度的に増加することは不可避である。

スウェーデンは日本と比較して、**低所得者に低負担、高所得者に高負担**を課している。

日本はスウェーデンと比較して、**低所得者に高負担、高所得者に低負担**を課している。

これは行政の低所得層、エッセンシアル・ワーカーに対するハラスメント行為だ。

過去半世紀の自殺者、概略50万人の中のかなりの人の自殺が貧困を出発点としているとすると、日本の低所得者に対する過酷な税制が数十万人を自殺に誘導したと見做される。

それは日清、日露戦争当時の森鴎外の脚気の場合、1980年代のアスベスト被曝事件の、再来であり……行政の無能を起点とし……それに加えて官僚による天下り行為が国庫の蚕食を行う事で、巨額借金と……低所得者の貧困を原因とする高い自殺率に繋がった。

（第８章その７の３以降参照）

日本は先進10か国で２つの不名誉な金メダル

日本は自殺率、と借金額で先進10か国の中で断トツの不名誉な金メダル国である。

日本の自殺者数はウクライナの戦争による犠牲者数よりも多い？

日本の失われた30年の自殺者数

10万人あたりの自殺者数を統計の数値より少くな目な20人と仮定、半分の十人が直接、間接に貧困を原因として自殺したと仮定して考える。

対象人口を１億２千万×10/10万＝12,000人となる。

それが30年間継続すれば1.2万人×30年≒36万人となる。

ウクライナの戦争の犠牲者数

元々、統計は常に不確かな要素を含むので鵜呑みに出来ないが、戦時下の統計は正確な数字を期待できない。

ウクライナ政府は、国民の厭戦ムードの亢進を防ぐために兵士の戦死者数を公表しない。

現時点＝2024年５月末で公表されている３つのソースが報じている犠牲者数を以下に示す。

ニュースソース	軍人の死者数	負傷者数	民間の死者	民間の負傷者
英国BBC				
国連の発表			3万人強	2万人弱
ウクライナでの推計	7万人以上	12万人以上		

ウクライナ戦争勃発以来年２年強の間での犠牲者数だから、単年にすれば上表の半分の数値になる。
日本の貧困を原因とすると自殺者数の多さの推計値の大きさに改めてビックリだ。

社会を構成する２種類の人材

国の行政を担当するキャリア官僚は国政を牛耳り、国民の生活に巨大な影響を与える。
キャリア官僚は主に学歴で評価され、採用されて国政を行いその結果が国民の幸福、不幸をきめる。

文系と理系の役割分担

最小単位の家庭でも桑原家とフローラ家では上述の様に大きな違いがあるので、国家の場合にはさらに大きな違いがあるのは当然の事だ。
国家は、特に日本の場合文系の教育を受けた高学歴者が国政を担い、理系の教育を受けた人は文系の人の考えた政策に従って政策を実行する労働者の役割を担当している。

結果責任の世界

政治は全て結果責任だ。偶然から20万トンの純金の塊がマグマに押しあげられてが国有林の中に出現して、1,500兆円をチャラに出来ればそれでも良いのだ。全ては結果責任で、スポーツの様にルールなど存在しない。

百人程度の兵士をピサロが率いてインカ帝国を滅ぼしたのは、インカでは神である王に刃向かう者がいる筈は無いとの迷信があり、無防備だったことが原因だったと歴史家は書いている。

アレキサンダーのエジプト征服も全く似たような理由により、全ては結果責任で、褒められたり、ボロクソに言われたりする。

探検記みたいな話に湧くだけ

大使OBの藤井威氏の場合

在ストックホルム元日本スウェーデン大使藤井威氏の著作について説明している。
(第６章、４の１以降参照)
典型的な日本のキャリア高級官僚で、現役引退後天下り……全国で福祉関係者に福祉国家スウェーデンいついての講演活動をされている。現役時代に大蔵省の高官として日本の失われた30年の基礎を作られた最重要人物の一人である。

ネットで紹介されている様子から全国で100回以上の講演会の講師として活動されていると推測される。

ネットで講演の冒頭にこれから行う講演会で説明する税制の骨格を、聴衆に示した時の反応を以下の様に表現されている。

先ず、2002年度の日本の租税及び社会保障負担率の対国民所得比は38.3パーセントであるのに対し、スウェーデンは実に75.4パーセントと我が国の２倍近い数値であると言う。この数字を講演会で話すと、**聴衆から必ず「エーツ」と反応が返ってくる**。**所得の約四分の三が、国や地方公共団体に「もって行かれるのか！」という反応である**。高負担とは聞いていたがそれ程とは……という印象なのであろう。

出席者は、そんなに無茶苦茶に高負担では、参考にもならん、『国民は針の筵の上で寝る』様なもので、全くその様な酷税の国の事は参考にならない事を……出席者に理解される様子を……得々として書かれている。

ネット情報によれば、藤井氏クラスの講師への謝礼は50万円を下らないとの事。

通常20年間は続く複数の天下り先からの高額報酬に加え、頻繁に開催される講演会の講師謝礼……。

猿田教授の場合

中京大学教授でトヨタ自動車の労働環境を熟知している猿田教授は、一度スウェーデンの自動車製造工場を見学、トヨタの場合と比較して労働者がユッタリ仕事をしている様子を見てビックリされている。

筆者よりも２才若くホボ同時代を生きている。藤井大使は筆者よりも２才年長で皆ほぼ同じ時代を生きてきている。

筆者なら、何故スウェーデンではユッタリと仕事をしているのか、トヨタは長時間残業、スウェーデンは残業なしの社会、何故それで国の借金がスウェーデンは極小なのに、日本では巨額借金なのかと疑問を持ち、それを解明したいと思うが、文系の経済学者はその様な事に関心を示さない。タダビックリするだけ……それでお終い。

筆者はマスコミ、ネットに登場して自分のスウェーデン、北欧社会で発見した事を公開、自己主張している数十人の経済専門家の記事を見ているが、誰一人として無残業社会、短時間労働で機能しているスウェーデンを日本との比較で分析しようとする視点で解説している例に遭遇したことがない。

単に、スウェーデンに珍しい事があった程度の報告だけである。

アウシュビッツ刑務所見学

筆者は現役の頃はスウェーデン在住時以外、18才から57才の引退までの約39年間、平日の在宅時間は８時間程度だった。

住友電工在職時の友人との４週間の長期休暇以外、20日／年貰った有給の消化は約５日／年前後だった。

現役時代の未消化の有給休暇は15日×(39－４)＝525日となる。

年間労働日は５日／週×50週＝250日／年となるから、勤務期間２年間分に相当する。

退職後はその反動で頻繁に国内外へ旅行、コロナ騒動までは海外へ３～４回/年の頻度で出かけた。

1989年にソ連崩壊、東西ドイツを分割するベルリンの壁が無くなりアウシュビッツ刑務所が見学可能となり、翌年10日間の旧東欧国へのパックツアーに参加、ポーランドのオフィシエンチムにある『アウシュビッツ刑務所』を見学した。

それまで『アンネの日記』以外に、幾つかの本を読んでいたので、活字では知っていたが『正に事実は小説より奇なり』である。大きな看板『Arbeit Macht Frei＝労働が自由を作る』、巨大な第１、第２刑務所以外に多数の小型刑務所が併設されており……そのような現場では人間と言う者の愚かさについて考えさせられる。

有名な反ヒットラー主義者の逮捕、誘拐、刑務所収容を命令する、終戦前年に発令された暗示的、**究極的に単純な非公開命令書『夜と霧』により職務を実行したドイツ軍人**と逮捕された犠牲者……。犠牲者は500万人にも上ると推定されている。

命令を実行したドイツの軍人、収容所の軍人……彼らは当時の高等教育を受けている……人間について深く考えさせられる。

21世紀の日本と似ていないか？
生活苦、低賃金長時間労働、巨額借金、自己中心『妖怪ジャパン』

失われた30年は『妖怪ジャパン』に誘導された高級官僚により、日本を低賃金長時間労働国として放置した。エッセンシアル・ワーカーと呼ばれる数千万人の500万円以下の低年収の人々は生活苦に喘いでいる。

10万人あたりの自殺者数を20人と仮定、半分の十人が直接、間接に貧困を原因として自殺したと仮定して推定する。

対象人口を１億２千万×10/10万＝12,000人となる。

それが30年間継続すれば1.2万人×30年≒36万人の巨大な数値で、多くの県庁所在都市の人口に匹敵する。

原爆が投下された当時の広島市の人口は約35万人……全員を殺した事になる。色々な推計があるが原爆投下後の半年に約15万人が被曝を原因として亡くなったと言われている。

自殺は緩慢に進行したから……多くの人は認識しないがこれが現実だ。

日本のキャリア官僚が統計の背後に潜むものを思考する知性、国民に対して忖度する気持ちがあれば……それが日本の現実だ。

その２：月間文芸春秋誌『100周年記念号』が公開した
日本の不毛な文系知識人

発端は現役財務次官の政策批判記事掲載

矢野論文と講演活動

記念誌発行前年の2021年秋、現職の矢野康治財務次官が巨額になった国債発行残高とバラマキ政策の組み合わせを批判する論文を寄稿した。現職の高級官僚が政府に反論するなど日本ではあり得ない事だ？

論文は文芸春秋の読者賞を受賞、社会が注目するようになった。

退職後日本生命に天下り

矢野氏は論文発表とホボ同時期に退職され、その後日本生命特別顧問に就任した事が公表されている。

筆者の勤務していた会社の名ばかり会長第３代財務官稲村光一氏の例から、推測すると……他の天下り先もあるのかもしれない。（第４章、その１以降参照）

退職後頻繁に講演活動を行い、ウイキペデイアには１年間に講演を数百回行っていたと書かれている。

筆者の知識では講師の謝礼は最低大卒初任給～100万円程度だから、中間値の50万円としても……１億円のレベルで、庶民感覚では信じられない高収入になる。

それを聞きたい人は多い

矢野氏は民間企業に……中国の習近平氏の様に……独裁者として振舞う立場にいた人で、過去にそのような人はいなかった。

矢野氏の講演は民間企業にとって行政の奥の院で考え、これから起こるかもしれない事を予想するための絶好の機会と考えられたであろう。全国の企業団体、商工会議所等が講演会をアレンジする。藤井大使OBと同じような講演活動である。

無数の企業の責任ある立場の人がいるから数百回は不可能な数値ではない。

碩学と文芸春秋

碩学、著名経済学者の意味不明な論文……。

文芸春秋100周年記念誌に碩学佐伯啓思氏の論文と小林慶一郎氏VS中野剛氏の対談が掲載された。（第１章その19参照）

目次に書かれた佐伯啓思氏の『民意亡国論』を読み、それは『日本の令和の碩学』佐伯氏が懺悔の言葉を書いている事を期待したが、全く反対に……民意を非難して……空中に浮いているゴミの様な……空疎な議論＝言い訳を全12ページを使って日本で起っている事を他人事のように言っている。

令和の碩学として、文芸春秋100年記念誌の目玉の一つとして、文芸春秋編集部が日本の最も著名な経済学者として選んだ三人だ。日本には「日本経済学会」と呼ばれる学会があり約３千人の学会員が登録されているが、経済学会以外にも無数の文系学会があり……その中から選ばれたエリート中のエリートだ。

農村育ちVS都会育ち

筆者は山岳地帯の農村生まれ……小規模な学校で規則に縛られないで自由に生きて……子供～青年前期に大人の本を乱読、雑多な経験を先にしているので、本格的な専門書や論文を読む時点では、内容に疑問や反論意識を持ちながら読んでいた。

都会生まれで、高い教育を受けている人は、白紙の頭の中に教科書、文献、論文が叩きこまれ……それが基準となって、それをベースに社会、現象を観察するから……筆者とは出発点が全く異なる。

筆者が中学生の時に遭遇した二つの議論

島田君との議論

詳細については忘れたが,高空をB29爆撃機が飛行機雲を引きながら飛んでいた頃の話だ。

中学生の頃の議論で島田君は……おばあちゃんが云うとった、昔、多数の飛行機が飛んでいたと……お祖母ちゃんが云うとった、と締めくくった。筆者は反論する事が出来なく、議論は島田君の勝ちで終了した事を今でも覚えている。

大人になって考えてみれば明治中期生まれの祖母の時代に、日本で飛行機が飛んでいる筈はない。

中野VS小林対談は筆者の中学生の頃の議論と酷似……違いは筆者の遭遇した島田君の議論の裏返しで、中野、小林の両氏は絶対にある筈のない過去の前例を発見する為の議論をしている。彼らの頭に科学的に現象を分析、因果関係を明らかにする視点がなく、イスラム教のイマム＝僧侶が問題に対する回答を求めて、先ずコーランを調べ、次いで新訳聖書、次いで旧訳聖書と、何処かに解答が有る筈と調べる様なものだ。

経済は大小のパラダイムシフトを通過しながら、不可逆な変化の歴史から成り立っている。

昔と同じような経済環境の再来は絶対に無い事が解っていない。

小林VS中野対談記事は典型的な活字経済学者の議論で……生き物である経済の性質が全く解っていない。

当然の事だが……本人はその事に気付いていない。

筆者は霊能者三上某を、逆に折伏した

筆者が中２の時に遭遇した、詐欺師で霊媒師の三上某と同じだと思った。論文は読まれるだけで……誰からも質問、反論が出来ない非常に不公平なものだ。
三上某の場合には、筆者が質問を繰り返すうちに……三上某が自分で自分が何を言っているか気付き……結局彼の詐欺商売である、数百年前に亡くなったご先祖様との対面が不可能である事を出席者に暗示する事となり集会は終了した。（自分史第二章参照）
経済論文の内容は筆者の視点からすると……成績優秀な中学生が読んだ本の活字知識を羅列しているだけで……原因を特定してそれを解決するような視点が全くない。

異常なまでに細部にこだわる

農林省の高官OB榎氏の著作に訂正を詫びる小片が挟まれていた。

> 豊岡農業高等学校と書かれていますが、豊岡農学校の間違いでした。
> 訂正して深くお詫び申し上げますと書かれている。

本の内容は筆者の様な農家育ちの人間には、直ぐに解る様なもので、不必要なくらい過度に詳細にわたって記述されているが、都会育ちの人には解らないだろうと思った。

度外れな自己主張と常識の欠如

京都大学経済学博士藤岡純一氏の『スウエーデン社会における社会的包摂の福祉・財政』は別の所で内容について筆者が疑問を投げかけているが、末尾に書かれた以下の自己主張にはビックリした。

> 本書のコピー、スキャン、デジタル化等の無断複製は、著作権法上での例外を除き禁じられています。また、本書を代行業者等の第三者に依頼してコピー、スキャン、デジタル化することは、たとえ個人や家庭内での利用であっても著作権法違反です。

と書かれている。（第４章その５参照）
藤岡博士の著作の内容については既に別の所で解説している様に、他の多くの北欧専門学者と同様に、スウェーデンに文科省のKAKENの費用で出張して聞き取り調査。ストックホルム大学、ウプサラ大学、エレブロ大学に客員研究員として長期間の滞在経験があるが、スウェーデン語が解っていない事が読みとれる。
若しかしたら、累積で筆者よりも長期間スウェーデンに滞在されており、年齢は正確には解らないが、筆者よりも５才以上若いと推定される。筆者の視点で観察すると、巨大な大木の一枚の落ち葉を眺めて、その大木について論評するような……大よそ誰も関心を持たない様な事を過去の論文からピックアップして記載、反論されない様に書かれている。
理系の学者とは非常に違っているので、日本の文系学者と理系学者はお互いにエイリアンの様に……全く異なった学者文化の中で遊泳しているように感じる。
総ページ数345で表紙は厚く豪華版で価格が4,000円。
日本では本の定価は外税だから10％の消費税込みで4,400円になる。
因みにスウェーデンでは本の消費税は６％だから、4,240円になり、スウェーデンでは160円安くなる。
著書は2016年に出版され、当時日本の消費税は８％だったから、スウェーデンでは６％、日本では８％だが、スウェーデンの消費税25％は世界的によく知られた常識みたいな事だが、書籍類の消費税がスウェーデンでは６％である事が書かれていない。

現地情報で書くべき事が書かれていない

スウェーデンの消費税25％は日本ではマスコミで報じられている常識だが、藤岡博士は国民の知的能力を高める書籍、出版物へ軽減税率で日本より低い事を記載していない。
スウェーデンでは国民の知的能力を向上させる明確な意志があり……書籍類を６％にしているが、彼らは現象の背後に隠れている何かを探る……学者に最も重要な事を意識していない。最も重要な現地情報をキャッチ、それを理解する想像力に欠けている。
岸田未来京都大学経済学博士の場合も、ホボ、藤岡博士の場合と同様だが、スウェーデン語を少しはかじっておれば絶対にしない様な間違いを論文の紹介文で連発、藤岡博士と同様に複数の大学に客員研究員として、スウェーデンに長期滞在されている。
もし、岸田博士の論文が学会の話題となる様な学術的価値があるとされて、舞台に上げられ……それを筆者の様な一介の無学な素浪人に指摘されたら……面目丸つぶれになるから……常識の有る大人はその様な事が起こらないように、慎重になると思うがその様な気配が全く感じられない。（第４章その12参照）

外来語のカタカナ表記

英語を学んでいないか、英語しか学んでいない人は外来語の片仮名表記に異常にこだわるが、多言語を学んだ人は外来語のカタカナ表記は、自分の耳でキャッチした発音に従ってカタカナ表記する人が多いと観察している。
英語文化ではスペルの１つの間違いは、全く別の意味になる事があり、特に専門用語の場合に大切な事だが、それ以外は意味が通じればそれで良いと思うが、文系論文、著作の場合には。書かれている内容の大意よりも……先ず句読点や、漢字の転換ミスがあると、論文の価値が激減する事が解った。
義務教育の教科書では外来語の片仮名表記が決められており、**例えば『スエーデン』と書くと、間違いとされて、減点される。**

その３：理系では論文の大意が最重要

理系論文、著作の場合には大意が最も重要であり、大意に内容があれば舞台に載せられて、議論、批判の対象になる。
舞台に上げられない様な論文は全く意味がない。舞台に載せられなくて放置されている論文には、全く価値がない。
理系の社会では１つの論文の主張、発見を報告する論文にヒントを得て……誰かが何か新しい事を発見、思考実験をする事でお互いに刺激し合って新しい何かが生まれる。

日本の国政

日本の国政は選挙で選ばれた国会議員によって立案される。
多数の政党からなる異なった主義主張は民主主義の多数決の原理で決定され、それは実行機関である行政により実行される。
その行政に日本では最も不向きな。文系の教育を受けたキャリア官僚が当たっている。

特許

理系学者の成果で文書化される物に特許がある。
特許の場合には大意が重要に加え、文章の正確さ、合理的な論旨の展開が重要……小さなバグ、句読点の一か所の間違いで決定的なミスとなり、拒絶理由となり……大変な費用をかけて研究、出願書類を用意しても登録されなくて長期間かけた研究の成果が無に帰することになる。

それだけに、理系の学者、技術者は真剣だが、藤井大使OB、猿田教授の講演会の様子がネットに現れてくるが、出席者のレポートからは、小学校の高学年生や中学生が夏休みの宿題の研究報告会をしている様に見える。

経済学論文は無謬だが、過去の記録で何の役にも立たない
科学論文はミスを含んでいるかもしれないが社会貢献をしている。

経済学者の論文

学者と呼ばれる、高学歴者は論文、又は著作で研究活動を発表して社会にその存在を自己主張する。

藤岡博士、岸田博士等執筆の多くの論文を引用させて頂いたが、彼らの執筆した論文は、誤植、校正の不手際を除いて……無謬＝ミスは絶対に無いだろう。

なぜなら、彼らの主張の根拠は全て引用資料に有り、もし誰かがミスを発見したとしても、それは引用論文のミスであり、彼らのミスではないからだ。

この様に経済学者は、自分の自己主張の無謬性を担保し、もしミスが発見された場合それを引用資料に転嫁できる。

この様な背景があるので……長い間にそのような環境が経済学の分野で研究活動を行っている研究者は社会的常識と大きく乖離した経済学者常識を作り上げる事になったのだろう。

理系の真剣な作文である、論文、特許について

論文の場合

Ａ級科学論文とＢ級科学論文

理系の科学者が真剣に作文するのは論文や特許の出願をする時である。

特許出願の場合は１種類として扱えるが、論文の場合には純粋に新しい何かについてのＡ級論文と、文系論文の様に過去の論文を通読して、その内容を分析、又は累積して新しい解釈を自己主張するＢ級論文がある。

Ａ級論文

Ａ級論文が出現する頻度は非常に少ない。多分、Ｂ級論文の0.001～0.00001％のレベルである。

Ａ級論文の価値、科学の進歩に与える影響は論文により大きく異なるが、著名なものとしてはアインシュタインの相対性理論、湯川秀樹氏の中間子の存在を予言した論文などがそれに相当し、Ａ級論文と見做せるものは稀にしか出現しない。多くのＡ級論文は提出時にＡ級と認知される事は非常に稀で……時間が経過して、その間に……同業の科学者からの反論……追試での再現性の確認等の手続きを経て、最終的にＡ級論文として社会に認知される。

世界中で数千の理系の博士号を授与する大学があり、毎年、多分、数十万人の博士論文が提出される。

在野の企業や公的研究機関に勤務する研究者も含めると、多分、数百万人が論文作成の対象者となる。

理系論文の場合には、論文が扱っている分野の同業研究者に実験結果を公表する事で、同業者に同じ研究をする無駄をさせない事で社会的費用の削減に繋がる貢献がある。

特許出願の場合

特許出願に値すると考えられるアイデイアが出現しても特許として権利を主張する為には特許が出願され、その内容が世界中に存在する……科学者、民間会社、大学、公共期間等の……過去の知識を凌駕して、社会的に有用なものである事を証明しなければ特許は登録され

ず、高額な費用を掛けた特許出願は無駄使いになって終う。

A級科学論文と特許の価値

A級論文と登録特許が社会に対して貢献している事は自明で、説明を必要としないが、追加すべきもう一つの社会的貢献がある。

世界中に無数に存在している。同業の科学者、技術者にその分野の最先端の位置を明らかにする事で……同種の研究をしている研究者に無駄な研究の為に時間と費用の浪費を停止させる事である。

文系論文とB級科学論文の場合

文系論文とB級科学論文の場合は、単に自己主張しているだけで……社会貢献はゼロと見做される。

> 経済学者、それは暇に任せて、過去の論文の集積
> 特別な能力を必要とせず……単に事務的な文書作成能力だけ、
> 天竺から渡来の仏典の翻訳をした、仏僧と変わらない……。

それに加えて、経年変化で腐敗、怠惰の歴史の蓄積で組織は経年変化……ヒンズー教の世界で著名な哲学者チャルバ・カーキーの様な、快楽至上主義を実行する様に変化した。

> チャルバ・カーキーは、旧来の共同体的な規範、倫理、常識を無視して……他人のことなど考えないで自分の幸福追求をする事こそ人生の目標だと主張している。それは、まさに日本の一部のキャリア官僚の姿だ。

文芸春秋誌の100周年記念誌から日本を読み解く

以上の様に日本の論文社会の現況を分析して考えると碩学佐伯啓氏の掲載記事『民意亡国論』があのように書かれた必然性、及び小林慶一郎氏VS中野剛氏の『対談記事』があのように書かれた理由が理解出来る。

日本の文系学者の代表として選ばれた３氏の掲載記事が明瞭に示した様に……科学的に因果関係を明瞭にする訓練を受けていなく、科学的に思考することを放棄しているので……空疎なインドのヒンヅー経の僧侶の様な議論を展開している。

文芸春秋社の場合

文芸春秋社は、多分、日本のインテリ層を読者としていると言う自負がある。

文系学者が日本の政治、行政に巨大な影響をあたえ……文系学者が日本の『デイープ・ステート』であり、理系の科学者は行政を支える職人……それは肉体労働者を意味する……として扱われているので、文系学者の３人に歴史的な『100周年記念誌』の掲載記事の執筆を依頼した。

筆者は反論の記事掲載を提案した

筆者は10代後半から還暦頃≒2000年まで文芸春秋の愛読者で……その後立ち読みで目次と巻頭言だけの読者になっていた。記念誌を発見、日本のオピニオン・リーダー的な文芸春秋が佐伯論文を掲載している事に憤慨して、反論を掲載して頂きたいとお願いの書簡と、掲載論文を紙原稿で編集人当てに郵送した。

持ち込み原稿はダメ

編集部から、電話があり文芸春秋では全て企画を決めてから、その企画に最もふさわしい人物に掲載記事をお願いするスタイルでやっている。郵送された原稿も返却いたしませんとの事だった。

編集長＝編集人からの手紙

文芸春秋社の返答から、数日して、郵送された編集人の新谷学氏から、強烈な感情のこも

った葉書が届いた。

自分はその後、部門が変わり編集人ではないと……ほんの数か月前に編集人を解任され……多分、降格され……自分の責任ではないと……。詳細は不明だが、文芸春秋社の内部が簡単ではない事を示唆された。

<table><tr><td>
科学的に思考する事を放棄して……『偽魂偽才』となった文系学者が日本の行政を差配している事が失われた30年の根本原因だ。
時間は掛かるが原因が解れば……方法は一つだ。
状況がさらに悪化、多数の人が 毒食えば皿まで とうそぶく様になる前に手を打たなければいけない。 日本の教育、子供の育て方、家庭生活を充実させる事だ。
時間は掛かるが根気よく実行するしか方法はない。
巨大な負の遺産を作り、消え去る我々世代の無責任を恥じるが……『覆水盆に返らず』……「転ばぬ先の杖」ではなくて「転んでからの杖」では仕方がない。
この本が次世代の『日本再興策』を実行される有意な若者の参考になればと願っている。
</td></tr></table>

◆　私の周辺で起こっている事、聞こえてくる事。

日本ではスウェーデンは『高福祉高負担国』で酷税の国であるとされる常識が支配しており……高福祉を行う為に増税が必要とする常識が学者、識者に蔓延……マスコミ、社会もその様に信じている様に見受けられる。

1．スウェーデンは日本が目標とすべき高福祉国？

日本ではスウェーデンは『高福祉高負担国』高福祉は高負担で支えられていると高校の頃から教えられそれが常識になっている。マスコミ報道、経済学者や福祉関係の専門家も論文や著作でスウェーデンを理想的な高福祉国として紹介、日本の常識となった感がある。

2．国際統計の評価。

国際統計では日本は『高福祉低負担』の理想的な国であると、統計数値で示している。私は日本で日本が『高福祉低負担国』であると、主張している学者、経済専門家の言説に遭遇したことがなく、マスコミからその様な事が報道されない。

3．増税姿勢を鮮明にする日本政府。

福祉国家を目指し増税が必要と政府は増税方向に進んでいる。

既に日本は殆どの年金生活者、低年収者にとってはスウェーデンよりも税負担が高いのに。

4．日本の若者世代は低収入で貧困。

日本では就労者の大きな部分を占める、エッセンシ・アルワーカーと呼ばれる方々の年収は４～５百万円で、生活が苦しく将来に明るい希望が持てない。著名な経済学者が年金会計の破綻の可能性をはやし立て、個人年金の必要性を煽る。

5．スウェーデンから40才の夫婦が里子を依頼。

既に二人の子持ちのスウェーデン人夫婦が、私に３人目の子供を日本から里子したいと熱烈な要望を受ける。

彼等は普通の給与生活者だが、それが出来る、したくなる経済的な余裕がある。

6．日本の税制はスウェーデンよりも低年収層に高い税負担

額面年収４～５百万円の人にスウェーデン税制を適用すると年末に約50万円還付される事になり、明瞭にスウェーデンの税負担は日本より軽い。

7．日本の税制はスウェーデンよりも超高額年収層に低い税負担

数億円の超高額年収層では日本はスウェーデンと比較して10％以上税負担が軽く、日本は低年収者に高い税負担、高年収者に低い税制を取っている。

日本ではスウェーデンを大きく誤解している。

額面年収が数億円以上の富裕層の人にとって、スウェーデンは日本より10％以上高負担国だが、年収１千万円以下の低所得者にとってスウェーデンは低負担国だ。

OECD統計は日本が『高福祉低負担』で夢の様な福祉国家であると数値で示している。

私は日本がそのような高い評価を受けている事実を学者、マスコミが伝えるのを聞いたことがない。

◆ 庶民の視点でスウェーデンと日本の家庭経済について重要な10項目を以下に比較する。

－額面年収４～５百万円の低所得者の場合、日本よりも税負担が約50万円低い。
　子持ちの共稼ぎ夫婦の場合、二人で年末に100万円の還付金＝ボーナスを貰う様なもの。

－2.8％以下の低濃度ビールは酒税がゼロ、消費税が８％で清涼飲料水扱い、大方日本の半値。政府は国民を健康に誘導……将来の健康保険制度への負担軽減を図っている。
　高濃度ビールには酒税と消費税25％が付加されるので、劇高値となる。
　日本で売られている価格約３千円４Ｌ入りの焼酎は……スウェーデンには存在はしないが……スウェーデンでは４～５万円となり、消費税は25％だから、消費税の部分だけで１万円になる。

－書籍などの出版物は、国民の知的栄養物として６％の軽減税率であるが日本では10％だから、日本の方がスウェーデンよりも約1.7倍消費税が高い。

－子供の医療費は19才まで無料

－子供の教育費は大学まで無料、遠隔地の大学入学の場合には生活費も国が補助で、アルバイトは必要なし。

－相続税、贈与税はなし。

－固定資産税は住むコミューン＝市により異なるが日本の1/２～1/3で低い。

－筆者はスウェーデンで新築住宅を頭金なし30年のローンで購入した。金利支払い分は全額税額控除で約７万円/月が還付金で戻ってきた。賃貸マンションの家賃が約７万円/月、日本の大卒の初任給が10万円以下の頃の話だ。知人が制度は現在も同じだと言っている。

－ウイスキー、タバコ、贅沢品を必要とせず、健康維持に気を使っている生活者の場合、日本よりも消費税の高い商品を見つけるのは困難。

－私がスウェーデンに初めて出張した1960年代、既にスウェーデンは残業の無い社会で、残業と言う言葉は死語だった。残業は労働者にとっても、雇い主にとってもメリットが無いように税制が設計されている。大きな税負担を担っているのは、残業なしで会社経営をしている民間企業だ。

日本人にとっての不便

日本人が生活する場合には少々異なる。多くの野菜、果物は輸入品で高くて、品質が良くない。日本酒を売っているが日本の数倍の値段。鮮魚は種類が限られており、値段が高い。刺身に出来るような魚がない等で、日本食大好きの私にとって食生活は大変だったが、外国での生活で自国と比較するのはお門違いだが、経済の問題は万国共通だ。

◆ 失われた30年に起こった日本経済の不都合な真実。

失われた30年は1990年代初期に始まり、コロナパンデミックの終期を意味するが、コロナ

の数年間を例外として、30年間も長期的な経済の停滞は日本経済だけの問題であり、世界的な問題ではない。
同時期の日本経済とスウェーデン経済のパフォーマンスは驚くべき違いを見せている。
コロナ対策に対する対応の大きな違いもあるが、それは医療、医学的な対応の違いであり、経済の問題に対する影響の度合いは軽微である。
世界的な弱者に優しく、LGBTの少数者に配慮して、SDGsが話題となり、世界的に福祉国家を目指す傾向が強くなる中で、日本も例外ではない。
政府は多くの弱者への経済的支援策を提供してきたが、その結果は惨憺たるもので、全就業者の約2/3を占めるエッセンシャル・ワーカーと呼ばれる年収4～5百万円の方々は生活苦の中にあり、将来展望が持てない。それが結果として非婚、避婚、少子化、経済の停滞となり失われた30年を作った。
日本の経済学者は経済現象を科学的に思考する姿勢を完全に放棄している。
錯綜する種々の経済統計を統合して問題の本質を見極める事が出来ない。その結果矛盾する経済現象、統計数値が並立、共存して……未開のジャングル状態にある。
両国の経済状態を要約すれば以下の様になる。

米ドル換算購買力は完全に逆転

日本の1人当たり購買力は1993年にスウェーデンの1.8倍だったが、2023年には完全に逆転、反対にスウェーデンの方が1.9倍高くなっている。

借金＝一人当たりの公的債務残

日本は約1,200万円と巨額になったが、スウェーデンはゼロと書いているが、少額だが余剰金を作っている。

歳入、歳出のバランス

スウェーデンはコロナの激動期の数年を例外として、均衡財政を維持。
日本は3～4割を借金に依存してきた。今後借金依存度は憎悪する事が避けられない。

何故この様な事が起こるのか

日本には無数の経済、政治、法律、社会学等を扱う文系学者に加え、企業会計を専門とする公認会計士、税理士、企業の経理担当などの経済活動を監視、注視している人が多分、全就業者の数%はいるだろう。
1970年代から東京大学を筆頭にキャリア官僚として採用された経済学士は、英国に官費留学で法律学修士に、法学士で採用された人は同じく官費留学で経済学を学び、高級官僚は、経済と法律の二刀流だ。
MLBの大谷翔平氏は二刀流で有名だが、彼は通訳を必要としていたが、官費留学したキャリア官僚は通訳を必要としない……歴史上過去に存在しなかった言葉……3刀流使いだから、海外主要国の事については熟知している筈だ。
高福祉国としてスウェーデンは注目される国であり、多くの経済学者、専門家がスウェーデンを訪れ、スウェーデンの著名大学で学術研究員として長期間滞在している。
人によっては筆者より、累積スウェーデン滞在期間の永い人もいるだろうが、スウェーデン語が全く解っていないので、スウェーデンの常識が解っていない。
スウェーデンでは殆どの大学卒の人は英会話ができるので、その好環境がスウェーデン語を学ぶ必要性を与えなかったのだろう。
マルチリンガルが何ら珍しくない21世紀に筆者より20才以上若い北欧専門の経済学博士が、短い論文紹介の要旨説明の中で数十回も在ってはいけないミスを繰り返している。
筆者は上記の矛盾する経済統計の並立する理由を、瞬間的に感知できるが、それを文章で他人が理解出来る様に文書化することは容易ではない。

日本では高級官僚、学者、専門家、福祉関係者その他すべての日本人は何かにマインド・コントロールされて、スウェーデンは『高福祉国』で夢の様な福祉国……日本政府はそれを目指して国民が幸せになる様に政治が行われていると思っている。

実態は日本の政治は『国民ファースト』でなく『国民ラスト』で運営されている。

巨大な闇は……それが意図的に成されているのか……キャリア官僚が無能なるゆえに……意図していなかったが結果がそうなって終ったのか？

この本では、約250項目に細分化して……多面的に日本で起こっている不合理な事を説明する為に千ページを超える……多分、誰も読みたくない様な大部の本になって終った。

日本ではスウェーデンは税負担が高いと言われているが、年収７百万円以下の低所得層では日本の方が確実に高税負担だ。出版物の消費税は日本が10％、スウェーデンは６％で日本の方が約1.7倍高いが、スウェーデンは高負担と言はれている。年収数億円では、確実にスウェーデンは高負担だが、何故か日本の学者はそうは言わない……。

真実を理解する事が必要だと思ってこの本を執筆した。

その４：『年金財政検証』は日本の劣化を直視しない、出来ない事を露呈

この部分を執筆している１週間前に発表された「年金財政検証」は厚労省と参画した約30人の日本のトップ級経済学者は、円安を主な原因とするインフレにより多くの庶民を生活苦に陥れている事に全く気付いていない事を証明した。

円安傾向が……1,500兆円の巨額借金が原因である事に気付かぬふり……又は気付いていない、**新聞記事を読み死ぬほど驚いた**。同じ週に、NHKの朝のニュースでラジオから流れて来る大阪万博協会交通部長のコメントを聞き……変だと思って、2025年開催の『大阪万博』の背景を知り又、死ぬほど驚いた。

民間企業にも官僚の無能と採算性無視が感染したのか？

執筆に約５年掛けて、脱稿直前になって、２つの死ぬほどビックリするような事件が目前に現れた!!

それまでは、無能と採算無視は行政だけの問題だと思っていたが、『大阪万博』には多くの民間企業の関係者もいる。

民間関係者は『大阪万博』の採算性に疑いの眼を持つことが出来なかったのか？

問題を認識していたが……それを指摘すれば……本人のみならず、会社に禍が降り注ぐから無言だったのか？　理由の如何を問わず、行政官僚のみならず、関西の基幹民間企業も……1,500兆円の借金を積み上げた日本の行政と同じように劣化して終ったのか？

30年前にはこの様な事は起こらなかったが、21世紀なり……日本は極度に劣化、更に劣化の速度を上げている。

日本の行政が度外れな無能と不正、それを見逃し、擁護して仲間となり……おこぼれを期待するペットの様な御用学者とNHKを筆頭とする大マスコミ。日本は経済的に死んだ社会になっている。

既に第１章で多くの愚行を登場させたが、それらは過去の結果についての論評である。

『年金財政検証』は筆者が初めて遭遇した未来予測で日本の経済官僚、経済学者には何も期待できない事が判明した。

国、行政、現在のトップ級専門家……その中には現日銀総裁の植田和男氏も含まれ……再興を必要としていると言う認識が全くないから……当然、劣化する日本を再興する事が必要

と考えていないだろう。『年金財政検証』が想定した30年後、日本は生活困窮者で溢れ、犯罪が多発する無茶苦茶な国になるだろう。

人間も肉食獣の犬も十分に食料があれば同じだ。

北海道で野犬が集団で放牧されている乳牛を襲う事件が多発……他方ネットでは可愛いペットとして買われている肉食動物の大型犬が小猫、子供の新生児、他のペットと心温まる情景を示す動画が無数に投稿され……心をホッコリさせてくれる。大自然の自由競争の中で生きる事＝食料獲得競争の中では……子猫、放置された新生児等は……食い物とされるが……肉食獣の大型犬でも食料の心配がなければ……肉食動物の本姓を忘れたかのような優しい振舞をする。**食料の有無が決定的な違いを見せ、人間の世界も同様、それは第二次大戦後の食糧難の時代を思い出させる。**

食料不足の終戦～朝鮮動乱まで

第二次大戦後の日本では農業、漁業人口が80％以上、食料の自給率は現代よりも高かったが、絶対量不足から、食料不足は深刻な問題だった。戦前の国内人口は約5,600万人、食料自給率は70～80％で現在の約２倍だったが海外からの帰還者が600万人以上おり、食料不足は深刻だった。

飢餓線上にある都会の学者が、米、イモ類で家族の空腹を満たせる環境を求めて、筆者の住む五箇山に疎開、中学、高校の教師に就任していた。

佐賀県出身、東京で裁判所の判事をしていた山口良忠氏が国の配給食糧のみの生活で、栄養失調になり餓死する事件が発生した。配給米以外の闇米の流通を取り締まる判事が、闇米を買って食べるのは正義に反すると配給米だけで生活する事で接取カロリー不足、栄養失調が原因で33才で餓死した。筆者の母は、当時珍しくない行商＝『かつぎや』と呼ばれていた……をしており筆者は父母と川に字になって寝ていたので、毎晩大人の社会の出来事を聞いていた。同業のＨさんが背負っていた米２斗＝30kgを巡査に没収された……農家のＴさんの家に警察が家宅捜索、２俵＝120kgの米が没収された等である。

山口判事の餓死事件は筆者が小学校入学の前年秋に起こり、その後数年間大きな話題になり今でも鮮明に覚えている。

エネルギー自給率

戦後昭和30年代までは大都市以外では薪炭で炊事を行い、都会では練炭と七輪の組み合わせが炊事用に使用され、電力需要は照明用が主でそれらは水力発電で賄われエネルギー自給率はホボ100％レベルだった。

21世紀になり、あらゆる事が電気、ガスに頼る社会となり日本のエネルギー自給率は限りなくゼロに接近している。

『年金財政検証』が示す様に、失われた30年と同様の経済状態が継続すれば日本は確実に無茶苦茶になる。それは加減乗除の四則計算でわかる常識問題だ……想像を絶する食料争奪戦が起こるだろう。『年金財政検証』では同様の国家財政が未来の30年も継続すると定義している。

リスク負担を放棄した日本政府

スウェーデンでは国民が金融商品価格の乱高下に心が奪われて、乱れないように政府が国民に代わってリスクを負っている。

日本政府は国がリスクを負う事を放棄、国民をハイリスクの金融商品へ誘導する政策を強力に進めている。リスクを負わされた国民は金融商品価格の乱高下に心が乱れ、仕事への集中度が低下、自動車事故、列車事故の増加……仕事の精度の劣化に繋がり、日本の産業競争力を支えて来た製品の性能バラツキの低さ、納期厳守を維持する事が困難になり、日本経済は加速度的に劣化するだろう。

『財政検証』、『大阪万博』、『国民をハイリスクの金融商品への誘導』、『行動経済学』、『日本政府の覆面為替介入』、『GPIF』の６要素が明確な形で姿を現したことに加え、『金融庁長官OB遠藤俊英氏のソニー銀行への天下り』を知り、なぜ失われた30年が起こり……それが未来の30年にどの様に繋がるか、自信をもって断定できると思った。

『財政検証』、『大阪万博』、『覆面介入』、『GPIF』については、ホボ脱稿直前の2024年７月前半にNHKの朝のラジオのニュースで聞き、この４件について知っておれば、面倒くさい『妖怪ジャパン』を想定することなく……当初から失われた30年に起こった日本の経済的劣化は……数学の解答のように決まっていたと断定調に解り易く執筆出来たと思った。

これから、上記の４件も無加えて最小の紙数を使って失われた30年の発生原因を以下に要約する。

今後の30年は貧富の差が激増した社会になる

行動経済学の影響

第６章、その35に政府が国民をハイリスクの金融商品に誘導、スウェーデンでは反対に国がリスクを負って両国では真逆の方向で政策、行政が行われている事を示した。

先ず、今後30年間に日本の政策が巨大な貧富の差を引き起こす数学的な必然性について検証する。

多数の人が参加すればその結果は数学的に正確に予想される

金融ビジネスへの入口である株式、債券、投資信託、株価指数の先に……究極のFX＝外貨取引がある。高いレバレッジと市場が大きいので短時間で結果が出る為、多くの人は確実にFX市場に誘導される。

金融市場＝賭博場でありゼロサムゲームだから、毎回勝った人と、負けた人が出現する。

２千万人の内の半分、１千万人が経験を重ねる内にレバレッジが高く、勝負が速く、市場規模が巨大なFX市場に引き込まれるのはありそうなことだ。(筆者はそうなると確信する)パチンコ、賭けマージャンと全く同じだ。

連続で勝てる確率は単純な数学で表わせる

第４章、その７に既述の様に筆者は行動経済学の原理を借用して８回連続でジャンケンに勝利、商品の大型ラジカセをゲットした。ジャンケンの回数をnとして、その間に対戦する人数＝負けた人の数Xを数式化すれば、連続して勝てる確率が計算可能で、それは$X＝2^{(n-1)}$となり下表の様になる。

n	1	2	3	4	5	6	7	8	9	10
X	2	4	8	16	32	64	128	256	512	1024
n	11	12	13	14	15	16	17	18	19	
X	2048	4096	8192	16, 384	32, 768	65, 538	131, 072	262, 144	524, 288	

この表はFX市場で19回連続勝利する人が、50万人に1人出現する事を意味する。

1千万人が参加すれば、20人が19回連続で勝利する事を意味する。

株式、債券、投資信託市場は値動きが緩慢だが、FX市場は巨大で動きが速く毎年20人が19回連続で勝利する事は充分に起こり得る事だ。

種銭＝初期投資額10万円でレバレッジを法定範囲の25倍で計算すれば次頁の表の様になる。

種銭10万円に25倍のレバレッジを効かせて250万円を運用、２倍になったらその回終了として種銭がどの様に増殖するかを下表に示す。

種銭の増殖表（億円）

種銭	1	2	3	4	5	6	7	8	9
10万円	0.05	0.1	0.2	0.4	0.8	1.6	3.2	6.4	12.8

経済官僚との縁故繋がりでFX長者が日本経済で巨大な位置を占める。

日本の為替介入に伴う行政、出身学校繋がり、その他の人的つながりから発生する、為替介入に伴う先回り取引で、勝率100％を確保できる人々と、幸運にも連続して勝利したFX長者が日本経済を支配するようになる。

特定口座で源泉分離課税にすれば10億円の儲けても20.35％税金しか掛からない……。

国家の稼ぎ役民間企業は人材の劣化から国際競争力を喪失日本は劣化を促進する。

金融、経済の世界はゼロサムゲームだから、その反対側には多数のその様な恩恵に浴する事の出来ない庶民がいる。

金融商品の値動きに……ドキドキしながら、心は安定しないので……仕事に集中できない。

数でこなせる単純労働の現場では日本の製造業の強みだったバラツキの少ない均質な製品、納期の厳守が困難になる。

数よりも、個人の創造力、思考力が最も大切なＲ＆Ｄ部門では……集中力を欠き、世界競争に勝てない国になるだろう。

『大阪万博』と『年金財政検証』

７月第１週に厚労省から発表された『財政検証』の新聞記事を読み、死ぬほど驚いた。

同じ週にNHKの朝のニュースでラジオから万博協会の淡中交通部長が、万博入場者の大型スーツケースの持ち込み禁止に伴い、最寄り駅から会場までのルートに荷物預かり所を新設する必要があると言っているとの話を聞き、ネットで万博のサイトを閲覧、死ぬほどビックリした。１週間に二度も死ぬほどビックリしたが……同時に今迄筆者が推察と控えめに書いていたが……それは確信になった。確信以上にそれしかないと、恐れることなく言い切れる……断言できる根拠を発見した。

2025大阪万博

大阪万博ではインフラ整備の為に約9.7兆円を使って、2,800万人の来場者を想定している。

１人当たり9.7兆円÷2,800万人≒35万円

入場券は色々あるが、小中学生も多くいる筈で、平均の入場料は高く見ても4,000円程度だ。

大阪万博は当初から、大赤字を覚悟で……又はそんな経済計算など全く意識することなく……失われた30年の慣行に従って1,500兆円の借金に10兆円弱上乗せしただけ？？

大きな資金を浪費した官僚が褒められ叙勲される過去の30年の慣行の中で生きて来たので、誰も世界標準のコスト、損益に対して全く忖度しない。

今後の30年はその傾向が継続、大阪万博も次いで示す『年金財政検証』と同様の様子を示している。

『年金財政検証』

過去の遺産と年金会計

2024年７月４日にマスコミ報道された厚労省の公的年金財政の**長期見通し『年金財政検証』を見て、私は死ぬほど驚いた。**多数の日本のトップ級経済専門家、法律専門家が集まって決定、承認した『年金財政検証』は、今後の30年が過去の30年と同様の財政状況であるとの前提でなされ……それでも、現役時代の50％以上の年金が受け取れるから大丈夫と主張している。専門家が集まって計算したのだから、計算自体は……小学生でもできる加減乗除の算数で出来る事だから、間違いはないだろうと思うが、あまりにもお粗末だ。

単視的な経済学者

ラジオから、経済学者が巨額借金は単に貨幣的な現象だから、輪転機を回して、札を印刷すれば良いだけの話で、全く問題ないと得々と講釈する。

別の経済学者は、2024年７月の新紙幣発行に際して，ATMの変更が必要になり……その経済効果がxxx億円で日本の経済成長に貢献すると講釈する。

知人で、損保会社に勤務していた経済学部卒の人は……素人には解らないだろうが……日本の場合には紙幣は必要なだけ印刷すれば借金の事は問題解決、全く問題ないと周囲の人に講釈する。

それは30年後に私の５人の子孫が現行の６千万円の数倍＝数億円の借金を抱える事を意味し……それを世界経済が放置しておくと思っている。解り易く言えば……借金が無限に増加する事を全く心配していない事を意味する。

大学の経済学部では経済現象をどの様に習っているのかの一端に触れた感じがした。

日本で必要とするのは『持続可能な国家経済目標』

日本で必要とするのは、世界的なSDGsの前に『持続可能な国家経済目標』＝『Sustainable Government Budget Goals』＝『**SGBGs**』の正常化への道筋を明確にする事こそ喫緊の課題である。

－日本のトップ級経済、政治の専門家が『**SGBGs**』の重要性とそれが喫緊の課題である事に気付かない振りをしている？　又はホントに気付いていない？

－理由はどうあれ、問題として舞台に上げて議論しないのであれば結果は同じことだ。
彼らは、問題にする事も、議論する事もしたくない……**公表を憚る何かがある？？**

日本とスウェーデンの政治行政の特徴を
簡単に比較すると以下の様になる。

－政治家を養うのに金の掛かる日本、VS、ボランテイアみたいに金の掛からない政治家。スウェーデンでは高収入を目当てに政治家を目指す人、利益誘導を目指す政治家はまずいない。皮膚感覚で表現すれば、中央、地方政治に関係する政治家の費用は日本の1/10以下。

－国民を金融商品に誘導、リスクに晒す日本、VS、スウェーデンでは国が全てのリスクを負って国民が仕事に熱中できる環境を整備、国民が金融商品の相場の乱高下に心を奪われる事なく……仕事に集中……高い国際競争力を維持する事で『ホワイト企業』で充満する国を作り上げた。

－日本では奨学金、期間限定の住宅ローン控除、NISA、iDeCo等の高いリスクの伴う金融商品に誘導、国民が金融商品の乱高下に心が動揺して……仕事に集中できないインフラを構築中だ。それは、行政と金融機関にウイン・ウインの良好な関係を構築するだろうが、既に失われた30年で劣化した日本の産業競争力を更に加速度的に劣化させる事を意味する。
－経済統計の発表の事前漏洩で行政の関係者が、**先回り売買＝インサイダー取引で巨利を得られる日本。**
－例外を許さない情報公開で、インサイダー取引の実行を強力に抑止させるスウェーデン。
－日本は低年収者に高税負担、超高年収者に低税負担国で、超高年収者が優遇されている。
－日本の年収５百万円程度の人にスウェーデンの税制を適用すれば年末に50万～60万円の還付金が受け取れる。

『GPIF』の45兆円の運用益……

NHKのニュースが年金基金を運用する『GPIF』＝年金積立管理運用独立行政法人の昨年度の運用益が約45兆円の巨額になったと報じる。2023年３月末のドル円は133～134、翌年の同月は150円で、≒17円の円安、報道時点では160円で25円相当の円安。NHKのニュースはそれが日本の輸入生活物質の価格高騰になっている事との関連性で国民に伝える事をしない……又は出来ない。

それは日本の文系教育を受けた人の宿命か？？

天気予報＝気象天気予報と農業

農業と天気は密接な関係にあり、農家は天気予報に従って必要な施肥、水やり、日除けをする事により収量の増加を図る。

1875年に英国人の提案から東京気象台が気象観測を始め、９年後の1884年から、全国規模の天気予報が発表され始めたと言われている。農民は大きな全国規模の天気予報と、農民の住む狭い範囲の天気の関する知識を総合して最適な農業経営を行う科学的な頭脳を持ち、その傾向が増幅され現代に至っている。

21世紀の科学は無数に細分化され……宇宙、銀河、地球、海流、火山、物理、生物、防疫等……と無数のジャンルに細分化されている。天気予報は気象学者により無数に細分化された科学者の最新の知識を総合して数学的に確立された専門分野であり、大きな社会貢献をしている。

レベルの高い経済天気予報の出現が必要だが……。

国の経済運営の為には経済現象の未来予測に示唆を与える『経済天気予報』の発表が望まれ、それを行うのが経済学者、社会学者等の文系の学者、専門家だと思っていたが、それは全くの誤解である事が明らかになった。

日本の経済運営は素人＝常識人以下の人が行っている

ここまで指摘してきた多くの経済に関する日本の愚行は、日本の経済運営が常識人には想像も出来ない様な『統合失調症』と呼ばれるべき経済専門家により行われている事を示している。経済学なんか習った事のない、標準的な家庭の主婦ならば絶対に許さない様な国の経済運営をしている。

月刊誌『文芸春秋100周年記念号』に掲載された日本のトップ級文系学者の失われた30年に関する論文、対談がその事を明瞭に物語っている。日本には会計簿記の先生はいるが経済学者はいないのだ。

借金が突出して安定感を示す

表－１に1986年から2024年の38年間の日本を取り巻いた７個の主要経済統計指標を纏めてみた。

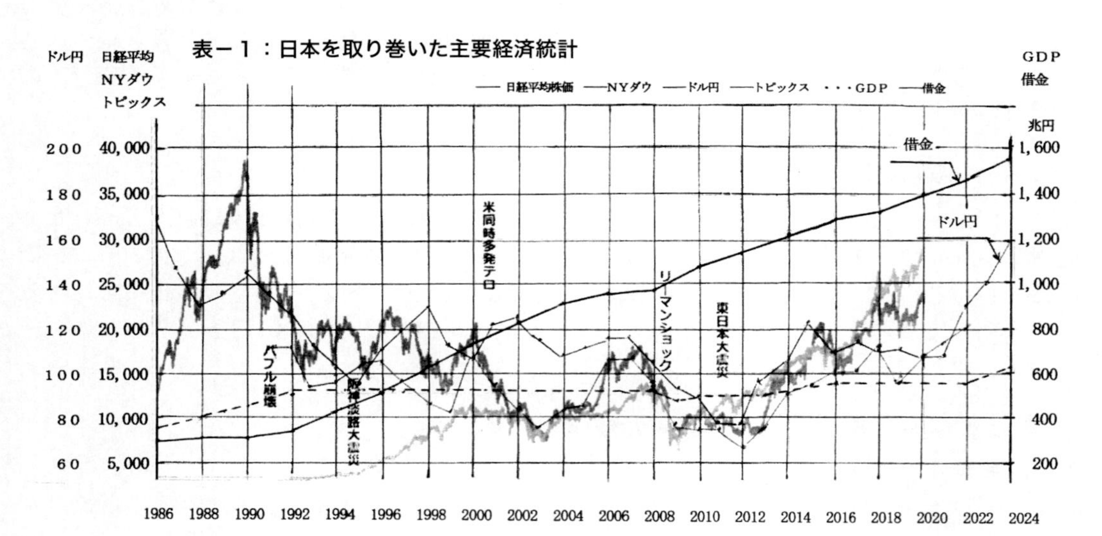

日経平均株価、NYダウ、トピックス、ドル円, GDPが乱高下する中で1990年頃まで300兆円レベルを維持していた国公債発行残高＝借金が上昇傾向を示し始め、2024年の1,500兆円に向かって着実に安定的に約50兆円／年のペースで増加している。

GDPは1992年から2022年までホボフラット……経済学論文では細かな数値上の変化……0.5％レベルの乱高下が話題になるのだろうが……庶民の常識……肌感覚では経済成長は無しである。

期間中の巨大地震の発生（大きな順に）

2016年　熊本地震
2018年　北海道胆振東部地震
2000年　鳥取県西部地震
2003年　宮城県北部地震
2007年　能登半島地震
2008年　宮城県内陸型地震
2011年　茨城県沖地震
2011年　長野県北部地震
2011年　静岡県東部地震
2019年　新潟県沖地震

期間中の火山活動の発生（発生年順に）

1986年　伊豆大島三原山噴火、全島避難
1991年　雲仙岳の火砕流
2000年　三宅島、全島避難
2014年　御嶽山噴火
2015年　口永良部島噴火、全島避難

表－１に示す期間中に日本では『阪神淡路大震災』、『東日本大震災』があり、表中には書かれていないが2024には『能登半島地震』が発生した。

震度６強の大地震は右に示す様に多発している。

地震学者は南海トラフを震源とする巨大地震、富士山の噴火による100年前の関東大震災級の大災害がいつ発生しても不思議ではないと警告している。

巨大地震に伴う被害額は各々が記述の『大阪万博』予算級であり……政府が国民に寄り添うのであれば、政府が復旧の為の経済的支援を行うのが当然だ。民間の国民が稼ぎ……それを基に政府、行政がそれを使っている。稼ぎ手の民間が迅速に経済活動に復帰出来るように助けるのは政府の守るべき義務だ。その様な災害大国だから、それに対する備えを最も基本的な最重要事項としなければいけないが、その様な視点が全くなく。逆に借金を積み上げて来た。

高齢の親が家にいるのに、サラ金から借金して放蕩三昧している、ドラ息子の様なものだ。

失われた30年、日本政府は国民を不幸のどん底に誘導 スウェーデン政府は問題を残さなかった。

前頁の表－１を縮小して右に示し、右ページの表－２と比較してみると日本とスウェーデンが失われた30年に非常に異なった経済運営を行った事が明確に読める。

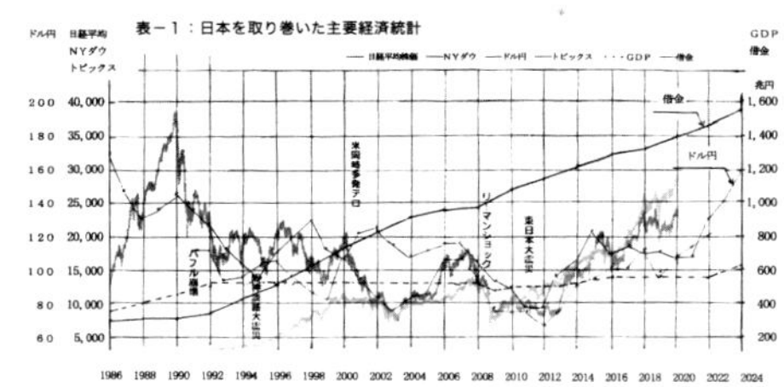

日本は自然災害大国

日本で最重要な国家経営上の課題は自然災害である。表－1には阪神淡路大震災と東日本大震災が載っているが

先のページにも記載されている様に、15件もの準大震災、火山の噴火があり、加えて台風被害多発国である。

国民の命、財産を守り……災害発生に際しては、稼ぎ役の国民が迅速に災害から復興……稼ぎ手＝納税者として復帰できるように資金的な備えをしなければいけない義務がある。

日本の憲法25条は国民の生存権としてそれを政府に求めている。

スウェーデンは自然災害ゼロ国

スウェーデンは日本の対極にあり、日本との比較において自然災害絶無国と言える。

個人の場合はまず保険

先進国の個人は通常、地震、火事、自動事故、不慮の怪我や死に備えて保険に加入する。

無責任に生きている……アウトロー、ヤクザの様な人々は別にして……災害、事故にあった場合に自分を経済的に守り、**事故に遭遇した他人を守るために保険に入るのが常識**とされている。

日本が大災害に備えてするべき事

国家の場合には残念ながら、災害に備えて加入できる保険会社が存在しない。

国連のやれる事は義援金を募る程度の事で、全く頼りにならない。

日本の様な災害多発国が……頻繁に災害発生、支援を求める……、対極には何時も支援で、支援金を受け取る事のない国がある事を意味する……『日本は何時も支援を受ける国』……それはいけません。日本政府が行うべき事は……若し、庶民程度の常識があれば……貯金＝財政の余剰金＝日銀の金庫に金塊と大量の外貨資産を蓄積する事である。

表－１のように経済統計が乱高下する中で、借金だけが確実に増加している。

表－２には1980年から2024年までの44年間の、日本とスウェーデンの国家財政に関する統計数値をビジュアルに理解できるように表示した。

１人当たり名目GDP（USドル）の推移。

最新の世界銀行の統計では2024年７月時点で日本が33,834USドル、スウェーデンが56,305ドルとスウェーデンが1.66倍日本よりも高くなっている。

政府純債務残高＝政府総債務残高－（年金基金＋金塊、及び外貨保有高）

日本は1990年代初期から継続的に急勾配を示しながら増加している。

スウェーデンは1990年代に金融危機を乗り切るために政府純債務が増加したが、沈静化に成功その後減少傾向を維持、コロナ禍の中で増加傾向を見せたが、1993年～2023年の30年間に黒字転換、余剰金を積み上げた。

期間中に債務残高が乱高下、必要な対策が迅速に打たれている事を示している。

国連で15歳のグレタ嬢が国連の気候変動会議で演説した事で、スウェーデンがSDGs先進国であり……非常に環境問題に意識の高い国である事が良く知られる事となった。その様なスウェーデンでも……多分、その様なスウェーデンだから……『持続可能な国家経済目標』＝『Sustainable Government Budget Goals』＝『SGBGs』が出来ていなければいけないと言う……常識が国の経済運営の根幹にあるのだろう。

表－2

日本の政府総債務残高の推移

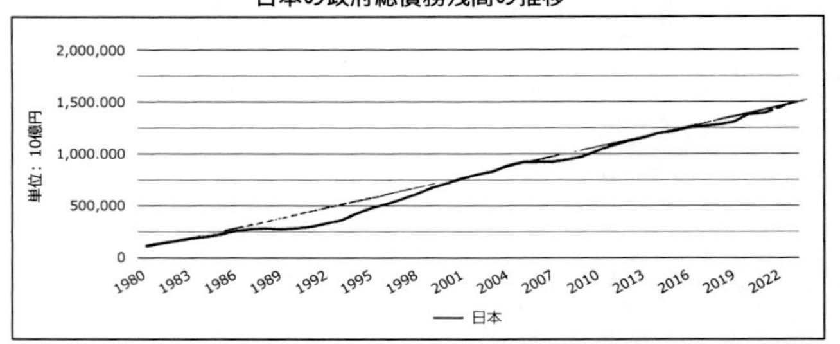

スウェーデンの政府総債務残高の推移

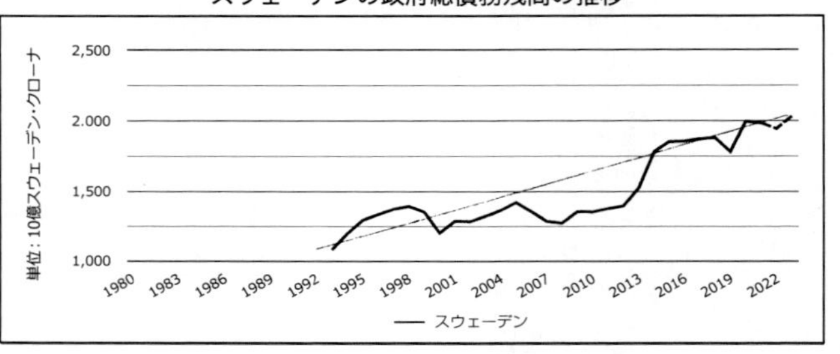

スウェーデンが貧困な借金大国では世界中の貧困国、紛争地域、差別、虐待から逃れて来た大量の避難民を受けいれる事は出来ない。人口の約２割が第二次大戦後に移住した難民のルーツであると言われている。

それは無知から？

教育課程で……経済学を学び、……法学で憲法25条の生存権を学んだ筈の……無数の学者、専門家が関係して行っている国家経営に……庶民の常識で行うべき災害への備えの意識が全く見られない。日本の高等教育……多くが東京大学を卒業した人で構成される、高級官僚とは何だ……馬鹿なのか、又は反社会的な極悪人なのか？

意図的な反社会的行為？

理由とは関係なく、結果は重大な反社会的な行為である。

ヤクザの場合には被害者が少数、国が給与を払っていないから、被害は限定的だが、高給を貰って、国家に巨額の借金を負わせた行為は『反社会的行為』以外の何物でも無い。

スウェーデンは余剰金を作っている

1985年のプラザ合意に端を発する、為替の固定から変動制への移行に伴う世界経済混乱からの余波を1990年代初期には財政出動して沈静化させ……その後の失われた30年間を経て、2023年には余剰金を作っている。

何故この様な事が起こるのか

日本の政治、行政は自己忖度＝保身とタカリを胸の奥に秘めた……官僚が取り仕切る。多分、スウェーデンでは最高の人材が国家経営を行い、日本では……最悪の人材が国家経営の任に当たっている事が最大の原因だと断定する。

閑話休題：筆者の実戦行動経済学的行動

1981年のIMTS＝国際工作機械見本市のEMOショーを細井氏と見学した。

会社はEMOショーに出展、多分、多くの出店者の中でも最大の大きなブースで展示している。
本社、欧米の子会社のトップ連中が数10名アテンドしておりお互いによく知っている。
ヨルゲンはフランスの現地法人の社長でモンマルトルの著名な画家、ユトリロの住んでいた家を借り上げ社宅として使用、家賃が数百万円／月だと聞いていた。
ヨルゲンは外国からの訪問者10名くらいを自宅でのデイナ―に招待、その中に我々二人も入っている。英会話が出来ない細井さんにとってパリ人の永い夕食と、オシャベリは苦痛以外の何物でも無いのでお断り。
同日の夕食をシャンゼリゼの高給レストランで取り、９時くらいに食事を終わって外に出ると様子がおかしい？
タクシーが全く走っていない。地下鉄駅に行くと地下鉄が抜き打ちストで運行していない・
地下鉄のストを支援する為に……タクシー運転士が山猫ストライキ＝同情ストで、タクシーが町から消えた。
暫時考えて……脇道にベンツで客待ちをしているパリ名物の、夜の蝶にホテルまで……通常の数倍の料金を払って送って頂いた。彼女は英語が全くダメ、当初今夜は二人の客と……誤解したかもしれないが無事届けてくれた。
当日ヨルゲン宅でデイナーをした連中は、翌朝の地下鉄運航開始まで身動きが取れなく、ヘトヘトになってホテルに帰った。人生何処で何が起こるか……誰も解らないが……だから面白く……何か解決する方法があるものだ。
小さな事だが、英語下手、フランス語の出来ない日本人の問題解決方法は……少しは日本人の国威発揚に貢献した。

傍観しているだけなら……未来の30年に何が起こり、その先に何が待っているのか？

総合的に考えれば

財政検証、大阪万博、国民をハイリスクの金融商品への誘導』『行動経済学』『日本政府の覆面為替介入』『GPIF』『ソニー銀行』の７要素が明確な形で姿を現したことで、筆者には日本の今後の30年がどの様になるか自信をもって予想できるようになった。面倒くさい『妖怪ジャパン』の悪行にする必要はない……それは数学の解答のように結果は決まっているのだ。

７要素の相関関係

最終的に以下の３つの根本的な疑問が残る。
その愚行はなぜ行われたのか？　　何故21世紀になっても行われるのか？？
－それは、官僚が私利、私欲の為に意図して行った？
－子供の頃から真面目で……受験勉強に盲目的に励み、就職してからも上長の指示に忠実に従い組織文化に染まった。
－積み木遊びをする幼児のように……行為の結果を予想出来ないので……制度を作ったら問題が際限なく出現したが……正面から問題を指摘する人はいなかった。

大阪万博

2,800万人が平均約４千円の入場料を払って行うイベントのインフラ整備に9.7兆円を掛ける。
１人当たり約４千円のチケット収入に約35万円掛かる万博は過去の30年の愚行と全く同じかそれ以下だ。
2005年に開催された愛知万博では総事業費約2,085億円、入場者数約2,200万人である。
会場建設費1,453億円は国、愛知県、民間が１：１：１で負担、公的な負担部分は約970億円となった。

運営費632億円は入場者数が目標を上回った事と、キャラクターグッズの販売益などで、最終的に約130億円の黒字となった。1970年の前回の大阪万博でも200億円弱の黒字を残している。
愛知万博は失われた30年の前期に開催され、2025年大阪万博は後期に計画されている。
失われた30年に日本の官僚の経済観念は想像を絶する劣化、借金を何とも思っていない……小説の世界のグータラ亭主の様な振舞をしている。

閑話休題

会計監査で経理部長OBのお粗末

現職引退間もなくの60代の頃、輪番で自治会役員になり、会計監査を仰せつかった。
経理に素人の筆者に忖度して、自治会長が神戸電鉄の経理部長OBのＫ氏を招きいれた。
監査当日初めてお会いして、会計が領収書の束、１円、５円、10円、50円、100円、５百円硬貨の入った袋と紙幣を、監査を受けるために机上に上げる。Ｋ氏は、株主総会も仕切った経験があり、監査についての細かな事のチェックを始めた。
当時、マンション組合の会長、経理担当の数百万円単位の横領事件がマスコミで報じられていた。
筆者は暇なので、徒歩数分の所にある銀行の貸金庫にある筈の適預金を確認に行ってきますと言うと、それは必要ないでしょうと答えられた。多分、大学の経済学部卒の経済専門家のお粗末にビックリ……Ｋ氏は経理事務の事は解っているが、経済の事については……無学な筆者、家庭の主婦やそのあたりの商店主よりも劣っている事が解った。

年金財政検証

未来の30年が過去の３年の延長とされる想定条件は、『年金財政検証』を行った日本のトップ級の経済学者に……経済常識が無い事を証明した。過去の30年は停滞の30年であり、未来の30年も同様としている。
関係者は目の前に提出された課題の文言のみで思考、その結果が及ぼす円安、物価高と連鎖する事で庶民が生活苦に陥るであろうことを危惧する視点を持つことが出来ない。学校のテストでは正解だが……社会常識では通用しない。
洋の東西を問わず、物事の大小判断がソコソコ出来なければ……大人とはみなされない。
五重の塔の耐震性を調査する研究者が、長時間掛けて、最新の検査機器を使って調査して検査にパスしたが……数日後に老人が基礎の柱にシロアリの存在を指摘したようなものだ。
数年前知床の海に沈没したKAZU１事故の様に、船舶検査をしたが、検査官が、ハッチが変形していて、ハッチの蓋が閉まらないので、ハッチから大量の水が流入したのが原因だったが、典型的な常識不足、怠慢で、『年金財政検証』も全く同じ様な、日本の高学歴官僚の……物事の大小判断が出来ない常識不足の標準形を示している。

『GPIF』＝年金基金運用ファンド

約200兆円の半分を外貨建て金融商品で運用、円安になって2024年７月には運用益が約45兆円に増加したとマスコミが大きく取り上げた。約1/4を国内企業株で運用、海外展開している大企業は円安で業績向上。
円安で運用益が上昇しただけの事で……それは国内での物価高騰に連鎖して……庶民を生活苦に陥らせる事を意味する。

年金世代は現役世代の50％の年金額を得られても、円安＝インフレの為に購買力が低下すれば、年金財政は維持できるかもしれないが、個人の生活は崩壊する。近未来にドル円が200～300円……又はそれ以上に進む必然性がある。

ネット、スマホ社会となりGPIF関係者が、GPIFの運用振り分け、売却、新規買い付けの詳細を知る立場におれば、GPIFの資産運用の振り分け変更に伴い100％利益を保証された先回り売買が出来る事を忘れてはいけない。

国民をハイリスク金融商品に誘導する事で起こる事

金融市場で利益を得るか、損失を被るかの分かれ道は、無数の因子の相互の関係性を科学的に分析して高い先読み能力を持つことだが、それは非常に困難な事だ。自信をもってハイリスクの金融商品に手を出している人など……常識のある大人の中にはいないが……世の中には学歴、教育に関係なくその様な賭博愛好家は一定数存在する。

その１：国家の根幹を劣化させる

ネット社会となり、金融市場は時間に関係なく24時間稼働、金融商品の価格は乱高下している。

一旦金融商品に投資すれば、価格の変化は気になる。

倉庫で働く、工場で機械を使う、荷物を配送する、病院で検査機器を使う……労働者は、金融商品の価格の乱高下が気になり、ミスが多くなるだろう。

xxx研究所で先端技術分野の微細、微妙な研究に携わる人は、集中力を低下させるだろう。

長期間の間に日本の特徴だった、品質の安定、納期の厳守、先端技術の先進性は過去の物語になるだろう。

その２：インサイダー取引による貧富の差の激増

金融商品で利益を得る最も確実な方法は、インサーダー取引であり、1980年代までインサイダー取引は日本では何も珍しい事ではなく普通の事だった。21世紀になり、金融商品の種類が爆増、金融商品の価格は公的機関が発表する統計数値に敏感に反応する。

官僚はその様な統計数値を発表前に知る立場にあり、先回りで売買できる可能性を多くの官僚が持っている。

先回り売買は形としては不正だが……それを検知する事は不可能……特にFXと呼ばれる外貨取引の場合には不正とされる法的根拠がない。大きなレバレッジが効くので巨額な利益が瞬時に獲得できる。

政府による為替介入がその様な絶好の機会だ。高級官僚と人的なつながりのある人は、超富裕層に簡単になれる。

日本の過度な個人情報保護が官僚の不正の隠蔽を容易にしている。

皮膚感覚で表現すれば、スウェーデンでは個人情報保護は無きに等しい。

その３：FX市場で大多数は損失を……少数の人は大富豪に

筆者は行動経済学の原理を活用して８回連続にジャンケンで勝つことを実証、なラジカセを賞品として頂いた。

FX市場に参加した人が、種銭10万円を使って、８回以上連続で法定制限の範囲である25倍のレバレッジを効かせて、FX市場に挑戦、８回以上連続で勝利すれば、簡単に10億円稼げる。

３～４回連続で勝利する事はかなり高い確率で起こる筈であり……それは経済学の問題ではなく数学的な確率の問題として考えられる。

２千万人がFXに参入、約10万人の人が連続して勝利、10万円の種銭を10億円以上に増加させる事は十分に、頻回に起こり得る事だ。それは経済に対する知識の多寡とは無関係で確率の問題だ。
日本ではキャピタルゲイン課税は20％強であり、80％は手元に残る。
10億円の利益を上げて、**手取りが約８億円である。**

エッセンシアルワーカーとの比較

日本で最も国民の為に重要な職務に従事している多くのエッセンシアルワーカーは年収500万円の壁をこえられない。
大まかに年収500万円では税負担は120万円≒24％であり、生活苦の中にある。

ビジネスで稼いだ人の場合

大企業の役員で年収10億円の場合最高税率が45％だから、約5.5億円が手取りとなる。
（下表参照）

	税率	手取り	
年収500万円	24%	380万円	
年収10億円	45%	5.5億円	
年収10億円（FX）	20%	８億円	
関係者の先回り売買	多分20%	多分８億円	秘密の方法があるかも？

多数の国民が金融市場に参入すれば、賭博愛好国となり……国の経済の実態は改善することなく劣化、貧富の差は確実に激増する。
同じ10億円の年収でも、ビジネスで稼いだ人の手取りが5.5億円、FXや官僚の先回り売買で稼いだ人の手取りが８億円は筆者の目からすると許されない不公平だ。

インサイダー取引の歴史

1972年三光汽船株の40倍/年の高騰は日本の株式市場で記念すべき株価の暴騰だったが、それはインサイダーによる取る引きによる。（自分史第四章参照）
英国起源の金融ビッグバンが引き起こした金融ビジネスの自由化により、外資が日本のインサイダー取引＝縁故者に利益を保証する事前の情報漏洩慣行を非難した事に端を発して、日本では欧米とは相当遅れて……形式上は縁故者のインサイダー取引は法律的に禁止となった。
資産の売買益＝キャピタルゲインに対する課税が行われるのは1989年からであり、それまでは無税だった。

日本は金持ち優遇税制の国

大多数の庶民は、余裕資金がなく、キャピタルゲインとは程遠い……殆どの収入が生活費に消えて行く。
1989年以前、余裕資金のある金持ちは、資産運用する事で巨額利益を得ても課税される事はなかった。
その様な流れを経て現在があるから……依然として現在もその大綱は変わっていない。

エッセンシアルワーカー優遇税制にすると

年収10億円の超富裕層の人を15万人と仮定、80％の税を課すと10億円×15万×（0.8－0.2）≒90兆円となる。

年収500万円の低年収者、２千万人にスウェーデンの様に軽課税にして還付金50万円を支給すると、２千万人ｘ50万円＝10兆円となる。

超富裕層と先回り売買参加者に80％の重課税して、税収増加分と相殺すれば税収増加額は90兆円－10兆円＝80兆円となり、歳入が歳出を上回り……借金に頼ることなく……反対に余剰金が発生する。

それでも手取り額の違いは依然大きい

下表に手取り額の概算比較を示す。

	年収	納税額	手取り額	手取り額はAさんの何倍か
Aさん	500万円	120万円	380万円	
Bさん	5億円	4億円	8千万円	Aさんの20倍以上
Cさん	10億円	8億円	2億円	Aさんの50倍以上
会社社長	5億円	2.3億円	2.7億円	Aさんの70倍
スウェーデンの場合	5億円	2.9億円	2.1億円	Aさんの55倍

叙勲制度の変更

この様に巨額納税をした人が社会から尊敬の目で見られるように、巨額納税をした人こそ、叙勲されるべきである。

第１章でピックアップしたような、愚行を重ね国家経済を棄損した官僚に対する叙勲は即刻停止すべきだ。

永年勤続に対する叙勲は……殆どの場合、結果的に無能、愚行、国民に対する背信行為への叙勲である事。

民間の叙勲についても官僚の企業への天下りを前提とした良好な縁故関係の構築がもたらした効果、制度がブラック企業の存在を許し……多くのブラック企業の社長が叙勲されているが……21世紀の視点で観察すればそれは悪人に勲章を与える様なものだ。

単純に政府に迎合して……制度に従順に従う人だけが叙勲される現行の叙勲制度は根本的に変えなければいけない。

多くの庶民と呼ばれる精神的に指導者＝支配者＝官僚に盲従してきて……生きる事に自信を喪失、正義を根拠に自己主張する事の無意味を理解している人々は……理由もなく個人情報が知られる事を過度に恐れている。

何も悪い事をしていなければ恐れる事など無い。個人情報保護を最も必要としているのは悪徳官僚だ。

組織的隠蔽は簡単には変わらない……変えられない日本の官僚文化のDNAの１つだ。

不正、不正義な先回り売買で巨利を得られる……得た官僚に不正行為を抑制させ、高額納税する事で精神的な達成感を与えられ、彼らにも達成感のある人生を経験させられる。

統合失調症的な国家運営

これまで６個の国家経営に関する重要な事案について検証したが……関係した多数の高級官僚、それを支持した学者、識者と呼ばれる高学歴者が……大人の常識を備えていない事を露呈している。

日本の学者は視野が狭く……複雑な問題に遭遇した際に最も重要な、物事の大小判断が出来ない……常識が無い事だ。諺に言う『Penny wise Pound Foolish』、『朝三暮四』である。

年金財政検証の場合：言っている事は正確だが……結果がもたらす円安が生活苦に直結する事が解っていない。

大阪万博の場合　：35万円の費用を掛けて、入場料収入が４千円と、ドブに金を捨てる様なプロジェクト。

為替操作の覆面介入：説明しない事が大人の、専門家の対応……中国の女帝の垂簾聴政のまね事をする事で、権威付けをしている。関係者の先回り売買行為が庶民には解っていないと思っている、愚かな常識不足。

GPIFの運用益自慢：単に円安で巨額運用益になっただけで、その背後に物価高で生活苦に陥る庶民への視線がない。

国民を金融商品に誘導：賭博愛好国になり、日本経済の実態の更なる劣化を危惧する視点が欠如する、常識的な視点がない。

『下手な鉄砲も多数撃ったら当たる』の喩えの様に、FX市場に多数が参加すれば……かなりの超高額所得者が出現、為替介入情報を事前に入手した人も含めて、巨額利益を得る人が出現する事が、常識に毛の生えた程度の知識で予想される。超高額所得者に高課税する事で国家財政の国債依存度をホボなしに出来る事に気付く常識が無い。

根源には日本の教育の問題

上記の様な視野の狭い高学歴者を育てたのは日本の教育に問題の根源がある事を証明している。

統合失調症的な事績が発生した理由は以下の三つのどちらかだ。

１．視野が狭く、目の前の課題以外の事を考える視点が無かった＝単純に常識不足。

２．経済、法律の専門家に加え、欧米への留学経験もあり外国語も堪能な三刀流の使い手……全ての事を熟知している。
　　立場を利用して『私利私欲の為に』頑張り、定年退職後も天下り、終生国家を食い物にする。

３．上記の二つの混合系で、意思不鮮明で、周囲の様子に迎合してフラフラしている。

１．２．３．は全て日本の教育が作り出した問題だ。

身の丈＝日常的に遭遇する数値よりも大きく外れて……大きいか、小さいと頭の中で……数値の大小が実感できないので、議論の内容、又はパワーポイントでスクリーンに映し出された数値を肌感覚で認識する事が出来ない。

筆者の経験から、理系の研究者で最先端の問題を研究している科学者を例外として……殆どの文系の大卒、少数の理系の技術者にその傾向が強いが、それは話題となっている事案の皮膚感覚での理解を困難にしている。

『大阪万博』の採算性について、入場料収入が１千億円強で、インフラ整備に9.7兆円掛かり、それは４千円の入場料金を稼ぐのに、35万円掛けてインフラ整備する事になる……と、大人が子供に説明するようにしないと高学歴の万博関係者は肌感覚で理解出来ないのが原因だろう。

1980年代だったと記憶するが……慶応大学の著名大学教授が慶応大学の文系生徒の約1/4は小学校高学年の算数で習っている筈の、『つるかめ算』＝連立方程式が解けないと週刊誌で嘆いていたのを想起する。

文芸春秋の100周年記念号に登場した小林慶一郎VS中野剛士対談はその様な時代に大学で文系教育を受けた方々だ。

筆者が宗教論争見たいと揶揄した様に……皮膚感覚で理解した数値をもと科学的に議論する事を完全に放棄……放棄している認識も持っていない。その様な時代に育った文系の高学歴者が日本の財政政策を担当してきた。

失われた30年を看過してきた全ての関係者は時代の申し子。

失われた30年を作り上げた無数の高学歴の経済官僚、それを側面から支えた無数の高学歴文系学者は多分……肌感覚で事案の内容を理解する事が出来なく……多分、大多数の人は活字学者、活字専門家で……自由主義経済が世界の常識で動いている事を理解していなかった事が理由であり……彼らが生きた時代を超えられなかったのは残念である。

彼らの晩年を寂しくして……被害者である大多数の日本国民は今後不可避な円安が進行する中で生活苦と戦う事になる。

その様な中で第10代金融庁長官だった遠藤俊英氏のソニーグループへの天下りは、以下に示す３つの理由から非常に異例の……筆者にすれば、死ぬほどビックリする事であり、それが失われた30年の再来になるのか……日本再興の起爆剤になるのか、筆者には判断できないが、以下の様に思考する事は出来る。

- 遠藤氏が過去の先輩の様に、強欲で単に天下りで終生高額収入を得ようとしているのか？
- 日本の衰退した金融業界を破壊して……10～20年後には確実に到来する無店舗型の金融機関の先頭に立ち、日本の金融業界の再編と、日本全体の社会が低コストで運営され、企業と、国家の『ブラック傾向』を、『ホワイト傾向』に変更する『白馬の騎士』として登場したのか？
- 『年金財政検証』の前提とする、これからの30年間の経済状態を、単純にこれまでの30年とホボ同じとして検証する事を指示した日銀総裁植田和男氏と同様なのか？

問題を起こさない、**大事故にしないために重要なのは『転ばぬ先の杖』であり、問題の発生前に対策をしなければ……『転んだ後の杖』では、何の役にも立たない。**

過去の行政の愚行は典型的な『転んだ後の杖』であり、『ふるさと納税制度』、『全国旅行支援制度』の様に、生まれが悪いと育ちも悪くなり、社会は混乱、劣化するが、行政の手間が掛かり、行政の長時間労働化に……アルバイト雇用の状態化で費用の負担の増加に繋がる。

『金融庁長官OB遠藤氏のソニー銀行への天下り』

第４章に詳述した様に金融庁高官が退職後、現役時代の監督下にあった金融機関に天下りする事には、制度的な障害が全く存在せず……既に現役時代から入念な受け入れ態勢が天下り先のソニー側で行われていた事が解る。

着任早々『ソニーファイナンシアルグループ』のトップに就任、傘下に無店舗の『ソニー銀行』を発足させた。

現役の頃に巨額公的債務を積み上げ、破滅追求型国家経営を行った高級官僚が現役終期に入念な準備を行い……天下り後に無店舗のネットバンキングに特化した銀行業のトップに就任した。

筆者が30才、1970年代８月のお盆の頃に東洋工業＝マツダ自動車の50代の生産技術部課長との雑談で、課長が自慢とも、非難ともとれる事を話された。

春に高校を卒業して証券会社に採用された18才の娘の夏のボーナスが、50代課長の自分のボーナスよりも多かったと言われた。筆者が20代後半に三光汽船株を買う時に……例えば株価58円で１万株の注文をすると、買い上げ伝票には58万円に、手数料が約１万円加算されている。

一日に10枚の同様の注文書を書けば、10万円の手数料収入になり、当時は土曜日も勤務していたから月間手数料収入は250万円になる。マツダの課長の話はその様な背景が可能にした。

大卒の初任給が３万円前後の頃の話だ。

店舗を持った民間金融機関は絶滅危惧業種になった

21世紀になり、店舗を持った銀行、証券、保険業界の置かれた環境は激変……低賃金の『ブラック企業』化して多くの事務職の人の年収は500万円を超えられない。

多数の支店網を持ち、多くの従業員を抱える既存の会社に比べて、時代に即したIT技術能力の高い少数の従業員で運営、日本中にある郵貯も含めて他社のATMを自社のATMと同様に低コストで活用できる。

銀行の無駄の三傑

－支店網の土地、建物
－支店に所属する人員
－負担の大きいATM（人とATMの二重負担）

既存のATMの

高価なＡＴＭの設置費用＝購入費＋場所代＋維持費用（電気代、数千万円の現金の貯蔵＋ATMの保守点検＋……）で、コスト的な側面で考えれば、無くしたいが……他行との競争上ATMを廃止できない。

ソニー銀行に使って頂き、少額でも良いから使用料が入れば、ATMの採算性が少しは向上する。ソニー銀行は栄養剤を飲み、ATMを貸した銀行は薄い濃度の毒薬を飲むようなものだが……日本の競争社会の中では……多分、経済の事が咀嚼して理解できていないので……短視点、目先の事しかで考えないので……効果が発現するのに時間の掛かる毒薬の意味が理解できていない。

既存の銀行はとりあえず……預金者に好かれるように、訪問客がテラーにたどり着くまで手続きのお手伝いをする……全く不要と思える……多数の非定期雇用の若い女性や高齢の人を使って無駄使いをしている。

都市に無数に存在する大小の都市銀行、地方銀行、信用金庫、証券会社、保険会社の支店。

全国で約10万台も存在する高価で、維持費用の高いATM。

過大な従業員を抱え、その上に多数の高齢アルバイトの案内人をテラーに到達前に介させて……それを上質なサービスを提供する為に必要だと考えている銀行と……利用者。

現在の70年代の世代が退出する20年後には、金融市場の機能は全く同じだろうが……それを実行する金融市場の形態は激変しているだろう。

高齢の遠藤氏が何を考えているか？

2024年７月に紙幣のデザインが変更され、１万円札には明治のビジネスマン渋沢栄一氏の肖像が採用される。渋沢氏は27才で渡欧、帰国後大蔵省に奉職、30代前半に起業開始、その後日本の無数の産業分野に拡大、日本を欧米先進国と肩を並べられる水準に引き上げるために巨大な貢献をした。

富山県出身の大谷重工業、ホテルニューオータニ創業者大谷米太郎、安田財閥創業者安田善次郎、YKK創業者吉田忠雄、コクヨの創業者黒田善太郎は無学で20代で起業、博報堂創業者の瀬木博尚は例外で学校教育を受けて、30代初めの頃に起業している。定年後に天下り、高齢の遠藤氏が何を考えているかは不明だが……一つだけビックリする事がある。

ソニー銀行は外貨預金を推奨し、高金利での米ドル定期預金を募集している事である。

それは、円売りであり現下の日本政府に反する行動であり……その原因は不明だが、原因を以下の様に推理できる。

- 現役の頃から、政府中枢と意見が違っていた。為替介入は効果なし。民間企業で自由に活動する為に天下りした。
- 現職の頃の縁故の人々のホープとして、民間で活躍……新しい金融制度を公開前に知る事で、競合各社に先んじて銀行経営を行い、創業者利益をエンジョイしたい。
- ソニー銀行に庶民がドル預金する事で、巨額借金が引き起こす不可避な円安から庶民を守る奉仕的な精神から。
- 存命中には全く改善の見込みのない日本経済に見切りをつけて、私利私欲の為にソニー銀行を利用する。
- 金融庁長官OBの名義貸しで……名ばかり会長で……楽して退職後の余生をエンジョイする為に。
- 政府は借金をチャラにするために、戦後預金封鎖を行ったが、ネット社会となりその手は簡単には使えなくなった。

  遠藤氏はその様な事も視野に入れて、何かを考えているのかもしれない？

遠藤俊英氏の去就は、現役引退時には固い決心があっての事だと思うが……今後どのように振舞われるかは遠藤氏の心次第で……今後どのようにされるか非常に興味深いが、その結論が見え始める頃に筆者が健全な頭脳を維持している可能性著しく低い。遠藤氏は65才で筆者よりも17才も若い。

残念ながら多分、筆者は見届けられない

文芸春秋120年記念誌に登場するのはどのような人か？

人事院は東京大学卒者の公務員応募者を増やす事で……公務員天下の日本を今まで以上に、東京大学卒の採用を増やして……公務員天下の国にする事に成功するか？（第１章、その13～15参照）

巨額公的債務の行方は、税制は、社会福祉は、SGBGs……今後の30年はどうなる？

劣化の原因を作った責任者はどうなる

日本を無茶苦茶にした高級官僚、天下った高級官僚OB、経済専門家は既に周到な準備が出来ており……外貨での巨額蓄財をしているから日本を脱出……中国の『裸官』の様に海外で優雅な人生を送る事になるだろう。

中国の『裸官』との大きな違いは、裸官の場合は国の罪人だから、帰国すればすぐ逮捕されるだろうが、日本の場合には……無能と不正で国家に損害を与えたかもしれないが……法を犯し犯罪に手を染めていなく、反対に叙勲されているので、劣化した日本に凱旋将軍の様に帰国。食料を求めて土地を手放す人々から土地を買って、21世紀の日本の新興財閥となるかもしれない。

この部分を執筆している１週間前に発表された「年金財政検証」は厚労省とそれを作成する為に参画した、約30人の日本のトップ級経済学者は、低賃金の中で円安を原因とするインフレにより多くのエッセンシアルワーカーを生活苦に陥れている事に全く忖度無し……また

は気付いていない振り。
円安傾向が……1,500兆円の巨額借金が原因である事に気付かぬふり……。
日本の経済官僚、経済学者には何も期待できない事が明らかになった。（第１章、その20参照）
国、行政、現在のトップ級専門家に、劣化する日本を再興する意志が見えないから……誰かがやらなければ30年後の日本は生活困窮者が溢れ、犯罪が多発する無茶苦茶な国になるだろう。統計のデジタル数値を扱っていると人間が動物である事を忘れる。

人間も可愛いペットの犬も同じだ。

北海道で野犬が集団で放牧されている乳牛を襲う事件が多発……ネットでは可愛いペットとして買われている犬が小猫や他のペットと心温まる優しい光景を見せている。
食料の有無が決定的な違いを見せ、それは第二次大戦後の食糧難の時代を思い出させる。
第二次大戦後は食料、エネルギーの自給率は現在の２倍以上だったがそれでも大変だった。
現代は多くの生活必需品は輸入に頼り、食料自給率は必要量の半分以下……。
想像を絶する食料争奪戦が起こるだろう。

その５：日本の失われた30年とこれからの30年……。

『経済財政諮問会議』で三回目の死ぬほどの驚き

脱稿予定直前の2024年７月26日、『経済財政諮問会議』が2025年度のPB＝プライマリーバランス＝基礎的財政収支が20年以上ぶりに黒字化すると言う非常に楽観的な試算が新聞発表された。
愚鈍な『大阪万博』と『年金財政検証』発表直後に、超楽観的な**『経済財政諮問会議』からの『基礎的財政収支の黒字化』が発表され、３件の文書のどれにも1,500兆円の借金を意識した記述がなく、借金の継続的増加を容認している。**
日本の現状は正に『船腹に無数の亀裂が出現、沈み始めた日本丸』だがその認識が全くない。
その認識を持たずに無駄な出費をするのは、沈み始めた日本丸に……外から注水するようなものだ。
PBが黒字化する報告書を作成した『政府税制調査会会長』は2024年に初めて女性として登用された翁百合氏である。
その認識の甘さ、短視的、単視的な事にビックリ……これまで主に在野の経済学者の問題を指摘してきたが、翁氏は既述の多数の……経済現象の分からない経済専門家と同様か……彼等以下の典型的な活字経済学者だと判断した。
既述の様に過去の失われた30年は大使OBの藤井威氏の責任が最大であったが、放置しておけば翁氏はこれからの30年を過去の30年の継続として、日本を絶望的な破滅に導くと断定、……第９章に、その５を追加する事にした。

日本の政府、行政に付託された役割は以下の４つに集約される。

1. 地震、津波、台風等の災害多発国だから、災害に備えて蓄えする。
2. 全国民が不安、生活苦に怯えないで生きて行ける社会の構築。
3. 民が稼ぎ、官が徴税して使う民主主義制度の中では、官の仕事は民に働き易い環境を作り、稼ぎやすい様に制度設計する。
4. 極端に低いエネルギー自給率、食料自給率を意識した国家経営。

2020年代になり日本の国公債発行残高は1,500兆円の巨額になり……多くの庶民が不安を感じている中で政府、行政の対策はピント外れ……借金を継続的に増加させる経済運営をしている。
筆者の観察では、日本政府は上記４付託に全く応えていなく……採点するとマイナス100点だ。
全く反対にスウェーデンはプラス120点だ。
先進国の家庭では家族を守るために、火災保険、生命保険等に加入する事は常識である。
災害多発国である日本の国政に大きな影響を与えてきた……無数の東京大学、準東京大学で経済学を学んだ……経済専門家は災害に備えての蓄えの必要に無頓着で……**一般家庭人よりも経済感覚＝常識が無い事を明らかにした。**
12年前の2012年に政府の地震調査委員会は巨大地震の発生確率が70～80％と推定、土木学会は発生後の20年間に被害総額が最大約1,400兆円と試算している。それは同年の国公債発行残高の約1.2倍だ。
先読みで対策出来ない行政は『転ばぬ先に杖』を用意できない。**『転んだ後の杖』では全く役に立たないが**、その為には大人の常識が無ければ出来ない。
過去千年に日本の様な自然災害が発生しなかったスウェーデンでも過去の30年に借金を減らし、反対に余剰金を残した。

『経済財政諮問会議』会長
翁氏は典型的な活字経済学者

経歴を調べてみると、翁氏は典型的な活字経済学者……この本に登場した何人かの著名経済学博士と同様で……生き物の経済現象の理解ができていないから……PBの黒字化等と安易な結論を出したのだと断定……それを正す為に急遽予定していなかった、**この本の究極の短縮版となる、第９章その５を追加した。**
先ず、その５を読んで頂き……それから項目を選んで読み進める事で、広く、深く過去に日本で何が起こり……同様の事が続けば子孫の時代の日本がどうなるのかについて、深く考える切掛けになると思う。
根源には日本の時代遅れの教育の問題が横たわり……個性により大きく変化する子供たちの将来の伸び代を考慮しないで、偏差値で評価して順位付け……受験目的教育で子供達を受験競争に追い込み疲弊させ……大学卒の頃には既に20代中で精神的に物事に対する興味を失った、精神的高齢者となった事が原因だ。
子供たちは教科書、問題集＝過去問に書かれた事を**受動的に記憶する事にエネルギーを浪費**……子供の持つ疑問、好奇心から**能動的に質問する、調べる事を行わない……その延長で考えない大学生、大人に成長した**。

1980年代の受験塾のカリスマ講師が言う
東京大学に合格する為には……。

－考えているようではダメ……過去問を暗記していて……直ぐに手が動かなければ。
－もう一人のカリスマ講師和田秀樹氏は……『数学は考えるものではなく、記憶するものだ』を執筆、ベストセラーとなった。
－慶応大学教授が慶応の文系学生が小学校で習った『鶴亀算』が解けないと、週刊誌に記事を掲載して、日本の将来を案じていた。

国の財政状態を示す統計数値の背景には無数の見えない因子がある。
『経済財政諮問会議』の会長は翁百合氏で岸田文雄首相がシンクタンク『日本総合研究所理事長』の翁氏を2024年１月に指名、最初に公開された翁氏の仕事の作品である。筆者の目で要約すると……**借金の増加になる事＋増税＋福祉への資金の割り当減少で悪いことばかり**

……国民、国家にとって明瞭にプラスになると推察される物が全くない。

第１章に記載した『過去からの負の遺産』と同様であり、『今後予想される未来の負の遺産』と命名したくなる。翁氏の執筆された長い論文に書かれた内容も、筆者が今迄頻繁にピックアップした藤井威大使OB、藤岡京都大学経済学博士、岸田経済学博士と同等かそれ以下の活字経済学者の印象をうけた。

円安効果の誤用が基礎的財政収支の黒字化予想となった

円安で海外活動している民間企業の税収が増加、輸出競争力の向上で国内経済が回復する事を期待して、株価は短期的には上昇、売買に参入している富裕層は売買益を増加させるだろうが……それは貧富の差を拡大させるだけの事だ。巨額借金の解消への道筋が明確に示されない限り経済の世界は納得しない。

投機家は空売り、空買いで対応するので株価が上がる、下がるとは関係なく相場が荒れれば大きな利益が獲得できる。

数字合わせで……耳触りの良い、PBが黒字化すると宣伝するが……

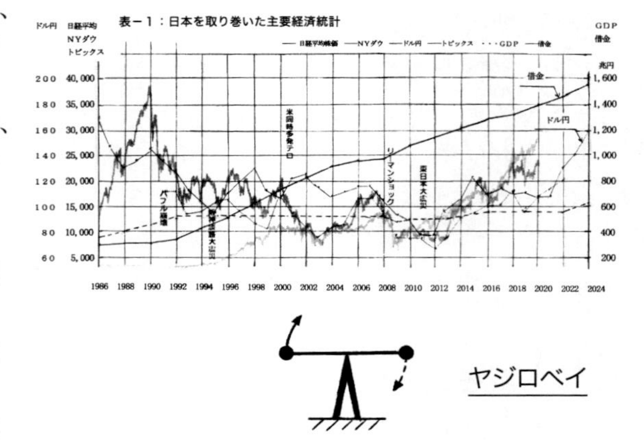

それは円安で輸入物価が20%、30%、50%……と上昇して……その先に絶望的な生活苦が待っている事が解っていないか……知らぬふりをしている。先述の、その４で使用した表－１は、経済現象の複雑さを、単純な形でビジュアル化しているので右に再登場させた。

経済学は過去の統計を比較して経済現象の因果関係を解説し……例えば円安になると、輸入品の価格が上昇したと解説する。

為替も含めて、あらゆる物の価格は……上がるかもしれない……下がるかもしれない……の二つの思惑の結果として現在の価格があり、それは非常に不安定な状態で、どちらかに決まり、ある期間は安定する。

長期的に国家経済はファンダメンタルズ＝財政の成績表で評価され……為替、株価の様に、思惑をもって相場形成に参加する投機家が短期的な相場形成に大きな影響与える。上の図のイラストに示すヤジロベイが水平状態から投機家がどちらかの方向に賭ければ、一時的にその方向に相場は動き……ある期間それを維持するが……時間の問題で経済のファンダメンタルズが安定を求める位置に回帰する。国家経済も家庭経済も全く同じだが……一つだけ大きな違いがあり……それは行政官僚の不正だ。

先回り売買＝インサーダー取引

政府の意向を先回りして推測、又は情報を仕入れて……儲けだけを手に入れたい連中＝経済学で投資家と呼ばれる連中が目先の傾向を作る。その中には、情報を事前に知った官僚も含まれる。その予測がファンダメンタルズに合致していれば、それはトレンドを作り、少なくとも次なるファンダメンタルズチェンジの直前まで継続する。

経済現象を統計数値だけで読み解く事は不可能だ。活字経済学は全くの役立たず

社会の成り立ち、経済活動に参加した事のない人が経済活動を理解する事は不可能だ。

学校で学んだ経済学だけで、ビジネスを経験していない人が経済について講釈し、経済政策に影響を与える日本は、北朝鮮の最高指導者金正恩朝鮮労働党総書記の行っている指導と酷似している。

多分、王子、皇子として育ち、実務経験など全く無いと推測される金正恩氏が、農場に行き農業について指導する様子を日本のマスコミ、ネットが伝える。農業に留まらず、全ての分野で最高指導者が詳細に亘って指導する。

日本の経済運営と酷似している。日本の場合には世の中に散在する無数の経済学者、専門家、識者と呼ばれる人が、藤井威大使OBの影響下で、小型の金正恩となって政府を指導……失われた30年を作り上げ……その延長で未来の30年を翁氏が主唱する委員会が作ると言う。筆者の観察では……未来の日本は絶望的な国になり……私はそれを看過できない。

国が異なり、言語が異なれば常識は更に大きく異なる。

この本の中で大きな紙数を費やして、日本とスウェーデンの常識の違いを原因とする無数の巨大な結果の違いを説明している。日本の常識、スウェーデンの常識を両国の標準的な大人並みに理解していなければ、統計数値だけで経済現象を理解する事は不可能だ。

> 常識を熟知しないで統計数値だけで経済現象を観察してもそれは単なる『めくら象』で……多くの場合理解不能、誤解、自説を補強する為の統計のつまみ食いになる。
> その様な経済論文に多数遭遇した。

特にスウェーデンは日本の対極にあり……北欧、スウェーデンを熟知している筈のスウェーデン大使OBが、『めくら象』でスウェーデンを大部な著作で紹介しているから最悪だ。

半世紀以上前から残業がなく、残業は死語となり……高度な福祉国家を作り上げ、借金を作ることなく均衡財政を継続しているスウェーデンは結果に於いて日本の対極にある。

統計と、常識の違いの大原則

統計は常識の累積の違いが引き起こした経済現象の結果であり……統計＝結果から原因を探る事はそれを引き起こした常識が解らなければ、絶対に正しく内容を理解する事は出来ない。

国外、国内の常識の違い

その1：半世紀前のスウェーデンと日本

約50年前にラボでホボ筆者と同じ30代、高卒のラボラント＝実験助手として、時々筆者の仕事を手伝ってくれる英会話に問題のないY君がいた。お互いに打ち解けて話す仲になり、Y家にご招待を受けてコーヒーをご馳走になった。

奥様は看護婦で二人の子持ち、中学生の長男は難病の筋無力症で車椅子生活、余命は短い……でも、家庭内には全く暗い影がない……生活レベルも友人の博士号保有者と同じに見える。日本では、障害者は家の中に匿われる……昔の座敷牢への幽閉文化の延長……日本とスウェーデンの巨大な社会の違いを実感した。

その2：日銀には二種類の人がおり、二種類の常識がある(自分史第八章参照)

統計資料を作るための作業を行い、最も実体経済が解っており経済政策作成に貢献できる

能力と経験があると推測できる支店勤務の人。他方、本店勤務で金正恩最高指導者型の実体経済について、無經驗、無知に近い活字経済学者が国政に巨大な影響を与える仕事についているが、それはスウェーデンとは真逆だ。20世紀以降のスウェーデンには金正恩型の指導者はいないし、その様な指導者を望む民意は約２世紀前のナポレオンの時代を最後に過去の物語になった。

小樽支店の場合

筆者が60代後半に所属した男性コーラス部員のＵ氏以下３人は日銀の社内結婚で、当時日銀では全て社内結婚だと言っていた。Ｕ氏が社内結婚直後に小樽支店に赴任して間もなく、行員の２千万円盗難事件が起こった。

新札の盗難

大蔵省印刷局から届いた帯封された100万円×20個＝２千万円の現金を横領した行員がいた。

警察に届けると外部に横領、盗難の事実がバレルから出来ない。横領の事実がバレルと大問題なので、支店を上げて大騒動で最終的にマスコミにバレルことなく犯人が特定できた事を自慢げに話されていた。

旧札の盗難

使い古された紙幣は、市中銀行から日銀に還流、新札と交換され、回収された札は焼却処分される事になっている。

行員が回収された札を焼却しないで横領、小樽の地方銀行に入金した事が噂から判明した。

一般に銀行では当日の入金と出金の帳尻が１円でも狂っていると、全員が帰宅できないと、

銀行会計の無謬性が強調されていた昭和の時代の事だ。

日銀には32の支店があり、小樽支店だけでそのような事件が起こったとは思えず、かなり頻繁に同様の事件が各支店で起こり、支店としてはその様な事件の発生を外部に漏らさずに解決する事が最重要な事になっていたのだろう。

欧米、スウェーデン標準では信じられない様な相互扶助の精神で日銀行員約4,500人は人生を送っている。

日銀本店の場合

2024年１月に『政府税制調査会会長』に就任した翁百合氏は日銀内の職場結婚だった。

ウイキペデイアによれば、当時日銀には社内結婚の前例がなく……結婚は認められたが、人事部から夫婦どちらかが退職するように指示されたと書かれている。Ｕ氏の場合は多分1960年代、翁氏の場合は多分、Ｕ氏の30年後の失われた30年の頃の話だと推測される。

小さな日銀内でも、支店勤務の人は経済活動に於ける良い意味にも、悪い意味にもマネー＝紙幣の役割を理解する常識がある。翁氏は『日本総合研究所』に転職、昇進して理事長となり最終的に『政府税制調査会会長』に就任している。

それまでに無数の政府の委員会の委員として経済、福祉、教育、国防等の役職を担ってきて、最終的に女性として初めて『政府税制調査会会長』に就任した。

慶応大学出身で文芸春秋100年記念誌に登場した、６才年少の小林慶一郎氏と同窓である。

有名私大卒のキャリア行員で、日本の終身雇用制度が作り上げた有名私大と、非有名大学卒を峻別する身分制度により、経済の実態を理解していない典型的な活字経済学者である。その事については後述する。

その３：社長からのクリスマス歳暮で感激の妻。

筆者は1972年に30才で高校教師をしていた妻と３月に結婚した。

妻は土建業の父を持ち、東京で大学教育を受け、茨城県で約５年の教師生活で日本のお中元、お歳暮文化を熟知している。

12月の末に小包で社長から当時高価だった大きな箱入りの輸入チョコレートと、輸入高級ワイン１本がクリスマス歳暮として届いた。スウェーデン人の社長は数人の部下にスウェーデン流の上から下へのお礼の印としてのクリスマス歳暮だ。

52年前の事だが、半世紀後の21世紀の日本では依然として上司のパワハラが社会の大きな話題になっている。

その４：田舎の農村の常識と東京の常識

終戦直後の食糧難から、食料を求めて東京から疎開してきた亀井大学教授家族、数人の単身の大学教授が五箇山の中学校で教師の仕事に就いた。東京と五箇山の常識の差は巨大だったので無数の笑い話みたいなことがあるが、非常に解り易い二例をピックアップする。（自分史第二章参照）

－　五箇山では、昼間に電気を消す習慣がなかった。消す必要性が無かった。
　　筆者の篭渡部落では家庭当たり３灯までの照明用電灯は無料で、消灯するのは就寝する時だった。

－　英語の高橋先生が何かの説明の時に……解り易くする為に……二階に上がるときにスイッチを押して電気を点けて……二階に上がったら電気を消すだろ……それと、同じだよと言われたが、筆者以外誰もわかる人はいなかった。

筆者がそれを理解できたのは、小５の夏休みに東京の姉の所に４週間滞在、都会の生活を知っていたからだ。

日本国内で一応同じ日本語を話す中でも常識は大きく異なる。

その５：エリザベス女王の松下電工訪問

1974年３月に英国のエリザベス女王が松下電工訪問、家電製品の工場を見学された。

その数日後、スウェーデンからの30代の出張者と新幹線の車中で新聞を広げながら、家電製品組み立用コンベーヤーの前で仕事をしている様子を見ている女王に、社長が説明している記事が掲載されている。

社長曰く……女子社員が女王を見ないのは、女王に興味がなく、無視しているから見ないのでなくて……熱心に仕事をしているからです……と女王に説明していた……と書かれている。

筆者は自慢げに……日本はこうなんだと言う雰囲気を隠さないで……社長の説明を解説した。

> 返ってきた言葉は……ミノル、スウェーデンにはそんなところで働きたいと思う人は、１人もいないよ。給料が２倍になっても……多分３倍になっても働く人はいないと断言された。

サンドビックに就職して８年、本社では……残業なし、夏休みは４週間で全工場、倉庫は完全に閉鎖……。スウェーデンの豊かな生活が羨ましいい……でも心から納得しない……内心、スウェーデン人の低い勤労意欲を揶揄する何かがあった。それまで５回以上スウェーデンに出張して、累積スウェーデン滞在は10週間くらい。

従業員数百人で、殆どの人は英語が武器で入社、商社からの転職、英文学部卒、大学工学部卒でESS部に所属で英語がペラペラだが……筆者以外の日本人でスウェーデンに行った事のある人はいなかった。

周囲から筆者はスウェーデン通と思われていたが、筆者はスウェーデンの最も基本的な常識を理解していなかった。

往復航空券が45万円くらい、大卒の初任給が５万円程度の頃の話で、筆者はいっぱしのスウェーデン通だと思っていたがそうではなかった。その約１年後にスウェーデンへの転勤を提案され……筆者のそれまで知っていたスウェーデン……頭で描いていたものとは決定的に違う事を知る事になる。

その6：H家家族の場合

筆者の後任として筆者より10才くらい年長のH氏が、小学校高学年の息子と娘帯同家族4人で2年間赴任された。

H氏は国立大学卒、ESS部所属だった人で英会話ができる。奥様も何処かの大卒で英会話ができる。

筆者の何人かのスウェーデン人の友人を紹介したが、交際は続かなかった。

着任早々、奥様がこんなデタラメな怠惰な国にいたら、子供がバカになると猛烈なスウェーデン批判。H氏は、筆者がスウェーデンにいる間の途中入社で、主に自衛隊に装備品を納入する会社が倒産で転職されたと聞いていた。

非常に働き者で……長時間の労働を普通として……口癖の様に若い人に……こんな怠惰にしていたら会社がつぶれると言っておられた。

筆者は住友での12年と、サンドビックの約11年の経験から両国のトップ企業の働き方、経営について熟知している。

超硬切削工具としては住友電工よりも後発のサンドビックが、筆者が入社した頃には住友の売り上げの数倍になり……その後成長の速度は激増……10倍以上の差がついていた。

1970年代にはサンドビックのR＆Dに投入する資金は売り上げの10％以上。日本の住友、三菱、東芝、日立の大手4社は約1％だった。そんなに時間を待たずに業界トップ米国のGE＝カーボロイ、二番のケナメタルを抜き去り、世界のマーケットシェアーの25％を取っていると業界で評価されていた。H氏は、仕事量は長時間労働で評価され、自分を犠牲にして顧客に奉仕する事が最重要と考えられていたがスウェーデン人は反対で、自分ファーストだった。

スウェーデンでは特定の顧客の下請けでなく、自分ファーストで……業界全体を眺めて……その中で優先順位を付けて製品開発を計画的に行う事で……バタバタ、忙しそうに働くのでなく……ジックリと落ち着いて仕事をしていた。

戦後間もなく残業なしが標準になり……生活残業が普通だった日本との差は巨大だった。(自分史第5章参照)

その7：藤井威大使OBの場合

既に多くの紙数を使っているので、簡潔に説明すれば、外交官特権がありスウェーデンで最も重要な納税経験なしで貴族の様な生活に加え、スウェーデン語が出来ないのでスウェーデンの常識が解らない。日本の常識についても非常に貧弱。

式典の後に各国の外交官が国王臨席で行ったパーテーで、泥酔して転倒、大けがをした事を著作『スウェーデンスペシアル』に、如何にも自慢話の様に披露される勇気があり、それは外交官である藤井氏の常識だ。

筆者の様に常に天敵的な存在である、顧客との対話の中で生きて来た臆病者には絶対できない事だ。

藤井氏は筆者の2才年長で、ホボ同時代を生きているが、外交官と民間の筆者では同国人とは思えない程、常識に巨大な差がある。(第3章、その5、その6参照)

その8：専業議員は極少数で殆どの議員は兼業

スウェーデンを紹介する本格的な著作やネットに登場するスウェーデン情報で、良く出て来るスウェーデンの話に……スウェーデンでは政治家への報酬が少なく、それだけでは生活が成り立たないので他に仕事を兼業していると書いている。

それは正解だが、その内容を日本人が、日本の常識で正しく理解するのは不可能だ。

その文章を日本の常識で解釈すれば……政治、経済を知らない、無知なド素人のそこらの口喧しいい、オジサン、オバサンが暇に任せて政治家、国会議員、地方自治体の議員になり、日本でマスコミを賑わせている、小池百合子東京都知事、ガーシー東谷氏等の様にデタラメな政治家が多いのだろうと感じるだろうが、実体は完全に真逆だ。

その9：政治家の兼業が意味する事

筆者の友人ロルフ家族とは近い親戚の様に頻繁に行き来しており、妻のウラさんは市長室長みたいな役所の公務員だったので、スウェーデンの行政について知る機会が多かった。詳細に記述するためには数百ページが必要だと思うが要約すると以下の様になり、それは無残業社会だから可能になった。(第８章その２及びその９参照)

- 地方議会は年に10回前後しか開催されない。議員報酬は日当、又は時間給で計算され、その金額は普通のサラリーマンの日当、時給とホボ同額。
- 国家議員の場合も地方議員と類似しているが、少額だが月給がある。
  秘書がいないと仕事の出来ない様な実務能力の無い人は、国会議員にはなれない。
- 県知事は単なる名誉職で……筆者の勤務した事業部のトップだったヒーシング氏はゲーブレ県の県知事になったが、無報酬と呼ばれるべき程の低報酬。日本の様に公用車など考えられない。(自分史第５章参照)
- 兼業で、多くの議員は民間の仕事の管理職で、常識があり、実務能力が高い。

時代的な変化

約半世紀前の筆者のスウェーデン在住時よりも現在は国会議員については、若干報酬が高くなったと言われているが、それでも議員一人当たりのコストは皮膚感覚では日本の1/100と表現したくなる。

例えば議員が出張する時には最も安い交通手段を使う事が義務付けられている。

グリーン車、特急、飛行機の使用は原則禁止で２等車、飛行機の場合も格安飛行機の使用が原則、それよりも上級の乗り物を使う場合には正当な理由がなければいけない。

スウェーデン人の個人的な旅行では、日本人の目から見ると贅沢している様に見えるが……公務での出張には厳しい目が光っている。日本では日教組の委員長がファーストクラスでILOに出張した事を週刊誌が報じていた。

その10：航空会社のマイルに課税？

1980年代、米国で頻繁に飛行機を使うビジネスマンの囲い込みを狙って『Frequent Flyer Program』が登場、現在のマイル制度が登場した。特許の問題で20年以上戦友として戦ったオリヤン弁護士、レナルト特許部長は頻繁に日本、米国に出張しており、大量のマイルが貯まる。

1976年に筆者が銀行から貰った3,500円の金利収入を見逃さなかった税務署はマイルに対してどの様に課税するかの検討を始めた。当時二人はビジネスクラスで出張、理由があれば、多分ファーストクラスも利用できる。

獲得したマイルを使って遠くの国への数回の家族旅行が問題なく出来る。

筆者の記憶では、暫定的にビジネスクラスに搭乗するとマイルに課税され、ビジネス以下の安い航空券の場合には課税しないと数年後に決まった。それ以来二人は安い航空券で出張する様になった。

スウェーデンではマイルで家族旅行が可能になり、会社は安い航空券の使用で費用節減になり、国は企業の費用削減で利益が増加するので納税額が増える。航空会社のサービスを活用して個人、会社、国の三者が『三方１両得』でウイン、ウイン、ウインである。スウェーデンの税務当局は生きた経済を観察して国家経営を行う事で、結果として表れた国の財政を健全に保っている。筆者は現行制度がどうなっているかは知らないが、調査して経済学博士論文にするくらいの価値はありそうだ。（自分史五章参照）

その11：成功、失敗の結果判明に時間の掛かる重大決定に際し、老人の夢の実現を称賛する日本と若者にさせるスウェーデン

リニア新幹線建設とスウェーデンの原発論争

筆者とホボ同年齢の葛西俊之氏はマスコミ、ネット上に現れて、リニア新幹線を完成させたい……老人の夢を叶えさせてくれと訴えておられたが、残念ながら2022年に逝去された。

筆者は趣味と専門とする金属切削のハイブリッドで、科学的に思考して……若しリニアが稼働し始めても巨額赤字の発生で、短期間で経済的に失敗である事が明らかになると確信していた。路線の半分以上はトンネル内で、一旦事故が発生すればその事故処理は大変、多数の死者発生が予想される。

路線はフォッサマグナと呼ばれる大地溝帯を切断、ホボ定期的に地震が発生する日本でも特に災害発生リスクの高い危険地帯を通過する。葛西氏の夢を肯定的に捉える投稿記事が新聞、経済誌、ネットに頻繁に登場した。

筆者はリニア新幹線が先ず経済的に成功しない事を確信している。

加えて、一旦稼働すれば永遠に稼働する事が求められるが……自然災害＝地震多発の日本では時間の問題で地震に遭遇……時速約500kmで走行する数百トンの列車は路線を破壊、多数の死者が発生するだろう。

時間の問題でその様な事が確実に発生する事を見越して、2023年に当時の山田社長宛にリニア中央新幹線中止の提案書を郵送した。

筆者の目から見ると事故は必然であり……事故発生に際して起こる損害賠償訴訟で、事故の発生は容易に予見可能で、それを怠ったJR東海の責任とする司法判断が迅速に出される事を期待しての事だった。

前年に葛西会長が逝去され……山田社長は会長の重しが取れたので……期待しての事だった。（第５章、資料集参照）

スウェーデンの原発の場合

スウェーデンは原発開発先進国で第二次大戦終戦直後からASEA社が原発の自主開発を開始、1972年までには９基の原発を建設している。

1979年の米国の原発事故に端を発して、国民投票を行い30年後の2010年までに原発廃止を決定した。

その後1986年のチェルノブイリ事故発生があったが、代替電力供給手段が貧弱、経済性、温室効果ガス問題などその後に発見された科学的知識を勘案、総合的に判断すると原発の優位性が再認識され、取り敢えず原発の寿命を60年に延長する方向で進められている。この様な決定の背景には国民の利益が最優先され、危険だが総合的に判断して経済的に突出して優位性のある原発に対する判断の難しさを、国民に曝け出している。

スウェーデンには成功、失敗の結果判明に時間の掛かる重大決定は、結果が出る時点で相対的に生存確率の高い若者に決定させる常識がある。背景には余命が短い高齢者は安易にGoの決定をする傾向があると考えられている。

日本の様に高齢者の信念……若しかしたらそれは妄念……に若い人が付き合わされることはない。それが可能で有効なのは年齢に関係なく自由に議論できる文化があるからだ。

その12：活字経済学者が経済活動が理解できない決定的な理由

賭けマージャンと家庭マージャンの違い。

筆者が住友に勤務した10代の頃から現役引退の50代後半まで、日本中の至る所で終業後賭けマージャンが行われていた。

筆者のホボ同年代の同志社大学卒業後米系の近江兄弟商会に勤務していたＧ氏、高校の教師をしていたＯ氏は、マージャンの負けが大きくて、月給で払えないので親から援助を受けて……職場の同僚、先輩の賭けマージャンに付き合っていたと吐露されていた。筆者も10代末頃から1990年代の退職する頃まで賭けマージャンをしていた。

家庭マージャンと呼ばれる妻子とのマージャンと……職場の同僚と行う賭けマージャンは同じマージャンでも、その真剣の度合いが、天と地ほどに違う。賭けマージャンは自由競争の原理で競争する市場のそのものであり、権謀術数の世界だ。単純な少数のルールの下で……人間心理と確率計算を暗算で行い……勝利を目指してゲームを行う。

家庭マージャンやトランプは、ルールを覚えて……単に勝ち負けを競うのみでその真剣度が根本的に異なる。

活字経済学者は……家庭マージャンレベルのルールを覚えているだけで……賭けマージャンの実態については全くのド素人。複雑な人間心理が関係する経済現象を言葉で表現するのは、不可能であり……巧みに書けたとしても読者＝学生がそれを理解する事は不可能で……それがやれる人にしか理解できない事で、経済学部では歴代、教授と学生はその様な歴史を繰り返して21世紀の経済学があるので、経済学者は進歩しない。

それは正に『応心』の境地……オリンピックの体操競技の様に……『これを手に得て心に応ず、口言う能わず』……であり経験しても、理解しようとしても、その中でも一部の人だけしかその境地に達する事が出来ない事だ。

学校で経済学を活字で習っただけの人は……絶対に複雑な経済現象の因果関係を咀嚼して理解する事は不可能だが、日本ではその様な活字経済学者が、日本の財政政策を取り仕切っている。

欧米では経済の実務経験豊富な経済学者が、国政に大きな影響を与えて財政政策を立案、実行されている。

スウェーデンでは実態経済と活字経済学の両方の知識の豊富な経済官僚が国政を動かしており、日本と大きく異なる。

その13：高額納税が称賛される社会と、天下り官僚に減額の口利きをさせる社会

スウェーデンでは高額納税する財閥家や企業を金の卵を生む鵞鳥に例えて称賛する。

日本では官僚が天下り先を求め、企業は天下りを雇用する事で納税額の減額の口利き交渉を天下り者の……過去の部下にさせる事で、官僚組織と企業のウイン・ウインの関係が出来あがる。**天下りを受け入れておれば、行政から些末なミスを種にして被る被害を防止するワクチン投与の効果があり**、その様なネットワークで日本中の殆どの大、中の企業には天下り官僚が常駐している。日本とスウェーデンの実態は見事に真逆である。

その14：日本では経済学は『嘘学』であり、経済学者は『嘘学者』だ

日本の経済学、経済学者は科学的に経済現象を観察、思考する事を放棄して……無味乾燥なデジタルで示される統計数値の大小のみから判断するので……数値の背後に存在する最も重要な因子、物事の**大小判断が出来ない……その様な常識の無い活字経済学者が国政に巨大な影響を与えている。**

家庭マージャンでルールを覚えた、中学生が昭和の時代に職場の高レートでの賭けマージャンで鍛えられた高齢ビジネスマンにマージャンの講釈をする様なものだ。

日本の経済運営失敗の根本原因は経済運営をする人の人選にある。
日本では考え得る最悪の人選をして、経済運営を行った。

日本では狭い人生経験と貧弱な常識しか持たない、最も経済財政政策の策定と運営に不向きな人材を高級官僚、経済学者、専門家、識者として国政を任せる事で失われた30年を起こし……その延長でこれからの30年の財政策を行おうとしている。既に説明済み。

次善の人選－1

日本の経済運営を、均一で疑問を持たない経済学者と呼ばれる人以外の……特定の専門分野を持たないオジサン、オバサンが少数でも加われば、質問、異議が発生、いくらかの議論が起こり、均衡が破れて……失われた30年は発生しなかったか……借金はかなり減額されたであろう。

次善の人選－2

理系の高学歴者は文系官僚の命令、指示に従って職人的な立場で人生を送っている。科学的に考える事が習慣化している彼らが少数加われば、若しかすると、議論が発生したかも知れなく、最悪よりも良い事が起こったかもしれない。

最善の人選

筆者は顧客と呼ばれる天敵に好かれるために……顧客がどの様にすれば利益を増大できるかを真剣に考え……良い結果を出す事で42年の現役時代を過ごしてきた。

数千の企業を訪問、数万人と回答の存在しない問題の解答を見つけるために議論してきた。
筆者と類似の経験＝民間人の常識を持った人が、少数で良いから入っておれば、絶対に失われた30年は起こらなかったと断言する。

閑話休題：スウェーデン語の偶然

経済を動かす根底には人間心理があり、何処か深いところで言葉と繋がっていると思う。他国人には想像も出来ない面白い二つの単語を以下に示す。

『SKATT』＝スカットは**宝石、税金を意味する名詞**、会話の脈絡からどの意味か判断する。
『SKATTA』＝スカッタになると動詞になり、税を払うとなる意味しかない。

『GIFT』＝ギフトは**毒を意味する名詞であり、同時に既婚を意味する形容詞**である。
『OGIFT』**＝ウギフトは未婚**を意味する。
『GIFTA』は動詞で、結婚するである。

洋の東西を問わず、数百代の永い歴史の経験が教える諺があり、日本では**『鉄は熱いうち**

に打て』で刀剣の鍛造を例としている。
英語圏では『**老いぼれ犬は新しい技を覚えられない**』と、高齢者に厳しい。
日本の国政に高い影響力を行使しているのは、受動的に振舞う事で評価されて現在の地位を獲得された方々で、英語圏では老犬であり、スウェーデンでは優秀な若者にその決定権を渡している。
劣化の根源的な問題が教育にある。日本の21世紀には……**無意味な受験競争で疲弊した若者は『熱くなれなく』打たれれば、パワハラだと大騒ぎする社会となった。**

藤井威大使OBの申し子の影響

第３章その５：史上最大の悪書。藤井威氏元スウェーデン大使の著作『スウエーデンスペシアル』は、失われた30年を作り上げる大きな原因を作った。大使就任直前まで大蔵省、53才で内閣官房内閣内政審議室長に就任、56才で国内勤務を終了、特命全権大使としてストックホルム大使館に着任された。
岸田文雄総理は、東京大学を３回受験して受からず、早稲田大学に入学した。
2024年１月、『政府税制調査会会長』に、３才若いが大学卒業年次が同じ慶応大学卒の翁百合氏を指名した。翁氏は1,500兆円と激増した借金を抱えた日本の最も重要な課題に取り組む、非常に重要な役目を負っている。
岸田首相も翁百合氏も、藤井威大使OBがインフラを整備した『失われた30年』の初期に政治、行政の分野に職を求めた。

破天荒な大使OB

藤井威大使は破天荒な振る舞いを全く気にしない……自己中心的な方の様で……東京大学卒、高級官僚、大使OB等の大看板で日本の財政政策に巨大な影響を与えられた。
（第６章、その４以降参照）
人となりの一面を第６章その４から抜粋して以下に示す。

………………………………………………

国王臨席の晩餐会での事

著作の中で医療体験記として……スウェーデンでは国民全員に平等で、日本と違って高位高官の人が優先的に扱われない事に不満を表明され……スウェーデンの医療従事者のサービス、丁寧さに大きな疑問を述べられ……その理由を隠すことなく記載されている。

国王臨席の公式デナーでの出来事

「現代美術館」の開館セレモニーに参加、その後国王臨席の下で公式デナ―があり、藤井大使は国王と同じテーブルに座り、両隣は政府の次官級の女性だったと言う。ワインを飲みすぎ、前日からの疲れもあり、気分が悪くなり立ち上がったところで失神、顔面を固い床に強打、顎の骨は砕け、健康な歯の3/4が砕けたと言う。
口の中は歯の破片だらけ、両方の頬骨は頭蓋骨から外れて、両方の耳に先端が飛び出し、血があふれ出て、出席していた米国の大使は死んだと確信したと書かれていた。
筆者は民間会社で顧客と無数の飲酒の機会を持ち、酒癖の悪い人はいたが藤井大使の様な、見境の無い酒のみを見たことはない。勿論、仕事以外の場で、酒癖の悪い人を見た事は多々ある。
自分史に既述、人事課の東京大学法科卒で応心学園の教頭みたいな立場で酒癖の悪かった出石市の出身のM氏は知らぬ間に会社から消えて行かれた。亀井人事課長が企業では無理だと判断されたのだろう。

民間会社には何らかの理由で度外れに悪い人は自然淘汰の作用で消えて行く。

大使として、国を代表して、最もマナー、儀典が重要視される立場の人が、任地国の国家元首と同じテーブルで同席する中での酩酊など、世界史の中でも初めての事ではなかろうか。

藤井威大使の公開できる勇気……純真さ

筆者は自分の不始末は出来たら他人に知られたくないと思う弱虫だが、藤井大使は無頓着であり、それは勇気から来ることなのか……それは自分の責任、不始末によるとの認識がないので……幼児の様に純真に公表したのかも知れない。

若しかしたら常習的な事で、タマタマ失神したが還暦近い高齢となり……失神したのかもしれない。

受験教育競争の勝者となり……大人の常識を持っていないので……自分が最高、世の中は天動説で自分を中心に回っているかのような感覚で、自分が無知であることを疑うことなく生きておられるのだろう。

著作の内容について

財務省の公報雑誌に2001年５月～2002年５月までに９回掲載された記事に加筆修正を加えたと書かれている。

公報雑誌にも泥酔、転倒事件が掲載されていないか知りたいので、財務省に問い合わせたが入手に成功しなかった。

神戸市図書館で借りて『スウェーデンスペシアル３部冊』全てを通読していたが、筆者の視点では単に週刊誌の記事みたいなもので、残念ながら情報としての価値は皆無、無知な人物のスウェーデン探検記みたいな読み物だ。

多くの読者がいた筈だが？

幾つかの図書館を当たってみたが、全て『スウェーデンスペシアル』が蔵書されている。

一般、経済学者、福祉関係者、大学関係者等、多くの人が読んでいると考えられるが……泥酔、転倒事故についてコメントされた週刊誌、ネット情報を目にした事がない。

多分、日本では人物を問わず……泥酔、転倒事故など……珍しくなく、問題にならないので……筆者の常識が日本では非常識だとすると納得するしかないみたいだ。

高負担にビックリ、思考停止する経済学者

ネット上では藤井氏が頻繁に……無数の回数パネラーとして、講習会でスウェーデンの税制を経済学者、福祉専門家等に講釈しておられる様子が公開されており、多くの聴衆の年収は１千万円前後だろう。

日本の年収１千万円のサラリーマンは全体の約５％、30％弱が源泉徴収されるので手取りは700万円強、月額で約60万円である。OECD統計が示す日本の低い租税負担率と、２倍くらい高いスウェーデンの高い租税負担率を示すと……経済学者の聴衆は思考停止……そんな国の例は全く議論の対象外となる。多くの大学教授級の経済学者の手取りが60万円/月……それが30万円に半減するような税制は参考にする意味がないと言う訳である。

例えばOECD2018年統計では日本の租税負担率は26.1％、スウェーデンは53.5％で、2.05倍である。OECD統計は正しいが、その中身は日本の常識では理解できない。多分、聴衆の経済学者は同時に示されたであろう、日本の高い社会保障負担率とスウェーデンの低い数値が目に入らなかったのだろう。

OECD2018年の統計ではスウェーデンの社会保障負担率は5.3％、日本は18.2％で約3.4倍で

ある。

民間のビジネスマンは講習会のパワーポイントの画面を見て、両方の数値を真剣に議論するが、経済学者は漫然として……学校の授業の延長の感覚で受け身的に見ているから、講演者がポインターで指示する以外の数値に目が行かないので疑問を感じないのだろう。経済学者はホボ自分の年収に近い年収1千万円で……手取りが60万円から30万円/月に半減する税制など考える意味がないと言う訳だ。

筆者の場合

OHPやパワーポイントを使って講演者の説明を聞く場合、耳は講演者の言葉を聞いているが……同時に画面に表れている全ての事を目でチェックする習慣が身についている。

日本人の常識では理解不能な矛盾する数値が一つの画面に併存しており……理解不能の筈だが……聴衆の経済学者は受動的に講演者の言葉と、ポインターの示す所だけを見ているから疑問が湧かない。

翁百合氏は、多分その様な経済学者の1人なのだろうが、それにビックリする事はない。多分、日本中の高学歴文系学者はそうなので、翁氏が特別に劣る訳ではない。

翁百合氏のプロフィール

翁百合氏は58才で著名シンクタンク『日本総合研究所』＝NRIの理事長に就任した。

従業員3,000人を超える経済学スペシアリスト集団のトップ就任だから、最も優秀な経済学者でその延長での『経済財政諮問会議』委員長に就任されたのだろう。

慶応の修士終了後日銀に就職、32才で日銀を辞めてNRIに就職、54才で副理事長に就任、58才で理事長に就任している。翁氏は永らく政府が策定する……全てと書きたくなるくらい多くの……経済、福祉、医療、規制改革、防衛……と全分野の委員会、有識者会議、審議委員会の委員であり、1990年代からの失われた30年の日本経済政策に絶大な影響を与えていた一人である事が解る。

	誕生	1993年の年令	2023年の年令
藤井　彪	1940	**53**	83
翁　百合	1960	**33**	63
小林慶一郎	1966	**27**	57
岸田文雄	1957	**36**	66

右のテキストボックスに示す様に、在スウェーデン大使OB藤井彪氏が原型を作り上げた経済政策の中で学び、実行してその後に、失われた30年と呼ばれるようになった日本を低賃金、長時間労働を特徴とする『ブラック企業』で充満する社会に誘導した経済学者の1人だ。

翁氏、小林氏、岸田氏はマスコミ、行政を通じて日本の経済運営に巨大な影響を与えて来た。岸田氏は多感な20代の頃に破綻した長銀に約5年間勤務していた。筆者は当時度外れに腐敗体質だった長銀の腐敗度を知っていたので……20代と言う多感な時代に岸田氏が5年間も長銀に勤務、そこから何を学んだか注目してきた……。（自分史第7章参照）失われた30年間に年間30～40兆円の歳入欠損を認める、不均衡財政が日本の標準形となり、2023年度末には借金が1,500兆円を超えることが確実になり、それを話題にする幾つかの経済学者の論文が(独)経済産業研究所＝RIETIの論文集に掲載されていた。

1. 翁 百合氏、日本総合研究所執筆の全32ページで約20の引用論文を基に2013年5月に執筆している。

> **スウェーデンの財政再建の教訓**
> **～経済成長と両立する財政再建が何故可能だったのか～**
> **翁 百合（日本総合研究所）**

2．庄司啓史氏、一橋大学国際、公共大学院執筆の全34ページ、無数の引用論文を基に2013年６月に執筆。

公的債務の蓄積が実体経済に与える影響に関するサーベイ及び Vector Error Correction モデルによる財政赤字の波及効果分析

3．平井健之氏、神戸学院経済学論集、第49巻第３号抜粋平成29年12月発行、全25ページ、23の引用論文を基に執筆。。

政府の債務と経済成長の因果関係

4．入江政昭、全21ページ、23の引用論文、2020年12月執筆。

OECD諸国における公的債務が経済成長に与える影響について

全ての論文に共通するのは無数の経済統計を組み合わせて、無数の国、地域の経済活動と呼ばれる……思惑によって先行者利益を狙う投資家の影響について思考する姿勢が全く見えない。

それは、彼らが実際の経済活動に参加した経験が乏しいか……ホボゼロで、筆者の就学前後の年令の頃の経済観念しか無かっただろうから仕方がない。経済学では、解り難い、予測不明な経済現象を抽象化、右に示す様な複雑な数学公式を駆使、確率の問題として解説している。

$$F_i(q_1,\ldots,q_n) := \prod_{j\in N}\sum_{s_j\in S_j}\left\{\prod_{k\in N} q_k(s_k)\right\} f_i(s_1,\ldots,s_n)$$

統計の背景にある物を思考しない、出来ない。

翁氏の場合には冒頭に以下の様に書かれている。

> RIETIデイスカッション・ペーパーは専門論文の形式でまとめられた、研究結果を公開し、活発な議論を喚起する事を目的としています。
>
> 論文に述べられている見解は執筆者個人の責任で発表するものであり、(独)経済産業研究所としての見解を示すものではありません。

全ての論文を通読したが、翁論文には『活発な議論を喚起する事を目的』と……『上から目線で』書かれている。

翁氏はシンクタンク㈱日本総合研究所の理事長で政府の独立行政法人産業経済研究所（RIETI）名で論文を執筆され、RIETIに影響力を行使している事が読み取れる。

翁論文を筆頭に……単なる統計の羅列で……筆者から見ると『子供のおもちゃ箱に統計』が入っている様なものだ。

統計の背後に潜む何かを探る姿勢が全く感じられない……複数の統計間で執筆者の視点で観察して矛盾と感じられる物を発見するような視点が全くない。

翁、庄司、平井、入江論文は全て公的債務、北欧スウェーデン、OECD統計を話題としているが、彼らは日本の常識で考えて不整合性を発見する事が困難で、矛盾と感ずるべき事に全く反応していない。

100以上の引用論文があり、膨大な紙数になるが筆者の視点で評価すれば、紙の無駄使い以外の何物でも無い。

その様な論文の著者の心境を、推察すれば大まかに以下の三つに分類できる。

1．自分は世の中で選抜されて日本を動かしている。世の中は自分中心で『天動説で』回っている。

2．自分が悪事に加担している事を熟知しているが……それを公開したらお終いよ……とケツをまくっている。

3．純情な、成績優秀な小学生の様に……何も疑問を感じていない。

好奇心と常識が無ければ目前の課題は見えない

常識が無ければ、統計の背後に潜む何かが全く理解できない。

日本の巨額借金の主たる原因は、行政官僚の無能と、インサイダー取引と見做される関係者の不正により発生した事を疑う視点が全くない。正常な経済活動から獲得されたマネーと不正、想像を絶するお粗末な行政能力を原因としている事に気付いていない。第１章にピックアップした20の事例の様に、欧米では非常に起こり難く……筆者の皮膚感覚では、スウェーデンでは絶対に起こらない様な愚行が日本の失われた30年間の行政を支配、劣化の度合いを更に増加させているが、自国で起こっている事を知らず、スウェーデンの常識に無知な人がスウェーデンの統計数値を議論する愚が理解できていない。

経済学者として数十年日本の経済政策に深く関与してきた、トップ級経済学者が第１章にピックアップしたような愚行について、経済学的な視点から問題視する姿勢が全く見えない。

それは、筆者の常識判断では……彼ら、彼女らが、度外れに無能か、又は愚行の共犯者である事を自覚しているように思う。

欧米経済学の根底には、経済運営は経済学を理解している人によって経済政策が運営され、度外れに無能な行政とドロボーが混在する社会を想定していない。

翁、庄司、平井、入江論文の場合には、活字と、統計のデジタルな数値だけの世界だから……経済現象で最も巨大な影響因子である、経済活動に参加する人、企業、行政の先読みを推察、思考する意志、発想が全く感じられない。単純に、経済現象を考古学の様に発掘した遺跡から、現在の経済現象を推測している様なものだ。

先述の様に７月に入り、それまでにあった多くの経済事案に加えて、非常に簡単に損益勘定が暗算レベルで直感的に見分けられる経済事案『2025大阪万博』、『年金財政検証』、が発表された事である。

心の中で巨額借金を問題視していれば……経済専門家は当然問題視していると筆者は思っている……H-461ページ記載の表－１は常に頭の中にある。

筆者の場合には表－１に加えスウェーデンの庶民並みのアンテナの高さと感度があり、第１章で指摘したような、筆者の視点では……国家公務員の犯罪級とも称すべき愚行があるから、見抜く事が出来る。

常識的に考えて、最も重要な借金と『大阪万博』の度外れに悪い、ドブに金を捨てる様な巨額プロジェクト。

同様に度外れに安易な『年金財政検証』を発表……円安が生活物質の価格上昇に直結、多くの低所得者を生活苦に陥れる事を全く考慮していない。

失われた30年の副作用
その１：スウェーデンの1.5倍高い自殺者数

第９章、その１にロシアのウクライナ戦争の戦死者数との比較で、失われた30年間の自殺者数の評価をしているが、日本の歴史との関係で比較してみよう。

2009年内閣発表の10万人当たりの自殺者数は日本が24人、スウェーデンは15人である。

自殺の理由は多様だが、筆者は半数の自殺者の出発原因は貧困だろうと推察する。

失われた30年に貧困を起点として困難に負けて自殺した人の概数は暗算レベルで以下の様に計算される。

人口１億２千万÷10万×12人×30年≒40万人となる。

日清戦争、日露戦争の二つの大戦争の死者数は合わせて15～18万人と言われているが、**両大戦の２倍以上の方々が貧困を原因として自殺している事を示唆する**。（第８章その７以降参照）

経済学者が日本史に興味があり、視野を経済学の統計の外にも広げて社会、国民の幸福に関心を持てば、筆者の様な視点をもち、その解決の方法を考えると思うが……惰性で考えていると新しい発想が湧かなくなる。
筆者はこの様な事実を看過した自分を恥ずかしいと思い……それがこの様な本の執筆のエネルギーの基になっている。

スウェーデンの自殺者数

スウェーデンでは第二次大戦後間断なく大量の難民を受け入れており、人口の約２割は世界各国からの難民、政治的亡命者、里子であると言われており、その負担は日本との比較で想像できないくらい巨大だ。

海外からの移住者の困難、受け入れる国の負担

移住者は言語、習慣、食事、教育、経済的困難等……を抱えている筈だ。
他方受け入れた既住者には大きな税負担が掛かり、経済的に大きな犠牲を伴う。日本では想像も出来ないくらい複雑で大きなな負担を敢えてスウェーデン政府は負っているにも拘らず、日本の自殺者はスウェーデンの24÷16＝1.5倍だ。
日本の経済学者は統計の海に溺れているので……与えられた統計数値からその背景を考える視点がない。
それらの数値を総合的に評価する事をしないか……出来ない。

その２：６か月点検制度が日本の自動車事故死者数を増加させた

2019年の統計によれば交通事故の10万人当たりの死者数は日本が3.6人、スウェーデンが3.1人である。
概数として死者数は人口を１億２千万人とすると、約4,300人／年となる。
筆者は日本の法律に従い日産のメンテプロパックに加入、６か月毎に点検を受けていた。
タイヤ交換はサービスショップで行い、日本で約50年の運転歴がある。
二回、大事故＝死亡事故に繋がりかねない、自動車整備士のミスに遭遇した。（詳細は第８章その７の８参照）
筆者のこの経験から筆者と類似の運転歴の人が２千万人だと仮定すると、筆者と類似のプロが行ったメンテの作業ミスで発生したと推測できる事故数は50年間で２千万回……年間40万回である。
運転中にタイヤを締めてあるボルトが折損して、車は横転、脱落したタイヤが他の車に衝突して大事故となる。
40万回の１％が大事故に遭遇するのはありそうなことだで、その内のかなりの人が死亡した事を推測させる。
スウェーデンでは車検費用が安いので、車検が有料の定期点検の必要性を低下させ、DIYが普通の社会なので個人の車の保守技術が高い事も影響している筈だ。何れにしても、統計数値を判断する時、単にデジタルにだけ見るのと……その背景に思いを馳せて評価するのでは巨大な差が発生する。
30年以上昔のスーパー中古車で動くのは、それを愛する所有者がいるからで、その様な超中古車は持ち主が丁寧にメンテしているから車検無用で公道走行を認める……スウェーデンの人間を理解して制度設計する行政の知性には驚くべきものがあり、日本の無機的な行政の対極にある。
2023年の交通事故の死者数は年間2,678人であるが、日本の失われた30年の交通事故死者数は1993年：16,765人であり、中間値は9,721人≒１万人である
暗算すれば30年間で約30万人弱の人が無くなった事が解る。

交通事故の死亡者数が減少してきたことは良い事だが、それは自動車会社の努力の結果で、6か月定期点検を義務付ける制度が事故の減少を目的としているにも関わらず、ピント外れで、結果的に事故の発生原因となり、同時に国民の経済的な負担を増加させている。経済的な貧困の問題も事故数を増加させる方向に作用していると推測される。

その3：福祉士教育もビジネスにする日本と

国が無償で提供するスウェーデン。

平均寿命が長くなり、高齢者の比率が高くなり福祉関係業界での雇用が増大する。

ケアマネを筆頭に、福祉、介護職に就く人の教育が必要となってくる。

スウェーデンではその様な人に対する教育は国が無料で提供し、資格試験を受験するための費用は本人負担とする事で、教育効果を高める様な制度設計をしている。

半世紀以上前から残業なしの社会だから、転職する為に教育を受ける事は時間的に何ら負担にならない。

終身雇用と残業がセットの日本では、講習会への参加は減収と精神的なストレスに加え、講習会費の負担が重い。

ケアマネの場合には最初の資格取得までの永い道のりに加え、5年毎の資格更新講習費が掛かり継続的に長期間ケアマネをする為には、100万円以上の受講費用が掛かる。

統計によれば2022年にケアマネとして登録された人は5万人弱である。

ケアマネよりも下位の資格の福祉関係従業者はケアマネの10倍くらいはいるだろう。

日本の場合は制度が出来てから、僅かの補助が得られるように手直しされ現状は非常に複雑になっている。

大まかに50万人の人が5年間で受講料10万円支払うとすると、50万人×10万円＝500億円。

年間100億円の受講料となり、それは国のGDPを上昇させ、形を変えた税金として福祉関係で働く人、福祉業界の税負担となり、最終的に福祉業界に収容される高齢者、その家族の税負担となって帳尻が合うようになる。

それにも拘らず全ての講習を**無料で提供するスウェーデンは無借金なのに、日本は巨額借金を積み上げた**。（第6章、その39以降参照）

その4：形だけの有料成人向け教育

筆者自身の約25年前の経験と、2024年のDEED＝独立行政法人高齢・障害・求職者雇用支援機構の2024年版の146頁と110ページの2冊の冊子の中に、無数の講習会が開催されリスキリング、再就職に繋げる事が目的としてメニューが作られている。筆者の専門とする機械加工、IT関係の部門の説明をもとに判断すると、講習を受けたたら転職を可能にするようなものではなく形式だけで、筆者が退職直後に受けた転職、再就職の為に行政が設計した講習会と全く同様だ。

スウェーデンの場合には、多くの友人、知人が行政の行う教育を受けて立派に転職している。

講習の品質

形だけの教育で実態としては……行政が整備した成人教育はリスキリング、転職を可能にするほどのレベルのものでなく……形だけの教育で……役に立たない。

スウェーデンでは、内容のある教育が成されているので、成人教育は転職を可能にする大きな助けとなっている。

日本では嫌でも……現職に『しがみついて』ハラスメントを甘受しなければ人生やっていけなく……殆どの人が大なり、小なり、イヤイヤで、職場に向かっている人が多いと思うが……スウェーデンではその様な人は……一般的にはいない。

日本は正業での再興を止めて……賭場の胴元を目指すのか？

全ての物は見る方向により形が変わる。

1枚の紙は見る方向により、正面から見ると壁の様に見えるが、横にしてみれば線の様に見える。

万物はそれを見る方向により形を大きく変える。

政治、経済運営も全く同様で考える視点を変えれば、全く別の結論になる。

政府、行政は統合失調症か否か

> 筆者は政府、行政は国民の為に良い事をするのが責務だと考えているから、政府、行政の政策が国民の為にならない場合には、統合失調症と揶揄するが、それは筆者の思い込みで、間違いかもしれない。

政府、行政は正常で……彼らは彼らの目的に忠実に従っているのかもしれない。

筆者の誤解の場合

若し、政府、行政が詐欺集団の様に自己利益追求集団であれば、国民の事など忖度するのは無意味だ。

一般的には、無数の関係者がいるからそんな事起こる筈は無いと考えたくなるが……冷静に観察すれば、する程……原因と結果を並べてみるとその可能性を疑いたくなる。

> 製造業の技術者だった筆者の視点で考えれば……どの様に考えても……詐欺集団に見える。対極にあるスウェーデンとの比較で考えると……詐欺集団である事を疑う気持ちは……確信になる。

大阪万博のように単純明快な巨額損失プロジェクト……暗算で出来る約30万円使って4千円の収入を得る……を民間企業に協賛させて行い共犯者とする。

IRと賭博場は形を変えた徴税

IR＝Integrated Risort＝統合型リゾートは、公認賭博場付きリゾートを意味する。

日本では賭博行為は刑法で禁じられているが……昭和の時代には賭けマージャンは全盛でその後21世紀の初頭まで、賭けマージャンは世の中に氾濫していた。賭博行為の盛衰は警察のさじ加減で徐々に厳しくなり、現在に至っている。

大阪では2020年に49ヘクタールの埋立地、夢洲に巨大なIRを建設、2030年の開業を目指している。

米系と日本のオリックス……民間企業の経営だから大阪万博の様なアホナ事はしない筈だ。

日本には隠れた大資産家……天下り高級官僚OB、国民をハイリスクの金融市場に誘導した事で必然的に発生する少数の金融長者が出現するから……潜在的な需要はオリックスが想定しているよりも多いだろうが、それは少し楽観的過ぎる。（第6章、その35の6以降参照）

それは福島原発事故の再来かもしれない？

基本的な設計は米国のMGMが行うが、彼らの自然災害多発国日本についての知識は貧弱だろう。福島原発の建設に携わった日米の科学者、専門家を超えた知識があるとは思えない。

2030年に営業開始、30年後の2065年までのリース契約だとの事である。

南海トラフ、東南海地震がいつ発生しても不思議でない状況下で大地震と津波が発生すれば……軟弱な地盤の夢洲は壊滅的な被害を受ける事になるだろう。

地権者である大阪市は契約期間内に自然災害発生で、建物が崩壊した場合にはMGMの責任で、更地にして地権者に土地を明け渡す様に契約を交わすべきだが……それを提案する勇気があるだろうか？

大阪とMGMオリックスの双方がお互いに……やりたい、やりたいの気持だけが先行しているプロジェクトは非常に危険だ。
大阪市はMGMに自然災害発生に伴う営業中止になった場合には、更地にして土地を明け渡す条項を絶対に入れるべきだ。
筆者は約45年前の福島原発建設時、GEの建設監督官だった、特許公報の英語への翻訳手伝って頂いていたH氏の一言が忘れられない。日本の原発、放射線専門の科学者の中に常識のある人がいて……GEに地震のリスクの疑問を投げかければ、GEは即刻設計変更して……その方が安上がりだから……補助電源は地下から、地上に設置され、原子炉は安全に冷却されただろう。（第５章、その１参照）

公認の賭博：宝くじ、競馬、競輪、ボートレースの場合

日本では民間企業が賭博の胴元になる事を法律で禁じている。
英国にはブックメーカーと呼ばれる『賭け屋』があり、それは民間業者であり、米国も同様に民間組織が運営している。
中国に返還され『中国の特別行政地区』となったマカオの賭博場も、米国のラスベガス等と同様民営である。
日本では疑似賭博であるパチンコ屋のみが、民営として警察から見逃されているが、賭博行為の胴元となれるのは自治体のみである。筆者の知る限り、賭博を公認している先進国でこの様な国は日本以外にはない。

公営賭博の経済学的な役割

ラスベガス、マカオは富裕層向け

米国のラスベガス、中国のマカオの場合には富裕層が大金を賭けて賭博に興じる。
数年前にベストセラー作家となった東京大学卒で、大王製紙社長だった井川意高氏が、賭博で約100億円を失った事でマスコミの話題になり、一般人にも知られる所となったラスベガス、マカオは超富裕層以外の人には全く無縁の世界だ。

日本の場合には貧困層向け

日本にはパチンコ屋、宝くじ、競馬、競輪、ボートレースが賭博の対象であり……それは庶民＝低所得者の『一攫千金』を期待する……貧困から脱出したいと言う夢が出発点だ。
胴元である自治体が、集まった掛け金の約40％をとり、残りの60％で勝負させて勝ち負けに応じて分配する。

経済学的に考えれば、40％は形を変えた税金である。

以下に、宝くじ、競馬、競輪、オートレース、競艇について考えてみよう。

宝くじの場合

日本では法律で民間に宝くじの胴元になる事を禁止している。
宝くじの胴元になれるのは地方自治体であり、発行には総務大臣の許可が必要である。
2022年度の売り上げは約8,300億円、約3,000億円が20の自治体に納められたと公表されている。
これをビジネスとして観察すれば、みずほ銀行と言う下請けを使って、国家が約8,300億円を売り上げ……全く徴税の手間を掛けず……宝くじの発行に許可を与えるだけで約3,000億円徴税した事を意味する。

JRA＝競馬の場合

年間売り上げは３～４兆円、その１割約３～４千億円が国庫納付金となり、実態としては税金である。
JRA職員数は２千人弱で、実態としては政府、行政の下請けであり、天下りの受け入れ先である。

JKA＝競輪、オートレース協会

年間売り上げは１～２兆円、約600人の従業員を擁する、JKAと類似した政府の下請けをしている。
約3,000億円の収益金は、実態としては形を変えた税収である。
BOAT RACE＝競艇の場合
年間売り上げは２～３兆円、約80名の従業員で、売り上げの約５～６％が社会に還元されている。
宝くじ、JRA、JKA、BOAT RACEの場合には、参加者全員が資金を出して券を買い、約40％は胴元である自治体がピンハネして、残金から建物、人件費、電気水道、宣伝、保険等の『賭博場運営費』を負担する。
残金を賞金として券を買った人が取り合う事になる。
第９章、その４では、複数回連続で勝利……巨額な儲けを獲得する人の発生を確立の問題として……少数だが確実に発生する事を証明したが、ここで話題にしている賭博の場合には同様な事は絶対に起こらない。
数学的に証明する事は簡単だが、ゼロサムゲームに入る前に胴元が40％の利益を前取り、更に開催経費が損金として存在するので、ゲームに参加すればするほど損失が増加する事になる。
若し年間獲得利益が50万円を超えれば課税
宝くじの場合には、税金を払わなくても良いが、他の賭博の場合には年間の儲けが50万円を超えると確定申告で納税する事が義務付けられている。**簡単にインサーダー取引で高額利益を手に出来る官僚はキャピタルゲイン課税で、現行は20.3％で済むのに、賭博の場合には開催自治体に40％＋『賭博場運営費』＋確定申告で、勝ったとしても、大部分は胴元である自治体と政府に持って行かれ、結果的に行政に射幸心を煽られた貧困層が、不相応に高額の税金を払う事で……より貧困になり、家庭不和、子供の教育環境に影響を与え……自殺率、犯罪**の増加に連動する。
賭博の総括
国は低所得者に宣伝して『射幸心』を煽り、税収を増加させ、官僚の天下り先を増やす。
賭博に関連して消費されるマネーはGDPの増加としてカウントされ、経済発展に貢献した事になる。
みずほ銀行、JRA、JKA、BOAT RACEに勤務する従業員の仕事が創出されるので、失業率の低下、日本の長時間労働化に貢献する事になる。
スウェーデンの場合
宝くじは、ロトと呼ばれて日本と同じように公営で行われ、競馬は民営であり、競輪、競艇はありません。
ビンゴと呼ばれる、日本のパチンコ屋に相当するものが民営であります。
日本では行政があらゆる機会を捉えて、民の分野に侵入して天下り先を作っている。

民業圧迫が好き：スポーツ施設テニスコートの場合
筆者はテニス歴約30年で、現在も週三回、各２時間テニスをしており、20人～30人の高齢テニス友人がいる。活動範囲は車で30分程度の時間で行けるテニスコートだ。
筆者の住む神戸市北区の近辺には、多くのテニスコートがあり、活動範囲内にあるテニスコートは以下に示す45か所である。
民間の正田美智子さんが皇太子とご結婚、それが切掛けとなり、テニスブームの到来となった。それまで殆どのスポーツは男女別々だったが、テニスは男女一緒に出来るので対象人員が２倍になり、高齢になっても楽しめるので健康スポーツとして認識されて盛んになって来た。
多くの民間コートが賑わう中で、地方自治体がテニスコートの運営に公的資金を投入、小型の天下り先を作り上げる。

筆者の活動範囲内のテニスコート一覧

xxxx で示すものは市、県などの行政が立ち上げたテニスコートで、その幾つかは国体開催に使用されるくらい大型の物だ。

しあわせの村、オーランドテニスクラブ、星和高原テニス、君影台テニス、**天王ダムスポーツガーデンテニス**、すずらんローンテニスクラブ、**大原山公園テニスコート**、名谷テニスガーデン、北神戸テニスガーデン、**神戸総合運動公園テニスコート**、神戸市外大テニスコート、ITC ユニバー神戸テニスクラブ、すま離宮テニスクラブ、海浜公園テニスコート、三木ロイヤルテニスクラブ、ロイヤルヒル'81 テニスクラブ、緑が丘テニス練習場、**王子スポーツセンターテニスコート**、**北神戸田園スポーツ公園テニスコート**、啓明学院テニスコート、神戸三田ステップワンテニススクール、勘兵衛テニスガーデン、スカイリラテニス、ITC インドアテニススクール、**ねぶたに公園テニスコート**、ミズノテニスプラザサウサリート、流通科学大学テニスコート、西神ニュータウンテニスガーデン、＋placeROKKO、**王子公園テニスコート**、西宮市東流通テニスコート、ITC いぶきの森インドアテニスコート、テニススクール・ノア HAT 神戸、テニススクール・ノア名谷校、**ブルボンビーンズドーム**、本多聞南公園テニスコート、港島立体駐車場テニスコート、神戸西テニスコート、**三木防災公園屋外テニス**、コープこうべ、協同学苑テニススクール、**吉川総合公園テニスコート**、広野田園テニスクラブ、樋の池テニスコート、**三木山総合公園テニスコート**、神戸市公園緑化協会庭球場大和公園

テニスコートの建設にはかなりの建設費が掛かり、それは公共の施設の場合には全て公費が投入される。

民間の場合には経営に責任感を持っているから、自分の世代だけでなく、次世代にも経営が出来るよう減価償却費用を積み立てる。コスト意識のない公務員は、目先の事だけで、無頓着に将来の事など考えない。

コートのレンタル代は民間よりも大幅に安く設定しても十分運営して行ける。

固定資産税の重圧

60年前の美智子妃御成婚でテニスブームに火が付き、その後の30年くらいで多くの民間テニスコートが建設され、それなりに民間企業として経営が成り立っていた。

そこに地方自治体が割込み、安いレンタル料金を武器に民間企業を圧迫する事になる。

民間の場合には固定資産税が付加され、神戸市の場合は都市計画税が加算されるので1.7%/年である。単純計算で固定資産税は30年間に1.7%×30年＝51%、となり、評価額の半分が固定資産税として持っていかれる。

民間のコート経営者は、それでも経営を続けるためには、低賃金、長時間労働しか対策はない。テニスコートみたいな小さな事業でも……第1章で国政に関与する高級官僚の愚行を公開したが……愚行は高級官僚だけでなく、末端の地方公務員まで……全ての分野で同様の事が発生、それらの累積が日本を低賃金と長時間労度に加え……苦労する為に人生を送り、自殺者の多い国にして終った。

筆者の狭い活動範囲でも45ものコートがあり、全国では数百倍あるだろうから、巨額になり、それらは民業圧迫で、早晩多数のテニスコートは閉鎖され、民間コートからの税収は大きく減少する……既に減少して、その分国公債発行残高が増加しているだろう。

SDGsの起原とその後

英国のネルソン将軍率いる英国海軍がナポレオン軍のエジプトへの補給路を撃破した220年

以上前に……マルサスは人口論を発表、地球のサイズ＝表面積は不変だが……人口が等比級数的に増加すれば、その内、地球上は人間で立錐の余地もないほど混雑する事を世の中に知らしめ……21世紀になってSDGsが世界の主要な話題として登場した。

SDGsと日本政府、日本の経済専門家

2015年に国連サミットでSDGsを実施する事が合意され、日本政府は2016年に『SDGs推進本部』を設置して、行政、民間NGO、NPO、有識者、各種団体によって構成される『SDGs推進円卓会議』での議論を経て『SDGs実施指針』を決定した。

それは単に無駄の排除

SDGsとローマ字で書かれると、昭和時代の床の間に置かれた置物の様に……飾り物の様に感じるが……無駄の排除を意味し、それが全てである。

使用する原料、資源の削減……物を制作する為に必要とする電気、ガスなどのエネギー消費量の削減……制作に要する労働時間の短縮等であり……社会にある原材料、エネルギー、労働時間の最小化を意味し、それが全てである。

それは、全ての民間企業が日常的に実行している事であり……何ら特筆すべき事でなく……筆者はその様な環境の下で半世紀弱の現役時代を過ごしてきた。

製造業とIT業では全く異なる

IT産業では最小の原材料、エネルギー消費で間断なく、連続して進化を遂げており、行政が関与出来る隙間はない。

無駄の排除に抵抗していたのは日本の行政

筆者がこの本で指摘した250以上の項目は、何らかの形で原材料、エネルギー、時間の無駄使いを指摘している。

政府が関与する『SDGs円卓会議』の結果出来上がった『SDGs実施指針』で、筆者が第1章以下、第9章迄で指摘したようなあまりにも単純明快な事実を誰も指摘しなかった事は単純に驚き以外の何物でも無い。

何故その様な事が起こったか？

- 官僚の作成した素案を面前に出され、それに異議を唱える事は身の破滅……賛成するのが自分の役目と、日分の政府官僚から期待されている役割を熟知していた。
- 素案を見て、自分も同意見で、反対する理由は全く無かった。
- 今迄経済学者は、経済論文、著作を通じて『過去のデータ』を見較べながら過去に起こった経済現象の原因を『過去の過去のデータ』との関係で解釈する事を研究していた。経済学者は『過去のデータ』を使って今後＝未来に起こるかもしれない経済現象を予測する事を放棄してきたので……未経験の分野で話題に出来ない。（第1章その19参照）
- 経済学者は東京大学入学を目指した受験競争の中で集団催眠に罹り……常識と呼ばれる社会の変化の本流を形成する……何かに気付かない？（1978年の南米ガイアナで千人弱の米国人が集団自殺した様に。）

その延長に2024年7月になって出現した『大阪万博』があり……戦前生まれの小学生で成績が比較的上位の子なら、計画を聞いたら暗算で計算して即座に……数千円儲けるために、数十万円を投資する……破滅的なプロジェクトである事を見抜いたであろうが、それが出来なかった。

IT革命は、人を知的呪縛から解放……間断なく変化、進化が連続的に進行している。

マイナンバーカードの場合

マイナンバーカードは2016年1月から交付が開始され、筆者は2020年3月、78才で公布を受けた。その後4年間携帯、非常にお粗末な経験をしているが、それは行政の無能を原因としていると断定する。

筆者はスウェーデン在住の４年間に同様な『パショーン・ニューメル制度』＝マイナンバー制度の中で生活した。

スウェーデンではマイナンバー制度の運用を1947年……第二次大戦終了２年後に開始していた。筆者は1975年に１才、２才の娘帯同、家族４人で移住ビザは会社が取ってくれていたので、税務署に行き申請した。筆者のスウェーデン到着15年前の1960年代に既にデジタル化されており、家族４人すべてにカードが付与された。

筆者の時代には番号は非常に解り易く『420330－7055』だった。

1942年生まれの下２桁……42の次に誕生日３月30日を意味する、0330が来て、その後ろに7055番が付けられている。

1942年３月30日生まれの、7055番と言う事だ。

子供には小さな金属の板に番号が記載された物が付与された。

国の人口が10倍に増えても対応できる様に設計されている。

日本のマイナンバーカード
知識不足と準備不足

日本では2016年に開始されたが、制度設計がお粗末で非常に使い勝手が悪く、普及しない。設計が悪いから、手直し、追加の連続でお話にならない。第１章に記載した行政の愚行と同等かそれよりも悪い。無駄に字数を増やしたくないので、第７章その15にかなりの字数を使っているので参照して下さい。

スウェーデンの福祉を専門とする
経済学者の知識不足

KAKENから補助を受けてスウェーデンで聞き取り調査をされた、藤岡京都大学経済学博士の著作と、岸田京都大学経済学博士の論文がある。紙数節約の為に再度同様の事は記載しないが、民間の技術者、理系の学者ならスウェーデンでは言うまでもなく、日本でもあり得ない様な無責任、無自覚……貧困な専門知識を暴露している。

筆者は現役技術者として40年以上数千の企業、工場を訪問して自分の専門分野の問題について、顧客の技術者と議論を交わしてきた。民間の技術者が顧客に藤岡博士、岸田博士の様な議論をすれば、一発でアウト……顧客は二度と筆者の訪問を受け入れてくれなかっただろう。（第４章その５：日本の経済学は無用の長物か以降参照）

行政が関係すると民間ならば簡単に解決する問題が、内容がお粗末になり複雑化してしまう。

統合失調症に陥った日本の行政と金融機関

筆者は70才頃に、起業すべく合資会社を設立したが、その直後に心房細動が発症、当時の最新技術だったカテーテルアブレーションを受けた。アブレーションは成功だったが、その後10秒を超える心停止が頻発……ペースメーカ埋め込まないと、心停止の延長でその内ホボ確実に死亡する確率が高いと言われた。

二泊三日の予定で、人生で初めての入院だったが３週間の入院になった。高齢者の長期入院は体力、気力の大幅な低下になり……活動することなく、起業はやめて合資会社を休眠させていた。

最近、会社の活動を始めるべく準備し先ず郵貯局で合資会社の法人口座の申し込みを行ったが断られた。

多くの書類を準備して窓口の人に相談して、本部に送ってもらったが、約２週間して口座開設を断られた。

窓口の女性の話では、最近新しい法人の口座は殆んど開設の許可が下りなく、なぜそうなのか窓口では解らないとの事だった。

他の都市銀行、地方銀行、信金と、計５金融機関に申し込んだが、全て同じ結果だった。

みなと銀行の支店長とかなり突っ込んだ話をする機会があり、事情が良く解った。

銀行の立場

政府は起業を支援し、意欲のある人をビジネスの場に誘導したいと宣伝しているが、銀行は簡単にそれに迎合すると大変なミスを犯すリスクがある。

口座を持った新しい法人がマネーロンダリングを行い、口座を持った銀行名が公表されると、監督官庁から厳しく扱われ、銀行経営に巨大な汚点となるために、基本的には小さな新規法人口座の開設は、上の方ですべてストップしているらしいとの事。

年間売り上げ、数百万〜数千万円の小企業の為に大銀行が迷惑を被るのは割に合わない。

結局、政府、行政が旗を右に振っても、銀行は右を向けない。

国家の経済政策が『統合失調症に』陥っている。

同様の事が行政の他の分野でも発生、困っている人が多くいるのだろうと推測する。

大企業なら、天下り官僚を受け入れて、行政に影響力を行使できるが……個人や、零細企業では対応が出来ない。

困った国になったものだ。

スウェーデンの地方自治とそれを背後から支える人物と制度

事業部長を辞して大学教授を事業部長に推戴したヴィルフェルト氏

筆者の所属した事業部の部長だったヴィルフェルト氏は事業部長を辞任、後任に王立工科大学のヒーシング氏を事業部長に推戴された。

ヴィルフェルト氏の辞任

自動車、飛行機、兵器メーカーのサーブからサンドビックに転職、幾つかの重要な発明をされ、売り上げを大きく伸ばし、事業部長をされていた。 定年10年前くらいの50代中頃に事業部長を辞して、王立工科大学の教授だったヒーシング氏を事業部長に推戴、自分はその下の開発部長に就任された。それには二つの大きな意味があった。

－　**残りの人生を好きな技術者として生きたい。**

－　**世界には二つの工業規格……英米のインチ国と他の多くのミリメーター国がある。**
　　国際規格ISOがあるが、ISOではインチとミリメーターが併存している。

企画を統一すれば工具業界の製造コストの負担が半減する筈であり、その為にISOの委員として主要各国の行政、ISO委員間の合意を取り付けて規格統一をする為に奔走され、規格は統一された。

世界中の同業者が、21世紀流に表現すれば、省資源活用SDGsを行う為のインフラを作られた。同時にそれはサンドビックの更なる成長を可能にして、業界のグローバル25%企業に押しあげた。

後任のヒーシング氏のその後

工学部教授としては珍しく柔和、笑顔を絶やさず……敏感に数値に反応、数千ある製品の損益、将来性について抜かりなく細かなチェックをする、経営者だった。(自分史第４章参照)

定年退職後にゲーブレ県の県知事に就任されたが日本の県知事とは大違いである。

ホボ、無報酬に近く、ボランテイアである。

殆どの税収が地方に行き地方が大きな決定権を持っているスウェーデンでは約80%の人は国税を払っていない。

この場合の地方とは県の下部に当たる『コミューン』と呼ばれる、日本感覚では市である。
筆者の住んでいたサンドビッケンコミューンの人口は約３万人だった。(第８章、その２の８参照)

スウェーデンの県知事の役割

他国には一般に県知事がおり、海外からの訪問客に対して外交的な儀礼を果たす為にその様な人が必要である事が認識され、県の象徴みたいな役割……それはスウェーデンの国王、日本の天皇に相当する……を果たす事が期待されている。

日本の県知事の役割

日本の県知事は中央と市の間にあり、中央政府の下請けの役割を果たしている。
少々のバラツキはあるが、日本の県知事の半数以上は中央政府からの天下りであり、長期にわたり県政を牛耳っている。
４選16年～５選20年は何ら珍しくなく、高給で運転手付きで公用車に乗っている。
ヒーシング氏の様に自転車で通勤するスウェーデンとは説明のしようがないほど大違い。

兵庫県の場合

2021年に44才で兵庫県知事となり、2024年にパワハラ事件でマスコミを賑わせた斎藤元彦氏は総務省からの天下り知事だ。前任の井戸敏三知事は自治省＝現総務省からの天下り51才で副知事に就任……前任の貝原俊民は高齢となったので４期16年で知事職を引退。井戸氏は56才で知事となり５期＝20年間間在任、75才になるので知事選に出馬しない事を表明、その後任として、44才の斎藤元彦氏が総務省から天下りして知事となった。

ノー天気な井戸知事

コロナ禍で永らく窮屈な生活を強いられていたが、待望のコロナワクチン接種が日本でも始まり、ネットでの申し込み受付が始まった。ネットを介してワクチン接種の申し込みをするが、WEBの設計が悪くて……何度トライしても成功せず、それが話題になっていた頃、テレビ出演した井戸知事いわく、私もコロナワクチンの予防接種の申し込みをネットでやってみたが出来なかったので部下にやってもらった……と笑顔で話していた事が話題になっていた。
井戸兵庫県知事は75歳で、対象となる後期高齢者の最年少で、現役の兵庫県知事である。
当初の申し込み対象となる人は全て自分より高齢、殆どの人は退職者、ネットには不慣れで若い部下はいない。
その様な責任感絶無な知事だから、部下に好かれて……楽しく20年の知事職を務められたのだろう。
後任の天下り斎藤知事は、井戸知事と真逆にパワハラで、全国的に有名になった。
日本では知事の権力を手にすると、自己中心的に、個性丸出しで組織を操縦するが、スウェーデンではそれは起こらない。
絶対に起こらない。井戸氏であれ、斎藤氏であれ……自己中心的な言動は市民、国民が許さないからアウト……政治の世界からの退出となる。(第３章その１以降参照)

マネーの性質を熟知した地方自治優先の政治制度

日本の場合にはスウェーデンと真逆に中央政府が殆どの税収を取り、それを地方に配分する構造になっている。
その事が日本で官官接待と呼ばれる、地方自治体が中央の高級官僚を接待する、21世紀には世界遺産級に珍しい事が常習的に行われている。古代中国では皇帝の家臣が地方に行き、官官接待を受けるのは普通の事だった。
お金はそれを消費する末端の所が最も無駄なく有効に使用するから、殆どの税収が『コミューン』に行くようになっている。
遠方にある中央が配分を決める日本の制度では……不正、水増し、民間業者も絡んでのキックバック、官官接待が隆盛を極めてノーパンシャブシャブと、不正、汚職の土壌を作っている。

愛国心と国民を守る強い意志と外界との関係

スウェーデンの政治、行政は徹底したスウェーデンファーストで行われているから、国民から信頼されている。

日本は政府、行政ファーストで行われ、国民はその為に利用されているが、それを自覚する人は皆無に近い。

防衛産業の場合

スウェーデンの兵器産業は質、量ともに世界のトップクラスを維持している。

日本の自衛隊もスウェーデンのライセンスの下、国内で武器を生産している。

最も大きな需要は中東、アフリカ諸国からであり、多くの軍人が見学、交渉にスウェーデンに出張してくる。

その様な場合には当然の事ながら過剰な接待が行われる。ボフォーシOBの知人マグナスによれば、スウェーデンでは過剰な接待、ピンク接待は法に触れるために、ドイツ、オランダなどの法規制のない外国で派手な接待が行われると言う。

日本では国内でピンク接待が普通に行われ……未成年の根本七保子がインドネシアに送られてデビ夫人となった事は良く知られた事だ。

日本の情報非公開とインサイダー取引への誘惑

昭和の時代にあった行政のインサイダー取引は主に、行政関係者の公共工事に絡む土地の先行購入によるインサイダー取引だった。富山県の綿貫地方財閥、神戸市北区の看板長者等、地元ではよく知られた事だった。(第４章その３参照)

株式市場でも1989年にキャピタルゲイン課税が法制化されるまでは、インサイダー取引は公認で、筆者もその恩恵で結婚前に居宅を購入する事ができた。(自分史、第四章参照)

21世紀になり、インサイダー取引の機会は無数にあり……幸運なら巨万の富を短期間で作る事も出来る。

勝ちを約束されたインサイダー取引

21世紀になり世の中に存在する無数の金融商品＝通貨、株式、債券、投資信託、株価指数、エネルギー、穀物等の価格は、公的機関の発表する統計数値に敏感に反応する。昭和の時代には対象は主に土地と株式であり……実際の売買益が発生するまでに時間が掛かったが、21世紀になり結果は最短では秒単位、長くても数日で結果を出す事が出来る。

発表される統計数値を事前に知れば正に『濡れ手に粟で』ノーリスク、ハイリターンが約束される。

通貨の売買＝FXの場合

法的にFX取引をインサイダー取引として取り締まる事は不可能で、レバレッジが効くから短期間で繰り返して売買すれば、巨額の売買益を得る事は技術的には簡単だが、日本でそれが可能なのは統計情報を事前に入手できる関係者に限定される。

情報公開の徹底しているスウェーデンでは、関係者だけが情報を事前に独占する事は不可能だ。その様な情報公開制度が機能しているので、日本で起こる様な事はスウェーデンでは起こらない。それ以前に、スウェーデン政府は自由経済の原則で動く為替を人為的にねじ伏せる様な愚行は行わないので……自由に乱高下する事を放置しておくだろう。

日本の為替介入の歴史

為替介入

政府は1991年５月から2022年10月までの31年間＝372か月の68月に為替介入を行った事を公表している。それ以降、2024年７月までに数回の覆面介入が行われている事が推定されているが、神田財務官は申し上げる事はないとコメントを拒否している。この部分を執筆している時点で公開された最終の介入は2022年９月のドル売り介入で28,382億円、翌10月の63,498億円、で計約９兆円の巨額介入となった。

2021年に財務官に就任した神田真人財務官は2022年の巨額ドル売り、円買いを日銀に指示し、その後の覆面介入も指示している筈だが……何も申し上げる事は無いと……ノー・コメントである。

国の財産である巨額の米ドル、又は金塊を散財して……責任者の神田真人財務官はそれを明らかにしない。

スウェーデンでは考えられない事である。

372か月の介入の内訳

ドル売り介入　→　　15ケ月　約４％
円売り介入　　→　　53ケ月　約14％
介入なし　　　→　304ケ月　約82％

詳細な個々の話は際限のない話になるのでしないが、筆者が観察する限り介入が一時的に相場の流れを停止させても……最終的に経済の**ファンダメンタルズの示す方向に戻り成功と呼ばれるべき介入はなかった。**

国家に対する最も大きな負の貢献は、介入情報の事前漏洩により関係者が巨利を獲得したであろう事だけだ。

国が異なり、言語が異なれば常識は更に大きく異なる。

筆者は大きな紙数を費やし、日本とスウェーデンの常識の違いからくる、無数の巨大な結果の違いを説明している。

日本とスウェーデン両国の常識を大人並みに理解していなければ、統計数値だけで……経済現象を理解する事は不可能だ。

> 常識を熟知しないで統計数値だけで、経済現象を観察してもそれは単なる『めくら象』で……多くの場合理解不能、因果関係が反対に理解されるかもしれない。
> その様な経済論文に多数遭遇した。

特にスウェーデンは日本の対極にあり……北欧、スウェーデンについて最も良く知っているとされている学者、大使OBが、『めくら象』で多数の論文、著作でスウェーデンを紹介しているから……最悪だ。

半世紀以上前からすでに残業がなく、残業は死語となり……高度な福祉国家を作り上げ、借金を作ることなく均衡財政を継続している、スウェーデンは結果に於いて日本の対極にある。

日本の場合は、政府、行政が統合失調症に罹患しているから、欧米基準の民主主義国では起こらない事が頻発する。

民間の経済活動に就いて全く経験がなく＝常識ゼロと呼びたくなるくらいくらい、国民、庶民の生活について無知な日本の知的トップ集団に属する翁氏、佐伯氏の様な人が政府の委員会の要職について、国政の根幹に巨大な影響を与える。

常識と日本とスウェーデンの国家経営の成績表の関係

- 日本では高齢者が社会を取り仕切り、若者が従属的だが、スウェーデンは真逆で、老人が従属的。
- スウェーデンの税務官僚は、**国民生活の細部まで考える力があり……国民の為に制度を**作っている。
  日本の税務官僚は、細部には興味がなく……統計数値で判断して制度を作っている。
- 日本では長時間労働する事、**楽しくなくても頑張る事が……目的化**している。

残業のないスウェーデンでは残業は死語であり、身の丈に合った頑張りで、人生をソコソコ楽しく生きている。

– スウェーデンの政治家は実務能力が高く、政治に掛かる費用が日本の1/10以下くらいと非常に少ない。
– 日本では最も貧弱な常識＝社会経験しかない、超高学歴の活字経済専門家が経済政策を策定……目的に対してピント外れな政策の連発で、国家経済は疲弊した。生きた議論が出来るスウェーデンでは、**議論の結果が学歴差を無意味にするので説得力のある優れた人の提案**が政策決定に影響を与える。

この様に考えると……数学的な根拠はないが……失われた30年に日本が１千兆円を超える借金を積み上げ、同期間に日本がスウェーデンの税制で運営されていたら反対の千兆円を超える余剰金＝貯金が出来ていたと言う、『思考実験』の結果に納得が行く。

2024年パリオリンピックが教えてくれた

2024年パリオリンピックの３時間を超える長い閉会式をライブでテレビ観戦……それを実行させた多数の人々の善意とオリンピアンが行った努力に深い感動を覚えた。

世界中から集まった選手、ボランテイア、組織運営の為に奉仕した無数の人々、自分自身も３個の金メダルを獲得したオリンピアン46才の若き組織委員長のトニー・エスタンゲ氏のスピーチ。

日本の場合

日本の儀典が最重要な藤井大使OBが、国王臨席のテーブルで酩酊、転倒……それを自慢げに著作の中で披露……多分多くの官僚、経済学者、福祉関係者、学生が読んでいる筈だが……それを批判する記事がネット、週刊誌、雑誌にも出てこない。

スウェーデンなら、オリンピックの舞台なら……絶対に見逃されない事だ。

日本では東京大学卒、大蔵省高官、大使OBの大看板があれば……許される常識があるのかもしれない。

転倒で他人に危害を与えれば、事件になったのだろうか？（第６章、その４以降参照）

フランスの46才の若きエスタンゲ委員長は日本の東京大学に相当するグランゼコールやドムニ大学を卒業している訳ではないが、素晴らしいスピーチでした。

筆者の頭の中で化学反応が起こり、オリンピックと日本、フランス、スウェーデンの政治、経済を関係付けて分析するアイデイアが湧いてきた。

日本が持っている６個の悪材料……極端に低いエネルギー自給率、50％以下の食料自給率、多発する自然大災害、毎年発生する台風、豪雨災害……にも拘らず、国には蓄えが無く……巨額借金があり、それは増加の速度を上げている。

オリンピックの行われているフランスは食料自給率100％以上で、食料輸出国。

IMFの統計によれば、フランスの政府総債務はGDP比約110％、日本は約250％と日本の半分以下だ。

文系論文の査読で最も重要な事は、句読点の間違い、誤字、脱字、漢字の転換ミスであり、論文の大意は問題にされない。

大意の正誤、価値判断が出来ないから仕方がない。

筆者の近所に住んでいたM女子は50代の英文学教授で、執筆された論文を拝見したが、筆者の目からするとそれは単なる『オカルトの読み物』だった。M女子いわく、ある頻度で論文提出をしないと文部省から、補助が受けられないから、論文提出するとの事だった。文部省でも論文を読むとは思えなく……それらの論文は読まれる事なく単にKAKENの登録論文数の増大としてカウントされるだけだ。

日本の現状

日本の為政者は意図的にか……理解できていない為か……国家、国民の為に最も重要な事が何であるかを考える事を放棄している様に見える。世界経済の中で日本は、突出して脆弱な国になっている。

日本、フランス、スウェーデンの比較

	日本	フランス	スウェーデン
不定期に発生する地震、津波	多発で超大型災害	非常に少ない	ホボ無し
台風、豪雨、熱波	毎年発生する	数年に一度の熱波	ホボ無し
エネルギー自給率	10%強	50%弱	70%
食料自給率	40%弱	110%	80%
歳入、歳出の借金依存度	30〜40%	10%以下	均衡
国の借金（GDP比2024）	2.6	1.1	0.35
オリンピックメダル獲得数	45個	64個	11個
1千万人当たり獲得数	3.6個	9.7個	10.5個

ネット社会となり、この様な統計数値は興味があれば簡単にIMF、OECD、世界銀行、財務省統計から入手できる。

筆者が住友電工在職時に東京帝国大学造兵科卒、海軍技術大尉だったと言われていた玉置元久係長が……東大のxx先生から貰った論文だと、部下に読むように言っていた時代とは様変わりで、興味さえあれば誰でも世界中の公的統計にアクセスできる。

興味が無ければアクセスしないから無いのと同然で、江戸時代に逆戻り、与えられた情報だけで考え、何かを探る事をしなかった経済学者が、失われた30年を作った。

日本の借金が度外れに巨額になったのは災害多発が原因ではなく、財政規律が弛緩しており同時に財政運営が、度外れにお粗末であった事が原因である事は、この本の中でくどいほど、多数の事例を報告している。

単視的、短視的に国家経済を運営、過度に低いエネルギー自給率、食料自給率に放置したのは日本の経済政策が下手糞だったからだ。

エネルギー自給率

戦後間もなくの頃、炊事は主に薪炭で行われ、民生用のエネルギーはホボ自給自足のレベルだったが、その後の変化にうまく対応して、自給率の過度な低下を防ぐ事が出来なかった。

食料自給率

第二次大戦後の増加する人口、海外からの数百万人の帰還者がいたとは言え、食料自給率は現在の２倍以上はあっただろう。

それでも食料不足は、言葉では表せないくらい深刻な問題で、配給米だけで生活する事に固執した判事が栄養失調で死亡したのはその様な環境で発生した。筆者の住む五箇山にはその様な東京を逃れて、教師、その他多数の人が疎開してきた。

巨額借金

賢い中学生なら、上記の統計を見ると即座に……日本は地震があるから借金が多い……と即答するだろう。

それは、藤井大使がパネリストとして講習会をした時の経済学者の反応と同類だ。巨額借金は単純に行政を担当する経済官僚の無能、官僚の天下り、インサイダー取引の結果である。

オリンピックの１千万人当たりメダル獲得数

スウェーデンの**メダル獲得数は日本の約３倍であり**、この事はスウェーデンの競技人口の裾野が日本より広く、**背後にそれを支える経済的な余裕を感じさせる**。第２部冒頭の『まえがきのまえがき』に既述、日本とスウェーデンの購買力比較が示す自国通貨比較での3.1倍、ドル表示での3.3倍と見事な整合性を示している。

フランスは同様に高い数値を示しているが……開催国のメダル獲得数が多いと過去の事例を研究した経済学者の論文をネットで発見したが、統計的な事実を述べるだけだった。

経済的な理由から他国開催の場合には親族、友人の観戦が少なく、自国開催の場合には多くなるので自国開催の場合にはメダル獲得数が多くなるのだと推察する。経済活動は大衆の心を読む、常識が無ければ自信のある発見は出てこない。

１千万人当たりに翻訳すれば、**126個獲得した米国は3.7個であり日本と同じ、91個獲得した２位の中国は0.6個で競技人口の裾野の狭さ**を物語っている。オリンピックと言うスポーツの祭典でも、経済現象としてその背後を科学的に分析して深く探ってみると……理系論文の様に整合性、再現性を持った結論に到達できる事が解った。

この事自体は単なるお遊びの様なものだが、82才の老人の好奇心を少しは満足させてくれた。

この様なスタイルの経済学的思考が普通に行われ……同時に不正の介在を感知、それを排除する様に日本の経済学が変わりこれからの30年に日本再興の為に貢献する事を願っている。

その６：献本に備えて、日本とスウェーデンの違いが判る短縮版を作った。

献本を受けられ方々が、簡単に著作の内容を把握される事を期待して、可能な限り説明を簡素化してその６を最後に加えた。

ここまでに筆者の生きた主に1970年代からの約半世紀間の無数の行政の愚行、お粗末を並べてきたが、筆者には依然としてそれらが何故起こったのか、断定するのに躊躇するが……以下の三つの可能性を考えている。

1. 常識不足と無能力の組み合わせが原因で……彼らなりには一生懸命に考えて実行した。受験勉強一辺倒で生きてきた高学歴者の習性で……本人にはサボっていたと言う認識が全くない。暗記する事に集中、活字知識があり、クイズには強いが単に常識が無いだけの事、当然複雑な課題を与えられても対策はピント外れになる。
   それまでは、間違っても単に数点減点されるだけだったが……行政がミスをすればその影響は巨大だ。
2. 組織に就職、当初は社会の悪を知らず、真っ白だったかもしれないが……組織に染まり……国民の事など全く考えないで、私腹を増やす為に国民を上手く騙す事に全く違和感を持たなくなった。
3. 戦前、終戦直後、日本が外貨に飢えていた頃『Made In Japan』は『安物、粗悪品』の代名詞だったが、1950年の朝鮮動乱勃発を奇貨として『Made In Japan』の評価は劇的に変わった。
   主に労働者＝工員が関係する品質管理＝QC活動により、『Made In Japan』は高品質、廉価の代名詞に劇的に変化したが、高学歴者の変化は微小で……文系の高学歴者は全く変化することなく……むしろ、終身雇用文化の為に劣化し、……そのような高学歴者が国政を担当、その結果が失われた30年を作った。

上記の疑問を頭の中に置いて日本とスウェーデンのとの比較を要約した３つの比較表を作った。

比較表１：生活困難度
比較表２：所得10億円での税率及び手取り額の概算
比較表３：行政の総合的な姿

比較要約を見ながら考えて見よう。

その６の１：日本とスウェーデンの生活困難度の比較表

以下に日本とスウェーデンでの違いを失われた30年を意識しながら、主に簡単に数値化出来る事柄をピックアップして比較表を作った。端的に言えば日本の経済学者が問題にする統計の様なものだが、この本の1,200ページの縮刷版の様なものであり、この本の何処かにその起源の詳細を説明している。

過去１千年間、自然災害と呼べるような災害のなかったスウェーデンが借金をすべて返済、少額の余剰金を残した。なぜ自然災害多発国……毎年の台風、豪雨禍、専門家が東南海大地震、富士山噴火のリスクの増大を警告する中で、なぜ日本政府が1,500兆円もの巨額の借金を作ったのか？

政府は生存権を無視した？

憲法25条に明記している国民に生存権を保証すべき立場の日本政府、行政が何故巨額借金を作ったのか。

日本とスウェーデンの比較表１：生活困難度

スウェーデン	日本
子供の医療、教育負担がホボゼロ －０才～19才までは医療費が無料。 －大学まで学費は無料。 **－遠隔地大学に入学の場合、生活費が国から補助され、アルバイトは不要。** －転職を視野に置いた講習の受講費は全て無料、時間に余裕があるから、意欲があれば何でも学べる。 －スウェーデンには教育効果がマイナスな学習塾産業がない。	**子供の医療、教育負担が頭痛の種** －幼児は２割負担、３割負担等と複雑。 －常識ある日本人には説明不要。 －常識ある日本人には説明不要。 －時間がない、低賃金、受講も有料で高いので、意欲があっても実現は難しい。 **－GDPを約１兆円上昇させる重要産業である**
消費税は健康志向生活なら日本よりも少ない －2.8度以下の低アルコールビールは清涼飲料水であり酒税無しで、８％の消費税のみ。 －知的能力を高める書籍、タクシー、バス、飛行機、列車や文化的なイベントの消費税は６％。 －タバコ、焼酎、ワイン、高濃度ビールは25％ **国民を肉体的、精神的に健康な国民に誘導する事で、将来の健保会計の健全化を目指している。**	**低収入なのに消費税が高い** －日本では消費税10％に加え500mlロング缶の場合酒税＝約90円でスウェーデンの５倍以上の税負担。 －日本では10％で、スウェーデンの約1.7倍。日本では徴税が目的で取れるところから取る。 －タバコ、焼酎、ワイン、高濃度ビールは10％ **日本では国民は単なる徴税対象であり、国民の健康、健保会計への影響の様な主婦の常識的認識はない。**

スウェーデン	日本
半世紀以上前から無残業社会	**生活残業社会、長時間労働愛好国？**
ー半世紀以上前から残業なしで、残業は死語。	ー生活する為に残業はあった方が良い。
ー筆者は５時の終業後、1.5年間、毎日８時までサービス残業した。好きなだけ働く自由もある。	ー21世紀の日本では、多分、タイムレコーダー管理で上司、人事課がサービス残業を許さない。
ー高賃金、短時間労働社会	ー低賃金、長時間労働社会。低賃金だからなのか？
ー制度としての終身雇用はないが、結果としての終身雇用はかなりあり、特に超ホワイト企業の場合に多い。	ー終身雇用制度、日本人には説明不要。
ー行政が決めた最低賃金＝時給制は無い。	ー行政が最低時給額を決める。
ー官、民、企業の大小に関係なく有給休暇に加えて、年間４～５週間の長期休暇は当たり前で気兼ねなく取得できる。	ー気兼ねなく長期休暇が取れるのは公務員だけだろうが、彼等だって多分、気を使っている。
ーブラック企業は応募する人がいなく存在できない。	ーブラック企業充満、多くの財務的ホワイト企業も精神的には松下電工、京セラの様にブラック企業体質。
国が国民の金融資産を守っている。	**国が国民の金融資産をハイリスクに誘導**
ー国が個人を金融商品からのリスクを肩代わり、仕事に集中できるインフラ整備を行っている。例えば、住宅ローン金利は全額税額控除。	ー国が金融機関と組んで、庶民の資金をハイリスクの金融市場に呼び込んでいる。NISA、イデコ、住宅購入への誘導など。
ー金融商品価格の乱高下に心が乱れなくて、仕事の品質の劣化が生じないから、高品質の仕事ができる。	**ー金融商品価格の乱高下に心が乱れて……仕事上のミスが多くなり、日本の産業競争力が低下する。**
ー相続税、贈与税は減税の一環として廃止された。	ー相続税は増税の方向。
ー10万人当たり自殺率は15人。	**ー日本は24人でOECD国のトップ級。貧困が原因？**
200年以上前から徹底的な情報公開	**大昔からの継承、縁故主義で情報公開しない**
ー情報公開が徹底している。	ー徹底的な隠蔽国家で……秘密の相談をする為に国会議員、市長などは運転手付きの公用車が必要。
ー制度として実力重視社会……結果として多くの政府高官は高学歴者であるが、常識と高い専門能力がある。	ー制度として学歴重視、出身大学重視で、東京大学卒が最重要な看板で……常識が貧弱。
ー殆どの政治家は、現役の仕事を持った兼業であり、国会議員は兼業する事で常識を持つことが可能で、それが良い政治をする為のインフラと考えている。	**ー日本では国会議員の兼業を憲法で禁止している。**
ー政治家は高い専門的知識と事務能力を持っている。秘書を必要とする様な人は政治家、議員になれない。	ー2009年の発足の鳩山由紀夫首相は、官僚に反逆されて９か月で退陣。
ー地方自治体の議員の報酬は日当、時間給で支払われる。	ー公費で３人まで公設秘書をもて、それ以外に私設秘書を持つのが普通。

スウェーデン	日 本
火中の栗を拾う犠牲的精神が強い **－人口の２割が難民、政治的亡命者、里子等の外国ルーツで、言語、教育、就業等で国が大きな負担を負っている。** －スウェーデン語のバリアで守られているので、スウェーデンの常識は国外に漏れにくい。 －国外からの情報は多くの人が英語を解する為に直接海外情報に接する事が出来る。 **－官と民の垣根が低く、双方が優秀な人材を求めているので、官と民の問題解決能力に差がなく、高い。** －情緒的でなく……決めたらやり抜く……その背景には結果が出せる様な先読み能力がある。	**外務省は金を海外にばら撒くが、国内へのトラブルの種の持ちこみは絶対に嫌** **－金を持ち込み消費する外人旅行客は歓迎だが、負担となる移住者の受け入れは嫌で、極、極小。** －日本語のバリアで守られているので日本の腐敗した政治、行政の愚行が海外には漏れない。 －情報の輸出入は全てNHKを筆頭に大マスコミの常識で加工され、国民は知的な鎖国状態にある **－東京大学卒と終身雇用制度で成り立っている日本では官の問題解決能力は幼児の様に低く、スウェーデンの様には行かない。**
無災害国だが、無借金に近い 政府、行政は大きな負担を負っているにも拘らず、失われた30年間に余剰金を残している。 ロシアのウクライナ侵攻を予想しての徴兵制復活に伴う巨額巨額防衛費の増額に、迅速に対応できる。	**自然災害大国なのに巨額借金に対して無頓着** 災害復興の為に貯金を用意すべき立場の政府、行政は巨額借金を抱え……被災者は自力での復興を余儀なくされる。それは憲法25条にある、国民の生存権いついて理解が無いか、無視している事を示している。

憲法第二十五条違反？？

すべて国民は、健康で文化的な最低限度の生活を営む権利を有する。国は、すべての生活面について、社会福祉、社会保障及び公衆衛生の向上及び増進に努めなければならない……と憲法25条に書かれている。

比較表に示された結果を見れば……**日本の政府、行政は確実に憲法25条違反のみならず……憲法の存在など完全に無視している事が解る。**

憲法を学んだのは学校の試験、受験テスト合格、公務員試験合格の為の役割しかなくて、全く機能していない。

憲法を教えた中学校、高校、大学の教師等、総計数十万人の方々は……何故、沈黙していたのか？

彼らは、**教育とは条文を覚えさせせることであって、それを社会生活の中で生かし……政府を監視する事であると言う視点に欠けている。スウェーデンの小学生でもおかしいと気付く**であろう疑問を持たない。

多分世界中で戦争賛成と発言する人はいないだろうから……戦争反対と言えば反論する人はいない。

議論して『３人寄れば文殊の知恵』で、戦争が起こらないようにするための工夫が生まれると思うが……戦争反対だけでは何も工夫は生まれない。誰でも、戦争反対、貧乏反対なのだ。

安江医師の話と対談に掲載された樋口恵子さんの話

筆者は1940年頃、女児をスウェーデンへ里子する事がご縁で東京、深川の安江病院院長の安江氏と食事をする機会があった。安江氏は終戦の頃の佐世保での経験を赤裸々に語られた。

来る日も、来る日も……毎日、大陸からの引揚者に無数の堕胎手術をされたと言う。佐世保だけでなく10を超える大陸からの引き上げ船の到着港でも佐世保と同様だったのだろう。

樋口恵子さんの話

雑誌の古舘伊知郎さんとの対談で、ジェンダー研究者原ひろ子さんの経験として語られている。原さんが終戦の翌年、小学５年生の時に釜山からの帰国船で見た事を書かれている。

> 夜、気分が悪くなってひとり甲板に出ると、一組の母子連れがいた。母親は３～４才の男の子の手を引いて、背中に赤ん坊をおぶってじっと海を見ている。
>
> 母親は手をつないでいた男の子を抱きかかえて海に放り込み、続いて自分もおんぶした赤ちゃんと一緒に海に身を投げてしまった。

佐世保に行けば、安江さんの様な人がいる事が解っておれば……３人の命は救われた筈だ……。

その６の２：日本の税制は庶民に高税負担で超高額所得者に低負担

日本の庶民の税負担がスウェーデンよりも重い事は既にくどいほど説明しているが、21世紀になり顕在化する超高額所得者についても考える必要がある。21世紀になり多数の数億円～数百億円の超高額所得者が出現するインフラが整備された。

1．政府、日銀、行政の関係者で、統計数値の公開前に数値を事前に知る立場の人の、インサイダー取引により、キャピタルゲイン＝儲けを手にする人々。

2．国が国民をNISA、イデコ等でハイリスクの金融商品に誘導、殆どの人は大損するだろうが……少数の人は巨額売買益を得るだろう。参入する人数が千万人単位で巨大なので、確率の問題で確実に少数の巨額キャピタルゲインを獲得する人が現れる。

意図してか、意図していないが何となくなのか？ 同じ超高額所得者でも会社経営から得た所得、法人の所得に比べてキャピタルゲインで得た所得に対しては大幅に少額の税負担を課している。

少し経済、税制について関心のある人なら常識的な事だが、同じ超高額所得でもその所得を得た方法により税負担が大きく異なる。個人の給与には超過累進課税、金融商品の売買益にはキャピタルゲイン課税、法人の場合には法人税とそれぞれ異なる。下表は所得金額10億円の人の税負担を示している。

日本とスウェーデンの比較表２：所得10億円での税率及び手取り額の概算

	日本の税率	日本の手取り	スウェーデンの場合の手取り	スウェーデンと日本の手取額の差
個人の給与	約44.5％	約5.5億円	約4.4億円	約1.1億円
法人	約32％	約７億円		
個人のキャピタルゲイン	20.315％	約８億円	約７億円	約１億円

因みにスウェーデンのキャピタルゲイン課税は日本と同じく分離課税だが税率は30％である。
スウェーデンの法人の税率は30.2％だが、詳細な比較の説明には紙数を要する事と、雇用する為に巨額の税負担をしているのでここで比較する事は意味がないので説明しないが、法人税率が32％と高い事に注目。
－日本の場合には超高額所得者にスウェーデンよりも税負担を軽くしている事が解る。
－低所得者に高い税負担、高所得者に低い税負担は……計画的にされたのか。
何とはなしにそうなったのか？
日本の様に隠蔽、情報非公開社会では……合法インサイダー取引で……**多数の高級官僚とその縁故者が高額、巨額なキャピタルゲインを獲得していると推定されるが……それがキャピタルゲイン課税を低くさせているのか？**

ネット時代以前

ネット時代以前1989年までキャピタルゲインには課税されなかった。
1989年まで政府、行政関係者が統計数値発表の**先回り売買で得た利益には課税されなく**、その様な取引の存在は隠れていたが、1989年から課税対象となり捕捉されるようになった。
英国では1986年の金融ビッグバンで金融の自由化が始まり、徐々にそれは全ての先進国の標準になり、３年遅れて日本でも徐々に自由化されたが、その中キャピタルゲインに対する『申告分離課税』制度が登場した。
『申告分離』にする事で、証券会社が約20％を源泉徴収するので……どれだけ巨額な利益を獲得しても……2024年の場合には20.315％の少額の税負担で済む。

今後起こる事

その６の２に既述の様に、先回り売買の、政府、行政関係者だけでなく……数千万人が金融市場に参入すれば確実に、極、極少数だが巨額売買益を獲得する人が登場する。
既述した様に、日本は金融商品価格の乱高下に心を奪われ……あらゆる局面で日本の産業競争力は劣化……同時に貧富の差は激増するだろう。
残念ながら、筆者の様な視点で日本を眺めている経済学者の言説に筆者は遭遇したことがない。
文芸春秋100周年記念誌に登場した日本のトップ級の碩学の論文、対談から判断して……筆者の様な常識判断を日本の高級官僚、経済学者、識者に期待する事は出来ない。

その６の３：高級官僚、金融業界……みんな素人の集まり

信託銀行の参与の場合

筆者が40代の頃、近くに住む三菱信託銀行の参与だったＯ氏は、日経新聞の株式欄に月１回金融専門家の今週の株式市場の予想記事の執筆を担当されていた。
11年間も近くに住み、家から東京の虎ノ門まで１時間以上の通勤時間……ホボ同年輩で、神戸大学出身……で交際が深まる。Ｏ氏は筆者が金融の事についてよく知っている事が判明してから、筆者に来週は何と書けば良いでしょうかと、アドバイスを求める様になる。お聞きすると銀行、証券会社等の金融業界に勤務する人は、株式などの金融商品の売買は大蔵省からの通達があり、就業規則で禁止されていると言う。
約半世紀後の2024年８月中頃、口座廃止手続きの為神戸の三井住友信託銀行に行った。
手続きが終わり、個室で対応してくれた女性の方に聞くと、依然として就業規則で株式、その他の金融商品の売買は禁止されていると言う。

FXであれば理解出来る……就業時間中にスマホで取る引きに熱中してくれては困るからから……が、自分が販売する商品についての知識の無い……自分が販売する金融商品について無知な、経験ゼロの人に販売させる。
それがおかしいと思わない大蔵省官僚……それに異議を唱えられない学者、識者、マスコミ……銀行、証券会社は等は絶対君主である大蔵省に意見する事は出来ない。

金融ビッグバンの影響

1986年に英国で始まった金融市場の自由化改革の金融自由化が始まり、遅れる事10年以上日本で金融市場の自由化は1996年から部分的に始まり、2000年に一応形を整えた。
それまで、民間の金融機関は大蔵省の指導で活動＝営業していたが、世界的に金融市場は完全な自由競争の時代に突入……形としては民間企業の体裁を取っていた。
実態としては、銀行、保険会社等の金融機関は官僚の天下り先であり……持ちつ持たれつの関係にあり、お互いが便宜供与する事でウイン、ウインの関係を維持していた。

無知な銀行が、無知な国民に金融商品を販売する
筆者にはそれは詐欺的な行為に見える

民間会社が全く効果の期待できないサプリメントを誇大広告で販売するのは、良い事ではないがそれは日本の空気みたいなもので、ブラック企業で充満している社会では普通の事で、国民も誇大広告である事を承知して聞いている。
金融機関、日経新聞の様な新聞に掲載される記事の背景を知り、筆者には経済専門家も、新聞も、欧米のマスコミ基準で考えれば詐欺だと思った。無料で配布する新聞ならそれでも良いが……それが日本だ。

財務官僚の場合

金融商品の売買の実戦経験＝経済戦争の実態を知らない官僚が制度を作り……例えば株式、債券、投資信託、NISA、イデコで無知な庶民を、ハイリスクな金融市場に誘導する。
乱高下する相場の中で、財務官僚はインサイダー取引で成功率100％の負けなし、ノーリスクで巨額利益を獲得する。製造業で顧客の為に貢献する事を職業としてきた筆者には、想像も出来ないスキャンダラスな行為だ。
官僚と関係者：リスクゼロ、100％勝ちが約束された先回り売買で巨利を得る。
金融業界　　：全く経験してない、活字知識だけの事を、無知な客に勧める。
一般人、若者：ハイリスク金融商品に手を出して殆どの人は大きな損失を被り、同時に仕事への注意力が散漫になって、ミスが多くなる。

スウェーデンの官僚的な思考法

新しいことに遭遇するとそれに刺激を受けて……それを参考に何か良い事をしたくなる習性を民間会社、家庭の主婦は持っており、それは常識だ。熱心さに濃淡はあるが……知的障害者でなければ……殆ど例外がない。
スウェーデンの官僚は民間、家庭の主婦の常識で運営されているが、日本との違いは彼らは議論する事が出来る。
日本の場合には、言い出したら……他人の発言を聞いて議論し……『三人寄れば文殊の知恵』にならなく『三人寄れば愚者の知恵』になるが、それは背後に……公開できない何かがあるからだ。

日本の政府、行政の官僚的な思考法

失われた30年の間に露呈した行政の結果を見れば……常識の欠如、お粗末な専門能力に加え、腐敗した組織文化の中で根底に役得で利を求める心が支配しているので……主婦、民間企業の様に新しい事から刺激を受ける事は絶無だ。

新しい事は、過去から継続している組織文化の変更を迫り……それは彼らの役得文化に何らかの変更を迫るから歓迎される事ではない。

その様な事の累積が災害多発大国……多分、世界で最大の自然災害頻発大国と目される日本政府が……災害からの復興に必要な貯金の必要性を無視して過去の30年間過ごさせた。

高学歴な官僚には国民を守る、国民に忖度する心など皆無である事を露呈したが、それは犯罪と見做される行為だ。

統計ボケした日本の経済学者

地球、国家の経済現象は無数の因子が相互に影響し合って作り出している。

統計の性質を理解する為に、国家経済を森林に見立て考えて見る。

森林には大小の木が乱雑に生えている。色々な種類の大小の木々が、雑草、虫類、小動物、目に見えない菌類……と競合、共棲しながら……多くの木々はより多くの太陽光線を求めて上の方に伸びて行く。

それは、経済活動がマネーを求めて行動するのと同じであり、重力の法則に抗っている。

地上にある水は小川を形成し、重力の法則に従って、下方に流れて行き……重力の法則に反して上流に流れる事は絶対に無く……それはマネーがマネーを求めて移動、大小の経済的なパラダイムシフトを作り出すのと同様だ。

統計とは何か

統計とは上記の様な森林に生えている木を１つの条件を付けて整理したものである。

１.単純に高さ順に並べる。
２.木の種類別に、本数の多いもの順に並べる。
３.木の太さ順に並べる。

等、等である。

この本に登場して頂いて……サポートライターの役割を担って頂いた無数の高学歴な文系の学者の方々は、統計の背後にある何かを探る視点を完全に喪失されている。

それは、QC活動以前の日本の労働者のレベル

戦前、終戦直後の日本の輸出品の評判は『安価、粗悪品』であり、典型的な低開発国の評価を受けていた。

1950年に朝鮮動乱が勃発、米軍が無数の品目を大量に発注したが、品質が悪く、大量の不良品が返品され米軍も困った。

米国から品質管理の専門家が派遣されて日本の企業を指導した。

筆者の勤務した頃の住友電工会長北川一栄氏は、経団連の一団を率いて米国に視察旅行、日本にQC＝品質管理活動を導入した最も大きな貢献者の１人だった。

導入当初は戸惑いもあったが……実際の作業に携わる工員の意識改革に劇的な効果を発揮して……1970年代から日本の製造業の国際競争力の向上に巨大な影響を与えた。

製品が均質で故障しない、納期厳守＋低賃金に支えられた低価格を武器に日本の自動車、家電製品が広く世界に浸透して行った。

製品の設計能力への影響は些末だった

大卒の人が関与する製品の設計、開発の関する貢献は非常に限定的で、それは多分、日本の大学教育に問題があり、それは教授の能力、質に問題があり……それを改善する為に長い年月を必要とする。

例えば、1960年代末の頃、日本のニコン、キャノンの高給一眼レフカメラが６～10万円だった頃に、プロの持つスウェーデン製のハッセルブラードカメラは、付属品も含めて100万円くらい。

日本で電気掃除機が３～５万円だった頃にエレクトロラックスの掃除機は20万円くらいで日本の富裕層に訪問販売されていた。

1975年筆者が買った家には地下室に横型で温水が出るドラム式の洗濯機が置かれていた。

米国式の縦型で高速回転する洗濯機は生地の傷みが早く良くないと説明されていた。

日本では約半世紀後の21世紀になって……新製品として登場した。

サンドビックの切削工具は、非常に高価だったが良く売れたので……通産省はクオータと呼ばれる、輸入制限を適用、毎月許可輸入量を変更するので……政治家の秘書だった、松岡営業部長は毎月通産省との交渉に当たっておられた。

19世紀にスウェーデンが世界の高級鋼市場の80％のシェアーを持っていたと言われていた頃からスウェーデンの代表的な鉄鋼メーカーだったサンドビックは、ローテクの製鉄業からハイテクの製品に転換していた。

新日鉄が千葉県の君津に巨大な製鉄所を建設していた頃の話である。

数万円／トンのローテク品から数万円～数十万円／kg＝数千万円／トンの分野にシフトし始めていた。

欧米からの技術導入

QC活動は短期間で工員のレベル向上を可能にし……人間の数で成果が計算できる単純労働は大きく向上したが……開発、設計の等の……質を問題とする部門の仕事は全く別だった。

既に時代が変わり、違法コピー製品は国内販売のみならず、輸出は不可能……無数の大企業が競って欧米の先進技術の特許を買い、ライセンス料を払ってQC活動で鍛えられた良質の労働者を低賃金で雇用する事で『Made in Japan』製品が世界中に拡散して行った。

筆者のサービス発明

筆者のサービス発明はその様な背景の中で行われ、住友電工は先進国に輸出できる可能性のある製品の発明であると判断、多分、最終的に特許権が切れるまでに数千万円の費用を支払った。

筆者の年収が20～30万円程度の頃の話である。

統計とは単なる数値の羅列、数値の大小は その背景の理解なしには意味を持たない。

21世紀の日本の経済学者はQC活動以前の工員のレベル

先述した森林を育てているのはキャッチした太陽光線量、雨量、気温、湿度、土壌、風等の自然環境であり、単純に統計数値だけを眺めても意味がない。幼児教育の目的で大小判断をさせる目的なら良いだろうが……常識のある大人が統計数値だけで物事を判断すれば、とんでもないミスを犯す。

この本でピックアップした無数の経済学者の経済現象の無理解、統計の読み間違いは、全てその出発点は統計数値が出来上がった背景に対する関心が無い事が原因だと断定する。
文芸春秋100年記念誌での、日本のトップクラスの経済専門家で国政に巨大な影響を与えて来た著名な専門家のお粗末な論文、対談はこの様な背景の下で学校教育からのマインドコントロールで出来上がったと断定する。
無数の複雑な因子が相互に交雑し合って作り出す経済現象を統計数値の大小だけで判断する事は不可能だ。
経済に最も大きな影響を与える因子は『常識』と『非公開情報』である。

常識の力

『正しい、正しくない』、『好ましい、好ましくない』とは無関係に、多数がマネーを求めて動く方向に経済は動いて行き、その流れに逆らうのは無理……無駄である。
制度設計する行政は……常識の形成に大きな影響力を与える。将来贈与税が上がると思えば、対応して行動する、出来る知恵＝常識＝こまめさ……があるが、高学歴の官僚その様な対応が出来ない。
それは担当者個人の問題、又は組織の問題だろうが……そのような結果はいずれにしても……最終的に国民の負担となって表われる。

防災意識を高めなければいけないのは行政だ

防災意識の向上を、マスコミ、行政が喧しく言うが、……防災意識を最も必要とするのは、政府と高級官僚だ。
自然災害大国なのに……災害に備えての貯金をしないで……反対に巨額借金を作った日本の行政を比較表３で観察してみよう。

日本とスウェーデンの比較表３：行政の総合的な姿

スウェーデン	日本
災害に対する備え	
無災害国 **借金を返済、貯金を作った。** 均衡財政を守る高い規律のある財政政策を堅持。	台風、水害、地震、津波の災害大国 **家族４人とすると家族当たり、６千万円の借金を作った。** **このまま行けば、30年後には数億円に増え、確実に破綻する。**
年収400万円の源泉税＋地方税の負担（第６章参照）	
92万円 日本の0.95倍＝５％低い	**97万円** スウェーデンよりも５％高い
年収400万円の人を雇用するための雇用主の税負担（第６章参照）	
242万円 日本の1.5倍負担している。	**157万円** スウェーデンの0.65倍である。
年収400万円の人から発生する税収総額	
92＋242＝334万円 日本よりも31％多い	**97＋157＝254万円** スウェーデンの0.76倍＝24％低い

<table>
<tr><th>スウェーデン</th><th>日本</th></tr>
<tr><td colspan="2">消費税はスウェーデン25%だが、実態は日本とホボ同等。</td></tr>
<tr><td>消費税は健康志向生活なら日本よりも少ない
−2.8度以下の低アルコールビールは清涼飲料水であり
酒税無しで、消費税は８％の軽減税率。
−知的能力を高める書籍、タクシー、バス、飛行機、列車や文化的なイベントの消費税は６％。
−タバコ、焼酎、ワイン、高濃度ビールは25%
−肉体、精神的に健康な国民に誘導している。</td><td>低収入なのに消費税が高い
−日本では酒税＝約90円／500ml、消費税＝10%でロング缶の場合スウェーデンの５倍以上の税負担。
−日本では10%で、スウェーデンの約1.7倍。日本では徴税が目的で取れるところから取る。
−タバコ、焼酎、ワイン、高濃度ビールは10%。
−日本では国民を単なる徴税対象と見ており、流行りの製品に高率課税する。</td></tr>
<tr><td colspan="2">10億円のキャピタルゲイン又は給与の人の税負担（比較表２による）</td></tr>
<tr><td>キャピタルゲイン税は約３億円
個人給与の場合5.5億円</td><td>キャピタルゲイン税は約２億円
個人給与の場合約4.5億円</td></tr>
<tr><td colspan="2">税金と借金の行方</td></tr>
<tr><td>ホボ100%が正常に、無能力、腐敗に侵される事なく、国民の為に使われる。
均衡財政で借金はしない。</td><td>税収と借金＝100%は以下に３分割される、
−国民の為の政治、行政を行う費用
−無能力による浪費
−腐敗、天下りによる浪費</td></tr>
<tr><td colspan="2">金融リスク負担</td></tr>
<tr><td>日本とスウェーデンの比較表１、に示す様に国がリスクを負っている。</td><td>国はリスクを負担せず、国民にリスクを負わせ、銀行などの金融業者に安定した利益確保の機会を提供する。
金融機関は官僚の天下りの重要受け皿である。</td></tr>
<tr><td colspan="2">政治家に掛かるコスト</td></tr>
<tr><td>非常に高い実務能力があるが、ボランテイア的感覚で、秘書無し、掛かるコストは多分、日本の1/10以下。</td><td>実務能力は最低だが、高額報酬、公用車、秘書無しでは機能しない等、国会議員も地方銀員も非常にコストが高い。</td></tr>
<tr><td colspan="2">学者、専門家、マスコミの反応</td></tr>
<tr><td>非常に厳しい。
テレビは専門家の討論番組が多く、娯楽番組は非常に少ない。</td><td>大勢は迎合的。
テレビはNHKを筆頭に娯楽番組だけ。
稀に出演する経済学者も活字経済学者で社会的常識に疎く、スウェーデンとは大違い。</td></tr>
</table>

スウェーデン	日本
国民の反応	
非常に敏感で政治意識が高い。 それは、主に小学校、中学校での教育効果と生活に余裕がある事による。	殆どの人は政治、行政は別世界の事と考えており無反応。忙しくて政治、行政なんかにかまっておられない。 それは正に『貧すれば鈍する』である。
大学進学率（OECD2013、及びUNESCO2020統計）	
76％　→　79％	51％　→　62％ （日本では海外からの留学生は除外されていないので正確な実数は若干低い筈）
18才以上の若者の政治への関心と反応	
非常に関心が高く投票率は70％以上。 全員が無料で大学教育を受けている。 遠隔地大学の場合には生活費を国が支給、アルバイト不要。	大勢は……受験勉強で大変、アルバイトで大変……政治議論で遊んでなんかおられない。 半世紀前の若者は左翼学者の影響から、ハイジャック、空港で銃乱射など、情緒的で過激だったが、それは過去の話。

借りまくった日本の高級官僚

日本でスウェーデンは『高福祉、高負担』だから、高福祉の為に日本も高負担を覚悟せよと増税とする。

東京大学卒の官僚がサラ金業者からの多重債務者の様に借りまくった。 この本は日本とスウェーデンの常識を持った民間技術者の視点で書かれている。

私の経験

42年前に東京から誕生１～２週間の女児をスウェーデンに里子で出した。女児はハンナと命名されて成長、高卒後化粧品店の店員になった。サラリーマンの夫と結婚、二人の男の子が生まれ……心機一転、通信教育で資格を取得、県庁職員となる。

３年前三人目の子が欲しいが、男の子は嫌、確定した女児を日本から欲しいからから頑張ってと頼まれる。

日本で無数の所と交渉するが手続きが不可能……強力なコネを使えば多分可能……不可能と回答した。

ハンナはスウェーデンの常識で判断しているから、納得しない……。

2024年の10月後半に、家族４人で２週間の日本旅行に来ると言う。

子供は中学生になり、全て大人扱いだから、旅費は多分約３百万円は掛かるだろう。

15年ほど前に買った家の住宅ローンも数千万円残っている筈……日本では考えられない。

日本の借金は何処に消えた

借金は政治、行政の無能と、腐敗体質が作り出し、高級官僚は天下りで定年退職後80代まで国にたかる、ハエ、コバンザメの様に国家経済を食い物にする事で……1,500兆円になって終った。

その７：2023年度決算の概要から確認できる、行政の国民軽視

脱稿、編集段階で2023年度決算の概要が財務省から発表され、**急遽『思考実験－10』：行政の最上位に常識省設置をを追加する事にした。**

これまで多くの紙数を使って、くどいほど多くの愚行を公開してきたが、それらは財務省の経済官僚及び経済学者の経済に関する知識不足が原因である事を示していたが……それらは文章で説明できても数値化して説明できるものは殆どなかった。

『2023年度決算の概要』は非常に解り易く財務省、内閣府の経済官僚の経済に関する知識が浅薄で、短視的、単視的である事を示していたので数値化して明瞭にする事が可能になった。

彼らは複数の因子が関係する経済現象を紐解き、国民の生存条件を向上し、自然災害大国が災害復興の為に蓄えをすると云う、庶民の常識を完全に忘れている事が明らかになった。

『2023年度決算の概要』を読めば、思考実験－１～９』が起こる必然性がスラスラと理解出来るだろう。

経済学者が経済の事が解っていない

紙幣のデザインが変更されて市場に出回る事がニュースとして報道され始められた2024年初夏の頃、NHKか朝日放送のラジオ放送で、著名経済学者が紙幣変更に伴う経済効果が数千億円と講釈……GDPが上昇して景気上昇に貢献したと示唆しているのを聞いて、又かと呆れた。

それは筆者の目からすると紙幣変更に伴って発生する種々の費用……ＡＴＭの新機種への変更、金融機関内の設備変更、紙幣印刷設備変更……は典型的な『穴掘り、埋め戻し』行為で出来れば行わない方が良い事である。

変更に伴って消費された費用は経済学的にはGDPを増加させて、社会が裕福になったと定義されるが、庶民の常識では『骨折り損のくたびれ儲け』と形容され、単に費用と労働力を浪費した事に過ぎない。

学校で経済学を習って、学生に経済学を教える立場の教授がその様な言説を公開する……それが日本の現実だ。

2023年度予算案及び決算からの分析

円安と、税収、物価高、国民の税負担の関係について右に示す2023年度一般会計歳入総額をサンプルに考察する。理解を容易にする為に数値は全て兆円単位に丸めている。

2023年度一般会計歳入予算策定時の2023年の１～２月はドル円が130円だったが、円安傾向がホボ直線的に進行、年度末の2024年３月末には150円を超え、150÷130≒15％の円安となった。通年平均で約10円≒８％の円安となった。

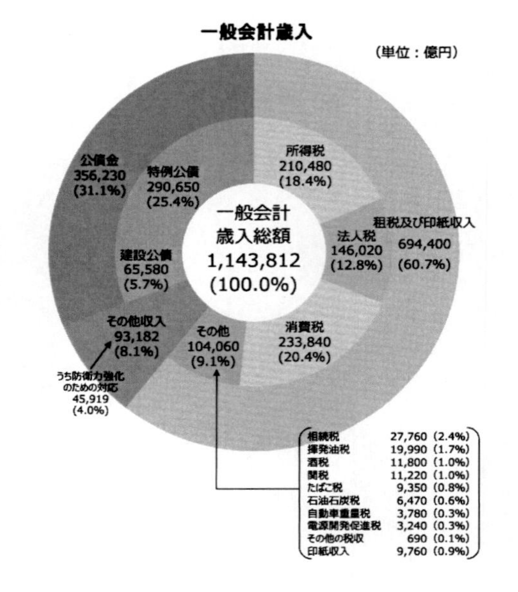

円安の影響の分析

税収への影響

法人税収へのプラスの影響の推計

(通年平均10％で計算)

円安効果により輸出関連企業は増益となり、法人

税は当初予算の約15兆円を大きく上回る。特に海外に工場を持ち、本国に利益を送金する大企業の場合、海外子会社からの送金利益が10％増加するので貢献度が大きくなる。財務省の決算概要によれば当初予算で約69.4兆円の税収を見込んでいたが、税収は約72.8兆円となり**約3.4兆円も税収が増加したと言う**。内閣府によると23年度の名目GDPは前年度比5.0％プラスになり、前年の2.5％プラスから上振れしたと書いている。（この事については、最後にコメントする。）

消費者への影響：90兆円が輸入される

種々の統計があるが１人当たりの消費支出は12万円/月、年間150万円と仮定するのは、無理のない所だろ思う。（12×12＝144≒150万円）

対象人口を1.25億人とすると、消費に充当される金額は150万円×1.25億人＝190兆円となる。

種々の統計数値があるが、消費生活物資の50％＝95兆円と仮定するのは妥当な数字……むしろ控えめな数値だ。

輸入生活物質の国内での予想価格

円安で10％高く通関される物質に平均で約10％の関税が掛かり、流通過程で、輸送費、電気代、ガス代、マージン、その他諸々の上昇が加算され、消費者の手に渡るまでに価格が20％上昇すると仮定する。

円安による購買量の減少幅……価格上昇

それは同量を買うと仮定すると支出が20％増加する事を意味し……消費量を削減して対応すれば20％消費量が減る事を意味する。同量を購入すると仮定すると95×0.2＝19兆円消費支出が増加した事を意味する。

消費税税収の増加

18兆円は消費税の対象物品だから消費税、税収が約1.9兆円増加する。

総括すると、生活物資の値上がりは国民の負担に転嫁する

価格上昇による負担増19兆円＋1.9兆円≒21兆円は国民が負担、それは形を変えた増税と同じだ。税収増3.4兆円の約６倍（21÷3.4≒6.2）もの巨額を国民が負担、それは形を変えた国民の税負担で補填されている事を意味する。

財務省は国民の負担増は視野の外？？

財務省の決算概要を見る限り、彼らは久々の２年連続の税収増とプラスGDP増を喜んでいる。

筆者の民間の技術者の視点で判断すれば、それは冒頭に既述した新札変更に伴う経済効果について……GDPが増加して、国が豊かになると国民に諭す経済学者と変わらない。多分、それが日本の経済学者の標準なのだ。

2022年度の場合

ドル円は2013年から約10年間、2021年まで大きく変化することなく推移していたが2022年から円安傾向が顕著になった。2022年度予算策定時の2022年１月～３月のドル円は115～120円で推移、ピークとなる10月には145円を超え、決算となる2023年３月末頃は133円だった。

予算策定時よりもピークで25～30円の円安、決算時でも15円前後の円安で、平均すれば135円くらいで、15円～20円の円安だった。それまでの10年間は前年と比べると数円代、一桁の

変化で為替の影響は少なく、恒常的に税収不足状態だったが、2020年決算で初めて税収70兆円を上回った。

2022年の決算も先述の2023年の場合と同様に円安によってインフレが発生しただけの事である。

財務省、内閣府は経済学的なメカニズムが全く解っていない？？

上述の様に税収増3.4兆円の約６倍もの負担……それは国民にとって税金と同じ……を掛けている事が解っていなくて、内閣府はGDPがプラス５％になったと喜びを隠さない。

2023年のGDPは速報値で約590兆円であり、20÷590≒.4％であり、５％のGDPの増加の殆どの部分は円安による物価上昇が引き起こした。

今回の様な簡易計算でなく、経理専門家が時間を掛けて正確な計算をすれば、５％は全て円安による国民の負担増で可能になった事が証明される可能性が高い事を、筆者は感じる。

総括すると

財務省の決算概要を読むまでは以下の三つの可能性を疑い、そのウエイトの置かれ方を判断する事を迷っていたが、決算の概要を読み全てが解った。

- **国の寄生虫になり、高額報酬を得る事**

  高級官僚は高学歴で、経済の専門家は……全ての経済学的な統計の中身、背景も知っていたが……情報の一部を国民に公開した。マスコミ、一部の識者から情緒的な批判をする人は出現したが総合的、科学的に行政を批判する人は筆者の知る限り出現しなかった。

  彼らの関心は、職位を利用しての役得、定年後の天下りに加え、統計数値の事前入手で金融市場での先回り売買等で終生国に寄生する事だった。

- **経済運営の能力不足**

  東京大学を筆頭に受験競争の中で暗記する能力は高くなったが……無きに等しくらい貧者な応用力のままで……官僚となり、彼らなりに一生懸命に頑張ったが、能力が及ばなかった。

- **常識の欠如**

  東京大学出身者には常識が無く、行政官は憲法25条が規定する『国民の生存権』、幸福を増進する事を至高の目的として仕事をする事が求められている事を完全に無視している。

  藤井威大使OB、兵庫県知事辞任を迫られている斎藤元彦氏の場合には、自己中心的であり……世界は全て自分を中心に天動説で回っていると思っているみたいだ。

  それは日清、日露戦争の頃の文豪、森鴎外であり本書で公開された多くの高級官僚の愚行と同類である。

  彼らの物事を単視点にしか見られない……例えば日本の自殺率が10万人当たり24人に対してスウェーデンが15人と言う統計数値に遭遇すれば……筆者の様な民間のビジネスの場で鍛えられている人間は、即座に暗算で大まかに日本の年間自殺者が約2.5万人、多分その内の半分は貧困が原因での自殺……年間１万人以上が30年間続けば30万人以上が貧困を原因としての自殺で……それは大まかに日清、日露戦争の戦死者の10倍近いという連想は数分以内に出来る。

数年前に電通に採用された東京大学卒の若い女性社員が、試用期間を過ぎて間もなく、長時間残業して作り上げた提案文書を上司が、ダメだと言って受け取らなかったとことが原因で自殺した事がマスコミで大きな話題になった。
彼女にすれば人生で初めて、ダメ出しを貰ったのかもしれない。入社間もなくのフレッシュマンが内容のある提案ができるほど世の中は甘くない。民間会社では内容の伴わない提案を採用する様な会社は、とっくの昔に倒産している。内容が良くなければ、残業して作ったものでも誰も褒めない

日本はすでに倒産している

民間のルール＝世界標準のルールでは日本はすでに倒産している。
税金として国民に出資させ、自然災害頻発国であるにも関わらず、浪費して災害に備えての貯金が出来ず、反対に国民の将来の納税を担保に巨額借金を積み上げ、予算の1/3以上を借金の積み上げで賄っている。
30年後には筆者の５人の子孫は数億円の借金を抱えることになる。

高級官僚に常識があればそれは起こらなかった。

自己中心的で、恥知らずと言う点では、藤井威大使OB、斎藤元彦兵庫県知事と非常に類似している。
藤井氏、斎藤氏の場合には専門能力の有無、多寡の問題以前の……個人としての人間性に関する問題であり、彼らに常識が無かったことが根本原因だ。
財務省、内閣府の場合には専門能力のお粗末が原因であるが……それに気付かないで、実態としては円安が国民に対して増税となっている事を認識することなく……国債減額の目途が付いたような……楽観的な期待を公開している幼さに、タダビックリする。
欧米の場合には、実務経験豊富な大臣がいるから同様の事は起こらないが……日本では実務の素人が大臣に就任するのが普通であり……大臣は官僚の重しにならなく政治家には『面従腹背』……それが日本の現状だ。
15～20％/年のインフレ下に、日銀の金融政策決定会合では0.1％刻み物価上昇の数値を二日間かけて議論している。
半世紀前に為替が乱高下するとエネルギー関連の物価が変動して、統計数値の変化が大きくなりすぎるからと、物価指数の対象品目から外し。生鮮食品も価格が乱高下して統計が取り難いと除外している。
制度が出来た頃は、自給率が高くて輸入生活物質は極一部の奢侈品、贅沢品に限られていた。
21世紀となり輸入生活物質は激増……完成品,半製品、原材料、飼料、肥料の形で半分以上が輸入関連生活物質だ。
筆者の様に小学生から炊事、農家の手伝い、57才で退職後25年間、日常的に炊事、洗濯、買い物をしているから肌感覚で21世紀に入ってからの二桁インフレが理解出来る。
高級官僚は『上げ膳据え膳』に加え、生活物質の買い物もしなく、多くの事は他人任せ……仕事人生の大半を実状とはかけ離れた統計と、抽象的な意味不明な議論……文芸春秋100周年記念号掲載記事の様に……の中で過ごしてきたので、本人の常識不足を認識していないのだろう。
この本で行政の多数の愚行を観察してきたが、根本的な原因は国政を担当する官僚に常識が無い事である。

対策は既に見つかっている、それは行政を常識で運営する事だ。

既に司法の分野では15年前から裁判員制度を導入している。
西欧民主主義国の法制はローマ法を原点に作られ、その中に裁判員制度があり……日本は第二次大戦後多くの法律が欧米流に変更されたが、裁判員制度の導入は終戦65年後の2010年

まで導入されなかった。
裁判員裁判は解り易く言えば……裁判員６人と裁判官３人での評決で、裁判員の人数が多いから判決は常識が決める。裁判員は法的な手続き＝事務を担当する事になる。
日本の現在の行政が最悪であり、行政官僚を誰に変えても、現在より悪くはならないだろう。
結論は日本ではその任に最も相応しくない人たちに国の財政を任せている事であり、その事に国民が気付いていない事だ。
受験戦争の後遺症から多くの人は、東大卒の看板を見ただけで憧憬の目でひれ伏し……異論、議論するような気にはならない。
皮肉にも、上述の様に東大卒は受験戦争を勝ち抜き、目的を達成したが常識の貧弱な大人になって終いそれで固定して終った。
日本劣化問題の根源は官僚の常識の欠如、不足だから、行政が常識で運営されるように変更すれば良くなる筈だ。
突飛な提案だと思われるかも知れないが……実行できれば確実に成功すると断言できる根拠がある。

その８：借金1,500兆円の世界に於ける存在感
それは人類が集めた金塊の総量に匹敵する

千五百兆円は、１５００,００００,００００,００００円と書かれ、それは現在の金の価格１万円/ｇ、１万円札の重さ１ｇで計算すれば、４トン積みトラック37,500台分に相当し、車列を組んで運ぶと600㎞……東京から新神戸までの距離だ。人類が世界中で数万年掛かって集めた金の総量17万トンに相当する借金を日本は積み上げた。
世界の陸地面世紀の0.25%の針みたいに小さな日本に、人類の集めた金の総量に匹敵する借金が積み上がった。
マルコポーロは黄金の国『ジパング』と世界に紹介したが７世紀を経て……人知れず『借金大国』になっていた。

その９：思考実験－10：行政の最以上位に常識省を設置する

司法制度では上述の様に裁判官は法律的及び事務的な実務を担当し、判決多数派を占める裁判員によって決定される。重大刑事事件に付いては常識のある庶民が専門家の上位に位置して司法を監視する制度が出来ている。
既述の様に、無数の愚行を繰り返し……劣化の度合いを深める日本を救うために、司法の場合と同様に、常識ある庶民が行政を監視する新しい制度が絶対に必要だ。若し放置して置いたら日本国債はそんな長期間待たなくても紙屑となり、国債は国民の預貯金を担保として成立していたから……国民は敗戦直後の様な経済的な大混乱に陥るだろう。

スウェーデンのオンブズマン制度の日本版

オンブズマン制度と呼ばれる、スウェーデン起源の市民による行政の不正監視制度を北欧専門学者が取り上げ、雑誌が記事として掲載する事が時々ある。筆者はスウェーデンのオンブズマン制度は日本では絶対に機能しないと思う。
日本で導入しても、既に存在する『名ばかり委員会』と同様で……かえって害になると思う。
解り易く説明するためには紙数を要するので、ここではこれ以上の説明はしない。

常識省の設置：その概要

失われた30年間に日本が劣化した原因が、行政官僚の常識不足と、専門能力の劣悪を原因とする行政が作り出した世界史上初めて出現……過去に参考になる解決法の事例が存在しない。初めての事だから、何か新しい事を考え出す事が必要だ。

原因が常識の欠如だから、常識を持った、スウェーデンの様な行政にすれば良い方向に向かうはずだ。

現状が考え得る最悪だから……どの様な変更でも効果を発揮するかもしれないが……根本的改革で全ての国民を包含して、エンドレスに効果を発揮できる方法は国の行政が常識に従って運営される事だ。

政治の腐敗、国民の無関心、学者の無能も一緒に短期間で日本が改造され……行政をまともな方向に実行させるために常識省を、日本の行政組織の最高部に位置させる事を提案する。

現在の中央省庁の課長、又は部長以上の役職の目標の決定と目標に対する達成度の評価、進捗状況を常識省から派遣された４人の常識委員が行う。

３人では一人が健康上、その他の原因で長期間休む場合に不都合なので４人とする。

常識委員はパソコン向かって統計を見ながらの事務作業は行わない。

派遣された組織の部門の目的とそれに対してどのような対応をしているか、その結果が目的に向かっているかを常識的な、家庭経済の視点で判断して、問題があれば、組織に指示命令する。

３人の合議制にする事で『文殊の知恵』が期待できる。

常識委員が全ての内部情報を把握し、同時に情報公開すれば組織の隠蔽文化は自動的に解消し、スウェーデン型の情報公開国家に変身するだろう。

過去の30年間に多くの庶民が貧困と無力感の中で政治に無関心だったが、国民の関心が上がり、投票率も上昇するだろう。

常識省の最も大きな役目は情報公開

常識省は中央の省庁が他部門に決定事項を通知、又は何らかの要請を行う時に、監督省の立場で決定事項の通知、要請の情報を与えられる。それらの情報を精査して、庶民感覚で疑問、おかしいと思う事に対して質問、中央官庁は解答する義務を負っている。それらの情報の交換は、それが発生した時点で即刻ネットで公開する。

教育が変わる

今迄は、東京大学入学を究極の人生目標とする、受け身的な受験教育で疲弊し……若者らしい好奇心、疑問、探究心を喪失、常識不足から自己中心的な行動をする事例を多数ピックアップした。

常識省の新設は日本の教育に激震を与え、多くの有意ある若者がオリンピアンの様に自己研鑽、自分の適性に向かって能力の開花を目指して能動的に動き出すだろう。

政治家は

今迄、官僚は政治家に『面従腹背』だったが、常識省が情報公開すれば、『面従腹背』の呪縛から解放され……常識省の存在が民意の形成に好ましい影響を与え、政治家の世界は大きく変わるだろう。

情報公開が徹底されるので、先ず国会議員、官庁の公用車が存在する正当な理由が無くなり……遠からず地方自治体の公用車も消えてなくなるだろう。

地方自治体も模倣するだろう

中央で常識省が発足、活動を始めれば、地方自治体も見習って同様な制度を導入するだろう。

地方自治体への方導入がより簡単で効果が早く見えるだろう。

常識委員の選出と任期

常識委員の選抜は権利でなくて、義務として規定、不惑の40歳以上の人で、裁判員の様に無作為に選抜させる。

職務が遂行不可能となる肉体的、精神的欠陥の無い事を医師が判断する。

５年間の任期で、任期終了後の職場復帰を法律で保障する。

常識委員の担当する部門は１年毎に変更し、次に担当する部門は抽選で決定する。

殆どの中央省庁が東京に集中しているので、色々な工夫が必要であるが、常識省の仕事をリモートで行う事はさして難しい事ではない。中央省庁との頻繁な交流は不必要でむしろ害になる。定期的に中央官庁からの報告書を受けて、その結果を４人の常識委員が採点、中央省庁に採点結果と問題点を指摘して、改善を指示する。受験産業の進研ゼミの勉強法と同じだ。

行政は常識に従って行われる

自然災害多発国だから、貯金をする事を目指すだろう。

民間企業と同じようにコスト意識を持ち、無駄使いが激減するだろう。

官僚の統計発表先回り売買は激減するだろう。

国民の税負担を少なくする工夫をするだろう。

自殺率を少なくする工夫するだろう。

不正、腐敗の無い社会の構築を目指すだろう。

スウェーデンの様な高福祉社会を目指すだろう。

斎藤兵庫県知事、藤井大使OBの様な非常識な官僚は育たないだろう。

日本では行政の為に国民が存在し、『主客転倒』で行政が行われている。

行政は、国民の幸福、福祉等には全く関心がなく、徴税だけが仕事……若し納税が遅れると国は差し押さえで、資産を強奪する。支配者として君臨……それは高学歴者の傲慢……一般大衆は、ていの良い開放奴隷の様なものである。

常識省の予想される姿と効果

必要とする財源は約900億円を予想、補正予算で900億円を組んで対応する。

採算性はどうなる

多くの異なった専門分野の人が参加するので、筆者がこの本で指摘した事の100倍以上のコスト削減の提案が実行され、

30年掛からずに千兆円は完済されるだろう。

現状のままに放置しておけば、30年後には確実に現在の数倍……例えば４～５千兆円の借金になるだろうが……世界はそれを許さない。そこに到達する前に日本経済は破綻、円は紙くず同然となり、庶民は『塗炭の苦しみ』を味わう事になる。

人員計画

人口100万人に対して50人　→　約２万人に対して１人、全国で6,000人とする。

常識省の常識委員は日本中に分散されて配置され、横の関係も縦の関係も持たない。
４人で構成する単位をユニットと呼び、1,500のユニットが作られ全国に散在する事になる。
ユニットは複数の中央官庁、独立行政法人の運営について監視する。自衛隊は管轄外とする。

給与

常識委員の年収は1,000万円、ユニット長は100万円の手当を支給され、１ユニット当たり年4,100万円

コストの概算

１人当たり１千５百万円とすると900億円掛かり、予算の0.08％以下である。

事務所

会合は常識委員の自宅開催を原則とし、自治体又は国の機関の会議室、学校の教室を使用する。
企業の会議室を活用するような事も併用できる文化を形成する。

選抜方式

裁判員の選抜の様に、毎年、不惑の40〜75才の人から無作為で1,200人を選抜する。
肉体的、精神的な健康チェック
－基準を設けて、医師による肉体的能力、会話能力、読書能力、認知症などのチェックを行って、合格者を選抜。
－常識委員の就任した65歳以上の人については毎年認知症テストを義務付ける。

就任忌避規定：

家庭の事情で任務遂行が困難な方、本人に興味がなく辞退したい方、高額所得者で年収１千万では就任したくない人、事業、現職の関係で就任したくない人は就任を忌避できる。この様にする事で組織が積極的に活動したい人の集まりになる。
企業、官庁には任期終了後の復帰受け入れを義務付ける。

事務費用

ユニットが使用した事務費用は全て国が支払う。
パソコン、プリンター、Wi-Fi等、中央との文書のPDFを使っての更新に必要な費用は国に請求できる。
原則として、既にユニットが所有する設備を使用し、現有の設備に問題が発生、買い替え、更新が必要となった場合にはその費用は国に請求できる。

茶菓の費用

就業時間は国家公務員の基準に従い、残業無し。茶菓の費用はユニットで会費を徴収して充当する。

交通費、出張費：

交通費は、公共交通機関を使ったと見做して支給。
田舎で公共交通機関が不便で、自動車での通勤の場合にはxx円/㎞で、費用を請求する。
出張費は年に１回中央省庁への一泊又は二泊の出張のみで、出張はそれ以外発生しない。

ユニットの構成

ユニットは４人で構成される。

中央との交信はネットを通じて行われるので、パソコンを使える事は必須の条件である。

ユニットの人選をする場合、４人の中にパソコンを使える人を二人以上配置しなければいけない。

パソコンを使える人がユニットの代表者に就任する。

分担の変更

ユニットは２年毎に構成人員を変更する。

５年の任期中の５年目には１年だけの就任になる。

AQC＝行政の品質向上の提案制度の創設

日本の行政の中からの改革提案を積極的に活用する為に……戦後のQC、TQC＝品質管理を模倣した……Administration QC ＝ AQC ＝ 行政品質向上運動を始めるだろう。

SDJs対応でケチケチ賞の創設

公務員も含めて、全国から資源、時間、コスト削減に効果を発揮する……過去に無かった何かの提案を公募……優秀な提案を表彰するような制度を創設するかもしれない。

常識省の組織のトップ

最小人員……例えば10人前後……で常識省の運営をサポートする。

毎年の委員の配置転換の事務手続き、給与、活動費用のチェック、支払いなどの事務的な作業を行い、委員の仕事の内部には関与しない。必要に応じて外部から民間の専門家の応援を頼む。

発足当初は混乱するだろうが、それを恐れる必要はない。

可能な限り１ユニットが勤務地で活動できる様に、委員が知恵を出し合って設備を整えて、活動できるインフラを整備する。

そこで完成したインフラは、委員が交代して拠点となる場所が変わった場合に、新しい場所に移転する。

あとがき

この本は、１世代程度の短い時間軸で国家間の競争と言う視点で書かれているが、歴史と言う観点で考えれば少し違ったものになるがその根本は変わらない。

人間皆平等、弱者に優しく、欲張らないで、進んで身の丈に合った社会貢献を行い、不正、悪を正して行くのが良き地球人、国民、市民の務めであると言う筆者の常識を出発点としている。

18世紀末にマルサスが人口論で警鐘を鳴ら……地球が収容できる人口には明瞭な限界がある事が２世紀を経て漸く認識され……SDGsとしてマスコミの話題として登場してきた。

今迄は世界各国が個々に自国の国益優先で政治を行うのが普通だったが、永いタイムスパンで考えれば……地球上に住む人類は地球人としての認識を持つ様に変化して行かなければ、絶望的に巨大な破壊力を持った核爆弾を持ってしまった人類は簡単に消えてなくなるかも知れない。GPTは世界中の人々が同種、同質の情報を共有する機会を提供し、人類が地球人としての感覚を共有する為に大きな貢献が出来る筈だ。

それは計画経済を意味する

共産党革命でロマノフ王朝を打倒、共産主義を標榜したソ連は、官僚による無能、不正、汚職まみれのお粗末な計画経済で約70年後≒２世代間を経て崩壊、それは日本の20世紀末から始まった失われた30年≒１世代間に酷似している。

筆者は1974年に初めてソ連に２週間出張、その後70年代に３回出張したが、腐敗の様子は外人旅行者にも隠される事なく良く見えたが、日本の腐敗の様子は……「妖怪ジャパン」の存在が隠蔽……外人旅行者には全く見えないのみならず、殆どの日本人にも見ることが出来ない。21世紀の日本は1970年代のソ連と酷似した官僚国家になっている。

世界的に著名な人口学者エマニュエル・トッド氏が1976年に論文で10～30年以内のソ連の崩壊を予想、その後世界的な話題になったが、筆者はその２年前、２週間のモスクワ滞在で……片言のロシア語で現地の人と会話……既にソ連では崩壊が始まっていた事を実感している。

帰国後友人との会話ではソ連は既に崩壊していると、左翼思想にかぶれ気味の友人に断言していた。

「百聞は一見に如かず」と『三つ子の魂百まで』の組み合わせで現場を見れば全てが解る。

入学式の時に72才、卒業式の時に76才の末川博総長のスピーチを約20m離れた所から二回聞いただけだったが大きな影響を受け、その後の生き方を支える精神的なバックボーンを頂いた。

『理想は高く、姿勢を低く……』末川総長は、我々のような夜間部の学生に社会に迎合して行きなさいと諭された。

法学者として**『法の理念は正義であり、法の目的は平和である、だが法の実践は社会悪と戦う闘争である』**と書かれた末川氏の本を読み……そのような人でも……我々に社会に迎合する事も必要と諭されている。

執筆に５年間は無駄だったのか

自分史は既に１年以上前に完了、第三部も半年くらい前に脱稿していたが、第二部の執筆には時間が掛かり、2024年６月に取り敢えず脱稿した。昼間の行事……家庭菜園、ブドウ畑、テニス、旅行、医者通い、近所付き合い等は従来と変わらず……隣保の皆様には内緒で足掛け５年間、主に深夜に執筆してきたが、最後の半年は家庭菜園を放っぽりだして、妻に任せて執筆に専念した。吹田の国立循環器センターの医師の月間残業の上限300時間とホボ同様の長時間労働だったが大丈夫だった。天に感謝、文句も言わずに食事を与えてくれた妻に感謝である。

この本が日本で無視されるか……『スウェーデンスペシアル』の様に国政に影響を与えるか、興味津々である。

21世紀になり環境が激変、今後この様な本を執筆する人は現われないだろうし、読む人もいないだろう。

その様な意味で、この本は多くの人から『空前絶後』の愚行と見做されるかもしれない？？

筆者の人生で最初にして、最後の最大の無駄使い＝道楽である。

住友電工での平穏な生活の中で『空前絶後』と見做されるサービス発明を起点として、波乱の人生の開始となった。

筆者が何らかの理由で民事訴訟を受ける事になり、波乱の人生の再来があるかもしれない。

今後、世界は生成AI＝GPTが世の中を激変させると確信している。

筆者は全て実体験を基に……**偶然が筆者に機会を与えてくれた事で、受け身で経験量を増加させて**……この本を執筆することが出来た。GPTは意欲的で何かを知りたい若者に、無限の知識獲得の機会を与え、意欲的な若者が自分の意志で社会変革を進めるだろう。

人類の知性が、核戦争を勃発させず……小競り合いが有っても、温暖化が進んでも、氷期が訪れて地球が全球凍結に向かっても……有限な資源を人類が分かち合う為には、計画経済が最も有効な全地球的な経済政策だ。

その為には科学的に考え、議論できる専門家のいない．．腐敗した国の将来は無残だ……。

地球は宇宙の小さなゴミのような存在

温暖化が世界のインテリの話題となっている21世紀に地球の寒冷化、全球凍結をリスクとして話題にするのは、非常識のそしりを免れないかもしれないが、頭の何処かに置かなければいけない。

- 科学者によれば地球は過去に５回全球凍結……６回目が起こっても不思議ではないと言っている。
- 宇宙の平均温度は絶対零度≒－272℃、地球の熱は－272℃に向かって奪われ続けている。
- ホンの半世紀前までは……地球の寒冷化が食料不足を起こす事に警鐘が鳴らされていた。

変化する環境に順応して生きるのは簡単ではないが、宇宙の創造神は良い神様だと信じて生きる事だ。

取りあえず、現生の人の責任範囲は曾孫の将来までと考えて具体的な行動をする事だと、焦点を目前で起こっている事に絞ってこの本は執筆されている。

2024年７月の脱稿直前に『大阪万博』と『年金財政検証』の存在を知り、死ぬほど驚いた。

既に自分史と第３部は１年以上前に脱稿、校正を終えていたので、それらには変更を加えなかった。

実態は筆者がそれまで予想していたよりも更に悪く……事前にその事実を知っておればこの本のページ数はかなり削減できたと思ったがそれはしなかった。

取りあえず筆者の実体験をベースに……他人の論文、著作を引用して無謬性を主張することなく……日本の現状を科学的に分析、日本の経済的劣化の原因を明らかにした。

当初予想したよりも『妖怪ジャパン』は単純で……ヒットラーの『夜と霧』よりも解り易かった。

それは文芸春秋100周年記念誌に掲載された佐伯氏の論文と小林氏VS中野氏の対談、スウェーデンについて執筆された藤井大使OBの著作、藤岡、岸田両経済学博士の解り易い論文、著作が存在する事で比較が可能になり、説明を解り易くする事が出来た。

この本は単なる状況解説でなく、意思を表明する事に意味があり、その為に文芸春秋100周年記念号には非常に大きなサポートして頂いた事に感謝である。
多くの経済学者の方々から……結果的に、恰も共同執筆者のようにこの本のサポートライターとして支援して頂いた。
彼等も。時代の申し子で……筆者は批判しているが彼らの人間性の良、悪とは無関係だと思う。時代を超えて……超越して生きる事など出来る筈はない。
大東亜戦争に突入した、東条英機、山本五十六を筆頭とする日本の軍人は……多分、清い心で巨大な世界の人種差別、アジア人蔑視を正すべく、勝てる可能性の無い戦いを始めた……筆者は人間東条英機、山本五十六は清潔な、純真な心の持ち主だったと思う。

本の出版は出発点で本番はこれから

筆者は中学生の頃大金持ちの職業作家になる夢を持っていた。
住友電工で社会を知り、仕事が面白くなって……10代の終わり頃に忘れ去っていた。それ以来60年以上、問題を発見した時にはそれを……指摘するだけでなく……具体的に解決する事を筆者の社会に於ける存在意義と考え、実行する事で顧客に評価されて……少額の報酬を頂く事で生きてきた。
具体的な解決に携わらずに、問題提起だけではお粗末、**筆者の人生に『画竜点睛を欠く』となり、筆者は納得できない**。
残された人生を日本再興……次代の若者が生活苦から解放され、充実した人生を送れるような日本にしたい。
この本の出版はスタートラインを意味し、これから日本の最高智が承認した『年金財政検証』に反論、これからの30年が過去の30年の延長とならないように、具体的な活動を始める。
ネット社会となり、世の中の常識ある賢者、特に若者に日本の現状の因果関係を知って頂き……行動、生き方を再検討されれば、日本は確実に再興できると思う。
筆者の若者向けの貧弱な語彙力がマイナスの側面を持っていると思うが……逆に、より正確な日本語として認識して頂け、プラスの側面もあると思ったので、過度に若者言葉に迎合しないように意識した。
第２部の執筆に当たり無数の公的資料、論文、著作を渉猟したが、それらは単に参考資料として筆者の頭の中で咀嚼されて……頭脳の知識のドンブリの中で混合されて筆者の見解形成に影響を与えているが……論文の様に筆者の記述内容の無謬性を主張する為には活用していないので、第二部も自分史の内容を周辺にも広げた自分史の変型判であり、筆者の知る限り、この様な形の本の出版は多分、異例だ。この様な背景事情があるので引用文献は特に挙げなかった。若し、論文形式で引用文献を記述すれば、広辞苑を超える３千ページ以上を必要としただろう。
2019年に始まったコロナ禍がなければ、多分、この本の執筆は起こらなかった。
執筆に約５年間を要し、主に深夜に６～８時間/日……2024年になってからは15時間/日……トータルで約15,000時間を執筆に掛けた。労基法の定める週40時間労働で計算すれば７年分の労働である。
時給１千円で計算すれば1,500万円の労働だ。初版出版費用が500万円とすると２千万円のタダ働きになる。
１万５千時間のサービス残業をして、500万円の負担を背負いこむようなもので、経済学的に考えれば……愚者の中の愚者である。
とりあえず痛いところもなく、食事が美味しく食べられ、365日欠かさない晩酌も美味しい。
妻は健康で美味しい食事を三食、文句も言わずに提供してくれる。

週３回のテニスの友人約20人に執筆の事は伏せていたが、2024年になり出版の予定が見えて来たので、その一部を語る事も開始した。我々の子供世代40〜50才の人は生活苦で大変だ、その次の世代の人は『年金財政検証』の見通しで政策が実行されれば、確実に日本は無茶苦茶になる。
我々高齢者が……少ないが、高額とは言えない年金に安住して……現代の日本を作った事を看過してきた責任を感じる。
思い立ったが吉日だ……この本の出版を出発点に、第３の人生を始めよう。
社会人としての人格形成に大きな影響を与えて頂いた住友電工に感謝する。

学歴の克服

日野自動社に出張、野心的な提案をする大部の出張報告書を提出、それは課内回覧された。
ご尊父が大阪大学の化学部学部長と聞かされていた阪大工学部修士卒のＩ氏から、出張報告書の中に漢字の誤字が１ッあったと指摘を受け……当初……ビックリしたが、その事で完全に学歴コンプレックスは消し飛んだ。

ホワイト企業住友電工

筆者は退職約５年前に日曜出勤で実験を行い、実験結果がサービス発明となり、筆者の名前は海外先進国の特許公報にも発明者として名前が記載されている。
住友を退職、世の中を広く知り……筆者の発明のような場合には、管理職の立場の人が自分の発明として、弁理士、又は特許部に指示して特許出願するのが普通である事を知った。
特許出願を特許部に指示した大津保雄開発係長と住友電工と言う『ホワイト企業』の文化が筆者を発明者とする事を許した。若し、サービス発明がなければ筆者のその後の人生は平板な物だっただろう。
その方が良かったのか……現在の様な不安定な人生の方が良いのか……それは筆者も解らない。
小学生低学年の頃から欲しい物を買う為にビジネスを行い、大人の人生のまね事を経験。
中卒後２年遅れて高校４年、大学４年計８年間夜間学校で学んだが金に苦労はしなかった。
大学生になり、友人と３週間の北海道旅行に出かけたが、新婚旅行でも精々２〜３日くらいの有給休暇で南紀白浜か九州の別府温泉に行く程度の時代に……実態は苦学生ではなく、楽学生だった。
82年の人生で、金に苦労したのはスウェーデンの４年間だけだったが……そこで学んだ事はその後の45年間、金の事について悩むことを必要としない人生を送るための基礎となる経験が出来た。
人は真剣に考えて行った事の因果関係は忘れる事がないので、知識の累積が可能になる。
反対に、他人に指示され、単に機械的に行った事は知識の累積効果が少ない。

世の中は『天網恢恢、租にして漏らさず』であり、
人生は『禍福はあざなえる縄のごとし』である。

今後、この本を要路の方々への郵送、ネットのNOTE、キンドルを介しての紹介、外国語での要約版の出版、ポケット版の出版などを通じて、筆者の知見が多くの日本人の方々の共通の知識となり、マスコミの報道姿勢が変化する事を期待しています。
『千里の道も一歩より』、始めなければ何も起こらない。
『愚公山を移す』を信じて……スポーツ感覚で活動開始。

この本の出版に際して、常識から大きく外れたデザインの提案を快く受け入れて頂いた一柳社の都築会長、規格外れの構成の本の編集をして頂いた編集者の方に大感謝です。

訴訟の被告席に座らせられるか？

筆者は悪事を働いて、あの世に逃げ切る様な事は最も恥ずべき事であり、それこそ最低の晩節の汚し方だと思っている。

高齢者となり、残り少ない人生だから筆者は執筆出来た。

15年ほど前に中国の三星堆遺跡を訪れ、屈原の大きな銅像を見て感ずるところがあったが……筆者は入水自殺などしないし、ソクラテスの様に毒杯を飲むような事はしない。

難しい事だが、若い世代の方々が自分と家族を賢く守って、活動され……それが結果的に日本を救う事になると信じている。

おしまい

2024年９月末

岡　田　　實

追伸

予定していた脱稿数週間前、スーパーの駐車場で車止めの端に足を引っかけて……危うく、転倒するところだったが、転倒しなかった。過去に転倒し骨折した知人がいる。

坂本九の世界的ヒットソングとなった『上を向いて歩こう』は、高齢者には当てはまらない……何も悪い事はしていないが、これからは『下を向いて歩こう』と心に決めた。転ばぬ先の杖であり、事後では役に立たなくて「失われた30年を」を作った無能官僚と変わらない。

第3部

自分史を素材に、随筆風に
失われた30年の背景を回顧

H-601 ～ H788

まえがき

可愛いペットも食料なければ……

2024年春頃から北海道別海町の乳牛の放牧場で、野犬の群れが乳牛を襲い食い殺す事例が頻発していると言う。

ネットではペットの犬が、赤ちゃんに寄り添い子守する動画が無数に登場、妻はその様な動画を毎日眺めながら、楽しんでいる。別海町の事件から、**同じ犬でも置かれた状況により、可愛いペットになり……食べ物の為なら群れになって、体重が100倍も大きな乳牛を殺して食する……それは戦後間もなくの日本の食料難を連想させた。全ては貧困＝食料不足から始まる。**

終戦直後、食料難から多くの人々が都会から地方の農村に疎開してきた。自分史に既述の様に東京の大学教授が田舎の中学校の英語の先生をしていた。無数の食料に関係する盗難、警察沙汰の事件が聞こえて来た。

佐賀県出身の山口判事が闇米の購入を拒絶、配給米だけの生活に固執する事で栄養失調、34才で餓死した事件はその後永らく社会に記憶されてきた。起こったのは筆者が5才の頃だが、両親と三本川で真ん中に寝て、大人の会話を聞きながら育ったので忘れる事が出来ない。

金が全てとは言わないが、金は非常に重要なものだ。

同じ犬でも、食料の心配をしなければ可愛いペットになり……食料が無ければ、盗賊、殺しも平気でする。それは、犬も、人間も同じだ。

低い食料自給率と将来の円安

食料自給率がホボ100％だった戦後でもあれだけの大問題……現在の自給率は4割弱…。低い食料自給率と1,500兆円の借金は将来ある時点で……絶望的なインフレを招ねき、多くの庶民が食糧の確保に難渋する事が起こるだろう。

同時に戦後の混乱期に山口判事の様な人がいたが……高級軍人が軍の隠匿物質を私物化して横流した様に……キャリア官僚は巨額蓄財を外貨で保有……日本は劇的に変化するだろう。

先ず、**借金1,500兆円の意味を日本経済、世界経済的な視点から観察**、以降視点をフラフラと変えながら、我々の住む日本について……時折スウェーデンと比較して……考えてみよう。

直近の統計とスウェーデンとの比較

直近の統計によれば日本の**公的債務＝借金は約1,500兆円と巨額**になったが、スウェーデンの債務はGDP比で日本の1/5だ。スウェーデンと同じようにしていれば、1,200兆円は必要なかったはずだが、それはなぜ発生して、何処に消えたのか？筆者が第2部で明らかにしたような多くの事実を、筆者の視点で観察、それが国家経済、庶民の生活にどのように影響しているか分析した専門家の見解を、NHKを筆頭に日本のマスコミ報道で聞いた事がない。

テレビ、ネット情報のみならず、新聞、週刊誌、雑誌、書籍、論文等の活字媒体でも同様だ。

筆者の視点と分析は異質であり、筆者が日本で最も嫌われるネガテイブな人物と見做されるかもしれないが、事実は事実であり、借金は返済しなければ……世界、社会は承知しない。

過去の経験：親の借金は相続放棄できるが？

筆者の若い頃には亡くなった親の借金の証文を根拠に、娘がゼゲン＝人買いに自分を売って金を得て証文を取り返す様な事を扱った文学小説が普通にあった。昭和32年に法律が出来て管理売春が禁止されたが、韓国クラブに代表されるように,それまでと変わらず売春業は存在していた。
昭和20年代の冷夏の年には農業不振で東北地方から娘が東京の色街に売られる事は珍しい事では無かった。
何時の頃からか、親の死に際し３か月以内に相続放棄すれば、親の借金が相続放棄され、チャラに出来るようになり、現在があるが、21世紀になっても社会的不公平が是正されたわけではない。

日本は同床異夢

官と民は『同床異夢』で、国家経営の方針が定まらない日本だが、殆どの人は認識していないので現状に満足している様に見える。

筆者は巨額借金を看過して来たのを恥じている

日本の60～70年代の民間製造業の興隆に貢献した事に達成感をもって現役を終えたが、国の借金の積み上げを看過した、国民としての不出来を悔いている。

経済学者はどうしたのか？

東京大学出身を筆頭に数千人の経済学者、経済専門家……は何をしていたのか。多分、彼らは経済学を勉強したが、常識で判断できる市場での生活用品の価格上昇などの経済現象には関心がなく、統計万能で考えているのだろう。
彼らは積極的に看過したか……マインドコントロールされて巨額借金を認識する事が出来なかったのかもしれない。

１千五百兆円の実感

1.5の後にゼロが15個…**000,000,000,000,000.－…付くマネーを実感**してみよう。
第２部第１章で相続税の金利400億円還付事件で400億円は１万円札で４トン積みトラック１台分である。

－１千５百兆円は車長８ｍの４トン積みトラック37,500台分になる。
－それは車間を車長の８ｍで車列を組むと全長600km＝新幹線で東京駅―新神戸駅の距離となる。
－400億円のミスを37,500人の官僚が行った事に相当、日本の行政機関では日常的に起こっており、格別珍しい事ではないのかもしれない。

想定読者数は？

日本には以下に示す４種類の人がいると仮定している。

1. 制度に迎合的で違反しながら利益を得て生きる人が、33.3%
2. 制度の欠陥を探り、制度を悪用して巨利を得る人が、33.3%
3. 制度に無頓着、ポジテイブ教に帰依して生きる人が、33.3%
4. それはダメだ、制度が悪いと制度改革を訴える人が、 0.1%

『妖怪ジャパン』が支配する日本では４.分類の0.1%の人＝１億２千万人×0.5(成人)×0.001＝６万人の人を対象に書かれている。その１％＝六百人の人に30冊／年のペースで20年の間に読まれたら大成功だと思っている。
17世紀にスペインのセルバンテスが『ドン・キホーテ』を執筆、大ベストセラーになったと言われている。筆者も中学校の図書室に在ったので読んだ記憶がある。
17世紀に国内の腐敗の故に世界の覇権国スペインが英国に敗れ、大英帝国の時代が始まった事が隠された題材で、皮肉っぽく書かれている。筆者が主題としている時代背景と酷似しているが日本では『妖怪ジャパン』が、頑張っているからベストセラーになる事は絶対に無い。多くの場合実名での記載なので99.9%の人は嫌悪感を持つだろう。
実名で記載された高官も心中は穏やかでなく多分迷いの中……経済学で言う『茹でカエル』状態で、必ずしも満足して生きている訳ではないが……頻繁に実名が登場する事を理由に名誉棄損で訴える人がいるかもしれない。
筆者は出版時点で82才になっているだろう。何が起こってもビックリしない。
訴訟用語の中に『天下無敵の無一文』と呼ばれる金言がある事を弁護士の方から教わった。

内容が複雑

この本が話題としている課題が複雑で水深1万メーターの海溝から立ち上がり、水面から1万メーター、海溝から2万メーターの異様な形の山を、色々な角度から眺めるようなもので、半分は水中に隠れ、半分は水上にあり、視点により山容は大きく異なる。
単一の現象を問題とする教科書や論文と異なり、無数の要素が、複雑に交雑し合ってより複雑になった事を説明しているので、同じ話題が繰り返し出現する事もある。
国家は政治家、公務員、民間の従業員、自営業者の4種類の人々から成立しているが、日本では4者4様に『同床異夢』で生きている。歴史上多分、初めて平成、令和になって出現した『妖怪ジャパン』に支配された国家だ。
21世紀の『永久経済戦争』下の世界では、国家、企業、個人はコスト、採算性、借金の三要素のバランス維持に努めその結果が、繁栄、失敗、貧困、従属、支配、被支配関係となり、可視化されるので外部から経理手腕が評価され易い。
スウェーデンは『同床同夢』であり、他の欧米諸国はソコソコの『同床少し異夢』だと観察している。
自分史はノンフィクションで、第2部は章立てして執筆したが、第三部は書下ろし風に、色々な事柄が混在する形で、2万mの巨大山岳『妖怪ジャパン』を眺める事で、読者の方が自分の経験と融合されて、日本が何であるか、自分と家族の将来設計はどうすべきかと言う課題に向き合うための参考になる事を期待している。
筆者はこれらの矛盾についてホボ、完全な理解をしているが、それをどの様に書き表すかが問題だ。
自分史、第二部では筆者が遭遇した事実を整理整頓して記録、読者の方が自分の経験と照合して日本と福祉国家として世界的に名高いスウェーデンを比較して理解して頂く様に務めた。
第三部ではそれらの事実をもとに読者の方が、その背後にある何かを発見して、劣化した日本再興の参考になる何かを発見される事を期待して執筆した。行政が意図的に実行した政策か、又は単なるミステークか不明だが、現下の日本の行政は政府が目標として掲げた方向の反対方向に進み、期待している方向に進まず、真逆の結果となり、現在もその延長で政治が行われており、急速に日本を劣化させる方向に政治の舵取りが行われている。
筆者には自分の意見を押し付けて読者の方をマインドコントロールする意志は全くない。
1つの情報として読者の方の参考にされる事を意図して書かれている。
分厚い本で、説明がくどくどと書かれた、冗長とも見える、この様な本が時代遅れと、バカにする人がいても当然だが、この本は金儲けの為に執筆したわけではない。表題と結論だけを読んでもその流れが解らなければ、若い人がこれから遭遇するかもしれない難解な課題の解決の為の参考にならない。
その様な意図があるので、第3部は背景事情とそこに至った経過説明に字数を惜しまずに使用した。

目　次

OECD統計で日本は世界で突出して理想的な『高福祉低負担国』

全くの偶然からOECD統計では、日本は世界で突出した理想的な『**高福祉、低負担国**』で、**スウェーデンは突出した『低福祉、高負担国**』の重税国家であると示している事を発見した。

筆者は見た瞬間、ビックリしたが……10秒くらいで理解し、統計は正しいと思った。

それはスウェーデンの実情を熟知していたからである。（理由は後述する）

全く新しい疑問が湧いてきた。なぜ日本の政府、専門家、識者は日本が**世界に誇るべき『高福祉、低負担』の理想的な夢の様な国**であるOECD統計を国民に誇らしげにNHKに報道させないのか。

OECDは加盟国から集めたデーターを、約３千人の専門家が解析、比較して加盟国の成績表として公表している。日本は資金の10％弱を負担、日本人の職員も数百人が直接、間接に雇用されている。

第２部まではOECD統計とは真逆の、日本が高負担国家である事、スウェーデンが低負担国家である事を明快に示す為に紙数を使ってきた。

第２部に書かれている事は全て正しい。OECD統計も正しい。一見矛盾した二つの事実は大きな統計の理解と取り扱いの難しさを物語っているが、第３部ではその矛盾を解き明かしたい。

日本がその様にガラパゴス化した主な理由を以下に８個列挙するので、通読時に意識的に読まれる事をお勧めする。

1．民間企業では世界標準と同様、コスト、採算性、借金を最重要な項目とし、数年間赤字が続けば自然淘汰され消えてなくなり、従業員は失職する。
2．日本の公務員はコスト、採算性からの束縛なく仕事をしている。
3．製造業では長寿命の新製品開発で……それは需要の減少を意味し、長期的に見れば、自分の首を絞めて自殺しているようなものだ。
4．日本の公務員はコスト、採算を意識することなく『野放図に』金遣い、それが借金の一部となった。
5．日本の公務員は終身雇用に守られ、退職後に天下り、人によっては現役時代よりも稼ぎが良い。
6．民間企業でも高学歴者が雇用される大企業は終身雇用で守られているが、世界標準の『信賞必罰』の不可侵の不文律が存在しているので、コスト、採算性の束縛から逃れられない。
7．奇妙な事に、日本では教育がその任に最も不適当な人材を育成し、その中から、より不適当な人材が高級官僚として採用され行政の責任者となる。
8．東京大学を筆頭に、多くの有名大学卒の人々は激烈な受験教育で精神的に疲弊、多感な青春時代を『精神的な牢獄』の中で過ごし、貧弱な社会的経験しかしないまま、考えが固まった20代の成人となり、常識不足のままで、社会の指導層として官僚組織の中に入る。

人間社会は複雑怪奇で、上記の８項目が全てを言い表している訳ではないが、理解を深める為に役に立つ。

色々な話題が錯綜して複雑に関係しあって、社会現象が発生するので、同じ様な事件や説明が色々な所に出現する。

学校の教科書や論文の場合には、同じことが度々出現することはないが、この本は世の中で起こった複雑な事の因果関係を解く事が目的で執筆されているので、その様な事が起こる。

執筆が４年の長期間にわたり、文中で引用する数値もその時点での数値を使用しているので、数値が統一されていない。初期の頃の数値では公的債務は1,300兆円だったが、2023年の最新統計では1,500兆円であり、論文の場合には、同じ数値を使用する様に校正されるがそれはしなかった。

大意を理解する事が重要で、小さな事を虫眼鏡で覗いても、煩雑になるだけであり、問題の存在と、その原因結果を理解して頂く事が最重要だと考えたからである。

論旨に影響のない範囲の異なった数値のデーターが出現した場合には数値の整合性を維持する様に校正する方針だったが、その様な事例には遭遇しなかったので、そのまま放置した。

日本は『名ばかり経済専門家』,『肩書だけ経済専門家』の金融政策で失敗した。

『失われた30年』と呼ばれる1990年代初期から30年間、日本は等差級数の様に規則的に新規公債を発行、発行残高が１千５百兆円の巨額に積み上がり、１人当たり1,200万円である。

1945年の敗戦から６年間GHQの統治下にあった日本は、1951年に講和条約を締結、独立国となったが、実態は『名ばかり独立』で、米国の強い影響と、一旦有事になれば日本憲法の上に米軍が君臨する、『不完全国家』＝『**名ばかり独立国**』だった。

日本経済に決定的な影響力を持っている日本銀行の『**金融政策決定会合**』は実状を反映しない、時代遅れの基準に基づいて作られた消費者物価指数で、議論している。疑問を持つことなく過去数十年、お粗末な習慣を変えることなく『茶番劇』を演じて来たように観察される。想像を絶する時代遅れと、無責任……その任に最も相応しくない『**名ばかり経済専門家**』により運営され、日本経済を混乱に陥れる事で『**失われた30年**』の日本の経済的停滞は起こった。

統計と呼ばれる魔物

英国のビクトリア女王に仕えたデイズレーリー首相の『**世界は小さな嘘、大きな嘘と統計で出来ている**』の揶揄と全く同じ状況が、経済現象の中身を理解していない日本の学者、経済学者、経済専門家により日本に出現していた。

21世紀になり、情報化社会となり、統計がより活発に悪質な魔物になって社会を混乱させている。

高学歴な活字学者が騙される

年齢が上がり、経験量が増加する中で、国政に影響力を持ち社会的に識者、学者と呼ばれている人が雑誌、週刊誌にとんでもない事を書いている。物知りみたいに書いているが、活字学者で何も解っていないと断定できる様な事を頻繁に発見、高学歴者に対する疑いの気持が拡大してきた。

住友に在職中の数名の奇矯な、旧帝国大学卒者との交流の経験が後押しして、他人、特に高学歴者の発言については鵜呑みにしない様に筆者自身が変化してきた。

2021年から為替がドル円100円近辺から円安方向に進み、150円近くで50％近く円安に進む中で日常品の価格が値上がりする。価格が頻繁に10％前後上昇、又は内容物が10％減量される。

幾つかの生活物質で、同じものを毎週買っていると価格の上昇を強烈に実感する。

他方、年金の支給額の減額通知が頻繁に郵送されて来る。

出費に鈍感ではおれない中でNHKのラジオ放送から流れてくる日銀の『金融政策決定会合』の決定が報じられた。

その１：日銀植田総裁を筆頭に日本のトップ経済専門家の錯誤にビックリした。

全ての輸入品は円安の影響を受け、数十％も輸入価格が上昇しているのに、『金融政策決定会合』で消費者物価指数の１％以下……0.1％レベルの消費者物価指数の上り、下がりについて、多数の高学歴の大きな社会的影響力を持っている人々が真面目に議論している。外では議事録の発表を報道機関の記者が待っている。

右に掲載の表は2023年度に開催された会合で議論されて、決定された資料を示す。議論を重ねた後で最終的に９人の投票権を持った委員が数値を記入して投票する。
最小と、最大の両端の数値を排除して残りの７つの数値の平均で決定すると言う。美しさを競うフィギュアースケートの採点方法と同じだ。多くの生活必需品が円安の影響下で10％、20％30％と上昇している中で、0.1％、0.2％……の数値の議論をする。市場で起こっている事はその数百倍大きい事が解っていない。

	実質GDP	消費者物価指数（除く生鮮食品）	（参考）消費者物価指数（除く生鮮食品・エネルギー）
2023年度	+1.8〜+2.0 〈+2.0〉	+2.7〜+3.0 〈+2.8〉	+3.5〜+3.9 〈+3.8〉
7月時点の見通し	+1.2〜+1.5 〈+1.3〉	+2.4〜+2.7 〈+2.5〉	+3.1〜+3.3 〈+3.2〉
2024年度	+0.9〜+1.4 〈+1.0〉	+2.7〜+3.1 〈+2.8〉	+1.6〜+2.1 〈+1.9〉
7月時点の見通し	+1.0〜+1.3 〈+1.2〉	+1.8〜+2.2 〈+1.9〉	+1.5〜+2.0 〈+1.7〉
2025年度	+0.8〜+1.2 〈+1.0〉	+1.6〜+2.0 〈+1.7〉	+1.8〜+2.2 〈+1.9〉
7月時点の見通し	+1.0〜+1.2 〈+1.0〉	+1.6〜+2.0 〈+1.6〉	+1.8〜+2.2 〈+1.8〉

それは、新生児の成長状態を経過観察する為に0.1gの精度の体重計で体重測定、身長測定に0.1㎜の精度で測定できる測定器を使い、0.1単位の数値の変化を議論するようなものだ。

21世紀の、日本で最高の教育を受けて日本の経済政策を担う高級官僚として行政に永年従事、その中からさらに選抜された９人の委員が、実態とは100倍以上も違う数値を問題にして二日間議論する。

それは筆者が受けた教育が日本の標準形と少し違った、戦後間もなくの貧しい農村で農業の手伝いをしながら、過度に学校に縛られる事なく自由奔放に過ごしたことで常識があるから、この様な議論を無意味だと断定するのだと思う。

日本で最高の教育を受けて日本の経済政策を担う高級官僚として行政に永年従事、その中からさらに選抜された９人の委員が、実態とは100倍も違う数値を問題にして二日間議論する。

日本の失われた30年間に日本経済が停滞、先進国から大きく後れ、アジアの最貧国を目指して劣化している理由が解った。それは日銀の『金融政策決定会合』と、行政を担当する高級官僚の常識外れの合作であり、それを認識しない外野の経済学者、大学教授、知識人、公認会計士、税理士、財務省職員……筆者の民間で働いた技術者の視点ではその様な事が起こる事が信じられない。このままで継続すれば、近未来に確実に日本は破綻……多分、それは既に始まっている。

その２：日本の特許出願数が世界の45％は輝かしい日本の未来を約束するか？

論文『戦後日本の特許制度・特許活動の数量的分析』を発見した。論文は特許庁から公開された多数の統計資料を神戸大学大学院大学経済学研究博士課程修了、経済学博士の明石芳彦博氏の執筆だ。

明石博士は巨大出願件数と『技術立国』日本の当時とその後の『圧倒的な技術競争力を獲得する』に刺激されて、Ａ４で15頁の長文の論文を執筆された。

統計の誤解釈：特許出願件数

1984年には日本の特許、実用新案の出願件数が世界の約45％だったと、日経新聞が日本の突出して高い技術力を強調していたが、筆者はそれを苦々しく眺めていた。

記事の伝える数値は正しいが筆者の評価は全真逆で、それは日本の工場マネジメントの腐敗を象徴している。

日本の製造業は米国から導入した品質管理＝QC又はTQC手法により、製品品質の均一化、納期の厳守に大きく貢献したが、技術力はさほど向上しなかった。

輸出業務は言葉の問題もあり、自前の人材がいないので、総合商社が海外での販売を担当する日本スタイルのビジネスモデルが出来上がる。日本の海外での営業力はどちらかと言えば低く、総合商社の力があったから輸出が伸びたわけではない。

むしろ、**日本の商社マンの能力は低く見られていたが、日本の製品が世界を圧倒する様になったのは故障が少なく納期が守られたからである**。欧米は多民族国家であり、均質で従順な作業者を大量に雇用する事が困難だったが、日本では背後に大量の農家の次男、三男が控えており、人的な資源が豊富だった事が大成功の最も大きな理由だ。

屑特許出願の量産

『改革、改善』を旗印とするQC活動の一環として、１つの提案に対して数百円の報奨金を与えるのが普通になり、その延長でQC活動グループが良い提案をすると特許申請する事で、従業員を鼓舞するような発想が生まれて来た。

アイデイアはソコソコ、良いかも知れないが、特許と呼ばれるような価値のある物ではない。

大会社の各部門、工場がQC活動の成績競争の中で、工場長は他の工場よりも良く見せるために特許の出願の推奨を始める。

見掛け上特許の出願件数が多い事は、真剣にQC活動に取り組んでいる事の証拠になる。

その様な雰囲気の中で日本の特許出願件数が世界の大方半分を占めるようになったが、それらは殆どが屑技術の特許出願だった。

常識があれば、疑問が湧く筈

特許の出願件数が世界の出願件数の約半分を占めると言う事は、日本の特許庁が世界の特許制度を持っている国の半分を占めるくらいの人員を必要とする事を意味する。

米国の特許庁の職員数は約９千人で、日本、英国、ドイツ、フランス、中国等は３千人弱であり、その様な視点で目の前の統計を観察すれば、統計の背後に潜む何かを探る切っ掛けになると思う。

世界の特許出願の半分の特許事務をこなすためには、日本人が他の欧米諸国の専門家の５倍速く仕事を処理するか、５倍の特許庁の人員……それは、現行の３千人から，１万五千人に増員する事を意味する。

これは専門知識の多寡に関係する複雑な事でなくて、単純な常識問題だ
日本の受験目的で回答の存在する『過去問』の記憶する事に注力して、疑問、好奇心を喪失した受験教育の勝者は社会経験が貧弱で、常識が無い事がこの様な問題に遭遇した時の対処が上手く出来ないのだと思う。

詳細については第２部、第４章を参照して下さい。

その3：日本の住宅事情は世界第二位

国政に高い影響力を持つと言われている著名シンクタンク、NTTリサーチコムの日本の居住環境が米国に次いで世界第二位だと誇示する論文がネットで公開されていた。
戸建ての床面積の比較で日本の広さが英、仏、独と同等又は日本の方が広い。
世界一広い米国の戸建て住宅に比較して日本は148－125＝23㎡少ないだけと主張している。
昔日本の住宅事情を『ウサギ小屋』と揶揄した外国に対抗して国民に対する教育を意識した論文の様だ。
１人当たりの床面積も日本は36㎡の僅差で英、仏、独とホボ同等として記載している。

スウェーデンとの比較

スウェーデンでは玄関、廊下、階段、トイレ、クローゼット、地下室等は居住面積とはされない。
筆者がスウェーデンで購入したテラスハウスは日本流にカタログの見出しには以下の様に書かれるだろう。

> **三階建て述べ床面積180㎡地下室付き。20㎡ウッドデッキ、６㎡ベランダ付。各350Lの冷蔵庫、冷凍庫と電気調理器、横型洗濯機、10個の１kW暖房用パネル付き、となる**

筆者が買ったときのカタログの見出しには単に『延べ床面積110㎡、直ぐにすめる』と書かれていた。
地下室、冷蔵庫、冷凍庫、電気調理器、ウッドデッキ、暖房用パネルなどの事は、詳細説明の所に、小さな字で書かれているだけだった。NTTリサーチコムの論文では日本の一人当たりの床面積はスウェーデンよりも広くなるが、実態は全く異なる。（詳細は資料集参照して下さい）

> 精神的に健全な社会生活を営み、その中から社会的な常識を感知した人が統計数値を見て統計で現状を確認すれば、気の利いた政策立案は可能だ。
> **逆に統計が先で、統計に振舞わされていれば、統計バカになる。**

１千５百兆円の借金はなぜ発生、それは何処に消えたのか。

日本は世界最大の公的債務と世界最大の対外純債権国のダブル泥メダル国

2021年の財務省の発表によれば日本の対外純資産保有高は、1249兆8789億円≒1250兆円で世界最大の純債権国であると、日本の健全性を誇示している。
2021年のドル円は約110円で、約１兆３千億ドル、2023年11月のドル円は約150円で８千300億ドル。**日本円では同額でもドル換算で40％強目減りしている。**

何が主要な原因か

既存の経済学的に考えれば、無数の原因が挙げられるが、日本の場合には経済学では全く考えられていない、日本特有の原因が最も大きく影響している。
それは、為替介入と、高級官僚が退職後に天下り、その後の約20年間国家に対して行う不誠実行為から得る巨額報酬と後輩の職場にお願い＝指示＝命令して天下り先の納税額の減額交渉をする事で天下り先に貢献する。
巨額報酬は外貨に転換されて見掛け上の対外準資産残高の増加を示すが、国家、国民の為には何等貢献していない。それは天下り官僚OBの個人的な貯金の一部になるだけだ。
筆者の勤務していた会社の『名ばかり会長』で、大蔵省の審議官、第３代財務官OB稲村光一氏が良い例だ。
庶民の感覚では脱税幇助と思われるが、双方がウイン・ウインの関係で、外部に漏洩しないし、若し漏洩しても、多分、『妖怪ジャパン』がいるから、有罪になるとは思えない。

その１：日本の官僚は自由経済には勝てない

1991年４月から2022年10月までの30年６ケ月間＝390ケ月の内の７ケ月に計68回為替介入を行っている。15回はドル売りで、残りの53回はドル買いである。
ドル売り介入金額は約14兆円、ドル買いは約70兆円と圧倒的にドル買い介入の比率が高い。
ドル買い介入は円安に誘導する事を意味し、ドルベースで示される経済統計上は日本の富裕度を低く見せる効果が有る。
自由競争、自由経済の原則で動く為替の世界を、日本の高級経済官僚はねじ伏せようと介入、瞬間的に相場が反対方向に少々相場が反応しても、直ぐに元に戻って、世界的な自由経済の原則で為替相場が動いて行く。
国内事案であれば、何者をも法律を盾にねじ伏せられるが、自由経済で動く世界に介入で立ち向かう……『巨人に戦いを挑む一寸法師』の様に頑張っても……おとぎ話ではないからそうは行かない。
世界最大の対外資産残高のかなりの部分は、無理な為替介入により発生し、国内経済が強力だったから、対外純債権になった訳ではない。**為替介入は後述するように、絶好のインサイダー取引の機会を、関係者に提供する。**

役に立たない教育を受けて公務員と呼ばれる一代貴族の地位を獲得

その２：FXで介入関係者は濡れ手に粟の儲け

FX市場参加者は大別して、長期的な観点から取引する人と、短期的な視点から取引する二つ種類の人がいる。
株式や、債券と違い、長期と言っても精々数か月、それに数日単位の短期間の取引を組み合わせてヘッジ機能を持たせた取引をする自分なりの方法を確立している。
短期的な取引の場合は数日から、時間単位で、チャートを見ながらネットの画面に張り付いて行う。
FXは昔からある『丁半博打』と同じであり……非常に荒っぽい博打場であり……製造業の様な行儀の良い人の職場とは非常になじまない、真逆の社会だ。
介入に際しては財務省、日銀……東大卒の繋がりで友人、知人……の関係者は、介入の情報を知る機会がある。
介入を事前に知る事が出来れば、誰でも、百戦百勝で、巨額な利益を獲得する事が出来る。
最近はレバレッジが低くなったが、ビッグバン初期の頃には数百倍は普通だったから、１千万円で確実に１億円を得る事も、起こりうることだった。欧米には現在でもレバレッジが千倍の所もある。
マネーロンダリングが大きな問題として出現し、外貨送金が厳しく規制されるようになり、金融庁が厳しく規制する。日本の様に銀行が財務省から褒められるように、自主規制して、財務省の規制に輪を掛けて厳しくするので、新しい事を始めるのが困難になる。
東大法科を卒業、経済学を学ぶために英米に学士留学で経済学修士となった、高級官僚が筆者の書いている様な経済学の初歩的な事を理解していないとは思えない。

FXで獲得した利益は、海外送金され、それは日本を世界一の対外債権国にした原因の大きな原因の一つだと推察する。

為替介入からの誘惑

介入金額

ドル売りが約14兆円、ドル買いが72兆円で、ドル買い円売りの円高対策の金額が5倍多い。
大まかにこれは約4兆ドルが日本に滞留している事を意味する。
ドル円を100〜150と想定すれば、円貨でそれは400〜600兆円に相当し、それは国庫短期証券で扱われる。不胎化されたか否かは公表されていない様だ。
介入のスイッチは日銀が押すが命令は財務省が発する。

限りなく犯罪に近いインサイダー取引の誘惑。

公務員はあらゆる公共工事に関して計画公表前に詳細を知る立場にある。
自分史に既述の富山県の地方財閥綿貫家、神戸市北区の看板長者は典型的な例であり、それは土地の所有の形で証拠が残るが、為替介入に伴って起こる、情報の事前漏洩による先回り売買行為は証拠が残らない。
FX取引にはインサイダー取引として取り締まれる法的な根拠もない。
欧米で、為替介入が忌避されるのは、自由競争の原則に反する人為介入でねじ伏せる事が好まれないだけでなく、常に事前漏洩により不当利益を手にする関係者が存在出来る可能性を排除出来ないからであると、米国の弁護士、ロン・グルジェッツキー氏に聞いた事がある。ロンとは約20年間特許係争で一緒に戦い、ワシントンDCでデポジッションを行ったときの担当弁護士で、数百人の弁護士を抱える弁護士事務所の副所長だった。

植田日銀総裁はどのように振舞うか

2023年日銀総裁に就任した植田和夫氏は経歴によれば典型的なマクロ経済学者で筆者よりも9才年下、前任者の黒田総裁は二歳年下で、失われた30年当時、日本の金融政策に深く関わっておられた筈だ。
筆者の会社の『名ばかり会長』だった、稲村光一氏の現役時代に、直接、間接に影響を受けて、組織内で優等生だったから、日銀総裁に就任した筈だ。
命のビザで有名になった反組織的な杉原千畝氏みたいな人ならば、日銀総裁に推戴されたとは思えない。
周囲には、多くの取り巻きが居て……FXで『濡れ手に粟』を期待しても珍しくない、それが人情＝常識だろう。
FXはインサイダー取引にならないから……世界標準でもインサイダー取引とはならない。言うまでもなく、組織の中ではかなりの関係者が介入について知る。人の口には戸が立てられない。
その様な手段で獲得した資金は、常識的に……彼らは日本円の不安定を知っているから……外貨に変換、それは最終的に日本を世界最高の対外債権国として統計に表れる貢献をするが、国民経済には全く貢献しない。
植田総裁は日銀総裁就任以前には軽井沢に住み、東京へ2時間掛けて新幹線通勤していた事が公表されている。
民間企業の役付社員では経済的にも、時間的にもその様な優雅な現役人生は送れないが『名ばかり役付』ならば、それは可能だ。

その３：公的債務の増加に貢献

介入で円資金が市場から引き上げられて、不況になり税収が減少するから、種々の景気テコ入れ政策が行われる事で、費用が発生、歳入、歳出の帳尻を合わせるために公債が発行され、その累積が1,500兆円の借金の一部となっている。

その４：低賃金、長時間労働を特徴とする『ブラック企業』を育成

世界標準の自由競争の中で戦っている民間企業は優勝劣敗の原則で判定され、低賃金、長時間労働を特徴とする『ブラック企業』は淘汰されて消えて行く。

日本ではブラック企業、ブラック業界に補助金を与え、『ブラック企業』、『ブラック業界』を存続させる。

補助金を与えられた『ブラック企業』は、低賃金、長時間労働を武器に、高賃金、短時間労働で高い利益を上げている『ホワイト企業』に挑戦、**ホワイト企業を『ブラック企業』に引きずり落とす。**

スウェーデンは、真逆に、世界標準に従い自由競争させて、ブラック企業を自然淘汰で消滅させる。

その様な事を具体化させる為に、企業に高い税負担を課す事で、納税能力のある『ホワイト企業』だけが存在する社会を作り上げた。**一人の雇用に掛かる税額は日本の２倍以上**である。（第２部第８章参照）

高額の税負担に耐えるために企業の採用に対する選択眼に無駄は許されなく、採用される方も、採用する方も、良い人生を送るために研鑽、自己の専門能力の向上に取り組み、それを政府が支援する。

支援する側の政府の公務員は、日本と異なり、民間と同じレベルの常識と専門能力が有り、ミスマッチの発生は少なく、若しミスマッチが発生しても、それは直ぐに解消される。

その５：天下りは市民権を得て、税収減少の原因となっている。

金融庁長官だった遠藤俊英氏は2020年に退職、無数とも呼べるほど多くの民間に天下りしている。

過去には天下りは……腐敗臭のする暗いイメージがあり、一時期は個人情報保護法との関係もあり……紳士録などの出版物も出版されなくなり、天下りについて知る事は困難だった。時には企業の有価証券報告書を閲覧する事で知る事もあったが、全貌を知る事は手間が掛かり難しかった。

天下りは市民権を得たのか？

最近では、ウイキペデイアがかなり詳細な天下り先の詳細を公表している。確認の為に天下り先の企業のサイトを見ると、それが確認できる。理由は定かではないが、天下りは法律、規制の取り締まり範囲外であれば、堂々と公表される事として市民権を得て、天下り者のステータスを向上させているように感じる。

筆者の推算では官僚の天下りが巨額国公債発行残高の重要な原因の１つであり、それは天下り先企業の納税額減額により発生している。

問題の性質上正確な数値を出すことは不可能であるが、失われた30年の期間中に１千兆円規模の税収減額の原因となり得る事を示している。

記念誌に天下り官僚OB登場、誤植事件と編集者のコメント

筆者の勤務していた会社の50周年記念誌が、筆者の退職12年後の2011年に発行され、稲村光一氏の後任、『名ばかり会長』『**徳田耕**』氏の退任が公表され、記念式典で花束を手に笑顔の徳田氏の写真が掲載されていた。1990年から17年間会長職にあったが80代の高齢となり退職されたと、写真の横にコメントがあったが、名前に誤植があった。『**徳田高**』と書かれている。

花束を受け取った徳田会長

筆者が現役の頃に稲村光一氏が会社の会長職である事を知っている日本人は、約500人の従業員の中で社長秘書と何人かの経理部の人だけだっただろう。

筆者の退職後の12年間で社会が変化、天下りが普通の事、名誉な事と評価されるように、国民の受け止め方が変化したように感じる。殆どの人が記念式典で初めて会社に会長職の人がいる事を知らされたと思う。

編集責任者の弁

記念誌の編集責任者だったT氏と数人の会社OBが合う機会があった。T氏は定年の後に1年間編集責任者として会社に残留して記念誌を作成された。多分彼は記念誌編集業務に携わるまでに、会長職の存在を知らなかった。数十人が執筆、編集に携わる人は15人で、何回も校正、校閲を重ねたとの事。記念誌はA4判160頁だが、文字が大きくて写真と、図表が多く、単行本にすれば30～40頁の薄い本になる。推測するに、編集者は誰も徳田耕氏の名前を書いたもので見た事がなかったのだろう。T氏は、筆者の指摘に……印刷して、配布した後に誤植が判明、残念だったと言っていた。

筆者が大蔵省の高官OBが天下り会長である事をどう思うと聞くとT氏の答えは。

> 会社の会長が大蔵省の高官だった事を誇りに思う。
> 良い会社に勤めたと改めて良かったと思ったと言われ、それだけに誤植の事を痛く恥じておられた。T氏は有名私学の文系卒の人だ。

天下り東大卒の高級官僚の無能と不誠実

東大卒を筆頭に、財務省、国交省、総務省の高級官僚の経済事案の制度立案能力を第二部で『400億円の金利還付』、『ふるさと納税』、『全国旅行支援』で解り易く解説した。

これらの、『百害あって一利なし』と筆者が断罪する様な愚行を行う組織文化の中で、エリートとして君臨してきた人が、日銀総裁に就任して人格が激変するとは考えられない。多分、彼らの先輩の築き上げた手法を踏襲する事を躊躇しない, ……躊躇すべきとする様なブレーキの掛からない、純真な幼児の様な、自己中心的に振舞う事を恥じない幸福な人だ。

ジョン・ニュートンの作詞のアミエージング・グレースで有名になった奴隷商人の激変は詩の世界では起こっても、現実の世界で起こるとは信じられない。

高級官僚もその部下も、長い交際の中で、強い連帯意識を持って、組織を守るために頑張るのは自然の流れ、終身雇用社会では必然的な事だ。筆者の様な庶民が反対しても『ごまめの歯ぎしり』で、まず組織にガードされ、次いで法律にガードされて彼らは帝国を築いているから『歯牙にもかけない』。

為替戦争は日本にとって先の戦争の再来に相当する

円安は政府にとっても企業にとっても都合の良い事だが、日本の輸入生活物質の上昇にリンクするので国民の生活は苦しくなる。第２部第６章に詳述した2023年の生活物質の価格上昇は当時のドル円150円に届く円安が原因だった。

日本から里子でスウェーデンに行った女児が成長、日本から里子を…

筆者は40才の頃に誕生後数週間の女児をスウェーデンへ里子で出した。気の遠くなる様な面倒な手続きを経て、女児は養母に抱かれてスウェーデンへ行きハンナと命名されて成長、結婚して小学生の男児二人の母親となった。

三人目が欲しいが男子は嫌だから、性別の決まった女児を日本から欲しいと2021年に熱烈な依頼のメールが届いた。役所、福祉施設、赤ちゃんポスト、弁護士、厚生省……数十か所に電話で相談したが……法律でダメだとは書かれていないようだが、実質的には不可能であると結論付けた。

ハンナはスウェーデン人だから、それは可能な筈、当然だと思っており、必要なら数年間日本に住んでも良いと言う。筆者が最終的に説得の為に使った言い訳は

> 若し貴女がLMエリクソンの社長になりたいと言えば、私は頑張りなさい、なれるよ、貴女はまだ若いからと激励する。日本からの里子の件はそれよりも難しい、不可能だと言い訳して、彼女は渋々納得したみたいだった。
>
> LMエリクソンは、従業員数約10万人を擁する移動体通信機器の世界のトップメーカーで、売り上げの15%をR&D活動に割り当てる典型的なスウェーデンの『ホワイト企業』である。

筆者の二人の娘は40代、近隣にも40代の子持ちの子供を持つ友人、知人がいるが日本のアラフォー世代の人は大変だ。この経験が筆者にこの本の執筆の為に、１万時間以上の労働をさせるエネルギーの一部を与えた。

リスキリング

掛けっ放しのラジオから、専門家がリスキリングの重要性を解説している。

政府も５兆円の予算を組んで、民間に雇用された人をリスキリングさせて、能力の向上、分野の違った職業に転職を可能にする事で、人材の有効活用を目指すと言っている。

日本では、第二部で多くの例を公開した様に多くの高級官僚は『獅子身中の虫』であり、国家に対して何ら貢献しなくむしろ損害を与えている。日本の民間企業に働く人々は、貢献の大小はあるが、損害を与えるような人は時間の問題で退出を迫られる自浄装置が機能している。若し、リスキリングを問題にするならば、先ず、公務員のリスキリングを行わなければいけない。第二部に既述の、最近知人となった同郷の大野氏はIBMに永年勤務されていたが素晴らしいマネジメントスタイルを採用する事で素晴らしい企業となった。

大野氏は通信教育で高卒資格を得てIBMに入社、その能力を評価されて、管理職となり、入学難関大学卒の部下を持ち、多くの有名大学卒の人の粗末な業務遂行能力を実感、筆者と同じような経験を重ねておられる。

人には旬がある

人間は植物、動物と同じような生物であり、旬がある。
楽しかるべき青春時代を窮屈な受験戦争で浪費、その延長で大学入学、自分史、第二部で筆者が公表したような、腐敗した官僚組織の中で精神的な後期高齢者となった人々にリスキリングする、それは死者を生き返らせるくらい、難しい事だ。
常識『鉄は熱いうちに叩け』と、感性の豊かな青少年期の教育の内容の大切さを教えている。

個人と行政は別

筆者個人が82才になって体を鍛えて、ウインブルドンテニス大会に出場を計画して頑張るのは美しい事かも知れないが、組織として、国の政策として行うのは問題外だ。それは常識のない、人間を知らない純真な小学生が考える様な政策だ。
子供は純真だ、5歳児が祖父に向かって『将来何になりたいか』と質問をした例を経験したが、常識のない人は……コスパの感覚なしに……そんな事など気にした事なく安逸な人生を送って来たからだろう。
この様なコスパ感覚のない行政が1,500兆円の公的債務を積み上げた。
残念ながら人間は生物だから旬がある。青春期に自由に心を開放する生活をしておれば疑問、好奇心に触発されて、探求心を持ち、その延長で大人に成長すると思うが、日本の受験対応の教育の中で、受け身的な決まりに従うだけの、『精神的ロボット』の様に成長して、固まって終っているので官僚にはそれを期待できない。

教育と農業

筆者は中卒までの7～8年間農家の手伝い、スウェーデン在住時の4年間、神戸に転勤してからの32年間家庭菜園活動をしている。累積して約44年間農業経験があり、農夫である。
農業について切削工具の業界よりも永く経験している。
農業は最も難しい、最も科学的には難しい問題を扱っている。
温度、湿度、気候、台風、雨量等自然任せの他律的な要素に加え、肥料の与え方についての知識、技術的な問題が関与するが、最も重要な事は土壌であり、土壌に適合した作物でなければ、無残な結果に終わる。
農業における土壌は人間における家庭教育、義務教育に相当し、成人になり社会にデビューするまでに受けた教育は、その後の人生、成長に絶大な影響を与え、誰も異を挟まないと思うがそれを具体的にどのように行うかが問題だ。
筆者が非難する高級官僚の無能の大きな部分は彼らが受けた教育環境と家庭環境に大きな原因があると思う。
彼らは日本の教育、教育制度が作り上げた被害者で、教育により自由奔放に生きて、自由に発想し、若者特有の好奇心、疑問を出発点とする探求心を持つことなく育った。
貧富の原因となる資産は成功あり、失敗ありの人生で、増えたり、減ったり人生の中で乱高下するが、人に与えられた時間が平均余命で表されるように、余命は誕生時点が最大で、以降減るだけで……**時間こそ人にとって最も重要な資産**である。
最も貴重な成長期を受験教育の為に浪費、時間的な制約から、読書量が減る事により、社会的な常識、社会についての知識が貧弱なまま就職して社会に放り出される。
その後、殆どの高学歴者は定年制のある、公務員、大小の民間企業に就職、そこは終身雇用制で年功序列、定年制、退職金を特徴とする組織である。

中学生の社会人への接触を拒絶する先生

約千平米の家庭菜園は我が家から徒歩６～７分の所にある。途中に登りの長い114段の階段があり、一気に登れないので通常、踊り場で休憩する。階段の上には筆者の住む町があり、30年以上住んでいるから顔見知りばかりで、筆者のような老人にでも多くの中学生が挨拶してくれる。

彼らは、自治会活動その他の町中の交流の関係から、筆者の様な変な高齢者がいる事を知っている。

2023年12月９日(土)午後４時過ぎ、踊り場で休憩している時に４人の中学生と目が合い、お互いに挨拶をして、会話が始まった。初めて認識した顔だったので、多分１年生だと思った。

土曜日だからクラブ活動、その帰りだと理解、会話が始まった。

ほんの１分も過ぎない内に、下から10段くらい上の踊り場で休憩している我々の所に、中年のインテリ風の男の人が駆け上がってきて、筆者を厳しい目で睨み……何かあったのですか？……と言い、同時に生徒に向かって早く帰れ、帰れと厳しく命令調に言う。生徒は困惑した顔をしている。

その態度は明らかに中学校の教師である事を証明している。筆者は、イヤー…, 皆にね……と説明しようとしたが、全く聞く耳を持っていない。躊躇していたが、生徒は筆者との会話を中止、後ろを見ながら階段を昇って行った。

それを確認すると、教師は車を駐車場に置いているからと、筆者との会話を拒絶して下に駆け下りて行った。

筆者は中学生に階段を使う運動を勧めて来た

筆者は勉強については、ほどほどに、あらゆる機会を捉えて運動機能を高める事を若者に勧めている。

毎年中学生は卒業、接触する中学生は代替わりする。過去に数十回彼らに帰宅時に階段を二段飛びで駆け上がる事を勧めている。３年間に700回以上行う事で脚力が強くなる事、筆者が今は途中で休憩しているが65才の時に23秒で駆け上った事、我が家に数日ホームステーしたニュージーランドの高校生３人が19秒で上った事などを交えて……彼らになにか機会を捉えて運動能力の向上に努めると、将来良い事があると勧めて来た。

既に卒業した、かなりの生徒が、重たい鞄を担ぎながら二段飛びで駆け上がるのを見るようになった。

最悪の教師だと思ったが、彼が可哀そうになり、
同時にそのような教師の下で学ぶ生徒、父兄の不幸を感じない訳には行かない。

日本の教育制度の中で、過度に制約された窮屈な青年期を送り、教師となり……殆んど社会経験する事なく、社会的常識の貧弱な20代前半の若者が終身雇用制度の中で……保身的な教師OBが教育委員会の看板の下で教師を監督、採点する。

義務教育で教師に求められている事は先ず……**生徒に社会的常識を教え、生きて行ける力を付けてやる**ことである。

教育の目的は急激に変化する21世紀に突入、将来どのように変化するか予測不能な次世代に生きる生徒が柔軟に社会に溶け込んで生きて行けるように、**教師を超える生徒を養成する事**である。

過去の人間である教師が、未来には通用しない自分の考えを押し付け強圧的な態度を取ることは最も良くない事だ。

筆者は戦後間もなく小学校入学、昭和20年代末の中学校には数人の高等師範学校卒、徴兵で将校となり終戦後教師となった強圧的な教師が数人いたが……筆者にとってはその様な教師は『反面教師』で、その様な人物には絶対なってはいけないと思っていたので会社勤めをする為の栄養になった。（自分史第二章参照）

病んでいる日本の教育界

教育、教師のスキャンダル行為が頻繁にマスコミを賑わすが、それは地域に関係なく全国的な問題で、根本原因は教師の教育に問題がある。

筆者の妻は、公立高校の正教員、公立高校の講師、私立高校の講師、民間の料理学校講師と累計で30年弱先生稼業をしており、茨城県、横浜。神戸、大阪と広い地域での経験がある。

その間に妻から聞いた無数の組織の腐敗を意味する事を聞き、それらは地域に関係なく同じで、住友電工の様な『ホワイト企業』ではあり得ない様な話ばかりだった。

筆者の教育者としての経験

筆者は住友電工に在職12年後26才でサンドビックに転職、28才の頃から筆者の判断で履歴書と面接で採用、不採用を決定してきた。応募するのは全て筆者より年長で、採用した人物のその後を注意深く観察してきた。

会社が大卒の新卒を定期的に採用し始めたのは筆者がスウェーデン転勤中の事で筆者が30代中頃の事であり、それまでは全て中途採用だった。

26才から退職するまで30年間、仕事の1/4は、社員の教育的な事に携わってきた。
社内の技術者、営業、新人に対する社内教育。代理店、販売店の営業担当に対する技術講習会、顧客である企業の生産技術担当の技術者に対する技術講習会に加え、二日間のコースで数万円の受講料を取る有料の講習会を行って、全国の大中の企業から高学歴の技術者に対して講習を行った。

他人に何かを教える事は非常に勉強になる。

受講者は様々な雑多な問題を投げかけてくるので、全てに満足な回答を与えられる訳ではないが、自信があるから、自分は知っていないと答えることが出来る。

退職してから振り返ってみると、20代で高齢の熟練同業技術者10人分くらいの経験を積んだ様に感じる。

義務教育の目的の第一番は社会と共棲できる常識、
第二番は変化する社会に溶けこめること

それは第一番に、卒業後社会に溶け込んで生きて行ける常識のある……天から与えられた個性の範囲で……心身ともに健康な人に教育する事です。宇宙、自然、社会は一時も停止することなく変化＝進化しています。

21世紀になり変化の速度はIT技術の普及により劇的に早くなりました。

江戸時代に10世代＝約300年掛かって起こった変化が、徐々に早くなり昭和の時代には１世代で起こり、21世紀には、１世代の間に昭和の２～４世代分くらいの変化が起こっている。

過去の知識の価値、その利用できる可能性は激減、過去の経験は多くの場合社会への溶け込みの為の障害となっている。

同居する祖父母、父母、子供の３世代の間で巨大な常識、認識のギャップが発生している。

社会は激変し、更に進化のスピードを加速させるだろう。その様な社会では忍耐力、従順は重要度を劇的に低下させる。代わって登場するのが問題の種を発見してそれを推理、解決する能力である。

生きて行く過程で遭遇する色々な事があるが、社会の変化は不可逆的で、同じことは絶対に起こらない。**教育を考えるときの原点をそこに置かなければいけない。**

今迄社会の変化が緩慢だったので、昔の教育者は教育を語るときに時間についての認識は不要だったが、21世紀になり最重要になりその為には、教師は自分より優れた人物を養成する事を目標として教える工夫をする事が大切だ。

教育環境の大パラダイムシフト

読み書き、四則演算、正確な会話能力と書き言葉＝筆記は社会生活を営む上での必須の事である。

生徒にとって先生は過去の人であり、未来に生きる生徒には過去の人である先生からの教えの価値は著しく低下する。

暴力的な先生は言うに及ばず、上から目線で単一の解答を求める様な教師は失格です。

『人見て法説け』を基本に、生徒の個性に合わせる様に工夫して教える事が望まれる。
説明が抽象的、観念的みたいな響きを与えるが、意識していると、意識していないでは大きな差が出てくる。

頻繁にマスコミの話題になる学校、教師の不祥事は……日本全体の低い給与も原因しているが……教育の目的、教師の役割についての根源的な認識が不足している事にあると思う。

最近、常時、世界のトップグループに挙げられる米国のスタンフォード大学の入学試験では、読み書きソロバンの能力で、受験者の資質を推計して、将来性の有無を判断して採否を決定すると言う。それは日本で江戸時代に行われた寺子屋教育と酷似している。

日本の偏差値で評価する教育が無能な高級官僚を養成した

日本では、偏差値と呼ばれる『教育妖怪』を作り出し、教育界、生徒は偏差値にひれ伏して、生徒も先生も意味の無い事にエネルギーを浪費している。

製造業に於ける品質管理＝QC活動からヒントを得て……良品と不良品を判別する手法を生徒の知的能力の判定基準としている。無機物で腐敗も成長もしない物と、人間の様に成長し教育次第で、**将来玉になるか、石ころになるか不明な生徒に競争の為の競争を強いて、楽しかるべき青春時代を……暗黒の青春時代にして、若者を精神的な疲れた老人に誘導する。**

筆者の知る限り、日本以外偏差値で生徒を評価する先進国を知らない。
数値化する事は不可能だが、日本で教育界に偏差値が持ち込まれたのが、日本劣化の最も巨大な原因かもしれない。

1960年代から加熱した受験戦争を潜り抜けて、東京大学を卒業、高級官僚となった多くの学者、専門家、識者と呼ばれる人々や、第２部で披歴した高級官僚の愚行は……それは常識があればする筈のない愚行……偏差値が原因しているかもしれない。

社会で期待される人間像

日本と欧米先進国、中でもスウェーデンとでは、望まれる高学歴者の姿が全く異なる。
筆者がサンドビック入社３年目の頃上司のスウェーデン人部長に呼ばれ、色々と質問された。
今年何をしたか、来年何をしたいか、みたいな話で数時間話し合ったが、筆者が解った事は……。

部下を持つ管理職たるものは……望ましい事ではないが、失敗しても良いから……何か新しい事にチャレンジする事。それが出来なければ、一般の社員と同様で役付き社員失格と見做される。

当時GE、ケナメタル等とホボ同規模だったが、世界のトップを目指していた会社は日本の様に定年退職する管理職が使う常套句『大過なく勤め上げて…』は無くて……常に何か新しいアイデイアを求められていた。

日本の場合

終身雇用文化の日本の場合には官と民では真逆だ。

ー　官では提案しても全く利益にならなくて、単に立場を悪くするだけだ。 ー　民間には能力を問題とする仕事と、物理的な人数を問題とする二種類の仕事に明確に分けられる。高学歴の人はその能力を期待されて採用されているから、高等教育はそれに答えられるものでなければいけない。

国家の成り立ちの根本

政府、行政は金を使うだけで、国の稼ぎには全く貢献しない必要悪であり、究極的には存在しないのが理想的だ。

第二大戦前夜を想起させる

第二次世界大戦は既に結果が出ているから、無謀な戦争であった事に……負ける事が確実であったと言う意味で……右翼であろうと、左翼であろうと、無関心な人であろうと異論は存在しない。

過去の愚行を批判するのは簡単だが、そこから何かを学ぶこともできる。

失われた30年に行われた政治、経済的なミスは、第二次大戦前夜の日本と酷似している。

２千５百年以上前に書かれた孫子の兵法に**『敵を知り己を知れば百戦危うからず』**とあり、良く知られた言葉だが、孫子の兵法を意識しながら、21世紀の日本と第二次世界大戦の英雄だった山本五十六を例に比較してみよう。

山本五十六は敗戦を確信していた

著名な連合艦隊司令長官山本五十六元帥は、米国に留学と武官として計６年間も住み、当時の仮想敵国だった米国の状況を熟知していた。彼が敗戦間違いなしと予想する戦争を、自分の肩書、名誉を犠牲にして反対すれば第二次世界大戦は起こらなかっただろうが、彼は戦争をゲームとして……国民の幸福への忖度を軽視……戦うことが軍人の仕事と考える軍国少年だった。10才の小学生の頃に日清戦争での大勝利で巨額賠償金を獲得、多数の戦病死者が出たが、戦争が利益を生むことを世の中に知らしめ、日本には軍事大国を目指す雰囲気が増大した。

賠償金は開戦前年の国家予算の三倍弱となる巨額で、現代に当てはめて、2023年の予算は127兆円で賠償金が約380兆円となり、公的債務が380兆円減額出来る事を意味する。国民一人当たり約３百万円のボーナスを貰ったようなものだ。

軍国少年五十六は日清、日露戦争から強烈な影響を受けている。

念願の海軍兵学校に進学……当時兵学校は、帝国大学よりも上に位置していた……軍国青年となり、日清戦争の10年後の日露戦争には短期間従軍、被弾して負傷している。敗戦がどのようなものであるか、庶民の生活に忖度するよりも、勝負したい気持ちが優勢になるのは自然の流れだ。

日本ハム所属の大谷翔平氏が米国のMLBに挑戦するような気分半分で、戦争する事を職業とする義務感の方が勝って開戦に反対しなかった。日本各地に妾＝愛人を持ち、楽しい人生を謳歌……真珠湾攻撃の10年以上前から……30代〜40代後半の青年後期の若者が……入念な準備を行って真珠湾奇襲攻撃を実行した。

奇襲攻撃＝卑怯なだまし討ちで, 戦艦が沈没、多くの兵士が犠牲になり、米国がモンロー主義＝不戦の大原則を破り、参戦を決意する国民的合意をえて、第二次世界大戦は始まった。

海軍兵学校は当時のスーパーエリート学校

1877年に開校された東京帝国大学は昭和初期の頃までは入学難関校ではなく、入試倍率は1.0を少々上回る程度だったが、陸軍、海軍とも兵学校は超入試難関校で入学定員も時代によって変わるが、平時には２〜３百人、地域で入学者が出ると、村、町全体で祝賀会が行われる事も珍しくなかったと言われている。

江戸時代には『士農工商』の身分制度があり、人口比では概略、６％強、85％、6％弱と言われている。

五十六は武士階級の出身で……それは戦闘、戦争を天命とし、自分を犠牲にする事を厭わない……それは武士家庭の精神的DNAで、戦闘、戦争の勝ち負けの予想が不利な場合でも、保身の為の避戦、不戦を恥とする心が優先していたのだろうと推測する。五十六は武士階級の出身であり、孫子の兵法は学んでいる筈だが日本の武士階級の価値判断は大陸とは大きく異なり、その象徴が、切腹であり、死を厭わない事に究極、最高の美を感じる。

山本五十六と『孫子の兵法』

中国では最終的に勝利を得る事を目標とし、その為の無駄死にはバカのする事だと『孫子の兵法』は語っている。

日本の武士階級は四書五経で教育されていたので、どの時点かで『孫子の兵法』を学んでいる筈だが、五十六の心のどこかに……赤穂四十七士の割腹自殺と同根の……心が混在していても当然だ。

多くの五十六について書かれた書物を要約すれば、以上の様に書いている。

筆者の叔父は『金鵄勲章』で叙勲された

筆者の母親より数才若い終戦時に33才、陸軍伍長だった叔父は『金鵄勲章』で叙勲され、それは富山県の誇りで、新聞に叙勲が大きく報じられたと聞いている。

どちらかと言えば寡黙な叔父だったが、色々な話を聞き、家にカノン砲の薬きょうが在った。

小学生〜中学校２年くらいまでは叔父の家に入り浸りで、家族の一員みたいだったので戦争中の事についての話は良く聞いている。

東京帝国大学卒、三島由紀夫の常識外れの割腹事件

昭和の時代でも筆者の結婚２年前、1970年に不惑をこえた45才の三島由紀夫が４名の20代の学生を伴って、自衛隊に決起を迫った割腹自殺事件は日本のみならず、世界中を驚かせた。

三島由紀夫は学習院高等科を首席で卒業その後、東京帝国大学法学科に進学、割腹自殺の４年前に川端康成がノーベル文学賞を受賞……日本では最も次のノーベル文学賞に近い位置にいる作家と見做されていた。

日本の場合、高学歴＝偏狭な自己主張……それは自分が社会を牛耳っている、牛耳る役目を持っていると、『選民思想』と表現したくなる、無知なるが故に『自信過剰』となっているからだと思う。
一言で言えば『常識が足りない』、社会、国民を知らないそれだけの事だ。
後述するが、旧帝国大学と命名された大学出身の人の死刑判決相当の罪状率は、一般平均の100倍以上だ。(H-743頁参照)
言うまでもなく、少数の優れた人はいるが、世の中が期待、予想しているほど多くないと言う事であり、それだけ期待されている言う事かも知れない。

戦後生まれの高学歴者

筆者は朝鮮動乱の戦争特需で回復し始めた日本経済の回復期の昭和32年、住友電工に15才で養成工として就職した。
ド田舎の中学校だったが指定校制度で一人の受験枠、高岡の職安＝ハローワークで80人弱の受験者が県下の中学校からきており、2名が採用され、その中の1人が筆者だった。高校進学率はその後の数年で急増、住友電工でも4年後の昭和36年から中卒の新卒採用を廃止、高卒の定期採用に変更した。
それから大学受験を目指した受験戦争が過熱、教育の根幹が変化し始めた。
学校、教師の成績が東京大学を筆頭とする入学難関校への合格率で比較されるように変化した。
それは、『過去問』と言われる、入試問題を予想して、問題集の中に掲載された正解を記憶する事に多くのエネルギーを消費させ、模擬試験の点数で順位付けされる環境下で永年過ごし、若者を精神的に疲弊させた。
自由奔放に生きて好奇心、疑問を持ち、それを探求する、若者が持つべき心が育たなかった。

現代の高級官僚は円安が公的債務償還の唯一の手段である事を熟知している

1. 先回り売買で巨利が得られ、それは違法行為ではない。
   手っ取り早くFX市場で先回り売買で巨利を得られる。
   土地の先回り売買の場合は結果を得るまでに年単位の時間を要するが、ホボ瞬時に利益が確定できる
2. 組織の慣習に従って行っているだけで、真剣に考えた事はない。
3. 少し変だが、前任者が現役、又は天下りOBが依然として強い影響力を持っているので、変更、廃止を言い出せない。
   上司、組織、OBへ忖度しないと定年までの人生が不遇になり、天下り出来なくなる可能性が高くなる。

先回り売買の誘惑に負けない強靭な心を持っているか？

受験教育でマインドコントロールされた人材

第二部で筆者が直接、間接に関わりを持った事例を掲載したが、要約すれば彼らは過度に、自信過剰で、自分の事について知っていない、考えた事もない、幼児の様に純真で、穢れの無い幸せな人だと思う。
低賃金、長時間労働に加え、サービス残業が常態化……先進諸国からの技術導入と模倣を武器に製造業は為替の固定相場に守られて輸出産業として成功をする。
1973年に為替が固定相場制から変動相場制に変わったが、それに伴って必要な制度の見直しを発想する知恵がなかった。

日本には大蔵省の官僚だけでなく、無数とも表現したくなる多くの経済専門家、教授、公認会計士、税理士,企業の経理部員、コンサルタント、シンクタンクなどが存在するが、有効な対策を打てなかった。

統計によれば日本には公認会計士と税理士で約12万人、大学の経済学部教授などの専門家が数千人、ウイキペデイアによれば著名経済学者が約250名いる。

彼らは固定相場から変動相場制に変わった場合の経済に対する影響を理解していなかった。彼らは大学でマクロ経済学、ミクロ経済学を学んでいる筈だが、内容を咀嚼して理解していなかったのだ。

理解していた人がいたかも知れないが『妖怪ジャパン』が影響して問題提起が出来なかったのかもしれない。それは台風が来るのに何も対策しなかったのと同じだ。

民間企業の場合

学校で経済学を学ばなかったか、大学で経済学部に属していたが……アルバイトで忙しくて……ろくに授業に出なかった民間企業の営業マンが顧客が、支払手形の期間をそれまでの３か月から、１年に延長すれば大問題である。倒産情報を事前に察知する事は営業にとって売上高の増加以上に大事な事だ。

支払期間の延長　→　顧客の倒産　→　即刻取引停止で被害の最小化、と連想するのは常識だ。

民間では数十万円……数百万円の損害を会社に与えない様に営業担当者、役付き社員は情報の入手と顧客の担当者との会話に注意を払っている。企画、開発の仕事に携わる従業員は顧客に喜ばれる商品開発の為に＝顧客に忖度して頭を悩ませている。

公務員の場合

下から上までコスト、採算性と言う概念の全くない公務員は、無頓着に借金＝公的債務を積み上げて来た。

第２部、第１章でピックアップした筆者の幾つかの経験の中で、還付金に金利分400億円を上乗せして還付した責任者の官僚がお咎めなしで定年退職、その数年後に叙勲されている。この事について正面から問題視して、社会に大声を上げて訴える人がいないが、それは日本に『妖怪ジャパン』いるからだ。

第二部に既述の、兵庫県庁職員Ｙ氏のコメント……県庁職員で50代になれば、書類なんか読む奴はおらん、話は何時も将来の年金の事と退職金の事だけでと吐露されていたが……が地方公務員の辛さを物語る。

彼等も辛く、県民はそれ以上に辛いのだ。

◆日本は汚職容認社会だった

その１：特許侵害訴訟の場合

現役時代、筆者は多くの特許に関する事案と取り組み、ライセンスの供与、権利侵害、権利取得とそのサブライセンス供与、に関する交渉に加え、特許庁から公開される、出願、公開、登録公報のチェックを行っていた。

筆者の業務時間の約1/4は特許関係の事で占められており、当時の平均的な専業弁理士以上の経験をしていた。

自分史既述の細井氏発明のドリルの切削試験を大阪で見学、革命的なアイデイアだと思った。

その晩宿泊した大阪ロイヤルホテルから２m以上の長文のテレックスを打って、細井氏から専用実施権を買うべきだと上司に進言し、翌日の朝、OKの返信テレックスを貰い、細井氏にその旨伝えて、仮契約を言葉で結んだ。

細井工作所は非常に立派な会社だが従業員20人程度の小企業で、特許を大企業からの侵害では守り切れない。

この件はそれを承知している筆者の義侠心が出発点で、若しサンドビックが専用実施権者になればその権利を守り、他の企業に通常実施権を与える事で、細井氏は勿論、サンドビックも利益を得られることが確実であると確信したからだ。

Ｎ自動車会社の課長が既に雑な出願をしていた

午前に細井氏工作所を訪問して切削試験を見学、午後発明協会で関連する過去に出願された類似の技術的思想の特許を20件以上ピックアップして閲覧した。その中にＮ自動車会社の課長氏を発明者とする出願が１件あった。

細井氏に問い合わせると、課長氏は出願日の約２週間前、機械の購入打診の為に細井工作所を訪問、その時にドリルの切削試験を見学されたとの事。課長氏は帰社後……特許部との話し合い、外部弁理士との調整……多くの手続きを経て……２週間で出願、その迅速な行動にビックリした。

そのような剽窃を、大会社の管理職の課長職の人が行う……筆者はビックリすると同時に、それまで多くのＮ自動車会社の工場を訪れ、営業担当者から醜聞を聞いていたので……大会社でも時間の問題で倒産すると思った。

出願公報の文章が雑なのと、剽窃を明らかに出来る証拠があるので、それは蹴飛ばせると思って、その事も書き添えて上司にテレックスを打った。

三菱金属と米国でデポジッション＝特許侵害訴訟

細井氏から専用実施権を購入し、サンドビックでも製品化して販売開始と同時に日本の数社にサブライセンスを与えた。

筆者が知った時には既に外国出願の優先権主張期限後だったので、日本国内だけの権利だが、すでに業界に激震を走らせ、同業各社に影響を与え、多くの類似品が市場に登場していた。

そのような中で三菱金属の製品が特許侵害に相当するか、否かが争点となった。

交渉を何回か経て、サンドビックサイドから、日本で侵害訴訟をしても時間が掛かるだけでだから米国で決着を付けませんかと提案し、三菱金属もそれに同意した。

それには日本特有の理由がある

超工具協会には会員企業各社の特許課に所属する人から成る特許委員会があり、そこはある種の不満で充満していた。

若い頃には技術者として最先端で意気に感じて業務に従事、国内外を出張で派手に飛び回っていたが、特許課員となって、毎日誰か他人の、発明と評価できない様な屑発明の為の事務に従事している。

弁理士の資格がないので、法的には代理で出願する事も不可能……何時も弁理士にお伺いをしなければいけない。

日本の企業の国際化が進む中で、現役のラインで仕事している連中は海外出張する……羨ましい……。

その様な背景があって、写真集掲載の韓国への特許部会員15名の韓国出張団体旅行が行われた。

制度上デポジッションは日本の米国大使館で行う事も可能だったが、筆者は米国で行う事を提案すれば、三菱の特許部長は喜んで同意するだろうとの読みがあった。
特許部長の方はサンドビックからの要請であり、高い費用を掛けての米国出張、米国の高額な弁護士費用だが、売られたケンカは買わなきゃ、三菱の名がすたる。
米国の制度では東京の米国大使館でデポジションを受ける事も出来たが敢えてその事は言わなかった。
米国はスウェーデンから近く、日本とスウェーデンの中間である事に加え、ワシントンの大物弁護士を高い費用を掛けて、日本へ海外出張させなくても済むので、サンドビックとしても好都合。
この様な背景があるので米国でサンドビックが原告となり司法判断に、決定を委ねる事が合意された。

三菱金属は同意、デポジッションは行われた

1990年代中頃、米国のワシントンDCで本裁判の前段のデポジッションは開始された。
デポジッションは米国特有の民事裁判における制度で、本裁判の前に、行われる手続きである。
原告、被告の双方が主張する事を裁判所の担当官の前で公開すると同時に、原告、被告の双方の弁護士が相手側に質問する事で、お互いに手の内が解る。
双方が最終的な裁判の勝敗を予想する事を容易にして、結果的に原告、被告のどちらかが妥協する事で裁判件数を減らす目的で行われ、司法機関の肥大化、長時間労働を避ける事を狙っている。
双方に通訳が付き、通訳のチェックをするチェッカー＝通訳の通訳内容をチェックする通訳がいる。
双方が証人、弁護士、通訳を用意、通訳の通訳をチェックする『チェック・インタプリーター』がいる等……多分導入初期だった……手の込んだ討論だ。細井さんにも１回の証言の為に出張して頂いたが、費用をどちらが負担したか筆者は記憶がない。証人としての筆者の順番になり、通訳が筆者の証言を翻訳するが、翻訳がもう一つ良くない。

当時、同時通訳者の日当は50万円

サンドビックでは数年に一度全世界から大企業の重役を100人以上集めて数日間サンドビケンで国際大会議を行う。
日本からもトヨタ、日産、三菱、日立等を冠する大企業から計10名以上が参加する。
確認したわけではないが、当時国連などで行われる同時通訳の日当は50万円だと聞いていた。
事前に資料が渡されて、どのような事が話し合われるかの予備勉強をして臨むので、専門用語についての通訳も問題なく出来る。会社の会議の場合は英語で行われ、同時通訳される言語は、フランス語、ドイツ語、イタリア語、日本語である。
会議場には同時通訳者の座る、特別なブースがあり、その中で同時通訳する。
通常国連などの場合には、４名前後の人がチームを組んで15～20分で交代すると聞いていたが、費用節減の為に一人で90分くらいの同時通訳をしてへとへとだった。20分くらいのコーヒータイムの後に、次の90分が待っている。
(写真集参照)

訴訟は双方ともに大きな費用が掛かる

具体的な費用については知らないが、いずれにしてもお互いに大きな費用が掛かる。
サンドビックの場合には1960年代後期、GEと特許の権利範囲の解釈で争い……同業者、勃興期にあった半導体IC業界の注視の中で7年間……最終的に、サンドビック有意で決着させた経験があるが、それは10億円を十分に超える金額で、日本の同業三社の1社の年間のR&D予算同等か、それ以上だ。

筆者の一言が決定打となる

筆者の証言の順番になり、相手の弁護士が色々な事を聞いてくる。
通訳者の英語を聞いていると、どうも上手くない。何度かそれを訂正する内に、司会をしている裁判所の係官が、筆者は英語が出来るから、通訳を介さずに、直接英語で証言する様にと指示された。
通訳を介さずに会話が進めば、10倍くらい早く議論が進む。
通訳と通訳チェッカーが真剣な顔をして聞いていたのが印象的だったが、彼ら、彼女らは常に真剣に仕事に対しているから自己研鑽に励んでいる様子が窺える。**筆者が三菱側の弁護士の質問に答えると、弁護士の顔に緊張が走った。**
筆者はその質問を待っていた。それから、簡単な質問が幾つかあり、デポジッションは終了した。

裁判は終了した

後日、多分翌日、三菱が権利侵害を認め、設計変更して権利侵害行為は取りやめると回答、裁判は終了した。
当時の流行語だった、筆者の『蜂の一刺し』が何であったかは公開しないが、それは日本では当たり前の事だが、欧米では許されない事だった。

特許侵害は利益になる、ならない？…日米の比較
米国の場合には利益にならないが……日本の場合は？

米国では故意的な特許侵害には被害額の3倍の賠償金を課される原則があり、故意的な特許侵害がビジネスとして、成功し難い制度が出来ていた。日本と米国の特許制度が異なり、日本は出願日から有効期間を起算、米国は登録日から有効期間を起算と制度が異なり、『潜水艦特許』と呼ばれる未公開の特許の存在があるが、話は複雑で説明に紙数を要するが、ここでの話題には関係が薄いので割愛する。大きな費用を掛けて設備投資、マーケテイングの準備……その後で被害額の3倍の賠償金では、特許侵害する企業は常識的に考えれば出現しない。
法整備が、未然に特許侵害を防止する事で、行政に負担を掛けない様な仕組みが出来ている。

日本では、中小企業の特許は大企業に蹴散らされていた。

日本では侵害を受けた特許権者が法的手続きで賠償金を取る事は絶望的に困難だった。
損害額の認定、司法関係者の無知、『妖怪ジャパン』の影響力等である。
損害額の推定、次いで認定……長期間の裁判……最終的に決定される被害額が、極端に少額である事は特許関係者には良く知られた事であり、日本では多くの場合特許侵害は……特に『ブラック企業』は頻繁に行っていた。
その様な、費用と時間の掛かる裁判に付き合っていると本業がおかしくなるので、侵害を受けた企業は泣き寝入りが普通だった。先述の細井氏の特許、N自動車会社の例がその様な

具体的な例だ。

2019年に特許庁が特許侵害予防ガイドを作成

2019年漸く特許権侵害に対する具体的なガイドのテスト的な実施を予告した。
それには以下の様に書かれている。

> 韓国と同様に、３倍賠償制度を運営している台湾や米国の事例を見ると、故意的侵害の判断に於いて侵害者が特許侵害の事実を認知していたのか、認知した後も侵害が継続的に行われていたのかが最も重要な判断基準になっている事が分った

70年前にこの様に書かれていれば…せめて半世紀前に特許庁が取るべき事だったが、彼らにはそれが出来なかった。
多分、特許と言う科学、工学の最先端を走り、国の未来の経済的発展に最も重要な影響を与える、高学歴者の塊みたいな特許庁が21世紀になってこの様な文章を公表する。
自由競争下で真剣に生きている民間では想像も出来ない堕落だが『妖怪ジャパン』がその存在を許している。
欧米諸国、スウェーデンでは絶対にあり得ない事で、文面から、特許庁では韓国、台湾を先進国として……**それを『過去問』に対する解答と見做す様な、執筆者の心的な態度が読み取れる。**

筆者は約40年前に韓国の特許庁を訪問した

筆者は超工具協会の特許委員会の委員の１人だった。
協会の大手三社には特許課があり超硬具担当が数人、その他の企業では担当が一人いた。
古参の人……昔は技術課員として表の派手な仕事をする技術者だった……が、最近技術の連中は良く海外出張するが、特許担当になったので海外出張の機会がない、何か良い理由を付けて、近くの韓国へ視察旅行やろうと提案、事務局の専務理事も……公費で韓国旅行……大乗り気で根回しを始め、他にも反対する人もいなく、理事会に諮られ、提案は了承された。
総勢15人で……当時はやっていた農協の韓国妓生パーテー……のまね事で４日間の韓国旅行に出掛けた。
筆者は他の委員の方々の数倍忙しい身で参加したくなかったが、ライセンス交渉、その他特許がらみでいつも角の立った交渉をしているので、参加しない訳には行かない。(写真集参照)

> 韓国特許庁を始め、数社を訪問したが、我々の訪問を受け入れてくれたところは何処も、怪訝な雰囲気だった。韓国の特許制度は第二次大戦後に発足して、まだ経験が浅い。日本は2.26事件で暗殺された高橋是清が初代の特許庁長官で既に100年の歴史がある。
> 日本の134年の長い特許庁の歴史の末に、2019年になり起草された特許庁のガイドを見て、特許庁が日本を韓国、台湾の後進国として認識している様子が解った。
> 何も考えることなく、変化に対応することなく、漫然と古い制度に疑問を感じることなく……。
> 特許庁の様な科学の最先端でそのような事が起こっていた。

日本の高級官僚は海外を熟知している筈だが？

日本のトップ級の高級官僚は法学部か経済学部卒である。法学部卒の場合には英米の著名大学で経済学部に学士入学で経済学修士となり、法律と経済の両方の専門家となっている。

語学研修の目的で、ホボ全員が国費で海外留学をしているから、英米の事については熟知している筈だ。

日本の事については常に順位付けされる受験戦争を勝ち抜いた経験が、実績もないのに『過度な自信過剰』過度な選民意識を芽生えさせ、時間的な制約が社会経験の機会を奪い……多くの一般人が持つ常識とは遊離した……自己中心的な傾向の強い人物となる。

政治、行政を行う高級官僚に最も必要な事は国内外の状況判断と国民の要望に応える様に行政を行う事であり、その為には先ず常識があり、次いで問題を解決できる高い専門能力がある事である。

日本では教育制度が、その任に最も不向きな人材が東京大学を筆頭に入学難関校に入学、卒業後に官僚として就職する制度を作って終った。

OECD統計で日本は世界で突出して理想的な『高福祉、低負担国』

全くの偶然からOECD統計では、日本は世界で突出した理想的な『**高福祉、低負担国**』で、**スウェーデンは突出した『低福祉、高負担国』**の重税国家であると示している事を発見した。

筆者は見た瞬間、ビックリしたが……10秒くらいで理解し、統計は正しいと思った。

それはスウェーデンの実情を熟知していたからである。（理由は後述する）

全く新しい疑問が湧いてきた。なぜ日本の政府、専門家、識者は日本が**世界に誇るべき『高福祉、低負担』の理想的な夢の様な国**であるOECD統計を国民に誇らしげにNHKに報道させないのか。

OECDは加盟国から集めたデーターを、約３千人の専門家が解析、比較して加盟国の成績表として公表している。日本は資金の10％弱を負担、日本人の職員も数百人が直接、間接に雇用されている。

第２部まではOECD統計とは真逆の、日本が高負担国家である事、スウェーデンが低負担国家である事を明快に示す為に紙数を使ってきた。

無能を露呈した文系高学歴者

第二部、第１章では中学生程度以上の人の常識で……それは有ってはいけない事だ……と即座に反応出来る事例をピックアップ……以下第４章まで主に東京大学卒を筆頭とする、文系高学歴高級官僚の残した過去の負の遺産について述べた。驚く事に、文系高級官僚は常識で判断されるような……民間人が聞けば即座にNGと断定できる事を平気で実行、それが組織の外部に露呈すれば……非難されるだろうと、忖度、配慮する事も出来ない、素直な自己中心的な幼児の様な、頭脳の持ち主で有る事を露呈した。

筆者は自分史、第二部で述べたように、かなり高い比率で東大卒にはその様な人がいる事を住友電工での12年間の経験をから承知しているから驚かない。

経済と呼ばれる、マネーの動きが問題とされる課題の評価には先ず常識的判断力があり、その先に妖怪の様に変化する経済の先読み能力が問題となる。

経済現象を観察して先ず常識で判断、それから経済学の教える所に従って推測……考えをまとめる手順を取ると考えられるが……高級官僚は入口の常識判断の所でミスをするから、戦略的なミスをする。

低能な放蕩息子の様に無駄使いして、1,500兆円の公的債務になった。

民間での評価は全て最終的に損益で計算され、損失が数年継続すると、株式市場からの退出を余儀なくされ……その先に倒産が待っている。

官の場合には損失は公債発行残高の増加で賄われ、その解決は次世代の人々に先送りされる。

日本の金融制度の中で、国民が稼いで預金した金融資産の大部分は既に政府が預金者に代わって公的債務1,500兆円支払いの担保として、差し押さえられている。

将来国民が預金の引き出しに来れば、必要なだけ輪転機を回して、1万円札を増刷すれば政府はそれで問題を解決出来る。1,500兆円の借金を作った組織の責任者は、数年後には退職して天下り……ネット社会となり、現物紙幣は印刷しなくても……次世代の官僚後継者は、ネットを使えば、金の出し入れは簡単にできる。

自己中心的な官僚は民間の人から観察されていると言う自覚がない

一般に子供が成長して中学生くらいになると家庭の経済状態を理解して……度外れなおねだりを親にしなくなるが……非常に稀には成長しない、出来ない子供がいるのも事実だ。

数年前に東京大学卒の製紙会社の創業者の息子が賭博で百億円負け、その資金が会社から出ていたとマスコミが報じていたが、学校教育には抑制効果がなく高学歴とは全く関係がないみたいだ。

受験教育まっしぐらの延長で官僚となり、コスト、採算性、利益とは全く無縁で、大きな予算を使った行政行為をする事が、立派な仕事として評価される組織では、人間としての外観は同様でも、民と官では精神的には草食動物と、肉食動物くらいに大きな違いがある。

国民の預貯金は税金とインフレの相乗効果で無になる。

金融制度の詳細説明には、千頁くらいの説明書が必要かもしれないが、要点を述べれば以下の様になる。

1,500兆円に借金を積み上げた文化は簡単には変えられないので歳入と歳出のアンバランスは継続する。

政府はあらゆる機会を捉えて増税を図ろうとするが……民間の企業、個人は疲弊し重税に耐えられなくなる。

最もその任に不向きな官僚が経済政策を担当している

高級官僚は民間に定期雇用されても、絶対に契約延長されない様な無能、無責任な人々である事をコロナ禍の中での緊急対策の中で露呈した。

責任感と、問題解決能力が向上しなければ、非定期の雇用又は工事現場の監視、安全確保の様な単純作業程度の仕事にしか採用されない水準だ。東大卒の看板があるから、実際にそのような事は起こらないだろうが……何度も就職、離職を繰り返し、採用の可否を決定する為の仕事、試用期間中の無駄な雇用から、社会に負担を掛けるだろう。

官と民の『支配』と『被支配』の関係

日本では官と民の間は、『支配と被支配』の関係にあり、憲法では民主主義、自由主義で万民の平等を看板にしているが……**実態は『支配と被支配』であり、それは近代以前の政治制度と同様だ。**

緩慢だった社会の変化は、IC技術の進化とネットのコラボで急激に速度を上げ……過去の10世代の間に起こったような変化を1世代の中で発生させた。

世界はある頻度で起こる暴力的な戦争のみならず、常時、『永久経済戦争』の中で日常的に経済戦争を戦っている。

民間企業は『永久経済戦争』の中で世界の標準ルール＝『優勝劣敗』の中で淘汰されない様に、頭脳をフル回転させて努力しているが、日本の官僚にはその様な能力がないし、精神的な熱意も感じられない。

『日本型裸官』の養成コース

東京大学法学部卒の高級官僚は任官後の留学コースと、将来県知事となり地方に天下りする二つのコースがある。

任官後数年すると英米の大学に学士入学して経済を学び経済学修士となる。

英米で経済学を学べば、日本経済には経済学が適用できない事の一部を理解し、同時に日本経済の将来に対して大きな不安を抱え、蓄えの大部分を外貨で保有するだろう。

中国の裸官の様に面倒な準備をすることなく、安穏に国家に対しての不誠実行為を退職後も継続的に働き、巨額蓄財を海外に移して、本人のみならず、本人没後の相続に際して周到な準備が出来る知識を留学から得ている筈だ。スウェーデンには相続税も、贈与税もないので頭を悩す事はない。

米国には相続税も、贈与税もあるが、贈与税の支払いは**贈与をした側に支払い義務**があり、受ける側の負担とはなりません。相続税も現在の為替レートで約20億円を超えないと税の対象にならないので庶民には関係の無い事です。日本の高級官僚が天下りで得た資金を相続税を逃れるために、子供、親族の誰かに一時米国に住まわせて銀行口座を作り、その口座にネットを介して資金移動すれば容易に米国に金融資産を移して、日本の相続税、贈与税から逃れる事は簡単です。

県知事への天下りコース

現職の**県知事の約半数**は中央官庁の天下りであり、多くは東京大学法学科卒だ。

推測するに、高級官僚として採用されてから適性を見極め、一部は外国語と経済学を学ばせ、一部は県知事として天下りさせる事で地方自治体を中央の下請けとして、地方を支配する構造を作っているのだろう。

第２部第１章に公開されたような幼稚な専門能力の高級官僚が、県知事として地方の政治を支配する、日本型の中央集権体制を作り上げた。

江戸時代には天領は約400万石と言われ、それは日本全体の約20％に相当したと言われている。

三百諸侯と呼ばれる大名家は地方自治を任され、多くの藩では地方の特色を生かした善政を行う努力を、現代の大企業の様に行っていた。江戸時代の日本は現代のスウェーデンの様に地方自治の先進国だった。

21世紀になり最もその任に相応しくない官僚が県知事として天下り、約50％の県知事が中央からの天下りだ。

正確には2023年は47の都府県の内25が東大卒で25/47＝53％、準東大の有名大学卒の７名を加えると32/47＝68％がその任に不適格と推測される天下りグループ出身と見做される。

歴史の中の地方自治体

自治体は中央の皇帝、独裁者、専制君主にとって、常に頭痛の種であった。

中国のウイグル自治区、チベット自治区、パレスチナ自治区の中のガザ地区の様に歴史の中で常に中央と地方での確執が存在し、中央はそれを押さえつける為に様々な方策を考えるが、日本では一番簡単な方法である県知事を天下りさせる。

天下りの県知事は中央との太いパイプで繋がれ……県知事として人事権と呼ばれる絶大な権力を持っている。

地方自治体が持つ決定権の割合の推測

国家総税収の中央と地方自治体の決定権の割合を比較する事で、地方自治体の決定権の強弱を指標とするのは、良く知られた方法だ。

筆者が現役世代の頃は大まかに、日本は中央が85％の決定権を持ち、地方は15％と言われ、スウェーデンは全く反対に地方が85％に決定権を持っていると、欧米の経済学者が書いた論文を読んだ記憶がある。

日本でもホボ同様の議論がなされていたが……85％が82％になったみたいな、些末な数値の議論を好む……典型的な学者の著作、論文、議論で辟易した記憶がある。

日本の地方の決定権を大まかに推算してみよう

例えば、現在表向き中央が50％、地方が50％の決定権を持っていると仮定する。

知事の68％が天下りだから地方の50％の内の68％は中央の指示で決定され50×0.68≒34となる。

結局、50％＋34％＝84％は中央が決定権を持っている事になる。

天下り知事は、多選が多く兵庫県の井戸知事の場合には５選で20年間兵庫県のトップとして君臨し、無数の子分を兵庫県庁内に養成、後任も天下り知事である。

中央は地方に巨額の無駄使いをさせ、高みの見物

第２部で詳述した『ふるさと納税』、『全国旅行支援の様に、人材の少ない小さな自治体に高度なIT技術を必要とする、制度を作って競争させ、巨額な無駄使いをさせ、業務を煩雑にする事で長時間労働に追い込む。

全く『統合失調症』を疑いたくなるような行政の制度立案には驚く。

予算の決定権を中央に握られているので地方は従わなければいけない。

理系、医系の場合

理系、医系の場合にも先ず常識がある事が前提条件で、次いで専門的な知識と問題解決能力が重要だ。

それを専門的な能力の識別眼の無い人が判断する事は不可能だが、理系、医系の専門領域でも、文系の専門家の場合と同様に、高学歴者の専門的能力の不足が決定的である。

巨額な資金を要する大型プロジェクトのミスは国家の歳入と歳出のアンバランスに影響を与え、公的債務を増加させている。

第２部第５章に筆者が遭遇した事例の内、特筆すべきと考えた６件は、日本の高学歴者の常識不足と怠慢を示し、それは第１章の経済事案の場合と同様に専門知識の低さを物語っている。

専門外の筆者個人がこれだけ多くの経験をしているのだから……実際に専門分野の人から見れば、はるかに多くの事例があった筈だ。

視野が狭くて、貧弱な常識が引き起こした事件
その１：福島原発事故

福島原発の補助電源を地下に設置した愚は、常識問題で、典型的な視野の狭い技術者の陥り易いミスだった。

社会的な話題に溶け込んで生活していれば、自分史、第２部に既述のGEの建設監督官をしていた土木専門家の様に補助電源の設置場所の設計ミスに気付く筈だったが、数十人の原発専門家、放射線専門家は気付かなかった。この、些末なミスが、多分、数十兆円単位の負担を国に与え、長期間にわたって住民に負担を掛け、不評被害から日本の海産物の輸入禁止措置に繋がり、令和の日本の農業、漁業従事者を苦しめている。

その２：コロナ禍で出現した衛生マスクは欠陥マスク

COVID19パンデミックの中で、感染予防用の衛生マスクに素材革命が起こり、不織布がマスク生地として使用されるようになった。マスク生地が顎下まで覆う立体式と呼ばれる衛生マスクの着用が日本の標準スタイルの様になったが、感染防止の観点から見れば『欠陥マスク』である。

筆者は顎下まで完全に覆うのは、既感染者の呼気がマスクと鼻の隙間からの流出を増加させ、無マスクよりも感染拡大のリスクを増加させる事を指摘、下方を開放するマスクの特許を申請、最終的に特許は登録された。

マスクの機能を流体力学的な視点から観察して市場に氾濫しているマスクの欠点に気付いた。

スパコン富岳のマスク着用者の呼気の流出シュミレーション動画がアシストしてくれたので、特許は登録された。

トータルで千人を超えると推測される、医療、感染症専門家、医師、衛生マスク業界の技術者の中から、富岳のシュミレーション動画に触発されて、特許出願された人がいなかったのは驚きだ。筆者の属した製造業の場合には、数百件の出願が有っても不思議ではないが、それは高等教育とは無関係だ。常識とも呼べる、好奇心、疑問を持って観察する視点があれば、中学生レベルの模型飛行機を趣味とする人なら、誰でも解ける問題だ。

怠慢と責任感の欠如が引き起こした事件

その３：アスベスト吸入の健康被害

1976年に筆者はスウェーデンで少量のアスベストを断熱材として使用する、電気炉の設計変更に頭を悩ます技術者と話していた。1970年初めの頃から、スウェーデン政府は直にアスベストの使用を禁止する事を予告していた。

1980年代に日本の貿易統計を見てビックリした。1970年代から日本のアスベストの輸入量が爆増していたのだ。

理由は、多分、アスベストの健康被害を立証した学術論文が出現……需要が減少する中でアスベストの価格が下がり、価格に敏感な日本の業者が大量に購入、大量のアスベストが使用された。

アスベストの健康被害発症は被曝後＝アスベストの微粉末を吸入約30年後と言われ、2000年頃から大きな社会問題となり、国が医療費を負担する制度が出来た。

1960年代後半、既にその様な学術論文は日本の学者、厚生省の官僚にも読まれていた筈であり、スウェーデンと同様に迅速に対応しておれば、数兆円単位の国への長期間に亘る金銭的な負担が発生しなく、罹患した患者に負担を掛けないで、被曝したが発症していない無数の人が罹患を恐れて数十年間不安な生活をさせられる事もなかった。

『日本学術会議』を筆頭に大学教授、厚生省の官僚等多くの関係者がアスベストの健康被害に関する論文を読んでいたと思うが、当事者意識がなく、活字を読むだけで彼らは何も行動を起こさなかった。学者、『日本学術会議』の大きな看板を掛けて数百人の会員、数千人の準会員からなり、日本の専門家のトップ集団を形成する高学歴者集団の鈍感には、ビックリする。

最高裁の判決：裁判がGDPに貢献

素人の筆者が経験してから数十年して多くのアスベスト被曝により健康被害が顕在化、裁判となり、2021年に最高裁で結審して医療費を国費で賄うことが決定された。半世紀前に日本でスウェーデンと同様の対策をしておれば、起こらなかった事だ。アスベスト絡みの問題は、裁判に関係して、裁判所、弁護士、原告、被告等の関係者に労働と、費用を発生させ、日本を長時間労働の国にすると同時に、費用はGDPの上昇に寄与するので、日本経済にプラスの貢献をする事になる。

忘れてはいけないのは、患者と家族が被害者だと言う事だ。

賠償金、医療費もGDPを上昇させる

公表された推計によれば患者数は3万人以上に達し、正確な数値は不明だが……一人1千万円以上の賠償金とその後の医療費は国が負担する事になったが、この事件を経済現象として、国家経済に与える影響を考えてみよう。

賠償金

総額数千億円になる賠償金の一部は預金され、一部は消費に回される。

預金に回された部分は国民金融資産残高を上昇させて、統計上は国民が裕福になった事になる。消費に回された部分はGDPの上昇に貢献し、同時に消費税額の増加に貢献する。統計上は景気の上昇に寄与、税収の増加に貢献する。

1960年代末：スウェーデンで将来の禁止の予告
1976年：電気炉対策
2006年：日本で禁止
2021年：最高裁判決、国に賠償責任

医療費

難病であり、高額な医療機器CT, MRI等の使用頻度が多く、薬代も高いので、医療費は高額となる。

それらの費用は……医療機器の購入、薬の仕入れ代等は消費活動としてカウントされるので景気上昇効果を示す。

消費税額も上昇

医療費、福祉関係の出費については消費税が掛からないのは良く知られた事だが、それは一部の真実だが、実態はかなり異なる。**表面上消費税はレシートには記入されていないが、実態として消費税の増税と同時に、診療報酬の増加、初診料の増加などが行われるので、個人としてみれば、医療費に消費税が掛かっているのと同じことだ。**

総括すると

アスベスト健康被害事件は失われた30年の日本中で必要とする総労働時間を上昇させて、日本を長時間労働国家にするために貢献した。医療に関係する需要を増加させる事でGDPの上昇に寄与して、失われた30年の期間の有効な景気対策となった。それらの費用は全て借金＝公的債務の増加で賄われた。

何時まで続くか

政府の賠償責任は2006年以降の新規患者には適用されないので、それ以降の新規患者に対しての賠償責任はない。

…病気の性質上、2050年代まで、今後20年間くらいは新規発症者が出現することが予想される。

半世紀前に、1人の学者、又は厚生官僚が声を上げておれば起こらなかったが……残念な事だ。

その4：KAZU 1沈没事件

2022年4月に知床遊覧船KAZU 1が沈没、知床の冷たい海中で乗客乗員の26人全員が死亡した。

波高１ｍで、荒れ気味の中で遊覧船は出航、整備不良でハッチの蓋が閉まらないので海水が船内に流入、それが出発原因だ。単なる常識問題で、乗用車を運転するのにドアーを開けたまま高速運転するようなものだ。

事故の３日前には、運輸省の天下り先である小型船舶検査機構の検査を受け、事故前日には海上保安署のチェックも受けたと言う。民間企業の視点で見れば、想像も出来ないくらいの杜撰な仕事である。

貧弱な専門的知識の不足がもたらした２件

1985年のお盆を前に羽田発、伊丹行きの日本航空ジャンボジェット機が操縦機能を喪失、群馬県の御巣鷹山の山中に墜落、420名が死亡する、単一の航空機墜落事故としては、多分、世界一大きな航空機墜落事故となった。

政府の事故調査委員会が調査を行い、約４年後に調査報告書が公表され、更にその数年後、事故調査委員として働いていた専門家が、何回かの連載で事故調査報告の経過を説明する記事が日経新聞に掲載された。

永らく原因を特定できない……その内米国から一人の専門家が事故調に参加、圧力隔壁の破断面を一見して、事故発生の出発第１原因が圧力隔壁の『脆性破壊』である事を見抜いたと、米国の専門家の並外れた知識に感心したと書かれていた。

筆者の住友での経験

筆者の専門は切削工具、切削技術であり機械工学、冶金について民間で専門家として働いた経験があるので『脆性破壊』か『延性破壊』かは、破断面を見れば、即刻、断定できる。

委員は大学工学部卒で、科学技術庁技官、大学教授OBなどからなり、学校教育の場では破壊のメカニズムについて教わっている筈だ。実務経験が無いから、第２部、第１章で述べた文系の高級官僚の場合と全く同様で、活字知識だけで、知識が身についていなくて役に立たない。筆者が住友電工在職時に当時としては珍しい修士卒、それも京都大学卒の切れ者大津氏が幾何的な数値計算を微分幾何学で計算する数式を使って設計マニュアルを作った。

大津氏が海外出張で長期間不在の時に問題発生、数人の東大その他有名大学卒の人が設計マニュアルを見に来たが、誰も微分幾何学の公式を理解できず、数分見てすぐに退散した。筆者は、数式はチンプンカンプンで全く解らなかったが、何を求めているかの意味は解ったので、三角定規とコンパスを使って、正解を求めて大事件を解決する事が出来たが、それは筆者が夜間大学２年生の頃の話である。

筆者が解決した数学的な解決の手法は中学生の数学のレベルのものだった。（第２部、第５章参照）

事故の第一原因の特定が唯一、最大の課題

事故発生の出発原因の確定が唯一、最大の仕事で随伴して起こる無数の、二次、三次、四次的な事は追及しても意味がない。単に時間と費用の無駄使いだ。

筆者が42才の時に起こった日航ジャンボ墜落事故が、類似の事故調の関係する事故に関して興味を感じる契機になった。

その１：JR西列車の脱線転覆事故

2005年に伊丹－尼崎間のカーブ上で列車の脱線転覆事故が発生、100名以上が死亡する大事故となった。

事故発生後２年以上経過して大部……添付資料も含めると数百ページの報告書が公表された。

明瞭な事故発生の第一原因が特定されていない。

言い訳みたいな……二次的、三次的、四次的……事を並べて大部の報告書となっている。

筆者は伊丹に12年間住み、事故現場を何回も通過した事があり、制限速度を超過してブレーキを掛ければ確実に転覆するとの実感を持っていた。筆者は28才の時にスウェーデンでレンタカー運転中にカーブを回り切れずに、横転事故を起こして『九死に一生』を得た経験がある。(自分史参照)

この二つの経験が、直感的に列車の速度超過＋ブレーキが事故の第一原因である事を推定させた。

自分でも方程式を作り、計算して、第一原因が列車の速度超過である事を確信した。

JR西の運転マニュアルにカーブ上での制限速度、ブレーキの使い方についてどのように書かれているか知りたくなった。

若し、マニュアルに不適当な記述があれば会社に責任があり、運転手には責任がない。

JR西は運転マニュアルを、部外秘として閲覧することが出来なかった。

筆者には運転マニュアルを部外秘とする理由が理解できない。

友人と一緒に捜査活動

第二部、第５章に既述の様に三菱重工、広島造船所に勤務していた知人の久保さんと一緒に、日本の事故調査のレベルを欧米諸国並みに向上させるべく、京都大学名誉教授の賛同も得て活動を始めたが、日本の行政の厚い壁に突き当たり、断念した。事故調査委員会は東大を筆頭に、有名大学退職後の教授の美味しい天下り先で、民間会社の視点で評価すれば、問題に正面から取り組む姿勢も、意思も全くないと理解した。

体裁を整えるために、二次的、三次的な……事故とは全く関係無いか、非常に関係の薄い事の記述に紙数を消費、**数百ページの大部の報告書となり、報告書の為の報告書となる現実**を知った。

第一原因が特定され、その事のみの報告になれば、数ページの短い報告書となり……体裁が悪い、不誠実と言われると思っているようである。

その５：リニア新幹線計画の建設中止を提案

建設中のリニア新幹線の建設計画について、読売新聞に大きな紙面を使って掲載された、71才のJR東海の会長葛西敬之助氏の“リニア新幹線の夢を語る”を読みその自己中心的な老人の無責任に立腹した。

葛西氏は筆者より２才年長で東京大学卒。当時社長は山田住臣氏で同じく東京大学卒。

その十数年前には長銀が破綻、破綻の原因を作った杉浦敏介は破綻直前に退職し、退職金は９億円だと報じられた。

杉浦氏は滑り込みセーフで、巨額退職金を手にして退職した……庶民感覚では『厚顔無恥』である。

在来の新幹線は経済的メリットがありそれがビジネスとして成功した理由だが、リニア新幹線は真逆に経済的に絶対成り立たない根拠がある事を示す文書を山田社長宛に提出した。リニア新幹線の路線の約半分はトンネルで、地下鉄みたいなもので観光に不向き。
予想運賃は新幹線の２倍で、新幹線のグリーン車の価格。

フォッサマグナと呼ばれる日本最大の断層地帯……地震の巣とも呼べる……を通過、事故が発生したら数百人の死者発生、事故処理の難しさは想像も出来ない程の困難を伴う。

事故発生で裁判になり、被害者が判決を得るまでに長い期間を要しない様に、筆者の様な**素人でも事故の発生が予見できたことを証明する証拠物件として利用して頂く事を期待して、**『内容証明郵便』を郵送した。(資料集参照)

老人が幼児の様な自己満足の為、未来に巨大な負の遺産を作る行為を夢として語る、想像を絶する愚かさ。

三人は東京大学法学部卒の同窓で……法律の専門家……衆人監視の中で起こる、この様な愚行に日本の識者、学者、マスコミは全く問題提起をしない。

スウェーデンでは未来に結果が確定する大きな判断は、結果が出る時に生存確率の高い若者をトップに据えて若者に決定させる不文律がある。老人の逃げ得は許されないのみならず、**その様な行為は恥とする文化があるが、日本の場合には周囲に逃げ得の話が充満している。**

これらの恥ずべき反国民的な負の貢献は経済学では正の貢献と解釈される

上述の多くの、巨額の無駄使い……人件費、実験の費用、文書化の費用、その他雑費……は雇用、物品の購入、出張、残業、として国費が消費に回り、GDPの増加要因となるので、経済学上は景気が良くなったと定義される。

当然歳出増に繋がるから、それは最終的に予算の『ドンブリ』の中で混合されて、国債発行で賄われる事になり、それらが累積して1,500兆円の公的債務になった。

高学歴者の宿命……大意を見逃し、細事にばかり目が行く。

毎年、無数の論文、著作が発行されるが大多数は過去の些末な何かの既述であり、新しい論文の大意が話題となるものは多分、0.01％と、令和時代の金利水準程度のものだ。

その様な論文環境の中でマイコン＝マインドコントロールされると、筆者の自分史でご披露した、阪大修士卒のＩ氏やそれ以外にもご披露した、京都大学卒の経済学博士、名誉教授のスエーデンの片仮名表記は『スウェーデン』と書かなければいけないとの指摘の様な事が発生する。

自分史に既述、筆者が二十歳過ぎの頃に日野自動車に出張、そこで見学したドイツ製の機械に使用する超高額工具の開発を提案する出張報告が課内回覧された。

回覧開始の数日後、筆者の６－７才年長の阪大修士卒のＩ氏から、漢字が一字間違っていたと指摘を受けた。

Ｉさんのご尊父は阪大の化学部の学部長との事で、高学歴者の奇妙な傾向観察に対するアンテナの感度が上がり、それ以来、高学歴者を見る目が冷静になった。

数十年の学者人生の中で、一度も大意が問題となる論文を書く事も読むことなく、一生を過ごす方が殆どだろう。

アインシュタインの論文、湯川秀樹氏の論文の様に大意が問題とされる論文の出現は極めて稀だ。

学者は砂粒の様な論文に埋もれ、狭い専門分野で全力投球しているので……世間的な常識との乖離が大きくなる。

精神的年功序列：キューバ危機の時のソ連みたいに機能するか？

米国とソ連が、自由主義国と共産主義国の代表として対立、1961年にソ連が米国のフロリダ半島から数百キロのキューバに核ミサイル基地を建設、ソ連から核ミサイルを積んだ貨物船がキューバに向っている事が判明した。

筆者が19才、夜間高校３年生の頃の話で午後10時半頃帰寮、食事をしながら白黒テレビを眺めていた。

米国の43才の若きケネデー大統領は貨物船がキューバに到着する前に臨検すると宣言、米ソの核戦争の勃発を予感させる大事件だった。それから約30年後にソ連は崩壊、情報公開されて、ソ連サイドの当時の様子が知られるようになった。

ソ連の核ミサイルの発射ボタンを押す最終的な判断は、現地の３人の上位役職者の全員一致で可能となり、１人が反対すればミサイル発射は出来ない様にマニュアルで決められていた。

メキシコ湾深く潜行していたソ連の潜水艦は、モスクワから米国への核ミサイル攻撃の命令を受けていたが、潜水艦艦長、司令官、副艦長の三人の合意は副艦長の反対で得られず、ミサイルが発射される事は無く、危機は回避され……同時に貨物船はソ連に引き返した。日本の行政の世界では大小、無数の決定を迫られる事態に遭遇する筈だが、日本の様に『精神的な年功序列』と『精神的組織従属主義』の社会で、正面から問題についての議論をしない、出来ない人が多い中でソ連の様に、善意に基く反骨精神を発揮できる人が出現するのだろうか。命のビザで有名になった杉原千畝の様な人の出現は徐々に困難になってきている様に感じる。

腐敗の背景、岸田首相は長銀勤務から何を学んだか

時々NHKの聞きっぱなしのラジオから、何処かの企業が計算ミスから数千万円の脱税を行い、捜査官が時間と金を使って捜索、社長がお詫びの会見をしたと報道するが、

400億円の利息を還付した責任者が、満額退職金を手にして天下り、
その後で勲章を貰った事を報道しない。

この様な国を、なんと呼ぶのだろうか？

支配と被支配の関係の構築

不幸な事に日本では若者に国家経営に最も不向きな教育を受けさせて、その中からより不向きな人を選抜して、国家経営の免許を与え、無数の大小の事故を起こし、それらの累積が巨額公的債務と、低賃金、長時間労働を特徴とする国に変化させた。

不可逆的に変化する宇宙、地球、世界経済に巧妙に立ち向かって行かなければ、短期間で優勝劣敗は鮮明になり、一旦落ちると回復は非常に困難になる。 国家も民間企業も根本は全く同じだ。

組織を運営する、中枢に求められている最も大事な事は……以下に集約される。

- 正確な大小判断と時間的優先度の判断。
  上記を可能にするためには良質の統計が必須。
- 費用対効果＝コストと採算性に対する責任感。
- 不正に対する嫌悪感＝正義感の存在。

知識、能力が不足すれば『寄らしむべからず、知らしむべからずで』、制度的な支配、被支配の関係を作り上げ、異論、反論を封じ込める独裁政権的な制度が構築される。

学者、識者、マスコミを巧妙に活用する事で、議論に晒される事なく『御用学者』に支えられてお粗末な政策、行政が行われるので、**子供が作った制度に大人が従わされる、世界史上非常に珍しい国家経営が行われる。**その結果として出現した経済的停滞を失われた30年と経済学者が言っている。

長期信用銀行＝長銀の破綻を通して日本を見る

銀行業界のトップ４行の１つに名を連ねていた、政府系の日本長期信用銀行、通称、長銀は長期間の放漫経営から、1998年に破綻した。正確な数値は誰も解らないが、５兆円くらい国家経済に損失を与えたと言われていた。

偶然から、私は長銀の破綻に至る経過と、長銀と日本の大蔵省の関係、日本の銀行業界の一端をマスコミ情報とは全く異なった側面から観察する機会を頂いていた。

女性アルバイトに100万円のボーナス

30代の頃の関東在勤時、ソフトボールチームの友人の紹介で、夏季に３か月間長銀でアル

バイトをした主婦が、100万円のボーナスをもらった話を聞いた時には、嘘だろうくらいに思っていたが、神戸で長銀OBとの関係が発生、その後の長銀の破綻に関連して漏れてくる話から、100万円ボーナスの話は本当だったと確信しだした。(自分史第六章参照)

長銀の新人営業マンの訪問

神戸に転勤してきて数年後のある時、黒塗りの大阪番号のハイヤーが数時間も会社の駐車場に止まっていたので、近くの人に聞いてみると、経理課を訪ねてきた銀行の人を待っているハイヤーだとの話。

大阪国税局OB、経理の中村さんに聞いてみると、長銀に今年入行したフレッシュマンで、うちの会長が長銀の偉い人だから、……何とはなしに時々来ると言う。

政府系の日銀、興銀、長銀は銀行界のトップ集団で、他の都市銀行のように預金獲得に血眼になる必要はない。

フレッシュマン君は暇つぶしにサンドビックを訪れ、長銀の看板を背負っているので、経理担当も粗末にできないので、話に応じているとの事。

黒塗りのハイヤーは大阪から、神戸市の西区のはてまで、往復約100km＋高速代に数時間の待ち料金、数万円……若しかしたら５万円くらい。銀行がタクシー会社から借り上げて終日使えるのかもしれないが費用としては同じ話。会社四季報に掲載されている初任給は、どこの銀行も都市銀行はホボ同じの、20万円強で、長銀だけが特別高い訳ではない。ハイヤー代が給料の数倍は掛かると推測され、人件費は他行と比べて４～５倍の100万円くらいに掛かる筈だ。

岸田文雄首相への影響

岸田首相は筆者が上記の長銀のフレッシュマン君に遭遇した２～３年前まで、長銀の高松支店で営業活動をしていた。本社に２年間で計５年間、**多分、コネで入社、東大卒が珍しくない長銀で学歴の壁を感じながら窮屈な環境の中で、20代後半を長銀の企業文化の中で過ごし**ている。

阪神地区と違い、公共交通機関が貧弱な高松での営業活動で、長距離をハイヤーで駆けずり回っていたのだろう。

多分、月に数十万円、若しかしたら100万円くらいのハイヤー代を使って営業活動していたかもしれない。

通産省の高級官僚だった父親を持ち、父の海外勤務で、米国で小学校時代を過ごし、ハイソな家庭で育つ。

岸田首相が、長銀勤務から何を学んだか

地方での預金獲得競争は郵貯、農協、地方信用金庫が主な競争相手で、岸田氏以外、黒塗りのハイヤーで銀行員が中小企業、零細企業に営業訪問する事はない。都会の裕福な家庭に育った20代の岸田青年から見たら、地方の零細企業を高みから観察できても、心を寄り添わせて考える事は、先ず、不可能だと思う

－後述する、大蔵省審議官OB夫妻が、スウェーデンのラボで作業着を着て働く筆者を、何か汚いものを見るような目で観察しておられたのと同様だったのか？

－日本の弱小企業経営者、そこに雇用される労働者の事を心から気にされている可能性も否定できない。その場合には情緒的にバラマキ福祉を行い、日本を低賃金、長時間労働のブラック企業で充満する国への変化を促進する事になりかねない。

－上記二つの混合で……目の前に出現した事に、場当たり的にパッチワークで糊塗する……。

多感な20代の５年間は、同僚、上司、組織……私学卒を下に見る組織文化の中で彼の考え方に大きな大きな影響を与えている筈だ。

岸田青年は長銀文化に染まったか？

100万円のボーナス、会長の退職金９億円、黒塗りハイヤーでの営業活動……常識外れの長銀文化に染まっておれば……困ったものだ。安易にばら撒きで、国公債の発行に頼るばら撒き経済政策を行う事を躊躇しないであろう。2024年の予算編成の準備段階までを観察する限り、歴史的な放漫政治を行った内閣として記憶されるような予感がする。

長銀OB箭内昇氏の話

長銀破綻後に、りそなホールデイングスの社外取締役になられた箭内昇氏は、長銀在勤時の給与について、35歳で年収1,000万円、44歳で2,000万円、通算でMOF担７年、手当てが半年で300万円と言っている。

他の銀行ではMOF担の手当てが年間1,000万円だったと言っている。

（MOF担とは、都市銀行の行員が大蔵省に常駐、大蔵省のフレッシュマンに手伝いをしながら接待、大蔵省に顔つなぎをする事で、将来昇進したフレッシュマン君に好意的に扱って貰う為の接待係）

杉浦敏介元頭取の退職金９億円

長銀破綻の元凶とされ、長銀の困難な状況を作り、倒産を予見できる立場にあった杉浦敏介元頭取は、80歳で退職、退職金は９億円だった。この高額退職金は週刊誌をはじめマスコミに非難され、最終的に道義的責任を取って、約２億円を返済したとマスコミが報じたが、長銀の規定で計算して９億円は、庶民感覚とは一桁違っている。杉浦氏以外に、他の多くの幹部級の人々も、度外れに高額の退職金を貰っていたのだろうと思う。

80才で退職、９億円もの退職金を手にして、何に使うのか？

私にはそこまで徹底した守銭奴みたいな事が出来る人の心が解らない。

杉浦氏は東京大学法学部を卒業しておられる。 学校教育とは何なのかと疑問を感じる。

長銀OBの稲村光一氏と徳田耕氏

サンドビックの子会社、日本のサンドビックKKは、二代にわたって長銀OBを会社のトップの会長としていた。

お二人は、大蔵省のOBで、退職後長銀に天下りした。大蔵省では同期入省のトップが次官に就任すると他の同期入省者は審議官となる習慣が有ると言われていた。

稲村氏は長銀の顧問となり、それ以外の日本の金融界の色々な要職についている事が紳士録に書かれていた。

先ず、稲村光一氏が会長に就任、高齢で退職されて、徳田耕氏がサンドビックＫＫの会長に就任した。

1976年にサンドビック㈱は設立され、稲村氏は設立当初から会長職にあったと思われる。

当時政府は、外国資本に対して厳しい規制を行っており、大蔵省に何らかのコネが無いと、簡単に会社設立は出来なかったので、稲村氏の会長就任はその様な環境の中で行われ、大蔵省は１つの天下り先を確保した。

書類を見たことがない

残念ながら筆者はその様な経過を記録した文書を見たことがない。

会社の日本人で書面の中で稲村氏の名前の記載された書面を見た人は、経理部長と社長秘書くらいだろう。
会長がおり、その名前が稲村氏である事を知っている人は経理部の数人だけで、それ以外は誰も知っていないのだ。

稲村ご夫妻との出会い

1976年に私がスウェーデン本社のラボで上下つなぎの、あまり奇麗じゃない作業着を着て実験していると、事業部長のヒーシング氏が東洋人夫妻を連れて見学に来た。
ヒーシング氏は色々と説明されていたが、ご夫妻は、何か汚いものを見る様な視線で私を見ていた。
後日、私の同僚もヒーシング氏も、ご夫妻が日本人である私に声を掛けなかった事に、……違和感を持ち、スウェーデン人と大きく違った何かを感じたみたいだった。
スウェーデンならば国王でもすぐに私に近づき、母国語で話しかけるのに…….と思った様だった。
稲村光一ご夫妻で、サンドビックKK会長の職にある方だったが、帰国後お会いして会社の会長である事を知った。
サンドビックＫＫは、スウェーデンのサンドビックが100％株式を保有する小会社で、日本法人なので法律に基づいて、株主総会を開いて議事録を作らなければならない。
会長職の人はその株主総会に出席して議事録に捺印する事が定型の仕事で、年に１回夫婦でスウェーデン本社へ招待されて約１週間ヨーロッパを重役待遇で旅行をする事だけである。
当時、航空運賃は非常に高く、重役待遇でファーストクラスの航空運賃では、旅行の費用は200〜300万円と推測され、日本の課長の年収が300万円以下の頃の話である。

スウェーデンの財閥家の当主の話

稲村氏から徳田氏に会長職が引き継がれて間もなく、私はサンドビックのオーナー財閥、ステンベック家の当主とご一緒する機会があった。私が入社した当初の支配財閥はチネビック、その後ステンベック家になり、退職する頃はスコンスカになっていた。日本の、三井、三菱、住友等は名前が入れ替わる事は、先ずないがスウェーデンの場合はよく変わる。
ステンベック家の当主ヤン氏は40代後半くらいの外見で、米国でモルガン銀行の副頭取もしていると聞いていた。
何かを売却して手元に余裕資金が1,000億円近くあるので、新規事業として何を始めるか考えていた。
当時、ロボットが市場に現れはじめ、スウェーデンの巨大国際企業アセアが存在感を示していた。
ロボット市場の調査の為に東芝、小松等……のロボットと関係が深そうな企業のトップと会いたいとの事でおぜん立てをした。本社からもトップが同行、日本の社長に私の４人で、各社を回って１週間くらい日本に滞在した。
会議のみならず、食事もご一緒し、会話はスウェーデン語でざっくばらんに色々な話題が俎上に上がる。
ヤンが、ところで徳田はどうしているみたいな話になって、日本の社長が徳田の給与を年間1,000万円払っている事。
過日、大阪税関から５－６人が突然査察に来て、元国税職員だった中村の話では最低、数日〜１週間くらいは来ると聞いていたが、徳田に電話で相談したら、翌日から来なくなったと話していた。

後日、ステンベック氏はロボットを止めて、英国で情報産業に投資する事に決定した事が漏れ伝わってきた。

紳士録に掲載ナシ

当時、紳士録と呼ばれる厚い辞典みたいな本があって、日本の著名人の経歴や、俗に個人情報が掲載された本が市販されていた。本屋の立ち読みで調べてみると、稲村氏の名前が掲載され、過去に就いた役職と現役中の社長、顧問,等の役職名が掲載されているが、サンドビックＫＫ会長の役職が掲載されていない。

不思議に思ったが、年収1,000万円くらいの少額のアルバイトでは恥ずかしくて掲載しなかったのか、外資系の会社のトップでは元大蔵省審議官、第３代財務官の肩書を汚すから載せなかったのか、私には解らない。

スウェーデンならどうなる

スウェーデンでは個人情報が公開されているので長銀事件の様な事は絶対に起こらないと断言できる。

ここまで問題が大きくなる前の早い段階で、誰かが気付き、その時点でこの問題は公に知られて、解決策が議論され、傷が小さな段階で解決される。

長銀の破綻に伴って発生した費用の正確な算定は、困難だが約５兆円と推測されていると聞く。

日本ではこのように全体像が理解できるように説明しても、興味のある人は少ないし、あまり大物の関係者を非難するような記事を書くとマスコミ業界で働けなくなるのでNHKや大マスコミは忖度して、トーンダウンして記事にする。

日本の過剰と思える、個人情報保護意識が結局この様な大事件の隠蔽の温床となっている。

同様の事件が米国などの英語圏で発生したら、世界中のマスコミが話題にすると思うが、日本語のバリアで守られて、海外で大きく報じられることはない。

多くの業界関係者が、忖度の連鎖で長銀から利益、利便を何らかの形で得ており、そのような人々は長銀をめぐる忌まわしい事件の終息を願っており、……そのように終息、社会から忘れ去られる。

私の退職金と長銀からの影響

退職に際して、退職金を一時金で全額貰う方法と、一部又は全額を年金方式で受け取る方法があり、年金方式の場合には、想定金利が５％複利で計算されていた。

徳田会長は長銀系の投資顧問会社の社長をしており、年金基金から資金を任されて運用している。

数回、彼の経済に関する話を聞く機会があり、金融、社会、ビジネスに対する実戦経験のない、官僚にありがちな、ステレオタイプの学校の教科書程度の浅薄な知識しか持っていない人だな、と感じていた。

日本では当時、原則的に金融機関、金融行政に関係する仕事に従事する人は株式投資をする事は禁止、又はいけない事とされており、実際に自分の資金を賭けて運用する為に必要な、先読みと胆力を鍛える場での経験がない。

テニスをした事のない人が、活字で読んだ知識でテニスの講釈をし、その人がルールを決める様なものだ。

米国などでは、実戦経験のある人物が、その任に当たるから、レベルの高い金融政策が出来上がるが、それでも満足のゆく様な政策、決まりを作る事は簡単ではなく、それが現実だ。

多分運用資金は数千億円～数兆円の巨額のはずで、運用益がプラスでも、マイナスで損失を出しても、過分な手数料を得ており、他の運用会社も同レベルで、そのような金融市場に参入すれば簡単に金を手掴みできる筈だと思っていたので、５千万円弱の退職金全額を一時金で頂いた。

金融市場に本格的に参入し、日本の株式市場、為替市場が外人主導で動き、彼らが巨利を上げ、その後ろに小判鮫のように張り付いて、小さな分け前を取る日本の金融業者と損失を被る一般人の姿が見えて来た。

退職後、自分で金融市場に参入し、経験を積み、……自信が出来た。

侠気を出して、2004年に投資顧問業を始めようと思い、日本日本合資会社を登記設立した。日本日本は、日本を元気づける意志を言葉にしたものであり、合資会社にしたのは無限責任を負う事の覚悟を示す為だった。

金融ビッグバンの部分的な導入を始めた金融庁は、一般人の金融市場への参入を促進すると看板を掲げて、色々な事を始めたが、その様な中でFX＝外貨取引に関する制度変更が予告された。

制度変更案が施行の前に金融業者に示され、金融業者はそれに従って準備を始め、業者から半年後に制度変更が実施される事が告げられた。新制度では、個人としては非常にやり難くなる。業者も同感するが、今までの経験から、新制度の導入計画は、変更される筈がないと言う。

私は長文の書簡で、新制度がその目的とは完全に反対で、一般人の金融市場への参入のブレーキになる事を訴える書簡を金融庁に送付した。（資料集参照）

電話でも、数回、担当の方とお話しした。最後にお話しした人は役職の付いた若い感じの男の方だった。

役職者の方曰く、**貴方の言っている事は良く解るが、これは既に専門家の方々が審議会で何回も検討して決まった事だから、変更は無理と言われる。**早速ネットで審議会のメンバーを見てみると、審議会の委員は、先ず高齢、全く金融とは関係のない……素人と考えられる……人々の集団だった。

そのうち、米国でノーベル経済学賞を受賞した金融工学の専門家が経営するLTCMが破綻、米国でサブプライムローンと云う、私の視点で判断すると詐欺的な、不良債権を担保として、金を貸すような事を正当化する論文が、専門家や学者から出てくる。

世の中狂っていると思い、2006年に金融市場から完全に手を引いた。

私の長姉は2007年に悪性リンパ腫で東京の順天堂病院に入院、６週間後に亡くなったが、金融市場から手を引いていたので、東京のホテルに６週間滞在して姉を最後まで看取る事が出来たのは、神の采配だったのだと思う。

その後2008年の秋にリーマンショックが発生、私の思っていた心配は当たっていた。

サブプライムローンを擁護する発言や、論文は意図的に成された詐欺か、経済現象に関する専門家の浅薄な認識の為だったかは永久に明らかになる事はないだろう。

約400億円の金利を、国税からせしめた，武井氏

1970年代には定期預金の金利が６～７％だったが、バブル崩壊後に超低金利の時代に突入、サラ金武富士創業者の息子、武井氏が、国に約400億円の金利分を加算させて還付させた事件は新聞記事になったが、直ぐに世間から忘れられたようだ。

あれだけの大事件，……私はそう思う……にも拘らず、である。

それは武富士の創業者が亡くなり、息子が相続する際に発生した相続税の金額についての問題だった。

この本を書いている現在の郵貯を始めメガバンクの定期預金金利は年0.002%で、1千万円を定期にして1年の金利でカップ麺1個程度の金利である。テレビで日銀総裁が金利操作で日本経済の健全な運営を行うために、金利を例えば、0.15%上げるとか、下げるとか発表する時代に起こった事だ。

400億円の金利のインパクトがどの様なものであるか、実感伴う形で表してみよう。

現在の金利で一年預けて400億円の金利収入を得るためには、2百兆円を定期預金にしなければならない。2百兆円は日本の年間GDPの約半分である。

民間でこの様な不祥事が起これば、大変な事であり、企業の浮沈に関り、関係者は何らかの厳しい処分を受けるが公務員の場合には、足りなくなれば増税するか、国債を発行すれば補填できるので、直ぐに破産することは無い。税務当局の関係者が、この件で**降格、ボーナスの減額、給与の減額等、何らかの処分を受けた**とかのニュースを、私は聞いたことが無い。

何故、裁判は最高裁まで続いたか

あれだけの大きな事案だから、武井氏が地裁に提訴した時点で国税局長を筆頭に、部長、課長、担当者等、多くの関係者が対応について話し合って決定したものと推定される。

先ず、当初の判断の拙さ、続いて地裁から高裁、最高裁と審理が進む中で、負けを予想すれば敗訴を認めて結審させて被害を少なく出来た筈だが、それが出来なかった。関係する弁護士はビジネスチャンスだから、確定的な事を言わないで、裁判を継続する方向に誘導するのは当然の事だ。

関係する高級官僚は、東京大学法学部で法律の教育を受けているから、知識として、これらの事を知らないとは思えない。

国税庁の組織の中で働いている人間として、自己保身の為に、上役、先任者に反旗を翻すと解釈される事は出来ないので忖度して国税局長の1年の任期間が過ぎ去って行く。

武井氏から不服申し立てされ、裁判で決着を付ける判断を下し、その後も高い弁護士費用を使って上級審へ裁判を継続させた最終責任者と推定される当時の国税局長3人は、その後全ての人が叙勲され、それも最高位に近い勲章を与えられている。

木村幸俊氏は2005, 7月～2006, 7月の国税局長で、瑞重賞。

福田進氏は2006, 7月～2008, 7月の国税局長で瑞宝重光章

牧野治郎氏は 2008, 7月一の国税局長で瑞宝重光章

国税局長の任期は1年なので東京地裁で審理が始まってから最高裁で結審するまでに6人の国税局長が関わっているが、後任の国税局長は、前任の先輩の決定を覆すことは組織に対する、謀反になる。謀反を起こせば、退職後に美味しい天下りが出来なくなる恐れがあり、裁判を継続して外部から結論を付けてもらうまで“茹で蛙”で待つしか仕方が無かったものと推測される。

裁判が続行する中で、国税局長の任に有った人の心境は如何ばかりだっただろうか？

ストレスで、胃が痛み……任期中に結審しない事を祈っていたに違いないと思うと、国税局長が可哀そうになる。

勿論、そんなことは、“屁の河童”で、全くその様な事を原因とするストレスなど関係なく、……頭が良いから、組織の中を遊泳する人が居ても不思議はない。

コスト意識がない官僚社会では、勤続年数の増加に伴い組織文化に馴染んであまり気にならないのかもしれない。

ほかにも類似のお粗末な事が？

武井相続事件は偶々、最高裁の判決で、一般に知られる所になったが、それは氷山の一角で、

無数の大小の類似の不始末が発生、隠蔽されているものと推定される。この様なミス、ミスの隠蔽……で国家予算の大きな部分が棄損される。

この事件に関係した多くの国税庁の官僚はその後昇進して、既に高額の退職金を手に入れて退職、どこかの政府系金融機関、又は民間銀行、生保、金融……関係の企業に天下っているのだろう。

民間企業に天下った場合には、天下り先企業の節税、……脱税に近い様な節税を指南し、同時に現役時代の組織に影響力を行使する事で、天下り先企業の納税額を合法的に縮小させる事で、国の税収を減少させる。

非常に重要な事は、彼ら天下り官僚OBは……犯罪とも呼びたくなる様な方法で、納税額減額の手助けをする事である。法律に基づく会計、経理、税務的な事は税理士、公認会計士が専門であり、彼らは違法行為を幇助する事はしないし、その様な事が出来る人間関係を税務当局と持っていない。……一部の人は学校つながりで持っているかも知れない……。

天下り官僚OBのみが、法律の制約の外で、……過去に構築された人間関係で……活動する事が出来る。

昔は、紳士録みたいな本があり、天下り先が公表されるので、誰でも知る事が出来たが、その後、立法化された個人情報保護法により、紳士録は発行されなくなり、第三者が、高級官僚の天下り先を知る事は、不可能になったと云いたくなる程、困難になったが……最近ではウイキペデイアでかなり詳細に天下り先を公表している。

多分、社会が官僚の天下りは日本では普通の事として許容される社会になったのかもしれない。

スウェーデンではこの様な不祥事は起こらない

スウェーデンでは、日本の感覚で言えば、個人情報は全く保護されていないと言いたい。日本で個人情報と呼ばれているようなものは、殆ど全てが公開されている。

必用は発明の母と言われるが、**日本では個人情報保護は隠蔽の母**なのかもしれない。現にそうなっている。

個人的に私が知った、稲村光一氏や徳田耕氏の例から推測すれば、定年退職後天下りして、天下り先と国税のもめごとを解決するフィクサーとしての役割で、役所を定年退職後数億円の所得を得ているものと推定され、それらは回りまわって、最終的に国民の負担となり、国公債の発行残高として計上される。

この武井相続事件では多くの法曹関係者が関与し、裁判所の費用、原告、被告双方の多数の弁護士費用、……それらは、結局国民の負担となって、増税と巨額の国債発行残高に更なる上昇圧力をかける。

同時に多くの関係者を忙しくさせる事で国内の必要労働量の増加要因となり、日本の長時間労働傾向の強い国に加速させる。

自分史に既述の様に、スウェーデンの税務署はこの事件の30年以上前に、私の3,500円の金利収入の未申告を指摘した。スウェーデンの専門分野の人の能力、制度設計、事務設計をする人々の、日本とはお話にならないくらいのレベルの高さが背景にあると思う。

巨大な不祥事、ミステークをしても、多分、昇進、昇給して、高額の退職金を受け取り、数年して勲章を貰って……**庶民感覚で表現すれば、“盗人に追い銭”**であるが、誰も怒らない。

私見では、これらは日本の教育の成せる技で、……日本の教育から受けたマインド・コントロールで、社会的に指導的な立場にあると考えられる高学歴者も就職後、定型的な仕事に没頭する中で、視野が狭くなり、好奇心、疑問、何かに興味を持たない様になる。400億円と云う肌感覚から突出した巨大な数値に対する感度を失っており……社会がこの問題に対して目立った反応をすることなく、社会から消えて行く。

日本では相続税を上げる方向に転換、スウェーデンは廃止した

殆どの人は一生の間に相続を受ける立場で、最低一度は相続税と関係するから、人生の中での避けられない経験の１つだ。

税の源泉徴収票、確定申告は単年の税の多寡について、国別で比較できるが、人の一生の間に掛けられる必要経費として、行政との関りで強制的に支出額が決められる幾つかの事があり、相続税はその様なものの一つだ。

約半世紀前、私が住んでいた頃には少額だったがスウェーデンにも相続税はあったが、その後スウェーデンでは数年前から相続税を廃止した。徴税の手間と費用の割に相続税収が少ないと云うのがその理由だが、日本ではスウェーデンとは真逆に相続税負担を増加させる方向に舵を切り始めた。日本で、今まで大まかに、相続税発生対象の相続は全体の５％くらいと言われていたが、それが約２倍の10%に倍増するだろうと言われており、更に追加的な増税が計画されているとマスコミが伝える。

コスト意識の厳しい**スウェーデンで廃止するものが、コスト意識のない日本で増税**の対象となる。

何故、日本とスウェーデンでは真逆の対応になるのか。

日本の対応が正解だとすると、スウェーデンでは税収の低下になり、他に財源を求めるか、政府債務の上昇に繋がる。

スウェーデンの対応が正解だとする、日本の対応は、コストの上昇を招き、それは政府債務の上昇に繋がる。

なぜ、**両国でこの様に真逆の事が起こるのか**、これは大学院の博士論文の種にするだけの価値のある題材だと思う。

大マスコミも、結果的に隠蔽に加担

マスコミはこの事で大騒ぎすれば……自分史に既述の週刊朝日の退職を控えた老記者の話の様に、記者としての人生が絶たれるので、……淡々と、一応は記事にするが、それ以上追求しない。

大学教授、識者と呼ばれる人々がこの事件を問題として書かれた論文、記事、主張を目にした事が無い。

日本の終身雇用の組織の中で、記者は、自分を守るために、官僚に忖度せざるを得ない。

日本では最も高い教育を受けた一群の人々、多分、彼らの殆どは国公立大学卒で、国に教育費を負担させて官僚となった人々が、精神的には、マズローの定義に従えば、“生理的欲求を満たすだけの”最低の達成感の無い人生を送り、隠蔽に加担する。これだけの大事件が英語圏で起これば、大ニュースになると思うが、日本語のバリアで守られているので、世界的なニュースとはならない。

官僚の評価の基準と叙勲

日本では官僚と民間では個人の仕事の実績評価の基準が全く異なる。
官僚の場合は消化した予算の多寡で、仕事の大きさが評価されるので、私の民間での常識では想像もつかない事が起こる。
自分史に既述、厚生省の課長が神戸市北区にある、海員組合の保養施設の用地約10町歩の山林を市価の約100倍の価格で購入した事例は、民間ではあり得ない高値購入である。

民間でそのような会社経営をすれば、確実に短期間で倒産する。

官では100万円の仕事＝予算消化、よりも一億円の仕事の方は大きな仕事をした事になり、消化した予算が多いほど、大きな仕事、良い仕事をしたと評価されるようであり、損失とコスト言う概念が存在しない。

叙勲に際して、多分、勲章局が過去の役職名、期間、等に加え、仕事量を参考に叙勲に値するか検討するのだろうが、400億円は消化した予算だから、マイナスの評価とはならないのみならず、仕事の実績としてプラスの評価の上乗せになっているのかもしれない。民間では、いかに**安くするか、節約するかで評価されるが、官の場合には真逆**であるから、官と民の人が話し合っても、常に頭の中を支配する大原則が異なっているので、話にならない。

スウェーデンの場合には、既に多くの事例で説明している様に、官と民で考えが日本の様に変わることは無い。

高く買っても、増税で対応できるので問題なし

私も含めて多くの人は、このような高値購買がある筈はない、それは氷山の一角で、一般的にある筈がないと想像すると思うが、官の場合にはそれを正当化させる様な制度になっている。

固定資産税が評価額の1.4％に加え、神戸市の場合には都市計画税0.3％が上乗せされ1.7％となり周辺の土地全体の評価額が上昇するので、数十年間で簡単に税金で回収できる。

土地の売買契約成立後、保養施設や周辺の地価評価額が上昇し、結果として固定資産税が高くなった。

数十年の間に、高値購買の負担は周辺の土地の評価額が上昇する事で、その一部は薄められて周辺の地主により負担され、同時にその一部は政府債務として当面は国債の積み上げげで賄われて、その結果が約1,500兆円の国債、地方債の発行残高となって、国民一人当たり約一千二百万円の借金を抱えているような状態になった。

固定資産税が高くなることで、数十年かけて、政務債務の縮小に貢献する事になる。

コロナ騒動は非常事態なので、経済支援のために各国は財政出動して、債務を増加させているが、それ以前の平常時において、既に日本の公的部門の債務は突出して高かった。

一人当たりのGDPとの比較で、国公債発行残高は、日本：2.7倍、米国：1.3倍、西欧諸国は１倍強、スウェーデンは、0.4倍弱、混乱の極みにあったギリシャでも２倍であった。

官と民がホボ同じ土俵で考えて行動するスウェーデンは非常に小さな数値。

政権が変われば高級官僚も自動的に交代して、腐敗の発生が抑制される米国や、他の西欧諸国も日本の半分以下である。日本は、約半世紀前に赤字国債＝特例国債の発行を始め、それ以来継続的に政府債務は右肩上がりに増加、何処かで低下させる方向に舵を切らなければ、悲惨な結果になるのは明白だ。

『赤字国債』と言う刺激的な言葉を避けて『特例国債』と命名……化粧する事でマインドコントロールする。

例えば2021年度の一般会計の総額は100兆円強で、税収が60兆円強、公債費が30兆円強となっている。

これは、皮膚感覚で捉えれば、**一年間の生活費100万円を賄うのに、アルバイトで60万円強稼ぎ、30万円強はサラ金から金を借りて生活している学生の様なもので早晩パンクする**。

2021年はコロナの関係で、公債費が突出するのは仕方のない事だが、何処かで収入を増加させるか、消費を少なくするしか方法はないが、日本では……殆どの人がこの事に関して危機感を持っていない様に見える。

日本では、この様な事を話題とする事を忌避するような雰囲気があり、特に公務員の人もいる場でこの話題を持ち出すのはタブーの感がある。

日本では、近所の住人、テニス、畑の知人友人等との話では、このような話題は絶対に出ないし、すべきではない空気が蔓延している。60年くらい前の日本の田舎やスウェーデンでは人が集まると、政治絡みの話題を話している場に遭遇したが、日本の都会では、御主人は家と職場を往復の人生で、人としてよりも、一つの仕事をする、心を待っていないロボットみたいな、感覚で人生を過ごしながら定年を待っている。それが多くの比較的高い教育を受けた日本のサラリーマンの姿だ。

百害あって一利なしの、“ふるさと納税制度”について

ふるさと納税制度を第２部第１章に取り上げ、末尾の添付資料に、2015年の私の年賀状と林関西大学副学長への書簡を参考のために掲載している。既に多くの方はふるさと納税制度に馴染みがあると思うので、先ず制度の問題点を列記する。

制度は日本の中央、地方の政治と官僚の抱えている問題を解りやすく抉り出す典型的な例であり、制度の成立過程から、制度の抱える問題について、広い視野から分析する事で日本の政治、官僚組織の在り方と問題点を検証してみよう。

社会的な背景とアイデイアの出現

日本では、戦前の翼賛政治と呼ばれる、全ての資源を戦争の為に効果的に集中する為に作られた制度の残滓からか、過度な中央集権体制が残存していて、税源の85％が中央に行き、地方公共団体は15％の税源しかないと言われ、西欧諸国と比べて後進的と政治学者、経済学者などの俗に識者、経済アナリストと呼ばれる外国の経済専門家から指摘されてきた歴史がある。福祉国家スウェーデンでは真逆で、地方が85％の税源を握っていると言われていた。多くの資金を中央から獲得する事が、県知事や市長の最も重要な仕事となり、それが官官接待と呼ばれる、先進国では非常に珍しい、恥ずべき、日本特有の習慣となっていた。

その様な背景の中で、３割自治等と云う、地方に30％の税源を渡すべき見たいな、漠然とした目標が出現、中央から地方への税源移譲について、中央と地方の駆け引きが始まった。

この様な背景の中で、多くの財政難に悩む地方の小人口県などからの要望に応えるべく、地方への税源移譲の一環として約15年前に“ふるさと納税制度”の美名で制度が発足した。

その後の制度の手直し

制度発足後、色々な問題が出現して、その度に修正が加えられて現在に至っているが、制度自体の根本的な問題点について論評した専門家の意見、見解を目にしたことが無い。ネットなどでも、制度を活用する方法の解説は無数にあるが、制度の存在価値を疑ったものにお目に掛ったことは無い。

私の視点からすると、これは**非常に不思議な事だ、日本では誰も真剣に考えないのだろうか？**

日本の教育の効果で、好奇心、疑問を持たない、従順だけの人格になった為か、厳しい仕事で疲弊して……自分の事で精一杯なのかもしれない。

筆者だって57才で退職して、時間があるからこの様な本の執筆が出来る。

若し、70代まで現役で仕事をしていたら、絶対に本の執筆など考えなかっただろう。

私の結論を先に言えば、制度は中央と地方の政治家の素朴で情緒的な良心と具体的な制度設計を行った、いささか浅薄な官僚の先読み能力の低さが融合して出来上がった非常に出来の悪い制度だと思う。

何度も経済、経理の専門家が集まって色々話し合っている筈だが、疑問を持つ人がいなかったのか、雰囲気がそれを指摘する事を許さなかったのか……不思議だ？

情緒的な良心を出発点とするが機能しない、悪しき典型的な例

一般に、世界の歴史が教える政治とは悪しき権謀術数の世界であり、その権謀術数の世界で、政治家に小判鮫の様に張り付いて動くのが官僚と官僚組織であると、教えている。

日本のふるさと納税制度は良心的な中央と地方の政治家の思いと、それを実現するために制度設計した官僚組織の作品であるが、私の視点から観察すると、残念ながら制度は根本的な欠点を内在しており、制度は早急に廃止すべきであるが、**日本の社会では、廃止は、開始以上に難しい……困った国だ**。

制度は全ての関係者が、権謀術数とは全く関係のない良心をエンジンとして起動したが、政治家の情緒的な思いと、官僚の単視的な制度設計では、関係者の思いとは反対に、制度は国民に緩慢に、気付かれない様に負担を掛ける様に作用する。多くの、記憶重視で教育され、物事の根本を考えない習慣で人生を送ってきた人々は制度の存在を疑うことなく、誠実に決まりに従って作業に従事する。

“木を見て、森も見て”をしない、出来ない。単視的に単に“木だけ見ている”から、不便、不条理は温存され、社会を混乱させる。

大まかな制度の説明

◆Cさんの場合

A市に住むCさんが、B市に1万円を寄付して、4千円相当のB市の特産品を頂き、結果として**6千円をB市に寄**付。

確定申告する事で、所得税と地方税合わせて8千円の還付が受けられるので、**1万円寄付して、還付が8千円になるので、負担は2千円に減額される**。

◆A市の場合

全市民がふるさと納税制度を使って他の都市に寄付すれば、市制が崩壊するから、新しい組織を立ち上げて、防衛策を講じるために、職員を増やす事になり、**それは歳出の増加、増税に連結している**。

◆B市の場合

Cさんから、1万円の寄付を受け、4千円相当の出費で、差し引き6千円の税収増で、これは美味しい制度として評価され、より多くの寄付を受けるべく、組織を強化する。

未来永劫に税収増が継続されれば結構な事だが、一種のゼロサムゲームで、他市との競争になり、初期のある程度の期間は増加傾向を維持して推移するが、早晩、天井に到達して、それは単に行政の仕事を増加させるだけの事になる。

◆中央、地方全体で考えると、総税収が減少するので、時間の経過に伴い、税収確保のために長期的に増税する方法を模索しなければならない。地方のみならず中央も徴税が複雑になり、事務量が増えて、人員を増やす圧力になる。

最近流行りの、買い物額に応じてのポイント制などの、利益獲得に敏感な若者で、今まで源泉徴収で済ませていた若いサラリーマンを確定申告させる事になり、税務処理の簡素化を目的として存在して来た源泉徴収の利点が減少する。

徐々に、個人のふるさと納税のメリットが広く理解されて、殆どの人が利用するようになり、**全国的に問題を起こすことは必定である**。以下に項目別に手短にコメントしてみる。

◆環境破壊と労働強化

21世紀の社会では、高度に合理化されたサプライチェーンが構築されて、生活物資は製造業者から、スーパーを経て消費者に大量の物資が効率よく安価に輸送されている。

ふるさと納税制度の活用により小口の小さな包装物を宅配便の車が、排気ガスをまき散

らしながら、南から北へ、北から南へと駆けずり回って配達される。ふるさと納税制度が高度に普及すれば、宅配便業界の商機の若干の増加に寄与するかもしれないが、運転手の確保に悩みだした宅配業界にとってもさほどありがたい事とは思えない。
返礼品について考えると、個人のお客の場合には、定価で受けられるが、行政が関与する場合には、その影響力で……色々な面倒な手続き、形ばかりの値引き……が付いて回る。

◆市民からの圧力と都市間の無意味な競争

寄付を求めて、地方公共団体間で無用の競争が繰り広げられ、それは単に無意味な行為でしかないが、深く制度について考えない、考える必要のない多くの一般市民は、自分の市がふるさと納税について熱心に取り組まないと、非難する。
市民の評判を一番の問題とする首長は、熱心に制度の実行を迫る。国の意向に従って従順に動かない市は国からの補助金獲得でマイナスになる。

◆業者への影響力の発生、不正の温床

地方の特産物が寄付に対する返礼となっているが、それは行政と業者の癒着、小さな不正の温床となり易く、行政は可能な限り民間への影響力を与えない距離を保つべきである。“李下に冠を正さず”である。

◆日本全体で巨額の費用

日本には約1,700の地方公共団体があり、ふるさと納税制度に便乗して各市町村が２人の担当者で立ち上げると、４千人弱の人員となり、一人当たりの費用を……人件費、場所、机、椅子、パソコン,印刷物等で……２千万円とすると、年間約８百億円となる。30年継続すれば２兆４千億円となり、国公債残高を増大させる。
2020年度の歳出は約240兆円、公債費は88兆円＝37%を占めている。
歳入は103兆円で、税収は63兆円＝61%、公債費は33兆円＝32%である。
家計に例えれば、年収240万円の家庭で88万円をサラ金から借りるようなものだ。
既に多重債務となった日本が、借金の問題に正面から取り組まなければ、早晩日本はパンクする。
2020年度はコロナの問題もあり特別だが、それだけに負担軽減が必要だが、日本の政治は望ましい方向を見つけて、方向転換する事が出来ない。

◆地方公共団体を競争させるのは悪政

中国の様に中央政府＝共産党政権が地方を統治すると言う考えが根本に存在する国と違って、日本は民主主義の国であり、政府は統治するのではなくて、民意に従って政治を行う事になっている。
中国では、統治が主で、民意への忖度は従であるから、競争によって地方が疲弊しても、統治目的さえかなえられればそれで良い。日本では国内と地方間の競争で得るものは何もない。競争の為に無駄な人的、物質的な費用を浪費するだけである。経済学で言う“穴を掘って、埋め戻し”と同じであり、統計上では穴を掘るためのコストも、埋め戻すためのコストもGDPに算入されるので、見掛け上はGDPにプラスの影響を与えるが、実体としては人手をかけて浪費しているだけである。
例えば、都市間で企業誘致の為に固定資産税の引き下げ競争をしても、国としては何のプラス効果もない。
同じ企業誘致でも、**国内の競争と、海外との競争では全く意味が異なる**。
日本政府の年間予算を100兆円として、50兆円消費して巨大な穴を明け、50兆円を使ってその穴を埋め戻すと、GDPは100兆円として計算されるが、100兆円は単なるムダで、人々を忙しくするだけで、何の貢献もしていない。

ふるさと納税制度の総括

結局ふるさと納税制度は環境の悪化、将来の増税要因となり、人々を無用な事で忙しくして、長時間労働、家庭生活の品質低下に繋がり、地方自治体は無意味な競争を強いられ、最も望ましい地産地消とは反対の方向に世の中を引っ張って行く。これは日本の文化とも形容される、**全ての日本の立法、行政に共通する宿痾、慢性病とも表現したくなる悪弊の1つ**である。

一旦出来上がった制度、習慣は変更、廃止が非常に困難で、何か小さな問題が発生するとパッチワーク的に対策されるが、抜本的な対策が出来ない。これは、武井氏の相続に際しての400億円の利子付還付金事件、この後で話題になる、JR東海のリニア新幹線、その他の話題の根っこにある問題と共通している。

この様な理由から、ふるさと納税制度をサンプルに、**この制度が多くの日本の悪弊に共通する原因を持っている事**を明らかにする事で、将来に同類の問題の発生の予防となる事を期待するものです。

政治家の問題

若し、政治家が地方への税源移譲が重要な事であると認識しているのであれば、何故、政治家は制度設計を変更、税源を地方に移せないのか。

スウェーデンの場合には政党、議員、識者は国の為、国民の為と云う意識で問題に向かって正面から議論している。

その様な事が出来る、実務的な知識と能力のある人が、その様な任に当たっている。

日本の場合には多くの政治家は民間での経験に乏しく、実務的な能力が低く、単に自己主張、揚げ足取り、批判の為の批判……政治家を辞めたら潰しが効かず、高額な歳費収入の道が断たれるので必死になっている。

不誠実な利益誘導の背景……を持った、政治家と呼ぶよりも政治屋と揶揄される様な政治家が多く、課題に向かって正面から議論できるような能力を持ち合わせた人は殆どいないのだ。

それ以前に、日本の教育でマインド・コントロールされている殆どの人は、このような事に興味も、疑問も感じないので、そのまま放置される。

ふるさと納税と豪華ホテル宿泊

2023年10月箱根、強羅の五つ星ホテル、花壇に宿泊した。箱根町に別荘を持つ大学時代の友人のタケッチャンから、ふるさと納税の返礼品で貰った20万円の宿泊券を頂いたので、初めて強羅温泉で豪華ホテルに宿泊した。

(タケッチャンは筆者の大学時代の同級生で起業した成功者。写真集参照)

先ず、随分先まで予約で詰まっており、非常に繁盛している。1月以上先の土、日しか空いていない。

予約は殆んど外人さんで一杯……日本人の客にも宿泊枠をと……土、日は日本人の予約枠を取っているとの話。土曜日の宿泊だったがそれでも半数以上は外人さんだった。

夫婦で一泊2食付きで料金が20万円、飲み物その他は当然別料金。

仲居さんの話では数日前には42室全て満員で1室だけが日本人でそれ以外は全て外人だったとの事。

海外の高級ホテルと将来の日本の姿？

20年ほど前エジプトに10日間旅行した時に、アスワンで、英国のミステリー小説作家アガサ・クリステーが滞在して執筆活動をした事で知られた、カタラクトに宿泊したが、そこでは外人だけで、地元のエジプト人の宿泊客は目にしなかった。
24年ほど前に初めて中国に行き北京の高級ホテルに宿泊、そこでは中国人客を目にしなかった。北京の労働者の平均月収が７千円くらいと言われていた頃の話だ。
30年ほど前にインドへ10日間の出張旅行、ボンベイ＝ムンバイの、インド門近くの、巨大な超高級ホテルタージ・マハールに投宿したが、インド人らしき宿泊客は居なかった。
トルコでも、ハイチでも、49年前のソ連のモスクワでも同じだった。
日本でも、超豪華ホテルでは同様の事が起こっているのかと……余分な事が気になった。

男の仲居さんと、名前で名を呼ぶ習慣

客室は男の『ケンジ』と言う名の仲居さんが担当した。ケンジさんは、羽織はかまで、武家の中間の感じ。
日本語の辞書には、仲居は女性の職業として載っていると思うが、花壇では男女、ホボ、半々だが男性の方が多い感じ。男も、女も仲居は姓でなく名で呼ばれる。創業当時からの伝統だと言う。
皇室にゆかりのある、伝統と格式の高い、最も日本の粋を誇る強羅花壇でこの様な伝統がある事にビックリした。
私が常識と思っていた、多分、普通の日本人や外人さんが経験する日本とは非常に異なった日本の文化の一端を覗き、此処で宿泊した外人さんは、多分、困惑しているだろうなと思った。

海外からの出張者が宿泊

露天風呂で、スイス人の二人連れが話している。話の内容から筆者の知っている会社ABBの名前が出て来たので、先ず片言のドイツ語で、次いで英語に変更して30分ほど雑談した。
スイスにはABB＝アセア・ブラウンボベリと呼ばれる、重電機等を製造する世界的に著名な大企業がある。既に退職していると思うが、ABBのトップはパーシー・バーネビーク氏で、彼は2000年頃にサンドビックのトップだったが、ヴァレンベリー家族財閥が支配権を持つ、世界的に著名な重電機会社アセアのトップに転職した。
スウェーデンがEUに加盟するか、自国通貨クローネを廃止してユーロにすべきか悩み、国民投票が行われたが結果は自国通貨を維持する事になった。
バーネビーク氏はビジネス展開の視点からヨーロッパの中央に位置する方が有利と判断、スイスのブラウンボベリと合併、ABBが誕生して、そのトップとなりスイスに本社を構えた。
50才の人は一泊だけで、明日ニューヨークに向けて出発すると言う。
46才のビジネスマンは東京に勤務しており、度々花壇に家族で宿泊していると言う。
１泊20万円前後、東京から強羅まで交通費、時間……かなりの負担だが、そのような事が出来る。
50才さんは出張で来ているが、会社の出張旅費規程で請求出来るのだろうが……ビックリする。
多分、日本のビジネスマンではその様なわけには行かない。それが出来るのは政治家、高級官僚だけだ。
昔エジプト、トルコなどの高級ホテルでは現地人宿泊者に会うことがなかったが……日本も、そうなったのかと複雑な気持ちになった。

翌日、久しぶりに横浜に来たので会社の昔の同僚と再会する為に横浜関内にあるアパホテルに宿泊したが、宿泊費は二人で、7,100円……多くの日本人ビジネスマン、旅行者で満室だった。

彼らが日本はどうだいと聞いてきた

彼らは、日本の経済はどうだい……と聞いてきた。私は、表面はソコソコ安定している様に見えるが……地下にはマイナスの巨大なマグマが溜まっていて、何時動き出すか分からないから、不安定だと答えると。

即座に二人とも、私の言葉の意味をよく理解していた。

彼らは、細かな数値は忘れたが、スイスは日本の1/5の借金で健全だよと笑っていた。

スイス人のビジネスマンはやっぱり、タダものではない。

筆者がざっくばらんに話をするテニス、家庭菜園、マージャン、隣人の100人くらいの内、大学経済学部、経営学部卒の人が約10人いるが、筆者が表現したような説明で、彼らの様な返しをする、反応を示す人は絶対にいない。

一部の人は、非常に講釈好きで、周囲に自説を講釈するが、講釈内容がその人の理解のレベル、深度を露出するから聞くのは面白い。

筆者は大阪のオバチャンみたいな雑談はするが、その様な講釈に反応して議論する事は避けている。若しそのような議論をすれば人間関係が簡単に崩壊する。

そのような人の理解は、マスコミに登場する経済学者、知識人の解説と同じか、受け売りであり……それは日本の教育の影響だから仕方がない。

箱根町は『ふるさと納税』勝者

箱根町は筆者が『百害あって一利なし』と非難する『ふるさと納税制度』の勝者で、住民一人当たり十数万円の寄付を受けている。筆者の故郷、南砺市は世界遺産『合掌の里五箇山』、チューリップの里砺波市で知られた観光市。

だが、住民一人当たり約300円程度と、箱根町の1/400程度しか寄付を受けていない。

それでもウエブサイトを維持し、担当者を置いて、中央の官僚のアイデイアで始まった『ふるさと納税制度』の競争の場で、約1,700の自治体とゼロサムゲームを戦い、地方自治体は疲弊……中央政府は『ふるさと納税制度』で減少する税収を補填する為に増税を模索……又は放置して歳入不足……国家予算のドンブリの中で混合されて、国債の新規発行で賄われる。

この様な制度の下で長期間1,700の地方自治体を競わせる事は、地方自治体を民間企業の競争社会の文化を持ち込む事を意味し、当然、新陳代謝……負けた自治体は退出する事になるが……地方自治体は退出しない、出来ない……それらは低賃金、長時労働で糊塗され、最終的に債務は公的債務の積み上げにより賄われる。

東大卒VS立命夜間部卒

筆者には強羅の花壇への招待券をしてくれたタケっちゃん、マッちゃん、フクちゃんの3人の心を許せる友人がいる。(写真集参照)
立命館大学夜間部機械工学科の同級生だが年齢は皆異なる。福ちゃは沖永良部出身で頻繁には交流できないが、武ちゃんは京都、松ちゃんは泉佐野に住んでいる。筆者の2才上で最高齢の松ちゃんは残念ながら2023年秋に物故した。

運輸省の官僚で正義感が強く、定年間際の数年間は兵庫県の運輸省を代表して、政府の省庁の代表者が定期的に開催する顔合わせ食事会に出席していた。
　筆者より１才下の武ちゃんは会社を創業……成功して大金持ちになり有名な寺の門徒総代、経営困難な学校の理事となり経済的に支援するなど、一般人には出来ない様な多くの陰徳を実行している。
　安倍晋三元首相と同様の腸の過敏を原因とする持病に悩んでいたが……高齢となり他の病気も加わり、東京で治療を受けた。
非常な名医で困難な状況が快癒した事に感謝の気持を具体化する為に、東京でクリニックをプレゼントすると、現在東京で建設中のクリニックの完成を待っている。

京都市長は夜間部卒

　筆者より８才年下の京都市長、門川大作氏は立命館大学の夜間部卒だ。
筆者と同じ夜間高校卒、夜間大学卒で筆者としては感じる所がある。今迄、門川氏以外で高校も夜間で夜間大学を卒業した人を知らなかったので、まだお会いした事は無いが拍手を送りたい気持ちで一杯だ。
　夜間高校卒業後、京都市の教育委員会に就職、51才で教育長に就任８年後に退職して市長選に出馬、当選して以来４期16年間京都市長の任にあり、2024年の市長選には出馬しない事を明言している。

夜間部卒は立派に社会に貢献している

　筆者の周囲には、上述の数人以外に他人に語りたいような立派な人がいる。彼らは日本では学歴と呼ばれない様な学歴で、一昔前の見合い結婚が普通だった時代に、釣書に記載するのが恥ずかしいくらいの学歴だが、彼らは素晴らしい人生を送っている。東京大学をトップグループで卒業、その中から選抜されて高級官僚候補として入省、その中で頭角を現して省庁を代表する高級官僚となり退職して天下りして、この本のおそまつな話題の中心人物となっている。
　この事実は日本の社会制度に対する根本的な疑問を投げかける。

北海道スキー旅行を断念

　高齢となり、恒例の北海道スキー旅行に同行してくれる人がいなくなった。
2024年の冬に二人の娘を誘って15年くらい毎年行っていた倶知安のルスツリゾートに行くべく、10月に入ってネットで検索、料金が高いのでビックリ。先ず、１月の20日頃までは既に予約で詰まっており空きがない。
　１月29日から４泊５日、素泊まりで１人当たり25万円と、一泊６万円強。
食事、レンタルスキー、リフト券で１日追加の費用が２万円/日程度掛かる。
神戸からホテルまでの交通費を除外して、宿泊、スキーだけの費用で２人約70万円掛かる。

2023年には安かった

　2023年２月には、JTBに依頼して神戸からの往復の交通費も含めて５泊６日二人で、食事、スキーレンタル、リフト代込みで40数万円だった。全国旅行支援で約20万円の補助を得られる筈だったが、制度がいい加減でJTBが頑張ってくれたが補助は受けられなかった。2019年も、2020年もホボ同じだったが、2024年には２倍に高騰しているが、外人客はその高値を問題にしない。

白馬コルチナに変更、宿泊費が大方1／5に

30年ほど前に創業した、長野県の南小谷に白馬コルチナホテルがある。
創業直後に１回行った事があるが、素敵なチロル風の高級大型スキーリゾート型のホテルだ。
ネットで予約入れると、朝、夕の食事込み１泊1.5万円強で、ルスツの1/5と激安だ。
イヤ、激安でなく、外人客が主流のルスツが高いのだ。

長期的には不可避な円安傾向と未来の姿

1,500兆円に膨れ上がった巨額公的債務の為に、確実に円安に向かう。
日本も世界の低開発国、低所得国の様に外人が宿泊する高級ホテルと、日本人が宿泊する安価なホテルに明確な階層化が既に始まっているのかも知れない。

国税は数十億円の徴税機会を逃した

国は徴税する事で存在し、民間は法律を守りながら税を少なくするように知恵を絞り、両者は大昔から税を巡って対立する関係にある。巨大な利益を上げる巨大多国籍企業の税金逃れの方法として、タックスヘブンが活用され、その事について世界的な注目が集まる中で、金融庁は日本における多国籍企業からの徴税額の増加を狙って、日本にある外国企業に対して査察を始めた。テニスの友人が勤務していたスイスの製薬会社チバガイギーが六十数億円払ったと読売新聞が報じていた。
サンドビックにも大阪国税局から査察が入り、社長は、経理部に勤務する社員で国税から転職の中村氏や元銀行の経理部長だった人にアドバイスを求めた。経理専門家の彼らは、国税は国の政策で動いているから、払わないと言う訳には行かない。出来るだけ少なくなるように、交渉する方法しかないとアドバイスした。

徳田会長は影響力を行使できなかった

大蔵省OBの徳田会長は今回のケースは政策で動いているから影響力を与えることは出来ないと回答。
社長は、今まで何度か奇妙な事件の場合、私が解決している事を知っていたからだと思うが、あまりにも巨額……７年前に遡及するので、若し、言いなりに払えば、確実に10億円以上、多分、数十億円の支払い……が関係するので私に問題を説明して、お前の思うとおりに反論文を書いてみてくれと頼まれた。提出先は税務署で、日本語の文書になる。
英語で書くと時間が掛かるし、再度、日本語に翻訳するのはシンドイので、最初から日本語の文書にする事で了解してもらい、英語への翻訳は秘書の若山さんにして頂く事で、内容を理解してくれと了解を取った。
次回の税務署の来訪は１週間後、数日掛けて……出張中の電車やホテルで……小さな字をビッシリと詰めたＡ４で５－６ページの税務署あての上申書を作成した。
社長は若山さんの翻訳の文書を読み、今度の税務署との会合では、お前が主になってサンドビック側の説明する様に指示された。後で聞いた話だが、社長は同時に出席する中村氏、元銀行の部長の二人には聞くだけで、議論しない様に釘をさした。

国税との議論

先ず、文書を提出、口頭での説明も加えて、……国税の３人と……議論が始まった。
役付きの課長か係長が主に国税側の発言をして、私との議論となった。税務署側は誰も私に名刺を渡さなかった。

私の、論旨は国税が要求するような形で納税額が決まり、スウェーデンから導入した最新技術をロイヤルテーの支払い無しで利用するのは、国際的な事業展開をしている企業の根本に関る問題であり、海外での生産を止めるように作用して、企業の海外への技術移転を困難にして自由貿易拡大の障害になる。

本社は工場を日本から他の国に移転する事を模索するかもしれない。
従業員数百人の小企業の、わが社の場合には日本における企業の存亡に拘わる問題である。我々が、日本から数十億円の輸出が出来ているのは、最新技術を利用しているからであり、同様レベルの技術を維持するためには、巨額なR&Dへの投資が必要であり、それは我々の事業規模から考えるとお話にならない、非現実的な事である。

第二番目に若し、国税が要求するようなことを受け入れて行けば、長期的には確実に競争力を失い、我々の会社は倒産、我々が困るのみならず、国税もサンドビック㈱と云う税源を失う事になると、主張した。

会合は数時間を要したが、彼らは、意外な視点からの反論に対して、困惑の様子を見せながら……、彼らにすれば想定外の反論にビックリした様子……種々の質疑応答があったが、彼らは正面から議論する事が出来なかった。

国税OBの中村氏らの想像していたように、国税の云う事を素直に聞くものと思っており、それまで根本的な原点に戻って考えたことが無かったので、議論にならなかった。国税は、その後、再度この件で査察に来ることは無かった。

その後の経過の推測

これは推測だが、彼らは来る前に楽観していたと思う。サンドビックには大阪国税OBの中村氏、大蔵省OBの徳田耕氏がいるから、日本の状況は良く知っている筈、外資系企業だが、抵抗しないだろう、少し減額すればOKするだろう。前回の最初の会合でもそんな雰囲気だった、と、特別真剣に考えていなかったと思う。

予想に反して、出て来たのが変な若造で、文書を用意して反論してくる。 原則はしっかり捉えており、今まで聞いた事のない議論を真剣にして来る。勝てる気はしない。変に週刊誌の種になると……他の多くの企業にも波及したら大変だ、放置して置くと決めて、来なかったのだと思う。

会社には貢献、でも日本への納税額は減少、個人的には複雑

国税は……それは一人の人でなく、立法に関わった専門家、国税の多くの専門家、専門家を教育した大学教授等も含めて……短視的にしか物が見れなく、社会的な経験が浅く、複雑な経済現象を多視的に観察できない事が原因であると思った。数日の出張の合間の時間を見つけての作文で、私の30年勤続の期間に頂いた給与の十倍以上の金銭的貢献をした事になり、長期的には会社の安定性を脅かす酷税から逃れる事を可能にした。

私としては、日本への納税額が減少するのを、良しとしない気持ちがあり、正当な、理に適った納税はするべきだが、そのためには国税は納税者の状況をよく理解すると同時に、多視的に状況を判断して税制を設計する能力が無ければいけない。

日本では税務官僚は一段高い位置から、絶対的な権力を振るって徴税できるので、深く考える事を必要としないので、正面からの議論に耐えられないのだと思った。

気分的には、社長から依頼されて、十分役目を果たしたのだが、余り充実感を得る事は出来なかった。外国絡みの事柄の場合、心の何処かで、日本がバカにされたり、日本が不当に利用されている事を残念に思う事がある。日本側の人が、外国側の理不尽を論破してくれると……少し良い気持ちになる。人間とは複雑なものだ。

この事件は経理のプロのメンツを潰す事になり、私を窮屈にした

納税を迫られる企業の経理担当は、将来、別の機会に仕返しをされる事を恐れて、取り敢えず、角張った議論は避けていくばくかの金を払う。ヤクザに脅されて『ミカジメ料』＝場所代を払う様なものだ。

この様な場合、日本のプロ的な経理部長の対応は税務職員を接待する事で、料亭に招待して税金の減額の相談をして、**例えば３割減額の了承を取り付けて、直ぐに修正申告をすることで、経理部長は問題を丸く収める**。

その数年後に、マスコミで大蔵省の官僚が金融機関から頻繁に、風俗店ノーパンシャブシャブ屋で接待を受けた事が、ニュースの種になったが、日本ではそれは空気の様に容認される事だったようだ。能力で人が移動する能力主義の西欧社会では、議論を通じて専門能力を磨く。日本では、税務官僚も民間の経理担当も終身雇用の中で動いているので、お互いに自己忖度して、……正論、正義を脇に置いて……、保身を図る必要がある。

この事件については、社長、二人の経理担当者以外誰も知っていない。翻訳した秘書の若山さんも交渉の結果については知っていない。この件について社長のワリーン氏は、最初に文書をわたした時に、サンキュウと言っただけで、結果が出た後にねぎらいの言葉を貰った訳ではない。彼と私の関係はいささか奇妙で、……それは彼が私のスエーデでの評価を知っているし、自分が製品の事に就いても、商売の事に就いても殆ど無知である事を自覚していた……事が原因していたと思う。

著名なルンド大学哲学科卒のワリーン氏は彼なりの視線で観察した日本に、日本語の個人教師……多分、若くて日本の事をあまり深く知らない……からの受け売りで、一言、日本に就いて何かを言う事が良くあった。

彼は、日本語の“根回し”に就いて日本語の先生から教わり、素晴らしいみたいな事を私に言ったので、語源としての植栽技術としては非常に良い方法だが、多くの日本人は人間社会における、建設的な根回しと腐敗した根回しを区別できていない。よく似た事を意味する“お膳立て”と呼ばれる表現もあり、官が絡むとそれは汚職と同義語だと言うと嫌な顔をしていた。しばしば、私が補足説明して、時には全く別の方向に認識間違いを指摘する事もあり、ワリーン氏と二人だけの場合、親会社の重役、社長も一緒に話すときには常に、彼は少し引いたような……私の存在を大変意識した……会話になっていた。

親会社は、色々な人材を日本に社長として送り込むが、なかなか納得できるように行かないので、困惑していた。

その様な状態が30年近く続き、退職時の社長だったセッタールンド氏が筆者の退職時に、資料集に掲載の様な、ヘンテコリンな抒情詩を、筆者の送別会に送る原因を作った。（自分史第七章末に記載）

退職に際しての加給金が減額された

結局この税務署との議論は、私個人に対しては、退職時に退職金の数百万円の減額と言う形で、プロの経理担当から報復された。

筆者はスウェーデンへの転勤期間の４年間、当時の法律的な問題で厚生年金に加入することが出来なかった。

筆者は退職に際して、退職後に支給される厚生年金の４年間の減額分を退職金に加算して頂きたいとお願いし、逸失年金額計算の中で平均余命を使用した。

当時、経理部長だった中村氏は、岡田は男子で、男子の平均余命は女子より短いからと、10年弱の期間短縮で筆者の計算よりも、数百万円低い金額を社長に提示した。

OECD統計によれば日本は突出した理想的『高福祉、低負担国家』で　スウェーデン、デンマークは突出した『低福祉、高負担国』である。

偶然から数百あるOECDの統計からOECD加盟35か国の『国民負担率の国際比較』を発見した。35か国の全体を示す表を下に示す。

表によれば、日本はスウェーデンより突出して、『高福祉、低負担国』となっている。

2023年10月に初めてOECDの統計に接して、流石にOECD、正しく日本の事を理解していると、直感的に思った反面、今迄、日本が『高福祉、低負担国』であると聞いた事が無い事を不思議に思った。

日本ではスウェーデンは『高福祉、高負担国』であり、高負担にしなければ、スウェーデンの様に高福祉は無理と、それが常識の様に言われている。

国民負担率の国際比較（OECD加盟35カ国）

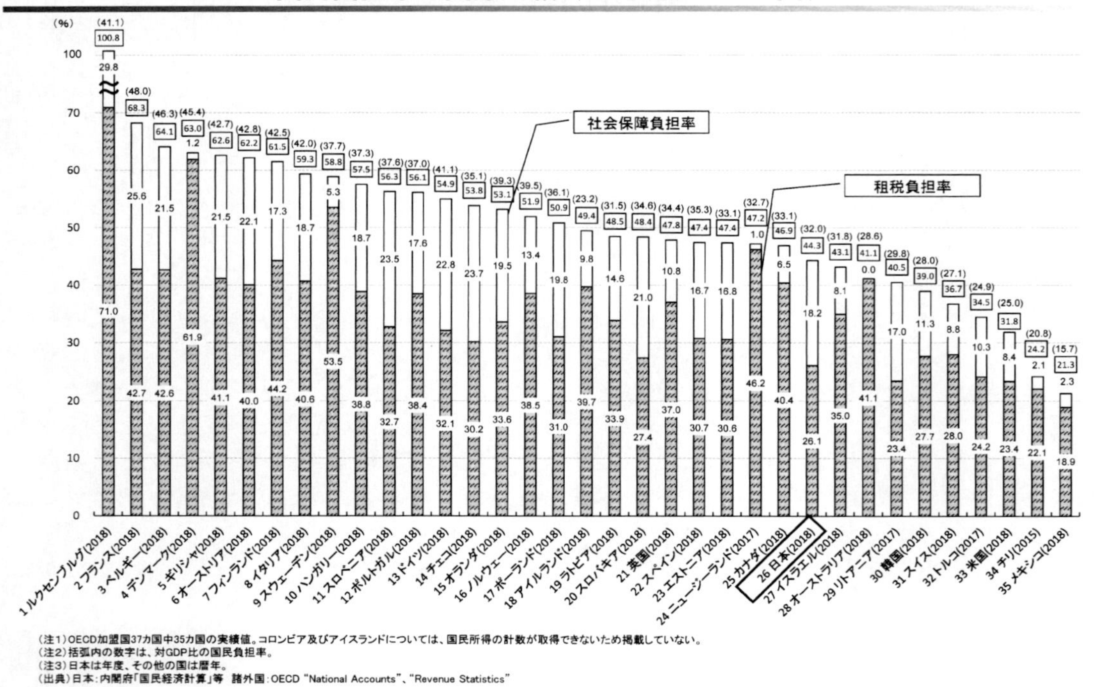

日本とスウェーデンの数値をピックアップして、以下に要約を示す。

日本とスウェーデンの比較

国　名	対GDP国民負担率 (%)	租税負担率 (%)	社会保障負担率 (%)
日　本	32.0	26.1	18.2
スウェーデン	37.7	53.5	5.3
日本÷スウェーデン	0.85	0.5	3.4

OECDは各国政府に成績を付ける国際機関

OECD＝国際経済協力開発機構の年間予算額は約350億円で、その10％弱＝35億円は日本が拠出していると言われている。OECDは無数の、各種経済統計を調査、結果を公開している。

各加盟国には毎年、項目別にその国が世界レベルで評価した場合に、どの位置にいるかを示す、成績表を年間報告書として提出、目標とすべき政策提言をしている。

良く知られた、女性参画、女性登用に遅れた日本が欧米社会から白眼視されていると思って政府が過剰反応、数値目標を立てて、専門性とは関係の薄い女性大臣の数を増やそうと頑張るのは,OECDの報告書の影響だ。

日本は『高福祉、低負担国』になっていた。

日本の租税負担率はスウェーデンの半分、社会保障負担率は1/3.4である。

権威あるOECDの統計では、日本は既に突出したスウェーデンをはるかに超えた『高福祉、低負担』を達成している、夢の様な国だと認定している。

説明の必要もないだろうが、日本での生活実感からは千kmも離れているが、統計は間違っていないと筆者は承認印を押せる。統計に示された数値は正しいのだ。

不思議な事に日本では、日本が国際的に『高福祉、低負担国』として認められていると言われているのを聞いた事が無い。連日NHKの掛けっぱなしのラジオからは、かなり頻繁に識者がスウェーデン、北欧の国は高福祉、高負担とコメントされるのを聞いたが……。表を見ると北欧のデンマークとスウェーデンは突出して**『低福祉、高負担』、日本は『高福祉、低負担』になるが、それはスウェーデンと日本での生活経験のある筆者の実感とは真逆だ**。

日本の多くの年収１千万以下の低所得者は、将来に明るい希望が持てない。

感覚的には、**日本では低所得者と言えば年収２－３百万円を意味すると思うが、スウェーデンの累進課税から判断すると、スウェーデンでは年収８－９百万円までは低所得と見做さ**れる低負担である。

OECDの統計は正しいが、日本人にはこの統計を読み取り正しく理解するのはムリだと思った。

OECDに提案書簡を送付。

筆者はOECDに長文の英語のメールを送付、統計は正しいが、日本の特殊事情で、多分、日本ではマインド・コントロールされ、統計を正しく読むことが出来ない。

日本人が疑問を感じて、正しく読める様にするために、統計表に公的債務残高も同時に掲載して頂きたいと提案をした。

何故、統計が正しく、生活実感から離れているのか

最も根源的な原因は心の問題であり、それが統計として外部に露出した事で、今回の様なヘンテコリンな事が起こったと断言できる。以下に提案書簡の内容を抜粋して説明する。

第２部、第８章に既述した様に、年収８～９百万円以下の低収入では、日本の方がスウェーデンよりも税金が高い。

昔の日本の多くの若者は、乗用車の購入、近未来の結婚、すでに結婚していたら子供を持つ等の具体的な夢＝計画を持っていたが、現代の若者は生活が苦しくて……未来に期待が持てない。

多くの大卒の初任給は年収で400万円以下。

多くの定期雇用の就業者も年収は500万円の壁を超えられなく、この層に多くの人が属する。

下表は年収400万円の単身者の日本とスウェーデンの税負担を比較している。（第二部第８章から抜粋）

上表を金額で表示

国　名	年　収（万円）	本人の納税額（万円、税率）	雇用主の納税額（万円）	国、地方の徴税額（万円）
日　　本	400	97万円、24%	60	157
スウェーデン	400	92万円、23%	150	242

先述の様に年収１千万円近くを境界として、それ以下では日本はスウェーデンよりも直接税は高いのだ。

税金の問題は幾つもの細かな要素が関係するから、単純に数値を示すことは出来ないが、第２部でかなり細かな検討をしているから参照して下さい。

雇用主の税負担が高く、政府の税収が多くなる

上表から以下の事が読み取れる。

－　本人の税負担は日本が97万円、24％、スウェーデンが92万円、23％と日本の方が１％高い。

－　雇用主の税負担は日本が60万円、スウェーデンは150万円で日本の2.5倍である。

－　国、地方の徴税額は日本の157万円、スウェーデンは242万円で日本の1.5倍。

OECDの統計数値は正しいが、日本の実態を表せていない

経済現象、農業、宇宙科学、免疫機構の様に、複雑な無数の因子が関係する事を解明するには、条件を固定して思考実験する方法がある。有名なアインシュタインの光速一定の法則の公式『$E = mc^2$』も、無数の思考実験の結果から、ヒントを得て発見したと言われている。歴史上の新発見は全て自然を観察中に疑問を感じ、その原因を究明したいと考えている中で、ヒントを発見……頭の中で思考実験を重ねる事で完成した。

幾つかの思考実験の中で有望な１つを、過去のデーターを組み込み、新しいデーターを観察から手に入れて確認する事で、思考実験が論文となり社会の評価の場に提示される。

思考実験：全就業者の年収が400万円の場合

全就業者の年収が400万円の完全年収平等社会である『仮想国家』を考えてみよう。

先ず、統計上の数値について、全就業者の年収が400万円である日本とスエーデンの仮想国家の数値を下表に示す。

OECD統計では貧富の差のある全国民を対象に租税負担率を計算しているが、全国民が400万円の年収だから、年収400万円の人の税負担率を租税負担率として計算する。

年収400万円の人の税額については第２部、第６章その２に詳述している。

年収400万円の人ばかりの仮想国家の場合

国　名	年 収（万円）	本人納税額で租税負担率を計算（%）A	社会保障負担率（%）B	OECDの総負担率（%）C	租税、社会保障負担率の和（%）A+B
日　　本	400	24	18.2	32.0	42.2
スウェーデン	400	23	5.3	37.7	28.3
日本ースウェーデン			**12.9**	**−5.7**	**13.9**

注）社会保障負担率は、2018年OECD統計値をそのまま使用。

貧富差のある国民全体をドンブリに入れた国全体のOECD統計の総負担率は日本32.0%、スウェーデン37.7%である。本人納税額と社会保障負担率を加算すると、日本は32%から42.2に上昇その差は10.2%である。スウェーデンは反対に37.7%から28.3%に−9.4%となり、相対差は13.9%となる。

国民全体のドンブリ勘定でのOECD統計の総負担率では、スウェーデンの方が日本よりも5.7%総負担率が高いが、年収400万円の仮想国家では**反対に日本の負担率が13.9%高くなる。**

この思考実験では本人納税額で租税負担率を計算して、OECD統計の総負担率に相当すると見做しているから、企業の経理計算の様な数値上の正確さ、整合性は確保できていないが、その計算は経理の専門家におまかせしよう。

思考実験の結果は両国の低所得層への課税政策の違いを鮮明に表している。

日本ではスエーデンと比較して、低所得層に極めて厳しい高課税を課している事が解る。以下に、この結果を基礎にこの様な税制がもたらす日本の低所得層への影響を考察してみよう。

多くの年収4～5百万円の層の職業がある

公務員を筆頭に終身雇用文化の日本では、多くの非正規雇用と呼ばれ人が存在する。

年功序列の慣行から、公務員、大企業に勤務する人も結婚適齢期になっても年収4～5百万円の壁をこえられない人は多い。特に最近需要が多いエッセンシャルワーカーと呼ばれる介護職、看護師、病院の検査技師、ケアマネ等の資格を要する職場や、銀行のテラー、郵便局員、タクシー運転手、トラック運転手、宅配運転手、警備員、スーパーの授業員、コンビニの店員、店長、年金生活者等、日常的に接する多くの人は年収500万円の壁が超えられない。

以上の様に全国の人を対象としたOECDの統計数値よりも、日本では年収400万円の低所得者に対して高い税負担を課している事が解る。上表の%表示から、金額表示に変換して下表に示す。

仮想国家の数値を金額表示

国　名	年　収 (万円)	本人の納税額で 租税負担率を計算 (万円)	社会保障負担額 (万円)	年収400万での 総負担額 (万円)	OECD統計の 総負担額 (万円)
日　本	400	97	73	170	128
スウェーデン	400	92	21	113	151
日本ースウェーデン		5	52	57	−23

社会保障負担率の評価

OECD統計が示す様に日本の社会保険負担率は18.2%、スウェーデンは5.3%で、その差は12.9%で日本はスウェーデンよりも約3.5倍の費用を掛けている。**スウェーデンの数値は驚くほど低く、日本は驚くほど高い。**

社会保障負担率を同様に金額表示するとスウェーデンは21万円、日本は73万円になりその**差額は52万円**となる。総負担額では日本の方が**57万円高負担**となる。

OECD統計……多様な人がドンブリで混合した統計……では、当然の事だがスウェーデンの方が総負担額は大きくなる。

年収400万円のスウェーデン人は、57万円≒日本の**2～3か月分の月収に相当する課税されないボーナス**を、貰うようなものだ。

年収1千万円弱の低所得者まで、ホボ、同じような傾向が出現する。

この結果は国の制度設計に関わる重大な政策的な意図を意味する

終身雇用文化の日本で、１千万円以上の高額所得者は税負担が顕著に低く、500万円前後の、対象となる人数の最も多い多数の結婚適齢期の人、年金生活者が含まれる低所得層に酷税を課している。

失われた30年間に日本がスウェーデンと同じ税制を採用したと仮定すると。

日本の人口を１億２千５百万人、就業者数６千５百万人と仮定すると、毎年57万円×６千５百万人≒37兆円の余剰金が発生する。10年間で370兆円、30年間で1,110兆円の余剰金が発生する事になる。高負担と言われているスウェーデンの税制を適用すると、真逆に１千兆円以上の貯金が出来た筈だ。

里子で日本からスウェーデンに送られた二人の子持ちのハンナが、日本から里子を貰う気になる、生活に対する経済的な余裕が生まれる理由が理解出来る。

日本では８千万人以上の人が酷税に苦しめられている

６千五百万人の就業者の大部分を占める400万円以下の年収の低所得者と約2,000万人の後期高齢者の総計……多分、家族も含めて８千万人以上が酷税に苦しんでいる。大多数の国民が酷税に苦しんでいるのに国の借金が継続的に増えている。

30年前の1993年の国公債発行残高は約370兆円だったから30年間に1,500－370＝1,140兆円増加した。若しその間に日本がスウェーデンの税制を採用していれば１千兆円の貯金が出来た。

税制の違いにより日本では１千兆円レベルの借金、反対の１千兆円レベルの貯金になる。

因みに最近のスウェーデンの公的債務はGDP比で日本の1/7程度であり、その程度の債務は財政政策……金利誘導と巨大ファンドなどの投機的な行動を予防するためには必要な金額であり、それは国を防衛するための必要悪だ。

これは世界歴史上初めて出現した不思議なケースだ。

過去のハイパーインフレや壊滅的な破綻、困難からの回復……例えば経済恐慌下での米国のニュデール政策……の事例は、全て特別の原因があって発生したので、他に比較する事例がなく、その成功、失敗が本当に大きな失敗だったのか、成功だったのか比較して評価する事は不可能だった。

日本もスウェーデンも自由競争の原則で同時代に……世界の何処かでは戦争があったが……安穏に永久経済戦争下で経済戦争を戦っていた。民主主義国家が掲げる看板は同じで、国民の為、国家の為である。

同じ看板を掲げた両国が同時期に、個人にとっては数％の税負担が異なるだけなのに、日本では巨額負債となり、スウェーデンでは巨額債権となる。それは日本には『妖怪ジャパン』が住んでいるからだ。

それは意図的に成されたのか

この様に国の最も重要な税制が、無意識にこの様な結果を生むような政策を行っているとは思いたくないが、自分史、第二部で明らかにしたような幾つもの愚行の例から見ると、同様な理由から起こっているかも知れない。

政府は多くの子育て支援、教育費の支援等を行っているが？

最も重要な、根幹を成す税制の設計に錯誤があるのか、それを意図的に行い恋愛、結婚、子育て世代にイジワルしたいからこの様な税制を発想したのか。単純に能力不足で政策、行政が目標を達成できる様な政策立案能力不足が原因かは不明だ。

何故、経済学者、大学教授、識者はこの事実を指摘しなかったのか……気付かなかったのか？　現代用語では国による低所得者に対するパワハラである。

高学歴とは何かを考えさせられるが、それは多分『妖怪ジャパン』の影響が大きいと思う。

高齢化率との関係

社会保障負担の大きな部分は高齢化率と密接に関係が有ります。

日本もスウェーデンも高齢化先進国で、65歳以上の高齢者の割合はスウェーデンが20％以上、日本が30％弱と言われ、日本の方が高率ですが、社会保障負担率の3.4倍に比べて1.5倍は巨大な差ではありません。

医療費の問題について筆者は両国に於いて、かなり濃厚な経験をしており、日本とスウェーデンでこの様に大きな数値上の差が発生する事を納得して承知している。

半世紀遅れている、無駄の多い日本の情緒的医療

筆者はスウェーデン在住４年間に多くの医療現場での日本とスウェーデンの違いを実感してきた。初期には筆者の誤解から、スウェーデンの乱暴と優れているとの混在した、複雑な気持ちだったが、その後の半世紀が筆者に日本の医療が完全に半世紀くらい遅れている事を確信させた。

その１：高齢者の鼠経ヘルニア手術の場合

自分史第五章に既述の70代の東京帝国大学造兵科卒、海軍工廠の高級技術将校だった岩間藤吉さんが、筆者を訪ねてスウェーデンに来られた。鼠経ヘルニアで腸が陰嚢に脱出して陰嚢がハンドボールの様に膨張している。

深夜の緊急手術後すぐに尿意を催し、看護師に言ったところ、自分で歩いてトイレに行けと言われた。

手術後二日目に退院を言われ、その乱暴さにビックリした。旅先で、高齢者に大手術……考えられない。その1.5年後帰国してお会いすると、丁寧にお礼を言われた。

岩間さんは数人の後輩の名前……日本の大企業の社長名……を挙げられ、新聞記事には出ていないが彼らは鼠経ヘルニアの手術の予後が悪くて、社長業を続けられなくなり50代中で退任した。私は鼠経ヘルニアを知っていたが、彼らの様子を知っていたので手術をためらっていたが、70代にスウェーデンで手術を受けて、完全に元気になった。スウェーデンの医療は素晴らしいと褒められた。

当時、盲腸の手術で１週間の入院、鼠経ヘルニアの場合数週間の入院だった。

日本でも約半世紀遅れて短期入院が普通になり、最近では日帰り手術が珍しくない。

長期入院が丁寧みたいな、情緒的な感覚があり日本標準が出来たのだろうと推測するが、既にスウェーデンでは手術が成功裏に行われた場合、動けば治りが速い事が医学者の常識になっていた。

その２：抗生剤の服用

筆者は喉が弱くて、現役時代年に数回咽頭炎で通院、抗生剤を服用していた。

日本の場合初回通院すると、三日分くらいの抗生物質を渡され、再度の通院が必要で完治するまで通常３～４回通院する事になる。服用に際して特別飲食に対しての注意は無い。現役時代に転勤で５か所くらい住所地を変えているので10人以上の医師を経験しているが皆同

様だった。
多くの場合1時間以上待合室で待ってから、僅か数分の医師の診断で薬を貰う為に通院する。
寒くて乾燥したスウェーデンでも何回か咽頭炎に罹り、三人の医師を経験しているが皆同じことを言う。記憶では7〜10日分の薬を渡され、服用中は絶対に忘れずに飲む事と、服用期間中は断酒する事を言われる。
渡された薬を飲めば直るからそれでお終い、二度と来なくて良いと言われる。
医師が言った様に、薬を飲み切る頃には咽頭炎は完治していた。

その3：耐性菌の問題

当時、薬学の最先端では抗生物質の効かない耐性菌の問題が大きくクローズアップされ始めていた。今迄天下無敵と思われていた抗生物質が効かなくなるがそれは、服用中の飲み忘れにより起こる事が解って来た。
その様な知見があるので、スウェーデンではそれが徹底して医療現場で実行され始めていたのだが、筆者は日本で言われたことはなかった。半世紀を経た現在でも日本で医師から断酒についても言われたことはない。

その4：アスベスト吸入を原因とする肺がん

先述のアスベスト吸飲による肺がん罹患の高いリスクを警告する論文が1960代末に発表された。1975年に会社の電気炉の設計者は数十kg使用しているアスベストを使用しなくても良いように設計変更する為に悩んでいた。貿易統計によれば、日本のアスベストの輸入量は1970年代から万トンのレベルに激増している。
先進国スウェーデンでは使用禁止、日本ではアスベストが安くなったので使用が加速された。
アスベスト吸飲後30年くらい経過して肺がんを発症すると言われており、日本では国費で賄う様に法制化されている。筆者のテニスの友人は現役時代塗料会社に勤務、その様な肺がんのハイリスク集団の一員だ。
日本学術会議、大学教授、専門家はアスベストの害を、スウェーデンの専門家と同時期に知った筈だが……何も行動を起こさなかったので数十年後に多くの人が肺の病気に苦しみ、国家財政を棄損した。

その5：カルテ情報の共有

スウェーデンでは個人のカルテが全国の病院でネットを介して共有されている。
その事により、同じような検査を不必要に頻回に転院する毎に行う無駄が省ける。
医療用設備が高度で複雑になり、同時に非常に高価になって来た。
日本では病院が新しい機械を導入したと宣伝して、訪問患者数を増加させて、過度の利益を重視した病院経営となっている。

国民皆保険下では高価な医療用設備は国の資産

国民皆保険の日本、スウェーデンでは、全ての医療費は保険制度でファイナンスされるので、高価な設備は国が資金を提供して、病院に貸し与えているのと同じことだ。日本では病院間で競争しているがスウェーデンでは病院間の経営競争……技術競争を除いて……の雰囲気は非常に低いように感じる。
彼らは医療が国民の為の仕事であり、病院経営からの利益増大は余り気にしていない様に感じる。
筆者は隣近所、テニス、家庭菜園の友人、同郷の友人など、妻の友人知人も含めると100人以上の高齢者の健康状態、医師の診断についてかなり詳細に耳にする機会がある。
スウェーデン方式にすれば、多分、高額なマルチスライスCT、MRI等の検査などは1/3以下に減らせるように感じる。近所のM病院は40床の小病院だが最新式のマルチスライスCT、MRIを使って断層写真を撮って頂いたが、高度な読影技術を持った専門家がないなくて、他の病院に依頼、結果が出るまで1週間以上かかった事が2回ある。多分、同様の事は日本ではごく普通の事と思う。
病院は不相応に高価な設備を導入する事で、設備の導入競争が起こり設備過剰で……技術、人材とのバランスが悪い。スウェーデンでは高額医療機器を国家が無料で貸与して、機器が作り出した作品である画像を全国の病院が共有する制度が出来上がっている。

無駄な投薬の排除

個人のカルテが医療関係者に公開されている事から、無駄な投薬、誤投薬が防止され、それは患者の為だけでなく、国家の医療費の節減にも貢献する。

その6：医療費を無料にしてくれる病院の出現

数年前に病院の改築を行ったK病院に初診で行った時に、病院から今後K病院に継続的に来てくれたら、筆者の1割負担分の600円を病院が支払い、無料にしてやるとお誘いを受けた。
病院の利益は600円をはるかに超えている筈だから、この様な提案が無理なく出来る保険制度が背景にある。
筆者としては結構な事だが、この様な医療社会の文化が……長期的にどのような影響を社会に及ぼすのか、筆者の常識はそれを良しとはしない。

その7：日本の医療界は長時間労働が自慢か

日本では大阪吹田の有名な国立循環器センターが結んだサブロク協定＝36協定で、医療関係者が一か月の残業上限を300時間と決め、それは労働基準監督署で認められていた事が新聞で報道されていたが、スウェーデンではその様な事は絶対に起こらないと思う。(自分史、第二部参照)

その8：診療報酬改定と表現される負担増＝増税

診療報酬改定だが、筆者の知る限り増額だけで減額は聞いた事がなく、定期的に増額されて来た。
既述の様に多くの小さな病院が高額の医療機器を購入、低い稼働率に加え、専門の運転技師、画像読影技術者が必要など最新技術の活用に大きな負担が掛かり、病院会計は悪くなる。スウェーデンの様にITの活用をする事で、ネットを介して検査情報を共有すれば、費用は激減する筈だ。
医療費は形式的には消費税の課税対象になっていないが、定期的に医療費が増額されるので、結果的に消費税と同様又はそれ以上に負担が多くなる。

病院経営に診療報酬増額は織り込み済み

医療機関経営者は定期的に診療報酬が増額される事を折り込みずみで、サラリーマンの定期昇給と同じような感覚で病院経営、民間の製造業の視点で観察すると放漫経営となる。金持ちの放蕩息子が、親の後ろ盾でサラ金から借金し遊びまくる様なものだ。

国の責任

過去、半世紀以上格別に疑問を持つことなく、国公債の新規発行で資金調達していたのでそれは日本の政府、行政の標準＝文化となり、既述の様に高額医療機器の全国的な有効活用、IT技術を活用しての、無駄な、又は有害な薬の多重投与、不必要に頻回な医療検査等によって医療費が減額できる事を巨額公的債務との関係で考える視点が不在。

OECD統計の示す、突出した日本の高い、……スウェーデンの3.5倍……実質の伴わない、高福祉国家となっている。

21世紀の行政の責任者である高級官僚は、その様な環境≒文化の中で人生を紡いできたので、疑問を感じることなく現在に至っているのだろう。

『妖怪ジャパン』も作用して、病院、医療機器製造業者、製薬業界、医師、医師会はウイン・ウインの関係を作り上げ、それに学者、識者からなる委員会が、診療報酬、薬価の改定は最もであると承認を与える。

その９：最新の医療技術はスウェーデンから

歯科用インプラント、ガン治療の放射線療法のガンマナイフはスウェーデンで発明された。

歯科用インプラント

ルンド大学のブローネマルク教授が1960年代に骨とチタンが結合する現象を発見、それが現在の歯科用インプラントとなって歯科医療に革命を起こした。

ノーベルバイオと言う会社が市場化を実行する技術を確立して現在に至っている。

サンドビックでも歯科用セラミックス義歯の分野進出を考えた事があったが、ローテクセラミックスで十分なのと、全て特注品で大企業ではコストが高くなるために参入を止めた経緯がある。

ノーベルバイオは世界最大、日本でも断トツの歯科インプラントシェアを持っていると言われている。

ノーベルバイオはインプラントを行うための全ての準備……チタン製取り付けねじ、義歯、位置決め用治具等……を、送られたX線写真を基に作成して、歯科医に送付、歯科医はその指示に従って作業を行う事により、神経を傷つける事故を起こさずにインプラントが出来る。

筆者の場合、トライした歯科医師は1.5万本近い経験があり、ノーベルバイオの歯科医向けの講習会の講師だった。推測するに高価な保険適用外のインプラント料金の半分くらいはノーベルバイオ社に払われていると思う。

多くの日本のインプラントを行っている歯科医はノーベルバイオの下請けみたいな形式でインプラントを行っている。

ノーベルバイオは典型的な『ホワイト企業』

ノーベルバイオ日本は従業員160人の小企業だが、2022年の従業員１人当たりの純利益が約200万円、利益余剰金が1,300万円、資産が資本金の250倍もある、日本の感覚では超優良企業『ホワイト企業』であるが、スウェーデンには『ホワイト企業』が充満している。

ガンの放射線治療法ガンマナイフ

ガンマナイフはストックホルムのカロリンスカ大学のルクセル教授のアイデイアの実用化に端を発する。

正常細胞に害を及ぼさない低濃度の放射線を、複数の線源から違った角度で小さな初期的ながん細胞目掛けて当てる事で、焦点となるガン細胞の所での放射線量を増大させて焼き殺す。
その後、同様の技術の延長で重粒子線治療法に発展、ガン治療の最前線で重要な役割を果たしている。

年収400万円の人の気分になって考えてみよう

スウェーデンと、日本の年収400万円の人になって考えてみよう。

1．スウェーデンの人が羨ましくなる。
スウェーデンとの租税負担率の差額分57万円がボーナスで頂けたら幸せ、スウェーデンに行きたい。

2．結婚、妊娠を逡巡している人は。
税金がそんなに少なくて、学費が大学まで無料、子供を持っても心配ない……スウェーデンに行きたい。

3．自分史第六章に既述のスウェーデンに里子事件の発生する理由が解る。
日本で既に2人の子持ちの夫婦が、里子なんて考え得られない、私もスウェーデンに行きたーい。

4．スウェーデンでは消費税が25％と言われているが、低アルコールビールは清涼飲料水と見做され、消費税が12％。日本では約40％の酒税が掛かるので缶ビールが非常に高い。夫婦でビールが大好き、ビールの安いスウェーデンに移住したーい。

5．数年前に夫の父親が無くなり、それまで仲の良かった親族の仲が非常に険悪になり、それ以来……交際が途絶えた。巨額ではなかったが相続税納付の為の資金を得るために居宅を売り払う事に関しての裁判の問題だった。
人は生きている間に数回は相続に関係しなければいけない。日本では最近相続税が増税され、更に……近々再増税されるとマスコミが報じる。スウェーデンでは数年前に相続税を廃止した、スウェーデンに行きたーい。

統計にごまかされずに正しく理解する為に

19世紀後半に英国の首相デイズレーリーが……世の中は三つの嘘、“大きな嘘、小さな嘘と統計”で出来上がっている……と、統計を揶揄した本を二十歳頃に読んだ記憶がある。
英国の産業革命の頃から統計はある意味で、底なし沼みたいに……活字読みだけでは理解できない深い、面白い側面を持っている。
統計の背後に様々な……正邪、真偽、正誤、錯誤、隠蔽、詐欺……が魑魅魍魎の様に散らばっている事が多い。
先ず、数値の評価をする前に……木を見て、森を想像……森を見て、木に思いをはせ……その繰り返しで多視的にその統計の価値を見極めなければ、大怪我をする。

スウェーデン人の心の問題

自分史、第二部でも頻繁に出てきたが、スウェーデンでは多額納税をする法人、家族、個人を金の卵を産むガチョウに例えて、称賛する精神的風土がある。高い納税をする事＝国家、社会に対する貢献と見做されその様な個人、法人、家族は大切にされ、尊敬される。
この様な背景があるので、殆どの巨大企業は依然として家族財閥により支配されている。
雇われ社長は究極的には責任感が薄く、家族財閥が背後から高い責任感、使命感を持って監視する事が大切と考える国民的なコンセンサスが生きている。
その様な背景が40歳前後の若者が従業員数万の大企業のトップに抜擢されて、勇猛果敢に企業を変身させ、それらの企業群は高い国際競争力を維持している。

ブラック企業が淘汰されホワイト企業が残る

変化する自然、社会に寄り添うことなく……独善的に変化を拒否して、又は反応が鈍感で……大きな利益を生み出せないブラック企業は自然淘汰され、ホワイト企業だけの国になる。

ホワイト企業は高い能力の人を求め、国民はホワイト企業に採用されるべく自分の能力を高めるために努力する。

能力重視社会だから、肩書は二次的な意味しか持たず、専門能力が無ければ肩書は意味を持たない。

日本はブラック企業を助ける

ブラック企業とは、経営の能力不足を原因として、利益が少ないか、反対の損失を累積している企業である。

競争力が低く、低賃金、長時間労働を特徴とし、社会のニーズに同調して企業が変化できず、低価格を武器にホワイト企業を引きずり下ろそうと頑張っている。

日本ではブラック企業を支えるために補助金を支給して、日本中をブラック企業にするように政策運営がなされている。

その様な政策が、意図的に成されているのか……情緒的に何とはなしに成されているのか、筆者は知らないが……既述の『全国旅行支援』、『ふるさと納税』、その他のコロナ禍の中で露呈した、高級官僚の事績から推理すれば、単に情緒的に、川で溺れそうになっている人に手を差し伸べるような気持で行っている様に見える。

スウェーデンの**高い租税負担率はスウェーデン人の心の勲章なのだ。**

上記の様な背景があるので、国家間の比較を示すOECD統計では、国家と個人を明確に別個のものとして認識して理解しないと、大きな誤解をする事になる。

この事件は多くの大切な事を物語る

税制は500万円の壁を超えられない若者世代に、高負担で有名なスウェーデンよりも酷税を課し、500万円の年収の壁以下の年収しか払えないブラック企業を蘇生させる事で、ホワイト企業を引きずり落として、日本中をブラック企業ばかりの国にする様に政策運営が成されている。これが、東京大学を筆頭に日本の高学歴者の行っている政策、行政なのだ。

21世紀に通用する、経済論文を表彰

21世紀になり、日本の公務員の雇用制度は多くの矛盾を露出された。

SDGsが全世界的な視点から関心を高め、地球上のあらゆる資源は有限である事が常識となり、限られた資源を効果的に使用する事が世界的なコンセンサスになりつつある。

多分、その結論は世界的な計画経済

将来、ある時点で資源を浪費、経済拡大至上主義とも形容できる自由主義経済への反省から、資源の有効活用に高い優先度が与えられ、計画経済が再登場する予感がする。

そこに到達する前にネットを通じて今迄は想像も出来なかったような、不正と呼ばれるべきインサイダー取引の機会が目の前に現れている。

日本では官僚が現役で行うお粗末な行政行為と、定年退職後の天下りで得る不当利益に加え、天下り先に節税、脱税のフィクサーとしての恥ずべき行為が、公的債務総額1,500兆円の大きな部分に相当し、国家経済を棄損させている可能性が疑われる。

現在の経済学は不正、汚職行為から発生する資金移動を取り込めていない。

この本で指摘した幾つかの、汚職と呼ばれるべき高級官僚の不誠実行為は、官僚が主導する経済がどのようになるかを暗示していると思う。筆者は1974年以来数回ソ連に出張、当時のソ連と日本を比較する実体験をしている。

1980年代にソ連政府の新聞プラウダの記者が、東京を訪れた時に掲載された記事には“日本人は金がないから物を買うことが出来ない、デパートの棚は物で溢れている”と書かれていた。当時物不足のモスクワのデパートの棚では……棚の上は空っぽで……物はなく、強度の物不足が支配する社会で、多くの人がダーチャと呼ばれる家庭菜園で作物を作って生き延びていた。

日本で起こっている事は将来へのデーター

現在のマクロ経済学に不正の存在を因子として導入した、21世紀型のマクロ経済学構築への出発点として、21世紀に結果が見えてきた失われた数十年は、興味あるサンプルだと思う。

経済学的にこの因果関係を、データーを基に解明する事は、将来の経済学の発展に貢献すると思うが、欧米では……不正を根絶する方向に動くだろう。

日本の高級官僚は統計が読めない？

OECDは3,300人からなる大きな組織で日本は10％弱の資金を供与している。

2019年には約2,000億円を拠出したとい言われている。

多くの、日銀、外務省、財務省、金融庁などの高官がOECDの高官として勤務している。

気が付かないのか、気が付いているが『ダンマリ』を決め込んでいるのか。

OECDの統計によれば、日本がスウェーデンと比較して経済学的視点で『高福祉、低負担国』である事は一目瞭然……不思議としか言い様がない。

何故、日本の経済専門家はこの事に気が付かないのか？　解っているけれども『妖怪ジャパン』に感染して……気が付かないのか？　又は、気が付いているが……知らない振りをしているのか？

日本の著名経済専門家がOECDの高官に

1990年からでは谷口誠氏（外務省）、重原久美春氏（日銀）、近藤誠氏（外務省）、赤坂清隆（外務省）、天野万利（外務省）、玉木林太郎（財務省）、河野正道（金融庁）、竹内良樹（財務省）の８人が事務次長の要職を務めている。谷口氏、赤坂氏以外の６人は全て東京大学卒だ。

これらのOECDに派遣された日本の高級官僚の方々が、第二部に既述の、武富士相続事件の400億円の金利還付事件、全国旅行支援等……無数のお粗末な行政の推進者、又は責任者だったと推察され、その様な怠惰、無能力……自己忖度にしか興味のない人だったら仕方がない。

庶民的な感覚で言えば、東京大学出身の官僚は国家に対して、国民に対して現役時代にドロボー行為をして、退職後は天下りで、死ぬまで国家、国民に対して悪事を働いている事になる。

勿論、全員がそうではなくて、少数の立派な方もいる筈だが、その様な人は『命のビザ』で有名になった杉原千畝氏のように不遇の高級官僚人生を送っておられるのかもしれない。

OECDは約250項目の多数の統計資料を公開しているが、日本では少子化、非婚、低賃金、長時間労働……等、その背景に貧困、生活苦があり、国民負担率の様な大きな最も重要な統計を無視する神経は信じられない。

自分の横で、ドロボーが他人のカバンを盗むのを、知らんふりする警察官と同様だ。彼らは、日本が『高福祉低負担国』だと、言っても何の利益にもならない事を良く知っているのだろうが、そうならそれは『妖怪ジャパン』のせいだ。

統計のつまみ食い：
スウェーデンの租税負担率、国民負担率は日本の二倍は正解だが……。

日本のマスコミや、経済専門家、経済学者はスウェーデンが高負担国家＝重税国家である事を強調し、日本も増税しなければスウェーデンの様な高福祉国家にはなれないと、視聴者を教育するが、それはトンデモナイ間違いだ。

説明が煩雑になるが、問題の性質上単純化出来ないので……誤解の生じない範囲で出来るだけ簡潔に説明する。

公的な統計

OECDは、無数の経済統計を公表しており、それは日本政府を筆頭に、経済学者が論文執筆の際に利用する基本的なデーターとなっている。国内向けに執筆する論文の中で引用される国際比較のデーターの中で絶対的な権威を持っている。筆者もそのデータは正しいと思うが、それを解釈する人の経済、経済統計に関する理解の程度により、トンデモナイ間違い、誤解を生ずる。

統計はOECD参加国の政府に報告されるのみならず同時に公開、公表されるので厚生官僚のみならず、無数の学者、識者、専門家、福祉関係者も見ていると思う。

日本が『高福祉、低負担』と言われた事を聞いた事がない。

これから、説明する事は、その様な例の1つであり、多分、それは日本だから起こったと思う。

税負担を比較するための統計用語として、消費税、租税負担率、社会保障の充実レベルを示す『社会保障費の対GDP比率』がある。下表は2020年の統計数値を表している。

OECD統計が示す租税負担率、社会保障負担率の比較

	消費税	租税負担率	社会保障負担率
日　本	10%	23%	18.2強%
スウェーデン	25%	55%	5.3%
	スウェーデンは日本の2.5倍	スウェーデンは日本の2.4倍	スウェーデンは日本の1/3以下

（学術論文の場合には細かく……2022年は23.2%等と記載しないと、クズ論文扱いをされるのを承知しているが……解り易くするために、論旨に影響を与えない範囲では全ての数値は丸めて記述します）

表から、スウェーデンの消費税は2.5倍、租税負担率は2.4倍と、スウェーデンは超重税国家である事を印象付けている。

社会保障費負担率は日本の1/3以下……税項目は２倍以上なのに社会保障負担率は1/3以下であり、**日本と比較すると『超低福祉、超高負担国』で、最悪の国、反対に日本は『超高福祉、超低負担国』の夢の様な国である。**

お米はクリスマスになると安くなる

スウェーデン在住時に我が家のコメの消費量はわが家の歴史で最高だった。
それは、スウェーデンでクリスマスに『コメを炊いたおかゆ』を食べる習慣があり、需要が激増するので価格が激安になった事が原因だ。**日本ではクリスマスバーゲンで価格が上がるのに、スウェーデンでは反対に値段が安くなる。**
家には各350リッターの冷蔵庫と冷凍庫があり、地下室は夏季でも涼しく、長期間の貯蔵は簡単。１年分に近いほどの大量の米を、複数のお店をはしごして買った。
店員はコメの大量買い付けにビックリしていた。コメはカリフォルニア米で味は申し分なし。
紙数削減の為に詳細説明を割愛……自分史第五章を参照して下さい。

日本は高負担低福祉国

世界的にスウェーデンは高福祉、高負担重税国家として認識されているようであるが、それは一部の真実であるが、あまりにも単純な結論で、実態は日本との比較において、多くの日本人が想像しているよりも大きく異なる。
夫婦共稼ぎを基本として制度設計されているために、どちらか片方が働かないと、生活は窮屈になる。
私がスウェーデン在住時は税率がピークの頃で、その後、緩やかにではあるが、税負担は軽減されてきた。
徐々に税率が下がり、象徴的な税制改革は、数年前から相続税が無くなった事である。
私がスウェーデン在住時には、少ないが相続税は有ったが、その後、徴税費用と、徴収税額の関係で比較すると、相続税を維持する理由が無いと言うのが、相続税廃止の根拠だ。この様にスウェーデンでは税制も費用対効果でその存続理由が採点される。

新規立法の効果の監視

私は、確認できていないが、友人の弁護士オリヤンがスウェーデンでは新しく律法されると、その新法の効果を採点する事を義務付けた法律が存在すると言っていた。民間で企業の損益計算書と呼ばれるようなものだ。
新規に導入された法律は数年間モニタリングされて、費用対効果が検証されてその存続の価値、意味が再検証される。いわば法律の整理整頓法である。日本は、残念ながら整理整頓について行き届かないようであるが、全てに於いて、問題意識があり新陳代謝するスウェーデンは整理整頓が好きだ。

40代の二人の子持ちの夫婦が日本から里子を希望

40年前に日本からスウェーデンに数週間の新生女児を里子で出した。女児はハンナと命名されて成長、結婚して40才の二人の子持ちのサラリーパーソンである。ハンナ夫妻より日本から女児を里子したいと熱烈な要望を頂き、そのような余裕と、将来に対する自信にビックリした。三人目の妊娠が男だったら嫌だから、絶対女の子、それを保証するために里子が欲しい出来たら日本からと、言うのが理由だ。
日本の40代は、現在の子供の教育、家のローン、将来の子供の教育費、自分の将来の為の貯え……人生のストレスの掛かり始める年代である。ハンナの里子の依頼事件から、日本とスウェーデンのサラリーマンの税負担の比較をする事で、両国における生活感覚の余裕度を推定してみたくなった。

有益な資料が日本には無かった

余談ですが、日本では最近の教育の効果で、個人情報保護、漏洩を過度に心配する事から、報道機関も過度に自己規制して、結果的に言論統制されていて、昔は全く問題なく簡単に知る事が出来た事を、知る事が出来ない、……その効果で、悪事が容易に隠蔽される社会になっていると感じた。

日本では非常に自分の年収を公開する事が嫌われ、他人の生の源泉徴収票を手に入れる事が殆ど不可能。

スウェーデンは日本の対極にあり、個人情報保護は、日本感覚ではゼロに近く、全てオープンの感じ。

最近の、生の源泉徴収票を求めて何人かの人にお願いしたが、トンデモナイの反応。

娘や孫にも打診したが、トンデモナイ事を言うジイサンと云う。自分らの事は本には絶対に書かないでと、厳しく釘を刺された。最近の日本の教育の効果だと思うが、西欧先進国との意識の違いは、今後加速度的に増加して行き、結果的に独裁国家の様な言論の不自由な社会になる方向に進んでいるように感じる。

Ｎ君の場合も数値は書き取らせて頂いたが、源泉徴収票のコピーとその公開は絶対にダメと言われた。

改めて、日本は不正が行い易く、多くの人が不正に手を染めているのか、単に、他人に自分の事が知られるのを嫌がるのか。

私の分は平成３年、50才の時の源泉徴収票があったので、それを資料として使います。

30年前で古いが、その後、税制上の変更があり、それを加味して解釈すれば、今回の目的に使用され、昔との比較が出来るので、意味があります。大綱を理解する事が目的なので、数字は全て万円単位に丸め、可能な限り数値を四捨五入する事で、理解しやすいようにしています。（岡田の源泉徴収票のコピーは資料集参照）

下表にＮさんと岡田の源泉徴収票を比較して示します。

Ｎさんは2021年分、岡田の源泉徴収票は1991年で30年前のもの）

日本の源泉徴収票を下に比較（万円）

	支払額	給与所得控除後の金額	所得控除額の合計	社会保険料	源泉徴収税額	地方税	本人負担総税額	見掛け税率	税率 国、地方 総税額
Nさん	4,037,693	2,788,800	1,061,771	581,771	88,100	※1	※1		
	400万円	280万円	110万円	60万円	9万円	28万円 ※2	97万円 ※2	24.3%	157万円
岡田	14,527,735	12,206,348	2,564,684	914,684	1,992,300	1,100,000			
	1,500万円	1,200万円	260万円	90万円	200万円	120万円	410万円	27.3%	500万円

※１：地方税は半年後に決定されるので記載されていない。
※２：給与所得控除後の金額の10％で計算。

年収は400万円から1,500万円と約４倍違うのに、見掛けの税率はＮさんが24.3％、岡田が27.3％と、その差が少ないのにビックリ、これでは累進課税とは呼べないくらい、その差は僅少。

◆国、地方が受ける総税額は、雇用主も社会保険料を本人と同額払っているので、その分上乗せされている。
Nさんの場合97＋60＝157万円、岡田の場合410＋90＝500万円

◆見掛けの税率＝税額総額÷年収は、Nさんが24.3％、岡田が27.3％と差は僅少。

◆30年前に基準を置いて考えれば、その後、低所得者の税金が上がったのか？
又は、高額所得者の税金が少なくなったのか？いずれにしても、背後に数の多い低所得層に増税、高額所得層には、低所得者層よりも少なく、貧富の差を大きくする意図が見える。

貧富の差を助長する政策

理由の如何を問わず、金は自由に動くから、政策立案者の意図を組んで、忖度して行動することはないので、何故この様な風に、税制が変化したのかは推察すると以下の三つの理由が考えられる。

- 貧富の差を拡大させて、若者が貧困に喘ぐように意図的に税制を設計した。
- 既にOECD統計で日本は低負担国として認められているから増税しても良いだろう。
- 無意識に、深く考えることなく……そうなった。『ふるさと納税』、『全国旅行支援』等の様に。
- アホナ政治家をイジメるために、表面上は気付かれない様に……緩慢にｘｘｘｘｘ。

Nさんと岡田と全く同額の年収を令和２年にスウェーデンで得た場合の、スウェーデンの税務当局のホームページから取った結果を資料集に公開しています。非常に横長の表で、日本人には解り難いので、スウェーデンクローネの為替レートを１クローネ＝13円で計算、スウェーデンクローネでは実感がわかないので、為替を１クローネ＝13円で円貨にして、解り易いように、万円単位で四捨五入して表示しています。

日本円で万円表示

<table>
<tr><th colspan="2">名前
年収</th><th>雇用者
総負担額
（万円）</th><th>雇用者負担
（除く給与）
（39％）
地方税に相当
A</th><th>源泉徴
収税額

B</th><th>源泉税率</th><th>国、地方
総税収額
（万円）
A＋B</th><th>雇用主に掛る
総税負担率
（％）
（A＋B）/年収</th></tr>
<tr><td rowspan="2">Nさん
400
（万円）</td><td>本人負担</td><td></td><td></td><td rowspan="2">92万円</td><td rowspan="2">23％</td><td rowspan="2">242</td><td rowspan="2">61％</td></tr>
<tr><td>雇用者負担</td><td>540万円</td><td>150万円</td></tr>
<tr><td rowspan="2">岡田
1,500
（万円）</td><td>本人負担</td><td></td><td></td><td rowspan="2">650万円</td><td rowspan="2">43％</td><td rowspan="2">1,220</td><td rowspan="2">81％</td></tr>
<tr><td>雇用者負担</td><td>2,200万円</td><td>570万円</td></tr>
</table>

◆Nさんは国税と地方税を一括で、92万円源泉徴収されるので、源泉税率は23％と計算される。
雇用主はNさんの社会保険料などになる地方税150万円を支払うので、国と地方の双方で242万円の税収となり、それはNさんの年収の61％に相当する。
結局Nさんが年収400万円を稼ぐことにより、その61％に相当する242万円が、税収の増加に貢献する事になる。
同様に岡田の場合には1,500万円の年収に対して81％に相当する1,220万円の税収が得られる。

税金の額（日本円で万円表示）

名前	年収	個人の支払い税額		会社の支払い税額		国、地方の受け取り税額	
		日本	スウェーデン	日本	スウェーデン	日本	スウェーデン
N	400	97	92	60	150	152	242
岡田	1,500	410	650	90	570	500	1,220
二人分で	**1,900**	**1,380**	**1,570**	**150**	**720**	**652**	**1,462**

上表から、二人の年収の計１千９百万円から、スウェーデンでは1,462万円の税収を獲得、それは**日本の652万円の2.2倍だ。この日本の二倍強の巨額納税は企業が負担している事により達成されている**。

Ｎ君の場合は日本の方がスウェーデンよりも、５万円支払い税額が多い。年収400万円ではスウェーデンは日本よりも低負担なのだ。

他の生活に必須のコストについての検討

日本の消費税

現在日本は10％が基本だが軽減税率で８％品目も多く、細かな品目別に、分けられており日本の制度は非常に複雑、詳細に把握するのは、専門家が時間を掛けて仕分けしないと不可能のみならず、意味の無い事なので、実効平均消費税率を９％と仮定して計算する。

スウェーデンの消費税

スウェーデンでは品目別に大まかに以下の様な区分で税率が決められている。

６％：交通機関。文化的娯楽、スポーツ観戦等

12％：飲食料品、宿泊費、レストランの殆どの消費財。

25％：ワイン、ウイスキー等のアルコール飲料（普通のビールは単なる清涼飲料と見做され12％品目）、タバコ、医薬品。最も大きな消費は12％品目で、25％品目は人によって大きな違いがある。

実効平均消費税率を12％と仮定して消費税として納税される金額を推定する。

Ｎさんは単身で、賃貸住宅に住んでいるので、消費の大きな部分を占める家賃は消費税が掛からなく、衣食と娯楽への消費が主な消費税の対象になる。年間150万円＝月間12.5万円が消費税関連の消費と仮定すると、日本では13万円、スウェーデンでは18万円になる。岡田は夫婦で持ち家に住み、年間の消費支出は約300万円として、日本では27万円、スウェーデンでは36万円となる。

消費税の支払額は日本に比べてスウェーデンでは、Ｎさんの場合５万円、岡田の場合９万円高くなる。

住宅ローンについて

私がスウェーデンで家を買った時には、数週間前に不動産屋でカタログを入手、電話で購入の意思を伝えて時間を予約。当日になり不動産屋で契約書へサインをする事で、頭金の支払いは無し、全額銀行ローン、全ての事が１時間以下で終了した。銀行員も司法書士も全く関係しなく、不動産屋の30代くらいの女性の事務員が全てを取り仕切った。それまでにカタログを読んで建設予定地を見学、全額ローンでOKと聞いていたので、私としてはリスクな

しと思って契約した。当時、若しかしたら今でも、日本では不動産業界は、暗い、不正、ごまかしみたいな雰囲気の漂う評判の業界で、契約するためには司法書士が同席して……に加えて、普段は関係のない、印鑑証明を数通、住民票、……等非常に面倒な手続きが必要だったが、スウェーデンでは私の運転免許証兼用のマイナンバーカードだけで全てが済んだ。

住宅ローンで払った金利分は全て、税額控除で現在も同じだ。

私は日本で4回家の売買を経験しているが、売買に伴う高額の手数料、仲介料、各種証明書の取得、複数回の面談、……等の時間的手間は、スウェーデンの100倍以上だったと云う実感がある。

当時の日本の住宅ローンについて

説明を簡単にするために源泉徴収の所で触れなかったが、住宅の取得に伴う住宅ローンの金利分は全額税額控除されており、現在も同様だ。

日本では、多分、1960～1990年代まで、殆どの金融機関は会社として住宅取得目的でローンを組む従業員に利子補給をする制度を持っており、金融機関以外でも、優良な企業は従業員に住宅手当の名目で利子補給していたのを知っている。

銀行に勤務する知人で、十分な資金を持っているのに、ローンを組んで勤務する銀行から利子補給を受けて、手持ちの資金は他行に定期預金をする事で、長期間、二重に、年金利10％以上を得ていた人を知っている。

第一部でご披露したように、半世紀前でも、3,500円の金利収入の未申告を見逃さなかったスウェーデンの国税当局は、そのような不正義を見逃すような隙間を作っているとは思わない。

日本では金融機関に勤めて会社から利子補給を受けて、それをどのような税務処理をしていたか知りたいものだが、それを確認する手立ては現在の私には無いが、……課税されていなかったのではないかと推測する。

スウェーデンでは全国民が住宅ローンの金利負担分の税額控除を同じように受けられるが、日本では所属する組織により、制度を活用／悪用／便乗して、年間数十万円の金儲けに利用できる、公平と云う側面で評価すれば不公平社会である。

日本では1970年代、銀行では国に代わって会社から利子補給受ける、スウェーデンの方式で優遇されていた。

お隣さんは神戸では三井住友銀行、関東では三菱信託銀行勤務の方で、自己資金が有るのに、住宅ローンを組んで会社から支払金利の分を、支給されていた。

スウェーデンとは真逆に住宅ローンで金儲けをする事が常態化していた。

その他の一生を通じて掛かる国民の負担

これまでは、単年度の税金についての数値のみを比較してきたが、タイムスパンを一生に想定して考えると他の多くの費目も問題となる。高速道路、ガソリン税、道路税、自動車運転免許、車検費用、学費、酒税、固定資産税、医療費、パスポートの発行と維持、相続税、電気代、水道代、行政の末端の役割担う自治会活動費用などが取り上げられる。それらの費用について日本とスウェーデンの大まかな比較を推定すると以下の様になる。

スウェーデンでは

有料道路が無いから、高速道路利用料はゼロ。制限速度は高速道路で110km/h、一般国道で90km/h、地方道で60km/h、市内は日本と同様である。

有料道路が無いから、タクシーを利用しても高速料金は発生しない。

殆どの人が、一生に1回は相続をする機会があるが、スウェーデンでは相続税が無い。

義務教育だけでなく、大学まで学費は無料、更に大学が出身地から遠隔地にある場合は生活の為の補助も国から受けられるので、一般にはアルバイトの必要はないが、する人もいる。
運転免許、パスポートの有効期間が長く、維持費用は日本の1/5程度に加え、掛かる時間が少ない。
車検費用が日本と比べて、非常に安くて済む。
住宅については固定資産税が日本の約1/3と非常に安い。
収容数に余裕を持たせた幼稚園等の数が確保されているので、シングルマザー、ファザーの負担が少ない。
自分史に既述の様に、日本では幼稚園は規格型教育の出発点で、二人の就学前の娘に２度も制服を作り、入園金を二度払ったが、それらの費用と、場所の確保に関する苦労はスウェーデンでは存在しない。
子供手当、有給の育児休暇等が手厚く、民間の小企業従業員でも公務員と同じように取っている。
これ等の全てはスウェーデンと日本の比較に於いて、スウェーデンは費用が少く、時間的な手間が比較にならないくらい少なくて済む。
私は学者ではないので、これ等の個々の費用と手間を正確に数値化するほどの忍耐力が無く、そんな細かな事に興味のある人もいないと思うので、代表的に固定資産税、大学費用、相続税の３項目をピックアップして説明する。

固定資産税

家を購入、夫婦で各人が半額所有権を持っていると仮定し、課税評価額が総額で２千万円、双方が持つ１千万円に対して固定資産税を払うとすると、年間約４万円になる。日本だと約14万円だから10万円スウェーデンの方が少なくなる。
神戸市の場合都市計画税0.3%が負荷されるので、1.7%となり、その差は13万円とる。単純計算で、10年で170万円、一生の長さに相当する50年で850万円となる。若し夫が２千万円全てを持つ場合にはその差は倍になる。
土地所有のコスト、固定資産税については、この後、別項目を設けて詳細な検討を加えます。

４年間の大学生の費用

最近のスウェーデンの大学進学率は70%弱で、米国の90%弱、韓国の90%強、日本の50%中、と国により大きな差がある。 多分、日本の進学率が低いのは、色々な理由があると思いますが、経済的な問題が最も大きな理由だろうと推測する。二年制の短大も含めると約65%に進学率が上昇しますが、それでも……米、韓と較べてはるかに低い数値です。
先進国では肉体労働者の比率が減少、多くが知的労働者を目指し、それは大学進学率に反映し、数十年後の国家の行政と産業の競争力に影響を与えると考えられるから、日本の将来を考えると暗澹とする。
医学部、薬学部等を除外して、４年制の場合大学４年間に掛かる費用は５百万円から１千５百万円掛かるといわれ、それは自宅通学の場合の事です。多くの学生は自宅通学ではありません。
大まかに、状況を理解するために１千５百万円掛かるものと仮定して、この負担が世代を超えて50年間で負担されるものとして計算すると、1,500÷50＝30で、年間30万円の負担になります。

相続税からの負担

スウェーデンには相続税はありませんが、日本では相続税はあるし、税務当局は相続税を、国債償還の為の1つの重要な材料として、今後相続税を増加させる事を示唆しています。

多分、相続税の対象になる相続は全体の1割くらいになると予想され、マスコミからは今後増税が計画されているとの話が聞こえてきます。

相続税の存在と貧困の組み合わせが社会を劣化

特に、大学進学者と親の所得水準には明瞭な相関があると言われ、多くのこれ等の費用も加味して、先の表を修正して、固定資産税と大学学費の分を加えて下表に示す。

税金の額（日本円で万円表示）

名前	年収	個人の支払い税額		会社の支払い税額		国、地方の受け取り税額	
		日本	スウェーデン	日本	スウェーデン	日本	スウェーデン
N	400	97	92	60	150	152	242
岡田	1,500	410	650	90	570	500	1,220
二人分	**1,900**	**1,380**	**1,570**	**150**	**720**	**652**	**1,462**
固定資産		10万円	3万円				
大学学費		30万円	ナシ				
相続税		??	ナシ				
加算して		137万円	95万円				

N君の場合、固定資産税分10万円と大学学費30万円で、計40万円／年分、負担が増加、137万円となり、日本は50%弱スウェーデンより高負担となる。3項目以外の多くの小さな項目も数値化すれば、推測だが更に5～10%くらい上乗せされて日本の方が高負担になる。

日本で大多数を占める500万円近辺の一般な大衆と呼ばれる人に取っては、日本は非常に高負担国である。

表に示す結果から、税率は137÷400≒34%となり、スウェーデンの95÷400＝23.7%と比較して非常に高い数値となる。

日本には相続税があるので人生で最低一度、若しかしたら数回遭遇する相続税については、個人差のばらつきが多いので数値化できないが、多くの人が負担の対象になる筈である。

日本は高負担国なのに、何故、巨額の1,300兆円もの国債発行残高になったのか？

半世紀の間に1,300兆円に積み上がった、平均1年間に24兆円増加してきた。

若し経済が安定して金利が3%になれば、支払金利だけで39兆円になる。今までの様に毎年24兆円を政府債務の増加で賄うとすると、39＋24＝63兆円が国債関係の費用として消えて行く。

第２部、第１章冒頭で恐るべき腐敗の現実を見てきた。
　巨額国公債の残高の個々の詳細にについて知る事は出来ないが、多くの行政の場で、大小の類似の高級官僚の能力不足、不誠実、不正を原因とするお粗末が累積されて、巨額国公債の発行残高になったのは疑いない。高福祉高負担と言われているスウェーデンと比較しても、日本は１千万円を超える高額所得者でなければ、スウェーデンと同等又は、スウェーデンよりも高負担である。
　源泉徴収税額以外の、生活に必須な費用も含めて考えると、日本の方が際立って、スウェーデンよりも生活費が高くなる。過去約半世紀の間に、毎年積み上げてきた24兆円は、行政の無能力により浪費されてしまったのだ。

幼稚な社会的経験しかない高級官僚の設計した行政手続きで使い勝手が悪くて時間を浪費し、行政の時間効率は悪化して、残業が必要となり、全般的に長時間労働の原因を作る。

スウェーデンはソ連邦解体でロシアの脅威が減少したとして徴兵制を廃止したが、2018年に状況が危機的な方向に変化していると判断して、徴兵制を復活した。

女性も徴兵の対象とし、防衛費を約40%増加したがそれは、プーチンのロシアがウクライナに侵攻した４年前の事である。自分史に既述の様に、1970年代にソ連の国家プロジェクトの存在をいち早く知り、巨額のビジネスに結び付ける、**その外交力、先を正しく読み、対策を迅速に実行する賢明さにはビックリする。**

その様な行政を日本では朝令暮改とバカにする人もいる様だが、21世紀に突入、社会が劇的な速さで変化する中で、**変化に対応して迅速に行動しなければ……回復不能な状態に陥って終う。**

低い国公債発行残高が、可能にする

スウェーデンの国公債発行残高はGDP比で日本の2.5に対して約0.35で、日瑞の比較で約７対１の比率になり、スウェーデンは必要に応じて財務的に対応できる余力がある。安定した財務的な背景は重要な防衛力の基礎である。

退職金

日本における退職金の存在は、世界標準からすると、日本を非常に違った社会にする原因として作用している。

その功罪は相半ばし、国民を上級クラスと、下級クラスに色分けして分断し、教育とコネを通じて、世襲される傾向を見せており、それは国家の根幹にかかわる重要な事であり、この事については後ほど詳しく論証してみたい。

多くの日本人はスウェーデンを夢の様な高福祉の国だが、高負担は嫌だから、高福祉は夢だと思っているが、この検証結果は、雇用主にスウェーデン並みの税負担をさせれば、低負担でスウェーデン以上の高福祉が可能である事を証明している。多くのスウェーデン人は、自国の制度に絶対的な自信を持ち、誇りに思っている。

スウェーデンも日本も海外で頻繁に話題になる事が無いために、外から誤解され、両国の間ではより大きく誤解されているように感じる。

自分史に既述の、日本とスウェーデンの労働組合の話し合いの時のように、スウェーデン人は多くの場合日本を大きく誤解している。彼らの日本人の友人は殆どの場合、スウェーデンについて、ステレオタイプの理解しかなく、日本についての理解も浅薄で、お互いに深堀した話が出来ない。日本が終身雇用の国である事は知っていても、多くの日本人が定年退職時に、数千万円の退職金を貰う等、スウェーデン人には全く想像外の事なのだ。

サラリーマンの税金に対する感覚の違い

日本で税金をいくら払っていると言えば、額面収入と手取りの差額が先ず感覚的に税金として認識され、次いで地方税が問題にされますが、殆どの人はそのような細かな事には関心を示さない。此処が大きな違いです。

スウェーデン人は税金について非常に敏感で、頭の中に自分の事もさることながら、自分の存在が国に対してどの程度納税しているかで、税金の多寡を判断する思想があるように思う。

N君は、**日本流の感覚で言えば額面年収の23.7%を税金として払っている事になるが、スウェーデン的な感覚では61%払っていると、税金を多く払っている事を誇示**する気持ちが感じられる。(H-671頁の表参照)

多分、この事についてスウェーデン人に質問しても、それはスウェーデンの空気のようなものだから、一般に明解な説明を得る事は難しいと思う。私は外人だから、半世紀以上の間スウェーデンと密に関係を持ち、常にスウェーデンについて懐疑的な視点を持ちながら日本との比較で観察してきたので、そのような人間の視点で以下の様な回答をしたい。

王政からスウェーデンが民主主義政府に変わる歴史の中で、様々な事が起こったが、スウェーデン経済を牛耳る財閥は温存されただけでなく、継続的に温存、優遇されてスウェーデン経済を牛耳る存在となるように法制度が出来上がった。

スウェーデンでは利益を出して税金を払う企業は金の卵を産むガチョウにたとえられる。大きな利益を出して、大きな税金を払う優良企業は大切な国の宝です。大きな税負担をしている事は心の中の勲章なのだ。税率は年収400万円の人が61%、1,500万円で81%と、スウェーデン流に高い雇用主の税負担を強調しているが、日本的な感覚では従業員が負担する税負担の23.7%、43.3%が認識され……日本とスウェーデンの感覚の違いを感じる。

日本の経済専門家の現状認識

多くのスウェーデンについて語っている日本人は、実際のスウェーデンでの納税経験が無いだけでなく、若しかしたら……他人任せで日本での納税経験もなく……単に、表面的な統計数値を追っているだけかもしれない。

外務省職員、彼らにとって任地はタックスヘブンで任地での納税経験が出来ない。多分、しばしばスウェーデンを扱う経済記事に露出する多くの経済学者、大学教授、アナリスト、専門家、識者と呼ばれる人は、先の表に示される“雇用主に掛かる総税負担額”を見て、表の後部に出された高い税率を見て、誤解しているのだろうと推察する。

日本のテレビ、ラジオに露出する専門家は、決まり文句でスウェーデンの高負担を大前提として話をしている。

これは日本だけでなく、多分、他の国でも似たような傾向があるように思う。

かなりの数の英国人、米国人との会話でスウェーデンについて、……よくやるスウェーデン批判、自国の自慢臭のある雑談……の中で、話の出発点がスウェーデンは高福祉、高負担を感じさせる認識があった。

スウェーデンでの納税経験とスウェーデン語が話せる事がこの様な話題について正しい理解をする為の必須の条件であり、当然の事ながら、母国の政治経済についての経験と知識が無ければ、意味のある議論など出来ない。

日本の若年層の貧困は、一世代前には親世代の負担、肩代わりで糊塗されていたが、25～30年を経て、世代交代が起こり、経済的に余力のない世代が親世代になり、状況が加速して悪化しつつある、

単年でしか経済を観察しない単視的な“木を見て森を見ず”な経済学の根源に問題があると

思う。今後の一世代で日本が更に劣化して行けば、アジア最貧国になるのはそんなに遠い将来の事ではない。
一旦、落ちてしまえば、21世紀になりそこからの回復は絶望的に困難な事になる。
人間の性として、貧困になればなるほど、防衛本能が働いて、不正、汚職、不誠実がより、社会に蔓延するからだ。

日本とスウェーデンの情報の貿易収支

日本語もスウェーデン語も世界語である英語と比べると極小の方言であり、習得が難しい言語である。
日本語の場合には日本人は英語が下手だから、日本の情報は外には伝わり難いし、日本語に堪能な外人は極、極少数である。
英語の情報は大量に日本に入ってきて、多くの物が日本語に翻訳されるので、**情報貿易の収支は極端な入超**である。
特にこの本の様な社会の細部について説明するような内容は海外に伝わる事は絶無である。
スウェーデンの場合には、ホワイトカラーの人は、英語がホボ、自国語と同レベルで話せるし、殆どの人が英語を解する。必要ならネットを介して英米のマスコミ報道も現地人と同レベルで視聴できる。
人口が少ないので書籍のスウェーデン語での出版はビジネスになり難く、書籍のバリエーションは限られてくる。
歴史的に、アンデルセン、ラーゲリョーフ、等……北欧諸国は多くの童話作家を生んだので、その分野の出版物は外国語に翻訳されているが、それ以外はスウェーデンと言う狭い社会を対象にした書籍が他言語に翻訳されて出版されることは稀だ。この様な事情から、スウェーデンについて多くを知る外人は非常に少なかった。
単純化すると、**情報の輸入は無制限で、輸出はゼロ、輸出鎖国**である。
ネット社会になり、特に米国で色々な矛盾が拡大、若い高い意識を持った高学歴層の中で北欧、スウェーデン的な政治と社会が見直されている。前回の米国の大統領選挙でサンダース氏が、予想をはるかに超えて、大きく得票したが、彼が目指しているのはスウェーデン的な社会だと理解しているが、今後米国がどの様に変化して行くのか？

企業の勲章

スウェーデン人は誠実、忍耐強く、議論好きで……どこでも常に例外的な人がいるのは、言うまでもないが……国内マーケットが小さいので、海外に販路を求めて、企業も国家も常に世界のトップを目指した製品開発を行い、高い技術力の維持を図っている。結果として、現存している企業は、競争力があり、付加価値の高いビジネスを展開しているので、高い人件費に耐えられる。
その様な社会的、人的インフラは教育の質が良かったからだと、私は思う。

スウェーデンに住んでも評価は人による

自分史に既述の様に、約40年前にスウェーデンに住んでも、御夫婦ともに高学歴者のＨ氏家族のスウェーデンは死にゆくバカの国だと仰っていた。当時としては珍しく、ご夫婦ともに、ソコソコ、英会話が出来る。
教育が成っていない、生徒が一生懸命に勉強しない、大人は怠惰で仕事をしない……税金が高い、物価が高い、等々である。当然スウェーデン人の心を許せる友人は出来ない。

日本史上最大の悪書、「スウェーデンスペシアル」と 著者、藤井威大使の錯誤と影響力

藤井威氏は、筆者より２才年長、東京大学法学部卒後、大蔵省に就職、主に主計局勤務、1970年代から失われた30年の頃まで大蔵省の高官、1993年に内閣官房内政審議室長の要職を務め1996年に退官、翌1997年から３年間駐スウェーデン特命全権大使を務められた。

スウェーデン大使の看板を背に総ページ数約800の三部作で「スウェーデンスペシアル」を著作されたが、著作は筆者の目から見ると、全くお門違い、時代遅れ、貧弱な日本の常識とスウェーデンの常識を全く知っていない人が暇に任せて書いたものだ。

第二次大戦中に……日本語を話せない、読めない、日本に来たことがない……ルース・ベネディクトの著作「菊と刀」や、14世紀、日本について「東方見聞録」に日本を紹介したマルコポーロと同程度の誤解と、錯誤で充満した大作でその後の日本の税制、福祉政策に巨大な負の影響を及ぼした。

この本は**日本の政治家、行政、福祉関係者、識者、有権者を藤井著作の呪縛から解放する事を目的**としている。

在ストックホルム日本大使と言う、大きな肩書の看板を背にされた大部の著作物に反論するためには、具体的な事例を証拠として列記するしか方法はなく、その結果この本は千ページを超える大部になった。

第２部、第３章に詳述しているが以下に藤井著作の問題点を簡単に列記する。

- 藤井大使は外交官特権で納税義務がなく……結果的に**可処分所得がスウェーデンの大企業の重役の５倍前後で貴族の様な身分**、国民を平等に扱い、現金の扱いにケチなスウェーデン人が貧しく見える。
- スウェーデン語を理解しない、執筆している内容は全て……スウェーデンでなく何処でも手に入る古い資料を使っている。
- スウェーデンでは空気の様な**スウェーデンの常識が全く解っていなく、日本の常識も非常に貧弱。**
- 著作の原本は財務省の広報誌「ファイナンス」に９回にわたり長期連載され、政府の12省庁で読まれ、スウェーデンの福祉政策が度外れな高負担で、考慮の余地なしと断罪されているが、実態は全く逆。
- 著作を種に、税務、福祉関係者の集まりで無数の講演会を開催、冒頭にスウェーデンの酷税を紹介すると……**無茶苦茶だ、そんな手取りが半分以下になる様なスウェーデンは全く参考にならないと……聴収が納得して、スウェーデンの福祉政治に対しての興味を喪失されると自慢しておられる。**

藤井大使の著作「スウェーデンスペシアル」の存在と、講演活動が日本の財務省、厚生省、関係者に与えた影響は巨大で、OECD統計を見た人や、OECDに派遣されていた**多くの高級官僚も……著作と、OECD統計との齟齬に疑問を感じても、元大蔵省高官、内閣官房の高官で在スウェーデン大使の著作に異を唱える勇気がなかったと考えられる。**

結果的に藤井氏は1993年に始まった失われた30年の国公債発行残高を等差級数的に増加させ……GDPはホボ横ばい……と言う、歴史上非常に珍しい日本の21世紀の財務状況を作り上げるのに巨大な影響を与えられた。

藤井氏本人は、**幼児が「良いもの見つけた」、「皆に教えたろ」**みたいな感覚をお持ち、日本中で講演会の講師として活動されている様子がネットに登場している。

筆者は日本を低賃金、長時間労働を特徴とする「ブラック企業」社会に変身させつつある

税制は、藤井著作のアシスト効果が大きく、藤井著作が無ければ日本の福祉政策、財政政策はかなり違ったものになっていただろうと思う。 詳細については第２部、第３章をご覧ください。

筆者の場合

住友電工に在職時、世界のトップを走るサンドビックを模倣する日本の住友、三菱、東芝、日立の名を冠する同業４社の中で競争をしていた。日本には輸出できる様なレベルの製品が無い。同業４社とサンドビックの技術力の差は絶大で、何故その様な差が出来るのか、その様なスウェーデンにはどのような秘密があるのか。

当時、サンドビックや、米国のGE等先進国の企業のカタログ、技術雑誌、論文から学んでいた。

筆者の場合、出発点が疑問の解明にあり、子供の頃には親の農業の手伝いと、遊びで、一生懸命に受験勉強をした経験が無いから、スウェーデンの子供が、熱心に受験勉強しないのは全く気にならない。

解らない事、疑問に思う事が無数にあるから、誰にでも質問する……そのような行為が多くの友人を持つことに繋がり、五箇山の山村で生活した時の様に、ザックバランデ、肩の張らない人間関係が作れたと思っている。

21世紀は賭博の世界

世界に存在するマネーの総額は誰にも分からない。21世紀のネット社会では、マネーは利を求めて、水が高所から低い方向に流れるように移動して行く。

水は重力の法則に従って緩慢に流れるが、マネーは瞬時に……0.001秒単位ででも……巨額でも移動する。

日本の国と地方政府の発行した公的債務と呼ばれる、公債発行残高は最新の統計で約1,500兆円に積み上がり、2021～2022のコロナ禍の中での景気刺激策として、更なる積み上げを余儀なくされてきた。

大まかに国民一人当たり１千２百万円の借金になる。

公債の巨大発行残高は経済学専門家の格好の話題で、日本の経済規模では問題ないとする識者、問題だとする識者入り混じって相場の世界は波乱を待っている。波乱が大きければ大きいほど、勝てる機会が多くなり、且、獲得できる金額も大きくなる。勿論、反対に負ければ、大損で再起不能になる。

大阪で有名な歴史的建造物“中の島公会堂”は明治の末に、相場師……現代用語で投資家……岩本栄之助が100万円……感覚的に現在の200億円くらい……を寄付した事で建設が始められた。建設に約７年掛かり、完成の２年前に岩本は巨額損失を被り享年39歳で自殺したと言われている。岩本が大損したと言う事は、確実に反対に大儲けした人がいる事を意味し、それが相場の世界だ。漫然と価格の上昇を期待できる物だけを買って、価格が上昇するのを待つのではなく、価格が下落するものも相場の大きな対象物であり、相場は常に混乱、大きな混乱を待っている。

私が50才の頃、私より一回り年上の米国籍、ハンガリー生まれのユダヤ人、ソロスが英国のポンド危機を煽って、イギリスポンドを空売りして、英国の政府を敗北に追い込み巨額の利益を獲得した歴史的な事件の経過を観察している。

日本の国債問題が暴発するときに、主に日本人の、多くの人は大損害を被り、極々少数の相場師と高級官僚に巨利をもたらす事になるだろうが、昔と違って、現代では全ての大きな変化にはインサイダー取引が関係する。

昔はインサイダー取引の取り締まりは意味を持ったが、現代ではインサイダー取引を禁止する法律は『張子の虎』と同様で意味を持たない。高級官僚にとって国債暴発は無数のインサイダー取引の種の1つで、起こっても対応できる様な準備が出来ているだろう。

日本の公債の積み上げはどの様に決着するのか

誰がこの事について、真剣に考えているのだろうか？　真剣に考えている人は確実にいる、それはソロスのような相場師＝バクチ打ちだ。

日本のような大きな経済規模を持った国が危機的な状態に陥ると、単純に公社債の価格変動だけでなく、他の無数の大きな相場の変動が玉突きで発生し、昔、変化は緩慢にしか進行しなかったが、21世紀のネットを介しての取引となる情報化社会では、瞬時に反動が世界経済の種々の部門に影響を与える。

既述の、安倍首相の経済政策の指南役とマスコミで言われた、アトキンソン氏は米国の巨大金融企業ゴールドマンサックスに勤務、相場の世界で、……多分、自分は講釈するだけで、実際に自分の資金を危険にさらした経験が無い……学歴と職歴を武器にバブル景気崩壊後の低迷する日本経済の復興政策に影響を与えたと言われている。

事の真実は不明だが、若しそのような事が起こっていたとしたら、それは危険極まりない事で、21世紀においても日本の首相は西欧基準で考えれば、精神年齢12歳の低能児と言われても仕方がない。

相場の世界からは手を引いたと、達観したように書き、スウェーデンの様に利益の出ない中小企業には手を差し伸べないで潰すべきと主張しているような事も聞こえるが、それは彼の発案か、彼がスウェーデンの経済政策を知っていたからなのかは不明だが、日本人として、アトキンソン氏が重宝されると伝えられる日本が情けない。

最も周到に日本の国債問題の暴発に備えて準備しているのはアトキンソン氏かも知れないし、本人じゃなくても友人に影響を与えて、結果的に同じ事になっていても不思議はない。

なぜ、巨額の公債発行が行われ、それが継続するのか

日本とスウェーデンの比較

自由主義、民主主義、資本主義経済を国是としている、俗に西側諸国は多数ありそれぞれ微妙に差があるが、日本とスウェーデンはその中で、両極端を成す……似たようで、内面の非常に違った国だと思う。

以下に、善悪、良否とは関係なく筆者の経験から得た特徴を羅列してみる。

組織内の役付き者に求められる事

スウェーデンの場合には制度変更を積極的に行う

スウェーデンの場合：長と名の付く人は、何らかの制度上の改良をする事を求められており、大過なくは無能と見做され、褒められたものではない。

スウェーデンでは新任の役付き者は、制度変更の種を見つけるために鋭敏なアンテナを立てており、見込みのあるアイデアが発見されれば躊躇なく意見具申を行い、組織の中で議論されて可否が判定される。

組織内での議論の過程で新人も、永年経験者も対等に議論できる文化があるので、新人は鍛えられる。

この様に機能するから、制度設計専門の高級官僚と実行部隊の公務員の垣根が低く、全ての関係者の実務能力が高く維持されているので、国連の様な国際機関で存在感を示し、世界人口の0.1％程度の人口なのに国際機関では大きな存在感を示しているのは、上述した理由に

よると観察している。

日本の場合には制度変更は強力に抑制される

日本で転勤や退職の際の送別会などで“大過なく過ごさせて頂き……”の常套句があり、これが全てを語っている。

日本の場合には、中央にいる官僚は厳しい大学受験戦争を経て、実務的には全くの素人が制度設計を行う部門に配属される。

当初の教育期間に実務の事も学ぶが限定的で、実務の経験ゼロで、先輩の横で補助をしながら制度設計を見習う。

国税の様に500を超える税務署にはフレッシュマンに毛の生えたような若者がトップとして君臨する。

現行の制度は上司、又は組織上近くにいる人が作り上げたもので、それをいじるのは望ましい事では無いので、周囲に忖度して素晴らしいアイデイアが有っても、意見具申できない。

この様な組織文化の歴史から出来上がっている組織なので、晴天の霹靂の様な大事件が起こるか、外部から強力な圧力がかからない限り制度の変更は成されない。

政府、政権と官僚の関係

スウェーデンでは政権間、国会内で主義、主張について、抽象的な議論をもてあそぶ習慣はなく、実務的にどの様にすべきか、そのための予算についての議論と、評決が行われる。

日本の感覚で言えば、個人情報保護は全くなく、全ての情報が公開されているので、不正が防止されるメカニズムが働き、関係者は皆、実務能力が高いので、素人がいい加減な情緒的な議論に持ちこむ隙間が無い。

思想的、抽象的な議論抜きで、実務的な視点から費用対効果が推算されて、優れていると認められれば即実行される。

日本はスウェーデン基準で考えれば、情報公開はゼロに近く、新しく立法された個人情報保護法と国民の過剰反応で異常とも思えるほど自己防衛的な反応をする人が多く、滑稽なくらい、情報の良し、悪しとは関係なく情報の公開に拒否反応を示す。

全ての情報と、過去の知識は官僚が持っている。政権政党は情緒的な国民とそれを煽って商売の種にするマスコミに訴えて政権を維持、又は奪取する為に全エネルギーを使い、情緒的な議論は出来るが実務的な能力は平均的な家庭の主婦レベルかそれ以下と言われても抗弁出来ないくらい低い。

政治家は日本で唯一、専門知識、能力とは無関係、弁舌と人気だけで、誰でもなれる職業で給与が高く、年功とは関係なく、定年もない。

海部俊樹氏が自民党の首相に立候補するか、否か逡巡していた。海部氏は東京大学卒でなく官僚にいじめられやすく、下馬評では海部は自民党の総裁選＝首相選で負けると言われていた。

若し、選挙で負ければ、反旗を翻した事になり、多分政界から引退しなければいけない……。

当時の週刊誌に海部氏が総裁選に出馬する決意に至った経過が解説され……最終決断は奥様から背中を押された事だったと書かれていた。

> 落選しても貴方大型免許持っているから
> 政治家辞めても大丈夫よ……の一言だった、

政権を取る事に成功しても、実務的な能力不足に加え、連続性を必要とする制度設計に必要な過去の知識が貧弱で、全て官僚に頼らなければならない。官僚は何時、政権交代が起こるか分からないので政権に対して、防御的な”面従腹背“で対応、知識、情報の提供の度合いをコントロールする。

西欧型の民主主義国家で、多分、日本にしか存在しない記者クラブが国会のみならず、殆どの地方自治体に有りそこでは、マスコミが商売の種に出来る情報が労せずして手に入る。

ここで、政権とマスコミの間にお互いに自己保身の為に、相手に忖度する、『持ちつ、持たれつ』の不純な関係が生まれる。一度、一緒に悪事を行い共通の秘密事項を持てば、それは血盟となり強固な関係が築かれる。

購買政策の根本的な相違：官、民と日本とスウェーデンの比較

政府は最大の消費者、約300万人の従業員の内、警察、自衛隊、教員、等を除いた、残りの人の仕事は予算を執行＝何らかの購買が発生するので、日本の最大の購買団体である。

この購買団体に属する人の、成果は消費した金額の多寡で評価され、大きな金額を消費した方が、大きな仕事をしたと評価される組織である。

民間であれば、目的に対して可能な限り小さな金額で購買する様に努め、小さな金額ですますことを良しとする。

官僚が見積もって必要金額を決めて、政治家が予算を取ってきて、……官僚がお手盛りで決めた金額を目標として……大きな金額を消費するほど、良い仕事、大きな実績として評価され、叙勲の評価の参考になる等……民間とは根本的に違うルール、感覚の下で働いている。

自分史に既述の、箕谷グリーンスポーツホテルの用地買収、国鉄高取工場の購買の例のように、民間とは根本的に異なった社会である。

政府組織、政治がこの事を理解して、制度改革しないで、今までのように何か問題が発生するとそれだけ見て、パッチワークする事の積み重ねでは、時間の経過に伴い、ひずみが成長巨大化して、爆発する。

スウェーデンでは、……既に何回も同じことを言っているが……このような事は起こらない。

国全体では多数の人が関係しているから、数学的なゼロは保証できないが、限りなくゼロであろう。

個人情報のみならず、あらゆる情報が公開されているスウェーデンでは、公的な事に関係しての情報の隠匿、隠蔽は非常に困難で、実用レベルの正確さで言えば、スウェーデンでは起こらないと断言できる。

勤続年数の増加に伴い能力、実力が増強されるスウェーデンの官僚と低下する日本の官僚。

常に容赦のない議論と新制度の運用、制度の変更を経験する中でスウェーデンの官僚の実力は継続的に増強される。

他方、日本では新制度は稀にしか出現しないし、制度の変更も頻度が少ないに加え、あらゆる方向に忖度しての議論で、相手の反応に気を使い……商人が顧客の顔色を伺いながら言葉を選ぶような環境で……快活に生きて行けない。

> 裁判官OBの書かれた本の中に、官僚の中でも法曹関係は社会が狭いので特にいびつで、殆どの再申請請求が却下されるのは、判決を下した前任判事に対する忖度で、恥ずかしい事だと書いていた。その様に勇敢な人は、外務官僚だった杉原千畝の例にもあるように例外的である。

日本の官僚の人生は

厳しい受験戦争を勝ち抜いて有名大学に入学、人生に安定を求めて官僚となり、終身雇用、

年功序列の中で将来に不安を持つことなく仕事人生を始め、倒産が無くて安定しているが……。

日本の官僚は幸せか？

忖度、忖度、忖度で忖度人生を永く続けて幸せを感じる……そのような事に自己実現を感じる人は、幸せかもしれないが、その様な人はいないだろう……。

> 幾何学的に簡単な物でも見る方向によって大きく変わる。
>
> 一枚の紙は、見る方向によって腺に見えるし、大きな面にも見える。
>
> 官僚と呼ばれる人々の姿も、どの方向で見るかにより大きく異なる。一般には、昔の辞書には公僕と書かれており、テストの時にそう書かないと正解とされないが、実態はかなり違う。
>
> 日本の官僚は日本の制度により、国に寄生する、寄生虫にならざるを得ない様な制度の中で人生を送り、引きこもり予備軍となるための実習をしている。
>
> 公表を憚る、隠蔽すべき事に包まれて、心をオープンにして会話出来ないので、貧弱な常識との相乗効果＝シナジーで、多くの人が社会からの引きこもり予備軍、時間経過に伴って引きこもりとなる。

専門能力で評価される社会

スウェーデンでは個人の専門能力で評価され、能力に応じて水平にも、垂直にも流動出来て、官と民の垣根も、日本の感覚からすると無いに等しいが……多くのスウェーデン人はまだ垣根が高いと思っているようである。

洋の東西を問わず、民間企業は専門能力で社会から評価され、評価が落ちて存在意義がなくなると社会から消えて行く。スウェーデンでは個人も、企業も同じであると言える。

この様な社会では自分を高めるためには情報収集能力がなければ、上手くない。

無意識の内に、新しい知識を求めて会話する習慣が付き、情報を求めてアンテナの数と高さが高くなる。

経済学は宗教か？　自由主義と経済学

土地利用に於いて、日本は中国よりも過酷な税制……若しかしたら世界一過酷

政府や国連の統計は、一部の真実をデーターの形で伝えているが、生活者の視点で判断すると、別の物が見えてくる。(第８章その４参照)

経済学は変化を嫌う、一神教の様なもので科学ではない

明治の開国で多くの新しい知識が導入され、それらの新しい知識の表題の名前の最後尾に“学”が付き、“学”が付くと科学の雰囲気が漂う科学の一部門であると云う認識が生まれる。

欧米には、私の知る限り、一つの単語で、日本語の“学”の様な使い方が出来る便利な単語はなく、例えば英語で、経済学はエコノミー、哲学はフィロソフィー、化学はケミストリーであり、私の理解している他の言語もホボ同様である。

英語のサイエンスは科学と翻訳され、科学は自然を観察して自然から学ぶ自然科学が科学の出発点であり、科学＝自然科学みたいな雰囲気が常識的な感じで受け入れられて今日に至っている。

その中で経済学は、一つの科学的な学問として社会から受け入れられてきたと推測する。

科学的であると云う事は、変化する環境の中で新しい変化が出現すれば、その変化を取り込んで変化する事を意味し経済学が変化するべきだと思う。物理学の世界ではニュートンや

アインシュタインの出現が物理学に根本的な変化をもたらしたが、それが科学だ。

> 経済学が『学』と呼ばれる為には経済理論が普遍性と、再現性を示せることが絶対条件だ。
> 何時の時代でも、何処でも同じことが再現できなければそれは科学ではない。
> 経済現象は時間の経過に伴って不可逆的に変化し、絶対に同じような環境は出現しないから、常に目の前の状況を観察して推理しなければいけない応用問題であり、誰も正解が解らないが、時間の経過に伴って結果は徐々に姿を現してくる。

経済学は最低3回大きな脱皮、変化をすべきだったが変化できなかった

第1回目の変革のチャンス

環境問題への関心が高まる中で、サステーナブル＝持続可能な循環型社会を目指すべきと主張する意識的な若者が増加して来た。

これは、人類が存続する上での根本的命題であり、経済学が宗教でなければ、はるか昔、18世紀末マルサスの人口論が発表されてから、経済学は影響を受けて、予測される未来の変化を先取して変化すべきであったが、変化は起こらなかった。

現在、色々な意見があるが、地球に無理のない適性人口は約10億人であると主張する人もおり、そのような根本的な事を考えて人類の幸福を議論して行くべきだと思うが、経済学はその様な方向に進むことなく、ロシアの共産党革命までの100年以上の間に、人口論から経済学が影響を受けた形跡は、筆者の知る限り無い。

第2回目の変革のチャンス

20世紀初頭にロシアで共産党革命がロマノフ王朝を崩壊させ、世界中を共産党化させる事を使命とするソ連邦が出現、世界中の国々で、ソ連の計画経済主義を採用すべきか、欧米の自由主義経済方式を採用すべきかを巡っての対立が始まった。

20世紀末にソ連邦は崩壊し、表面上、自由主義経済学は人間の幸福に貢献する学問であるかの様な印象を与えた。

マルクス経済学に勝利した事に酔ったのか、経済学は関係する無数の要素を精査して、勝利の原因の細部を分析する事で、自由主義経済の再構築、強化を図る作業を行わなかった。

マルサスの人口論、地球が有限である事を考えれば、最終的には有限の資源を有効に使う世界全体を一つに纏めた、計画経済が最も有効な方法である事は明らかであるが、そのような方向での議論は起こらなかったようである。

19世紀後半に、英国の著名な首相デイズレーリーが**『世の中は小さな嘘、大きな嘘と統計の三つから成り立っている』**と勃興期の経済統計を揶揄したと言われているが、デイズレーリーの時代と変わらぬレベルで、少数の大きな**統計数値の摘み食いで都合の良いように、経済現象を解説**する事が経済学者の仕事となった。

第3回目の変革のチャンス

電子化、デジタル化、ネット社会となり、エクセルで高等数学を駆使して瞬時に色々な計算が可能となり、巨大な資金が瞬時に世界中を駆け巡るようになる。食料、工業素材、工業製品等の取引を意味する実体経済が作り出す資金移動に、レバレッジを効かせて、実体経済規模の数十倍～数百倍、若しかしたら千倍以上の投機資金が世界中を駆け巡る、ギャンブルの時代に突入する。

経済学はギャンブルに勝つ事を研究する学問となり、ギャンブルに勝てる方法を見つけた人がノーベル経済学賞を受賞する様になる。若し経済学が人類の目前の幸福と永遠の持続を目的としているのであれば、経済学は時々に出現した新しい知見を取り込み、進化する科学的な側面を持たなければならないと思うが、現在の経済学はそうではない。

経済学は日本の国債問題の解決のヒントを示す事が出来ない。

経済学はある事象の結果として発生した結果を評価して、順位を示してその優劣を示すが、何故そのような結果になったかの因果関係について深く考察する事を忘れているか、放棄している。

個人の富貴を評価する単純な例で経済学の能力、限界を表現すれば、経済学は資産額の順位を示す事に関心があるが、どの様にしてそのような結果になったかについて、詳細な分析を行い、そのような結果になった必然的な理由、法則を探る思想に欠けているので、日本の国債問題の解決方法を教えてくれない。

世界中の無数とも表現できる、経済学を専門とする学者が、上記の三つの経済学が大きく変化すべきと考えられるパラシフトに遭遇しても、経済学の根本を変化させる事なく、単にそれに便乗して、行動経済学、ゲーム理論その他の便法を作り出し、金儲けのギャンブルに勝つ方法を研究する様な変化を示している。

> 経済学と末尾に“学”が付く様な学問であれば、社会にプラスの貢献ができる事で評価される何かであるべきだと思うが、**経済学は社会貢献には関心が無い**。経済学には、この様な背景があるからか、日本の国債問題の解決に結びつく因果関係の解明に関心がなく、……そんなこと出来る筈がないと放棄したのか……**経済学者は傍観者的な指摘**をするだけである。
>
> 経済学者は、過去の経済統計を勉強するだけの、経済学と言う過去学にマイコンされている。
>
> 全ての大きな経済現象は、過去の事とは全く関係なく、新しい要因がパラシフトを起こして経済活動に革命を起こし、それまで経験した事のない経済現象を起こして、新しい時代を作って行く。
>
> 経済学は、考古学と同様に、経済的な遺跡を調査、分析して、後講釈してそれを知識として学生に切り売りする学問となり、未来に起こる事に就いて有益なアドバイスを与える事が出来ない。

筆者が日本人の心性、GHQのマッカーサー、教育、東京大学について多くの紙数を割くのは、人が政治、経済や個人の大きな課題、問題に遭遇して、決定を迫られるときに最も大きな影響を与える決定要因は多くの場合……外部には知られていない……**隠れた、決定者の心であるからである。**経済学者が好む、経済指標、各種統計の数値は二次的、副次的な、大衆説得用の材料に過ぎない事を、理解していただくための準備だった。

既存の経済学が、結果的に環境の変化に適応して変化する事が出来なかった宗教の様なものである事は十分納得していただけたと思う。経済学はこの様に複雑な問題に解答を与える事を最初から放棄しているのかも知れない。既述の長銀問題、武井氏の相続問題、税務署等の問題を科学的に分析して行く過程で、多数の政治家、官僚の雇用環境について考察した。

読者の方が筆者の経験を自分の経験に融合されて、自分自身の意見を確立されて、日本の国家運営を正常に進めるために貢献される事を願うものです。問題の解決には、今まで優雅にしておられた一部の人には痛みを伴うが、放置して置けば時間の問題で巨大な悲劇が待っており、それは日本人全員に悲劇として襲い掛かるが、経済学を学んでいる高級官僚は……

中国の裸官の様に自分の金融資産を海外に移しているだろうから、何ら怖い事は無い筈だ。

民主主義と自由経済の内包する根本的な矛盾

独裁政治の下では、政治家、官僚は雇用主である独裁者に忠実に従う事が善であるが、民主主義政治の下では、行政を司る政治家も官僚も国家に雇用されており、雇用主である国家に誠実である事が大原則である。

自由、人権尊重を基本に置く民主主義政治の下では、以下に述べる二つの根本的な矛盾を内包し、その矛盾と部分的に妥協するか、克服して多くの民主主義国は歴史を紡いできた。多分、スウェーデンは克服した国であり、他の欧米諸国は、ソコソコ妥協して国家運営をする事に成功している様に見える。

21世紀の日本では全く対策が取れていなく、その結果が、責任者が特定できなく不在で、増大の傾向を止めない国公債発行残高の原因となる。若しこれからも同じ傾向を続けると、近未来に確実に破滅的な結果を招くと断言できる。

21世紀に入り、個人情報保護が大きな話題となり、日本では、過度に憶病なメンタリテーから、重要な情報が隠される事により、汚職に繋がる情報が簡単に隠蔽され、NHKを筆頭にマスコミは手心を加えるから政府、行政、の能力不足、不正が今まで以上に隠蔽容易な社会になるものと推測されが、スウェーデンでは真逆に、日本感覚で個人情報と呼ばれる様な情報が公開されているので、不正の発生は強力に抑制されている。

社会には民間部門に属する個人、法人と行政部門に属する官僚……高級官僚、国家公務員、地方公務員……がいるが、**経済的な側面から観察すると、民間部門の人と、行政部門で働く人は全く違った環境の下で仕事をしている**。、それは人間の行動における司令塔＝脳、心の部分を支配する宗教的戒律の様なものであり、科学的な考えと相いれなく、教育でも矯正できない根本的な問題である。日本では民間企業に雇用された人は**企業経**の下で、公務員は**公務員経**の下で人生を送っているが、**スウェーデンでは国民経**とも呼べる、同じ宗教のもとで民間も行政も一緒に国作りをしている様に見える。

企業経：企業と従業員の利益相反の矛盾

企業は同業他社と競い合って、製品の販売活動から利益を生むことを使命として存続するが、内部的には企業と従業員の間には利益相反関係にある。

個人も法人もパフォーマンス＝成果は、投入した資本＝インプットに対して獲得できた利益＝アウトプットの多寡で決められる。

個人は100万円の価値の仕事をして、200万円の給与を頂けば、100万円の利益を獲得、高いパフォーマンスが得られる事になるが、反対ならマイナスのパフォーマンスとなる。会社は反対に損害を被る。

個人のハイパフォーマンスは法人のローパフォーマンスとなり相互に越えられない利益相反の関係にあり、個人と、会社のパフォーマンスと、同業他社との競争のバランスのとり方が、会社経営を難しくしている。

その為に……変化する外部環境に敏感に反応して、迅速に対応するDNAの下で考えて活動している。

公務員経：日本の場合、国と公務員の間には利益相反がない

日本の官僚のパフォーマンスには、……書面での定義は無いが……、大きな予算を消化した

方が、大きな仕事をしたと褒められ、評価される。制度として、官僚の仕事の評価は消費した金がどの様に使用されたか、不正に使用されなかったか、チェックする機能、制度は無い。会計検査院が存在するが、その役目は精々、倉庫で眠っている、過剰在庫を指摘する程度の機能しか果たせず、民間のような高い実務能力はもっていない。民間企業の様に採算性を議論するような事は会計検査院には期待されていないし、出来ない。この様な環境の中で、官僚はコスト削減についての関心を喪失、際限なく……効率に関係なく……予算の膨張、歳出の膨張を繰り返し、**“妖怪ジャパン”**を生み出して養成、国債増発の原因となっている。歳入が足りなければ、長年、安易に借金を繰り返し、その結果が、2023年に1,500兆円もの巨大な公的債務となった。

官僚は変化に対して鈍感

官僚社会は外部環境の変化に対応して変化することが出来ない。

世界史を眺めれば14世紀から世界史の中で君臨していた大帝国オスマントルコは、当時としては斬新なイエニチェリと呼ばれる常備軍を持ち約5世紀間地中海周辺の世界を制覇したが、変化に対応する遅れから帝国は崩壊した。

当時、戦争に際して農民を兵士として徴用するのが一般的だった中で……常備軍＝現代の高級官僚に相当する……を持つことは革命的だった。欧米が近代的な兵器を採用する中で……時代の変化に対応する事を怠った事が帝国崩壊の原因だ。6～7世紀も前の事で変化が緩慢だったから5世紀もの長期間続いたが、変化の速い21世紀では昔の1世紀間の変化が、1年間で発生し、一旦遅れが定着すると……回復が非常に困難……ホボ不可能になるだろう。

経済学者の認識間違い

中国では個人の土地所有が認められていなく、多くの著名経済学者が中国は日本と根本的に異なるように講釈しているが、経済活動という側面から観察すると、**それは単視的で、典型的な“木を見て森を見ず”**の話しである。

中国では個人、法人は国から70年の土地使用権を買う事になる。

日本では、個人所有の土地には一年に評価額に約1.4％の固定資産税が掛かり、結果的に70年間で評価額の約100％が納税される事になり、国対個人の関係で考えれば、結局、日本も中国も同じである。（この事については後述する）

細かな事を言えば、神戸市では都市計画税0.3％が追加されるので1.7％となる。

大まかに一括払いか、分割払いみたいなものだ。日本の場合には相続税あるので、総合的に国民の土地への税負担として考えると中国やスウェーデンよりも大幅に土地の使用料は高くなる。

日本の場合経済が好調だと評価額が上がり、不調だと評価額が下がり、経済の好、不調で固定資産税は変化するが、**中国では一括だから、変動のリスクは国が背負い込む**ことになる。

歴史的経過

毛沢東に指揮された共産党革命により、1949年に中華人民共和国が成立、共産党政権は全ての個人所有の土地を没収して、国家＝共産党の所有とし、法的に個人の土地所有を不可能とした。

共産党は政権を取ると同時に、**土地と言う金を生み出す“打ち出の小槌”を手に入れ、世界最大の地主となり**、永遠に巨額の収入を保証するインフラを手に入れて、巨大投資、軍備拡張に乗り出した。

個人に土地の所有を認めない、全て国家が所有するとしたのは、私の知る限り世界史の中で初めての事である。

エジプト、ローマ、ハプスブルク帝国、ソ連の共産党でも大地主、貴族等の土地を没収しても、農民の土地を取り上げた王、皇帝、政府はいない、単に税を課するだけである。**毛沢東は世界史上初めて、全ての土地を取り上げたのだが、これは経済学で過去に全く考慮されていなかったことである**。（第２部、第８章参照）

経済学は過去学で考古学の親戚か？

経済学は過去学であり過去のデーターを下に、考古学の様に過去の事を分析して考える。

科学は何か新しい事実、変化、発見があるとそれについて深く考え、それが今までの理解、理論にどの様な影響を与えるかを研究して、次なる進歩に繋げるために、考察する習慣がついている。私は、毛沢東の土地国有化についてその様な、科学者的な視点で解説した経済学者の論文、著作に遭遇したことが無い。勿論、既に科学者的な観点から、議論している人はいたのかも知れなく、単に私が遭遇していないだけかもしれない。

中華人民共和国の建国当初、土地、建物は国家により分配されるような形になり……日本の官舎、社宅の感覚……、その後、1970年代末、鄧小平の改革開放政策で、個人や民間企業は、70年間の土地使用権料を払って、土地の使用が出来るようになった。

土地制度が将来どの様に変化するのかは不明だが、初期に使用権を買った人の、70年間の使用権の満期が到来するのは約30年後であり、法律が変わらなければ、順次更新される事になる。

日本では固定資産税を滞納すれば、競売に掛けられて土地は直ぐに行政に取り上げられてしまう。

多分、孔子の云う“恒産なければ恒心なし”の儒教文化の心がどこかに有り、中国の土地政策では持てない土地を求めて、中国富裕層が日本に自己所有の土地を買い漁る気持ちは良く理解できる。

日本は土地の所有権＝使用権を維持するために超高課税

多くの平均的な日本人の場合相続財産額が約８千万円以下で、永らく殆どの人は相続税とは無縁の相続だったが、2015年の増税で、約５千万円となり、……大まかに3,000万円＋600万円×相続人で計算……普通の団地住まいのサラリーマンだった人も、相続税により捕捉されるようになってきた。

中国では相続税が存在しないし、スウェーデンでも最近相続税を廃止したが、日本は増税で逆行している。

例えば、**A家族が210年間土地を所有する場合、中国では３回使用権を払う事で全てが済む**。

日本では、固定資産税として、課税価格の３倍の金額を払う＝中国と同額。

50代で80代の親からの相続と仮定して、その繰り返しで210年経過すれば、８回の相続が発生、その度に相続税を支払う事になる。相続税額の決定は、総相続財産との関係で単純に決められないが、仮に評価額の20％とすると、……従来は相続財産が８千万円以下で課税対象から外れていたが、増税で課税対象になった税率……評価額の約1.5倍の納税額となる。

A家族が家の建っている時価一千万円の土地を210年間保持するために、約４千５百万円納税する事になる。

以上の説明を解り易く、地方に住む１千万円のケースと大都会近郊に住む３千万円の物件の場合について例示する。

日本と中国の比較

	1千万円の物件	3千万円の物件
中国の場合		
	使用権料1千万円×3＝**3千万円**	3千万円×3＝**9千万円**
日本の場合		
	購入費　　＝1千万円	3千万円
	固定資産税＝3千万円	9千万円
	相続税　　＝1.5千万円	4.5千万円
	仲介手数料＝少々	少々
計	＝5千5百万円	＝**1億6千5百万円**
日本と中国の差額	＝2千5百万円	＝**7千5百万円**

以上は、**同じ家族が210年間保有した場合としているが、国家対国民として考えれば、持ち主が変わっても同様に国家は徴税できるので、国としては全く同様の事だ。**

日本とスウェーデンの比較

次に日本とスウェーデンの比較を示すが、**日本では官僚が重税を課すことに知恵を絞り、スウェーデンでは税金を少なくする事に知恵を絞る。日本の税務官僚としては、国と地方が野**放図に積み上げてきた国債、地方債を、……横目で見ながら……増税を画策するのは彼らの組織の持ったDNAの成せる業かも知れない。

私はスウェーデンで住宅を約900万円で購入4年間住んでいたが、固定資産税を納めた記憶がない。金銭的に厳しい生活だったので、細かな現金の出入りを記憶しているが、固定資産税を納めた記憶がない。固定資産税はスウェーデンでも地方税で、先ず住んでいる町により変わり、税率が変わり、住所により評価額が変わるんで詳細を語るためには分厚い本が必要になる。

友人の光子さんはゲーブレ市の高価な古民家風の家に住んでいる。2021年の彼女の家の課税評価額は約2千3百万円で、年間の固定資産税は約10万円（8千クローネ）との事。 課税評価額の約0.4％である。日本ならば1.4％で32万円となる。筆者の住む神戸市の場合には都市計画税として0.3％追加されるので1.7％で、39万円となる。家を売る場合の実勢価格は評価額の約2倍だとの事。

私の場合には、新築で買値が900万円、建築物は買った時点で実勢価格は大きく低下、それを基準に課税評価額が決められるので、多分課税評価額は2～3百万円程度で、年間1万円程度の少額だったので記憶に残らなかったのだと確信した。

日本では、殆どの都市が、固定資産税は法律上の上限である1.4％を採用していると言われているので、スウェーデンの固定資産税は、コミューンにより異なるが、日本の約1/3であり以下の表の様になる。

	1千万円の物件	3千万円の物件
スウェーデンの場合		
	購入費　　＝1千万円	3千万円
	固定資産税＝1千万円	3千万円
計	**2千万円**	**6千万円**
日本の場合		
	購入費　　＝1千万円	3千万円
	固定資産税＝3千万円	9千万円
	相続税　　＝1.5千万円	4.5千万円
	仲介手数料＝少々	ゼロに近い
計	＝**5千5百万円**	＝**1億6千5百万円**
日本とスウェーデンの差額	＝**3千5百万円**	＝**1億5百万円**

前記の差額が210年間に分割されて、付加されるので、1千万円の物件の場合には年間17万円、3千万円の物件の場合には年間50万円となる。この様に税制を国対国民の関係として観察すると、どの様に税務官僚が制度設計しているか良く解る。

> スウェーデンでは官が自分の事の様に国民に寄り添うように、考えて制度設計するが、日本では、意識的にか、無意識にかは不明だが、官が人民を支配するような感覚で、上から下を見ながら、官が特権階級であるかのように誤解して徴税する様に制度設計しているように感じる。
> 国民の方も、記憶重視で、好奇心を殺すような規格型教育の中でマインドコントロールを受けて成長、就職して、終身雇用文化の中にどっぷりと浸かって……疑問を感じる事なく、多くの人が人生を終える。

中国では、3回、使用権を払うだけで事足りるが、日本では210年間にスウェーデンや中国の数倍のコストを掛けて土地を利用する事になる。
日本では、固定資産税、相続税の滞納は土地の差し押さえに直結し、所有権は有無を言わさず取り上げられる。

経済学と言う活字学と、生き物のような経済と言う妖怪は別物だ

私が知る限り、徴税者である国家と納税者である個人、法人との関係でこの様な観点から観察している経済学者、専門家の見解に接したことが無い。勿論、何処かで誰かが言っているかもしれないが、著名な経済学者でも、経理担当の事務員としての解釈に終始しているような講釈ばかりを目にした。
彼らは、経済活動を理解する前に、経済学を学問として学び、**経済学にマインドコントロールされていると思う**。
自分史に断片的に述べたとように、小学校の低学年で商売の場に立ち、警察の駐在所に賄賂の贈り物を届け、集金で坊主と門構えの良い大きな家は金払いが汚い事を学び、山村の農家と東京の生活様式の違いを経験した。

赤旗を掲げてメーデー行進

15歳の時に、住友の労組員としてメーデー行進に参加、強烈な労働歌……“**立て餓えたる者よ、今ぞ日は来る……暴虐の鎖絶つ日、旗は血に燃えて……**”と歌わされた。会社はユニオンショップ制で入社即労働組合員でメーデー行進へは強制参加だった。住友の安定した、丁寧に従業員として扱われ住んでいる応心寮の図書室には大量の、論語、歎異抄等などに代表される、人間の精神性について考えさせられる書籍があり、殆どの物を読んだ。

資本論は難解だったが、ごまかされなかった

18歳ころに九州大学の向坂逸郎教授の資本論を読んでみたが、不自然な言葉、理解が困難な表現,……非常に読み難い本で、それは私が、至らないからだと思っていた。
20歳を過ぎて、仕事もかなり出来るようになり、社会の仕組みも解り、夜学で戦前に左翼学生で警察の留置所で暴行を受けた経験を持つ先生から、経験談を聞き。改めて資本論を読んでみて、向坂教授は人間についての理解が浅薄で、単なる活字学者だと思った。

金融市場と云う金の争奪戦の戦場

自分史で断片的に述べた様に、現役を離れて数年後から、英国のサッチャー政権の時に始まった金融ビッグバンの影響で日本が資本の自由化、金融の自由化を始める中で、株式、FX、

先物取引を専門のトレーダーの様に本格的に始め、金融, FX等の分野では時間、速度が非常に大切である事が良く解った。

衛星を介しての通信が、製造と敷設に膨大な資金を必要とする海底ケーブルを駆逐すると多くの人が思っていたと思うが、その後起こった事は全く反対だった。人口衛星を介しての通信では、通信の品質が良くない事に加え、海底ケーブルではより短距離間通信となり、より迅速に情報が送信できるので、重要な通信は殆ど海底ケーブルでなされている。

実物経済の規模を示す世界のGDPの総額約1.5京は、……日本のGDPの約30倍……金融市場でレバレッジを効かせて運用される事で、1.5京の数十倍以上の数値となってネットを介して世界を瞬時に駆け巡る。

それまで1秒以下……0.1秒や0.01秒は……はオリンピックの短距離競争での計時の時くらいにしか実用されないと思っていたが、現代の金融の世界では、非常に重要な要素である。

巨大なレバレッジを効かせて運用される資金は、最高レベルの複雑な数学を駆使して、何重にも守られてリスクのヘッジをしている。単に一つの建て玉だけを追っている訳でなく、他との連動性も含めて複雑に関係性を持たせて考えられている。0.001秒、0.0001秒の時間差が命取りになる様なケースは、起こったら破局的な事に連鎖するかもしれないから、……絶対はないかもしれないが……絶対に起こらない様に安全サイドに準備する。

1998年に発生した、ノーベル経済学書受賞者が取り仕切っていたLTCM破綻事件が起こったが、その当時はまだ、素人でも参画できるレベルの物であったが、ギャンブルとも呼びたくなる、金融を取り巻く環境は急速に変化している。

自分史で既述の金融庁との議論で、日本の金融行政は、当時の世界の金融取引について全く経験のない、変化を知ろうともしない、識者と呼ばれる人が影響力を行使して決定している事を知った。(資料集参照)

経験を先にして、その後に経済学の本を斜め読みしてみて感じるのは、経済学は歴史における、考古学の様に趣味の世界の物で、実用に耐えなく、単に参考程度の物だと感じている。

大小のパラダイムシフトを起こしながら変化する社会を、妖怪みたいに変幻自在に身をこなして動く経済現象では、過去に経済に影響を与えた要素は直ぐにメインの座から滑り落ちて、脇役となるか又は全く影響因子としての影響力を無くする。**経済学は考古学の様に趣味としての話は面白いが、実用の役には立たない。**

経済論文、著作には無数の過去の引用論文、著作、新聞記事等を引用して、言葉として㎜、μの間違いも無いように、神経を尖らせて書かれている様に感じる。庶民的な感覚では『それがなんだ?』と言いたくなる。

巨額になった日本の公的債務の問題

バブル崩壊、戦後の経済発展の資産の食い潰し期間、……経済専門家が失われた30年と形容する……を経て、21世紀に突入、日本は近隣国との関係の緊張、コロナウイルス、巨額国公債発行残高、継続的に低下する食料、エネルギー自給率と、第二次大戦後の最大のピンチの中にある。

約半世紀の間、常に上昇カーブを描いてきた国公債発行残高は、何処までその傾向を持続するのか、何処でパンクするのか?この事を真剣に考えている人はいるのか?　筆者は一人の日本の高齢者としてこれを看過できない。

筆者は水泳が得意で、海で溺れている人を見過ごすことは出来ない。なぜなら、私は盲目でなくて見えているので、**“義を見てせざるは勇無きなり”を座右の銘としている人間なので、人が溺れる様子を見る事を看過できないからである。**

日本の国債問題は、今までのような増加の傾向が続けば、確実に非常に近い将来、破滅的

な結果を招く。そのプロローグは既に始っている。

これは純粋に国内的な問題で、国内だけで解決でしなければならず、そのためには、先ず、問題が発生した原因を特定することが必須の条件である。

日本で起こっている事

日本は第二次大戦の為に巨額の資金を必要として国債を発行、民間から資金を吸い上げた。終戦間際の昭和19年には国債発行残高がGNPの約2.5倍となり、間もなく国債は暴落、紙くずになった。

令和3年の国と地方の債務残高は、1,300兆円と言われ、それはGDPの約2.5倍、国民一人当たり1千万円の借金を背負っている事になり、それは終戦時の日本の経済状態と同じだ。スウェーデンの国債発行残高は一人当たり約170万円の低額である。
マスコミ報道、表面だけしか理解していない経済学者の説明から、ステレオタイプのスウェーデンの高負担は日本で定着したスウェーデンのイメージだ。先に示した様にスウェーデンは企業にとっては高負担だが、個人にとっては日本よりも低負担だ。日本の3/4に相当する最大の所得階層である年収500万円近傍の人にとっては超高負担国家である。

中国では毛沢東が内戦で多くの死者を出して、最終的に勝利して、全ての中国の土地を共産党が手に入れた。

日本では政府が、内戦することなしに……隠密に、無自覚に……全ての土地に相当する価値を国債発行と言う形で借金して、それを浪費してしまった。健全な家庭人から見ると、ある時、ドラ息子が飲み屋の付け、バクチに負けて、巨大な借金の返済をサラ金から催促されるようなものである。

これ等の無自覚な金のムダ使いは、政府政権と官僚が作り上げた、先の見通しのない浅薄な行政の結果であるが、この事に就いては、これからも継続的に検証して行く。

償還に伴う日本の問題と中国の違い

日本の場合、国債の償還期間が60年で、その間に返済しなければならなく、それは税金で賄わなければならない。

1,200兆円の大きな部分を占める1960年代から始まった建設国債の一部は2026年頃から徐々に60年の償還期限が来るので、若し償還するための資金が無ければ、順次、借換債を発行する事になり、……サラ金地獄と酷似した……破滅的な状況が発生する起点となるだろう。中国の場合には、70年後には土地は国に返還され、再度使用権が売却できるので、永遠に増税することなしに、国は歳入源を確保できる。

日本では官僚の怠慢、能力不足を原因とする、色々な理由から歳出が無自覚に莫大なものになり、それらが集積されて……返済される当てのない、巨額国公債の発行残高となった。2021年からのコロナ禍の中で臨時的な費用、将来確実に発生するであろう地震、半世紀以上前に建設され、大規模な補修又は改築を必要とする鉄道、橋、水道等の社会的インフラ、自然災害からの復興の費用、今までの傾向が継続すれば日本は近未来に確実にパンクする。

中国の巨額軍事費用

世界中で、中国を侵略しようとする国があるとは思えないが、中国は覇権獲得の為に巨額な軍事費を投入している。

日本の4～5倍の20兆円を超える巨額を投入していると言われているが、数値が正しいか、操作されているかは確証がない。

常識的に考えて、中国の場合には出来るだけ表面的には大きな数字を見せない様に細工するだろうから、実際の数値はマスコミから流れて来る数値よりも大きいと推測される。
何れにしても、国家は一部の土地の使用権を売る事により、巨額の資金を手にする事が出来るので、日本の様に予算から捻出する事に頭を悩ます事はない。日本や米国のように税収が景気に過度に影響されない強固な地盤を持っている。

国債のデフォルトが起こると

経済学では歴史上で無数にあった国債のデフォルトの事例の解説……近くではギリシャ、第一次大戦後にドイツで起こった3年間に1兆倍のインフレ＝1億円が0.0001円になる、……は最も基礎的な経済を理解させる為の四則演算みたいなものだ。経済学者が日本の国債問題の根幹について理解し、問題点を明らかにして、現状の危機的状況について言及した論文に出会った事が無い。第2部のまえがきに取り上げた、文芸春秋100年記念号に掲載された小林慶一郎VS中野剛志氏の対談、令和の碩学の誉れの高い佐伯啓思の掲載記事がその事を明確に証明している。
経済学、経済学者は日本の失われた30年に起こり、現在も継続中の経済停滞と公的債務の増加の理由が解明できないだけでなく、その原因を科学的に論証とする姿勢すら見せていない。
物事には全て原因があり、その因果関係が不明の物は妖怪であり、それに“妖怪ジャパン”と筆者は命名している。
現代科学は数世紀間に無数の科学者の行った研究の結果であるが、彼らが現時点で最終的に出した結論は、宇宙を構成する半分以上の物質、エネルギーは人類が見る事も感じる事も、どの様な近代的な高性能の観測機器を駆使しても認知できない……ダークマターと呼ばれる妖怪だと言う。
“妖怪ジャパン”も同じようなものだが、それが生まれ、成長して行く様子を作り出すメカニズムを推理する事で“妖怪ジャパン”の影響から逃れ、日本を正常な、不正の無い、心豊かな社会に作り直せることを期待している。
理由の如何に関係なく、国債問題は真剣に考え、早急に対策を講ずるべき問題である。

現状認識

	世界GDPに占める日本のGDP
1994年	18%
2021	6
2048	2

右の表に示す様にバブル後期の1994年、日本の名目GDPは世界のGDP総額の約18%だったが、27年後の2021年には、6%に低下し、同じ傾向が続くとすると、27年後の2048年には2%になる。日本の政府債務は1994年に約430兆円、2020年には3倍の1,300兆円であり、同じ傾向が続けば2048年には3倍で、3,900兆円である。為替が現在の1ドル100円強と仮定すると、約40兆ドルとなり、それは2021年の米国と中国のGDPを合算した数値とホボ、同額である。
同じ傾向が継続すれば、確実にパンクする、それも近い将来に……パンクしても“妖怪ジャパン”は、多分、何ら問題、痛みを感じない。一部の経済学者は日本には巨大な金融資産がある。一人当たり1千800万円に相当する預金が銀行の通帳にあるから心配ないと言う。若し問題が発生しても、日銀が紙幣を発行して国債を買えば全く問題ないと発言する著名経済学者がいるが、彼らは国民の幸不幸には全く関心がなく、既に個人としては必要な対策をしているのだろう。

1．国債問題は数字が大きいから実感がわかないが、大まかに現在の国債問題を肌感覚で分かるように、10^{-12}を掛けて表す事で解り易くなる。“妖怪ジャパン“が関与して作り出した、責任者不明の……多分、多くの関係者は既に故人となり逃げきっているが……専門家が下手糞に説明するが、簡単な事だ。国債は借金だ、年収500万円の人が、……したい放題の堕落した人生を送り、……家のローン残債1,500万円を残して65歳で定年となり、年収200万円のビル管理人となるが生活が変えられなくて、サラ金から借金を継続的に借り増しているようなものだ。

2. 個人の場合と決定的に違うのは、当人が死亡して、借金の為に、相続財産がマイナスになれば、**子供は相続放棄する事で問題は解決する**。
国債の場合には相続放棄が不可能で相続人が負債の返済の責任を相続、逃げられない。
無意識に、又は、積極的に"妖怪ジャパン"と関係を持ってきた関係者、少数の、国債問題を熟知している一部の専門家は、多分、既にこの問題に対する個人の対策として金融資産を外貨にしているだろう。

3. 日本の教育は疑問を持たせない様に、単に結果の暗記だけを重要視している。テレビ、新聞などのマスコミ報道は事の一面しか報じないから、……多分、記事を作る記者の知識が幼稚なので……教育との相乗効果から、情緒的で、心は優しいが、過剰に素直で、経済の下落、上昇などの混乱が発生した場合に、混乱から損失を被る人がいる場合に、常に反対側に同量の利益を得た人がいる事を忘れている。自由競争の世界では常にゼロサムゲームである。

今後継続的に増加するのか、低下傾向に変化するのか

国債の問題を議論する時、現下に積み上がった国債の残高が巨大になりすぎて暴落するか、しないかの議論と、今後更なる増加をするのか、その内に低下傾向を示すようになるかの議論は全く異なり、これを峻別して考察しなければ意味がない。

巨額発行残高の議論は全て不健全な背景を持つ

日本の世界的に突出して高い国公債券の発行額は、世界中の経済専門家の注目する所であり、無数の評論がマスコミ、書籍を通じて露出している。暴落する事を願い、暴落から巨利を得る事を期待して暴落を煽る専門家。

反対の守る側の政府側の関係者に連なる専門家は、暴落はないと論陣を張る。
正義を看板に、政府が増税の口実の為に、全く暴落の危険など無いのに、危険を煽っていると主張する人等さまざまである。

既に積み上がったものは、仕方がない……、簡単な特効薬は存在しないので様々な議論になるが、私はその様なギャンブルの勝ち負けを予想するような、不健全な相場の問題、について議論する気持ちはない。

今後継続的に増加するのか、低下傾向に変化するのかが問題だ

これからどの様に変化するか、継続的に増加するのか、何処で減少傾向に変化させられるのかが、最も重要で建設的な議論である。この傾向に関しての議論では、このままの増加傾向を継続する事を擁護する専門家はいないと期待する。

増加傾向でなければ一定か、低下しかなく、その為の方策を模索する議論となり、その為にはどのような原因、理由で国公債権が巨額に積み上がったのかが、解明されなければならない。

巨額な国公債権の積み上げの主犯は"妖怪ジャパン"であるが、それは妖怪であり、目に見えない、現代の科学の力を使っても、見えない妖怪であるが、これから妖怪の正体を暴きだ

す事にしよう。

国債と地方債、国公債の巨額発行の責任者は誰か

日本国債の問題は単に国債の問題だけでなく、それを解明する事により日本人の幸福、日本人の、日本に住む全ての人々に影響を与える日本の政治、統治の現状の問題点を教えてくれる。

国債問題をサンプルに探る事で日本が抱える様々な問題をより深く理解できるかもしれないと言う期待もある。

この様な理由から紙数の許す範囲、詳細に解明して行きたい。

国債を巡る日本の歴史的経過

戦後の混乱の中で日本経済は、過去の負の精神的遺産から影響を受けない、私利私欲とは無関係な米国の若い切れ者経済専門家が舵取り、朝鮮動乱の勃発も、需要を創出して、日本経済を安定させ、その後の驚異的な経済発展に繋がった。皮膚感覚でこの事を実感した世代の人は今後急速に消えて行き、活字だけが記録を残す事になり、過去の経験が生かされる事が難しくなるだろう。

現在の国公債権発行残高は、終戦間際の数値とホボ同じの、GDP比で約2.5倍に膨れ上がり、結局、紙くずになった終戦直後の国債と酷似した数字に膨れ上がっており、増加傾向は留まることなく、コロナ禍の中で、経済活性化の名目の下に、更に増加の傾向を強めるものと推測される。

活字学者が色々と解説するが、借金は、借金であり……そのままでは済まない。時限爆弾を抱えているようなものであり、何時爆発しても不思議の無いレベルに来ている。爆発すれば、そのような混乱を待っている、マネゴンプレーヤーは巨利を得るかもしれないが、確実に一般市民に巨大な負の影響を与え、預金封鎖、新円発行が起こっても何ら不思議はない。若し、政府がその様な精神的な準備をしていないとしたら、驚きだ。

責任ある立場の人は常に最悪事態の発生を頭に置いて、発言、計画、立案するのは、洋の東西を問わず常識だ。日本の経済専門家、学者の当事者意識の低さにはビックリするだけでなく、私は怒りを感じる。

高級官僚は自分の所属する組織、先輩が行った事だから……沈黙するのは仕方ない。

命のビザの『杉原千畝』に相当するような人は……そんなにはいない。

行政のムダ使い、徴税の為のコスト

固定資産税

固定資産税は地方税であり、日本には約1,700の地方公共団体があり、それらの地方公共団体が税率の決定権を持ち徴税事務を担っているから、小さな町でも、専門の担当者を置かなければならないし、議会でも討議されるべきことだから、議員、首長も、勉強しなければならない。

私の場合、毎年数回、神戸市から税額決定、請求書その他の、案内が度々来るのでかなりの事務量である。

中国では借地期間が70年で固定資産税の存在する理由が存在しないが、日本では70年間固定資産税に関係する郵便の通信費は膨大なものになる。単純に最低年間２回文書が郵送されてくるとして、70年の間に210回である。

一回分の送付文書の作成費、切手代、人件費が300円／とすると、300×210＝63,000円となる。神戸市の人口は150万人強で、その内の30万人が固定資産税の対象になると仮定すると、文書郵送に関係する費用だけで約190億円掛かる事になる。日本の人口は神戸市の約80倍だか

ら**全国レベルで見れば約1.5兆円となる。**

国が、約1,700の自治体に替わって統一的なルールを作って、それに従わせれば、地方の負担も軽減されて行政のコストが少なくなると思うが、そのような視点がない。更につけ加えれば、地方に固定資産税率の決定権を与える事で、地方間に無用の競争を行わせて、それが利益誘導、汚職の源泉となる。企業誘致をする事で巨額の固定資産税が見込まれるので、優遇税率で釣って企業誘致をする誘惑にかられ、……色々な交渉が行われ、自治体間での誘致合戦となり、企業の方も純粋な企業としての判断基準に外れた要素であるが、金の魅力で、判断に曇りが出てくるかもしれない。長い目で見ると、何ら国家に益するところはない。更に優遇税制と言う、曖昧な言葉で表されるような事柄は、決定に及ぶまでの交渉過程で、不純な事柄の発生を招く種を作る事になりよろしくない。これが、外国企業の誘致であれば全く別の話であり、その場合には国が賢明な判断のもとに優遇税制について決定すれば良い。

日本は米国の様に合衆国ではない。米国は建国時の約束から各州が夫々非常に個性の強い法律を持っており、国全体として統一ルールを持てなかったが、日本の場合には全く問題なく、行政上のコストの問題として解決する事が出来る。

1.5兆円は単に通信費を控えめに概算しただけであり、実際にかかる費用は数倍になるだろうと思うが、固定資産税がない中国では、この費用が全く掛からない。

住基ネット、マイナンバー制度、コロナワクチン接種予約

コロナワクチン接種の申し込みに際して、一元化された全国共通のソフトでなく、約1,700の自治体が、独自にソフトを用意して分散している事を知りビックリした。既述の様に、兵庫県の井戸知事がニコニコして、私もやって見たがうまく行かなかったと、自慢げに発言する。

小さな自治体では、人材不足でうまく行くはずがない。分散する事で、全国的なレベルで見れば、莫大な資金のムダ使いになる。何処かに、……一元化する事で、情報と呼ばれるデーターが公開されることが不都合な人々が居り……行政のコストを無視して、デジタル化を阻止したい人々がいるのかもしれない。

住基ネット、マイナンバー制度、コロナワクチン接種予約などの事務処理を中央で一元化すれば、兆円単位の費用の節約になるのは確実だと思う。どの様な事でも、現在の制度にはそれなりの理由があって存在し、それを維持したい人がいるが、良い事は即実行する意思が無ければ、社会は進歩しなく、世界の中で衰退して行く。

民間の企業と同じように良いアイデイアを求めて、何かメリットのあるものを発見する事を考えているスウェーデン人は、勇敢に新しい事に挑戦する。間違っている、効果が少ない事が分かればすぐに撤退する勇気がある。

相続税

相続税は取り扱いが複雑なために、しばしば、司法書士や税理士の助けを必要とする。

相続金額が多かったり、法定相続人の間で揉めたりすると、裁判になるケースが非常に多く、巨額相続では国税当局と裁判で争う事も起こる。裁判になれば、裁判所の費用、弁護士の費用、国税当局の担当者の費用等、行政に掛かる費用も多くなる。

相続税が、スウェーデンや中国の様に無くなれば、行政の費用はゼロになるが、相続税に関連して仕事を得ている人々の収入が下がるのでGDPにはマイナス効果となるが、労働量は低下するので、国全体で見れば労働量の削減に貢献する事になり、長時間労働慣行の是正に貢献する事になる。先に記載した国税当局が訴えられて敗訴、武井氏に400億円の金利を上乗せして還付した例があるが、そのような事は起こる心配が全くなくなる。

武井氏の相続に関係した**高級官僚は、多分、図太い悪人とも思えず,……進行する裁判を胃**

がキリキリ痛むような気持で眺めていたと思い、可哀そうな気がする。

日本の公的部門の科学と技術はＢ級に低下
国枝氏が77才で発見、自覚した……、自分が若かったら、この様にする事

JR西福知山線での脱線転覆事故の際に、脱線転覆事故の解析に使用された方程式を提案され、元機械学会の会長だった国枝正春氏が後年行った機械学会への投稿がネットで以下の様に披露されていた。このような私見を退職後でなく、現役の時に経験していれば、国枝氏はどのような人生を歩まれ、事故調査はどの様に進められ、JRの運転マニュアルはどの様に設計されたであろうか,…… 。色々と感じさせられ事が多い。以下に国枝氏の投稿の一部を全文掲載して示します。

> 私は、大学卒業後、国鉄技研に25年半、石川島播磨重工技研に16年、明星大学に９年勤務し、振動学の学問と技術、特に振動診断を専門にして働かせてもらった。ちなみに、明星大学勤務中、提携校のミシシッピー州立大学に短期交換教授として出張し講義をする機会を得たが、そこでは学生が飛行機を設計・製作し、ライセンスを取って実際に飛行をするのには驚くと共に 工学教育の神髄に触れた思いを深くした事であった。 さて、最近の我国は経済の長期不況から、リストラと称する従業員の解雇が日常的に行われる状況である。ここでは、これまでの日本の企業社会での慣行事項であった、従業員のいわゆる終身雇用制が崩れ、欧米では当たりまえである、従業員の職能雇用制に移行する傾向が明らかになりつつある。そこで、このような傾向を考慮しながら、ご参考になりそう事項を記して見よう。

中略……次に、現在社会で問題になっている終身雇用制から職能雇用制への転換傾向について触れよう。著者は国鉄技研勤務中、新幹線の成功もあって、外国から多くの技術者や学生の訪問を受けてこれに対応した。

> フランスのリオン工科大学の学生は継続的に鉄研を訪れ、一月程度の研修を行っていた。彼らの旅費と滞在費は大学から支給されるとの事であった。興味あることに、彼らの就職希望先は、アメリカをはじめ、条件によっては何処へでも行くとのことであつた。このような海外技術者や学生との対応は、当時の日本人技術者のそれとは大きく異なっていて大いに参考になった。後に、前期のミシシッピー州立大学への短期交換教授の時の経験とも合わせ考えると、彼らの職業意識は既成の有名大企業への就社ではなく、自己の能力を最大に発揮できる企業への就職なのである。いわゆる、専門の料理人の。“包广一本、さらしに巻いて、呼んでくれる所なら何処へでも行く”という職能重視のパイオニア意識なのである 彼らは社会人として働くのに必要な三つの性能を良く心得ている。それらは、専門性（Specialty）、雇用への適応性（Employability）、商品性（Marketability）である。以上の論旨から、最後にこれからの学生諸君ら若い方々が、企業に採用されて勤め始めるとき次のような覚悟をする事を薦める。

> すなわち、これからこの企業の中で、自分一人の個人会社を経営しようと。そこでは、自分一人が社長であり、営業係であり、問題担当の技術者であり、小使いでもあらねばならない。この話は出身大学等に将来の教員として採用される幸福な場合にもほぼ当てはまる。ただし、これからの工学系統の大学、専門学校などの教職

関係の方々は、まず、物作りの現場に接する機会を、可能な限り多くするように努力した上で、以ドのような動きをする事を薦める。もちろん上司の指示に従うのは当然であるが、指示された仕事は最も効果的に短時間で終了させ、それから、自己の専門として扱える仕事を発見するように努めるのである。
問題を発見したり、聞いたりしたら、直ちに自席に戻って、聞いたり、見たりした問題についての解決法を考え、要すれば自分で計算機を動かして結果を求め、対策に関する一連の報告書を作成、問題の担当者に提出するという行動を試みるのである。
この行為は越権行為であると非難される場合もあろうが、それが本当に企業等に役立つ成果を挙げられれば、企業内の自分一人の企業としての作戦は成功し、やがて自席に同種の専門問題を抱えた事業部の担当者が相談に来るようになるはずである。要するに、専門家として自己の生き方をPRするのである。 この行動はやがて会社幹部に評価されるとともに、専門家としての問題の収集、分類に貴重な成果が得られるはずである。場合によっては、海外出張しての同種の問題をこなすようになり、外国の専門家と同様な行動を取れるようになる、結局、私の考えでは、日本の技術者の社会職能性によらない限り世界競争の中で太刀打ちできないであろうと考える。また、個人の生き方は、当然、自分で決めるべき事項であって、終身雇用制にのみ頼る生き方は“生きがい”の点で不満足なものになると思うのである。

文芸春秋100年記念誌を読み
佐伯啓思氏も迷っている事が判明

永らく迷っていたが……令和４年の正月に、文芸春秋100周年記念号に掲載された、令和の碩学、佐伯啓思氏の論文「民意亡国論」を読んで、第三部をどの様に書くか……筆者の心は決まった。
佐伯啓思氏は東京大学卒、日本の失われた30年の国政、教育に大きな影響を与えてきた令和の碩学である。
佐伯氏みたいな人が掲載記事の中で意味不明な……全く具体性を欠いた、精神的に浮遊した非科学的な視点から書かれた論文を掲載している。東京大学博士課程を中退してオームの出家信者となり、最終的に東大の歴史上初めての死刑囚となった豊田享は佐伯氏と同じ東京大学出身である。
筆者は、多分、豊田は麻原彰晃が空中浮遊と言う、超能力を持った霊能者であると信じてオームに入信したのだと推察していたが、それはそうではない事が後日判明した。
佐伯氏も、豊田も同じように迷っている、佐伯氏は掲載記事の原稿を執筆する時に……読者は無知だから、これで十分と思って執筆して文芸春秋の担当者に渡しただろう。
受け取った担当者も疑問を感じないで、編集長その他の人が目を通し誰も疑問を持たなかったのか、執筆者が碩学に加え、掲載記事の執筆をお願いした手前、訂正をする事が出来なかったのかもしれない。
いずれにしても、佐伯氏の論文は彼の日本が経済的に劣化、その原因となる理由を彼の知識を駆使して『民意亡国論』と命名した論文として掲載しているが、それは佐伯氏が……豊田と同じように浮遊している事を示していると筆者は理解した。

豊田亨氏と筆者の比較

筆者は中学２年の時に、霊能者を自称する三上某の話を聞き、素朴な質問を浴びせかけて……他の多くの大人は沈黙して、素直に聞いているだけだったが……結局、霊能者を引きさがらせる事になった。(自分史第二章参照)

豊田亮は18歳でオームに入信、24歳で東大博士課程を退学して出家信者となり、最終的にサリン事件を起こして、死刑判決を受け、死刑は執行された。筆者と豊田の宗教に遭遇した時の対応は真逆であり、何故そのような違いが起こったのだろうか。

宗教に遭遇するまでに経験したそれまでの家族との人生、育ち方、環境により、反応が異なり、それが結果を作り上げる。

筆者は自由奔放に自然の中で、学校の勉強はソコソコに、大人の本を多く読み、商売、農業等の小型の大人の生活をしてきた。

豊田は東大に勤務する教育者の家庭に生まれ、勉強一筋に進み、東京大学で物理学を専攻、想像するに、主に活字から色々な知識を吸収、よそ見をしないで真っ直ぐに進んできてガロアの群論に遭遇、理解できる同僚がいるのに自分は理解できない……。それから博士課程からの退学、オームへの出家信者となる。更にオーム教の僧侶に転職して正悟師の位で、オームの組織の中で科学技術庁副長官みたいな地位に就いた。私は非常に多くのオーム、麻原彰晃についての本を読んだ。江川紹子さんの分厚い本も読んだが、どこにも有名な人体浮揚を麻原彰晃がする様子を豊田が見たとは書かれていなかった。

色々な事が、言われる中で、麻原彰晃が自分の体を浮き上がらせる人体浮揚の秘術が出来ると云う事が言われており、その事で麻原が霊能者である事の証であるかの様に喧伝されていた。私は、多分、物理学者である豊田が麻原の人体浮揚の様子を実際に見て、それでコロリと参って、物理学を捨てて麻原に帰依したのかもしれないと想像していたが、どうもそうではなかった。

豊田さんは20代になって初めてゴッコ遊びをしたのか？

その後、裁判の傍聴記録等、多くの本が出版され詳細に解るようになるが、要約すると、私らが、子供の頃に良くやった……ゴッコ遊びと同様である。東京大学を卒業して、博士課程まで到達しているのに、……政治ゴッコで位を貰っての遊びに、高い教育を受けた成人が没頭する。日本の教育とは何だとビックリする。

20年に近い長期間、活字を通しての受け身的な教育を受けて、本の中に全ての回答が載っている本を読んで育った人間と、私の様に自然の中で、疑問に遭遇して、答を見つける為に考えるスタイルで成長してきた人間では非常に違った人格が出来上がる。

自分史第二章に既述の様に、筆者が中２の時に霊能者三上の説教を聞き、疑問があると質問して、回答を貰う。一つの回答の中に複数の疑問点があるとそれらを問いただし、それが更に次なる質問を生む……の繰り返しで、そのうち三上は自分でもボロを出している事を気付かされる。自然に生き、解らない事があると人に聞いたり、学校で百科事典をめくったり、考える事が習慣化しているから、解らない事があるとそれを放置して置きたくない。解らないままだと気分が悪いのだ。

筆者は多分、西欧の科学の先駆者のガリレオ、ニュートン等の様に何か自分の頭の中に、因果関係が不明な事があると、それを解明したい癖があるが、それは自然の中で自由に生きて来たからだと思っている。

幼児教育の大切さ、日本の大学生はスウェーデンの小学生以下

高齢者の10人くらいのサークルでの雑談の時にマイナンバーカードが話題になった。有名私大卒で、何時も積極的に発言される人が、**“総務庁の奴ら自分の仕事を楽にするためにあんなことしやがって”**、絶対にマイナンバーカードなんか、するものかと語気強く話されると数人の人が賛意を示して頷いていた。

背後に東京大学級の難関校卒業者に対する強烈な嫉妬の臭いがする。

日本のマスコミ関係者も含めて、多くの日本人は行政のコストが税金で賄われている事を殆ど、意識していない。

心の根っこのところでは日本の大卒の平均的な政治、経済に対する認識はスウェーデンの小学生レベルだと思う。スウェーデン在住時に、近所の小学校高学年のアンナちゃんと、5～6歳の弟のトーマス君が、娘の所に遊びに来ることが多かった。アンナちゃんは、しばしば我々大人に……何かの説教をしてくれたが、それは、大人が子供の行動を見て、それは間違いだよと、教える時のやり方であり、学校で教わっている事、彼女の家庭での生活を反映していると思った。

頻繁に家族間で往来していたボルガード家の中一の息子ヨーナス君は、何かあると妻に非常に丁寧に、母親が子供に教えるように、まだスウェーデン語が殆ど解らない妻に説明していた。

スウェーデンでは小学校高学年の段階で、既に、法律、男女の役割、税金、民主政治、公共工事、病院、道路等……の関係について解説し、意見が他人に正しく伝わるように書くことが社会生活をする上で非常に大切だと、話し方、国語の重要性を教え、文章の書き方、誤字の問題に敷衍して行き、**非常に実用的な国語教育をする**。その上に**中学校、高等学校の教育が積み上がる**から日本とは全く違ったレベルの、社会的な知識を持った成人となって行く。

初等中等教育の重要性は、スウェーデンだけでなく、私より13才若い、マイクロソフトのビル・ゲイツの大成功、私の小成功との関係でも、非常にそのタイミングの重要性を示唆している。

1. ゲイツは幸運にも13才で夜間にコンピューターを使う機会を与えられた。
   私は14才で三角関数を中学校で学んだ。
2. ゲイツは15才で給与計算のプログラムソフトを請負い、コンピューターを夜間、無料で使せてもらった。
   私は15才から計算尺やイガーの手回し式計算機を使って、三角関数を使用しての計算を日常的に行う設計の仕事に従事。23才の頃、NECの大型コンピューターで月間レンタル料金100万円のニアック2200を深夜、数日間無料で使わせ頂いた。
3. ゲイツは22才で友人とマイクロソフトを創業した。
   私は23歳の時に、日本の業界で初めての海外特許出願となる発明を行った。
4. ゲイツはPCソフトの狭い専門の中で大成功、面倒くさいほど巨額の資産を持ち金の処理に苦労している。
   私は技術者として出発したが、専門分野を広め、積み重ねて、他視的な人間になり、必要以上の金は無いが、人生を楽しんでいる。

ゲイツが13才で、コンピューターに遭遇していなかったら、彼の人生はどうなっ

ただろうか？
　私が中学校で三角関数を学習していなければ、その後の人生はどうなった？
　私よりも５才くらい若い人は中学校では三角関数を習っていないと言う。
　令和の時代では三角関数は高校の数Ⅱで学ぶと言う。
　知人の息子さんで、日本最高の中高一貫教育で有名な灘高校では、三角関数は私と同じく中学校で学習すると言っていた。改めて私は生まれた時代に感謝である。五箇山の田舎で私は日本で最高の教育を受けたのだが、それはスウェーデンで行われている初等教育とかなり類似している。 幼少時教育の質の巨大な効果を感じる。初等中等教育こそ最も重要な基礎であり、**“鉄は熱いうちに正しく打て”**はその通りであると思う。

日本では教育を床の間に置き、日常的な卑近な事よりも、高級感のある、あまり実感の伴わない話題、表現方法で教育されてきた印象を持つ。私の小中学卒時代にはすでにその傾向があり、我々の後の世代の人は進学率が急激に上昇、受験を最大の教育目的とするような教育が行われて、益々実感の伴わない、教育の為の教育で、日常的な具体的な実用目的の教育から離れたように思う。
私の周りには中卒で就職、独学して18才で電検２種の試験に合格した人が３人いる。（自分史第二章参照）
東京大学工学部電気科卒で予備試験を免除されても、２種合格には数年かかると言われていた。
電検２種試験は微分積分を使った数学を咀嚼していないと合格できない難しい資格取得試験だ。

日本の学校教育

勉強の目的を明らかにしないで、**単に義務的、機械的に勉強の為の勉強みたいな**、勉強が目的化され、教育の本来の目的を意識した教育から離れてしまい、それを二重に強化したのが学習塾だと思う。
私は、結果的にスウェーデンの小学校教育と同じような事を、実際の経験と大人の本を読むことで理解していた。
その様な育ち方の結果から、三上某への質問となり、彼にマインドコトロールされる事はなかった。コロナに例えれば、私は三上某に会う前にワクチンを接種されていた様なものだ。
豊田は都会に住み日本の最高の公教育と教育者の家庭で真っ直ぐな人生を歩み、多分、私の様によそ見ばかりしてきた人間とは真逆の人生を送っていたのだろうと推測する。豊田はワクチン接種されていなかったので、オームに直ぐに感染した。
良く知られている、幾つかの奇矯なマインドコントロールについて列記するので、一読願いたい。
学者、知識人と一般人の大きな違いはマインドコントロールにあり、**高学歴者、知識人は何物にもマインドコントロールされる事なく、真理、結論、あるべき理想からの現実の乖離を認識**していなければいけないと思う。
学者、知識人には、どの様な状況にあっても、心の底は凛として、全体を俯瞰して、迷うことなく、虚実を見分けて、関係に濃淡のある無数の因子を分析して、合理的に結論を導きだす事が期待されている。以下に典型的な、解り易い異なった環境が与えるマインドコントロールの例を並べてみる。人は、否応なく住んでいる社会からマインドコントロールを受けているが、それを認識しているか、認識していないかで、巨大な違いが発生する。
下の□の中に標準的な日本人からすると異常とも思える、他文化のマインドコントロールの例を列挙している。

今更、こんなバカみたいな例を挙げてと非難されるかもしれないが、その文化の中の大多数の人は、それを空気の様に受け入れているのだ。文芸春秋に掲載された論文を読めば、佐伯氏も日本の社会から完全にマインドコントロールを受けている事が解る。

環境、文化、習慣が作るマインドコントロール

マインドコントロールと云うと、抽象的な感じがするが、それは現在住んでいる文化、環境にドップリと浸かって疑問を感じることなく、幸福に生きている事を意味する。以下に幾つかの具体的な例を挙げて考察してみよう。

韓国人のドロボー

数年前に九州で高齢の韓国人のドロボーが逮捕され、過去数年間に九州で無数の空き巣に入っていた事が判明した。泥棒氏曰く、韓国では至る所に監視カメラがあり、直ぐに掴まるので商売にならんが、日本では簡単に稼げるので、日本に出張して、泥棒家業を継続しているとの事。それはもっともな事だ、私だって泥棒だったら、同じことを考えるだろう。

中国の後宮へ美女を……

中国の歴代皇帝は後宮に数千人の女性と宦官にかしずかれて生活していた。絶対的な権力を持つ皇帝の寵を得る事は出世の近道であり、領地内の美女を探し出して、美女を皇帝へ献上する事は政治の問題を超えて、最も重要事項となる。高麗から元への数千人の美女の提供、李氏朝鮮から明への数百人の美女の提供など、現代の基準からすれば、異常だが……両親、親族の誇り、地域の人々にとっても羨ましい事である。

女児に対する割礼

アフリカのある地域では、女児に対して割礼をする習慣が昔からある。 男子に対して割礼を行うところは、昔は世界中にあり、現在でも男子割礼文化は一部の地域で残っているが、女児に対しての割礼は非常に珍しい。

でも、そこで暮らす、そこしか知っていない人にとって、それは当たり前のことだ。

鳩を食用に、豚は食べてはいけない

フランスでは鳩が食用にされる事は良く知られており、彼らは公園で飛んでいる鳩を見ると、御馳走が飛んでいると思うのだろう。イスラムの世界では豚は食べてはいけないと厳しく禁じられている。

30年くらい前に狂牛病が問題となり、原因究明する過程で、ニューギニアの依然として食人習慣のある未開部族で、狂牛病の発症率が高いと報道された。彼らはマインドコントロールされて、食人を普通の事として行ったいるのだ。

袴田事件の裁判官のケース

自分史に既述の、冤罪として有名な再審請求が認められた袴田事件関連して、自分の意思に反して有罪の判決文を書かざるを得なかった、裁判長は最も過酷な終身雇用の犠牲者だ。裁判官は転職するなら弁護士となり、他の一般的な民間企業には受け皿がない。

先ず、静岡地裁で死刑判決となり、高裁、最高裁と進み、死刑判決が確定したが、その後新しい証拠が発見され、再審請求されて、初級審では再審決定とされたが、上級審は再審を認めなかった。

司法、裁判官と言う狭い世界の中で終身雇用される身分で、先輩、上司の判決の非を指摘する事は、その後の裁判官生活を地獄に変える。私生活も官舎と呼ばれる、職場の人間関係をそのまま引き継いだ中での生活……形を変えた精神的な監獄の様な人生を送る事になる。マズローが定義する生理的欲求を満足させるだけの最低の人生となる。

スウェーデンでは、１世紀以上前、多くの工場労働者は社宅に住んでいたと言われているが、私が住んでいた約半世紀前にはそれらの社宅は既になく、殆どの工場労働者は戸建ての家に住んでいた。

想像するに、裁判官、医師などの高い専門性のある職業ほど、職業のミスマッチが起こり易いように思う。

幼少の頃に受けた何かの経験から、裁判官や医師になりたいと、強い思いを持つ。

周囲を見れば、裁判官や医師は社会で尊敬される立場で、裕福、社会の超Ａ級クラスに見える。

成績優秀でその方向で、特によそ見をすることなく、順調に進んで行き判事、医師としての専門教育を受ける頃から、自分が目標としてきたことが良かったと思う人と、自分に向いていないと感じる人に二分される。

第二部でも既述の多くの判事の絡んだ不祥事はその様な背景が原因していると思う。
義務教育の期間に、様々な経験をさせる事と、初等中等教育の大切さを感じる。

以上を要約すると

１．欧米には妖怪の成長を抑制する制度が有り、特にスウェーデンでは妖怪は生まれないし、絶対に存在出来ない。

２．資金を要する公的な事業の実行は大まかに、以下の様な経過で発案されて官僚の采配で実行される。

Ａ：大衆からの要望を政治家がくみ取って、官僚に実行を依頼。

Ｂ：問題意識を持った新人政治家が、官僚に実行を依頼。

Ｂ：今まで懸案事項として、永らく放置されていた事を官僚が具体化に向けて政権に依頼。

３．事業の目標

日本の官僚と民間では真逆のターゲットに向かって生きている。

官僚は、消費した金額の多寡で評価され、コスト意識は全くなく、大きな金額を消費する事で評価される。

民間では、理由の如何を問わず、出来るだけ少ない金額で、良い成果を上げる事が評価される。

４．官僚は終身雇用、年功序列文化の中で勤務する内に、専門能力を劣化させ、多視的、複眼的に観察する能力が低下するために企画する内容はお粗末なものになる

コロナ禍が、日本に新しい知識を与えてくれた。

情報化社会となり、ネットで情報が瞬時に飛び交い、拡散する世の中では、政治の世界も民間会社の様な状況判断の能力と、迅速な決定が必須になる。国内にある最高の専門能力を有効に活用する国と、日本の様に官と民の垣根が高く、能力の劣化した官が民を指導するような制度は機能しなくなる。

中国、ロシア、北朝鮮の様に、独裁傾向の強い国では官が絶対的な権力を握って、決定、実行させ、それで当面機能するが、民主主義国では、国民の合意形成が難しく、能力の低い官が民を引っ張って行く過程で、大小の問題が発生物事がうまく運ばない。９年間もの長期間、記憶重視の受験対策みたいな初等、中等教育の中で、性格が作られ、好奇心、探求心を喪失し、その延長で大学教育が始まる。好奇心、探求心は世の中の、例外、不条理、幸福、不幸、

犯罪等……教科書に書いて無い事の発見から始まるが……９年間に性格が作られ……変化が起こらない。

堺屋太一氏の場合

筆者より７才年長で３年遅れて21才で東京大学経済学部に入学した堺屋太一氏がいる。

1970年の大阪万博を成功に導いた異色の高級官僚であり、それは彼が異色の人生経験をした事によると断定できる。高校に片道２時間かけて通学、長時間通学が大量の読書を可能にしたと言われているが、筆者も長時間通学のお陰で読書量が多くなった。大学入学が３年遅れ、設計事務所でのアルバイトなど、豊富な生きた社会経験を多く重ね、東大卒としては異色の人だが……欧米では類似の人はたくさんいる。

自動車のリコール制度

1960年代後半に米国で自動車のリコール制度が法制化され、日本で話題となった。

日本製の自動車輸出が急増する中で、自動車会社は迅速に対応する事で、当初は大きな問題はなかったが、その後多くの日本の自動車のみならず、多くの日本の工業製品の巨大リコール事件が発生した。

リコール制度発足の当時、識者みたいな肩書の方が、欧米はいい加減な仕事をしているから当然で、日本ではあり得ないみたいな発言を新聞や雑誌の記事で読んだが、彼らは製造業の現場を全く知っていない人だ。

人間が、数千の機械部品を設計して、それを製造する。製造の過程では、金属、プラステックの素材、それを加工する無数の工程を経て、最終的にロールアウトして、乗用車として数百万台の車が市場に放出される。

間違いが入って当然で、それまでリコール制度が無かった方が不思議だと思っていた。

日本で最終的にリコールが法制化されたのは**米国よりも約30年後＝約１世代遅れの1995年である**。

日本の識者の不思議

不思議な事に、日本では多くの高学歴者、学者、識者と呼ばれる人が、**全く知りもしない事に就いて臆面もなく発言をする**。度々、触れて来た経済学者もその面では全く同じで、それは根本に彼らが、彼らの人生経験からマインドコントロールを受けているからだと思う。注意して観察していると、海外を経験している人と、していない人では明瞭に違うと感じる。

海外を経験していない人は、単視的で、小学校の先生が生徒に対するような、一般を下に見下したような、結論が先で、又は結論だけで、原因、理由を言わないで、発言する傾向にあるように思う。

自分は高学歴で教える立場にいるＡ級人だから、直感的に反応して、考えることなしに口が動く。常に上位に位置して、批判、非難を受けた経験、厳しい議論の場も経験していないで人生を送って来ると、その様になるのだと思うが、それで通るから日本は不思議な国だ。海外経験のある人は、慎重で、因果関係を説明したがる傾向がある様に感じる。例えば、スウェーデンでリコール問題が社会に露出して来たら、多分、先ず専門家がその事に就いて、事情を解説し、社会がそれについて考え、議論が始まる。

その様な段階で、著名人が日本の識者の様な発言をしたら、その識者は完全にアウトで、その後、識者としては扱われない。そもそも、そのような事は社会で常識的に理解されている事だから、自信のない事に口を出すような識者は存在しない。

スウェーデンの識者、高学歴者

スウェーデンでは日本感覚での識者は存在しないと思う。意見のある人は無数にいるし、専門分野は無数にあるので、全ての分野を知っている人が存在しない事は良く理解している。**マスコミも日本の様に、識者を常用するような文化はない。**

話題によりけりだが、移民の受け入れ、難民の問題等は、全ては国内で、特に高学歴者＝高所得層＝高納税者間で賛成、反対の激論が交わされているが、依然として、多くの難民を受け入れている。

人口減少の側面を言う人もおり、その側面があるのも事実だが日本人感覚で……、敢えて火中の栗を、大量に拾う……のは、彼らの心の中に、スウェーデン経とも呼びたくなる、**“凛と”した正義感**あるからだと思う。

背景には、受け入れたら、それを消化してくれる社会、一般国民がいる。

日本では義務的に、政府が数値目標を決めて、……スウェーデンと比較すれば、日本の場合桁落ちの少数であるが……難民を受け入れてくれる事に不安を持ち、主要先進国の体面を守るために嫌々受け入れる。

イスラム教のイマム＝坊主は多くの国で、職業を持ちながら、ボランテイアみたいな形で**生計を立てて居る。イスラム教徒は利益、収穫物の５％は喜捨せよとの教えがあるが、日本にはそのように積極的に喜捨する教えはない。**

能力の高い人は海外へ脱出、外資系企業に就職
残るのは高齢者とＢ級の人？

自分史に既述の様に、1960年代後半生まれのＨ君は、高卒後に全国展開している、日本の大手食品会社に就職したが、数年で退職、情報工学を教える専門学校に入学した。卒業して富士通系の大手ソフト専門会社、インテックに就職、医療関係のSE＝システム・エンジニヤーとして勤務している。

妻の甥の1970年代生まれのＫ君は東京大学の工学部を卒業後、日本オラクルに就職した。

日本オラクルは……オラクルとは日本語で神託、神のお告げみたいな意味……米国のオラクルの子会社であり、私が株式市場に参加していた2000年頃に日本で株式市場に上場された米系の会社で非常に利益率の高い会社である。

日本の株式市場に登場してから、自由な職場環境……例えばペットの犬が会社の事務所で飼われている……が話題となり、テレビで報じられ、先進的な取り組みで、日本でも良く知られる会社となった。

製造業では設備費が製造原価の大きな要素となるが、設備費がとるに足らないほどに少額なソフト産業では、人件費が全てである。彼らとの話の中から、顧客に見積書を提出する時の１時間の見積もり単価がオラクルの場合には約１万円、インテックの場合には半分の約５千円である事を知った。

オラクルの場合には、20代で年収１千万円が普通……それで、会社の営業利益が30％以上、純利益が20％以上で、日本では信じられないくらいの好収益である。

インテックは日本の著名ソフト会社であり、日本の優良会社であるがそれでも、インテックでは、役付きでも、重役クラスでないと年収１千万円に届くのか？

Ｈ君は、定年までインテックに就職するだろうが、その時に数千万の退職金を頂くと思うが、Ｋ君は退職金が多分無い筈である。Ｋ君は、その後ドイツ系のソフト会社に転職、その後また米系のオクタに転職して現在に至り、40代末の年齢である。転職の度にステップアップで、給料が高くなるのは言うまでも無い。

K君とホボ同年配の甥っ子である、S君は私学の電気科を卒業、関電に就職したが、数年で精密計測機の製造販売の会社に就職、主にアジア地区での営業活動にかなり永く従事していたが、その後ドイツ系の会社に転職した。

一回り年上の阪大卒でNECに就職、NECで部長職に昇進した甥の、E君の時代とは様変わりである。60代のE君には転職のさそいは全くない。

自分史に既述の様に、2015年に北海道の北広島市で会った、30代のカナダ人プログラマー、ジャレード氏が語った日本のソフト専門家、ソフト業界のレベルが低いと言う事が、色々な方面から聞こえて来る。

製造業では、……極く、少数だが開発に携わる人を除いて……製造に携わる人は、考えることなく、決まりを守って忍耐強く忠実に仕事をこなすことが要求される。

日本では、教育は結果的に……賢者か考えたのか又は愚者が考えたのか……忍耐強く製造業に適合した人格の人を養成する様に、記憶重視で、教えられた事、解答集に書いてある解答を記憶する事が重視される様な教育が行われ、その上に学習塾通いが追加され、生徒は強烈に教育からマイインド・コントロールを受ける。

中国からの求人が日本に来る時代

大学新卒の場合

数年前に、中国の著名なIT企業、ファーウエイ一が日本の大学に初任給40万円～50万円で求人を掛けた事が新聞記事になった。最近、中国の広東省の深圳でIT企業が日本で、事務所の掃除人の募集を行っている事を知った。多くの日本企業の場合新卒の初任給は横並びで20万円強の中で群を抜いている。

長銀の初任給は他の都市銀行と、横並びで永らく20数万円だったが、入社後給料が急速に高くなることは、業界の人の間ではよく知られていた事で、30才前後で年収約1千万円と聞いていた。

普通だったら、入社後直ぐに昇給しますよとアピールすれば良い人材が集まると思うが、会社はそうわしない。

これは、面白い現象だ。銀行の人は自分らのやっている事が、自慢になるような事でないので、如何にも質素に、大人しくやっているように宣伝している、典型的な悪事を働いている人の予防策である。

広東省深圳のIT企業の場合

日本人の誠実な労働態度を評価して掃除人の募集である。条件は手取り月給30万円、住宅費は会社持ち、ビザ、その他の手続は会社が全て行う。

台湾、中東諸国にはインドネシアやフィリピンからメード、看護師、高齢者の介護者が多く出稼ぎに行っているが、このまま日本も低下傾向が続けば、20年もたてば同じような事になるのかもしれない。

日本人のファッションデザイナーの場合

知人の30代後半のお嬢さんが2013年頃に、フランスからエージェントの推薦で、中国の大手アパレル会社に就職した。

ロンドンの大学を卒業、ロンドンで起業して、その後フランスに移住、ヨーロッパで約20年のキャリアを持ち、望まれて中国に移った。月給が額面で約270万円、手取りで約180万円である。

A級の人は海外へ脱出、日本にはB級の人しか残らなくなるのか？

私は５人兄弟で、妻は９人兄弟、甥、姪の数は非常に多い。昔はいなかった、外国企業に勤務するか、外国に流出する人が目立ってきた。1960年代生まれにはいないが、1970年生まれで、Ａ級の人数人か外国企業関係の人だ。
周囲の友人、知人と話しても同様の傾向が見られる。
現在50前後の年齢を境に、大きなトレンドが発生、多くの若い年齢層の優秀な人が海外に脱出するか、日本の外国企業に就職するケースが私の周辺で激増している。
私の時代には、**多分、0.1％以下の程度の限りなくゼロに近い**少数の人が外国企業に行き、それらは、私の様に日本では多くのＢ級とランク付けされる人だった。

0.1％以下は正しいか？

2023年10月に私と同じ南砺市の平村出身で、１才年下の大野氏と大阪のホテルニューオータニで開催された約500人が参加する富山県人会で隣席した。隣部落の人だったが、初めてお会いしてお互いにビックリ。
更にビックリするのは、大野氏は通信教育で高校卒の資格を取って、高卒の資格で日本IBMに就職、米国、中国に転勤していると言われる。半世紀以上前のIBMは、日本の工学系の東大を筆頭とする高学歴者、外大卒の人の憧れの企業である。
その中で、能力を買われて海外に家族帯同で転勤する……大野氏も多くの高学歴者との摩擦を経験されており、同志みたいな気持ちが出て来た。大野氏は現役引退後大学に入学、資格を取って中国大陸に行き日本語教師として奉職……現在も社会福祉法人のヘッドとして、社会福祉の為に頑張っておられる。
大野さんも、私も、日本の標準的な都会の学校で受験教育に励んでいたら……情けない人生を送っていただろうと確信する。

日本の行政の末端で起こっているアホな事

多分、読者の方で、私が嫌らしいクレーマーで、そんなことばかり嗅ぎまわっている最低の奴と感じている人もいると思う。
特別に自分から行動しなくて、誰かの後について行動するだけなら、多分、全く問題に遭遇しないで、楽しい時間を、何の疑問も感じることなく生きて行けるが、その集積が不幸な社会を作る。

テニスコートの使用に巨大な領収書の束

非常に些末な事だが、公務員の仕事に対する姿勢を嫌と云うほど知らされた２件の事について述べさせて頂きます。
平成26年に神戸市が所有するテニスコートの予約と発行される領収書の様式が変わり、コート１面、１時間毎にＡ４の領収書が１枚発行される事になった。
私はテニスサークルの幹事をしているので、水、金、日と週に三日、二面のコートを予約する。
毎回４枚、週に12枚のＡ４の領収書が発行される。一か月で48枚、一年で576枚である。
三木市の緑が丘公園で借りる事もあり、その場合には時間数、コート数に関係なく領収書は一枚であり、それは民間のコートの場合と同様である。
通常、会員に対しての会計報告の為に領収書を会計報告書に添付していたが、600ページ近い領収書の束を添付するわけには行かないのみならず、発行するコートとすれば、600の数十倍、数百倍の数値になり無駄も甚だしい。丁寧に理由を書いて変更して下さるように提案したが、実行される迄に３年以上を要し、実行の程度も不完全なものだった。

テニスコート近隣の住民の騒音苦情

市の所有するコートは市民をスポーツに親しませ、健康増進に貢献する事が目的であり、営利が目的ではない。

規定ではコートは午前９時15分前に開場され、９時から使用する事になっている。

多くの高齢者が訪れるが、皆、随分早くから来場する。

来場者に、例えば30分前くらいに開場して使用し出来るように制度変更の提案をした。

書面での回答が来たがそこには、騒音問題で近隣住民から苦情が来ているのでダメだとの回答だった。

私は周辺の数十戸の家、全てにピンポンしてお聞きしたが、苦情を言った家は一軒もなく、市から聞き取りをされた家も一軒もなく、住む前からテニスコートがある事は知っていたので、何ともないですよ、との話。

聞き回るのに、精々30分くらいしか掛からなかったが、その手間を彼らは掛けたくないのだ。

解答は市役所の捏造であり、それがどの様な事についても日常的に行われていると理解した。

永らく公務員をしていると、初回のコロナワクチン接種申し込みに際して、お粗末を披露した井戸知事だけでなく多くの人は公務員組織の文化に染まって堕落するのだ。

勿論、堕落しない人もいるだろうが、その様な人は、若しかしたら……組織と心の問題で溶け込めなくて……不幸な人生を歩んでいるのかもしれない。（添付資料参照）

日本人のスウェーデン非難

頻繁にスウェーデンとの比較が登場するが、此処で簡単にスウェーデン、スウェーデン人について述べてみたと思います。

日本人のソコソコの人がスウェーデン人と一緒に何かをすると、しばしばスウェーデン人はトロイと云う。

私の後任としてスウェーデンに転勤したＨ氏夫妻はその増幅された典型だが、多くの日本人は人似たような印象を持っていると思う。

スウェーデン人は慌てない、慎重である、確認してからでないと動けない、……動かない。

私は住友時代に、サンドビックのカタログを見て、製品を見て、何故スウェーデンにはこんなに優れた製品を考え出す会社があるのかと、スウェーデンを高く評価し、その秘密を探りたいと思っていた。

約1.5世紀前には、日本と同様の貧しい農業国だったが、工業国に変身する過程で、企業が成功するためには小さな国内市場よりも、海外市場に販路を求めなければいけない。当初から一級品を目指し、かなりの工業製品分野で、蘭、英、仏、独を凌ぐ西欧の中で先進国としての地位を占めるようになる。

日本企業は先ず国内市場での成功を目指す

日本は国内市場が大きく、……言葉の問題、輸送の問題等もあり……まず国内での成功を目指して事業展開され、海外への工業生産物の輸出は技術習得の段階を経て海外市場が国内同様に重視されるのは戦後の事であり、それまでは輸出できる物は生糸だけだった。

1950年代まで、日本は低性能の廉価品の輸出国として、又不正を行う輸出国として……例えば、日本から届いたマッチの梱包を開梱したら、石ころが入っていたとか……20年前の中国と似たような評価を受けていた。

著名なデザイナーの森英恵氏が戦後まもなく、初めて渡米して日本製のブラウスが『１ドルショップ』＝米国の当時の『百均』で売られているのを見て発奮、その後の世界的に名を成すファッションデザイナーとなった。

その後多くの後継者が日本で育ち、日本の経済成長のエンジンとなった等、類似の多くの逸話がある。

スウェーデンは日本人には、非常に解かり難い国であるが、それは学者、マスコミの責任でもあると思う。

第一部で既述の事とダブル部分もあるが、日本の常識ではあり得ない様ないくつかの事柄が並立している。

- 経済の大きな部分は戦前の日本の様に十数の家族財閥が支配している。
- 私がスウェーデンに住んでいた1970年代に少額だったが相続税があったが、最近相続税は無くなった。
- 普通の40代の二人の子持ちのサラリーマン夫婦が、大金が掛かるのみならず、将来に対して大きな責任を負う事になる、里子を日本から取りたくなる、その生活に対する余裕。
- それを目標としてきた訳ではないのに、結果的に国会議員、大企業の役職社員数……等がホボ男女同数。
- 10年ほど前に廃止していた男子徴兵制を2018年に復活、今度は女姓にも徴兵制を課した。2022年のプーチンのウクライナ侵攻リスクを想定しての事だったと思うが、見事な先見性だ。
- 朝鮮戦争当時から、普通の市民が多くの貧困国から里子をとり、現在新生児の約1％が海外からの里子だ。
- 高級官僚、公務員も民間もその専門職業の分野で同じような専門能力のレベルを維持して切磋琢磨している。
- 人間社会だから、汚職、不正が発生するリスクは常にあるが、それが抑制される様な仕組み、民度がある。
- 多くの難民を世界中から受け入れ。第2次大戦後に受け入れた外国がルーツのスウェーデン人が約2割いる。
- 政府機構が民間会社の感覚で、機能している。

スウェーデンについて、良く解っていない人が情報を発信

今回の執筆に際して、多くのスウェーデン経済、税制について大学教授、元スウェーデン大使、金融機関の専門アナリストの分析、の論文等を読んだが、残念ながら、スウェーデン経済、税制を国民的視点で評価する事の出来る、内容を咀嚼していると感じられるものには巡り会えなかった。多分その原因のひとつは多くの筆者がスウェーデン語を解せない事と、スウェーデン語を解する少数の方は、**活字から学ぶ経済学はよく勉強しているが、経済についての理解不足が原因だと思う。**

私がスウェーデンに住んでいた1970年代は、スウェーデンは重税国家として有名であり、有名な童話作家のリンドグレン女史が、……自分自身が世界的に有名な童話作家で高額所得者……重税を皮肉って、種々の税金を総和すると、自分の場合、税金が102％になると、面白おかしく皮肉っていた。

当時は高額所得者には非常に厳しい累進課税がされていたが、その後、随分緩和された。

一般人について、大きな枠組で捉え日本人の様な外国人からスウェーデンを見れば……当時も今もさほど大きな変化はないように感じる。

30代中で二人の就学前の娘を持ち、スウェーデン語を解さない妻が職業に就くことは不可能、生活を維持するために、貯蓄から毎年100万円の持ち出しを余儀なくされたが、経済現象についての理解を深める非常に良い経験をさせて頂いた。

スウェーデンで高額蓄財

あの環境の中で、４人家族で４年間住み、最終的に一年あたり標準的な共稼ぎスウェーデン人夫婦の手取り収入と同額に近い約300万円／年を蓄財して帰国した。４年間に為替は大きく円高になり、当初１Kr＝70円だったのが帰国時には１Kr＝35円になっていた。

為替変動は災害の様なもので、個人では避けようが無いが、若し為替が変わらなければ、約600万円／年もの蓄財になり、当時の日本の大企業の部長職の人の年収に相当する金額だった。

1979年夏の帰国を前に、日本への転勤の辞令を頂き、その中に年収で800万円が明記されていたが、それは日本で筆者の部下になる数名の有名大学卒の人の約２倍の給与を意味した。

帰国に際しては重役待遇で、飛行機はビジネスクラス、ホテル、食事には価格の制限が無く２週間かけて、好きな所を回りながら日本へ帰る事になった。

スウェーデンでの生活が、経済、税制、金融、人間に対する関心と知識を深めてくれ、あの環境でもやりようによっては、何とかなるものだと云う自信をつけてくれた。

日本、日本人について

スウェーデンには……多くの移民、難民、里子がいるが……**１種類のスウェーデン人を目指して、未完成ながら、皆が１種類のスウェーデン人を目標**に頑張っている。

日本には官僚、公務員と民間では完全に正反対の支配者、被支配者と呼ばれるべき二種類の日本人が住んでいる。

日本の公務員は終身雇用で守られているので、世襲は出来ないが貴族のように民間に対して指示、命令出来る『一代貴族』の様な立場で仕事をしている。

生活空間は公務員も民間人も混住しているので……社会生活上は人間関係に微妙に影響して、社会生活を窮屈にしている様子が窺える。スウェーデンでも類似の傾向は見えるが、その程度は日本と比べてはるかに少ない。

ステータスが必要な日本の学者、専門家
専門能力は二の次

明確に官、民と区別し難い学者、識者、マスコミ関係者等は、官と民の双方にコバンザメの様に紛れ込みながら、保身の為に官に対して迎合的な姿勢を取りながら、社会的ステータス、影響力を向上させ昔の言葉で『御用学者』の様な役割をする……目の前に現れた風景により言説を左右し保身的に活動するフリーランス的な高学歴者がいる。

結局日本には『同床異夢』の三種類の日本人が住み……それぞれが根本的に異なった背景の下で生きているので問題について正面から議論できない。

スウェーデンの車検制度から垣間見える行政の姿
スウェーデンでは30年以上古い中古車は車検不要

日本では車検に関係する費用と負担が大きく、給料が上がらない中で車を持つことが難しくなってきている。

日本でも多くの人が、車を長期間使用する為に大切にメンテする傾向が強くなってきたが、そのためのコストは大きい。

スウェーデンでは車歴30年以上の古い車は車検不要である。30年経っても、動くように整備されている車は、車を愛する人が保有、整備しているので事故を起こす心配がないと粋な判断をしている。行政の高い能力が、このような判断を可能にしている。

スウェーデンでは７〜８割の乗用車は車歴15年以上みたいに観察される。

多くの場合、新車または車歴５年以内の車は社用車か、高額所得者が持ち主であり、多くの一般の人は、中古車を購入する。

スウェーデンでは行政と民間の垣根が、日本人の感覚で見れば、ホボ、皆無。専門性、専門能力に応じて、官と民の間で人事交流が行われている。**公務員も俸給表によって、年功序列で給与が決まる訳ではないので、給与は日本の民間の感覚**で決まり、また変更される。 日本では制度変更の際には、多くの場合、行政が識者と呼ばれる学者等を集めて委員会を開催、委員会の答申の形で制度変更を決定することで、責任者が誰であるかを、曖昧にする手法が一般化している。

車歴30年以上の中古車の車検無用は、ストレートに交通事故の多発の議論となり、そのような事が日本の制度の中では起こるとは考えられない。

30年中古車の車検免除の法制が決まる手順を推理すると、スウェーデンの制度、彼らの人生、人となりが浮かび上がってくる。

1. 車検制度を検討する専門家が会合を持つ。
2. その中に最低、一人の変わり者がいて、30年以上の中古車の車検免除を提案する。
3. その様な提案を出来る、そのような土壌がある。
4. 皆で議論して、最もだ……、そうしようと、結論を出し、法案が出来上がって、承認されて実行に移される。
5. 制度を稼働させて、数年間の結果を見て……制度の得失を判断して、継続か、中止かを決定する。

日本では想像もできない、柔軟で、少数者の利益に配慮した
プロセスで国家が運営されている。

最近の統計によれば、スウェーデンの10万人当たりの交通事故の死亡者数は日本の半分であり、この事からスウェーデンの車検制度が問題なく機能していることがわかる。

先述の様にスウェーデンには有料道路が無く、主要国道は制限速度110km/hである。

経済、国民生活に及ぼす影響

例えば日本と比較して**廃車までの期間が二倍長ければ、車の生産数が1/2になるので，その分のGDPが減少する。その分、作業量が減り、使用する資源も少なくなるので、回りまわって**、労働時間の短縮、省資源に結び付く。

既述のように、スウェーデンでは中古の部品屋が至る所にあるので、中古の部品を非常に安く入手できる。

車検を安価に、車のチェックのために使用することが出来るので、先ず車検を受けて、受かればそれでお終い。

通らない場合、車検所はどこが悪いから車検が通らないかを書いた文書を渡してくれる。

部品屋に行って部品交換して、再度車検を受けると、確実に車検は通る。

感覚的に掛かる費用は日本の1/3～1/10である。

大まかに、一人当たりGDPが同じであっても、スウェーデンでは**少ない労働時間で済ませているから残業しない社会の構築が可能である。**

この様な事が起こるのは、日本では乗用車は個人の経済的、社会的ステータスのシンボルとして認識されており、……自治体首長の公用車、大会社社長の社用車の存在から……スウェーデンでは単なる、移動する為の道具と割り切る人が多い事が背景にあると思う。

現行の日本の雇用環境では、１種類の日本人には絶対にまとまれない。製造業の場合には『良い仕事をして自分の首を絞める』

私の専門は金属切削工具の製造販売である。目標は可能な限り長寿命の刃物を開発する事であり、それは需要を減少させる事である。究極的に、摩耗しなく永久に寿命が来ない製品を開発すれば、顧客は二度と買わないから、私の仕事は無くなる。言い換えれば、自分の首を絞めるために一生懸命に、頭を使い、汗を流しているが、他の製造業の分野も、根本的な部分は大同小異である。若し他の競合会社よりも劣れば、販売は伸びなくジリ貧してマーケットから排除される。機械、電気器具、塗料……全ての工業生産物は、関係する時間の長短があるだけで同じで、公務員や他の職業とは根本的に異なり……緩慢に自死する為に頭と、体を使って頑張っている。

高級官僚の場合

法律が取り締まる事は出来ない、不道徳、不正義な行為で利益を得る事に智力を使う一群の人が居り、民間とは全く違った人生を送っている。資金は税金で、コスト、採算の意識は皆無……資金が不足すれば増税と借金で賄い、その内退職して天下りで金銭的には優雅な老後が待っている。多くの民間人が将来の資金的な問題に不安を感じているのと大きな違いだ。

国家にとって官僚は昔流に言えば**“獅子身中の虫”**だが、**その虫を育てるために国は巨額を掛けて教育**して日本特有の不条理。筆者の目からすると彼らの人生は糞みたいにつまらない人生だと思うが、それは意識の問題で価値観の多様化した現代では当然の事と……21世紀の日本の学者は解説するかもしれない。

劣化した日本の医療：白内障手術で全盲になった北村さん

１学年上の先輩で、富山県の有名校長先生となった北村信孝さんがいる。中学生の頃から筆者より身長が20㎝以上高い大柄で人望があり、大人の感じで筆者は可愛がってもらった。海外旅行が一般的でない昭和60年代から海外旅行をして、旅行記が北日本新聞に掲載されるなど、人望があるので多くの人に慕われている方だった。

50代の中頃、中学校卒業後初めて電話して、富山で食事を一緒にしたが、彼は全盲で既に退職していた。加齢による視力の低下対策として、ごく普通の白内障の手術を受けた。

その後、感染症を発症、結局、両眼とも見えなくなり、全盲となった。

医師は自分のミスを認め、見舞金の支払いで解決させてくれと頼むと同時に、若し裁判に訴えるなら、訴えてください。私の方は医師保険をかけているから、腹が痛まないし、その場合にはこちらも徹底的に防衛しますと言われたとの事。

初めて、このような話を聞いて、**新聞記事として医療ミスが記事になるのは氷山の一角なのだと理解**した。

スウェーデンの場合には、多分、このようなスキャンダルを秘密にする事は非常に困難であり、公開されるが、日本では隠密裏に解決される。勿論、北村先輩は裁判に訴える事はしなかった。

神戸市のガンセンターでの手術ミス

2021年11月26日に兵庫県明石市の拠点大病院である県立がんセンターで、腎臓の手術で医療ミスがあったと発表があった。８月に腎臓の手術に際して、間違って腫瘍の無い腎臓を切ってしまい、後日、再度手術を行い、腫瘍のある腎臓の全摘を行ったとの事だが、このような単純ミスの発生はあってはならない事だ。

人間のする事だから、ある程度は仕方がないが、昔はこの様な**ミスは隠蔽されていたと思うが**、その後スウェーデンの様に公開されるようになったことは大きな進歩だと思う。

上皇陛下の心臓バイパス手術に際して、執刀医を東京大学から出せなかったことは、如何に心臓バイパス手術が難しい手術であるかを物語っている。この事については、自分史に詳細を記載しているが、ホボ、同じ頃に、地方の基幹病院で行った心臓バイパス手術の成功率が50％前後であると報じられている事を考えれば、医療ミスの定義次第だが、ある程度の医療ミスは避けられない事だ。ミスを経験する事で、進歩がある。

経済活動、と何ら変わることが無い事を理解して、割り切るしか方法がないようだ。

私の心臓の手術とワーファリンの服用

神戸市北区にある約200ヘクタールの広大な敷地を擁する、運動、保養施設“しあわせの村”には16面のテニスコートが有り、テニススクールに妻と一緒に入り、インド人で米国でコーチの資格を取ったシンさんに教わっていた。シンコーチが同じような練習をするのに、妻より先に私の方が早く息が上がる事を指摘、スクール以外でプレーをするときも今までよりも息が上がる感じで、2009年に近くの鈴蘭病院で診て貰い、心房細動を発見、一生、薬の服用を言われる。医師から脳梗塞、肺塞栓を予防するために、血栓の発生を防ぐワーファリンと呼ばれる、俗称、血液をサラサラ薬を、死ぬまで服用するように言われた。

数日後にテニスに行った時に、仲間に状況を話すと、製薬会社のMRの松本さんが、60才くらいだった先輩が、ワーファリンを飲んでいたので、簡単な手術の時に出血が止まらず、結局、死亡したと聞いた。

次週に妻が７－８人の同級生と一泊旅行に行き私の事が話題になった。

一人の人の姉のご主人が、脳の小さな血管に梗塞を起こして、手術したがワーファリンを服用していたので処置が複雑になり、死ぬはずのない手術で亡くなって終ったと聞かされた。

ほんの十数人の人の中から、二人ものワーファリン服用に関係すると想像される死者の話を聞かされ、ビックリ。

大学図書館でワーファリンのチェック

神戸大学図書館医学部分館と専門書のある大型本屋のジュンク堂に三日間通って、多数の論文、専門書を読んだ。特にワーファリンが登場した頃の日本語、英文の臨床試験データや論文など、目につくものは納得のゆくまで目を通した。

最終的に、日本での販売会社であるエーザイが認可を受けるために行った臨床試験結果を私なりに評価して、ワーファリンは認可されるべき薬でないと判断した。

私の、製造業の標準的な知識を基準に判断すれば、犯罪に類する内容だと確信した。（資料集参照）

ワーファリンは長期間マーケットに投入され、多くの高齢者が服用している。

殆どの服用者は何時死亡しても不思議でない高齢者なので、大きな社会問題にならないが、本来認可されるべき薬でないと確信した。同時にネットを通じて情報を漁り、カテーテルアブレージョンと呼ばれる最新の手術法がある事を知る。筆者はそれ以前に静脈瘤の治療の為にカテーテルアブレージョンの手術を受けており、手術部位は異なってもどのような手術かは理解している。

日本で２－３の病院では年間手術例が数百あり、神戸大学病院では十数件の数字である事も解った。

関西では渡辺病院が突出して高く400前後の数値だった。

製薬会社の専門家の意見

自分史に既述の様に、シルクロードへの旅行の際に会った、京大卒、製薬会社勤務で厚生省への新薬認可申請の部門の現役部長に質問、その後のメール交信から、ワーファリンが認可される根拠となった試験データ程度の不正確、不誠実は製薬の業界では、……彼は明言を避けたが……あってもおかしくない様な印象を強くした。

セカンドオピニオンを求めて、大学病院のH医師の診断

事は重大である、近所の松田病院にも行き、診察を受けたが、同じような診断結果だったが、大学病院から派遣されていた循環器の専門医H医師は、手術の可能性について言及した。

最近、心房細動は手術できるようになったが最新の手術で、手術できるところは限られているが、神戸大学病院では出来るから紹介状を書いても良いと言われた。同時に、手術すれば全快する保証はなく、成功率は70％くらいと言われた。

私が、それじゃ２－３回すればホボ全快しますねと言った。

それは、工場の品質管理で常識となっている、正規分布における不良率計算に基づいている。

30％の失敗をもう一回すれば0.3×0.7＝0.21、となり不良率は21％、更にもう一回すれば15％となり、徐々に100％に近くなる。高校の数学で習っている筈だが、医師はその様な数学的根拠を知っていない。

有名なプロスキヤー、私より年長の三浦雄一郎氏が２回手術を受けたとネットで報じていたので、そう答えた。

H医師は、アホな事言うみたいな顔で、盲腸の手術だって２回することは無い、同じ手術を２回も、３回もしないと強く言われたが、私は無言で聞いていた。

大阪梅田の渡辺病院は昨年の手術件数は300件以上、迷わず渡辺病院にお願いし、H医師は紹介状を書いてくれた。後日分かった事だが、鈴蘭病院で死ぬまでワーファリンを飲まなければと、手術の可能性を言わなかったのは、医師の出身大学では手術実績が無かったからだと分かった。

渡辺病院で手術

初診で井上耕一先生に出来るだけ早く手術をして頂きたいとお願いすると、通常、誰でも手術を先送りしたがるのにと珍しがられた。皆、手術の先送りをして、体力が衰えてから手術をするから予後が良くないが、貴方の場合は直ぐ手術してあげたいが予約で空きが無く、３か月以上先になると言われた。

帰宅して数日して連絡が入り、来週手術が可能になったと言われ、直ぐにお願しますとなった。想像だが、手術予定者が、……亡くなられたのだろう。

入院中に、病院で医師が読む専門誌のメデイカル・トリビューンを読む機会があり、その中に私の執刀医井上先生の掲載記事があった。内容は私が、図書館、本屋の立ち読み、ネットで仕入れた知識程度のもので、H医師の様な循環器の専門医でも、新しい技術については知っていない、現実を理解した。**医師は日本では異常に忙しいので、新しい事を勉強する事が出来ない現実を知った。**

吹田の国循

過労死が世間で話題となり、政府が働き方改革と称して対策を模索する中で、現状の調査が行われ、読売新聞の紙面に小さな記事で、吹田の国立循環器センター……通称、国循……の36協定＝雇用主と被雇用者で残業時間の上限を決める協定、に月間の残業の上限を300時間

と制限していると書いてあるのでビックリした。週40時間労働で、月に160時間に加えて300時間で……非人間的、給料も残業代だけで月に数百万円になる。

国循は狂っていると思った。腕を上げるために手術件数を増やしたい、手術の成功も失敗も経験、残業代も魅力かも知れない。

一日の、医師一人当たりの患者数は日本が突出して高く……スウェーデンの数倍と言われている……永らく１時間待って３分の診療と良く言われていた。そんなに忙しくては、本を読むひまもなく、新しい知識を学ぶ時間がなく、忙しすぎて大変だなと思った。

神戸のＫ病院での話

最近大きな改築を行ったＫ病院を受診する際に珍しい提案を受けた。多分、高齢者を狙い撃ちにしている。

現在、他の病気で、他の病院に行っておられ、それを当院に変更されれば、本人負担分の600円は当院が払って、無料にしますから、当院に変更されませんかとの事。ビジネスとしては、何ら珍しい事では無いが、驚いた。筆者は重度障害者であり１回の通院で600円以下である。

病院も他の商業と変わらず、利益を求めて、顧客獲得の為になりふり構わず、奔走する。

大まかに、保険適用だから、本人負担分の600円を十分に超える利益がある筈だからこの様な提案を発明する発想が出て来ると思うが、日本の健康保険制度の根幹に影響を与えかねない提案だと思った。

今後、Ｋ病院の、多分、若しかしたら,……日本で初めてのこのような提案はどの様な影響を与えるのだろうかと、興味津々である。

この様な事が発生するのは官僚の制度設計が悪いからで、既述の国税庁の金利分400億円の還付事件、ふるさと納税、全国旅行支援と同じく、厚生官僚の場合も同じで……日本の官僚病なのだと思った。

診療報酬の改定

医療費と福祉関係の費用は消費税が掛からないので、消費税増税の様に解り易い形で、減税、増税の判断が出来ないが、実態は診療報酬と言う形で増税する。病院経営者はこれまでの歴史、経験から学び多くの病院が赤字経営になれば、厚労省が新療報酬を上げてくれるから……病院経営がルーズになりこの様な事が起こる。

スウェーデンの様にネットを介して国民の医療情報＝健康情報を医療機関が共有して、高額医療機器の有効利用、過剰に頻回な検査の減少等、費用と労働時間の短縮で低賃金、長時間**労働を特徴とする『ブラック企業』体質から脱出できる筈だが、その為には厚労省が民間の企業経営者の様に積極的に制度改革の旗振りをしなければ進まない。**

(詳細は第２部、第７章参照)

良い歯科医を求めて放浪する

転勤が多く、転勤のたびに通う歯科医が替わるので日本で15人以上の歯科医を経験している。

15人の中で、普通に会話が出来ると感じた人は二人だけで、残りは程度の差こそあれ、ひどいものだった。経験した歯科医は全て男性で、二人を除いて日本語会話が著しく下手、お話にならないくらい下手。

高齢になると、歯の問題は発生頻度と処置の重要度は大きくなる。

若い頃は大きな問題とする認識は無かったが、80代になり、昔の平均寿命が短かったのは歯ぐきの歯槽膿漏が原因だったと確信する様になった。

H歯科医の場合

若いころの歯科治療は比較的簡単だが、高齢になると複雑な治療が必要となる。
H医師は私とホボ同年代の感じで手が早く、私が若いころの治療は簡単で大きな問題は感じなかったが、質問すると、非難されているように取るみたいで、気色ばんで、感情を丸出しの言葉を吐くので質問が出来ない。歯科衛生士の人もビクビクしている感じ。
後期高齢者となり、治療が進み数回目に行くと、入れ歯が出来ている。私はそれまで入れ歯を入れる事になっているとは全く聞かされていない。手鏡を渡されて入れ歯を入れるのは初めての人にはなかなか難しい。これ以上無理だと思って、別の歯科医を探す。

M歯科医

近所には多くの歯科医がいるが、駅前のM歯科医に変更した。
M歯科医に行きだして1年くらいしての金曜日に決定的な問題が発生した。
椅子に座って口を開けて治療を始めると、M医師は鼻をすする、……1分に数回……風邪を引いているみたい、でもマスクをしていない……2019年11月コロナ直前の事だ。色々考えたが、席を立つ勇気がなく、結局20分くらい治療を受けた。私は妻と比較して良く風邪を引くのみならず、悪い事に三日後の月曜日、中国の雲南省に向けて2週間の予定で旅行に行くべく飛行機の予約をしている。
案の定、土曜日の昼頃から風邪症状が……風邪なら少々のことは我慢して旅行決行だが、若しいインフルエンザなら中止である。日曜日に、神戸市の医師会が運営している休日の急患用の施設を訪ねてチェックして頂き、インフルエンザでない事が確認されて旅行は決行したが、待ち時間も入れて6時間も掛かった。
その後、近所の人の話では、M歯科医は最初の妻と離婚、歯科衛生士をしていた女性と結婚、彼女は受付に座っている。

N歯科医

我が家から5㎞くらい離れた所が再開発され、N歯科医が移転してきた。
開院に伴い内部が公開され、説明をされる方が色々説明され、日々新しい技術が出現するから若い先生の方が良いと力説される。N歯科医は40代後半くらいの感じ。
N歯科医に通院するようになったが、H, Mさんと同様……何か日本語会話があまり上手ではない。
抜歯して、N医師が聞いてきた……抗生剤がこれと、これの二種類ありますが、どれにしますかと……瞬間的に私は医科歯科大学の教授でないので答えられませんと答えようかなと思ったが、グット…我慢した。
精々、トータルで10回弱の受診だったが、多分、20回くらいレントゲン写真を撮っている。

OH歯科医

テニスの女性の友人から、OH歯科医を知り受診した。最初の数分ですぐに分かったのは、日本語が非常に丁寧でお上手。
私の順番になり会話するが、普通の会話以上の高いレベルの会話ができる。技術も今まで多くの歯科医と比べて非常に早くて結果が良い。全ての事について論理的に理由を説明、その上で患者の意向、意見を聞かれてから処置される。
今まで持っていた2つの問題について、多分、こうじゃないかと原因を推定され、その推定に従って対策を実行してみると、その通りになる。それまでの歯科医は、聞くだけで……

何にも具体的な反応が無かったのと比べて、何と大きな違い。
OH歯科医に行くきっかけを作ってくれた友人は、OH歯科医を褒めていた訳でなく反対だった。
彼女曰く、昔みたいに嗽用の金属のコップが出て来て、不衛生だと思って消毒してあるのと聞いたら、消毒してあるとの答えが返ってきたが、治療は良かったの言葉だった。殆どの歯科医では紙コップで水道水が、……多分、浄水器を通っているが……使われている。彼女によれば、設備が古いみたいなことを言っている。
予約を頂き、受診、椅子に座って右側には小型テーブルに歯科用工具が並べてあるが、工具の数が今までの歯科医の場合の数倍は多く、技術力の高さを示している。４～５人いる女性のスタッフも緊張感がなく自然な感じだ。
それから７回くらい通院して、取り敢えずの具体的な問題は全て解決、小康状態を保っているが、高齢となり何時問題が発生してもおかしくない。口の中は今までの手当てが良くなかったので、グチャ、グチャなのだから。
今までの歯科医なら、多分、10回以上Ｘ線撮影をしていたと思うがＸ線撮影は無し。
私より約30歳若いから、私の歯を最後まで診て頂ける歯科医に会う事が出来たと、天の神様に大感謝です。
犬も歩けば棒に当たる、……単に待っていても、良い事は訪れない。
歯科医は日本ではトップグループの潜在的知的能力を持ち、それにふさわしい教育を受けてきた人々だと思うが、何故こんなに大きな個人差があるのだろうか？

インプラントの話（一部既述だが再登場）

現在普及している歯のインプラントはスウェーデン起源の技術である。
スウェーデンのヨテボリ大学の医師だったブローネマルクが発見したチタンの人体への適合性の良さの発見から、セラミックスの人口歯をチタン製のボルトで歯骨に締め付ける方法の可能性が見えて来た。
その延長で、セラミックスの人口歯を作るビジネスが将来大きくなることが予想される。セラミックスは焼結して製造され、その基礎的な技術、設備は超硬合金と同じであり、サンドビックでも新しいビジネス分野として可能性が調査された。
最終的に、典型的な多種、少量生産となり、大きな組織ではコストが掛かってビジネスとして成功しないと判断された経緯を、ストックホルムのセラミックスの専門家から聞いているので、私もかなりの事前の知識がある。
日本ではインプラントは保険適用でなく、高価だが魅力的な治療法の響きがする。
数か所のインプラント専門医に行き、診療して頂くと共に費用について聞いてみる。
単純ではないが私の場合３本が対象であり、100万円～200万円くらいの費用を覚悟しないといけない事が解る。
最終的に神戸市のＳ歯科医院に決めて、計４～５万円の自費での検査を行い、インプラントする最初の診療予約日を決めて、契約書を貰って帰った。**Ｓ歯科医に決めた理由は、Ｓさんが歯科医に行うインプラントの技術講習会の講師である事**と、過去のインプラント**実績が１万５千本**くらいと断然多い。若しかしたら日本で一番。３本インプラントの価格が180万円で、安くはないが、他の歯科医も似たようなもの。家に帰って３ページの契約書を読んでビックリした。

保証期間が１年でビックリ

年に４回定期的に自費で、検査治療を受けて、それで保証期間が１年とある。えっ一年……？

自分史に既述の友人のラッセは2000年代の初めの頃、スウェーデンで保険適用だったので、インプラントをして自慢していた。それから数年して再会した時にインプラントした歯が脱落したとクドイていた。大学時代の友人、マッチャンもインプラントを１本したのを自慢していたが、数年して脱落した。定期検診を受けながら、180万円払って、それで保証期間１年である。

当時、多分今でもインプラント絡みの医療ミスの訴訟は絶えないようであるが、Ｓ医師が１万本以上のインプラントを行っているのに医療事故がないのは、ノーベルバイオ社の支援を受けているからである事が解る。

先述の北村先輩の白内障手術の例のように、保険がカバーするので表面に問題として露出しないからかも知れない。

スウェーデンにノーベルバイオと云うインプラントをする歯科医をサポートする企業がある。

歯科医はノーベルバイオのマニュアルに従って歯鰐のレントゲン写真を送り、ノーベルバイオから、指示されたドリルを使って指示された深さの穴を明けるための治具を支給されて、手術をするので、神経を傷つけることなく安心して手術が出来る。

そのために、相当な費用をノーベルバイオに払っている筈だ。

１万５千本を１本60万円でやれば、90億円と巨額であり、そのうちのかなりの部分が……想像するに1/2の45億円くらいがスウェーデンに行く……。スウェーデン人は賢い、ずるい、と改めて感じさせられた。

ノーベルバイオの歯科医のやっている技術支援は、車の、ナビ、自動運転技術の様なものだ。

ノーベルバイオの支援を受けて、その通りにインプラントすればミスは起こさない。

最も難しいのは、神経を傷つけない様に0.1mm単位で寸法をコントロールする穴の位置、大きさ、長さであり、それらが治具と位置決めするデジタルデーターと一緒にスウェーデンから送られ、その指示に従って歯科医は、ナビされて手術を行うからＳ歯科医の様に、１万本以上インプラントしても裁判沙汰になる様な失敗をしない。

ノーベルバイオの支援を受けなくて、個人の感覚で、大工の匠の様な個人技で行えば、何本かの手術をする内に、神経に傷をつけて医療事故を起こす。インプラントが成功してもそのメンテは全く別の問題だ。

インプラントの場合には、メンテ、歯磨きを徹底してしないと、インプラント周囲炎に罹るリスクが高まる。

高齢になるに従い歯骨が細くなり、インプラントされた歯が脱落し易くなり、人生終期に……非常に始末の悪い問題が起こる事を理解して、インプラントをしない事にした。

コロナの“第四波の感染拡大”を事前に予測、原因は神戸市の税務署

偶然の連鎖で私はCOVID19と深く関ってきた。

私の知る限り、執筆時点でコロナの第四波感染拡大の原因を明確に特定している感染症の専門家の言説に遭遇していない。

私は、第２部第１章に既述した様に2021年１月末、神戸市の５税務署の確定申告書作成コーナーの合同開催が、４～５月頃に第四波の感染拡大を起こす事を確信して、変更を提案したが、……提案内容は正しく解釈されず……第四波の感染拡大となり、７月に開催予定のオリンピックを控えていたので、オリンピック関係者のみならず、日本、世界中に大きなストレスを与えた。提案を正しく理解して実行して頂けて居れば、確実に第四波感染拡大は起こらなかったと断言する。

歴史上稀にしか起こらないが、未来に同様の事が確実に起こる事が予想される。

21世紀のIT革命が、大量の情報の洪水を作り出し……それらは急速に消えて行く……それだけに正しい、後世の人々に有益な情報の記録を残す事は現代に生きる人の責務だと思う。

感染拡大の経過

2020年1月末頃から、大騒ぎになったコロナ騒動には、この部分の執筆時点までに五回の感染急拡大があり、感染急拡大の度に、感染範囲と感染者数を増加させてきて、2022年1月現在第6回目のオミクロン株の拡大感染が起こっている。ワクチン接種も始まり、その後コロナは普通の季節性のインフルエンザと同等の扱いとなったが、何時、同様のウイルス感染症が勃発するか予想不能であるから今回の経験を関係者が共有する事には大きな意味がある。以下に、示すように、第一波と第四波については明解な感染急拡大の理由が特定されていないが、それは確定申告に伴う人流量の増加により、その事について詳述する。

第一波感染急拡大：2020年3月は原因不明

第二波感染急拡大：2020年の夏休みの人流量増加が原因

第三波感染急拡大：2020年の年末、年始の人流量が増加が原因

第四波感染急拡大：2021年4～5月は原因不明

第五波感染急拡大：2021年、オリンピックと夏休みで覚悟の感染拡大

兵庫税務署に合同開催の変更を提案

確定申告に関係する質問があり、税務署に行くと、自分史、第9章に既述の、合同開催のチラシを見て、直感的にこれはダメ、誰かに進言しようと思った。考えながら、列に並び順番を待つうちに、窓口の人に言っても、多分、話にならない。

税務署長に面談を申し込もうかと思ったが、多分それは無理だし、日本の多くの税務署の署長は30歳前後の若年である事を、会社の国税OBの中村さんから聞いているので、一老人の言葉など聞く耳を持たないと思い出した。

ネットでメールを送付する事も考えたが、私はメールをあまり信用していない。

自分史に既述の、大原山のテニスコートの件で下級公務員でも簡単に捏造する事を知って、ネットでメールする事はしない事にした。

提案書が即ゴミ箱に行くのを防止するために

事は急を要するし、決定に関与する人が多くて、話してもダメだ、多くの関係者に同じ情報が同時に届くようにして、即刻の判断が必要だと思った。

約30年前に大阪ロイヤルホテルから、スウェーデン本社に約2.5mの長いテレックスを深夜に発信して、進言する事でスウェーデン本社の複数の重役レベルの関係者の同意が必要な事案について、翌日の朝にOKの返事を貰う事に成功した。

若し、電話報告ならば、情報は正しく伝わらないのみならず、決定の根拠に曖昧さが残り、後日、問題となるリスクがある。

帰宅して、兵庫税務署長宛ての提案書を作成、翌日の21日(木)夕刻に投函し、その後の経過は以下のようであった。

(添付資料参照)

1月21日(木)	夕刻に提案書を郵送
25日(月)	提案書は各人に到着、本人に渡る、又は、知らされるのは次の日かもしれない。
2月3日(水)	ネットで、今年は混雑を薄めるために確定申告の受付期間を1か月延長、4月中まで受け付けるとの情報を入手。 合同作成コーナー開始の予定日は例年と同じ2月15日(月)。

合同作成コーナー予定の最終日は期間を２か月間延長４月15日(月)変更。
混雑を薄めるために、恒例では１か月間であったのが、４月中まで、２か月間に延長された。

直面していた問題

世界中が大騒ぎのコロナ騒動の中で、歴史的な国家的大行事であるオリンピック開催に向けて、……簡単に中止すべきと発言する雑音の中で……既に巨大な費用を使って準備し、関係者の熱い思いに答えたいと関係者が頑張って７月23日の開催に向けて準備をしており、全ての国民と国家機関は理性ある行動を求められていた。

若しオリンピックを開催すれば、オリンピック開催に伴う人流の増加は不可避であり、それに伴うある程度の新規感染の増加は避けられないから、その前には入念な準備と備えが必要である。世界的な大行事で、コロナ禍の中、世界中から注目され、中止か開催か、どちらにしても難しい舵取りを迫られる日本としては国家的に威信をかけて決定を迫られる時期だった。

新規感染者数の推移

人流量と感染のリスクに明瞭な相関関係があるのは、専門家でなくても、一般常識で理解できる事である。

新規感染者数を示すデーターは色々なソースがあるが、ネットで見るときにはNHKのデーターが読み易い。

資料集の政府発表コロナ新規感染者数を示すグラフによれば、2020年の年末から年始の人の動きのピークに約２週間遅れて、第三波の新規感染のピークが訪れ、それ以降明瞭な減少傾向を示していた。

当時潜伏期間は良く解っていなく１～３週間までくらいの間みたいな予想が専門家から言われていた。

２月15日の作成コーナー開催の初日から約２週間遅れて、３月初めから増加に転じて、第４波の過去最大の新規感染のピークに向かう。作成コーナーが終了してから約２週間後にピークを示して、その後急激に減少している。

３月初めまでには、少数の一部の地域にしか発令されていなかった緊急事態宣言、蔓延防止重点措置の発令地域が激増、４月には約100の地方都市に蔓延防止重点措置が発令される、全国的な感染拡大となった。(資料集参照)

第四波感染急拡大の長期間化と
その原因を専門家は説明できていない

結局、申告期間を２か月間に延長する事で、感染拡大期間が延長し、混雑を薄めて感染を減少させる期待と反対の結果となったが、それは当然の事である。

コロナは専門家も良く解っていない妖怪の様なもので、学者も常識のある普通の大人の見立てもその段階では大同小異だと思っていた。コロナ感染が人流量と密接な相関関係がある事は何も専門の学者でなくとも想像できるし、それだけが確定した、確実な感染者数の増減との因果関係だ。マスコミ、雑誌、ネットなどでコロナ情報に注目していたが、第四波感染拡大についての専門家の意味のあるコメントに遭遇したことは無く、2021年９月発売の文芸春秋に、コロナの世界のトップ級の５人の専門家が色々コメントしているが、難解な専門用語を使って現状を講釈するが、要約すれば専門家も全く解らない妖怪みたいなもので、今後どのように変化するか予想もつかないと言っている。第４波の感染拡大について、確定申告行事との関係を示唆した専門家はいなかった。単純に大阪梅田の人の往来が、通常よりも三十％くらい多い日があったと云うデーターがあったみたいな、子葉末節なコメントをしている専門家もいた。多分、皆さん確定申告をしたことが無いか、そのようなイベントに対するアンテナを持っていなかったのだとおもう。

コロナ騒動から学ぶ

国内、海外からの騒がしい批判、非難の中で、日本政府はCOVID19パンデミック騒動を比較的上手く乗り切ってきたと思うが、日本が内在する、問題点をあぶり出す効果も発揮した。私は偶然からコロナ騒動に深く関りを持って経験、その経験は現在日本が直面している経済、工学、医療、生活苦等の問題と共通する日本の文化とも呼べる『妖怪ジャパン』の存在が原因である事を明確に示した。
コロナ騒動を奇貨として露出した現代の日本が抱える幾つかの問題について考え、以下の5項目を取り上げてみました。

1．過去の経験と今回のコロナ騒動から学べる事
2．感染拡大の経過とその原因の特定
3．行政の活動の不手際と、そのようになる潜在的な原因
4．マスク設計、予防対策に対する流体工学的視点と粉体工学的視点の導入
5．若しかしたら、私は日本で最初のコロナ感染者だったかも知れない

過去の経験、コロナを正しく理解するために

人類の歴史は**病気と言う名前の妖怪……悪漢妖怪と呼ぼう……と免疫と呼ばれる妖怪……正義妖怪と呼ぼう……の戦いの歴史**である。大多数の人が病気と呼ばれる、悪漢妖怪との戦いに敗れて亡くなった。

天寿を全うしたのは、極めて少数であり、飢饉、戦争などの一時的な大量死も、病気と言う悪漢妖怪が原因で亡くなった数に比較すれば取るに足らない小さな数値である。

科学、医学が進み、現代の学問で推測すれば、多分、数千年前の人類も、現代の人類も天寿はホボ同じだと考えられるが、数千年前の平均寿命は20代で現代の先進国における平均寿命は80代であり、それは科学、医学の進歩のお陰である。

動物の体内には**免疫と呼ばれる正義妖怪**を持っており、体内では常時、悪漢妖怪と正義妖怪の戦いが行われており、悪漢妖怪が勝つと病気になり、進行して死に至る。

科学、医学が進歩して、あらゆるものに名前が付いて、如何にもすべての事が解明されているかのように語られている現代でも免疫のメカニズムは、殆どの事は不明で、依然として妖怪なのだ。

古い世代の人は、次の世代の人が妖怪との戦いを有利に進められように、考え工夫して獲得した知識を次の世代の人に伝達する責務を負っていると思う。

我々は、COVID19と呼ばれる、パンデミックに遭遇、そこから得られた知識……成功も失敗も有意義な知識を……、を正しく後世に伝えなければならない。

過去の科学的な経験：天然痘

ウイルスを病原とし、数十％の高い死亡率を示す妖怪の天然痘は18世紀末のジェンナーの種痘法の発見後、半世紀以上の時間を掛けて日本でも普及し始め、現在、日本では撲滅に成功し、妖怪から管理可能、予防可能な病気となった。ジェンナーは乳しぼりの女が天然痘に罹患しないとの、農民の言い伝えをヒントに、色々試して……種痘にたどり着き、人類で初めて妖怪ウイルスとの戦いで勝利した科学者となった。**“森を見て、そこからヒントを得て、木を育てた”**。

日本で種痘が幅広く普及を始めた同時期に、脚気は高い死亡率を示す妖怪だった。

19世紀初頭に勃発した日露戦争で多くの日本の陸軍軍人が脚気の為に亡くなり、脚気は妖怪だった。

明治37年２月に日露戦争が勃発, １年半の間熱い戦闘が行われたが、同時に医学の分野では脚気と言う妖怪と戦っていた。東京帝国大学系の陸軍軍医総監の森鴎外を頂点に、白米食を陸軍の常食として制度化していた事が陸軍での大量の脚気を直接、間接の原因とする戦病死の原因となった。

他方、海軍では英国での経験から、コメに麦を混ぜたものを主食にする事で、当時の国民病だった脚気を劇的に減少させていた。森鴎外を頂点とする東大閥の専門家は、**脚気の原因は病原菌が原因だと主張**、膨大な数の兵隊が脚気の傷病兵となり、死亡者数も多く、当時の人口比で考えれば、令和のコロナによる若者の死者数の何十倍もの数値だったと推測されるが、陸軍において白米が脚気の原因として、麦飯に変更されるのは、**海軍に遅れる事30年であったと言われている**。

約1.5年の戦争期間中に約100万人の動員数の中で２～３割が脚気になり、**３万弱の兵士が病死しており、多分、過半数は脚気が直接、又は間接的な原因だと推測される**。

COVID19関連の死者数は、2021年10月時点で２万人弱、殆どは高齢者であり、その中の現役軍人に相当する年齢層の人は数％程度と推測され、当時の人口は現在の約1/3であり、３万人の軍人の病死は現代の若者の人口に対する負担に換算すれば**コロナ死者と比較して数十倍から100倍かも知れない**。

日露戦争の約10年前の日清戦争の時にも、日露戦争の時と同様に脚気は大問題で、その延長での日露戦争だったが、同じことの繰り返しであった。

鈴木梅太郎のビタミンＢ1の抽出成功は日露戦争の５年後であり、その後ビタミンＢ1の不足が原因している事は常識となり、脚気は妖怪ではなく、医学、栄養学の分野の知識として確立され、教科書にも掲載されるようになった。

東京帝国大学を頂点として、ドイツ医学の影響から、全ての病気の原因は病原菌であるとの思い込みから、多視点で自然観察を行い、“森を見る事を失念”一旦自説を公表すると、それを守るために意固地になる。妖怪に対するには、専門家も、専門外も関係ない、相手は妖怪で……人類は何も分かっていないのだから。

日本におけるCOVID19パンデミックの感染拡大の経過とその原因の特定

本書を執筆時点の2021年10月末までに、日本では以下に示す五回の感染急拡大を経験しており、2022年１月現在、第六波の感染急拡大が発生中であり、医療崩壊、経済活動への影響との関係から最も重大な国家的な問題である。

日本への最初のコロナウイルスの持ち込みは、一人又は少数の人により行われ、その後ウイルス保菌者の移動により全国に拡散した事は、小学生レベルの知識で容易に解説できる事であり、専門的な知識を必要としない。

何らかの大きな人流を伴う行事が起こると、それを起点として感染の急拡大が発生し、数字的に患者数が多くなるのみならず、その感染範囲も広がるので、その次の感染急拡大の時には感染者数が前回の感染急拡大の時よりも更に感染者数が多くなり、その繰り返しで、第五波感染急拡大まで来た。

2021年４月に特定の人に対するワクチン接種が始まり、夏に入って一般の高齢者にも接種が拡大したワクチンの効果の見極めは未だ出来ていない。

先述のように私は、2021年１月の時点で第四波感染急拡大を予想して、それを阻止するための対策を提案する文書を、関係者に郵送したが……提案により対策が打たれたのか、否かは不明だが……原因となると指摘した事は一部変更されたが、その変更はピント外れで、……

結局第四波の感染急拡大の期間を延長しただけで、マイナスの効果しか示さなかった。
第四波の感染急拡大の原因は、恒例の確定申告に伴う人流の増加を原因とする事は明確である。
感染症の場合、現象が確率論的にしか量を推定できなく……数値的に明快に量的な因果関係を証明する事が不可能である。
ウイルスを病原とするコロナでこの様な明瞭な、確定申告に伴う人流量の増加と、ウイルスへの感染から発症までのタイムラグの関係を示すような相関を示すような実験はコロナが、現代の大事件で、マスコミが大きく取り上げ、政府発表のデーターが容易に手に入る事で成功した、ネット社会のお陰である。
第四波の例から、第一波は前年の確定申告が原因である事が自明なこととなる。
第一波の場合は恒例通りに、申告期間が１か月と短く、日本へのコロナが侵入初期であり、感染域が狭かったので、ピークの感染者数が少なかったが、全く第四波と同様に確定申告に伴う人流量の増加が原因であると、自信を持って推定できる。

行政の活動の不手際と、そのようになる潜在的な原因

合同開催会場への交通費が掛かり、動線が長くなる

今までは近くの税務署で申告できたが、合同開催会場へ行くためには動線が非常に長くなる。
平均で大まかに動線が数倍長くなり、今まで徒歩で行くか、車で数分の距離で行けた所に、バス、電車を乗り換えての往復。車で行く場合には、駐車料金も掛かる。
例えば、神戸の税務署の管轄に入る三田市の場合、今までなら徒歩、自転車で行けた人でも、自宅－駅はバス、駅一尼崎はJRで乗り換え、尼崎－三宮はJR電車、三宮－会場の産業貿易センターはモノレールと５回も乗り換えなければならない。
待ち時間も含めて片道1.5時間以上、費用もバカにならなく、多分往復で２千円近い金額。
この様な事に全く気づきの無いのは困りものだ。動線が10倍以上長くなり、感染のリスクは10倍以上、上昇する。
単に役所の恒例の行事に関係する、少人数の負担を少なくする為に考えた、単視的で、自己中心的、反社会的なアイデイアはどのような経過で出現し、どの様に計画されたのか推定するのは、日本の官僚機構の文化を読み解く興味ある、有益な素材になる。

アイデイアの出所

合同開催には神戸の五税務署が関係し、その上に大阪国税局が存在する。
日本の官僚文化の中で、一般職員からの提案で恒例の行事が変更され事は先ず起こらないだろうから、役職者が提案、組織で話し合って決定したものと推測される。
現役の時に国税OBで会社の経理部長をしていた中村さんから、約500ある日本の税務署の署長は皆20代後半であると聞いた事がある。20代後半の人の社会的経験量はおおよそ推測できる。大学卒までは学校、塾と勉強漬けの人生で活字と格闘、……無数の因子が複雑に関係する社会の事についての知識が豊富である筈はない。
大阪国税局の局長小原氏は29歳で税務署長となり……民間なら見習いに毛の生えたような経験と年齢である……昇進して55歳で国税局長となり、各地を転々として、2020年から大阪国税局長となった、小原氏がアイデイアの出所かも知れない。
合同開催を決定するに際して、多くの人が集合する会場の手配の都合もあり、多分、相当前から、数十人の国税の幹部級の人が関与していたものと推測される。幹部級の人は合同開催に賛成、又は異議を唱えることなしに、その数十倍、数百人の税務署職員も、決定に従ったことであり、何故そのように事が運ばれたのだろうか。

◆コロナ禍での合同開催が及ぼす問題、訪問者の時間と交通費の負担について考えなかったのか？
◆誰も、異議を唱える人がいなかったのか？
◆反対する人がいたが多数決で、合同開催する事にしたのか？
◆合同開催決定までに、既に根回しがあって……アイデイアを出した人が根回し……反対できる雰囲気が無かったのか？
◆数百人の税務署職員は、誰もそれは“マズイ”と感じなかったのか、……反対と意見具申など出来ない組織文化の中で仕事をしているのか？

連日テレビ、新聞で大騒ぎしている様子を見れば、合同開催がどの様な影響を与えるか、関連付けて考えると思うが決まりに従って、それ以外は考えない事を習慣とする人生を永くすると、……仕方が無いのかもしれない。

民間で、常に顧客に忖度して、反省の繰り返し、私企業で誠実に人生をしてきた私には想像も出来ないくらいの、面白くない、達成感の無い人生のように思う。

私の頭は1/3くらいスウェーデンから影響を受けているが、スウェーデンではこのような事は絶対に起こらないと思う。

若し、このような事が起こるとすると、それは誰かが、コロナの感染拡大の実験材料として実行しようと提案、関係者が賛成して、理由を公開の場で説明して、危険を承知で実行するかもしれない。彼らは人間には甘いかもしれないが、妖怪の様な解らないものに対しては甘くないのだ。

議論が出来るか

ボス的な人が出したアイデイアでも、多人数が関係しているから、誰か問題を指摘する人がいる筈だと思うが、全員が保身の為に自己忖度して、質問、疑問、反論をしなければ、それは実行される事になるだろう。

一旦実行と決まれば、異論、異端は許されなく、決定されるまでのプロセスが重要だ。

ボス的な人がその様なアイデイアを出すくらいだから、他の人も同程度で、全く疑問を感じていなかったのかもしれない。

若し、組織文化として、ボスの提案に疑問を示す事が出来ないのであれば、その組織は死んでいるも同然で、**多くの人が不幸な公務員人生を送っている事になり、組織の存在は社会に負の貢献をしながら、多くの部下に不幸な、達成感の無い人生を送る事を強要する。**

テレビ、新聞、その他でコロナの問題が世間の大問題になっている中で、コロナ感染と関係づけて考える人がいなかったとは想像しがたい。非常に幼稚で、小学校低学年くらいの人ならば、コロナとの関係を連想する事はしないと思うが、永年大人として生きて、普通に社会に忖度して生きてきたら、気が付くはずだ。常に高い位置からしか物を見なくて、反省などしたことが無くて、大陸国家の皇帝の様に傲慢に生きてきた人なら在りかも知れない。

人流量の予測と感染症専門家の視点

人流量の予測は、コロナの専門領域とは全く関係のない、庶民感覚のアンテナで充分である。確定申告では全国規模で約一千万人が確定申告書作成コーナーを訪れると予想されている。

ネット申告も可能だが、システムがお粗末で使い難く、ネットを利用する人は非常に少ない。

加えて、ふるさと納税制度が普及し始め、その為にサラリーマンでも、確定申告が必要とされるために、結果的に確定申告作成コーナーを訪れる人の数は、減少することなく、正確な数字は、不明だが、１千万人規模であると言われている。

感染症の専門家が、確定申告に伴う人流の増加を危険と事前に察知できなかったのか。

専門家は専門の事については高いアンテナを上げているが、……一般に、“専門バカ“と言う諺があるように、広く社会の雑事に関心を持って生きている人は少なく……そのような人は専門家になれない……。確定申告について無知だったかもしれない。年収２千万円を超える高額な給料を貰っているか、定年後に天下って複数の所から給料を貰っている元高級官僚は確定申告が義務付けられているが、そのような高収入の感染症専門家は存在しなかったのかもしれない。

専門家で、医師の方も多くて、多分高額所得者だと考えられるが、多くのそのような方は自分で申告作業を行わないで、税理士などに任せているので、雑事に関心もないし、煩わされる事も無いのかもしれない。

結局、専門家のアンテナに引っ掛からなくて、確定申告の合同開催は決定される事となり、私の１月21日の提案書となった。マスコミに露出した多くの研究者、教授の方々は目の前に現れるデーター、加工された情報、顕微鏡など狭い専門範囲のアンテナで収集した情報をもとに“木だけ見て、森を見ずに”見解を述べられたと思う。

何れにしても、一千万人規模の人間が確定申告に伴い、全国で集合する事を専門家に訴えれば、疑いなくその行動を阻止する提案をしただろうと思う。人間は過去に受けた災難から学び、それを知識として活用する事で、被害を少なくする事が出来る。災難の出発原因は人災、天災と妖怪災の三つに分類すると解り易い。

人災は人が出発原因で、人に起因する戦争、飛行機事故、自動車事故等であり、**天災は台風、異常気象、少雨、多雨等**である。妖怪は、コロナの様に専門家と云われる人で、それを専門に研究している人でも……解っていると言えるほどの知識を持っていない、“何か”が出発原因である災難である。

数千年前からあった、ウイルスを病原体とする天然痘は、コロナとは比較にならないくらい高い死亡率を示す疫病で、18世紀末にジェンナーが種痘法を発見するまでは、人間にとっては、全く太刀打ちできない妖怪だった。

誰も詳細が解らない妖怪については素人も、玄人＝専門家もなく皆同じだ、誰も解らないのだから。

地震の場合と同じ、次に備えてその因果関係を明確に理解し、次に備えなければならない

感染を避けるための、最も重要な要素は“三密”を避ける事であり、それは人流量の多寡と直結している。

要は、既感染者と未感染者の間での近距離での感染が問題であり、それは確率の問題だ。

変異株、等の話は……変異が死亡率を数十倍も高めてエボラの様になれば別だが……無視できるくらいの事だ。

結局、関係する専門家の常識的な知識不足が、専門的な知識の活用を有効に機能させなかった。

マスクの設計

2021年の春、不織布のマスクを着用すると呼吸がし辛く、老眼鏡が曇り不愉快で、スーパー、薬局、100円ショップで良いマスクを探したが、都合の良い物が見つからない。

多くのマスクを眺めているうちに、マスクの設計がピント外れであり……単に過去からの伝承を下に作られ、マスク業界の人は過去のマスク形状にマインド・コントロールを受けていると思った。

私は流体工学と粉体工学を知っている

特許庁のサイトにアクセスして、マスクに関する特許公報をたくさん読み、それらが、その業界に長くいる人が陥り易い、狭い視野で考え、些末な事ばかりを問題として扱っていると感じた。

コロナウイルスは非常に小さく、その挙動を理解し、対策として有効なマスク設計に繋げるためには、流体力学が示す概念が理解できていなければならない。

流体力学は機械系の専門家が扱う分野の学問で、飛行機、内燃機関、ミクロからナノの微粒子の挙動について理解する事を専門とする。因みに、卒論に当たる、私の大学の卒業設計は航空機用水平対向エンジンの設計で、簡略化したがそれでも図面枚数が20枚近くになった。私は、住友に入社して粉末合金事業部に配属されたが、超硬合金は金属、非金属の粉末を焼結する事で目的の超硬質の“焼き物”を製造する事であり、微小粉末の挙動についての知識は豊富だ。

無数とも呼びたくなるほど、多くのマスクに関する特許、実用新案、商標が登録されているが、最も重要な流体中に於けるウイルスの流体力学的な挙動に留意した物には遭遇しなかった。全部読破する事は出来ないし、意味が無いので……全部調べれば、どこかにあるのかもしれないが。

— マスクの網目の細かさは意味を成さないのは明らかだ、何故なら**蚊よけの網戸でバイキンの侵入を阻止**しようとするのと、同様ウイルスの侵入を効果的に防止できる、一般用の衛生マスク生地など存在しないからだ。

— マスクの着用感が良くないと、不正着用、着用忌避感が高くなり、着用者が多くならない。着用者が多く無ければ効果は大きく減殺され、**着用感と着用効果の妥協を如何に計るかがが問題**だが、総合的な視点で着目したものがない。

— 流体力学的な基礎知識、気体中に浮遊する極小粉体と終速度のストークスの法則が示唆す概念を基礎に、空気の流れを予想し、それをマスク設計の根本に置くような思想が全くない。
　最低でもN95以上の濾過性能を示す生地を使用しないで、安価な布、不織布、ポリエステルをマスクの生地とするマスクでは、流体力学的な概念を持たないでマスク設計をしなければ、役に立つ様なマスクの設計はできない。
　問題の性質上、デジタルに空気の動きを数値化して計算する事は不可能で、ストークスの法則はかなり複雑、難しい方程式は元々気体の動きを数値化する事を目的としていないが、気体の挙動、動きについて非常に有益な示唆を与える。

— マスクの着用効果を感染者と非感染者に分けて、呼気、吸気との関係で分析して考えた形跡が全くない。

— 感染者＝保ウイルス者と非感染者を完全に区別して、その効果を考える視点が欠けている。

— フェースマスクは随分昔から、多分、関東大震災、第二次世界大戦の頃から、市場に有り、種々雑多な形状の物が存在してきたので、どの様な設計の物を特許申請しても登録される可能性は全くないと判断される。

— 発明協会傘下の専門家、民間の弁理士の方とも話し合い、合意したのは、思想は良いが、既に無数の形状のマスクが市場に有り、どの様な形で出願しても、登録されることは無いだろう。登録されなければ、取り下げられた青色発光ダイオードの発明者中村博士の出願特許の様に無価値になる。

それでも、100時間以上かけて数百ページの特許公報をチェックして正面から取り組んでみた。

マスク設計に関係している……多分機械系の技術的視点を持たない……人々に影響を与えるために、記念特許として出願した。(資料集参照)

過去に無数の衛生マスクの特許、実用新案が出願されており、登録される筈は無いと思っていたが、理研のスパコン富岳が行った、呼気の顔面とマスクの隙間から漏れ出す状況を示すシュミレーション動画がアシストしてくれて登録特許になったが、それは望外の事だった。

登録された特許から金儲けをする事は二次的な問題で、筆者の特許＝アイデイアが衛生マスクに関係する専門家に刺激を与える事で、マスクの設計改良に繋がりマスクの感染抑止効果が上がる事を願っている。

私は日本で最初のコロナ感染者だったかも知れない

自分史第九章に既述したように、2019年11月に未踏峰の梅里雪山を眺めるために中国雲南省、海抜4500mの徳次を目指して高地順化の為に海抜3000mに近い麗江のホテルに滞在していた。

麗江に来る前に昆明、大理と高度を上げてきたが、少し熱っぽく風邪症状が出て来た。

高山病は風邪症状と同じだと聞いている。数日しても症状は治まらない。

同行した妻は全く問題ないが、長女は私と同じ風邪症状。

結局、計画を断念して、11月26日に昆明経由で、大阪に帰ってきた。数日して、風邪症状は完全に無くなった。

それから1月の中頃に1週間の予定で北海道へスキーに行き、1月26日の帰りの飛行機の中で初めてコロナの存在がマスコミを通じて報じられ、コロナ騒動が始まった。

武漢を起源とするコロナは、雲南省に生息するコーモリを宿主にするとして、雲南省の名前が有名となり、麗江での風邪症状は若しかしたらコロナ感染だったのかもしれない……若しかしたら私は日本人で最初のコロナ感染者かもしれないと感じている。

スウェーデンならどうなる

日本の官僚機構のトップ集団である税務官僚の仕事ぶりを検証する事は、現在の日本の官僚の問題解決能力を推定して、問題点を明らかにするために必要である。

偶然から、私はコロナ禍の中で開催を計画された確定申告作成コーナーの合同開催に絡み、税務署に計画の変更を提案する事になった。後日、私の提案が当たっていて事は明らかになったが、その事はさして重要な事では無いが、そのような提案を受けた税務署、及び他の要路の方々の対応は、日本の官僚組織の問題点をあぶり出す。

民間の感覚では、問題の重要度に応じて、迅速に効果的な対応を図るが、日本の官僚機構では、多分、それが出来ない。

スウェーデンでは、民間と官僚の間の垣根が非常に低く、人が頻繁に行き来し、お互いに人材の獲得競争をするするので、官と民との間の考え方、行動パターンが同じで国益優先で議論できる土壌があり、日本とは非常に異なる。

コロナの初期の段階に、**日本では肩書のある専門家が“身も蓋もない”様な、コロナについては全く解りません、今の所どの様にしたら良いのか全く分かりません、と言うような、率直な話が出来ない**。

スウェーデンではそれが出来るし、それが出来ないとスウェーデンでは専門家としては生きて行けない。

日本では、自信のない専門家が、よくやる事で、二次的、三次的な些末な事を、カタカナ交じりの専門用語を使って説明して、素人に如何にも知っているかのような中身のない説明をする事で、混乱させる。

多分、これは日本の文化と言うか、教育の為だと思う。スウェーデンだったら、何が言いたいのと誰かが問いただすと思うが、日本のマスコミ、テレビではそうならない。
スウェーデンではコロナは専門家も分からない妖怪だと言う事を国民に理解させて、政府は妖怪に立ち向かっている。
事後に、単に揚げ足取りみたいに非難するような卑怯な事は出来ない様な仕組みが出来上がっている。
スウェーデンの様に、自国は最も良い国であると自負している人の多い国だから出来るのだろう。

日本の教育

日本の憲法解釈の変更は日本にだけ存在する特異現象で、多分世界的に非常に珍しい事だ。
自国の意志で憲法を作った場合には、その解釈は憲法を制定する時点で国民の言葉で十分議論されるから、後日その解釈について異論が出る余地は少ない。
日本のように英語の原文をGHQから与えられそれが日本語に翻訳されて制定された憲法に於いては、憲法の思想の問題でなく字句解釈の問題として、学校の授業の様に活字型学者が議論する事になる。

人種差別

一言で良い、義務教育のどこかで、日本が国際連盟に人種差別反対の決議案を提案したが、米国が主導する、西欧の植民地を持っている国々の反対で否決されたと教えるべきであると思うが、図書館で中学校と高校の歴史の教科書を苦労して拝見する機会を得て数十冊の、教科書、参考書をチェックしたが、ほんの数冊に、その事が簡単に記載されていたが、殆どの物には記載がなかった。何故そのような事が起こるのか不思議で仕方がない。

西欧、中国の場合

西欧では真理の探究、中国では問題が解決すればそれで良しで、それ以上は問題にならない。日本は先ず文字を中国から輸入、その後先進的な考えを中国から学んできた。
中国では秦の始皇帝以前の春秋、戦国時代の諸子百家と呼ばれる、思想的に自由な時代に孔子を筆頭に無数の思想家が出現多様な思想を展開していた。人間、自然、生き方、善悪……について無数の著作が成され、それらは筆写されて社会に流布して行った。論語、孟子、老子、その他の古典と呼ばれる無数の教科書が社会に散乱、秦の始皇帝を批判、評論する者が出現、始皇帝は思想統制の必要性を感じる。
秦の始皇帝は『焚書坑儒』を行って強烈な思想統制を図ったと言われているが、多分その様な思想統制を行った世界の歴史で最初の皇帝、王様だった。
『焚書』とは、古典書を焼却する事、『坑儒』とは、儒教などの講義をする『儒者』を穴埋めにして殺すことを意味する。その後の中国の歴史で、古代の様に思想的自由の時代の再来は無く、教科書として利用されるのは、古代の孔子の教えを纏めたとされる論語に代表される、大昔の著作で、それは21世紀になっても、ホボ、同様である。
インドから伝来した仏教は、タリム盆地生まれの鳩摩羅什により５世紀に中国語に翻訳され、日本に６世紀末頃に到着、日本は仏教を国教とする事になる。
１つの言葉から他の言語に翻訳するのは大変な事で、日本に渡った経典は梵語から漢語を経て日本語に翻訳されているから、どの程度正確に翻訳されているかは不明だ。
多分正確な情報伝達など出来ない。特に宗教の様に背景に文化の違いがあり、単純に言葉の問題だけではない。

遠い昔の事だから真偽の程は不明だが、鳩摩羅什の翻訳は解り易く、中国語で読んだ場合に音律が良いので急速に漢民族の間に広まったと、何かの歴史書に書かれていたのを記憶する。

美男で、綺麗な声で読経する親鸞……現代の美形の若いアイドル歌手の様に……が急速に信者を増やし、織田信長を恐れさせた事を想起させる。

明治の開国まで、日本の教科書は中国の古典と仏典だった

日本の最高の教育は永らく中国語、中国の古典、仏典を学ぶことだった。

中国語の会話を日本で習得する事は不可能で、全て文字で暗記して習う事が日本では学問とされ、西欧の様に自然観察から、自然法則を解読する、科学的な思想は……正統的な学問としては成長しなかった。

論語読みの論語知らずと、**記憶だけで、内容を咀嚼していない『活字学者』と揶揄する歴史的原点はそこにある**。

開国で激変

学ぶ根源は書いたもので……昔の人が書いた、マニュアル、教科書があるべきとの前提で文化が形成されてきた。

江戸時代末期に開国して、思想と知識の導入先は中国から西欧に変更されたが、教育の形態は依然として教科書重視で……教える内容＝教科書を海外に求め、西欧で出来上がった結果だけに注目して教えるスタイルを維持した。

個人としての日本人は好奇心にあふれ、有能な人もいたが、それは少数に留まった。

世界史の中で先進国と見做されている西欧、アラブ地方は一神教国家であり……歴史的な変化の中で現在の姿になったが、共通のルーツを持っている。宗教国家では未知の問題に遭遇した時に解答を経典の中に求め……経典＝教科書……個人が自然観察から発見した自然の法則を否定する。

モーゼに端を発するユダヤ教のトーラ、キリスト教の聖書、イスラム教のコーランは一神教の宗教国家の場合には結論をトーラ、聖書、コーラン等の経典に求め、経典の解釈が学者の仕事だった。

万能の神は経典の何処かに解答を書いている筈だと経典の文字解釈を試みる。

その様な中で、ガリレオ、ケプラーが出現して天体の動きを観察、その結果から天動説を否定して地動説を唱え……その延長で西欧にルネサンス、産業革命に繋がり現在に至っている。

西欧では混乱の時代を経て、観察する事、考える事の重要性を学び、経典＝活字＝教科書から学べる事が限定的である事を理解し、自然を観察して観察結果から推理して自然の仕組みを理解する自然科学が学問となり、その延長に現在がある。書物として書かれている事は過去の事であり、それを基礎に何か新しい事を発見、推理する事が教育の目的であり、書物を暗記、解答を暗記する事でなくてそれを利用する事が教育である事を無意識のうちに理解しているのだと思う。

日本では、**宗教国家の様に、経典＝教科書、問題集に書かれている解答を暗記する事を**求める。

日本の受験のプロは、考えているようでは受からない、考えないで本能的に手が動かなければと……。

日本で受験教育に携わり、高い東京大学合格率を誇る受験塾の著名講師が、合格するためには考えている様でダメ、時間が掛かってお話にならない……本能的に、動物的に直ぐに手が動く様に、解答を記憶しなければいけないと檄を飛ばす。筆者の女性のマージャン友達は、その様な塾経営で、並のサラリーマンの10倍近い年収を稼いでいたと、自身の40〜60代の頃を話される。

彼女は筆者とホボ同年代だから、現在定年を数年後に控えている、高級官僚の多くはその様な日本の教育環境の中で生きる事で……常識のない、考える事を放棄した高学歴者が養成されたのだと思う。

東京大学とスタンフォード大学

知人に高学歴を感じさせない人がおり、スタンフォード大学の出身と聞いている。

米英の著名大学卒の人は何人も知っているが、スタンフォード大学は最近米国でも急伸、世界の大学ランキングトップ３の常連である。東京大学は例年30番前後で推移しているから、生徒数30人のクラスに例えれば、スタンフォードはトップ近辺、東京大学はビリである。

興味を持ってスタンフォードの入試について調べてみると、入試は高等学校までの内申書と入試試験で決定される。

会話、筆記＝小論文、数学と面接だけだと言う。最も重要な事は面接官が将来の成長の可能性を持っているか否かの判断によると言う。日本の江戸時代の読み、書き、ソロバンである。

偏差値教育の日本

日本では偏差値と呼ばれる、受験目的教育で卒業後の志望先決定と言う困難な仕事を偏差値に任せる事で、教師、学校が面倒くさい仕事から解放されている。生徒間には体力的な強弱、大小に加え、体力的なバラツキに数百倍も大きな精神的なバラツキがあり、彼らが将来どのように進化するかは全くの未知数だ。

高偏差値を目指した教育は順位付けされるので、強烈に競争心を煽り……生徒は疲弊し、大学を卒業する頃には多くの若者は、自然に育てば若者が持つ感激、好奇心、疑問、探求心等に稀薄な反応を示す。因みに、生徒の能力を図るために偏差値を活用しているのは……筆者の知る限り……世界中で日本だけである。

想像するに、東京大学入学者の中で、かなりの人がスタンフォードの入試の場合には落とされていたと推察する。

筆者の実感では、東大卒の人は高率で日常会話がスムースでなく下手な人が極めて多いと感じている。

日本人は政治よりも、政局に興味がある。

日本では、マスコミも、個人も日本の教育効果で政治、政策の内容についての議論が極めて少ないか、ゼロに近い。

内容を問題にすると話が長くなり……面倒くさい議論が避けられなく、忌避される。

マスコミでは結論だけ手短に学者に語らせて、体裁を整える。

多くのスウェーデン人は家庭経営の様に、国家経営についてもかなり具体的な意見を持っているから、マスコミは日本の様に怠惰では済まない。

日本では政治よりも、政局……誰が当選するか、誰が総理になるか、誰が大臣になるかと、スポーツの**勝負の様に政局に結論を予想する事により興味を示し、マスコミもそれを大きな話題にする。個人と政治の関係の知識がないので、関心が薄いが、それは多分、日本の受験目標型教育が作り出した。**

死刑廃止か否か

第２部、第７章、既述の死刑廃止制度については、国連決議から約30年経過しても、真剣に考える兆しが見えない。これ等は日本の教育が作り出した、現代日本人の性格が作ったのだろうと思う。

大きな予算を必要とする公共工事の様に、予算執行に伴う受益が見込める、政治家、業者が積極的に活動するから俎上に上がり決定される。死刑廃止に頑張っても余禄が期待できない事が明白だから無視する。

死刑廃止の様に、制度改正のみで、裁判官、死刑を執行する刑務官の心の負担を軽減、、誤審から死刑判決を受けた可能性のある人への死刑執行の可能性を排除するために、死刑廃止の法改正をする様な思想は日本では発生しない。

死刑廃止を政党として提案しても、票にはならないが、敢えてそれに反対する政党も無いと思うから、官僚＝法務官僚が動いても良いようなものだが、その様にはならない。

私は、個人的には既述の様に、判事の起こす犯罪の多発と、過酷な生活を知り、多くの判事が職業のミスマッチを感じているだろうと推測、気の毒に思っている。

一人当たり１千二万円の借金

日本の国と地方政府の発行した公的債務と呼ばれる、公債発行残高が2023年に約1,500兆円に積み上がり、2021～2022のコロナ禍の中での景気刺激策として、更なる積み上げを余儀なくされた結果だ。

大まかに国民一人当たり１千二百万円になる。

公債の巨大発行残高は経済学専門家の格好の話題で、日本の経済規模では問題ないとする識者、問題だとする識者入り混じっている。明らかに、国民がこの問題に注目しない様に、この問題から遠ざかるように意図して書かれたような記事も目にする。

借金は借金で、何時かは返さなければいけなく、それは社会の、世界共通の最も単純なルールだ。

何処まで、公債発行残高を積み上げる積りだろうか？　返せる当ては有るのか？　返す気はあるのか？

戦費を賄うために戦前に発行された公債残高は、最終的にGNP比……当時はGNP比で表示、現在はGDP比で表示するが戦前の海外での経済活動は些少で、GNPとGDPを同じものとして扱う……約2.5倍となった。

戦後に暴落、紙くずとなった。現在の公債発行残高は限りなく、戦前の数値を超して、GDP比3.0を間もなく超すだろう。2023年の最新の予想では借金は1,500兆円となり, GDPは560兆円でその比は2.7倍に上昇している。

GDPは560兆円と上昇しているが、日本の場合……既に頻繁に指摘している様に……無駄使いで『穴掘り、埋め戻し』が多いために、GDPの数値のかなりの部分は国民の経済的幸福向上の為に使われている訳ではない。

“茹で蛙”金融用語

金融関係者が使う用語で“茹で蛙”と呼ばれる現象がある。

金融市場＝バクチ場では、チャートと呼ばれる相場の上昇、下降を時系列的に示すグラフを見ながら売買のタイミングを考えている。チャートには時系列を、分単位から、時間、日、週、月、年単位まで多種のものが使われ、チャートは扱う物によって変わるが、通常、複数のチャートを見ながら売買のタイミングを決定する。

昔は印刷された本や、パンフレットが使われたが、今は全てネットでPCの画面を見ながら行う。例えば、保有している通貨が、下落傾向を示しだして、損失が増えて行く,……が、上昇に転換する事を期待する気持ちが有り、……損失が少ないうちに売る、損きりが出来ない。

期待とは裏腹に、下落傾向が継続……結局巨大な損失となり、再起不能となる。

非常に寒い冬の日に蛙は水の入った鍋に入れられ、下からゆっくりと鍋を加熱すると、先ず適当に暖かくなり、快適な湯温になり、更に温度が上昇するが出られない、脱出する決心が出来ないでいる。我慢の限界まで待って脱出するが、同時に死んでしまう。 これが、相場の世界で言われる“茹で蛙”である。

相場の世界も、タイムスパンの長い社会的現象も同じだ。先読みをして、それが良い事であると判断されたら、即、実行する事だ、国民のストレス、不満を軽減できると、同時に時流に乗る事で、時代の先頭集団に残る事が出来るが、残念ながら多くの部門で日本は先導集団から、脱落して終った。

相場の世界

相場の世界は波乱を待っている。波乱が大きければ大きいほど、勝てる機会が多くなり、且、獲得できる金額も大きくなる。勿論、反対に負ければ、大損で再起不能になる。

大阪で有名な歴史的建造物“中の島公会堂”は明治の末に、相場師……現代用語で投資家……岩本栄之助が100万円……感覚的に現在の200億円くらい……を寄付した事で建設が始められた。建設に約7年掛かり、完成の2年前に岩本は巨額損失を被り享年39歳で自殺したと言われている。岩本が大損したと言う事は、確実に反対に大儲けした人がいる事を意味し、それが相場の世界だ。漫然と価格の上昇する事を期待できる物だけを買って、価格が上昇するのを待つのではなく、価格が下落するのも空売りしている人にとっては巨利を得る機会であり、相場は常に混乱……一流の参加者は大きな混乱を待っている。

私が50才の頃、私より一回り年上の米国籍、ハンガリー生まれのユダヤ人、ソロスが英国のポンド危機を煽って、イギリスポンドを空売りして、英国の政府を敗北に追い込み巨額の利益を獲得した歴史的な事件の経過を観察している。

日本の国債問題が暴発するときに、主に日本人の、多くの人は大損害を被り、極々少数の相場師に巨利をもたらす事になるだろうが、昔と違って、現代では全ての大きな変化にはインサイダー取引が関係する。

昔はインサイダー取引の取り締まりは意味を持ったが、現代では、実質的な意味を全く持たなく、インサイダー取引を禁止する法律は張子の虎も良い所だ。何時、問題が暴発しても良いような準備は既に出来上がっているだろう。

21世紀となり官僚は、相場に敏感に反応する無数の統計数値を公表前に知る立場におり、先回り売買で『濡れ手に粟』の利益獲得機会を持っている。

経済学の知識もあるから、国債問題が顕在化し始めて、円安が進行、インフレが加速し始めても、既に対応できるように準備をしている筈だ。

日本の国公債の積み上げはどの様に決着するのか

誰がこの事について、真剣に考えているのだろうか？ 真剣に考えている人はいるのだろうか？ 真剣に考えている人は確実にいる、それはソロスのような相場師＝バクチ打ちだ。

残念ながら、政権中枢、高級官僚はその様な危険物に手をつけたがらなくて、見て、見ぬふりをしている。
危険物に手をつければ、難解な議論に巻き込まれ、不利を被るだけで、何ら利益を得る事にならないし、それに追従する日本人は殆どいないのを承知している。
日本のような大きな経済規模を持った国が危機的な状態に陥ると、単純に国公債の価格変動だけでなく、他の無数の大きな相場の変動が玉突きで発生し、昔は、変化は緩慢にしか進行しなかったが、21世紀のネットを介しての取引となる情報化社会では、瞬時に反動が世界経済の種々な部門に影響を与える。
既述の、安倍首相の経済政策の指南役とマスコミで言われ、アトキンソン氏は米国の巨大金融企業ゴールドマンサックスに勤務、相場の世界で、……多分、自分は講釈するだけで、実際に自分の資金を危険にさらした経験が無い……学歴と職歴を武器にバブル景気崩壊後の低迷する日本経済の復興政策に影響を与えたと言われている。
事の真実は不明だが、若しそのような事が起こっていたとしたら、それは危険極まりない事で、21世紀においても日本の首相は西欧基準で考えれば……GHQのマッカーサーが議会証言で行った、日本人は精神年齢12歳の純真な少年だと……精神的に大人になれない無垢な汚れの無い低能児と言われても仕方がない。
相場の世界からは手を引いたと達観したとも書かれ、スウェーデンの様に利益の出ない中小企業には手を差し伸べないで潰すべきと主張しているような事も聞こえるが、それは彼の発案か、彼がスウェーデンの経済政策を知っていたからなのかは不明だが、日本人として、アトキンソン氏が重宝されると伝えられる日本が情けない。
最も周到に日本の国債問題の暴発に備えて準備しているのはアトキンソン氏かも知れないし、本人じゃなくても友人に影響を与えて、結果的に同じ事になっていても不思議はない。

なぜ、巨額の国公債発行が行われ、それが継続するのか

今まで、主に戦後の日本で起こった良い事、悪い事について検証して来たが、国債の問題は若し暴発すれば、未曽有の大惨事となる。それは先にも述べた様に、それを好機として巨利に結び付ける人もあり、それが現代だ。
例えば武井氏への400億円の金利付き還付の様に……本来マスコミで大きく取り上げられて社会が注目、最終的に社会常識が納得する様に決着するまでマスコミが監視すべきだと思うが、日本ではマスコミはその様に機能しなく、むしろ反対にそのように不正が、不条理が横行する社会に安住して、安眠をむさぼっているように見える。
日本の根本に受験を最も重要な目的とする教育の結果が、疑問、興味、探求心を持つ心を喪失させ、目に前に現れた状況に疑問を持つ感度が低下、自分から自発的に考える事を放棄しているのが原因だと思う。
戦後の教育の影響から、人を育てると言う教育本来の目的から外れて、教育＝教えて育てる、を忘れて、受験対策を最優先に、クイズに回答する事の訓練みたいな、考える事よりも、解答集にある答えを記憶、見つける訓練をする。
私は、住友で実務に就き、数年の経験を経て、既に誰かが回答を知っている事は実業の世界では価値が無く、誰も知らない事を見つける事に価値がある事を理解したが、それは簡単に出来る事でない。
ぼんやりとしたアイデイアが見つかったら時間を掛けて、練り上げ、考える力が全てで、クイズ番組の様に瞬時に答えを出す訓練は何の意味も持たない事を理解した。

教育、教える事の楽しさ

歴史の教科書は結果の羅列だけであり、会社の決算書を見ているようなもので、面白くな

く、何ら生きるための参考にならず、精々クイズに答えるときに役立つ程度の効果しかない。
自分で作った資料で教えると自信がつくし、反省する所も出て来るから、修正に、修正を重ね、その間に色々な資料を渉猟するから知識が積み重なって、全てが益々良くなる。
60代中頃、東京教育大学卒で高等学校の校長で退職、社会、歴史の専門で、その時には専門学校の講師をしていた中学校の同級生T君と一泊の旅行をした時に歴史の話をしたが、彼の知識が非常に貧弱なのに驚いた。
好きでもないのに義務的にやっている人の知識、深さは面白がって興味を感じてやっている人と比較すると非常に浅薄で、同様の経験を数多くしている。昔から「好きこそものの上手なれ」は、何も単に職人的、芸能的な分野に留まらず、全ての事に共通する。
学校で、常に高い位置から機械的に教える立場で……反論される事なく……多くの教師は勤続年数が上がっても……専門分野の知識が向上しなくて、むしろ劣化、並行して社会的適応力も低下する。濃淡はあるが、30〜40人の教師OBとの交際があり、勿論、少数の例外もあるが、教師業を永く続けると、多くの人が社会との柔軟な適応能力を欠いて行くのは、教師にすれば不幸な事だが日本の様に、職業転換の難しい社会では仕方のない事だ。

豊田亨の死刑執行事件の背景は偶然の出会いの結果

非常に突飛な例外的な事件だが、重要な教育に関する示唆を与えるので、深堀りしてみよう。
オームの事件で多くの事が、報道され、全容が、明らかになって行く過程で、豊田が麻原彰晃に初めて会って、心酔して“コロッ”といかれた事が解った。その頃、豊田は東大の博士課程で、ガロアの群論を理解できなくて悩んでいた事……同僚で解る者、理解できる者がいるのに……を新聞の記事で読んだ。

偶然の恐ろしさ：巨大な問題は偶然が決める

その1：豊田亮の場合

表に出た豊田死刑の出発点は、豊田と麻原の最初の偶然の出会いにあり、**豊田が悩んでいた時と一致した偶然の二重奏だ**。私は、歴史書を愛読していたので、ガロアの名前はフランス革命時に革命に身を投じて、日本の60年や70年安保反対闘争時の左翼の過激派学生の様に、情熱的な活動家で、……最後は**女の事で揉めて、拳銃を武器に決闘……21才で亡くなった人**として知っていた。一方、高等数学でのガロアの群論の存在は、……内容は全く理解していなかったが……知っており、現代科学の最先端で無くてはならない数学的なツールである事も知っており、革命家のガロアと群論のガロアは別人だと思っていたが、それは同一人物だった事を、豊田事件が発生して初めて知った。ガロアの群論……今はガロア理論と呼ぶが、昔はガロアの群論と呼ばれていた……ガロアが10代の頃に発表したが、当時の数学者で理解できる人は全くいなく、その業績が社会から認知されるのは半世紀後であったと言われている。

その2：嘘の存在を予想しない善意の社会

日本では関ヶ原の合戦の約半世紀前に、スペイン人のピサロがインカ帝国を滅亡させた。
100人程度の少数の軍人を……盗賊の様なもの……を連れて、インカの皇帝に謁見を願い、謁見の場で、居並ぶ高官、軍人を鉄砲などの西欧式の武器で皆殺しにして、皇帝を人質に取り、人口約千五百万人……現在のオランダ、カンボジアとホボ同じ……の国家を滅ぼした。
インカには嘘をつく、特に皇帝のような**神の化身である人に、嘘をつくことを想像する、予想するような考えが存在しなかったので**、何ら予防的な準備をすることなく皇帝が謁見、インカ帝国は簡単にピサロにより征服されてしまった。若し、インカが滅亡していなかったら、米大陸のその後は全く違った歴史を紡いだであろう。

その3：神託とアレキサンダーのエジプト征服

数十年前にイタリア人作家のアレキサンダー大王の一生について書かれた大部な、三分冊の、ノンフィクションを目指した歴史書を読み、偶然の恐ろしさを実感した。

エジプトに矛先を向けてアレキサンダー軍はサハラ砂漠を東方から進軍する、雨が降らない、水がない、補給が途絶える、食料がない、ホボ、そのままだと数日で全滅に近い状態の頃に、砂漠で数年に１回くらいしかない降雨があり生き延びて行進を続ける事が出来た。当時、エジプトは東方からペルシャ帝国の圧迫を受けて国の存立が危ぶまれる状況にあり、神官の巨大な影響下にあったエジプトで、救世主が東方から現れると言う神託を得ていたと言う。

東方から現れたアレキサンダーは神託によって現れた王として歓迎され、難なく、戦うことなくエジプトを自分の世界帝国の一部に取り込むことに成功して、エジプトをギリシャの属国で、……クレオパトラで良く知られた……、後のプトレマイオス王朝となり、その後のローマ帝国の一部を形成して世界史が出来上がって行く。

エジプトの困難、神託、稀なる降雨、アレキサンダー出現と偶然の四重奏である。

若し、アレキサンダーが砂漠で亡くなっていれば、その後の世界史は大きく異なったものになっていただろう。

不思議な事に、世界史に巨大な変化を与えた起点は、偶然が関係している事が非常に多い。

豊田亨がなぜ麻原に簡単に篭絡されたのか

この様な事件は表面だけ観察しても、あまり意味がないし、面白くない。

豊田は祖父の代からの教師一家で、好学生、好青年だったが、麻原にコロリと参って終った。

想像するに、常に周囲にいる人が回答を与える様な、過剰に保護された環境で……自分で、少々は悩み、疑問を持って考える必要のない……安穏に過ごしてきたのだろう。彼の、能力の高さから、教師の教える事も他人より理解が早く、ヘドモドしないので、悩むこともない。初めてガロアの群論に遭遇して、絶望的な心境を経験する。

真っ直ぐに一直線で生きて来た所に問題の根があると思う。

私の場合

自分史で公開した様に、私の場合には常に疑問、課題、問題が周囲にあるので、まず疑って掛かる。既述の中学二年の時に霊能者を自称する三上某の集会で、議論を吹っ掛けたのは、素直な良い子でなかったからだ。

農村で自由に、自然と戯れて……興味と疑問の中で、目の前に現れて来た問題を解くことに興味を持って仕事に取り組んだ。57歳で仕事を辞める事で、全く新しい人生を25年生きている。

第一の偶然

第一部で既述の様に、私の住友就職は全くの偶然、その偶然が無ければ全く異なった人生になっただろうが、その人生はどの様な人生だったのだろうか。残念ながら、誰も同時に複数の人生を歩むことは出来ない。

住友電工が初めて富山県で指定校制で70強の中学校に１人の受験枠を与えて募集をしなけらば、私は住友には就職しなかった。

第二の偶然

私は、住友へ就職後、自分自身は最も不得意と思っていた、製図の仕事を与えられた。

若し、人事担当者だった京都大学卒、その後住友電工の副社長になった田中さんが、私の意見、好みを聞き、それを尊重して配属職場を決定していたら、私は絶対に製図を選ばず、その後の私の人生は、全く違ったものになっていただろう。

第三の偶然

私は、ド田舎の中学校卒で数学の時間に三角関数……Sin,Cos,Tanで表す……を学んでいた。妻は、三才下で、都会の中学校卒で、三角関数は高等学校で習ったと言っている。周囲の60～70代の人は全て、三角関数を中学校では教わっていなく、現在は高等学校の数Ⅱで習っていると言う。この問題に興味を持ち、全国的に有名な神戸の私立灘中学校の関係者から、灘中では、三角関数を中学校で教えていると聞いた。半世紀以上前、ド田舎の中学校で、21世紀の現在に於いて、最もレベルが高いと称される、灘中学校と同じレベルの数学の授業を教えられた事になる。

若し、私が中学校で三角関数を教わっていなければ、周囲にいる旧帝国大学卒の人しかいない環境で、彼らと伍して競争するのは不可能だった。入社して約７年後、23才で三菱、東芝、日立等著名大会社が名を連ねる業界で、初めての海外特許出願となり、それは、多分、嫉妬を受ける原因となる。

奇妙な事だが、日本ではその後の科学の進歩が理系の教科、知識を必要とするのに、反対の方向に舵を切り、数学を筆頭に、他の理系の教科に費やす時間数を継続的に減らしてきたと言う。

第四の偶然

夜間高校に通学、佐藤君に会っていなければ、更に佐藤君が１年終了で退学、英国へ行かなかったら、私はそのまま西野田工業高校に在学、その後の人生は、変化のない、平穏なものだっただろう。永い人生の準備期間である、成人式を迎える迄の20年間に、多くの偶然が重なってその後の人生の路線が決まった。

日本の高学歴者は少し変だ：苦悩する東京大学を頂点とする有名大学

高級官僚の供給源、東京大学が変だ

私に住友退職の最終決断をさせる一言は、東大卒の井上課長の一言だった。濃淡はあるが、筆者は確実に100人以上を超える東大卒の人と、複数回かなり突っ込んだ話をした経験があり、薄い接触も含めると200人以上となり、東大の学外の人間としては非常に珍しい事だと思う。

住友時代には周囲に10人を超える技術系、文系の東大卒の人がおり、既に十代の頃から東大卒の人々との交わりを経験した。その後サンドビックに移り、定期的に20回を超える２週間の日本中の著名大学教授との面談旅行の中で、東大の校内に入り、研究室での面談は10回以上、多くの他大学、研究所の研究者との仕事の関係で訪問した会社でも少数だが東大卒の人との交渉事、技術的な討論を行う中で多くの東大卒の人との接触をする事になり、私の頭の中には、ある種の東大のイメージを作るだけの母集団となるデーターがある。

日本の最も大きな潜在的知的資産の塊であり、突出して大きな高級官僚の供給源である東大卒の活用と、国家に対する貢献は非常に重要な事である。この様な視点から、東大について考察してみよう。

平成天皇の心臓バイパス手術

平成天皇の心臓バイパス手術に際して、東大医学部は執刀医を出す事が出来なかった。
日本中が注視する中で……絶対に失敗を許されない……天皇の手術に、東大医学部と呼ば

れて、最高の技術を持っていると思われていた東大医学部が、外部の医師に執刀医をお願いした。

この事は二つの面で評価が分かれる。

◆国としてみれば、日本の最高の執刀医が執刀すると言う、機能が働いた……不正が介入しなかった。成功して当然、失敗すれば……、どの様な社会的制裁を受けるかもしれない。

◆東大は医師の社会で**最も低いとラベルを張られる位置にいた、順天堂の天野医師に執刀をお願いした**。東大病院の中で執刀医の候補に挙げられるべき人は、複数人いたはずである。東大病院でなくても、他の病院に勤務する、東大卒の医師で執刀医候補は、多くいたはずであり、想像するに、大学はその様な人に接触を図って、打診しただろう。子供の使いではないからそのような工夫をするのは当然だ。

天野医師の学歴は非常に悪い

天野篤医師は三年浪人して、日本大学の医学部入学27歳で医師免許、天皇の手術時には既に六千件を超える難しい手術をこなし、98％の成功率と、当時のマスコミが伝えていた。日本大学医学部は、一般的に日本の大学医学部の序列で、受験の難易度で計れば非常に低い方に位置する大学である。

ホボ、同時期に新聞に、全国の地方の基幹病院で行われた心臓バイパス手術の成功率を示す数値が、記事として掲載されたが、多くの、地方の基幹病院で成功率が50％に届いていないのでビックリした。

何をもって成功とするか、私は解らないが、多分、他の病院で医師が難しい患者に遭遇した時には、天野医師を推薦し、天野医師の下には全国から、難度の高い患者ばかりが集中したと想像されるが、その中で突出した成功率は何を物語るのか。

歴史上の東大の役割と著名な功罪、妖怪との戦い

明治37年２月に日露戦争が勃発，１年半の間熱い戦闘が行われたが、同時に医学の分野では脚気と言う妖怪と戦っていた。日露戦争での日本の戦病死者で戦闘による戦死者よりも脚気を直接的、間接的な死因とする戦病死者数の方が多かったと言われている。私の10代の頃、周囲には大東亜戦争、日露戦争等の戦記物、戦場体験のノンフィクション作品が至る所に有り、それらの本を熱読していた。陸軍はドイツ陸軍にその範を求め、陸軍軍医総監だった森鴎外は東大卒、ドイツへ留学して医学を極める。当時、医学先進国のドイツでは最新の知識として、病気は全て病原菌が原因していると思われており、脚気についても病原菌がある筈との大前提の下で、研究、思考が行われていた。

海軍は、殆どの軍艦を英国から購入、実習訓練も英国で受け、英国流に行うので、米に麦の混じったものを食べるから脚気が殆ど起こらない。陸軍は、安物の玄米でなく、精白米を６合/日＝0.9kg/日、割り当てで士気を高揚させようとした。脚気の原因がビタミンＢ1欠乏である事が判明、鈴木梅太郎がビタミンＢ1の抽出に成功したのは日露戦争の５年後である。日露戦争の病死者は全て若者であり、約２万人弱のコロナ禍の死者の大多数は高齢者であり、多分、当時の人口は現在の約1/3であり、現代に置き換えてその人的損耗の負担を考えれば、巨大な人的犠牲である。東大の学者は“木を見て、森を見ず”目の前の論争に勝つ事に専念し、社会に負の貢献しか出来なかった。

明治の開国から第二次世界大戦の終戦まで、軍人は陸大、海大出身の将官が戦ったが、それを支える軍医の頂点にある軍医総監は、森鴎外の様に、多くが東大卒であり、当時、脚気は、21世紀のコロナ妖怪の様なものだった。

陸軍と海軍のどちらを支持するかの議論の中で、森鴎外を頂点とする東大派は、自説を主

張する事で、結果的に多数の有為の若者を病死させてしまった。先生だったドイツ医学にマインド・コントロールされて、疑わなかったことが原因している。反対議論、証拠にも興味を示して耳を傾けていれば、彼の晩年は精神的に豊かな、満足するものになっただろうと推測する。

戦争、軍人としての東大卒

日露戦争を戦ったのは、精神的には英国海軍軍人東郷平八郎、ドイツ陸軍軍人大山巌で、20代の殆どの期間、ヨーロッパで教育を受けた『洋魂洋才』の英国海軍軍人、ドイツ陸軍軍人だった。彼らを下から支えた幕僚のかなりの軍人も英、独で教育を受けており、日露戦争は物心の両面から、日本は大きなアシストを英国などから受けていた。

第二次大戦当時、将校は陸大、海大などの軍人養成機関で教育を受け、東大には造兵科があって、……終戦後精密機械工学科となった……東京帝国大学卒の技術者は、海軍、陸軍の技術将校として工廠と呼ばれる軍の工場で兵器の開発、製造を通じて戦争に参加した。私の住友時代の玉置係長は海軍大尉、入江課長は海軍少佐、第一部で紹介したスウェーデンで鼠系ヘルニアの手術を受けられた岩間藤吉さんは海軍中佐だったと伺っている。

私を採用された亀井正夫氏は東京帝国大学法科卒で、広島で軍の法務官として勤務されて被曝し、生死の境をさまよったと言われていたが、伊丹工場の人事課長だった。

これら４人の東京帝国大学卒業者に共通しているのは『凛』とした、精神的な何かを感じさせるものである。

学外の上野千鶴子氏が新入生に式辞

2019年、東大の入学式に同郷人である、富山県出身の上野千鶴子さんが式辞を述べ、それが大きな話題になった。

1995年にオームのサリン事件が発生、東大博士課程中退の豊田亨が逮捕され、23年の長い裁判の末に刑が確定して、2018年に死刑が執行されたが、それは東京大学の歴史の中で初めての事であると言われている。

年間卒業者数を大まかに三千人として、東大の歴史を100年とすると、30万人の東大卒の人が過去１世紀の間に輩出して、一人の死刑囚を生んだ。その様なタイミングだったので学内で、式辞を述べる人の人選が難しくなったのだろう。

学外の上野千鶴子氏が依頼されて新入生に式辞を述べた。

私より６才年下、ホボ同じ時代を生きているが、彼女の父は厳格な医師で、都会の子、育ち方は私とは全く違い、私から見ると全くの常識外れのご婦人で、彼女の名前を本屋の立ち読みでよく目にして、富山には珍しい奇矯な人だと感じていた。

奇矯なフェミニスト

社会学者、フェミニスト……等の看板を掲げ、新聞の人生相談にも回答者として登場しており、マスコミの寵者である。

10年弱前に、男子中学生からの……性欲を押さえるのが、難しいと、**自慰行為についての質問に対して、（自慰をしないで）“熟女にやらせてと頼めば良い”**と回答する。

解答の内容もさることながら、……記憶では朝日新聞だったと思うが……頻繁に図書館で色々な物を読んでいたので、新聞名は記憶にないが、**それを記事にした新聞も、どうかしている**と思った。

安保反対騒動の後に、左翼を標榜して政治をオモチャにして、マスコミ受けを狙って、過激な発言で目立ちたがるタイプの女性だなと思っていた。**スウェーデンでは彼女の様に軽薄**

で責任感の見えない人は、彼女の様な立場では絶対に存在できないと思うが、日本にはその様な人が存在して、継続的に社会にインテリとして存在できるインフラが整備されている。

この様な事を云うと、日本ではポリコレ違反で、差別的発言と非難されるかもしれないが、**家庭を持ったことが無く、……真剣に責任を意識する生活経験がなく**、高価なタワーマンションに住み、高級外車を乗り回していると言われ、それは何ら非難される事では無いが、なぜ東大が彼女に式辞を依頼したのかは、日本人として、真剣に考えるべきことだと思う。

上野女史が変なのか東大が変なのか？

東大は事前に式辞の原稿をチェックしたのか……そんな失礼な事が出来るとは思えないが。

東大は彼女の過去の論文は読んでいると思うが、論文以外の彼女がどの様な女性であるかについて知っており、単に時世に迎合したのか、知識が全くなかったのか、不思議で仕方がない。

天皇のバイパス手術の場合には、東大には、多くの該当する外科医がいた筈だと思うが“私がやります”と手を挙げる、専門医がいなかったので仕方がなかった。式辞は、多分、小学校から常に学校のトップ集団に位置して東大の教授になっているから、在職する数百人の教授は、誰でもする事が出来ると思うが、何故外部に依頼する必要があったのだろうか。背景に武富士相続事件に際して、責任者が叙勲されたような……お互いに組織内では……知らない振りをする……日本の科学の最先端に位置する筈の東京大学では有ってはならない事だと思う。

後日に、元東大総長だった、多分、大きな影響力を持っていたと想像される小宮山氏が、良い式辞だったと褒めたくなるような、褒めなければいけない様な背景があったのだろう。

東京大学と共産党、世界の共産党のトップは終身現役

戦前、戦中、戦後の混乱期に、様々な、現代ならテロと呼ばれる様な殺人、犯罪に関与しながら、共産党を家業の様に死守して来た、宮本顕治氏は東京帝国大学卒、98歳で死ぬまで**40年間以上共産とのトップ、トップ周辺の地位**に居り、共産党を個人事業主の様に扱って来た。

政治をおもちゃにした不破哲三、元共産党書記長

宮本顕治氏の後継者、私より一回り年長の不破哲三氏は永らく共産党書記長の地位にあり、91歳で依然として現役として共産党の幹部である。政治をオモチャにして生きて来た人の典型かも知れない。相模原市の津久井湖の近くに、約千坪の敷地の豪邸に住むと言う。1970年から**50年以上、実質的に共産党のトップ、トップ周辺**の地位にいる。

私は30代前半に約２年間相模原市に住み、津久井湖に頻繁に娘を連れて遊びに行ったので、土地勘があるが、良い所だ。

現在の共産党のトップ、志位和夫氏はどんな人？

志位さんは私より一回り若く、私は不破さんと、志位さんの丁度中間の時代を生きて来た。

志位さんは東京大学卒であり、**20年以上共産党のトップの地位**にいるが彼も終身共産党のトップになるのだろうか？

非合法であった頃の共産党

共産党が非合法であった頃の戦前、戦中の混乱期には、共産党の指導層には多くの東大卒の人の名前が浮かび上がる。堺利彦、佐野学、赤松克磨等の東大卒と見做される人がいる。

友人から選挙の時にお願いの電話

妻が高校の教師をしていたので、教師の知り合いが多く、私も彼らと一緒にスキー、登山、旅行に同行し、学校の様子をかなり詳細に知っている。妻は先ず、茨城県で教師業を始め、大阪、東京でのクッキングスクールでの講師、神戸の二つの公立高校、大阪の私立高校、神戸の私立高校とかなり幅広い経験をしている。

残念ながら、私が経験した住友とは比べられない、文章で説明の出来ないくらい職場の精神的環境が悪い。

私が悪口を言う、外資系の会社よりも悪い。会社の場合には顧客と言う、絶対的な判定をしてくれる神様がいるから、良い事をしていれば何処かで救われるが、**学校の場合には神様がいないから、理不尽がそのまま長く放置される。昔の日教組の歴史を引きづっているので、教師仲間には共産党支持者が多く、選挙のたびに共産党への投票を依頼**する電話が掛かって来る。

東大と共産党は相性が良くトップは終身トップ？

混乱の時代を過ぎて、共産党が形を整えて、宮本、不破、志位と三代のトップがいるが、全て東大卒で、終身……死ぬまで？……現役である。日本だけの現象でなく、歴史上のスターリン、毛沢東。金日成、ホーネッカー、カストロ、チャウセスク……多くの共産党政権は終身……死ぬまで現役が主流だ。この事を現在の日本、将来の日本との関係でどの様に考えるか……。

共産党を未来の理想と若者に影響力を与えた左翼学者

1960年代～1970年代の日米安保条約反対闘争、多くのテロ事件は日本の左翼学者から強い影響を受けた、社会経験の貧弱な学生が主導する事で発生した。筆者は14才までの田舎生活で、農村で必要な社会的常識を持ち、1957年に住友電工に就職既に都会の労働者として、日本の経済的な発展を支えている製造業を通じて10年以上の経験を積み、都会の社会的常識もかなりあり、1959～60年の過激な安保改定反対闘争を冷めた目で観察していた。

中学１年の頃に読んだリーダーズダイジェストの影響から、中学２年の時の弁論大会で『安保条約反対』の弁論を行い先生方から、白い目で見られた。安保反対騒乱の起こった約５年前の事で新聞、ラジオでも安保条約の事が全く話題にならなかった頃の話だ。

経験が筆者を変えた

住友電工での仕事＝労働を通じて社会、国家、世界がどのように機能しているか、社会貢献とは何か、役に立つ人間とは何か……と言う事を理解し、妄言に惑わされない、常識を持った大人になったと思う。

文系の学問の世界では、宗教、哲学、**経済学**、文学、芸術等と呼ばれる人間の精神性を扱うジャンルの『文系学問』と呼ばれるべき分野があり、それは科学とは根本的に異質のものだ。

科学は普遍性があり、再現させることが可能でそれが科学と呼ばれるために必須の条件だが、『文系学問』にはそれがない。

日本の失われた30年に起こった事は、**経済学を科学だと錯誤して国の経済運営を行った事**が原因の１つだ。

それを証明する為にこの本は多くの紙数を使っている。

共産党の始祖マルクスは社会に寄生して、常識のない夢想家だった

マルクスは典型的な活字学者で、超富裕なルーツを持つ両親を持ち、裕福な家育ちの妻と結婚、経済活動観察を趣味とする人生を送った。生活費は相続した遺産で賄い、……哲学などの空想的な活字学の影響を受けて、狭い知識で社会を観察して、速い段階で信念を持った。趣味的、破滅的な人生を送り、無数の著作をする事で、19世紀末から20世紀の世界に巨大な影響を与え、その残滓が21世紀にまで及んでいる。

影響の大小だけで評価すれば、歴史上の大人物の一人に数えられる英雄かもしれないが、夢想家である。

マルクスは悪筆だった

マルクスは猛烈な悪筆で……彼の書いたものはエンゲルスしか読めなかったと言われている。

教科書や歴史書に常にマルクス、エンゲルスと書かれているのは、エンゲルスだけがマルクスの手書きの文字が読めたからだと書かれている。エンゲルスはマルクスの秘書的な役割で、マルクスの出版の手助けをした。

筆者も悪筆で、悪筆の人の気持はよく解る。マルクスが現代の様な公教育を受けていたら、絶対にマルクスは、不登校になり、その後の世界史は大きく変化していただろう。

公教育その延長の東京大学が社会を変えた

公教育が徹底して、殆どの人は学校で教科書を通じて色々な知識を活字から学ぶ事で、時の政権の意向を汲んで作られた教科書によりマインドコントロール＝洗脳される。

公教育が未発達な時代に育つか、公教育以前に、色々な事を経験すると、公教育を受けるとき……教科書や先生の話の内容を受ける感覚が、かなり異なって来る。 既に経験から自分自身の考えを持っている場合、疑問、反論が芽生え、それが質問になり、その繰り返しが成長に繋がる。

安楽で裕福な家庭、学校、塾、楽しい趣味……で、不満、不条理、困難、……をあまり意識なく育った人。

反対に貧しく、多くの問題、困難、不条理に遭遇して……それらを乗り越えて来た人では、同じ局面に遭遇しても感じる事、考える事、行動は大きく異なる場合が多い。

東大生の集団わいせつ事件

2016年に５人の東京大学の学生と院生が、一人の女性に集団でわいせつ、強姦して逮捕される事件が発生した。有罪だったが、執行猶予付きで正常に社会に復帰している。

昭和の時代に東大生が、集団で一人の若い年下の女の子にわいせつ、強姦をするようなことは、考えられない。

男女の関係の事だから、個人でその様な事が起こる事は想像の範囲だが、……数人がかりで……は私の想像外だ。

東大生の社会性は確実に劣化していると思う。その様な行動を１人が衝動的に……動物的に行ったのならば……それは在り得る事だと思うが……５人もの集団で……絶対に暴力的に負けない相手に対して行う。

５人の内の1人が止めとけと言えば、多分事件は起こらなかったと思うが、そうはならなかった。

第２部で取り上げた高級官僚が、民間感覚では絶対許されない多くの愚行を起こし、関係

者が多数いたにも関わらずそれを阻止しなかった事例から考えれば、この集団わいせつ事件も、同様だと見做せる。

昭和30年代に大阪梅田近辺の盛り場には、不良がたむろして、因縁をつけて弱そうな学生にたかるのは珍しい事ではなかった。筆者も数回その様な連中に遭遇した事があり、殴り合った事もある。

そのような場合、1人のボスに子分が1～2名いるが、彼らは弱そうな、勝てそうな相手を選んで因縁をつけるが、それは5人で強姦事件を起こした東大生と全く同じ卑怯な行為で、洋の東西を問わず最低の事だ。

有名大学卒の人の死刑執行率は平均の100倍以上

1995年にオームのサリン事件が発生、東大博士課程中退の豊田亨が逮捕され、23年の長い裁判の末に刑が確定して、前年の2018年に死刑が執行されたが、それは東京大学の歴史の中で初めての事であると言われている。

年間卒業者数を大まかに三千人として、東大の歴史を100年とすると、30万人の東大卒の人が過去1世紀の間に輩出して、一人の死刑囚を生んだ。

統計によれば過去50年間に、日本では約250人に死刑が執行され、平均1年間に五人に対して死刑が執行されている事になる。過去50年間の平均人口を1億人とすると、二千万人に対して一人の死刑執行であるから、**世の中一般よりも約70倍の高率の死刑執行率**になる。これは、豊田亨の一例だけであり、若し豊田の件が無ければ、ゼロだから意味を持たないので、もう少し意味を持つ統計にする為に、オーム事件で死刑執行された他の著名大学卒の人も含めて、考えてみよう。

他の早稲田、医科大学、神戸大学、大阪府立大学大学院、などの高学歴の人も加えると、オーム事件に関連して**5大学卒の少なくとも6人に死刑が執行された**。各学校とも卒業者数が東大と同数だと仮定すると、卒業生の数は1.5万人/年、100年で150万人となり、150万÷6＝25万で、25万人に一人となる。

2000÷25＝80倍の高率で死刑執行された。

東大以外の4大学でオーム事件以外で死刑囚になった人が、多分いる筈だから、実数はもっと高率になる筈だ。

死刑は執行されていないが、裁判にかけられていたらホボ確実に死刑となったと考えられる、テルアビブ空港銃乱射事件を起こした二人を加えると8人となり、**著名大学出身者の死刑執行率は一般の100倍もの高い比率**となる。

高学歴者の犯罪率

殺人事件や、死刑判決の様な、極端な事件は別にして、現役引退後に公表すれば犯罪と断罪されるか、犯罪すれすれで倫理的に善良な市民が行う事の無い様な、……スウェーデンでは絶対に起こらない様な贈収賄に関係した事件も、カウントすれば、東大卒の人々の犯罪率は、一般人の100倍よりはるかに高く……千倍以上になる様な感じがする。この様な事を書けば、トンデモナイ阿呆な事を云う、ポリコレと非難されるかもしれないが、筆者は放置するわけには行かないと思う。**臭いものに蓋をすれば……早晩その様な社会は崩壊する**。

高級官僚は何故犯罪級の不正を平気で行うのか

高級官僚の心の内を理解させる面白い話がある。

1年ほど前に九州で70代の泥棒が逮捕された。泥棒は韓国人で数十回犯行を繰り返し、遂に逮捕された。

泥棒曰く、韓国で盗みに入ると至る所に監視カメラがあり、直ぐに逮捕されるので泥棒家業は成り立たなくなり、数年前から日本に出張して泥棒していると自供した事が新聞記事になっていた。

露見しない、隠蔽できると思えば、そのような立場にいる人は、簡単に犯罪、又は犯罪すれすれの事に手を染めたくなるのは、日本の高級官僚の心中と同じだろう。

永らく勤務して……周囲への忖度は重要だが……国民、国家への忖度無用、少々無理な自己中心的な行為は問題にならない事を学び、その延長で深く考えることなく各種の緊急コロナ対策が取られたが、それらは全くピンと外れの政策だった。

スウェーデンでは隠蔽が起こり難い社会の経験が長く、それが空気の様に支配しているので……生活してみて初めて分かる……私はスウェーデンでは絶対に起こらないと表現するが、人間の事だから数学的なゼロを意味してはいない。何時か、何処かで、誰かが、スウェーデンでもそのような犯罪を起こすことがあっても、ビックリする事は無いが、非常に起こり難い事を意味している。

民と官が入れ替わって判断すれば、どうなる？

官僚が被支配層となり、民間人が支配層となって逆転した社会となればどのような事が起こるか仮想実験をするのは面白い。官僚は今迄の経験からマインド・コントロールを受けているので、民間では絶対に許されない事を平気で行う。支配層となった民間人はそれを犯罪として罰を課す。

その様な基準で犯罪率を計算すれば東大卒の人々の犯罪率は、全国平均の千倍以上でも不思議ではない。

高級官僚も色々

自分史既述の、高級税務官僚、稲村光一氏、徳田耕氏の様に天下りして、複数の企業から報酬を受けて、国を裏切る行為は、西欧民主主義の精神から判断すれば、犯罪である。

大まかに、官僚の上部1/3は天下り対象の人材であり、下部1/3は対象外、残りの1/3はソコソコと考える。

上部の1/3の中には、積極的に過去の地位を利用して天下って活動したい人。正義感、その他から天下りには全く興味のない人。勤務が嫌で仕方が無かったので仕事から離れる事を心待ちにしていた人等、様々だろう。

三菱金属のＫさんの話

1980年代に三菱金属＝三菱マテリアルの大宮中央研究所で所長との食事の時に、Ｋさんが近々退職されことを知る。40代の東大卒、将来、重役間違いなしと予想される……本人から確認していないが、多分、東大卒……Ｋさんは宗教活動……確認していないが、話の様子から“ものみの塔“……を積極的に行うために退職される。

信教の自由は言うまでもなく、西欧自由主義の社会では最も尊重されるべき基本的人権だから、その事について筆者が、云々……批評することはない。世界には宗教国家が多数あり、そこでは信教の自由は存在しなかった。

自由主義国家は、宗教経典や独裁者が決定する非自由主義国家と異なり、国民が自由に意見を出して国政に参画する所に意味があり、それを可能にするのが公教育である。

日本の教育の頂点に立つ東京大学が……豊田亮を作り、Ｋさんを輩出……他にも自分史に既述の様に、多数の準大学教育を受けた人が宗教から影響を受けて、極端な……反社会的な匂いのする行動に走っている。

教育、公教育、その中でも日本の教育のトップに位置する東京大学の存在に就いて真剣に考えてほしいものだ。

山口栄一東京大学物理卒、京都大学名誉教授の場合

多数の東大教授、東大卒の方々と議論した事があるが、それらは全て私の専門分野である金属の切削と、素材開発に関係した事であり、それまで専門以外の話題で東大卒の方と真剣な会話をしたと事は無かった。

東京大学理学部物理学科卒……オームサリン事件の豊田亨と同じ学部……山口栄一同志社大学教授の“JR福知山線事故の本質、企業の社会的責任を科学から捉える”と呼ばれる、本の存在が聞き流しのラジオから聞こえて来た。

年令的に山口名誉教授は筆者よりも13才年少で、豊田氏は山口氏よりも13才年下であり、この年齢差が与える影響は大きい。

筆者は第2部、第5章に既述、JR西福知山線脱線事故の第一原因の特定に深く関わっていたので早速本を買って読んだが、書いてある内容は何ら事故の本質とは関係ない。浅薄な日本の社会評論の様なもので、事故の本質、直接的な原因を全く指摘できていない。最後の数ページで主張されているのは、日本の会社は科学的な知識のない人が経営しているから、科学的な教育を受けている、CSO＝チーフ・サイエンテフィック・オフィサー＝科学担当重役を置くように義務付けるべきであると言うのが趣旨だった。技術者なら明解に指摘しなければいけない、事故の出発原因を指摘していないのみならず、それを見つける様な態度が全く感じられない。

金融ビッグバンの影響で、資本の自由化が進む中で、日本の民間企業の不透明性が米国を主とする海外から非難され、社外重役制の導入、社長をCEOと呼ぶなどの傾向に便乗して、大学教授などの学者に民間企業の重役の席を作る事を義務付ける事を法制化する事を提案している。本の看板とは全く内容は別物だった。

自分史に既述の様に、お粗末な数百ページもの事故調査委員会の報告書を見て、放置しておけなく何か社会の役に立つ事をしたい。実際の問題は私が解決するとしても、無名の私では効果が無いと思い……看板になる、有名人を探していた。東大卒の山口教授に看板の役割をお願いできないかと思って、山口教授に電話したが、結果は惨憺たるものだ。山口教授は脱線転覆事故の起点を探す事が、科学者、技術者の責務であるとの意識が全くない。

日本の民間にはいないタイプの人で、肩書を利用して社会に迎合して不正な報酬獲得を人生の目的にしている。

文系も理系も同様で、東京大学にはその様な精神的文化があり、協力をお願いするのがお門違いである事が解った。

『FUKUSIMAレポートー原発事故の本質』の著作

山口博士は2012年に著作された事を知ったが、筆者は既に第2部、第5章に既述の様に福島原発事故の本質を知っていたので、著作は読んでいないが、東大卒の方は無学な庶民を教育する使命感を持っておられるのだろうが迷惑なことだ。

H-630頁に筆者は具体的に、常識の欠如が問題だったと指摘している。

死刑制度維持か反対か苦悩する裁判官

30年以上前に国連で死刑廃止が議決され、多くの国が国連の決議に影響されて、死刑廃止を法制化し始めた。

国連決議から30年、日本では、依然として死刑は廃止されていないが、その事について考え

てみよう。

死刑に関しては、それをどの側面から見るかで大きく異なる。どのような物事でも観察する方向により、違ったものが見えるのは、幼児でも解っているが、死刑と言う大事件の場合には単純ではない。

一般に考えられている死刑罰の効果について以下に羅列する。

1. 被害者の復讐心を満足させられる。
2. 脱獄して再度凶悪犯罪を起こす可能性をなく出来る。
3. **見せしめで、犯罪抑制効果を期待**、独裁政権下の公開処刑の様に。
4. 現状の変更に反応する積極性がなく、死刑廃止に賛成する雰囲気が醸成されていない。LGBT問題で小数者救済が話題になっているが、LGBTよりも数千分の一くらいの少数者に対する関心はない。
5. 宗教的な理由から……例えばイスラム教……死刑は当然あるべき。
6. 死刑にしないで刑務所に収容すると、生存期間中の高い経費負担がかかる。

一般に考えられる死刑廃止の意見を以下に羅列してみる。

1. **世界の潮流が死刑廃止だし、国連が決議したから**。
2. 宗教的な理由から、死刑反対。
3. **憐憫心から**。

背景には色々な考えが有るが、マスコミの表に現れる論調を特別に［　　］で括弧っている。

日本の政治家でこの様な事に……金にならなくて、誰でも議論できる単純な話題に……積極的に首を突っ込む大物政治家はいない。典型的な高学歴者の一群である法曹関係者が色々な形で影響を与えて、制度設計がされる。

裁判官、検事、弁護士等の法曹関係者と警察がこの問題に具体的に深く関る人たちだ。

苦悩する裁判長、判事の心の中

人の心は様々で、重大な事柄に遭遇して最終的に下す決定には、**表向きの言葉で表して表現される理由よりも、公表を憚られる何か……が、決定的な理由**である場合が多いと思う。

日本には2千人弱の判事が居り、一つの死刑判決には、検事、警察官などの直接関係者はその数十倍以上で彼らは、大なり小なり、死刑判決から心に負担を感じている。過去の経験から、判決が絶対に正しかったと信ずることは不可能である。

判事は一応双方の陳述する内容と証拠を精査して判決を下し、それを仕事としているが、判事に良心が有れば、有るほど厳しい判決には疑問が残る。日本、日本人の持っている心性、優しさは、このような判決を迫られる局面で、決断を躊躇させ、それが日本では判決に至るまでに長い年月が掛かり、海外から揶揄される原因だと思う。

死刑判決は多くの関係者の重たいストレスの原因

殺人事件で、判決に決定的な影響を与えた証拠物件が、その後に新しく導入されたDNA鑑定技術での再鑑定の結果、無罪である事が明白になった事例もある。終身雇用、年功序列を最も厳格に適用されている職種の一つである判事にとって、死刑判決を下した死刑囚が存在している事は、常に心の何処かに重く存在しているだろう。

勿論、ノー天気に、全く意に介さない判事がいても不思議ではないが……知的に高い潜在能力を持つ多くの判事は忘れる事が出来ないだろう。死刑執行により、不完全ではあるが、心の大きな重みの大部分は消去される。

死刑廃止になり、死刑囚が生きていると死刑囚が死亡するまで永久に心の重みは消去されることは無く……勿論、全く気にしない人もいるかもしれないが……再審請求されて無罪となれば……どのような気持ちになるであろうか。
検事も、警察官も、程度は判決を下した判事よりも軽微かもしれないが同じである。
死刑執行を担当する、法務省の刑務官は死刑が廃止になれば精神的な負担軽減になると思うが、彼らは政治的な事に対する影響力は限りなく少なくゼロである。

弁護士は正義を求めなく、単に勝ちを求める不純な存在

裁判において多くの場合弁護士は無罪を勝ち取る事が仕事で、無罪とする事が能力の証である。真実を明らかにする事は、二次的な問題であり、若し真実を明らかにする事が、無罪を勝ち取る事と同じであれば、真実を求めて論陣を張るが、不都合な真実には目を向けず、むしろ隠蔽する。勿論、弁護士の中にも色々な人がいるから、正義を求めて、死刑廃止に向けて活動する人もいるが、それが大きな社会的な力とはならないのが日本だ。
私はビジネスの場で、顧客の会社の利益、対話する相手の利益と尊厳に忖度する事を最重要視して仕事をして来た。
表に見えるデーターは大事だが、それが全てではない事を良く承知している。
以下に示す日産自動車会長のゴーン被告の日本からの不正出獄の理由は、容疑者の視点からの日本の司法への疑問であり、良心の有る日本人は傾聴すべき内容である。
袴田事件に関わった多くの判事、……判決に不服だったが多数決に従って、意に反して有罪の判決文を書かされた裁判長が終身雇用文化の日本で、達成感のない……一生を送られるのを気の毒に思う。

カルロス・ゴーン氏の場合

スキャンダル事件を起こした日産自動車会長のゴーン氏が、日本から違法な方法で出獄したのは、彼が日本の司法を信頼しなかったことが原点にあると、ゴーン氏が語った事が書かれた記事を読んだ記憶がある。彼曰く、日本では起訴されたらホボ、100%近く裁判で有罪とされる。再審申請もホボ、100%近く門前払いされる。だから、起訴されれば、有罪になり……と、絶対に日本から脱出しようと考えたと言う事だった。単純に統計だけ見ればその通りで、彼の判断は正しく正当防衛にも相当する行為だ。

筆者はゴーン氏の主張は正しく、その様な指摘を真摯に受け止めて、良い方向に変更する勇気を当事者が持つべきだし、マスコミも問題点を社会正義の観点からピックアップすべきだが、『妖怪ジャパン』に感染しているので……それは期待できない。

東大に期待される役割

国は最も大きな教育費を負担して、日本の最も大きな潜在的な知的財産の人材の教育の責任を負っている東大に、最も高額な教育費を負担している。
東大生が起こした不祥事が起こると事件として報道されるが、直ぐに忘れ去られてしまう。
背後にはNHKを筆頭に日本の大マスコミの報道抑制が影響していると思う。
制度としての文書化されたものが存在しなくても『妖怪ジャパン』に感染しているので……そのような忖度が、『阿吽』の呼吸で働いているのだと推察する。
社会的に巨大な存在感のある東大について考えてみよう。
米国の著名なハーバード、MIT、スタンフォー大学は私立であり、英国のケンブリッジ大学、オックスフォード大学は、表面上は国立の看板を上げているが、約千年前に創立され、

その歴史的な経過と経済的な独立性から、実態は私立と同様であると言われている。
日本の場合は、東大は高級官僚養成所のような感があり、教授も高級官僚であったが、2003年に国立大学の法人化が成され、形として独立採算で経営上は私立大学と同じような土俵が作られらた。
東大入学までの公教育で受けた費用に、東大の分での数百万円を加算して、最も巨額な公費を消費して育て上げられて高級官僚となり、その後も寄生虫の様に国を食い物にして……知的潜在能力を、プラスの方向で活用できない日本の制度に問題がある。 制度に安住して悪銭を得ている高級官僚は少数で、多くの誠実な方々が、苦悩しながらの官僚人生を送っている。月刊雑誌文芸春秋の読者投稿欄に、高等学校長の方が、"林健太郎東大総長は偉かった。"ソ連崩壊を５年も前に予想した"と書かれていた。若し高等学校長が私の様に1970年代初頭にモスクワに旅行しておれば、林健太郎氏よりも15年も早くソ連の崩壊を確信しただろうが、高等学校長の**投稿は東京大学の権威を向上**するための宣伝となっており、そのような例は無数にあるのだろう。世の中を知る事は簡単ではない。

外国の政権と官僚の関係

第二次大戦の敗戦後も日本の官僚組織はホボ、そのままGHQによって引き継がれた。
官僚組織はそれまでの富国強兵、忠君愛国から、180度方向転換を強いられたが、強力なGHQの指示、威光のお陰で組織は温存され、GHQを従うべき政権として支えた。
中国で約300年続いた明は、17世紀中頃、反乱の混乱の中で皇帝徽宗が自殺、明の人口の約１％と推測されている満州の少数民族に乗っ取られ、愛新覚羅家が皇帝となって新しい清王朝を打ち立て、明の官僚組織はそのまま、清の皇帝に奉仕した。中国の古典を起源とする、日本人の精神性、特に武家の精神性を象徴する、"忠臣は二君に仕えず"から考えれば、非常に恥ずかしいように思うかもしれないが、官僚、官僚組織はそのようなものなのだ。

西欧民主主義国では

１．スウェーデンの場合

18世紀に民会＝国会に相当は、周辺国に侵略されない強力な国となるために、ナポレオンに国王候補者ベルナルドドッテを派遣してもらって王とし、その王家が現在も国民の象徴として存在している。
官と民の垣根が無いに等しいくらい低く、官と民の人的交流が頻繁で、官も民も問題の解決能力が同等に高く、巨大な未知の案件で、専門家でも自信のある判断が下せない問題に直面した時には……例えば原発をどうする、EU加盟、通貨をどうする等の問題……国民投票で民意を問う事で、政権が変わっても、実務レベルの修正程度の事で、官僚は良心と、能力に従って高い誠意を維持して仕事をしている。

２．米国の場合

政権が変われば、……例えば、共和党から民主党に、又はその反対……計画立案に深く関与する高級官僚群は全て交代する事で、新しい政権と上級官僚が同じ心で政府を作るようになっている。

３．日本の場合

日本の政権は形式上官僚組織の上にいるが、実態は単純でなく、泥臭く、複雑でこの関係は日本の多くの家庭経営によく似ている。日本の多くの家庭では形式上は亭主が上だが、多くの場合経済的には実権は妻が握っており、妻の長期計画により家庭が健全に運営されている例が、一般的と見做せる。
強権的な亭主はかなりいるが、それを好んで他人に言い触らすような人はあまりいない。

自分史に既述の様に、英国人事業部長の妻の場合、夫が絶対的な権力者で、毎日、妻に千円の日銭を与えていた。

日本人の課長が月給7～8万円くらいの頃に英国人部長の月給は千ドル＝36万円を超えていると経理の人がささやいていた頃の話である。

日本では毎日妻が夫から日銭を貰って家庭経営をするのは絶無とは言えないが、ホボ無いと言える。

既述の安倍－管内閣の経済政策指南役と言われていたデービット・アトキンソン氏の著述で明らかにしている、英国の家庭における夫の絶対的な権威主義的な態度は日本では非常に珍しく、日本では昔からそうだった。

日本では政権は夫、官僚は妻の様な関係にあり、多くの家庭では実質的に妻が家庭を取り仕切っている。

外国人との会話でこの様な事を話題にすると、彼らはビックリする。日本は絶対的な亭主関白の国で、女性は差別で虐待されていると思っている。

日本では主婦が家庭経済を切り盛りし、多くの家庭では夫が妻から小遣いを貰っている事を知らない。

面従腹背する事で政権交代対策

終身雇用、年功序列制度の中で、長期間勤務する官僚は、定年まで平穏に過ごすためには、形式的に上に位置する政権との関係を良好に維持する事が重要である。

官僚としてのキャリアを積み上げた現在50代より上の官僚は、5回以上の政権交代を経験しており、政権交代の度に、時には前政権と全く反対の新政権の意見に従って、政策を立案、実行させられる事になる。

日本の場合官僚は面従腹背、それが生きる道で、責任の分担の為に……責任逃れのため……外部の専門家、学者、識者と呼ばれる人から成る、専門委員会に諮問して、案件に対する社会、国民の賛成、許可を得た形式を整えて、案件を実行する。

例えば、政権の意向に従って、洪水対策として専門家の意見に従って数兆円のダム建設を推進する中で、政権交代が発生、ダム建設が土建業者の利益誘導、汚職の源泉になっていると批判されて、ダムの建設中止、建設途上のダムの廃棄が実行された。

官僚の政策実行部隊が、建設する中での決定で、同じ実行部隊が反対の仕事をさせられる。スウェーデン、米国の場合にはこの様な事が起こらない様に制度設計されている。

コンピューターの世界ならば、消去で済むが、巨額の費用と、多数の関係者の心の絡む問題であり、官僚は政権交代に伴って自分が不利な、困った状況に陥らない様に、自己保身に最大の神経を使って、どの様な指示にも心底に、『面従腹背』の不健康な心がないと務まらない。

官僚に成ったら辞められない
目の前、先にぶら下がっている数億円の報酬

将来の高級官僚となる事を期待して採用され、経験を積み重ねながら、年功序列の中で昇進、役職者となり、重要な立場で仕事をこなしながら、50代となり、定年を10年後くらいに迎えるようになる。

定年になれば、巨額の退職金が手に入り、次いで天下り人生で定年後の20年間に数億円～数十億円の収入が得られるかもしれない。（自分史既述の、長銀顧門だった、稲村光一、徳田耕等多くの例がある）

定年までの10年間に年収数千万円×10年＝数億円の収入と五千万円前後の退職金が約束されており、それを危険にさらすわけには行かぬ。鋭角な議論をして、不利な状況を招くこと

は絶対に避けねばならない。それは、当然の事だ。 官僚を責められない。誰だってそうする、賢明ならばなお更当然の事だ。

それは制度が悪いからで、制度が変わらない限り官僚は……もう辞めた、逃げたいと思っても……出来ない。

それでも、それを全く気にしない人もいるだろうが、適応出来ない人にとっては、職場環境は典型的なブラック組織である。不本意でも……達成感のない仕事でも仕方がない。

何時の頃からか、**官僚は出来るだけ、責任をかぶらず、穏便に政策を実行するために、表に出ないで、提案者は政権、それにお墨付けを与えるために専門委員会を、国民を指導する立場の有識者と呼ばれる人々を集めて、判断を仰ぐと言う手法を発明した。**

専門委員会に諮問する、委員会隠れ蓑制度

若し、スウェーデンでこの様な目的で委員会が設立されるとすると、最も強烈な反対意見を持つ人も委員となり、議論が交わされて最終結果に到達すると思うが、日本では明瞭に反対意見を持っていると推察される人は委員に任命されることは無い。

例えば、リニア新幹線の場合の様に……賛成者、全くの無関係者で判断能力があるとは思えない人のみを集めて委員として、形式を整えて専門委員会は賛成との結論を得る。(資料集参照)

1980年頃の旧帝大卒のＩ氏の悲しい物語

日本では国民の知的労働力を殺し、スウェーデンでは生かして活用する事で全ての国民が生き易い社会を作っている。

日本の知的労働力のトップグループを形成する官僚、公務員は終身雇用、年功序列、退職金、体面を人質に取られているので、転職したくても簡単には身動きできない。

多くの官僚は既に民間とは大きく常識、能力が劣り、その様な人はそれを自覚する知力が有るので、退職しても受け皿が無い事を理解しているから辞められない。

劣悪な『精神的な監獄』とも形容される職場環境であっても抜けられなく、呻吟しながら、経済学で云う“茹で蛙”状態となる。

退職時には、社会との感覚の差が大きくなり、常識不足で社会に溶け込むことが困難、引きこもり、引きこもり予備軍となる。民間でも多くの大企業では、官僚と類似の環境下にあり、官、民の両方でトップグループの知的資産の有効活用が出来ていない。自分史に既述の、阪大の学部長の子息、阪大工学部修士卒のＩ氏がいる。

筆者が40才の頃に東京大学工学部博士課程卒の原博士……**当時は従業員約２千人のダイアモンド関係の子会社の社長をしていた住友電工OB……から電話を貰い、Ｉ君が狂った、自分が大発明をしていると誇大妄想、外部の会社を訪問、売り歩いているから**、理解しておいてと忠告の電話だった。

技術者として、発明、実用新案、特許……旧帝大卒の重圧の中で……さしたる実績もなく、品質管理課長となり……50代を目前に誇大妄想をする様になった、悲しい物語だ。

時代の変化に寄り添えなかった日本

スウェーデンでは官、民の間の垣根が低く、退職金などの人質に取られているものもなく、自由な議論が出来るので、勤続年数の増加に伴い実力も増加、社会とのずれも発生しなく社会に溶け込んでいる。

戦後のパラダイムシフトの中、GHQの強力な影響下で作られた日本の初等中等教育、大学教育、官僚、公務員、司法、警察等……の国の根幹をなす制度は、その後、部分的にパッチワークされて制度は修正され1980年代までに大きな問題を発生させなかった。

1980年代にピークを示した日本経済の隆盛は戦前教育の残滓から、当時の若者を純粋、純真で不正、恥を嫌悪する日本人の精神文化と少数の突出した技術者の働きで可能になった。筆者はその様な時代に製造業の現場を職場としていた。
その様な精神が、全く別の方向に暴発して、左翼学者に扇動されて……単純に信じ、又は同情して……よど号ハイジャック事件、テルアビブ銃乱射事件、多くの赤軍派と呼ばれる学生の起こしたテロ事件が発生した事もあるが、大多数の青年は良き先輩、教師の影響の下、終身雇用制度に守られて誠実に仕事に励んだ。
小さな日本を世界第二位の経済大国にした制度は、歴史が進み、ネット、情報化、ハイテクの言葉で代表される時代に突入すると、終身雇用、年功序列、退職金等の制度は時代の要請に対して抵抗するブレーキとなり、約40年間発展を阻止してきて現在がある。
小成功から、成功が成長する中で、時間の経過に伴い静かに**社会的合成の誤謬から、制度はあたかも賞味期限が切れて腐った食品のように成長を阻害する**要因に変化して来た。この変化には二つの大きな原因があり、一つは世界が変わり、二つ目はプレーヤーの世代が変わった事である。

社会が変化してもプレヤーが変わらない

外の世界の変化には対応するしかないが、プレーヤーの変化には国の内部が外の変化に適合できるように変化しなければならない。1980年代までの経済的な成功は、主に製造業によって達成され、勤勉、従順、米国を起点とする品質管理活動等の成果として実現した。労働へのインセンテイブ、組織への忠誠心の向上を目的として、民間企業の終身雇用制度が定着、それは成功した。成功を可能にしたユニークな制度は、当初からグランドデザインがあったわけではなく、パッチワークの様に制度に修正を加えながら、ウイルスのように変異して、現行の制度となった。
現在、日本の知的労働力の最も重要な部分を成す一部の優秀な官僚は……現役時代には『精神的監獄』の中で呻吟している。後述するように、高級官僚の人生の……本格的な稼ぎの人生は、退職後に始まる。

楽しく生きられるマスコミ社会

テニスの友人宅でマージャンをした時に、近所出身の美人で、現在日本テレビに勤務している谷生俊美さんの実家がある事を知る。妻の友人の息子も日テレに勤務しており、お互いに長い付き合いがある。
谷生さんは最近本を出版『パパだけどママになりました』と、LGBTブームの中でも、きわめて少数の、トランスジェンダーだと、カミングアウトされた。自分史に既述の様に、東京勤務の時代のソフトボールチームに朝日新聞の写真記者のM氏がいた。M氏夫人は非常に解り易く、何かにつけて……朝日新聞の高額給与、自分らはあなた方とは違うみたいな事が平気で言える人だった。噂で、マスコミ業界の高給は聞いてはいたが実情は解らなかった。

日本テレビは高給会社：ネット社会が教えてくれる

ネット情報から、日テレの給与水準が非常に高い事を知る。
昔から、日本の企業は大卒の初任給はホボ同じで、大差なかったが採用後の昇給は業界によって巨大な差があった。
典型的な例として、自分史、第二部に既述の長銀の例がある。
令和の日テレでは20代後半で年収1,000万円を超え、50代中でピークの1,700万円だと言う。
この数値は平均であり、特別に昇進したからと言う訳ではない。

昼間はラジオを掛けっ放ししているが、NHKのアナウンサー、その他の人も言葉の乱れが頻繁に発生している理由が解った気がした。頻繁に助詞の『てにをは』の間違いと、受け身にしないといけない所の関係……最も日本語として重要な、基本的な所で頻繁に間違っている。

放送業界を目指す若者は、多分、先ず日テレの様な給与の高い所を受験、……NHKは残りの人材を獲得しているのだと推察している。

NHKは一般的には日本の社会で、特別席で高給を貰っていると見られているが、有料なので公務員との比較で、度外れな高給を支給出来ない。

その結果が、最近のNHKのアナウンサーを筆頭に多くの人のラジオ放送から聞こえる言葉の初歩的な乱れ……て、に、を、はの助詞の誤用と関連する受身形を使用できない……が非常に気になるが、それは多分, NHKが二流の人材しか雇用出来ない事が原因かもしれないと思う。

高級官僚の場合

公務員の給与は公開されているから解り易い。

筆者の会社の『名ばかり会長』だった元大蔵省財務官稲村光一氏の様に、指定職と呼ばれる高級官僚は各省庁に数名しかいない。その様な高級官僚でも退職直前の給与が最高額になり、日テレのピークの1,700万円に届かない。殆どの高級官僚は東京大学卒だが、妻の友人の息子さんは東京大学卒ではなく、スポーツに熱中して大学時代を過ごした。

定年退職後の天下りが稼ぎ時

官僚の本格的な稼ぎは天下りによって実現される。現職時代はその天下りをする為の準備期間なのだ。

全ての官僚が天下りできるわけではないが……不器用でなく……少しの幸運に恵まれて、上手く準備が出来れば、退職後の約20年で下は下級官僚の数千万円〜上は青天井で……数百億円稼ぐ人もいるだろう。日本の奇妙な現実を知らされる。

現状は過去の人的資産の食い潰し、優秀な人材は海外へ

戦後の日本経済の急速な膨張は、工作機械、自動車、造船、鉄鋼業、電機製品などの製造業の頑張りで実現した。

製造業にコバンザメの様に付き添って、総合商社、金融機関、海運業、航空も大きく業容を拡大し、それまで貿易赤字で苦しんでいた日本が、全く反対に、過度な貿易黒字を抱え、日米間の大きな政治問題となってその処理が大きな課題となり……21世紀における米中対立の様な……日米経済対立が1970年代に発生した。

欧米先進国の模倣を技術的な土台として、誠実で従順な規格型の労働者を低賃金で雇用する事で、営業力は非常に貧弱だったが、市場競争力は絶大で、欧米諸国は全く太刀打ちできなかった。

強みを要約すると、低賃金から来る価格競争力、製品の性能が均一で故障しない、納期厳守の３点に集約され、それらの強みは全て、工場労働者＝低学歴労働者によって実現された。

非常に少数の日本の優秀な高学歴技術者はいたが、大多数は非常に劣っていた。

瞬く間に日本の製造業は西欧社会に大きな存在感を示し、結果として、俗に言う、貿易摩擦を引き起こした。

それまで貿易と呼ばれる海外取引は、総合商社が仲介して行っていたが、それは総合商社には英語を使える人材が豊富だったからだ。貿易量が大きくなりメーカーの人間も外国に駐在する様になり、メーカーでも海外取引、英語でのビジネスを行える人が、徐々に輩出してきて、総合商社の必要性が薄まって来た。

日本と同様の事が少し遅れて韓国で起こり、次いで中国で起こり、日本の競争相手は欧米よりもむしろ、韓、中の方が大きな問題となって来た。

製造業から通信情報産業へのパラダイムシフト

1960年代に実用分野に登場し始めた半導体は広く産業分野に浸透して、あらゆる機器を電子機器で管理、操作できる方法を世に出して、産業界に、パラダイムシフトを起こしており、21世紀に入り更に加速度的に社会の全部門に影響を与えて世界を変化させている。

それはパソコン、ネット、スマホなどで代表される通信、情報革命である。

製造業の場合、均質な、数で能力を評価できる従業員を多数集める事が要求され、製造業は低賃金を求めて、世界中を徘徊しながら、新規の工場建設国を探している。

通信、情報産業においては、人間の質＝能力が問題であり、人間の数は問題ではなく、高等教育を受けていても能力のない人間は単に組織の負担としかならない。

教育が社会で有用な人間を育てる事を目的としているとすると、要求される教育の内容が、今までと随分違った物になるが、教育は旧態依然としている。

別の言い方をすれば、教育の目的が、社会に受け入れられて自立できる人間を育てる事だとすると、教育は社会のニーズに適応する様に変化しなければいけないが、日本ではそれが出来なかった。

1990年代後半から金融業界が優秀な人材を求めて、理系大学卒の採用を始め、そのようなトレンドの中で、東大の理系を卒業した妻の甥が情報通信関係の企業、日本オラクルに就職した。

私は金融ビジネスに手を染めていたので、日本の企業と比べて突出して高い技術力のオラクルの存在を知っていた。

日本オラクルと富士通

妻の甥は米系IT企業日本オラクル勤務、私の甥は富士通系のIT企業インテックに就職していた。

私の甥は私の20才年下で、妻の甥は私の30才くらい年下である。

2020年の決算内容を会社四季報で比較すると以下のようになる。

会社名	従業員数	売り上億円	営業利益 億円	純利益 億円	売り上げ／人 万円	純利益／人 万円
日本オラクル	2,500人	2,100	688	476	8,400	200
インテック	3,700人	約1,100	*1	*1	約3,000	

*1：非上場企業なので公表されていない。

日本オラクルはインテックよりも少ない人数で２倍以上の売り上げがあり、１人当たり純利益が200万円の、日本標準で表現すれば超好業績企業である。日本オラクルの親会社は、子会社よりも決算内容が良い筈であり、それが米国の『ホワイト企業』であり、スウェーデン標準と同様である。

IT産業では設備費が極小、能力が問題となる

ホボ同時期に妻の甥と私の甥に、見積書を提出する際の時間単価について聞いてみると、インテックは５千円／ｈで、オラクルは１万円だった。

インテックでは係長、課長でも年収１千万円は無理、部長くらいなら可能かもしれない。

オラクルでは、20代後半で１千万円は何ら珍しくない。

オラクルが日本へ子会社を設立した1980年代中頃に、オラクルのヘンテコリンな事務所の様子がテレビ放映され、事務所に犬がいるとか、ユッタリと仕事していると、日本とは別世界である事を報じていた。

業界と従業員の能力の重要性の比較

民間企業は従業員の能力が総合された力で、企業の能力が計られて、競争力の強弱が決定される。

授業員の能力は従業員の数で計られる部分と、知識、問題解決能力で計られる部分に分けられる。

数で能力が計られる部門

決まった定型の仕事をする場合には、企業の能力は従業員の数で決定される。10人の従業員よりも100人の従業員の方が10倍の物が製造できる。

質で能力が計られる部門

従業員が10人でも100人でも、若しかしたら従業員数には全く関係ない。

何らかの理由で、１人で良いからアイデイアを出して、新しい何かを発見、又は考案して特許の出願、登録をする事で、競合他社を退けて、大きな売り上げにつなげる事だ。

特許まで行かなくても、改革、改善の種は会社の至る所に存在している。

改革、改善の種を発見するためには先ず、健康な常識が必須の条件で、その上にそれを具体的に解決する専門能力が要求される。

オラクル、インテック、教育

オラクルでは、従業員の能力が最も重要視され、能力の低い人は役に立たない。

インテックは、中級：二流の専門能力と数で企業の総合能力が決まる。

自動車、家電の製造工場では、数の多寡、工場の規模が工場の能力を決定する。

日本の受験対応の教育は数で総合力がきまる自動車、家電の製造工場の作業職の人にピッタリの人材を養成して、高級官僚として採用、国の行政、経済運営の免許を与えている。

会社でもR&D部門では質が最重要でそれが全てである。

日本のIT産業は既に二流国で、先進諸国の下請けになっている事が解った。

会社四季報によれば、オラクルの重要顧客は『NECと富士通』と書かれている。

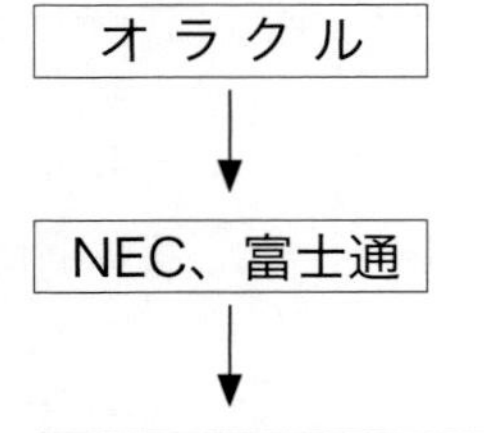

最新のデーターベースソフトを開発、NEC、富士通にライセンスを与える。

オラクルのデーターベースソフトを使って、政府、行政、民間企業からIT案件を受注。

政府、行政では全くのド素人が、発注者となって……IT案件の仕様を決めて発注する。

住宅の新築に際して、小、中学生が建築仕様、設計図を見て発注するようなものだ。

PC9800が頭をよぎる

1970年代には大型コンピューターがIT産業の主役で、PC的な物はその芽は出始めていたが, 一般には使用されていなかった。1980年代初期にパソコン＝PCが出現、日本ではNECのPC9800が急速に普及し始めた。

1980年代末頃には日本におけるNECのPCのシェアーが90％にも達して、PCと言えば日本ではPC9800を意味する時代だったが、Windows95の出現により時代は変わり、2003年で生産は終了した。

PCの場合には多くの部品を必要とするハードウェアだから市場投入までに時間が掛かる。

アイデイアの創出→設計→下請けへの部品発注→組立工場の建設→販売網の整備と教育と気の遠くなる様な多くの準備作業が必要とされる。

PC9800と競合する他社が、その様な準備を行ってNECに対抗するためには時間が必要だったから、PC9800はかなりの期間、時代遅れだったが市場に存在する事が出来た。

21世紀になって様変わり

PCが搭載するハードウェアはWindowsとアップルが世界標準となり、ITソフト産業は、ハードウェアとは無関係に、瞬時に何でも目的に適合したものが使われるようになり、顧客はその用途により使用ソフトを使い分けるようになる。

それまでは、使用するPCが主役で、顧客はそのPCの使用法を学んでいたが、それは必要なくなった。

顧客に忖度して設計された使いやすいソフトは選ばれてシェアーを伸ばし、使い難いソフトは市場から消えて行く。

その様なソフトの開発に最も必要な事は、素人の顧客視点の常識で考えられる能力である。

常識＋高い専門能力が要求される

庶民的な常識を持ち、素人の顧客に忖度する心でマーケットを観察、その様な顧客を満足させる為に自分の専門能力を駆使して、それを可能にするソフトを作り上げる。

日本の東京大学を頂点とする教育制度が作り上げる人材とは正反対の人材が要求される。

5千億円のIT関連の発注をド素人がする

世界的なITコンサルテイング企業、1.5万人の従業員を持つガートナーによれば、日本の2023年のIT関連の総支出は30兆円弱と推計、官公庁が最大の顧客で約5千億円と推計している。

コスト削減の提案

自分史、第二部で取り上げられた日本の褒められない……欧米諸国の基準で判断すれば、犯罪と見做される様な事件は全て実行不可能なように改められるべきである。

一般人が知る事のない、隠蔽された無数の事例がある筈であり、それらが……欧米諸国並みに改善される事で、国家予算が蚕食される量が激減するだろう。度々述べてきたように、日本とスウェーデンでは多くの根本的に違ったところがある。

組織の隠蔽文化

日本の官僚は守秘義務を悪用して、不祥事を外に露出させない様に組織が運営されているから、公務員がどの様な事を考え、何を計画しているかは表に公式発表されるまで解らない。

公式発表される段階では“妖怪ジャパン”の仕業で入念に根回しされており、既に決定されたのと同然の状態で、公開に付されて、意見を求められることもあるが、変更する意思はないのだ。明瞭に反対意見を表明しているような専門家を排除して識者、大学教授、専門家と呼ばれる人を招待して委員会を開催して承認させる事で、民意に従った形式を取って決定される。終戦後に執筆された多くの著作が、日本が無謀な戦争を始めた原因は小判鮫の様に政権に迎合してマスコミを通じて開戦を煽った、『御用学者』の責任を問題にしていた。

21世紀になり、日本の状況は戦前の日本と酷似している。

スウェーデンには御用学者は存在しない

上記の様な手続きを踏んでから政治の場に持ち上げて、国会で承認して予算が執行される。

スウェーデンの場合には、賛成の人はむしろ呼ばれなくて、反対意見を持っている人が呼ばれて議論する事でより良い、結論、合意に至るように努力する。日本の場合には、談合とも呼びたくなる、正々堂々と表に出せない様な、手続きで決定され、誰が決定の責任者か解らない様に仕組まれているので、その内容の事について論評するほどの情報は公開されない。

その様な中で、車検、運転免許、警官の交通取り締まりに関する事は、数少ない国民が直接、制度と公務員の仕事に就いて知る機会である。この様な理由から、車検制度、運転免許の更新と警官の交通取り締まりに関する行政の費用節減に就いて考察するが、それ以外の他の行政行為についても同様だと推測する。

結果として現れた、国別の制度の良否の評価のデーター

大小無数の因子が関係して、最終的に交通事故死亡者数の多寡により、交通インフラの良否が判定されるものとすると、10万人当たりの、交通事故死亡者数が意味を持ってくる。

統計によれば10万人当たりの**死者数はスウェーデン＝2.7, 英国＝2.8, 日本＝3.7**, 韓国＝8.4であり、英国、スウェーデンの死者数が多いわけではなく、むしろ少ない傾向である事が解る。(2016年の統計)

英国、スウェーデンでは国中に張り巡らされている国道の最高制限速度は110km/ｈであり、日本や韓国、ソ連の様に警察のさじ加減で速度違反を恣意的に取り締まれ易いように、100km/ｈでも良い所を60km/ｈの速度制限にするような事は起こらない。

車検制度

自分史第五章既述のスウェーデンでの車検制度は非常に便利に運用され、利用者に掛かる費用も少ない。

陸運局で、車検場の親分をしていた、学友マッチャンと50年ほど前に議論したが、すっきりとした反応が無く、それから約半世紀経過するが、日本では何も変化、進歩がない。(我々の様な一般人には見えないが、0.01㎜くらいの些末な改善は業界の中では行われているようであるが）他の色々な事も同様だが、日本では、民間会社の切れ者ビジネスマンからすると、イライラするくらい、反応が遅いが、それは全て”妖怪ジャパン“のせいだと思う。

半世紀前のスウェーデンでの車検

会社から、勤務時間中に車検場に電話して時間を予約、職場の上司に離席を言って車検場へ約10分で到着、大きな事務所みたいな長い建物の端にある事務所の窓口で、車を渡して約3,500円払って、20～30分待って、64項目のチェック結果を貰って終了。若し、問題個所がある場合には、車検が通らないので、期限以内に修理……殆どの場合、中古部品屋に行って部品を買って自分で修理する。修理してから、再度車検を受けてOKなら、車検パスとなる。

全て自分で出来て、安上がり。この程度の事が出来なければ、スウェーデンではアホ扱いされる……特に男でこれが出来なければ一人前とは見做されない。王族がその様な事をしているとは思わないが、全ての一般人は、内閣総理大臣でも人生の何処かの時点でその様な事を実際に経験していると思う。

現在の車検

友人経由で知った現代のスウェーデンでの車検は、2006年に車検が民営化され、多くのガソリンスタンドでも車検をやっていて、更に簡単になっている。予約しても良いが、予約なしでもOKで車検業務は朝の7時からやっている。

持ち込むと直ぐに資格を持った技術者が手際よく車検開始,約10分で車検終了。費用は440kr＝約7,000円である。

新車は3年後、それ以降は毎年との事。30年以上の超中古車は車検がいらないが、そのような超中古車は持ち主が愛情込めて保有しているから、車検は不要との事である。

車検証はなく、ネットで車のナンバープレートの番号とリンクされているので、必要な時に警察は番号から直ぐに車検の履歴、持ち主が解る。

既に、半世紀前にスウェーデンでは全てのガソリンスタンドで、セルフ給油、タイヤの空気圧調整が当たり前だった。

友人の陸運局に勤務し、車検場の親分をしていた学友マッチャンに話すと、彼も知っていたが、……正確な理由は忘れたが、行政が……色々な理由を付けて抵抗していたみたいだった。

セルフ給油が日本で一般化したのは、それから約40年後だが、その遅れは“妖怪ジャパン”のせいだろう。

私の日本での車検と定期点検

私のミニバン、2000ccエンジンの日産リバテーは20年目で、前のトヨタのライトエースは23年で廃車にした。

ライトエースの場合は、点検や簡単な修理は全て、スウェーデン方式、自分でやったが、リバテーに替わってから、点検保守は日産のサービス会社で行ってもらっている。電子部品が多くなって、素人では触り難くなったのと、部品が手に入り難くなったのが大きな原因だ。3年ごとの車検と半年ごとの**約35項目の簡単な定期点検のメンテプロパック**に入り、3年間で約7万円、部品交換は修理会社の言いなりになるから、大まかに年間5万円以上は掛かる。

スウェーデンの車検は64項目の点検で、メンテプロパックは約半分の35項目である。

スウェーデンならいつでも、定期点検の様に車検場に行き、点検してもらって必要に応じて部品を購入……至る所に、部品屋があり、新、中古の部品を安く売っている……非常に安上がりである。

スウェーデンでは20年以上、車を乗り回すのはごく普通で、車のメンテは、一般人の普通の仕事みたいになっている。感覚的に1年間に掛ける車のメンテ費用は主にDIY的思想で行うスウェーデンでは日本の1/5くらいの感じで、このような経験の中から、知識が増えて……疑問を持ち、自分で解決して……その相乗効果で社会が知的になっている側面がある。日本の様に、金の力で、何かを他人にやらせていても、人間としては向上しない。

全国にある、主に個人所有の普通乗用車と軽自動車の総数が、5千万台と仮定し、一台当たりの車の車検も含めたメンテ費用が日本で年間5万円、スウェーデンで1万円と仮定すると、スウェーデン方式では年間4万円の支出の削減になり、それはトータルで2兆円の費用節減になる。10年で20兆円、50年同様の制度を維持すれば100兆円になり**国民が100兆円を負担していることになり**、それは国民の生活の劣化に繋がる。車検に関わる法定費用は消費税の対象にならないが、車検に関連して掛かる費用は消費税が掛かりGNPとして計算され、統計上は経済が良くなったと見做される。

スウェーデンではガソリンスタンドで７千円の価格で64項目のチェックをしているという事は、**日本ではそれ以下の費用で行えるはずだ。日本では国家公務員の仕事として行っているから人件費は支払い済みである。**

スウェーデンの様に情報公開の進んだ国では、車検を担当した技術者が見逃しをすれば、隠蔽される事なく、非難を受けて、資格はく奪になる可能性があるから技術者は誠実に仕事をする。

杜撰な定期点検による重大ミスの発生

８年ほど前９月にメンテプロパックで定期点検を受けた。

11月の末に国道428号線有馬街道から右折して有馬温泉に向かい、緩い登坂に侵入すると渋滞している。

目的地リゾートトラストの有馬エクシブ直前の所で、ボンネットの隙間から水蒸気が噴き出し始めた。

数十年前によく見かけたラジエターの過熱である。直ぐにJAFに電話してチェックして頂くと、定期点検の時に外したファンを回転させるためのカップラーが差し込まれていなくて、それが原因でラジエターが過熱した事が判明した。

定期点検が故障の原因だった。若し高速道で同様の事が起これば、大事故に繋がる恐れがあったが、定期点検後、高速道路を走っていなかった事で幸いした。（資料集参照）

タイヤ交換時のミス

30年ほど前トヨタライトエースの頃、マツダのサービスステーションでタイヤを購入して交換してもらった。

地道を走行していると、小さな音で、パタパタ……と音がする。上空をヘリコプターが飛んでいると思った。

数キロ走行して阪神高速７号線に入り、トンネルの中で、パタパタ音が大きくなり、音の原因はヘリコプターでない事が解り、すぐ次のサービスステーションでチェックしてみると、右側前輪のタイヤが仮締めだけで本締めされていない。

日本では危険がいっぱい

筆者の半世紀の運転経験の中で２回も、大事故に繋がったかもしれない、プロの行った重大ミスに遭遇した。

50年人で２件のミス発生　→　25年人で１件のミス発生と仮定される。

日本の全４輪車自動車の登録台数約８千万台では、８千万÷25≒３百万件の巨大な数値になる。

この事は全国レベルで考えると、**かなり多くの事故が、専門家のミスで発生している事**を示唆する。

そのような事故の中で死亡事故があっても不思議ではない。

一旦事故が発生すれば、その第一原因を特定する事は難しいが、**定期点検によるミスは自動車事故のかなりの部分の第一原因となっている事を示唆**する。

点検チェック確認の点呼制度を設けるべき

法律で義務付けている車検、定期点検完了後、実施者ともう一人の人で、重要事項の実施を確認する点呼を制度化する事で事故率を大きく削減できると推察する。
スウェーデンの場合にはDIYで車のメンテを行う人が多く、プロも一般の人もメカに強く、日本の様に全てお任せ社会でないので、見逃しが少ないだろうと思う。

警察行政からコスト削減効果を検証する

自分史、第二部で多数の政府、行政部門で慣行となっている、民間の視点で観察すると不合理と感じられる多くの事柄を指摘した。民間人には行政の中でコスト削減、ムダがどの程度あるかを知る事は不可能である。
何れにしても行政の会計は税収と歳出の差し引きで決まり、足りなければ、短期的には金融機関からの借入金で賄うか、公債を発行するしか方法は無い。
多くの民間人がお世話になり、最も理解が簡単で可視化されているのは、警察機構であると思う。
その様な観点から、日本の警察行政の他国との比較でコスパを検証してみたい。
紙数の関係もあり、大まかな数値で専門家の方からは非難されるかもしれないが、“木の議論は無視して森を見る”つもりで検証する。自分史に既述の、英国でレンタカーを借りた時に、英国では免許の更新が10年毎で70歳までは自動更新、70歳でチェックされ３年ごとの更新であると聞いた。2021年現在、自動更新はネットでも可能で写真を新しくするだけで、役所に行かなくても更新できる。

自動車運転免許更新

日本の場合は平均の更新期間を４年とすると、20才〜70歳までの50年間に免許更新が13回行われるが、英国の場合は５回で済む。70歳以上は両国ともホボ、同じである。
免許更新の回数を英国の様に10年毎にすれば、警察の事務量が5/13＝約0.4と、60％以上少なくなる。

事務の合理化、デジタル化を実行すれば

英国の様にネットでの更新可能にすれば、事務量は更に低下、現在の3,500円から１千円以下にする事は可能だと推測する。
更新手数料が１千円となり、ネットでできるようになると現行の1/10以下になる。
スウェーデン方式では検査を手抜きしているわけではなく、日本よりも多くの項目をチェックし、色々な要素が関係して最終的な結果として現れて来る、交通事故の死亡率は、既述の様に日本よりも低い。
更新期間を10年として、ネットでの更新制にする事で、**50年間に約１兆円の事務費用の削減**が見込める可能性が見えて来るのみならず、その事は国民負担の面から見ると、それ以上の負担の軽減に繋がる。

道路交通法の、侵入禁止違反と言う微罪

自分史に既述の私の犯した交通違反に対する警察の待ち伏せ検挙は日本の官僚、警察の国民に対する支配、被支配を見せつける警察の冷酷さの典型だ。
数10年間右折して、バス乗り場を経由して方向転換出来ていた所に、半年くらい前に右折禁止の看板を立てた。
１年以上そこを通っていなかったので、私はそれを知らずに、バス乗り場に右折して侵入して、待ち伏せしていた警官に引っ掛かった。

それは官僚国家の常道

1970年代〜80年代のソ連のモスクワ、2000年代初頭の北京、1980年代の韓国での経験だが、制限速度が低いが車が猛烈なスピード,……多くの車が、確実にスピード違反している。

その後、何かの本で共産国とか低開発国では、制限速度を低く決めて、警察が何時でも違反を見つけて検挙出来るようにされていると書かれているのを読んだ。

現役を離れてから、20年以上の間に数十の主に低開発国、共産党国を旅行したがそれは当たっていると感じた。

同時に、その基準で考えれば、日本も立派な低開発国、共産党国家と同じだと感じていた。無数にそのような例があるが、神戸市の新神戸駅近辺から北の方向に約8㎞の長いトンネルが有り、片側二車線の有料道路、県道32号線が北区に向かって通っている。殆どの車は100㎞前後で走行……路線バスは80kmを超えない範囲でノロノロ運転しているが、制限速度は60㎞である。

世評では地道では20㎞以内の速度超過は、パトカーが見逃してくれると言われているので路線バスは80㎞以下を維持していると考えられる。同じ隣保に住む奥様で、不幸にも80㎞でパトカーに捉えられた人がいるが、それは深夜でまばらにしか車がいなかったからだと言う事だ。

2021年11月、警官に待ち伏せされて侵入禁止違反で罰金7千円を払った例について、考えてみよう。

賄賂の対応：低開発国、ソ連型対応

私の払った罰金は7千円だったが、袖の下＝賄賂で見逃してくれる警官の場合には、安ければ500円、高くても2千円くらいで解決、違反者は負担が少なく解決する事が出来て、違反した本人は二度と同じ場所で違反をしないだろう。袖の下は絶対に法定の罰金額よりも少ないから、例外なく違反者にとっては有利であり、違反の抑止効果は十分に発揮される。国民、利用者の視点で考えれば最も安上がりだ。

警官は小遣い稼ぎが出来る。警察組織は事務量が減ってコスト削減。違反者は少ない費用で済む。

誰にも迷惑を掛けず『関係する3者が全てハッピー』であり、それは制度とその運用が悪い事の証明でもある。

教条的に単に法律を守る事には何の意味もない。

日本の場合

私の場合、警官は電子機器を使うことなく、手書きのフォームにボールペンで15〜20分掛けて調書を書いていたが、賄賂で済ませれば、多分、1分で済む。 違反者も、警官も最小の労力と時間で全てが解決する。

手書きのフォームは警察の組織内で経費を使って、処理されて、保存され、罰金が振り込まれたか、その後の経過を監視するために人力が使われて、その為に設備費と、人件費が使われる。

因みにIT化の進んだスウェーデンでは全く異なったレベルの、省人化、省力化された最新技術が使用されているだろう。残念ながら、21世紀の詳細の事は知っていないが、約半世紀前に筆者の銀行預金の利息3,500円の未申告を税務署が確定申告で指摘した実績がある。不正は見逃さないのだ。

日本では通常、罰金は銀行振込されるので、金融機関の仕事が増加して、GDP統計上はプラス効果でGDPは上昇した事になり、典型的な経済学で言う“穴掘り、穴の埋め戻し”であり、国民の幸福には何ら貢献しない。

警察官OBの話によると、高速道路では速度オーバー30kmまで、地道では20kmまでは、通常速度違反として検挙しないとの事だが、現場での判断は警察官の気分でどうにでもなる。

微悪と巨悪

世の中には巨悪と微悪があり、1974年のモスクワは隠される事のない微悪で充満しており、社会の上層部では巨悪が日常的に行われている事が囁かれており、その後人生経験を重ね、日本で活動している"妖怪ジャパン"と同じだと思うようになった。

モスクワの飛行場に着いて入国、通関の際の手荷物検査で、パンスト、ボールペンなどの小物を袖の下として渡さないと、最悪大きな旅行鞄の中身を全て、パンツなどの下着まで、広げてチェックされると聞いていた。

筆者は多くの小物を用意して、気前よく数種類の小物を数個あげたので、簡単に通関することが出来たので、スパシーバ、ボリショイとお礼を言ったら、ニコニコしていた。

日本ではチップの習慣が無いので、絶対的な抵抗感があるが、西欧感覚でチップだと思えば良いのだと思う。

高級官僚は巨悪、巨大な賄賂を取る事で成り立っている国だから、税関吏と言う末端の公務員がその程度の事をするのは、そんなに悪い事では無いと思う。

日本型は二重の、三重の負の効果

私の違反のケースを例として、日本の法律、警察官、犯罪、行政について考えてみよう。

警官の役目は再発防止と事故発生の予防

日本は民主主義を標榜する国であり、警官は公務員＝公僕と定義され、国民に奉仕する事が期待されている。

公僕としての警官の任務は、法律を守らせる事で社会の秩序維持に貢献することである。

交通違反の微罪を見つけて、将来、微罪の再発が大事故の発生原因になる事を予防するのが、公僕としての警官に求められる事である。そのためには事故の発生原因とは無関係な微罪を発見した警官は、それを指摘して、二度と繰り返さない様に教えればそれで十分だ。若し、必要であれば、そのような事実を罰金の支払い無しに、免許証の記録に犯罪記録として残せば十分である。法律がその様な取り締まりを正当化する様に出来て居ればそれで十分だ。

コソ泥の様に、家が無人になるのを待って、空き巣に入るような仕事をする。

警官の待ち伏せ違反摘発行為は、国民、市民に対する貢献、公僕と言う視点で考えれば、コソ泥の空き巣行為と同じだ。

それを評価するような職場で、達成感のある、充実した人生を送れるとは思わない。

罰金の支払いか、袖の下＝賄賂を警官に

最重要な違反の抑止効果は、罰金でも賄賂でも変わらなく、罰金の場合には違反者の警官と制度に対する恨みと記憶が残り、それは公僕がすべきことではない。違反を指摘し,..それ以上の強圧的な態度を取らないのが公僕に求められる事である。

有無を言わさずに罰金を取るのは、既述のように何ら社会貢献にならず、単に社会に負の貢献をしている事になりヤクザの行為と同類だ。

1. 警察機構に罰金の処理に伴う事後の事務量を増大させ、結局大きな人的、物的費用が積み上がる。
2. 違反を発見するために、二人の警官が隠れ、待ち受けて違反者を摘発する。最近変更

されて、侵入禁止となり特に慣れていない様な人が間違いそうな所で待ち受けるが、そんなに頻繁に違反は起こらない。

警官一人に掛る雇用費は１時間当たり３千円～５千円くらいだろう。なぜならパトーカー、電話、事務所、保険……雇用側は大きな費用が掛かり、それらは税金で賄われる。私の場合二人の警官が例えば、４時間待ち受けするとすると、約３万円掛かる事になる。

3. 多くの警官も、バカではないから、そのような待ち受け摘発に充実感を得ているとは思えなく、達成感の少ない、又は無い人生を送る事になる。当然の事だが、そのような仕事に充実感を持つ、組織適合型の警官もいる。
4. 金融機関に振り込まれた罰金は、金融機関の仕事量の増加になり、それは社会的なコストの上昇に繋がり、微弱ではあるが、日本の労働時間、インフラコストに負の影響を与える。

若し、**袖の下で済ませれば、ほぼ千円で済み、違反者は幸せ、警官も千円が頂けて幸せ、皆幸せ**で何ら問題ない。

現行の制度では、皆が盲目的に真面目に、お互いに不幸になるために働き、充実感の無い人生を送る事になる。

次世代の子供の教育の為に最も重要な、家庭生活、家庭教育の中で、子供にプラスになるお話が出来る話題が出てこない。

“日本経”の呪縛から、盲目的に法律に従う事に疑問を感じない日本、日本人は”妖怪ジャパン“に操られてこの様な些細な事も累積して巨額国公債発行残高の積み上げの原因となっている。

交通違反の**微罪の場合は、警官が発見した時に注意する程度に留**める。

若し、起こした事故が交通違反を犯したことが起点と見做される場合には厳罰を与えるように変更すべきだと思う。

教育が粗悪、粗雑な法律に盲目的に従う事を強調する事で、マインドコントロールしている日本の教育の問題が背景にあり、多くの人が空気の様に、その存在を意識しない無数の小さな原因があると思う。

スピード違反取り締まり

先述の隣保のＵ奥様が60km制限のトンネル内で80kmのスピードで、20kmのスピードオーバーを摘発したのは後部からついてきたパトカーだった。昼間には交通量が多くて殆どの車は、……路線バスを除いて……100km以上で走行しているが、取り締まりは危険なのでパトカーは走行していない。

Ｕさんが摘発されたのは交通量の少ない深夜だったので、何時もの様な速度で走っていたら掴まったと、悔やんでいた。英国の場合には多くの高速道路……殆どが無料……には、上から高架橋の様な構築物にカメラが設置されており、制限スピードを超えると写真を取られたが、それは10年以上前のことで、今は車の番号をAIで読み、即、車の持ち主を特定すると聞いている。英国では高速道路上では110km制限の所が多いが、制限速度は厳格に守られている様子だったし、友人もそのように言っていた。警察はスピードオーバーを許さない。日本の様に、警察官が手加減しない、出来ないようになっている。

高速道路上ではスピード取り締まりのパトカー、白バイはいない、全てカメラが仕事をしている。

パトカーや白バイは任務にあたる警察官に危険である事、費用の両面から時代遅れの方法だと思う。

英国の様にカメラに仕事を任せれば、多数の、多分、数千人くらいの警察官の人員削減が実行できると、推測する。

人件費が1千万円／人とすると、年間、数百億円の費用節減に繋がる。

日本では、高速道路上にカメラを設置した、カメラ橋があるが、最近は使っていないようであり、どうもパトカーとカメラの二重の設備費用を掛けているようである。

英国で、稀にAIの誤作動で、ピント外れの所に、スピード違反の通知が来て、笑い話になるが、そんな些末な事は問題にはならない。受け取った人が、事情を話せばすぐに解決する問題だから、即刻導入すべきだと思う。

パトカーによる取り締まりは、**警察官が危険に実を晒す事になり、違反者を過度に刺激して、問題を大きくする事で、警官と違反者の両方を危険な状況に追い込むリスクが高い。**実際にそのような原因で発生した事故が度々報道される。

その様な事故の発生に至らなくても、怖い思いをしたドライバー、警官は多くいるだろう。

カメラによる違反の摘発と、違反者を確実に取り締まる、……警官の気分次第でなくて……事実を示せば効果的な違反の抑止力となると確信する。

費用削減の可能性

運転免許更新、微罪の取り締まり、速度違反取締の実務の変更だけで数百億円／年の費用削減は十分可能だろう。

警察庁の年間予算を約3千億円とすると、上記3種の業務だけであるが、他の業務も大同小異だと仮定すると、年間500億円程度の費用削減は制度を良い方向に変える事で十分可能である。10年で5千億円、30年で1.5兆円である。

高速道路で逆走問題

かなり前から、高速道路上の逆走問題が高齢者の起こす交通事故との関係で議論されているが、抽象的な議論は多く聞くが、具体的な対策について聞いたことが無い。

簡単な事だが、例えば高速道路の入口に電波の発信機を取り付ける事で防止出来る。

1. 高速道路の入口に電波の発信器を設置する。
   簡単な物で、工事費込み、精々数万円で済む。
2. 行政が自動社工業界に、例えば、2年後から新車への逆走防止電波を受信して、運転者に警告音を出す装置の設置の義務化の決定を通知する。
3. 同時に、発信電波の詳細についての技術的な情報を公開する。
   自動車会社、部品会社等は、既に販売されている車が電波を捉えて、警告音を出すような装置、方法を取り入れる事を簡単にする方法を考え始める。
   例えば、ナビの会社は、ナビの機能に警告音発生機能を持たせれば、追加費用は限りなくゼロで行う事が出来る。

残念ながら、日本の制度では、このような簡単で、費用の掛からない案件では“妖怪ジャパン”の興味を引かないので、提案する人がいなく……放置されて、識者と言われる人が抽象的、情緒的に解説する種になるだけで、一向に具体的な対策が打たれない。

道路使用税を車検時に払わせる

EVと呼ばれる、電気自動車は普及のスピードを上げており、欧米や中国では具体的に法制化して目標を定める事で、普及を加速化させる政策を取っている。

電気自動車はガソリンを使わないので税制の隙間を通り抜けて、道路使用税を免れており、今の状態を放置するとマーケットが間違った方向に誘導される可能性、徴税の正義、整合性に混乱を及ぼす可能性があり、早急に明瞭な形で対応すべきである。最も簡単で公平性を維持して、手間の掛からない方法は、EV車には**車検の際に期間中の走行距離に対応して、車体重量との関係で、走行距離に応じて課税額を決めて、道路使用税を納付させる事**である。

公務員の土地の先回り買いの防止

自分史第八章に既述の公共、準公共工事の計画段階で、先回りして、例えば、土地の先行買をする事で巨利を得る事例がある。多くの場合それらは外部に露見することが無いが、数年して結果が明瞭に示してくれる。

国会議長となった綿貫民輔氏、神戸市北区の看板長者の話などだが、……露見していない例が多数あるものと推察される。既述の兵庫県庁に勤務していたＹ氏の話では、公共工事に関係する計画段階での情報は外部に漏らしてはいけないと、就業規則の説明の時に聞いていると言っていた。

それを防止、又は抑止するような何か具体的な方法がとられていなく、単に一般的な……殺人はいけない、盗みはダメ……みたいな精神論で、それではお話にならないと思った。

若し、担当者又は情報を得た人物が先行買をして、誰かが、裁判を起こしても、証拠を必要とする裁判所から納得できる判決を得る事は困難、のみならず、掛かる期間と、費用から、就業規則の説明は単に、……**先行買をするときには気を付けてやりなさいくらいの、逆効果しか与えないと思う**。

公務員の先回り土地買い行為を、具体的に定義、明記して、何らかの防止装置を作っておかなければ、個人情報保護法との関係もあり、公務員の先回り土地買収は現在よりも容易になり、社会の劣化は促進されるだろう。

先回り買いが露見した時点で厳罰に処する様に手続きを簡単にしておけば手が掛からずに防止できるだろう。

土地の新規登記をする人に、20年以内の公共工事予定地の先回り売買である事が判明した時には、元の持ち主に対価を払うことなく返却する事を義務付け、同時に罰金を科す。同時に懲戒解雇とすると立法すれば先行買をする人はいなくなるだろう。

スウェーデンでは車歴30年以上の車は車検が不要で公道を通行できる。それは30年も前の古い車で動くのは、愛情ある持ち主がいるからであり、そのような車は丁寧に取り扱われており、事故を起こす可能性が少ないからと車検免除となっている。日本の常識では考えられない様な多視的な、行き届いた……多分、日本では絶対許容されない様な……制度である。それが可能になる背景は、官僚に豊富な常識と市民重視の温かい心があり、自分の考えている事に自信があるからだ。先述のように10万人当たりの交通事故の死者数は日本より少ない。

行政からの案内文

非常に頻繁に行政からの、葉書や封書が届き、特に年金関係の物が多い。

日本の年金受給者数は約４千万人だと言われている。

１通の封書の発送の為には、切手代、その他人件費も含めて、多分１通の費用は150円を下らないと思う。

一回の発送で約60億円の費用が掛かる。特に年金の場合には、不勉強で理由は良く解らないがかなり頻繁に、多分年間５回以上受け取ったように記憶する。年金以外にも、頻繁に行政から封書、はがきが到着するが、余り意味のない様なものが多すぎる。

民間では、発送回数を減らすための工夫をするだろうが、官ではそのような発想は無いのだろう。

年金については、出来たら１回、最大でも２回程度に抑える工夫がされるべきだと思う。

こんな些末な事でも、発送回数を年間５回削減できれば、１年間で300億円、10年で３千億円、30年で約１兆円の費用削減が出来る。

公用車の存在

多くの人口数万人の地方都市の首長が公用車を持っている。

政権の要職にあり、海外の諜報機関の対象とされている人は別にして、昔と違い車が普通の道具となった21世紀に公用車は時代錯誤も甚だしい。日本中にどのくらい公用車が有るのか知らないが、Ｘ万台位あるのかもしれない。

スウェーデンでは、例外的に国、極少数の大都市ではあるかも知れないが、一般的には公用車は限りなくゼロである。

公用車１台の年間維持費用が600万円とすると、全国の公用車数が１万台と仮定すると、全国で年間600億円、10年間で６千億円、30年で２兆円弱となり、それは国公債に転嫁される。

かなりの比率で、公用車は運転手付きでありその場合には運転手の人件費が上乗せされ、千五百万円くらい掛かるだろう。

日本の科学を科学する

その１：公共工事は不正、賄賂の温床

明治の開国で西欧の科学的な知識と数学を駆使した工学技術が導入され、急速に造兵技術、土木建築技術が向上した。それまで、設計図は存在せず、大まかな作品の構想を表した絵を基に、発注者と工事を行う棟梁との信頼関係で契約された。作品の設計図は工事を請け負った棟梁の頭の中にあるが、それは経験的な知識の積み重ねを基に作られた。

勧善懲悪のテレビ番組

昭和の時代には水戸黄門等の、『勧善懲悪』番組……悪徳作事奉行＝公共工事の発注者と業者の賄賂を題材とするテレビの娯楽番組で溢れていた。

多分、その様な歴史的な背景があるので、公共工事の発注に際して発注者が工事の適正価格の見積もりをする必要性が認識されたのだろう。

公共工事の発注に際して詳細な不正発生を予防、同時に違反者を罰する為の複雑な法整備が行われた。

価格の見積もりには、長期間の幅広い経験をベースにした高い能力を必要とするが、日本の官僚にはそのような知識も、能力も言葉では表現不可能なくらいお粗末。

欧米の様に官も民もホボ同じような専門知識を共有している社会とは根本的に異なる。

副町長が入札妨害行為で逮捕される

NHKの聞き流しのラジオから、2023年９月22日の朝、和歌山県日高町の副町長が小学校の屋根の修繕工事の『基準額』を入札前に、業者に話して落札で出来るように便宜を払い、見返りに賄賂を受けたとして逮捕されたと報じた。この様な事件が報じられた場合、その受け止め方は、人により大きく変わる。

筆者はバカみたいと思う。何故ならそれは単なる行政の時間と費用の無駄使いで典型的な日本の政治、法制の出来の悪さが原因していると思うからだ。

筆者は田舎で育ち、この様な不正の存在を小学校の頃から熟知しているのが原因だが、都会のサラリーマン家庭で育った人は、その様な社会の暗い……闇に行われている事については……全く無知で、大多数の人が都会に住んでいる20〜21世紀にはその様な行為は看過される。

田舎は賄賂社会で、それは日本の役所社会の常識

筆者の生まれた約30戸の篭渡部落には二つの新興ミニ土建企業があり、その一つは叔父の会社だった。

自分史に既述の様に、筆者の叔父餘久保正則は第二次大戦に陸軍伍長として従軍……多分工兵隊に属し……金鵄勲章を貰った英雄軍人だった。大柄で頑健な叔父は、あらゆる土木工事に人の数倍の働きを示し、特に石垣の積み方が上手だったと言われていた。小学生の頃、毎日の様に行き来していたのでよく記憶している。

役場、農協などの土木工事の入札に絡んだ、色々な現代から見れば……汚職まみれの……土木工事に纏わる話が、直接、間接の話として耳に入るから……都会のサラリーマンは自分の職業以外知らないが……小学生でも社会の汚職についてよく知っていた。

筆者自身も小学１年の頃から賄賂を交番の角田巡査に持って行ったことが、何回もある。

ブルドーザーが土木工事の為に篭渡に登場したのは、筆者が中学1年の時であり、約１㎞離れた工事現場に見に行った記憶がある。全て公共工事で、積雪に伴う雪崩で発生したがけ崩れの改修等の競争入札で落札すると、土方を雇って仕事をする。全村で、多分10を超える、ミニ土建企業があり、談合の話は、日常会話の中でよく耳にするので、社会的知識は非常に豊富だ。

官と民の技術者の能力差が問題の根源

21世紀になり、機械化され、使用する部材、素材も複雑多様化して、土木工事は単純な肉体労働ではなくなった。

その様な環境の変化が同じ資格を持った土木工事の専門家でも、官と民の間に巨大な差をもたらした。

民の専門家は、手に道具を持って、図面に指示された内容を咀嚼しており、工事を誠実に……後日問題を起こさない様に……施行して行く。

官僚はそれを眺めている、警備員の様なもので、数十年役所の専門家として勤務していても専門能力は劣化しても、向上することはない。それは既述の兵庫県庁職員Ｙ氏の場合だけでなく、既述の国税庁、総務省、国交省のお粗末なふるさと納税、全国旅行支援の……多分、全ての日本の官僚に共通する問題だ。

それは、日本の活字知識重視、記憶重視、実体験軽視の教育の下で育ち、終身雇用制度の中で大学卒業後の人生経験の幅を狭くする結果の必然として表れている。

彼ら官僚も、解りもしない仕事をさせられて人生を達成感のない、面白くないものにさせられている。

最低価格を決める必要はないのだ。

設計図がしっかりしていれば、その中に構造設計のみならず、耐用年数の期間内で起こる機能不全は工事業者の責任である事を明記した仕様書を作成して契約を結べば、役所は何もする必要が無い。

自分史に既述の、筆者のスウェーデンの友人で市長の秘書課長的なウラ夫人が水道工事に伴う、関係者の会議について語っていた、スウェーデンでの公共工事の、発注、仕様設計、実行に就いて聞いた時に、日本との大きな違いを感じた。

それは過去の工業国以前の時代の制度

技術レベルが低く、設計が杜撰、図面が完備していない、測量機器の精度不良、写真撮影

に手間が掛かる、不良建築素材の横行、JIS規格品の不足、作業者のレベルが低い等、半世紀前と現代では環境が激変している。

発注者側の行政が決めるべき事は仕様と保証だけで十分だ。

お粗末な専門知識で時間を掛けて予定価格、最低入札価格を積算するのは無駄以外の何物でも無い。

競争入札で予定価格の積算は無意味

予定価格の非公開が汚職の種

多分、中央の高級官僚は既述の兵庫県庁の職員Ｙ氏よりも、実務的な知識は劣っているだろう。

法律は予定価格と呼ばれる、価格の下限と上限を計算する事を求め、下限以下の価格、上限以上の価格の応札は無効とされる。下限の値に近い最低価格の応札者が落札すると言う。

前述の様に、**無意味な予定価格を時間と金を掛けて、無能力な専門家が積算、その数値を未公開にする。**

スウェーデンの様に、会議で決められたら即公開すれば汚職の発生する隙間が無くなるが、関係者全員が『妖怪ジャパン』に感染しているから……そのようには行かない

望まれる一般的な手順：設計図を基に品質保証で契約内容の確定

一般的な手順として、必要とする公共工事の詳細な設計の下になる仕様を発注者側が公表する。

仕様書には、全体、及び各部の耐用年数、部品交換、定期補修などの発注者が要望する詳細な仕様が盛り込まれるべきだ。仕様書を基に民間の工事会社は応札するかしないか思案し、得意分野で応札すると決めたら、詳細な検討を始め、構想図が作成される。

積算の労力が不要

民間感覚では、フレッシュマン程度か、以下の能力しかない土木官僚が、複雑な積算業務から解放されて、労働時間が減少する。応札するためには、業者も積算業務を行う必要があり、国として考えると、同じ仕事をダブって行っている事になるが、それが半分になる。

不正の監視業務が簡素化出来る

設計図が存在し、耐用年数などの品質仕様が明確に文字化されているから、全ては業者の責任になり、発注者が手抜き工事をしない様に常時監督する必要がなくなるか、頻度を激減させることが出来る。工事の進捗に応じて適宜スマホで写真撮影すれば証拠も残される。

例えば、安物の部品を使えば、耐用年数が短くなり、それは最終的に工事業者の責任となって、保証の対象となり費用が掛かるのみならず、受注業者としての資格等級の問題に反映するから、安易に安物の使用や手抜き工事が出来なくなる。

最低価格が落札で、最低落札価格、適正落札価格の積算は不要

仕様書と設計図で内容が確定されているから、単純に最低落札価格で業者を選定するだけで、不正の介入する隙間は無くなる。最低落札価格の事前漏洩で、業者から公務員への賄賂が疑われる心配が皆無となる。

発注者側の公務員の積算文書の作成が無用となり、労働時間の減少に貢献できる。

裁判の費用が不要

冒頭に記載の和歌山県日高町の最低落札価格の事前漏洩を疑われるような、不毛の裁判の発生原因が社会から消滅して、社会が明るくなり、同時に起訴に至るまでの、内部調査、警察の捜査、検事、弁護士などの裁判に関係する費用が無くなり、日本の労働時間の減少に寄与する。

官僚社会に与える影響

公共工事に関連する公務員の人員が激減できる。最も不得意とする、経験を必要とする仕事に不向きで……仕様書の様な簡単な文書の作成ならばさして困難ではないだろうから、土木関係の専門家として採用出来る人材の門戸が広がる。

法曹関係者、公共工事に関係する官僚が、複雑で、単純に無駄な、公共工事の発注に関係する法律の勉強から解放されて負担が減るから、幾分楽になる。

国家経済への貢献度

官は日本の突出した土木工事の大発注者であり、上記の費用削減効果により確実に兆円単位の歳出削減と、長時間労働の削減に貢献する。

過去からのトラウマから逃れられない日本の高級官僚

超安値応札

後に平成天皇となられた明人皇太子のお后で民間出身の美智子様は、子育てを自分の手で行いたいと仰った。

それまで皇室では制度として乳母が子育てを担当していたと言われていた。

その為にそれまでの宮殿とは違った、生活臭のある、民間の家庭風の想定建築価格２億円を超える、台所付きの東宮御所を著名建築家が設計、競争入札が実行され、間組が１万円で応札した。

間組では社員、下請けが非常に熱心に皇室向け建築工事を行いたいと社長を動かし、その結果採算度外視で間組が１万円で応札したと言われていた。1950年代末の頃の話であり、当時の２億円は現代の50億円相当だろう。

マスコミでは賛否両論『売名行為』、『皇室崇拝の表われ』その他諸々で……役所を狼狽させたが……最終的にその騒ぎが皇室にご迷惑を掛けたと、皇室に忖度して、間組は応札を取り下げて、決着した。

巨額な無駄な仕事

中央、地方では無数の公共工事が行われており、それらには全て上述の様な無駄な労働が費用を伴って行われている。それらは全て最終的に税金と国公債の新規発行で賄われる。

因みに、多くの先進諸国では入札制度に上下限の設定は無くて、簡素化されており、官も民もホボ同じレベルの専門能力を持っているので無意味な議論に時間と費用を掛け無くても良い。

スウェーデンの場合には、それに輪を掛けて、情報は即刻議事録の形で公開されるので、汚職の侵入する隙間が極めて少なくなり、その様な期間が長く続くと社会の清潔度が上昇して、汚職の少ない、ホボ無い社会となる。

新技術の活用と、費用の節約

郵便番号の活用

筆者は資料集に幾つかの年賀状のコピーを掲載している。
注意深くご覧になっている方は宛先に住所、氏名を記載するスペースが殆んど無い事を疑問に思っておられる筈だ。
多くの人は全くそんな事に頓着しないでスルーされていると思うが、これは、筆者の典型的なコスト意識と、乱筆が誘導してくれた合理化である。

乱筆の影響

筆者は乱筆で、字が汚いので、出来るだけ字数を少なく、最小限の字数で済ませたいと頭の何処かで指令している。ラブレターは書けないし、些細な事を膨らませて字数を多くして売文する、小説家には不向きだ。
エンゲルスしか読めなかったと言われる、共産主義の創始者カール・マルクス程の悪筆でもないから中途半端で、人事課は筆者の配属先を図工とし、住友の12年間、図面の中に注意書きを挿入する事はストレスの原因だった。
制作図面には常に文章で色々な注意事項を箇条書きで記載しないと、作業者に設計者の意図が細かく伝えられない。
周りの先輩は皆達筆で、スラスラと文章を書いている。
筆者は先ず、最小の字数で済ませる様に文章を考え、癖字で乱筆を隠そうと努力する。
他人は筆者の努力など知る訳が無いが、筆者にとっては重要な事である。

筆者の郵便番号の活用法

(後日判明したが、それは何時の頃からか既に『郵便番号簿』に記載されていた)
10年ほど前に妻、長女と３人で五島列島に２週間の旅行をした。
五島列島にイタリアレストラン『空と海の十字路』と言うレストランがある。
筆者の年賀状の場合には、年賀状の右上の郵便番号欄に左記の様に書くだけで良い。

８５７	－	４４０２

－１２４２
海と空の十字路様

と記載するだけである。

殆どの人は以下の様に書いている。

８５７	－	４４０２

長崎県南松浦郡新上五島町奈摩郷１２４１
空と海の十字路　様

郵便局の仕事を考えてみれば、ポストに投函された郵便物は『郵便区分機』で、機械的に郵便番号を読み取り、東西南北にある地域に発送され、そこで郵便番号で区分されて、配達員は郵便番号で決定される最終的な区分である、Ｘ丁目Ｙ－Ｚ番に到達して、その家の郵便受けに入れる。
特別に問題が無ければ、筆記した長い手書きの住所は意味を持たない。全てはデジタルに郵便番号だけで始まり、終了するのだ。必要は発明の母と言われるが……と書かれると思うが筆者は30年前くらいから……郵便番号を有効活用する事で年賀状のスペースの有効活用を行っている。
この様なアイデイアの出所は会社のコンベヤー部の小林さんとの会話に始まる。
サンドビックは阪急梅田駅に『ムービング・ウオーク』、『歩く歩道』を、多分、世界で初めて実用化した企業だ。
経済が活性化、物流量が増大する中で、宅配便が生まれ、その配送を効率化する為の機械化が始まった1970年代に、機械化の為の最初の工程になる送り先への仕分けの自動化が模索される。
荷物をコンベヤー上に載せて仕分けするが、幅広のステンレス鋼製のベルトが使用された。
高い技術力を持つサンドビックは高い耐久性を持ったステンレス鋼製のベルトを製造できる世界で唯一の会社だった。その延長で梅田に『歩く歩道が』設置された。
その様な歴史、経緯から筆者は郵便局内で行われている作業には手書きの住所の記載は必要ない事が解っていた。

郵便局員の抵抗

随分前、多分30年以上前から始めたが、最初は郵便局で、間違いと指定されたが……郵便物が紛失しても良いからと説得して……時間を掛けて……数年したら、窓口の人は何も言わなくなったが、新しく赴任された人が窓口担当となると、説明を要するが、近くにいる人が助けてくれるから、今では全く問題ない。

それは郵便番号簿に説明されていた

新しい2022年版をパラパラとめくっていると、『住所記載の省略』として、『郵便番号簿』に、手書きの『住所記載の省略』として、解説している。2010年版にも同様の説明がある。
あて名（住所、氏名の正しい書き方）が詳細に書かれている。
次のページには筆者流の、『住所の記載省略』する事がOKである事の説明が有るが、それは日本では浸透しない。
筆者も含めて、日本人は仕事量を減らすことに鈍感だと思う。
筆者の場合年賀状を約200枚も書くのは、大仕事に加え、乱筆で書きたくない、字数を減らしたい気持ちが、住所記載の省略法の発見につながった。

経済効果を考える

年賀状の発行枚数はピークの2003年には約45億枚、2023年には17億枚と言われています。
1枚50円で計算すれば450億枚＝2,250億円と巨額である。
個人的な年賀状、企業が送る年賀状等あるが、手書き、印刷、パソコンを使っての写真の取り込みなど、付随的な消費を喚起して,GDPの上昇に寄与するが、同時に義務感から来る、精神的な負担も大きくなる。

欧米では日本の様には行かない

欧米では郵便番号は『ストリート＝道路』の名前の後に番号が来るので、日本の様に『ディストリクト＝地区』で決まっている様には行かない。郵便番号と手書きの道路名を書かなければいけない。日本の地番制度の有効活用をしない……。

郵便番号簿

我が家では永らく2010年版の『郵便番号簿』を使用していたが、最近新しい2022年版の『郵便番号簿』を入手したが内容は全く同じと言っても良い。勿論、注釈、切手代などは一部変更がある。

年　度	重量	ページ数
2010	約860g	575ページ
2022	約520g	368ページ
減少率	**約40%**	**約35%**

ページ設計を過大に無駄なスペースを作らず、文字を僅かに小さくした事が、ページ数削減の理由だ。

用紙の厚さも、僅かに、実用上問題を感じないレベルで薄くした事で、重量比での減少率が大きな数値になっている。どの時点でこの様な変更が行われたのかは定かではないが、2007年の郵政民営化３年後の2010年版から15年後の2022年には、民間会社の視点で、『コスト意識を考慮した設計が』行われている。

2010年版は、納入印刷会社の言いなりになって……癒着がそうさせたのだろうと推測させる。

削減されたコストの推測

残念ながら、筆者の印刷業界の知識は貧弱なので正確な事は言えないが

ホームセンターで販売されているＡ４のコピー用紙は500枚で400円くらいだ。

20年間に３千万冊印刷されるとすると、**紙代が50億円になる**。民営化される前は多分倍掛っていたのだろう。

問題山積の実験国家スウェーデンは参考に値するか

日本の国際連合加盟が承認されたのは終戦から11年後の1961年、国連事務総長スウェーデン人のハマーショルド氏が新聞記事に頻繁に登場し始めた。私が中二の時であり、世界平和の為に活躍するスウェーデンのイメージが日本に定着した。

高所得、戦争しない、男女平等、高福祉、自然を大切にする国、……と良い事ずくめであり、スウェーデンは非常に特別視されてきた。日本に住み、スウェーデンの実際を知るのは簡単ではない。統計数値や多くの活字情報は嘘ではないだろうが、そのような情報は日本の常識、視点から解釈されるので、誤解が多くなる。日本と異なり、スウェーデンは善意から火中の栗を拾う事を平気で行う勇気がある。

世界中、どこの国も同じだと思うが、国内には大小の複雑な問題が山積しているが、スウェーデンでは拾った栗を原因とする問題が多くの問題を起こし、その解決に悩んでいるように見える。以下にスウェーデン社会の実情を要約して記述する。

移民問題

フリーセックスと売春

第二次大戦後、人道的な視点からスウェーデンは海外からの移民、難民、里子の受け入れを積極的に行っている。

1960年代末、スウェーデンに顧客を団体で招待旅行にお連れして出張した時に、スウェーデンは出生率が低下、人口減少が起こっていると、日本人のガイドがスウェーデンの事情を説明した。日本は人口増加で、それは空気の様に捉えられており、同行のお客さんは、出生率の低下はスウェーデンの男性の能力の低下にある筈と考え……真剣にお手伝いしたい……と云って、夜の町への同行を頼まれたが、そのような場所はスウェーデンにはない。当時、日本ではスウェーデンはフリーセックスの国と週刊誌が記事にしていたが、それはスウェーデンが世界で初めてポルノ雑誌、女性の完全ヌード写真の解禁が誤解された事が原因で、スウ

ェーデンには日本の様な買春文化は無かった。
教科書的に言えば、昭和33年に新しい法律が出来て、日本では赤線と呼ばれた管理売春が禁止された事になっていたが、実態は野放しに近かった。
怪しげな、うす暗い玄関の韓国クラブ、トルコ風呂……大都会の至る所に存在していた。

義を見てせざるは勇無きなり

その後スウェーデンに住んでみて、難民受け入れはスウェーデン流の“義を見てせざるは勇無きなり”である事を理解した。第二次大戦後の朝鮮動乱の際に発生した戦争孤児が、大量にスウェーデンに里子として引き取られていた。、現在、最も里子の大きな供給源は中国であると言われている。統計はスウェーデン人の約20%は移民と移民の子だと言っている。人口比で考えれば日本に約２千五百万人の満足に日本語を話せない、外国人がいるようなものだ。
1970年代、私がスウェーデンに住んでいた当時はトルコ、ポーランドからの移民が多かったが、途切れる事なく継続的に政治的亡命者、移民、難民、里子を世界中から受け入れている。
2009年には約10万人の移民を受け入れ、2012年にはシリア危機に際して５万人弱の難民を受け入れた。
人口比で考えれば、スウェーデンでの10万人は、大まかに、日本の100万人に相当する。
翌年にはシリア騒乱の悪化に伴い、全てのシリアからの亡命希望者に、永住権を与える事を決定した。
自分史のまえがきに既述の、40年前に日本から里子したハンナはこの様な社会的背景の下スウェーデンに送られた。経済的、精神的に裕福でなければできない事であり、……受け入れるためには巨大な忍耐、資金とエネルギーが必要である。

犯罪者が多い

移民受け入れに伴い、言葉、教育、宗教、習慣、貧困等……無数の問題が発生する。
移民や、移民の子がストレスから犯罪を起こすのは、予想される事であり、結果として種々の犯罪の発生率は高くなる。
スウェーデン語の習得には長期間を要し、当然教育の現場の混乱の原因となり、それは教育レベルの低下に繋がる。
それを承知で、半世紀以上スウェーデンは積極的に難民、政治的亡命者、里子を受け入れて来た。
この事を、バカな政治と決めつけるか、崇高な政治と考えるか……それは、私が結論を出す問題ではないと思うが、なかなか出来ない事であるのは確かだし、悪徳行為でないのは確かだ。
日本では、官とマスコミが共謀して北朝鮮に約10万人の韓国人と日本人伴侶を労働力と、人質的資金供給源として送りだした過去があるが、受け入れた北朝鮮の行為は同じ移民でも、スウェーデンとは真逆である。

官僚文化の国：公務員の数か、質かの問題

労働力人口に占める公務員の比率は、数年前のOECD等の統計によると、スウェーデンが約30%、日本が６～８%、数年前に国債のデェフォルトを起こしたギリシャが約25%だったと言われている。
スウェーデンは、比率で日本の約５倍も多くの公務員がいる事になる。
ギリシャが問題を起こしたときに、殆どの新聞、雑誌、テレビの解説に登場する、識者、経済学者はギリシャの25%の高い公務員の比率を原因として上げていたが、スウェーデンだけでなく、フィンランド、ノルウェー、デンマークなどの北欧諸国は全てギリシャより高い約

30％のレベルである。

公務員の定義は国により大きく異なり、他国の統計数値を自国の数値に当てはめて考えるのは問題だ。

終身雇用でないスウェーデンでは必要に応じて民間からアルバイトをごく短期間雇用する事が頻繁に有る。

日本の統計では調査期間中に、１日でも就業すると就業とカウントされる。スウェーデンで統計上の公務員の定義をどの様にしているか、筆者は知らないが、**日本の様に数日間日当で働いた人を就業者としてカウントすれば簡単に10％程度上昇するだろう。**日本の場合公務員は終身雇用だから数字はホボ一定だろう。

OECDの統計ではスウェーデンの福祉負担率は日本の1/3.5だから、公務員の比率が30％/６～８％≒４と、４倍以上では大きな矛盾が出てくる。

質＝能力の問題のスウェーデンと日本の比較

スウェーデンの場合

スウェーデンの場合、制度として官と民の垣根が低く、変化する国内、国際情勢に柔軟に最適な人材が投入されるようになっている。若し、ミスで不適な専門家が採用されても……迅速に適任者に交代されるだろう。

日本の場合は人事院があり、永久に変わらない

日本では人事院があり、キャリア官僚を一括で採用している。
詳細に説明するためには１冊の本を書かなければいけないが、詳細は人事院月報を読むと人事院の活動がよく解る。

月報2024年１月掲載、工藤歩氏の記事

工藤歩氏は在ジュネーブ国際機関日本政府代表部、一等書記官」として2021年４月から２年半駐在された。

それまで34年間日本で世界中の……国連、WHO、ILO等無数の……国際機関、外国との連絡、調整の仕事を行い、人材獲得の為の大学生への講習、国際機関職員同士の交流促進等々……海外経験の豊富な、典型的な外務官僚だと思っていた。６ページの長い記事中に以下の様な記述があった。

> 番外編～海外未経験者がジュネーブで感じた事～
>
> ここまで真面目に業務を紹介してきましたが、最後にこれまでの２年半強の海外生活を振り返ってみます。
>
> 今回の赴任まで34年間、一度も海外の地を踏んだことがなく、国際線に乗ったのも初めての私が、海外での生活で感じた事、スイスの魅力を紹介します。

工藤氏は多分藤井大使の著作スウェーデンスペシャルかその原本である省庁に配布されたストックホルムからの報告書を読んでいる筈だ。

工藤氏は活字専門家だった

英語が話せるだけで……多分、日本の常識も貧弱……多くの人が、中学、高校生も含めて海外経験をしている中で……大学卒業後34年間も外務省に勤務……誰が考えても、何かが変だと考えるだろうと、筆者は思う。

この掲載記事が意味する事を筆者の常識で推察すれば

1．人事院のモットーは「**中立、公正、信頼、人を育てる**」とある。この様な記事が掲載される事が異常である事を認識しない、隠蔽しない……する知恵、常識が無い事は人事院の公正を示す証拠なのか？
筆者が人事院の担当官ならこの様な記事の掲載を躊躇するのみでなく、その様な外務省を変革する為に活動を始めると思う。

2．工藤氏は34年間外務省に勤務．．定年も視野に入った50代後半で、最終的に家族５人で海外派遣されたと、単純にうれしくて書かれているように見える。「権謀術策」、「魑魅魍魎」最も複雑な利害関係の関わる外交官……その中でも最高クラスの一等書記官……が、筆者の記事からの観察では高校生のレポートの様に書かれている。

筆者はここまで、失われた30年の原因を探り、その原因を日本特有の「名ばかり専門家」、「活字専門家」だと断定、最後に外務省も例外でない事が判明した。

人事院はその旗振り役

筆者は人事院を誤解していたが、月報の影響から、人事院関係の資料を多く読み以下の印象を強くした。

人事院は国民の為でなく、公務員の労組事務局なのだ

筆者は、人事院は民間の人事課の様に、優秀な役に立つ人材を発見して採用する為に知恵を絞っていると思っていたが、それは誤解だった。国家の為、公僕としての視点は欠如、学校のクラブ活動の様に楽しくやっている。
国の借金が多額になったから、ガンバラなければ……民間の低所得者を何とかしてあげなければ等の視点が全く感じられない。

トップに綺羅星の様な高齢の女性を充当

人事院総裁、人事官などの高官に多くの企業を渡り歩き、多くの政府、行政の委員会の委員を兼任されていた、日本の典型的な識者を充当して、社会を納得させている。

日本の役職者への女性登用が、欧米諸国と比べて低い事が非難される中でこの様な事が起ったのだろう。

高齢で……多分、定年まで大過なく過ごし、定年後は何処かに天下りして……最近流行の社外重役、国の外郭団体のトップに横滑りなど……で平穏な定年後の人生を計画されていても不思議ではない。

トップに30～40代の頃のエネルギーがあれば、人事院月報に掲載された様な記事は絶対に掲載されないと思う。多分、中枢の人は月報など読まないのかもしれない？

質の問題

注目すべき事はスウェーデンが就業者の約1/3が公務員でも、多数の難民、移民、政治的亡命者を受け入れ、公債発行残高が日本の1/5～7と少なく、歳入と歳出のバランスを維持している事である。

日本では就業者の約６％が公務員だと言われている。表面上の統計数値を比較すれば、日本ではスウェーデンの約1/5の小人数の、少数精鋭で行政を行っている事になる。日本の実態は、筆者が無数のお粗末な事例をお見せした様な次第だ。

行政の成績はOECDの負担率が物語る

１人当たりのGDPと、租税負担の割合は、スウェーデンが約50％、日本が約35％とされて

いるが、既に税負担について詳細に比較検証したが、現在のスウェーデンは日本よりもサラリーマンに対して重税国家ではなく、企業が大きな税負担を担っている。

OECD統計でも、筆者の下から積み上げて計算した負担率でも、統計的上の数値を使って計算すると日本は**『高福祉、低負担』の夢の様な理想の国であり、スウェーデンは『低福祉、**高負担』の重税国家である。

問題は金の使われ方だ

日本では、企業を救済するために巨額の支援を行い、公的資金で企業を助ける。

スウェーデンでは救済を必要とする企業を放置して殺す事を躊躇しない。組織内で問題が起こった場合**日本では人を殺して組織の存続を図り**、組織を生かすが、**スウェーデンでは反対に、組織を殺して人を生かす。**

『ブラック企業』は淘汰され『ホワイト企業』が残るように、企業間競争でも新陳代謝が起こるので、企業の国際競争力が高く維持される。

福祉の質の問題

日本は福祉負担率が18.2%、スウェーデンは5.3%で、日本はスウェーデンの５倍以上の資金を充当している。日本はスウェーデンよりも福祉国家で有る筈だ。

租税負担率の問題

統計上は日本の租税負担率はスウェーデンよりもはるかに低い、低負担国、低税金国家をイメージさせるが、既述の様に、年収500万円近辺……年功序列社会の日本では多くの若者が属する……の低所得層では、日本はスウェーデンよりも重税である。

国防費

国防費としてGDPの１%強、日本は１%弱であり、日本よりGDP比で多く掛けている。

軍隊は実戦部隊が約11万人、予備役が約30万人で、日本の人口に当てはめれば、実戦部隊が110万人、予備役が300万人で、空前の軍事国家の観を呈する。日本の自衛隊員の定数は約25万人であり、米国の保護の下にあるとは言え、その差は巨大である。スウェーデンは非同盟、武器兵器の自国開発を国是とし、現在もその姿勢を貫いている。ソ連解体後、徴兵制を停止していたが、2018年に徴兵制を復活、女性も徴兵の対象とし、国防費を40%増額した。その４年後にロシアのウクライナ侵攻が始まり、その先読み能力にはビックリする。

物の見方は、説明の仕方はどの様にでも出来る

1980年代の後期にソ連の共産党機関紙プラウダ紙上に掲載された日本についての記事が、雑誌に掲載されていたのを思い出す。日本では国民は金が無いので、物を買えなく、店には物が溢れていると、日本の貧しさをプラウダの記者が記事にした。それは、確かに部分的には正しいが、当時、ソ連では物がなくて、……社会が上手く回らなくて、……百貨店や店の棚は空っぽで商品が無いと言う、西側社会では想像も出来ない様な状態にあり……その事が数年後のソ連崩壊の原因となった。当時のソ連の読者はその記事を読んで、どの様に理解、感じたか想像するのは面白い。

私の結論“スウェーデンは勢いのある若者が運営する実験国家”である

妖怪の様に変幻自在に変化する宇宙、地球、人間世界、環境に適合するために、常に考えて、試し、清潔で不正を許さない文化、制度がある。そのような延長線上に、2018年の15才

の少女、グレタさんの国連での地球温暖化についての演説がある。日本人には想像する事も難しい、突飛な事であるが、スウェーデンだから、母親がマレーナだったから、お祖母ちゃんがあの意志の強そうなエヴァさんだったから起こったのだと思う。(写真集参照)

自分史に既述、スウェーデンの歌姫マレーナさんと筆者の娘は就学前に、一緒に歌を練習していた。

経済、金融の世界の様に、他人の損は自分の利益と、功利的に考えれば、スウェーデンは地球温暖化から……他の多くの国では大被害と認識されるが、生存可能のレベルの温暖化では……利益を享受できる、地政学的な位置にいる。

世界人口の約0.1%≒1/1000程度のスウェーデンで起こり、数十倍〜百倍を超える人口を持ち、地球温暖化から最も大きな悪影響を被ると推定される大国からはグレタさんのような人が出現しなかったのは、単なる偶然ではないと思う。

スウェーデンは常に考え、疑い、何か良い事をしたがる国で、“タナボタ”で待っていれば何か良い事が訪れる事を待つことなく、常に考え、行動し、……根っこに弱者に寄り添う心があるが……それは、ソコソコの経済的な安定感があるからであり、お金が全てとは言わないが、お金の問題は大切だ。高福祉にも拘らず、公的債務が日本の1/7と低い。

ソ連で起こった事をバカには出来ない、日本でも類似の事が起っている。

統計によれば、国債に代表される、中央、地方政府の債務の総額は対GDP比で、日本が2.7, スウェーデンが0.4弱である。日本は約2.7と危機的な数値なのに、労働人口の約30%が公務員のスウェーデンでどうして0.4と低い数値しかないのか。無数にある統計情報の中から、幾つかの統計数値を摘み食いして、経済学者が自説を正しく見せる様な無数の講釈に遭遇したが、内容を咀嚼して、総合的に解明、解説された例に遭遇したことが無い。半世紀以上の長期間、金食い虫の大量の移民、難民を受け入れ、日本の5倍も多くの公務員を持ち、大学まで国が学費を払い、巨大な軍隊を持ち、高福祉を行い、累積債務である国債発行残高がGDP比で日本の1/6以下……。

> スウェーデンの数値を日本に当てはめると、1,500兆円の借金を200〜300兆円の借金で賄ってきたことを意味する。
>
> 日本では**差額の1,200〜1,300兆円は何処に消えたのか？**
>
> 筆者は借金から恩恵を受けた記憶がない…….。
>
> 第2部に既述の思考実験によれば、失われた30年間スウェーデンの税制を日本に適用しておれば、借金でなく、預金が1千兆円以上出来た筈だと言う。

多分、スウェーデンにも日本にも妖怪が住み、その妖怪が何かをしているに違いない。スウェーデンの妖怪は、多分、単純な正義を支援する妖怪だが、日本の“妖怪ジャパン”は、多分、複雑怪奇で簡単に正体を現さなく、庶民、若年層をイジメている。

筆者は、巨額公的債務は官僚のお粗末な制度設計と、天下り官僚OB、OGの納税額減額の口利きによると自信を持って言える。

お粗末な制度設計の負の貢献

歳出上の負の貢献は巨大ではないが、制度設計がお粗末なので対象企業、従業員、利用者に無用な負担を掛け、社会を低賃金、長時間労働の「ブラック企業」へ誘導した。

天下りOB、OGの負の貢献

1,500兆円の大部分は天下り官僚による納税額減額の口利きにより発生、その一部は企業から天下り官僚に戻される事で、天下り官僚は退職後の約20年間の長期間、現役時代よりも高額の報酬を手に入れた。

巨額蓄財は多分、安全通貨である外貨に向か……結果的に日本の円安＝日本の価値減価……っているだろう。

スウェーデン関連の類書

今まで多くのスウェーデン関連の本を読み、日本ではスウェーデンが大きな話題の種である事を理解した。

特に、スウェーデン大使などの外交官の著作があり、それらに共通しているのは、日本の庶民の状況を理解していない事と、スウェーデンの事についてはそれ以上に解っていなく、上から目線でしか観察できていないが、それは当然の事だ。

外交官特権

1970年代のスウェーデンでは税負担が重く、外交官特権で納税しない日本の外交官の可処分所得は、推測するに、平均的なスウェーデン人の５倍近辺だっただろう。外交官は日本においてもかなり高額の別給与が支給されているから、帰国後の心配をする必要もなく、スウェーデンでは昔の貴族の感覚だっただろう。

穏やかな国情で、事件もなく……暇だから本を書く気になる。スウェーデン語が出来ないので、新聞が読めない、ラジオ、テレビが情報源とならないので、現地の生きた情報に接する事が出来ない。生活するには、英語であらゆることが支障なく済ませられるから、ヨーロッパの小さな方言に過ぎないスウェーデン語を学ぶことは意味がない。

安定していて問題のない国だから時間があるので、どこでも手に入る英語で書かれた本を種にして本を書く事になる。

スウェーデン人との交際の中で現金の扱いに敏感なスウェーデン人に哀れさを感じる、……そのような事を感じさせる記述が頻繁に出て来るがそれは、私も良く理解できる。

大企業の社長も庶民も同じくケチで常識がある

数万人の従業員を擁する、親会社の社長だったヘッドストローム氏と数万円の小型電気器具の買い物に付き合ったが、彼の細かな器具の仕様に対する質問と価格に対する敏感さにはビックリしたが、それがスウェーデンなのだ。

因果関係から言えば、鈍感な人では、有能なビジネスマンに成れる筈がなく、有能なるが故に社長になったので、スウェーデンの上位の職位にいる、ビジネスマンは例外なく、俗な表現をすれば、“ケチ”でムダ使いをしない。

30年の現役の間には100人以上の出張者の買い物に付き合った事があるが、例外なく皆堅実だ。

大富豪となった、“マイクロソフトのビル・ゲイツ“と同じである。国家もそのような感性を持った官僚がアイデイアを提供、それに沿って計画して実行される、日本とは決定的に違った精神的な基礎がある。

私もケチな人間だ。ケチな人間だから、数千の企業を訪問して金属部品の機械加工のコスト削減の方法を提案する事で、その結果の一部のお裾分けを頂いて生きて来た。

酷税下で蓄財が出来た

スウェーデンが最高に酷税だった1970年代、４年間サラリーマンとして住み最終的に、支払った税金を全て還付させて、結局払った税金をゼロにする事が出来た。４年間の勤務を終えて、年間約350万円強の貯蓄をした事になり、同時期の日本の厚生年金の標準報酬月額の上限が32万円の頃の話であり、月額３２万円は銀行の支店長、製造業で大企業の定年間際の課長クラスの給与である。
30代後期の年代で、当時の一般的な日本の給与水準では、全てを貯蓄に回しても貯蓄できない様な金額である。
３か月間早くスウェーデンに来て、調査して対策を練った事で、酷税を完全に克服する事に成功した。
この経験は私の大きな自信に繋がり、その後の人生に大きな影響を与えてくれた。

経済学者の論文

多くの論文を読んだが、それらは全て正しいと思うが、統計と法律の解釈であり、生きた経済との関りでの理解が貧弱なので、些末な事を虫眼鏡で観察して一部分の事を説明しただけに留まる。
共通して言える事は、日本の実情についての深い理解がないので、単に統計数字の比較だけが目につく。
スウェーデン語を理解している方の書かれた論文でも、私の推測では大部分は英語の文献から得た情報、知識の翻訳であり、生のスウェーデンから得た知識をベースとした知見は非常に少ない。
スウェーデンに行き数日滞在して、スウェーデン人と英語で交流した経験から書かれたものなど、経済専門家として名を成している著名人の書かれたものとしては無責任のそしりを受けても仕方のない物にも多く遭遇した。
この度の執筆に際して本屋に行き最近のスウェーデンに関する４冊の本を入手した。

日本が劣化したのは教育が原因だ。
原点に、人間の本質、人間とは何かを原点に教育を考えよう。

自由主義国の公教育
日本の様に自由主義の看板を掲げている国では『義務教育制度』が普通である。
米国では高校までを義務教育であるが、日本では中学校までである。
公教育＝義務教育の必要性は約2.5世紀前のフランスで革命により、『王政＝独裁制』から民主制になり、人民は『自由と平等』な民主制社会を作り上げた。
民主制社会を維持するためには国民が知的でなければ、反動勢力により……金とステータスを求める強欲な者どもが支配する……独裁政治に戻るかもしれないとの危惧から……賢い国民にするために公教育が義務化された。
宗教国家の公教育
モーゼ、キリスト、マホメット等の神から啓示を受けたと自称する宗教の創始者が存在する、一神教が支配する宗教国家では、経典が全ての原点になり、数千年前に書かれた経典の内容に忖度して神の意志を解釈、それに従って行動する事が求められる。不可逆的に変化する宇宙、地球、自然環境に迎合して人間は……ある時には身をひるがえして避けて、ある時には便乗して……身を守り、価値をつかみ取る器用さがなければいけない。

> 教師の最も重要な役目は、過去に生きて来た教師がその経験を伝える事で、自分よりも優れた次世代を担う若者を養成＝教育する事だ。
> 過去の人間である教師は自分の考えを押し付けて、新しい、未来に生きる若者の成長にブレーキを掛けてはいけない。

筆者が中学卒業の1950年代後期、筆者の生まれた農村では高校進学は余り重要視されていなかったが、その後急激に高校への進学率が増加、1960頃には障害者と極貧の人以外は全て高校進学するような感じに変化した。

日本の詰め込み式教育、受験対応で過去問の暗記重視の教育は、教育の目的を完全に喪失している。

1960年代後期に生まれ、受験教育の中で順位付けをされて、若者の特徴である好奇心を喪失、疑問を持たないから、探求心も湧かず……受験教育経とも呼びたくなる宗教国家的な教育を受けている。

宗教経典に相当する過去問の問題集を暗記する事にエネルギーを消費して……**精神的に疲弊、顔貌は若いが精神的には高齢者である。**

21世紀になり変化の速度が爆増

変化が緩慢だった第四次パラシフトまでは問題は顕在化していなかったが、21世紀になりIT革命で第五次パラシフトに突入、急激な変化に社会が追従することが出来なくなった。

COVID19＝コロナ事件の緊急事態が行政に迅速な問題解決を迫り、行政機関は種々の対応策を立案した。

残念ながら、対応策はピント外れで……単に費用の無駄使いと無用な負担を国民に掛ける以外の何物でも無かった事を証明、東京大学を筆頭に高学歴高級官僚の……想像を絶する無能力を露呈する機会となった。

高学歴者の常識不足が最大の問題

問題解決に最も重要な常識が貧弱な事が最大の問題だ。

受験教育で過去問を勉強し、記憶重視で勉強しても、常識が無ければ、何の役にも立たない。

日本では、行政に最も不向きな人間になるように、大きな費用を掛けて公教育を施し、その中の勝者に次の選抜を掛ける事で最高に行政に不向きな人々を高給官僚として選抜している

常識を欠いた、彼ら東京大学卒の人々は最も大きな被害者だ。幸いなことに、彼らの常識ではそれが認知できなく、それを苦痛と感じていない所が救われる。

彼らを高学歴の牢獄から救い出し、今後同様な苦しみを持つ若者を養成してはいけない。

彼等を牢獄から救い出せば、『妖怪ジャパン』も消え去り、日本の国家経営も大きく改善されスウェーデンの様に官も民も『同床同夢』のウイン、ウインの関係が出来上がると思う。

MLBの大谷翔平の例を見るまでもなく、自由に心の大空を羽ばたかせれば日本人は他国人よりも劣っている訳ではない。それは2024年のパリオリンピックの金メダル獲得数が示している。

スウェーデン紹介の類書

その１：Xスウェーデン大使のスウェーデン紹介本

1970年頃の大部の著作で、平穏なストックホルムでの大使生活で、時間があるので著作を始められたことを吐露され、同時にスウェーデンでの生活の不自由さに不満を述べられていたのが印象的だった。

残念ながら名前が思い出せないのでX氏と書かせて頂く。外務省にも電話で問い合わせたが……結局応えて頂けなかった。

病院の受診の順番が、先着順で……日本ではこんな不便な事がなかったみたいな……最後まで読むと、日本では高級官僚として特別扱いされていたので、順番関係なしに受診できたのに……である。
福祉政策について、過剰な行政の支援について懐疑的で、特に出産、子育てについて……こんなことが継続して出来る筈がないみたいな論調だった。

外交官貴族

大使として家賃の掛からない公邸に住み、多分日本人の料理人が食事を作り、日本では本給が銀行振り込みされている。
体面を保つためにスウェーデンでは高給を支給され、外交官特権で税金が掛からない。
筆者の場合、税金が高いので額面に対して手取りは40～35％くらいだったが、X氏の場合100％手取りだ。
多分、平均的なスウェーデン人の課長、部長クラスの人の可処分所得の４～５倍の手取りになり、日本で振り込まれている本給が後ろから支えている。
感覚的に年収２千万円の人が年収500百万円の一群の人を眺める様なものだ。

数年後に別の任地での著作

X氏は数年後に別の任地で、同様の本を書かれ、その中にフランスで出産された娘さんの経験から、フランスの手厚い行政からの支援を聞き……著作の中でスウェーデンの高福祉に疑問を持っていたが、それは良い事だったと率直に昔の著作の内容を訂正されていた。それは中々出来ない事で、例外的に立派な方だと思う。
同時にこの著作は、経験の重要性を教えてくれる。

その２：藤井威在スウェーデン大使の「スウェーデンスペシアル」

上記の著作については第２部、第３章で詳細に取り上げているので省略します。
（筆者は失われた30年を作った最大の悪書として紹介している）

その３：須永昌博著“憲法改正に最低８年かける国”

須永さんは1940年中国東北部の瀋陽生まれ、2015年に76才で亡くなられたが、奥様がホボ完成していた著作を１年後に出版された。
須永氏は私の二歳上で東大卒、電力中央研究所に勤務、その後30歳でスウェーデン大使館の科学技術部に転職して、主にスウェーデン政府、大学、企業へのコンサルタントをされていた。
自分史第三章既述の本社のエリクソン氏と一緒にスウェーデン大使館のホーンマルク氏を訪ねて、話し合った時に新入りの須永氏が陪席していた。その後も３回会っている。
須永氏はスウェーデンに熱烈な愛着を持っておられ、スウェーデン社会研究所を設立その他のスウェーデン関連の複数の組織の関係者で、スウェーデン国王から勲章を貰っておられる。
書いておられる事は全て正しいと思うが、残念ながら、須永氏はスウェーデン語を話せないし、スウェーデン語の新聞、書籍を読まれないので、どうしてもスウェーデンに関する記述が浅薄になるのは仕方の無い事だ。

日本についての知識が貧弱

加えて日本に関する知識、日本で汗にまみれての実務経験が少なく、ビジネス、経済現象に関しての読みが浅く、表面をなでるだけで、項目を羅列するだけみたいな感があり、ステレオタイプのスウェーデン礼賛書と言われても仕方がない。
第二次大戦後にルース・ベネディクト女史が著作“菊と刀”で日本を紹介したが、彼女は日本語を解さないし、日本に旅した事もなかったが、本は高い評判を得て多くの人に、日本、日本人についての知識を流布させた。
須永氏の活動も、ベネディクト女史の著作と大きな類似性があるが、時代が異なるので、日本人の共感を呼ぶのは難しいと思う。
本書でも度々、コメントしている様に21世紀の今日でも、日本とスウェーデンの相互誤解は甚だしい。
自分史第六章記載のスウェーデン本社と日本法人の労組幹部との交流会で通訳をした時に、相互誤解の大きさにびっくりすると同時に、それが現実だと理解するのみならず、それを予想していた。
須永氏がコンサルタントとして日本紹介
須永氏がスウェーデン政府、大学、企業のコンサルタント業務をして、日本を紹介するのだが、須永氏の講演、授業、アドバイスを受けた人々を介して、広くスウェーデン国内に拡散して、……日本のイメージとして定着して行き、その一部がスウェーデン本社の労組関係者の頭の中にある。
須永氏の浅薄な日本についての経験、知識を起源とする……須永氏に限らず、多くの識者、大学教授と呼ばれる人の著作に見られる現象だ。須永昌博氏は日本を代表するスウェーデン愛好家だが……スウェーデン語が出来ない、スウェーデンに長期間住んだ経験がない、スウェーデンでの納税経験がない。
私の場合33才でスウェーデン語の学習を始めたが、須永氏は東大理系学部卒、習志野の電力中央研究所に就職、29歳でスウェーデン大使館にテクニカル・アタシエとして転職された。
筆者は33才になってスウェーデン語を習い始め、日本語－スウェーデン語の辞書が無いので、英語―スウェーデン語とスウェーデン語－英語の二つの辞書を使って読み書きの勉強を始めた。
英、米、独、仏から来た家族は、耳から聞き取れているみたいだったが、スウェーデン人は自分の外国語の勉強も兼ねて、英、独、仏語で会話しようとするので、スウェーデン語の会話力が上達しない。
書く方については、全員全くダメで、本人が全く習う気がない。
筆者も最初は会話から入ろうと思ったが無理、結局読み、書きから入った。
約２年で日常会話は不自由しなくなった。
筆者の推測だが、須永氏は長期間の受験勉強で疲弊されていたので、新しい外国語を学ぶエネルギーが不足ししたのだと思う。
筆者は時間的には厳しかったが……精神的には常に余裕のある人生だったのと、個人的に交際するスウェーデンの家族、友人がいたので、比較的簡単にスウェーデン語が習得出来たと思う。
30年間、国内外で政府機関、大学で、日本人に対してはスウェーデンについて、スウェーデン人に対して日本についての講義をしておられる。東京大学卒、スウェーデン大使館のテクニカル・アタシエの肩書は巨大な看板だが、残念ながら須永さんは民間でのビジネスの経験が皆無なのに……日本のビジネスについてスウェーデンの大学で講義をされる。日本の複雑な、重要な事は全て隠密に、暗闇で立案、計画されてからマスコミに登場する社会では表面から物事の本質を理解する事は不可能で、表面をなでるだけに終始する。それを理解されているので、須永氏は情報公開の進んだスウェーデンが好きになったのだろうと推測する。
ある意味で、米国の日本学者、ルース・ベネディクトの様なものであるが、時代が違うので日本人に共感してもらうのは難しいと思う。活きた経済についての知識が貧弱、スウェーデンでの納税経験が無いので、日本のスウェーデン大使館に勤務していた外交官と同じで、生きた経験に基づいていなく内容が薄っぺらにならざるを得ない。
誰かに反論されると、多分、止まってしまわざるを得ない。それが活字で学んだ人の弱点で議論に耐えられない。

活字で学んだことは、活字情報が100％で、そこから得た知識で読者に残った知識はそれ以下である。

一方、実体験のある知識は、他人に言葉で伝える場合、例えば50％伝わり、反論、疑問が出てきたら、それに対して追加説明する事が出来るので、どの様な反論、疑問にでも納得した対応が出来る。

その４：高岡望著“日本はスウェーデンになるべきか”

高岡さんは1959年生まれ、2011年、52才での著作だ。

高岡氏はスウェーデン公使として2008年から２年間ストックホルムに滞在された外交官であり、先に述べた外交官の書かれた本と同様の傾向のある本だ。東京大学を卒業後外務省に就職、高級外務官僚の道を進まれている。

外交官特権から税金免除、日本ではホボ本給が安堵されており、生活に対する金銭的な心配をする必要がない。

公使としての対面維持の為にかなり高額の給与を貰っておられると考えられ、多分、官舎住まいで家賃は無し、スウェーデンにおける手取り収入は、多分、スウェーデンの大企業の部長の３～５倍くらいと推察する。

同じ日本からの転勤でも、第二部に登場した丸紅のヨテボリ所長の苦言の真逆である。

日本では給与が銀行振り込みされ、任地給与の度外れな高さは、現地の人の常識、生活実感からは程遠い。明確に書かれてはいないが、スウェーデン語は出来ないと確信できる記述に頻繁に遭遇するので、スウェーデン語のバリアの外からスウェーデンを観察しておられるものと思う。

スウェーデンでは多くの人が問題なく英会話が出来るので情報の収集にはスウェーデン語が出来なくても全く問題が無いが、何が問題であるかを認識する鋭い視点が無ければ、単なるステレオタイプの情報しか耳に入らない。

外交官でも、外交官以外でも海外に住む日本人は大きく以下のＡとＢの二つに分類できる。

Ａ：日本、日本の制度を誇りに思うか、日本を擁護する事を義務的に感じて、そのようにレポートする人であり、多分、多くの官僚はその様に振舞う。

Ｂ：海外の良い事を探索して、一見、何か良い事があると日本でもそのようにすべきみたいな事を主張したがり、日本の制度に反省を迫る。

高岡氏はスウェーデンで、人生で初めての長い思索をする時間を与えられたと、吐露されている。

ノーベル賞授賞式くらいで，日本からの政治家、高級官僚、その他著名人の接待が主な仕事……さしたる事件もなく、富豪の気分で生活出来るが……本を書く気になるのは理解できる。

発展途上国ならば、メードを雇うのは当然の事だが、スウェーデンではメードを雇っていたのか、雇っていなかったかは、興味のある事だが、不明である。

その５：藤岡純一名誉教授著、スウェーデンにおける社会的包摂の福祉・財政

京都大学経済学部卒、経済学博士で日本のみならず、スウェーデンの著名大学で客員研究員をされている。

著作はＡ５版で350頁の大部で、数百の資料、論文を引用されている。

誰に、何を訴えているのか、著作から何を学んで欲しいのか……訴えるものが無く、典型的な専門家の執筆された著作だ。全体像を頭の中に置いた視点が無く、無数の細かな事柄の海に溺れて、『木を見て森を見ず』の典型で物事の大小判断が出来ていないと筆者は思う。筆者は民間の製造業の中で溺れて生きて来たのでこの様な事を言うが、藤岡氏の著作は日本の

学者、専門家の標準形だから仕方がない。
　数百項目あるOECDの統計から筆者が問題にした負担率統計から、日本が『高福祉、低負担国』でスウェーデンよりも福祉国家である事を読み取られた様子が全く見えない。租税負担率の一部を引用されているが、それが意味する事についての言及、同時に目にしている筈のスウェーデンの突出して低い福祉負担率に就いても言及がない。
　租税負担率、福祉負担率こそ最も重要視すべき統計数値で、その原因を探り、併せてそれにも拘らずなぜ、スウェーデンは公的債務残高が日本の1/5〜7と低いのかと、興味を持ち、その理由を解明するのが経済専門家の仕事だと思うが、統計数値と生活実態の齟齬＝不整合性に気付き、それを解明するような姿勢が全く読み取れない。
　簡単に言えば、世の中の妖怪の様に変化する経済現象に全く興味をお持ちでない様に見える。
　文科省から補助金を得られて、スウェーデンに聞き取り調査で海外出張されたみたいだが、聞き取り調査では……限界がある。
　筆者の読解力では全く藤岡氏の言われている事が理解できない。
　学生に講義をする目的で、数ページ分を1時間くらい掛けて口頭説明用の補助としてなら意味があると思うが……。
　それは筆者が民間企業の文化にどっぷりと浸かって生きて来たからなのだろう。

その6：近藤活一著“スウェーデン福祉大国の深層”

　近藤さんは1975年生まれ　2021年46才で執筆された。
　巻末に引用資料が載せられており計390くらいの資料を使用されて執筆されている。
　先進的な通信、情報産業の世界的な企業であるLMエリクソンに勤務されている、多分、非常に優秀なエンジニヤーなのだろう。書かれている事は全てその通りだと思うが、日本人に対しての警告と覚悟を迫っている側面と、スウェーデンの欠点、間違い、ミスを発見し、それを、スウェーデンで普遍化した事であるかのような印象を与えている。
　完全無欠な社会など存在する筈はなく、問題は修正能力があるか無いかであり、修正するのに気の遠くなるほど長い時間を必要とすれば、そのような社会は死んでしまう。特に変化のスピードが速い21世紀では対応の遅れは、回復不能の状態を招く。
　40代で若く、日本に関しての知識が不足、特に健康、医療に関しては高齢者にならないと解らない事が多く、いくつかの新聞種になる様な事例をピックアップして、普遍化するような説明は、“木を見て、森を見ず”に陥り易い。原発を止めたり、再開したりとする事を、コロコロ変わる『朝令暮改』と非難して居られるが、先頭を走って妖怪と戦っているのだから仕方がない。これ等の議論は単純な素人の議論であり、世界中の核の専門家はスウェーデンの行方、方針を注視している。
　色々なミス、不祥事は、日本的な感覚では個人情報保護がなく、全ての事が透明になっているから、不祥事が発覚するとそれがマスコミで報道され、それが改善するための切っ掛けとなる。
　日本ではミス、不祥事は組織的に強力な隠蔽が行われており、その中から漏れた事例が世の中で話題になり、背後に多数の類似のミス、不祥事が存在する事を意味するが、大衆はその様に推察することが出来ない。
　自分史記載の神戸の須磨小学校での教師間の想像を絶する暴力事件、武井氏の相続に絡んでの400億円の金利の還付、日教組の岡本委員長の銀座のクラブ通い……挙げれば、きりが無いが、それらは,……氷山の一角で、日本では多くの人が、日本で起こっている事に無頓着、又は……別の所で自分もそのような類似の事件から利益を得ている……そのような人は日本では、セレブとされる様な感覚があるからだと思う。

世界に先例のない先進的、実験的な政策を進めるスウェーデンと、日本では全ての事が、根回しと呼ばれる……隠密裏に利害関係者が行政、官僚と調整、計画して……公表されて初めてマスコミが報じるが、スウェーデンでは初期から、議事録の形で公表、情報公開が徹底しているので大掛かりな隠蔽が存在できない。

近藤さんは何故日本で警察官を辞されたのか

近藤さんが、何故、前職の警察官を辞めて転職したかを書かれると、違った展開の本になったのではないかと思う。

日本では司法、警察はミスをすると、直ぐに批判の対象になるので組織を守るための隠蔽する事が常態化されるようになっている。"福祉大国の深層"に幾つかのスウェーデンの医療不祥事が掲載されており、それは事実であり、何ら不思議はないがその背景が問題だ。日本だったら殆どの事は隠蔽されるがスウェーデンでは全て公開される。

更に筆者は40代で、高齢になれば健康問題、若い頃には聞いた事もない病気が無数にあり、医師は解答の無い、未知の問題解決に取り組んでいる事が解っていない。

隠し事の少ないスウェーデンでは露出したその様な問題は、社会から糾弾され、解消される方向で進歩があり、それが新しい発見、先進的なビジネスの種になる事も多い。

日本の場合には、熱心に隠蔽して、隠しきれなかったことが……氷山の一角の例え話の様に露出するが……殆どの場合、時間の問題でマスコミは賞味期限を過ぎた話題から離れて、放置され、その内忘れ去られ、社会は進歩、変化しない。スウェーデンのマスコミはそれを許さない、それが彼らの使命だと理解しているようであり、**それが日本人には耐えられない様な面白くないテレビ番組となり、長い時間を掛けて専門家が議論をする様子が流れて来る。**

医療の問題に関しては、還暦前までくらいの若い世代と、後期高齢者では理解と経験が驚くほど違う。

後期高齢者となり、健康、病気について自分自身の問題、周囲の友人から聞く経験は、若いころの知識、経験とは量と質の両面で天と地ほどの違いがある。

執筆に際して390を超える資料を使われているが、日本との比較において、日本についての知識が貧弱で、学者、専門家の著作と同様に、納得性のある、スウェーデンと日本の比較になっていないのが残念だ。

日本人の様に、忙しそうに、こせこせと動き、長時間労働をものともしないで、低賃金で頑張る日本人から見るとスウェーデン人は非常に違っている。ゆったりと仕事をして、頻繁にコーヒーを飲み……短時間労働で、社会における階層に関係なく４週間の夏休みを取る。低賃金、長時間労働を特徴とするブラック企業は淘汰されており、高賃金、短時間労働で特徴付けされるホワイト企業ばかり。国家予算の歳入、歳出のバランスはホボ均衡、公的債務のGDP比は0.4前後。

日本の恒常的な巨額歳出超過と巨額公的債務の組み合わせとスウェーデンを比較する視点が完全に欠落している。

年令は若いが、日本の後期高齢者の様に長時間労働を礼賛する『ブラック企業』大好きでないかもしれないが、長時間労働、サービス残業を厭わない様な根性が感じられる。

生活臭がない、無機的……機械的な雰囲気

意図的にか、自然とか……不明だが、個人として、国民としての生活実感、生活臭が感じられないが学術書でないので、生活臭を出すべきだと思う。

筆者は自分史でも、第３部でも生活臭を濃く出しているが……この違いは個性の問題かも知れない。

色々と書かれているが、末尾にスウェーデンが好きだと書かれており、ヤッパリと思ったが、結婚されているのか、未婚なのか……個人と、家族持ちではスウェーデン対する評価は随分変化すると思う。
　近藤さんが60代、70代になり再度著作される事を期待するが、その頃には筆者はこの世に存在しない。

参考文献

1．北野120年　大阪府立北野高等学校

2．Case In Coromant　Sandvik AB

3．Transformation　Sandvik AB

4．創立50周年記念誌あゆみ　超硬工具協会

上記以外の参考文献、引用論文は本文中で明らかにしている。

筆者の記憶は、過去のどの時点かで見聞した何かによって構成されているから、既にどなたかが執筆されている事があるかもしれない。

あとがき

2019年に執筆構想が浮かびあがり、大方５年……この本が出版される頃には82才になっている。

歌集と『自分史』は最も好まれない読み物である事を熟知していたが、劣化する日本……外見は幸せそうだが、実態は苦渋の人生を送っている人々が多い事を知り……その様な日本になる事を看過してきた責任の一部は自分にあり、筆者がその原因を知っていると認識していたのが発端だ。ノンフィクションの部分は実名と匿名の書き分けに苦労した。

この本の出現は多くの日本の国政に関係してきた人々に、嫌悪感を抱かせるだろうが、臭いものに蓋をしていたら民主主義社会は死んでしまう。先ず、100人の人が読めば、それから徐々に読者が増える事を期待している。

社会が複雑化を加速する中で、人間の寿命は有限だから小さな一部分しか経験できなく、人間は相対的に単純化する。

多分、この様なページ数のバカげた……時代遅れの分厚い本は今後出現しないだろうと思う。

『愚行山を移す』、『千里の道も一歩から』である、原因が解れば、対策は自動的に決まってくる。５年間に執筆に要した時間は約1.5万時間弱でそれは週40時間労働で５年間のサラリーマンの労働時間に相当する。月末の給与明細書には月給÷140時間で、時給計算された金額が記載され、時間の有効活用を促していた。時給千円で計算すれば１千５百万円に相当する。出版費用は多分数百万円、愚公になるのは大変だ。夜間高校に始まり、人生の大部分を２シフトで標準の２倍の時間を掛けて人生を楽しませて頂いた。

筆者のヘンテコリンな縦書き、横書き併用の構成の本の制作に５年間も付き合って頂いた『一粒社』さんに感謝です。

現役時代も多忙だったが、現役時代よりもはるかに多忙な５年間だった。

昼間の生活は従来と変わらず、家庭菜園、テニス、旅行、スキー、近所付き合い……執筆は主に深夜だった。

一級障害者に加え、高齢者特有の種々の健康上の問題と共棲……コロナにも罹患せずに５年間を過ごさせて頂いたのは天の采配だと感謝している。

バカ話をしながら、笑い、時には衝突もするが愚痴もこぼさず、生きる為に最も重要な食事を与えてくれた妻に感謝である。

この様な本の出版を日本がどのように評価するのか？……名誉棄損で話題になれば？……多くの日本人が知る事になり……結局無視されるのか？

若し名誉棄損で訴えられた場合に司法がどのような判断を下すか……日本の将来を占う試金石になるかもしれない。

執筆形式を決定する為に10名以上の弁護士から有料、無料でアドバイスを受けたが、民事裁判では金言がありそれは『天下無敵の無一文』だと言う。

天があと何年筆者を生かすか、ボケないで生かしてくれるか、天の判断とこの本の出版が引き起こすかもしれない日本の反応を興味深く観察する楽しみが１つ増えた。人生は幾つになっても面白い。人生バンザイ。

2024年春
岡　田　　　實

造語集・資料集・応募論文

H-801 ～ H908

21世紀の日本を正しく理解する為の造語集

執筆中、最も分かり難い『妖怪ジャパン』をどのように説明するか悩んでいた。
無数の因子が関係し複雑で巨大な『妖怪ジャパン』は見る方向で異なる。先ず、自分史で筆者の経験を網羅的に記述。
資料集でその内容をかなり深く扱い、写真集で筆者の人生の雰囲気をつかんで頂く。
最終的に第二部、第三部に論文調で筆者の見解を要約する事で、読者の方が自分の経験と融合される事を期待している。
10数年前に中国ウイグル自治区の陽関博物館を見学、多くの歴史学者がマインド・コントロールを受けている現実を知り、21世紀を良く知るために『造語集』を作る事を決めた。

人類史の四つの巨大パラダイム・シフト

人類は長い歴史の中で無数の大小の変化＝パラダイムシフトを経験しながら不可逆的な進化＝変化を遂げてきた。
その中で**火の使用の開始、農耕と定住、貨幣の発明、原子爆弾の登場は人類史における過去の４大パラダイムシフト**である。

◆火の使用は肉体的に劣る人類が、他の大きくて、**強力な肉食動物に対抗して生き残る事**を可能にした。
◆農耕開始はそれまでの自然作物の採取的生活から、**計画的に食料を入手する事を可能**にした。
◆貨幣の発明と使用は富の蓄積を可能にして、貧富の差が発生、**社会が階層化して王が出現**する。
◆原子爆弾の登場は人間の世界観に巨大な影響を与え、核戦争で絶滅するか、戦争は無くなるのか？

21世紀に突入して人類は５番目のITパラダイムシフト（字数削減で以降「パラシフト」と混用する）の渦中にいる。
約２百万年前に火を使い始め……筆者の１世代の短期間に同時に第４次、第５次のパラシフトを経験する。
ITパラシフトは過去の数千年分が百倍以上速い猛烈なスピードで進行、それは不可逆なので、対応に遅れた個人、組織、企業、国家は困難な状況に陥って終う。マインドコントロールされなる事なく、眼前で起っている事を正しく理解する事の重要性を痛感する。それは筆者が中国ウイグル自治区で遭遇した、北京大学卒の高学歴歴史学者との会話から、彼らが中国の歴史学者としては許されない、些末だが、重要な事を筆者から指摘され、瞬時に顔に緊張が走った事が起点となっている。

マインド・コントロールされた日中の歴史学者

筆者は子供の頃から歴史愛好家で、10年ほど前に**中、日の著名大学の教授の指揮、監修の下で落成**したウイグル自治区内にある陽関博物館を訪れた。
正面玄関に**巨大な張騫の銅像があり、張騫は前方に槍を突き出し、力強く鐙を踏んで乗馬**していた。
歴史の教える所では、紀元前２世紀、前漢の当時、鐙は存在していなかった筈だ。

鐙の出現は紀元後数世紀とされており、鐙は農耕民族と遊牧民族の抗争の歴史に大きな変化を与えた。

農耕民族の漢族は騎馬で襲撃、侵略、略奪する遊牧民族には対抗できなかった。

子供の頃から裸馬を乗りこなし、乗馬に長けた遊牧民は騎乗して刀槍を振り回し、騎射する事が出来る。

農耕民族の兵士は訓練を受けても、遊牧民の様には出来なくて勝つことが出来ない。

鐙の出現で乗馬して鐙を踏んで足を突っ張る事が出来るので、乗馬術が下手でも、刀槍を振り回し、騎射することが可能となり農耕民族は遊牧民族と互角に戦えるようになった。

多分、中国の何処かで発明された鐙は徐々に世界中に拡散、騎馬戦での農耕民族のハンデーキャップを激減、その後の世界史に大きな影響を与えた。

筆者は博物館を退出する直前に数人の学芸員とガイドに向かって、お礼と上述の鐙の歴史についての筆者の理解を述べた。**彼らはその意味を瞬時に理解した……それは、それまで多くの建設に関係した日中の歴史学者、見学に訪れた歴史学者や歴史オタクも指摘した事が無かった事を示唆していた**。

芸術家が勇壮な張騫の銅像を芸術品として制作したが、歴史専門家は観光客の様に銅像を芸術品としてしか鑑賞していなかったが、それは歴史専門家には許される事ではない。

鐙の様な小さな部品は歴史学の主流から離れた小物で、学校の歴史の教科書には記載されていなかったのが原因だろう。筆者は趣味として多くの歴史書を読んでいたので、銅像を見ると反射的に気が付いた。

2023年にネットで検索してみると、巨大な張騫の銅像はそのまま鎮座しているが、移転する、破壊する事は、先ず出来ないだろう。筆者は、横に看板を立てて、参観者の自戒の為に、人は間違いを起こすものである事の証明として活用するのが良いと思う。

ストックホルムに著名なヴァーサ博物館がある。船の安定の為に重要な船の重心と浮心の関係が理解されていなかった17世紀初頭、上甲版に多数の大砲を配置した木造の巨大戦艦ヴァーサ号は建造された。
完成してドックから離れ、進水後数百メーター進んで沈没した。多数の大砲を積んだために浮心が重心の下に位置していたから、転覆するのは当然だった。

1960年代末に引き上げられて博物館で展示されているが、スウェーデンでは科学者、技術者への戒めの好例として、活用されている。

……………………………………………………………………………………………

ITパラシフト：５番目のITパラシフトは人類の歴史が積み上げげた知識の集大成により起こった。ロケット、人工衛星、光ファイバー、半導体等の基幹技術を総合して、ネット社会を構築する事で可能となった。工場における生産の自動化、商業流通……農業、漁業……金融、保険……軍事、警察……教育、研究等全ての分野に巨大な影響を、猛烈なスピードで、社会を根本から変化させている。

最新知識の入手：貨幣の発明は富の蓄積を可能にし、社会の階層化の原因となったが、ITパラシフトは個人間の知識の蓄積量を無限大に拡大させる雰囲気を漂わせている。人口知能＝AIの活用により、チャットGPTが出現、個人が手軽に短時間で最新の膨大な情報を入手する事が可能になった。百科事典が最も頼れる自習用の情報源だった時代には、百科事典は執筆者の個人的な解釈を……それもかなり昔に執筆された時代遅れの……読むことで学んでいた。
人はGPTから入手した知識に基づいて、生理的好悪と、獲得される予想利益とのバランスをより正確に予想する事が出来るようになる。

チャットGPT：国会図書館にある全ての蔵書の情報量以上の情報の中から、ホボ瞬時に必要な最新の情報をピックアップしてくれる。

本、論文は過去の記録：書籍、論文は過去の記録であり、鮮度が劣り、急速に不可逆的に変化する社会では利用価値は限り無くゼロに近いほど小さく。解り易く言えば、エジプト考古学の様に趣味の世界のものになる。

失業目指して頑張る製造業：製造業では業界内の競争で製品の性能向上を目指して努力する。製品の長寿命、製品の高性能化は需要縮小を意味する。筆者の職業だった金属切削工具はその様な製品だ。数年前に出現した新しいゴキブリ駆除薬は、従来の駆除薬と比べて劇的に高性能で、我が家では消費金額が約１/10に激減した。
製造業では**社会の幸福の為に、最終的に失業する事を目指して頑張っている**。

妖怪：科学的な説明、行動の因果関係が人智では全く説明がつかない現象で通常、化け物、お化けと呼ばれる。
物理学の最先端の知識によれば、宇宙の**2/3は人類が感知できないダークマター＝暗黒物質**と呼ばれるもので出来ていると言うので、妖怪だ。 コロナウイルスはその挙動が不明、予測が不可能だから妖怪だが、人に害を与えるのでマイナスの妖怪だ。 人間の免疫機構も、ほんの一部しか解明されていないので妖怪だが、人を病気から守ってくれるので、プラスの妖怪だ。人は科学の進歩を称え、何でも解っている様に言うが、実態は異なる。目に見える物の量は、存在する物の量の１/４、コロナウイルスについては現代科学でも殆ど解っていなく、人体の免疫のメカニズムについても同様で、殆ど解っていない。**地球人は『ダークマター』、『ウイルス』、『免疫機構』の３種類の妖怪と一緒に住んでいる**。

妖怪ジャパン：日本人は上記の３種類の妖怪に加えて、世界史上初めて出現、日本でしか生息出来なくて、日本を急速に劣化させている新種の妖怪、『妖怪ジャパン』と一緒に生活している。

姿不明、現代科学の最先端で追い求められている〝ダークマター〟のように、ホボ、その存在は認められているが、それがどの様なものであるかは不明で、色々な推測が成されている。

仮想敵国からの謀略か？

ラジオから流れてくる専門家の『ふるさと納税制度』の説明を聞きながら、……飛んでもない制度だと思った。同時に、若しかしたらこれは、仮想敵国が日本を劣化させるために作った罠だ……謀略だと思った。
2020年になり、COVID 19、コロナパンデミックとなり、行政から色々な対策が発表される中で『全国旅行新制度』の施行が始まり、外国からの謀略でなく、国内産の妖怪である事が判明、その妖怪に『妖怪ジャパン』と命名した。**日本人は４種類の妖怪と同居している**。

妖怪ジャパン感染症：多分、日本の教育制度を初発の原因として発症、一度感染すると心の中で増殖して、殆んど治療不可能。
非常に稀に、強烈な刺激で治る事もある。**幼少の頃に心を開放して楽しい時間を持ち、好奇心、疑問を持って何かを探求する経験**をした事が無いのが原因の一つだろうが、家庭生活の品質低下など多くの事が関係している。

１円賢者百万円バカ：英語の『Penny wise Pound foolish』の和訳で、１円の動きにはケチ・ケチと熟考するが、大きな金額になると、判断できなく…見逃して……巨額損失を被る。
サルを対象としての諺で『朝三暮四』が有るが、その人間版である。
日本では全員参加で、高額又は少額の不正利益を手にして**国家経済を疲弊させ、その累計が1,500兆円の公的債務**となったが、それは日本だけに住む『妖怪ジャパン』のせいだ。
大多数の日本人は『妖怪ジャパン』の存在を意識していないが、一部の高学歴者は『妖怪ジャパン』から、利益を得ている事を認識しているかも知れない。

公的債務増額で官は解決：公務員にはコスト、利益確保と云う概念が無い。大きな予算を消費すると大きな仕事をしたと褒められ、予算よりも少ない金額で仕事をしても褒められない。コスト意識が無い日本の行政は公的債務を際限なく上昇させ……1,500兆円の巨額になったとマスコミが報道している。
自分の首を絞めている日本の製造業と、行政で働く公務員では天国と地獄ほどの違いがあるが、どちらが天国で、どちらが地獄かは簡単には決められない。

天上がり政治家：国家公務員の総合職＝キャリア組で、中央官庁から、大きな地方自治体の首長に天上りする。
元兵庫県知事井戸敏三氏、後任の斎藤知事、地方政治の専門家として著名な片山善博氏など、多数の県知事は天上がり県知事である。少数だが片山善博氏の様に、最終的に中央官庁の大臣に就任、その後民間に天下りする人もいる。

ＭＯＦ担：大蔵省の英訳、『Ministry of Finance』から、大蔵省の事を銀行などの金融業界ではMOFと呼んでいた。
大蔵省のキャリア組で入省した新人と良い関係を作り、お友達になれば将来の銀行経営に大きな見返りが期待できるので、金融機関は競って優秀な行員を入省したばかりの新人をヘルプする役目のMOF担当＝MOF担として大蔵省に派遣して接待していた。**1990年代末に有名な『ノーパンシャブシャブ接待事件』が週刊誌にスクープされ**、外の社会に知られる事になった。破綻した長銀に７年間MOF担として勤務していた箭内氏はMOF担の手当てが半年で300万円だったが、他の銀行では年間１千万円だったと、長銀の破綻に関連した雑誌の記事に掲載されたのを記憶する。

廊下トンビ　：大蔵省にキャリア組として入省した高級官僚の卵は、それまで受験勉強ばかりで、社会的な知識が貧弱であり、気が利かない。省内の制度として、先ず大蔵省を学ぶために、各省庁から集まってきた書類を沢山コピーして、省内の組織に配布するため廊下を駆けずり回るので〝廊下トンビ〟の名がついた。銀行から派遣されているMOF担は大蔵省内の事を熟知しているので、その段階からフレッシュマンに同行して仕事のお手伝いをして……10年後……20年後の事を考えてフレッシュマンとの良い関係を構築する。

中央官僚党　：日本は一般職公務員からなる官僚組織が東京大学卒と言う精神的なネットワークを作り、無意識のうちに緩い囲いで纏まって、日本の政治、行政の中で存在感を見せており、筆者はそれに『中央官僚党』と命名した。
『中央官僚党』は東京大学卒のみならず準東京大学である入学難関大学卒の人も包含して、12省庁の　全てと、47都道府県の約半数の中央からの天下り知事を通じて日本を統治している。
中国は共産党の１党独裁で人口の約２％を占め、日本の中央官僚党は約0.2%と１党独裁の中国の1/10の少数だ。

活字学者　：過去に人類が蓄積してきた科学的知識を活字で学んだが、内容の理解が浅く、咀嚼した知識となっていないので学んだ知識の応用能力が貧弱だ。クイズみたいに既知の解答の存在する設問には即答できるが、未知の問題に遭遇した時の問題解決能力が著しく劣る。多くの場合、**『自分が解っていない事を解っていない』**為に、幼児の様に純真で弁舌は爽やか、饒舌であるが、『人見て法説け』が出来ない。

賢者　：過去に人類が蓄積してきた科学的知識を学び終え、咀嚼して理解している学者で、依然として目前に存在している未解決な問題を科学的に説明できる何かを思考し、**旺盛な好奇心、疑問、探求心があり、自分の未熟を理解している人**。

過去学　：自然は時間の経過に伴い不可逆的に変化する。歴史も不可逆的であるから、過去と同じ原因で同じことが起こることは絶対に無い。過去を学ぶことは、少しは未来に起こる事を推測する為の参考になるが、それだけの事だ。**考古学は趣味としては面白いが、データーとしての活用は慎重**にならなければ大きな間違いを起こす。

統計のつまみ食い：注意して観察すると、頻繁に経済専門家が自説の補強をするために統計のつまみ食いをする。
著名シンクタンクが行ったその様な例の一つが、日本の住宅事情についての、著名シンクタンクNTT系列の研究所の報告書だ。先進国の中で日本は米国に次いで２番目だと主張している。
筆者はスウェーデンの住宅事情、英米の住宅事情も知っており、報告書の内容は錯誤も良いところだ。

地理的ジャングル　：20世紀中頃までは人跡未踏の密林、山々、深海、高空が存在し、それらを**地理的ジャングル**と命名する。21世紀になりそれらは征服されて、写真、映像で紹介されてジャングルでは無くなり、観光旅行の格好の目的地になった。

精神的ジャングル　：電子工業の発達がネット社会を作り、従来からのマスコミに加えて、社会には正誤、善悪、虚実……有象無象の無数の情報と呼ばれる怪物が跋扈するようになった。人は、常時正体不明の情報に囲まれて、自分が存在している事に自信のない不安な状況下に生きており、それは精神的に未知の、正体不明のジャングルに住んでいる事を意味する。
それは人類が貨幣を発明する事で起こったパラダイムシフトにも相当する巨大なパラダイムシフトだ。
これから**人類がどのように精神的ジャングルの中で生きて行くのか**は誰も解らない。

GPTの影響　：**国の形態とその影響**
世界中で議論が沸騰中で、全国的に大きな影響を及ぼすと考えられるGPTの場合、その扱いは、国家の統治形態により大きく異なる。
情報公開国家の場合
スウェーデンでは政治、行政で国内的な事案について会議が行われれば、議事録が作られて、間を置かずに公開され、多くの欧米の先進国も類似した制度であり、大きな問題は、多分、起こらなくGPTの普及はプラスの側面が大きくマイナスの側面を上回ると判断されるだろう。
独裁国家の場合
全ての行政に関する情報は独裁者の直接的指示、又は官僚の独裁者に対する忖度で統制下にある。
『寄らしむべからず、知らしむべからず』の原則で政治が行われているので，GPTの放任は不都合。GPTの導入が統治を難しくする事が危惧されて、何らかの有効な規制を導入するだろう。
日本の場合
多くの重要な行政上の決定は……受益関係者が、非公式な場で合意して、時には官僚も一緒に……公式会議が開催され、正式決定となり、マスコミ報道となる。
先ず、議事録の作成、整備はお粗末に加え、多くの場合、民意を代表する形式をとるために、委員会と言われる、御用学者からの承認を得た手続きをする。
この様な複雑な手続きを経て決定される日本では、スウェーデンや独裁国家の様に簡単に問題は取り扱えない。

GPTの規制：独裁国家、日本の場合にはGPTの出現は、従来通りに政治、行政活動を非常に困難にするだろう。
この本の様に簡単な記述で……マスコミ報道から外れた多数の問題項目に気付き……GPTを使って調べると、無数の隠蔽事件、お粗末な事件を発見するかも知れない。
日本では独裁国家の様にGPTを厳しく規制、又は利用を検閲する事は、絶対に不可能だから……他の欧米先進国を模倣して、何らかの緩い規制を行おうとするかもしれない。

官僚の先読み能力：『全国旅行支援制度』で露出したキャリア官僚の想像を絶するお粗末な、先読み能力と、それを露出させる事に恥を感じない、幼児の様な常識外れから想像すれば……欧米先進国を模倣する事になるだろう。
GPTを民度の向上に貢献させるか、否かが、将来の日本の未来を運命づける。
21世紀の日本の民度を上げても現在の以下の様な民度は……果たしてGPTの導入で改善するか？

> 相続税額の計算で国税と揉めて、相続人は裁判で国税と争い、国税は負けて400億円の金利を還付した。国税の責任者は退職金を手に定年退職、数年して高級な勲章を貰った。民間感覚では『盗人に追い銭』、21世紀語では『泥棒にお礼のチップ』と表現する

天動説型官僚：日本の中学、高校教育の成果＝成績は偏差値と、東京大学、準東京大学級の有名大学への入学者数で世の中に明らかにされる。熾烈な受験競争の中で順位付けされて...無数の過去問が掲載された問題集の解答を暗記する事に、没頭……記憶する事には慣れているが、解答の存在しない、考え、推理するような訓練が不足している。偏差値で順位付けされ、常にトップにいたので……過度に自信過剰……それが普通だったので、自分中心で世の中が従う……天動説で世の中を見ている。
日本国内では絶対君主の様に天下無敵だが、権力範囲外の外国との関係に於いては真逆に……正々堂々と正面から議論する能力に劣るので……マネーを通じての寄付はするが……??

地動説型の民間人：筆者は典型的な例であるが、顧客と言う天敵＝神様がいるので徹底的に天敵に忖度して現状を調査する。会話は「人見て法説け」で相手に合わせて言葉を変えて、出来るだけ多くの情報を仕入れ、それを咀嚼して理解して、相手が理解できる様な言葉で伝える。
筆者は相手から反論されても「融通無碍」に角張ることなく会話を運びたいと思っている。
天にいる神様＝天敵の下で……ウロウロしているのが筆者だ。
天動説で考えている人は「四角四面」で、時代が変わり全く通用しない過去の事例から過度に影響を受けて、失敗を重ねる。

活字知識の宝庫チャットGPT：2023年の現時点でAI＝人工知能の進歩が人に知識の獲得手段を多様化させて、同時に獲得された知識の画一化を招くかもしれないと主張する学者がいるが、それは起こらない。AI技術が今後どのように進化するのかは誰にも分らないが……筆者の予想では**好奇心、想像力、発明、新しい理論の構築はGPTの能力外**だと思う。

常識のない社会：ネット社会となり常識と言う言葉は、意味を持たなくなり、社会から無くなりつつある。
ネットを介しての情報の氾濫が人種、宗教、国、貧富、学無学、性別、年齢等に関係なく行きわたり、マイノリテー尊重の世界的傾向との組み合わせが、**常識とは狭い範囲における偏狭な決まりであり**、世界共通の常識などは存在しない事が明白になりつつある。

お客２態：金を払う、お客の立場が偉いと、**買い物をする時に売る立場の人に過度に偉そうにする日本人**。
買う立場も、売る立場も……同じと感じている、スウェーデン人。
日本の終身雇用慣行とスウェーデンの雇用慣行の違いが、上記の違いを生み出した。

全員参加型腐敗社会：政治家、キャリア官僚、一般公務員、学者、企業、庶民が、腐敗社会の中で、**身の丈に相応した利益を腐敗の構造から得て、公的債務の増加**に拍車を掛けている。
極、少数の人は腐敗の構造を認識しているが、殆どの人は無自覚に参加している。

日本型御用学者：日本は国家目標が不明確、曖昧で、多分国家目標など存在しないに加え、日本の教育効果もあり、生産的な議論を好まないか、出来ない国民性が背景にある。無能な行政に迎合的に寄り添い、僅かな報酬とステータスを得るために自分を抑制する事が習慣化している学者。民主主義、言論、報道の自由の看板の下で、日本の学者は自由に批判的な精神で、**世界に通用するような行動原理で活動している様な幻想を持つが……それは完全に間違いだ**。行政の能力不足を原因とする、お粗末は立法、制度に国民を代表して承認を与える事で、行政の無駄使い、国民の負担の増加に加担している。殆どの場合、公立学校卒で、その立場を得るための教育費用は、国から得ているから、国が養成している様なものだ。
多くの場合、御用学者は必ずしも、自分の専門でなく専門外の事でも御用学者の役割を果たす。

中国型御用学者：国家目標が明瞭で可視化されているので、**全ての学者は国家目標に向かって研究活動**を行い、研究成果を政治、行政に反映させる事で国家に貢献しているので、**全員が御用学者であるが**、日本の御用学者とは大きく異なる。

白紙領収書：上様と書かれ、領収書に日付の書かれていない領収書。金額も未記入で白紙の場合もある。日本特有で、最近まで……若しかしたら依然として……税務署も公認で通用していた。筆者の知る限り、このような公然とした**脱税行為を認める民主主義国は日本以外**、他にはない。

未自立高齢者：筆者の観察では、多くの場合、社会との接点を持たない、又は接点が非常に希薄な現役生活を送り、退職後に社会に出て、社会と調和する事が困難で、引きこもり傾向のある高齢者。活字学者的な人に多く、高学歴な管理職ＯＢの人に多くみられる。

マネー：従来からオカネ＝金＝カネ＝金銭として使われている**硬貨、紙幣で、国籍がある**。

マネゴン：マネーが預金、株券、債券、外貨等……の、マネーの流通市場に投入されて、運用が個人の手から離れ、金融市場で、金融の専門家により運用されている**マネーで、国籍がない**。

マネゴンプレーヤー：マネゴンを金融市場で運用して利益を得る事を業としている人々で、トレーダーとも呼ばれる。
会社に雇用されている人と、個人として専業、職業を持ちながらの利殖行為、主婦業をしながら……等、多くの人が参加している。多くの場合彼らは経済現象を観察しているような素振りをしているが、実態はチャートを見ながら売買を繰り返しているだけだ。**経済学、経済学者は経済の事を解っていないので、利殖の為に全く役に立たない事を知っている**。

マネゴンギャンブラー：マネゴンを金融市場で高いレバレッジ＝原資を担保にその数倍に膨らませて……運用する事で、ハイリスクだが、成功すれば高い利益が得られる、投機的な運用をする事で利益獲得を目指す人々。
金融ビッグバン初期にはレバレッジを数百倍、数千倍に取る事も可能だった。現在日本では法的な制限が設けられ、25倍が上限だが、欧米では数千倍までのレバレッジは珍しくない。
日本の安倍元首相に国の金融政策の指南役をしていると囁かれていた、アトキンソン氏の出身職業。

仮想通貨：21世紀に日本発明の高等数学を基礎に持つ仮想通貨が加わり、……未来の姿は予想不可能になった感があり……金融市場で存在感を高めている。ビットコインなど多数の……多分将来は無数の……無国籍の仮想通貨が最も信頼できる通貨として、**国籍のある通貨を駆逐する雰囲気を漂わせている**。
技術的な問題として、システム維持に膨大な電力を要する為、電力料金の高騰する中でどの様になるか、予測は困難だ。将来、高性能量子コンピューターが実用化されれば、電力消費の問題は解決されるかもしれない。理論的に債権のデフォルト、金融機関の破綻による、資金の回収不能が起こらないと考えられており、最も安全な資金の保管方法と認識されている。
金融機関としては仮想通貨の普及が、金融機関の存在を不要にして……例えば、**将来銀行が市中から消えてなくなるかもしれないと不安**を感じているかもしれない。

ゴールド　：金銭としての役割も果たす、重さで価値を示す**貴金属としての金**。

金　：最終的に工業資材の触媒、通電用細線、義歯用等、物理的な用途に金属として使用される。

金の合成と放射線の除去　：人智の進歩が、何時か金の元素の合成を可能にして、ホボ、同時に核技術での巨大な課題である放射線の除去を可能にするかもしれない。
若し、起こればそれは人類史で、**原発原爆、ネット技術に次ぐ巨大なパラダイムシフト**が起こる原因となるだろう。

幸福追求型経済行動　：経済学的な成功の程度は投入した〝インプット＝IN〟に対する〝アウトプット＝OUT〟の比で計算され、**OUT≧INで黒字、反対では赤字とされる**。一般に個人も法人も黒字＝利益、を追求する行動をとる。
法人、公共団体、政府機関は複数の個人が所属する組織であり、個人と組織は利益相反の関係にある。
個人が強欲になり、組織を食い物にすれば、組織は壊れる。
国家は官僚により運営され、国家が安定的に運営されるためには、国家と官僚の利益相反の関係を調整する何かが必要とされる。**個人が自己犠牲を払いOUT≦INを許容すれば**、組織は健全に運営され、存続できるが、自己中心的に振舞い……他人に知られないように……**OUT≦INに反して振舞えば、組織は食い物になり、劣化して早晩消えてなくなる**。
日本型終身雇用は、個人と組織の間に存在する上記の矛盾を解決することが出来なく、時間の経過に伴い矛盾が作り出す傷は徐々に大きくなり、1,500兆円の公的債務となった。

受験目的で暗記重視教育　：政府、行政を監視するべき立場の国民は強烈な受験目的教育で、激烈な競争にさらされて、順位付けされ、……多忙な幼少時を送り、与えられた課題を解く勉強以外の事に好奇心を持たない性向の大人となる。
疑問を感じないで制度に対して従順に従う迎合的な人間に育ち、想像、推測を必要とする回答の存在しない問題の解決が苦手。好奇心が少ないので、よそ見しなく……結果として社会的知識が貧弱で話題に乏しく、会話下手で……社会に柔軟に溶け込むことが苦手な性格になる。

忖度　：忖度の意味は、本来他人に気を遣う、他人を慮る＝オモンバカル、他人を大切にする意味であり、洋の東西を問わず、褒められるべき精神的行為であり好ましい事である。

保身型忖度　：組織に於いて自己保身、利益の為に組織の中の縦、横や組織に対して忖度する事を言う。
自己忖度型忖度ともいわれ、**俗語では『ゴマスリ』と言う**。程度の差こそあれ世界中何処にでも存在する。

終身雇用制度下保身型忖度　：日本中の全ての組織体に存在する忖度で日本を劣化させている根本原因の一つである。特にキャリア組官僚の中では、徹底した**保身型忖度をしないと定**

年まで勤務する事が困難になり、現役時代に得た収入よりも多額の報酬が約束された定年退職後の天下りが難しくなる。日本のキャリア組官僚の、終身雇用、年功序列、退職金をセットとする雇用制度で、忍耐強く働く従業員の行動を支える大原則だ。

三人寄れば愚者の知恵：『３人寄れば文殊の知恵』は世界共通の認識であるが、それは問題に対して３人が生産的な議論をして、より良い結論を出す努力をする時に起こる。
議論をする自分、他人、上役の３人が、自由に自分の意見を述べる事なく、自己保身の為に忖度して発言すれば、結論は、多くの場合、**組織の上役へのゴマスリとなり、結果『３人寄れば愚者の知恵』**となりその様な事の連鎖で活動する組織は、長期間の間に死んでしまう。

不適格者が高級官僚に：日本では受験目的教育の勝者となった人が、選抜されてキャリア官僚となり国の行政の制度設計をする。
皮肉にも、好奇心が少なく、**答えを書物に求める彼らの性向は解答の存在しない、新しい制度設計には全く不向き**。忍耐強いが、社会的な知識が貧弱で面倒な民意への忖度などは苦手。仕事の手順が決まっている、単純な自動車の組み立ての様な仕事には適任であるが、想像力を駆使しての制度立案は最も不得意分野の仕事。**彼らが作った制度は、典型的な〝机上の空論〟の制度版となる事が多く、制度に従わされる民間では不平、不満が絶えなく、長時間労働の原因を作る**。官と民の交流が密なスウェーデンではこのような事は発生し難く、その様な労働慣行が続く事で、残業をする必要の無い社会を作り上げた。

統合失調症的経済政策：行政の経済政策は国家財政、国民の幸福にプラス効果を期待して立案、承認されて実行される。
経済政策がお粗末な場合、政策の実行に伴い官、関係する民間の費用が増大、**それが消費に回るので、統計上はＧＤＰの上昇に寄与、経済が好転していると解釈される**。 他方、増大した費用は官における歳出の増加となって、最終的に公債発行残高の増加原因となる。民間に於いては長時間労働と、費用の増大が収益を悪くする事で、賃金抑制と企業の納税額の減少要因となり、回り回って最終的に公債発行残高を上昇させる。そのような中で、日本の税務当局は税収増の為に増税を画策する事で、ますます国内経済は悪化の度合いを強め、治療不能な統合失調症的な社会となっている。

不正への介入、誘導：制度は、意図的にか、無意識にか、運営に際して不必要な行政の介入を促す様に設計されている。
コロナ禍で世界は戦時体制を思わせる緊急事態になり、全国旅行支援、持続化給付金等の緊急経済対策が発動された。制度は、想像を絶するお粗末なもので、国民に解り易い形で露出して、庶民も初めて日本の行政の実態を知ることが出来た。多分、他の殆どの外部に露出しなかった事例も同様であろうことを推測させる。制度を複雑化することで、許認可権を持った行政が介入する様に設計されている。これは意図的になされているのか、……**政策立案者の素朴な経済現象に関する知識**がそうさせたのかは不明だ。統計だけで経済現象を評価する経済学を活字だけで学び、単視的にしか社会を観察しない……出来ない、**キャリア官僚は人体に於けるガン細胞の様に組織、国に巣くう困った存在だ**。このようにお粗末な日本的な現象は、日本語の言語バリアに守られて、海外の経済学者から批判を浴びることは無い。

学校、教育界で不祥事連発：頻繁に教師の……、常識では考えられない……不祥事がマスコミで報じられる。表に**露出した不祥事の、……数百倍……の隠れた同様の事件**が発生しているのだろう。
受験教育に全力を投入して念願の教師になるが、教育者として最も重要な資質、常識、人格形成に考慮しない教育を受けて育ったことが原因で、彼ら、彼女らは日本の教育制度の生んだ犠牲者でもある。

教師３態：日本の教育界は巨大な問題を抱え、日本の将来の死活を決定する最大の要因だ。生徒と接触する教師の能力、質が最も重要な要素だが、以下に示す三種類の教師がいる。
『お叩き先生』 → 先に手が出る、暴力先生。
『お叱り先生』 → 生徒を叱り、先に口が出る
『法説け先生』 → 生徒を観察して……人見て法説けが出来る先生
先生も**事後に内省する習慣を持てば**、そんなに長い期間を要せず、教え上手の『法説け先生』になる事は疑いなし

苦悩する裁判官：教師の場合とホボ同様の経過の上に、卒業後、司法試験合格を目指して暗記勉強を継続する。
職業の性質上殆どの判事は官舎と呼ばれる、社宅住まいの……**閉鎖社会の中で24時間裁判所の組織の人間関係の中で窮屈な人生を送る**。袴田事件に関係して不遇な人生を余儀なくされた、裁判官、不祥事を起こして、マスコミに露出した事件の背後には隠された同様の不祥事、不幸が多くあっても不思議ではない。

教育と職業のミスマッチ：長期的に日本の社会の盛衰に決定的な影響を与えるエリートの、高級官僚、法曹界、教育者は日本の慣行である、大学卒業後の一括同時採用と終身雇用文化の中で、生きて行く。
貧弱な社会経験をベースに職業選択をして、間違いに気づいても……**進路変更には巨大なリスクが伴い、多くの場合……多分、殆どの場合..それは１軍から、２軍、３軍落ちを意味する**。
国全体で見れば、適役でない官僚がお粗末な制度を作り、それに従わされる民間が長時間労働を強いられ、長時間労働を原因とする人件費の増額が……最終的に国の借金の増額になって現れる。
日本では人材と呼ばれる、最も大きな国の財産が無駄使いされて、国家経済が急速に劣化する事で、国民の幸福感が急激に低下してきた。

スウェーデンでのミスマッチ：スウェーデンでは、官庁、企業の新卒の一括採用はない。結果としての終身雇用はあるが、制度としての終身雇用は存在しない。受験目的教育でなく学習塾も存在しなく、殆どの大人は定時退社である。

放課後に普通の大人がリーダーをしている種々のクラブに所属して、交流するので、若者の社会的知識は豊富だが、それでも最初の就職でミスマッチが起こる事はあるが、ミスマッチが起こっても我慢することなく、簡単に進路変更する事が可能だ。
心を曲げて、額に皺して、我慢……自分を殺して……一生を生きる人は多分……いないだろうと思う。

破滅追及型国家経営：20世紀後半から日本で顕在化した現象で、多分、有史以来で初めての出来事。
政府、行政の制度設計がお粗末に加え、行政にはコスパ＝コストパフォーマンスの概念が希薄で、**〝穴掘り、埋め戻し〟＝骨折り損のくたびれ儲け的な行政の連発を**起こしている。
監視するべき立場の国民は長時間労働下で多忙に加え、受験目的教育の影響で、余裕のない幼少年期を過ごし、疑問を認識することなく当面社会は平穏を保っている。
超高負担とバラバラ福祉を特徴として、行政は多額に積み上がった借金返済の為に増税を計画し、国民の負担を増加させるべく、虎視眈々として増税のタイミングを狙っているが、それが令和の日本だ。

迎合型人材：環境、組織、決まりに**疑問を感じることなく受入れ、決まりに迎合して**……それを天与の物として疑問を持たず……その中で職務をこなし、…自己利益の獲得に熱中できる人。
日本の高学歴者の標準形で目の前の法律、制度、習慣に疑問を持たず、……制度を恰も一神教の経典の様に……迎合して行動する。
日本では、どのような職業に従事していても、一般的に被雇用者は所属する業界、職場で高く評価され、頭角を現して、指導的な立場になり、組織を指揮する役職を目標とする。
日本ではどのように制度に迎合すべきかを説く専門家、大学教授等、迎合するのに一生懸命で……その内に自分を見失い……**犯罪とも見做される悪政に加担するが**、多くのその様な専門家は迎合型専門家で無難な一生を終えることが出来る。不幸にも……非常に稀に……外部から非難される事があるが、その様な事が起こる可能性は限りなくゼロに近い。

否迎合型人材：目の前の制度の不条理、不合理、不便などに敏感に反応して、**制度の変更を考える人**。
一般に、その様な人材は制度に迎合する事にも巧みであるが、制度変更への関心がより高く、**終身雇用型の日本の公務員組織には馴染みにくい**。民間企業で真逆に必要とされる人材である。
スウェーデンの高学歴者の標準形で、あらゆる制度は、国民の幸福増進に貢献すべきとの認識があり、多視的に社会を観察している。制度の内容に関心があると同時に、迎合の仕方もよく解っており、良質な制度の存在が重要であり、制度設計に影響を与えるのが最も重要な高学歴者の責務と認識している。
スウェーデンではどのような業界、職業に従事していても社会的成功者となる為に絶対に必要な事である。
日本にも、極少数……存在するが……不幸なマイノリテーとして、政府系の委員会への出入り禁止となる。
ネット、雑誌、に登場して政府、行政批判を繰り返し、政策設計から敬遠され、その内マスコミからも相手にされなくなり、社会から消えて行く。

迎合、否迎合と報道機関：ＮＨＫを筆頭に、日本の報道機関は、情報源を通信社、政府、官庁、地方自治体、大企業に依存して、汗することなく、記事ネタを無料で仕入れている。戦場などの危険な場所には近寄らず、手の掛かる調査は外注に任せ、**日本のトップ集団の給与を得て、定年退職**。その後は築き上げた名声の助けで、フリーとして活動、優雅な老後を送る。否迎合型の人は、就職できないし、潜り込んでも、活動できない。一旦、情報源から注意人物の烙印を押されたら、取材源から出入り禁止となり、報道関係の業界で仕事が出来なくなるので、**否迎合型の雰囲気は出さないように、自主規制して迎合型の雰囲気を出した報道**となる。
殆どの重要で新鮮な内容の事件は海外の通信社からの引用で、……費用を払っての外注……責任、非難を受けるリスクを回避している。結果的に、独裁政権下の官製マスコミと、さほど変わらない報道姿勢となる。

物質的富裕層貧困層：富裕層は十分な預金、資産を持ち、物質的には全く不安を持つことなく生きている人々。
貧困層は富裕層の真逆である。 富裕、貧困の境界を決める、預金、資産の大きさは個人の感覚で決まり、100億円の預金でも満足しない人もいる。

精神的富裕層貧困層：多くの場合、物質的な富裕、貧困と高い相関関係があるが、それが全てではない。
面白さ、愉快さ、無償の奉仕、達成感……生きている実感がなければ、高い満足感は得られない。
マズローの心理学が主張する、**自己実現が達成に近い**心境を持てるか否かである。しばしば、物質的富裕層の人が、**生理的欲求レベルの、精神的貧困層**である事が多い。
犯罪的な不正から、金銭を得ても……多分、精神的な満足感は得られないと思うが……犯罪的な意識もない、幼児の様な心境ならば悩むことはない。悪徳高級官僚ＯＢの心境はどのようなものだろうか？

社会学的合成の誤謬：合成の誤謬は本来経済学用語であるが、社会学のジャンルに適用した表現である。
日本では昔から**〝風が吹けば桶屋が儲かる〟**と云う諺があるが、いくつかの原因要素が関係して、当初には予想もしていなかった結果となる事を云う。屁理屈を正当化する便法としても使える。

課題の単純、複雑　拙速と拙遅：経験と知識が貧弱で、課題の理解が不十分だと、対策はピント外れになる。しばしば、簡単な課題を解決するのに、直ぐに対応できなく、長時間を掛ける事になる。
反対に複雑で、十分練らなければいけないのに、拙速に決めてしまう。
課題の内容を咀嚼出来ていないと……多分、辞書にはない言葉だが……**『拙**

遅』と呼びたくなるような、お粗末な対応となる。日本の巨額国公債発行残高は、……多分、無数の**行政の『拙遅』な行政行為により、先進諸国と周回遅れになり**、令和の日本を作り上げたが、それはＩＴ関連だけでなく、全てに当てはまる。

監視カメラと空き巣の問題：九州で高齢の**韓国人男性が空き巣を働き逮捕**された。数十件の余罪があり、数年前から日本に海外出張して、空き巣を働いていたと白状した。韓国では至る所に監視カメラがあり、空き巣は直ぐに逮捕されるので、商売にならないから海外出張して、**商売の場を監視カメラの無い日本に変更**したとの事だ。

我が町の場合

九州の事件後に、自治会が警察からの要請もあり、約700戸ある街のメインの入口に高価な監視カメラを設置し、その横の表札には**目立つカラーの大きな文字で『監視カメラ作動中』と書かれ**、緑色のランプで照明されている。筆者には、監視カメラが設置されているから、気を付けて、警戒して空き巣のお仕事しなさいとアドバイスをしている様に見える。

筆者の経験

我家は空き巣に２度侵入された。２度とも海外旅行中で１週間以上留守にしていたのでその間に入られた。

中に入るとカレンダーに予定が記入されているので、ドロボーは安心して、好き放題して……。

この様な経験が有ったので、**ドロボーの気持になって、色々と推理する習慣が身**に付いた。

ドロボーは身の安全第一で、侵入し易くて、逃げやすい家を物色したくなる。お金があるか、無いかは家の外見では判断できなく、入ってみないと分らない。我が家は約半世紀前に立てられた古い家で、周囲の家はその後建て替えられて、防犯レベルの高い家になっている。我が家は最も貧しそうな外観だが、入り易くて、逃げやすいと判断して選ばれたものと考えられる。

失敗と経験

非常に簡単な監視カメラと空き巣の話題だが、多くの事を示唆する。

自治会員には多くの高学歴の人達がいる。総会が行われると弁舌さわやかに、頻繁に意見発表される常連の数人の元校長先生、教師の方がいるが、監視カメラの横についている、看板の事について一度も苦言を言われた事が無いみたいだ。数名のアクテビストは、些細な事について、徹底的に自治会会長、役員に対して意見されるが、彼らには泥棒の気持が解らないのだろう。

多分、日本の教育効果で新しい事に対する好奇心を喪失している事が原因かもしれない。

単純な事で、**１つの事件を観察しても、その対応は視点によって、真逆になる**。

数値目標型国家：国際統計に表れた先進国の数値を目標にして、単純に数字合わせで行政を行う。先進国では、問題の解決を図る中で深く考えて、実験して、行政に適用して……その結果が統計に示す数値として表れてくる。日本では、……単に数値合わせで、**目標を決めて、背後にある問題を先に解決するような努力をしない**。多分、それは、日本が開国で西欧から全ての事を活字から学び、知識は活字にあると誤解して、……考える事、探求する事を失念した事が原因していると思う。自分史に既述の、１人の障害者を雇用してその面倒を見るため残業して、残業代で家を改築した自治体の職員がいるが、それが日本の……筆者から見ると……場当たり的な行政の対応の一例だ。

バラバラ福祉国家：終身雇用文化の日本では官が、昔の武士階級の様に支配階級として存在、民が支配される農民、町民の様に存在している。先進国を模倣して数値目標を達成する為に**制度を作っても、それは公務員には恩恵を与えられても、民間会社に所属する殆どの人には適用不可能**であり、福祉の恩恵は所属するところによりバラバラになる。スウェーデンでは官と民の間の人の交流が行われ、支配、被支配の感覚が少なく、制度は、ホボ、全ての国民に平等に適用される。大企業でも小企業でも、もちろん官庁でも長期休暇を気使いなく、仕事の進行とバランスを保って取ることが出来る。

名ばかり会長：筆者が勤務する会社にいた財務省審議官OBで、会社の会長職にあった稲村光一氏の様な人。
100％外資の株式会社であるが、大蔵省に提出する書面に会社の会長の捺印が必要である。
年に、一回出社して捺印する。**会社は１千万円の会長報酬を払っていたが**、1970年代の事だ。
出社はしないが、国税から問題提起された時に電話で相談すると、問題を解決してくれる。
国際的な大企業から日本はソ連、インドなどの精神的に後進国と見做される肩書社会……高級官僚OBの利用の仕方を熟知していた事から、高級官僚OBを『名ばかり会長』に任命した。
令和になり、ソニーグループのトップに高級官僚OBが就任したが、スウェーデンの多国籍大企業は既に半世紀前に同様の事を日本で実行していた。
スウェーデンでは最も重要な本社のトップには人事権を持っている財閥家が、現役バリバリの優秀な若者を就任させ、天下りはない。

名ばかり委員会：行政が新しい政策の実行、制度を作るにあたり、民意を問うために識者、学者、専門家と呼ばれる人を招集して委員会を作る。終身雇用文化の中で作り上げられた人間関係の中で、多くの専門的な知識とは関係のない人が委員として選任され……提案された事案を、民意を代表して了承する儀式に参加する。反対するような人は排除される様な根回しが出来ており、委員に任命されない。中央省庁だけでなく、殆どの地方自治体にも同様の委員会があり、多分、全国で委員の総数は数十万人……になるのではないかと推測する。委員に任命される人は全て迎合型の専門家である。

サービス発明：雇用主は発明をビジネスに利用して利益を上げているが、発明した従業員に対して金銭的な報酬をしない。
会社に悪意はなかったが、**筆者のサービス発明は、会社と筆者の双方が無知だった**事から発生した。
既に職務発明と言う言葉、制度はあったが、筆者は工員であり、職務として発明行為を行ったのではなかったことが、複雑な事件にした。多分、日本以外ではあり得ない事だった。

記念特許　：実用された事はなく、単に申請された特許であるがその理由は色々ある。
1．発明者の誇大妄想で出願された特許。
2．仮想競合相手の類似発明の登録を予防的に阻止するための出願。
3．会社間、社内の部門間の特許出願件数の競争に勝つために出願された屑特許で、ＱＣ活動が盛んだった1970〜1980年代の日本の特許出願件数急増の原因を作った。
多くの場合、発明者数が異常に多く、発明したＱＣ活動グループの全員が発明者として名を連ねている。多分、歴史上日本以外ではなかった現象で、統計上は日本の特許出願件数が突出して高く、**活字学者は日本の技術レベルの高さを称賛する為のデーター**として活用していた。

暗黒型民主義社会：自由主義を標榜しているが、政治や行政に関する起案、議論、決定の経過が書面となって公開される事が極端に不足するか、杜撰で背景に決定者が公開を憚る不正な、何かを感じさせるような社会。

統制型暗黒社会　：強力な独裁的な指導者が存在して、国家が指導者の指示に従って未公開な指導者の目的達成のために、考え、計画、実行されている社会。

無統制型暗黒社会　：国家が未成熟で、公教育、社会的インフラ、官僚組織も未整備、各地に部族、軍閥が跋扈していて、周辺の国々が清潔で侵略しないので、存在が可能であるが、政治が機能していない社会。

日本型暗黒社会　：多分、日本以外で例を見ない珍しい社会で生産的な議論が出来ない事を特徴とする。国家的な実利よりも、抽象的、情緒的な主義主張の議論を好む政治家、終身雇用と年功序列を特徴とする官僚との組み合わせが、生産的な議論を通して、内容のある結論に達する事を不可能にして国論が漂流している社会で、社会学的合成の誤謬の典型的なサンプルである。

ディープステート　：既に使われている言葉だが、まだ一般化していない。日本語で〝影の政府〟と表現され、表の政府に強い影響力を与え、政府を操っていると想像される勢力。
日本の場合は東京大学系マフィアをディープステートと呼んでも良いかもしれない。

中国型裸官　：共産党政権下の中国の経済的発展に伴って出現した新語。
主に高級官僚、共産党の上位役職者が、海外逃避先として、西側諸国に銀行口座を開設して巨額資金を移動、家族、愛人などを住まわせ、自分自身は中国に単身で住み、若し……不正が露見して逮捕されそうになった時に即刻、海外に逃げられる用意をしている高級官僚を意味する。
香港返還の前年に筆者が旅行した時のガイド嬢の叔父はその様な１人で、ガイド嬢は毎年春節には上海に行っていたが、今年からは行けないとこぼしていた。

日本型裸官　：現職時には能力不足から、制度御設計がお粗末で国家に財政的な負担を掛けて、公的債務の上昇の原因を組織全体で作る。定年退職後、複数の団体、企業等に天下り高い報酬を約20年間手にする。
筆者の勤務した会社の『名ばかり会長』のように、多くの場合名義貸しだから、数十の企業の社長、会長、顧問等の名義で天下り先に貢献できる。
2020年に金融庁長官を退任された遠藤俊英氏は2023年にソニーファイナンシャルグループのトップに就任された。日本型裸官は合法的に日本に居住して、現役時代の部下に指示して天下り先の節税、脱税の手助けを行い、その一部が本人に報酬として渡される様な……闇の制度が出来上がっている。
筆者の現役時代は……公表が憚られて知る人は少なかったが……最近は社会が変わり、それは当然の事として社会が認めるようになったのか、ウイキペデイアに多くの天下り先の名前が出ている。
遠藤氏が天下りで得られる報酬総額が数百億円でも不思議はなく、天下り先が減額できる納税額が数兆円になっても不思議はない。

アシスト型不正：多くの場合、東京大学系マフィアとの繋がりで、専門家、識者、学者の名目で政府系の委員会の委員に任命される。多くの場合、委員会の名称と自分の専門とは無関係か、関係が薄い。
なぜ、自分が委員に選任されたかを熟知しているので、……期待に応えて、提案された内容に賛意を表明する。このようなプロセスを踏んで、**お粗末な政策、立法、プロジェクトは実行**に移される。
委員は、精神的に不正に加担している事を理解しており、それは、アシスト型不正と命名される。

自閉症気味で会話の下手な官僚ＯＢ：終身雇用、年功序列、自己利益追求型忖度、もたれ合い、の組織文化の中で、時代の流れに取り残されて、日本語会話が不自由で、高齢になっても社会的知識不足。加えて年令に不相応な浅薄な専門的な知識しか持っていなく、話題が不足するので社会的ソーシアルデスタンスの取り方が下手。社会にしなやかに融合できない。**会話能力が下手な高級官僚ＯＢに多い**ようだ。

ステルス汚職社会：妖怪ジャパンに汚染される事で政府、国民が自覚、計画していないのに自然発生的に出来上がった汚職、不正が横行する様な社会。
全ての国民が身の丈に相応した……高学歴者は多額の、低学歴者は少額の……多分、無意識に不正、汚職を行う事で劣化された汚職社会で、**汚職が巧妙に隠蔽されて外部からは見えない**。
個人情報保護に過度に敏感な日本では、不正、汚職などの存在を更に解り難くするので、放置しておけば今後『妖怪ジャパン』の活動はより活発になり、日本は回復不能な国になるかもしれない。
日本標準の感覚では、スウェーデンでは個人情報の保護は無きに等しく、その事が不正の横行の抑止効果を上げて、清潔な社会となっている。

妖怪ジャパンの負の貢献『盗人にチップ』：妖怪ジャパンは無数の悪行を行うが、それらは、殆どの国民には意識されていない。
自分史に既述の、相続事件に絡んで**国税は金利として約400億円を相続人に**

支払った。
100万円を１年間定期にして、カップラーメン１個分程度の金利しか付かない頃の話である。
身の丈を大きく超えた巨額で実感が湧かないが、**この400億円の巨額金利を支払った国税の責任者は定年退職、その後、多分天下り、その後、国家に非常に大きな貢献をしたと、立派な勲章を貰っている。**
これは、『妖怪ジャパン』の仕業だ。『妖怪ジャパン』に感染していなければこんなバカげた事は起こるはずは無い。庶民感覚で表現すれば**『盗人に追い銭＝チップ』**である。

妖怪ジャパンのプラスの貢献：欧米で発明された経済学は、妖怪の存在を全く予想しないで統計数値から生き物の様に変化する経済現象を分析して、今後の経済動向を予想する学問である。**その前提には、不正、極端な官僚の無能力の介在は想定されていなく、**ＧＤＰの増減が経済の成長、鈍化を示す指標として使用される。
不正、汚職、穴掘り埋め戻しなどの、無駄使いの帳尻を合わせるために発生した借金との関係を総合的に評価する視点が無い。そんな馬鹿な事をする訳が無いとの前提で考えられている様だ。
以下にピックアップした３つの事件は、庶民感覚では無意味な無駄使いであるが、経済学的な統計上は経済が活性化され、経済が上向きに良くなっていると判定される事になる。

不正の影響

大小の不正で獲得されたマネーは散在され、経済統計に旺盛な消費としてカウントされて,ＧＤＰの上昇に寄与し、経済統計上の外見は良くなり、プラスの貢献となる。**不正で消え去ったマネーは歳出のドンブリの中で歳出増の原因となり**、公債の新規発行によって帳尻が合わされてきた。

無能の影響：全国旅行支援制度

2023年に実行された『全国旅行支援制度』は、欧米基準で考えれば、想像を絶する無能を原因とする旅行業界の支援政策だった。約９千億円の予算を使って、制度に従う地方自治体、旅行会社、宿泊施設に無用な負担を掛けて、全く国家経済、国民にプラスの貢献が無く、**単に約９千億円の無駄使いで**、歳出増の原因となり公債の新規発行によって帳尻が合わされてきた。

穴堀、埋め戻しの経済効果

2020年に熊本県の球磨川が氾濫、多数の死者が出た。12年前に上流に建築中だった川辺川ダムの建設中止が決められた。工事は半分強進んでおり、既に約２千億円が使われていた、時の民主党政権は中止を決定した。この事例は典型的な**『穴掘り、埋め戻し』行為で、庶民の間では『骨折り損にくたびれ儲け』**と形容されるが、経済学の統計上はプラス効果を与えてくれることになる。
既に消費された２千億円はＧＤＰを上昇させ、建設中止後の後始末に掛かる費用も統計上はＧＤＰを上昇させて、国家経済の上昇に貢献した事になる。生きている経済活動を理解していない活字経済学者は統計で判断して、マスコミはそれを受け売りする。例えば、昨年のＧＤＰ統計は＋0.2％と肌感覚では認識できない様な、微小な数値を見せて、景気が上昇している様に繕っているが、実態は巨額な無駄金がばら撒かれた事で発生した消費により『骨折り損のくたびれ儲けで』国家経済は大きく疲弊……実態は大きなマイナスでそれが数十年間継続……帳尻は公債発行残高の増大で付けられる。

目的型中央主権国家：多くの宗教国家、独裁政権国家、中央集権型の政治、徴税制度を持つ強力な軍事国家となる事を目標としていた昔の日本、第二次大戦に突入した戦前のドイツなどである。また第二次大戦後、秩序維持の世界警察としての役割を果たしてきた米国が良い例だ。21世紀になり中国、北朝鮮、ロシアが加わった。

無目的型中央集権国家：第二次大戦後の日本は、多分、歴史上初めて登場した無目的型中央集権国家である。目的型中央集権型国家の様に具体的な、解り易い国家の目標が不在であり、政治は漂流する。
第二次大戦後、日本は巨大な資金と人材を必要とする軍事国家目標を捨て、国民の幸福を最優先する国になる事を目標として来たが、政治、徴税制度の根本は戦前の方式をそのまま温存させた。
戦争に国の全能力を集中して効率よく投入する為に**翼賛政治と呼ばれる方式を発案、全ての民間企業を業界団体に加入させて、中央から企業への命令系統を簡略化**した。
ＧＨＱはこの事に気付き、制度を変更すべきだったと思うが……変更させなかった。この事が日本をスウェーデンとは真逆の中央が指令する、独裁政権型の政治、徴税国家となる道を歩ませ、日本を劣化させる〝『妖怪ジャパン』〟が生まれて増殖する原因の一つとなったと考えられる。

組織犯罪人：戦争犯罪人との対比で考えるとよく解る。戦争犯罪は国家の要請、又は国家への忖度で個人の行った行為が戦後に犯罪と認定される事で起こるが、同様の行為を組織に対して行うと組織犯罪人と見做される。
平成の教科書にも載った第二次大戦時の外務官僚杉原千畝さんの様に、組織犯罪人として組織から冷遇、無視され……不遇な晩年を過ごすことになる。杉原さんは名誉回復されたが、その様な例は限りなくゼロに近く、多くの意に反して不正、悪事に加担させられ、……心に傷を負った人……反抗して組織犯罪人となり、名誉回復されていない人が多数いる筈だ。

肩書社会：多分、世界中何処でも、大なり小なり、家系、学歴、職業、職位等の肩書は意識される。日本は過度に学歴が重要視される社会で、学歴だけで社会の頂点に容易に立つことできる。
半世紀前のスウェーデンで毎年、年末年始に……記憶では４年間毎年……全く同じパロデー風の番組を国営放送が年末に放映していた。友人に聞くと理由は解らないが、毎年同じだと言っていた。
内容は、**ドクター＝博士号者に奇行を行わせて、博士の非常識を揶揄する**ような番組だったが、当時私は非常にヘンテコリン……と感じていた。スウェーデン在住４年、周囲に10人くらいの博士号の人が居り、その内に番組の意味が解ったと思ったが、それは私の勝手な想像だったかもしれない。
ストックホルムの友人グンナー・ブラントの妻は国営放送に勤務していたが、残念ながらこの事を話題にしたことはない。

東京大学文系マフィア：21世紀の日本の政治経済を牛耳る東京大学卒業者、卒業者とのネットワークからなる、マフィア的な組織で、大小の糸で結ばれた蜘蛛の巣の様に、日本中のあらゆる政治、経済、教育、学術分野を、表と裏から，……ステルスで操作して、……直接的、間接的に日本を経済的文化的側面から支配している。
巨額の国公債発行残高を残した、責任者グループである。
間接的関与は政府の委員会の委員になり、賛成する事で……日当としての報酬と社会的ステータスが向上するので、経済的なメリットと、行政への関与のレベルを更に上昇する事が出来る。
象徴として東京大学と命名されているが教授、教室、友人、知人繋がりで、日本の上級高学歴社会の構成者すべてが対象者である。21世紀に、全国民を対象とする『ふるさと納税制度』、『全国旅行支援制度』等の〝百害あって一利なし〟の政策を意図的にか,……無意識にか、制度化した。
日本語と云う、地方言語のバリアで守られているので、海外の学者から評論、批判されることは無い。

東京大学理工系マフィア：高い理系の教育を受けて、日本の工学、最先端科学の分野の専門家である。
国家的な理系技術が関係する課題……例えばリニア新幹線、ＪＲ西列車転覆事故、原発問題……の取り扱いを決定する委員会の委員となり、行政の提案を専門家として承認する。
ＪＲ西福知山線脱線事故に便乗して本を出版、民間会社に高学歴の技術監視重役の配置＝雇用を義務付けるべきと主張した山口栄一氏。
リニア新幹線建設に関して、ポジテイブな見解を示す専門家の見解を文書で提出した、ナノテク粒子の専門家阿部氏の様な、理系の高学者。
日当としての報酬と社会的ステータスが向上するので、経済的なメリットと、行政への関与のレベルを更に上昇する事が出来る。多くの場合、この様な委員会では理系、文系を問わず、日本では出席者全員の賛成を基本とする。2023年２月13日開催の原発再稼働に関する委員会で５人の内の一人が最後まで反対したが、それは極めて異例だと新聞報道された。
後日、委員会の決定が間違いと判明した時に、反対した少数者が褒められ、賛成者が非難されないように、**全員賛成とする事で、後日、決定のミスが明らかになっても、共同責任で、個人的な責任者を不在にできる**メリットがあり、無責任な、不誠実な行為が横行できるようになっている。
『三人寄れば文殊の知恵』の反対の馴れ合い委員会で『三人寄れば愚者の知恵』となる。

東京大学医学系マフィア：平成天皇陛下の心臓バイパス手術の際には、後述する森鴎外の場合とは、反対の事が起こった。
心臓バイパス手術は非常に高い技術を要する。東京大学は天皇の主治医の役割をしていたが、手術の執刀医を出すことが出来なかった。日本中から注目される中で失敗が許されない**重圧の中で行う手術を行うことに挙手する医師がいなかった**。
マスコミ情報によれば、三浪して医学部としては、最低に近いような評価しか受けていないと言われる、私立の日本大学に数年浪人して入学した天野篤医師の執刀で手術は成功裏に行われた。この事が意味する事は非常に重い。テレビを通じて記者会見される時には、東大の施設内での合同記者会見で、如何にも東大が表に立ってやっている様に見えるが、実態は全く別だ。専門医の数は公表された病院のデーターによれば、東大病院の方が天野医師が勤務する順天堂の約２倍である。
東京大学は活字学の医師ばかりで、手術室を、外部の名医に使って頂く事で、看板を汚さないようにしている。この事は将軍家の剣術指南役、柳生家が道場破りから試合を申し込まれ、それに対する為に……何処かの町道場の剣術士に金を払って代役を頼むようなものだ。
読者から決定的な良、悪の判断を付けられる事のない論文や本を書く事は得意だが、結果の良し悪しが簡単に判別される、天皇のバイパス手術の際に、手を上げる人が居なかった事の意味は非常に大きい。

東京大学医学系過去マフィア：約２世紀前、東京帝国大学医学部はその権威の誤用により、巨大な人的被害を国民にもたらした。
日清、日露戦争の頃、脚気は国民病で多くの人が脚気で死亡した。戦死者数よりも、脚気を出発原因とする、戦病死者数がはるかに多かったと言われている。英国海軍の経験から学んだ帝国海軍は麦飯で、脚気の死者は非常に少なかったと言われている。
脚気の原因がアミン欠乏症＝ビタミンB1の不足で、麦飯又は玄米食にする事で防止出来る事は農学者鈴木梅太郎が、日露戦争５年後に実証したが、陸軍が白米食から、麦飯に変更したのは日露戦争の約20年後だったと言われている。当時、脚気は妖怪の様なもので、科学的にその原因が解っていなかった。
東京帝国大学卒の森鴎外＝森林太郎は陸軍軍医総監として、影響力を行使して失われた20年間に脚気の為に亡くなった、多分数百万人の人の命を救える立場にあった。
森鴎外は、26才で陸軍大学教官に就任、ホボ、同時期に作家活動を始めた。
54才で予備役に編入され、殆どの作家としての著作は、軍医として勤務した28年間に行われたが、その著作量は驚異的である。パソコンでなく、鉛筆で執筆する明治時代の事だ。
筆者の推測では十人以上の専業の小説家の著作量に匹敵する。
想像するに、森鴎外と云う小説家が、生活の中で,……**トイレで消費する程度の短時間しか、本職の東京帝国大学医学部卒の医学の権威者としての仕事をせず**、それでも……28年間の長きにわたって、日本の医学会に巨大な影響力を行使してきた。

東京大学寄生系マフィア：統計発表に絡んだ、先回り売買による、利益の獲得。自分史に既述の戦前の富山県の綿貫家、昭和末期の神戸市北区の看板長者、神戸市の分譲宅地の例など、無数にある。
21世紀になり定例の政府発表の統計指数であるＧＤＰ、雇用、貿易、日銀短観等無数の大小の経済統計がある。
20年ほど前、メルリリンチに口座を持ち、同時に個人で５台のＰＣを持ってＦＸでデーリングをしていた。
メルリリンチから、著名な人物の方が執筆された、厚い株式市場の今後の予想レポートが頻繁に……毎週、又はそれ以上に頻繁に郵送されてきた。その中には、行政の中枢にいる人の名前が書かれており、外資系のアナリストが日本の官僚社会に深く入っている様子が読み取れた。
金融の自由化に伴い、それまで無税だったキャピタルゲインへの課税と同時に、インサーダー取引が禁止になったが、それは単なる外面上の形式だけで、**東京大学マフィアのネットワークでは、インサイダー取引禁止は無意味だ**。特にＦＸ＝外貨取引に至っては法的な問題がなく、……過去マフィアで述べる森鴎外の様に、片手間に簡単に官僚の仕事をこなし……個人的な利益追求の為に時間を費やす事は問題なく出来る。

東大症候群：東大入学を目指して、受験勉強漬けの青春時代を過ごし……解答が書かれている問題集の暗記に熱中してきた。社会常識に疎く、好奇心、疑問に不感症で、東大卒業後キャリア官僚として就職、殆どの人は、エネルギーの100％を使い切り疲弊している。

東大予備軍症候群：東大入学目指して頑張ったが、入試に失敗、東大以下の公立大学、又は私立大学に入学、精神的なトラウマがあり、東大卒の人には頭が上がらない。

東京法学部卒厚顔無恥２態：藤井威元スウェーデン大使はスウェーデン国王臨席の公式晩餐会で泥酔、転倒して、床で顔面を打ち、瀕死の重傷を負い、同席していた米国大使は後日、死んだと思ったと言っていたと自慢げに、著作スウェーデンスペシアルに公開している。2024年に藤井大使と同窓の兵庫県知事斎藤元彦氏が、公私にわたる自己中心的でお粗末な行為から、県議会の決議により失職、連日テレビ、新聞が大々的報道した。
藤井氏は還暦年代、斎藤氏は不惑年代……20代の若者ではない……。
たまたま上記の２つの事件が社会に露出したが……氷山の一角で……表面に現れていない多くの類似の東大法学部卒者のお粗末な事件があるのだろう。

コロナワクチン接種論争：COVID19パンデミックに際してワクチンを接種すべき、すべきでないについて世界中で議論が騰。賛成意見、反対意見は一部の真実を語っているが、その前段にある……背景について冷静に考えれば心は安定する。人類、専門家でも、コロナウイルスや人間の免疫のメカニズムについては、依然として殆んど解っていないのが現状だ。そのような中で、多分、効果のあるワクチンが開発された。
視点を変えて、考えてみよう。
オウムの事件で東大から死刑囚が出たから、東大出身者は全てダメと云うわけではない。タマタマ、一人の馬鹿者が出ただけの話だ。

ポリコレと：21世紀になり、特定の職業、宗教、人種、信条、性別、LGBT等の人々を非難するのを、『ポリコレ』として、社会的、政治的に許されない行為とする事が先進民主主義国の標準になった。上記の様に東京大学、東京大学卒の人に対して筆者が行っている事は、多分、**ポリコレに違反していると非難され、若しかしたら……訴訟を起こされるかも知れない**。

無限変数関数：数学に多変数関数と呼ばれる、関数概念がある。複数の要素からなる現象の結果の予測を数学的に解析する為に使用される。無限変数関数は数学的な概念を借用して、変数が無限とも表現したくなるほどに多い場合に、理解しやすい様に表現するための便法として作った。マネーの計算の様にデーターを挿入して、答えを出すことは出来ないが、1個の単語として複雑な社会学的な現象の説明をする時に便利だ。

傾向の複利的増減効果：多くの人員からなる組織に於いて一旦上向き、又は下向きの傾向が発現すると、その傾向は時間の経過に伴い増々、傾向の程度が複利的に増加する事を云う。
社会経験を持たないで、モラルが低下中の組織に新卒で入ると、新卒者にとってはそれが原点になり、疑問を感じなく、モラル低下の傾向は継続し…その連続で**年月が経過するとモラルは更に低下、社会常識とは隔絶した、犯罪とも見做されるような事が横行する組織になる**。
終身雇用文化の日本では、保身の為に自己忖度して、組織を守る為の隠蔽が最も大切な事となり、良心の有無に関わらず、悪事、行儀の悪い行為は隠蔽されて社会に露出することは無い。
一旦傾向が発生すると、それは**継続的に複利で傾向は増幅して行き、社会的常識との乖離が拡大**する。

マスコミのアシスト：終身雇用で高額給与水準を維持している日本の大マスコミは、社会の頂点から大空を飛んでいる大鷲の様に日本を見下ろしている。日本の政治、経済がどのように稼働しているか熟知している筈だが、国民の為、社会の為より、保身の為に自己忖度して、報道する事件のつまみ食いをするので、多くの政治、行政絡みの不正が解り易く報道されることは無い。
既述の400億円の金利の還付の件は、還付と、責任者の定年退職、叙勲を一緒に記事として報道すれば、大事件として日本中が大騒ぎするかもしれないが、数年おきに、別々に小さな記事にすれば、一般の人が問題にする事は無い。日本の受験目的教育効果からか単視的で、事件を深く広く洞察する能力に欠けている事が原因で、彼らは全く三つを統合して考える視点が無いのかもしれない。

純粋虚業の学習塾：世界、国家、人民に直接利便を与える農業、漁業等の第一次産業に加え、工業は実業と呼ばれてきた。
実業の運営を間接的に支援する為に銀行、証券、保険、教育、商業等がある。
古来、遊興、演劇,芸術、美容等は……虚業的な扱いを受けていたが、人を楽しくして元気にするので必要虚業と云える。受験目的の学習塾は、結果からみると、生徒に負担を掛け、親に多額の費用を払わせ、生徒の潜在能力の活用にブレーキを掛け、**社会にとって何の役にも立たない純粋虚業である**。

純粋型専門家 汚職型専門家：スウェーデンでは、多分、殆どが、純粋型専門家であるが、日本の場合には真逆に殆どが、汚職型専門家であり、それは**汚職型専門家でないと、日本では専門家として生きて行けない**から仕方がない。
学校卒業後の一括採用、終身雇用制の組み合わせが、転職、転社を難しくしている。専門分野が決まると、同一専門分野の受け皿が小さいので、同じ職種での転社が困難になり……革命に身を投じる様な覚悟を持てなく……妥協して、汚職型専門家として一生をおえる。

オンブヅマン：スウェーデンの清潔な政治は、市民が行政を監視するオンブズマン制度があるからだと、誤解している北欧の政治に関心と知識のある人が言われるが、それは間違いだと断言できる。それは、結果であり、若し日本で同様な制度を作ったとしても、結果は無残な事になるだろうと筆者は思う。
その任に当たった人は容易に迎合型の専門家となり、スウェーデンの様には、機能しないと思う。
スウェーデンの様に機能するためには最低、**初等、中等教育が変わり……雇用慣行が変わらなければ、単に一時的にマスコミの話題になるだけの事**だと思う。

失われた30年：日本経済は20世紀末ミレニアムを跨いでの30年間停滞して、劣化...欧米、中国、アジア諸国がGDPを上昇させる中で、日本のGDPは上昇せず、アジアのトップから、アジア中進国の下位に位置し、アジアの最貧国を目指して劣化している感がある。1993年から約30年間、歳入不足を補う為に約30兆円／年の公的債務＝借金を繰り返してきた。
低賃金、長時間労働、新規国債の増発で代表される日本経済は...欧米起原で出来上がった経済学では上手く説明が出来ないので……著名経済学者が、『失われた30年』と造語、解り易い表現なので経済インテリの間で流布している。
医学分野で頻繁に使用される『本態性症候群』と名付けられる現象と同様である。
現代科学のレベルでは因果関係を解明する事は絶対不可能と断定……本態性の枕詞を付ける事で……因果関係を科学的に解明する事を放棄している事を明らかにする。
医学界の例に倣えば、日本は20世紀末の30年間『本態性経済停退症候群』に感染したとなる。
この本の執筆目的は『本態性経済停退症候群』を明らかにして読者の方と一緒に、その治療法を発見する事である。

長時間労働、低賃金、借金増加：失われた30年は90年代初期に始まり**長時間労働、低賃金、高額国公債発行の『３悪』**を伴っていた。中期に入っても初期の傾向を維持したが経済成長率はホボ変化なく、均衡を維持。
後期になっても傾向に変化はなく、借金だけは世界の歴史上初めて……と考えられる国民一人当たり1,200万円の巨額となり……それまでは等差級数的な増加だったものが……今後の30年はより強度の等差級数的に爆増する事が避けられない。それは単純な算数で計算される事であり……避けられない……。

OECD統計：**2018年のOECD統計が日本を褒めている。**
日本は欧米の統計数値を目標に頑張っているのに、OECD統計では日本が既に**『高福祉低負担』を達成している理想の国で、スウェーデンは『低福祉高負担』の地獄の様な国**であると言っている。
日本ではスウェーデンは『高福祉高負担』であると専門家が言っているが……
これは何だ！！？

妖怪ジャパンの感染拡大：日本には12省庁の多数の経済行政の専門官僚に加え、在野の無数の文系経済学者、社会学者、経営学者、シンクタンク、会計士、税理士……がいるが発生した『失われた30年』の不思議な現象を科学的に分析している人がいない。
文芸春秋100年記念誌に掲載された数人の日本のトップと見做される経済学者の論文は科学的に失われた30年について議論する事が全くできていない。
筆者はこの事実を知ったので日本中が『妖怪ジャパン』で汚染されている事を確認できた。

無能と不正行為で消えた…：1,500兆円は行政官僚の無能と、公務員の終身雇用制度と天下りを原因とする不正行為により消えて終った。行政官僚の無能力が先見性を持って『転ばぬ先の杖』と形容できる様な行政を行う事が出来なくて、数々の愚行の繰り返し、生まれの悪い行政行為にピント外れの『転んだ後』の『支え棒』をするから増々使い勝手の悪い制度となり日本の長時間労働、低賃金傾向を助長して来た。

スウェーデンは不変だった：同じ期間スエーデンでは半世紀以上前と同様に無残業で、短時間労働、高賃金社会を維持している。スウェーデンは年収約1千万円以下には日本よりも税負担が低い。スウェーデンは年収億円以上の場合日本よりも10％以上税負担が高い。日本はスウェーデンと比較すると低年収者に高負担を、高年収者に低負担で、高所得者優遇政策国だ。

日本は巨額借金：失われた30年に日本は借金を8.0倍の1,500兆円に爆増させ、スウェーデンは逆に0.2倍減額した。

男女平等だった昔の農村：戦前は人口の90％以上は農林漁業に携わり、その大部分は農業従事者だった。
農村では夫婦が協力して働かないと生きて行けないから、自然と夫婦共稼ぎ文化となり、既に戦前にスエーデンの様な労働形態が出来上がっていた。
日本人の10倍くらいの高給の英国人部長の妻は、夫から毎日千円を貰って家計を切り盛りしていた。
安倍首相の経済指南役と言われていたアトキンソン氏は自伝で、英国社会が猛烈な女性蔑視の社会であると書いている。日本では多くの家庭で夫は給料を全額妻に渡し、妻から小遣いを貰っている。
日本は、歴史的に穏やかな男女共棲社会だったのだ。
筆者はその様な男女共棲社会で幼少年時代を過ごした。

女子大亡国論：1960年代初期『**女子大亡国論**』や『**大学女禍論**』が流行、当時の論客慶応大学教授は頻繁にテレビに出演していた。女子は嫁入り道具として大卒の箔をつける目的で大学に入学すると言う。
女子は男より早熟でコミュニケーション能力が優れており勉強が良く出来るから、男が負けてしまう。将来国を背負う高級官僚となる文系の男性の大学進学の障害となると言うのが理由だ。
例えば1962年の統計で文系学部に於ける女性の比率は**学習院大学、青山学院では90％弱、慶応、早稲田は30〜40％**だった。。

大卒の女子の就職：筆者が住友電工在職の1957～68年の間に濃淡はあるが数百人の女性事務職の人を知っている。
筆者の知っている範囲の人で、大卒で採用された女性は、特殊技能である英語の出来る、井上さんが初めてだった。（写真集参照）筆者の退職２年ほど前に初めて大きな事務所の中に１人の短大卒の女性が配属された。

家計簿経済学・実用経済学：小学校で習得する加減乗除だけで経済現象を解き明かす経済学。目前の経済現象を、収入、支出、借金の主要項目と近未来の予想出費との関係を考え、永遠に健全財政が維持できる様に運営される経済学で実用経済学と呼ぶ。多くの民主主義国で採用されているが、日本では意識的にか……無意識にか採用されていない。スウェーデンは徹底した家計簿経済学国である。

会計経済学・CT経済学：企業、法人、自治体、政府などで金銭の授受に関係する数値を取り扱う経済学。時間、数値、項目を厳格に定義して……時間を停止して、一瞬の人体の臓器の状態を表すCT写真の様に……時間を停止させて経済状態を観察して数値化、全ての数値の整合性が確保されており正確で間違いがない。
NHKは実用的に意味が有るか無いかとは無関係に、過度に数値の正確さにこだわり、それが高級、正しいと思い込んでいる事が背景にある。例えば、本日のドル円ついて……145.13円……只今145.14に変わりました……本日の日経平均株価は37,951.80円と伝える。

混乱経済学・デタラメ経済学：文芸春秋100周年記念号に登場した、佐伯啓思氏、小林慶一郎氏、中野剛氏、『金融決定会合』に出席した日銀総裁を筆頭に参加した委員の方々の様に……経済学を活字で学び……実際に経済活動をした経験が貧弱で、会計経済学的な知識で目前に起こっている日本経済の説明が出来ない。
日銀の『金融政策決定会合』の様に、2023年に円安で殆どの生活物質が半年の間に10％以上も上昇しているのに0.2％、0.3％の物価上昇、下降を議論するような錯誤に疑問を感じない経済専門家が代表的な例だ。日本が自然災害多発国で、蓄えを必要とするのに……巨額借金を作り……自然災害ゼロ国のスウェーデンは借金が極小。日本の高学歴の経済学者は誰もそれを問題視しない。

資 料 集

まえがき

退職して、時間的余裕があるので、世の中で看過できない様な問題に遭遇した時、問題の一番近くに存在している人、又はその問題の責任者と考えられる人に問題点を指摘、改善を提案する事が社会貢献になると考え、積極的に提案する事にした。

濃淡はあるが、現在も100人を超える友人、知人がいる。友人、知人との関係、会話はザックバランで、大阪のオバチャンみたいな、おしゃべり好きな軽い、変なオジサンと思われているみたいだが、やっている事はかなり硬派だ。

民間で働き、会社に雇用された社員として、会社や顧客に改善、変更を提案していた様に、**非常に明瞭に問題の存在を認識した場合、その解決方法を提案するのは良き国民の務めだと思う**。

人生の２／３くらいは社会を下から支えている人と一緒に支えて来たから、行政、教育、等の公的な部分の不親切、非効率、無能力に対して敏感に反応し不満を覚える。

高い教育を受けた単視的な日本の上流国民

日本では受験教育を勝ち抜いて、高い教育を受けて**上流国民予備軍となった人は**、受験教育から強烈なマインドコントロールを受けている。公務員又は大企業に就職**終身雇用の中で安住して、職位の上昇を目指すが**、組織内で周囲に忖度しながら窮屈な生き方を強いられ、単視的な人間に成長する。一般に組織のトップは高齢で保守的、周囲に忖度されて、大過なく過ごせるが、組織は死んでいる。そのような職場環境の中に永くいれば、多視的で想像力豊かな人材は育たない。**“茹で蛙”現象で、大事件が発生するか、外部から強烈な圧力を受けるまで放置される**ので、他の先進諸国から周回遅れとなる。その集積が国を劣化させ、結果が日本の公的債務総額は一人当たり１千２百万円以上となり、その傾向は確実に継続、増幅しながら進行しているように見える。

この一人当たり１千２百万円の公的債務も、見掛けを少なく見せたい工夫をしての数値だろうから、民間感覚で厳しくチェックすれば、１千２百万円よりも数割大きな数値になっても、何ら不思議はない。最低１千２百万円と理解すべきだろう。類似の事は、民間では会社のＭ＆Ａでよく起こる事である。よくマスコミを賑わす会社の粉飾決算のニュースや、この添付資料の末尾に掲載されている、佐藤君の企業買収の際にもその様な事が起こっているから、国民としてはその様な視点から観察するのが当然だ。

高い教育を受けた多視的な上流欧米人

欧米、就中、**スウェーデンでは真逆に、高い教育を受けた上流国民は、組織外へとステップアップで移動する機会を狙っており、多視的で**、応用力、想像力に優れた人物になるように成長して行く。

その様な社会では、組織は死なない。組織のＤＮＡは活きた組織として常に変化を求め、社会をリードするように引っ張って行き、結果として、世界のトップ集団のトップの地位を継続的に維持できる。

私は学校教育からの規格外れ

私は、五箇山の田舎に生まれ、受験勉強とは無縁で育ち……その後、スウェーデンの影響を受けた、知りたがり＝inquisitiveな人間だ。公教育から受けたマインドコントロールは限りなくゼロで、むしろ反公教育、反教師的な雰囲気を持って生きてきた。

スウェーデン人は日本で起こっている……世界史上稀な、多分、空前絶後の事、……を知らないが、私はそれを認識しているので、並みのスウェーデン人以上に高い興味を持って、日本とスウェーデンを観察している。

添付資料に収録した多くの事例は、全てその様な背景を原因として発生した事柄である。

資料集目次

1．COVID19＝＝コロナ騒動に対する私の提案と行動

永らく横浜港にコロナ感染患者を抱えたダイアモンドプリンセス号が係留され、オリンピック開催の１年延期が決定された。

WHOがパンデミック宣言、コロナで世界中が沸騰する中、多くの感染症専門家、医師、学者がマスコミ、ネットで意見を発表、政府の対応について、賛否両論で……冷静さを欠いた議論が多く、政策決定者の御苦労を感じていた。 私は医学の専門家ではないが、後述するような理由から、コロナウイルスの様な“妖怪”について自信を持って推理する視点を持っていた。流布している、私の耳に聞こえてくる殆どの意見は**“木を見て森を見ず”**だと観察していた。

大勢の税務官僚を擁する大阪国税局がマスコミを通じて報道される無数のコロナについての情報から、何も学んでいない事に驚いた。 感染症専門家が問題にする、『人と、人の接触感染』、……混雑、多人数の集合、人流量の影響が関係する５税務署の合同開催の開催はあってはならない事だった。

年間約１千万人が、集合する国家的なイベントである確定申告行事との関連を推理する視点が無かった。

専門家は“木に相当する、妖怪ウイルスを”を論じるだけで、オリンピックにも相当、又は、それ以上の人流量が発生する確定申告行事は目に入っていなかった。

◆令和３年１月21日付け兵庫税務署。久本署長への提案

神戸の税務官僚は、今まで各税務署の個別開催だった確定申告作成コーナーの開催を５税務署の合同開催とする事を決定した。

若い30才前後の税務署長だけで決定されるとは思えず、上席の大阪国税局も関係している筈であり、組織としての鈍感さにビックリした。

延期されたオリンピックの開催の是非について、議論が沸騰する中で、……それは、私から見ると信じられないくらいの愚行であると断定。先ず、久本兵庫税務署長への合同開催中止の提案書簡を郵送した。

◆欠陥マスクの着用が感染を助長

マスクの着用が常態化する中で、真剣にマスクについて考え、市場で販売されているマスク、医学誌、特許公報、ネット情報、マスク業界団体と、知識を広めて行く過程で最も普及している衛生マスクが欠陥品である事に気付き、真に感染抑制に効果が有る衛生マスクの特許を申請した。

◆令和３年11月５日後任の葛西税務署長への提案

税務署長は毎年変わる。2020年11月に後任の葛西税務署長に結果のフォローアップと、次年度の取り扱いについての提案書を郵送した。

◆アジア三か国への欠陥マスクの感染助長を指摘

多くの人がワクチン接種を行い、欧米ではコロナ感染が沈静化する中で、マスク大国日本を筆頭に、中国、韓国のアジアの三か国では、沈静化の傾向を示さず、反対に間歇的に過去最高を繰り返していた。

筆者は、それは欠陥マスクの着用にある事を、参加国の要路の人に知って頂くために書簡を、大使館経由で送付した。

◆ 令和３年１月21日付け兵庫税務署、久本署長への提案書

兵庫税務署
署長　久本成昭　殿　　　　　　ＣＣ：国税庁長官　可部哲夫殿　　大阪国税局長　小原昇殿
コロナ対策担当大臣　西村 康稔殿

令和３年１月２１日

コロナ禍の中、個人の確定申告についての提案の件

例年、各税務署個別開催だった確定申告書作成コーナーを、５か所の税務署合同開催とされました。
今年はコロナ禍の中、米中韓、北朝鮮との複雑な政治の問題に加え、オリンピック開催が予定されるなど、**国難と呼びたくなる程の非常事態下**にあります。　８０年前の東京オリンピック開催返上の時代とは異なり、現代におけるスポーツの社会に与える役割、影響は巨大で、**確定申告と云う、些細な年中行事が大きな失点の起点**にならない事を望みます。
傍観しているのは高齢者の怠慢だと思い以下の様に提案させて頂きますので、関係各位の方々とご検討いただき、早急な対策を期待します。

提案１：局所的対策　→　合同申告書作成コーナーの中止
今年は、灘、兵庫、長田、須磨、神戸の５税務署が合同で中央区での開催と聞きましたが、コロナ禍の中、特に冬季における、このような合同開催は不適当です。今年の合同開催は取りやめて、例年と同様にされることを提案します。
提案２：制度変更　→　申告書作成の簡易化
大多数の個人の申告者は、前年申告の数字と項目が少し変わるだけで、ホボ同じだと思います。
ネットから自分の前年の申告画面を見られる様にして頂き、変更する数字、項目の変更だけで簡単に申告出来るようにする事で、申告書作成コーナー来訪者を激減させ、利用者と税務職員の負担を激減する事が出来ると思います。
提案３：コロナ禍での緊急対策
２０２１年は平時ではなく非常時であり、非常時には非常時の対応をしなければ大失敗します。**今年は確定申告を夏季に変更し、その間に提案２を具体化する非常時対応をすべきです。**

提案１の意味又は効果
毎年、管工業会館で行われる作成コーナーでは**一か月間、数百人の人が、連日、長時間在室**していました。
今年は、三密を避けるために行列が長くなり、マスク着用での会話、昨年よりも在室時間が長くなると予想され、感染のリスクは増大します。特に、常時在室の職員の方々の感染リスクは非常に高まると予想されます。
加えて、５税務署合同での開催となると、クラスター発生のリスクは著しく増大するでしょう。
私の様に多くの北区在住者はコロナ感染を恐れて三宮へ行くのも控えている状況下での合同開催は非常に不適当。
他地区の利用者の側面で考えても、遠隔地での開催となるので、バス、地下鉄、電車の乗り継ぎに伴う感染のリスクに加え、乗り物の費用の増加もバカになりません。
提案２の意味又は効果
日本はＩＴ後進国であると多くの学者、識者と呼ばれる人がマスコミで指摘し、お笑い芸人等と一緒に、政府の対応を非難しますが、コロナの様に現代の科学でも不明な事の塊で、目に見えない妖怪のようなもの相手の戦いの結果を事後に非難、評論をする事は簡単ですが、事前に具体的で、効果のある提案が出来なければ意味がありません。
今回の提案は、利用者の利便性のみならず、提案の実行は簡単で、費用も少ないソフトの変更で可能、税務署の職員の方々の負担も軽減され、反対されるべき理由が私には見当たりません。現行のシステムを熟知している人ならば、既にデーターが電子化されている筈なので、システムの構築は数日～１週間程度の作業であろうと推測します。
人件費の削減、必要ＰＣの数の減少等、関連準備費用の削減に加え、更なる進化を遂げるための重要な一歩になる。
提案３の意味又は効果
兵庫税務署管轄区域と同様の事が全国で起こるとすると、厳寒期に全国で数百万の人々が、千か所くらいで... 感染のリスクに晒されることになる。　いったんクラスターが発生すれば、多くの税務署が機能しなくなるのみならず、定型的なグループの集まりでなく、雑多な人々の集合であるために、感染経路の追跡は非常に困難、不可能に近いと思われる。
経済への影響は微々たる個人の確定申告を、今年は夏季... 予定されているオリンピックの後... に変更するべきです。
多分その頃には多くの人がワクチンの接種を完了しているかもしれません。
確定申告書作成コーナー開催中に、徐々に決定的な状況が神戸市から始まる事が起これば、非常に残念です。
３密の言葉が、一般に認識され始めたのは昨年３月末―４月でしたから、昨年の申告書作成コーナーはそれまでと変わらず無頓着したが、**今年は状況が激変して、全く異なります**。想定される費用は非常に小さく、判断、決断だけの問題です。
最悪の状況の発生も念頭に、先を見通してこの機に後顧の憂いのないような対応をされることを期待します。

以上

岡田　実

追伸：事は緊急を要し、根回しの時間は有りません。関連される各位の方々が共通の認識を持つ事により、貴職の提案が実行に移されやすいように、日本的でないかもしれませんが関係各位の方々にＣＣいたしました。

前年12月、ダイアモンドプリンセス号船内でコロナの感染患者が発見され、全世界的にコロナウイルスの拡大が認識され、WHOによりパンデミックと定義された。世界中でCOVID19と命名されたコロナウイルス対策が日本の巨大な行政上の課題として表面に現れて来た。
１月21日に、所用で兵庫税務署に行き、その年の確定申告に伴う受付、相談の業務を神戸市の５税務署の合同開催にすると云うチラシを入手した。例年は五つの各税務署の単独開催であり、兵庫税務署管轄区域では幾つかに分散開催されていたので、訪問者の移動距離は少なくて済み、他人との接触の頻度は限定的だった。

５か所の税務署の合同開催となれば、訪問者の移動距離は非常に長くなり、他人との接触機会も大幅に増大、今までは、大方徒歩圏内で訪問していたのが数時間かけて交通機関を乗り換えて、お金をかけての合同開催会場への訪問となる人も多い。

全国的に考えれば、約１千万人に相当する人流量となり、確実に全国的な感染急拡大になると思い、帰宅後すぐに提案書を作って郵送した。

世界が注目するオリンピックの開催が７月後半に計画されており、開催、中止の議論がある中で、……些末な確定申告業務の為にコロナの感染拡大を促進するような、合同開催は……愚かな行為だと思った。今年は確定申告を中止、延期、又は最悪でも昨年までと同様の各税務署の個別開催にすべきと提案した。

マスクをすると眼鏡が曇るので、良い方法が無いものかと、マスクについても真剣に考え、人流量の抑制がトップで、次いでマスクの設計であると認識していた。

その後の経過

多分、30代前半の若い税務署長に具体的な対応は期待できない。CCとして、大阪国税局長、国税庁長官とコロナ対策担当大臣の３人にも、提案書を郵送した。提案書が直ぐにゴミ箱に落とされるかもしれないが、計４箇所に郵送すれば、誰かが読む確率が高くなると思ったからである。手紙を郵送してから約２週間後に、税務署は申告期間を今年は倍の２か月間に変更した。

例年、申告期間は２月中に始まり３月中までの１か月だが、それを４月中まで２か月間に延長するとの事で、期間を延長する事で人の接触の機会を薄める為との事だった。

全国に500以上ある税務署が例年の様に予定して、会場の手配、パソコンの準備、アルバイト要員の手配等をしていたと思うが、私の提案書の郵送から２週間足らずの間に成された変更であり、それは大変な手間と費用を伴う。

勿論、私の提案とは関係なくそれは事前に計画されていたことかもしれないが、私の提案が影響を与えているとするとその迅速な対応には敬意を表するが、その対応は完全にピント外れである。

期間を１ヵ月から、２ヵ月間にする事で、混雑を薄める事が目的と書かれていたが、感染急拡大の期間を１ヵ月間延長すれば、それはオリンピックの開催日の近くまで感染急拡大を引き延ばす事に繋がる。

◆　マスク特許の出願

コロナ禍の中でマスクの着用が常態化し、マスクを着用すると眼鏡が曇り、不便に加え、初夏で暑くなると呼吸がし辛い。

色々な、市販のマスクを買って試したが、……納得できる、良い物が無い。**そのうち、マスクの設計が根本的な所で間違っている事に気付いた**。マスクの効能を記述する、例えば大手メーカーである、ユニチャームの説明や、その他も同様である。

早速、特許庁のＪ－platpatで相当数のマスクの特許、実用新案をチェック、最高度の機密性を持つガスマスクから、エボラ出血熱の様に非常に高い死亡率のウイルス用のマスク等マスク市場にあるマスクの特許の状況を調査、勉強した。

マスク生地の網目の細かさを示すN95等の、規格の存在、形状上の細かな特徴等、無数と呼びたくなる程、多くの出願が成されているが、非常に重要な視点が欠けている。それは呼気、吸気の流体力学的な視点でマスク設計について考慮している特許、実用新案に遭遇しなかった事である。勿論、過去からの全ての出願を……多分、約千件と想像される……見たわけではないから断言は出来ないが、直近の数百件を見ても、流体力学的な視点で問題解決を目指した特許がないので、…特許出願した。

“木を見て森を見ず：”過去の経験にマインドコンロトールされている

医療従事者が感染防止のために着用する完全防護服と、一般人が感染防止、予防の為に着用する衛生マスクでは根本的に異なる。

一般用に於いて最も重要な事は、マスク着用負担感と、期待される感染予防効果をどの程度、どの様に妥協するかが最も重要な項目だと思う。以下に一般の感染予防用マスクの機能上の要点を述べる。

1．マスク着用負担感の軽減が着用者数の増加、不正着用の減少に効果を示す最も重要な要素。
2．出来るだけ早く、ウイルスを含んでいるかもしれない呼気を下に＝地面に落として無効化する事。
3．ウイルスを含んでいるかもしれない、呼気、飛沫を上の方に吹き上がらせない事が同時に、眼鏡を曇らせない事である。眼鏡が曇ると、マスクの着用負担感が増して、着用忌避、不正着用を増加させる。呼気が上に吹き上がると、ウイルスの空中滞留時間が長くなり、拡散して周囲の人に感染させ易くなる。
4．マスクは既に感染している人に着用させる事に意味があり、それが最重要だ。
5．机の上に、衝立を立てるのは、空気の流れを妨げ、ウイルスの机上での滞留時間を永くするので良い方法ではない。多分、感染抑制には効果がない。
6．マスク生地の目の細かさは、さして重要ではなく、不織布で十分。

私は住友の学園で、京都大学物理卒の福田さんから物理を習っていた。

福田さんは、粉末合金の粉末の専門家で、粉体工学の専門家。当時、ナノ粒子と呼ばれる様な言葉は使用されていなかったが、粉体工学は微粉末粒子の流体内での挙動を研究する学問で、気体中における微粒子の終速度、ストークスの法則などの高等数学の入口を習っていた。模型飛行機造りの延長で気流について考えるベルヌーイの法則なども直感的に頭をよぎる。

大学での卒業設計は航空機用水平対向エンジンの設計で、エンジンのシリンダー内の空気の動きに関しての、論文も読んでいた。

その後、約40年間、粉末合金との関りの中に生きていたのに加え、半導体分野の勃興期に、超硬チップの表面に金属、非金属化合物をコーテイング＝ドライメッキする、ＣＶＤ, ＰＶＤと呼ばれる方法についてのかなりの知識があり、マスクに要求される性能と、設計について考える時、医療用品専門の従事者とは全く違った視点からマスク設計について考えていた。

21世紀になり、衛生マスクの特許登録は、非常に困難

過去に無数とも表現したくなるほどの形のマスクの特許、実用新案があり、どの様な形状のマスクでも、意味のある形で登録する事は不可能であると思った。

特許にならなくても良いが、特許として出願する事で、医療用品専門家が、気流のコントロールと云う視点をマスク設計に取り入れて、より良質の製品開発をされる事を願って、令和２年11月２日に14,000円の収入印紙を貼って特許出願した。

令和４年５月に公開され、予想に反して、色々な手続きを経て、最終的に令和５年１月31日に登録決定の知らせを弁理士さんから頂いた。

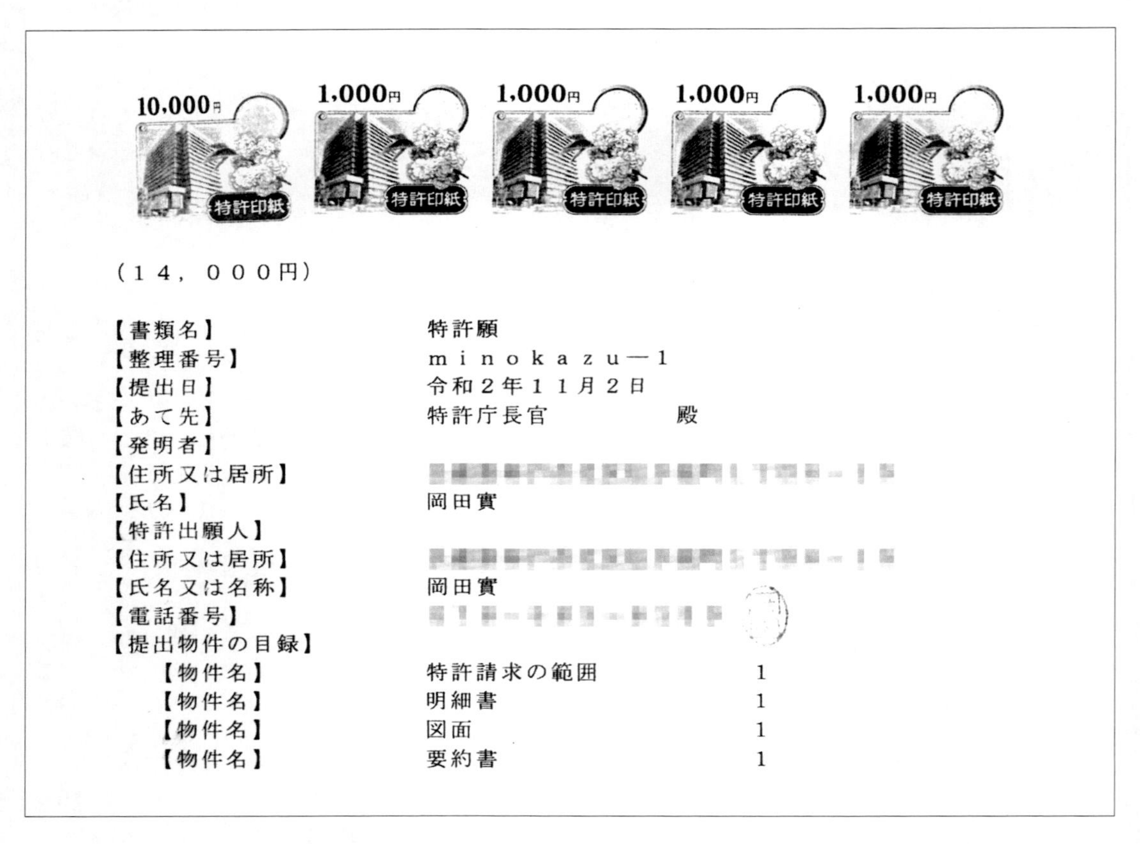

（１４，０００円）

【書類名】　特許願
【整理番号】　ｍｉｎｏｋａｚｕ－１
【提出日】　令和２年１１月２日
【あて先】　特許庁長官　殿
【発明者】
【住所又は居所】
【氏名】　岡田實
【特許出願人】
【住所又は居所】
【氏名又は名称】　岡田實
【電話番号】
【提出物件の目録】
【物件名】　特許請求の範囲　１
【物件名】　明細書　１
【物件名】　図面　１
【物件名】　要約書　１

2021年になってもコロナは収束せず、一応オリンピック、パラリンピックも終了したが、オリンピック、パラリンピックの開催後に第５波の感染急拡大となったが、それは覚悟の、専門、非専門に関係なく予想されていた事であった。

その後、ウイルスの変異株の出現や、ワクチンの接種があり、状況が複雑化している。

専門家はこの様な過去の事例を検証して、因果関係を特定する事で、将来起こるかもしれない類似の事例に対しての参考になる記録を残す義務を感じるべきだと思う。コロナの様な“妖怪”の場合には目の前で起こっている現象については、専門家も、素人もさして大きな違いはない。麻雀に例えれば、牌を隠している対戦相手の配牌を予想するようなもので、当てにならない。

◆ 下方開放型衛生マスク、特許第7228912号

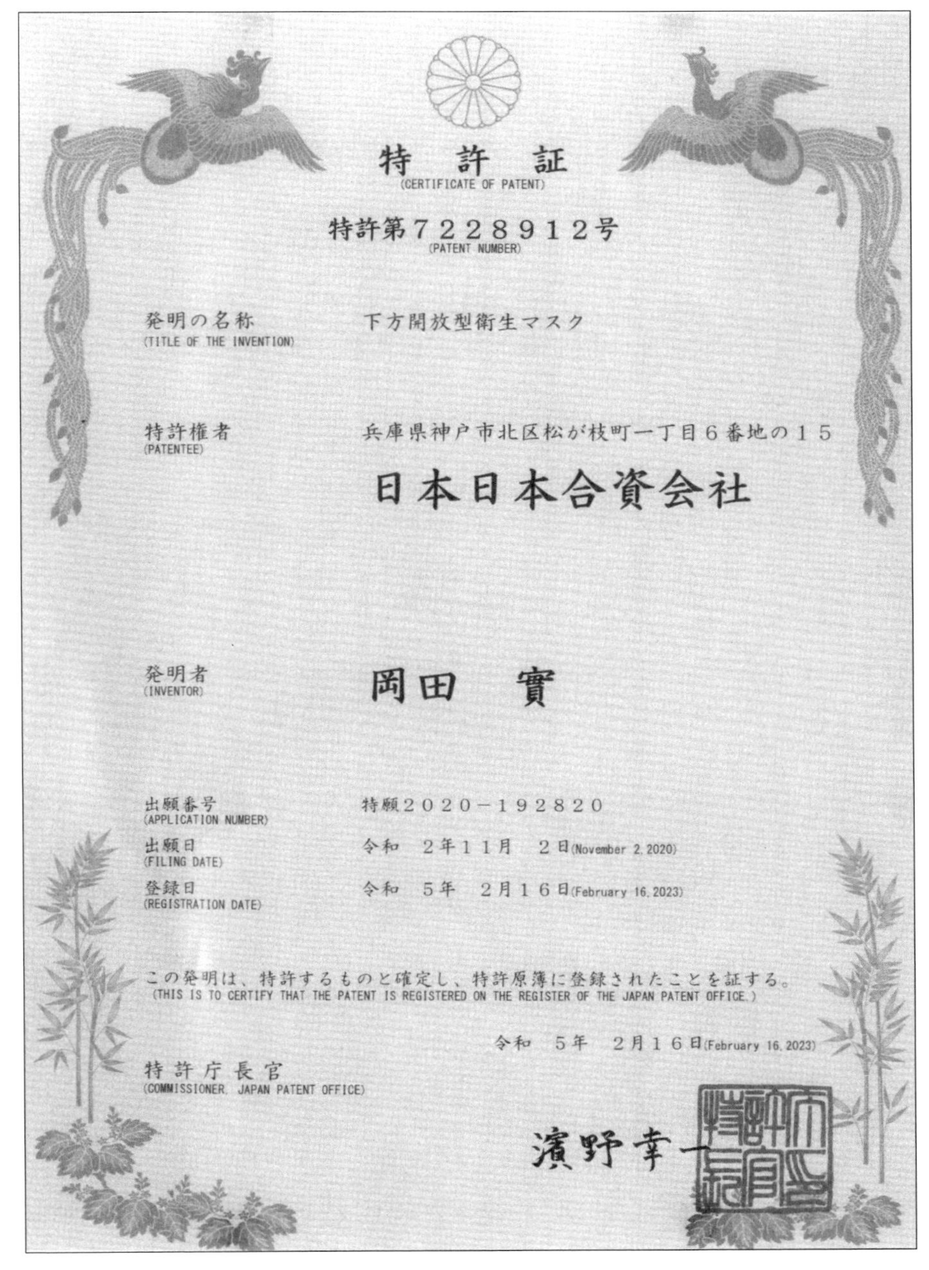

特 許 証
(CERTIFICATE OF PATENT)

特許第7228912号
(PATENT NUMBER)

発明の名称 (TITLE OF THE INVENTION) 下方開放型衛生マスク

特許権者 (PATENTEE) 兵庫県神戸市北区松が枝町一丁目6番地の15
日本日本合資会社

発明者 (INVENTOR) 岡田　實

出願番号 (APPLICATION NUMBER) 特願2020－192820

出願日 (FILING DATE) 令和　2年11月　2日(November 2, 2020)

登録日 (REGISTRATION DATE) 令和　5年　2月16日(February 16, 2023)

この発明は、特許するものと確定し、特許原簿に登録されたことを証する。
(THIS IS TO CERTIFY THAT THE PATENT IS REGISTERED ON THE REGISTER OF THE JAPAN PATENT OFFICE.)

令和　5年　2月16日(February 16, 2023)

特許庁長官 (COMMISSIONER, JAPAN PATENT OFFICE)

濱野幸一

最も普及していた不織布製の顎まで覆う立体型衛生マスクは、感染を助長すると確信、下方開放型マスクの特許出願を行った。

登録される筈がないと思っていたが、理化学研究所のスパコン富岳のマスク着用者の呼気の流出状況のシュミレーション動画のアシストを受けて、登録特許となった。同様の実験を行うためには、多分10億円の実験費用が掛かる。世の中何が幸いするか解らない、不思議なものだ。将来パンデミックが起こったら、このマスクが社会貢献をしてくれるだろう。

◆　令和３年11月15日、兵庫税務署、葛西税務署長あて書簡

兵庫税務署
　署長　葛西重紀　殿　　　　　　　　ＣＣ：国税庁長官　可部哲夫殿　　大阪国税局長　小原昇殿
　　　　　　　　　　　　　　　　　　　　　コロナ対策担当大臣　山際大史郎殿
令和３年１１月１５日

コロナ禍の中、"Go to travel"が２月に再開予定
恒例の今年の個人の確定申告中止の提案

約１０か月前、年初の１月２１日付け、添付別紙２：**コロナ禍の中、個人の確定申告についての提案の件**、を貴職の前任者の久本様に郵送した者ですが、提案で指摘したように、その後の経過は、確定申告と云う恒例行事による全国的な人流量の増加が、オリンピック目前のコロナ第四波感染拡大を発生させた事を証明しています。（添付別紙１："２０２１年コロナ第四波感染拡大の顛末　"参照）混雑を薄めるため、恒例の開催期間２月１５日～３月１５日の、最終日を４月１５日に変更、開催期間が１か月間延長されたが、それは単に感染拡大期間を長引かせただけで、状況をより悪化させた。

この様な提案を貴職宛てにするのが良いのか判断に迷いましたが、昨年の事もあり、このような事は組織の経験と言う観点から継続性が大切と思い、貴職宛ての書面とさせて頂きました。

今春と同様、関連される各位の方々が共通の認識を持つ事により、貴職の提案を実行されやすくする為に、日本的でないかもしれませんが、昨年同様に関係各位の方々にＣＣいたしました。

世界的な大行事､日本の威信を掛けてオリンピックの開催に関係していた人々が､第四波感染拡大の様子を見ながら､開催中止を叫ぶ大きな雑音,... 予定通りに開催と揺れ動く... その心労は大変なものであったと思います。

私の知る限り、第四波感染拡大の原因について言及している感染症の専門家はおりませんが、専門家は"　木を見て森を見ず　"で、専門外の、社会の雑事についての知識不足が原因だと推測しています。

９月発売の文芸春秋に、コロナの世界のトップ級の、外国人も含めた５人の専門家が色々コメントしているが、要約すれば専門家も全く解らない妖怪みたいなもので、今後どのように変化するか予想もつかないと言っている。

第４波の感染拡大について、確定申告行事との関係を示唆した専門家はいなかった。多分、皆さん確定申告をしたことが無いか、そのようなイベントに対するアンテナを持っていなかったのだと思う。

開催期間の延長が、私の提案を原因としているのか、無関係に何方かの気付き、提案で成されたのかしれませんが、期間延長は明瞭に愚策であった事を示している。

貴職、及びＣＣで送付された方々が提案書を手にされたのは１月２５日（月）で、ネットで期間延長に私が気付いたのは２月３日（水）で、全国には５００を超える税務署もあり、関係機関、関係者が多数いるにも拘わらず、約１週間で予定変更の行動の迅速さには敬服します。

確定申告に関係する人流量が大まかに１千万人と推測され、全国的な広がりを持つ行事であり、薄いとはいえ既にコロナは全国の至る所に潜んでいますから、今春と比べて感染のすそ野が広くなっているので、問題が大きくなるリスクが大きくなります。"君子危うきに近寄らず"です。

目下、経済の活性化が最重要との議論もあり、２月頃から"Go to travel"が再開されるとの観測気球が政府筋からマスコミ報道され始めました。来る２月から恒例の確定申告行事の実行は非常に問題行動となるリスクが大きく、以下に想定される問題点、関連項目を簡単に列記します。

１．１月～３月は寒さ厳しく、乾燥して、インフルエンザやコロナの感染拡大が発生し易い。

２．若し、恒例のように１か月間の開催、又は昨年のように２か月間開催として、コロナだけでなく、従来のインフルエンザの感染拡大が起こると、"Go to travel"での人流量の増加が原因とされ、国の経済政策に間違ったシグナルを与えるリスクが非常に高くなる。私の個人的な推測では、程度の差こそあれ確実に起こる事だと思う。

３．"Go to travel"を利用する人には、ＰＣＲ検査、ワクチン接種、二度接種などの制約を設ける等の感染防止策

会社の国税OBの中村さんからの知識で、昔は20代だったが最近の税務署長は30才前後だが、それでも若い、１年くらいで転勤すると聞いていたので、この件を単に一片の出しっ放しの提案に終わらせたくないので、翌年の確定申告に対する対応について提案した。CCを新任のコロナ対策担当大臣、山際大史郎にも送付した。コロナ関係の専門家にも第四波感染拡大の因果関係についての知識を持って頂きたいとの思いもあった。（一般にこの様な提案は読まれる事なく、ゴミ箱に直行と言う人もいるが……）

あらゆる、複雑な現象は、事後にその"因果関係"を講釈するのは簡単だが、専門家に求められるのは事前にそれを予測して、対策する事である。

◆ 2021年コロナ第四波感染拡大の顛末

添付別紙１：２０２１年コロナ第四波感染拡大の顛末

岡田実

直面していた問題

世界中が大騒ぎのコロナ騒動の中で、歴史的な国家的大行事であるオリンピックの開催に向けて、... 簡単に中止すべきと発言する雑音の中で... 既に巨大な費用を使って準備し、関係者の熱い思いに答えたいと関係者が頑張って７月２３日の開催に向けて準備をしており、全ての国民と国家機関は理性ある行動を求められていた。

若しオリンピックを開催すれば、オリンピック開催に伴う人流の増加は不可避であり、それに伴うある程度の新規感染の増加は避けられないから、その前には入念な準備と備えが必要である。世界的な大行事が、コロナ禍の中、世界中から注目される、中止か開催か、どちらにしても難しい舵取りを迫られる日本としては国家的な威信をかけて、決定を迫られる時期だった。

７月のオリンピック開催に伴う人流量の増加は、開催に伴う準備の為に開催日の数か月前から増加し始める事が予想され、開催中が新規感染拡大のピークとなろう事は自明の事で、それは**予想された覚悟の感染拡大**だったから、**２月くらいからは人流量を出来るだけ抑える**事が望ましかった。

新規感染者数の推移

人流の量と感染のリスクに明瞭な相関関係があるのは、専門家でなくても、一般常識で理解できる事である。

新規感染者数を示すデーターは色々なソースがあるが、ネットで見るときにはＮＨＫのデーターが読み易い。

添付の、政府発表のコロナ新規感染者数を示すグラフによれば、２０２０年の３月に原因不明の第一波の新規感染のピークが訪れ、それ以降明瞭な減少傾向を示していた。その後の第二波、第三波の感染拡大は夏休みと年末年始の人流量の増加である事は明瞭である。

２月１５日の作成コーナー開催の初日から約２週間遅れて、３月初めから増加に転じて、第４波の過去最大の新規感染のピークに向かう。作成コーナーが終了してから約２週間後にピークを示して、その後急激に減少している。

３月初めまでには、少数の一部の地域にしか発令されていなかった緊急事態宣言、蔓延防止重点措置、等の発令地域が激増、４月には約１００の地方都市に蔓延防止重点措置が発令される、全国的な感染拡大となり、それは確定申告行事が引き起こした感染拡大である事を明瞭に示している。

第四波感染急拡大の長期間化と専門家の見解

結局申告期間を２か月間に延長する事で、感染拡大期間が延長し、混雑を薄めて感染を減少させる期待と反対の結果となったが、それは当然の事である。

コロナは専門家も良く解っていない妖怪の様なもので、学者も常識のある普通の大人の見立ても現段階では大同小異だと思っている。コロナ感染が人流量と密接な相関関係がある事は何も専門の学者でなくとも想像できるし、それだけが確定した、確実な感染者数増減の因果関係だ。マスコミ、雑誌、ネットなどでコロナ情報に注目していたが、第四波感染拡大についての専門家の意味のあるコメントに遭遇したことは無く、２０２１年９月発売の文芸春秋に、コロナの世界のトップ級の５人の専門家が色々コメントしているが、難解な専門用語を使って現状を講釈するが、要約すれば専門家も全く解らない妖怪みたいなもので、今後どのように変化するか予想もつかないと言っている。第４波の感染拡大について、確定申告行事との関係を示唆した専門家はいなかった。単純に梅田の人の往来が、通常よりも三十%くらい多い日があったと云うデーターがあったみたいな、子葉末節なコメントをしている専門家もいた。

多分、皆さん確定申告をしたことが無いか、そのようなイベントに対するアンテナを持っていなかったのだとおもう

感染拡大の経過

今までに五回の感染急拡大があり、感染急拡大の度に、感染範囲と感染者数を増加させてきた。ワクチン接種も始まり、今後コロナ騒動がどの様に変化するのか不明だが、ウイルスが関係する感染症は人類にとって、将来の最も危険な妖怪だと専門家が言っているので、今回の経験を関係者が共有する事には大きな意味がある。

以下に、示すように、私の知る限り第一波と第四波については明解な感染急拡大の理由が特定されていない。

第一波感染急拡大：２０２０年３月は原因不明

第二波感染急拡大：２０２０年の夏休みの人流量増加が原因

第三波感染急拡大：２０２０年の年末、年始の人流量増加が原因

第四波感染急拡大：２０２１年４～５月は原因不明

第五波感染急拡大：２０２１年、オリンピックと夏休みで覚悟の予定された感染拡大

添付した政府からの“新型コロナウイルス統計情報”のネット情報によれば、既に述べた様に確定申告行事と第四波感染拡大の関係は明確であり、第一波も同様の理由から２０２０年の確定申告であると推定できるので、**全ての感染拡大の因果関係が明白になるが、これは今後の為に、非常に重要なデーターである。**

付け加えれば、確率で数値が動く、このような感染数の増減が、これだけ奇麗な形で相関関係を示す例は非常に珍しいと思う。

以上

第四波感染拡大は確定申告期間の２か月延長が原因

私の、2020年１月21日付けの提案後、半年弱を経過して、私の予想通り第四波の感染急拡大は発生した。

それ以前の第二波、第三波は夏休み、正月の人の移動で、説明され、多く専門家がマスコミに露出されて、感染急拡大について解説されていたが、第四波の感染拡大については、私の知る限り、事前には勿論、事後にもコメントしていた専門家はいない。

不確かな事に就いては、色々と、情緒的に発言するのは簡単だが、専門家は科学的に考え、議論に耐えられる様な根拠を示さなければいけないと思う。

約10か月前の前任税務署長への書簡のフォローアップの為と、2022年の確定申告に際しての提案を税務署に対して行うため添付文書として、その後の顛末書を作成した。

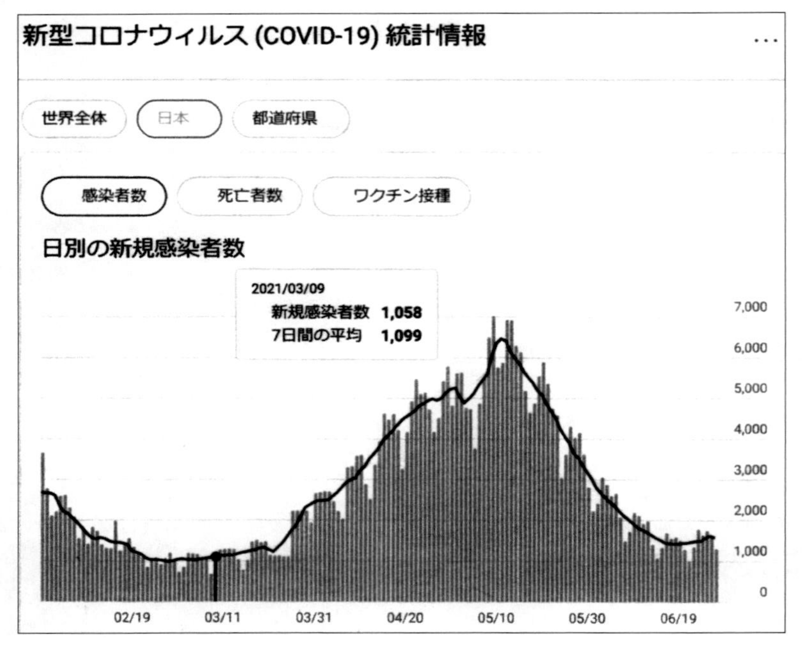

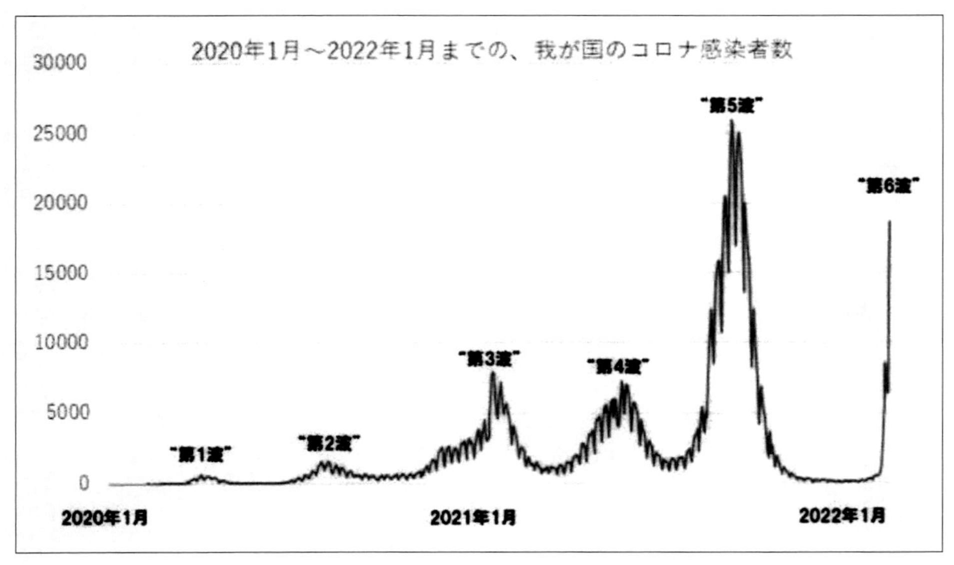

3月

3月下旬には感染の再拡大の傾向が現れた。3月の2日には1000人を切ったが、28日時点では1713人まで増加しており、34都府県で前週よりも増加した。2月末までの緊急事態宣言で感染者が減少していた関西などでは、感染が再拡大（リバウンド）した[162]。29日には大阪府の吉村知事、沖縄県の玉城知事が「第4波に入った」との認識を示した[163]。

- 3月5日 - 東京都、埼玉県、千葉県、神奈川県に発令している緊急事態宣言を3月21日まで延長することを決定した[164]。
- 3月22日 - この日の午前0時をもって東京都、埼玉県、千葉県に発令されている緊急事態宣言が解除された[165]。

4月

- 4月5日 - 大阪府大阪市、兵庫県神戸市・西宮市・尼崎市、宮城県仙台市に蔓延防止等重点措置を発令した[166]。
- 4月11日 - 大阪府の累計感染者数が60,000人を超えた[167]。
- 4月12日 - 沖縄県沖縄市・浦添市・那覇市・豊見城市・糸満市・南城市・うるま市・名護市、京都府京都市、東京都23区・武蔵野市・府中市・調布市・立川市・八王子市・町田市に蔓延防止等重点措置を適用した[168]。
- 4月20日 - 埼玉県さいたま市・川口市、千葉県市川市・松戸市・船橋市・柏市・浦安市、神奈川県横浜市・川崎市・相模原市、愛知県名古屋市にまん延防止等重点措置を追加適用した[169]。
- 4月22日 - 兵庫県は、まん延防止等重点措置の対象に、伊丹市、宝塚市、川西市、三田市、明石市と猪名川町の計６市町を追加適用した[170]。
- 4月24日 - 沖縄県は、まん延防止等重点措置の対象地域に、宮古島市を追加適用した[171]。
- 4月25日 - 東京都・大阪府・京都府・兵庫県に緊急事態宣言が発令された[172]。同日、まん延防止等重点措置を愛媛県に追加適用した[173]。全てのまん延防止等重点措置の期限を5月11日まで延長した[174]。
- 4月28日 - 神奈川県は、鎌倉市・厚木市・大和市・海老名市・座間市・綾瀬市を[175]、埼玉県は、川越市・所沢市・草加市・越谷市・蕨市・戸田市・朝霞市・志木市・和光市・新座市・富士見市・ふじみ野市・三芳町を[176]、千葉県は、千葉市・習志野市・八千代市・鎌ケ谷市・野田市・流山市・我孫子市を[177]、まん延防止等重点措置の対象に追加した。

5月

- 5月1日 - 沖縄県はまん延防止等重点措置の対象地域に北谷町・西原町・与那原町・南風原町・八重瀬町を追加した[178]。
- 5月2日 - この日時点重症者数が1050人となり、過去最多になった。これ以よりの最多は「第3波」の1月27日時点の1043人であった[179]。
- 5月8日 - 全国の感染者の発表は7251人となった。7000人を超えたのは1月16日以来である。北海道・愛知・岡山・広島・福岡などの15道県で過去最多の発表が相次いだ[180]。
- 5月7日 - 政府は緊急事態宣言の期限を5月31日まで延長することを決定した[181]。同日、まん延防止等重点措置の期限も宮城県を除き5月31日まで延長した[181]。
- 5月9日 - 政府はまん延防止等重点措置を北海道札幌市に[182]、岐阜県の岐阜市・大垣市・多治見市・関市・美濃加茂市・土岐市・各務原市・可児市・瑞穂市・中津川市・羽島市・本巣市・岐南町・笠松町・北方町・養老町に[183]、三重県桑名市・いなべ市・四日市市・鈴鹿市・亀山市・伊賀市・名張市・木曽岬町・東員町・菰野町・朝日町・川越町に[184]、5月31日までのまん延防止等重点措置が発令した[181]。
- 5月12日 - 政府は、緊急事態宣言の対象地域に愛知県と福岡県を5月31日を期限として追加した[181]。同日、神奈川県は横須賀市・藤沢市・茅ヶ崎市・逗子市・三浦市・伊勢原市・葉山町・寒川町を5月31日までのまん延防止等重点措置の対象に追加した[185]。
- 5月16日 - 政府は緊急事態宣言の対象地域に5月31日までの期限で北海道と広島県、岡山県を追加した[186]。同日、政府はまん延防止等重点措置の対象地域に6月13日までの期限で群馬県前橋市・高崎市・伊勢崎市・太田市・沼田市・渋川市・藤岡市・富岡市・安中市・玉村町[187]、石川県金沢市[188]、熊本県熊本市[189] が追加された[186]。
- 5月23日 - この日、政府は、6月20日までの期限で沖縄県に緊急事態宣言を発令した[190]。
- 5月28日 - 政府は、緊急事態宣言の期限を6月20日まで延長することを決定した[191]。同日、政府は、まん延防止等重点措置の期限を群馬県・石川県・熊本県を除き6月20日に延長した[191]

◆　日、中、韓のアジア３か国政府への提案書

ワクチン接種が進み、西欧諸国ではコロナ感染が沈静傾向を示す中で、マスク大国日本を筆頭にアジアの３か国では同じ傾向は見えず、日本では逆に新規感染が増加傾向を示していた。それは、欠陥マスクの着用によるものだと確信、その事を伝えるために書簡を日本の官房長官と中、韓の大使宛に郵送した。

アジアの三か国の政府トップの方々への
ＣＯＶＩＤ１９感染抑制に関する提案

日本国内閣官房長官　　松野博一　殿
中華人民共和国大使館　孔鉉佑大使　殿
大韓民国大使館　　　　姜昌一大使　殿

ＣＣ：WHO、神戸センター所長
サラ・ルイーズ・バーバー殿

２０２２年１１月

この書簡が貴国政府のトップの方々及び、ＣＯＶＩＤ１９対策を担当される方々に届き、適正に対
で、アジアの三か国がコロナを克服され、経済が再生、国民生活が正常に戻る事を期待します。

常用されている衛生マスクは欠陥マスク

第二次大戦後７５年を経て世界はコロナ禍に見舞われる中で、世界中の多くの地域で国境をめぐる
政権の存続を掛けた示威行為と世界は不安定化、破滅的な核戦争に発展するかもしれない様相を見せ
その中で、人類共通の敵である、コロナ対策については、全ての世界人が一致協力して実行できるこ
残念ながら、その対応は一貫性を欠き、特に衛生マスクについては、欠陥マスクが常用され、コロナ感
貢献しないのみならず真逆に、感染を助長しています。

添付別紙及び添付品

１．衛生マスクの技術的問題
　日本を筆頭に、中国、韓国におけるコロナの感染拡大は欠陥マスクの着用による。
２．神戸市兵庫税務署への二つの書簡
　４か月後に発生するコロナ第４次感染拡大を予見。
３．コロナ感染拡大の顛末
４．手作りのサンプルマスク４個
５．ＵＳＢフラッシュメモリー
　迅速に自動翻訳を使用できるように作りましたが、一部の画像は入っていません。

ＰＳ：　１．約４０年前に私の補助として、特許の英訳をして頂いていた６０代後半のH氏は、福島
工事の際、ＧＥのスーパーバイザーとして工事を監督しておられた。
私との食事の時に、原発は早晩事故を起こしますぜと言われた。
　地震、津波のない米国の設計なので、補助電源を地下に置いているとの事。
H氏は工事を監督する立場で... その事が言えない。一介の建設技術者がＧＥの設計に
日本のトップ級学者、専門家が熟考の末決定したことに異議を唱える事は、日本では絶対
そのころ私は無知で単に聞き流していたが約３０年後に事故は発生した。
　それは、私がスエーデンから帰国して約２年後１９８１年頃だった。
スエーデンならH氏は臆することなく発言、設計変更されて、補助電源は地上の高所に設
故は起こらなかったと思う。
　今回の提案は、日本的ではなく、多くの方から非難されるかもしれないが、気付いた方
くの人が不幸に陥ることを看過できない。

呼気の流出方向

下部右に示す画像は、最も頻繁に見かける不織布製平型衛生マスクで、マスクの下方が顎下まで覆う立体
伸縮性のアル、ポリ・ウレタン製のマスクもあるが、ポリウレタン製の物は全て立体型であり、顎下ま
が覆っている。画像の様に顎下までマスク生地が覆う構造のマスクを”下方閉鎖型マスク“と呼ぶ。
マスクの下方が開放されて、顎下を覆わないマスクを下方開放型マスクと
呼ぶ。
下の左に閉鎖型マスク、右側に開放型マスクを着用した断面を示す。
呼気の一部はマスクの正面からマスク生地を通過して外部に排出されるが、
マスクと顔面の隙間からも多くの呼気が排出される。
特に咳、クシャミに伴い大量の呼気が瞬時に排出される時には大量の
呼気、飛沫が隙間から排出される。
図から明らかなように、閉鎖型では呼気は下方が閉鎖されているので
大量の呼気は上に向かうが、開放型ではマスクと顔面の内圧が上昇し
ないので、単純に地上に向かって落下し、ウイルスは無力化される。

呼気の流出高さとソーシアル・デスタンス

下に示す略図は、感染者が呼気をまき散らすときの、状況を身長差、ソーシアル・デスタンスとの関係
用意された。左の感染している人の呼気は、上方に流出して、横にいる高い身長の人にも容易に感染さ
右の下方開放型マスクを着用している人は、感染させるリスクが少なくなることが容易に理解できる。
この事をソーシアル・デスタンスとの関係で考えれば、下方閉鎖型マスクの場合には、ソーシアル・デ
くとらなければいけなく、下方開放型では少ない距離ですむことが解る。

以上の事を総括すれば、現在マスク市場を席巻している、立体型下方閉鎖型衛生マスクは感染抑制効果
ず、無マスクよりも感染を拡大させていると断定できる。
この事については，次項で筆者の経験と混合して考察して結論を見出して行きます。

欠陥マスクと、顎下を開放した感染抑制効果のあるマスク

社会ではマスクを、単純にマスクと考えて、１種類しかないと考えている。

最も普及しているマスクは、顎下を覆っているので、ウイルスは呼吸に随伴して鼻の上部と、マスクの横の隙間から外に排出される。欠陥マスクでは、イラストが示す様にウイルスを含んだ飛沫や呼気は高い位置から拡散する事になる。マスクの下方を開放すると、呼気は下に排出され、地上に落下して無力化される。欠陥マスクでは、吸気に際して、無感染者は上から降り注ぐウイルスを受ける事になり、感染のリスクが高くなる。今まで、普及していたマスクは欠陥マスクで、それを止めるべきだと提案した。

2．日本とスウェーデンの源泉徴収票の比較

◆　日本とスウェーデンの税金、人生での必須負担の比較

	Annual salary paid to employee (SEK)	Birth year of person	Approx. annual total cost for the employing company: salary plus labor cost tax, insurance etc. (SEK)	Approx. annual net cost for the employing company: excl salary but incl labor cost tax, insurance etc. (SEK)	Total annual net cost for employees excl. Salary (% of salary)	Annual tax for the employee (SEK)	Tax for the employee (% of salary)	Salary after tax employee (SEK)	Total tax (labor costs, tax etc (SEK)	Total tax (labor costs, tax etc (% of salary paid to employee)
Case 1	300 000	1990	417 000	117 000	39	70 800	23,6	229 200	187 800	62,6
Case 2	1 200 000	1965	1 664 500	464 500	39	520 368	43,364	679 632	984 868.	82,1

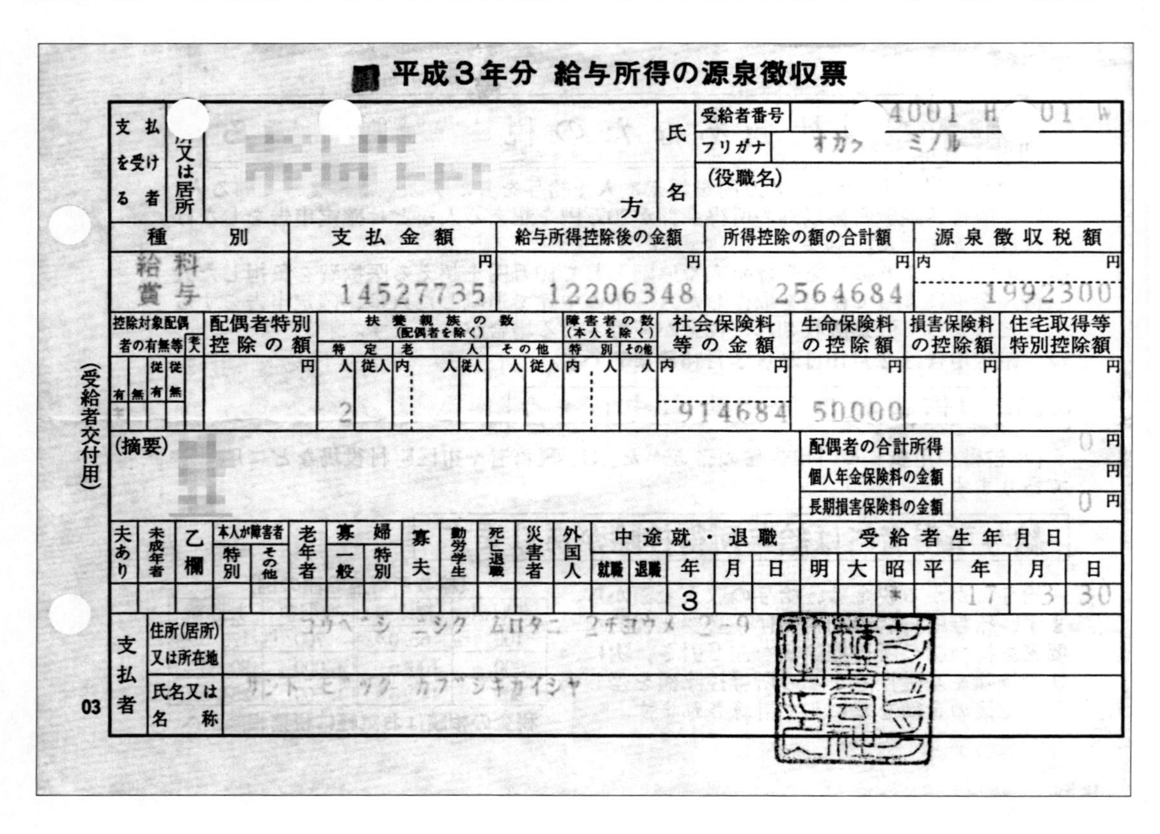

平成３年分　給与所得の源泉徴収票

種別	支払金額	給与所得控除後の金額	所得控除の額の合計額	源泉徴収税額
給料 賞与	14527735 円	12206348 円	2564684 円	1992300 円

社会保険料等の金額	生命保険料の控除額	損害保険料の控除額	住宅取得等特別控除額
914684 円	50000 円	円	円

扶養親族の数（配偶者を除く）：2

配偶者の合計所得　0 円
個人年金保険料の金額　円
長期損害保険料の金額　0 円

受給者生年月日：昭 17 3 30

（受給者交付用）

03

年収400万円、独身Ｎ君と、50才の頃の二人の子持ちの岡田夫婦の年収1,500万円の課税額についての比較。

ネットからのスウェーデンの税務当局のWEBから課税額を確定。 日本の源泉徴収票については岡田の分のみ。

Ｎ君は数字の記載は許してくれたが、源泉徴収票のコピーの公開は絶対にダメと言う。

当初日本の実際のサラリーマンの源泉徴収票を入手して比較しようと思っていたが、不可能だった。

日本で、他人の源泉徴収票を見せて頂くだけでも大変で、コピーは絶対に嫌と言われる。

最終的に仕方がないので額面年収400万円で独身のＮ君の2020年の源泉徴収票と、筆者の平成３年……32年前……の源泉徴収票を使い、ネットでスウェーデンの国税のサイトにアクセスして、**日本の給与所得者の平均年収約450万円に近いＮ君と比較的高所得の1,500万円弱の比較**をしてみた。

為替を１Skr＝13円で計算、数値を丸めて前表のCase１, Case２として数値を求めた。

その要部をピックアップして、日本語に翻訳したものを下表に示す。

従業員の給与、税金と雇用主の負担の概算

年 収 （万円）	会社が払った年間給料。 （Skr）	会社が負担する給与、雇用税、保険料の概算。 （Skr）	会社が負担する、雇用税、保険料の概算。 （Skr）	従業員が払う税率	給与を除く、会社が負担する諸費用の総額 （Skr）	給与を除く、会社が負担する諸費用の総額の給与に対する比率
400万円	300,000	417,000	117,000	**23.6%**	187,800	**62.6%**
1,500万円	1,200,000	1,640,500	464,500	**43.4%**	984,868	**82.1%**

上記から年収400万円では源泉税率が23.6％と、非常に低い事が解る。

スウェーデンでは源泉徴収には地方税も含まれている。日本の場合には地方税が含まれていないので複雑だが、第二部で示す様に、神戸市の場合で比較すると日本の場合、２５．３％に相当し、税率がスウェーデンよりも２％弱高くなる。

会社の負担

会社は年収400万円の場合、その400万円＋400×0.626≒650万円の人件費となる。

年収1,500万円の場合には、1,500万＋1,500×0.821≒2,700万円の人件費となる。

スウェーデンでは雇用形態が時間給、日給日給、日給月給、月給等バラエテーに富んでいるので、詳細に書くためには数百ページの紙数を要するだろう。

上表は日本でサラリーマンの言葉で分類される人達の場合と考えれば大きな間違いはない。

日本では、学者、専門家を筆頭に識者は北欧の高福祉社会は、極端な高負担により可能になっていると言い、政府は積極的な増税プランをチラつかせているが、実態は大きく異なる。

解り易い25％と高い消費税を例に、如何にも税金が日本の数倍も高いから、義務教育終了後の、高校、大学が無料等……最もらしい専門家のコメントがマスコミから流れてくる。

消費税も軽減税率が丁寧に設計されているので、普通に生活する人にとっては、大方の生活必需品は12％の消費税だ。

健康に良くない物、贅沢品には高税率が課されている。

タバコの価格が日本の10倍、アスベストは禁止された。

筆者がスウェーデンに転勤した半世紀前の１クローネが70円の頃、20本入りのタバコがひと箱……銘柄により若干異なるが……10Skrだったので、日本の十倍の価格だった。日本でハイライトが50円から、70円に値上げした頃の話だ。欧米諸国でタバコの害が認識され始めた頃で、好きでタバコを吸って、病気になる人は将来の医療費を自分の責任で賄うべき見たいな理由が背景にある。

一般的な低アルコールビールは酒類でなく、清涼飲料水扱いだったが、ウイスキーなどの高アルコール飲料は高率課税だった。アスベスト吸引と肺がんの因果関係が問題とされ、大量に断熱材として使用されていたアスベストが使用禁止となり、高価なグラスウールに変更され始めていた。
ホボ、同時期から日本におけるアスベスト輸入量、使用量は激増した。
それから数十年、日本ではアスベスト吸引を原因とする肺疾患患者が激増、患者を苦しめ、医療費を国が負担する事で、医療費の増加に加担している。行政の先読み、先回り能力が、その後の国の負担を低くしている。日本の行政は真逆で、先読み、先回り能力は期待できなく、後世の人々への大きな負担の原因となる。

◆　1976年のスウェーデンでの厳しい生活の証拠

スウェーデン在職時のアンケートに対する回答

在瑞約２年を経過して人事部から、スウェーデンでの住み心地に関するアンケートへの回答を求める文書が届いた。２年間滞在予定で来ている人にとっては最後の年で、何故この時期にアンケートがと疑問に思った。
我々第一陣の外国からの６家族の経験を次の世代の人々の待遇や、より住みやすくとの善意からの発想がアンケートになったものと理解した。
それは、多分、私以外の、他国から来た人は個別に細かな契約をしており、単純に云えば本国にいた時よりも優遇された条件でスウェーデンへ来ていたので、私の様に経済的な問題を抱えている人がいる事は全く予想していなかったのだと思う。
人事は日本の事については全く知っていない。日本に転勤している、数人のスウェーデン人については、我慢して僻地に転勤して、させられているみたいな感覚でいたと思う。
日本からスウェーデンへの転勤は、僻地から、天国への転勤みたいに……感じていたのだろう。
それまで、スウェーデンへの転勤に際して、日本の人事とも、本社の人事とも会話は一度もなかった。
何分日本でも初めての事で人事は、本社から１ページの月給5,500krが書かれている文書を私に渡すだけだった。
当時の為替レートはSkr＝70円で、月給38.5万円は当時の日本では随分高い給料である。
従業員約４万人の会社の人事部と言っても、実際の採用は、各事業部で必要に応じて採用を行うので、実際の採用に関して人事部は全く関与しなくて、人事的な事の全社的なデーターを把握しているだけで、採用、昇給査定、昇進に対する影響力は全くない。
部長ヘーグさん以下、確か男性の部下が３人と、女性秘書が一人の小組織だったと記憶する。
住友電工の伊丹製作所では従業員数が２千人くらい。 人事課には、多分、男子職員が10人弱、女子職員が３人いたと記憶するから、その差は絶大である。

生活が困難だった

夫婦共稼ぎを基本として、全ての社会制度が設計されているので、二人の子持ちのスウェーデン語の出来ない外国人夫婦にとっては、経済的に非常に過酷な条件下にある。
特に、私の場合には日本でも、非常に良い給料を頂いていたので、可処分所得はスウェーデンで激減、物価は反対に２～３倍に上昇した感じだった。30代後半で、帰国後の子供の教育費、進学、家を買ってのローンの返済…将来の事を考えれば、心配の種は尽きない。でも心配しても仕方が無い。最善を尽くすだけと思い、覚悟を決めて将来の事を心配しない事にした。

周囲の目

スウェーデン人の目からは、日本みたいな貧しい国から来て、裕福なスウェーデンでの生活で、恵まれて良かったね、みたいな感覚。

サンドビックの日本の数百人の従業員で、それまでにスウェーデンへ旅行した人は多分、一人もいない。

日本にいる数人のスウェーデン人幹部は、日本人の10倍くらいの給与を貰い、家賃、自動車の費用は会社持ちで、夏には家族が４週間費用は会社持ちで、帰郷休暇を取る。

これは、ストックホルムに勤務する日本の外交官の様なもので、外交官特権で無税、に加え、本国の日本ではかなりの給与又は手当てが、振り込まれているので、現地人と比較すると、昔の貴族と庶民の違いくらいの可処分所得の差が出て来る。

日本人の同僚は、岡田はスウェーデンで、天国の様に楽をして、高い給料を貰っていると思っている。

イタリア、米国、英国、フランス、ドイツの外国からの家族は１年経過後に、会社が航空運賃を負担、特別に帰国休暇を頂いている。

スウェーデン人社長の無視

この問題には複雑な事柄が背後にある。最初にスウェーデンへ派遣する人物の人選について、日本のスウェーデン人社長サンドグレン氏は全く関与していない。スウェーデンの開発部門の意見が優先されて、社長は関与する事が出来なかった。

アンケートの全文掲載

この本は、日本人を対象として書かれているが、好奇心の強いスウェーデン人にとっても興味深い筈だ。

何らかの形で、スウェーデン語に翻訳出版される可能性があるので、その様な人へのサービスとして昔のスウェーデンが一人の日本人により、どの様に捉らえられていたかを理解して頂くために、アンケート関係の文書８ページ全文を原語で添付します。

言葉事情

アンケートは英文で書かれていたが、筆者はスウェーデン語で長々と書かれた書簡で回答した。内容がセンシテイブ＝微妙なのでスウェーデン人の手助けを得る訳には行かないので、全て自作である。

他の５か国から来ている人々と比べると、会話が目立って下手だが書けるところを見せたかった。５か国から来た人で、スウェーデン語で書ける人は居なかった。彼等にはヨーロッパの一つの小さな方言である、スウェーデン語を学ぶ気など無かった。日本人は会話下手だが、書けるんだと……**風変わりな愛国心がそれをさせた。**

プラスのハンデー・キャップ

スウェーデン語は語族としては英米独仏と同じ大分類の中にあり、単語のルーツをたどって行くと同じ所に到着する。

発音も、かなり異なるが、大まかには日本人から見たら、よく似ている。

特に英米人の場合には子供の会話習得能力は驚くほど速く、米国人夫婦の３歳前の子供は、半年を待たずに、自分が英語を話しているか、スウェーデン語を話しているか自覚がなく、スウェーデン語を全く解しない母親が困っていた。

Okada Minoru 35år
: Kazumi 32
: Sachiko 4
: Akiko 3

Please write down positive and negative things in connection with coming to and living in Sweden as well as suggestions regarding what can be done to easen the adjustment

Language:

Svenska språket är svårare att lära sig än vi trodde. Japanska språket har lättare grammatik och lättare uttal därför att det inte finns någon artikel, inget genus, ingen skillnad mellan singular och plural och ~~bara fem vokaler.~~
Uttal är svårast att lära sig i svenskan för oss.
Min fru har mycket dålig hörförståelse fortfarande.
Det finns ingen japansk ⇆ svensk ordlista.

Schooling:

Nästan alla barn som är mellan 3 och 4 år går i förskola i Japan. Min fru skulle vilja ha svensk intensivkurs och plats på dagis för barnen för att kunna delta i kursen. Jag skulle vilja ha engelsk intensivkurs i år och tysk kurs nästa år.

Information and introduction upon arrival:

Vi skulle ha fått svensk intensivkurs från början.

770805

HUM/Okada
1977-09-20

C/P/Bo Sahlström

Jag skulle vilja tillägga dessa papper till mitt svar som jag skickade den 8 augusti 1977.

7. Jag var inte van att förhandla med företaget och bestämma min lön, därför att i Japan förhandlar aldrig en person med företaget ang. sin lön. I Japan tror de anställda på företaget och företaget bestämmer lönen ganska riktigt. Undantag är "professional baseball"spelare, skådespelare och så vidare.

8. De japanska anställda i Sandvik Japan tror att jag har haft mycket bra lön i Sverige, eftersom genomsnittsbruttoinkomsten per person är högre i Sverige än i Japan, men jag har inte berättat om min siutation för de vanliga anställda i Sandvik Japan.

9. Jag har sålt mitt hus i japan.
43.859 kr (2.500.000 Yen) tog jag med mig från Japan till Sverige för att köpa ett hus.
Japaner bor lite annorlunda än européer och japanska barn har mer frihet i hemmet än européeiska barn och våra barn skulle kanske förstöra någonting i lägenheten därför ville vi inte hyra en lägenhet eller ett hus i Sverige.
Vi betalade 11.000 kr som egen insats för att köpa ett hus och 32.900 kr var kvar. Ca 400-500 kr har inte räckt till per månad och ca 10.000 kr per år gör vi av med från sparade pengar från Japan och nu är bara 12.000 kr kvar.

10. Jag skulle vilja ha följande kompensation och löneökning.

1. Den förlust som är lika med nettoinkomstskillnaden (se nästa sida) mellan i Sverige och i Japan under de senaste två åren kompenseras.

2. Minst 2.500 kr mer nettoinkomst per månad.

Inkomstjämförelse

Nedanstående är makes inkomstjämförelse mellan Japan och Sverige.
Inkomsten 1975 i Japan beräknas tolv månader plus fyra månader för extrabetalning ggr månadslön 1975. Extrabetalningen var fyra månader 1975, men den har ändrats till fem månader plus Alpha från 1976 pga överenskommelse mellan arbetsgivarsidan i Sandvik Far East och fackföreningen i Sandvik Far East. Inkomsterna 1976 och 1977 beräknas för en lönehöjning per år av ca 10% som är genomsnittlig lönehöjning under 1976 och 1977 i Japan.

	Nettoinkomst		Bruttoinkomst	
	Japan	Sverige	Japan	Sverige
1975	Ca 67,500	-	76,500 (100)	67.500 (89)
1976	71.700 (100)	41.136 (57)	84.375 (100)	74.266 (83)
1977	77.800 (100)	43.500 (56)	92.587 (100)	78.216 (84)

(100 yen=1.8Kr)

Utgiftsjämförelse

1. Hushållet.

   1. Avbetalning.
      Jag betalar ca 1.700 kr/mån och skatten minskas ca 1.000 kr/mån, därför blir betalningen från nettoinkomsten ca 700 kr/mån. Ca 870 kr hade jag betalt i Japan och skillnaden mellan 870 kr och 700 kr är ca 170 kr/mån.

   2. Energi och vatten.
      Lite dyrare i Sverige, men skillnaden är inte stor.

   3. Renhållningskostnad.
      Den kostar ca 70 kr/mån i Sverige, men i Japan betalas den av kommunen.

   4. TV-licens.
      Ca 26 kr i Sverige och ca 5 kr i Japan per månad.

2. Läkare och tandläkare.
   Jag betalar 3.2 kr för bara första besöket och jag betalar aldrig för återbesök i Japan. Medicinen är gratis i Japan för mig, eftersom jag är löntagare. Min fru och mina barn betalar 30-50% av kostnaderna till läkaren och medicinen i Japan därför att de inte är löntagare. En vanlig sjukdom, t.ex. förkylning, kostar 3.2 kr för mig och ca 20-30 kr för min fru och mina barn i Japan och kostar 40-50 kr i Sverige.

3. Mat.

Bara mjölk är betydligt billigare i Sverige, men de flesta andra saker är betydligt dyrare i Sverige. Maten är mer än 50% dyrare i Sverige än i Japan. Ca 700 kr gjorde vi av med i Japan 1975, och ca 1300 kr i Sverige per månad 1976, utan dricka.

1. Kött.
   Vanligt japanskt oxkött för stekning, som kostar 40-50 kr/kg i Sverige, kostar 50-70 kr i Japan. Det importerade oxköttet från Australien eller USA kostar ca 45-55 kr/kg.
   Mycket speciellt japanskt oxkött kan köpas i Japan men det kostar 200-400 kr/kg och bara millionärer eller turister från utlandet brukar äta det.
   Därför är köttet lite billigare i Sverige.

2. Fisk.
   En japan äter ca 7 kg fisk/mån i genomsnitt.
   Man äter inte lika mycket fisk och inte lika många sorter fisk i Sverige, som i Japan.
   Makrill som man kan köpa både i Sverige och i Japan är dubbelt så dyrt i Sverige.

3. Grönsaker och frukt.
   Grönsaker och frukt är 50-300% dyrare i Sverige än i Japan.

4. Dricka.
   Sake (risvin) är ung. 6 ggr dyrare i Sverige.
   Öl är ca 50% dyrare i Sverige.
   Vi dricker inte så mycket, men vi har ganska många japanska gäster, som är kunder eller från Sandvik Japan, och de dricker ganska mycket eftersom de inte vet hyr dyrt det är i Sverige.

4. Bil.

   Vanlig utslitningstid av bilar i Japan är ca 5-7 år
   Man byter sin bil till en ny innan bilen har några problem, därför att man har inte tillräcklig teknik att reparera sin bil.
   Jag har en gammal Volvo och det behövdes 1.700 kr 1976 för att köpa några reservdelar för reparationer.
   1) Bensin.
      Nästan lika pris i Sverige och Japan.
   2) Försökring.
      Ca 100% dyrare i Sverige.
   3) Värdeminskning.
      Mycket dyrare i Sverige, därför att en bil kostar ung. dubbelt så mycket i Sverige.

5. Kläder

Mer än 50% dyrare i Sverige än i Japan.

6. Div.

Elektroniska apparater, optiska apparater, leksaker för barn är dubbelt så dyrt i Sverige.

Housing: Den svenska bostadsstandarden är betydligt högre än den japanska och vi bor trevligt.

Other: Vi är inte i Sverige för att tjäna pengar, men jag vill lära så mycket som jag orkar, därför att jag vill ha nytta av erfarenheterna från Sverige för utveckling av Sandvik Japan. Jag arbetar gärna hårt. Min penningsituation blev mycket sämre i Sverige därför att vi gör av med pengarna som vi sparade när vi var i Japan.
Vi kommer att behöva pengar när vi flyttar till Japan igen-för t.ex. hyran krävs minst 10.000-20.000 kr som är Key Money, en bil kostar 13.000-20.000 kr, en TV kostar 1.000-3.000 kr, och många andra små saker. Vi har inte ett bra pensionssystem i Japan - därför är det viktigt att spara pengar när vi är unga.

Nedanstående visas den aktuella penningsituationen. Om ni kan förstå den svåra situationen och ni kan göra någonting för att förbättra den, vill jag gärna prata med er.
En broschyr som är från japanska bilindustrin bifogas för att kunna förstå japanska lönesystemet bättre (se sid.11 i broschyren).

Sammandrag:
Makens nettoinkomst i Sverige är ca 44% lägre än den i Japan. Vi tror att inköpsförmågan har minskat i Sverige till mindre än halften pga de högre priserna i Sverige.

13. Månadsutgifter 1977.

Nedanstående är detaljer av månadsutgifter och vi kan inte se några större möjligheter att minska utgifterna.

Hus	
Betalning till bank	1.700
Energi	230
Renhållning + snöskottning	90
TV och tel.abon.	44
Vatten	60
Bil	
Betalning till bank	350
Jag kunde inte hämta en bil från Japan därför att det är vänstertrafik i Japan	
Bensin och olja osv.	200
Reservdelar	130
Skatt	50
Försäkring	110
Mat	1.300
Post	15
Foto	20
Böcker	100
Tidningar	35
Biljett till badhus	30
Fickpengar (för kaffe på jobbet och på kurs)	50
Privat svensk kurs för maka (till sept.77)	250
Extrautgift för gäster som är från Sandvik Japan eller kunder, ca 1-2 ggr per mån.	50
Barn	
Leksaker	30
Kläder	50
Frisör	30
Jag gick till frisören var 3:e el.4:e vecka i Japan, men nu går jag var 6:e eller 7:e vecka	
Makan gick till damfrisör var 3:e månad i Japan, men hon har bara gått 2 ggr under senaste två åren i Sverige	
Läkare och medicin	40
Tandläkare (vi har betalt 360 kr 1977)	30
Restaurang	35
Makan vill äta ute och vi går till kinesrest. i Gävle ca en gång per två månader.	
Övrigt	ca 71

Totala månadsutgifter	5.100
" månadsinkomster	4.600
	- 500

12. Vi har inte köpt några värdesaker och följande visar de saker vi har köptde senaste två åren före make och maka i Sverige.

Kläder för make och maka		0
Telefon till Japan		0
Strumpor till make		0
"- maka	5 st	40
Skor för make	1 par	95
"- maka	1 "	35
"- make		100
"- maka		120
Byxor till make och maka		0
Skjorta till make och maka		0
Underskjorta till make		0
Trosor till make	2 st	36
Vattensprutare och slang		130
Grill		27
Cigaretter		0
Möbler		0
Skivor		0
Stövlar för make och maka, 2par		70
Vas	1 st	40
Glas	12 st	84
Gräsklippare		180
Handgräsklippare		25
Våg	1 st	34
Tält	1 "	340

11. Nettoinkomstjämförelse och totalförlust mellan juni 1975 och slutet av 1975 pga flyttning till Sverige, utan hänsyn till prisskillnader mellan Sverige och Japan. Två olika beräkningar visas.

Beräkning A.

	Japan	Sverige					
		Nettoinkomster i löne	+ skatteminskn. pga bet.ränta	+ barn-bidrag	- Momsen*	= Nettoinkomst	Skillnad
1975	33.000	21.000	-	-	3.600	17.400	15.600
1976	71.700	41.000	12.000	3.600	7.000	49.700	22.000
1977	77.800	43.500	12.000	3.900	8.200	51.200	26.600
						Total förlust →	64.200

*) Det finns ingen moms i Japan (17% 1975 och 1976, 19% 1977 i Sverige)

(100 yen = 1.76 kr)

Beräkning B.

	Japan	Sverige			
		Nettoinkomster i löne	+ Barnbidrag	= Nettoinkomst	Skillnad
1975	33.000	21.000	-	21.000	12.000
1976	71.700	41.000	3.600	44.700	27.000
1977	77.800	43.500	3.900	47.400	30.400
				Total förlust →	69.400

表2　日本とスウェーデンの税負担比較（2023年申告想定で1クローネ＝13円で計算）

	日本（万円）				スウェーデン（万円）					
年収額面	源泉税額	地方税額	手取額推定	税率（%）	月収額面	源泉税額	月収手取額	税率（%）	年収手取額	手取年収差 日本ー瑞典
400	68	33.2	299	**25.3**	33.3	7.6	25.7	**22.8**	308.4	−9.4
500	86.4	41.4	372	**25.6**	41.6	9.7	31.9	**23.3**	383	−11
600	109	49.1	442	**26.3**	50	12.8	37.4	**25.2**	449	−7
800	164	64	572	**28.5**	66.7	17.6	49.1	**26.4**	589	−17
1000	209	79.1	712	**28.8**	83.2	29.6	53.6	**29.6**	643	+69
1500	365	114	1021	**31.9**	125	52	73	**41.6**	876	+145
※**1450**	200	120	1130	**22**						

※ 平成3年 約30年前の筆者の源泉徴収票から抜粋した数値。日本では30年の間に随分増税されている事が解る。

◆ 2022年の年収に対する日、瑞の税負担比較

そのⅠ：年収１千万円弱までは、日本の方が高税率。

一生を送る為には、税金以外にも多くの負担がある。

学費、育児、育児休暇、車検、パスポート、運転免許、相続税等…であるが、他の負担も加味すると日本は超高負担国になる。スウェーデンでは残業がなく、長期間の夏休みがあり、日本と単純に比較できない…。

最も大きな差は、スウェーデンでは公務員も民間も同じように制度を利用できる環境が整っている。零細企業の従業員でも、同じように。

社会経験の乏しい、日本の有名大学で学ぶ人には、解り難いかも知れないが、日本では制度が出来ても、多くの場合、それから恩恵を受けられる人は、厳しく限定される。皮肉にも多くの場合、制度を利用できる人は、その様な制度を必要としない人だ。 制度を必要とする人が、ストレスを感じることなく利用できるようになるまでには、気の遠くなるような時間を必要とする。

スウェーデンの場合、地方税額は確定値であるが、日本の場合、地方税は約半年後に各自治体が税額を決めるので確定できないので、所得控除後の所得金額の10％で推計した。詳細説明は第二部を参照。

税率の比較

両国とも累進課税であるが内容はかなり異なる。低所得者に対しては日本の方が高税率で、年収900～１千万円の辺りで両国は同程度の税負担となる。

年収1,500万円の中所得で、日本の31.9％に対してスウェーデンは41.6％と、スウェーデンの方が約10％高くなる。

政策的に、**日本では数の多い低所得者を高税率にする事で、税収獲得を目指している事が分かる。スウェーデンでは反対に、低所得者の負担を少なく、高所得者に大きな負担を求めている。**

Resultat: Du får 37 187 kr i månaden efter skatt. Skattetabellen är 35.

SKATTER	
Kommunalskatt	10 805 kr
Regionskatt	5 755 kr
Statlig skatt	25 kr
Public service-avgift	108 kr
Kyrkoavgift	565 kr
Begravningsavgift	129 kr
Jobbskatteavdrag	-3 166 kr
Skattereduktion	- 125 kr
Summa	14 095 kr
Summa i procent	27,49%
Marginalskatt	36,98%

・2022年の年収800万円の人の支払い税額

上表した筆者が45年前に住んでいたサンドビケン・コミューンの場合の税金の詳細をネットから取り出した。

2022年所得に対する、日本の確定申告に相当するものだ。

年収800万円を12か月で割って、**月収66.7万円**となり、それを1スウェーデンクローネ＝13円とすると、月収51,282krとなる。

手取り額37,187kr＝**483,431円**が示されている。

詳細説明は第二部に示すが、トップ三行に示されている国税と、地方税を下表に示す。

税金の種類	月税額 スウェーデンクローネ	月税額 日本円換算	月給に対する税の%
コミューン税（市税に相当）	10,805	140,465	21.0
地域税（県税に相当）	5,755	74,815	11.2
国税	25	325	0.0005

国税は限りなくゼロに近い。

国税は主に企業、高額所得者、関税等が負担している。

スウェーデンは一人当たりの公債発行残高が、日本の1/4程度と低いが、減税政策を継続している。

日本では、増税姿勢が強く、最近相続税も増税され、相続税対象の人が増えたが、スウェーデンでは相続税は最近廃止された。

残念ながら、筆者は企業の税務まで細かく解説する能力も、忍耐力もないので、企業会計まで踏み込んだ説明はしない。

◆ ハンナから里子督促のメール

自分史。第二部で話題としている様に、日本から女の子を里子で取るための依頼がスウェーデン語のメールで届いた。

ハンナは既に小学校高学年の男の子を二人持つ母親だ。それまで、電話、メールでのやり取りがあり……2021年８月末に、催促のメールが舞い込んだ。

ハンナは高校卒業後、化粧品販売店の店頭で顧客に化粧品を進める店員となった。

子供が出来てから、一念発起、通信教育で資格を取り、現在は県庁職員。

県庁職員の出張旅費、その他の職員、県庁で消費した費用の正当性、ミスをチェックする仕事をしている。

彼女は英語で話すのは全く問題ないが、英文を書く機会が少ないので、スウェーデン語でのメールである。

差出人: Hanna Nordgren
送信日時: 2021年8月31日 23:00
宛先:
件名: Sv: Tack

Hej Mino,
vad härligt att höra att ni mår bra trotts små krämpor.
Ursäkta att mitt svar har dröjt ut på tiden. Vi har varit drabbad av ett kraftigt regnoväder. Vatten kommit in i vår källare, men bara i ett av de ini

Adoptionen
Återigen tack för att du har undersökt och kontaktat olika förlossningskliniker.
Jag och min man Daniel går just nu genom en utredning i Sverige för att kunna genomföra en adoption.
Har du några tips på hur vi kan gå vidare i Japan? Är det ett lokalt socialkontor i Tokyo vi ska kontakta för att undersöka hur vi ska göra? Jag förs
starkt att vi iallafall ska försöka. Vi känner också att det är en förlossningsklinik i Tokyo i första hand som vi vill vända oss till. Vem vet mirakel hä

Boken
Så intressant att skildra kontrasterna mellan Sverige och Japan.
Jag håller själv på att skriva en bok. Det är en autofiction om mina biologiska föräldrar och mitt liv som adoptivbarn.
Jag har skickat in manuset till några bokförlag och fått ett erbjudande. Jag sitter i samma fas som du och redigerar mitt bokmanus. Jag kommer
inkomma med förbättringsförslag.
I mån av tid kan jag absolut hjälpa dig att ta fram information från Sverige. Men jag tror även att det är bra att fråga mamma då hon har lite me

Konsten
Det händer mycket saker i mitt liv just nu.
Vet inte om min mor har berättat att jag har börjat måla för ett par år sedan? Jag har spridit ut min konst på socialamedier. Blev för ett tag seda
konst i Japan. De printar ut posters på några mina konstverk, ramar in och distribuerar den vidare till slutkund i Japan. Allt blev klart igår, så de
När jag målar använder jag namnet Sachiko Eklöf.

Om ni är intresserade av att titta på några av mina konstverk och webbsidan så kommer en länk här.

◆　筆者の返信メール

筆者はハンナと真逆にスウェーデン語を話す、読む方はソコソコ出来るが、書くためには大変な時間が掛かるので、英語での返信となる。日本の複雑な、不可解な、やる気のない行政の状況を説明するが、スウェーデン人のハンナには理解できない。その後何回かの交信の後で、最高に良い言い訳を見付けた。

若し、ハンナが『ＬＭエリクソン』の社長になりたいと言えば、**私は頑張りなさい、若いんだからと迷わずに返事するが、**この問題は別格だ。
日本では、何処にもダメと書かれた法律も、条令も無いが……話を進めて行くと、無数の壁に突き当たる。里子に出しても良いと云う明快な決まりもない。
スウェーデンでは外国から里子を受ける例は無数にあったし、現在もあるが日本では前例がない。40年前のハンナの前例があるが、その様な記録は既に消えているし、その後の新しい法律が状況を更に複雑にしている。
日本から里子に出すのは貴方がＬＭエリクソンの社長になるよりも、はるかに難しい事だと言い訳した。
ＬＭエリクソンは従業員数約10万人の、世界のトップを走る情報通信機器メーカーで、日本のトヨタ自動車、ソニー、ＮＥＣの様な位置にいる大企業。

この説明が効果を発揮して、彼女は諦めた。

To Hanna

Hej Hanna
I haven' t written English for more than 24years and feel fresh but difficult to find out a right word, spe
The adoption
Let me tell you the situation in Japan and Tokyo.
There are about 500 maternity clinics in Tokyo.
None of them receive a question by e-mail, but receive only by telephone or fax.
I suppose, none of them prepared to give an answer in English.
There are many local social service offices in Tokyo…probably close to 100 …,
And each office take care a question comes from a one who is living in the covering district.

Thus first question you receive is your address to confirm you are living in the district.
If your address is outside of the district then they will tell you that we can 't handle your request.
All such communication is made only in Japanese.

Japanese low legally don' t clearly say no, on transfering of a newborn baby abroad.
Important question is Japanese low to be applied or Swedish low to be applied on this case.
To reach the possible answer, you have to consult with an attorney who can handle international case.
There are about 40thousands attorney in Japan but, I suppose only few can handle this case.

I propose you to mail international organization such as International Social Services "ISS"
There is a corresponding organization in Japan which is ISSJ.
Probably they are not able to give you a firm answer but give you more deep understanding which may give yo
Question about Swedish tax
I am trying to compare tax in Japan and Sweden in my book.
Could you check my calculation of Swedish tax on two cases of monthly paid office worker.
All numbers are rounded and show rough image of Swedish tax. System.
Case1: Single person. No house loan rent refund. Annual income 4,000,000yen=300,000Skr.
Case2: Wife stay at home and two small daughters. No house loan rent refund.
Annual income 15,000,000yen=1,200,000Skr

表　2　(x1,000Skr) Swedish tax:スエーデンの課税方式の場合

名前 年収 Annual income	地方税 Local tax 31%	国税 Country tax 7 %	高額	社会保険料 Social … 32.7%	税額総額 Total tax paid	見掛税率 Total tax/ Annual ncome	国が受ける総税額 Total tax

３．特許関係の岡田の事績

◆　住友時代の米国出願特許（ＵＳ特許3,497,933）

United States Patent Office

3,497,933
Patented Mar. 3, 1970

1

3,497,933
INDEXABLE CUTTER INSERT AND MILLING CUTTER HEAD THEREFOR
Minoru Okada, Itami-shi, Japan, assignor to Sumitomo Electric Industries, Ltd., Osaka, Japan, a corporation of Japan
Filed Apr. 19, 1967, Ser. No. 632,066
Claims priority, application Japan, Apr. 20, 1966, 41/25,389
Int. Cl. B26d *1/12*
U.S. Cl. 29—95　　8 Claims

ABSTRACT OF THE DISCLOSURE

An indexable and reversible symmetrical cutter insert of polygonal shape having two polygonal parallel faces each of which have an even number of trapezoidal shaped identical sides, one-half of which form with each of the faces, respectively, a cutting edge less than ninety degrees in angular extent. Grooves may be provided in each of the faces each of which extends into one of the trapezoidal sides forming a cutting edge with a corresponding insert face to provide each of the cutting edges, so formed, with a cross-sectional contour corresponding to that of the groove. A chamfered surface may be formed on each edge defined by the juncture of each trapezoidal side with an adjacent trapezoidal side to increase the strength of

2

time, some short points; therefore, each of the combinations of angles of the cutting edge is used in various applications depending upon its advantageous features. For example, the so-called double negative inserts suffer poor cutting performance but are economical, because each of all the edges in both right angled surfaces of the insert can be used as a cutting edge. The so-called double positive inserts have good cutting performance but are not economical, because edges on only one side surface of the insert can be used as cutting edges. The so-called shear-clear tips are not economical because edges on only one side surface of the insert can be used as cutting edges, but have good characteristics in removing the cut chips.

SUMMARY OF THE INVENTION

An object of the present invention is to provide a novel throw away indexable and reversible insert which avoids the aforementioned weak points of the prior art throw away inserts.

Another object of the present invention is to provide a novel throw away insert which has good characteristics in removing cut chips and is economical by virtue of the fact that all the edges on both surfaces of the insert can be used as cutting edges.

A further object of the present invention is to provide a throw away insert of the kind described above which has good cutting performance.

住友電工が海外の先進８か国にも出願。出願費用が４～５百万円掛かったと言われた。

1966年４月20日に日本で出願され、翌年の４月19日に米国で出願、1970年３月３日に米国で登録された。

この間は、色々な事が起こった。

１９６３	来年、夜間高校を卒業して富山県大山町へ帰郷する、同郷の五十嵐君と北海道へ３週間の度外れな長期旅行。
１９６４	立命館大学夜間部に入学。片道2.5時間の長時間通学、帰寮するのは深夜、読書量が増えた。
１９６５	大津さんから課題を頂き、課題に自分のアイデイアの物も試作品に加えて頂き試作品が製作される。 テスト品が完成、切削テストを行い、私のアイデイアの物を主力製品として製品プログラムが出来る。
１９６６	国内特許出願
１９６７	米国＋７か国に海外特許出願。神戸市、三宮にある公証人役場に初めて行き、多くの書類に公証人の面前で捺印や，署名をした。文書の中には会社に特許権を１ドルで譲渡したと書かれた契約書があった。 でも、私はその１ドルは受け取っていない。
１９６８	立命館大学卒業、サンドビックに転社
１９７０	米国特許登録決定、他の７ヶ国も順次登録決定

◆　日本特許公報、昭６１－２６４４９

⑲日本国特許庁（ＪＰ）　⑪特許出願公告

⑫特許公報（Ｂ２）　昭61－26449

⑸Int.Cl.⁴　識別記号　庁内整理番号　㉔㊹公告　昭和61年（1986）6月20日
B 23 C 5/22　8207－3C

発明の数 1 （全5頁）

㊿発明の名称　フライスカッター

㉑特　願　昭54－501006　㊱国際出願　PCT/SE79/00140
㊱㉒出　願　昭54（1979）6月19日　㊲国際公開番号WO80/02812
㊲国際公開日　昭55（1980）12月24日
㊺公表番号　昭56－500799
㊸公表日　昭56（1981）6月18日

㊷発明者　岡田　実　スウエーデン国エスー811 00サンドビケン・エコスチーゲン23エフ
㊶出願人　サンドビツク・アクチボラグ　スウエーデン国エスー811 01サンドビケン（番地なし）
㊹代理人　弁理士　安達　光雄
審査官　熊沢　昶紀

1

㊼特許請求の範囲

1　フライス本体１０およびこのフライス本体に対して植刃体１２を所定位置に保持する締付け装置１４を備え、前記締付け装置は第一の接触面１７において植刃体１２の第一側面１６に対接しかつ第二の接触面２４において前記フライス本体に対接するようになされ、前記植刃体は前記の第一の側面１６とは反対側の第二の側面１８がフライス本体１０の第一の支持面１９に直接または間接に対接するようになされ、前記締付け装置１４は前記の第一の接触面１７と第二の接触面２４とを相互接続する側部が植刃体１２の縁部２５をこれに接触することなくまたぎ、前記縁部２５は植刃体１２の第一の側面１６と第二の側面１８とを相互接続する縁面２０に設けられた植刃体締付け式のフライスカッターにおいて、

前記の第一の支持面１９に対して実質的に横断する方向に延びて前記フライス本体１０に設けられた第二の支持面２１と前記の第一の接触面１７間に位置するようにし、第一の接触面１７と第二の接触面２４とを結ぶ想像直線が植刃体１２の前記縁面２０と交差するようにしたことを特徴とするフライスカッター。

2　前記距離の比を1.5：１より大きくした特許請求の範囲第１項記載のフライスカッター。

3　植刃体１２の縁面２０が第二の支持面２１により間接に支持されており、植刃体１２は前記の第二の側面１８と前記縁面２０とによつて着脱自在な支持板１３に対接するようになし、前記支持板１３はフライス本体の第一の支持面１９と第二の支持面２１とに対接するようにした特許請求の範囲第１項記載のフライスカッター。

4　締付け装置１４が植刃体１２の締付けの間フライス本体１０の溝２７に挿入されるようになされた基部を有する一片構造の楔装置を含み、前記基部は植刃体に面する後側面２２を有し、この後側面は、カッターの軸線にほぼ垂直に延びて植刃体の第一の側面１６および前記基部の前記後側面

2

減価償却の修了した設備を使って、安価に製品を作る事を可能にする妥協の産物であるモジュールミルの日本出願特許。

源出願はスウェーデンで行われ、日本へは国際出願としてなされた。スウェーデン在住時の最後の1.5年間の、会社の拘束勤務時間である、午後５時以降に行った仕事の結果の一部。

◆　ＥＵ特許公報、０　０３５　９９１

(19) Europäisches Patentamt
European Patent Office
Office européen des brevets

(11) Publication number: **0 035 991**
B1

(12) **EUROPEAN PATENT SPECIFICATION**

(45) Date of publication of patent specification: **05.10.83**

(51) Int. Cl.³: **B 23 C 5/22**

(21) Application number: **79900738.0**

(22) Date of filing: **19.06.79**

(86) International application number:
PCT/SE79/00140

(87) International publication number:
WO 80/02812 24.12.80 Gazette 80/29

(54) **MILLING CUTTER.**

(43) Date of publication of application:
23.09.81 Bulletin 81/38

(45) Publication of the grant of the patent:
05.10.83 Bulletin 83/40

(84) Designated Contracting States:
DE FR SE

(56) References cited:
DE - B - 2 715 281
GB - A - 1 303 995
GB - A - 1 414 775
US - A - 910 413
US - A - 2 967 442

(73) Proprietor: **SANDVIK AKTIEBOLAG**
S-811 81 Sandviken 1 (SE)

(72) Inventor: **OKADA, Minoru**
Ekostigen 23 F
S-811 00 Sandviken (SE)

(74) Representative: **Forsberg, Lars-Ake et al,**
Sandvik AB Patents and Licences
S-811 81 Sandviken (SE)

0 035 991 B1

Note: Within nine months from the publication of the mention of the grant of the European patent, any person may give notice to the European Patent Office of opposition to the European patent granted. Notice of opposition shall

特殊な平面加工用工具の源出願国スウェーデンのＥＵ出願特許。

４．健康に生きるための工夫の数々

80年を生きるのは、簡単である様で、簡単ではなく、本人の工夫次第である。

統計によれば日本の男子の平均寿命は81才と言う事だから、年齢、人数ピラミットから推測すれば、私と同年代の人の半数以上は亡くなっているだろう。私は何回か死を意識した事があるが、幸運にも、偶然にも生き延びてきた。

母は、五人兄弟の４人を育てるよりも、私を育てるのに手が掛かったと言っていた。
戦中に生まれ、食糧難の戦後の混乱期に幼児だったのが大きな理由だっただろう。

小学校２か３年生の頃にスキーで滑っていて、３mを超える水田の石垣の端にせり出した雪庇の先端から落下して、真っ逆さまに大岩の上に頭から落下した。額に大きな傷を作り、数日後に傷から入った菌の為に感染症となり、顔全体が大きく浮腫した。

死ぬかと思った……それが、最初に死を意識した事だった。

多くの私の友人は、岡田は健康問題に無頓着に生きているかのように観察しているようであるが、私は健康オタクで、非常に健康問題について慎重、用心深い人間だ。

67才で、当時の最新的な手術法、心臓のカテーテルアブレーションの手術を受けた。

手術後、13秒の心停止を発生、……当初２泊３日の入院予定を変更、入院しながら体外ペースメーカーで心臓の働きを観察、時々、10秒を超える心停止がある。

10秒もの心停止があると、死に至る……安楽死……可能性が非常に高くなる。

と同時に、脳塞栓 ≒ 脳梗塞になるリスクも非常に大きい。

体内埋め込み式のペースメーカーを入れる事にした。

結局、生まれて初めての２泊３日の予定の入院が３週間の入院になったが、**箱の中に入っての退院でなく、足を使っての退院であった事に感謝である。**

入院の10年ほど前に、長姉が順天同大学病院に入院、６週間付き添っていたので、病院の、内部の事についてはかなり知っている。

同室患者は、６人で、３週間もいると入れ替わりが多い。若い人、高齢の人……箱に入って医師、看護師に見送られて退院する人もいる。医師、看護師と患者の話している事を、聞くことが出来る。

自分の手術でICUにも数度入って処置を受けているから、入院、病気、医師についての知識は飛躍的に増加した。

ICUで心臓バイパス手術を受けた人を数人見ているが、大変な手術で、……私は、事前に詳細な説明を受けたら、尻込みするかも知れないと思っていた。

後年、天皇の心臓のバイパス手術の問題がマスコミの話題となった時には、その行方を非常に興味深く観察していた。

手術を受けられた天皇陛下の度胸と、多分、色々と複雑な経過を経て、執刀医となって、メスを振るわれた順天堂大学病院の天野篤医師には、言葉では表せない程の敬意を持っている。
筆者は古希になってから毎年、年賀状で健康維持に関する老人の取り組みを公開してきた。
それらの年賀状をここに再度登場させます。

◆ 循環器科の医師への手紙

桜橋渡辺病院 －１－

先生 殿

過日の入院中は先生には大変お世話になり本当にありがとうございました。深く、深くお礼申し上げます。
看護師の方々にも大変ご丁寧にして頂き、感謝、感謝です。
最終的に埋め込んで頂きましたペースメーカーも調子が良く、最近では装着していることを忘れるほどで、意識していないと、と... 自戒する事も度々ある始末です。

初診の鈴蘭病院からはワーファリンの永久服用しかないと言われ、次いで松田病院では手術は可能だが手術には消極的でしたが、ワーファリンの長期服用を嫌い、それを避けるためにカテーテルアブレージョンを受けさせて頂きました。
アブレージョンを受けて約１ヶ月を経過、金曜日に退院後初めての診察になりますので、その後の経過報告とお願いのためにお手紙を差し上げますので宜しくお願い申し上げます。

１．ワーファリンについて

当初からワーファリンは嫌だと申し上げていましたが、その後ワーファリンが嫌になる原因がもう一つ加わりました。
退院時に2ヶ月間の服用とお願いしていましたが、若し私がとんでもない勘違いをしているのでなければ、11月13日に受診の日を最後に、ワーファリンの服用を中止した方が良いのではと思っています。

当然、服用中止によって発生するかもしれないあらゆるリスクは私の責任ですが、以下にその様な考えを持つに至った経緯を説明させて頂きます。

Ａ．知人に縁のある人が二人もワーファリン服用との関連を疑われて死んでいる。

鈴蘭病院で不整脈と告げられ、その週末にテニスコートに行き、友人に当面のテニスの休止を告げ、不整脈で今後ワーファリンという薬を死ぬまで服用する事になりそうだと言いました。

一人の製薬会社に勤務する友人が、数年前にワーファリンを服用していた６０才の先輩が胃から出血があり、当初は簡単に治ると診たてられていたのに、出血が止まらずに、結局、死ぬはずのない手術で死んでしまったとの話。

次の週、妻が大学時代の友人７－８人と旅行に行き、私の不整脈と血液サラサラ薬の服用の事を話題にしました。
妻いわく、友人の姉のご主人が、脳の小さな血管に梗塞を起こして手術をしたが、血液サラサラ薬を服用していた為に、処置が複雑になり、死ぬはずのない手術で死んでしまったと聞いてきた。

Ｂ．ワーファリンと云う薬に対する私なりの評価

ほんの１５人前後の人との会話から、事実関係は正確には不明ですが、二人もの死がワーファリンの服用との関係を疑われていることにビックリし、三日間、本屋での立ち読み、神戸大学医学部図書館での論文読み、エーザイのワーファリン適正使用情報第三版の内容精査を行い、貴病院を受診する前に自分なりにワーファリンの評価をしてみました。

残念ながら現状では、どのような薬でも副作用があるのは当然ですが、私見ではワーファリンは功罪が非常に鮮明で、私に対しては非常に功が少なく、全てのリスクを自分の責任で負い、薬の長期服用を止めるべきと思いました。

ワーファリンの服用を止めるためには手術しかないと思い、貴病院への紹介状を書いていただき、可能な限り早くカテーテルアブレージョンの手術をして頂きたいとお願いした次第です。(**薬の私的評価の要約を別紙で添付**)

67才で心房細動を発症、カテーテルアブレージョンを受ける。
術後には血液サラサラ薬、ワーファリンの服用を言われる。死ぬまでの服用である。
自己責任で、ワーファリンの服用を忌避する事を伝えた手紙。
口頭での会話では、感情的になり、上手くコミュニケーションが取れないと思い、文書にした。医師に、直接手渡すことを躊躇……親切な婦長さんとの会話の機会をとらえて、婦長さんに提出した。

◆ ワーファリンの効能評価

ワーファリンの効能：一患者の視点から見た心配　　岡田　実　　－１－

ワーファリンは心房細動に対して、循環器科では標準的な処方薬としての地位を確立しているようであるが、その服用について気になることを、患者側の視点から検討してみる。

１．専門書にみるワーファリンの評価

情報収集のため、全く専門外の医学専門書や医学学会誌を大倉山の市立図書館本館、神戸大学図書館医学分館、ジュンク堂で立ち読み、数日の短期間のにわか勉強だったが、活字としての理解はホボできたようである。
膨大な量の解説や説明があるが、大多数の解説が根拠とする原典となる論文の数は限られている。
試験薬の評価に関する医学論文の中では、被験者とフォローアップ期間が主要因子であるが、主要因子が二つあるため結果の採点が簡単に出来ない。医学論文では、優劣を簡単に判る様にするために“%／年”という便利な、二つの主要因子を融合した一つの数値で評価するように記述されている。
このように“%／年”の比較で記述された医学論文の評価結果を、医学、薬学の専門知識のない、一般人が患者にとってどのような利益、不利益を意味するのかストレートに実感するのは困難であるので、以下に幾つかの論文のワーファリンの医学論文的評価を患者視点の評価に翻訳してみる。

２．販売している製薬会社エーザイの発表している臨床試験結果の一例

（2006 年発行 Warfarin 適正使用情報第３版中の The Copenhagen AFASAK Study 1989 からの要約）

ＮＶＡＦ疾患の１００７人をワーファリン群（**年齢中央値７２．８歳**）、アスピリン群（**同７５．１歳**）、プラセボ群（**同７４．６歳**）の３群に分けて**フォローアップ期間２年**での臨床試験の結果が示されているが要約すると以下のようになる。

	ワーファリン	アスピリン	プラセボ
脳卒中死	**１例**	**３例**	**４例**
血栓栓塞症発症	**５例**（2.0%／年）	**２０例**（5.5%／年）	**２１例**（5.5%／年）
血管性疾患死	**３例**	**１２例**	**１５例**

ワーファリン群１２６例、アスピリン群４４例、プラセボ群５２例で投薬を打ち切り、このうち出血により投薬中止に至ったのはワーファリン群２１例、アスピリン群２例、プラセボ群はゼロであった。

上記の結果を読み、これらの評価数値の背後に潜んでいると考えられる疑問を以下に列挙する。

疑問１．年齢中央値の意味するところ－試験薬が過分に有利に扱われていないか？

年齢中央値がどのように定義されるものか不明なので、詳細な検討は出来ないが、ワーファリン群の値が最低で他群より約２年若く、被験者が高齢であり、対象とする疾患との関係でこの差の意味するところは非常に大きいと考えられ、ワーファリンに有利に作用するように意図的に臨床試験が設計されているように感じる。
厚生省の年齢別階層別死因では、７０－７４歳、７５－７９歳の５年刻みで死亡者数を発表しているが、大まかに、７５－７９歳では７０－７４歳の区分内の人に比べて、不整脈、伝導障害、脳塞栓の死者は約２倍である。
このことから年齢中央値の２年の違いがプラセボ群の血栓塞栓症、血管性疾患の発症数を臨床試験の結果より約５０％も多くしている可能性がある。　もし同じ年齢中央値で比較すれば、ワーファリンの優位性を大きく下げ、臨床試験の有効性に疑問を感じさせるようなものになるかも知れない。

疑問２．投薬中止の意味すること－長期服用に耐えられないことを証明していないか？

この臨床試験の結果は１９８９年に発表されているが、ワーファリンは既に４０年以上前の１９４０年代にマーケットに投入されている。　長期投与が前提の薬であり、開発初期と違い、結果の提出を急ぐ必要はないと考え

多数の論文、資料を読み、工学の分野の人間として評価すると、ワーファリンは飲んではいけない薬だと断定した。
この調査結果から、先の循環器科医師への手紙となった。

◆　私の健康維持から、
死に臨んでの心構まで

72才の時の年賀状

スキーで大転倒、膝の
靭帯断裂。
正座が出来ない。
和式トイレは無理
テニス、スポーツは
不可能。
でも、最終的に解決。
81才で、テニス、
スキー、なんでもＯＫ
人任せにしないで、
自分で工夫
楽しく人生を生きよう。

小さな字ですみません。
ルーペを使って下さい。

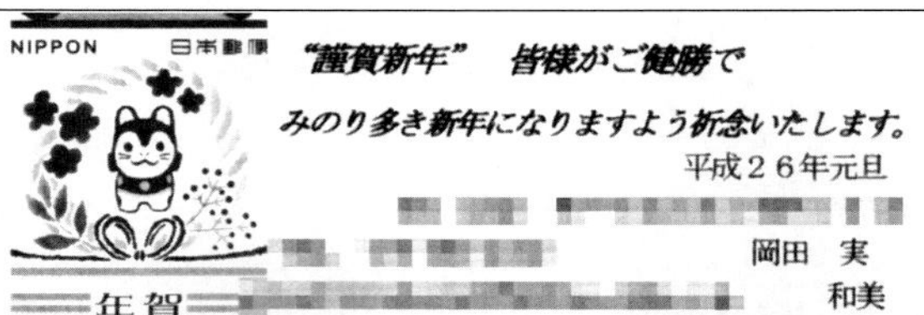

"謹賀新年"　皆様がご健勝で
みのり多き新年になりますよう祈念いたします。
平成２６年元旦

岡田　実
和美

和美、実ともに恙なく平成２５年をすごし、平成２６年を迎えている筈です。実は７回目の年男、和美は６９才と十分な高齢者となったので、ボケ予防を期待して和美は英会話、実は中国語会話の勉強を始め多毛作の人生を楽しんでいます。

昨年２月、孫二人を連れてスキーに行き、ゲレンデの隅で停止して孫のすべり見ていたときに、実は後ろから太めのスノーボードのお姉ちゃんに激突され、大転倒、右膝に死ぬかと思うほどの激痛数分. . . 。

翌日の朝一番に近くの内田整形外科を受診したが素人でも直ぐ解る未熟さ。余りに不信感が大きかったので、近所の評判を聞き、午後すぐにスポーツ障害専門医の看板を掲げ、最近まで社会保険中央病院の整形外科部長をしていたと評判の高い出田整形外科病院を受診し、内則側副靭帯の部分断裂と言われる。

説明と膝のチェックは専門の医師の知識と能力を感じさせるものがあり、膝を固定するための装具が用意され、リハビリについても指導を受ける。
診療とリハビリの為に通院、６週間後くらいに装具を取り外してのリハビリ開始、たが右膝が硬直して精々９０度弱程度までしか曲がらず、正座が全く出来ない。出田医師は一旦そうなったら回復は無理. . . 高齢者だしそれで当然みたいな反応。

インターネットで調べて三宮にあるヒロクリニックを受診。医師も、理学療法士も今までとは別格の感じ。専門知識の内容を単に活字知識でなく、咀嚼して理解しており自信が感じられた。

正しいリハビリを受傷後１ヶ月以内に始めていないとダメと言われる。
２か月を経過した膝の拘縮は先ず戻らないと、出田医師の初歩的ミスを指摘。

一応リハビリの指導を受け、２か月くらいリハビリに取り組むが全く効果なし。娘経由で、現在のように薬万能の時代になる前に流行していた、アーク灯から出る疑似太陽光線を照射する物理療法の存在を知り、東京の光線療法研究所を受診した。医師の診断と光線の照射の角度や時間などの説明を受けて、光線療法を自宅で始める。４か所に各１０分間を１日２回、毎日計１時間２０分の光線照射治療で、１０日間経過しても効果がある雰囲気が全く感じられない。

自分なりに、いろいろ考えて. . . 人間の驚異的に高度で複雑な免疫機構は膝を痛くなるくらい曲げて、光線を照射してやれば、その状態を普通に維持できるように作用し結果的に膝の拘縮を正常に戻してくれる筈であると考えた。

痛い膝を我慢の限界まで曲げて光線を照射すると、初回から何か良い雰囲気を感ずる。朝夕に各１回、約５分間の短時間の光線照射でみるみるよくなり、約２週間でホボ元に戻った。バンザイ！！　現在、短時間正座可能、テニスを週３回、農作業にも全く不都合はありません。結果的に整形外科医は問題を解決する事が出来なかったが、専門医の看板を掲げた医師でもなんと能力差の大きい事か！

経験ある光線療法の専門医師が光線を上手く利用する事が出来ず、結局、素人の私の方が上手く利用することが出来た。考える事を必要としない、教科書やマニュアルで指示できるような単純作業では、個人の能力の差は無視できるくらい小さいが、楽器演奏、スポーツ、外国語、医療行為. . . などのように高い専門知識に加え応用力、工夫が問題とされる場合には、個人の能力差がもろに出る。

過去約半世紀間に科学的な知識と情報量は爆発的に増加し、特に日本では多くの医師が時間的にも知的にも情報の内容を理解、咀嚼して活用するのが困難になってきた。　利益追求とメンツが招く医師の不誠実医療行為は困りものであるが、専門的な力量不足も結果的には患者にとっては同じことで、非常に迷惑である。

◆７年ほど前、約半年の間に６回気管支炎になり、抗生物質を服用して免疫不全、耳鳴りと耳垂れに悩み４か所の耳鼻咽喉科を受診したが治らなかった。実の判断で、医師が処方しない薬を使用して、完治することが出来た。

◆４年前に心房細動でワーファリンの服用を言われ、神戸大学図書館で原典の論文を精査し、患者視点の判断では薬効は限りなくゼロに近く、医学界の恥部を覗いた感じで、副作用のみが目につく。循環器科の専門医を３回替えた。
若し、最初の医師の指示に従っていれば. . . 既に何回も死んでいただろう. . . 又は介護施設のお客になっていたかもしれない。クワバラ、クワバラ. . . 。

命もお金も心も扱い方は同じだ。他人任せにすれば不誠実な他人を利して喜ばせ、そのような行為が社会の不誠実者を増殖させて、社会を劣化させる。お金の扱いは. . . 、心を預けた宗教は. . . 、人生は興味を持って生きると数倍面白くなる。

74才の時の年賀状

ピンピンコロリ
ピンコロを目指して。

血圧、お酒、認知症
対策についての私見を
ご披露。

“謹賀新年”　皆様がご健勝で

みのり多き新年になりますよう祈念いたします。

平成２８年元旦

岡田　実、和美

一昨年の１２月に実の長兄、貢が８１歳で身罷りました。

亡くなったのが１２月でもあり、喪中葉書と年賀状の交換に齟齬を来し、昨年は結果的に不始末となってしまいました....。

貢は小学校の集団健診で医師から心音に雑音が混じっている。心臓が悪いから**寿命は二十歳まで**と言われたが、**１０３歳の天寿を全うした母親を夫婦で丁寧に自宅介護して、８１歳**まで生きる事が出来ました。

和美は昨年７０代に突入、実は来たる３月に７４歳となります。

昨年、実はペースメーカーの再埋め込み手術で１０日間の入院、更に今後予定している三つの手術のタイミングうかがっていますが、現在のところ夫婦で週に３－４回のテニス、約１００坪の家庭菜園、マージャン、ヨーガ、北海道へスキー、国内外への旅行...、等を日常的な娯楽とし、高齢者の間では常識である“**ピンピンコロリ”**を目指して、憎たらしいほど**元気そうな素振り**をしています。

生まれた環境、その後の人生、性格なのか自分以外の者は、**良くも悪くも全て教えて下さる先生**とし、**肩書き、見栄、意地、思い込み...、とはおさらば**しているので、人間関係での競争、争い、悩む事...、から解放されて楽な人生です。

健康の維持は年令が上がれば徐々に難しくなり、医療の専門家の知識をうまく活用しなければなりません。　**マネーに汚染されて氾濫する医学情報**の虚実、価値、意味を判断する参考にと思い、７３年の経験と、図書館通いから得た知識を下に、日常的に健康について意識しているいくつかの事を取り上げてみました。

血圧について

実は２０代後半に会社の健診で血圧が１３０、**本態性高血圧**と言われ、父のように脳卒中で死ぬのかと、血圧、健康について真剣に考えるきっかけを頂いた。当時、最高血圧の**正常値は“年齢＋９０”**とされていた。　金属切削の専門家として、科学的に物事を観察する習慣が身についていたので、１００歳の老人の血圧１９０、新生児の血圧９０を正常値とする基準は間違いであると確信した。

それは新築ビルの配管よりも、築後１００年のオンボロビルの配管の方が高い圧力に耐えられる事と同じで、難解な論文を読まなくても自明の理、**最も高度な教育を受けた人々の集団**であるはずの医学界が”裸の王様“の寓話を想起させるような迷信を作っていると思った。　**実の血圧は現在約１１０と低血圧である。**

薬の効き目の個人差

アルコールは人類と何千年もの長い間なじんできた単純な化合物であるが、チョコ１杯のビールで酔っぱらう人、１升酒を飲んでも平気な人とその**個人間の効き方の差は絶大**である。　多くの新薬は人間になじみの少ない複雑な化合物であり、その個人間の効き方の差は、多くの場合アルコール以上に大きいと考えられるが、処方される薬の量は同じであり、個人の効き方の違いが考慮されないのみならず、マネーに汚染され**過少に評価された重大な副作用のリスク**が伴う。

深い知識のある専門家は“人体や病気は解らない事ばかり”と自覚している

ＤＮＡの発見により分子生物学は飛躍的に進歩して、皮肉にも詳細な人体のメカニズム＝全体の設計図を**理解する事は永遠に不可能**であることが解ってきた。

最近の分子生物学によれば、人体の自然治癒力は膨大な数の薬物＝化合物を作る能力が有り、人体を機能させるために作られ駆使される要素の総数は**10^{21}個（１０の２１乗）**で表されるような数であると推測されている。　10^{21}を実感のある表現にすれば、それは概略、１mm角の砂粒を１個として積み上げると、１辺が１０ｋｍの立方体を砂で満杯にするほどの量であり、**日本の全土を約３メートルの高さの砂で覆い隠せる**くらいの莫大な量である。　又１万円札にして積み上げればその高さは、**光が約１０年掛かって漸く到達するほどの距離**になる。

それらの１個を解明する事や合成する事はノーベル賞の受賞候補になるほどの大きな事件であり人類は健康を求めて人類が存在する期間中、目の前に現れる問題解決の為に**研究と呼ばれる作業を永遠に続ける**宿命の下にあるようである。

ボケ病の世界的権威者の悩み

ボケ病の世界最高の**権威者**とされる米国のタンジ氏でさえも、非常に初歩的な事しか解らなく、理由は全く不明だが**草食動物はアルツハイマーにならない。**

自分もボケたくないのでベジタリアンになったと言っている。　**世の中で誰も解っている人などいない**と思えば、新しい発見を参考にして自分で実験してみるしかない。**毎日が実験であり人生は面白くなり、多分ボケる暇などない？？**

75才の時の年賀状

後期高齢者となり、
高齢を自慢する傾向発生。
私の風邪対策と生活の
単純化、ボケ対策
をご披露。
この経験があったから、
マスク特許に繋がった。

“謹賀新年”　皆様がご健勝で

みのり多き新年になりますよう祈念いたします。

平成２９年元旦

岡田　実、和美

和美、実とも変わりなく７０代の人生を謳歌... ？していますが、実は来たる３月に７５歳、**後期高齢者となる節目**の年です。　昨秋、従来からの約１００坪の菜園に加え、約１００坪を借り増して果樹の栽培と、労力が１／４くらいで済む**ズボラ農法の実験**を始めましたが、結果が出るまで元気でいられるか競争です。

テニス、農作業、本屋の立読み、図書館、麻雀、週１回のヨーガ、国内外旅行... にホボ毎日のスーパー通いと忙しく動いています。多くの個性ある友人知人との交わりと農業を通じての自然との対話は常に多くの**疑問、問題、課題を提供し、**頭も体も適当に忙しくて双方が鍛えられる**好都合な輪環**を作っているようです。

実は８０歳までに完成を目標に、仮題“将来の不幸の為にガンバル日本..”の著作に熱心に取り組んでいますが、目の前に見逃せない事が起こり、よそ見をするので遅遅として進みませんが、**ボケる前に完成を目標**にしています。

和美の兄弟９人中、身罷った**男系兄弟３人で７５歳を超えた者がいなく、**実の兄弟５人で既に逝った上の**３人で８０歳を超えた者は**居ないだけに、７５歳は特別な意味を持っています。自分も周囲の人も楽しく、世の中の為に身の丈の範囲で何か良い事をする事で、心の深い所での達成感を持ちたいと思うようです。

十分に健康でなければ、他人に親切、暖かい応援など出来ませんから、**先ず自分の健康が第一**です。高齢になると一般に**冷えに対して敏感**になり、喉の不調、カゼ、肺炎と進み死に結びつく病気の原因となる例が多い。

インクジェット紙

実が実行している健康維持とボケ対策の一部をご披露します。

十二単、重ね着：　寒ければ着る、暑ければ脱ぐと状況に合わせて、**頻繁に脱ぎ着が出来る**ように、常時何枚ものシャツを持っている。　特に足が冷えるので、靴下も重ね履き。冬季には靴の先端に**毛糸を丸めて押し込ん**でいる。

ガム噛み：　唾液消毒による喉の保護と口腔内筋肉を鍛えて誤嚥防止、唾液量の増加、虫歯及び歯周病予防の為に、就寝時以外、常にガムを噛んでいる。**一日１個のガム**で済ませ甘味料摂取を最小に抑える努力をしている。

口のテープ止め：　就寝時に口を開けて口呼吸をしないように、口の上下方向に紙製のテープでとめる事で、**強制的に鼻呼吸**となるようにしている。

外出時のマスク着用：インフルエンザウイルスは低温と乾燥を好み、高温多湿の夏季に繁殖しない。**マスク着用で鼻、喉に高温多湿の梅雨の環境**を作っている。

マフラー：　２０ｃｍｘ１２０ｃｍで６ｇの**超薄い絹のマフラー**を夏冬関係なしに携帯し必要に応じて、喉の保護の為に使っている。

食べ物：　野菜を多くと思いスムージーや、蒸して温野菜として摂っている。

発酵ニンニク：テニスでサーブを受けるときに**ボールがすっきり見えない**現象が数年前に始まったが、自前の発酵ニンニクを食べる事で防止できる事が解った。

生活一般とボケ対策：　現役引退で自由の身になり、マネーの為の義務的な時間の使い方をする必要が無くなり、数年間の試行錯誤して生活のパターンは激変。現役時代には仕事で退職後は観光で国内外を駆けずり回り、書籍を通じて他人の知識を借用して考え、現在は以下の様な生活になりました。

写真、アルバム類：若いころ写真は趣味でしたが、見返すことの無いアルバム類を重ねると５－６ｍにもなり、最大の粗大ごみと判断、パソコン取り込みも止め、一部を除いて捨て、以降、**約１０年前から写真を撮るのを完全に止めた。**

テレビ、新聞の排除：インターネットで通信社からの一次情報の入手のみに変更。終身雇用と年功序列文化の中で、人間、世の中について貧弱な経験しかない人が、**背後から強力なマネーに汚染された空気を受けて加工して作られるテレビ番組、新聞記事**に辟易し、テレビ、新聞はキッパリ止めています。

カーナビの排除：　カーナビがあると単にハンドルを指示通りに回すだけのロボット作業になり、結果的に**旅の面白さが半減**し、脳が汗をかかなくなる。

携帯、スマホの排除：携帯、スマホで他人に振り回され、修正が簡単に出来るので**計画がずさんになり、バカになる。**常に頭の中は複数の未解決の問題で一杯で、歩行中や農作業中に新しいアイデイアを見付ける事が良くあり、**体を動かすことが頭の為に最も良い**と実感している。このようにする事で、読み書きや考える為に使える**自由時間が多分一日に５時間**くらい持てるようになり、人生が面白くなり、昔したキャンプの時の様に台所にも立ちたい気分が出てくる。

76才の時の年賀状

臨終に備えての夫婦の会話

實　：夜中に俺が泡を吹いていても
　　　朝まで、救急者呼んだら
　　　アカン。
和美：そんな事出来んわ。

實　：救急車呼んだら
　　　大不孝の始まりや。

6週間入院後に亡くなった長姉に
付き添い多くの事を学んだ。

事が起こり、確定してからでは
手遅れだ。

NIPPON　日本郵便

年賀

"謹賀新年"　皆様がご健勝で

みのり多き新年になりますよう祈念いたします。

平成30年元旦

岡田　實、和美

和美、實とも痛い所なく、薬も飲まず、一見普通に過ごしていますが、外からは見えない幾つかの問題と共存、取りあえずは変わりなく高齢者の人生を謳歌...感謝、感謝ですが、死を身近な次のステップとして意識する作今です。

付き合いに濃淡はあるが数百人の友人、知人の中で、既にかなりの人が故人となり、高齢となった多くの人々も、健診結果が示す潜在的な問題、既に発症している問題を抱え、医療、医師、介護...、との上手な付き合い方が重要になる。

實は40年の現役生活を離れて約20年、以来24時間、365日を自分のものとして、夫婦の心身の健康と、若干の社会、人類への貢献を目標に楽しく、自由に生きてきたが、目の前に人生最大の節目である死が待ち構えている。

一見、恙なく平穏な生活ではあるが、最近のギクシャクした夫婦の会話。

實　：どんな事があっても...、夜中に俺が泡を吹いて...、救急車を呼ぶ様な状況でも、**俺が呼んでと頼まなければ救急車を呼だらアカン。**
絶対にアカン。放置しておいて朝まで待ってから呼ぶべし。

和美：そんな事は出来んは、絶対に出来ん。

實　：救急車を呼べば、**俺の極大不幸、和美、子供の大不幸**の始まりになる。
誰も幸福にならんぞ...。病院と医者はチョット喜ぶかもしれんが。
そんなアホな事はしたらアカン。そんな**大不幸がどれだけ続く**のか。
そんな人生の結末は情けない。絶対に呼んだらアカン。インクジェット紙

好む、好まないと関係なく、最終的には医師との対話で人生の最終章は決定されますが、本人も周囲の人も未経験の多くの知っておくべき事がある。

長姉が悪性リンパ腫で入院、死の約10日前の医師との会話...

医師：重大な局面に入りました、危篤状態になった時にどのようにさせて頂くかの相談です。**心臓マッサージ、気管内挿管、酸素吸入**等がその際の医療行為ですが、どうしましょうか?

實　：心臓マッサージをすると、肋骨が折れる事がありますよね、特に貧弱な体重 40kg 以下の姉の場合...。　普通、気管に何かが詰まれば激痛が走りますよね、気管内挿管をすると同じでしょうね。

医師：.... しばしの沈黙の後に小さな声で、"そうですね"....。

實　：心臓マッサージ、気管内挿管はお断りしますが、呼吸困難になれば酸素マスクはお願いします。

質問すれば、医師は答えるが、聞かなければ医師はその**医療行為の負の側面**を優先的に説明しないから、知識を持っていないと大きな後悔をする事になる。

既に故人となったA君は、60代の退職年齢の頃に、母が倒れて胃ロウをした。医師は胃ロウをすれば、... 意識の無い母が... 生きられると勧め、素直で心の温かいA夫妻はお願いしますとなった。母はその後約10年も生ける屍として生き続け、その間A夫妻は交代で母の介護に勤めた。　食事、排せつの始末...、褥瘡を避けるための数時間おきの体位交換、毎日、毎日...、昼、夜関係なく、介護の専門家3人分の仕事に相当する時間的な重労働、10年間も休日の無い24時間介護の無理な生活で夫婦ともに憔悴。母親が亡くなり、直に未だ60代の妻が無くなり、ほんの1－2年でA君も亡くなった。A君夫妻は大変だったと思うが、**それ以上に母親が大変で、生きている事は苦痛**以外の何物でもなかったと思う。

医療専門家は意識が無ければ患者は痛みも、苦痛も感じない、としているようであるが、17年ほど前に脳梗塞で倒れ意識反応が無いとされている義兄の様子を観察した経験から、**患者の脳は感じており苦痛を感じていると確信した**。

専門家、それを職業とする人が色々と講釈するが、依然として心や神経の事についての現代医学の知識は限りなくゼロに近く、何も解っていないのだから。

最高の介護が出来る人は、裕福で金に興味無く、体力的にも、精神的にも100%充実、将来の事に全く心配のない人だろうが、そんな人は存在しなく、大金を掛けても、良質の介護を他人に期待する事には本来無理がある。介護と言う全く達成感の無い仕事で若い人に過大な負担を掛け、今までの穏やかな普通の生き方から**眉間にシワを寄せ、顔をしかめて頑張って...、晩節を汚すのも甚だしい**。

昔は神仏に祈願、寄進してピンピンコロリを目指したが、それだけでは不十分。嘘、不正義を嫌い、あらゆることに興味と疑問を持ち、納得するまで考え、調べて、行動する事で面白く遊びながら生活、ピンピンコロリを目指しています。

5．行政への提案

日本では空気の様に、違和感なく存在している制度や習慣で、真剣に考えてみると……人類の幸福、国民の幸福に寄与しているとは考えられないものが存在、それは日本の文化を構成する一要素であるかの様な存在感を示している。

アフリカの何処かの国、イスラムの国等……色々な国には異なった文化があるから、それは当然だと云えば、当然だが、日本は宗教国家ではなくて、民主主義国である。政府、行政は国民の幸福追求を経済合理性と調和させて行う事が求められている。

日本で行政に求められているのは、哲学、思想、規範等……でなく、具体的な知識、想像力、利便性、損得勘定等である。

政権、政府が国民から負託を受けて政策を立案、それを実行する官僚、行政は具体的な知識が豊富でなければ、目的は達成できない。**スウェーデンでは政、官と民の間の垣根が低く、ホボ、同じ知識、経験レベルなので大きな齟齬が起こらないし、若しミステークが発生しても、直ぐに修正する文化がある。**終身雇用で、変化を嫌悪する日本では、変更には非常に手間と時間が掛かると同時に、そのような状態が不正、汚職の温床となる。

余りにも目に余る、明白な愚行を発見すると、行政に提案する事で、私の心のガス抜きをしている。

“愚行山を移す”の例えもある。根気よく……するしかないと思っている。

◆ 金融庁への要望書

－1－

金融庁　市場課
　外貨証拠金取引担当　殿

平成１７年１月２６日

外貨証拠金取引について

過日私が利用している外貨証拠金取引の会社から、将来、同一通貨ペアーの売り、買いの両建は金融庁の規制により出来なくなると考えられるので、来る７月から両建を廃止する予定との案内を頂きました。

実際に外貨証拠金取引をしている者から見ると、両建が出来なくなると損失をヘッジする方法がなくなり、外貨証拠金取引に参加するのは非常に困難になります。

株式市場では両建でヘッジする方法が一般的なのに、どのような理由で両建が不都合であり、規制により廃止する方向で議論がなされているのか解かりません。

実際に取引をしている者の経験から、個人の金融資産を増加させるための可能性を与える道具の一つとして、両建の存続が可能なように決定して頂きたく、以下にその必要性を略述しますので宜しく取り計らいください。

下表は我々民間人が金融資産を増加させるために利用出来る一般的な手段を示し、それらを維持してゆくために掛かる費用を示しています。
売買に伴う一時的な手数料は投資信託と変額保険以外は比較的少なく、重要でないので無視しています。

ドル円１万ドル分、約100万円を基準に１年間保持した場合に掛かる費用を金利及び実際に掛かる金額として計算して表しています。

株式の信用取引の金利、為替のスワップ、信託報酬は当然の事ながら取扱会社と商品により異なります。
下表は最近私が遭遇したものをあげていますが、マーケットの平均的な姿と大きな齟齬はないと思います。

金融商品名	対象金融商品価格	年間支払金利、金利スワップ又は信託報酬など	
		金利（%／年）	年間支払金額
ドル円買玉	100 万円		無し
ドル円売玉	100 万円	1.7%　（56yen／day）	２０，４４０．－
ドル円買売玉両建	200 万円	0.18%　（10yen／day）	３，６５０．－
株式買玉（信用）	100 万円	2.4%（一般信用）	２４，０００．－
株式売玉（信用）	100 万円	4.8%（無期限信用）	４８，０００．－
株式買売玉両建(信用)	200 万円	3.6%（一般+無期限）	７２，０００．－
投資信託信託報酬	100 万円	2%	２０，０００．－
変額保険信託報酬	100 万円	4%	４０，０００．－

注）為替両建の場合
　ドル円同一通貨ペアーの買い、売り、両建に於いてはヘッジ目的のために、対象商品価格が２倍の２００万円となる。
　買いのスワップ４６円、売りのスワップ５６円で両建にすると差額１０円／day が費用として発生する。

民間人の金融市場への参入、民間人の資金の金融市場への誘導を狙って制度改革、行政指導を進める金融庁が幾つかの新しい制度変更を計画した。外貨証拠金取引＝ＦＸに関して予定されている変更は、個人の市場への参入を難しくする変更であり、金融庁に変更を中止して頂きたいと提案した。

何回かの電話での会話のあとで、最終的に変更案は既に専門家から成る政府委員会の承認を得ているので、変更される可能性はゼロと言われる。委員会の名簿に連なる委員名から、委員会は形式だけの、庶民感覚では、ヤラセ、行政の隠れ蓑として、民意を代弁する体裁を整えるための委員会だと承知した。

個人が市場に参入して資金を運用、利益を出すためには、金利、金利スワップ、信託報酬等の名目で費用が掛かり、それらは大まかに年間２～４％で、取り扱う金融会社の利益となって消えて行く。

その中でＦＸでのドルは0.2%程度で、けた違いに少なく、それ以外で長期に個人が金融市場に参入して利益を出すのは、先ず、不可能で、制度の変更は完全な、間違いである。

制度は、証券会社等が、顧客を個人で運用する事を難しくする事で、金融機関による、囲い込みを容易にする用にしているように見える。 何れにしても、変更は個人の資金の金融市場への呼び込みには全く効果のない、反対の物である事が解った。

大方20年近く前の事で、現在どのようになっているか知らない。

委員会に名を連ねている人は、多分、全ての人が無經験で、後日、マスコミで頻繁に話題にされたＩＴに無知な、日本の政治家、著名人の様子から判断すると、**半数くらいの人はキーボードにも触った事のない人だと思う。**

最近ＮＩＳＡを宣伝しているが、理解している人が真剣に考えて制度設計しなければ、その結果は見るも無残なものになるだろう。

◆ “ふるさと納税制度”に関する朝日新聞の記事と千代松、泉佐野市長への書簡

朝日新聞　2019年2月20日

第3種郵便物認可

ふるさと納税 対立過熱

「規制」総務省VS.「駆け込み還元」自治体

ふるさと納税の返礼品をめぐり、総務省と大阪府泉佐野市の対立が過熱している。地場産品に限るよう求める総務省は、規制を強化する改正法案を今国会に提出。泉佐野市は規制前の「駆け込み寄付」を狙ってギフト券の「100億円還元」を打ち上げた。背景には制度自体の欠陥がありそうだ。

泉佐野市「目標100億円」

石田真敏総務相は19日、衆院総務委員会で「ルール外の返礼品を送る一部の地方団体にふるさと納税が集中する状況が改善される」と訴えた。改正法案は返礼品を「寄付額の3割以下の地場産品」に限り、従わない自治体に納税者が6月以降に寄付しても、税金の控除が受けられなくなる。

過熱した返礼品競争を抑える趣旨だが、法改正に反発して駆け込み寄付を集める策に出たのが大阪府泉佐野市だ。今月5日、返礼品に加えて寄付額の10～20%のアマゾンのギフト券を還元すると公表。3月末までに「100億円」の還元を目標にするとぶち上げた。

「駆け込み寄付」に対して、総務省は止める手立てがない。石田総務相は「身勝手な考えだ」と強く批判したが、泉佐野市の千代松大耕（ひろやす）市長は「一方的な見解で条件を押しつけ、強引に地方を抑えつけようとする『身勝手』さを示しているのは総務省の方」と反論コメントを出した。

泉佐野市は昨年度、ふるさと納税で全国トップの135億円を集めた。制度発足当初の約2千倍の金額。躍進の秘密は、特産品がある自治体と協定を結ぶなどして1千種類を超す返礼品をそろえたことだ。「100億円還元」も、法改正で仕事が減りかねない地元の返礼品仕入れ事業者への支援策として市の担当者3人が考案した。市は「知恵を絞り努力を重ねてきた」と自負する。（別宮潤一、加戸靖史）

ふるさと納税の仕組みと国と地方のバトル

納税者
寄付
¥
好きな自治体
返礼品
国・在住自治体
ほぼ寄付額分の所得税と住民税が安くなる

大阪府泉佐野市
返礼品に加え寄付額の10～20%のギフト券を還元
3月末まで100億円還元が目標

VS.

石田真敏総務相
自分のところがよければ他の自治体への影響は関係がないという身勝手な考えだ（8日会見）

静岡県小山町
返礼率4割のギフト券
18年末までに249億円集めた

GIFT CARD

返礼品で定着 寄付偏り変わらず

ふるさと納税は2008年度から始まり、昨年度の寄付額は全国で3653億円に増えた。当初は「故郷に貢献する」という趣旨だったが、「返礼品」によって制度が定着した現実がある。財政が厳しく、特産品のない自治体にとっては、「寄付競争」を勝ち抜く創意工夫を強いられてきた。

世界遺産の高野山がある和歌山県高野町は、返礼率5割で旅行ギフトカードの返礼を続けた。SNSで「最後の闇ふるさと納税」などとされ寄付が殺到。1月末に県の指導で中止するまで「数十億円」が集まったという。担当者は「観光と宗教の町で物をつくっているわけではない。訪れてもらうための旅行券は返礼品として認めてほしい」。

静岡県小山町は、アマゾンのギフト券の返礼率を4割にしたことで、今年度の寄付額が町税収入の6倍以上となる約249億円に跳ね上がった。総務省の方針を受けて2月からはギフト券を返礼品から外し返礼率も3割に下げたが、込山正秀町長は「道路建設などで一番お金のかかる時期だった。批判は甘んじて受ける」と話す。寄付は小中学校の給食無償化など定住促進策に使うという。

国会で審議中の改正法案が成立しても、返礼品がある限りは、こうした寄付の偏りは抜本的に変わらない。関西大の林宏昭教授（地方財政）は「制度がまだ成熟しておらず、返礼品の基準づくりやチェックは簡単ではなく、抜け道を狙う自治体とのいたちごっこが続く可能性がある」と指摘する。（六分一真史、小野大輔）

我が家では、終日ラジオを点けっぱなしにしている。早朝にラジオから朝日放送の著名ラジオパーソナリテーの道上洋三氏が朝日新聞に掲載された、ふるさと納税制度に関係した記事の解説をしているが、何か変？　早速近くのコンビニで朝日新聞を買ってきた。泉佐野市の大きな寄付を狙っての過剰返礼を非難している。

記事には**制度の国家的な観点から功罪を問題とする視点が全くなく、先ず、制度ありきで、**……それ以上の視点がない。**単に制度に迎合的で、学者のコメントとは思えない。**

著名な経済学者、関西大学の副学長、経済学部教授の林宏昭氏がコメントしているが、納得できない。

私の長女と同じ年齢、米国で大学教育を受けた千代松氏は地方の行政の長として与えられた法律に従って、望ましい結果を得るためにした行為が、中央官庁の期待していた結果に沿わなかったと非難される。

中央官庁の知識不足から来る立法上の作文のお粗末が原因であり、その前に法律の根本的な存在の意味に対する国家経済を忘れて、単に地方自治体を無意味に競争させるだけの制度である事が根本的な原因だ。 中央からの天下り市長は、常時中央にお伺いを立て、中央、周囲に忖度して、……従属的に地方政治を行い、官官接待が中央から、より多くの資金を引き出す手段みたいな事が噂されている中で、**千代松市長を元気付けるために手紙を出した。千代松氏は同志社大学卒で、東京大学マフィアに属していないので、摩擦を起こす原因を作ったと思う。** その事が、真剣に日本の事を考えている人に、東京大学マフィアの存在を気付かせることになったかも知れない。日本では大きな地方自治体首長の半数以上は中央官僚ＯＢだと言われている。

（東京大学マフィアについては“21世紀の政治、経済造語集”を参照）

泉佐野市
　市長　千代松大耕　殿

“ふるさと納税制度”について

平成３１年２月２１日

“ふるさと納税制度”の根本的欠陥とそれを取り巻き、餌にするマスコミ、中央官庁の官僚、専門家、学識経験者... の言動に嫌悪感を持つ一人です。

貴職の活動を新聞記事で知り、日本の将来に希望を感じました。

“ふるさと納税制度”は**非常に幼い発想を原点とし**、百害あって一利なし、制度は国家、国民への背信であり、共同謀議しての犯罪と同類と看做されてもしかたありません。

関西大学副学長の林教授宛ての、若干皮肉を込めた、コメント文書を添付しますのでお読みくださり、貴職の今後の活動の参考にして頂ければ幸いです。

貴職は私の娘と同年齢、健康と周囲の誘惑に気を付けられ、志を高く持って日本の為、世界の為に人生を有意義に使って頂けることを祈念いたします。

以上

岡田　實

◆　ふるさと納税制度についての関西大学、林教授への手紙

関西大学副学長
　経済学部教授　林宏昭　殿

“ふるさと納税制度”の未成熟について

平成３１年２月２１日

早朝のラジオ放送から、朝日新聞に掲載された貴職の“ふるさと納税制度”に対するコメントを聞き、早速新聞を買い求め、読ませて頂きました。

５年前に友人から“ふるさと納税”の話を聞き、**直感的に、それはチョット変... 詐欺的な雰囲気を感じた**。
早速ネットで制度を勉強して、イソップ物語の**“裸の王様”**の中の
王様の裸を指摘した３歳児の気分となり、年賀状の題材にした。
添付別紙として、朝日新聞２月２０日付けの**記事と小生の平成２７年の年賀状のコピー**を添付します。

法律や制度はより多くの人が守る事で、より大きな効果が発揮されるように設計されます。
例えば道路交通法を皆が厳守すれば、交通事故は起こらなく死者も、怪我する人もありません。
ふるさと納税制度により、少数の個人はメリットを享受できるが、制度が対象とする国民の多くが参画すればするほど、**負の効果が増大し**... 成熟すれば、ますます悪くなる奇妙な制度で、**世界の歴史上初めての珍しいこと**かもしれません。
日本が人口減少社会に突入したタイミングの中では負の効果は、倍加されます。
詳細説明は、**別添の賀状のコピーを読んで頂ければ明白**です。
関係者が将来の増税を狙って、邪悪な心を持って立案したとは思いたくありません。

先ず政策立案から制度発足までの長い道のりの中で、多くの政治家、税制の専門官僚、経済学者、学識経験者が関係し、... 制度の運用が開始されてからも、中央のみならず地方自治体の専門家、多くの大学関係者の目に触れ、数千人以上の専門家と呼ばれる人々が濃厚にふるさと納税制度に接触してきたと考えられる。

政策を立案した官僚に邪悪な考えがあったとは思いたくなく、幼稚な善意から出発した耳触りの良い発想が“ふるさと納税制度となり”命名が美しかった為に、疑う事なく多くの識者に支持されたように思う。

多分、根本に横たわる問題は**日本の教育と終身雇用文化**の組み合わせにあると思う。
学校や資格試験をパスする為にはクイズに答える様に記憶力だけで能力が計られる。
社会で問題となるのは、頭にある知識を活用、変形して考え、想像して解答のない、結果がどうなるか解らない応用問題を解く事にある。既に解答のある問題は、誰かが実行しているから二番煎じは役に立たない。
終身雇用文化の中では専門能力を磨くよりも、自分を守るために組織の上長への忖度が最優先され、その様な環境の中で永く生きるうちに、手の掛かる、時には角張った議論を避けて通れない、面倒な専門能力の向上...
時にはそれが上司との衝突の原因となり、メリットとならない事を学び... 流されて人生を送る。

大マスコミや政策立案者に影響力をお持ちの貴職が、望ましい方向に誘導される事で日本が間違った方向に向かわないで、貴職も達成感のあるお仕事をされる事を祈念いたします。

以上

岡田　實

第二部で取り上げた“ふるさと納税制度”について、朝日新聞の記事に識者として指名される様な影響力のある方が、総合的に国家経営の観点からでなく、単に制度に迎合的で、経理担当者、事務員的なコメントで残念に思った。

朝日新聞は、左翼的、政権政党に批判的みたいな評判のある新聞だと思うが、経済専門の記者が、この場合には迎合的な記事で…世の中不思議なものだ。

◆　日本の行政の末端の対応の、そのⅠ

私は57才で退職、行政の再就職を支援する為として実施されていた、簿記、パソコン等の教育を受けながら、大型家庭菜園、テニス、登山、旅行、孫の育児の手伝い等をしていた。テニスは先ずスクールに入り、しばらくして10人強のテニスサークルに潜り込むことに成功した。その内にサークルを取り仕切っているＡさんからコートの予約係をする事を頼まれた。神戸市北区に面積230ヘクタールの市が管理する“しあわせの村”には16面のテニスコートがあり、週に二日、二面のテニスコートを二時間借りるので、１カ月が４週間とすると２×２×２×４＝32時間／月の予約を取る事になる。

予約時間数の制限

予約は月の20日から翌々月の予約を受け付ける。１か月分の32時間分の予約を申し込むと、一度に８時間以上の申し込みは駄目だと言う。受付の女性はそれが決まりで駄目だと言う。32時間分を予約するためには日を変えて、予約の為に４回受付に行かなければいけないと言う。これ以外に、私とすれば不可解な事が幾つかあったが、……取り敢えず、次に進みます。

賢明なＡさん？？

その内にＡさんは、受付の女性に中元、歳暮を贈っており、受付の女性の受けが良い。

私には、Ａさんの様なアイデイアは絶対に湧いてこないが、それが日本だ。

◆　日本の行政の末端の対応の、そのⅡ

神戸市北区には非常に多くの公的なテニスコートと民間のテニスコートがあり、競合している。我が家から車で約20分以内の所に10か所の公的コート、民間のコートがその倍くらいあり、公的なコートは10面以上の大きなものだ。

公的なコートのいくつかは国体開催にも対応できるような豪華なものだ。

公的なコートの設置理由は、住民がスポーツに親しんで、住民の健康増進に貢献する事であり、民間の場合は営利が目的である。

設置目的は、民と、官では根本的に異なり、民間の運営するコートは官の物より若干利用料が高い。官のコートは税金で建設費を賄い、設備費の償却費を意識することなく、民業を圧迫するように作用している。

官のコートが民間に委託される

行政が立案して、テニスコートが完成、ある程度の期間は市が運営するが、間もなく、民間に運営が委託される。

私は自分でテニスサークルを立ち上げ、家の近くの住宅街の中にある、ITCと呼ばれる民間団体が運営を委託されている、11面のコートを有する大原山公園でテニスをするようになる。細かな、色々な不可思議な、バカバカしい事があり、それは行政の担当者がテニスについて全く知っていない事が原因している事が解る。

ITCの現地の責任者Ｈ氏は、北建設局に……忖度して、物が言えないので……、若し、関係が悪くなると、ITCの上部の人から、叱責されるかもしれないから……日本の常で、当然の事である。

テニスコートは２時間単位で貸し出される。時間の区切りの５分前にプレー終了、コートにブラシを掛けて、次の人にコートを明け渡すのがルールだ。冬季の寒い日に、多くの高齢者が朝一番、９時のプレー開始の為に、15分近く前から、屯っている。ルールでは９時５分前にコートの施錠が解かれて入場が許可される。

公的なコートの設置目的は営利目的では無いから、朝の始まりについては５分前の入場ではなく、……それ以前に施錠を解いて、コートの使用を可能なようにして頂けませんかと書

神戸市公園緑化協会
理事長　平井健二　殿

ＣＣ：神戸市企画調整局　局長　末永清冬　殿
神戸市企画調整局情報化推進部　部長　鹿野靖雄　殿
神戸市建設局公園砂防部　部長　井川広行　殿
大原山公園ＩＴＣグループ　コーチ　福井　殿

大原山公園テニスコートの運営に関してのお願い

平成２６年１２月２３日

このような一見、些細な事を話題にこのような文書を差し上げる事に驚かれるかもしれないが、この話題の意味するところは非常に深刻であり、**我慢して読み進んで頂きたい。**

“添付資料：１”は神戸市の２面４時間使用に対する８枚の領収書のコピーの束、“添付資料：２”は同じく２面４時間使用に対する**三木市の場合の１枚の領収書のコピーである。**
詳細説明は次ページ以降に“大原山テニスコートの利用者からの要望（詳細説明）”の中でされている。

貴テニスコートの使用に際し発行される領収書の形式は今年の１２月に変更され、**領収書の束が渡される**が、変更はテニスサークルの会計係にとって非常に不便であるのみならず、貴協会としては**紙とプリンター用インクの大量の無駄使い**になり、**それを目的としているようにさえ見える、非常識的**なものである。

今回、お願いの文書を差し上げる機会に、以前から懸案としていた他の問題も合わせて取り上げましたので、お聞き届け下さるようにお願い申し上げます。

お願いは、至極常識的なことで、実行には費用も殆ど掛からず、高度な専門的な知識も必要とせず、実行すれば無駄な出費を無くして、極端に反エコ的な今回の**変更の再変更は確実に利用者に歓迎されます。**
若し実行できない場合には、その理由の説明を求めます。

２か月以内に実態が改善されないか、解答を頂けなければ再度より効果的な方法で提案したいと思います。
若しこのようなお願いは神戸市では**議員、又は市内の有力者**の方を介してした方が良いようであればそのようにしますので、ご教示下さい。

関係部署が初期から情報を共有することで、貴職と関連する他の部署がスムースに対応して、迅速に行動できるように、文書のコピーを関係部署と思われる所にも送付しました。

先ず、お願いの要旨を下に列記し、詳細説明を次ページ以降に書き加えます。

面でお願いした。

行政は簡単に捏造する

担当する、神戸市の外郭団体、神戸市公園緑化協会の理事長宛てに書面を郵送した。神戸市のどの様な部署が関係しているか、電話で聞いても良く解らないので、神戸市の企画調整局長、公園砂防部部長などにもCCで郵送した。私は、単純に良い事だし、全く金も、手間も掛からなくて、多くの人に喜ばれるだけで……行政からすぐやりましょうと返答が来ることを期待していた。

かなりの日数の後に行政から、割り印を押した文書で回答が届いた。

文書に曰く、公園の付近の住民の方々から、テニスコートからの騒音への苦情を言われており、現在でも問題があるので、現状より早くプレー開始は許可できないとの回答だった。

私は、公園の周辺の全ての住宅、約30戸にピン・ポーンして住民の方に、騒音を問題とされるか聞き回った。

今まで、騒音について苦情を訴えた家は無し。苦情を聞き取りに来られたことも無し。騒音を気にしている家も無し。

大原に引っ越す前からテニスコートが先にあったので状況は承知、テニスをされるの全く問題としないとの回答だった。この様な、**些末な事に就いても、行政では、……それらしい、理由を捏造するのが組織文化なのだと理解した。**

大げさな、割り印を押された文書だから、**上席の、課長か、部長かの承認を受けている文書だと思うが、困ったものだが、組織の上から下まで全て、日本の公務員組織は同じなのだ**と理解した。

６．科学技術と政治的プロジェクトへの提案

◆　リニア中央新幹線中止の提案書

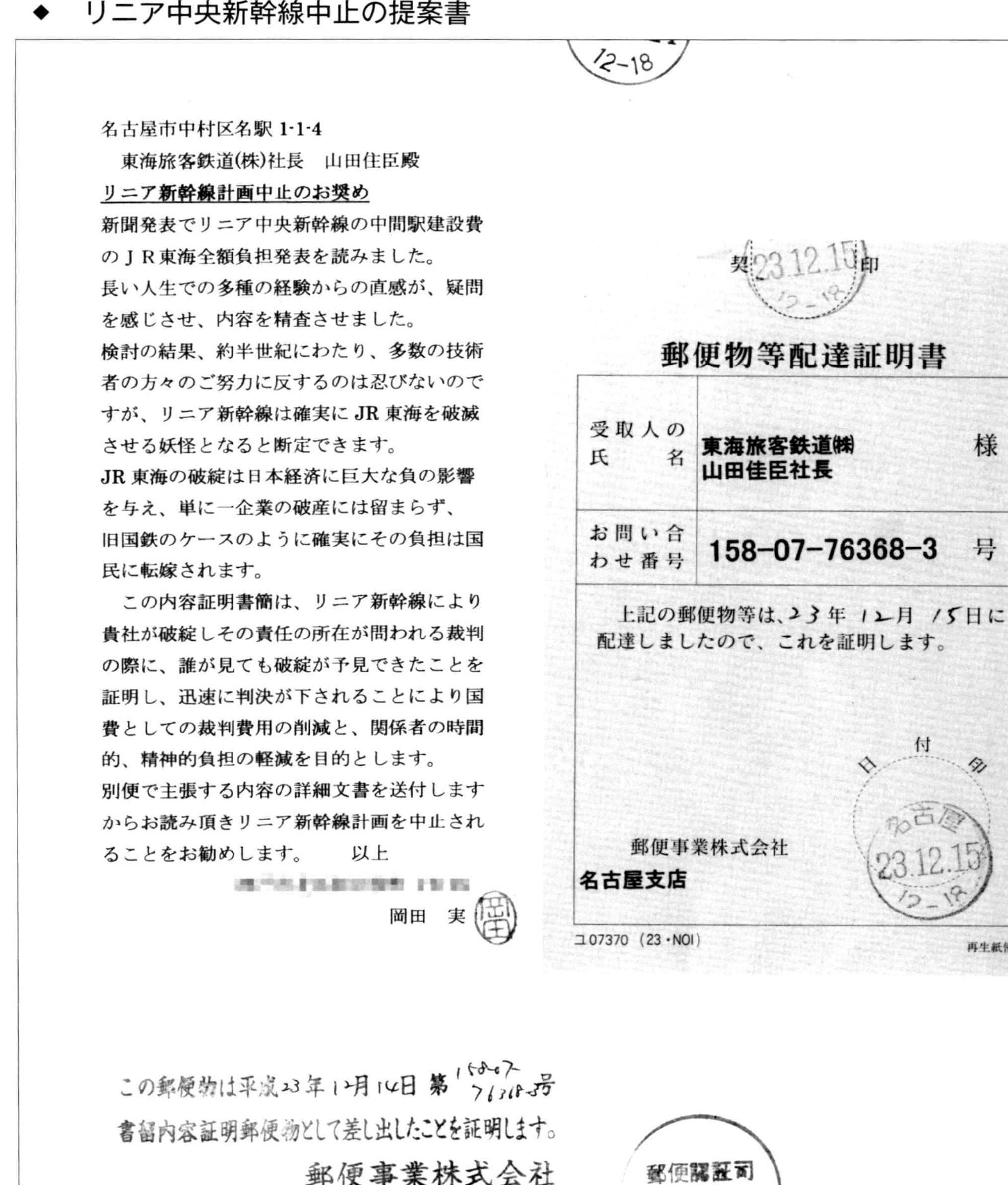
名古屋市中村区名駅 1-1-4

東海旅客鉄道(株)社長　山田住臣殿

リニア新幹線計画中止のお奨め

新聞発表でリニア中央新幹線の中間駅建設費のＪＲ東海全額負担発表を読みました。

長い人生での多種の経験からの直感が、疑問を感じさせ、内容を精査させました。

検討の結果、約半世紀にわたり、多数の技術者の方々のご努力に反するのは忍びないのですが、リニア新幹線は確実にJR東海を破滅させる妖怪となると断定できます。

JR東海の破綻は日本経済に巨大な負の影響を与え、単に一企業の破産には留まらず、旧国鉄のケースのように確実にその負担は国民に転嫁されます。

この内容証明書簡は、リニア新幹線により貴社が破綻しその責任の所在が問われる裁判の際に、誰が見ても破綻が予見できたことを証明し、迅速に判決が下されることにより国費としての裁判費用の削減と、関係者の時間的、精神的負担の軽減を目的とします。

別便で主張する内容の詳細文書を送付しますからお読み頂きリニア新幹線計画を中止されることをお勧めします。　以上

岡田　実

郵便物等配達証明書

受取人の氏名	東海旅客鉄道(株) 山田佳臣社長　様
お問い合わせ番号	158-07-76368-3　号

上記の郵便物等は、23年 12月 15日に配達しましたので、これを証明します。

郵便事業株式会社

名古屋支店

日付印　名古屋 23.12.15 12-18

ユ07370 (23・N01)　再生紙使用

この郵便物は平成23年12月14日 第158-07-76368-3号 書留内容証明郵便物として差し出したことを証明します。

郵便事業株式会社

神戸山田 23.12.14 12-18

郵便認証司 平成23年12月14日

2011年７月31日の読売新聞に掲載された，ＪＲ東海会長の葛西敬之氏のリニア新幹線の夢を語る記事を読んだ。

日本では、関東大震災の再来、富士山の噴火、東南海地震の近未来の発生が数十年後には、

ホボ、確実に起こるかの様に連日新聞などで報じている。**記事掲載の約４か月前の３月11日には、東北大地震、津波が発生の大災害となった。**

計画されている路線は、最も危険なフォッサマグナと呼ばれる、日本最大の構造線＝断層をトンネルで貫通するように計画されている。

葛西会長は私より２才年長で、開業が予想される2020年代末には、90代で生存確率は低い。存命中に地震が発生する確率は少ないが、…将来に大災害に遭遇するリスクは高い、……確実に時間の長短の問題だけで発生すると考えなければいけない。若し災害が発生した時の人的、金銭的被害は甚大になると予想される。

この本で“東京大学マフィア”と定義される一員で、自己利益の為に、他に忖度することなく生きてきた人なのだろう。“東京大学マフィア”の一員で、長銀破綻の責任者と言われていた、頭取だった杉浦敏介氏は９億円の退職金を手にして退職した。東京大学マフィアの倫理観には驚く外ない。 **スウェーデンではこの様な事は絶対に起こらない。 未来に結果が出る、大きな計画にはその時点で生存確率の高い若い人に決定権を与える文化**、倫理観があり、**先に亡くなる老人の逃げ切りを許さない。**予定通り開業するとして、多分、災害は……それからある期間を経過して発生するが、葛西氏はその頃は物故している。

開業するまでに、巨額の資金を投入して、散財して……関係業界、業者から、持ち上げられて……災難の種を残して物故する。

新聞の見識も疑う

福島原発の場合には、稼働約32年後に事故は発生した。“自分史”で既述の様に、原発建設時にGEの監督官だった私の下で特許の翻訳をして頂いていたＸ氏は、事故の発生の可能性を示唆していたが、日本の専門家は事故の発生の可能性に気付いていなかった。

地震を伴って事故は発生して、世界の歴史に残る大災害となった。将来、リニア新幹線が完成して営業運転を始めれば、ある時期に、ホボ、確実に災害に遭遇する。

連日、東北大地震の災害処理が新聞紙面を覆い、テレビも福島原発や、災害地の様子を報じていた時期に、福島原発と同様又は、それ以上に確実に発生すると想像されるこの時期に、新聞記事として、リニア新幹線の宣伝をする見識が私には異様、……に感じる。若しかしたら、震災のイメージが、リニア新幹線反対に連鎖する事を予防するためのワクチンとしての記事だったのだろうか？

何れにしても、真剣に国民の為、将来の事を考えている形跡が伺えない。掲載の記事は大きな紙面を使って一面に書かれ、２面にも続く大きな記事だ。

経済性と技術的な問題の評価

動体の速度と消費エネルギーの関係、速度と費用の関係は私の本職とする専門の部分と重複するので、聞いた時に即座に直感的に、リニア新幹線は先ず、経済的に成功しないと思った。半世紀以上かけて英仏共同で威信を掛けて開発されたコンコルドは撤退を余儀なくされた。表向きは騒音などの技術的な問題で廃止になったかのように言われているが、私は、決定的な問題は経済性にあったと観察している。

在来の新幹線は巨大な経済性のメリットを利用者に与える事が出来た。全く似たような事例が昭和34年頃に五箇山を通過する、金沢一白川間の庄川沿いに走る路線バス、金白線の開通により起こった。多くの沿線住民が従来は数泊を要していた、富山、金沢、高岡への出張や旅行は日帰りで済むようになり、大きな費用節約になった。

リニアの場合、新線建設に巨額の費用が掛かるのみならず、以下の様な付随的に巨大な負の問題を抱える。

1. 電力の量消費がけた違いに大きく、多分、100万ＫＷ級の発電量、原発１基分以上が必要と推測される。

2．日本で最も危険な断層と言われている、糸魚川―静岡構造線を切断、地震が起こった時には壊滅的な事が起こる高いリスクがある。多数の死者が発生する、未曽有の大事故となるであろうし、路線の大部分が地下にあるので復旧には巨大な費用が掛かり、その間運転休止となり、若し、リニアが役に立っていたとしても、長期間の休止は社会に大混乱を引き起こすだろう。

3．路線は地下鉄みたいに、半分以上が地下で、観光目的に適さない。一度は乗るかもしれないが、それでお終になるだろう。想定されている運賃が高くて、１時間程度の時間短縮に、約２倍の運賃を払う事は期待できない。

4．１時間の時間短縮は、多分、要求される安全対策……ドーバー海峡下を走るユーロトンネル……の様に、乗車時の荷物検査、ボデーチェックが避けられないだろうから、出発時刻のかなり前には駅に行く必要があり、メリットが減殺されるかなくなる。

5．飛行機との競合、視野に入ってきた車の自動運転との経済性競争の中で、条件は今後さらに悪化する事が予想され、有利と考えられる要素全くない。

6．コロナの経験から、リモートでの会議の開催が一般化し、時間を問題にするビジネスマンの出張は少なくなるだろう。

この様に、私の目からすると、時間の問題で絶対に失敗すると確信する、国家プロジェクトだ。 この国家プロジェクトは政府の“中央新幹線小委員会”と呼ばれる委員会が答申する形で進められている事を知る。委員会の委員名簿を見てビックリ。委員に名を連ねている人々は、真面目に、民間企業の感覚で判断すれば、どう見てもこの問題に関して口を挟む、意見を言えるような人はいない。答申に結論を与えるために提出され、それを主にして議論されるべき、資料の作者は阿部修治さんである。阿部修治さんは産業技術総合研究所に勤務する、ナノテク＝微小粒子関係の技術者だと言う。

これは、庶民的な感覚で言えば、ヤラセで、……何処かで“妖怪ジャパン“が影響力を与えて、……委員になる事で社会的なステータスを向上して、自分に付加価値をつけ、合わせて高額な日当を得る事で、行政とウイン、ウインの関係を構築する日本的な『御用学者』慣行によるものと思った。

此処まで進むと、即刻の中止は難しい。ＪＲ東海は一応民間会社になっているから、株主がモノを言えば良いのだが、日本ではそれを望むことは出来ない。将来、起こるかもしれない事故発生に際して裁判が行われるときに、早期に結審して、最小の費用で責任者が断罪され、**被害者の救済が早急に行われる事を可能**にする、証拠物件として利用される事を期待して、内容証明の文書と連動する形で**内容証明の文書を山田社長あてに郵送**した。
この本の出版がこの事実を少しでも多くの方に知って頂ける機会になる事を期待している。

コスト、損失と言う概念を全く持っていない日本の官僚や、科学的な視点からの観察眼に慣れていない人も容易に理解が出来るように丁寧に書いたので、添付資料も含めてＡ４で30ページを超える、長い提案書になった。この程度の事は民間会社で、顧客を説得するためには……若し顧客が非常に貧弱な知識しか持ち合わせていなければ……当然の事である。 これは、その後の事であるが、コロナ騒動は、社会のビジネスに付きものの会議、面談の方法に根本的な変換をもたらす予感を与えている。多くの民間会社内、会社間の会議、接見がネットを介して行われ、確実に出張が少なくなる。

今からでも、遅くない, ……約10兆円の既に消費した巨額な資金は残念だが、“茹で蛙”で“損きり”しなければ……完成した後では、更に巨額の損害を被る事になる。

私よりも２才年長の老人が、将来への夢を語っている。山一證券の破綻、長銀の破綻、サラ金武富士創業者の死に伴う相続税への巨額金利の還付の様に、高齢者の逃げ切り不祥事はあってはならない事だ。

◆　ＪＲ西、福知山線脱線転覆事故への提案書

自分史に既述の様に、私は28才の頃にスウェーデンで自動車の高速運転中にカーブを回り切れず、横転事故を起こして車は数回転したがシートベルトをしていたので奇跡的に助かった。若し同様の事故を日本又は米国で起こしていれば、ホボ確実に私は死亡していたと思う。**私はシートベルトと神様に助けて頂いた**と思っている。

この経験を、社会に還元すべきだと思っている。
多分、自動車会社で車の開発をしている技術者、その他大学や航空機製造業で働く技術者でも私のような経験をした人は、いないのではないかと推測する。それは、言葉では言い表せない浮揚感だった。車の横転は数秒間の事だったと思うが不思議な事に、頭の中で時間がゆっくり流れ、先ず浮き上がり回転が始まり……そのうちに気絶した。

機械系の技術者にとってこの様な速度、加速度が関係する運動方程式は非常に興味のある事であり、列車の脱線転覆事故の発生を聞いた時に、直感的にこの事故はカーブ上でのブレーキの使用が、事故の直接的な原因であろうと推測した。私は伊丹に12年間住み現地を何回も通り、良く知っている。

色々、自分なりにシュミレーション計算をしてみて，ＪＲの運転マニュアルに、カーブ上でのブレーキの使用についてどの様に書いているか、確認しようと思ったが、部外秘で閲覧する事が出来なかった。部外秘にする合理的な理由は、全く無いと思うが日本では、仕方が無い。スウェーデンならば、このような事を部外秘にする事は、絶対にないと思う。

運輸安全委員会から公表された分厚い事故調査報告書は、私の目から見ると非常にお粗末な物であり、上記の背景の下に、国の運輸安全委員会委員長、後藤昇弘氏宛て長文の提案書と内容証明の文書を郵送した。

後日、割り印した、簡単な返事が郵送されてきたが、貴重なご意見を頂き、参考にさせて頂きますと、紋切り型の返事だった。

以下に運輸安全委員会へ郵送した提案書、及び内容証明付き郵送文書を示します。

運輸安全委員会への提案書

運輸安全委員会事務局　運輸安全委員会
委員長　後藤昇弘　殿

ＣＣ：鉄道局局長　久保成人　殿
４・２５ネットワーク　殿

岡田　実
平成２４年２月２５日

ＪＲ西、福知山線の列車脱線転覆事故の鉄道事故調査報告書の件

別便の内容証明郵便（添付資料：１）の中で言及した詳細説明文書を茲許送付しますのでよろしくご査収ください。
本書簡は平成１７年４月２５日に発生したＪＲ西日本、福知山線の通勤電車脱線転覆事故の原因究明に関し、このような重大な事故の再発防止と、事故から学び科学技術の向上に役立てることで犠牲者の方々の供養としたいとの思いからなされました。

当初全ての文書を内容証明郵便で送るつもりでしたが、１００年以上前に郵便制度が出来たころに決められ、その後実質的に全く変更、修正することなく温存されている内容証明郵便には厳しい行数、字数、アルファベット使用に制限があり、字数の多い書簡を内容証明で送ることは不便であり、このような別便での送付といたしました。

本書簡は現在執筆中の教育、政治、経済、科学、歴史、ビジネス、医療、経済、金融などの広い分野の事を扱う本、仮題 **“将来の不幸を追求する日本の社会制度の呪縛から逃れよう”** の中に掲載予定です。

本はいつ完成するか不明ですが、この件については本の完成前に具体的な提案をすべきと思い今回の書簡送付となりました。

些末な事についての議論は避けて、いくつかの最重要と考えられる事につき以下に述べますので委員会の追加報告の形で公表されることを希望します。

1．機械の事故には明瞭な機械的な事故原因があるはず

事故は列車の脱線転覆と云う、単純に機械的な事柄であり、そこには明瞭な機械的な原因が存在します。
例えば酔っ払い運転で交通事故を起こしても、酔っぱらうことは事故の機械的な原因とは無関係であり、単に道徳的、法律的に不適当という事であり、単純明快な... たとえばブレーキ操作、ハンドル操作の誤りとか、車の欠陥とか... 機械的な事故の原因があるはずです。
事故調査報告書には決定的な事故原因と特定されるものが指摘されていない。

2．コンピューター・シミユレーションの詳細の追加発表

報告書の中で非常に重要な役割を果たすべき脱線のコンピューター・シミュレーションの説明が簡単すぎて、単なる結果のみの記述になっている。
通常このような多数の因子が関係する非常に複雑な現象を、このように簡単に記述しただけでは後世の人がこの結果の内容を咀嚼して利用することが出来ない。
後世の為にも、もっと詳細にコンピューター・シミュレーションの内容を詳述した報告書を追加すべきである。

3．高度な運動方程式を駆使して解析すべし

転覆限界速度を推定するために、１９７２年に発表された国枝方程式を使用している。
国枝方程式は約４０年前に発表された、静的な力のバランスのみから転覆限界速度を推定するものであり、数学的には高等学校の物理のレベルのものである。
４０年の間には、それまでは米ソのトップ級専門家のレベルでないと解析が不可能くらいに考えられていた、人工衛星などに代表される運動する物体の運動方程式を使用した軌跡の解析などは、パソコンの出現と普及で一般的なレベルの技術者でも微分方程式を使い運動方程式を作り容易に解析可能な課題となった。
今回の事故を奇禍として、時代の標準に即した新しい方程式を作りだすことが求められます。

国枝方程式

転覆限界速度を推定する国枝方程式は超過遠心力、振動慣性力、風圧力の三つの因子のみを問題として力の静的なバランスの維持限界を決定することで求めています。
強風下でもない限り、通常の条件下では最も影響が大きいと推測されるカーブ上でのブレーキ使用による影響は全く考慮されていません。
国枝方程式は今回の事故究明の目的には用をなさないと断言できます。

4．脱線転覆の決定的な原因はカーブ上でのブレーキ使用にある

テレビで事故の第一報を見て、カーブ上での脱線転覆事故であることを理解すると、直感的に事故原因はカーブ上でのブレーキ使用が原因であると予想した。

私は１９６９年に今回の脱線転覆事故に酷似した、乗用車の横転事故をノルウエーとスエーデンの国境付近で起こした経験がある。
カーブに進入する時にスピードを落とし切れず、カーブ上でブレーキを踏み、車は今回の脱線転覆した列車と同じように左側に横転しました。
カーブ上でブレーキを踏むと、先ず車の右側がゆっくりと持ち上がり、ホボ上がりきった状態から猛烈に横転し...
多分数回横転した．．．意識を失いました。
このような経験をしたのでカーブのＲの大きさ、路面の傾斜、晴雨等と車の速度の関係に関心が高まり、高速道路上でカーブに遭遇した時にブレーキの踏み具合と車の浮き上がりの関係を幾度となく実験し、カーブ上での車の挙動に関しての理解を深めました。
カーブ上を高速で走行する列車の片方が遠心力で持ち上げられ、反対側の車輪に全荷重が掛かる状態では、列車は釣り合い人形のヤジロベエのような状態になります。
この状態でブレーキを踏めば、決定的なブレーキの片効きとなり、全荷重の掛かった車輪を支点として列車の全荷重の運動エネルギーが列車を振り回す巨大なモーメントとして列車を転覆させるように作用する。
列車は自動車に比較して重心高さは約３倍前後、左右の車輪間の間隔は１．３倍前後と横転に対するブレーキの片効きの影響は乗車と比較にならないくらい大きいと考えられます。
視点を変えて事故の次第を観察すると以下の様な疑問も出てきます。

Ａ：列車は３０ｍ／秒近傍の速度で走行していたと推定されるから、路線の状況からして列車はヤジロベエ状態からほんの数秒の短時間の後に脱線転覆したと推定される。

Ｂ：列車のような２０トンもの巨大な物体をほんの数秒で転覆させる巨大な力は、国枝方程式で問題にしているような静的な力の釣り合いから導かれる、小さな力では起こらないと断言できる。

非常に残念なのは、事故調査報告書の中には、このような視点からの考察や検証が全く見当たらず、再度このような視点から事故を再検証すべきだと思います。国枝論文の示唆する所によれば計算結果は、機械設計における設計基準としての限界的な限界転覆速度であり、関係する因子が複合的に作用する脱線転覆では全ての要素が最悪の組み合わせで起こることは非常に起こり難く、国枝方程式から導かれる答えは、かなりの安全率の見込まれた数値となるはずである。
このことは、若しカーブ上でブレーキ操作をしないで突っ走れば、転覆は起こらず続く直線部分で減速して、列車は安定状態に復帰できた可能性が高い事を意味します。

５．事故責任の所在

事故原因の背景にひそむ二次的な問題としてカーブ上でのブレーキ操作に対する認識の問題があります。
もし運転手が運転教育を受けたときにカーブ上でのブレーキの使用を強く戒めるような教育がなされ、そのような運転マニュアルが存在すれば事故は運転手の操作ミスによると判断されます。
もしそのような運転教育が行われていなければ、そのような基本的で重要な事をしなかったＪＲ西の責任は厳しく問われるべきです。事故調査報告書には既に２，３，４で述べたような、カーブ上でのブレーキ操作が問題である可能性を疑ったような形跡が全く有りません。
このことは日本のトップレベルの鉄道専門家にそのような認識が無かったことを示唆しますがもしそうであれば驚きですが、日本の鉄道専門家にとっても未知の経験であり、ＪＲ西に技術的な事故の責任を求めることはその根拠を失います。
もし、カーブ上でのブレーキ操作に対する危険の認識が無かったのであれば今回の事故を奇禍として、その事を明確に公表すべきである。

６．列車の動的な運動解析の公募

今回の事故の力学的解析は、簡単な微分方程式を解する理工系の学生の為の非常に良い生きた教材だと思います。
運動方程式を作るために必要なデーターを公表して、転覆原因追究の為に広くその解析を世に問へば、他の分野の人々の力も活用して、現代にマッチした国枝方程式を凌駕する方程式が出現すると思います。

７．ＡＴＳの設置の問題と運輸安全委員会

自明の理ですが、鉄道事故は鉄道が存在する限り発生することは避けられません。
技術の進歩は事故の発生を防ぐ方向に進み、ＡＴＳもそのような進歩の産物の一つですが、事故の発生を完全に防止できるものではないのはチョット合理的に事故を観察すれば明白な事です。
運輸安全委員会は、今後発生するであろう事故の際に混乱する社会の中で、専門家として指導的な見解を早期に発表されることを望みます。
１９８５年に起こった痛ましい日航機墜落事故の事故調査報告書が公表されてから、多くの人がその内容を批判し、多数の書籍、記事が流布しました。
パイロット出身者が隔壁損傷後に機内に強風が発生する筈などと、ベルヌーイの法則の初歩的な理解をしていれば陥ることのない誤解を下に著作して、被害者や関係者の方々や、社会に混乱を与え調査報告書に対する疑念を増幅させてきました。
１９８７年に事故調査報告書が公表され、２５年後の昨年になってやっとこれらの無知なるが故の思い込みに端を発する批判に対して、運輸安全委員会事務局長名で解説書が公表されましたが、**あまりにも遅すぎる**。
あのような工業高校生程度の知識を咀嚼していれば自明の理であることには即刻、明快な回答を公表すべきである。
そのようにすることで社会の混乱を減少させ、安全運輸委員会の社会的な責任をより高度に社会に対して果たすことが出来ます。　事故２５年後に当たる２０１０年８月１０日の読売新聞に掲載された米国の事故調査官と日本の事故調査官の事故当時　　の回想記事は非常に多くの根本的な重要事項を示唆します。
要約すれば米国の調査官は疲労破壊について経験豊富な民間の専門家のレベルの知識を持ち、日本の調査官は一応教科書により活字で学んだ大学生のレベル程度の知識しか持ち合わせていないように解釈できます。
私は永らく焼結金属やセラミックスの破壊や摩耗のメカニズムの研究に関係する仕事に従事し、摩耗、脆性破壊、疲労破壊の分野で多くの専門技術者と問題解決に取り組みました。
摩耗、破壊の原因究明と関連する事柄を推測する力は、背後にある経験と知識の量により、同じ事を観察し同じ情報を与えられても、その判断は決定的に違うことがあります。
終身雇用文化が支配する日本では、経験の幅が狭く多くの因子が絡む複雑な課題に対しての問題解決能力が低い傾向が見られる。積極的に適宜、民間の専門家の力を活用することで、日本の最高の人智を集合して事故原因を究明する事は貴職が国民から付託された期待に対する答えだと思います。

関係者が情報を共有することで、貴職の活動を容易にし、迅速な対応が可能になる事を期待して、鉄道局長と４．２５ネットワークへも本書簡のコピーを送付します。

以上

。。。

添付資料：１　内容証明郵便のコピー

東京都千代田区霞が関２－１－２
運輸安全委員会事務局　運輸安全委員会
委員長　後藤昇弘　殿

平成１９年の鉄道事故調査報告書の件

平成１７年４月２５日、ＪＲ西の福知山線、塚口－尼崎間で発生した列車脱線転覆事故の事故調査報告書には事故の決定的な原因が特定されていません。

事故の再発を防ぐには原因の特定が最重要であり、そのために即刻、以下の１．と２．の実行と３．に基づく検証を望みます。

１．シミユレーションの結果と、結果のみの記述になっていますがシミュレーションの内容をもっと詳しく公開して頂きたい。

２．脱線転覆を起こす速度を推定するための計算式は静的な力のバランスから導いた簡単な方程式を使用していますが、何故、動的な運動方程式で検証しなかったのか。

３．事故発生の決定的な原因はカーブ上でのブレーキの使用であると確信します。

別便で内容の詳細を説明する文書を郵送しますので回答を公表されることを希望します。

以上

平成２４年２月２５日
神戸市北区松が枝町1-6-15
岡田　実

・福知山線脱線事故の第一次原因は何か

全ての事故にはそれが発生した原因がある。発生原因を特定する事が専門家に求められる事であり、それが唯一最大の専門家の役割である。

事故が発生すると色々な事が起こり、死者、火災、病気、盗難、ライフライン、食べ物等無数の色々な二次的な問題が発生して、それは、それで重要な問題だから、マスコミはそれらを脚色して、報道するから一般の人の関心はその方向に誘導されて、社会に於ける第一原因についての追求心は低下して、その内に社会から忘れられる。

・過度に分厚い事故報告書で、原因を特定していない

2007年６月28日に事故調査委員会の報告書が事故後26ヵ月を経て発表された。

不思議に思うのは報告書の何処を見ても、事故発生の一次的原因が特定されていないが、これは調査したが不明だったからなのか、又はそれを明らかにする事を避けたからなのでしょうか。

事故発生から２年以上掛けて、無数の専門家が、多分、直接と関節の費用として十億円以上掛けて、数百ページの事故報告書が公表された。

報告書の厚さ、ページ数は膨大で、読む人は限りなく…ゼロに近いだろう。

不思議な事に、報告書には最も重用な事故の第一原因についての記述がない。

意図的にか、そんな事には関心が無くて、“めくら象”で、手当たり次第に、中学生の夏休みの宿題の、研究課題、を執筆するみたいに、報告書は書かれている。

高価な機器を使って、ピント外れの事を書き、ページを消費している。

若しかすると、委員会の委員は実際の実験は外注で民間の業者を使って行い、文書化をしているだけかも知れない。

若しかすると、事故の第一原因を特定すると、特定の個人の責任が浮き彫りになり、それでは不味いので、原因は判明していたが書かなかったのかも知れないが、**第３章に詳述した様に、多分、技術的に第一原因を特定する能力が無かったのが理由だと推測する。**

二次、三次的原因は

第一次原因を引き起こす原因を招いた二次的原因として、カーブに大きく速度超過して突入した、伊丹駅到着時の遅れでミスした運転手の精神的動揺、叱られるかも知れない。

更に第三次的原因として、充実していない私生活、低賃金、快適とは言えない社内の人間関係等、上げれば際限がないが。

・第一次原因についての私の見解

55年ほど前に、自動車の免許取り立ての私はスウェーデンとノルウェーの国境近辺の路上で普通乗用車の横転事故を起こした経験がある。

時速100ｋｍ近いスピードで直線から右方向のカーブに入り、スピードが高すぎて回りきれないと判断してカーブ上でブレーキを踏んだとき、車体の右側が浮き上がり横転したときの様子は今でも鮮明に覚えている。

機械関係の技術者と云う仕事柄、横転事故の力学的因果関係を自分なりに理解して、納得していたので、その後は自動車の運転、なかんずく、カーブ上でのブレーキの使用については非常に慎重になった。

列車も自動車も基本的には同様であり、カーブ上では遠心力の為に、カーブの外側の車輪に加重が多く掛かり、内側の車輪は浮いたような状態になり、その状態でブレーキを掛ければブレーキは､……俗に片効き状態になり…外側の車輪に強く掛かり、車体を横転させるように作用するのは自明のことだ。

実際の車両は４軸８車輪であり、力の掛かり方は複雑になるが原理的には４輪自動車の場合と全く同様である。

事故の一次的原因とは例えば旅客機、船、車、事故の例を考えてみる。

- 飛行機事故で、操縦士が失神して前方に倒れ、シートベルトをしていなかったので、操縦桿を前方に押し倒し、飛行機は急降下で加速して墜落事故になった。
 （確認は出来ないが、若しかすると、原因が発生した時点で即刻回復行動をとるべき副操縦士がトイレに行っていた）
- 外洋を航海中の客船が右舷から押し寄せる津波を発見、舵を左に切って津波を右側に受けて、船は転覆した。
 若し、舵を右に切って津波を正面から受ければ、船は波乗りをするようになり、転覆事故は起こらなかった。
- 高速道路でトラックのアクセルとブレーキを踏み間違え、ブレーキを強く踏み。追突されて事故発生、それが原因で多重衝突事故となり、数十台の車が事故に巻き込まれた。

上記の様に、事故の第一原因は簡単明瞭で、第一次原因が起こらなければ、それに付随して起こる、二次、三次的な問題は発生しない。

これらの事故に関係する二次的、三次的原因は理屈をこねれば無限に想像できる。

前の晩夫婦で口論した、上司との関係が上手くなかった、教育のカリキュラムが不完全、速度計の精度が0.3％狂っていた、旅客機の残存燃料が多くて機体重量が想定よりも10.5％重かった為に落下速度が21％高くなりすぎて墜落した等と無限の理由を見つけることが出来ます。
専門家は事故の一次的原因を迅速に発見し、将来に起こるかもしれない類似の事故の発生を予防する事にその存在価値があります。

今回のJR尼崎事故の一次的原因は何でしょうか。

残念ながら一次的事故原因と理解できるような記述を、６月28日公表の調査報告書からは私は読み取る事ができません。

私は機械関係の技術者として永く仕事をしてきたので、この事故の一次的原因は単純に、絶対にやってはいけない列車がカーブ上を制限速度近辺で運行しているときにブレーキを掛けたと云うそれだけの事だと、推測している。
カーブ走行中にブレーキを掛けなければ又は強いブレーキを掛けなければ列車は転覆しなかったのです。
言い換えれば、ブレーキを掛けずそのまま走っていれば何も起こらなかったのです。
事故の一次的原因はカーブ走行中にブレーキを掛けたことだと、確信している。

スキー、スケートで遊び、自動車の運転をしている人は難しい説明をしなくても感覚的に理解していると思いますが、その様な経験が無ければ理解が困難かもしれません。

例えば高速道路で車を運転する人はＲ＝300－500ｍ程度のカーブを100㎞／Ｈ近辺のスピードで回っているときにブレーキを踏み、車体が一方に浮き転覆の危険を感じた経験をしていると思います。
高速道路の舞鶴道にはＲ300～500Ｍの間で、多数のカーブがあり、私は走行中に車も少ないので、アクセルとブレーキを操作して、車の浮き具合を実験するので、この様な問題に対して高い感度を持っている。
高速でカーブを回っている電車でブレーキを踏むのは自殺行為です。
通常、鉄道でも高速道路でもカーブでは内側が低くなるように路面の断面は設計され、その傾きを通常カントと呼んでいます。
これはカーブで発生する遠心力でカーブ内側の車輪が浮き上がり、転覆しないようにするための対策で、基本は中学校か、高等学校の理科で習うように、高度に専門的な知識を必要としない簡単に理解できる理科的現象です。

スピードによってはホボ全重量を外側の車輪が受け、内側の車輪には全く荷重がかからない状態で、カントに沿って傾いているべき車両が水平になってもなんら不思議はありません。それでも車両は転覆しないのです。
更にスピードを上げる事により車両の内側が大きく浮き上がり、外側よりも高くなり始めると転覆の危険が迫ってきますが、その様なスピードは制限速度よりもはるかに高い値になります。そのままで、ブレーキを踏まなければ、多分、転覆しなかったと思う。
伊丹に住み、何度も事故現場を往復した経験があり、事故直後に徒歩で現場も見学しているから、現場の事は良く知っている。

線路工事は設計時に、曲線の度合いとカント角度の関係は、制限速度との関係で綿密に計算、設計されているとか考えられるが、チェックの必要はあり、多分しているだろう。

その後の線路の老化による問題もチェックの必要はあり、多分しているだろう。

制限スピード近辺でカーブ上を運行中の車両で、外側の車輪がホボ全重量を受けている状態でブレーキを掛ければ、内側車輪のブレーキは全く効かず、外側車輪のブレーキだけが効くのに加え、車体重心はブレーキが制動する所より高いところにあるために、車両には巨大な遠心力で外側に引っ張られるのみならず内側から引っ張り上げられて、簡単に転覆する筈だ。

工学上のこの様な問題が発生した時に、自分の持っている知識を総動員して想像力を働かせて、事故原因を推定する。
幾つかの原因を推定して、考えて、考えて、他人と議論して、最も可能性高いシナリオのシュミレーションを行い、自信が持てたら、その線でそれを証明する証拠を見つける。それが専門家の仕事だ。
犯罪の捜査と、多分、全く同じだと思う。
メッタ、ヤタラと高価な機器を使って測定、検査、報告書の作成に26か月も掛けても意味がない。
私は列車の運転マニュアルにカーブ上のブレーキの使用、不使用、禁忌について何かが書かれている筈だと思って、ＪＲ西の幾つかの所、交通科学館を訪問して、質問とマニュアルの閲覧をお願いしたが、公開していないと断られた。
ＪＲの運転マニュアルが何故、公開できないのか、何故その必要性があるのか、私には理解できない。
それを、手に入れるためには、複雑な人的コネをたどって、何らかの金銭的、物質的なお礼を準備すれば可能だと思ったが、その様にはしなかった。（詳細については第二部を参照して下さい）

7．大きな影響を受けた良い事

多くの方々から種々の影響を受け、神の采配からか、多くは好ましい偶然に遭遇して人生を紡いできた。

親鸞の教えの延長線上にある浄土真宗の、非常に人間的な教えの中で幼少時代を過ごし、中学、高校と……左翼的な思想で充満していた日本の中で……混乱した一時期があったが、仕事を通じて社会の仕組みを理解し、自信を持って心は安定していた。

偶然から、住友の寮の図書室にある数百冊の、中国の孔子、老子、孟子……、日本の江戸、明治、大正、戦前……の著名な本類を読むことで、大きな影響を受けた。会社は朝８時出勤で、午後４時に終業、４時半には帰寮、入社後の２年間は残業が無く、４時には帰寮、日曜日は休みで読書する時間は山ほどある。田舎の生活と比較すると、毎週、祭りやお盆がある様なものだ。

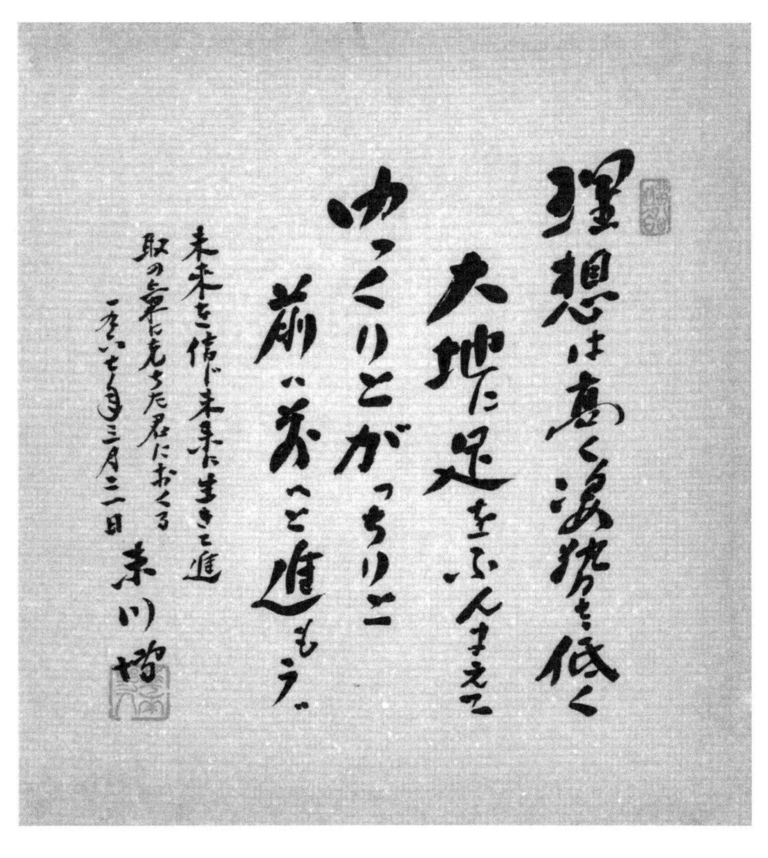

1950年代の日本には日米安保条約反対と、左翼を標榜する活字学者で充満しており、ＧＨＱ＝マッカーサーの命令で、共産党員を公的職業から追放する、レーッドパージー＝左翼主義排除が行われた。

末川博さんは当時世の中にあふれていた左翼の活字学者とは異なる、立派な人であると理解していたので、末川さんが総長をしていた、立命館大学に入学したが、末川総長とは、入学式の時に約30m離れた演壇で式辞を述べた時と、卒業式の時の式辞の時だけだった。

卒業式を終えて教室に戻ると、**色紙が置いてあり“理想は高く、姿勢は低く……”とある**。非常に含蓄のある、真面目、正直、……色紙の教えは、私の座右の銘となっている。

筆者は**『理想は低く、姿勢は高く』**又は**『理想は持たず、向上心も持たず』**と表現したくなる多数の高級官僚の事績を観察して来た。青春時代を受験教育で過ごし、疲弊して……理想、好奇心を喪失して高級官僚となり、その時点ですでに精神的後期高齢者なのだと思う。彼等の多くは可哀そうな人生を送っている。

80になり、理想は益々高くなり、社会は劣化してきたので、彼我の差は増加、姿勢は高くなって、**“理想は高く、姿勢も高く”**の傾向が出てきたが、それは心が健康な証拠だと思っている。

◆ サムエル・ウルマンの詩、

日本経済新聞に松永安坐衛門さんの翻訳のサミュエル・ウルマンの詩“青春”が掲載されていた。

日本語が素晴らしい。伊藤恭一と言う方が主宰する会があって、そこにお願いすれば、書いた物を頂けるとあり、電話番号が書かれていた。丁度その頃、私は社内で、複数の周囲の“解らず屋”の高齢者に悩まされており、高齢、老化を社会の問題と、自分自身の将来の問題の両方から悩んでいた。早速電話すると、出られたのは伊藤恭一さんご本人だった。

初めてお電話する伊藤さんとごく普通にお話ししたが、後日、伊藤さんは、伊藤忠創業者、伊藤忠兵衛氏の直系の方だったと知り、ビックリ。偶々、秘書の女性が席を離れていたので伊藤さんが電話を取られた事を知る。

それから、約15年後に私の家庭菜園で隣にTさんが来られた。

Tさんは名工大化学科卒、東洋紡に勤務していた頃、研究部の部長経験者で、退職後シルバーカレッジの農業科に３年間通学されてから、家庭菜園を始められた。

伊藤恭一さんが東洋紡のトップの頃に東洋紡に勤務しておられたと推測して、伊藤恭一さんは素晴らしい人ですねと申し上げると、あんなのは迷惑、詰まらんことばかり言ってと、……完全に伊藤恭一さんを全否定。

家庭菜園では、野菜の葉っぱを農薬で真っ白にし、スイカの葉っぱ迄、全面に真っ白に、それも数回、農薬を掛ける人だった。

シルバーカレッジで何を習ったのかと……世の中には、色々な人がいる。

同じ素材でも、有名大学卒で、勉強漬けの人生を送って来た人では、真逆になる。

この詩は、40代から私の心を鼓舞するためのエンジンになっている。

"YOUTH"

Youth is not a time of life; it is a state of mind. It is a temper of the will, a quality of the imagination, a vigor of the emotions, a predominance of courage over timidity of the appetite for adventure over love of ease.

Nobody grows old by merely living a number of years; people grow old only by deserting their ideals. Years wrinkle the skin, but to give up enthusiasm wrinkles the soul. Worry, doubt, self-distrust, fear and despair — these are the long, long years that bow the head and turn the growing spirit back to dust.

Whether seventy or sixteen, there is in every being's heart love of wonder, the sweet amazement at the starts and the starlike things and thoughts, the undaunted challenge of events, the unfilling childlike appetite for what's next, and the joy and the game of life.

You are as young as your faith, as old as your doubt; as young as your self-confidence, as old as your fear, as young as your hope, as old as your despair.

So long as your heart receives message of beauty, cheer, courage, grandeur and power from the earth, from men and from the Infinite so long as you are young.

When the wires are all down and all the central place of your heart is covered with the snows of pessimism and the ice of cynicism, then you are grown old indeed and may God have mercy on your soul.

Given to McArthur some years ago by John W. Lewis. It is based on a poem written by the late Samuel Ullman of Birmingham, Ala.

青　春

青春とは人生の或る期間を言うのではなく心の様相を言うのだ。優れた創造力、逞しき意志、炎ゆる情熱、怯懦を却ける勇猛心、安易を振り捨てる冒険心、こう言う様相を青春と言うのだ。年を重ねただけで人は老いない。理想を失う時に初めて老いがくる。歳月は皮膚のしわを増すが、情熱を失う時に精神はしぼむ。苦悶や狐疑や、不安、恐怖、失望、こう言うものこそ恰も長年月の如く人を老いさせ、精気ある魂をも芥に帰せしめてしまう。年は七十であろうと、十六であろうと、その胸中に抱き得るものは何か。曰く、「驚異への愛慕心」空にひらめく星晨、その輝きにも似たる事物や思想に対する欽迎、事に処する剛毅な挑戦、小児の如く求めて止まぬ探求心、人生への歓喜と興味。

人は信念と共に若く　疑惑と共に老ゆる。
人は自信と共に若く　恐怖と共に老ゆる。
希望ある限り若く　失望と共に老い朽ちる。

大地より、神より、人より、美と喜悦、勇気と壮大、偉力との霊感を受ける限り人の若さは失われない。これらの霊感が絶え、悲歎の白雪が人の心の奥までも蔽いつくし、皮肉の厚氷がこれを固くとざすに至ればこの時にこそ人は全くに老いて神の憐みを乞う他はなくなる。

日東医誌 Kampo Med Vol.66 No.2 147-154, 2015

調査報告

岡部素道の鍼灸治療

—戦前期　経絡治療における理論の体系化と臨床の具体化—

周防　一平

北里大学東洋医学総合研究所医史学研究部，東京，〒108-8642 港区白金5-9-1

The Acupuncture and Moxibustion Therapy of Sodo Okabe

— Systematization of the Theory and the Embodiment of Meridian Thera Clinical Techniques Before World War Ⅱ —

Ippei SUHO

Oriental Medicine Research Center, Kitasato University, 5-9-1 Shirokane, Minato-ku, Tokyo 108-8642, Japan

Abstract

Sodo Okabe is known as a highly respected Japanese acupuncture practitioner of the Showa era. His m accomplishments include helping establish Meridian Therapy (経絡治療) theory, negotiating against an a puncture ban by post-war American occupation forces' General Headquarters in the "GHQ days", and his tablishment of the Oriental Medicine Research Center at Kitasato University, among others.

In order to re-examine the history of acupuncture and moxibustion in the Showa Era, we investigated

要旨

岡部素道は昭和の日本鍼灸界における第一人者であった。その功績は，経絡治療の樹立，GHQ 旋風時の GHC

◆　五箇山の偉人鉢蠟清香と岡部素道

筆者の生まれた富山県の五箇山は農村だが、米の自給自足の出来ない貧しい農村だった。私の生まれた昭和17年に亡くなった鉢蠟清香はコメの農林１号の育種に大きく貢献した人だった。農林１号は耐寒性が強く、その後米作の北限を本州中部から、北海道まで拡大する事を可能にした出発点となった。

農林１号が10年早く出現していたら、日本の食糧問題は国内で解決可能で、日本の満州進出はなかっただろうと言う、食料問題に詳しい専門家もいる。

岡部素道

筆者の母と同年令の妻の叔父の岡部素道は永らく鍼灸の大家として、鍼灸、東洋医学の分野で知られた人だった。

戦後、鍼灸や東洋医学は非科学的な治療行為であり禁止すべきと“東京大学マフィア”がＧＨＱにロビー活動をする中で、数人の同志と一緒にＧＨＱに鍼灸を守る為の活動を行い、ＧＨＱが鍼灸を禁止しなかったので、鍼灸や漢方薬は高齢者向きの医療行為として21世紀に大きな存在感を持って社会に貢献している。1960年代後半ソ連の英雄ジューコフ元帥の顔面神経痛を治療すべく、欧州各国の名医がモスクワに招待されて治療を試みたが治らなかった。岡部素道に白羽の矢が飛び、彼はモスクワに招待され数週間滞在、ジューコフの顔面神経痛は治った。

日東医誌に周防一平氏が８ページの紙数を使って調査報告“岡部素道の鍼灸治療”を掲載された。

◆ 昭和の科学者大津保雄氏

“自分史”に記載、新幹線用台車の車軸加工用として住金から受注した、イタリアのモランド大型NC旋盤用の工具の設計に際して、偏心ピンの寸法とその位置を決定するために微分幾何学を使って立式した大津保雄氏の手書きの設計基準がある。

残念ながら、その文書は持っていないが別のものが有る。

これは、捩じれ刃のPCBドリルの研削に際しての、計算書のコピーである。

三角定規とコンパスを使って、手回し式の計算機を回して計算を進められる。

エクセルを使って、咀嚼できていない数式を……疑問を感じることなく、使用する２１世紀の技術者とは随分異なる。

“自分史”に既述の様に、日産や他の多くの日本の企業では、筆者のサービス発明は大津さんの立場だったら、横取りして自分の発明にする事は、普通に起こり得る事だったと思う。そのような事が起こっても、多分、私はそれを知る事が出来る状態ではなかったと思う。

住友では……大津さんだったから……その様な事は起こらなかった。感謝である。

NECの大形コンピューターの講義、英会話の勉強の入口へ私を誘導して下さったのも大津さんだった。以下に示すのが大津さんの手書きの計算書だ。

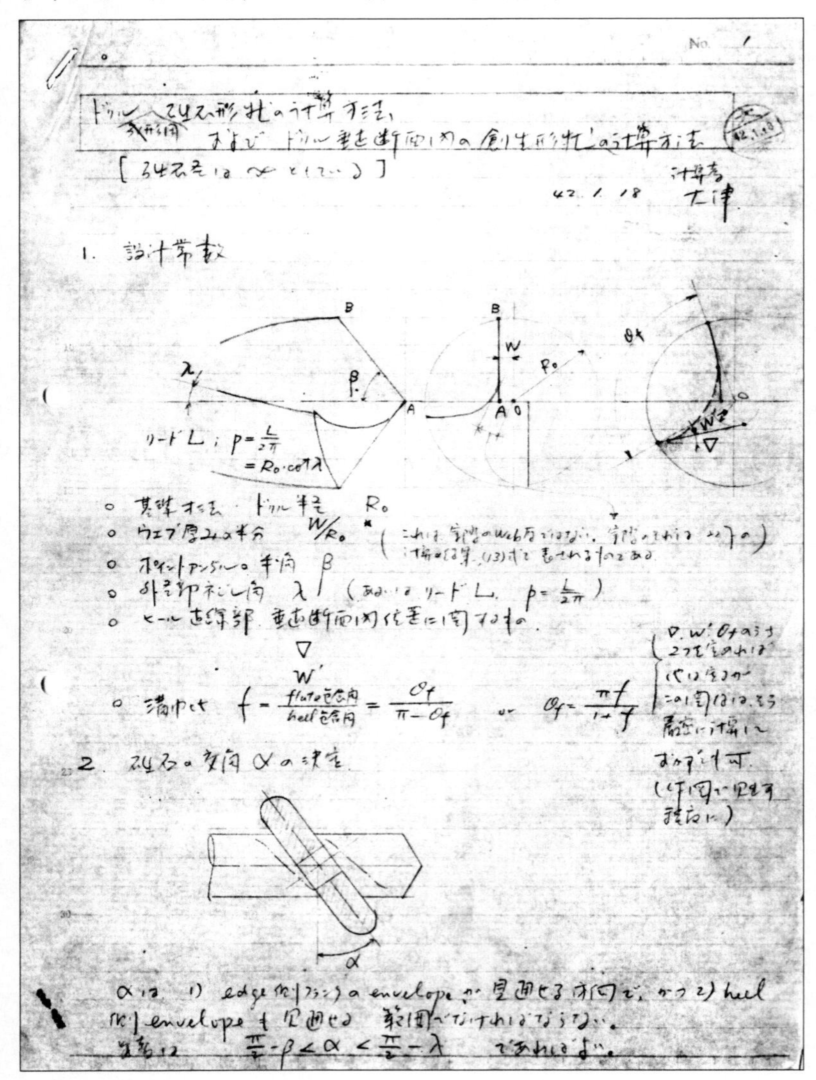

No. 1

ドリル研削用砥石形状の計算方法、およびドリル垂直断面内の創生形状の計算方法

［砥石径は∞としている］

42. 1. 18　計算者　大津

1. 設計常数

○ 基準寸法 ドリル半径 R_0

○ ウェブ厚みの半分 W/R_0 *（これは実際のweb厚ではない。実際のそれは以下の計算の結果、(13)式で表されるものである。）

○ ポイントアングルの半角 β

○ 外周部ねじれ角 λ（あるいはリードL, $p=\frac{L}{2\pi}$）

○ ヒール直線部 垂直断面内位置に関するもの ∇ W'

○ 溝巾比 $f=\frac{\text{flute包含角}}{\text{heel包含角}}=\frac{\theta_f}{\pi-\theta_f}$ or $\theta_f=\frac{\pi f}{1+f}$

（∇, W', θ_f のうち2つを定めれば他は定まる）

2. 砥石の角度 α の決定

α は 1) edge側フランクのenvelopeが見通せる方向で、かつ 2) heel側envelopeも見通せる範囲でなければならない。

実際は $\frac{\pi}{2}-\beta<\alpha<\frac{\pi}{2}-\lambda$ であればよい。

◆　西野田工業高校の同級生佐藤君

“自分史”に既述の、夜間高校で１年間一緒だった佐藤功君が日経新聞の、国際的に活躍するビジネスマンの一人として、記事に掲載された。1980年代のバブル最盛期に、日本の海外ビジネスの最先端で活躍する少数の有能、異能の代表的国際ビジネスマンの一人として取り上げられた。小柄で、柔和で、賢くて、字が奇麗……多分、身長とスポーツを除いて私には彼に敵うものはなかった。

彼の持っている大きな包容力は日本人だけでなく……外人にも通用した筈だが、それは全て彼の自信と忍耐力によると思う。

掲載された記事は10回分だが、単に成功の記述であり、私が最も重要と考える、彼の高校受験での失敗……多分、不正入学の“とばっちり”を受けて……、夜間高校へ進学、帰国後の夜間大学への進学など、困難に、直面しても道が開けるのだと云う事が全く説明されていない。

人は成功談からは何も学べない。同じような成功が得られる、同じような条件、状況が目の前に現れる事は、先ずない。私は絶対に無いと思っている。そのような理由から、成功物語は全く役に立たない。

失敗、苦境に遭遇し、それでも……最終的に、問題を解決する所に意味があると思う。

記事は、彼の時代に彼が遭遇した、非常に珍しい経験については全く触れていない。

良い事だけを言う事がポジテイブで、失敗した事、ネガテイブな事を書かない“ポジテイブ経”にマインド・コントロールされているみたいで記述に不満を感じた。
佐藤君は受験に失敗したが、...最終的に素晴らしい人生を作り上げた。一度や二度の失敗を恐れる事など無い事を読者に伝える事にこそ意味があると思っている。

日本経済新聞
昭和58年(1983年)3月7日(月曜日)　10版〔社会〕(22)

サラリーマン　海外編

国際人 ①　第97話

地場企業の夢かなう

五十七年九月二日午後、オランダ・アムステルダムのホテルオークラで新会社発足の披露パーティーが開かれていた。新しい会社は大阪の粉体処理機メーカー、ホソカワミクロンが、現地のナウタ社を買収して発足した現地法人ホソカワ・ナウタ社。アッセンに工場を持ち、ハーレム市に本社を置く従業員約百人の混合機製造販売会社だ。

四百人の招待者を前に新会社の現地最高責任者で専務取締役の佐藤功さん(40)が流ちょうな英語であいさつした。拍手が一斉にわいて、威勢よくシャンパンの栓が抜かれた。「国際企業に」「そのためにヨーロッパに生産拠点を」。また、大阪・北河内の“地場企業”ホソカワ鉄工所だったころから、四半世紀以上も持ち続けて来た夢が実現した日だった。またそれは同時に佐藤さんの夢の実現した日でもあった。「しっかり頼むぞ」という細川益男社長の声に、佐藤さんはオランダに骨を埋める覚悟を新たにした。

二十三年前、十八歳、社歴わずか二年の「佐藤少年」は社内でただ一人の海外駐在員として、英国に渡った。会社は従業員四十五人のミニ企業。昭和三十五年といえばオリンピックの招致に成功、日本が国際社会へ本格的に乗り出そうとしているところだった。「佐藤少年」が「国際ビジネスマン・佐藤氏」へと成長する過程は同時に、日本企業成長の軌跡であり、経済大国日本への道のりだった。

公立高校の入試に失敗した佐藤さんが、つてで入社したのは三十三年、十六歳になったばかりだった。身分は粉体処理試験室の見習工。得意先が持参した原料をテストマシーンで砕き、要求通りの粉末にするにはどういう機械が必要か、データを出すのが仕事。厳格な試験室長にどなられながら、早く先輩のやり方を覚えようと夢中で働いた。試験が終わると機械を分解掃除する、夕方には全身、粉まみれ。身分は不満だったが、仕事は面白かった。

「社長が呼んではるで」。入社三年目の四月のある日、出社すると突然、試験室長に言われた。「今度、英国に試験室を作って、うちの機械を設置するので、お前行かないか」。故細川永一先代社長は簡潔に要件を話した。「ちょっと、考えさせて下さい」。

帰って両親に相談すると、「行きたかったら行ってきたらええがな」。母親は驚いたようもなく、即座に答えた。社長の簡単な話と母の短い答えが佐藤さんの一生を決めた。それからは八年間、日本暮らしがあっただけで、あとは外国暮らしだ。

今年六十六歳になる母親は、流ちょうに英語を話し外国人部下を使う国際人、佐藤さんの姿をまだ見ていない。「ポンッ」「ポンッ」と鳴るシャンパンのコルクを抜く音を聞きながら、「この姿を母親に見せてやりたかった」と佐藤さんは思った。日本人と日本製品について高く評価しようとしなかった米国人や英国人がやがて対等のパートナーになったこと。日本人に使われているのを潔しとしなかった英国人、逆に日本に学ぼうと努める英国女性など。いろいろ母親に話したかった。

オランダの新会社に出勤

◆ 悔いの残った、執筆休止

2011年３月に東北で大地震、津波が発生。私の健康上の問題もあり、**仮題"将来の不幸の為にがんばる日本人と日本の制度"の執筆を休止して終った。**2020年にコロナ騒動が勃発、神戸の兵庫税務署の愚行に端を発する、多くの日本の好ましからぬ現状を憂いて、この本の執筆を始めた。2011年に休止することなく、継続して執筆を続けなかったことを悔やんでいる。

"謹賀新年"　皆様がご健勝で

みのり多き新年になりますよう祈念いたします。

平成２３年元旦

岡田　実

和美

和美は継続的に健康を維持し、心配することは体重増加、日焼け、テニスの技と家計の算段くらいのように見受けます。

昨年６５歳になり、小額ですが年金を満額受け取れるようになりました。

実は６８歳、一昨年**慢性心房細動**が発見され、心筋焼灼と呼ばれる心臓の手術を受け成功しましたが、入院中は１０秒以上の心停止を伴う不整脈が収まらないので、最終的に脈拍が４０回／分以下で作動するペースメーカーを埋め込みました。

心筋焼灼手術を受けないと**心房細動が作り出す血栓が脳に運ばれ脳内の複数の場所で脳塞栓を起こし**、長島監督やサッカーのオシム監督のような長期のリハビリを伴う治療が必要となるのみならず、完全な機能回復は不可能に加え、副作用を伴い、食生活に制限を必要とする複数の薬剤の永久服用が避けられません。

手術後約１４ヶ月を経過しましたが**その後の経過はすこぶる良好**です。

昨年の夏季の実の日課は８時就寝で通常深夜１２時起床、３時に再就寝、５時起床で農作業、７－８時に帰宅、朝食後テニスに行き正午頃に帰宅し昼食、食後に昼寝、再度夕方約２時間の農作業。テニスは週に４回、テニス以外は六甲山散歩、図書館、本屋、スーパー、ホームセンター、家電屋回りなどで、テレビ視聴は限りなくゼロに近い。テニスはかなりハードな運動で、手術前は息が上がることもあったが、手術後は全く息が上がらなくなった。

昨年は初夏の低温と記録的な降雨量、７月に入ってから９月まで長期間続いた記録的な酷暑と日照りで、農業活動は困難を極めましたが、工夫を凝らしたスイカ栽培は大成功を収めました。１０坪強の広さに１５株植え、７月１日に収穫を始め、９月３０日まで**収穫期間を約３ヶ月の長さに分散**することに成功しました。スイカの長期連続喫食のおかげだと思いますが、子供のころから、常に頻繁に発症してきた口内炎が昨年の夏は３ヶ月間以上も全く発症しませんでした。

実は５－６年前から仮題**"将来の不幸の為にがんばる日本人と日本の社会制度"**と云う著作の完成に情熱を傾けています。30代のある時期から繁栄しつつある日本経済の成り立ちの根本を理解し、北欧社会との比較において、頑張りが目的化し、その頑張りが不幸な結果を招き更に増幅させる日本の仕組みから日本の将来の不幸を予想したが、その後３０年以上を経過して予想は的中しつつある。

予想される日本の将来の不幸の原因は民度の劣化にあり、**根本原因は日本の教育の質の劣化であり**、それは単に学校だけの問題でなく社会全体の仕組みに関わっており、人々の能力を無理なく発揮させて利用するしなやかな、変化に対応できる知的な社会の仕組みにならない限り解決しません。中学卒業後の波乱の人生が与えてくれた、一個人としては稀有な幅広い分野での興味深い経験から得た視点を基礎に．．．教育、教育行政、金融、政治、経済政策、税制、医療、介護、組織のマネジメントなどについて、従来大多数の大家、専門家と呼ばれる、主に活字から学び、貧弱な社会経験しかない守備範囲の狭い専門家とは異なった、広い視野からの観察、分析から提案。　日本が国民の幸せを追求できる、常識的な実務能力のある政府、官僚、行政を持つ、真の民主主義国家になるための参考文献になり、正面からは無視されるが、**専門家が密かに読むような読物**になることを期待しています。　明瞭な知的な退化を認識するまでに完成することが目標ですが．．．．非常に大部になるので完成することが出来るか否かは神のみぞ知る。

昨年はベトナム、中国南東部、大型米客船でのクルージング、中欧への旅行で、**延べ約１ヶ月の海外旅行生活に加え**、何度かの国内旅行に行きました。

長女　　は依然としてロンドンでBLAAKの個人的服飾事業を継続。最近、あるメーカーの専属デザイナーの仕事も加えたようです。

次女　　は３年前に始めた、子供を１年間の山村留学に出す大英断を継続。一番手として孫（長女）の"　　"が小５で種子島への１年間の山村留学から帰り、次いで昨年４月から小４の長男"　　"が１年間の予定で種子島留学中。小３次男の"　　"は姉兄からの影響で自分も種子島に行くと強く希望、幸い抽選に当たりましたので、今年４月から１年間、種子島に山村留学の予定です。

不便で、自分の我儘がそのままでは通らない人間関係での生活経験は、将来の彼らの社会人力を高める為の効果的な肥料になると確信しています。

実は今年５月、**年輪ピックのテニスダブルス**神戸代表に友人と挑戦します。

8．不思議な……背後に暗い影を感じるデーター

我々夫婦は、頻繁に日赤で献血を行っていた。筆者は心房細動で心臓に欠陥があり、輸血が出来なくなる。

和美も高齢となり、献血は結構ですと断られ、それ以降献血していないが、昔のデーターは残っている。

以下に、日赤で400cc献血すると、後日送付されてくる総コレステロールの数値と、神戸市の保健所の行う成人市民の健康診断の際の数値を比較して示す。

不思議な事に、神戸市の数値が、日赤の数値よりも常に非常に大きな値になっている。

保健所から血液検査の結果が郵送され、その中で高コレステロールだから、医師に精密診断を受けるようにと書かれていた。

下のエクセルの表を、可視化するために、概略の表をワードで作って見ました。

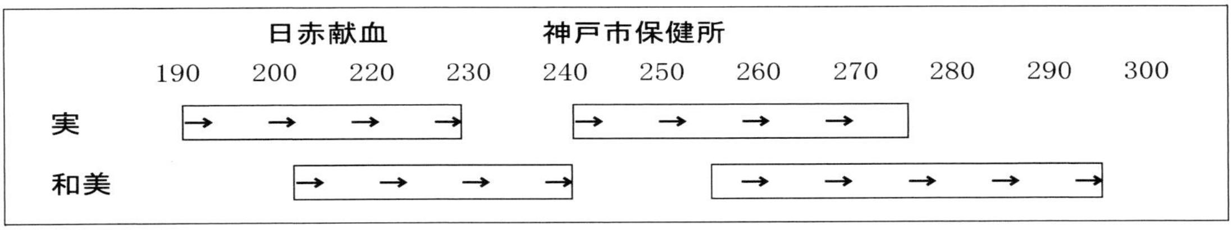

日赤献血　神戸市保健所

190　200　220　230　240　250　260　270　280　290　300

実　→ → → →　　→ → → →

和美　→ → → →　　→ → → → →

年	月	日	実	神戸市			日赤	その他	
				総コレステ	HDL	LDL	総コレステ		
99	5	18					214		
0	4	3		277			190		
	6	5		254					
	7	12						215	松田
1	5	23		242					
2	5	29		266					
	8	28					190		
3	5	28		256					
4	1	24					228		
	6	18					209		
5	2	10					232		
	10	19					173		
H17					57	148			渡辺
18					67	146			
	6	10					237		小山
					78	159			
19					67	146			
	8	5			67	138			コバ
	10	12			76	144			静脈瘤
					67	146			
20	6	10						237	小山
	6	22			88	156			赤塚
	7	7			69	142			
	7	15			75	143			小山
21	6	1			74	125			
			和美						
98									
0	4	3		287			222		
	5	13		253				社保	
	6	5		266					
1	5	23		259					
2	5	29		271					
	8	28					212		
3	5	28		294					
4	1	24					244		

◆　著名シンクタンクのお粗末。政、官、学、マスコミの複合的汚染？

日本には多数のシンクタンクがあり、統計を駆使して、行政や民間の大企業から、調査の依頼を受け、報告書を作成して、国や企業の新しい事業計画の実施、設計に影響を与える事を業としている。

典型的なアドバイザー、アナリストと呼ばれる、高学歴専門家、スーパー高学歴専門家の集団からなる組織である。

巻頭にNTTが付いた“NTTリサーチコム”から、日本の住宅事情について、下の図１、図２に示す様な、１戸当たり床面積、一人当たりの床面積の国際比較の棒グラフが示され、日本の住環境が決して欧米の水準に劣っていなく、米国に次いで２番目だと主張している。

2007年７月30日の**“NTTリサーチコム”の専門家**の解説によれば、以下の様に日本の住宅事情を解説している。

> つまり、「ウサギ小屋」は、決して日本の住宅を小さいという意味で使われた言葉ではなかったのである。実際に欧米主要4カ国と1戸当たりの床面積を比較すると、日本は決して狭くはない。 持ち家の平均床面積125平方メートルは、アメリカの148平方メートルに次いで2位である（図1）。

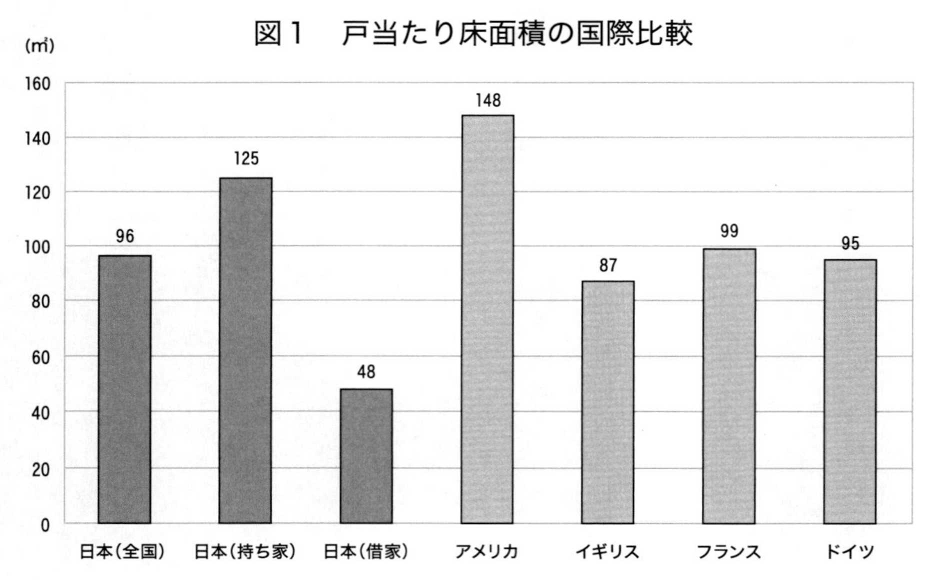

(注) 床面積は壁芯換算値
出所：日 本　国土交通省「平成15年住宅・土地統計調査(速報)」
　　　アメリカ「American Housing Survey for the United States: 2001」

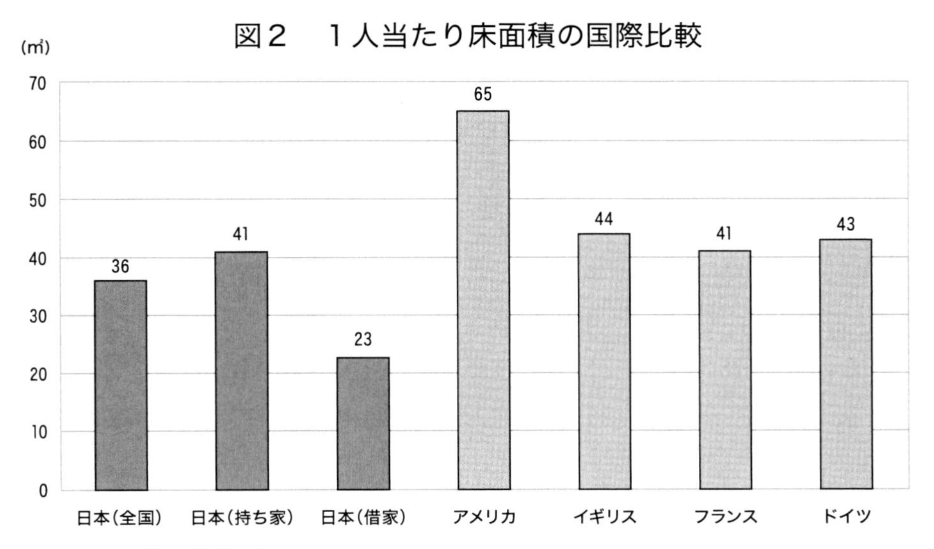

図2　１人当たり床面積の国際比較

(注) 床面積は壁芯換算値
出所：日 本　国土交通省「平成15年住宅・土地統計調査(速報)」
アメリカ「American Housing Survey for the United States: 2001」
イギリス「English House Condition Survey, 2001」(データはイングランド)
フランス「enquete Logement 2002 insee」
ド イ ツ「Federal Statistical Office Germany 2002」(データは1998年)

私がスウェーデンで買ったテラスハウスを、スウェーデンの基準で数値化して日本の場合と比較して下表に示す。

	延べ床面積 (㎡)	１人当たり床面積 (㎡)
国際統計での日本の評価	**１２５**	**４１**
国際統計での米国の評価	１４８	６５
スウェーデンの我が家を日本流で評価	１８０	４５
スウェーデンの我が家をスウェーデン流で評価	**１１０**	**２８**

延べ床面積は180から、110に、一人当たり床面積は45から28に激減し、スウェーデン基準で考えれば、日本は嘘ばかりで、超誇大広告の国と云うことになる。

詳細説明については第二部参照。

宛先
[blurred]

CC　神戸簡裁　裁判官　山口誠
書記官　西口
Honda Cars　北畑

バンパー取り換え工事の費用支払いについて
(神戸簡裁事件番号　令和４年（ハ）第１０２０２号の件)

１０月４日（火）夕に小岩さんから判決が出たのに金を払わないと厳しく催促されました。
この電話は録音されていると宣言され、**１時間２０分の長電話を頂き、...** ポストに封筒に金を入れておけばそれで判決に従ったことになり岡田は約束を果たしたことになる等と、繰り返され、承知したと返事を言え録音されていると... 同じ様なことを無限に繰り返されました。

今までの経過を振り返り、これは単に約２．５万円を払うか、払わないかのような、小さな問題だけでなました。８０年の人生を送り、社会に対して現役の頃の様に先頭に立って前向きの貢献は出来ないが、後ろは出来ないような、補助的な社会貢献は出来るはずだし、しなければいけないと思っている。
この様な視点から今回遭遇した事件について、私の考えを曝け出し、関係した皆さんに、今一度思い出して会貢献になる筈と信じて、この書簡を差し上げます。
この書簡で疑問としていることが氷解すれば、私は何時でも判決に従って２．５万円を支払います。

◆　損害賠償訴訟の被告となり、初めての裁判経験

この本を執筆中の2022年春に、当たり屋と思える、暴力的で威圧感のある、50代くらいの、若者から、車のバンパーに傷をつけたから、バンパーの取り換え費用として７万円払えと威嚇された。

傷は前部バンパーの最下部にあり、地面に膝を付けてルーペで見なければ、認識できないほどの小さな傷で、面積で米粒の１／10以下である。

直感的に“当たり屋”だと思ったが、…こんな小さな傷でバンパー全体を交換するのは勿体ない、と云うと。若者は、俺は車を大事にするから、傷があるのは許されないと主張する。現場検証に来た警察官は交通事故ではないと事故証明を出さない。 複雑な、面倒な長時間の電話でのやり取りの中で、私は裁判したければ、裁判にしたら良い、裁判所の決定に従うと答えると、裁判に訴え、私は損害賠償訴訟の被告になった。

見積金額で被害額が認定された

裁判は結審して、Honda　Carsからのバンパー取り換え費用の見積金額約５万円の半額を原告に払えと書かれた判決文が輸送されてきた。

見積金額で損害額を決定する…それは、当たり屋に成功体験をさせ、その様な成功体験の連鎖は社会を悪くすると思い、そのまま自分の方からは何もしないで、放置しておき、原告の督促を待っていた。

悪事を増殖させる判決

裁判官が、悪事を見抜き、悪事がうまく行かない様な判決を下せば、悪人が悪事をしなくなる抑止力となる事が期待できる。

良い判決と悪い判決では、社会に与える貢献度が、非常に大きく異なり、単に１つの判決としての効果だけでなく、その未来に与える波及効果は非常に大きい。

我々一般人は裁判、被告と聞いただけで、…恐怖を感じる。

裁判所が悪人の犯罪の手助けをしてはいけない。

今回の私のケースを参考にして頂けることを期待して、原告宛の回答文を作り、裁判に関係した方々にCCとして郵送した。

この事については、第二部で考察します。

（書簡中に裁判官山口誠とありますが、間違いで、山田誠さんでした。スミマセン）

ＪＡＦロードサービス書　一般社団法人 日本自動車連盟　JAF

２０１３年１１月１８日　指令No 56-000　到着 07:04　完了 07:37　場所 兵庫県★11/18-7：00神戸市北区有馬町１６

地域コード	会員No.または領収書No.	有効期限
28	130676620800	14年08月

氏名　岡田　実　様

ロードサービス明細
基本料 夜間 割増料金　0

車名 リバティ　走行 83,683
登録No. 神戸 501 ヌ 9027

故障箇所・状況・アドバイス
不携帯個人会員
※エンジン過熱
　ラジエター
※応急作業
※オーバーヒート申告
※電動ファン２機ともカプラー外れてました
※様子見て下さい

◆　自動車のラジエターから、白煙が発生の故障が起こる。

2013年11月に、有馬街道と呼ばれる県道51号線を、有馬口から有馬温泉に向かう長い緩い登坂をドライブしていた。 秋の行楽時期なので渋滞、かなり時間が掛かる。

登坂のホボ頂点に接近する直前で、ボンネットの隙間から、白い蒸気が噴き出してきた。

戦後間もなくの大昔には、同様の事故を見た経験はあるが、最近その様な故障を見たことはない。

２か月強前の９月に、日産自動車鈴蘭台店で６か月定期点検を受けている。

早速JAFに電話、見てもらった。原因は直ぐにわかった。

定期点検の時に冷却用ファンを回すための２か所のカップラが、引き抜かれたままで、差し込まれていなかった。定期点検が故障の原因だったのだ。

その数年前にタイヤ交換の時にボルトの締め忘れ。

ラジエター故障の14年ほど前、トヨタライトエースに乗っていた頃にタイヤ―交換を店でして頂いた。

高速道路に入り走行中に、パタパタと空にヘリコプターが飛んでいるような音がする。

その内、かなり長いトンネルに入ったが、音が消えない…。原因は自分の車に有ると思った。

トンネルを出て速度を落とし…直近のサービスエリアでチェックして、右前輪のタイヤを締めているボルト１本が仮締めのままで、本締めされていない事が原因である事が判明した。
高速道路で走行中に、ボルトに過大な繰り返し応力が掛かれば、先ず一本のボルトが疲労破壊を起こし、ドミノ現象で、順次他のボルトにも影響が及び、タイヤが脱落する。
多分、車は横転、脱落したタイヤは他の車両や、人間に二次的な災害を発生させる原因となるだろう。

多くの事故は、定期点検の杜撰な仕事が原因している。

筆者はスウェーデンで全ての事についてDIY的な生活を経験しているので、車の保守点検は専門家並みの知識を持って実行していた。時代が変わり、部品の電子化進み……部品も手に入らないし……手に負えなくなったので、専門家任せにしていた結果が、上記２件の事故に直結するかもしれない故障の原因になった。

筆者個人で２件経験するくらいだから、日本全国では過去半世紀の間に、１億件以上の同様の故障原因となり、その内の数十%が、実際に事故を起こしていても不思議ではない。

その様な事故の、数十%が、死亡又は重大な怪我の原因になる事故であっても不思議ではない。

表には、統計として出てこないが、**日本のかなりの自動車事故の原因は、定期点検が原因していると推察**する。一旦事故が発生すれば、事故の起点となった、第一次原因の発見が困難のみならず、第一次原因を発見するような考えが湧いてこない。

経済学的な現象としての理解

定期点検費用、事故からの修復費用などの金銭の授受を伴う行為は、統計上GDPに反映して、国の経済統計数値の改善として理解される。

実態は無駄費用と労力であり『穴掘り、穴の埋め戻し』の骨折り損の、くたびれ儲けである。

アパグループ『真の近現代史観』
懸賞論文への応募論文

偶然から懸賞論文の存在を知った。

15年ほど前に航空幕僚長だった田母神俊雄氏が、シビリアンコントロールに違反する様な個人の意見をアパの懸賞論文に応募、賞を貰ったとして、政治の世界で大騒ぎになった。

最終的に田母神氏は引責で辞任したような、そうでない様な...ヘンテコリンな形で、定年退職金を満額頂いて退職された。マスコミ的には、アパグループは右翼、超右翼みたいな扱いを受けている様だ。

論文の選者も右翼である事を隠さない、むしろそれを主張する小堀東京大学名誉教授と、他の数人が就任されている。

字数が６千字以内と制限され、若し２倍の１万２千字を超えていれば、ゴミ箱に直行しますと書かれている。

過去に、日本の近現代史にネガテイブな意見を、何かに披瀝している人の場合には、却下され、日本の近現代史にポジテイブな意見を持っていなければ、ダメだと書かれている。

筆者は執筆中の本の中で、無数の問題点を指摘しているから、ネガテイブのオンパレードだ。

物事には全て因果関係がある。その為には、先ず劣化した、再興する事が必要である原因が特定されなければ、再興する事は出来ない。

選者の方が、どのような判断を下されるか興味があり、執筆中の本の短縮版のつもりで投稿した。

10月末に当選論文が発表され、執筆中の本も、多分、ホボ同時期に出版されるだろう。

次ページ以降に筆者が投稿した論文を掲載します。

６千字以内で筆者が感じている事を、非常にコンパクトにまとめてみました。

相当無理していますが、大意は汲んで頂けるだろうと期待しています。

アパグループ『真の近現代史観』懸賞論文事務局殿

論文関係書類送付の件

２０２３年7月6日

高岡市でアパマンションを購入した友人の招待で、アパホテルに宿泊、フロントの階にあるテレビ画面から懸賞付き論文が募集されている事を知りました。

帰宅してネットで募集要項を拝見……**応募に躊躇を感じました**。

日本に対してポジテイブな意見を持っている人を選者に選ぶと書かれていたからです。

私は戦前の日本人が純粋な心から...欧米から見たら幼稚と言われたかもしれないが...第二次世界大戦に突入、結果は敗戦でした。結果は敗戦でしたが、当時の日本人の精神性を全て否定する事は大きな間違いです。

私は、標準的な同年代の日本人と比較して、数十倍の広くて深い経験をする事で、戦前の欧米人感覚で令和の日本を観察、現下の日本は第二次大戦前夜に相当するくらい危険な状態に陥っていると確信する者です。

当然、私は現在の日本に対して表面上ネガテイブと見做されるかもしれない制度変更、廃止、特定の組織又は個人を非難する事になります。

第二次大戦は戦略的な間違いで開戦となり、全国民が戦術的な部分で頑張りましたが、３００万人以上の人が犠牲となったと報じられています。当然の事ながら、戦術的な頑張りが戦略的なミスをカバーする事は出来ませんでした。日本再興財団と、『再興』の文字がありますから、**現在が良くないから『再興』する為の参考になる論文の募集**であろうと考え直しました。

物事には全て因果関係があります。現在の問題と、その原因が特定されなければ、対策して『再興』する事は不可能、又はピント外れになります。この論文では現在日本で起こっている問題を明らかにして、その様な問題が発生した原因を解り易く解説する事で、読者の方々と共通認識を持ち、日本再興の為に貢献できることを期待するものです。 以上の経過をたどりましたが、**私の理解が間違いでない事を願うものです**。

。。

主題の原稿を以下の次第で送付申し上げますのでご査収ください。

添付資料は字数に含めません。論文審査される方が、疑問を持たれた時に直ぐに確認できる便宜の為と思って同封しました。

住所　：

名前　：

年齢　：

ＴＥＬ：

同封書類

アパ日本再興財団第１６回『真の近現代史観』応募論文

添付資料＝論文の中で引用されている

1. 特許証、登録第７２２８９１２のコピー。
2. ＵＳ特許３，４９７，９３３の最初のページのコピー。
3. 『ふるさと納税』に関して片山善博経済学教授に提出した文書のコピー。
4. 上記への添付文書で、筆者の年賀状の拡大コピー。

アパ日本再興財団
第16回『真の近現代史観』応募論文

まえがき

国家経営は政府と行政組織によって行われ、不可逆的に変化する自然に寄り添い科学的知識を駆使して、訪れるかもしれない**大災害からの被害の最小化**、現時点と近未来の**国際問題と国内問題の解決**を高い水準で行い、国民に安全、安心な一生を永遠に提供する事を目標として行われている。

自然災害と国際問題は他律的であり、問題の解決は国内問題の解決よりもはるかに複雑であり、その様な問題が巧妙に解決できるためには、国内問題を解決できる高い能力がある事が必須の条件である。

アパ日本再興財団は日本が**劣化したと言う認識があるから、再興する為の論文を募集していると理解した。**

筆者は８１年の人生で日本の公的債務が１,３００兆円を超え、国民１人当たり約１千万円の巨額に膨張、国家資産が大きく劣化してきた事を傍観してきたことに責任を感じている。私には２人の娘と３人の孫が居り、５人で５千万円の借金を抱え、早晩それは１億円に上昇するだろう。**臭いものに蓋をして、見ても見ぬふり**で、看過していてはどのような美しい、**見かけの優れた提案も砂上の楼閣**となり確実に失敗する。

現代は経済＝金が全ての時代になり、経済が支配する世界では、各国は永久に停止する事のない経済戦争＝永久経済戦争の渦中にある。**高級官僚は国内で経済政策の勉強と実習を兼ねて**能力を上げて**主戦場である国際競争の場で**力を発揮できなければいけない。人類は有史以来、**火の使用、貨幣の発明の**２回のパラダイムシフトを経験、２１世紀になり、電子工業の発達により出現した**ネット技術を活用する、三番目の巨大なパラダイムシフト**の渦中にある。

この論文は日本経済を、家計を預かる昭和の時代の主婦感覚で、国内政治上の問題を義務教育レベルの数学を使って理解、咀嚼出来るように書かれている。

再興する為に必要な劣化の原因背景

明瞭な劣化傾向は半世紀以上前に始まり、時間が経過する内に日本の文化として定着して増幅、マインド・コントロールされた大多数の国民は、それを意識することなく無意識に看過してきた。筆者は浅学菲才、高級官僚の方々とは真逆に立派な公的教育、学習塾とは無縁で自由奔放な幼少時代を過ごし、社会に育てられたので、多視点で現象を観察して理解する習性がある。以下に筆者の考える日本劣化の原因を列挙する。

◆**一次的な原因は**潜在的能力が高いと思われる若者を**受験目的教育で疲弊させ**、単視的で好奇心、疑問、探求心の喪失した、社会的知識の貧弱な**幼児の様な人物に養成して**、国政を担う**キャリア組高級官僚**としている事である。

◆**二次的な原因は**官、民における**新卒後の一括採用**であり、就職後の**終身雇用、年功序列、定年退職金制度**である。官僚の場合には更に**民間に天下りと、政治家に天上がり**を加えた日本特有の慣行である。

◆**三次的な原因は**最も巨額な金を国内で消費する官にコストと採算と言う概念が皆無だと言

う事だ。金が不足すれば増税するか、国債の発行で賄うことが国政の作業マニュアルの様になっている。

◆**四次的な原因は**ネット社会のパラダイムシフトの中で、発注者側の**官庁が幼児の様な素人**、受注する側との理解の差があまりにも巨大で、表現不可能なくらいの**不具合、不透明、訂正、公表を憚るミス**が頻出する。

◆**五次的な原因は**公務員のインサイダー取引＝先回り売買行為である。長期的な公共工事の計画を知る立場にあり、先回りして土地の売買を行う。２１世紀になり統計数値の発表前に、先回りしての売買行為で巨利を得る。

◆**六次的な原因は**官と民の双方に於ける女性の高位役職者への登用の問題だ。先進国の高い**女性登用の数値目標を模倣し**て、単に数値目標優先で、その任にふさわしい**女性が育つ環境整備への努力が無視**、又は軽視されている。

◆**七次的な原因は**学者、専門家、識者と呼ばれる、**高学歴の人々が、保身と僅かな報酬**、ステータスを得るために官僚のお粗末な制度設計に賛意を示す、**御用学者的な役目**を果たしている慣行である。

◆**八次的な原因は**報道機関の保身の為の**過度な自主規制**であり、個人情報保護に過度に迎合する素振りを見せる事で、言論の自由のない独裁国家の報道機関と同類になり、政治絡みの**悪事の隠ぺいが容易**な国にした。

◆**九次的な原因は**大多数の庶民は学校教育の中で序列を付けられ、高学歴者に異議を唱え、議論する様な見識とエネルギーを持っていないので、不便、不条理、**不満を感じながらも従順に制度に従って**いる事である。

◆**十次的な原因は**日本語と云う**言葉のバリア**である。英語圏で愚行が起これば、通信社が飛びつき、世界中に発信されるので、ブーメラン効果で日本のマスコミが取り上げ、日本人を覚醒させるだろうが、それは起こらない。

◆**十一次的な原因は**上記の原因が融合して起こる**低い選挙投票率**である。何をしても変わらない、未来への絶望感の充満で、現在、政治家との関りでの利益享受者と、何らかの団体に属している人しか投票行動をしない。

聞き流しのＮＨＫのラジオからは、頻繁に識者が登場して、結果が数値で見える投票率の低さを嘆いて見せているが、意図的か、解らないからなのか、**一次～十次の事について解説**された事を聞いた事が無い。

筆者は無学だが、無数の人から教わり、経験の幅が広く、深く関係したので多視的に日本を観察して来た。

筆者の頭の中は終戦直後の昭和の農民、令和の都会人とスエーデン人のハイブリッドで機能し、現役時代に世界中で大小の数千の企業を訪問、数万人の顧客の従業員、高学歴科学者との議論で鍛えられているから、何事でも目の前に現れた事を多視的に観察する習性がある。３年前に市場を席巻している不織布製の衛生マスクは、欠陥マスクでコロナ感染を助長している事を確信、特許を出願した。多分巨費を使って行われた、理研のスパコン富岳の呼気のシュミレーション動画にアシストされて、特許は登録された。（特許第７２２８９１２号、添付資料参照）

スエーデンを筆頭に欧米諸国ではマスク着用効果に懐疑的で、日本や中国、韓国の様にマスクの着用を強制しなかったが、ワクチン登場後日本よりも早く感染が終息したのは、多分、無マスクが関係していると思う。

筆者は中卒で住友電工に就職、２年遅れて夜間高校に４年、続いて夜間大学に４年間通った。

大学在学中の２３才の頃にサービス発明を行い、会社は先進８か国に約５百万円掛けて特許出願。登録までに多分１千万円以上出費したが、筆者の年収が２０～３０万円の頃の話だ。

（ＵＳ特許3,497,933添付資料参照）
サービス発明で筆者の報酬はゼロで...その為に周囲からの嫉妬を感じたが、スエーデン企業が筆者を拾ってくれて、活動する世界が異常なくらい広くなった。

現状認識と筆者の四つの実体験

筆者の経験から、日本の現状が解り易いと思う以下の４件をピックアップした。

その１：２０１９年にスエーデンのハンナから里子の要望。

筆者は１９８０年に、東京都深川の安江病院で生まれた出生後数週間の女児を、里子でスエーデンに送り出す手続きを行った。里子はハンナと命名されてスエーデン人として成長した。２０１９年に先ずハンナの養母から電話で、次いでハンナからメールで、日本から女児を里子で欲しいから手続きしてと強い依頼を受けた。ハンナは４０才で、既に小学校高学年の二人の男の子を持っている。日本の４０代の子持ちの夫婦は大変だ。この差は何だと劣化した日本の現状と比較して立腹した。スエーデンの税制と比較すると**年収７～８百万円以下**の低所得では確実に**日本の税金が高い**。（執筆中の自分史に掲載予定）

その２：会社の『名ばかり会長』は天下りの官僚ＯＢ

世界的に著名なスエーデンのステンベック家族財閥が支配する大企業サンドビックの日本の子会社の会長は大蔵省審議官ＯＢの稲村光一氏だった。紳士録によれば稲村氏は長銀の顧問をはじめ複数の企業に天下りしている事が記載されていたが、サンドビックの名前は書かれていなかった。稲村氏の会長としての仕事は、スエーデンの親会社が１００％株式を保有する子会社の株主総会の議事録に年に一回出社してハンコを押す仕事と、税務署から問題を提起された時に会社の代理として税務署に影響力を行使するフィクサーの役割である。**１９７０年代中頃に年収１千万円の報酬**を受けていたが、会社の課長でも年収５百万円以下の頃の話である。

その３：相続税納付に絡んで約４００億円の金利を還付した国税庁

サラ金武富士創業者の死に伴う相続税の計算で、国税と相続する長男の間で意見が対立した。相続人は取りあえず国税の指示に従い納税したが、不服として司法に判断を仰いだ。最終的に最高裁判決で国税は敗訴、相続人に約**４００億円の巨額の金利分を還付した**。民間企業の感覚では責任者は懲戒免職で退職金は払われない。国税の責任者は、多分満額の退職金を手にして定年退職、多分何処かに天下り、数年後に瑞宝重光章で叙勲されている。

４００億円は平均的なサラリーマン**５千～１万人の１年間の人件費に相当**し、会社の倒産に直結するほどの大失敗だが、コスト意識のない国税庁では全く問題とされない。民間感覚では**『盗人にお礼の勲章』**である。日本の憲法は一つだが、国内に精神的には２種類の国民が住み『同床異夢』では、国論を統一して国際問題で国民的な合意を得る事は困難だ。結果的に、庶民には無力感が充満し、選挙、投票行動に興味を示さなくなる。因みに数年前に**スエーデンでは相続税は廃止されたが、日本では逆に増税**され、次の増税計画が有ると言う。

その４：全国旅行支援制度

多くの高級官僚は日本の厳しい受験競争を勝ち抜いて東京大学に入学、その延長で高級官僚としての道を歩み高位を目指して、能力を磨く為に頑張っているはずだが、高級官僚の仕事ぶりを一般人が見る機会はない。

コロナ禍の中で実施された『全国旅行支援制度』は我々庶民の前に**高級官僚の仕事ぶりが**

可視化されて現れた稀有な例である。筆者の場合２０２３年２月に北海道へのスキー旅行に際して同行４人の予約を前年の９月から始めたが、制度の適用除外となり総額約５０万円の補助を受けることが出来なかった、専門的な知識が無くても解り易い全国旅行支援制度をピックアップして、詳細に分析、高級官僚の能力を評価してみる。

現行制度の経済効果の推測

先ず、コロナ禍で疲弊した観光産業を救済すべく、『Go to Travel』制度が立ち上げられ、予算がホボ消化されると後継の制度として『全国旅行支援制度』と名称を変更して同様の支援制度は継続された。

１．制度の立案者は、**Go to Travelから...全国旅行支援に名称変更する事で**、関係者に無用な負担を掛けた。
　ネット対応のソフトの作成コスト推算すれば
　中央、１７００の自治体、中間業者をひっくるめて　→　２千機関×２百万円＝**４０億円**
　運用に手間が掛かる事による労働時間量の影響　　　→　２千機関×１千万円＝**２００億円**
　(時給２千円、１０時間／日、５００日と仮定)
２．２つの制度の予算額５，６００億円＋２，７００億円＝**８，３００億円**の予算は消化されてなくなった。
３．国家経済の視点で収支計算をすると
　　総計は1.＋2.≒２４０＋８，３００≒**９千億円弱が無意味に消えてしまう。**
４．数値として推算していないが、制度は企業に手間と残業代の支払い負担を掛けて、利益が減少、納税額の減額要因となり、結果として、**全国旅行支援制度は単なる無駄使いで、関係者を混乱させただけだ。**
５．筆者なら、単純に宿泊施設に身分証明書とワクチン接種の証明書をチェックさせ、地方自治体、旅行業者の関与、**事前のプランの登録などの無駄な事はさせない**。宿泊施設が虚偽申告で、不正に**補助金を詐取した場合には、３倍の罰金を課すと制度設計**すれば、手間いらずで**詐欺的補助金の横領は激減**するだろう。
６．２０２３年4月１９日の政府観光局の発表によれば、２０２３年3月のインバウンド客は１８１．7万人と報じている。多くのインバウンド客は1週間単位の滞在で消費水準も高く、国内旅行者の大まかに１０倍以上を消費すると仮定すれば、１８１万人は、1千８００万人の国内旅行者に相当する。
　インバウンド客のみを制度適応対象として、海外メデアに積極的に宣伝して、インバウンド客の増加を図れば、１人のインバウンド客が３０万円消費したとすると、１８０万人で、５，４００億円の消費行動、消費税は約４００億円で、計６千億円弱の資金が国内に残り、それは回り回って、国庫債発行残高の低下に貢献する。

結局『全国旅行支援制度』は国公債の発行残高を増加させ、長時間労働に誘導し、国家経済としてみると単純に無駄だった。**解り易く言えば、国民に対しての犯罪と見做されても言い訳の出来ない悪い**制度だった。

結局、２０２３年に実行された二つの観光産業救済制度は８，３００億円の予算の無駄使い、単なる長時間労働の助長、国公債発行の原因になっただけだ。同じ予算額を使っても、海外からのインバウンドを対象とすれば資金の流入になり、国の借金の減少に寄与させられ、真逆の事が発生するが、何故か意図的に海外からの旅行客は適用除外とされた。

３月から、インバウンド客が増加したがその消費を制度が取り込むことは出来なかった。

これは、全てを**解っている悪官僚が計画した**のか、立案した**官僚の幼児の様に幼い社会的知識**を原因としているのか？

百害あって一利なしの『ふるさと納税制度』

総務省が始めた『ふるさと納税制度』が地産地消に反し、高度に合理化された生活物資の農家からスーパーへの配送網を活用しないで、小分けして宅配便で運送、トラックが北から、南まで駆けずり回るので環境汚染とエネルギー効率を悪化させている。最終的に増税要因となるので、『百害あって一利なし』と断定して、筆者は著名経済学者片山善博氏に制度改正の要請文を差し上げた経験を持つ。(添付資料参照)

『ふるさと納税制度』も『全国旅行支援制度』と同様で、貧弱な社会的知識をベースに発案された愚行である。

日本の教育が作り出した妖怪

既述の４００億円の金利を還付した国税、天下りで税金減額の為に税務署に口利きをする天下り官僚ＯＢ共通であり、多分、全ての日本の官僚文化に共通する、それは日本の教育が作り出した妖怪の様なものだと思う。

浪費された金はＧＤＰ統計で経済を成長させたと評価する

無駄使いはＧＤＰ統計の数値を良くさせ、経済政策は成功だったと経済学者が褒めてマスコミが報道する。

これらは全て国内におけるマネーの移動だけで、それは労働量の増加によって行われ、予算として使用された分とネット対応ソフトの構築と修正費用で、**計、９千億円弱の国公債発行の圧力**となる。

金には個性がないので、歳出と呼ばれるドンブリの中に入れられて、最終的に国債発行で帳尻が合わされる。

常識と経済学の齟齬＝行き違い（特に日本の場合)、

経済学では、政策担当者の**無能力、汚職、天下りが作り出す負の貢献は想定されていなく**、日本経済に欧米基準の経済学を適用する事に無理があり、日本の経済を経済学で論じてもピント外れになる。

日本の行政にはコスト意識が全くない

既述の国税の還付金、その他無数の官僚が関係する仕事には、**民間では死活的に重要なコスト、利益と云う概念が全くない。**大きな予算を消化した人が評価され、少額の費用で仕事を行っても褒められなく、むしろ低く評価され、民間と真逆である。スエーデンでは官僚は民間の視点で評価され、組織が評価する能力を持っている。

中央の高級官僚の権威

中央の官僚が自治体や金融機関等の様に中央官庁の監視が強い組織に対してのさじ加減で予算配分や処分内容が決められるので、不透明、不正の温床となり易い。１９００年末頃に話題となった金融機関が大蔵省の高級官僚へ常習的に行った風俗店『ノーパンシャブシャブ』への接待がその例だ。

地方自治体の**首長の最も重要な仕事は中央から金を引き出す事**であり、日本特有の官官接待の言葉が生まれた。

この様な背景の下で、地方自治体や関係業界の関係者は中央に異議を唱えられないので従順に制度に従う。

終身雇用の日本では中央に従わなければ、業界に継続的に定年まで勤務する事は出来ない。

絶望的な後進国になった日本のＩＴ関連企業

人類史で第三のパラダイムシフトの中で日本は大きく劣化した。

２０年近く前に、筆者の２人の甥、妻の１人の甥はＮＥＣ、富士通、日本オラクルに勤務していた。

阪大、専門学校、東京大学卒で、年収約１千万円、５００万円強、２千万円強だった。

会社四季報によれば日本オラクルの主要顧客は、ＮＥＣ、富士通と書かれており、日本企業はオラクルのデーターベースソフトを利用して販売する代理店である事が解る。行政機関は日本の最大のＩＴ産業の発注者であり、発注者がお粗末な知識しか無ければ、対応する業者の対応も雑になる。庶民生活に当てはめれば、注文住宅を発注するに際して、小学生が仕様設計、建築価格交渉をする様なものだ。無数の不手際、不正、やり直し、高値買い...が発生する。マイナンバーカードの導入にヘドモドしているのが、その良い例だ。

米国、スエーデンの様に官の専門家のレベルが高く、厳しい条件を突きつけられる場合には、業者は厳しい技術競争に晒され、それがスエーデン、米国を世界のＩＴ技術先進国にした。

日本の場合、ＩＴ業者は素人相手の商売で、苦労なく受注できるから、優秀な技術者を必要とせず、米国の先進企業の下請け的な立場でも十分ビジネスが出来る。ＩＴソフト業界の劣化は、半導体関連企業に伝染して、半導体市場で世界をリードしていた日本は、中進国となり...更に劣化、低い賃金を期待されて日本への工場建設傾向が出てきた。

インサイダー取引

戦前に建設された東洋一の小牧ダムの建設開始に数年先行して、礪波市の神官綿貫佐民氏は水没する流域の土地をタダ同然の価格で買収、地方財閥の基礎を作った。息子の綿貫民輔氏は政界のドンとなり、最終的に衆議院議長に就任した。

テレビで紹介される、船で行く温泉として知られている『大牧温泉』はその様にして手に入れた土地である。

筆者の家庭菜園の近くのトンネルの出口に看板が林立する小さな土地があり、それは神戸市の建設局勤務だった、近隣の人が看板長者と揶揄する人が先回りで土地を買った事で可能となった。

２１世紀となり、種々の経済統計が発表されるが、発表前に事前に知る立場にある官僚は先回り売買＝インサイダー取引の誘惑に勝てるだろうか？統計発表が国政の為よりも、インサイダー取引の為になってはいけない。

対岸の火事でない米国国債のデフォルトで個人の預金が消滅

米国では過去数年間、共和党と民主党の間で５月末まで国債のデフォルトを左右する議論が行われてきた。

ある時点で、将来米国債がデフォルトする可能性が非常に高いと推測する。

米国国債がデフォルトすれば、確実に**日本国債のデフォルトに連鎖し**て、日本は巨大な影響を被る事になる。

民主党の党首を目指す有力者の一人、ケネデージュニアは、大統領に当選したら世界中に展開している約８００の米国の軍事基地を閉鎖して世界の警察官を止めると言っている。米国の約８兆ドル≒１千兆円／年の軍事費は激減、米国は戦死者の無い、防衛費の少ない、豊かな国であり続けるだろう。

食料、エネルギー共に自給率が、ホボ１００％の米国は、**国債がデフォルトしても、当初**

金融市場は混乱するが短期間で収拾され、２世紀前のモンロー主義に回帰して孤高の裕福な国を目指すかもしれない。

米国依存度が高く安定度の低い日本

日本は米国国債の突出した最大の保有国であり、約１．３兆ドル≒１８０兆円保有している。

日本は食料自給率４０％以下、エネルギー自給率２０％以下で世界的に見て先進国の中で最も脆弱な、安定度の低い国であり、それに輪を掛け安定度を下げているＧＤＰ比２．７倍の巨額公的債務残高である。**国民一人当たり１千万円以上に積み上がった**先進国の中で最も国債デフォルトの危険度の突出して高い国だと断定できる。

近未来に予想される東南海地震、富士山の噴火、等の自然災害の発生が起点となり、日本国債のデフォルトが起こる大きなリスクもある。経済、金融の世界ではそれを期待して待っている多くの金融マンがいる。

米国国債のデフォルトは日本の国債デフォルトに直結する

米国国債のデフォルトが予想されると、日本国債に影響する事が連想されて、円は下落傾向を顕著にする。

円が大きく下落すると輸入される食料、原油などの価格が上昇し、猛烈なインフレの起点となり、資金需要が拡大し、個人所有の国債は現金化され、生活物資の購入に充当される。ドル買い為替介入は全く機能しない。

政府は、国債買い戻しの為に**紙幣の印刷量を増大する事で対応し、国債の償還を終えることが出来る**、米国債のデフォルトを奇貨として日本の**国債問題は国民の預金が肩代わりする事で簡単に解決され**るが、それは**国民に絶望的なインフレと資産の棄損の犠牲**のもとに行われる。米国では短期間金融市場は動揺するが、メンツを除けば、何ら大きな問題は無い。日本では円の価値が劇的な速度で低下、生活の基本である食料と電気エネルギーが不足、食料の価格が想像を絶する速度で高騰する。地産地消が主で、大都市圏を例外として、国全体としての食料自給率、エネルギー自給率が比較的高かった終戦直後のインフレの数百倍、数千倍のインフレが全国を襲うだろう。食料、ガソリン、交通機関、飛行機、全ての商業活動...その影響は想像を絶する。

キャリア組官僚が野放図に作った巨額公的債務は、国民が背負って払い、貧富の差は拡大される。

人事院の観測気球と東大について考える

マスコミから最近数年、上級公務員試験合格の東大卒者数が減少、東大卒者のキャリア組官僚離れを危惧し、公務員の週休３日制を検討し始めたと、社会の反応を見る観測気球と理解されるニュースが流れて来た。

放置しておけば、今後、全ての面に於いて官と民の待遇上の格差が更に大きくなるように制度設計される予感がする。

スエーデンと税金

筆者は１９７５～１９７９年の４年間、２人の未就学年齢の娘帯同でスエーデンに住んでいた。

当時スエーデンは最も高税率でその後税負担は軽減されて既述の様に、ハンナが里子を受け入れる事を可能にする理由がある。スエーデンでは税金を払う企業は金の卵で、補助を貰う様な業界、企業は自然淘汰される。

経験から、**家族財閥は責任感が強く最も信頼できる**経営をする事で最も重要な金の卵としての信認を得ている。

雇われ社長は、長期的な視点での責任感に乏しく、評価が低い。２１世紀になり、日本でも高い利益を維持する著名な企業が上場廃止を決める事例が散見される。半世紀以上前に彼らはその様な認識を持っていた。日本では政府、行政はあらゆる機会を捉えて増税を模索するが、**スエーデンでは国民の負担軽減の為に減税**、その代表的な例が、約５年前の相続税の廃止であり、それは約５％の相続税納付対象となる資産家だけの問題ではない。

貧困層とも呼ばれる低所得者層では、相続税が無ければ見過ごされる事が、相続税制度がある為に親族間での争いの原因を作る。**相続税納付の為に土地が安値で売却され、それが金持ちの外国人に購入**されれば国土の外人による蚕食となり、国防問題に直結する。制度を維持するために価格の査定、記録、裁判費用、弁護士などの費用が掛かり、それは国内の総労働時間の増加を意味し、長時間労働の原因となる。相続税が無くなれば司法関係者は相続税について学ぶ必要がなくなり、負担軽減である。

この論文の総括と今後

青色ダイオードの発明で中村修二氏がノーベル賞授賞式直後のインタビューで、研究環境の整った米国の永住権を取った事を吐露された。即刻、外務省は中村博士の国籍を剥奪、パスポートを無効にした。

同年に日本の文化勲章を受章したが官報には米国人と記載されていると言う。

時代の変化に適合した制度設計を託された高級官僚が、**国家に貢献すると言う視点を欠き、単に、交通取り締まりの警官が一旦停止を発見した様な些細な事**に超迅速に反応する。

第二次大戦の際の有名な『命のビザ』の発行者杉原千畝氏に対する仕打ちの様に、人類愛、国際的な貢献の価値に対する視点を持つことなく、杉原氏を命令違反として冷遇した外務官僚も既述の税務官僚と同様だ。

論文の字数制限の上限に到達している

極端な偏食者として知られる米国の大富豪で慈善家のウォーレン・バフェット氏は、筆者の一回り上の午年で９３才にして若者と変わらぬ聡明さをマスコミやネット上で披露されている。バフェット氏は１０代で株式投資を始め大人の社会に侵入したと言っており、比較するのも恥ずかしいが、筆者は１０年遅れの２０代で始めたが、それでも日本では早い方だった。天は筆者をあと１０年は生かして下さると思う。

今後の対策については、**第１７回の『真の近現代史観』への応募論文**で明らかにしたい。

著者略歴

岡 田　　實（おかだ　みのる）

1942年３月生まれ、82歳
住友電工伊丹製作所、応心学園卒業
立命館大学夜間部卒業、工学士

【主要事績】

米国特許：３,４９７,９３３
住友電工在職時、１ドルで会社に売り渡した特許権。会社は多分、登録までに当時の建売住宅数軒分の費用を掛けている。多分、日本で初めてのサービス発明？
住友電工がホワイト企業だったから、発明者は筆者となっている。

日本特許：特願２０２０－１９２８２０
理研のスーパーコンピューター富岳のシュミレーションのアシストを受けて、登録された。民間の基準で原価計算すればシュミレーションには10億円掛かっているだろう。

【人生での主たる経験】

国内外の数万人の技術者との金属部品の機械加工コスト削減の為のコンサル業務。
30年間に、国内外の千人を超えるトップリサーチャーとのフリーデイスカッション。
同業者とのライセンス交渉、特許係争、M＆A業務に30年間携わる。
20代で株式投資を始め、結婚前後に株価が１年強の間に40倍も暴騰した三光汽船株を約５万株保有していた。
現役引退後約10年間金融市場で、株式、債券、FX市場で右往左往。
40代の頃東京から出生後数週間の女児を里子でスウェーデンに出す世話をした。
現役引退後、50回以上国内外へ週間単位の長期旅行を経験。

著作権法上の取り扱いについて

自由に行っても良い事

１．コピー機による紙へのコピーとその配布
２．引用本を明記しての、１出版物への５項目以内の部分的スキャン、デジタル化での複製
３．音声での朗読、解説などの行為

利用に著作権法上の権利を主張する事

外国語への翻訳と出版については、全訳でも部分的な利用でも対応します。

21世紀の混乱した社会でこの本の出版により筆者はどのような災難を負うか、予測不能です。
無数の訴訟の被告となる可能性があります。
筆者は科学者の末端に位置するものとして……暗黒時代とも呼びたくなる21世紀初頭の日本で……「妖怪ジャパン」を解明する為に非常に大きな危険を冒しています。

『低福祉・高負担』、『低賃金・長時間労働』で腐敗体質となった日本を正す。

発 行 日　2024年11月26日

著 者　岡田 実

発行所　一粒書房
〒475-0837 愛知県半田市有楽町7-148-1
TEL：0569－21－2130

編集・印刷・製本　有限会社一粒社

ISBN978-4-86743-297-6 C0023

私の八十二年の自分史

◉五箇山出身、仕事の遊び人

岡田　実
Minoru Okada

目次

80年の人生の短縮版としての役目を期待して巻頭に配置した。山の中から、高い空を飛ぶ米軍の爆撃機Ｂ29の飛行機雲を眺めながら、都会、海外に憧れていた。船乗りになり、外国に行く事を夢見ていたが、断念、……初任給６、７００円に惹かれて就職。偶然の連鎖で、国内と海外の両方で無数の知人、友人が出来た。私の、どちらかと言えば、人たらし傾向で饒舌なところは、田舎の人生で出来上がったと思っている。受験勉強でいじめられていたら、全く違った人生が待っていたのだろうと思う。

(注)　以降の説明の中に、後述する21世紀の社会、経済現象を解り易く説明する為の**造語集の中の言葉を使用しているので、第二部の造語集も参照して下さい。**

日本で初期に世界遺産と認定された隔絶山村、五箇山に生まれる。農業と小商売をしていたので人生の短縮版が経験できた。学校から帰宅後、家の手伝いの合間には自然、友達と遊び、試験勉強はした事がない。

立命館大学の夜間部に進んだがアホナ事に通学に片道２・５時間掛かったが４年で卒業した。退職する数年前に大サービス発明、会社が５００万円の費用を掛けて国内外に特許出願した。12年間勤務した退職金は13万円、当時の年収25万円くらいの頃の話だ。

スウェーデン系の世界企業で、鉄鋼をはじめ、ハイテク金属素材分野で、世界的に著名な企業の日本法人に転職。会社の公式言語は英語で、英会話を克服、給料も連続的に上がって、28才の頃に、知人の大銀行の三宮支店長とホボ同じ月給である事が分かる。仕事は複雑で、部下は全て年長者で、海千、山千の曲者ばかり、難しかったが、面白かった。

多分、頻繁に、製品の問題個所を指摘し、設計変更をする提案をしたので、スウェーデン本社のＲ＆Ｄ部門から転勤を打

診され承諾する。1才と2才の娘を連れて家族4人で4年間スウェーデン在住。仕事では製品開発、特許係争、異分野の人との交流、プライベートでは、家のDIY建築の手伝い、庭で小さな菜園活動、4週間の夏休みを使っての海外長期旅行を楽しんだ。

第六章　帰国して関東に転勤、主にR&D活動に従事（37～48才）……… V-213

巨大国際企業では避けられない、長期的な会社経営に関する議論の結論に従い、日本における日本向けの製品開発をさせられる事になった。日本では考えられない事だが、殆どの製品の粗利が5割をこえ、R&Dに売り上げの10％以上を使っている会社は、数億円程度の一時的出費は全く問題にしない。同業他社は売上1／5以下で、売り上げの精々1～2％程度しかR&D活動に使っていない。上司は私の主張を理解し、同意していたが、他の主要国に合わせて実行した。

第七章　神戸に転勤、活動の幅が税務、M&Aと広がる（48～57才）……… V-239

神戸に転勤して数か月後、神戸市長の名代としてスウェーデン国王を、東京駅の赤絨毯の上で東京駅長とお迎えして神戸までの旅をご一緒する役目を仰せつかった。会社には元大蔵省審議官の『名ばかり会長』、大阪国税局から転職した中村さん等、経理、税務の関係者との交流が始まった。

第八章　現役引退、菜園、コーラス、テニス、国内外への旅行（57～77才）……… V-289

それまでに手掛けたドイツ語、英語、ロシア語、スウェーデン語に加え、スペイン語、トルコ語、中国語の旅行者レベルの会話能力を持ち現地の人とコミュニケーションが取れると、旅行が面白くなるのでかなり熱心にやったが、殆んど忘れて終った。英語とスウェーデン語はソコソコ行けるが、何時まで続くか??

第九章　コロナ禍の中、社会へ熱意を持って精神的現役復帰（77～81才）……… V-401

2020年1月、北海道からのスキー旅行の帰りの機中で、COVID19のコロナ騒動の発生を知る。1人当たり1千万円以上の巨額の国公債発行残高を積み上げた政府が、統合失調症に罹患したかの様に、愚行を繰り返し、政府、官僚のトップ集団が〝妖怪ジャパンに〟汚染されている事を確信する。多分、この本の執筆が、日本の識者から批判され、訴えられて私は、刑務所に収監される可能性が高い事を承知している。私は全ての日本人が不幸の中に……悪徳、無能の高級官僚も含めて……つまらない人生を送っているから、全ての現在と将来、日本に住む人の為にと、勝手に考えて執筆を進めた。

千ページを超える大部の本の執筆を80代の私に向かわせたのは、日本の堕落した政治、行政が残した1千500兆円の巨額借金を看過した私世代の責任を感じたからだ。

清潔な政治が行われている**『高福祉、低負担』のスウェーデンでは、庶民の税負担が日本よりも低いにも拘わらず、無借金に近く……日本にスウェーデンの税制を適用すると、1千兆円を超える余剰金が発生した事になる。**

日本では巨額借金、スウェーデンでは巨額余剰金。

私はその理由を熟知している。日本には民間企業が稼いだマネー=税収を飲み込む**『妖怪ジャパン』**が巣くって無茶苦茶にしている。

まえがきのまえがきの起源

この本の第二部は巨額公的債務の形で露出している日本劣化の因果関係を明快に示し、次世代を担う賢明な若い読者の方々に、日本を正常な国に戻して頂くための一助になる事を期待して書かれている。

第一部は『自分史』で、筆者の経験をノンフィクションで羅列しており、第二部を支える証拠の役割を担っている。

結論だけ書いて誰かを非難しても……ネット上で見かける屑話と同じ、それだけの事で何も変わらない。

劣化には無数の因子が複雑な形で関係し、結果として無数の高学歴者も……僅かの報酬とステータスを得て無意識に加担しており、日本は妖怪に乗っ取られているかのような状態になり、現在の劣化した日本になって終った。

日本を乗っ取っている**妖怪に『妖怪ジャパン』**と命名して、説明を簡潔にする方法を採用して執筆を開始した。

執筆を始めて約4年間、最初から途切れることなく……**まえがきをどのように書くか迷っていた。**

簡潔に書けば解り易いが…細かな事にのみ関心のある人から……雑だと非難され、屑扱いされる恐れがあり、社会的な影響力のある学者、識者の様な方々から、合格点を頂戴する為には数千ページを要し、それは不可能。どのようにその問題を解決するか……その巻頭に来るまえがきの書き方に、執筆当初から悩んできた。

友人で、学校法人のトップとして大学教育に携わっている佐藤君に相談してヒントを頂いた翌日、2023年3月開催のWBC=ワールドベースボール・クラシックをテレビ観戦、メキシコ戦と米国戦9回での劇的な大逆転。

村上宗隆と大谷翔平の『神がかり』とも表現したくなる美しい様子を見てしばらくしてから、頭の中で精神的な化学反応が起こり、社会的な知識が豊富で、**長期的な多視点で功罪を考える一般人と**、専門分野の経験に特化して社会的な経験、知識が貧弱、**単視的な高学歴専門家向けと、二種類の『まえがき』にするアイデイアが出現した。**

まえがきのまえがき

日本の劣化には無数の因子が複雑な形で関係している。日本の過度に複雑化した制度と、多くの場合、受験目的教育の勝者となり、その延長で高級官僚となった人々の能力不足が唯一最大の原因である。

結果として他の無数の高学歴者も……僅かな報酬とステータスを得て無意識に劣化に加担しており、日本は妖怪に乗っ取られているかのような状態になった。

記憶力重視の受験目的教育は子供の好奇心、疑問、探求心を減殺させ、多様な経験の機会を奪う。結果的に高学歴者は……少数の例外はあろうが……単視的傾向が強くなり……立案した制度はお粗末な物が多くなり、それが原因で劣化しているが、第二部で考察してみよう。

２０１９年5月に執筆を始め、既に4年以上経過している。文中で初期の頃に2～3年前と書いた部分は正確には、6～7年前と校正すべきだが、実行していない。

紀行文、エッセイ集、見聞録の様な本書は、諺に言う『群盲象を撫で』で、目の見えない視覚障害者の筆者が日本と言う巨大な象を撫でまわして観察した結果を記述しているから、大見出し、小見出しの関係が乱雑にならざるを得なかったが、筆者はその方が、読者の方を筆者の主張する所にマインド・コントロールしないから良いと思っている。

スラ、スラ簡単に読める物より、若干疑問を感じ、句読点や誤字を気にしないで……書いてある内容への興味とのバランスで、結局最後まで読破して頂ける様な本の方が読む価値があると思っている。

まえがき—1：一般の方に

妖怪ジャパン

日本は奇妙な、人には存在が感知できない妖怪の『妖怪ジャパン』によって操られていると思っていた。私は、薄々その存在と、姿を身近に感じながら数十年間一緒に生活していた。

『妖怪ジャパン』は日本を劣化させ、1人当たり1千2百万円の借金を負わせ、それは増加の傾向を強めている。ギャンブルではなくて経済現象なので、偶然の幸運は期待できなく、シナリオは既に決まっており、消去し、書き換えする事は不可能だ。放置しておけば、時間の問題で、早晩、巨大な破壊力で日本を壊滅させ、国民は最大級の困難に陥るだろう。親の不始末が残した巨額借金は相続放棄でチャラに出来るが、国の借金はそうは行かない。

借金を巨額にした浪費家の官僚、政治家と加担した学者、識者……彼らは変身して、倹約家になれるだろうか。

コロナウイルスと里子が筆者を変えた

コロナの影響

２０２０年から、世界中はコロナの問題で苦難の道を歩み始めたが、コロナウイルスは人類には不明な妖怪の様なもので、専門家と称する学者、医師、専門家もマスコミ、ネットを通じて、不確かな見解を濫発する。行政も無い知恵を絞って対策するが、それらは恐ろしくピント外れで、国民を長時間労働、低賃金に誘導、結果的に大きな資金を無駄使いして、国の借金を増やし、国民の負担を増加

させている。奇妙な事に、その様な無駄、負担の増加は、経済学的にはGDPを押し上げ、統計上は裕福になった事になる。

里子の影響

私は約40年前、40歳の頃日本から誕生後数週間の女児をスウェーデンに里子で出した。2021年に40才になった里子のハンナは2人の男子小学生を持っている。3人目の子供を欲しいが、多分、男だろうが、男は嫌だから日本から女の子を里子で頂けるように世話してと懇願された。私には40代の娘が2人、孫も3人いるから、日本のアラフォーの生活、人生について熟知している。日本がおかしい。日本では2人の子持ちの40代夫婦は経済的にも、時間的にも大変だ。それは政治、行政の無能が原因である事を筆者は熟知している。無責任な政治家の看板は美しいだけで、行政は能力不足でピント外れな制度を作るが、識者、マスコミも問題点を認識する能力又は意志がなく、むしろ行政に迎合的で社会を劣化させる事に加担している。

本の執筆を考える

筆者は当初『妖怪ジャパン』を題材とする小説を書こうと思っていた。小説家は筆者が中学生の頃に憧れていた職業だったが社会に出て、仕事が面白くなり、その夢は忘れ去られていた。

目の前に現れる行政の愚策を観察、それに異を唱えない国民、素直に迎合するマスコミ。

日本の学校教育の副作用でマインド・コントロールされ問題に正面から取り組めない学者、専門家、医師等のコメントに接する中で筆者の考えは変わった。

僭越のそしりを免れないが、多くの専門家よりも自分の方がよく解っていると確信できる事例に頻繁に遭遇した。

小説として面白おかしく『妖怪ジャパン』について書くだけならば、本は売れるだろうが、普通の売文業の作家と変わらない。『妖怪ジャパン』とコロナ問題を組み合わせた、売れないが、内容のある本を書く事で、未来に生きる若者に、**化粧しない生の社会を筆者の経験を通じて伝える事**に方針転換した。

貧困化した日本

多くの人々は職場と呼ばれる狭い範囲で、誠実に一生懸命に頑張っているのになぜ生活が苦しく、長時間労働で、なぜ給料が上がらないのか。若者は極端に二極分化、多くの若者は未来に明るい展望が見えなくて、恋愛が出来ない、結婚が出来ない、子供を持つ気になれない、車なんてとんでもない……。

この本は読者が自分の経験と筆者の経験を融合させて、知的免疫力を増強、妖怪ジャパンを駆除して、日本を正常な国に戻すワクチンの役目を果たすことを期待して執筆された。

熱意を持って、正しい事をすれば天が助けてくれる事を、米国マイアミ開催の2023年のWBCにおける、準優勝、優勝戦の2回の9回の劇的大逆転が教えてくれた。この様に大部な本を書くのは大仕事だが、読むのも大変だ。内容が多岐にわたり、関係する因子が無数にあるので、筆者の作文力の限界もあり、大部になって終った。

この本が読むに値するか、否かの判断を容易にするために、80年の人生の系譜を短縮版で見られるように写真集を第一章に配置した。先ず、第一章の写真集次いで資料集をご覧になり、それから考えら

れることをお勧めする。

まえがき―2：高学歴の専門家の方に

残念ながら日本では高い教育を受けた学者、識者、教授、専門家と言われ、行政に強い影響力のある主流の指導層の方々は、劣化する日本の現状に……異議を表明することなく……**積極的に看過している様に観察される。** 殆どの高学歴者の方は長期間狭い専門分野の中で人生を送り、中間的なゴールとして専門家の称号を獲得、社会を指導する立場に到達して、政治、行政に影響力を与える活動をされる。 経験の多少により、同じ課題を与えられても、人により視点が異なり、違う解答になるのは当然の事だから、経験量の多寡は非常に重要な要素だ。筆者は15才から80才までの65年間、結果的に昼勤と夜勤の二直をこなしてきた感があり、累積すれば15＋65＋65＝145年の人生を送ってきたことに相当すると思っている。

筆者は80年の人生で、経済、政治、歴史、工学、医学、司法、工場経営、農業、組織の管理職、労組活動、工員、行商人、杉の植林、薬草の採取、炭焼きと炭窯作りの手伝い、傾斜地に水田を造成する為にトロッコを使っての土木工事、手作り凧、ゴム動力の模型飛行機制作、夏季には連日朝夕の2回つけ針で魚とりと自然の中で育った。

結婚後は日常的な買い物、子育てなどの経験に加え、自治会活動などにも積極的に参画してきた。趣味として若い頃は囲碁、将棋、ゴルフ、マージャン、高齢者になり太極拳、ヨーガ、コーラス、ピアノを行った。スポーツは水泳、スキー、軟式野球、バレーボール、バスケットボール、スケート、ヨット、登山、高齢となりテニス等、都会育ちでは出来ない多様な経験をしている。

小学校3年生から中3まで積雪のない夏場には、夕食用の囲炉裏での炊飯と具沢山の味噌汁作りは自分の仕事として行ってきた経験に加え、テントでキャンプを趣味として来たので、炊事全般は何でもできる。 健康上も大小の多くの問題を抱え、一級障害者であり、4回死を意識した問題をくぐり抜けてきた。28才の頃から退職までの約30年間、雇用の為に数百人に採用面接を行い、100人以上を採用、その内の5人は旧帝大卒だった。

100人以上を採用し、その後の彼らの成長に責任感を持って注意深く観察してきた。

多くの途中入社の面接で28才で秋田放送の40代の課長職の人が応募し、面接した時の話は忘れられない。

放送業界では仕事の結果が消えてなくなり達成感が無いので製造業で働きたいと応募された。1974年、日本の左翼学者が賛美していた共産主義国ソ連のモスクワでタクシー運転手に3か月の速成ロシア語会話を使ってのヤミ商売で数千円を儲けたが、当時のソ連では通貨ルーブルでは買いたい物がない…当時としては珍しい経験をし、早晩ソ連は崩壊する、イヤ、既に崩壊が始まっている事を確信した。

それは、日本で碩学の誉れの高いフランス人学者エマニュエル・トッド氏が、ソ連崩壊を予言した随分前の事だ。

現役の頃には頻繁に出張があり、月の4／5程度は外出で書類の原稿は出張中に作成、帰社した時に女性にタイプをお願いするスタイルが定着、新幹線の車中では週刊誌を読むことが習慣化していた。

毎週1～2冊の週刊誌を買い、年間50冊以上、日本での現役生活25年で、計2千冊ぐらいの週刊誌を読んでいるから、頭の中は雑学の図書館みたいだった。

小学校の頃から9才上で読書好きの兄の読むリーダーズ・ダイジェストに加え、当時溢れていた第二次大戦の従軍記を愛読していた。その延長で、住友電工に養成工として就職で寮に入り、2年遅れで夜間高校に入学するまでの2年間は寮にある図書室の蔵書、論語、孟子、十八史略、三国志……等に加え、日本文学の吉川英治、島崎藤村……等の全集類数百冊をホボ全て読んだ。

その20年後くらいから、企業で新しく中間管理職に昇進した人が、組織運営を中国の古典に学ぶことが流行したが、それらは私が10代の頃に読んだ本だった。1975~1979年スウェーデン転勤、2人の就学前の娘を帯同して家族4人でスウェーデンでの生活を経験した。当時スウェーデンは税負担が過酷で、高額所得者で世界的に著名な女性童話作家がスウェーデンは私の所得の100%を全て税金で徴収すると、細かなデーターを挙げて揶揄するような時代だった。その様な4年間に、結果的に300万円/年で、総額1、300万円の蓄財をすることが出来た。一部上場企業の社長でも、国内出張に飛行機を使用するのは珍しかった1960年代から、スウェーデン人役職者との同行出張では飛行機の利用は普通だった。

国内外旅行で十分に千回を超えるフライトを経験する等……日本の標準とは大きく離れた経験をしている。

20世紀後半から、あらゆる職業、技術が細分化され、学校教育期間が長くなり、筆者の様な多彩な経験を短い人生でする事は完全に不可能になった。筆者の時代でも、人生を毎日2シフトで駆け抜けてきたから出来たと思うが、その様な経験が社会の専門家の方々と違った意見になる理由だ。

筆者はマインド・コントロールフリー

筆者は顧客から課題を頂いて、考えて、悩んで……問題を解決する。その後で書物を読み、活字知識で自分の行った事の学問的な意味を理解する事の繰り返しだった。殆どの高学歴者は活字知識が先で、実践は後になるので、活字知識にマインド・コントロールされ自由に考える視点が弱いが、筆者はマインド・コントロールフリーの人生を送ってきた。

論文の宿命的な無価値

自然は時間の経過と共に変化し、ある時には激しく……殆どの期間は概ね人間がその変化を感知できないくらい緩慢に変化を繰り返して……変化するが、**その変化は不可逆的である。**

論文はある時点での観察結果から、新しい解釈をする事を文書化する事で論文となる。

文書化して論文となった時点でそれは過去の記録となり……自然は継続的に不可逆的に変化するから未来の予測には役に立たない……過去学論文となり、趣味の領域の考古学と同類である。それらの論文は教育の場で教科書として利用される事で、次の世代の教育に影響を与え、その繰り返しで、高学歴者が養成される。

この本の記述内容について

記述は曖昧、年号は不正確、数値は丸められ、校正が不満足等、学校の教科書的な観点から見れば、雑な記述で、学問の分野では受け入れられないと思う。執筆に4年間も掛かっているから、期間を意味する数値も間違いだらけだ。

筆者がスウェーデンに住んでいたのは45年ほど前で、その後スウェーデンは変化しているが、友人との交流とネット社会となり最新のスウェーデン事情も簡単に知ることが出来るから、実用上必要なレベルの数値上の精度は充分に確保している。

この本は専門家が自論を主張するような論文ではない。読者の方が自分の経験と融合させて、自分の意見を作るための参考にされる事を期待している。

教育の役割

筆者は日本の受験目的に設計された教育に強烈な異議を感じている人間だ。

日本の教育は教師、教科書、問題集が生徒を支配する、記憶重視で単視的な人間を作り、考える事を必要としない、忍耐力を必要とする単純繰り返し作業に向いた人間を養成するのに向いている。

多様で、変化に富んだ社会に溶け込み、スムースな会話が出来て、柔軟に生きて行ける人間に育つためには好奇心、疑問、探求心を持ち、多視的、複眼的な大人に成長しなければいけない。

好奇心の無い、喉の渇きのない馬を、池の横に連れてきても水を飲まない。好奇心が全ての知的研究の出発点だ。

国循の月間３００時間残業

働き方改革が話題となっていた頃、典型的な高学歴者の集団である大阪吹田の国循＝国立循環器センターで、病院と医療関係者が結んだサブロク協定＝3・6協定で、月間の残業時間の上限が３００時間である事が小さな記事で新聞に掲載された。医療関係者の、社会的常識の貧困にビックリした。社会的常識のある人にはその異常を説明する必要はないだろう。

スウェーデン人が聞けば……先ず信じないだろうが……死ぬほどビックリするだろう。

豊田享の地下鉄サリン事件

東京大学博士課程で物理専攻だった豊田亨が、麻原彰晃の空中浮揚を信じ、魅せられてオーム真理教に入信したのは、日本の教育の根本的な問題を示唆していると思う。

筆者が豊田の立場なら、物理学の根本を支える重力の法則に反する空中浮揚を行える人物に遭遇したら、それを確かめる。それが事実であれば、アインシュタインの相対性理論以来の物理学上の大発見になる。20世紀初頭から、先端的な科学者が示唆し、１９９０年に入り、大型電波望遠鏡の観測結果から宇宙には、今迄人類が認知している物資、エネルギーよりも多くの物質とエネルギーが存在すると先端的な物理学者の間で常識的に語られていた頃の話である。

それを解明する為に、その方向で麻原に接近するかもしれないが、豊田はその様な好奇心、疑問を持つことなく…簡単に麻原彰晃の書いた活字情報に篭絡されたが、この事実は日本の教育の持っている根本的な問題を示唆していると思う。この事実を、個人差として矮小化、東京大学が問題に正面からか取り組まないのは恥ずべき事だ。

筆者はホボ同様の霊能者との接触を中２の時に経験し、……議論の末に霊能者を退散させた。

スウェーデンと日本は政治的に清潔と不潔の対極にある

筆者は日本で幅広い経験を重ねた後に、当時は非常に珍しかった家族帯同で４年間スウェーデンに住む経験をさせて頂いた。

冒頭に取り上げた1人当たり1千2百万円の借金との関連で結論を云えば、原因は日本は不潔、スウェーデンは清潔の言葉に集約されると思う。不潔、清潔と対極関係にある日本とスウェーデンの違いを浮き上がらせる事で、日本についてより深く知ることが出来ると思う。

その様な発想があるので随所にスウェーデンとの比較で説明され、幾つかのスウェーデン専門家の方の著作についてもコメントしている。

日本の業界で初めての外国特許出願

住友電工在職時の23才の頃、会社が５００万円の出願費用を掛けて、私のサービス発明を先進8か国に出願した。筆者の年収が25万円程度の頃の話だ。

住友、三菱、東芝、日立と業界には高学歴技術者が多数いる中での発明だったが、彼らは日本の教育からマインド・コントロールを受けて、受け身的……過去の事の書かれた書籍に解答があると思い……課題と正面から向き合って考えなかったので、無学な筆者の発明となった。確認はしていないが、業界で日本歴史上初めての海外先進国への特許出願だったと確信している。

コロナ禍の中で、最も普及している、不織布製平型衛生マスクが欠陥マスクであり、感染抑制に効果が無い事を発見して、マスクの特許出願。理研のスパコン富岳のシュミレーション動画にアシストされて……望外にも……登録特許となった。

英語のレベル

日本の住友電工に12年、スウェーデン企業に30年勤務したが、英検を受ければ多分中3のレベルの試験を合格するのは困難だと思うが、ワシントンＤＣでの三菱金属との特許侵害訴訟で裁判の序曲デポジッションを英語で行った。

２０１１年の東北大地震の頃、長女はロンドンのアートカレッジの学生で、同時に起業をしていた。

被災者への救援資金を得るために、ロンドンで活動を開始、同業の知人からの募金５００万円を宮城県に寄付した。

数年後に宮城県知事がロンドンを訪問、震災からの復興に貢献した人にお礼のレセプションが開催され、娘の所にも大使館からの招待状が郵送されていた。文面を見て……変だと思った……数か所に、英語を母語とする人なら書かない様な英文になっている。

娘の友人の英国人に話すと私と全く同じ意見だった。

筆者が40代の頃、同志社大学の著名英文学教授のオーテイス・ケリー氏が、月刊誌文芸春秋の中で、日本の大学入学試験の英語の問題が複雑で、自分が合格点が取れるか不確かだと、吐露、又は皮肉っていたのを思いだした。

毎年、数十人の帝国大学の工学部の教授とスウェーデンの王立工科大学卒の研究者との数時間に及ぶ技術討論の場で、１００回以上英語から日本語、日本語から英語への通訳を行った。

スウェーデン語のレベル

外大卒の専門家から見るとお話にならないレベルだと思うが、スウェーデン国王の神戸訪問に際して、神戸市長の、名代で東京駅の赤絨毯の上で、東京駅長と一緒に国王をお迎えして、新神戸までご一緒させて頂く役目を仰せつかった。

それは、日本、スウェーデン協会のスウェーデン人の提案であった事が後日解った。

外来語のカタカナ表記について

筆者は中国語を英語の100倍くらいの時間を掛けて学ぶ無駄をした。ドイツ語、ロシア語、スペイン語、トルコ語を最盛期には旅行に際して現地の人と交流が出来るくらいのレベルを維持していた。

多くの高等受験教育を受けた人は、外来語のカタカナ表記について非常に厳格だ。

例えば、『スエーデン』書くと、それだけで文章の内容には全く関心を示さず、劣等生の書いた文章と決めつけて、読む気がしなくなることが分かった。学校の試験や、出版物では『**スウェーデン**』と書かないといけないとの事だが、筆者は受験教育に全く価値を認めていなく、カタカナ表記の限界と、役割を承知しているので、日本の専門家により決められた外来語のカタカナ表記にとらわれることなく筆者の耳が捉えている音でカタカナ表記している。

論文と著作

工学、科学の分野では特許の明細書や、学術論文は言葉としての精度は……0・0001㎜までを問題にして……正確かも知れないが、それだけの事だ。特許の場合には権利範囲＝価値を、明確にするために正確でなければいけないが、論文と小説にはそのように明確な境界が存在しない。日本の高学歴者は主張する内容よりも、多くの場合句読点、誤字、脱字、漢字の変換ミスの方に目が行き……そこで頭が停止している人に頻繁に遭遇した。好奇心が少ないと、筆記テストの結果で評価される学校の延長でそのようになるみたいだ。

政治、経済学関係の論文は、発表後時間が経過すれば変更される。0・3％の金利が0・5％に変更された、2・3％の税率が3・5％に上昇した……の様な変更が行われたのがXX年であると云う様な些末な事が話題となるから、論文の鮮度が問題となり、実用上の価値、利用度は限りなくゼロに近い。

日本の言語バリア

多くの日本で起こっている、お粗末な行政行為は日本語と云うバリアに守られて、海外に知られることなく、海外から厳しい批判にさらされないで安住出来ている。日本の政治、行政に大きな影響力を与える主流の学者、専門家の方々が、どのように日本のお粗末な行政の一例の、『全国旅行支援制度』を説明しておられるか興味のあるところである。

この本は教科書ではない

どの様に書くか、1年以上の間悩んだ末に……決まった書き方は、教科書や、主張したい信念を持っている、著名な作家、学者、宗教家とはかなり異なる。最も重要な事は筆者の80年の人生で経験した、多くの失敗、幾つかの小成功をノンフィクションで読者の方にお伝えする事で、読者の方の人生設計の参考にして頂く事である。

基本を編年体にしているが、執筆しているのが21世紀だから、話題によっては紀伝体式も混用して、昔と現在の事を同時に併記する事もある。このように目先が変化する事で、興味を持って読み易くなると共に理解し易くなる事を期待している。

２０２３年６月

岡田　実

―第1章―

写真集

自分史は筆者が経験した時代のアーカイブ=歴史的資料であり、この写真集はその内容をビジュアルで補足説明する事でより実感を持って頂けるように心がけた。
約10年前、タンスの上や、押し入れにあるアルバム帳を横に並べると5～6mにもなった。
見る事のないアルバム帳は粗大ごみと…殆んどのアルバムを廃却した。
わずかに残した少数の写真の中からピックアップしてこの写真集を作った。

売れる事を目的として出版される、美しく装丁された本と異なり、コストを意識して本の構成を決めた。
本文の中に写真をバラバラに配置すると、編集に手間が掛かり、紙質も全頁カラー印刷対応の高級紙を使用する事になり、高価になるので、写真類は一括で、写真集として纏めた。

新しい教育を受け、個人情報保護、肖像権等の権利意識に敏感な次女と外孫は写真の掲載と名前の露出を止めてと懇願した。悪い事をしているわけではないので、モザイクの必要は無いと思うが、本人がその様に希望するからには、仕方がない、顔にモザイクを掛けた。

スウェーデンには…標準的な日本人感覚では個人情報の保護は無きに等しく…その事がスウェーデンを清潔な国にして、不正、汚職、行政上の無駄を少なくさせている。

1千万人以上が殺されたと報じられた中国の文化大革命に際して、子供が家庭内における親の会話を紅衛兵に密告、親が罪に問われて群衆から暴行を受けて…子供が表彰されたと言う逸話をいくつも聞いた。
教育の影響は長期的に絶大である。本書で話題とした多くの愚行、汚職は…その原点は日本の教育にあると思う。

最近話題になった統一教会信者の、家族を犠牲にする過剰献金事件は、中国の文化大革命と重なって見える。
教育について…学校教育だけでなく、家庭教育についても深く考えなければいけない。
全ての教育の原点は家庭教育にあると思うが…我が家の家庭教育に問題があったのだろう。
学校教育に負けない家庭教育を実行するのは難しいが…が最も大切だと思う。

KAMEROR
Förstoringsapparater etc. inbytes vid köp
hos oss finns någon att fråga
ALLFOTO
KNUTEN SANDVIKEN

Sandvikens Tidni

● NYHETS- och ANNONSORGAN FÖR SANDVIKEN MED OMNEJD ●

Nr 12 — 66:e årgången

Fredagen den 13 februari 1976

Familjen Okada från Japan anpassar sig snabbt i Sandviken

● Här är hela familjen Okada! — I Sverige försöker vi äta svensk mat, säger de. Bland annat tycker de väldigt mycket om inlagd sill.

1976年2月、地方新聞の第一面のトップに掲載された。
日本から大量の物、日本人形、和服、7段雛飾りetcを、持参したので、それらを見た新聞記者は日本についての認識を改め、ビックリ、大げさな扱いとなった。
40代初めくらいの女性記者は、俗に云う“カルチャーショック”を受けた感じだった。
統計好きなスウェーデン人は、色々な統計を印刷物にして自慢していた。
おぼろげな記憶だが、3家族に1家族が別荘を持ち、ヨットも含めてプレジャーボートが10家族に一隻等....である。日本とは比較にならないくらいの、経済先進国、裕福な国...だった。多くの家では全国紙と地方紙を購読していた。
人口3万に満たないサンドビケン市で、この様な地方新聞がビジネスとして成り立つ、地方政治がしっかりする基礎があった。
1950年に勃発した朝鮮戦争で発生した多くの戦争孤児が、里子としてスウェーデンに引き取られたので、スウェーデンでは東洋人はそんなに珍しくなかったみたいだった。3人の友人が韓国人の里子を持っていた。
彼らからすれば、日本人も韓国人も同じだ...、共通語は、多分、“経済的貧困、貧しい文化”でも目の前の物にビックリ、それが破格の扱いになる原因になったと思う。この事件から、私は皆さんから見られている...注目されていると感じるようになった。
五箇山を出て、憧れていた都会に出て、都会生活の事態を知り、郷土愛が深くなった。
スウェーデンに住み、日本との彼我の差の大きさが解るだけに、日本が愛おしくなる。
瑞に加え、米、英、独、仏、伊から来ている人も意識、...日本代表、頑張れ日本となる。
当時のスウェーデンの統計では、年間海外出国旅行者数は人口と同等か、それ以上であったと記憶する。
彼らの強烈な愛国心の基礎は、彼らの外国に関しての知識の深さによる。
日本では、コロナ禍以前の21世紀初頭でも、人口の約15%。半世紀前には、多分、人口の0.1%以下の人しか海外に旅行していない。

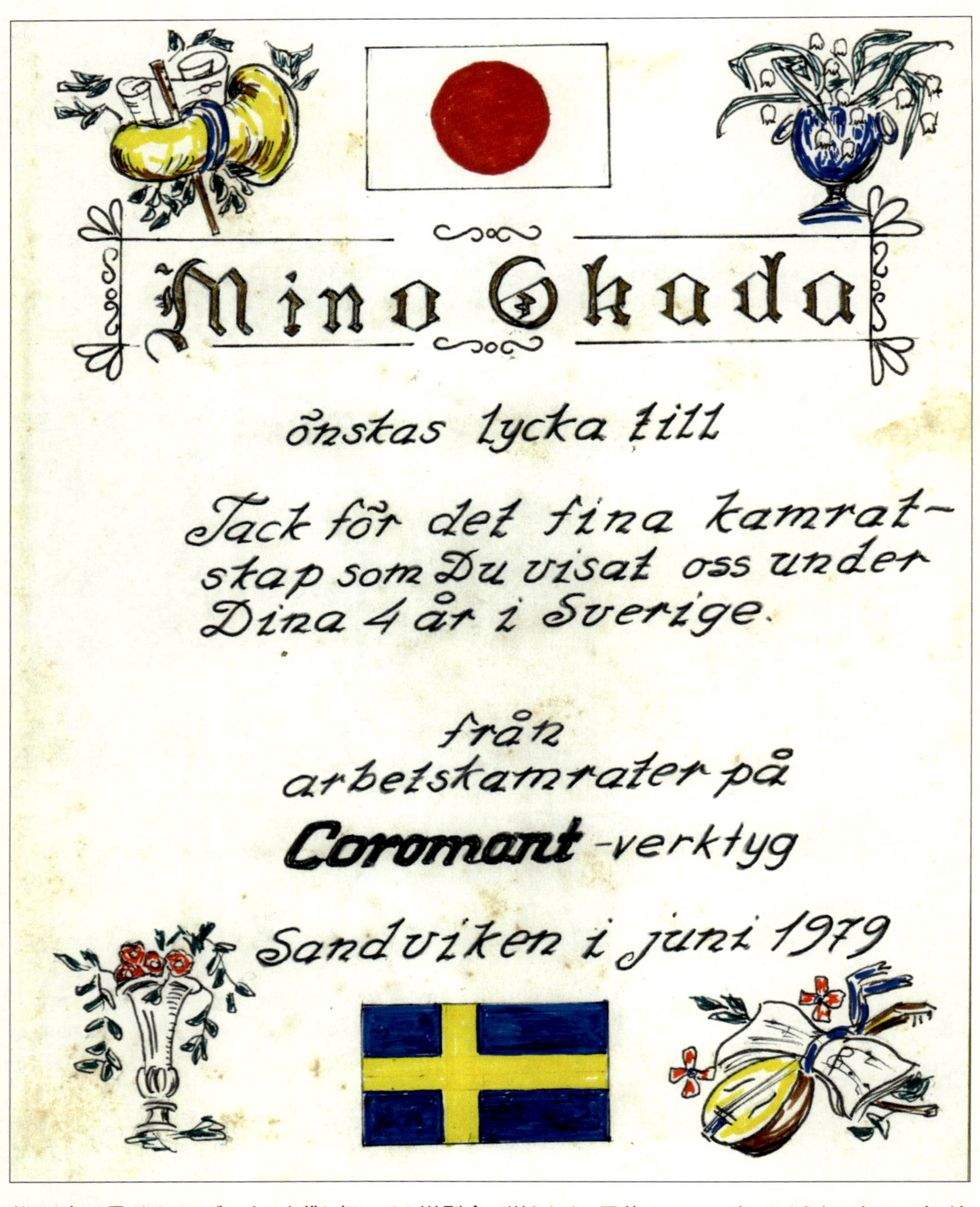

約20名の男だけでログハウスを貸し切っての送別会で送られた。同僚のロルフがこのようなスウェーデン流色紙を作り、記念品を贈ってくれた約100名の名簿を渡された。12年間勤務した住友では送別会は無し、何もなし。会社は私の発明の特許出願に500万円を使い、1億円弱を使って設備投資を行った。月給が約2万円の頃の話だ。途中退社で去り行く者に対する、憐みの心、反対に嫉妬と、…途中退職の理由を知っている人によって異なる。スウェーデンでは仕事上で濃厚に接触した人は15名くらい。残りの80名以上の人は、濃厚接触者ではなかったが、私の製品企画に対する個人的な取り組みと、人種差別的な言動を隠さない上司に対する、反抗的な行動を応援してくれていた人たちだった。4年間と短期間だったが、スウェーデンには正義があり、人々は少々、不器用かもしれないが、非常に温かかった。

応心学園を東側から見た校舎全景。数学、物理、化学、電気、製図は学園で習う。
西側に向かって長さ100m強の運動場を挟んで機械工を育てるための、旋盤、仕上げの実習工場がある。運動場では軟式テニスも出来る。
実習工場でミスをすると、実習工場から学園の間を全力で走って往復する罰がある。

実習工場の旋盤実習の様子。ベルト駆動で段車と呼ばれる、直径の異なるプーリーを組み合わせた駆動方式で回転数を変換する。現在のモーター直結型NC旋盤の二世代前の旋盤を使っていた。
実習は旋盤と仕上げがあり、仕上げでは、ヤスリ掛けとキサゲ掛けがあった。
万力に挟んだ約10㎜の厚さの鉄板をタガネで切断する。号令に合わせてハンマーを持った手を真っ直ぐに上げて、タガネに当てるが、ミスして指を叩くと激しく出血する…。

誰が撮ってくれたのか記憶に無いが、多分、大学3年、深夜2時頃の写真。
松井先輩と20～25才まで5年間生活した雑然とした部屋。
最大、5人が布団を敷ける広さなので、こんなことができる。
深夜、阪急伊丹駅に最終電車で到着、バスは無いので徒歩で寮に向かう。試験勉強が嫌なので、帰寮後ホボ、毎日1～2時間予習か、復習。通学時間は往復で約5時間掛かるから、考え事や、読む物は車中で出来るから、1時間でも机に向かって纏めるのは意味がある。雑然とした本、天井から吊り下げたブックラックには図面などが収納されている。
かなりのヘビースモーカーだった。5年間に松井先輩と交わした会話は、多分、5分以下。多分、誰も信用できないくらいの環境。最初の数週間は手探りで…、でもそのうちに慣れてきた。どちらかと言えば、饒舌傾向な私だが、全く問題なくなった。松井さんと同室でなかったら、満足に大学を卒業出来ていたか疑わしいもんだ。人生何が幸いするか解らない。

中学校卒業式の時に担任の高田先生のドイツ製ライカで撮って頂いた。日本では、ニコンのフィルムカメラが初めて登場したが、それは昭和30年代初頭だった。
後ろにいるのは同名の中島実君。中島君の兄は剣道でインター杯者出場者、警察官となる。その影響か進学して金沢大学に進学、教師となった。

伊丹市立高校夜間部の運動会の時の仮装行列。奇妙なアイデアを誰かが提案、…夜間部だが、休日の昼開催の運動会で、参観者は限りなくゼロに近い。
転校の初年度だから、文句は言えなかった。

伊丹市立高校卒業時の記念写真。中央の和服の女性が田辺先生でその横が秋田先生。
秋田先生とは卒業して約半世紀後、三宮から帰宅する六甲山のドライブウェイ上で荷物を持って徒歩で坂道を行く老人をピックアップ、それが秋田先生だった。偶然にビックリ。

20代前半の頃、工員、職員合同で六甲山系の再度山へ秋の日帰りハイキング。
所属する技術課の課員が20名くらい、他の4課にも案内の回覧をして、計100人くらいに誘いの案内回覧を退職するまで、ホボ、2回／年開催。25～40人くらいの人が参加した。

左の白シャツの人が退職時の井上課長、横の女性が、多分、大卒で初めて採用された外大卒の井上さん。同じ井上ですが、親子ではありません。在職12年の間に課長は4回替わった。職制は課長の下に、課長代理、係長、設計者、と下位に行き、正式な役職名はないが、検図をする同じ図工の身分の先輩がいる。
課長、課長代理、係長と、具体的な仕事の事で話した事は一度もない。
井上課長は新制東京大学卒で、クリスチャン、息子は牧師、又は、神父で、高齢となってからカナダに住む息子さんの所に移住されたと聞いている。

座っているのが岡田、立っているのが富山県高岡出身の野球も勉強も良く出来た畠君。組合の専従で中央にも行き、組合活動＝乱れた私生活みたいな側面があり、飲酒の機会も多く…30代で亡くなって終った。

応心学園で1年下、同郷の富山出身の五十嵐君は夜間高校を卒業後に退職、父親か母親が教師をしている故郷に帰るとの事。頻繁に一緒に六甲山にハイキングに行き、濃密な友人関係にあったので、高校4年の夏休み、記念に一緒に北海道へ3週間の大型旅行をすることにした。この写真は青函連絡船、多分、十和田丸の船上での写真。二人での旅行だから、私しか写っていない。新婚旅行でも、数日の有給休暇が普通の当時…多分…会社は岡田も退職すると思っていたかもしれない。

工員、職員合同で兵庫県北部の日高町…冒険家植村直巳の出身地…の神鍋スキー場にスキー合宿。大学の4年間、毎年開催し、毎回10～15名が参加。北壁と呼ばれていた30度を超す、急傾斜の下の緩斜面でスキー講習。昔の2mを超す長いスキーでは、年に数回のスキー行では上手くなれない。数人の人は参加が切っ掛けとなり、スキー愛好家となった。

北海道旅行の2年後、新任の大津開発係長から試作品の製作図面を書くことを依頼される。
同業の先進大手の米国のGE、ケナメタル、スウェーデンのサンドビックのカタログを渡され、その中に掲載されている、2種類の替え刃式正面フライスのコピー製品を試作する。
試作費用として5万円を使う事が許可された稟議書には15以上の、役職者の承認印が押されていた。
設計中…トイレの中で…2種類よりも良いアイデアが頭に浮かび、大津さんに進言、それも加える事になった。
テストの結果、最終的に第3案がダントツで製品化され、20年以上の間、住友の鋼の平面切削用の主要製品となった。

大学で最も親密だった3人の友人の一人、マッチャン。写真は卒業を控えて、普段は着ない学生服で宴会を行った24才～26歳の高齢大学生だが、輝いている。この写真は、多分、彼らにはあげていない? マッチャンは運輸省勤務の国家公務員、定年間際には、兵庫県下の運輸省代表として、兵庫県下の各省庁の連絡会議に出席していると聞いた記憶がある。
退職後、叙勲された。夫婦の式服を新調、数十万円掛かったとボヤイテいた。

"竹""こと元武君。呼び名は"タケっちゃん"。
トヨタの自動車整備の学校を卒業して自動車整備工2級の資格があり、その後石油会社のガソリンスタンドに勤務していた。非常に優しく、角張った所のない、長身のイケメンだった。
金持ちの実業家となり、我々が絶対経験する事の出来ない祇園のお茶屋で3人での同窓会を開いてくれた。

"福"こと福山君。呼び名は"フクチャン"。沖永良部出身と聞いている。よく勉強のできる兄がいて...その後、大学教授...母親も一緒に、家族全部で大阪移住。会社の経理マンとして勤務していた。
経理マンが何故、機械工学を選択したのか、沖永良部島で何故機械工学を専攻したのか、聞いたことが無い。高等学校の教師になった。

氷ノ山で山の中を滑っている岡田君。残念ながら、私はもっぱらカメラマンで、私の滑っている写真は殆ど無い。リフトの無い、山スキーでは、誰かが先に滑って行って、途中でカメラを持って構えていないと撮影できない。誰が撮ってくれたのか思い出せない。

大学で体育の単位を取るために、学校行事のスキー講習に行く。白いセーターは、武チャン、その下は福チャン。私は先生??
武チャンも福ちゃんも、スキーは初めて。
私が下駄の様に難なくスキーを操るのを羨ましそうに見ていた。

サンドビックで神鍋へ二泊三日のスキー旅行。右端が日向君、同志社大学卒で、私のヨットの師匠、私は彼にスキーを教えた。背広屋の息子で、大学では仕舞部の部長で多才な男、京都の老舗の線香屋の財木屋に婿養子での退社。中央の赤いセーター、メガネの人は大阪国税局OBの中村さん。新婚の頃、私と同じく川西市に住んでいて、数回一緒にスキーに行った。

初めて、1970年訪欧、独のハノーバーの国際工作機械見本市の会場での一コマ。この写真が私を妻へ最初に紹介するための見合い写真として使われ、この写真撮影の、多分、5〜6時間後にレーベンブロイの巨大なビヤホールの舞台上、楽隊の中央で、菩提樹をドイツ語で歌う事になった。

英国人のベック技術部長と私。背広が非常に良く似合う、キリッとしていて、丁寧で親切、心の細やかな人だった。英会話を筆頭に、多くの事を学び、自信を持って適度な精神的なソーシャル・ディスタンスを維持して外国人と交際、議論をするセンスをつけて頂いた。

サンドビック本社棟の近くに展示された、19世紀後半に使用された鍛造用のプレス。戦艦三笠をはじめ、日露戦争で使用された兵器に使用された鋼は、多分、ホボ100%、スウェーデンで生産され、英国に輸出されて、軍艦、大砲となり、日本が日露戦争で勝利する事に貢献した。多分、世界中の、専門家の間では、1970年頃までスウェーデン鋼は高級鋼の代名詞みたいに使われていた。

宝塚ホテルで、結婚式を行った。住友在職中に何人かの大卒の人が宝塚ホテルで結婚式を行っていたのを聞いていたので、その延長で…。
当時、阪神地区ではホテルと呼べるようなホテルは、新大阪ホテル、神戸のオリエンタルホテルと宝塚ホテルの三つしかなかった。後になって考えるに、見栄張りだったと反省している。殆どの人は市民会館等の公共施設での結婚式だった。多くの人が親の援助で結婚式を挙げていた。挙式後に新郎の飲み屋の付けがあり、…それが、あまりビックリされない様な時代だった。

頼まれ仲人は、妻の叔父さんの蔵源蔵さん。仲人の挨拶は“乾杯”だけで究極の短縮形。
若し、都会の仲人の様に、新郎、新婦の紹介で、…中卒で就職等と説明すれば、妻の大卒の友人や砂田教授はどの様な反応を…。
多くの出席者は田舎の親戚で、田舎では新郎、新婦の紹介をする習慣が無いので助かった。
世の中、何が幸いするか解らない。

妻の指導教授砂田先生、小児科の医師で、軍医として従軍の経験がある。後ろの4人は大学の同級生と茨城県の高校の職場の同僚。関東から出席して頂いた砂田先生と前日に夕食、色々な雑談をしたが、学者と言うよりは優秀な高齢のビジネスマンの感じの方だった。、
後日、妻から聞いた話では、砂田先生から離婚されない様に頑張りなさいとアドバイスを受けたと言う。妻の友人の結婚式に招待された時には、あの新郎はダメだと言われ、結果は砂田先生が予想した通りだったと言う。賢い年寄りは良いアドバイスをするものだ。

新聞記者の撮った室内写真で子供の顔が固い。長女はスウェーデンに来てから約半年で2.5才、まだスウェーデン語は殆ど話せなかった。後方に碁笥、日本人形が見えるが、後日スウェーデン財界の代表的な人物の一人となったP・Oエリクソンは囲碁の愛好家。日本人形の優美な姿は、日本の文化水準を....持ち主のガサツサとは関係なく、示してくれるので、ずいぶん助けられたのだと思う。

家の玄関前でスキーを履いて。どの家も窓際はカーテンと照明で美しく装飾され、家の中が良く見えている。日本ではカーテンは家の中を見えないようにするためのものと考えているように思うが、個人情報に過度に敏感な日本との大きな違いも、このあたりが原点か?
通りを歩いていると、家の中の人と顔が会い、軽く会釈する事はよくある事。
車で約1時間の所に海抜100m強の丘があり、そこにはリフトがあり、アルペンスキーの真似事ができる。当時、記録上、依然として世界最高のアルペンスキーヤーであった、ステンマルクはスウェーデンの北の山岳地帯の生まれ。中部から南の方には、山らしい山が無くて、アルペンスキーには向かない。

最も頻繁に行き来していた会社の同僚ロルフの家での食事。私より一回り高齢で奥様のウラさんは、市役所勤務。息子のヨーナス君は成績優秀で、スポーツマン。大人みたいに丁寧に子供や大人に接する事が出来る。多分ヨーナス君が中学校1年頃の写真。
一人っ子だが、他人を優しく気使い、日本では絶対いない様な良い子だ。小学校高学年から中学生の期間を見ているが、どうしてあのような子供が出来るのか、不思議だ。

ヨーナス君が結婚した後の家族写真。ヨーナス君は約500km北のウメオ大学で経済、経理を学び、コープみたいなスーパーに就職、その後キャリアーアップして、数回、転職、ストックホルム地域を担当する送電会社の社長になったと理解している。スウェーデンは米国の様に発電と送電は別会社で行っている。多分、現在50代後半の年齢。
行き来、交信はしていないが、ネットで動静を知る事が出来る。

離瑞後、約20年、センチメンタル・ジャーニーで訪問、ロルフは亡くなっていた。
ウラさんは、新しい伴侶を見つけて、元気に暮らしていた。
事前に連絡しないで、数日前に電話して…訪問した。
長女も一緒に行ったが、シャッターを押したのは長女なので、写っていない。

我が家のリビングでフランス人、米国人の夫婦との会食後のくつろぎのひと時。左から二人目のフランス人のジャンは、この10年後に日本の我が家にも来た事がある。

職場の同僚ルネ・スミーヅ一家。ルネは私と同年齢、アセアからの転職で、私の後にサンドビックに入社。平屋の建坪300㎡近い、地下室付きの自宅の建築をDIYで始めた。

建築工事を手伝い、進行過程を観察、日本とは比較にならない様な丁寧な工事と、多くの電気、ユンボの運転などの資格を持った友人が手伝って、日本人の感覚で数億円と見積もられる住宅が、非常に安価に建築される理由が分かった。

一度、我が家を立てればその資産価値が、日本の退職金に相当する心の安定感を与えてくれる。恒産なければ恒心無し。DIYで建てた家はスウェーデン人の安定した心の原点かも知れない。

私の愛車、10年中古のボルボ142と家族。1975年、9月末頃の写真。

しばしば問題を起こすので、問題解決の為に勉強、4年間で、自動車修理工3級免許くらいの腕前になった。

スウェーデンを離れるに当たり、工場の工員で友達付き合いをしていた人物が、買いたいと提案してきた。20年中古で、あげると言ってお金は取らなかった。30年以上の古い車は車検不要の粋な制度を持つ社会、ソコソコの価格で売れる車だった。

お隣に住むご夫婦のお家に、お茶によばれての写真。
お父さんは髭を蓄え、威厳のある王様みたいだが、日給月給の労働者だった。
ハンサムで、非常に優しい中学生の息子が一人いた。
母親も優しいが、息子は信じられないくらい優しい雰囲気を出していた。

センチメンタル・ジャーニーの時にラッセ、光子夫妻の家の玄関で撮った写真。ゲーブレ市の立地条件の良い…人気の高い閑静な住宅街にある。
バラの花が美しい。日本ではバラは強力な農薬とのセットでなければ、物にならないが、スウェーデンではバラ、リンゴは無農薬で美しく育つ。

夏の頃、玄関で自転車の練習を始めた2歳の次女。

近所の子供を招待して、子供パーティー。皆、典型的な北欧人種の、美しい金髪。でも、年齢が上がると徐々に、髪のキラキラ度が低下する。
彼、彼女らが、学校でどの様に日本人の事を語っているかと想像するのは面白い。

近所の子供とのゲーム。三歳くらいから小学校高学年の子供を年に数回招待して行った。
富山の田舎の大きな家に住み、訪問者が頻繁に有る環境で育ったので、言葉の問題だけで違和感はない。スウェーデン語の勉強にもなった。

妻のスウェーデン語の家庭教師と、ベビーシッターをしてくれていたアグネッタちゃん。
親が招待されて、深夜まで外出する時のベビーシッターをして頂いた。犬が好きで、麻薬探知犬を扱う専門家志望だった。娘には、姉のように慕われていた。彼女も既に60代か…久しぶりに写真を見て改めて時の移ろいを感じる。

会社の同僚との会食。眼鏡の紳士は。エドヴァルド博士。他社から、ステップアップでサンドビックに転職してきた人は多くいるが、反対にステップダウンした人は私の知る限り、この人だけ。イスラエルの著名企業イスカルに転職したと言われていた。ストックホルムには博士がいたが、サンドビケンでは、珍しく、博士号が生かされ、尊敬されていなくて、何時も不満を隠さない人だった。
実力の伴わない博士の存在は職場、社会での存在が難しい現実を拝見した。

何の時で、誰が撮った写真か記憶にないが、俗にスウェーデンで、ダンスと言えば、こんな調子のディスコダンス。でも、半分くらいの人はウットリと頬をくっつけてのチークダンスだ。

クリスマスツリーの横に立つ娘。細かな事に比較的無頓着なスウェーデンで、妻の手作りの洋服が目立つ。

2年間スウェーデンに滞在した瀬峰工場勤務の斎藤さんとゲーブレ近郊の遊園地で。
斎藤さんは、東北大学のゴルフ部主将でシングルの腕前、その後営業に変わった。
ゴルフ部の友人の父親は仙台市長で、汚職で逮捕され、...それに絡んだ色々な事を伺う事が出来た。奥様はピアノの先生で、息子さんは、確かバイオリン奏者の音楽一家。

私に2年遅れて、日本の社長から、スウェーデン本社、鋼材事業部の何かの部長に昇進して着任した英国人ジョーンズ氏ご夫妻に食事の招待を受けての会食。ヒーシング事業部長夫人と鋼材部から派遣されていた東北大学卒の久保田夫妻も一緒。ジョーンズ氏はその後、妻殺しの罪で入獄したと聞いている...。

米国人のニンフュース家族と食事。ニンフュース家では妻のフレンドさんが週に一回、夫から生活費を貰うと言っていた。英国人のデイクソン家では、日本滞在時、妻が毎日、千円のお金を夫から貰っている事で、ビックリ。日本で経済学者として高名なデ-ビッド・アトキンソン氏が著作で語る、英国の家長、男性上位の厳しい家庭生活の文化の一端を覗いた気分だった。
欧米では、日本は彼らよりも遥かに強度の女性蔑視の社会だと思ってたいるみたいだったが、実際は反対だと思う。

鋼材部の米国人パット夫妻と、フランス人キャルバデッキ夫妻を招待して、我が家の庭のウッドデッキでの会食。この様な機会には...スウェーデン人がいないので...スウェーデンの悪口に花が咲く。税金が高い、食事が不味い,ETC...。
背景に見える林には体重500kg近い、巨大なムース＝へら鹿が現われる事がある。

スウェーデン織のカルチャー教室での一コマ。織機を購入、帰国時に持ちかえったが、8畳間二つを一部屋にしたがスペースが小さく、廃棄した。スウェーデンでは6m×8mの地下室に置いていた。

織のカルチャー教室の仲間との食事の様子。我々が移住する10年くらい前、今から50〜60年ほど前から、昔の織物に対する関心が高まってきたと聞いていた。

ドイツから来ていた家族。
欧米5か国から来ていた人は、会社と詳細な給与、年金、休暇…を契約書の形で結んでいた。
高い税金で手取りが低く、物価高でも彼らは問題がなかった。
私は、日本的な会社にお任せだったので…生活が苦しくて持ち出しになる。スウェーデンの税制を勉強、支払金利が全て税額控除になる事を知り、頭金なしで家を買った。
会社は教育の為に呼んだので、仕事上の貢献を期待していなかったが…サービス残業で実績を残し、ボーナスを頂き、帰国に際して、結果的に帳尻は300万円／年の貯蓄増になった。

森の中のコッテジで私の送別宴会の盛り上がりの序曲。
左のアコーディオンを引いているホルマさんは、私より20才以上年長で60才直前。子供の頃から各家庭にはセントラルヒーティングがあり、人の住む所では何処でもお湯が出たと言っていた。右の人は試作品製作、切削テストを行う、組の副職長で良く助けて頂いた。空が明るいが、多分これは午後10時頃だ。

50代のカナダ人事業部長クレインさんとスウェーデンの我が家で談論風発。
一般に欧米系の人は直線的で、議論に直ぐに勝とうとする意志が強く見えるが、彼は曲線的で、柔軟で気が合った。
後日、コンベヤー事業部の事業部長だった同姓の岡田さんが米国勤務でクレインさんの部下として短期間勤務された。
岡田さんの言によれば、日本は話らしい話、議論らしい議論の出来ない変な社会だったが、あなたと同姓の岡田だけは例外だったと、と言われたと聞き、ほっとした。

我が家の庭のウッドデッキでの日本からの出張社員との食事。
皆、スウェーデンに住む日本人の厳しい経済状態が解っていないので、招待する方は複雑な心境。
建物の設備、生活の様子から、裕福、高級感があるが、ムダが無く、日本人からすると実態は厳しい。

ハロウィンで6ヶ国人が仮装して集合のパーティー。
皆の意見として、心配しなくても、日本人はそのまま、素で、何も仮装しなくても、それで十分に仮装をしている事になるとのことで、我々は和服で参加。
受験、勉強漬けの日本の都会人では、このような交際は難しいかも？

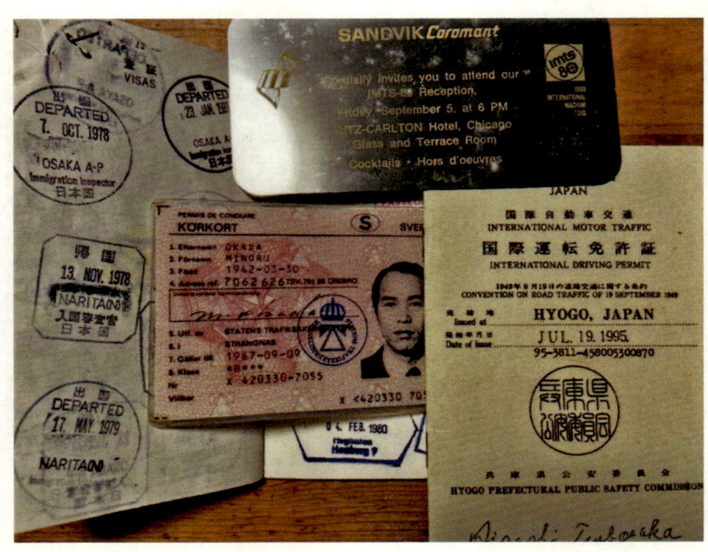

1976～80年の私の活動を示すパスポートの中の1ページ。
金色に光るのは、IMTS＝国際工作機械見本市が米国のシカゴで開催されたときの、重要顧客をリッツ・カールトンホテルで開催されるカクテル・パーティーへの招待状。ステンレス鋼をセンジミア20段ロール圧延機により冷間圧延で10μの超薄板に加工、その表面に印字している。頻繁に入出国を繰り返しているので、35ページのパスポートが、ホボ一杯になる。
顔写真はスウェーデンの運転免許証でマイナンバーカードを兼ねている。
1975年に発行され、1987年まで、12年間有効である。

スウェーデン在住3年目の初めの頃の写真。左の長身の娘さんがマレーナ・エルンマン。
成長して、スウェーデンで超有名なオペラ歌手となった。
2018年に国連で、環境問題で演説を行ったグレタ・ツーンベリイさんの母親。

エルンマン家からのクリスマスカードの写真。左から二人目がマレーナちゃんで、多分、二十歳の頃の写真。我々の娘と、一緒に歌の練習会に通っていた。

ルシア祭の準主役として賑やかしで選ばれて参加した娘。何処に行っても可愛い、可愛いと言われていた。
チョット皮肉っぽい人が、日本人だからと言って、皆がこんなに可愛い事ないよね、と言っていた。

次女は日本の学校教育の効果からか、個人情報の保護に小学生の頃から、関心があり、親が子供の事に干渉するのが嫌い。子供に来た葉書とか手紙を読んではいけない、子供の事については…、とキツイ要望で、この本にも次女の写真とか、その他関係する事は極力最小化している。

帰国して、川西市で幼稚園に入園,約半年後に横須賀市に引っ越し、再度幼稚園に入園、帰国後二度目の西友幼稚園入園の時の写真。

ガールスカウトに入った。右端が長女。モザイク掛けが次女。

横須賀在住なので、米軍基地の
子供たちと国際交流。皆米国籍
だがルーツは様々だ。

ガールスカウトのイベント応援団のお母さ
ん。40代の団長さんが、赤十字の募金で
集めたお金を、今年は何に使うと言われた
と妻はビックリしていた。
団長さんの夫は消防署員…、ドーモ、我々
は日本の常識と離れているように感じた。
メンタルには五箇山とスウェーデンはよく似
ているが、日本の都会は、機械的な、心不
在で、お金に対しては過度に敏感な風潮
が支配する社会に見える。

娘の通うマテー英会話教
室の米国人講師、コアジャ
さんと娘の友達を招待して
の食事会。
妻は、講師をマリリンモンロ
ーみたいと言っていた。
活発で、饒舌、典型的な陽
気な米国夫人だった。

大学時代の親友“松”の松尾家と一緒に池の平にスキー旅行。8人のうち6人が女性。両家の娘4人は皆、スポーツは不向きな感じ。松尾家の奥様はピアノ教師で、コーラスの指揮者。

これは、多分、菅平へ行った時の写真。非常に寒かった。
娘が、徐々にゲレンデ上にいる時間よりも、小屋の中で過ごす時間の比率が上昇してきたので、中学校の頃から家族でのスキー旅行はしなくなった。

唐突にこの様な写真が出てきたが、これは和美を黒四ダムの工事者用の通路で撮った写真である。
発電所の稼働直前の頃で、和美の父親が亡くなり、傷心の和美を慰めるために田舎の誰かがアレンジして、雄大な黒四の工事現場を見学する機会を作ってくれた。

五箇山、篭渡部落の春祭りでの、獅子取りと娘。
青年団の青年は座敷に上がって飲食、獅子取りの子供は縁側で座って待っている。
この様な場面で、小二の時に、私は酒注ぎに周り...飲酒して、二日酔いで学校を休んだ。
令和の時代になり、このような光景は見られなくなった。

弁護士オリヤンに招待されて、六本木のスウェーデンセンター地下にあった高級レストランで食事。オリヤンとは、色々な特許、ライセンスに絡んだ事件解決の為に、一緒に20年以上戦った戦友。
全長70kmの世界最長のワーサロッペットと呼ばれる、スキーの長距離クロスカントリー、レースに参加したスポーツマンだったが、70代前半で亡くなった。
交渉を終えて。新幹線で東京から神戸に向かう車中で、契約書を書き、神戸に着くと、タイピストに渡して、文書化する。
社長のヘッドストローム氏も同様だったが、日本の従業員数万人の大企業のトップの実務能力、意欲との比較でビックリする。

謹賀新年
フィンランド軍の通信隊中尉でした。
(IF YOU ARE GOING BACK TO FUKUOKA, YOU COULD SHOW THIS TO ISOROKU & Co IN THE SUSHI PLACE)

ストックホルムにいる、博士連中の一人でフィンランド人。
二回、日本のトップ級大学、公立研究所の研究者との討論の為に各二週間日本で同行訪問した。珍しく日本語を勉強していたが、会話は全くダメだが、辞書を使って漢字を覚えていた。ストックホルムでも異色の人物だった。

人口約3万のサンドビケン市,...スウェーデンではコミューンと呼ばれる...にある、サンドビック社の本社工場には約1万員の従業員が勤務する。そのうちの1／10以下が切削工具に関係して、2／3くらいの利益を稼ぎ出す。その切削工具関係の本部機能がある、コロマント事業部の事務棟。

会社は数年に一回、巨費を使って、世界中の大企業を招待して、セミナーを開催する。
参加者総数は約200名、会社の受付のある広場で開催される。私はこの様なセミナーで同時通訳を数回行った経験がある。当時、レベルによりけりだが、プロの同時通訳の日当は50万円と聞いていた。費用節減の為と、専門分野が特殊なので、同時通訳のまねごとをやらされる。
同時通訳者席に、ドイツ人、フランス人、イタリア人、日本人が座って...大変だった。
1時間もやると、もう、ヘトヘトになる。
稀に、欧米の新聞に露出している、有名人の名を聞くこともある。

二日間の、セミナー終了後、三日目は宿舎から30分くらいの所にある飛行場から、チャーター機で最北の町、キルナに向けて出発。
川の急流下りのラフティング、釣り、ヘリコプターでの小一時間のスウェーデン最高峰のキムネカイセの周辺を遊覧飛行等のイベントが待っている。ラップランドに群れを成している野生のトナカイの群れをヘリコプターで追って北極圏の旅を楽しむ。勿論、夕食は最も楽しいイベントだ。
接待のスタイルは健康そのもの、参加者も皆アクティブで直ぐに友達になれる。
この様な場では、アルコールに強い方が楽しいし、打ち解けやすい。

五箇山の篭渡部落の生家の居間で私の母親とササラを持った長女。ササラは平安時代の楽器で民謡“こきりこ節”に使われる。五箇山地方では上大国柱と下大国柱の間の障子の木部や、座敷の格子天井も輪島の漆塗りで、私の知る限り、このような高価で、ハイレベルの座敷が一般家庭にある地方は五箇山だけだ。

1988年に日本工業大学の広瀬研究室をスウェーデンから来たX博士（名前は失念）と訪問した時の写真。その2年前に、独断で100万円の寄付を約束。お酒から「ニューダイアモンド」を作る研究のお手伝いした。
素材開発は根気のいる仕事だ。既に具体化された用途はあるが、将来大化けする潜在的な何かを持っていると思う。

1979年の帰国時にワシントンDCで、観光用の馬車の横で。

恒例のクリスマスパーティーに際し、幹事となったEDPの専門家が、パナソニックの最高級のラジカセを全参加者がじゃんけんで勝敗を決めて、最終的にじゃんけんで勝ち残った人が、獲得するルールを決めた。開催日の二日くらい前にそれを聞いて、勝つ方法を、真剣に考えた…。
当日、考えだしたアイデアを試してみると8〜9回連続でジャンケンに勝つ事が出来て、大成功。
多分、200人前後の参加者の中で、最終的に残り、ラジカセを頂いた時の写真。

事業部長秘書の石塚さんとアンドレアソン夫妻。石塚さんは岡本の良家のお嬢さんで、神戸女学院卒。
デイクソン部長は朝10時くらいに出張していて不在だったが、奥様が、デイクソン氏を訪ねて来社された。奥様を会社の出口まで送っていった石塚さんが、顔を少々赤く上気させて、ビックリした顔で説明する。奥さんね…今日の分の千円貰うの忘れたから、取りに来たんだって!!との事。

多分、1992年か93年に隣の北島さんから、キタローが来ているから一緒に食事しいへんと誘われた。年末には一緒に餅つきにも参加させて頂いているし、断る理由はないし、むしろ行きたい気持ち。早速夕食を一緒に頂いた。私よりも一回りくらい若い喜多朗と妻のユキさん、子供三人に我が家の4人で計、10人くらいで宴会だ。
初めて喜多朗が著名なシンセサイザー奏者、由伎。さんが、有名な山口組三代目の田岡一雄氏のお嬢さんである事を知った。世の中は狭いものだ。

40年前にスウェーデンに里子で出したハンナが高校卒業の写真を送ってきた。
右から二人目で、帽子を冠っている子がハンナだ。スウェーデンでは高校卒業を盛大に祝い、高校卒業式に際して水兵帽みたいなものを冠る習慣が有った。
ハンナは化粧品の美容販売員を経て結婚、二人の息子を授かり、その後、専門学校に行き、経理の資格を取って、地方公務員となった。

横須賀の我が家を訪ねた弁護士オリヤンと、特許部の部長レナルト。
彼らと、米国のワシントンDCのグルジェツキ―弁護士とは、20年間にわたって、多数の特許、契約に関係する難しい事案を扱い、共に戦った戦友だ。

日本から里子としてスウェーデンに到着、ラッセから授乳されているハンナ。
多分、到着数か月後の頃の写真で、18年を経て、上の高校卒業写真に繋がる。
高校を卒業後、神戸の我が家に約1か月間滞在した。自分の進路の決定に悩み、実際の日本を知り、多感な10代後半の女生徒…、自分の好きな方向に行く事を勧めた。

これは神戸で撮った写真だと思うが、レナルトが我が家に宿泊、シャブシャブを食べている。

有料講習会で講師を務める。通常二泊三日、又は1泊二日で数万円の受講料で、メーカーがその様な講習会を有料で行う等、日本の常識では考えられない時代だったが、多くの参加者があった。
年に数回、標準形として季節ごとに開催した。受講者のレベルは雑多で、上はホンダの常務から、下は大卒の経験数年程度の技術者まで、大きなばらつきがあったが、受講者には大きな刺激になり、日本の製造業の発展のために貢献したと自負している。

二人の甥っ子と立山の麓の粟巣野スキー場に行く。左の甥っ子は同じ午年、12才下でペンキ屋、真ん中の甥っ子は10才年下で、板金屋。二人とも関西在住。
当時の田舎の農家出身の人は、都会では知人との関係で、何かの職人になるのが普通だった。

ライセンス契約の交渉の件でスウェーデンを訪問した三菱マテリアルの二人の重役と二人の部長の計4人から成る交渉団。何回かの厳しい交渉の大詰めで、最終的にスウェーデンでの交渉となった。左の大男はアクセル氏でサンドビックの事業部長、英国で立派な実績を残された。
三菱は4人がスウェーデン出張、大変な旅費だと思うが。私はこの数時間の交渉の為に訪瑞した。私は、二日間の交渉の為に1週間のスウェーデン出張...費用がもったいないと思った。

1979年、米国のニュージャージー州の何処かで、新しく来年から米国、英国、日本で発足させる子会社の開発部についての下打ち合わせの為の見学旅行。右側の人がファーバー氏。
ついでに、数人の米国人の家庭を訪問した。

名古屋のNTKのセラミックス関係者との技術交換会終了後に会議室での軽食風景。
ハイテクのウィスカー強化型セラミックスについては方向が決まっていたが、従来型のローテクセラミックスをどうするかが問題で、NTKからアウトソースする方向で決まりかけていた。
この、数か月後に、NTKから神戸市北区の関西クラシックで社長も一緒に接待ゴルフを受けて、決定した。ゴルフの接待を受けたから決定した訳ではなく、日本の習慣に従っただけだ。

超硬工具協会、特許部会による、韓国出張旅行。
韓国のソウルで開催された、国際金型・工具見本市と、韓国政府の特許庁との交歓会が開催された。大企業のメンバーが、営業関係の連中は海外出張の機会があるが、特許関係の仕事をしていても海外出張の機会がないからと、無理やり…理由をつけて、特許部会が団体旅行を企画した。
スウェーデンではこのような事は絶対に起こらない。

妻の父親の4兄姉の写真。左から二人目の背広姿が、妻の父親、岡部金男で、その左側の眼鏡を掛けた背広姿が四男の岡部福治である。福治は鍼灸、東洋医学の分野で岡部素道として知られている。
福治は五箇山が生んだ、偉人と呼ばれるべき一人だと思うが、親族以外そのことを知る人は、少ない。戦後、GHQの統治下で東洋医学を禁止させようとする、日本の西洋医学者に対抗して、鍼灸、東洋医学を守り抜くために、師の柳谷素霊と共に巨大な貢献をした。

インド系米国人のテニスコーチのラビ・シンさんから2年間テニスを教わったが、スペインのラファエル・ナダルのコーチングスタッフとして、離日する直前の写真。“人見て法説け”が出来る人で、教え方が非常に上手かった。日本のコーチと違い、自信があるので、柔軟性がある。

上海にいた長女も合流して、中国の桂林川下りの途中での写真。
その後2014年に重慶から三峡ダム経由で揚子江をクルージングする11日の旅をする。
三峡ダムが決壊する前に見ておこうと思ったのが原点だ。2021年、今にもダムが崩壊するかのような報道が流れたが、2022年には、驚異的な渇水...地球は、宇宙は複雑だ。

テニスでレシーブをする和美。丹念にボールを拾って行けるが、...女性特有で...攻撃的な返球をするのが不得意。継続は力なり、後期高齢者でテニスが出来ると言うことは、健康の証で、それだけでもほめてやりたい。

細井氏、オリヤン家族、レナルト家族に友人と多人数で、スウェーデンの北に車で7〜8時間のドライブ。その後トレッキングして山荘で食事…オリヤン風、スウェーデン風の家族ぐるみの接待で細井さんはビックリ。
この時に細井さんがゴルフをされる事が解り、オリヤンがサンドビックが買収した米国の会社が製造する、チタン製のシャフトを使った特性のドライバーを後日細井さんに贈った。

細井さんの紫綬褒章受章祝賀パーテーの時の写真。右から特許部長レナルト、ボリーン社長、弁護士オリヤンと岡田。主賓だった通産局長がスピーチを行った際に、最初は“ホソイさん”と言ったが、その内に“ホソダさん”と言い始めて“ホソダさん”を連発、頭上には巨大な漢字で“細井敏明”と書いてある。
後日、役所から寄付の勧進帳が来て、その中に製薬会社の創業社長が5千万円の寄付をしていたと言う。

中二の外孫と夏休みの6週間、北海道で農業体験。北海道新聞に記事として掲載された。
中学生と高齢者で、法律的に若年労働が禁止されているので、受け入れられない。
結局、40分くらい離れた、北広島駅近くの下宿屋に二部屋借りて、無報酬で毎日農場に通った。私は孫にとっては良い経験だと思って実行した事だが、若しかしたら余計な事だったのかもしれない。孫に会計を任せて、パソコンでエクセルに入力させ、学校の宿題も全て完成させた。夏休み最終日の午後に帰宅し、翌日から登校した。
二人の6週間の農業体験の費用はフェリー代、土、日の観光費用も含めて100万円弱掛かったが、面白かったが、その間テニスは休止。

孫と1カ月農業体験

島松

■神戸の岡田さん

「忍耐力付いたはず」

タマネギ畑で農作業をする岡田さん（右）と孫の[illegible]君

【北広島】神戸市在住の岡田実さん(72)と、孫で三重県在住の[illegible]君(14)が、7月下旬から島松の竹内農園で農業体験を続けている。JA道央北広島によると、学生や社会人以外で長期間滞在する例は珍しく、28日で北広島を離れる岡田さんは「これだけ長い時間を孫と過ごすのは最初で最後。将来のために意味のある時間になれば」と話している。
岡田さんは「孫に時間をかけて社会経験をさせてやりたい」と思い、涼しい土地で人手を必要としている北海道の農業に着目した。
年齢的に住み込みのアルバイトを見つけるのは難しかったが、インターネットで竹内農園を見つけて長期体験を依頼。経営する竹内巧さん(34)がボランティアとして受け入れた。
市内の下宿に滞在し、平日は午前7時に起床して10時〜午後3時まで、ズッキーニの収穫やトウモロコシ畑の草取りなどを体験した。休日には旭山動物園や博物館網走監獄など道内を観光。[illegible]君は「涼しいし、収穫が終わった畑を見ると達成感があった。来てよかった」と話す。
孫の様子を見て、「農作業や普段と違う環境の中で忍耐力が身に付いたはず」と岡田さん。2人を受け入れた竹内さんも「北広島に来てもらうきっかけとして、今後も希望者がいれば受け入れたい」と話している。
（尾張めぐみ）

1990年3月、東京駅の赤絨毯の上で、神戸市長の名代で東京駅長と一緒にスウェーデン国王、カール・グスタフをお迎えし神戸まで新幹線で同行、サンドビックの神戸本社の竣工式に出席して頂いた。右側の大柄の女性はワリーン社長夫人、その首のあたりに小さく見えるのが筆者。

サンドビック（株）本社の竣工式でのスウェーデン国王のスピーチを聞いている数百人の招待客。
中央左の長身の人が、エリクソン本社社長で、約20年前に東大等の著名大学を一緒に2週間、技術討論の為に訪問した。右がワリーン日本サンドビック（株）社長夫妻、その右側が岡田。

日本に滞在中のスウェーデン人を訪ねてきた両親…スウェーデン在住時の私の知人でもある…と一緒に、庭でお茶している。家は借り上げ社宅の石塚邸。
スウェーデン人にとっても、個人の費用で日本に旅行するのは簡単な事ではない。

1999年9月26日に西神オリエンタルホテルで開催して頂いた、私の退職パーティーでの集合写真。50人強の出席者でビックリした。仕事上の付き合いには大きな濃淡があるが、濃厚な関係のある人は20名くらい。安くない会費を払っての出席で、…感謝である。12年間勤めた住友電工退職の時と大きな違いだ。

中国のウイグル自治区の砂漠の中の陽関博物館にあった張騫(ちょうけん)の銅像。
張騫が馬に乗って鐙(あぶみ)を踏み、前方にやりのような物を突き出している。博物館を退出する直前に、張騫の銅像が、単に芸術作品として展示されているのか、歴史の一部として展示されているのかの疑問を公開した。
張騫はしっかりと鐙を踏んで馬に乗っているが、現在の歴史の常識では、鐙は当時知られていなかった筈だ。
鐙は重要な武具で、AC数世紀に初めて歴史に登場、鐙のお陰で漢民族が遊牧民族に対抗できるようになった。
北京大学卒の学芸員を筆頭に、ガイドの顔に緊張が走った瞬間だった。

退職数年後、ニュージーランドの北島に2週間の旅行。ロトルアで日本人の女性が経営する民宿に泊まった。その後に訪れたタイルアがあまりにも奇麗なのと、公園の砂場に相当する遊び場に、細かに砕いたコルクが敷かれていたので、感激…直ぐに、不動産屋に走り、物件の価格を調査。
神戸の我が家の近くの公園の砂場では、時々、犬の糞が混ざっている。
名前は、失念したが、ロトルアの民宿の奥様に電話して、アドバイスを求めると,…よく考えてからにしたらとのアドバイス、…即決はしなかった。その後、後期高齢者となってから宮古島に行き、宮古島に10年早く旅行していれば、宮古島に移住していただろうと思った。

武ちゃんの箱根の別荘のお披露目パーティー。中の列の左端の白シャツが武ッチャン、右端の顔と頭の境界線が無いのが、岡田君で、その左横の太めの人が松ちゃん。
前列の女性軍は、京都の何処かの良家の奥様、大企業の社長夫人連中。
別荘は3千平米を超える大きな竹中工務店の保養施設の跡地を買って建設された。

左から、武、松、実。
後ろの白い着物の女性は祇園から出張してきた接待の芸妓さん。

横に座った少し神経質な感じの青年と雑談をしていた。夜も更けて来て、そのうちカラオケタイムとなり、誰かがトシ、と言い、トシ謳ってとなった。横に座っていた青年が立ち上がって、マイクを持って歌いだした。上手い、特に高音が素晴らしい...。戻ってきた青年に私は言った...”あんたイケルゼ“と。間もなくカラオケは終わり、寝室へ行く道で、スーツを着た若い女性が一枚のチラシを私に渡した。それは、ディズニーランドのホテルオークラで行われるディナーでXジャパンが謳う事が書かれていた。そうだ、トシ君は既に音楽の世界でイケテいたのだ。私が知らなかっただけなのだ。

ロンドンからパリに拠点を移す長女の手助けの為に約一か月英国、スペイン、フランス、スウェーデンへ長期旅行。パリのセーヌ川のディナー付き観光クルーズで、長女の友人デザイナーのドイツ人テイルマン君を招待してのディナー。彼の母親はドイツで、多分、初めての女性プロ写真家。テイルマン君は子供の頃、ホボ、全島が世界遺産のスペインのイビザ島に住んでいて、著名なF1ドライバー、ニキ・ラウダの息子と友達だった。数時間で一人、2万6千円の高価なディナーに四人は私としては珍しい見栄張り出費。

センチメンタル・ジャーニーでスウェーデンのラッセ、光子邸を訪問。ラッセが数か月前に初めて歯のインプラントをして具合が良いのを自慢していた。それから、数年して来日した時に、インプラントした義歯は脱落しており、参考になった。
それ以外の事例も含めて、自信をもって、インプラントをしない事にした。

退職後11年、70才を目前に現役の頃の垢も取れたと思い、40年ぶりに住友時代の後輩に声を掛けて、伊丹で一緒に食事。大卒の方々とは、業界団体の活動や、特許、ライセンス、お互いの研究施設の相互訪問の関係で時々顔を合わせる事があったが、養成工上がりの人とは、40年間全く没交渉。合えば、瞬時に40年間が消えて無くなっていた。みんな良い人ばかりだ。

和美の母親。何かの宗教行事に関係する食事の時の写真。
常に落ち着いており、4男5女で9人の子供を育て、動脈瘤破裂で90歳で長患いすることなく逝かれた。

親父の葬式の時に田舎の生家の仏前に座る、背の高い私の母親と姉の南部の叔母さん。
母親は享年104才、南部さんは106才の長寿だった。

退職後付き合っていた友人夫妻。内田さんは信用保証会社の部長さん。井上さんは化粧品販売店の社長で、大出さんは住宅建築会社を起業された。(この写真には奥様しか載っていない)私以外は皆現役で、私より5～8才くらい若い。内田さんは岡山大学法学部卒、大出さんは神戸大学卒、井上さんは神戸商大卒…皆さん、私が京都の事をよく話すので、岡田は京大卒と誤解されていたみたいだった。内田さん宅で宴会の時に、内田さんが岡山大学の法学部卒と言う事を聞き、知人で岡山大学の法学部に進学した人を知っており、多分、内田さんと同学年くらいと申し上げた。住友の養成工で私より1年下、北野高校の夜間部卒業後に弁護士になりたいと地元の岡山大学の法学部に現役で入学した川合健一君だ。内田さんが同窓会名簿を出してチェックすると川合君の名があった。この事があってから、…多分、私の貧弱な学歴が知られる所となり、三カップルの関係は疎遠になった。学歴で人物を決めたくなる日本でのこの様な出来事は、偶然の連鎖で発生、面白いものだ。

73才の時に米国のマイアミから世界最大の客船22.5万トンのアリュール・オブ・ザ・シーズに乗船して1週間のカリブ海クルーズに行く。船内の若ぶった、おばさんの写真。左端の若い女性は、父親との参加で、私の通っていた立命館の衣笠校舎への通学路の直ぐ近くにお住まい。

巨大な船内の通路。約2千本の樹木が船内に植えられている。全長400m弱で幅は65m。
6千人以上の乗客定員で、大きな町みたいで、船内は13階に別れている。
起工してから僅か2年で就航と驚異的な短い建造期間で完成した。三菱重工が半分ほどの大きさの、プリンセス号をモタモタして、納期が遅れて、巨額の損失を発生させて、会社の浮沈が問題視され、製造業に関心のあるアンテナを立てている人には、何かと話題の種になる巨大船。

ディスコダンスの後の、老老、若…男女。
全乗客数約6千人の中で、日本人は約60名で、1%くらい。米国の高所得ビジネスマンで子連れの若夫婦が多くて、華やいだ雰囲気がある。日本のクルーズ船、飛鳥や日本丸の様に、養老院船みたいな雰囲気に加えて、現役時代に役職者だったような人が多くて、他人との精神的なソーシャル・ディスタンスの取り方が不器用な人の多い船とは随分違う。日本の若者世代はクルージングに向かう経済的、精神的な余裕がない。

退職後、毎冬、北海道に1週間スキーに行き、札幌在住の若山さんと旧交を温めている。
色々と場所を変えたが、その内留寿都に固定した。富山の、田辺、大角ご夫妻と一緒だ。
高齢になり、危険な所を避け、スピードを控えめにするので、先ず転倒することは無いが、ゲレンデには色々な人がいるから、安心できない。
ホテルの玄関にある回転木馬の前で撮った写真。
コロナ前は外人が5割以上の感じだった。2022年は例年の1／10以下の人出だった。

桂林の川下りの時に、欧米、日本で一泊10万円以上の、超豪華ホテル『フォーシーズンズ』が営業を始めた。
多分、中国で初めて。ルームチャージは、欧米、日本の数分の一だったので、経験の為に宿泊した。
女帝、則天武后か西太后の様に、玉座を模した椅子に座っているのは長女。
この頃までは、私の中国語の方が上だと思っていたが、長女は上海に長く住み上達、私の遥か上を行くようになった。

後期高齢者となった、マッチャン夫妻。
奥様は音大出身、ピアノの先生で二人のお嬢さんをお持ちで、長女はマリンバ奏者。
奥様は、多人数の部員からなる…多くの部員は高齢男性…コーラス団を率いておられるので、人あしらいはお上手。
我々は隔絶山村の育ちだが、都会的な教育環境で育っておられるので、お話を伺うと新鮮な、外国の話の様な気がする事がある。

秋篠宮、紀子さま御夫妻の五箇山の相倉部落訪問を獅子舞で歓迎する写真。
和美の姉、夫次子の嫁ぎ先、五箇山の相倉部落の民宿“勇介”は学習院の生徒さんの合宿、皇太子の訪問もありよく知られた民宿。

民宿、勇介の冬の降雪時の写真。私の中学生の頃は2mを超す積雪で、昭和38年の豪雪時には約5mの積雪があったと言われている。

兄が篭渡部落から富山市へ引っ越す際に行われた仏事の時に家の縁側で撮影された写真。
その後、私の篭渡の生家は、都会の人が買って、別荘みたいにして利用している。

2004年、62才の時にトルコに2週間旅行。パムッカレのホテルで妻がベリーダンスのダンサーから踊りの指導を受けている。

和美とマオリの大男。
でも、多分、豊臣秀頼には敵わない。
秀頼は身長6尺5寸(195cm)、体重42貫(158kg)と言われていた。

北海道のルスツスキー場の最高峰、標高約1,000mのイゾラ山頂に立って、羊蹄山を望む75才の和美。
実は写真を止めていたので、奇特な人に撮影して頂き、後日、送って頂いた。
ルスツスキー場には30以上のリフト、ゴンドラ路線があり広大だ。
ノルウェーのナショナルトレーニングチーム、スコットランドからのチームに遭遇した事もある。
ルスツは世界最高のスキー場だと思う。

ハンナが幼稚園生の頃に日本訪問、兵庫県豊岡市のホテルでの会食風景。
右側真ん中が、ハンナの出産時に、安江病院で婦長をしていた私の姉、下島たま。
スウェーデンでは里子を多く受け入れていて、経験上…里子に子供の頃から真実を隠さずに里子に教えている。ハンナは既に自分がそこにいる理由を知っている。多分、日本とは逆の対応だ。

現役引退7年目、64才の頃、佐藤夫妻との写真。佐藤君とは西野田工業高校夜間部で1年間だけ一緒に学んだ。スウェーデンから帰国時、ロンドン行きの機中で、ロッキード・トライスターが運航中止になった事を知り、急遽ロンドン二泊の予定を変更。ヒースロー空港到着、即、ニューヨーク行の便に変更したので、ロンドン在住の佐藤君と再会出来なかった。日本の高校入試と呼ばれる行事が清潔に行われていたら、彼は確実に北野高校、京大、高級官僚となって…苦悩の人生を送っていたかもしれない。細川鉄工を、世界企業細川ミクロンに変身させるのに偉大な貢献をし、日経新聞に10回連載で、日本の著名国際ビジネスマンとして紹介された。若干18才の佐藤君を英国に派遣した、社長の慧眼が在っての事だが、…天が佐藤君に別の道を与えたのだと思う。
後期高齢者となってから、関西福祉大学と、その系列の学校の経営改善に取り組み、着々と実績を積み上げている。

菜園は六甲山脈の北側と丹上山系の南の間を流れる志染川添いにある。
千平米弱の広さで、三木市の二本のブドウ栽培も含めるとかなりの仕事量となる。
耕運機の使用に魅力を感じ始めたら家庭菜園を止めるつもりだが、…。
80代になり、全体の7割を果樹にすべく、大改造を行っている。

現在、果樹の収穫量は、ブドウ、柿、イチジクが各約100kg、ブルーベリーは10kg以上。
畑の大改造が稼働し始めると、…どうなるのか?
私も解らない。それまで生存しているのか?
興味のあるところだ。

2022年12月に燻炭作りをしている筆者。
国道の側道に照明灯があるので夜間でも農作業をする事が可能だ。
大量の米ぬか、モミガラ、落ち葉を収集して肥料として使用する事で金肥の使用量を減らし、同時に完全無農薬に近い、減農薬を目指している。
2023年3月の誕生日に運転免許返上を決めたので、これら大量の農業資材の輸送の為に、若者の輸送支援者のネットワークを作ろうと思っている。

筆者が50才頃、本社からの出張者が訪ねて来た時の写真。筆者の後ろには厚さ6cmくらいのファイルが60冊くらい収納出来るキャビネット2つを個人用で使っていた。
ワシントンDCでデポジッション＝予備裁判を行うに際して、米国から弁護士が来て、全てのファイルに持ち出し禁止の赤紙を貼り、内容の変更を禁止を言い渡された。

社鴨川の里での一泊2日のテニス合宿での昼食風景。
筆者より一回り以上若い関学OB、現役の方が主流のクラブに潜り込んだ。三人が一級建築士、3人方が公務員で、製薬会社のMR、電気設計の技術者、タクシー運転手、明石市の秘書課長。
年2回の合宿で、面白い話が聞ける…。夜はマージャンで20代の頃の生活の再来。

会社の営業事務部門の部長ニューベリイ氏宅に家族でご招待を受け、秘書の小林さんも一緒にディナー。本社、フランス、本社、日本と転勤、筆者とは旧知の人。電車の混雑が嫌で筆者と同じ、朝7時前後に来社、帰りは5時だった。筆者はそれから2～3時間の居残り。妻と二人の娘は日本にもこんなに立派な借家あるのかとびっくりしていた。当時、多分月の家賃は数百万円だった。
同年代の日本のサラリーマンの年収が現在より低かった頃の話だ。

特　許　証
(CERTIFICATE OF PATENT)

特許第７２２８９１２号
(PATENT NUMBER)

発明の名称
(TITLE OF THE INVENTION)
下方開放型衛生マスク

特許権者
(PATENTEE)
兵庫県神戸市北区松が枝町一丁目６番地の１５
日本日本合資会社

発明者
(INVENTOR)
岡田　實

出願番号
(APPLICATION NUMBER)
特願２０２０－１９２８２０

出願日
(FILING DATE)
令和　２年１１月　２日(November 2, 2020)

登録日
(REGISTRATION DATE)
令和　５年　２月１６日(February 16, 2023)

この発明は、特許するものと確定し、特許原簿に登録されたことを証する。
(THIS IS TO CERTIFY THAT THE PATENT IS REGISTERED ON THE REGISTER OF THE JAPAN PATENT OFFICE.)

令和　５年　２月１６日(February 16, 2023)

特許庁長官
(COMMISSIONER, JAPAN PATENT OFFICE)

濱野幸一

下方開放型衛生マスクの特許証第7228912号

WHOによりコロナのパンデミックが宣言され、世界中の人々の生活、経済に巨大な影響を与え世の中が激変した。
日本ではマスクの着用が義務化され、マスクの生地も昔は布製だったが不織布に替わり、不織布製の顎まで覆う『立体型衛生マスク』が主流となった。
ゴールデンウイークを過ぎて暑くなると多くの人がマスクを顎まで下げて鼻下を開放している。夏場のマスク着用負担感は相当なものだ。筆者の流体力学的知識、粉体工学知識、不織布のメッシュの程度を総合して推定すると、最も普及している不織布製衛生マスクは、感染に効果がなく…反対に感染拡大を助長していると確信、下方開放マスクを特許出願した。特許は登録されたがそれは、理研のスーパーコンピューター＝スパコン富岳のシュミレーション動画のアシストにより成功した。
筆者以外に…誰も動画を見てその内容＝効果を咀嚼して考える事が出来なかったのだ。
民間企業の常識で考えれば、富岳の動画シュミレーション作成コストは最低でも数億円、もし試験を外注すれば数十億円掛かっても不思議ではない。
筆者としては民間企業では絶対に出来ない実証実験を理研にして頂き大感謝である。
将来、次回のカゼのパンデミックの時には下方開放マスクが社会貢献している筈だ。

第二章　誕生から中学校卒業（0才～14才）

この章の要約

隔絶山村とも呼ばれた山岳地帯の農村で生まれ、家で教科書を開けること無く、家業の手伝いと、山野、川を駆けずり回り自然と戯れて、公教育と言うマインドコントロールの影響の少ない環境に育ち、浄土真宗の教えが空気の様に充満していて、悪い事をしたらダメ、人には親切に、現代の都会の小中学校の生徒の勉強、塾、……の対極に位置するような社会で育てられた。祖母、叔父が葬儀の後に納棺され、積み上げられた材木の上で火葬にされる様子を観察、圧縮された人間の一生を経験した様に感じる。

誕生

私は日本で五番目に世界文化遺産として登録された富山県の合掌集落、五箇山として知られ多くの観光客が訪れる旧富山県東礪波郡平村篭渡で、終戦3年4か月前、昭和17年3月30日に父親、徳蔵、母親、すぎの五人兄弟の末っ子として生まれた。長姉＝たま、次姉＝くに子、長男＝貢、三姉＝雪子、次男＝実の順番だった。当時、平村には大小26の部落が一級河川庄川の流域の約3里＝12kmにわたって東西に分かれて散在していた。当時の村の総人口は約4千人、篭渡部落は戸数三十数戸、人口は約２００人だったと推測する。

一番古い記憶は、3歳の時に見た夜中に赤く山際が光っていた富山大空襲である。

周囲の大人は、覚えている筈はないと云うが、見たと云う確かな認識がある。それは、その後の空襲を話題とする大人の会話から、私の頭の中で、勝手に見たように解釈したからかもしれない。

富山市は8月15日終戦の2週間前、広島、長崎の原爆被害に次いで、最大の無差別爆撃の被害を受けた地方都市で、約3千人が亡くなったと言われている。

私の卒乳は数か月でも精神的卒乳は5才

私と母親は同じ午年、母親が36才の時の子、高齢出産の為かお乳が出なく、多分、早い段階からヤギ乳で育った。

ヤギ乳が体に合わないので、常時、頭にオデキがあったのを忘れない。5歳の頃に乳の出ない母親の乳房をシャブっていたので、周囲の大人から揶揄されていたが、小学校に入学する直前には卒乳した。

私の場合、物理的人乳の卒乳は数か月、ヤギ乳の卒乳は2才、精神的な卒乳は5才になる。

ラジオに登場した脳科学の専門家によれば、日本では卒乳は早い方が良く、1才卒乳が目標とされていたが、最近の研究では4年くらいが良い事が解ったと言っている。同時に西欧では特に早く卒乳

させなく……4年くらい掛けていると言っていた

屋号、こいなみ=小井波の岡田家のルーツ

農民には姓が無かった江戸時代の延長で、家は屋号で呼ばれており、我が家の屋号は〝小井波〟=コイナミだった。

江戸時代に五箇山地方は加賀藩の領地、深山幽谷の地なので、**政治犯の流刑地、黒色火薬の原料の煙硝の製造所**であった。

黒色火薬の原料となる煙硝=硝酸カリュームは農業活動の一部として行われ、素材となる未精製の煙硝は上煮屋と呼ばれる地方の有力者に納入、精製されて最終製品となり加賀藩に納入されていた。

篭渡部落にはそのような上煮屋の高見家があり、部落の寺の住職も兼ねていた。

高見家の屋号は〝井波〟で、高見家の息子、耕作が分家して、井波の頭に小を付けて〝小井波〟の屋号の家が出来上がる。

耕作は金沢の加賀藩の家老の岡田家に足軽、仲間奉公に行き、明治初期に名字を持つ事が義務化されたときに岡田家老の名字を拝借して屋号小井波の岡田家が出来上がった。

祖父、祖母、叔父、従弟

祖父は利賀村の岩淵部落の、五箇山でも屈指の長者と言われていた高藤家の息子で、岡田家の一人娘の、岡田くんの所に婿養子で来た。あまり出来の良くない人で、**借金を重ね、借金の返済義務が家の土地に及ぶのを避けるために、形式上離婚した**と聞いているが、私が生まれた頃には既に亡くなっていた。

30代になって初めて高藤家を訪問、家の中を見せて貰ったが、家は既に合掌作りから瓦ふきに改造されていた。

昔は作男が数人おり、夏季には養蚕を大掛かりにしていたので、2階への階段は幅一間で踊り場があり、あのように大きな家を五箇山で見たのは初めてだった。文久2年生まれの祖母はその頃にしては珍しい長寿で、戦後まもなく92才で亡くなった。

母は徒歩で1分くらいの所にある餘久保家からの輿入れで、餘久保家の当主、正則は母より数才下、大柄で頑健、無口で、多分、日中戦争当時から従軍、第二次大戦時は陸軍伍長で軍功を上げて金鵄勲章を貰った地方の英雄軍人だった。

母親と正則の兄弟仲は余り良くなかったが、それは母親と正則の競争心が原因している。

正則は母親=姉の行商業の成功を嫉妬しているのが原因で、子供ながらに大人社会の様子を眺めながら、感じるものがあった。

餘久保家は子沢山で、計10人を超える子供がいたが、1学年上に清、1学年下に美代子、3学年下に国光と3人の従兄妹がおり、小学校の頃は毎日の様に餘久保に遊びに行き、よく食事も一緒にさせて貰っていた。

餘久保のお母さんは、非常に優しい人で、我が家の母親は行商で良く家を空けるので、賑やかな餘久保に惹かれる。

聞くところによると、餘久保のお母さんは非常に美人で、結婚が決まっていたが、餘久保正則が……夜這いして、決まっていた縁談を破談させて、結婚したと言われていた。母方の祖父は高齢だったが健在で、小学校へ上がる前の頃に家に祖父も一緒にいて、外から、近所の悪ガキが〝餘久保の熊〟と悪口を大きな声で叫ぶと、……祖父は〝ホートのドドット〟と返せと知恵を授ける。ホートとは、悪ガキの屋号であり、ドドットとは鳩の事である。

これが良い事か悪い事かは、判断の難しい所だと思うが、……都会

では絶対に出来ない、幼児経験だ。

餘久保に行くと、大砲や機関砲の薬莢があり、それらは後日、世の中で得た知識で、3インチ対戦車用カノン砲用弾丸と1／2インチ機関砲の薬莢だったと判断される。餘久保には蓄音機があり、それは部落で唯一の物だった。

正則さんは復員後、土建業を始め、息子の清は、部落の歴史で初めて家から通学不可能で寮住まいになる福野高等学校に進学、父親は息子を後継ぎにすべく土木科に入学させた。父親と折り合いの悪かった、非常に優しい、温和な清は、卒業後、親の希望に反して、親との同居と後継ぎを嫌って、町の農林省の土木事務所に就職した。

その後始まる日本列島改造の時期で、多くの大型の土木工事が計画され、上司が退職して測量関係の会社を起業すると云う事で、それに従って公務員を辞めて、上司の会社に移った。その後、順調に仕事は進み、最終的に社長になったのかな？

従弟の国光は地元の農繁期に長い休みのある昼の4年制の定時制の高等学校を卒業後に、部落内の伝手を頼って名古屋の理容機器販売会社に就職、その後転社して、最終的に星崎電機の社長になったと聞いている。

都会では、**隣人との人間関係が薄く、隣人の短い人生の一コマしか知る事が出来なく**、お互いに学べるものが殆どない。

田舎では隣人の人生の初めから終わりまでを、周囲の人から聞いて知る事が出来るので、人間教育として非常に有益であるが、都会ではそのような知識を得る事は不可能、**脚色されたテレビや本からの影響で薄っぺらな知識しか得られない。**

カイコを飼って繭にする

明治期から昭和30年代まで、生糸は日本の最重要な輸出品、農家の重要な現金収入源であり、我が家も養蚕をしていた。

5歳の時に母が畳1／2くらいの広さの育繭棚を私の〝しんがい〟……富山地方の方言で、ヘソクリを意味する……でする事を許してくれた。母は何も教育的な観点から考えたとは思えなく、単に私がやりたがったので許したのだと思う。

カイコは5回の脱皮を繰り返して蛹となり、繭を作り出すので、成長段階に合わせて異なった作業が必要、夏の暑いときに約1か月掛けて完成させた繭が農協によって買い上げられる。

朝、夕の掃除、生育に合わせて桑の葉の大きさを変えて切り、桑の葉の在庫管理……必要な作業は多く、小さな生き物だから、餌やりを忘れれば直ぐに死に結び付く。新鮮な桑の葉を畑から取ってきて餌やり。水で濡れた桑の葉を食べると、カイコが死ぬと言われ、雨で濡れた桑の葉は乾燥させるか、布で拭いて水気を無くしてから与える等、子供にしてはやる作業が多い。最終的に、多分、数百gの繭を生産する事が出来たが、それは現在の貨幣価値に換算すると数千円になると推算する。

深く印象に残る褒められ方

何かの時に、よその人に、……母は私が聞いている事を知らないで……實が最初のカイコから最終の繭まで自分でヤッタと話しているのを聞いて誇らしく思った記憶がある。この経験はその後社会に出て、**私の他人の褒め方に影響を与え、西欧式の単純に、即刻、言葉で褒める方法との使い分けを考えるようになった。**全ての**他人との**

関係は〝人見て法説け〟であり、相手によって褒め方も最適な方法を選ばなければいけない。一般にスポーツや軽い課題、幼児に対しては、良い事をすれば直ぐに褒めてやれば、〝豚も木に登る〟で、効果があるが、大人を褒めるのは難しい。

困難な課題に取り組んでいる人に対しては、特に複雑で難しい。単純に幼児に対するように褒めては、ある年齢、あるレベルの精神的成熟度にある人には……むしろ逆効果で、褒めた本人がバカにされ、その後の人間関係が微妙に変化して、双方にとってマイナスとなる事が多くなると思う。

幼稚園とお寺

小学校入学前の夏季に、本家に当たるお寺の住職、高見さんのお嫁さんに数人の子供が集められて幼稚園の様にして面倒を見て頂いた。お寺は浄土真宗の、檀家三十戸くらいの末寺で、五箇山地方特有の、半農、半寺で、住職は頭を丸めていない、……普通の人の様に頭髪を残した……毛坊主と呼ばれる人が坊守をしている。

特に勉強はせず、小学校入学までに自分の名前がようやく書ける程度で漢字は殆ど書けなかった。

数もしっかりと数えられなく、1から12までは、すらすらと数えられるが、どうしても13が越えられない。

3月30日が誕生日なので入学時に丁度6歳で入学、7歳直前の子が多くいた中では目立って小さい方だった。

小学校、中学校は共通校舎

私の通った下梨小学校は、本校だったので同級生は40名弱で1クラス、3歳年下の妻、同郷の和美は祖山分校で同級生は5名で、当時有名だった高峰秀子主演の映画〝24の瞳〟以下の小さな分校だった。村の中心的な下梨部落は約１００戸で町の体裁を成して、小学校本校、中学校本校、高校の分校、役場、郵便局、農協、病院、商店もある。小学校と中学校が同じ2階建ての建物の中にある、下梨小学校に入学した。

小学校本校にはいくつか分校があり、冬季だけの分校、3年生までの分校、6年生までの分校と多様である。

篭渡にも冬季用の分校があり、豪雪の時に、数度篭渡の分校に先生が来て分校の役割を果したが、通常は冬季でも1km強の雪道を歩いて本校へ通学した。分校には卓球台があり、囲炉裏があるので火を焚いて、冬の子供たちの格好の遊び場だった。夜間に囲炉裏で火を焚いて、男の子が5〜6人くらい集まって、……昔の若者組の子供版みたいなもの……よく雑談し年長者の経験を聞き、時には……子供は何処から生まれるかについて、議論して……中学校3年生もいたが、誰も正解を知っていなかったのが印象に残っている。現代の子供の性的な知識と比較すると、想像もできないほど貧弱なレベルだった。

後日、色々な大人向けの本を読むうちに解った事だが、当時、絶世の美女と言われていた女優、原節子について、かなりの20代の青年が、あんな美しい人がオシッコやウンコをする筈がないと信じていたと書かれていた。

母親は紡績の女工から逃れてきた

我が家は、基本的には農家だが、母は古物商の鑑札を持ち、家から庄川の流域の上下、各15kmくらいを商圏に着物の行商をしていた。

私は午年で、母も同じ午年で、母が36歳の時の子供で高齢出産なのでお乳が出なく、私はヤギの乳で育った。

ヤギの乳は人間には上手く適合しないみたいで、私は常に体のどこかにオデキがあり……胃腸が弱く直ぐ下痢をするし……虚弱、母は4人の子供を育てるより手間が掛かったと言っていた。

当時、日本の農村の多くの若い娘さんは、仲介業者の甘言に乗せられて前借金を貰って、それを親が取り、信州の紡績に女工として働きに行き……女工哀史と言う言葉が生まれた時代である。母は長時間労働があまりに過酷なので、前借金を踏み倒して、家に戻り、……家にいると、捜索されて、信州の会社に連れ戻されるかもしれないので……福井県の別の紡績会社に女工として就職した。同じ頃、部落から一緒に行った娘さんは信州で肺病に掛かり、亡くなったと言っていた。

山間の貧しい農村だが、飢饉のときには娘を売りに出すと言われていた東北地方の農村と比べたら、田舎の歴史の中で人身売買の話は聞いたことが無く、恵まれた農村だったかも知れない。

約半世紀を経て、母は福井の工場主の家族と連絡を取り、60代の頃に孫を連れて福井の工場主を訪問して、歓待された。

10代の頃のこれ等の経験が、母のその後の人生に与えた教育効果は絶大だったと思う。

母は学校には2～3年しか行っていなく、同年配の多くの人は新聞を読めないか、読まない……満足に字が書けないのが普通だったが母は、新聞を読み、字も普通に書くので近所の人が羨ましがっていた。

富山県の農家の生活は質素だが、冠婚葬祭に大きな金を掛ける、見栄っ張りで知られた地方である。

嫁に行く娘さんは高価な着物を多数必要とし、その金額は大変なものである。

日用品的な下着などの衣料品の行商をしながら、顔をつなぎ、良好な人間関係を構築して、特に複数の娘さんのいる裕福な家には、念入りに。賢い人で、生涯に50くらいの結婚の実質的な……表に出ない、影の役割も含めて……仲人をした。

縁談が潰れることを避けるために、直近まで秘密厳守、表に出る結婚式では役目柄上座に座り、ある時には、下座に座っていた人は元陸軍少将だったと言っていたが、当時の人にとっては、女が陸軍少将よりも上に座るなど、とんでもない事であった。

母は行商の経験から多くの事を学び、人間に対する理解は深遠なものがあり、何度か大病で死線を超えてきたが享年１０４歳まで生きた長寿の人だった。

桑原征平さんの世界

話は21世紀に飛ぶが、関西には2人の著名なラジオパーソナリテーの桑原征平さんと道上洋三さんがいる。

2人とも私より少し年下だが、非常に大きな影響力をお持ちで大阪府知事選に出馬すれば、お笑いの横山ノックさんの様に当選間違いなしではなかろうかと思わせるような人だ。桑原征平さんは、私より2才年下だが、ホボ同時代を京都で生きて来られたが、彼の語る子供時代の家庭生活は私の目から見ると悲惨なものだが、その経験を語ることが彼の商売の種になっている。

京都生まれ、父は警察官で、第二次大戦中に従軍、軍隊生活のトラウマからか、人格が変わり、家族は壮絶な経験をしている。

長じてからは兄が水球でオリンピック選手、自分も水球選手で、オ

リンピック選手を狙える位置にいたスポーツマンで、東京の成城大学在学中も水球選手でエリートスポーツマンだった。何回も、同じような物語をラジオで明らかにしているので、多くの関西の人が知っている筈だ。征平さん曰く、父が、何処かから女を買って家に連れて来るので、母親に子供を連れて風呂屋に行かせて、2時間くらい帰って来るなと命令し、それに従う母子……。この話は格別としても、それ以外に多くの彼の子供の頃の京都における経験談が、私には想像もできないくらい過酷なものだ。改めて、富山の田舎を故郷としてくれた、父母と、神様に感謝である。

父親は次男、大阪で奉公の経験者

父は、温厚で当時としては珍しく、子供に手を挙げる様な事は絶対にしない人だった。若いころ大阪の粟おこし屋で丁稚奉公をしていたが、長男が都会から戻らなかったので、次男の父が農業を継ぐことになった。農家の後継ぎとして勤勉に働き、冬季は雪に閉ざされるので、多くの人は和紙作り、又は県外への出稼ぎ等が一般的だったが、父は竹細工で篭類を作り、それを売り歩くのは主に母親と私の仕事で、母は行商のついでに篭の注文を取っていた。

何処で習ったのか、炭焼きの技術も持っており、**私に〝人見て法説け〟を教えてくれたのは父親だった。**

この言葉は、親鸞聖人の教えの中にあり、私の座右の銘の一つであり、非常に含蓄がある。

受験教育で、回答が一つの教育環境の中で育った人とは非常に異なった、心的なものを持っている。

この事については、第二部で深く考察してみたい。

農家では男女同権

農家は夫婦が一緒に働かないと機能しないので、自動的に男女同権の傾向が強くなる。

都会の夫が勤め人、妻は無職で主婦の場合には、西欧型のワンマン夫が多いが，田舎の農村では夫婦共稼ぎで一緒に頑張る、精神的な繋がりのある夫婦が多いと思う。長じてから、多くの外国人と違和感なく交際、交流できた心的な基礎は、田舎の夫婦共同作業＝共稼ぎ文化の中で育ったからだと思う。

家の落成祝いの宴でブドウの過食で下痢

昭和21年、4歳の時に茅葺、合掌作りだった家は、瓦葺き二階建ての平野部にある農家の様な家に変わった。

約三尺＝約0・9m角の自然木の少し曲がった形を残した〝牛〟と呼ばれる主桁用の巨木を切り倒して、冬季に山の上から下り傾斜を利用して雪の上を多人数で縄を掛けて引っ張ってくる。牛は上大国柱と下大国柱で支えられ、この3本の部材が骨格となり建物が作られて行く。

全てが人力、大変な作業である。終戦後約1年での家の新築であり、終戦後部落で初めて、平村でも非常に早い方であり、母親に商才があり、資金があったから出来た事で、母親が40歳くらいの時の事である。

4才児はいい加減な者だ、棟梁が上から水が落ちてきて、……なんだと上を見上げたら、高い危険な牛の上に立ち、私が立ち小便をしていて、ひどく怒られた。

落成の宴会には、20人くらいの人が招かれ、大宴会である。

母親は、この日の為に町で買ってきたブドー……当時、ブドーは大変な貴重品……を中盛と呼ばれる料理の目玉にしようと思って用意していた。ブドーを重箱の中に入れ、土蔵にある高さ1m強くらいの繭管の上に置いていた。

家の建築中、家族は土蔵の中で生活していた。宴会の用意で皆が忙しくしている中で私がグズったので、母親は私を土蔵に連れて行き寝かせ付け、その時に繭管の上から、数粒のブドー取って食べさせてくれた。

あまり甘くない山ブドーしか食べた経験が無かったので、多分、当時だったからデラウエアだったと思うが、……信じられないくらい甘く、美味しかった。砂糖も配給の時代で、甘い物に、日本中が餓えていた頃である。

手を伸ばすとギリギリでブドーに手が届く、……重箱に盛ってあるブドーをずいぶん食べたが、上から見ていないのでどのような状態か分からない。食べかすは、そこらにバラまいている。

料理の用意の最終段階で母親が戻って来て、ブドーが殆どなくなっている事に気づき、数時間後に私が腹痛を訴えだし、私が食べた事が判明し、宴会の場で母親が言い訳をしたが、それは家族の中では永らく記憶されており、何かの時に話題になった。

福井大地震

小学校1年生の夏、1学年上の従弟の清と、厳しい傾斜地の山林で私が木の高いところに登っているとき、下で清が木を揺すると同時に木が大きく揺れはじめ、清が木を揺すったから地面が揺れるのだと思い、ヤメテと言ったがそれは福井大地震であった。その後、何度か地震を経験したが、阪神淡路地震に次いで大きな地震経験だった。

統制経済下の警察への賄賂の運び屋

学校のある下梨部落には駐在所があり角田巡査が家族で住んでいる。母の古物商の鑑札は当時、……多分現在も……警察に許認可の権限があり、米を始め多くの生活必需品の売買が統制されていたので、物品のヤミ取引は法律違反であり警察は厳しく取り締まっていた。

年に1〜2回、母から角田巡査の家に物を届ける用事を頼まれたが、賄賂である。

父母と三人で川の字になって寝ていたので、父母の会話から世の中の事、当時の強圧的な警察……オイ、コラと一般人を扱うような……の理不尽なことも良く解っている。

ある秋の日、角田巡査が家に来たが、私しかいない。若しかしたら家に入り、余分な米や、他の統制品がないか家宅捜査をされるかもしれないと心の中で身構えていた。巡査は、玄関脇に生えている柿の木の柿を取っても良いかと聞いてきた。

とっさに、私はアンタサンのピストルを貸してくれたら良いよと云うと、ピストルを貸してくれ、おもちゃさせてくれた。

これは、その後同級生仲間に対しての大自慢になった。

小学校に入ってから学んだことだが、昭和22年、私が小学校入学の前年に佐賀県の裁判官山口判事が餓死したが、この話は事件が起こってからも数年間、度々新聞に掲載され、私の頭の中に消えることなく残っている。

正義感溢れる山口判事は、人を裁く立場の裁判官が闇米を食べることは出来ないと、配給米だけで生活するうちに、栄養失調で餓死してしまった。子供心に、非常に矛盾した……世の中を感じ、その

後の私の人生観、正義感に大きな影響を与えたと思う。

小3から家の夕飯の炊事担当

小3の、多分夏休みから、夕飯のご飯炊きと、みそ汁作りは私の仕事になった。

母親は行商で……言えば出張で……半分くらいの日は家にいない。父親は農作業、5歳上の姉は、学校から帰ったら、農作業の手伝い、9歳上の長男は大阪に奉公に行っている。

この様な家庭環境の中で、母親が不在の時に、私が夕食の炊事当番となり、炊事軍曹と呼んでいた。

乾燥させた杉の葉っぱと小さく切った新聞紙を混合して、マッチで火を点けて、火起こし、薪を焚いて炊飯する。

洗米して、手を鍋に入れて、水加減を調整、吹きこぼれない様に、焦げ付かないように火加減を調整するのは、現代の半導体製造の最先端で使用されている、シリコンインゴット製造の際の温度管理と相通ずるものがある。

みそ汁は、色々な野菜類を入れた具沢山なみそ汁。

中学卒業まで原則的に、積雪が無く農作業が忙しい5月~10月の期間、夕食の準備は私の担当だった。

積雪のある冬季になると父が家にいるので、母がいないときには父が食事の用意をしていた。

食事のマナーは厳しかった

都会に出て来てビックリした事に、食事のマナーの悪さがある。住友電工に勤めていた人を例外として、殆どの人が非常に悪い。都会出身者の場合、立派な学校、両親が教育者、お金持ちの家……もちろん例外はあるが……なのに、マナーが信じられないくらい悪い例を多く見ている。

両肘をついて、箸をコネコネ回しながら、反対側の手にグラスを持って飲み物を飲む大人の女性、椅子の上で片膝立てて座る人……挙げればきりがないが、**田舎や西欧諸国では絶対お目に掛れない光景だ。**

我が家では、箱御膳で、銘々が自分の御膳を持っており、その前で正座して食事をする。膝を崩す、変な姿勢になると、大人が注意するが、それは何も我が家だけでなく、多分、何処でも殆ど同じだった。

食事が終われば、家族全員が自分の食器を自分で洗った。

宗教行事が頻繁にあり、大勢で会食するので、その場でマナーが悪いと、恥ずかしい。

この様なマナーを気にする習慣が、その後、外国で食事をするときに初めて出会った料理の時には、誰かに食べ方を聞くか、他人の食べ方を見て、それを模倣する習慣がついて、ずいぶん助かった。

都会のサラリーマンの家庭では、大勢が集まって宴会、食事をする機会が少なく、小さな食卓を囲んでの食事で、座席の位置の決め方、マナーまで問題とする習慣が無かった事が原因だと理解した。

都会育ちで立派な大学卒の高齢の女性が、食事の時に左の手は肩肘ついたり、グラスを握って、右手で箸をこね回しながら皿の上の物をとる様な光景は、田舎では絶対にお目に掛かれない光景だ。

住友の場合には、会社は都会にあるが、殆どの人は田舎育ち……当時日本の85%は農家だと言われていた……私と大同小異の環境だったのだろう、食事マナーの悪い人は目につかなかった。

結果的に、**国際交流に重要なセンス、精神的ソーシアルデスタン**

スの取り方の基礎は田舎の農家で作られたと思う。

日本地図の質問、大好きな先生が嫌がった

小学校4年の担任は地元出身の宮崎先生、書道の大家、戦後間もなくの日展で特選を取られており、青年団の運動会の陸上競技でも活躍されるスポーツマンで、素敵な先生だった。

社会科の授業の時に大きな日本地図を黒板に吊るして、これがx百万分の一の日本地図だと説明された。

数日前に日本の人口はx千万人と聞いていたので、それじゃ、一人当たりに割り当てれば、地図の大きさの10倍程度の広さの地面しか割り当てられない事になると思い、〝ゾンナラ、オラチニ、畳2、3枚分くらいの土地しか当たらんがけ〟と質問した。先生は質問の意味を直ぐに理解した感じだったが、それに対してどのように説明すべきか……、緊張した目で眺めていたが、回答は無かった。周囲の数人も私の質問の意味を解していたと思うが……その後も先生からの回答は無かった。

その後、残念ながら宮崎先生との関係は何かギクシャクしたものになった。

中学校に行き二次関数を習う事でこの問題は氷解したが、宮崎先生の対応は教師としてはあってはならない事で、素朴で、幼稚な生徒は予想もしない事を聞いてくるので、そのような場合、今、直ぐ答えられないけれど、〝調べて来るね〟が言えない。

この様に、**日本で先生は権威主義の鎧を着ているから、教える技術が向上できない。**

多分、現在でも日本の多くの教育現場で類似の事が起こっているのだろう。

マスコミが報道する教育界の不祥事、生徒の登校拒否など、教育は非常に重要な問題だが、人を教育するのは難しい。

数世代に亘っての大事業で、文化の根幹に関係している。

同居の祖母と叔父の死と葬儀

小学低学年の頃に親族の死亡と、葬儀、火葬を数回経験しているが、この事はその後の自分の人生、生き方に派手ではないが、緩慢に……大きな影響を与えている。

幼少時、父母、祖母に2人の姉と計6人で住み、長女は既に家を離れて、都会で看護婦をしていた。

戦後まもなく、多分、昭和21年に50代後半の父の兄、順長は病弱の身で帰ってきた。炭鉱労働者として働き塵肺で……当時そのような場合、よくあった事で……同居を始めたが、1年ほどで亡くなり、葬儀が行われ、葬儀のあと火葬された。

順長の死の2年くらい後に祖母は92歳で亡くなったが、当時の92歳は記録的な長命である。

家の中の囲炉裏で火を焚いて調理する生活は煙が常に目に入り、目が悪くなる。私が物心ついたころに祖母は既に盲目だった。

一般に、都会の家は小さく、壁と柱が連続していて、何かに触りながら、手探りで動けるが、……広い農家では、二本の太い、上と下の大国柱の間約5mは手探りで動けない……盲目での生活がどの様なものであるか、人間には死がある、……死後どうなるか……言葉では表現できないくらいの多くの事を教わったと思う。

火葬の様子

五箇山地方では葬儀に際して、隣近所の人が全ての事を執り行う

江戸時代から継続していた相互扶助の精神が、そのまま生きており、死者を出した家の家族は、お客様扱いで何もすることが無い。
　各集落に中部地方の方言〝サンマイ〟と呼ばれる火葬場があり、浄土真宗の僧に先導されて棺を担ぐ葬送の列がサンマイに到着する。そこには既に大きなキャンプファイヤーのように、薪が高く積み上げられており、その上に棺が置かれて、火が点けられて火葬が行われる。火が燃え盛り、木組みが崩れて動き，……やがて棺に火が点き……棺が傾斜して……あたかも死人が動いているように見える。現代では、火葬場で棺はガス式の焼却炉に入れられて……ボタンを押して、火葬開始、全てが機械的に執り行われて短時間で終了し、特別な深い精神的な何かを得る機会がない。
　人生の最後となる儀式である亡骸の処方手続きには世界標準はなく、火葬，水葬，土葬，鳥葬などいろいろだ。
　火葬には長い時間が掛かり、風向きによってはサンマイから出た煙は臭気を伴って集落の上を覆い、色々な事を考えさせられる……。日本では、感染症との関係から多くの地域で行われていた土葬は無くなり、火葬が普通になったが、葬儀に伴う人生の最終行事である火葬とそのような人との同居の経験は、その後の人生観、弱者に対する対応と共感に……深いところで大きな決断を求められる時に、影響を受けているように思う。

集金業務：払いが悪いのは金持ちか坊主

　当時、母の商売の現金取引はホボ皆無、付け払いで盆暮れの2回払いであり、大福帳を持って集金に歩く。
　集金は母、姉も手分けして行うが、多くは私の仕事で、中学校卒業まで6～7年間の経験があり、これは世の中、人間について多くの事を学ばせてくれた。
　立派な門構えの家に行き、３，５００円ですと云うと、３，０００円だけ払って、５００円は次まで待ってと言われる。
５００円だけ払って、３，０００円は次まで待ってと言われる事もある。
　みすぼらしい家に行って、１，８５０円ですと云うと、お母さんが財布の中に５００円しかなく、お爺さんに聞いて1，０００円貰い、残りの３５０円を息子から貰って、とにかく全額支払う。単発ではなく、継続して数年間集金業務をすると世の中が良く解る。例外はあるが、金持ちみたいな家と坊主の家は払いが悪い事を発見した。この様な集金業務は全て歩きだから、夏は暑いし、冬は雪道で、多くは近くだが、遠い客の場合は7～8㎞離れた所もあり、冬季の雪道の2里は今考えると大変な距離である。

小2の時に二日酔いで不登校

4月30日は恒例の篭渡の春祭りで青年団が獅子舞をしながら部落の各戸を回る。
　ある家では獅子舞だけだが、1／3くらいの家では座敷に上がって、小宴会を行う用意が出来ている。
　獅子舞連中が座敷に上がった家では誰かが酒注ぎに回り、最初のうち良いが、数件の家で小宴会をするうちに青年衆も酔ってくる。私が酒注ぎに回り、ドーゾとやると，……私の名前は〝実〟だが、通称〝ミノ〟と呼ばれていたので、ミノ飲むかと言われる……。飲んでみると甘くて味はソコソコ、お猪口に何杯か飲んだ。
　夜になると、調子が変になり、翌朝には二日酔いの症状で結局学校を休んだ。母がどの様な良い訳をしたのか知らないが、大らかな

時代だった。

関東からの転校生山崎君

小4の時に横浜から山崎君が転校してきた。父親は農協や、農家に養蚕の技術を教える指導員。

当時、絹は日本の最も重要な輸出品で、現代の自動車や電気製品にも相当する、経済の牽引役だった。

片倉工業という大きな会社、多分、当時のトップ企業で、そこから派遣されていた。

初日に先生から紹介があり、言葉が、可笑しい、変、……当時すべての家にラジオがあったわけではなく、言葉に多感な小学生は敏感に反応する。全体が蔑視の雰囲気で見ている。

昼休憩の時に、山崎君に相撲をしようと声をかけ廊下で数回相撲をして、直ぐに友達関係になった。

この事があってと思うが、彼は差別されることなく、言葉は、へンだったが、皆から差別されることなく溶け込めたと思う。

何回か、山崎君の家を訪れ、都会人の生活を拝見した。私の住む篭渡部落は遠く離れているので、残念ながら山崎君が我が家に来た事は無い。

東京への旅行の資金稼ぎの行商

私より16歳年上の長女は看護婦、東京の丸ビルの日立製作所本社の診療所に勤務していたが、同郷の人と結婚して私が小学校4年の時の4月末の春祭りに帰郷した。多分、その時初めて長女に会ったのだと思う。姉は、東京に遊びに来いと言った。

言葉を真に受けて、東京に行くと父に言うと……黙っていて、汽車賃作ったら、行っても良いと言った……。

夏休みが始まる直前に、小学校のある下梨部落にある魚屋の〝カノウ〟に行き、店のおばさんにサバの塩引きを仕入れて売りたいので、魚を卸してもらいたいとお願いしたら、ＯＫの返事。

早速、夏休みが始まると、魚の行商を始めた。篭渡部落内では売らなかったが、部落から下流にある7〜8つの部落に毎日、約3週間行商である。

篭渡と、それより上流に行かなかったのは、そこには同じ学校に通う人がいたからで、下流の部落は分校の校区で濃密な関係のある知人が少なく、そのような行動を恥じる精神的な何かがあったのだろう。

正確な金額の記憶はないが、トータルで当時の土方の日当の1週間分にくらいの収入を得たと記憶する。

多分、現在の価値で、5〜7万円くらいだと思う。

周囲には父親が戦死した人が数人いて、小6の時に厚生省の招待で遺族として靖国神社参拝の東京旅行に行ける。

私は小5の時に東京に旅行して約1か月滞在し、都会の空気を満喫し、同時に都会の窮屈な生活の経験もした。

家では山の中腹にある樹齢千年を超えると推測される、泉の杉の木の近くから出てくる湧水を引いてきた掛樋から途切れることなく、きれいな清水が流れている。

姉の住んでいる江東区深川三好町では、井戸水を手動式のポンプで汲み上げており、周囲の数軒の人が一緒に使っていたが、昭和27年の事である。

上野駅、皇居、丸ビル、清澄公園、勝鬨橋、後楽園、銀座のネオン、グリコの看板、初めて丸ビルの地下の食堂で姉の同僚と一緒に

食べたアイスクリーム、砂糖入りの牛乳、自転車乗りなど、全て新しい経験だった。

当時、汽車に乗るためには、先ず城端駅に行かなければならないが、まだ城端までの定期バスは無かった。

徒歩で行けば夏場は4~5時間、冬の雪道ではもっと掛かり、夏にも冬にも数回歩いた事がある。

下梨から農協のトラックが貨物を運送する日取りを聞いて、トラックに乗せられた炭俵の上に便乗させてもらう。

木炭自動車がまだ珍しくなかった当時、道はクネクネ曲がり、1・5時間くらい掛かったが、今は15分強で行ける。

饒舌で早口少年が変化、早口でなくなる

小学校低学年の頃は早口で、女子と議論になり、口喧嘩みたいに発展すると、活舌の良い女に負けるか、と男子代表みたいに早口でまくし立てていた。中学校の頃には早口は、宮本君、赤瀬君に替わり、私はどちらかと云うと、ユックリしゃべる人になっていた。今回の執筆に際し、考えてみると、小5の時の東京旅行以来、徐々に変化したように思う。

徐々に、世の中は、これだと簡単に断定できるほど……テストの回答の様に一つの答えで決まる……単純でない事を理解し始めていたのかもしれない。

読書三昧

9歳上の兄が読書家、5歳上に姉がいるので周囲は大人の本で溢れていた。

小学生低学年の頃からそれらを見ながら、徐々に内容を理解しながら読むようになり、小学の高学年になると、殆ど問題なく大人の本が読めるようになった。解らない漢字が出てくると辞書を利用する事もするようになる。

最近、脳科学者は、読書好き、本を読む習慣は、8歳までに本に触れる経験を濃厚にしたかしなかったかが大きく関係すると言っている。多分、その面で私は非常に好都合な教育環境に育ったことになる。

生まれ育った家の宗教的な環境

五箇山地方は浄土真宗の門徒で昔から非常に信心深いところであった。

蓮如が織田信長に対抗して建設した大阪の石山本願寺には、五箇山から農民が派兵された事は良く知られた事である。

家庭や集落の道場と呼ばれる寺では頻繁に宗教行事があり、宗教は生活の一部で空気のようなものだった。

五箇山では宗祖親鸞聖人の事を〝御開山様〟と呼び、親鸞聖人と呼ばれたのを聞いた記憶がなく、親鸞の名を知るのは、中学校で歴史を学び始めてからの事である。何時も朝、母の読経の声で目を覚まし、意味は良く解らないが、……何か心が落ち着く、そんな環境の中で生きていた。床の間には大きな仏壇と神棚があり、常に清潔に……心をキリットさせる何かがあった。

何もそれは、我が家だけの事でなく、どこの家も、大なり、小なり同じだった。

月に1回、28日の親鸞聖人の月命日に、部落の各戸から1名参加の報恩講と呼ばれる宗教行事の昼食会が寺であり、それ以外にも年に何回か別の法事があり、家に親戚の代表各1名が集まって10~15名

くらいが一緒に食事をし、家族が皆でその接待をする。子供が、**世界に通用する精神的ソーシアルデスタンスの取り方の勉強をする最も良い機会と**なったと思う。

新興宗教への誘惑

中学2年の冬、部落の新興土建業の小坂さんの家に、昔の先祖さんと話が出来るとの前触れで、三上某と云う霊能者が来て話をするからと村人が招待された。小坂さんが町から誰かの紹介で呼んできた。

大人20名くらいに混じって、中3の従弟の清と一緒に聞きに行ったが、子供は我々二人だけだった。

少し生意気になっており、そんなことある筈がない、若しかしたらとんでもない事があるのかも?……の気分で……出席した。

講和は数時間だったと思うが、大人は何時もの宗教行事の時に坊さんの説教を聞くときのように、尊敬を示すようなそぶりを表に出して聞いている。何時もの宗教行事の会合では、聴衆は疑問なく、純真、従順に聞くだけで、同じ様に振舞っていた。

中学生で、生意気盛りの2人は、頻繁に色々な質問を繰り出し、三上某は様々な……難解そうな言葉で切り抜けようとするが……、横で聞けば、三上の回答は、大人を納得させせられる様な内容ではない。

結局、会合は盛り上がらず、三上某は布教に失敗して得るところなく会合は終了した。

沢田教頭から猛烈な言葉の暴力

中学校に入学、地元生まれで、富山師範卒、従軍経験があり、陸軍少尉だったと言われる沢田先生は社会科と歴史の先生で、教頭だった。体は小さい方だが、威圧感があり、他の先生方も言葉を交わすときには一目置いている感じの方だった。

悪ガキの生徒は厳しく叱られ、頬を平手打ちで叩かれる事は、珍しい事ではなかった。

中学1年生の3学期末の頃、授業時間中に沢田教頭が私に向かって爆発した。何故、何に対して爆発したのかは記憶が無いが前後関係はしっかりと記憶している。私は9歳上の兄が持っている大人の本を読んでいるので、少々生意気なので、よく質問する。質問するだけでなく……先生はそう言うけれど……みたいな反論をする事もある。

1年間のそれらの積り積もったものが有ったので、何か些細な事が原因となり爆発した。

授業時間の中頃に爆発が始まり、最後まで15分以上、私に対する非難、イジメ、の為に使われたが手は出されなかった。

殆どの同級生は、沢田先生が怒っている理由がよく呑み込めていなかったと思う。

自分でも不思議なくらい、私は静かに、気が動転することなく、黙って聞いている事が出来た。

戦後、多くの従軍した人の従軍記が溢れており、それらを読んでいた事に加え、リーダーズ・ダイジェストを読んでいたので、沢田先生の小言の内容から、先生はあまり本を読んでいないと感じて……チョット気持ちに余裕があった。

先生も様々だ、町から来た新任の数学の新屋先生には、よく質問して、友達感覚に近いものがあった。

環境は現代とは比較できないくらい違うが、……人間は昔も今も同様だと思う。若し、密室の中で爆発があれば、手が出て、私も沢田教頭も心に傷を負うことになっただろう。

運動が好きで何でも選手

運動全般は好きだったが、短距離走は鈍足、長距離走は直ぐに胸が痛くなって走るのは苦手だったが、球技は好きで、ソコソコ上手かった。中学校の頃には軟式野球をやり、定位置は捕手だった。卓球、バレーボール、バスケット、スキー、水泳、相撲、鉄棒、等、生徒数が少ないから、何かあると選手で出場、小さな学校で幸運だった。

都会の学年当たり10クラス以上みたいな、大きな学校ではスポーツに関係するだけでも大変で、殆どの人がスポーツと関係ない小学、中学時代を過ごしているのと大きな違いだった。

社会に出てから、剣道、サッカー、テニス、ゴルフ等、未経験のスポーツにスムースに溶け込めたのは、田舎の小さな学校のお陰だ。

結核に罹患

小6の冬に遠い親戚のおじさんが、昼頃に訪ねてきた。時間が時間なので、餅を焼いて昼食を摂っていただく。

餅を手で小さく千切って、砂糖醤油の入った小皿に浸けて食べるのが、一般的な作法だ。

おじさんと、一緒に私も餅を食べだしたが、父母の様子がおかしい、……目で、食べたらだめと合図している。

おじさんは**餅を千切らないで、砂糖醤油に浸けて、そのまま口に運ぶ。**

私は知らなかったが、おじさんは結核を患っていた人だった。おじさんが、マナーを守って、餅を千切って砂糖醤油に浸けていれば、問題なかったが……おじさんはそうはしなかった。

中1になり、ツベルクリン反応で、結核の初期感染とみなされる、要養護と診断された。要注意よりも重度の感染とみなされ、その後、約半年間毎週医者に通い、注射を打たれ、強度の農作業、スポーツの休止を言われた。

若し両親が、おじさんが結核患者であることを、事前に教えておればこのようなことは起こらなかったが、この事はその後の人生において、良い教訓になった。

遠足の時大声で合唱

小1から中3までの9年間、毎年数回の遠足や、それ以外にも長時間徒歩で数里歩く……1里は4㎞……事があった。

何時も大きな声を出して、皆で小学校唱歌、民謡を歌った。都会に出て、今でも何かの時に、例えばテニスコートで歌を口ずさんだりすると、周囲の都会育ちの人は緊張して、怪訝な顔をする。

五箇山地方には多くの民謡があり、そのメロデーは何かの拍子に自然に口から出てくる。

テニスの友人で音大の声楽家卒の人と長く交際しているが、何かのメロデーを口ずさんでいるのを耳にしたことが無い。

学問、職業を意識して音楽を習うのと、生活に溶け込んだ自然の音楽の違いだろうか？

60代で高齢者のコーラスグループに入る

退職後、高齢者コーラスのシルバーボイスに軽い気持ちで入部出来たのも、田舎の小さな学校のお陰である。

シルバーボイスの殆どの仲間は、学生時代からコーラスを永年やっていた人たちだ。私は、特別に準備をしたわけでなかったが、溶け込むことが出来た。グループ内には色々な人が居り、人間関係が

いささか不健康。
　大多数の方は良いのだが、数人の方が過度に数人の方の小さなミスを見逃すことなく、キッとした顔でミスした人の顔を睨む……、最もその様な行為で目立つ人は、東京大学卒の人だった。
　父親が藤原歌劇団のテノール歌手だったとお聞きした、コーラスのサラブレットとも形容できる京都大学の数学、物理卒のＹさんもおられたが、他人のミスには無頓着だった。
　神戸には最もレベルが高いと言われる混成合唱団〝神戸フロイデ〟があり、テニスの友人が団員だった。
　12月末の有名なベートーベンの第九の公演の時に、４千円のチケットをＳさんの押し付け販売で買わされて、コベルコホールへ妻と一緒に聞きに行った。その後、アマチュア合唱団のチケットの押し付け販売や、無料贈呈は普通の事である事を知った。
　指揮者は著名な亀井正比古さんで、最後の第三か第四楽章で、それまで座っていた１８０人くらいのコーラスの人が、スックと立ち上がり、ドイツ語の合唱が始まる。約１２０人の女性と、約60人の男性で感動的な合唱である。
　私は大きな舞台である事を承知していたので大型望遠鏡を持参していた。
　肉眼で見ていると不自然な口の動きをしている人がいる。望遠鏡で注目してみると、明らかに声を出していない様子。
　部分的に、声を出していない人がかなりおり、数人はホボ、常時声を出さない口パクの感じ。
　男性の部分しか観察していないが、……皆さん、首には蝶ネクタイで、正装の燕尾服だった……大多数の方が現役以上の年配の方で、多分、孫もいる年齢で、聴衆の大半は家族である。
　公演終了後、Ｓさんから食事に招待され、その時に口パクについて質問してみた。
　Ｓさん曰く、指揮者からの指示で、何人かの人は部分的な口パクを命じられていると言う。
　この事で私は合唱団は長居すべき場所ではないと思い、次の年の３月に、理由を書いたメールを団長に送り、約３年間所属したシルバーボイスを退団したが、それまでと同様に個人としての交流は依然として継続している。

浸け針で魚とり

　隣の保市さんの家の３学年上の勝司さんに、小学校低学年の頃から、浸け針に連れて行った頂いた。
　夕方、家から片道約45分掛かる、標高差約２００～３００ｍの河原まで下りて、縄の先端に括りつけた釣り針に餌を付けて川に投げ込んで置き、翌朝、引き上げて魚を取る。主に、ウグイ、ウナギ、マスで稀に鯉が掛かる。朝に引き上げ、餌をつけて、夕方に再度来て、掛かった魚を収穫して餌をつけなおす。
　浸け針をする為には縄が必要で、稲わらから縄をなうために、先ず稲わらを木槌で叩いて柔らかくして、それを綯なって行く。
　１本の長さが約20ｍ、10本くらい必要で小学校低学年にはかなりの労働である。
　わら縄は、１年しか持たないから、毎年、時には年に２回交換する。春祭りが４月30日で、その頃までは残雪があり危険なので、５月中旬から、11月までホボ毎日、朝、夕と川に行く。
　中学１年になり、保市さんが大阪に就職で居なくなったので、それからは私１人で行った。

小6の時に忘れられない事が起こった。

細い杣道から自動車の通る広い道に上がった所で、遠くから中学校の亀井先生夫妻が来るのが見えた。

亀井さんのご主人は、東京で早稲田大学の英語の教授をしていたと聞いていたが、東京の食糧難を逃れて、五箇山に来て中学校で英語の先生をしている。保市さんは私が持っているバケツを、貸して、……と自分で持って、亀井先生としばしの雑談で魚を見せていた。その日私は数匹の魚が取れたが、保市さんは坊主だった。その気の効かせ方は中々の物だ。

保市さんは大阪のクリーニング屋で修行、その後、店舗を持ち、更にチェーン店を展開、立派な成功者となられた。

人間は面白いものだ。私は取った魚は、食べないし、売りにも行かない。特にウナギはよく採れたが私は食べないので、何時も父親が食べていた。

山菜や薬草の採取、栗拾いは最初から売る事を目的としているが、つけ針の場合には、現代の釣りと同じで完全にスポーツなのだ。保市さんは男兄弟が多く、勝司さんの一つ上に長男、二つ下、その二つ下にも弟がいるが、何故か私と一緒につけ針に行っていた。私は小6の頃から、一級河川庄川の何処も怖い所なしで河童のように泳げたが、勝司さんは泳げない。隣には1年上の従弟の清さんがいるが、彼とは金儲けの場合に共同で何かをやり、魚採りは、勝司さんとやるが、金儲けを一緒にやった事はない。理由は判然としないが……不思議なものだ。

牛を使っての水田の代掻き（しろかき）

小5の頃から牛を使っての田の代掻きの手伝いをするようになった。

我が家は水田を多く持っており、コメの自給は十分可能だった。１００坪以下の小さな水田が散らばってあった。

徒歩30分くらいの所にある水田の代掻きを終わって、夕日が落ちてかなり経ち、暗くなり始めるころに、牛を引っぱって帰路に着く。そのうち**大きな黒い牛が、私の方にすり寄るようにして歩くようになる。**

中3で卒業の時に身長が１５２㎝だったから、小5では１３０㎝代の小さな男の子で、牛の背の高さより低かった。

大きな牛だが、怖いんだ、夜の暗闇が……と、印象に残った経験だった。

12月～4月まで雪に閉ざされるので牛は小屋から出る事が出来ない。雪が解け始める頃に小屋の外に出すと、通常は鈍重な動きしかしない牛が、飛び跳ねて駆けずり回る、田舎の農家では色々な事が経験できる。

定期バスの開通で出張旅費が激減

5歳上の姉は、高校卒業後役場に勤めていた。姉によれば下梨、城端間の定期バスは昭和34年に開通したとの事。

役場の職員は職務柄、県庁のある富山市に出張する機会が多い。県庁への出張は夏季も冬季も2泊３日扱いで、多額の出張旅費を貰っていたが、定期バスの開通で夏季は日帰り出張となり、役場職員としては定期バスの開通で大きな被害者になったと言っていた。

冬季には積雪の為バスの運行は停止するから、２泊３日の出張になるが、夏季に出張が多いので減収が大きくなる。

この問題は単に姉の旅費の問題に留まらず、大きな社会的な経済問題の根本に関連しており、私の専門とする仕事と根本のところで

繋がり、同種の問題として取り扱える。
建設中のリニア新幹線、廃止と決まった超音速旅客機コンコルドの問題も形を変えた典型的な同種の経済原則に支配されており、正しく先読みする事で巨大な費用を投じる前に検討すべきことだったのだ。

薬草、山菜の採取

富山は漢方薬で知られた所だが、地元では……〝越中富山の反魂丹、鼻くそ丸めた万金丹、それを飲む奴アンポン丹〟と云う戯言を子供の頃に良く言っていた。なぜお客を〝アンポンタン〟等とバカにするような言いぐさがあったのか不思議なものだ。富山の売薬、漢方薬にはそれが日本中で有名になった、地元ではよく知られた理由がある。
江戸時代の元禄年間に江戸城内、大名溜まりの大部屋で、ある大名が突然の腹部激痛に襲われた際、富山藩主、前田正甫が手持ちの反魂丹を服用させると、劇的に回復して、富山藩の漢方薬が著名になり、多くの他藩の大名が富山の反魂丹、漢方薬を欲しがるようになったと言われている。令和の時代のコロナワクチンの様なものだ。
当時、領民の領地外への移住は人口の減少＝国力の低下、徴収税金＝徴税米の減額を意味し、逃散と呼ばれる農民の耕作放棄を防ぐために国境管理が厳重に行われていた。富山藩は藩財政の為に漢方薬の藩外への販売＝輸出が有用であると判断、売薬行商に行くものには、鑑札を与えて領地外への出入りを自由に出来るようにした。
その内〝先用後利〟と呼ばれる、〝置き薬商法〟先ず薬を箱に入れて各戸に配り、後日訪れて、消費した分の代金を徴収する新しいビジネススタイルを発明したが、それはお互いの信頼関係がなければ成立しない。この制度は、農家は土地と家と云う恒産を持ち、住所が不変であるとの前提で成立するビジネスであり、大都会の恒産の無い庶民には当てはまらない。
論語に言う〝恒産なければ、恒心なし〟と**現代感覚で差別的とも云われかねない人心の表現は、2、500年以上も昔に発明された言葉だが、正鵠を得ており、都会人は選挙の際にマスコミから浮動票と軽く扱われている根拠はそこにある。**
都会では平均的に田舎より高い教育を受けている筈なのに、日本では教育は単に従順に命令された事を、命令されたように実行する事を躾ける為に行われているかのようである。
多くの高学歴でない田舎生まれの人は精神的に都会の人とは違ったものがあるように思う。
〝置き薬商法〟は江戸時代と言う非常に安定した時代が長く続いた事で成り立った、非常に珍しいビジネススタイルである。大陸国家のように永く安定した期間が続かない社会では機能しない、世界的に珍しいビジネスモデルである。
富山の平野部は耕作面積も広く裕福であったが、山裾に位置する農村地帯、両岸に1、000m級の山を抱え、その間を流れる庄川流域の両岸に位置して、狭い耕作地しかない五箇山地方の農村は農業であるにも拘わらず米の自給自足が出来ない。外部から米を買い入れなければならない、情けない農村であり、そのためにあらゆる可能な手段を使って現金の収入を図る。
古くは林業、火薬の原料の煙硝製造、製紙、養蚕、漢方薬原料の乾燥薬草、熊の胆……であり、煙硝製造は明治の開国に伴い南米からの輸入チリ硝石との競争で成り立たなくなった。林業も昭和の初めに5～6年の工事期間を経て完成した、当時東洋一大きいと言わ

れた、小牧のコンクリートダム式発電所の建設により、木材の輸送が出来なくなり成り立たなくなった。

小学生の頃から部落の共有林にある栗の実、色々な山菜、薬草、アケビ、キノコ、マガリタケのタケノコ等の山の幸の採集は楽しみの一つだった。薬草の中でもキワダの皮、トチノキ・ニンジンは非常に高価だった。

最も高価なのは熊の胆で、村には数人の鉄砲を持った人がおり、熊を撃っていたが、当時、乾燥した熊の胆の価格は金と同額だと言われていた。平村の26の部落の全てが後背地に大きな共有林を持っている訳ではないが、篭渡の後背地には大きな共有林がありよく山菜取りに行った。

薬草の採取は篭渡に住んでいる小学生が皆やっているわけではなく、私は大人の真似をしていたが、中学校を卒業するまで5~6年間、熱意の程度は変化したが習慣としていた。同級生は男6人、女2人で、中学生全員で約15人くらいだったが、その中で私以外に薬草の採取行動を積極的にしていた人はいない。

9月の後半、栗の実の熟する頃には台風も来る。雑木林に生えている栗の木は背が高く、登れない事はないのだが、木に登り、揺すって栗を落として拾うのは非常に効率が悪い。栗の木は密生していなく、かなり離れて計10数本が散在している。台風が来ると木が揺すられて栗が落ちるので、落ちた栗を効率よく拾うことができる。日中に台風が来ると学校で、誰か他の大人が取りに行っているのではないかと気になる。夜中に台風が来て、大雨が降ると……布団の中でジリジリと夜明けを待つ。夜が明ける少し前に起きて、山に向かう。もし誰かが先に行っていると…。

遅れれば、ミレーの晩鐘と同じで、取り忘れの残り物がホンの少々で…話にならない。

総合商社の社員が鉄鉱石を求めて豪州へ、リチュームを求めてチリへ、ダイアモンドを求めてアフリカへ……総合商社のビジネス活動の縮小版で中学卒業まで6~7年間経験してきた。

精神的には、大学卒で商社入社後数年のビジネスマンの感覚を養ったと思う。

副業としての五箇山で最後の炭焼きか?

昭和20年代末に父が炭焼きを始めた。

戦後復興の為に木材の需要は大きく、特に杉などの針葉樹の価格は上昇傾向にあり、それが永遠に継続するかの如く行政も後押しして、日本中で雑木林を伐採して杉の植林が行われていた。

数ヘクタールの雑木林には、雑多な広葉樹が生えており、そこに当時高価だった杉を植林するのが目的だった。

杉の木は成長に時間が掛かるので、自分の為でなく次の世代にならなければ金にならない。

キツイ傾斜地に生えている雑木を鋸やナタで伐り……チェーンソーの様なものは存在しなかった……炭窯の所まで運ぶのは大変な重労働で、危険が伴う。中学生となり大人として扱われており、作業に好き嫌いは通用しない。

炭窯の製作は非常に繊細な技術を必要とし、高級な炭を焼くには現代の電子化された製品の基礎的素材として使用されているシリコンのインゴットの製造に相当するようなセンスを必要とする。

五箇山の合掌集落の世界遺産登録、

五箇山の合掌集落が1995年、日本で非常に早い段階で世界遺

産に登録されたのは、一般にはあまり知られていないが、ナチスから逃れて日本に亡命したブルーノ・タウトの影響力を抜きには語れない。タウトは著名なドイツの建築家であり、左翼的な傾向のある建築家とみなされ、ソ連でも建築家として仕事をしていたのでナチスから危険視されていた。タウトは娘の友人で父親がナチスの将官だった人経由で、自身がナチスの逮捕予定者のリストに載っている事を聞かされ、ドイツからの脱出を考えていた、と言われている。

日本の建築学会からの招きを受けて、日本が国際連盟から脱退した1933年に日本に亡命し、約4年間日本に滞在、桂離宮を始め、多くの日本建築を世界に紹介すると共に、日本の建築の専門家に大きな影響を与えた。

主に石とレンガから成る西洋建築文化の国から来たタウトは、全く金属の釘を使わない木造建築で、自然木の曲線をそのまま生かして梁として使用する事で、力学的合理性と美しさを兼ね備えた五箇山地方の農家を高く評価した。

多くの日本の建築専門家が西洋建築を学んでいた頃に、タウトが日本の建築学会専門家に五箇山地方独特の茅葺の農家に対して大きな評価を与えた事で、日本の建築専門家の間で五箇山の農家の合掌作りは知られるようになった。

第一次世界大戦後の世界平和と、永年の人類の幸福を願って国際連盟が結成されたと学校の教科書に載っていた。

日本は人種差別を無くする事を国際連盟の目標とする決議案を提案したが、米国主導で決議案は否決され、最終的に日本は国際連盟を脱退する道を選んだ。

欧米の白人国家はアジア、アフリカ、中東に多くの植民地を持ち、米国国内でも人種差別は当たりまえ、国際連盟は白人国家の連合であり、有色人種は、人間として認められない現実を知らされる。この様な事もタウトが日本を亡命先に選んだ理由の一つであったのかもしれない。タウトの場合でも、……王、大統領、将軍等が行う……多くの非常に重大な、決定、決断……でも、表向きには最もらしい理由付けを、後日に、専門家、学者が講釈するが、多くの場合それは疑わしい。

最も大きな影響を与えた因子は多くの場合、本人しか知らなく、それは公表されることはない。

活字で伝えられる事は、嘘ではなかったかもしれないが、最も大事な事は何時も表に現れるわけではない。

タウトは約4年間日本に滞在したが、石とレンガの建築物の専門家では仕事がなくトルコに行き、トルコで多忙な日々を過ごし5年後にトルコで亡くなったと言われている。

江戸期には多分、平村、上平村、利賀村など、歴史的に五箇山と命名された地域には100を超える合掌集落があったと推定されるが、合掌作りは特別視されることなく見過ごされていたが、タウトにより評価された事で現在がある。

19世紀にフランスでは、日本の浮世絵、版画や織物に高い評価があてられたジャポニズムがあり、幕末に現代の週刊誌のように読まれて捨てられていた浮世絵、版画が、フェノロサ等の外人に芸術的な価値を認められて海外に紹介され、それが日本に逆輸入されて日本の中で再評価される……、五箇山もそのような例の一つだった。

世の中は目に見えない糸で繋がれて進化、変化の糸で繋がれている。

新田開発工事

父は中1の時に今まで畑として使っていた約一反≒千平米を水田

にするための工事を始めた。
兄は大阪で奉公、母は行商、姉は高等学校に行っており、姉は肉体労働を嫌っていた。
私は父の手伝いで、中一の秋から、中2の春まで連日父の手伝いで土木工事に励んだ。巨大な量の土をトロッコで運び、つるはしを振り上げて土を掘る。中二だから大人の仕事をする事が期待されている。
約千平米の土地を水平に地ならしして、その上に粘土質の土を5センチ厚くらい積み上げて、木槌で叩いて安定させる。
水漏れを防ぐためだが、気の遠くなるほどの作業量だ。
ツベルクリン反応で陽転して、要養護と言われてからそんなに経過していなかったが、当時はそんなものだ。
既述のように、五箇山は水稲栽培に向いていない、コメの自給自足の出来ない、情けない農村だったがそれは、地形の問題だけでなく、五箇山が米作の北限地くらいで、商品になるような品質のコメを作ることが出来なかったからだ。
台湾米が高品質の飯米として販売され、日本産のコメは二流品の扱いだった。
戦前に農林一号と呼ばれる耐寒性に優れて、多収の新品種が表れて、五箇山でも新田開発が積極的に始められた。
その様な中での新田開発で、昭和30年当時は全て人力での土木工事だったが、昭和32年頃から農協が大規模な農地の区画整理と、ブルドーザーを使っての、大型新田開発を始め、新田開発は機械化された。
我が家の一反の大きさの田は、篭渡で一番の大きさであり、我が家の誇りだった。母の経済力もあり、徐々に畑や田を買い増して、その内、5反以上の水田を持つ、篭渡集落では珍しい、コメの自給自足できる農家となった。
農林一号の開発育種に大きく貢献したのは、小谷川を隔てた隣の下出部落出身の鉢蠟(はちろう)清香さんだと知ったのは、都会に出て、読書することで知ることが出来た。半世紀以上を経て、村の観光施設で鉢蠟さんの成果を称えるモニューメントが出来上がったが、私が田舎に住んでいた頃、その事について知っている人は多分、限りなくゼロだっただろう。

五箇山の偉人

昭和の時代に五箇山から二人の偉人が出現したが、残念ながら、その事については子供の頃に学校で聞いたことがない。
偉人の一人は鉢蠟清香氏であり、水稲の農林一号の誕生に大きく貢献した人である。
集金業務で下出部落に行く機会が多く、杉の巨木に囲まれた大きな屋敷が、鉢蠟区長＝部落長の家だ。
私が長じてから、歴史書を読む中に、鉢蠟清香さんの事が載っていた。
曰く、農林一号が10年早く開発されていたら、第二次世界大戦は始まらなかったかもしれないと言うものだ。
農林一号の開発が、米作の北限を日本の中部地方から関東、東北……その後、北海道も米作可能地に変えた。
日本の食糧難が大陸への進出を正当化させた側面も大きく、もし10年早く農林一号が開発されていれば、日本の食糧難は解決され、貧農の大陸移住は起こらず、日本の大陸進出の熱意は大きく減殺されたと、予想しての事だ。

鉢蠟清香氏は農学校を卒業後、新潟の農業試験所に勤務、並河成資氏とともに耐寒性のある新種の水稲の開発に取り組み、農林一号の育種開発に大きく貢献した。私が生まれた昭和17年に40歳で亡くなられた。

残念ながら、子供の頃に鉢蠟さんの事を学校で聞いたことがない。

もう一人の偉人は、鍼灸に代表される東洋医学を日本で再興した岡部素同であるが、それについては後述する。

日中電燈を消す習慣がない

小学校の先生は全て地元出身だったが中学校になると、都会の食糧難を逃れて、都会から来て職員寮に住む先生が数人いた。

中一の時の英語の高橋先生は東京の大学の英語の先生だった人で独身だったが、何かにつけて私に好意的だった。

ある時に、何かの説明で……ほら、1階で電気を点けて、二階に行ってスイッチ押して消すだろう、それと同じだよ……と言われたが、私を含めて誰も分からなかったと思う。

当時、昼間に電気を切る習慣はなく、電気を切るのは就寝時だけだった。

篭渡部落では、電燈3灯までは無料で24時間、点灯していても消していても料金に関係なく、部落により少々の違いはあるが、ダム建設に付随する迷惑料として平村全体にそのような制度があった。

消費電力を計測する計器が高価な事もあり、永らく3灯までは無料だったが現在はこの制度はなくなり普通になった。

多くが給与生活者である都会の人と違って、農民は政治に対しての関心が非常に高く、自然と子供も政治的な事に対する知識も多くなり、又関心も深まる。家庭内での会話、親戚も集まっての**小宴会の時には、そのような政治的な事が話題となり、そのような大人の会話を聞いているうちに、子供も耳年増になる。**

都会では、殆どの人が、定型の仕事に従事、考える事を必要としない数で能力を測られる仕事に従事しているが、農家の人は、都会の自営業者と同様に、常に工夫して人生をしているので、政治的な関心が高くなる。

後年、スウェーデンに住んでみて、スウェーデンでは都会の人も、日本の五箇山の人の様に政治に関心が高いことを知り、日本との大きな違いを感じた。

情報の価値：衆議院議長だった綿貫家の資金源

関西地方の電力需要に応えるべく、庄川水系には多くの水力発電所があり、同時に地域経済に大きく貢献して来た。

先ず、大正の末期に庄川の下流、山間部の急流から平野部に入る所に建設され、完成時に東洋一大きなコンクリートダムとなった小牧発電所の建設に始まる。順次、上流に向かって多くの水力発電所が数十年かけて建設された。

ダムの建設が計画され、実行に移される段階でダム開発業者と林業関係者の間で、全国規模で知られる大争議が発生した。

現代に例えれば原発反対に、相当する大争議となり、双方に応援団として暴力団、ヤクザが来るなど当時の大事件であったと聞いている。それまで伐採した木材はいかだを組んで川に流して、運んでいたがダムが出来ると輸送が出来なくなり、林業は立ち行かなくなる。計画の段階で、地元ではダム建設反対派の大きな争議の中で、反対運動のリーダー的な存在の地元の有力者の綿貫栄がいた。建設側の日本電力の社員、淡路島出身の南嘉五郎は富山に住み、反対派との

親交を深め、結局、綿貫栄の長女と結婚、その後、綿貫家の総領となった綿貫佐民である。彼は庄川水系のダム建設予定地を知っているので、建設計画が公表される随分前にタダ同然の価格で、流域の土地を買収して、ダムの建設が始まると巨額の保証金を得た。

トナミ運輸を創業、その息子の綿貫民輔氏は政治の分野に深く入り、トナミ運輸の拡大、国会議員として長らく議席を持ち、衆議院議長となった。都会に出てきて人生を重ねるうちに気が付いたことだが、殆どの田舎の人は出世や、政治の事に非常に興味があり、よく話題にする。都会の人は、全く関心のない人、関心の少ない人、過度に関心のある人に大きく簡単に3分類できるように思うが、**〝恒産なければ、恒心なしで〟目の前の問題、賃金、休暇、仲間、遊び……が最も大きな関心事で政治に関する好奇心が少ないように思う。**

最近の日本ではこの様な事を言うと、〝ポリコレ〟と言って非難する人がいるから、日本は窮屈だ。

数学の競争で三角関数を克服

同級生の島田君、赤瀬君と中学の頃よく数学の問題を解く競争をした。問題を持ち出すのは、母親が小学校の先生をしている島田君。幾何の証明問題、三角関数の問題が多かった。

後日、住友に就職して三角関数を日常的に使用する工具設計に携わっても、直ぐに溶け込めたのは島田君のお陰だ。

島田君は高校に進学して、東京の私立大学卒、銀行に勤務していたが、50代で亡くなったとのこと。息子さんから連絡が入ったが、彼はアル中だったとのこと。銀行勤務の接待が彼を殺した。大学教育とは何だったのだろう。

中学生の奇妙な議論

島田君、赤瀬君とはよく議論する関係だった。何かの時に飛行機について議論をしていた時に、赤瀬君が自説を補強する為に目新しい説明をした。

おばちゃんが言っていた、子供の頃、空一杯に沢山飛行機が飛んでいてその時に……と、おばあちゃんの昔話を出してきた。

何か変なものを感じたが、その場はそのままで説き伏せられた。空には毎日数回、B29らしき飛行機が飛行機雲を引きながら空を飛んでいた。

それから、10年以上して、それは嘘である事を実感した。

私の母親は50才くらいで、明治初めの生まれ、おばちゃんは１８７０年頃の生まれであり、そんな昔に多数の飛行機が空を飛んでいる事は絶対にない。長じてからも、このように解り易い例は少ないが、同種の議論をする人に時々遭遇するが、中学校での経験がワクチンの様に作用するので簡単にはごまかされない。

ソロバン

当然の事ながら、塾みたいなものとは全く無縁、算盤は小学校の低学年の時に学校で習った。

母親はソロバンが出来ないので、盆暮れの集金のため、大福帳を作る為にソロバンで計算するのは私と姉の仕事。

読み上げ算はかなり早く、中学校でソロバンの検定試験の時にかなり良い級が取れた。

万年、以上総代の杉本君

杉本健次郎君は全てにおいて優秀で小1～中3まで常に修業式の時に総代だった。

父親が戦死で母子家庭、細かな事は良く解らないが、農業の規模は非常に小さく、多分、父親は農家の長男ではなかったのだろう。彼は勉強、体操、芸術全て何でも良く出来た。現代なら東大一直線の感じ。

私の知り得る範囲の期間の中では、学校で成績トップの男の人は中卒後に直ぐ関電に養成工として就職する。

杉本君はその例に外れず中学校卒業後に養成工として関電に就職した。

電気技術者にとって最も難関と言われていた電検2種の資格を18才で取得それは関電始まって以来の事であると聞いた。

微分方程式を駆使して計算する試験は難しく、国立大学の電気科卒で一次試験免除の恩典のある人でも合格が難しく、大学卒業後合格するまでに数年掛かると聞いていた。その後、関電の最重要施設である福井原発のある福井の変電所の所長をしていたと聞いている。香港が中国に返還される前年に香港、マカオへ旅行し、現役の関電の部長さん夫妻と5日間のバス旅行をした際に、お話しすると、私より7～8歳若い阪大卒の部長氏は、その頃の養成工の人は我々よりも優秀な人が多かったと述懐していた。

安保反対の弁論とその後の変節

中学校2年の時に行われた校内の弁論大会で〝日米安全保障条約反対〟の弁論を行い、多分、先生方から、白い目で見られた。60年安保闘争の5年前で、一般に日米安保条約が話題になる随分前の事である。

9歳上の本好きな兄の影響で習慣的に大人の本を読み、GHQのマッカーサーの日本人は12歳で、幼稚だと言っている事を耳にして、反米感情を持っていたことがその背景にある。

日本での絶対権力者マッカーサーの名前は、新聞、ラジオで毎日のように聞こえてくる。

朝鮮動乱が起こった昭和25年は小3で、大人の本も読みだしていたので、5年間くらいの知識の集積があり、生意気な事を云う。**就職して社会の成り立ちを理解すると、そんなに時間を待たず日米安保条約は絶対必要であると思うようになった。**

マッカーサーについて

マッカーサーが離日するまで、ラジオ、新聞で連日マッカーサーの名前が……何らかの政策、法律との関係で報じられ、リーダーズダイジェストの記事にも頻繁に露出して、感覚的には、嫌な奴みたいに思っていた。

後日、マッカーサーの議会証言を読み、私のマッカーサーに対する評価は劇的に変化した。

議会証言では

1．日本には資源がなく、シルク以外見るべき輸出品のない貧しい農業国であり、米国はじめ外国が日本への石油や他の重要な物資の輸出禁止にしたので、戦争をせざるを得ない状況にあった。

2．第二次世界大戦を起こしたと云う理由でドイツと日本を同列に非難する事は出来ない。

何故なら、ドイツ人は西欧の感覚で英米人と同格の45歳の成人に相当する知能を持ち、ナチスは行っている事が悪い事であることを知りながら、確信犯として、人種差別的な政策を実行した悪人である。

3．他方日本人は、英米の感覚で見れば、12歳の純真な心で、柔軟な考えを持った民族である。

日本では、マスコミを通じて全文ではなく、単に日本人は12歳の児童のように低劣な人種だと提言したみたいな報道をしたことで、多くの日本人は、我々をバカにしていると激昂した。この事については第二部で細部を検証したいと思っている。

私の結論を先に言えば、彼は日本、日本人を尊敬し……畏敬していたのだが、日本のマスコミがそれを感知できる……知的なセンスがなく、レッドーパージーを受けていた左翼系等の人々が恣意的にマッカーサー批判を行って反米を煽った為だと思う。

手作りの線香花火

誰に教わったか記憶はないが、小学生の頃から線香花火を作っていた。材料は、障子張り用の和紙、木炭を潰した粉末、硫黄粉と鉄粉である。

鉄粉は製材所にある丸鋸の刃先を砥石で研削している所で手に入れ、硫黄は碍子を鉄の棒に固定する為に封入されているものを使う。通学路には並行して電柱が立っており、電線を支えるために碍子が使われていた。

21世紀になり碍子の設計も変わり、硫黄はプラステックに変更されている。

当時碍子は、電柱の近くで放置されているものや、割れた物があった。それらの粉末を混合して和紙で包んで線香花火にした。

サイダー

サイダー、ラムネなどの炭酸飲料は非常に高価、祭り、お盆には、若しかしたら買って飲む機会はあったが、飲めても少量である。中学生になると、夜更かしと称して、数人持ち回りで友人の家に集まり、深夜まで遊び、そこで宿泊して翌朝に帰宅する事を冬季、年に数回行っていた。サイダーを作り、心行くまでたらふく飲み、二極や三極真空管式のラジオを作り、広い農家の1階から2階の端まで離れて電話ゴッコで遊んだ。

サイダーの材料は水、砂糖、酢と重曹である。1升瓶に数本作り、心行くまでたらふく飲み、充実感を味わった。

凧作りと凧あげ

田舎では凧は作るものであり、買う物ではなかった。全く関心を示さない人もいたが、冬季は積雪の為に外遊びが限定されるので家の中で凧作り。父が竹細工で篭類を作っていたので、竹ひごと障子用の和紙を使って、大小の違った形状の凧を作って高く上げて自慢した。

模型飛行機作り

小さな学校なので、小学校と中学校は同じ建物の中にあり、講堂は共用である。

中2の時に小学校の頃の担任だった宮崎先生がゴムでプロペラを回転させる模型飛行機を作って飛ばしているのを見て、これは面白そうと真似をしたくなった。初めての模型飛行機との遭遇で、子供

用の漫画雑誌〝冒険王〟に模型飛行機のキットの宣伝が掲載されていたのを知っていたので、早速注文した。
豪雪地帯なので、12月から4月まではスキー以外は外での行動は制約されるので、始めると熱中し、翼が揚力を発生させる流体力学のメカニズムを理解、バルサを削って、翼の形も自分で決める様な……ソコソコのマニアになった。

日曜日に理科実験

冬季は暇がある。中3の時、日曜日に2回、人気のない学校に行き理科の実験をした。ひとつは〝王水〟の実験であり、もう一つは〝ダイナマイトを作る〟実験である。
当時、学校の門に鍵は掛かっておらず、理科室にも、ドクロのマークの扉のある劇薬の入った箱にも、鍵は掛かっていない。
先日習った王水を濃硝酸と、濃塩酸を混合して王水を作って、鉄、銀、銅の腐食実験をした……。
現代では想像もできないくらい、制約の無い……解放された時代だった。
王水の実験も、ダイナマイトの実験も珪藻土が無く実験と呼べるレベルの物ではないが、先生から聞いて理解していたつもりでも、なかなか難しい……色々な準備が必要である事が解った。
21世紀に入り、新聞で中学生がケシの花をベランダで栽培して、麻薬の……で逮捕したみたいな記事を読んだが、社会が話題にする珍しい事があれば、実験したくなるのは自然な事だと思う。

篭渡でお盆にアイスキャンデー売り

篭渡には瓶売りで日本酒を売る店が一軒あるが、それ以外の常設の店はない。
中2の時に従弟の清と組んで、お盆の暑い日に下梨のカノウでアイスキャンデーを仕入れて篭渡で販売した。
氷で冷やすアイスボックスは非常に重く20貫と言われ、約75kgの重さで、当時150cmしかなかった私が担いで篭渡まで運ぶのは不可能だったが、清は大きくて頑健で、下梨から担いでこられた事で、このビジネスは成立した。
車で運ぶ事は考えられない時代で、飛ぶように売れ、数百円の儲けになった。

子供の頃の将来の夢は小説家になること

新聞が毎年、前年の高額所得者の長者番付を発表した。
常に上位にあるのは小説家で、吉川英治、海音寺潮五郎、吉屋信子……等で、大会社の社長、スポーツ選手、俳優等……の名前はない。小説家になろうと思ったが、どうしたら小説家になれるのかは考えたこともないし、知るわけもない。
でも、心の奥のどこかに、小説家志望の意思があったので手当り次第に、時間があれば本を読んでいた。
漠然と、小説家になりたい気持ちは20歳のころまで持っていたが、次第に仕事の方が面白くなり、そのうちに小説家になる事は忘れてしまった。

黒四ダム：金持ちアメリカ、貧困のカンボジア

１９５６年（昭和31年）に着工、１９６１年に送電を開始した富山県にある有名な黒四ダムの建設の事前調査の為に数人の米国の技術者が長期間滞在していた。

米国人の身の回りの世話をしていたおばさんを発信源とする又聞きであるが、アメリカ人は金持ちだ、新しい下着のシャツを1回着ただけで、洗濯せずに捨てるという話を聞き、ビックリした。
当時の日米の貧富の差は絶大で……日本の田舎の農家と米国の技術者では、多分１００倍くらいの収入差……現代に当てはめれば１００円硬貨でコカ・コーラを買う程度の感覚でシャツを買っていたのだろう。
時代が変わり、場所が変われば起こる事も非常に変わったものになる。退職してから多くの貧困国を訪れたが、10年ほど前、当時**最貧国と言われていたカンボジヤに旅行して、高級車と呼ばれる、ベンツ、トヨタレクサス、ＢＭＷの比率が異常に高く、**半分くらいが高級車で、あのように高級車の比率の高い国は今までに見た事が無い。
もちろん乗用車の総数は非常に少ないが……高級車ばかり。国連や日本などからの援助金が……高級車に化けているのは言うまでもない。**大きな不正は日本だけでなくこの様な国でも健在だ。**
日本やこの様な国では首長が運転手付きの公用車を持っている例が多いが、スウェーデンでは絶対に考えられない事である。
先ず、一般に公用車の制度が無い事と、人によっては、市によっては、自転車で通勤する人も多い。
この事については第二部で深く考えてみよう。

田舎の学校の評判は高かった

当時の篭渡の部落は、戸数約30で人口は約２００弱だったが、１人も給料生活者はいなかった。
農業と日雇い等で収入を得ていた。村には数人の土建業者がおり土方＝土木作業員の需要は常にあった。
絶対的な感覚として、町の人と比べて自分らは劣る、特に学校教育については都会の学校とは大きな差があり、同じようなレベルで競争させられると、競争にもならない……みたいな思い込みがあった。
都会の大企業の、人を採用する立場の人は全く反対の認識を持っていたことが後日理解できた。
住友電工は養成工の採用に際して、都会の学校からは強力な縁故が無ければ採用していなく、都会出身者は少数だった。
時が経つに連れて、地方の小さな学校出身者の方が明らかに優位である事が徐々に明白になってきた。
同級生で卒業時に日本鋼管を受けて失敗……路線変更で進学して高校卒業後警察官になり、富山警察学校の管理職を経て、大沢野警察署の署長になったＭ君がいる。
彼の弁によると、富山で警察が採用に際して五箇山出身を下に見ている事は無く、むしろ上に見ていると言っていた。

第一志望の商船学校を断念

姉の雪子の同級生の正道さんのお兄さんは富山の商船学校を卒業、日本郵船に就職、船乗りだと聞いていた。
アメリカ、イギリス……外国に憧れ、船に憧れ、商船学校に行きたい希望が膨らんでいた。
中学校3年生になり、卒業後の進路が具体的な問題となってきた。当時、２クラスで計80名弱の同級生は、殆どが親類や縁者の伝手で県外の大都市の商店や、零細企業に就職し、地元の4年制の定時制高校に進学する人も含めて高等学校に進むのは10名以下だった。
最優秀な男子は1名、通常関西電力に就職するのが永らく通例であり、それ以外の、俗に大企業と呼ばれる所からの求人は来なかっ

た。少年向けの雑誌〝冒険王〟に掲載される、艦船、美しい帆を持った練習船の写真の影響から、船乗りに憧れていた。現代に置き換えれば、宇宙飛行士に憧れるようなものである。

商船学校は5年で全寮制……卒業後は外航船に乗って米国、英国、ドイツ等の……外国に無料で行ける。

入学の為には、7〜9倍の競争率を克服しなければならないが、楽観的だった。

1月の中頃に家で15人くらいの親類が集まっての法事があり、坊さんから卒業後の進路について聞かれ、商船学校に行くつもりと、皆の前で公言した。

翌日から、それまで何も言わなかった両親が、商船学校はやめた方が良いみたいなことを言い出し始めた。

ホボ、同時期に担任の高田先生から、初めて住友電工と日本鋼管から養成工の募集が来ている事を知らされ、初任給が6、700円であると分かる。日雇いの日給が数百円の当時、月給6、700円は非常に魅力的に見えた。

役場に勤務した高卒の姉の初任給は5、200円

5才上の姉は、田舎の定時制高校卒業後、村役場に就職した。農村の学校なので、農繁期に農業の手伝いをする為に、長期の休みがあり、その分卒業まで4年間掛かるので、私の就職とホボ同時期に就職しているが昭和31年に19歳で就職、初任給は5、200円だった。私は昭和32年に15歳で就職、初任給6、700円だった。

従弟の清さんは、福野の町の高校を卒業して昭和35年、農林省に就職したが、初任給は私と全く同じの6、700円だった。

私の場合は住と食は寮に入るから、生活費は月2、500円くらい、生活は非常に楽で、その気になればかなりの貯金が出来る。

都会と田舎の違い、男女差別、官と民の給与水準の違いを表している。当時、公務員の給料は少なく、田舎では、公務員はかなり低く見られていた。村役場は村民の地方税を算出するために村民の収入、所得を知る立場にある。役場に勤める姉は、人口約3千人の村だから、全ての人の顔を知っている。役場の吏員は自分の給与と比較して……役場に勤務する人の複雑な気持ちは良く解る。世の中の事を良く解っていた母親は私に普通高校に行くことを強く勧め始めた。

学校からは住友電工、日本鋼管ともに1人しか受験枠がなく、先生は私が行きたければ受験させてくれると云う。

試験会場は高岡市で冬季に高岡に行くのは、ソコソコの旅行で、特に冬季に船に乗って高岡まで行った事は無かったので、その面でも大いに興味がある。取り敢えず、受験したいとお願いする。

住友の入社試験で高岡に2泊3日の旅行

試験前日の早朝6時頃に家を出て、約1時間雪道を歩き、下梨の船着き場に到着して船の出発時刻を待つ。先ず、艪漕ぎの和船に乗り20〜30分で下出に到着、エンジン、キャビン付きの客船に乗り換え、約30分後に祖山ダムの堰堤にある船着き場に到着して下船。その後、徒歩で約30〜40分かけて十八谷船着き場に到着、ハヤブサという名の船外機付きで、無蓋の木造船に乗って15〜20分で大牧温泉に到着、大型の客船に乗りかえ、40〜50分掛けて小牧ダムに到着で下船。

雪が少なければバスがあるが、1月、2月の厳寒期にはバスが無いので雪道を徒歩で小一時間歩き庄川駅に到着、加越能線のデーゼルエンジンで動く気動車に乗り、福野で蒸気機関車に牽引される城

端線の汽車に乗り換え、約1時間後に高岡に到着する。乗り換え回数が多く、そのたびに時間をロスするので、大旅行みたいに時間が掛かる。

高岡到着は午後になり付き添って下さった高田先生と一緒に宿屋に宿泊。

次の日の試験会場は職業安定所で8時に到着しなければならない。姉のご主人が住友電工伊丹工場の工長で特別の縁故枠で応募した、Y君も一緒だった。

会場に行くと富山全県の中学校から77人の受験生が来ている。後日解った事だが、応募は指定校制で、学校当たり1人の受験枠で、聞きなれない方言の渦の中で、住友の田中さん……約20年後に副社長になられた……が試験の説明を始め……筆記試験が始まる。

記憶が定かではないが、国語、数学、理科、社会……等数科目の筆記試験であり、筆記試験に合格すると次の面接に進め、最終的に2名を選抜すると言われた。午後に筆記試験結果が発表され、10名くらいが次の面接を受け私は面接に進めた。

残念ながらY君は不合格で、午後は高田先生が慰労の為にY君を連れて映画を見に行ったが、それも羨ましかった。何分、多分映画を見たのは1年くらい前だったから。午後の面接を人事課長の亀井正夫さん……その後社長になられ、経団連の副会長になられた……から受けて合格した。もう一人の合格者畠君は高岡市出身、都会の学校の生徒だった。

更に一泊して翌日の早朝に高岡を出発、逆回りのコースで帰宅した。

住友の養成校制度とY君のその後

住友の養成工制度は、私の入社後数年で廃止された。高等学校への進学率が急激に上がり、中卒で適当な人材の採用が困難になった事が原因だ。Y君は路線を変更して、高校へ進学、卒業して住友に高卒の工員として入社、その後、平穏な人生を送っている。私の中学卒業数年後には、大部分の人が高校に行くようになり、社会の急激な変化にはビックリする。

住友、商船学校、母の勧める高校進学

時間が進む中で、母は私が高校進学に乗り気でないのは、試験に落ちることを心配しているのではないかと考え出した様であった。9歳上に読書好きな兄がおり、5歳上の姉の読む本も読み、学校の図書室で借りた本はよく読んでいるが、家では勉強らしいことを全くしない。当時、私が住んでいた篭渡は現代的な感覚で表現すれば、隔絶山村であり、文化的、知的に非常に遅れた田舎で、とても都会の学校の生徒と競争できる筈がないみたいに思われていた。

高田先生にも相談したが、住友を辞退するのは非常に困る。もし断れば来年から受験枠を貰えないかもしれないと言われ、商船学校の願書の取り寄せも全く進まない。

母は、若し試験が上手く行かなかったら、私が高校の校長先生に手をまわして合格させてやると言った。**この一言が私に意地を張らせる原因となり、私は絶対に高校には行かないとなった。**

3月となり、更に日が進み……住友から赴任に関係する書類と汽車の切符が届き、15歳の誕生日の翌々日の4月1日に高岡駅で畠君と迎えの人事課の担当者中井さんの3人で大阪駅に向かい、大阪で阪急電車に乗り換えて住友電工伊丹工場に到着、併設されている応心寮に入寮した。

船乗りの世界の昔と今

外航海運業界の乗組員の給与、勤務形態は、陸上の会社や組織の勤務形態とは非常に異なる。１９６０年代まで日本では一度乗船すると半年間の長期勤務、下船して長期休暇……子作り休暇と揶揄されたりした……。

住所に制限がないので、日本中どこでも良く、北海道の稚内に住所を構えていた私と同性の船長さんを知っている。

次回の航海＝勤務の要請は手紙で通知され、港の名前、乗船する船名、乗船日時の通知を手紙で受け取り、その指示に従う。

日本の平均的な給与が西欧先進諸国よりも非常に低く、大昔から既にグローバル化していた外航海運業界では低賃金は強力な競争上の武器であり、日本の海運業界は高い競争力を持っていた。

その後、石油危機、急速な円高が影響して低賃金のメリットは完全になくなり、日本海運の労働市場は激変、船長と数人の高級乗組員以外は全て、低賃金で働く低開発国出身の人々が担うようになる。

若いころ船乗りに憧れており、機会があるたびに造船、海運、船の設計……等に関心があり、常にアンテナを上げていたのに加え、温泉のある船員保険組合の保養施設の近くに居を構えたので、10人を超える外航船の船長経験者、その他、多くの海運業界のＯＢと風呂友である。海運業界の近代化とインターネットの出現は船の運航スピードと、船員の生活を劇的に変えた。

以前は港に着き、荷役の為に数日の滞在が普通で、その間にゆったりと出来たが、荷役に要する時間は劇的に短縮され、陸上の乗り物のように厳しい時間管理が要求されるようになり、昔の北杜夫の〝ドクトルマンボウ航海記〟とは程遠い労働環境となる。以前は、次の寄港地に行くと……無線で、どこかの誰かが知らせる闇のルートがあり……乗組員数に見合うような人数の女性を乗せた小舟が待っており……。自動販売機でワンカップ大関を買うような感覚でビジネスに応ずることは珍しい事では無く、日常的に行われていたと聞いている。

中学生の頃に流行った流行歌……親父はボロ船の船長で、母は悲しい流れの女、旅の一夜の……と謳われていたのが、親が商船学校への進学反対の理由だったのだろうなぁ……と想像して、……世の中の不思議な巡り合わせを感じる。

商船学校に行かなかったのは絶対に正しい選択だった。

第三章　住友電工伊丹製作所に就職、12年間在職（15才～26才）

この章の要約

広大な伊丹製作所に併設された応心寮に入寮。養成工として約5か月の基本実習で旋盤、仕上げ、製図を集中的に学習し、匠になる準備が出来る。超硬切削工具の設計に配属され、夜間高校、夜間大学に計8年間通学。住友の超硬工具部門で鍛えられ、東大、京大等の、高学歴者の中で歴史上初めての米国特許出願で、多分、同業の三菱、東芝、日立が競う日本の業界で初の事だった。26才で住友を退職、スウェーデン系の国際企業サンドビックに転職した。

応心寮での生活

昭和32年4月1日に入寮、伊丹製作所、大阪製作所各20人、計40人が伊丹製作所の幹部社員列席の食事会で迎えられた、人事係長、庶務課長などの挨拶と、色々な事の説明を受ける。

入寮して最初の問題は食事の量で、中ぐらいの丼にご飯が一膳でお代わりはなし。慣れるまでに半年以上掛かったがそれは他の人も同様で、寮の舎監は毎年同様であり、先刻ご承知だった。食事内容は家の場合と相当変わったが特に問題としなかった。2階建ての長い建物が2棟、数えた事は無いが多分、全部で100室くらいあった。

当初は一部屋に5人で2人は先輩、そのうち4人になり、次いで3人、25歳で退寮する頃は2人だった。

21歳で夜間大学進学、誰と一緒の部屋に住むかは大きな問題だった。

応心学園での生活

養成工は男子と女子があるが、男女別学である。男子は入社の4月から8月のお盆までの約5ケ月間行われる基本実習は大阪の20人と合同で40人、お盆以降は伊丹だけなので20人である。

基本実習期間中は毎日応心学園に通い、基本実習が終了すると配属先が決められる。

大きな工場で銅、電線、ピアノ線、粉末合金に関連する製品を生産しているので、職種は溶解工、伸線工、プレス工、機械修理、……等色々あり、私は比較的新しく新設された粉末合金事業部技術課の図工として配属される。西田君も公務の設計に図工として配属され、事務系の仕事に配属されたのは2人だけで、他の人は現場の作業職=工員として配属先が決まった。

配属先が決まると、私は困惑した。私は非常に悪筆で図画、習字は最も不得意で、やっていけるか心配だった。

養成工が学ぶ学園は〝応心学園〟と呼ばれ、寮は〝応心寮〟と呼ばれ匠の技を身に付ける願いが込められている。

太古の時代に中国の皇帝が木製の戦車の外の輪を、内の心棒に嵌

め込む様子を見て、棒と輪の内系の隙間をどのように調整するのかと匠に聞くと、匠は〝これを手に得て心に応ず、口言う能わず〟と答えたとの言い伝えにより、将来、言葉では説明できない様な微妙な技を持った匠となり工場の現場で指導的な人物に育つことが期待されている。

現場配属後、1年生は週3日、2年からは2日、3年は1日の学園での座学で、卒業までに工業高等学校卒のレベルになる事が期待されているが、高校卒の資格取得とは関係ない。

講師の人は、殆どが旧帝大卒で、機械、化学、電気、物理……教え方が上手く、非常に面白かった。

特徴のある人が多く、しばしば脱線……それが面白く、その後の人生に非常に役立った。

戦前の第一高等学校卒の湯川さんからは、『竿三本管理』を教わり、その後の人生で非常に役立った。

酒席で飲み過ぎて、後悔しないために、飲酒中のオシッコに行った回数を数えておき、3回オシッコに行ったら……チンボに触ったら、それで終わりにして帰りなさい、そうすれば大失敗をしないという事だ。

人事課のMさんは採用試験の時の田中さんの後任で、応心学園における我々の担任に当たるような役割、東大卒で学園の責任者の立場にいた人だが『竿三本管理』が出来ない人だった。アルコールが入ると、目が座って間もなく、全く別人のようになる。その後、田中さんも、Mさんの後任の杉山さんも住友電工の副社長になられたが、Mさんはある時点から視界から消えていなくなった。

造船会社の社長から転職の誘い

住友での仕事は毎日が新鮮、難しく、面白かった。単純ミスが多く、検図を受ける際に頻繁に単純なミスを指摘されるが、それも徐々に頻度が下がり、1年ほどすると単純ミスはホボ無くなる。

盆と正月には5～6日間工場が休みになるので帰郷する。

入社2年のお盆の帰省時、高岡からの帰りの汽車の中で、富山で主に漁船の製造をする会社の社長の横に座る事になった。

非常に感じの良い人で、色々な事を話したが、是非自分の会社に来ないかと誘われた。

仕事は面白かったが、大卒との厳然とした、絶対に越えられない身分制度の存在を意識し始め、心が動いたが、既に大企業と小企業の社会的安定度の大きな違いを、下請けとの関係の中で、理解していたので、簡単には決められない。

その後一度手紙を頂いたが、最終的にお断りした。

西野田工業高校入学

2年遅れで高校に入学、殆どの同級生よりも2歳年上で、会社の学園でも勉強しているのに加え、設計の仕事もしているから、殆どの事は既に分かっているから、授業が面白くない。

先生とも、対等の大人の話をするような感じで、色々話すうちに成績は中間と期末の平均で決められ、それがクラスの平均以下でなければ先ず留年の心配がない事が解ったので、それ以降、中間試験を受けないで学校を休んで残業する事にした。

高校時代に経験、又はそれが原因となって後の人生に大きな影響を与えた5つの事を、取り上げます。

試験勉強はしない、中間試験も受けない……転校

2学期から中間試験になると中間試験はパスして欠席、その代わり会社で残業した。その後、西野田工業高校は1年で辞めて、伊丹市立高校に転校したが、伊丹でも中間試験は全てパス、中間試験の期間中は残業した。

同級生の佐藤君は地元の福島区の中学校出身、親類が北野校区に住んでいるので、住所を移して進学校で有名な北野高校を受験したが合格しなかった。並外れて優秀で、合格間違いなしとの見込みから、落ちた場合の対策をしていなかったので、親戚の細川鉄工所に雇ってもらって仕事をしていた。周囲の人は、不正入学をした者がおり、そのトバッチリを佐藤君が受けたと言っており、不正入学事件は新聞記事になり、校長が引っ張られたと佐藤君は言っていた。

1年遅れて西野田に入学、私より1歳年下の同級生で、唯一友達付き合いの出来る学友になった。

佐藤君は2年に進級する前に会社の社長から来年の英国への転勤を打診された。社長はこれから海外でビジネスを成功させる為には、言葉だけでなく、その社会に溶け込んで活動できる人間でなければいけない、そのためには若くて優秀な人物を、早い段階から現地で教育すべしと、佐藤君に白羽の矢が当たった。

佐藤君の英国転勤留学

来年からは佐藤君は西野田に来ない、私は、片道約1・5時間かけて西野田まで通学する意味もなく、転校を決意した。

転校するなら北野高校と思ったが、同じ大阪市の中での転校に際しては、先ず在学中の学校を辞める手続きを済ませないと、北野は受けられない。聞くところによると、北野の期末試験と同じ問題が出て、合格点に達しないと転校は許可されない。

工業から普通科への転校で当然使用する教科書も同じである筈はない。もし北野が受からないと行くところが無くなる。

そこで先ず、大阪府の学区外、兵庫県の伊丹の転校試験を受け、次いで北野を受けて両方とも合格した。

非常に短い期間、両方の高校に在籍し、数日北野に通学して状況を観察した。

伊丹市立高校への転校

夜間部は、常識的には職業を持っている人が夜間に学ぶのが夜間部で、伊丹市立高校もそうだったが、北野では雰囲気として1／3くらいの人は仕事をしないで勉強ばかりしているみたい。北野の同窓会誌によれば、１９６６年に東大、京大、阪大、神大の4大学の合格者は２６０人と書いてある。約５００名の生徒数の１００％近くが国公立大学に合格している様子が窺がえる。夜間の卒業生も半数近くが国公立の大学に進学しているみたいだった。

私は既に仕事が面白くて仕方がなく、ここは私の居る所ではないと思い、50メータープールの存在は羨ましかったが、市立伊丹高校夜間部に留まる事にした。

住友で私より1年後輩で、私より1年早く北野に入学していた渡辺君と川合君は同じ2年生になるが、現役で渡辺君は防衛大学に、弁護士になることを目標にしていた川合君は岡山大学法学部に合格した。

多くの地方の高校だったら、全校でもこのレベルの大学に合格するのは数名の時代だったが北野は別格だった。

渡辺君や川合君は入社当初から、会社を腰かけと考えていたよう

で、夏休みの頃には既に20日の有給を消化してしまっており、その後は欠勤で、仕事は腰かけを隠すことなく勤務していた。私の有給消化は年間3～5日くらいで、残りの15～17日の有給休暇は会社に返上していた。

外国語の技術雑誌の回覧

旧帝国大学卒ばかりの技術系職員の横で、図面を描いているので、多くの技術雑誌が回覧されてくる。

日本の物は月間技術雑誌〝機械技術〟、〝応用機械工学〟等4～5冊、英語の雑誌は〝American Machinist〟、〝Iron Age〟等4～5冊あり、特に英語の雑誌は書いてある説明が丁寧で、英語の勉強になり、その後の人生で大変役に立った。当時、外貨規制があり、これらの米国の雑誌を個人が手に入れるのは非常に困難で、大会社の技術部門にいたからこそ読む機会があったのだ。

国際ビジネスマン佐藤君のその後

佐藤君は英国、ベルギー、米国に各約10年間滞在して、細川鉄工を世界的な、ナノテク粉体工学企業、ホソカワミクロンに変身させ、期待に応えて細川鉄工を世界的な企業に育て上げた功労者である。

佐藤君を英国に出した先代の社長に加えて、佐藤君を泳がせた二代目の細川益男氏の人物を見る、慧眼もあり、その事が……その後、細川益男氏がＩＰＯ＝新規株式公開で数百億円を無税で入手、大富豪となる事で、全国的にも有名な競馬の馬主として名を馳せる事が可能になったと推測している。

佐藤君は日経新聞に世界で活躍する日本の国際ビジネスマンとして、１９８３年に10回連載で彼のビジネスマン人生の解説が掲載された。彼以外は高学歴で、大商社、大会社、…の人達であり、彼の経歴、成功は光っていたが、彼の最も異色な経歴は披歴されていなかった。

彼が夜間部に在籍していたことは書かれていなかった。

彼の素晴らしい功績は称賛されて当然の事だが、彼が当時の、多分、今でも、高校受験で失敗して、夜間の高校に行かざるを得なかったにも拘わらず、多くの困難を克服して、素晴らしい人生を築き上げてきた事に大きな意味があると思う。彼の異色の経験の説明抜きでは、単なる日本のステレオタイプの、高校、有名大学卒、有名企業就職の延長で……私には内容の薄い、機械的なレポートにしか見えない。それは、担当した記者の個人的な事からそうなったのか、日経と云う会社が、その様な組織文化を持っている故なのか、興味のある事である。

宇宙が、自然が、社会は変化し、それは確実に不可逆である。突然パラダイムシフトが起こり……21世紀がネット社会になったように……過去の成功経験と同じような事は絶対に起こらない。

その様な意味合いで、成功体験だけの紹介は読者にとってあまり役に立たない。

普通でない、逆境、困難な問題に遭遇してもそれを乗り越えた所に意味、参考になる何かがあると思う。

学歴偏重社会の日本、大学卒の資格が過度に評価される社会で、その中で**佐藤君の様な頑張りをした人がいた事こそ、マスコミが伝えるべきだと思った。**長期間の激務から体を悪くして60代で現役を引退していたが……75歳の時に関西福祉大学の経営の立て直しを依頼され……80代になったが、依然として学校経営に携わっている。

佐藤君との共通経験、祇園のお茶屋の話

佐藤君を英国に送った細川益男氏は人を見る目が有った。若し佐藤君以外の人が選抜されていたら、佐藤君が出した様な素晴らしい結果を出せたとは思えない。

国が株式市場の活性化を計るためと、企業の創業者に報いるためと称して、株式の非上場企業が新しく持株を株式市場で売り出す、新規株式公開＝ＩＰＯで得たキャピタルゲイン＝利益には課税しないと法律を改正、多くの個人企業の創業者がＩＰＯに応じた。これは株式市場での大きな事件であり、細川益男氏は数百億円もの利益を課税される事なく獲得したとマスコミで話題になった。週刊誌の表紙に、祇園のお茶屋に行く細川氏の事が掲載された事もある。

佐藤君はそのような場合に、細川さんの、かばん持ちでしばしば祇園のお茶屋に出没していたと言う。

祇園お茶屋で3人の同級会

私の立命館夜間部時代の友人で、武っちゃんがいる。彼は大変な苦労をした努力家で成功、裕福な企業主、学校経営のスポンサー、横綱白鵬のタニマチ、いくつかの小型ハイテク企業の後援と話題の多い男である。

風の噂で、彼が接待費を月に1千万円くらい使っていると聞き、嘘だろうと思っていた。

サラリーマンの身分で計算すると、一回の接待で30万円、毎日接待しても30日で９００万円、そんなことあるわけがないと思っていた。

50代の後半に、運輸省の役人だったマッチャンと3人で久しぶりに会う事になり、武っちゃんが幹事となって食事の場所を決めてくれたが、そこは祇園のお茶屋だった。久しぶりに3人で顔を合わせ、**私は〝割り勘やで〟と言った。**

お茶屋で数時間を過ごし、次いでクラブに河岸を変えたが、お茶屋と言いクラブと言い……何か何時もと随分違う感じ。

お茶屋から舞妓さん、芸妓さんもクラブに同伴する。

当時、私は健康の為とワイン党になっていたので、私の意見でワインを取る事になった。

ワインリストを見ると、最も安いのがボトル５万円で高いのは確か60万円。私は安いのでは、武っちゃんの顔を潰すかもしれないし、……60万円は高すぎるので、結局10万円のボトルにした。ママさんと数人のホステスが付き、高価なバカラのグラスに注ぐとボトルは直ぐに空になり、結局３本空ける事になる。武っちゃんが携帯で話して……近くのクラブに会社の顧問弁護士が来ているから、そこに河岸を変えようと言う。

次のクラブに行き、顧問弁護士の谷澤弁護士と同席となった。谷澤弁護士は数か月前に国会で揉めていた政治家の金に絡む問題の証人喚問に出席していた様子がテレビで放映された大阪の著名弁護士だった。

一人の若いホステスが、弁護士に……〝先生、厚生省に就職が決まりました、東京でも銀座で働くのでまた来てね〟……とねだっていた。ホステスは同志社大学の学生だった。**西欧、スウェーデンでは絶対に起こらない事**だと思う。

普通の日本人のみならず、外国人には想像も出来ない社会がそこにはある。

インドネシアのスカルノ大統領に忖度して、商社が東京のクラブで働いていた、数か月前まで夜間高校に通っていた女性を中退させ

た。未成年の高校生をインドネシアに出国させ、スカルノと結婚させ、その後、数奇な人生をたどった。
マスコミの寵児となり、デビ夫人として英雄となる……不思議な日本の姿だ。
ママさんに、当日のお茶屋の勘定額について聞いてみると……そうどすな、と数百万円の答えが来た。
割り勘は実行される事は無く、言い出す元気も、現金の持ち合わせもなく、いい勉強だった。
大方、日付が変わるころに、武っちゃんが用意してくれたホテルオークラに宿泊したが、日本再発見である。

西野田の松本先生

古文の松本先生は早稲田大学卒、若いころ共産党の闘士で留置所に数回入り、何回も警察から、暴行、虐待を受けた経験のある50代の先生だが、非常に味のある先生だった。
徒然草の説明など、非常に人間、人生についての理解が深く、忘れられない人だ。
脱線も多く……あんたら子作りの時に酒飲んだらあかんで、アホが出来ると言われた。至言である。
寮のすぐ近くに駄菓子屋があり、空腹を満たすためによくパンを買ったがそこの親父は何時も酒臭く、可愛らしい嫁さんが何時もぼやいていたが、２人の小学校低学年の娘の内１人は明らかに精神障害児だった。
その後、類似の例をいくつも見ている。強烈な共産党員で、飲酒と政治的な議論を好むご夫婦の子供２人が、精神障害者で松本先生のアドバイスを想起させる事例を近くで見ている。

伊丹市立高校の田辺先生

古文の田辺先生は、奈良女子大学卒で非常に早口、頭がよく切れる感じの方で、神戸の良家のお嬢さんだと聞いていた。
良く脱線するが、話が面白い。ある時、アメリカ人って阿保ヤデ、この間、家に来たアメリカ人に和菓子9個入りの箱をあげたら、箱を開けて、一つ、二つ、三つ……と数えて、……まあ……九つもって、言うんやで、……日本人なら直ぐに9個って解るのにとの事。店で金払うとき７００円の物を買って千円払えば、アメリカ人は７００円に百円一個ずつ3枚出して、８００、９００、１０００円て出すんや。**計算できへんからな。と言われて……**そんなことを云う人もいる事にビックリした。
言うまでもなく、**21世紀の日本では米国流のお釣りの渡し方が定着している。**
米国のGEやケナメタルのカタログを見て、米国の技術雑誌を読んでいる私には、**賢い筈の田辺先生が、バカに見えた瞬間だった。**多分、50代の田辺先生は戦前の教育を受けて育ち、勢いが良くて、男性の若い教師に上から目線で話す人。
源氏物語の細やかな心の動き、〝もののあわれ〟を解し、人間関係の機微を講釈する人だったが……、米国の精神的なソーシアルデスタンスの取り方を理解することは出来なかったみたいだ。もしかすると日本の古典の**〝もののあわれ〟等を感じることなく、単に活字を読むだけの人だったのかもしれない。**

大学の友達

夜間大学生は忙しいが、ガリ勉している訳ではないから、心は正常で昼の職業は様々で多士済々、殆どの人は昼間の高校卒で、高校も夜間と8年間夜間の人に会ったことが無い。

夜間部と云うと、苦学生と言われ、社会的には貧困で大変だと思われているみたいだが、昼に職業を持ち、給料を貰っているから、お金には不自由しない。もちろん貯えもしている。

夜間にアルバイトをしている昼間部の学生より金銭的にも、時間的にも、余程余裕がある。

夜間大学生活の楽しかった学生生活の一端をご披露してみます。

7人の友人との交流で世間が広がる

松、武、福の3人と岡田、西村の五人は近しく、木村、菊池の2人は時々の関係、7人と友達していた。

木村君は大阪の土建屋の二代目で、俺は、……お前らとチョット違うんだ、見たいな雰囲気まるだしで、夜間に来ている。

菊池さんは奄美大島出身で高校卒業後大阪府大で助手をしていたが、教授が鉄鋼短大に移ったので尼崎に転居、大学卒の資格が欲しい。冶金が専攻で、年齢は2歳上だったが、帰りの阪急電車で十三駅まで一緒し、元東大教授の助手をしており学校勤務について知る良い機会だった。

西村君は有名な西村望遠鏡の会社の二代目で、何時もトヨタクラウンで通学し、俺はお前らとは違うんじゃ、みたいなオーラを隠すことなく、出し放題。巨漢で愛すべき男だった。

京都大学以外は大学ではないみたいに、立命館はもちろんの事、他大学、夜間部なんか大学ではないみたいなことを臆面もなく言う。進学高校卒だが京大受験失敗、……仕方なく立命の夜間に来たことの言い訳をしている。

松チャンと武チャンの話

マッチャンは高校卒業後、尼崎の自動車会社に勤務していたが、陸運局に再就職、京都の車検場に勤務しており、父親は陸運局の部長職。

タケッチャンは自動車整備工２種の免許を持ち、村上石油のガソリンスタンドに勤務している、身長１７５cm以上、色白、ハンサムで、多分、私より2歳年下、白い上下つなぎの作業服を着て仕事をしていた。

若い美人の娘さんが、彼の勤務するガソリンスタンドに外車に乗って頻繁に現れるようになった。どうも京都の有名料理店のお嬢さんらしい。そのうち、愛チャンと呼ばれるお嬢さんは、ガソリンスタンドの求人案内の張り紙を見て応募、ガソリンスタンドに勤務し始めた。当時、外車は非常に高価で、多分、我々の年収の50倍以上だったと思う。

車検の関係でタケッチャンは車検場に頻繁に行き、そこでマッチャンが窓口担当をしている事もあり、仕事を通じて松と武はよく会う関係。そのうち、愛ちゃんはタケッチャンに同行して車検場に来るようになる。

マッチャンはタケッチャンより、3歳年長で、よく冷やかしていた、……気持ちを酌んでやれよと。

その後、何年かしてタケッチャンは、愛ちゃんと結婚したが、それは別の愛ちゃんだった。不思議な事に前の愛ちゃんと、結婚した愛ちゃんは大学時代の友人だった。半世紀を経た今も、彼らは良き

友人として付き合っている。
タケッチャンは、後述する、初めて私に祇園のお茶屋経験をさせてくれた武っちゃんである。
兵庫県にある、国の省庁は月に1回、省庁の代表が参加する食事会を開催していたと言う。
非常事態発生、有事の時に各省庁が迅速に、連帯して有効に活動できるネットワークとして機能させるのが目的だ。
マッチャンは、その後昇進して、兵庫県の運輸省の代表として食事会に出席するメンバーだったと言う。
私の好きな、ゆっくりと時間が流れた、昭和の時代……が懐かしい。

一律の平均化は日本を殺す

日本では平均化、平等に過度に反応して、サービス残業の規制、長時間残業の禁止などの法整備がされると、組織が過度に反応して、意欲のある人が興味の赴くままに働くことを禁止する。私はこの様な傾向とは真逆の人生を送ってきた。
戦後の日本の繁栄の基礎を作られた多くの先人は、興味の赴くままに、自由に、就業規則など関係なく仕事をしてきた。
この事に絡んでの私の経験と、20世紀の日本の経済的繁栄を作ってくれた先人についてコメントしたい。

私の6回の徹夜労働

強制されたわけでも、頼まれたのでもないが、住友在職中の12年間に6回の徹夜勤務＝32時間連続労働をした。
1回は非常に難しい用途に使われる工具で、私の依頼で無理して営業に受注してもらった案件で、納期の問題があり、最短で製作図を工場に回すために行った。
既述の、日野自動車からの鋼製ステアリング・ナックル加工用のギャングカッターで、剛性の劣る機械で一度に複数の面を同時に加工する工具の設計である。ビビリと呼ばれる振動発生を少なく、刃の配列を振動の発生予防との観点から工夫、計算する事が求められ、高いリスクを承知の上で私が営業に受注するように頼んだものだった。
23歳の頃の話だが、自分で最初の立ち合いテストに日野の工場に出張、テストはうまくいった。
2回目は日産デーゼルのトラックエンジンの鋳鉄製シリンダーブロックの総型加工用ギャングカッターで、非常に手の込んだ、多数の工具が組みこまれ、一度にクランクシャフトの軸受け固定部、ベアリングキャップの嵌入される部分の加工などが可能で、多分業界で初めての物だったと思う。この設計は退社2か月前に行われ、退社する頃にはまだ納入されていなかった。後日、私の住友での後継者にテスト結果を聞いたら、上手く行ったと言っていたので、ホッ……とした。
これ等の徹夜勤務は24＋8＝32時間連続勤務を意味する。
日野、日産の場合に残業申請をしたか、しなかったか、不確かだ。どのような問題が発生したか記憶が無いので、多分サービス徹夜残業だったのだと思う。人事がそのような残業を認めるはずは無かった。
若し、これらのテスト結果がうまく行かなければ、私は大きな問題を抱え、非難されることになるが、顧客のコスト削減に貢献、会社には、年間数百万円、10年で数千万円の売り上げに貢献できる。
切削工具の様に消耗品は見かけの金額は少ないが、一旦採用されれば、長期間継続的に注文が来るので、美味しい商売だ。

大型コンピューター、ＮＩＡＣ２２００

新しく発足した開発係の大津係長が日本電気でコンピューターの講習を受けてきて、図工も含めて設計関係の仕事に携わる人に定時以降にコンピューターの講習を行った。なぜか高齢の図工の人は参加していなかったが、大学３年生の私は夏休み中だったので参加できた。技術計算のフォートランを主に事務計算のコボルも少し習う。

数日間、１日に2時間の講習を受け自分で作ったプログラムをテープにパンチしてランさせて実際に使ってみる。

手計算では百年以上を要するくらいの行列式が数分で正確に解ける、魔法の道具に思えた。

頭の中で色々な事を考えながら、実際の仕事に使ってみたいと考えだした。夏休みなので、時間は十分にある。

ＮＩＡＣ２２００の大型コンピューターは経理課で使われ、主に給与計算の為に使用されている。

まだパソコンは存在していなく、大型ホストコンピューターだけが存在していた時代である。

ＮＩＡＣ２２００はレンタルで、レンタル料は月に１００万円と聞いている。私の月給が約2万円の当時としては想像を超える高額である。

深夜に大型コンピューターを独り占め

夜間は誰も使っておらず空いている筈だと思い、経理の梅本係長に夜中に使用させて下さるようにお願いするとＯＫの返事。

日中は普通通り仕事をして、経理の人が誰もいなくなってから、深夜一人で冷房の完備しているコンピューター室に入り、色々なプログラムをランさせてみた。分散して計3～4日使用し、徹夜で終わったころには夜が明けていて、そのまま通常の仕事に戻った。直径60㎝くらいの磁気テープを装着してランすると、１３２文字を同時に打ち出すＩＢＭのラインプリンターが、答えの数値を、ド、ド、ドと打ち出してくる。ジョージ・ルーカスが制作した有名な映画〝スター・ウオーズ〟の世界の中にいるような雰囲気を、映画の出現10年前に経験したことになる。

この経験は、その後到来するコンピューター万能の時代にいち早く適応できる精神的な基礎を作ってくれたと思う。この様な夜間勤務は人事課が残業として許可するはずは無く、……残業申請の完全な枠外の仕事、勉強だった。当時、大学の研究室は別として、コンピューターを教える専門学校はなかったと思う。

大津係長の様に、コネを使って、住友系列の電算機メーカーの講習会に出席して学ぶのが一般的な姿だった。

レンタル料金が月１００万円の確認

勤務地が横浜、東京だった時に所属していたソフトボールチームの仲間の溝口さんは、現役の頃ＮＥＣの部長だったと聞いていた。この本を書くにあたり、レンタル料金の１００万円があまりにも巨額で、嘘ではないかと思い、溝口さんに電話して聞いてみた。彼は京都大学の数学科出身でソフト部門の専門家である。

営業的な金額の事については知らないが、ＮＩＡＣ２２００が大阪大学にあったので、それを使わせてもらうために何回か大阪まで出張した事があるとの話。製造元のＮＥＣは全て売り切って、コストを抑えるために、自社に残さない、……ＮＥＣみたいな優良企業で

も資金的余裕のない当時の日本の貧しい企業社会を改めて確認した。

従業員数で会社の規模としてはNECよりも小さなサンドビックは、私がNIAC2200に触れた約3年後に世界に3台しかないと言われていた高価で大型の付帯設備を必要とする日本電子製の100万ボルト透過型電子顕微鏡を所有していた。

日本の企業は低い利益率で経営され、スウェーデン企業は高い利益率を維持していた。

スウェーデン企業は株式の額面に対して10%近い配当利回りは当然で、株主に配布されるアニュアル・レポートには、R&Dに対する投資が売り上げの10%を超えている事が記載され、将来に対する会社の更なる業績の向上を匂わせていた。

当時、超硬合金工具を作る日本の同業4社、住友、三菱、東芝、日立は顧客から依頼された特殊品の販売が……性質としては下請けみたいなもの……主流で、JIS規格品以外の、自社開発の製品は限りなくゼロであった。

会社四季報や有価証券報告書によれば、日本の同業三社はR&D活動に売り上げの約1%しか振り向けていない事が解るが、これはどの産業でもホボ同様で、日本の会社は低収益体質で貧しく、低賃金が武器だった。

富士通、ファナックの場合

米国のIBMが世界のコンピューター市場を席巻する中で、日本のコンピューター産業の基礎を作った巨人として富士通に勤務していた、私より20歳強年上の池田敏雄、稲葉清右衛門さんがいる。お二人の働きぶりは尋常ではなく、よく専門雑誌にその異常さが掲載されていた。私は稲葉清右衛門さんには一度お会いした事がある。

お二人とも富士通に勤務していたが、池田さんが徹夜で仕事して工場の門から出るときに稲葉さんが出勤。二人とも徹夜で同時に早朝に退社、稲葉さんが徹夜で退社するときに池田さんが出勤など、就業規則など全く関係なく、勤務する。

同業の日本電気や、他の企業にも同種の人がいたから、日本の電子工業は欧米と同等のレベルに達することができた。

若し彼らが就業規則を遵守するような仕事のスタイルだったら、その後の日本の電子工業界の隆盛は無かったであろう。

残念ながらその後、日本の企業文化は徐々に変化、衰退し、この傾向が続けば日本はどうなるのか?

“皆で頑張りましょうね、と仲良しクラブでは〟、弱肉強食の世界を生きて行くことは出来ないのだ。

米国の場合

米国の場合には、このような開発の仕事は自由度の高い大企業の先端研究者や、小型のベンチャー企業が行う文化が確立しており、その場合には就業規則、労働基準法には縛られない個人が、猛烈に働くことができる。

海外から優秀な人材が、……日本からも含めて……米国に参集、スポーツ感覚で熱心に成果を求めて研究する。

中国の場合

日本のはるか後方に位置していた中国がハイテク分野で急速に力を付け、多くの部門で日本のはるか前方に位置するようになり、ハイテクの中のハイテクである5G世代とその先を見据えた通信技術に関する最近の出願特許数は日本をはるかに凌駕している。

巨大な人口を背景とする、人的資源に加えて、欧米の先進国で高い教育をうけた人を国家的な目標に活用することを法的に義務付ける制度であらゆる産業部門での世界の頂点となるための準備を完成させた。

日本の場合

日本の場合には、大企業に雇用され、定年まで勤務して退職金を貰うサラリーマンが、R&Dの業務に就くのが普通であるが。

昭和の後期から平成生まれの多くの優秀な研究者、技術者は日本で公教育を受け、高給を求めて、海外に脱出するか、海外企業に勤務している。就業規則内での仕事で、残業を意識するような頭には、多くを期待する事は出来ない。

青色ダイオードの発明でノーベル賞を受賞された中村博士の場合も、長時間労働なしでは不可能だっただろう。

過度に決まりに敏感に反応する現代、日本は池田敏雄氏や稲葉清右衛門氏、NECの水野幸男氏のような人の出現を許さない社会になってきているように思い、心配する。

三角関数七桁真数の暗記

私は漢字書き取り、英単語などの記憶力が問題となる課題が苦手で、苦労していた。

仕事では三角関数を日常的に使う。三角関数とはｓｉｎ、ｃｏｓ、ｔａｎ……である。

計算尺やタイガーの手回し式計算機で計算するが、徐々に計算精度を上げたい気分が高くなると、三角関数の真数の値を正確に知りたくなるが、簡単な真数表に載っている数値では満足しなくなる。例えばＴａｎ10度13分の真数値を計算することは数学的には可能だが、膨大な時間が掛かり、その値を計算するだけで多分1日くらい掛かる。

行きつけの梅田の有名な古書店の〝まんじや〟で丸善発行の厚い500ページくらいの7桁対数表を見つけて買った。

中には、自然対数、常用対数、三角関数の真数、三角関数の対数等……大学の研究者レベルの人が使うような数値が7桁で載っている。それを頻繁に使っているうちに、先ず、頻繁に使用する7桁の数値が自然に暗記できた。

次いで、意識的に全ての数値を1度から45度まで暗記する事にしたが、それも可能だった。

新しい課題について議論する場合に、普通は数表を参照して計算する手順を踏むが、暗算で寸法が概算できるので即刻、議論中にそれは可能、不可能と目安を付けることが出来る。こうすべきと自信を持って発言する事が可能で、仕事上随分役に立った。

漢字書き取り、英単語の不得意は単に不勉強が原因であったことが良く解った。

日本の数学教育

後述する、私の人生に巨大な影響を与えた**サービス発明は、三角関数を中学校で習い、咀嚼していた事で可能となった。**

その後、世界では理系の知識の重要性が高まったにも拘わらず、日本では反対に理系の教科は軽視され、現在、三角関数は高校の数Ⅱで教えるようになっている。私の場合、若し、中学校で三角関数を習っていなければ、その後の私の人生は全く異なったものになっていただろう。21世紀になって、20世紀の後半の人たちの、戦後の頑張りが経済発展を可能にして、日本に一世代分の期間、約30年の繁栄

をもたらし、**それからは……過去の成果の食い潰しの様な気がする。**

科学の先端分野に、昔は開発途上国と呼ばれていた国々も参入、競争が激しくなる中で、国債発行残高だけ突出する日本は今後どのようになるのだろうか。

経済的に日本の後方に位置すると思っていた、シンガポール、台湾、香港、韓国は日本と同列か、日本の前にいる。

今後の一世代、30年間もこの傾向が続くのだろうか？我々、国民が当事者である事を忘れてはいけないと思う。

この事については第二部で議論してみたい。

急いで試験の解答をするのは意味がない

学校では、特に受験対策として内容の咀嚼よりも、早く答だけを暗記して回答をする能力を高めるように学校や塾で教育する。私は夜間高校でその様な環境でなかったことに感謝である。

図面を書き始めて、悪筆もあまり気にならなくなり、凡ミスも劇的に少なくなり、限りなくゼロになると同時に、仕事のストレスは激減した。その後、数人の後輩を観察していると、当初の数年間の凡ミスは仕方のない事だと分かった。

製造業のトップ集団に位置する住友電工の中でも、最も将来を期待されている粉末合金部門の技術課でも、**回答を性急に要求される事は全くなく、間違いのない答えが要求される事を学んだ。**

何かの問題に遭遇したら、じっくりと考えて、時間を掛けて、納得するまで繰り返し考えてみて、正解を見付ける。

テレビのクイズ番組の場合には、スピードが勝負だが、社会では、特に難しい問題については**考える事が最も大事**だと言う事を学んだ。

ノーベル賞を狙う様な高い位置で仕事をしている科学者は、アイデイアが具体的に出現してきたら、それを文章、図面として迅速にまとめる器用さも必要とされる。アイデイアの出現が最も重要であり……いつ出現するかは予測不可能であり、アイデイアの発芽は幅広い経験を基礎に多視点で現象を観察する事で発生すると思う。

受験目的教育は、アイデイアの発芽を抑制し……好奇心、探求心と云う、道草をさせないで一直線の人間を作り……機械的に制度、マニュアルに迎合する単純労働者に向きの人材を養成している。

受験目的教育の勝者となった学生が一括採用で、高級官僚となり、立法、制度設計の責任者になる……。

日本とは不思議な国になって終った……。この事については第二部、第三部で深く考察してみよう。

就職、進学と左翼的傾向の変化

早く入社すれば早く出世できると勝手に思っていたが、会社は学歴重視の組織であることを理解。

2年遅れて夜間高校に4年間、……夜間高校は4年制……その後夜間大学に4年間で計8年間二足の草鞋を履いた。

夜間高校生の時には大阪府定時制連合の旗の下に安保反対のデモに参加したこともある。

世の中の仕組みを徐々に理解し、共産主義、左翼的な思想に疑問を感じ、精神的に組合活動を避けるようになるが、会社には労働組合がありユニオンショップだから、従業員は全員強制的に組合に加入させられ、かなり高額の組合費が徴収される。

毎年メーデーのデモ行進には強制参加。違和感のある歌詞……**立て餓えたる者よ、今ぞ日は来たる……暴虐の鎖絶つ日**、旗は血に燃えて……軍歌の様に力強く、大きな声で歌って行進をした。

20歳前に、初めて向坂逸郎氏の資本論を読み、見慣れない漢字の多さ、難解で、理解できない事、納得できない事が多く、それは自分の頭が悪いからだと思っていた。その後仕事を通じて人間社会の理解度が深まるにつれて、九州帝国大学教授で著名な経済学者向坂逸郎氏が単に活字学者でドイツ語の翻訳に難解な言葉を多用し……、本人もその意味する所を咀嚼できていなく……人間についての理解度が不足し浅薄な思い込みに基づいて書かれていると確信するようになり、心はアンチ共産党となる。

阪大修士卒I氏の話

出張出来る身分ではなかったが、東京の営業課長から名指しで課長に出張要請がきて、技術課長と、営業課長の話し合いで、私が立ち合いテストの為に日野自動車に出張……既述の私が受注をお願いした件……私の悪筆の出張報告書が課内回覧された。

報告書にはトラックエンジン用のクランクシャフトの加工に使われている、高価なドイツ製の工具の代わりにもっと便利な刃先交換式のカッターを開発したいと、提案していた。若し成功すると巨額な商売になる。

I氏が私の出張報告を読み私に声をかけた。岡田君××の漢字が間違っていたと、漢字の間違いを指摘……ビックリすると同時に、嫉妬されているのを感じた。I氏は当時としては珍しい大阪大学の修士卒で……東大、京大卒が多いので学歴としては普通だが……修士卒は当時まだ少数だった。

I氏は私より6、7歳年上で、間もなく結婚されて、大卒の数人の人が結婚式に招待されて出席、I氏の父親が阪大の化学の学部長だった事が分かる。

東大卒、京大卒でも皆、地方の出身でそんなサラブレッドみたいな人はいない。

新婦はどこかの中企業の創業社長のお嬢様で釣り合いが取れている。

それから約20年後、私がスウェーデンから帰国してから間もなく、住友の子会社、大阪ダイアモンドの社長をしていた原さんから電話がかかってきた。曰く、Iさんは気が狂った。自分が大変な発明をしたと妄想して、よその会社に売り込みに行っている。貴方の所にも行くかもしれないから状況を理解しておいてとの事。

原さんは東大博士課程卒で、合金の事について教えて頂いたのでよく知っていた人である。

Iさんは、技術者として発明=特許は勲章であるが、今まで数十年勤務するも勲章が皆無で、プレッシャーを感じながら生きる内に狂ったのだと思う。本人もさることながら、奥様の事を思うと胸が痛む。

住友電工では誰でも〝さん〟付で呼ぶ

住友電工では当時、誰を呼ぶときでも、課長、部長等の役職名でなく、〝さん〟付けで呼んでいた。

社長の事を、工員が北川さん、事業部長の事を入江さんと会話の中で呼ぶのだ。

住友電工を辞め、世の中に出て、外の社会では××課長、××部長と呼ぶのが普通である事が解ったが、何か芝居じみていて、私は××課長となかなか声が出辛い。習慣とは困ったものだが、今でも変わらない。

顧客に行って××部長と言おうとすると、顔が少し引きつるのを感じる。

大学入学と、同室者

大学入学に伴い、3～4歳年長の先輩で、独学で電検二種の資格を取った松井さんの部屋に入れてもらった。

中学校の同級生で関電に養成工で入社、18歳で電験二種の資格を取った杉本君と同じで、並外れて優秀であるが、同時に……並外れて無口、……同室したい人がいない。私はそれを好都合と思って松井さんの部屋に入れてもらった。

松井さんは、元々は公務課に属して電気関係の修理の仕事をしていたが、電検二種の資格取得後は本社の工事部に転勤、大阪まで通勤していたので、私が起きる前に大阪へ向かわれる。

私は7時前に起床、食事をして8時に寮の直ぐ横にある北門から工場に入る。

平日の私の帰宅は夜中の1時前後でそれからスタンドを付けて机に向かって1時間程度は勉強。

試験勉強と云う形での集中試験勉強は嫌いだったので、ホボ例外なく毎日の事だった。

松井さんは既に寝ていて、文句の一つも言われても……当然だと思うが一度も苦情らしきことを言われ無かった。

松井さんは酒好きで、……帰寮が非常に遅く、午前様で帰ってくることは珍しくなかったが、……その場合でも会話は全く無し。

同室が皆から敬遠され、……皆が同室できなかった理由が良く解ったが、それは私にとって非常に好都合だった。

大学卒業を前に、卒業後、退職するかもしれないので、求職活動をする場合の自由度を得るために25歳で寮を出て、阪急塚口駅近くの文化住宅に移った。(写真集参照)

北海道旅に3週間の長期旅行

応心学園で1年下、富山県大山町出身で私と同じ伊丹市立高校夜間部に通う五十嵐和夫君がいた。

五十嵐君は研究部で」研究職の人の補助をする仕事をしている。同郷で、お互いに山が好き、頻繁に六甲山にハイキング行った仲で、一緒に楽しくやっていた。

五十嵐君は、来年卒業だが、卒業したら会社を辞めて富山に帰るとの事。彼は一人子だった。

記念に旅行をしようかと言う事になり、北海道周遊旅行のアイデイアが浮上してきた。

大阪発北海道周遊22日間の均一周遊券が国鉄から学生割引価格4、500円で売り出されている。

均一周遊券は本州から北海道までの往復は1回だけで、北海道内の国鉄の汽車、電車、バスなどは乗り放題で、当時、カニ族と呼ばれる大きなキスリング=リュックとテントを担いで旅行をする学生が多くいた。

結婚式を挙げる人が精々数日の有給休暇を取って、南紀白浜温泉か九州の別府温泉に新婚旅行に行くのが普通の時代だったので、22日間の旅行はトンデモナイ事を意味する。

1か月ほど前に休暇を取りたいと申請すると、ビックリされたが、何も言われず、……チョット拍子抜け……7月の第3週に出発して、8月のお盆の頃に帰る予定で決行した。

後日漏れ聞いた話では、直接の上司は係長に相談し、人事課とも話し合って上の方はその取扱いに頭を悩ませていたみたいだったが、若し許可しないと、私が会社を辞めるかもしれないと思ってそのま

まにしてくれたみたいだった。

学園の各学年の男子同級生は20名で、その内4～5名が夜学に行き、彼らの有給の消化率は１００％で、秋に有給が無くなると欠勤もする。岡田は年間4～5日くらいしか有給を取らなく、在職6年間ホボ同じで、仕事熱心、人事課からすると異色の人間だったと思う。

3日もすると仕事の事は完全に忘れて……

大阪駅から深夜に出発する青森行きの夜間急行〝日本海〟に乗車、青森で青函連絡船に乗り換えて函館港に着く。

最初の数日は、仕事上の色々な事を考えていた。

―工場の工長に話していたあの件は上手く行っただろうか。

―日産向けのあのフライスの、あの部分はチョット問題だった、今度注文が来たら……。

―あの人にあれを頼んでおけば良かった……。

等だったが、4日目くらいから仕事の事は完全に頭から消えてなくなった。

テントは重いので持って行かなかったので、宿泊は何時も問題だったが、何とかなるものだ。

駅の待合室、日通のトラック運転手の宿泊所、公園……、ホテルらしい所に泊まったのは2泊だけだった。

バスと歩きが主な移動手段で、長距離の移動の時には汽車を使う。

釧路から帯広に向かう道中で台風に遭遇、交通機関はズタズタで難渋する。

帯広で親戚訪問して居れば、人生変わったかも？

釧路から然別に行く予定で、漸く運転再開した汽車に乗って帯広に向かう車中で大阪弁の紳士と立ち話。

紳士は大阪の穀物商で帯広から飛行機で大阪に帰る予定で、我々もこれから然別に行く予定だがどうなる事かと話していた。

帯広には私の遠い親戚で数十年前に北海道に移住、帯広で材木商をしている、竹原善蔵さんがいることを打ち明けた。

紳士は竹原さんを知っていて、竹原さんは帯広の商工会議所の会頭だとの話、是非寄って行けと勧めてくれる。

若いと言う事は、仕方のないものだ、アドバイスに従わなかった。大人になって思った事だが、成功者の竹原さんは我々が行けば大歓待してくれたと思うが、……。バスに乗って然別湖に向かい、薄暗くなり始めた夕刻に到着、でも停電でどこにも電気がついていない。

湖畔に一軒の高級そうなホテルがあるが、そこも停電で暗い。台風の後で濡れているので野宿は無理だし、相当疲れていたので、ホテルに宿泊の打診をしてみるとＯＫの返事。

下の地下室みたいな、最も安い部屋に案内してもらったが、少しすると、今日は台風で皆キャンセル。上の部屋にいらっしゃいと言われて、ローソク照明の2階の新婚旅行者用と思える豪華な部屋に移らせてくれた。

しばらくすると電気が点いたが、そのまま部屋に居座り、豪華な食事を、でも、記憶では1泊数百円だった。

ホテルらしい宿屋に泊まった2泊のうちの1泊がこのホテルで他の1泊は登別温泉の第一滝本だった。

北海道旅行では多くの大学生にあったが、不思議な事に殆どが医学生で皆名刺を持っていた。

夜間の学生には一度も会わなかった。

キューバ危機、米ソの核戦争が勃発するか

北海道からお盆の頃に帰って、秋の頃に米ソ対立の中でキューバ危機が発生した。ソ連の原爆を搭載したミサイルを運ぶ輸送船がキューバに接近しつつある事をテレビニュースが報じる。

米国の若きケネデー大統領は、キューバへのソ連の核搭載ミサイルの持ち込みを絶対に許さないと宣言、何時、核戦争が起こってもおかしくない状況の中にあった。私は真剣にテレビの前でかたずを飲んで、何時、米国がソ連の輸送船を攻撃するか、ソ連が反撃の為に米国に核戦争を仕掛けるかとかたずをのんで見ていた。当時、世界中の多くの人が真剣にこの事の成り行きを心配して眺めていたと思う。キューバに接近していた輸送船はギリギリのところで引き返しキューバ危機は解決された。

半世紀以上前のキューバ危機は地球の裏側での事件であり、よその事の感覚で見ていたが、21世紀の日本は、危機の舞台の上にいる。ロシア、ウクライナ戦争が、厳しい緊張関係にある極東で、北朝鮮、台湾中国問題や米中関係にどのような影響を与え何が勃発するか予測不能だ。

ソ連には正常な心の軍人がいた

ソ連崩壊後に明らかになった事だが、メキシコ湾の海中深く潜行していたソ連の潜水艦には、米国に向けての核搭載ミサイルでの攻撃を命令されていたが、**副艦長の反対でミサイルの発射ボタンは押されず**、米ソの核戦争の勃発は回避された。

ソ連の核搭載ミサイルの発射を政府、上級職軍人から命令された現地司令部では、現地の状況を最終判断してトップ３人の合意の下で発射ボタンを押す事がマニュアルで指示されており、副艦長が反対した事で、ミサイルの発射ボタンは押されなかったと言われている。ソ連にも、リトアニアで命令に違反してユダヤ人にビザを発給した杉原千畝の様な人物がいたのだ。

現代では多くの事がＡＩのコントロール下にありキューバ危機の様な人間的なハップニングは期待できないかもしれない。

この本の執筆時点ではロシアのウクライナ侵攻の真最中であり、若し、プーチンが核爆弾の使用を命令しても、命令を実行しない、自己犠牲的な人が居る事を祈るのみである。この事については第二部で深く考察してみよう。

日本の新入社員の途中退社

４月に一括で大量の新卒を採用する日本の習慣は、社会を知らない新卒者には大きなリスクの伴う、でも避けて通れない問題だ。実際の所は入って見ないと分からないが、……とにかく決めなければならない。

スウェーデンでは、飾らない、素の自分を出すことで、仕事と適性、好みのミスマッチが起こり難く、若し、ミスマッチが起こってもミスマッチの中で歯を食いしばって頑張る必要がない。

日本では真逆で、就職試験を受けるためにどの様にすべきか、服装、言葉遣い、お辞儀の仕方等、……を教育する所があり、演劇の様にどのように素を隠して化粧して、良く見せるかを工夫する。

採用する側は、筆記試験に加えて面接で、騙されまいと手を変え、品を変えて質問して人物を見極める努力をする。

日本では入ってしまえば何とかなると考えられている。

住友、京セラ、サンドビックの新卒社員について筆者の経験をお

話しします。

1．住友電工の場合

私が23歳の頃、東京大学卒で草野という人が課に配属された。富山県出身の方と聞き、複雑な気持ちで眺めていた。

言葉は一言も交わしたことはないが、数週間で来なくなったが、それは信じられないくらい、住友では起こらない筈の歴史的な事であったように感じた。眼鏡を掛けて、いかにも優秀……という雰囲気の漂った人だったが。課に配属される前に丁寧な入社教育を受けている筈であり……どうしてだろう。

12年間の住友在職中、毎年数人の新卒が私の周囲に配属されて、総数で50人くらいの大卒が配属されたが、私が知る限り、退職された人は草野さんだけだった。当時、そのような職員の人がらみの事について工員が関心を示し、質問するのは、江戸時代の町民が武士の会話に口を挟むようなもので、そのような行為は絶対許されない雰囲気があった。

世の中何が災いし、何が役に立つか予想するのは難しい。住友で微妙な、無形の差別がどの様なものであるかを良く理解することが出来ていたので、その後、無数の大企業の工場に客先訪問をする中で、直ぐに現場の工員に打ち解けることが出来たのは、この頃の経験に負うところが大きい。時には作業者から、お客の技術担当よりも意味のある話を聞く事が出来て、問題解決の切っ掛けになった例が多くあり、住友での経験がなければ鈍感な人間で終わっていたであろう。感謝である。

2．京セラの場合

１９７０年代末から１９８０年代の京セラは破竹の勢いで発展、創業者の稲森和夫氏の顔写真を米国の著名な経済雑誌が採用する等、急速に電子化する社会の大成功者として、国際的に知られる人となっていた。

マスコミは会社の好業績、成長、将来性など表の輝きを報じるので、就職先としての人気企業の上位にランクされていた。毎年数百人の新卒が採用され、噂では1年以内に半数近い人が辞めるとも聞いていた。

幾つかのサンドビックの製品と京セラの製品の両方を扱っている販売店の店主から京セラの営業の度外れな猛烈さと比較して、サンドビックの営業も頑張らないと……を示唆する店主の言葉を複雑な気持ちで聞いていた。

3．サンドビックの場合

１９７０年代初頭から、私の所属するコロマント事業部は日本の企業に合わせて、新卒の定期採用を始め、毎年数人から多い時で10人くらいの大卒新卒を採用してきた。

サンドビックが外資系の会社であることから入社する人も多彩でありサンドビックを選んだ理由も面白い。

―外資系だから、残業が無いと思って選んだ。
―実力次第で頑張ればすぐに昇進、出世できると思って選んだ。
―麻雀が得意、九州でヤクザの親分のマージャンの代打ちをして一晩に百万円単位のカネを手にした事がある。
―家は鉄工所経営、二代目になるが外資系で何年間か勉強して、企業を継承するために。

居心地はそんなに悪く無いようで……一般従業員に無理、無茶を言わない会社なので……京セラのようにすぐ辞めた人は記憶になく、定着率は悪くないが、それでも数年して、不向きだと思って辞める人はボツボツあった。

この様な多彩な新人は社会を移す鏡で、参考になり、教えられることが多い。
山本君は、突出して優秀で、記憶では岡山大学の修士卒で、住友でもあれだけ優秀な人は非常に珍しい。
家業の鉄工所を手伝い、考えて仕事をしているので知識が身についている。
90年代初めの入社で、大学で教室のデジタル化の為の大きな、多分、数百万円の予算が取れたが、教授はそれを使える能力が無いので全てのシステム設計を彼が行ったと言っていた。
新潟大学出身の、X嬢は……名前は失念した……非常に私に親切で、書類を作ってあげましょうかみたいな親切さを見せる。
それは私がワープロなんか使えない人間だと思われている事が原因だという事が解った。
X嬢いわく、大学のゼミの先生はワープロが使えないので、先生に変わってプリントを作るのを仕事みたいにしていたので、年寄りの岡田も同じだと思ったから、と言うのが理由だった。
終身雇用文化の中で、大学の様な世の中の最先端を走っていると思われている所でさえも、言うまでもなく日本の各所で同様の事が起こっていたのだろう。
西欧、就中スウェーデンでこの様な事が発生する事は絶対にない。**なぜなら、直ぐに有能な代わりの人にバトンタッチされ、常時社会が変化に合わせて新陳代謝される文化があるからである。**
会社では１９８５年頃からメモシステムと呼ばれる、クローズドループの、ネット回線でのメール交換が行われており、オープンループのインターネットの信頼性が向上して、全社的にネットを使用する事が許可されたのは、１９９０年代に入ってからだ。
スウェーデンでは大学も企業も世界をリードしていた。

京セラとの合併の模索

緩慢にしか増加しない日本の販売量にスウェーデン本社は不満を持っていた。京セラがイスラエルの著名ハイテク企業イスカル社の製品の日本での販売を始めたのを知り、京セラと組んで事業展開をする事で、日本での販売を増加が出来ないかと考えだした。
旧知の大手工具商の重鎮三宅さんから、京セラの営業は良く働く……言外に、サンドビックと、違いの意味を込めて……と、京セラの営業マンから受け取ったＦＡＸを見せてくれた。発信時間が深夜の2時になっていた。
類似の事は他でもよく聞いていた。京セラは共産党の組織を真似た、細胞と呼ばれる小さなグループ単位で損益を確定させる。通常個人で行うコミッションセールスを少人数グループでやらせて、成績を上げるために必死に働かせる文化が定着していた。
個人的には京セラと組むのは反対の意見を腹に持ち、本社の意向で京セラとの会合をセットし、合併または一緒に事業展開を進める事の可能性について交渉する会合を3回行い、私はサンドビック側の通訳の役割で参加した。
サンドビック側は本社のアクセル事業部長、日本の社長、事業部長に私の４人。
京セラ側は稲森氏を筆頭に10人以上のメンバーで稲森氏が主に発言する。
交渉開始に際し交渉に使用する言語を何にすべきかを決める必要が有り、先ず、お互いの母国語の日本語又はスウェーデン語、又はお互いの外国語である英語の中から選択する事で提案する。

この様な交渉では、交渉言語もさることながら、時々、内輪での意見調整が必要であるから、内輪での意見調整の話し合いが相手に聞かれるのはまずいので、休憩をして別室で意見調整する必要がある。

スウェーデン語の場合には多分、相手側で理解する人はいないと考えられるので危険は少ないが、日本語の場合相手側に立つ京セラの人の内輪の話は日本語を理解する私がいるので……こちらが京セラを付度しての提案であった。

英語を交渉言語とし、京セラ側は稲森氏の発言を米国の大学卒で米国の工場で部長をしている人が通訳して、英語でサンドビック側に回答する。サンドビック側は、アクセル氏が英語で回答して私が通訳して日本語で答える方式に決まった。

稲森氏は私より10歳年長だが、英語の理解はソコソコされていた。

厳しい社内の雰囲気

飛ぶ鳥を落とす勢いの、生の稲森氏との会話なので少し熱くなると待てなく……しばしば稲森氏と私の会話になるような状態が発生……稲森氏は京セラ側の通訳をしていた部長に明らかにイライラしている場面に度々遭遇した。

数週間後の2回目の会合の時に初回に参加していた京セラ側の40代前半の、事業部長が急死したとの事で参加していなかったが、原因は過労だという。

3回目の会合の時には、初回の時に専務の名刺で参加していた荒崎さんと記憶するが、役職を解かれて、参加していなかった。

会合の中で、稲森氏が通訳の部長に、俺はそんなことを言っていない、みたいに叱る場面に遭遇し気の毒だった。

住友電気とは全く違った企業文化と云うか、……説明のしようのない様な何かを感じた。

結局、スウェーデン側も共同経営は無理と判断して交渉はお終いとなった。

その後、稲森氏は日本の実業界の重鎮として大きな存在感を示し、多くの著作……多分ゴーストライターの作品だが……を出されて、現代の偉人となられたが、私も交流を通じて得難い経験をさせて頂いた。

稲森氏は稀なる偶然の組み合わせで大成功を収められたと思う。全ての大成功、大失敗の原因には幾つかの偶然の連鎖が背景にあるが、稲森氏の場合に当てはめて考えてみると以下の様になる。

若し、稲森氏が成績優秀で東大合格していれば、
京セラは無かっただろう。　高級官僚になっていたら?

若し、稲森氏が優秀で、大企業に採用されていたら、
京セラは無かっただろう。　組織の部長、重役になって?

若し、稲森氏が京都の松風工業に入社しなかったら、
京セラは無かっただろう。　会社に満足して終って。

若し、稲森氏が松風工業で不満を持たなかったら、
京セラは無かっただろう。　優しい、良い上司を持ったら?

若し、稲森氏が5才若いか、5才年長だったら
京セラは無かっただろう。(半導体の勃興期と一致しなかっただろうから、早すぎるか、遅すぎて)

世の中では東京大学に入るのが最高な人生、……社会で認められる人になる為の登竜門みたいな……思い込みが蔓延しているように感じるが、必ずしもそうではないと……むしろ反対傾向が高いと思っている。

既述の佐藤君、稲森氏、後で出てくる、青色ダイオードの発明でノーベル賞を受賞した中村博士等、東京大学とは全く逆方向であっ

た事が、大成功を可能にしたが、類似の事が無数にある事をマスコミは知らせるべきだと思う。
人間も、国家も、同様だが、国家の場合にはその進行が緩慢だが、より確実に予見できると思う。
人生とは、会社、国家、世界の歴史を観察して、考えるのは非常に面白い。

住友でも間違いだらけのマネジメント：品質管理教

入社2年目だと記憶するが、図工約10名が図面を書く場所から離れた場所に2～3名の賢そうで貫禄のある職員＝大卒の方が我々の仕事ぶりを観察しながら作業分析をするために1週間滞在した。
我々の仕事ぶりを動作研究する事で、仕事の能率を上げる提案をすることが目的で、戦後の京都大学工学部出身の田淵課長が本社の品質管理部に調査を要請しての出張であった。
評価の方法の詳細は分からないが、後日、河瀬係長から聞いた話では、一番動線が悪いのは岡田君で、頻繁に先輩に質問するために離籍しているから、適任ではないのではないか、と云われたと聞いた。
因みに、私は最年少で、私のすぐ上の先輩は2歳年長でかなりの経験もあり……私が目立ったのは当然だ。
ヘンリー・フォードの発案で始まった自動車組み立てラインの効率的な運用の研究に端を発した、テーラーが提唱した動作研究を製図＝設計業務に適用する、信じられないくらい幼稚な考えが背後にある事を聞いて驚いた。
我々図工は田淵課長に、おはようございますと挨拶はしても、口を利くことは年に1回あるか無しの雲の上の人だった。
課長は工学部出身なので、色々な論文や専門書を読み、受け身的な知識の蓄積はあるが、深く技術的な問題を自分で解決するために考えた経験が無かったのだろう。
それでも課長はその後昇進して、住友電工の副社長になられた大成功者である。
不思議に思うのは、課長から派遣要請を受けた品質管理部の責任者が、このような設計業務に動作研究が有効、又は意味があると考えた事である。1週間の交通費、人件費……かなりの高額になり、こんな無意味な動作研究に……渡る世間はバカばかりと言われても仕方がない。
当時の社長、北川一栄氏は通信ケーブルの専門家で大きな価値ある発明をされて、会社に大きく貢献された事で社長になられた、当時の日本では珍しい、技術畑の社長だった。
日経連の著名論客の一人で、敗戦 の経緯から米国型の科学的な〝管理・経営〟の必要性を認識され、経団連のMIS調査団……マネジメント．インフォメーション．システム……を引き連れて米国に視察旅行をした人である。
それは日本で品質管理＝QC活動となって普及し、単純に命令、マニュアルに盲従するのではなく作業者が提案して、ムリ、ムラ、ムダを排除する事で品質の向上、不良品撲滅とコストの削減を図る運動で、製造業文化革命と命名したくなるほどの運動だった。
全国的な運動となり主に工場労働者の仕事に対する意識改革に効果を発揮して、日本の製造業のレベル引き上げに成功、海外でも評判となり英語にもなった、カイカク、カイゼンを実行する事で、その後の日本の製造業の隆盛の基礎を作った。
当時、全国の会社で改革、改善の提案件数を部、課、工場単位で、工場では組、班、間で競い、提案には数百円の賞金が与えられ、日

本全国の製造業の工場で、燎原の火のように品質管理＝ＱＣ活動として広がり、進化してＴＱＣ、トータルＱＣ運動となり、民間企業のあらゆる分野に適用する方向に広がっていった。

この様な背景の中から、田淵課長が北川社長に忖度して、品質管理部に調査を依頼したものと推察される。

我々の事業部の仕事は、トヨタ、三菱重工、日立などの巨大企業から数十人の零細企業まで日本中の数千の企業からくる、金属切削に関する問題……高品質な物を、安く、速く加工する事を解決するための方法を発見して提案をする事にあり、決まりに従って、マニュアルに従って……盲目的に働く人格とは真逆の事が求められている事が分かっていない。

品質管理部の人は本社の人で、**多分、高学歴者で活字知識に忠実に従うタイプの人だったので、筆者の様なフレッシュマンを、例外的に観察する常識的な観察が出来なかったのだろう。**河瀬係長の言外に込めた……阿保みたいな品質管理部の連中がの……雰囲気がそれを物語っていた。最も下っ端の筆者には何か問題があると……何処かで手を差し伸べてくれる人が居た。

お隣の韓国では『池に落ちた犬は叩け』の格言があり、後日転職した外資系の会社では同じ様な雰囲気で充満していた。

転職してみて初めて、住友電工は……少し気の利かない所は有るが……非常に暖かな、21世紀流に表現すれば。ホワイト企業だと分かった。

図面作成は工員の仕事

複雑な三次元に変化する角度を持った刃先の切削状態を頭に浮かべながら、三角関数を使って計算してアイディアをまとめて、図面にする為には、**実際に線を引いて図面を書かなければ、使い物になる設計図面は書けない。**

東京帝国大学を卒業しても、多分、実際に図版に向かって図面を描いた時間は僅か、単位習得の義務感から一応図面は描いているが、図面を描いたうちに入らない。

図面を描く仕事は図工と呼ばれる工員の仕事と思われていたので……大卒で入社した人は普通の事務机が与えられ、設計者の立場で営業を通じて到来した注文書に自分の意見を添えて、図工に渡し、図工が作図して設計者に認印を貰い、更に係長、課長が検印を押して、最終承認されてから、客先へ承認伺い図として提出され、又は、製作図面として工場に渡されて製造が始まる。

大卒の人は最も重要な時期に有効な経験を積んでいなく、知識の深度が浅く……もちろん人によりけりだが……自信をもって顧客である大企業の生産技術担当のエンジニアと議論できるレベルの人は皆無に近く、要望を聞くだけ……それにさらに輪をかけたのが定期的な人事異動である。

営業担当は有名私大の文系出身で、技術的な事には全く無知で、分かり易く言えば御用聞きである。

慶大卒で、兵庫県知事だった金井元彦さんの息子さんが営業にいたことを思い出すが、営業の仕事は食堂の出前と変わらない。

図工の場合には永遠に同じ仕事に就き、原則は移動ナシで、知識と経験の蓄積が出来る。

職員と呼ばれる大卒は数年で転勤、多くは、営業部門の技術担当として東京、大阪、名古屋、福岡に転勤、貧弱な技術的知識を武器に客先訪問で客先の状況、要望を技術者として理解して、図工が設計の参考にする為の情報収集する役割をしていた。

多くの技術担当は知識不足でよく理解していないので、不足する情報を図工の方が聞き返すことの繰り返し、電話とテレックスを頻繁に使った。

電話でテレックス発信

テレックスは、電報の様なものでテレックス室には2名の女子養成工が勤務している。

通常テレックスの送信は所定の用紙に原稿文章を電報文のカタカナで記載、日に数回来る社内郵便でテレックス室に届けてもらう。テレックス、電報は料金が高いので、短文で、ツイッターの1／3程度の字数で内容をまとめる努力をする。

悪筆で、書くのが面倒……、出来たら電話で済ませたいが携帯電話はない時代。

ある時に河瀬課長が、テレックス室に東京の野村課長宛てのテレックスの件で話をしており、〝それで良い、打っといてと〟言っていたのを耳にした。

それから、テレックス室に電話して原稿なしで文章を即席で作り、テレックス室で書き取って貰う事を始めた。

かなり頻繁に、電話でテレックス室とやり取りしたが、私を真似る人はいなかった。

これは、その後サンドビックに転社してから、出張先から電話で女性秘書にスウェーデンへのテレックス発信をしてもらうときに大いに役立った。

住友は世界一番に成れたかもしれない

当時、大卒を図番に向かわせて、図面を描かせるような制度を持っていれば、住友は切削工具業界で世界のトップに十分なれる位置にいたと思う。世界の著名な超硬切削工具メーカーは皆、ホボ同時期に創業しており、サンドビックは私の誕生年1942年に創業、それは住友の創業より後である。

因みに、住友を辞めて2年後に初めてスウェーデン本社に行き、百人近いR&D部門を纏める立場のヴィルフェルト技術担当重役の部屋に図版が置いてあり、明らかに常時図版に向かっている形跡を感じ、成程と思った。

ヴィルフェルト氏は自動車会社サーブの技術者だったが、サンドビックに転社、彼のいくつかの発明、中でも二つの画期的な発明で会社は巨利を得て、短期間に世界一……世界のマーケットシエア25%獲得……を可能にさせたサンドビックの長い歴史の中での最も有名な人の一人であり、ISOの委員会の一員として世界的に超硬工具業界で知られた人である。

当時、日本の超硬工具のレベルは低く、海外メーカーの模倣が主で、輸出可能な製品はなく、輸出は限りなくゼロに近く、国内企業を守るために、輸入品に対して高関税を掛けるのみならず輸入数量制限を行い、毎月通産省から許可された数量だけの輸入しか認められなかった。スウェーデンは小人口国で国内需要が少なく、製品の開発当初から海外で十分競争力のある輸出出来るような製品の開発を目指して製品開発を行い、世界のトップを目指しているために、目標をクリアーするのは容易ではない。日本では競争は国内レベルで、サンドビックと日本の企業の差は素人と玄人くらいの差があった。。

住友の授業員は良き日本の象徴で最高の会社だった

住友を退社、広い世の中に出て、初めて住友が天国のように居心

地の良い所であったことを実感した。

技術者にとっては、妥協を許されない厳しい業界で、空論を許さない。常に顧客の利益に忖度して、実績を示さないと存在出来ない、生きている実感を持てない仕事。結果が出て、結果は嘘をつかないので面白い業界だ。

住友では人が悪い事をする者、邪悪な者、嘘をつく者であることを全く意識することなく人間関係が出来上がっている。

住友では、皆、良い人ばかりだったが、皆が純なだけに……素朴で、外では、嘘をつく人、嵌めようと画策する人……悪人で満ちている。住友と云う狭い楽園みたいなところで人生を送っているから、経験の幅が少なく、行き届かない所はあるが、それは全く別の話だ。住友の外に出て住友の良さに気付いた。

例えば誰かが何か良いアイデイアを出して、それが特許申請されて発明となる場合、多くの企業ではそのような場合に同じグループで働いているグループの共同発明にして発明者を複数にして、発明者功績を薄めて、特定の個人の突出を認めない。

大企業の課長が機械の買い付けの立場で小企業を見学、偶然でテスト中の新製品を見て、帰社後、小企業で目にした新技術を盗んで特許申請の準備、2週間後に特許出願した人など、住友の社外は魑魅魍魎の世界だった。

これは、後日感じた事だが、後述する私のサービス発明の場合も、周辺の役付き者が自分のアイデイアとして、特許の出願を特許部に相談して特許出願すれば、私に全く知られる事なく、全ての事は進行して、全ては安穏の内に終了した事と思う。

住友にはそのような不届き者はいなく、そのような後ろ向きの事に神経を使う必要性を感じさせないものがあった。

新幹線の車軸加工用モランド旋盤、

私は、平面切削をするフライス工具を担当する部門に属し、隣に丸物を切削する旋用工具を担当する部門がある。

隣の旋削工具の部門が騒がしい。頻繁に住友金属の営業担当のT氏が、設計担当のY氏と険しい話をしている。

その内、関係のない部門の、大卒の人がチョク、チョクと設計者のY氏の所を訪れて、直ぐに去って行く。

営業マンがその内、こんな事しとったら、課長の首が飛ぶくらいでは済まんぞ……と云う、怒声が聞こえてきた。

揉めているのは、工場に制作を依頼するための製作図面が完成しない事にあった。

旋盤用の工具は住金がイタリアのモランド社から購入する、高価な大型NC旋盤用で、新幹線用台車の車軸の旋削に使用する。国鉄は厳しい納期厳守のお客で、通常納期が遅れると延滞罰金が掛かる。新幹線の台車は100%住金が担当しており、車軸の生産が遅れて、台車の納期に遅延が発生したら大問題になる。当時、大型NC旋盤は輸入品が主流であった。

余計な事だと思ったが、Y氏に様子を聞いてみると、大津係長が設計基準を書いて残しているが、その基準に書いている範囲を超えた大きな工具になり、どのように変身ピンの位置を決めたら良いのか分からないとの事。

大津さんは米国に約3か月くらいの長期出張中で、帰国後直ぐに係長に昇進された。当時、海外への電話代が非常に高額なのと、内容が複雑で電話で問い合わせる様なアイデイアが出てこなかったのだろう、

設計基準書を見せて頂いたが、複雑な今まで見たこともない様な数式が書かれている。
東大、京大卒の数人の方が来てＹ氏に見せてもらっていたが、一見して直ぐに、帰った理由が分かった。
数式は分らないが、何をどの様にして求めようとしているのかは、理解できた。
早速自分の図版に向かって、コンパスと定規を使って、回答を求めようと考え始め、昼食の時間になったので、２００ｍほど離れた１、０００名くらい入れる大食堂に向かった。帰る途中で、ソフトボールの試合を見ている時、アイデイアが湧いてきた。直ぐ、事務所に帰り、図版に向かってコンパスと定規を使ってアイデイアを試してみる。
夕刻に、営業のＹＴ氏が現れたので、こうしたら寸法は決められますが、と言うと、それでやって、俺が責任を持つからと、とんでもない事を言う。結局、私が製作図を書くことになった。
既に、製作工程から考えて、今から始めても納期ギリギリのところにあり、もう絶対に待てない状況だった。
約2週間して、大津係長が帰国、私が寸法をこのように決めましたと言う、簡単に、〝そうや、それで良いんや〟と言われた。
最終的に、工具は約束納期内に住金に納入され、切削テストも無事終了、問題は解決した。
数年後に解った事だが、我々一般人から見ると、天才的な数学者だった**大津係長は微分幾何学で数値を決定する設計基準を趣味的に作った**。
Ｙ氏のみならず、騒ぎが大きくなり覗きに来た複数の東大、京大卒の人も、中学生が微分方程式に遭遇したような感じで、幾何学の問題を微分幾何学の方程式で解かれており、見た事のない数式に遭遇、一見して直ぐに去られた理由が分かった。
私は、何を求めているかと云う理由が呑み込めたので、幾何学で解いただけの事だが、学校の勉強だけで、既に解答が何処かにある問題しか解いた事のない人には、その問題が何を問題にしているのか、探る着想がない。
社会に出れば、回答のない問題ばかり……先ず問題を認識する事が出発点になる。
既に解答の存在する問題は、誰か他の人が実行、又は特許申請しており、先ず問題の存在を認識して……時間を掛けて、深く考察しながら……より完全な形の回答に育て上げる。それが社会が求めている事なのだ。

ＰＣＢドリルの設計

１９６８年中頃、ＩＢＭから直径1／32インチ≒０・８㎜のソリッドドリルの注文が入ってきた。用途が良く解らないと云うか、理解できるような説明が無かった。後日分かった事だが、電子工業の黎明期に、プリンテッド・サーキット・ボード＝ＰＣＢと呼ばれる、プラステックの基盤に穴を明けてそこにＩＣパッケージを取り付けるための穴あけに使用されるドリルだった。
プラステックの基盤には無数の小穴があり、穴あけをする為に鋼製のドリルが使用されていたが、それを超硬合金に変える事で、穴あけ速度を速くすると共に、ドリルの長寿命化を計るための試験品だった。
数週間前に大津係長が、かなりの日数、机に向かって、計算尺で計算し、三角定規、コンパスを使って、真剣な顔をして考え何か書

いている。後日分かった事だが、それは超硬合金製のソリッドドリルと呼ばれる、鋳物の小径の穴を明けるドリルの形状設計の基礎になる、研磨用の砥石の形状と、砥石のドリルの中心軸との関係を数値化する標準式を模索していたのだった。

大津さんの指示で、多分、日本で初めて超硬合金のＰＣＢドリルを設計したのではないかと思っていたが、住友は一番手ではなかった。この様な小物の研磨に長けた、木山合金と言う下請けがありそこを利用して、市場に参入しようとしたが、上手く行かなかった。その後。歯科用の超微小工具の製造のメーカーユニオンツールが業界を席巻しているが、ＰＣＢドリルは電子工業の爆発的な発展により、需要が急激に増加、大きな商品として存在している。

複雑な三次元の幾何的な形状を、机に向かった……図版ではない……手紙を書くような感覚で、数式を解きながら、手書きで形状を決めて行く、神業の様に思えた。あまりにも見事な能力なので、大津さんの残した文書を公開したい。

これは歴史的遺産とも呼びたくなるくらいのものだと思う。（資料集参照）

ネット時代となり、エクセルを使えば、自分が咀嚼していなくても、どの様に複雑な数学公式でも借用できるが、非常に複雑な思いで眺めている。運転免許を持っていない人が、車を運転するようなものだと思い、その様な人により設計された製品に不安を感じる。昭和の時代の、**世界をリードしていた日本の技術者は、大津氏みたいに、使用する数学的な公式の運転免許を確実に持っていたが……令和のＺ世代の日本の活字技術者はどうなのだろうか?**、

大学進学

高等学校3年の時……夜間部は4年で卒業……化学の講師だった小野先生から、君は神戸大学だったら受かると思うと、昼の神戸大学受験を勧められた。小野先生は伊丹の進学校の県立伊丹高校の先生で、大学入試についてよくご存じの感じ。

住友の私の周囲に神戸大学出身者は一人もいない、……その後判明した事だが文系の人では数人いた……。

会社の技術系大卒は、全て旧帝大卒……私の場合卒業しても既に普通の人よりも3年遅れで、3浪と同じ、そんな大学を卒業しても就職はどうなる……。

昼間部か夜間部か

親に援助を頼めば聞いてくれると思うが、今まで親に金銭的負担を全く掛けていないのに、今更……、と思い悩んだ。

養成工の先輩で新設校だった近畿大学に田中さんが行っており、大阪工業大学も候補であるが、気乗りしない。時間が経過する中で、仕事は面白くて続けたい、経済的には十分満足している……結局、滝川事件と呼ばれる、京大から左翼系とみなされた教授が京大を去り、私学である立命館大学に移って、立命館大学の総長をしていた末川博さんに惹かれて立命館大学、工学部機械工学科に入学した。

統計によれば、当時1／3近い大卒の人が二部とも呼ばれた夜間部卒で、公務員のように卒業の資格を取れば原則的に直ぐに高卒から、大学卒に扱いが変わるような制度を持った民間企業もあったが、超有名大学卒に特化して採用している住友には、夜間部を卒業したから東大卒と同列に扱うような虫の良い制度は存在しない。

長時間通学

会社の勤務時間は午前8時始まりで午後4時終業。午後4時に終わるとすぐに更衣室で着替え、会社の正門前4時10分発の阪急伊丹駅行きのバスに乗るために走る。大きな工場でバス停まで約３００メータくらいの距離がある。

阪急電車を塚口、十三で乗り継いで西院駅で下車、市電に乗り換えて、衣笠校前駅で下車するまでに2時間強かかり、そこから徒歩数分で学校に到着。

帰りはその反対で、通常、阪急伊丹駅に着くと深夜の12時頃、バスは無いので約30分の歩きで寮に帰ると深夜の1時近く。

若気の至りと言うか、無計画で、こんなに通学が負担になるとは思ってもいなかったが、後の祭り。

試験勉強をするのが嫌なので、何時もそれから寝るまでに必要な準備をした。

翌朝7時前に起床、8時出勤だから時間は十分ある。

慕っていた末川博さんには入学式の時に遠くの演壇で数百人の新入生に向かって話をするのを見たのと、卒業式の時に遠くの演壇で話をしているのを見た2回だけだった。

この長時間通学は、私の読書量を多くするために大いに役立ち、心の奥で小説家を囁く何かがおり、多読、乱読が継続した。

深夜帰ってくると麻雀の誘い

土曜日に、深夜帰って来るとどこかで麻雀をやっている。その中に一人、翌日日曜出勤の者がいると、私の登場が期待される。

取り敢えず私が来るまで待って、日曜出勤の者と交代するわけだが、これは断るわけにいかないし、私も麻雀が好きだった。

結局、徹夜マージャンになる．

京都河原町のホームで立ちション、特急を止めた。

大学3年の夏休みに突入する前に期末試験が終わり、運輸省官僚の松尾、会社の経理事務の福山と私で、四条河原町にある、有名な建築家ウオーリーズが建てた歴史的建造物となった東華菜館のビヤーガーデンで打ち上げの宴会を行った。

3人とも酒量に明瞭な限界がなく、俗に言う酒豪である。当時の大ジョッキは大瓶のビール2本分入り、それを5杯くらい飲んでいる。体のどこで保管しているのか、不思議なものである。

最終の大阪行き特急に乗るべく時間調整しながら食い、且、飲んでいる。

夜間大学生は名前だけ聞けば、悲しい、貧しい、歯を食いしばって生きている苦学生みたいに思う人が多いみたいだが、皆、自分で稼いでいるので、お金にはそんなに不自由していない。

平成、令和の時代に奨学金を貰って、**夜間にアルバイトをして、卒業したら多額の奨学金の返済、借金の為に会社や、出来の悪い上司に忖度し生きていかなければならない学生さんからすると天国のようなものだ。**

予定していた時間が来たので、駅に向かい地下ホームに向かったが、全員オシッコがしたくなった。

電車の乗り場までかなりあり、トイレの場所も分からない……。

駅員が来たのでトイレの場所を聞くとかなり遠い。

もう無理や、と誰かが言うと、駅員が仕方ないからホームから立ちションしたらみたいなことを言う。

結局３人並んでホームから立ちションを始めると、我々が乗るはずの特急電車が大阪方面から来るではないか。

電車はキー、キーと音を立てて急停車、……我々は時間に間に合って予定の最終特急電車に乗る事が出来たが何たることか。

松尾は運輸省の官僚で、父親は陸運局の高級官僚。令和の時代ならトンデモナイ大事件としてテレビ、新聞が大喜びしたかもしれない。おおらかな時代だった。

日本の教科書では自習不可、米国の翻訳書は丁寧で自習向き

材料力学は機械、建築物、飛行機、車等あらゆる金属、コンクリート、木材などの材料を使って設計される部品や構造物の設計に欠かせない重要な科目である。高等学校の数Ⅲの延長である、微分、積分を使って方程式を解いて構成部材の材質と寸法を決定する、機械設計上最も重要な科目である。

教科書として採用されているものは、東大の湯川教授の執筆されたもので、先生の説明を受けながら授業について行くのは全く問題ないが、自分だけで先に進もうとして予習をするが……自習では理解できない壁に突き当たる。

梅田の大型書店、旭屋で米国のチモシエンコ教授執筆のもので、東工大教授が翻訳した材料力学の本を立ち読みすると、非常に解り易く書いてある。この本があれば、自習可能だ。

この経験から、それ以外の専門書についても、意識的に比較してみると、全ての専門書に於いて、程度の差はあれ、皆同様の傾向がみられ、これは日本の教科書と米国の教科書の一般的な違いであると判断した。

日本の教科書、専門書は先生の解説の手間省き、の為に作られており、自習用には使い物にならない事が解った。

日本の専門書が意図的にそのように作られるとも考えられず、多分、執筆者、学習者に忖度する丁寧さに欠けているのだろうと思った。後日この事について、友人の大学教授ＯＢ、筆者の孫との話から、**大学では教授が自分の著作を生徒に買わせるように仕向けるのは、極く、普通の事である事が解った。**

ノーベル賞の中村博士の職務発明と岡田のサービス発明

２０１４年のノーベル物理学賞受賞者、青色発光ダイオードの発明者として、時の人になった中村博士は、過去に勤めていた日亜化学工業との職務発明に対する報酬の件で争い、日亜に対して巨額の補償金の支払いを求める訴えを東京地裁に提訴、永らく争っていた。東京地裁から判決が出て、判決によれば補償すべきと計算される金額が約６００億円。その内の２００億円を日亜は中村博士に払うべしと判決を下し社会の注目を浴びた。２００億円が巨額である事と、職務発明と云う、一般の人には馴染みのない言葉である。私は発明者として、又技術者として他人の発明、特許と濃密に関係しながら現役人生を送ってきたので、特別な感覚でこの事件を眺めていた。自分の経験と重ね合わせてこの事についてコメントしてみる。

私の頭の中には現行の発明、特許法、知的財産権に対して大いなる疑問を感じさせる、何かがある。

現行の社会の趨勢、人類の幸福追求との関係で、コペルニクス的な思考転換を必要としているように思う。

進歩とは何だ、果たして進歩と呼ばれるものが人類を幸福にするのかと云う疑問である。

この事に就いては第二部で深く考察してみよう。

1．岡田のサービス発明

私は住友電工に勤務していた頃にサービス発明をしたが、多分それはその時代だったから起こった**空前の出来事であり、その後、社会が変化して、義務教育終了のみで入社した社員が起こす事のない絶後の事**であると、確信する。

１９６６年4月19日に先ず、日本で出願され、優先権主張で海外8か国に出願、１９７０年3月に米国で登録された、米国特許番号３、４９７、９３３である。（資料集参照）

住友を退職して半世紀以上経過、その間の住友の製品ラインアップを観察しているが、高額な海外特許出願をしたような雰囲気の感じられる、特徴と価値のある製品はその後特許出願されていないし、カタログにも記載されていない。

約20年間特許の登録料を納入して権利を主張している。

中村博士の職務発明は特許としては無価値

中村博士は日亜から、職務として課題を与えられて無数の実験を行った。推測するに直接、間接で会社に計10億円相当の出費をさせて研究を行い、結果を出してノーベル賞を受賞、約1億円の賞金と受賞の名誉を獲得した。

特許出願後の**早い段階で、日亜は、中村特許は無価値であると権利を放棄、出願特許は存在だけの記念特許となり**、日亜は中村特許とは全く関係なく青色発光ダイオードの生産をしている。

岡田のサービス発明特許は費用ゼロで20年間使用された

与えられた職務命令に付随して、個人的な提案を追加する事で優秀な結果が得られたので、特許出願され、会社はホボ費用ゼロで、新技術を手に入れ巨額の費用を掛けて特許申請、**特許権を取得して永年ビジネスの場で特許権を行使してきた。**

日本の終身雇用社会ではサービス残業は良く知られた慣行であるが、サービス発明は聞いたことが無く、私の造語だが、中村特許の約30年前の事である。

職務発明と呼ばれる特許の背景

技術的な難易度、経済効果で評価される発明の価値は、特許出願されてそれが登録される事で効力を発揮する。

どのように美しく作文された優れた論文であっても、その経済的価値は特許が登録されて初めて効力が発生、その後も権利を維持するために年会費を納入しなければならない。中村博士が新しい発見をされ、会社は特許出願と並行してその実用化に向けて、他の技術者が更に技術を掘り下げていった。

間もなく、**中村発見は製品を作るために必須の技術ではなく、特許も実用と云う側面で判断すると無価値**と見做され、全く使用しなくても問題が無い事が明らかになった。

日亜は特許権を維持する意味が無くなり、**費用を浪費しない為に特許権を放棄**した。

会社に見込まれ期待された中村博士

地方大学出身者が、見込まれて、会社の規模から考えて不相応な巨額の出費をしてくれることで、高輝度青色発光ダイオードの開発研究に取り組める機会を与えられた。小さな会社が、大きなリスクをものともせず……中村博士に対して期待した事にビックリする。会社負担の費用は、設備費、自分の給料、補助的な人の人件費、米国留学費用、特許出願費用……推計約10億円。会社に研究の機会を与えて頂いたので多数の賞に加え、ノーベル賞を頂き、約1億円の賞金と名誉を頂いた。

岡田サービス発明：期待ゼロで出発

岡田が開発テスト用試作品A、Bの製作図の作成を指示される。

岡田は自分の考えたアイデイアCを追加する事を提案、了承されてアイデイアCも含めて3種類の試作品が製作された。

テストの結果Cが最良である事が明らかになり、Cを最大の目玉として製品プログラムが作られ、大量生産の為に総計数千万円の新しい設備機械が購入されて、……当時の数千万円は現在の数億円の感じ……長期にわたりカタログに主要製品の一つとして掲載されて販売されており、特許権も年会費が継続的に支払われているので、特許権は20年間維持された。

会社の開発費用は実質、限りなくゼロだった。

特許は海外出願され、出願費用だけで400~500万円と聞いていた……当時海外出願は1件、一か国50万円と云われており、先進8か国に出願されたので出願費用が巨額になったが、発明者の得た報酬はゼロであり、サービス発明となったのみならず、実験などの開発に必要な業務は岡田自身が行い完成させた。

ネット社会となり、全ての事が簡単になったが、現代でも外部の弁理士を介しての特許の海外出願には、大きな費用が掛かる。

後述する、2020年に出願した衛生マスク特許の場合、筆者が自分で全ての出願の手続きをしたので、1万4千円の特許印紙代で済んだが、弁理士に頼めば出願だけで数十万円掛かる。

出願された特許を、登録するには、一般に、出願費用の数倍は掛り、住友電工は国内外出願特許を登録するまでに、1千万円以上……現代の価格で1億円以上の費用を掛けていた筈だ。

中村発明の社会的な意義

中村発明は非常に有名な話で、マスコミも大きく報じたので、一般の人にも知られる事となったが、改めてその経過を日本の一技術者として、一般の人にも解るように解説してみる。

実用化できるほどの輝度を発揮できる青色発光ダイオード素材の製造は、永らく世界中のその分野の技術者に良く知られた大きな課題であった。課題を解決するためには、素材の元素、成分比、熱処理方法、温度、雰囲気……等の無数の要素が関係するので、技術者は過去の論文を読み、可能性のない組み合わせを避けて、過去に実験されていない組み合わせをテストしてみる。

試したい組み合わせは無数にあり、実験の手法は専門家であれば周知の事であり、如何に短時間で多くの実験をこなせるか、忍耐力と器用さに掛かっている。解り易く言えば、砂漠で砂金を見つける様な、忍耐の必要な作業を続けなければならない。中村さんは一粒の砂金を見つけて、砂金は砂漠の平面のこの様な特徴を持ったところにあると、砂金のある場所の形状を特定する方法を発見して、それを特許出願した。日亜は中村発見をヒントに、詳細に調べてみると、**中村発見と関係なく、砂金を見つける方法が見つかった。**中村発明は会社にとって貢献したが、権利を維持する理由が無くなった。

しかし、中村特許は世界中の関連する大学、研究所、企業の研究者等……に勤務する、多数の科学者、技術者と呼ばれる人に、これ以上研究を継続する意味がない事を知らしめ、世界中で行われていた同類の研究活動を停止させる効果を与えたので、巨大な研究活動のムダ使いが無くなり、その意味で大きな社会的貢献を果たした。日亜は小企業にも拘らず、分不相応な巨費を投じて中村博士を支え、一応目的を達成した。中村発明がヒントになり、他に先んじて技術を深堀り出来たので、周辺技術を他の技術者が固める事で、競合他社に先んじる事が出来たが、同時に特許が無価値である事が判明した。

中村博士は米国人に煽られて過剰反応した

私は、２０００年代の中村特許訴訟の頃には、日本の国際的に特許係争を扱う弁理士、弁護士級の経験をしていた。

中村博士はアメリカ感覚では安い給与で……日本人の感覚では特別に配慮された高給で雇用されて……長時間のモーレツな努力を、……日本では普通の事だったが……米国の同僚は、スレーブ・ナカムラ＝奴隷中村と揶揄し……訴訟を起こすように勧めるのは、予想される事である。どこの国でも同じだが、特に米国では訴訟を起こすと、膨大な金が掛かるのみならず、非常に時間がとられ、仕事に大きな犠牲を強いられる。

米国で特許の訴訟を起こす：私の経験

日本で特許侵害を訴えても、裁判で判決が出されるまでに年単位の時間、……10年以上掛かるのは珍しくない……が掛かる。

私が原因を作った日本の国内案件だったが意図的に米国で１９９０年代に起こしたＭ社に対する特許侵害訴訟がある。

訴訟はスウェーデン本社の特許部が行いワシントンＤＣの著名弁護士と一緒に行われた。

米国で裁判を起こし、先ず、ビックリしたのは、米国から２人の弁護士がワシントンＤＣから神戸に来て、私の後ろにある２つのキャビネットの中の50以上のファイルに番号の付いたラベルを張って行く。原則、中身を動かすなとの事。

本裁判が始まる前に、双方が手持ちのエビデンスを公開し合ってお互いの手の内を見せて、本裁判での勝負の予想をする、デポシッションと呼ばれる手続きがある。

裁判所から人が来て、議長の様な役割で、双方に意見陳述させ、同時に相手方にも質問をさせて、裁判の様に決まった形式を強制せずに、相手がどの程度の証拠を待っているかを、双方が知る事で、今後の勝ち、負けの予想がしやすくなる。

この手続きで負ける事が予想されると、どちらかが折れるので、本裁判の負担が軽くなる事を期待しての手続きである。

司法の場での口頭での議論は初めてなので、慎重に構え、専門の通訳が用意されたが、議論が進行する中で、議長役の人から、岡田は通訳なしで話すようにとの示唆が出て、下手糞な英語でＭ社の弁護士との議論となり、数時間後にデポジションは終了した。Ｍ社の場合にはＭ社の関係者と弁護士、通訳の意思疎通が必要に加え、言葉の通訳時間が加算されるので、非常に進行に時間が掛かる。議論は私が主導する方向で進行し、Ｍ社の弁護士が負けを確信する方向に議論は進行していった。

最終的に、本訴訟に進む前にＭ社は我々の要求を受け入れる形で決着した。

想像するに、デポシッション費用は双方で、約1千万円の出費になっただろうと思う。

中村博士の場合

中村博士は訴訟の経験が無く、事前に、裁判に伴い発生する膨大な手間と費用に加え、昔の過剰なまでに大切に扱って下さった恩ある人たちに向かって、犯罪者に向かって抗議するような非生産的な議論をする裁判を理解されていなかったと思う。

裁判は、時間的負担のみならず、心情的に耐えられない、大きなストレスが伴う事を、多分、御存知でなかったと思う。雇用関係と文化が根本的に違う米国人に煽られて、軽率に手を挙げてしまったのだと思う。

川端康成の場合

私のサービス発明の約5年後に川端康成氏はノーベル文学賞を受

賞した。

私の美学に従えば……ノーベル文学賞を受賞した川端康成氏が、英語への翻訳者であるサイデンステイッカー氏に、ノーベル賞受賞の機会を作ってくれたのはあなたの英語翻訳のお陰だと、賞金の半額を贈呈したように……ノーベル賞賞金の半額を日亜に贈呈したくなる。

文化の違いか、……〃木だけ見て生きるか〃……か〃木も森も見ながら〃生きるか……又は単純に個人の気質の問題か……人間は不思議な動物だと思う。

中村博士の国籍問題

中村博士がノーベル賞受賞時に全く関係のないと思える、日本国籍喪失問題が発生した。マスコミに向かって研究環境の良好な米国での研究を続けるために、米国での永住権取得を話されたところ、二重国籍が問題として外務省から日本のパスポートを取り上げられると云う珍事が起こった。日本の国籍法では外国籍を取得した段階で日本の国籍を自動的に喪失する事になっている事のようだ。世界のすう勢に周回遅れで反応する事で知られている日本において、外務省が即時に反応して、中村博士の日本のパスポートを失効させ、あまり時間をおかないで叙勲されたが、それは米国籍の日本人と明記された事である。

私なら、本人に国籍法を説明して、本人の意思を確認してから手続きを取るべきと思うが、交通法規の速度違反、信号無視等と同等に扱う冷酷な日本の外務官僚の姿勢に失望する。この事を知っている人は少ないと思うが、私の知人にもこの問題で困っている人が居る。ビックリするのは外務省が国籍法を知らないで、外国に長く暮らして、外国の永住権や国籍を取得すると二重国籍を認めない日本の法律が日本の国籍を瞬時に剥奪する。21世紀に住む世界民族とも形容したくなる国際的な活動が普通になった時代にこれで良いのだろうか。この事により不利益を被る人の数が少なく、日本では永久に変更される機会がないのかもしれない。二重国籍問題で迷惑を被っているのは、多くの場合、異能の日本人で、中村博士の場合の様に、単なる知識不足のミスで発生している。この様な事の集積は、優秀な異能の人材を海外へ流出させ、国内には制度に迎合的なB級人材だけを囲い込みたい意志があるのかもしれない。意志がなくとも、少なくとも結果はそうなる。

岡田のサービス発明

中村発明は科学のフロンテイア＝未開発領域、最先端を意味する……金属、医療、創薬、天文学、生化学等の全ての高学歴の人の関与する分野に共通する一般的な事であるが、岡田サービス発明は昭和の時代と日本の企業文化の組み合わせにより発生した、義務教育終了後に直ぐに就職した工員が行った、多分、空前の事で、その後、進学率が劇的に上昇、今後このようなケースは起こらない絶後の事だろう。

後日、色々な特許係争に絡んで米国、ワシントンDCの大きな法律事務所の副社長の弁護士グルジェツキー氏との関係が深まった。彼は日本のいくつかの著名大企業の仕事もしており、年齢は私より随分上だが非常に近しく交際、友人の様な関係になっていた。酒席でスウェーデン人も含めて3人で、特許に絡んでのお互いが経験した珍事件を披露する中で、私のサービス発明が話題になった。彼曰く、特許の譲渡証書に1ドルで売ったと書いてあっても、貴方が1ドルを受け取っていなく、1ドルの領収書にサインしていないのであれば、貴方は裁判に訴えて、不当な契約で無効だと裁判で争えば勝てる。まだ間に合うと、私にけしかけた。私には、その気は全くなかっ

た。住友を……あの良い人たちばかりの、良い思い出を作ってくれた……混乱させたくなかった。それとは別にこの事は日本におけるサラリーマンの応用力の無さを露呈している。

住友の特許担当者の見た特許の専門書には、海外特許の申請に関係して、譲渡証書の作成までは書いたが、それを実行させる為の1ドルの支払いは書かれていなかった。**1ドルの支払いは専門分野の事では無く、取引に於ける社会常識だが、活字知識で、応用力不足の日本の特許部員がそれに気付かなかったのは残念だ。**

もし、裁判を起こしておれば、結審するまでに何年もかかり、若しかしたら10年は……泥にまみれた汚い10年……若し勝訴して金を得ても、時間には代えられない。

岡田発明が必要とされた背景事情

顧客の下請けみたいな注文生産だけでなく、高性能な製品を自社開発して、大量生産して在庫を持ち高い利益を上げる事を目的とする開発係が新設され、新任の京大修士卒の大津さんが係長に任命された。

大津係長は米国のＧＥ社とスウェーデンのサンドビックのカタログを開けて私に見せて、これと、これの製作図面を書いてくれと、と頼まれた。同時に20名近い会社の上級役職者、事業部長、部長、課長、係長の印鑑の押された稟議書に２個の試作品を作るための費用５万円の使用が許可されている事を知った。私の月給が約２万円の頃である。

１９６０年代、日本は欧米の模倣の時代であった。大多数の著名大企業でもその程度は違っても同様だった。

会社はそれまで、自動車会社、造船会社、重電機会社等……の依頼に対応して、下請けのように特殊品を設計製作していたが、ＧＥやサンドビックのように大量生産、標準品を在庫して売れるような商品のラインナップする事を考え始めた。

既に競合する三菱、東芝はそのような製品を、数年前に今までの技術の延長線上で確立させていた。

住友は遅れて同じ方向で動き始め、ＧＥやサンドビックが採用している新技術である、摩耗した刃先の再研削を必要としないインサート呼ばれる、替え刃を使用した平面切削工具のラインナップを作る事を計画した。先ず手始めに、ＧＥとサンドビックのカタログに掲載されている製品の模倣品をテストする為、試作品の製作図の作成が私に指示された。

私の技術的知識の背景

顧客とのやり取りだけでなく、回覧されてくる、英、米、独の技術雑誌を読み、ＧＥやサンドビックのカタログは常時手元に有り、読んでいるので、英語の論文は辞書なしで理解できる。

毎年1回、京都大学から精密機械工学会の重鎮、奥島教授や星助教授が来社、講堂で講演会が開催され、我々図工も聴衆者数を増やすための賑やかしの為に聞きに行く。

奥島教授が、ドイツのアーヘン工科大学のオピッツ教授に会ったらＥＰＭＡを使用した論文を書いていたので、京大でもＥＰＭＡを購入して、刃先における微量元素の量を測定、推測できるようになった等、世界の先端の様子を聞く機会もあり、他社の技術者よりも恵まれた環境にあった。

（ＥＰＭＡは、エレクトロニック・プロブ・マイクロ・アナライザーと呼ばれるｐｐｍ単位の、微量金属、非金属元素の存在を測定する最新の……21世紀でも……高価な測定機器）

新アイデアの出現

試作品の鋼切削用のAと鋳鉄切削用のBの製作図の作成には15～20枚の作図が必要であり、全く初めての事なので数日は必要。２日目、トイレに行った時に、アイデイアが湧いてきた。

AとBの両方の用途をカバーして、なおかつ顧客の使用コストが約半分になると予想される、……特に最も需要の多い鋼切削に於いては最も好ましいと考えられる刃先Cの形状のアイデイアが湧いてきた。

大津係長にアイデイアを説明し、Cも作りませんかと提案すると、大津さんは直ぐに意味を理解され、Cもやってと言われた。

稟議書には5万円と書いてあるが、良いからとの話で、20数枚の製作図を作成、数か月後に三種類の試作品が完成した。

試作品のテスト

性能を確認するためには、試作品の切削テストをしなければならない。

工場の工長にお願してフライス盤の使用と、1人のフライス工の日曜出勤をお願いして、和本先輩と私の2人で切削テストを日曜出勤で行う。結果は、私の予想通りにCが、特に難しかった鋼切削に於いて群を抜いてよく、テストレポートを作って大津係長に提出した。

テストの際、切削中の切りくずの発生の様子を、速いシャッタースピードのカメラで写真撮影する必要があるが、会社には安物のカメラしかない。私の私物のキャノンの最初の一眼レフカメラＦ1を使用した。Ｆ1のシャッタースピードは1／２０００秒で当時の最高シャッタースピードだった。

大津係長は直ぐに理解し、上層部に提案して全ての事は急速に進められた。

特許の出願

本社の特許部から串崎さんが訪れ、特許申請に必要な技術的な説明文書の作成を依頼され、同時に外部の弁理士に依頼して国内特許の申請が行われた。

その後海外8か国に出願され、特許の出願費用が４００～５００万円になるだろうと聞いて驚いた。

串崎さんに神戸三宮にある公証人役場への同行を請われ、公証人役場に行き多くの書類にサイン、捺印した。

その中に1枚の英文の譲渡証書があり、それには発明者岡田は1ドルで住友電工に特許権を売り渡したと書いてあった。

後日串崎さんから聞いた話だが、海外への特許出願は初めての事で弁理士も知っていなく、特許の専門書を調べて、完璧に出来るように用意したと言っておられた。

権利行使の為には登録されなければビジネスとしての意味はなく、登録されるまでには、大まかに出願費用の数倍は掛り、登録されるまでに1千万円以上掛かったと推察されるが、現在の金銭感覚では1億円以上であるが、出願時に会社に1ドルで譲渡したと言う、譲渡証書に捺印しているから、発明者には何の権利もない。

面白い事に、譲渡証書には会社は1ドル支払った事になっているが、岡田はその1ドルを受け取っていない。

業界の他社のカタログは頻繁に見ているから、他社の製品のラインアップはよく承知している。

未確認だが、海外へのこの様な特許の出願は日本の業界では初めての事だったと思っている。

量産設備の購入

テストの後、1年弱後に設備を担当する東大工学部出身、設備担当の広松さんから、発注している専用機の受け入れテストの立ち合いに千葉県習志野市の日立精機に出張してくれと言われる。

私は、テストの後どのような計画が成されているのか全く聞いていなし、聞ける立場でもなく、設備部計画については全く知らない。発注されている、多分1千万円以上のＮＣ機械のスペックも知らないし、唐突な指示だったが出張は魅力的に感じた。

その時には若くて何も分からなかったが、本来なら広松さんが発注者であり、当然、広松さんが立ち会いテストに行き、日立精機から相応の、応接を受けて……だと思うが……広松さんが機械の必要性が発生した原因を理解しているので、私へのプレゼントの意識で私を派遣したのか、若し機械納入後に問題が起こった場合の責任逃れの為だったのか……その後、豊富な社会経験を積んだ今でもよく分からない。

検収の為の立会試験に来たのが20代前半の若者だったので、応接された日立精機の熊谷部長は非常に驚かれた様子だった。

当時はコンピューター制御のＮＣ旋盤の萌芽期で、ＮＣを備えた工作機械は非常に高価で、私が検収のために立ち会った専用機は5軸、同時一軸制御で、価格は覚えていないが、日立精機としても初めてのＮＣ専用機で非常に高価だったと思う。

広松さんはその後、住友電工の副社長になっている。住友電工は２０２０年時点に連結決算で従業員数約27万人の巨大企業である。

関連する生産設備としてＮＣ専用機に加え、ＮＣ旋盤、溝入れ用フライス盤、専用研磨機、量産用金型、大量の外注で製作された部品など、住友としては初めての量産設備の製造ラインが出来上がり、詳細は知る立場になかったが、現在の貨幣価値で推察すれば、10億円近い投資だったと思う。

販売状況

カタログが作られ、販売が始まり、販売数が毎月課内会議で発表され、販売は順調に伸びていった。

消費財でなく、工業資材なので直ぐに爆発的に増加する事は期待できないが、着実に増加して行った。

発売開始から2年弱で退社したので、その後の詳細な数値は不明だが、旧知の住友の代理店の人からの話や、住友の型録、サンドビックの営業から、住友のＣに負けたと聞く事もしばしばあり、特許の有効期間、約20年間大型設備は有効に使用されていたものと思う。

スウェーデンの場合のサービス発明、

住友在職中に私を発明者とする、幾つかの取るに足らない価値の特許、実用新案の出願が幾つか成された。

スウェーデンの開発部で働いていた頃、上司に反抗して終業時間後サービス残業で働き、時間を掛けて企画書、テスト品、構想図を作成して、技術的にはさしたることはないが、既存の設備を使う事で、製造原価を低く抑えて競争力のある製品に仕上げるケースでは、会社は職務発明として、金額は忘れたが、かなりの金額を頂いた。スウェーデンでは仕事をやっている人が、社会の中で自分が何をしているか良く理解しているが、日本の場合には社会における自分の立場、役割と言う視点が不足又は欠落している。（資料集参照）

工員、職員合同ハイキングを開催

頻繁に六甲山に数人でハイキングに行ってたので、六甲山は隅から隅まで知っている感じ。

20代に入ってから、毎年1、2回、自分の仕事を通じて知っている範囲の課に、案内を配って参加を募集して、大人数でハイキングに行った。秋のもみじの季節、冬の寒い時の耐寒訓練、神鍋スキー場への1泊2日のスキー旅行に募集すると、多い時では30人を超す人

が参加する。

日頃、電話では話すが、会った事のない人、隣接する所の課の人だが話したことのない人等……である。

約半数は労働組合所属で、半分は職員組合所属の感じ、東大卒の井上課長も参加する。

私は自慢のキャノンF1のカメラで写真を撮り、後日簡易アルバムを作って回覧して、写真の注文を取る。

今まで、このような労働組合員と職員組合員が合同で集ったことは全くなかったが、面白かったし、今まで電話だけの知人だった人と直接会ったことで、その後の仕事上の会話はよりスムースに進むようになった。

普通に考えれば、**大卒の職員が何かを提案して、図工にあんたらも来ないみたいな流れではないかと思うが、職員の方からそのような誘いは一度もなかった。**

今にして思えば、進学するために一生懸命に勉強漬けの青春時代、……その延長で、多分、多くの人が金の為にアルバイトをしながら大学教育を修了、**心に余裕のない人生の最終駅である、大企業に永久就職**……指示待ちで、そのような人には私の様な、面白そうだから何かをするみたいな、発想は湧かないのだと思う。

職員組合と労働組合

正確な事を述べる知識はないが、会社はユニオンショップ制で、従業員は雇用されると同時に組合に強制加入させられる。

義務教育終了後すぐに採用されると、自動的に労働組合員となり、高卒以上だと職員組合所属だったみたいだが、時代により変化しているので複雑だ。

私が入社して数年を経てから、高校への進学率が急速に上がり優秀な中卒を採用する事が困難になり、養成工制度は廃止され、高等学校卒が工員として採用されるようになった。

いずれにしても、労働組合と職員組合では精神的に大きな違いがあり、労働組合員は交流が無いので職員組合員の事については全く知っていない。当時既に、職員の出退勤時間はタイムレコーダーで管理されていたが、工員は面着と呼ばれる木製の名札で管理され、在勤か、不在かしか問題とされていなかった。

工員の遅刻、早退がどの様に扱われていたのか、私は住友12年の間に遅刻、早退が一度もなかったので、全く記憶にない。

毎日のように接触する工場の工員の人をハイキングに誘うようなアイデイアは全く出てこなかったが、私の心の奥に、職員崇拝の……何かがあったのかもしれないが、人間とは不思議なものだ、

卒業設計は無駄だったか?

機械工学部なので、卒業に際して卒業設計を提出しなければいけない。

私は飛行機好きなので、小型航空機用水平対向エンジンを卒業設計とした。

A1～A3と計10枚くらいの図面と材料力学、熱力学、流体力学を使った計算書からなり、作成に長時間を必要とする。設計を仕事としているからいい加減な図面は書けないし、根拠となる計算書も、自分で納得できるものに仕上げるためには半年以上掛かった。学校では出来ないので全て寮の自室で行った。当時一流大学の機械工学部の学生は卒業設計を学校で行っていたのだろうか?

卒業後に考えたのだが、卒業2年前に行った住友でのサービス発

明の特許出願文書を活用すれば、一日で卒業論文＝卒業設計は完成したのみならず、最高の評価を貰っただろうなと……簡単な事だが、……気が付かなかったことは残念だった。計算書を作るために、熱力学、流体力学を真剣に学び、咀嚼して理解、自分の物にすることが出来た。

住友電工退社の決意

26歳の時にスウェーデン系多国籍企業、サンドビックから誘いを受けて住友を退社、サンドビックへ転社した。

住友は非常に良い会社、居心地も決して悪くなく、給料も世間と比べて遜色なく、私が退職する事は……ほんの少数の人を除いて……非常にバカな行為だと思われていただろう。

周囲の先輩から、住友の紫色の井桁のマークの社員バッジをつけていると、初めて覗いた飲み屋で現金がなくても、先に金がないと言えば問題なく後日払いの付けが効くと、社員バッジの力を自慢していた。

大方の人は満足していたと思うが、私には会社の永遠に続くかと思える身分制度、学歴重視の制度への反発心と、若さゆえの好奇心もあり、将来の事を考えて悶々としていた。その頃は既に小説家になる夢は放棄していた。

決定的な事は課内の事務をしていた私と同年齢の大谷さんの結婚退職の送別会のときに起こった。

宴会が盛り上がり、色々な事が話題になる中で、京大卒、当時としては珍しい大学院卒で入社3～4年くらいのN氏は、仕事があまりできないのに高い給料で心苦しいと井上課長に言った。

50代の課長は、**『給料は何のために貰っていると思う、給料は住友電工職員としての体面を保つために貰っているのだと言われた』**。30代の大津係長は、給料は労働に対する正当な対価である等、若い人で反論する人もいたが、トゲトゲした論争ではなく、楽しく話あっている感じ…。

私はN氏の発言は私を意識して、酒の場でN氏の良心がさせたことだと理解した。

大卒で入社しても、単純労働でないから直ぐ仕事が出来るわけでなく、人によっては10年たっても……の人もいる。

井上課長は東大卒で戦後まもなく選抜されて国費で米国に留学した。同世代の東大卒の中でもエリート、後に内閣総理大臣になった宮沢喜一等と同等のスーパーエリートの一人だった。

課長の発言は、今後、継続して仕事をする中で遭遇するかもしれない色々な不愉快な事を想像させた。

大卒の人は30代半ばで係長に昇進……私は工員だから絶対にそのような事は起こらない。

会社の将来にとって最も重要な将来を期待される部下が悩んでいる、取り敢えず悩みを解消する事が必要であり、それが非常に明快な課長の回答になり、ある程度経験を積んでから考えれば、それは課長として正しい対応だったと思うが、それを私のような人間が聞いていたところに問題があった。多分、課長は大卒でない者に忖度する事は全くなく、当日10名弱の図工も参加していたが、それが私には舌禍としてとらえられ、会社を辞める方向に心が決まった。

住友では私の仕事を褒めてくれる人は、誰もいなかった。真実を知る人は、数人だけ……それも一部だけしか知っていなく、奇妙な嫉妬心みたいなものも……感じる事があった。井上課長とは仕事の事について具体的なことを話したことは一度もない。

信じられないかもしれないが、井上課長の時代は、多分、４年間くらいだったと思うが、一度も具体的な仕事の事について話したことは無い。井上課長はもともと機械屋でなくて、冶金の専門家で、機械工具の事には関心がないし、知識もなかったことが理由だと思う。

大阪の本社から出張してくる特許部の担当者は特許出願上の書類の事だけで、発明者の私と弁理士事務所の橋渡しをしているだけであり、最も重要な設備投資、販売予測等には全く関心が無い。

本社に居り生産設備や、販売の事については全く知らないし、おそらく関心もない。

東大卒で設備部門の責任者の広松さんは与えられた生産計画に見合った生産設備の為に、必要な機械、機器の調達をする。

井上課長は誰がどうしたと言うような細事には関心がなく、組織の上に乗っかっているだけ。

大津開発係長は私の提案を評価して、特許出願に結び付いたが、私は河瀬係長の部下で、組織上は製品開発を担当する大津開発係長とは関係がない。

井上課長と私の席は約５～６ｍしか離れていなかったが、私のサービス発明について一言も会話をした事はなかった。

井上課長としては、私は秩序を乱す奴みたいな感覚があったのかもしれない。若しかしたら、全体像を知っているのは私だけ……。

最近辞めた岡田は、夜学に８年も通った苦労人、ＱＣ活動で良い提案をした人程度の記憶しか残さなかったのだと思う。

12年間勤務しての退職だったが、当然送別会などはない。

定年退職以外に、男子が途中退職する事は想像外の事だった。

女性は結婚を機に退職するのが普通で、女子社員の退職に際しては例外なく送別会が開催され、記念品が贈呈されていた。

それから約10年後に、４年間スウェーデン本社で勤務、帰国の時に20人以上の男だけの大送別会で送られて、高価な記念品を頂き、購入の為の餞別金名簿に約１００名の男女の名前があった。

仕事上密接な関係のあった人は精々15人程度だったが、私は多くの人に質問に行き、彼ら、彼女らは自分の答えた事がどの様な結末になったかに関心があり、それが１００人もの方から餞別を頂く事になったと思う。

この事に就いては、第二部で詳述する。

住友退職に際して、退職理由は大学院進学と嘘を言った。大学院進学なら反対、慰留できないと考えての事である。

１９６８年12月25日、今日が最後の日に終業1時間くらい前から先ず、同僚、職員、係長に挨拶、お世話になった工場の工長、班長、作業者にお別れの挨拶をして定時に退社した。退職金は正確な記憶はないが、確か13万円くらいで、1年1万円くらいの計算になる。途中退社だから、退職金は大まかに月給掛ける、勤続年数の半分である。

亀井正夫人事課長へのあいさつ

退社に際し、採用して頂いた亀井人事課長、田中康夫係長に挨拶すべきか、否かでずいぶん迷った。

亀井さんとは数えられるくらいしか会話をしていないが、大きな影響を受けた。

田中さんには、学園でずいぶんお世話になったし、配属先の決定は田中さんがされたと思う。

幾つかの、私に特別に忖度する姿勢を人事課が見せていた。

◆３週間の北海道旅行に対する無言の承認。

◆工員の専門職への登用試験制度の開始は私を意識しての制度改

革だと感じていた。

◆2年弱前に、高卒で途中入社する野田君の筆記試験のテスト問題を作り、私に合否を決定させた。

どのような形で、井上課長と人事課で話がなされているか不明で、最後の場面でおかしなことが起こって、残留を余儀なくされるようなことが起こる予感がして、残念だったが、人事課関係の方には挨拶をしなかった。

多数の著名人の素顔を知った12年

住友電工はその後、連結で従業員30万人弱を擁する巨大企業になったが、私の属した超硬工具部門は低迷している。

伊丹製作所での在職中に、その後住友電工の要職や、公的な経済団体の要職に就かれた多数の人を知ることが出来た。

社長になり、経団連副会長として土光臨調を支え、国鉄民営化の指揮を執った亀井正夫社長を筆頭に、鍋島綱利、川上哲郎、松本正義等の歴代住友電工の社長。関連会社の住友ゴム社長になった横井たすく氏がいる。

住友電工の副社長になられた方は、広松氏、田中氏、杉山氏、岸氏がおり、日本の歴史ある優良企業の企業文化について、確固たる視点を持つ機会を与えて頂いた。

著名人以外に、多くの工場の工長、班長、作業者に聞きまくり、育てて頂いた。

公務員社会への理解が深まった

12年の住友電工での経験は、東京大学を筆頭とする日本の高学歴の人々の陽と陰の両面を見せてくれた。

後から、考えてみるに、12年と言う長さは、永からず、短からず絶妙に良い長さだったと思う。

第四章　サンドビック社に転職して、４年後に結婚（26才～33才）

この章の要約

スウェーデン企業サンドビックに入社、給料は数倍になったが、強烈なカルチャーショックを受ける。
全ての金銭に関係する書類は英語、英語が話せなければ、一人前でない。自分の上司は英国人、部下を持ち部下は英会話ができるが私は英会話が全くできない。遊びでやっていたドイツ語会話の勉強が思わぬところで役に立った。住友で蓄積した専門的な知識が私を助けてくれ、無数の顧客訪問で経験の幅が大幅に拡大、仕事に磨きが掛かり、30歳で結婚。

サンドビックに入社

住友電工を退社した翌日、神戸三宮、そごうデパートの隣の三宮ビル7階にあるスウェーデン系の多国籍企業、サンドビックに入社した。先ず給与が数倍に大きく上がった。
26歳で住友退職時の厚生年金の標準報酬月額は5・2万円だった。初任給は9万円の契約だったが、9万円は既に厚生年金の標準報酬月額の上限6万円を超えているにも拘らず……多分、他の人とのバランスをとる為に…頻繁に昇給して、4年後の30歳で結婚するときには17万円で、当時の標準報酬月額の上限は13・4万円で、それは非常に高給であり、26歳から退職する57歳まで常に標準報酬月額の上限を超えていた。殆どの人は入社前から外資系の会社について良く知っていて、英会話が出来ることで採用されているので、欧米流に採用時の面接で給料について交渉して入社している。
私は正直に住友の時の月給額を伝えるだけで、交渉するようなアイデイアは持っていなかったので、初任給9万円で大満足、出張旅費も多くて、旅費をヘソクル事も可能で大満足だった。
私は組織の中で最年少、中卒で就職の延長で来ているから、当然、他の綺羅星のような経歴……外大卒、大商社、貿易会社勤務、有名私大卒、大手製造業出身……の人より当初、給料は低くかった。
当初、一般社員より上の技術主任として採用され、西日本全体の技術サービスを統括する立場で、3人の部下を持っていたが、直に部下は7人に増えた。1年後に西日本全体の営業部門も統括するように言われて、玉石混淆、海千山千の高齢営業マン約10名の部下も持つようになった。この様に組織が膨張する過程の中で、私が部下の給与額を知る立場になり、給与に対して不満を持たない様にするために、先回りして給与を上げてくれたことが分かった。
29歳の時に社長から、営業部門の仕事を継続したいか、技術部門の仕事に専念したいか自分で決めろと言われ、私は技術部門に専念

したいと申し上げた。

素晴らしかった住友の人材、企業文化

住友の組織は、採用時の学歴で固定された身分制度を基本として、非常に秩序ある江戸時代の武家社会を想像させるような安定感があり、それを現代マネジメントの視点から批判する事は簡単だが、過度な向上心を持たなければ非常に居心地の良い会社だった。私の現役人生42年間に、多分数千の大会社、工場、零細企業を訪問しているが、住友のように良い会社に遭遇したことはなく、住友の外に出て初めて実感した。

住友では数年毎に組織変更があり、固定していないので説明するのは簡単でないが、主要登場人物はホボ同じである。

伊丹工場の人事課長、私を採用された亀井正夫氏は会社の人事政策に大きな影響を与え、大きな包容力を感じさせる巨人だった。技術部のトップは入江督氏：東京帝国大学卒で他に東大卒が３～４人、京大卒が４～５人、残りは全て旧帝大から各校１～３名くらいで、技術系の大卒で私学や駅弁大学と呼ばれる大学卒はいない。全ての人が他人を唸らせるほど優秀というわけではなかったが、住友の外に出て、広く社会を知ると改めて住友の良さに気が付いた。

人を貶める、嘘をついて、何か悪い策略を巡らすような雰囲気がなく、無防備で生きて行ける雰囲気が充満していたが、外資系の会社は、社内がグローバル化された**弱肉強食の世界、……大陸国家の様な感じがした。**

外資系は英語と無秩序からなる異次元の社会、

サンドビック入社当初は約１００人の従業員から成る設立間もない日本法人の販売会社で、今まで３種類の製品を扱っていたが新しく金属切削を行う切削工具の中の超硬工具を販売する事業部に採用された。

当初は製品をスウェーデンから輸入しての販売だけだが、国内に工場を建設する計画もあり、日本国内のトヨタ、三菱、本田、日立等の大企業から裾野を支える無数の、金属製品を作る中小企業に販売する会社で、経営トップは数人の外人である。

日本人の従業員は、極少数の新卒を除いて、全て途中入社、前職は大商社、製造業、銀行、商社等で、出身大学も受けた教育も様々だが、英文科卒、ＥＳＳに所属、米国の大学卒等で、英会話が出来ると言う共通項があり、多士済々、種々雑多な人の集まりで、英会話が全く出来ないのは私だけだった。私は一応、技術主任の役職名で、上司は英国人のベック部長で横浜常駐、私は神戸勤務。当然の事だがベック部長は全く日本語が出来ない。

先ず英会話、英語の克服：半年で……

入社早々、ビックリしたのは全てのお金に関係する旅費の精算書類などが全て英語であったことである。

部長は月の１／３くらいは西日本の顧客訪問の為に神戸にくる。客先訪問は英語のできる営業や技術職の人との同行訪問で、訪問先は大企業の生産技術課である。

12月末に入社、住友で海外同業者の英語のカタログや雑誌を読んでいたので、英語を読んで理解するのは辞書の助けを借りればホボ問題ないレベルだったが、英会話が全く出来ないが、幸運にもその準備は住友で出来ていた。

京都大学大学院卒で突出しての切れ者、30代半ばの新任大津係長

が約3か月にも及ぶ長い米国の市場調査の出張から帰り、これからは英会話が必要だと、多分、若い社員の動機付けの為に、外大出身の営業部の中川係長と相談して、大卒職員を対象とした英会話講習をアレンジした。

英会話の入口

確か週1回で、午後2時から定時の4時までの2時間で計8回行われた。

大津さんは、それまで色々な事があったので、私に特別に目を掛けて下さり、……オカダ君、来るかい、と言われて参加する事が出来たので、約10人の受講者の末席に座らせて頂いた。

カナダ人のマイケル・デールダール先生の説明は、英語だけで日本語を全く話せないのだと思っていたが最後の講習の日に、石川達三の、「青春の蹉跌」は難しいですねと、日本語で言われたのにはビックリした。

「青春の蹉跌」は当時の、物事を深く考え悩むタイプの……高級な読み物で、週刊誌の愛読者が読むような本でなく……外人がそんな本を読むなんてと思った。

8回くらいの授業を受けて英会話が出来るほど簡単ではないがヒントは得た。高価なテープレコーダーは既にあったが、CDもない時代なので英会話の本を買って勉強を始めた。他の営業、技術担当は車で移動しているが私は車の運転免許を持ってなく、公共交通機関かタクシーでの客先訪問。

客先訪問の電車の中、待ち時間など……常時携帯して英会話の上達に励んだ。

短期間で部長との関係は言葉の壁を超えて良好に安定しだした。重要な客先で、鋭角な技術的な質疑応答がなされる中で、問題解決能力に大きな差がある事を両者が、阿吽の呼吸で理解できたことが理由であるが、それはベック氏の西欧人にしては珍しい、他人に忖度する心があったことが大きな理由だったと思う。

皆、カタログエンジニャー

40代後半で親切、丁寧な英国紳士ビル・ベック氏は英国の大学で専門教育を受けたが、工場での勤務経験がなく、英国でサンドビックの販売会社に雇用されて教育され、販売する人の視点で商品を説明する事は出来るが、**……カタログエンジニヤーで、顧客の問題解決を顧客と一緒に同レベル以上に深く考える力は**低い。数回客先を同行訪問する内に、顧客を納得させる技術的理解度の深さと幅で完全に私に劣る事を理解したのと、来る前に予想していたよりもはるかに高い日本の一般的な技術力の高さから、自分の役割を理解していた。

ベック氏が英会話の堪能な技術担当、又は営業担当者と一緒に重要な客先訪問で大きな案件を話題として、客先の関係者数人と面談、課題を解決するのは簡単ではない。同行技術者が英語でベラベラと客先の要望を説明しても……ベック氏はどうにもならなくて困惑、体面を潰すことになる。

私と同行すれば、ベック氏を持ち上げ、彼の体面を傷つけることなく、お客に悪印象を与えることなく、現時点での最善策をお客に提案する事で、結論に到達する事が出来る。

正確な数値は知らないが、当時外人は非常に高給であると言われており、未確認だが月給千ドル、36万円と云われており、それに加えて、家賃は会社持ち、その他日本人にはない色々な手当てが別に

あり、全く別格だった。

彼のポケットマネーで飲ませて頂いたことがしばしばあり、中でも神戸の花隈の治作……企業の接待に使われる高級料亭……等は、私の給料では絶対に行けない所だったが、数回連れて行って頂いた。

横浜では、永らくGHQに接収されマッカーサーが滞在していた横浜グランドホテルで、フレンチオニオンスープを奢って頂いたが、スープだけで千円以上と高価で非常に美味しかったのは、忘れられない。

横浜出張の際には、東神奈川駅近くで定宿としていた駅前旅館の宿泊費が千円くらいの頃の話である。

約2年間のベック氏との交流を通じて英会話は上達、良く見受ける学校で英会話を習った人の、日本語会話と英語会話の場合の言葉=会話の雰囲気の明らかな違いの出現を克服して、普通に英語でバカ話が出来るようになり、英語圏の人と打ち解けた会話が出来るための基礎ができた。

国鉄鷹取工場、官庁の調達価格は民間の3倍の高値

技術専門誌の〝機械技術〟に神戸市にある国鉄鷹取工場が、最新のCNC旋盤の群管理を稼働させることに成功したと言う論文が発表された。私は、多分上手く稼働していないだろうと思い電話を掛けてみたら、予想は当たっていた。

工具が上手く働かないので、非常に高価な設備だが上手く稼働していない。

早速訪問して、使用工具と切削条件を変更して試験すると大成功、今後旋盤用の切削工具のバイトを定期的に納入する事になった。所が、納入するためには国鉄に口座を持っている納入業者でないと納入できなく、サンドビックも、サンドビックの販売店も口座を持っていない。日本では民間であれ、公共であれ、国鉄のような大組織に納入口座を持つ事は大変な事で、口座は大きな財産だ。通常、色々なコネを使って、水面下で色々な手を使って口座を手に入れる。

担当課長が大阪の〝前田……？〟という小さな工具商を紹介した。早速連絡を取り、見積書が作られて、課長に渡されたが、**見積価格はサンドビックからの買い値の3倍の価格**だった。

当時国鉄は三公社五現業の一つで、国鉄の名の通り、準官庁であった。

似たような経験をそれから数回したが、例えば知人が人工芝のテニスコート……オムニコート……の張替えの検討に際して業者との会話の中で、**市からの問い合わせの場合には約3倍の価格の見積もりが提出される事を聞いた。**

営業活動

会社の販路は販売店経由の販売と、サンドビックの営業が直接訪問して販売する直販と二つに分かれる。

原則は、大会社で需要の大きな顧客は直販、小さな会社は販売店経由であり、会社として販売店に大きなマージンを取られるのが嫌なのと、販売店は他のメーカーの工具も取り扱っており、サンドビックの製品を優先的に扱うわけではなく、シェアの増加には貢献しないので、出来るだけ直販を増やしたい。

短期間であったが、新規顧客獲得の為に私自身もいくつかの会社を担当する営業活動を行ったが、私の行動は、多分、他の多くの人の注目の的だった。技術バカに営業が出来るわけがないみたいな、マイナスの期待を背に負って1年弱活動した。

私にすれば、小学校の頃にした行商の延長みたいなもので、何らストレスなし。

細かな説明は省くが、いくつかのラッキーな事の組み合わせで三井造船玉野工場に、初めて平面切削工具の販売成功のみならず新規口座開設に成功。三井造船の様な**大企業での新規口座開設は大変価値のある事で、周囲は唖然**としていた。

アフターファイブ飲み会への不参加

目まぐるしく変わる、会社内での立場で……西日本の営業統括も仕事の範囲に入る。

営業マンにとって販売成績は非常に重大なものである。

Ａさんに誘われて夕食を共にした時に、Ａさんは自分がおぜん立てをして、見積書を出した顧客への注文がＢの所に行きこれは見過ごせないと不満を述べた。

Ａはある会社の大阪本社に代理店経由で見積書を提出、見積書は実際に工具を使用する四国の工場に回されて工場から発注され、それは四国地域を担当する営業Ｂの営業成績となって上げられた。

Ｂに会って聞いてみると、Ｂも見積書を工場に提出、受注して製品は納入されたとの話で、その通りであれば何ら問題のない話であるが、どちらの話も一方からだけ聞いて判断するのは、全て給料に絡むために、危険な事だと感じた。

それまで知らなかったが、営業には二通りの給与形態があった。

ひとつは普通の固定給の月給制であり、もう一つはコミッションセールス制で、コミッション払いの営業が数人いた。

売り上げの７％がコミッションとして払われ、固定給はゼロではないが非常に少なく、それは今まで輸入商社を通じて販売していた頃に輸入商社に雇用されていた営業の給与形態をそのまま引き継いだものだった。

例えば、少し大きな受注で４００万円の売り上げで28万円のコミッションは、定年間際の高等学校校長の額面給与が約10万円だった頃の話であり、大きな数値である。

この様な背景があるのでコミッションセールスの人は売り上げに対して非常に敏感である。

個々のビジネスは多くの過去の経過を引きずっており、単純に片方の事だけ聞いて判断するのは非常に危険であることを悟った。それ以来、営業の売り上げに絡んだ問題の議論は関係者全員が集まった場で意見を聞いてからの決定を大原則に、自己申告は聞き流すようにした。それを徹底するために、出張で地方に勤務する営業マンとの飲食以外は特定の個人と定時後の、飲食、アフターファイブの赤ちょうちん行きはやらない事にして、退職までそれを貫いてきた。

飲めない方ではないので、若しこの原則なしに、無頓着に生きて居れば……随分前に、既にあの世に行っていたように思う。

感謝である。

講習会の開催：大勢の前での通訳

販売促進のキャンペーンとして、欧州で成功した例に習って、日本各地で切削加工の講習会を開き、大中の企業の生産技術の専門家に先進国の最新の加工技術を教えて、新規顧客を増やすキャンペーンが計画された。

東日本にはサンドビックが直接販売を行う前に、販売していた輸入商社で永らく技術担当をしていた、英会話に堪能なＡ氏がいたので、Ａ氏が通訳をするものと思っていたが、ベック氏は入社５か月

の私を通訳に指名した。
当時、日本は金属加工技術に於いて後進国であり、切削工具が依然として輸入制限品であったことからも理解できる。
西日本の名古屋、大阪等、計、約10か所の工場地帯で会場を予約、工場で終業後に出席出来るように午後5時半～9時半までの技術講習会を開催、最新の機械加工技術を講習する。受講者は自動車関連会社、重工業、造船、鉄工所等と呼ばれる金属を機械加工する部門の生産技術者で日夜、加工ラインの効率化、コスト削減に頭を悩ませている課長、係長、技術担当者である。
講習中に若し現在抱えている問題があり、要望が有れば訪問して、実験をする事も出来ますと誘う。
数十人から多い時には100人を超えることも度々ある。
色々な会社からの受講者なので、質問は多種多様、雑多であり、質問に対してピンポイントで答える能力が必要であり、受講者全員にも何らかの参考になるような事を講習してその後のビジネスに繋げる努力をする。
切削工具の性能は短時間で見極められるので、嘘は絶対につけないし、誇大な事を言えば信頼を失い自分の首を絞めるだけの、非常に厳しい、真に実力が求められる業界である。

嘘、誇大表現は墓穴を掘る事になる

例えば、トヨタ自動車に行き生産技術者から課題を提示されて、現在、車軸の加工に使っている工具は寿命が100個だが、それを150個まで伸ばしたいが、出来るかと言われて、出来ますと答えて実験すると結果は非常に早い場合で数分、一般には数時間、長時間が掛かっても精々数日で結果が出る。若し、150個出来なければ上手くないし、若し現行のものと同等レベルであれば大恥であるだけでなく、信頼は失墜し、今後出入り禁止になっても不思議ではない。
営業の担当者は、社内に持ち帰ってそのことを報告するはずであり、そのことは自分の社内での立場を著しく悪くする。
テニスの友人の塗料会社OBの話では、塗料の場合には性能の良し悪しの結果の判定は10年、20年後でないと無理、その間に双方の担当者のみならずに多くの事が変わるので、真剣に話してもあまり意味が無いのでギス、ギスする事がないと言っていた。多くの工業製品の良否の見極めには長い時間が掛かるし、医薬品の様に効果に大きな個人差があり、誇大広告が普通、嘘つき商品が溢れている。切削工具は根本的に異なる厳しい業界であり、知識が確かで誠実でなければ永く続けられない。
講習が終わってから、コソコソと横に来て質問される方がおり、そのような方は大きなビジネスの種になるような大きな問題を抱えておられて、問題を解決して差し上げたことは無数にある。
部下や、同僚を連れてきて、自己顕示の為に、自分はこんなに難しい仕事をしているが知らんだろう、……みたいに質問をする人が時々いる。常に購買する強い立場で、競合他社の技術者や営業と我々を同列に考えての、自己顕示の為の質問だと解釈した。
そのような質問に対しては、10倍くらい丁寧に、日本の状況、米国、ドイツの例や、機械設備の問題にも関連する詳しい説明をする事で、質問者本人のみならず、他の受講者にも良く解るように説明する事で我々に対しての信頼を高めて頂く良い機会として活用させて頂いた。

米国からの市場開放の外圧

米国からの市場開放の圧力の下で、多くの日本企業が海外との協業を模索する中で、１９６３年に三菱重工が米国の建設機械の巨人、キャタピラー社と合弁でキャタピラー三菱を創業…小松製作所は潰れるなどの噂が業界関係者の間で囁かれていた。

この様な背景の中で、外人である講師ベック氏の存在は大きな意味がある。

ベック氏は看板であり、先ずベック氏がスライドプロジェクターを使って40〜50分の製品紹介の講習を行い、講習の通訳は私が行う。本社から支給された講習用の英文のテキストを会話調で話すだけで、既に数十回、同じ講習をしているからセリフは殆ど暗記している。

次いで質疑応答になり、形式上質問はベック氏に通訳される、簡単な質問にはベック氏がコメントする体裁にして、殆どの場合、彼はそれに対して日本の技術者が納得しそうな回答を与える力はないので、私がベック氏を立てながら回答するように進める。

日本中の製造業は生き残りの為に懸命で、ＱＣ＝品質管理、改善とコスト削減に真剣に取り組んでおり、そのようなマーケットのトレンドに講習会の開催はマッチしていた。

この様な取り組みは、顧客のみならず、私にとっても非常に大きな勉強の機会を与えてくれた。

それまで、かなりの経験をしているとは言え、それは世の中全体から見れば一部分であり、講習会をその後数年間行ったので、不特定多数の多くの企業を訪問する機会を持て、膨大な量の経験を積むことができた。

サンドビックは基本的には輸入商社で、製造業からの転職組もあったが、彼らの技術的知識は狭く、浅く……カタログエンジニヤーと揶揄される程度の物だったので……客先の工場を訪問しても、アンテナが低く、多くの重要な物を見ても素通りで知識の増加にあまり貢献しないが、私はよく質問し、同時に役に立つアドバイスをする事が出来た。

知識の更なる積み上げ

住友での落ち着いた12年間、余裕のある環境でその後の人生の肥料になる論語などの多くの東洋の思想の根幹をなす本を読み。工学の分野で必要な三角関数、微分方程式、行列式、熱力学、流体力学等には会社の仕事と夜間大学の授業で接する機会があり……受験目的の表面的な知識でなく、咀嚼して理解する事が出来ていた。

最も決定的だったのは私の時代には三角関数を中学校で学習し、内容を理解、咀嚼できていたことである。

三角関数は切削のメカニズムに絡む刃先角度の作用の分析に非常に重要で、特許に結び付いたアイデイアも三角関数の知識が深くないと発想できない。

東京大学を卒業しても、実際に現場で遭遇する雑多な現象を観察して、その中から具体的な問題の起点を推測し、問題解決に結びつけるためには、数学的な知識を咀嚼して理解していなければ役に立たない。試験の様に正解が既にある問題を早く解いても何の価値もない。**問題点を発見したら、じっくりと時間を掛けて、考えて解けばそれで良い。**

一見して、直ぐに解決できるような簡単な課題は既に誰かが解決しており、難しい課題だけが残っている。

若し急いで結論を出してしまうと、それが最善でなく、そのアイ

デイアに基づいたより優れた方法を競合する他社の人が考え出して具体化するかもしれないし、最悪の場合には特許が出願されて、自分の行った事が、ノーベル賞を授与された青色発光ダイオードの中村発明の様に単に競合者にヒントを与えただけの事になりかねない。

専門分野では特殊な難しい用途の物の設計が多いので、頻繁に新しい問題に遭遇し、近くの誰に聞いても分からない問題の比率が高くなり、自分で問題解決の為に他の専門分野の専門書も読みあさるようになって、知識の幅が更に広がる。

外国語の学習に於いて、一つの単語の意味を辞書で引き、その単語だけを見る人と、その近辺の複数の単語を見る人では長い間に巨大な差がつくのと同じである。効果はすぐには表れないが、５年後、10年後には大きな差がつく。

住友在職中に切削加工技術便覧と呼ばれるＡ４サイズで広辞苑ほどの厚さの本が、課の書庫にあったが誰も読んでいるような気配はなかった。基本的に書庫にある本は大卒の人用みたいな雰囲気があり、読みたかったが、借りて寮に持ち返えるような気持ちにはなれなかった。給料が２万円以下の時に、多分５千円だった高価な切削加工技術便覧を自前で買って読み、活字知識も随分充実した。住友での12年に加えて、サンドビックでの７年で訪問した日本全国に散在する、千を十分に超える大小の金属加工業の会社のみならず、商社、商店も含めて、企業訪問から得た経験は広かったし、多くの人に会えて非常に有益だった。

> 20代で経験深い定年近い高学歴の熟練技術者10人分くらいの経験量、切削加工、塑性加工や素材についてもハイレベルの知識を身に付けた。

直径０・５㎜で重さ０・０１ｇの時計用軸から、重量数百トンの鋼塊から削り出される船用クランクシャフト、発電機用タービンローターの旋盤加工。数メーターもの長さの巨大なアルミや亜鉛のスラブの平面加工、あらゆる自動車部品の旋盤、フライス、穴あけ加工。直径１㎜以下の穴あけに使われるＰＣＢ用ドリルから、巨大な船の推進軸の直径２５０㎜×長さ20ｍの穴あけ加工。ガンドリル、自動車のシリンダーブロックの表明加工用の巨大な表面ブローチ工具、変圧器用の珪素鋼板の打ち抜き型。厚さ０・０１㎜以下のステンレス薄板が圧延できるゼンジミア20段ロールの圧延機用ワークロールや高速線材ミル用超硬合金製ホットロール等、非常に広い範囲の経験をした。

完成工具と、刃先用硬質素材

一般に金属の機会加工の分野の専門家は機械工学科を、素材分野の専門家は冶金学を学び、両分野は全く別のジャンルとして扱われており、両分野について詳しい専門家は、ホボ皆無に近く、それは日本でも西欧諸国でも同様だった。

私は元々学校が先では無いのでそのような学部的な区別なく、興味で本を読み、仕事は機械工学だが、冶金の専門家にも質問して、知識を広げてきたので、住友での12年間に、多くのレアメタルを使用する超硬合金や、セラミックスなどの焼結技術を使って製造する、粉末合金についての知識もあり、合金工場の内部にもよく入っており、異色の機械専門の技術者だった。

世界のトップ級素材開発の専門家との交流

１９６９年から１９９８年までの30年弱の間、焼結金属やセラミ

ックス、硬質薄膜をコーティングする技術について世界のトップ級の技術者と毎年又は隔年で技術交流の会合を持っていたので、実務経験はないが、冶金関係の活字知識は、多分、世界最高峰のレベルにあった。

１９６９年にスウェーデン本社の社長に直属する技術顧問的な立場で、私より4歳年上のP・O・エリクソン氏が日本へ２週間出張してきた。彼は忙しい社長に代わって、社長の目になって広く世界の産業界の行方、傾向を調べて社長にアドバイスをする珍しい、日本では存在しない仕事に従事していた。スウェーデンで最高位の王立工科大学の物理、冶金を専攻、在学中からその優秀さは知られており、どこの会社に行くか有名大企業から注目されていた人材だったと、後日、誰かから聞いた。

日本では当時、大学と民間の人的交流は少なく、限りなくゼロに近かったが、スウェーデンでは専門分野が同じで、力があれば官と民の人的交流には全く壁が存在しなく、大学のレベルも非常に高かった。

殆どの場合、日本では実務で鍛えられている民間会社のレベルが高く、大学教授は学生に教えるのと文献を読むのが主で、金の掛かる研究は従で、主に活字知識で成り立つ大学のレベルは低く、終身雇用の壁もあり、官と民の人的交流が少ないので、学者は民間の最先端の話を聞きたがっていた。日本の大学教授は教え子が何処かの大企業に勤務しており、日本の企業の最先端の動向はかなり知っている。彼は都合２回この目的で訪日したが、既にヨーロッパで行われた学会で何人かの日本人の教授と会っており、そのルートで訪問したい大学や研究所にアポイントメントを取っていた。私は２週間の日本滞在中彼に同行した。東大、京大、無機材質研究所、電総研、東京工業大学、東北大学、九州大学等……である。

多くの大学では教授は英会話が全く出来ないか、非常に下手、稀に若い米国留学帰りの助手がいる場合もあるが、殆どの場合私が通訳をした。２週間の滞在で彼は日本のマーケットの重要性と今後の発展を予想して、毎年又は隔年でスウェーデンから技術者を派遣して日本のトップ級の研究者と交流を持つべきである事を社長に進言し、それは実行され、その後そのアレンジは私の仕事になった。当時、サンドビックには世界で3台しかないと言われていた１００万ボルトの透過型電子顕微鏡があり、世界の専門分野の研究者から一目置かれる存在だったので我々の訪問を、名誉として歓迎されているのが分かった。それ以来、毎年又は隔年に1回、名の知られた研究者がスウェーデンから２週間日本へ出張、そのアレンジはすべて私が行い、殆どの場合私が通訳した。この様な背景があり、私の冶金的な活字知識は非常に高いレベルで維持されていた。

２回目の訪問でマツダを訪問

２回目の訪問時に、マツダのロータリーエンジン開発トップとの会合をセットする事を指示された。

全く、伝手がなかったが……何とかアポイントメントを頂き、会合を持つことが出来た。

サンドビックではサーメット＝ＴｉＣを主体とする、軽量で耐摩耗性のある焼結合金をロータリーエンジンのアペックスシールに採用される事を期待しての提案であった。

ドイツのＮＳＵ・アウデウニオンのライセンスを取得、社運をかけて開発されたロータリーエンジン車は、世界の乗用車業界のスーパースターになる雰囲気を漂わせていた。

マツダは既にカーボン製のシールで問題をホボ解決しており、話は具体化しなかった。私は通訳の立場で、振舞ったが会談の内容、雰囲気は非常に興味深いものがあった。

開発部長は山本健一氏で、その後マツダの社長になられ、マツダで初めての創業者である松田姓以外の社長誕生である。

山本氏は、日本の一般的な大会社の社長とは全く違った雰囲気で、生産的な会話の出来る方だった。

大会社社長の日本とスウェーデンの違い

因みに、エリクソン氏は最初に会ってから約15年後、46歳で3万人弱の従業員を擁する、90％以上の製品が海外に輸出される多国籍企業サンドビックの社長となり、その後スウェーデン工業会の著名人となり多くの公的、私的な組織のリーダーも務めている。奥様は看護婦で夫婦共稼ぎ。登山、キャンプなどアウトドアー活動が好きで冬季の厳寒期に北のラップランドの雪原の中でテントを張り1週間も過ごすような事を好み、その後エベレストにも登っている。

日本の大企業の社長は、社用車が自宅まで迎えに来て通勤するのが普通であり、多分、１９８０年代だったと記憶するが日本では、商社の伊藤忠の社長が電車通勤に変えたのが、マスコミで話題になった。

冬季の、厳寒期に、路面が凍結しているのに、自転車に乗って会社に向かっているエリクソン氏を見た事が数回あった。

日本の、大会社の社長とは天と地ほどの違いがある。

日本との技術較差

当時、サンドビックのR＆Dに関係する研究者のレベルは非常に高く、米、独の著名研究所での研究者だった人もおり、半導体関連のコア技術となる薄膜のコーティング技術であるCVD法に関しての、米国の巨大企業GEと硬質薄膜のコーティング技術に関して特許係争を継続中だったので、切削工具のみならず半導体業界からも注目されていた。

７年間の永い特許係争で双方が巨額の費用を浪費したが最終的に、サンドビック優位で和解した。

当時、日本で海外の一流企業の生産ラインの詳細を知る事は、技術提携でもしなければ不可能で、若し知っても利用できるのは自社内に限定され、広く日本中に流布する事は無く、その価値は限定的だったが、私の場合には仕事の性質上日本中の会社のレベル、競争力の向上のために貢献できたと自負している。

日本の終身雇用文化の中で働く一人の技術者の知識の幅は限られている。私は20代で既に電子工業、切削工具業界でトップ級の専門家として働く50代の熟練技術者の10人分くらいの経験を積んでいた。

自信があるから、知らない事に遭遇しても、**明確に知らないと自信をもって回答が出来るので、問題解決の為に顧客と一緒に正面から取り組める。**

運転免許を飛び込みで受験

営業担当と特定の顧客に同行訪問するときは問題ないが、自分でも幾つかの重要顧客の営業担当をしていたので、電車、バス、タクシーの乗り継ぎでの客先訪問では非常にまずい。外回りの業務の人で車の運転免許のないのは私だけで、技術主任としての営業支援に加え、西日本の営業統括として多忙を極める。３／４は出張で会社の事務所に滞在するのは１／４くらいの感じで、事務所にいる場合、職場を離れるのは午後7~8時が常態化。もちろんサービス残業で、

残業代はなし。

当時、自動車学校は入学後、規定の期間内に決められた時間数の授業を受けないと卒業させてくれなく、決められた期間内に授業数をこなすのは明らかに不可能で自動車学校には行けない。

筆記は本を買って自習で、運転実習は会社の製品を商う販売店の親しい営業マンにお願いして、公園で行った。

ある程度自信が出来たので、会社が休みの土曜日に受験……外資系の会社なので、既に土曜日は休みだった……、筆記試験は合格したが、運転はクランクで脱輪して試験に落ちてしまった。

筆記試験に合格すると2回まで実技試験を受けられ、２回落ちると、再度筆記試験を受けなければならない。

次の土曜日に再度、運転の実技試験を受けて合格したがそれは、約30名の顧客を招待してスウェーデンへ初めて海外旅行する団体旅行の出発日の1週間前だった。

重要顧客を団体でスウェーデンへの招待旅行

会社が巨費を掛けて日本の大企業の生産技術関係の役職者約30名をスウェーデンへ1週間の接待講習会に招待した。

日本の著名大企業から、下は係長、上は常務の肩書の方が参加されたが、殆どの方は初めての海外旅行。

日本からはベック技術部長、松岡営業部長と私が同行した。

参加者の中で写真に興味をお持ちの方が多く、２人の方がハッセルブラードの高価なカメラを購入された。日本で買ったら１００万円以上するとの事、キャノン、ニコンの一眼レフカメラでも10万円前後の時代に初めて知ってびっくりした。

ある方は、エレクトロラックスの掃除機を買って帰りたいと言っていたが、大きな荷物になるので断念された。

日本では電気掃除機の価格は数万円だったと思うが、アレルギーの原因となる、花粉、ダニなどを集塵する機能を備えたスウェーデンのエレクトロラックスの掃除機は日本では訪問販売で20万円の値段で売られているとの事だった。

洗濯機も、日本では米国方式の縦型だが、生地の痛みが早くて良くないと、既にその当時からスウェーデンではエレクトロラックスの横型で、温水で洗濯する、高価なものが使用されており、改めて先進国スウェーデンを見せつけられた。

日本で横型の洗濯機が導入されたのは21世紀になってからの事である。

レンタカーで自動車事故

木曜日の晩餐会で団体行動は終了、金曜日にはお客さんは夫々別行動である。

日本に直帰する人、ヨーロッパの現地支社に行く人、親戚に行く人とそれぞれであるが、私も含めて、殆どの人が初めての海外旅行であり、なかなか大変である。

金曜日の午前に全てのお客さんを送り出して、午後にレンタカーを借りた。

来週は月曜日から西ドイツのハノーバーで開催中の国際工作機械見本市を見学に行き、数日滞在してから帰国の予定である。

土曜日の朝レンタカーでノルエーとの国境の山岳地帯を目指して出発。田舎道なのに道路は非常に広くて、舗装も良く、日本の未舗装の砂利道とは比較にならない。反対方向から来る車は少なく快適そのもの。

制限速度は高速道路では１１０km、次いで90km、で地道が70kmで街中は日本と同等であるが、有料道路は無い。
日本で最初に出来た高速道路は名神自動車道であるが、名神が全面開通する約10年前の事であり、私はそれまで日本で路上運転の経験はないに等しい。
ホボ、前にも、後ろにも車が見えない状況が10分以上も続くドライブでは自然とスピードが上がる。
ゆったりとした、大きな景色の中で小さな水路に沿って大きなカーブに差し掛かる手前で、カーブの向こう側から、かなりのスピードで対向車が来るのが見えた。
水路の向こうには橋がある筈であるが、今まで幾度か通過してきたそのような橋では幅が狭くなっていて、１台の車しか通過できない。このまま行けば、橋のあたりで衝突する事になる。
ブレーキを踏んでも橋の手前で停止する事は不可能で、停止するように強く踏めば確実に転倒して小川に落下すると、腹を決めて、逆にスピードを上げて対向車よりも先に橋を通り抜ける方に賭けた。
対向車は直前まで私の車の存在に気付いていなかった様子で、私が橋を通り抜けるとほんの数秒の差で過ぎ去っていった。
若しそのままで、加速せずに通過していたら正面衝突は避けられない状態だった。
橋を通り抜けると、カーブがかなりきついのに加え、加速していたので、カーブを回りきる事が出来なくて、車は横転し、多分、数回転した。
多分。１分間くらい失神していたが、フロントガラスは割れる、ドアーは無残にへこむ、ＥＴＣ……である。
先ず、日本での一般常識から、費用の事はどうなるのか、その事が非常に心配だった。
レンタカーはオペルのクーペで、知り合いのゴルフの師匠で灘の作り酒屋の何代目かの御曹司の持っている、日本では千万円以上するドイツ車。その内、通りかかりの車が止まり、警察が来て事故処理の手続きをした。警察は病院に行くことを勧めたが、私は大丈夫と病院行きを拒否した。ホテルから既に３００kmくらいドライブしているので、これからどうして帰るか？
警察はタクシーで帰れと言い、手配をした。タクシー運賃は日本の数倍の感じで……どうなるか。
４～５時間後にレンタカー会社に着き事故の説明をして警察に書面を提出すると、15分程度で、お金を全く払わずに、あらゆることが済んでしまった。
レンタカーを借りるときに、スウェーデンでは数年前からシートベルトの着用が義務付けられているから、絶対にシートベルトをするように。英米の旅行者で警察に見つかって罰金を払わされた人がいる等と言われていたので、シートベルトを着用していた。
そのおかげで、車の屋根は大きくくぼんで、クシャクシャになっていたが、額に小さなバックミラーとの接触で発生した傷だけで済んだが、若しシートベルトをしていなければ、多分、死亡事故になっていただろう。
車の損害費用のみならず、巨額のタクシー代は保険がカバー、更にレンタカー屋が言うには、このような場合医者に行くべきであるとアドバイスしてくれた。なぜなら後日、後遺症が発生した時に保険での費用負担手続きが簡単になるからの事であったが医者に行かなかった。
本社の人、ベック氏、松岡氏と、誰にも知られることなく、全て

の事が済んだのは奇跡としか言いようがない。
それ以来、車の運転は非常に慎重になり、それ以降、約半世紀、無事故、一度だけの速度違反ですんでいる。
スウェーデンでは当時、既にガソリンはセルフ給油で、それから約50年たって、現在は日本の保険も充実、それに近い状況になってきたが、**スウェーデンのレベルに達するのに50年も掛かった日本にビックリである。**
勿論、その間にスウェーデンでは社会の変化に適合して進化して、更に改善されている。
この時の経験が約35年後の２００５年、**ＪＲ西尼崎駅の脱線事故に対する、不誠実、低級な調査報告書への抗議を決断する根拠となる生きた経験に連なる。**この事については第二部で詳述する。（資料集参照）

ハノーバー見本市

土曜日のレンタカー事故の翌々日の月曜日に、ベック部長、松岡さんと３人でハノーバーに移動した。
事故の事は誰にも言わなかったが、後日、スウェーデンの友人がレンタカー会社の知人から事故の顛末について聞いているのを知ったが、何も特別の事は起こらなかった。
松岡さんは米国の航空機製造の多分、ボーイングの日本法人の副社長をしていた人だと聞いている。
日本語の話し言葉が早く、英語の会話も早く、日本語の会話の場合に論旨が不明又は曖昧で何を言っているのか分からない事が多かった。
東日本の営業部長で今まであいさつ程度で、意味のある長い会話をした事は無かった。
国際工作機械見本市：ＩＭＴＳで、良いホテルには部屋が空いていなく普通のホテルに宿泊したからか、フロントマンは英語があまり上手くない。
非常に大きなイベントで、見本市会場は広大でサンドビックも非常に大きなブースを持ち、ドイツ、フランス、英国、米国……世界中の先進技術が同時に見学出来て、２日間の見学は非常に有意義であった。
サンドビックは全ての出品会社が顧客で、何かの不都合でデモンストレーションがうまく行かない場合の工具の支援サービスを行っており、丁寧にお客に対応する活動は他に類を見なく、存在の大きさを感じた。
夕食は有名なビヤホールでと、地元のレーベンブロイ……日本のキリン、アサヒに相当する全国ネットのビール……のビヤホールへ出掛けた。当時、ドイツでは2千を超えるビール醸造所があり、それは日本の造り酒屋の数とホボ同じだった。
ビヤホールはヒットラー物の映画などで、彼が演説している場面でよく見たことのある、巨大な１０００人を超える客が集える生演奏の楽隊が威勢の良い音楽で盛り上げるドイツ特有の酒場である。
典型的なビヤホールのウエイトレス、大柄の太ったおばちゃんが、注文取りに来て、ベック氏が注文する。
所が、彼女は英語が解らない……全く分からない。
これは、後日に分かったことであるが、当時ドイツでは英語を話せる人は、日本ほどではないにしても、少なかった。
それに加え終戦後約20年で戦争の記憶もあり、英語を忌避する心の問題があった。日本の場合には、得意げに英語を話す人が多かっ

たと思うが、ドイツでは反対に英語を避ける傾向があった様である。
　ベック氏とおばちゃんのやり取りを聞き、ベック氏が全くドイツ語を解さない事が分かったが、私はおばちゃんの云っている事がホボ完全に理解できたので、ドイツ語で注文した。非常に人柄のよさそうな彼女は大喜び、ベック氏、松岡氏もビックリ。
　多分、ホボ満席で、混雑する中で東洋人も含めた３人組は非常に目立つ。多分東洋人は我々２人だけ周囲の人は我々の事に関心をもって眺めていたが、私とおばちゃんの会話が成立すると、数人が歓声を上げる。
　酒場で良くある光景だと思うが、直ぐに打ち解け合う事が出来た。日本ではどこに行っても、ベック氏は西欧人として日本人から良い意味での特別扱いを受けているが、ドイツでは全く無視されている。
　私は何か人気者になった感じで、その内、バンドに合わせて私が歌っているのが分かると、おばちゃんと周囲の人が楽隊の所へ行って歌えとせがむので、遂に舞台の上に立たされて、ドイツ語で菩提樹とあと1曲を謳わされた。
　住友に在職していた頃、頻繁に友達と六甲山へハイキングに行き……春、秋にはホボ毎日曜日の様に…大声をあげて歌声喫茶で流行っていたロシア民謡、ドイツ歌謡、イタリア、スコットランドの歌……を歌っていたのが役立った。

ドイツ語会話の習得

　10代の頃、よく映画を見に行った。特に洋画が多かった。当時は吹き替えがなく、殆どが字幕であったので、生の外国語のセリフが聞こえてきた。
　映画の俳優のしゃべっている言葉は主に英語で、英会話を習いたいと思ったが、英会話学校は身近にはない。
　その内、英語の発音は難しくて、日本人がまねても通じるような発音は無理、でもドイツ語はカタカナ読みでも通じるとの情報を、何かの本で読み、19歳で夜間高校2年生の時にドイツ語４週間という、約２００ページの会話の本を買った。
　直ぐに、ドイツ語の文法が並外れて、複雑で規則的な事を知り、辞書と小さな文法の本も買った。
　通学時間がドイツ語会話の勉強時間になり、21歳の夜間高校卒業時には会話本の例文を全て丸暗記、面倒な冠詞の変化、動詞や形容詞の語尾変化もホボ自信をもって決められるようになっていた。
　第二次大戦の頃の戦争映画で、ドイツ軍が出てくるような場面で聞こえるドイツ語も、2～3割くらい分かる雰囲気があった。
　大学に入り第二外国語はドイツ語を取ったが、授業内容は非常に簡単で、全く勉強しなくても、90点以上取れた。
　理解できる単語も約千になったと思う。
　ある程度、分かってくるとドイツ語はカタカナ発音でも通じると言うのは、ほんの一部の真実ではあるが、事はそんなに簡単ではなく、最低限のコミュニケーションの手段として通用するという程度のものだと云う事が解った。。
　例えば、有名なゲーテの発音をドイツ人が納得するような発音をする事は日本人にとっては至難の業である。
　単に興味で始めたドイツ語の勉強が、大学では負担の軽減に役立ち、その後初めてのドイツ旅行では、想像もしていなかった場面で面白い経験をさせてくれた。世の中は不思議なものだ、何がどの様に役立つか……。

小松製作所社長が社内言語を英語にすべきと提案

石川県の小松市にある建機製造業の小松製作所の社長河合良成氏は、私の郷里南砺市の福光町の出身で、同郷の松村謙三氏と並び称される、田舎の有名人だったので、子供の頃から名前は良く知っていた。

東京帝国大学卒の高級官僚から、小松製作所の社長になり、経団連の役員もしている日本の著名な財界人で、ビジネスをする上で、日本語は非常に不適当、不正確にしか表現出来ないので、将来の事を考えると日本は今後英語にすべきと発言して、極一部の人から賛意を得られたが、殆どの人から顰蹙を買った。突飛もない発言だったのと、郷里の人と言う感覚だったので忘れられない。私は同感する部分もあるが、それは文化の問題でなくて、教育の問題だと感じていた。

言葉としての日本語は、必要であれば非常に厳密に物事を書き言葉で定義できる、非常に優れた言語である事を特許の明細書、中でも特許請求の範囲の文章表現の経験から学んだ。

日本語は表現方法の幅が非常に広く、正確に書こうとすると特許の請求の範囲の様に英語より意味を正確に特定して書けるし、情緒的に感情表現するときには豊かな感情表現の方法が無数にあり、英語などの西欧の言語とは根本的に異なっていると思う。

スキー合宿で日本人が認められる

入社２年くらいで技術部長が英国人のベック氏からスウェーデン人のアンドレアソン氏に交代、アンドレアソンご夫妻は４人の子持ちで６人家族、形式的で、緊張感が伝わるベック氏と違って非常にザックバランで、好感の持てる人だった。

私が幹事で恒例の白馬スキー場への３泊４日のスキー合宿を企画した。アンドレアソン家族も行きたいとの事で、総勢15人の大人数。1年ほど前に大阪国税局の税務官から転職された、当時、有名になり始めた小説家、司馬遼太郎と同じ大阪外大卒でスキー検定２級の中村さんと一緒にスキーを参加者に教えながら遊んだ。

私のスキーは無学歴、無資格だが、豪雪地帯に生まれ、スキー歴は既に当時約20年、ソコソコうまかった。

アンドレアソン氏の長男で中３のマグナス君が標高１５００mくらいの兎平で、捻挫して動けなくなった。中3だが、身長１７２㎝の私より背は高く、体重は多分、70kgを超えている。

私は彼を背中におぶって、傾斜の弱い林間コースを下まで数回休憩して滑り降りた。

最初、横にいた中1の弟と、小6くらいの妹はそんなこと出来るはずないみたいな反応だったが、彼らはビックリしていた。

当時スウェーデンでは、大きな荷重の掛かるような作業が人力で行われるのは、歴史のかなたの過去の事であったのだ。

この事があってから、色々な意味でアンドレアソン氏のみならず、数人の在籍していたスウェーデン人の日本人の責任感に対する認識は随分変わったように感じた。

革新的新製品エジェクタードリルの失敗と成功

販売開始後、日の浅い革新的な技術を使った、エジェクタードリルと呼ばれる穴あけ方式が本社から紹介されて来た。

三菱重工広島の観音工場では大型の蒸気タービンを製造しており、

超高価な工作機械でタービン本体に蓋を取り付ける為の、ボルトを挿入する為の長い穴あけをしている。本体は鋳鋼で、穴が長く深いので工程が何回にも分かれ、最終的にリーマーを通さなければならず、加工に長時間掛かる。記憶が定かでないが、一個の穴加工に半日以上掛かり、使用工具も10種類以上で高価。エジェクタードリルを使えば、穴あけ加工が早く出来るので、加工コストが1／10以下と激減する事を期待して準備が進められた。革新的な新製品の導入には色々な予期せぬドラマが付随して起こり、その波及効果は非常に興味深いものがあり、見過ごすわけには行かないので、以下にご説明します。

失敗のテスト

実験の為に既に2回会議をして、顧客は実験の為にポンプ、タンク、配管、ガイドブッシュの用意などに、約百万円を消費して実験の準備完了、に加えて巨大なプラノミミラーと呼ばれる非常に高価なドイツ製の工作機械を数時間使用する事になる。実験を開始するもうまく行かない、色々やってみるがうまく行かない、結局諦めて引き下がった。

間を取り持ったのは、三和商会と言う広島の商社で三菱に中国塗料の船底塗料を納入していたが、取扱商品の拡大の為に機械工具も扱いたいとサンドビックにアプローチしてこられ、その第1回目の実験だった。

定時の午後5時までに終わる筈だった実験はうまく行かず、諦めて実験が終了したのは午後8時、山陽新幹線はまだなく、ホテルは予約していなかったので三和商会の社長の家に泊まらせて頂いた。テストをしながら、失敗しながら、頭の中に、信頼していたサンドビックのカタログに記載されている技術情報に疑いが芽生えていた。

就寝前、布団の中で計算尺使った計算を始めた。

簡単な、初歩的な流体工学の知識を使って、整流と乱流における動圧を求めて、切りくずを上方に持ち上げて排出するための力が発生できているかを立式して計算する。

概算の数値から、カタログに記載しているポンプの能力と、必要流量が間違っている事を確信した。

翌日、神戸に帰る電車の中でスウェーデン宛てのレポートを作るべく、英文で手書きの原稿を作り、神戸外大卒で一回り年長のコレポンをして居られた辺見さんに見て頂いて、タイプ打ちのレポートにして頂く。

辺見さんは入社以来私の英語の先生で、何時も私の書いた英文を添削して頂いていた。数週間してスウェーデンからお詫びと、了解を意味するテレックスが到着した。

その後のスウェーデンの反応

エジェクタードリルの発明者は当時、開発部のトップに次ぐ地位にいたドイツ人で、ドイツ海軍のUボートに乗り組んでいた将校だったと噂されていたファーバー氏だった。

後日分かった事だが、本社は、海外の子会社から明快に問題点を指摘されたのは初めてで、彼らはそれ以降、日本からの問題提起について、真剣に対応するようになり、私が、数年後スウェーデンにゲストエンジニヤーとして呼ばれるときの、有力候補になった原因となった様である。

失敗から心を許し合える友人が出来た

三菱で実験をした時に2人の三菱の生産技術の方が立ち会われ、その中の1人は久保さんと言う、若い広島大学卒の方だった。実験では切削油が飛び散り、私の着物はずぶ濡れに近い状態、油の中に手を入れたり、当時の日本で、多分、学卒の人がしないような行動を普通にしている様子に心が動かされた様であった。

久保さんは広島大学を卒業後、農機具メーカーの佐藤造機に就職、会社が三菱に買収されて三菱になったが、何か釈然としないものを感じておられたと後日伺った。色々な商社、メーカーが三菱に売り込みに来るが、こんなに誠実に、熱心に仕事をするメーカーの技術者を見たことは無いとの印象を持たれたとお聞きした。

久保さんはその後、三菱のブラジル工場に転勤、そこで三菱が体質に合わない事を実感され、三菱を退社された。

その後、最終的に大昭和精機に移られ、NC工作機械の時代に必要な多くの周辺機器の発明と開発に貢献され、日本の工作機械業界の発展と製造業の競争力の向上に大きな貢献をされた。

余談だが、平成17年に発生したJR西、塚口−尼崎間の列車の脱線転覆事故の調査報告書が2年後に公表された。

約400ページの分厚い事故調査報告書だが内容が陳腐で、私は運輸安全委員会に内容証明郵便で、先進国にあるまじき内容の報告書であると、再考を促す書簡を差し上げた。

その継続で、名のある人を表に立てるべきと思い、久保さんに相談、彼も趣旨に賛同して、彼の仕事上の知人である京都大学名誉教授に表に出て頂く様にお願いした。

内容を説明すると、即座に賛同、でも自分よりその問題の近くにいる教授がいると、別の人を紹介された。

色々あったが、結局日本の特殊性から、その問題は、日本では仕方のない事と、不毛の……原野には近づかない事にした。

久保氏のような人が、日本を良くし、その反対の人も日本に多く居ることを実感した一件だった。

この事については第二部で考察してみよう。

大成功の話

三菱の件とホボ同時期に、トヨタ自動車でもエジェクタードリルの採用に向けて働きかけていた。

当時の自動車には鋼製のスリーブヨークと呼ばれる部品が使われており、長い穴を明ける工程がネックで製造ラインの簡素化が困難であった。エジェクタードリルを使えれば高速孔明けが可能で、製造ラインが簡素化できそうなので取り組み始めた。

先ず、トヨタが初期的なテストをして、可能性がある事を認識。次いで、専用の試作機を作ってラインに組み込めるだけの信頼性を確かめるための半年の長期試験。

結果は良好で実際の製造ラインへの投入が決定、順次拡大されて最終的に数年後には20ライン以上に投入されると胸算用、我々の様な少額の消耗工具の業種から見ると、稀にしか起こらない大きな商売の予感がする。

一度製造ラインに導入されれば最低10年は継続使用が見込まれ、月百万円で年1、200万円、10年で1億円以上、自動的に注文が期待できる。多分、最終的には、月に400~500万円と胸算用で、巨額である。

本社との値段交渉をする中で、本社はエジェクタードリルの未来

に光を見つけた。
後日聞いた話だが、新任の事業部長のヒーシング氏から、エジェクタードリルの低い売り上げと伸びの緩慢さが指摘されて、周囲の人は遠からず、販売中止になると予想していた。
日本から来た、トヨタのケースは彼らに勇気を与え、大量生産の分野への忍耐のあるマーケテイングにシフトする事で、その後エジェクタードリルは存続する事が出来た。

スウェーデンの役職者の役割

年末頃に事業部長との面談があり、今年何をやったか、来年はどのようにするつもりかと質問を受ける。
当初は、その面談と話の理由がよく呑み込めなかったが、その内に理解できた。
スウェーデンでは**役職者は何かに挑戦、改善をしないで、従来そのままでは、役職者としては失格と見做される。**
日本の様に大過なく過ごすのは、役職者としては失格なのだ。

直行直帰と営業の個人机の廃止

入社数年後、スウェーデン人の事業部長がスウェーデン流の営業マンの仕事のやり型を模倣し、営業は自宅から客先へ直行し、客先から自宅へ直帰する事を基本とする事が提案された。
今まで、営業は原則、朝に出社、それから客先に行き、客先から会社に戻り、それから帰宅する通常の日本のサラリーマンのルーティンで営業活動をしていた。
一部の営業は、過去からの継続でコミッションセールスもいたが、殆どの人は固定給で当然のことながら、会社には自分の事務机があり、そこで必要な事務仕事をし、会社への帰属を認識できる心の安定剤の役目をしている。
事業部長いわく、営業は客先に行くのが仕事で、事務所にいる必用はなく、事務机の代わりに大きな共用のテーブルを置き、必要に応じてそれを使えばいい筈だとの事。
日本人にとってはまさに青天の霹靂で、日本の狭い住宅事情が自宅での事務作業を困難にするなどの、反対意見も出され……、大反対だったが……実行された。
その後、かなりの期間を経て、多くの日本企業でも同様のやり方が採用されている

秋田放送の課長が営業マンの募集に応募

私が28才、営業部門も担当していた頃に、私の要望で営業担当を増員するために会社が求人広告を出してくれた。
応募が来れば私が面接して、採否を決めるが、求人募集の方法は私の管轄外で知らなかった。
後で分かったことだが、英字新聞にも求人広告する事が習慣だったみたいで、英字新聞の読者だった秋田放送の現役の課長をしていると履歴書に書かれた人が応募してきた。
40代の彼いわく、放送業界は仕事で作ったものが直ぐに消えて行き、何も残らなく達成感が全く感じられないので製造業に転職したいと思って応募したとの話。
私の方がむしろ彼に聞きたいくらいの興味を覚えた。給料は我々の業界の平均の2倍以上。
地方の会社でそのくらいなら、朝日、読売等の大都市のマスコミならそれ以上、……。

製造業への40代での転職は容易でない事を丁寧に説明し、私も多くの、望外な質問する機会を頂いた。

それから約10年後、関東勤務の時に、ソフトボールのチームメートで朝日新聞の写真部と看板を掲げていたM氏がいる。

M氏の奥様の上級国民気取りが、周囲から顰蹙を買っていたがその原因を直ぐに理解する事が出来た。

朝日新聞の給料はダントツなのだ。第二部で日本のマスコミ業界の社会に与える巨大な、負の影響について考察する。

日本の高齢者の引きこもり問題

秋田放送の課長に面接してから約半世紀を経て２０２１年、掛けっぱなしのラジオから、日本のテレビ界の大スター上沼恵美子さんが、自身の夫婦別居の経過について、詳細に語るのを何度も聞いた。いわく、風邪で、恵美子さんが早めに寝ようとすると、夫の真平が……ご飯はどうなる?……、と小学生の様に問う。恵美子は自律神経失調、ウイルス性肝炎発症で全てストレスが原因で、医者に夫源病と言われる。

母の死亡に際しても、大人の気使いを全く見せることが出来ない、精神的ソーシアルデスタンスを理解出来ていない人。

お金があるから、何でもできるが、このような人はお金がないと引きこもるしかなく、典型的な日本の高学歴者。

高給と、終身雇用文化に守られて、惰性で、他人に忖度することなく、楽に生きた人は、上沼さんの夫の様に幸せな人生を謳歌するが、……窮屈な秋田放送の課長のような人は生き辛く……彼はその後どのような人生を送ったのだろうか？

平成、令和の時代でもマッカーサーが昭和の時代に喝破したように、精神的に12歳なのかもしれない。特に終身雇用に守られ、上司と同僚に忖度するだけで**社会との連帯感が欠如して、近所の人と挨拶も出来ない。昔は立派な肩書を持っていたが引きこもり傾向の強い男子高齢者が多い昨近の日本**、チョット変な日本……。この事については第二部で詳細に考察します。、

同郷の和美と結婚

29歳の時に母の根回しで、26歳の岡部和美とお見合い、私の30歳の誕生日に結婚式を挙げた。

和美は私と同郷の平村出身だが、東京の女子大を卒業して茨城県で高等学校家庭科の教師をしていた。

和美の父は第二次大戦に従軍、復員後関電に勤務しながら、二足のわらじで、人を使っての炭焼業で資金を作り、……当時はその様な事が可能だった……関電を辞めて、土建業を始めて成功、五箇山出身ながら富山県の土木建築協会のトップを永く務めた。男子が5人、女子が4人で計9人の子持ち。和美が東京で学校に通っていた頃は、5人の子供を同時に、家賃の高い東京で下宿させて私学に通わせ、子供には全くアルバイトをさせないだけの、当時としては破格の経済力を持っていた。

妻は、家が自営業者だからお客さんの訪問が多く、社会的な経験を積む機会が豊富で、都会のサラリーマンの家庭育ちでないので心配する事が無くて助かったが、大きな問題が一つあった。

妻は田舎を卑下、私は田舎を自慢

妻は、田舎生まれを卑下している所があり、隠そうとする傾向があるが、私は反対にそれを誇りに思っているので、過剰に露出させよ

うとする。妻は、地元の小学校の分校を卒業、中学校は親戚の家に下宿して井波町の中学校に入学、津沢女子高等学校は寮生活で、常にド田舎である事を卑下している。その延長で東京に行き、常に都会に圧倒されて生きて来たから仕方がない。
70代になって漸く、田舎育ちの呪縛から少しは逃れたような雰囲気を出し始めた。
和服の行商をしていた私の母親は、4人の娘のいる家は潜在的な着物の有望顧客で、良好な関係を作るべく工夫していたものと考えられる。母親は、和美の兄の武夫を、福光の地方銀行の創立者に名を連ねる商家への婿入りを取りまとめた媒酌人でもあった。結婚式の宴席で首座に座り、陸軍少将だった人が下座に座っとった、と自慢げに言っていたのを記憶する。

学校、教師の世界の実態

和美は教師社会の前近代的な人間関係、不正義、過度に左翼的な組合の活動、エゴむき出しの上下関係などに辟易して疲れ果て、俗に言う燃え尽き症候群になっていた。
結婚後、和美の友人の教師OBとの交際が深化する中で、多くの教育現場での醜聞と呼ばれるべき事柄の話を聞いたが、それらは私の住友での感覚からすると、不正義も良いところ、そんなに汚い職場で良く働いていたなあと、ビックリ。改めて住友の高級な職場の精神的な空気の価値を再認識する。住友と、学校では天と地ほどの大きな差がある。
富山は大変な教育県で、至る所に東大卒や奈良女子大卒の先生がおり、東京の私学出身者が富山で教職に就くと肩身の狭い思いをするからと、和美は富山県での就職を避けて、茨城県で教職に就いた。

妻は自営業者の苦労を知っていた

当時、多くの自営業者の支払いは盆と暮れで、自営業者の盆暮れの支払いの為の金策は並々ならぬものがあり、それを目にしていたので、自営業者は嫌、サラリーマンが良いと思っていたと和美は言っている。
和美が大学の教授の研究旅行の同行学生の一員として、山形県の飛島へ小学生の栄養調査に行った時に、地元の小学生が海水浴中に溺れそうになり、和美は海に飛び込んだが、そんなに水深がなくて足がついたので助かったと言っていた。
後日、この事で彼女は学校から人命救助で表彰を受けている事が、妻側の主賓として結婚式に出席して頂いた砂田教授がご披露された。和美は泳げないのだ！　和美いわく、若し生徒が死んだら自分の将来は無いと思って……飛び込んだとの話……良いような、悪いような、見境の無い、幼さを持つ珍しい人である。私は、松田道雄さんの著作の影響もあり、結婚は人生を共に歩む人を見つける事であると思っていた。松田道雄さんは、若い人は野生の呼び声に応えて恋愛ゴッコに夢中になっているが、それは人生の真の面白さを知っていないからだと、言う意味の事を何かの本に書いていた。
当時、**野性の導くところに従った多くの人が、その後……あまり幸福な人生を送れなかった多くの例を知っていた。**

私も人命救助で新聞記事に載った

私も中1の時に人命救助を行い、北日本新聞に記事として掲載された。
中学校1年の夏休みが始まる前日に、長い廊下に生徒が並んで、川

で溺れた人にする人工呼吸の講習を受けた。
お盆の頃、かなり離れた所にいる泳ぎは初級クラスの連中の様子がおかしいので駆けつけると、小5の上原君が溺れて浮き上がって来ないと言う。私はその頃、庄川のどのような激流の所でも怖くない、河童同然で泳ぎには自信があった。
直ぐに潜って上原君を引き上げて、1人を医者に走らせ、1週間前に習った人工呼吸を始めた。
間もなく上原君は意識が戻り、呼吸も正常に近い感じ…医者が来て、病院へ連れて行った。
多分、1～2週間ほどして上原君が亡くなったことを知る。死因は肺炎だと言う。
何年もたってから思ったのだが、人工呼吸を習ったときに先生が、人工呼吸を受ける人を単に横にするのでなく、頭が低い位置になるような傾斜の付いたところで、人工呼吸をする事が重要だと教えていれば、肺に入った水は早い段階で排出されて上原君は死ななくても良かったのではないかと思うようになった。
物事は、**特に重要な物事は正確な知識をもって行動すべきと思い知った。**

持ち株が自宅に変身

株式投資で丁度半世紀前に1億円……現在の価値で10億円相当……手にしそうだったが、タッチの差でそれは自宅の購入資金に変わった。会社を変わり、給料は3－4倍増で当初は住友銀行に預金していたが、そのうち、会社の近くにあった江口証券に口座をもって株式投資を始めた。
当時、政府は海運業界の安定的な成長を意図して新しい法整備……わかりやすく言えば規制……を計画、実行中であったが三光汽船は、規制に従わない意向を鮮明にしていた。
当時、殆どの株価は額面50円の近辺をわずかに上下するだけで、60円を超す株価は珍しかった。
江口証券の課長が、岡田さん、三光汽船が大掛かりな時価発行増資で高株価政策を始めるので上がりますよ、と現代ならあり得ないようなインサイダー情報で、買う事を勧める。
買値は50～60円くらいで徐々に買い増して、１９７１年暮れには、持ち株が5万5千株ほどになった。
１９７１年秋に結婚の約束、田舎生まれなので、結婚して借家に住むのは絶対に嫌で、川西市の阪急電車の雲雀が丘花屋敷駅から徒歩1～2分の所に売り出された、新築の小さな家を５３０万円で買う契約を結び、手付け金を払い込む。
１００m前後の距離にサントリーの社長佐治敬三さんの御屋敷、２００mも離れていない所に阪急宝塚歌劇場の創始者小林一三邸がある、高級住宅街の谷間にある竹藪を造成して宅地とし建てられた物件である。

銀行からのローンが難しかった

当時、住宅金融公庫が有り、金利5～6％の低金利だったが、基準が厳しく、問題外でとても融資対象にはならない物件だ。
口座を持ち、当時珍しかった個人で小切手を切る……ソコソコの高収入でないと出来ない……人だったので住友銀行に行き融資のお願いをすると、変な顔で、銀行は個人には貸せないという。
結局、不動産業者の紹介もあり、池田市にある信用金庫から金利８・５％で２３０万円の融資を受けた。

株価は１９７２年初くらいから動意付き始めたが、すでに徐々に分割して全持ち株を処分、売却金額は約４００万円となった。

株価は春に入り、急激に急騰傾向を示し、半年の間に約40倍……８月には２５００円以上になった。

これは、多分、**日本の株式市場の歴史で最大の急騰相場**だっただろう。

ピークで売れば1億４千万円、でもピークで売るのは神業でそれは無理としても、1億円くらいで売る事は出来たと思う。

この経験は株式投資、金融の世界に対するアンテナを高くさせ、そのことはビジネスの世界で生きるためのセンスを磨くための大きな肥やしとなった。

三光汽船の倒産

三光汽船は自民党の副総裁だった河本敏夫氏が社長で、高株価で得た資金を基に、大量の……一度に数百隻の大型船を発注……一時日本の造船、海運界を牛耳っていたが、情勢の変化により１９８５年に戦後最大と言われる、約６、０００億円の負債を抱えて倒産した。

最初の見合いとそれから

住友在職中に2回出入りの外注の会社の専務から釣書を頂いた。同業の機械加工業を営む社長の一人娘と、会社経営者の娘さんだった。

京都大学大学院卒で5～6歳上の中谷さんから、同じ課に勤務するYさんとの結婚を勧められた。

Yさんは伊丹の進学校出身で、長身で水泳が好きで、字がきれいで悪筆の東大卒の課長の難読字を読み砕いて清書するのも仕事にしていた。課には４人の女性がいたがあっさりしたような、４～５歳年下の聡明な女性であったが、既に私は大人の感覚を持っているので、学歴重視の住友での将来を明るく展望できるとも思わず辞退した。

サンドビック入社後にも販売店の店主から似たような釣書を数回頂いたが、乗り気がしない。

母親は、私が将来も独り者で……と真剣に心配し始めた。

小学校の低学年の頃、病気で自活できなくなった50代の叔父が、故郷の父の所に帰り同居して父に扶養してもらうようになった姿を投影して、母は28にもなって独身で、結婚の気配もない息子を心配しての事であった。

母は私の同級生で同じ部落に住む竹島君の妹を勧め、既に竹島家に結納したみたい。

同じ篭渡部落出身で、初めての大学進学者、平村で初めての東京教育大学卒業者の竹島君はチョット不器用で、口下手で相撲は強く水泳もできるが、中学生の頃の家の手伝いは限りなくゼロに近い人だった。

部落には6人の男子同級生がいるが、まともに泳げるのは竹島君と私だけで立派な川はあるが全員が泳げるわけでは無い。

中2の頃から、彼は突然、猛烈なガリ弁になり、遠隔地で通学できないので寮に入らなければならない福野の高等学校に進学、そこでも優秀な成績で、東大でも受かるとの下馬評があったと聞くが、彼は東京教育大学に進んだ。

2つ下に妹がおり、母親はその妹との結婚を強力に勧めてきて、とにかく一緒に会う機会を強引に作った。

当時、彼女は大阪の叔母さんの所で手伝い……何業だったか失念した……おばさんの家に住んでいる。

同じ田舎で30数戸しかない小さな部落に住む同級生の妹で、当然のことながら昔から面識はあるから、垣根もなく色々な話をする。既に社会の仕組みを熟知していたので、将来、竹島君は校長先生で……私は……田舎での濃密な人間関係を考えると、気が重かった。

初めて母を泣かせた

中3の春に東京から来ていた英語の高橋先生が、旺文社の学力テストを受けさせた。

数か月後にテストの結果を言われた。２４０点満点のテストでトップは私の２１７点、小1~中二まで常に以上総代の杉本君が１９０点に届かなく、竹島君はどのあたりか記憶にないが、はるかに下だった。

私は同級生約80人の中で多分、学校の成績では5番以内の位置を行ったり来たりしている成績としては目立たない生徒だったが、高橋先生は結果に驚き、私が県下で20番以内であると教えてくれた。要約すれば、社会的には竹島君は一等級であり、私は二等級とされる社会の評価が私の心に影響して、結婚する気にはなれなかったと思う。若し反対であれば、若しかしたらその気になったかもしれない。

既に母親は結婚指輪まで用意して……明瞭に断り、私が断固ＯＫしない事が分かると、大阪駅で特急雷鳥を待つためにベンチで座りながら泣き出した。それは初めて母親を泣かせた親不孝であった。

スウェーデンでの結婚相手の見つけ方

スウェーデン出張でホテルに泊まっていると、〝今晩ダンス〟と看板が掛けられ、金曜日、土曜日にはダンスパーティー……日本ではディスコと呼ばれる……が開かれ、午後7~8時から深夜までホテルは騒音にまみれる。客室は上階にあるが大きな騒音は深夜1時くらいまで聞こえ、振動が伝わってくる。一応ダンスはディスコダンスと呼ばれるが、正確に描写すれば、半数以上の人が、頬を密着させてウットリとダンスを楽しんでおり……、チークダンスであり、次に何が起こるか凡その想像は出来る。

若い未婚の人、離婚していて相手を探している子持ちの人が、ベビーシッターに子供を見て貰って、来ているとも聞く。

アルコール飲料はパーティーに付き物であり、酒を飲めば人間のする事は、万国共通であり、様々な暴力に関連するような問題が発生する事も珍しくない。この様なパーティーの際に、入口に警官と同じような制服を着て入場者のチェックと警備を担当する人が専門の警備会社から派遣されており、このような民間の警備員は至る所で目にする。令和の時代に大きなビジネスセクターとなった警備会社の起源はスウェーデンにある。

スウェーデンでは職場結婚は珍しい事では無いが、少なく、ダンスの場で結婚に結び付く相手を見つけるケースが多いと言われていた。もちろん見合い結婚はなし。

通常、結婚に進む前に同棲があり、子供もできて法律的な側面からの優遇政策の恩恵に浴する為と、税金対策の為に、入籍の手続きを踏む。親しい友人は、ダンスもしないで、相手を良く解らずに結婚して初夜を迎える日本の見合い結婚の習慣はとても理解できないことだと言う。言われてみれば、全くそうだ。**それが離婚率は低いが、歯を食いしばって、現在の不幸の中で生きて、将来更に大きくなる不幸を育て、高齢になって多くの引きこもり老人を抱える日本の昭和の文化の残滓かも知れないが、**日本も最近は随分変わってきたように思う。

英国の強烈な男性上位社会を知る

サンドビックに入社後3年目くらいの時に、事業部長がスウェーデン人から英国人のディクソン氏に変わった。

ディクソン氏が出張で不在の時に奥様が、ふらりと事務所に現れて、秘書の石塚さんと話をしていたが、直ぐに帰っていった。

石塚さんは神戸女学院卒で岡本に住む良家のお嬢さん、普段は落ちついている彼女がビックリしたような、顔を上気させて説明する。奥さんね、と……ディクソン夫人は毎日夫から朝、日銭を千円貰うのだが、今朝、貰うのを忘れたので取りに来た、でも既に出張で外出していて、貰う事が出来ないと分かったので、帰ったとの事。

当時、正確な数値は知らないが、経理の人起源で流れてくる噂、世間の相場として聞こえて来る相場などから、普通の外人は月給千ドル＝36万円……それとは別に家賃は会社持ちである……と云われており、事業部長であれば、月給30万円以上と予想され、それは日本の製造業に勤める30代の労働者の約10倍を意味する。

石塚さんは、日本で毎朝、日銭を妻に渡すような家庭を見た事もないし、聞いたこともなかったと思う。

学者が調べれば、ゴク、極、少数だが日本でもないとは言えないと思うが、常識的には日本では普通じゃない。

ディクソン夫人は何の疑問も、隠すようなそぶりも見せず、当然のこととして、石塚嬢に説明した事にビックリした。

その後、英国人の家族、友人と話す機会が度々あり、それは格別突飛な事でなく、英国では普通の事であると解った。

日本では、表面上は男性を上に立てるが、実権は多くの場合女性が握っているのは日本人には説明の必用のない事実だ。

石塚さんがミッション系とされるキリスト教、英語重視の、日本でハイソとされる学校卒で、彼女がイメージしていた英国と実際の英国人の家庭の落差にビックリしたからだと思った。20代の頃、神戸勤務の時に3人の事業部長秘書を見てきたが、石塚さんは日本の建設会社に勤める人と結婚、後の**1人はオランダ人と、他の1人は米国人と結婚したが、ディクソン夫人の件が無ければ、石塚さんも外人と結婚していたかもしれない。**他の外人さんと結婚した二人の秘書嬢もディクソン婦人事件を経験していたら、外人と結婚しなかったのではなかろうかと邪推する。

永らく日本の総理大臣の陰の経済政策の指南役と日本の経済専門家から噂され、週刊誌に頻繁に名前が露出していた、私よりも23歳も若いマネゴン・ギャンブラーの英国人デービッド・アトキンソン氏が執筆して最近出版された自伝の中で、英国の家庭の中の雰囲気について述べているが、**日本人には想像もできない様な強権的で男性家長優位、日本の温かい家庭と真逆の世界がみえる。**（参考文献参照）

日本の学者、専門家、知識人と呼ばれる人々の日本の後進性を非難する主張の多くは、実情を知らない浅薄な思い込みによる部分が多いと感じている。

米国の場合は

ディクソン氏の妻事件の5~6年後の事だが、スウェーデン在住時、我が家の2人の娘と年齢の近い2人の男の子持ちの米国人、ニンフュース家と近しく付き合っていたが、ニンフュース家の場合は1週間単位で夫が妻に金を渡していた。

多くの日本のサラリーマン家庭では妻が全体を取り仕切っている

と思うが、欧米で女性が外に働きに行きたくなる理由が分かる気がする。日本では多くの場合、家庭内では女性が実権を握っているから女性は外に働きに出たがらなかったのも、日本の女性の社会進出が少なかった理由だと思う。

欧米感覚では、多くの日本のサラリーマン家庭で行われている、妻が全ての金の管理をして、夫が妻から小遣いを貰うような制度はとても信じられないと思う。

我が家の場合

結婚後直ぐに、経済の問題をどの様にするか相談した。私は給料を先ず、全部妻に渡して、妻が管理しても良いし、生活費と将来計画は別にして、生活費だけ金額を決めて妻が自由にしても良いがどうしたいかと話し合った。

妻は、将来の事に関する事はやりたくないので、給料日に決まった生活費を貰う方が気楽で良いと、言ったので、生活費を決めて、その範囲で妻は自由にやっている。私は多くの欧米人とかなり深く個人的な関係を構築して生きてきたが、家庭経済を我が家の様な形で、行っている例を聞いたことが無い。私の観察では、我々世代の多くの日本の家庭では、給料はそっくり妻に渡り、妻が全てを取り仕切り、夫の方は短期的にも、長期的にも全く経済の事に関係しなくて、単に給料を運んでくる、働きバチの役割をしている夫婦が多いように感じる。日本では妻と夫の関係が、母親と子の関係みたいになっているので、夫は妻から小遣いを貰っている。多くの欧米人には想像もできない様な、日本の夫婦関係である。

スウェーデン大使館の須永氏とのご縁

既述の、本社の親会社の社長にアドバイスする立場の、エリクソン氏と多数の著名な大学教授を同行訪問した時に、初日にスウェーデン大使館を訪問、東京大学を頂点とする最先端の科学技術の分野を引っ張っている日本の状況について科学技術部のテクニカルアタッシェのホーンマルク氏からレクチャーを受ける。

２週間の訪問予定の半分くらいは大使館がアレンジしていたみたいで、ホーンマルク氏は。ソコソコ日本語が話せ、奥さんは日本人。エリクソン氏とホーンマルク氏は王立工科大学の同級生で、ホーンマルク氏は世界的に著名な重電機メーカーのアセアに勤めていたが、公務員となり、大使館のテクニカルアタッシェとして東京に来ていた。

ホーンマルク氏との話し合いの席に２人の日本人が同席していたが、その内の1人は後日、日本におけるスウェーデンを最もよく知る人として知られるようになった東京大学卒の須永昌博氏だった。

須永氏は、東京大学卒、当初、我孫子にある電総研に就職されたが、その後スウェーデン大使館に勤務された。

スウェーデン社会学研究所を設立され、日、瑞の懸け橋として活動され、スウェーデン紹介本も出版されているスウェーデン専門家である。第二部で類書の紹介の所で再度登場して頂くが、初めてお会いして50年の時を経て、ネットで知って連絡を取ると、須永氏は既に故人となられ、奥様とお話しできて、御本を頂いた。世の中の狭さと偶然……を感じる。

線材の生産革命となるホットロール

スウェーデンで勃興した製鉄、製鋼業はドイツ、米国を経て約１

世紀後に、日本に到来日本の鉄鋼業は急速に拡大した。

１９６０年代末に、線材と呼ばれる条鋼を製造する設備に技術革新が起こった。

従来、ドイツ製のシュレーマンなどの溶融金属を使ったロールで圧延していたが、焼結金属である超硬合金をロールに使用するカナダで開発されたモルガンミルが新しく登場し、住友重機がライセンスを取って販売を始めた。

圧延スピードが秒速10ｍ強位だったのが、新幹線並みのスピード、秒速50ｍくらいで5倍くらい速くなる。

新日鉄君津に超硬合金ロールを数百個、金額で1億円近い、我々の業界では巨額の受注に成功、予定通りに納入された。

所が、新日鉄の受入検査で穴と側面の直角度が公差内に入っていないと返品になった。

全重量は数トンもあり、スウェーデンに返品して修正するのは、航空便の運賃もさることながら、納期が絶対に間に合わない。

遂に覚悟を決めて、住友電工の横浜工場を頼って、修正のお願いをしてみたら、当初はビックリされたが、内部で話し合われ、修理を受けて頂いた。僅かな研磨修理の費用で事なきを得たが、本当に助かった。

私の住友での評判が悪かったら絶対に受けて貰えなかったと思うが、受けて貰えて助かった。

この問題は、年末に発生して、完全解決まで数か月を要し、社内的には発足当初の小さな組織で1億円近い返品は日本の販売額の大きな修正を意味し、社長が赤伝票にサインをしなくて困ったが、結果的に、会社が、組織がどの様なものであるかを知る良い経験になった。

ダンスパーテーと警備会社：SECOMのルーツ

スウェーデンの様な先進国には学ぶべきことが多くある。

警備業務が警備会社にアウトソース＝外注され、新しいビジネス分野が最初に発生したのはスウェーデンである。

学習院大学卒で裕福な家庭に育った飯田亮氏が、スウェーデンの警備会社の存在を知り、東京オリンピックの二年前に日本警備会社……現在のSECOM……を設立、東京オリンピックの民間警備を行う等、従来警察が行っていた警備の分野も担うようになり、会社は成長して従業員6～7万人の巨大企業となり日本の警備会社の代名詞のように使われている。

日本の民間警備業界は大小含めて約1万社、就業者数約60万人弱の一大ビジネスセクターとなっている。

例えば日本の銀行業界で80を超える、大手と地方銀行を合わせても全従業員数は20万人強であり、今後、機械化がさらに進行して雇用数は大きく減少すると予想されるが、警備業界は反対に就業者数を増加し、雇用の面での社会貢献度は更に増大すると予想される。

大混乱の時代：日米安保条約

１９６０年に発効された日米安保条約の締結前後の期間、日本は混乱の極みにあった。

単純に言えば、日本は将来とも継続して米国を友とするか、友としないかであり、大多数の学者、インテリと呼ばれる人々、労働組合の指導層の人々は反米、左翼思想の持ち主、朝日新聞など一部大マスコミもそれを煽り立て、朝日新聞を読むことがインテリの証明みたいな雰囲気があり、未熟で純粋な学生が主導する反米、反政

府活動が先鋭化、テロ行為、暴力行為……革命を目指して行動した時代であった。

当時、東京を筆頭に**日本６大都市の首長がすべて左翼系で、多くの著名な学者が左翼系又は共産党員であり、左翼系である事がインテリの証明、右翼系の人は無知、無学な人みたいな感覚が漂っていた。**

世界的には米国がソ連、中国の共産党国家と対立する中で、共産党、左翼的な社会主義と呼ばれる政治形態が素晴らしい、戦争反対、軍備反対、兵器の生産や輸出反対、大企業反対、アメリカ反対……の大きなうねりの中で、マスコミが煽り、煽られた学生がその根拠を、活字だけで得た知識とそれから派生した想像を根拠とする浅薄な学者からの影響を受けて、私は新興宗教〝左翼教〟と命名して友人と話していたが、日本の若者が歴史に残る残虐な大事件を起こした。

飛行機搭乗前の手荷物検査の始まり

１９７０年に初めてヨーロッパに出張、それ以来毎年ヨーロッパに出張するようになった。

上司が外人で遠距離出張は国内でも飛行機なので、同行する私も飛行機で、一部上場の大企業の社長でもあまり飛行機を利用しない当時の日本で飛行機を使っての頻繁な出張は破格だった。

１９７０年に北朝鮮を理想郷と信じ、平壌亡命を計画して**京都大学学生の赤軍派議長、塩見孝也の采配で実行された日航の〝よど号ハイジャック事件〟**は日本で起こった本格的な最初のハイジャック事件で世界中に報道された。

当時、戦前に日本の企業が多くの近代的工場、肥料工場、発電所を北朝鮮で建設したので、北朝鮮は工業国、南の韓国は貧しい農業国だった。基本的なインフラの違いに加えて、朝鮮戦争で南は戦場となり疲弊したので、南の韓国は世界最貧国の一つであり、北はソコソコのレベルを維持する工業国で、赤軍派の学生が北朝鮮を選んだのは、当時の彼らの知識からすれば、全くの見当外れと言うわけではない。時間の経過に伴い、**日本が建設したインフラは経年劣化、メンテする能力のない北朝鮮は対応能力がなく、徐々に貧困国家になって行き、**現在に至っている。

１９７２年までは、飛行機の出発定刻15分前に行けば、国際線でも搭乗可能で非常に便利だったが、１９７２年から、厳重な手荷物検査が行われるようになったが、それは２人の**京都大学学生と１人の鹿児島大生が１９７２年に起こしたテルアビブ銃乱射事件の発生が原因**である。それまでは飛行機に搭乗する際、荷物の重さはチェックされたが中身の検査は無かった。この事件以降世界中で**荷物の中身の検査とボデーチェックが強制されるように世界標準が変更された。**

１９７２年２月のあさま山荘事件では、テロ行為、赤軍派内部抗争による大量殺人事件で10名以上の殺人事件を起こして、警察の捜査対象となっていた赤軍派が、別荘に侵入して人質をとり、警察と対峙して銃撃戦を繰り広げた大事件である。

同じ１９７２年秋には戦前に**ソ連に亡命していた岡田嘉子**が35年ぶりに帰国して、日本中を驚かせた。

岡田嘉子は日本の映画、演劇の世界のスーパースターで、愛人の杉本良吉と左翼思想の影響を受けて、理想郷ソ連に憧れて、杉本と一緒に戦前の１９３８年の冬に極寒で吹雪の樺太から国境を越えてソ連に亡命した。

皮肉にも、すぐにソ連官憲に逮捕されスパイ容疑で拷問にかけられて杉本は死亡、岡田のその後の消息は不明であったが東京都知事で

左翼と言われていた美濃部亮吉氏の助けもあり35年ぶりに帰国した。
私は1972年3月に結婚、その2年後の1974年5月にモスクワに2週間出張で滞在していたので、このころに起こった多くの国境を越えての事件を非常に身近に感じていた。

左翼、共産党の魅力と信念

私は中学校2年生の時の学校の弁論大会で、安保反対の弁論を行ったから、当時の言葉で言えば左翼の少年だった。
社会に出て、仕事をする中で社会の成り立ちを理解して、日本ではマルクスの言うような資本家と従業員の断絶は存在しなく双方が一生懸命に協力して生きるために、成功するために頑張っている事が肌感覚で理解できていた。
既述の多くの若者が、日本の教育の場から1年で良いから、休止して……社会経験を積めば、多くの世界を震撼とさせた様な事件は起こらなかったと、確信する。
日本教育経と表現したくなる、新興宗教の様な日本のお粗末な受験目的に設計された教育制度の作り出した鬼っ子だと思う。
同時に、学者と言う、終身雇用制度の下で経済的な安定を保証され、象牙の塔に籠って活字だけを読んでいる人々、浅薄な知識を基に信念と呼ばれる厄介な物を持って、それを頑固に守る事に人生を掛ける、一神教の原理主義者のような、左翼主義者を軽蔑するように変化してきた。
人間にはバラツキガあり、多様である事を特徴とするから、寛容でなければいけないが、悪事を働く人を許さない、悪事を隠蔽させない様な社会でないと、社会は急速に劣化して行き、それが21世紀初頭の日本だと思うが、その事に就いては第二部で詳述しよう。

結婚と社長からクリスマスプレゼント

1972年3月30日＝私の誕生日に結婚式を挙げ、その年のクリスマスの頃に、**社長からワインとチョコレートがクリスマスプレゼントとして送られてきた。妻は大感激。日本では下の物が上司にお歳暮を贈るのに……。**
当時、輸入ワインや輸入品の高級チョコレートは高価で、我々が買うようなものではなかった。
妻は、父親が土木会社を経営しており、役所の公務員への贈答、顧客への贈答と、お中元、お歳暮の習慣については良く知っている。教師として仕事をしていたが、学校も同様であり、サンドビックでは全く反対に社長が社員に贈答するのでビックリで大喜びだった。社長からのクリスマスプレゼントは、その後、数年おきに社長交代があり、社長により一時途絶した事もあったが、恒例の事であった。
結婚式を私の誕生日にしたのは、結婚記念日を忘れない為、30才を超える前に結婚すべき、記念日数のインフレ抑制の為だった。

ソ連出張直前にぎっくり腰発症、鍼ですぐ治る

1972年3月30日の私の30歳の誕生日に結婚式を上げ、翌年8月に長女誕生。
1974年5月、モスクワへの出発を5日後に控えた土曜日の朝にギックリ腰を起こした。
誕生後9か月の長女はドッシリトした重い子ども、それを寝たまま横に持ち上げると、腰に激痛が走る、ギックリ腰の発症であり、立てない、全く歩けない。
近所のおばさんが、鍼灸が良く効くはず、近くの中山寺に良い鍼

灸の先生がいるからと言われてタクシーで駆け付けた。

高齢の鍼灸師に複数のツボに針を打たれると、直ぐに効果が現れ、極端な痛みはなくなる、来るときは妻に寄りかかって歩いていたが、帰りは自分だけで立って歩くことが出来た。

腰に違和感はあったが、月曜日に通常通り通勤時間1時間強掛けて出勤、……さしたる問題も感じず、予定通りにモスクワ出張をこなせる感じ、結局予定通りにモスクワへ出張した。

１９７４年に最初のソ連出張

１９５６発効の日ソ共同宣言後、初めて開催されたモスクワでの日本の工作機械の見本市にアテンドするために、１９７４年５月に２週間モスクワに出張した。

面倒な多くの手続きを完了して、旅行社から出発予定の数日前になって漸くビザが取れましたとの連絡が入ったが、行き、帰りの飛行機の便は分るが、ホテル名、その他の事は全く不明。全てはソ連側の国営旅行社、インツーリスト任せで聞いても回答は得られないとの事。旅行社も初めての事で経験がなく、どの様になっているのか全く解らない。

モスクワのシェレメチボ空港に到着、税関職員にパンスト、ボールペンなど、袖の下として用意していた小物を渡して通過させてもらう。そうしないと税関吏はカバンを開けて、ノロノロと時間を掛けて探しまくり、なかなか通してくれないと言われていたので、色々な場面を想定して、かなりの量の小物を用意していた。

政府招待客の場合には出口が別で、政府の役人が待っている、と飛行機で横に座った人が言っていた。

空港から出るとカウンターがあり、そこで名前を告げると、国営旅行社のアレンジしたタクシ―に乗るように告げられ、運転手にガスチニツア．レニングラードツカヤ……ロシア語でレニングラードホテルの事……と、言っている。ホテルではパスポートはフロントに預けなければならない。

当時、モスクワで外人が宿泊できるホテルは五つと言われ、ソ連国内では、外貨は使用禁止であるが、ベリオツカ……ロシア語で白樺……と呼ばれるドルショップでは使用可能で、そこでは西側諸国の中級くらいの贅沢品を売っていた。

モスクワの5月の夜は明るい。薄暮の午後9時頃、連日ホテルの入口の外には乗用車に数人の若い娘が手を挙げてかなり大きな声で客引きをしている。そんなに離れていない所で、制服を着た複数の警察か軍人が立って警備しているが、特別に何もしない。当時既にソ連と良好な関係を維持していたスウェーデンの友人から、制服とホボ同数の私服の警官が街中にいると聞かされていた。制服は見て見ぬふり、多分賄賂を闇の組織から貰っているのだろう。日本で朝日新聞やその他の大マスコミが報じる記事から推測していたソ連の実情とはなんと違うのか。２週間、無数の私の感覚では、あり得ないような状況を観察した。

それは、腐敗と貧しさを表していた。

モスクワ大学日本語科のユーリー君が通訳

見本市のブースは日本の国の見本市なのに、既にスウェーデン本社からの出張者の手で完成されており、ロシア語のパンフレットその他、完璧に準備されており、私は受付に座って訪問客に対応するだけ。

モスクワ大学日本語科の学生、ユーリー君が通訳してくれた。残

念ながら、彼との個人的な交流は憚られる何かがあり、一緒にお酒を飲んだり、ドルショップに行ったりも考えたが実行できなかった。ホテルの部屋は常に盗聴されていると言われていた。見本市は日本のソ連大使、新関欽哉氏の今後の日ソ貿易を期待するロシア語の挨拶で始まった。

新関氏は、リトアニアでユダヤ人に命のビザを発給した杉原千畝と同期で外務省に入り、同じソ連関係を管轄する部署で勤務して、その後、杉原千畝との関係で、杉原を助けられるべき立場にいた人として知られている。

ロシア語のにわか勉強

5月のモスクワ行きを2月に告げられ、早速ロシア語のにわか勉強を始めた。

約2・5か月の時間があったので、数百の単語を暗記し、ロシア語のアルファベットは問題なく読めるようになった。

モスクワで故障した時計を売る

見本市会場はサコルニキ公園にあり、地下鉄かタクシーで通ったが、地下鉄は核戦争に際しての避難場所としての機能を持たせるべく、地下１００～１５０ｍの深いところに路線があり、足で踏む部分が木製のエスカレーターが設備されている。

町には、至る所に制服の警官がいるし、ホボ同数の私服の警官がいると言われているので、強盗、ドロボー等の危険を全く感じない。その内、タクシーを利用するようになり、片言のロシア語で会話を試みるが、運転手は乗ってこない。

数回目の時に運転手から、話してきた、セイコー、セイコー、と言っている。

時計が欲しいんだと思い、下手なロシア語で会話を始める。

私はその時シチズンの腕時計をしていたが、それはモスクワに来る数日前にリューズ＝巻きスプリングが切れて、故障していた。でも、リューズを巻くと7～8時間は機能するので、修理する時間もないし、取り敢えずそれをはめてモスクワに発った。

シチズンだが日本では同様に高級腕時計であると説明。運転手はぜひ欲しい、20ルーブルでどうだと言う。

当時、ロシアの1ルーブルの公定価格は４００円で、それはソ連の威信をかけて、1ドル３６０円よりも高く設定されていたが、実勢価格＝闇価格はお話にならないくらい安い。

時計は数年前に8千円で購入、現在の価値はゼロ、何故ならば、ソ連では時計修理できないからである。

私は50ルーブルを提示した。交渉を重ね最終的に35ルーブル＝20と50の中間で交渉が成立した。

交渉中大きくて濃いひげを生やして、熊のような運転手は、憶病そうな目で周囲を気にしている、特に大きな交差点で停車しているときに憶病そうに、制服や、交差点に立っている私服警察らしき人物を意識している。停車させられて、調べられれば私が外人である事が直ぐに判明、厳しく調べられて……シベリア送りになる可能性があるのだろう。警察にもノルマがあり、成績の為なら何でもすると言われていた。

このビジネスは悪徳官僚への運転手の小復讐

価格交渉の最中に考えたことは、時計は運転手から、闇屋の手に渡り、最終的に悪徳官僚の手に渡る。

運転手は買って、1日で時計が故障している事は分るが、売るためには何も障害にならぬ。
次の買い手に売る時にリューズを巻けば良い。
最終的に買った、悪徳官僚又は政治家が故障を発見しても、時すでに遅しである。
運転手はかなりの利益を上乗せして、若しかしたら価格を倍にして、売れる可能性があり、
運転手に迷惑は掛からず、悪徳最終購買者に損失を与えることになり、良い事だと……
運転手を儲けさせるべきと思い、当初は心が迷ったが……迷いは消えた。

ルーブルを使って買いたい物が無い

新しく発生した問題は、獲得した利益35ルーブルの使い道がない事である。
ルーブルを使って買いたい物は、公園で売っているアイスクリームやロシアのコーラと呼ばれる清涼飲料水、クワス程度で、限りなくゼロに近い。ルーブルは持ち出し禁止で、若し罰せられると今後ビジネスでのソ連入国に支障を来すことが懸念されるので違法行為は厳禁。西側からの人は、買い物はドルショップで行うから、ルーブルの使いようがない。

日本のインテリのソ連の崩壊予測

多分1990年代中頃、定期購読していた月刊誌、〝文芸春秋〟の読者欄に、高等学校長の方が時の著名な東京大学総長、林健太郎先生はソ連崩壊の5年前に将来のソ連崩壊を予測していたと賛辞の言葉を投稿されていた。
一介の無学な私でも既に1974年、**ソ連崩壊の約20年前に時間の問題で、若しソ連が核戦争を始めなければ、ソ連は確実に崩壊すると確信していた。**
マルクス経済学者だった林健太郎さんは戦後転向して、反左翼的な色彩も見せたのでソ連を訪れた事が有ったか、無かったのかは不明であるが、左翼的な過去の経歴からソ連に招待されて、過度な接待を受けて……その後、口を閉ざされていたが、次第にソ連の実情が明らかになってきてたまらなくなっての発言なのか……、又はソ連を訪れたことがなく、活字情報や他人から仕入れた知識を借用しての見解だったのか不明だがが、日本の左翼主義者がソ連に招待されて過剰接待され、真実を見ることなく、感服して帰国したような例は良くささやかれていた。
これは、常識的な事だが、招待されたお客に出来るだけ庶民の生活を見せない様に、スケージュールを過密にすると同時に過剰な接待をする事で、帰国後に好都合な宣伝を期待する。
理由はどうあれ、社会に大きな影響を与える立場にある、日本の当時の碩学と言われていた林健太郎氏の発言と、それに感服する日本の知的社会の上位に位置する、高校校長の日本の高級月刊誌との評価の高い〝文芸春秋〟への投稿の背景を考えるのは興味のある事であった。
当時、日本陸軍の高級参謀だった富山県出身の瀬島龍三氏がソ連に11年間抑留されて帰国、日本の政財界に大きな影響を与えながら総合商社、伊藤忠商事の要職に就任していたが、ソ連のスパイであるとの疑惑が囁かれ始めていた頃である。

エマニュエル・トッド氏

1976年にフランスのエマニュエル・トッド氏が人口学的な研究の手法で女性の識字率の上昇と出産率の低下から、ソ連崩壊が10年から30年以内に起こると予言、その後ソ連は崩壊して彼は名声を上げた。

私は彼の著作の2年前にモスクワに行き、ソ連の社会は既に死んでいる事を確信した。

〝百聞、百読、統計は一見に如かず〟を実感した。何も、**複雑な研究や手続きを経ずとも、現場を見れば説明は不要**である。

1970年前後に少数だが、日本からもソ連に入国した人がいる筈だが、視野の狭い人の見る目と、広い人の目では、同じ物を見ても同じではない。浅薄な知識を基に、自説を支持するような事だけを見ようとする人には、最も重要な事は目につかない。

司馬遼太郎の〝竜馬が行く〟を国際貿易の視点で観察

新聞記者から小説家に転職した司馬遼太郎の小説〝竜馬が行く〟が大層な評判となり、多くの人に感銘を与えて読まれ、その後テレビの大河ドラマにもなったみたいだった。私が結婚してから間もなくの事だったと思うが、非常に違和感を持って眺めていた。既に仕事柄、海外貿易について知っているし、歴史大好き少年だったから、英国の植民地政策、米国の南北戦争、武器商人の活動も良く知っている。坂本竜馬は単なる、英国の武器商人グラバーの手先の日本人セールスマンであり、それ以外の何物でもない。私の目からしたら、悪徳武器セールスマンで彼の扱った武器により多くの日本人の血が流れた。

同じ人物でも見る人により、大きく異なる。

それから、約40年を経て〝ふるさと納税制度〟に遭遇して、同じように世間と私の経済認識の大きな違いを感じた。

司馬遼太郎の〝竜馬が行く〟は、話の種を坂本竜馬に求めて作り上げた小説だが、詐欺的とも云いたくなるように美化した小説で人気が高まり、多くの人が坂本竜馬を英雄視するようになった。

司馬遼太郎氏が単に売れる本に仕上げるために、美化したのか、本当にそう信じていたのかは不明だが、当時、男の子が生まれると遼太郎と命名する人が続出した浅薄な傾向を苦々しく眺めていた。

妻の叔父岡部素同は五箇山の偉人

結婚してから分かったことだが、妻の叔父、岡部福治は鍼灸の大家で、鍼灸、東洋医学の分野では、岡部素道として知られた人物だった。素道は私のソ連出張の、多分10年近く前、ソ連政府からジューコフ元帥の、顔面神経痛の治療のために懇願されて、訪ソ、数週間滞在して、完治させ、お土産をどっさり頂いて帰国したことは岡部家の親族間ではよく知られることだった。

ジューコフ元帥は、ソ連ではスターリンに次いで著名な人で、独ソ戦を勝利に導いた国家的な英雄である。

フランスを主に、西側諸国から多くの名医を招いて、治療を行ったが、全く効果がなく、最終的に日本の岡部素道に白羽の矢があたって、政府間の調整がなされて訪ソした。

現在日本で鍼灸治療や漢方薬やその他の代替療法が存在して、多くの高齢者が救われているが、若し岡部素同と柳谷素霊の活動がなければ、日本では鍼灸や漢方薬は無くなっていたかもしれない。

この事について、歴史的な経過を辿って概括してみたい。

陸軍医学と海軍医学の間の確執

現代では脚気はビタミンB1の欠乏症であることは常識であるが、そこに至るまでには多くの人が脚気で亡くなる犠牲を伴った。

ドイツ医学の影響を受けた、東京大学を頂点とする、日本の西洋医学会は、脚気の原因となる病原菌がいるはずと、信じて、医学総監の森林太郎＝小説家の森鴎外は、陸軍に白米食を義務付けた。

一方、帝国海軍の高級将校は英国で訓練、教育を受け英国流の米麦を主とし、白米の提供を避けた。

日清、日露の戦争に於いて、戦闘を原因とする死者よりも脚気を原因とする死者数の方がはるかに多いと言われていた

一方、海軍では脚気による死者は稀で、その差は歴然としていたが、陸軍が白米食を止めて、麦飯になるまでには海軍に遅れること30年後であったと言われている。ビタミンが発見されて、脚気の原因は栄養学的な事が原因であることが、科学的に証明されるまで、西洋医学会は、結果的に無数の日本人を脚気のために死に追いやった。

戦前の日本の医療

戦前の日本には鍼灸、漢方薬、可視光線治療等、多くの東洋、日本独特の治療法が存在していた。

これらの療法は、因果関係を西洋流の理論で説明することは容易ではないが、治療を受けると快癒するので、広く受け入れられていた。西洋医学では、実験に基づいて病気の因果関係を解明する科学的と思われる説明が明快なので、徐々に日本に浸透する中で、同時に健康保険制度も徐々に確立されて行く。

この様な環境の中で、西洋医学と東洋医学は医療ビジネスを二分して争うことになる。

東洋医学と西洋医学の確執

第二次世界大戦後にGHQを率いるマッカーサーが進駐、マッカーサーとそのスタッフは日本における絶対的な権力者として君臨する。日本では東京帝国大学医学部を頂点とする、西洋医学信奉の洋医の団体＝現代の医師会に相当する利益団体があり、鍼灸、漢方を非科学的と一方的に見下して、GHQに非科学的な日本の鍼灸やその他の東洋的な医療行為を法律で禁止するようにロビー活動を展開した。

戦前、日本では肺結核が国民病で多くの若者が死亡していたが、戦後ペニシリンが使用されることで、結核が不治の病から治療される、完治する病気となり、西洋医学の評価は劇的に高まっていた。

その様な中で、鍼灸や日本的な医療行為の禁止に異を唱えて、GHQに強力なロビー活動を行ったのが、柳谷素霊とその弟子岡部素道だった。岡部は結核で医者から寿命は二十歳くらいまでと宣告されていたが、当時すでに鍼灸医だった柳谷の治療で結核が快癒。それから柳谷を師として鍼灸師としての道を歩む。

柳谷と岡部はホボ同年代だったが柳谷は54歳で没し、岡部は77歳まで生きたので、社会に大きく貢献する事が出来た。最終的にGHQは医師会の主張を一部退け、鍼灸、漢方薬、光線治療等の治療法の存在を許可したが、保険適用を許可しなかった。

平均寿命が延びて、高齢化に伴う医療行為の役割は大きく変化して、高齢者の健康維持に鍼灸、漢方、可視光線治療は効果を発揮している。他方、ペニシリンに代表される薬物を多用する西洋医学は、毒性が強く、多剤と長期投与による薬害から、高齢者の慢性的な疾患に対する効果が限定的であることが明確になり、忌避される傾向

が強くなってきた。

後述するが、筆者が72歳の時にスキーでの転倒事故で膝の靭帯を断裂、すべての運動が不可能になったと一時は絶望的になった。光線療法のお陰で完治、80歳になってもテニス、スキー、和式トイレの利用など生活に全く制約がない生活を送っている。（資料集参照）

岡部素道について

記述の五箇山出身の農林一号の育種者、鉢蠟清香の場合には40歳の若死にだったが、岡部素道は77歳まで生き、柳谷素霊の死後22年間生きることで、社会に大きく貢献する事が出来た。

著名な患者に東急の創始者五島慶太、日本画家の横山大観などの多くの政財界の著名人がおり、和美は数度、五島慶太邸を素道の妻と一緒に訪れた経験があり、東京のトップ経済人の生活を拝見している。

北里大学で北里研究所東洋医学総合研究所を設立、日本鍼灸医師会長、世界鍼灸医師会の設立など、東洋医学と呼ばれる、西洋医学から見下されていた治療法の存続と、隆盛に大きな貢献をした。

西洋医学との論争の中で、医師免許持っていない、鍼灸師の不便、不利を感じたのであろうと推測されるが、岡部素道は息子を大学医学部に進ませ、息子の素明は医者になり、西洋医学と東洋医学の両方の専門家となり、長らく経絡治療学会会長を務めていた。

岡部素道の事績について五箇山で知る人は、多分、殆んどいないと思う。（写真集参照）

岡部素道の事績は日東医誌に掲載された7ページの論文〝岡部素道の鍼灸治療〟に掲載されている。

（論文の見出しのページを資料集に掲載している）

校長がアメリカで庭師に

愛読していた月刊誌、〝文芸春秋〟に結婚間もなく、記憶では高等学校の……校長先生が定年前に退職して、米国のカリフォルニア州でガーデナー＝庭師として素敵な人生を送っている事を話題にした、かなり長い記事が掲載された。

日本での低い賃金と、米国での高収入を表に出した記事だったが、背後に日本の教育機関、職場環境の厭らしさを滲ませたレポートで、目からウロコの思いだった。

妻の語る、日本の学校と言う職場環境の私の想像を絶する、後進性、精神的な劣悪さを確認させるものがあった。

エリザベス女王の松下電器訪問

１９７０年代中頃の事と記憶するが、スウェーデンからの出張者と一緒に新幹線に乗車中に、英国のエリザベス女王が日本訪問された時の事が新聞に載っていた。前日の天皇陛下との昼食が蕎麦だったと書かれていたので、蕎麦は音を出して食べないと美味しくない、日本で唯一音を立てて食べてもマナーに反しない料理と講釈、女王が音を立てて食べたか、否か等と冗談を言い合っていた。記事の後半に、女王が松下電器の工場見学で、大勢の女子工員が電気製品を組み立てるラインを見学、案内する松下の社長が女王に……誰一人として貴方の方を見ないのは、女子工員があなたを無視しているわけではありません、単に熱心に仕事に励んでいるのだと、言い訳したと書いていた。

当時、日本ではヨーロッパ、とくにスウェーデンなどでは労働意欲が低く、日本の高い勤労意欲が自慢で、海外で日本の自動車販売

が急激に伸びていた頃だった。私は、自慢の気持ち、スウェーデンを皮肉る気持ちも少しはあり、その事を説明した。

30代の彼は黙って聞いていたが……**ミノ、スウェーデンにはそんなところで働きたいと思う人は1人もいないよ、若し給料が倍になるとしてもと言われたが、私の日本製の頭は、**それを簡単に素直に、受け入れていなかった。

元大蔵省審議官の稲村光一ご夫妻に会う

そのわずか数年後にスウェーデンに転勤、ラボで数人と実験中に元大蔵省の審議官だった、稲村光一氏ご夫妻が、会社の会長の立場で見学に来られた。私は、稲村氏を全く知らない、日本人でないかも知れない、日本の顧客かもしれない……無視するしかないので、軽く会釈する程度で済ました。

後日、稲村氏が私に声を掛けなかった行為がスウェーデン人には非常に奇異、非難されていた。スウェーデンなら国王でも近寄って私に話しかけただろう、と言うのが理由だ。この事に就いては第二部で話題とする。

国際開発会議＝ＩＤＭとカール・ラーション邸見学

会社が急速に発展する中で、より細かに海外主要マーケットの要望に応えるべく、主要6か国から代表を集めて、製品の開発計画について討議するための国際開発会議が年に一回開催され始めた。第二回目の会議の時だったと記憶するが、海外からの訪問者の接待の為に、スウェーデンの世界的に著名な画家のカール・ラーション邸の見学をさせて貰った。

明治の後期、日露戦争の頃に建てられた家の中は、子供を意識し、楽しい……子供と一緒に生活を楽しむ、人生を楽しむ……少年の様な好奇心と、楽しさの混在した邸宅を見せてもらった。

非常に合理的、**過度に合理的……な印象のあるスウェーデン人が時々見せる、不器用だが、細やかなやさしさの、原点を見たような気がした。日本では権威主義の象徴みたいな建築物は多いが、この様な発想で建てられた民家を私は見た事も、**聞いたことも無い。昔は、寒くて、貧しかったスウェーデンにこの様な発想の人がいて、人生を送っていた事に改めて感銘を受けた。

関東転勤

結婚して翌年の8月に長女誕生、2年目に事業部の本部がある新横浜へ転勤する事になった。

当初、相模原市の横浜線淵野辺駅近くの平屋の借家に住んだが、約1年で市内のキャタピラー三菱の近くに、一軒家を購入して転居した。当時、多くの電化製品は関東と関西の周波数の違いで使用不能の物もある。引越業者も現在は色々あるが、当時は日通だけで、費用も高く、発送する荷物の扱いに加え、開梱と家具の配置など、多大の労力を必要として大変だった。

新居に移って1年強で、スウェーデンへの転勤の話が持ち上がって、私にとっては大混乱の時代だった。

スウェーデン転勤の話

１９７４年にスウェーデン本社が海外展開を加速させるべく、主要6か国から各1家族を研修の為に本社に2年間呼び寄せる計画が立てられ、各国に人選を任せたが日本だけは、スウェーデンから岡田が指名されて、翌年、私が行くことになった。

後日分かった事だが、エジェクタードリルの問題を指摘したことから、ファーバー氏など、開発部上層部の信頼を得たことで私が指名されたようであった。日本だったら、若しかしたら、反対に嫌がられたかも知れないのに。

日本の現地法人の社長、事業部長はどうも、本社主導での人選で面白くなかったみたいで、物事は複雑である。

家族４人の往復の旅費、滞在中の給料に種々の特別な費用などを総計すれば1千万円を十分にオーバーする経費が掛かるが、そのような事を企画出来るのは会社の利益率が高いからであり、日本では考えられない事だった。

日本の常識的な対応は、多分、単身で数か月の研修程度であろう。この様な国境を越えての経済現象の数値的評価の正しい理解は、いささか複雑である。

若し、この本が外国向けに書かれる場合には、多分ドルで金額計算されるがその場合

１９７５年の日本の一人当たりＧＤＰは約4、７００ドルで２０２０年は約４０、０００ドルだから、２０２０年の貨幣価値に換算するとドル表示では、**約8・5倍になると計算される。**

同じことを日本人向けに円貨計算で為替レートを加味して比較すると、１９７５年の一人当たりＧＤＰは約１４０万円、２０２０年の一人当たりＧＤＰ値は４００万円強で、**3倍弱となり**、このように数値の理解を厳密にしないと大きな間違いをする。

ある人は10倍弱と言い、ある人は約3倍と表現する可能性があり、どちらも正しいが、実情を正しく理解するのは簡単ではない。

感覚的に、現在の金額に換算すれば家族で2年間に4～5千万円の大きな費用になるが、スウェーデンでは単身での年単位の長期海外赴任は余程特別の理由がない限り選択肢の中にはなく、**単身での赴任を要請するブラック企業は半世紀前に、既に完全に淘汰されていた。**

第五章　スウェーデン転勤、製品開発と特許に深く関わる（33才～37才）

この章の要約

33才でスウェーデンのR＆D部門へ転勤、４年間のスウェーデン在住で、スウェーデンについて深く知るようになる。

直属上司との対立を克服して、結果を出して評価される事で仕事上の達成感が得られ、多くのスウェーデン人の友人、知人との心の通う交流、酷税を克服しての貯蓄など、何物にも代えがたい経験をする。

私はスウェーデンを完全に誤解していた

スウェーデンに移住する前に既にサンドビックに5年間在籍、スウェーデンに何回も出張経験があり、スウェーデン人との濃厚接触者で、周囲の人は私をスウェーデン通と思い、私もそう思っていたが大いなる誤解で、住んでみて初めて私のスウェーデンについての知識が、非常に浅薄で皮相的である事が解った。私は完全に誤解しており、実際のスウェーデンは筆者の想像とは全く別物だった。先ず、最初に、時系列的に起こった事とは関係なく、当時の日本の世相が暗示していたスウェーデンのイメージと実際のスウェーデンを比較して、そのあとに私が経験したスウェーデンについての興味のある発見を出来るだけ時系列的にご紹介します。

左翼思想で充満していた当時の日本の世相

過疎の山岳地帯の農村に生まれ、自然と戯れながら義務教育を終えて、都会に居を移して環境は全てにおいて激変した。

日本はＧＨＱ＝米軍の統治下に入り、戦前は非合法であった共産党は合法化されたが、共産党による過激なデモやテロと疑われるような行為の頻発に加え、朝鮮動乱の発生の影響もあり、共産党は再度非合法化されて地下と中国に逃れての活動となる。

当時、人類は資本主義を発明し、次いで社会主義に進化、最終的に共産主義になると煽られて、共産主義こそ理想の未来の政治形態であると信じ、親ソ連、親中国で反米、俗に左翼的と呼ばれる思想が日本中のインテリと呼ばれる人々に蔓延していた。

多くの知識人と呼ばれる……大学教授、新聞記者、文化人、教師の労働組合の日教組、総評等の労働組合……人々が左翼である事を標榜し、左翼である事がインテリであるかのような雰囲気が社会に漂い、一時期、日本の６大都市の首長が全員、左翼又は共産党員である事を隠さなかった。１９６０年と１９７０年の日米安保条約の継続反対、破棄を主張し、国会議事堂を取り巻く何万人も人々が参加する巨大なデモ活動、死者も出て革命の勃発を想起させる……それらは、私がスウェーデンに転勤する数年前の事であった。スウ

エーデンが豊かな国であり、社会主義国であり、それは左翼的な響きを与えて、多くの日本人は共産主義政権と親類の様にとらえていたと思う。殆ど本を読まない人は別にして、特にソコソコの読書人や、学生、学者、教師、マスコミ……等のインテリ層の人ほど、スウェーデンは日本で左翼的な思想の人々が持っている先入観、スイスやスウェーデンの様に2度の大戦にも中立を貫いた、貫けた素晴らしい国であり、それを模範として日本は政治を行うべきみたいな、理想を描いていたと思う。

　情報の少なかった当時、それは日本人の、特に左翼的思想の持ち主の思い込み、空想だった。

真逆のスウェーデンその真実の姿は？

　大まかに、日本人が持っていたスウェーデンのイメージは、税金は高いが所得も世界のトップ級で、豊かな国で、貧富の差が非常に少なく、学校も大学まで無料で、…残業がなく毎日定時に帰宅できる社会……将来の為に貯金をする必要のない社会……と、日本の感覚では夢の様な国……ではなかろうか。このイメージは大部分正しいが、それを支える背景は日本人が想像する形とは多くの場合正反対であり、以下にその代表的な幾つかを列記する。

◆スウェーデン経済は17の家族財閥に支配されている。健全な企業は、国の為に金の卵を産むガチョウに例えられる巨大な税源である。**歴史的経験から雇われ社長は無責任になり易く、企業をダメにすると思われている。**

　小人口国だが多数の世界的に著名な多国籍企業があり、それらは財閥家により支配され、財閥家が企業の50％以上の株主投票権を維持する事が容易に出来るように法制整が成されている。この様な法整備が成されている事で、**米国の巨大企業やファンドの企業買収、乗っ取り防止の役目**もしている。

　約半世紀前の事で、その後、家族財閥は合従連衡を繰り返しているが、大枠では今も変わらない。

◆相続税は永らく非常に少なく、それが財閥家の大企業支配を可能にしていたが、最近それも廃止された。

◆40歳前後の若い人が大きな組織のトップになる例が多く、**高齢者をトップに据えない文化がある。**

　組織の上に行くほど大きな決断を迫られる。大きな決断の結果が見極められるまでには時間が掛かる。結果が出た時点で亡くなっている可能性が高い高齢者は無責任で安易な決定を下す可能性が高いので結果が出る時に生存している可能性の高い若い人に、最終的な決定権を与える。この背景には、**身分、年齢の上下に関係なく自由に、内容のある議論が出来る民度**にあり、ボス的な人間が議論を牛耳ることなく、誰がトップになっても全体の意見の集約されたものに大きな差はない。個人の独断で決め難い、それを許さない正義、恥についての価値観が不正の多発する日本とは異なる。

◆専守防衛の旗の下で積極的に兵器の開発を行い、武器輸出は国の重要輸出産業のみならず、全てのハイテク産業の国際競争力を支える根幹の、最も重要な役割を果たしている。

◆国の政治は民間企業と同様に、コスパ＝費用対効果で判断され、**利権屋の介在は限りなくゼロになるように設計されて、専門家の意見が尊重され、官僚から民間、又その反対も、専門分野の能力により簡単に移動**が出来る。

　官僚の給与も、日本の様に固定されていなく、民間の感覚に

近い感覚で決まる。

◆日本で個人情報と騒がれているものは、全てと言って良いくらい、保護=隠蔽されていなく、他人でも容易に手に入る。

◆海外からの移民、里子の受け入れに忌避感が非常に少ない。その意味で心が暖かい。

◆貧富に関係なく、金銭については非常に厳しい感覚を持っており、日本的に言えばケチ、非常にケチ。

◆スウェーデン国民として誇りを持っており、海外との比較で優越感に溢れ、愛国心が非常に強い。

◆ソ連の解体後、約10年を経て、２０１０年に軍の徴兵制を廃止して志願制に変更したが、２０１８年に環境の変化、危険の増加に対応する為に、18歳の男子のみならず女子も対象とする徴兵制を再開した。

◆国連の要請に応じて、軍の海外派遣任務に積極的に対応している。

1970年代の日本の姿

◆日本の代表的な大企業のトヨタ、マツダ、本田、松下電器等…の戦後急成長した企業は規模の拡大に伴って必要な資金を、銀行からの借入で経営が維持できている。借入金額を減らすために、増資をして、発行株数が増加すると創業者家族の持ち株比率が数%まで低下、会社の名前と支配力は名目だけだった。

　そのような中で、**興銀からの天下りで雇われ社長の川又氏と労組の塩路書記長のなれ合い経営が、日産自動車を破綻の瀬戸際に追い込み、ルノーとの連合、カルロス・ゴーン事件**となって世の中を騒がせたのは、示唆的である。

◆進行中の終身雇用文化の形成の中で、重役になれるのは55才定年間際の50代。

　ホンダ技研は、ユニークな会社で、入交氏は30代前半で重役になったが、日本の大企業では空前の事だった。

◆多くの製造業で使用されている製造設備上の最も重要な機械類は欧米からの輸入品だった。

スウェーデン大使と「菊と刀」の作者ルース・ベベデイクト

本書の執筆の目的はスウェーデンを紹介する事でなく、筆者の多くの分野にわたる経験を知って頂くことにより、読者の方が何か有用なものを見つけられる事である。これから羅列される多くの話題は相互に関連しているので、それらを読者の方は意識して読まれることをお勧めする。教科書のように筆者が結論を決めて、読者を結論に誘導するような事を出来るだけ避けたいと思っている。この様に非常に多くの項目に於いて日本と大きな違いがあるので、多くの専門家と云われる人が、一つの項目で議論しても実のあるスウェーデンの**総合的な理解をする事は困難であり、多くの場合意味が無いか、反対に誤解に繋がる。**

　１９７０年代後半に数年間スウェーデンで大使として勤務していた藤井威氏が20年ほど前に書かれた厚いスウェーデンの紹介本を読み、失望した。明らかにスウェーデン語を解さない人で、外交官特権があるのでスウェーデンで納税したことが無く、日本では本給を安堵され、スウェーデンの**一般人の、多分数倍の可処分所得を手にして、**昔の貴族みたいなものだ。

　現金の出入りに敏感なスウェーデン人の言動は、大使から見ると、極貧困層の様に見えたのだろう。記述の背後にそのような事を、言葉は

丁寧な記述だが、……窺がわせる表現が頻繁にあった事を覚えている。
大使のスウェーデンについての認識は、スウェーデンについてより、日本の外務省官僚の実態を知る良い機会になった。
世界を動かしている原動力である経済活動に関する経験、知識が皮相的で貧弱、ビジネスマンの感覚からすると、お粗末と言われても反論できないと思ったが、日本ではそれで充分通用するのだろう。

ベネディクト女史の場合

第二次世界大戦後に米国の日本研究者と称される米国のルース・ベネディクトの著書「菊と刀」が出版され、日本紹介の名著となった。ベネディクト女史は日本専門家として名を成し、日本も含め、世界中に日本、日本人、日本の文化を講釈した。

ベネディクトは日本語が話せず、日本に住んだ経験はもちろん、日本に旅行した経験もなかった。

英語で書かれた活字からと日本人を隔離するために作られた収容所に収容されていた日本人への聞き取りで、情報を仕入れて本を書いたと言われている。

戦前に米国で働いていた日本人は多くが出稼ぎ目的の肉体労働者であり、戦前の日本人の英会話能力が高いはずも無く、……日本人について講釈する、厚かましさにはビックリする。洋の東西を問わず似通ったことが起こるものだ。

海外駐在に絡む多種、多様な問題と誤解

スウェーデン人が日本へ、日本人が海外へ

日本とスウェーデンでは海外勤務に関連する雇用環境が大きく異なる。

従業員サイドから見ると、当時、スウェーデンでは一般に外国勤務は、特にアジア諸国については敬遠されていたが、それはメリットがないと誤解されていたからだ。

実際には、数年間日本で勤務すれば一般のスウェーデン人が一生掛かっても出来ないような巨額の貯蓄が可能で、それを知る人は限りなくゼロに近かった。

向上心があり、野心に燃えた人は米国などの先進諸国の市場でキャリアアップをしたがるが、日本のような後進国ではキャリアアップに繋がらないと思い、行きたがらない。

毎年、非常に多くの人が外国に旅行し、友人が多く、頻繁に友人の家族と交流して密な人間関係を持ち、他の分野との情報交換の進んでいるスウェーデンでは、スウェーデンの生活水準が世界最高であり、**生活水準を落として海外勤務をする理由がない**。

日本勤務を募集しても応じる人がいないか、要求される能力があると見做される人の応募がない。

一般にスウェーデン人は日本人とよく似ていて、英米人に比べてシャイ。**終身雇用でないから、海外勤務が将来の昇進の免許**証みたいな側面は全くなく、反対に失敗すれば困る。

日本では、会社の垣根を超えて、業界を超えての情報交換は限りなくゼロで、夫々が狭い範囲の中で生きている。

会社側からすると、日本でスウェーデンでの生活と同等の条件を満たすようにすると、とてつもなく高いものになる。

日本の標準の倍くらいの広い家、会社支給の車、年1回の家族での4週間くらいの費用会社持ちのホームリーブ=帰郷休暇、

ホボ、無制限な母国への電話代、母国での年金分の代行負担……等々、無数の細かな費用の負担を会社がしなければならなくて**同レ**

ベルの日本人の4〜5倍のコストがかかる。
そのために、会社は出来るだけ少人数のスウェーデン人で会社を運営するように腐心し、そのように組織を設計する。
電話代が高いので、私はスウェーデンに住んでいた4年間に日本への私的な電話を掛けたことは一度もなかった。
1クローネが70円で、1分の日本への通話利用金が17クローネ＝1，190円だった。
私の手取り月収が3，300クローネ＝23万円だったから、**10分間の通話で約1万2千円は高すぎる。**
その後、為替レートは変わったが、料金はあまり変わらず、日本からの通話料金は知らなかったが、多分、ホボ同じで高価だったと思う。スウェーデン人は料金が会社持ちなら、料金の事をまったく気にしない。
日本と比べて、家族、親族間の関係が濃密で長電話の国民性で、会社から私用電話をすることに抵抗感が少ない。
1990年代に一度、日本に住むスウェーデン人の平社員のH家を訪問していた時に、スウェーデンから電話が掛かってきた、受話器を取り上げて数秒で切り、妻が電話を掛けなおした。時間を測ってはいないが、1時間近い会話であった。
電話代は数万円になると思うが、それは会社が払っている。
1980年代に1人の無役のスウェーデン人家族でも……子持ちと、子供なしでは当然変わるが……子持ちの家族の場合には年間2千万円程度は掛かり、当然、役付きの場合はその2倍のケースも珍しくない。
例えば、部員10人もいないスウェーデン人の経理部部長チュルベ氏の場合、竹中工務店の当主、竹中藤兵衛氏の居宅だった新神戸にあり、……現在は博物館になっている……、広大な敷地に建つ高級住宅に住んでいた。
正確な家賃は知らないが、当時、そのような外人用の屋敷の家賃は月100万円が相場だったと聞いている。
1970年代に社長だったサンドグレン氏の借家は住吉川の上流にあり、庭には3〜4m×10m位のプールがあった。
夏休みの帰郷休暇は費用が会社持ちになるから、4人家族ならばそれだけで数百万円で、社長以下全てのスウェーデン人は、スウェーデン国内で勤務しているときと同様に4週間の夏休みを取る。
日本の場合には、会社次第かもしれないが、会社の体面があるので、海外勤務は優遇されている側面はあるが、それは多くの場合役付き社員にのみ適用される。公務員、大企業の場合には海外勤務は手厚く経済的に優遇されているが、多くの民間企業では、将来の昇進を期待して、少々のことは我慢して、**単身赴任も容易に受け入れられる**ので、少ないコストで済む。
スウェーデンでは、何か非常に特別なケースを別にして、一般に年単位の単身赴任は考えられない。
1980年代初頭に本田技研が、米国のオハイオ工場立ち上げに際して数百人の従業員を派遣したと言われているが、それはスウェーデンでは考えられない事だ。米国で雇用した人を、スウェーデンで教育して、米国に移住するスウェーデン人を最小にする方策が模索される。
その為には周到な準備が成され、マニュアルが作られ、極少数のスウェーデン人でもコントロールできる組織を作る。

私の後任H家族の場合

私の後任でスウェーデンへ転勤して来たH氏は典型的な日本の優秀な技術者だと思った。

H氏は私より一回り年長で国立大学を卒業後、自衛隊で使用する砲なども製造する名の知れた会社に雇用されたが、会社が倒産して、転職した。大学時代にESSに所属していて英会話が出来る人で外資系の会社を選んで入社された。

私がスウェーデンにいた時に、採用され、会社としては、専門知識、経験がある期待のホープである。

細かな事を良くこなされ、こまめに動かれ、顧客の要望を優先……顧客の要望に応える事が、自分の会社の使命であるかのように動かれる。H氏との会話から、彼が考えている方向で会社が動けば、会社は顧客の下請けみたいな存在となり、昔の日本の同業者、住友、三菱、東芝……みたいになり、国際的に認められる、大企業になれないと感じていた。

我々が目指すのは、個別の企業に対して下請けみたいな役割を果たす事でなく、社会をリードする国際的な大企業であり続ける事である。

スウェーデン批判

H氏は奥様と小学生の男の子と女の子の4人家族で、スウェーデンに赴任された。

私の妻は英会話が全く出来なかったが、H氏の奥様は当時には珍しく英会話がお出来になる。

スウェーデンの教育はでたらめで、全くなっていなく、こんな所にいたら子供がバカになると何時も非難して居られた。H氏は何時も、スウェーデン人の働きぶりを見ながら、スウェーデン人はトロイ、不器用みたいに言われ、あんなトロイ仕事ぶりでは会社が潰れると批判して居られた。

ご夫婦の非難はそれを聞けば一部頷けるところもあるが、視点が私とは、根本的に違っていた。

スウェーデン人はトロイ、トロイ……と何時も言い、あんな事をしとったら会社がつぶれると彼の倒産した前の会社の経験から、何時も会社の批判をしていた。会社の批判と云うより、人間の行動に目が行き、人間を批判している。

H氏の会社倒産の原因

H氏の前職の会社の倒産は同業のスウェーデンのボフォーシ社との関係で考えるべきだった。

ボフォーシは世界的に著名な兵器製造会社で、H氏の前職と同業で、自衛隊もボフォーシのライセンスを取って大砲の国内生産をさせており、世界中に重火器の輸出を行っている。21世紀になっても世界的な兵器、武器のメーカーである。

H氏が、前職の業界で、……若干広く、会社経営的な視点を持っていれば筆者と同じような視点を持ったと考えられるが……富山大学を卒業したH氏は視点が狭く……顧客の指示を最重要と考えている。

スウェーデン人の特徴

スウェーデン人は日本人の目で見ると、慎重でシャイ、長身で動きが緩慢な印象を与える。

スウェーデン人は理知的で、情緒的に、意味なく……雰囲気だけで行動する事を好まないと私は思う。数人の知り合いの米国人弁護士の言によれば……ビジネスマンの世界では一般に、人は言葉よりも表情で理解しようとするが、スウェーデン人とスイス人は言葉だけでコミュニケーションが出来る珍しい民族だと言われていると、言っていた。

H氏の観察には同意する部分もあるが、私は全く別の視点で評価していた。

ご夫婦とも、一応日本の基準に従えば、英語が話せる部類に入るが、スウェーデン人との心の交流は全く感じられなかった。

私はサンドビックやスウェーデンに対する疑問、興味を、住友にいた頃から持っており、サンドビックの製品カタログや関連情報から、どうして世界中の同業者が真似出来ないような先駆的な製品を生み出せるのか知りたかった。

サンドビックにきてその理由がわかり始め、スウェーデンに住んでみて、その根本的な理由が理解できたと思った。

日露戦争の様な国家間の争いでも、**企業間の競争でも、勝つためには大きな競争の部分と、小さな競争の部分が上手く協調**しなければ競争に勝てない。一般には戦略と戦術を言われているが、その表現は分りにくい。

長いタイムスパンで全体を俯瞰しながら大きな競争に勝つための方策を考える人、小さな競争に勝つために末端で器用に上手に立ち回る人では根本的に視点が異なる。

H氏は小さな競争に勝つための視点しかなく……大きな視点で観察する事が出来なく、……国立大卒で定年55歳の時代に、50歳に手の届く年齢で、前職ではかなりの役職だったと思うが、多分、部下へは迷惑を掛け……、会社にとっては大変な人を雇っていたものだ。多分それが彼の会社の倒産を加速させただろうなと思った。

同じものを見ても、同じ条件の中にいても、人によりその評価、理解が大きく異なる現実を見せつけられたが、私は全く反論、議論することなく、まくしたてられるHご夫妻のお話を聞いていた。

H氏にすれば、私の様に、若造で、中卒で就職しているような人間に何が解るみたいな感覚が見え見えだった。

私の感じでは、一般にスウェーデン人はシャイで、その面では日本人とよく似ているが、率直で、相手の顔を見ながら、それに反応して言を左右するようなことをしなくて正直だ。

多くの日本人は相手に気を使ったような素ぶりで、……**多分、自信が無いので……相手の反応を見ながら言を左右する**……、結果的に、相手に何を言っているのか分からない様な印象を与える人が多いように思う。

スウェーデンは第一次、第二次大戦に参戦しなく、対戦する双方とビジネスを行い世界中が疲弊する中で力を貯え、第二次世界大戦後の世界政治に、小国ながら大きな存在感を示して、国連の中で永らく指導的な位置にいた。

企業としてのサンドビックは超硬合金と呼ばれる炭化タングステン粉末と金属粉末を焼結=セトモノのように焼き固める事で、鉄を切削する、…重量当たりの価格が凡そ銀と同価格……重量当たり価格で鋼の千倍くらい高価なハイテク技術である切削工具の分野に転換、約1・5世紀の間を柔軟に変身する事で生き延びてきた。

後任の後任S君の場合

S君は新婚で、奥さんは独身時代に母親と同居していたので、結婚後も一緒に住んでいた。

S君は、私より一回り若く、東北大学大学院卒で、サンドビックの様な外資系企業では通常採用できないような人材で、学校の先輩から、日本の企業は残業あり、上司がいい加減、大変だと聞いていたので外資系企業を選んだと言っていた。

日本の企業であれば、当時、教育目的の海外勤務では単身赴任が普通で、それも数か月の短期で、2年間もの長期間の教育目的の海外勤務は考えられない。日本では海外転勤に際して義母同伴はあり得ない話だと思うが、スウェーデンではそれは受け入れられる事だったので、義母同伴でスウェーデンでの生活を楽しまれた。

2年間のスウェーデン滞在だったが、仕事上は、会社としても、本

人としても……効果みたいなものは無かったみたいだった。
父君が大企業の管理職で裕福な育ち、ピアノが弾けて、東北大学の大学院卒のS君から見ると、サンドビケンの技術者の学力の低さ、育ちの悪さに……実務能力の低さではない……に困惑している様子……スウェーデンの高学歴者の職場は労働者の社会の臭いがするからだろうと推測した。
反対に、ストックホルムの博士又は同等レベルの科学者連中との会話では、知識、認識の幅と深さの、大きな乗り越えられない様な壁の高さが原因している様で、彼らと共感を持った技術的なレベルの会話が出来ていないように感じたが、それは日本の大学教育の影響だと思う。私は、住友で同様な感想をもって眺めていた数人の旧帝大卒の人を知っている。
私の後に、3家族の方がスウェーデンに赴任されたが、会社としては、全く効果はなかったように思う。
個人としてはH家族の場合、息子さんは医師となり、娘さんは北欧専門家として大学教授になられたので、スウェーデン転勤から最も利益を得られたのはH家だったと思うが、……皮肉なものだ。
ご両親は、日本文化に浸って……スウェーデンを批判的に見ていたが、子供さんは視野を広げて、その後の人生にプラスに作用したのだろうと推察している。私はH家の方々をスウェーデン家族に紹介したが、スウェーデン家族との交流は続かなかった。

営業部長河辺さんの経験

河辺さんは筆者より5才上、40代で途中入社された。順調に昇進され、1990年代に西日本を統括する営業部長になられた。河辺さんは、何時も誰にでも……河辺さんは英会話が出来ないので、外人と話すことはしない……**サンドビックは楽な会社だ、バカみたいな会社だ、従業員が無茶苦茶しているが**それでも許されると仰っていた。
彼は、前職と比較してサンドビックがいい加減な会社だと思っている。同じような話を数十回聞いている。
河辺さんは関西学院大学卒業後、水処理で有名な栗田工業に就職、営業の仕事に従事されていたが、顧客は県、市、町などの公共団体だから……接待や、様々な不正とスレスレの営業活動の連続だった。ある事が切っ掛けで、栗田工業は検察から調査が入り……取りあえずの所は管理職に対する尋問だったが……河辺さんにも検察が……と心配して、先回りで会社を自主的に退職された。
次いで、非上場企業の工作機械メーカーの山崎鉄工に就職、会社は非上場会社で、現代の感覚では、相当ひどい、同時期の京セラ並みのブラック企業で、ワンマンの二代目社長が従業員に無理難題を押し付ける。
河辺さん、既述のHさんご夫妻の様な、筆者と同年代かそれより高齢の日本人から見ると、スウェーデンはその様に見えていたみたいだが、21世紀流に表現すれば、スウェーデン企業はホワイト企業で、日本企業はブラック企業だっただけの事で、多くの人がその事を認識していなかっただけだ。

日本の海外駐在員の経済事情

多分、1976年頃と記憶するが、会社のゲスト用レストランで総合商社、丸紅のヨテボリにある出先の所長とお会いし、……これはその国に住む外国人が良くやる事だが……物価が高い、税金が高いとスウェーデンの悪口で盛り上がった。
彼はサンドビックが製造する原発用の核燃料棒を挿入するジルコ

ニューム合金のパイプを、丸紅経由で日本に輸入するビジネスの可能性を求めての来社であった。

X氏は、最近日本から通達が来て、今後、海外駐在員は、原則、現地給与のみで生活すべしと云ってきたが、そんなこと出来るはずがないと激高していた。大商社の場合、会社によって違いはあるが、給与の一部分やボーナスは日本で支給され、貯えの心配などしないで現地給与は使い切るのが普通だったが状況が変化した。

貿易量の増加に伴い多くの企業が海外に支店を持ち、英語に堪能な人材が育ち、為替が円高になり、商社を経由することなしにビジネスを行う傾向が強まった。その様な環境の変化の中で、マスコミや、経済学者が商社無用論等を言い始めていた。

経済状態の変化が……大きな部分は為替の円高が……商社にそれを許さなくなったのだ。

住友に勤務していた時の係長、玉置元久氏は、東京帝国大学、造兵科卒、海軍工廠の技術大尉だった人で、立派なお家を伊丹の高級住宅地、緑が丘にお持ちであったが、米国に数年間駐在されていたので邸宅が買えたと聞いていた。

その後、X氏はどうされただろうか、当時は退社も辞さずみたいな剣幕で語っておられた。

若しその後、開発途上国に転勤されれば、お手伝いさんを雇って優雅に過ごせたのに、若しかしたらそうして居られるかもしれないと思うが、お話では5年以上は動かないみたいなことを言っておられた。

スウェーデンの医療、高齢者の手術

私が単身でスウェーデンに赴任してから2か月後に名古屋の岩間藤吉さんが、私を追ってサンドビックを訪問するためにスウェーデンへ来られた。岩間さんは東京帝国大学工学部造兵科卒、海軍技術将校で佐官級だったと聞いていた。

帝国海軍の軍艦や兵器を作るための軍の海軍工廠の高級軍人だった人で、当時同級生だった人が神戸製鋼や他の大企業の社長をしていると聞いていた。

兵器製造に際してスウェーデン鋼を使った経験から、先進国スウェーデンをこの目で見たいと永年思っていたが実現せず、古希を超え諦めかけていたところ、知人の私がスウェーデンに転勤したので、それを頼ってのスウェーデン旅行であった。

岩間さんはサンドビックの製品をトヨタ自動車に納入する代理店羽根田商会の会長さんで、私は頻繁にトヨタを訪問していたのでお互いによく知っている。2日目の夜中に、会社のゲストハウスから電話が掛かってきた。

貴方のお客の老人が、ウンウンと唸っているが英語が話せないから、様子を見に来てとの話で、直ぐにゲストハウスに行く。

岩間さんは鼠径ヘルニアで、腸がヘルニアから脱出して陰嚢に落ちて、陰嚢が水球のボールみたいに巨大になっている。

私は鼠径ヘルニアを知っていなかったのでビックリ、直ぐに救急車を呼んで病院へ直行した。

幸いにも当直医は外科の医師で、手術をしないとダメ。手術自体はそんなに難しい手術ではないが、患者が73歳と高齢なので、家族の同意が必要であると言われた。

病院から高価な国際電話

電話代が高い事を承知していたので、アパートに帰って電話するか……躊躇していると、医師は直ぐに電話しろと言う。

1分約1、200円掛かる国際電話を病院の電話で名古屋にさせて貰ったが、数万円……現在の感覚では数万円の電話代は病院が払ってくれたが、日本だったらどうだっただろうか？　電話代はその後も請求される事はなかった。

奥様に状況を伝えて手術をする事を了承して頂いた。手術が終わったのは、午前2時くらいで、アパートに帰り8時頃に病院に再度行った。岩間さん曰く、手術後間もなく，小用がしたくなり聞いたら、自分で歩いて行けと言われたとの話。

次の日に、仕事を終えて病院へ行くと、医師は遅くとも明後日、出来たら明日退院するように言われた。

私はビックリ、旅行中の老人が大手術をして、直ぐに退院……海外で日本人から見ると非難したくなる荒っぽい仕草を西洋人から受ける事があるが、その類の事だろうと直感した。

医師は、入院を継続する理由は全くなく、とにかく退院を標準のルーテインとして主張する。

議論しても仕方がない事を理解してホテルに部屋を取り、翌日ホテルに移って頂いた。

岩間さんのお嬢さんの夫は日本の銀行のロンドン支店長をしておられ、娘さんに連絡を取られて2晩ホテルに宿泊した後ロンドンに移られた。私は翌年の夏に2週間の休暇で帰国して名古屋で岩間さんと再会するに際して、病院での強引な仕打ちを思い出し心が沈んでいた。

岩間さんは元気にしておられ、スウェーデンの医療の水準の高さを身をもって経験できたと大変感謝された。

何名かの著名な財界人の名前を挙げられ、彼らは鼠径ヘルニアの手術受けたが予後が悪くて、結局現役から退いたが、自分の場合は全く問題ない。彼らは自分よりも10年近く若くして手術を受けたのに、手術後数週間の入院ですっかり体力も衰え元に戻らなかったとの事。

術後に直ぐ体を動かすことで筋肉の衰えも抑えられて、血液循環も促進され、結果的に予後が良くなることはスウェーデンの常識となっていたので**医師は私の抗議にひるむことなく断言した**事が理解できた。

日本では、病院経営の観点から入院期間を永く……その方が丁寧、親切と患者も喜ぶ側面があり……不要の長期入院が定型化していたのだ。あれから半世紀、日本でも漸くスウェーデン並みに不必要な長期入院はさせない様になってきたが、何故日本ではこの様な方式の変更が実現するのにこんなに長い年月が必要なのだろうか。

日本では、医療費が上昇して、手が付けられないほどの高額になると、漸く医療費の削減が問題、課題として認識され始め、永い時間を掛けて、少しピント外れの政策が決定される。

結婚前の同棲、立ち合い出産の話を聞いてビックリ

2人の幼い娘がいるので、同年代の家族と一緒に行動する事も多く、色々な事を聞く。

出産に際して夫が立ち会う、立ち合い出産の話を聞いてビックリ、かなり前からの習慣と聞き、先ず日本では起こる筈はないと思っていたが、21世紀になり**数年前から日本でも普通の事になった。**

儀式としての、結婚する、しないはスウェーデンでは既に意味を失っていた。

先ず同棲して、それから結婚した方が政府から受けられるサポートが多くなり有利と判断したり、子供が出来たので結婚した方が有利と判断した時点で、結婚するのが標準的なスタイルになっていた。

同棲が恥ずべき行為として、暗いイメージを与えていた日本とは大きな違い。
初めて会った人が全く気にせずに、同棲していると、自己紹介の時に公開していた。

45年前に子供手当が1人当たり月に約1万円

スウェーデンに来て、最初に直面したのは、私の給料では食っていけない事が明白になった事だった。
税金が高いに加えて物価が高い、これは当時だけでなく、その後も継続して同様だが、夫婦共稼ぎが基本の国だから、一般人で、夫の収入だけで豊かな生活するのは不可能だ。
1年過ぎてから、会社の人事からアンケートへの回答を求められたので窮状を訴える4~5ページの文書が見つかった。それによれば、既に45年前に娘1人当たり月に1万円の子供手当を貰っている。
(資料集参照)

現在のスウェーデンの妊娠、出産、育児、教育に関する政府のサポート

詳細を説明するためには紙数を多く要するので、現在の為替レートで要点のみを纏めれば以下の様になる。
妊娠、出産費用は無料、母親は出産予定日の2か月前から両親休暇480日の取得が可能になる。
両親休暇480日は、80%の給与補償で子供が12歳になるまで有効。
子供手当は16歳まで支給で、月額一人約15、000円。
16歳以上で学習手当が月額1人約15、000円支給。
大学も学費は無料で、色々な制度を利用して、他都市で自活しながら卒業する事が出来る経済的な支援を得る事が出来る。
20歳以下の子供の医療費は原則無料。
子供の看護休暇は最長年間120日取得できる。**日本にも同様の制度が出来たが最長5日間で有給か、無給かは企業による。**
日本では、西欧を模倣して制度が出来ても、公務員には適用可能だが殆どの民間企業の従業員には及ばない。
スウェーデンでは、**官、民、大企業、零細企業に関係なく全ての被雇用者に適用**される。

何が根本的に違うか

スウェーデンでは国民を平等に扱うという根本的な精神のもとに全ての制度が出来上がっているが、日本では一級国民と二級国民に分けて、先ず一級国民に適用を始め、様子を見ながら修正を入れ、長期間の経過の後に二級国民へも適用されるように変更される。日本では、最も優遇されている、一級国民とも表現される公務員には、即刻適用可能だが、二級国民である民間国民には適用不可能な制度が出来上がる。
多くの場合、それは国連や人権を看板にする国際機関が、**単純な数値の比較から日本の後進性を指摘する外圧に対する、日本の官僚、政府の回答**として現れる。

日本の官僚は仕事を簡単にする応用力がない

機能する制度を作るためには先ず、問題発見能力が無ければならない。
次いでその問題を解決する能力=アイディアが無ければ、効果的に機能する制度を作ることは出来ない。

思想的な、抽象的な活字上の知識があっても、行政の為には役に立たないのだ。

簡単な事は簡単に、複雑で難しい事は時間を掛けて、考え抜いて優れた制度を作らなければいけないが、浅薄で知識が無ければ、反対に難しい事を拙速に片づけ、簡単な事の処理にヘドモドして結論が出せないのは能力不足の人が陥り易い事だ。

残念ながら日本の官僚は、勤続年数の増加に伴い能力を低下させて、社会のニーズを感じ取る能力が低下して行く。

私の場合最初の3か月は単身で

１９７５年5月に単身で先に行き、妻と1歳の長女、生後半年の次女は、8月に遅れてスウェーデンに来ることにした。

単身で到着早々に会社が用意していた宿舎は、単身労働者用の約50平米くらいの１ＤＫのアパート。

となりの部屋には単身のオーストリア人で、製鋼工場で働く熔解工の人がおり、ビールを飲み合う友人となった。

最初の月の給与明細を見て、同僚に話を聞いて……事前にある程度の一般的な事は知っていたが、それらは単に活字知識で、これは大変な所に来たとビックリした。

月給は5、５００Krで当時の為替1Kr＝70円で計算すると、約38万円で、年収換算で約４５０万円。

私は日本で非常に良い給料を貰っており、年収換算でホボ同額か、日本の方が若干高かった。

源泉徴収されて、手取りは３、３００Kr＝23万円で約40％が税金で控除される。

年収の手取り額で計算すると日本で３５０万円強が、約２８０万円に20％減、にも拘らず物価は感覚的に日本の2倍強くらいの感じ。

家族用のアパートの家賃は１、０００Kr～１、５００Kr＝7～10万円くらいが一般的で、家賃を払えば、残りは２、３００Kr～１、８００Kr＝16～13万円となり絶対に生活できない。

初年度と、最終年は、半年しかスウェーデンで働かないから年収が半額になり、税金も減額されるから良いが、２年勤務の中間にあたる来年は壊滅的な経済状態になる事が目に見えている。

スウェーデンは基本的に夫婦共稼ぎで、その場合には全く問題なく生活できるが、……我々はそうは行かない

住宅を頭金ナシで購入

数人の会社の同僚と話すうちに、ローンを組んで家を買うと支払金利の分は全額が税額控除される事が分かった。

取り敢えずこの制度を活用すべく、建築中のテラスハウスを約11万Kr＝７７０万円で買う契約をする。

サンドビックに勤務し、給与の保証があるので、頭金ゼロで買って、毎月の金利負担分の約１、０００Kr＝7万円、給料の手取りが増額される。

カタログには、1棟に4戸が住む2階建てのテラスハウスで、１１０平米とあったが日本流に言えば全く異なったものになる。

６ｍ×10ｍの2階建で、地下室付きの実質3階構造。

各３５０リッターの冷蔵庫と冷凍庫を備え、電熱を利用した最新式の調理器を備え、1kWの暖房用パネルが8個設置してあり、地下には横型ドラム式、温水で温度調節可能な洗濯機が備えられており、直ぐに住めるようになったいる。

日本流に言えば、広さ１８０平米、12平米ウッドデッキ、６平米

ベランダ付となる。

スウェーデンでは、階段、廊下、トイレ、地下室などは生活必需空間であり、生活空間として計算されない事になっている。

家を買ったことで、スウェーデン在住時の控除税金が減額され、月当たり約1，000Kr＝7万円の手取り収入が増加するとの目算であり、帰国時に売却すればその時に売却損が発生するかもしれないが、売却益が出る可能性もあり、私の予想は世界中でインフレ傾向が出始めていたので売却益が出ると確信していた。

スウェーデンの住宅事情、多くの人が家をDIYで作る

当時日本では、企業や官庁は、社宅や寮を持っていたが、スウェーデンではそれは1930年代の遠い昔の話で、社宅、寮に住むことは敬遠されて徐々に廃止され、1960年代には完全に無くなっていた。

サンドビックの場合について説明すると、会社に勤める人は、大まかに、3つのグループに分けることができる。

普通の人グループ

ストックホルムの様な大都市には、そのままでは当てはまらないが、一般的にスウェーデンでは自分で家を建てる。

DIY的な家のキットが売られており、それは非常に立派なものだ。最近日本で売られているスウェーデンハウスはその様なDIYの一種であるが、日本では建設工事は業者がやっている。

特別に強烈な上昇意欲を持たない月給で賃金を貰うホワイトカラーのサラリーマンや、時間給、日給で賃金が決まるブルーからの人々のグループであり、**感覚的には95%がこのグループ**である。

残業ゼロの世界で、色々な職種の友人もいて、手助けしてくれ、土地、住宅キットの価格は安い。

友人又は、友人の友人に、電気工事士、測量士、ユンボの運転手……がおり、手助けしてくれる。レンタルの機械もあるが、多くの場合、自分や友人の勤務する会社の機械を借用できる。

当時、核戦争に備えてのシェルターとして使えるように地下室の設置は義務付けられていた。

購入した造成宅地の道路の地下4～5ｍの深さには、排水の為に直径1ｍくらいのコンクリート管が埋設されているので、地下室の排水、壁からの漏水の問題が発生する心配はない。

日本流に言えば、200～300平米の平屋の高級住宅、建坪200平米の2階建ての普通の家である。

この様にして若い時に1～3年掛けて家を建てれば、それは大きな資産価値となるので、殆どの人は自分で家を建てる。

冬季は非常に寒くなるので、省エネは徹底している。外壁は、外側からレンガ、木の板、25㎝厚の断熱材のグラスウール、約1㎝厚の石膏ボード、内側が木質の化粧板である。

基礎、地下の土木工事、上物の建物の造作は非常に丁寧で、日本の安普請とは比較にならない。

日本で大手の優良建築会社の建物でも、数㎝の厚さのグラスウール断熱材が申し訳程度に挿入されているが、25㎝の分厚いグラスウールが覆っている。

上昇意欲が強い仕事人間

少数だが、トップグループ入りが目標の人は猛烈な仕事人間で、海外勤務、出張で暇がない、友人の数も少なく、自分の家を持てない、

でいる。持たないで、他企業への転職も視野に多くの場合、賃貸住宅に住ん

会社のトップグループの重役は社宅住まい

社長を筆頭に、それまでの人生で、家を建てる機会を持つ事が出来なかった人で、このグループの人は、殆どの人が社宅住まい。非常に多忙で、海外に転勤、又は海外から帰国、頻繁な海外出張、何時でも柔軟に対応が出来るようになっている。

臨時的な仮住まい

8月末に家族が羽田からアンカレッジ経由でコペンハーゲンに到着、そこで家族と合流してストックホルム空港に向かい、そこから会社のベンツの大型リムジンで約2時間、転勤者家族が短期滞在の為に住む会社所有の2階建てアパートに到着した。

アパートには全ての生活に必要なものが揃っていて、海外転勤者がビザ取得、前任者との時間調整などで出発日が決まらない等の問題が解決するまでの時間調整の為に使用される。

アパートの冷蔵庫には、標準的に使用される食品や飲み物が大量に詰まっており、食卓には花が飾ってあった。

購入契約を結んだテラスハウスは12月完成、クリスマス前には入居できる予定で、４か月間滞在した。

新聞記者が来て地方紙のトップに掲載される

人伝に、日本人が住んでいる事が伝わり、若い美人の新聞記者、ベリイストローム嬢の訪問を受けた。

多分、当時、感覚的に日本人は非常に低く見られていた。経済統計が示す富裕度に大きな差があるのに加え、周囲にはたくさんの韓国から里子で引き取られた戦争孤児だった東洋人がいる。スウェーデン人にすれば、日本人も韓国人も同じだ。

色々な日本の物の説明を英語で聞き……、来瑞、半年強で私のスウェーデン語での会話は非常に貧弱……。

彼女は家に入り多くの日本の調度品を見てビックリした様子を示した。友達に薦められて来る前に想像していたのと全く違う。特にお雛様については、強く印象付けられたようで、彼女は日本の文化と言うか、日本人、日本と言う国がいい加減な国でない事を強く印象付けられた様だった。一般に欧米先進国の人は自国を非常に誇りに思い、それを隠さない。

中でもスウェーデン人とスイス人は自国に過度に高い誇りを持ち、多くの人が英語を解し、言語的な障害が無きに等しいので、英米の事を良く知っており、英米を下に見ている傾向を感じる。

20年くらい一緒に活動した、米国の弁護士ロナルドもそれには完全に同意している。記者の訪問の数日後の１９７６年２月13日の地方紙のトップに、我々家族が写真入り記事として掲載され、細かな説明が別の紙面で成されていた。人口約３万弱のサンドビケン市には日本人が住んでいなく、言わば、我々は、珍獣、パンダの役割をしたようなものだ。（写真集参照）

友人家族との交際

お互いに家庭に招待して食事を一緒にする関係の家族が５つくらいあり、その中でも会社の同僚ロルフ家族とは頻繁に行き来していた。

ロルフの妻ウラさんは市役所勤務で、秘書課長＋総務課長の様な仕事をしている。

ご招待を受けてロルフ家に行くと珍しく、ウラさんが家にいない。珍しく30分ほど遅れて帰宅した。

ウラさん曰く、今日は水道の関係の専門家会議があるので、その用意で遅くなった。

会議室の用意と、コーヒー、クッキーを用意して会議参加者が来るまで待っていたのでとの話。

聞いてみると、水道の関係の工事をどの様にするかを討議して決定するために、市議会から数人、民間の専門家が数人、業者から1人、計5～6人が集まって討議して決定して、議事録を作るとの事。市議会での議決は必要ない。

皆、仕事が終わってからの会議なので5時半開催、約2～3時間の会議になる。

当日の出席者には全員、時間給で賃金が支払われる。

市議会議員は議会が開かれたときに時間給で報酬が計算され、他の多くの市も同様との話だった。

サンドビケン市は人口3万弱の市だったが市長も月給でなく、市議会関係の行事への参加の時に日給で報酬が払われていると聞いた。

サンドビケン市はゲーブレ県に属するがゲーブレ県には、名目だけの、外交上の県知事はいるが、行政上の県知事はいない。世界中、何処の国でも県知事がいるのを承知しており、外国からの政治絡みの訪問者に対する応接の為に名ばかりの県知事が置かれている。会社の事業部長だったヒーシング氏は退職後、県知事に就任されたが、何かにつけて、我々から見ると非常にユニークな国だ。

ロルフもウラさんも、英語は得意でなく……子供を主役にしたような家族間の付き合いだった。2年くらい経過して、私もスウェーデン語での会話はホボ問題なくなった頃に、日本語についての質問を受けた。

日本語では頻繁に主語が省略されると説明すると、ウラさんから、間髪を入れず……それじゃー、**『日本語は赤ちゃん言葉みたいなものなのね』**と言われて、驚いた。ウラさんは、漫然と会話していない、それがスウェーデン人だ。

日本からの情報、カラオケと坂本竜馬

スウェーデン在住中は日本の事は殆ど解らない。

日本から1か月分くらいの新聞を纏めて送ってもらい、それが重要な情報源だった。

カラオケの宣伝が載っているが、何か全くわからない、……どの様に考えても分からない、帰国して初めて分かった。

出張でスウェーデンへ来る人にお願いして、本を持って来て頂いた。

若いころから司馬遼太郎の本を愛読していたが、多国籍企業に入り、世界貿易、多国籍活動について知るようになると、バカらしくて司馬遼太郎の本、中でも〝竜馬が行く〟などの本を読む気がしなくなった。

竜馬は単に、武器商人の手先となって、武器を売りさばく、それだけの人なのだが、司馬遼太郎は竜馬を英雄に仕立てた。日本で多くのビジネスマンが坂本竜馬を英雄、偉人だとして、尊敬し、子供に竜馬と名を付けたりする様子を見ると、素朴な日本人を感じた。若し、私が海外を知らなければ、彼らと同じように竜馬熱に浮かされていたのかもしれない。

テルアビブ空港の**銃乱射事件を起こして死亡した2人の京大生、東大博士課程中退、オームに入信、東大の歴史上初めて死刑を執行された豊田亨の様にマインドコントロールを受けて、阿保になってい**

たかもしれない。

個人情報、個人番号

スウェーデンでは１９４０年代に個人番号が付与され、６０年代にデジタル化が推進されて全ての事が個人番号で処理できるようになり、個人番号には約80年の歴史がある。個人番号を通じて、日本では個人情報として多くの人が見られたくないと思っている殆どの事は全て誰でも知る事が出来るようになっている。この様に情報が公開される事で、汚職、嘘、不正の存在を許さない清潔な社会が維持され、国民が納得できる政治が行われている。

例えば1人の中年の女性の場合、個人番号から、彼女の所得、住所の変更経歴、卒業学校や年次、病院への通院歴等、日本で最も重要で知られたくないと思っているような個人情報は他人でも調べれば、分かるようになっている。

スウェーデンの情報公開は多くの外国人にとっては驚きみたいであるが、日本人の個人情報の秘匿行動もまた異常としか言いようがないと私は思う。**「アンデルセンの童話の北風と太陽」**は意味のある示唆を与える。

露見しては困る事をしている人は、守りを固く、そうでない人は頓着しない。

極悪な、オレオレ詐欺に準ずるような詐欺行為の、発生予防を看板に掲げて、個人情報保護法を、不必要なまでに拡大解釈して、社会を不自由にする事で、日本では大きな悪事の隠蔽を可能にしていると思う。

妻の大学の先輩で、息子が遠隔地で大学の講師をしている人がいる。

彼女は月一くらい息子の所を訪れているが、そのたびに郵便受けにポスティングされているダイレクトメールの住所の記載のあるチラシの封筒の束を持って息子の所に行く事がルーティンになっている。

息子はシュレッダーを持っているので、個人情報が外に洩れない様にシュッレッダーにかけるとの事である。

多分、息子さんもその事を肯定されているのだと思うが、スウェーデンと日本のこの大きな違い、ただ驚くばかりである。

彼女も、息子さんも誠実に生きておられる方だが、日本標準で、何かに恐れて、怯えて生きておられるのかもしれない。

庶民が個人情報保護に異常に敏感になり、その事が結果的に社会での巨悪の存在を擁護する作用をしている。

標語として個人情報保護が出てくると、考えることなしに標語に忠実に行動する平均的な日本人の行動は、今後どのように社会を変化させるのだろうか。

Uドリルの開発

１９７６年のシカゴで開催された国際工作機械見本市＝ＩＭＴＳシカゴショーから帰ってきた副部長ファーバー氏がパンフレットを渡して、どう思うと聞いてきた。

それはチップと呼ばれる刃先を再研磨しないで、単に交換するだけで使える、その頃、流行りだしていた技術を使った穴あけ工具のパンフレットだった。汎用性と、長い穴明けには適用不可能で、広く普及するとは考えられないと思った。

当時、穴あけは高速度鋼製のツイストドリルと呼ばれる、ネジレ刃のドリルが使われていた。

超硬合金を使った穴あけ工具が実用できれば、穴あけ速度は確実に5～10倍速くなる。

機械の強度も上がっており、成功する可能性は大きい

私が開発担当となり、左右の切削抵抗のバランスを取る刃型を採用するUドリルとして商品化、その後サンドビックの穴あけ工具の主力製品の一つとして約半世紀経た今日でも存在している。

根本から考えるスウェーデン人

石油掘削の為に使われ、油井管と呼ばれる、太くて長い管の両端に接続用のねじを切った、普通鋼の数百倍も高価な耐熱耐蝕性の高合金鋼で作られたパイプがある。石油の需要増加に伴い、需要が急激に上昇傾向を示す油井管の両端に接続用のネジを切る、ねじ切りチップへの参入を私は声高に主張していた。パイプの素材は非常に切削し難い材料で、成功するためには高い技術力を要求され、安価に製造できなければ、市場に参入しても競争力が弱い。日本の会社なら通常、現在マーケットで使用されている設備を買って、現在の製造方式をそのまま導入してビジネスに参入する。

サンドビックは現状の設備を使わないでコロフォームと命名された、総型と呼ばれる、複雑な形をした砥石を安価に作る方式を開発して、市場に参入した。新方式の開発には時間と金が掛かるが、高い競争力と利益率が確保できる。

常に、大きな競争に勝つように、競合他社の模倣は絶対にしない、**物腰は丁寧でユックリしているように見えるが、志高く、忍耐力を備えた、強固な根性がある。**

議論とジョーク

スウェーデンのテレビでは頻繁に、何かの問題を高い専門知識のある人が議論している。彼らは納得しないと動かないところがあり，……当然の事だが……仕事の場でも、会議でも同じだ。

鋭角な議論は時に人間関係を大きく破壊するリスクが伴い、上手くかわす道具としてジョークがある。

英国人にはそのようなジョークの達人が多いが、スウェーデン人もジョークの上手い人が多いが、そのためには常に頭の中に余裕がないといけない。**一般に日本人は母国語の会話では、直ぐ熱くなり余裕が不足する**ように思う。第二外国語の英語で話すことで、熱くなるほど議論に集中できない事で緩和されて丁度になるのかもしれないが、そのためには**先ず知識の引き出しが多くて、箱の大きさが大きくなければいけない。**

トヨタ自動車の重役

多分、１９７７年の冬にトヨタ自動車の常務だったK氏を、サンドビックの代理店経由の依頼でスウェーデンのボルボのカルマルとショブデの工場見学にお連れした。

ボルボでは乗用車の組み立てを、1世紀前に米国のフォードが始めた非人間的な作業環境の典型とされていたベルトコンベヤー方式から、複数の組立工からなる、グループの作業者が1台の車を囲んで必要な部品を組み付けるカルマル方式と呼ばれる、組み立て方式が採用されて、試験的に運用されていた。

ショブデの工場では色々な部品の機械加工が行われていたが、工場見学を終えてK氏は、俺なら直ぐに製造原価を30％削減できると、

吐き捨てるように言われた。トイレで温水が出る、工場の一部に観葉植物とテーブル、椅子が置かれて、瀟洒な喫茶店のようになっている。**あんな事をしとるから高くなるんだ**、と言われた。

当時、宮城県の工場に工場長として勤務していたエリクソン氏夫妻がスウェーデンに帰国、他のスウェーデン人の家族も一緒に、３家族で食事をした。エリクソン氏の妻が日本では満足な暖房設備がなく、夜間の寒さが尋常でないと、我々に気を使いながら友人夫婦に説明していた。夜間に家の中、寝室などは零度以下になる事が珍しくないのよと言っている。

スウェーデンでは既に数十年前から人の住むところではセントラルヒーテングと湯の出る洗面所は必須の設備だった。

本田は巨額の投資を米国、オハイオ州で行い、１９７９年に生産開始、既に数年前に外部に知られており、トヨタの海外進出の遅れがマスコミで話題となり、トヨタにとって事業の海外展開は急がねばならない事だったが、当時の、日本のトップマネジメントの西欧社会に対する認識はその程度だった。

デルタドリルの開発、大企業の横暴を許せなかった

私はデルタドリルの開発業務には直接携わらなかったが、デルタドリルの開発、特許の問題に最も深く関係した人間の一人である。コンセプトの起源は日本の鉄工所経営者、細井氏にあり、細井氏から特許の専用実施権をサンドビックが受けて、製品化するのみならず、模倣品との特許戦争を行い、それをビジネスとして成立させた珍しい事件だった。

著名企業であるサンドビックには頻繁に、世界中から個人の発明者や小企業から特許を買わないかとの提案が来る。

１９７６年にそのような提案が、大阪の従業員数約20名の鉄工所のオーナー細井氏からサンプル付きで寄せられた。

旧ドイツ軍の技術将校で、Uボートに乗艦していた噂されていた副部長ファーバー氏から、日本からの提案だからお前が評価テストをやるべきだろうと私に評価テストを指示した。ビックリするような結果では無かったが、原理的な部分の突っ込みが浅く、もっと深く応用について考えて行けば何か良い事が有りそうな感じがして、大したお金も掛からないだろうから買った方が良いみたいな具申をした。翌年の夏に、会社が費用を出してくれて家族で2週間の帰国の旅があり、その時に細井氏の会社を訪問した。

訪問前日の夕方、大阪ロイヤルホテルに着くとロビーで全くの偶然で旧知のエリクソン氏に合う。

彼はその頃、ＳＥＣＯと云う超硬工具の世界業界で4~5位につけている、競合関係にある会社の社長で、ＳＥＣＯは日本の大手企業三菱、住友、東芝などの2倍くらいの良く知られた優良企業。

立ち話をすると、彼は細井氏に会ってきたとの事。彼は冶金分野の出身で工具の事については良く知らないので、話は聞けても決断、決定できるとは思えない。でも、競争の厳しい最先端での競争は厳しく、何が起こるか予測できない。

翌日、細井氏を訪問してお話を聞き、発明の原理をより深く応用した試作品のテストを見せて頂き、感激した。

早速、私個人としてはすぐに契約したいが、それは不可能なので会社に相談して出来るだけ早く正式な契約書を交わしたいので、関連する資料を見せて頂きたいと申し上げた。

細井氏は既に色々な我々の仕事に関連するもの、関連しない技術について驚くほど多数の特許、実用新案出願をされている。

話は、複雑で特許権の成り立ちを理解していない人には理解不能かもしれないが、自分が出願した特許が存在するが故に後日に出願したより重要な特許の権利が成立しない事が起こり得る。

特に弁理士経由の出願では、弁理士は商売だから、細井氏から依頼されれば、過去の事は良く調べてそれなりの対応をして出願文書の作成をするが、未来に起こる事には無頓着であるからこの様な事は、特に出願数が多いと頻繁に起こり得る。

細井氏出願の数件の特許、実用新案の出願書類のコピーを頂き、昼食後直ぐに、靭公園にある発明協会に直行して、細井氏出願の最も重要な特許の登録の可能性を推理するための、関連出願特許の調査を始める。

今はネットで簡単に検索できるが、当時、特許広報は発明協会に行き、無数の4〜5㎝くらいの分厚い百科事典みたいな本を分類番号によって特定して、閲覧したい公報を見つけてコピーを取ってもらう。26件の怪しい、細井氏の特許登録の邪魔になる恐れを感じるものを発見した。コピーを手に直ぐホテルに帰り、精査すると16件が問題になる可能性があり、そのうちの1件は決定的で、多分細井氏の特許は登録されないだろうと思った。午前中に細井氏と面談中に聞いた話を思い出した。

日産自動車の金型関係の部門のY課長が訪問した折に、出願準備中の試作品のテストを見せたとの話を思い出した。

細井氏の出願日よりも、数週間早く出願され、Y氏の訪問を受けた約2週間後に出願されている。

和文タイプライターで出願書類を作成していた時代に、2週間で出願……。

問題の16件に就いて精査、咀嚼して、概略の内容を説明し、危険度を推測してホテルのテレックス室に原稿を持ち込んだのは締め切り21時の10分前だった。時差の関係でスウェーデンは午後であり在社中だから直ぐに検討、テレックスで翌朝には回答が貰えるように頼んだ。

ホテルのルームチャージが1万円強だったが、テレックスの長さ約3m、発信料金は約5万円だった。

1975年のスウェーデン赴任当時、スウェーデンと日本間の国際電話料金は1分間17クローネ＝1、190円で使える筈もなく、又、本社では複数の人が内容を咀嚼していなければ迅速な回答が期待できないと思いテレックスにした。

翌日、テレックスでOKの返事、直ぐにでもレター・オブ・インテントを提出、細井氏が心変わりをしないようにすると共に、正式契約に向けての交渉を始めるとの回答であった。

後日、私の発信した長いテレックスは会社の上層部の関係者が何かの時に、私を論評するときの話題提供の種となった。

デルタドリルはその後、サンドビックの小径穴あけ工具の主力製品として継続的に販売されている。

日産のY氏の所業

細井さんの所で開発テスト中の試作品を見て、帰ってから直ぐに特許の申請の手続きをする、その神経とそのような事をさせる日本の、日産の……問題を感じる。

Y氏は課長の肩書を持ち、帰社後すぐに弁理士を呼んで説明して、出願の手続きをしたものと推察される。

通常、出願に際しては、文章を練り上げ、推敲を重ねて出願までにかなりの期間を掛けるのが普通だ。

この様な盗み行為が、その後どのように進展するかどのように考えたのだろうか、不思議である。

私は仕事で日産の約10個所の工場全てを訪問した経験がある。日産の営業担当から、出入りの業者に接待をせびる行儀の悪い日産の従業員の話を聞いていたが、既に日産は病んでいて、後日ゴーン氏を社長に迎えて、改革をしなければいけないような企業になっていたのだと思う。

冶金の知識の獲得とアスベストの問題

日本で現地生産するべく宮城県瀬峰町に用地が買収され1976年3月の操業開始の予定で新しい工場が建設中だった。

1976年、年明け早々に操業開始に合わせて新規採用された5人の課長がスウェーデンのジモ工場に研修を受けに来た。

1人は大阪大学卒、3人は東北大学卒、1人は私大卒で、焼結、機械加工、研磨、設備、工場運営、の責任者で工場運営のかなめになる人である。1か月以上、名目は通訳として5人組の研修をサポートしたが、この経験は私に得難い経験となった。

5人組よりも私の方が、頻繁に多くの質問を工場の技術者に投げかけたかもしれない。

最も重要な技術の要は焼結工程であり、それに続いて行われる薄膜のコーテイング、技術的に非常に高度なコントロールを必要とする。それまで冶金的な知識は活字知識だったが、時間を掛けて、実際の焼結炉、コーテイング炉、粉末等を目の前にしての、冶金の専門家との詳細な議論は、私を冶金の専門家に育ててくれた。

丁度その頃、スウェーデンでは、数年前にアスベストの使用が禁止され、その対策に技術者は追われていた。

少量であるが焼結炉、コーテイング炉の断熱材としてアスベストが使われており、アスベストを使用しないように炉の設計変更を行う事が計画されていた。同業他社は、炉は外部の専門業者から購入するが、サンドビックは自社開発の設備を使う。

奇妙な事だが、**統計によれば、日本ではその頃からアスベストの輸入量＝使用量が増加している。**

長期間のアスベスト吸引を原因とする肺ガン、肺気腫は30年後にもなって発症すると言われ、日本では今でもアスベストの使用を原因とする肺ガン、肺気腫は労働災害上の大きな問題であり、スウェーデンと同様に早期の輸入禁止又は用途による使用禁止を決めるべきだったのにそれが出来ていない。既に当時、世界中のその道の専門家はアスベストの害について知っていた筈だが、必要とされる対策は取られなかった。

世界的にアスベストの需要が低下して価格低下が起こると、それに手を出す日本企業が増加、日本へのアスベストの輸入が多くなり、その後数十年アスベストは継続的に広く使用される事になり、多くの方々がアスベストによる労働災害の被害者となられた。30年後の21世紀になって発症して悩んでいる人……医療費の増額の為に国を悩ませているが、これは明らかに人災だ。

抗生物質

私は喉が弱く、風邪症状が出ると直ぐに咽頭炎となり高熱が出るので、抗生物質＝抗生剤を、年に数回服用するのが常態化していた。日本では初回に抗生物資が2～3日分処方され、次回に又同量処方されれ……完治するまで、単に薬を貰うのに3～4回病院に行かなければいけない。スウェーデンで同様症状になり医者に行くと、1週間

分の薬を渡され、……若しかしたら10日分だったかも知れない……もう来なくて良い、その替わり絶対最後まで、**忘れることなく飲み切る事。お酒は飲むな**と言われる。

4年間で7～8回同様症状で、二つの医者に通院したが、同じ対応で、薬を飲み切るころには治っていた。

当時既に、抗生物質の耐性菌の問題は日本でも専門家の間ではよく知られた事で、抗生物質を飲みだしたら、途中で止めないで連続服用する事で、耐性菌の発生が防がれると言われていたが、日本ではそれは単に専門家の知識の段階で、何ら必要な対策が実行されなかった。私は、**日本で抗生物質の服用に際しての禁酒を言われた事は一度もない。**

スウェーデンの車事情、多くの人が車をDIYで車検

スウェーデンでは企業や、営業職の人、富裕層は新車を買うが、半数以上の一般の人は中古車を買う。

先ず、手取り年収との比率でみると、新しい乗用車は非常に高い、とてつもなく高い。

当時、日本でスズキの軽自動車の新車は約60万円で、私の手取り年収で6台買えた。

先ず、スウェーデンにはそんなに安い車が存在しない。累進課税の為に手取り収入が平均化され、大まかに一般的なサラリーマンの手取年収は当時3～5万Kr＝210～350万円くらいの範囲。

ボルボの新車は多くの人の年収以上の価格で、中古車市場が発達している。

当時、日本では2～3年で車を買いかえる人が多く、10年以上古い中古車は廃車するのが普通みたいな時代だった。

スウェーデンでは20年を過ぎた中古車はごく普通、私も10年中古のボルボ142を買った。

記憶がはっきりしないが、確か車検の有効期間は2年であり、車検を2度受けたが、車検に掛かった費用は1回3，500円で、掛かった時間は車で車検場に行く時間と車検に掛かった時間も含めて1時間弱だった。

先ず、会社から車検場に電話して時間の予約をする。車検場は会社から車で約15分の所にある。

予約時間の30分ほど前に職場から車で車検場へ行き、車検自体は約10分で終わる。

無事車検終了の場合にはそれでお終いだが、問題があり、車検が通らない場合、問題個所が指摘されその理由が書かれた書類をわたされる。中古部品屋に行き、問題個所の部品を購入、部品交換をして、再度車検を受けて合格する。

会社も、従業員が生活に必要な事がやり易いように柔軟で、離籍して車検に行く事に特別な許可を必要としない。

R&D部門だから緩い側面もあると思うが、国の制度が非常に合理的で利用者に便利なように出来ている。

この様な社会に生きていれば必然的に車についての知識も多くなり、それが社会の知的レベルを押し上げ、全ての面でDIY的な能力の向上につながるので嘘、誇大広告が氾濫出来ない知的な社会になると感じた。

日本で最近になって導入され始めた、ガソリンのセルフ給油、タイヤの空気圧調整はスウェーデンでは50年以上前から全てのスタンドで実施されていた。日本の運輸省、通産省の官僚や、識者と呼ばれる大学教授などは海外事情の視察に官費で出張するがそのような

海外事情について知らない筈はないと思うが、日本では政策に反映される事は無い。

民間であれば、多分、即刻にも、制度を変更すると思うが……。

日本にいても日本の事が解らない

日本にいるから、日本の事が良く解るはずであるが、必ずしもそうではない。**日本にいると日本的な環境に包まれて、それが空気のように意識される事なく生活する。海外で生活して日本と比較する事で初めて認識**する事は無数にある。

その様な気付きの全くない人が存在するのも現実であり、人間は面白い動物だ。

サンドビックの歴史

サンドビック㈱はスウェーデンのゲーブレ県、サンドビケン市に本社を置く世界的に有名な製鋼会社であった。

創業は１８６２年で、……文久2年、生麦事件の起こった年で筆者の祖母の誕生年……創業の7年前に英国でベッセマーが、転炉製鋼法の特許を取得し、世界中の約20の会社がライセンスを買い、サンドビックが7年後に世界で初めて事業化に成功して創業したと言われている。

私が赴任した当時、従業員数はグループ全体で2~3万人、半数弱がスウェーデン国内で働く従業員だった。

本社は数百ヘクタールの広大な敷地に1万人強の従業員が働く大工場で、その一部に小さな本社棟がある。

製鋼会社として創業を始めたが、時代の変化にあわせて、変化して、日本では製鉄会社の象徴的な設備だった高炉は存在せず、既に普通鋼などのローテク製品は全く製造していなかった。

一般的に製鉄と呼ばれる、製鉄業はその後米国に移り、日本、韓国、中国、インドと中進国を先進国に引き上げる役割を果たしながら、現在に至っている。サンドビックは常に科学の最先端を走り、先駆的な高付加価値製品の開発を目指し、扱い製品の転換を図る事を社是とし、１９２７年にドイツの著名兵器製造会社クルップが始めた超硬合金の製造販売を始めた。

第二次大戦当時、電球会社と共同でタングステンの扱いについて共同研究を始め、１９５３年から製品販売を始めた。

日本でもホボ、クルップと同時期の戦前に東芝、住友、三菱の三社が製造販売を始めていたが、単に素材の供給だけで、最終製品である、直ぐに使える工具としての標準品の販売は限りなくゼロに近かった。

素材を、最終製品である工具に仕上げるには細かなノウハウを必要とし、素材開発とは全く異なる分野の技術力が必要で、そのような技術力は近代的な工業基盤のある先進工業国でないと育たない。私が住友に入社した１９５７年には、多分、住友の販売額がサンドビックを上回っていたと思う。

私が住友を退職した１９６８年頃には、多分、サンドビックの販売額は住友の数倍であったと思うが、当時住友の販売額は１００億円に到達しないレベルであった。超硬切削工具は自動車、造船、航空機、兵器産業などの製造業を支える重要な基幹要素であり、その存在は先進国の証明でもある。

サンドビックを退職した１９９９年、サンドビックの販売額は住友の十数倍で、三菱、東芝もホボ、住友と同レベルで、サンドビックが世界の市場の約25%を占め、米国のＧＥ、ケナメタルが2位、３

位につけていたがその差は大きかった。
私の在職当時、会社全体の超硬部門の売り上げは全体の2～3割だったが、利益の2／3は超硬部門が稼いでいた。

サンドビックは日露戦争で日本をアシストした

日露戦争で連合艦隊の旗艦三笠を筆頭に多くの艦船、大砲は英国から輸入され、それらにはスウェーデン製の高級鋼が使用されていた。19世紀初頭、世界の高級鋼の80％はスウェーデン製だったと言われ、輸入された艦船の主要兵器には輸入されたスウェーデン鋼が使用されていたと推測される。
ロシアのバルチック艦隊は、殆ど老朽艦だったが、日本は開戦に間に合わせて、英、仏、伊などに発注して建艦された、最新の連合艦隊を持ったことが、勝利に繋がった。

辞書がない、2年の予定を4年の滞在に延長

結婚後1・5年、1973年の秋に横浜に転勤、1974年末に75年春のスウェーデン転勤を打診される。
それまで私の視野に全くなかった、考えてもいなかった展開である。
後ほど分かったことだが、外資系企業に勤務を希望するホボ全ての人は海外本社への転勤を夢として持っていた。
スウェーデンの企業では、税制上の利点を得るために海外への人の移動や、反対の帰国は6月に行われる。
そのようにする事で移動年の収入が半分になり数百万円の節税になるからである。
会社は売り上げの約90％は国外で、英語が会社の共通言語となっているので、既にソコソコ英語で不自由しなかったので、多分それで行けるかなと思っていた。
スウェーデンに行ってビックリしたのは、本社では全てスウェーデン語の文書で、外向けの文書のみ英語に翻訳されて海外の子会社に配布される。日本では一度もスウェーデン語の書類を見たことは無かった。
当時、日本語とスウェーデン語の辞書と呼べるようなものは存在しなかったので、先ず英語―スウェーデン語の辞書を見て、それから英和の辞書を使っての学習となる。
中国語ほどではないが、スウェーデン語の発音は非常に難しく、スウェーデン人も発音が難しい事を自慢にしている、日本人にとって非常に発音の難しい言葉である。

英語圏の人は短期間で話せるようになる

転勤した時に長女は2歳で、同時期に転勤した米国と西ドイツの家族に長女とホボ同年令の子供がいたが、彼らは3か月を待たずにスウェーデン語を話し、半年もすると自分が英語を話しているのかスウェーデン語を話しているか意識がないので、母親が子供の話しているスウェーデン語が解らないので、よく困っていた。
長女はスウェーデン語が問題なく話せるようになるのに2年近くかかったと理解しているが、それは何も長女が劣っているからではなく、観察する限りむしろ反対で、ヤッパリ母語との関連は強い。

上司との対立で2年を4年に延長

会社勤めに於いて、**最も難しい曲者は洋の東西を問わず人間関係である。**
不幸にも、若しかしたら結果的には幸福にも、配属された部門の

直属上司は50代のN氏で、アジア人に対して人に隠さない蔑視がある。部下6～7人の中にイタリア人Fがいて、彼もアジア人蔑視があり、態度が大きく、N氏に恥ずかしいくらいゴマすりをする。Fは私の観察では全く仕事が出来ない様に見える。

英、米、独、仏、伊、からの家族は2年間の勤務で帰国する。Nの上の開発部長は、延長しないかと提案してきた。

ようやく、スウェーデン語の会話はホボ不自由なく出来るようになり、書く方も英語、スウェーデン語の辞書を片手に、出来るようになった。

会社から指示された課題以外に、この恵まれた環境でやってみたい事もある、子供の小学校進学まで2年ある事などで、2年延長する事にした。

定時の午後5時で会社の仕事を終了して、自分で勝手に決めた仕事を始める。職場は5時5分にはシーンとして誰もいない。

私が見通せる範囲の中で大きな5つの課題を取り上げて、解決策を提案する為の検討を始めた。

今までは、5時に帰宅、ホボ毎日スウェーデン語の学習をしていたが、もうその必要は無くなっていたので、帰宅は7時、8時になったが全く負担にならない。

最初の2年は10人くらいが雑居する大部屋だったが、後半の2年は個室になったのも幸いした。

帰国半年前に長文の5つの提案文書を関係部署に提出した。それらは数年前から販売量のジリ貧が大きな問題として認識されていたが、新しい、説得性のあるアイデイアが出てこなく、具体的な行動が出来ていないものばかりだった。

それまで平面切削の最大の稼ぎ頭だったフライス工具の販売の停滞が最大の問題だった。

根本的な原因は、革命的なアイデイアが無い事と、今までの製品では刃先の形状が一つしかなく、マシニングセンターの登場で色々多様な刃先形状の物も切削できる工具の需要が増大、他社の製品よりも優れているが、その差が少ない事、既に製造設備の償却が終了しているので、非常に製造原価が安くなり、ソコソコの利益が確保できている。

どのような新しい設計をしても、新規に設備を購入する事が必要だと製造原価が高くなり、利益を出せそうでない事が問題だった。既に5～6年前から問題として認識され頻繁に重要会議で議論されてきたが具体的なアイデイアは出てこない。

私はこの問題に対して、回答を見つけて提案した。

今までN氏には口頭で具申していたが、歯牙にも掛けてくれない。詳細に検討して設計図を作り、文章にしての提案で、開発部長も、営業企画の部長も大賛成で、3つの提案については直ぐに具体的に試作品を作って開発作業を始めることになる。

N氏とFは苦々しく眺めており、同僚のスウェーデン人は私に拍手喝采だった。

何故なら、N氏は稀なる偶然からソ連の出版物から得たヒントでの発明で、特許出願されたユニークな製品の開発を行い、実績を上げて役付きとなったが、彼の人間性はみんなが嫌っていたのだ。

会社からの許可をもらったので、プロトタイプを製作するための製作図を作成して、Nのサインを貰って工場に回したが、一向にプロトタイプが出来てこない。工場の職長に話すが、順番が来ないから仕方がないとの事、上司の一言があれば……所がN氏は明らかに邪魔をしている。職長は私が機械を使って作るからとお願いすると、

チョット変な顔をしたが承知してくれ、結局自分で機械を操作してプロトタイプを作った。

最終的に、開発部長、営業企画など関係者の会議で提案は採用され、具体的に製品化が進められ、翌年にはカタログ上に主要平面切削用のフライス工具、モジュールミルとして登場した。

特許も申請されかなりの間、カタログの中で主要製品の位置に存在感を持って掲載されていた。

欧州特許庁の公開番号００３５９９１である。（資料集参照）

私は住友で入社早々の基本実習の時に機械の操作法を少しは学んでいるので、そのような事が出来た。

所が、それが後日問題になった。機械の操作をするのは時間給や日当で賃金計算される労働者の仕事で、私は専門家＝ホワイトカラーであり、それは労働者の職域を犯しているとの苦情が組合から出されて、組合から職長が吊るし上げられたと聞いた。

結局、騒動は私が外国人でスウェーデンの専門家組合＝大卒の従業員の組合員でない事と……、多数の時間給で働いている人と日常的に交流していたことで、穏便に終結したと聞いている。

日本では、住友で中卒入社である事が大卒の職員との摩擦の原因になったが、スウェーデンでは真逆の関係になった。

帰国に際して、近くで一緒に仕事をした**同僚約20名から盛大な送別会をして頂き、更に総勢１００人を超える方々から餞別を頂き、心は日本人も、スウェーデン人も同じだと思い感激した。**（写真集参照）

送別会には、テストラボの数人の実験助手をする工員さんも出席され、一般にそのような事は起こらない事だった。

償却期間の終わった機械を使用して低価格を実現

税務の知識がないと原価償却の意味がわからないと思うので簡単に説明を加える。

民間会社の将来の損益を決める最も大きな要素は、売上高であるのは当然の事であるが、それは神のみぞ知るであり、それは神様にお任せして、計算可能な財務について考えてみよう。

新製品を開発、そのための設備を購入して新規ビジネスを始めるに当たり、原価計算が行われる。

材料費、労務費等の直接的な費用の計算は簡単だが、新規購入設備の減価償却は原価計算に大きな影響を与える。

一般に減価償却期間を短くすると、短期間に高額な償却費用が発生するので見掛けの決算内容が悪くなるが、短期間で償却が済むのでその後は償却負担が無くなり、未来の決算の外見を良く出来ると考えられる。

反対に目前の決算内容が悪く、見掛け上の決算を良く見せたい場合には、減価償却期間を永く取り、未来に損失を先送りする形で法律の定める範囲で企業は、償却期間を操作する。

スウェーデンのように企業が高収益を上げている社会では償却期間が非常に短い。

電子工業界のように技術革新が頻繁に起こり、製品のライフサイクルの短い業界では償却期間は短く数年は普通で、重工長大のローテク産業界では20年を超える長いケースも珍しくなく、その扱いで当面の決算の外見を良く見せたり、将来の決算への保険の様な効果も期待できるので、通常、社内での損益計算用と法定の期間とが両にらみで検討される。

税務署用には短い期間を設定して、償却費用を高くすれば短期間で償却完了、その後は償却負担が掛からないので、製造原価が低く抑えられて利益が大きくなる。とにかく殆どの製品が粗利益50％近辺だから、日本の様に低利益、低賃金を武器に戦っている企業とは根本のところが全く異なる。

スウェーデンはEUの加盟国だが、自国通貨のクローネを維持

スウェーデンは欧州連合に加入すべきか、加入すべきでないか、通貨をユーロにすべきか、否かを永らく議論してきたが、１９９５年EUに加盟、通貨の選択については２００３年に国民投票を行い、最終的に自国通貨のクローネを維持する事を決定、議論に終止符を打った。

既にいくつかの大企業はこの結果を予測してかなり前からスウェーデンを脱出して、大陸に本社を移してビジネスを展開していた。コロナ騒動で一般の人にも名前が知られるようになった製薬会社アストラ・ゼネカはスウェーデンのアストラと英国のゼネカの合併で出来た会社で、スイスのABB＝アセア・ブラウンボベリはスウェーデンの世界的に著名なアセアとスイスのブラウンボベリの合併により出来た重工業界の巨大企業である。

どちらも社名の頭にスウェーデン企業の名前が付いている事からその強弱関係が良く解る。

欧州連合に早い段階から加入していた英国は国内で、もめにもめた挙句遂に2年前にEUから離脱する事を決定した。

英国が加入、離脱に伴う国内のもめごとの処理や無数の必要な貿易上の手続きの再整備などの為に浪費したコストは巨大である。

スウェーデンは早い段階で国民投票を行い、加入反対の結果となったのは賢い選択であったように思う。

ビジネスの世界ではスウェーデン人とスイス人は情緒的でなく、言葉だけでコミュニケーションが図られる最高のビジネスマンで、嫌な奴との嫉妬心を伴た評価があるみたいであり、私も同感する所がある。

国際的には非常に献身的に海外の紛争処理の為に貢献し、約60年前に国連事務総長だったハマーショルド氏がアフリカ上空で搭乗していた飛行機が撃墜されて死亡したのは日本でもよく知られた話だ。

人口は日本の10分の一以下なのに、万単位の難民を受け入れる度量を示し、私の友人にも子供がいるにも拘わらず、海外からの養子を受け入れている人が何人もいる。この面でも精神的に日本の対極にある国のように思う。

スウェーデンの労働組合事情

スウェーデンでは職業別労働組合制度だと日本では言われているが、多分、日本で実態を理解するのは不可能である。

要約すると全国で賃金、報酬を貰って働いている人々の70％以上の人が何らかの労働組合に所属している。

多くの俳優、デザイナー、音楽家……も何らかの組合に所属している。

日本では昔、多くの大企業の従業員はユニオンショップ制度に縛られて、就職、即、組合員となるので組織率が高かったが、その後状況が変わり、現在の労働組合加入率は約15％程度と推定されている。スウェーデンの労働組合の全国組織として、LOと呼ばれる、労働組合があり、彼らは原則、時間給又は日給で賃金が計算される、ブルーカラー労働者である。

他に、大卒労働者、専門家労働者から成る、月給で賃金が計算される、ホワイトカラー労働組合がある。

この様な全国規模の労働組合とは別に、大企業の場合には企業内にも組合があり、企業内組合は企業の重役会に重役を派遣している。このようなスウェーデンの組合事情を正確に説明するためには一冊の厚い本が必要である。

経営者側の事情

経営サイドには、SAFと呼ばれる、直訳で、〝スウェーデン労働贈与者組合〟があり、実体としては経営者サイドの全国組織で日本に例えれば経団連に相当するが、実態はかなり違う。

会社は、日本の会社と同様に利益を上げるための社長をトップとして、重役、部長、課長から成る実動部隊の組織がある。

実動部隊の上には、実動部隊の活動監視と社長を任免する役割のボードと称する、組織があり、ボードメンバー……重役と呼ばれる……は企業サイドにより任命された人が半数強、全国組織の職能別労働組合の下位に位置する企業内労働組合から任命された人が半数未満から成る。例えば1979年のサンドビックのボードメンバー9人のうち5人は会社側、4人は組合員側の人だった。株式はA株券とB株券の2種類があり、A株券はB株券の10倍の投票権があるので、A株券を少数しか所有していなくても、創業家=家族財閥は50%以上の投票権を持っているので、トップ人事は、財閥家の意向で決まる。

オーナー財閥家 ⬇ ボード ⬇ 重役会 ⬇ 部課の組織 ⬇ 企業活動、と企業内の上下関係は日本の常識の範囲を超えており、理解が非常に困難である。

この制度により、米国などの巨大企業やファンドによるスウェーデン企業への過度な影響力の排除と乗っ取りを防止できる。

1970年代においても相続税は日本と比較すると、無きに等しいくらい低かったが、その相続税も最近なくなり、財閥家は世代が替わっても容易に会社の支配権を継続的に維持できる。

これ等の関係は日本人が納得して理解するためには1冊の厚い本が必要であると思う。

多くのスウェーデン人は自分が勤める企業が財閥家族に支配されている事は知っていたが、スウェーデン経済全体が、家族財閥に支配されていると理解していた人は、1970年代までは、スウェーデンでも少なかったようである。

彼ら17家族の出版

私がスウェーデンに移ってから2年後に図書館で〝彼ら17家族〟とタイトルのある2~300ページのかなり厚い本を手に取った。その頃は、ホボ新聞も読めたのでパラパラとめくってみると、スウェーデンには17の家族財閥があり、それらが国家経済を牛耳っていると書かれている。社会主義の国だと思っていたのに、これは何だと思って買って読んで、ビックリした。

スウェーデン人の友人に話してみるとその本は発売後スウェーデンで大変な評判になり、自分も読んで初めてスウェーデンの経済の根本が解ったとの話。若し同様な事が大きな国で起これば、世界的な話題になっただろうが、小国スウェーデンでの出来事であり、スウェーデン語を解する欧米外国人が限りなくゼロに近いために、この本の内容が外国人に知られる事はなかった。

17家族の筆頭に位置するヴァレンベリイ家……英語発音でヴァレ

ンバーグ家……は巨大財閥で、世界経済、世界政治の深い所で西欧の勢力を結集し、大きな影響力を与えているると言われている。

サンドビックは創業当初はヨランソン家の物だったが、家族財閥は合従連衡を経て、私の30年の勤続期間中にチネビック、ステンベック、スコンスカと3回、所有財閥が変わった。

多くのスウェーデン人は流暢に英語を話すので、スウェーデンに住む外国人はスウェーデン語を学ぶ理由もなく、この事もこの本の内容が国外に流出しなかった大きな理由だったかも知れない。この本のお陰で、私のスウェーデン経済に関するアンテナは高くなり、瑞英、英和辞典を両手に読むので、スウェーデン語と英語の両方の力を付けるのに役立った。

スウェーデンの団体旅行バスに便乗

スウェーデン人は一般に非常に強い郷土愛と愛国心を持ち、平成、令和の時代の日本流に言えば右翼か超右翼であり、海外でスウェーデン人に会うとすぐに友達になる。当時日本人はどちらかと言うと、日本人に対して用心深く、警戒心を持って接していたように思う。当時、少数だが日本のバックパッカーが西欧を旅行しており……背広を着た日本人の紳士から日本人に注意するようアドバイスを受けた事がある。

1979年の帰国時にニューヨークに着き、翌日の朝食の時、ロビーの立て看板にスウェーデン語で書かれた、団体旅行の今日の予定の案内を発見した。スウェーデンの団体旅行が投宿しているのだと分かった。

出発時間を見計らってバスの止まっている所に行くと、ガイドが立っているので、スウェーデン語で話しかけ、家族４人だがバスに乗せてくれない？ と聞くと、良いよとの事で料金はいらないと言われ、5～6時間のバス観光を無料で一緒にする事が出来た。彼らはスウェーデン語でコミュニケーションが取れる事で、家族感覚で信用してくれた。

この様な事は日本の場合には絶対にありえない事だと思うが、スウェーデンでは起こるのだ。

柔軟性に欠ける北海道のスキーバスの場合

上記のケースの約25年後であるが、2月中頃に北海道のルスツスキー場に行くために千歳飛行場に到着した。

全国的に珍しいくらいの荒天で、東京発の飛行機は全て運航停止、今までに10回以上来たが、通常はバスで行くのに、今回は電車で近くまで行って、あとはタクシーでと思って、バスは予約していなかった。

神戸からの便も荒天で出発が遅れて、到着時間がずいぶん遅くなったので電車では行けない。

幸いにも、バスの最終便には間に合う。バスの受付に行くと予約で満席だから乗せられないとの事。

東京からの便は全便欠航で空いている筈だが、と云うが、聞いてもらえない。

最終バスの出発時間は迫っている。バスの横に行き運転手と話すが、彼は指示に従って動いているから自分は判断できない。

出発数分前で、補助席も含めて50人くらい乗れる大型バスに2、3人しか乗っていない。

再度、受付に行きお願いする。受付には3人おり、1人が長で後の2人は多分、アルバイトで、長と私の話を注目して聞いている。社

内の人間関係が上手くいっていないみたいで、長は多分、上司との関係が悪くて、意固地になって上から指示されているから、決まりだからと乗車を許さない。
仕方がないのでタクシーに乗ってルスツまで2万5千円掛かった。その内バスは発車した。
先のニューヨークでのスウェーデンの団体旅行バスへの便乗と比べて、なんと大きな違いか。
日本の多くの職場では、終身雇用の中で、逃げられないので人間関係が複雑になり、**意味のないストレスを抱えながら、窮屈な人生を送っている。**

専門家の専門性

私も、既述のHさんと同じように、一般にスウェーデン人は慌てなく、ゆったりと、慎重に構えて動きが緩慢で、時にはイライラする事があり、その意味でH夫妻と同じような感じを持っていたが、日本へ引っ越すときに専門の引っ越し屋の働きを見て、専門職の人の高い能力にビックリした。
手際がよく、**日本の引っ越し屋の数倍は早くて、無駄がなく、**良く働く。
スウェーデンに来る時の荷物は、日本代表の気分、……日の丸を背負って…もあったので、夫婦と娘2人分でかなりの量があり、引っ越し屋は、長い時間を掛けて梱包していた。
帰国に際しての帰りの荷物の分量は、来る時の荷物を全て持って帰るのに加え、スウェーデンで購入した応接セット、台所のテーブルと椅子、多数の食器類、その他、諸々で会社の引っ越しの旅費規程、30立米＝3ｍ×3ｍ×3ｍにギリギリに収まる大荷物になった。
帰国後開梱するときに、開梱し易いように上手く荷物が作られているのと、梱包用に使われ、開梱後直ぐに廃棄される物の量が少ない事で、彼らの仕事に対する質の高さを大きく評価する事になる。
日本で関西から関東へ、関東内での引っ越し2回、スウェーデンへ行くための荷物の倉庫への引っ越しなど日本で引っ越し屋との付き合いは多かったが、彼らの働きは私の目から見ると、気の利かない、素人の働き方だった。
スウェーデンでは職業の専門分野が細分化され、その中で技、知識が蓄積されて行くので、腕が向上して行くが日本ではそのようにならない。スウェーデンでは、そのような職業に就いていても、ソコソコ満足できる生活が営め、子供の教育費、将来の為の貯え等、将来への生活の不安がないからであろう。

売る立場、買う立場でも変わらないスウェーデン人

1979年に帰国後間もなく、三宮の大きな運動用具店で50代、金持ち、の印象のご婦人が、汚い言葉で若い女性店員……多分学生アルバイト……、を叱っていた。商品に不具合があっても、彼女に責任がある筈はなく、彼女を叱る理由はない。
最後に、**領収書は上様やで、日付は入れたらアカンで、**と自分の娘くらいの女の子に大きな声で怒鳴っていた。
私はそのような場合に、どこかでバイトしている自分の娘の姿が投影されて、絶対に店員を叱る事は出来ない。
スウェーデン人も私と同じような心の持ち主だと思う。職能で給料が決まり、継続的に能力を高めて、時代の変化に対応する努力をする事が求められ、そのような文化の中では、買う立場がいつ反対の売る立場に変わるか分からない。
結果的に、同一企業、**組織に終身雇用されて一生を終わる人はか**

なりいるが、終身雇用される事は目的ではない。

日本では終身雇用される事が目的で生きている人が多く、大きな影響力を発揮できる立場の組織に属する人ほどその傾向が強くなる。公務員、大企業の従業員、金融機関、大マスコミ……等社会の一等席に座る人々である。

失職すれば二軍落ちで、それがどの様なものであるかは日本人なら良く解っているから、終身雇用される事が最も重要な目的となり、

私の今までの人生で、濃淡はあるが、かなり深く交際してきた数百人の人々を観察した結果からの私の推察では、そのような人生を続けると、引退後に引きこもりの傾向が強くなり、外出嫌い、他人と会話できない男性老人となる人が多いと思う。

自己保身のためには組織の上下、左右、周囲のあらゆる事に忖度して仕事人生を積み上げて行く。

経験の幅狭く、買う立場、強い立場しか経験していない人は、他人に忖度する事が無く、そのような気持ちが無い。

この様な背景の下で醸成される日本の売買の場では、買う立場の人は過度に尊大に振舞う傾向にあり、スウェーデンではその傾向は微弱であり、**日本人からすると売り子が偉そうにと、非難したくなるみたいだ。**

ホボ例外なしに、私がご一緒した約１００人の初めてスウェーデンに来た日本人はそのような反応を示した。

海外からの旅行者は日本の接客が非常に丁寧な事に感激し、それが日本の評判を上げている側面はあるが、それは日本語と言う言葉でガードされ心の通った会話が出来ない事と、**日本の雇用習慣との関係で考えるとあまり褒めた事では無い。**

スウェーデンでの食生活、米の消費と年末商品の価格設定

クリスマスの頃になるとクリスマス商戦が始まり、クリスマス、年末年始用品のバーゲンが始まる。

日本では年末が近づくと、**正月用品の関連商品の価格が上がるが、スウェーデンでは反対の傾向だ。**

お米の〝ミルクかゆ〞はスウェーデンのクリスマス料理で、お米の値段が、大方、半額になる。

通常買っていたお米は、美味しいカルフォルニア米で、値段は普通でも日本よりかなり安いのが、半値になるから非常に安くなる。スウェーデンの人は少量しか必要としない。10kg入り袋だった思うが、複数のスーパーに行き、……そんなに在庫が無いので……大きな袋で米を買い占めた。地元の人は精々数百g程度しか必要としないから、店の人はビックリした顔をする。

我家で最も米の消費量の多かったのはスウェーデン在住時の４年間だった。

世の中は面白いものだ、２０２１年秋から、我々夫婦のコメの消費量は限りなくゼロに近く、月間消費量は確実に数百g以下である。体重増加がテニスのプレー中の体のキレを悪くするので、体重増加に悩んでいた私は、気を緩めると直ぐに、数キロの体重増加となる。

２０２１年秋に中国生まれで、戦後日本に帰還した同年配の人から得た言葉が切っ掛けで、1日2食になり、現在のコメの消費は激減した。日本中が、私のような消費者ばかりになったら、日本の米作農家は成り立たなくなる、と考えると複雑であるが、2食にして非常に体調も良く、体重増加の傾向もなく、朝、夕の2食をこれからも継続して行くつもりだ。

グリーンランドからの冷凍エビ

文化、習慣が異なれば苦労する事が多い。私は基本的に和食党でスウェーデンでは食事に随分苦労した。

妻は洋食大好きで、全く問題ない。スウェーデン人は魚を沢山消費していると思っているが、それは比較をヨーロッパの中に求めているからで、日本と比較すれば1／10くらいの感じだ。

魚売りコーナーで小さな冷凍エビを見つけた。グリーンランドから来ている。試しに買って食べてみると美味しい。

値段は、スウェーデンの価格水準では、非常に高く高級食材であり、通常数百g買って、パーティー等の時に使うようだ。

5kg入りの段ボールで箱買い、刺身が懐かしくなった時に食べた。

家具付きで、スウェーデン標準の家には、各３５０リッターの冷凍庫と、冷蔵庫があり、保管には全く問題ない。

5～6年ほど前から、神戸コープでも全く同じようなグリーンランド産の冷凍小エビを売り出し始めたが、かなり高い値段だ。

日本にはないスウェーデンの諺。

その国で評判の良いことわざは社会を映す鏡であり、いくつかのスウェーデンの諺を示す。

―ひとつ嘘をつけば、全部の信用を失う。

―料理人が多数いるとスープが不味くなる。

―生きるために食うべき、食べるために生きるのではない。

日本語に翻訳して別の言い方をすれば〝**生きるために金が要るので、金を儲けるために生きている訳ではない**〟となる。

―女の悪知恵は全ての悪知恵に勝る。

―習慣は第二の天性

―男子たる者は自分の言葉を守る。

〝女の悪知恵は全ての悪知恵に勝る〟と〝男子たる者は自分の言葉を守る〟の二つはスウェーデンの諺として考えると非常に興味深い……。この様な言葉に敏感に反応するような……東京大学で新入生に式辞を述べた、自称フェミニスト、上野千鶴子女史の様な幼い、純真な……大人はいないようだ。特筆すべきことだと思うので、この事に就いては第二部で詳述する。

スウェーデンの産業再編政策

国家が日本の民間会社の様に、費用対効果＝コスパで判断されて運営されている国であるスウェーデンでは、状況の変化に合わせてドラスティックな、先取りした政策が産業の再編の為に実行され、それが容易に可能になる背景がある。

―損失を出し、見込みのない企業は既にほとんどが退出している。

主に現金決済で、手形取引が無いに等しく、**終身雇用制でないので隠ぺいが起こり難く会計の透明性が高い。**

―存在するのは、日本の感覚で言えば、高利益企業ばかりで、不良企業の延命まで考慮した政策を考える必要がないので、**元気なうちに、何か新しい事を始めようとなる。**

この様な事が例えば、設備の法定減価償却期間を短くさせている。

政府主導での造船業からの撤退

１９６０年代まで長らく世界の造船量の大方２／３はスウェーデン、ノルウエー等の北欧諸国で行われていたが、１９７０年代初めに、政策転換され造船業は廃業しつつあった。

１９７５に世界的にも著名だった、ウデバラの造船所を訪れたが、1隻のバラ積船を建造中で、それが最後の船と言っていた。

その後、液化ガスの運搬船や、ハイテクを必要とする船の技術開発、高価な客船、客船用のアジポットの開発などの先進技術を海外企業にライセンスする等の、高度技術に特化して、タンカー、バラ積み船、鉱石専用船などのローテクの造船部門からは退出した。その後、造船業は、日本、韓国そして現在は中国で最も盛んである。

日本の麻薬探知犬担当となった検疫官の話、

２０００年頃に掛けっぱなしのラジオから大阪税関の職員で麻薬探知犬を使って、空港で麻薬探知の仕事をしている人が番組で、ラジオパーソナリテーに職場の苦労話をしていた。

公務員に採用されて、麻薬探知犬の仕事に就くとは全く予想していなく、大変であったとの事であった。

日本では、当時、多分今も……終身雇用で安定して比較的、高収入を得られる公務員は多くの人が憧れる職業で、**どの様な仕事でも構わないから公務員になりたいと思う人**、それを願う親は多く、それは日本の常識と言っても良い。

多くの場合、自分の適性、好みを犠牲にして、……先ず生きて行ける、生活できる道を見つける事が最重要視される。

殆どの日本人は、著名な心理学者マズローが提案したと言われる、有名な人間の欲求の五段階説に言う、頂点の**自己実現に向かう夢はとっくの昔に忘れている**。

日本では、自己実現は芸術家、アスリート、音楽家等で、権威のある人々、教育者から、若干白い目で見られている人々……普通の組織の枠から外れた人みたいな感覚で見られていた。

犬好きで検疫官志望のアグネッタ

約半世紀前のスウェーデンで偶然にも、麻薬探知犬の専門家になりたいと言う、中学生のアグネッタを知った。

スウェーデン在住時に友人の家に招かれた時には子供を連れて行く場合と、連れて行かない場合がある。

友人と家族で交際している場合、非常に親しく頻繁に行き来して親戚の様にしている友人の場合には子連れで行くが、そうでない場合には大人の会合であり、子供は連れて行かない。そのような場合に子守を誰かにしてもらう。

我々の場合、知人経由で女子中学性のアグネッタちゃんがベビーシッターとして来てくれていた。

我々が午前様で遅く帰ると、ボーイフレンドと一緒に子守をしてくれていたが、料金はもちろんアグネッタ一人分である。

彼女は、妻のスウェーデン語の先生でもあり我々家族に溶け込んでいた。

アグネッタは犬が大好きで、将来犬と関わる、税関の麻薬探知犬の専門家になりたいと言っていた。

既に中学生の頃から、好きだから犬を飼って、このように具体的な職業としての目標を持ち、犬について勉強をしている。

好きでその職業を選んだ人と、無理やり……**その職業を与えられた人**では、仕事の習熟度、仕事の達成感、満足感の得られ方は大きく違うであろうことは容易に想像できる。

麻薬探知犬と云う狭いジャンルではあるが、そのレベルは強制的に人選された集団よりも、好きで入った人の集団の方が、全ての面で望ましいのは言うまでもない。スウェーデンは職能、自分の好み

で職業を選んでその中で人生を作る為に仕事を求めた人が組織を作る職能型の雇用文化の国である。**日本は組織優先で……軍隊に例えれば徴兵制みたいで……個人は収入を得るために役所や企業に就職**、主に組織の都合で担当する仕事が決められ、終身雇用文化の中では、……不向きでもその仕事に一生付き合って行く。スウェーデンでは将来、**心が変わり他の分野に移りたいときに容易に職業を変えられる**ように、**行政が丁寧に支援する……クラブ型労働自由選択制度**と命名したくなるようになっている。

我慢の日本、我慢を忘れたスウェーデン

義務的に仕事をしても良い仕事が出来ないのみならず、そのような人の存在は、**アグネッタの様に好きでそこで働きたい人の機会を奪う事になり、社会に対して二重の迷惑行為である**。

スウェーデンでは、スウェーデン人は、我慢は、多分、無いか、非常に我慢弱い。日本では我慢強く、多くの人が額に皺を作って我慢して、給料の為に……人生を生きている。

ラッセ、光子夫妻と知り合う

１９７６年頃に、会社の購買係のマッツから、納入業者の営業マンで最近日本人と結婚したのがいるが、興味あるかと聞かれて、日本人に飢えていたので、アレンジして頂きお会いした。それまで、人口3万弱のサンドビケン市には我々以外の日本人はいなく、車で小一時間西北に行くとスウェーデン人と結婚され二人の娘さんをお持ちの洋子さんがいる。洋子さんは東京女子大学卒、東京でスウェーデン企業の社長秘書として勤めていた時のスウェーデン人の上司と結婚された方で、それ以外の日本人を知らない。スーパーで買い物をしている時に、洋子さんが我々の日本語を聞かれた事で交際が始まった。

営業マンの名はラッセで、日本人の女性は光子さん、その後ズーと、交際が続いている。

父親が丸紅の役員だった光子さんは、東京の典型的な良家のお嬢さんで、父の転勤に伴って海外生活の経験があり、多摩美大を卒業後、雑貨の輸入会社に就職、バイヤーとして海外に買い付けに行く仕事をしておられた。

私の住むサンドビケン市から車で30分くらい東のゲーブレ市にお住まいで最近結婚した。

前年の秋に光子さんがエンゼルスペルと云うクリスマスの飾りつけ商品の買い付けにラッセの会社を訪れ、それが初めての出会いだった。

ラッセがプロポーズして、その冬のクリスマスの頃にテスト結婚と称して1週間ラッセに会うためにスウェーデンへ旅行をして、その結果を経て最近結婚したとの話。

ラッセの年齢は失念したが、私の10歳くらい年上で、結婚、離婚を2回経験していて2人の息子もいる。

光子さんの夫は大手ゼネコンに勤務していたが、交通事故を起こして光子さんを交通事故の被害者にしてしまった。

責任を感じ、自責の念から光子さんと結婚したが、光子さんはその後離婚して、俗にバツイチ。

ラッセは全くアルコールを飲まないが大変なヘビースモーカー、ゴツゴツした印象を与えるスウェーデン人男子にしては、ビックリするくらい多弁で、優しくて、丁寧な男。

多くの日本の女性は口が先に出て、意味なく多弁な人が多いが、光

子さんは落ち着いてよく観察している……。

光子さんから里子の依頼

光子さんもラッセも高齢となり2人の子供を持てるような年齢ではない。里子が珍しくないスウェーデン、里子が欲しくなった。日本から里子をとりたいと思い、私に里子をとるための手配を依頼された。

長姉が看護師で、東京都江東区の安江病院で婦長をしていたので、姉に若し里子で出せる出産があれば、お願いできないかと依頼しておいた。姉から連絡があり、里子に出したい出産が数週間後に予定されているとの事で、それは40年前の事だった。

説明に長大な文書が必要なくらい、複雑で、面倒な手続きがあったが、出産後数週間の女児をスウェーデンに里子として送り出すことに成功した。この事については、関連事項も含めて、後述する。

安江病院長の話

里子に関係して、安江病院の院長の安江さんと食事をする機会があり、普通では聞けない話を聞くことが出来た。

安江さんは私より30歳以上年長の感じで、終戦時に九州の佐世保で勤務されていた。佐世保は中国大陸からの引き上げ帰還船の到着港で、舞鶴港と並んで多くの引揚者が大陸から到着した事で知られる。

安江さんは大陸で悲劇的な不幸に遭遇されたご婦人の、堕胎を連日無数に行ったと仰っていた。

この様な噂は、戦後大量に出版された従軍記に幽かに書かれていたが、実際にそれを実行していた医師との会話には、全く違った重みがある。同様の経験をした医師は、多分、既に歴史上過去の人となっており、その事実を直接聞いた人も極めて少ないと推測される。

スウェーデンと日本の会社倒産劇、営業部長から社長、そして倒産

翌年だったと記憶するが、ラッセの勤務する従業員２００人弱の会社は利益が出なくて先行きが悪く、銀行主導で会社を創業オーナーの手から離して、銀行管理にする事になり4人の部長が核となって会社再建を銀行から任され、ラッセは社長になる。確か、１９７９年の春、電話が掛って来て、頑張ったが会社の再建は不可能で諦めたとの話。

多忙な期間が長く続き、頭にきたから来週から2週間スペインの有名なリゾート地である、マジョルカに旅行に行くとの話である。これは日本の常識では全く考えられない。通常スウェーデンでは手形決済がなく、それが会社経営を分かり易くしている面があり、将来、利益を出す事が難しいと判断されると容易に事業を止められる。

これは単に問題の企業の関係者の為のみならず、そのような企業が生き残りの為に無理で不合理な価格設定を行い、

—業界の他社に不当な価格設定で迷惑を掛ける。

—不渡り手形を出して納入業者に損害を与える事が防止できる。

社会全般の劣化、混乱の原因となるのを防止する効果があり、制度設計が良く出来ている。

日本で産業再生法が出来る

スーパーダイエーが倒産して、創業者中内功氏は金融機関からの借入に際して、自宅も含めて殆どの個人資産を担保としていたので、日本のスーパー業界の発展に巨大な貢献をした中内氏が不遇な生活

を余儀なくされた。

この事が後押しして、米国の連邦破産法11条として知られている、破産法を参考に日本の産業再生法が出来た。

後述する日本の3件の倒産事件の2つの倒産劇は産業再生法が出来上がってからの倒産だが、日本では其の適用、運用は非常に不公平感のあるものになっている。

私は金融業界を勉強している頃に、巨大だから倒産する筈はないと思って、安心して米国の巨大先物取引会社レフィコに500万円の資金を入れて口座を持った。予想に反して、2年を待たずに分厚い英文書類が、数回郵送され、連邦破産法11条の存在を根拠に破産宣告、殆どの資金は消えてなくなった。**スウェーデンの破産に伴う色々な事は、誰にも巨大な迷惑、不幸を与えることなく終了する。**憎たらしいくらい、経営者、従業員、社会にとって都合の良い制度が出来ている。

提案さえ優れておれば、それを認める人が居り、挑戦できる。リスクは避けられない、でも挑戦がし易い……。

日本では産業再生法が出来て、倒産に際しての社長の個人資産が保護されるように改善されたとは言え、それはラッセの**会社倒産の約35年後の事である。**

さらにその実際的な運用に関して言えば、**馬鹿馬鹿しいほど、大きな差があり、抜け道だらけで、〝仏作って魂入れず〟**であり、行政の能力の低さには、ただ、ビックリするだけである。

産業再生法以前の日本の倒産の例

サンドビック入社数年後に姫路の大手機械工具商、山一機工が倒産した。

午後7時頃、客先訪問から三宮の事務所に戻ると、何時もと雰囲気が違う。

2人の経理担当と営業が1人、倒産の噂を聞き、これから債権回収に向かうとの事で、私も同行した。

山一に行くと、既に会社事務室内には金目の物は何もなく、机、書だな、コピー機等あらゆるものは先着の債権者に持ち去られ、ガランドウ。社長は畳の上にアグラで座り酔眼で一升瓶を畳の上にドンと置いて、コップでやけ酒をあおっている。

それが人生で初めて遭遇した倒産劇で、住友の様な優良企業に勤務している人には想像も出来ない、厳しい現実を目にする経験ができた。

知人の住宅会社の倒産例

2000年頃に同じ町に住むU氏とO氏の会社が倒産した。U氏はアパレルの会社で、O氏は住宅建設業である。

両氏とも負債総額は10億円弱で、年齢は私よりも10才下で、50歳前後の頃に起業している。

U氏とO氏の倒産後の人生は天国と地獄の違いを見せた。

O氏とは家族ぐるみの交際、U氏は同じ隣保に住む知人である。

O氏は大手総合商社と組んで特許申請された住宅工法を武器に事業展開、当初はテレビコマーシャルも流し、一見順調に見えたが長くは続かなかった。大手総合商社と組むことで上手く行くと思っていたが、うまく行かないと全ての経理がガラス張りなので、自宅、定期預金、子供が住んでいるマンションも全て抵当に入っているので、全て差し押さえられ、貯金なしで借家住まいの身になり、70を超えて再度就職する事になった。

知人のアパレル企業の倒産

U氏の場合には、先ず夜逃げされて、約半年後家に戻られた。元々、2台のベンツを所有され、家も頻繁にリフォーム、高級感のある立派なものばかりで近所の人を招いてのお茶会で、夜逃げなど全く想像もしていなかった。倒産の清算が終了、家に戻られてからも生活のレベルを落とされた雰囲気はなく、昔と同じ生活をしておられる。会社の財務状況の悪化から、来るべき倒産に備えて資産の振り分けを上手くされたのだろう。

日本では、同じ倒産でも色々な物語があるが、スウェーデンではそのような大きな差が出ないような法整備と実務能力の高い税務官僚が不正義を許さない。既に産業再生法が成立していたので、U氏は自分の腹を痛めることなく、多くの弱小債権者に身を切らせて復活……日本は何処かが狂っている。これは、**税務官僚の立法能力と徴税能力の問題だと思う。**

この事に就いては第二部で深く考察してみる。

ラッセは転職、日本から里子をスウェーデンへ

倒産後、能力のあるラッセは今までに築いてきたビジネス上の顔と経験から、中古工作機械や機械器具の販売を始めた。

主に国内での中古機械の販売に加え、スウェーデンで不要となった中古機械を、新興工業国のアジアの国々に輸出する仕事を始めて順調に行った。子供が欲しくなったが、2人はもうそのような年齢ではなく、日本から里子を貰えないかと考えだした。

ラッセは既に前妻との子が数人いて、大方、成人に近い年齢で、その上に……再婚の30代後半の光子さんと一緒に……里子を日本からぜひ欲しい。私の感覚では想像もできない要望である。

私の姉は東京の病院で看護婦長をしており、姉に、里子として頂けるような雰囲気の出産があった場合に、里子として受け入れたいとお願いをしていた。待つ事数年、そのような機会が来た。

40年も前の話で、少々記憶があいまいだが、１９８０年にそのようなケースが発生、色々な所に手を配り、出産後数週間の女児をスウェーデンへ里子として送り出す手助けをした。

非常に複雑な色々な手続きを経て、最終的に光子さんが来日、女児は光子さんに抱かれてスウェーデンへ旅立った。

女児はハンナと命名され、光子さんご夫婦に手厚く養育されて、活発で賢く、素敵な女性としてスウェーデンで成長、素晴らしい伴侶を見つけて結婚、2人の男の子供もいる。

スウェーデンで育った里子が、日本からの里子を希望

この本を執筆している２０２1年4月に光子さんから手紙を頂いた。ハンナさんご夫婦が、日本から里子を頂きたいと言っているので、先の例と同様にアレンジしてくれないかとの事だ。

光子さんは、反対しているが、ハンナは非常に熱心、ハンナは完全なスウェーデン人だから、出来ない筈は無いと思っている。

ハンナは、40歳で長男は11歳、9歳の弟もいる。日本の常識的な考えに従えば、……あり得ないような話。

ハンナは高校を卒業後、化粧品店で美容販売員をしていたが、一年発起して通信教育を利用して資格を取り、県庁の専門職として採用されて、現在は県庁勤務。夫は電力送電会社に勤めるサラリーマンである。

スウェーデンでは経済的に普通か、普通の上位に位置するが、格

別に富裕層と呼ばれない、一般市民である。

２人の男の子の子育ては何処の国でも大変な仕事である。それを承知しながら、もう一人更に手の掛かる、若しかしたら大変な負担となるかもしれないリスクを伴う、里子を外国から受け入れたいと言う気持ち。

彼女は女の子が欲しいが、３人目も男の子になるような気がして、３人も男の子は嫌だから、女の子が欲しい。

だから日本から、女の子の里子にしたいとの事。

大まかに、スウェーデンで里子を外国……最終的に可能か、不可能か不明だが、例えば日本から……受け入れる場合には、最低数回の日本訪問、その他諸々で数百万円の出費が必要とされ、それを承知の上での意向である。

スウェーデンの給与水準は日本より高いが、税金も高く、手取り収入で比較すれば日本と大差なく、スウェーデンではどのような階層の人でも、現金の取り扱いに関しては、感覚的に日本人の数倍は厳しく、簡単に云えば、ケチである。

スウェーデン在住時に友達付き合いをしていた家族で、複数の自分の子供がいるにも拘らず、里子を外国から受け入れていた家族が２つ、子供が居なくて２人の里子をタンザニアから受け入れていた弁護士オリヤン家族とは親密に交際していた。

私がスウェーデン在住時には、多くの里子が朝鮮、トルコや東欧圏から、その後、イラク、アフリカなどからと変化した。

最近の統計によれば、年によってかなりばらつくが、年間約１、０００人の里子が外国から受け入れられ、それはスウェーデンの新生児の約１％に当たり、その約１／３は中国からである。

生きやすいスウェーデン

ハンナさんご夫婦の希望を叶えるべく、ネットで調べ、色々な所に数十回電話で相談して分かったことは、ハンナさんを里子として出した約40年前からその後、色々な新しい法律や規制が作られた。入口はあるが、進めて行くと、どこかで不可能な事が発生して、外国在住の人に日本から外へ里子を出すのは不可能であることが分かった。その原因は日本から里子を出すようなケースを全く想定しないで法律や規制が出来ているからである。この里子の可能性を探るために多くの関係者と話したが、**その反応は非常に冷たく、事務的で、呼吸するだけで生きている人の集団で……これが日本だ**と教えられた。

ハンナはスウェーデンの常識で考えて、何故日本から里子が出来ないか理由が納得できない。私が発明した、ハンナを納得させる為の言葉は〝ハンナがＬＭエリクソンの社長になりたいと言えば、若いんだから頑張りなさいと激励するが、里子の事は無理〟と云うと、その困難さのレベルについて理解した様であったが、納得した訳ではない。（ＬＭエリクソンは著名なフィンランドの携帯大手ノキアが目標としているスウェーデンの先駆的で著名な世界的な企業である）

日本語に意訳すれば〝トヨタ自動車の社長になるように頑張りなさい、若いんだから〟となる。

色々あるが、注目すべきは、庶民が里子を育てる様な発想を持つ事が出来る、将来に不安を持たない、スウェーデン社会の生き易さだが、それを可能にしているのはスウェーデンの国全体で見た時に無駄がない事だと思う。

この事については第二部で深く考察してみる。

社会の上下のバラツキの少ない社会

スウェーデンは大企業でも小企業でも、役所でも同じで転職しても、差がなく直ぐに溶け込める。

小企業の事務所

日本で多くの大企業、中小企業、役所を訪問したが、会社により、あらゆる事が企業ごとに大きく違っていた。

初めて出会った頃、ラッセは10人程度の営業マンを纏める営業部長で、休日に彼の仕事場を見せてもらった。

大企業のサンドビックと全てが同じ感じだ。会議室がありテーブルにはＯＨＰ＝オーバーヘッドプロジェクターが有り、黒板にスクリーンが吊ってある。

当時、日本では、一般の会社にＯＨＰは絶対に無い。国際会議、学術会議の様な場では使われていたが、それ以外では目にすることは無かった。21世紀になりパワーポイントが普通になったが、当時、サンドビックで講習会をするために貸し会議室を使って講習をするときにＯＨＰを使ったが、それは多くの講習会に出席した人にとっては初めてＯＨＰを見る機会だった。

書類のファイルも、書類に４つ穴を明けて頑丈に、確実に……整理整頓された書棚は、大企業サンドビックの事務所と全く変わらない。スウェーデンでは戦後すぐの、１９５０年代初期に事務関連の標準化が進み、ファイリング、用紙、事務用品、文房具……が統一され、国中何処に行っても同じになったと云う。

私の経験では、日本では本田技研を唯一の例外として、何処に行っても机の上に、うずたかく本、書類が雑然と積み上げられ、ホコリを被っている……事務所が普通だった。

ラッセの会社以外に、多くのスウェーデンの会社を訪問したが、何処に行っても同じ印象でそれまで疑問に思っていたが、ラッセの事務所を見学して、理由が良く解った。スウェーデンでは何処に行っても、何処に就職しても同じ方式で仕事をしているので転職しても、直ぐに即戦力として貢献する事が出来る。

４週間の夏休みと春の1週間のスポーツ休暇

有給休暇以外に４週間の夏休があり、工場は1か月ストップするので、全員が学校の夏休みの様に休む。

勿論、会社の警備員みたいな人、消防、警察みたいな人は職務に就き、他の一般の人と異なった時期に休暇を取る。

従業員数万人の大企業の、1万人超える人が働く大工場だからと、思っていたが、国中の大、中、小企業の被雇用者は4週間の夏休みが取れる制度で例外が無い。日本では公務員には適用可能だが、民間では適用不可能で、夢みたいな制度であり得ない話。

サンドビックの場合には、輸出比率が約9割で、工場、倉庫が1か月も機能停止する事は日本的な常識では考えられない。

他のヨーロッパ諸国でも、スウェーデンの様に長期夏休みを制度として採用している国はなかった。

夏休みを控えて、海外の子会社に親会社から、その年の夏の工場と、倉庫の操業計画が示される。

子会社はその計画に基づいて、在庫計画を立て、**余裕を持たせた在庫を持つ事で、親会社の夏季休暇４週間をサポートする。**

日本流に考えれば大変な負担だが、それは企業としての最も大切な、……一人前の企業として認められる最低基準なのだ。

納期を間に合わせるために、残業をして、日曜出勤をして、夜勤をして……余裕が無いので頑張る日本となんと違う事か。

私の後任でスウェーデンに転勤してきたH夫妻が、**こんな事していたら、会社が潰れる、子供がバカになると言っていたのは、ある意味では、標準的な日本人の感覚としては理解できる。**

４週間の長期休暇を５週間に延長する議論

当時スウェーデンでは４週間の休みを５週間に延長する議論が始まっていた。

学校は厳冬期を過ぎた３月後半にスポーツロープと呼ばれる、１週間のスポーツ休暇があり１９７８年に１週間、職場のロルフ家族と一緒にオーストリアのチロル地方のスキー場にスキー旅行に行った。

日本ではどうなるか

日本の現状については私が説明するまでもなく皆さん良く御承知の筈、色々と**美しい制度が発明されるが、それは公務員には適用可能だが、民間では……零細企業では不可能だ。**

私がスウェーデンに住んでいた約半世紀前の日本は今よりもさらに悪かった。

21世紀になって大阪吹田の国立循環器センターの３６協定で、医師、看護師の月間時間外労働が、**最大３００時間まで認められると書かれた小さな新聞記事を目にして驚いた。**日本では依然として、最高の高学歴専門家の集団が、このような長時間労働を認める、それが認められるとしている精神的な背景を考えると、彼らの人生の品質に非常に疑問を感じる。

日本で一日の拘束時間が８時間で1週間で40時間労働。４週間で１６０時間／月となる。

残業には割増賃金となるから、月給１００万円の医師が、月収３００万円以上となり、そのような巨額給与は人間を狂わせるだろう。長時間労働は勉強の機会を減らし、疲労から手術の時の精度は低下して、……殺人に結び付くかもしれない。

循環器とは主に心臓に関係する手術がメインだ。

これは、個人が思い付きで、行った単純な約束でなく、数百人の高学歴者が皆で合議の上で到達した結論だから、**日本の最高レベルの教育を受けた人々の常識が**そうさせたと理解すべきだろう。

それを追認した労働基準監督所などの役所もあるはずであるが、スウェーデンなら絶対に起こらない事であり、私なら即刻反対の発言をするだろう。このような事を容認する心の背景にあるものを以下に推測してみる。

1. 心臓の手術には10人以上の人が関係し、関係者全員の月給が約3倍になるから、良いことだ。
2. 手術の経験数を増やすために、時間的に制約なく手術件数を増やして、腕を上げたい。
3. 手術件数を上げることは病院経営上、売り上げが増加して、病院も、勤務する人もウイン、ウインの関係。

全ての超荷重労働により発生のリスクを上昇させる、手術ミスによる死亡事故の増大、関係者の生活の質の劣化などについての考慮の無い常識外れに唯、ビクリするだけである。

スウェーデンにも人種差別はある

10人くらいが雑居する事務室で、骨格と容貌は白人だが、黒い髪の、外見はスペインかイタリアあたりの、南欧の人かなと感じる様なT氏がいた。1年くらいたってから、何かの拍子に私に向かって、穏やかな調子だったが、私は差別されているとつぶやき、スウェーデンでも差別はある、みたいなことを言った。

前後の脈絡から、多分、10人の中にイタリア人が1人おり、彼はあからさまにアジア人を軽蔑しているような冗談や、表現をするし、私に同情しているんだと思った。

T氏は、ラップランドと呼ばれる、北の方から来た人で、日本に例えればアイヌ人みたいな感じなのだろうか……。

救われるのは、スウェーデン人は正義感が強く、議論が出来る、議論を好む……ので自制心が高く、それが大きな感情のコントロールを可能にしていると思う。

人間にはどうにもならない**生理的な異物感、好き嫌いがあるのは避けられないが、それをコントロールする事は可能な筈だ。**

多くの人は、理性で生理的、本能的な異物感、嫌悪感をコントロール出来るが、すべての人が出来る訳ではないことは、反自然的な事であると理解し、あきらめるより仕方のないことだと思う。

残業は会社、従業員の双方に利点ナシ

１９７０年代の日本ではスウェーデンは少子化で人口減少問題を抱え、勤労意欲が低く、終業時間になったら仕事途中でも、そのまま放置して帰宅する怠惰な国民性みたいな印象で日本の経済専門家が語っていた。

確かに残業は余程の事が無い限り、先ずない。なぜなら残業は労働者にとっても、会社にとっても利益が少ないからである。

法律が定める残業割り増しが大きいので、企業側で大きな負担になるから、残業をさせたくない。

計画が杜撰で、納期に間に合わせる為に残業が必要になればそれはマネジメント、計画の質に問題があるからであり、そのような能力の不足の人も社会で揉まれて能力が向上……問題を起こすことは稀であり、余裕のある計画が組まれる。

労働者にとっては大きな割り増し賃金が支払われるが、累進課税で殆どが税金で取られるので、あまり意味がない。

結局、安定して残業の無い社会となる。

スウェーデンの社会は夫婦共稼ぎが基本であり、それが可能なように全ての事が整備されている。

日本人である私はそう思うが、全てのスウェーデン人が満足している訳ではなく、常に議論され修正されている。

スウェーデン語も話せない、子持ちの日本人夫婦が共稼ぎをする事は不可能だ。

窮状を訴えて、月給を千クローネ＝7万円上げてもらったが、厳しい累進課税税率の為に手取りで残ったのは1万円に満たなかった。

残業をしない理由がよく理解できた。

上昇志向のルバンデル氏

スウェーデンに5月に単身で転勤、8月にくる家族を迎えるための準備をしている時に、極東と中東を担当する課の課長代理だったルバンデル氏が、月曜日の朝、執務中に机に顔を付けて死んでいた。

個室だったので発見が遅れた。
彼はイラン、イラク等に出張していて、前前日の土曜日に帰国、前日は海外からのお客の接待で夕食を一緒にした。
出張したイスラム圏はラマダン＝断食の時期で、日中に満足な食事がとれなく、疲労困憊していた。
それまで誰も知らなかったが、彼は糖尿病で過労は良くないし、食事に対して厳格な規律を要求されている身。
彼の糖尿病の事を彼の上司は知らなく、出張は彼が決めたことで、言えば自己責任だ。
日本も担当地域として持ち、勤勉で上昇志向の強い彼とは6年以上の付き合いがあり、年齢も近く2人の未就学の子供もいる。
当時、働きバチと、猛烈社員と云う言葉が流行していた日本でも珍しいくらいの働きバチだった。
私の感じでは、このような猛烈社員は20人に1人くらいいる。

スウェーデン人の職業観

役付き社員

日本では新しく入社した人が早く会社に馴染み、企業文化の継承者になる事を期待される。
終身雇用的な思想を基に作られている組織に於いて、**制度変更の提案は前任者を否定する事に繋がり**、もしかすると前任者が上司の場合……よくあるケースだが……上司への反抗と見做されるので、天地がひっくり返るくらいの大事件が起こらないと、制度は変更されない。上司よりも上の方の……重役などは……実務について無知だから、誰かが告げ口しない限り、上の方から変更の指示が出る事は先ずない。この様に**日本ではあらゆる悪しき慣行や制度は永久に温存される文化**が支配する。
スウェーデンで新しく中途で管理職に就くことを約束されて入社する人には、何か今まで無かった新しい事をする事が期待されている。
若し、会社の文化に染まって何も新しい事を提案する事が出来なければ、それはマニュアルに従って作業をする事務員と同列で、**役職手当のムダ使い、役職者として不適格と見做される。**

7か国人家族の国際交流

スウェーデンの企業は国内マーケットが小さいため、海外へ輸出できるような製品でなければ、企業として成り立たない。
１９６８年の入社当時の海外売り上げ比率は約90％で、自信をつけて更なる拡大を計画する中で、海外の販売組織の拡大と充実を図るために英、米、独、仏、伊、日の6か国から従業員を本社に転勤させて、教育する事になった。
人選は各国の現地法人が行ったが、日本だけ本社が人選を行い、私が指名され、これは後日、日本の現地法人だったスウェーデン人社長から私が無視される原因を作った。
全ての家族はホボ同年代で子供帯同、頻繁に家族間での交際があり、2年間に無数の面白い又面白くない経験をした。
趣味、食事、言語、夫婦関係、宗教、政治、歴史、ビジネス、教育…お互いに外国人だから、スウェーデンの事、特にスウェーデンの悪口を、種に話すことは無数にある。
一般的に**海外で日本人の存在が〝沈香も焚かず、屁もひらず〟と形容される**ことが多いが、それでは面白くないと思い、積極的に振舞うように心がけた。

外国語のハンデーを克服するために

欧米人と言葉のハンデーを感じないで議論するのは容易ではない。私は26才で英会話の勉強を始めたが遅すぎた。

個人差があるのだろうが、頭で考えてからでないと、無意識に英語で会話することは出来ない。

連中と同じようなレベルの見識で議論しようとすると、単語量と表現技術の問題で、聞くだけになり議論の中に入れないから面白くない。克服するためには連中より一桁高いレベルの見識が無ければダメだと意識するようになった。

英米の連中の様に喋りっぱなしじゃないが、時たま口を開いて、ギョッとするような興味を引かせる。

交友の輪が広がり仕事も、プライベートな時間も楽しくなる。

家で接待して費用を会社請求できる

日本なら良くある終業後の一杯飲み、職場の同僚数人での食事みたいなことは一切なかったが、それは私が外人だからではなく、スウェーデンではそうなのだ。**自由になる小遣いの額が少ないためか、反対に職場仲間と飲み会をしないから小遣いが少ないのか、因果関係は不明だが、**終業後に赤ちょうちんで一杯みたいなアイデイアは全く無い。

帰国を半年後に控え、会社の顧客接待用のゲストレストランで夕食を済まし、お客を返した後で、ドイツ人だがスウェーデン人の妻を持ち、第二次世界大戦時にＵボートの乗組将校だったと言われていたファーバー副部長と戻ってコーヒーを飲みながら雑談したが、そのような雑談をするのは初めてで、最後の事だったが、それは何も珍しい事ではない。

彼とは会社内だけの付き合いであり、オリヤンやレナルトとの関係の様に、主に社外、外国、相手の会社やホテルで同宿しての関係ではないので、個人的な感情を伴った会話をした事が無い。。

ファーバーさんもドイツ人でお互いに外人。住んでいるスウェーデンの変な事、悪い事、不自由な事を共通の話題として盛り上がる。私は、日本の代理店の人、日本のサンドビックの従業員が出張して来た時に家に招待した。彼らはスウェーデンの金銭的に窮屈な生活の苦しい状況を理解していないので……当然の事だが……、日本での様に振舞う。

私が、スウェーデンはアルコール類が非常に高いが、日本では安いので、日本からの客は、お酒はよく飲むし、此処での生活の苦しさなど知らないから……と愚痴をこぼした。

ファーバー氏は、ミノ、外国からの、子会社からの訪問者も含めて、購入した材料費は接待費用で請求できるよ、と言われたが、帰国が迫っており、後の祭りだった。

若し、それを知っておれば、日本からの友人を豪華な食事で招き、家族もご相伴に預かり、大きな出費の節約になったのに、後の祭りだ。海外営業部門、重役連中の間では常識的な事だったが、Ｒ＆Ｄ部門でそのような知識の人がいないので、そのような制度を知るまでに４年掛かった。

スウェーデン人家族との交際

４年間滞在中に、家族でお互いの家に行き来して一緒に食事をする事はかなり頻繁に有った。

お隣さん、近所の数軒の家、仕事関係の数家族、職場での上司Ｎ

に軽く扱われ、私もNに反抗していたので、お互いに同志の感情が芽生えていたロルフ家とは頻繁にご一緒した。小6の大人びた、賢くて優しいヨーナス君が幼い2人の娘の面倒を見てくれたが、彼はその後ストックホルムの電力送電会社の社長になったと聞いている。

警官を辞めて弁護士になったオリヤンとは、約20年間の公私に亘る付き合いがあり、スウェーデンでは、よくオリヤン家にお呼ばれした。オリヤンは日本でも我が家に，2回来ている。

2人の子供を養子としてタンザニアから受け入れており、退職後、タンザニア大統領の経済顧問として数年間タンザニアに行っていた。日本での生活では近所の人、友人、知人と家族間の付き合いは少ないが、スウェーデンでは頻繁に行き来していた。

この様な家族全体の交際の頻度は五箇山の場合の頻度を100とすると、川西市、横須賀市、神戸市在住時の頻度は5くらい、スウェーデンでは150くらいの感じだったが、このような様な家族を通じての交際から学べることは大きかった。

隣保の人々との交流

4軒長屋のテラスハウスに住む4家族、お隣さんの御主人はブルーカラーのお仕事で、奥様はスウェーデンでは珍しい仕事を持たない専業主婦、息子さんが1人で中学生。奥様はスウェーデンでは珍しいくらいの肥満体で、非常に親切で優しい人だった。

お家で、バーベキューをされるときにご招待を受けた。

リブステーキを頂いたが、骨に付いているお肉は無きに等しいくらい薄く、少なく……日本感覚ではお肉はついていいなく、骨膜だけで……お肉は限りなくゼロで、スウェーデンを別の側面から観察する事が出来た。

貧富に関係なく、スウェーデンでは出費に対する感覚は非常に厳しいものが有り、全ての人がホボ、同じだから慣れれば、全く気にならないし、却って楽だと感じた。

世界史の中のスウェーデン

19世紀以前の歴史は、学問と呼ばれる趣味の領域に属するものとなり、現生の人間に与える研究の成果は限りなく無価値に近い。19世紀の世界史上のプレーヤーは英、仏、独、西、伊、露、土のヨーロッパ諸国であった。

ルネサンス、産業革命を経て、世界は緩慢ではあったが巨大なパラダイムシフトの中で変化したが、当時、アメリカ大陸は世界史のプレーヤーとしての存在感はなく、多くのアフリカ、アジア諸国も植民地であった。

北方の小国スウェーデンは17世紀の30年戦争には、国から1000kmも離れた戦地でメインプレーヤーとして参戦、ヨーロッパの大国としての存在感を示していた。

30年戦争はヨーロッパ中を巻き込み、数十か国が参戦した宗教戦争でもあり、1648年に終結、ウエストファリア条約が結ばれてローマ帝国の残滓が整理されて、その後のヨーロッパの枠組みが作られた。

1700年にスウェーデンの覇権に対抗して14か国が参戦し21年間戦った北方戦争で、スウェーデンはヨーロッパでの覇権を失い、帝政ロシアが成立、1917年のロシアの共産党革命までの安定期を迎える。

スウェーデンには、15世紀中期に……日本の応仁の乱、足利時代……貴族の間で、その後、国会に進化して行くような発想の会合があ

り、王権とすり合わせながら国政を決める制度が進化して行き、その延長として現代の国会と呼ばれるような制度が確立されてきた。

国王に後継者がなく、**将来に不安を持った国民議会が何処かから、後継者となる王様をリクルートする事を提案**する。

当時のヨーロッパの覇権国フランスのナポレオンに人選を依頼すると、ナポレオンは国民的人気が高くナポレオンにとって危険人物と目されていた5人の元帥の1人であった、ベルナドッテを推薦した。

先ず、国王の養子として入り、王太子、摂政となり、1813年のライプッツィヒの戦いで反ナポレオン連合国として戦い、ナポレオンに勝利し、デンマークにノルエーを割譲させて国の基礎を築き、国王となり現代に繋がっている。

その後スウェーデンは仮想敵国に隙を見せない、国防に重点を置く、ハリネズミ作戦、……若し敵が攻撃して、勝利を得ても、損失の方が多く、侵略が利益にならない……専守防衛を国是としてそれ以降、戦争に巻き込まれる事は無かった。

ナチスは、ノルエー侵攻に際してスウェーデンを恫喝したが、スウェーデンは屈することなく、……でもナチスの軍隊の領土の通過を認めたことは汚点となっている……が、ナチスとの戦火を交える事は無かった。

2人の優秀なスウェーデンの若者と日本人

スウェーデンに住んで3年目に2人の若者、ラーシ・ペーターソンと、アンダーシ・テリーンが入社してきた。

出身大学は知らないが、多分、2人とも有名大学である、KTH=王立工科不大学かシャルマル大学工学部の出身。

ペーターソンは機械系の出身で、サンドビケンで工具開発部門に勤務、テリーンは物理、冶金系の出身でストックホルムの素材の性能試験をする部門に配属されている。私の一回り以上若く、人種の壁なく色々な事を語り合った。

テリーンの課長は古いタイプで、反りが合わないと、よく私にこぼしていた。

彼らは、私と私の上司のN氏との確執を知っており，……その頃、私は彼らがそれを知っているとは思っていなかった……私には他のスウェーデン人以上に話しやすかったのかもしれない。

特に、その後判明した事だが、テリーンは分からず屋の自分の上司を嫌っていたので、同情する気分もあったのだろう。

テリーンとペーターソンは仲が良く、…… 一般に素材部門と、工具部門の人は仲が悪いのに……人間関係を角張らないで、率直に出来る若者だった。

ペーターソンが組織の中で昇進する過程で、何度か組織内の人事の事で相談を受けた事がある。

ある時、3人で話し合っている時に、ペーターソンが、〝**ミノ、日本人って洗練された人間だよな、そうだろう**〟と英語で言われ、返事に困った。彼らは私の目からすると英語は流暢だが、彼らとて英語については自信不足と感じており、私を相手に英語を話す。当時の高い教育を受けたスウェーデンの若者で、その中でもトップ集団の彼らがそのような認識を持っている。

彼らより25歳くらい年長の私の上司Nの日本人に対する差別的な感覚とは、正反対で、時代の移り変わりを感じた。

私の名前は、実=ミノルだが、発音し難いのと、子供の頃から家では〝みの〟と呼ばれていたので、外国語の場合には〝ＭＩＮＯ〟としていた。

英語感覚では、小さい、マイナス等の控えめ……もしかすると過剰に控えめ……な印象を与える筈であるが、その分、言動が反対であると効果も大きくなる。

英会話が堪能な日本人社員で名前をロッキーと呼ばれる、小柄な日本人の社員がいた。

大学で英会話クラブに属していた時に、戯れに、ロッキーと英語名を拝借したものと考えられるが、ロッキーは典型的な自分を大きく見せる意志を強調した名前で、スウェーデン人のメンタルに会わない。

何度も、ロッキーに関する話の中で、ロッキーを良く言わない話を聞いたが、それはロッキーの性格、所作から来ている部分もあるかも知れないが、名前の影響も無視できない。私は名前で、少々得をした。

それから、約20年後、先ずペーターソンが社長、テリーンが副社長、次いでテリーンが社長になったが、それは従業員数万人の大企業の話である。

社長交代に関係しての話

私は日本で、日本の子会社の8代の社長7人に仕えて来た。

入社当時、鋼材部、コンベヤー部、完成品部の3部門だけで、私は発足準備中のコロマント部に、社長のスウェーデン人スコーグ氏の面接で採用された。部の発足に伴いスウェーデン人のサンドグレン氏が部長として着任した。

サンドグレン氏はフォークリフトのセールスマンで、サンドビックに売り込み活動する過程で、何らかの化学反応が起きて、サンドビックに転職、キャリアを積んで、……一般にスウェーデン人が行きたがらない……日本に着任した。

私の1975年のスウェーデン転勤人事は、本社の開発部が影響力を及ぼして決定され、彼は気にいらなかったみたいだった。

私のスウェーデン滞在中に彼は、一度も私に声を掛けなかった。多分、それは3つの事が影響していると思う。

先ず、彼は私の採用にも、スウェーデン転勤にも全く関与しなかったこと。

日本に赴任して、予想とは全く違って、スウェーデンでは想像もできない様な巨額の蓄財をして、スウェーデンに帰った。

スウェーデンで共稼ぎ出来る筈のない日本人夫婦の生活を考えれば、私に手を差し伸べるのが普通だと思うが、そうはならなかった。滞在1年ほどして、人事からスウェーデンでの生活上の問題についてのアンケート用紙を頂き、直面する経済的な問題を率直に申し上げた。(資料集参照) 多分、人事は日本滞在経験があり、スウェーデンでは日本通のサンドグレン氏に文書を見せて、内容を確認したものと思え、この事はサンドグレン氏の気分を害し、結果的に彼は私との接触を、より積極的に避けるようになったのだと思う。サンドグレン氏は日本での実績が評価され……それは我々日本人が貢献する事で成された……帰国して本社の営業部門のトップに就任した。人事は、スウェーデン人だから遠慮することなく、サンドグレン氏に私の文書を見せたから、サンドグレン氏が約6年間の滞日中に、巨額蓄財が出来た事を理解したと推測される。

DIYで、自分で家を建てる

人口約3万の小都市で、都市部の商店、銀行、図書館、警察、役所、高校などのある中心部に居住している人は、多分人口の1割以

下で、殆どの人は郊外の住宅街に住む。
先ず、大まかに区画整理された住宅地が開発され、道路と上下水道、電気、電話の基本的インフラが作られて、販売される。
土地の値段は非常に安く、区画の大きさは夫々一定でなく、区画によって大小様々で、形状も多くの場合、日本の様に碁盤の様にしなくて、変形している。
日本では、住む地域次第だが、都市部では土地の値段が、建物よりも高いのが一般的だったが、スウェーデンでは全く反対だ。
一般的に、人口10万程度の地方都市では、友人の言や、新聞の記事から読み取れるのは、土地の値段は殆ど問題にならない。
ストックホルムやヨテボリの様に50万を超える人口があり、かなりの人が集合住宅に住む都市を、例外として、大多数のスウェーデン人は、地方都市に住み、そこでは集合住宅に住む人は、極少数で、彼らも一生集合住宅に住む訳ではない。
幾つかの住宅をキット販売する会社があり、多くのスウェーデン人は人生のある時点で、住宅のキットを買って、家を自分で建てる。4年のスウェーデン在住時に、3人の友人の家の建設にかなり手伝ってあげた。
建設中の友人の家は10軒以上見学した。
新婚の時に買った川西市の自宅は、スウェーデンの感覚では〝犬小屋〟と呼ばれても仕方のない物だったし、その2年後に相模原市で買った、2階建て、建坪85平米、１３０平米の土地付き建売住宅は、スウェーデン基準では住宅と呼ばれる様なレベルの物ではなかった。

自分で建てた家は大きな資産価値となる

人生の中の、何処かで、一度家を建てるとそれは大きな資産となる。多くの人は、ホワイトカラーでもブルーカラーの労働者でも30代～40代の前半で住宅を建てる。
友人の建てた自宅は、日本感覚で言えば、多くの物は当時の日本では1億円はする非常に高級な物件であるがスウェーデンでは、普通であり、数千万円で売買される。
日本では終身雇用文化の中で、定年退職で得られる退職金を人生設計の大きな柱としていると思うが、スウェーデンでは退職金がない代わりに、自分で建てた家が、退職金の先払いの様な効果をもたらして、人生設計に自信を持たせるから、嫌な上司、見込み違いの会社に入った場合、額に皺を寄せながら、苦悩して職、会社にしがみつく必要が無い。
非常に上昇志向が強く、わき目も振らずに、仕事に没頭する仕事人間も、非常に少数だが存在する。

英国貴族出身、殺人犯となったジョーンズ氏

私がスウェーデンに転勤した時点での社長は、英国人のジョーンズ氏だった。
ジョーンズ氏は貴族家の出身で、著名大学卒業後、空軍の戦闘機のパイロットを経て、英国航空のパイロットになり、転職、サンドビック英国に入社した。5か国語くらいを流暢に話すと言われていた。スウェーデン本社の鋼材部に転勤、能力を買われて本社の課長に昇進、その後の転勤で日本の鋼材部部長に就任して数年後にサンドグレン氏の後任として日本の社長に就任した。既に半年前には私

のスウェーデン転勤は決まっており、ジョーンズ社長の過剰な親切に私は戸惑った。

私がスウェーデン滞在2年目に、ジョーンズ氏はスウェーデン本社に帰り鋼材事業部の何かのマネジャーとなった。

ジョーンズ夫妻には子供がいないが、……スウェーデン感覚でも……巨大な自宅を建てた。

日本ならば、確実にテレビ局が訪れて、話題にするような立派な家を、自分の手を使ってＤＩＹで建てるのでなく、汗することなく業者に全て任せて……日本なら当然の事だが……巨大な家を建てられる事がスウェーデン人には信じられない。

私の数人の知人は、嫉妬ともとられかねない様な、悪口を言っていた。一度、ジョーンズ家にご招待を受け、高級ワインを楽しませて頂いた。それから数年後、ジョーンズ氏は英国に帰国、その後、風の便りにジョーンズ氏が殺人容疑で逮捕された事を知った。妻を殺したと言う。スウェーデンでは大きな話題となっていたし、後日会った英国人の友人がより詳細にその事に就いて語ってくれた。

彼の行動の一端で忘れられない日本の社長秘書が話してくれた事がある。

秘書嬢……と言っても50代で、夫が神戸港の税関長で高級官僚夫人……が、言うには、新任社長は、贈り物が外から届くと、即刻にお礼の返事を書いて、ご返事する。中身を全く見ることなく……変な人だと私に語ってくれたのを思い出す。

酷税を逃れて生きるための工夫と4年間の決算

英、仏、独、伊、デンマーク、ノルエー、ソ連、インド、米国への出張と、これら諸国の工場を見学、議論をする機会に恵まれ、単に技術的な側面だけでなく、総合的な知識を蓄積する事が出来た。

有給休暇とは別に、夏季には工場が完全に止まり4週間の夏休み、週単位の長期旅行が出来るので、色々な所に旅行が出来た。

夏に2週間のノルウエー、スウェーデン北部や南部、デンマークへ週単位の長さの長期旅行。

3月には学校がスポーツ休暇で1週間の休みがある。長期の旅行中には色々な人との交流があり、多くの仕事上の関係者のみならず、友人を得たことはその後の人生を豊かにしてくれた。感謝である。

最終的に、仕事が評価され、その実績がその後の会社人生で、若しかしたら私が非難される事になったかもしれない事があっても、私の見えない所で、誰かが助けてくれたのかもしれないと思っている。

充実したスウェーデンでの4年間

2年の滞在の予定を4年に延長、後半の2年は自分の思うように仕事をしてきた。海外に出て、初めて日本人を自覚。

人種差別的な感覚、東洋人を軽蔑するような雰囲気を隠さない、Ｎ課長との確執に、勝った気分になった。

課長が、会社の組織のアイデイアに基づく企画として認めない課題を勝手に自分で作り、約1・5年掛けて終業後に作業して課題の解決方法を提案する文書を関係部署に提出した。そのいくつかは、翌年からカタログに新製品として販売開始となった。

製品カタログはＡ４で約１３００ページ、厚さ約３cm、中には無数の製品と技術的な情報が掲載されている。

製品はＩＳＯ規格製品群とサンドビックの独自製品群とからなるが、独自製品群の約２／３の製品に濃淡はあるが私は関係し、その中の幾つかの重要製品群は私がいなければ、カタログには存在しな

かったと思う。
多くの、個人的な心からの友人も出来、仕事を通じての友人も出来たので、その後の会社人生において大きな助けとなった。
日本に帰っても、スウェーデンから派遣された社長に臆することなく議論する事が出来るようになった事は、私だけでなく会社の為にも非常に役立ったと思う。反対に、私個人としては新任社長とのソーシアルデスタンスの取り方を難しくし、新人社長は私の存在に悩まされたことが多かったと思う。
企業への貢献と、社内での人間関係とのバランスをうまくとるのは何処の社会でも簡単な事では無い。

帰国前の事前確定申告とボーナス

1979年7月に帰国を予定していたので、家を売却して会社の転勤者用アパートに移り、帰国予定の数週間前に税務署に行き、帰国予定日を告げて、帰国前に確定申告の手続きをした。6か月分の給与しか収入が無いので税の還付が受けられる。予想していなかったが、年金として払っていた税金は、帰国時に一時金で還付を受けるか、将来年金世代になった時にスウェーデンから年金を受けとるか、何れかの選択が出来ると言われた。私は将来為替が円高に向かい、スウェーデンクローネは安くなると思っていたので、迷わず一時金で頂いた。
スウェーデン転勤時の1クローネは70円、帰国時は35円、57才の退職時は18円、現在は13円である。
それから、数日して、会社から小さな封書が届き、10万クローネが振り込まれるとの簡単な通知の文書が入っていた。
上司からも、部長からも誰からもそれを言われた事も、示唆する事を言われたことも無い。
日本だったら、上司、人事課又は経理から、何らかの説明が事前にあると思うが、事前にも事後にも説明は全くなかった。
帰国半年前に、上層部に提出した5件の提案事件は10人前後の課長、部長、重役の知る所であり、同時にN課長との確執も知る人が多くなり、そのような背景を知っている人、人々が……示してくれた応援でスウェーデンの正義を感じた。
当時10万クローネは、多分、課長クラスの人の年間手取り収入の上を行き、ネット=税抜きで350万円。感覚的には現在の日本で税金の掛からない5~6百万円に相当すると思う。帰国手続きを終了した後であるので、税金で持っていかれることが無いが、……若しかしたら税制上何らかの問題になるのかもしれないが、その後何も言われなかった。
スウェーデンの皆さんと仲良くやってこられた事は、私の非常に大きな自信になった。その後の私の本社に対しての仕事は非常にやり易くなり、会社もその様な貢献を期待しており、岡田が言っている事は……非常に重く受け止められるようになったと感じているが、それは、スウェーデンから日本の社長として赴任した人にとっては、多分、随分煙たくて、やり難かったと思う。
4年間の経済的な決算は、会社から餞別的な意味から10万Krのボーナス。
家を買ったことで得た売買益と節税効果で15万Kr。帰国時に国から還付された年金の一時払い約10万Kr。
総計約35万Kr=約2、500万円となるが、残念ながら円高で帰国時には為替が1Kr 70円から35円になっていたので約1、300万円の利益になった。この為替の変更でスウェーデンに来た当初は大変

な物価高だったが、帰国時には日本とスウェーデンの物価の差は大きく縮小され、ホボ同じくらいの感じになった。
帰国後の年収800万円が提案され了承したが、1979年の話で、当時私の部下だった数人の国立大学卒で同年輩の人の給与は筆者の半分だった。1970年代末に、年間約300万円の蓄財は、日本にいても絶対に出来ない金額であり、それは単純に個人的な制度活用の工夫と、幸運にあると思うが、若し為替が同じであれば年間600万円、4年間で計2千4百万円の巨額な蓄財になる。このような経験を経て、世界経済、国内経済、為替に対するアンテナが高く、感度が上昇した。
2年ほど前にお会いした丸紅のX氏はその後どうされたか、……預金を食い潰してスウェーデン勤務か、……発展途上国へ転勤して、メード付きで優雅に暮らしておられるか、……X氏の後任の方がスウェーデンに来られて困窮しておられるか、世の中は変化に富んでいる。
何も対策しなければ、……個人的な上司との対立に負けて……、会社の為、ビジネスの為を忘れて、変則的な定時以降のサービス残業の発想もわかず、受け身的な生き方の4年間だったら、結婚後3年間の貯金の全額を使い果たして心身ともに疲れて、将来に不安をもっての帰国になったと思うが、感謝である。
私のスウェーデン在住時が最もスウェーデンの税金が高かった時代で、その後税金は徐々に低下して来た。
この事については第二部で深く考察してみます。
帰国に際して、会社から利用ホテルに料金の制限がなく、食事も全て会社の実費払いの、重役待遇の2週間の帰国休暇を頂き、家族4人、人生で初めて、多分、最後の、出費を全く心配しない宿泊費用に制限のない豪華な2週間の旅をしながら、米国経由で帰国の途に着いたが、初日に大事件が起こって、全てが変わった。

トライスターの運航停止

2週間の帰国旅行の第一泊地を、西野田工業高校1年の時に共に学んだ佐藤君のいるロンドンに決めて、1泊5万円のホテルマーブル・アーチに2泊予約した。当時パリやロンドンのホテルは非常に高かった。ストックホルムから2時間くらいのフライトでロンドンに到着、飛行場のボードでロッキードトライスターが運航停止になった事を知った。
パイロンと呼ばれるエンジンを翼に取り付ける部品の不具合で、エンジンが落下する事故が発生したのが原因だ。
当時、海外の長距離路線はジャンボとトライスターで二分されており、トライスターが運航停止になれば、これからの旅行はどのようになるか全くわからない。
ロッキード社のトライスターは日本の田中角栄首相を引退に追い込んだスキャンダルで有名になった旅客機である。
直ぐに、飛行場でニューヨーク行きの便の予約をして、ロンドンのホテルはキャンセル。公衆電話で佐藤君にも事情を話して、直ぐにアメリカに渡った。一人旅なら何とかなると思うが、家族4人では空席が4席ないといけないので、変更は簡単ではない。
ニューヨークで5番街にあるルーズベルトホテルに数泊、ニューヨークを堪能したが、トライスターの運行停止の影響は非常に大きく、ロサンジェルス、ハワイ間の予約便はトライスター便で飛ばない。ロサンジェルス、ハワイ間は全く予約できる便がない。どうにもならないので取り敢えず予定していた米国内での行動は事前の予定に従い、ナイアガラの滝を見るためにバッファローに飛び、レン

タカーでナイアガラの滝を見に行った。
ロサンジェルスで数泊、ハワイ行きの便を毎日探すが、空きが全くない、1か月後までも、日を色々変えるが……空きがない。
1人ならば空席があるが、4人では全くない。
試しにサンフランシスコ、ハワイ間の空きを見てもらうと明後日に4席の空きがあり、これしかないと思って直ぐに予約を入れ、同時にロサンジェルス、サンフランスコ便を予約して、直ぐにサンフランシスコに飛んだ。

サンフランシスコでタクシーを使って世界最長の吊り橋、ゴールデンゲートブリッジを見に行った。
往復で数時間、高い料金だった。翌日、無事ハワイ便に搭乗、着々と日本に近づくことが出来た。
ハワイではヒルトンハワイアンビレッジに宿泊、最終的に東京行きの便はジャンボだったので、当初の予定通りに出発から2週間後に帰国することが出来た。その後の状況から判断して、若しロンドンで宿泊していたら、悲惨な状況が起こり、帰国するのに数か月掛っただろう。世の中突然何が起こるか解らない。

トライスター運航停止の影響

その後、数人の人が私と同じような経験をしている事を知った。
スウェーデン以外でも、節税目的での転勤月で、日本の方で家族の帰国で帰国を数か月延期された方に会った。
スウェーデン人でも同様に、数日で新しい南米の任地に向かう旅行の途中で、予約が取れなくて、家族4人が別別の日に、ジャンボで飛んで、目的地に全員集合するのに2週間も掛かったと聞いている。
スウェーデン人だから、言葉の問題が無くその様な事が出来るが、我々の場合には、全員一緒でないと行動できない。若し、予定通りにロンドンに滞在していれば、大変な事だった。
後日だから、こんなことが言えるが、危機的な状況を……その後に何が起こるか推測する……避けて、対策する事は人間を鍛えてくれる。

第六章　帰国、関東で開発と営業の技術支援業務（37才～48才）

この章の要約

１９７９年７月、37歳でスウェーデンから帰国して関東に赴任、ローカルのＲ＆Ｄ部門の立ち上げ、技術サービス、特許、ハイテク素材革命のモニター、セラミックス、ウィスカー強化型セラミックス、ＣＢＮ、ＰＣＤ、ＰＶＤ、ＰＶＤ等の新素材の問題について親会社と鋭角な議論を展開。話題になり始めた無人化工場関連の事についても、情報交換を始める。

◆不本意ながら製品開発の分散化に対応

前年に本社では拡大する国際的なビジネスの展開に、より綿密に対応する為に主要各国はローカルニーズに対応できるように、開発活動を始めるべきであると言う、最もらしい意見が支配し始めた。主要国が小さな、雑多な要望を出すが、その多くは大きな需要を期待できる物でなく、本社が大金を掛けて開発するのはペイしないから、各国で勝手にやったらと云う訳である。

日本の企業では絶対に起こらない現象だと思う。日本の場合には、日本の親会社が市場調査をして、製品プログラムを作って、それを海外で販売するだけだ。スウェーデンでは、ある意味で非常に民主的で、主要マーケットの要望を聞いて開発を行い、販売が上手く伸びないと、販売量の沈滞の責任を開発部門と販売部門がお互いに押し付け合う。

その結果が、各マーケットは自分の思うように、自国で製品開発をしたら、みたいな結論になってしまう。

別の言い方をすれば、子会社は色々文句を言うけれど、若しやれるものなら、自分で開発してみろ、と開き直った様な側面がある。スウェーデン流に解釈すると親会社も子会社も平等だから、子会社にもやらせたら……みたいな雰囲気。

この様な事は日本の組織では絶対に起こらないと思うが、……、親会社も、子会社も平等みたいな雰囲気の中ら出てきたアイデアで、とにかくやって見ようという事になった。

Ｒ＆Ｄの予算が日本の全同業者総計よりも、数倍以上あるから10億円くらいの無駄使いは気にしていないから、その様な発想が出てくる。日本なら、必勝……みたいな悲壮感が漂うと思うが、上の方は全く気にしない。

日本の市場は分散化では対応不可能

日本の場合は突出して要望する事が多く、その要望内容も厳しくて、細かく、簡単に解決できるような問題ではなく、大きな組織で、

正面から取り組まなければ、解決しない問題ばかりである事は、本社の技術部門は良く承知していた。

英国、米国の場合も要求の内容は異なるが、根っこにあるのは日本の要望に応えられるような事が出来れば、自動的に解決する問題で、日本の問題には本社が正面から取り組むべきと思っていた。課題の克服は難しく、少人数で、チョコ、チョコ……とやれるような性質の課題ではなく、多くはアイディアと製造原価に関係し、私は開発活動の分散には反対だった。

日本的な視点で見れば、過大な利益率を要求する会社の基本的な経営姿勢にあるが、それはスウェーデンの最も基本的な企業の存在理由であり、高い利益率を達成できる確実な予想が出来なければ、舞台には上がれない。

日本の様に、利益無視で、国内の競合相手を弱体化させるために……シエアの拡大の為『肉を切らせて、骨を切る』……我慢して、競合他社のみならず、日本中を混乱させ、不幸に誘導するような視点で会社経営をしないスウェーデン流の文化がある。

この様な成り行きの中、帰国に際して私は日本のローカルマーケットのニーズに合った製品の開発を担当する開発部門のヘッドになる事を要求された。上の方には、具体的な幾つかの問題を眼前に示しながら……解決するために必要な活動について説明し……意味がないと抵抗した。

開発担当となる

上司曰く、貴方の云う事は良く解るが、営業部門の要望に応えるためにやらざるを得ないから、とにかくやれ、最善を尽くせ、……みたいな指示で、開発部長として横浜にある、教育用の機械実習設備のある建屋の中に、機械設備を購入して任務を始めた。幾つかの、短期間で結果が出そうなプロジェクトを選び、数名の人を中途で新規採用、最低限必要と思えるテストマシンも購入、数千万円の資金を使った。本社の年間開発予算は数十億円で、本社は全く問題にしない少額で、その面では鷹揚である。欧米と違い、専門家の臭いのする人を採用するのは不可能で、全くの、言えば素人を採用する。

私自身は、日本の特許、学会誌のモニタリング、特許係争の為の交渉活動など、する仕事は多く、かなり忙しい。

日本ではトヨタ自動車にはＪＩＳ規格品に相当するサンドビックのインサートと呼ばれる、替え刃が採用されていなかった。

インサートは最も一般的な商品で、トヨタの様な自動車の量産加工工場では大量に使用されており、その分野の一部でも取れれば、大成功であり、他への波及効果も大きい。

多くの日本からの要望は似たような傾向があり、**技術的な困難度はさして高くないが、丁寧にするとコストが掛かる事である。**

トヨタは、刃先の信頼性を非常に問題とする為に、インサートの刃先になる稜線を小さく殺す、ネガランドの追加加工をしたインサートでないと受け入れない。

当時使用されていた**他社のインサートはローテクで研磨された直線刃だが、サンドビックの物はハイテクでプレスされた曲線刃が売り物で、曲線に沿って小さなネガランドを均一に、安価に**付加する方法は無かった。

最終的に、手作業でやるしかない作業を特殊な装置を工夫して作り、曲線刃形のインサートに沿って正確にネガランドを付加する方法を確立できた。トヨタで最も難しくて、問題を抱えていた作業でテストして、結果良好……、追加製造コストも吸収させて、ライン

で量産加工に使用して頂く様になる。幾つかの、小さな問題をプロジェクトとして取り上げげて、それらしい結果も出したが、開発と呼べるようなものでなく限界を感じていた。

英国の開発部は買収したウイックマンに勤めていた、有名大学卒の人がヘッドで活動を始めたが、1年強で活動停止。

米国の開発部は、スウェーデンから人が行って立ち上げたが、やはり成果ゼロで2年を待たずに活動を停止した。

日本では幾つかの実績を残したが、3年を経て開発部を廃止、私は営業への技術支援をする技術部の部長に戻る事になった。

長時間通勤と多忙

技術部長となり営業の技術支援が主な仕事となり、それまでは開発業務で主に事務所に留まっていたのが、6年前と同様の営業サポートが本務となり、職場は東京の虎ノ門にある営業事務所に移り多忙になった。

スウェーデンと日本の時差8時間が作用して、仕事は効率よく進むが、その分仕事はきつくなる。

朝4時半に起床、朝食を済まして5時10分に家を出て徒歩で約15分京浜急行追浜駅到着、三浦三崎からくる追浜駅5時32分の初発特急電車に乗る。

既に電車は満員で空席はなく、立つことになる。この様な早い電車に乗る人は理由があって乗車するので、絶対に空席がある事は無く、1時間以上たったままである。横浜でJRに乗り換える事もあるが、通常新橋まで乗車するが、新聞は広げて読むことができる。関西ならば早朝の電車はガラガラに空いているが、東京では全く状況が違う。

新橋で地下鉄に乗り換え、虎ノ門で下車、会社のある第32森ビルに向かう。

会社に到着すると7時頃で、先ず着信しているテレックスをチェック、それから仕事を始める。

必要なものを読み、**テレックスに対する返事を用意してテレックス嬢に返信用テレックスの原稿を渡せる**ようにする。

幾つかの懸案の処理を済ませるころにボツボツと他の人が出勤してくる。

私と、ホボ同時刻にスウェーデン人のニューベリー氏が出勤してくる。

彼は朝の通勤の混雑が嫌で、早朝出勤するが、その分夕方は早く退社する…と言っても午後5時まではいる…自分だけのフレックスタイムを導入していた。

彼は営業企画部長みたいな役職で数人の日本人スタッフを使って、スウェーデンから来た指示に従って営業活動の為の計画を練り、最終的に営業マンが日本で活動しやすい様な準備をする。ニューベリー氏と私はスウェーデンにいた頃からの旧知で、フランスの子会社で勤務した経験もある。何かにつけて、私の仕事とも関係があり、その面では都合がよかった。

営業の技術サポートは客先訪問を伴うので、3／4は出張であり、私の守備範囲は全国なので、殆どの場合は宿泊を伴う遠距離出張で、毎月の出張旅費の精算額は30〜40万円の間だった。

若し終日事務所にいる場合、退社時刻は午後7〜8時で、帰宅は午後9〜10時の間、食後にすぐ寝る様な生活パターンである。

土、日は確実に休み、仕事は家に絶対に持ち帰らない。唯一の例外は部下のボーナスと昇給の査定書類への記載だけである。

日曜日はソフトボールに興じ、頻繁にその後で宴会となる。年齢、職業、色々で約2千所帯が住む大型団地には4つのソフトボールチームがあり、合同練習や試合をするので、100人近い友人が出来た。
深夜までの賭け麻雀となる事も頻繁にありお互いに家族ぐるみの交際、……多くの同世代の人たちが現役引退後に引きこもりになるような閉鎖的な人間関係とは無縁の……奥様、子供とも会話する、昔の田舎の様なスタイルの生活が48歳で神戸に転勤するまで約11年間続いた。

◆娘の幼稚園入学とその後の義務教育

1979年7月帰国、取り敢えず6年ぶりに川西市の自宅に居を構え、私は横浜勤務なので、単身で横浜に住み、家を購入する準備をする事にした。長女は来年小学校入学、次女は5才で、川西には数か月の短期滞在になるが、幼稚園入園に際して夫婦の間で、議論となった。妻曰く川西滞在は短いから、入園金を払って、制服を作って無駄じゃない……と入園反対。
私は短いからこそ、なお更、慣れさせるために、幼稚園に行かせねばならないと入園を主張、結局、2人の娘は幼稚園に入った。
後日判明した事だが、妻は目先の事、小さな費用の事に関心が強いが……私は、巨額の無駄でなければ……目先の無駄は気にしない。最も重要な事は、それが少しでも効果の期待できる事であるか、全くの無駄で意味の無い事であるかだと思っている。
横須賀市の東端、横浜市金沢区西端に隣接する、西武不動産開発の大型住宅団地、湘南鷹取で住宅を3，300万円で購入、住宅ローンを2千万円組んだ。
4月の入園までに数か月あるので、西武が経営する幼稚園に入園手続きに行くが、幼稚園は受け入れに消極的。
入園金がかなり高価であるが、短期だからといって安くするわけに行かぬし、当然、制服も用意しなければならない。
こちらの財布を忖度しての親切心からの事だった。とにかく短期だったが2人の娘を幼稚園に入れた。2人分、2種類の制服を再度作った事になる。スウェーデンなら、制服も入園金もなく特別な出費は全く要しないのに……此処は日本だから、仕方がない。

次女を叩く小学校の先生の苦悩と生徒の被害

小学校入学、長女の方は、小さな問題は多数あったが、小学校1年生は大きな問題なく過ぎたが次女の方はそうは行かなかった。
子供には2通りあるみたいで、親に細大漏らさず報告するタイプと、親に都合の悪い事は何も話さないタイプであり、我が家の次女は後者のタイプだった。
次女の担任のM女教師が家庭訪問で、妻と話し合ったときにM教師の話が、不自然で……それはMさんの次女に対する行為が、どの様に親に伝わっているかを探る下心があった為である事が解った。
我々はその事につて次女からは何も聞いていない。次女は音楽の時間に同じ歌を何回も歌わせせられるので、面白く無くなり、歌うのを止めたら、M教諭が怒り、手が出た事が解った。
偶然とは不思議なもので、その数年後、長女が盲腸で入院した時に、同じ病院にM女子の子供が入院、妻とM女子は再会、再度話をする機会が有り、次女の問題が発生した当時、M女子は仕事、家庭、育児などの問題から、難しい状態で、それが事件の発生の背景にある事を知る。日本では良くある事だろうが、……それが日本だ。

次女はスウェーデンで楽しく歌を歌っていた

次女はスウェーデンでは、近所のエルンマン家のマレーナ、ヴェンデラ姉妹等も一緒に、就学前児童の幼稚園みたいなところで歌を歌っていた。次女は自由に楽しくやっていて、それが普通だったので、同じ曲を何回も繰り返す、退屈を我慢する事が出来なかったのだ。N教諭はピアノが下手、曲のレパートリーが少なく、数曲しか引けなかったのが根本的な原因だった。

次女は大変だったが、N先生も大変だったのだが……それが日本だ。

スウェーデン帰りの娘には強烈な経験で大変だったみたいだが、それは、先生と、生徒の双方の心に傷を負わせる事になった。

それは、日本の教育の従わせる事を習慣付ける、強制する教育……多分先生は意識していないと思うが……の路線と一致するので、日本では起こり易いのだろうが、欧米基準では許されない事である。

ガールスカウト募金の行方

関東で2人の娘をガールスカウトに入れ、色々な活動をする中で、赤十字の募金があり、ボス的なガールスカウトの指揮を執っているN女子が、今年は何に使うと言っている。これにはビックリしたが、……それが恒例化している。

赤十字に納金しても、大なり、小なり、同じような物なのかもしれなく、それが日本だ。

田舎の教諭と都会の教諭の大きな違い

私は中学校1年の時に第1章に既述の沢田教頭から強烈に長時間にわたる言葉の暴力を受けた。

沢田さんは、異常なほど……今まで、長期間貯まっていたうっ憤をはらすように……顔を赤くして怒ったが手を出すことはなかった。多くの小学校、中学校の先生は同村出身で、お互いの家族、親族間の直接、間接の繋がりが有り、沢田さんに後日釈明の出来ない愚行を起こさせる事を抑制させる効果がある。

都会の教師にはそのような抑止力が働かないので、……教師の教育者としての人間教育能力は育たないし、頻繁にマスコミに登場する教師の不祥事、非常識的な言動、イジメの問題に繋がっていると思う。

◆日本の金融機関の姿

結婚してからの約50年に9回引っ越しているが、同じところに10年も住むと交流の幅と深度が高まる。

ソフトボールのチームに属し、娘の学校の関係のつながりなど、社会的な交際の範囲が広くなり、面白い経験をする。

非常に珍しい、経験できない事なので以下に、その一部をご披露する。

隣の人は信託銀行の人

家から直行で出張、遅く家を出るときに、隣のODさんと一緒の電車に乗り合わせる事がチョクチョクある。

話す内に、ODさんが神戸大学出身で信託銀行にお勤め、参与の肩書で日経新聞の株式欄に現下の経済情勢を解説して投資アドバイスの記事を、時々お書きになっている事を知る。

10年は長い、会話を重ねる内にお互いに色々な事が解り、ODさんは私が三光汽船の歴史的株価急騰相場に参加していた事や、既に

私がソコソコの投資経験がある事をお知りになり、色々な事を吐露され、私に次の記事には何を書くべきかみたいなこと聞かれるような関係になった。
証券会社や信託会社などの金融機関に勤める人は、原則として株式の売買をやってはいけないみたいな制限があり、ODさんは、活字知識はあるが、実際の取引に伴い最も重要な経済、業界、その会社の状態と、今後の傾向について深く先読みする様なセンスはお持ちでなく、本人もそれを自覚している。実際の取引に参加するときに最も重要な事は、雑多な情報の中から可能な限り多くの正しい情報を集めて分析し、最終的に判断して実行する胆力だが、経験が無ければお話にならない。
ODさんは、会社の机の引き出しの中にウイスキーの瓶を保管、残業が常態化して帰宅が遅くなるので、5時を過ぎるとウイスキーを飲みながらの仕事だったと吐露され、他の人も同様だったみたい。日本の金融機関の別の側面を聞かせて頂いた。

日銀でも盗難があった

これは、後日の事であるが、神戸に転勤してから、地元の男声合唱団に入った。
殆どの方は学生時代から、グリークラブ所属で経験年数も長く、多くの方は、複数の合唱団に所属している。
合唱団の名前は〝シルバーヴォイス〞で高齢者が多く、60才の私は若い部類に属する。
10歳上のUさんは日銀OBで、他に日銀OBの方が2人で3人が日銀OBである。
私はUさんとは特に近い関係で、我が家で食事をご一緒した事もある。
マスコミを通じてのニュースでは絶対聞けない、多くのオフレコ情報を聞く機会があった。
半世紀ほど前の話だが、日銀には大蔵省の紙幣印刷所から新券で2千万円の帯封された包みの入った箱が日銀小樽支店に送られる。2千万円の帯封は100万円の帯封が20個分でかなりの重さと、サイズになる。
Uさんが小樽支店に転勤した直後、2千万円の帯封1個が内部犯行で盗まれた事件が発生、警察に届けると事件が外にばれるので、隠蔽工作をしながら、数日間銀行内で大変だったことを激白された。

焼却用の紙幣も……

市中銀行から流通していた古い紙幣が日銀に還流、日銀でゴミとして焼却する制度が機能する事で日本の金融機能の秩序が保たれているが、古い、汚い紙幣はゴミでも、償却しなければ立派なお金として通用するから、扱う人の心は複雑である。
ある日銀の行員が定例的にある銀行に古い、お札を入金に来ることが内部情報と外部情報の融合でばれる事になった。
地方銀行に勤める娘さんが、家庭内の会話で古い札を入金にくる人の事が話題となり、別の銀行に勤務する父親が疑念を持った。日銀の行員が焼却されるべき紙幣を隠し持って、入金していたことがばれたのだ。
当時、日本の金融機関は優秀で、毎日1円の単位まで帳尻が合わないと終業とならず、帰れないとその高い規律が讃えられていたが、その最高峰に位置する日銀の実態からすると、一般はそれ以下であったろうと思う。

この事は**細事には厳密だが、大きな事には鈍感な日本の高学歴者の特徴**を表しているように思う。

日銀は正確には株式市場では二部・中小企業に分類される民間企業だが、日銀総裁は内閣が関与して決めるので、実態は政府の行政機関の一つと見做される。終身雇用の中で、自己保身の忖度文化が創り出す……隠蔽を特徴とする日本特有の現象だと思う。

長銀でアルバイトして１００万円のボーナス

ソフトボール仲間に長期信用銀行の調査部に勤務するNさんがいた。Nさんのご縁で友人の奥様が長銀でのアルバイトの口を頂き、約3か月間東京に通勤してアルバイトをされた。

奥様は夏季のボーナスの時に１００万円を超すボーナスを頂かれたと言われ、我々をビックリさせたが嘘だと思った。。

長銀が破綻する10年強前の事である。ソフトボール仲間には5、6人の都市銀行勤務の人が居たので、長銀は、日銀、興銀に次ぐ数百もある銀行業界のトップ集団で、特別な銀行であることを教えられた。

◆スウェーデンの財閥家当主との同行訪問

長銀アルバイトの事が起こった、ホボ、同時期に、サンドビックの支配財閥ステンベック家の当主ヤンさんが市場調査の為に来日して、約1週間滞在した。私はそのアレンジを行い、企業訪問に際して同行し、先方が英会話が出来ないか、通訳を用意されていない場合は私が通訳を行った。

ヤンさん、本社と日本の会社の社長と私の4人で、東芝、小松……等の企業を訪問した。

当時、工業用ロボットが出現し始めており、スウェーデンのアセア社が世界のマーケットで存在感を出し始めており、ステンベック氏がロボット業界に参入する事を念頭に置いての市場調査が目的だった。

ヤン本人からは聞いていないが、日本と本社の社長の話から、ステンベック家には手元の余裕資金が1千億円弱あり……その使途を考慮中である事が解る。ロボットの話はその後進展しなく、それでお終いになった。

その数年後、多分、１９８３年にサンドビックの支配財閥がステンベック家からセメントと土木建築のスコンスカに変わった。長銀、サンドビックの会長の稲村光一氏、ヤンさんの事に就いては第二部で詳述します。

◆男の買い物は日本の異端者

住んでいたのは西武が開発した大型団地で、団地内にスーパー西友があるが、よく隣の横浜市金沢区にある生協＝コープにも買い物に行った。コープの店は素朴で、現代の道の駅の農協の店みたいに、簡易包装、安い、大きさが揃っていない、土が付着していて少々汚い。日本の都会人の視点で、スーパー西友で販売されているものと比較すると二級品の感じだが、私は農家の生まれで、二級品に全く抵抗がない。コープに行くと先ず女性ばかりで、男性がいない。男性がいてもほんの数人。カートを押す男性は全くいなく、妻の付き添い、又は運転手で同行、ソフトボールの仲間に会う事は無かった。

スウェーデンなら、スーパー、デパートなどでは、男性客、女性客は、ホボ、同数の感じで日瑞の大きな違いを感じた。

新興住宅団地で1戸の価格が3千万円台で、住む人は俗にアッパーミドルと呼ばれ、若いのでこれからの昇給、昇進を約束されているので、かなり派手な生活をする人が多かった。
　頻繁にアフターファイブに仕事仲間と飲み会、3～4年ごとに新車に乗り換える、頻繁にゴルフに行く、……で、スウェーデン人には想像もできない、浪費生活と、家庭無視……どちらが幸せか……。
　五箇山の生活は質素で健康的で、貧しいがスタイルとしてはスウェーデン流でスウェーデンでは精神的な抵抗が少なかった、団地内での生活は精神的な満足感は必ずしも良くなかった。

◆レーガン大統領の英語の発音と英語の話

　40才の頃、元俳優でカルフォルニア州知事だった**リーガン氏**が米国の大統領に選出された。
　間もなく、新聞記事に記者会見で、リーガン大統領が、私の名前は今まで**〝リーガン〟と呼ばれているが、元々は、〝レーガン〟なので、今後は〝レーガン〟と呼んで頂きたい**と、公表したと、載っていた。
　その様な事が英語圏でも起こる事を聞き、目からウロコである。日本人が英語の発音に悩み、スペルを見ただけで解らないのは当然の事と、気が楽になった。今まで英語での会話の時に2／3くらい発音に気を使い、1／3くらいしか内容に注意が行かなかったが、反対になり、英語での会話も、日本語での会話もホボ、同スピード、若しかしたら英語の方が早口になったような気がする。日本語で顧客と話す場合には、相手に忖度して、〝人見て法説け〟でどのように説明するか、会話するか考えながら行うから、どうしてもゆっくりした話し方になるし、その方が日本語の場合には説得力を持つ。
英語の場合には、表現方法の技術が未熟で、余裕がないから、殆どの場合直線的に話すので、会話の速度が速くなる。
　会社の人は、私が外人と早口で話していると、如何にも私の英会話のレベルが高いみたいに誤解していたが、私としては恥ずかしい気分だった。
　更に、英語でゆっくり話すと相手の英語を母国語とする人から誤解を受ける事がある。
─文法的に正確にユックリ話すと、大人が子供に話す様に、……馬鹿にされている様に印象付けて、良くない。
─スピーデーに話すと、細かな発音、文法的なミスが隠れて……重要な単語が浮き上がって、その方が理解され易い。
─基本的に英米人は会話のスピードが速く、遅いと会話が間延びして、上質の会話が出来ない。
間延びした、反応の悪い会話をすると、先ず友人になれない。相手に切実な問題が無ければ敬遠される。

英語の先生は高2で英検1級の女性

　特許公報を翻訳するための翻訳者を必要とし、人を求めて人事に相談すると、神戸に勤務する楢林さんを推薦して来た。
　高校2年で英検一級を取ったとのことで、宣伝部に属していたが、英語が出来過ぎるために、上司が煙たがり……幸いなことに近々結婚するために関東に行きたがっているから、どうだとの事。夫となる人は阪大の化学科卒で特許庁に就職、若いから、先ず審査官見習いで、時間の問題で審査官になる筈で、非常に好都合と彼女を頂いた。
　今まで、中学、高校以外、英語は独学だけで……まともに英語を習ったことは無い。

必要に迫られて、自分流に、日本語で考える事を英語流に表現する努力をして、何とか凌いできたが、自分の書いた文章に全く自信がない。日本語の場合には、特許公報であれ、普通の文章であれ、間違いと、正解とは自信を持って断定できるが、英語の場合は全く自信がない。頻繁にスウェーデン本社宛ての文書を作成したが、楢林さんにチェックをしてもらう事にした。

色々、勉強になったが、結論は、彼女は自分には、岡田の様な文章を書けない。私の文章には勢いと説得するための情熱が感じられ、物事を淡々と記述する英作とは別の物だと言われ、それから迷わず自分流で行くことにした。

英語の文法でも特に冠詞の使い方、単数、複数の用法、長文の場合の文章の組み立て等、……日本特許の請求の範囲の文章で、一本の文章で30行を超す長文に遭遇した事もある……の扱いについて、貴重な勉強の機会を頂いた。(当時、特許は1出願1請求項で、請求範囲は1本の文章に纏めなければならず、発明者、弁理士の最も重要、難しい問題だった。)

この様な長文を、日本語から英語、反対に英語から日本語に翻訳するのは至難の業であり、翻訳後に自信を持つ事は先ず出来ない。言葉と云うものは難しいものだ。楢林さんの祖先は……多分曽祖父……長崎の殿様の祐筆だったと聞いている。著名な蘭学者で長崎の観光地のパンフレットにも写真入りで掲載されていた。

高価な陶器のツボを買わされた霊感商法

楢林さんが義母の訳の分からぬ、奇妙な問題を訴え始めた。

義母が誰かから勧められて、高価な陶器のツボを買い、さらに大金を払って何かを買おうとしている。

1980年頃の話である。その後有名になった統一教会の霊感商法であるが私はまだ統一教会について知らなかった。

中学性の頃に霊能者を自称する三上某の集会に出席、その後親戚の青年に念仏宗への帰依を進められ、60代になってテニスの友人から幸福の科学への入信を熱心に説かれ、連日のように盛装した二人連れの紳士淑女風の方が玄関をピンポンされて、聖書を渡される。その後1995年には、有名なオーム心理教の地下鉄サリン事件の発生があり、日本は宗教で溢れているが、それはなぜなのだろうか？この事については第二部で深くの考察してみよう。

パルメ首相と会話

1985年にスウェーデンへ出張した時に、ゲーブレ駅で電車の乗り換えで時間待ちをしている1人の、私と同じくらいの身長のスウェーデン人としては小さな男がホームでブラブラしていた。

アンタ、オロフ．パルメ首相？と聞くと、そうだよと返事が返ってきた。

スウェーデンでは70年代後半から背広とネクタイが若い人に忌避され始め、若い役付き社員でもジーパンが普通になり、それまでは、貴方を意味する言葉も尊称〝ニー〟と〝アンタ〟を意味する〝ドウ〟が使い分けられていたが、誰にでも〝アンタ〟を意味する〝ドウ〟を使うのを無作法としなく、むしろ良しとする雰囲気になり始めていた。

かなり永く、多分30分くらい色々な話をした。私も質問したが、彼の方が多く質問した。

彼が現役のビジネスマン並みに細かな知識があるので、ヤッパリスウェーデンだなぁと感心した。

私が外国人として重税を払ってスウェーデンに住み、母国に帰る時に貧困で帰国する侘しさと、……私はそれを工夫して克服して、法律に反することなく、4年間で大きな資金的な蓄積が出来た事を説明すると、ビックリすると同時に、他の事も非常に興味深く聞き、又いつか彼に会うためにストックホルムで面会申し込みをすれば、会ってくれるだろうとの感触を得ていた。

スウェーデン人は日本人と似ていてシャイだが、非常に率直だ。

翌年、パルメ首相はストックホルムの街中で撃たれて暗殺され、再開の機会は無くなった。

それまでは首相は護衛なく自由に動いていたが、それ以降首相に護衛が付くようになった。この様に会話が予想以上に進化したのは、サンドビックの事業部長だったヒーシング氏が退職後にゲーブレ県の県知事に就任、共通の知人が有ったからだったと思う。

GEからの誘い

帰国して数年経ってから、40歳の頃、米国のGEから高給での引き抜きの勧誘があった。

向こうはGEからの依頼を受けた業者で、GEの切削工具部門の日本の事業部長としての転職の誘いで、相当しつこく数回の電話でのコンタクトがあった。今までの経験から、スウェーデン人と日本人とはメンタルに共通点が多く、……シャイである……米国流は好きでないのと、米国流のねじ伏せるみたいな流儀は自分に合わない。

GEに勝てるし、既に勝っているので、躊躇なく断った。

GEには数年前に、サンドビックから移った星野君がおり、後日、偶然に星野君に会ったときに聞いてみると、前職が日立製作所勤務のMさんが部長だが、かなわんと言っていた。

◆葬式の喪主の骨折

ソフトボールのチームメートのSさんは、お父さんが亡くなられて喪主として、仏式で葬儀を行われた。

読経が終わって、最初に焼香の順番が来るが、立てない。正座をしていたので足がしびれて立てない。

無理して立とうとして、転倒して足首を骨折した。

Sさんには申し訳ないが、年齢が進むにつれて遭遇する同様な機会に臨んでの心がけとして非常に参考になる事だった。

田舎では、60代前半のY坊さんは正座が出来なくて、法事、葬儀の際に小さな椅子を携帯、それに腰かけて読経していた。

東京の深川で行われた義兄の葬儀の時の坊さんは90代だったが正座して、読経していた。

芝増上寺の執事長をしている偉い坊さんで、寺外塔頭みたいな形で、深川にお寺を持っているようであった。

毎日、正座して勤行を行っているので正座が出来るのだと理解した。

多分、**Y坊さんは、毎日正座して勤行していないので、正座が出来なくなったのだと解釈**し、自分への戒めとした。

その後、何回も仏事に出席する機会があったが、最近は主席者のみならず、多くの若い僧侶も正座が出来ず、椅子に座て読経するのが一般的なスタイルになっている様だ。

◆他社特許のモニタリングの其の後

楢林さんが、特許庁の審査官をしている人と結婚、退職され、新しく特許のモニタリングをする方法を変更した。

日本の切削工具、ハイテク分野の新素材の特許のモニターは、帰国後の私の仕事の一つで、同業他社では特許課で数名の人が専属で、技術部門と連携してやっている。基本的に販売会社である、日本の現地法人では組織上どの様にするか、人材もいなく、どの程度深く手を掛けるか、非常にその取扱いが難しい。

私が帰国する前は、全く技術的な事の解らない経理部長が、特許は会社にとって非常に大切な問題と宣伝……あまり意味のない仕事を、人と、時間、金を使ってやっていた。本社の方も、意味のない膨大な特許公報が日本から送られて困惑している。

最終的にモニタリングは、私が空き時間を使って、……昼の休憩時間、出張時の電車や飛行機の中で公報の目次をチェック、広報を読み……重要特許公報をピックアップして、それを翻訳者に翻訳してもらう事にした。

当初は、既述の神戸の宣伝部に所属していた楢林さんに翻訳してもらっていたが、彼女の結婚退職後、人事課に募集を掛けて頂き、先ず特許事務所で働いていた女性翻訳者を採用したが、数か月で無理だと分かり、本人が辞めた。

2人目の人は東北大学の冶金出身で、日新製鋼の部長職経験者、インドにかなり永く技術指導に行っておられた堀田氏。

定年退職後の仕事で、丁寧な仕事をされる人だったが、2年を待たずにガンで死去された。

福島原発の事故を予言したH氏

3人目としてH氏……どうしても名前が思い出せない……を採用した。

60代後半のH氏は、GEのスーパーバイザー：建設監督官として東京電力の福島原発の建設現場で働いておられた。

そんなに頻繁ではないが、時々一緒に昼食をしながら雑談をする。

H氏いわく、福島原発はあきませんで、そのうち、大事故になりますわ、と非常用電源が地下にある事を指摘された。

地震国であり、津波を世界語〝TSUNAMI〟にした日本の特殊事情を考慮することなく、米国での経験を下に設計されたGEの原子炉の設計に異議を唱えていた。

全くの門外漢だったので、その事について真剣に聞いていなかったが、約30年後に事故は発生した。

当時、日本の多数の専門家が参画、GEと議論を戦わせて設計されたものであろうが、あのような事故が防げなかったのはGEもさることながら、日本の技術陣の責任が最も大きいと思う。

心のアンテナが少なく、低いのでどうしても **〝木を見て森を見ずに陥りやすく、……広い知識を持ち、ゆったりと……周囲を見渡す心がないとうまく行かない。** 福島の原発建設には日本の多くの高い専門教育を受けた科学者が関係していた筈だが、初歩的な、日本特有の地震、津波の問題に対する視点を欠いていた。

H氏は、建設現場のスーパーバイザーであり、科学者ではないが……多分科学者からは、土建屋ぐらいに見られていたが……森を見ていたから、あの様な予言が出来たのだと思う。専門家は活字で学んだ高度に専門的な方向には心が行くが、単視的で非常用電源が津波で水没するような初歩的な、常識的とも云いたくなるような事に気付かなかったのだ。

後述する2021年のコロナウイルの大問題発生の際に、私のような素人が、第4次感染急拡大を事前に警告して、日本の行政の要路の方々に提案した事例と相通ずるものが有る。この事に就いては

第二部で深く考察してみる。
特許のモニターについては、その後さらに簡素化、昼の休憩時に、私が重要特許の請求の範囲の要約を、ネットでスウェーデンに送る事で済ませるようにした。情報通信の先進国スウェーデンでは、米国起源のオープンループのインターネットの信頼性に懐疑的で、ボルボが1980年代に開発した、クローズドループのメモシステムと呼ばれる、衛星回線を使った通信網を1980代後半に使い始めたのでそのような簡素化が可能になった。サンドビックでオープンループのインターネットの使用が許可されたのは1990年代に入ってからだと記憶する。

◆日本型国際交流？

京浜急行の電車の中で、20歳くらい年上の会社の経理をしている近藤みどりさんと知り合いになった。
お嬢さんがJAL国際線のスチワーデスをしていて、よく海外旅行をされており、モスクワの飛行場で入国するときに行き違った……**近藤さんは入国で外人は出国**……外人とお互いに住所を書いたメモを交換した。
日本のみならず、外国でも先ず起こらない様な事をする、珍しいご婦人だ。
外人はスウェーデン人でその後手紙の交換が続き、スウェーデン人夫妻が来日、近藤邸に約1週間滞在した。
スウェーデン人を迎えるために、家を一部改造、その他、入念に準備された。
スウェーデン人からすれば、家族同士の交際は頻繁でそんなに大げさな準備をしてると考えるはずも無く、気楽に振舞うから色々な面白い事が起こる。
スウェーデン人の旦那は日本酒の味を覚えて、日本酒大好き、夕飯になるとみどりさんにお酒を要求する、……全く遠慮の雰囲気を見せることなく。近藤さんは習慣、文化の違いにビックリ……でも面白い経験をした。
みどりさんはそのような経験をしていたので我々、スウェーデンからの帰国者に興味を持たれて、関係が深くなった。

海自OBの鍼灸師との面白い出会い

私が1週間の海外出張から帰ると、妻が寝ている。2日ほど前にギックリ腰になり立ち上がれないと言う。
近藤さんの夫が鍼灸師をしているのを聞いていたので、近藤さんに電話して久里浜の自宅に行き、治療を受けた。
既述の様に1974年ソ連出張直前に、私はギックリ腰になったが、鍼灸師の手で劇的に回復した経験をしている。
妻はそれまで、立つことがシンドク、歩けなかったが、帰りには、歩行は全く問題ない。その効果に我々も、同行した娘もビックリ。近藤さんは長野県の出身で父親が鍼灸師をしており、子供の頃から鍼灸の経験がある。
海上自衛隊に勤務しながら、健康問題を抱える自衛隊員や幹部隊員を治療する事で腕を磨いていた。
私が妻の叔父が著名な鍼灸師の岡部素道だと云うと、ビックリ、私は岡部さんの本を教科書として学んできたと仰った。
岡部素道は日本鍼灸医師会の会長を永く務め、世界鍼灸医師会の創設者である。

ソ連で、スターリンに次ぐ重鎮のジューコフ元帥が病気でソ連や西欧各国の医者の治療を受けるが治らない。

１９６０年代の事だが、色々手を尽くす中で日本の鍼灸師岡部素道の名前が浮上して、国賓級の待遇でソ連に招待された。

数週間ソ連に滞在、ジューコフの病気は治癒され、岡部素道はお土産をどっさり頂き帰国した。

この事は和美の親戚の間ではよく知られた事である。

次女はこの時の事が影響して鍼灸師を目指すようになった。

世の中はホントに不思議な縁で繋がっている。（写真集、資料集参照）

◆R&D活動：研究開発業務について

R&D活動には目標を達成するために、完全に性質の異なる二通りの方法に分けられる。

課題を解決する方向が既に分かっている場合には、既述の青色ダイオードの中村博士の様に、無数にある実験対象の組み合わせを実験するために、日夜テストを繰り返し、いい結果が出るまで無数の実験を継続する。

課題を解決する方向が不明で、取り組むべき方法のアイディアを見つけなければ具体的なR&D作業が始められない場合であり、我々のR&D活動はこの様な状況の下で仕事を始めた。椅子に座っていてもアイディアは湧いてこない。

スウェーデンの本社の開発担当重役ヴィルフェルト氏は全員が成功しなくて良い、少数で良いから何人かが良いアイディアを出せばそれで良い。そのために多人数で開発しているのだと、**技術者へのプレッシャーを軽減して**応援していた。

有望なアイディアが先にあり、開発を任されれば、具体的に開発作業が始められるが、先に開発部に配属され、具体的なアイディアがないのに会社に来て、……**座っているのは耐えられないと思う**。当時日本では本人の適性よりも、出身大学、学部重視で機械的に判断して配属先を決めていたから、**不適当配属は無数にあったと思うが、それは新卒の一括採用に原因がある。**

あの住友でも、他の日本企業でも**そのような例を無数に見てきた。**

一部上場D社のI社長の不始末

第四章で取り上げた細井氏の特許に絡み、複雑な問題が関西の一部上場企業D社との間で発生した。

関連する事が複雑で他の2社にも関連、他の特許も絡み、正確に説明するためには小冊子が必要になるくらい複雑。

細井氏が関東の大企業の力に対抗できなくて、特許権が潰されない様にD社に実施権を少額で譲った。D社には特許課もあり専属で数人が働いており、細井さんは自分が矢面に立ってやらなくてもD社が防波堤になってくれるとの期待があった。

我々は、全ての権利を我々に一旦頂き、そこからD社にサブライセンスする事で、全体が上手く纏められるのでその方向で交渉していた。３回目の交渉を水曜日に行い、最終段階に近い感覚があったが合意に至らない。

２日間の冷却期間をおいて、変則だが土曜日に最終的に合意すべく交渉を持ちませんかと提案した。

当方は、スウェーデン人の弁護士、本社の特許部長と私で、D社はI社長、O専務と２人の部長職。

社長が土日には法事が予定されていてダメだから、月曜日を提案され、月曜日に再会する事にした。

翌日、我々は予定通り東京に行き、東京でM社、T者との交渉を終えて、土曜日の午後遅くに、大阪行きの便に搭乗するべく羽田空港に向かった。我々が荷物預かりの所に向かうとき、ゴルフバッグを担いでいるI社長が目に入った。

大阪で法事があると言っていたが、嘘だったのだと分かり、大きな声でコンニチワと声を掛けた。I氏はビックリ。

I氏は父親が千葉県の政治家、妻の父親が大阪でD社を創業し、その後、政界でも名を成した人で、**慶応大学卒の毛並みの良いい坊ちゃん社長。**

月曜日に交渉再開、I社長は冒頭から、サインしたら良いんやろうと、……こちらは既に少々の譲歩を用意していたのに……契約書にサインの意志を明確に示した。**他のD社の人は、唖然としていたが、**我々にはその理由が分かっていた。

後日、D社のO氏が何かの機会に、社長は困ったもんだ見たいなことを話された事があったが、日本の場合、本人にしか分からない、このような周囲の人には理解不能で、マスコミにも理由が露出しない不祥事と呼ばれる事件が、意志薄弱なトップが原因で〝暴君〟のように振舞い、会社に害を及ぼす例が多くあるであろうことを理解した。

◆スウェーデンの経営者、スベン・ヴィルフェルト氏

日本のサンドビック関係者で、ヴィルフェルト氏と会話した人は、数人程度、それも挨拶程度で、彼を見た人もそんなにいないが、彼は会社にとっても、スウェーデンにとっても、巨大な貢献をした人物だった。

日本の１９７０年代以降の製造業、通信情報産業の隆盛を可能にした、ＮＣ工作機械の稲葉清右衛門、富士通の池田敏夫、ＮＥＣの水野幸男、半導体デバイスの西沢潤一など、マスコミに露出する事は極めてまれだが、若い頃に猛烈に、熱心に問題解決に取り組むことで、素晴らしい業績を上げられ、会社の成長、……日本の成長に巨大な影響を与えられた人たちがいる。

ウィルフェルト氏はこれらの日本人の方々とホボ、同年代の方だ。

兵器、軍用機、自動車を製造する、サーブに生産技術者として奉職していたが、サンドビックに、超硬切削工具部門の部長として招聘＝雇用される。技術者として顧客を訪問、顧客の要望を聞いているうちに、……個々の、顧客の要望を聞いているだけでは単なる下請けに留まる。多くの顧客の問題を一括して解決する技術的な方法を開発する必要を感じる。

世界中で自動車生産が増加する中で、自動旋盤、倣い旋盤が多用されるようになり、そのような旋盤では、切りくずの始末が大きな問題だった。それを解決するための方法をＫＮＵＸと呼ばれる、チップの開発で解決した。

同様に金属の平面切削用に革命的に簡単な、刃先の再研磨を必要としない正面フライスを開発、これらの２つが巨額の利益を生み出して瞬く間に世界市場のおける約25％のシェアーの獲得を可能にした。

13年間、超硬切削工具部門の社長の位置にいたが、**50才の頃に、経営的な雑事に人生を使いたくないと、後進のヒーシング氏に社長の地位を与えて、自分は技術的な事に専念するために、低い役職の開発部長に就任した。**

当時私は、ヴィルフェルト氏について全く無知だったが、何かピ

ンと波長の合うものを感じ、客先訪問の時に、路上で幼稚園生の行列に遭遇した時に見せた、優しい微笑みの顔を今でも昨日の出来事の様に思い出す。

私が、最初にヴィルフェルト氏に会ったのは、自ら、社長から、開発部長になられた直後の事である。

１９６０年代に世界で3台しかないと言われていた、高価な１００万ボルト電子顕微鏡の設置を推進した最終責任者は彼だった。

ＩＳＯの委員として

超硬合金を鋼の本体に銀の合金でロー付け、刃先を研削して使用する工具から、インサートと呼ばれる、刃先を交換するだけで、再研削を必要としない工具の導入が進む技術革新の中で、ＩＳＯによる規格化の必要性が認識されだした。

設立当初から、世界の市場を念頭に活動しているスウェーデンでは、世界的な統一的な規格の存在が無ければ、世界的なビジネス展開の障害になる。無数の細かな問題があったが、最も大きな問題は、規格を〝ミリ〟単位とするか〝インチ〟単位とするかと云う、問題であり、英、米、独、スイス、オランダ、オーストリアの各国との交渉と合意の取り付けだった。

既に各国では独自の規格でビジネス＝設備が出来上がっており、非常に困難な作業であった。

ヴィルフェルト氏は規格化の為に１９５０年代ＩＳＯのＴＣ29委員会、ワーキング・グループ９の委員長として規格化に多大の労力を注がれた。日本は当時、先進工業国とは見做されていなくて、規格化には実質的な参画が無く、単にＩＳＯ委員会からの報告を受領するだけの立場だったと、私は理解している。

ヴィルフェルト氏の〝夢〟

ＮＣ工作機械と呼ばれる、機械の操作が、人からコンピューター制御に代わる技術革新の中で、工具の交換は依然として手作業で行われている。次に自動化されるべき課題は、工具、刃先交換の自動化であると、考えその方向での技術的展開に興味を持っておられた様だった。

私は、ヴィルフェルト氏と初対面の時から、ピント感じる何かがあり、彼の提案する殆どの事は直ぐに理解できたが、彼が既に発表しており、一部の会社に既に納入実績のある、サンドビック・オートマテック方式を懐疑的な目で見ていた。

オートマテックは、その前に有ったガンマックスと呼ばれる、倣い旋盤対応の方式に代る革新的な方法だったが、その使用は限定的だった。それは、多分日本と欧米の市場の違いによるものと思う。

日本では安い機械を多数並べて、安い労働力で製造ラインを動かすが、ヨーロッパでは高価な機械が一台で多機能＝倣い機能で働かせる事で製品が作られる。その内に、ブロックツールと呼ばれる、旋盤用の工具の自動交換を可能にする装置が、発表され、大々的に販売活動が始まった。

私は日本のマーケットと、欧米の自動化の進行状況についても良く理解していた。世界の自動社産業における未来の生産ラインの設計について自信のある見解を持っていたので、ブロックツールが大々的にマーケットに受け入れられる事は絶対に無いと思っていた。意見を言えば、角張った議論をヴィルフェルト氏とすることになり、彼を説き伏せたとしても、精神的な満足度は限りなくゼロになると思い、私はその事に就いての議論を避けていた。

革命的な新製品キャプトについて

１９７０年代に急速に日本の製造業が発展する中で、無人工場＝Unmaned工場の構築が言われだした。

将来、そのような無人化された工場では工具の交換は機械化されるだろうとの推測の下に、重機関銃のような形のオートマテックと呼ばれる、倣い旋盤に取り付けて刃先を自動交換できる装置が開発され、数か所の顧客で試験的に使用されていたが、一般化で出来るような代物ではなかった。

そのうちブロックツールと呼ばれる、多数の刃先を工作機械の横に設置した大きな装置から取り出して、刃先の交換をする方法が、開発されて航空機産業用の部品製造工場で採用され始めた。

工具が使用されている現場を良く知っている私からすると、機械と工具の主従関係が逆転しているようで、装置が大型、高価で自動車産業に代表される、大量生産設備で使用されている安価な工作機械との組み合わせでは長期的に考えて、成功する筈はないと感じていた。サンドビックでは神様のような存在のヴィルフェルト氏との鋭角な議論を避けて、今度日本へ来る時にアレンジするから、トヨタの工場見学をするように勧めた。

私は15年以上前住友在職時の１９６５年に、世界で突出して無人化が進んでいると評判で、操業を開始し間もなくのトヨタの上郷エンジン工場を見学している。最新の工場で、無人化工場と呼ばれても良いほどの無人化が達成された工場で、トヨタでも社外には秘密で、多分、我々以外、同業者で工場の中に入れて貰えた人はいないと思う。

１９８０年代の後半だったと記憶するが、ヴィルフェルト氏が訪日の機会に上郷工場と三好工場の見学をアレンジした。

全長約４５０ｍのエンジンの機械加工ラインに作業者は５人しかいなく、作業者のする仕事は刃物＝インサートの刃先交換だけ。日本では**学者は実務の事が解っていないみたいで**、言葉だけで解釈して、無人工場＝Unmaned工場と云えば、**本当に無人で人のいない工場を想像し、専門の雑誌記者も同様で**、人のいない工場を目標とするようなピント外れの論調が支配していた。西欧では、実務が解っている人が世の中の標準を作っているので、無人工場＝Unmaned工場は出来るだけ作業者数を少なくした工場を意味する〝Limited Man〟工場との理解がある。全く人を必要としない様な工場が存在するとすれば、それは社会悪である。

工場見学して、ヴィルフェルト氏は全てを理解した。無人工場＝Unmaned工場は既にトヨタにあるではないかと。

ブロックツールの新規販売は停止され、既に納入された物のメンテだけになり、新しい何かの模索が始まりキャプトの原型のアイデイアが練り上げられて、現在のキャプトのプログラムになってきた。

途中で、キャプトの販売が思ったように増えないので、キャプトの販売を止めようとするような人も現れたりするが、新しいコンセプトの新製品を世の中に広めて行くのは忍耐を必要とし、そのためには新しいアイデイアが良くなければならず、販売を担当する技術者も深く理解をしていないと成功しない。カタログエンジニヤーでは上手く行かない。

◆個人、会社、日本のスキャンダル

日本の社会全体が住友やスウェーデンの様に高い規律で維持され

ているわけでなく、色々なスキャンダルに遭遇する。
それも重要な社会経験で、その様な経験、知識を持つ事は長い人生で大きな間違いを起こさないためのワクチンの予防接種の役目と同様の効果を期待できる。

H君のサラ金地獄

サンドビックが業容を拡大する中で特徴のある小企業を次々に従業員付きで買収する。
H君はそのような企業買収に伴って入社した人で、非常に優しく丁寧で、他人に過剰に忖度する傾向を感じる私より7～8歳若い好青年だった。ある時から変な噂が聞こえて来た、曰く、退社しないで夜中に会議室で寝ているとの事。
私は通常午前7時頃には出勤するが、早朝にH君を見た事はない。色々聞き回ると、彼はサラ金から追いまくられ、家に帰られないので、会社の会議室で泊っている事が判明した。
新しく買収された会社はフランスのトブラー社で、保持具と呼ばれる精密加工をする際に使用され、その分野でトブラーは世界的に非常に高い評価を受けている。
トブラーのエンジニヤーは年に1、2回営業サポートで来日、2週間滞在して日本中を回り、その期間中H君が同行する。
同行すれば、当然同宿し、飲食も一緒にする。H君とフランス人は旧知の間柄であり、H君は少しフランス語会話が出来て、フランス人は、英会話がそんなに上手くない。
最初の段階で、飲食の後にフランス人はこの費用は会社に接待費として請求出来るのか、請求できないのかと、新しい会社の制度の確認をした。H君は接待費で請求できると答えた。
外資系、特にスウェーデン企業では接待費については非常に厳しい制限があり、原則的にこの様な場合接待費での請求は無理であり、もしあったとしても、滞在期間中に1回くらい、それも上役の事前承認を取らなければならない。
H君は、資金ショートでサラ金に手を出した。
初回は少額だったが、フランスから人が来るたびに、金額が増えて行き、フランス人の方も会社の接待費で落とせるならと、節度も緩くなり、H君の借入金額は雪だるま式に大きくなって行き、複数のサラ金業者から借りていた。
彼の直属上司のM課長に入って頂き、サラ金業者を一つにまとめて、退職金で清算する事で解決したが、残念だった。

Aさんのサラ金地獄と+α

Aさんは私と同学年、地方の進学校を経て、国立大学一期校の工学部を卒業、東芝系列のサンドビックと同業の会社に就職後、私がスウェーデンに滞在中に採用された方だった。高校生の頃は硬式野球の選手で、よく走る、社内のスポーツ活動を引っ張る好青年。会社では新入社員教育、顧客を集めての有料技術講習会のアレンジと一部の講習、販売店の営業員への講習など非常に重要な仕事を担当する課長の立場にいる。
あるころから、どうも様子が変で、……聞いてみるとサラ金に追われているみたい。
数度、対応策を話し合っているうちに、色々な事が外部から聞こえて来るし、本人の口からも、奇妙な発言が出てくる。
私との会話は、全く普通の会話で詰問調とは程遠い、友達会話だったのが彼の口を軽くしたのかもしれない。

新横浜にホテルがあり、講習会参加者の定宿として会社が使っており、毎年延べ宿泊数は数百泊で、新横浜で飲んで遅くなった時に、ホテルに無料で泊めてもらった事があり、それから、飲んで遅くなると常習的にホテルに無料で泊るようになった。

上司のFさんと一緒に韓国に……必要もないのに……出張した事が数回ある。

Fさんは、Aの上司で採用の時の実質的な決定者の立場にあった人で、Aは筆者がスウェーデンにいた頃に採用された。

……結局Aの決断で……退職して退職金で借金を清算して……妻の叔父の経営する中華料理店に転職する事になった。

Fさんはバンコックのドンファン

Fさんは、Aさんの退職事件と、話の進行中にAさんとも会って話し合っており、あまり時間を置かずに自分から退職願いを出して退職した。

Fさんは私と同年齢だが学年は1級上で、私が入社する4か月前に既に入社していた。

国立大学の工学部冶金科卒業後、三菱製鋼に入社……サンドビックに入社する前には淀川製鋼に勤務していた。

詳細は分からないが、一緒に仕事をするうちに、三菱から淀川の間に、もう一回転職をしている事をほのめかしていた。

大学時代にESSに所属し、英会話は実用レベル、手書きの文章は字も文章も一級品で、私の様な悪筆に悩まされて生きて来た人間にとっては羨ましい限り。

当時は漸くワープロが登場し始めた時代で、字が奇麗である事はビジネスの場では大変強力な武器だった。

特に、日本では提案の内容より字が奇麗である事により注意を払って読む人が多い文化の中では非常なメリットがある。

私は57歳で退職、多分、その7年後、ネパールへの旅行の途中でタイのバンコックで1泊、Fに会う事が出来た。

サンドビックにいた時の経験から、当時日本の企業がタイに工場を移していた事情もあり、そのような工場に工具を販売する会社に勤務、技術サポートをする仕事をしていると言っていた。

そのうち年金年齢になれば、日本の年金で十分余裕で暮らせると自慢し私にも来ないかと誘ってくれた。

九州の女子高の創立者のお金持ちのお嬢さんと結婚、子供もいたが離婚、バンコックに住み親子ほども年の違う若い女性と結婚、男の子がいてそれが可愛いと目を細める。当時タイと日本の経済格差は巨大で、……今様に言えばバンコックのドンファンである。Fさんは酒に弱く飲むとすぐに眠たくなり、簡単に笑わず、考え深そうに……、賢そうに、感情を表に出さないで話すタイプ。国立大学卒で名門三菱に採用され、淀川製鋼＋何処かとサンドビックは3～4番目の会社で、4年弱に2～3回会社を変わっている。Fさんはサンドビックには15年以上在職していたから、彼にとっては自由のきく良い会社だったのだろう。

妓生パーティー旅行と韓国クラブ

当時日本から韓国に行き妓生パーティーをするのが、農協の団体旅行の定番として有名だった。

日本では前回の東京オリンピックの2年前、昭和32年＝１９５７年に売春防止法が施行され、形の上では売春は違法行為との認識で表立っての売春は無い事になっていた。

日本の大都市には韓国クラブがあり、独特の薄暗い入口に色物のチマチョゴリを着た女性が客引きで立ち……雰囲気を出していた。韓国では妓生パーテーは外貨獲得の手段で、農協が安く行ける海外旅行として１９７０－１９８０年代に積極的に募集して日本中から韓国に団体で行くのが流行していた。

韓国の大企業が、日本や米国から購入した高価な重要設備の運転上のノーハウを知るために、日本の技術者に接触して、土、日の二日間のアルバイトを数十万円……よく聞いたのは50万円＋高級ホテル＋α……で、金曜日の夕刻に韓国に向かい、日曜日の夜には日本に帰し、勤務に支障のないアルバイトをさせている事を耳にした。

韓国の半導体関連産業のアシスト

半導体関連の多くの設備は非常に高額で、全生産ラインの設備費は数十億円単位で、単体の機械の価格も1億円前後で多くの機械は米国製と日本製でその運転のノーハウの獲得に日本企業は永い時間と失敗の経験を重ねて、高度な製造技術を確立していた。

日本から来た技術者は、会議に出席して、多数の人にその運転ノーハウを伝授する。日本人が永い時間を掛けて会得したノーハウが短時間で獲得できる。初回の訪韓後、数週間して再度訪韓、うまく行かなかった所の再質問、その他の追加説明を受けると、日本で何年も掛かって到達した運用レベルに数か月で、さしたる費用もかけずに到達できる。私は、ハイテク分野の方々との交流があり、そのような事を、知る事が出来る機会があり……サムソン等の韓国の大企業が急速に成長してから、このような事が一部のマスコミ関係者が話題にしたが、大マスコミは完全に無視して、一般の人に知られる事なく終わった。

サムスンが世界的な大企業に急速に成長したのは韓国人の優秀な頭脳がさせたのはもちろんだが、それをアシストした日本の陰の力があったから可能になった。

日本のマスコミはこのスキャンダルを報じなかった

第一のアシストは既述の技術者のアシストだが、第二のアシストは東芝のサムスンへのフラッシュメモリ技術の安値での供与などであると言われており、それらの事は日本企業の海外に対する脇の甘さと、日本企業の終身雇用文化の弊害で、この事に就いては第二部で深く考察してみたい。将来を見通す力の貧弱さと、優秀な従業員の発明の成果を活用する事が出来ず、結果的に第二のサムソン成功のアシストになったが、日本のマスコミが報じることは無かった。。もちろんこれは部外者である私の観測だが、私より東芝に近い人、サムソンに近い人がどのような見解を持っているかを知りたいものだ。

◆大きな競争に勝つためにスウェーデンの場合

後日分かった事だが、１９７2年に私が共産党政権下のモスクワに出張したのは、ソ連の国家経済の10年計画に照準を合わせて用意された準備行動だった。ソ連北部のカマ河畔に巨大なトラック工場を建設する国家の10か年計画として実行に移された。数千台の工作機械、周辺機器類で永年掛けて到達した日本の全国のトラック工場と同じくらいの工場を短期間で完成させる仕事が本格化してきた。巨大なトラック工場を建設する……実態は戦車用の工場……とも囁かれていた。日本の5大トラックメーカー、いすゞ、日野、日産デーゼル、マツダ、三菱の合計よりも大きなものだとの噂。

全ての機器は資本主義国の会社からの調達となり、ソ連から自動車輸入公団、機械輸入公団から、たくさんのソ連の官僚、技術者が資本主義国を訪れる事になる。

多国籍活動をしているスウェーデンの企業の情報収集能力、情報に基づく企画力は群を抜いている。

１９７０年代中頃に、シュッツガルト近郊のヘムスバッハにエンジニヤリングの講習や切削実習を行うホテル施設の付属した大きな施設が作られた。連日各国の工作機械メーカー、自動車会社、ソ連の公団の役人が訪問して宿泊していった。

色々な醜聞が聞こえてきたが、それはスウェーデンでは絶対に許されない、女の接待を示唆する醜聞であったが、ドイツでは合法と云うか、問題にされない事だった。

日本でも大きな競争に勝つために

生命保険会社に勤務して、夜間高校に通っていたが、中退してクラブ、コパカパーナで働く未成年の根本七保子は19歳でインドネシアへ商社の手で送り込まれ、21歳で61歳のスカルノ大統領と結婚、後日、デビ夫人として日本のセレブとしてマスコミの寵児となる。西欧諸国なら、隠されるような事でも……全く問題とされず、普通で考えれば、あまり露出させたくない経歴だと思うが、マスコミの寵児となっている。

巨大な国家間の通商には、公開できない様な事が、……この本でも公開したくない様な事が、無数に背後でうごめいている。

転勤に際して分かった日本の問題

外国への転勤に伴って、多くの問題が発生するのは当然として受け入れる準備が出来ているが、国内での転勤もなかなか複雑で、心の準備が出来ていないだけに、むしろ国内の転勤の方がより面倒だったかもしれない。

最も大きな問題は子供の転校、と教育に関係する問題だった。何かの参考になると思い、私の経験をご説明します。

◆神戸転勤に際して

会社は神戸市の一等地、三宮のそごう百貨店横にある森本倉庫所有のビルに入居して本社とし、高い賃料を払っていた。

会社は高い利益率で経営されており、税制上家賃は費用として落とせるので、その方が好都合であると云う側面はあるが、東京圏ではバブルの最盛期で、土地を購入して資産で持つ方が良いのではとのアドバスも外部から聞こえて来る。

その様な中で土地を購入して自社ビルを持つ事が決定された。

神戸市が開発中のハイテクパークに土地を買って、本社機能、倉庫機能、営業所、教育機関……を持つ会社の重要拠点が建設され、１９８９年末に神戸転勤を告げられ、翌年の春に転勤する事にした。

私には高校1年と中学校3年の2人の娘がいるので転勤に際して単身で行くか、家族同伴にするかが問題だ。

妻は、単身では活発な娘二人はとても手に負えないと言い、私も単身赴任は嫌だと思っていた。

娘は運動系が全くダメで、公立の進学高校は当初から諦めて私立の高校に通っていて、先生から東京の有名私大に推薦で行けるから……と関西への同行にブレーキを掛ける様な発言。悩んだが、結局、家族全部で関西へ行くことに決定した。

長女の転校に難しさ

先ず神戸の公立高校に問い合わせてみると、私立から公立への転校は制度上出来ない事が解る。

私立への転校で調査するが大学は高校の系列の大学が受け皿になっており、関西の私学の高校から関東の大学への進学は難しそう。結局、神戸の私立の女子高に通ったが、彼女は学校の生徒のみならず、先生も信じられないくらいアホと云う。

色々な事を聞けば娘が言う事は、納得する事が多く、妻も先生との会話から、非常に不合理、先生に問題ありみたいなことを何回も経験している。娘は、音楽が好きで、……色々な所でＤＪみたいな活動もしている、俗に不良少女みたいな印象を与え、古色蒼然とした高齢の女性教師が説教する。妻は高校の教師を数年しているから、**教育界、学校の民間では想像も出来なくらいの不合理、後進性を知っているから、**娘の言う事は良く理解できる。

ＤＪ活動をしているから、大学生の友達とつるんで、海だ、ライブだ……と、勉強は全くしないで遊びまくっている感じ。

主に、関西の有名私学に通う大学生と友達していたが、高校卒業後の進路について、大学には行かないと言う。

大学生は全く勉強しなく、大学に行っても意味がないから、服飾の専門学校に行くと言う。

大阪の有名な服飾専門学校に入学、1年目の終わりの頃に、先生が教え惜しみをするので在学する意味がなく、専門学校を止めるから、来年の分の学費2百数十万円を払わないで、と言う。サラリーマンになる為に専門学校に行っている訳じゃないとの事。

その後、細かく書けば数十ページくらい書きたくなるようなことがあったが、**最終的に21歳の時にロンドンに行き、セントトラル・セントマーテイン芸術大学**に進学した。

大学在学中から、友人と起業して自分の会社を持ち、服飾業界でビジネス活動を始めた。

ロンドンで10年弱、パリで10年弱、上海で10年弱滞在し、上海で大学の講師をしながら、多くの日本人や外国人の友人と交際しながら、活発にフリーランスの仕事にも取り組んでいた。

コロナ禍に伴って、上海が長期間ロックダウンになり、生活に不自由を感じていたが、２０２２年秋に、ホンの数週間の解除期間の時に、上海を脱出して、インドネシアのバリ島に住んでいる。

娘の高校時代には活発な子はヤンキー等と呼ばれ、一般に不良少女の片割れと見做す風潮があった。

次女の場合の高校入試の難しさ

次女は中3で、神戸で高校受験となるので、神戸市北区の公立高校を訪ねた。

知人経由で、県外からの受験の場合内申はゼロと査定されるので、県外からの受験は大変だと聞かされていた。

50代くらいの教頭は内申の扱いの質問には答えず、娘の名前を聞き、住む予定地の住所を聞いた。

ミノタニ駅の近くですと言うと、ミノの漢字を知っていなく、ミノの漢字を聞いてきたので先ずびっくり。

箕谷と教えると、娘の名前と一緒に手帳にメモを取った。

一連の所作は私のビジネス経験から……不正の臭いを感じさせ……民間の不良購買課員が何かを、要求するときの所作に見えた。

娘の名前、住所は全くメモを必要とする事では無い筈だ。

今回、この本を書くにあたり、公立高校の教頭に電話で現在の制度について質問したが、制度は30年前と、ホボ同じであることが確認できたが、**合否判定の為の入学試験成績の貢献度は50％で**、県外からの受験の内申の扱いについての決まりはない。県外からの受験生の受け入れについては**各学校校長判断**であると明言された。

制度は、昔から変わっていなく、転勤に際しての問題は解決されていない。

教育の実働部隊の指揮を取る、県、市の教育委員会は地域の教師OBが就任、県境を越えての転勤のない、地域限定の知識しか持ち合わせていない。転勤に伴う問題の存在について知らなく、結果的に子持ちの転勤者に大きな負担を掛けて日本の転勤族を不幸にしている。**子供を人質に取り、上から目線で社会、父兄を見て、日本の最も後進性の高い、問題分野**だと思う。

教育政策全体を取り仕切る中央の官僚も、このような、……彼らにとっては些末な事には関心もなく、そのまま放置される。

スウェーデンの様に官と民の人の移動が普通に行われ、何かが提案されてそれが議論できるような社会になれば随分良くなると思うが。日本の**転勤族の不幸、不便、家庭経営、夫の単身赴任に伴う経済的な負担の問題**は永遠に解決しないのか？

スウェーデンではこのような不便は、多分、1年を待たずに解消されると思う。

学校経営の内部事情は富山も神戸もお粗末…多分日本中同じ？

25年来のテニスの友人Kさんの息子さんは、体育教師で教頭となられ、数年してから、学校の管理監督する立場の教育委員会に栄転したと仰っていた。Kさんは神戸市にサービスを納品する小企業……従業員は極小だが……のオーナーで、神戸市の行政についてよくご存じだ。

全国的なニュースとなった須磨区の小学校での先生間のイジメ事件についても、先生には異常に常識を欠いた先生が多い事。

その様な先生が、異様な言動や、行動をしても、それを非難、注意することが出来る、勇気のある人がいないと云う。

その様な中で、体育系の先生は生徒と活字を離れて、人間的な交際の場を持っているので、教師として就職後異常な先生に成長する事が少ないと講釈される。筆者は57才で現役引退、60才の頃、輪番で自治会の班長になり、総務部長に就任し、町内の細かな事の調整役を仰せつかった。

粗ゴミ置き場の移転を厳しく主張される方がおり、その対応をその隣保の組長B氏にお願いした。

幹事会の場でその事を報告すると、山口会長、森脇副会長から即刻反応があった。

『そりゃアカンは、Bさんは先生やった。口先だけや、何もせんわ』との事で、教師OBが社会でどの様に見られているか、私としては目からうろこだった。山口、森脇コンビは5年以上自治会の会長、副会長をしておりその経験がそう言わせたのだが、それまで民間会社での仕事で、隣保の方々とは接触が少なく、早朝から深夜まで仕事、仕事の人生だったから、私は社会的常識が不足していた。

富山県の場合

後述するが、富山県に筆者と小、中9年間一緒に学んだ同級生で、東京教育大学卒後高等学校の校長をしていた竹島君がいる。

学校で教頭に昇進し管理職になるためには、試験を受けなければいけないが、その試験を受けるためには校長の推薦がなければ受験できないと言う。我々夫婦の登山の友人に大角夫妻がおり、お二人は独身の頃から日教組活動に熱心な共産党員でそれが縁で結婚された。夫の大角さんは国立一期校の出身で大方50才になっても、校長から教頭試験を受ける推薦が貰えない。

大山町で山岳会に属し、献身的で、私的にも家庭菜園を持ち、近所付き合いも先生にしては珍しいくらいお上手。

偶然から、定期異動で大角さんが竹島君の学校に赴任、大角さんは竹島君から推薦を受けて、教頭試験に合格して、管理職となった。その後再度の移動で別の高校に赴任すると、異常行動をする問題教師が1人いる。

数人でチームを組み、異常発言、異常行動を、数年掛けて証拠集めをして……2年間はそれを最も重要な仕事として行い……最終的に退職に追い込んだと、苦労話をしておられた。民間ではあり得ない様な話である。

私の妻も、大学卒業後茨城県で2つの高等学校、神戸、大阪の公立、私立の高等学校と、6校で勤務した経験があり、妻から色々な人がらみの問題を聞いている。民間の企業ではあり得ない様なお粗末な事を無数に聞いた。

志のある若者の登場

筆者は3か所で農園活動をしている。三木市の里脇に約100平米でブドウ栽培。

昔は北区の東園と鷹ノ子で家庭菜園をやっていたが最近、鷹ノ子1か所にして、1反弱を耕作している。

15～20人の声を掛け合う高齢者の中に、最近1人の若者が、畑を借りて耕作すると、周辺の皆さんに挨拶して回る。

非常に礼儀正しく、色々お話を伺うと、政治家を志望しており、神戸市の職員で数年前に総合職で採用されたと云う。

市議会議員の被選挙権は25才であり、それは確実に超えている。2023年が市議会選挙の年であり、多分、立候補するのだろうなと想像していた。広い農園を借り、近々、若者を集めてイベントを開催するから参加してくれと誘われOKの返事をする。

スウェーデンでは市議会議員は日当、時間給なので、年収数十万円で、持ち出しのボランテイア活動だ。

日本では当選すれば1千～2千万円で、神戸では若い女性には人気職種となっているが、それは、全国的な傾向の様だ。スウェーデンと比較すると100倍くらいの高給である。

若者は、教育委員会の内部の事に詳しく、経験した事を語る。学校で許されない様な問題行動を起こした生徒の場合について。

1．学校の校長、教頭、主任、一般教師……誰も、問題生徒に対する処分、対応をする事を恐れる。

それは、本人、親の反応、抗議に対して、対応できる自信がないので……教育委員会に問題が上げられる。

2．問題を押しつけられた教育委員会も学校と同じ、又はそれ以上に対応能力が無くて……無駄に議論続けられる。

3．その様な中で、新人に近い立場の……若者が発言すると、物事がその方向で進行したような事例を話していた。

他人から非難されたくない、やりたく無い……定年まで、大過なく過ごした……日本の社会で無理もない願望があるから仕方がない。

それが日本の公務員社会の高齢者だ。

面倒臭い問題に関わらずに、定年まで勤めあげるためには、触らぬ神に祟りなしで、無言に勝る方法はない。

教育委員、校長、教頭は、ビビッてものが言えない、……時間が過ぎるので……私が、発言してそれで結論となった事件の詳細を聞いた事もある。

その様な社会に、風穴を開けるために、政治家になるのだと公言し、具体的に実行するための準備をし始めている若者を見て、日本も捨てた物でないと感激した。

令和の時代になり、電話での役所との対応は、録音されているので……非常に常識的な対応が出来るように……行政の担当者の対応は劇的に変化して良くなった。

非公開で、密室で行われる会議では……昭和の悪しき習慣がそのまま残り……上下左右に忖度しながら……常識外れの議論が延々と繰り返され、それが残業、長時間労働の原因になったりする。

若者は受験勉強の圏外で高校生活を過ごした

若者は、中高一貫教育の学校で、自動的に上の系列の大学に入学できた。

高校の担任の先生が、大学入学は約束されているから、受験勉強など気にしないで、読書、それ以外の色々な経験をしなさいとアドバイスされ、自由な高校3年間を過ごしたと言っていた。

日教組、英語教師のエゴ

神戸へ転勤してからの話だが、英語の授業の時に外人の英語のネーテイブスピーカー、ALTを補助教員として採用する制度の導入に際しての、日教組、英語教師の隠微な抵抗は、教育が生徒の為、国の為の視点を忘れて、教育が先生の為にあるような、本末転倒を感じた。

妻が高校の講師をしていたので数人のALTを家に招待して食事を一緒にした事があり、家庭菜園への往復の道でもALTの方と話す機会があり、ALTの日本における状況が良く解った。

外国に住むと、色々な不満が出るのは当然で、それは良いのだが、見逃せない事が一つあった。

ALTは1か所で勤務する期間が短く限定されているが、それはALTと生徒の関係が緊密になると、英語教師がやり難くなるための自己防衛の為だと云う。

色々な生徒がいて、英語が好き、外国へ行きたいとALTになつかれるのが嫌、嫉妬心から…なんと情けない。

残念ながら、日本人として、そのような傾向の日本人が多い事は承知している。

イタリアンのファミレス、サイゼリアで声を掛け合ったALT、妻の学校のALTを家に招待して食事を一緒にして数時間話し合った経験がある。**日本の学校、教師に対して巨大な不満があり、彼女らの非難する事は、殆んどの事が、なるほどと思わせる事で、**私も認識している事だが、日本の教育界を変えるのは大変な事だが、やらなければいけない事だと思う。

この事に就いては第二部で、深く考察してみたい。

◆姉が綿貫民輔氏からの招待で東京へ豪華旅行

姉のくに子は、戦後すぐに家を建て替えた時に、大きな自然木の

引き割を職業とする木挽きの野原さんの長男と結婚した。

１９８０年代に、地元の有力国会議員で何度か大臣にも就任、最後は衆議院議長に就任して、政治家としての活動を終了した綿貫民輔氏がいる。綿貫議員がバスを貸し切って、地元の人、数十人を２泊３日の東京見物に招待し、くに子もそのうちの一人だった。非常に豪華な旅行で、至れり、尽くせり……普通の人が入る事の出来ない国会内の色々な所を見せてもらったと言っていた。

田舎の主婦はこの様な関係を通して、議員の秘書との接触が可能で色々なことが頼める。

都会では、そのような事は……共産党、創価学会などの政治的な力の弱い政党は別にして……政権政党から、丁寧に扱われる事はない。一流会社の部長でも、重役でも、仕事上の特別な利権の絡む関係があれば別だが、住民としての影響力は限りなくゼロである。

綿貫家は元々神官の家柄だったが、第一章で述べた、小牧ダム建設の際に、周辺の土地をタダ同然で手に入れて、巨額の補償金を獲得して地方財閥となった。

東京大学を卒業しても、民間会社に就職したら、多忙なサラリーマン人生で政治のことなど上の空で、政治に対する関心、影響力は限りなくゼロ。無学な地方の農家の主婦の方が高等教育を受けて数十人、数百人の部下を持つ民間会社の役職者よりも政治的な影響力がある。日本は選抜されて、国の費用で高等教育を受けて、有能であるはずの人が、最も重要な政治に影響を与える能力がないのみならず、影響を与える機会が、教育を受けていない農家の主婦よりも少ない不思議な国だ。

◆神戸市北区に転勤実行

第五章に娘の転校の所に既述の様に１９９０年、神戸市西区のハイテクパークの本社に転勤した。

新幹線を利用する出張が多いため、新神戸駅へ20分くらいで行ける神戸市北区に、転勤で東京に住んでいる船長さんの家を借り上げ社宅として引っ越した。友人には関西出身者が多く、神戸にはヤクザがいるから、注意しろよと言われた。

第七章　神戸転勤、技術サービス、特許、新素材などマルチ仕事人生（48才〜57才）

この章の要約

神戸に転勤、技術サービス、特許の絡んだ交渉事、米国での特許訴訟、対税務署の交渉、元高級官僚の会社会長との会話、特許と新素材のモニタリング、共同研究、日本の労働組合と本社の労働組合の交歓会の通訳、神戸市長の名代としてスウェーデン国王を東京駅で接遇、京セラとの提携の可能性を探る稲盛氏との交渉等、ニューダイアモンド研究への支援等、活動は多岐にわたる。

◆経済学者が解説する〝ふるさと納税〟

早朝のラジオ放送から関西大学副学長、経済学部、林教授の朝日新聞に掲載された〝ふるさと納税〟に対するコメントが著名ラジオパーソナリテーにより、解説された。なんだか変、この人経済政策について何も解っていない……と思い、２０１９年2月20日の朝日新聞を買ってきて読んでみた。

5年前に、友人からふるさと納税の話を聞き、直感的に、それはちょっと変、……詐欺的な雰囲気を感じて、早速ネットで調べて制度の詳細を理解していた。**アンデルセンの童話の〝裸の王様〟の3歳児になった気分**でそれを翌年の年賀状の話題に使った。

林教授は経済学の大家かもしれないが、経済のことはお解かりでないと思った。（資料集参照）

経済の様に無数の因子が関係する事を正しく理解するためには、木だけを見て育った専門家は、森の存在についての知識が浅薄だ。日本で学生相手の講義では問題を起こさなく、日本の終身雇用の社会では問題なく教授、専門家で通用すると思う。

日本語で守られた〝ふるさと納税〟制度をスウェーデンの高校生に説明すれば、半分くらいの優秀な生徒は、長時間を待たずにその制度の本質的な欠陥を見抜くと思う。この事に就いては第二部で詳述する。

叙勲祝賀会で、日本再発見

特許の関係で深く交流していた会社社長、細井敏明さんが叙勲され、盛大な叙勲祝賀パーテーが大阪ロイヤルホテルで開催された。約２００人の出席者が集い、演壇の上には大きな字で〝細井敏明祝賀記念……〟と書かれた帯状の幕が掛けられている。

その幕をバックに大阪通産局の局長が、細井氏の功績を称える言葉を述べる。

最初は〝細井さん……〟と云ったが、そのうち〝細田さん……〟と名前を間違って何回も繰り返し、丁度、幕の〝細井……〟と書か

れている部分の下あたりに立っていたので、滑稽だった。（写真集参照）

細井さんの話によれば、後日、通産省から奉加帳が来て、寄付を求められたが、その中にM製薬会社の社長の名前があり、その方は**5千万円の寄付をされていたとの事で、日本再発見である。**寄付された金はどの様に消費されたのだろうか？

後述するが、民間感覚では懲戒処分相当の400億円もの巨額な損失を国に与えた、税務官僚が定年退職後に、上等の勲章をもらっている。日本には我々庶民には解らない事が多すぎる。

◆山猫スト、同情ストのパリで夜の女の車に便乗

1982年のIMTS、EMO＝国際工作機械見本市はパリで開催され、細井さんと見学旅行でパリに2泊した。

2日目の夜、スウェーデン人のサンドビックフランスの社長ヨルゲンから他の人も一緒に自宅での夕食会に招待されていた。

ヨルゲンはモンマルトルの歴史的建造物である、画家ユトリロの住んでいた家を借りており、家賃が月に数百万円と聞いている。

歴史的建造物で、事前の見学申し込みを受けると、見学者を家の中に入れて、見学させる事が義務付けられていると聞いていた。

非常に興味があったが英会話が出来ない細井さんの負担を考えると、無理があるので辞退して、シャンゼリゼ通りでレストランを探して食事を終わると深夜の0時くらい。外に出ると、様子がおかしい、タクシーが全く見当たらない。

山猫ストと呼ばれる、公共交通機関の労働組合が、突然ストライキを起こし、地下鉄がストップ、……タクシーも、同情ストライキしているみたいで、タクシーが拾える可能性はない。ホテルのあるところまではタクシーで30分以上掛かる。

アイデイア到来、シャンゼリゼの横の狭い通りにパリジャンがベンツに乗って客待ちをしている。

早速、コンタクト開始、彼女の英語は限りなくゼロレベル、でも分かったみたいで……若しかして解っていなかったかも？

でも、結局ホテルまで我々を送ってくれた。料金は大きく弾んであげたからか、メルシー・ボクーと言ってくれた。

招待されてヨルゲン宅に行った連中6～7人は、翌朝の地下鉄の運転再開まで待って帰還、疲労困憊していた。

それから、かなりの間、この話は日本人への評価の向上に貢献したようである。

◆ニューダイアモンド

特許のモニターと並行して、関連学会の学会誌にも目配りをする中で、日本工業大学の広瀬助教授の記事が目についた。

炭素を含んだ気体……アルコールを含んだお酒を意味する……から、ダイアモンドの薄膜が出来る事を実証とある。

当時の私の知識ではロシアの科学アカデミーの総裁だったデルヤーギンが同様の事を論文発表したが、……嘘か本当か……欧米の研究者から疑いの目で見られていた。私の知る限り、追試をした専門家は西側にはいなかった。

広瀬助教授にお会いして、担当の村川教授にも紹介された。

御両者とも訪問したのが、若造で、名刺には技術部長と書かれているが、……、お二人は、サンドビックの名前をご承知だったが、そ

れは訪問の10年ほど前に世界で三台しかなかった100万ボルト透過型電子顕微鏡から作り出された論文のお陰だった。
サンドビックのような海外の有名企業から資金援助をして頂けないかと懇願された。
東京大学ならば容易に大きな予算が文部省から得られるかもしれないが、私大で、東大卒でもない広瀬氏では、文部省からの予算の獲得は困難。若し僅かでも、サンドビックのような著名国際企業から寄付を頂けると、文部省は自信を持って大きな予算を付けてくれとのことで、私は100万円を約束した。広瀬氏の論文発表は西側世界で初めての論文で、将来大きな発展の可能性を秘めている。本社のR&Dに状況を伝え、正式に了承されて100万円は寄付された。
100万円は文部省からの予算獲得の際に数十倍、若しかしたら百倍を超える予算獲得の種銭になる。
本社のR&Dから見れば100万円はピーナツで、デルヤーギンの論文が追試された最初の例として興味を持っていた。
ダイアモンドは究極の硬度を持った工業材料であり、硬度と熱伝導度が突出した……将来どのように大化けするかもしれない可能性を持っているが、未来に何が起こるか誰も確かな事は解らない、コロナウイルスの様なものだ。その後、お酒からダイアモンドを作る技術は〝ニューダイアモンド〟として新しいジャンルの技術として認知され、日本工業大学が世界のニューダイアモンドのメッカ的な存在感を出している。その後、ニューダイアモンドは様々な用途に使用され、遠い未来には、高い熱伝導度と、高い硬度のゆえに半導体用の究極の素材となる事を夢見ていた。現在、ニューダイアモンドは多くの民生品に使用されており、更なる進化を遂げつつあるように見える。高級イヤホンや補聴器のツイッターなど用途を広げつつある。
究極的に半導体の基板みたいな用途に使用されるように大化けするかもしれない。
ニューダイアモンドを使った製品に遭遇すると、勝手に自己満足している。

◆主力製品の競争力の低下

チップと呼ばれる超硬合金の交換式替え刃に、耐磨耗性のより高い物質の薄膜をドライメッキする方法は、進化して色々な新しい方法に分化しCVD、PVD、MTCVD、……などの多くの方法が現れて来た。
ドライメッキの分野で永らく頂点を極めていたサンドビックのチップの優位性が低下、営業から開発部門への苦情が頻発するようになる。チップの性能はチップの冶金的な性質と、刃先の形状の工夫の総合力で決定される。
冶金的な事柄はストックホルムの研究所で行われ、刃先の形状的な設計はサンドビケンの開発部門で行われている。
ストックホルムは競争力の低下は冶金的な問題でないと主張、サンドビケンの開発部は刃先の形状の問題ではなくて、コーテイング、母材の冶金的な原因と主張する。解決するべき問題の根本が解らないと、年間数十億円の資金が投入されている開発用資金が適正に活用される事なく漂流する事になり、数億円／年の無駄な仕事と、無駄な巨額の研究機器の発注に繋がる。

◆冶金専門家と工具専門家の仲介

優れた切削工具は優れた合金素材と、優れた工具設計の融合で可能になる。

合金素材の設計、製造と、工具の設計、製造は全く異なったジャンルのものであり、大学教育でも冶金科、機械工学科と全く別の名称の下に教育を受けている。

一般に合金部門の人は問題の原因を工具設計に、工具設計の人は合金の悪さに原因を求めたがる傾向にあり、それは住友の場合も、サンドビックの場合も同じだ。

合金の設計はサイエンスと呼びたくなる、電子顕微鏡、高性能な温度計、ＥＰＭＡと呼ばれるＰＰＭ単位の微量元素の介在を研究する等、高度な最新式設備を駆使して行われ、博士号、元大学教授もいて、常に上から目線で世の中を見ている人々で充満している。

他方、工具設計は旧態依然として、……それは対象があまりにも複雑で、問題解決の科学的手法が確立されていないからなのだが……切削テストでしか製品の良否を評価できないので、ストックホルムの高学歴者からは、工具設計は大工、鍛冶屋の延長のように低く見られているような雰囲気がある。

１９７０年代末頃から、主力製品であるコーテイングされたチップの売り上げが鈍化、営業からの苦情が多くなった。

営業サイドは単純に、**サンドビックの製品が負ける競合相手の物は表面が奇麗だから、表面の奇麗なものを作れ**と主張する。

６大主要マーケットから各国二人参加で毎年開催される、Ｇ６国際開発会議には、ストックホルムから冶金部門の指導的立場の数人も参加している。冶金の専門家は、**表面が美しいのは、単に化粧の問題で性能とは関係ない**と、科学的と思わせる説明をする。この問題は最初日本で発生し、その後ボツボツと他の国でも起こってきた。

私は問題の解決に向けて、その原因を特定するために頭の中に常にその問題を置き、顧客での切削試験に際して、頭の中で、刃先で起こっている切削現象についてのシュミレーションをする。

ある時に、解った、これだと確信して、日本にある貧弱な旋盤を使って再現実験を行い、表面が美しいのは単に化粧だけの効果ではなく、そのメカニズムを証明することが出来た。

翌年のＧ６会議にカラーＯＨＰで説明すると、ストックホルムの博士連中が完全に納得した。

それからのストックホルムの対応は迅速だったが、大きな設備が関係し販売量も非常に多く、全製品に行きわたるまでに数年掛かった。若し、原因が不明で、巨額のＲ＆Ｄ費がピント外れの方向に何年も無駄に使われていたら、……簡単に10億円単位の無駄になる。

原因はスウェーデン起源のマイクロアロイ技術

自動車の価格を下げるために無数の事が試されるが、非調質鋼と呼ばれる材料を使って、自動車の鋼製の軸物部品製作に際して、特別に焼き入れ工程を入れることなく製造ラインが組める技術が確立されつつあった。

鋼の合金成分を細かくコントロールする事でそれが可能になり、加工コストが削減できる。

マイクロアロイはスウェーデン起源の製鋼技術で、日本では非調質鋼と呼ばれていたが、最初にスウェーデンで論文発表されたときにはマイクロアロイと命名された。

スウェーデンでは高級車のボルボ、サーブが製造されているが、生

産台数が少なく、僅かな生産コストの引き下げはマイナーな事であり、スウェーデンの自動車会社は本格的には採用しなかった。

日本では、廉価な大衆車の大量生産が主流、コスト削減の為に一生懸命。その中で日本の製鉄会社がスウェーデンの論文を読み、新しい自動車の軸物用素材として非調質鋼の名称で販売を始めた。

マイクロアロイは自動車会社を筆頭に、日本の大量生産の現場で非調質鋼として製造コスト削減の為に大量に使用されるようになった。その後、徐々に、海外の自動車会社にも浸透、刃先の寿命低下となって表われ、日本発の全社的な問題として認識されていた。マイクロアロイ技術を使った鋼は、刃先に対する粘着力が強くて、コーティングされた薄膜を容易に脱落させる事が原因だった。

ストックホルムに友人が出来た

問題解決の糸口を見つけた事で、多くのストックホルムの人々から非常に評価され、色々な誘いを受けた。

それまで単に会議出席のメンバーとしての形式的な交際だけだったが、完全に同僚として扱ってくれる。

殆ど全て西欧人の中でアジア人は私だけで目立つ存在であり、私の事はよく話題になるらしく、スウェーデン人は私の事を良く知っている。スウェーデンでは夜間学校は既に数十年前には廃止されていて、歴史の彼方の物語。

私が歴史的遺産の夜間学校の出身である事は知られている。

毎年開催されるストックホルムから約２００㎞離れたサンドビケンでの会議終了後、家に招待されたり、数日の休暇を取って、友人の別荘に招待されたり、招待された先では他の友人家族も一緒の事も多く、スウェーデンのストックホルムに住む高学歴社会を知る良い機会になった。この問題解決は表に現れない性質のもので、知る人は少ないが、敢えて金銭に換算すれば億円単位の、売り上げに対する貢献も加味すれば、数十億円の販売増、数億円のR＆D費用の節減に貢献して、会社に対する私の最も大きな貢献の一つに数えられると思う。

◆日本からの頻繁な海外視察はストックホルムの介護施設の迷惑

１９７０年代、急速に日本の国際化が進行する中で、多くの政治家、高級官僚が海外へ勉強、視察の名目で出張した。

スウェーデン本社出張で仕事を済ませてから、ストックホルムでホテルの代わりに友人の自宅に招待されて金、土と宿泊する事はよくあった。オスカルソン氏に招待された時に、奥様から日本についての疑問を投げかけられた。

奥様はストックホルムでもよく知られた大きな介護施設の副施設長の任にある。

毎年夏になると毎週みたいに日本から見学グループが訪れる。日本人の質問と行動はホボ皆同じで、設備、装置の製造会社名や番号を記載し、施設の広さの数字、予算や色々な事について聞くが、**最も重要な介護を受けている人の心の問題について聞かれた事がない。**スウェーデンならば**1団体を派遣して、大部の報告書を作成してそれが全国の関係団体に配布され、**疑問があれば、質問し、その繰返しで、少ない費用でやっている。

何故、日本から多数の団体が、大金を使って、夏の良い季節に観光旅行の様に来るのかと、非難の入り混じった質問をされて、困った。

東京都の高位女性役付者の話

オスカルソン夫人の話の数年前に、成田からアンカレッジ経由、コペンハーゲンへ向かう飛行機の中で50代の女性が横に座った。長時間フライトだから色々な話をする。彼女は東京都庁に勤務、介護、医療関係の部門の高い地位の人で、スウェーデンの介護施設の視察に行くとの事。彼女はコーラスグループに所属しており、その中にスウェーデンの会社の会長をしている人がいて、その方から勧められてスウェーデンに行く気になったとの話。その事についてはそれ以上深入りしなかったが、不思議なものだ。

　サンドビックの会長、徳田耕氏である。徳田会長との雑談の場で、徳田氏がコーラスをやっておられてことを知っていたので、偶然にビックリ。スウェーデンへのグループでの視察旅行に加え、大使館経由で特別にアレンジされた官僚の個人的な視察もある事が解る。多分、彼女はオスカルソン夫人の介護施設を訪問するのだろう。

　世の中は、広いようで狭く、狭いようで広い！

高名な大学教授の自慢話

　多分、私が30代の頃、高名な大学教授へのインタビューの記事が雑誌に掲載されていた。

　記者の質問に答えて、**もう、良く解っているから、行く前に報告書は出来上がっているんだよ**……と答えられていた。

　この様な発言は、日本で権威者と呼ばれ、……進歩、進化、成長が停止した精神的老人によくみられる現象で、好奇心を失ってから、かなり時間が経過しているから、自分について全く解っていない。

　その時には、そんなもんだと、スルーしていたが、これは日本特有の問題だと思う。

　程度こそ違え、権威者でなくとも、普通の人でも同じ傾向を示す人は多く、その様な人を……そのような人だから偉い、……偉い人は違うと肯定的に捉える人が多い。正常な民間の感覚ならば、解っているのなら出張する必要など無いとなるが、官庁や、学者が公的な視察団を海外に派遣する時には良くあることの様である。

　スウェーデンではこのような権威者が存在しないのは、民度が高くて、議論が出来るのでそのような傾向の人は徐々に排除されて行き、行政にもコスト意識があるので、このような訳の分からない権威者が出来ないのだと思う。

　この様な権威者が視察旅行に行くのは、金のムダ使いであるだけでなく、本来行くべき人の邪魔をして、最新の情報の獲得の機会を喪失させてるので大きな社会悪となり、スウェーデンのような社会では絶対に起こらないと思う。

日本の障害者支援施設の女性責任者

　60代から、約2反歩の家庭菜園をしているので、時には農作物は処分に困るほど大量の収穫物がある。

　家から徒歩1分くらいの所に障害者支援施設の経営する、近所の農家や、家庭菜園から持ち込まれた農作物を販売する店舗がある。店の手数料は僅かで、持ち込んだ人に店先を提供しているようなものだが、障害者を仕事に参加させて達成感を持たせる為の良い事だと思って観察していた。数年前にまず手始めに、ブドウ約15kgをお金はいりませんからと、寄付した。それから、野菜類、イチジクなど色々なものを持ち込むことが定例化した。

　施設には数人の健常者が働き、レストランも運営しており、施設

長は50代と見える女性である。

施設は我が家の近くにあり、しばしば路上で彼女に遭遇する事があるが、奇妙な事に、彼女は全く私の存在を無視、又は気付かない素ぶり。私の判断では、このような人は弱者を支えるような仕事に最も不向き。資格と試験の成績重視で採用、不採用が決まり、面接をしても面接官の眼力がお粗末で、採用された公務員、教師にそのような人が多い。

不向きな仕事に着き、終身雇用制度にガードされて、心の中で歯を食いしばって生きて行く、不幸な人が多いが、彼女もそのような中の1人なのだろう。彼女が不向きな職場で額と心に傷を負わせながら頑張って職場に固執することで、**他の適任の人の就労機会を奪うので、2人の人が、不幸な人生を送るようになる。**

この様な事の連鎖が、日本全体を面白くない……暗い社会にしていると思う。

日本の支援学校

妻が教師をしていたので、教師仲間から興味のある事が漏れ伝わる。元高校教師のOGさんの娘さんは支援学校に勤務しているが、2人の障害者を3人の人で面倒みているとの事。

現役で働いている、Hさんのケースでは1人の障害者を2～3人で面倒みているとの事でビックリ。彼女らも納得していない様子で、何かがおかしいと感じている。新しい法律がある比率の障害者の雇用を義務付けた。

東京都庁に勤務する、知人の夫は所属課に割り当てられた障害者の横で、終業時間までは一緒に仕事をして、終業時間後に残業で自分の仕事をこなし、月に100時間以上の残業となり、給料が2倍くらいになり、……家を新築した。

スウェーデンならば、障害者が、健常者の手助け無く、自立して仕事が出来るようなインフラの整備と、作業の選択を行ってから、障害者を就労させる。健常者のアシストがないと仕事ができないのでは、障害者は精神的な達成感を得ることはできないだろう。

日本では……表現は美しくないが……障害者をダシにして、金儲けをしていると思われても仕方がない。

◆日本の大手同業他社の場合

大きな組織のトップとして動いているスウェーデン人幹部と同行していると色々な面白い場面に遭遇し、その経験が新しいアンテナを立てるので、興味ある知見が出来る

私はよく超硬部門のトップだった、アクセル氏と後任のヘッドストローム氏と同行して住友、三菱、東芝の同業三社の社長との会談の通訳として参加する機会があった。

色々な話をする過程の中で、よく話がかみ合わない場面が出てきて、通訳の私は困惑する。

頻繁にあるのは、ヘッドストローム氏は相手の会社の決算内容や他の細かな公表されている情報、数値を記憶しており、そこの社長だから知っている筈と思い込んで会話を進めるが、相手の社長はそのような事は記憶していなく、会話がちぐはぐになる。

私もヘッドストローム氏と同程度の知識があるから、よく分かるが……通訳の私が相手の社長のメンツを傷付ける事は出来ないので、非常に難しい立場になる。

その様な場合にはスウェーデン語で説明する事もあるが、それは

悪口を言っていると取られかねないので頻繁にはやれない。

相手の社長が英語を話す人を同伴している事もあるが、そのような場合には同伴者は文系の人で技術の事は殆ど解らなく、同伴者の顔も傷付けないで話を進行するのは簡単ではないし、多くの場合同伴者も自分の会社の経営的な数値に明るくない。

もちろん同業3社とも同じでなく、会社によって少々は違っていたが……大同小異だった。

何回かそのような会談を持つうちに、日本の一部の社長は自分よりも自社の公開された情報や決算数値に関心がなく頭の中に入っていない事を理解し、それで機能している日本社会に改めてビックリしていた。

当初は、ヘッドストローム氏も私に不信感を持っていたようだったが、数回の経験を経て、正しく日本の実情を理解してくれた。

米国の場合

サンドビックは業界の世界のトップに位置し、1980年代には世界のマーケットシエアは25%と推算されており、次いで米国のGE、ケナメタルが続く。独占禁止法が厳しく運用されている米国ではトップ企業の行動は厳しく制約されており、ヘッドストロームさんは米国のGE、ケナメタルのトップと会えないのは勿論、電話をする事も米国の弁護士から厳しく止められていると言っていた。若し、GEのトップに電話して、後日何かが起こって電話で話したことが判明すると談合したとされ、非常に問題が大きくなるから、電話もダメとの話、想像を超える厳しさだ。日本では〝グローバル10〟と呼ばれる世界のマーケットシェア10%企業が、非常に少なかった時代で、目からウロコの話だった。

日本では第二次大戦時に全ての人的、物質的資材を戦争目的の為に効率的に投入すべく業界団体が作られ、21世紀になっても業界団体は温存され、談合の場として効率的に機能している、先進国の中では珍しい国だ。

海部俊樹首相の場合

1990年頃と記憶するが総理大臣海部俊樹の奥様が、政治家の妻としてどの様に夫を支えているかを伝える記事が掲載され、その中で妻が、失敗して辞めさせられても、運転免許があるからトラック運転手でも出来るからと夫に決断を促したと書かれていた。当時海部さんは60代で、能力さえあれば、……あると言う自信があればトラック運転手以外の職業もあろうかと思うが、首相候補になるような人が、生活費の事を心配する……、それを妻が冗談でなく……公表する。

他の先進諸国であれば、能力の高い人が首相となるので、首相になるような人は……色々と潰しの効く能力を持っているが、日本の首相候補は社会で通用する能力が非常に低い事を自覚しているので、能力が問題とならない政治の世界で生きなければと歯を食いしばって生きている様子がよく解る。

鳩山由紀夫氏や安倍晋三氏の様に金銭的には相続財産と、親が作った人脈と呼ばれる支援者を相続して、気ままに遊びの延長で政治を行う。何れにしても、社会的な経験不足で、**浅薄な見識に基づいて政治が行われている日本は不幸だ。**

日本人の国民性

台湾の八田与一氏、ブータンの西岡京治氏、アフガニスタンの中

村哲氏、……等、海外で非常に大きな貢献をされ、現地で尊敬される日本人が多い。もちろん西欧にも類似の例はあるが、大きな傾向的な差があるように思う。

民間の日本人は考え方が柔軟であり、現地の状況に合わせて、自分の知識を最高に駆使して、工夫して問題解決に当たる。

一神教を基礎として成立した文化の中で生きている西欧人は、高い所から見て、単に知識の伝授、切り売りに重点があり、これはキリスト教を海外に広めた宣教師と同質である。日本のように、自然に寄り添って生きるような、一神教とは異なった文化の中で育った人とは異なる。北海道へ農業指導に来たクラーク、ケプロン等の教えた農法は根付かず、消えてしまい……キリスト教だけが大きな影響として残ったが、この事に就いては第二部で考察してみたい。

◆スウェーデンの国王と新幹線で神戸へ

１９９０年にスウェーデン国王が神戸を訪問した際に、東京駅で駅長と一緒に国王をお迎えして新神戸まで同行した。

国王の訪問をひかえて、神戸市は招待委員会のようなものを作り、先ず市の職員とスウェーデン協会が一緒になって予定について協議を行い、予定表を作成、在神戸のスウェーデン人も交えて最終確認を行う会合を持った。

神戸から市長の名代で某大学教授が東京駅で国王を迎え入れる事が提案されていたが、神戸外国倶楽部の会長をしているスウェーデン人から異議が出たと聞いている。

国王は日本の皇族のように細かな事について、取り巻きから指示されるのを好まないし、色々な質問をしたがる。

教授は、英語はもちろんスウェーデン語もお話になるようだが、他にスウェーデン語を話し、スウェーデンや日本の事についてよく知っている男がいるからそれを派遣したらと提案された。

受け入れの日本人サイドとして、反対できる根拠もなくお鉢が私の所に回ってきた。

私は富山県の隔絶山村だった世界遺産の五箇山合掌集落のある、平村に生まれ、妻の姉が有名な民宿を経営しており、皇族の方の宿泊、学習院の生徒の合宿、小泉首相の訪問……などを受け入れており、それに絡んで県の担当者や、村役場の職員から漏れ伝わる話から、皇族への接遇がどの様なものであるかについてかなり具体的な知識がある。

義兄は農協の組合長をしており、著名人が来村する時には、どのような事があったかを良く知っており、……マスコミでは絶対に報じない、面白いエピソードを聞いている。

東京駅で駅長と一緒に赤じゅうたんの上を歩き、国王一行を新幹線までご案内。

グリーン車を貸し切り、侍従数名、スウェーデン大使館職員、日本外務省職員、SP、数名のスウェーデンの大企業のトップなどで総勢約約20名の大所帯となる。時折、国王から御下問があり、その時にはお席の近くに行ってお話をする。

車中で缶ビールを自分で開けて飲み、非常にザックバランで、むしろこちらが困惑する。

電車が新神戸の手前のトンネルに入り、駅に接近する。私は国王の3列後ろに座って印刷物を読んでいたが、突然国王が何か叫び立ち上がっている。突然だったのと、聞きなれない言葉だったので、何を言っているのか判らない。

数人の侍従が立ち上がり、棒の先にボンボリのような物の付いた長い棒を突き上げており、**国王がエイエイオーの掛け声をあげ、周囲がそれに高い声で唱和する。**

私の感覚では、映画で見た、これから戦場に向かう武将が部下を鼓舞するときに上げる鬨の声である。

日本の天皇は常に、国民に寄り添い、それを……申し訳ないと思うくらい丁寧に、優しい人柄をそのまま出して……静かに民の安寧を願って祈る事、国民の統合の象徴の責務を果たすことを宿命としているが何たる大きな違い。

ナポレオンの時代に、スウェーデンの王には子供がいなくて、王が亡くなれば国が混乱する、弱い王では国が侵略されるから、スウェーデンの民会……国会の起源となる初期の国会……は王の人選と派遣をナポレオンに求めた。

ナポレオンは旗下の五元帥の内の1人である、ベルナドッテを推薦し、それが現王のカール・グスタフに続いている。

因みに、ベルナドッテはフランスでの評判が良くて、ナポレオンの地位を脅かすような存在だったので、ナポレオンとしては、渡りに船だっただろうと言われているみたいだ。その後、ナポレオン軍はスウェーデン軍と戦いで敗戦した。

何れにしても、**新幹線でのスウェーデン国王の、エイ、エイ、オーの鬨の声は、強烈な目からウロコの経験だった。**

◆ギャンブルの面白さと必勝法

私は競輪、競馬、パチンコなどのギャンブルはやらない。自分なりに分析してみると、他人が体を使い、脳を駆使してやっている事を見物するよりも、自分がやるギャンブルのほうが面白い。

囲碁、将棋のように偶然性が関係しない、強い人が必ず勝つような、やる前から勝負の決まっているゲームも好きじゃない。

麻雀はギャンブルとしては最高に智的で、偶然性で勝てる事も多く、心から喜び、心から悔しみ、反省する、非常に人間的なゲームで大好きだ。

じゃんけんの必勝法

１９９０年代の中頃、会社の忘年会のゲームの賞品が5万円する大型ラジカセで、ゲームはジャンケンの勝者に当たると聞いた。

どうしたらジャンケンに勝てるか、初めて真剣に考えてみた。考えても正解がある筈はないが、試してみる価値のある方法は見つかった。人間心理から、最初に見せた自分の手の形に、負ける形を次の勝負手で出すと勝てる公算が多くなるはずと思い、当日を待った。出席者が多くラジカセをゲットするためには8回連続でジャンケンに勝たなければならない。

先ず、司会者が誰でもいいから近くにいる人とジャンケンしなさいと指示、勝ち組だけが残り、負けた半数は外に出される。

残った半数がジャンケンして、同様の事を数回繰り返して、最終ペアーとして残った。多分8回目か9回目のジャンケンになる。約２００人の注視の中で最後のジャンケン、私が勝って高価な大型ラジカセを手に入れた。

あまりに上手くいったので、私自身がビックリ。今回のケースは賞品が当時としては高価な大型のCDラジカセで真剣に勝とうと思ってジャンケンに臨んだから有効だったが、賞品ナシの、ジャンケンではあまり効果を期待できないと思う。

お互いに真剣に勝負のジャンケンをする場合に、例えば、じゃんけんで〝グー〟を出して、次の、〝パー〟でグーに負けるチョキを出すと、相手は先にグーを見せられているので、反射的に〝パー〟の手になり相手が負ける。（写真集参照）

ボルグとマッケンローのテニスの勝敗予想

スウェーデンに赴任した翌年の１９７６年に行われたウンブルドンテニスで、スウェーデンの英雄ボルグとアメリカのマッケンローが対決する優勝戦になった。職場で労働組合の役員をしているグスタフが、翌日に行われる試合の勝負の賭けに参加する人を募集し始めた。当時スウェーデンではテニスはポピュラーなスポーツで、ボルグが世界のトップに君臨している事もあり、非常に関心が高かったが、私はテニスの経験は全くなく、ルールも全く知らない。

賭け金は1口5クローネ=３５０円である。先に6ゲーム先取した人がセットの勝者となり、３セット先取した人が勝利する事になる。賭けはセットごとの両者の獲得ゲーム数を当てる事だが私は全く分からないので、グスタフに聞きながら、適当に数字を入れていった。

翌翌日に出社すると私が賭けの勝者となり、１００名弱の参加者の掛け金4万円弱を、私が総取りで頂戴する事になった。

◆巨大な軍艦を作った設備の戦後

１９８０年から20年弱の間、毎年1～2回日本製鋼所室蘭工場に機械加工上の技術的な問題を議論し、より優れた方法を見つけて、アドバイスする事でビジネスに繋げる目的で出張した。

若いころ、船乗りに憧れ、船との関りを面白がっていた私にとっては非常に興味深く楽しい出張だった。

巨大な船用、重電機用、原発用の部品を作るための鋼塊が溶解された後にプレスで鍛錬、その後切削されて、重要な大型機械部品となって行く。

世界最大、1個当たり６３０トンの巨大な鋼塊を巨大な鍛造用プレスで鍛錬して作り上げる事が出来る、一連の溶解炉、鍛造用プレス、機械加工用の旋盤、平面を加工するためのフライス盤、穴をあけるためのドリリングマシン等……それらの多くは戦前に作られたものである。溶接技術が貧弱だった第二次世界大戦当時、軍艦や船の外板はリベット接合され、外板以外の部品も機械的な接合が多用されたので、船の構造物は分解すると無数の小型部品となる。

大きな外力のかかるデーゼルエンジンのクランクシャフト、プロペラの推進軸、原発の圧力容器、タービンの主軸、大砲の砲身、砲塔等は巨大な負荷が掛かるために、部品に分解すると強度が持たないために一体物で製作する必要が有る。

そのために巨大な軍艦を作るために巨大な設備が必要とされる。

大和の主砲の砲身は呉の海軍工廠でドイツのワグナー社の大型旋盤を使って直径1m、長さ21mで約２００トンの鋼塊を削り落として約１６０トンになり、40トンの鋼は切り屑となって消えて行く。

終戦後神戸製鋼に払い下げられ、その後キシロ播磨工場に買われて、約70年強大型機械部品の製造に使われた。

呉の海軍工廠は完全に破壊された。日本製鋼の室蘭工場もＧＨＱが破壊作業をしたが、完全に破壊する事が出来ずに、その後修理されて生き残り、永らく世界最大の巨大鍛鋼品を供給できる工場で、戦後、米国も含め世界中で超大物の鉄製の一体部品を必要とする構造

物を制作するときには、その制限は日本製鋼所の能力に掛かっていた。不思議なものだ。

◆人造ダイアモンドに関して、広く、深く関係した

ダイアモンドは宝石用途だけでなく、産業の分野でも究極の理想的な工業材料になるであろうとの予想の下に、先進工業国のトップリサーチャーの研究対象である。既述のニューダイアモンド以外にも幅広くダイアモンド情報を渉猟していた、珍しい立場にあり、活字知識だが、１９７０年代〜１９９９年の間に、数百のダイアモンドに関連する特許公報を読んだ人間だった。

多数の研究者は、非常に狭い分野で深く、深く研究しているから、その狭い分野に限れば、当然彼らは私の理解を超えた、秘密にしたい知識も持っているが、狭い研究環境の中で他の研究者との交流も少ないか全く無くて、外の事を知りたがっている。

最先端の分野で地道な素材開発に携わるのは孤独との戦いだ。永い場合には数十年間かけて実験をする。

１９８０年代に競合する、三菱金属の大宮にある研究所を訪れ、戦前から継続して一定の温度を維持して、荷重を掛けて、金属材料のクリープ試験を継続中の試験機を見せて頂いたが、その試験は戦前に始まり60年掛けての実験で、結果のデーターが取れるのは十数年後と伺った経験がある。

期待したような、結果が出て、工業製品として世に出るのは、その内のほんの一部である。

会社、又は他人を説得して、資金を用意、研究活動を始めるのは容易だが、見込みが無いと判断した時点で、撤退するのが最も難しい。経済学、金融の分野で言う〝茹で蛙〟現象であり、損切り出来ない。相場の世界も、科学の最先端の分野も、一寸先の事は解らない……それが未来だ。分野に関係なく、**全ての専門分野の最先端では未知の妖怪と戦っている。**

ダイアモンド：GEとアセアの永い特許戦争

米国の巨大企業GE……著名な発明家エジソンが創立者…と、スウェーデンの著名重電機会社アセア社は、１９５０年代中のホボ、同時期に、大型プレスを使って、高温、高圧の環境を作って、単結晶ダイアモンドを合成する方法を発明、日本にも特許出願した。発明の根本のアイデイアの出発点は同じであり、２社は日本での特許登録を狙って、特許庁を介して争ったが、約20年を費やして、２社とも特許登録をする事が出来なかった。特許は日本では先出願制度で守られているから、アイデイアが同じならば先に出願した方が登録される筈と簡単に決めつけたいが、単純にそうは行かない

この経過を詳細に書くと多分、分厚い本になるが、純粋に2社の技術的な論争に加え、多分、国家の思惑も影響し……登録する事で、将来の日本の産業界に大きな負担になる……結局、期限切れとなり、2社の出願特許は記念特許となった。

それまでダイアモンドは妖怪の様なものであり、研究対象から外れていたが、日本の素材研究分野に火を点け、公開、未公開で多くの日本の大企業、大学、国立研究所の研究対象として浮上して、国も大きな資金援助を始めた。

既に研究が進んでいる米国に加え、日本でも同様の事が起こり、米国の状況は言葉の関係からモニターは簡単だが、日本の状況は言葉の関係から、数年のタイムラグが出て来るので、そのタイムラグを

埋めるべく、私は使命感を持って、ダイアモンド研究の最先端で研究するリサーチャーとの関係が出来上がった。

広がった研究対象

米国の巨大化学会社デユポンが高価なプレスを使用することなく、爆薬を炸裂させて短時間だが、高温、高圧を発生させて、ダイアモンドの細粒を作る方法を工業化した。

今まで、非常に硬い金属、鉱物、コンクリートの切断などに使用されるダイアモンド砥石は、天然の屑ダイアモンドを割って細粒にして使われていたが、高価で資源量が限られており、膨張する製造業の需要に応える事が困難になりつつあったが、デユポンの発明は時代の要請にマッチしていた。

次なる、究極の切削工具用素材を求めて

人類が鉄の使用を始めてから、金属の実用化が急速に進み、金属を成形加工するための、より硬い金属が求められた。

鉄に他の金属、非金属元素を追加して焼き入れする事で硬度を増加させた鋼を高速度鋼と呼び、一般鋼の切削に使用する時代が、第二次世界大戦頃まで続いた。

１９２０年代に超硬合金と呼ばれる、炭化タングステン粉末を、コバルトなどの金属と混合、高温で焼結する……陶磁器のように高い温度で焼き固めて作る、新しい硬質材料がドイツで発明されて、市場に出現した。

あまり間を置かず、英米、日本、スウェーデンでも超硬合金を製造する会社が続出、現在では金属を切削加工する際の最も需要な材料となった。

自然界に存在する最も硬度の高い素材であるダイアモンドが、究極の理想的な切削工具の材料として登場する日が来るように想像するが、ハードルは非常に高い。

新素材の萌芽を求めての30年間の人間関係

30年間サンドビックに奉職して、主要な業務である、開発、営業の技術的支援活動以外に、日本の最先端で素材開発に関係しているトップリサーチャーとの討論の場を、定期的に持っていた。

訪問した所は、東京大学、東北大学、東京工業大学、京都大学、名古屋大学、広島大学、九州大学、筑波の無機材研、名古屋工業試験所、大阪工業試験所、昭和電工、日本油脂、三菱金属、住友電工、東芝タンガロイ、日立金属などで、発表論文、特許公報などから、先ず、興味のある、重要と思える雰囲気の有るものをピックアップする。

多くの場合、日本のトップリサーチャーと同格の学問的背景を持ったスウェーデン人との同行であり、30年奉職して、その間に年間平均5～8回はその様な会合を持ったから、計約２００回の会合となる。

その様な活動の中で、既述の日本工業大学への１００万円の寄付が行われたが、あの１００万円は、多分、１００倍以上になって、ダイアモンドの新しい製造法の工業化の触媒となり、無名の設立後20年くらいの新設校日本工業大学を〝ニューダイアモンド〟発祥の地とするのに貢献したと勝手に思っている。

トップリサーチャーとの会話の様子

解答の存在しない事を話題にする会話の中で、何かヒントを得られるかもしれないと、お互いに相手を値踏みするような雰囲気で、最

近の発見、やっている事を小出しにして会話が進んで行く。
相手が岡田は自分と同等レベル……若しかしたら岡田の方が上……みたいな雰囲気が発生すると、俄然、会話が熱を帯びて来る。
相手の方からの質問、相手からの反論となり、相手が最近何を試しているか、どの様な方向で進んでいるか詳細がわかる。
相手は、組織の狭い範囲で交流して、ホンノ、稀に学会などに外出するが、外との会話をする機会は少なく、精々論文、学会誌、特許公報を読む程度である。

素材開発に込めた私の夢

多忙な目の前の仕事をこなしながら、個人的な夢も少し混入して、意欲的に生きる事で、多忙な生活をエンジョイしていた。
半導体の業界では、ICパッケージの集積化が急速に進み、配線の為の金線の太さが細くなり、それに比例して半導体の集積化が進み、ムーアの法則と呼ばれる、数年毎に倍々と高密度に集積化が進み、最近のラップトップのPCは、私が初めてコンピューターを操作した1960年代の64Kの大型コンピューターの1億倍以上の能力を持つが、限界に到達しつつある。
ムーアの法則を打破する、パラダイムシフトを起こすのは、新しい素材開発しかないと思うが、最も可能性が高いのは、ダイアモンドだ。近代の文明社会は余りにも電子機器に依存している。
一発の原爆が日本の上空で爆発すれば、全ての日本の電子機器、電話、スマホ、自動車、電車、水道、発電機……日本のあらゆる生活用のインフラが破壊され、機能しなくなる。
半導体を支えるシリコンがダイアモンドに変更される事で、放熱性が高まり、現在の配線の一層での平面設計から、多層設計が可能になり、現在のPCの機能が補聴器くらいの大きさで出来るかも？夢は膨らむ。
普通鋼の製造から、サンドビックは変化して成長を続けて来た、次なる変化、成長に貢献するのは、我々だと思う意志があった。

◆超硬工具協会総会、日本の酔っ払い

1990年代後期、会社が所属する超硬工具協会の理事会総会の懇親会に出席した。
約50社の会員企業の、社長、関係部署の重役、部長など、計30人以上が集まって箱根の料亭での宴会である。
面白い事に、このような業界の会合では全く緊張感がない。非常に和気あいあいとしている。
通常日本では顧客を接待する場合には、接待する側は非常に気を使って粗相をしない様に気を付けるし、される側も……稀には飛んでもなく粗野な人が……ノーパンシャブシャブ接待の様に……いる事もあるが、普通には、接待する側もされる側もソコソコの節度を持っての行動となる。
所が、同業者の会合ではそのような気使いは全く無用で、学校の同窓会の様相を見せ、酔っ払い老人が醜悪、無様な様を見せる。最悪だったのは、京都帝大卒のN氏だった。
数人の京都第三高等学校の同窓生もおり、良く知られた三高高歌を大合唱、へべれけで……立ち上がり、昔したであろう様に手を振り、その内バランスを崩して横の人の御膳の上に転倒し、3人分の御膳はグチャ、グチャ。
N氏は、卒業後電力会社に就職、定年間際に会社が大株主である

子会社の社長として、超硬工具協会との縁が出来た。

N氏の行状は例外的であるが、他の多くの出席者の行状も、庶民感覚で見れば、恥ずかしい、これが日本の上層を成す人々の集まりかと、ビックリさせられる。業会団体には、総務、業務、技術、資材、特許等の委員会があり、各委員会でもホボ同様の会合が持たれているが、非常に和気あいあいで、緊張感の少ない、最もリラックスできる会合だった。

第一線で働く営業、工場の作業者の視線では多分、想像できないような緊張感の全くない雰囲気だ。

スウェーデンの酔っ払い

大阪で細井氏、サンドビック、D社の三者が集まっての数時間に及ぶライセンス契約に関する交渉の後に、料亭で細井氏から夕食の接待を受けた。

スウェーデン人の特許部長レナルトは、初めての来日で初めて日本酒に遭遇、甘いので飲み過ぎた、顔が赤くなり俗に酔顔になり、同行のスウェーデン人の社内弁護士オリヤンが、外に出て冷やすようにアドバイス、冬の寒空に戸外で椅子に座っている。

オリヤンとは、スウェーデンでも家族ぐるみの交際をしていた中で良く知っている。

オリヤンが、今まで見た事のない様な真剣な顔で、今日の事は絶対にスウェーデンに帰ってから他人に言ってはいけないと言われた。この事は**スウェーデンでは役職者にある人には、守るべき基準がある事を教えてくれた。**

この事は、スウェーデンでは管理職と呼ばれる人に対して、社会が高い規律を求めている事を理解させ、改めて日本との説明できない様な差を感じた。

◆業界団体の歴史と性質

業界団体は戦中、日本の全産業を戦争遂行の目的に効率よく奉仕させる為に作られた翼賛政治と呼ばれるアイデイアに基づいて出来上がった制度である。

企業は業種により分類される業界団体に所属する。政府は業界団体に政策を指示し、業界団体は指示に基づいて、生産量、資材の調達、人員の用意等……最終的に軍事目的の完遂に関係する事柄の業界内での各企業への割り振りなどを行う。

政府が、個々の企業に個別に指示する手間が省けて、実情を熟知している業界団体が事を効率的に運用できる利点がある。

GHQは知っていてか、知らなかったからか業界団体の解体を行わなかった。私の知る限り、このような業界団体の存在する先進工業国はない。多分、GHQには経験のない、今まで学んだことのない業界団体の存在と役割について深く考えることなく、業界団体を温存させ、日本軍に変わって日本統治のために業界団体制度を利用したのだろうと推測する。

私の知る超硬工具協会では、協会員各社から派遣されてくる委員で女性の人を見たことは一度もないが、それは活動には宴会が付きものだったからだ。重厚長大の製造業が主流だった1970年代初期には他の業界団体も多分同様だったと思うが、その後、服飾産業、介護、ソフトウエア等……の産業が発達したので、女性の参加は当然の事だと推測するが、機械関係の業界では、あまり変化が無いようである。この様な業会団体の性質から、日本では天敵である顧客

不在、女性もいない業界団体の宴会は、山賊の宴会みたいになり易い。理事会総会は全会員企業のトップが集まる会合で、殆どが高学歴者である。

◆部屋代35万円の部屋で三菱と特許交渉

三菱とは多くの問題で何回も交渉を行ったが、コーテイング技術に関連しての何回目かの交渉の時に、先ず港区にある三菱グループの施設……重役以上の人が使用する迎賓館みたいなところで交渉を持った。

次回はサンドビックが会場を設営する事になり、オリヤンが位負けしてはいけないと、高輪プリンスホテルのプレジデンシャル・スイートを予約したが、ルームチャージは35万円と度外れに高額だった。

その時に特許請求の範囲の議論で、三菱の重役を筆頭に10名近い方々と丁々発止の議論をした時、珍しくシャープな議論のできるKさんがいた。Kさんは私より10才弱年長の感じで、１９９０年あたりの頃の話だ。

三菱金属とのお付き合い

営業では熾烈な販売競争をしているが、素材の最先端の研究部門間では、ソコソコの交流がある。

超硬協会の技術部会、特許部会を通じての交流も含めて、お互いに良く知る中である。

三菱金属の中央研究所所長富士原博士とは、数回、ストックホルムの技術者と一緒に、大宮の研究所を訪問させて頂き、一部の設備を見学させて頂き、食事も一緒にさせて頂いた。

この様な訪問には、当然、三菱からのストックホルム訪問を受け入れる事が前提であるが、お互いに、競合他社、大学や他の著名公立研究機関の動向を知るために有益である。双方とも、未知の……完成までの数年から、10年を超える長いタイムスパンで考えているので……情報が洩れて、と心配することは少ない。

お互いに、相手の失敗の経験を聞けば、……相手が嘘をついていなければ……同じような失敗をするだろうからその方向は除外できるので、長い目で見ると大きなムダの排除に繋がる。

富士原さん、Kさんと一緒にデナーを頂いた時に、富士原さんがK君はこれが最後で、今月末で退職ですと言われて驚いた。

正面から聞いたことは無いが、今までの数回の会合から、Kさんは東大卒と推察しており、遠からず重役、富士原さんの後任間違いなしと思っていたのに。退職理由は、奥様がやっておられる宗教活動に従事するとの事だった。

それから何年かして、オームの地下鉄でのサリン事件が発生、東京大学博士課程中退の豊田享が、主になってサリン製造と、その活用に関係していたことが報じられ、日本の有名大学の負の社会貢献に改めて、ビックリした。

◆ものみの塔の長老との会話

神戸では〝ものみの塔〟の長老であり、松方ホールの建設責任者だったと言っておられた神戸新聞ＯＢの楠見さんから、熱心に入信の勧誘を受けた。

同様の勧誘を小松製作所のＯＢで、営業部長だったと周囲の人が言っていた倉田さんからも受け、日本では若者だけでなく、高学歴

の人が、現役引退後に宗教活動に従事する……何か納得しないものを感じた。

この本を執筆中の2022年12月は、旧統一教会の日本の政界への影響力が大きな政治的な話題となっているが、多数の政治家のみならず、高学歴者が宗教に弱いのは社会的常識の不足が原因であり、そのような人間になったのは、日本の初等中等教育に問題があったからだと思う。この事については第二部で考察してみよう。

◆サンドビックで労働組合の設立

私は管理職だったので関係なく、確かな記憶はないが、多分1990年頃に労働組合が設立された。

組合員は良く言えば、多士多彩、標準的な日本の会社と異なり、悪く言えば、多くの自慢できない過去を引きずっている人の集団で、その中には強烈な左翼的な学生運動家だった人、前職の会社で、戦闘的な労組員であったような人もいる。

スウェーデンの本社から、労働組合の幹部数人が訪日する事が知らされた。多分、本社の組合役員へのサービスの一環で……会社が急速に発展する日本への視察旅行を提案したものと思える。

スウェーデン本社のトップを構成するボードの重役会の50％未満は、企業内組合の組合員である事が法制化されているから、日本への大型投資について、組合と無用な摩擦を避けたい思惑がある。日本の子会社の組合の中の知恵者が、本社の組合と連帯して日本でも、スウェーデンの様に組合員が重役になって経営に参画しようと考えたようだ。

日本の社長を経由しての提案で、日本の組合の幹部数人との会合が予定された。

会合数日前になって、訪問するスウェーデンの組合員は英語が話せなく、スウェーデン語でのコミュニケーションを要望してきた。

日本サイドの組合関係者で、スウェーデン語の出来る人はいないし、英語でも価格や納期についての会話は出来ても、複雑な事を英語で議論できるような人はいない。

スウェーデン側の組合幹部も……想像だが、半数は学卒で英会話は問題ないと思うが、学卒でない日給、時間給での人との混合の組合員で来たので……スウェーデン語でのコミュニケーションを要望してきた。

突然、私に、社長から会合の通訳の依頼が来たので、重要な客先訪問を2日前にキャンセル、このような突然の予定変更は、私のサラリーマン人生40年で初めての事である。40℃の高熱でも、客先訪問予定をキャンセルした事は無かったのに。

日本サイドの組合は、O氏と、T氏が指導的な役割をしており、二人とも父親が一部上場企業の社長、又は大幹部と聞かされており、組合活動、政治論争を非常に好む人。普通の話が、議論になり、……次いで目が鋭くなって、演説調で言葉が文語長に変化して、……、特に政治絡みの話では、熱気を帯びてくるような人物だ。

会合が始まり、質疑応答をするが、お互いに質問の前提にしている知識が全く異なるので、私が単に彼らの言葉を通訳しても話がチグハグになり、会話にならない。

ある程度してから、私が提案して、私は通訳の役割に解説者の役割を加えても良いですかと両者に了解を得てから、解説者となって両組合の会合を進めた。既に述べたように、日本人サイドの持っているスウェーデンについての知識は全くピント外れ、スウェーデン

サイドは日本の実情を全く解っていない。

例えば、スウェーデンから新任の社長が神戸に着任、数日後に作業者20名弱の工場併設の横浜事業所を訪問した。

工場では旋盤、フライス盤、研磨機、等の工作機械を使って少量の需要に対応する為に特殊工具を作っている。

新横浜から会社の送迎用バスがあり、工作機械を操作する工員は殆どの者が送迎バスを利用する。

新任社長はビックリする。工員が皆背広にネクタイを締めているが、それはスウェーデンでは営業マンの姿であって、絶対に作業者、工員、日給月給や時間給で賃金が払われる、労働者の姿ではないからである。

両組合の会合はお互いの理解と親睦を、爪の垢ほどは深めたかもしれないが、同時に表現のしようも無いほど大きな社会、文化の違いを確認する機会となった。

一言付け加えれば、スウェーデン人は愛国心が強く、会社の為＝国の為……みたいな強固な心があるから、他国である、日本の労組と連帯してみたいな考えは絶対ないと断然できる。会話を進める内に色々な事が判明してくる。

日本では拘束時間が週40時間、昼休憩があるので35時間労働。

スウェーデンは拘束時間が45時間、昼休憩があるので40時間労働。

日本では工員も、月給で、年2回のボーナスがあり、定年で退職する時に1千万円を超える退職金が支給される。

今までスウェーデンで聞いていた、日本の長時間労働、低賃金とは全く違った説明で、スウェーデンサイドからは……質問も途絶えて沈黙、日本人サイドは息巻いて話すような雰囲気だったが、両組合は得ることなく会議は終了した。

外資系企業である日本の現地法人は、筆者が入社した1968年当時から土日休みで、原則残業無しで、スウェーデン基準だった。日本では、ホボ同時期に土日休みの会社はあったかもしれないが、一般化したのは30年以上後の2000年頃だ。

ヘンテコリンな話だが、それまで組合関係者は、筆者がスウェーデン語を話せるとは思っていなかったし、筆者は英語屋で英語が出来るから、昇進出来た、夜間部卒で……そのような雰囲気を漂わせての会話だったが、この組合事件があってから、彼らの態度は豹変した。世の中は面白いものだ。

◆神戸に転勤して生活は激変した

1990年、48歳で神戸に転勤して生活は激変した。

通勤は車で、家から職場までは、地道で行けば約40分だが高速道路を使えば15分で行ける。

帰宅も、今までよりはそんなに遅くならないので時間に余裕が出来てきた。

ルンド大学哲学科卒の社長は、会社が永らく色々な高位の日本人から勧められていた念願の有名大学卒のK博士を、技術部長にする事に成功した。事前に耳打ちされていたので私は、快くドウーゾと申し上げた。

特許、外部との交渉、新素材に対するモニター、……等の本社絡みの仕事と新入社員の教育は継続して私の仕事だが、日本人の技術者を纏め、営業や、営業事務との連携業務はK博士が行う。お陰様で、私は従来よりも仕事は楽になった。

北区で借り上げ社宅に住み、近くには市が管理する家庭菜園がある。

早速、家庭菜園を始めて、その規模は徐々に拡大してきた。

２０２２年現在、家から徒歩5分の所に約１０００平米の休耕田を家庭菜園として使用、イチジク、キウイ、柿、ブルーベリーなどの果樹も育ている。車で30分くらいの遠隔地にブドウの木を２本持ち、毎年１００kgのベリーＡを収穫している。

この本の執筆が追加されたので忙しく、昨晩からの活動は以下のようである。

12月第1週の本日の活動は、昨晩の就寝は18時半で起床は23時。大根とかぼちゃを煮ながら、執筆を始め、3時に再度就寝。1時間後の4時に起床して執筆開始6時半頃に、妻が用意した朝食を摂って、朝食後約30分の仮眠後、8時半ころに車で一緒に車で15分くらい離れた公園にテニスに行く。テニスは水、金、日と週3回しているが、水、金の2回は私が幹事でコートの予約やボールの準備をしている。

2時間のテニスを終えて帰宅途中にあるコープで買い物、12時前に帰宅して非常に簡単な昼食を摂り、30分強の昼寝。その後3時まで執筆して、それから畑に行き、5時前に帰宅して、夕食を食べて直ぐに就寝。

日により風呂、シャワー、近くの温泉に行くこともあるが、基本的な生活パターンはホボ同じである。

1年ほど前までは、昼食を摂っていたが、現在は日に2食を習慣とし……昼食は極く少なく形だけ……て定着したので、時間が窮屈でなくなった。

そのうち、執筆作業は無くなるので、……手抜きしている畑作業も……正常に出来るようになると急く気持ちで執筆している。

農業の専門家は自分

家庭菜園を始めると、関係する色々な本を読むようになる。子供の頃に家の手伝いをした経験はあるが、単に工場労働者の様に指示に従って体を動かしただけで、考えて、計画して実行していないので、全くの初心者である。

当初、市が管理する〝生きがい農園〟と名のついた集合家庭菜園で１００平米の広さで始めたが、個人的に休耕田をお持ちの方から約1反の広さを借り、その後もう一か所追加して2反とし、75歳になってから又1反に戻して現在に至っている。

25年ほど前から、年間約2・5万円払って三木市にブドウの木２本を保有、ブドウの栽培も行っている。

出来、不出来はあるが約１００kgのベリーＡの収穫があり、あまり手が掛からない割には収穫量も多く、楽しいものだ。

経験豊富な自称、農業専門家もいて、教えてくれるが、家庭菜園を32年も経験すると、今では私の職業は農業ですと答えたくなる。農業は出来、不出来に関係する因子が無数にあり、いくつかの因子は管理可能であるが、天気、気温、雨、土壌等、…の管理不可能な因子に加えて、植物の成長に関係する未知の因子が無数にある。

未知の因子は未知であるからコロナウイルスみたいに妖怪だ。

色々な専門家が家庭菜園のガイドブックを書いているが、著者は少数の経験はしているが、数百ページにわたり書いている多数の野菜類について全て経験があるわけなく、他人の本を参考にして書いている事が解ってくる。

家庭菜園の経営は人間の人生と非常に良く似ている。今では、専門家は自分だと思って、専門家になろうと思って、毎年実験をして

いる。毎年同じようにして、同じような結果になるのなら、工場の単純作業と同様で面白くも何もない。
毎年、状況が変わり、永遠に正解が見つからない、永遠の課題を頂いたと思って楽しくやっている。

家庭菜園の隣人Kさんは、寒山拾得？

私の菜園の隣には地元出身、私と同年代のK夫人が大きな菜園をやっている。
地元の富農からの借地で、戦前から小作をしている。戦後の農地解放の時に先代の人が手続きすればタダ同然で土地は自分の物になっただろうに、先代は読み書きが出来なくて、そのまま現在も小作でやっていると言う。
Kさんは話好きで、私が富山県出身と言うと、富山県の大勘場の話をされた。
大勘場は貧しい山間部の僻地であるから世界遺産登録された私の出生地、平村の人間もバカにするくらいの、不便な所。
私はビックリした。本当にびっくりした。大勘場は私の住んでいた平村の住人100人に聞いても、名前だけでも知っている人は精々、数人で、突然、兵庫県で大勘場の名前が出る事は考えられない。
私は、たまたま、大勘場の属する利賀村から、婿養子で祖母の夫となる人が来ていたので知っていた。
私は、森鴎外の短編小説〝寒山拾得〟を思い出した。若しかしたら、K夫人は世に隠れたトンデモナイ学者。
その後、日を重ねる内に、彼女は子供の頃、農協から来る印刷物〝家の光〟があり……多分それしか読み物が無くて……そればかり読み返していたが、その中に大勘場の事が書いてあったことが原因である事が解った。偶然とは面白く、恐ろしい。
神戸市よりも、富山の五箇山の方がはるかに文化的には上位である事が良く解った。
私の生まれた平村には小作農はいなく、貧富の差はあるが皆が一国一城の主で、従属関係はなく、精神的には完全な民主主義社会である。同じ日本の農家でも、住んでいる地域により非常に違った精神文化がある事が分かった。
都会、大都市近郊の人が制度迎合的で、制度に疑問を持つことなく……素直に従う人の多い理由の一部を発見したような気分になった。

挨拶しない都会人……私は田舎者で、多くの知人がいる

私は神戸に48歳で転勤、それ以来約32年同じ町に住んでいる。
都会と五箇山の生活上の大きな生活上の違いは、近所付き合い、社会性を要求される度合いの違いである。
田舎では、近所付き合いは穏やかで、皆、誰とでもあいさつし、度外れな人は非常に、非常に稀だ。
都会では、殆どの男性の大人は近所の人にあいさつしない。女性の場合は男性よりも多くの人が挨拶するがそれでも随分少ない。
雇用先の繋がりのある人とは、否応なく挨拶するが、それ以外はホボ、全くしない……全て仕事繋がりだけの人生を送っているように見える。私は、都会に住んでいるが、気持ち的には完全に田舎スタイルで生きている。
同じ町に30年以上住んでいると、色々な事が解ってきて、私が挨拶すると、明らかに困惑し、迷惑そうな人には挨拶をするのは迷惑だと思うので、挨拶しないが、その見極めをするまでにかなり時間が掛かる。

会社の仕事上の関係者、親族は当然の事として、隣近所、テニスの友人、その他の知人友人の訪問があっても躊躇なく受け入れ、家の中に入って頂く。それが好きだし、妻も全く抵抗なく歓迎するので、田舎の頃の生活と全く同じスタイルで生活している。シーズンによってばらつきはあるが、かなり頻回に数組のご夫婦とは食事をする機会がある。

昨年から、近所の夫に先立たれたおひとりさまの女性数人を、定期的にお招きして食事を一緒にするような事を始めたが、個性があって、普通に行えるようになるまでに経験が必要だ。近所の方々は、殆どの方々は親族、雇用先繋がりの人間関係以外は、限りなくゼロみたいな、典型的な都会人人生を送っておられるように見える。

日本の都会では多くの人が、意識的にか、無意識にか〝**個性＝ワガママ**〟と理解しているように感じる。

田舎では個性とワガママは明瞭に区別しないと馬鹿にされるが、都会ではそれでＯＫとされているようであり、特に高学歴の人にその傾向が強いように感じる。

町には多士済々な人が、偶然にビックリ、ご縁を感じる

私の生まれた平村は戸数約５００で現在住んでいる神戸の街に相当し人口４千人弱、篭渡部落は戸数30強、人口約２００人で1丁目に相当する規模である。篭渡の集落では私が住んでいた頃、サラリーマンは一人も居なかった。

村の中心の下梨部落には学校、役場、郵便局、農協、交番がありり月給で生活している人はいたがそれは視野の外だった。

現在住んでいる我が家の周囲１００ｍくらいの範囲には多士済々な人が住んでおり、30年以上も住んでいると色々な事が分かってきて、人生の味が違ったものになる。

近所の女性が関経連会長の松本正義氏のお姉さん

我が家から70～80ｍの近所に住む女性で、病院の管理栄養士として勤務されていた原田さんは、高等学校の家庭科講師の妻と同じ専門分野で、妻と会話する関係で、私も顔を合わせれば普通に会話する。ある事がきっかけで、原田さんが私の知人松本さんの姉である事が判明、この広い世の中で……何たる偶然とビックリした。

私が退社する2年前に一橋大学卒の松本正義氏が入社、私の所属する粉末合金事業部の行程係に配属されて、大きな事務所の10ｍ弱離れた所に机を持ち、私が退職するまでの短い期間であったが、彼の仕事上の課題である顧客に対する納期管理に少しは貢献した。**松本正義氏**はその後住友電工を連結決算で従業員数25万を超える巨大企業に育て上げ、住友中興の祖と呼ばれるのみならず、関経連の会長、その他、無数の公的な仕事に関係している。

行程係は営業が顧客に約束した納期内に製品が納入されるように納期管理をする仕事である。

製品は複数の部品から成り、部品はいくつかの外注に発注され、自社の工場でも分散して製作される。最終的に全部品を集め、組み立てられて完成品となり顧客に納入される。外注で製作された部品は受入検査される。そこで公差外れが発生すると、原則は作り直しである。作り直すには時間が掛かり、納期に間に合わせるのが難しくなるし、外注にすれば大変費用の掛かる事で、出来たらそのまま通して欲しい。通常そのような場合〝特採〟……特別採用……と呼ばれる手続きを踏めば、公差外れの部品でもＯＫとされる。図面には、機能上全く問題にならない寸法でも、一般公差が適用され、そのよ

うな箇所の公差外れは、全く問題なく、違反でも、不正でもないが、それは設計者により判断される。
一旦、特採されると、若し納品されて顧客で受入検査をされるか、使用中に問題を起こして顧客が検査をして、公差外れが見つかってそれが問題の原因と判明すると大問題に発展する恐れがあり、それは特採を許した設計者の責任になる。
私の身分は、図工なので正式な資格はないが、実質的には多くの場合にそのような判断をしていた。
その関係で、短い期間であったが数回松本さんの納期管理のお手伝をした。

真面目で、質実な日本の製造業の牽引者

原田さんが松本正義さんの姉であることが判明、イヤー、原田さんは、松本正義さんのお姉さんだったんですねとお話、彼女もビックリ、来週、箕谷グリーンスポーツホテルで、家族の集まりがあるとの事だった。
その後、……1週間後くらいに……原田さんと顔を合わせた時に……弟が宜しくと云ったいましたと言っておられた。
松本さんくらいの人が、箕谷グリーンスポーツで家族の集まりをする、……有馬グランドホテルでなく……住友の質実を感じた。

住友在職中、二十歳過ぎの頃に、本社の人事部長で、その後社長になった鍋島綱利さんを、知っているが、何かの機会に鍋島人事部長の後ろを歩いていると、背広の背中の部分がコスレテ、光っている。
佐賀、鍋島藩の殿様の、多分、お孫さん、……質素、……を感じるものが有った。
それから約20年後、大阪の細井鉄工所で安川電機社長の安川敬二氏とお会いした。機械のNC装置、安川のヤスナックの採用を働きかける営業活動、秘書同行でお見えになっていた。
後ろから見ると、鍋島さんの場合と同様に背広の背中の部分が光っていた。ご尊父は１９６４年東京オリンピックの組織委員長をされた安川大五郎さんである。
１９８１年に発足した第二次臨時行政調査会の会長を務めた、土光敏夫氏とそれを支えていた亀井正夫氏の質実剛健のイメージと重なり、日本の製造業の発展に大きな功績を残した当時の方々の生き様を……製造業に勢いがある理由が自分なりに理解できた。
残念ながら、それから、1世代、約30年を経て、日本経済は急速に劣化して、……21世紀に突入したが、その事については後ほど第二部で深く考察しよう。

近所に住む人がマクロ経済学の大家

金融市場の事に興味を持ち、ＦＸ、株式投資歴も長く、経済について深く関心を持っていたので、頻繁に書店に通っていた。
ジュンク堂で経済学の本を立ち読みする中で、マンキューのマクロ経済学の本を見つけた。
世界中の多くの大学や大学院で経済学の教科書として使用されているものである。
日本語への翻訳者の名前が〝地主〃とある。我が家から約30ｍ離れた、道をまたいではす向かいに住む地主俊樹さんである。

世界的に著名なマクロ経済学者マンキューとハーバード大学の同窓で、日本の著名なマクロ経済学者で、神戸大学教授、日本金融学会の会長さんである。同じ隣保に住んでいたが、本屋の立ち読みで偶然にそれを知るまでに10年以上掛かった。

世の中狭いものと、言うか、不思議なものだ。人間関係が濃密な田舎だったらとっくの昔に知っていただろうが。

M大学教授夫妻もいた

我が家から西に、緩い登りの傾斜道30ｍほど所に公園があり、子供の格好の遊び場となっている。

その公園の南側に歩道を隔ててMご夫妻のお家がある。

御主人は神戸大学教授、奥様は私立大学文学部教授で、英語が専門との事で、我々よりも5〜10歳くらい年上。

猫好きの我々夫婦が、Mさんになついている猫を見て、お話しするきっかけが出来て、交際する様になった。

その内、家の周囲に群がる複数の野良猫に餌をやっておられて、周囲からは顰蹙をかっている事が解った。

御主人は、既に物故されており、奥様との交際の中で、交際の深度が深まるうちに、おかしなことが、解って来る。

—奥様は子供嫌いで、公園で遊ぶ子供を叱りつける。ボールが庭に入っても無視で、取ってやらない。

緑が多いからと、公園の横を選んで家を買ったのに……公園で遊ぶ子供がいて、当然なのに。

—野良猫に餌をやって周囲から猫屋敷と呼ばれて嫌われている。

—環境問題、排ガスに関して、色々意見を言う人で、自分は、代表的な知識人と思っているみたい。

1人で2台の乗用車を持ち、1台はデーゼル車で、神戸のような都市部では排ガス規制の問題で登録できない。

和歌山の田舎町に住む知人の住所を使って、和歌山ナンバーのデーゼル乗用車を乗り回している。

—我が家で10名くらいの友人が床に座って、食事会をした時の話だが、信じられないような事が起こった。

—食事が始まって30分くらいした頃に、何時も見ているテレビ番組を見たいからと、テレビを点けさせ、1人だけ後ろのソファに座ってテレビを見始める。正確には覚えていないが、テレビ番組はつまらない、普通の物だった。

—リプトンに勤務していて、後日、大学教授になったSさんは英会話ができるので、そのような方向での外人さんとの交際の事が話題になった。Mさんは、非常にぞんざいで、外人なんか……いい加減にあしらっておきゃそれで良いみたいな論調で、非常にびっくりした。

—農業とか環境問題に意見があるとの事で、何処かで家庭菜園用の土地を借りたが、大学教授の肩書がばれると、役所がうるさく世話をやきに来るので、身分を隠してやり始めたと自慢げに話しておられた。

—輪番で自治会の班長になったが、もめてうまく行かない。私とは違う班で直接関係が無いが頼まれて、お手伝いをしたが、町に溶け込んで、問題、摩擦を少なく生きて行く技に劣るのみならず、その様な気が全く無い。

—大学教授の地位を維持するためには、論文の提出は重要な事である。

Mさんの最新発表の論文を見せて貰ったが、それは、私の目か

ら見れば、オカルトに分類したくなるようなもので、文学部では、……そんな物でも論文になるのだと、ビックリ。文部省や、関係者は……多分、論文の内容には関心がなく、多分、読まなく……取り敢えず論文数を問題にする。

論文発表が無ければ、活動停止と見做され、文科省からの研究費の支給が望めなくなるだけでなく、大学の自分に対する評価が低くなるので、論文、著作は教授としての目に見える実績となるので数が問題となる。

目の前の話題、課題について、肩書、立場に関係なく、発言の内容、価値、重さ重視で、活発に議論するスウェーデンでは、大卒でこの様な人が存在する事は絶対にないと思う。

日本で筆者の様な民間で上下左右に忖度して生きてきた人間の場合、この様に他人に直ぐバレる事を、公開する勇気はないが、高い教育を受けた人は、他人がどのように見ているか……他人の視線を忖度することなく振舞う勇気がある。

筆者のこの様な非難めいた経験談には同感する人と、真逆に反対する人が出てくるが、徐々に反対する人が多くなる傾向にあり、それは避けられないように思うが、その傾向が社会を劣化させる。

郷里、富山県出身で2019年の東京大学の入学式で式辞を述べた上野千鶴子さんは、多分、我々世代の人間から見ると、あまり上等と云えないように思う。それは単に式辞の言葉だけでなく、その人物についての知識がそうさせる。

著名人だから、過去に色々な所に露出されており……例えば、新聞の人生相談で……自慰に悩む中学生の相談に対して、年配の人に頼んでやらせてもらえば……と、解答できる。

その様な人生相談の記事を掲載した新聞も、新聞だと思うが……世の中は発言する人の人間性とは関係なく、口先の言葉だけで判断する傾向にあるように思う。この事に就いては第二部で考察してみます。

東さん、原子力船むつの機関長は同じ町の人

我が家から約200mの距離に、男声合唱団で3年間ご一緒し、同じバリトンで声を出し、サッカー少年だった東さんは原子力船むつの機関長だった。商船大学卒、日本郵船に就職、数百人いるだろう機関長の中でトップクラスの機関長だったのだろう。原子力船が大きな国家プロジェクトとして立ち上がる計画の中で選抜されて、東京大学で2年弱受講して原発稼働に必要な放射線関係の国家資格を取られたと聞いている。原子力船むつの原子力発電を熱源とする機関室のトップとして、試験航海の際に乗船して原子力船の最前線で活動された、トンデモナイ経歴の人だ。世の中とは不思議なものだ、全く不思議なものだ。

その後、むつは色々な理由から運航停止に追い込まれ港に係留される事になった。

むつの船長だった石塚さんは私の家主だった

私は、係留されていたむつの船長だった石塚さんのお家を借り上げ社宅として住み、2年強住まわせて頂いた。

東邸とは150m位しか離れていないのと、石塚さんと東さんは2人とも海員組合の人で、箕谷グリーンスポーツホテルにある銀河の湯の常連客。毎日の様に温泉に通っており、頻繁に同じような時間帯に顔を合わせている。

銀河の湯の入浴料は800円で、私は週に1～2回しか行かない

が、海員組合ＯＢの方は無料なので、毎日みたいに銀河の湯に行く。
私は石塚さんとは風呂友で、東さんとも風呂友であると同時にコーラスで同じバリトンで歌った仲である。**そのうち、石塚さんが東さんを知っていない事を知りビックリ**。石塚さんからどの人が東さんか教えてくれと言われる。着任期間が重複していなかったとはいえ、話題の原子力船むつの船長だった人と、機関長だった人が、何年間も同じ温泉に来ていて……。
私は、当然、石塚さんと東さんは知り合っていると思っていたが、そうではなかった。
それが、都会だ、日本の都会だが、スウェーデンならその様な事は先ず起こらない、イヤ、絶対に起こらない。
東さんは日本郵船、石塚さんは川崎汽船と会社の壁がその様にさせた。それが日本だ。

スウェーデンの船乗り

２０１０年上海万博の時に博多発で10日間くらいの上海万博見学のクルージングに出掛けた。
船長のウエルカムカクテルと、歓迎のあいさつの時に船長の横に同席していたスウェーデン人の機関長がいた。
永らくスウェーデン語を話す機会が無かったので、機関長にスウェーデン語で声を掛けた。機関長氏曰く、数十年航海しているが、最初からスウェーデン語で話しかけられたのは初めての経験、それが日本人だったのにビックリしていた。
我々夫婦を、特別に1時間以上も時間を掛けて、船内見学させてくれた。私のかなりシャープな質問に対しても隠すことなく、説明してくれ、見学させてくれる。船は米国のフロリダを起点として運行され、随所に公開したくない所があるが私が同業でなく、サンドビックのＯＢである事から、スウェーデン人の友人として扱ってくれた。
日本ではあのような対応のできる機関長はいないと思う。

末包（すえかね）教授

先述のＭ大学教授も含めての食事会の時に、参加して居られた末包さんは当時リプトンに勤務されていたが、その後退職されて大学の経営学の教授になられた。リプトンで経験された国際ビジネスを生かして活躍しておられる。

国武さん

我が家から50ｍ位のところに奥さんがサンドビックに勤務していた国武さん夫妻の豪邸がある。
ご主人は造船会社勤務で国武さんとは交互に呼びあって食事をする間柄。
１９９０年代の初めの頃だったと思うが、営業からお声が掛かって日産自動車九州工場に出張した。
出張して工場の責任者にお会いしたが名前が国武さん。エッ……と思った。ここは九州、神戸の国武さんは熊本県のご出身と聞いている。でも何も言わなかった。目の前の国武さんが気を遣うような状況を作るのは良くないと思い、何も言わなかったが、それは民間に勤務する人間が**初対面の客先の人に**、してはってはいけない事だと思っている。
後日、国武さんにお聞きすると、国武さんの弟だという事が解った。世の中が狭いのでビックリ。

Iさんの息子さんがNHKに就職

Iさんご夫妻とは、家も徒歩0・5分くらいの所にあり、神戸に転勤当初からお付き合いが始まった。ご主人は公立神戸商大の山岳部の部長をしておられ、若い頃に、ヒマラヤ登山にも行かれた山男。色々な山に連れて行って頂いた。

良く勉強が出来る2人の息子さんをお持ちで、ご長男は国立大学に進学、次男の方は、公立大学二部を卒業、NHKにカメラマンとして就職された。それまで反NHKで色々とNHKの事を非難され、NHKへの支払いも拒否していると伺ったが、息子さんがNHKに就職されてから、NHKを非難する発言はピタッと停止した。スウエーデンでは、このような事は先ず起こらない。その様な小言を云いたくなるような不条理は、社会から排除される仕組みがある。

改めて確認した優秀だった住友の先輩

住友の職場の先輩は優秀で、みんな字が奇麗だが私は悪筆。年に数回、井上課長から販売店に向けて行う講習会用の手書きの原稿が図工の所に回され、図工がマジックインキ又は毛筆で大きな模造紙に書き写し、黒板に張られて講習用に使われる。

吉田先輩は突出して、非常に字が奇麗で、看板屋でも出来るくらい……いつも、課長の原稿を皆で眺めながら、ナンヤ、ミミズの這うたみたいな字で、読まれへんと、バカにしていた。

経済的な理由から進学できなくて就職したが、……の思いが窺がえる……特に2人の50代の先輩は自分が援助して弟が進学、大学教授をしていると言っていた。

勿論、一部の例外はあるが、〝ボロは着てても、心は錦……〟の心境であり、自信を持って仕事をこなしていた。

大人物、亀井正夫氏

亀井正夫氏は東京帝国大学卒後、広島で陸軍の法務官として勤務、原爆に被爆して頭髪が全て抜ける等したが、奇跡的に助かった経験を持ち、良い意味での東洋的な思想をお持ちの方で、他人を心服させる何かがあり、当時40代の亀井さんの影響が伊丹製作所中に行き渡っていたように思う。亀井さんは、その後住友電工の社長になり、又、経団連の副会長として土光臨調で国鉄の民営化の指揮を取られた。言葉が丁寧で胆力のある、横にいる人を心服させる何かを持っている人だった。

私の人生で、多くの人にお会いしたが、人物としては傑出しており、あのような人物に会ったことはない。

入社試験の時に高岡で面接を受け、入社後も何度か講和を聞き、数回話したこともある。

既述のように住友退社の際にお会いして挨拶すべきか、しない事にするか迷ったが、結局退社の挨拶はしなかった。

学園や寮の事について人事課長として、目配り、気配りをされていたのは亀井さんだった。

10年間住んだ寮には図書室があり中国の古典、論語、孟子、老子等が百冊以上……日本の古典、太平記、平家物語…や当時の売れっ子作家、吉川英治、吉屋信子等……の厚い本など、計千冊近い本があり、入寮後数年で大半の本を読んだ。

その後の日本の経済的発展で多くの30代~50代で初めて中間管理職に就く人が増加、そのような人向けの自己啓発を目的として、著名な学者が、論語、十八史略、孫子の兵法等を……種本にして、解

説本を書いてマネジメント能力の向上の為のビタミン剤の様に宣伝して販売される事が流行りだしたが、既に10代の頃にそれらの殆どの種本を読んでいた意味は大きかった。大所から物事をみる、危機にも動じない……胆力のカケラが出来たように思う。

◆外国と日本

中国の李鵬首相の発言

１９９０年代の中頃、中国の李鵬首相がオーストラリアのキーティング首相との会談で、日本は30年もしたら潰れて、40年もしたら消えているだろうと発言したと云う記事を、多分、飛行機の中の雑誌で読んだ記憶がある。

香港、厦門には既に数回行っていたが大陸中国には、２０００年頃に初めて旅行し日中の経済格差の大きさを実感した。

あの巨大な経済格差の中で李鵬の発言は単なる法螺として多くの人がとらえたと思うが、２０２０年の現実は李鵬の言ったように進行中の感がある。

スウェーデンの国民投票

スウェーデンでは未来の分からない事が話題になり、過去の事はあまり話題にならない。

未来の事、未知の事については誰も決定的な事は言えないので、現在の知識を公開して全員参加で、国民投票で決着をつける。

情報が公開され、自由に実のある議論が出来るから可能になるが、それは教育によるところが大きいと思う。

何処かの政党が解りもしない事について、変な主張をする事を国民は許さない。

形式上は、国民投票は決定権が無く、民意を集約する役目であり、結果に基づいて国会で決議する事により決定される。

１９６０年代スウェーデンには既に世界的に著名なアセア社があり、アセア社の原発技術は世界のトップ企業の一つとして認識されていた。それだけに原発の危険についても良く知っており、米国のスリーマイル島原発事故の発生が原発に対する国民的な議論の原点となり、私が帰国した１９７９年に国民投票を行い、30年以内の原発全廃を決定した。

その後、世界のエネルギー源の需給事情が変わり、地球温暖化対策の問題が登場する中で、原発廃止の具体化に疑問を持つ人が多くなり、同時に、その後判明した科学的な研究成果を参考に、18年後の１９９７年に再度国民投票を行い原発廃止の目標を撤回した。日本ではこのようなスウェーデンの政策変更を『朝令暮改』みたいな論調で非難、浅薄なスウェーデン政府、政治みたいに非難する人がいる。簡単に専門家でも知識不足から断定できない『妖怪』みたいな、原発、放射能については、国民全員がその功罪を理解して、覚悟して、決定する……そのような仕組み、常識がある。

米国の場合

二大政党の民主党、共和党は共に選挙に勝てばいつでも高レベルの実務能力を持ち、党が目標とする政策の実現に向けて動き出せる実行力を持っている。

政権獲得と同時に、高位の官僚を全て入れ替える事で、官僚組織は政権党の政策実現の目的に向かって動き出す。

政権交代時に、前政権の行ったことはそのまま新政権に引き継が

れるので、全ての事がオープンになり、後日問題になるような不祥事の発生の抑止効果が常に働いているので、**国益に反する様な秘密や、日本の様な陰湿な人事上の問題が長期間継続して、官僚が疲弊するリスクは低くなる。**

スウェーデンの場合

官と民の人の移動が日常的にさしたる垣根なく実行されているので、常に目の前の課題の解決に国の人材が有効に活用され、政権交代があっても、問題は少ない。これは比較の問題で、日本人の私から見ればこのように表現するが、かなりのスウェーデン人が依然として官と民の間にある垣根……日本人から見れば無きに等しいくらい低い……に不満を持っているのも事実である。

第二次大戦後の日本の幸運

第二次大戦を経て豊かな米国の占領下で、日本は過去と決別して新しい自由主義国家となり、繁栄を謳歌したが、これは二つの大きな偶然が加担する事で可能となった。

若し、貧しいソ連に北海道が占領され、多くの犯罪者を含むソ連兵により占領されていたら悲惨な結果になっただろう。

ドイツでは、ソ連軍に進駐されて、略奪、暴行、7才~70才まで全ての女が強姦されたと言われ、各所で数万単位、数十万単位、数百万単位の人々がソ連軍により虐殺されたと言われている。一つは、8月15日の終戦の後もソ連軍の進駐を阻止するために占守島でソ連軍と戦った樋口季一郎中将指揮下の日本軍のお陰であり、二つ目は豊かな米国のマッカーサーが戦後の日本の設計に関わってくれた偶然である。この事に就いては第二部で深く考察してみよう。

中国は裸官の逃げ先として米国を必要とし、それは未来に対する投資となる

中国では不正、汚職で巨額の蓄財をした官僚は、何時でも海外逃亡が出来るように準備をしていると言われている。

子弟を留学させる、家族のだれか、又は自分以外の家族を欧米に住まわせ、若し自分の不正がバレて、危険が及びそうになると、即刻海外に移住する。そのような独身で中国に住みながら仕事をしている官僚を裸官と呼び、それは中国の経済発展と共に出現し、増加していったと言われ、歴史上、過去に数万人が国外脱出したと言われている。

後述する香港が中国に返還される前年、香港、マカオに旅行した時のガイドの叔父さんはその様な裸官だった。

超、長期で見ると、米国に逃れた裸官は米国で根を下ろし、数世代を経て……中国にルーツを持つ米国人として、故郷である中国に貢献するだろう。見方を変えれば、裸官を通じての中国からの先行投資の側面を持っている。

目先の事だけ見れば、悪い事の様に見えるかもしれないが、話は単純ではない。

1．裸官は利益を得て一族が大金と自由を得て、海外で良い人生を送る。

2．中国の共産党支配政党としては、裸官を追放する事で、大衆からの非難を回避できる。

3．米国で強固な基礎を築いた裸官は米国における、影響力を増大、親中国米国人となる。

14億の人口の10%がこのようにして、世界中の先進国の約10億人

の人口の中に紛れ込めば、世界中は中国の強力な影響下、支配下に置かれたようになるだろう。米国の多くの、中、大都市の市長が中国系である事を見ればよく解る。

日本の場合

戦前には孫文を筆頭に、多くの中国の革命家は日本を逃避先とし、日本で巨額の資金援助を受ける事で革命を成功させた。

少数民族である満州族の征服王朝を倒して、多数派、漢民族主導の多民族国家、中華民国共和国が樹立された。

日本の場合は、現在の貨幣価値に換算すれば、兆円単位の資金が孫文の革命を支援する為に寄付された。

21世紀になり、裸官の主要な逃避先となった、米国、オーストラリア、ニュージーランドなどは、裸官により巨額の資金が持ち込まれたが、日本の場合には、持ち出しだったことが面白い。

蒋介石、周恩来……無数の中国の革命の闘士は日本で教育を受け、その多くは資金的にも日本で優遇されていたと言われている。

戦後半世紀、日本は無自覚に腐敗体質を育んだ。

世界中、どこでも不正、汚職、詐欺はあるが、日本の場合は一般人に知られない大小の不正、汚職、詐欺等が無数に存在出来る制度的な環境が存在する、非常に珍しい国である。その様な例は大小無数にあるが、記憶に残る半世紀前の事件を考えてみよう。

大昔の事であるが日本の国公債の巨額積み上げが開始され始めた頃の事であり、日本、日本の政治、経済を考える時の参考になる。此処では、幾つかの象徴的な事例を挙げるが、第二部で深く考察してみよう。

時間の掛かる制度変更：カラーテレビ詐欺事件

１９６０年に今までの白黒に加えて、カラーテレビの本放送が開始されたが、カラーテレビは非常に高価だった。

一部上場企業だった東洋電機が詐欺発明家に先導されて、東洋電機は新しいカラー受像方式を発明、安くテレビが作れるようになったと発表、株価が高騰する。

数か月後に、嘘である事が判明、その後の株主総会で紛糾するが、会社は総会屋＝暴力団＝反社会勢力、を雇って、総会での議論を切り抜け、形式上株主総会が無事終わった形で終了する。

警察の捜査を受けて、起訴され裁判が始まり、最高裁での確定判決が１９６９年に出され、総会屋を雇って、株主総会を経営陣が都合の良いように誘導するのは禁止となった。

１９８１年に漸く商法が改正されたが、**問題の発生から約20年、全ての制度設計、変更に時間が掛かりすぎる。**

これは裁判所が、起訴された事件を人質にとって、遊んでいると言われても仕方のない日本の裁判だ。

この様な裁判は裁判費用が掛かるだけでなく、関係者の時間的負担は非常に大きくなり、裁判制度の有用性の議論の根本に関る問題だと思う。

この様な事件も、**お金の動きに関係するからＧＤＰを向上させるために貢献している事になる。**

数値目標の設定の弊害

日本では先進諸国の例を模倣して、先進諸国で築き上げた文化の結果として現れた統計数値を模倣して数値目標とする形式が一般化

している。国会議員の男女比、大企業における重役や部長職の男女比などであるが、米国のように人種間の差別に基づく偏りではなく、社会の根底にある文化の結果であるから、米国の場合と同じようには扱えない。

若し偏りが不満であれば、その偏りを作った本体を変えないで、化粧しても意味がなく、単に混乱を招くだけである。

多くの場合、官僚と活字学者が〝木を見て森を見ず〟で制度設計する事で、混乱が起こる。

最低限〝木を見て、森も見て〟でなければいけないが、制度設計のような事は、**〝木を見て、森を見て、土壌も見て〟**でなければお話にならない。土壌こそ最も重要な要素であり、何もしないで金メダルを取ることは出来ない。

◆数々の不都合な事

コープの障害者用駐車場

神戸コープ大型店の駐車場に障害者専用の場所が数か所ある。そこには何時も、赤色の数キロの重さのプラステック製のコーンが正面に置いてあり、コーンを動かさないと車が入れない。

障害者用のスペースにそんな物を置けば、先ずそれを移動させてからでないと、駐車できないし、帰る時には元に戻すために下車しないとできない。障害者用の所は一般の所に比べてはるかに利用するのが不便だ。

お店にこの件の改善をお願いしたが、反応なし。2回目に申し上げて、実行されたが……数週間で元に戻った。

どうも、障害者マークの無い、一般の人が駐車する事があるのでそれを防止する事をより重要視しているみたい。

〝一人は万人の為、万人は一人の為〟と、関ヶ原の闘いの時の石田三成の旗印を立て、キリスト教徒の賀川豊彦が弱者に寄り添うと云う高邁な理想を掲げて設立されたコープでも、こんな気の利かない事が起こる。

警備員の方々は明らかに高齢者で、現役時代にはソコソコの立場で、考える事、心不在で機械的に働くことを習慣づけられて生きて来た方の様に見受けられた。**法律が数値目標を与えて、障害者用の駐車場所の設置を義務付けると、設備するがその運用は、反対に障害者の駐車を難しくする。**気の利かない仕事しかできない……社会性を欠いた大人が多い。

パーキングする区画に入る前に、車を止めて下車、かなり重たいコーンを動かして隙間を作り、車に帰って、車をパーキングスペースに駐車。退出する時に反対の事を繰り返すが、退出する時にコーンを元に戻しなさいと書かれている。

コープ関係者が一人でも、若干の想像力があれば、この事に気付くはずだが、それは起こらなかった。

私は、先ずサービスセンターにこの件を申し上げ、具体的な行動が起こらなかったので、文書で提出した。

大きな施設で、対象になる場所が5、6か所あり、小一か月後に一部の場所で、訂正されたが、……そのうちもとに戻ってしまった。こんな簡単な事であるが、ガードマンに他人、障害者に忖度する想像力が働かない……困った事だ。

度外れな教師、教育界の不祥事

学校や教育委員会が強い隠蔽体質を持っている事は、多くの過去

の事例から感じられていた事であるが、それは何も学校、教育関係機関だけでなく日本の官僚文化の特徴であり、一つの隠蔽できなかった事例の陰には、多くの隠蔽された類似の事例がある事を示唆する。以下に最近マスコミで話題になった教師、教育関係者の不祥事を幾つかピックアップしてみよう。

東須磨小学校の事件

２０１９年10月に神戸市の公立東須磨小学校で、教師が、暴力映画の中で番長が、複数の子分を使って徹底的にイジメる様な事が、長く続いていたことが発覚、事件として認識され、マスコミが伝える所となった、教員いじめ事件で、34歳の男性教員２人の懲戒免職処分が発表された。

２人の蛮行は〝激辛カレーの会〟を開き、被害教員を羽交い絞めにして、激辛カレーをスプーンで口にねじ込む、運動会の準備中、頭にボンドや洗濯糊を塗った、プール掃除中に頭と足を持ってプールに放り込んだ、足首を持ってプロレス技をかけた、被害教員のすね毛を束ねて引き抜き、ライターで焼いた…など枚挙に暇がない。〝ふざけ〟、〝いたずら〟のレベルではなく、**それを長谷川雅代女性教師が主導して実行させた。主導した教師は教育大学卒で、**当時の流行り言葉デモシカ先生……先生を揶揄する言葉で、先生にデモなろうか、先生にシカなれない、を意味した……でなく、最も**優秀と思われる教育大学で教育を受けて教師と**なった人物だった。

岡本日教組書記長の不倫事件

２０１６年日教組の岡本書記長の不倫と高級クラブでの豪遊を原因とする不祥事がばれて、辞任する事件が発生した。

岡本書記長は大分県出身で56歳、永らくの教師人生で、日教組の中央に出て、書記長になる。

全国から地方幹部が集まって会議を開催、終了後に出席者全員で打ち上げの小宴会が行われる。

二次会は少ない人数で、ソコソコの所で行われ、……その後で幹部数人で高級クラブに行って、三次会が行われる。

三次会では１００万円を超える出費の事もあると言い、それは前任者から引き継がれている日教組で昔からある恒例であるとの事。

今回辞任劇になった原因は、ホステスをお持ち帰りしてホテルに行き、それが露見した事である。

書記長が年間1千万円を超える金を……**このような遊興費に使用できる、そのような慣行を作り上げた日教組に問題があると思うが、マスコミではそのような主張よりも、岡本個人の問題として取り上げている。**

日本の社会も、又か……の感じで大きな問題にしない。周辺に大小のそれに類する腐敗が無数にある事を皮膚感覚で知っているので、マスコミのそのような報道に大きな反応を示さない。

教師と云う職業、教職員組合で起こったこの様な不祥事は、スウェーデンで起こる筈はないので、予想するのは難しいが、原爆が首都に落とされたくらいの反応だろうと思う。

児童ポルノ大好き校長

２０１５年、横浜市立中学校の元校長が、児童買春・児童ポルノ、フィリピンで買春した少女の写真を撮影したとして、ポルノ禁止法違反（児童ポルノの製造）容疑で逮捕された。フィリッピンの日本人学校に志願して勤務、校長にまでなった高島が逮捕された。市教

育文化研究所の研究員。教育冊子の編集長もしていた教育の専門家である。度度フィリピンに買春旅行に行っていたが、フィリピン渡航について市教育委員会は把握していなかったと釈明しているが、教育委員会には任命責任以外に何の責任もない。**問題はそのような教師がいる、教師であるのにばれなければ、それで良いのだと言う、**そこが問題だ。

鍼灸専門学校への寄付金

次女は高校卒業後、鍼灸師になる事を比較的早い段階から決めていたようだった。

和美の叔父は著名な鍼灸師の岡部素道、その息子、岡部素明は昭和医大に勤務する医師であり、同時に父の後をついて鍼灸医師会の会長をしている。関西に明治鍼灸学校があり、そこに進学する事に決めて、入試に関する情報を集めだした。

先ず、入学金が高いのでビックリ、競争率が高いのにビックリ、次女は学校の成績は良かったが、鍼灸の学校は一度社会に出て就職した人や、どこかの大学進学後に路線変更で鍼灸学校を受験する人が多くて、現役受験では合格するのは難しいみたいなことも聞こえて来る。学校は高い入学金に加えて寄付金を募っている。寄付金を多く払えば入学がより優位になる雰囲気。

鍼灸医師会会長の岡部素明が明治鍼灸の顧問をしているので、岡部素明に学校に声を掛けてもらうようにお願いした。

その事と絡めて、学校に寄付金の金額を聞くと４００万円を提示され、無理して払った。

後日考えた事だが、あれは失敗だった。**何故なら、岡部素明の存在が寄付金の減額につながると期待していたのだが、反対に大物の名前が出る事で、金額がふくらみ、４００万円の巨額になったのだと思う。**

いずれにしても、このような入学に絡んで……色々な不正、不正義が横行する日本の社会である。

今後、日本では個人情報保護法で守られて、更に不正、不正義が増幅された社会になるのだろうと思う。

母の提案、妻の経験と佐藤君の不合格

既述の様に、色々な所に伝手のある母は、中学校卒業時、私に……点数が悪くて不合格になっても校長に話して合格させてやると断言した。私が中学卒業後10年ほど過ぎての事だが、妻は茨城県で高校の教師をしている時に、点数の足りない市長の娘の入学を定年退職間際の校長が〝ジイの最後のお願いだから、合格させてやって〞と職員会議の場で懇願したと言っている。

第二章で紹介した西野田工業高校時代の友人、佐藤君の北野高校不合格の原因が、その後不正入学で逮捕された北野高等学校の校長の事件のトバッチリだったと、佐藤君の周囲の大人が言っていたと聞いていたので、図書館で60年以上前の新聞をめくり始めたが、大変なので、結局止めた。

佐藤君の件の真偽のほどは確認できていないが、教育界では不正合格は何も特別な事でなくそのような空気の存在が感じられる時代だった。これ等一連の不祥事は、教育界が世間一般の常識、民度よりかなり低い事を意味する。

教師と云う、生徒よりも一段高い位置から、生徒に同じことを教科書に則って繰り替えし、長期間同じことを繰り返すうちに生徒から影響を受けて〝ミイラ取りがミイラになり〞社会と正常な関係を

持てない人が多くなる。

真剣に考えて、悩むことなく……終身雇用で守られて、最終的に現役引退後の引きこもり予備軍となる。

妻の高校家庭科講師としての経験

家庭科が男子も必須となり家庭科の先生は不足気味で、妻は60才の頃、県立高校に家庭科講師として数年間勤務していた。

普通民間会社ではあり得ない様な話を多く耳にした。かなり高齢の女性用務員がいて、コピー機を管理していて、彼女に気を使ってコピー機を使わねばならない。彼女は講師の時給を知っているので、……バカにして……自分の夏のボーナスが100万円だと自慢にする。因みに妻の時給は3千円で、授業の為に自前のパソコンで配布資料、テスト問題を作らなければならないのみならず、一時間の講義には最低3時間の準備が必要だ。家庭科には正の若いS先生がいて、妻は講師なので補助の立場。生徒が妻になついて、それがS先生の嫉妬の原因となって困っていた。妻が医者に行くために休みを取り、一日学校に行かなかった。

有名大学卒でも若い先生では経験不足、家庭科の場合には生徒でも器用な子もいるから、若い先生よりも器用で上を行く生徒がいても不思議ではなく、生徒はそれを解っているし、年配の物分かりの良い先生に親近感を示すのは自然の流れだ。

翌日学校に行って妻の生徒が数か月掛かって作り上げた縫物の作品類が、ハサミで切られているのを発見、生徒と一緒にそれを観察したが、生徒はだれの仕業か、よく理解している様子で、校長に訴えることなくそのままにした。

部屋に入るには鍵が必要で、鍵は2つしかなく、妻とS先生しか鍵を持っていない。

間もなく妻は、嫉妬に耐えられなくなって学校を辞めた。

S先生にまつわる色々な話は、昔の言葉で、〝キチガイ〟と表現したくなるような事で、新聞が教師の起こした、あり得ない様な不祥事を聞いてもビックリしなくなった。学校ではそのような事は良くあることだと理解しているから。

次女の高校受験の場合

神戸への転勤に伴い、近くの甲北高校を訪問、教頭に県外からの受験の場合の内申書の受験判定への影響について聞きに行った。噂では**県外からの受験では内申の評価はゼロ点**と聞いていた。

50代くらいの教頭は内申の扱いには回答を与えないで、娘の名前と、住む予定地の住所を聞いた。

ミノタニ駅の近くですと言うと、ミノの漢字を聞いてきてたので、箕谷と教えると、娘の名前と一緒に手帳にメモを取った。

一連の所作は私のビジネス経験から……不正の臭いを感じさせ……民間の不良購買課員が何かを、要求するときの所作に見えた。

娘の名前、住所は全くメモを必要とする事では無い筈だ。

これ等一連の学校絡みの事件は、不正入試が珍しい事でない事を示唆している。

昔は、教師と僧職の人々は聖職と呼ばれていたが、日教組の出現で教師もマネーがないと食えないと、半世紀以上前に自ら聖職の名前を捨てた。その後発生した、教師が関係した事件、漏れ伝わってきた教師の不正は、主にマネーを賄賂とする不正入学だった。その様な中で、佐藤君の事件が起こったかもしれないし、私の母親は自信を持って……必要なら自分が賄賂を校長に渡して息子を入学させ

てやると断言。その様な空気が充満していた社会だった。

◆都会人は視野が狭くならざるを得ない

約35年前に知人で娘の県庁職員への採用に絡んで県会議員に60万円払った人を知っている。

一般的に、都会では人的交流が少なく、皆が自閉症的に生きているから、**社会的に幼稚で、学校の教科書程度の社会的教養の人の比率が高いが、田舎の人はしたたかだ。**

最近は、代表として上げた、東須磨事件、岡本書記長、児童ポルノ以外にも無数と表現されるくらいの、単純な賄賂だけではない、病根の複雑な事件が発生していると推測されるが、隠蔽されているのだろうと思う。

平均レベルの社会的常識、些少でも良いから正義感、少しで良いから道徳観を持っていれば絶対に出来ない事が行われている。

過去の歴史を引きずった集団に入り、変更する事は、可能であった筈であるが終身雇用文化の中では、それが起こりにくいか、起こらない。正邪の判断の問題もさることながら、居心地が良いから、積極的に変えたい気持ちは徐々に減退するのだろう。

◆サンドビックでの昇給の評価の方法

年度末には部下の昇給を決定するのは部下を持つ役職者の最も重要な役目の一つである。

住友での12年と、新聞などのマスコミが伝える、春闘……企業と組合が、その年の昇給額を決定するための談合的な交渉……の記事から日本の状況は熟知している。

組合との交渉結果が、平均6％の賃上げで合意したからそのように評価をしろと指示する文章が添付されて、細かな評価項目も羅列されて、昇給額を決めるように要請される。最初に非常に日本的な、上下の差が非常に少ない数値で提出した。

外人の上司は、これはおかしいんじゃないかと言う。

非常に良い仕事をしている人もいる筈だ。最高が6・8％では、話にならない。仕事に対してのインセンティブを感じなくて、会社よりも組合の方に期待するようになり、長い目で見ると会社を潰すぞと言われ、少し訂正した。

上司は私の昇給を8％としてくれたので、月給約60万円だったから、昇給額は5万円弱。

私とホボ同年齢の早稲田大学卒のNさんは月給約30万円で、彼の上司の課長の評価は4・5％の昇給だから、昇給額は1・5万円弱で、年収換算で約60万円の差がつき、同じような評価が何年も連続すれば、等比級数的に変化するから、その差は絶大となる。

スウェーデン的合理性から判断すれば当然の事であり、私も同感するが、何か感情的に納得しがたい思いもある。

資本の自由化が進み、日本の経済について海外の経済学者、金融専門家の注目が集まり日本が研究され、停滞しているソ連を横目に

〝日本は最も成功している共産主義の国であると〟皮肉を言われた背**景には、終身雇用の維持を最大の目標とするかの様な人事制策、組合対策があった。**

強固な終身雇用文化の中で、転職、転社する事は殆どの場合、一軍からの脱落を意味し、嫌々で、全く向いていな仕事に就いても、**歯を食いしばって生きて……窓際族となり、心を病んで、社会に溶け込**

めなく、**退職後の引きこもり予備軍**を組織が養成している。**組織の中での人間関係の問題は洋の東西を問わず、何処でも同じで難しい。**

社会の専門化が深く進行して職の区分が細分化された今日、スウェーデンの様に問題があれば、容易に転職、転社できる社会の方が生きやすい。日本も、早くそのような社会に変身して欲しいものだ。日本の終身雇用制度は従業員を不幸に導き、組織の新陳代謝を超スローにして、変化する外部環境への対応を困難にする、『百害あって一利なし』の雇用制度だ。

◆カタログ翻訳のDTP化

1990年代中頃に本社からカタログ印刷の原稿を電子化して作成するDTP＝〝Desktop Printing〟方式を採用、コストを大方1／5に削減できたとの情報が到来していた。

DTPはMACとの組み合わせでは、かなり前からDTPに使用されていたがウインドーズとの組み合わせ、更に日本語への適用は、日本語の特殊性から日本で一般的に普及するまでには時間が掛かった。

毎年、又は隔年で数百ページの厚い、1冊2～3千円のカタログを数万冊作り、5千万円～1億円掛かっていたのが、1～2千万円になる、物凄いコスト削減。

今まで、宣伝広告を担当していた古参の専門家は……碌なものが出来るはずがない……みたいな反応で拒絶する姿勢を露骨に表す。今まで会社の印刷物を全て請け負っていた印刷会社はDTP対応が出来ていない。

結局、暇そうにしている私の所にその仕事が回ってきた。

スウェーデンから1人の女性が1週間出張、彼女は私の横でマンツウ、ウーマンで教えてくれる。

クゥオークエクスプレスと言うソフトを使って、簡単に既に完成している英語カタログの文字の部分の翻訳と、日本のマーケット用の特別な注意書きだけ英語から日本語に翻訳して追加して行く。カタログなので、大部分は表、数字、画なので仕事量はそんなに多くない。カタログ作成のDTP化は単に印刷費の巨大な削減だけでなく、付随的な効果も非常に大きかった。

今まで英語のカタログから、日本語のカタログ作成には手数を踏み、時間が掛かるのみならず、カタログの文言を完全に咀嚼していない人の翻訳で、それが原因で人間関係をギスギスさせる要因にもなっていたが、それは無くなった。

それまでの手順は。

1．広告担当が英語カタログの必要部分のコピーを取り、5～6人の技術担当に担当部分の翻訳を依頼。

2．出来上がった校正用のカタログの必要部分をコピー、翻訳した人に校正を依頼。

3．最終的に出来上がるが、技術担当の出張なども有り、完成までには、色々な事が起こるので、完成に時間が掛かる。

これらの事が全て、私1人で済むので、非常に仕事が早く済む。最も大きな貢献はそれまでは、カタログ上の記述が正鵠を欠き、それが営業担当者と技術担当の論争の種になる事があったが、私が全てを行う事になったので、その様な議論、論争の種が無くなった事かもしれない。

広告担当の人は不愉快だったと思うが、カタログの出来上がりは上々で、出入りの印刷会社のDTP化を促進させ、出入りの印刷会社はこれが圧力となり、業界での生き残りに成功したのではないか

と想像する。

私の隣保で印刷会社を経営していたY家は、対応が遅れて廃業した。テニスの友人のSさんも印刷会社を経営していたが、同じ理由で廃業した。

◆歯医者の変更のやり方

高齢になると虫歯、歯周病、入れ歯など歯科医に関係する事が重大な問題として浮上してくる。

転勤が多くて、住所地が頻繁に変わったので15人以上の歯科医を経験している。

若いころは簡単な治療ですみ、歯科医の技量の差は問題とならなかったが、高齢となって治療が複雑になり、医師により大きな技量の違いを認識するようになった。お話にならないくらい、技術の大きな違いがある。

共通しているのは、殆どの歯科医が言葉、会話が下手である事だが、技術が優れていればそれでも満足だが、なかなかそうは行かない。通院している歯医者を変更するのは、高齢になり継続的な治療が進む中で、実行するのはかなり難しい。

特に、妻と一緒に同じ所に通っている時は、難しくなる。

友人で、予約をキャンセルするために、妻が亡くなったと……言い訳したみたいなことを聞いたことがある。

私の場合、先ず、妻が高齢の姉の介護の手助けで田舎に行って、いつ帰って来るか解らないのでと言い訳してキャンセル。

私のキャンセルは、妻のキャンセルの数日後に、入院したので……何時退院出来るか解らないので、取り敢えずキャンセルと言い訳した。世の中、あまり無用な風波を立てないで生きるためには、この程度の嘘は許されると思っているが、キャンセルされた歯医者は永遠に真実を知らされる事なく……**最終的には……他人を不幸にするのかなと、複雑な気持ちだ。**

◆インドへの出張

インドには3回出張し、インド滞在日数は計25日くらいになり、かなりのインド通になった。

初回の時には、日本で採用された時に日本の社長だったスコーグ氏がインドの社長だった。

インドは外貨が乏しく、極端な輸入制限をしていたので原則すべてインド国内で生産する様に事業展開が成されており、大きな組織で、当時、多分、千人を大きく超える従業員がいた。

会社のアニュアルレポートを頂き、その中に社長のスコーグ氏の年収が約６００万円と書かれていたが、それは法律で公開する事が求められているから記載されているとの事だった。スコーグ氏は運転手、メード、に加えて数人の使用人に支えられている。

私の初回インド訪問は１９７８年で、翌年の１９７９年、37才の時に帰国、会社から年俸８００万円の契約書をスウェーデンで受け取っていた。スコーグ氏が日本勤務の時には……推測だが……給料は数倍と高給だったと思うが、日本ではメードを雇うのは不可能。国が違うと全ての事が大きく異なる。

多分、スコーグ氏が日本の社長の時には会社が彼の雇用の為に使った費用は、年間数千万円だったと思う。

それは私の年収４００万円程度の頃の話である。数年後、インド

では、600万円でそれは私の日本への帰国時に約束された年収800万円よりも低い。多分、日本の公務員、大企業の場合にはこの様な事は起こらない。

スウェーデンと共産圏のビジネス

スウェーデン人は国際ビジネスに、非常に長けており、その面では日本の真逆である。

平和国家のイメージが強いが、世界的な兵器、武器輸出国で著名な兵器、武器の専業のボフオーシを筆頭に、サーブなどがあり、重要な輸出品目の一つだ。第二次大戦後の国連で主要プレーヤーとして存在感を示し、ソ連、共産党支配下の中国と経済関係を西側社会で最も早く作り上げた。

サンドビックは1970年代中期に始まった、ソ連のゴスプラン＝経済10か年計画の巨大トラック製造工場……実態は、トラックよりも戦車製造ラインだったと言われている……カマプロジェクトやベラーズプロジェクトに参画した。

既述の、西ドイツのフランクフルトに近いヘムスバッハに研修施設を作ったのも、機械や関連機器の調達に西側に来るソ連の公団の官僚を接待する目的で作られた。

H&Mは……スウェーデンのユニクロみたいな会社……既に1970年代初期、中国に外注する事で製造原価を劇的に低下させることで、世界的な服飾業界で先駆的な企業になる基礎を築いた。

サンドビックは1980年初期に、中国に技術援助して超硬工具の製造工場の建設を開始、タンステン鉱石の資源大国である中国との関係を構築した。日本の対中技術支援として有名な中国の宝山製鐵所の高炉の火入れ式が行われる5年前のことだ。

中国の政策転換に地球の裏側から、迅速に対応してビジネス展開する、賢明さには脱帽だ。

中国の合弁事業の交渉は最終的に私の20年来の公私に亘る友人だったオリヤンが、三菱との交渉の予定を変更して、東京から中国へ3日間行って、契約をしてきたので忘れることが出来ない。

私の知る狭い範囲でも、瞬間的に、上記の3件が呼び出せるから、同種の共産圏ビジネスが、多数あっただろうと思う。

日本は最も成功した共産主義国との評価

2000年頃、金融市場でメルリンチ、米国の巨大先物取引会社レフィコ、その他の小型の金融会社の口座を持って、プレーヤーとして、金融市場に参加していた頃、海外の経済専門家が、衰退する……衰退した共産主義国を横目に眺めながら、結果として、日本を最も成功した共産主義国であると……褒める、又は揶揄する……論調が目立った。

日本語と云うバリアに守られた日本で起こっている事の詳細を、海外の専門家は知ることが出来ないので公表される統計だけで判断するしか方法がなく……成功した共産主義国＝貧富の差の少ない、模範的な共産社会と、言わざるを得なかった。

ミラクルジャパンである。

◆念願の旧帝国大卒の技術部長の採用

トップのスウェーデン人社長は、スウェーデン大使館、徳田耕会長、マスコミの日本紹介記事、経済雑誌等……等から得た、一般的な情報から日本で成功するためには、有名大学卒が何人いるかが会

社成功のカギと吹き込まれている。

色々な国際人との交際の中から、日本がソ連と非常によく似た官僚支配国家であり、極端な学歴偏重社会であると吹き込まれている。筆者自身、その様な話の輪にいた事が何回もあり、日本でビジネス経験のある外人の間では常識的な知識とされている。

岡田は、義務教育、高校から夜間部で、真逆の人間のみならず、新任社長が日本に着任、何か革命的な企画を提案すると、ホボ全てに反対するが、それは岡田が居るからだとの思いと、ホボ全ての過去の結果は全て岡田が見通した様に推移しているように見えるが、歴代の社長は……多分後任の社長に複雑な心境を吐露していると思う。

金融機関、保険会社、電力、交通等の政府の許認可に関係する業界では、官僚とのコネは非常に重要で、官僚と同じ学校卒の同窓生の多寡は、時には会社の将来に決定的な運命をもたらすが、切削工具はそんな性質の業界ではない。

私のスウェーデン本社との関係と繋がりは深く、新任社長は切削工具と云う非常に特殊で、技術力だけで勝負が決まり、政治力の影響する余地の殆どないビジネスについての経験は無に等しい。

先ず、本番前のリリーフ登場

先ず、社長から。技術部長の役割を二分割して、技術サービスの部門を既に工場長として日本に来て数年間勤務していた、スウェーデン人にしたいがどうかと提案され私は即座に賛成した。

1年強、スウェーデン人が技術サービス部門を統括したが、そのスウェーデン人は本社の開発に勤務していた頃からよく見た顔で、試作品や特殊品を機械加工する職場の、班長か工長の立場の人で、スウェーデンで一般に言う、技師ではなく、無口な技能職でスウェーデンでは彼の顔は見たが、言葉を交わしたことはなかった。社長が私に気を使って、取り敢えずスウェーデン人を後任にして、短期間で本命の日本人に交代させたいと思っている事は見え見えだった。

その数年前には、東北大学卒の工場の課長職の斎藤さんを、営業のエリアマネジャーに抜擢、近々の営業部長への昇進をほのめかせた人事があり、会社は着々と有名大学卒で会社を再編成する為の長期的人事計画を進めていた。

念願の旧帝大卒の技術部長登場

1年強経過して、工場の課長職で私より10歳くらい上の、念願の旧東北帝国大学卒の熊谷博士に交代させた。

熊谷博士は着任早々から、自分が全く適任でない事を自覚、単純にスウェーデンの指示に従って、事を進める……本社に対して従順な部長で、5時過ぎに退社後は他の間接部門の社員とマージャン、囲碁など、営業、販売の要の仕事をやってる雰囲気はなく、そこらにある普通の役所や大企業の勤めの人と変わらない。

彼は富山の不二越の工場に勤務した経験があり、私が富山県生まれなので、何の緊張感もなく良く話し合う関係だった。

1976年、宮城県での工場の操業に向けて最初に採用された5人の課長の1人で、スウェーデンのジモ工場で約1か月間研修を受けた時に、私は通訳として彼らと一緒に行動し、我が家に来て一緒に食事をした事もある。

見切りをつけて転職の準備

熊谷博士は、その内、不安を感じだしたのか別の人生を歩むことを考え出して、経歴と資格を利用して、ISO=国際規格の審査員

の資格を取るための勉強を始める。数年かけて、１９９５年に資格を取って退社、その直後に阪神大震災に遭遇する。
彼の退社に際しての送別会は、極少数の人で行われ、私にも知らされなかった……送別会と呼べない様な勤続20年の送別会だったのだ。退社後に、故郷の宮城県に帰り、数年して亡くなった。
ホボ同時期に、斎藤さんも脳腫瘍が発症、現役引退された。
斎藤さんは私より一回り若く、私より2年遅れて、2年間の予定でスウェーデンの工場に派遣され、独身だったのでスウェーデン転勤に間に合わせて、結婚された新婚夫婦で、会社として将来を嘱望されていた人材だった。
東北大学修士卒のS君が、熊谷博士の後任部長として就任した。

S君の見通しの悪さ

新製品キャプトの販売促進を担当したが、上手く行かず、キャプトの販売継続にネガティブ、止めれば見たいな、反応を示していた。熊谷さんの後任として技術部長に就任、その後、キャプトの販売は数人から成る別の専門チームにより推進され、大成功を収めて、S君はメンツを潰した。通訳の件も、キャプトの件も深い所で単純でないものが関係していると思う。
製造業で物を開発する、物を生産する経験をすることなしに工業製品の販売に従事するのは、簡単ではない。
俗にカタログエンジニヤーで、カタログや、技術資料に書かれている知識だけでは、顧客の考えている事を理解する事は難しい。
お客の技術者の方が深く洞察していて、結局販売する側は目の前で販売の数字が上がらないので、あきらめの心が出てくる。深く考えない、自分の都合優先で直ぐに結論を出そうとする、嘘を言う、人を信用しない、自分が一番だと思っている……。それらは**日本の教育、教育制度が作り出した教師の欠陥が**その様にするのだと思う。
S君は教育熱心な両親に育てられ、当時としては珍しい男子なのにピアノが弾けて、英会話も不自由なく、その面では素晴らしい人材なのだが、心のどこかであまり上等ではない所がある。
住友ではこのような人間としての根本精神が関係する、恥ずべき行為は起こらない。ミスはかなりあっても、悪意からのミス、計画的なミスは自動的に排除される様な自浄文化がある。

◆退職の決意と退職

退職を決意したのには、大きく4つの理由がある。トップが、日本は学歴重視社会で、会社のトップは是非とも有名大学卒に指揮を取らせたいと思っている事を、嫌になるほど聞いている。
家族には、若いころから55歳になったら仕事を止めると公言、娘はそれまでに金の掛かる事は終了しないといけないと、色々な事と真剣に取り組んでいる。
ロンドンに留学している長女もそろそろ卒業だ。次女は既に結婚した中で以下に述べる4つの事件は発生した。

自動車部品製造会社での出来事

岡山の総社市にある、従業員数百人のA自動車部品加工工場に具体的なコスト削減を提案すべく、生産現場を数人でチームを組んで訪問した。親会社の三菱自動車から、30％の価格の低下を要請されている。若し、出来なければ海外か、国内の他の外注に変えると言われている。あらゆる事を見直しておりその一環として我々が乗り

こんだ。（Aの名前は失念した）

多くの作業者も、年金世代の高齢者に変更、月給10万円強に抑える事に成功、云々。

当時、若者が加速の早い、ツインバルブ、ターボチャージャー付エンジンなどの車に人気があった。

当然、車は複雑に、製造コストは上昇し、試作に入る前の原価計算から、販売価格が３５０万円となる。

営業企画は３００万円を超す価格は絶対に受け入れられない、最低でも売値が２５０万円、可能なら２００万円程度になる様な設計が求められる。最も簡単な、先ず第一番にやる事は部品の外注コストを下げる事だ。

部品の生産ラインでは、60代末くらいの高齢者X氏が、切削油の油煙が臭気を漂わせ、エアコンなど無い、夏には30℃をはるかに超える劣悪な環境の中で、部品の機械加工に従事している。私は作業者の方と色々な話をする中で作業者は私的な事も話題にする。X氏は三菱を定年退職してから、こちらで働くようになった。X氏が言うには、大学に行っている息子に車を買ってやりたいので、再就職を始めたとの事。

瞬間に頭にひらめいた、私のしている事の意味と思い違い

住友と同じように強固な身分制度の下で、大卒と中卒の扱いには雲泥の差があり、その中で息子には是非大学を卒業させてやりたいと言う、親の気持ちはよく理解できる。その延長で息子に車を買い与えたい気持ちが出てきたのだろう……。

その気持ちは理解できるが、あまり良い事とは思わないが、全く別の、以下に列記するような事が頭に去来した。

そこまでのプロセス

X氏の息子の様な若者の好みに迎合するような車を三菱の高学歴技術者群が開発設計、文系の高学歴者群が製造原価を計算する。製造原価を下に販売価格が計算され、営業部門がそれでは売れないと、もっと値段を下げろと言う。

この様なプロセスを経て、出て来た問題の解決の為に私はA社を訪れたのだ。

今まで私は社会の幸福の為に貢献していると言う自負があった

東大卒を筆頭とする、高学歴者群が連なって、開発設計、原価計算、販売計画……最終的に年金生活者のX氏を低賃金で雇用し、単純にコスト削減に貢献する事が、X氏の再雇用に結び付く……、私は三菱に勤務する高学歴者群と同じプロセスの中に存在して、**彼らの為に更にコストを安く抑える事をしている事を恥じる気持ちになった。**

目からウロコ、全く初めての経験だった。

それまでの仕事に対する理解=誤解

住友を経て、サンドビックに入り世界の最先端技術を知り、日本の大企業の生産性=コスト削減を遂行する事で、日本の企業の国際競争力を上げる事に人生を捧げて来た、全力投球してきたと言う自負があった。

所がA社での出来事は、私のやっている事に大きな疑念を湧きあがらせた。

私は、単に、三菱自動車の、先述のプロセスの延長線上にあり、若しかしたら……A氏の息子は余り大したことのないドラ息子かも知れないが、親は大学を卒業させたいと思う……その一端を担っているだけ……。

退職者OBを劣悪な作業環境に呼びだして……不幸な社会……人間を不幸に誘導している……。

スウェーデンではあり得ない様な劣悪な作業環境の中に定年退職者を呼び込んでいる。

大げさな、日本の産業競争力の向上に貢献している等と言う、事に大いなる疑問を感じだした。

多分55歳の時の**この経験は、最も大きな退職を促す要因となり、就職した昭和32年当時の定年である55歳になったら退職**しようと、改めて思い始めた最初の切っ掛けだった。

その後の長寿命化により、日本では定年延長が一般的になり、当時、サンドビックの定年は65才だった。

組合と会社の標準給与の取り決めの進行

労働組合が出来て、組合から色々な要求が会社に提案され、先鋭な数人の人物に煽られて奇妙な提案が成されていた。

外人社長は日本の状況を知らないから、スウェーデンの標準から、組合には非常に理解ある態度を示しており、原則的に日本の方式に従うのには異存はない。

わたしより、一回りくらい年長の、有名保険会社から転職の人事部長は、会社側として、組合幹部と話し合い、……妥協案を見出そうとするが、前職が、準公務員みたいな大手保険会社の文化の中で生きていたから、……その延長で考えており、多分、それが日本標準だと思っている。妥協案は組合の掲示板に掲載されていた。

妥協案では、**役付き社員に対する役職手当額、給与の総額に上限を設けられている。**

人事部長は私がどの様な仕事をしているかは、全く理解していない。精々年に数回挨拶するか、短い会話をするだけの関係で、……そのような場合、**岡田さんは別扱いだからみたいな、皮肉、不快感を滲ませた様子を隠されない。**

人事部長は、過去に公表されなかった不祥事から、会社から突然消えていった多くの高位の管理職の退職に関係する処理をしており、その延長で私を観察していたのだろうと推測した。経理の人で、私の給料を知る立場の人も、何かの時に会話すると、……岡田さんは別だから……みたいな、不快感を滲ませた様相を見せる。

M―9＝部長の上限の月収が３２５、６００―と書かれている。(資料集参照)

通常、組合は最低賃金には関心があるが……**組合が最高賃金を会社と取り決めするのは、聞いたことが無い。**

組合員だけでなく、管理職と呼ばれる役職者の非組合員も含めての最高賃金を組合が決める、ビックリだ。

通常、会社は高い給与で優秀な人材を集めて競争力を高めて、健全な会社経営を行う。

ビックリする事に、会社では全く反対の方向に動きつつある。彼らが、**頭に描いているのは公務員の俸給表と同じなのだ。**

組合員はかなり永く勤務して、会社は高い利益率を誇り、非常に高い競争力が有り、絶対倒産する事が無いと確信が持てる。

輸入商品の販売だから、誰がやっても……ホボ、同じで能力差なんてわずか……心的には公務員みたい。

当時私の基本給は額面で90万円近く、役職手当が10万円で、組合が提案している**部長職の月給の上限を軽く超えている。**

私は、約30年の勤続期間中に、営業の技術サービス的な、普通のサラーリーマン的な仕事をしながら、付随的に、製品開発、特許ビジネス、素材開発等の、高度な事に深く関係し、私が関係した特許ビジネスの収入だけで、私が過去に頂いた給与の数十倍の金額を会社の為に稼ぐことに成功したと言う自負がある。

頂いている給料は他の人と比べて、並み外れて高給だが……当然と言う気持ちもある。

特に私の場合、私のしている仕事の全体を解っている人がいない。日本の社長は私が本社と色々な仕事をしているのは知っているが、それは表面的な事だけで、聞いても良く解らないし、聞く必要もない。親会社の連中も、私が日本の子会社でどの様に多忙な時間を過ごしているかに関係なく……知らないから当然……何かを聞いてくるし、私は絶対に文句、エクスキューズをしないで、解答を迅速に与えてあげる。

私の経験が並外れて豊富だから、**私の提案は重視されるようになり、その繰り返しが更に私を忙しくする。**

組合は、海外の販売子会社に勤務する人間の能力差など、無視できるくらい小さいと思っており、公務員と全く同じように考えている様子が窺がえた。彼らは公務員を羨ましく思っているが、私は全く反対の意見を持っている。

民間会社は競争下にあり、その為には優秀な人材が重要である事が全く解っていない。

組合が、給与の上限を決める等聞いてビックリである。

組合が、非組合員である役職者の給与を決める協定を結ぶなど、……常識外れも甚だしいが、それが日本的な良い制度だと組合が提案すれば、会社のトップは、子会社の性質上……それに異議を唱える理由はないだろうと思った。

会社のトップも組合と合意すれば、後の処理をどうするのか？　頭を悩ますだろう。

多くの社員は業界でトップを走る民間企業の立ち位置を理解していない。

徳田耕会長のお陰で、将来の事を心配しなかった

私は20代後半から株式市場の事を勉強、実戦に参加しており、経済に関するアンテナは高く、多数のアンテナを張っているので、知識は豊富だ。徳田耕会長との接触から得た知識が私に自信をつけた。

徳田会長は長銀の関連会社で年金基金の運用をしている会社の社長もしていると聞いているが……適任と思えるようなシャープさがない。この様な人が社長として通用するような金融の業界は、多分、真剣にやれば負ける筈はないと思い、結果的に徳田会長の後押しで、退職後の生活についての不安は非常に少なかった。

私の退職金と長銀からの影響

退職に際して、退職金を一時金で全額貰う方法と、一部又は全額を年金方式で受け取る方法があり、年金方式の場合には、想定利益が5％複利で計算されている。

徳田会長は長銀系の投資顧問会社の社長をしており、年金基金から資金を任されて運用している。

数回だけ彼の経済に関する話を聞く機会があり、金融、社会、ビジネスに対する実際の経験のない、官僚にありがちな、ステレオタ

イプの学校の教科書程度の浅薄な人だなと感じていた。
日本では当時、原則的に金融機関、官庁に勤務する人は株式投資をする事は禁止、又はいけない事とされており、実際に自分の資金を賭けて運用する為に必要な、先読みと胆力を鍛える場での経験がない。
テニスをした事のない人が、テニスの講釈をし、そのルールを決める様なものだ。
米国などでは、実戦経験のある人物が、その任に当たるから、レベルの高い金融政策が出来上がるが、それでも満足のゆく様な政策、決まりを作る事は簡単ではなく、それが現実だ。
多分運用資金は数千億円か、数兆円の巨額のはずで、運用益がマイナスでも、過分な手数料を得ており、他の運用会社も同レベルであり、そのような金融市場に参入すれば簡単に金を手掴みできる筈だと思っていたので、全額一時金で頂いた。
本格的に金融市場に参入し、日本の株式市場、為替市場が外人主導で、外人が巨利を上げ、その後ろに小判鮫のように張り付いて、小さな分け前を取る日本の金融業者と損失を被る一般人の姿が見えていた。
これは、退職後の事だが、侠気を出して、２００４年に投資顧問業を始めようと思い、『日本日本合資会社』を設立登記した。
〝日本日本〟は、日本を元気づける意志を言葉にしたものであり、合資会社にしたのは無限責任を負う覚悟を示す為だった。
個人として金融市場に参入、企業としての活動について金融庁と議論を重ねたが、意見が合わないので、実際に活動はしていない。そのうち、米国でサブプライムローンと云う、私の視点で判断すると詐欺的な、不良債権を担保として、金を貸すような事を正当化する論文が、専門家や学者から出てくる。（資料集参照）
世の中狂っていると思い、２００６年に金融市場から完全に手を引いた。
私の長姉は２００７年に悪性リンパ腫で東京の順天堂病院に入院、6週間後に亡くなったが、金融市場から手を引いていたので、東京のホテルに6週間滞在して姉を最後まで看取る事が出来たのは、神の采配だったのだと思う。
その後２００８年の秋にリーマンショックが発生、私の思っていた心配は当たっていた。
サブプライムローンを擁護する発言や、論文は意図的に成された詐欺か、経済現象に関する専門家の浅薄な認識の為だったかは永久に明らかになる事はないだろうが、世界経済に巨大な負の貢献をする事になった。

役職日本人の問題

日本の官僚社会は、忖度文化であり、**忖度と言っても自己保身の為の忖度であり、**忖度の原意である相手を思いやってとは関係なく、保身を図る事で、自分に向かって矢が飛んでこない様に工作しているだけである。
外資系の会社では忖度する人はいなく、**外人上層部に対する嘘の報告、告げ口、非難等で……人品が非常に低い。**
これは、どうにも仕方のない事だ。私は前職の住友が良すぎた為か、何時もこの事に心を痛め立腹していた。
何回もの、大きなスキャンダル事件に遭遇しており、私自身が貶められようとした事件も数回経験している。
私が、本気で問題視して、発言を始めれば、数人の日本人幹部社

員はグーの根も出せなく退職を迫られたと思うが、私はその様な事にエネルギーを使う気はない。

営業部長の職にあったKは私が退職後に、会社に対して許すことの出来ない背信行為を行った。

それは、数年後に迫った自身の退職に備えて、天下り先を用意することだった。

製品の流通経路の変更を行い、その後退職してそれに自分が乗っかるような事を行った。日本の企業なら……言葉の壁、日本のビジネスの常識が有れば……絶対に起こらないのだが、外資系企業では悪徳英語使いがのさばる環境が整っている。

英語と言う言葉の壁が大きすぎて、悪徳英語使いがのさばる事はあっても、永続性はなく、早晩、失脚するが、それまでに多くの人が被害に会い、会社も損失を被る。外資系の会社にとって長期的に安定して日本で会社経営をするのは難しい。

最近は、英会話も非常に普及してきたが、根本の日本語の表現、会話力がしっかりしていないと、実用レベルの英会話力を身に着けるのは無理だ。

最後にヤッパリ日本の教育の問題に戻る事になる。英会話は単に技術でなく、心、知識、考え方の根本がそのまま表れるから、そこが出来ていないと、本当のコミュニケーションは図れない。

◆私の後悔、大後悔

1980年代の中頃、上司の社長兼事業部長のボリーン氏が夏休みで帰国、1か月間の休暇で、その間のディピューテー=代理に指名された。私が代理をしている事は、社長秘書以外は知らない。

普段、直接業務上の関係のない人の、色々な書類が回って来るので、サインをするが、殆どのビジネス上の案件は各事業部が本社と直接やっているので、社長の所には、単に情報としてのCCが来るだけである。

一番多いのが旅費、接待費の清算書類である。

秘書嬢が営業部長Kの接待費用の清算の書類に承認のサインを求めて、私の机の上のボックスに入れていた。

所が、秘書嬢は間違って、Kが既に承認のサインをしている、Kの部下の旅費精算書も一緒に束にして私のボックスに入れた。

Kの接待費用の清算金額は、10万円弱だったと記憶するが、接待は東京で行われている。

Kの部下の旅費精算書には、直近の1か月間に使った旅費の精算が行われ、数回接待を行っているが、営業の管理職だから当然のことだ。そのうちの一回の接待の参加者にKの名前があり、接待は大阪で行われている。

Kの接待の清算書類にある日付と、Kの部下の接待の日付が同じであり、Kの接待は東京で行われている。

私は悩んだ……

Kは非常に外人受けが良い。その点では私と真逆だ。単に英会話が上手とかそんな問題ではなく、Kは外人の男の扱いに躊躇しない。私は……日本人として、対等に外人とやりたいと思うが、……Kは慶応を卒業後、米国のコロンビア大学卒……プロレスやボクシングの試合を取り仕切る興行師の世界でキャリアを積んできたと、自慢し、……。多くの若い人はその経歴に尊敬の念を持って見ている。スウェーデンのみならず、各国からかなり頻繁に日本へ来る外人社員が居る。

殆どの場合、Kが関係するが、Kは酒席だけでなく、トルコ風呂などへも……普通なら、日本人がしない様な接待をする。
ホボ、例外なくKから接待を受けた海外の社員は、Kを良い奴だと言う。
Kは私より6~7才上で、学歴、英会話力と非常に珍しい経験から若い人から羨望の目で見られていた。
時の有名人、ジャイアント馬場、力道山、ルー・テーズ……など、興行界の有名人と友人みたいにしている事を自慢し、みんなは憧憬の目、耳で聞いている。
仕事は全く出来ないが、饒舌で、個人として営業の数字を持っている訳でないので、何とでもなる。
私がスウェーデン勤務中に、英国人事業部長に採用された人物だった。

結局何もしなかった

スウェーデン基準で言えば、犯罪だ。問題にすれば、……過去に遡って調べれば、同様の事例は出て来ると思うが、今回の様に全く同じ日に、このような事が起こるとも思えず、……泥沼に落ちる事になると思って、そのままサインして何もしなかった。

大後悔

1990年代末頃に、営業から全国の代理店、販売店網の再編成の噂が聞こえてくる。
そのうち、多数の販売店が、一つの全国ネットの販売網を持つ大きな代理店を経由しないと、会社の製品を扱えない様な再編成である事が解り、それは駄目だ、おかしい……と言うのが、業界を知る、経験豊富な営業マンの見解だった。
その頃、私は退職を考えており、営業部門の問題だし……関与を控えていた。私は1999年12月に退職した。
その後、間もなくKも退職したが、Kは販売店網再編の中で、大きな商権を与えた全国ネットの販売網を持つ代理店に顧問として就職した。当時会社の定年は65才で、Kは定年退職を目前に、自分の定年後の就職先を確保するために、行った犯罪的な行為だったことが判明したが、時すでに遅しである。Kの行為は、多分、長期的に見て億円単位の損害を会社に与えているし、100名近い営業の人に与えた精神的な負の影響は図りしれない。
会社には、他に2人の慶応出身の人がいるが、2人とも似たような雰囲気があり、出身学校の校風かなと思う。
何のことは無い、**Kは高級官僚に習って、いやそれ以上に悪質に、天下り先を自分で作ったのだ。**
日本では、特に外資系企業で、英語重視の文化の中では、こんなことも起こるのだ。
若し、私が接待の清算書類にサインをしないで、問題とすれば、その後の問題は発生しなかった可能性があり、その様な後悔も今回の本の執筆を後押しするエネルギーになっている。

◆現役引退に際して、私的な総括と補足説明

スウェーデンでは、長期休暇が出来る!

既述の様に、一般にスウェーデン人はスウェーデンでの生活のレベルを落として海外勤務をする人はいない。
勿論、例外的な人は、いない事はないだろうが、その様な人は、特

別な胸に秘めた、何かを持っている。

給与面で例外的な高給を出す方法もあるが、あまり効果が無いので、原則は全ての事が、スウェーデンでの生活とホボ同じレベルの生活が出来るように会社が費用の面倒を見ている。

この様な背景があるので、日本のサンドビック㈱に勤務していても、スウェーデン人はスウェーデン基準で、……スウェーデンの法律がその様になっているから、夏休みを1か月取る。何処かの外国のリゾート地に長期滞在する人もいるが、多くの人は母国に帰って親類縁者と夏を過ごす。親戚関係とは頻繁に往来し、交際密度は日本の10倍以上だ。

当然、夏休み帰国の為の費用は全て会社持ちで、1人当たりの費用は当時の日本人の平均的な給料の、最低数倍である。

家族が4人いれば……、日本人には想像もできないくらいの厚遇だ。

年によって変化があるが、3~5人くらいのスウェーデン人社員がいたが、30年勤務していて、1人も夏休みを取らなかったスウェーデン人社員はいなかった。何故、日本とスウェーデンはそんなにも違うのか?

既述のH氏が危惧したように、怠惰な国民からなるスウェーデンは衰退して没落するのか?

組合員も役職者も公務員を志向

新しく発足した組合は、公務員の俸給表みたいな給与の上限を決めたくなり、役職者のK部長が、退職後の天下り先を自分で作り出すなどの、……会社の劣化も私の退職決意に影響を与えた。

◆退職、現役総括の総括

15歳で始まり57才で終了した42年間の現役生活を金銭的に総括してみると面白い結果が見えて来る。

その時々に会社から与えられた定型的な営業の技術サポート業務を普通にこなしながら、1／20程度の時間を使って、以下に示す非定形な仕事を行い、それらは夫々を現在の貨幣価値に換算すれば10億円以上の利益に貢献していると思う。

1. 住友でのサービス発明。（資料集参照）
   特許の存続期間の２０年以上カタログに掲載された現役商品であった。
2. サンドビックで直接的に私が出発点で濃厚に、個人プレーみたいな形で開発に関わった製品。
   Uドリルの開発、エジェクタードリルの存続、デルタドリル、モジュールミルと特許申請。
3. 間接的に影響力を与えて製品化されるか、廃止された見込みのない製品群。
   サンドビック・オートマテック、ブロックツールに異議を唱え、キャプトの開発に元気を与えた。
   サーメット、セラミックス、コーテイング、人工ダイアモンド開発の技術支援。
   オイルねじ切りチップとコロフォーム研削法式の推進に貢献。
4. 細井特許のサブライセンス、アルミナコーテイング特許のライセンス契約、鉱山工具のネジの特許ビジネス、
5. 税務署との移転価格と、ライセンス料の支払いに関しての議論からの節税。

6．マイクロアロイ対策の原因究明

これらの6件は現在の貨幣感覚で、全て1件当たり、10億円を超す事件であり、総額で確実に60億円以上になると思う。

これらの仕事は海外子会社の技術部長の通常の職務で、給料を支払う根拠となっていた営業の技術サポートに加えて……日本の置かれた特殊事情から……筆者がボランテイア的に行った、個人プレーの結果であり、超、長時間労働の原因を作った。

頭の中には常に、多数の……未来、近未来、年末、来週の……問題があり、日に18時間、口や手の動きとは関係なく、低いエネルギーで頭が活動している。目に見える実働は、客先と会話、社内の人達との会話や会議として週5日、12時間以上／日と、結果的に2シフト分働き、それに長時間通勤が加わる。仕事がスポーツの様に面白くなければ出来ない。

経済学の定義に従えば私は最もローパフォーマンスで最低の成績の人生を送った事になるが、面白かった。

何故なら、インプット＝投入した努力、に対して、アウトプット＝報酬が極端に少なかったからである。

付け加えれば、結婚を控えての家の購入の為に、三光汽船の株式を売却した。結婚を半年遅くしていれば、現在の貨幣価値で、確実に10億円以上の売却益を得ていた筈だ、仕事人生のみならず、私的な部分でも経済学的な定義に従えば大損である。

でも私は、それで十分に満足している。住友、サンドビックの場合ともに、会社は小さなインプットで大きなアウトプットを得たが、私は色々な経験をする機会を与えて頂き、世界の最先端の科学者との議論、多くの友人知人を得る機会を与えて頂いた。自信を持って生きて行く力と人生に対しての満足感を頂いた。現役生活悔いなしである。

退職に際して、約60名の方が高い会費を払って西神オリエンタルホテルで大送別会を開催して送り出して頂いた。

今まで、多数の要職にあった方が……送別会もなく、消えて行き、多分、私の送別会が日本人の退職に際しての送別会として初めての、送別会らしい送別会だったかも知れない。

仕事上、頻繁に交流のあった方々は精々20名程度であったが60名の出席でビックリした。

スウェーデン本社からは社長も含めて27名の方々が会費制で記念品を送って頂いた。

20年前に4年間のスウェーデン勤務を終えて帰国する時には、１０３名の方々が会費制で記念品を贈って下さった。

スウェーデンを離れて20年を経過、退職、転職で、残っている人は随分少なくなっていた筈だが、私のことを覚えて頂いていた方が27名も居られた事に、驚きと、感謝の念で一杯だった。

セッタールンド社長は旧知の仲

退職当時の日本のトップはセッタールンド氏だった。私が彼と最初に会ったのは、彼が事業部長として日本に赴任した、多分80年代後半だったが、彼は着任する前に私の事を知っていた。

彼は20代末の頃、ストックホルムで革命的な線材圧延用に使用されるホットロールの製品化に取り組んでいた。

既述の、新日鉄から1億円相当の巨額な返品で私が悩んでいた時に、彼は製造する立場で悩んでいた。

先ず、彼の上司のエヅマー部長が訪日、更に事業部長のキャスパー氏も訪日……頻繁に、私の書いた文書がストックホルムに届き、彼

は日本には岡田がいる事を20代末の頃から良く承知していた。

90年代初めに事業部長として日本に赴任、数年して他のスウェーデン系の企業の日本法人の社長に転職して離任された。

本社のヘッドストローム社長は日本のスウェーデン人からすると、理解不能みたいなことが多い日本の事情を理解……付け加えれば、私は興味を示さないし……セッタールンド氏に、日本人の事業部長を外からリクルートする事を、最も重要な役目とするように言われている。セッタールンド氏とヘッドストローム氏はストックホルムで合金の粉末を扱う、R&D活動の時代に一緒に働いた仲なのだ。筆者は1960年代末頃、初めてストックホルムの合金工場で、原料粉末のプレス工程を見学、靴に付着する泥などの介在が、最終製品の傷の原因となり、ロールの様な大型超硬合金製品の折損の原因になる事を指摘した。

日本では玄関で靴を脱いで、屋内に入るが、彼らはそのままで入り、その様な着想が無かった。

彼らは直ぐに、理解し、粉末を扱う所への土足での入場は禁止されるようになった。

工場への立ち入り案内は、エヅマーさんがしたので、私は他の人を認識していなかったが、工場にいた人は私の事を覚えており、セッタールンドさんも、その内の1人だった。

クリーンルームはその後、半導体製造ラインでは死活的に重要な事であり、常識となっているが、当時はその様な事は一般には知られていなかった。

偶然の事でビックリ

サンドビケンでの会議を終え、ストックホルムのシェラトンで1泊、翌日の飛行機で帰国する、通常のパターンにデパートでの買い物を加えた。町中でセッタールンド氏を発見、双方ビックリして立ち話。

彼は、サンドビックの日本の社長として、帰って来るようにヘッドストロームさんから頼まれ、既に決めたとの事。

その、数か月後に、彼は日本法人の社長として赴任してきた。

短期間だったが、日本で事業部長としての経験に加え、アルファラバルと云う酪農に関係する日本の他業界での經験で、日本に10年くらい住んでいるから、スウェーデン人から見れば日本通だが、残念ながら日本語は全くダメ。

筆者が何かにつけて、スウェーデン人の間で話題になり……多くの場合、ダメ出しする……取り扱いの難しい人間とされていた。

筆者の退職記念パーティーの時にはクリスマス休暇、家族でスウェーデンに帰国して不在だった……それは彼らにとっては、当然の事……セッタールンド社長からは……多分、私への扱いに対する詫びの気持ちを込めてと思うが……英文の抒情詩が送られてきた。日本のサンドビックで8人の外人社長に仕え、私が有名大学卒なら私の扱いについて悩むことはなかったのに、私の存在は常に彼らの頭痛の種、……有名大学卒を使ってみたい、の繰り返しだった。秘書の方の翻訳文を以下に紹介します。

岡田実さんの退職パーティーに寄せる詩

彼はＭｉｎｏ　Ｏｋａｄａとして知られているが
　彼は常にＭｉｎｏでなく、Ｍａｘだった
そんなに広く、深い知識
　その存在は我々の誇り
その思考は常に真に誠実
　働き続けてくれたら

彼の頭突きを食らった何人かの外人たち
　オープン、ストレート、従順なんのその
彼を苦痛の素と思ったガイジンも……が
　依然変わらずＭｉｎｏは好かれ続けてきた
そう、顧客、販売店、仲間は言う
　　あんな良い先生はかっていない

その生産性と充実した技術の力は
　競合他社に常に目標を提供した
彼はズーとその昔、住友を去った
　彼の転職は我々にとって幸運だった
Ｍｉｎｏの天職が我々に残した総ての事は
　絶えることなく心に止め置かれるだろう

第八章　退職、自由人としての、マルチ人生（57才～77才）

この章の要約

57才で退職、大型家庭菜園、簿記、金融、経済、テニス、スキー、コーラス、図書館か本屋へ週5回は通い、山登り、国内外への旅行、孫と北海道へ6週間の農業体験、学友3人で祇園のお茶屋とクラブで一晩数百万円の豪遊と人生を謳歌していた。

国連総会で演説したスウェーデンの中学生グレタさんは、我々がスウェーデン在住時に家族で交際していたエルンマン家の長女マレーナちゃんの子供だ。80歳を目前にして、コロナ騒動が起こり、混乱の中で、巨額に膨れ上がった日本の国公債発行残高が更に増加する事を危惧して、筆者の経験の公開が役に立つ筈であると考え、この本の執筆を決意した。

◆西沢潤一氏は何故ノーベル賞を受賞しなかったのか

東北大学に西沢潤一教授を訪ねて2回お話しする機会があった。

私見では西沢潤一さんはノーベル賞を数回受賞しても、当然くらいの貢献をしている人だ。

西沢さんは半導体が日本では電気関係の科学者の間で注目されていなかった時代に、半導体関連に関係する多くの新しい発見をされ、日本の著名な最先端を行く科学者として欧米で知られる存在だった。

日本の電気学会は旧態依然として、超高圧送電に代表される強電と呼ばれる、高い電圧と、高いアンペアを扱う事が主流で、西沢論文の様にミリボルト、ミリアンペアが云々と云う様な論文は学会が受け取らない。

仕方がないので、米国の学会に投稿するような状態が長く続き、極く、少数の日本人は知っていたが、日本ではあまり知られた存在ではなかった。海外であれだけ知られた人だから、ノーベル賞を受賞して当然、時間の問題だと思っていたが、ノーベル賞を受賞することは無かった。

関東時代のソフトボールチームの仲間の佐藤さんの息子さんは漆器の専門家となり、京都で個展を開かれる。

個展を見に行き、その足で佐藤さんご夫妻と、四条河原町の有名な東華菜館で食事をご一緒した。

佐藤さんは西沢教授の教室で学んだ方で、東北大学卒業後に富士通に勤務していた、エンジニヤーだった。

佐藤さん曰く、西沢先生は口が悪いので、日本の学界から推薦を貰えないから、ノーベル賞を受けられなかったのではないかとの話だった。電気学会が行った西沢さんの、論文の門前払いから来る、怒り……日本で推薦する人がいないと……電気学会の人が推薦する立場

に相当すると思ったが……ノーベル賞の対象にならない現実を理解した。それまで、ノーベル賞受賞の手続きとして推薦者が必要である事は承知していたが、あまり真剣に考えたことが無かった。日本でノーベル賞を受賞する為には、先ず日本の学者の推薦状が必要であり、西沢さんがノーベル賞を受賞できる筈がない事が理解できた。

その為には西沢さんは、東京大学を頂点とする学者社会に迎合的な研究と、お付き合いをしなければいけない現実を知った。

冷酷な日本の外務官僚と司法
ノーベル賞受賞者中村博士の場合

官僚は公僕と呼ばれ、国民に奉仕する事を期待されていると教えられてきた。

青色ダイオードを発明した中村博士が2014年のノーベル賞受賞の際に、米国の永住権を取ったと公言すると、外務省は即刻、法律に基づいて、中村博士の日本国籍を剥奪、以降、日本のパスポートの発行を拒否、叙勲に際しても、米国人中村として勲章を与えたと言われている。官僚にしては、なんと素早い反応であろうか。

それは犯罪か

犯罪であれば、迅速な行動は必要だが、迅速な行動を必要としない国籍の剥奪を何故そんなに性急に行うのか。

国籍剥奪と認定し、それを、日本のパスポート無効をとするような処置を実行する前に、何故、本人に確認しなかったのだろうか。

法律違反と云う側面からの犯罪と、この様な無知からくる、国民のミスを犯罪と同列に扱う、神経……その事に気付かない。

警察がスピード違反取り締まりをする場合と、全く同様の取り扱いだ。

ネットやマスコミで話題になる、北朝鮮の金正恩の見せしめ公開処刑と同類の行為だが、それを非難する識者、マスコミの指摘に遭遇したことがない、不思議な国だ。

テレビで中村博士の発言を聞いて、1人の外務官僚が判断して、即実行したとも思えない。多分、役職者も含めて数人が集まって話し合っての結果と思うが、誰か異を唱える人がいなかったのだろうか？　又は常に異を唱える事が出来ないような雰囲気の中で生きているのだろうか。

重国籍と憲法で保障する国民の権利との関係で海外在住者が、重国籍を認めるべきと提訴して国と争ったが、東京地裁は2021年1月に判決を下して、却下したと報じられている。

先進国では人権、弱者にやさしく、障害者や高齢者に寄り添い等と云われている現代に、**中村博士に対する外務省の処置には驚くべき、時代錯誤と傲慢、不親切、非人道的な人間性を感じる。**

単に担当者個人の問題でなく、組織全体の問題なのだろうと思う。1人くらい反対する人がいても不思議はないが、その様な意見は通らない雰囲気があるのだろう。

戦前に外務官僚杉原千畝が命令に反してユダヤ人に日本の通過ビザを発給、多くのユダヤ人を救ったことがその後に判明し、多くの日本人に感動を与え、教科書にも載るようになった。

約半世紀を経て、世の中は人権だ、弱者保護等と……如何にも心暖かそうなことを言っているが、冷酷な外務官僚がいる現実を知らされた。この様な外務官僚は21世紀に生きる人間としての達成感をもって仕事に従事しているのだろうか？

それとも背景に、精神的に満足感の無い仕事人生の中で、鬱屈し

て、偏屈になり、権力を使って、イジメを楽しんでいるのだろうか？それとも、**単純に何も深く考えることなく機械的、無機的に……給料の為に、働いているのだろうか？**

多くの福祉系、弱者救済、男女平等、電子化等の、国民のためになることの導入には、他の先進諸国に周回遅れで、常に国民の不満が沸騰点に達するか、国際比較の統計数字が際立って悪くならないと、行動しない日本の行政の態度の真逆である。

私の場合

スウェーデン在住時にパスポートの更新に日本の大使館に行った時、随分ぞんざいに扱われて気分を悪くした。

当時、日本の若いバックパッカーが路上で、小物を売り旅費を稼いでいるのに遭遇し、彼らと話した経験が何度もある。

数人から、日本の大使館でゴミの様に扱われたと怒っていたの聞いたが、同じ印象を持った。

私の場合、外国企業に勤務する日本人と云う扱いがそうさせたのだろうと思った。

I氏の場合

I氏は公立大学卒、裕福な家庭の育ちで、大学時代に山岳部の部長だった。

大学OBにスーパーダイエーの創業者中内功氏がおり、中内氏は山岳部のOBでもあり、ヒマラヤ遠征が計画された。

I氏が、中内氏の仲介で時の外務大臣大平正芳の紹介状を持ってネパールの日本大使館に行くと、とんでもなく丁重に扱われた事を自慢にしていた。コネの有無で大使館の対応が天地ほどの違いを見せる。

大使館の調理人の話

神戸に住んでいるので、頻繁に六甲山に散歩やトレッキングに行く。

ある時、国は忘れたが、旧ソ連に属する東欧圏の大使館の調理人として勤務していた人と、数時間一緒に歩いた。

彼は大使、大使夫人の非常識な……傲慢な様子を事細かに説明され、その前に他の国の大使館の時も似たり寄ったりで、もう大使館務めは止めにすると言っていた。

海外で、数回だがスウェーデン大使館を訪れた事があるが、非常に親切に対応してくれた。

テニスの友人の東大卒の父親の家庭内暴力

退職してからテニスサークルに入り、週に2~3回テニスをする事が定着した。

仲間に私より10歳くらい若いA君がおり、彼は自慢とも、自分の不幸な人生を語る口説きともとれることをよく話題にした。

祖父は名前の知られた新設大学の創立者で、父親は東京大学の化学部卒、英国系の自動車用タイヤメーカーのダンロップに入社した。母親はお茶の水大学卒で、絵にかいたような高学歴夫婦。A君には妹が居り、彼女は医者をしている。

A君は、色々な職業を転々としてきたが、家族の中で阻害されていると云う。

父親は英国系外資会社ダンロップに入社、東大卒で、当然、社長を目指していたが、ダンロップは住友電工に売却され、住友グループの日本の会社になった。私はダンロップの社長になった横井擁さんを良く知っている。

住友電工で私と同じ事業部の営業企画に属し、カタログの編集に際して仕事上の接触があり、よく知った人だった。神戸大学卒で、30代中頃に係長に昇進して、一本の金色の入った作業帽子を自慢げに被っていたのを思い出す。

A君の父親は、社長はおろか、重役にもなれなかった。家では酒が進み酒乱、家庭内で愚痴、喧嘩、家庭内暴力に近い状態だったとA君は愚痴る。祖父は、勉強のできない自分をあからさまに差別、家庭内での不幸を、隠すことなく……時折、自分の両親が高学歴である事を忍ばせて……愚痴る。何度も同じような事を聞かされた。

偶然で東大卒のA君の父親の会社の社長が私の住友時代の知人だったので、世の中の不思議を感じる。

何年か前に小説家志望の東京大学卒の人をパロデー風に脚色した映画〝三丁目の夕日〟を見たが、東京大学卒である事が生き方を難しくしておりA君の父親が東大卒でなければ、多分、父親もA君も、家族全てが不幸な家庭生活を送る事は無かった。

東京大学卒業後にかなりの不幸な人生を送っている人がいる事を予想させる。

私の富山の田舎で数百軒の家の家庭事情を、そこそこ知っているが、……集金、商売で広く回っているので……A君の家庭の様な不幸な家庭の存在を聞いたことが無い。A君の家とは比較にならないくらい、物質的には貧しい家ばかりだったが、家庭の中は、ソコソコ、暖かかった。

2002年のロンドンでの出来事

退職3年後、英国に旅行して数週間滞在、シテーに行きフラフラしていると、奇妙な卵を立てたような形の建築中の40階建てのビルが目に付いた。看板を見ると、サンドビックの経営権を握っているセメント会社スコンスカ財閥が建築している。

スコンスカの当主とは、話したことは無いが、近くで見た事が一度ある。

後で知った事だが、技術的にも非常に面倒くさい建築物で、高い見積価格のスウェーデン企業が受注した事にビックリした。

ロンドンのビジネス、金融の中心地で30St Mary Axeとして、サーテー・セントメリー・アクスとしてロンドンの名所であり、40階にある展望バーには是非、行かれる事をお奨めしたい。

◆孫の山村留学

次女は3人の子持ちで、3人とも小学校の時に種子島に1年間山村留学した。

次女は満1歳を迎える直前にスウェーデンに行き、6才を前にして帰国、私の生まれた富山県の田舎を知っているし、私の話から田舎の経験が良い事を理解していたようである。私は全く直接的な影響を与えなかったが、自分の判断で、息子を種子島に山村留学させた。その様なご縁で私も3回種子島を訪れる機会を持ち、種子島宇宙センターを訪れ、レンタカーで全島を駆け巡る事が出来た。種子島の経験はその後の孫たちの成長に大きなプラスの影響を与えていると思う。私は小学校、中学校で漢字の書き取りが苦手、英語のスペルの記憶も苦手だったが、社会に出て単にテストの為でなく、必要に迫られて学ぶ中で、ホボ問題を克服した。農作業の手伝いは、決して面白くはないが、体の為にも、頭の為にも非常に良いと思っている。手伝いを通じて、学校とは全く異なった経験が出来る、……経験の

量が多くなれば、その分だけ人間が成長すると信じている。
その様な背景があるので中学2年の外孫と一緒に6週間、北海道で農作業の手伝いに行ったが、その事に就いては後述する。

種が島での発見と気付き

1週間の種子島滞在を3回、島中をレンタカーで回ると色々な事を発見する。
中学校の頃、鉄砲伝来の地として種子島の名前は良く知っているが、単に活字知識だけであったが、現地に行くと実感が持てるのみでなく、いろいろな資料に遭遇する。
１５４３年に若干16歳の種子島 時尭が明船に乗っていたポルトガルの商人から大枚をはたいて2丁の鉄砲を買い、1丁を鍛冶屋に、もう1丁を朝廷に献上したと言われている。それから、約30年後の長篠の戦いに於いて織田信長は数千丁の鉄砲を使って勝利した。16才でも、気の利いた優れた決断が出来る、現代の日本とは比較できない違いを感じる。
西欧では、植民地獲得競争の夜明けの時代、**種子島時尭がポルトガル商人を拘束して、鉄砲を強奪しても何ら世界標準から見て不思議はなかったと思うが**、彼はその様にはしなかった。
日本人が全てそうだとは思わないが、日本人として気分を良くする事であり、特筆に値する。

中2の外孫との6週間の北海道農業体験

２０１５年、中2の外孫は来年に進学を控えて、重要な時期に来ていた。
スポーツは好きみたいだが、学校が好きでたまらない、行きたくてたまらない、友達と遊びたい……みたいな、私が少年の頃に持っていた感覚が少なく、積極的でない生活が、夏休に家にいて更にその傾向を助長すると思ってどの様にするか考えていた。若しかしたら、それは多くの自由を失った生活を余儀なくされている現代の若者に共通のことかもしれない。
オームのサリン事件の記憶もあり、若者が簡単に騙されて、それも高い教育を受けた者がバカな事をする、中3になればもう手遅れで何もできない。やるなら今だと思って、色々考えた末に、当時大学生の間で流行りだしていた夏休みに北海道で農家の手伝いをするアルバイトを利用する事を実行しようと考えた。
北海道の農協、学校、農家や農業法人にコンタクトしてみたが、非常に難しいか、不可能みたいなことが解ってきた。先ず、私が70代の高齢者で、受け入れ先がない。孫は中2で、中学生を就労者として受け入れる事は法律に違反する。ネットで調べ、電話で色々な所にコンタクトする事30回以上、北広島市で最近脱サラされて、新規営農されている竹内さんの名前が浮上してきた。事情を説明して、お手伝いしたいと申し上げると快く承知して頂いた。
一般に北海道の農家への、若い人のアルバイトは、住み込みで、食住付きで、時給千円前後が相場だと聞いていた。
竹内さんは、新規営農で経済的に難しく手間賃は払えない、住居も食事も提供も出来ないがそれで良いかとの話。良く事情が呑み込めていたので、それで宜しくお願いしますとなった。
早速北広島市駅の近くの下宿屋の太田さんを探して出して予約して、6週間の農業実習の計画が出来上ががった。
太田下宿屋から竹内農場まで車で約40分掛かる。竹内さんはスズキ自動車に勤務され、インドの工場に派遣されて数年して退職、新

規営農で脱サラして約2町歩を借地して2年前に始められた。

お金持ちの奥様が時給600円でトマト磨き

太田さんは北広島に大きな土地を持ち、各20戸くらいが入れる3棟の2階建ての単身者用の下宿と、1棟は家族持ち用の貸家を所有される大資産家。

6週間も住んでいると色々な事を話すようになる。ある日太田さんの奥さんが朝食の時に、今日は、午前中から仕事で外出と言われた。近くの農家に時給600円でトマト磨きに行くとのお話!!

大資産家の奥様が時給600円もさることながら、**トマト磨きをさせる業者の存在と、それを欲する日本の消費者に呆れた。**

多くの都会育ちの、全く農業、自然との触れ合いなく育った、筆者から見ると……精神的に未成熟な……幼児の様な消費者が顧客として、存在しているから仕方のない日本の現実を知らされた。このような行為の累積が、日本の長時間労働、低賃金の原因の一つなのだ。

◆カナダ人プログラマーとの出会い

北広島市に滞在中の8月中のお盆の頃に駅周辺で夏まつりの行事があり、多数の屋台が開業した。

孫とブラブラしながら、空いている椅子に座って食事を始めると、近くに外人連れの若い青年、数名が座ってビールを飲み始めた。英語で話しているが……話が通じていない感じ、チョットしたきっかけで、私も話に入るようになった。

外人はカナダ人の30代のジャレードさん、奥さんは北海道出身の日本人でカナダの大学で、日本語の先生をしており、自分はコンピューターのプログラムの専門家で小さな会社の社長との事。カナダの古都とも呼べる、美しいサスカツーン市に住み、ネット社会になり夏休みで妻に同行して北海道に来ている。8年前だったが仕事はリモートで問題なく出来るとの事。

色々なお互いの珍しい仕事上の経験を話し合う内に、意気投合、近いうちにゴルフ場のホテルで飲もうと云う事になった。

私の甥っ子は富士通系の大手ソフト会社インテックに勤務、妻の甥っ子は米系の大手ソフト会社日本オラクルに勤務する。クライアントに提出する見積書で金額計算に使用される時間単価がインテックでは約5千円、オラクルの場合は1万円以上と聞いている。オラクルの場合には30代で年収1千万円は普通で、インテックでは役職者以外で1千万円はいないと聞いている。知りたい事は山ほどある。

数日後、北広島からホテル行きのバスに乗り、72ホールのゴルフ場に併設されたホテルの展望レストランで、最終バスの発車時間22時まで約6時間も話し合った。

ジャレードさんは日本に来る前にネットで北海道のクライアントを探し、ピザハットの店と契約した。言葉の問題から良く解らないところもあったが、仕事量は数日分と予想して数十万円で請け負ったが、来てみたら簡単に解決できる問題で、カナダから今までに使っていたプログラムを取り寄せて、結局、数時間で仕事は終わってしまったとの事で、日本のレベルが予想より低いとビックリしていた。ジャレードさんは、高い専門教育を受けたわけでなく、いわば叩き上げのプログラマーである。

カナダではお客が、訪問先の家の冷蔵庫を開けてビール瓶を

彼は初めての日本での長期滞在で、カナダと比較して日本では友人、隣人との家族ぐるみの交際が非常に少ないのが予想に反していた。ジャレード氏いわく、カナダでは頻繁に友人と行き来しているので、飲み物が無くなるとお客が冷蔵庫を開けて取るのはごく普通の事だが、日本では禁忌、非常に窮屈な社会だと……予想と大きく違っていると苦情を言っていた。

8年前の２０１４年、72才の頃の話だが、その数年前に神戸で類似の経験をしているが、それはカナダの場合と全く異なった理由により、日本の社会の……多様性、ヘンテコリンな所を、投影している。

日本でも、初めて訪れた他家の冷蔵庫を開ける人がいる

日本で一度だけ同様の事に遭遇したが、それは全く異なった理由による。

それは70代の有名国立大学卒、県庁職員ＯＢの方で、素直で……幼い雰囲気を多く残した人だ。

夏の暑い日に初めて訪問した我が家で、軽くビールを飲んでいる時、……フラーと立ち上がり、冷蔵庫を幼児の様に開けておられたが、それは日本ではチョットおかしなことだ。都会育ちで、人間関係の複雑さを学ぶ機会が少なく、受験教育で育てられ、社会的な常識に疎い人間が出来上がる。程度の差はあるが、日本人は隣人との交際が不得手の人が多いが、それは都会では近所付き合いが少なく、家が狭いのに物が多く、中が整理整頓されていないのが最も大きな原因だろう。

言うまでもなく、カナダでも、スウェーデンでも初めてお客として訪問した家で、何とはなしに……冷蔵庫のドアーを空けるような人は、先ず、いないと思う。

バッファローの無線ルーターの話

筆者は当時バッファローの無線ルーターを使用してネット回線を使っていたが、その暗号化記号が26桁の数字で辟易していた。

バッファローは日本の会社であり、26桁の暗号は筆者の常識からすると、不必要に長すぎる。

26桁の暗号を解き、侵入する為には数万年掛かるかもしれない、何故7～8桁程度にしないのか疑問に思っていた。

当時神戸には理化学研究所の世界最速のスパコン京が設置されており、ポートライナーの駅名に、『京コンピューター前』があった。簡単に暗算程度の概算で、京コンピューターを使って26桁の暗算を解くためには数百年掛かる事が解る。

スパコン京は、冷却用に月間数億円の電気量を必要とし、多分寿命は長くて10年くらいで、初期の設置費用は1千億円くらい。

どの様に考えても26桁の暗号にすべき理由が想像できない。ジャレードさんとの話から、それは日本の特殊事情である事が解った。ＩＴ、情報機器の最先端でも、専門バカ的な事が発生する日本の実情を理解した。

◆神戸のシルバーカレッジ老稚園

57歳で退職、現役引退後、家庭菜園とテニス、旅行、登山を軸に、色々していたが、テニスの友人でシルバーカレッジに入っている人がかなりいる。シルバーカレッジに入るのも良いかなと思い、有料

で公開授業が開かれると聞いて、シルバーカレッジを知るために、500円払って参加した。

関西テレビの著名なX氏が……名前は失念した……〝有意義な老後生活の為に〟みたいな題で階段状に座席が配置された3～5百人は収容できる大きな講堂で開催された公開授業には、2、3百人が出席していた。

X氏は自己紹介で60代の中頃の年齢と云い、先ず公演のレジメを簡単に示し、自分の場合は30代で仕事はソコソコに趣味に陶芸を持ち、陶芸の腕を上げたので退職後に充実した生き方が出来ているとと簡単に説明、これからの講演のプログラムを紹介した。聴衆は殆どの人が65以上で、かなりの比率で70代の人もいる。

熱心に聞いていて、1／3くらいの人はメモを取っている。直ぐに退出したくなったが、そうも行かず……10分ほどで退出した。何処か随分ずれている。企画したと思われる司会のカッレジの女性は何を考えているのだ、又、出席者は何を考えているのだと、人間の行為としては興味が尽きない。聴衆が現役世代の若者なら少しは意味があるかも知れないが、殆どの人は講演者よりも高齢。ビックリするのはかなりの受講者がメモを取っている事だ。

書き言葉で表すことは困難だが、彼らは立派な組織に属して、命令、指示、マニュアルに従って誠実に生きて来て、退職する事で組織から離れて社会に出てきたが、**社会にしなやかに溶け込めない、アスペルガー症候群の傾向の強い人々であると思い、これは老稚園なのだと理解した。**

濃淡はあるが、50名くらいのシルバーカレッジの卒業者を知っているが、殆どの方が大学卒で女性の方に一部大卒でない人がいるが、皆高学歴者だ。

神戸では幼稚園から老稚園まで

英国は一時〝揺りかごから墓場まで〟と社会保障制度の充実を自慢していたが、**神戸のシルバーカレッジの場合は〝幼稚園から老稚園まで〟と表現したくなった。退職してから、公的な組織で、幼稚園の様に、時間を潰すお相手を行政が手配してやらないと上手く高齢者の人生を送って行けないので、〝老稚園〟を必要とする。**

神戸モデルのシルバーカレッジは他の都市にも類似の事が伝染しつつあり、全国的な傾向となるかもしれない。

21世紀になりアスペルガー＝自閉症が社会的な問題として認識されはじめた。

他人との精神的ソーシアルデスタンスの取り方が不得手で、主に学生、若年の人に起こる問題と思われていたが、団塊の世代が現役引退を始める頃から、現役引退後の高齢者の引きこもりが大きな社会問題として認識され出した。

引きこもり者総数の中に占める高齢者の割合が半数以上。

職場と家庭の往復、阿吽の呼吸で通じ合え、上下関係が固定している人との交際のみで、**複雑な、高い応用力を必要とする課題に取り組み、脳に汗をかいた事のない安穏な生活**の中で、……引きこもり予備軍が作られて行く。

その後も、**色々な場面でシルバーカレッジの現役、OBの人との交流があるが、老稚園の命名は非常に的確な命名であると自信を持つ事が多い。**引きこもりすれすれの多くの人が救われていると思う。

それでも中には色々な人が居るので、30年くらいの間に濃淡はあるが15～20人くらいの人と、テニス、マージャン、コーラス、家庭菜園を通じて交際している。

大学の公開講座で松下イズムの講釈を聴講

神戸大学大学院大学国際文化学研究科主催の公開講座が秋に開催され、高齢者と呼ばれるようになってからホボ毎年出席している。普段、現職から離れた高齢者が聞く事のない、最新のアカデミックな話題を選んで、約90分間の講座を2コマ聞ける。

講座は非常に多岐にわたる最新のことで、今後社会で話題になるであろう事が予想される事についてのお話である。

7、8年前の講座で、X教授が……名前は失念したが……中国の電器、電子機器製造の巨大企業が度外れにワンマン経営で、中国式の経営は無理があるから、日本式の経営を教えているとの事であった。例として取り上げられた巨大企業は、当時、従業員数が50万人近い、ホンファイで、テリーゴーと呼ばれる、台湾人が中国で建設した工場である。

当時、大学は国際化、学外からの教授の招聘を積極的に始めており、その流れの中で大学教授となった。

経歴によれば、X教授は中国で永年大使館に勤務していた中国通である。

社長のテリーゴーは超ワンマン経営で従業員に厳しく、直近の2年間で13人もが自殺したと、パワーポイントでそれに関する数値を強調して、殺人工場みたいな論調で非難する。日本には松下イズムと呼ばれる優れた経営思想があり、それを中国に根付かせるべく教えている。大学院の生徒の大半は中国人だとの事。

私の経験と知識は同意しない

聴講者は約200人で、熱心にメモを取っている人もかなりいる。

私の松下電器、ナショナルの工場での経験とは非常に異なるので……ビックリ。通常、この公開講座では質問は受け付けないし、質疑応答はない。

所が、講座は予定の15分ほど前に終了、司会者は時間が余ったので何か、ご質問があればと質問を受け付けた。

数人の人が質問して、多分3人目くらいで私は以下のように申し上げた。

筆者の発言

私は日本の多くの製造業の工場を訪問しているが、その中で松下は非常にユニークだと思っている。

私の会社の製品を扱う商社の営業マンが、松下では社内結婚がないと云う。

何故なら、女子社員は夫が松下勤務だと、どの様な人生が待っているか分かっているから社内結婚がない。

私の属するコーラスクラブには日銀ＯＢが３人おり、日銀は全部社内結婚と言っている。

松下幸之助がワンマン経営であった事は周知の事であり、それが松下を大企業にした。

日本の自殺率を当てはめて比較すれば、一目の下に、異常に自殺率が低い、日本の平均を当てはめれば10倍の１３０人自殺していても何ら不思議はないと申し上げた。

教授の採否を決める責任者が必要だが、適任の人材がいないのだろう……。

長い沈黙の後に、教授は、中国はもともと自殺率の低い国なのですと、消え入るような言葉で返していた。

私なら、何故中国は日本や韓国より目立って自殺率が低いのかに

興味を持つがそうはならない。
　多くの類似の経験をしているが、殆どの場合それらは日本に関する知識の不足によると理解している。
　大学は象牙の塔に籠らないで、外部と人事交流と言っても内容の伴わない、形だけの交流は全く意味を持たない。
　あのX教授はその後どうなったのだろうか?この様な事はスウェーデンでは絶対に起こらないと断言できる。
　それから数年してホンハイのシャープへの大形資本参加が報じられた。
　X教授の事件は国際的な問題、国際的な知識の問題でなく、日本の問題、日本について無知である事に起因し、それがそのまま見過ごされるが、それは日本の教育の責任だが、日本は不思議な国だ。

◆黄砂、台風について

　毎年春になると西から飛来する黄砂に韓半島や日本は悩まされ、中国批判の種にする人がいるが、それは見当違いだと思う。
　黄砂があるから、黄砂が堆積したから日本の豊かな農業があると思っている。
　色々な黄砂についての専門家の研究結果が論文発表されているが、良く解っていない、……永久に分からないかも知れないほど複雑な問題だ。
　黄砂の日本における堆積量が0・001㎜／年だと仮定すると、1万年間に10㎜、100万年で1mの堆積量になる。
　日本の火山の噴火由来の灰に加えて、西から飛来したミネラルに富んだ黄砂があったから現在の日本の林野が出来上がり、農業が可能になったのだと思う。台風は災害だけで報じられるが、日本の農業が受ける台風の恩恵は災害を超えて余りある。
　台風があるから農業で最も大切な水の問題が解決されている。
　自然をあるがままに受け入れて、逃げないで自然と融合して生きなければいけない。
　ビニールハウスで野菜栽培をする場合には、多分、台風は災害以外の何物でもないのかもしれないが、タイムスパンを大きく、長い時間で考えればビニールハウスには寿命があり、ビニールハウスを作る事で自然に負担を掛けている。
　自然に融合して、体を良く動かして、健康な体を維持してピンピンコロリを期待するのも一つの生き方だ。
　何時も感じるのだが、漢字は非常に良く出来ている。漢字は人間の創作ではなく神の創作ではないかと思いたくなる。
　人間は動物だ。**動物とは、『動く物』と書かれるが……人間は動く事を宿命としている、動かなくなれば、動物ではなくなる。**
　動いて、肉体と脳を適度に活動させる事でピンピンコロリが可能になると思っている。

◆神戸での公務員の悪い評判

　神戸への転勤に伴い、今まで予想もしなかった多くの公務員の悪い評判、行為に関する経験をした。

月が丘の宅地分譲

　1989年秋に神戸への転勤が決まり、子供の学校の関係から翌年の3月に神戸に引っ越す予定で考えていた。

関東では数年前に土地バブルの頂点が過ぎて、土地価格は低下傾向を示していたが、関西では依然として上昇傾向が続いており、適当な物件を見つけるのは難しい。神鉄沿線の月が丘で市の宅地分譲があり応募したが、倍率が高い。締め切り日から、1月くらい後に当選発表があり当選しなかった。

何故、申し込み締め切りから、当選発表まで1か月間、待たなければいけないのか不思議に思った。

西神のマンション分譲

神戸へ転勤してから約10年後に、会社の知人から西神に持っているマンションを買わないかと誘われた。

彼は、東京転勤が決まり、東京で家を買うために、今まで人に貸していた西神のマンションを売る事にした。

そのマンションは市が売り出した分譲マンションで、私も応募しようかと調べた物件で、制約があり、持ち家のある人は買えない筈のマンションだった。彼曰く、市職員の知人がおり買う事が出来たとの事。

この一言で、先の月が丘の宅地分譲の締め切り日と当選発表日に1か月の期間を要した理由が呑み込めた。

月が丘の場合、申し込みを受け付けて、行政の関係者仲間で、締め切りから当選発表までの1か月間で調整して、余った分を申し込み者に抽選で配分しているのだと理解した。

現在住んでいる民間で開発された団地も、理由は不明だが、公務員の人の比率が異常に高い。

公務員OBの悪い評判、自治会での経験

隣保は12軒から成り、毎年班長が輪番で交代する。輪番班長になり退職しても50代で若かったので自治会の総務部長を押し付けられた。色々な苦情が自治会に出され、その処理と、旗振りが役目だが、私が現役時代に経験した製造業では想像も出来ない事が多発、無数の目からウロコの経験をした。

ある問題の解決の為に、「Sさんにお願いしました」と、幹事会で報告したら、副会長の森脇さんが、「ソリャア、アカンは、Sさんは先生やったから」と言われた。会長と森脇副会長はコンビで6年間自治会の役員をしていて、住民の事をよく知っている。

―生ごみ、大型ごみの集積場の問題は2年の任期中に10件以上発生した。

我が家の東側には大型ごみ集積場があり、道をまたいで北側、はす向かいには生ごみの集積場がある。

Hさんは K班長経由で、H家の横にある大型ごみの集積場を移転しろと頻回に苦情を言われ、私がHさんと直接話し合うようになる。最終的に、その時には空き地になっていた所にゴミ集積場を移転した。

年度終わりに近づいて、輪番で新しい班長が集まり、各部の部長をくじ引きで決めるが、そのアレンジは総務部長である私の仕事。ゴミ集積場の時に何回も電話で話し合ったのでHさんは私に頼めば何でも出来ると思ったみたいで、今度のくじ引きの時に、息子が役員に当たらない様にくじを調整する事を頼まれた。

曰く、息子は役所勤めで忙しいし、自分は趣味の会の活動で忙しいから、役員はしたくないとの事。

そのうち、息子さんが神戸市の役付きの方だと云う事が分かった。

―頂いた、色々な苦情の８割以上は公務員ＯＢの方だったという印象を持っている。

確かにかなり多くの方が公務員ＯＢだと思うが……公務員の方が半分以上も住んでいるとは思えず……全般に公務員の評判の悪さが目立った。この様な事を云うと、若い人はポリコレ＝差別的発言と非難するかもしれないが、事実を言っているだけで、既述の、神戸市の現役の部長級の職員の方から、初対面の新任班長の私に対して、信じられないほど汚い言葉で自治会を非難されたのには驚いたが、良い勉強だった。

◆外資系会社の貧困な人材

私の12年の住友電工での人生で、嘘をつかれた、嵌められたと思ったことは一度もない。相手の思い違いや、ミスで結果的に嘘になる事は当然あるが、背景に悪意のある嘘に接した事はない。

外資系の会社では、頻繁に背景に悪意のある嘘に遭遇した事があり、特にそれは高い役付き社員の場合に強い傾向がある。

官僚の場合にはお互いに忖度して隠蔽する傾向が強いが、外資系の企業では全く反対で暴露傾向があり、勤続年数が長くなると、問題が露見して、その様な人はそのうち、いつの間にか会社から消えて行く。

サンドビックＯＢの教授から通訳の依頼が舞いこむ

退職してから数年後に、サンドビックで人事部長……人事部は部長と女性の事務員で計２人……だった、土井氏から電話がかかってきた。土井氏はサンドビックを退社して、神戸大学の知的財産＝特許の教授となり、大阪工業試験所＝大工試に色々な特許関連のアドバイスをしている。大工試がサンドビックと何かの交渉をする事になり、通訳を頼まれたが、自分は実務経験が無くて、自信が無いので、貴方がやってくれないかと頼まれた。土井さんはサンドビックでの私の事をかなりご存じで、私を指名された。かなり先の事なので、承知しましたとお答えした。

サンドビックが私の通訳を断った

予定日の数日前に、電話があって……サンドビックから、岡田はサンドビックＯＢだから、秘密が漏洩するから困ると言ってきたとの話でビックリした。何故、大工試側の通訳者名を聞いたのか不可解、それはどの様に考えても、あり得ない話なのだ。

その様な提案を受けた大工試側は、サンドビックと云う企業と、岡田を忌避してきた人物に異常を感じたに違いない。

民間企業が大工試側にコンタクトするのは、大工試の技術に興味があるからであり、大工試の技術は既に公開されているから、民間企業側に守るべき秘密は全くない。

私なら、どの様な交渉か知らないが、ＯＢだからサンドビックに好意的に振舞ってくれることを期待して、むしろ良い結果を期待して歓迎する。私がスウェーデンの担当部長を良く知っているのは承知している筈だが、私が特許関係で広く、深く活動していた事の詳細については、サンドビックの日本の人は全く解っていない。岡田が出て来ると、かき回されるかもしれないから、嫌という事だろうと推察した。

約30年間一緒に特許の関係で、多数の困難な事件を解決してきた本社の特許部長レナルトとは、部長就任以前からの戦友で、多くの

語り尽くせぬくらいの話があり、弁護士のオリヤンも含めて、お互いに家庭に招待し合ってお酒を飲み合った仲。

退職に際してもねんごろな手紙を頂いていた。私の本社との関係について、全体を把握している人はいない。社長と事業部長が断片的に知っているだけである。交渉の場で良く同行する弁護士のオリヤンも含めて、3人は〝刎頚之友〟で秘密の漏洩などと云う言い訳は、事情を全く知らない、私の介在を嫌う人が作った言い訳であると理解した。私が競合他社にでも勤務していれば別だが、とんでもないお話。

ビジネスの初歩的な常識に欠ける、欠陥人間の集合体

大工試側の都合で決めた、相手側の準メンバーの1人である、通訳について、その人では都合が悪いは、あり得ない話。

大工試は官僚組織で、民間企業の資金力では手の付けにくい、先端的な研究開発を行っている。

研究の成果は定期的に発行される冊子に紹介され、内容のある、実用可能性のある、優れた研究結果については特許申請もされ、民間会社はそれらを閲覧する事で、大工試の技術の自社への取り込みを考え始める。

大工試には秘密の漏洩に対して敏感になる理由があるが、サンドビックは受け入れる側だからは全くその心配はない。

特許などの知的財産の意味を全く理解していない、……新人が意味不明の事を言っているみたい？

土井教授は米国の大手製薬会社のイーライリリーを経て、サンドビックに入社、外資系企業の人材の人間性について良く知っておられた筈で、全てを直ぐに理解されたと思う。

人事部長の職業柄、主だった人の履歴書を閲覧、私の風変わりな経歴は御承知で、社長からも有名大学卒の採用を言われている。

サンドビック在職中に多くの高い役職者が、送別会もなく消えていった。

部長職以上のM、K、M、U、K、N、K、M、K……氏であるが、殆どの人はソコソコの有名大学卒で、英会話が出来る事が特徴で入社できた人。10名以上のこれ等の方々は、サンドビックで勤続年数を重ねる内に、ビジネスマンとしての初歩的な常識に欠けた、非常に自己中心的で会社に対して不誠実な振舞を、私自身が見たり、人から聞いたりしていた。

今回のケースは、私の一回り以上若い、旧帝国大学修士卒のS君のした事だろうと思った。その後、S君の部下だった人に聞いてみると彼は、スウェーデンからはそのような指示は来ていなく、全くその事について知らなかった。

民間では自分の首を絞めている、矛盾

私の仕事は、顧客に加工コストを下げる方法をアドバイスする事であるが、約半数のケースは切削工具の刃先の寿命延長で可能になり、消費する消耗工具の使用量を減らすことで達成される。

この様な事を永遠に続けて行けば、最終的に消耗工具の使用量は限りなくゼロに接近する事になる。

言い換えれば、良い仕事をする事で自分の首を絞めているようなものだ。

食料品などのような自然の恵みをそのまま人間が消費する第一次産業の産物以外の、俗に工業と名の付く製品を作っている製造業は全て同じで、寿命の延長＝消費量の削減、**即ち自分の首を絞めるた**

めに一生懸命に智恵を絞っている。

自動車の寿命が10倍伸びれば、消費量は1／10になるから自明の理である。

官僚は毎年ＯＵＴ＝給料が微増し退職年齢で最大となり、ＩＮ＝仕事は適当に調整可能で、身の回りは出来たら清潔にし、悪事は慎重に隠蔽して個人情報をばらされない様にしていればまず問題は起こらない。

同じ国に、全く違ったことを考えながら生きている二種類の人々がいる。

◆北京のガイドは一晩で10年分の年収の荒稼ぎ

20年ほど前に北京から大型バス2台、約60人の団体で万里の長城のある八達嶺に向かう。中国で初めて建設中の高速道路に入り、途中で地道に降りる……工事が未完成、八達嶺まで高速で行けない……常時、物売りがしつこくまとわりつく様子は、尋常でない貧困の裏返し。

ガイドの李さんは、北京大学卒で日本語はホボ、ペラペラ……背広にネクタイ着用で眼鏡をかけて、大学教授みたい……。

オプションで京劇公演の観覧が、1人3、５００円で募集され殆どの人が、参加した。

我々は舞台から15列くらい後方の階段席に座っていたが、舞台のすぐ近くには白人の団体が、椅子、テーブルの席で飲み物……多分ワイン……を飲みながら京劇を見ている。

京劇が終了して帰る白人の一団はドイツ人で、ドイツ語で話しかけ聞いてみると、ホテルのフロントで予約して価格は約６００円だったとの事。李さんは多分、その晩に20万円近い収入を得た事になり、当時の北京の労働者の平均月収が7千円くらいと聞いていたから、**労働者の年収の3年分弱を一晩で稼いだ**ことになる。

知人の中野スパイ学校出身者の話

私がサンドビック入社当時、有名な陸軍中野スパイ学校卒の吉田実さんから終戦当時の部会で起った事をよく伺った。

吉田さんはルバング島で終戦後も残置諜者としての戦闘を個人として継続、終戦後約30年を経て帰還した小野田寛郎少尉と同期で、英語、ドイツ語に堪能で、昭和20年代に進駐軍の通訳をしていた。

日米の所得格差が巨大だった昭和20～23年当時、米軍の将校や、家族に取り入り、何かの買い物の時に、業者と結託して、一晩で月収数か月分儲けた話を聞いた。

ガイドの黄さんの話

それから約10年後、中国の南に旅行した時のガイドの黄さんは北京大学卒業後、公務員となり、日本の国土地理院みたいなところに勤務したが、ガイドの稼ぎが良いので、公務員を止めてガイドになった。

妻は情報産業の技術者で富士通に勤務する課長さんで頻繁に日本に出張する。

自分は料理が得意で餃子も皮から作り、妻が自分と結婚したのは私に料理技術があったからだと言っていた。

当時の日本の常識ではあり得ない事と思ったが、今では日本でも珍しい事では無いようである。

長女の知人のT嬢の中国での給与

T嬢はロンドンで約10年、パリで約10年過ごした後、上海に移った。デザイナーの職業は、プロスポーツ選手の場合とよく似ていて、職業紹介にエージェントが仲介役をしている。

エージェントは人間関係の中で集積して候補となるデザイナーの名簿を持っている。

企業から求める人材の要求を受けると、名簿の中から候補を選び出して推薦するが同時に現在の給与も知らせる。

最終的に企業が条件を出して、候補者に伝えられて、決まる事になる。一般にエージェントの報酬は1か月分の給料が相場だ。

T嬢が何処かに移動しても良いみたいな意向をエージェントに伝え、エージェントが進めたのはユニクロだった。

ユニクロのデザイン部門の、重役に近い、部長みたいな役職である。ユニクロのデザインの本部は米国にあり、トップはドイツ人との事。T嬢の外見は日本人だが、頭の中は英国人だ。ユニクロのデザイン部門のトップがドイツ人、ニューヨークにあっても、多くの日本人が働いている筈で、二十歳のころから日本を離れ、少し日本の常識から外れ気味のT嬢は、ユニクロを断った。

エージェントは次に中国の企業を勧めてきた。中国には巨大なユニクロよりも店舗数の多い服飾販売企業がある。

T嬢は、中国の税制が解らないので、給与は手取りで１８０万円を要求、それは額面で２７０万円だった。

２０１０年代初頭の話であり、一般に、日本では中国は低賃金の国と思っている人が多かったと思うが、特技のある外人の場合には全く別格である。額面と手取りの差が90万円で税金が約35％と、低いのにも驚く。

年収約３、２００万円、手取りが約２、２００万円で、税金として徴収される部分が約1千万円……となり、税負担が約31％は、非常に低い数値でビックリだ。その約20年前、私の現役で50才の頃の、年収約１、５００万円、手取りが約１、１００万円、税負担は約４００万円、税負担率は約27％だった。

20年後の中国で年収が約２・1倍の３、２００万円で、税負担約31％は非常に少ないのでビックリする。

◆市長の給与と出張所の仕事量

我が家から徒歩1分の所に、市役所の出張所があり、常時５〜６人が勤務、皆が事務机を持ち、主に、謄本、抄本類の証明書の発行をしている。仕事の為に人がいるのでなく、人の為に事務机と椅子が用意されている。

頻繁に見ているので状況をよく把握しているが、５〜６人でコンビニの時間給１、０００円の人の仕事量の１／10以下、若しかしたら１／50かも知れない。

公開された情報によれば、先のテレビ阿保会見を披露した、井戸知事の年収は１、８００万円だと云う。

先ず、スウェーデンなら、井戸知事みたいな、無能である事を、大物である事の証明とするような知事はいないと断言できる。

多くの、地方自治体の市長は、出勤日数に応じた、日給での支払いで、市長としての年収は非常に低額、議員も日給と時間給の併用で、日本的な感覚ではボランテイアみたい。

スウェーデンの首都のストックホルムは人口１００万弱での大都

市だが、市長への報酬、月2回開催される市議会への出席は日当で、約1・5万円/日、不定期に開催される委員会は多くの場合、午後5時以降の開催で、正確な数値は知らないが、多分、年間多くても100万円を超えることは無いだろう。

日本では人の為に組織があり、スウェーデンでは仕事の為に人が居り、組織が作られる。

無数の、その様な事の集積が、日本の国民一人当たりの借金がGDPの2・7倍、約1千万円となり、高福祉高負担国家と言われるスウェーデンが、0・4倍程度と健全財政を維持している理由の一つだ。スウェーデンなら出張所みたいなところは直ぐ閉鎖されるか、縮小され、多分、年間5千万円以上の出費の節約になる。

◆偶然から日に2食の習慣

家の近くに海員組合の保養施設として建てられた、銀河の湯と呼ばれる温泉があり、頻繁に行く。

2月の末頃に日本語の完全じゃない大柄の人と風呂友として話す機会があった。初対面だったがお互いに会話が弾んだ。

李さんと名乗り、親が日本人、中国で生まれて戦後、親に連れられて帰国した人で外見60代末くらいの人。

自分の周囲の80代の高齢者は、日に2食でみんな非常に元気、3食で普通にやっていた人は全部死んじゃったと語られた。

これは……片岡鶴太郎氏は1食主義者と聞いているし、試してみる価値ありと、実践すると非常に体調が良いばかりでなく肥満の心配をしなくても良い事が解った。

私は20歳で16貫、60kgに到達、その時の身長は172cmでその後、体重は最高が73kg、減量して10年ほど前に60kgに戻したが、直ぐに2～3kg増える。

2kg体重が増加すると、確実にテニスの時に体の切れが悪くなるので、体重増加を天敵の様に感じていた。

2食にすると、体重増加を気にすることなしに、満腹感のある食事が出来て、時間に余裕が出来る。

永らく、2食が完全に定着していたが、妻に不評で現在は2・5食になっている。

◆日本の民間会社でも住宅取得の利子補給

テニスの待ち時間の休憩時の雑談で、若いころの経済的な苦しさについて話し合っている時に、夫が関西ペイントに勤務していた松井さんが、住宅購入に際してローンを組むと、返済額の中の金利分は会社から利子補給を受けられたので、助かったと言われた。多分、対象年代は1970～1980年代の事である。

銀行、証券会社の金融機関では当たり前だったのは知っていたが、製造業でもそんな良い所があるんだと驚いた。

既述のように、当時、スウェーデンでは国の制度として、住宅取得に際しての**銀行ローンについては、金利分は税額控除であった。良い会社、会社の規模に関係なく、全国民は公平に恩恵に浴する事**が出来た。

一流と思っていた住友電工でも利子補給はなく、金融機関以外では、あり得ない事と思っていたが、そうではなかった。

在職時には若かったので、私が知らなかっただけなのかも知れないが、周囲には戸建て購入するような人はいなかった。

新しい宗教、宗教家との出会い

私は常時在宅だから家にはかなり頻繁に、宗教活動をする人が玄関のチャイムを鳴らして勧誘に来る。

妻は、接触を避けようとするが、私は反対に接触を好む人間だ。未だ記憶にオーム事件があり、中学生の頃には三上某と云う、宗教家との接触の経験もある。子供、孫がオームや、他のトンデモナイ宗教から強い影響を受けるのも心配だから、筆者がワクチンの役目をしないといけないと思っている。

私は自分では非常に強い宗教感覚のある人間だと思っているが、私の宗教感覚は孔子の論語の教えと融合してかなり、一般的な表現をすれば科学的で、神秘性は全く無い。

単純に表現すれば、神様、天が何時も私を見ているから、私は悪い事、恥ずかしい事をしてはいけない。神様、天が褒めてくれるような事をする様に努める事に集約される。

この様な私の感覚は、生まれ育った五箇山の浄土真宗の宗教的な環境に原因していると思う。

一神教のキリスト教で宗教改革が起こる200〜300年も前に、親鸞は21世紀にも通用するような民主的な、人間的な浄土真宗を日本中に広め、多くの日本人の心に影響を与えてきたと思う。

宗教の影響の多寡は人により大きく異なるから、それを観察するのは面白いし、子供、孫との関係もあり知識を増やす事は重要な事だと思うので、いくつかの経験を列記します。

◆キリスト教のCPE牧師の見識

親子三代のキリスト教徒のD氏は、同志社大学卒業後、著名な米国人宣教師ウオーリーズの始めた近江兄弟会社に就職、資金繰りを担当していたと聞いている。新製品を日本に導入するために選抜されて米国に派遣されて半年くらいの教育を受けて帰国。その後、スイスの製薬会社に勤務、工場経理を担当され、現役終了後に学士入学で結婚式の司祭牧師となるべく、関学の神学部に入学、卒業されて牧師となられた。司祭牧師の需要が少なく当初の予定を変更されて、ハワイに1年留学されてCPEと呼ばれる資格を取得された。多くの余命の短い高齢の人が心安らかにあの世に行けるように、共感を持ってお話をしてあげる、看取りをすることが、CPEの仕事であると伺った。D氏は毎朝、聖書を読み……心を収めているとも仰っていた。

キリスト教徒にとっては人間が生きている間に遭遇する全ての問題に対する解答は聖書に載っていると考えられている。

テニスの合い間の休憩の時の雑談で、……周囲の人が悪事か悪事でないかの判断基準について話していた。

誰かがその時話題の件について、……そりゃあ悪い奴だと云うと、D氏は、悪いか、悪く無いかの判断は人次第で決まったものはないと断言された。D氏は、それは神が決めるものだと思っていたからからだと思う。

私が、本人が悪いと思っていたのに実行したら悪事で、幼児の様に悪い事か、悪くない事か知らないで実行したら悪事ではないと云うと、不満げに目を丸くしていたが、D氏は同志社大学の法学部卒である。

ろうか？
キリスト教、法学部……教えはD氏にどの様な影響を与えたのだ

D氏は善人なのだ

D氏の日ごろの言動と、善人、悪人問答から判明した事は、D氏は善人だと言う事だ。私は何かに遭遇すると、直ぐに直感的に突撃する事が出来ない。観察して、チョット考えてからでないと行動する事が出来ない。

私は子供の頃、生活の中で、何時も悪い事をしたらダメ、他人に親切にと躾けられていたので臆病だ。

D氏は徹底した自己中心主義で、それが身についていて、本人は全く気にしていない、と言うか気が付かない。

無数のエピソードがあるが、D氏が語ったバスケットボールの試合のオウンゴールがある。

コート中央でトスを上げて、ボールの取り合い、ボールを取って、ドリブルでゴールに向かうが誰も追ってこないので、簡単にゴールポストにボールを叩きこんだが、それは相手のゴールポストだったと、自慢げに言われた。

普通はそんな恥ずかしい事は公開したがらないものだが、D氏は頓着しない。

我々高齢者のテニスはダブルスだが、パートナーへの配慮は全くなく、シングルスの様に単純に球を追って行く。

休憩中に他人のプレーを観察する事には全く関心がなく、ボールのサーバーへの返却は非常に不正確で、ボールを受け取るサーバーは右往左往するが全く気にしない。自分がサーブするときには常時3～4回のやり直しで、レシーバーをイライラさせる。

アウト、セーフの判定はセルフジャッジで行っているが、非常に頻繁に問題ジャッジを行う…それらの行動は視力とか、運動能力の関係でなく、D氏の心の問題だと思う。

テニスの技量についても、他人の良いプレー、悪いプレーを注意深く観察してそこから学ぶような姿勢はゼロで、テレビで見た超一流のプロ選手のフォームを、自分の視点で観察して他人に講釈する事を好む。

私はサーバーへのボールの返球はコントロールの練習になると思っているから、出来るだけ正確にサーバーに返球する様に努力するがD氏は、気にしないから50年以上テニスをやっていても、ボールコントロールが非常に悪い。

人は看板を持って生きているが、美しい看板はあまり当てにならない。

D氏は、私の様に社会の垢にまみれた人生を送った経験がないので、清く、自分の意志、欲求に向かって、まっすぐに進んでいる、幼児の様な純真な心を持っている善人だと言う事が解った。筆者がその様な結論に至るまでに約25年掛かった。

〝千の風になって〟を聞き、迷わず散骨に決めた

60代になり、周囲から自分の死後のお墓の事についての話をチョクチョク聞くようになった。

死後の事について具体的に考えるようになり、……それまで漠然と、自分については散骨、又は樹木葬と考えていた。

みんなが墓地を求めれば、そのうち地球上は墓地ばかりになり、植物も、動物も存在できる隙間が無くなる。宇宙の創造主がそれを良しとする筈がないとも思っていたが具体的な行動には進まなかっ

た。新井満さんの謳う〝千の風になって〟がラジオから聞こえて来る。音楽とはすばらしいものだ、感激した……と同時に、火葬されたら、その後の自分はどうなるのかと考えが進んだ。

書き言葉で〝Do not stand at my grave and weep〟は読んだ記憶があるが、文字と違い、歌は与えるインパクトが全く異なる。

私の約60 kgの体を構成する酸素、炭素、水素、窒素……等の40種以上の元素は火葬により燃えて、気体となり空中に漂う。

時間の経過とともに拡散して、数百年、数千年後にはホボ、地球上の空気中に均等に分布するものと考えられ、一部は海や川の水に溶け込む筈である。

高校1年の時に習った1モル中の、分子、原子数を表す、アボガドロ数、6×10の23乗を使って概算すると、意味のある数字が出てきそう。早速電卓で計算してみると、空気の密度が成層圏まで均一と仮定して計算すると、1立米当たり、１００万個近い数値になる。これは均一に分散した時の数値であり、それまでには気の遠くなるような時間を要する。

先ず、火葬場周辺、町、県、日本……と分散する範囲を広げて行くが……何れにしても、私の周囲は13年前に亡くなった母親由来の元素、分子で充満している事になる。私は先に亡くなった人たちと24時間、切れ目なく接触しているのだ、何もお墓の前に行かなくても。

人は新しい発見、知識を手に入れるとそれを考慮して、生き方、方法を変更する。

古代文明の発祥地エジプト、メソポタミア、中国では死者が埋葬された墓地が発掘される事から、その昔、死者は埋葬されるのが世界標準だった事が解る。その後、感染症で多数の死者が出た地域では火葬が行われるようになった。

18世紀末にマルサスの人口論が、等比級数的な人口の増加の行き着く先には、人が立錐の余地なく立って、地球上の全表面を覆うようになることを意味すると人口増加の問題を取り上げた。

それまで、そんなに単純な事さえ人々は認識していなくて、衝撃的な論文の登場と受け止められた。

現代では常識のレベルで、若し世界の人口が増加傾向を永遠に維持すれば、埋葬が永遠の制度として存在できない事、更にお墓も同様である事は自明の理である。自信を持って散骨又は樹木葬をしてもらうべきと思い、早速コープの葬儀会社に予約を入れた。残された者に、難しい判断をさせるのは良くない、自分自身で決定し、残った者が実行しやすいように準備してやる事だ。

残すものは金だけで良い。個人的な借金は相続放棄でチャラになるが、国公債の発行残高はチャラにならない。

1人当たり1千万円に膨れ上がった……今のところ目に見えない……国公債発行残高が頭痛の種だ。

テニスの友人の幸福の科学への熱心な勧誘

退職後約1年間、夫婦でテニススクールに通い、その後に知人の紹介でテニスサークルに入会した。

サークルには色々な職業だった人がいるので、テニス以外にも興味がある。

私より一回り若い、マリちゃんと呼ばれる女性は神戸の有名女子大卒、夫は有名国立大卒で川重に勤務していると言う。

入会して間もなくから、幸福の科学の冊子が家のポストに入るようになった。

マリちゃんは熱心な幸福の科学の信者で、サークル内の数人の人は既に入信している。

新進気鋭の宗教家大川隆法の名前で、本屋の店頭に大量に平積みされている幸福の科学の本を手に取り、小学校低学年の頃のマンガの感覚で眺めていた。

夜間に行われる幸福の科学のイベントへの参加を熱心に誘われ、どの様な事が行われるのか興味があり、一度参加した。

イベントは本屋に平積みされた本の内容と同じであり、私としては、そのような内容に感化されて入信する日本人がいる事に興味を覚えた。イベントの中で、幸福の科学の外国での信者数が増加している事が、強調、誇示され、低開発国での大川隆法への帰依の様子を示す映像が流れていた。

当時、日本とそのような国では貧富の差が巨大で、数千万円の金が、現地では日本感覚に換算すれば、１００倍の数十億円の価値となり、その国の政府要人や、組織に大きな影響力を発揮させることは簡単な事であるが、その事を理解できるような人はその場にはいない様な感じがした。

日常の生活では接する事のない、高級な異質の世界に存在する満足感を感じているような様子が窺がえる。

多くの人が、私財を、亡くる時には家を幸福の科学に寄進すると聞き、頻繁に街中で見かけるようになった幸福の科学の会館の存在の理由が分かった。

ポストに投函されていた冊子は、教団から貰ったものをマリちゃんが配布しているものと思っていたが、何処からか、ポストに投函されていた冊子はマリちゃんが、自分のお金で購入していると聞き……私らは入信の可能性の全くない者である事を話して、冊子の投函は止んだ。

この部分は２０２２年3月15日に書いているが、3月2日に大川隆法の訃報が伝えられた。66才だという。

ネットでは相続財産が2、０００億円と言っている人がいる。

新興宗教、ものみの塔、幸福の科学……

頻繁に、玄関のチャイムが鳴り、新興宗教に勧誘される。有閑階級の人の暇つぶしみたいに、盛装して数人で勧誘に訪れる。

テニスの友人にも熱心な幸福の科学の信者がいる、ものみの塔の信者はテニスの友人にも、近所に住んでいる人も……周囲は新興宗教の信者だらけ。テニスの友人にはキリスト教の牧師もおり、彼は新興宗教を厳しく批判している。日本人的な視点から観察すれば、キリスト教の神父は単に世界を植民地化する為の先兵として設立された東インド会社の手先として日本に来たと思う。

私は、自分を宗教心の篤い人間だと思っているが、人に悪い行いをしない、他人や弱者に親切に、正義を大切に……常に天は私を見ておられるから、恥ずかしい事してはいけない……それが私の宗教心だ。

改めて、約２５００年前に孔子が〝**我、鬼神を語らず**〟とか〝**神は敬して、これを遠ざける**〟と云った、21世紀の今日でも全く色あせる事のない知性に、頭が下がる。移動手段が主に徒歩、活字から学べる先人の知識も比較にならないくらい少なかった当時、殆どの事は、自分自身で思索して考える。

孔子は現在の**私よりも随分若くして亡くなり**、**私の数百分の1程度の人生経験**しかしていないと推定されるのに、どうしてそんなに賢かったのか……不思議としか言いようがない。

年齢の問題でなく、移動手段が徒歩の時代と現代では経験量が比較にならないくらい少なかったと考えられるのに。

自己啓発セミナー

１９８０年代に始まった自己啓発セミナーも形を変えた、新興宗教みたいなもので、形式は自己啓発で……お勉強みたいな語感が漂うが、大きく分けて二通りの形式がある。

一つは真面目に、自己啓発を目指す、そのための方法を学び自己啓発が出来るように訓練するものであり、悩みを抱え、人生経験の少ない若者を対象にしている。妻は……避けられない事情からその様な自己啓発セミナーに、数度出席し、その経験を語ってくれたが、一言で言えば笑止千万の感じである。

二つ目は、企業が問題従業員を退職に追い込むために、セミナーに出席させて、滑稽なくらいムチャクチャな行動を強制する、欠点を猛烈に批判、自己批判させる……で、退職に追い込む、……様なセミナーであるが、それについては第二部で深く考察してみる。

寄付行為

１９７０年頃まで、庶民が経験するのは、赤十字の赤い羽根募金くらいだったが、その後色々な所に寄付の対象が出現してきた。それらの中には怪しげな物もあり、不正会計が、マスコミ報道されたものもある。

その様な寄付行為に関しての私の経験を幾つか公開します。

◆国連職員の高給と募金

イラン、イラク戦争の頃と記憶するが、日本に帰国後、頻繁にスウェーデンへの出張があり、ストックホルムのシェラトンホテルに宿泊した。ビジネスマンが旅先でパソコンを使い始めた頃である。バーカウンターでパソコンを打っている背広にネクタイの紳士と会話が始まる。

彼は国連職員だ、宿泊５日目だと云う。シェラトンホテルは宿泊費が高い……当時は特に高かった。

中東で、紛争の現場で危険を冒して国連の報告書が作成されるものと思っていたが、遠く離れたストクックホルムの高級ホテルで文書を作成している。欧米のマスコミ業界の記者は良い記事を書いて評価される事で、業界内での評判を上げる事で高収入を得るメカニズムが働いているから、仕事熱心であるが、国連職員は日本の大マスコミとよく似ている事が解った。

日本の大マスコミは、度外れな高収入に加えて、終身雇用で守られているので、良い記事を書きたくなるインセンテイブが低くなる。現地レポートは安く上がるフリーランスと呼ばれる外注を派遣する方が、会社にとっても、従業員にとっても好都合でそれが定着し始めた頃だった。それまでユニセフの募金に積極的に応じていたが、この頃からユニセフへの寄付を止めた。

M嬢の話

娘の上海での友人で米国人が経営するイベント会社に勤務する、スロバキア人のM嬢が我が家に遊びに来て数泊した。

重さ15kgくらいもある、大きな犬をリュックに入れて、担いで新

幹線に乗って東京からやってきた。

犬は上海で殺処分寸前のところをM嬢がもらい受けてそれ以来、彼女の家族である。

犬を伴っての国境を越えての移動は現代では手間と費用が掛かり、私などには到底できない大変な仕事だ。

犬は、ビックリするほど賢く、人に優しく……本当にびっくりの連続だった。

彼女は東京の一等地のマンションに住み、生活の様子からすると、少なくとも、母国語、英語、中国語はすらすらと話し、多分それ以外の言語も話すが、日本語はゼロに近いレベル。

月の支出は100万円近いレベルと推測される。

米国人が経営するイベント会社に勤務し、会社は来年開催予定の東京オリンピックに際して、大きな受注を予想、既に受注している案件もあるとの事。彼女は日本では仕事がきついのに給料が安いとぼやいていた。辞めようかと思っていると云う。

彼女曰く、友人の有名な**女性の権利擁護団体アムネステーの職員は私の2倍くらいの給与**を貰っていると言っていた。

数年前から韓国で話題になっていた、従軍慰安婦をタネにして、巨額な金儲けをしていた女性の事を思い出し、多くの韓国人が米国で目立つ存在として活動している事との……雰囲気としての共通性を感じた。

自治会での共同募金

私の近所に住む主婦の国武さんは、私と同じ会社のOG、約700戸から成る自治会に所属、抽選で会長になった。会長の任期は2年で、初年度は総会で色々難癖をつける人が多くて往生した。

2年目の総会に際して、私に総会に出席して助けてくれへんと頼まれて出席した。

発言する数人の人は常連発言者で、女性で教師だった人が多い。

会長が今年から、自治会としての日赤への寄付は止めますと提案すると、元校長だったと聞いている女性が弁舌さわやかに寄付を止めるべきでないと、長々と発言される。

私は、挙手して発言した。大昔と違って色々な寄付の方法がある現代、自治会が全体を纏めて寄付する意味は全くない。

各個人が自身の考えでするべきことであり、自治会がまとめてする行為は、ボス的な人物が金額決定に関与する可能性を生み出し、そのような時代錯誤な事は排除すべきであると発言した。元校長はそれまで、自分の発言に対しての反論など受けた経験がなかったのだろうと思う。元校長の発言はその総会ではそれが最後だった。

元校長は自分が最上位にいる、他の人は解っていないと思っているから、臆面もなく発言できる。教師と云う狭い範囲の社会で、子供を人質に取り親の発言を抑制する事で、真剣に考え、悩んで成長した事のない人の典型的な例である。

勿論、中には優秀な人もいるが、残念ながら、経験上そのような人は非常に少ない。

国境なき医師団とウィキペデイアへの寄付

寄付行為はなかなか難しい。単なる自己満足では……ごみ箱に捨てるようなものだ。

色々考えた末、現在私は毎月〝国境なき医師団〟、〝難民支援協会〟と〝ウイキペデイア〟の3か所に各々、月の水道代に相当するくらいの寄付をしている。それ以外の突発的な寄付もしない事は無いが、

……寄付した金がどの様な経路でどこに行くのか、そんなことも考えないといけない、嫌な時代になったものだ。

韓国では数年前、多分、今でも、従軍慰安婦を種にして巨額の浄財を横領した事が話題となり、頻繁に日本のマスコミが報道していたが、韓国ほど酷くなくても、世界中大同小異で〝わたる世界は鬼ばかり〟である。

寄付したらそれで終わりでなくて、その行方にも目配りしなければいけないと思っている。

◆真面目な本の最も真面目な話

経済学ではパフォーマンスは投入した**労働＝インプットに対して得た結果＝アウトプットの多寡で評価される。**

人には法人と個人があるが、両者ともに経済学上は同じであり、個人が法人の中で働く場合に根本的な矛盾が発生する。

雇用されている**従業員のハイパフォーマンスは会社のローパフォーマンス**となり、従業員の**ローパフォーマンスは会社のハイパフォーマンスとなる、利益相反の宿命の下にある。**

公僕と呼ばれる官僚と官僚組織の関係は、個人と法人の関係と全く同様であるが、**官僚組織のパフォーマンスは簡単に計られない。**日本の官僚は消費した又は浪費した金額＝費用に関係なく、仕事を単純に実行する事を職務としている。

> 一枚の紙はそれを見る方向により大きく変わる。一本線に見え、巨大な面に見え、視線によっては奇妙な多角形になり単純に定まらない。単純な紙がそのように見える姿を変えるように、抽象的な〝言葉〟の意味する所は見る人の視線により大きく異なる。〝公務員〟〝官僚〟の場合には……観察する方向により無限のバリエーションで変化する。

中国皇帝の官僚、宦官と令和の日本の官僚

アジアでは中国に国家が初めて誕生、皇帝と呼ばれる絶対君主により支配され、皇帝の意志に従って行政を行う官僚組織が出来上がり、永い歴史の中で、色々な事が起こり、政治形態が変化する。

日本の政治に最も重要な影響を与えているのは、数万人の高級官僚であり、日本の高級官僚を理解するために、中国の国家統治法、官僚について知っておくことは非常に参考になる。中国の歴史書を解説した書籍は無数にあるが、官僚と云う権力に付属、寄生して人生を送る人々の習性について考えるのは、意味のある事、必要な事だと考えるので、少し寄り道をしてみよう。

皇帝、官僚、宦官

中国の歴代皇帝は科挙の制度で選抜された官僚と宦官で支えられ、機能してきた。

官僚は表向きには日本の官僚に相当し、宦官は皇帝の私的な使用人であるが、絶対的な権力を保持する皇帝と私的な繋がりがあるだけに、宦官の活動は非常に重要な意味を持つ。

日本の官僚は中国の昔の皇帝時代に当てはめて、宦官と比較すると、その置かれた立場が解り易い。

宦官は皇帝家族に対して真核生物におけるミトコンドリアの様な重要な役割を果たし、日本の官僚は人体内に寄生する寄生虫のよう

にならざるを得ない制度の下にある。

中国では国は皇帝の私物

皇帝を頂点とする皇帝国家は軍、官僚、後宮、宦官の４つのサポーターにより支えられている。

後宮は江戸時代の大奥に相当し、**宦官は後宮に住む総勢数千人の皇帝家族、側室、女性使用人の下僕として働く。**

時代により中国の版図と制度は若干異なるが、大まかに日本の約25倍の大きさがあり、**国家は皇帝の私物であり、**皇帝から指名された官僚が地方に節度使＝代官＝県知事となって派遣されて統治する、中央集権国家だった。

日本では天皇は象徴で、神道に神官、幕府は行政のトップ

天皇は神道の神官として、神に国家の安泰、国民の幸福を祈り、国民の中で最も神に近い位置に存在し、日本の象徴としての役割を担っていた。

徳川幕府に於いては、日本の各地は大名により統治され、幕府領は天領と呼ばれて徳川家の私物、時代により変わるが全日本の10％強で、中国とは異なり、徳川幕府の中央からの支配力は緩く、一方的でなく、地方が独自の政治を行う国だった。

21世紀に例えれば、地方に殆どの税源を与えているスウェーデンに近いと言える。

皇帝の私物国家で起こる面白い事

皇帝国家が興亡を繰り返して作られた永い中国の歴史の中で、皇帝が変わるごとに、殆どの場合、前皇帝に関係する姻戚は通常皆殺しになるので、前皇帝との連続性は完全に絶たれる。

中国の皇帝に関する面白い話は無数にあり、私も多くの本を読んだが、面白い話の一つをご紹介する。

後宮には千人を超える女がおり、毎日、絵師が約20人の美人の肖像画を皇帝に見せて、今宵はどれにしましょうかと尋ねる習慣がある。中国は歴史上、常に西方の遊牧民族と緊張関係にあり、友好関係を維持する事が非常に重要で遊牧民族の王と姻戚関係を結ぶための政略結婚をする為に、後宮の女を皇女として西方の遊牧民族の王に嫁がせる。

官僚が後宮から1人の美女を選抜、美女は西方の国の外交使節団と一緒に皇帝の面前にお別れの挨拶の為に参上した。

皇帝は、その美しさにビックリ、でも時すでに遅し、美女は使節団と一緒に西方へと旅立った。

絵師は、後宮の女やその姻戚の有力者から金を貰って、20人を選抜する。賄賂を渡さないと20名の中には入れない。

皇帝は激怒して、数十名の絵師を皆殺しにしたと言う逸話が残っている。

織田、豊臣、徳川は近い親戚

日本のように、織田信長の子孫、豊臣秀吉の子孫が入り混じって混在して、徳川幕府の二代将軍秀忠を支え、織田家ゆかりの　6歳も年長の再再婚の妻との間に7人もの子を成すなど、大陸国家とは全く異なった……人間性を示している。

日本には、多くの大陸国家の王、皇帝に付属したような宦官制度がなく、江戸時代の大奥も、中国の後宮とは随分異なっており、一

言で言えば穏やかであったと思う。

科挙の制度で官僚となり、私腹を肥やす

科挙の制度は時代により異なるが、隋の時代に始まった官吏登用試験で時代により変化はあるが、13世紀の長きに渡り広大な中国の統治機構の中で重要な役割を果たしてきた。最終的に殿試と呼ばれる皇帝の面接試験で将来の丞相＝大臣候補として選抜されるような制度のあった時代もある。

日本でも模倣して一時期科挙の制度を取り入れた期間があるが、短期間で無きに等しく、官僚は試験のような機械的な人物、能力の評価ではなく、地縁、姻戚、等のコネの濃厚な影響で官僚への登用が決まり、長期間安定した江戸時代にそれは次の世代に相続される制度として定着した。中国では試験を通らなければ官僚になれないので、原則1代限りで相続できなかった。

高級官僚は、立場を利用して私腹を肥やすことで、子孫に相続資産を残すために、色々と画策しそれは許される事だった。

地方の県知事の様な役割で派遣された節度使が、皇帝の国家予算に相当するくらいの蓄財をしたと書かれた記録もある。

皇帝の国家経済は、皇帝の生活費と軍事費からなり、戦争のない平和時には小さく、その様な事が起こる。

宦官と日本の官僚

宦官は睾丸が抜かれているから生殖能力がなく世襲が不可能で、その事を承知で人生設計をするから、強欲にはならない。

日本の官僚は制度として世襲は出来ないが、生殖能力があり、可能ならば、孫子の為に蓄財したくなり、不正に手を染める誘惑の中にいる。

日本の官僚は中国の皇帝に仕えた官僚と宦官を複合したような心的な状況下で、**終身雇用、年功序列、定年退職、退職金と云う飴をぶら下げられて、人生を作って行く。**

その様な環境の中では保身、自己利益の為の組織に対する忖度、上下、左右に対しての忖度人生となり、自分の意見を持つ、個としての尊厳を喪失した人格が形成される。

高級官僚が政治家となる

中国の場合には絶対権力者としての皇帝が存在するから、その意思を具体化する為に官僚が働く。

日本の場合、地方自治体のトップの半数以上は中央官庁OB、多くの国会議員、大臣なども官僚OBである。

日本の受験競争に耐えて、有名大学を目指して教育を受け、最終ゴールとして、上級公務員として採用された人々は、**活字まみれの人生で、心を開放して、好奇心を持ち、未解決の問題と遊んだような経験が**少ない。

多くの場合、既に解答がある問題を与えられ、その回答を記憶する作業の連続……その中で人格が形成される。

多くの官僚OBの政治家は、政治と云う……無数の要素が関係して、広い知識と高い応用力を必要とする職務に全く向いていない。この事に就いては第二部で深く考察してみよう。

政治ゴッコの民主党政権

日本の中央の政治は利益誘導で繋がる人間関係の中で、主要なプレーヤーの役割が決まって組織が出来上がる。

主要プレーヤーは眼前に出てくる色々な課題についての専門的知識はないが、解決の方法は専門家に任せる。

例えばダム工事のような大きな予算の場合、業者の決定に関しては常に不正が入り込む可能性があり、不正を排除する清潔な政府が理想的だが、そうは行かない。

専門家はダムの必要性を専門的な視点から誠実に調査研究して、結論を出して最適なダム工事の設計案が出来上がる。

ダムの必要性と、ダム工事に使われるお金の使われ方の透明性は全く別次元の問題である。

民主党政権は政権を取ると、**勉強の良く出来る小学生のように、事業仕分けと称して、事業の必要性を素人の判断で行い**、多くのダム工事を、……既に巨額の費用を消費して完成寸前の物も含めて、……ストップしてしまった。

愚行は起こるべくして起こった

九州の球磨川の支流の川辺川の氾濫により50名以上の死者と巨大な被害を出した２０２０年の水害は、民主党によりストップされた川辺川ダムが建設されていれば起こらなかったと言われている。

２０２１年に立憲民主党の枝野幸男氏が、最大野党として、政権政党を批判する事を目標とするか、政策を提言する事を目標とするかの、最も基本的な党の目標を決めるためのアンケート調査を行う事がラジオから流れてきた。

簡単に言えば、**政権政党の足を引っ張る事を目標とするか、政策提言をするかどちらにしましょうかと云う**、質問である。

中学校や、高校の自治会活動で議論好きな生徒がよくやっていた事だ。

国民の為、世の中の為、自分の持っている高い専門能力を生かして、社会貢献するような、善意に基づく誠意が全く感じられない。**スウェーデンでは国の為、家族の為、みんなの為と云う意識があり、枝野式の、反社会的な組織が考える様な、全ての事は自分らが勝つためみたいなところは無い。**何が何でも、勝つ事だけが目標なら、**昔の独裁者と何ら変わらない。**

日本の、ヒットラー、毛沢東、プーチンになる事を、最終的な目標としている。

恥ずかしい事は、このように理解されると云う、常識と云うか、歴史認識が無いと云う、幼さである。

枝野氏は東北大学卒、民主党の過去の当主も、鳩山氏は東大、菅氏は東工大で、皆さん日本の最高に高い教育を受けている。

日本の高等教育とは何なのだと云いたくなる。

スウェーデンの政治は実利優先、日本は情緒的

スウェーデンと比較するとＩＴ産業を例外として、民間の専門能力はスウェーデンも日本も大差なくホボ互角だと思う。

政府、政権の問題解決能力はスウェーデンが大学生とすると、日本は小学生か幼稚園レベル。

官僚の問題認識力、解決能力はスウェーデンが大学博士課程とすると、日本は中学生レベルと私は表現したくなる。

スウェーデンでは政治的なイデオロギー、主義、主張を議論する場は、無いと言える。

強いて挙げるならば実利主義である。共産主義も、社会主義も、自由主義も関係ない、スウェーデン国民が豊かに、国が乱れることなく永遠に存続するためにどうするかを議論する実利的で、具体的な

事が議論される。云うまでもなく、言論、思想は自由だから、少数だが極右、極左もいるが、問題になるような数字ではない。
鳩山首相の様に〝友愛〟等と云う、曖昧な、情緒的な言葉を政治の場に持ち出すような人はいないし、そのような議論を良しとする幼児性はない。

日本では虚業の繁栄

日本には虚業がある。虚業とは経済学で皮肉を込めて経済現象を説明する〝穴掘り、穴埋め戻し〟行為の経済に及ぼす行為である。（造語集参照）西欧諸国には無いか、無きに等しいくらいの虚業が日本に多くあり、多感な青少年の未来の人生設計に巨大な影響を与えている。就職の際の面接の受け方の話し方、挨拶などの講習、受験の為の塾教育、能力向上を装った自己啓発セミナー、教祖の思い込み又は願望を実現する事を目的とする宗教などである。虚業が日本で繁栄するのは、以下に述べる様な理由がある。
日本ではとにかく、**ある程度の組織に入れば、組織が守ってくれて、能力など関係なく人生を安穏に遅れる可能性が高い。**
組織内の隠蔽文化が、少々のミスは許すだろうし、要求される能力もそんなに高くない。生活実感から、肌感覚で親が理解しているので、とにかく試験に受かる事が最重要視される。
欧米諸国では実力がないと良い人生を送れない。実力に応じた生活をする事になるので、**先ず自分の好みに合った職業を発見するために試行錯誤をして、次いで実力をつけるように努力する。**
その様な背景から、欧米諸国では制度が出来上がり、その制度で国家が運営されて、結果が出て来る。
日本では、欧米諸国で発生した結果だけを見て、それを数値目標として、ピント外れに対策する事で、社会に無用な負担を強いている例が無数にあり、それらを虚業として捉えて、幾つかを例示する。

面接の受け方の講習

面接は企業と、募集に応じる人のお見合いであり、厚化粧、誇張、嘘は禁物であり、お互いが素の姿を見せあってこそ意味がある。子供の就職希望を叶えてやるために、家族がアドバイスするのは洋の東西を問わず、当然の事であるが、面接官の考えている事に忖度して、……面接に臨んでの好ましい挙措動作、作法を教えるビジネスが存在するのは日本だけではなかろうか。
日本では人事課が一括で採用するので、その分野ではある種の採用に関するマニュアルみたいな物があって、評価の基準を作って採点しているのかもしれないが、意味のない事だと思う。
私は現役の頃、１００人以上の採用を決定した経験があり、採用の為に数百人と面接したが、**お互いが素の自分をさらけ出すのが最も良いと思っている。**
適材適所に反する採用は会社と採用された人の双方にとって不幸以外の何物でもなく、単なる時間の浪費だ。

受験塾

私は受験塾とは全く関係のない自由な少年時代だったので、幸せだったと思っている。
時代的な理由も若干あるが、富山県は日本標準とは少し異なっていた。
公文書で確認したわけではないが、昭和50年代まで、富山県には学習塾はなかった、必要なら、放課後も学校に残って勉強する習慣

があった。県内の町に〝トルコ風呂〟と呼ばれた風俗の店はない等、教育県としての高い評価を受けていた。

　私の知る限り、西欧諸国には、特殊技能である楽器演奏、芸術、運動等の個別のレッスンを受ける所は多くあるが、公教育を全般に補完して**受験に備える目的の、有料の塾の存在を知らない。少なくともスウェーデンにはない。**

　バブル景気の頃に公文の学習塾を経営していて、複数の教室を持ち、多くの講師を雇って、月間の収入が２００万円を超えていたと豪語していた主婦を知っている。

　日本人の海外在住者向けの例えば、ロンドンに日本人向けの塾は存在するが、それは日本社会の延長だ。

　日韓に共通の、強烈な学習塾通いは、社会の根本にある違いを感じさせる。

　私の判定では学習塾は虚業であり、長期的にみれば、社会的な貢献度はマイナスであり、無い方が望ましい。

退職勧告目的の自己啓発セミナー

　色々な形の講習会、セミナーが現れては消えていったが、日本の終身雇用文化の中で特筆すべき、歴史的に非常に珍しい形態の自己改造セミナー、自己啓発セミナーがバブル景気の後期、１９８０年代に日本中で流行した。

　曰く、〝地獄の2週間〟等と厳しい講習会を受けて自己改造する事で、根性を鍛えてより企業に貢献できる従業員になる事を表向きの目的として、高い受講料を払って企業が従業員を派遣するので繁盛した。

　卒業後に数百人と大量に一括採用されて、配属先が決まる日本の大企業では本人の適性と仕事のミスマッチは頻繁に起こる。

　学校教育が受験対策重視で、生徒が学校で学べる社会へ出る前の知識が貧弱、予備校も全く同じに加えて、一般に日本では家庭内での会話が少なく、親も、学校の先生も経験の幅が少なく……全く不向きな企業を選択して応募する事が多くなる。

　多くの場合母親は専業主婦で社会的知識に疎く、父親も職場で生き生きと仕事をしている訳でなく……イヤイヤ、我慢と忍耐で仕事をしているから、家庭内でも内容の乏しい会話が多くなる。

　それでも、世の中には破天荒に元気な人もいるが、その様な人は稀だ。

　日本では自己退職は全く自由だが、会社が社員を辞めさせることは法律の壁があるので至難の業である。

　会社は、表向きは、更なる昇進に向けての準備みたいな理由で、選抜して数十万円の受講料を払って、自己啓発セミナーを受講させる。講習で、講師に欠点、ミスを厳しく叱責させる事で、本人の人格をぶっ潰してもらい、人事とタッグを組んで、受講者を退職に追い込むように誘導する。

　実態は、首を切りたい、退職させたい人にセミナーを受けさせて、退職に誘導する事を狙っている。

　知人のN女子の夫は当時、自己啓発セミナーの講師として、松下電器のコンサルタントとして高収入を上げ、多い時には年収4千万円で、信州に別荘も買って豪華な生活だったという。

　実態は会社が、退社させたい人を選抜したような形式で、高い費用を払って地獄の2週間コースに参加させて、徹底的に過酷な教育と云う名の残酷なしごきを行う。バブル後期にテレビ報道もされた……大勢の人が行き交う交差点で大声を上げて叫ぶ、演説する等の

バカげた行為……を、自己啓発教育と云う名の下におこなう。

会社は。数十万円掛けても辞めてくれれば、年間の給与＋間接費で1千万円に相当する節約ができる。

専門主義、能力主義、とも呼べるスウェーデンの様な国では起こらない事で、**スウェーデンで若しミスマッチに気付けば、本人は躊躇なく辞めて、別のマッチングの良い就職先を探す。**

韓国の事情を良く知っている友人によれば、韓国では、例えば、部員100人の部が有り、その部の中で採点して下位の10％のランクに入ると、会社が首切りしても構わないと言っている。それが韓国企業の強みだと言っているが、もしそうなら恐ろしい事だが、国により随分違うものだ。

虚業の成果とGDP統計の関係

経済学が最重要視する経済指標として大きな意味を持つGDPと、このような虚業である講習会活動から発生する経済活動とGDPの関係について考えてみよう。

セミナーに関係して動くマネー＝受講料、宿泊費、その他、……等の**直接的費用はGDPに加算**される。

関係者は**全部後ろ向きの、不幸の為に活動しているのに。**支払われた受講料が、何かの消費の為に使用されると、そこで支払われた金額はGDPの向上に貢献し、セミナー受講料は二重にGDPの向上に貢献する事になる。

スウェーデンではそのような講習は存在の意味を持たないので、人事担当者は精神的に後ろ向きの仕事から解放され、問題の人も能力に応じた給与を手にして、より多くの給与を得るために自分の専門分野の能力向上に努めるので、その様な社会は競争力の高い国となる。

公務員の場合

公務員の場合も自己退職は自由だが、所属する組織の意向で退職させる事は民間の場合より困難であると言われている。

既述の、高等学校の教師をしていた、G氏は若い頃から熱心な左翼学生で、共産党員、教師になってからも、熱心な教職員組合の活動家だった。私の中学校の同級生で東京教育大学卒のT君が校長である高等学校に配属になった。

T校長の好意で、教頭への登用試験を受験する事を認められ、教頭試験を受けて合格して教頭になった。

教頭試験を受験するためには、校長の推薦が無ければ受験できなくて、G氏はそれまで、……多分、一部は過去の左翼活動の為に……校長から推薦を受ける事が出来なかったので、かなり高齢まで平教員だった。

間もなく、ウルトラ先鋭的な若い教員で、問題行動の多い教師の存在が学校内外で問題となる。

退職させる為には、教育委員会を納得させる事が出来る証拠を見せねばならぬと数人の教師がチーム組んで毎日、証拠集めを始めた。

2年間かけて、他の教師の手助けも受けて、G氏は証拠集めの為に最も大きな時間を消費、ホボ証拠集めの為に学校に行っているようなもので、退職させる事に成功したと自慢にしていた。G氏が楽しくなると、この話を彼の人生の大きな自慢話として何回も聞かせてくれたのを思い出すが、若い頃は熱烈な共産党員で、その縁で奥様と結婚、左翼である事がインテリの勲章の様にされていた私よりも若い人だったが、G氏は数年前に亡くなられた。

◆日本の医療費と長時間労働問題

医療費総額は年間40兆円を超え、高齢者数の増加に連動して加速する医療費の増加の問題を色々な側面から現状を観察してみよう。

出来高払い制度の問題

病院は出来高払い制度で国から医療費を支払われるから、出来るだけ多くの患者を受け入れて、多くの仕事をする事で売り上げを増やしたい。病院は制度が出来ると、その中で如何に生きるか、存続するか、更に大きくなるかを工夫する。

私は後期高齢者なので、現在の制度では1回の通院に対して費用の10％の支払で済む。

最近神戸のK病院を訪れた時に病院が貴方の支払い分の10％を肩代わりして払うから、今後うちに来るようにしないかと誘いを受けた。病院経営者としては非常に納得できる、合理的な方法であるが、国民の立場で考えると何か変だ。

病院の粗利益率が10％以下という事はまずありえないので、病院は10％を払っても利益が出る。

そのうち、K病院を真似る所が続々と出て来ても不思議ではないし、そのうち患者に、お礼の手土産を持たせる事が始まっても不思議ではない。

少子化対策として出産手当を増額すると、病院が先回りして出産費用を増額するから意味がないとラジオで専門家が愚痴っていたが、それは行政の制度設計が考え抜かれていないからだ。

病院の先回り対策

少子化が問題とされ、政策上の大きな課題とされる中で、出産に際して出産補助金を大幅に増額する事が検討され始める。

その様な情報は、関係者の口から、人伝に伝わり、出産補助金の増額を見越して、産院＝病院が出産に関する料金の増額を、先回りして行うので、意味が無くなる。

組織的隠ぺいと真逆の……組織、関係者間の情報の連携で……事前に病院関係者に伝わるので、制度の変更が意味を持たなくなる。

医療の質の問題

医師の1日当あたりの患者数が日本は突出して高い事が昔から報じられている。

大まかに日本では40人程度でスウェーデンではその1／3～1／4程度だと認識されている様だ。

約40年前のスウェーデン在住時には日本は60人、スウェーデンは10人と言われていた。

後期高齢者となり病院に行く回数が増え、番号札の番号から判断すると、現在でも60人を超えるのはごく当たり前のように感じる。

当然、診療科、診療内容により大きく変わるので単純に人数だけで云々するのはあまり意味がない側面もある。

40年前には、日本では診療時間の予約制度がなく、長時間待って数分の診療で終わり、薬を貰って帰ると、患者にとって時間的な負担が多く、不人気だった。医者は頻回に来させることで、出来高＝売上増加の為にその様にした。

医師の方も長時間労働は避けられなく、日本では日進月歩の医学

界で、多忙で新しい知識、技術の獲得が困難、医師間のレベルのバラつきが多くなる。

驚くべき国循の長時間残業

3、4年前の新聞が小さな記事で、大阪の吹田の国立循環器センターの36協定で……サブロク協定と呼び、病院と医師、看護師側が合意して月間の残業の上限を決める……月間残業の上限が300時間と報じられた。通常勤務で8時間／日×20日＝160Hとなるので、残業300Hは驚異的な長時間残業時間である。この様な協定が作られる背景は、理解に苦しむ。

100Hを超える残業が常態化している事も耳にするが、それは単に残業の問題としてではなく、健全な市民の目線で見て考えるべきだろう。医師の肉体的及び精神的健康の維持、難しい手術をこなす医師にとって最も重要な精神の安定と手技の実行には過労は最も良くない筈だ。

余裕の時間が無ければ、新しい知識を吸収する事が出来なく、本人は勿論、社会としても好ましい事では無い。

長時間残業で残業代が月当たり数百万円になれば、家庭生活、子供との関係はどうなっているのか、生活も荒れて来るだろう……。これ等一連の事は、医師の社会は一般社会と隔絶した非人間的な社会である事を語っている。

スウェーデンの穏やかな……バタバタしない……少しトロイくらいの社会が好きだ。

東京都庁職員の長時間残業

妻の知人の夫T氏は都の職員で、障害者の雇用を義務付ける法律が施行され、1人の障害者がT氏の所に配属された。

T氏は定時までの時間中は大半の時間、障害者の横について、障害者と一緒に障害者のするべき仕事を手伝う。

定時になって障害者が帰った後で、残業で自分の本来の仕事に戻る。当時、まだ法規制が緩く、100Hを超える残業は可能だった。T氏は1年以上の間、毎月100時間程度の残業をする事になり、月収は2倍になり、間もなく家を新築した。

通勤時間が短く、100hの残業と言っても8時半に家を出て、22時半帰宅で計14時間の外出時間で5時間の残業。

私の場合朝5時に家を出て、21時半帰宅の16・5時間の外出時間で14時間よりも長く、14時間にビックリする事もない。

残業時間は5時間／日×20日＝100時間／月となり、一般的な残業代の時給計算の基準に従えば、大まかに月給が2倍になり、残業代で家が新築できるところが素晴らしいが、民間ではそのような事は、先ず起こらない。

スウェーデンの場合にはこの様な事は絶対に起こらない。残業は雇用主、従業員の双方にメリットがない様な制度になっているからである。

スウェーデンの場合

スウェーデンでは、先ず、障害者雇用を可能にして、その能力を有効に活用する方法について知識のある者が真剣に考える。

障害者が社会に対して負担となっていると感じる様では制度として機能しないと考えられている。

そのため、対象となる障害者が他の健常者の助けを受けることなく、又は最小のサポートで業務がこなせるような方法について研究

され、それに必要な機器の開発が行われる。
準備が完了すると法整備が成されて、官庁や、企業が障害者を雇用して、……単にお慈悲で雇用するのでなく……**労働力として活用することで、障害者も達成感をもって生きて行ける。**
日本の場合には、何処から持ってきた統計の数字を目標として、x%は障害者を雇用するべしと、単に負担を押し付けるように制度設計されるから、雇用される障害者の精神的満足度は非常に低くなる。
既述の、友人の妻が勤務するストックホルムの高齢者用の養護施設で、頻繁に訪れる日本の視察団が質問する事は同じで、**設備機器の名前と製品番号だったのはこの様な背景の下で起こっている**事が分かる。

スウェーデンにないが、日本でGDPに貢献しているもの

ラブホテルに相当する物はスウェーデンには、存在しない。
同様の目的でシテーホテルが使われる事は、可能性としては、ゼロではないかもしれないが、スウェーデン人の間では絶対に起らない事だと断言できる。累計で30年の間にスウェーデンでホテル泊を約500回していると推測するが、その内の1～2割はストックホルムの、有名高級ホテルだ。
1970年代に、全国紙ダーゲンスニーヘーテルが、私も頻繁に投宿したシェラトンホテルの前で、ブラブラと客待ちをしている、フィンランドの若い女性の写真を掲載して……貧しいフィンランドから……と、社会に警告していた記事を読んだことは忘れられない。自由恋愛が大原則のスウェーデンで……警察は簡単には手が出せない。
この様なケースでは、外国人旅行者が、自分の部屋に招き入れる事は起こるかも知れないが、スウェーデン人がその様な女に手を出すとは考えられない。

スウェーデンにはラブホテルがない

スウェーデンにはラブホテルがない。専門家の様に、スウェーデン中を調べたわけではないが、絶対にないと思う。
全ての事は家庭の中で行われるから、ラブホテルを必要としない。
日本では、シテーホテルもラブホテル目的で使用され、その様な使用目的に消費された費用はGDP統計にプラス効果を発揮する。

シテーホテルの利用も含めて、ラブホテル目的の需要が年間5百万件で1回当たりの出費が0・5万円とすると250億円／年が消費された事になる。
対象年齢層を20～40才とすると約2千万人、頻繁に利用する人もいる筈だから5百万件は大外れではないだろう。
250億円はホテル経営者の利益を上昇させて、その一部は事業所得税として、消費に回った分の一部は消費税として、国庫に入る。
ここで消費された金額は連鎖で次の消費を招き。無限に連鎖して、GDPの上昇に貢献しながら、労働時間の延長を促し、諸税は国庫に入るので、国は豊かになって行く事になる。
250億円／年だから、1世代＝約30年の間に、1兆円近い金額がラブホテル目的で消費される事になる。

スウェーデンでは全てが、金銭の授受を伴わない形で行われるので、GDP統計とは無関係である。

◆現代の教育：考えるのでなく、記憶する事

江戸期に日本の技術レベルは高かった

緩慢に時間が流れた江戸時代であったが江戸後期の日本の科学的知識のレベルはかなり高かったと思われる。

関孝和は和算と呼ばれた、数学の専門家で微分積分、円周率の計算……、西欧の数学者のレベルに引けを取っていなかった。

医療の分野では華岡青洲は世界で初めて全身麻酔を用いて乳がんの手術をして成功したが、欧米で初めて全身麻酔下での手術が行われたのは華岡青洲の40年後であったと言われている。

表具師だった浮田幸吉は江戸中期に、飛行機を作り、有人飛行実験を行ったがそれは、多分、西欧で初めて行われた有人飛行実験の約半世紀前だった。

緩慢に流れる時間の中で考え、神道、仏教の穏健な宗教的環境の中で、年長者を敬う道徳感を持ち、力、暴力を誇示する事は恥であるとする雰囲気の社会であった。

明治の開国に伴い、圧倒的な量の新知識が輸入され、それを活用するために教科書が作られ、読んで解釈する事が教育の全てであるような雰囲気が醸成され、それが現在の記憶重視の教育になっている。

我が家の横の通りを毎日、何回も塾生を運ぶ送迎用バスが通っている。**最近バスの横に新しく〝人間教育も考える若松塾〟と書き加えた。看板を掛けなおすことは簡単だが、実行は難しい。**

田舎の農道を歩かない様に指導？

私は家から徒歩5分くらいの所に、約千平米の休耕田を借りて果樹や野菜類を栽培している。

市が管理する小さく区画整理された家庭菜園が多数ある所で、中学生が通学路として農道を使っていたが、数年前から中学生が通らなくなった。生徒に聞いてみると学校から農道でなく国道４２８号線を通って通学するように指導されていると云う。

農道を通れば四季折々の作物や雑草、花々をめでて、色々な疑問、興味を喚起され、時には家庭菜園をしている大人との会話もあり、私の目からすると非常に教育的に好ましい環境であると思うが、学校はそうは思わない。

国道４２８号線は、俗称、有馬街道と呼ばれ、２車線で車の交通量も多く排気ガス、舗装された路面、３回の信号待ちに加えて、距離が1・5倍くらい長くなる。

どの様な存念で学校が、農道を通らない様にと規則の様に生徒に指導する浅薄なアイデイアが出て来るのか。

数十人はいる教師の中で、反対する教師はいなかったのか、又は誰もそのような事に気付く人はいなかったのか？

若しかしたら自然観察から、歴史的に有名になったダーウインの様な人物に成長するかもしれない生徒出現の可能性の、芽を摘むことになるかもしれないと私は考える。学校は反対意見を言える様な、開かれた雰囲気の組織ではなかったのだろう。いずれにしても民間で良い仕事、お客様に選ばれる製品を製造販売する事で、社会に貢献してきた私には到底納得できない事だ。

若し、私の子供、孫が関係していたら、多分私は動いたかもしれないが……。

変化に適応出来ない、変化を嫌う高学歴高齢者

既述の、シルバーカレッジ卒業者が我々15人前後が2面使ってのテニスサークルと同じ時間帯で、1面だけ使ってコーチに球出しをして貰って15人くらいが練習をしている。何年も同じ日、同じ時間帯で、近くで練習しているから練習風景はよく解り、コーチが参加

者に指示している言葉も聞こえる。通常の有料テニススクールでは、初級、中級、上級とクラス分けして、その中で毎回メニューを変えて練習、後半は試合をする事で、実戦練習を行う。

シルバーカレッジの練習参加者15人の約半数の人は知っており声を掛ける仲である。

シルバーカレッジの練習は、通常のテニススクールと異なる二つの特徴がある。

同じことの繰り返し

やっている事は、毎回同じで、初歩的なコーチの球出しに対しての返球だけで、毎回、2時間同じメニュー。

簡単に言えば、毎回、小学校の授業を何年も、小学校に入りなおして、受けている様なものだ。

多分、10年近く続いている。試合をする実戦練習はした事がない。

黙々と、言われた事を意識して、ボールを打っている。多分、継続は力なりを信じて？

参加者の間で会話が無い

練習中に度々、休憩があり、全員が休憩時には日除けの屋根の下の長椅子に座っている。

彼等は殆んど会話していない。我々のテニスサークルの場合には、休憩中は、騒がしいくらいの雑談で、男女、ホボ、同数の人が、世の中のアラユル事をについて雑談している。

シルバーカレッジの方々は、ドーモ、他人との雑談が苦手で、黙々と、指示された事を、行う事で満足されている様子が窺える。

大学は、卒業してから、どこの大学にでも、何回でも入学して知識を広めたり、深めたりできるが、小学校、中学校は卒業すればお終いで、再度、小学校には入学できない。でも、楽しかった小学校の思い出から、再度、小学校に入学したい人がいても不思議はないが、指導者がいてそれに従って行動する方を好む日本の性向なのかもしれない。

偏見だと非難されるかもしれないが、他人との会話を好まず、自閉症気味で……指示、マニュアルに従って人生作ってきた、典型的な高学歴者の姿の様に感じる。

閑話休題：岡本秀樹の死とテルアビブ空港乱射事件

空手家、岡本秀樹の話に涙する

１９８０年代にドバイ経由で欧州に向かう飛行機の中でアラブ人と隣り合わせの席になり雑談の中で、立派な日本人の空手家が中東の国で尊敬されている事を聞いた。それから数年後に似たような事が起こり、アラブ人が私に空手をするかと聞いてきた。２０２０年、角川から出版の〃ロレンスになれなかった男、空手でアラブを制した岡本秀樹の生涯〃を読み涙した。岡本秀樹は私と同学年、よど号ハイジャック、テルアビブ銃乱射事件等での日本の若者の起こした事件を肌感覚で知る年代だ。

海外青年協力隊で空手指導の為にシリアに派遣されるが、現地で、ひげも生やしていない小さな日本人はバカにされ、生徒は来ない、……やけになって、帰国する気で大酒を飲み……警官と乱闘。収拾の為に多数の武装警官が来るが、大勢をやっつけて……その事件で示した岡本の武力の強さがシリアの治安当局に認められ、懇請されてシリアに残留、活動を広めてアラブ諸国で数百万人に空手を教えた。残念ながら67歳で亡くなったが、私の好きな言葉で〃**身を捨ててこそ浮かぶ瀬も有れ**〃があ

るが、人生、世の中の変化は全く予測不能だ。どの様な時でも問題が大きければなお更、正面からぶつかる。変な小細工、逃げる様な心では問題解決にならない。岡本さんみたいな痛快な人生はヨーガの中村天風、植物学者の南方熊楠などそんなに有るものではない。

2人の京大生の……無駄死に

私が結婚式を挙げた、丁度2か月後の1972年5月30日に妻と同年齢の京大卒の奥平、京大在学中の安田の2人の京大生を含む3人がテルアビブ空港銃乱射事件を起こして、多数の人を殺した。

飛行機登場に際してのボデーチェック、荷物検査はそれまでは無かったが、それ以降、厳重な検査が世界標準となった。結婚した2年前によど号ハイジャック事件が発生、幾つか小事件の連発の後に、赤軍派学生による山岳ベースでの殺害事件に端を発し、あさま山荘事件、テルアビブ銃乱射と続く。

日本の受験目的の教育、高学歴者は視野の狭い、**幼児の様な頭脳を持った大人を育てるための養成機関**になっていたのだろうか？　今もそれは継続しているのかも知れない？

アラブの国々を対象として、最終的にアラブの国々から称賛された日本人でも、赤軍派の人たちと、岡本秀樹の頭の中は、全く異なると思う。これらの稀有な例は、多分、日本人だから起こしたのだと思う。

世界中の全ての事を調べる事は、不可能だが、……このように自分の命を犠牲にして、他人の為に奉仕する……それも瞬間的な野生の本能がそうさせたのでなく……永い時間を掛けて計画を練って……**これは日本人の問題なのか、日本の教育の為なのか……興味のある疑問であるが**……私の知る限り、海外での生活経験のある日本人は彼らの様な単視的で純真な幼い精神状態から卒業しているように思う。

私の知る限り、スウェーデン人は、特に高い教育を受けた人は、自分、家族、国の利益に敏感、他人、外国人に対しても暖かな配慮を示すが、他人に対して自分の命を犠牲にするような人はいないと思う。

国連事務総長だったハマーショルド氏は、アフリカで乗機がテロリストにより撃墜されて死亡したが、盲目的に犠牲的に活動していたわけではない。スウェーデンは常識的な、考える大人の頭が国を動かしている。

◆高齢者の引きこもり傾向

21世紀になりアスペルガー＝自閉症が社会的な問題として認識されはじめた。

他人との精神的ソーシアルデスタンスの取り方が不得手で、主に学生、若年の人に起こる問題と思われていたが、団塊の世代が現役引退し始める頃から、現役引退後の高齢者の引きこもりが大きな社会問題となり始めた。

引きこもり者総数の中に占める高齢者の割合が半数以上と報道された記事を読んだ記憶がある。。

職場と家庭の往復、阿吽の呼吸で通じ合え、上下関係が固定している人との交際、複雑な、高い応用力を必要とする課題に取り組み、脳に汗をかいた事のない安穏な生活の中で、……引きこもり予備軍が

作られて行く。
　その後も、色々な場面でシルバーカレッジの現役、ＯＢの人との交流があるが、老稚園の命名は非常に的確な命名であると自信を持つ事が多い。引きこもりすれすれの多くの人が救われていると思う。
　その反面、過大な自信に溢れていて、自閉症とは全く反対の傾向を示す人がいるのも事実で、それは規格型、記憶重視で幼児が本来持っている好奇心、疑問、探求心を育成することなく、反対に殺すことに教師が一生懸命になっている、日本の教育制度、教育文化にあると思う。この事については第二部意向で深く考えてみよう。

◆日常生活上の色々な事

図書館に高価な本を買って頂く

退職して、毎日のように近くの神戸で最大と言われている多くの専門店が入っているコープに買い物に行き、ついでに本屋で立ち読み、週刊誌、雑誌、新刊書についての知識は豊富、興味のある高価な新刊書に遭遇するが、先ず買わない。
　週に1回、北区の図書館、月に1回大倉山の中央図書館に行く。経験を重ねる内に、2千円を超える様な新刊の高価な本は図書館に買っていただき、最初に貸して頂ける事が解った。
　２０２０年の年末に、全て積み重ねると50ｍくらいになる私の蔵書を廃棄した。関東から神戸に引っ越すときもホボ同量の本を廃棄して引っ越してきたので、できるだけ本は買わない様にしていたがそれでも、永い間に貯まったものだ。
　本屋で新刊書を手に取って、まえがき、目次、あとがきを読み、ぱらぱらと目を通すが、ＤＴＰが一般化してから、新刊書の数が急増すると共に、内容が急激に低下、買って読みたい本は非常に少なくなった。
　図書館は図書購入の資金を持っており、それを決めるのは彼らの仕事だが、まじめに考えれば大変難しい仕事だ。
　もちろん、いい加減にしてもたぶん誰にも気付かれないだろうが……。市民から、読みたい本として申請しておけば図書館の仕事を助けることになる。結果的に、年により若干の相違はあるが、年間２～３万円は買っていただいている。

テレビ、新聞、ナビの排除

15年ほど前から新聞の第一面に、明瞭な言葉上の、……私から見ると許せないような誤解が背後にあると断定できるような記述があり、読者相談室みたいなところに電話を掛けて意見を申し上げる事を何回か実行した。
　通常、相談を受けた人は〝おざなり〟の回答で、読者の不満の〝ガス抜き〟としての対応しかしないが、多分、５回目の回答者との会話は非常に有益だった。
　いわく、私も貴方と同感だが、今の時代、そのようなミスを指摘するような人は人気が無くなり、窓際に追いやられるので、文法的な間違いでも、訂正には気を遣うし、内容的な部分については仕方がない、それが現状だとの説明を受けた。
　終身雇用社会の中で、仕事の**作品の品質よりも、組織の中で生きるために呻吟している様子が良く解る。**
　更に、日本の場合にはＮＨＫを筆頭に、大マスコミは高給与と言われており、企業の体裁も良く、企業にしがみついて定年まで頑張る事になる。

真剣に生きる欧米人

欧米であれば、報道の質で仕事が評価され、その結果が高給に結びつき、他社に雇用される可能性もあるので、自然と仕事の質の向上、……それは読者の為になり、同時に社会の為になる。

大マスコミのテレビ番組や記事は背後にマネー、何かに忖度して汚染された環境の中で、人生経験の浅薄な若者の手で作られ、それについて……**お粗末な紹介の記事が出来上がり、読者は習慣的にただ活字を読んでいる。**30、40年前に海外旅行の際に、トランジットで、次の乗り継ぎ便を待つ間に空港内をブラブラと暇つぶしをしている と6～7㎝もある厚い本をソファに寝転んで読んでいる白人の若者をよく見かけた。海外旅行をするくらいだから、エリート層で、トップ集団に近い位置におり、将来社会の指導的な立場になる候補者であろう。

日本では電車の中でも、女性の裸体写真を売り物にした週刊誌を広げて読んでいる人はいるが、厚い本を読んでいる人は見たことが無い。スウェーデンでは日本のそのような週刊誌はポルノ雑誌とされ、公衆の面前で見るものではなく、買っても1人で、家でひっそりと見るものとされていた。

内容のお粗末なマスコミ報道

ネット社会となり、新聞記事、テレビ報道の基になる一次情報は一般人でも手に入れる事が出来る

同じ一次情報を入手して、学校で学んだ活字知識しか無い人と、社会経験豊富な人ではその評価、意味とそれが引き起すかもしれない社会に与える影響についての評価は異なる。

妻は、熱心なテレビ視聴者、新聞の購読者であるが、私は15年ほど前から、テレビも、新聞も殆ど見ていない。

しいて言えば、テレビを日に数秒くらい、妻が点けているテレビの横を通る事があるので、その時に数秒間目にするか、近くにある温泉浴場のサウナ室で見る程度で、実質テレビは全く視聴していない。

テレビ視聴を止める前に、既に新聞は読まなくなっていたが、それは明瞭な意志があり、新聞、テレビから流れてくるニュースや情報は、無価値か、嘘か誇大化された部分が殆どで、却ってマイナスの影響の方が多いと確信しだしたからである。

これは、私が金融、経済に関する知識が豊富になった事が大きく影響している。

多分、多くの読者の方はテレビを止めた理由は……同感される部分が多いと思われるので詳細の説明は割愛します。

読売新聞は定期購読していたが、頻繁に図書館に行くので朝日や他紙にも目を通しており、皆、大同小異だった。

特に金融、経済、科学などに関係する記事の中で、扱っている事の内容が咀嚼できていない人が書いていると感じることが多く、そのうち政治的な記事についても同様でテレビ視聴と、新聞に辟易していた。

読売新聞の読者相談員の方との話で、心が決まりそれ以来新聞と、テレビの視聴は完全に停止したが、妻は継続して新聞を読み、テレビを視聴しているので、テニス、畑、マージャンなどの友人と適当に話をするくらいのマスコミの話題は知っている。

変化を忌避する終身雇用

新しい提案は前任者の否定につながり、組織の中で全ての構成員

がつながっているので、お互いに忖度し、提案できない。

結局、大事件発生で変更を強制されるまで手が付けられなく、先読みして行動できないので、常に不満で充満した遅れた社会となる。現行の制度、決まりを変更する事は誰かを非難する事に繋がり、自己忖度＝不利益を被らない為に、他人に忖度して議論を避け、その連鎖が、無責任、不正が横行し、それを隠蔽する事を最重要視する組織文化が出来上がる。

その様な環境で永く生きていると社会との感覚のずれが拡大する。退職して自由な自立する環境に放り出されると、自立できなく、引きこもりになるか、シルバーカレッジと呼ばれる老稚園に行きたくなる。

日本の有名なＱＣ活動は民間企業には適用されて、日本は急激に先進国のレベルに到達、その頂点に立った。

残念ながら、官僚の世界にそのような文化革命とも命名したくなる、革命的な変化は起こされることなく……官僚社会の汚職、天下り、隠蔽等を特徴とする悪しき文化の増殖が留まることなく進行して、21世紀となり回復不能なレベルに到達しつつある。

この事については第二部で詳細に検討しよう。

忠誠心と自己忖度

終身雇用制度の下では企業に対する忠誠心を示す事が最重要視されるが、個人の幸福との妥協に関係する幾つかの事例について考えてみよう。

吉兆の不始末

日本トップ級と評判で、企業間、企業が官僚の接待に利用する高級和食料理店の一つの吉兆が、客の食べ残しの使い回し、賞味期限のすぎた食材を使っていた事実が、外に知れ渡って２００７年に営業停止となり、世の中を騒がせた。

終身雇用文化の副作用で、企業を生かすために個人を殺すことを肯定する思想、雰囲気の中で利益を大きくする事が忠誠の証と誤解して、又は上から指示された場合に、抵抗することなしに従い、日本ではそれが空気のように感じられる雰囲気の中で使い回し事件は発生した。

スウェーデンの様に企業よりも人の方が大事な国では非常に起こりにくい。不正は直ぐに内部告発されるのは彼らの当然の正義感のなせる業で、その事が次の職業選択、次の会社に勤めるための障害にならない文化があり、それを空気のように意識なく生きているので、スウェーデンでは起こらない。

使い回しは短い時間軸で考えると店の利益になるから一見良い事のように見えるが浅薄な事である。

日本でも、時間給でアルバイト、フリーターの様な臨時的な仕事をする人が増えて来ると、その方向から内部告発される事でネット社会との組み合わせで、企業の存続にかかわる大問題になりかねないので変化が起こるかもしれないが、それは組織の末端で発生する事で、今までの所、社会に与える影響は軽微であるが、**今後これは大きく日本の社会を変える圧力となるだろう。**

ＦＭ放送局に勤務する若い女性の事

知人の高学歴の娘が地方のＦＭ放送局に勤務し始めた。

彼女の主な仕事は、自分のＦＭ局にヨイショする意見や、反対意見、要望等リスナーを装ってＦＡＸで送る〝ヤラセ〟だと聞いたが、

その様に達成感の無い仕事をしている人は欧米にいるのかしら？
世界的にはＦａｘは消滅したも同然だが、日本では依然として健在、最近では主にネットを介してやっているのだろうが、日本では正規雇用を目指して頑張るので、日本だけの現象だろうと想像する。
残念ながら、まだそのような質問に答えられる外人に遭遇したことが無くて確認できていない。
スウェーデンではこの様な仕事をする人は一般には絶対にいないと、言いたくなるが人間だから断言は出来ない。
若し、常識的な賃金、手当の数倍を、現金で……税金を逃れるために……払えば、仕事をする人がいるかもしれないと思う。

スキーで大転倒事故、膝が故障

72歳の時に奥伊吹にあるスキー場に行き、ゲレンデの横に立って孫の滑りを見ていた。
人が来る筈のない後方から、ボードに乗った、かなり太めの娘さんが私に激突、私は大転倒で、膝に大怪我、色々試した顛末を年賀状にしたためた。最終的に光線療法を使って完全に治癒した。
高齢でもあり、もうスポーツは出来ないかも知れないと思い、絶望的になっていたが、最終的に問題解決、80才にあっても農作業、テニス、スキーを楽しめる体を維持している。**この事の詳細に就いては資料集の平成26年の年賀状を参照して下さい。**

孤独と悩みも必要

自立のためには孤独や悩みを経験することは非常に役に立つ。悩んだ経験が無いと深く考えなくなる。
情報の与え方、与えられるタイミングが大切。単に情報が与えられるだけだと、その意味の咀嚼が出来なくて単に高齢になるだけで、年齢相応の知識、見識のない、お金持ちの家の坊ちゃん、嬢ちゃんの様な高齢者になる。

妻の教師としての残滓

西欧民主主義には異なった意見を持つ人が議論をして、共通の利益になる良い結論に達する、〝三人寄れば文殊の知恵〟が基本にあると思う。大学で教職の免許をとる為の教育を受けた妻は、教育者として、**みんな平等に、時間を均等に分割して、皆が自分の持ち時間の分だけ発言する事が正義で、**それを実現する事を主張する。
それは、多分、妻が教育を受けた頃の日本の世相と関係があるように思う。
日本中で左翼と呼ばれる、共産党系のインテリを看板に掲げた人々が、不毛の思想的な論争を好み、……論争の為の論争みたいな論争が横行する中で……論争する双方に同じ時間だけ話す時間を与えるのが正義みたいな感覚が生まれたのだと思う。
スウェーデンでは、実務的な、日常的に生活の場で遭遇する事柄について議論して、〝三人寄れば文殊の知恵〟が実現できるから、雲の上を歩いているような日本のインテリの好むような議論をする人は、限りなく少ない。
教育の場がその様でも、社会に出れば、発言の質が問題で、それが全てだから、日本では**教育の場が社会へ出るための予行演習の役目を果たせない。**

◆日本の一級科学者との交流と海外事情

1970年頃から約30年の間、定期的に多くの企業、大学、国立研究所に所属する日本の第一級の科学者と定期的に交流をもって来たが、これはその交流の幅の広さと期間の長さに置いて稀有な事である。

終身雇用文化と学閥が関係するコネで成り立つ研究者の社会は、一級の専門家でも交流の範囲が狭い。

特に、私が現役の頃は全ての大学、国立研究所は特定の会社との歴史的な結びつきの強さや、人的な交流の歴史があり、日本では色のついていない国際的に著名な、先進国スウェーデンの会社だったので広く、深く交流する事が可能だったのだと思う。

訪問した研究室が東大系の場合、同類の東大系の人脈に岡田と云う名前が無いので、多分、岡田は京大系と推測され、他の京大系の研究室では反対に、岡田は東大系と推測されているのを何回か経験したが、一度も正面から大学は何処だったと聞かれたことは無かった。

行動経済学とノーベル賞

経済学が細分化する中で行動経済学と呼ばれる分野が現れ、2017年に行動経済学者がノーベル経済学賞を受賞した。

経済活動、お金の争奪戦＝ギャンブルの際に人が決定する心理的な決定に至る過程を理論化しているが、ギャンブル追従を科学しても人類に生産的な貢献をする訳でなく、単に経済学と云う趣味的ゲームをしているに過ぎないと思う。

この様な行動経済学者と呼ばれる学者にノーベル賞を与えるなんてと思い、アルフレッド・ノーベルの子孫の方にノーベル経済学賞をお止めになるように手紙を書こうと考え始めた。

調べてみると、ノーベル経済学賞はスウェーデンの銀行協会が勝手に作った賞で、ノーベルの御子孫はノーベル賞の使用を許可されていない事が解った。スウェーデンも日本も、世界中同じだ。

マネゴンで汚染されて、自分らが何をやっているか……マネゴンの亡者になっている事に気付いていない。

香港が英国から中国へ返還直前に香港へ旅行

1997年に香港が中国に返還される……英語的な感覚では、リース契約の途中解約……1年ほど前に香港、マカオ五日間の旅行に出掛けた。香港では中国語の語学学校の看板が至る所に林立している。

中国返還に伴い、昔、官話と呼ばれたマンダリン＝普通話と呼ばれる北京方言が標準語となる。

広東語の方言である香港語しか話せない人が、大陸の標準語となっている普通話を学ぶための語学学校であり、公務員、学校の先生、商人などが真剣に学ぶ雰囲気が感じられた。ガイドは30代くらいの女性で、日本語は堪能で全く問題なく、色々な事に答えてくれた。

ガイドの叔父さんは裸官でニュージーランドに移住

その内、今まで正月には上海に住んでいる叔父さんの所に行っていたが、来年からはニュージーランドに行くことになったと言った。当時、私は金融の世界に深く頭を突っ込んでおり、一般のマスメディアよりも、広く深く情報を掘り下げていたので、彼女に叔父さんの名前を聞くと、……今は名前を憶えていないが……上海市のト

ップ5人の1人の高官で……約500億円を持ち逃げして、ニュージーランドに逃亡した……中国語の新語で裸官……であることが分かった。
　裸官とは、最近出現した中国語で、多くは政府高官、単身で職務に就き、**家族を外国、主に米国に住まわせて、汚職、不正、政変などで身に危険が迫った時に逃げる所を用意している官僚**を言う。(造語集参照)

関電の現役部長さんとご一緒

　同行者の中に関電の現役部長を名乗る人の夫妻がいた。ご主人は阪大の電気科卒の方で、黒四の話、高圧送電の話、庄川水系の話……と、強電に関係する関電内での色々な事を教えて頂いた。第1章に既述の、私の中学校の同級生杉本健次郎君が18才で電検2種の免許を取ったと言うと、ビックリされ、昔は伝説的な優秀な中卒がいたと言われた。

◆保養所用土地の超高値買いの話

　神戸市北区に海員組合の保養施設、箕谷グリーン・スポーツホテルがある。約10町歩の敷地にホテル、スポーツ施設、温泉がある。神戸に転勤して頻繁に周囲の里山を散歩しているうちに高齢のナカイさんと知り合いになる。
　ナカイさんは、私より20歳くらい年長で、農業、人生、地元の農協活動について色々な話を伺った。
　ナカイさんはグリーン・スポーツホテル用地の売買に絡んで10人の地元の地権者の代表として厚生省の課長と長期間交渉してきた方だった。交渉を始めてから数年経過して最終的に価格が決まり坪当たり2万円で売却された。
　当時、最寄りの神戸電鉄の駅近くの山林が坪当たり約500円で兼松に売却されていた。
　普通に考えれば、ホテルの場所は駅から数キロ離れた傾斜のきついところにある山林で、兼松が買った山林は駅に近く、ホテルの所の地価は数百円＝2、3百円でもおかしくない。

相場の100倍の価格で買収

　坪当たり2万円とは剛毅なものだ。契約を結んで数日後に封書が届き中に箱根のホテルへの夫婦一泊旅行の招待状が入っていた。直ぐにお礼の電話を入れると、担当された課長は九州に転勤されたとの話。契約完了で次の場所で同じような事をしているのだろうとの事。市場価格の100倍と言われて非難されても仕方のない価格で購入、大きな予算を消化した方が大きな仕事をしたと褒められる……それが日本の官庁なのだと分かった。所がその翌年から、ホテル周辺の土地評価額が上昇、周囲の土地持ちは迷惑した。**一般に固定資産税は年1.4%が多く、10年で14%強、**50年間の固定資産税の増加額は累積で100%近くになるかもしれない、**100倍の高値で買った費用は、結局国民が払う事になる。**
　因みに、神戸市北区は都市計画税が約0.3%上乗せされるので、単利の単純計算でも60年で、税金として全て住民が負担する事になる。

◆曽野綾子さんと藤原正彦さんは私と同意見

私の約10歳上の曽野綾子さんや著名な数学者でエッセイイストの藤原正彦氏の著作、エッセイは本屋で良く立ち読みした。

藤原正彦さんは、有名な小説〝流れる星は知っている〟の作者、藤原ていさんと、著名な山岳小説家、新田次郎さんの息子で、藤原ていさんは、テレビの有名番組ジェスチャアーの出演者だった。藤原正彦さんは私と同年配で小説家、エッセイストとして登場されて当初は、著作を買って読んだが、そのうちお二人は、**私とホボ同意見の持ち主である事が解り、本屋で著作を見つけても、まえがき、あとがきと目次を見るだけで、買わなくなった。同じ意見の人の本を、読んでも仕方がない。**

私と異なった雰囲気の著作、意見に興味がある。表紙や帯には色々な、気を引く活字が散りばめられているが、先ず開いてみて、単に……浅薄なだけなのか、何かビックリするような事が書かれているかチェックする。

世の中には色々な人が居る

高齢者のテニスの友人には、色々な人が居る。ご主人が神戸大学の教授で奥様は小学校の教師をして居られて、お子さんはお医者様。奥様は週に3～4日テニスコートに来られて、非常に熱心なプレーヤーだが、何時も家とテニスコートの間を違ったルートを通る事と、常にハサミを携帯、途中で家の庭にきれいな花が咲いていると失敬される事を、全く何のてらいもなく話される。都会では……不思議な事を聞かされるが、私の田舎ではそのような人は、まずいないと思う。

◆不思議な日本のマスコミ報道姿勢

米国と北朝鮮が緊張関係にある米国のトランプ政権時、2018年の訪日に際してのNHKのラジオ放送で

> **〝米国のペンス副大統領は韓国行きの前に日本に寄り、安倍首相と会談、北朝鮮に圧力をかける事を確認する予定です〟**と報道する。

NHKは全てを知って、米国を牛耳っており、民間会社に例えれば課長が、〝今日、ペンス君は安倍君に会って北朝鮮に圧力をかける予定です〟と言うようなものだ。

2023年3月にも日韓関係のニュースの中で以下の様なアナウンスがあった。

> ……懸案の徴用工の問題で『韓国政府は……日本に理解を求めて行く方針です』とニュースで流れてくる。

明らかにアドリブでなく、原稿を読んでおり、多分、執筆者は別人かも知れない。

上司もいる筈であり、多分、マニュアルがあり、多くの人の目にさらされていると推察するが、ビックリする。

日本のマスコミによくある事だが、日本語が非常に荒っぽくて、民間では絶対通用しない。

一度この様なミスを顧客との面談の場ですれば、それで、その人は、完全にアウトだ。

マスコミが上にいて、その指示でペンス副大統領が動かされているのならばそれで良いが、とんでもない事だ。

真剣に物事を考えた事のない人が陥り易い間違いだが、治らないのは、大勢の従業員、関係者がいるが、誰も気付かないくらい、全員が鈍感か、気付いてもそれを言い出せない企業文化があるのだろう。

日本語と云うバリアに守られているが、世界言語となった英語圏でこの様な事、このような表現を使えば、大問題で、マスコミ業界からの退出を迫られるだろう。

私が知る範囲で、日本のマスコミのこの様な態度を批判する人、記事、非難を日本で見た事も、聞いたことも無い。

日本のマスコミからしばしば、英国の国営放送ＢＢＣが伝える所によると、とか、米国のＡＢＣとかと、引用して伝えられる事があるが、日本のＮＨＫが外国で引用される事があるのだろうか？

想像だが、冒頭に引用したペンス副大統領の件が、そのまま英語に翻訳されて米国で放送されたら、米国人ではＮＨＫはキチガイ＝統合失調症かと思うだろう。

偶々、ペンス副大統領の件をピックアップしたが、ＮＨＫから日常的に頻繁に同様な論調のニュースが流れて来る。

日本語の劣化

無数に気になるのが、て、に、を、は、に代表される助詞の使い方で、誤用が頻繁にＮＨＫのラジオから聞こえてくる。

多分、あまりにも頻繁なので呆れかえっている。日本語を勉強中の外国人ならば仕方が無いが、ＮＨＫのアナウンサーが、多分別の人が書いた……若しかしたら、本人が書いた原稿……を読んでいる様な印象を受ける。

民間で常に、一種の緊張関係、節度を持って顧客と会話している中で、生きてきた私からすると、信じられない様な低いレベルの問題だ。

些末な事に過剰に気を遣う、アンバランス

ラジオのニュースの後に、アナウンサーが数分前に伝えた内容に、訂正を入れる場合が、時々ある。

多くの場合、些末な事で、訂正を入れる必要などないと思うが、誰かがチェックしていて、……その指示で訂正を入れるのだと推測する。

例えば２０２２年5月15日、午前10時頃の地震の発生を伝えたケースで……

> 先ほど地震の発生を〝**能登マチ**〟とお伝えしましたが〝**能登チョウ**〟と訂正します。

と、わざわざ、訂正が入る。確かに、間違いだが、その必要があるだろうか？　私はこの様な些末な事は、アナウンサー及び関係者が、その間違いを認識して、知識として蓄積する事で、同じ間違いを繰り返さない様にする事で十分だと思う。

先述の、米国のペンス副大統領のケースは、許されない報道スタイルだが、このような些末な事に過剰に反応、対策するアンバランスな感覚は日本の学校教育と、ＮＨＫの組織文化が作り上げたのだろう。**社会で重要な物事の大小判断が全く理解されていなく、勉強の良く出来る、幼稚園生のように感じるが、**多分これは日本だけに存在する事だと思う。

第二章に既述の、大阪大学修士卒のＩ氏が、筆者の出張報告書の漢字の間違いを、得意げに指摘したのと、精神的には同じ様な因果関係から発生、それは日本の受験目的教育に遠因があると思う。

ＮＨＫの問題については第二章で考察してみよう。

◆ウイグル自治区の巨大な陽関博物館

約20年前の夏に上海、西安、敦煌を経て新疆ウイグル自治区のトルファン、烏魯木斉（ウルムチ）に2週間の旅行をした。

バス1台仕立ての25名くらいの歴史オタクみたいな人が全国から集合、半分くらいの人は教師OB、OGで昔の歴史のロマンを追っての旅行である。大学で歴史を専攻、学校で歴史を教えた人も数名いる。西安から始まり、敦煌の莫高窟、秦の始皇帝廟……多くの歴史的に著名な史跡を訪れた。

現役引退6年後、夫婦で、多分20回くらい海外旅行をしたが初めての、1人参加の団体旅行。

妻は、中国の並外れた劣悪なトイレ事情から、絶対に行かないと、同行しなかった。

確かに、2000年頃の中国のトイレ事情は、日本の戦後間もない頃のトイレ事情よりもはるかに悪く、江戸時代でも、多分、日本ではあり得ない様なトイレで、インド、エジプト、……でも見た事のない様な酷いものだった。

烏魯木斉（ウルムチ）はインド洋の最北カルカッタから約1000km北、天津の西北約2600kmも海から離れた、大陸の内部にあり、周囲には高い山脈があるのに、海水面より低い海抜マイナス154mの低地があり、ビックリ。訪れたのが夏季だったので猛烈に気温が高く50℃に近い。そのあたりは乾燥地帯で年間平均雨量が50mm程度で、平均乾燥量が3.5mと聞いた。

乾燥量と云う言葉を初めて聞いた。それは水を貯めておくと水分が乾燥するが、乾燥で消失する水分の高さ、雨量の反対語を意味するとの事で、私が初めて遭遇した言葉だった。

我々が訪れる少し前に、自治区内でイスラム教徒が起こした騒乱があり、それが終息して間もなくの事なので町には、制服の漢人が多く立ち、緊張感がみなぎっていた。自治区に入るには甘粛省経由で入るが、途中の砂漠の中に突然、巨大な西洋風の建物が出現する。最近建設された陽関博物館である。

ガイドによると、中国では多くの日本人観光客が大金を使ってシルクロード観光に来る理由が分からない。粗末な古い朽ち果てた遺跡が砂漠、土獏の中にポツンとあるだけなのに、高額の旅費を使って観光にくる。

立派な博物館を建て、もっと観光客が訪れる事を期待して陽関博物館が建設されたとの事。

立派な入口を入ると、巨大な、馬に乗って鐙（あぶみ）を踏み、前方にやりのような物を突き出している、張騫（ちょうけん）の銅像が、大きな台の上に飾ってある。張騫は前漢の武帝の命により遊牧民族である匈奴対策の為に西域を初めて探検した人とされている。

学校の歴史の教科書に載っていた晋の仏僧、法顕が経典を求めて西域経由でインドに旅行する4、5世紀前の事である。

巨大な、3階建ての建物は色々な展示物があるが、張騫が主役である。

数人の学芸員が、交代で展示物について説明をしてくれ、日本の著名な大学教授も顧問みたいな立場で、建築時に来ておられたとの事。当時はまだ日中の大きな経済格差が巨大で、日本に対して過度に迎合している雰囲気が至る所にあった。

旅行には上海到着から、上海を離れるまで1人のガイドが通しで随行、途中の観光地で現地ガイドが付くので常時2人のガイドが付く。博物館を離れる前に私は、我慢が出来なくて、お礼と以下のよ

うなコメントをした。

> 立派な博物館を見せて頂きお礼申し上げるが、気になる事がある。
> 張騫の銅像が、単に芸術作品として展示されているのか、歴史の一部として展示されているのか。
> 張騫はしっかりと鐙を踏んで馬に乗っているが、現在の歴史の常識では、当時、鐙は存在しなかった。
> 鐙は重要な武具で、ＡＣ数世紀に初めて歴史に登場、それまで遊牧民にやられっぱなしだった漢民族が遊牧民族に対抗できるようになったと、私は理解している。
> 博物館としての性質上、張騫の銅像は如何なものかと、問題提起した。

博物館の学芸員は……北京大学卒と言っていた……言われて直ぐに気が付いたみたいだったが、狭い範囲のアンテナで行動している専門家ではこのような事が起こる事がある。

中国大陸では農耕民族は常に遊牧民の略奪に怯えていた。遊牧民は乗馬術に長けており、裸馬に乗って刀、槍を振り回し、騎射できるが。農耕民族は乗馬が下手で、兵士に訓練しても子供の頃から乗馬に慣れ親しんでいる遊牧民とでは大きな差が付く。

鐙の発明……どこで、誰が、何時発明したかは諸説あるが、不確か……乗馬して足を踏ん張る事を可能にして、乗馬術が少々下手でも、騎乗して刀槍を振り回す、騎射する事が可能となり、農耕民族が遊牧民族と対等に戦う事を可能にした。

紀元後、数世紀に鐙が登場したと推測され、その後の大陸における戦争の形態と中国の歴史に大きな影響を与えた。

この事例は、歴史的に考えると、25世紀に歴史学者が、20世紀初頭に起こった日露戦争の時に日露はネットでメール交換して外交交渉したが決裂、ミサイルを打ち合って、日本が勝利した、と生徒に説明するのと同じである。

上海に向かっての帰路から、私が歴史の専門家であるとの誤解を受けてガイドから老師、老師……日本語で先生の意味……と呼ばれて困った。(写真集参照)

同行者に薬の専門家がいて、ワーファリンの話

パック旅行の仲間に、京大卒で京都の製薬会社に勤務、厚生省に対して新薬の認可申請をする部門の部長であるI氏と話す仲になった。私は67歳の時に心房細動が発見され、医師から血液サラサラ薬のワーファリンの服用を言われた。

飲みだすと、一生死ぬまでの服用になるとの事。担当医師の出身学校ではカテーテルアブレーションはまだしていなくて薬の服用を勧められた。

翌日、テニスの時にその話をすると、製薬会社にMRとして勤務していた松本さんが、会社の先輩でワーファリンを服用していた人が、簡単な手術だったのに、出血が止まらなくて亡くなった人がいると言った。

翌週、妻が学校の同級生と旅行に行き、私の事を話題にしたら、テニスの松本氏の話と同じような事をいわれた。

15人前後の人との会話から2人も死者が出ている。翌日から、神戸大学病院医学部分館の図書館に行き3日間、関係する論文、ワーファリンが認可された経緯、……可能なすべての論文、資料を読み……医学界の恥部をのぞいた感じがした。

ワーファリンは飲むべきではない、過去の色々な薬害事件と同様で本来認可されるべき薬でないと確信した。

薬の服用をしない代わりにと思って、カテーテルアブレージョンの手術を受け、心房細動は収まったが、10秒を超える心停止が有り、最終的にペースメーカーを埋め込み、脳塞栓を予防するため、血液サラサラ薬のワーファリンの服用を言われた。

この様な事情があるのでI氏と、帰国後に私の調査結果についてメール交換、御意見を伺った。

明快な返事を頂くわけには行かなかったが、新薬の認可はそんなものみたいな感触を得た。

我々製造業の人間は、納得が行くまで、何回でも、時には100万回以上のテストを繰り返すが医薬の場合にはそうは行かない現実を理解した。歴史オタクの団体旅行が新薬の許認可の話に繋がるなんて、世の中なかなか面白い。

（資料集参照）

EBM：エビデンス・ベースド治療

30年ほど前に米国の医療分野でEBM＝証拠に基づく医療、という言葉が生まれ、10年ほど遅れて日本でも、ボツボツとこの言葉が一般でも使われだしてきた。

EBMでは、**一般には何のことか分からなかったと思う。それだけに高級感のある響きで捉えられていたようであるが、日本語で〝証拠、データーに裏打ちされた医療行為〟等と分かり易く表現すれば、皆から、オイオイ、それじゃあ今まで何をやっていたんだ、科学の最先端で、宗教みたいにやっていたのか、**と叱られただろう。

日本は、日本語は非常に便利に……イヤ、反対に不便に出来ている。

医学、医療の業界は我々分野外の人間には非常に分かり難く、特に高齢となり、現代科学でも因果関係が全く分からない多くの問題を抱えて困ったものだが、それが実状だから……仕方がない。

◆マイナンバー制度と徴税

1970年代のスウェーデンで、確定申告に際して3、500円の金利収入の申告漏れを指摘したスウェーデンでは、税務署は非常に高い職務遂行能力がある。日本は真逆で……不正天国で、皆それが当然と思っている様な空気があると思う。

白紙領収証

数年前にスポーツワールドで金持ちっぽい自営業の婦人とおぼしき人が、非常に尊大な言葉で手書きの領収書をくれと言いながら、〝上様やで、日付けは書いたらあかんで〟と言っていた。政府は国民がファイナンスしている事が解っていない。

自己中心で民主主義が税金で維持されている事が全く解っていない。

日本の平成、令和の教育は進学を唯一、最大の目的として、クイズに答えられるように記憶重視で、内容を咀嚼し、情報、知識を駆使して総合的に考えて人間、社会についての知識の蓄積に興味を感じない人間が成長する。

スウェーデンでは、前述のご婦人のような事を云う人は存在しないし、若し、そのような事を言えば、店員は確実に角張った返事をするだろう。勿論、スウェーデン語の話せない外人に対しては、丁寧に断りの説明をすると思う。

昔、デパート勤務の友人が、インドから定価販売のデパートで

値引き要求されビックリしたと言っていたが、国が違うと常識が違う。日本では買う立場、金を払う立場の人が過度に偉そうに振舞うのは非常に見苦しいと思う。
私は子供の頃の行商の経験に加え、現役ビジネスマンの頃も、常に顧客の意志に忖度して生きて来たので、スウェーデンの様に売る方と買う方が全く対等に話す社会にいると、少々戸惑うところもあるが、好きだ。

◆私の肉体と心の健康維持対策

ペースメーカー埋め込みで一級障害者と認定されている。お陰様で80歳になっても……憎たらしいほど健康そうに……過ごしている。ピンピン、コロリを願っているから、いつ何が起こっても良いと、腹を括っているが、……あの世に行って後悔しないため、健康維持には随分気を使っている。

十二単、重ね着

私は汗かきで、冷え性。テニス、農作業、乗り物の中の冷暖房……、常時、薄物のシャツを携帯、寒ければ着る、暑ければ脱ぐ、を必要に応じて頻繁に行う。冬季のテニスでは開始時には5～6枚くらい着ているがそのうちに脱いで行き、プレー中は2枚くらいになり、待機中はその上に何かをはおり、……と云う具合で、テニスの友人からは岡田の十二単と言われている。

ガム咬みと就寝時の口のテープ止め

私は喉が弱く直ぐに風邪を引き、熱が出るので風邪は私の天敵だった。現役の頃には出張が多く、頻繁に多くの人の前で話をする講師の仕事をしていた。
ある時、ラジオを聞いていると、著名ラジオパーソナリテーと現役の研究医の会話の中で、研究医が、風邪の予防の為のうがいの効果について……インフルエンザウイルスは**鼻や口から入り、喉粘膜に到着すると約10秒で粘膜の中に侵入し、細胞に入りますから、効果は限定的ですよねと、**分かりやすい話をしていた。
テレビでは事前に入念な打ち合わせ、時にはシナリオが作られているが、ラジオの場合には本当の事が聞ける。
これがヒントになり、常時ガムを噛み、就寝時に口が開かない様に、１００円ショップで売っているサージカルテープで上下の唇を閉ざすようにする事で、風邪に罹る頻度が激減……ホボなくなった。ホテルによってベッドとエアコンの吹き出し口が変わるので、自衛するしかない。２０２３年になり、現在はサージカルテープを変更セロテープを使っている。

外出時のマスク着用

コロナ以前から、冬季には混雑が予想される所への外出時にマスク着用を心掛けている。
インフルエンザウイルスは、低温と乾燥を好み、高温多湿の夏季には繁殖しにくい。マスク着用で鼻、喉に高温多湿の梅雨の環境を作る事で風邪を予防している。

醗酵ニンニク

にんにくは家庭菜園で作り、炊飯器を買って黒ニンニク専用に使用している。

私は愛好しているが、妻が嫌いで中々うまく行かないものだ。約5年間常用したが……現在は中止している。

生活一般とボケ対策

マネーの為の義務的な時間の使い方をする必要がなくなり、色々な事を試行錯誤して、以下の様な事を実行しています。

写真、アルバム類

若いころ、写真は趣味でしたが、見返すことのないアルバム類を重ねると5～6ｍにもなり、最大の粗大ごみと判断。

本人が見ないのだから、子供、孫が見るはずも無くパソコン取り込みも止め、ホンノ一部を除いて全て廃却した。

旅行に行く際に、今までカメラを携行していたが、カメラ不携帯で楽になった。

カーナビの排除

長距離ドライブに加え、海外や国内の遠くへの旅行の際に良くレンタカーを使うが、カーナビは使用しない。

旅行が面白く無くなるからだ。

旅行に行く際に、先ず事前の下調べをして、簡単なメモ書きをつくるが、通常、先ずそれを見る事はないが、保険の様なもので、あったら気持ちが安定する。

現地に行くと、迷う事もあるがその時には地元の人に聞く。会話から新しい、予想もしていなかった発見に結びつく事もある。

カーナビの指示に従ってハンドルを回しているだけのロボット作業になり、面白くないだけでなく、後日の旅の思い出も少なくなり、友人との旅の会話も面白くならない。

頭の中は忙しく働かされているので、ボケ防止に役立っていると確信している。

ホボ同年代のテニスの高学歴の友人で、比較的近距離で過去に数十回以上は行ったところにドライブするのにカーナビに頼っている人がいるが、個人差は非常に大きい。

携帯、スマホの排除

1999年に退職したが、当時は携帯の時代で、仕事上での携帯電話の便利さは実感していた。

退職後も携帯を持ったが……そのうち数年で使わなくなり、現在は積極的な意味合いから、携帯、スマホは不携帯で持っていない。携帯、スマホがあると、他人が関係する行事や、待ち合わせなどの計画が……いつでも訂正できるので……杜撰になり、その杜撰さが生活全般、全ての行動、計画に波及して、乱雑な、場当たり的な人生行路になる可能性を高める。

便利なものだから現役の仕事を持っている人にとって非常に有用な武器である事は言うまでもないが、現役引退後は必要を感じなく、永らく携帯不携帯を貫いてきたが、交際する友人、知人の中で若い人が増加、周囲から、持たなければいけない様な空気が醸成されて、一応購入した。この本の執筆を終了したら使用を開始しようと思っている。

アルツハイマー型認知症

事故、暴力などで死亡しなければ、多くの人が平均寿命の50代まで生き時代が永く続いたが、第二次大戦後から寿命は急速に伸び始

め、短命だった時代には問題とされていなかった、認知症が大きな医療上の克服すべき課題となってきた。

科学の最前線で永らく多くの研究者により研究されているが、決定的な治療法、予防法はいまだ発見されていない。

症状が顕在化する20〜25年前に症状が始まるとも言われているが、正確な、正しい事は全く解っていないが、多くの人が認知症について著作を行い、テレビ、新聞、ネットには認知症に効果があると主張するサプリ、食べ物……オンパレードである。

予防には肉食から野菜食に

２０１５年11月号の雑誌ニュートンによれば、認知症の世界的権威者、ハーバード大学のルドルフ・タンジ教授は、草食動物は認知症に罹らないと言っている。私は、これは嘘ではないと信じる。何故ならばタンジ氏の立場で、米国の科学界の文化等を考慮するとタンジ氏が嘘を言うとは考えられないからだ。認知症の中で最も多いのがアルツハイマー型認知症であると言われ、認知症の代名詞のように使われている。草食動物がアルツハイマー型認知症に罹らないのであればそれをヒントに、自分の食生活をその方向にする事は意味があるように思う。

現代を意識的に生きているように見える多くの若者が、ビーガンと呼ばれる、厳格な菜食主義に熱心なのは賢い事だと思う。

私は完全菜食主義を実行できるほどの強い精神力を持っていないので、実行できないが……部分的に食生活の方向転換は実行している。当面、認知症の自覚、予兆……は無いようであるが、……それが自覚できる筈のない認知症だから厄介だ。

◆日本の司法の困難、再審請求却下

２０１８年6月に半世紀前に放火殺人の罪で逮捕され、死刑が確定した袴田さんの再審請求に対し日本の司法は最終的に再審請求を却下した事が報じられた。

袴田事件

死刑囚とされてから、出て来た新しい発見、証拠……の存在が判決に疑問を感じさせ、多くの人が関心を持ちだして、社会的に良く知られる事件となった。静岡地裁が再審開始を決定して袴田さんは48年ぶりに出獄したが、東京高裁で再審請求は却下された。その後最高裁で東京高裁の決定が覆されて、差し戻された。

袴田さんの死刑執行を約半世紀も執行することなく……再審を開始決定し、それを却下し……右往左往しながら半世紀を経過させたことは、日本の司法制度、死刑制度の存在に大きな疑問を提供した。

自分の日々の生活に精いっぱいの我々の様な庶民にとっては、目に留まらなかった話題だったが、高級官僚の代名詞のように言われる東京大学法学部の卒業生や教授にとっては、身近な問題として、感じておられた筈だ。

司法と呼ばれる同業者の中で、何故、判断＝判決がその様に変わるのか。私の常識的な感覚からすると、理解不能だ。

東大法学部卒に少しは良心が残っていた

それを以って私は日本の司法、司法を代表する東京大学法学部卒業者に、少しは良心が有る事の証明と理解するが……依然として結論が出ていない……時間が掛かり過ぎている。

とんでもないコメントも有ったりするが、関係者は……袴田さんが無実であるとの心証を持っていたことが……死刑を実行しなかった理由と推察される。日本の終身雇用慣行の社会で、最も過酷な人生を送っているのが、裁判官なのかもしれない。

再審請求を認めれば、**先の判決を下した先輩に対する反逆となるだけでなく、司法の無謬性にケチをつけた事になり、**その後の人生が難しくなるのは避けられない。裁判官は裁判官を止めたら、法曹界以外では潰しが効かないから、歯を食いしばってでも裁判官をするしかない。この様な組織では、組織内で発生した知られたくない事件の隠蔽は最高のレベルに維持されていると思うが、頻繁に裁判官が起こした不祥事がマスコミで報じられる。

裁判官は官舎と呼ばれる社宅に住み、職場の上下関係がそのまま住まいに持ち込まれ、……窮屈な人生を送る事を余儀なくされる。それまで、日本で再審請求が認められるのが少ないのは、再審請求を認める事は組織に対する反抗と見做される、昔の夜盗やヤクザの様な縛りの中で生活しているからである。

官舎住まい

30才の頃に名古屋の営業所に勤務する私とホボ同年代の女性事務員の父親は判事だった。快活な人で、官舎住まいの不自由さを訴えていた。民間の会社の社宅住まいの、社宅文化をはるかに超える窮屈な様子を嘆いていたが、当時は特別に気にも留めていなかったが、スウェーデンに住んでみて、世の中を見る目が変わった。

スウェーデンでは社宅は過去の遺物

半世紀くらい前に数百戸の社宅のあったところは、きれいに再開発されて瀟洒な風格のある一戸建ての家が建っていた。

スウェーデンでは既に70~80年前から、精神的な束縛の伴う社宅生活が忌避され、工員も職員も社宅には住まなくなっていた。日本では終身雇用で身分と収入を保証されて、社会のトップグループを形成すると考えられる裁判官が、窮屈な官舎に住まい、独特の偏狭な文化を作って、一般社会と異なった常識の中で住まい……一般社会との正常なソーシアルデスタンスを維持する事なく生きている。

ユダヤ人へのビザ発給で有名になった外務官僚、杉原千畝の事件は学校の教科書に登場するほどの事件として、世の中に登場したが、杉原千畝にも相当する良い事をしたのに、誰にも知られる事なく……消えていった人が多かろうと思うと、残念で仕方がない。我が家の30~40メーターくらい近くに、四国で裁判官をしておられたと聞く、私とあまり年の変わらない人がおり、散歩されているのを見かけるが、誰かと話をされているのを見たことが無い。

清水地裁の裁判官のその後

袴田事件の1審の主任裁判官であった熊本典道氏が、自分は無罪と判断したが、他の2人の裁判官を説得出来ずに意に反して有罪判決の判決文を作成、**2対1の多数決で有罪となったと明かし、熊本氏は悔いが残り、裁判官を辞められた。**

私の場合には、自分の提案に対して社内で反対意見があっても、自分の意見を主張して実行する勇気を支えてくれるのは、最終的に顧客と云う、神様が評価を下すからである。顧客は良ければ褒めてくれ、悪ければダメ、社内の議論はあまり気にならない。再審請求に対して再審決定の判決をした、清水地裁の村山浩昭静岡地裁裁判長、……その後、高裁で再審請求が棄却され、特別抗告審が行われたが、

最高裁高裁へ差し戻され、最終的に紆余曲折を経て２０２３年3月に再審が開始された。

事件発生後65年になろうとしている。この様に長期間を要する日本の裁判制度、裁判は非難されるべきだと思うが、日本では大きな問題とする認識が生まれない。同様の事が欧米で起これば、マスコミは放置しないと思う。

日本は日本語のバリアで守られて、**マスコミと不正義が奇妙なもたれ合いで繁栄するメカニズムが働いて、不正義に鈍感な社会となり、無数の不正義が横行する〝社会学的合成の誤謬〟に陥り、**進歩が停止した社会となった。

刑事裁判で『推定無罪の原則』であるべき裁判で、何故、この様な事が起こるのか。

この事件が与える国民への負担は巨額になる。

被告の拘置費用、判事、弁護士、裁判所の関係者の費用は多分、最低1千万円/年で、半世紀以上経過しているから十分に10億円以上掛かっていても不思議ではなく、それらは最終的には国公債は高残高の積み上げとなる。

同時に、消費されたマネーはＧＤＰに算入されて、日本のＧＤＰの上昇に貢献して、日本を少しは豊かになった証として統計数字に反映される。それよりも重大なのは、袴田さんや家族の方々への精神的な虐待だ。

これは、典型的な東京大学法学部卒の高級官僚の事績であり、この事については第二部以降で考察してみます。

製薬会社から謝礼を貰って執筆する医師

２０１8年に週刊ポストが、製薬会社から謝礼を貰って執筆する医師30名の実名入りの記事を掲載した。

18の学会の理事などの実力者が、最高で約2千万円、20名は1千万円を超える謝礼を貰っていると報じられた。

個人情報の保護に対する過度な反応が見られる昨近なので、医師の方から名誉棄損、虚偽情報などで週刊ポストが訴えられると思って観察していたが、**医師からも、製薬会社からも何の反論も聞かれなく、大マスコミも何も報じなかった。**

多分関係者にはよく知られた事だったのだろう。

戦後、日本のインテリと呼ばれるグループの人は、朝日新聞を読み、若干左翼的傾向のある大学で文系の学部で学んだ人、みたいに捉えられていたと思う。週刊誌は二流以下の、ヨタネタを材料に、低品質の真偽不明の事を、いい加減に印刷物にして販売するみたいな、社会的評価の中で発行されていた。

この様な事件を調査して深く掘り下げて報道する事で、社会に貢献する事がマスコミ記者の使命だと思うが、堕落した日本の大マスコミから、この様な事についての報道は聞いたことが無い。

大マスコミの記者は自己規制する事で……結果として、言論統制国家である中国の国営マスメデイアと酷似した報道姿勢で……目の前に出された政府、市町村、記者クラブなどで、情報発信者が自分の都合で報道したい事をチラシにして配布、その中から適当にピックアップして記事にする……摘み食いで苦労しないで記事を作るスタイルが定着する。このような事件を深追いして、情報提供者から危険人物とされると、以降その分野での記者活動が難しくなる。既述の、週刊朝日の現役引退直前の記者の様に、退職を覚悟しないとそのような記事は書けない。

立花隆の死と平成、令和の堕落したマスコミ

２０２１年に20世紀の知の巨人と呼ばれていた東大哲学科卒の立花隆氏が亡くなった、私の１学年上で、この本を執筆中に急性冠症候群により、80歳で亡くなられた事が公表された。

多数の著作をされているが、徹底的な忍耐強い調査に基づいて、事件を掘り下げる事で真実を明らかにするノンフィクション作家だった。田中角栄の研究で、米国の航空機製造会社ロッキードからの巨額賄賂、政治の不正、汚職を暴き田中角栄を辞職に追い込んだのは良く知られた事だ。立花隆より約20年前、ベトナムが戦火にまみれている中で、毎日新聞の大森実さんは、日本のマスコミの堕落の始まりを指摘したが、残念ながら彼の指摘は当たっていた。

日本のマスコミは昭和の時代から、ＮＨＫを筆頭に、高給と終身雇用に守られて不正を暴く、**真実を伝える事を使命とする、欧米型のマスコミ精神を放棄して、自己利益追求型マスコミとなり、**その存在意義を失ってきているように感じる。

中国は共産党一党独裁国家であり、マスコミは政府の広報機関としての役割を持っているから、それは当然の事であるが、日本の大マスコミは、中国型に近いが、自由を謳歌できる日本の社会で、利己的な傾向を持つ組織として増殖してきた。

実態を理解して批判する人も現れ、外部的にはネット社会となり、若しかしたら日本の、マスコミ業界も少し社会に貢献する方向に変化するかもしれないが……今までの所、反対に個人情報保護法、著作権を利益獲得の為に悪用する方向に変質しているように見える。特に中国に関する報道については日中国交回復時に……締結又は交わされた覚書、又は口約束……を根拠に、日中記者交換に関する約束があり、日本のマスコミは中国に関して批判的な報道をすると、中国から排除されるので……中国を批判する様な論調の報道が出来ないと言われている。

この事に就いては第二部以降で詳細に考察してみたい。

上野千鶴子氏の東大入学式の式辞

富山県出身、同郷の上野千鶴子氏が、学外の人であるにも拘らず２０１9年、依頼されて東京大学の入学式で女性で初めて式辞を述べた事が話題になった。私から見ると全くの常識外れのご婦人で、彼女の名前を本屋の立ち読みでよく目にして、富山には珍しい奇矯な人だと感じていた。社会学者、フェミニスト……等の看板を掲げ、新聞の人生相談にも回答者として登場しており、マスコミの寵者である。私より6歳下だ。安保反対騒動の後に、左翼を標榜して政治をオモチャにして、マスコミ受けを狙って、過激な発言で目立ちたがる女性の一人だなと思っていた。

スウェーデンでは彼女の様な軽薄で責任の無い人は、彼女の様な立場では絶対に存在できないと思うが、日本にはその様な人が存在して、継続的に社会にインテリとして存在できるインフラが整備されている。

日本のトップ大学と見做されている東大で、彼女に入学式の式辞を依頼する背景は何だったのだろうか。

この事に就いては、東京大学の社会における役割との関係を第二部で深く考察してみたい。

離島の農業振興策：黒砂糖は最高

高齢となり、食材の選択に気を付けるようになり、今まで無意識

に精白糖を使用していたが、一部を蜂蜜に変更するアイディアが浮上してきた。最新の食品成分表２０１９を見ると、蜂蜜の横に黒砂糖の成分が掲載されている。

黒砂糖には24成分、蜂蜜には19成分。蜂蜜と黒砂糖の両方に含まれている重要な微量成分も数倍から10倍以上黒砂糖のほうが多い。明らかに、黒砂糖の方が蜂蜜よりも断然良い食材である事が解った。

黒砂糖の方が精白糖よりも手が掛かっていないから、製造費も安く、エネルギー消費も少ない筈なのに、消費者が無頓着に精白糖を買うので、消費量が多くなり大規模な工場で製造されるので安くなる。

私の民間の頭で考えると、消費者に黒砂糖の食材としての優位点を宣伝し、精白糖から黒砂糖への変更を政策的に推進する事で、精製に伴うエネルギーの消費量の削減と、国民の健康増進を図れば、医療費の削減に貢献する筈で、行政がその様な方向で動けば社会は変わる筈だ。その為には小規模な黒砂糖の製造設備を大型化して、製造原価を引き下げなければ実現しない。

その様な設備更新に政府が補助を出し、黒砂糖の効果を教育して、**側面から先回りして先導しなければいけないが、その様な応用能力は、残念ながら期待できないみたいだ。**

パソコン工房のお兄ちゃん

パソコンがトラブってパソコン工房に電話して訪問して持ち込みで診断してもらう約束をした。

工房のお兄ちゃんは自分の工房の場所の説明ができない。私はパソコンでグーグルの地図を見ながら交差点、通り、目印の大きな建物の名前を伝えるが、工房のお兄ちゃんは、常にスマホを見てその誘導に従って歩いているから、近くの通りの名前や、交差点、建物を意識的に見たことが無く、他人に自分のいる場所の説明が全くできなくてショックだった。

地図でなく、全てをスマホに頼り、**その結果どのような人物が出来上がり、全てがスマホ頼りになれば、**世の中はどう変化してゆくのか。スマホの画面の指示で動き、考えない……他人に説明できない、カーナビの指示でハンドルを回しているだけのドライブと同様に、人生行路がスマホ＝他人任せになるのだろうか？

美智子上皇妃の西陣を織った西陣の匠

五箇山出身の知人経由でご縁を頂いて、京都市北区に住む西陣織職人、俣野氏の職場を見学させて頂いた。

京都の西陣織は母親が花嫁用の着物を商っていた頃の最高峰に位置する高価なもので、約1、500年前の応仁の乱の頃からの伝統技術を守る、伝統技術に支えられていると思っていた。

織機は無数とも見える細い縦糸と横糸を巧妙に操作し、金糸、銀糸も含めて色々な色の糸が織られて行き着物や帯用の生地が織られて行く。私は、西陣織は大昔からの京都の日本の匠の技で成り立っていると誤解していた。

西陣で使われている織機は応仁の乱の頃の物でなく、フランスから明治初期に導入されたジャガード織機が使用され、ジャガード織機がなければ西陣織は出来ない。西陣織は日仏合作の基幹技術により、日本人の手で作られている事が解った。

西陣織と五箇山出身者

西陣織の製作工程は多くの工程別の業者の手を経て最終製品に仕上がるが、五箇山出身の人がその多くの工程で重要な役割を果たして

いる事を知った。中学同級生の数人、私の姪の夫は染物屋で父母は五箇山出身、同級生の女性の坂本さんと弟、10名を超える私と同世代の五箇山出身者に加え、さらに多くの私の知らない古い世代の五箇山出身者が西陣織に関係した職業に従事している。日本の著名な伝統技術の、伝統に固執しすぎない……柔軟に生き延びてきた……良い意味での賢い日本を実感した。

東京では多くの風呂屋が富山県出身者の経営である事は、よく知られた事であるが、京都では西陣織が五箇山出身者によって守られている事を知りビックリだ。

１００歳の老婆に銀杯のお祝い品

２００６年の小泉内閣の時に１００歳になった母親にお祝いの品が、小泉内閣総理大臣から届いたが、それは直径約10㎝の大きな、重さ約１００ｇの銀杯で、高価そうな桐の木の箱に入っていた。

想像するに銀地金の価格が約5千円、桐の箱代と送料などで大まかに1万円くらいと思うが、官庁の発注だから2～3万円くらいの価格かも知れない。1万個作れば2～3億円、受注した業者にすれば何としても継続的に発注を受けられるように努める。

平成の時代に**１００歳の老婆に、銀杯の記念品のセンスは、説明のしようもない……**、それが官僚のセンスだ。

発注する担当は先例に従って唯々諾々と行い、永らく継続されてきた業者との繋がりの中で、それは永遠に……発注する側の些少な利益と、受注する側としては官は大切なレギュラーカスタマーとして……リターンが何らかの形で発注した官僚の側に還流する仕組みが出来上がっている。その慣習に異議を唱えるのは、正義を訴えるのは前任者を非難する事に繋がり、多くの場合前任者は上司である事が多く、気付いても提案できなく、それが日本の官僚文化として確立されている。

スウェーデンならば、即日に廃止されるのみならず、そのようなバカな事が起こる筈はない。

とにかく、**金、即ち予算を使わなければ、公務員は仕事をしたことにはならない。民間では如何にコストを＝費用を少なくしたかで評価されるが、全く正反対の目標を掲げて**生きている。

大型クルーズ船の旅、乗組員の生活

7年前に米国の南部のフロリダ州のマイアミから22・5万トンの当時の世界最大の客船に乗って1週間のカリブ海クルーズに行った。船長、機関長などの主要メンバーはスウェーデン人とノルエー人で、スウェーデン語で話しかけると、喜んで雑談に応じてくれた。**船長いわく、今回の乗船の後で国に帰り休暇、1週間後に再度乗船の為にマイアミに戻ってくる。**

時差からの回復期間と時差による時間のロスもあるので、原則2週間の乗船勤務の後に1週間の休暇のサイクルになるとの事。

先述の借り上げ社宅の家主だった船長ＯＢの、石塚さんが……そうなんだよね、連中は楽に仕事をしている。

下級船員……多くは低開発国からの人々……の連中も北欧系の船に乗りたがるとの事。船員は、陸上の会社の従業員と全く違った勤務形態である。**１９７０年代の日本の船員は乗船すると半年間の乗船勤務で下船して、長期休暇、次に乗船の場所と、日時を指示する手紙が来てその指示に従って乗船した。**このようなルールの下で、船員は職住接近の必要性は全くなく、船員は北海道でも九州でも好きな所に住所を持つ事が出来た。知人の船長ＯＢで、筆者と同性の岡

田さんは家を北海道の北端、稚内に持っている。船の乗組員と云う万国共通の職種だが、21世紀になっても、日本では長期間の連続勤務の傾向は継続され、国によって日本とスウェーデンでは条件が大きく違い、人間としての人生は非常に異なったものになる。

政府系の金融機関の場合

日本でも遅ればせながら、企業が真剣に事務作業の電子化を進めていた２０００年頃に、政府系の金融保証会社の幹部社員U氏家族、登山の愛好家のI家族と小パーテーを開催していた。

信用保証会社は準公務員の様なもので、何もバタバタと体を動かして仕事をしないので、時間を持て余す。

パソコンが目の前にあるので、始終ネットでエッチサイトが見れるので楽しくなったと言っていた。

最近は会社によっては、……仕事中の閲覧記録がデーターとして残る様に管理している所もあり、様子が少しは変わっているのかもしれないが、終身雇用で守られた社会では、スウェーデンでは考えられない様な事が普通に行われる。

シルバーカレッジ卒のY氏の場合

Y氏の奥様とは30年以上の交際があり、お互いに家庭の事情はかなりよく知っている。

私とホボ同年代のご主人は京都大学卒で、現役の頃は、高い役職の三井住友銀行の幹部社員だったと伺っている。

退職後シルバーカレッジに入学、リーダー的な活躍をしておられた事が、漏れ伝わってくる。

最近ご主人が高齢となられて、足、膝、腰などに痛みがあり、色々な医者に行くが改善が見られないと困っておられるので、妻が先述した、筆者が膝の靭帯の断裂を治した光線療法の話をした。

奥様が興味を示されたので、関係する分厚い資料をお貸しした。私が治療の為に東京まで行った事にビックリなされている。自分の夫は絶対に、そんな面倒な事はしない、出来ないと、仰り……痛いのを我慢しておられるが、その忍耐力には敬意を感じるが、私にはそんな我慢が出来る忍耐力が無い。

◆トルコのへ２週間の旅行

２００４年にトルコ２週間の格安旅行に参加した。日本からの観光客を呼ぶための観光推進政策の一環でトルコ政府から補助が出る。２週間の長期旅行だが、総額15万円でホテルは全て一流ホテルでの２連泊で疲れない。

トルコの親日感情は非常に良く、多分、心の根っ子に日本人と共通の何かがあるように感じたが……両国間には象徴的な親善感情を高揚させる２つの事件があった。トルコは南方に進出したいロシアと永らく対立していたが、遂に１８７７年〜１８７８年の露土戦争となり、敗戦を喫した。日本の西南戦争の頃であり、その約35年後の日露戦争で宿敵ロシアを破った日本……トルコ人は留飲を下げた。

又、１８９０年にはトルコの軍艦エルトーリアが台風に遭遇して和歌山沖で沈没、約６００人が死亡する大海難事故があったが、西欧の基準では考えられないほどの日本漁民の献身的な救助活動とその後の手当てに加え、約70名の生存者を日本の軍艦で送り届けるなど、日本人を好きになる理由があった。

タクシー運転手へ2倍の料金を払う

イスタンブールのヒルトンホテルで、知り合った人計５人でトプカプ宮殿までタクシーで行くことになった。

ガイドから料金は６千円くらい、時間は渋滞次第だが40～50分掛かると聞いている。

当初は2台の車でと思っていたが……ケチって……誰かが1台で行こうと提案した。

多数のタクシーが客待ちの行列を作っていたが、行列を離れて少し離れた別の所で駐車しているタクシーに交渉。

旅行出発３か月前からトルコ語をかじっていたので、さっそく運転手に交渉、小型のタクシーだがＯＫの返事。

運転手は少し英語が解り、私のトルコ語と同程度だが、コミュニケーションは十分とれる。

家族の話、住居、収入、生活費、学校、宗教行事の実践、物価……生活の苦しさが良く解る。その内ガソリンスタンドの看板から、ガソリンが約６００円／Ｌである事が分かる。かなり渋滞していたので結局1時間以上かかった。

当時、日本ではガソリン代が１００円を超えて急激に上昇１５０円を超えつつあり、１６０円を超えたら車を持たなくなる人が出てくるだろうと言われており、私などもそのうち、車は止めだなと思っていた。

道中は渋滞し、至る所に警官が立っている。若し定員オーバーの違反が見つかれば、違反金は1万円をはるかに越えるとの事……正確な数値は忘れたが……目的地のトプカプ宮殿に着く直前に、私は2台分に見合う、2倍の料金を払いたい、若し皆が反対すれば1台分は私が払うと宣言した。

降車後に、我々は余裕があるから旅行に来ている、貧しい運転手が違反を承知で、家族の為に頑張っている…我々がケチって日本人を貶めるような行為をしたくない、みたいな説明をしたが、不満気な人も数人いた。

海外ではボッタクリ運転手に遭遇する事は珍しくないが、あの運転手は誠実で、珍しい経験だった。

◆金融ビジネスに参加

結婚前の20代の頃に買った、既述の三光汽船株の歴史的暴騰と、その後の倒産を見届けていたので、その後も金融ビジネスに継続的に関心を持っていたが、仕事が忙しくて活動はしていなかった。

英国のサッチャー政権がボタンを押した金融ビッグバン、金融の自由化は日本の金融政策に大きな影響を与えて、今まであった規制は徐々に取り除かれて行った。１９８０年に外為法が廃止、代わりに規制の緩い貿易管理令になり、緩慢ではあるが規制は徐々に緩くなり、邦銀は使途に制限なく機関投資家に融資を始め、今までは事前の許可制だったのが、その後全て事後の報告制に変更された。退職して時間が出来たので、金融市場に参加、当初1台のパソコンで株式市場、外貨の証拠金取引ＦＸを始めたが、金融市場で勝つための工夫を重ねるうち、３台のラップトップと2台のデスクトップを並列的に使用する、金融業者のデーリングルームのようなレイアウトとなった。

金融市場のグローバル化が進み、常に24時間どこかの市場が開いているので、一人で金融戦争に参戦するのは大変な負担になる。金

融市場で起こっている取引の詳細を経験のない人が理解するのは難しい。

市場では現物と、カラ売りが同時に行われ、両者を上手く組み合わせることで、損失負担を上手にヘッジできなければブレーキのない自動車を運転しながら走るようなもので、直ぐに転覆する。買いがアクセル、売りがブレーキみたいなものだ。

口座を持つ金融業者の安定性も問題であるので、危険分散のために同時に10を超える金融業者に口座を持っていた。

当時、業者によっては預入資金の数百倍のレバレッジを効かせての取引も可能であるが、非常にリスクの高いバクチ。

日本の大手の証券会社、金融機関は終身雇用制で会社経営が成されているので、その様な新しい分野の仕事ができる人材がいないために、体制が整っていなく、参入出来ない。当初、全てのネットを介しての金融業者は小さく、倒産の心配がある。若し倒産すれば銀行と違うので口座に入れた資金は回収不能で無くなる。市場での売買に伴う損益よりも扱う業者の信頼性の方が心配になる。米国に世界最大の先物取引業者レフィコ……野村証券より大きいと理解していた…の存在を知り、大きいから、最も安全、絶対安全だと思い、レフィコに口座開設して500万円の資金を移した。

ほんの数年して、レフィコは破産、1㎝くらいの分厚い英語の書簡が管財人から郵送され、連邦破産法11条の規定により処理中との事、その後数回分厚い書簡を受け取ったが、戻った資金は僅かだった。

産業再生法の成立

その後日本では中内功氏の経営するスーパー、ダイエーの破綻を契機に米国の連邦破産法11条を模倣して、立ち行かない企業の破産を傷が深くならないうちに破産させて、その後の再生の可能性を高めるべく意図された産業再生法の立法に至る。

余談になるが、私は産業再生法が出来る前の倒産に立ち会ったことがあり、産業再生法成立後に2人の知人がホボ同時期に倒産した際の前後の事を知っている。スウェーデン人の友人で、中小企業の社長の倒産時の事を知っている。

この産業再生法も日本で運用されると、非常に不公平感のある、……又は杜撰な……納得のし難い運用になるが、それは税務当局の能力の問題だ。この事に就いては第二部以降で深く考察してみる。

金融ビジネスを止めた

多分、2006年、恒例の1週間スキー旅行で北海道のルスツリゾートに滞在した。スキー客の約2／3は外人で色々な言葉が飛び交う。大浴場で5～6人のグループがおり、全員が異なった言語的なルーツを持つと思わせる英語で話しているので変と思い、話し掛けてみた。彼らは東京にある米系金融関係の会社に勤務し、たまたま土、日とアメリカの休日が重なって、3日の連休となったので、一緒にスキーに来たとの話。

彼らは皆、違った国籍で自分の出身国で起こる事件をモニターできるので、何か発見するとそれは即刻全員に伝わり、直ぐにインターネットを介して行われる金融市場の先読みの為に活用される。日本の普通のサラリーマンにより運営されている銀行、証券会社などでは、大方の人はテレビ、新聞などのニュースが判断の大きな材料になる。

ニュースソースからの事件の伝播経路は一般に、事件の発生国で報じられ、それが通信社を通じて世界に発信され、それを受けた各

国のテレビ、新聞が事件として報じる事になる。

日本と米欧の巨大な能力差

この様な状況を考えると、朝刊を読んでどうするか、ラジオ、テレビのニュースを見て考えるようでは全くお話にならない。

戦後永らく、日本の資本、金融市場は鎖国状態で日本の企業は守られていたが、日本が先進国クラブ、ＯＥＣＤへの加盟を許され、日本の国内産業の保護的な金融政が非難され、日本は徐々に他の先進諸国と同様の、開かれた金融市場となって行く。

この様な歴史を経て、株式市場では外人の売買高が全体のほぼ半分を占めるのが常態化していた。

株式市場全体での外人の持ち株比率は、多分、数パーセント以下なのに市場に出回る売買対象の株数が少ないので、積極的に売買を繰り返す外人の売買比率が巨大になり、分かり易く言えば日本の株式市場と云うバクチ場で外国人が売買して金儲けをしているのである。彼らは、能力主義の社会で鍛えられているので、相場観に長けていて上昇相場でも、下降相場でも利益を上げるセンスを持っている。

日本の小判鮫トレーダー

日本の給料で働いている証券会社や保険会社のアナリスト、トレーダーと呼ばれる人は、王道である経済の動向を観察して流れを読む能力が不足、手っ取り早く外人の売買動向を見ながら、小判鮫のように外人に追随して売買を行い、外人の余燼を頂く。今後の外人の売買傾向の予想をトクトクとして経済雑誌に記銘入りの記事として掲載するのを恥と思っていない日本の専門家。元々、相場観の良い百戦錬磨の外人が、このように複数の言語を解する集団で運営されている以上、個人が長期的に金融の世界で生き残るのは不可能である事を理解した。

種々の規制のあった金融取引は自由化されて、売買の手数料は劇的に下がった。

以前は、現物株の売買には取引金額の平均１％強の手数料が掛かり、５００万円の取引で証券会社は５～６万円の手数料を取り、女性の事務員が一枚の売伝票を書くことが、ホボ彼女の月給相当の利益になったが、自由化で劇的に安くなり、証券会社が度外れな巨額のボーナスを従業員に払う時代は過ぎ去った。

金融庁の誤解

金融の世界では、全く予測できない未来の変化に対応する為に、どのように対応するかのヘッジが上手く出来なければ、余程の幸運に恵まれない限り、早晩、市場からの退出を余儀なくされる。

個人の金融市場への参入を促進するとの政策看板を掲げている金融庁が、**同一口座内で同じ玉＝銘柄の空売りと、空買いを同時に保有する事を行政指導で禁止すると言い出した。**

複雑で、説明するのに紙数を要するので詳細な説明は割愛するが、その行政指導は個人が金融市場に参入するための障害になる。

銀行などの組織では複数の人が同時に働いているから全く障害にならないか、障害の度合いは大きく薄まる。

金融庁と掛けあったが、既に審議会……実態を全く理解していない専門家と呼ばれる大学教授や、銀行の幹部から成る……で提案された事であり、それを変更する事は不可能との事。

政策目標として、**個人の参入を謳い、実態は個人の参入を難しく**

する事になる行政指導が行われた。

金融取引を始めて数年、外人の傍若無人な金融市場での行動と、それに追随しながら損失を積み上げる日本の投資家と呼ばれる人々を救済すべく、日本を元気付ける目的で投資顧問会社〝日本日本合資会社〟を設立したが、活動をすることなしに、新しい制度の下では無理と判断、金融取引=ギャンブルから手を引いた。**(資料集、金融庁への提案を参照)**

インサイダー取引禁止について

株式市場でインサイダー取引が問題になったのは、外人投資家が日本の株式市場がインサイダーによって公然と牛耳られている事と、政府の外国からの資金流入=投資呼び込みの思惑が融合して表面に現れて、取り締まるための法律が制定されたが、日本では機能しない法律だ。(インサイダーとは内部の人を意味し、秘密にすべき内部情報を知ったものが、先回りして株式、債券などの金融商品を先回りして売買する行為をインサイダー売買と云う。)

日本の株式市場はインサイダー取引で成り立っていた

株式の時価発行等と言う手段が無くて、株券が額面に予想配当利回りを加えて計算されて株価が決まっていた時代は、株価の変動は少なく株価は50円〜60円の範囲にあった。

仕手と呼ばれる、バクチ打ちの様な、相場師もおり、その動きに小判鮫の様に追随しておこぼれを手に入れる、反対に損失を抱える人もいる、永らくそれが日本の株式市場だった。

株式市場に多くの一般の人も参入し始めた1980年代でも、日本の株式市場はインサイダー情報で動いていた。

A社の決算発表は今後のA社株の上昇又は下落に関係する最も重要な情報であるが、その公開の手順は。

—決算発表の予定日が記者クラブに伝えられる。

—予定日に記者クラブで社長が記者会見を行って決算の結果と来季の見通しが発表される。それは翌日の新聞記事になり、一般の人が知る所となる。

形式としての記者会見の1週間くらい前に、大株主、証券会社、生保等に一部のマスコミの経済担当記者を集めて、事前説明会を開いて新聞発表される内容を教える。

事前説明を受けた関係者は、即刻、先回りして売買を行う。現物の売買が殆どだと思うが、カラ売り、カラ買いをする人もいるかもしれない。ホボ、確率100%で利益が獲得できるはずだ。

証券会社はその情報をもとに、例えば来季の見通しが良くて株価の上昇が見込めそうだとA社株を買い増し、同時に顧客向けにA社株を買う事を勧めるパンフレットを作成し、店頭を訪れる一般投資家に推奨、同時にパンフレットは郵送される。

1週間遅れで新聞記事を読み、証券会社のパンフレットを見て、A社株の値動きを見ると上昇傾向。

当然である。既に1週間前に情報を仕入れた証券会社やマスコミ関係者等の多くの人が買ったから、買い優勢で株価は上昇傾向になる。急いで買うと、遅れてきた人が参加すると間もなく株価は下がりだす、先に買った証券会社はソコソコの利益が出ているので売りに回るので、それを買う形になり、遅く来た一般の投資家と呼ばれる人は常に損をする。これが標準的な姿だった。

終身雇用制度の日本ではインサイダー取引は防げない

〝ふるさと納税制度〟の仕組みを聞いて直感的に問題を感じるくらい、経済活動を肌感覚で理解している人でないとインサイダー取引について、自信のあるコメントをする事は難しいと思う。

◆経済学とは何か

経済学と呼ばれる分野は、市場に迎合してどのように金融政策を行う事で経済をうまく回らせるかを考える学問だと思っていたが、進化して、投資=ギャンブルで勝つ方法を見つける事もその中に入れ、優秀な経済学者にノーベル賞が与えられている。１９００年代末にノーベル賞受賞の著名経済学者が主宰する、米国の大手ヘッジファンドLTMCの破綻は世界経済に巨大な影響を与えた。初期の経済学者アダム・スミスは、美人コンテストと同じで株価は人気で決まると喝破したが、現代の経済学では高度な数学を使って予測し、その予測する方法が優れていたから2人のノーベル経済学賞受賞者マイロン・ショールズとロバート・マートンが運営するLTMCは高い信頼を得て、世界中から1千億ドル=10兆円以上の巨額の投機資金を集め、10倍以上のレバリッジを利かして兆円単位の巨額の投機を行っていた。

バクチの勝ち負けの予想を数学的な方程式で解説する金融工学と言う美名を発明して、従来の化学、物理などのサイエンスの様な印象を与える。数学には宿命とも呼べる限界があり、過去の知識に基づいて関係する因子を決めるので、その範囲内ではかなり正確に予測できるが、未知の因子が現れて関係すると、方程式は根底から崩れて成り立たなくなり、それはLTMCの場合にはソ連の崩壊だった。

話は、飛ぶが、現代科学の最先端の知識によれば、宇宙に存在する物の約2割しか人類は見えない、触れない、存在を認識できない……ダークマター、とかダークエネルギーと呼ばれる未知の物質の充満した宇宙、世界、地球に我々は住んでいると云う。ある日、突然誰かが、残りの8割の物質を発見して、ビックリさせるかもしれない。これは言い換えると、人類は依然として肉眼でしか物の存在を認知していなかった太古の時代と同じだと言うことになる。存在する筈の物の2割しか見えていないのだから、無知と同じだ。何時、誰がどの様な発見をする解ったものじゃない。

ノーベル経済学賞受賞者マイロンとマートンがモスクワを訪れていれば、ソ連の崩壊を私の様に確信して、方程式の何処かにリスク項目を挿入して方程式をより完成度の高いものにできたかもしれないが、それは期待できない。何故なら、彼らはその6年前に発生した英国のポンド危機と呼ばれる、ジョージ・ソロスと英国の間の為替の絡んだ相場の戦で英国が負けて、ソロスが巨利を得た事を知っていた筈であり、国家が負ける事、ソ連崩壊もリスク項目として認識するべきであったが、それが出来ていなかった。活字知識とはその程度のものだ。

隠密にインサイダー取引する事は簡単

インサイダー取り引き禁止は米国ではかなり有効に機能させることが出来るかもしれないが、終身雇用文化の支配する日本では絶対に機能しない。事細かく説明するためには多くの字数を必要とするので簡単な事例から分かり易く説明する。

私より年長で広島大学卒の優秀な工作機械の営業マンだった囲碁の有段者、後藤さんは鋭く味のある人だった。

お兄さんが中国電力の重役で、そのあたりのビジネスに絡んだ、家族でないと聞けない様な部外秘みたいの物語を聞かせて頂いた、私の先生の一人だった。一緒によく小松製作所の粟津工場や小松工場に出張、一緒に酒を酌み交わした。

彼は、奥さんと金を使わずに電話で交信する方法を使っている。公衆電話で呼び出し音、ツー、ツーの2回で切ると、今日は予定通り帰る。3回で切ると、今日は泊りで帰らない。

電話する時間は事前に決めてあるが、トイレ、お客訪問の恐れもあるので、30分後に再度電話する。21世紀より簡単に巨額インサイダー取引はこの手法を取れば簡単に、日本では危険なく実行する事が出来る。

なぜなら日本ではそのように出来る絶好のインフラが整備されているからだ。

21世紀になりスマホ社会となった。通話記録、メールは記録として残るから危険だが、既述の後藤方式を採用すれば、国家統計、日銀統計に敏感に反応する株価、債券、為替等の相場で、負けなしの勝率を上げる事は至極簡単な事である。

最近は変わってきつつあるが、日本では経済の専門家は実際の売買に参加しないか参加できなかった。

例えば証券会社に勤務していると、表面上は禁止。学者は禁止みたいなところがあり、**日本の経済専門家は経済活動に参加した経験のない人たちの活字学問の場だった。既述の三菱信託銀行参与の方と筆者の会話がその事を物語っている。**

ＦＸと呼ばれる、通貨取引は野放し

ＦＸと呼ばれる外貨証拠金取引はインサイダー取り締まりの対象にはならない。取り締まる事は不可能であり、野放しである。政策、統計数値の発表に関係する立場にある人は簡単に巨額の利益を得る事出来る。

例えば、今後円高になるか、円安になるかと為替市場で迷っている中で、Ｘ月、Ｙ日、１２：００時に、ある経済統計が発表される場合、その数値を知る立場にある人が、知人に事前に漏らしておけば、簡単に巨利を得る事が出来る。

既述の後藤さんの様に、事前に準備して置いて、電話のツー、ツー……音の数だけでも意思疎通は可能だ。

金融市場、中でもＦＸ市場は政府、日銀などの発表する統計指標に敏感に反応する。

発表される統計数値を事前に知っている関係者は多数存在し……統計数値の発表後の市場の反応を予想して事前に先回りして売買を行えば、勝率１００％は簡単に達成できる。ＦＸ市場は、インサイダー取引禁止の網には掛からないから、野放しにせざるを得ない。勝率１００％には……良き友を持つ事である。

この様にインサイダーFX取引で得た、不労所得はスウェーデンの様な国では確実に税務当局が見逃さないから、結局その多くの部分は税金として徴収されるから、国家に貢献するが、徴税がしっかりしていないと、**国家がインサイダーの為にバクチ場を提供、その維持管理の為に費用を払っているのと、同様の事となり、行政のムダとなる。**

高給官僚の経済力

筆者が個人的に知る事になった、会社の名ばかり会長で、元大蔵省審議官の稲村光一氏、その後任の徳田耕氏の経済力の背景を成す

天下りを、かなり正確に推測することが出来る。
２０２３年に日銀総裁に就任した植田和男氏は高給クラブでの飲食、居宅を軽井沢に、片道2時間掛けての東京への通勤等、庶民には想像も出来ない私生活であるが、それで仕事をこなせるくらい優秀だからなのか……真逆に……庶民感覚では堕落で、仕事らしい、仕事をしなくても良かったのか、疑いの眼で見たくなる。
ウイキペデイアによれば、多数の天下り先に就職している。
後述するが、筆者の会社の名ばかり会長だった稲村光一氏の例から、この様に表面上公表された天下り先以外にも多数の天下り先がある事を確信させる。

運用資金が大きくなるとダメ

巨大ファンドは自身の規模が全体のトレンドを作ってしまうので、ある規模を超えると、利益が出せる確率が徐々に低下し、ある規模以上では利益を出すことが不可能な領域に入ってしまう。
１９９０年代だったと記憶するが、野村證券があるファンドを立ち上げて、予想を上回る資金が集まり、それが評判を呼んで、更に多くの人が反応して1兆円を超える巨額なファンドになった。
世上の反応は大きなファンドだから安全で、確実に利益が出るとの思い込みがあったみたいだが、それは全く反対だ。
この事を理解するためには、チャートと呼ばれる値動きを示すグラフの意味を咀嚼して理解している必要が有り、説明の為には多くの字数を必要とするので詳細説明は割愛するが、売却する時の金額が多いので、相場に影響を与え売却時の相場を下げ結局利益が減少、又は最悪の場合損失が発生する。
最も重要な事は、金融機関は顧客の利益よりも、自分の利益を確保する事を最優先で考えている事を理解する事である。
金融の世界に〝良い人＝お人良し〟がいる筈はない。みんな他人の褌で相撲を取ろうと虎視眈々と狙っている。

◆天皇の心臓バイパス手術は私大の医師

２０１２年、年末に天皇の心臓冠動脈のバイパス手術が東京大学で行われ、執刀医が私学の順天堂に勤務する天野篤医師であると発表された。私は桜橋渡辺病院で、心臓のカテーテルアブレーションの手術を受け、３週間入院した際に色々な経験をした。心臓バイパス手術直後の人も見たし、術後数日の人とも会話を交わし、大変な手術である事を理解、私にはそんな大変な手術を受ける勇気が無いと思ったくらい、大変な手術である事を理解している。
東京大学が、日本のトップに位置すると想像される東京大学の病院が……執刀医を出さず、……出せず……数年浪人して私大医学部に入学して医師になった天野氏に執刀医をお願いする、どうなっているのだと思った。
この事に就いては第二部以降で東京大学との関連で深く考察してみよう。

◆グレタ・ツーンベリイさん

偶然とは面白いものだ。２０１８年に国連で演説を行い、スウエーデンの環境活動家として世界的に著名になったグレタ・ツーンベリーさんがいる。我々はグレタさんの母親マレーナ・エルンマンさんの家族とサンドビケン市在住時、約50ｍの近くに住んで、家族

ぐるみで交際していた。
エルンマン家は2人姉妹で我が家も二人姉妹、マレーナさんは長女より2歳上で約4年間、家族としての交際があり、娘たちは歌の練習会で一緒に歌を歌っていた。
マレーナの母親エヴァさんは、俳優を目指してロンドンの学校に留学していたが、結局、俳優にはならず、娘に夢を託し、娘のマレーナは、スウェーデンでは知らない人がいないくらいの有名なオペラ歌手となった。
妥協を許さないグレタさんの姿は、非常にスウェーデン的で、それは祖母のエヴァさんに通じるものがあるように感じる。
祖父はサンドビックの経理担当の重役だったが、私とホボ同年代で、我々と同じ仕様のテラスハウスに住んでいた。(写真集参照)

◆劣化する日本と利益、損失
増加する国公債発行残高

日本の国公債発行残高は1、300兆円を超え、国民1人当たり1000万円以上になり、コロナ問題が追加的な支出を要求して加速度的に増加している事をマスコミが伝える。
気候は温暖化で豪雨と猛暑の繰り返し、地政学的にも東アジアは最も危険な地域、進行するデジタル革命から周回遅れの日本は、アジアの最貧国を目指しているように見える。
マスコミやネットからは、多数の経済専門家と称する人が露出して国の債務状況を問題視しているかと思えば、反対に、国には大きな資産があるから、民間会社の様に複式簿記で評価すると、依然として健全経営であると楽観的な意見を発表する人もいる。
専門家と称する人の間で評価が定まらないが、それは何故だ？
借金は、借金だ……良い筈はない。行政はあらゆる方法で、穏便に増税を画策している様に見える。
多分、借金は良い事ではないから、少なく見せたい圧力が作用するから公表された数値は最低で、実態はそれより悪いと理解すべきだろう。

原晋青山大学陸上部監督の告白

青山学院大学陸上部の著名監督、原晋氏が、2023年にネット上で、スイスのUBS銀行の破綻に伴って、サラリーマンの年収数年分に相当する資金を失ったと激白された。原氏は筆者より24才若くて中国電力に勤務されていたので、民間での社会的経験もあるが、それでも金融の世界の狼に襲われた。
奥様も陸上部員の旺盛な食欲を支えるために、寮母的な立場で、ご夫婦で陸上部を支えられ……老後に夫婦で、年に1回くらいの海外旅行をするためにATI債＝永久劣後債に投資された。
筆者が三菱UFJ証券からトヨタの社債を購入したのとホボ同時期の事であり、筆者にも先ず利率の良いATI債を勧めたが私は却下、次いで金利の高い日産自動車の社債を進められたが断り、代わりに最も利率の低いトヨタ自動車の米ドル建て社債を買った。筆者の直感では、日産は金融の世界では、10年以内に倒産すると見做されていると判定した。
2020年ドル円が106円の頃に買ったので、2023年6月ドル円は141円なので……若し、売却すれば、為替差益が約350万円と既に10万円弱の利金を手に入れている。
この事については第二部で深く考えてみよう。

慌てる乞食は貰いが少ない

半年ほど前にドル円が１３１円頃に約10万米ドルを購入、２０２３年6月現在ドル円は１４１円程度、そのまま売れば１００万円の売買益で、手数を10万円払っても、90万円以上の利益が出るが、その様な事はしない。

日本の、巨額な公的債務を目の前にして、それは勿体ない事だ。これから何年生きているか不明だが……5年は大丈夫とすると……1千万円は数倍に大化けする可能性は95％くらいの確立で起こると推定している。

33年前に世界銀行発行の、満期35年で年利13・2％のゼロクーポン債を買ったときと同じくらいの珍しい大事件であり、人の一生に頻繁におこる事ではない。

個人としては周囲に倒産事件は日常茶飯事であるが、多くの人が注視する中で発生する国家、巨大企業の盛衰が直接関係するこ様な大事件で、その背景を冷静に観察できる自信のある人から見れば、その結果を、90％くらいの成功率で予想する事はそんなに困難な事ではない。

４年前に日産のエースが退社……最終的に台湾企業に就職

カルロス・ゴーンは毀誉褒貶……マスコミを賑わせたが、倒産の瀬戸際の日産を生き返られたのは彼の功績で、日本人では絶対に出来なかったと思う。ゴーンの時代を知っている日産のエース、副社長50代中の関氏が４年前に日産を退職した。

最終的に台湾企業に就職した。

細かな事は解らないし、発言が必ずしも……本人の心の中の……真意を語っている筈もなく、真意は解らない。

筆者が売り出し中の日産の社債の存在を知った1年強前の事であるが、何かがあった事を示唆する。

世の中は広くて狭く、狭くて広い、不思議なものだ。

台湾のＴＳＭＣが熊本に工場建設

２０２１年10月、台湾の半導体関連の巨大企業ＴＳＭＣが熊本県に工場を建設、日本政府が４千億円の補助金を提供するとマスコミが報道した。数十年前に日本企業がローテク製品の工場を、中国、タイ、ベトナム等の発展途上国に移転した様に、台湾のＴＳＭＣが熊本に工場建設すると読んで、ビックリ。

半導体の分野では部品の小型化、それを可能にするためには半導体の集積密度を上げる事が最重要な課題で、その為には半導体の配線の太さ……金を導体として細い電線として使う……の最小化が技術の要で、現在は安定して配線の太さ2～5㎚の製品を安定して製造できるか、否かが勝負の分かれ道であると言われている。

1㎚は0・000000001m＝0・0000001㎝＝0・000001㎜＝0・001μである。

ＴＳＭＣが米国にも工場を建設する事は知られており、米国工場は配線の太さ5㎚の最新製品を製造する為の工場で、熊本工場で生産される製品は22～28㎚の物だとの事である。

配線の太さが半分になると、集積度は4倍に向上するが、そのような技術革新を数年毎に繰り返して現在に至っている。

米国工場で生産される製品は最新の物で、そこで雇用される米国人は最新技術の中で経験を積むことが出来る。

熊本の工場で雇用される日本人は、約10年かそれ以上遅れた製品

を製造する工場で雇用される。
最先端を走る、ハイテク業界の10年は、進歩のスピードの緩慢だった昔の感覚では……半世紀くらいの期間に相当し……工場で習得した技術、感覚は最先端の分野では……時代遅れとなり役に立たない。

過去には日本企業に支援したが全て失敗

１９８０年代、半導体分野では日本企業が支配的な存在感を示し……世界の約２／３は日本の６企業……東芝、ＮＥＣ、日立、等……独壇場だったが、数十年で全てが変わった。行政が日本企業の連合体を作って支援したが全て失敗に終わった。
今回、台湾の企業に４千億円の支援を提供して熊本に来てもらうと言う。
解り易く言えば、……数十年前、日本が安い賃金を求めて、中国に工場を建設した事と同様の事が起こっており、台湾企業が安い労働力を求めて日本に工場を建設、日本の政府から巨額の補助金を得て建設するわけだ。
目先の。10年間くらいは、旧製品にもかなりの需要があるから、見栄えの良いデーターが出て来るだろうが、……10年後にどのような結果が出ているか、又その時点での将来見通しがどのようなものになるか？
目先の雇用だけで考えていると、将来に大きな禍根を残すことになる。

金融機関の過剰な自己規制

２０２１年10月中に年金を引き落としに、家の近くの但馬銀行のＡＴＭに向かった。
張り紙があり、10月1日から、70歳以上の高齢者に引き下ろし限度額を20万円／日とすると書いてある。
私の年金は約37万円／2か月で、毎回ホボ全額出金しているが、今後は1日では下ろせない。
家から銀行への距離は、郵便局への距離の3倍くらいで、途中に急坂があり114段の階段を通らなければいけない。
約１００ｍ離れた所に郵便局があり、数年前まで郵貯で年金を扱ってもらっていたが、厳冬の頃に、但馬銀行の若い女性行員が我が家にピンポンして、年金振り込みを但銀にして欲しいと懇願した。妻は、彼女の顔に、自分の娘を投影して、……但銀に切り替えた。郵貯では、特別に何もしなくても１００万円の限度額である。
浅薄な上層部が、お節介にも、老人が巨額な金を詐取されるのを未然に防止するために、そのようなアイデイアが出てきたのだろうと思うが、結論はお粗末で、お話にならない。何故、先ず各人に問合せしなかったのだろうか？
監督官庁の指示で政府に保護される産業として、**準公務員の様に国民に忖度するよりも監督官庁の指示に従う……忖度して、先回りして行政への忠誠心を示すことを最優先させる。**
若い女性行員には申し訳なかったが、私は即刻、郵貯に変更、いくばくかの定期預金も、但銀から郵貯に切り替えるつもりだ。
何故なら、……そのような銀行は金融危機が起これば、最初に破綻するだろうと思うからだ。
公務員でないので、**我々も自衛策をとらなければならない。**

三井住友信託銀行でドル預金、過剰な自己規制

加速する国の財務状況の悪化を見ながら、時間の問題で円安が長

期的には避けられないと思い、預金を外貨に転換する事を実行しようと考え、三井住友信託銀行にどのような手続きが必要か問い合わせた。

銀行曰く、通常の手続きに加え、妻、又は子供の承認が無ければ、外貨預金は出来ないとの事。

妻が、後期高齢者なので、妻に私の口座開設を承認する資格は無くて、娘の承認をとらなければいけないとの事。

長女は海外、次女は他県に住んでいる。担当者曰く、金融庁から強制されている訳ではないが、自主規制で、金融庁に忖度して、……三井住友信託銀行はそうしているとの事。

行政の年金関係の通知の費用が年間約４００億円掛かる

２０２１年12月10日に年金生活者支援給付金、不該当通知書が妻に届いた。数日前には私に年金振り込み通知書が届いた。

頻繁に年金機構、市役所から案内の葉書や封書が届き、……数えていた訳ではないが、……今年、葉書と封書で計10回以上は受け取っている。それらは、年金受給者を対象とする郵便で、日本の公的年金受給者は約４千万人と言われている。

詳細計算は末尾に示すが、毎年10トン積みトラック４００台分の紙を消費、約３千人の人手を使って４００億円の費用を掛けている。21世紀となりネットでの配信を行えば、国単位での労働時間の短縮に繋がるが、無意識に旧態依然として行えば、単純に費用の増加と長時間労働から抜け出せない。

10年継続すれば４、０００億円の費用を掛けて、10トン積みトラック４千台分の紙を消費、６千人の労働力を使っている。

ＳＤＧ＝持続可能な開発目標が先進国で主要な話題になっている時代、真剣に考えるべきだ。

民間企業の場合には、回数を減らすための工夫を真剣に考えるが、官ではコスト意識が皆無であり、これは日本特有の減少であり、スウェーデンでは官も民も同様だ。

筆者は民間の頭で考えるので、瞬間的に暗算で概略のコスト計算をして、望ましい方法を模索する。

４千万人に届く通知書のコストと必要な紙の量について概算してみよう。

切手代

１回当たり切手代だけで葉書は63円、封書は84円だ。１年に10回通知書が届くと仮定して計算する。

切手代を75円とすると75×10×４千万＝３００億円となる。

文書作成、封筒費用

１通の文書、封筒の費用を５円とすると、５×10×４千万＝20億円となる。

投函作業

１時間当たりの処理数を１００通／Ｈと想定すると、４千万×10÷１００＝４００万時間となる。

時給を２千円とすると、４００万時間×２千円＝80億円となる。

総費用

切手代３００億円、文書作成、封筒の20億円、投函作業の80億円で、計４００億円となる。

投函作業が必要とする労働量

年間労働時間を1、500時間とすると必要労働量は、400万時間÷1、500時間≒、700人となる。
多分、郵便で配達する為の労働量も、投函作業に相当する3千人相当の労働量になるだろう。
結局、投函と配達で、日本全体で6千人分くらいの労働量の増加となり、それが回り回って、日本の長時間労働の原因となっている。

使用する紙の量

封書では20ｇ程度なので、はがきの事もあるので一回当たりの文書、封書の重量を10ｇ／回として計算する。
10ｇ×10回×4千万＝400万kg＝4、000トンとなる。
10トン積みの大型トラック400台分だ。

スマホの購入

80才を目前に、2021年12月、妻、娘から懇願されて、今まで持つ事を拒否していたスマホを持つ気になって来た。
エデイオン、上新、山田電機の、ドコモ、AU、ソフトバンクの窓口で、初歩的な情報を仕入れる。
スマホの商売が、非常に複雑怪奇、季節商品である大型の果菜のスイカ、メロンや宝石等と同様である事が解った。
それまでは、スマホは工業製品で、製造メーカーに在庫され、注文に応じて納入されるものと思っていたがそうではなかった。
携帯各社が見込みで大量仕入れ、在庫を売り切って終った会社、大量に売れ残っている会社、……が有り、在庫残により、売値が全く異なる。妻のアンドロイドからiフォンへの機種変更＋私の新規購入の場合、最も安い所は機種代金がゼロ円、最高は15万円でその間に他の7社の価格が並んでいる。
これは日本だけの現象か、欧米でも同様なのか知りたいと思ったが、残念だが、それは出来なかった。

◆公用車の起こした事故

2021年11月、新聞記事のネット配信で茨城県桜川氏の市長の乗車していた公用車が、コンビニに寄って買い物して出るときに人身事故を起こしたと報じていた。桜川市は人口4万人以下の、市として存在できる下限に近い市である。
日本では公的機関の長、国会議員……に、専用の運転手つきの公用車が与えられている事が多い。
スウェーデンの地方都市では絶対にこの様な事は起こらない。
スウェーデンの首都ストックホルム市長の主なる報酬は、月に2回開催される議会への24日分の日当、それ以外の市長として公務を行ったことに対する、多くの場合時間給の合算で、100万円にも満たないが、それが高福祉低負担で運営されているスウェーデンだ。
日本では国会議員の公用車使用について、機密性の高い連絡を取り合う事も多く、公用車の使用が認められているとの事。談合、隠蔽、不正介入、汚職、仲介……等の為には機密確保が必要だろうが、日本と比較して個人情報の保護が無きに等しいスウェーデンでは、公僕である議員、市長には機密保持は必要ない。全ての事はオープンに議論されている国では、外国との軍事機密を唯一の例外として、機密事項など存在しないのだ。このように、スウェーデンでは運転手

付きの公用車というものは存在しない。

◆ハンナからの里子の要望のメール

既に光子さんからハンナが日本から女子の里子を貰いたいと言っている事は伝えられていたが、遂に２０２１年10月26日に熱烈なメールが到着、是非とも、前回同様に頑張ってくれとの話。

数十か所に問い合わせ、取り敢えず、時代が変わった、手続きが変わったと悲観的な見通しを伝えたが、彼女は頑張って色々な準備を始めている。この事に就いては第二部以降で詳述する。

ハンナの里子の要望のその後

２０２１年のクリスマスの日に、光子さんと話す事が出来た。光子さんは、ハンナがあまりにも熱心に日本からの里子を欲しがることが理解できない。彼女も在スウェーデン半世紀以上だが心は日本人だ。そんな火中の栗を拾う様な愚かな事をなぜそんなに、熱心にするのか……と云う。

私は日本で神戸市、東京、厚労省、病院、社会福祉ＮＰＯ、弁護士等に電話して、制度としては何処にも不可能と書いてないから、不可能ではないが、実質不可能に近い事を実感し、東京にあるスウエーデンの大使館経由で正面から厚労省に問いかける事を提案した。ハンナと夫のダニエルは早速面倒な関係書類を整え、……多分弁護士に用意してもらって……ゲーブレ県の担当官の面接を受け、最近２人の息子も、数時間の面接を受けたと言う。２人の息子も10歳と12歳になった筈だ。

結果は３月までに出る予定だとの事。担当官は里親資格のチェックの為に、里親としての最も重要な忍耐と寛容を試すためにわざと結果を速く出さないみたいで、それは憎たらしいほど、スウェーデン的で慎重なやり方だ。

ハンナは若し絶対に必要ならば、自分が日本に1年くらい住んでも良いと思っているみたいで、完全に平均的なスウェーデン人よりも、かなり上のスウェーデン人だ。スウェーデンの標準で考え、それが日本で通ると思っている。

◆優秀な若者の海外脱出
私の甥Ｎ君、Ｈ君と妻の甥Ｋｏ君、Ｋａの話

２０２１年の年末、最近の現役世代の会社の様子を確認してみたくなって、４人の甥と長時間電話で話し合った。Ｅ君、Ｈ君、Ｋａ君は私よりホボ20才若く、Ｋｏ君は40代後半である。

日本電気＝ＮＥＣに就職したＮ君の場合

Ｅ君は私より20才年下で大阪大学の機械系学部を卒業後、ＮＥＣに就職した。不思議なもので、約40年前に既述の大阪の細井工作所で特許に関連しての話の時、阪大の長谷川教授の助教が細井さんの開発途上のドリルの切削テストを行っていた。

論文発表の為のテストで、小企業の社長である細井さんは学会誌に論文発表されることで箔がつくし、長谷川教授は論文の共著者名に名前が載るから、両方がウイン、ウインの関係になるが日本の奇妙な、民間のレベルが高く、……もちろん、東北大学の西沢潤一教授の様な少数の例外はあるが……大学のレベルが低い当時の日本の製造業の典型的な例を示していた。

因みに、欧米では常に大学は民間の上を行っている。
能力で評価される社会なので、能力に応じて人の移動が有り、一般に大学は能力の高い人が行く所。その高いレベルを評価して、大学から民間へ引き抜かれる例は多い。大学は本来、未知の課題に取り組むべきだが、その為には実験をしなければいけないが、実験には金が掛かる。日本では……大学が貧しくて、実験をする金が無いので、他人の書いた論文を読む、資金を必要としない学生への授業が主となり、活字学者が多く、それは関係者の中では良く解っていた事だった。

後日分かった事だが、長谷川教授はE君の指導教授だった。

随分の長電話だったが、現在の大会社の中枢の様子が良く解った。私の現役の頃と大差ない、日本の大会社はそう簡単に変われない。公務員と大同小異で、多くの人が顔に縦ジワを寄せて頑張っている。昔はホボ、ゼロだったが、優秀な若者がポツ、ポツと止めて、転職すると云う。

政府系研究所に就職、その後協和発酵に転職した Ｋａ君の場合

Ｋａ君は東京大学の生物か薬学系の学部を卒業後、永らく第一線の研究者として勤務していたが、最近は知的財産関係の仕事に関わっている。これは日本の終身雇用文化の会社ではよくある事だ。

猛烈なスピードで変化する電子工業、創薬、情報通信の分野では、一年間に昔の10年分以上の変化をするから、昔の様に最先端の第一線で研究者として定年まで残留するのはホボ不可能である。組織は上に行くほど必要人数が少なくなるから当然のことだ。

私は、特許についてそれを専門としてきたくらいの経験があるので、話が盛り上がり、多くの事を話し合い、ホボ私の現役時代と変わらない事を確認できた。特許や知的財産を扱う人は、言葉に対して感度が高い。

最近のマスコミの言葉の乱れを話題にして、一緒に憤慨した。

◆敬語が難しく苦悩する河野大臣？-？

２０２１年6月29日にラジオから河野外務大臣からの発言が聞こえて来る。

若い人で、ワクチン接種をしたくない人が**いらっしゃるよう**ですから…。この敬語の使い方には、それを良しとする人と、変だ、おかしいと思う人は、相半ばする様に推察する。

漂流する日本で、些末な事をネタに上げ足を取られる事を心配しての敬語だろうが……困ったものだ。

私は河野大臣を非難する感情はなく、大臣が平常心で自然に話せない様な日本の奇妙な雰囲気を心配する。

私の様に河野発言を聞いて、このような反応をするのは高齢者の証明なのだろうか？

河野大臣は慶応大学、米国の大学で学び、超一流の教育を受けられ、私より約20才年下だが、日本語会話、その中でも敬語の使い方にご苦労されている様子が窺える。

筆者の経験から、日本の少数の高学歴者の人は会話が素晴らしいが、大多数の方は、言葉を使って物事を説明するのが不得意だと言う印象を持っている。多分、勉強の為に社会経験を犠牲にして成人になった事が原因しているだろうと推測している。

簡単で難しい英会話、日本会話

私が英語の事を云々するのは、僭越すぎるかも知れないが、実際に経験した事だから、嘘ではない。

26才でスウェーデンに本社のあるサンドビックに入社、会社の公式言語が英語だと言われた。

米国人のW・Lクラークさんが執筆した〝スポークン・アメリカン・イングリシュ〟と言う、入門、初級、中級、上級の４冊からなる、英会話の本を読んで英会話を勉強した。

数年ぶりに友人に再会した時の挨拶が〝Hello Minoru. I haven't seen you for long time. How have you been ?〟と書かれていた。最近の英会話の本には〝Hello Minoru' Long Time no see. How are you ?〟と書いてある。

日本語にすれば……、

〝ミノルさん、**こんにちは、永らく御目もじしていませんが、如何お過ごしでおられましたか？**〟と翻訳したくなる。

最近の本の場合…

〝ミノル、**こんにちは、長く会わなかったね、お元気？**〟と翻訳したくなる。

何時か、何処かで、……この省略形は中国人が使い始めて、……徐々に英語の中に浸透していったと書いてあったのを読んだ記憶がある。英国では依然として多くの人が、言葉を守っている様であるが、米国では上述の様に簡略化が進み、それも外国人である中国人の影響であるところが興味深い。これを肯定的に捉えるか、否定的に捉えるかは意見の分かれると思うが、考えてみる価値はある。言葉は、相手に意志を伝える事にあり、話し言葉であれ、書き言葉であれ、他人に意志を伝える事が目的でそれ以外の何物でもない。

日本語の〝ありがとう〟の使い方は難しい

日本ではポジテイブ、ポジテイブと言われ、ありがとうの頻発が、正しい、良い事みたいに言われている。

初級日本語ではそれで良いかも知れないが、日本語を母語とする、大人の社会ではそれだけではいけない。

何故なら、日本では、ありがとうにはそれが使用される、背景次第で非常にマズイ事になり、時には取り返しのつかない事になるからである。会話に登場する〝ありがとう〟に絡んで、以下の様な使い方がある。

―ありがとう。

―ありがとうございます

―ありがとうね、又は、ありがとうさん

等、色々あり、それらの変形、バリエーションが多数ある。

教職だった人が、頻繁に『ありがとうを』誤用している例に遭遇する。

民間の、会社勤めの人は、先ず誤用しないが、……一部の先生OB、OGの人は良く間違う。

例えば平社員と係長が、お客も交えて会話している時に……平社員が係長に『ありがとう』と言えば、お客は平社員の方が上席であると判断する。

『ありがとう』と言うことが、上下関係を確認する、させる事になる事を認識していない人が特に教師に多い。

それは、学校では先生が生徒に、注意深く観察して、……タイミングよく言葉を発するのでなく、……ありがとう、を頻発するので、

その習慣がそうさせるのだと思う。大人の社会では、『ありがとう』の使い方は難しいが『ありがとうございました』の使い方は簡単だ。英語の場合の『サンキュー』やスウェーデン語では『タック』が、ありがとうに相当するが、日本語の様にその用法に微妙な使い分けは必要ないように思うが、若しかしたら、それは筆者の英語、スウェーデン語の未熟が原因かもしれない。

会話力が生きる力の源泉と乱れる日本語

会話がスムースに出来る事は社会生活をするうえで最も重要な事だと思う。

母国語である日本語での会話より、外国語での会話の方が得意と云う事はあり得ない。

日本語が不安定になると、外国語での表現、会話は上手く進まなく、アスペルガーみたいな会話になる。

受験教育は不要なものだと思うが、日本語の会話能力を訓練する事は、日本で生きる為の力を付けるために必要であるのみならず、外国語の習得の為に最も重要な土台だと思う。

最近のNHKを筆頭に、ラジオから流れて来る報道関係者の言葉の乱れ、不正確、間違った、〝て、に、を、は〟の使い方の頻発は、耳に余るものが有る。多くの場合原稿を読んでいるのだろうが、アドリブの場合にも誤用がある。

この事については第二部で考察してみよう。

◆優秀な若者の海外脱出の背景：日本はIT劣等国

筆者夫婦には多数の甥、姪がいるが、30〜40代の若い人は外国資本の会社又は外国在住の比率が高い。

筆者の知人でも同様の傾向が見られ、50代の人とは明瞭に大きな差が感じられる。

優秀な若者が日本離れ、……50代の人は、我慢して国内企業で、定年まで我慢しなければいけない構図が見えてくる。

富士通系の大手ソフト会社に就職したH君の場合

H君は高校卒業後大手の食品会社に勤務、辞めて専門学校を卒業、SEとして富士通系のインテックに入社した。

主に、医療関係の分野を担当しSEと呼ばれる職種が日本で認知される初期の頃からSEとして働いている。

後述するKo君は日本オラクルと云う、米系のソフト会社に勤務するが、会社の利益率、社員の給与水準が日本企業とは倍以上違う。

両社の成り立ちは根本のところで大きく異なる。

日本オラクルの決算書には、トップ2社の主要顧客がNECと富士通で、日本の2社はオラクルからデーター・ベース管理ソフトの供給を受けて、それを利用して最終ユーザーである官庁、企業、医療機関、大学等にSEを派遣している。

卑近な例として解り易く説明すれば、江戸時代みたいな駕籠で人が移動する時代に、オラクルがトラックを製造して、それをNEC、富士通に相当する運送会社に貸し出して利用させるようなものだ。

オラクルの技術力、能力はNEC、富士通とは比較にならないほど高い位置にある事が解る。

情報、通信などの最先端ではホボ同様の事が起こっている。

私はそれまで日本のIT産業は先進の欧米、中国と互角の競争をしていると誤解していた。

米系のソフト会社オクタに勤務するＫｏ君の場合

先の３人は60才前後だが、Ｋｏ君は40代末に近い年齢で大まかに一世代分年齢が若い。

東京大学の工学系の学部を卒業して、１９９０年代中頃に日本オラクルに就職した。

当時、私は株式、債券、ＦＸ等の金融業界と深く関っており、米国のオラクルが日本へ上陸、日本オラクルとして日本の株式市場に上場したので会社を良く知っていたが、超優良企業である。

日本の銀行、生命保険などの金融業界はそれまで、本業であるマネーの貸し借り、資金運用は文系の大卒者が担当していた。

ＥＤＰと呼ばれる、コンピューター関連など一部の専門部門では既に技術者／技能者として理系の大卒者が採用されていたが、本業の分野への理系の採用は無かった。急速に変化、進歩する電子化と金融ビッグバンは、高い知的能力を持った行員を必要とする事が認識されだして、理工系の学生が金融機関に採用され始め、Ｋｏ君はそのはしりだった。

当時、週刊誌か、新聞に掲載された記事に、慶応大学の文系の学部の学生、……多分、経済学部だったと記憶するが……の１／４くらいが**中学校で習う連立方程式が解けなかったとする、慶応大学教授の話が話題になったころの話である。**

Ｋｏ君はその後、ドイツ系の会社に替わり、再度米系のオクタに転社、現在に至っている。

私は５人兄弟、妻は９人兄弟で多くの甥、姪がおり、小型化した日本の縮図である。

改めて、彼、彼女らの消息を聞いてびっくりするのは、６人が外国企業に勤務、又は外国暮らしであり、**彼、彼女らは単純に分類すればＡ級人材である。**

この様な事の発見から、この事を話題として友人に話すと、どこでも最近は普通の傾向になっているみたいなので……複雑な気持ちだ。Ｋｏ君がオラクルに入社したのは、既述の有名な長銀＝日本長期信用銀行破綻の数年前の事である。

Ａ級の若者は大部分を公費で賄われる公立の高校、公立の大学を経て、外国企業に勤めて……日本の経済に貢献しない。

Ｂ級の人が日本に残留して日本はアジアの最貧国を目指すのか？

この事に就いては第二部で深く考察してみたい。

◆神戸市職員の労働組合が組織を挙げて現職市長を推薦

２０２１年の神戸市長選挙の際に神戸市役所の労働組合である職員組合が、政府の高級官僚ＯＢだった40代の市長候補を組織として推薦した。神戸市職員組合が推薦した意味は非常に良く理解できる。

公務員でない民間出身の市長が出現すれば、彼らは若しかしたら、コキツカワレ、大変シンドイ目に遭わされるかもしれない。

50代の職員の人は記憶にある筈だが、かなり前、民間出身の市長が当選して大変だった。

今回も民間出身の人が立候補しているが、そんなのが当選したら大変だから、組合を上げて、余り目立たない様に、効果的に選挙運動をする。日本では政治に無関心な人が多く、神戸市長選の場合の投票率は30％前後だから、職員組合の組織票は選挙結果に大きな影響を与える。

日本では、多分、このような組合の行動は一般の人の関心を殆ど引かない、空気みたいに捉えられていると思う。

だから行政に迎合的なマスコミも全く問題にしなく、口うるさい、識者と呼ばれる人も話題にしない。

神戸市長選挙の無効の訴え

２０２１年夏に行われた神戸市長選挙の無効を選挙管理委員会に訴えた女性弁護士がいる。

神戸市役所の労働組合に相当する職員組合が、政府の高級官僚だった40代の青年市長候補、久元喜造氏を推薦したのは公務員の選挙運動に相当し、それは法律違反だと訴えたと報道された

その後この問題がどのように決着したのかは知らない。

日本でこの様な問題に正面から向き合う弁護士がいる、しかも神戸にそのような正義感のある女性弁護士がいる事で、執筆中のこの本が問題を起こさない様にする為のアドバイスを受けようと考えだした。

◆マイナンバーカードについて

テニスの休憩の合間に12人が雑談している時に、マイナンバーカードの事が話題になった。私が数年前から持っていると云い、何れにしても必要だからと云うと、何に使うのかと聞かれたので、そのうち必要になると言った。

何時も積極的に発言されるSさんが、あんな物、**総務省の役人が自分の勝手で、やり易いようにするためにヤリヤガッテ、そんなもん、絶対するもんかと発言され、数人の人が頷いていた。**

Sさんは私より４才若く超高級住宅街芦屋に隣接する岡本の良家の出身、有名私大卒で大企業の管理職を経験され、色々な場面でリーダー的な活動をされ方だ。国全体の経済がどのようにファイナンスされているかと言う視点を全く持っていない。単に競争に勝つ、相手を楽にをさせないの視点だけ考えておられる。

それを、隠そうとする様な、気使いもない……多分それは日本の教育のなせる業だと思った。

スウェーデンではそれは絶対に起こらない。

スウェーデンと米国の中学校と高等学校に教科書としての役割をしている本を読んだ事がある。

非常に丁寧に、納められた税金がどの様に使われるかについて、個人と行政の関係について、解説がされていた。

平均的な日本人に当てはめれば、**小学校高学年の段階で、既に日本の大企業の初級管理社員である、係長、課長くらいの人が持つ事を期待されているくらいのレベルの事が教えられている。**

後期高齢者のSさんは同志社大学卒、私も立命館大学卒だが、大学卒業まで民主主義国の成り立ちの根幹をなす税金について、整理された形で教わったことが無い。

単純に云えば、心の根っこのところでは日本の大卒の平均的な政治、経済に対する認識はスウェーデンの中学生レベルかそれ以下だとだと云う事になる。勿論、日本でも疑問を感じて自分なりに読書して学び、理解している人もいると思うが……。

この様に書くと、嫌悪感を持つ人もいると思うが、社会の常識から受ける影響は巨大なものが有り……多くの人は、日本の常識を疑うことなくその中で漂っている。

低い選挙の投票率

日本の低い投票率は行政がお金をかけて投票に行けと、街宣車を出して宣伝しても効果がある筈はない。

大学教育を受けた人でも国政についての関心は非常に低いが、それは社会的な知識の貧困に由来すると思う。

自分の経済的な問題、人生に対する最も大きな影響を与えるのが会社であり、会社が全て、自分の属する組織、部、課、自分の仕事と比べると、国の問題は小さくて……問題にする必要が無い。

長時間労働で、残業が普通……生活に余裕がなく、将来の事が心配、……目の前の事で、政治の事など目に入らない。

特に高い教育を受けて、組織の指導的な立場に立つ人は、失うものが大きいので、現在の立場を守る為に必死に頑張り、政治に関わる精神的な余裕は持ち合わせていない。

現在の事が最重要……

終身雇用の中で、給料、ボーナス、退職金、人並みの昇進、……が全てで、会社、組織の中で埋没して生きている。

自分の人生に大きな影響を与える身近な事には関心があるが、国政については、非常に関心が薄く、精々プロ野球の阪神タイガースや巨人の勝ち負け程度か、それ以下の関心しかない。

スウェーデンの80～90％の高い投票率は小学校教育に始まる、知的教育、考える教育をする事で実現している。

国の経済、政策が個人の人生の大きな枠組みに重大な影響を与えている事が理解され、それをベースに議論されている。

それは、生活に余裕があるからであり。額に縦しわを寄せて、我慢して生きている社会では、目の前の事が大切で、そうはならない。

これは自虐的な、日本偏見ではない

上記の様な日本の大学教育を受けた優秀な一級国民の姿を、スウェーデンの中学校生みたいと表現すると、非難されると思うが、それは起こっても当然の事なのだ。それは文化の違いにより、知能の問題とは全く関係がない。

日本人がロシア、中国、北朝鮮、イスラム国……等で起こっている事で、日本では絶対にあり得ない事実が報道される。

それらの国では、突然その様な事が起こった訳ではなくて、長い歴史の過程の中でその様な文化が出来上がったので、現地ではそれが起こるような背景と、それを、異様な事としない様なコンセンサスが存在する。

緩慢に進んだ日本の劣化

日本の劣化は、緩慢に時間を掛けて進んでいるから、日本の中に住んでいるとその変化を認識する事は非常に難しい。

アンデルセンの童話の〝裸の王様〟の物語の様に、熱心に、真面目に公教育を受けた人ほど、裸の王様になり易いのだと思う。

私の様に公教育からの影響が非常に少ない、頭の中が3才児の様に自由な人間が、裸の王様を認識できるのだと思う。

スウェーデンの小学生でも変だと感じるような事が日本に充満しており、それを問題視しないのは文化の違いによる。

何も日本人が知能的に劣ると云う事ではなく、知能のレベルとは全く無関係である。

例えば、日本人が現在1人当たり1千万円の借金を抱え

ている現実を認識していない大学教育を受けた人は大勢いると観察している。知っている人でも、多くの場合それを日本の将来、自分の子孫に与える影響として推理、考える姿勢を持っている人は限りなくゼロであるように感じる。

極、少数の人はそのような現状を憂いるが、国、社会が変わるように活動する精神的な余裕はない。

私から見ると1人当たり1千万円の借金は、絶望的な日本の将来を示唆しているが、……日本にはそれを無自覚に認めてきた日本の文化があり、この事については第二部で深く考察してみよう。

自衛隊員に対する偏見：お粗末な苦言

友人の息子Tは自衛隊員だ。約60年前、住友電工在職中、九州生まれの自衛隊出身者、30代の新山さんが図工として採用されて、我々養成工出身の図工仲間に入られた。新山さんは高校卒業後に自衛隊に入り、10年以上の勤務経験があり、自衛隊での生活について色々な話を聞いていたから、当時の自衛隊内部の下級軍人の事について知ることが出来た。

Tさんとの会話中に、……会社ではと言う言葉が出てくる……。隊では、とか、自衛隊では、とは言わない。奇異に思って、なぜ会社と言うのと聞くと。自衛隊にはしばしば、外から自衛隊員を非難する電話が掛かってくると言う。

例えば…日中に自衛隊員がレストランで食事をしていた……等と非難する。

そのような非難、苦情の電話が来ることを避けるために、友人間との街中での私的な行動の時には、会社員を装った様に話すことに決めたと言う。多分、背景には自衛隊嫌いがあるのだと思うが……根っ子には、社会的な経験の幼さが……自衛隊＝24時間勤務みたいなとんでもない発想を生み、それが電話を掛けさせるのだと思う。

◆著作権の問題：読売新聞の場合、記事の批判は許されない

この本の執筆を始め、出版社の方から色々と御指南を仰ぐ中で、注意を受けたのは著作権侵害の問題と個人情報保護法違反の問題だった。粗原稿を見て頂き、匿名、実名の書き分けについてはソコソコ上手く配慮されていると、ホボ、合格の雰囲気だった。

所が、資料集として、新聞記事や雑誌記事を活用する段階で状況は激変した。

資料集に使用する記事の活用については、記事の作成元から事前に許可を取らないといけない。

写真類については、写真に載っている人の許可を事前に受けないといけない、と言われた。

記事の掲載許可を受けるためには、事前に審査を受け、審査を通って初めて許可され、使用料金は許可されてから掲載される印刷物の料金、部数に応じて決められる。**記事に対して批判的な言辞を匂わせる事は、審査が通らない事を意味する説明書が送られて来た。**

北海道新聞の場合

２０１５年、外孫と北海道に6週間農業体験に行き、その時に北海道新聞の記者が我々にインタビューをして、それが写真入りの記事になって掲載された。（資料集参照）

ネットで申し込みを行って、女性名の担当者の方から返事を頂い

たがそれは、マニュアルに沿った返事で、金額の提示があった。
私は、法人も、個人も、お互いに社会的には同じ存在であり、新聞に掲載された経過からすれば、今回のケースは、何も言わずに、許可して頂くのが社会的常識ではなかろうかと、再考を促すメールを差し上げた。
数時間後に、彼女の上司と考えられる男性名の方から、制度だから、その様な特別扱いは出来ないと、回答のメールを頂いた。
日本のマスコミは新聞協会と呼ばれる**業界団体に属して、業界の利益擁護のために、社会に負の貢献をしている**と思った。
夢ある、希望の持てる日本の将来設計の為に果たすマスコミの役割は大きい。
読売新聞の場合も北海道新聞の場合も、新聞協会と言う……ギルドみたいな組織により牛耳られ……マスコミは他人の批判を許さない、絶対権力者として振舞っているようである。民主的言論の自由と言う原点から考えてみれば日本は……中国、ロシアよりも悪質な……言論統制社会だと断定できる。

書きたい事が書けない日本の言論統制

初めての本の執筆で未経験、自由にノンフィクションで原稿を書き進み、ある程度進んだ段階で出版社と話し合い、私が出版業界で許されない様な原稿を書いている事とが判明した。
私の書き方では、著作権侵害、名誉棄損、肖像権侵害、プライバシー侵害、ポリコレ、個人情報保護法違反……と無数の、若しかしたら権利侵害として訴えられるかもしれないリスクを持っているとの事。
出版業会社は業として永遠に会社を存続させたいし、従業員も訴えらえたら汚点になるから、権利侵害に対して過度なくらいに神経を使い自主規制する。報道、マスコミ業界で働く人も同様であり、自主規制しなければ、業界で生きて行けない。
既述の週刊朝日の定年退職を翌月に控えた老記者との会話が、頭の中に蘇る。
結果的に、日本のマスコミは過度に自主規制するので、独裁政権下の言論統制下の官製報道と同じか、それ以下だ。
何故なら、独裁政権下では、かなりの人が官製報道は政府のご都合で出来上がっており、疑いの目で、耳で受け取っているだろう。日本の場合は報道の自由があると思っているから、疑うことなく受け取り、その様な期間が長期間続くと、社会は劣化し、巨額の国公債発行残高にも危機感を持たない社会が出来上がる。

中国関連の記事は二重に自主規制

戦後日中が国交回復するまでに永い外交交渉の過程があり、その過程で大きな功績を残した政治家松村謙三は筆者の郷土南砺市福光の出身で同じ選挙区の有名人だった。富山県出身の大政治家として地元ではよく話題になった。農家の人は都会の人と比べて桁違いに政治談議が好きだ。妻の父親が門徒総代であるお寺の跡取り息子の進学先を、早稲田大学にと提案したのは、松村謙三先生だと聞いていたくらいだから、身近に感じる存在で、都会の場合と非常に異なる。
1962年に日中間の貿易再開、その後の変遷の中で、『日中記者交換協定』が出来上がったと言われている。
協定には、日本記者は中国に対して批判的な記事を書くことを禁じている。
この協定に違反すると、中国専門家としての活動が出来なくなり、収入の道が閉ざされてしまう。

非常に習得が困難な中国語を大学で学び、その後も中国専門家として、マスコミで存在感を持って仕事をしていたのに……一旦中国側から、不適当な人物と烙印を押されると……失職せざるを得ない。

この様な事情から、中国関連のニュース、記事については、二重に強力な自主規制が働く。

民間の場合は失職しても少しは潰しが効くが、NHKの場合にはもし失職すれば収入は1／3〜1／5になり、その落差があまりにも大きく、それを念頭に置いてNHKの報道を聞かなければいけない。

筆者は中国に10回以上旅行し、総滞在期間は2〜3か月、中国滞在歴の長い友人、知人も多くかなりの中国通だと思っているが、今までこの様な協定の存在を指摘された日本人に遭遇したことは無い。

この事に就いては第二部で深く考察してみよう。

不正大国日本、確定申告はチェックされているか？

数年前に、友人から確定申告に際して、自分の単純なキーインミステークで還付金を1万円余分に貰ったのを聞いていたが、話半分で聞いていた。２０２２年になり、新しく我々のテニスサークルに入ってきた人が、ネット申告の際に、ミステークで還付金が一桁多くなるように申告、そのまま受け入れられて、一桁多い金額が還付されたと、仰っていた。

何か言ってくるかと、待っていたが何も言ってこないので、税務署はチェックしていないのだと思う、と仰っていた。

その事を言われた人は、いい加減な事を言う様な人ではない。

成功体験が不正を増加させる

この様な税務署のミスは、**申告者にとって成功体験として、それから意図的に不正を行う誘惑にかられるだろう。**

既述の、約半世紀前の1976年に筆者の3、500円の金利収入の未申告をスウェーデンの税務署は指摘してきた。

日本では当時、コンピューターはサイエンスの最前線で使われているだけであり、殆どの経理計算がソロバンで行われていた頃の話である。スウェーデンでコンピューターを導入していたか、未導入であったかは、不確かだが、スウェーデンでも手計算からコンピューターへの過渡期の頃だ。何れにしても、スウェーデンではシステムが正確に機能していたから、3、500円の少額の未申告も見逃さなかった。その後、パソコンとネットの普及から、システムさえ正常に作動すれば、不正申告、ミステークは自動的に発見され、手間を掛けないで訂正されると思うが、日本ではそうはなっていない様である。多分IT技術のレベルの差が根底にあるが、どの様な仕事でも、関係する人の仕事に対する誠実度と実務能力で結果は、大きく異なる。

残念ながら、日本ではIT技術と、個人の実務能力の低さが上述の様な差を発生させるのだと思う。

退職金制度が引きこもり傾向の強い高齢者を作っている

我が家の周辺には早朝、夕方に多くの高齢者の方々が散歩しているが、殆どの男性の方は不器用で挨拶が出来ない。

女性ではそのような不器用な人は、非常に稀だ。テニスの友人の中でも、かなりの男性は、不器用で、雑談が出来ない。

公務員、大企業を筆頭に、多くの常雇されている、日本で俗にサラリーマンと呼ばれる人は、定年退職時に、高額の退職金を支給され、それは給料の後払いと呼ばれたりする。

家庭菜園には20人以上の言葉を交わす人がおり、濃淡はあるが、私

は全ての人と挨拶し、雑談する事を厭わない。
普通に雑談できる人は、和服の営業をしていたYさんと、漁業会社に勤務、対外折衝を仕事としていたNさんだけだ。
挨拶できない人も4～5人おり、その内の1人は防大卒後、任官拒否して民間に勤めた人で、他の数人の人も大学卒で高級サラリーマン出身の人だ。学校を卒業、就職して、仕事と性格がミスマッチであっても、簡単には転職できない。
時間の経過と共に……徐々に環境が悪化、ストレスが大きくなっても……年齢が上昇、益々転職が困難な年齢となり、額に皺して、定年を待ち、前にぶら下がっている退職金を貰うまで、無理を重ねる。徐々に、心を病み社会に溶け込むことが難しくなって、社会に引きこもり傾向の強い高齢者になり、定年で退職、社会に放り出されて引きこもり高齢者となる。この様な不幸の連鎖は、日本の終身雇用文化と退職金制度が作り上げた産物だと思う。
自分で家庭菜園をやろうと考える人は、活動的な部類に入ると思うが、それでも半分近くの人は、引きこもり傾向を示す人だ。

私の交通違反

2021年11月、神戸市の舞子駅近くのバス停のある所での侵入禁止の交通違反を起こした。
数年前にそこを通り抜けた経験があり、2車線の道路から右折して1台の停車しているバスの横を通過しようとすると、道は曲がって、Uターンして、元の道に戻るように変更されている。
広い所にバス1台が停車しているだけで、離れた所にパトカーが1台停車しているが、ガラガラに空いている。
警官が近づいて来て、侵入禁止違反だと告げた。侵入禁止の黒い字の看板から90m以上走行したから違反だと言う。
20分くらいの時間を掛けて、手書きで調書を取って、7千円の罰金を払うように言われた。

最近通り抜け禁止になった

そこは最近まで、通り抜けはOKだったが、最近、通り抜け禁止になり、同時にバス停エリアは、バス以外の車両は侵入禁止になって、勘違いして入ってくる人が多いので、パトカーの格好の待ち伏せ場所となっているのだった。
警察が、コソ泥の様に費用の掛かる待ち伏せをして機会を窺がう。警官＝公務員の仕事の達成感はどうなっているのか？ 私にはそのような仕事は長くても数日、それ以上はとても精神的にやれるとは思わない。
全く、別の費用対効果の側面から考えて、警官を雇用する県庁から見れば、取り締まりに当たるパトカーに乗車する2人の警官を雇用する為には人件費、間接費、パトカーの費用等で、1人当たり大まかに5万円／日くらいになるだろう。
パトカーは警官が不正に手を染めない様に、誘惑に負けないように、2人乗務となっているから、10万円／日くらいのコストとなり、1時間当たりの費用は1～2万円である。日に何件の違反を摘発するのか？ 多分、多くて数件？
既述の様な背景を持つ所での違反取り締まりは、全く意味がなく、単なる警察の権威を見せつけるための、市民苛めで、それに多額の費用を掛けている。この事に就いては第二部で考察してみる。

農地の取得に関係して

高齢になるに従い、作業量を減らす方向に工夫し、野菜類よりも果樹の比率を増やしたいと思い、休耕田を購入する事を考え始めた。借地では、土地の利用方法に制限があり、自由に果樹を植え、制限なくやって見たいと考えた。

日本には膨大な広さの耕作放棄地があると言われているので、土地の用途変更が簡単ではないのは一般論としては承知していたが、可能な筈だと思い、トライすべく、色々な所に相談したが、これは無理だとあきらめた。

この事に就いては第二部で考察する。

◆更に進む高齢に備えて畑の大改造

80代になり、周囲には知人、友人で物故する物、病気、動きが不自由……色々な人が多くいる。

今迄、約千平米の7割くらいを菜園に、残りの3割には果樹を植えていたが、その比率を反対にすべく畑の大改造を始めた。

これまでは、全て手作業で……耕運機の使用を拒否して……耕運機に惹かれだしたら、家庭菜園を止めようと思っていたが、方針転換し、菜園部分を縮小して、小型の充電式の電動耕運機の使用を視野に入れる事にした。

あと、何年生きるのか……動けるのか……不明だが、気の向いた時に、徒歩約5分の畑に行き、果物をとって食する。

現在はイチジク、柿は約１００kg、ブルーベリー5種類は10kg以上収穫できる。車で約30分のブドウ園ではブドウが約１００kg収穫できる。

２０２２年に幼苗を多数植えた。最終的にブドウ、キウイ、イチジク2種類、柿5種類、かんきつ類3種類、栗類3種類、スモモ、プルーン、ブルーベリー5種類が収穫できることになる。

土地は休耕田の借地で、常識的には果樹を植えると水田に戻すことが出来ないので、地主からの許可が取れないと思われていたが、地主の方に快く承知して頂いた。周囲の知人はビックリしていた。

約30年もやっているので、膨大な量の農業関係の用具があるが、私の死後どうなるのか？

残った者の負担にならないように、引き取り屋が簡単に始末できる様にを心がけて、あらゆるものを縮小傾向に計画している。

肥料も健康食品も同じで、緩い方が良い

数年前から、肥料は出来るだけ金肥を避けて、米ぬかと落ち葉を多く使うようにしている。

年間米ぬかを５００kg～1トンくらい、モミガラ約50kg、落ち葉は自治会の大掃除の後に集められる落ち葉や、公園で落ち葉を頂き、45リッター入りの袋で50～１００袋くらい使っている。

米ぬか、モミガラ、落ち葉は当然無料で手に入れている。これらの肥効は金肥の……金を出して買う肥料……１００kg以上、数十万円に相当すると思う。金肥は肥料成分の濃度が高くて、一見、良さそうだが、作物の病気を招く元凶になりやすい。

特に、追肥する量とタイミングとのマッチングが微妙で、問題の発生源となる。

成分濃度は低い方が良い

肥料成分の濃度の薄い米ぬか、モミガラ、落ち葉を大量に元肥で投与する事で、元肥一発で、原則追肥はしない。

野菜も、人間も同じだ。人間も、植物も全く同じで、濃度の濃いものには副作用がある。

アルコール飲料は　ビール、日本酒、ウイスキー、アブサン……ポーランドのスピリタスとアルコール含有量が増えて行きます。日本のビールはアルコール含有量数%だが、スピリタスは95%以上で精製の為の蒸留を50回以上繰り返すと聞いている。濃度１００％のアルコールは、決定的な毒薬であり……少量飲んでも、死に至ると聞いたことがある。

肥料、健康食品として販売されているサプリメントも同様だ。ある種の成分の濃度が高ければ常に良いとは限らない。

人工的に特定の成分を抽出して、過大に高い成分を含むサプリメントは避けるべきだと思っている。

人間も野菜、食品も同様だと思っている。

農薬について

原則は無農薬であるが、実際の農業は完全無農薬では実行不可能であるので、可能な限り使用を少なくするように工夫をしている。米ぬか、落ち葉の使用も農薬の使用量の削減を期待しての事だ。

原則、元肥一発で、追い肥は可能な限りしない事にしている。濃度の濃い、肥料成分の高い化学肥料は病気の遠因だ。

自分の経験の数倍の実験を見学

筆者は饒舌傾向のある人間だと思っているが、基本は〝人見て法説け〟で相手に合わせて会話を進める様に意識している。

家庭菜園では、経験豊富な人が多く、教えたくて仕方が無い人が多いが、私は教える事には全く関心がない。

聞かれれば、自分の知っている事、経験を話題にするが、自分から他人のやっている事を論評しないが、他人のやっている事には大いなる興味がある。私は、農業、家庭菜園は全く未知の世界だと思っている。

農業は未知の世界

工業の世界では必要なだけ条件を変えて、必要なだけ無限の実験を繰り返して、因果関係を確認できるが、農業の場合には原則、１年に一回だけの実験で、天候、気温、雨量、土壌など全ての要素が変化するから、〝コロナ妖怪〟よりも複雑な妖怪だ。

畦道を歩いていると、色々な場面に遭遇する。

トンデモナイ事をしている人、上手にしている人、初めて見るやり方……それらを観察しながら、その行く末を想像している。

それらは、私としては……自分で時間と金を使わずに、他人の実験結果を拝借しているようなものだ。

多くの人は、他人の事には無関心で、会話することなくやっている。私は、口は出さないが、経過を観察しながら自分の実験として活用している。あんな酷い事をしていたがソコソコ上手く出来ていた。やっぱりあのやり方は上手くなかった。

水やりを忘れたな？　あれでは、雑草に負けて駄目になる……等々

である。

高学歴者との健康維持についての意見交換

高齢者となりテニス、コーラス、家庭菜園、近所の住人とお互いの健康問題が日常的な会話の大きな部分を占める様になった。
それに加えて、最近亡くなった人、入院した人……の話が加わり、テレビ、マスコミの影響もあり高齢者との会話は健康談義オンパレードである。その様な中で、旧帝国大学大学院化学部卒の高学歴者のMさんの話は、表面上は非常に専門的みたいであるが、年の割には断定調で……昔の日本の権威者みたいで……日本の受験教育の悪しき影響を色濃く受けておられると思った。

医師に議論を吹っ掛ける

医師に対して、現代科学でも相関関係が不明な事の議論を吹っ掛けて、医師を困惑させたことを自慢される。
共通に興味のある事が話題となり、Mさんの血液検査の結果を見せて頂きたいとお願いした。
細かな手書きの数ページのA４の用紙には、医師に対して自分の見解、自説が述べられており、それに血液検査の結果のコピーが添付されていたが、検査結果の数値は、黒く塗られて、数値が判別できない様になっていた。
私は腎機能、肝機能、血圧等の数値のデーターを自分の数値と比較したり、専門書でチェックする事に活用したいと思っていたが、それは出来なかった。Mさんは、健康の問題を……化学反応と言う、可逆、不可逆が既に判明している現象と同じに考え……
数値が決まれば、それで結論が決まっている筈と断定して医者と議論をされている様子が分かった。

最も理解不足を理解しているのは医者だ

歯科医、一部の外科医等を例外として、内科、神経科等の医師は、自分が無知である事を良く承知している。
解らない事が無限にあり、人体実験は出来ないから、……実験で確かめることが出来ない。
献体の解剖から学ぶことが出来るが、それは活動していない、死亡した人体であり、そこから得られる情報は限られている。
最も知識不足で、悩んでいるのは、優秀で真面目な医師なのだが、多くの患者はその事に気付いていない。

個人情報？　見せるのが嫌？

Mさんは私より5才年下……都会育ちで有名な進学校経由で大学進学された都会っ子だ。
これは、私の想像だが、大学受験目的教育の中で人格が形成され、議論をして、自分の意見は主張するが、そのもとになるデーターを他人に教えたくない……競争社会で優位に立ちたいとの、無意識の行動をとっておられるのだと感じた。
私は、社会で他人との会話から多くの事を学んだ。知らない事は知っている他人との会話からの情報の積み重ねで成長してきた。
若し、検査結果がエイズの陽性反応、性病の陽性反応等ならば、公表したくないだろうが、血圧や血液検査結果の数値を黒く塗るような事をしたくなる様な発想は絶対に湧かない。多分、個人情報だからと云う意識がさせた事だと思うが、話し合っても学びとなる事は期待できない。私の場合には、交友、会話から新しい知識、経験の

結果を学びたいと云う気持ちがあり、具体的なデーターを見て、自分のデーターと比較する事に意味がある。他人の根拠のない、思い込みが先行して作り上げられた見解を聞く事には興味がない。経験上、高い比率で、難関大学出身の高学歴者は同じような傾向があると感じている。

事実とは異なる誹謗中傷は名誉棄損罪で有罪になり難い

名誉棄損について、私は誤解していた。法律の条文を読めば、名誉棄損とは〝事実＝真実である悪事〟を公表して、他人の名誉を棄損する事を言うとある。言い換えれば、事実でない様な悪事を創造、捏造して他人を誹謗中傷しても、名誉棄損罪とはなり難い。この事に就いて、30分5千円の費用を払って、弁護士に相談、他人の悪事を公表する時には、真実、事実であるみたいな書き方でなく……推察する……と思う……と言われている……の様な表現方法に変える事で、名誉棄損で訴訟を受けるリスクが軽減する事を学んだ。裁判に訴えられた時に負け難い事が解かり、世の中狂っていると思った。

事実を書けば名誉棄損で有罪確実

この本では全て、ノンフィクション、筆者が実際に経験した事実に基づいて書いているから、全て、名誉棄損の対象になり得る。

この事は、多分、法曹関係者以外の、多くの人にとっては想像外の事だろう。

この本の内容は、筆者が訴訟を受けて、筆者が被告席に座らされることが発生する高いリスクを持っている。

全てを曖昧に、実名表記は全て止めて、匿名にする事で……内容を解り難くして、リスクを軽減する方法はあるが、それでは私の本の価値はない。現在ノンフィクションの『自分史』を執筆中だが、第二部をどの様に書くか、……この問題が、常時、頭の何処かで私にストレスを与えている。名誉棄損、著作権侵害……についての対応について腹を決めないと脱稿できない。

この様な悩みを抱えている中で、筆者は以下に示す損害賠償事件の被告となる機会を与えられた。

◆小悪人から損害賠償訴訟を受ける

神戸簡易裁判所　事件番号：令和４年(八)第１０２０２号の件

何が起こったか

20年ほど前まで、〝当たり屋〟と呼ばれる、小悪人がいた。ドライブレコーダーが出現して、当たり屋はいなくなったと思っていたが、私は２０２２年４月16日、Ｋと言う〝当たり屋〟に遭遇した。

Ｋは１７０㎝の筆者より長身で、若干太り気味で筋肉質、威圧感があった。

事故時の人物と、Ｋは別人

初回の公判に出席すると、出てきた人物は事故当日の人物とは全く別人と確信させる、単身、メガネを掛けた気の小さそうな男で、私の提出した答弁書には、隙間がないくらい、マーカーで多色を使って、しるしを付けている。

事故当日の様子

事故当日、Kは私に住所、氏名などを書けと私に1㎝厚くらいのメモパッドを渡した。
私が、Kの車のボンネットの上にメモパッドを載せて、住所、氏名を……書こうとすると、Kから怒声が飛んだ。
『オマエ、ナンシトルンジャ、俺の車の上で』と言われ、私は、ゴメン、ゴメンと言って私の車の、ボンネットに移動した。
直感的に、何年か前に話題になった**『アタリ屋』**だと思ったので、心の中でこれは許すわけにはいかないと決心した。

判決と内容に不服

途中経過の説明を飛ばして判決文について説明すると。
判決文は、提出された証拠物件である、見積金額を折半する形で、損害賠償金額を決めている。
Kは、自動車を宝物みたいに大事にしているから、外からは見えない、バンパーの低い位置にある極めて小さい瑕疵でもそのまま放置することは許されないと主張する。
裁判が行われたのは、事故発生から4か月後の話で、それなら領収書を添付すべきだが、裁判長はそのような視点で、考えている様子が見えない。
Kがアタリ屋で、100万円の見積書を証拠物件で提出、折半すれば、私は50万円支払うことになり、アタリヤは美味しい商売となり、止められないだろうと思った。
裁判長は、法律の専門家で六法全書は読んでいるだろうが、想像力豊かに人間、悪事を働く人間の考えているかもしれない事を推測することが出来ない。
何時の時代になっても、人間の心が支配する智的進化は緩慢で、日本の関ヶ原の合戦の頃、シエークスピアにの『ベニスの商人』によって描かれた、裁判官の智性、……『契約により肉は切っても、血は一滴とも流してはいけない』……の様に、法律上の文言を厳格に適用、同時に庶民感覚の正義を満足させている好例があるが……参考にされていない。
法曹界の人間になるために、進学目的に行った受験勉強に加えて、暗記を強制される勉強の延長で司法試験を受験する。
人間として最も重要な時期に、最も重要な社会的経験を、多分していない、裁判官にベニスの商人の中の裁判官の様な判決を期待するのは、無理なのだろう。

何故裁判になったか

詳細な説明は字数を浪費するので、簡略化するがバンパーの最下部で、外からは虫眼鏡で見ないと見えない様な、米粒の数十分の1くらいの、かすり傷を種に、バンパー全体の交換をする為に7万円を請求された。
そんな些細な傷とも呼べない様な、傷の為に……膝を地面について、虫眼鏡で見ないと見えない様な傷の為にバンパー全体を交換するのは無駄だから、嫌だと言った。
Kは保険の事をよく知っていて、貴方は損害賠償保険に加入している筈だから、そこから払ってもらえば、貴方の腹は痛まないと、教えてくれる。先ず、それは嫌だと回答、その後2回の電話があり、6万円に減額してきた。
私は、貴方が訴訟を起こして、判決が出て、それが50万円でも、判

決に従って払うと回答した。

口頭弁論

訴状には、原告は、車を非常に大切にしており、嫌だから、バンパー全体を交換する費用を弁済する事が求められている。

口頭弁論に出頭したが……どうも事件現場で遭遇した人物とは別人だと確信した。

事件発生の時の、他人を威圧するような、怒声を発する大男でなく、メガネを掛けた小さな、気の弱そうな優男が原告席に座って、私の答弁書を手に持っている。答弁書には複数の色のマーカーで、カラーの写真みたいに……受験生が暗記をするときに、教科書にマーカーで印を付けるようにされていた。内容を覚えるために努力したみたいだ。

口頭弁論に際し、数年前から導入された専門員が裁判長に同席して、裁判長にアドバイスを行う。

約1・5時間の口頭弁論中に専門員が私に〝損害賠償保険のメモを渡し〟あなたは損害賠償保険に入っている筈だから、貴方の腹は痛まないと、Kと同様のアドバイスしてくれた。

多分、専門委員は大学教授か、保険会社の高学歴OBで、このような保険に関係した事の専門家なのだろう。

私に対する親切心から、貴方の腹は痛まないと、保険から金を出させる事を教えてくれた。

私は、支払った工事費に対して支払うのは良いが、単なる見積書の金額に対して、金を支払うのはおかしいと思っていた。

それは、当たり屋の行為を正当化し、当たり屋をビジネスとして成立する土壌を社会に醸成する事になると思ったからだ。

当初、裁判官は両者が、話し合いで負担金額を決定するように話の方向に誘導していたが、……急遽変更、次回の公判で判決を言い渡すが、それで良いかと提案。原告も被告も承知した。

口頭弁論から、約1か月後の8月19日付けの判決文が郵送されてきた。

判決文

判決文には、走行距離約6万kmであり、……損害賠償額すべき額は約半額と認定するから被告は半額の29、128円払えと書かれている。（資料集参照）

見積金額に対して

見積金額に対しての支払い金額決定に、ビックリした。

裁判官は社会に正義を実行させる事、悪人を懲らしめる、のさばらせない事を、最も重要な存在の理由として、民主主義社会を支えていると思っていた。見積金額に対して、支払いを強制すれば、それは当たり屋に金儲けの手段を与えて、確実に利益の出る新しいビジネスモデルを提供する事になる。

ドライブレコーダーが登場しても、それから脅威を受けることなく、当たり屋家業の継続を保証する事になる。

私の回答

Kから何回かの支払いを督促する電話があり、Kは袋に金を入れて自宅の郵便ポストに入れればそれで良いと、約80分の長電話で説得された。長電話に辟易し、最終的に振り込み口座番号の提示、修理を実行して、その支払い領収書のコピーを頂ければ即刻支払うと

回答した。7か月後の、11月26日にホンダに問い合わせたが、修理の依頼は来ていないとの事。
２０２３年3月になっても領収書のコピーは届かない。

普通なら、渋々金で解決する

Kは当たり屋グループの一員で、数人がグルになって悪事を働いていると確信する。
標準的な日本人の高齢者なら、あのように脅されたら……巨額でないので、渋々、7万円払ったかもしれない。
当たり屋に成功体験をさせれば、彼らがのさばり、普通の人にとって窮屈な社会になる

ダイキの駐車場の区画が原因

Kの事件の正当性を主張できる根拠は、ダイキの駐車場の配置にある。
説明は紙数を要するので割愛するが、Kが正当性を主張する根拠は、彼が駐車スペースとして区画された中に駐車していたのに、ドアーの接触により傷がついた事にあり、それが彼には全く落ち度が無いから、筆者への損害賠償訴訟となった。

事件の結論

判決が見積書の金額を根拠に損害額を決定したのは、完全に間違いだ。ベニスの商人の裁判から学ぶべきだ。
専門員もKと全く同じで、保険会社が払ってくれるから、筆者の負担にはならないと言う。
Kがその様に言うのは理解できるが、専門員が同じような見識ではマズイ。
多分、保険会社に請求して、私の腹は痛まないかもしれないが、それは当たり屋に成功体験させ、……世の中が同様の事をすれば、保険会社の決算を劣化させて、保険料金が上がり、社会全体が迷惑を被る。
巨額に積み上がった国交債発行残高と同様の経路をたどる事になる。司法に関係する人々は、法律の条文を社会正義の実現と関連付けて考えなければいけないと思う。
裁判を行うことで、関係者の労働時間が永くなり、費用が発生して、それが消費に回るからGDPは上昇して国が豊かになったと、経済学は教えるが、国民の視点から見ると、長時間労働、裁判費用は最終的に国公債発行残高の上昇に結び付き、何も良いことはない。この事については、第二部以降で深く考えてみよう。

持続化給付金の不正受給

コロナ禍の中で、売り上げが激減、事業継続が困難な企業を救済すべく政府が持続化給付金の支給を始め、それに絡んで多くの詐欺的な不正受給の存在がマスコミから流れてきた。知人は親戚の喫茶店経営者が、店を休業する事で８００万円の給付金を手に入れたと言っていた。彼は嘘をつくような人ではない。
持続化給付金の詐欺で広島の弁護士が約６００万円を不正受給した事が報じられる、国税庁の職員が関係した事件……マスコミに無数の不正受給のニュースが報道される。

行政の費用もばかにならぬ

詐欺で、盗難されたお金もさることながら、私はその事に絡んで

行政が浪費するコストの方にも、同等または同等以上の視線が行く。不正受給された資金は、何れにしても、その内に消費に回るから経済を回転させる。持続化給付金と云う、本来の目的に合致した使い方がされなくとも、経済を回す効果は発揮する。

行政が捜索、裁判などに掛けるコストは全て、行政のコストとなり、最終的に公的債務の増加の原因となる。

若し、制度の設計が民間の様に、高レベルで行われて、運用が上手く民間の熟練者のレベルで行われていれば、その様な事は起こらなかった筈だと思う。これらの不祥事、不正は日本の公務員の、想像を絶する浅薄な知識と、実務能力に起因している。

制度を作る官僚の知識、想像力、実務能力が低く、不正を働きたくなる誘惑に駆られる様な制度設計がされていると、制度を悪用して不正に金を手に入れたくなるのは人情として、仕方のない事だ。**（裁判については資料集参照）**

日本の、中学生が制度設計して、大人を従わせるみたいな社会は上手く回る訳はない。

若し不祥事が発生したら、組織が全力で隠蔽する日本の公務員社会は泥棒の組織と何ら変わらない。

全ての日本の公務員がその様な公務員社会に満足している筈はないが、制度がそれを助長する不幸な日本の公務員社会だ。

人は悪くないが制度が悪い。

お粗末な日本のＩＴ技術レベルが不正の温床

先述の３人の友人が確定申告の際に、過大に還付金を受けた行政上のミスの原因は日本のＩＴ技術レベルの低さにある。その様にしたのは日本の行政の無能力によるが、それは公務員の終身雇用制が原因である。

最も巨大なＩＴ関連の発注者である行政は、素人で……何も解っていない。素人が国家を動かす巨大ソフトの発注をＩＴ事業者に行う。小学生が、家の新築に際して業者に依頼する様なものだ。

発注に際しての仕様書の内容のみならず、完成した作品の検収が満足に出来る筈はない。

単に作品の良し、悪しに留まらず……あらゆる種類の隠蔽したくなる事が起こっても不思議ではない。

この事については第二部で深く考えてみよう。

不正がペイしない社会は、より清潔になる

清潔な社会に住み、不正はペイしない事が理解されているから、時間の経過と共に、より清潔な方向に社会が変化して行き、時間の経過とともに、清潔度は……日本の常識では想像も出来ないくらい……高くなる。

既述の、韓国の高齢者のコソ泥が、九州に海外出張して空き巣ドロボーを始めたのが好例だ。

韓国では、監視カメラが多くて、空き巣に入ったら直ぐ逮捕されるから、商売にならないが、日本は安全だと供述したと言う。

社会で何かの傾向が発生し、時間経過と共にそれが累積して……結果的に信じられない様な事が常態化する。

その様な経過をたどって日本の巨額公的債務の積み上げは起こった。

低い能力、不誠実、不正確、……が連鎖すれば、社会は劣化の道を進む。

日本の場合には、税務官僚のお粗末な仕事からの成功体験が、次には意図的な不正の原因となり、その連鎖で社会は、益々劣化する

が、その原因は、官僚の無能力、お粗末な制度設計にある。
良い傾向は、更に良い方向に、悪い傾向は、更に悪い方向に増幅して進行、長い間にその差は非常に大きくなる。

お粗末な行政に忖度せざるを得ない現実

お粗末な制度設計でも、制度として存在する以上、民間の業者は従わざるを得ない。
新しい制度が出来上がる過程では、審議会、委員会、識者と呼ばれる人からなる委員会等が、民意を代表して制度に対して賛意を与えることで、民間の業者が異議を唱える事は極めて困難になる。
民間の人は、自分を守り、定年まで危険回避で、立場を維持できるように制度に迎合する。
スウェーデンでは……他の欧米諸国もホボ同様だが、要約すれば能力主義で、人が能力に応じて官民の垣根を超えて動くので、大人の作った制度に、子供が誘導されて動くように制度設計される。

高齢者は銀行で外貨預金口座が開設出来ない

日本の巨額国公債発行残高を見ながら、預金のヘッジの為に外貨預金を始めるべきと思い、三井住友銀行に電話して口座開設について必要な手続きについて質問した。**私が80才の高齢者だから、私の意志だけでは口座開設が許可出来なくて、妻の承認が必要との事。妻が後期高齢者であると言うと、子供の承認が必要との事。**
担当者によれば、金融庁からそこまで指示されている訳では無いが、通達の意思を忖度して、銀行ではより厳しく制限しているとの事である。これは、全てについて官の強い影響下にある金融、電力、鉄道、保険等の政府保護産業に共通する事であり、精神的には準公務員である。
銀行が、幼い、浅薄な社会的知識、経験しか持たない官僚が設計した制度に迎合し、それを更に不便なものにする事で、国民に負担を強いるが、多分、誰もそれを意識しない。

民間製造業の場合

製造業に代表される民間企業の場合、官から示された法律や指示の範囲内で、出来るだけ自由に運用する。
顧客、市場のニーズに対応して優れたアイデイアを出して製品開発を行う事で社会に貢献する。
製造業で良い仕事をして生き残るためには、誠実、知恵と顧客との連帯が求められるが、銀行の企業文化は真逆だ。
銀行では行政の意志を忖度して、制度よりも厳しく運用する様に自主規制して、利用者の利便性に忖度することはない。

三井住友銀行とＳＭＢＣ

三井住友銀行は三井銀行と住友銀行の合併で出来上がったが、合併に際して三井、住友のどちらを先にするかでもめた。
お互いの主張に折り合いをつけるための妥協の産物として、日本語は『三井住友』、英語表記はＳＭＢＣ＝ＳＵＭＩＴＯＭＯ　ＭＩＴＵＩと、住友を先にする事で決着した。
合併後は、一緒に働く同僚となる両行の人間が過去を引きづって……存在を誇示する。
永らく日韓で懸案事項となっている、徴用工問題で、それをネタにゴネルだけ、ゴネ、それに寄生虫の様に群がる人たちがいる韓国と同じだ。これから未来を託する新しい銀行の成功に向かって全力

投球できない事もさることながら、過去の事から大きな影響を受けている。最も重要な事は日本語と英語表記で異なると言う、顧客の不便を問題に出来ない、自己中心主義である。

みずほ銀行の場合

娘がロンドン留学中の30年ほど前に、数百万円を送金する為に口座を持っていたみずほ銀行を訪れた。

英文の送金申込書に、送金元であるみずほ銀行の支店名を記入する欄があるが、長さが数センチで小さくて書き込めない。

日本語を英語表記しているので、字数の多い長い単語を15くらい記入しなければならなかったと記憶する。

文書のフォームを変えるか、部署名を簡単な数個の単語表記にすべきだが、……顧客の不便に気が付かない。

担当者に苦言を云い、課長さんが出てきた。課長さんは苦言を理解されて、具体的な対策を講じると回答された。

ビックリする事にお名前が阿南健太とある。私があなたは阿南陸軍大将のお孫さん、と問うと、そうだと言われる。

阿南惟幾氏は、陸軍大臣で終戦の8月15日に割腹自殺した。帝国陸軍に於いて東条英機と並び称されるくらいの人物で、終戦の日に割腹自殺した事からも、その生き様は推定できる。短時間だが、お話をする機会を頂いた。

この事が私に海外送金の為に、日本へ進出間もない米国のシテーバンクの口座を持たせる事になる。

特許の場合

サイエンスの最先端を扱う特許の分野では、21世紀になっても江戸時代の思想が支配している。

発明の価値を評価する際に問題になるのが、進歩性である。

誰でも、知識が無くても、深く考えることなく、……特許申請し、それらに特許権を与えると社会は混乱するから、……特許される発明は、既存の方法、技術と比較して、……万人が納得できるような革命的な性能、効果のあるものでなければいけないが、それを進歩性と定義して、進歩性の有無、その程度の大小で登録されるか否かが決まる。

マスクの出願特許に対して、特許庁から〝拒絶通知〟が送付されてきた。

出願特許の登録申請に対して、進歩性が無く、〝当業者なら容易に思いつく程度の発明であり、特許として登録する事を拒絶します〟……とあり、それは常套句であり、驚くにはあたらない。

担当弁理士が5～6千字を使って詳細に反論して、出願特許が登録要件を満たしていると議論する。

最後に〝結語〟として以下の様な文章がある。

> 以上申し述べたように、今回の補正により拒絶理由が解消したことは明らかです。**よって、何卒ご再考の上、本発明は特許すべきである、とのご査定を賜りますようお願いいたします。**

日本語として、これは江戸時代の代官と庶民の関係を想起させる、時代的な文言である。

審査官は代官の立場であり……決定の権限を有しているので、審査官のサジ加減でどのようにでもなることからこの様な文言が慣例となっている。

21世紀の日本語にすれば以下の様になるだろう。

> 以上申し述べたように、今回の補正により拒絶理由が解消したことは明らかであり、本発明は特許されるべきであります。

日本では、全ての行政に対しての申請文書は……担当者を増長させる、サプリメントとして作用している。

その様な環境が……官僚社会に不正の横行を許す文化を育んだと思う。

言葉は長期間を経て組織文化に巨大な影響を与える。

１３０年以上前に数奇な人生をたどってきた、高橋是清により革命的な特許と言う制度が日本に導入されたが、その運用についてのバックボーンをなす、精神的な部分は依然として江戸時代的である。

一般には目に付く事のない日本の一面だが、このような制度の運用に後進性が温存されている先進国は日本以外にあるのだろうか？とにかくビックリする。

西欧先進国では、審査官も出願者、弁理士も同等の専門家として議論できる文化があるが、日本では……官が数世紀前の様に……民の上に立ち指揮、指導、指示する形で運用される。

◆法人口座の開設審査の過度な自主規制

先述の衛生マスクの特許の登録の可能性が高くなり、そのための準備として、銀行での法人口座の開設の必要性を感じてきた。

衛生マスク特許の関係で、国の小企業に対する助成制度を活用すべく、既述の日本日本合資会社のビジネスとする事で、特許権者を法人にして、金銭的な決済を個人から、法人にするべく、ゆうちょ銀行に法人口座の開設をお願いした。

10枚くらいの必要書類を準備して郵便局の窓口へ行き、別室で書類がチェックされた。

地元の郵便局の女性職員は、私らもどの様になっているのか解りませんが、提出書類と質問票への記述は細かく言われており、そのチェックをして大阪に送るだけで、その後の事は知りません。口座開設が出来ないとの回答を貰ったと、叱られる事が良くありますが、私らにはどうしようもない事で、困っていますが、取り敢えず送りますとの話だった。

約1か月後、総合的に判断して、〝ゆうちょ銀行では口座開設を受けられません〟との回答を大阪貯金事務センター所長名の文書で受け取った。電話を掛け、窓口に出てきた若い感じの山田と名乗る声の男の人に、〝総合的な判断により〟とは何だと聞いたが、**彼はシドロ、モドロで**話にならない。明確に何が原因かは言えないし、センター所長との話も出来ない。

おかしなことに、再度申し込まれたらと云う。私は、最初全く意味が解らなかった。あなた、再度申し込んで許可された例を知っているのと問うと、やって見なければ解らないでしょう見たいなことを言う。想像を絶する回答だった。

理解したのは、マネーロンダリング、不正会計、……色々な事が世間で言われる中で、法人口座の開設を許可して、後日その法人が何か問題を起こすと、自分のミスと言われ兼ねないので〝触らぬ神に祟りなし〟で、とにかく、許可しないと、通知したものと考えられる。

政治家、高級官僚のコネが要るのか？

申し込みから回答までに1か月もあるのは、その間に**政治家、高**

級官僚、ゆうちょ銀行の管理職……のコネを使って、対策しなさいと云う事だなと理解した。

既述の神戸市の月が丘の分譲住宅地の抽選と同じで、関係者が都合の良いようにするために全てが用意され、残りが市民に対してのオコボレとして、抽選に回される。

この様な事が社会の劣化、制度の非効率となり、それらの累積が、住み難い、何か新しい事をしたいと行動を起こす人の障害となり、社会の進歩の邪魔をしている。何もしない人には全く関係ない事だが、何か新しい事をしようとすると、ホボ、確実に日本ではそれが出来ないか、出来にくい理由が発生するが、それは、制度を作る公務員の貧弱な知識、想像力、能力を起点として、状況を更に不便に追い込む準官庁的な金融機関の過度な自主規制にある事が解った。

この様な事例に遭遇する人は、非常に少数であり多くの人はこの様な事を知らないが、あらゆる事が同様の不誠実行為で行われている社会は、停滞し、逼塞して活力を失う。

害を及ぼしている担当者も達成感の無い仕事の為に時間を浪費し、……定年まで我慢して、退職金を得る事が目的化して、人間性を喪失……充実した人生とは程遠いものになり……定年退職後の引きこもり予備軍となる。

触らぬ神に祟りなしが理由か？

銀行は民間企業とは言え、強力な許認可権を持っている金融庁の監督下にあり、実体は公務員の様な企業文化で、今回の法人口座の開設には金融庁から、怪しい法人や、新しい法人には口座開設を認めない様にと指示が来ている。

ネット社会となり、あらゆる事がネットを介して行われる中で、マネーロンダリングに代表される、不正取引の防止が俎上に上がり、その為の対策が問題となる。

新規に法人口座が開設されれば、不正取引の確率が高まるから、金融庁から銀行に、慎重にやれとの通達が出て来る。

銀行の方は、若し、間違いが起これば、決定的に叩かれるし、担当者は判断を誤ったと……退職を迫られるかもしれない。

最も安全で、傷もつかない方法は先述の様に、明確な原因を示さないで、総合的に判断して、〝ゆうちょ銀行では口座開設を受けられません〟と返答する。10枚くらいの、役所で取った有料の書類を用意させ、1か月後にその様な返事をする。

書類を受領後すぐに返事すると体裁が整わないから、1か月掛けて後に返事する。

申請者からすると不便この上ない。日本には無数のこの様な例が有る事を知っている。

結局、銀行は全ての新規口座開設を断ればリスクが低いからその方向で結論を出す。

1か月間、棚ざらしにすれば、その間に何処かから、著名人、政治家、……から特別扱いの仲介の手が入り、その様なケースは特別扱いする日本的な処理となるのだろう。

銀行の立場から、筆者ならどうする

私なら、口座開設に際し、一片の誓約書を結ばせる。

現下の状況から、マネーロンダリングやその他不正取引が問題となっており、監督官庁から法人の新規口座開設には慎重になるように指示されているので、新規口座開設に際して誓約書を提出する事を義務化する。誓約書には、若し不正取引が発覚すれば、……例えば、

1億円の罰金を払うとか、……の具体的な巨額のペナルテーを課す。

金融庁の立場から

法律、又は行政指導で銀行に対して、新規に開設された法人の口座については、例えば、開設後5年間、1回、10万円以上の資金移動については、ATMの使用を禁止、窓口扱いとして、窓口で送金理由を確認するような手法を考える。

IT産業が高度に発達している21世紀、工夫する事により、簡単に色々便利な事が出来るが、その為には誰かが、真剣に考えて、手の掛からない方法を作り上げなければならない。

民間では最も重要なコストと言う概念を喪失している官僚は、制度設計の際にコストについての感覚が全くない。

家庭経済に於いて主婦は金の動きに敏感だが、幼稚園生の幼児にはコスト感覚がないと思うが、日本の高級官僚は、家庭経済における幼児の様なものだ。イヤ、不正に手を染める事を厭わないから、国民の目からすればそれよりも悪い。

国全体として

経済の活性化、拡大の観点から見れば、個人が小企業を立ち上げて、リスクに挑戦する事を応援するために、積極的に法人登記を認め、それに伴って必要となる法人の銀行口座開設を促進する方向で期待している。

行政の知識不足、能力の不足が、国家を統合失調症の様にして、利用者に不便を掛けるのみならず、無数の大小の類似の事が発生して国家が劣化する。

弁護士も自己規制

本の執筆中に、これまで8回弁護士に相談した。4回は有料、4回は弁護士協会と神戸市の法律相談で無料だった。

有料の場合には30分の話で5千円であり、1時間は直ぐに過ぎる。六法全書も読んだので、一般的な事は理解しているつもりだが、……第二部をどの様に書くか自分の心が決まらない。

将来、もし私が名誉棄損などで訴えられた場合に、弁護して頂けないか、訴えられないように書くためにはどのように書いたらいいか、教えて頂けないかと女性の弁護士にお聞きした。

鴇田香織氏は前年の神戸市長選挙が無効であると選管に文書で提出した既述の勇敢な女性弁護士である。

現職の久本市長が、神戸市の職員組合から推薦を受けている事が公職選挙法に違反するというのが理由だ。

過去にも、神戸市長選では色々な事があり、民間から市長が当選すると、予想もしない事を指示されて苦労した失敗経験があるので、市職員は仕事が楽な、お友達の、中央官庁出身の現職市長の続投を望み、そのような事が発生した。

鴇田弁護士曰く、私は弁護士で、法律を守る事が仕事で、罰せられない方法について考え、その方法を教えるのは、弁護士の仕事ではない。若し、その様な事をすれば、弁護士の資格が剥奪されるから、その様な事には関係したくないと仰った。

勇敢だと思っていた**弁護士も正義の味方ではなく、社会に迎合して、生きている現実を知った。**

安倍元首相の暗殺事件：弛緩していた警察官

２０２２年7月8日に奈良市で安倍元首相が、ＳＰ、警官、多数の衆人が見守る中で、手製の銃で至近距離から近づいた男に銃撃されて死亡した。事件の顛末は撮影されており、信じられないほどの、警備陣のお粗末としか言いようがない。

職務が何であるか、全く認識していない、弛緩した職務感覚が原因である……それが全てである。

若し、多数の警備関係者の中の1人がセンスのある……自分が大切な舞台に上がっていると言う職業意識のある……人がいて、声を上げるなり、身を挺して瞬間的に動けば、あの事件は発生していなかった

終身雇用の中で、……考える事もなく、惰性で動いていれば、鈍感で、気の付かない人間になってしまう。

後日マスコミが、数十人の警官が路上で銃弾を探す、銃の殺傷力を試すために実験をしたとか、色々……言い訳みたいなことをニュースで頻繁に伝えていたが、それらは全く無駄な事だ。警備陣＝警察は一生懸命に……のポーズを見せているに過ぎない。

第一原因、事件の起点が問題になるのであり、それが全てだ。

要人警護はマニュアルで論じても意味のない、責任感、動物的な反射神経と状況判断できるセンスを必要とする任務だ。

事件が起こってから、費用と長い時間を掛けて、言い訳する為に副次的な事を調査しても……あまり意味がない。

学校卒業後に一括採用され、配属が決定され、終身雇用の中で生きる人に適性を期待する事は出来ない。

適性、能力に応じて職業選択、専門能力の上昇に応じて……年齢、勤続年数に関係なく……昇進する社会でなければ、問題は解決しない。

テニスやサッカーで回転するボールが軌道を変化しながら高速で飛んでくる場合、それに対応するためには、動物的な瞬間の対応が求められる。ボクシングで相手のパンチを避けるためにも動物的な瞬間の対応が求められるが、同じことだ。

ＫＡＺＵ1沈没、ＪＲ西の福知山線脱線転覆事故、ＪＡＬ１２３便御巣鷹山墜落事故……福島原発事故全てに共通する事は、行政の能力のお粗末であり、それを非難しない、出来ない日本のマスコミ、専門家である。（資料集参照）

カマラ・ハリス米国副大統領の子息の場合

長女の英国の大学時代の友人アロン君経由で、米国の要人の警備の事で話を聞く機会があった

安倍元首相暗殺の約2か月後の、9月中頃の話だ。

若い男と、若い娘がアロン君の住んでいるマンションに1週間宿泊した。14人のそれとわかる警備のＳＰ14人が、マンションと周囲の建物に分散して宿泊、24時間の監視体制。緊張感が伝わってくる。

お国柄の違いから、常に緊張感を持って任務に当たっている米国のＳＰの職業意識は高い。考え抜かれた場所に、人員を配置、定型的な時間的な配置じゃなくて、色々変化させて、行動を読めないようにする。

マニュアルがあっても、この様な非定形的な出来事には役に立たない。野球などのスポーツと同じで、各人が突発的に変化す状況に合わせて、有効に反応する、それだけだ。

伊藤博文、高橋是清暗殺以来の事

日本での要人の暗殺、暗殺未遂事件は、大津事件として有名な明治のロシア帝国のニコライ皇太子暗殺事件があり、その後、伊藤博文、高橋是清の暗殺事件があるが、1世紀ほど前の事だ。

その後、日本の若者の個人的とも言えるテルアビブ空港での銃乱射事件、よど号ハイジャック事件があったが、半世紀以上前の事であり、事件は国外で発生した。警察組織のトップは60才前後で、半世紀以上前の事件を肌感覚では理解していないと思う。

更に勉強漬けで……危険、暴力的な環境、……等の経験がなければ良いアイデイアが湧くとは思えない。

当然の事ながら、その下の役職者はトップより若く、要人警護については、受験教育の様に活字知識でトップよりも劣ると考えられる。要人警護も、経済、金融の世界における非定型的な突発的な異変に対する対応能力は同じだ。

緊張感を持って、状況を観察して、気の利いた動きを、高い瞬発力で行わなければ、悲惨な結果に終わる。

◆高速道路の逆走問題から日本を観察する

10年前くらいから、高速道路上での逆走事故がマスコミで報じられ、大きな社会問題として認識され始めた。

２０１５年に行政に意見具申、又は、行政の計画を国民代表として承認する有識者が選任され、有識者会議が開催された。

その後、何回も会議を開催しているが、何ら具体的に効果的な対策が取られていない。

有識者と行政の関係者は7年間の長い期間、この問題について、金を掛けて考えてきたが、この様な問題に遭遇した時に民間と行政では真逆の対応をする。

行政は問題を簡単に安価に、迅速に解決する意志を全く見せない。民間視点でその経過を観察すると、簡単な問題を複雑にして、大金を掛け、緩慢に仕事をしているように見える。

意図的にか？　単にアイデイアの貧困がそうさせるのか不明だが、この事については第二部で考察してみよう。

◆自治会の運営は日本の縮図

２０２２年9月に自治会から回覧が回り、某社会福祉法人が高齢者用の施設を我が町の自治会館の近くで建設したいと考えており、12月に業者が神戸市の公募に応じて書類を提出、翌年の3月に市が決定するとの回覧が回った。

同時に、自治会として建設計画に対応する為のプロジェクトチームを立ち上げるので、プロジェクトチームへの参加を募集する事も書かれていた。

我が町の近隣には幾つかの同様の施設があるが、全て貧弱な施設であるのみならず、徒歩で行けるような近くにはない。

若し、徒歩圏内の自治会館の近くに出来れば好都合で、人口約2千人、その内、多分、半数近くが高齢者の我が町に住む高齢者のみならず、現役世代の人にとっても都合が良い。

班長は自治会の反応はネガテイブと言う

輪番の班長さんから、自治会としては……ネガテイブな雰囲気で

……問題をとらえている事を知り、それは困ったと思った。

私は既にパンクするほど色々な活動がある中で、プロジェクトチームへの参加は出来ない。

文書で大賛成である旨伝え、自治会が建設計画を後押しされるように文書でお願いした。

12月に入り、既にプロジェクトチームに入って活動しているY女子との会話から、プロジェクトチームで話されていることは外部の人に漏らしてはいけないと**緘口令が出されているとの事。何故、緘口令が必要なのか、**非常に不思議だ……。

過去の日本の歴史を振り返れば……チームを取り仕切る有力者と業者、行政の担当官の間を取り仕切るフィクサーの存在が、闇の中で取り仕切って……それを外部の人に知られないために緘口令が敷かれる事は常識だったが、21世紀の日本でそのような事が起こる。それも自治会と言う……半分以上の人が30年以上住み、ホボ皆顔見知りの小さな社会で……何故その様な事が起こるのか不思議で仕方がない。質問すれば、角が立つので何も反応をしなかったが……個人的には約25年前に、初めて自治会役員になった頃と変わっていない事が解った。

会議をしても、話し合って、いろんな議論をしても、その中から結論を出すのではなくて、別の場所で事前に有力者が話して合意、他の人が意見を出せない様な雰囲気を作る。

典型的なその様な事例だ。

天下り官僚と天下り先の経営層との間で根回しされる様な事例は

常に決定には、ボスとフィクサー間に腐敗的な臭気が漂う。

小さな自治会だが、マスコミに頻繁に露出する、政治家、行政の汚職文化と同じだ。

日本で民主的な運営が出来るか？

民主主義的なやり方なら、チームで話されていることを皆に公開、伝達して……最終的に結論に達する段階で、異論が出ないようにするべきだと思うが、真逆だ。

決まった事には問答無用に従えの、多分、関係者には明瞭な、その様な認識はないと思うが、江戸時代の、『知らしむべからず、寄らしむべからず』と全く同様で、その時代錯誤的な運営にビックリする。

公務員、準公務員の方々の比率の多い町の性格上、このような事が起こるのだろうと推察している。

小さな町の自治会でも、江戸時代、明治時代の名残が強い……市、県、国が民間会社の様に状況に応じて柔軟に対応できるようになることは可能なのだろうか？

約半世紀前の１９７４年に初めて訪れ、その後3回訪問したソ連では、多分、21世紀の日本とよく類似しており、全ての事が行政の指示によって行われ、新しい制度、決まりは事前に国民に知らされる事が無かった。

日本の場合には永遠に変わらないのか、？

自治会の様な下が変わって徐々に上に向かって変わり、最終的に国政が変わるのか？

ある時に革命で上が変わって、徐々に下に向かって変わるのか？

そんな面倒くさい手続きなしに、天才独裁者が現れて指揮するようになるのか？

◆オール電化設備の故障：過度な自主規制

オール電化の給水設備が故障で動かなくなり、業者から買い替えを勧められた。80代になり先が短いので、設備費の安いガスでも良いかなと思い、大阪ガスの代理店の宮村に相談し、営業担当が来て設備費用は電気の1／3程度で済むとの話で、検討用の色々な資料を渡された。資料の中に騒音が電気式より高い事を示唆することが書かれており、その事を確認する為に電話して、近所に、同じようなガス給湯器を設置している家を教えて頂きたいとお願いした。

我が家のお隣さんは、非常に厳しくて、例えばエアコンの設置でも、騒音が気になったら、何を言われるか解らないから、私は非常に慎重になっている。私は、既に設置されている家があれば、深夜に設置している家の近くで騒音のレベルを実感して、ガス式の採用、不採用を決めようと思っていた。約20分後に電話で回答を頂いたが、個人情報保護法の関係で、教えられないとの事だった。その回答で、私は安価なガス式を止める事にした。

この様な事が何故個人情報保護法との関連で断られるのか、非常に奇異に思う。

全ての人は個人情報保護法が怖く、怯えて、過度に自主規制する事で、社会を窮屈にし、悪人に悪事の隠ぺいをし易い環境を提供する事で、結果的に社会の劣化に加担している。

◆常識は死語になり……存在しないのか？

筆者の近所に住むKさんとは年に数回我が家にご招待して、一緒に食事をする関係だ。数年前に亡くなられたご主人が住友金属だったので、共通の知人が居り昔からの交際だ。

我が家の通りを隔てた向かいの家が売却され、リフォームの為に業者が1か月以上かけて修理をする事になった。

2週間、2023年4月に2週間バリ島に旅行で留守にするので、Kさんに、留守中に郵便受けが溢れて詰まっていたら、取っといてとお願いした。Kさんは、向かいに業者が入って工事しとるから物騒やから、気付けなあかんからな……と言われた。

私は、全く反対に、業者の車が来ているから……彼らの目があるので……ドロボーは入りにくいと思っていたが、Kさんは業者の所で仕事する数人の作業者を疑っていたのだ。

Kさんは、大阪の町中の人で私は田舎の農家の育ち……人によって……育った環境によっての大きな違いに驚いた。

常識の数は人口の数だけある

過去には存在は認知されていたが、無視されていた、LGBTと言う言葉に代表される、マイノリテー＝少数者への配慮が社会の舞台の正面に座り、恰も社会の最も重要な問題であるかのような観を呈しているが、それは豊かな、優しい社会の象徴で望ましい事だが、それを維持するには、社会が安定していなければいけない。

今迄は、常識と言うフレームがあり、その中で活動すれば、波風がたたず……平穏な生活を送ることが出来た。

21世紀になり、誰でも意志さえあれば世界に向かって常識に反した意見発表が出来る時代となり……マイノリテー保護的な視点との融合が、常識を今迄の様な形で存在させる事が困難になってきた。

究極的な姿は、人の数だけ常識があり……言い換えれば常識と言う概念は存在する意味を失うのかも知れない。

それは地域限定

世界には依然として、強力な常識のフレームの中で人々が生きている宗教国家、独裁国家……不完全にしか民主主義が機能していない国がある。どれが正しいか、どれが良いかは判断できない。

民主主義の看板を掲げている日本で、全ての人が自由を謳歌して人生を楽しんでいる　？？……そうではない。

北朝鮮の人民はみんな不幸せ？……そうではない。

普遍的な常識とは

人に親切に、悪事をしない、それだけだ。それは浄土真宗の雰囲気で充満していた田舎の教えだった

個人情報保護と社会

今迄あまり問題視されなかったがネット社会となり、個人情報の保護は世界的に大きな問題として扱われるようになり、その適用は国によって大きな違いがある。秘密にすることで、情報に価値が生まれ、保護の為に国民と国に負担を与える。

保護の為には警察、裁判、弁護士、被告に経済的、時間的に大きな負担を与える。

日本では過度に人々が防御的になり『北風と太陽』の童話が教える様に、北風の中で必死にマントの前を締めている。

人々は懸命に、どうでもいい様な情報と呼ばれる何かを隠そうとするから、多くの情報は外部に漏れることなく、それを利用して悪事が隠蔽され易い環境が作られる。

ネット環境から大量の情報が無作為に収集されて、ビッグデーターとなり、整理、分類され、特定の商品の販売促進の目的に使用する為のデーターとしての商品価値を持つようになる。無店舗で、ネット販売が普及する中でそのような整理された情報は大きな価値を持つ商品となる。この様な個人情報の保護傾向の強い社会で最も利益を得るのは、不正、汚職、犯罪に手を染めている人たちであり、特に政、官界の不正は簡単に隠蔽される。

約半世紀前、時の総理大臣田中角栄氏の資金力の源泉を、綿密な調査であぶり出すことで、巨額収賄で検察に立件させる切っ掛けを提供した、立花隆が行ったような高品質の調査報道は出来なくなった。

日本の特殊な終身雇用文化の中では、過度な個人情報保護は、国を汚職大国に誘導し……永いタイムスパンでは……国を消滅させるくらいに影響力があるかもしれない。

因みに、日本人感覚では、スウェーデンには個人情報保護法がなきに等しく、それが清潔な社会を作り上げた原点にあるように感じる。スウェーデンでは『南風と太陽で』暖かい風が吹いているから、人々はマントの前を空けて生きている。

日本では『冷え冷えとする月明かりの下で』北風が吹いているから、人々はマントをしっかりと締めて生きている。

報道の自由と日本のマスコミ

変化の激しい世界で起こっている事を知るためには、日本のマスコミは頼りにならない。

ロシア、中国、北朝鮮などでは、真偽のほどは確かではないが……多分そうだと思うが……マスコミの報道姿勢は政府の厳い統制、監視下にあると言われている。一般に、日本は報道の自由が保障された国だと思われている。私もそう思うが、日本の報道の自由は他の

欧米先進国とはかなり違う。
既に随所でこの事について触れているが、意識していないと……空気のようになって、その中で溺れて……マインド・コントロールを受けて、騙されてしまう。この事については第二部以降で考察してみよう。

勘違いして入学した立命館の学友で溢れている我が町

既述の様に、末川博氏に憧れて、勘違いして立命館大学の夜間部に21才で進学した。
立命館大学は明治の元勲、西園寺公望の意志を次いで中川小十郎が創立した大学で、その原点は夜間部にある。
日本の学校では珍しく昼間部と夜間部を区別しない学校で、学友会も昼、夜の区別がない。
奇しくも、南北の通りを隔てた向かいには、1か月前までは立命館大学出身、同姓の岡田さんが住んでおられたが、芦屋に引っ越された。我が家の東方向約50mに並んだ7軒の家の中の2軒の家主は立命館大学の出身者だ。
その内の1人の河野さんは現役時代には神戸商船大学の教授、今は私の家庭菜園での友人である。
都会的な生活をして、近隣の人との交流を避けていれば、このような事は発見できない……五箇山の生活スタイルで、自由奔放にしているから、社会が広がって、人生が面白くなる。

◆失神の恐れあり好きな車の運転免許返上の決心

2022年12月に入りホボ同時期、ホボ同年齢のFさん、Kさんの2人が、家庭内とプールで、歩行運動中に失神した。

循環器専門医の言葉

13年前の心房細動発見以来10人以上の循環器専門医と話す機会があったが、あまり細かな質問、会話が憚られる雰囲気が強かった。2人の知人の失神事件の頃に、今まで経験したことが無いような詳細な話を、心電図、胸部X線写真、ペースメーカー手帳、カルテを材料に、45分くらいの時間を掛けて率直に会話できる医師に遭遇した。

数年前の牛若丸の死

数年前には、我々のグループへ私より4才若い関根さんが入ってこられた。非常に敏捷で、その内に『牛若丸』のアイドルネームを頂き、1年以上出席されていたが、数週間欠席され……その内、関根さんが亡くなられた事を知る。
テニスコートの徒歩圏内に住まわれていたが、テニスコートへ向かう途上で……気分が悪くなり、救急車で入院、その延長で数日後に亡くなられた事を知る。
私にも、Fさん、Kさんの様に失神するリスクがある事を理解、2022年4月末の運転免許更新時に運転免許の返上を決心した。
時間の問題で確実に訪れる、全ての機能の劣化……運転技術の劣化……問題が発生してからでは遅すぎる。
問題発生前に、先回りして、対策をしなければ……今までの人生で遭遇した、無能力な官僚と同じだ……そのような恥ずべきことをしてはいけない、と、不便を承知で決心した。
運転免許の返上を私の人生に於ける戦略的な決定だとすると、戦術は戦略に従って考えて行くだけだ。

それは、実際の生活においては、歩く事、体を使うことを意味し、健康増進に、運動機能の維持に貢献するはずだ。
家庭菜園は既に年初から大改革して、80代対応にする為、果樹主体に設計変更、投下労働量を1／5に削減する計画だ。
数日考えて、運転免許の返上を決心した。車は非常に便利に加え、運転は大好きだ……が、どこかで線を引かなければいけない、……止めなければいけない。問題を起こしてからでは遅すぎる。
でも、生活の大枠を変更する事はしない。近い距離……徒歩1時間以内の所は積極的に歩くことで健康維持を図る。
若い世代の知人、友人も巻き込んで、テニス、旅行、家庭菜園を従来と同様に行う予定だ。
従来は近場の旅行は車で、遠くの場合には目的地周辺の空港まで飛んで、飛行場でレンタカーを借りるスタイルだったが、これからはパック旅行、団体旅行又は若い人についてコバンザメで。
家庭菜園で必要な大量の米ぬか、モミガラ、堆肥、落ち葉などの運搬については、若い知人の手をお借りして、従来と同じように行おうと思っている。必要に応じてタクシーも積極的に使用するつもりだ。
週3回のテニスは私の都合で、コート代が5割高くなるが、テニスコートは我が家の庭内みたいな、入口まで約50ｍにある北神戸テニスガーデンで行うことを、テニスの友人に宣言した。

◆これからの人生、…名誉棄損で刑務所の中？ 悪事が露見しなくなった令和の時代

既述の様に、少数者の権利擁護の流れに便乗して、個人情報保護、著作権、肖像権、名誉棄損……等と呼ばれる権利の濫用が、マスコミ、出版業界を刺激。マスコミ、出版業界は過度に自主規制しないと存続できなくなってきた。
その事を別の視点から見れば、社会の悪事が解り易い形で社会に露出されない事を意味し、悪事が増殖する社会的な土壌が出来上がった事を意味する。
既述の、長銀やその他のお粗末な事件は隠蔽されて、社会に露出することなく忘れ去られるのだろう。
400億円の金利を還付金として国に払わせた責任者が、退職金を手にして定年退職、数年後に叙勲されたことを、実名入りで公表する事は法的に、名誉棄損で訴えられれば裁判所は有罪判決を下すと弁護士は云う。
400億円の還付金、国税庁長官の退職、叙勲を並べて書いたものを読めば、誰でも怒ると思うが……それらは数年間おきに個別で出てくるから、普通の人は並べて眺めないので……連続性がわからなくて、怒らない。
マスコミの記者は、知ってか、知らないからか……自己保身の為の忖度で……それらを並べた形で報道しない。
私が想像していた常識とは真逆に、私が真実を書いていることが問題だと言う。
若し、私が根も葉もない、……でたらめな事で、単に誹謗中傷すれば……事を書けば、多くの場合裁判所は名誉棄損の判決を下さないとの事だ。民事裁判に関係する専門家の社会では『天下無敵の一文無し』と言われる格言があると言う。
私は、金と呼べるほどの資産がある訳ではない。自宅も10年以上前に妻に売却し、妻の所有する家に居候している。
裁判が結審するまでに……初級審で負けても上告して……かなり長

い時間が掛かるはずで、それまで生きているか、かなり怪しい。裁判に負けて有罪となり、賠償金が払えなくて、刑務所に入ってもそれは、それで良いと思っている。

それは、今まで生きがいのある80年の人生を授けて下さった天へのお礼になる。

世の中には何処かに、誰か、世の中を良くしたいと思っているジャーナリストが数人はいる筈だ。多分、日本人よりも、言葉のバリアで守られているミラクルジャパンの実情を知る為に、海外の知識人が興味を持つと思う。グーグルの自動翻訳、キンドルでの出版など……翻訳品質に若干問題はあるが……で簡単にどの言葉でも読むことが出来る。

私の、行ったことは、日本の、世界の何処かで誰かを幸せにするために少しは貢献する事になると信じて、執筆を続けて早く脱稿したいものだ。

◆2022―23の年末、年始に2組の夫が外国人の夫婦をご招待

2022年の年末、23年の年始の間に、若い2組のご夫婦を我が家に招待して3〜6時間歓談する機会を頂いた。

興味深く、良い勉強になった。一言で総括すれば、私も含めて、俗に団塊の世代と呼ばれる世代周辺の平均と比べると、格段に問題意識に敏感に加え、言葉が滑らかで、非常に社会性に富んでいる。

マレーシア在住のT夫妻の場合

マレーシア在住、出産後4か月の女児をお持ちのMさんがZ世代の27才の夫と一緒に来られた。

Mさんは、米系クレジットカード会社のコールセンターの仕事をされているとの事だ。

ご主人は個人で旅行案内業をしておられ、今まで主にイスラム教圏への旅行だったが、活動範囲を拡大、その中に日本を含めるための調査を兼ねての来日だった。

筆者は今迄、色々な理由からコールセンターを利用する機会が多くあり、数年前まではコールセンターは九州などの遠隔地にあったが、その内日本以外の外国にコールセンターを置く企業が出てきた。色々な理由で、日本の国内標準よりも高いレベルの若者が海外に脱出している実情を知る機会となった。

スウェーデンから神戸に移住されたCさんの場合

40代のCさんはカナダ留学の時にスウェーデン人のFさんと結婚、その後、スウェーデンの大学都市ルンドで15年間住んでおられたが、最近日本に越された。中1のお嬢さんと小学生の男の子をお持ちで、お子様は2人とも日本語は全く問題なく話せる。

今迄、毎年夏休みに子供を連れて帰国、子供を日本の学校に短期間通学させて、日本人としての教育も受けさせた。

日本の学校でも夏休みがあるが、スウェーデンの夏休みが永いから、その様な芸当が出来る。

韓国に住む妻の姪の子供は韓国の国費で神戸大学に留学していたが、Cさんの場合と同じように、中学校の頃、日本の学校にも通って、日本語も問題なく、日本人と同じように生活している。

お話している内に、運転免許証返上して、不要になる車をCさんに差し上げようと思った。

面倒な所有権の移転手続き

既述の様に、スウェーデンでは10年以上の中古車は、中古車市場で普通に販売されており、30年中古以上古い車は車検がない。私の日産リバティは20年中古に相当するが、何ら問題はない。次の車検まで1年強残っている。

Cさんが貰ってくれたら、日産リバティを差し上げようと思い、お話すると願ってもない話と言われた。

所有権の移転手続きを始めて、日本のバカバカしいほど、手間の掛かる手続きに改めて、IT後進国を感じた。

行政での手間、利用者への負担……こんなところにも、日本を長時間労働、低賃金の国にしている原因を発見した。

この事については、第二部以降で考察してみよう。

◆全国旅行支援のお粗末

コロナ禍の中で経済活動を活発にするために、政府が全国旅行支援制度を、2022年1月に稼働させた。

制度は、無意味に複雑で、旅行会社を介して旅行する場合、契約時点が制度が運用され始めた時点より前だと、適用されない。

我々夫婦は、友人と計4人で約60万円払って北海道へのスキー旅行を予約していたが、全国旅行支援制度が適用されると、40万円以下になる。ところが旅行会社はそれが出来ない、と言う。

窓口の若い女性の係の人と雑談したが、彼女は当初私に対して丁寧に説明していたが、その内……行政の、バカみたいな制度設計に苦情を吐露、全国旅行支援だけでなく、旅行会社勤務の視点から、日本の行政の馬鹿さ加減に怒りを見せる事を隠さなかった。

簡単に出来る事を複雑にする

旅行者とホテルの対面で、それだけで済むように制度設計すれば、全国民が、何処の旅行社を経由しても、個人で来ても、それだけで済む。多分、スウェーデンならその様な行政にも利用者である国民にも最も手間の掛からない方法を選ぶと思う。

日本では、中間業者である旅行者を介在するようにして、無意味に費用を掛けさせている。

多分、それは中間業者に影響力を行使する事で……何らかの見返りを期待する日本の行政の文化とも呼べる悪弊が原因しているのだと思う。多くの場合、責任を回避するための便法として、民意を問う形の体裁をとる為に、識者、学者等からなる委員会を作って承認させる。委員となった人は、数万円の日当を貰い、併せて委員の肩書のステータスを獲得する事で、美しい人生を作る事に成功する。

名称変更に伴うコスト

当初、Go To Travelと、中学生の頃に英語を習い始めた頃の様な、ノリで日本語としては奇異な英語を使った。

その後、全国旅行支援と名称変更したが、その変更は1700以上ある自治体、旅行業者、無数の宿泊業者にWEBの変更を強いる事になり、それは巨額な出費となった。

単純な一言の変更が社会にどのような負担を強いるか、それを考える視点が無い。

無邪気に、制度設計と言うおもちゃで遊んでいる、幼児の様なものだ。

それに輪を掛けてビックリするのは、多分、日本中の識者、経済学者、マスコミに露出する日本の指導的な位置にいる人々から、制度を非難する論調が、私の耳に聞こえてこなかった事だ。

中央官庁から指示されて、制度を運用するホテル、旅行会社、地方自治体は、立場上、制度に迎合せざるを得ない。

制度から恩恵を受けるべき立場の、筆者の様な……利用者は恩恵にあずかれない。

不潔な背景を示唆する無用な行政の介入

全ての日本の政治、行政の関係する事には、不潔、不正、隠蔽、汚職……などの、人間として恥ずべき行為が、程度の差こそあれ、常に背後にうごめいているが、それは日本の雇用制度に原因があると理解している。ここまで多くの事例を紹介している様に残念ながらそれは日本の恥ずべき官僚文化となっている。

筆者は、高級官僚を嫉妬して言っているのではなくて、高級官僚が可哀そう、気の毒だから言っている。

日本の教育と現行の制度が、日本の潜在的知的財産の塊である、多くの高学歴者の潜在的な知的能力を上手く活用できていない。

この事については第二部以降で考察してみよう。

ステルス増税

２０２２年12月の新聞報道で公正取引員会は、大手電力会社がカルテルを結んだとして千億円の課徴金納付を命令したと報道した。課徴金は国庫に入り、一時的に国の負債の減額効果がある。電力会社が支払った課徴金は会社の利益を棄損するので、時間を掛けて、薄められて電力料金に反映されて国民が負担する事になる。結果的に国民は電力料金の値上げと言う形の増税によって国の負債の一部を賄うことになる。公正取引員会は千人弱の組織で、主に東京大学法学部出身者からなる。

公取の命令は単にその権威を見せつけるだけで、課徴金と云う名の罰金は、薄められて最終的に国民が負担する。

１００億円強の予算を使って……定年後の天下り先の準備行動と邪推されても仕方がない。

◆高級地方公務員の度外れな無能
井戸兵庫県知事のお粗末な発言

コロナ禍の中で、窮屈な生活を強いられている中で、待望のコロナワクチン接種が始まり、ネットでの申し込み受付が始まった。私も含めて周囲の友人が、ネットを介してワクチン接種の申し込みをするが、ＷＥＢの設計が悪くて……何度トライしても成功せず、それが話題になっている頃の事だ。

船長ＯＢで風呂友のＩさんが、テレビでの井戸兵庫県知事の発言を非難されていた。井戸知事いわく、『私もコロナワクチンの予防接種の申し込みをネットでやってみたが出来なかったので部下にやってもらった』と笑顔で話していたと怒っていた。

井戸兵庫県知事は75歳で、対象となる後期高齢者の最年少で、現役の兵庫県知事である。

対象となる人は全て自分より高齢で、殆どの人は現役を離れており、ネットには不慣れで、部下はいない。

Ｉさんは、知事は……、俺が出来ないくらいだから、これはダメだと、改良を部下に指示したと言うべきだろう、と非難されたが、当

然の事である。

私も、全く同感で、テニスの仲間数人の民間会社ＯＢとの雑談の時にも、その話で沸いていたが、そのような知事を持った兵庫県の不幸を感じる。民間の会社だったら、少なくとも長と名の付く人は、自分の立場を理解しており、そのような軽率で常識外れでは、工場の一番下の役付きである班長の仕事も務まらない。

県知事としてあるまじき行為。それを笑顔で、無邪気にテレビ出演で……びっくりだ。

役所の中ではそのような常識が無くても、……むしろ無い方が、組織の中では良い上司と評判が上がるのかもしれない。

日本のマスコミはそれを問題にしないし、多くの視聴者はそれを問題と感じない。

井戸知事は元中央官庁の高級官僚で、日本の県知事の半数以上が中央官庁ＯＢであり、地方に配分されて、中央の下請けの様に機能している。若し、少数の人が、Ｉ氏の様に感じたとしても、何か行動を起こす様な事はしないが、それが現在の日本だ。

県庁のY高齢土木専門家が露呈した幼稚な専門的知識

偶々、有名国立大学卒業、公務員で土木の専門家として永らく勤務、70代前半のY氏の傾斜地で行われている防災土木工事に関する説明から、彼の土木工事に関する知識が山村の農家の小学生程度である事にビックリした。

素直で、活舌よく進行中の急傾斜地の崩壊を防ぐための防災土木工事を眺めながら、周囲の女性も交えた数人に宅地造成の為の工事であり、工事をすることで数軒分の宅地が造成される、と賢い小学生が説明する様に、自慢げに説明する。

神戸市北区の大原公園の西側の傾斜地を眺めながらの話で、**グーグルのマップで見れば状況は直ぐに分かる。**

この例は、勤続年数の長い公務員の代表例で、非常に解り易いのでピックアップしたが、同類の事をいくつも経験している。

小学生の目で見れば別だが、大人の目で見れば犬小屋程度の物は建てられても宅地の出来るような広さではない。

狭い間隔で、高い高低差を40度前後の急傾斜面で繋いで、コンクリートで傾斜面を覆って、斜面が崩落しないように防災工事をしている。それまで経験していたY氏の奇行、不器用な言辞は不思議として捉えられていたが、この一件はY氏の専門に関する見識を露見させた。土木工事の計画、設計、作業は全て業者任せ、工事場の監督だけの長い人生で、完全にマヒしている様だ。Y氏も、井戸知事も大学卒業時には専門分野の卵として就職し、その後、専門能力を向上させることなく、むしろ時間の経過に伴い低下させてきた。同時に並行して社会的常識を喪失、**他人に知られたくないと思える自分のお粗末を、他人に露出する恥も認識しない、出来ない……幼児の様な振舞をしている。**

他人に忖度する姿勢が全くなく、常に上から目線で『過度に自信過剰で無知』の典型で、自信たっぷりで講釈する。

常識外れで幼児みたい

民間のテニス貸しコートで隣のコートが空いていたら、そこでサーブの練習を始めた。

空いているコートは商品だから、勝手に入って使用する事は、常識違反である事を知らない。

他にも、多くの類似の事を経験させられた。

Y氏は定年退職後、県庁OBとビジネスを始める

Y氏は定年退職後、直ぐに農家出身で県庁時代の部下の作る、野菜類を仕入れて、自動車での引き売りを始めた。

数ページの宣伝用パンフレットを作って、配り歩いて……熱心な様子だった。

パンフレットは写真入りで、かなりパソコンを使えるんだと観察していたがそれは間違いだった。

近くに住む、若い知人がパンフレットを作り、Y氏はその様な、些末な事務的な事はしない、出来ない人だった。

Y氏は東北に専門家として派遣される

野菜の引き売りを始めたが、上手くいっている様子はない……1年を待たず……震災復興に取り組む東北を支援する為に兵庫県庁から専門家として派遣され7年間東北に派遣されていた。

震災から復興の仕事は種々雑多な事の連続で、広い知識、経験と応用力を必要とし、Y氏はその様な業務には、……私の観察では……絶望的に、全く不向きな方だ。

Y氏が披瀝した専門知識から判断して……どのような貢献をされたか大きな疑問を感じる。

多分、費用は兵庫県が負担しているのだと思うが、民間ならその様な案件に際して派遣される人材には、かなり厳しい選別が行われるので、Y氏の様な人が派遣される事はあり得ない筈と思ったが、選抜されて派遣された。

Y氏の知識、能力で報酬に見合う様な働きを行ったとは想像できない。

役割は、兵庫県が費用を負担しての支援だが、多分……反対に……仕事しては、お荷物になっていただろうと邪推したくなる。

確実な事は、Y氏は兵庫県から得た報酬の一部を東北で消費しているからその分は確実な東北支援になり、それは兵庫県民への負担となる。被災地支援の美名の下に、無駄使いが行われている現実を見たような気分だ。

Y氏が力を発揮できるのは、定型的な行政の事務の仕事と、阪神大震災で経験した中央官庁との連絡業務くらいだと推定する。

官僚の幼稚な能力の露呈と過少な仕事量

コロナの問題が大きな国を揺るがす社会的な問題と認識されている中で、２０２1年2月頃から、連続して官僚の想像を絶する、幼稚な言動に遭遇し、無自覚に日本国民1人当たり1千万円もの国公債発行残高に膨らませた原因の一つが解ったような気がした。以下にホボ同時期に遭遇した幾つかの、日本だから起こったと考えられるあまり上等ではない話をピックアップしてみる。

Y氏の例を井戸知事とのセットでピックアップしたが、多くの類似の事例を経験しており、日本中の地方行政が同様である事を実感している。

ワクチン接種に絡んでの連続して発生した愚行

民間であれば考えられない様な……組織として統合失調症みたいな事例に遭遇する。

4月20日頃、後期高齢者にワクチン接種申込書が郵送されてきた。案内に従ってパソコンで申し込むも、ウェブの設計が信じられないくらい雑。通常ホテルなどの予約はカレンダーを呼び出して空きの

日を見つけて予約するが、単にカレンダーが出て来るだけでどの日が空いているか分からない。ある特定の日を指定すると、空いていませんとのメッセージ、……何回繰り返しても空きの日に遭遇しない。フリーダイアルを掛けても話中で繋がらない、……数十回繰り返してもダメ。申込書が郵送されてから2日後くらいに、各戸配布で郵便受けにポスティングで早く申し込めと神戸市からチラシが入る。**後期高齢者だけに選択的にチラシを配布できる筈はないので、ムダを承知で、費用や効果に頓着なしに全戸に配布したものと考えられ、全く支離滅裂。**

ネットでワクチン接種の申し込みをする為のシステムは、神戸市から外部の業者に委託され、システムが完成した時点で、性能がチェックされる受入検査が当然されるものと思うが、そのようなチェックがないのか、あっても機能しないのか。

若し、井戸知事レベルの人がチェックしたら……。

外部の業者があのように杜撰なウェブの設計をするとは考えられないくらい、杜撰なものだ。

新聞発表

そのうち読売新聞に約40%の人が予約完了、電話がつながり難く10%未満の応答率であったと新聞記事が伝える。

どのように考えても、不誠実と、無能を基礎とする捏造と嘘の塊。

対象の後期高齢者の40%が予約完了している筈はない。電話の応答率は自分の経験と友人のとの会話から0・01%以下くらいだと思っている。電話の応答率が10%未満は数学としては正確だが……実態は多分0・01%以下だから、無茶苦茶だ。

決定的なのは数十回電話しても、話し中で掛からないのだから、応答率が分かるわけがない。

既述の、大原山公園のテニスコートの場合と同様に捏造である。

若しかすると、役所のマニュアルには言い訳の為に捏造する事が書いてあるのではないかと疑いたくなる。

読売の若い記者の対応

読売新聞に電話して記事に書いてある内容の出所、……多分それは記者クラブで配布された印刷物……について聞いてみた。

若い声の記者は市役所に聞いてください、新聞は言われた事を報道するだけですから、新聞社に聞くのは筋違いだとの事。

新聞社は内容を伝えるだけが役目で、それについて答える必要はないとの事。役所のどの部門に聞けば良いのかと云うと、それは神戸市に聞けば分かるだろうとの事だった。

マスメデイアは報道する内容が真実である事を確認する事が求められている筈であるが、そんな面倒な事はしない。

与えられた資料の内容に疑問を持たない……惰性で、言論統制の行き届いた独裁国家の様に日本の大マスコミは、品質の低下した行政の広報係の役目をしているにすぎない様に思う。

大マスコミ業界は度外れな高給と終身雇用でまもられ、本来の社会の中での存在理由を忘れて急激に劣化している事を、改めて確認した。

◆行政とＩＴ産業の不毛な癒着

本書の執筆に関係して、多くのＩＴ業界の専門家と話す機会があった。

ＩＴ技術が顕在化していなかった昔は、行政の購買は主に、土地、建物、その他の物品で、目に見えるもの、寸法、重さなどを物理的な数値で表すことの可能なものであり、民間の取引価格の数倍から、極端な場合には数百倍だったが、全ての事は肌感覚で、認識できるものばかりだった。

ネット社会となり激変

パソコン、ネット、スマホ、タブレットを活用する時代になり、行政でもネットを介してのサービスの提供が始まった。

そのためには、目に見えない、プログラムを作成してネットを介して稼働するシステムを構築する必要がある。

システム構築の為には、専門知識が必要でそれは専門業者が行う。

発注者側の行政には業者が作成した作品のシステムを理解して評価できる力がなければ、既述のコロナワクチン接種に関係した兵庫県の井戸知事が起こしたテレビ会見でのお粗末な事が起こる原因、背景がある。この事について誰でも解るように説明するには多くの頁を必要とし、多分、意味もないだろうから、以下に箇条書きに問題点を列記する。

外部業者への外注

1．１円応札もある。

行政に一旦入り込むと、そのメンテの為、定期、又は不定期に起こる、システム、ホームページ、ＷＥＢ変更の受注が容易になる。それを見越して初回には1円で応札することもある。

2．発注側の行政担当者はＩＴのみならず一般常識にも疎いから、業者が作ったシステムの検収能力がないから、既述の、井戸知事のケースのような事が起こる。

ビジネスの常識として、一旦検収された物の変更には、行政側が新しく変更の発注を掛けなければならない。

この間に、…取引が複雑になり……不正、汚職の発生源となる温床となり易い。

3．スウェーデン等の国では、官が民から専門家をリクルートする事で、国のネットを介しての行政サービスが出来るので、常に世界最高水準を維持している。

4．日本では、業者の見積金額、作品の性能は、意味を持たず、業者と行政の人間関係で決まるのは自然の流れだ。

5．行政の応札、入札、落札結果は公開されるので、業者が集まって談合しなくても……談合したのと変わらない様な自主規制が働き、行政は業者の思うように操られるだろう。

6．ふるさと納税、全国旅行支援、その他多くの行政上の活動は、中央が大枠を決めて、１７００以上ある自治体が争奪戦を繰り広げる。日本中の１７００以上の自治体対応の異なったホームページ設計、設計変更が必要になる。

旅行業者、ホテルも対応しなければならず、巨額の資金がＩＴ業界に流れて行く。

7．日本のＩＴ業界の最も大きな顧客は行政機関であり、その下に準行政機関の様な存在の金融機関等が来る。

官と民の垣根が低く、ＩＴ技術レベルに差のない欧米や、スウェーデンでは、発注者側の官のレベルが高いので、自然とＩＴ業界のレベルが高くなり、世界をリードするレベルのＩＴ製品を日本の著名ＩＴ企業、富士通やＮＥＣに販売出来るようになる。日本では発注者側の官のレベルが低いので、高い能力を

持った技術者を高給で雇用するインセンテイブが低く、結果的にＩＴ産業の高度化に官がブレーキを掛けている。

８．映像のデジタル対アナログ論争でのＮＨＫの圧力。

日本のＮＨＫは欧米諸国の公共放送局とは大きく異なる。欧米では公共放送局は政府広報の役割を担い、規模も小さく、ＮＨＫとは比較にならないくらい小規模だがＮＨＫは世界最大のテレビ放送機器の購買者と見做されていた。

従来、映画に代表される映像技術はフィルムに映像を映すアナログ方式しかなかったが、１９７０～８０年代にデジタル化する技術革命が起こり、デジタル、アナログ論争が発生した。

デジタル方式の将来性に理解の無い素人集団のＮＨＫは、映像機器の世界最大の購買力を持ち日本の電子機器業界に、最新の電子化された技術を使ってアナログ方式を開発する圧力を掛けた。巨大な購買力を背後に控えたＮＨＫの影響力は巨大であり、日本の電子機器業界はその要望に応えるべく大きな資金の浪費と時間を無駄にした。21世紀になり、結果は余りにも明白で、その後、全てデジタル化されている。

ＮＨＫが金にものを言わせて、業界の最先端の技術の方向を捻じ曲げようとした悪しき事例である。ＮＨＫは実態としては準公務員であり、1兆円近い巨額の負担を国民に掛けながら、民間放送と競合しながら、無定見に電子機器業界に影響力を行使する。

◆80代になり身体中、メスを入れる所ばかり 先ず翼状片の手術

２０２２年、年末には目の翼状片の手術、3月に静脈瘤手術を行った。80代に入って体にメスを入れる頻度が高くなった。

筆者の現在メスを入れる予定の所は、3年以内にペースーメーカーの交換、鼠経ヘルニアの手術、痔、巻き爪、白内障があり、多分、これら以外にも何か新しい問題が現れてくるだろう。

ペースメーカー以外は、若し私さえＯＫすれば、間違いなく医者は即刻の手術を推奨する。

80代の高齢者は殆どの人が大同小異だと思う。外見上、筆者は憎たらしいほど元気そうにしているが、内部はボロボロで、それらを上手に隠蔽している。考えてみると、**私は……『外見良だが、内部が腐敗』している……組織的隠蔽を習慣とする日本の役所によく似ている。**

３時間の静脈瘤の手術

２０２３年3月に延ばし、延ばしにしていた、下肢静脈瘤手術を行った。

5年前に診察を受けて手術を勧められ、手術を予約したが……色々考えて、静脈瘤を天国に一緒に持って行こうと思い……

数日後にキャンセルした。その後さらに悪化が進行、瘤が破れて出血したので仕方なく手術をする事になった。

出血1週間後に手術を行い、手術には90分掛かると言われたが、実際に手術を始めると、予想よりも複雑で3時間掛かった。

うつ伏せでの3時間の手術は拷問だった。

静脈瘤は私の職業病

現役の頃、頻繁に企業の工場に入り込んで、製造ラインの稼働状況を観察する為に製造ラインの横で立っていた。

多くの場合、先ず、顧客の課長や係長、担当技術者と面談して、製造原価を削減したい機械と作業の説明を受ける。
その後、実際に稼働している機械の横で、見学させて頂き、直ぐに結論が出る事もあるが、多くの場合、機械の横に立って稼働状況を見ながら、工具の摩耗状況を観察する。我々は、納入業者だから、座る椅子は有る筈は無いので、立ちっぱなしで、最悪の場合午前中から、深夜に及ぶ事も稀ではない。その間に、他の機械の稼働状況も観察できる。
また、作業者との会話から、先ほど課長から聞いたことが間違いである事を発見する事も珍しい事ではない。このような機会は、自分の知識を増やす貴重な機会となる。
この様な長時間の立ちっぱなしが、静脈瘤の原因で、私の場合には職業病と言える。

肺挫傷で肋骨を骨折、死ぬほどの激痛

２０２３年4月3日から2週間、長女の住むバリ島に旅行した。バリ島は雨期から乾季への過渡期で、豪雨が降る事もある。
11日に豪雨があり、早朝に二階から、外階段を降りるときに、大理石を模したツルツルのプラステック階段で、滑って右脇腹を強打、死ぬかと思うほどの激痛数分。呼吸、咳、寝返りの度に激痛……地獄の日々に見舞われた。
地元の人は裸足なので滑り難かったが、私はスリッパを履いていたのが滑った原因だ。
予定に従って17日に帰国、専門医を受診し、肋骨が割れている事言われた。
自然治癒しかなく、待つしか方法がない。既述の70代の頃に起こしたスキーでの大転倒事故の際の成功経験から、疑似太陽光線を照射して治療に専念している。医者からは2か月間はテニスの様な運動の禁止を言われている。
光線照射と入浴効果のおかげで3週間で、ホボ完治、テニスと農作業に復帰することが出来た。

◆健康、人間、生物について考える

生物を作る四要素

人間は四つの要素から影響を受けて誕生して、成長……時間を経て寿命となり、天に召される。
四つの要素とは、**電磁波、ＤＮＡ、食べ物、ストレス**、である。

電磁波とＤＮＡは管理不能な要素

生命の発生の始点である受胎時点から、電磁波の影響下に置かれて、親から継承したＤＮＡ＝設計図により成長して行く。
誕生まではＤＮＡに支配され、その後の成長は食べ物により体重、身長を増加させて外見上の成長、……衰弱を経て、寿命になり天に召される。外見上見えないストレスは人間にとって非常に重要な要素である。
適度な外力、抵抗は筋肉、骨等の成長に物理的なストレスを与え、それは体力維持の為に不可欠な要素である。
精神的な負荷である、精神的ストレスは脳の知力を構成するニューロンの発達を促す最も重要な要素であり、物理的な外力とし与えられる負荷と共に、人がその量と程度を管理できる事を特徴とする。

電磁波とＤＮＡ

地球上の空間は電磁波で充満しており、地中、海中、空中、成層圏等、何処にいても何らかの電磁波に曝らされている。

場所により、電磁波の性質が異なるが、電磁波ゼロの環境は存在しない。

原発の運転環境、車の運転、農作業、テニス、スキー、蛍光灯の下での読書等、全て電磁波の環境下にある。

ＤＮＡと電磁波は個人が管理不可能な環境に依存する要素であり、**食べ物とストレスは人が管理可能な要素である。**

人間が健康を考えるとき、この事を頭のどこかに於いて、世の中に溢れる色々な健康情報の価値、真偽を評価する事は意味があると思う。

世界の長寿者が示唆する

偏食はＤＮＡが送る信号か、ＤＮＡが変化するのか？

世の中には健康食品に関する、無数の情報で溢れており、専門家、科学者が栄養的に偏らない様に、バランスよく多数の食材を摂取する事の重要性を強調している。多分、平均値として、それはそれで正しいのだと思うが、人間の個性、個人差は絶大であるのも事実である。

１１７才で世界最長寿のイタリアのエマ・モラノさんの場合

虚弱体質だったモラノさんは、医師の勧めで10代の頃から生卵を食べ始めた。

今迄、毎日生卵2個と調理卵1個にひき肉が少し入ったパスタを食べ、野菜はホボゼロ。

高齢になってからは生卵2個とクッキーだけ、と報じられた。

死ぬまで飲酒した泉重千代さんの場合

一時期、世界最高齢の１２０才として話題になった泉重千代さんは、その後戸籍上の問題から、１２０才については疑問があり、ギネスの世界最高齢の称号は取り消されたが、１２０才近い高齢者であった事は、多分、間違いない。

泉さんは、死ぬまで毎日、焼酎を飲むことを習慣とされていたと言う。

横山大観さんの場合は大量飲酒でも認知症ナシ

日本画家横山大観さんは、既述の様に、妻の叔父の鍼灸師岡部素道の患者で、痔の治療の為に永年通われた。

40代から殆ど固形物を食さず、殆どのエネルギーを日本酒から取っていた。

固形物を取らないので、大便が出ない、痔を患ってその痛みを取ってあげる為の治療だった。

明治元年に生まれ、当時としては稀な長寿者であり90才で没した。

ウオーレン・バフェット氏の場合は極端な偏食でも認知症ナシ

バフェット氏は筆者と一回り昔の同じ午(うま)年で93才だが、世界的な投資家として良く知られた大富豪だ。若い頃から世界中をバイクで旅行し、肌感覚で世界を理解、その知識を駆使して、独自の視点で

で、大成功を収めた。93才になっても、知的な衰えを全く感じられない意見発信を行っている。

社会を空間的、時間的に多視的に観察し、その知的能力の高さを印象付けている。

筆者は20代で初めて証券投資の分野に参入したが、バフェット氏は既に10代の前半に株式投資を始めたと言われている。

幼少の頃から、金まみれの大人社会を経験し、一般的な人の20年くらい先を行く人生経験をしている。

バフェット氏は極端な偏食で、毎日3食、コーラ、マクドナルド、フライドチキン、ポテトチップスなどの米国の典型的なジャンクフードしか食べないと言われている。大富豪だが食費は日本の感覚では1日当たり千円強で、月間食費は5万円以下の雰囲気である。日本の著名経済人から著名料亭の高価な和食を提供されたが、一箸も食事に手を付けなかったと言われている。

バフェット氏にすると、生魚を食べる、変な見た事もない日本料理、見るだけで嫌悪感を持ったとの事である。

一般論は参考に、自分の好み、DNAが示唆する方向に前記の4人がバランスの取れた食事をとっていたら？

前述の4例は、個人差が絶大で非常に示唆的だ。個人差が絶大で、若し上述の4人が栄養的に、専門家が推奨するバランスの取れた食事をすれば寿命や認知症傾向はどうなったであろうか。

生物学的な長寿チャンピオン、知的長寿チャンピオンとも命名したくなる横山大観とバフェット氏の極端な偏食傾向が失敗なのか、成功なのか……科学者としては無限の好奇心と疑問を掻き立てる題材だと思う。

宇宙を論ずる理論物理学の最先端で話題の、ダークマターみたいなものが、生理学の分野にも存在する事を予感させる。

専門家は個人のDNAの影響を知る事が出来ないので、単に統計的な平均値として正規分布を頭に置いて判断している。

横山大観さん、泉重千代さんが週1回の休肝日を取ればどうなったのだろうか？

もし、エマ・モラノさんがバランスの取れた食事をすれば、寿命が短くなったのか、更に長寿になったであろうか。

同様に、横山大観、バフェットが偏食しないで、バランスの取れた食事をとれば、より高齢まで頭脳の衰えの無い人生を送れたのか、反対に早期に頭脳の衰えがあったか、その原因を科学的に思考する事であると思う。

筆者の予想と実験

筆者は体重の管理を最優先課題としている。

20才の時にようやく16貫＝60kgになり、それ以降最高75kgまで増加したが意識的に体重を減らしてきた。

70代になり60kgくらいが最も望ましと感じるようになり、60kgを維持するように努めている。

63kgを超えるとテニスの時に明らかに動きに支障が出てくるように感じる。

自分自身について、良く観察して……成人病検査、血液成分検査の結果と照合して自分なりの判断をして、食生活の設計をするように気配りをしている。

◆人事院が公務員の週休三日制とフレックス制度を考え中

２０２３年４月14日の日本経済新聞朝刊1面に「**国家公務員、週休３日拡大**」という記事がありました。人事院は今夏に出す国家公務員の働き方に関する「**人事院勧告**」に、育児や介護といった事情がなくても「週休３日制」を取得可能にする法改正を盛り込む検討に入りました。どのような背景があるのでしょうか

人事院が公務員の週休３日制とフレックス制度の導入をする事で、日本の長時間労働の慣行を是正する事を検討し始めたとする日本経済新聞が報じた。日本の民間の実情を全く理解しない、筆者からすると、想像も出来ない発想で驚いた。

筆者は官僚の自己中心的な行政行為を批判しているが、その元締めの人事院にも、国全体の問題として認式する様子が見えない。

週休３日制を提案する様な心が筆者には理解できない。

日本の官僚、公務員と民間企業では不毛の巨大な境界線がある事、それが増々拡大していると感じる。背景には、長時間労働により霞が関に人材が集まり難くなっていることへの危機感があると説明されている。

２０２３年度春の国家公務員総合職試験への申込者数は約1万４千人で過去２番目に少ない水準。２1年時点でのフレックスタイム制の利用者は全府省平均で７・７％。週休３日制を浸透させることで人材を集める狙いだと言われている。

公務員の病気休職制度と昭和の時代

２０２３年５月、我々のテニスグループに新しく筆者よりも２才年長のＴ女子が常連として参加され、非常に高度な技術を駆使される。福知山市の南に位置する郡部の方で、戦争直後の日本を実体験されており、筆者とホボ同時代の経験をしておられる。

待ち時間に雑談する中で、当時25才までには結婚するのが普通の時代に、27才になり……結婚を焦って大間違いをしたと激白された。筆者が我々夫婦も晩婚で『貰い遅れと、行き遅れ』の夫婦で、筆者が30才の誕生日、妻が27才目前での結婚だと申し上げた。

一度の見合いで結婚に踏み切る

仲人の世話で、見合いを行い……相手の男性は６~７才年長で顔が、青白く元気がなさそうな様子だったが、自分の年齢を考えてＯＫと返事した。結婚後に判明した事だが……新郎は入院中だったが、結婚式の為に、１日だけ退院して結婚式に参加、直ぐに病院に戻って行った。激白された多くの事は、一冊の小説が書けるほどの珍しい事のオンパレードで昭和の日本再発見である。夫は無数の病気持ちで、体の殆どの臓器にメスを入れており、腸の長さも……半分くらいしか残っていないとの事。

Ｔさんは、夫の介護役を期待されて紹介されて結婚させられたことが分かった。

夫は公務員で、公務員には３年間離職を認める病気休職制度があり……就職後数年間の病気休職……短期間の仕事復帰……数年間の病気休職の繰り返しで、40代までまともに仕事をしていなく、彼女が働かなければ生活できない状況の中で78才まで医療事務の仕事に従事されたと、激白される。

日本では制度として、１年以内の休職ならば80％の給与が支給され、医師の診断書を上司に郵送すれば、面倒な口頭での説明をする

ことなしに、自動的に休職が受理され、復帰の際にも、面倒な手続きは必要ないとの事だ。

90代の夫は現役のテニスプレーヤー

90代の夫は、関西の名門のローンテニスクラブの会員で、テニスをされていると言う。

20代で就職、その後20年近くの間、大部分の人生を病院の中で送り……40代になって、現役復帰……その後、90代になっても現役のテニスプレーヤー。人間とは不思議なものだ。

ゴミ箱のない公園へのゴミ収集車の到来

約20年前、我が家の近くの梅木谷公園にあったゴミ箱は撤去され、ゴミは持ち帰る事を促す看板が立てられた。

それまで、委託された民間業者のゴミ収集車がゴミを収集していた。

ゴミ箱撤去後、ゴミ収集車は来ないと思っていたが、従来と変わらず、週に1回収集に来ている。

自治会に話したが、状況は変わらず、現在も収集車は、一応公園の周りを通過している。

些細な事だが……それは、神戸市と言う組織文化の投影であり……同様の見逃しが大きな事でも起こっている事を推測させる。

金融庁長官ＯＢの華麗な天下り

２０２３年に金融庁長官だった遠藤俊英氏は２０２３年にソニーのＣＥＯに就任したと新聞報道された。

ウイキペディアによれば、２０２０年7月に金融庁長官を退任、11月には２つの会社の顧問に就任、２０２３年にソニーのＣＥＯに就任するまでに15の企業に顧問として就任している。

既述の財務官稲村光一氏、徳田耕氏の場合よりも、公表されている天下り先は、数倍多い。

遠藤氏の場合にも、稲村氏の場合と同様に、一見して外資系と判断される会社が一つもないが……多分、それは稲村氏、徳田氏の場合と同様に意図的に……隠されているのかも知れない。

稲村氏、徳田氏との大きな違いは、単独の企業だけでなく、弁護士法人、税理士法人や類似の多数の顧客を抱えて、国税と納税額について交渉する立場の法人が天下り先に名を連ねている事だ。この事は、無数とも呼べる、多数の企業の納税額を下げるために国税と交渉……トータルで年間数十億円……定年の61歳から80代で引退するまでの20年以上の間に、数千億円の企業からの納税額となり、その分が最終的に国公債発行残高の増加で処理される事になる。

稲村氏、徳田氏の例を見ても、外資系企業は特に弱い立場なので、公表することなく、名ばかり会長に就任していると推測したくなる。企業とすれば、数千万円の報酬で、その10倍近い見返りが期待出来れば、お互いにウイン、ウインの関係となり、最終的には国公債の発行で賄われる。

◆日本の会社、スウェーデンの会社

日本の辛辣な会社経営者曰く、会社は１／３の社員で動いており、後の２／３はお荷物だと言う。

私は日本の会社では21世紀になりボトムに属する人々は90％が会社に貢献していて、10％がお荷物。

上層を構成する人々は10％が会社に貢献していて、90％はお荷物

と表現したくなる。

スウェーデンではボトムに属する人は１００％会社に貢献、上層を構成する人々は90％が会社に貢献していて、10％がお荷物と表現したくなる。

日本の公務員の場合には、言うまでもなく、民間の会社よりも著しく劣る。比較のしようもないくらい劣る。

スウェーデンの場合、民間も、会社も大差ない。

◆社会を映す、非日常的なマネーの話

我々庶民からすると巨額のマネーの話が、耳に入り、何故そんなことが起こるのかと疑問に思う。

日常的に耳にする肌感覚のある金額とは桁外れだ。以下に三つの例を取り上げて観察してみよう。

中国の30代の若い女性が日本の無人島を買った

連日、ネット、テレビに登場する経済専門家が中国の経済運営の危機的状態を講釈する。

他方、金持ち中国人観光客の爆買いが、テレビで話題になるが、この2つはどのように連動しているのだろうか疑問に思う筈だ。日本の経済専門家は異質な中国の経済運営が理解できなく……心の中で、中国経済の破綻を期待する何かがあり……目が曇っているのだと思う。若しかすると活字学でしか経済が理解できていないのが原因かもしれない。

２０００年～２０２２の間に以下のような事が起こった。

円、元の為替は円高に推移し、1元が13円～19円に約50％切り上がった。

同じ期間に、中国では民間の現預金残高は約20倍上昇したが、その間に日本では僅かな変化しかなかった。

理由はどうあれ、今まで同じだった金融資産２千万円のお隣さんが、22年後に4億円の金融資産をお持ちになった。

我が家は、残念ながら依然として2千万円のままだ。日本の専門家が、危機だ、危機だと、講釈してきたが、どうも様子が違う。中国の若い女性が、3億円強で無人島を買える理由がある。

私も、貴方も、若し短期に預金額が20倍になれば、何を考えだすか分からない。

この事については第二部で考察してみよう。

2千億円の遺産を作った大川隆法氏

２０２２年3月に宗教家『幸福の科学』の創業者大川隆法氏が亡くなり、遺産が2千億円あると報じられている。

真偽の程は定かではないが、多くの都市に信者から寄進された不動産があり、頷ける金額だ。

筆者のテニスの友人、知人にも数人の熱心な信者がいたから、ビックリはしない。

複数の法定相続人が居り、宗教法人としてならば相続税支払いの対象とはならず、どのように推移するのだろうか？

相続人でなく、信者でもない筆者が心配する事ではないが、宗教法人としての相続なら、相続税は発生しないが、個人財産としての相続なら、巨額の相続税が国庫に入る筈であり、興味のあるところだ。

第九章　コロナ禍の中で、天命を感じた3年間……

第9章の要約

80代突入を目前に発生したＣＯＶＩＤ19：コロナ禍は私の人生を激変させ、２０２２年3月30日に80才となったが、その影響はこれからの私の人生に、**プラス又はマイナスの両方に巨大な影響を与える可能性を見せながら推移**している。

80才を目前に、死ぬ直前まで……少なくとも85才まで家庭菜園を楽しく、過大な負担を感じることなく、現在の規模でやれるように、工夫、改善するための準備を始めており、それだけでもかなり多忙だった。

週3回の20人を超える友人とのテニスに夫婦で参加。友人、近所の人とのボケ防止マージャン、……時々、近所のお一人様の御老人との我が家での食事会、夫婦、妻の友人との旅行等……は、全て変更することなく、家庭菜園の作業量を減らす合理化をして、ソコソコの収穫を得る為の段取りのテストを繰り返し、その一部を実施し始めていた。

その中でコロナ感染症の問題が出現、世界中が戦時体制の様な危機管理体制を構築する。

筆者は既述の様にそれまで色々な提言を行政に対して行ってきたが、コロナ対策に対してはより積極的に行ってきた。

それらが、行政に影響を与えたか、否かは全く不明だが、子孫に巨額の公的債務を残したままで、何も対策しないで、あの世に行くのは耐えられない。

結果的にコロナ事件は、筆者に、この本の執筆を継続させるエネルギーを与えてくれた。

◆コロナと筆者のご縁、２０１９年11月に感染か？

筆者は２０１９年11月に既に中国、雲南省でコロナに感染していたかも知れない。

若い頃から山登り、ハイキングが好きで多くの山に登っている。後期高齢者となり、将来の可能性が徐々に縮小する中で、世界の未踏峰の山を近くまで行って眺めてみたくなった。世界には依然として幾つかの未踏峰の山があり、その内のいくつかは宗教上の理由から未踏峰であり、技術的な面から未踏峰な高山の代表的な山として中国の梅里雪山が上げられる。

幸い、長女が上海に住んでおり、私よりも中国語が堪能だから、この機会にと思って、我々夫婦と長女も一緒に3人で、２０１９年11月に念願の梅里雪山の見える、中国雲南省の徳欽を目指す旅行を実施した。

梅里雪山は21世紀になっても未踏峰の山で、標高は６７４０ｍとそんなに高くないが、いまだに未踏峰である。

約30年前、日本の京都大学山岳部が主体となって日中の合同登山隊が初登頂を目指して、入念な準備をしてアタックしたが、失敗、捜索隊が大掛かりな捜索をしたが、二十数人全員が行方不明となった。何年か後に積雪が氷河のようになって下流に流れて溶解し、その中に死体が現れたので、雪崩に巻き込まれて死亡した事が解った。

過去に何回も大きな登山隊が挑戦したが成功せず、京大の登山隊は近代科学を駆使した装備で挑戦したが失敗した。

その後、私の知る範囲で、登頂に挑戦した登山隊はいなく、魔の山として認識されている。

高山病対策で医師の投薬がチェックされている事を知る

60代の頃に４千ｍ級の所に行ったことは数回あるが、その後心臓の手術、ペースメーカーの埋め込み……と不安要素があるので、近くの松田病院で、循環器専門の山田先生に相談、高山病対策として事前に薬の処方をお願いした。

山田先生は、ヒマラヤに登るのが念願の私より丁度一回り若い循環器専門の医師で、今までの雑談で、先生若いうちに実行しないと行けなくなるよ……等と言っているのでお互いによく理解している。

高山病は。初期は風邪症状の様に現われる事等……悦明され、薬の処方箋を用意して下さった。

診察が終わって、会計を待っていると、事務の女性から声が掛かって、先生が処方できない薬が処方されているので、チェックに時間が掛かるので待って下さいと言われる。医師の専門分野によって、処方できる薬に制限がある事、それを病院の事務方がチェックしている事を初めて知った。

この様な厳格さで、国の予算の使い方をチェックすれば巨額の公共工事の費用が節約できるのにと、全く別の事を考えていた。

旅の経過

関空から上海経由で昆明へ、次いで大理で上海から来ていた長女と合流、その後で麗江に期間を決めずに高地順化の為に宿泊して、天候と、体の様子を見ながら、次のシャングリラその上の徳欽を目指そうと、２週間の旅を予定していた。

数日してから、風邪の初期症状が私と娘に出て来た……。３日くらいしても改善しない。高山病を疑って旅行を中止する事にして、11月26日に昆明経由で関空に帰国した。その後、風邪症状は全く無くなった。

帰国してから1・5か月後の1月後半に北海道のルスツに1週間スキーに行ったが、まだコロナは全く話題になっていなかったので、大勢の中国人、西欧人も含めた人々がスキー場、ホテルに充満していた。1月26日だったと記憶するが、帰りの飛行機の中で初めてコロナの事がテレビのニュースで伝えられ、日本に於けるコロナ戦争の勃発である。

この様な経過があったので、心理的に、私は既に２０１９年の段階でコロナ感染者だったかもしれないと疑う気持ちがあった。

◆感染の主原因は人流量

コロナ感染の最も大きな原因は、人の隣に人がいる事であり、その距離が１００ｍであれば、感染を心配する人はいないだろう。

距離が小さくなるにしたがって感染のリスクが上昇するが、２ｍ程度までの接近であれば、リスクが相当低下するとの判断から、ソーシャル・デスタンスとして約２ｍが提案されている。
この様な認識があるので、感染拡大には多数の人が集まるような行事は禁止すべきと言うことが常識として認識される。
行政からは、小さな集まりでの『三密回避』、多人数を集客する行事の自粛を呼びかけ、多くの恒例行事の変更や停止が言われ、レストランなどでも、感染抑制対策が取られ始めていた。
２０２０年開催予定だったオリンピックの中止、２０２１年に開催延期かの議論が沸騰していた。

税務署の鈍感または自己中心的な提案

２０２０年までの恒例の確定申告に際し、神戸では従来5税務署が別個に確定申告受付会場を設けて、受付、申告書作成の支援を行っていた。私の住む神戸市北区は人口約25万人を擁する多人口区なので、複数の受付会場を分散して設置していたが、それでも、何時も大勢の人が集まり混雑していた。
２０２０年の確定申告に際してまだコロナの問題は大問題としては認識されていなく、マスク着用もなく、従来通りだった。
別の用事で税務署に行き、5税務署合同の確定申告書作成コーナーのチラシを見て、２０２1年の合同開催の事を知った。
コロナ禍の中、これは社会的な知識の欠如からの決定で、その様な決定を行った事にビックリした。
大会場に多数の人を集合させて一か所での開催にすれば税務署の仕事は簡単になるかもしれないが、コロナが巨大な問題として浮上している２０２1年2月、3月にやってはいけない事である。

提案書を郵送

これはまずいと思って、チラシを入手した翌日、２０２1年1月21日に兵庫税務署長宛ての文書を郵送、ＣＣを大阪国税局長、国税庁長官、コロナ対策担当大臣西村康稔に送付した。
5税務署合同開催は、コロナ騒動の中で7月後半に予定されているオリンピックの開催、中止の議論が沸騰している中で、してはいけない事で、出来たら今年の確定申告は当面中止、秋にコロナの終息が見えてからに、延期するくらいにすべきと具申した。**（資料集参照）**

予定が変更されたが、ピンとはずれの変更

何が原因か解らないが、その後、混雑を緩和するために、全国的に申告期間が2月中から4月中旬までの開催と開催期間が1か月間延長されて、2か月間となり、それは私が意見具申を行った約1週間後だった。
特に神戸市の場合には、合同で開催する事により、来場者の動線が長くなり、多分平均で5倍くらい、全国で同様の事が起これば、確実に全国的な感染急拡大の原因となると思われる。
当初、作成コーナーの開催期間は例年通り2月中～3月中と予定されていたが、私が提案を郵送してから1週間後くらいの2月3日に、今年は混雑を回避するために4月15日まで、全国的に一か月の期間延長が発表された。
これは私の意見具申が効いたのか……別の理由があったのか不明だが、期間延長で混雑を薄めるためと書かれていた。
全国には５００を超える税務署があり、会場の予約、設営の準備、

アルバイトの雇用、人員の割り当て予定、パソコンの準備……等、変更に伴う作業は非常に多い。全国に関係するこの様な行事が、実行の2週間前に変更されるのは唐突であり、時間のかかる根回しを重視する日本の官庁文化にしては迅速な行動でビックリした。

勿論、私の提案書はゴミ箱に直行で、誰か別の人の指示で変更されたのかもしれない。

年末年始の人の移動に伴う第3波が1月中頃にピークを示してから、顕著に減少傾向を示し、3月には底を示すかのように見えたが、3月中頃から息を吹き返して急激に増加して第4波になり、5月初順にピークアウトして急激に減少しています。

多分、説明の必要も無いほど明らかです。これは確定申告書作成コーナーへの人の移動が最も大きな原因である。

この様な問題で、このようにきれいな相関を示す例はそう目にする事は有りません。（資料集参照）

地方でも感染拡大

それまで、主に大都市圏で感染拡大していたが、第4次感染拡大では地方都市でも感染拡大が発生、この確定申告期間中の感染拡大が全国的な傾向となり、多くの地域で感染が拡大した。（資料集参照）

事後に感染増加の原因を説明する事は簡単ですが、事前に予想できなければ意味がありません。

感染は接触後から数日間経過してから発生、発見可能なので、人の移動の期間と新規感染者数を示すグラフにはタイムラグが発生する。若し、２０２１年の確定申告を中止、又は延期して、コロナが終息してから再開するくらいの決断が出来て居れば、２０２１年３～5月の新規感染者数の激増はなく、オリンピックに関連する問題の取り扱いも簡単に済んだだろう。

パンデミック宣言が出た時点で、行政に関係する高級官僚は戦争が起こり、戦時体制に臨むような心構えで動かなければいけなかったと思うが、残念ながら、それは期待できなかった。

解答を示す教科書、マニュアルは存在しない

複雑で無数の大小の因子が関係する問題の解決には役立つ教科書は存在しません。

高いアンテナを多数上げて情報収集して、短時間で、可能なら瞬時に、量子コンピューターのように頭の中で分散処理して、疑わしい要素をピックアップして融合させて推測、推算して、正解を見つける事が理想である。

日本中で無数の人が関心を持ちテレビ、新聞が専門家の意見、説明、予想を述べていたが、最も大きな影響因子に気づかなかった。専門家は自分の専門分野の中で確立された理論、教科書の示す、因果関係に過度に注目して、その中で因果関係を見つけようと、アンテナを立てているが、彼らのアンテナでは捉えられない他の因子があったのだ。

過去に例のない、未知の課題の因果関係を発見するためには、無数の要素から成り立つ人間社会のあらゆる事に興味を持ち、アンテナを立て、ヒントをキャッチ、それを瞬時に頭の中でふるい分けするセンスがなければならない。

確定申告が日本経済、国庫に及ぼす影響は微々たるもので、２０２１年の確定申告を次年度に、2年分一緒に行っても何ら問題は無いと考えられるが、そのようなアイデイアが湧かないのだ。

既述のサラ金武富士の創業者の息子への４００億円の利息還付のように巨大な問題には口をつぐみ、日本経済と云う側面で考えれば、ピーナツくらいの些事である確定申告の取り扱いを、コロナ、オリンピックと云う世紀の大事件との関係を考慮して考え、行動する事が出来ない……困ったものだ。

私の知る限り、コロナの新規感染者数の推移と、確定申告期間の関連を疑った論文、識者の指摘に遭遇したことはない。

◆立体型マスクは感染抑制効果なし

２０２０年に入り、外出の際のマスク着用が普通になり、……ゴールデンウイークも過ぎて、暑くなると、マスクの着用負担感を意識するようになり、マスクについて考えるようになる。

６月初旬頃に、多くの人が使っている日本の標準マスクになった感のある、不織布製の平型衛生マスクが、欠陥製品であることに気付いた。マスクの最も重要な役割はウイルス感染者が、ウイルスを含んだ呼気や飛沫を外に拡散させない事であるが。

ウイルス感染者がいなければマスクを着用する意味はないから、マスク着用は必要なくなる。

マスク着用は、既感染者にウイルスを拡散させない事にあるが、最も普及しているマスクは、反対で、感染を助長している事に気付く。私も含めて、多くの人が風邪、インフルエンザ予防の為にマスクを着用していた、布切れの両端に耳掛け紐をつけたマスクは、冬季の日本の習俗の様に社会に溶け込んでいた。

マスク生地に素材革命が起こり、新しく不織布とポリエステルがマスク生地として登場、不織布製は安価で使い捨て、ポリエステルは洗濯して繰り返し使える事を特徴に、マスク市場を席巻し始めた。

高級感を煽った立体マスク設計

不織布やポリエステルの使用が、立体マスクと称する顎下まで覆うマスクを安価に作ることを可能にし、21世紀のハイテクをイメージさせる流行語３Ｄの設計を可能にして、高級感を掻き立てた。

立体マスクでは、マスクが顎下を覆っているので、呼気はマスク上方の鼻のあたりの隙間や、側面の隙間から拡散することになり、期待する効果とは反対に、ウイルスを含んだ呼気は、高い位置から周辺に拡散することになる。

スウェーデンや欧米諸国ではマスクの効果に懐疑的で、真剣に考えていなかった。

マスク文化の日本には衛生マスクの業界団体があり、２００を超える企業が会員となっている。

マスコミに露出する多くの大学教授などの感染症専門家もいるが、マスクの設計、構造に言及しているコメントに接した事がなかったので、取りあえず２０２０年11月に改良型のマスクを特許出願した。

特許出願

現役の頃には特許に関係した仕事もしていたが、引退後22年を経過、その後、制度も大きく変わり、再度初めから勉強して、弁理士を介さず、個人で特許出願した。

マスクの様な平易な生活関連品には無数の先行出願特許、実用新案があり、特許として登録されることは至難の業である。

ハイテクの最先端にいれば、新しいことの発見、発明は、ホボ、１００％特許として登録される。

マスクの様な生活関連のローテクに属する分野で、意味のある特許の登録を期待することは、既に多数の実用新案、特許が出願されており、それらが相互に干渉しあって、絶望的に難しい。

２０２２年夏に公開特許となり、その後、弁理士の力も借りて特許庁との議論の末に、２０２３年２月に登録決定の書簡を受け取った。（特許第７２２８９１２号、下方開放型衛生マスク）

スパコン富岳のシュミレーション動画の出現

２０２２年の夏に、大学の工学部に在籍する孫にマスク設計について話したところ、孫が理化学研究所＝理研のスパコン富岳を使って、マスク着用者の呼気の拡散する、シュミレーション動画をテレビで見たことがあると言った。

私は、テレビ、新聞は殆んど見ない人間で、知らなかったが、２０２０年８月にネット、テレビで動画が発信されていることを知った。早速ネット検索すると、動画が発見された。私が出願した特許の明細書に記述したのと同じことが起こっている。

富岳は価格１、３００億円、電気料金が月当たり数億円と言われており、民間の感覚で費用計算すれば、動画の作成には数億円～数十億円掛かったと推測される。

動画は私の特許出願の効果を明瞭に示しているが、その事と、特許の登録の可、否とは、あまり関係がない。

若し、この動画の存在を特許出願前に知っていたら、私は手間と金を掛けて、特許の出願などする筈はなかった。

何故なら、マスク企業、感染症専門家、大学教授が、２０２０年８月に配信された動画をヒントに世界中で多数の人が特許出願している筈であり、二番煎じの出願は無意味で、出願する筈は無いからである。

それは筆者の関係していた業界の常識で、厳しい競争にさらされている民間の他の製造業に勤務する技術者の場合も同様だ。

２０２２年秋になり、特許庁への特許、実案新案の出願状況を調べてみると、動画にヒントを得た出願が1件もない。

数十億円もかけて作られた動画は、誰にも影響を与えることなく、ネット、マスコミの情報洪水の中で見過ごされ、時間の経過に伴い、ゴミの様に消えて行く。実験に掛った費用の数億円～数十億円は、最終的に公的債務の積み上げとなる。（資料集参照）

私のコロナ対策

コロナは悪い妖怪で、感染すると肺炎になる。私は免疫力と呼ばれる、良い妖怪を持っている。

免疫力を妖怪と呼ぶのは、感覚的には解ったような気がするが、温度や、湿度の様に数値化する事が不可能で、個人差が非常に大きく、コロナと同様に解らないものだが、体の為に、健康維持のために役立つものとしか定義できないからだ。

免疫力向上の為には、食事の内容が最も重要と考えているのは当然の事だが、特筆すべきことは、ビタミンＣの大量摂取である。

免疫力向上の為にビタミンＣを摂取

医療費が並外れて高く、出来るだけ医者に行かない様にする人が多い米国では、色々な代替療法と呼ばれるものが多く試されている。そのような物の一つにビタミンＣのメガドーズ＝大量投与がある。

既に、随分前から多くの人が試しているから、**実験済みであり、怪し気な新薬より安心できると思う。**

私は20年くらい前から、食品添加物用のアスコルビン酸ソーダ＝

ビタミンCを摂っている。ビタミンCを大量に飲むと、高血圧になると言う専門家のコメントもよく聞いたが、既述のように、若い頃は本態性高血圧と言われていたが、60代から低血圧で現在は上の血圧が100～115、下が60～75くらいで低血圧である。

朝夕に、各約1gを目安に服用しているが、それは1日にレモン20個以上を食するのと、ホボ、同等の量のビタミンCを摂取している事を意味する。ビタミンCが免疫力の向上に効果があるとは昔からよく言われており、多くの人が実行しており、既に十分な量の人体実験がされているので、私はそれを信じている。

コーヒーと1合の日本酒が元気の元

30代まで徹底的にコーヒー忌避していたが、スウェーデンでコーヒーを飲む事が習慣となり、現役引退後、家にいる事が普通になり、インスタントコーヒーをブラックで、6～8杯／日くらい飲むようになった。

血圧については、コーヒーの多飲も影響していると思う。

実際どれだけ免疫力が上昇したのか不明だが、低血圧である事との組み合わせで私の心は確実に安定する。

周囲でコロナウイルスに感染した人の濃厚接触者になったと思える機会が2度あり、他の同行者は感染したが、私は感染しなかった。

本当の所は不明だが、ビタミンCのメガドーズが効果を発揮したお陰だと思っている。

観察研究論文の発見

50代に突入して健康オタクとなった長女が、筆者の生活スタイルに同意する、米国の医学論文を発見した。

非常に多くの高齢者を数十年間に亘って、定期的に観察を続ける、忍耐と金の掛かるコホート研究論文であり、論文の結論は……理由は解らないが、コーヒーの多飲、と適度な飲酒者が元気で長生きしていると言う。

休肝日の無い飲酒

約20年前から、筆者は休肝日を止めて、365日毎日1合の日本酒を晩酌している。

若い頃は制限なしに飲酒していたが、高齢となりそれは止めた。

健康の為に週に一度、休肝日を作るべきと推奨されているが、私にはその必要がないと定期健診の血液検査データーから、解釈していた。世界最高年齢の記録保持者、泉重千代氏の飲酒習慣の公開が私を支援する材料となり、現在に至っているが、毎日1合の日本酒は元気のもとである。

コロナから多くの事を学んだ

コロナ騒動は多くの事を学ばせてくれた。個人として筆者が今後の生き方に影響を与えられたことを幾つか列挙する。

単純な風邪ひき対策としてのマスク着用

既述の様に、風邪対策としてのマスク着用は……どのようなマスクでも……喉に高温、多湿の空気を供給するので、冬季の風邪対策として有効だから、喉の弱い私は従来通りに、マスクを着用する。

インフルエンザの場合

ウイルスを原因とするインフルエンザの場合はマスクの性能、設

計が問題であり、自分自身を守るためと、自覚無しに自分が感染者となり他人に迷惑を掛けない為に、下方開放型のマスクを着用する。

行政の能力チェックの機会になった

コロナ事件は先ず、直接的にコロナ対策を立案する日本の行政の能力を見極める機会を与えてくれた。

1．コロナ禍が棄損した経済立て直しの為の支援策は、先ず、日本の行政の制度立案能力の幼稚さを露呈した。

2．制度に従う民間の人々、企業の負担増加を明瞭にさせ、同時に従順に従わざるを得ない日本の実情を教えてくれた。

3．経済学者、マスコミは過度に制度に迎合的で、制度を問題として考える視点を持っていない事が解った。

これらの事は、日本の公的債務が巨額に……無意識のうちに……膨れ上がった原因の一部を証明していると断定した。

第二部ではこの問題を総合して考察、……時間が掛かる事は仕方がないが……日本再生に向かって意味のある行動を始めるる人のアシストを出来る事を期待している。

◆2週間のバリ島旅行で、コロナ禍終期の海外を知る。

自分史の粗原稿がホボ完成し、次の校正段階になり、先が見えてきたので、上海からバリ島に逃れている長女の住む借家に2週間の旅行を計画した。2019年11月の中国雲南省行きから3年強を経過して、航空券の予約、変更、搭乗券の発券などあらゆる面で大きく変化、頻繁にメールが来て、…対応が要求されて、我々高齢者にとっては非常に難しくなっている。

この2週間の旅行だけで、プロの小説家ならかなりの厚い小説が執筆できるくらいの興味ある経験をした。

娘の住む借家は広大な敷地上に建てられた、標準的な戸建て住宅

借家は約500㎡の広大な敷地を持つ、バリで最も標準的な……多分、3／4くらいの家がその様である、一般的なものだ。

ケロボカンと呼ばれる、町中にあり、敷地内には、タイルで装飾された幅4m×7mのプールがあり、2階建て延べ200㎡くらいの母屋と平屋の50㎡くらいの別棟がある。

インドネシアには相続税、贈与税、住民税がないので、コスト＝税金が掛からずに、永遠に土地を保有することが出来る。

日本の場合には、国対個人の関係で考えれば、三代＝90年間土地を保有する為には、時価の数倍のコストが掛かる事になり、長期間土地を保有する事は、不可能と言いたくなるくらい困難な事である。

スウェーデンでは数年前に相続税を廃止し、中国、インドなどにも相続税がない。

日本では、真逆に相続税を上げるために、税務官僚が熱心にそれを最も重要な長期的な課題として準備している。

一族郎党が一緒に大家族で住んでいる。

何人かのタクシードライバーとの会話、近所の家の中を覗き、日本の昭和の時代との類似性を感じた。

半年くらい前まで、レストランで仕事をしていたがコロナ禍で給与が安く先行きに不安を感じて、タクシー運転手＝白タクに転職し

た若者と会話した。警察に申請、約１・３万円を払って免許を得て商売を始めた。バリ人には珍しく、バリ訛りの少ない英語だったので色々な事が聞けた。30才くらいの賢そうな人で、祖父母、父母と家族８人が同居している。

深夜２時からの顧客に応じるべく、スマホで客待ちをしている。

バリでは、かなり前からタクシーの呼び出しはスマホで行い、出発地点から行き先までの料金を事前に決定して、支払いを事前に決済する方法が一般化しているので、日本の10年くらい先を行く社会となっている。

現地の人のみならず、外人旅行者にとっては非常に便利に出来ている。

日本との大きな違いは、殆どの場合英語は強烈なバリ訛りで聞き辛いが、殆んど例外なく非常に優しいオーラを出しており、私生活、家庭生活の充実している様子が窺える。町中で目の合った人、土木工事の現場を眺めている時の作業者との会話、お店での店員との会話、全てに於いて……隠し様のない心の解放感を表している。

日本のタクシー運転手、バリのタクシー運転手

令和の時代になり、日本ではビル、マンションの管理人、夜警、銀行のＡＴＭ周辺の案内人等とタクシー運転手は典型的な、天下り出来なかった下級公務員、民間会社の中間管理職ＯＢの職業となっている。

日本では、若いタクシー運転手に遭遇する事は、非常に稀だが、バリ島では、完全に真逆だ。

殆どの人は若い。２週間滞在中にトータルで約20回タクシーを使ったが、50代以上と思しき運転手に遭遇したのは１回だけだった。筆者の観察では理由は以下による。

１．確かに給与、賃金は安いが、家賃がなく、生活費が安く、生活の為に将来の事に不安を感じてアクセクする必要がない。

２．全ての約束、決済がスマホで行われるので、若い人は簡単に出来るが、高齢者が無理して学ぶ必要はない。

３．猛烈な、車とバイクの混雑の中で、運転するのは非常に高い認知力と反応速度を必要とし、筆者の観察ではあの環境下で、車を運転できる、度胸と、技術を保持している日本人の６０代の人は千人に一人くらいだろう。

上記を日本との比較で考えると日本の場合

１．持ち家でも……神戸市の場合……固定資産税と都市計画税で毎年評価額の約２％の税金が掛かる。評価額が２千万円の一般的な戸建てで、60歳で定年となり、１００才まで生きるとすると、税額は総額約１、６００万円となる。

固定資産税の督促状が発送されてから11日以内に納付しないと、差し押さえと、滞納処分の対象にすると書かれている。

日本では、死ぬまで税金から逃れることが出来ない。

高級官僚はそれを仕事とするために猛烈な勉強をしてきたから、民間の庶民の幸福、国家の経済的安泰には全く関心を示さず……示せず……既述の多くの事例で見てきたように、地方自治体を無意味に競争させて、長時間労働社会の維持に努めている。

◆バリ島の家の外階段で滑って転んで、肺挫傷に

２Ｆにある約50平米の大部屋に我々夫婦が住み、下には家の外にある幅１・５ｍくらいの階段を使う。

階段の段差は日本の1・5倍くらい高い感じで、足を下ろす部分も広く日本の1・5倍くらいで、大理石を模したキラキラの滑りやすいプラステック製だ。現地の人は素足で歩いているが、私はスリッパを履いていた。

4月11日(火)昨晩の豪雨で外階段は水で濡れている。

転倒を恐れて慎重に、慎重に降りたが、数段降りた時点で滑って転倒した。階段の幅が広く、両脇には手摺がない構造なので、体重をもろに右わき腹で受けて、息が出来ないほどの激痛数分。地獄の苦しみをしながら6日間待ち帰国の飛行機に搭乗して、17日深夜神戸到着。18日早朝近所の整形外科を受診、X線画像から肺挫傷との診断を受けて、専門医の受診を勧められた。神鋼記念病院の呼吸器外科の専門医から、右側9番目の肋骨にひび割れが生じており、約200ccの血液の漏出がある。筆者の痛みを理解できる人に遭遇して嬉しかった。咳、クシャミをする度に激痛、寝返りの度に激痛……地獄の1週間を経て漸く理解してくれる人に会えた。医師から完治して、テニスに復帰できるまでに2か月くらい掛かると言われた。

光線療法の効果

筆者は70代前半にスキーで大転倒、膝の靭帯断裂を起こし、スポーツ、正座、等の普通の生活が出来ない体になっていた。

幾つかの整形外科医を経て、最終的に疑似太陽光線を照射する光線療法に到達し、問題を解決し80代になっても、スキー、テニス、農作業を何等問題なくこなせる体になった。(資料集参照)

肺挫傷にはそれを効果的に治療する薬、方法がなく自然治癒力によるしかない事が解った。

光線療法で、毎日数回各10分間光線を患部に照射し、3週間でテニスに復帰することが出来た。

バリ島のビーチクラブとポテトヘッド

スミニヤックと呼ばれる、著名な海岸に最近頭角を現し、バリ島のトップと評価されるポテトヘッドと呼ばれる巨大リゾートホテルがある。自然保護、反自然破壊を表面に看板に、海に浮遊しているプラステック製品を収集してそれをリサイクルして、様々な椅子、テーブル、その他種々のプラステック製品に再利用する様な事もしている。

日本や、他の先進国ではコマーシャルとして綺麗ごとを画像で見せ……如何にも社会貢献していますポーズ……を出しているが、ポテトヘッドの様に具体的に、徹底して取り組んでいる例を聞いたことも、見た事もなかった。

多くの宿泊客は、比較的生活に余裕があり……社会を広く観察する多視点があるので宿泊客から同感され、指示されているのだと思った。

敷地内には100m×200mくらいの広場に千人以上の人が広い長椅子に寝転がって集えるビーチクラブとよばれる場所がある。頻回に著名DJが取り仕切るコンサートが開かれ、そのような場合には入場料が1万円位とのことだ。

スペインの全島世界遺産みたいなイビザにビーチクラブがある事は聞いていたが、初めてのビーチクラブ見物だった。

ホテルの詳細設計は木質建材を多用する日本の著名建築家隈研吾設計事務所が担当したと聞いている。

◆法事出席のために富山に旅行

２０２３年６月10日に高岡で田辺ご夫妻と、北海道ルスツでのスキー依頼、半年ぶりに高岡で再開した。

数年前に高岡でアパマンションを購入され、来客があった場合には隣接するアパホテルで半額で宿泊出来る恩典があり、１人１泊２日、５，０００円で泊めて頂いた。法事は妻の母の27回忌で翌日の日曜日に南砺市の庄川の畔に立つ高級料亭『川金』で開催される。妻との結婚に至った経過は、既述しているが、その後、妻の周囲に起こった事と、筆者に大きな影響を与えるかもしれない偶然に遭遇した。

妻は男５人、女４人の９人兄弟だが、上の男３人は既に亡くなっており、３人とも75才を超せなかった。

女４人の内２人は既に夫は無くなっており、妻と既述の民宿『勇助』に嫁いだ夫次子だけしか残っていない。

長女は89才で元気で永遠に生きるような雰囲気を醸しているが、70代前半の弟の男２人は快活を装っているが、75才の壁を超えて生きられるか……心境が解る。

寺の住職はソプラノ歌手だった

法事は妻の父が門徒総代を務めていた浄土真宗東本願寺、大谷派の光教寺で行われた。

父の50年忌が行われた頃の住職は、若い頃に東京都知事選に出馬された方だが、昭和の雰囲気の読経で、一応すべてが昭和スタイルだった。その後娘さんが住職となり、彼女は音楽大学の声楽卒業、お経をソプラノ調の高音で唱えられる。

我々昭和の時代の人間から見ると、異様だが、お寺では音楽会、ワークショップなどが開催され、公民館の様な使われ方をしており、将来の田舎の寺の利用方法を暗示している。

我々年代の者からすると宗教的な雰囲気は限りなくゼロで、親鸞聖人の高遠な精神的な境地を感じる雰囲気は無い。

懸賞論文に投稿

高岡で宿泊したアパホテルでアパ日本再興財団が『真の近現代史観』と言う視点での論文を懸賞金付きで募集している事を知る。

財団は、一代で巨大なホテルグループを作り上げられた大成功者元谷外志雄氏が主催者である。

論文の審査委員の選考基準には『**我が国の近現代史について否定的な側面を強調するのでなく、プラスの側面を積極的に認められる事**』とある。審査委員長は東京大学名誉教授小堀敬一郎氏であり、世評では著名な右寄りの思想家である。

筆者は、右寄り、左寄り等と云う事は全く意識の外で、根拠のない信念や野望もなく、単に為政者は誠実に国民の為に全力を尽くすべきであり、全日本国民が幸福に、不条理、不当な環境下に置かれない事を願うものであり、それだけである。

物事には全て因果関係がある、先ず原因を特定して、それを解決する方法を考えなければ、絶対に解決しない。

単に情緒的に、旅客機をハイジャックして北朝鮮の平壌に向かった青年、テルアビブで銃を乱射した青年の様に、右翼だ、左翼だと情緒的な行動は社会を混乱させて、本人も周囲の人々も不幸になるだけだ。

日本の巨額政府債務の更なる上昇を看過すれば、時間の問題で日本は破滅的な災難に陥ると確信する筆者は、先ず原因の追究を行っ

ているから、近現代におけるプラスの側面を発見し、積極的に認めて論文を書く事は出来ない。

筆者は情緒的には小堀教授と比較的類似した考えを持っており、日本の為政者が純粋で……欧米基準では幼い、純粋な心の青年みたいに……第二次大戦の開戦に至ったと思っている。

小堀氏は筆者より9才年長の90才である。他の小松崎和夫氏、衆議院議員の今村雅弘氏もマスコミは右翼として扱っている。

筆者の様な日本の欠点を知りすぎて……日本の巨額政府債務の問題解決の為には……先ず原因を羅列したような論文がどのように評価されるか、非常に興味のある事である。

法事から帰ってから、梅雨の初めで忙しい家庭菜園の世話の合間に、1週間掛けて投稿用の懸賞論文原稿を完成した。

日本再興とあるから、現在が悪いとの認識がある筈だから、何が悪い原因であるかを具体的に特定する筆者の視点は理解して頂けると期待している。筆者の製造業的な……あまりにも卑近で下世話なお金の話で……思想、観念、信念等と呼ばれる高級な話とは大きな距離があり、どのように評価されるか興味津々である。

目指している事は筆者が第二部で原因を特定、解決の方法を読者の方々が、選挙における投票を通じて実行される事を期待しているのと同様だ。

論文の審査結果が発表された

第2部の執筆に時間が掛かり、脱稿前に懸賞論文の結果が発表され以下の論文が表彰された。

最優秀賞（日本安全保障フォーラム会長）

ウクライナ戦争後の世界と日本の針路

優秀賞：社会人部門（議員立法研究所代表）

緊縮政策は、占領政策の遺物

優秀賞：学生部門（人間社会学域法学4類4年）

インド太平洋版NATO創設に向けた政策提言

論文の募集要項に記載されていた様に、全ての受賞論文は日本中心で……自己中心的に、勇ましく書かれている。

審査委員長の小堀佳一郎氏はドイツ文学者で、民間の経済活動、庶民の生活には多分、忖度するような些末な事には興味が無くて、活字から学んだ……実生活の垢の全くない……純真な学生の様な心をお持ちの方だと思う。

30代の頃に小堀氏の森鴎外に関する著作を数冊読み、小堀氏と私では視点が全く異なっていると思った。

第2部で詳述する様に、森鴎外は……当時の国民病、脚気に対する対応の遅れを主導する事で、数十万人の日本人を死に追いやった医学総監であり……国民的な視点から見れば罪人である。

本来の軍医の最高指揮官として仕事は命令するだけだから、暇があるので作家活動励み膨大な数の文学小説を執筆した。

小堀氏が文学者として、過去の文学者である同じドイツに傾倒した森鴎外を論じるのは当然の事だろうが……高い教育を受けられたお二人が、社会から遊離して自己陶酔しておられる様に感じる。

それは小堀氏よりも8才年長の三島由紀夫が私の結婚する2年前の1970年に自衛隊に決起を促して割腹自殺した事件との類似性を見せつける。それ以外にも多くの東京大学＝社会と遊離＝常識不足を見せつけ事例がある。

優秀賞はバラマキ政策を提案

優秀賞は「緊縮政策は、占領政策の遺物」とバラマキ政策を提言しているが、『親方日の丸』で……国家経済も、家庭経済も規模が異なるだけで、全く同質である事が解っていない……元気な幼児の提案の様に感じる。

借金の事は不可触

多数の審査委員の方が審査されているが主催者の意志を忖度されてか？……巨額国公債発行残高の事には無頓着……私の常識では……多分それは国際標準……では考えられない事だが、悪い物、臭い物に蓋をする貴族文化の延長の様に思う。

筆者が生きた民間製造業の中では、先ず悪い物、臭い物を発見して排除、その上に新しい事を構築しないと、砂上の楼閣で……早晩崩壊する。

主催者の元谷外志雄氏

元谷氏は「**逆境こそ光輝ある機会なり**」を著作されその中で幼少の頃より新聞を読み……多くの日本の高学歴者が持っていない『常識力』が高く、常識力を武器に胆力と運にも恵まれて、巨大なＡＰＡホテルグループを作られた、21世紀の日本の経営の神様と称されるべき偉人だ。私より2学年下で、ホボ同時代を生きているから元谷氏の書かれている事は肌感覚で良く解る。現役時代に小松製作所の小松工場、粟津工場に数十回出張しており、かなり土地感もある。

私と共通するのは、義務教育終了前に……小型の大人の人生を経験＝常識を身に付けて……それから社会に出た事だ。

元谷氏は、運に恵まれて成功を収められ、社会の高位高官の方々を取り巻きに従えて、信ずる方向に日本を変える事が必要だと考えておられる。

天下り文化を利用した元谷氏

著作の39ページに、勤務先の小松信用金庫に大蔵省から天下りでの将来理事長含みの副理事長やって来た。旧経営陣が追い出され……とある。元谷氏も私と同じような大蔵省からの天下りを経験され、それを上手く活用する事で起業に成功された。

私の場合は企業に雇用される立場で、接触した天下り官僚ＯＢは、大蔵省の超大物の第三代財務官であり……ただ、眺めるだけだった。

筆者は82才になっても子供の頃と変わらぬ常識の枠の中で考え、行動する凡人。

昔は常識人だった元谷氏は天空を飛ぶ常識を超越した人に変質されたが……ホテルの内部は非常にうまく設計されており、使い勝手が良くそれは高い常識により支えられていると思う。

若し、元谷氏が筆者の様な経験をされたら、どのような結果を残され、どのように行動されるかを空想するのは面白い。

人生は1度しかない、元に戻れない……経済活動、現象も同様にその時しかない……二度と再来の無い不可逆現象だ。

Z世代の2人の青年の意見を聞く

論文を郵送するまでに時間が有るので、論文に反応して行動する事が期待されている若者に迎合しなければいけないと思い、原稿を読んで頂き、その反応によっては修正しようと考えた。

論文は若い人に読まれて、彼らの心に響き、彼らの行動に影響さ

れなければ、意味が無い。近所に住む若者で言葉を交わす数人の中から、２人の青年に声を掛けて、投稿の為に準備された論文を渡して読んで頂き、２人別々に2日後に我が家でコーヒーを飲みながらご意見を伺った。

その１：現役４年のYさんの反応。

Yさんは高等専門学校卒で、大企業に勤務、時代の最先端の機械設計と電気設計をしている。

我々の時代には機械設計と、電気設計は全く別物で、1人で両方をこなす人は聞いた事が無い。

Yさんは、令和の時代のサラリーマン技術者の現状をお話され、私の論文に書いてあることが自分の経験と合致しており、他の多くの違った分野、業界でも同じような事が起こっている日本の現状がよく解ったと言われた。

その２：現役の大学生Tさんの反応

T大学の学生Tさんから電話が掛かってきて、友人で読書付好きなのがいるが、友人に論文原稿を見せても良いかと聞いてきた。

我が家でコーヒーを飲みながら会話を始めたが、緊張している様子で、口が滑らかに動くまでかなり時間が掛かった。

自分の考えをまとめたが、厳しい指摘になる……と話が進まない。スマホに自分の意見をまとめてメモしている様なので、それを、私のPCにメールして、とお願いした。

余り、乗り気ではないようだったが、私にメールで送信してくれた。

小さな字で、即座には読めなかったが、Tさんが帰ってから読んでみて、私が想像していたような内容だったので、**『ビックリ』と『そうだったか』の混在した複雑な気持ちになり**、日本の大学教育がどのように行われているかの一端に触れた気がした。

自分史脱稿直前の筆者の生活

２０２３年6月現在午後6時過ぎに就寝、11時頃に起床して執筆開始、3時頃に再就寝して4時頃に起床して家庭菜園へ行く。6時頃に帰宅して朝食を済ませて、約30分の短い昼寝をして8時過ぎに起きて、テニスか畑に行く。

テニスの場合、11時半頃に帰宅して昼食をとり、その後約1時間の昼寝をして起床後に畑に行く。

月、水、金と週に3回、家から徒歩圏内のコートで総計20人位のメンバー、毎回10人強が出席してコートを2面×2時間借りてプレーしている。男性が半分強、女性が半分弱で、男性には高学歴の県庁職員ＯＢ、現役の大学講師など多士済々だ。

自分史のあとがき

80代になり、今後起こる事は限られている。若し90代まで生かしてもらったとしても、バフェット氏の様に認知症とは無縁にして頂けることを願っている。

田舎の農家に生まれ、行商する母親の手伝いで就学前に大人の社会の入口を経験、自然と戯れて心を開放して好奇心、疑問、探求心を持ちながら、学校教育に全くマインド・コントロールされる事なく育ったと思っている。

幼少時に多くの他人と接触する機会を持った事が日本で国際的と呼ばれる、外国人との会話、議論する事を忌避しないで楽しむことが出来る人間になれた原因だと思う。

外国語会話がソコソコ出来るためには、日本語の会話能力が高くなければ絶対にダメだ。

14才の時、親に逆らって進学せずに就職したが、若し第一希望の商船高校に行っていたら、その後の世界経済の変化により日本の商船業界の雇用環境は激変、確実に不幸な人生を送る事になっていただろう。

23才で住友電工在職時に、無報酬のサービス発明を行ったが、その事でスウェーデンの企業に転職する機会を頂き、東京大学を筆頭に多くの日本の研究機関の第一線で活躍する人々との交流の機会を頂き、世界中を飛び回る経験をさせて頂いた。

若し、住友電工に継続的に勤務していれば、学歴コンプレックスの中で、額に皺して、周囲に忖度して難しい人生だっただろう。

筆者は中学校で数学の三角関数を学習、中学レベルの三角関数を咀嚼して理解していたので、サービス発明が出来た。

住友電工で旧帝大卒の技術者は受験用の数学の理解だったので、筆者も彼らも同じ環境下で仕事をしていたが、筆者の様な技術的な発想を持つことが出来なかった。21世紀になり、三角関数は高校2年で学習すると聞いている。

理系の知識の重要性が叫ばれているが、教育の面からみると筆者の時代に比べて……理系教育は2年遅れている事になる。

30才での結婚を1年遅らせていれば、歴史的な大暴騰をした三光汽船の株式売却益により、ホボ確実に1億円の売却益を獲得、1億円を種銭にして事業を始め……その後は健康を害して、確実に早死にしていただろうと推測する。

当然、妻も別人で、同郷ではなくて、全く違った人生になり、活動範囲も国内に限られた単純な人生になっていただろう。

3～4回、死を意識する様な経験を重ねたが、幸運にもうまく切り抜けることが出来た。

妻に感謝、天に感謝、何回もの転勤、旅行やスキーに同行した二人の娘に感謝である。

自分史は淡々と筆者の周辺で起こった事を羅列してきた。

筆者の印象では大まかに、日本は１９７０年代後半から徐々に劣化が見えてきた。

その後、劣化が加速して、その延長で……平成を経過してコロナ禍が始まった令和の時代になった。

コロナ禍で各国の政府が戦時体制とも形容される、真剣な対応をする中で、日本の行政のピント外れで、全く効果の見えない多くの緊急政策は政府、行政を指揮するキャリア組官僚の無能を曝け出した。

日本は先進国よりも周回遅れの低賃金、長時間労働の国となり、

アジアのトップから下落、低下の傾向から再興する兆しが見えない。終身雇用制度の呪縛の中で、定年退職して退職金を目指して、額に皺して、生活の為に頑張っているサラリーマン。
各人は自分の周囲で起こっている事については知っているが、その範囲は狭く、日本全体で永い時間軸で見た時に日本全体で何が起こっているかを知るのは困難だ。
第二部では劣化している日本の劣化の原因を明瞭に抉り出して読者の方に理解して頂き、次世代、その次世代の人々が日本を生き易い、良い国に再興されるための参考資料として貢献できることを期待して執筆した。
この様な大部の、退屈な、厚い本を令和のネット社会で読む人はいないと、周囲の人はコメントする。
この本が、少なくとも１００人以上の日本人に真剣に読まれて、日本が破局的な不幸に直面する前に、日本が上質の国に変化するための触媒となる事を祈念している。

２０２３年８月末日

岡　田　　實

私の八十二年の自分史

発 行 日　　2024年11月26日

著　　者　岡 田　　実

発 行 所　一 粒 書 房
〒475-0837 愛知県半田市有楽町7-148-1
TEL：0569－21－2130

編集・印刷・製本　有限会社一粒社

Printed in Japan
落丁・乱丁はお取替えいたします
ISBN978-4-86743-297-6 C0023